Deutscher Bundestag (Hrsg.)

Schlussbericht der Enquete-Kommission

Globalisierung der Weltwirtschaft

Leske + Budrich, Opladen 2002

Lizenzausgabe mit Genehmigung von:
Deutscher Bundestag, Referat Öffentlichkeitsarbeit

Gedruckt auf säurefreiem und alterungsbeständigem Papier.

Die Deutsche Bibliothek – CIP-Einheitsaufnahme
Ein Titeldatensatz für die Publikation ist bei Der Deutschen Bibliothek erhältlich

ISBN 3-8100-3657-9

© 2002 Leske + Budrich, Opladen

Das Werk einschließlich aller seiner Teile ist urheberrechtlich geschützt. Jede Verwertung außerhalb der engen Grenzen des Urheberrechtsgesetzes ist ohne Zustimmung des Verlages unzulässig und strafbar. Das gilt insbesondere für Vervielfältigungen, Übersetzungen, Mikroverfilmungen und die Einspeicherung und Verarbeitung in elektronischen Systemen.

Einband: disegno, Wuppertal
Satz: Medien und Kommunikation, Berlin
Druck und Verarbeitung: Bercker, Kevelaer
Printed in Germany

Inhaltsübersicht

		Seite
	Inhaltsverzeichnis	3
	Verzeichnis der Handlungsempfehlungen	18
	Abbildungsverzeichnis	25
	Tabellenverzeichnis	28
	Verzeichnis der Kästen	29
	Abkürzungsverzeichnis	31
	Die Enquete-Kommission	44
	Vorwort	47
1	Einleitung	49
2	Finanzmärkte	61
3	Waren- und Dienstleistungsmärkte	119
4	Arbeitsmärkte	201
5	Globale Wissensgesellschaft	259
6	Geschlechtergerechtigkeit	309
7	Ressourcen	325
8	Nachhaltige Entwicklung	393
9	Die Entwicklung der Weltbevölkerung im Zeitalter der Globalisierung	401
10	Global Governance	415
11	Minderheitenvoten	457
12	Literaturverzeichnis	569
	Anhang: Kommissionsunterlagen	604

Inhaltsverzeichnis

		Seite
	Verzeichnis der Handlungsempfehlungen	18
	Abbildungsverzeichnis	25
	Tabellenverzeichnis	28
	Verzeichnis der Kästen	29
	Abkürzungsverzeichnis	30
	Die Enquete-Kommission	44
	Vorsitz	44
	Die Abgeordneten	44
	Ordentliche Mitglieder	44
	Stellvertretende Mitglieder	44
	Sachverständige Mitglieder	45
	Kommissionssekretariat	45
	Wissenschaftliche Mitarbeiter der und für die Fraktionen	46
	Vorwort	47
1	**Einleitung**	49
2	**Finanzmärkte**	61
2.1	Globale Finanzmärkte zwischen Effizienz und Krise	61
2.2	Die Globalisierung der Finanzmärkte: Fakten und Hintergründe	63
2.2.1	Fakten zur Globalisierung der Finanzmärkte	63
2.2.2	Neue Akteure und Instrumente	65
2.2.3	Ist die Dynamik der Finanzmärkte eine Folge hoher Realzinsen?	69
2.3	Herausforderungen globalisierter Finanzmärkte	73
2.3.1	Finanzkrisen	73
2.3.1.1	Ursachen und Ausbreitung von Finanzkrisen	73
2.3.1.2	Soziale, ökonomische und politische Kosten von Finanzkrisen	77
2.3.2	Die Gefährdung finanzieller Integrität und Stabilität durch Geldwäsche	79
2.3.3	Finanzierungsprobleme kleiner und mittlerer Unternehmen	83
2.3.3.1	Kleine und mittlere Unternehmen in Industrieländern (unter besonderer Berücksichtigung Deutschland	83
2.3.3.2	Export- und Auslandsfinanzierung kleiner und mittlerer Unternehmen	85
2.3.3.3	Kleine und mittlere Unternehmen in Entwicklungsländern	85
2.3.4	Shareholder Value	86
2.3.5	Globale Finanzmärkte und Frauen: Mikrofinanzierung	88
2.3.6	Europäischer Finanzmarkt und europäisches Entwicklungsmodell	89
2.4	Reformbedarf auf den globalisierten Finanzmärkten	90

		Seite
2.4.1	Stabilisierung der Währungsmärkte	91
2.4.1.1	Die Multilaterale und die unilaterale Währungsunion	92
2.4.1.2	Segmentation von Währungsräumen	97
2.4.2	Reform der Finanzaufsicht	100
2.4.2.1	Ein regulativer Ordnungsrahmen für globale Kredit- und Anleihemärkte	100
2.4.2.2	Regulierung von Marktplätzen und Marktakteuren	102
2.4.3	Reform der Internationalen Finanzinstitutionen	103
2.4.4	Gender Budgets	105
2.4.5	Investment gemäß Nachhaltigkeitskriterien	106
2.4.6	Entwicklungsfinanzierung	108
2.4.6.1	Eigenverantwortung, private Ressourcen und Marktzugang sowie öffentliche Entwicklungszusammenarbeit	108
2.4.6.2	Verschuldung	110
2.4.6.3	„Systemische" Fragen	113
2.4.6.4	Frauen in der Entwicklungszusammenarbeit	113
2.5	Empfehlungen zu den globalen Finanzmärkten	113
2.6	Ausblick und offene Fragen	117
3	**Waren- und Dienstleistungsmärkte**	**119**
3.1	Globalisierungstrends: Daten und Fakten	119
3.1.1	Trend Regionalisierung (Triadisierung)	119
3.1.2	Die Europäische Union als Beispiel regionaler Integration	121
3.1.3	Hierarchisierung von Märkten und Branchen: Öffnungsgrade und Protektion	122
3.1.4	Wissensorientierte Dienstleistungen	124
3.1.4.1	Deutschland innerhalb der internationalen Dienstleistungsentwicklung	125
3.1.4.2	Maßnahmen auf der Unternehmensebene	128
3.1.4.3	Empfehlungen der Enquete-Kommission	128
3.1.5	Die Bedeutung von KMU für die nationale und internationale Wirtschaftstätigkeit	129
3.1.6	Zur statistischen Erfassung der Globalisierung	132
3.1.6.1	Unzureichendes Datenmaterial und daraus resultierende Probleme	132
3.1.6.2	Zur Situation in Deutschland	135
3.1.6.3	Ausblick	136
3.1.6.4	Empfehlungen der Enquete-Kommission	136
3.1.7	Korruption und Bestechung: ein globales Problem	136
3.1.7.1	Schwächung und Schaden durch Korruption	136
3.1.7.2	Korruptionsbekämpfung	137
3.1.7.3	Empfehlungen der Enquete-Kommission	138
3.2	Verkehrsentwicklung und Verkehrskosten	138

Inhaltsverzeichnis

		Seite
3.2.1	Globalisierung und die Rolle der Transportkosten	138
3.2.2	Ökonomische und ökologische Auswirkungen	140
3.2.3	Schlussfolgerungen und Empfehlungen der Enquete-Kommission	141
3.3	Problemlagen und Reformnotwendigkeiten der WTO	141
3.3.1	Bewertung der Ministerkonferenzen in Seattle und Doha	141
3.3.2	Kontroversen um Entwicklungsländer in der Welthandelsorganisation	142
3.3.2.1	Marktzugang für Entwicklungsländer	142
3.3.2.2	Wettbewerb und Entwicklungsländer	144
3.3.2.3	Empfehlungen der Enquete-Kommission	145
3.3.3	Liberalisierung von Dienstleistungen durch GATS	146
3.3.3.1	Das GATS-Abkommen	146
3.3.3.2	Auswirkungen auf den europäischen Binnenmarkt	149
3.3.3.3	Leistungen der Daseinsvorsorge	149
3.3.3.4	Betrachtung ausgewählter GATS-Sektoren	150
3.3.3.5	Auswirkungen der Liberalisierung	151
3.3.3.6	Forderungen der Mitglieder zu den GATS-Verhandlungen	154
3.3.3.7	Zusammenfassende Bewertung	155
3.3.3.8	Empfehlungen der Enquete-Kommission	155
3.3.4	Institutionelle Reformoptionen für die Welthandelsorganisation	156
3.3.4.1	Transparenz, Demokratie und Machtungleichgewichte	157
3.3.4.2	Empfehlungen zur Erhöhung der Transparenz der WTO	157
3.3.4.3	Demokratisierung der WTO	158
3.3.4.4	Internationale Architektur und Kohärenz	159
3.3.4.5	Abbau des Ungleichgewichts zwischen Industrieländern, Entwicklungsländern und „small states"	159
3.4	Handel und Wettbewerb in der Globalisierung	160
3.4.1	Zunehmende grenzüberschreitende Unternehmenskonzentrationen	160
3.4.2	Megafusionen	162
3.4.3	Optionen einer globalen Wettbewerbsordnung	162
3.4.3.1	Der multilaterale Ansatz: Eine globale Wettbewerbsordnung im Rahmen der WTO	162
3.4.3.2	Der plurilaterale Ansatz: Eine Clublösung als Keimzelle einer globalen Wettbewerbsordnung	163
3.4.3.3	Der bilaterale Ansatz: Der kleinste gemeinsame Nenner als Ausgangspunkt weiter reichender Wettbewerbsregime	163
3.4.4	Empfehlungen der Enquete-Kommission	163
3.5	Standards und globale Entwicklung	164
3.5.1	Handel und Umwelt	164
3.5.1.1	Problembeschreibung	164
3.5.1.2	Umweltpolitik im Rahmen der WTO	164
3.5.1.3	Umweltkodizes	167

		Seite
3.5.1.4	Umweltlabels	167
3.5.1.5	Empfehlungen der Enquete-Kommission	169
3.5.2	Sozialstandards und globale Entwicklung	169
3.5.2.1	Handel und Sozialstandards	171
3.5.2.2	Die ILO und ihre Bedeutung bei der Durchsetzung von Kernarbeitsnormen	172
3.5.2.3	Empfehlungen der Enquete-Kommission	173
3.5.3	Verbraucherstandards und Vorsorgeprinzip	173
3.5.3.1	Verbraucherschutz und Vorsorge	173
3.5.3.2	Interessen von Verbraucherinnen und Verbrauchern	175
3.5.3.3	Bewusstes Verbraucherverhalten	176
3.6	Verhaltenskodizes transnationaler Unternehmen	177
3.6.1	Die Bedeutung von Verhaltenskodizes in der Globalisierung	177
3.6.2	Zentrale Unterscheidungsmerkmale wichtiger Kodizes	178
3.6.3	Instrumente zur Implementierung und Überwachung von Verhaltenskodizes	179
3.6.4	Der Runde Tisch: Verhaltenskodizes und Sozialstandards im Rahmen von Private Public Partnership	181
3.6.5	Vorteile und Probleme	181
3.6.5.1	Vorteile von Verhaltenskodizes	181
3.6.5.2	Transparenz und Kontrolle	182
3.6.5.3	Das prinzipielle Regulierungsproblem und die Bedeutung von Kodizes	182
3.6.6	Empfehlungen der Enquete-Kommission	183
3.7	Die Rolle und der Einfluss von kleinen und mittleren Unternehmen (KMU) im internationalen Handelssystem	184
3.7.1	Spezifische Probleme der KMU	184
3.7.2	Handlungsempfehlungen der Kommission	185
3.7.3	Bedeutung und Entwicklung von KMU in Schwellen- und Entwicklungsländern	186
3.7.3.1	Die Bedeutung und Entwicklung von KMU in Schwellenländern	186
3.7.3.2	Die Bedeutung und Entwicklung von KMU in Entwicklungsländern	187
3.7.3.3	Einfluss von Wettbewerb und Strukturwandel auf KMU in Entwicklungsländern	188
3.7.3.4	Empfehlungen der Enquete-Kommission	190
3.8	Exkurs: Handelstheorien als Leitbilder	191
3.8.1	Eine kurze Geschichte des Freihandels	191
3.8.1.1	Britische Hegemonie und Freihandel	191
3.8.1.2	Interregnum und Protektionismus	194
3.8.1.3	Amerikanische Hegemonie und Freihandel	195
3.8.2	Erwiderung zu „Eine kurze Geschichte des Freihandels"	198
3.9	Ausblick und offene Fragen	199

		Seite
4	**Arbeitsmärkte**	201
4.1	Ausgangslage und Perspektiven	201
4.2	Der deutsche Arbeitsmarkt im globalen Wettbewerb	202
4.2.1	Empirische Befunde zur internationalen Wettbewerbsfähigkeit Deutschlands	202
4.2.1.1	Außenhandelsorientierte Definition internationaler Wettbewerbsfähigkeit	202
4.2.1.2	Kostenorientierte Definition internationaler Wettbewerbsfähigkeit	204
4.2.1.3	Kapitalorientierte Definition internationaler Wettbewerbsfähigkeit	206
4.2.1.4	Ressourcenorientierte Definition internationaler Wettbewerbsfähigkeit	207
4.2.2	Erklärungsgründe für die ungünstige Arbeitsmarktentwicklung in Deutschland	209
4.2.2.1	Ein überregulierter Arbeitsmarkt?	209
4.2.2.2	Dienstleistungslücke und Finanzierungsstruktur des Sozialstaates?	210
4.2.2.3	Unzureichende Makropolitik und Sonderprobleme in Ostdeutschland?	211
4.2.3	Zusammenfassende Bewertung	212
4.3	Globalisierungsbedingter Strukturwandel auf dem deutschen Arbeitsmarkt	213
4.3.1	Zusammenhang von Strukturwandel und Globalisierung	213
4.3.2	Anstieg der Qualifikationsanforderungen	213
4.3.3	Wandel der Erwerbsformen	216
4.3.4	Zunehmende Arbeitszeitflexibilisierung	217
4.3.5	Strukturelle Arbeitslosigkeit	218
4.3.6	Zusammenfassende Bewertung	219
4.4	Handlungsempfehlungen	220
4.4.1	Exkurs: Hilfen für die potenziellen Globalisierungsverlierer durch Subvention gering qualifizierter Arbeit	223
4.5	Globalisierung und arbeits- und sozialpolitische Handlungsfähigkeit des Nationalstaates	226
4.5.1	Verlust der staatlichen Autonomie in der Arbeits- und Sozialpolitik?	226
4.5.2	Produktive oder ruinöse Konkurrenz der Staaten?	227
4.5.3	Zwischenfazit	228
4.5.4	Sicherung und Erweiterung der arbeits- und sozialpolitischen Handlungsfähigkeit des Staates	229
4.5.4.1	Immunisierung des Sozialsystems gegenüber dem Standortwettbewerb	229
4.5.4.2	Internationale Kooperation	230
4.6	Handlungsempfehlungen	231
4.7	Beschäftigungsrelevante Defizite in der Europäischen Union	231
4.7.1	Koordinierte Makropolitik in der Europäischen Union	232

Seite

4.7.1.1	Überblick über die Beschäftigungsinitiativen in der Europäischen Union	232
4.7.1.2	Veränderte Rahmenbedingungen in der Europäischen Union	232
4.7.1.3	Die Geldpolitik	233
4.7.1.4	Die Fiskalpolitik	233
4.7.1.5	Die Lohnpolitik	233
4.7.2	Beschäftigungsrelevante Aspekte der europäischen Steuerpolitik	234
4.7.2.1	Direkte Beschäftigungswirkungen	234
4.7.2.2	Indirekte Beschäftigungswirkungen	235
4.7.3	Öffentliche Daseinsvorsorge	236
4.8	Handlungsempfehlungen	238
4.8.1	Handlungsempfehlungen zur koordinierten Makropolitik	238
4.8.2	Handlungsempfehlungen zur Europäischen Steuerpolitik	238
4.8.3	Handlungsempfehlungen zur Öffentlichen Daseinsvorsorge	239
4.9	Ausgewählte Fragestellungen auf der internationalen Ebene zum Thema Globalisierung und Arbeitsmärkte	240
4.9.1	Die Ausweitung der informellen Arbeit – Entwicklung und Bewertung	240
4.9.1.1	Definition und Charakteristika	240
4.9.1.2	Messprobleme	242
4.9.1.3	Der Zusammenhang von Globalisierung und Informalisierung	242
4.9.1.5	Exkurs: Schattenwirtschaft als Teilbereich der informellen Arbeit	246
4.9.2	Strategien zur Reduzierung der digitalen Spaltung unter besonderer Berücksichtigung von Qualifikation und „Brain Drain"	248
4.9.2.1	Die digitale Revolution	248
4.9.2.2	Die Bedeutung von Humankapital	250
4.9.2.3	Arbeitsmigration	251
4.9.3	Nachhaltiges Wirtschaftswachstum, Beschäftigung und Gleichberechtigung	253
4.10	Handlungsempfehlungen	255
4.10.1	Handlungsempfehlungen zur Informalität der Arbeit	255
4.10.2	Handlungsempfehlungen zur Arbeitsmigration hoch qualifizierter Arbeitskräfte	256
4.10.3	Handlungsempfehlungen zu Nachhaltigem Wachstum, Beschäftigung und Gleichberechtigung	256
4.11	Ausblick und offene Fragen	257
5	**Globale Wissensgesellschaft**	**259**
5.1	Merkmale und Auswirkungen der Wissensgesellschaft	259
5.1.1	Strukturwandel von der Industrie- zur Wissensgesellschaft	259
5.1.2	Bedeutung der Wissensgesellschaft für die wirtschaftliche Entwicklung	260

Inhaltsverzeichnis

		Seite
5.1.3	Auswirkungen der Wissensgesellschaft auf die Beschäftigungsentwicklung und die Arbeitswelt	261
5.2	Teilhabe an der und Recht in der Wissensgesellschaft	262
5.2.1	Digitale Spaltung – Ursachen, Risiken, Überwindung	262
5.2.1.1	Status quo, Ursachen und Folgen	263
5.2.1.2	Maßnahmen zur Überwindung der digitalen Spaltung	273
5.2.1.3	Handlungsempfehlungen	275
5.2.2	Internet und Recht	278
5.2.2.1	Rechtliche Herausforderungen, Regulierungsbedarf und neue Regulierungsstrategien in der globalen Wissensgesellschaft	278
5.2.2.2	Bekämpfung von Cyberkriminalität und computergestützter Kriminalität	280
5.2.2.3	Neue Regulierungsstrategien in der Informationsgesellschaft	283
5.2.2.4	Handlungsempfehlungen	284
5.3	Wissensverwertung	286
5.3.1	Wissensverwertung durch Patentierung von Wissen	286
5.3.1.1	Bedeutung der Patentierung in der ökonomischen Entwicklung	286
5.3.1.2	Die Rolle Deutschlands	287
5.3.1.3	Politische Maßnahmen zur Patentierung	287
5.3.1.4	Patentierungsabkommen versus Menschenrechtsabkommen	288
5.3.1.5	Landwirtschaft und Ernährung	289
5.3.1.6	Gesundheit	289
5.3.1.7	Biologische Vielfalt und Biopiraterie	290
5.3.1.8	Internationaler Patenschutz und Transfer von Umwelttechnologien	291
5.3.1.9	Handlungsempfehlungen	292
5.3.2	Patentierung und Privatisierung von Wissen und ihre Auswirkungen auf die Forschung, gesellschaftliches Wissen und gesellschaftliche Teilhabe	293
5.3.2.1	Wirkung der Patentierungsregelungen auf die Forschung	293
5.3.2.2	Wissen und Information und ihre Bedeutung für informationelle Kompetenz	294
5.3.2.3	Kommerzialisierung der Fachinformation und -kommunikation	294
5.3.2.4	Konsequenzen der Informatisierung	295
5.3.2.5	Intensivierung des Schutzes über Änderungen des Urheberrechts	295
5.3.2.6	Sicherung von Urheberrechtsansprüchen durch Software (DRM)	296
5.3.2.7	Bewertung und Handlungsempfehlungen	298
5.3.3	Zur Patentierbarkeit von Software	298
5.3.3.1	Rechtlicher Aspekt	299
5.3.3.2	Technologischer Aspekt	299
5.3.3.3	Wirtschaftlicher Aspekt	300
5.3.3.4	Für eine europäische Lösung	300
5.3.3.5	Handlungsempfehlungen	300

			Seite
5.4	Wissensübertragung – Wissensgenerierung		301
5.4.1	Globalisierung und Hochschulen		301
5.4.1.1	Wirtschaftlicher Strukturwandel und Anforderungen an Hochschulen		302
5.4.1.2	Internationalisierung von Hochschulen		302
5.4.1.3	E-Learning als Herausforderung		303
5.4.1.4	Strukturreformen der Hochschulen		304
5.4.2	Wissen durch Forschung		304
5.4.2.1	Stärken		305
5.4.2.2	Schwächen		305
5.5	Handlungsoptionen für die Wissensgesellschaft		306
5.5.1	Hauptprogramme der Bundesregierung für die Wissensgesellschaft (Stand März 2002)		306
5.5.2	Vorschläge und Programme der EU, der G 8-Staaten und der Weltbank		307
5.6	Ausblick und offene Fragen		308
6	**Geschlechtergerechtigkeit**		**309**
6.1	Geschlechtergerechtigkeit in der Globalisierung		309
6.1.1	Geschlechtsspezifische Problemlage		309
6.1.2	Feministische Ökonomie		310
6.2	Mehr Chancen und mehr Gleichberechtigung		312
6.2.1	Ausgangsbedingungen		312
6.2.1.1	Zugang zu Kompetenzen und Qualifikation		312
6.2.1.2	Zugang zur Erwerbstätigkeit		314
6.2.1.3	Zugang zu ökonomischen Ressourcen wie Grund- und Kapitalbesitz		315
6.2.1.4	Zugang zu Entscheidungspositionen		316
6.2.2	Spezifische Gefährdungen von Frauen und Verstöße gegen Menschenrechte		316
6.2.2.1	Gewalt gegen Frauen		316
6.2.2.2	Menschenschmuggel/Frauenhandel und Recht auf Selbstbestimmung		317
6.2.3	Menschliche Sicherheit (Human security)		318
6.2.4	Vereinbarkeit von Arbeit und Lebensgestaltung		319
6.3	Gender Mainstreaming – Chancengleichheit als Querschnittsaufgabe		319
6.3.1	Zielsetzung und Definition		319
6.3.2	Erfolgsfaktoren		320
6.3.3	Gender Mainstreaming in Institutionen		321
6.3.3.1	Weltbank		321
6.3.3.2	Europäische Union		321

Inhaltsverzeichnis

		Seite
6.4	Zusammenfassende Bewertung	321
6.5	Handlungsempfehlungen	322
6.6	Ausblick und offene Fragen	323
7	**Ressourcen**	**325**
7.1	Umwelt und Entwicklung im Zeitalter der Globalisierung	325
7.2	Ernährung und Landwirtschaft	333
7.2.1	Einleitung	333
7.2.2	Ausgewählte Teilaspekte	334
7.2.2.1	Grundausstattung mit produktiven Ressourcen	334
7.2.2.2	Produktionsmöglichkeiten	336
7.2.2.3	Märkte und Handel	338
7.2.2.4	Institutionen	340
7.2.3	Handlungsempfehlungen	342
7.3	Biologische Vielfalt	343
7.3.1	Einleitung	343
7.3.1.1	Das Aussterben der Arten	343
7.3.1.2	Der Verlust der genetischen Vielfalt	343
7.3.1.3	Die Bedrohung der Ökosysteme	343
7.3.1.4	Ungleiche Verteilung der Biologischen Vielfalt	344
7.3.1.5	Ursachen des Verlusts der biologischen Vielfalt	345
7.3.1.6	Die Bedeutung der biologischen Vielfalt	346
7.3.1.7	Die Nutzung der genetischen Ressourcen	346
7.3.1.8	Der Wert der biologischen Vielfalt im Wandel der Zeit	346
7.3.2	Das Übereinkommen über biologische Vielfalt (CBD)	347
7.3.2.1	Der Weg zum Übereinkommen über biologische Vielfalt	347
7.3.2.2	Ziele und Institutionen des Übereinkommens über biologische Vielfalt	347
7.3.2.3	Die Weiterentwicklung des Übereinkommens über biologische Vielfalt	348
7.3.3	Umsetzung in den Vertragsstaaten	352
7.3.3.1	Umsetzung weltweit	352
7.3.3.2	Europäische Anstrengungen in der Biodiversitätspolitik	353
7.3.3.3	Umsetzung in Deutschland	353
7.3.4	Handlungsempfehlungen	356
7.4	Klimaschutz beim Flugverkehr	357
7.4.1	Flugverkehr und Globalisierung	357
7.4.2	Flugverkehr und Nachhaltigkeit	357
7.4.3	Zukünftige Entwicklung des Flugverkehrs	358

		Seite
7.4.4	Internationale Rahmenbedingungen	359
7.4.5	Handlungsempfehlungen	360
7.5	Wasser	360
7.5.1	Hintergrund und Herausforderungen	360
7.5.2	Nachhaltige Wasserversorgung	363
7.5.2.1	Ressourcenschutz und Trinkwasserqualität	363
7.5.2.2	Grenzüberschreitende Gewässer und Wasserexport	364
7.5.2.3	World Commission on Dams	365
7.5.3	Chancen und Grenzen marktwirtschaftlicher Instrumente zur Umsetzung des Rechts auf Wasser	365
7.5.3.1	Grundlagen	365
7.5.3.2	Privatisierung und Liberalisierung in Entwicklungs- und Schwellenländern	369
7.5.3.3	Privatisierung und Liberalisierung in Deutschland	374
7.5.4	Handlungsempfehlungen	375
7.6	Institutionelle Stärkung globaler Umweltpolitik: Weltumweltorganisation	376
7.6.1	Ausgangslage	376
7.6.2	Aktuelle Reformvorschläge und Entwicklungen	376
7.6.2.1	Stufenmodell des WBGU	376
7.6.2.2	UNEP-Reformdiskussion im Kontext des IEG-Prozesses	377
7.6.2.3	Die Rolle der CSD	378
7.6.2.4	Finanzierungsfragen	379
7.6.3	Handlungsempfehlungen	380
7.7	Nachhaltigkeitstrategien	381
7.7.1	Voraussetzungen und Hindernisse für nachhaltiges Verbraucherverhalten	381
7.7.1.1	Nachhaltiges Verbraucherverhalten und Globalisierung	381
7.7.1.2	Anreize für einen an Nachhaltigkeit orientierten Konsumstil	382
7.7.1.3	Konkrete Handlungsfelder für verhaltensändernde Maßnahmen mit unterschiedlichen Umsetzungsschwierigkeiten	382
7.7.1.4	Existierende Maßnahmen und weiterer Handlungsbedarf	383
7.7.1.5	Zukunftsprojekt nachhaltiges Verbraucherverhalten	384
7.7.2	Ressourceneffizienz	384
7.7.3	Technologietransfer als Instrument für eine nachhaltige Entwicklung	386
7.7.3.1	Technologietransfers als strategisches Arbeitsfeld	387
7.7.3.2	Technologietransfer und wirtschaftliche Entwicklung in Deutschland	388
7.7.4	Handlungsempfehlungen	389
7.8	Ausblick und offene Fragen	390

		Seite
8	**Nachhaltige Entwicklung**	393
8.1	Das Leitbild der nachhaltig zukunftsverträglichen Entwicklung	393
8.2	Globalisierung und nachhaltig zukunftsverträgliche Entwicklung	396
8.3	Neue Impulse für die Nachhaltigkeit	398
8.3.1	International: Die Vorbereitungen für den Weltgipfel für Nachhaltige Entwicklung in Johannesburg (Südafrika)	398
8.3.2	Regional: Die Europäische Union im Übergang von der Umwelt- zur Nachhaltigkeitspolitik	398
8.3.3	National: Erarbeitung einer nationalen Nachhaltigkeitsstrategie in Deutschland	399
9	**Die Entwicklung der Weltbevölkerung im Zeitalter der Globalisierung**	401
9.1	Einleitende Bemerkung	401
9.2	Die globale demographische Entwicklung	401
9.2.1	Fortgesetzt dynamisches Wachstum der Weltbevölkerung	401
9.2.1.1	Regional ungleiche Verteilung	401
9.2.1.2	Indirekte Einflussfaktoren auf das Bevölkerungswachstum	401
9.2.1.3	Projektionen	403
9.2.2	Umkehrung der Altersstruktur: Alterung und abnehmende Fertilität	403
9.2.3	Wachsende Migration und Urbanisierung	404
9.2.3.1	Wachsende Migration	404
9.2.3.2	Jahrtausend der Städte	404
9.3	Weltbevölkerungswachstum und Aspekte nachhaltiger Entwicklung	405
9.3.1	Menschenzahl und „natürliche" Tragfähigkeit	405
9.3.2	Bevölkerungswachstum und natürliche Ressourcen am Beispiel Wasser	405
9.3.2.1	Das Weltbevölkerungswachstum verschärft die globale Wasserkrise	405
9.3.3	Wirtschaftliche und soziale Aspekte	407
9.3.3.1	Verschärfter Kampf um bezahlte Beschäftigung	407
9.3.3.2	Wirtschaftliches Wachstum	409
9.3.3.3	Erschwerung ausreichender Bildungsversorgung	409
9.3.3.4	Weitere politische Aspekte	410
9.4	Weltbevölkerungspolitik	411
9.4.1	Die Kairoer Konferenz zu Bevölkerung und Entwicklung 1994	411
9.4.1.1	Kairo 1994: Paradigmenwechsel und internationaler Konsens	411
9.4.1.2	Einhellige nachhaltige Unterstützung der Kairoer Beschlüsse in Deutschland	412
9.4.1.3	Die Beiträge Deutschlands	413
9.4.2	Weltbevölkerungspolitik als chancenreiche politische Herausforderung im Zeitalter der Globalisierung	413

		Seite
10	**Global Governance**	**415**
10.1	Was ist, warum und wozu „Global Governance"?	415
10.1.1	Was ist „Global Governance"?	415
10.1.2	Probleme, auf die Global Governance eine Antwort geben will	416
10.1.3	Inhaltliche Orientierung und normative Kriterien für Global Governance	417
10.2	Global Governance als Verdichtung der internationalen Kooperation und Ausbau multilateraler Beziehungen	419
10.2.1	Regieren in Mehr-Ebenen-Systemen	419
10.2.1.1	„Global Governance" meint nicht „Global Government"	419
10.2.1.2	Global Governance benötigt weiterhin Nationalstaaten	420
10.2.1.3	Ein neues Verhältnis zwischen Innen- und Außenpolitik	421
10.2.1.4	„Regional Governance" als Baustein einer Global Governance	422
10.2.1.5	Internationale Verhandlungen als Bausteine einer Global Governance	423
10.2.1.6	Internationale Institutionen als Säulen einer Global Governance	425
10.2.1.7	Die Vereinten Nationen und Global Governance	428
10.2.2	Bedingungen und Hindernisse internationaler Politik	432
10.2.2.1	Multilaterale Kooperation vs. unilaterale Dominanz	432
10.2.2.2	Völkerrechtliche Grundlagen einer Global Governance	433
10.2.3	Good Global Governance und das Nord-Süd-Verhältnis	435
10.2.3.1	Globale Strukturpolitik: Entwicklungspolitik unter den Bedingungen der Globalisierung	435
10.2.3.2	Eine Sicht aus dem Süden	438
10.3	Global Governance als Verstärkung der transnationalen Kooperation von staatlichen und nichtstaatlichen Akteuren	439
10.3.1	Nichtstaatliche Akteure in der Global Governance	439
10.3.2	Fragen der demokratischen Legitimität	440
10.3.3	Herausbildung neuer Kooperationsformen zwischen staatlichen und nichtstaatlichen Akteuren	441
10.3.4	Private Regelungsvereinbarungen („Soft law")	442
10.4	Herausforderungen für das Parlament	445
10.4.1	Parlamente und Globalisierung	445
10.4.2	Stärkung der globalen Demokratie als Ziel von Parlamenten	446
10.4.2.1	Einbezug von Parlamenten in außenpolitische Entscheidungsprozesse	446
10.4.2.2	Transnationale parlamentarische Foren und Auslandskontakte	447
10.4.2.3	Kooperation des Parlaments mit gesellschaftlichen Gruppen	447
10.4.2.4	Vermittlung von Globalisierungsfragen an die lokale Ebene im Wahlkreis	448
10.5	Ausblick und offene Fragen	450
10.5.1	Zukünftige Ziele von Global Governance	450
10.5.2	Offene Fragen	451

		Seite
11	**Minderheitenvoten**	457
11.1	Minderheitenvotum der CDU/CSU-Arbeitsgruppe	457
11.1.1	Einleitende Bemerkungen von Hartmut Schauerte, MdB	457
11.1.1.1	Zukunft gestalten – Chancen der Globalisierung nutzen	457
11.1.1.2	Einseitigkeiten vermeiden	457
11.1.1.3	Lösungen anbieten, Ängste nehmen	458
11.1.1.4	Good Governance, Global Governance, Soziale Marktwirtschaft	458
11.1.2	Die Menschen entwickeln ihre Welt	459
11.1.3	Die Globalisierung als ökonomischer Prozess	459
11.1.4	Globalisierung führt zu mehr Wohlstand	461
11.1.5	Globalisierung als politische Aufgabe	463
11.1.5.1	Grenzüberschreitenden Handel fördern	463
11.1.5.2	Funktionsfähigkeit globaler Finanzmärkte stärken: Weltweiten Handel und Austausch sichern	466
11.1.5.3	Die Basis jeder effizienten Wirtschaftsordnung: Rechtsstaatlichkeit fördern	467
11.1.5.4	Die Voraussetzung für eine gerechte globale Wirtschaft: Eine internationale Wettbewerbspolitik schaffen	468
11.1.5.5	Volkswirtschaften verbinden: Direktinvestitionen, transnationale Unternehmen und den Mittelstand unterstützen	469
11.1.5.6	Basis für die globalisierte Zukunft schaffen: Bildung und Forschung fördern	471
11.1.5.7	Die Umwelt retten: Durch eine global angelegte nachhaltige Entwicklung Armut bekämpfen und die Ressourceneffizienz erhöhen	473
11.1.5.8	Chancen für mehr Arbeitsplätze auch mit wachsender Qualität nutzen: Den Strukturwandel aufgreifen und Arbeitsmärkte flexibilisieren	474
11.1.5.9	Kompetenzen der Akteure zur Gestaltung der Globalisierung international aufeinander abstimmen: Global Governance – Konzepte pragmatisch angehen	475
11.1.6	Fazit: Globalisierung gestalten	477
11.1.7	Minderheitsvoten der CDU/CSU zu speziellen Kapiteln und Handlungsempfehlungen des Mehrheitsberichts	478
11.1.7.1	Finanzmärkte	478
11.1.7.2	Waren- und Dienstleistungsmärkte	483
11.1.7.3	Arbeitsmärkte	487
11.1.7.4	Globale Wissensgesellschaft	493
11.1.7.5	Geschlechtergerechtigkeit	504
11.1.7.6	Ressourcen	505
11.1.7.7	Global Governance	507
11.2	Minderheitenvotum der FDP-Arbeitsgruppe in der Enquete-Kommission „Globalisierung der Weltwirtschaft – Herausforderungen und Antworten" zum vorgelegten Schlussbericht der Arbeitsgruppen von SPD und Bündnis 90/Die Grünen	508
11.2.1	Einleitung/Vorbemerkungen von Gudrun Kopp MdB	508

		Seite
11.2.1.1	Globalisierung als Chance begreifen	508
11.2.1.2	Thesen zur Globalisierung	508
11.2.1.3	Zum Entstehen der FDP-Minderheitenvoten	510
11.2.1.4	Zum Beratungsverlauf	510
11.2.2	Minderheitenvoten	510
11.2.2.1	Einleitung des Abschlussberichts	510
11.2.2.2	Finanzmärkte (Kapitel 2 des Abschlussberichts)	511
11.2.2.3	Waren- und Dienstleistungsmärkte (Kapitel 3 des Abschlussberichts)	515
11.2.2.4	Ressourcen (Kapitel 7 des Abschlussberichts)	518
11.2.2.5	Global Governance (Kapitel 10 des Abschlussberichts)	523
11.2.2.6	Arbeitsmärkte (Kapitel 4 des Abschlussberichts)	523
11.2.2.7	Globale Wissensgesellschaft (Kapitel 5 des Abschlussberichts)	526
11.3	Minderheitenvotum der PDS-Arbeitsgruppe zum Endbericht der Enquete-Kommission „Globalisierung der Weltwirtschaft", Ulla Lötzer, MdB, Prof. Dr. Jörg Huffschmid (Sachverständiger)	536
11.3.1	Einleitung – Die Herausforderung: Demokratische Politik gegen die neoliberale Deformation der Globalisierung	536
11.3.2	Arbeitsgruppe Finanzmärkte: Demokratisierung statt Disziplinierung	537
11.3.2.1	Was der Bericht ausblendet: Die Aushöhlung von Demokratie und Sozialstaatlichkeit durch die Finanzmärkte	538
11.3.2.2	Ergänzende Handlungsempfehlungen: Stabilisierung der Wechselkurse und Demokratisierung der globalen Finanzinstitutionen	540
11.3.2.3	Einbindung der Finanzmärkte in ein demokratisches europäisches Entwicklungsmodell	541
11.3.3	Arbeitsgruppe Waren und Dienstleistungen: Entwicklung statt Freihandel	546
11.3.3.1	Problemlagen und Reformnotwendigkeiten der WTO	547
11.3.3.2	Handel und Wettbewerb in der Globalisierung	550
11.3.3.3	Standards und globale Entwicklung	552
11.3.3.4	Korruption und Bestechung	555
11.3.4	Arbeitsgruppe Global Governance: Politikwechsel statt neuer Institutionen	556
11.3.5	Arbeitsgruppe Arbeitsmärkte: Binnennachfrage stärken statt deregulieren	558
11.3.5.1	Allgemeine Bewertung	558
11.3.5.2	Globalisierungsbedingter Strukturwandel auf dem deutschen Arbeitsmarkt	558
11.3.5.3	Stärkung der Binnenmarktorientierung	560
11.3.5.4	Binnenmarktorientierte Steuerpolitik	562
11.4	Sondervotum des sachverständigen Kommissionsmitglieds Dr. Michael Baumann zu Kapitel 3, Empfehlungen 3-8, 3-9, 3-10 des Abschlussberichts der Enquete-Kommission „Globalisierung der Weltwirtschaft"	563

		Seite
11.4.1	Nachhaltigkeit als Imperativ der Globalisierung	563
11.4.2	Fairness und Gerechtigkeit als Voraussetzung einer nachhaltigen Globalisierung	564
11.4.2.1	Verbesserte Rahmenbedingungen für den Süden und kommende Generationen	564
11.4.2.2	Abschied vom „Aufholprozess"	565
11.4.2.3	Protektionismus des Nordens	565
11.4.2.4	Offene Fragen auf dem Weg zu einem fairen und nachhaltigen Welthandel	566
11.4.3	Für einen „fairen globalen deal"	566
12	**Literaturverzeichnis**	569
Anhang:	**Kommissionsunterlagen**	604
	Verzeichnis der Kommissionsdrucksachen	604
	Verzeichnis der von der Enquete-Kommission vergebenen Gutachten	612
	Anhörungen der Enquete-Kommission	613
	Übersicht der Arbeitsgruppen	619
	Internet-Angebot der Enquete-Kommission „Globalisierung der Weltwirtschaft"	620

Verzeichnis der Handlungsempfehlungen

		Seite
Empfehlung 2-1	Geldwäsche wirksam bekämpfen	113
Empfehlung 2-2	Kreditversorgung kleiner und mittlerer Unternehmen und breiter Schichten der Bevölkerung sichern (Basel II)	114
Empfehlung 2-3	Die Interessen aller gesellschaftlichen Gruppen am Unternehmen angemessen berücksichtigen	114
Empfehlung 2-4	Das Financial Stability Forum weiterentwickeln	114
Empfehlung 2-5	Den Einfluss informeller Politik begrenzen	115
Empfehlung 2-6	Einen einheitlichen, europäischen Finanzmarkt schaffen	115
Empfehlung 2-7	Stabilitäts-, Beschäftigungs- und Wachstumspolitik in der Europäischen Währungsunion besser verzahnen	115
Empfehlung 2-8	Für die Einführung einer Devisentransaktionssteuer und die Aufrechterhaltung von Möglichkeiten zur Kontrolle kurzfristiger Kapitalbewegungen	115
Empfehlung 2-9	Die Beteiligung des privaten Sektors („Private Sector Involvement") bei der Vorbeugung und Bewältigung von Finanzkrisen stärken	115
Empfehlung 2-10	Offshore-Zentren zur Kooperation veranlassen	116
Empfehlung 2-11	Verbesserte Aufsicht über Hedge-Fonds	116
Empfehlung 2-12	Die Institutionen von Bretton Woods nicht schwächen, sondern reformieren	116
Empfehlung 2-13	Gender Budgets	116
Empfehlung 2-14	Nachhaltiges Investment unterstützen	116
Empfehlung 2-15	Die Mittel für die öffentliche Entwicklungszusammenarbeit aufstocken	117
Empfehlung 2-16	Die HIPC-Initiative fortsetzen und Schuldendienst an der Tragfähigkeit bemessen	117
Empfehlung 2-17	Eine internationale Insolvenzregelung entwickeln	117
Empfehlung 2-18	Frauen in die Entwicklungsfinanzierung aktiv einbeziehen	117
Empfehlung 3-1	Ausbau Disziplin übergreifender Studiengänge und weitere Öffnung der Hochschulen für Ausländer	129
Empfehlung 3-2	Stärkung der Fremdsprachenkompetenz	129
Empfehlung 3-3	Ausbau der Weiterbildungsangebote	129
Empfehlung 3-4	Initiative für eine Verbesserung der Datenerfassung und ihrer Vergleichbarkeit	136
Empfehlung 3-5	Maßnahmen zur Korruptionsbekämpfung	138
Empfehlung 3-6	Internalisierung der Verkehrskosten	141
Empfehlung 3-7	Verwendung der Einnahmen aus der fiskalischen Steuerung von Verkehrsströmen	141
Empfehlung 3-8	Verbesserung des Marktzugangs für Entwicklungsländer	145
Empfehlung 3-9	Anti-Dumping	145
Empfehlung 3-10	Special and Differential Treatment	145
Empfehlung 3-11	Erhaltung der Flexibilität	155

Verzeichnis der Handlungsempfehlungen

		Seite
Empfehlung 3-12	Folgeabschätzungen vor Übernahme weiterer Verpflichtungen	155
Empfehlung 3-13	Ausschluss von Bildung und weiteren Leistungen der öffentlichen Daseinsvorsorge aus den GATS-Verhandlungen	155
Empfehlung 3-14	Keine Unterschreitung der EU-Standards und Normen im Bereich der Berufsqualifikationen, technischen Normen und der Lizenzierungsverfahren	155
Empfehlung 3-15	Einbeziehung von Arbeits-, Sozial- sowie Umweltstandards	156
Empfehlung 3-16	Analyse der Wechselwirkungen zwischen nationaler, europäischer und multilateraler Regulierungsebene	156
Empfehlung 3-17	Einbeziehung aller Beteiligten in die Beratungen	156
Empfehlung 3-18	Erhöhung der externen Transparenz	157
Empfehlung 3-19	Erhöhung der internen Transparenz	158
Empfehlung 3-20	Stärkung des Europäischen Parlaments und nationaler Parlamente	158
Empfehlung 3-21	Unterstützung internationaler Kooperationen in der Wettbewerbspolitik	163
Empfehlung 3-22	Nutzung des vorhandenen Wettbewerbsinstrumentariums	163
Empfehlung 3-23	Abkommen zur Sicherstellung wettbewerblicher Kernprinzipien	164
Empfehlung 3-24	Aufbau wettbewerbspolitischer Institutionen in Entwicklungsländern	164
Empfehlung 3-25	Integration von Umweltthemen in die Welthandelsrunde	169
Empfehlung 3-26	Verankerung des Vorsorgeprinzips	169
Empfehlung 3-27	Strategien zur Internalisierung externer Kosten	169
Empfehlung 3-28	Unterrichtungen des Empfängerlandes über den Export im Inland verbotener Güter	169
Empfehlung 3-29	Umweltbezogene Verhaltenskodizes und Ökolabels	169
Empfehlung 3-30	Erhöhte Kompatibilität der internationalen Ordnungssysteme	169
Empfehlung 3-31	Gleichberechtigte Zusammenarbeit der ILO mit anderen internationalen Organisationen und die Umsetzung von Kernarbeitsnormen	173
Empfehlung 3-32	Veröffentlichung der Einhaltung und Nichteinhaltung der Kernarbeitsnormen	173
Empfehlung 3-33	Verankerung von Sozialstandards in das Regelwerk der WTO	173
Empfehlung 3-34	Verankerung der ILO-Kernarbeitsnormen in Handelsabkommen	173
Empfehlung 3-35	Unterstützung der Umsetzung und Überwachung von Verhaltenskodizes	183
Empfehlung 3-36	Förderung des bi- und multilateralen Dialogs	183
Empfehlung 3-37	Förderung von Modellprojekten	183
Empfehlung 3-38	Europäische Monitoring-Agentur	183
Empfehlung 3-39	Förderprogramm für KMU	184
Empfehlung 3-40	OECD-Leitlinien	184

		Seite
Empfehlung 3-41	Evaluierung der Wirksamkeit der Verhaltenskodizes	184
Empfehlung 3-42	Berücksichtigung von Verhaltenskodizes im öffentlichen Beschaffungswesen	184
Empfehlung 3-43	Ausbau international ausgerichteter Beratungsangebote	185
Empfehlung 3-44	Verbesserter Zugang zur Hermes Ausfuhrgewährleistung	186
Empfehlung 3-45	Vernetzung als Antwort auf den globalen Innovationswettbewerb	186
Empfehlung 3-46	Erleichterung des personellen Austauschs	186
Empfehlung 3-47	Unterstützung der von Frauen geführten KMU in den Entwicklungsländern	190
Empfehlung 3-48	Förderung von Kooperationen transnationaler Unternehmen mit KMU in Entwicklungsländern	190
Empfehlung 4-1	Weiterbildung	220
Empfehlung 4-2	Aktive Arbeitsmarktpolitik	221
Empfehlung 4-3	Arbeitszeitpolitik	222
Empfehlung 4-4	Steigerung der Frauenerwerbstätigkeit	222
Empfehlung 4-5	Mindestsozialleistungsquoten	231
Empfehlung 4-6	System europäischer Mindeststandards für Arbeitnehmerrechte	231
Empfehlung 4-7	Einrichtung einer Sozialenquete-Kommission	231
Empfehlung 4-8	Erweiterung des Aufgabenbereichs der EZB	238
Empfehlung 4-9	Konjunkturgerechte Fiskalpolitik	238
Empfehlung 4-10	Produktivitätsorientierte Lohnpolitik	238
Empfehlung 4-11	Stärkere Harmonisierung der Bemessungsgrundlagen der Unternehmensbesteuerung	239
Empfehlung 4-12	Verbesserte Koordinierung der steuerlichen Behandlung grenz-überschreitender Geschäftsbeziehungen von multinationalen Unternehmen	239
Empfehlung 4-13	Bekämpfung von Standortkonkurrenz, die mittels Steuervergünstigungen und steuerlichen Sonderkonditionen für mobile Unternehmensfunktionen erfolgt	239
Empfehlung 4-14	Anpassung der Doppelbesteuerungsabkommen an veränderte Gegebenheiten und Subventionskontrolle	239
Empfehlung 4-15	Europäische Rahmenrichtlinie für gemeinwohlorientierte Dienstleistungen	239
Empfehlung 4-16	Gemeinwohlorientierte Dienstleistungen als gleichwertiges Politikziel	239
Empfehlung 4-17	Einbeziehung von sozial- und umweltpolitischen Kriterien in die öffentliche Auftragsvergabe	240
Empfehlung 4-18	Forderung nach mehr statistischer Transparenz	255
Empfehlung 4-19	Ausreichende Versorgung mit öffentlichen Gütern	255
Empfehlung 4-20	Stärkung von sozialen Sicherungsmaßnahmen im informellen Sektor	255
Empfehlung 4-21	Förderung des ILO-Programms „Menschenwürdige Arbeit"	255

Verzeichnis der Handlungsempfehlungen

		Seite
Empfehlung 4-22	Anerkennung und Unterstützung von Organisationen im informellen Sektor	255
Empfehlung 4-23	Verbesserter Zugang zu Ressourcen	255
Empfehlung 4-24	Ausweitung der eigenen Ausbildungskapazitäten	256
Empfehlung 4-25	Gebühr auf Anwerbeverfahren	256
Empfehlung 4-26	Firmenkooperation und Förderung von Existenzgründungen bei Rückkehrern	256
Empfehlung 4-27	Jährlicher Bericht zur Arbeitsmigration	256
Empfehlung 4-28	Beseitigung von Gewalt gegen Frauen	256
Empfehlung 4-29	Verbesserte Möglichkeiten im Bildungs- und Ausbildungsbereich	256
Empfehlung 4-30	Zugang zu Produktionsmitteln	256
Empfehlung 5-1	Förderung von Wettbewerb	276
Empfehlung 5-2	Förderung von Liberalisierung und Wettbewerb in Entwicklungsländern	276
Empfehlung 5-3	Ermöglichen eines Universalzugangs, Schaffung weiterer Nutzungsanreize	276
Empfehlung 5-4	Förderung der Aus- und Weiterbildungund der Medienkompetenz	276
Empfehlung 5-5	Förderung angepasster IKT-Inhalte	276
Empfehlung 5-6	Verstärkte geschlechtsspezifische Bildungsanstrengungen und Förderung der Präsenz von Frauen im Internet und in IT-Berufen	277
Empfehlung 5-7	Förderung der Infrastruktur und der Ausstattung mit Hardware in der Entwicklungs- und Bildungspolitik	277
Empfehlung 5-8	Internationale Hochschulkooperation	277
Empfehlung 5-9	Datensicherheit, Gütesiegel, Haftungsregeln	277
Empfehlung 5-10	Untersuchung der positiven und negativen Folgen des Internets	277
Empfehlung 5-11	Vorreiterrolle der öffentlichen Verwaltung	277
Empfehlung 5-12	Maßnahmenbündelung in einer Task Force „Informationsgesellschaft für alle"	277
Empfehlung 5-13	Schaffung eines völkerrechtlichen Rahmens für die Internet-Organisation ICANN	285
Empfehlung 5-14	Schaffung eines rechtlichen Rahmens für Selbstregulierungsmaßnahmen der Internet-Wirtschaft	285
Empfehlung 5-15	Der Schwerpunkt der deutschen Gesetzgebung sollte im Bereich des Informationszugangs und der Novellierung des Datenschutzrechts liegen	285
Empfehlung 5-16	Schaffung einer zentralen Stelle in Deutschland zur Beobachtung europäischer und internationaler Regulierungsbestrebungen und -initiativen sowie zur Wahrnehmung nationaler Interessen	285
Empfehlung 5-17	Verwundbarkeitspotenzial als Forschungsthema, Prüfung geltender Straftatbestände für Cybercrimedelikte und Prüfung der Cybercrime-Konvention	285

		Seite
Empfehlung 5-18	Internationale Konventionen – Schutz der Menschenrechte	286
Empfehlung 5-19	Anonyme und pseudonyme Nutzung des Internet	286
Empfehlung 5-20	Förderung interdisziplinärer Studien und Projekte zur Entwicklung technischer Lösungen für die Umsetzung rechtlicher Regelungen im Internet; Erweiterung der Zuständigkeit des BSI	286
Empfehlung 5-21	Revision des TRIPS-Abkommens und der EU-Richtlinie	292
Empfehlung 5-22	Demokratische Kontrolle des EPA	292
Empfehlung 5-23	Koordinationsstelle der Regierung und parlamentarische Begleitung	292
Empfehlung 5-24	Ausschluss der Patentierung von Genen, Lebewesen, Pflanzen und Regelungen zum Schutz der Biodiversität und der Interessen der Entwicklungsländer	292
Empfehlung 5-25	Transfer patentierter Umwelttechnologien durch Entwicklungszusammenarbeit fördern	292
Empfehlung 5-26	Restriktive Lizenzpolitik und Technologietransfer	292
Empfehlung 5-27	Anreizfunktion des Patentwesens für angepasste Umwelttechnologien nutzen	293
Empfehlung 5-28	Evaluierung der Privatisierung von Wissen	298
Empfehlung 5-29	Entwicklung eines Konzepts für nachhaltiges Wissensmanagement und informationelle Grundversorgung	298
Empfehlung 5-30	Demokratische Entscheidungsstrukturen in der Forschung	298
Empfehlung 5-31	Überprüfung des TRIPS-Abkommens und der EU-Richtlinie zum Urheberrecht	298
Empfehlung 5-32	Beteiligung der Zivilgesellschaft und Parlamente	298
Empfehlung 5-33	Hohe Patentvoraussetzungen gewährleisten	300
Empfehlung 5-34	Softwarepatente als Ausnahme normieren und Kontrollmöglichkeiten ausbauen	301
Empfehlung 5-35	Evaluierung der Praxis des EPA	301
Empfehlung 5-36	Entwicklungs- und Rechtssicherheit für Open Source	301
Empfehlung 5-37	Hohe Patentvoraussetzungen international gewährleisten	301
Empfehlung 5-38	Urheberrecht als Schutzrecht für Software	301
Empfehlung 5-39	Wettbewerb im Softwarebereich stärken	301
Empfehlung 5-40	Ausbau Disziplin übergreifender Studiengänge und weitere Öffnung der Hochschulen für ausländische Studierende	304
Empfehlung 5-41	Stärkung der Fremdsprachenkompetenz	304
Empfehlung 5-42	Ausbau der Weiterbildungsangebote	304
Empfehlung 5-43	Fortführung der Bildungsdiskussion	304
Empfehlung 6-1	Erarbeitung von genderspezifischen Indikatoren und Statistiken	322
Empfehlung 6-2	Erweiterung der Definition von Menschenhandel in § 180, 181b StGb	322
Empfehlung 6-3	Egalitärer Zugang zu beruflicher Bildung und Qualifikation	322
Empfehlung 6-4	Förderung und Schutz der Rechte von Arbeitnehmerinnen	322

Verzeichnis der Handlungsempfehlungen

		Seite
Empfehlung 6-5	Verwirklichung des Menschenrechts auf gleichen Lohn für gleiche Arbeit	323
Empfehlung 6-6	Die Benachteiligung von Frauen beseitigen	323
Empfehlung 6-7	Soziale Sicherungssysteme stärken	323
Empfehlung 6-8	Genderspezifische Koheränzen der Internationalen Verhandlungen	323
Empfehlung 6-9	Gezielte Unterstützung von Frauen in Entwicklungsländern	323
Empfehlung 7-1	Förderung der Rechtspolitik gegen Hunger	342
Empfehlung 7-2	Food-Security-Review-Mechanismus verbessern	342
Empfehlung 7-3	Exportsubventionen reduzieren	342
Empfehlung 7-4:	Unterstützung demokratischer Agrar- und Bodenreformen	342
Empfehlung 7-5	Stärkung des ökologischen Landbaus und Förderung von nachhaltiger Landwirtschaft	342
Empfehlung 7-6	Fair-Trade fördern	342
Empfehlung 7-7	Die internationale Agrarforschung reformieren	342
Empfehlung 7-8	Development-Box in Erwägung ziehen	343
Empfehlung 7-9	Nationale Strategie zur biologischen Vielfalt erstellen	356
Empfehlung 7-10	Cartagena-Protokoll ratifizieren	357
Empfehlung 7-11	Wälderprotokoll verabschieden	357
Empfehlung 7-12	Anreizstrukturen für den Erhalt der biologischen Vielfalt schaffen	357
Empfehlung 7-13	CBD-Verpflichtungen im Nord-Süd Kontext erfüllen	357
Empfehlung 7-14	Öffentlichkeitsarbeit verbessern und Partizipation der Zivilgesellschaft verstärken	357
Empfehlung 7-15	Reduzierung der Treibhausgasemissionen in der internationalen Luft- und Seeschifffahrt	360
Empfehlung 7-16	Anerkennung des Rechts auf Grundversorgung mit sauberem Wasser	375
Empfehlung 7-17	Den Zugang zu Wasser durch Entwicklungszusammenarbeit verbessern	375
Empfehlung 7-18	Effizienz und Qualität bei der Wasserverwendung steigern	375
Empfehlung 7-19	Grenzüberschreitende Gewässer schützen	375
Empfehlung 7-20	Empfehlungen der World Commission on Dams umsetzen	375
Empfehlung 7-21	Kosten betriebswirtschaftlich ermitteln und Preise armutsgerecht gestalten	375
Empfehlung 7-22	Beteiligung der Betroffenen sicherstellen	376
Empfehlung 7-23	Stärkung der globalen Umwelt- und Nachhaltigkeitsinstitutionen	380
Empfehlung 7-24	Finanzielle und personelle Ausstattung der Weltumweltorganisation sichern	380
Empfehlung 7-25	Akzeptanz in Entwicklungsländern für Reformüberlegungen schaffen	380

		Seite
Empfehlung 7-26	Konsultationsforum für alle wichtigen „Stakeholders" schaffen	380
Empfehlung 7-27	Kultur der Nachhaltigkeit stärken	389
Empfehlung 7-28	Transparenz schaffen mit Kennzeichen und Tests	389
Empfehlung 7-29	Industrie und Handel mit staatlichen Anreizen überzeugen	389
Empfehlung 7-30	Naturverbrauch transparent machen	389
Empfehlung 7-31	Ressourceneffizienz verbessern	389
Empfehlung 7-32	Kriterien für Technologietransfer im Zuge einer nachhaltigen Entwicklung nutzen	390
Empfehlung 7-33	Systemlösungen anbieten	390
Empfehlung 7-34	Angepasste Technologien entwickeln	390
Empfehlung 10-1	Soziale, ökologische und wirtschaftliche Nachhaltigkeit als Ziel von Global Governance	419
Empfehlung 10-2	Stärkung einer kohärenten internationalen Politik der Bundesregierung	421
Empfehlung 10-3	Regionalisierungsanstrengungen der Entwicklungsländer unterstützen	423
Empfehlung 10-4	Weltkonferenzen als Politikarena nutzen	425
Empfehlung 10-5	Reform des internationalen Institutionengefüges	428
Empfehlung 10-6	Demokratisierung internationaler Institutionen	428
Empfehlung 10-7	Stärkung internationaler Organisationen	432
Empfehlung 10-8	Die UNO stärken und demokratisieren	432
Empfehlung 10-9	Internationale Genderpolitik in der UNO	432
Empfehlung 10-10	Förderung und Ausbau multilateraler Kooperation	433
Empfehlung 10-11	Stärkung des Völkerrechts	435
Empfehlung 10-12	Entwicklungspolitische Global Governance	438
Empfehlung 10-13	Einbezug nichtstaatlicher Akteure in Global Governance	442
Empfehlung 10-14	„Soft Law"-Ansätze stärken	445
Empfehlung 10-15	Stärkere Einbindung des Parlaments in die internationale Politik	449
Empfehlung 10-16	Systematische Nutzung und Vernetzung von Kontakten und Informationen für das Parlament	449
Empfehlung 10-17	Einsetzung einer „Task Force Globalisierung"	449
Empfehlung 10-18	Intensivierung des Dialogs mit NGOs	450

Abbildungsverzeichnis

                                                                                  Seite

Abbildung 1-1	Die Karriere des Wortes „Globalisierung"	49
Abbildung 1-2	Durchschnittliche Zölle auf Industrieprodukte in den Industrieländern 1950 und vor Beginn der Uruguay-Runde, 1984	50
Abbildung 1-3	Weltweiter Anstieg von Handel und Produktion	51
Abbildung 1-4	Entwicklung der Anzahl der Internet-Anschlüsse weltweit	51
Abbildung 1-5	Der Außenhandelsüberschuss wächst weiter	54
Abbildung 1-6	Der Abstand wächst – Abstandsverhältnis vom Einkommen des reichsten Fünftels zum Einkommen des ärmsten Fünftels der Weltbevölkerung	55
Abbildung 1-7	Gender Development Index 1970–1998	55
Abbildung 1-8	Internationale Umweltverträge 1920–1998	57
Abbildung 1-9	Divergenz in der Einkommensverteilung 1998	58
Abbildung 1-10	Anzahl internationaler nichtstaatlicher Organisationen 1956 – 1998	58
Abbildung 2-1	Anteile am Weltsozialprodukt und an der Weltbevölkerung	62
Abbildung 2-2	Die Einkommensschere zwischen Arm und Reich öffnet sich immer weiter	62
Abbildung 2-3	Wachstumsraten von Investitionen, Exporten und Direktinvestitionen im Vergleich	64
Abbildung 2-4	Tägliche Devisenmarktumsätze	64
Abbildung 2-5	Weltweite Bestände an Derivaten	65
Abbildung 2-6	Weltweiter Umsatz börsengehandelter Derivate	66
Abbildung 2-7	Weltweiter Bestand an Anleihen und Aktien sowie deren Umsätze	69
Abbildung 2-8	Realzinsen 10-jähriger Staatsanleihen	70
Abbildung 2-9	Kurzfristige Zinssätze	70
Abbildung 2-10	Die realen Wachstumsraten des Bruttoinlandsproduktes	72
Abbildung 2-11	Private Nettokapitalströme in die asiatischen Volkswirtschaften	78
Abbildung 2-12	Das Ausmaß der Geldwäsche	80
Abbildung 2-13	Anteil der einzelnen Währungen an den Währungsreserven weltweit	93
Abbildung 2-14	Währungsreserven von Industrie- und Entwicklungsländern in US-Dollar und in Euro	94
Abbildung 2-15	Effektive durchschnittliche Körperschaftsteuersätze	98
Abbildung 2-16	Effektive durchschnittlicheKapitalsteuersätze	99
Abbildung 2-17	Effektive Steuerbelastung auf den Faktor Arbeit	99
Abbildung 2-18	Steuerliche Belastung von durchschnittlichen Lohn- und Gehaltseinkommen	99
Abbildung 2-19	Über- bzw. Unterperformance des DJSG World Index Composite gegenüber des Dow Jones World Stock Index	107
Abbildung 2-20	Das Finanzvolumen der „ethisch-ökologischen Fonds" in Großbritannien	108

		Seite
Abbildung 2-21	Öffentliche Mittel für Entwicklungszusammenarbeit	109
Abbildung 3-1	Handelsverflechtung Triade	120
Abbildung 3-2	Anteil wissensintensiver Dienstleistungen an den Erwerbstätigen	126
Abbildung 3-3	Dienstleistungssaldo (ohne Reiseverkehr) der G5-Staaten	127
Abbildung 3-4	Vergleich jährlicher Direktinvestitionsströme	161
Abbildung 4-1	Anteile am Welthandelsvolumen	203
Abbildung 4-2	Entwicklung der Exporte und des Bruttoinlandsproduktes	204
Abbildung 4-3	Entwicklung der gesamtwirtschaftlichen Lohnstückkosten (jeweilige Landeswährung)	205
Abbildung 4-4	Entwicklung der gesamtwirtschaftlichen Lohnstückkosten (in ECU)	206
Abbildung 4-5	Direktinvestitionen	207
Abbildung 4-6	Entwicklung der Investitionsquote in ausgewählten Ländern	207
Abbildung 4-7	Veränderung des WSI-Leistungsfähigkeitsindikators im internationalen Vergleich und seiner Komponenten	208
Abbildung 4-8	Zusammenhang zwischen Gesamt-Abgabenbelastung und Beschäftigung im privaten Sektor	211
Abbildung 4-9	Zusammenhang zwischen Gesamt-Abgabenbelastung und Beschäftigung im öffentlichen Sektor	211
Abbildung 4-10	Zusammenhang zwischen Beschäftigung in den geschützten Sektoren und der Frauenerwerbsquote	211
Abbildung 4-11	Erwerbstätige nach Tätigkeitsgruppen	214
Abbildung 4-12	Qualifikationsstruktur der Erwerbstätigen	216
Abbildung 4-13	Die Entwicklung der Erwerbstätigenzahlen	217
Abbildung 4-14	Allgemeine Arbeitslosenquote und Arbeitslosenquote von Erwerbspersonen ohne Berufsausbildung	236
Abbildung 4-15	Steuer- und Abgabenquoten volkswirtschaftlicher Produktionsfaktoren	236
Abbildung 4-16	Von der Arbeitsteilung und den komparativen Kostenvorteilen zur Informalität der Arbeit	244
Abbildung 4-17	Die Größe der Schattenwirtschaft der 21-OECD Länder	247
Abbildung 5-1	Verteilung der Internetanschlüsse im Januar 1999	264
Abbildung 5-2	Personalcomputer als Infrastrukturindikatoren	265
Abbildung 5-3	Die Nutzung des Internets korreliert mit den Zugangskosten	267
Abbildung 5-4	Anteil der Internetnutzer und -nutzerinnen an der Gesamtbevölkerung, aufgeteilt nach Geschlecht	268
Abbildung 5-5	Das Internet und seine Auswirkungen	270
Abbildung 5-6	Internetnutzung nach Alter	270
Abbildung 5-7	Internetnutzung nach Bildungsabschluss	270
Abbildung 5-8	Internetnutzung nach Haushaltsnettoeinkommen	271
Abbildung 5-9	Internetnutzer und -nutzerinnen ab 14 Jahren in Deutschland 1998–2001	271
Abbildung 5-10	DSL-Anschlüsse je 1000 Einwohner im Jahr 2001	271
Abbildung 5-11	Anteil Frauen und Männer im Internet 1995–2000	272

Abbildungsverzeichnis

		Seite
Abbildung 5-12	Seit Herbst 2001 alle Schulen am Netz	275
Abbildung 5-13	Innovationsaufwendungen der Unternehmen	306
Abbildung 6-1	Gender Development Index	310
Abbildung 6-2	Gender Empowerment Measure im Verhältnis zum Gender Development Index	311
Abbildung 6-3	Frauenanteile auf verschiedenen Qualifizierungsstufen in Deutschland und den USA	313
Abbildung 7-1	Anteile ausgestorbener und gefährdeter Pflanzenarten in Europa	327
Abbildung 7-2	Weltweite Entwicklung des Waldbestandes	328
Abbildung 7-3	Anstieg der oberflächennahen Weltmitteltemperatur 1990–2100	329
Abbildung 7-4	Zunahme der UV-Strahlung über Europa 1980–1997	330
Abbildung 7-5	Wasserverfügbarkeit in den Weltregionen 2025	331
Abbildung 7-6	Global Desertification Vulnerability 1999	332
Abbildung 7-7	Noch immer hungern 826 Millionen Menschen	334
Abbildung 7-8	Ursachen und Beziehungen von (Unter-)Ernährung	335
Abbildung 7-9	Koordination internationaler Akteure durch Standardsetzung	341
Abbildung 7-10	Verteilung der Biodiversität	345
Abbildung 7-11	Wichtige Institutionen der Biodiversitätskonvention	349
Abbildung 7-12	Stellung der CBD im Institutionengeflecht	352
Abbildung 7-13	Entwicklung des Energieverbrauchs im Flugverkehr im Vergleich, 1960 - 1999	358
Abbildung 7-14	Vergleich auf globalem Maßstab: Treibhausgasemissionen aus PKW und Flugverkehr	359
Abbildung 7-15	Menschen ohne Trinkwasserver- bzw. Abwasserentsorgung	361
Abbildung 7-16	Private und öffentliche Wasserversorgung in Europa, 1996	367
Abbildung 7-17	Spektrum möglicher Modelle zur Beteiligung der Privatwirtschaft	368
Abbildung 7-18	Art der „Public-Private-Partnership"-Kontrakte in Ländern mit mittleren und niedrigen Einkommen	369
Abbildung 7-19	Regionale Betätigungsfelder privater Wasserunternehmen	371
Abbildung 9-1	Regionale Verteilung der Weltbevölkerung	402
Abbildung 9-2	Verstädterung in Industrie- und Entwicklungsländern	404
Abbildung 9-3	Wasserverfügbarkeit in Indien nach drei langfristigen UN-Bevölkerungsprojektionen	406
Abbildung 9-4	Bevölkerungs- und Einkommenswachstum in Entwicklungsländern	408
Abbildung 10-1	Wachstum der Menge internationaler Organisationen 1909–1997	427
Abbildung 10-2	Das System der Vereinten Nationen	429
Abbildung A-1	Internet-Angebot der Enquete-Kommission „Globalisierung der Weltwirtschaft"	620

Tabellenverzeichnis

		Seite
Tabelle 2-1	Die Dynamik der weltweiten Finanzmärkte 1990 bis 2000	63
Tabelle 2-2	Realzinsen auf 10-jährige Staatsanleihen der G7-Staaten abzüglich des realen Wachstums des Bruttosozialprodukts	69
Tabelle 2-3	Reale kurzfristige Zinssätze abzüglich der realen Wachstumsraten des BIP	70
Tabelle 2-4	Zum Vergleich: Reale Wachstumsraten des Bruttoinlandsproduktes	72
Tabelle 3-1	Beispiele regionaler Integration von Industrie-, Schwellen- und Entwicklungsländern	121
Tabelle 3-2	KMU: Aufteilung in Wirtschaftsbereiche	129
Tabelle 3-3	Formalitäten bei Geschäftsgründung.	131
Tabelle 3-4	Anti-Dumping-Verfahren nach Entwicklungsstand: 1.1.1995–30.6.2001	144
Tabelle 3-5	Klassifikation von Dienstleistungen	146
Tabelle 4-1	WSI-Standortindikator für das Jahr 2000	208
Tabelle 4-3	Bedarf an Einfachtätigkeiten (Personen in 1 000)	215
Tabelle 4-2	Qualifikationsspezifische Arbeitslosenquoten in West und Ost (%), 1998	215
Tabelle 4-4	Dauer der Arbeitslosigkeit nach Qualifikationsniveau, 2000	218
	Entwicklung der realen Nettogewinne1 in Deutschland	234
	Reale Nettolöhne je beschäftigten Arbeitnehmer in (West-)Deutschland	234
Tabelle 4-7	Zur begrifflichen Zuordnung des informellen Sektors	241
Tabelle 4-8	Anteil des informellen Sektors an der Erwerbsarbeit außerhalb der Landwirtschaft	243
Tabelle 4-9	Beschäftigung im IuK-Sektor, ausgewählte Länder, 1999	249
Tabelle 4-10	Internetbeteiligung nach Ländergruppen mit unterschiedlichem Einkommensniveau, Juni 1999	251
Tabelle 5-1	Zugang zu Medien und Informationstechniken (pro 1000 Personen) 1997:	264
Tabelle 5-2	Anteil der Internetnutzer und -nutzerinnen und Internetanschlüsse in ausgewählten Ländern	265
Tabelle 5-3	Private Internetnutzung nach Geschlecht (Juni 2001)	272
Tabelle 5-4	Statistik zu Cyberkriminalität	281
Tabelle 5-5	Vergleich des TRIPS-Abkommens mit der EU-Richtlinie 98/44	288
Tabelle 5-6	Indikatoren zum Forschungssektor in der Welt	305
Tabelle 6-1	Emigration aus Thailand, 1997–2000, in Prozent	318
Tabelle 7-1	Ökologisch bewirtschaftete landwirtschaftliche Nutzfläche	337
Tabelle 7-2	Marktmacht transnationaler Konzerne im Agrarbereich1	339
Tabelle 7-3	Vertragstypen im Wasser- und Abwassersektor	369
Tabelle 7-4	Die weltgrößten Wasser-Unternehmen	370
Tabelle 10-1	Die Diskussion um Global Governance im Überblick	453
Tabelle A-1	Übersicht der Arbeitsgruppen	619

Verzeichnis der Kästen

Seite

Kasten 2-1	Hedge Fonds	67
Kasten 2-2	Der „Konsens von Washington"	74
Kasten 2-3	Die Einrichtung des Financial Stability Forum	76
Kasten 2-4	Was ist Seignorage?	96
Kasten 2-5	Die Empfehlungen des Financial Stability Forums im Bericht über den (kurzfristigen) Kapitalverkehr	101
Kasten 2-6	Die Empfehlungen des Financial Stability Forums im Bericht über die Offshore Zentren	102
Kasten 2-7	Die Empfehlungen des Financial Stability Forums im Bericht über die Fonds „mit großer Hebelwirkung" (Highly Leveraged Institutions – HLI; „Hedge Fonds")	
Kasten 2-8	Londoner Schuldenabkommen	111
Kasten 3-1	Wurzeln des GATT – Die Havanna-Charta	156
Kasten 3-2	Definitionen	179
Kasten 3-3	Beispiel der Förderung von Kooperationen	190
	Definition von Arbeitslosigkeit	209
Kasten 4-1	Beispiele für Informalisierung im formellen Sektor in den USA	243
Kasten 4-2	Self Employed Women's Association (SEWA), Ahmedabad, Indien	245
Kasten 4-3	Technische Entwicklungspotentiale	250
Kasten 4-4	Neue internationale Arbeitsteilung zwischen Frauen	315
Kasten 6-1	Gender Audits bei der ILO	320
Kasten 7-1	Kennzeichen von Projekten nachhaltiger Landwirtschaft	338
Kasten 7-2	Development- bzw. Food-Security-Box	340
Kasten 7-3	Biologische Vielfalt und Wälder	344
Kasten 7-4	Partnerschaftliche Nutzung der tropischen Biodiversität	355
Kasten 7-5	Frauenspezifische Auswirkungen der Wasserknappheit	361
Kasten 7-6	Täglicher pro Kopf-Wasserverbrauch	362
Kasten 7-7	Globale Nachhaltigkeitspolitik durch neue Nutzungsentgelte auf öffentliche Güter stärken	379
Kasten 8-1	Diskrepanz zwischen Umweltbewusstsein und Umwelthandeln in Deutschland	394
Kasten 8-2	Vorsorgeprinzip	395
Kasten 8-3	Europäische Union: Von der Umwelt- zur Nachhaltigkeitspolitik	398
Kasten 9-1	Bedeutung des Bevölkerungswachstums für die Unterrichtsversorgung am Beispiel Uganda	409
Kasten 9-2	Die zentralen Botschaften des Abschlussdokuments von Kairo	412
Kasten 9-3	Das sogenannte Kairo-Kernpaket	413
Kasten 10-1	„Global Governance" im Bericht der CGG	415
Kasten 10-2	Einige Beispiele für Herausforderungen, die sich – in unterschiedlicher Intensität – durch Globalisierung verschärfen können9	417
Kasten 10-3	Weltkonferenzen der neunziger Jahre	424

		Seite
Kasten 10-4	Weltfrauenkonferenz	425
Kasten 10-5	Sieben internationale Entwicklungziele für das 21. Jahrhundert	436
Kasten 10-6	Die 10 vorrangigen Ansatzpunkte des Aktionsprogramms 2015	437
Kasten 10-7	Die Globalisierung der Demokratie	440
Kasten 10-8	Nationales Parlament und internationales Völkerrecht	446
Kasten 10-9	e-Parliament	448

Abkürzungsverzeichnis

a.a.O.	an anderem Ort
AA	Auswärtiges Amt
Abb.	Abbildung
Abl.	Amtsblatt
ABM	Agreement on Anti-Ballistic Missiles (Raketenabwehrvertrag)
ABS	Anti-Blockier-System
Abs.	Absatz
ADI	Ausländische Direktinvestitionen (Foreign Direct Investment)
AFES	Arbeitsgruppe Friedensforschung und europäische Sicherheitspolitik
AFMIN	The Africa Microfinance Network
AG	Aktiengesellschaft
AIDS	Acquired Immune Deficiency Syndrome
AKP-Staaten	Staaten aus Afrika (A), der Karibik (K) und dem Pazifik (P), mit denen die EU im Rahmen der Lomé-Abkommen bzw. des Cotonou-Abkommens zusammenarbeitet.
AoA	Agreement on Agriculture (WTO) (Landwirtschaftsabkommen)
AOL	America Online
APC	Association for Progressive Communications
APEC	Asia-Pacific Economic Cooperation (Anrainerstaaten des pazifischen Beckens)
APS	Allgemeines Präferenzsystem (der Europäischen Union)
ARPANET	Advanced Research Projects Agency Network
Art.	Artikel
ASEAN	Association of Southeast Asian Nations (Verband südostasiatischer Nationen)
ATTAC	Association for the Taxation of Financial Transactions for the Aid of Citizens
AU Stud	Arbeitsunterlage der Enquete-Kommission „Globalisierung der Weltwirtschaft": Studie
AU	Arbeitsunterlage
AWG	Anglian Water Group
AWZ	Ausschuss für wirtschaftliche Zusammenarbeit und Entwicklung
B2B	Business to Business
B2C	Business to Consumer
BA	Bundesanstalt für Arbeit
BAKred	Bundesaufsichtsamt für das Kreditwesen
BAT	Bundesangestelltentarif
BAWe	Bundesaufsichtsamt für den Wertpapierhandel
BCBS	Basel Committee on Banking Supervision
BCC	Business Crime Control e.V. (NRO zu Wirtschaftsverbrechen und Korruption)
BCH	Biosafety Clearing-House
BDA	Bundesvereinigung der Deutschen Arbeitgeberverbände

BdB	Bundesverband Deutscher Banken
BDI	Bundesverband der Deutschen Industrie
BfN	Bundesamt für Naturschutz
BGB	Bürgerliches Gesetzbuch
BGW	Bundesverband der deutschen Gas- und Wasserwirtschaft
BIAC	Business and Industry Advisory Committee
BIBB	Bundesinstitut für Berufsbildung
BIP	Bruttoinlandsprodukt
BIQUA	Bildungsqualität von Schule (Schwerpunktprogramm der DFG)
BIS	Bank for International Settlements
BITKOM	Bundesverband Informationswirtschaft, Telekommunikation und Neue Medien
BIZ	Bank für Internationalen Zahlungsausgleich
BLK	Bund-Länder-Kommission für Bildungsplanung und Forschungsförderung
BLUE 21	Berliner Landesarbeitsgemeinschaft Umwelt und Entwicklung (NRO zu umwelt- und entwicklungspolitischen Themen)
BMA	Bundesministerium für Arbeit und Soziales
BMBF	Bundesministerium für Bildung und Forschung
BMFSFJ	Bundesministerium für Familie, Senioren, Frauen und Jugend
BMI	Bundesministerium des Innern
BML	Bundesministerium für Ernährung, Landwirtschaft und Forsten
BMLFUW	Österreichisches Bundesministerium für Land- und Forstwirtschaft, Umwelt und Wasserwirtschaft
BMU	Bundesministerium für Umwelt, Naturschutz und Reaktorsicherheit
BMVBW	Bundesministerium für Verkehr, Bau- und Wohnungswesen
BMVEL	Bundesministerium für Verbraucherschutz, Ernährung und Landwirtschaft
BMWi	Bundesministerium für Wirtschaft und Technologie
BMZ	Bundesministerium für wirtschaftliche Zusammenarbeit und Entwicklung
BNatSchG	Bundesnaturschutzgesetz
BNatSchGNeuregG	Gesetz zur Neuregelung des Rechts des Naturschutzes und der Landschaftspflege und zur Anpassung anderer Rechtsvorschriften
BOO	Build-Own-Operate
BOT	Build-Operate-Transfer
BSE	Bovine spongiforme Enzephalopathie (Rinderwahnsinn)
BSI	Bundesamt für Sicherheit in der Informationstechnik
BSP	Bruttosozialprodukt
bspw.	beispielsweise
BT	Bundestag
BT-Drs.	Drucksache des Deutschen Bundestages
BVMW	Bundesverband der mittelständischen Wirtschaft
bzw.	beziehungsweise
ca.	circa
CBD	Convention on Biological Diversity

Abkürzungsverzeichnis

CCC	Clean Clothes Campaign
CD	Compact Disc
CDG	Carl Duisberg Gesellschaft
CDM	Clean Development Mechanism
CDU	Christlich Demokratische Union
CEDAW	Convention on the Elimination of All Forms of Discrimination against Women
CEP	Council on Economic Priorities
CERN	Centre Européenne pour la Recherche Nucléaire
CE-Siegel	Conformité Européenne (Europäisches Warensiegel)
CFS	Committee on World Food Security
CGAP	Consultative Group to Assist the Poorest
CGE	Computational General Equilibrium
CGG	Commission on Global Governance
CHM	Clearing-House Mechanism
CIDS	Client Incident Database System
CIDSE	International Cooperation for Development and Solidarity
CIME	Comite' d'Information et de Mobilisation pour L'Emploi (OECD-Ausschuss für Internationale Investitionen und Multinationale Unternehmen)
CITES	Convention on International Trade in Endangered Species of Wild Fauna and Flora
CMS	Convention on the Conservation of Migratory Species of Wild Animals
CNM	Centrum für Nachhaltigkeitsmanagement
CO_2	Kohlendioxid
CoC	Codes of Conduct
COMECE	Commission of the Bishops' Conferences of the European Community
CONGO	Council for Non Governmental Organisations
COP	Conference of the Parties
CSD	Commission for Sustainable Development
CSI	Computer Security Institute
CSM	Center for Sustainability Management
CSU	Christlich-Soziale Union
CSW	Commission on the Status of Women
CTBT	Comprehensive Nuclear-Test-Ban Treaty
CTE	Committee on Trade and Environment
CWGL	Center for Women Global Leadership
d. h.	das heißt
DAAD	Deutscher Akademischer Austauschdienst
DAC	Development Assistance Committee (Ausschuss für Entwicklungshilfe (der OECD))
DARPA	Defense Advanced Research Projects Agency
DAWN	Development Alternatives for Women in a New Era
DEG	Deutsche Investitions- und Entwicklungsgesellschaft mbH
DFG	Deutsche Forschungsgemeinschaft
DGB	Deutscher Gewerkschaftsbund

DGVN	Deutsche Gesellschaft für die Vereinten Nationen
DIE	Deutsches Institut für Entwicklungspolitik
DIW	Deutsches Institut für Wirtschaftsforschung
DLG	Deutsche Landwirtschaftsgesellschaft
DM	Deutsche Mark
DOT Force	Digital Opportunity Task Force
DPG	Deutsche Postgewerkschaft
DPG	Domestically Prohibited Goods (s. Kapitel 3)
DRM	Digital Rights Management
DSE	Deutsche Stiftung für internationale Entwicklung
DSGV	Deutscher Sparkassen- und Giroverband
DSL	Digital Subscriber Line
DSW	Deutsche Stiftung Weltbevölkerung
DV	Datenverarbeitung
DVA	Datenverarbeitungsanlage
EBA	Eisenbahn-Bundesamt
EBRD	European Bank for Reconstruction and Development (Europäische Bank für Wiederaufbau und Entwicklung)
ECE	Economic Commission for Europe
Ecologic	Institut für Internationale und Europäische Umweltpolitik, Berlin
E-Commerce	Electronic Commerce
ECOSOC	Economic and Social Council (Wirtschafts- und Sozialrat der VN)
ECU	European Currency Unit
EDV	Elektronische Datenverarbeitung
EED	Evangelischer Entwicklungsdienst
EG	Europäische Gemeinschaft
EGKS	Europäische Gemeinschaft für Kohle und Stahl
EI	Education International
EI/PSI	Education International/Public Services International
EIB	Europäische Investitionsbank
EKD	Evangelische Kirche in Deutschland
EL	Entwicklungsländer
E-Learning	Electronic Learning
EME	Established Market Economies
EMG	Environment Management Group
ENB	Earth Negotiation Bulletin
EP	Europäisches Parlament
EPA	Environmental Protection Agency
E-Parliament	Electronic Parliament
EPD	Evangelischer Pressedienst
EPÜ	Europäisches Patentübereinkommen

Abkürzungsverzeichnis

ERND	Exchange Rate Normalization Duty
ESF	European Social Fund
ESZB	Europäisches System der Zentralbanken
ETAN	European Technology Assessment Network
ETI	Embed the Internet Consortium
ETUC	European Trade Union Confederation
EU	Europäische Union
EUREAU	European Union of National Associations of Water Suppliers and Waste Water Services
EUV	Europäischer Unionsvertrag
EWG	Europäische Wirtschaftsgemeinschaft
EWS	Europäisches Währungssystem
EZ	Entwicklungszusammenarbeit
EZB	Europäische Zentralbank
F&E/FuE	Forschung und Entwicklung
f.	folgende [Seite]
FAO	Food and Agriculture Organization of the United Nations
FATF	Financial Action Task Force on Money Laundering der OECD
FAZ	Frankfurter Allgemeine Zeitung
FBI	Federal Bureau of Investigation
FCKW	Fluorchlorkohlenwasserstoffe
FDI	Foreign Direct Investment
FDP	Freie Demokratische Partei Deutschlands
FED	Federal Reserve (US central bank)
FES	Friedrich-Ebert-Stiftung
FEZ	Freie Exportzonen
ff.	folgende [Seiten]
FfD	Financing for Development
FFH	Flora-Fauna-Habitat-Richtlinie (EU)
FHTW	Fachhochschule für Technik und Wirtschaft Berlin
FIBV	International Federation of Stock Exchanges
FNV	Federatie Nederlandse Vakbeweging
FRA	Forest Resources Assessment
FSF	Financial Stability Forum
FTD	Financial Times Deutschland
FWAN	Fixed Wireless Access Networks
FWI	Forest Watch Indonesia
FZ	Finanzielle Zusammenarbeit
G5	Gruppe von fünf Industriestaaten (Deutschland, Frankreich, Großbritannien, Japan, USA)
G 10	Gruppe von zehn „big players", das sind die G7 und Belgien, Niederlande, Schweden, Schweiz und Saudi Arabien (= zwölf Staaten)

G 20	Internationales Forum der Finanzminister und Notenbankgouverneure der G7 und Argentinien, Australien, Brasilien, China, Indien, Indonesien, Mexiko, Russland, Saudi Arabien, Südafrika, Südkorea, Türkei sowie der Europäischen Union und der Bretton Woods Institutionen (IWF und Weltbank), um die Stabilität auf den internationalen Finanzmärkten zu fördern.
G 24	Intergovernmental Group of Twenty-Four on International Monetary Affairs (Mitglieder aus Afrika, Asien und Lateinamerika)
G 7	Gruppe von sieben Industriestaaten (Deutschland, Frankreich, Großbritannien, Italien, Japan, Kanada, USA)
G 77	Group of Seventy-Seven at the United Nations (Von 77 Entwicklungsländern gegründet)
G 8	Gruppe von acht Industriestaaten (G7 und Russland)
GAAP	Generally Accepted Accounting Principles
GAK	Gemeinschaftsaufgabe „Verbesserung der Agrarstruktur und des Küstenschutzes"
GASP	Gemeinsame Außen- und Sicherheitspolitik der Europäischen Union
GATS	General Agreement on Trade in Services
GATT	General Agreement on Tariffs and Trade
GBD	Global Business Dialogue
GDI	Gender Development Index
GDOI	Global Digital Opportunity Initiative
GEF	Global Environment Facility
GEM	Gender Empowerment Measure
GEO	Global Environment Organisation
GFW	Global Forest Watch
GG	Grundgesetz
ggf.	gegebenenfalls
GIA	Gender Impact Assessment
GIP	Global Internet Project
GLOBE	Global Legislators Organisation for a Balanced Environment
GMEF	Global Ministerial Environment Forum (Globales Umweltministerforum bei UNEP)
GOBT	Geschäftsordnung des Deutschen Bundestages
GPRS	General Packet Radio System
GPS	General Positioning System
GTZ	Deutsche Gesellschaft für Technische Zusammenarbeit GmbH
GUS	Gemeinschaft Unabhängiger Staaten
GV	Generalversammlung
GWB	Gesetz gegen Wettbewerbsbeschränkungen
GwG	Geldwäschegesetz
HDI	Human Development Index
HIPC	Heavily Indebted Poor Countries
HIV	Human Immunodeficiency Virus
HKW	Halogenierte Fluorchlorkohlenwasserstoffe
HLI	Highly Leveraged Institutions (Institutionelle Anleger mit großer Hebelwirkung)

Abkürzungsverzeichnis

HPI	Human Poverty Index
HUF	Ungarischer Forint
HWWA	Hamburgisches Weltwirtschaftsarchiv
IA	Institutionelle Anleger
IAB	Institut für Arbeitsmarkt- und Berufsforschung
IAB	Internet Architecture Board
IAO	Internationale Arbeitsorganisation
IAW	Institut für Angewandte Wirtschaftsforschung, Tübingen
IBFG	Internationaler Bund Freier Gewerkschaften
ibv	Ingenieurgemeinschaft für Bau- und Verkehrsplanung
ICANN	International Corporation for Assigned Names and Numbers
ICAO	International Civil Aviation Organisation
ICC	International Chamber of Commerce
ICC	International Crminial Court (Internationaler Strafgerichtshof)
ICCPB	Intergovernmental Committee for the Cartagena Protocol on Biosafety
ICFTU	International Confederation of Free Trade Unions
ICLEI	International Council for Local Environmental Initiatives
ICN	International Competition Network
ICN	Inter-University Computer Network
ICOLD	The International Commission on Large Dams
ICPD	International Conference on Population and Development
ICT	Information- and Communication Technology
IDB	Inter-Americain Development Bank (Interamerikanische Entwicklungsbank)
IDC	Internet Database Connector oder International Data Corporation
IEC	International Electronic Commission
IEG	International Environmental Governance
IETF	Internet Engineering Task Force
IFAD	International Fund for Agricultural Development
IFF	Intergovernmental Forum on Forest
IFI	Internationale Finanzmarktinstitution
IfM	Institut für Mittelstandsforschung
ifo	Institut für Wirtschaftsforschung
IfW	Institut für Weltwirtschaft an der Universität Kiel
Igf	(vorwettbewerbliche) industrielle Gemeinschaftsforschung
IGH	Internationaler Gerichtshof
IGM	Intergovernmental Group of Ministers or their Representatives
IGO	Intergovernmental Organization
IHP	International Hydrological Programme
IIASA	International Institute for Applied System Analysis
IIE	Institute for International Economics
IISD	International Institute for Sustainable Development

IKT	Informations- und Kommunikationstechniken
IL	Industrieländer
ILO	International Labour Organization
IMA	Interministerielle Arbeitsgruppe
IMF	International Monetary Fund (Internatilnaler Währungsfonds)
IMFC	International Monetary and Financial Committee
IMG	Intergovernmental Group of Ministers or their Representatives
IMO	International Maritime Organization
imug	Institut für Markt-Umwelt-Gesellschaft, Hannover
INBio	Instituto Nacional de Bioversidad
INEF	Institut für Entwicklung und Frieden, Duisburg
INSTRAW	United Nations International Research and Training Institute for the Advancement of Women
INTECH	Institute for New Technology
IOM	International Organization for Migration
IOSCO	International Organization of Securities Commissions
IPCC	Intergovernmental Panel on Climate Change
IPEC	International Programme on the Elimination of Child Labour
IPF	Intergovernmental Panel on Forest
IPU	Interparlamentarische Union
IRB-Ansatz	Internal-Ratings Based Approach
ISDN	Integrated Services Digital Network
ISG	Institut für Sozialforschung und Gesellschaftspolitik, Köln
ISI	Fraunhofer Institut für Systemtechnik und Innovationsforschung, Karlsruhe
ISIC	International Standard Industry Code
Iso	Institut zur Erforschung sozialer Chancen
ISO	International Organization for Standardization
ISOC	Internet Society
ISS	International Institute for Social Studies, The Hague
IST	Information Society Technologies Programme
IT	Information Technology
ITO	International Trade Organisation
ITPGRFA	International Treaty on Plant Genetic Resources for Food and Agriculture
ITU	International Telecommunication Union
IUCN	International Union for the Conservation of Nature
IuK	Information- und Kommunikation
IuKDG	Informations- und Kommunikationsdienstgesetz
IW	Institut der Deutschen Wirtschaft, Köln
iwd	Informationsdienst des Instituts der Deutschen Wirtschaft, Köln
IWF	Internationaler Währungsfonds
IWMI	International Water Management Institute
IWRB	Integrierte Wasserressourcenbewirtschaftung

Abkürzungsverzeichnis

JIT	Just in Time
JSA	Joint Staff Assessment
KfW	Kreditanstalt für Wiederaufbau
KMK	Kultusministerkonferenz
KMU	Kleine und mittlere Unternehmen
KOM	Kommission der Europäischen Union
KPMG	Klynfeld, Peat, Marwick, Mitchell, Goerdeler (Unternehmensberatung)
LAWA	Länderarbeitsgemeinschaft Wasser
LDC	Least Developed Countries
LIBOR	London Interbank Offered Rate
LIC	Library and Information Commission
LIFDC	Low Income Food Deficit Countries
LTCM	Long Term Capital Management
M&A	Merger and Aquisitions
MAI	Multilateral Agreement on Investment
MdB	Mitglied des Bundestages
MEA	Multilateral Environmental Agreement (Multilaterales Umweltabkommen)
MERCOSUR	Mercado Común del Sur (Gemeinsamer Markt der Cono Sur-Länder Argentinien, Brasilien, Paraguay und Uruguay bzw. Gemeinsamer Markt Lateinamerikas)
MIND	Mittelstand in Deutschland; Studie
Mio.	Millionen
MIT	Massachusetts Institute of Technology
MK	Mikrozensus
MMF	Money Market Fund
MNC	Multinational Corporation (Multinationale Unternehmen)
MNK	Multinationale Konzerne
MOE	Mittel- und Osteuropäische Staaten
MPG	Max-Planck-Gesellschaft
MPI	Max-Planck-Institut
Mrd.	Milliarden
MSCI	Morgan Stanley Capital International Inc.
MWB	Mindestsüßwasser-Bedarf pro Person
N_2O	Stickstoffoxid, Lachgas
NAFTA	North American Free Trade Agreement
NAI	Natur-Aktien Index
NASSCOM	National Association of Software and Service Companies
NBER	National Bureau of Economic Research
NEPAD	New Partnership for Africa's Development
NGO	Non Governmental Organization

NIC	Newly Industrialized Country
NO_x	Sammelbezeichnung für alle bei Verbrennungsvorgängen entstehenden gasförmigen Stickstoffoxide mit unterschiedlichen Oxidationsstufen.
NRO	Nichtregierungsorganisation
NSB	Neue Soziale Bewegungen
NSF	National Science Foundation
NSFNET	National Science Foundation Network
NTB	Non-tariff Barriers of Trade
NZZ	Neue Züricher Zeitung
o. g.	oben genannte(n)
O_3	Ozon
OA	Official Aid to Countries and Territories in Transition
OAU	Organisation of African Unity
ÖBS	öffentlicher Beschäftigungssektor
ODA	Official Development Assistance (Öffentliche Entwicklungszusammenarbeit)
OECD	Organisation for Economic Co-Operation and Development
OFC	Offshore Financial Centres
OFWAT	Office of Water Services
OGD	Observatoire Géopolitique des Drogues
OPEC	Organization of the Petroleum Exporting Countries
OSS	Open Source Software
OSZE	Organisation für Sicherheit und Zusammenarbeit in Europa
OTC	Over The Counter
P2P	Person to Person
P3P	Platform for Privacy Preferences Project
PAK	Polycyclische aromatische Kohlenwasserstoffe
PC	Personal Computer
PDS	Partei des Demokratischen Sozialismus
PhD	Doctorate of Philosophy
PhRMA	Pharmaceutical Research and Manufacturers of America
PIC	Prior Informed Consent
PICS	Platform for Internet Content Selection
PISA	Program for International Student Assessment
PPIAF	Public-Privat Infrastructure Advisory Facilities
PPP	Public Private Partnership
PREALC	Programa Economico para America Latina y el Carribe
PRGF	Poverty Reduction and Growth Facility
PRIO	International Peace Research Institute, Oslo
PRSP	Poverty Reduction Strategy Paper
PSI	Private Sector Involvement
PSIRU	Public Service International Research Unit, University of Greenwich
PWU	Public Sector Water Undertakings

QS	Qualitätssicherung
R&D	Research and Development
RED	Zentralamerikanisches Netzwerk von Frauenorganisationen zur Unterstützung der Maquila-Arbeiterinnen
RFI	Radiative Forcing Index
ROD	Run-Operate-Transfer
RSIE	Research Seminar in International Economics, University of Michigan
RWE	Rheinisch-Westfälische Elektrizitätswerke AG
RWI	Rheinisch-Westfälisches Institut für Wirtschaftsforschung
RWS	Rat für wirtschaftliche Sicherheit bei den Vereinten Nationen
SA 8000	Social Accountability Standard 8000
SAI	Social Accountability International
SBSTTA	Subsidiary Body on Scientific, Technical and Technological Advice
SDDS	Special Data Dissemination Standard
SEF	Stiftung Entwicklung und Frieden
SEWA	Self Employed Women's Association
SGB	Sozialgesetzbuch
SOEP	Social Economic Panel
sog.	sogenannt(e)
SÖL	Stiftung Ökologie & Landbau
SPD	Sozialdemokratische Partei Deutschlands
SPE	Special Purpose Entities
SPS	Stand-by Power Supply
SPS-Agreement	The Agreement on the Application of Sanitary and Phytosanitary Measures. (Abkommen über die Anwendung gesundheitlicher und pflanzenschutzrechtlicher Maßnahmen)
STAN	(Structural Analysis) Datenbank
StGB	Strafgesetzbuch
SV	Shareholder Value
SVR	Sachverständigenrat zur Begutachtung der gesamtwirtschaftlichen Entwicklung
TAB	Büro für Technikfolgen-Abschätzung beim Deutschen Bundestag
TBT	Technical Barriers to Trade
TI	Transparency International
TKm	Tonnen-Kilometer
TKÜV	Telekommunikationsüberwachungsverordnung
TNC	Transnational Corporation (Transnationale Unternehmen)
TNI	Transnationalitätsindex
TrinkwV	Trinkwasserverordnung
TRIPS	Trade-Related Aspects of Intellectual Property Rights
TUAC	Trade Union Advisory Committee
TWN	Third World Network
u. a.	unter anderem

UBA	Umweltbundesamt
UBO	Umweltbüro Ost der Deutschen Wirtschaft
UBS	United Bank of Switzerland
UIA	Union of International Associations
UK	United Kingdom
UMTS	Universal Mobile Telecommunication System
UN	United Nations
UNAIDS	Joint United Nations Programme on HIV/AIDS
UNCCD	United Nations Convention to Combat Desertification
UNCED	United Nations Conference on Environment and Development
UNCITRAL	United Nations Commission on International Trade Law
UNCLOS	United Nations Convention on the Law of the Sea
UNCSTD-GWG	United Nations Commission on Science and Technology-Gender Working Group
UNCTAD	United Nations Conference on Trade and Development
UNDP	United Nations Development Programme
UN-ECE	United Nations Economic Commission for Europe
UNEP	United Nations Environment Programme
UNESCO	United Nations Educational, Scientific and Cultural Organization
UNFCCC	United Nations Framework Convention on Climate Change
UNFF	United Nations Forum on Forests
UNFPA	United Nations Population Fund
UNHCHR	United Nations High Commissioner for Human Rights (Hochkommissariat für Menschenrechte)
UNICEF	United Nations Children Fund
UNIDO	United Nations Industrial Development Organization
UNIFEM	United Nations Development Fund for Women
UNO	United Nations Organisation
UNODCCP	United Nations Office for Drug Control and Crime Prevention
UNU	United Nations University
UPOV	The International Union for the Protection of New Varieties of Plants
UrhG	Urhebergesetz
USA	United States of America
US-NCES	United States National Center for Education Statistics
UV-B	Ultraviolett B
UWG	Gesetz gegen den Unlauteren Wettbewerb
v.a.	vor allem
v.H.	von Hundert
VCI	Verband der Chemischen Industrie
VENRO	Verband Entwicklungspolitik deutscher Nicht-Regierungsorganisationen
VERNET	Programm des BMWi für sichere und verlässliche Transaktionen in offenen Kommunikationsnetzen
vgl.	vergleiche
VGR	Volkswirtschaftliche Gesamtrechnung

Abkürzungsverzeichnis

VIFU	Virtuelle Internationale Frauenuniversität
VINGS	Virtuelle Internationale Geschlechterstudien
VN	Vereinte Nationen
VR	Volksrepublik (VR China)
vs.	versus
W3B	WWW-Benutzeranalyse
W3C	World Wide Web Consortium
WBCSD	World Business Council for Sustainable Development
WBGU	Wissenschaftliche Beirat der Bundesregierung Globale Umweltveränderungen
WCD	World Commission on Dams
WCMC	World Conservation Monitoring Centre
WEDO	Women Environment Development Organisation
WEED	World Economy, Ecology & Development
WEF	World Economic Forum
WEO	World Environment Organisation
WFP	World Food Programme (Welternährungsprogramm)
WHO	World Health Organization
WICEJ	Women's International Coalition for Economic Justice
WIDE	Women in Development Europe
WIEGO	Women in Informal Employment: Globalizing and Organizing
WIPO	World Intellectual Property Organization
WIR	World Investment Report
WP	Wahlperiode
WRI	World Resources Institute
WSI	Wirtschafts- und Sozialwissenschaftliches Institut
WSKR-Pakt	Internationaler Pakt über wirtschaftliche, soziale und kulturelle Menschenrechte
WSSD	World Summit on Sustainable Development (UN-Weltgipfel für nachhaltige Entwicklung)
WTO	World Trade Organization (Welthandelsorganisation)
WWI	World Watch Institute
WWU	Wirtschafts- und Währungsunion
WWW	World Wide Web
WZB	Wissenschaftszentrum Berlin für Sozialforschung (Social Science Research Center Berlin)
z. B.	zum Beispiel
ZDH	Zentralverband des Deutschen Handwerks
ZEW	Zentrum für Europäische Wirtschaftsforschung GmbH

Die Enquete-Kommission

Vorsitz

Vorsitzender: Dr. Ernst Ulrich von Weizsäcker, (SPD)

Stellvertretender Vorsitzender: Thomas Rachel, (CDU/CSU)

Die Abgeordneten

Ordentliche Mitglieder — *Stellvertretende Mitglieder*

SPD

Ordentliche Mitglieder	Stellvertretende Mitglieder
Rainer Fornahl (bis 07.02.2001)	Brigitte Adler (ab 07.11.2001)
Reinhold Hemker (bis 07.11.2001)	Detlef Dzembritzki
Dr. Edelbert Richter (ab 07.02.2001)	Rainer Fornahl (bis 19.06.2001)
Gudrun Roos	Winfried Mante
Dagmar Schmidt	Johannes Pflug
Ottmar Schreiner (ab 07.11.2001)	Dr. Edelbert Richter (bis 07.02.2001
Dr. Sigrid Skarpelis-Sperk (Obfrau)	Silvia Schmidt (bis 14.03.2000)
Dr. Ernst Ulrich von Weizsäcker	Ottmar Schreiner (14.03.2000 – 06.11.2001)
	Jörg Tauss (ab 19.06.2001)
	Wolfgang Weiermann (ab 06.06.2000)
	Margrit Wetzel (bis 06.06.2000)

CDU/CSU

Ordentliche Mitglieder	Stellvertretende Mitglieder
Klaus-Jürgen Hedrich (ab 02.07.2001)	Manfred Grund
Josef Hollerith	Dr. Martina Krogmann (bis 15.09.2000)
Dr. Martina Krogmann (15.09.2000 – 02.07.2001)	Dr. Klaus W. Lippold
Thomas Rachel	Karl-Heinz Scherhag (ab 15.09.2000)
Karl-Heinz Scherhag (bis 15.09.2000)	Max Straubinger
Hartmut Schauerte (Obmann)	

BÜNDNIS 90/DIE GRÜNEN

Ordentliche Mitglieder	Stellvertretende Mitglieder
Annelie Buntenbach (Obfrau)	Steffi Lemke (ab 26.03.2001)
	Margareta Wolf (bis 26.03.2001)

FDP

Ordentliche Mitglieder	Stellvertretende Mitglieder
Gudrun Kopp (Obfrau)	Heinrich L. Kolb

PDS

Ordentliche Mitglieder	Stellvertretende Mitglieder
Ursula Lötzer (Obfrau)	Uwe Hiksch

Die Enquete-Kommission 45

Sachverständige Mitglieder

Prof. Dr. Elmar Altvater,	Otto-Suhr-Institut für Politikwissenschaft der Freien Universität Berlin
Dr. Michael Baumann,	Stellvertretender Vorsitzender GERMANWATCH e. V.
Andreas Botsch,	DGB-Bundesvorstand, Vorstandssekretär Wirtschafts-, Tarif-, Struktur- und Umweltpolitik (ab 19.04.2002)
Dr. Wolfgang Brühl,	Unternehmensberater, Frankfurt am Main
Prof. Dr. Dr. Rudolf Dolzer,	Universität Bonn, Institut für Völkerrecht, Bonn
Dr. Werner Gries,	Ministerialdirektor a. D. des BMFT, Bonn
Dipl.-Ing. Otmar Haas,	Haas Consulting Services, Ronnenberg
Prof. Dr. Jörg Huffschmid,	Universität Bremen, Fachbereich Wirtschaftswissenschaft, Bremen
Dr. Margareta E. Kulessa,	Johannes-Gutenberg-Universität Mainz, Fachbereich Rechts- und Wirtschaftswissenschaften, Mainz (ab 03.04.2002)
Prof. Dr. Franz Nuscheler,	Professor für vergleichende und internationale Politik an der Universität Gesamthochschule Duisburg, Direktor des Instituts für Entwicklung und Frieden (INEF), stellv. Vorsitzender der Stiftung Entwicklung und Frieden, Duisburg
Prof. Dr. Karl-Heinz Paqué,	Otto-von-Guericke-Universität Magdeburg, Fakultät für Wirtschaftswissenschaft, Lehrstuhl für Volkswirtschaftslehre, insbesondere Internationale Wirtschaft, Magdeburg
Heinz Putzhammer,	Deutscher Gewerkschaftsbund, Mitglied des Geschäftsführenden Bundesvorstandes, Berlin (bis 10.04.2002)
Prof. Dr. Robert Tschiedel,	apl. Professor im Fachbereich Sozialwissenschaften an der Westfälischen Wilhelms-Universität Münster, wissenschaftlicher Leiter/Direktor des Instituts für Technik und Gesellschaft, Geschäftsführer TaT Transferzentrum für angepasste Technologien GmbH, Rheine (bis 11.03.2002)
Dr. h.c. Dieter Wolf,	Präsident a. D. des Bundeskartellamtes, Düsseldorf
Prof. Dr. Brigitte Young,	Institut für Politikwissenschaft, Westfälische Wilhelms-Universität Münster

Kommissionssekretariat

Der Enquete-Kommission wurde von der Verwaltung des Deutschen Bundestages zur organisatorischen und wissenschaftlichen Unterstützung ihrer Arbeit ein Sekretariat zur Verfügung gestellt.

Leiter des Sekretariats

Dr. Gerd Renken

Stellvertretender Leiter des Sekretariats

Jochen Boekhoff, Diplom-Volkswirt

Wissenschaftliche Mitarbeiterinnen und Mitarbeiter

Marianne Beisheim, M.A., Politikwissenschaftlerin (ab September 2000)

Dipl.-Ing. Dörte Bernhardt, Diplom-Chemieingenieurin (ab September 2000)

Andreas Gehlhaar, M.A., Volkswirtschaft (bis März 2001)

Dr. Hella Hoppe, Volkswirtin (ab Mai 2001)

Dr. Otto Singer (bis Oktober 2001)

Dr. Sabine Vogel, Juristin

Dr. Elmar Waldschmitt, Volkswirt (ab Oktober 2001)

Sachbearbeiter/Büroleiter

Klaus Braun, Diplom-Betriebswirt (FH)

Erste Kommissionssekretärin

Christiane Kahlert

Zweite Kommissionssekretärin

Michaela Müller

Studentische Hilfskräfte

Jorge Birkner

Sascha Claudius

Johanna Urzedowski

Wissenschaftliche Mitarbeiter der und für die Fraktionen

SPD	Ruth Möller, Referentin der SPD-Bundestagsfraktion
CDU/CSU	Stefan Neubauer, Diplom-Kaufmann Dr. Wolfgang Weber, Diplom-Chemiker
BÜNDNIS 90/DIE GRÜNEN	Helmut Breiderhoff, Referent der Fraktion Bündnis 90/Die Grünen Claus Körting, Diplom-Politologe Ursula Schönberger, M.A., Politikwissenschaftlerin
FDP	Dr. Berend Diekmann, Diplom-Volkswirt
PDS	Christian Christen, Diplom-Volkswirt Alexander Troll, Diplom-Volkswirt

Vorwort

Der Deutsche Bundestag hat als erstes Parlament der Welt eine Kommission eingerichtet, die sich systematisch mit den Fragen der Globalisierung beschäftigt: die Enquete-Kommission *Globalisierung der Weltwirtschaft – Herausforderungen und Antworten*.

Der Einsetzungsbeschluss vom 14. Dezember 1999 (Drs. 14/2350) trägt der Kommission auf

- die Gründe zusammenzustellen, die zur Globalisierung der Weltwirtschaft geführt haben,
- ihre Auswirkungen in wirtschaftlichen, gesellschaftlichen und politischen Bereichen zu untersuchen, und
- Handlungsoptionen für die nationale und internationale Gemeinschaft darzustellen, wie sie verantwortungsvoll auf die weitere Entwicklung einwirken können.

Im letzteren Mandat liegt das Schwergewicht bei der Einwirkung auf die globale Entwicklung. Nicht weniger wichtig ist jedoch die Einwirkung auf Deutschland selbst, wenn es im globalen Wettbewerb mithalten und im globalen Konzert erfolgreich mitspielen möchte.

Die Globalisierung wird also durchaus als Chance angesehen. Die Rückkehr in nationalstaatliches Denken ist ebenso wenig möglich wie wünschbar. Gleichwohl ist das Mandat nicht blind gegen Gefahren. Es verlangt auch Politikantworten, die „wesentliche nachteilige Effekte der Globalisierung beseitigen".

Der Zwischenbericht der Kommission (Drs. 14/6910) umfasst bereits die meisten der zu behandelnden Themen, wenngleich mit sehr unterschiedlicher Gewichtung, – gemäß der zeitlich gestaffelten Einsetzung der auf die Themen bezogenen Arbeitsgruppen:

- AG 1: Finanzmärkte (eingesetzt am 6. Juli 2000)
- AG 2: Waren- und Dienstleistungsmärkte (eingesetzt am 23. Oktober 2000)
- AG 3: Ressourcen (eingesetzt am 13. November 2000)
- AG 4: Global Governance (eingesetzt am 8. Dezember 2000)
- AG 5: Arbeitsmärkte (eingesetzt am 5. März 2001)
- AG 6: Wissensgesellschaft (eingesetzt am 28. Mai 2001).

Der Zwischenbericht hat in der Öffentlichkeit und noch mehr an deutschsprachigen Bildungseinrichtungen Beachtung gefunden. Trotz einer Druckauflage von 5 000 Exemplaren und zuzüglich 4 000 von der Bundeszentrale für politische Bildung verbreiteten Exemplaren war er wenige Wochen nach Erscheinen vergriffen. Gleichwohl hat die Kommission angesichts der bevorstehenden Abfassung des Endberichts den Zwischenbericht nicht erneut drucken lassen. Er kann jedoch von der Internetseite der Enquete-Kommission heruntergeladen (http://www.bundestag.de/globalisierung) oder als CD-ROM über das Referat Öffentlichkeitsarbeit des Deutschen Bundestages bezogen werden.

Der nunmehr vorliegende Abschlussbericht unterscheidet sich vom Zwischenbericht in drei wesentlichen Hinsichten:

- Im Abschlussbericht kommen alle sechs eingerichteten Arbeitsgruppen der Kommission einigermaßen gleichgewichtig und mit jeweils eigenen, von der Gesamtkommission verabschiedeten Empfehlungen zu Wort; zusätzlich wurden drei quer zu den Arbeitsgruppen liegende Themen (Weltbevölkerung, Nachhaltige Entwicklung und Geschlechtergerechtigkeit) in eigenen Abschnitten aufgegriffen.
- Der Abschlussbericht markiert am Ende der jeweiligen Kapitel ausdrücklich diejenigen globalisierungsrelevanten Fragestellungen, die in der begrenzten Zeit von gut zwei Jahren (März 2000 bis April 2002) noch nicht oder nicht mit der nötigen Gründlichkeit bearbeitet werden konnten.
- Der Abschlussbericht wurde im Gegensatz zum Zwischenbericht nach dem 11. September 2001 geschrieben. Allerdings war eine systematische Bearbeitung der Folgen

aus diesem die globale sicherheitspolitische Lage verändernden Terrorangriff nicht mehr möglich. Insbesondere das von den Vereinten Nationen als Reaktion aufgegriffene Schlagwort der menschlichen Sicherheit (human security) hätte eine gründliche, aber den gegebenen Zeitrahmen sprengende Befassung erfordert.

Auch der Abschlussbericht wird dem Deutschen Bundestag und der Öffentlichkeit mit dem Ehrgeiz vorgelegt, dass er allgemein verständlich und handlungsorientiert ist. Es wäre beiden Zielen abträglich, wenn der Bericht nicht aus sich heraus, d. h. ohne vorherige Lektüre des Zwischenberichts verständlich wäre. Deshalb erscheint es der Kommission sinnvoll, wenn der neue Bericht einzelne Argumente und ganze Passagen des Zwischenberichts wieder aufnimmt. Auch die meisten Empfehlungen aus dem Zwischenbericht sind hier wieder abgedruckt, mit einzelnen Modifikationen oder Aktualisierungen. Der überwiegende Teil der Empfehlungen wurde einstimmig verabschiedet ebenso wie der überwiegende Textteil.

Die Kommission setzt sich zusammen aus 13 Abgeordneten sowie deren Stellvertretern und 13 Sachverständigen (Wissenschaftler und Praktiker). Entsprechend dem Anteil der Fraktionen am gesamten Bundestag gehören ihr sechs Abgeordnete der SPD, vier Abgeordnete der CDU/CSU und jeweils eine Abgeordnete der Fraktionen BÜNDNIS 90/DIE GRÜNEN, FDP und PDS an.

Seit der konstituierenden Sitzung hat die Enquete-Kommission in 32 Sitzungen – darunter 13 öffentliche Anhörungen und neun nichtöffentliche Anhörungen – sowie in zahlreichen Arbeitsgruppensitzungen den vorliegenden Abschlussbericht erarbeitet. Insgesamt 40 externe Gutachten wurden darin ebenso berücksichtigt wie eine große Zahl der globalisierungsrelevanten Literatur und zahlreiche wissenschaftliche Studien.

Dass dies in der relativ kurzen Zeit von zwei Jahren möglich wurde, ist vor allem dem intensiven Einsatz aller Beteiligten an der Kommissionsarbeit zu verdanken.

Insbesondere danke ich dem stellvertretenden Vorsitzenden, Herrn Thomas Rachel, MdB (CDU/CSU-Fraktion) sowie den Obleuten der Fraktionen: Frau Dr. Sigrid Skarpelis-Sperk, MdB (SPD); Herrn Hartmut Schauerte, MdB (CDU/CSU); Frau Annelie Buntenbach, MdB (Bündnis 90/Die Grünen); Frau Gudrun Kopp, MdB (FDP) und Frau Ursula Lötzer, MdB (PDS).

Ebenso herzlich danke ich der Moderatorin und den Moderatoren der eingerichteten Arbeitsgruppen, Herrn Prof. Dr. Elmar Altvater (Finanzmärkte), Herrn Dr. Wolfgang Brühl (Waren- und Dienstleistungsmärkte), Herrn Prof. Dr. Dr. Rudolf Dolzer (Ressourcen), Herrn Prof. Dr. Franz Nuscheler (Global Governance), Herrn Ottmar Schreiner, MdB (Arbeitsmärkte) und Frau Ursula Lötzer, MdB (Wissensgesellschaft). Frau Prof. Dr. Brigitte Young danke ich für die Unterstützung beim Querschnittsthema Geschlechtergerechtigkeit.

Unterstützt wurde die Kommission durch das Sekretariat unter Leitung von Herrn Dr. Gerd Renken. Ich danke ihm, dem Büroleiter Herrn Klaus Braun und den beiden Sekretärinnen, Frau Christiane Kahlert und Frau Michaela Müller, für eine erstklassige Betreuung der Kommissionssitzungen, der Arbeitsgruppensitzungen und der Obleutegespräche.

Zahlreiche Texte mussten entworfen, überarbeitet und redigiert sowie die jeweiligen Arbeitsgruppen betreut werden. Hierfür gilt mein Dank den wissenschaftlichen Mitarbeiterinnen und Mitarbeitern im Sekretariat: Frau Marianne Beisheim, Frau Dörte Bernhardt, Frau Dr. Hella Hoppe, Herrn Jochen Boekhoff, Herrn Dr. Elmar Waldschmitt und Frau Dr. Sabine Vogel; sowie aus meinem Büro: Frau Beate Klein, Herr Mario Meinecke und Herr Dr. Achim Brunnengräber.

Für die Bilderstellung danke ich Herrn Hans Kretschmer, Wuppertal.

Berlin, den 13. Mai 2002

Dr. Ernst Ulrich von Weizsäcker, MdB
Vorsitzender der Enquete-Kommission
„Globalisierung der Weltwirtschaft – Herausforderungen und Antworten"

1 Einleitung

Warum beschäftigen wir uns mit der Globalisierung?

Was bringt den Deutschen Bundestag zur Beschäftigung mit der Globalisierung? Nun, die Globalisierung ist zu einem der wichtigsten politischen Themen geworden. Sehr viele politische Streitfragen unserer Tage haben einen direkten oder indirekten Bezug zur Globalisierung. Der Streit um die beste Strategie zur Überwindung der Arbeitslosigkeit, über die Verschuldung von Entwicklungsländern, über die optimale Steuerpolitik oder über Klimaschutz und Atomausstieg, fast alles wird heute im Zusammenhang der Globalisierung gesehen und diskutiert. Selbst die rein ethisch erscheinende Frage über den Import embryonaler Stammzellen ist zu einem erheblichen Teil über die Frage des Standorts Deutschland in einer globalisierten Forschungslandschaft abgehandelt worden.

Kein Wunder, dass die Globalisierung zu einem Schlagwort mit höchster Medienwirksamkeit geworden ist. Und das Schlagwort ist ziemlich neu, wie aus der Abbildung 1-1 hervor geht.

Abbildung 1-1

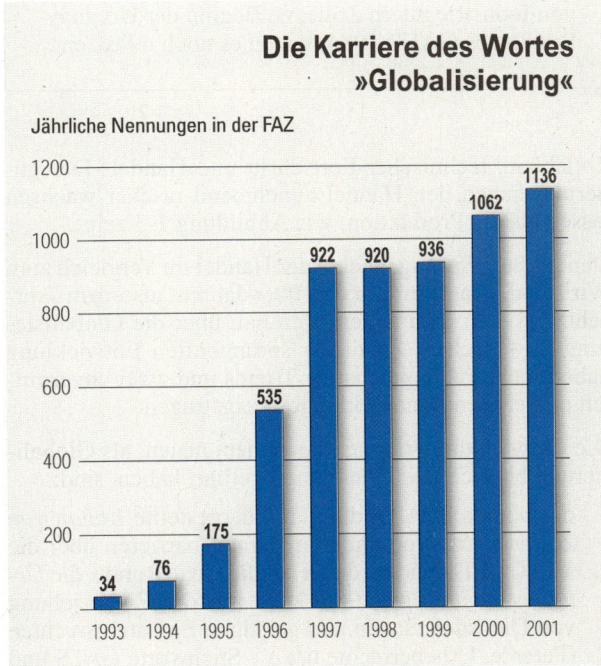

Das Wort Globalisierung ist erst während der Neunzigerjahre populär geworden. Das Bild zeigt die Zahl der Gesamtnennungen des Wortes Globalisierung in der Frankfurter Allgemeinen Zeitung 1993 bis 2001. Mit freundlicher Unterstützung durch die F.A.Z.

Mit der Globalisierung verbinden sich bei den Menschen in allen Erdteilen Hoffnungen und Ängste. Auffällig ist Folgendes: Wer Einfluss auf das globale Geschehen hat, spricht typischerweise positiv bis enthusiastisch über die Globalisierung. Wer sich machtlos und ausgeliefert fühlt, und das ist wohl die Mehrheit, bei dem überwiegen eher die Ängste. Ist das ein Wunder? Nein, es ist selbstverständlich.

Wenn aber die Globalisierung mehr Menschen in den Zustand oder die Stimmung versetzt, sich machtlos zu fühlen, dann muss in einer Demokratie reagiert werden. Das Tatsachenfeld sowie die realistischen Möglichkeiten der Mitgestaltung müssen zunächst durchschaut und beschrieben werden.

Am Anfang der politischen Erörterung der Globalisierung soll daher eine Verständigung darüber stattfinden, wo die historischen Wurzeln der Globalisierung liegen. Und wir sollten uns darüber einigen, was wir heute unter dem Wort verstehen.

Zum historischen Hintergrund

Der europazentrierte Welthandel war eine Vorläuferstufe der Globalisierung. Er hatte seinen Ursprung in den Jahrhunderten der (europäischen) Seefahrer seit den großen Entdeckungen, der Eroberung der „neuen Welt" und der Bildung von Kolonien und erlebte im 17. Jahrhundert eine erste Blüte. Er war zunächst sehr einseitig und bestand in der Hauptsache aus einer Ausbeutung der Kolonien durch europäische Mächte. Auch der Sklavenhandel war zeitweise ein quantitativ wichtiger „Handelssektor".

Erst im Zuge der Entstehung von Manufakturen und Industriebetrieben in Europa intensivierte sich der Austausch über die nationalen Grenzen, ja über die Ozeane hinweg und führte zu jener vertieften Arbeitsteilung, durch die die Spezialisierung und daher die Effizienz der Produktion aller Handelspartner gesteigert werden konnte. Im späten 19. Jahrhundert dominierten den Welthandel der Export von Industrieprodukten aus Europa und etwas später aus den USA sowie der Import von „Kolonialwaren" und Rohstoffen nach Europa (und die USA). Damit wurde die bezüglich der Vorteilsverteilung sehr *asymmetrische internationale Arbeitsteilung zwischen Nord und Süd* bestätigt. Zugleich entwickelte sich aber ein blühender Handel innerhalb Europas und über den Nordatlantik.

Einen Einbruch des internationalen Handels bedeutete die Zeit der Weltkriege zwischen 1914 und 1945. Während der Weltwirtschaftskrise von 1929 bis etwa 1933 versuchten fast alle Länder vergeblich, ihre interne Krise durch Autarkiepolitik, also durch die Abwehr von Importen sowie durch Währungsabwertungen zu meistern. Die Abschottungskrise hat sicherlich einen Teil zu den anschließenden politischen Katastrophen in Deutschland und Europa beigetragen.

Nach den Schrecken des 2. Weltkrieges bestand ein breiter Konsens in den Industrieländern, dass der kriegerische Nationalismus überwunden und die Völkerverständigung durch aktive wirtschaftliche Verflechtung abgesichert werden müsste. Allerdings fand dies vor dem Hintergrund der zunehmenden Blockkonfrontation statt, die als politischer Kitt für die Westintegration diente.

Seit dieser Zeit kann man weltweit beobachten, dass die wirtschaftliche Verflechtung und der Ausbau des Außenhandels zu einem vorrangigen *politischen* Ziel wurden. Die weltweit treibende Kraft für eine zunächst atlantische, dann aber globale Weltordnung war dabei zweifellos die USA. Hier wurden noch vor Ende des 2. Weltkriegs bei der Konferenz von Bretton Woods 1944 die institutionellen Grundlagen für die künftige internationale Wirtschaftszusammenarbeit gelegt. Die *Weltbank und der Internationale Währungsfonds (IWF)* wurden gegründet. 1946, bei der Konferenz von Havanna, wurde eine Internationale Handelsorganisation (ITO) als Motor für den Freihandel konzipiert und die *Charta von Havanna* beschlossen, mit ihrer Zielsetzung für die künftige Weltwirtschaftsordnung: Wohlstand, Frieden, Beschäftigung. Artikel 7 der Charta forderte ausdrücklich faire Sozialstandards! Sowohl die ITO wie die Charta scheiterten jedoch am Ratifizierungsverfahren im US-amerikanischen Kongress. Anstelle der ITO wurde dann das „schwächere" *Allgemeine Zoll- und Handelsabkommen GATT* gegründet.

Das GATT wurde zwar zunächst als Provisorium betrachtet, übernahm aber immer mehr die Funktion eines multilateralen Rahmens für den internationalen Handel. In insgesamt acht „Runden" des GATT wurden unter den Mitgliedsstaaten die Zölle in fast allen Marktsegmenten entscheidend gesenkt und nicht-tarifäre Handelshemmnisse abgebaut. Abbildung 1-2 zeigt den Erfolg der GATT-Runden bezüglich der Industriezölle.

Die politische Unterstützung für den Außenhandel sowie der technische Fortschritt beim Verkehr und der Kommunikation haben die wirtschaftliche Verflechtung der Staaten, Regionen und Erdteile immer enger werden lassen. Dabei ist allerdings nicht zu übersehen, dass – wertmäßig – über 80 Prozent des internationalen Handels *zwischen* den Industrieländern getätigt wird. Und davon ist wiederum der größte Teil Handel innerhalb der regionalen Wirtschaftszonen, insbesondere der EU. Die stark zunehmende Binnen-Verflechtung der Wirtschaftsregionen Europa, Nord-amerika und Japan/pazifischer Raum sowie deren geografische Erweiterung war vielleicht die stärkste Triebkraft bei der Zunahme des Handels.

Ins Gewicht fällt noch der Handel der Industrieländer mit den Schwellenländern einschließlich der ölexportierenden Staaten. Nur 15 Prozent des Welthandels spielt sich jedoch zwischen unterschiedlichen Erdteilen ab, und weniger als 3 Prozent des Welthandels berührt Afrika! Die hier sichtbar werdende Asymmetrie vergrößert sich dadurch, dass ein großer Teil der Exporterlöse der Entwicklungsländer für den Schuldendienst aufgezehrt wird.

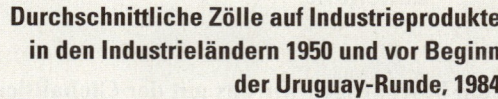

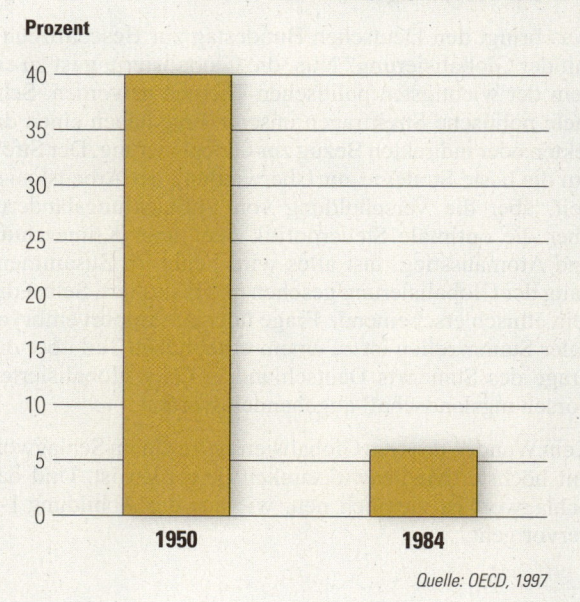

1950 waren noch 40 Prozent des Einkaufspreises von Industriegütern Zölle, zu Beginn der Uruguay-Runde des GATT, 1984, waren es noch 6 Prozent.

Zollabbau, technischer Fortschritt und Handels-Deregulierung haben den Handel zunehmend rascher wachsen lassen als die Produktion, wie Abbildung 1-3 zeigt.

Den größten Sprung machte der Handel im Vergleich zum Wirtschaftswachstum in den 90er-Jahren, also dem Jahrzehnt, in dem man angefangen hat, über die Globalisierung zu sprechen. Zu dieser sprunghaften Entwicklung haben mehrere längerfristige Trends und zwei unvermittelt eingetretene Entwicklungen beigetragen.

Die Entwicklungsstränge, die zu dem neuen, als Globalisierung bezeichneten Phänomen geführt haben, sind:

– der bereits in Abbildung 1-2 dargestellte *Abbau von Zöllen* sowie von anderen Handelsbarrieren über die acht GATT-Runden; dabei hat die letzte Runde, die *Uruguay-Runde* von 1986–1994 mit der Einbeziehung von Dienstleistungen und geistigen Eigentumsrechten (Patente, Urheberrechte u. a.) – Stichworte GATS und TRIPs – eine gegenüber früheren Runden deutlich größere Auswirkung; die anschließende Gründung der Welthandelsorganisation WTO mit einer größeren Verbindlichkeit als GATT symbolisierte die Bedeutung der Uruguay-Runde;

– der starke Anstieg der ausländischen Direktinvestitionen insbesondere in den 80er-Jahren;

Abbildung 1-3

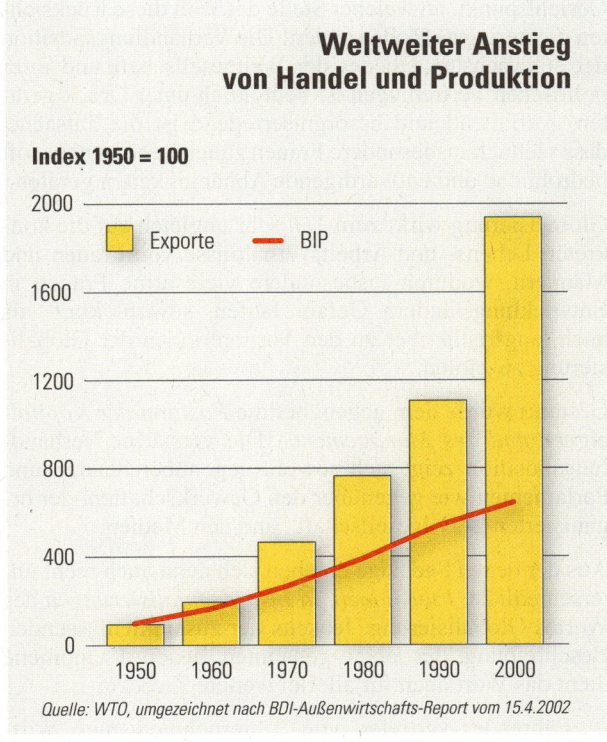

Der weltweite Außenhandel (hier: Exporte) ist in den letzten Jahren deutlich schneller gewachsen als die Produktion.

Abbildung 1-4

Die Internet-Technologie – in den siebziger Jahren von Vincent Cerf im Rahmen der US-Verteidigungsforschung entwickelt und 1984 für den zivilen Bereich freigegeben – hat erst 1990 weltweit schlagartig an Breite gewonnen, wie auch die Entwicklung der Internet-Hosts zeigt (als Host werden alle Rechner angesehen, die permanent über das Internet erreichbar sind und Internetdienste anbieten).

- die vornehmlich durch die USA und die EU voran getriebene Politik der *Liberalisierung der Märkte* einschließlich der Kapitalmärkte sowie der Trend zur Zurückdrängung des öffentlichen Sektors;
- die Bildung *regionaler Wirtschaftsblöcke*, wobei die EWG – EG – EU den Anfang machte und anderen Weltregionen als Vorbild diente;
- laufend *abnehmende Transportkosten*, vielfach durch die öffentliche Hand subventioniert.

Hinzu kamen mehr oder weniger plötzlich, aber für die immense Beschleunigung entscheidend,

- der Zusammenbruch der Sowjetunion und des Comecon 1989/90 und damit das *Ende des Systemwettbewerbs zwischen Ost und West;*
- die rasante Entwicklung und galoppierende Verbilligung der Kommunikation und die fast schlagartig einsetzende kommerzielle Nutzung des *Internet* (vgl. Abbildung 1-4).

Die Intensivierung des Welthandels hatte zwei Folgen, die die Globalisierungstendenzen entlang der Wertschöpfungsketten nochmals verstärkten.

Zum einen wurde auch die Produktion zunehmend globalisiert. Die Welthandelskonferenz (UNCTAD) zählt mittlerweile mehr als 63 000 transnationale Konzerne und folglich einen breiten Strom von *grenzüberschreitenden Direktinvestitionen*. Die große Masse der Direktinvestitionen konzentriert sich auf die Industrieländer. Doch auch für Entwicklungsländer können Direktinvestitionen transnationaler Unternehmen ein wichtiger Teil für ihre Entwicklung sein. Generell hat die Globalisierung der Produktion jedoch ganz zweifellos zu einer Verschärfung des Anpassungsdrucks an globale Standards („benchmarks") an den jeweiligen „Standorten" geführt.

Zum anderen folgte der Intensivierung der Handelsbeziehungen die Herausbildung *globaler Finanzmärkte*. Zunächst entstanden diese im „Schlepptau" der transnationalen Konzerne zur Finanzierung von Direktinvestitionen. Mit der Deregulierung und Liberalisierung der Finanzmärkte seit den 70er-Jahren aber konnten sich diese mehr und mehr verselbständigen, sodass *die globalen Finanztransaktionen noch um ein Vielfaches schneller expandieren als Weltproduktion und Welthandel*. In den späten 90er-Jahren wurden auf den Weltdevisenbörsen *täglich* bereits an die 1 200 Milliarden US-Dollar gehandelt, wovon allenfalls 5 Prozent der Finanzierung von Handelsgeschäften und Direktinvestitionen dienten. Der große Rest ist Interbankenhandel.

Die Liquidität der globalen Finanzmärkte ist enorm gestiegen. Über die Wirkung gibt es unterschiedliche Auffassungen. Einerseits, so sagen manche, ist die hohe Liquidität ein Faktor der Stabilität, da Liquiditätsengpässe nicht zu Krisen führen müssen. Andererseits, so andere Stimmen, ist das liquide, zumeist höchst kurzfristige Kapital immer „auf dem Sprung", dorthin transferiert zu werden, wo die kurzfristigen Renditen am höchsten sind. Diese so genannte „Volatilität" macht langfristige Entwicklungsplanung in Entwicklungsländern schwierig, und auch für kleine und mittlere Unternehmen in den Industrieländern entstehen Probleme, da für sie die Liquiditätsbeschaffung zu langfristig kalkulierbaren Konditionen schwieriger geworden ist.

Finanzmärkte sind schon deshalb prinzipiell instabil, weil Anlageentscheidungen immer mit dem Risiko verbunden sind, dass die in der Zukunft unterstellten Erträge nicht zustande kommen. Schuldner geraten dann in Schwierigkeiten, zunächst in eine Liquiditätskrise, dann aber auch nicht selten in eine Insolvenzkrise. Die „Schuldenkrise der Dritten Welt" in den 80er-Jahren hat vielen verschuldeten Ländern ein „verlorenes Jahrzehnt" beschert; so charakterisiert die Wirtschaftskommission der UNO für Lateinamerika und die Karibik die Schuldenkrise lateinamerikanischer Länder. Die Finanzkrisen der 90er-Jahre haben nicht so viele Länder wie die Schuldenkrise ein Jahrzehnt zuvor betroffen. Dafür haben sie heftiger gewütet: in Mexiko 1994/95, in Asien 1997, in Russland 1998, in Brasilien 1999, in der Türkei 2000 und in Argentinien 2001/2002. Die Weltbank schätzt, dass die Kosten der Krisen mehr als 20 Prozent des jeweiligen Sozialprodukts betragen haben.

Dies verweist schon darauf, dass finanzielle Stabilität ein „hohes *öffentliches Gut*" ist, das durch geeignete Regeln zu bewahren ist. Denn seine Abwesenheit ist extrem teuer und die Kosten der finanziellen Stabilisierung sind höchst ungleich verteilt. Darauf kommen wir unten noch zurück.

Das Wort „Globalisierung" hat viele Bedeutungen

Allzu überraschend ist es nicht, dass die genannten Faktoren zusammen genommen eine dramatische Veränderung der Weltlage mit sich gebracht haben. Was zeichnet die Weltlage aber aus? Was ist der Gehalt und was ist die Funktion des Wortes „Globalisierung"?

Die neue Lage hat einen äußerst tief greifenden Einfluss auf die Art des Wirtschaftens. Die elektronische und die stark verbilligte telefonische Kommunikation haben den Preisvergleich und die globale Disposition außerordentlich erleichtert. Hieraus ist zugleich eine erhebliche *Verschärfung des Wettbewerbs* entstanden. Da in vielen industriellen Gütermärkten die Produktionskapazität mittlerweile weit oberhalb der realen Nachfrage liegt, gestaltet sich der Wettbewerb mehr und mehr als *Kostenwettbewerb*. In diesem geben die international operierenden Unternehmen den Kostendruck oft noch verschärft an die zumeist kleinen, lokalen Zulieferer weiter.

Rücksichten auf Kultur, Umwelt und soziale Ausgewogenheit drohen unter dem Druck des Kostenwettbewerbs in den Hintergrund gedrängt zu werden. Und die internationale Arbeitsteilung geschieht streckenweise nach dem Gesichtspunkt, an welcher Stelle der Welt diese Rücksichten die geringste Rolle spielen! Die Verhandlungsposition der schwächsten Glieder der Weltgesellschaft und ihrer politischen Vertretungen ist bedrohlich unter Druck geraten. Auffallend und besorgniserregend ist die Tatsache, dass vielfach insbesondere Frauen zunehmend in neue, oft bedrohliche und entwürdigende Abhängigkeiten geraten.

Globalisierung wirkt zum Teil sehr ungleich auf die konkreten Lebens- und Arbeitsverhältnisse von Frauen und Männern, wodurch insbesondere viele arme Frauen in Entwicklungsländern Gefahr laufen, sowohl kurz- als auch langfristig eher zu den Verliererinnen der Globalisierung zu zählen.

Gestärkt wurde dem gegenüber die *Position der Kapitaleigner und des Managements*. Die verstärkte Verhandlungsposition zeigt sich sowohl gegenüber Staaten und Parlamenten wie gegenüber den Gewerkschaften, der organisierten „Zivilgesellschaft" und den Medien.

Aus der neuen Sachlage ergeben sich denn auch recht unterschiedliche *Funktionen, ja Instrumentalisierungen* des Wortes Globalisierung. Jenseits der zusammenfassenden Beschreibung der oben genannten neuen Phänomene dient das Wort auch für allerlei weitere Zwecke:

– Führende Vertreter von Unternehmen und Wirtschaftsverbänden verwenden das Wort seit etwa 1993, um auf den verschärften internationalen Wettbewerb hinzuweisen, der den Spielraum für Abgaben, Lohnsteigerungen, Bürokratiekosten, Sponsoring oder den Erhalt der Belegschaft ihrer Auffassung nach begrenzt. Das war der Kern der Anfang der 90er-Jahre anfänglich noch ohne das Wort Globalisierung gestarteten „Standort-Deutschland"-Kampagne.

– Verbunden mit dieser Gedankenführung wird das Wort als Ansporn zu erhöhter Leistung angesichts verschärften Wettbewerbs eingesetzt. Insbesondere leistungsbezogene Auslese- und Anreizstrukturen im Bildungswesen und Arbeitsmarkt rechtfertigen sich gerne durch den Verweis auf die Globalisierung.

– Die neoklassische Ökonomie stellt die verschärfte „Spreizung" bei Arbeitsentgelten und Vermögenserträgen als eine Art wirtschaftsgesetzliche Folgeerscheinung der Globalisierung dar: die „Prämien" für Pionierleistungen auf dem globalen Markt sind riesig, besonders wenn es zu zeitweiligen Monopolsituationen kommt („The winner takes all"); umgekehrt schwächt die Ersetzbarkeit einfacher und weniger stark nachgefragter Leistungen die Verhandlungsmacht ihrer Anbieter.

– Globalisierungskritische Akteure fassen mit dem Wort die Gesamtheit dessen zusammen, was sie an der skizzierten Entwicklung als bedrohlich empfinden. Für sie ist die „Gesetzlichkeit" der „Spreizung" eine interessengesteuerte Behauptung, welcher man politisch begegnen muss, und sei es zu Lasten gewisser Gewinne an „Effizienz".

- Vertreterinnen und Vertreter von Entwicklungsländern weisen auf die scharfe Kluft zwischen Süd und Nord hin, die sich im Zuge der Globalisierung eher noch vertieft hat.
- Die weltweite Vermehrung der Bevölkerung, die Zunahme des Konsums und die Globalisierung des Verkehrs sowie der Wirtschaftskreisläufe haben den Druck auf die globale Umwelt (z. B. Klima, Weltmeere) und auf eine Vielzahl von lokalen und regionalen Ökosystemen derart vergrößert, dass heute vielfach von einer *globalen Umweltkrise* gesprochen wird.

Für die Enquete-Kommission oder zumindest für die Mehrheit ihrer Mitglieder dient das Wort mit allen seinen Facetten als Herausforderung für die *soziale und ökologische Gestaltung* des neuen Prozesses, nicht zuletzt auch für die Stärkung demokratischer Kräfte, die als Gegengewicht zu den Spreizungstendenzen wirksam werden können.

In der Arbeit der Kommission hat immer wieder die Frage eine Rolle gespielt, ob sich die verschiedenen Akteure unter den neuen Bedingungen verantwortlich verhalten. Von den Staaten wird immer wieder eine gute Regierung (good governance) eingefordert. Recht analog wird von den erstarkten international tätigen Unternehmen eine „good corporate governance" erwartet. Die OECD hat hierzu Richtlinien erarbeitet, die nun in den Mitgliedsstaaten umgesetzt werden müssen.

Viele weitere Phänomene können der Globalisierung zugerechnet werden. Dazu gehören die Internationalisierung der Medien und der Internet-Kommunikation, des Tourismus sowie von Kultur und Wissenschaft ebenso wie die grenzüberschreitende Ausbreitung ökologischer Krisenerscheinungen und ansteckender Krankheiten. Die Etablierung des Englischen als globales Verständigungsmittel, die Vereinheitlichung der Konsumgewohnheiten und die Marginalisierung kultureller Minderheiten sowie die zunehmende Dominanz des US-amerikanischen Denk- und Rechtsstils in der Wirtschaft sind weitere Aspekte der Globalisierung. Nicht alle diese Aspekte ließen sich in den zwei Jahren seit der ersten Arbeitssitzung der Kommission analysieren. Manches hat gemäß dem Mandat der Kommission eine untergeordnete Rolle in der Kommissionsarbeit gespielt, anderes ist am Ende der jeweiligen Kapitel als künftige Aufgabe vorgemerkt.

Es gibt Gewinner und Verlierer

Der Grund für die unterschiedliche Sichtweise der Globalisierung liegt hauptsächlich darin, dass es sowohl Gewinner als auch Verlierer gibt, und zwar sowohl innerhalb nationaler Volkswirtschaften als auch zwischen diesen.

Die Enquete-Kommission musste sich mit dieser Situation auseinander setzen. Dabei ergibt sich ein unvermeidlicher Intensitätsunterschied der Behandlung: Bei den Verlierern ist der *politisch* kompensatorische Handlungsbedarf naturgemäß größer als bei den Gewinnern der Globalisierung.

Was macht Firmen, Staaten, Kulturen oder Einzelpersonen zu Verlierern oder Gewinnern? Stark vereinfacht gesagt sind es Unterschiede bezüglich der Macht, des verfügbaren Kapitals sowie der Anpassungsfähigkeit. Die Globalisierung geht mit einer starken *Beschleunigung des Strukturwandels* einher. Länder, Unternehmen, Kulturen und Sozialschichten, die beim beschleunigten Strukturwandel nicht mithalten können und die weder über Macht noch Reichtum noch weltweit benötigte Ressourcen verfügen, sind in Gefahr, abgehängt zu werden und dann als definitive Verlierer da zu stehen. Gewinner sind umgekehrt diejenigen, die sich nicht nur rasch anpassen können, sondern womöglich die Richtung des Strukturwandels – zu ihren Gunsten – bestimmen oder mitbestimmen können.

Die Globalisierung ist natürlich kein „Nullsummenspiel". Es ist zumindest nach der herrschenden Lehre anzunehmen, dass vermehrter Wettbewerb und zwischenstaatlicher Freihandel zur *Vermehrung des Wohlstands* führen. Dieser steht theoretisch für die Verteilung in aller Welt zur Verfügung.

Die Frage ist allerdings, wer von der Vergrößerung des Kuchens profitiert. Die Schwächung der Verhandlungsposition derer, die ohnehin die Schwächeren gewesen sind, führt dazu, dass die Verteilungsungleichheit zunimmt. Auch die Anpassungsfähigkeit ist zu einem erheblichen Teil eine Machtfrage. Wer muss sich an wen anpassen? Diese Frage wird von den Stärkeren meist gar nicht erst gestellt. Sie haben eine Tendenz, den Strukturwandel für naturgegeben bzw. rein technologiebedingt zu halten, obschon sie ihn durch ihre Prioritäten bei Forschung und Entwicklung wesentlich mitgestalten.

Ein weiterer Anlass zur Besorgnis und zu politischem Handeln resultiert daraus, dass in diesem Prozess auch allgemeine Werte und Prinzipien geschwächt oder unterminiert zu werden drohen. So etwa das *demokratische Prinzip* in Wirtschaft und Gesellschaft, die *ökologische Nachhaltigkeit*, die *Menschenrechte*, die *soziale und Verteilungsgerechtigkeit*, die *kulturelle Vielfalt* oder die *Geschlechtergerechtigkeit*. Sicher scheint zu sein, dass die Beschleunigung des Strukturwandels die *mit Langsamkeit und Langfristigkeit einhergehenden menschlichen und sozialkulturellen Tugenden sowie der ökologischen Regeneration der Ökosysteme* in Gefahr bringt.

Immer wenn es um Machtfragen und die Charakterisierung von Gewinnern und Verlierern geht, tun sich politische Kontroversen auf. Sie sind auch in der Enquete-Kommission nicht ausgeblieben. Die im vorliegenden Bericht in Kapitel 11 wiedergegebenen Minderheitenvoten legen hiervon Zeugnis ab.

Wir kommen auf diese Fragen alsbald zurück, wollen uns aber zuvor mit der spezifisch *deutschen Situation* befassen.

Deutschland ist seit den sechziger Jahren in kontinuierlich wachsendem Maße in die Weltwirtschaft – mit Schwerpunkt westliches und südliches Europa – eingebunden. Der seit den sechziger Jahren beobachtete Außenhandelsüberschuss ist ein zentrales Element der deutschen Erfolgsgeschichte. Er hat sich auch nach der deutschen Einheit nach einer kurzzeitigen Abschwächung fortgesetzt, wie Abbildung 1-5 zeigt.

Abbildung 1-5

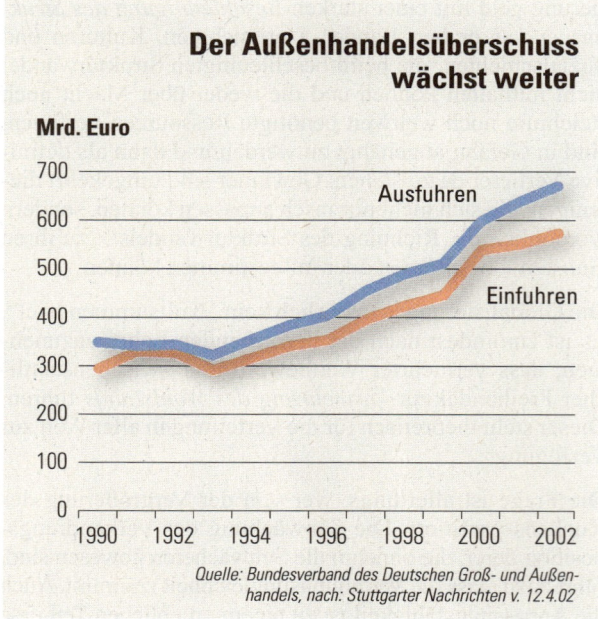

Seit Beginn der 90er Jahre steigt der Außenhandelsüberschuss Deutschlands kontinuierlich an. Betrug er Mitte der 90er Jahre noch rund 50 Mrd. €, so waren es nach Angaben des Bundesverbandes des Deutschen Groß- und Außenhandels (BGA) 2001 bereits 87 Mrd. €.

Selbst in Zeiten weltwirtschaftlicher Schwäche (z. B. 2001) blieb der Außenhandelsüberschuss erhalten, wobei die sich abzeichnende Osterweiterung als ein neuer Motor diente. Die *deutsche Wirtschaft* kann, so lässt sich dieses Bild lesen, insgesamt als *Gewinner der Globalisierung* angesehen werden.

Das darf aber nicht darüber hinwegtäuschen, dass es auch in Deutschland zahlreiche Verlierer gegeben hat.

Aus Globalisierung und beschleunigtem Strukturwandel ergeben sich besondere Herausforderungen für kleine und mittlere Unternehmen. Dass sich die Politik um ihren Schutz und um Anpassungserleichterungen kümmern muss, hat die Enquete-Kommission ausführlich und weitestgehend unkontrovers diskutiert und in Empfehlungen zum Ausdruck gebracht.

Auch in Deutschland sind die Probleme der Firmen und die Wirkungen der Beschäftigungslage nicht die einzige Sorge. Die oben erwähnte Verschiebung von Macht und von Werten und Prinzipien ist auch in Deutschland ein politisches Thema von hoher Aktualität.

Wenden wir uns wieder der allgemeineren Frage der Verlierer und Gewinner zu. Plausiblerweise stehen die *Kapitaleigner* insgesamt eher auf der Gewinnerseite. Das Kapital ist strukturell besonders anpassungsfähig und gewinnt in der Globalisierung an Macht. Es ist äußerst mobil, insbesondere seit dem politisch herbei geführten Wegfall der meisten Kapitalverkehrskontrollen. Es kann sich die Orte und die Staaten weitgehend aussuchen, in denen es die höchsten Renditen erzielt. Die hohe Mobilität des Kapitals und korrespondierend dazu die eingeschränkte Mobilität der Arbeitnehmerschaft wirkt sich entsprechend negativ auf die Verhandlungsmacht der Gewerkschaften aus. Die Globalisierung trägt also dazu bei, dass sich die Beziehungen der Tarifpartner zu Lasten der Arbeitnehmer verändern. Ihre Bindung an den jeweiligen Standort ist naturgemäß sehr unterschiedlich. Dass der Globalisierung ein beträchtliches Bedrohungspotenzial inne wohnt, zeigt sich an der auch in Deutschland gang und gäbe gewordenen Praxis seitens der Unternehmerleitungen, ihren Belegschaften und Betriebsräten mit einer Verlagerung des Standortes ins Ausland zu drohen.

Aus der hohen Kapitalmobilität resultiert auch ein starker Druck auf die Staaten in ihrem Werben, in ihrer „Standortkonkurrenz" um internationale Investoren. Als Ergebnis der gestärkten Verhandlungsposition des Kapitals gegenüber den Staaten beobachten wir eine systematische *Senkung der Besteuerung des mobilen Kapitals*. Das ist das Hauptmerkmal des *Steuerwettbewerbs*. Er kann als charakteristische Begleiterscheinung der Globalisierung angesehen werden.

Hoch kontrovers bleiben die Tatsachen der Steuerverlagerung und der Begünstigung des Produktionsfaktors Kapital und deren *Bewertung*. Daher wird mehrheitlich eine Harmonisierung der Gewinnsteuer, zunächst im Rahmen der Europäischen Union für dringlich gehalten.

Im Übrigen ist die Effizienz des Kapitaleinsatzes ohnehin nicht der einzige Maßstab für Vor- und Nachteile des Geschehens. Die *Verteilung von Lebenschancen* und die *ökologische Situation* sind nicht weniger wichtig. Und wir beobachten, dass sich weltweit der *Abstand zwischen Arm und Reich* laufend weiter vergrößert. Auf die Welt als Ganzes gesehen, hat sich der Abstand zwischen dem wohlhabendsten Fünftel und dem ärmsten Fünftel der Weltbevölkerung in den letzten Jahrzehnten verdoppelt (vgl. Abbildung 1-6).

Ein weiterer Aspekt der wachsenden Ungleichheit betrifft das Geschlechterverhältnis. Unter den Armen befindet sich weltweit ein weit überproportionaler Anteil von Frauen, nämlich 70 Prozent (UNIFEM 2000). Dem Gender Development Index (GDI) zufolge, der die Lebenserwartung und Bildungschancen sowie das preisbereinigte Pro-Kopf-Einkommen berücksichtigt, haben in keiner Gesellschaft der Welt Frauen die gleichen Chancen auf ein „gutes Leben" wie Männer. Trotz der Selbstverpflichtung der Staatengemeinschaft auf zahlreiche Maßnahmen zur Verbesserung der Lebenssituation von Frauen in der Aktionsplattform von Peking (1995) ist eine Stagnation bzw. ein leichter Rückgang der Werte festzustellen (vgl. Abbildung 1-7).

Armut und Elend, zumal wenn sie (über die Globalisierung der Medien) mit unermesslichem Reichtum an anderer Stelle konfrontiert sind, können den Nährboden für ein

Einleitung

Abbildung 1-6

Die Schere zwischen Arm und Reich hat sich in den letzten 30 Jahren immer weiter geöffnet. UNDP misst regelmäßig das Einkommensverhältnis der reichsten 20 Prozent und der ärmsten 20 Prozent der Bevölkerung und stellt dabei die abgebildete Zunahme fest.
Quelle: UNDP 1998 und Zeitungsberichte 2001

Abbildung 1-7

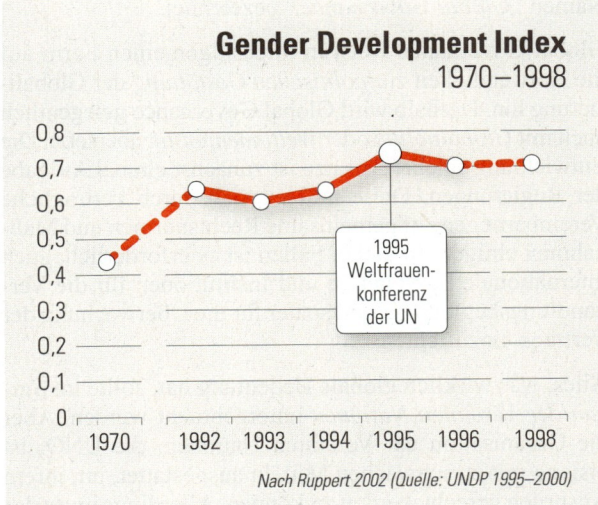

Der Index der Gleichstellung: Beim Wert 1 herrscht bezüglich Lebenserwartung, Bildung und Pro-Kopf-Einkommen Gleichheit zwischen den Geschlechtern, beim Wert 0 die krasseste Ungleichheit.

gewaltsames Auflehnen bilden, bis hin zu einer Mentalität, die den Terrorismus akzeptiert.

Allerdings hat die Vergrößerung des Abstands in den drei zurückliegenden Jahrzehnten recht unterschiedliche Gründe gehabt. Manche lokale Verelendung hatte rein hausgemachte oder aber (in der Sahelzone) klimatische Gründe. Gerade in den afrikanischen Ländern wirken die Spät-Folgen der Kolonialisierung (willkürliche Grenzziehungen, Bürgerkriege, etc.). Daneben hat in den siebziger Jahren der sprunghafte Anstieg der Ölpreise in vielen Entwicklungsländern ohne eigene Ölvorkommen zu Wirtschaftseinbrüchen geführt.

Die insbesondere von der Weltbank und dem internationalen Währungsfonds als Rezept empfohlene oder durchgesetzte Exportorientierung von Entwicklungsländern hat, da sie in einer großen Zahl von Ländern gleichzeitig erfolgte, seit Anfang der achtziger Jahre zu einem Preisverfall insbesondere bei Rohstoffen geführt, was die Handelsrelationen (terms of trade) zu Ungunsten der meisten Entwicklungsländer deutlich verschlechterte. Dieser Effekt hat in den achtziger Jahren die Schere zusätzlich aufgerissen. Für viele Länder, besonders in Lateinamerika, die ihre Rohstofferschließung mit Krediten finanzierten, kam als verheerende Zuspitzung der Dollar-„Zinsschock" von 1979 hinzu. Es trat eine Situation ein, in welcher die finanziellen Transfers aus dem „Süden" in den „Norden" zeitweise wesentlich höher waren als die gesamten Transfers durch Entwicklungshilfe!

Erst in den neunziger Jahren kann man die Zunahme des Abstands mit der Globalisierung in einen direkten Zusammenhang stellen. Das zusätzliche Aufklaffen der Schere steht zwar in einem ursächlichen Zusammenhang mit der in den vorstehenden Abschnitten skizzierten Machtverschiebung. Aber das bedeutet keineswegs, dass die Abkoppelung eines Landes aus der Internationalisierung dessen Lage verbessern würde. Wichtiger als die Frage der Weltmarktintegration scheint allerdings in allen Ländern die Frage der „good governance", der für das Volk und für interne und externe Investoren guten Regierungsführung zu sein.

Mit diesen eher beschreibenden Worten ist natürlich noch wenig darüber gesagt, ob und welche Strategien es gibt, trotz der einseitig gewachsenen Macht des Kapitals im Rahmen der Globalisierung die Zahl der Gewinner wesentlich zu vermehren und die der Verlierer radikal zu verringern. Allerdings ist es nach aller historischen Erfahrung höchst unplausibel, dass dieses ohne eine politisch gewollte und durchgesetzte Kompensation der Machtverschiebung gelingen kann.

Der Staat schützt öffentliche Güter

Aus der durchaus kontroversen Charakterisierung von Gewinnern und Verlierern geht unter anderem hervor, dass die Marktwirtschaft nicht von alleine für das Wohl *aller* sorgt und sorgen kann. Es ist und bleibt die Aufgabe des Staates, für ausgleichende Gerechtigkeit zu sorgen und sich um die soziale Lage der Menschen zu kümmern. Der Staat hat generell für die Sicherung und Finanzierung der Rechts- und Sozialordnung und anderer „Öffentlicher Güter" zu sorgen. Diese geraten teilweise durch den globalen Beschleunigungsdruck in Gefahr. Und ihre Finanzierung gestaltet sich schwieriger.

Der Begriff der Öffentlichen Güter ist nicht streng definiert. In der politikwissenschaftlichen Diskussion wird darunter u. a. verstanden: der Frieden, die Beachtung der Menschenrechte, eine intakte Umwelt (wobei das Klima und die globale Umwelt als *globales* Öffentliches Gut bezeichnet wird), soziale Gerechtigkeit, die durch den Rechtsstaat mit einem staatlichen Monopol gewährte persönliche Sicherheit, Teile der Infrastruktur sowie ein fairer Zugang zu derselben, die Bildung, die Pflege der Kultur und die Möglichkeit zur demokratischen Mitbestimmung. Zu den Öffentlichen Gütern gehört aber auch ein Mindestmaß an wirtschaftlichem Wohlstand.

Die Notwendigkeit der Pflege der Öffentlichen Güter durch den Staat nimmt durch die Globalisierung keineswegs ab. Ihre Sicherung wird jedoch unter dem Globalisierungsdruck schwieriger. Und der verschärfte wirtschaftliche Wettbewerb enthält Tendenzen der systematischen Vernachlässigung insbesondere der *globalen* Öffentlichen Güter.

In den USA und in breiten Kreisen der Wirtschaft hatte sich seit den achtziger Jahren des letzten Jahrhunderts eine bisweilen verächtliche Haltung gegenüber dem Staat ausgebreitet. Erst in jüngster Zeit, unter dem Eindruck eines bedrohlich gewordenen Verfalls der staatlichen Autorität in vielen Entwicklungsländern und manchen ehemaligen Ostblockländern sowie unter dem Eindruck der terroristischen Attacken vom 11. September 2001, wird vielerorts wieder eine stärkere Präsenz des Staates gefordert. Nicht gebessert hat sich hierbei aber die Finanzierungsperspektive vieler öffentlicher Aufgaben, nicht zuletzt auf kommunaler Ebene.

In der Gefährdung bzw. Vernachlässigung öffentlicher Aufgaben, Öffentlicher Güter liegt vielleicht die wichtigste Gefahr einer Globalisierung, welche sich hauptsächlich um die Mehrung der *privaten Güter* durch die globale Effizienzsteigerung dreht. Bei den Bemühungen um die Gestaltung der Globalisierung wird man in jedem Fall der Sicherung der Öffentlichen Güter hohe Priorität einräumen.

Um Fehlinterpretationen vorzubeugen, halten wir jedoch fest, dass eben auch ein breit verteilter *privat* verfügbarer Wohlstand im *öffentlichen* Interesse liegt. Ferner sei darauf hingewiesen, dass die Globalisierung einzelne Öffentliche Güter geradezu schützt und mehrt. Zum Beispiel scheinen Transparenz gegenüber Menschenrechtsverletzungen, die Verfügbarkeit moderner Umwelttechniken sowie demokratische Grundstrukturen durch die wirtschaftliche Verflechtung gestärkt zu werden.

Die Rolle des Staates erschöpft sich nicht in einer Pflege- und Schutzfunktion für Öffentliche Güter. Die politische Gestaltung und die internationale Politikkoordination gehören weiterhin dazu. Im Kontext der Globalisierung ist hier zweierlei zu beachten:

– Der globalisierungsbedingten Erosion des auf demokratischer Willensbildung fußenden Staates muss Einhalt geboten werden. Hierbei sind insbesondere Transparenz und neue gesellschaftliche Möglichkeiten zur Teilhabe erforderlich.

– Die staatlichen Funktionen, insbesondere die Sicherung der Öffentlichen Güter müssen heute international begriffen und gestaltet werden. Die internationale Finanzmarktstabilisierung, die Sicherung oder Herstellung fairer Bedingungen auf Waren-, Dienstleistungs- und Arbeitsmärkten sowie der Umweltschutz sind unwiderruflich Aufgaben, die den geographischen Rahmen des Nationalstaates sprengen.

Auch und gerade der Gestaltungsauftrag des Staates muss vermehrt im internationalen Raum gesucht werden. Alle Kapitel dieses Berichts handeln von diesem Auftrag in den unterschiedlichen Gegenstandsbereichen. Die gesellschaftspolitisch brisante Verschärfung des Ausleseprozesses ruft nach zumindest mildernden Eingriffen. Die Marginalisierung von Personengruppen – nicht zuletzt Frauen – mit unzureichendem Zugang zu Qualifikation, Bildung und modernen Geräten muss bildungs- und sozialpolitisch beantwortet werden. Der Raubbau an natürlichen Ressourcen muss eingedämmt werden.

Global Governance

Mit der Problembeschreibung konnte und wollte sich die Kommission nicht begnügen. Gesucht waren Lösungsansätze, die die wirtschaftlichen und politischen Vorteile der Globalisierung nicht in Frage stellen und geeignet sind, die aufgetretenen Ungerechtigkeiten und Gefahren zu überwinden oder zu mildern. Solche Lösungsansätze systematisch auszubauen und neue Lösungswege für globale Probleme zu finden, wird eine der größten Herausforderungen der Politik unter den Bedingungen der Globalisierung sein. Diese Aufgabe wird inzwischen mit dem Namen „*Global Governance*" bezeichnet.

Global Governance weist in ihrer allgemeinen Form auf die Notwendigkeit zur *politischen Gestaltung* der Globalisierung hin. Deshalb wird Global Governance gelegentlich auch mit *Globalpolitik* oder *Weltinnenpolitik* übersetzt. Die Entwicklung solcher Ansätze ist zunächst einmal Aufgabe der Regierungen. Diese müssen sich durch vertragliche Vereinbarungen auf gemeinsame Rechtsnormen und Maßnahmen einigen. In vielen Fällen ist es erforderlich, auch internationale Sekretariate und Institutionen für die Verhandlungsbegleitung, und später für die Überwachung der Verträge einzurichten.

Alles, was wirklich globale Bedeutung hat, sollte im *System der Vereinten Nationen* untergebracht werden. Aber die Organisation der Vereinten Nationen, die UNO, ist bislang mit zu schwachen Mitteln ausgestattet, um ihrem Anspruch gerecht werden zu können. Allerdings muss das System der UNO auch strukturell reformiert werden, wenn es den in die Vereinten Nationen gesetzten Erwartungen gerecht werden soll.

Die Zahl der international anzupackenden Probleme hat ständig zugenommen. Folgerichtig nimmt die Zahl der internationalen Verträge und Organisationen laufend zu.

Abbildung 1-8 zeigt an einem für den Schutz Öffentlicher Güter wichtigen Beispiel die Zunahme von internationalen Umweltverträgen.

Abbildung 1-8

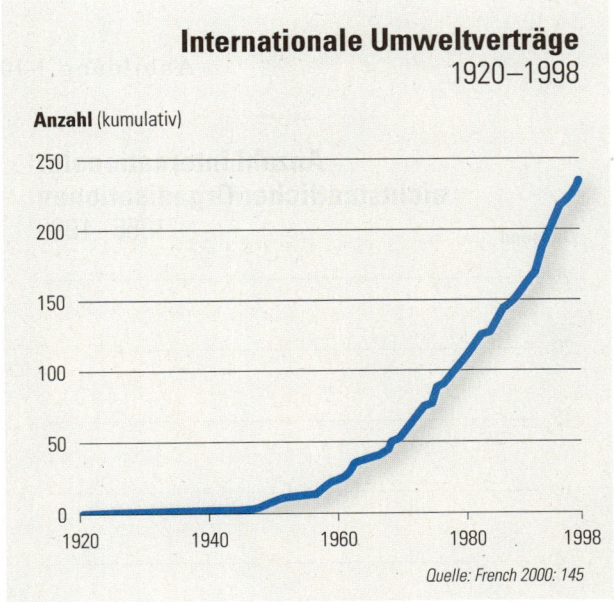

Die Grafik zeigt die Zunahme an internationalen Umweltverträgen von 1920 bis 1998 in kumulativer Darstellung.

Allerdings kann man aus heutiger Sicht noch nicht von bedeutenden Erfolgen all dieser Verträge sprechen. Es sind ausgerechnet die Nationalstaaten, die sich nach Vertragsabschluss oft nur noch ungern an die eingegangenen Verpflichtungen erinnern lassen. Die Mühsal mit der Ratifizierung und Umsetzung des Kioto-Protokolls und der Konvention zum Schutz der biologischen Vielfalt sind vielleicht die bekanntesten Beispiele dafür. Das Thema globaler Umweltschutz zeigt auch eine institutionelle Schwäche im System der Vereinten Nationen. Längst hätte ein starker institutioneller Rahmen für den globalen Umweltschutz geschaffen werden müssen, wie er z. B. für Landwirtschaft (FAO), Gesundheit (WHO) oder Arbeit (ILO) seit langem existiert. Die Enquete-Kommission fordert deshalb die Aufwertung des heutigen Umweltprogramms der Vereinten Nationen (UNEP) zu einer Weltumweltorganisation.

Ein entscheidender Schritt auf dem Weg zur Global Governance sind regionale Staatenzusammenschlüsse. Das Vorzeigemodell hierfür ist die Europäische Union. In ihr ist bereits ein hohes Maß an Kompetenzverlagerung vom Nationalstaat auf die regionale Ebene erfolgt – nach dem Subsidiaritätsprinzip unter weitgehender Wahrung der nationalen, sub-nationalen und kommunalen Eigenheiten und Interessen.

Die EU hat auf verschiedenen Gebieten wichtige Schritte zur Gestaltung der Globalisierung im Interesse der Menschen und der Öffentlichen Güter getan:

– Das Problem der Wechselkursinstabilität zwischen 12 EU-Mitgliedern wurde durch die Schaffung der Euro-Währungsunion gelöst.

– Durch den Kohäsionsfonds und die Strukturfonds wurde ein Gegengewicht zum Wohlstandsgefälle zwischen Arm und Reich geschaffen.

– Durch gemeinschaftliche Richtlinien und ihr Engagement bei globalen Verhandlungen praktiziert die EU einen grenzüberschreitenden Umweltschutz.

– Handelspolitisch drängt sie zunehmend auf das Beachten der Menschenrechte und sozialer Mindeststandards, so etwa im „Cotonou-Abkommen" von 2001 über Entwicklungszusammenarbeit und Handel mit den afrikanischen, karibischen und pazifischen „AKP-Staaten" sowie dem im Frühjahr 2002 verabschiedeten allgemeinen Zollpräferenzsystem (GPS).

Aus Europa, speziell aus Deutschland, stammt auch die Soziale Marktwirtschaft, die oft als Alternative zu einem auf dem reinen „Shareholder Value"-Prinzip fußenden Kapitalismus nach angelsächsischem Muster angesehen wird. Dass die Soziale Marktwirtschaft prägende Kraft für die EU – ja für ganz Europa – hat, wurde bereits vielfach und überzeugend dokumentiert. Hier unterscheidet sich die EU von anderen regionalen Wirtschaftsräumen wie NAFTA oder Mercosur. Abbildung 1-9 zeigt, dass die unterschiedliche Herangehensweise auch zu durchaus unterschiedlichen sozialpolitischen Zuständen geführt hat.

So vorteilhaft die EU im internationalen Raum dastehen mag, so sehr leidet auch sie unter einem massiven und von der kritischen Öffentlichkeit oft betonten *Demokratiedefizit*. Hier zeigt sich eine zentrale Herausforderung beim Ausbau einer Global Governance. Denn je größer der geographische Raum ist, auf den sich politische Entscheidungen beziehen, desto weiter ist die Entscheidungsebene von den Menschen entfernt und desto weniger autonom können nationale Parlamente entscheiden. Es muss dem Bundestag und seiner Enquete-Kommission darum gehen, Wege aufzuzeigen, wie auch in Zeiten der Globalisierung *die Demokratie erhalten und gestärkt werden kann.*

Für die globale Dimension sind praktikable Elemente demokratischer Vertretung noch nicht entwickelt. Es gilt, ihre Formen und Institutionen den globalen Bedingungen anzupassen. Viele Menschen fühlen sich bei den Verhandlungsrunden von demokratisch gewählten Regierungen über den Welthandel (etwa in Seattle), über die Zukunft der Europäischen Union (etwa in Göteborg) oder beim Weltwirtschaftsgipfel (etwa in Genua) nicht mehr vertreten. Auch Parlamente haben meistens nur geringen Einfluss auf Gegenstände und Ergebnisse der internationalen Verhandlungen.

Abbildung 1-9

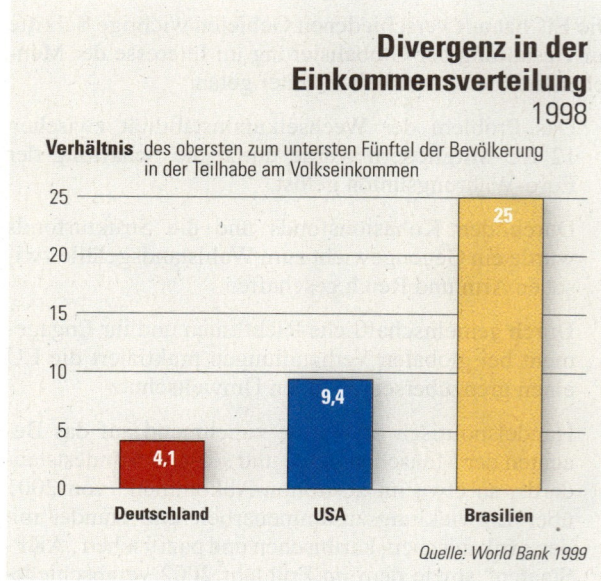

Der Abstand zwischen Arm und Reich ist in Deutschland relativ gering, in den USA mehr als doppelt so groß und in Brasilien sechsmal so groß wie in Deutschland. Gemessen wurde das Einkommensverhältnis der 20 Prozent am besten verdienenden Menschen zu den 20 Prozent Geringstverdienern.

Ein 105-köpfiger EU-Konvent, unter Beteiligung aller EU-Organe und der nationalen Parlamente, soll in den kommenden zwei Jahren Schlüsselfragen zur künftigen Entwicklung der Europäischen Union erörtern und beantworten helfen sowie einen weit gehenden Vorschlag für einen neuen EU-Vertrag bzw. eine mögliche Verfassung der EU erarbeiten. Ziel ist es, die innere und äußere Handlungsfähigkeit einer sich erweiternden Union in einer globalisierten Welt sicherzustellen und gleichzeitig auch die demokratische Legitimität und Transparenz der EU zu verbessern.

Global Governance muss zur Gewährleistung demokratischer Mitgestaltungsmöglichkeiten weit über die bis hier skizzierte konventionelle Regierungsdiplomatie hinaus reichen. Sie muss den konventionellen Dualismus zwischen dem Staat auf der einen und der Privatwirtschaft auf der anderen Seite überwinden. Die Globalisierung der Demokratie ist deshalb nicht realisierbar ohne eine weit gehende Einbeziehung einer *dritten tragenden Kraft: der Zivilgesellschaft*. Diese hat wie die Privatwirtschaft längst die nationalen Grenzen überwunden und agiert transnational. Ohne Kooperation mit einer organisierten Zivilgesellschaft, zu welcher insbesondere Gewerkschaften und Verbände, Nicht-Regierungs-Organisationen (Non-Governmental-Organisations; NGOs), Kirchen und Religionsgemeinschaften gehören, sind der Staat und die Staatengemeinschaft nicht in der Lage, die gefährdeten Öffentlichen Güter dauerhaft zu verteidigen. Tatsächlich ist die Zivilgesellschaft längst auf der internationalen Bühne präsent: Abbildung 1-10 zeigt den rasanten Anstieg der Anzahl der internationalen NGOs seit Ende der siebziger Jahre.

Abbildung 1-10

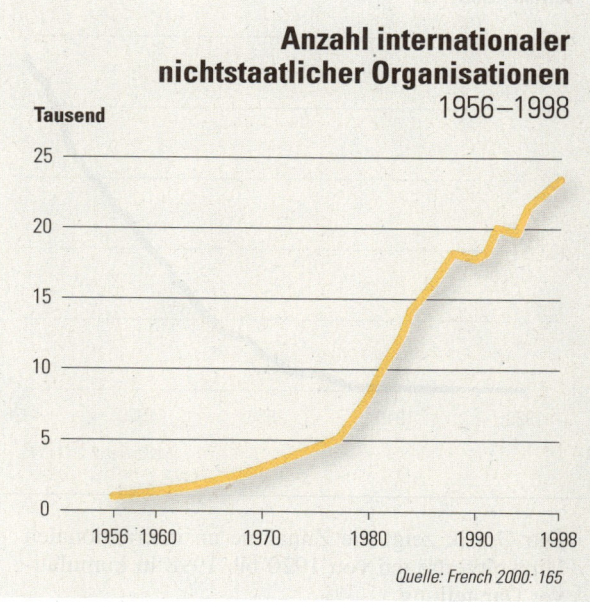

Die schlagartige Zunahme der internationalen Nicht-Regierungs-Organisationen in den achtziger Jahren ist auf die sozialen und ökologischen Krisen zurückzuführen, die im Zuge der Globalisierung noch verschärft wurden.

Die Kirchen haben sich unüberhörbar in den Diskussionen um globale Gerechtigkeit zu Wort gemeldet, etwa mit der Erlassjahrkampagne für das Jahr 2000. Die Gewerkschaften spielen insbesondere bei der Gestaltung eines sozialen Europa eine konstitutive internationale Rolle. NGOs und soziale Bewegungen haben immer wieder die Möglichkeit, ihre Ziele zum Schutz öffentlicher Güter sowohl bei internationalen Verhandlungen als auch – über die öffentliche Meinungsbildung – in den Markt einzubringen. Hier entsteht ein zunehmendes Potenzial der politischen Teilhabe und Mitwirkung einzelner Bürgerinnen und Bürger an globalen Fragen. Mitwirkung ist das beste Mittel gegen Resignation.

Von Bedeutung ist ferner, dass die Globalisierung erhöhte Anforderungen an Frauen und Männer im Hinblick auf Mobilität, Bildung und Ausbildung stellt. Für die Gleichberechtigung von Frauen ist das von besonderem Belang.

Gut ausgebildeten Frauen eröffnen sich in der globalisierten Dienstleistungsgesellschaft neue Chancen. Andererseits haben Frauen weltweit die Hauptlast ökonomischer Wandlungsprozesse zu ertragen, wie Arbeitslosigkeit, ungleiche Arbeitsverhältnisse und die Schwächung staatlicher Transferleistungen (UNIFEM 2000). Zudem beschränkt die traditionelle Familienrolle besonders die Mobilität und Ausbildung von Frauen.

Hinsichtlich der Lösung einer globalen Gleichstellungspolitik für die Geschlechter stellten sich viele Fragen. Deshalb hat die Enquete-Kommission in ihrem Bericht Geschlechtergerechtigkeit („gender mainstreaming") in allen Kapiteln berücksichtigt und sich in einem eigenen Kapitel mit dieser Problemstellung eingehend befasst.

Dem Staat kommt bei der Aktivierung der Zivilgesellschaft für die Ziele der Demokratie und für den Schutz der Öffentlichen Güter eine neuartige Rolle zu. Duldung oder Steuerbegünstigung (beim Nachweis entsprechender Zwecke nach der Abgabenordnung) reichen nicht aus. Von besonderer Wichtigkeit ist der freie Zugang zu Informationen, wie er in den USA Verfassungsrang hat. Für den im Globalisierungskontext wichtigen Bereich des Umweltschutzes ist in diesem Zusammenhang die Konvention von Aarhus 1998 bahnbrechend gewesen, die aber noch an der Schwäche eines auch in der EU äußerst schleppenden Ratifizierungsprozesses leidet.

Nicht weniger wichtig für eine gedeihliche Global Governance sind die privatwirtschaftlichen Akteure. Aus der Privatwirtschaft stammt schließlich der größte Teil des zur Verteilung kommenden Mehrwerts in Waren und Dienstleistungen. Es geht darum, die Berücksichtigung und Erhaltung der Öffentlichen Güter auch in der Privatwirtschaft stärker zu verankern. Ansätze hierfür gibt es bei der Entwicklung und Beachtung von Verhaltenskodizes – etwa der OECD – insbesondere für die global tätigen Unternehmen.

Die weltweite politische Gestaltung der Globalisierung – Global Governance – steht noch am Anfang. Das Abschlusskapitel dieses Berichts skizziert die Landkarte der Global Governance. Der Deutsche Bundestag wird sich nicht zuletzt mit diesem Kapitel auseinandersetzen müssen.

Empfehlungen der Kommission und Ausblick

In den zehn Kapiteln dieses Berichts finden sich über 200 Handlungsempfehlungen. In der Mehrzahl haben ihnen alle Fraktionen und Mitglieder der Kommission zugestimmt. Manche, wie etwa Vorschläge zu einer stärkeren Regulierung der Finanzmärkte oder auch die Einführung einer Devisenumsatzsteuer, blieben kontrovers. Manche Empfehlungen gehen auch bewusst und deutlich über das hinaus, was heute in Deutschland und anderen Ländern Regierungshandeln ist. Die Kommissionsmehrheit ist von der Zuversicht getragen, dass sich in Deutschland, in Europa und der Welt zunehmende Unterstützung auch für die teilweise weiter gehenden Empfehlungen für Maßnahmen der sozialen, ökologischen und demokratischen Gestaltung einstellen wird.

Die Minderheitenpositionen zu den Texten und den Empfehlungen finden sich geschlossen am Ende des Berichts in Kapitel 11.

Die Arbeit am hoch aktuellen politischen Thema der Globalisierung ist noch in keiner Weise als beendet anzusehen. In den gut zwei Jahren, die zwischen der ersten Arbeitssitzung der Kommission und der Verabschiedung des Abschlussberichts lagen, konnte nur eine begrenzte Zahl der Fragen aus dem umfassenden Mandat bearbeitet werden, und auch diese nur mit einer gewissen Vorläufigkeit. Die Kommission hat am Schluss der jeweiligen Kapitel einvernehmlich die wichtigsten offen gebliebenen Fragen benannt. Dies betrifft sowohl Fragestellungen aus dem Einsetzungsbeschluss (Drs. 14/2350), die wegen der begrenzten Zeit nicht oder nicht ausreichend behandelt werden konnten, als auch neue Fragestellungen, die erst während der Arbeit der Kommission aufgeworfen wurden. Die Kommission empfiehlt dem neuen Bundestag, erneut eine Enquete-Kommission einzusetzen, die sich mit den hier benannten offen gebliebenen Fragestellungen beschäftigt.

Die Enquete-Kommission wünscht und hofft, dass die im Abschlussbericht dargelegten Ergebnisse ihrer Arbeit im politischen Raum ebenso wie in der Öffentlichkeit, auch im akademischen Rahmen, sowohl im Inland wie im Ausland aufgegriffen und erörtert werden.

2 Finanzmärkte[1]

2.1 Globale Finanzmärkte zwischen Effizienz und Krise

Funktionierende Finanzmärkte leisten einen wichtigen Beitrag zur wirtschaftlichen und sozialen Entwicklung. Sie unterstützen auf der einen Seite die Finanzierung von privaten und öffentlichen Investitionen und auf der anderen Seite die langfristige private Vermögensbildung von Individuen, Haushalten und Unternehmen. Überdies spielen sie eine wesentliche Rolle bei der Entwicklungsfinanzierung. Damit Finanzmärkte diese wichtigen Funktionen erfüllen können, bedürfen sie – wie andere Märkte auch – einer institutionell gesicherten Regulierung. Dies gilt auch für die Finanzmärkte auf globaler Ebene. Sie bieten eine Reihe von Vorzügen gegenüber national geschlossenen Märkten. Nach verbreiteter Meinung fließen die Kapitalströme, gelenkt durch internationale Unterschiede, zur Verwendung mit größtmöglicher Rendite. Danach führt Kapitalknappheit wegen hoher Zinsen und folglich ebenso hoher Renditeerwartungen zu Kapitalimport. Die globalisierten Finanzmärkte können zu größerem Wohlstand im Importland und zu einer stärker differenzierten Risikostruktur der Portfolios von Vermögensbesitzern im Kapitalexportland beitragen und mit dieser Wirkung gegenüber nationalen Finanzmärkten von Vorteil sein.

Allerdings können diese Chancen nur unter speziellen Bedingungen voll wirksam werden. Zum Beispiel müssen die so genannten Transaktionskosten, vor allem die Kosten der Beschaffung von Informationen (Herausfinden des günstigsten Kreditangebots, Überprüfung der Kreditwürdigkeit von Kreditnehmern etc.) berücksichtigt werden. Besonders wichtig ist der Hinweis, dass die Wettbewerbsfähigkeit einer regionalen oder nationalen Ökonomie, die eine Bedingung für ordentlichen Schuldendienst von Kreditnehmern ist, nicht schon durch Kapitalimport im Zuge einer Politik der Liberalisierung des Kapitalverkehrs (*„Capital Account Liberalization"*) verbessert wird. Für die Wettbewerbsfähigkeit von „Standorten" sind die infrastrukturelle Ausstattung, die Qualität des Humankapitals, die administrative Kompetenz, die rechtlichen Rahmenbedingungen etc. ausschlaggebend – und sie begrenzen zugleich die „Aufnahmefähigkeit" eines Landes für ausländisches Kapital. Denn Investoren erwarten die Bedienung ihrer Anlagen. Diese ist abhängig von der Fähigkeit zur Erwirtschaftung von Devisen. Dies ist aber nur möglich (von Kapitalimporten oder Leistungen internationaler Institutionen abgesehen), wenn ein Land mehr Waren und Dienstleistungen exportieren als importieren kann. Die Funktionsweise der Finanzmärkte und ihre Wirkung auf den Wohlstand von Nationen hängen also von real-ökonomischen und von sozialen Bedingungen ab.

Auch die Transparenz des jeweiligen nationalen Finanzsystems, die Befolgung internationaler Standards und eine effiziente Aufsicht über Banken und Wertpapiermärkte sind von Bedeutung, um Fehleinschätzungen und die leichtfertige Nicht-Beachtung von Risiken (*„Moral Hazard-Probleme"*) sowie unvorsichtiges Verhalten (*„Non-Prudential-Verhalten"*) zu vermeiden. Diese Bedingungen wachsen nicht selbstverständlich mit der finanziellen Öffnung eines Landes; dies haben die Krisen in Mexiko, in Asien, Russland, Brasilien, in der Türkei und jüngst auch in Argentinien gelehrt. In keinem Jahrzehnt nach dem zweiten Weltkrieg hat es so viele Finanzkrisen wie in den 90er Jahren des vorigen Jahrhunderts gegeben, von deren negativen Folgen auch solche Entwicklungsländer betroffen waren, die in den Jahren davor als Musterländer („Schwellenländer", „dynamische asiatische Wirtschaften", „Tigerökonomien") galten. Die Finanzkrisen haben „das Risiko (deutlich werden lassen), dass Länder, die im Prinzip eine vernünftige Wirtschaftspolitik betreiben, ohne eigenes Zutun in den Sog von Währungskrisen geraten" (IfW 2000: 25). Insofern befürworten ebenso wie das ansonsten eindeutig für Freihandel und freien Kapitalverkehr eintretende IfW – „die meisten Ökonomen eine vorbeugende Regelung des Kapitalzuflusses" (Diehl, Nunnenkamp 2001: 17). Auch der IWF erklärt, dass Länder mit gering entwickelten Finanzsystemen kurzfristige Kapitalzuflüsse beschränken sollten (Boorman u. a. 2000: 60). „Bei der Einbindung in den internationalen Kapitalverkehr bietet sich also ein schrittweises Vorgehen an" (Diehl, Nunnenkamp 2001: II). Es ist erst dann sinnvoll, den „Kapitalverkehr (...) umfassend zu liberalisieren, wenn das inländische Finanzsystem hinreichend stark reformiert worden ist. Eine (zu) schnelle Öffnung für ausländischen Wettbewerb könnte andernfalls zu Konkursen inländischer Banken führen und Anreize erhöhen, risikoreiche Kredite zu vergeben" (IfW 2000: 20). Negative Effekte können sich auch dann ergeben, wenn ein Land bei liberalisiertem Kapitalverkehr die Attraktivität des Finanzplatzes durch vergleichsweise niedrige Steuersätze zu steigern versucht. Dann kann es geschehen, dass die Mittel für langfristig wirksame öffentliche Investitionen geschmälert werden. Doch selbst ein gut ausgebautes und reguliertes Finanzsystem ist vor Finanzkrisen nicht gefeit, wie der Crash 1987 in New York, die Spekulation 1992/93 gegen das britische Pfund, die Entwicklung nach Ende des „New Economy-Booms", der Konkurs des Enron-Konzerns und die lange währende japanische Bankenkrise zeigen. Die letztgenannten Ereignisse haben den IWF in seinem im März 2002 erschienenen ersten „Global Stability Report" dazu veranlasst, von „großen Risiken" zu sprechen, denen das Weltfinanzsystem ausgesetzt ist (IWF 2002).

Die Zunahme des Umfangs und der Geschwindigkeit der Geschäftstätigkeit von Finanzunternehmen ist bisher überwiegend durch wachsenden Angebotsdruck flüssiger Mittel verursacht worden. Private Kapitalströme dominieren

---

[1] Vgl. hierzu die Minderheitenvoten der CDU/CSU-, der FDP- und der PDS-Fraktion in Kapitel 11.

heute die internationalen Finanztransfers und sie sind hoch konzentriert. Etwa 75 Prozent des Kapitals fließt in nur zwölf Länder. 140 Länder erhalten demgegenüber ganze fünf Prozent der globalen privaten Kapitalflüsse, nach Afrika südlich der Sahara gelangt ein Prozent (Mathieson, Schinasi 2000: 54f.). Damit hat sich die Polarisierung zwischen den Ländern auch im „Süden" vergrößert. Insbesondere mit der wachsenden Rolle der institutionellen Investoren haben Renditeinteressen an Einfluss gewonnen. Die Finanzmärkte müssen also im Kontext der ökonomischen Struktur, der sozialen Kohäsion und der politisch-administrativen Kompetenz von Ländern mit Kapitalimport einerseits, der strukturellen Veränderungen bei den Kreditgebern bzw. Anlegern der Gläubigerländer andererseits sowie im Kontext von Regeln der globalen Finanzmärkte („Finanzarchitektur") betrachtet werden.

Trotz der Effizienzgewinne durch Liberalisierung der Märkte ist nicht auszuschließen, dass die Instabilitäten und Krisentendenzen auf globalen Finanzmärkten polarisierend wirken und dazu beitragen, die globale „Gerechtigkeitslücke" (etwa abzulesen an der Verteilung zwischen armen und reichen Nationen) weiter aufzureißen, anstatt sie zu verkleinern.

Abbildung 2-1

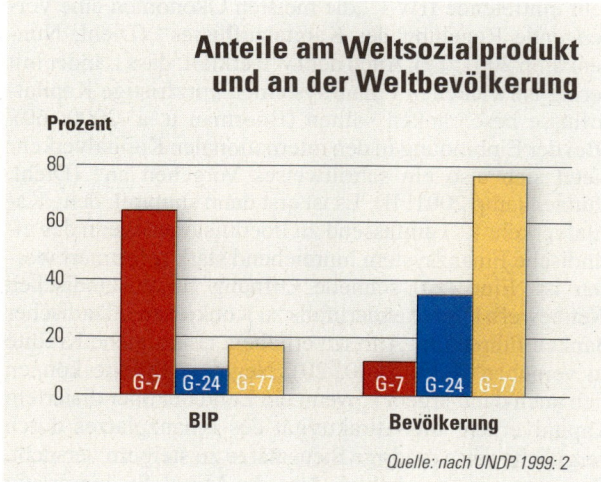

Nach Angaben des United Nations Development Program (UNDP 1999a: 2) verfügt das reichste Fünftel der Weltbevölkerung über nahezu 90 Prozent des globalen Bruttoinlandsprodukts (BIP), während das ärmste Fünftel lediglich über ein Prozent des BIP verfügt.[2]

Dies gilt im Übrigen auch innerhalb einzelner Länder. Die Verteilung hat sich verschlechtert, wie auch der Armuts- und Reichtumsbericht der Bundesregierung (2001a, 2001b) aufzeigt.

Abbildung 2-2

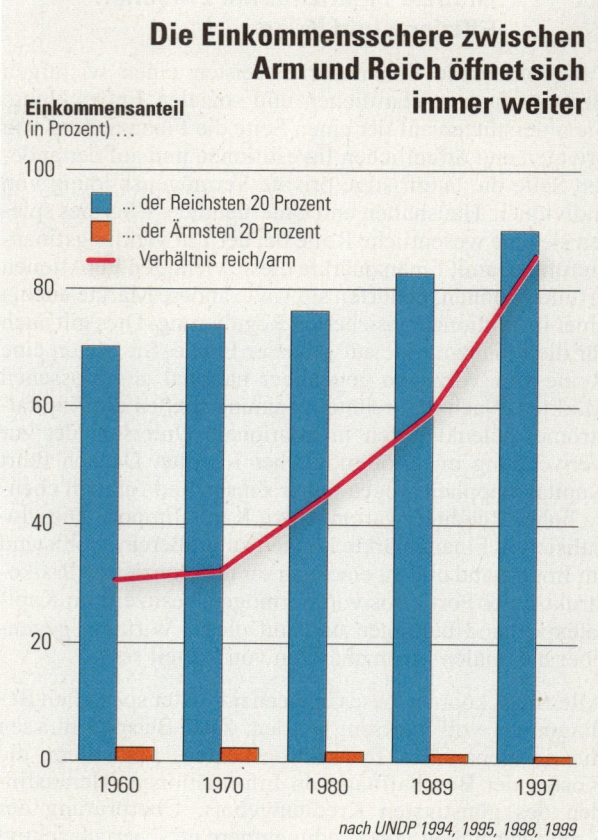

Es gibt erheblichen Reformbedarf, damit die potenziell wichtige und nützliche Funktion der Finanzsysteme und Finanzmärkte – als infrastrukturelles öffentliches Gut („Public Good") für nachhaltige wirtschaftliche Entwicklung und zur Minderung der Ungleichheiten – zum Tragen kommen kann. Der ordnungspolitische Rahmen muss weiterentwickelt werden und es gilt, ein fein abgestimmtes Instrumentarium für die unter bestimmten Umständen – darauf kommen wir noch zurück – notwendigen Interventionen in volatilen Märkten zu entwickeln.

Ein zusätzlicher Grund für die Weiterentwicklung des ordnungspolitischen Rahmens globaler Finanzmärkte ist am 11. September 2001 deutlich geworden: Deregulierte und liberalisierte Märkte können von organisiertem Verbrechen und von terroristischen Netzwerken leicht missbraucht werden. Um dies zu verhindern, müssen nicht nur die internen Kontrollmaßnahmen der Finanzinstitute ständig den Finanzinnovationen angepasst und verbessert werden. Auch die internationalen Institutionen sind herausgefordert, die Möglichkeiten des Missbrauchs der Finanzmärkte einzudämmen. Das Mandat der Financial Action Task Force (FATF) der OECD ist entsprechend erweitert worden.

---

[2] Die obenstehende Abbildung zeigt einen ähnlichen Zusammenhang. Daraus ist erkennbar, dass die G7 (etwas mehr als 10 Prozent der Weltbevölkerung) über fast 65 Prozent des BIP verfügen, während die G77 (etwas mehr als 75 Prozent der Weltbevölkerung) nur gut 15 Prozent des BIP kontrollieren.

2.2 Die Globalisierung der Finanzmärkte: Fakten und Hintergründe[3]

2.2.1 Fakten zur Globalisierung der Finanzmärkte

Die Entwicklung der Finanzmärkte ist seit der Liberalisierung Mitte der 70er Jahre geradezu spektakulär. Dies wird v. a. dann deutlich, wenn sie mit der Entwicklung anderer ökonomischer Größen verglichen wird.

Während in den 90er Jahren das Bruttoinlandsprodukt weltweit um fast 50 Prozent zunahm, haben sich die Direktinvestitionen mehr als verfünffacht. Die Bestände an Derivaten[4] sind Ende der 90er Jahre sogar mehr als zehn mal höher als zu Beginn des Jahrzehnts. Besonders die so genannten innovativen Finanzinstrumente haben zum Wachstum der Umsätze auf den Finanzmärkten beigetragen.

Die hohe Liquidität auf den globalen Finanzmärkten kommt auch in den Daten über die täglichen Umsätze auf Devisenmärkten zum Ausdruck. Diese stiegen von 600 Milliarden US-Dollar Ende der 80er Jahre auf bis zu 1,5 Billionen US-Dollar vor Bildung des Euro-Raums; seither sind sie rückläufig, ihr Niveau liegt heute bei 1,2 Billionen US-Dollar (BIZ 2001b: 39), da zwischen den am Euro beteiligten elf Ländern Devisenumsätze in Euro-Währungen entfallen sind.

Tabelle 2-1

Die Dynamik der weltweiten Finanzmärkte 1990 bis 2000

	Gegenstand	Maßstab	Steigerungs-Faktor
1	Bruttoinlandsprodukt	Faktorkosten (laufende Preise)	1,5
2	Investitionen		1,4
3	Exporte		1,6
4	Direktinvestitionen (inward + outward)/2	Stromzahlen	5,5
5		Bestände	3,4
6		Fusionen	7,6
7	Aktien	Marktkapitalisierung Jahresende	3,3
8		Umsätze	10,0
9	Anleihen	Bestände	2,3
10		Umsätze	7,1 (*)
11	Derivate	Bestände	11,4 (+)
12	– börsengehandelt	Bestände	6,2
13		Umsätze (börslich)	3,1
14	– außerbörslich	Bestände	14,9 (+)

Steigerung 2000 gegenüber 1990; Bestände jeweils am Jahresende

(*) Steigerung 1999 gegenüber 1990, (+) Steigerung 1998 gegenüber 1990

Quellen: 1–6 UNCTAD 2001: 10
7–9 World Federation of Exchanges 2001a, 2001b, 2001c
10 FIBV 1992, 2000
11, 12, 14 Deutsche Bundesbank 1994: 43; BIZ 1998: 173; BIZ 1999: 148; BIZ 2002: A91, A96 und eigene Berechnungen aus Huffschmid 1999
13 BIZ 1992 und weitere Jahrgänge bis BIZ 2000: Statistischer Anhang, Tabelle 23A (A96)

---

[3] Vgl. hierzu das Minderheitenvotum der CDU/CSU-Fraktion in Kapitel 11.1.7.1.

[4] Nach dem Online-Glossar der Deutschen Bundesbank (http://www.bundesbank.de/de/presse/glossar/f.htm 13. Mai 2002) sind Finanzderivate „Finanzinstrumente, deren eigener Wert aus dem Marktpreis eines oder mehrerer originärer Basisinstrumente abgeleitet ist. Allen derivativen Instrumenten gemeinsam ist ein auf die Zukunft gerichtetes Vertragselement, das als Kauf- bzw. Verkaufsverpflichtung oder aber als Option ausgestaltet sein kann. Der Gewinn bzw. Verlust aus einem Derivate-Geschäft hängt davon ab, wie sich der Marktpreis im Vergleich zum vereinbarten Preis tatsächlich entwickelt."

Der auf die Bildung des Euro zurückzuführende Rückgang wird von der Bank für Internationalen Zahlungsausgleich auf sechs Prozent der weltweiten Umsätze im Devisenhandel beziffert (BIZ 2001b: 40). Zum Umsatz des Welthandels und der Direktinvestitionen würden drei bis fünf Prozent der vorhandenen Liquidität ausreichen (BIZ 2001a: 111; von Umsätzen zur Absicherung „real-ökonomischer" Transaktionen, deren Höhe schwer erfassbar ist, abgesehen). Mehr als 90 Prozent der Devisenumsätze finden innerhalb des Finanzsektors selbst statt. Dies hat, wie von Bankenseite immer wieder betont wird, den großen Vorteil, dass kurzfristig unterschiedliche Liquiditätslagen schnell und problemlos in Arbitrage-Geschäften ausgeglichen werden können. Daher sei die Volatilität der Kurse und Zinsen geringer als auf einem weniger liquiden globalen Devisenmarkt. Doch ist umgekehrt die hohe Liquidität mitverantwortlich für die von der BIZ immer wieder festgestellte hohe Volatilität auf den meisten Währungsmärkten. Vom Internationalen Währungsfonds wird obendrein hervorgehoben, dass „Regulierungsarbitrage" (IWF 2002: 3) im Handel mit Kreditrisiken einerseits die Markteffizienz steigern kann, andererseits aber erhebliche Gefährdungen für die Stabilität der globalen Finanzmärkte enthält, wie der Enron-Kollaps deutlich werden ließ.

Abbildung 2-3

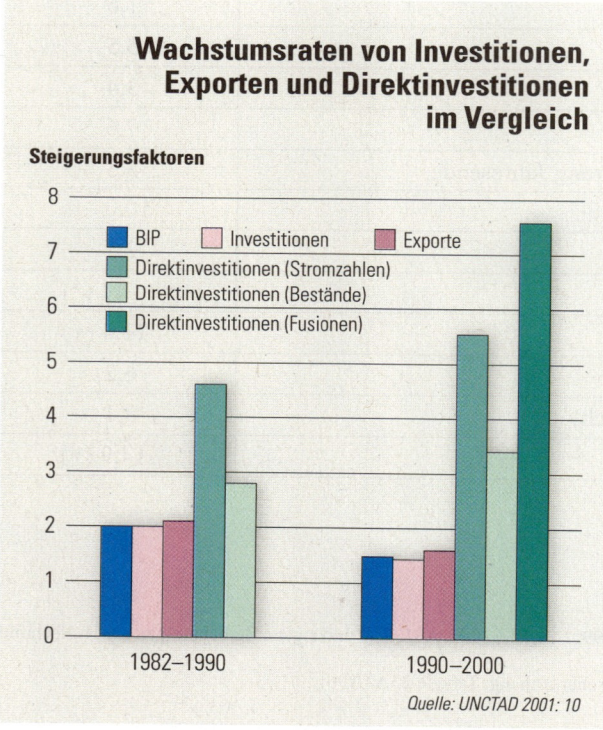

Während die Wachstumsraten von Investitionen und Exporten in den 90er Jahren etwa der Wachstumsrate des BIP entsprechen, liegen die Wachstumsraten der Direktinvestitionen beim drei- bis achtfachen.

Abbildung 2-4

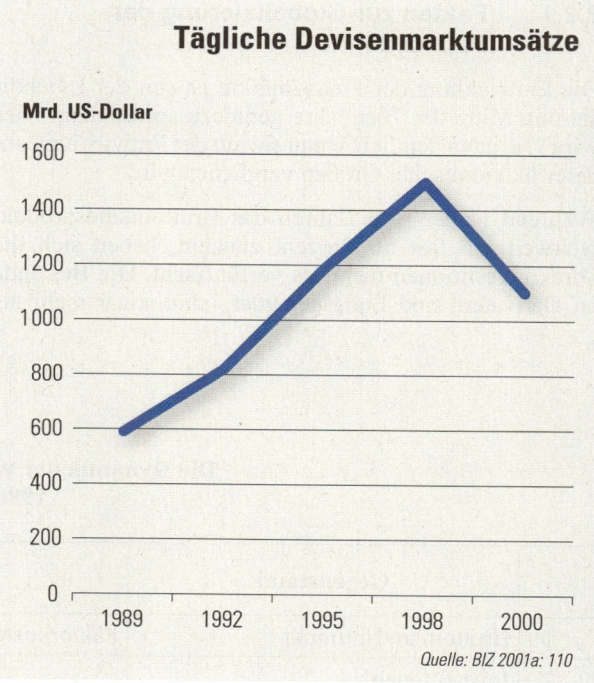

Die Halter der Liquidität (das heißt Geldvermögensbesitzer, also Banken, große Fonds, transnationale Unternehmen etc.) versuchen, diese höchst rentierlich anzulegen und dabei die Kurs- und Zinsdifferenzen auf globalen Märkten durch zumeist kurzfristige Engagements auszunutzen. Die hohe Volatilität von Kursen innerhalb der Triade US-Dollar, Euro und Yen sowie die hohe Volatilität der Währungskurse von Schwellen- und Entwicklungsländern wirken sich nachteilig für längerfristige Engagements (Direktinvestitionen) generell und – wie die UNCTAD beklagt – für Schwellen- und Entwicklungsländer speziell aus. Denn der Effekt volatiler Kurse auf die Leistungsbilanz ist groß, die Möglichkeiten der Einflussnahme auf die Devisenmärkte hingegen ist dann sehr gering, wenn sich die betroffenen Länder für die Öffnung Ihres Kapitalmarktes entschieden haben.

Die rasante Entwicklung der globalen Finanzmärkte wäre ohne die Öffnung der nationalen Finanzmärkte (und ohne die modernen Informations- und Kommunikationstechnologien) nicht möglich gewesen. In den *70er Jahren* gingen die Industrieländer bei der Liberalisierung und Deregulierung der Finanzmärkte voran. In den *80er Jahren* folgten Entwicklungsländer, die sich in den 70er Jahren zum Teil in hohem Maße gegenüber privaten Kreditgebern verschuldet hatten. Zunächst erfolgte die Kreditaufnahme zu günstigen Zinssätzen. Denn die Liquidität der internationalen Kreditmärkte war infolge des „Recycling der Petrodollar" (Rückführung der hohen Einnahmen der Erdölproduzenten infolge des „Erdölpreisschocks" von 1973 ins globale Finanzsystem) und der geringen Kreditnachfrage aus den Industrieländern, die im gleichen Zeitraum in eine strukturelle wirtschaftliche Krise geraten waren, sehr hoch.

Ab 1979 stiegen die (realen) Zinssätze aber aus verschiedenen Gründen (vgl. Kapitel 2.3), so dass die Belastung des Schuldendienstes in die Schuldenkrise der Entwicklungsländer führte. Mexiko macht im August 1982 mit der Einstellung von Zahlungen den Anfang; kurze Zeit später folgten viele andere Entwicklungsländer. Sie konnten die Last des Schuldendienstes nicht mehr tragen. Nicht nur die hohen Zinssätze der externen Kredite waren für die Krise verantwortlich, auch die unzureichenden Renditen der mit den externen Krediten finanzierten Projekte unterminierten die Schuldendienstfähigkeit – wenn das aufgenommene Fremdkapital nicht sowieso für konsumtive Zwecke (Luxusimporte, Rüstungsausgaben) verwendet wurde oder per Kapitalflucht einer besitzenden Schicht (wie vor allem in Mexiko und Argentinien) wieder bei Unternehmen und Banken in den Industrieländern angekommen war.

Die Politik der Strukturanpassung von Internationalem Währungsfonds und Weltbank war die Antwort. Diese Politik, später als „Konsens von Washington" bezeichnet (vgl. Kasten 2-2), hat den verschuldeten Ländern die Integration in die Weltwirtschaft, also die Öffnung von bis dahin weitgehend geschlossenen Wirtschaften (und in manchen Fällen auch von Gesellschaften und politischen Systemen) abverlangt. Hinzu kam die Politik der Handelsliberalisierung mit ihren Auswirkungen auf die Finanzmärkte, die von GATT und später WTO, von der OECD und den Regierungen der Industrieländer von den „Partnern" des Freihandels verlangt worden war. Kapitalverkehrsbeschränkungen wurden ebenso abgebaut wie Handelshemmnisse auf Güter- und Dienstleistungsmärkten.

Infolge des Zusammenbruchs des Ostblocks und im Verlauf des sich anschließenden Transformationsprozesses wandelten sich *nach 1989* die bis dahin ebenfalls gegenüber dem Weltmarkt weitgehend abgeschotteten Planwirtschaften Mittel- und Osteuropas zu offenen Marktwirtschaften. Seit *Beginn der 90er Jahre* ist also von globalen Finanzmärkten zu sprechen, zumal die Informations- und Kommunikationstechnologien gerade in dieser Zeit die Globalisierung der Finanzmärkte mehr als beschleunigt haben.

Zwar hat die Globalisierung der Wirtschaft eine lange Vorgeschichte. Doch kann mit Fug und Recht gesagt werden, dass seit der Integration Mittel- und Osteuropas „alle Welt" den gleichen Tendenzen der finanziellen Globalisierung ausgesetzt ist. Allerdings darf dabei nicht übersehen werden, dass die lokalen und nationalen Ausprägungen der Globalisierung sehr verschieden sein können.

2.2.2 Neue Akteure und Instrumente

Finanzinnovationen

Die gestiegene Attraktivität von Anlagen auf Finanzmärkten führt zu jenen Finanzinnovationen, die das globale Finanzsystem seit Mitte der 70er Jahre radikal verändert haben. Wie technische Innovationen folgen auch Finanzinnovationen einer spezifischen „Logik": Mit ihnen ist es möglich, Kapital mobiler und vielfältiger (hinsichtlich Fristen, Währungen, Laufzeiten, Zinsen, Risiken etc.) auf den Märkten der Welt anzulegen, zumal seit den späten 50er Jahren die Konvertibilität von mehr und mehr Währungen hergestellt und seit Mitte der 70er Jahre Beschränkungen des Kapitalverkehrs aufgehoben wurden. So ist die Globalisierung der Finanzmärkte extrem befördert worden; es ist daher nicht abwegig, die finanzielle Globalisierung als „politisches Projekt" (und nicht allein als eine ökonomische Tendenz) zu bezeichnen. Insbesondere fällt die Geschwindigkeit auf, mit der *Finanzinnovationen* auf den Markt gebracht werden, darunter in erster Linie neue *Derivate* und unter diesen insbesondere die *Optionen*.

Der Bestand an Derivaten nahm in den 90er Jahren um mehr als das zehnfache zu. Interessant erscheint, dass die börsengehandelten Derivate hier lediglich um das sechsfache zunahmen, während die Bestände an außerbörslich gehandelten Derivaten um das 15-fache zulegten (vgl. hierzu auch Tabelle 2-1).

Abbildung 2-5

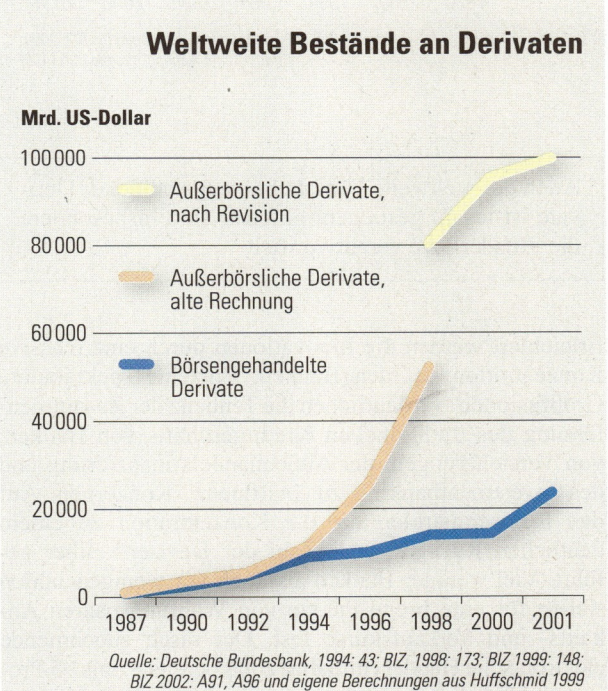

Weltweite Bestände an Derivaten

Quelle: Deutsche Bundesbank, 1994: 43; BIZ, 1998: 173; BIZ 1999: 148; BIZ 2002: A91, A96 und eigene Berechnungen aus Huffschmid 1999

Der Bestand an Derivaten – und hier insbesondere das Over-the-Counter Geschäft – ist in den 90er Jahren sprunghaft angestiegen.[5]

---

[5] Auf Grund der Änderung der Berechnungsmethode für den Bestand an außerbörslich gehandelten Derivaten im Jahr 1998 ergibt sich in diesem Jahr ein Sprung. Dennoch ist der rasante Anstieg der Bestände deutlich erkennbar.

Abbildung 2-6

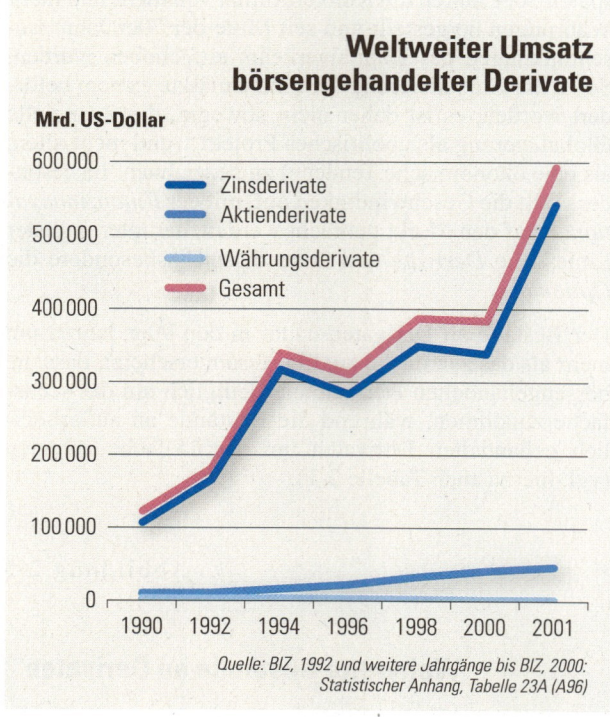

Auch der weltweite Umsatz börsengehandelter Derivate ist rasant gestiegen – hierfür sind insbesondere die Zinsderivate verantwortlich.

Erleichtert werden die Innovationen durch eine massive Konzentration bei den Banken. Einzelne spektakuläre Großfusionen[6] verdeutlichen die Tendenz der Zusammenfassung des traditionellen Kreditgeschäfts von Banken, von Versicherungen, der Außenhandelsfinanzierung und des Investmentbanking zu „Allfinanz"-Konzernen. Auf den Devisenmärkten hat die Konzentration zu einem deutlichen Rückgang der Zahl der Devisenhändler geführt. Viel weniger Banken als noch vor wenigen Jahren stellen für eine breite Palette von Währungspaaren Ankaufs- und Verkaufskurse fest. Der rasch zunehmende elektronische Handel (im Jahre 2000 bereits 85 bis 95 Prozent des Interbankhandels gegenüber 20 bis 30 Prozent im Jahren 1995) wird nur noch von zwei Maklern weltweit (Cognotec und Currenex) abgewickelt (BIZ 2001a: 112f.). Zwar ist es nicht möglich, heute bereits Auswirkungen dieser Konzentration auf Kursspannen und die Kursvolatilität oder auf die Liquidität zu erkennen. Doch befürchtet die BIZ, dass die engeren Kursspannen Einnahmeeinbußen gebracht haben und diese wiederum Anlass waren „weniger Mittel für das Marktmachergeschäft" bereitzustellen (BIZ 2001a: 113). Dies kann in Zeiten angespannter Marktverhältnisse (also im Verlauf von Finanzkrisen), wenn Liquidität benötigt wird, den adversen Effekt haben, dass die Bereitstellung von Liquidität nicht ausgeweitet, sondern eingeschränkt wird.

Institutionelle Anleger

Versicherungskonzerne, Investment- und Pensionsfonds – so genannte *Institutionelle Anleger* – sind in den 90er Jahren zu entscheidenden Akteuren auf den Finanzmärkten geworden (Deutsche Bundesbank 2001a). Sie verwalteten 1996 bereits ein Vermögen von 21 Billionen US-Dollar – für viele Länder ist das ein erheblicher Teil des gesamten nationalen Sparvermögens der privaten Haushalte. Auch ein großer Anteil des Aktienbesitzes ist von den Haushalten zu den Pensionsfonds übergegangen. Während zum Beispiel in den USA im Jahre 1950 die Haushalte noch 90 Prozent der emittierten amerikanischen Aktien in ihrem Besitz hatten, waren es 1994 nur noch knapp 50 Prozent. Gleichzeitig stieg der Anteil der Aktien, die von Pensions- und Investmentfonds gehalten wurden, von weniger als ein Prozent auf mehr als 45 Prozent (Clark 2000: 62). Darüber hinaus konzentriert sich das Fondsvermögen in Deutschland auf eine relativ kleine Gruppe institutioneller Anleger: 80 Prozent der von Kapitalanlagegesellschaften in Deutschland verwalteten Vermögen gehören zu den drei Großbanken Deutsche Bank (etwa 25 Prozent), Dresdner Bank und Commerzbank (jeweils etwa 15 Prozent) sowie den Sparkassen- und Genossenschaftsbankzentralen (ebenso jeweils etwa 15 Prozent).

Die Anlagepolitik der institutionellen Anleger ist allerdings noch – teilweise aufgrund regulatorischer Beschränkungen – zumeist national beschränkt. Der Anteil ausländischer Anlagen liegt in den meisten Ländern bei wenig mehr als zehn Prozent. Nur kleine und sehr offene Länder wie die Niederlande machen hier eine Ausnahme. Dort betragen die internationalen Anlagen ca. 60 Prozent des jeweiligen Gesamtvermögens (BIZ 1998: 100). Die Anlagestrategien der Pensions- und Investmentfonds, besonders aber der Hedge-Fonds (s. Kasten 2-1) haben sich in den vergangenen Jahren stärker internationalisiert. Für (nationale) Kapitalmärkte kleinerer Länder haben auch vergleichsweise geringe Anteile internationaler Investitionen ein außerordentlich großes Gewicht. Die Fonds waren an der „finanziellen Invasion" der lateinamerikanischen und asiatischen *„Emerging Markets"* führend beteiligt, und sie waren die ersten, die bei Anzeichen der Krise aus den Märkten geflohen sind. Überdies verhindert der (noch) geringe Internationalisierungsgrad der Anlagen nicht, dass die institutionellen Anleger ihren Entscheidungen einheitliche internationale Standards, „Benchmarks", d. h. Mindestrenditeansprüche, zugrunde legen. Dabei dienen die Renditen von Staatsanleihen der entwickelten OECD-Länder als Orientierung. Eine besondere Rolle übernehmen dabei die Rating-Agenturen. Ihre Einschätzungen sind in der Regel an Risiko und Rendite

---

[6] In Deutschland z. B. die Bildung der HypoVereinsbank, die Fusion von Dresdner Bank und Allianz, in der Schweiz die Bildung der UBS, in Japan die Fusionen von Dai-Ichi Kangyo Bank, Fuji Bank und der Industrial Bank of Japan, von Sumitomo Bank und Sakura Bank sowie von Tokai Bank, Asahi Bank und Sanwa Bank oder die Fusion von Deutsche Bank und Bankers Trust.

für potenzielle Anleger orientiert; die Kosten des Rating sowie die Konsequenzen des möglichen „Downgrading" (wie umgekehrt die Entlastungen durch ein ebenfalls mögliches „Upgrading") haben die Schuldner zu tragen.

Die den institutionellen Anlegern zugeschriebene Qualität als Institution der Vermögensanlage „kleiner Leute" muss zumindest für Deutschland in doppelter Hinsicht relativiert werden. Zum einen haben die nur wenigen Großanlegern offenstehenden *Spezialfonds* mittlerweile die Publikumsfonds im Anlagevolumen deutlich übertroffen. Auch an Hedge-Fonds können sich nur vermögende Anleger mit hohen Einlagen beteiligen. Sie sind hoch spekulativ, und sie haben eine sehr große Hebelwirkung (s. Kasten 2–1). Mit vergleichsweise geringem Kapitaleinsatz, der oft obendrein kreditfinanziert ist, können große Marktbewegungen ausgelöst werden. Bei dem Beinahe-Zusammenbruch des LTCM im September 1998 ist offenbar geworden, dass spekulative Fonds die Stabilität des Finanzsystems insgesamt unterminieren können und somit ein Systemrisiko darstellen. Daher gibt es von Seiten des Financial Stability Forum (FSF) Vorschläge zur Kontrolle der Fonds mit großer Hebelwirkung. Auch der IWF deutet vorsichtig auf das Gefährdungspotenzial des Handels mit Instrumenten hin, die das Kreditrisiko von einem Anleger zum anderen verlagern, ohne dass der Markt transparent genug ist, um durch Nutzung verlässlicher Informationen Risiken realistisch einschätzen und bewerten zu können. Der Fall des Enron-Konzerns hat diese Risiken deutlich werden lassen. Wie bedeutsam diese werden können, zeigt das Volumen dieses Marktes, das sich zwischen 1997 und 2001 auf etwa 1,6 Billionen US-Dollar verneunfacht hat (IWF 2002: 36).

Kasten 2-1

Hedge Fonds

Bei so genannten Hedge Fonds bzw. „Fonds mit großer Hebelwirkung" („High Leveraged Institutional Investors") handelt es sich um Personenunternehmen, deren Teilhaber (häufig institutionelle Investoren wie Investment Fonds, Versicherungen, Universitätsstiftungen etc.) in der Regel mit hohem Investitionsvolumen (mehrere Millionen US-Dollar) spekulieren.

Hedge Fonds gibt es schon seit den 40er Jahren. Aber erst seit der finanziellen Liberalisierung und Globalisierung hat ihre Zahl beträchtlich zugenommen, und zwar nach Angaben des IWF (Eichengreen, Mathieson 1998: 7) auf der Grundlage von Daten der Managed Account Reports[7] von nur einem Fonds 1980 auf 1 115 im Jahre 1997. Der Managed Account Report benutzt eine sehr enge Definition von Hedge Fonds, und daher gehen andere Schätzungen von einer Zahl von 6 000 weltweit aus. Insgesamt dürften Hedge Fonds Kapital in der Größenordnung von 300 Milliarden US-Dollar verwalten.[8] Dieser Betrag wird aber in den Anlagestrategien infolge der Hebelwirkung vervielfacht.

Im Falle des LTCM Hedge Fonds wurden 1998 auf der Basis von etwa fünf Milliarden US-Dollar Eigenkapital 120 Milliarden US-Dollar Kredite aufgenommen. Damit sind in bilanzunwirksamen Geschäften Derivate gekauft worden, die einen Nennwert von etwa 1 300 Milliarden US-Dollar verkörpert haben (Eichengreen, Mathieson 1998: 14).

Etwa die Hälfte der 1 115 Hedge Fonds (569) hat den Sitz in den USA, die andere Hälfte operiert aus karibischen Offshore Finanzzentren. In Europa oder Asien sind sehr wenige Fonds beheimatet. Hedge Fonds werden nach den vorwiegenden Investment-Stilen und -Strategien unterschieden:

— **Makro Fonds** legen das Kapital ihrer Teilhaber weltweit an. Sie orientieren sich dabei an makroökonomischen Größen wie Aktienkursen, Wechselkursen und Zinssätzen;

— **Globale Fonds** operieren in spezifischen Regionen der Welt, etwa in „Emerging Markets". Sie orientieren sich nicht nur an Makrodaten wie die Makro Fonds, sondern „they pick stocks in individual markets" (Eichengreen, Mathieson 1999: 3);

— **Long only Fonds** beschränken sich auf den Kauf von ihnen unterbewertet scheinenden Wertpapieren. Sie nutzen die Hebelwirkung und Prämien für das Management wie andere Hedge Fonds auch;

— **Short only Fonds** konzentrieren sich auf den Verkauf von überbewerteten Wertpapieren. Sie leihen sich Papiere von Maklern und verkaufen diese in der Hoffnung, dass die Kurse fallen. Mit dem Erlös kaufen sie die Papiere zu einem späteren Zeitpunkt (in der Hoffnung auf einen niedrigeren Kurs) zurück, um sie dann an den Makler zurückgeben zu können;

— **Marktneutrale Fonds** versuchen, das Marktrisiko von Kapitalmarktgeschäften zu minimieren, indem sie Geschäfte machen, die auf gegenläufige Trends setzen (Short- und Long-Positionen);

---

[7] Managed Account Report LLC, 220 Fifth Ave 19th Floor New York NY 10001-7781 (http://www.marhedge.com 8.5.2002).

[8] Zahlen nach Martin W. Hüfner, Chefvolkswirt der HypoVereinsbank, in einem Vortrag am 18. Mai 2000 in Berlin.

- **Sektorspezifische Fonds** spezialisieren sich auf Papiere verschiedener Branchen vom Gesundheitssystem über Finanzdienstleistungen bis hin zu Öl und Gas (Eichengreen, Mathieson 1999: 3);
- **Event-driven Fonds** spekulieren auf Sonderereignisse wie Unternehmenszusammenbrüche oder Katastrophen;
- „**Funds of Funds**" sind Hedge Fonds, die in andere Hedge Fonds investieren.

Hedge Fonds sind attraktiv wegen der hohen Rendite, die sie für Personen erwirtschafteten, die über sehr große Vermögen verfügen. Sie sind risikoreich für das internationale Finanzsystem, wie der Beinahe-Kollaps des LTCM 1998 gezeigt hat: Infolge der Krise in Asien und dann in Russland platzten „spekulative Wetten" der Fondsmanager und der LTCM Fonds verlor an die 90 Prozent seines Eigenkapitals. Die Krise des LTCM hätte leicht auf die Kreditgeber überspringen können. Andere Fonds wären ebenfalls in Mitleidenschaft gezogen worden. Die Lösung war eine Finanzspritze der beteiligten Banken und Institutionellen Investoren in Höhe von 3,6 Milliarden US-Dollar auf Initiative der Federal Reserve Bank of New York. Der Fonds konnte so gerettet und das „Systemrisiko" vermieden werden. Der Schock in der Finanzwelt saß aber tief, und so ist es zu erklären, dass sich das Financial Stability Forum (FSF, vgl. Kasten 2-7) der Frage der Regulation von Hedge Fonds angenommen hat.

Unternehmensfinanzierung

Auch die *Unternehmensfinanzierung* hat sich im Zuge der finanziellen Globalisierung verändert. Der Anteil externer Finanzierung der Unternehmen in den OECD-Ländern hat bis 1995 abgenommen, die Finanzierung aus dem *cash-flow* hat entsprechend zugenommen. Während die einen darin ein erhebliches Potenzial für weiteres Wachstum der globalen Finanzmärkte erblicken, schlussfolgern andere, dass das schnelle Wachstum der Bestände und vor allem der Umsätze an den internationalen Finanzmärkten in den 80er und 90er Jahren nicht auf besonders stark wachsende Finanzierungsbedürfnisse des Unternehmenssektors zurückzuführen sei. Das Wachstum wurde auch nicht durch einen besonders starken Anstieg der Investitionen verursacht, denn die Investitionsquote in den OECD-Ländern nahm nicht zu, sondern eher ab: in der Europäischen Union von ca. 25 Prozent in den 60er auf 20 Prozent in den 90er Jahren, in Japan von ca. 35 auf deutlich unter 30 Prozent; nur in den USA lag die Quote in den 90er Jahren mit fast 20 Prozent zwar niedriger als in den beiden anderen Blöcken, aber genau so hoch wie in den 60er Jahren (Europäische Kommission 1999: 307). Jedoch hat es eine gewisse Verschiebung der externen Finanzierung zu Lasten der Banken, zu Gunsten der Wertpapierfinanzierung – und hier in erster Linie der Aktienfinanzierung – gegeben. Die Anleihefinanzierung spielt für den Unternehmenssektor in Europa – anders als in den USA – nach wie vor eine geringe Rolle: Die Finanzierung durch Bankkredite lag in der Europäische Union 1999 sechsmal so hoch wie die Anleihefinanzierung (45 zu 7,5 Prozent des BIP), während in den USA die Anleihe- (fast 30 Prozent des BIP) knapp zweieinhalb mal so hoch lag wie die Bankfinanzierung (gut zehn Prozent des BIP) (Committee of Wise Men 2000: 10). Darin wird allerdings nicht nur ein Vorteil des Finanzierungssystems der USA gegenüber den europäischen Konkurrenten gesehen. Im „Wall Street Journal" heißt es: „Yet some contend that this shift of lending from the banks to debt-securities markets magnifies the danger. Banks have relationships with the borrower, but bondholders don't, and they tend to act quickly and all on the same information." (Sherer, Sapsfor 2000). Es ist der „irrationale Überschwang" (Shiller 2000), der Aktienbesitzer zum Kauf reizt, wenn andere dies auch tun; die Kurse eines Papiers steigen folglich. Der gleiche irrationale Überschwang führt allerdings auch zum Verkauf, wenn andere dies auch tun und der Wert der Aktie zu fallen droht, ganz unabhängig davon, wie sich das jeweilige Unternehmen tatsächlich wirtschaftlich entwickelt.

Hier wird ein Grundproblem von Finanzmärkten deutlich. Sie können die allokative Effizienz von Kapital verbessern. Aber sie weisen auch Informationsasymmetrien auf, die (1) zu „Adverse Selection", also zur Auswahl nicht der besten Schuldner (oder Projekte) seitens der Kreditgeber, (2) zu „Moral Hazard", also zum nicht verantwortungsvollen Umgang mit Fremdkapital und (3) zu einer Art kollektiver Irrationalität von individuell durch und durch rationalem Verhalten beitragen.

Handel mit Wertpapieren

Das eigentlich dynamische Moment der Finanzmärkte ist der Handel mit Wertpapieren (im Unterschied zur Ausgabe neuer Wertpapiere). Der Bestand von Anleihen nahm von 1990 bis 2000 weltweit um mehr als das Doppelte zu, der Anleihehandel dagegen um das Siebenfache (vgl. Tabelle 2-1). Das gleiche gilt für Aktien: Während die Marktkapitalisierung in den Jahren von 1990 bis 2000 (jeweils Jahresende) um mehr als das Dreifache zunahm, steigerte sich der Aktienhandel im gleichen Zeitraum um das Zehnfache. Während 1990 jede Aktie durchschnittlich noch 19 Monate gehalten wurde, waren es 1999 nur noch elf Monate – eine Verringerung von über 40 Prozent in nur acht Jahren[9] (World Federation of Exchanges 2001a, 2001b, 2001c).

Parallel zu dieser Entwicklung ist eine zunehmende Kursorientierung (im Gegensatz zur Orientierung an der Dividende, der Umsatzstärke etc.) der Anleger festzustellen, denn nur so ist zu erklären, dass die Aktienmärkte eine derartige Dynamik aufweisen, obwohl die Dividendenrenditen „in den meisten G10 Ländern seit Anfang der achtziger Jahre dem Trend nach gefallen sind. Außer in

---

[9] Im Jahr 2000 wurde eine Aktie im Durchschnitt sogar nur noch gut sechs Monate gehalten, was einer Verringerung um fast 60 Prozent entspräche.

Die Globalisierung der Finanzmärkte: Fakten und Hintergründe

Abbildung 2-7

Japan, Italien und Schweden liegen die Dividendenrenditen nahe ihren Tiefstwerten" (BIZ 1999).

Die Aufwertung des Handels mit Wertpapieren gegenüber dem klassischen Kreditgeschäft (*Verbriefung oder Securitization* von Finanzbeziehungen) ist für global ausgerichtete Banken zunehmend charakteristisch. Sie treten weniger als langfristige Geldgeber denn als Vermittler von (jederzeit liquidierbaren) Finanzmitteln auf und beziehen als Investmentbanken ihre Gewinne weniger aus Zinsdifferenzen für Spareinlagen und Kreditausleihungen als aus Provisionen für Käufe und Verkäufe von Aktien oder Anleihen bzw. für Beratungstätigkeiten; entsprechend fördern die Banken auch die beschriebenen Prozesse. Wenn sich international ausgerichtete Wirtschaftsunternehmen über die Ausgabe von Aktien oder Anleihen auf internationalen Kapitalmärkten finanzieren, können die Unternehmenswerte und die entsprechenden kalkulierbaren Renditen mit denen alternativer Anlagen verglichen werden. Unternehmen konkurrieren also mit alternativen Anlagemöglichkeiten (von Staatsanleihen bis zu Fondsbeteiligungen) um die potentiellen Anleger. Daher rührt die Bedeutung, die dem Konzept des „Shareholder Value" beigemessen wird. Denn damit werden die Vergleichbarkeit des Werts eines Unternehmens auf Vermögensmärkten mit anderen Anlageobjekten und die Transparenz des Zustandekommens des Werts (des Shareholder Value) zum Prinzip des Managements.

2.2.3 Ist die Dynamik der Finanzmärkte eine Folge hoher Realzinsen?[10]

Die außerordentlich dynamische Entwicklung der globalen Finanzmärkte hat auch dadurch Impulse erhalten, dass spätestens seit Beginn der 80er Jahre die Realzinsen über den realen Wachstumsraten des BIP liegen. Dies lässt sich Datenreihen der OECD entnehmen, dies wird aber vor allem durch die Gutachten, die von der Enquete-Kommission zu dieser Frage in Auftrag gegeben wurden, bestätigt – auch wenn die Ursachenanalyse und die Schlussfolgerungen höchst kontrovers sind. Der Sachverhalt als solcher scheint unbestreitbar zu sein.

Der Sachverhalt

Wir verwenden hier zur Illustration zunächst die Datenreihen von Prof. David Felix (2002), die ein Muster erkennen lassen, das Felix zu einer Phaseneinteilung der Entwicklung seit dem Ende des Zweiten Weltkriegs (bzw. seit dem Bretton Woods-Abkommen von 1944) heranzieht: So lange das Fixkurs-System von Bretton Woods funktionierte, lagen die Realzinsen unter der

Tabelle 2-2

Realzinsen auf 10-jährige Staatsanleihen der G7-Staaten abzüglich des realen Wachstums des Bruttosozialprodukts

	Kanada	Frankreich	Deutschland	Italien	Japan	UK	USA	⌀ G-7
1959–71	−2,05	−3,93	−1,99	−3,02	−8,74	−0,38	−1,91	−3,15
1972–81	−3,57	−2,06	0,69	−6,44	−3,82	−2,76	−2,13	−2,87
1982–91	4,20	3,11	1,93	1,75	0,39	1,93	2,80	2,30
1992–01	2,14	2,76	2,61	3,15	2,25	1,38	0,62	2,13
1946–58				zum Vergleich				−0,36
1919–39								2,40
1919–40								−0,03

Quelle: Felix 2002: 3

---

[10] Vgl. hierzu das Minderheitenvotum der CDU/CSU-Fraktion in Kapitel 11.1.7.1.

realen Wachstumsrate des BIP. Seit der Liberalisierung der internationalen Kapitalmärkte stieg das Niveau der Realzinsen über das der Zuwachsrate des BIP. Dies lässt sich sowohl für das Verhältnis der langfristigen als auch der kurzfristigen Realzinsen zum BIP zeigen.

Abbildung 2-8

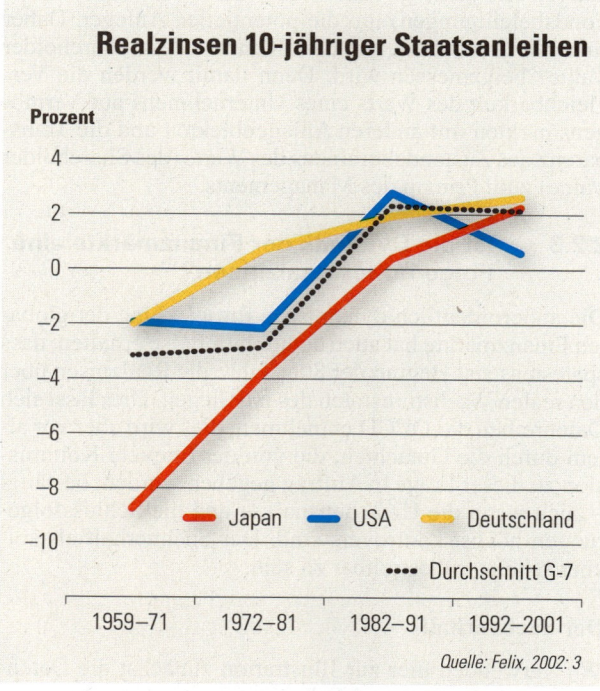

Quelle: Felix, 2002: 3

> Zu Beginn der 80er Jahre sind die Realzinsen 10-jähriger Staatsanleihen in den G7-Staaten deutlich in die Höhe geschnellt.

Abbildung 2-9

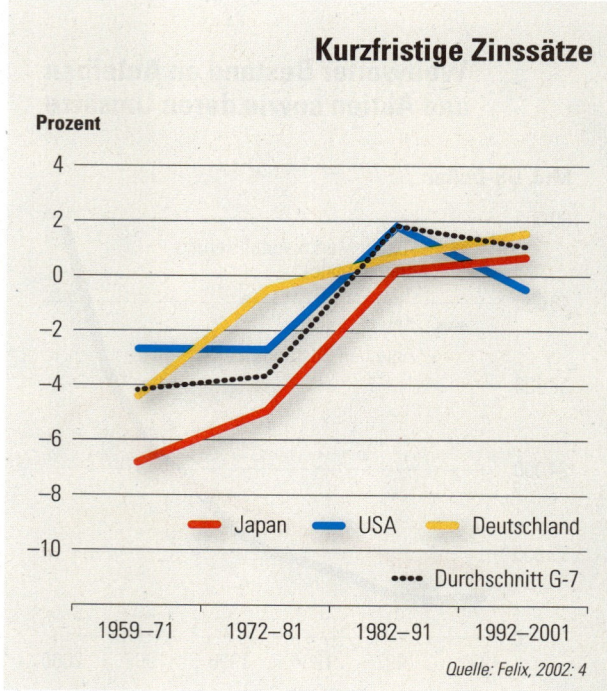

Quelle: Felix, 2002: 4

> Auch die kurzfristigen Zinssätze haben in den 80er Jahren einen erheblichen Sprung nach oben gemacht.

Wenn die 90er Jahre differenziert betrachtet würden, könnte gezeigt werden, dass in der zweiten Hälfte der Abstand zwischen Wachstumsrate des BIP und Realzinsen schrumpfte und in den USA sogar – möglicherweise als Folge des „New Economy-Booms" – die reale Wachstumsrate des BIP über dem Realzinssatz lag. Dies hat sich

Tabelle 2-3

Reale kurzfristige Zinssätze abzüglich der realen Wachstumsraten des BIP

	Kanada	Frankreich	Deutschland	Italien	Japan	UK	USA	⌀ G-7
1959–71	−3,33	−4,54	−4,41	−5,79	−6,81	−1,72	−2,63	−4,18
1972–81	−4,03	−3,09	−0,50	−5,72	−4,93	−4,75	−2,65	−3,67
1982–91	3,27	2,12	0,74	2,00	0,20	2,63	1,86	1,83
1992–01	0,36	2,01	1,54	2,35	0,68	0,98	−0,44	1,07

Quelle: Felix 2002: 4

allerdings zwischenzeitlich infolge der ökonomischen Stagnation korrigiert. Daten für die Entwicklungsländer liegen nur sporadisch vor, so dass dazu stichhaltige Aussagen nicht gemacht werden können. Doch gibt es plausible Indizien dafür, dass auch in den Entwicklungsländern die Realzinsen sehr hoch waren und sind (wegen des hohen Aufschlags auf den Referenzzinssatz LIBOR von manchmal mehreren tausend Basispunkten).

Auch in dem Gutachten, das die Enquete-Kommission von Prof. Dr. Jürgen von Hagen und Dr. Boris Hofmann (2002) eingeholt hat, wird gezeigt, dass die Realzinsen oberhalb der realen Wachstumsrate des BIP liegen. Allerdings sehen die Verfasser im Unterschied zu Felix darin „kein(en) Anlass zur Besorgnis", ja sie halten eine solche Konstellation für „wünschenswert, da damit dynamische Effizienz der Volkswirtschaft indiziert ist" (Hagen, Hofmann 2002: 25). Realzinsen niedriger als die reale Wachstumsrate sei „auf Dauer nicht möglich. Sowohl für den Privatsektor als auch für den Staat würde dadurch nämlich ein enormer Anreiz entstehen, sich zu verschulden" (Hagen, Hofmann 2002: 23). Dieses Argument dürfte freilich wenig stichhaltig sein, da Zinsen, gleichgültig ob sie hoch oder niedrig sind, immer auf Geldvermögen gezahlt werden und Geldvermögen saldenmechanisch gleich hohe Schulden implizieren. Allerdings ist es unbestreitbar, dass die Höhe der (Real)zinsen für die Selektion von Schuldnern entscheidend ist. Nur haben die Finanzkrisen des vergangenen Jahrzehnts (vgl. hierzu Kapitel 3.1) auch gezeigt, dass hohe Realzinsen keine Garantie für effiziente Mittelverwendung durch Schuldner sind.

Messprobleme

Ein großes Problem ist die Messung von Realzinsen. In der Regel wird der reale Zinssatz „definiert als der um die erwartete Inflation im entsprechenden Zeitraum bereinigte nominale Zinssatz" (Europäische Zentralbank 2001: 20). Je länger der Zeitraum, desto ungewisser die Inflationserwartungen. Bei kurzfristigen Zinsen kann die aktuelle Inflationsrate (Steigerung der Verbraucherpreise) zugrunde gelegt werden. Langfristige Inflationserwartungen können nur geschätzt werden (zu verschiedenen Verfahren vgl. Hagen, Hofmann 2002; Europäische Zentralbank 2001: 20ff.; Deutsche Bundesbank 2001: 33). Trotz dieser Messprobleme ist es notwendig, über absolute und relative Größenordnungen und Entwicklungstendenzen Informationen zu bekommen, denn „Realzinsen können als Messgröße des realen Ertrags einer Anlage oder der realen Finanzierungskosten interpretiert werden" (Europäische Zentralbank 2001: 20). Die Bundesbank ihrerseits schreibt: „Die Höhe der realen Zinsen ist von zentraler Bedeutung für die Entwicklung der Konjunktur und das langfristige Wachstum einer Volkswirtschaft" (Deutsche Bundesbank 2001: 47).

Wir betrachten zunächst das Verhältnis der Realzinsen zur realen Wachstumsrate des BIP. Auf jeden Fall unproblematisch sind Realzinssätze oberhalb der BIP-Wachstumsrate, wenn der Bestand an Geldvermögen (in einer geschlossenen Wirtschaft), auf den die Zinsen bezogen werden, gering ist. Dann kann es sein, dass auf Realzinsen ein geringer Teil des Zuwachses des BIP entfällt und ein entsprechend großer auf Kontrakteinkommen und Unternehmensgewinne, so dass die Kapitalrendite – je nach Größe des Kapitalstocks – hoch sein kann. Allerdings darf die Dynamik dieser Konstellation nicht aus den Augen verloren werden. Höhere Realzinsen als die Wachstumsraten des BIP sind gleichbedeutend mit einem über dem BIP-Wachstum liegenden Zuwachs der Geldvermögen (ceteris paribus). Saldenmechanisch spiegelbildlich bedeutet diese Konstellation für Schuldner, dass der Anteil des BIP, der für den Schuldendienst aufgebracht werden muss, zunimmt. In der Tendenz also üben die hohen Realzinsen einen Druck auf Einkommen der Arbeitnehmer wie der Unternehmer (auf Löhne und Profite) aus. Diese Situation wird als „Financial Repression" bezeichnet. Allerdings müssen hier Differenzierungen vorgenommen werden. Die Saldierung von Geldvermögen und Verbindlichkeiten ergibt in Deutschland Ende 1999 bei den Haushalten einen Netto-Bestand von 2,14 Billionen Euro. Die nichtfinanziellen Kapitalgesellschaften haben Netto-Verbindlichkeiten in Höhe von 1,45 Billionen Euro, der Staat in der Höhe von 0,84 Billionen Euro (Deutsche Bundesbank 2000). Die Salden von Geldvermögen und Verbindlichkeiten für die Finanziellen Sektoren sind gering. Von hohen Realzinsen profitieren also die Haushalte (ungleichmäßig), der Sektor nichtfinanzieller Kapitalgesellschaften wird dadurch belastet.

Dass sich daraus Konsequenzen für das Unternehmensmanagement ergeben, ist gemäß der von David Felix (2002) diskutierten „Effizienzmarkt-Hypothese" beabsichtigt. Zurückhaltung bei Investitionen wegen hoher Kapitalkosten kann ein Effekt sein. Ein anderer wären verstärkte Tendenzen zur Eigenfinanzierung, der Begebung von Anleihen an Stelle der Kreditfinanzierung und des Übergangs zu Shareholder Value-Konzepten. Darauf kommen wir zurück.

Die Verteilungswirkung hoher Realzinsen ist in der Tendenz regressiv. Wegen der rasanten Steigerung der Geldvermögen und der damit steigenden Zinsansprüche aus Geldvermögen verengt sich der Spielraum der Verteilung zwischen Lohn- und Gehaltseinkommen und Kapitaleinkünften. Die Konstellation hoher Realzinsen ist also auf jeden Fall in ihren Konsequenzen für die Verteilung und Verteilungspolitik zu reflektieren.

Der Umschwung in den 70er Jahren

Welches sind die Gründe für den Umschwung in der 70er Jahren zu der Konstellation von Realzinsen oberhalb der Wachstumsrate des BIP? Die Antwort von David Felix (2001), dass dies vor allem eine Folge des Zusammenbruchs des Bretton Woods-Systems sei, ist unbefriedigend. Denn dieser Zusammenbruch bedarf seinerseits der Erklärung. Die OECD hat sich dieser Frage nach den Ursachen hoher Realzinsen schon vor geraumer Zeit gewidmet (OECD 1993) und gibt dafür die folgenden Gründe an:

(1) Die Kreditnachfrage zur Finanzierung der öffentlichen Defizite, die nachfrageseitig den Zinssatz nach oben trieb.

(2) Den Inflationsdruck in den 70er und frühen 80er Jahren, der sowohl mit der Entwicklung der Nachfrage als auch der Kosten („Lohn-Preis-Spirale") erklärt werden kann; zunächst steigen die Nominalzinsen, die dann aber beim Rückgang der Inflationsraten nicht im Gleichschritt gefallen sind. Denn die Inflation ist ja mit restriktiver Geldpolitik, also hohen Zinsen, bekämpft worden.

(3) Die Globalisierung der Finanzanlagen, weil auf der Suche nach den besten Renditen die Zinsen überall angehoben werden mussten, um mobile Geldvermögen an „Kapitalflucht" zu hindern oder international hochgradig mobiles Kapital „an den Standort" zu attrahieren.

(4) Obendrein verschiebt sich in den G7-Ländern (besonders ausgeprägt in der Euro-Region) das Niveau der realen Wachstumsrate des BIP nach unten; nur die USA, Großbritannien und Kanada machen hier eine Ausnahme (vgl. Tabelle 2-4). Dafür gibt es viele Gründe, auf die hier nicht eingegangen werden kann. Nur zwei sollen Erwähnung finden:

Erstens müssten mit steigendem Niveau des Sozialprodukts die absoluten (realen) Zuwächse immer größer werden, um die Wachstumsrate auch nur konstant zu halten. Dies ist so lange kein Problem, wie die Potenzialgrenzen der Produktionsfaktoren nicht ausgeschöpft sind. Bei der Arbeit gibt es sie angesichts struktureller Arbeitslosigkeit in den Industrieländern (wenn auch in unterschiedlichem Ausmaß) allenfalls auf Teilarbeitsmärkten (vgl. hierzu das Kapitel 4 zu „Arbeitsmärkten"). Beim Kapital sind zu gegebener Rendite – noch dazu unter dem Druck des Shareholder Value (vgl. hierzu Kapitel 3.4) – Potenzialgrenzen nicht ausgeschlossen. Obendrein kann – ceteris paribus – ein mit dem bereits erreichten BIP-Niveau steigender absoluter Zuwachs ökologisch bedenklich sein, sofern ökologische Effizienzgewinne („Ressourceneffizienz"; vgl. hierzu das Kapitel 7 zu „Ressourcen") nicht kompensierend wirken.

Tabelle 2-4

Zum Vergleich: Reale Wachstumsraten des Bruttoinlandsproduktes

	1972–82	1983–92	1993–2000
USA	2,4	3,5	3,8
Japan	3,8	3,9	1,1
Deutschland	1,9	3,1	1,5
Frankreich	2,7	2,2	2,0
Italien	3,2	2,4	1,6
UK	1,4	2,5	2,9
Kanada	3,2	2,7	3,4
G7-Staaten	2,6	3,2	2,7
Euro-Region	2,5	2,6	2,0

Quelle: OECD 2001a

Zweitens sind in allen Ländern die Inflationsraten – gleichgültig an welchen Indikatoren gemessen – seit der zweiten Hälfte der 70er Jahre zunächst rückläufig und dann vergleichsweise stabil auf niedrigem Niveau, so dass die Nominalzinsen beträchtlich sinken müssten, um die Niveauveränderungen der Realzinsen an die realen Wachstumsraten des BIP anzupassen.

Abbildung 2-10

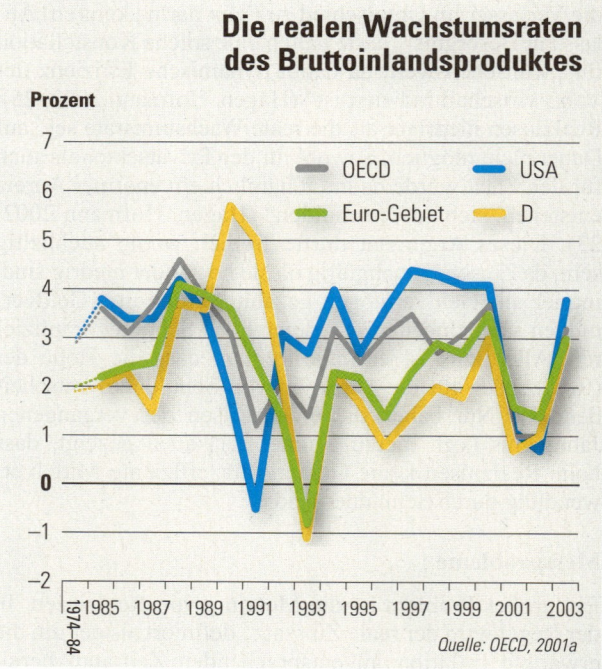

Einige Folgen

Die Folgen der Erhöhung des Zinsniveaus über die realen Wachstumsraten sind beträchtlich. Insbesondere ist davon auszugehen, dass Finanzanlagen im Vergleich zu Sachanlagen in vielen Fällen (unter Berücksichtigung von Risikofaktoren) höhere Renditen bringen. Dennoch ist die Bewertung der Folgen hoher Realzinsen höchst strittig und zur Beurteilung mancher Zusammenhänge fehlen ausreichende Daten.[11] Doch eines ist klar: Hohe Realzinsen auf Geldvermögen – gerade im Vergleich zu anderen Anlagen,

---

[11] So wäre es beispielsweise wünschenswert, international vergleichbare, verlässliche Daten zum Verhältnis von Kapitalrendite und Zinskosten zu haben. Der Sachverständigenrat (SVR) zur Begutachtung der gesamtwirtschaftlichen Entwicklung stellt im Anhang des Jahresgutachtens 1998/99 eine Tabelle zur „Gewinn-Erlös-Relation" zusammen, in der auch Daten zur Kapitalrendite ohne und mit Berücksichtigung der Zinskosten zu finden sind. Aus den Daten lassen sich Rückschlüsse auf die Bedingungen von Geldvermögens- und Sachvermögensbildung ziehen. Jedoch wird nach Auskunft des SVR aufgrund einer Umstellung der Volkswirtschaftlichen Gesamtrechnung (VGR) die Datenreihe nicht fortgesetzt, und internationale Vergleiche sind erst recht nicht möglich.

immer unter Berücksichtigung von Risikofaktoren – machen deren Anlagen besonders attraktiv. Davon ist ein entscheidender Impuls zur Liberalisierung der Finanzmärkte ausgegangen.

Erstens. Auf der einen Seite kann in der sich öffnenden Schere zwischen Realzinsentwicklung und Wachstumsraten des BIP der positive Anreiz gesehen werden, die ökonomischen Verhältnisse in Wirtschaft und Staat rational und effizient ordnen zu müssen, um der disziplinierenden Wirkung der Finanzmärkte Rechnung zu tragen. Die zu zahlenden Zinsen sind für Investoren eine „harte Budget-Restriktion" (um den in anderem Zusammenhang für die Analyse der Funktionsweise von Planwirtschaften geprägten Begriff von János Kornai (1995) zu verwenden), die sie zwingt, die zu Investitionszwecken aufgenommenen Beträge höchst effizient zu verwenden. Dies ist auch die Schlussfolgerung des Gutachtens Hagen, Hofmann (2002).

Felix (2002) hingegen kritisiert die „Effizienzmarkt-Hypothese", die hinter der positiven Bewertung steht, als theoretisch fragwürdig und empirisch nicht gesichert. Denn die durch hohe Realzinsen konditionierte Projektauswahl kann advers sein: Wachstums- und beschäftigungswirksame Investitionen werden zu Gunsten von hochrentierlichen kurzfristigen Engagements unterlassen, da die Rendite nicht auf das Niveau des „externen Zinsfusses" angehoben werden kann. Langfristig ist dies riskant, weil die Wettbewerbsfähigkeit in Mitleidenschaft gezogen werden kann und es dann – insbesondere im Falle von externer Kapitalaufnahme – zu massiven Kapitalbewegungen kommen kann. Dieser Zusammenhang verweist darauf, dass in der Ökonomie nicht nur die monetäre Budgetrestriktion zu beachten ist, sondern auch andere Restriktionen von der Technik bis zu Prozessen der Preisbildung auf Weltmärkten.

Zweitens. Von nicht wenigen Autoren wird die Zunahme der Volatilität kurzfristiger Kapitalanlagen für die Entstehung von Finanzkrisen wegen der plötzlichen Invasion und Evasion von Kapital großen Umfangs (wegen des „Herdenverhaltens der Anleger noch potenziert") mitverantwortlich gemacht. Das Institut für Weltwirtschaft, Forschungsgruppe „Finanzmärkte" (IfW 2000) wendet sich gegen diese Sichtweise, ohne sie prinzipiell in Abrede zu stellen. Man verweist darauf, dass volatile kurzfristige Kapitalanlagen den langfristigen Direktinvestitionen folgen würden. Die Volatilität der Kapitalanlagen generell würde keinerlei Probleme heraufbeschwören, wenn die realen Größen (Handel mit Gütern und Diensten, das BIP und die Arbeitsmärkte) in ähnlicher Weise flexibel und mobil und daher volatil sein könnten oder wenn die finanziellen Anforderungen aus den volatilen Umdispositionen aus realen Überschüssen problemlos abgedeckt werden könnten. Dies dürfte jedoch nur in Ausnahmesituationen der Fall sein – und am allerwenigsten in Entwicklungsländern.

Drittens. Darüber hinaus lösen hohe Realzinsen unweigerlich periodische Finanzkrisen aus, wenn im Konjunkturverlauf die realen Erträge des Kapitals (Renditen, Profitraten) absinken. Ob diese in Form von Schuldenkrisen (wie in den 80er Jahren) oder Währungs- und davon ausgelösten Finanzkrisen (wie in den 90er Jahren) auftreten, hängt von vielen begleitenden Umständen ab, die sowohl in globalen Funktionsmodi der Märkte (Grad der Öffnung, wirtschaftspolitisches Paradigma etc.) als auch in verfehlter makro- und mikroökonomischer Politik der Anlageländer und in der Struktur der Gläubiger (Kredite gewährende Banken oder Anleihen haltende Investitionsfonds) ihren Ursprung haben können.

Viertens. Realzinsen oberhalb der realen Wachstumsrate können wegen der einseitigen und an die Substanz gehenden Transfers von verschuldeten Ländern zu den Gläubigern die Ungleichheit in der Welt erhöhen, wenn es Schuldnern nicht gelingt, sich zu entschulden und auf die Seite der Vermögensbesitzer (Asset Holders) zu wechseln.

2.3 Herausforderungen globalisierter Finanzmärkte

2.3.1 Finanzkrisen[12]

2.3.1.1 Ursachen und Ausbreitung von Finanzkrisen

Die Finanzkrisen der vergangenen Jahrzehnte – in Form der Schuldenkrise der 80er Jahre, der Währungskrisen in Europa zu Beginn der 90er Jahre, der Finanzkrisen in Mexiko, Asien, Russland, Brasilien, Argentinien, der Türkei oder in Form der schleichenden Krise in Japan – können nicht auf eine Ursache zurückgeführt werden. Bei genauem Hinsehen können nationale Fehlentwicklungen identifiziert werden. Doch diese sind in Zeiten der Globalisierung niemals unabhängig von der Entwicklung globaler Parameter wie Preisen (Terms of Trade), Wechselkursen und Zinsen. Auf diese Parameter können nationale Ökonomien, und hier insbesondere die kleineren, keinen oder nur einen höchst geringen Einfluss ausüben. Unter diesen Bedingungen bleibt nur die Option der wirtschaftspolitischen Anpassung und damit die Akzeptanz dessen, was Paul Krugman – in Anlehnung an die Analyse von Mundell (1963) und Flemming (1962) aus den 60er Jahren – „the Impossible Trinity" genannt hat: Bei voller Konvertibilität der Währung und freier Kapitalbewegung ist eine autonome Geld- und Fiskalpolitik nur bei frei schwankenden Wechselkursen möglich (Krugman, zitiert nach Oxfam Bretton Woods Projekt 2001: 9). Wenn aber der Wechselkurs gegen eine Ab- bzw. Aufwertung stabilisiert werden soll – wie es nicht zuletzt der IWF vielen Ländern der Dritten Welt in der ersten Hälfte der 90er Jahre nahegelegt hatte – muss die Geld- und Fiskalpolitik den externen Bedingungen angepasst werden. Die nationalstaatliche Wirtschaftspolitik verliert ihre Autonomie und mit ihr die Regierung ihre Souveränität gegenüber den Kapitalmärkten, es sei denn, die Kurse werden evtl. in regionalen Währungssystemen gegen die erratischen Schwankungen durch Koordination der Interventionen stabilisiert. Damit sind viele Probleme verbunden, auf die im Kapitel 2.4 über den „Reformbedarf auf den globalisierten Finanzmärkten" eingegangen wird.

---

[12] Vgl. hierzu das Minderheitenvotum der CDU/CSU-Fraktion in Kapitel 11.1.7.1.

Regierungen können nicht nur auf die Signale der Kapitalmärkte reagieren, sondern sie müssen soziale und politische Belange der Bevölkerung ernst nehmen – von langfristigen ökonomischen Projekten, die quer zu den kurzfristigen Erwartungen von Kapitalanlegern liegen können, ganz abgesehen. Der „Washington-Konsens" der internationalen Finanzmarkt-Institutionen (IWF und Weltbank) hat das Dilemma eindeutig zu Gunsten der Funktionserfordernisse von Finanzmärkten gelöst. Die Unterwerfung unter das Regelwerk des Washington-Konsens hat jedoch nicht dazu geführt, dass Finanzkrisen hätten vermieden werden können. Daher wird nun auch den sozialen und ökologischen Belangen in einem „Post-Washington-Konsens" Rechnung getragen. Länder mit Liquiditätsproblemen sollen nicht mehr nur – wie in der Vergangenheit – der Konditionalität des „Washington-Konsens" genügen, sondern sich die Konditionen „zu eigen" machen („Ownership"). Die Erfahrungen nach den Finanzkrisen der 90er Jahre sind noch zu neu, als dass sie schon heute angemessen bewertet werden könnten. Allerdings hat die Krise in Argentinien um die Jahreswende 2001/2002 gezeigt, dass der Reformbedarf keineswegs befriedigt ist.

In der vorherrschenden neoklassischen Interpretation werden Krisen durch makroökonomische Umwertungen seitens der Finanzanleger ausgelöst. Sie können durch langfristige Wachstumskräfte (z. B. technischer Fortschritt), durch konjunkturelle Nachfrageschwankungen und/oder durch weltwirtschaftliche Veränderungen bedingt sein. In gewissen Grenzen sind sie normal und unverzichtbar, um Ausmaß und Struktur der Investitionen über den Markt zu lenken. Doch können sie abrupt und erratisch sein und Anpassungen erzwingen, die sehr hohe soziale Kosten verursachen.

Die Finanzkrisen der Entwicklungs- und Schwellenländer seit Beginn der 90er Jahre, insbesondere die Mexikokrise 1994/95 sowie die asiatische Finanzkrise 1997/98, lassen

Kasten 2-2

Der „Konsens von Washington"

Der Begriff wurde 1990 von John Williamson geprägt[13] und hat sehr bald die Qualität eines Begriffs erhalten, mit dem komplexe Politikprozesse der „strukturellen Anpassung" in verschuldeten Ländern, die vom IWF und der Weltbank verordnet werden, zusammenfassend umschrieben wurden. „Konsens von Washington" steht für ein Politikkonzept, das nicht nur von IWF und Weltbank (mit Sitz in Washington), sondern auch von Institutionen der Politikberatung, der US-Regierung und international operierender Finanzinstitute propagiert und durchgesetzt wird.

Zur Politik der Anpassung gehören:

- Haushaltsdisziplin,

- Prioritätensetzung in öffentlichen Haushalten zu Gunsten von Bildung, Gesundheit, Infrastruktur und zu Lasten von Subventionen,

- Steuerreformen, um die Steuerbasis zu erweitern und die Steuersätze zu senken,

- Zinsen, die Kapitalflucht verhindern und ausländisches Kapital anziehen,

- Wechselkurse, die der Wettbewerbsfähigkeit zuträglich sind,

- Handelsliberalisierung,

- Förderung des Umfeldes für ausländische Direktinvestitionen,

- Weitgehende Privatisierung öffentlicher Unternehmen und Einrichtungen,

- Deregulierung, Entbürokratisierung und Abbau staatlicher Einflussnahme,

- Stärkung der Eigentumsrechte durch rechtlich eindeutige Definition zur Stimulierung von Akkumulation und Wachstum.

---

[13] John Williamson, Senior Fellow des Institute for International Economics, formulierte diesen Begriff 1989 in einem Konferenzpapier, das 1990 als Einführungskapitel des Konferenzbandes „The Progress of Policy Reform in Latin America" (Institute for International Economics 1990) veröffentlicht wurde.

allerdings – wie auch die BIZ analysiert – ein besonderes Muster erkennen, das durch den Begriff der „Umwertung" unzureichend beschrieben wird (BIZ 1998: 135). Ihren Ausgangspunkt nahmen diese Krisen des Kapitalangebots nämlich von der massenhaften Liquidität, die in den großen Finanzzentren entstanden war und auf der Suche nach rentablen Anlagemöglichkeiten in großem Umfang besonders attraktiv erscheinende Länder der Dritten Welt geradezu mit Kapital überschwemmte. Positive Bewertungen durch Rating-Agenturen, aber auch anderer offizieller internationaler Organisationen gaben diesem Trend die Rechtfertigung und deuteten die einzuschlagende Richtung von Kapitalströmen an.

Sobald deutlich wurde, dass die Absorptionsfähigkeit dieser Länder – wegen der unzureichenden Größe der Märkte und wegen der unzureichenden institutionellen Infrastruktur ihrer Finanzmärkte – damit überfordert war, setzte eine abrupte Umkehr der Kapitalflüsse ein, die durch eine Spekulationswelle gegen die jeweilige Währung verstärkt wurde. So wie die hohen Kapitalzuflüsse die jeweilige Währung eines „Emerging Market" tendenziell aufwerteten (mit negativen Wirkungen auf die Leistungsbilanz), so führte der abrupte Rückzug von Anlegern zu einer Währungsabwertung von 50 Prozent und sogar mehr.

Die Schwäche der Finanzmärkte in den betroffenen Ländern selbst kommt nicht als Ursache der Krise in Betracht, weil diese Schwäche – z. B. in den asiatischen Krisenländern – bereits seit Jahrzehnten bestand, ohne dass sie zur Krise geführt hätte oder als Krisenfaktor in den Analysen offizieller Institutionen aufgetaucht wäre. Vielmehr hatten auf Druck internationaler Institutionen die von der Finanzkrise betroffenen Länder den Kapitalverkehr liberalisiert, ohne immer die notwendigen institutionellen Vorkehrungen gegen negative externe Einflüsse zu treffen. Obendrein lag es durchaus in manchen Fällen im Interesse von Kapitalgebern und Investoren, regulierende Institutionen zu umgehen, da die Regulierungskosten gesenkt, die Regulierungsunterschiede ausgenutzt werden konnten.

Aber selbst auf informationseffizienten Kapitalmärkten hängen die Entscheidungen der Marktteilnehmer voneinander ab, so dass es zu miteinander korrelierten Marktreaktionen kommen kann, die sich im Ergebnis selbst verstärken. Das populäre Abqualifizieren derartiger Verhaltensmuster als „Herdentrieb" verkennt den rationalen Kern dessen, was John Maynard Keynes spöttisch als verbreitetes Verhaltensmuster an Finanzmärkten kennzeichnete: „Es ist besser, konventionell zu scheitern als unkonventionell Recht zu behalten" (Keynes, zitiert nach Griffith-Jones 1998: 4).

Die Nutzung der Marktsignale zum Herausfinden von Opportunitäten fördert also, so jedenfalls Keynes, den Opportunismus. Mit dem Begriff „Herdenverhalten" wird demnach der Tatbestand beschrieben, dass Teilnehmer an den Finanzmärkten ihr Verhalten an dem anderer orientieren und auf diese Weise massive Kapitalbewegungen in die gleiche Richtung unterstützen. Dahinter steht eine einfache Erklärung: Der Anlageerfolg von Investitionsentscheidungen wird nicht schon dadurch erreicht, dass der Anleger auf Grund einer Analyse der fundamentalen Faktoren die „richtige" Währung oder das „richtige" Wertpapier ausgewählt hat, sondern letztlich erst dadurch, dass auch andere Investoren ähnliche Entscheidungen treffen. Denn nur dann entwickeln sich die Kurse in die erwartete Richtung. Auf diese Weise schlägt individuell rationales Verhalten von Finanzanlegern in kollektive Irrationalität mit unabsehbaren ökonomischen und sozialen – und manchmal auch politischen – Folgen um.

Rating vereinheitlicht in gewissem Umfang die Einschätzung von Kreditnehmern am Markt. Veränderungen in der Einstufung (von Unternehmen oder von Ländern) haben folglich auch marktübergreifende Konsequenzen für Kreditkonditionen. Die Macht der Rating-Agenturen über Marktprozesse kann nicht hoch genug eingeschätzt werden. Der so geförderte Herdentrieb kann teilweise erklären, dass es im Vorfeld der Krisen in Mexiko und Südostasien zu einem außerordentlich hohen Zufluss von Kapital in diese Regionen gekommen ist. Er erklärt auch zum Teil den nachfolgenden kollektiven Rückzug.

Genauso können Bewertungsverfahren von Wertpapieren und Krediten Herdenverhalten auslösen, wenn Anleger und Banken aufgrund der gleichen Signale in Länder oder Projekte einsteigen und wieder aussteigen. Das Risiko, das die Verfahren mindern sollen, wird auf diese Weise zum Teil erst erzeugt. Das Rating, mit dem die Rationalität von Anlageentscheidungen erhöht werden soll, wird dadurch zu einem Teil des sozialen Mechanismus der *„Self Fulfilling Prophecy"*, bringt also „unbeabsichtigte Wirkungen absichtgeleiteten Handelns" (Popper 1994) hervor.

Ähnliches gilt für die Kreditvergabe an Entwicklungsländer: Wenn wichtige Marktteilnehmer einem Land ein Darlehen gewähren, gilt dies als ein Zeichen für die Solidität des Schuldnerlandes. Das erhöht die Bereitschaft von anderen Gläubigern, an dieses Land Kredite zu vergeben, oder von Anlegern, Anleihen von offiziellen Institutionen und privaten Unternehmen dieses Landes zu zeichnen.

Ein weiterer wichtiger Grund für die Orientierung am Verhalten Anderer ist die ungleichmäßige Verteilung verfügbarer Informationen. Angesichts der rasant wachsenden Anlagealternativen in der Welt sind permanent zusätzliche Informationen notwendig. In dieser Situation stellt die Einschätzung anderer, eventuell besser informierter Marktteilnehmer einen willkommenen Beitrag zur eigenen Entscheidungsfindung dar.

Die Zahlungsfähigkeit von Kreditnehmern eines Landes wird stets dann vorsichtiger eingeschätzt, wenn sich die *internationale Wettbewerbsfähigkeit* seiner Unternehmen deutlich verschlechtert hat oder anzunehmen ist, dass sie sich verschlechtern wird. Dafür können viele Faktoren verantwortlich sein:

– Wichtige Exportmärkte können wegbrechen, weil sich die Nachfrage verschiebt oder billigere Anbieter auf dem Markt auftreten.

– Neben einem massiven Preisrückgang bei wichtigen Exportgütern kann auch der starke Preisanstieg bei notwendigen Einfuhrgütern die Wettbewerbsfähigkeit treffen.

- Die Zahlungsfähigkeit eines Landes kann ferner durch einen massiven *Anstieg des internationalen Zinsniveaus* beeinträchtigt werden. (Dies war in Mexiko 1994 der Fall.)

In allen diesen Fällen verringern sich die Nettoeinnahmen der Kreditnehmer, wodurch der Betrag, der für den Schuldendienst zur Verfügung steht, kleiner wird. Wenn dies in größerem Umfang geschieht, überprüfen die Gläubiger ihre Kreditlinien und sind mit Neuvergaben von Krediten vorsichtiger. Investoren überprüfen unter diesen Umständen ihre Engagements und ziehen, wenn sich alternative Anlagemöglichkeiten bieten, ihr Kapital ab. In einigen Ländern (z. B. in Thailand) ist mit hohen Zinsen Kapital angezogen worden, das lange Zeit half, ein strukturelles Handelsbilanzdefizit zu finanzieren. Als deutlich wurde, dass trotz Kapitalzuflüssen nach Thailand der Wechselkurs des Baht durch Zentralbankinterventionen kaum zu halten sein würde, setzte eine Bewegung aus der Währung ein.

Makroökonomische Schocks verursachen aber erst dann einen massiven Abzug von Kapital, wenn

Erstens die Gläubiger den Eindruck haben, dass die laufenden Erträge der Kreditnehmer nicht mehr ausreichen, um Zinszahlungen und Tilgungen auf Kredite und Anleihen leisten zu können und

Zweitens die Renditen der Investitionen und Anlagen sinken.

Sind die Investitionen langfristig gebunden (Direktinvestitionen), ist eine Hemmschwelle gegen den abrupten Abfluss errichtet. Bei kurzfristigen Anlagen und „offenen Türen" ohne Kapitalverkehrskontrollen kann allerdings die Absetzbewegung plötzlich und heftig sein. Offene Volkswirtschaften sind also der Volatilität der (kurzfristigen) Kapitalbewegungen in starkem Maße ausgesetzt. Diese ist um so stärker ausgeprägt, je ungünstiger die Schuldenstruktur ist.

So hat die überwiegende Zahl der Finanzkrisen in den 80er und 90er Jahren Länder mit einer *hohen kurzfristigen Auslandsverschuldung in fremder Währung* getroffen. Diese Kombination ist besonders krisenanfällig, zumal dann, wenn die Überschuldung von Banken und großen Unternehmen erst nach den ersten Anzeichen der Krise – wie in Asien 1997 – offenbar wird oder wenn Insiderwissen um eine bevorstehende Währungsabwertung (wie offenbar in Brasilien 1998/1999) zur Flucht aus der Währung beiträgt.

Um den Schuldendienst leisten zu können und um die Attraktivität für Anleger zurückzugewinnen, muss das Land in kurzer Zeit ausreichende Deviseneinnahmen erzielen. Je höher das Niveau von Fremdwährungsverbindlichkeiten ist, um so mehr hängt die Zahlungsfähigkeit des Landes von der Sicherung seiner internationalen Wettbewerbsfähigkeit ab. Entwicklungsländer haben häufig eine einseitige Exportstruktur (Monokulturen von „Cash Crops" in der Landwirtschaft, Extraktion weniger mineralischer Rohstoffe). Außerdem benötigen sie für die Finanzierung ihrer Leistungsbilanzdefizite konvertible, international stark gehandelte Währungen.

Internationale Kapitalmobilität kann für die grenzüberschreitende Übertragung von Finanzkrisen sorgen (*„Contagion"* oder Ansteckungseffekt). Denn die Abwertung des Kapitalbestands im Krisenland kann Anleger

Erstens zu der Mutmaßung führen, dass in Ländern mit ähnlicher Wirtschaftsstruktur über kurz oder lang ähnlich Krisensymptome Platz greifen. Es kommt dann auch dort zur Kapitalflucht. Dieser Effekt wird noch verstärkt, wenn

Zweitens infolge des zusätzlichen Liquiditätsbedarfs im Krisenland Kapital aus anderen Ländern abgezogen wird.

Drittens kann der Abzug von Auslandskapital aus einem Krisenland für eine Abwertung der Währung des Landes gegenüber seinen Handelspartnern sorgen. Dadurch sinkt die Nachfrage nach Gütern der Handelspartnerländer, und es kommt auch dort zu einer Verschlechterung der Konjunkturlage. Wird dann

Viertens auf politischem Wege versucht, die Abwertung durch eine restriktive Geldpolitik mit hohen Zinsen zu verhindern, um das Vertrauen der internationalen Anleger zurückzugewinnen, sorgen Kapitalrückflüsse auch im Ausland für eine kontraktiv wirkende Zinserhöhung.

Kasten 2-3

Die Einrichtung des Financial Stability Forum

Das Forum für Finanzstabilität – *Financial Stability Forum* (FSF) – wurde auf Anregung des G7-Gipfels gegründet und trat erstmals am 14. April 1999 – unter dem Vorsitz des früheren Bundesbank-Präsidenten Hans Tietmeyer – in Washington zusammen. Das Forum besteht aus hochrangigen Vertretern der Finanzministerien, der Notenbanken und der Finanzaufsichtsbehörden der G7-Länder (USA, Japan, Deutschland, Großbritannien, Frankreich, Italien, Kanada), den Vertretern internationaler Regulierungsgremien sowie Vertretern des Internationalen Währungsfonds (IWF), der Weltbank, der Bank für internationalen Zahlungsausgleich (BIZ) und der OECD. Hinzu kamen noch Vertreter aus Singapur und Hongkong.

Das Forum ist ein *ad hoc*-Koordinierungsgremium und verfügt lediglich über ein kleines Sekretariat bei der BIZ in Basel. Zum Vorsitzenden des Forums mit einer Amtszeit von zunächst drei Jahren wurde der Managing Director

Herausforderungen globalisierter Finanzmärkte 77

der BIZ, Andrew Crockett, bestimmt. Hauptaufgabe des FSF ist es, Vertreter der wichtigsten, für die Stabilität der internationalen Finanzbeziehungen verantwortlichen nationalen und internationalen Behörden und Institutionen mehrmals pro Jahr zu einem Informations- und Erfahrungsaustausch zusammenzubringen. Dabei werden die Informationen aus der Überwachung („Surveillance") der Finanzmärkte und der finanziellen Lage einzelner Länder durch IWF und BIZ in die Beratungen einbezogen.

Bisher hat das FSF Arbeitsgruppen zu drei Problembereichen der internationalen Finanzmärkte eingerichtet:

1. *Highly Leveraged Institutions (HLI)* (in der Regel Hedge Fonds; vgl. im einzelnen Kasten 2-7 im Kapitel 2.4.2.3);

2. *Offshore Financial Centers* (vgl. Kasten 2-6 im Kapitel 2.4.2.3);

3. Vermeidung der hohen Volatilität von Kapitalzu- und -abflüssen in und aus „Schwellenländern" („*Emerging Markets*") und die Untersuchung von Möglichkeiten einer besseren Überwachung („*Surveillance*") und Regulierung kurzfristiger Kapitalbewegungen, damit Finanzkrisen künftig möglichst vermieden oder schneller bewältigt werden können (vgl. Kasten 2-5 im Kapitel 2.4.2.1).

Außerdem wurde eine Projektgruppe („Task Force") gebildet, die für Entwicklungsländer Anreize („*Incentives*") zur Einführung und Beachtung der zwölf wichtigsten „*Standards and Codes*" (Verhaltensregeln und Publizitätsvorschriften für staatliche und private Banken und die öffentliche Hand) ausarbeiten soll, insbesondere durch Gewährung technischer Hilfe durch IWF und Weltbank. Aus Sicht des FSF würde langfristig eine weltweite Beachtung dieser Regeln auch Entwicklungsländern mit niedrigem Pro-Kopf-Einkommen Zugang zu den internationalen Finanzmärkten und bessere Konditionen für Kredite verschaffen.

Im Bericht des UN-Generalsekretärs zur Vorbereitung der internationalen Konferenz über Entwicklungsfinanzierung im März 2002 in Mexiko und in den Beratungen des *International Monetary and Financial Committee (IMFC)* und des *Development Committee* wurde finanzielle Stabilität als globales öffentliches Gut klassifiziert (Vereinte Nationen 2000b: 39, Ziffer 105).

Seit März 2002 publiziert der Internationale Währungsfonds den vierteljährlich erscheinenden „Global Financial Stability Report" (IWF 2002), der die bisherigen Publikationen „International Capital Markets" (IWF 2001a; jährlich publiziert seit 1980) und „Emerging Market Financing" (IWF 2001b; vierteljährlich publiziert seit 2000) ablöst. Der Titel ist Programm. Im Vorwort der ersten Ausgabe im März 2002 schreibt der Geschäftsführende Direktor des IWF, Horst Köhler: „Die Erfahrungen mit der schnellen Ausdehnung der Finanzmärkte während des vergangenen Jahrzehnts haben die Bedeutung einer laufenden Bewertung der privaten Kapitalflüsse unterstrichen, die zugleich Motor des weltweiten wirtschaftlichen Wachstums und manchmal das Zentrum von krisenhaften Entwicklungen sind ..." (IWF 2002: III).

2.3.1.2 Soziale, ökonomische und politische Kosten von Finanzkrisen

Nationale und vor allem internationale Finanzkrisen sind mit großen volkswirtschaftlichen und sozialen sowie politischen Kosten verbunden, die sich nur zum Teil in Geldgrößen beziffern lassen. Das soziale Leben verändert sich, auch wenn nach gewisser Zeit die Statistiken anzeigen, dass die durch die Finanzkrise entstandene „Delle" bei Wachstum und Aktienkursen, bei Beschäftigung und Einkommen der Bevölkerungen aufgefüllt werden konnte. Daraus wird sehr häufig der Schluss gezogen, dass trotz der negativen Wirkungen von Finanzkrisen auf Beschäftigung, Wachstum und Verteilung letztlich die Wohlfahrtseffekte der Integration in globale Finanzmärkte positiv sind und bleiben. So argumentiert beispielsweise die Weltbank. Richtig daran ist, dass die jüngsten Finanzkrisen nicht alle Länder gleichermaßen und auch nicht die Armen im Allgemeinen getroffen haben. Es kann sogar sein, dass einige Schichten und Sektoren der Armen einer Gesellschaft von einer Finanzkrise profitieren (wenn beispielsweise die Nachfrage nach informell erzeugten Agrarprodukten steigt), während andere darunter zu leiden haben. Die Finanzkrisen differenzieren also zwischen „arm" und „reich" und innerhalb der „armen" Sektoren nochmals.

Diese Polarisierung ist hauptverantwortlich für die Expansion des informellen Sektors der jeweiligen nationalen Ökonomie. Dieser umfasst in Lateinamerika inzwischen an die 60 Prozent der erwerbsfähigen Bevölkerung, in Afrika bis zu 90 Prozent und in Asien oder in den Transformationsländern ebenfalls mehr als 50 Prozent der Erwerbsbevölkerung.[14] Diese überwältigende Bedeutung der Informalität als Folge von Krisenprozessen der „formellen" Ökonomie verweist auf die Notwendigkeit der Bereitstellung von Kredit für diesen Sektor, also auf die Rolle, die Mikrofinanzierung für den informellen Sektor spielt (vgl. Kapitel 2.3.3.3).

---

[14] Vgl. hierzu im Einzelnen das Kapitel 4 „Arbeitsmärkte".

Eine unmittelbare ökonomische Folge von „Umwertungen" der Kapitalanlagen von Kreditgebern ist der abrupte Abzug von Kapital und eine nachfolgende Rationierung von Krediten, so dass Schuldner nicht nur illiquide, sondern insolvent werden können. Es ist dem IWF zu Recht vorgeworfen worden, mit seiner Restriktionspolitik gegenüber verschuldeten Ländern dieser Krisen verschärfenden Spirale – besonders im Verlauf der Asienkrise – nicht entgegengewirkt und so das destabilisierende Potenzial der Kapitalmärkte institutionell gefördert zu haben.

Während der Kapitalzufluss („private Nettokapitalströme") in die asiatischen Volkswirtschaften vor 1996 von 15 Milliarden US-Dollar (1992) auf mehr als 110 Milliarden US-Dollar (1996) zunahm, waren es 1997 nur noch knapp 20 Milliarden US-Dollar, 1998 musste sogar ein Kapitalabfluss von 55 Milliarden US-Dollar verzeichnet werden (Mathieson, Schinasi 2001: 43).

Abbildung 2-11

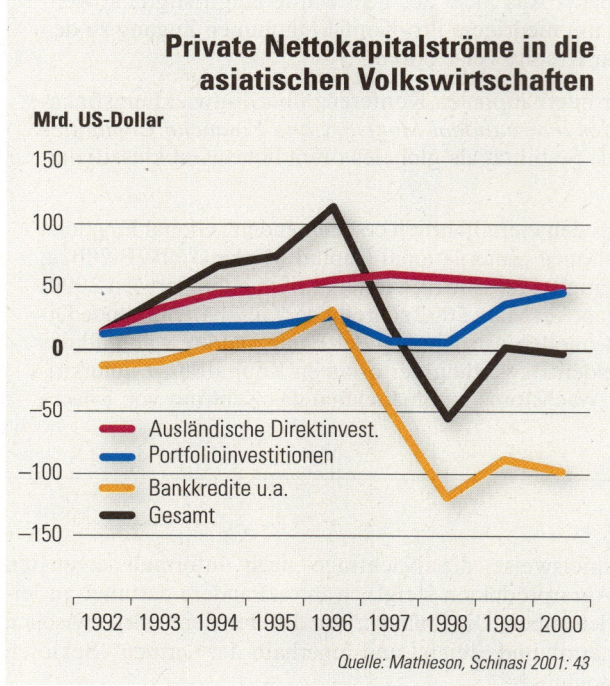

Quelle: Mathieson, Schinasi 2001: 43

Deutlich zu sehen ist, dass 1997/1998 vor allem Bankkredite aus den asiatischen Krisenländern[15] abgezogen worden sind, während Direktinvestitionen nahezu stabil blieben.

Dieser Trend hat sich auch 1999 und 2000 fortgesetzt. Nach Angaben der BIZ (2001: 43) betrug der Abfluss „sonstiger Kapitalströme" (das sind insb. Bankkredite) aus aufstrebenden Volkswirtschaften aller Regionen 136 Milliarden US-Dollar. Dies wurde jedoch durch einen Nettozufluss von Direkt- und Portfolioinvestitionen von insgesamt 169 Milliarden US-Dollar (über)kompensiert.

An der plötzlichen und drastischen Umkehr des Kapitalflusses in die fünf asiatischen Krisenländer waren die *Direktinvestitionen* nicht beteiligt; sie stiegen 1999 um bis zu 70 Prozent an (UNCTAD 2000: 7f.). Den massiven Abfluss kurzfristigen Kapitals kann kein Land ohne ökonomische Schwierigkeiten verkraften. Doch auch die Konstanz der Direktinvestitionsflüsse in die asiatischen Länder nach der Krise ist ein nicht nur positives Zeichen. Denn die Direktinvestitionen, die die Defizite der Schwellenländer finanziert haben, bestanden zu einem beträchtlichen Teil aus Beteiligungen an oder Käufen von bestehenden Unternehmen (UNCTAD 2000: 8; Schief 2000). Der Arbeitsplatzeffekt war neutral oder eher negativ, und außerdem ist auf diese Weise ein erheblicher Teil der jeweiligen nationalen Produktionspotenziale in ausländisches Eigentum übergegangen, was nicht zuletzt dadurch erleichtert wurde, dass die Unternehmen in Folge der Krise einem erheblichen Kurs-(Preis-)Verfall ausgesetzt waren und demnach „billig" gekauft werden konnten. Diese politisch nicht unproblematische Entwicklung ist jedoch durch verbessertes Rating der betreffenden Länder honoriert worden. Doch sind inzwischen die guten Objekte für einen Verkauf weg, die „Kurszettel der Börsen in den Schwellenländern (sind) weniger umfangreich als früher" (Reisen 2000), d. h. für Direktinvestitionen reduziert sich der Markt, wenn nicht „auf der grünen Wiese" neue Anlagen errichtet werden – doch dies geschieht nur in Ausnahmefällen, weil der innere Markt infolge der Einbußen bei Einkommen und daher Konsumausgaben geschrumpft ist. Sollten aus diesen Gründen die Direktinvestitionen zurückgehen, wird sich die Kapitalbilanz sofort verschlechtern. Die Finanzierung von Finanzlücken würde dann teurer und in der Folge käme es zu einer die Kredite noch mehr verteuernden Rückstufung in der Bonität durch Rating-Agenturen.

Das große Problem besteht darin, dass die Art und Weise der Krisenüberwindung in den von der Finanzkrise der 90er Jahre besonders betroffenen Schwellenländern neue Instabilitäten hervorgebracht hat, die – sofern keine neuen Regeln für die Weltfinanzordnung gefunden werden – eine erneute harte Landung nicht ausschließen.

Erstens sind die sozialen Folgen in den betroffenen Krisenländern insbesondere für große Teile der ärmeren Schichten nachteilig.

Zweitens sinkt die (finanzielle bzw. fiskalische) Kapazität der staatlichen Institutionen, öffentliche Güter bereit zu stellen, denn im globalen Steuerwettbewerb „nagen fiskalische Termiten"[16] (Tanzi 2000) an der Steuerbasis der National- und Wohlfahrtsstaaten.

---

[15] Mathieson, Schinasi (2000: 46) liefert Daten für die asiatischen Krisenländer Indonesien, Korea, Malaysia, die Phillipinen und Thailand. Der Folgebericht (Mathieson, Schinasi 2001: 43) weist nur Daten für ganz Asien aus; hinzu kommen Indien, China, Hongkong, Singapore und Taiwan. Die Aussage der Daten bleibt dennoch unverändert.

[16] Vito Tanzi hat acht „Fiscal Termites" ausgemacht, die die Steuerbasis „annagen": E-commerce, elektronisches Geld, Verwendung administrierter Preise im Intra-Unternehmenshandel, die Offshore-Zentren, die Verwendung von Derivaten und die Aktivitäten von Hedge Fonds, die Unfähigkeit, finanzielle Transfer zu besteuern, die Zunahme von Aktivitäten im Ausland, Einkäufe im Ausland (z. B. durch Touristen) (Tanzi 2001).

Obendrein verlangt die hohe Volatilität der Finanzanlagen ökonomische, soziale und politische Anpassungsleistungen, die in manchen Fällen kontraproduktiv sind, denn die Volatilität der Preise (Warenpreise, Kurse, Zinsen) ist hoch und mit ihnen die Schwankung der privaten Einkommen und der Staatseinnahmen.

Langfristig angelegte, perspektivische Politik wird erschwert. Der in vielen Ländern erfolgte Rückgriff auf die Politik der Privatisierung öffentlichen Eigentums führt zu der Konsequenz, dass ehemals öffentliche Güter wie Bildung und Gesundheit in private Güter verwandelt werden, die sich nur noch bestimmte Teile der Bevölkerung leisten können – wenn die Einkommensverteilung ungleich ist. Die Privatisierung von staatlichen Sozialprogrammen setzt meist die Annahme voraus, dass die weibliche Arbeitskraft in der Versorgungsökonomie uneingeschränkt „elastisch" ist und Frauen die zunehmenden Bürden von Versorgungsarbeit bewältigen können. Der *Mangel an öffentlichen Gütern* führt dazu, dass Korruption und Gewalt in extremen Fällen zu ihrer privaten Aneignung eingesetzt werden und so die rechtsstaatlichen Strukturen unterminiert werden. Frauen sind von diesen Tendenzen in der Regel besonders betroffen.

Drittens folgt hieraus, dass die Ausbildung zivilgesellschaftlicher Kompetenz gebremst wird, die eine Bedingung für die Gestaltung des institutionellen Systems eines Landes ist, damit Krisen entweder präventiv verhindert oder effizient „gemanaged" werden können, wenn sie nicht zu verhindern sind.

Viertens sind die ethnischen und religiösen Konflikte, die in einigen besonders von der Finanzkrise betroffenen Ländern ausgelöst worden sind (Indonesien, Philippinen), ein weiterer Hinweis auf die politische Explosivität, die nüchterne Finanzbeziehungen besitzen können.

Fünftens und last not least ist auf die geschlechtsspezifischen Dimensionen der Betroffenheit von Finanzkrisen hinzuweisen. Die Strategien zur Verbesserung der Lage der Frauen sind in den Krisen des vergangenen Jahrzehnts zurückgeworfen worden. Haushalte, aber auch die Einnahmen der von Finanzkrisen betroffenen Staaten werden verstärkt von den Transfereinkommen („Remittances") legaler und illegaler Arbeit von Migrantinnen abhängig. Allein die globalen Überweisungen von Migrantinnen an ihre Familien in den Herkunftsländern betrugen 1998 über 70 Milliarden US-Dollar. In der Zwischenzeit zählen in den Philippinen die Devisenüberweisungen von im Ausland arbeitenden und lebenden Frauen zu der drittgrößten Einnahmequelle des Landes (OECD 2000g: 234). Auch in Bangladesh repräsentieren die Auslandsüberweisungen in Höhe von 1,4 Milliarden US-Dollar ungefähr ein Drittel der Gesamtdevisen. Nach der Finanzkrise 1998 fing auch Thailand an, aktiv Frauen als „Hausmädchen" in den Mittleren Osten, die USA, Deutschland, Australien und Großbritannien zu „exportieren" (International Human Rights Law Group 2001).

Ob im formalen Sektor als Krankenschwester beschäftigt oder in der informellen Ökonomie, als Prostituierte in der „Sex-Industrie" oder als Arbeiterinnen in der Unterhaltungsindustrie und der Tourismusbranche – diese Frauen bilden eine neue globale „Service Class", die unter miserablen Arbeits- und Lebensbedingungen viele der sozialen Folgen der Finanzkrisen abfedert.

2.3.2 Die Gefährdung finanzieller Integrität und Stabilität durch Geldwäsche

Mit der Liberalisierung, Deregulierung und Globalisierung der Finanzmärkte ist auch die Geldwäsche zu einem Problem mit neuen Dimensionen geworden. Nicht nur ihr Umfang hat stark zugenommen, auch die damit verbundenen Gefahren für Wirtschaft, Gesellschaft und Politik sind erheblich größer geworden. Am 11. September 2001 ist es besonders deutlich geworden, dass die deregulierten Finanzmärkte nicht nur Vehikel der Wohlstandsmehrung in der Welt sind, sondern auch zur Finanzierung der organisierten Kriminalität und terroristischer Netzwerke missbraucht werden können. Die trotz Finanzaufsicht bestehenden Möglichkeiten der Geldwäsche unter Einschaltung von Offshore-Finanzzentren und Untergrundbanken („Hawala-Banken") sind offenbar ebenso genutzt worden wie Verschleierungsmöglichkeiten im Countertrade und im ganz normalen Bankgeschäft. Auch gab es unmittelbar nach dem 11. September den dringenden Verdacht, dass an der Wall Street Insider-Geschäfte mit Leerverkäufen der von den Attentaten besonders betroffenen Versicherungs- und Luftverkehrsaktien getätigt worden sind. Dieser Verdacht konnte später nicht erhärtet, aber auch nicht gänzlich ausgeräumt werden. Ungewöhnliche Bewegungen an den Weltbörsen und auf den Rohstoffmärkten hat es jedenfalls vor dem 11. September gegeben.

Die Terrorakte von New York und Washington verweisen darauf, dass globale Finanzmärkte nicht nur unter dem Aspekt von Effizienzsteigerung durch Liberalisierung und Deregulierung einerseits (neoklassische Position) und der immanenten Krisenhaftigkeit infolge der grundsätzlichen „Financial Stabilities" andererseits (Keynesianische Position) betrachtet werden sollten. Die Nutzung der globalen Finanzbeziehungen zur Finanzierung von organisierter Kriminalität und terroristischen Netzwerken muss durch eine kompetente und effiziente Aufsicht unterbunden werden; und dies sollte bei allen Unterschieden der Interpretation der Dynamik von Finanzmärkten Konsens sein. Der Kampf gegen die Geldwäsche erhält daher unter den Bedingungen globalisierter Finanzmärkte besondere Dringlichkeit. Die Ausführungen und

Empfehlungen im Zwischenbericht der Enquete-Kommission „Globalisierung" (2001c) wurden bedauerlicherweise durch die Ereignisse des 11. September 2001 bestätigt.[17]

Nach der Definition der Financial Action Task Force on Money Laundering (FATF), einer intergouvernementalen Institution der OECD, handelt es sich bei Geldwäsche um „die Behandlung krimineller Einkommen mit dem Zweck, ihre illegale Herkunft zu verschleiern. Dieser Prozess ist von wesentlicher Bedeutung, weil es die Kriminellen in die Lage versetzt, diese Gewinne zu genießen, ohne ihre Quelle zu gefährden" (OECD 2000a: 1).

Abbildung 2-12

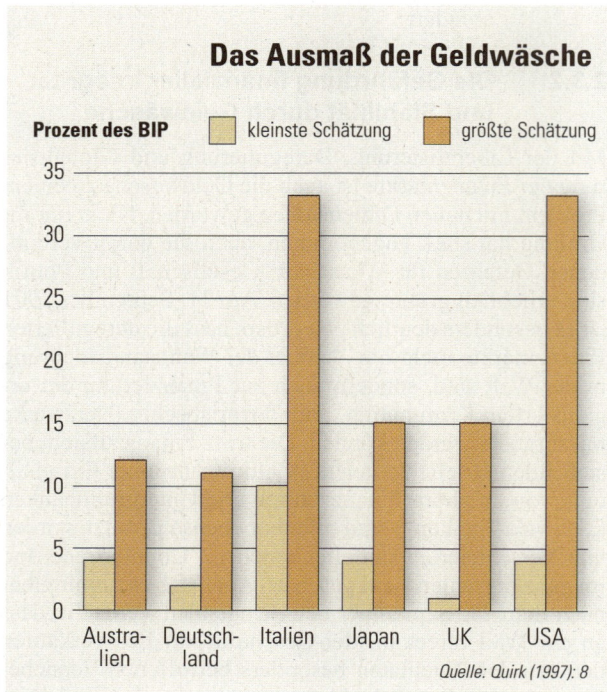

Das Ausmaß der Geldwäsche

Quelle: Quirk (1997): 8

Über das Ausmaß der Geldwäsche gehen die Schätzungen weit auseinander.

Zunächst war es vor allem der Kampf gegen die zunehmende Drogenkriminalität, der die Aufmerksamkeit auf die Geldwäsche von Drogeneinkünften lenkte (Findeisen 1998). Das Office for Drug Control and Crime Prevention (UNODCCP) gibt für die späten 90er Jahre an, dass der Drogenhandel einen jährlichen Umsatz von 400 bis 500 Milliarden US-Dollar erreiche (OGD 1998, 2000). Davon würden, so die Schätzungen, von den Strafverfolgungsbehörden lediglich zwischen 100 und 500 Millionen US-Dollar pro Jahr, also gerade einmal ein Promille sichergestellt. Der Betrag, der an Produzenten von Drogen in der Dritten Welt transferiert wird, beläuft sich nach der gleichen Quelle auf etwa fünf Milliarden US-Dollar, ca. 100 Milliarden US-Dollar gehen an Zwischenhändler, ohne vorher „gewaschen" zu werden und werden direkt wieder in den Geldkreislauf zur Drogenproduktion und zum Drogenhandel integriert. Ermöglicht wird dies durch laxe Gesetzgebung oder/und wegen der mangelnden administrativen Fähigkeit, entsprechende Gesetze zu implementieren (wie in den Ländern des „Goldenen Dreiecks" – Laos, Kambodscha und Vietnam –, in Afrika oder in der ehemaligen Sowjetunion (OGD 2000: 18). Eine große Rolle spielt dabei allerdings auch die Korruption von Amtsträgern. Der große „Rest" von bis zu rund 400 Milliarden US-Dollar muss jedoch „gewaschen" werden, um die Spur zur kriminellen Vortat zu verwischen.

Inzwischen dürften andere Delikte mindestens so wichtig wie der Drogenhandel geworden sein: Menschenschmuggel, Waffenhandel, Korruption und der „White Collar"-Betrug mit Finanzanlagen, vor allem unter Nutzung des Internet. Der Kapitalanlagebetrug beläuft sich allein in Deutschland auf ca. 25 Milliarden Euro pro Jahr (Findeisen 1998). Geldwäscher machen sich die Verbreitung von Finanzinnovationen zu Nutze. Derivate werden ebenso genutzt wie die Fazilitäten des Electronic Banking und daher ist der Geldwäsche nur beizukommen, wenn die technischen und organisatorischen (sowie gesetzlichen) Möglichkeiten der Aufsichtsbehörden mit den Finanzinnovationen mithalten.

Die Wäsche von schmutzigem Geld ist wegen der Schäden, die dadurch finanziell, politisch und moralisch angerichtet werden, ein *globales Übel,* das viele Gestalten annimmt und die Integrität von Finanzinstitutionen und -märkten unterminiert, bevor auch die Stabilität des Finanzsystems betroffen ist.

Erstens erhalten kriminelle und anti-konstitutionelle Kreise zusätzliche Macht: Gewaschenes und daher frei verwendbares Geld ist eine Ressource, die eingesetzt werden kann, um eine Art krimineller oder extralegaler „Gegengesellschaft" zu alimentieren.

Zweitens werden Straftaten durch Geldwäsche nicht nur vertuscht, sondern monetär belohnt. Dies kann keine Gesellschaft zulassen, ohne sich selbst mit den Normen, die das Zusammenleben der Bürgerinnen und Bürger im Rechtsstaat regeln, aufzugeben.

Drittens geht von der Geldwäsche ein negativer Effekt auf die Legitimation von politischen Institutionen aus, wodurch wiederum politische Indifferenz und „Politikverdrossenheit" gefördert werden können. Das schwächt die Demokratie, die auf aktive Partizipation der Bürger angewiesen ist.

---

[17] In weiten Teilen wurden die im Zwischenbericht der Enquete-Kommission „Globalisierung" (2001c: 22) formulierten Empfehlungen zu Geldwäsche im vorliegenden Entwurf des Geldwäschebekämpfungsgesetzes der Bundesregierung (Deutscher Bundestag 2002a) aufgegriffen.

Viertens fehlen die der öffentlichen Hand hinterzogenen (und per Geldwäsche auf private Konten umgeleiteten) Steuern bei der Bereitstellung öffentlicher Güter. Es wird geschätzt, dass aus Entwicklungsländern ca. 50 Milliarden US-Dollar hinterzogene Steuern in Off-Shore-Finanzzentren gewaschen werden; dies ist eine Summe, die einem Großteil der Mittel der öffentlichen der Entwicklungszusammenarbeit (ODA) entspricht. Aber auch in den Industrieländern werden die Einnahmen aus kriminellen Aktivitäten nicht versteuert; ihre Herkunft wird durch Geldwäsche unkenntlich gemacht. Dennoch war Steuerhinterziehung bis 2001 nicht als Vortat der Geldwäsche definiert worden.

Fünftens können mit den umfangreichen Kapitalflüssen aus der Geldwäsche ökonomische Größen (wie Zinsen, Renditen und Wechselkurse) in eine Richtung beeinflusst werden, die für die makroökonomische Entwicklung von betroffenen Ländern und deren Währungen nicht wünschenswert ist. Das kann im Extremfall zur Verarmung ganzer Nationen beitragen. Darauf deuten insbesondere die Entwicklungen in rohstoffreichen Ländern in Afrika oder innerhalb der GUS hin. Allerdings sind hier die Zusammenhänge (auch mit der Entwicklung von Rohstoffmärkten) sehr komplex und das Dunkelfeld sehr groß. (Dieses konnte in der verfügbaren Zeit der Enquete-Kommission „Globalisierung" nicht ausgeleuchtet werden.)

Sechstens kann auch die Natur beeinträchtigt werden, wenn Geld gewaschen wird, das mit illegalem Handel von Tieren oder Pflanzen durch illegalen Export von Tropenhölzern, von Fellen etc. erworben worden ist. Die kriminelle Vortat wird honoriert, so dass ihre Fortsetzung lukrativ bleibt. Geldwäsche kann also negative Wirkungen auf den globalen Umweltschutz haben.

Wegen dieser schädlichen Wirkungen ist Geldwäsche mittlerweile in vielen Ländern verboten, in Deutschland durch den 1992 in Kraft getretenen Straftatbestand § 261 StGB, der u. a. vom Geldwäschegesetz gewerberechtlich flankiert wird. In modernen Gesellschaften kümmern sich auf nationaler, europäischer und globaler Ebene verschiedene Institutionen um die Stabilität und Sicherheit des Geldes: Zentralbanken, IWF, OECD und Institutionen sowie Organisationen der Aufsicht wie die Bundesanstalt für Finanzdienstleistungsaufsicht (BAFin[18]), die Financial Action Task Force on Money Laundering (FATF), angesiedelt bei der OECD, die International Organization for Securities Commissions (IOSCO) etc. Mit besonderem Bezug zur Geldwäsche ist 1989 die bereits erwähnte FATF als intergouvernmentale Institution bei der OECD ins Leben gerufen worden, „to generate the necessary political will to bring about national legislative and regulatory reforms to combat money laundering" (OECD 2000c: 1). Bereits 1990 erarbeitete das FATF 40 Empfehlungen, die 1996 weiterentwickelt wurden (OECD 2000f) und im Jahre 2002 auch unter Berücksichtigung der Erfahrungen des 11. September auf den neusten Stand gebracht worden sind (OECD 2001b); die Empfehlungen des FATF sind für die Industrieländer (und einige Schwellenländer) die Grundlagen von nationalstaatlichen Gesetzen und Maßnahmen gegen die Geldwäsche.

Der Kampf gegen Geldwäsche, gegen Steuerhinterziehung und gegen Kapitalflucht war bislang trotz dieser ständig verbesserten Aufsichtsmaßnahmen nicht immer erfolgreich. Ein Grund ist die Weigerung einiger Offshore-Finanzzentren, bei diesem Kampf so zu kooperieren, wie es für eine Unterbindung der Geldwäsche auf globalen Finanzmärkten notwendig wäre. Inzwischen hat die OECD 19 nicht kooperierende Offshore-Finanzplätze auf eine schwarze Liste gesetzt, die ihnen gegenüber Sanktionen ermöglicht (OECD 2002a; vgl. hierzu Kasten 2-6).

In Deutschland ist das „Steuerverkürzungsbekämpfungsgesetz" vom 19. Dezember 2001 (Bundesregierung 2001c) beschlossen worden, das ganz im Sinne der Empfehlung 1.5 des Zwischenberichts der Enquete-Kommission „Globalisierung" (2001c: 22) Freiheitsstrafen für Steuerhinterziehung im Zusammenhang mit Geldwäsche-Vortaten vorsieht (§ 370a). Doch damit ist es nicht getan. Denn *erstens* ist nicht ersichtlich, dass die Geldwäscheaktivitäten abgenommen haben und *zweitens* ist die Transparenz der Finanztransaktionen auf weitgehend deregulierten globalen Kapitalmärkten unzureichend; dies hat jüngst die Konferenz der Parlamente der Europäischen Union über die Bekämpfung der Geldwäsche in der Schlusserklärung vom 8. Februar 2002 („Erklärung von Paris über die Bekämpfung der Geldwäsche", unveröffentlichtes Dokument) festgehalten und darin „Vorschläge" zur Bekämpfung der Geldwäsche in „vier Themen" entwickelt.

(1) Höhere Transparenz der Kapitalbewegungen: Diese ist angesichts der zumeist elektronischen Abwicklung erreichbar, wenn entsprechende Filter in die Abrechnungssysteme eingebaut werden. Darüber hinaus müssen die Privilegien bestimmter Berufsgruppen (Treuhänder, Notare etc.) eingegrenzt und die Möglichkeiten der Registrierung von Kapitalbewegungen erweitert werden.

(2) Sanktionen gegen nicht kooperierende Länder und Territorien: Die Offshore-Finanzzentren sind eine Schwachstelle des internationalen Finanzsystems. Denn sie verdienen an Kapitaltransaktionen, und manchmal sind Platzierung und Verschleierung der in Offshore-Finanzzentren eingeschleusten Milliardenbeträge die wichtigste oder gar einzige Einnahmequelle. Die Initiative der OECD gegen nicht kooperative Offshore-Zentren enthält eine Verpflichtung zu systematischer Meldung von Geschäftskontakten mit nicht-kooperativen Offshore-Zentren, die Einführung von Auflagen, Beschränkungen, Zusatzgebühren oder Verboten bei Operationen von Finanzinstituten

---

[18] Das BAFin vereint seit 2002 die Bundesaufsichtsämter für das Kreditwesen (BAKred), für das Versicherungswesen (BAV) sowie für den Wertpapierhandel (BAWe).

und anderen Akteuren mit Offshore-Zentren. Die Schlusserklärung der Konferenz der Parlamente der Europäischen Union über die Bekämpfung der Geldwäsche vom 8. Februar 2002 geht darüber hinaus. Unter anderem werden striktere Kontrollen von Geschäftsbeziehungen mit nicht kooperierenden Offshore-Zentren, d. h. „Auflagen, Beschränkungen, Zusatzgebühren oder Verbote für Operationen mit Privatpersonen oder Rechtssubjekten in diesen Ländern und Territorien" gefordert.

(3) Gerichtliche, polizeiliche und administrative Zusammenarbeit: Diese muss verbessert werden, um die Ausnutzung von „Special Jurisdictions" zu unterbinden. Auch die Kooperation bei der Bankaufsicht muss angesichts der globalen Reichweite von Netzwerken der organisierten Kriminalität oder von Terrorgruppen über nationale Grenzen hinweg intensiviert werden, insbesondere angesichts der wachsenden Bedeutung des elektronischen Zahlungsverkehrs. Eine „Harmonisierung der Straftatbestände bei Finanzdelikten" wird von der Konferenz der Parlamente der Europäischen Union für ebenso notwendig erachtet wie die „Einführung einer Regelung der Beweislastteilung für die Herkunft von Geldern aus einer Straftat unter Beachtung der Europäischen Konvention zum Schutze der Menschenrechte und Grundfreiheiten".

(4) Bankaufsichtliche Vorschriften: Diese schließen eine Begrenzung von Bargeschäften (in Deutschland geschehen), Einführung einer Genehmigungspflicht seitens der Regulierungsbehörde für Finanzdienstleistungen, eine Verstärkung der Bankenaufsicht und der Regulierung der Tätigkeit von Clearing- und Wertpapierhäusern ein.

Mit Regelungen dieser Art würde sich eine Schwierigkeit bei der Bekämpfung von Geldwäsche auflösen lassen, die darin besteht, dass dem Delinquenten immer die kriminelle Vortat nachgewiesen werden muss. Das ist häufig aus Mangel an Beweisen ausgeschlossen. In dieser Hinsicht ist es ein Fortschritt, dass die schwere Steuerhinterziehung in Steuerstrafverfahren Straftatbestand geworden ist und damit die Beweislast für die Herkunft strittigen Geldes beim Steuerpflichtigen und nicht bei den Strafverfolgungsbehörden liegt. Es ist allerdings wichtig, dass dabei die Konventionen zum Schutz der Menschenrechte und die Grundfreiheiten unbedingt beachtet werden. Dies betont auch die „Erklärung von Paris".

Die wachsende Bedeutung von elektronischem Geld („Cybermoney"), von Derivaten und Countertrade hat zur Folge, dass die derzeitigen Methoden der Aufsicht und der Bekämpfung von Geldwäsche unzureichend sind und den neuen Herausforderungen der Technologien und Globalisierung angepasst werden müssen. Auch das „Hawala-Banking" stellt eine Herausforderung der Bankenaufsicht dar. Einerseits Resultat einer jahrhundertealten Tradition und genutzt als effizientes Medium zur Überweisung von Beträgen in Regionen, in denen formelle Banken nicht präsent sind, ist es andererseits zur Geldwäsche und zur Finanzierung von organisierter Kriminalität und Terrornetzwerken missbraucht worden. Eine Regelung ist notwendig, die sowohl der Tradition als auch den Gefahren, die von Hawala-Instituten ausgehen, Rechnung trägt.

Der Kampf gegen die Geldwäsche und die ihr vorausgehenden Vortaten kann nur Erfolg haben, wenn nicht nur strafrechtliche Sanktionen gegen die illegalen oder kriminellen Vortaten drohen und Aufsichtsorgane präventiv versuchen, Geldwäsche zu unterbinden, sondern auch private Akteure, in erster Linie also die Banken und andere Finanzdienstleister, freiwillig kooperieren oder/und zur Mitarbeit (durch das Geldwäschegesetz – GwG) verpflichtet werden. An dieser Überlegung knüpft der Vorschlag von Jonathan M. Winer an (vormaliger US Deputy Assistant Secretary der International Law Enforcement Agency; Financial Times 22.3.02), statt „schwarzer Listen" von Offshore-Zentren oder Finanzinstituten, denen Geldwäscheaktivitäten vorgeworfen werden, „weiße Listen" der Finanzinstitutionen aufzustellen, die die Wolfsberg-Prinzipien[19] praktizieren; das sind speziell für Finanzinstitutionen erarbeitete Verhaltenskodizes, die Korruption und Geldwäsche unterbinden sollen. Wohlverhalten soll belohnt, doch Fehlverhalten muss negativ sanktioniert werden. „Schwarze" und „weiße" Listen schließen sich nicht aus, sondern sie ergänzen sich ebenso wie die politischen Methoden von Belohnen und Strafen.

Eine Kooperation von Finanzinstitutionen mit Aufsichtsbehörden ist nicht nur unter dem Gesichtspunkt zusätzlicher Kosten zu betrachten. Sicherheit und Seriosität rechnen sich letztlich auch ökonomisch, wie die Kursverluste von Banken zeigen, die in Geldwäsche-Fälle involviert waren. Gegenüber Nicht-Kooperation entwickelt sich überdies zunehmend politischer Druck von Akteuren und Initiativen aus der Zivilgesellschaft (wie Transparency International, ATTAC, WEED, BCC u. a.), die Korruption und Geldwäsche wegen ihrer schädlichen Wirkungen für die Gesellschaft bekämpfen, auch in der Erwartung, dass auf diese Weise die kriminellen Vortaten unterbunden werden können.

Daher gehört zur wirksamen Bekämpfung der Geldwäsche auch, dass diejenigen, die innerhalb der Institute Geldwäschefälle öffentlich machen (so genannte Whistleblowers), vor Repressalien (z. B. Arbeitsplatzverlust, Mobbing, Benachteiligung bei Karriereentscheidungen) geschützt werden. Dies liegt im öffentlichen Interesse.

---

[19] Die Wolfsberg AML Principles „Global Anti-Money-Laundering Guidelines for Private Banking" (ABN AMRO Bank N.V. u. a. 2000) sind am 30. Oktober 2000 von ABN AMRO Bank N.V., Barclays Bank, Banco Santander Central Hispano S.A., Chase Manhattan Corporation, Citybank N.A., Credit Suisse Group, Deutsche Bank AG, HSBC, J.P. Morgan, Inc., Société Générale, UBS AG unter Mediation von Transparency International verabschiedet worden.

2.3.3 Finanzierungsprobleme kleiner und mittlerer Unternehmen

2.3.3.1 Kleine und mittlere Unternehmen in Industrieländern (unter besonderer Berücksichtigung Deutschlands)

Die Globalisierung der Finanzmärkte hat die Rahmenbedingungen für die Finanzierung von kleinen und mittleren Unternehmen (KMU) beträchtlich verändert. Offene Kapitalmärkte, neue Kreditunterlegungsvorschläge (im Zusammenhang mit den Regeln, die vom Baseler Ausschuss (Basel II) erarbeitet werden) und alternative Kreditbeschaffung bestimmen die Diskussion und tragen zur Verunsicherung und auch zu einer abwartenden Haltung bei der Kreditvergabe und dem Zugang zu Risikokapital bei. Hier sind Maßnahmen und Regelungen im nationalen wie internationalen Rahmen zu entwickeln, die es KMU auch in Zukunft ermöglichen, ihre Unternehmenstätigkeit zu erhalten und die Innovationsfähigkeit und Beschäftigungswirksamkeit zu entfalten.

Nach EU-Definition gelten Unternehmen mit weniger als 250 Beschäftigten oder einem Jahresumsatz von bis zu 40 Millionen Euro oder einer Bilanzsumme von weniger als 27 Millionen Euro, solange sie unabhängig sind, das heißt, dass Nicht-KMU Beteiligungen von weniger als 25 Prozent halten (Europäische Kommission 1996). Nur wenige haben die Rechtsform einer Aktiengesellschaft. Der Anpassungsdruck, dem KMU ausgesetzt sind, entsteht nicht nur auf globalisierten Güter- und Dienstleistungsmärkten. Auch oder gerade die Globalisierung der Finanzmärkte hat die Rahmenbedingungen für die KMU beträchtlich verändert. Für den Mittelstand wird es immer schwieriger, sich die notwendigen Kreditmittel zu beschaffen.

Auch wenn viele Fortschritte bei den Baseler Beratungen durchgesetzt werden konnten, ist nach dem heutigen Stand noch nicht auszuschließen, dass sich durch Basel II die Finanzierungskosten für KMU insgesamt erhöhen.

Die Gründe dafür liegen im verschärften Wettbewerb auf den internationalen Finanzmärkten, den Vorschlägen des Baseler Ausschusses (Basel II) und einer verschärften Risikoeinschätzung der Finanzinstitute, die durch die Einführung neuer IuK-gestützter Risikomanagementsysteme gestützt wird.

Zu Beginn der Verhandlungen im Baseler Ausschuss musste davon ausgegangen werden, dass die neuen Vorschriften den Zugang zu Eigenkapital und insbesondere zu Krediten deutlich erschweren bzw. insgesamt für kleine und mittlere Unternehmen deutlich verteuern würden.

Vor allem die Vorschriften einer bankexternen Bewertung (externes Rating), die sehr restriktive Berücksichtigung in Deutschland bewährter und üblicher Sicherheiten (z. B. Realkredite) und die Nichtberücksichtigung des geringeren Risikos eines breiten Portfolios von Kleinkrediten von kleinen und mittleren Unternehmen, Selbständigen und Privatkunden sowie die deutlich höhere Eigenkapitalunterlegungspflicht von in Deutschland bei der Unternehmensfinanzierung üblichen längeren Krediten stießen auf berechtigte Kritik.

Ein großer Teil der Kritikpunkte konnte in den bisherigen Verhandlungen durch die deutsche Verhandlungsführung beseitigt werden, so sind z. B. berücksichtigt

– Die Einführung eines auf bankinternen Ratings basierenden einfachen Ansatzes zur Ermittlung der Eigenkapitalanforderungen für das Kreditrisiko im Foundation-Ansatz;

– Die Festlegung eines ermäßigten Gewichtungssatzes in Höhe von 50 Prozent für den gewerblichen Realkredit im Standardansatz;

– Die Berücksichtigung verminderter Kreditrisiken von KMU-Krediten über die Retail-Klausel;

– Die teilweise Berücksichtigung der längerfristigen Kreditfinanzierung durch eine Abmilderung der Laufzeitenzuschläge.

Es bleibt allerdings bisher offen, ob eine Entlastung der für die deutsche Investitionsfinanzierung typischen längerfristigen Kredite durchgehend erzielt und die Frage der Bewertung der von Banken gehaltenen Wagniskapitalbeteiligungen positiv geklärt wird.

Auch angesichts der bereits erzielten Entlastungen ist für einen Mittelständler mit schlechtem Rating (sofern hier nicht die Retail-Klausel greift) eine Verteuerung der Kredite zu erwarten. Es besteht die Gefahr, dass Beteiligungen sowohl von privaten als auch von öffentlich-rechtlichen, genossenschaftlichen und besonders von Bürgschaftsbanken deutlich teurer werden, in manchen Fällen wohl prohibitiv teuer. Es ist daher unabweisbar, dass die deutsche Verhandlungsführung hier auf grundlegende Änderungen dringt. Bisher ist noch nicht belegbar sicher gestellt, dass Basel II nicht insgesamt zu einer Verteuerung der Kreditversorgung von KMU führt.

Erst die Vorlage einer empirisch nachvollziehbaren Auswirkungsstudie (Impact Study), wie sie für Herbst 2002 geplant ist, kann darüber mehr Gewissheit verschaffen. Bis dahin sollte eine Zustimmung durch Deutschland nicht erfolgen.

Basel II verstärkt jedoch auch andere, von verschärfter internationaler Konkurrenz getriebene Entwicklungen. Bei der Umsetzung der geforderten Nachbesserungen wird die Kreditfinanzierung für kleine und mittlere Unternehmen deutlich schwieriger. Mehr als ein Drittel der kleinen und mittelständischen Unternehmen wurde nach Zeitungsberichten bereits von ihren Hausbanken aufgefordert, sich nach anderen Kreditgebern umzusehen.[20]

Alternative Finanzierungswege sind zwar zunehmend in der Diskussion, aber für große Teile der kleinen und mittleren

---

[20] FAZ 7.2.2001: Blaue Briefe an den Mittelstand

Unternehmen nicht relevant. Eine Finanzierung über den Euro-Rentenmarkt kommt in der Regel erst für Unternehmen mit einem Jahresumsatz von bis zu 500 Millionen Euro in Frage. In Deutschland erreichen aber nur etwa ein Prozent aller Unternehmen die Umsatzgrenze von 50 Millionen Euro bzw. benötigen ein Finanzvolumen dieser Größenordnung. Wagniskapital wird noch überwiegend über Unternehmensgründungen des neuen Marktes erschlossen, der derzeit auch in der Krise steckt. Selbst wenn alternative Finanzierungswege in der Zukunft sehr wahrscheinlich an Bedeutung gewinnen werden, wird es für drei Viertel der kleinen und mittleren Unternehmen im kommenden Jahrzehnt kaum eine Alternative zur Kreditfinanzierung geben.

Zwar werden die neuen Baseler Vorschriften das ohnehin prozyklische Verhalten der Kreditinstitute nur leicht verschärfen[21], aber die meisten Institute ändern unabhängig von den neuen Vorschriften ihre Kreditvergabepolitik an kleine und mittlere Unternehmen.

Sorge bereitet die verschärfte internationale Konkurrenz der Banken, die z. B. in den USA und in Großbritannien bereits zu einer Vermachtung von Strukturen auf den Kreditmärkten und zu fühlbaren Engpässen in der Kreditversorgung von ganzen Regionen, Branchen, den meisten kleinen und mittleren Unternehmen sowie deutlich verminderten Zugangsmöglichkeiten einkommensschwacher Schichten zum bargeldlosen Zahlungsverkehr und zu Kleinkrediten geführt hat.

Große Privatbanken, aber auch viele Landesbanken haben sich nicht selten auf den internationalen Finanzmärkten, bei nationalen und internationalen Großprojekten und auf dem Immobiliensektor risikoreich und spekulativ engagiert, um ihre Erträge auf internationales Niveau zu erhöhen und müssen nun zum Teil milliardenschwere Verluste abschreiben. Dies macht sie beim Eingehen neuer Verbindlichkeiten derzeit und auch in der nahen Zukunft sichtbar restriktiver. Die Klagen auch solider kleiner und mittlerer Unternehmen, deren Kreditlinien zum Teil nicht mehr verlängert werden, haben in den letzten Monaten deutlich zugenommen.

Des weiteren arbeiten viele, eher im nationalen Rahmen operierende Kreditinstitute an der Einführung neuer, IuK-gestützter Risikomanagementsysteme. Eine restriktivere Kreditvergabe ist daher heute schon die Regel und erscheint künftig auch bei diesen in der Vergangenheit besonders in der Mittelstandsfinanzierung engagierten Instituten wahrscheinlich.

Insgesamt führen diese Entwicklungen zu einer niedrigeren Kreditversorgung mit höheren Zinsen zu Lasten der kleinen und mittleren Unternehmen, als es aus Wachstums- und Beschäftigungsgründen wünschenswert und geboten wäre.

Unabhängig von den Auswirkungen des Baseler Akkords werden verbesserte Risikomanagementsysteme eine differenzierte Kreditkostenkalkulation ermöglichen und damit zu einer stärkeren Spreizung der Kreditkosten innerhalb der kleineren und mittleren Unternehmen führen.

Während die „besseren", d. h. profitableren bzw. über höheres Eigenkapital verfügenden kleinen und mittleren Unternehmen mit relativ guten Konditionen rechnen können, werden sich Kreditkosten, aber auch die Zugangsmöglichkeiten für die kleinen Unternehmen in weniger gewinnträchtigen Sektoren und wenig wachstumsstarken Regionen sowie für Gründer höchstwahrscheinlich (deutlich) verschlechtern. Für junge, innovative Unternehmen, die weder über eine angemessene Eigenkapitalquote, noch in der Anfangsphase über relevante Gewinne verfügen, kann dies zu einem massiven Problem werden: Die Kreditkonditionen verschlechtern sich wegen ihres objektiv höheren Risikos, und der Ausweg, sich über Beteiligungen z. B. von Banken zu finanzieren, wird durch die neuen Vorschriften stark verteuert.

Nach dem IRB-Ansatz[22] müssen Banken für Beteiligungen deutlich mehr Eigenkapital unterlegen (bisher Risikogewicht 100 Prozent – Eigenkapital-Anforderung acht Prozent), im Extremfall kann es für einzelne Beteiligungen zu einer Vollunterlegung mit Eigenkapital führen.

Da im internationalen Vergleich die Eigenkapital-Quote für kleine und mittlere Unternehmen in Deutschland ohnehin niedrig ist, sollte diese Verschlechterung unbedingt unterbleiben. Darüber hinaus soll die deutsche Verhandlungsführung darauf dringen, dass durch Ausnahmeregelungen bzw. größere Freiheiten für die nationale Bankenaufsicht für nationale Förderprogramme die Beteiligungsfinanzierung für innovative Unternehmen weiterhin voll aufrecht erhalten bzw. ausgebaut werden kann.

Insgesamt wird eine angemessene Versorgung der kleinen und mittleren Unternehmen in Deutschland auf Dauer nur zu sichern sein, wenn die international wettbewerbsfähige ausgewogene Bankenstruktur Deutschlands den bargeldlosen Zahlungsverkehr und die Kreditversorgung besonders der kleinen und mittleren Unternehmen sowie aller Schichten der Bevölkerung – auch der ärmeren Einkommensschichten – weiterhin flächendeckend sicherstellt.

Genossenschaftsbanken und das öffentlich-rechtliche Bankensystem wie z. B. Sparkassen, Landesbanken sowie Förderbanken haben bisher in ihrem Zusammenspiel eine regionale Unterversorgung vermeiden können und ca. 40 Prozent des gewerblichen Mittelstands sowie 50 Prozent des Handwerks und den Großteil der Neugründungen finanziert. Die Fortsetzung dieser, in der Nachkriegsgeschichte insgesamt erfolgreichen Versor-

---

[21] Dies war die Aussage der Experten Müller (Deutscher Bundestag 2002b: 33), Trischler (Deutscher Bundestag 2002b: 34), Wiegard (Deutscher Bundestag 2002b: 61) und Pohl (Deutscher Bundestag 2002b: 62) bei der Anhörung des Finanzausschusses des Deutschen Bundestages am 20. März 2002 zu Basel II.

[22] Bankeninterner Rating-Ansatz zur Ermittlung der Kreditausfallwahrscheinlichkeit.

gung von kleinen und mittleren Unternehmen und der Bevölkerung wird allerdings nur möglich sein, wenn diese Institute ihren Auftrag konsequent annehmen und wettbewerbliche Auflagen der Europäischen Union ihnen diesen Auftrag nicht erschweren.

2.3.3.2 Export- und Auslandsfinanzierung kleiner und mittlerer Unternehmen

Besondere Schwierigkeiten entstehen den KMU bei einem Auslandsengagement. Das i.d.R. höhere und auch schwerer zu beurteilende Risiko eines Auslandsengagements macht Fremdfinanzierung oft teuer oder unmöglich. Durch die relativ geringe Eigenkapitalquote der KMU kann es zu finanziellen Engpässen kommen, zumal Engagements in Ländern mit hohen Inflationsraten auch eine deutlich höhere Eigenkapitalausstattung bei internationaler Finanzierung verlangen. Die Risiken, in Entwicklungsländern mit instabilen Staatsfinanzen und Kriegsgefahren zu investieren, sind für sie in Folge einer nur begrenzten Risikoabsicherung höher als für etablierte international operierende Großunternehmen. Deshalb sind wichtige Instrumente zur Abdeckung von Ausfuhrrisiken die staatlichen Ausfuhrgewährleistungen. Rund drei Viertel aller deutschen Ausfuhrgewährleistungen – das waren im Jahr 2000 etwa 28.000 Fälle – wurden für kleine und mittlere Unternehmen übernommen. Aufträge bis zu 500.000 Euro haben an den gesamten Einzeldeckungen einen Anteil von über 50 Prozent. Die Kosten für die Ausfuhrgewährleistungen sind jedoch je nach Einstufung des Exportlandes gestaffelt und kommen zu den Kosten für die eigentlichen Exportkredite hinzu. Dies kann u. U. zu Wettbewerbsnachteilen führen. Doch können die Programme der Förderbanken – wie KfW oder DEG – in Anspruch genommen werden. Wichtig ist hierbei jedoch die Verfügbarkeit brauchbarer Beratungsleistungen, die kleine und mittlere Unternehmen vor Fehleinschätzungen ihres Engagements schützen.

2.3.3.3 Kleine und mittlere Unternehmen in Entwicklungsländern

In den Entwicklungsländern (EL) finden sich eine Vielzahl von Kleinstunternehmen, d. h. auch Einpersonen-Unternehmen. Entsprechend geringer sind die durchschnittlichen Jahresumsätze der KMU. Häufig besteht für KMU keine formelle Registrierung; sie unterliegen damit praktisch weder einer Arbeitsgesetzgebung noch einer Steueraufsicht. Der informelle Sektor mit Klein- und Kleinstunternehmen expandiert. Für KMU in den Entwicklungsländern ist der Zugang zum Kreditmarkt in der Regel außerordentlich schwierig. In vielen Weltregionen sind formelle Bankinstitute nicht präsent, und wenn es sie gibt, fehlen die Voraussetzungen bei den KMU, um Kredite einwerben zu können. Daher sind oftmals die notwendigsten strukturellen Voraussetzungen, die eine selbständige Tätigkeit und den Aufbau eines Unternehmens möglich machen, nicht gegeben.

Doch sind KMU in den Entwicklungsländern unverzichtbar für Beschäftigung, Innovation und damit Armutsbekämpfung; sie gelten als eine Art „Schockabsorber" für die ökonomisch-sozialen Schocks, die die Weltmarktöffnung und mit ihr die internationale Konkurrenz in vielen Ländern auslöst. Ein positiver Ansatz aus der Globalisierung ergibt sich in der Verbesserung der Zusammenarbeit mit KMU in Entwicklungsländern und KMU aus den Industrieländern. So werden zunehmend Kooperationen und Partnerschaften auf Zeit oder auch mit langfristigem Engagement eingegangen.

Bei den ärmsten Ländern sind es überwiegend die fehlenden oder defizitären Rahmenbedingungen (KfW 2000b), wie z. B. Infrastruktur, Technik, Ausbildung, Human Resources, Information und Beratung oder kulturelle Einflüsse, die ein selbständiges unternehmerisches Engagement erschweren oder gar unmöglich machen und somit mittelfristig keine großen Chancen für eine Veränderung der wirtschaftlichen Situation bieten. Besonders wichtig ist der Sachverhalt, dass in vielen Ländern der rechtliche Rahmen unzureichend ist, dass die öffentliche Sicherheit nicht gewährleistet werden kann, dass Menschenrechtsverletzungen stattfinden und dadurch ein „Business Climate" erzeugt wird, das normale Unternehmen abschreckt, aber die organisierte Kriminalität anzieht.

Die Globalisierung der Finanzmärkte dürfte den Zugang zu Kapital für KMU kaum verbessern. Daher ist die Entwicklungszusammenarbeit beim Aufbau von Kreditinstituten, Genossenschaftsbanken und sonstigen Finanzdienstleistungen für kleine und mittlere Unternehmen bei der Förderung des Bankwesens sowie bei der Beratung zum Aufbau von Zentralbanken seit vielen Jahren und auch in Zukunft unverzichtbar. In der Finanziellen Zusammenarbeit (FZ), die auf deutscher Seite von der KfW organisiert wird, hat das Finanzsektor-Engagement derzeit ein Volumen von knapp einer Milliarde Euro, das entspricht zehn Prozent der jährlichen FZ-Zusagen (Deutscher Bundestag 2001: 8). Im Rahmen der Technischen Zusammenarbeit leistet die GTZ in 27 Ländern Beratungshilfen zum Aufbau von Finanzinstitutionen, einschließlich Mikrokreditprogrammen (Deutscher Bundestag 2001:8ff.).

Auch andere Geber, allen voran die Weltbank, nehmen diesen Bereich sehr ernst. „Die Mobilisierung lokaler Ressourcen erfuhr eine besondere Bestätigung in der Krise: Finanzinstitute, die sich über Sparkonten lokal refinanzierten, haben die Finanzkrise 1997/1998 nicht nur überstanden, sondern sogar Zulauf von solchen Kunden erhalten, deren Banken zu stark von internationalen Finanzierungen abhängig waren" (Deutscher Bundestag 2001: 9).

Von den möglichen Auswirkungen von Basel II sind KMU in Entwicklungsländern i.d.R. nicht direkt betroffen, da die Mehrheit der KMU voraussichtlich keinem Rating unterzogen werden kann. Allerdings spüren sie die Auswirkungen, wenn eine Abstufung des Länderrating für das jeweilige Land erfolgt, da sich die Refinanzierungsbasis der formellen Banken verschlechtert und somit die Kreditversorgung für alle Kreditnehmer beeinträchtigt wird.

2.3.4 Shareholder Value[23]

Ausgangspunkt für die steigende Bedeutung des Shareholder Value (SV) war die Liberalisierung der Finanzmärkte Ende der 70er Jahre in den USA, doch erst in den 90er Jahren wurde Shareholder Value zu einem dominanten Unternehmensziel großer global operierender Konzerne. Allerdings ist das Konzept des Shareholder Value keineswegs unkontrovers, wie die in den vergangenen Jahren entbrannte Diskussion um die jeweiligen Vor- und Nachteile des „angelsächsischen" und „rheinischen" Kapitalismus bzw. der hieraus abgeleiteten Systeme der Unternehmenskontrolle gezeigt hat. Bisher kann bei der Bewertung der „Corporate Governance" und des ihr angemessenen Konzepts „kein klarer Sieger" (so die Überschrift eines vergleichenden Artikels über die Systeme der Corporate Governance in Deutschland und den USA, IWD 7.12.2000: Kein klarer Sieger) ausgerufen werden.

Die Veränderungen, die sich aus den Tendenzen der Globalisierung für das Unternehmensmanagement ergeben, sind gleichwohl radikal, da Finanzinnovationen, Unternehmensverfassung, Mitarbeiterbeteiligung, Altersversorgung, Unternehmensfinanzierung und Managementstil aufeinander „systemisch" bezogen sind und miteinander im Einklang stehen müssen, wenn das Unternehmen Erfolg haben soll. Mit anderen Worten: Wenn mit dem Konzept des Shareholder Value die Managemententscheidungen stärker als bisher an die Interessen der Kapitaleigner *(Shareholder)* gebunden werden sollen, müssen auch andere institutionelle (Rahmen-)Bedingungen, in die das jeweilige Unternehmen eingebettet ist, geändert werden. So erklärt es sich, dass die Mitbestimmung unter Druck gerät oder das Verhältnis eines Unternehmens zur „Hausbank" gelockert wird, weil die Kreditfinanzierung gegenüber der Aktien- und Anleihenfinanzierung an Bedeutung verliert. Die Unternehmensstrategie richtet sich verstärkt daran aus, die Wertsteigerung im Interesse der Anteilseigner zu maximieren, um in der Konkurrenz um Kapital an vorderster Front mithalten zu können und um nicht einer Übernahme ausgesetzt zu sein, wenn der Börsenwert des Unternehmens zurück geht.

Bei dem Vergleich von Anlagemöglichkeiten spielen Rating-Agenturen und Ranking-Tabellen über die Leistungskraft *(„Performance")* von Unternehmen eine wesentliche Rolle. Unternehmen werden unter Druck gesetzt, schnell (und dauerhaft) positive Ergebnisse vorzuweisen, um nicht von den „Analysten" der Rating-Agenturen zurückgestuft zu werden. Dies würde zur Folge haben, dass ein Unternehmen zum „Übernahmekandidaten" werden kann, weil es für Aktionäre interessant wird, die Aktien zu verkaufen oder gegen die eines anderen Unternehmens zu tauschen.

Um für den Vergleich in der globalen Konkurrenz überhaupt eine entscheidungsrelevante ökonomische Größe zu gewinnen, wird der Shareholder Value auf der Basis des *Discounted Cash Flow* berechnet. Darunter wird der Betrag an liquiden Mitteln verstanden, der einem Unternehmen für neue Investitionen, vor allem aber für die Ausschüttung an die Kapitalgeber in Form von Zinsen und Dividenden zur Verfügung steht. Der zukünftige (erwartete) *Cash Flow* wird auf den Gegenwartswert abgezinst. Der Diskontierungssatz richtet sich nach den Kosten für Fremdkapital, das über den Kapitalmarkt zu dessen aktuellen Preisen beschafft werden kann. Die Kapitalkosten setzen sich zusammen aus den Zinszahlungen auf das aufgenommene Fremdkapital, abzüglich der damit verbundenen Steuervorteile, und den Eigenkapitalkosten. Hier wird schon deutlich, dass der „objektive" Wert des Shareholder Value in fast allen seinen Bestandteilen auf Erwartungen beruht, die eintreten können – oder auch nicht. Der Abzinsungsfaktor hängt von der Entwicklung auf globalen Finanzmärkten, der erwartete Cash Flow von der Entwicklung von Güter- und Dienstleistungsmärkten ab (sofern das Unternehmen Güter und Dienstleistungen auf den Markt bringt).

Vom Shareholder Value, der also stark durch Erwartungen über zukünftigen Cash Flow geprägt ist, können der (tatsächliche oder erwartete) Börsenwert oder die Marktkapitalisierung in erheblichem Maße abweichen. Der Grund hierfür ist in der Börsenspekulation zu sehen, die nicht in erster Linie durch Erwartungen über künftige Erträge, sondern durch Erwartungen über Erwartungen und über das Kaufverhalten anderer Marktteilnehmer angetrieben wird.[24] Hier kommt „Herdenverhalten" ins Spiel, also gleichgerichtete Verhaltensweisen von Marktakteuren, die eine Tendenz – nach oben, wie nach unten – verstärken können. Mikroökonomisch sind die Verhaltensweisen völlig rational; makroökonomisch aber stellen sie sich unter bestimmten Umständen als krisenverstärkend heraus. Auch hier haben wir es wieder mit „irrationalem Überschwang" zu tun (Shiller 2000: 17).

Auch wenn die rationale Basis für die Bewertung von Unternehmen in keinem Unternehmenskonzept eindeutig und „objektiv" ist, so lässt sich doch festhalten, dass das Shareholder-Value-Konzept eine Überbewertung bei positiven Zukunftserwartungen begünstigt und Unterbewertungen bei pessimistischer Börsenstimmung auslösen kann; für beide Prozesse ist die Entwicklung des „Neuen Marktes" – bis Mitte 2000 im Boom, danach in einer Stagnation – ein aktuelles Beispiel.

Dies ist anders in einem System, das (wie das deutsche) weniger vom Shareholder Value-Gedanken als vom *Stakeholder-Ansatz* geprägt ist. Als Stakeholder einer Aktiengesellschaft gelten neben den Aktionären insbesondere die Beschäftigten, aber auch andere Gruppen, die in

---

[23] Vgl. hierzu das Minderheitenvotum der FDP-Fraktion in Kapitel 11.2.2.2.1.

[24] Das wird beim Börsenwert des Internet-Portals Yahoo! von 90 Milliarden Euro während des „New Economy-Booms" im ersten Halbjahr 2000 deutlich. Er überstieg damit den Börsenwert von Volkswagen, BASF, VEBA, Metro und Lufthansa zusammen (90 Milliarden Euro) (Möser 2000). Diese absurd erscheinende Relation ist nach dem Ende des New Economy-Booms seit der zweiten Hälfte des Jahres 2000 korrigiert worden.

besonderer Weise mit dem Unternehmen verbunden sind, z. B. die Kunden, die Fremdkapitalgeber, teilweise auch Staat (Gemeinde) und Anwohner der Betriebsstätten. In modernen Theorien der Wettbewerbsfähigkeit, die nicht nur den mikroökonomischen (also betrieblichen bzw. unternehmerischen), sondern auch den meso- und makroökonomischen Bedingungen der Wettbewerbsfähigkeit (also den Verflechtungen der Unternehmen im Territorium, den industriellen Beziehungen, der Fiskal-, Geld-, Arbeitsmarktpolitik) Aufmerksamkeit schenken, sind die „Stakeholders" Elemente des „sozialen Kapitals" (das im Konzept des Shareholder Value allenfalls implizit berücksichtigt wird).[25] Für die Steigerung der Wettbewerbsfähigkeit von Unternehmen ist die Vernetzung von Akteuren über den Rahmen einer betriebswirtschaftlichen Einheit hinaus entscheidend, und die Vernetzung ist nicht nur marktgesteuert, sondern auch durch Beziehungen der gesellschaftlichen Reziprozität und politischen Initiative politischer Institutionen und Organisationen gelenkt.

Welche Perspektive besitzt das Shareholder Value-Konzept für den Sektor der großen Unternehmen (Aktiengesellschaften) in Deutschland? „Dem Shareholder-Value-Ansatz dürfte um so mehr Bedeutung in der Praxis zukommen, und seine Akzeptanz dürfte um so größer sein, je mehr sich seine Umsetzung für die Aktionäre lohnt, je praktikabler er ist und je solider seine theoretische Fundierung ist" (Schmidt 1999: 3). Obwohl der Aktienmarkt in Deutschland im Vergleich zur gesamten Ökonomie relativ klein ist, gewinnt er zunehmend an Bedeutung. Die Umsätze auf dem Aktienmarkt lagen 1997 nur bei relativ geringen 30 Prozent des BIP (Jürgens u. a. 2000: 56), in den USA und in Großbritannien lagen die Vergleichswerte jeweils über 100 Prozent. Der Anteil der Aktionäre an der Bevölkerung über 14 Jahre ist jedoch in den letzten Jahren auch in Deutschland gestiegen. An der Börse waren im Jahre 1999 in Deutschland 760 Aktiengesellschaften notiert. Während in den USA die meisten Aktien im Besitz von Finanzinstitutionen (Rentenfonds, Versicherungen, Investmentfonds) sind, zählen in Deutschland die Unternehmen selbst und die Banken zu den einflussreichsten Shareholdern. Aber die Strukturveränderungen auf internationalen Finanzmärkten und die politischen Bestrebungen zur Integration (und Öffnung) von Märkten begünstigen eher den Typus des angelsächsischen Kapitalismus. Daher ist auch in Deutschland in den letzten Jahren die Entwicklung zunehmend von der Durchsetzung der „Shareholder Value"-Strategie bestimmt worden. Die Unternehmensmitbestimmung ist dabei in die Kritik geraten. Änderungen des Unternehmens- und Kapitalmarktrechts sind ein entscheidender Schritt in die Richtung einer Anpassung an das Shareholder Value-Konzept. Als Folge der Einführung der kapitalgedeckten Rente („Riester-Rente") werden in naher Zukunft auch in Deutschland Pensionsfonds eine größere Rolle als bisher in ihrer Eigenschaft als Shareholder spielen.

Prinzipiell ist zu erwarten, dass sich die im deutschen Modell bislang engen und längerfristig angelegten Kreditbeziehungen zwischen Unternehmen und Banken zumindest im global ausgerichteten Firmensegment lockern und die Finanzierung über den Kapitalmarkt neben der langfristigen Kreditvergabe eine größere Rolle spielen wird. Je stärker das Investmentbanking zum Hauptgeschäft von Großbanken wird und diese ihre Einnahmequelle mehr in Provisionen für vermittelte Wertpapiergeschäfte als in Gewinnen aus Zinsdifferenzen sehen, desto weniger attraktiv wird das langfristige Kreditgeschäft für die Kreditinstitute. Auch ist ein schrittweiser Abbau des Anteilsbesitzes von Banken an Industrieunternehmen zu erwarten, da 2002 die Besteuerung der Erträge von Kapitalgesellschaften aus dem Verkauf von Unternehmensbeteiligungen wegfällt. Es ist jedoch noch zu früh, um die tatsächlichen Auswirkungen bewerten zu können. Doch ist damit zu rechnen, dass Versicherungen und Banken für sie unrentable Aktienpakete abstoßen und ihre Vermögensportefeuilles neu zusammenstellen werden.[26]

Das Konzept des Shareholder Value ist durch die jüngste Entwicklung im Unternehmenssektor, vor allem in den USA, in die Kritik geraten. Nicht nur sind spektakuläre Fälle von überhöhten Einkünften von Managern im Vergleich mit den Renditen der Aktienbesitzer ihrer Unternehmen in die öffentliche Diskussion gekommen. Auch die Unternehmenszusammenbrüche seit dem Ende des Booms werfen Fragen auf, z. B. nach Regeln der Bewertung und der Rechnungslegung. Bislang galten die US-amerikanischen „Generally Accepted Accounting Principles", kurz US-GAAP genannt, als Vorbild an Klarheit und Transparenz, was die Information der Anleger über das Unternehmen betrifft. Viele europäische Unternehmen bilanzieren ebenfalls nach dem US-GAAP. Jedoch ist das gesamte System der US-Rechnungslegung nach dem Bankrott des texanischen Energiekonzerns Enron sowie dem Zusammenbruch von Pacific Gas & Electric und K-Mart in Verruf geraten. Besonders wichtig ist es daher, dass Wirtschaftsprüfung und Unternehmensberatung institutionell strikt getrennt werden, um Interessenkonflikte zu Lasten des Unternehmens – und zwar der „Shareholder" ebenso wie der „Stakeholder" – zu vermeiden. Zu dieser Frage, wie generell zur Bedeutung der „Rating-Agenturen" hat sich die Enquete-Kommission noch kein abschließendes Urteil bilden können; dieses ist weiteren Arbeiten vorbehalten.

Als Hauptursachen für den Vertrauensverlust des US-Bilanzierungsstandards werden die Möglichkeiten zur Verschleierung der Schuldenlage, zur Verschleierung der tatsächlichen Gewinnsituation und zum Verbergen von Insider-Geschäften genannt. Die tatsächliche Unternehmenslage ist besonders bei den so genannten Partnerschaften nicht aus der Bilanzierung nach US-GAAP

---

[25] Die modernen Theorien der Wettbewerbsfähigkeit können hier nicht gewürdigt werden; vgl. daher Porter 1990; Eßer 1994; Messner 1995.

[26] Die Allianz AG hat diesbezügliche Absichten bereits angekündigt; die Deutsche Bank reduzierte ihren Besitz von Anteilen über 25 Prozent und will keine Aktienpakete größer als zehn Prozent halten.

ersichtlich. Vom Mutterunternehmen können Partnerschaften („Special Purpose Entities" – SPE) gegründet werden, die finanzielle Risiken separieren. Zunehmend werden diese SPE zu bilanzpolitisch motivierten Zwecken eingesetzt. Bei Enron gab es über 900 solcher SPE, um Schulden zu verstecken. In der Regel gibt es keine entsprechende Berichtspflicht über diese Partnerschaften.

Die Einzelnormen (Standards) des US-GAAP werden von einem privaten Rechnungslegungsgremium, dem Financial Accounting Standards Board (FASB), seit 1973 veröffentlicht. Anders als bei den deutschen Rechnungslegungsvorschriften handelt es sich beim US-GAAP jedoch nicht um Rechtsnormen, sondern lediglich um „allgemein angenommene Prinzipien". Sie wurden nie gesetzlich im Einzelnen kodifiziert. Damit stellt das US-GAAP ein Gemisch aus Einzelnormen zur Rechnungslegung mit unterschiedlichem Verbindlichkeitsgrad und tatsächlichen Bilanzierungspraktiken dar. Es ergeben sich für vergleichbare Sachverhalte völlig unterschiedliche Bilanzierungspraktiken. Das Management verfügt über viele Freiheiten.

Im Fall Enron scheint die Einheit zwischen Unternehmensberatung und Prüfung der Rechnungslegung durch die Unternehmensberatung Arthur Andersen und der dadurch entstandene Interessenkonflikt die Manipulierung der Gewinne – vermutlich ohne formelle Verletzung der Regeln des US-GAAP – möglich gemacht zu haben.

Derzeit bilanzieren europäische Konzerne wahlweise nach US-GAAP, nach dem International Accounting Standard (IAS) oder nach den Grundsätzen ordnungsmäßiger Buchführung (GoB). Eine Vereinheitlichung der Rechtslage ist dringend geboten. Die EU-Kommission will die Gelegenheit nutzen, den von ihr favorisierten IAS gegenüber dem US-GAAP voranzutreiben. Dabei sollte insbesondere darauf geachtet werden, dass die Arbeit von Rating-Agenturen, Beratungsfirmen und die Prüfung der Bilanzen streng getrennt wird. Es sollte zur strikten Vermeidung von Interessenkonflikten niemand die Bilanzen treuhänderisch prüfen dürfen, der einem Unternehmen mit Beratungsaufgaben zur Verfügung stand und steht oder am Rating eines Unternehmens beteiligt war. Es muss klar sein, dass Wirtschaftsprüfung eine Aufgabe im öffentlichen Interesse ist.

Gleichgültig also, welches Management-Konzept verfolgt wird, die Regeln guter Unternehmensführung („Corporate Governance") sind einzuhalten. Sie sind von der OECD 1999 (BMWi 2000) erneut kodifiziert worden. Sie enthalten eine Abwägung von Rechten der Aktionäre und der „Stakeholder" in den Unternehmensstrukturen, Schutzvorschriften für Minderheitsaktionäre, Regeln der Transparenz und Verantwortlichkeit von Management und Aufsichtsrat.

Wir haben bereits gesehen, dass die Intransparenz der Rechnungslegung hinsichtlich der Risiken auch den IWF in seinem „Global Financial Stability Report" beschäftigt. Denn der Kollaps von Enron könnte in der Tat die Stabilität von Finanzmärkten insgesamt in Mitleidenschaft ziehen.

2.3.5 Globale Finanzmärkte und Frauen: Mikrofinanzierung

Mikrofinanzierung ist ein zunehmend wichtiges Instrument des globalen Finanzsystems, insbesondere angesichts der – wie wir gesehen haben – unzureichenden Kreditversorgung durch formelle Finanzinstitute in vielen Entwicklungs- und selbst in Schwellenländern. Voraussetzung der Mikrofinanzierung sind stabile, leistungsfähige lokale Finanzsysteme für nachhaltig erfolgreiche Entwicklungsprozesse. Für Mikrofinanzinstitutionen gelten wie für „normale Banken" ordnungspolitische und bankaufsichtliche Grundanforderungen, die es den Instituten möglich machen, Kleinst- und Kleinbetriebsfinanzierungen überwiegend in Entwicklungsländern zu gewähren (z. B. als NGO, Sparkasse, Spar- und Kreditgenossenschaft etc.). So war es z. B. in Bolivien ein schwieriger Prozess, die Verabschiedung einer auf Mikrofinanzinstitutionen zugeschnittene Ergänzung der lokalen Bankengesetze zu erreichen und somit Wucherzinsen zu vermeiden.

Die adäquate Beteiligung von Männern und Frauen an Programmen der Mikrofinanzierung, d. h. an der Bereitstellung von Leistungen für Sparen und Kredit, ist ein zentraler Anspruch von Entwicklungshilfe. So werden in der Entwicklungszusammenarbeit z. B. Programme unterstützt, die sich überwiegend an Frauen richten. Diese liegen im allgemeinen im Kleinstgewerbe, Ackerbau und Landwirtschaft; auch kurzfristige Handelskredite werden nachgefragt.

Die bisherigen Erfolge, Frauen stärker zu beteiligen, sind nicht zufriedenstellend. Gravierende Probleme gibt es auf der Nachfrage- sowie der Angebotsseite. Auf der Nachfrageseite spielen oft kulturelle und religiöse Gesichtspunkte eine Rolle und verhindern Frauen den Zugang zu ökonomischen Aktivitäten. Die Ursachen dieses Marktzugangsproblems sind eng verbunden mit den viel komplexeren Aspekten der gesellschaftlichen Machtverteilung von Arbeit, häuslicher Rollenverteilung und Vermögensbildung zwischen Männern und Frauen in den jeweiligen Ländern.

Hinzu kommt das Analphabetentum in Entwicklungsländern als geschlechtsspezifisches Phänomen. Nicht Schreiben und Lesen können ist eine besondere Hemmschwelle für Frauen, die formalen Kriterien eines Finanzkredits zu erfüllen. Auf der Angebotsseite ist die Forderung nach Eigenkapitalbeteiligung für die Kreditgewährung ein weiteres Hindernis. Die übliche Forderung der Kreditinstitute nach einer gesicherten Schuldverschreibung („Collateral") ist das meist zitierte Hindernis, da Frauen in vielen Ländern kein Recht auf Grundeigentum haben. Zu erwähnen ist auch die weitverbreitete Forderung einer Mitunterzeichnung des Mannes oder des Vaters, die die spezifische Abhängigkeit von Frauen deutlich macht.

Dennoch gibt es Möglichkeiten, um Frauen Zugang zu Kredit und Finanzierung zu erleichtern. Das Besondere der Mikrokredite (z. B. von der Grameenbank oder SEWA) besteht darin, dass die Gruppenhaftung an die Stelle von Schuldverschreibungen oder hypothekarischer

Besicherung von Krediten tritt. Letzteres ist schon deshalb schwierig, weil Eigentum entweder nicht vorhanden oder die Rechte unklar sind. Dies ist der Hauptgrund, weshalb besondere Programme von Mikrokrediten für Frauen wichtig sind.

Wenn die Bedeutung von Finanzmärkten in Entwicklungsländern und Industrieländern für Frauen diskutiert werden, dürfen makroökonomische Aspekte nicht ausgeklammert werden. Es ist zu begrüßen, dass in einigen Ländern bereits sog. Gender-sensible Budgets erarbeitet werden, in denen die Struktur des Staatshaushaltes und seine Veränderung hinsichtlich der Auswirkungen auf verschiedene Gruppen und Klassen von Männern und Frauen erfasst und bewertet werden.

2.3.6 Europäischer Finanzmarkt und europäisches Entwicklungsmodell

Trotz Binnenmarkt und Währungsunion ist der Finanzmarkt in der EU nach wie vor ökonomisch und politisch fragmentiert. Dies betrifft sowohl die Struktur des Bankenwesens, also das Verhältnis von privaten Banken und öffentlich-rechtlichen Instituten (vor allem Sparkassen und Genossenschaftsbanken) und die Größenverhältnisse, als auch die Regelsysteme. Die damit verbundenen Probleme erfordern politische Gestaltung. Die Integration der verschiedenen nationalen Finanzmärkte zu einem europäischen Finanzmarkt mit abgestimmter und – wo erforderlich – harmonisierter Aufsicht und Regulierung ist aus Stabilitäts- und Effizienzgründen sowie zur Erhaltung der Integrität der Finanzinstitutionen (in erster Linie zur Abwendung von Geldwäsche) nicht nur wünschenswert: Sie ist eine Notwendigkeit.

Ein effizienter europäischer Finanzmarkt ist, wie die Erfahrung des europäischen Integrationsprozesses in anderen Bereichen auch zeigt, nicht durch „negative Integration", also durch Deregulierung zu erreichen. Vielmehr geht es um „positive Integration", also um die Errichtung eines Regelwerks zur Einbindung der Finanzmärkte in die Leitlinien einer wirtschaftlichen Strategie, die nicht nur – dies ist unstrittig – auf Wettbewerbsfähigkeit, sondern auch auf Beschäftigung, soziale Sicherheit, Gerechtigkeit und ökologische Nachhaltigkeit sowie Demokratie (auch in der Wirtschaft) als Kennzeichen des spezifischen europäischen Entwicklungsmodells zielt. Sieben Argumente sprechen für diese These.

(1) Ohne Zweifel hat die *Öffnung der Märkte* die europäischen Finanzinstitute einem stärkeren Konkurrenzdruck sowohl innerhalb der EU als auch aus anderen Ländern, vor allem aus den USA, ausgesetzt. Darauf haben die Finanzinstitute mit harten Rationalisierungsmaßnahmen (die auch in der absehbaren Zukunft anhalten und viele Arbeitsplätze im Sektor der Finanzdienstleistungen kosten werden) sowie mit Fusionen und Übernahmen zur Errichtung wettbewerbsfähiger Größenklassen einzelner Institute reagiert.

Dass diese Absicht nicht immer realisiert werden konnte und in manchen Fällen, wenn sie denn realisiert worden war, zu hohen Verlusten beigetragen hat, ist ein Hinweis auf die Schwierigkeiten einer zukunftsfähigen Umstrukturierung des Sektors europäischer Finanzdienstleistungen. Für die Nutznießer von Finanzdienstleistungen haben sich zum Teil Vorteile, aber zunächst vor allem Nachteile ergeben.

(2) Auch in Europa wächst die Bedeutung der *Wertpapierfinanzierung* und daher wird die Rolle der institutionellen Anleger in den meisten Ländern wichtiger. Eine Folge dieser Tendenz fort von „Face-to-Face"-, also von kundenorientierten Kreditbeziehungen hin zu marktbasierten, verbrieften Finanzierungsmodellen ist der beobachtbare Rückzug gerade der großen international tätigen Institute aus dem Massegeschäft mit kleinen und mittleren Klienten und die Tendenz zur Betreuung von Kunden mit großen Vermögen.

Wie bereits im Kapitel über die Finanzierung von kleinen und mittleren Unternehmen angesprochen (vgl. hierzu Kapitel 2.3.3.1), haben die Verdrängung von regional tätigen öffentlichen oder öffentlich geförderten Sparkassen, Depot- und Kreditbanken oder dem genossenschaftlichen Sektor negative Wirkungen auf eine tragfähige Wirtschaftsstruktur. Die unverzichtbare Funktion dieser Institute ist die regionale oder lokale Kreditversorgung; diese muss gewährleistet bleiben, auch wenn im deregulierten internationalen Wettbewerb solche Institute wenig Chancen hätten. Denn die Folge könnte sein, dass die Geld- und Kreditversorgung in der Fläche ausdünnt. Dies ist beispielsweise in Großbritannien der Fall (Cruickshank 2000) – mit negativen Effekten auf die regionale Wirtschaftsentwicklung. Eine Politik, die darauf besteht, dass eine stabile Geld- und Kreditversorgung auch auf dem Land ein wichtiges öffentliches Gut ist, kann und sollte sich auf die im Herbst 2000 von der EU verabschiedete Mitteilung zur allgemeinen Daseinsvorsorge („General Interest") stützen.

(3) Eine besonders problematische Entwicklung europäischer Finanzmärkte könnte sich bei der Finanzierung von *Teilen der Systeme der sozialen Sicherheit* (Alterssicherung, Gesundheitsversorgung) mit Hilfe Kapitaldeckungsverfahrens abzeichnen. Es ist eine ernst zu nehmende Gefahr, dass „menschliche Sicherheit" (vgl. dazu den Human Development Report der UNDP 1994) den Risiken und Instabilitäten der Finanzmärkte ausgesetzt wird. Dies ist ein außerordentlich wichtiges Thema; es zeigt, wie die Tendenzen globaler Finanzmärkte lebensweltliche Auswirkungen haben können. Es war allerdings der Enquete-Kommission nicht möglich, dieses Problem in einer seiner Bedeutung angemessenen Form zu bearbeiten und Empfehlungen zu formulieren. Das Thema sollte Gegenstand weiterer Beratungen sein.

(4) Die Formierung eines stabilen und effizienten europäischen Finanzmarkts, der die Finanzierung von Investitionen aus der längerfristigen privaten Vermögensbildung erreicht, wird durch die *Steuerpolitik* in der EU

sowohl auf der Angebots- als auch auf der Nachfrageseite beeinflusst.[27] Besonders problematisch sind die Regeln der Besteuerung von Unternehmensgewinnen und von Zins- und Dividendeneinkünften innerhalb der EU und im näheren Ausland. Zum Teil herrscht Steuerwettbewerb, durch den die Mitgliedsländer der EU Direkt- und Portfolioinvestitionen auf Kosten anderer Mitgliedsländer ins Land holen wollen. Fairer Steuerwettbewerb verwandelt sich unvermeidlich in „schädlichen Steuerwettbewerb", wenn die wichtigen Aufgaben der Daseinsvorsorge (immaterielle und materielle Infrastruktur) nicht mehr aus dem Steueraufkommen gedeckt werden können. Ein „Race to the Bottom", ein Wettbewerb der Standards nach unten, ist für alle Beteiligten schädlich.

Daher hat die europäische Kommission ebenso wie die OECD das Problem des schädlichen Steuerwettbewerbs thematisiert. Für die Zinsbesteuerung hat die EU zur Unterbindung des schädlichen Steuerwettbewerb beschlossen, ab 2010 allgemeine Kontrollmitteilungen über Kapitalerträge in der EU einzuführen. Allerdings ist die Umsetzung dieses Beschlusses von der Kooperation anderer Finanzplätze außerhalb der EU abhängig gemacht worden. Die USA, die ursprünglich nicht kooperierten, praktizieren seit dem 11. September 2001 das System der Kontrollmitteilungen. Die EU sollte jedenfalls ihr Gewicht selbstbewusst und zielführend in die Verhandlungen einbringen und ihre Maßnahmen nicht von den Entscheidungen anderer Partner abhängig machen. Bei der Unternehmensbesteuerung plädiert die EU für größere Transparenz und eine Harmonisierung der Bemessungsgrundlagen. Das ist zwar sinnvoll, sollte aber durch Harmonisierung in anderen Bereichen der Steuerpolitik ergänzt werden.

(5) Die durch den Stabilitäts- und Wachstumspakt erzwungene fast ausschließliche Konzentration der Haushaltspolitik der *EU-Mitgliedsstaaten* auf die Verminderung der öffentlichen Defizite ist für die Entwicklung der europäischen Finanzmärkten eine Belastung. Denn verbriefte Staatsanleihen stehen Sparern und anderen Geldvermögensbesitzern nur noch in abnehmenden Maße zur Verfügung. Alternative Anlagemöglichkeiten im privaten Sektor haben sich als nicht ausreichend zur Absorption der Liquidität herausgestellt. Daher trägt auch Europa zu der hohen Überschussliquidität bei, deren Aufbau die BIZ seit Mitte der 90er Jahre beobachtet und kritisch kommentiert hat. Die hohe Liquidität ist auch nicht durch die außerordentlich restriktive Ausrichtung der Geldpolitik der nationalen Zentralbanken seit Maastricht 1991 und später der EZB seit 1999 vermindert und verhindert worden. Sie hat dadurch, dass sie das Zinsniveau trotz abnehmender Inflationsgefahren vergleichsweise hoch gehalten hat (vgl. Kapitel 2.2.3), dazu geführt, dass das Wachstum in Europa seit den späten 90er Jahren schwach und die Arbeitslosigkeit hoch blieben.

(6) Die Entwicklung des europäischen Finanzmarkts resultiert aus den Entscheidungen der vielen Akteure. Darunter haben auch die offiziellen Institutionen und Regierungen ein beträchtliches Gewicht. Insbesondere haben die *Interventionen* der EZB eine zumindest orientierende Funktion. Für die Funktion der Finanzmärkte insbesondere bezüglich der Finanzierung von Investitionen wäre eine langfristig angelegte und den realwirtschaftlichen Rückwirkungen der Geldpolitik explizit Rechnung tragende Politik angemessen. Dazu gehört auch, wie in Empfehlung 2-7 zum Ausdruck gebracht worden ist, eine verbesserte Politikkoordination.

(7) Auch die *Finanzaufsicht über die Integrität der Finanzinstitute* wird mehr und mehr europäisiert angesichts der Währungsintegration und der Integration der Finanzmärkte. Die Richtlinie zur Geldwäsche, die darauf bezogenen nationalstaatlichen Gesetze und die Empfehlungen der OECD sind ein wichtiger Ansatz, auf die in Kapitel 2.3.2 bereits eingegangen wurde.

2.4 Reformbedarf auf den globalisierten Finanzmärkten

Finanzkrisen sollten zwar durch präventive wirtschaftspolitische Maßnahmen vermieden werden. Doch Regulierung „kostet", ebenso wie De-Regulierung ihren Preis hat. Dieser ist in den vergangenen Jahrzehnten in Form von Schulden- und Finanzkrisen und deren teurer Behebung sowie als Verschärfung der globalen Polarisierung eingefordert worden. Hinter der makroökonomischen Opportunitätserwägung hinsichtlich der Formen und Ausmaße von „Verregelung" des globalen Finanzsystems verbergen sich also über die Finanzmärkte hinausreichende politische Alternativen hinsichtlich eines weltwirtschaftlichen und möglicherweise weltgesellschaftlichen und weltpolitischen Ordnungsrahmens. Bei der Diskussion der finanziellen Architektur sind also die Schnittstellen zu globalen Verteilungs- und Arbeitsmarktfragen, zur Außen-, Entwicklungs- und Friedenspolitik zu beachten.

Während in den 70er Jahren Fragen der Reform des Währungssystems im Zentrum standen und in den 80er Jahren im Zusammenhang mit der Schuldenkrise nach Wegen einer Entlastung der Schuldner und ihrer Befähigung zum Schuldendienst gesucht wurde, ist in den 90er Jahren die „Architektur" des globalen Finanzsystems (als Element von „Global Governance", vgl. hierzu im Einzelnen Kapitel 10) sowie die Frage von „Good Governance" auf (national)staatlicher Ebene das zentrale Thema der Reformdebatte geworden.

---

[27] Auch wenn die EU heute schon fiskalpolitische Akzente setzen wollte, so wäre dies bei dem EU-Haushalt 1999 von ca. 93 Milliarden Euro (gemessen am Europäischen Bruttoinlandsprodukt mit 8.016 Milliarden Euro) gesamtwirtschaftlich praktisch bedeutungslos.

Bisher hat sich im Zuge der finanziellen Globalisierung eine „globale Finanzarchitektur" eher spontan herausgebildet, als dass sie bewusst politisch gestaltet worden wäre – so dass es eigentlich ein Euphemismus ist, den Begriff der „Architektur" zu verwenden. Dabei regeln nicht mehr nur die Institutionen von Bretton Woods (IWF und Weltbank) sowie die nationalen Regierungen globale Währungs- und Kreditmärkte, sondern eine Vielzahl von eher „informellen" Institutionen, in der Regel ausgestattet mit „Soft Law", d. h. mit Vorstellungen über „Best Practices", mit Standards, Leit- und Richtlinien („Guidelines") und „Codes of Conduct", deren Befolgung nicht eingeklagt und deren Nicht-Befolgung nicht sanktioniert werden kann, wie es bei „Gentlemen Agreements" üblich ist. Diese eher informellen Institutionen und Standards haben dennoch ein beträchtliches Gewicht in nahezu allen Politikfeldern – auch im globalen Finanzsystem, wie wir bereits bei der Erwähnung der „Wolfsberg-Principles" im Zusammenhang mit der Bekämpfung der Geldwäsche gesehen haben. Es wäre allerdings eine verfehlte Annahme, wenn unterstellt würde, informelle Institutionen und Regeln kämen ohne gouvernmentale Politik aus. Auch die „Guidelines" der G8 oder des FSF müssen in europäische Richtlinien und nationales Recht transformiert werden, um verbindlich wirksam zu werden. Hier wird ein allen Politikfeldern und Bereichen gemeinsamer Grundzug der Globalisierung deutlich, der im Kapitel 10 „Global Governance" ins Einzelne gehend thematisiert wird: Die Perforation nationalstaatlicher Souveränität (manche sprechen auch von deren Erosion) hat zur Ausbildung von Regeln und Institutionen geführt, die sich nicht auf das harte und sanktionsbewehrte Recht der Nationalstaaten stützen können, sondern supranationalen, multilateralen, „weichen" Übereinkünften folgen, weil es den „Weltstaat" nicht gibt.

Neben den traditionellen Institutionen von Bretton Woods wirken an der Regulierung der finanziellen Globalisierung die OECD, die BIZ, die G7 (G8) mit, die jeweils Foren (z.B. das Financial Stability Forum) oder Task Forces (z.B. die Financial Action Task Force on Money Laundering, angesiedelt bei der OECD) oder spezielle Komitees wie das Basle Committee on Banking Supervision (BCBS) bei der BIZ hervorgebracht haben. Von besonderer Wichtigkeit sind „Gruppen" von Ländern (G7, G10, G20 etc.), die auf mehr oder weniger regelmäßigen Treffen den Bedarf an Koordinierung und Regulierung bestimmen und das Regierungshandeln mehr oder weniger erfolgreich koordinieren helfen. Hier wird deutlich, dass die finanzielle Globalisierung, auch wenn sie vor allem über die Expansion von Märkten statt findet, einen institutionellen Überbau hervorbringt, der „Minima Regulatoria" enthält (Giovanoli 2000b). Allerdings hat die politische Regulierung einen eher informellen als formellen Charakter und daher ergeben sich Konsequenzen für die formellen Organe demokratischer Repräsentanz, insbesondere für die nationalen Parlamente, die nicht aus der Gestaltung der „globalen Finanzarchitektur" ausgeschlossen und von den Gestaltungsaufgaben entbunden werden dürfen.

2.4.1 Stabilisierung der Währungsmärkte[28]

Ein stabiler nominaler Wechselkurs ist die Grundlage einer stabilen ökonomischen Entwicklung von Währungsgebieten innerhalb der durch Währungskonkurrenz gekennzeichneten Weltwirtschaft. Allerdings erfordert die Stabilität von Kursrelationen nicht deren Fixierung innerhalb eines Systems fixer Kurse, wie es bis etwa 1973 gegolten hat. Wechselkurse müssen sich flexibel wechselnden Lagen auf Märkten für Güter und Dienstleistungen, insbesondere aber den Transaktionen auf Finanzmärkten anpassen können. Allerdings darf die Flexibilität nicht zur Volatilität werden. Flexible Stabilität im Unterschied zur Fixiertheit einerseits und Volatilität der Kurse andererseits erfordert ein hohes Maß an Politikkoordination, in erster Linie zwischen den drei großen Währungsblöcken. Diese tragen wegen ihres Gewichts in der Weltwirtschaft generell und auf den Finanzmärkten speziell eine hohe Verantwortung auch für die schwächeren Partner der Weltwirtschaft. Von Seiten der UNCTAD wird beklagt, dass sich die Akteure aus den großen Industrieländern gegen die Volatilität von Wechselkursen zu schützen vermögen. Den Akteuren aus den Entwicklungsländern ist dies sehr viel schwerer möglich. Wegen der Abhängigkeit der Finanzmärkte im Allgemeinen und der Kursentwicklung schwächerer Währungen im Besonderen sind von der Politik der regulierenden Instanzen in den Schlüsselwährungsländern immer die Wirkungen von Geld- und Währungspolitik in den Starkwährungsgebieten auf die schwächeren Teilnehmer auf Währungsmärkten in Rechnung zu stellen.

Dass währungspolitische Kooperation zwischen der Europäischen Zentralbank, dem Federal Reserve Board und der Bank of Japan erfolgreich sein kann, hat die abgestimmte Intervention nach dem 11. September 2001 gezeigt. Dieser Erfolg darf aber nicht zur Auffassung verleiten, dass Wechselkurse gegen den Markt gestaltet werden könnten. Vielmehr ist die Marktentwicklung so zu beeinflussen, dass erratische Schwankungen von Kursen möglichst ausgeschlossen werden. Da mehr als 95 Prozent der täglichen Umsätze auf Devisenmärkten reine Finanztransaktionen sind, besteht eine vordringliche Aufgabe darin, die Finanzmärkte zu beeinflussen.

Die Volatilität der Kursbewegungen der „großen" Währungen ist Anlass für die Entwicklung einer Vielfalt von innovativen Finanzinstrumenten durch spezialisierte Finanzinstitutionen, um sich und ihre Klienten gegen erratische Schwankungen der Kurse abzusichern und diese obendrein für Spekulationsgewinne auszunutzen. Diese Möglichkeiten stehen kleinen und mittleren Unternehmen im Gegensatz zu Konzernen in geringerem Maße und manchen Entwicklungsländern gar nicht zur Verfügung. Die große Volatilität der Kursbewegungen ist für sie wegen der Wirkung auf Import- und Exportpreise, Zinsbewegungen, Einkommen und Staatseinnahmen eher schädlich. Dies betont auch die UNCTAD (2001) in ihrem

---

[28] Vgl. hierzu das Minderheitenvotum der CDU/CSU-Fraktion in Kapitel 11.1.7.1.

World Investment Report (WIR). Daher haben vor allem Entwicklungsländer und KMU Interesse an einer Reduzierung der Volatilität, nicht die großen „global players", die genügend Instrumente zur Verfügung haben, die Volatilität durch jeweilige Gegengeschäfte zu kompensieren oder sogar spekulativ auszunutzen.

Auch für die Arbeitnehmer (und die Gewerkschaften) wären weniger volatile Kursbewegungen von Vorteil. Denn eine Aufwertung der jeweiligen Währung wirkt ceteris paribus auf Exportmärkten wie eine Lohnerhöhung und die Abwertung wie eine Lohnsenkung. Wenn man die Klausel der „sonst gleich bleibenden Umstände" aufhebt, können auch gegenteilige Effekte eintreten. Zum Beispiel verteuert eine Abwertung die Energieimporte, steigert dadurch die Kosten und macht mittels einer „Preis-Lohn-Spirale" den abwertungsbedingten Wettbewerbsvorteil zunichte. Umgekehrt verbilligt eine Aufwertung Importe, kann daher zu einer Kostenentlastung beitragen und zu einem Druck auf die Lohnstückkosten führen, so dass die Wettbewerbsfähigkeit nicht negativ beeinflusst wird. Unstrittig jedoch dürfte sein, dass die Einkommens- und Arbeitsplatzeffekte eher zu kalkulieren und in politische Strategien umzusetzen sind, wenn die Wechselkursschwankungen verringert werden.

Es sprechen also viele Argumente für eine Politik der Stabilisierung von Wechselkursen. Abgesehen von prozesspolitischen Maßnahmen (in erster Linie Geld- und Fiskalpolitik) kommen für eine Kursstabilisierung zwei strukturelle Weichenstellungen in Frage: Die Integration von Währungsgebieten, durch die Kurse entweder entfallen, wenn – wie im Euro-Währungsraum – eine Währungsunion gebildet wird, die Kurse (in Bandbreiten) fixiert werden einerseits und die Segmentation von Währungsgebieten durch Steigerung der Transaktionskosten andererseits. Beide Möglichkeiten hat James Tobin[29] ins Auge gefasst, als er seinen inzwischen weltweit diskutierten Vorschlag einer Steuer auf Kapitalbewegungen („Tobin Tax") unterbreitete. Die Devisentransaktionssteuer soll Währungsmärkte segmentieren helfen; vorzuziehen allerdings sei, so Tobins Auffassung, die Währungsintegration. Gehen wir zunächst darauf ein.

2.4.1.1 Die Multilaterale und die unilaterale Währungsunion

Bei der Bildung einer Währungsunion sind Unterscheidungen zu treffen: Die *volle und multilaterale Integration zu Währungsblöcken* beseitigt nicht nur die Transaktionskosten beim Devisenhandel, sondern es entfallen auch die Wechselkursrisiken und mit ihnen die kurzfristige Arbitrage. Jeder Anreiz zur Währungsspekulation wird beseitigt. Die *unilaterale Integration* hingegen bedeutet die Bindung zumeist „kleinerer" und schwächerer Währungen an eine „starke" Ankerwährung.

Die Europäische Währungsunion

In Europa ist 1999 mit der Einführung des Euro eine *multilaterale Währungsunion* entstanden, ihre weitere Ausgestaltung ist im Flusse. Die heutige Europäische Währungsunion (EWU) bildet damit den vorläufigen Abschluss von Versuchen, innerhalb (zunächst West-)Europas einen einheitlichen Währungsraum zu etablieren, der von einer politischen Integration durch die Europäische Union (EU) flankiert wird.

Schon 1970 begannen mit dem damals von der Europäischen Gemeinschaft (EG) vorgelegten Plan zur Verwirklichung einer europäischen Wirtschafts- und Währungsunion (WWU, „Werner-Plan") erste Anläufe für eine multilaterale Währungsunion. Im Geiste keynesianischer Wirtschaftssteuerung war die WWU des Werner-Plans von dem Ziel geprägt, Ungleichheiten der wirtschaftlichen Entwicklung in Europa durch eine integrierte und aktive europäische Wirtschaftspolitik entgegenzuwirken und Wechselkursänderungen auf Dauer zu überwinden. Dazu sollten u. a. Konjunktur-, Währungs-, Haushalts- und Strukturpolitik auf europäischer Ebene harmonisiert werden. Ohne eine solche Integration, so wurde damals konstatiert, sei „die Gefahr der Entstehung von Ungleichgewichten weiterhin gegeben" (Werner-Plan, zitiert nach Pfetsch 1997: 188).

Der sehr ambitionierte und letztlich gescheiterte Werner Plan war eine Antwort auf die sich schon im Verlauf der 60er Jahre abzeichnende Aushöhlung des Fixkurssystems von Bretton Woods. Nach dessen Zusammenbruch 1973 bildeten sich – entgegen so manchen Erwartungen – auch nach einer Suchphase auf den Märkten keine marktstabile Kursrelationen heraus. Es kam vielmehr zu häufig korrigierten Wechselkursverwerfungen, die mit den stark anwachsenden Kapitalströmen in den 70er und 80er Jahren den europäischen Binnenmarkt und die politische Integration zu gefährden drohten.

Doch ein europäischer Binnenmarkt erfordert beides: sowohl den freien Kapitalverkehr zwischen den Mitgliedsländern als auch stabile Wechselkurse. Diese waren aber nur zu erreichen, indem die Mitgliedsstaaten ihre eigenständige nationale Währungspolitik aufgaben, da bekanntlich nicht zugleich Offenheit der Ökonomie (also freier Kapitalverkehr), stabile Kurse und eigenständige Währungspolitik aufrecht erhalten werden können. Nach verschiedenen Phasen der währungspolitischen Kooperation (Europäische Währungsschlange nach dem Ende des Bretton Woods-Systems 1973, Europäisches Währungssystem (EWS) ab 1979) war deshalb die Schaffung einer gemeinsamen Währungsinstitution (Europäische Zentralbank – EZB) mit einer einheitlichen Gemeinschaftswährung eine klare Antwort auf diese Herausforderungen der Globalisierung.

So lässt sich z. B. als Erfolg verbuchen, dass sich die Anfälligkeit des Euro-Raums gegenüber Krisen der globa-

---

[29] James Tobin ist 1918 in Champaign, Illinois, geboren und im März 2002 gestorben. Seit 1950 war er Lehrstuhlinhaber an der Yale University. 1981 bekam er den Nobelpreis der Wirtschaftswissenschaften für seine Analyse der Finanzmärkte und deren Auswirkung auf die Einkommensverwendung von Haushalten, auf die Beschäftigung, die Produktion und die Preise.

len (Finanz-)Märkte reduziert hat. Zwar gehen Krisen auch heute nicht spurlos an der EU vorbei und der Euro darf nicht als Instrument missverstanden werden, mit dem man sich in einer „Festung Europa" gegenüber den Problemen anderer Regionen abschotten könnte. Ohne die strukturellen Verbesserungen, die auf dem Wege der schrittweisen Einführung der Gemeinschaftswährung seit Mitte der 90er Jahre erreicht wurden, wäre die europäische Wirtschaft jedoch stärker von den Währungskrisen des vergangenen Jahrzehnts in Mitleidenschaft gezogen worden.

Auch in seiner Wirkung nach innen gibt es positive Anzeichen. So wurden mit dem Übergang zum Euro Transaktionskosten gesenkt und Wechselkursrisiken beseitigt. Spätestens seit der Euro-Bargeldeinführung am 1. Januar 2002 steigt die Preistransparenz und damit die Vergleichbarkeit von Angeboten in der Eurozone. Dies belebt den innergemeinschaftlichen Handel und stärkt die internationale Wettbewerbsfähigkeit der europäischen Industrie. Durch die Einführung des Euro wurden (grenzüberschreitende) Investitionen und Handelsbeziehungen erleichtert.

Die öffentliche Diskussion um die Rolle des Euro im internationalen Finanzsystem wurde seit seiner Einführung vor allem vom schwachen Wechselkurs des Euro gegenüber dem US-Dollar geprägt. Dabei wurden andere, aus finanzsystematischer Sicht mindestens ebenso wichtige Aspekte vernachlässigt. Zum einen stellt der Euro als Symbol der europäischen Währungsunion die Überwindung eines segmentierten Währungsraums in (West-)Europa dar. Mit der Einführung des Euro gehören nunmehr spekulative Attacken auf einzelne Währungen, wie sie in der ersten Hälfte der neunziger Jahre auf das Europäische Währungssystem unternommen wurden, zur Vergangenheit. Es besteht die Hoffnung, dass die damit erreichten Vorteile an wirtschaftlicher Stabilität den unvermeidlichen Nachteil der damit gleichzeitig abgeschafften Spielräume für nationale Geld- und Fiskalpolitik in Europa überwiegen.

Die Rolle des Euro im internationalen Finanzsystem verdient aber noch in anderer Hinsicht verstärkte Aufmerksamkeit. Mit dem Euro wird die Hoffnung verbunden, dass er als Konkurrent des US-Dollar die Bedeutung Europas in der internationalen Finanzpolitik gegenüber den USA heben könnte. Der US-Dollar ist zwar faktische Leitwährung und sollte in dieser Funktion als stabiler Bezugspunkt für andere Währungen dienen. Doch ist der US-Dollar aufgrund der unilateralen Geld-, Finanz- und Währungspolitik der USA und der hohen Volatilität von Kapitalströmen keineswegs gegen Kursschwankungen, auch nicht gegenüber einer Abwertung gesichert. Der (US-)Dollar ist paradoxerweise eher zu einer Quelle von Instabilität geworden, wie auch im „Global Financial Stability Report" des IWF (2002) angedeutet wird. Ein wichtiges Problem des heutigen Weltfinanzmarkts ist daher nicht nur die Schwäche seines ordnungspolitischen Rahmens, sondern auch die unilaterale Dominanz des US-Dollar.

Mit dem Euro steht eine neue internationale Reservewährung zur Verfügung, die Zentral- und Geschäftsbanken sowie Unternehmen eine Alternative zum US-Dollar bietet, die vorher nur zum Teil durch die Deutsche Mark, den Französischen Franc und den Niederländischen Gulden[30] geboten werden konnte. Mit dem Euro hat sich nun eine Möglichkeit aufgetan, dass es neben dem US-Dollar eine weitere zentrale internationale Handelswährung gibt, in der internationale Kontrakte denominiert und Anleihen begeben werden. Er ist daher für Kapitalanleger eine realistische Alternative zum US-Dollar.

Abbildung 2-13

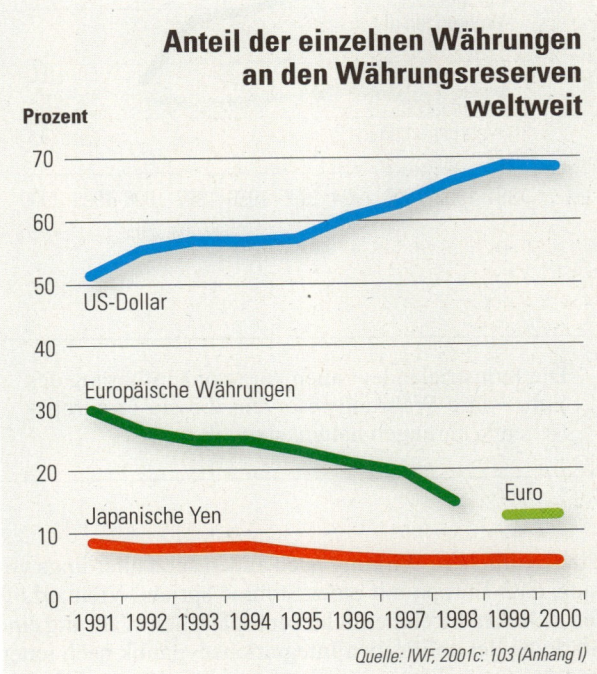

Anteil der einzelnen Währungen an den Währungsreserven weltweit

Quelle: IWF, 2001c: 103 (Anhang I)

Mit Einführung des Euro besteht nun eine international bedeutende Alternative zu Währungsreserven in US-Dollar[31]

---

[30] Dies sind die drei Euro-Währungen, in denen Währungsreserven gehalten wurden (IWF 2001: 103).

[31] Die Werte vor und nach 1999 sind nur bedingt vergleichbar, da durch die Einführung der dritten Stufe der Wirtschafts- und Währungsunion am 1. Januar 1999 europäische Währungsreserven (Deutsche Mark, Französische Franc und Niederländische Gulden) zu inländischer Währung wurden (IWF 2001c: 101, 103 (jew. Anhang I)).

Abbildung 2-14

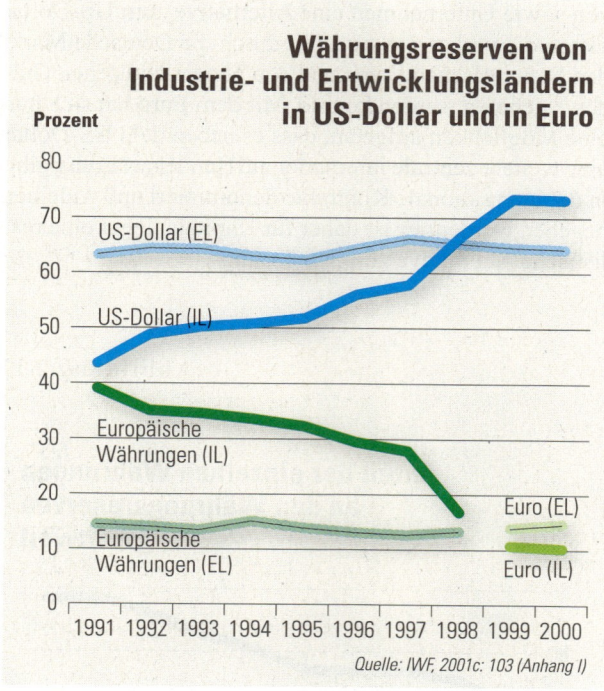

Die Industrieländer bauen kurz vor Einführung des Euro[32] ihre Währungsreserven, die sie in europäischen Währungen halten, stark ab.

Eine deutlichere Wirkung nach außen setzt allerdings voraus, dass Europa mit einer Stimme spricht. Viele erhoffen sich von der einheitlichen europäischen Währung eine Stärkung der politischen Integrationsdynamik nach innen und des Gewichts nach außen, sowohl in weltpolitischen Arenen als auch auf globalen Märkten. Zu dieser Entwicklung kann der Euro sicherlich einen Beitrag leisten. Ein politisch und sozial besser integriertes Europa hätte zweifellos höhere Chancen, auf internationaler Ebene Entscheidungen mitzugestalten.

Die mit der Einführung des Euro verbundenen fiskalischen Richtwerte für die Fiskalpolitik („Konvergenzkriterien von Maastricht") haben bisher aber auch den Eindruck erweckt, dass der Euro einer aktiven Wirtschafts- und Beschäftigungspolitik eher entgegensteht. In Teilen der Öffentlichkeit wird der Euro daher eher als Zwang zur Haushaltssanierung und weiteren Privatisierung bisher öffentlicher Aufgaben (Soziale Sicherung, öffentliche Daseinsfürsorge etc.) wahrgenommen. Neben seinen Ver-

---

[32] Einführung der dritten Stufe der Wirtschafts- und Währungsunion am 1. Januar 1999.

diensten bei der Überwindung von Wechselkursschwankungen bekommt der Euro durch die Konvergenzkriterien auch den Ruf eines sozial und regional polarisierenden Faktors.

Die Wahrnehmung des Euro als Synonym für den Sparzwang in öffentlichen Haushalten kann nur dadurch korrigiert werden, dass die europäische Tradition des auf sozialen Ausgleich und Inklusion gerichteten Wohlfahrtsstaats als zentrales Element der europäischen Integration betont wird. Dies wird aber nur gelingen, indem neben der wirtschaftlichen Integration die Entwicklung einer handlungsfähigen und sozial orientierten politischen Union in Europa stärker vorangetrieben wird, die auch aktive Wachstums- und Beschäftigungspolitik zur Leitlinie erhebt. In Fragen der Beschäftigungspolitik gibt es europäische Ansätze, die aufgegriffen und weiterentwickelt werden sollen. So wurde im Amsterdamer Vertrag ein Beschäftigungskapitel aufgenommen, auf dessen Grundlage in der Folge drei Säulen der europäischen Beschäftigungspolitik entwickelt wurden:

- „Luxemburger Prozess" (Benchmarking im Bereich der Arbeitsmarktpolitik),
- „Cardiff Prozess" (Beseitigung von Hemmnissen auf den Arbeits-, Kapital- und Gütermärkten),
- „Kölner Prozess" (makroökonomischer Dialog).

Gerade der makroökonomische Dialog des „Kölner Prozesses" könnte die Chance bieten, eine Verknüpfung von Wirtschafts- und Beschäftigungspolitik voranzutreiben. Allerdings wird eine aktive Arbeitsmarktpolitik, deren Relevanz angesichts der hohen strukturellen Arbeitslosigkeit unbestritten ist, nur möglich sein, wenn die Europäische Zentralbank (EZB) auch den Auftrag erhält, mit den ihr möglichen währungs- und geldpolitischen Instrumenten Wachstums- und Beschäftigungspolitik stärker als heute zu unterstützen. Statt dessen hat die EZB in den ersten drei Jahren ihres Bestehens eine außerordentlich restriktive Geldpolitik betrieben. Dies hat das Wirtschaftswachstum im Euroraum gebremst und zum Anhalten der hohen Arbeitslosigkeit beigetragen. Die Politik und Konstruktion der EZB sind daher unter verschiedenen Gesichtspunkten zu kritisieren und bedürfen der Korrektur:

Erstens ist die durch die Europäische Zentralbank gesetzte Obergrenze von zwei Prozent für die hinnehmbare Inflation so niedrig wie bei keiner anderen großen Zentralbank der Welt. Sie bewirkt, dass die EZB zu früh restriktive Maßnahmen ergreift und damit konjunkturelle Erholungsphasen verzögert oder verhindert und das Wachstum insgesamt bremst. Problematisch ist auch, dass die EZB nicht verpflichtet ist, das niedrige Inflationsziel einer unabhängigen wissenschaftlichen Überprüfung auszusetzen oder in öffentlicher Diskussion zu verteidigen und gegebenenfalls zu revidieren.

Zweitens ist die ausdrückliche Weigerung der EZB nicht akzeptabel, sich mit den anderen wirtschaftspolitischen Akteuren hinsichtlich eines für

Wachstum und Beschäftigung optimalen Policy-Mix unter Berücksichtigung der währungs- und geldpolitischen Leitlinien abzustimmen. Dies widerspricht sogar ihrer im EU-Vertrag festgelegten Verpflichtung, die allgemeine Wirtschaftspolitik der Gemeinschaft zu unterstützen, „soweit dies ohne Beeinträchtigung des Zieles der Preisstabilität möglich ist" (Art. 105, Abs. 1, EUV).

Drittens ist es im Prinzip problematisch, der Zentralbank jegliche Verantwortung für Beschäftigung und Wachstum abzunehmen und sie ausschließlich auf das Ziel der Preisstabilität zu verpflichten. Denn die verschiedenen wirtschaftspolitischen Ziele stehen in einem engen Zusammenhang (dies wird beispielsweise im deutschen „Stabilitäts- und Wachstumsgesetz" von 1966 ausdrücklich anerkannt) und können nicht unabhängig voneinander verfolgt und erst recht nicht erreicht werden. Da von keiner Seite – auch von der EZB nicht – bestritten wird, dass Geldpolitik erhebliche Wirkungen auf die Beschäftigung, die Einkommen und den Wohlstand hat, muss dieser Einfluss auch bei den Diskussionen und Entscheidungen der für die Geldpolitik verantwortlichen Organe berücksichtigt werden. Die Zentralbank sollte, wie es auch bei der amerikanischen und englischen Zentralbank der Fall ist, eine wesentliche Mitverantwortung für die wirtschaftliche und soziale Gesamtentwicklung in der EU übernehmen und dazu in die wirtschaftspolitische Koordination eingebunden werden.

Viertens spielt die Fähigkeit von Zentralbanken, kurzfristig in Schieflage geratenen Banken Liquidität zur Verfügung zu stellen, um eine Systemkrise abzuwenden (sog. Lender of Last Resort), eine sehr wichtige Rolle für die Funktionsfähigkeit eines Finanzsystems. Das Fehlen einer Bestimmung über die Aufgabe der EZB als „Lender of Last Resort" im Falle einer Finanzkrise mit akuten Liquiditätsproblemen stellt daher eine Lücke im Regelwerk der Europäischen Währungsunion dar, die sich im Notfall als verhängnisvolles Hindernis bei der Überwindung einer solchen Krise erweisen könnte. Dieser Mangel wird derzeit noch dadurch überdeckt, dass die nationalen Zentralbanken zwar viele Funktionen an die EZB abgetreten haben, jedoch im extremen Fall einer finanziellen Notlage die Funktion des Lenders of Last Resort wahrnehmen können. Wenn freilich ein integrierter europäischer Kapitalmarkt hergestellt sein wird, wäre die Rolle der EZB in dieser Hinsicht zu stärken.

Dieses Defizit wird u. a. auch vom IWF moniert (Prati, Schinasi 2000). Die verheerenden Folgen der Weltwirtschaftskrise 1929 sind das historische Beispiel dafür, wie sehr das Fehlen eines „Lender of Last Resort" von einer Finanzkrise in eine soziale und politische Katastrophe führen kann.

So wie das „Weißbuch" der Kommission der EU zu „Wachstum, Wettbewerbsfähigkeit, Beschäftigung" von 1993 dezidiert den in Maastricht beschlossenen rein monetären Konvergenzkriterien soziale, ökologische und beschäftigungspolitische Ziele an die Seite gestellt hat, wäre aus Gründen der Glaubwürdigkeit des europäischen Integrationsprojekts daran unbedingt festzuhalten, dass der Euro dem Ziel eines sozialen Europas verpflichtet ist. Dass ein sozialstaatliches Bekenntnis zudem nicht nur eine ethische Kategorie, sondern ein durchaus dem europäischen Modell zugehöriger Wirtschaftsfaktor ist, darf dabei nicht übersehen werden. Das mit betrieblicher Mitbestimmung, Tarifautonomie und „sozialem Frieden" umschriebene Modell gesellschaftlicher Teilhabe spiegelt sich gerade in den nach wie vor international wettbewerbsfähigen Lohnstückkosten in Europa wieder. Ohne diese Teilhabe drohen zukünftige Produktivitätsfortschritte und die Innovationsfähigkeit erheblich zu leiden.

Zusammenfassend lässt sich sagen, das sich die EWU und Europa insgesamt in der Zielvorstellung vom angelsächsisch-atlantischen Kapitalismusmodell unterscheiden. Um den politischen Konsens und die wirtschaftliche Leistungsfähigkeit zu erhalten und zu verbessern, sollte die EU gerade im Hinblick auf die Finanzmärkte zu einem kooperativen, demokratischen und sozialen Akteur bei der aktiven Gestaltung der Globalisierung werden.

Die unilaterale Währungsunion durch „Dollarisierung"

In Lateinamerika haben einige Länder entweder die nationale Währung zu Gunsten der Einführung des US-Dollar aufgegeben (Panama, Ecuador, Guatemala, El Salvador) oder die nationale Währung fest (über ein „Currency Board") an den US-Dollar gebunden (Argentinien bis Ende 2001). Dieser Prozess der unilateralen Integration in den US-amerikanischen-Währungsraum wird als volle bzw. (im Fall des Currency Board) unvollständige „Dollarisierung" bezeichnet. Länder, die diesen Schritt unternehmen, geben dadurch ihre geld- und währungspolitische Souveränität weitgehend (bei fixer Dollarbindung) bis vollständig (wenn der US-Dollar als nationale Währung übernommen wird) auf. Der Schritt zurück ist schwierig, zumal dann, wenn die Dollarisierung vorgenommen wurde, um gegenüber externen Kreditgebern um Vertrauen in die Wertstabilität der Schulden des jeweiligen Landes zu werben.

Eine Abkehr von der Bindung an den US-Dollar würde mit Sicherheit eine Abwertung der bislang fixierten Währung auslösen und daher eine Steigerung externer Schulden bewirken. Etwas anderes als die gesetzliche Bindung ist die *faktische* Rolle des US-Dollar in vielen Ländern: In nahezu allen lateinamerikanischen Ländern (selbst auf Kuba) gilt der US-Dollar als die Währung, in der größere Kontrakte abgewickelt werden (z. B. Immobiliengeschäfte) oder die zur Vermögenshaltung Verwendung findet.

Das war mit der D-Mark bzw. ist mit dem Euro in einigen südost- und osteuropäischen Ländern nicht anders.

Bei der unilateralen Währungsintegration gibt es eine Fülle von Problemen für alle Beteiligten, wobei die der USA bzw. der EU (im Falle einer „Euroisierung") noch die geringsten wären. So lange nur vergleichsweise kleine Länder ihre Währung „dollarisieren" bzw. „euroisieren", ist der Effekt auf die Geldmenge und den Wechselkurs der Starkwährungsländer zu vernachlässigen. Die dollarisierten bzw. „euroisierten" Länder hingegen verlieren ihre geld- und währungspolitische Souveränität vollkommen – mit gravierenden Konsequenzen für andere Bereiche der Wirtschaftspolitik (von der Fiskalpolitik bis zur Arbeitsmarktpolitik). Auch stellen sich Fragen nach der Aufteilung von Seignorage-Gewinnen im größeren Währungsraum, sowie die ganz grundsätzliche Frage nach der Rücksichtnahme der Zentralbankpolitik (der FED, der EZB) auf die ökonomische Lage in den dollarisierten (bzw. euroisierten) Ländern.

Die Erfahrungen sind noch zu kurz, als dass stringente Antworten gegeben werden könnten. Historische Untersuchungen zeigen jedoch, dass die unilaterale Übernahme einer starken Währung dann positive Wirkungen hat, wenn auf diese Weise der Handel zwischen natürlichen Handelspartnern intensiviert wird. Doch sind Ecuador oder Argentinien und die USA „natürliche Handelspartner"?

Kasten 2-4

Was ist Seignorage?

Seignorage ist traditionell die Differenz zwischen den Kosten der Münzprägung und dem Nominalwert der Münze. Der Münzherr (Seigneur) konnte mit Metall- und Prägekosten unter dem Nominalwert einen Gewinn in der Differenz zum Nominalwert erzielen. Dieser war denn auch Anreiz genug, den Wertgehalt der Münzen zu senken, also minderes „Schwarzgeld" an Stelle des Silbers zu prägen. Auch beim Papiergeld gibt es die Seignorage. Die in Umlauf gesetzten Noten sind für die Zentralbank eine Schuldverpflichtung (da die Geldbesitzer die Noten jederzeit gegen eine andere Währung eintauschen können, sofern die Währung frei konvertibel ist). Die Zentralbank muss aber für die ausgegebenen Noten keine Zinsen zahlen. Doch umgekehrt kann sie mit den eigenen Noten Wertpapiere (z.B. Schatzbriefe des Staates) kaufen, die ihrerseits Zinsen bringen. Die Differenz zwischen Null-Zins auf den Notenumlauf und dem Marktzinssatz für (Staats-)Papiere im Portfolio der Zentralbank multipliziert mit der Geldmenge macht also grob kalkuliert den Seignoragegewinn aus. Davon müssen allerdings die laufenden Kosten der Zentralbank abgezogen werden. Es ist offensichtlich, dass die Möglichkeiten, Seignoragegewinne zu realisieren, für Länder mit starker Währung besser sind als für Länder mit schwacher Währung. Denn wer würde schon für zinsloses Geld eines Schwachwährungslandes verzinsliche Anleihepapiere hergeben?

Die zu beantwortende Frage ist die nach der Aufteilung des Seignoragegewinns, wenn ein anderes nationales Territorium den US-Dollar oder den Euro übernimmt. In der Europäischen Währungsunion wird die Seignorage des Euro entsprechend den Anteilen der nationalen Zentralbanken an der Kapitalausstattung der Europäischen Zentralbank aufgeteilt. Dies geht bei unilateraler Dollarisierung nicht, doch ließe sich eine Formel anwenden, die das United States Joint Economic Committee im Jahre 2000 erarbeitet hat: Für Argentinien ist der Seignorageanteil (sofern Argentinien, wie Präsident Menem vorgehabt hatte, voll dollarisiert würde) ausgerechnet worden. Er beliefe sich auf 784 Millionen US-Dollar: Denn 580 Milliarden US-Dollar umlaufende Geldmenge multipliziert mit fünf Prozent (Zinssatz) abzüglich einer Milliarde US-Dollar (laufende Kosten der Zentralbank) multipliziert mit 2,8 Prozent (Anteil Argentiniens an der US-amerikanischen-Geldmenge) sind 784 Millionen US-Dollar.

Für die Aufteilung von Seignorage-Gewinnen gibt es also technische Lösungen; daran dürfte die Dollarisierung nicht scheitern, zumal die Seignorageanteile dollarisierter Länder an der gesamten Dollar-Seignorage gering sind. In den USA hat sich bereits eine Lobby für die Dollarisierung lateinamerikanischer, asiatischer und osteuropäischer Länder gebildet, insbesondere innerhalb des Joint Economic Committee. Der ehemalige Senator Connie Mack[33], das konservative Cato-Institut, dem auch Steve Hanke zuarbeitet, der den Präsidenten Montenegros bei der unilateralen Einführung der Mark beraten hatte und für die Dollarisierung Russlands eintritt, und andere Institutionen werben für die Dollarisierung.

---

[33] Connie Mack war Senator von 1989 bis 2001 und trat als Vorsitzender des Joint Economic Committee (http://jec.senate.gov) intensiv für die Dollarisierung ein.

Es wäre auf jeden Fall von Nutzen, die Lehren der deutsch-deutschen Währungsunion von 1990 in die internationale Debatte um die Dollarisierung einzubringen. Die hohen Produktivitätsunterschiede in einem Währungsraum können nur durch entsprechende Lohndifferenziale wett gemacht werden – oder die Wettbewerbsfähigkeit geht verloren. Zum Ausgleich der Einkommensunterschiede werden hohe Transferleistungen in das weniger produktive Land notwendig. Eine enge Bindung an eine starke Währung kann zwar für Anleger attraktiv sein, kann aber für die wirtschaftliche Entwicklung eines Landes fatale Folgen zeigen (wenn es nicht, wie im deutschen Fall, zu anhaltend hohen Transferzahlungen kommt).

Daher ist die Enquete-Kommission der Auffassung, dass die Dollarisierung viele Gefahren für die jeweiligen Länder mit sich bringt, vor allem einen Verlust der wirtschafts- und geldpolitischen Souveränität, ohne sicher sein zu können, dass die geldpolitischen Instanzen des jeweiligen Hart- und Leitwährungslandes auf die Belange eines „dollarisierten" Landes Rücksicht nehmen. Besonders nachteilig ist der Verlust der Wettbewerbsfähigkeit, wenn durch einen hohen Dollarkurs Exporte erschwert und Importe erleichtert werden. Dies hat über kurz oder lang eine defizitäre Leistungsbilanz zur Folge, die nur durch Kapitalimport, also externe Verschuldung finanziert werden kann.

Die in Argentinien 2001 und 2002 gemachten Erfahrungen bestätigen die grundsätzlichen Bedenken gegen eine Dollarisierung. Die harte Dollarbindung des Peso (über ein „Currency Board", das die Peso-Geldmenge an die Dollar-Deviseneinnahmen bindet) hat zu einer den ökonomischen Verhältnissen Argentiniens nicht entsprechenden Aufwertung geführt und dazu beigetragen, dass die Handelsbilanz hoch defizitär (insbesondere im Handel mit dem wichtigsten Partner des Mercosur, mit Brasilien) geworden ist. Kapitalimporte konnten das Leistungsbilanzdefizit trotz hoher Renditen argentinischer Papiere nicht kompensieren.

Als dann offizielle Kredite der Bretton Woods-Institutionen verweigert wurden, schrumpfte (wegen des Currency Board) die umlaufende Geldmenge in einem Ausmaß, dass die Bevölkerung oftmals gezwungen war, (Internetbasierte) geldlose Tauschringe zu entwickeln und dass Ersatzwährungen geschaffen wurden. Schließlich musste am Jahresende 2001 die Dollarbindung mit Hilfe des Currency Board aufgegeben werden. Die Währungsabwertung konnte zunächst in Grenzen gehalten werden, doch hat sich aus der Währungskrise eine Finanzkrise, eine Bankenkrise, eine Wirtschaftskrise und schließlich eine schwere politische Krise entwickelt. Die Parallelwährungen erschweren eine Kontrolle der Geldmenge seitens der geldpolitischen Instanzen, so dass Argentinien nicht in der Lage ist, die Konditionalität für internationale Kredite zu erfüllen.

Anders als die Dollarisierung sind pluri- oder multilaterale *regionale Währungssysteme* zu bewerten. Innerhalb eines regionalen Währungssystems – wie es in der Gestalt des EWS von 1979 bis 1999 bestand – verpflichten sich die beteiligten Zentralbanken, die Schwankungen ihrer Währungen in bestimmten Bandbreiten (im Falle des EWS zunächst +/– 2,25 Prozent; später bis zu +/– 15 Prozent) zu halten und zu diesem Zwecke notfalls auf den Devisenmärkten zu intervenieren. Der Versuch, noch vor Ausbruch der Asienkrise 1997 einen „Asiatischen Währungsfonds" zu etablieren, der zu einem regionalen Währungssystem hätte weiter entwickelt werden können, ist allerdings gescheitert. Ein regionales Währungssystem wird nur so lange stabil bleiben, wie die beteiligten Regierungen und Zentralbanken zu einem Mindestmaß an Koordination der Geld-, Währungs- und Finanzpolitik bereit und in der Lage sind.

2.4.1.2 Segmentation von Währungsräumen

Im Gegensatz zur (unilateralen oder multilateralen) Integration zielt eine Strategie der *Segmentation* von Währungsräumen auf eine Erhöhung der Transaktionskosten beim Tausch einer Währung gegen eine andere in der Erwartung, dass dann bestimmte Währungstransaktionen unterbleiben. Damit wird die Absicht verfolgt, die Liquidität der Devisenmärkte und mit ihr die Volatilität des zumeist sehr kurzfristigen Kapitals („Hot Money") zu reduzieren. Die Krisenhaftigkeit der Finanzmärkte könnte so eingeschränkt werden, auch wenn die Erhöhung der Transaktionskosten als ein im Prinzip marktkonformes Mittel nichts an den Ursachen von Finanzkrisen ändert.

Devisentransaktionssteuer

Mittel zu diesem Zweck kann die viel diskutierte „Tobin Tax" auf Devisenumsätze sein, die kurzfristig angelegte Kapitaltransfers relativ (im Vergleich zu langfristigen Anlagen) und absolut verteuern würde (die Transaktionskosten würden also gesteigert). Bei langfristigen Anlagen würde die Steuer kaum ins Gewicht fallen, da der Tausch von einer Währung in eine andere nur selten stattfindet. Dies ganz im Gegenteil zu den berüchtigten „Round Trips" von „Hot Money", das unter Umständen mehrmals täglich die Währung wechselt. Dann können sich sogar sehr niedrige Steuersätze zu beachtlichen Belastungen summieren, so dass sich „Round Trips" nicht lohnen und daher entfallen.

In der internationalen Diskussion wird die technische Realisierbarkeit der Tobinsteuer heute kaum noch bestritten. Die Haupteinwände beziehen sich vielmehr

Erstens   auf die Konsequenzen einer Devisenumsatzsteuer für die Funktionsweise von Devisenmärkten,

Zweitens   auf die politische Durchführbarkeit, wenn nicht alle Länder oder doch zumindest die Gruppe der Industrieländer mitmachen – und dies ist derzeit ausgeschlossen – und

Drittens   auf mögliche Ausweichstrategien der Akteure auf Devisenmärkten.

Da die Tobinsteuer wie jede andere Steuer auch eine Lenkungs- und eine fiskalische Funktion hat, bezieht sich ein vierter Einwand auf die fiskalische Seite; zumeist spielen ordnungspolitische und steuersystematische Erwägungen eine Rolle.

Allerdings ist es weder theoretisch noch empirisch haltbar, die globalen Devisenmärkte vor Einführung einer Tobinsteuer für effizient zu erklären, um antizipativ nach Einführung Effizienzmängel zu befürchten. Es waren gerade die schweren Finanzkrisen des vergangenen Jahrzehnts, die die Diskussion um die Tobinsteuer, die seit Anfang der 70er Jahre in den Wirtschaftswissenschaften nur am Rande geführt wurde, in den 90er Jahren erneut belebten.

Die Wirkung der Steuer hängt von der Höhe des Steuersatzes ab. Er darf nicht so niedrig sein, dass die Wirkung unerheblich ist. (Dies dürfte der Fall sein, wenn der Satz bei einem Basispunkt[34] liegt, wie in dem Gutachten von Spahn (2002) für das Bundesministerium für wirtschaftliche Zusammenarbeit und Entwicklung (BMZ) im Februar 2002 vorgeschlagen.) Er darf nicht so hoch sein, dass er den notwendigen Liquiditätsausgleich zwischen Finanzinstituten verhindert. Nicht zuletzt aus diesem Grund wird immer wieder ein gestaffelter Steuersatz ins Spiel gebracht.[35]

Der niedrige „Normalsatz" ist für die „Normallage" auf globalen Finanzmärkten gedacht, um zu verhindern, dass sich Liquiditätsüberschüsse auf der Suche nach Renditedifferentialen aufbauen, die infolge des „Herdeneffekts" eine sehr destabilisierende Wirkung vor allem auf die Währungen von Entwicklungs- und Schwellenländern ausüben können. Wenn aber Finanzmarktakteure infolge starker Marktschwankungen von der „normalen" Devisentransaktionssteuer nicht von der Spekulation gegen eine Währung abgehalten werden können, sollte ein Aufschlag auf den Steuersatz bzw. eine Zusatzsteuer in Kraft treten.

Dies sieht auch das Gutachten von Spahn (2002) vor, jedoch mit der Einschränkung, dass die Zusatzsteuer (Exchange Rate Normalization Duty" – ERND) unilateral von Entwicklungs- und Schwellenländern sowie von Industrieländern, die nicht einer der Hauptwährungszonen angehören, erhoben werden sollte, wenn sich der jeweilige Wechselkurs aus einem vordefinierten Korridor herausbewegt. Die Steuer würde mit der Volatilität steigen und daher die Transaktionskosten so sehr anheben, dass sich die Märkte beruhigen. Ob diese Zusatzsteuer praktikabel ist, sei dahin gestellt – insbesondere für den nicht auszuschließenden Fall, dass auch die Währungen entwickelter Industrieländer unter Druck geraten.

Auch wird die politische Realisierbarkeit einer Devisentransaktionssteuer in Frage gestellt. Der Einwand ist so alt wie der Vorschlag der Tobinsteuer. Dabei ist es ausreichend, wenn die G7-Länder oder auch nur der Euro-Raum die Steuer erheben würden, da damit mehr als 75 Prozent aller internationalen Kapitalbewegungen erfasst würden. Bhaduri und Matzner (1990) haben vorgeschlagen, dass zunächst die Länder mit einem Leistungsbilanzüberschuss aus einer „Position der Stärke" heraus die Steuer erheben. Der Zweck, auf spekulatives Kapital eine abschreckende Wirkung auszuüben, könne so erreicht werden, selbst wenn die Finanzmarktakteure Ausweichstrategien entwickeln. Davon ist tatsächlich auszugehen. Doch sind diese, wie auch das Gutachten von Spahn hervorhebt, ihrerseits mit Transaktionskosten verbunden, die Ausweichstrategien verteuern.

Eine Besteuerung der internationalen Kapitalbewegungen wird im übrigen auch unter dem Aspekt diskutiert, dass den nationalen Staaten die Steuerbasis mehr und mehr schwindet und daher der am wenigsten mobile Produktionsfaktor – die abhängige Lohnarbeit – einen immer größeren Anteil der Steuerlast zu tragen hat.

Abbildung 2-15

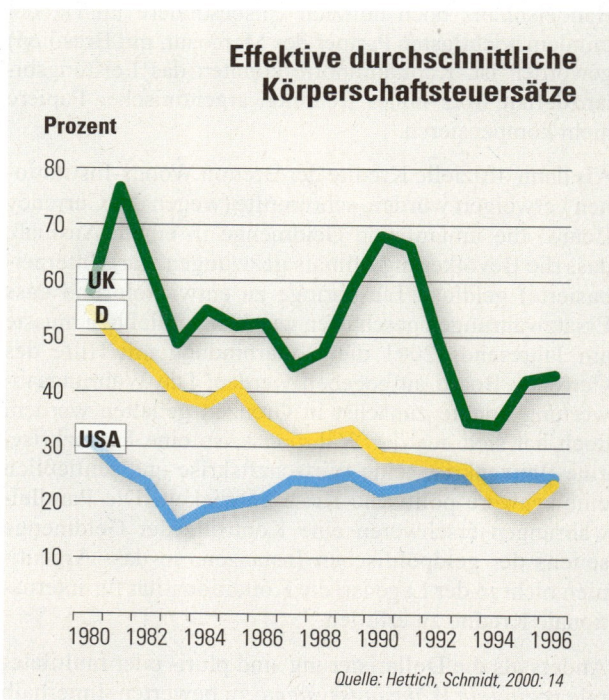

Quelle: Hettich, Schmidt, 2000: 14

---

[34] Das sind 0,01 Prozent.
[35] Zuerst hat Rüdiger Dornbusch 1986) vorgeschlagen, unterschiedliche Steuersätze für leistungsbilanz- und kapitalbilanzwirksame Transaktionen vorzusehen.

Abbildung 2-16

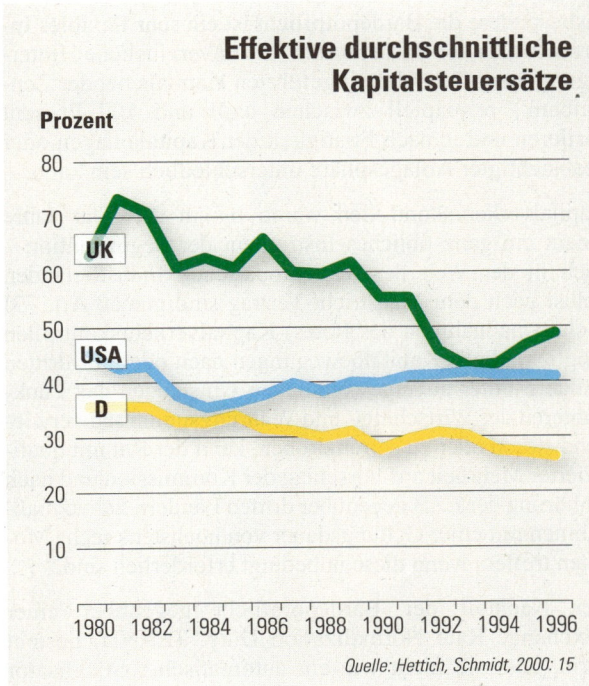

> Während die effektive durchschnittliche Körperschaft- und Kapitalsteuerbelastung insbesondere in Großbritannien, aber auch in Deutschland und den USA, in den 80er und 90er Jahren gesunken ist, ist die Steuerbelastung des Faktors Arbeit leicht angestiegen.

So sanken beispielsweise in Deutschland die „effektiven durchschnittlichen Körperschaftsteuersätze" (Hettich, Schmidt 2000: 14) von deutlich über 50 (1980) auf unter 20 Prozent (1995)[36] und die „effektiven durchschnittlichen Kapitalsteuersätze" (Hettich, Schmidt 2000: 15) von etwa 35 (1980) auf 25 Prozent (1996), während die „effektiven durchschnittlichen Arbeitssteuersätze" (Hettich, Schmidt 2000: 16) leicht von 38 (1980) auf 41 Prozent (1996) anzogen.

Dem entgegen steht die Aussage der neuesten Ausgabe des OECD Jahresberichtes „Taxing Wages" (2002b), der eine maximale steuerliche Belastung von durchschnittlichen Lohn- und Gehaltseinkommen in Deutschland im Jahr 1997 von über 42 Prozent feststellt. Bis zum Jahr 2001 sinkt der Steueranteil am Bruttoeinkommen auf unter 41 Prozent. Damit liegt jedoch die steuerliche Belastung der Löhne und Gehälter in Deutschland weiterhin deutlich über der britischen bzw. der US-amerikanischen Steuerlast.

Abbildung 2-17

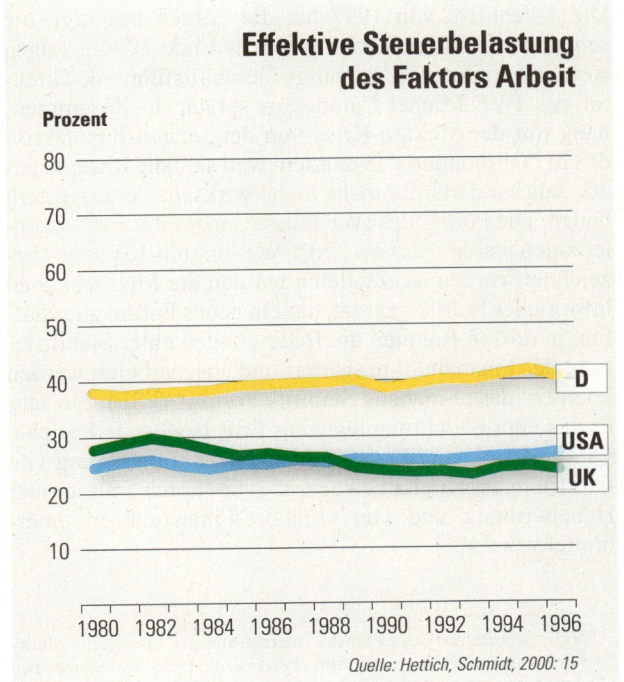

Abbildung 2-18

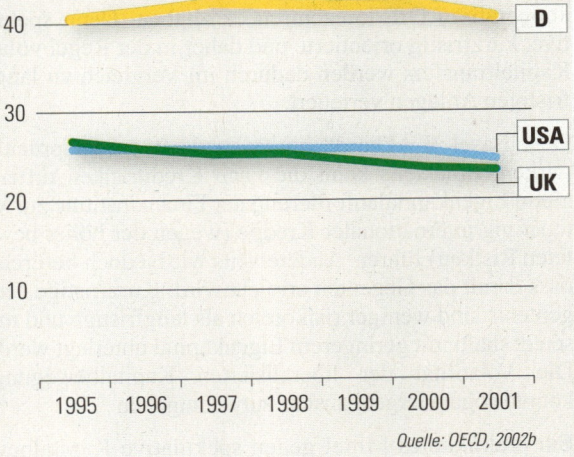

---

[36] Für 1996 wird wieder eine leichte Steigerung auf über 20 Prozent angegeben (Hettich, Schmidt 2001: 14).

Die Tobinsteuer belastet den mobilsten Produktionsfaktor: das kurzfristige Kapital. Für die Einführung der Steuer könnten wegen ihrer progressiven Wirkung also auch Erwägungen über Steuergerechtigkeit vorgebracht werden.

Außerdem hat die Devisentransaktionssteuer nicht nur eine Lenkungswirkung, sondern auch eine fiskalische Dimension. Ein Teil der Einnahmen, über den internationale Verständigung erzielt werden muss, kann bei den Ländern bleiben, in denen die Steuer beim Tausch von Devisen erhoben wird. Die übrigen Einnahmen können, wie auf dem Weltsozialgipfel 1995 in Kopenhagen vom damaligen Präsidenten Frankreichs, Mitterand, vorgeschlagen, für soziale, ökologische und/oder Entwicklungsprojekte verwendet werden.

Dieser Vorschlag ist immer noch aktuell und er spielt eine Rolle in den Programmen zur Entwicklungsfinanzierung. Denn es wird immer schwieriger und zugleich dringlicher, globale öffentliche Güter zu finanzieren, die zur Erreichung der selbst gesetzten Entwicklungsziele der Staatengemeinschaft (Reduktion der Armut, Stabilisierung des Klimas etc.) unverzichtbar sind (vgl. auch Kapitel 2.4.6 zu „Entwicklungsfinanzierung").

Je nach der Höhe des Steuersatzes und der Elastizität, mit der die Finanzmarktakteure auf die Steuer reagieren, wird mit Einnahmen zwischen 20 und mehreren hundert Milliarden US-Dollar gerechnet. Ob diese fiskalischen Einnahmen in der Praxis zustande kommen, wird sich zeigen müssen. Allerdings ist die Lenkungswirkung der Steuer weitaus wichtiger als die fiskalische Wirkung. Letztere kann mit anderen Abgaben, die im Kontext der Entwicklungsfinanzierung diskutiert werden, möglicherweise besser erzielt werden (z. B. CO_2-Steuer, Kerosin-Steuer, Steuer auf den Export von Kleinwaffen etc.).

Andere Möglichkeiten, kurzfristige, volatile Kapitaltransfers einzuschränken

Eine ähnliche Lenkungswirkung wie eine Tobinsteuer können auch härtere Eigenkapitalvorschriften, ein Kredit- bzw. Unternehmensregister für Transaktionen über (nichtkooperative) Offshorezentren etc. haben. Denn spekulative, kurzfristig orientierte und daher in der Regel volatile Kapitaltransfers werden dadurch im Vergleich zu längerfristigen Anlagen verteuert.

Der „Basel II-Akkord" hingegen dürfte widersprüchlich wirken. Einerseits kann die nach Kreditrisiken differenzierte Eigenkapitalanforderung der Finanzinstitute zur Verteuerung internationaler Kredite (wegen der höher bewerteten Risiken) führen. Andererseits wird jedoch befürchtet, dass damit das Gegenteil erreicht wird: Kurzfristige Engagements sind weniger risikoreich als langfristige und müssen deshalb mit geringerem Eigenkapital unterlegt werden. Die Volatilität der liberalisierten Kapitalbewegungen könnte sogar steigen, anstatt zurückzugehen.

Ein praktikables Mittel gegen spekulative Kapitalbewegungen können auch Kapitalverkehrskontrollen (an nationalstaatlichen Grenzen) sein. Dafür stehen die in den jüngsten Krisensequenzen vergleichsweise erfolgreichen Beispiele von Chile und Slowenien (mit Bardepotpflicht) und Malaysia oder der VR China (Kapitalimport- und -exportkontrollen).

Insbesondere die Bardepotpflicht ist ein sehr flexibles Instrument, da der Bardepotsatz (die unverzinsliche Hinterlegung eines Teils des eingeführten Kapitals bei der Zentralbank) prinzipiell zwischen Null und 100 Prozent variieren und je nach Fristigkeit der Kapitalanlagen oder beabsichtigter Anlagesphäre unterschiedlich sein kann.

Kapitalverkehrskontrollen waren bis in die 70er Jahre hinein ein ganz übliches Instrument der Segmentation – auch in der Welt der westeuropäischen Industrieländer. Selbst nach dem Maastricht-Vertrag sind gemäß Art. 73f (Schutzmaßnahmen des Rates) Kapitalverkehrskontrollen möglich: „Falls Kapitalbewegungen nach oder aus dritten Ländern unter außergewöhnlichen Umständen das Funktionieren der Wirtschafts- und Währungsunion schwerwiegend stören oder zu stören drohen, kann der Rat mit qualifizierter Mehrheit auf Vorschlag der Kommission und nach Anhörung der EZB gegenüber dritten Ländern Schutzmaßnahmen mit einer Geltungsdauer von höchstens sechs Monaten treffen, wenn diese unbedingt erforderlich sind."

Der Nachteil der Bardepotpflicht gegenüber einer „Exchange Rate Normalization Duty" (ERND) besteht darin, dass sie nicht wie ein automatischer Stabilisator wirkt, also weniger marktkonform ist als die ERND. Hinzu kommt, dass die Steigerung der Transaktionskosten durch Regulierung anders als eine Devisentransaktionssteuer keine fiskalische Wirkung hat, also der wünschbare entwicklungspolitische Effekt ausbleibt.

2.4.2 Reform der Finanzaufsicht

2.4.2.1 Ein regulativer Ordnungsrahmen für globale Kredit- und Anleihemärkte

Die Asienkrise von 1997 hat die Lehren bestätigt, die schon aus der Finanzkrise Mexikos Ende 1994 gezogen werden konnten. Der damalige Geschäftsführende Direktor des IWF Michel Camdessus sprach im Zusammenhang mit der Mexiko-Krise von der „ersten Finanzkrise des 21. Jahrhunderts", vor allem weil sich die Rezepte des 20. Jahrhunderts als nicht mehr wirksam herausgestellt hatten. Die Politik des IWF musste einem Revirement unterzogen werden, das als „Post-Washington-Konsens" bezeichnet worden ist. Zugleich wurden die Möglichkeiten informeller Politik genutzt, um ein neues Forum zu schaffen, in dessen Rahmen die Bedingungen einer Stabilisierung der Finanzmärkte erörtert und ausgearbeitet werden konnten: das „Financial Stability Forum" (FSF). Ein Jahr nach seiner Errichtung legte das FSF 1999 erste Berichte vor, in denen vor allem Vorschläge zur Regulierung von kurzfristigen Kapitalbewegung, von Fonds mit großer Hebelwirkung und von Offshore-Finanzplätzen unterbreitet wurden.[37]

---

[37] Vgl. zu einzelnen Aspekten die Internet-Site des Financial Stability Forum unter http://www.fsforum.org sowie die Berichte der einzelnen Arbeitsgruppen unter http://www.fsforum.org/Reports (18.4.2002).

Kasten 2-5

> **Die Empfehlungen des Financial Stability Forums im Bericht
> über den (kurzfristigen) Kapitalverkehr**
>
> Auch das Financial Stability Forum (FSF) erkennt die Notwendigkeit von Maßnahmen zur Reduzierung der Volatilität von Kapitalbewegungen an. Es schlägt dazu folgende Maßnahmen in seinen Empfehlungen vor (FSF 2000a), die sich alle um die Prinzipien **Aufsicht** (Surveillance oder Monitoring), **Vorsicht** (Prudential Behavior), **Durchsicht** (Transparency) und **Rücksicht** (Co-operation) gruppieren lassen:
>
> – Verbesserung des Monitoring der Kapitalbewegungen und der makroökonomischen Entwicklung in den einzelnen Ländern.
> – Verbesserung des Risikomanagements des öffentlichen und privaten Bankensektors, insbesondere beim Liquiditäts- und Schuldenmanagement.
> – Ausbau von Aufsichtsgremien und -verfahren einschließlich Risikoprüfung und Obergrenzen bei der Kreditaufnahme in ausländischen Währungen.
> – Kontrollen von Kapitalimporten sollen (etwa wie in Chile mit der Bardepotpflicht) im äußersten Fall möglich sein.
> – Anreize für langfristige Investitionen durch Ausgabe langfristiger staatlicher Schuldverschreibungen, um so den kurzfristigen Kapitalimport durch positive Anreize in langfristige Anlagen umzulenken.
> – Transparenz auch durch verbesserte Datenlage, Statistiken, Buchhaltung und Bilanzierung.

Für Direktinvestitionen gibt es keinen global gültigen regulativen Rahmen, nachdem die OECD-Initiative der Erarbeitung eines „Multilateral Agreement on Investment" (MAI) infolge der Proteste von Organisationen der internationalen Zivilgesellschaft und der Ablehnung durch nationalstaatliche Parlamente auf Druck von Parlamentsmitgliedern gescheitert ist. Es gibt derzeit eine fast unüberschaubare Vielfalt von bilateralen Abkommen zwischen Staaten sowie die „Leitsätzen für Multinationale Unternehmen" (Trans-National Companies: TNC), die im November 2000 von der OECD in Kooperation mit Nicht-Regierungs-Organisationen neu gefasst und auch von Nicht-OECD-Ländern (Argentinien, Brasilien, Chile, Slowakische Republik) unterzeichnet wurden.

Sie haben lediglich den Charakter von „Soft Law", also von nicht verbindlichen „Abmachungen". Dennoch wird damit der Tatsache Rechnung getragen, dass multinationale Unternehmen nicht nur eine ökonomische Verantwortung gegenüber den eigenen Aktionären (Shareholder) haben, sondern auch eine politische und gesellschaftliche Verantwortung in den Ursprungsländern und vor allem in den Ländern, in denen sie ökonomisch aktiv sind. Die Leitsätze haben selbstverständlich auch für Direktinvestitionen der TNC Belang, und sie umfassen Regeln für die Transparenz der Unternehmensaktivitäten, die Beschäftigung und das Verhältnis zu Sozialpartnern, für den Umweltschutz, zur Bekämpfung der Korruption, zur Berücksichtigung der Verbraucherinteressen, zum Bereich von Wissenschaft und Technologie, zum Wettbewerb und zur Besteuerung (OECD 2000e).

Die Einbeziehung des Privatsektors in die Bewältigung von Finanzkrisen

In diesem Zusammenhang wird mittlerweile auch zunehmend diskutiert, dass die privaten Auslandsinvestoren stärker sowohl in die Krisenprävention als auch in die Krisenbewältigung einbezogen werden müssen (Private Sector Involvement – PSI). In der Vergangenheit haben sich private Investoren fast vollständig einer Beteiligung an den Kosten entziehen können. (Dies gilt besonders für die Besitzer von Auslandsanleihen.) Wenn aber die in den Krisen gewährten öffentlichen Finanzhilfen (vor allem seitens der Institutionen von Bretton Woods) von den Anlegern antizipiert werden, führt dies dazu, dass das Risiko der Anlagen in den Schuldnerländern zu gering angesetzt wird.

Es lassen sich eine Reihe von Möglichkeiten denken, wie der Privatsektor systematisch an den Kosten von Finanzkrisen beteiligt werden kann, um Moral Hazard-Probleme (Unterbewertung von Risiken) zu vermeiden.

„Collective Action Clauses" sind Klauseln in Anleihenverträgen, die ggf. Gläubigerrechte einschränken, um im Falle von Liquiditätsproblemen von Schuldnern Zinsermäßigungen bzw. eine Stundung des Schuldendienstes zu gewähren.

Denkbar wäre auch, die Kreditvergabe des IWF von konkreten Anstrengungen der Schuldnerländer abhängig zu machen, den privaten Sektor einzubeziehen. In diesem Kontext sollen hier einige Vorschläge benannt werden, ohne diese abschließend zu bewerten. Hierbei ist zu denken an,

– Die Aushandlung von Kreditlinien zwischen einem Schuldnerland und den ausländischen Geschäftsbanken, auf welche im Falle einer Krise zurückgegriffen werden kann.
– Die Aushandlung von Optionen mit ausländischen Geschäftsbanken in Kreditverträgen, die Laufzeiten von Krediten im Krisenfall zu verlängern (sog. Roll-Over-Vereinbarungen).

– Die Einrichtung von Krisensicherungsfonds, wie sie etwa von George Soros vorgeschlagen wurden (Soros 2002).

– Die Einführung von verpflichtenden Mehrheitsentscheidungen der Gläubiger bei Umschuldungsverhandlungen, um „Trittbrettfahrerverhalten" zu vermeiden.

In diesem Kontext ist auch die Einführung eines fairen und transparenten Verfahren, eines sog. Internationalen Insolvenzrechts notwendig, an dem alle Gläubiger beteiligt werden müssen (vgl. hierzu im Einzelnen das Kapitel 2.4.6.2 zu einem „Geregelten Insolvenzverfahren").

2.4.2.2 Regulierung von Marktplätzen und Marktakteuren

Offshore Zentren: weitgehend unregulierte Marktplätze

Kein Markt existiert ohne Regulation, die sich in zum Teil langer Tradition zu einem systemischen, flexiblen Ordnungsrahmen ausgebildet hat. Aus der Geschichte resultieren nationalstaatliche Unterschiede, auch die bereits erwähnten unterschiedlichen „Wirtschaftsstile", z. B. des „rheinischen" oder „atlantischen" und „asiatischen" Kapitalismus.

Doch gibt es auf den globalisierten Finanzmärkten auch Gebiete, auf denen bestimmte, auch allgemein verbindliche Regeln (etwa zur Verhinderung von Geldwäsche) nicht gelten. Dies ist bei einigen Offshore Finanzzentren (OFC) der Fall. Hier handelt es sich um „Marktplätze", auf denen beispielsweise Qualitätskriterien für die Zulassung zu Finanzgeschäften fehlen, Steuern gering sind oder überhaupt nicht erhoben werden, die Transparenz des Geschäftsgebarens von Unternehmen fehlt und die Kooperation mit anderen Ländern nicht gesucht oder gar verweigert wird. Durch die Liberalisierung des Kapitalverkehrs ist die Rolle der gut 50 Offshore-Zentren gewachsen. Sie sind in den 90er Jahren zunehmend zu den Geschäftssitzen von Spekulationsfonds (die ihr Engagement auf diese Weise verdunkeln konnten), zum Ziel für Steuerflüchtige aller Länder sowie zum Umschlagplatz und zu Waschanstalten „schmutzigen" Geldes in einem Ausmaß geworden, dass die Integrität des globalen Finanzsystems insgesamt gefährdet ist.

Inzwischen hat die OECD auch im Zusammenhang mit den Empfehlungen des FSF die Einhaltung bestimmter Regeln seitens der OFC verlangt und Kooperation angemahnt. Nicht-kooperative OFC sollen mit Sanktionen belegt werden. Daraufhin haben einige der als Offshore Zentren deklarierten „Special Jurisdictions" ihre Kooperation zugesagt, andere haben nicht reagiert. Ein Problem im Zusammenhang der Regelung der OFC ist der Sachverhalt, dass Special Jurisdictions auch in den großen Finanzzentren New York, Tokio, London, Bangkok, auf den britischen Kanalinseln, in den USA (Virgin Islands, Puerto Rico oder Delaware und Montana), in Israel oder Russland zu finden sind.

Kasten 2-6

Die Empfehlungen des Financial Stability Forums im Bericht über die Offshore Zentren

Die Einschätzung der Offshore Finanzzentren (OFC) durch das Financial Stability Forum (FSF 2000b) ist sehr klar:

Das Fehlen angemessener Regeln und die Nicht-Beachtung internationaler Standards und effektiver Aufsicht in den OFC stellt ein ständiges Gefahrenpotenzial für das internationale Finanzsystem dar. Denn schon wegen der Masse des in OFC angelegten und umgesetzten Kapitals steigt die Ansteckungsgefahr im Falle von Krisen. Die Intransparenz hat OFC zu bedeutsamen „Waschanlagen" von Geld mit kriminellem Hintergrund gemacht. Außerdem dienen sie als „Steuerparadiese" und unterminieren damit die Steuerbasis von Nationalstaaten.

Aus der Problemanalyse werden die folgenden Empfehlungen abgeleitet:

– OFC sollten unter Federführung des IWF überprüft werden, um die internationalen Standards der Regulierung in den OFC einzuführen und effektive Aufsichtsstrukturen zu schaffen.

– Auf nationaler Ebene sollten Geschäftspartner von OFC sanktioniert werden. Hierzu müssen entsprechende Listen erstellt und öffentlich zugänglich gemacht werden.

– Die Aufsicht sollte auch Versicherungen und den Wertpapierhandel und nicht nur Finanzinstitute einschließen.

– Die OFC sollten aufgefordert werden, ihre Finanzaktivitäten an die BIZ zu melden.

Inzwischen ist von der OECD eine Liste der „nicht-kooperativen" OFC erstellt worden, um den empfohlenen Sanktionen Wirksamkeit zu verleihen.

Das sind: Ägypten, Cook Islands, Dominica, Grenada, Guatemala, Indonesien, Israel, Libanon, Marshall Islands, Myanmar, Nauru, Nigeria, Niue, Philippinen, Russland, St. Kitts and Nevis, St. Vincent and the Grenadines, Ukraine, Ungarn (OECD 2002a).

Kasten 2-7

> **Die Empfehlungen des Financial Stability Forums im Bericht über die Fonds „mit großer Hebelwirkung" (Highly Leveraged Institutions – HLI; „Hedge Fonds")**
>
> Der Fast-Zusammenbruch des LTCM hat das FSF dazu veranlasst, sich wegen des hohen Risikopotenzials dieser Institutionen auch mit den Hedge Fonds zu beschäftigen (FSF 2000c, 2001 und 2002). Es wird zu ihrer Regulierung empfohlen:
>
> – Ein verbessertes Risikomanagement der HLI und ihrer Partner;
>
> – Verbesserte Offenlegung der Aktivitäten durch Anpassung der nationalen Gesetzgebung;
>
> – Eine Verbesserung der Finanzaufsicht, vor allem im Bereich des Devisenhandels und der OTC, also der bilanzunwirksamen Geschäfte (Over-the-Counter);
>
> – Good Governance-Regeln für Finanzmarktakteure.
>
> Allerdings ist kein Kreditregister empfohlen worden, um mehr Transparenz in die Geschäfte der HLIs (und anderer Finanzinstitutionen) zu bringen.

Fonds mit großer Hebelwirkung

Insbesondere bei der Umstellung der umlagefinanzierten Rentensysteme auf kapitalgedeckte Rentensysteme und bei der zunehmenden Bedeutung von Investmentfonds auch für kleine Anleger stellt sich die Frage nach der Regulierung. Zu den Hedge-Fonds hat sich das FSF dezidiert geäußert und Regeln vorgeschlagen, um „non-prudential" Verhalten von Fonds-Managern zu unterbinden. Anlass war der Beinahe-Zusammenbruch des Longterm Capital Management-Fonds (LTCM) im September 1998. Der Fall des „Systemrisikos" für das globale Finanzsystem wäre beinahe eingetreten.

Immer wieder wird auf die Notwendigkeit einer funktionierenden Banken-, Börsen- und Versicherungsaufsicht verwiesen, da sich, im Gegensatz zu den global operierenden Akteuren auf den Märkten, die Aufsichtsorgane im Wesentlichen noch immer auf die nationale Ebene beziehen (und beschränken müssen), obwohl die Finanztransaktionen globale Reichweite besitzen. Die nationalstaatlichen Regeln sind sehr verschieden, so dass das Problem der Regulierungsarbitrage entstehen kann. Vom IWF (2002: 3) wird dieses als potenziell gefährlich für die finanzielle Stabilität eingeschätzt, da Gewinne nicht aufgrund besserer Informationsnutzung auf transparenten Märkten sondern durch Mitnahme von Gelegenheiten infolge regulatorischer Unterschiede erzielt werden.

1985 wurde vereinbart, dass auch Auslandsaktivitäten der Banken angemessen beaufsichtigt werden sollten. 1988 legte die Baseler Eigenkapitalvereinbarung fest, dass – je nach Risiko gewichteten – Forderungen von Banken zur Sicherung des Ausfallrisikos mit acht Prozent Eigenkapital unterlegt werden müssen. Diese rechtlich zunächst unverbindliche Empfehlung („Soft Law") ist in der Folge in den OECD-Ländern in die nationale Gesetzgebung eingegangen und 1989 von der EU in eine verbindliche Richtlinie umgesetzt worden.

Gegenwärtig wird ein Reformvorschlag („Basel II") diskutiert, der erstens vorsieht, neben einem externen Rating auch interne Ratingmodelle zuzulassen und der so den unterschiedlichen Traditionen der ökonomischen Regulation in verschiedenen „Finanzkulturen" Rechnung trägt. Zweitens wird die Risikogewichtung für bestimmte Forderungen verändert (z. B. werden die Risiken von Derivaten höher bewertet) und damit auch die Unterlegung der Ausleihungen mit Eigenkapital (Deutsche Bundesbank 2001b). Problematisch ist die im Vergleich zu langfristigen Bindungen geringere Risikogewichtung kurzfristiger Anlagen; dadurch kann entgegen der Absicht die Volatilität der Kapitalbewegungen erhöht werden.

Der zu erwartende Bedeutungszuwachs der Rating-Agenturen ist nicht unproblematisch. Denn die überwiegende Zahl der Rating-Agencies sind US-amerikanischen Ursprungs. Obendrein hat sich im Verlauf der jüngsten Finanzkrisen gezeigt, dass Rating-Agenturen mit ihren Einschätzungen nicht immer richtig liegen, aber mit ihrer Analysten-Autorität Herdenverhalten auslösen können.

2.4.3 Reform der Internationalen Finanzinstitutionen[38]

Die Bretton Woods Institutionen (Internationaler Währungsfonds und Weltbank) stehen seit geraumer Zeit, aber verstärkt seit den Finanzkrisen der 90er Jahre unter Reformdruck. Es geht darum, ihre Kernaufgaben neu zu bestimmen, also sowohl das Ziel der Entwicklung und eine darauf bezogene Strategie, als auch die Aufgabenteilung zwischen den Institutionen von Bretton Woods und nationalen Regierungen festzulegen. Dies wird inzwischen unter dem Aspekt einer Balance zwischen der Konditionalität der internationalen Finanzmarktinstitutionen bei der Kreditvergabe und „Ownership", d. h. dem Ausmaß, in dem sich Gesellschaften die notwendigen Maßnahmen zur Krisenüberwindung und Stimulierung von

---

[38] Vgl. hierzu das Minderheitenvotum der FDP-Fraktion in Kapitel 11.2.2.2.3.

Entwicklung zu eigen machen, international diskutiert. Der Vorwurf der mangelnden Transparenz, einer einseitigen Gläubigerorientierung und einer ausufernden Konditionalität (so Dr. Horst Köhler, Geschäftsführender Direktor des IWF auf einer öffentlichen Diskussionsveranstaltung des Deutschen Bundestages am 2. April 2002 in Berlin; Deutscher Bundestag 2001b: 21) hat bereits zu Veränderungen der Politik des Währungsfonds geführt. Die ursprünglichen Mandate von Bank und Fonds werden also verändert werden müssen. Eine klare Arbeitsteilung zwischen IWF und Weltbank ist dabei wünschenswert.

Der IWF hat eine Debatte über eine stärkere Einbindung der Gläubiger in die Bewältigung der Finanzkrisen begonnen, die zu begrüßen ist. Die umfangreichen Stützungskredite des IWF in der Vergangenheit müssen künftig begrenzt werden. Die mit jeder Finanzkrise in den vergangenen beiden Jahrzehnten höheren finanziellen Engagements des IWF und anderer Institutionen haben häufig dazu gedient, Forderungen der Gläubiger zu bedienen und diese vor den Belastungen der Krisenbereinigung zu schützen (vgl. hierzu die Aussage von Joseph Stiglitz zur Russlandkrise in einem Interview[39] anlässlich der Vorstellung seines Buches in Berlin am 16. April 2002) und weniger dazu, Schuldnern aus einer Liquiditätskrise zu helfen, bevor diese in eine Solvenzkrise umschlägt.

Der Währungsfonds hat als Reaktion auf die Krisen der neunziger Jahre die Prävention von Finanzkrisen in den Mittelpunkt seines Mandats gestellt. Um diese Funktion zu erfüllen, will der Fonds seine Überwachungsfähigkeit (Surveillance) – u. a. durch zeitnahe Daten- und Informationsflüsse und eine bessere Analyse des Finanzsektors in Schwellen- und Entwicklungsländern – optimieren. Ob ihm dies bislang gelungen ist, darf nach den Erfahrungen mit der Türkei- und Argentinienkrise im Jahre 2001 bezweifelt werden. Hier wird sich auch zeigen müssen, inwieweit die Konditionalität bei der Kreditvergabe einem „Post-Washington-Konsens" bereits Rechnung trägt und geeignet ist, diesen weiterzuentwickeln.

Der IWF gelangt mehr und mehr zu der Erkenntnis, dass strukturelle Änderungen in verschuldeten und von einer Finanzkrise betroffenen Ländern nicht erzwungen werden können, wenn sie auf massiven Widerstand aus der Gesellschaft stoßen. Die Konditionalität bedarf vielmehr einer Verankerung, eines Minimalkonsenses in den betroffenen Gesellschaften („Ownership"). Noch ist jedoch nicht erkennbar, welche Konditionen auch weiterhin den Kern von IWF-Programmen bilden. Überlegt wird eine

Konditionalität, die sich im Wesentlichen auf die finanzielle und fiskalische Dimension von Krisenüberwindungsprogrammen beschränkt und der Eigeninitiative bei den sozialen, politischen, ökologischen Implikationen von Strukturanpassung mehr Spielraum lässt.

Unerlässlich ist also

Erstens   eine Berücksichtigung sozialer und ökologischer Folgen von Strukturanpassungsprogrammen, wie sie sich in der sog. HIPC-Initiative abzuzeichnen beginnt (siehe unten). Der IWF muss

Zweitens   sicherstellen, dass die Kredite nicht in „dunklen Kanälen" verschwinden und die Vorkehrungen gegen Missbrauch verstärken.

Drittens   Daher ist die Einrichtung einer Evaluationsabteilung („Evaluation Office"), deren Aufgabe eine transparente Bewertung von Erfolgen und Misserfolgen sein sollte, vom Ansatz her zu begrüßen.

Die jetzige Zusammensetzung des Exekutivdirektoriums des IWF wird den ökonomischen Entwicklungen zunehmend weniger gerecht. Die Anteile der Länder und Regionen am Weltsozialprodukt verändern sich. Auch entstehen – nicht nur in Europa – regionale Integrationsblöcke. Daher ist zu erwägen, ob die Verteilung der Stimmrechte den gewandelten Bedingungen angepasst werden sollte.

Das Problem der Zusammenarbeit zwischen Weltbank und Währungsfonds ist erkannt aber nicht gelöst. Die Weltbank ist von ihrer Selbstverpflichtung und ihrer Geschichte her die bedeutendste internationale Entwicklungsinstitution. Darum sollte sie die führende Rolle bei der Armutsbekämpfung spielen. Ihr selbst beschriebenes Ziel ist die Vision einer Welt ohne Armut.[40] Doch das Profil der Bank scheint momentan unscharf. Die Vielzahl von Aufträgen, Aufgaben und Mandaten der Bank lässt eine klare Richtung – so eine häufige Kritik – vermissen.

In der Tat hat die Bank in den letzten Jahren versucht, „neue Themen" zu besetzen. So will die Bank eine führende Rolle bei der Überwindung der sog. digitalen Spaltung („Digital Divide") zwischen Nord und Süd spielen. Sie will einen entscheidenden Anteil an der Bereitstellung sog. Globaler Güter („Global Public Goods") haben. Sie wird sich darum bemühen, unter ihrem „Dach" den auf dem G8-Treffen in Genua beschlossenen globalen Fonds zur Bekämpfung von AIDS, Malaria und Tuberkulose anzugliedern.

Mit der Vielzahl der Aufgaben vergrößern sich die Schwierigkeiten ihrer angemessenen Finanzierung; auch die damit verbundenen organisatorisch-strukturellen Probleme („Internal Structure") sind gewachsen. Zur Finanzierung ist von verschiedener Seite der Vorschlag gemacht worden, auf Sonderziehungsrechte zurückzugreifen. Es geht dabei um die Bereitstellung internationaler Liquidität jenseits von nationalen oder supranationalen, regionalen Währungen –

---

[39] Joseph Stiglitz, Professor für Wirtschaftswissenschaften an der Columbia University und ehemaliger Chefökonom und Vize-Präsident der Weltbank, sagt in diesem Interview: „Russland hat 1998 einen Kredit bekommen. Diese fünf Milliarden Dollar flossen ins Land – und am nächsten Tag schon wieder hinaus auf Schweizer Bankkonten. Denn die Gläubiger, deren Forderungen die russische Regierung mit dem Geld begleichen sollte, brachten ihr Kapital natürlich schnell in Sicherheit. Sie waren in Russland hohe Risiken eingegangen, weil sie wussten, der IWF wird sie nicht im Stich lassen. Stellen Sie sich vor: Eine westliche Gläubigerbank rief beim IWF an und fragte, mit wie viel Geld dieser Russland helfen werde, damit das Land ihnen ihre Kredite zurückzahlen kann" (taz, 16. April 2002: „Die Welt ist keine Bilanz").

[40] Am Internet-Portal der Weltbank (http://www.worldbank.org) wird der Besucher mit dem Motto begrüßt: „Our Dream is a World Free of Poverty".

ein Vorschlag, der von Keynes schon vor über einem halben Jahrhundert gemacht wurde, und der unter anderen von Joseph Stiglitz wieder aufgegriffen wurde (Handelsblatt 20. März 2002: Mit globalen Greenbacks gegen die Armut in der Welt) und auch von George Soros – vor allem als ein entwicklungspolitisches Instrument (Soros 2002) – vertreten wird.

Einige weitere Fragen und Probleme können hier nur angedeutet, müssten jedoch vertieft behandelt werden; so die Frage der Kriterien, an denen der Erfolg der Kreditvergabe der Bank gemessen werden kann, oder die Frage, ob in bestimmten Sektoren die Bank stärker mit Zuschüssen als mit Krediten arbeiten müsste. Weitere Themen, die momentan in der Weltbank diskutiert werden, sind die stärkere Konzentration auf bestimmte Länder und Sektoren, die Kooperation zwischen Weltbank und regionalen Entwicklungsbanken und die Zusammenarbeit der Weltbank mit dem Privatsektor (vgl. für einen Teil dieser Fragen Kapitel 2.4.6 über „Entwicklungsfinanzierung").

2.4.4 Gender Budgets

In den Analysen der globalen Prozesse und in den soeben angesprochenen Reformdiskussionen wird der geschlechtsspezifischen Dimension, die alle öffentlichen Aufgaben und Ausgaben – ob auf lokaler, nationaler oder internationaler Ebene – haben, nicht immer in angemessener Weise Rechnung getragen. Allerdings gibt es seit spätestens Mitte der 80er Jahre Initiativen, Staatshaushalte auf Geschlechtergerechtigkeit zu untersuchen. Ausgangspunkt ist die Feststellung, dass Geschlechterungleichheit ökonomisch ineffizient ist (Budlender, Elson u. a. 2002). Grosse Status- und Einkommensunterschiede zwischen Frauen und Männern sind nicht nur unter dem Gesichtspunkt der Diskriminierung zu beanstanden, es entstehen dadurch gesamtgesellschaftliche Kosten. Die Geschlechterungleichheit kann die Ziele makroökonomischer Politik beeinträchtigen. Dies ist der Fall, wenn ein restriktiver Zugang zur Bildung und Ausbildung, das Fehlen von Kindertagesstätten und sozialen Diensten, die Diskriminierung beim Zugang zu und bei der Kontrolle über finanzielle Ressourcen die Entwicklung des Humankapitals und Sozialkapitals von Frauen und deren Aufstiegschancen beeinträchtigen. Volkswirtschaftlich und unternehmerisch betrachtet ist es irrational, die Leistungsfähigkeit von Frauen nicht zu nutzen. Es ist zu vermuten (freilich gibt es dazu wenig stichhaltige Untersuchungen), dass dies auf globaler Ebene nicht anders ist.

Die Stadt Zürich hat in einer Studie belegt, dass der volkswirtschaftliche Nutzen einer umfassenden Kinderbetreuung die Kosten bei weitem übersteigt; unter anderem deshalb, weil das Familieneinkommen steigt und damit die Kaufkraft. Auch wird mehr in die Sozialversicherung eingezahlt, und Frauen bauen sich eine eigene Altersversicherung auf. Gut ausgebildete Frauen „an den Herd" zu schicken, verringert die Leistungsfähigkeit einer gesamten Gesellschaft und damit deren internationale Wettbewerbsfähigkeit. Die Gender-relevanten Erkenntnisse der feministischen Makroökonomie zeigen also, dass sich staatliche Politik ihrer Bedeutung für die Geschlechter Klarheit verschaffen muss.

Hier setzt das Konzept geschlechtergerechter Staatshaushalte („Gender Budgets") an. Es ist ein in vielen Ländern (bereits seit 1984 in Australien, später auch in Südafrika und Großbritannien) genutztes finanzpolitisches Instrument, um die Auswirkungen des Staatshaushaltes auf verschiedene Gruppen von Frauen und Männern bewerten zu können. Das Konzept geht davon aus, dass die einzelnen Teile des Budgets unterschiedliche Auswirkungen auf Frauen und Männer haben. Ziel der Initiative ist die Budgetanalyse unter dem Prinzip der Geschlechtergerechtigkeit. Frauen sollen den gleichen Zugang zu öffentlichen Mitteln haben wie Männer. Das Gender-Budget-Konzept fragt:

1. Wer profitiert von Staatsausgaben?
2. Wie fördern Veränderungen des öffentlichen Haushaltes und der Steuerpolitiken bestimmte Tätigkeitsbereiche?
3. Wer trägt die Hauptlast dieser Veränderungen?

Die Initiativen zu Gender-Budgets sind in den Ländern der Welt unterschiedlich weit entwickelt. Die australische Regierung hat als erste in den 80er Jahren eine Stellungnahme zu Geschlechtergerechtigkeit mit dem Haushaltsentwurf vorgelegt. In Südafrika wurde die Budgetanalyse unter dem Prinzip der Geschlechtergerechtigkeit im Parlament initiiert. Frauen von NGO haben in Vorbereitung des Gender Budgets eng mit den Ministerien zusammengearbeitet. In Großbritannien wiederum wurde die Arbeit von einem Frauennetzwerk innerhalb der gewerkschaftlichen Frauenbewegung begonnen. Ergebnis war eine Stellungnahme zum vom Parlament vorgelegten Budget. Inzwischen finden regelmäßige Beratungen mit dem Finanzministerium zur Haushaltsplanung unter Kriterien der Geschlechtergerechtigkeit statt.

Geschlechtergerechte Staatshaushalte sind jedoch keine separaten Budgets für Frauen. Es geht in diesen Initiativen weniger um spezielle Frauen- und Frauenförderungsprojekte, die nur wenige Prozente eines Budgets ausmachen, sondern um den scheinbar geschlechtsneutralen Hauptstrom der Budgetausgaben. Diesen gilt es nach Kriterien der sozialen Gerechtigkeit, der Geschlechtergerechtigkeit und der ökologischen Nachhaltigkeit zu überprüfen. Dabei stehen Fragen der geschlechtsspezifischen Zuwendung, der geschlechtsspezifischen Auswirkungen der zentralen Ausgaben in allen Sektoren, sowie der Begutachtung der Gleichstellungspolitik und der Zuwendung im öffentlichen Dienst im Vordergrund.

Wenn Budgets nur daraufhin untersucht werden, wer als Klient oder als Konsument von Dienstleistungen des Staates profitiert, bleiben die wirklichen Auswirkungen auf Frauen unsichtbar. Die schweizer Initiative ist diesbezüglich sehr interessant, weil sie auch die unbezahlte Arbeit einbezieht. Problematisch scheint hier jedoch, dass die neue Konzeption des Dienstleistungsstaates nur von Klientinnen ausgeht.

Geschlechtergerechte Staatshaushalte stellen somit ein wichtiges Instrument dar, um mehr Transparenz über die Verwendung staatlicher Mittel im Sinne der Gleichstellung zu schaffen. Gerade die neue Forderung, alle wesentlichen Entscheidungskriterien von Regierungspolitik und öffentlicher Administration nach *Gender-Mainstreaming* Kriterien zu beurteilen, rückt den Blickwinkel der Gleichstellungsfrage auf die Haushaltspolitik, um mit ihr die Auswirkungen auf Frauen und Männer sichtbar zu machen.

In Südafrika ist die *Women's Budget Initiative* nicht grundsätzlich an den Auswirkungen auf Frauen und Männer interessiert. Das Interesse galt vielmehr Frauen (oder auch Männern) dort, da sie benachteiligt sind. Das Schwergewicht liegt deshalb vor allem bei schwarzen Frauen, bei armen Frauen und speziell bei jenen Frauen, die in den Gebieten der ehemaligen „Homelands" leben.

Eine besondere Rolle spielt auch der *partizipative* Prozess der Budgetplanung. Es handelt sich nicht lediglich um die einfache Zuteilung eines Budgets, der die Bedürfnisse von Frauen anspricht (auch wenn dies ein wichtiger Teil davon ist). Die geschlechtergerechten Staatshaushalte können vielmehr sicherstellen, dass die Prioritäten in der Formulierung und Implementierung des Budgets auf demokratische Weise zustande kommen. In diesem Prozess werden Frauen und andere Mitglieder der Zivilgesellschaft aktiv beteiligt, was dafür sorgt, dass ihre Regierungen zur Rechenschaft verpflichtet werden. Dies ist ein konkreter Mechanismus, der den Haushaltsprozess transparent werden lässt. Das Ausmaß, in dem Regierungen die Grundbedürfnisse von Männern, Frauen und Kindern erfüllen können, ist der fundamentale Maßstab für die Legitimität jeder Regierung (vgl. hierzu die Aussage von Maria Floro während der Anhörung der Enquete-Kommission am 18. Februar 2002 (Deutscher Bundestag 2002c: 27)).

In vielen Ländern[41] wirkt sich die Regulierung öffentlicher Ausgaben „von unten" sehr positiv auf die Situation von Armen und von Frauen aus, nicht nur, weil sie selbst Prioritäten definieren, sondern weil damit die gesellschaftliche Stärkung (Empowerment) von Frauen durch ihre Mitbestimmung in wirtschaftspolitischen Belangen gefördert wird. Die positiven Erfahrungen mit partizipativen Staatshaushalten in Brasilien und Südafrika zeigen, dass dieser Ansatz ein hohes Entwicklungspotenzial hat.

Dazu müssen

Erstens die Frauenlobbys und Gleichstellungsbeauftragten ihre Forderungen direkt an die Finanzministerien richten, weil die für die Umsetzung und für das technische Know-how zuständig sind.

Zweitens sollen sich Frauen dabei auf den „Mainstream" der Budgetausgaben konzentrieren. In Australien machen spezielle Frauen- und Frauenförderungsprojekte nur ungefähr ein Prozent des gesamten Budgets aus. Umso wichtiger ist es, die restlichen 99 Prozent, welche den scheinbar geschlechtsneutralen Hauptstrom der Budgetausgaben bilden, mit Gender-Kriterien unter die Lupe zu nehmen.

Des Weiteren ist darauf hinzuwirken, dass die Analyse der Haushalte internationaler Organisationen unter Gender-Gesichtspunkten auch auf internationaler Ebene angewendet wird.

2.4.5 Investment gemäß Nachhaltigkeitskriterien

Die aus dem anglo-amerikanischen Raum kommende Anlagestrategie, häufig als „Ethisches Investment" bezeichnet, berücksichtigt bei der Entscheidung neben Rendite, Sicherheit und Liquidität auch die Art der Verwendung der angelegten Gelder. Der Begriff „ethisches Investment" wird seit der Jahrhundertwende benutzt, um zweckgebundene Investitionen in Fonds, Aktien, Direktbeteiligungen oder andere Anlageformen zu beschreiben. Waren es zu Beginn eher soziale Belange (gegen Diskriminierung, für die Unterstützung von Gewerkschaften etc.), die mit der „ethischen Anlage" beeinflusst werden sollten, so sind es heute verstärkt Aspekte der Nachhaltigkeit (technische Innovationen, umweltfreundliche Produkte bzw. Produktionsweisen, Branchenvorreiter etc.).

Inzwischen hat der Nachhaltigkeitsdiskurs, der auch in seinen Anfängen häufig eher als „Sonder-", oder „Nischenbereich" angesehen wurde, den Anlagesektor erreicht. Investoren achten verstärkt darauf, dass bei der Mittelverwendung neben den ökonomischen auch soziale und ökologische Aspekte berücksichtigt werden, um das Investment langfristig erfolgreich und tragfähig (das ist sustainable) zu gestalten. In einer Ecologic-Studie aus dem Sommer 1999 (Kahlenborn, Kraemer 1999) ist der positive Zusammenhang von „Grünen Geldanlagen" und Umweltnutzen anhand verschiedener Effekte (Anschubfinanzierung, Finanzierungseffekte zu Gunsten umweltfreundlicher Unternehmen, ökologische Beeinflussung des Unternehmensmanagements) herausgearbeitet worden.

Nachhaltiges Investment bedient sich der folgenden Kriterien:

– *Positivkriterien* beschreiben Produkte, Verfahren oder Managementmethoden, die beispielhaft dazu beitragen, nachhaltige Wirtschaftsstile zu entwickeln.

– *Ausschlusskriterien* operieren mit dem Ausschluss von Branchen, Produkten oder Produktionsprozessen, die einer zukunftsfähigen Entwicklung entgegenstehen.

– Der *Best-in-Class-Ansatz* nimmt die jeweils sozial oder ökologisch Besten der Branchen heraus, in die man auch bei rein ökonomischer Betrachtung investieren würde.

– Im *Engagement-Ansatz* beeinflusst der Aktionär über konstruktiven Dialog mit dem Management des entsprechenden Unternehmens dessen Strategie. Dieser Ansatz wird vor allem in Großbritannien sehr erfolgreich angewendet, in Deutschland sind die kritischen Aktionäre mit dem Shareholder Activism (in den Hauptversammlungen der großen Publikumsgesellschaften) bekannt geworden.

---

[41] Es gibt weltweit derzeit 39 existierende Budgetinitiativen auf nationaler Ebene. Davon gibt es in Afrika zwölf, in Asien und Lateinamerika jeweils acht, in Europa sieben sowie in Nord-Amerika und Ozeanien jeweils zwei.

Die diesen Kriterien folgenden Anlagestrategien kommen zumeist kombiniert vor. Das Nachhaltige Investment ist durch verschiedene Umstände inzwischen auf dem Vormarsch, nachdem zunächst Pioniere des Kapitalmarktes den Weg bereitet haben. Ein traditioneller Anbieter von Vermögensanlagen kann es sich inzwischen nicht mehr leisten, keine nachhaltigen Produkte auf den Markt zu bringen, zumal entgegen fest sitzender Vorurteile nachhaltiges Investment mitnichten eine schlechtere Performance (Rendite, Sicherheit, Liquidität) aufweist als andere Fonds. Gerade die Best-in-Class-Ansätze können diesen Beleg liefern. Dabei ist jedoch zu berücksichtigen, dass die Erfahrungen nicht über ausreichend lange Zeitläufe ausgewertet werden können.

Es zeigt sich, dass Unternehmen, die sich der Nachhaltigkeit verpflichten, tendenziell sehr innovativ sind und über ein besseres Risikomanagement als ihre Mitbewerber verfügen. Die Einhaltung von Mindeststandards (Arbeits- und Menschenrechte, ökologische Standards) sind ein essentieller Bestandteil von Nachhaltigkeitspolitik und angemessenem Risikomanagement.

Der Markt des nachhaltigen Investments in Deutschland hat sich zwischen 1998 und 2000 verfünffacht. Allerdings muss mit einem Marktanteil von 0,4 Prozent (imug 2001: 2) immer noch von einem Nischenmarkt gesprochen werden.

Verantwortlich für das Wachstum (allerdings ausgehend von einem sehr niedrigen Niveau) ist neben dem Interesse der Kunden und dem generellen Trend zu Aktien und Fonds vor allem die erfolgreiche Performance und die Suche nach Alternativen der Anlage von Vermögen nach dem Einbruch der Technologiewerte im Jahr 2000.

Abbildung 2-19[42]

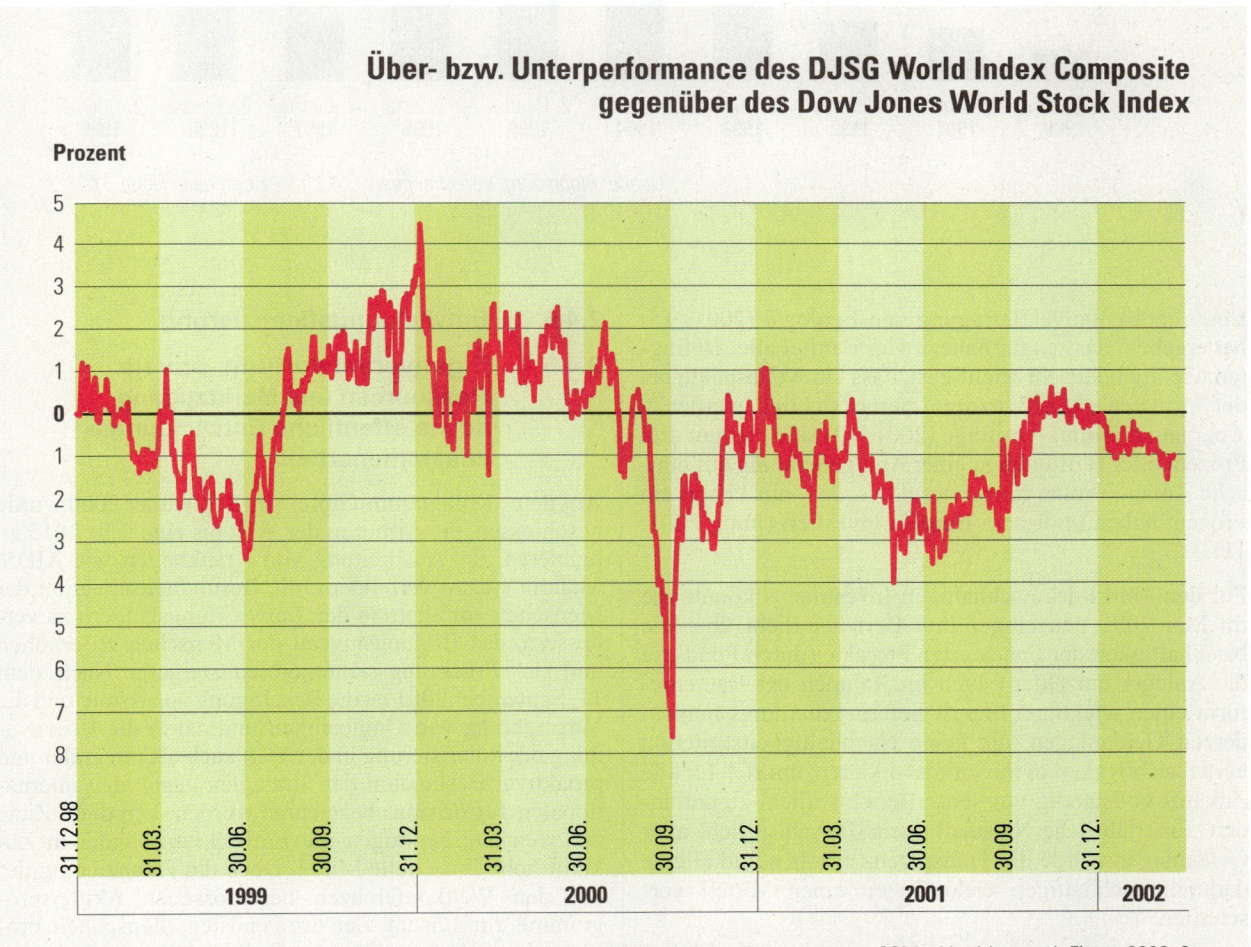

---

[42] Null Prozent entspricht der Performance des Dow Jones World Stock Index.

Abbildung 2-20

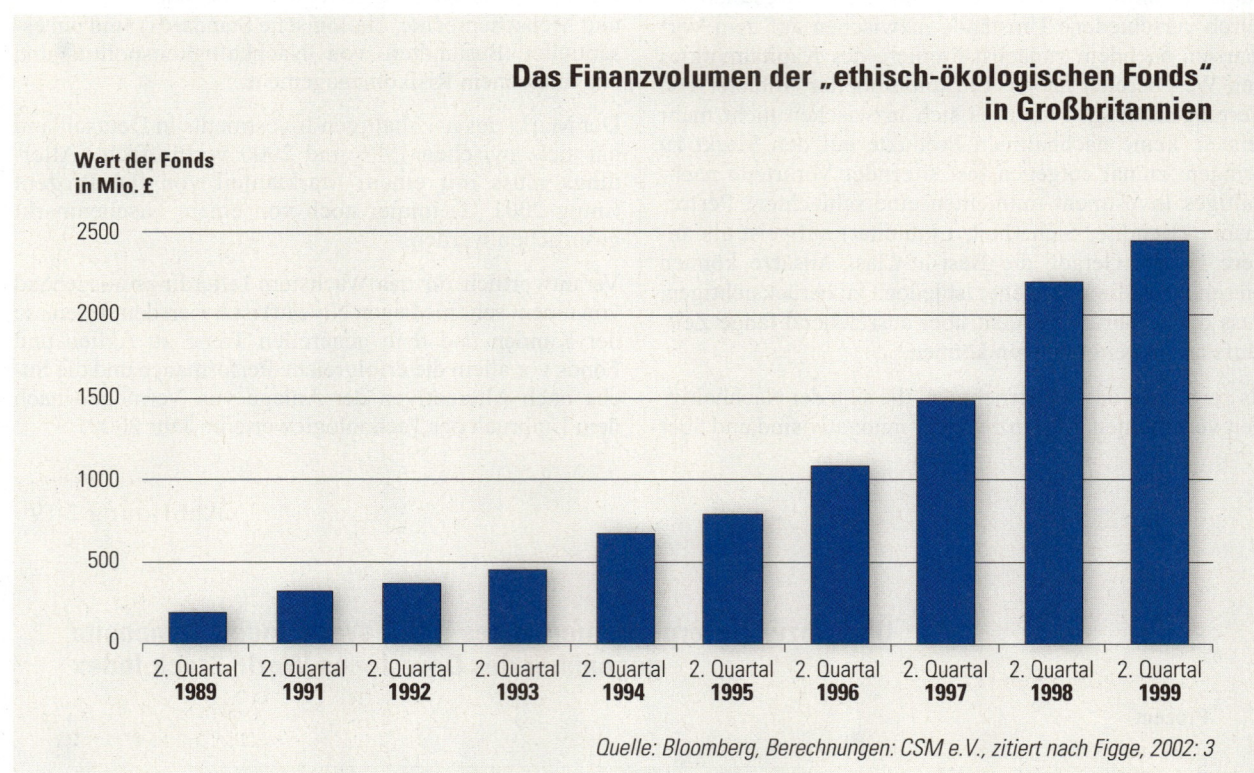

Das Finanzvolumen der „ethisch-ökologischen Fonds" in Großbritannien

Quelle: Bloomberg, Berechnungen: CSM e.V., zitiert nach Figge, 2002: 3

Eine repräsentative Befragung von Ecologic (2001: 15) hat ergeben, dass es für nahezu vier Fünftel aller Befragten wichtig oder sehr wichtig ist, dass Umweltaspekte bei der privaten Altersvorsorge berücksichtigt werden.[43] Aber laut der imug-Umfrage (2001: 10) sind erst gut drei Prozent aller Befragten in einer Anlageberatung auf ethische Anlageformen hingewiesen worden, nur knapp ein Prozent haben in diesem Bereich investiert (imug 2001: 11).

Für den Markt des nachhaltigen Investments könnte die im Mai 2001 neu eingeführte Berichtspflicht über die Nachhaltigkeit der finanzierten Projekte (durch Fonds, in die Anleger einzahlen) auch im Rahmen der Rentenreform einen wichtigen Impuls liefern. Allerdings müssen derzeit Geldanlagen, die keine Nachhaltigkeitskriterien berücksichtigen, dies nur einmal erklären, um sich für alle Zukunft vollständig von jeder Berichtspflicht zu entbinden. Eine jährliche Nachhaltigkeits-Berichtspflicht aller Geldanlagen würde die Transparenz erhöhen und alleine dadurch nachhaltigen Geldanlagen einen Vorteil verschaffen.

---

[43] Dies bestätigt Ralph Thurm, Siemens AG, Corporate Technology, Environmental Projection and Technical Safety, Industrial Environmental Protection, bei der Anhörung der Enquete-Kommission „Globalisierung der Weltwirtschaft" zu Nachhaltigem Investment am 21. Februar 2002 in Berlin.

2.4.6 Entwicklungsfinanzierung

2.4.6.1 Eigenverantwortung, private Ressourcen und Marktzugang sowie öffentliche Entwicklungszusammenarbeit

Auf dem „Millennium-Gipfel" im September 2000 wurde beschlossen, die Armut in der Welt bis zum Jahr 2015 zu halbieren, die Ausbreitung von Krankheiten wie AIDS, Malaria etc. zu verhindern, die Gesundheitssituation der Menschen vor allem in den Entwicklungsländern zu verbessern, das Bildungsniveau der Menschen zu erhöhen und die Ernährungssicherheit zu steigern. Nach dem 11. September 2001 ist die Beseitigung von Armut und die Verringerung von Ungleichheit und damit die Überwindung der Polarisierung in der Welt auch als integraler und proaktiver Bestandteil der Strategien gegen den internationalen Terrorismus bezeichnet worden. Um diese Ziele zu erreichen, benötigen die Entwicklungsländer in Zukunft hohe finanzielle Mittel. Doch die Finanzierung der auf den Weltkonferenzen beschlossenen Aktionsprogramme zur Lösung der dringendsten Menschheitsprobleme ist nicht gewährleistet. Deshalb haben sich die Erwartungen in besonderem Maße auf die UN-Konferenz „Financing for Development" in Monterrey (Mexiko) im März 2002 gerichtet.

In den Vorbereitungen der Konferenz (insbesondere im „Zedillo-Report" (Vereinte Nationen 2001) und in den sich daran anschließenden Verhandlungen (Vereinte Nationen 2002a) ist die Frage der Entwicklungsfinanzierung, einem „holistischen Ansatz" folgend, in einen größeren Systemzusammenhang gerückt worden. Dies ist eine Konsequenz aus den Erfahrungen der vergangenen Jahrzehnte: Probleme der Entwicklung und der Entwicklungsfinanzierung sind nicht zu lösen, wenn nicht der Gesamtzusammenhang globaler Märkte (Terms of Trade auf Waren- und Dienstleistungsmärkten, langfristige und kurzfristige Kapitaltransaktionen, Marktzugangsbeschränkungen etc.) gesehen wird.

Der ganzheitliche Ansatz (Holistic Approach) schließt Maßnahmen in Richtung nachhaltiger, geschlechterspezifischer, auf den Menschen ausgerichteter Entwicklung in allen Regionen der Erde ein. Die Prinzipien der ausgleichenden Gerechtigkeit (Equity), Teilhabe (Participation), Verfügungsmacht (Ownership), Transparenz und Verantwortlichkeit (Accountability) sollen eine übergeordnete und verpflichtende Richtschnur für alle Beteiligten darstellen. Die private Wirtschaft ist ausdrücklich angesprochen, sich diesen Prinzipien zu verpflichten.

Allerdings sind diese Zielsetzungen aus den Vorbereitungstreffen und den dort erarbeiteten Dokumenten nicht in das Abschlussdokument (Vereinte Nationen 2002b) eingegangen. Immer noch werden die folgenden *sechs Quellen* der Entwicklungsfinanzierung unterschieden:

1. Interne Ressourcen der Entwicklungsländer,
2. Externe öffentliche Ressourcen der Entwicklungszusammenarbeit (Official Development Assistance, ODA),
3. Externe private Ressourcen, vor allem private Direktinvestitionen,
4. Einnahmen aus Überschüssen der Leistungsbilanz,
5. Maßnahmen zur Entschuldung, von der HIPC-Initiative über Public Private Partnership (PPP) zu Insolvenzregeln und
6. Einnahmeverbesserungen durch die Lösung „systemischer Fragen", von Regeln für Offshore Finanzentren bis zur Einrichtung einer „internationalen Steuerorganisation" oder eines „Global Council" (wie im Zedillo-Report (Vereinte Nationen 2001) vorgeschlagen).

Eigenverantwortung und Mobilisierung interner Entwicklungspotenziale

Ein Grundsatz der Entwicklungszusammenarbeit ist die Eigenverantwortung der Entwicklungsländer für einen angemessenen institutionellen Rahmen (vgl. dazu auch Weltbank 2002) und die Beachtung der Regeln einer „Good Governance". So selbstverständlich dies sein sollte – im übrigen auch für Industrieländer – so schwierig ist eine Konkretisierung, wenn es darum geht, die „systemische" Wettbewerbsfähigkeit" (Eßer, Hillebrand u. a. 1995: 186) zu verbessern.

Es geht nämlich bei der Mobilisierung interner Ressourcen nicht nur um die Bekämpfung der Korruption und des Missbrauchs öffentlicher Gelder, den Aufbau effektiver und transparenter Steuersysteme, die Verhinderung der Kapitalflucht, die Schaffung von Rechtssicherheit, die Beseitigung von Fehlallokationen im Staatshaushalt (z. B. durch Kürzung von überhöhten Militärausgaben) sowie die Förderung des Spar- und Kreditwesens. Es geht auch um die Entwicklung mikroökonomischer Kompetenzen, Technologietransfer, Qualifikationsentwicklung und um makroökonomische Rahmensetzung in einem sich schnell ändernden weltwirtschaftlichen Umfeld. An dieser Stelle wird bereits deutlich, dass der Verweis auf interne Ressourcen und deren Mobilisierung keine Entwicklungsstrategie ohne die Berücksichtigung systemischer Zusammenhänge begründen kann.

Ressourcen aus öffentlicher Entwicklungszusammenarbeit

Die Mobilisierung interner Ressourcen ist zwar notwendig, aber nicht ausreichend, um eine nachhaltige ökonomische

Abbildung 2-21

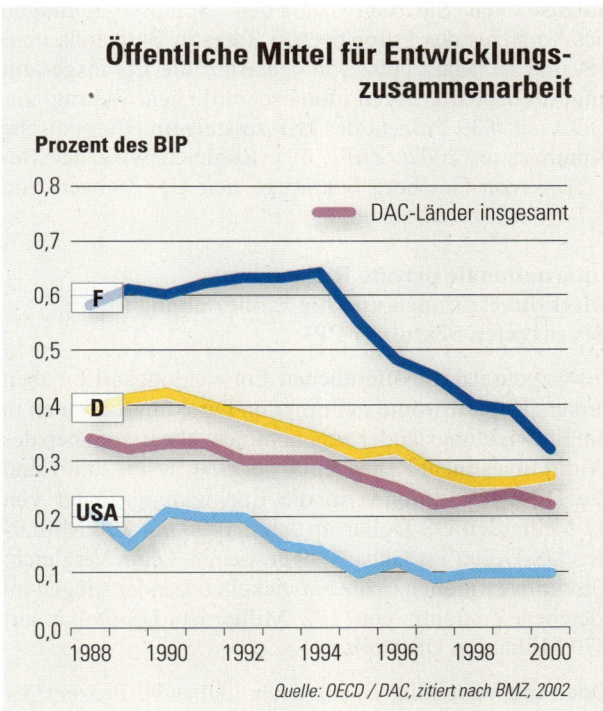

Quelle: OECD / DAC, zitiert nach BMZ, 2002

Die ODA-Mittel sind weltweit seit Ende des Kalten Krieges deutlich zurückgegangen.[44]

---

[44] Klassifizierung der DAC-Länder nach dem Development Assistance Committee der OECD.

Entwicklung in Gang zu setzen und die Entwicklung der notwendigen sozialen und politischen Institutionen voran zu treiben. Dabei sind Probleme der Kohärenz sowohl in der Entwicklung selbst, als auch in der Entwicklungspolitik unbedingt zu beachten. Kohärenz hat eine auf die definierten Entwicklungsziele bezogene qualitative, aber auch eine quantitative Seite. Die derzeitige Höhe der öffentlichen Entwicklungsfinanzierung ist, gemessen an dem von den Vereinten Nationen gesetzten Ziel, 0,7 Prozent des Bruttoinlandsprodukts für die öffentliche Entwicklungshilfe bereit zu stellen, unzureichend.

Das 0,7 Prozent-Ziel der öffentlichen Mittel der Entwicklungszusammenarbeit (Official Development Assistance – ODA) wird nur von einigen kleineren europäischen Staaten erreicht. Deutschland lag mit 0,26 Prozent des BIP (1999) genauso wie die USA mit 0,1 Prozent und Japan mit 0,35 Prozent weit unter dem erklärten Ziel. Der Anteil der Entwicklungszusammenarbeit am BIP der DAC-Länder insgesamt liegt 1999 bei 0,24 Prozent (BMZ 2001b). Erst in Vorbereitung auf die Konferenz von Monterrey hat die Bundesregierung in Aussicht gestellt, den Anteil der Mittel für öffentliche Entwicklungszusammenarbeit am BIP auf 0,33 Prozent bis 2006 aufzustocken. Sie folgt damit den „Schlussfolgerungen des Vorsitzes des Europäischen Rates in Barcelona vom 15. und 16. März 2002", in denen für die EU insgesamt angestrebt wird, ihren durchschnittlichen Beitrag zur ODA auf 0,39 Prozent des BIP zu steigern (Europäische Kommission 2002: Ziffer 13). Zugleich wird der Beschluss von Göteborg bekräftigt, den UN-Zielwert von 0,7 Prozent zu erreichen.

Internationale private Ressourcen: Direktinvestitionen und die Einbeziehung des privaten Sektors (PPP)

Im Gegensatz zur öffentlichen Entwicklungshilfe haben private Kapitalströme in Form von Direktinvestitionen in die Entwicklungsländer zugenommen. Nach Angaben des World Investment Report 2000 der UNCTAD (2000) sind die Direktinvestitionen in die Entwicklungsländer von 37 Milliarden US-Dollar im Jahre 1990 auf 190 Milliarden US-Dollar im Jahre 1999 gestiegen. (Zum Vergleich: Direktinvestitionen in die entwickelten Länder stiegen im gleichen Zeitraum von 172 Milliarden US-Dollar auf 770 Milliarden US-Dollar.)

Doch die Verteilung ist ungleich. „Über 90 Prozent der ausländischen Direktinvestitionen entfallen auf rund 20 wachstumsstarke und bevölkerungsreiche Schwellenländer, während für die übrigen Entwicklungsländer fast nur Direktinvestitionen für den Abbau von mineralischen Ressourcen und die Erschließung neuer Erdölquellen verbleiben." (Stiftung Entwicklung und Frieden 2002: 259). Auf Afrika entfielen Ende der 90er Jahre nur noch gut ein Prozent der gesamten ausländischen Direktinvestitionen. Das bedeutet, dass Öffentliche Mittel der Entwicklungszusammenarbeit für viele Entwicklungsländer die nahezu ausschließliche Finanzquelle darstellen.

In der Entwicklungspolitik ist der gestiegenen Bedeutung privater Unternehmen durch Mischformen der öffentlichen und privaten Finanzierung („Public Private Partnership" – PPP) Rechnung getragen worden: Viele Projekte werden in öffentlich-privater Kooperation geplant, finanziert und durchgeführt. Die Konzentration der privaten Kapitalströme auf einzelne Länder jedoch ist problematisch, weil damit Entwicklungsunterschiede zwischen Ländern größer werden können. Auch sollten private Kapitalströme in langfristig angelegte Entwicklungsstrategien eingebunden werden, um entwicklungspolitisch positive externe Effekte (Linkages, Spill-Over-Effekte) nutzen zu können. Mit anderen Worten: In PPP muss dafür gesorgt werden, dass tatsächlich partnerschaftlich verfahren wird, also die öffentliche Hand Vorleistungen für die Privaten erbringt, die privaten Investoren aber ihrerseits öffentliche Beiträge erbringen.

Die Bedeutung des freien Zugangs zu Märkten der Industrieländer

Neben der unzureichenden finanziellen Unterstützung der Entwicklungsländer, ist festzustellen, dass den Entwicklungsländern Einnahmen im Waren- und Dienstleistungshandel durch protektionistische Maßnahmen seitens der Industrieländer vorenthalten werden; Schätzungen gehen von einem zusätzlichen Absatzpotenzial der Entwicklungsländer von 150 bis 200 Milliarden US-Dollar bei einer Marktöffnung der Industrieländer aus (Vereinte Nationen 2000: 27, Ziffer 69).

Allerdings ist bei einer Marktöffnung auf Seiten der Entwicklungsländer darauf zu achten, dass nicht für die lokale und regionale Versorgung wichtige Agrarprodukte in „Cash Crops" für den Weltmarkt verwandelt werden. Es hat genügend Fälle gegeben, in denen die zusätzlichen Deviseneinnahmen nicht ausreichten, um die für die Versorgung der Bevölkerung benötigten Nahrungsmittel zu importieren. Von Seiten der Industrieländer muss bei den aus Entwicklungsländern importierten Produkten auf die Einhaltung von Standards geachtet werden. Während die Einhaltung der Kernarbeitsnormen der ILO wenig strittig ist, besteht bei weitergehenden sozialen Schutzrechten für Arbeiternehmer und bei gesundheitlichen und Umweltstandards noch Beratungsbedarf vor allem im Rahmen der WTO.

2.4.6.2 Verschuldung

Die HIPC- Initiative zur Entschuldung der hoch verschuldeten armen Länder

Für eine nachhaltige Entwicklung ist die hohe Verschuldung vieler Länder immer noch ein nahezu unüberwindbares Hemmnis. Die derzeit laufende Entschuldung der ärmsten hoch verschuldeten Länder (HIPC-Initiative) markiert einen qualitativen und auch einen quantitativen Fortschritt. Ziel ist es, die Schulden der ärmsten Länder durch Schuldenerlasse seitens der (öffentlichen) Gläubiger auf ein tragfähiges Niveau zu senken. Voraussichtlich 37 Länder können sich dafür qualifizieren, indem sie die durch die Entschuldung nicht mehr für den Schuldendienst gebundenen Mittel zur Armutsbekämpfung aktiv verwenden. Bis März 2002 wurde für 26 HIPC-Länder die Entscheidung über die Entlastung getroffen und mit der Umsetzung begonnen.

Trotz Anerkennung des positiven Ansatzes bei der Entschuldung der HIPC monieren Kritiker jedoch die zeitaufwendigen und komplizierten Mechanismen der HIPC-Initiative. Sie kritisieren zudem einige Grundannahmen des Entschuldungsverfahrens. Tragfähige Verschuldung wird von der Gebergemeinschaft – so die Kritik – im Sinne einer maximalen Schuldendienstfähigkeit (wie im Londoner Schuldenabkommen von 1953 – s. Kasten 2-5) interpretiert. Externe Schocks, Naturkatastrophen, starke Schwankungen der Rohstoffpreise und eine Verschlechterung der Terms of Trade[45], dramatische Gesundheitskrisen (Aids, Tuberkulose) haben aber in der Vergangenheit wiederholt gezeigt, dass ein grundsätzlich als tragfähig erachtetes Schuldenniveau sehr plötzlich wegen der erratischen Schwankungen makroökonomischer globaler Größen in Überschuldung umschlagen kann.

Mit den zweifelsohne positiven Entwicklungen für die HIPC-Länder hat sich der Graben – was die Möglichkeiten der Entschuldung betrifft – zwischen dieser Ländergruppe und anderen Entwicklungsländern mit erheblichen Verschuldungsproblemen vertieft. Für sie existieren im Wesentlichen die gleichen Bedingungen wie in den achtziger Jahren. Für Länder mit mittleren und niedrigen Einkommen stehen im Pariser Club jeweils unterschiedliche Instrumente zur Verfügung: darunter eine Streckung des Schuldendienstes bei Ländern mit mittlerem Einkommen und bei den ärmeren Ländern ggf. auch ein Schuldenerlass. Die Gesamtverschuldung der Länder mit mittlerem Einkommen hat sich in den letzten Jahren permanent erhöht. Der Glaube, sie würden aus eigener Kraft aus der Verschuldung herauswachsen, lässt sich durch entsprechende Erfahrungen nicht erhärten. Auch für diese Ländergruppe stellt sich also die Frage nach erweiterten Verfahren, die das Problem der Entschuldung entschärfen könnten.

Alle momentan bestehenden Verfahren des Schuldenmanagements werfen jedoch grundsätzliche Fragen nach einem gerechten Interessenausgleich zwischen Gläubigern und Schuldnern auf. Das jetzige Verfahren der Schuldenverhandlungen im Pariser Club beispielsweise, bei dem die Gläubiger de-facto Gutachter, Kläger und Richter in einer Person sind, wird grundlegenden demokratischen Ansprüchen nicht gerecht.

Kasten 2-8

Londoner Schuldenabkommen

In jüngerer Zeit wurde häufiger ein Vergleich der HIPC-Initiative mit der Entschuldung Deutschlands nach dem Zweiten Weltkrieg angestellt. Das dazu 1953 geschlossene Londoner Schuldenabkommen regelte die deutschen Vorkriegsschulden aus der Zeit der Weimarer Republik (v.a. Reparationsverpflichtungen aus dem Ersten Weltkrieg) und die Nachkriegsschulden der Bundesrepublik (im Wesentlichen aus der Nachkriegs-Wirtschaftshilfe des Marshall-Plans).

Das Londoner Schuldenabkommen gewährte Westdeutschland deutlich großzügigere Entschuldungsbedingungen als die HIPC-Initiative dies heute gegenüber den ärmsten Ländern tut. So wies es z. B. nur eine sehr schwache Konditionalität auf und reduzierte den Schuldenstand auf die Hälfte. Während für die HIPCs heute ein Schuldendienst von bis zu 15 Prozent ihrer Exporteinnahmen als zumutbar angesehen wird, lag dieser Wert (die so genannte Schuldendienstquote) für die junge Bundesrepublik bei unter vier Prozent (Deutsche Bundesbank 1976). Bei der Erfüllung der westdeutschen Zahlungsverpflichtungen waren die unvergleichlich besseren weltwirtschaftlichen Rahmenbedingungen während des Nachkriegsbooms sehr zuträglich. Angesichts eines stark anwachsenden Welthandels im Allgemeinen und hoher westdeutscher Exportüberschüsse im Besonderen hatte die Bundesrepublik keine Probleme, die fälligen Zahlungen vertragsgerecht zu leisten. Der überwiegende Teil der Schulden war bereits vor 1980 zurückbezahlt.

Auch Indonesien erhielt 1969 in einem Umschuldungsabkommen ähnlich günstige Bedingungen. Der Vergleich zwischen den Schuldenabkommen in den 50er und 60er Jahren mit der Gegenwart darf sicherlich wegen der völlig anderen weltwirtschaftlichen und weltpolitischen Lage („Kalter Krieg") nicht überstrapaziert werden. Dennoch verweist er auf einen größeren Spielraum für heutige Entschuldungsinitiativen.

---

[45] Terms of Trade drücken das Verhältnis von Import- zu Exportpreisen aus; im Falle der Entwicklungsländer geht es um das Verhältnis der Rohstoffpreise (Exporte) und Industriegüterpreise (Importe). In der langfristigen Tendenz sind die Industriegüter gegenüber den Rohstoffen relativ teurer geworden, die Terms of Trade haben sich also für die Entwicklungsländer verschlechtert und umgekehrt für die Industrieländer verbessert. Diese stilisierte Aussage trifft cum grano salis die Entwicklung der Weltwirtschaft in den vergangenen drei Dekaden.

Geregelte Insolvenzverfahren

Ein faires, transparentes und effizientes Schiedsverfahren zur Regelung der Überschuldung von Staaten soll neue Entwicklungsoptionen für Länder eröffnen, die von der Illiquidität in eine Situation der Insolvenz geraten sind. Gegenüber der Befriedigung der Gläubiger aus einer „Konkursmasse" ist das Insolvenz-Verfahren auf die Möglichkeit eines „fresh start" des Schuldners ausgerichtet, so wie sie das US-amerikanische Insolvenzrecht für Private (Chapter 11 des US Bankruptcy Law) und für Kommunen (Chapter 9) vorsieht.

Ökonomisch sind die Forderungen, die bei den Gläubigern zu Buche stehen, zumindest zum Teil uneinbringlich, zumal dann, wenn der „Unternehmenswert" zu einem großen Teil ideeller Natur ist (Netzwerke zwischen Lieferanten, Abnehmern und dem Unternehmen; Know-how der Mitarbeiterinnen und Mitarbeiter, Label etc.) und bei einem Konkursverfahren zerschlagen werden würde. Dies gilt allerdings nicht für souveräne Schuldner.

Juristisch kollidieren die berechtigten Ansprüche der Gläubiger mit der Unzumutbarkeit der Vertragserfüllung seitens des Schuldners. Es stellt sich damit die Frage nach den Modalitäten einer Reduktion der Schuldenlast von souveränen Schuldnern. Ad-hoc-Lösungen sind mit der HIPC-Initiative entwickelt worden, die aber nicht für Mitteleinkommensländer vorgesehen ist, obwohl auch diese die Schuldenlast nicht immer tragen können.

Das jüngste Beispiel ist Argentinien, ein Land, das für eine HIPC-Lösung nicht in Frage kommt, aber doch eine Rückführung der übermäßigen Schuldenlast benötigt, um die schwere ökonomische, soziale und politische Krise überwinden zu können. In diesem Fall wird auch die Unangemessenheit des bisherigen Umgangs mit Finanzkrisen (seit der Mexiko-Krise 1994) deutlich: Wenn einem Land in einer Finanzkrise zum Teil massiv Mittel zur Verfügung gestellt werden, um die Forderungen der Gläubiger befriedigen zu können, steigt die Verschuldung. Der zukünftige Schuldendienst kann die Entwicklung des betroffenen Landes beeinträchtigen.

Es wäre das Ziel eines fairen und transparenten Schiedsverfahrens – unter Beteiligung von Schuldnern, Gläubigern und einem unabhängigen Schiedsrichter –, verschuldeten Staaten einen Neuanfang zu ermöglichen, um sie so in die Lage zu versetzen, den zukünftigen, in einem Insolvenzverfahren ausgehandelten Schuldendienst nachhaltig leisten zu können. So wie das nationale Insolvenzrecht privaten Schuldnern den Schutz der Menschenwürde und einen wirtschaftlichen Neubeginn zugesteht, zielt das Insolvenzverfahren im Falle souveräner Staaten auf die Eröffnung neuer Entwicklungschancen.

Auch im Falle der Insolvenz müssen ein Existenzminimum gesichert bleiben, die Bekämpfung der Armut fortgesetzt werden, die Bewahrung der natürlichen Umwelt und die Gewährleistung des sozialen und politischen Friedens Ziel aller Beteiligten bleiben. Denn dies alles sind öffentliche Güter, die Schutz verdienen – auch und gerade durch Gläubiger, die ebenfalls betroffen sein können, wenn dieser Schutz verloren geht. Der 11. September hat alle Menschen in dieser Hinsicht sensibler gemacht.

Durch die Einbeziehung der privaten Gläubiger in die Vermeidung und Bewältigung von Krisen („Bail in"; Schuldenmoratorium) setzt das Verfahren einen Anreiz, Fehlallokationen bei der Kreditvergabe, weil Risiken unterbewertet werden, antizipativ zu verhindern. Es werden also im Zuge eines Insolvenzverfahrens nicht nur die Schuldner, sondern auch die Gläubiger diszipliniert.[46] So könnte der für die Funktionsweise globaler Finanzmärkte insgesamt positive Effekt einer Reduzierung von „Moral Hazard" und nicht optimaler Auswahl von Kreditnehmern („Adverse Selection") durch eine Insolvenzregelung befördert werden. Durch das „Bail in" im Zuge des Insolvenzverfahrens wird ein positiver Beitrag zur Stabilisierung der Internationalen Finanzmärkte geleistet (Raffer 2000).[47] Allerdings kommt es sehr darauf an, dass das Verfahren von strukturellen Reformen in den betroffenen Ländern begleitet wird.

Beide Seiten, Schuldner ebenso wie Gläubiger müssen also mit der Zielsetzung, Schuldnern einen „neuen Start" zu ermöglichen, Zugeständnisse machen. Dies wird nur gelingen, wenn eine unabhängige Schiedsrichterinstitution die Insolvenzverhandlungen moderiert. Diese unabhängige Institution muss noch errichtet werden, da die internationalen Finanzinstitutionen kaum die Aufgaben der neutralen Moderation wahrnehmen können. Sie sind zu sehr Partei in den globalen Kreditbeziehungen, als dass sie als Schiedsrichter in Insolvenzverfahren geeignet wären.

Die Debatte um ein internationales Insolvenzrecht hat Ende 2001 durch mehrere Reden der stellvertretenden Geschäftsführenden Direktorin des IWF, Anne Krueger, neuen Auftrieb erlangt. Dazu werden der Schock des 11. September 2001, aber auch die schwere Finanzkrise, die ein großes Land der westlichen Hemisphäre (Argentinien) politisch destabilisiert hat, Anlass gegeben haben. Auch die infolge der Zunahme verbriefter Anleihen (und der relativen Abnahme von Krediten) in den vergangenen Jahren erfolgten Veränderungen auf der Gläubigerseite der globalen Finanzbeziehungen legen eine Neubewertung von Insolvenzverfahren nahe. Denn Umschuldungen können nun nicht mehr vor allem innerhalb des IWF, im Pariser Club und im Londoner Club innerhalb einer übersichtlichen Zahl von Beteiligten auf der Schuldner- wie auf der Gläubigerseite stattfinden, wenn auf der Gläubigerseite zum Teil Tausende von Anleihehaltern in vielen Ländern von einer akuten Solvenzkrise eines Schuldnerlandes (Beispiel Argentinien) betroffen sind. Viele kleine Anleger haben also, vermittelt durch Investment- oder Pensionsfonds, Anleihen oder Staatspapiere von Schwellenländern gekauft, die auf Wertpapiermärkten gehandelt werden. Allerdings handelt es sich dabei nur um Anleihen der Schwellenländer, die verbrieft und gehandelt werden; Investitionen privater Investoren in verbriefte Anleihen von Entwicklungsländern hat es nicht gegeben.

---

[46] Eine ähnliche Wirkung könnte im übrigen die von George Soros ins Spiel gebrachte Kreditversicherung haben, die Kreditgeber gegen allfällige Zahlungsausfälle abzuschließen verpflichtet wären (vgl. Soros 2002).

[47] Kritisch dazu BMZ (2000); als Antwort darauf Raffer (2001).

Auch Bundespräsident Johannes Rau hat sich in seiner „Berliner Rede" vom 13. Mai 2002 für die Einführung von Insolvenzregeln ausgesprochen.

2.4.6.3 „Systemische" Fragen

Die im „Zedillo-Report" bereits angesprochenen und in der Konferenz von Monterrey behandelten „Systemic Issues" verweisen darauf, dass das Politikfeld Entwicklungszusammenarbeit von „Systemzusammenhängen" beeinflusst wird, zum Beispiel von der Funktionsweise der globalen Finanzmärkte. Offshore Finanzzentren spielen beispielsweise als Drehscheiben für veruntreute Gelder (Korruption) und für Fluchtkapital aus Entwicklungsländern eine besonders wichtige Rolle. Schätzungen besagen, dass die aus Entwicklungsländern über Offshore Finanzzentren geschleusten Gelder in etwa die Größenordnung der jährlichen ODA erreichen. Eine schärfere Kontrolle der Offshore-Finanzzentren könnte also einen Beitrag zur Steigerung der internen Ressourcen zur Finanzierung von Entwicklung leisten.

Auch gehören zu den systemischen Fragen Finanzierungsprobleme von (globalen) öffentlichen Gütern, ohne deren Bereitstellung Entwicklung schlechterdings nicht vorstellbar ist. Globale öffentliche Güter sind intakte Umweltgüter, aber auch Stabilität und Integrität von Finanzmärkten. (Wie wichtig dieses ist, hat der 11. September in Erinnerung gerufen.) Einige öffentliche Güter sind immaterieller Natur und daher zu geringen Kosten bereit zu stellen. Andere müssen kostenaufwendig bewahrt oder erzeugt werden. Dabei stellen sich Finanzierungsprobleme, die nur durch internationale Abgaben bzw. Steuern bewältigt werden können. In der Diskussion befinden sich eine Devisenumsatzsteuer (Tobinsteuer; vgl. Kapitel 2.4.1.2), eine Kohlendioxidsteuer, eine Steuer auf Flugbenzin. Dies kann hier nur erwähnt werden; zu den Abgaben und zur institutionellen Ausgestaltung einer internationalen Steuer-Organisation vgl. Kapitel 7.4 und Kapitel 10.

2.4.6.4 Frauen in der Entwicklungszusammenarbeit

Um die Prinzipien nachhaltiger und gendersensitiver Entwicklung tatsächlich zu verwirklichen, ist es unerlässlich, die Folgen aller wirtschaftlichen Strategien und Politiken für die Lebensrealität von armen Frauen in Regionen des Südens genau zu analysieren und vorbeugende Maßnahmen zu setzen, damit sie nicht einer weiteren Verschlechterung ihrer Lebensbedingungen ausgesetzt sind. Dabei muss die Vielschichtigkeit weiblicher Rollen im Auge behalten werden, also ihre produktiven Tätigkeiten in der formellen Wirtschaft, in der Subsistenzwirtschaft und im informellen Sektor, ihre reproduktiven Arbeiten und Aufgaben rund um „Haushalt" und Familie und ihr oft sehr intensives Engagement in der Gemeinde, das in der Regel als Erweiterung ihrer reproduktiven Tätigkeiten angesehen wird.

Ein weiteres Element, das immer in alle Planungen einbezogen werden muss, ist die benachteiligte Stellung der Frau in Familie und Gesellschaft, ihr meistens fehlender Zugang zu Macht, Infrastruktur und Ressourcen. Ohne tiefgehende Veränderungen im Bereich dieser Zusammenhänge sind nachhaltige Entwicklung und Armutsbekämpfung illusorisch (Neuhold 2001).

Frauenorganisationen[48] oder die Beraterin von UNIFEM zur Entwicklungsfinanzierung, Maria Floro[49], weisen auf die Widersprüchlichkeit in den Zielen der Entwicklungsfinanzierung hin. Einerseits findet man das Bekenntnis zu einer holistischen und einer nachhaltigen, gendersensitiven und auf Menschen ausgerichteten Entwicklung, andererseits steht dem gegenüber die starke Fokussierung auf die Liberalisierung der Märkte und der damit verbundene Rückzug des Staates aus der Verantwortung für die Sicherung sozialer Grundrechte sowie die Privatisierung ursprünglich staatlicher Aufgaben. Dies kann zu schlagartigen Verschlechterungen in der Einkommensverteilung führen, was häufig Frauen besonders stark betrifft. Eine strategische Rolle kommt hier internationalen Finanzierungsinstitutionen wie Weltbank und Währungsfonds bei der Konzeption ihrer Strukturanpassungsprogramme zu.

Eine andere zentrale Frage in diesem Zusammenhang ist die Tatsache, dass das Funktionieren von staatlichen Steuersystemen zunehmend von nationalen Eliten, transnationalen Konzernen und „Vested Interests" der unterschiedlichsten Art beeinträchtigt wird. Kapital- und Steuerflucht, die Errichtung von „Offshore Zentren" und Steueroasen, die Gründung von steuerlich begünstigten Stiftungen und kriminelle Praktiken wie Geldwäsche gehören zu den Phänomenen, die zu großen Verlusten an staatlichem Vermögen führen und die Basis für Umverteilungs- und Sozialprogramme empfindlich verringern.

2.5 Empfehlungen zu den globalen Finanzmärkten[50]

Empfehlung 2-1   Geldwäsche wirksam bekämpfen

Die FATF muss die „40 Empfehlungen" zur Bekämpfung der Geldwäsche in Bezug zu elektronischem Banking und elektronischem Geld sowie in Bezug zu Derivaten und Countertrade weiterentwickeln. Auch müssen vermehrt den Offshore-Zentren mit besonderen Rechtssystemen sowie den Gebieten mit rechtlicher Sonderstellung innerhalb von Mitgliedsländern der OECD Aufmerksamkeit geschenkt und Geldwäscheaktivitäten durch wirksame Regulationen unterbunden werden. Die Geldwäsche-Richtlinie der EU und die Vorschläge der Konferenz der Parlamente der Europäischen Union vom 8. Februar 2002 zum koordinierten Vorgehen der EU gegenüber nicht

---

[48] Wie z. B. Women in Development Europe (WIDE), UN-Interagency Network on Women and Gender Equality Taskforce on Gender and Financing for Development, Center for Women's Global Leadership (CWGL), Development Alternatives for Women in a New Era (DAWN), Women's International Coalition for Economic Justice (WICEJ), Women Environment Development Organisation (WEDO).

[49] Prof. Floro war eine der Referentinnen der Öffentlichen Anhörung „Globalisierung und Gender" der Enquete-Kommission „Globalisierung der Weltwirtschaft" am 18. Februar 2002 im Reichstagsgebäude.

[50] Zu den Handlungsempfehlungen 2-1, 2-6 bis 2-10, 2-12, 2-13, 2-16 und 2-17 vgl. das Minderheitenvotum der CDU/CSU-Fraktion in Kapitel 11.1.7.1. Vgl. auch die ergänzenden Handlungsempfehlungen der PDS-Fraktion in Kapitel 11.3.2.

kooperativen Ländern und Territorien sollen als Richtschnur bei der Bekämpfung der Geldwäsche dienen:

(1) Eine höhere Transparenz der Kapitalbewegungen ist angesichts der zumeist elektronischen Abwicklung erreichbar, wenn entsprechende Filter in die Abrechnungssysteme eingebaut werden. Dazu müssen Regeln unter Beachtung der Europäischen Konvention zum Schutze der Menschenrechte und Grundfreiheiten entwickelt werden.

(2) Darüber hinaus müssen die Privilegien bestimmter Berufsgruppen (Treuhänder, Notare etc.) überprüft und die Möglichkeiten der Registrierung von Kapitalbewegungen erweitert werden.

(3) Sanktionen gegen nicht kooperierende Länder und Territorien (Offshore-Finanzzentren) sind notwendig. Dazu gehören auch die Verpflichtung von Unternehmen zur systematischen Meldung von Geschäftskontakten mit nicht-kooperativen Offshore-Zentren sowie die Einführung von Auflagen, Beschränkungen, Zusatzgebühren oder Verboten bei Operationen von Finanzinstituten und anderen Akteuren mit der in der Liste der OECD geführten nicht kooperativen Offshore-Zentren. Ähnlich wie das von der Weltbank geführte Register von Unternehmen, die der Korruption überführt worden sind, soll ein öffentlich einsehbares Register von Unternehmen, die mit nicht-kooperativen Offshore-Zentren Geschäftsbeziehungen unterhalten, eingerichtet werden.

(4) Die gerichtliche, polizeiliche und administrative Zusammenarbeit muss verbessert werden, um die Ausnutzung von „Special Jurisdictions" zu Geldwäsche-Aktivitäten zu unterbinden. Auch die Kooperation bei der Bankaufsicht muss angesichts der globalen Reichweite von Netzwerken der organisierten Kriminalität oder von Terrorgruppen über nationale Grenzen hinweg intensiviert werden, insbesondere angesichts der wachsenden Bedeutung des elektronischen Zahlungsverkehrs. Eine Harmonisierung der Straftatbestände bei Finanzdelikten ist ebenso notwendig wie die Einführung einer Regelung der Beweislastumkehr für die Herkunft von Geldern aus einer Straftat unter Beachtung der Europäischen Konvention zum Schutze der Menschenrechte und Grundfreiheiten. Es ist zu begrüßen, dass in Deutschland die schwere Steuerhinterziehung Straftatbestand geworden ist und damit die Beweislast für die Herkunft strittigen Geldes beim Steuerpflichtigen und nicht bei den Strafverfolgungsbehörden liegt.

(5) Bankaufsichtliche Vorschriften müssen über eine Begrenzung von Bargeschäften (wie in Deutschland) hinaus die Einführung einer Genehmigungspflicht für Finanzdienstleistungen, darunter auch für Clearing- und Wertpapierhäuser, vorsehen.

Auch gilt es, diejenigen, die Geldwäschefälle öffentlich machen („Whistleblowers"), gegen Repressalien (Arbeitsplatzverluste, Einkommenseinbußen etc.) durch gesetzliche Maßnahmen zu schützen.

Empfehlung 2-2   **Kreditversorgung kleiner und mittlerer Unternehmen und breiter Schichten der Bevölkerung sichern (Basel II)**

Die Enquete-Kommission empfiehlt der Bundesregierung, einer Neufassung der derzeit beim Baseler Ausschuss verhandelten Eigenkapitalvorschriften für Kreditinstitute nicht zuzustimmen, wenn nicht sichergestellt ist, dass die Vorschläge insgesamt zu keiner höheren Kreditkostenbelastung der Gesamtwirtschaft und der kleinen und mittleren Unternehmen (KMU) führen. Deswegen sollen die Ergebnisse einer empirisch nachvollziehbaren weiteren Auswirkungsstudie (Quantitative Impact Study), die derzeit in Arbeit ist, abgewartet werden. Die deutsche Verhandlungsführung soll insbesondere auf eine bessere Einstufung langfristiger Kredite und Unternehmensbeteiligungen sowie die Anerkennung bewährter Kreditsicherheiten des Mittelstandes dringen.

Die Bundesregierung wird aufgefordert, die öffentlichen Förderprogramme zur Finanzierung von KMU, insb. die Förderprogramme für Existenzgründungen, für Kleinunternehmen einschließlich des Handwerks, die Mikrofinanzierungsprogramme sowie die Programme zur Verbesserung der Eigenkapitalsituation z. B. durch Beteiligungen angesichts der absehbaren bzw. eventuellen Veränderungen durch den Baseler Ausschuss grundsätzlich zu überprüfen und ggf. den neuen Gegebenheiten anzupassen.

Empfehlung 2-3   **Die Interessen aller gesellschaftlichen Gruppen am Unternehmen angemessen berücksichtigen**

Die Regeln guter Unternehmensführung sowie eine hohe Transparenz der Geschäftstätigkeit sind entsprechend den OECD-Leitsätzen zur „Corporate Governance" strikt zu beachten. Das wirtschaftliche, soziale, politische und ökologische Umfeld von Unternehmen ist für den wirtschaftlichen Erfolg eines Unternehmens ebenso wichtig wie ein gutes Management. Daher ist dafür Sorge zu tragen, dass gegenüber den Interessen der Aktionäre (Shareholder) auch die Interessen anderer Gruppen am Unternehmen („Stakeholder") berücksichtigt werden, da sie von dessen wirtschaftlicher Lage betroffen sind. Dazu gehören die Beschäftigten, aber auch Lieferanten und Kunden, die Kommunen, Anwohner etc.

Empfehlung 2-4   **Das Financial Stability Forum weiterentwickeln**

Die Enquete-Kommission unterstützt mit Nachdruck die vorgeschlagenen Maßnahmen des Financial Stability Forum zur Reduzierung der Volatilität von Kapitalbewegungen. Finanzielle Stabilität und Integrität des Finanzsystems sind ein globales öffentliches Gut, das durch angemessene Politik der nationalen Regierungen, informeller Gremien und Internationaler Organisationen bereit gestellt werden muss.

Die Vorschläge des FSF sollen aufgegriffen und weiterentwickelt werden: Verbessertes Risiko-Monitoring und -

Management, höhere Transparenz, ein Kredit- und Unternehmensregister, um Transparenz bezüglich der Geldgeber der hoch spekulativen Fonds herzustellen, bessere und verlässlichere Daten, die Vereinheitlichung von Standards und „Sound Practices". Auch sollen die Anforderungen an die Unterlegung mit Eigenkapital so gestaltet werden, dass in den nicht-kooperativen OFC angelegtes Kapital in die höchste Risikoklasse eingestuft werden muss.

Empfehlung 2-5 Den Einfluss informeller Politik begrenzen

Obwohl informelle Gremien derzeit einen unverzichtbaren Beitrag zur internationalen Politik („ad-hoc-Politik", wie im Falle des FSF – vgl. Kasten 2-3) leisten, darf man nicht aus dem Auge verlieren, dass die Legitimität brüchig ist, zumal wenn sie zu einer Dauereinrichtung werden und dann eine Art nicht-legitimierter Nebenregierung darstellen. Die informellen Gremien (z.B. der Baseler Ausschuss, das Financial Stability Forum, die diversen „Gruppen" – G7, G10, G20) sollten, so weit es möglich und sinnvoll ist, formalisiert und demokratisch, d. h. transparent und kontrollierbar durch die dazu berufenen Organe, also insbesondere die Parlamente, gestaltet werden. Dabei geht es auch um verbesserte Transparenz der Finanzierung. Die Bundesregierung wird – auch unter Berücksichtigung der jüngsten Erfahrungen mit Gipfelkonferenzen – aufgefordert, in diesem Sinne aktiv zu werden.

Empfehlung 2-6 Einen einheitlichen, europäischen Finanzmarkt schaffen

Die Enquete-Kommission fordert den Deutschen Bundestag, die Bundesregierung und die EU-Kommission auf, sich dafür einzusetzen, dass die Formierung und Regulierung eines europäischen Finanzmarktes den Anforderungen an ein demokratisches und sozialstaatliches Entwicklungsmodell in Europa Rechnung tragen.

Das erfordert insbesondere:

- *den Machtmissbrauch marktbeherrschender Finanzinstitutionen durch Einsatz des wettbewerbspolitischen Instrumentariums zu verhindern,*
- *zur Sicherung der strukturpolitischen Handlungsfähigkeit und Gewährleistung einer regional umfassenden Geld- und Kreditversorgung für eine ausgewogene Bankenstruktur von Privatbanken, Genossenschaftsbanken und öffentlich-rechtlichen Banken wie Sparkassen und Landesbanken zu sorgen,*
- *die Systeme der sozialen Sicherheit in Europa so auszugestalten, dass sie vor den Risiken der Finanzmärkte abgeschirmt bleiben,*
- *durch eine verbindliche und schnelle Abstimmung bei der Zins- und der Unternehmensbesteuerung den schädlichen Steuerwettbewerb zu verhindern und eine solidarische Steuerpolitik zu betreiben.*

Empfehlung 2-7 Stabilitäts-, Beschäftigungs- und Wachstumspolitik in der Europäischen Währungsunion besser verzahnen

Die Enquete-Kommission bewertet die Bildung der Europäischen Währungsunion insgesamt als historischen Fortschritt. Sie ist auch der Auffassung, dass mit dem Übergang zur Euro-Währung Chancen für eine Koordinierung der Geld-, Währungs- und Finanzpolitik gewachsen sind, um nicht nur das Ziel der Geldwertstabilität zu verfolgen, sondern auch die Beschäftigung im Euro-Raum zu fördern. Mit der Bildung der Europäischen Währungsunion sind auch die Chancen gestiegen, die Wechselkurspolitik zwischen den großen Währungsblöcken besser zu koordinieren.

Die Enquete-Kommission hält es angesichts der hohen Arbeitslosigkeit im Euro-Raum für unabdingbar, das Mandat der Europäischen Zentralbank diesen Gegebenheiten anzupassen und so zu erweitern, dass neben dem stabilitätspolitischen Ziel auch beschäftigungs- und wachstumspolitische Ziele verfolgt werden müssen. Schon jetzt sollten die im Art. 105 gegebenen Möglichkeiten der wirtschaftspolitischen Abstimmung zwischen Europäischer Zentralbank und Regierungen der Mitgliedsländer verstärkt ausgeschöpft werden. Die Bundesregierung wird aufgefordert, in diese Richtung bei Achtung und Beachtung der Unabhängigkeit der EZB initiativ zu werden.

Empfehlung 2-8 Für die Einführung einer Devisentransaktionssteuer und die Aufrechterhaltung von Möglichkeiten zur Kontrolle kurzfristiger Kapitalbewegungen

Die Enquete-Kommission empfiehlt der Bundesregierung, sich zunächst auf europäischer und dann auf internationaler Ebene für die Einführung einer Devisentransaktionssteuer einzusetzen.

Kapitalverkehrskontrollen sind Möglichkeiten, die einzelne Länder zum Schutz gegen spekulatives kurzfristiges Kapital ergreifen können. Es hat sich in den jüngsten Finanzkrisen gezeigt, dass dies sinnvoll ist. Zu empfehlen ist daher, die währungspolitische Souveränität – sofern keine (regionale) Währungsunion geplant ist – aufrecht zu erhalten und – der Situation angemessene – Schutzmaßnahmen gegen Finanzkrisen vorzuhalten. Diese sollten so gestaltet sein, dass sie die Offenheit der jeweiligen Volkswirtschaften nicht in Frage stellen.

Empfehlung 2-9 Die Beteiligung des privaten Sektors („Private Sector Invol-vement") bei der Vorbeugung und Bewältigung von Finanzkrisen stärken

Um zu erreichen, dass Anleger das Risiko ihrer Anlagen korrekt bewerten und in ihre Entscheidungen mit einbeziehen, müssen nicht nur Schuldner, sondern auch Gläubiger in einer Kreditbeziehung Verantwortung tragen. Daher sollen Kreditgeber in ausgehandeltem (und daher bei

Eingehung der Kreditbeziehung transparentem) Maße an den Kosten einer eventuellen Schuldenrestrukturierung (z. B. in Form von Umschuldungsklauseln, einer Kreditversicherung etc.) beteiligt werden. Der IWF sollte die Beteiligung des Privatsektors an der Krisenbewältigung zur Voraussetzung für den Einsatz öffentlicher Mittel (Kredite internationaler Institutionen oder bilaterale Kredite) machen. Kreditgeber, die ihren Verpflichtungen bei einer vereinbarten Umschuldung nicht nachkommen, sollten bei öffentlichen Aufträgen, aber auch bei der Begebung von öffentlichen Anleihen zeitweise ausgeschlossen werden.

Empfehlung 2-10   Offshore-Zentren zur Kooperation veranlassen

Es ist darauf hinzuwirken, dass alle Offshore- und Onshore-Zentren mit speziellen Rechtssystemen („Special Jurisdiction") die OECD-Empfehlungen zur Kooperation von Offshore-Zentren mit den internationalen Institutionen von Finanzaufsicht und Regulierung übernehmen. Die nationale, europäische und internationale Finanzaufsicht muss zu diesem Zweck verbessert und mit mehr Kompetenzen ausgestattet werden. Unternehmen, die Geschäftsbeziehungen zu nicht-kooperativen Offshore-Zentren unterhalten, sollen härteren Eigenkapitalanforderungen unterworfen werden und in ein spezielles und – aus Gründen der Transparenz – öffentlich zugängliches Unternehmensregister eingetragen werden.

Empfehlung 2-11   Verbesserte Aufsicht über Hedge-Fonds

Höhere Eigenkapitalbindungen bei Geschäften mit hoher Hebelwirkung würden risikoreiche spekulative Geschäfte verteuern. Eine verbesserte internationale Aufsicht durch BIZ, OECD und IWF, die auch die Offshore-Finanzzentren erfasst und jene Fonds diskriminiert, die von nicht-kooperativen Offshore-Finanzzentren aus ihre Geschäfte abwickeln, gehört dazu.

Empfehlung 2-12   Die Institutionen von Bretton Woods nicht schwächen, sondern reformieren

Die Institutionen von Bretton Woods sind nicht zu schwächen, sondern zu stärken. Ihre Arbeitsteilung ist in dem Sinne zu verbessern, dass der IWF für die Stabilisierung der Weltwährungsbeziehungen und die Überwindung akuter Zahlungsbilanzkrisen, die Weltbank für längerfristige Entwicklungsaufgaben zuständig ist. Anders als in den Strukturanpassungsmaßnahmen der Vergangenheit (nach Maßgabe des „Konsenses von Washington") müssen soziale und ökologische Belange berücksichtigt und Formen der Partizipation der Bevölkerung gefunden werden („Post-Washington-Konsens"). Die Institutionen von Bretton Woods müssen, gerade weil sie so wichtig für eine globale Öffentlichkeit sind, den Prinzipien der Transparenz, Offenheit und Pluralität in den wissenschaftlichen Ansätzen, in den Methoden und bei der Auswahl der Berater verpflichtet werden. Mehr als in der Vergangenheit geschehen, müssen sich die Institutionen der Kritik der Zivilgesellschaft(en) stellen. So ist es möglich, eine ökonomisch, sozial, ökologisch und politisch nachhaltige Strategie für die Entwicklung der Weltwirtschaft zu verfolgen. Die Einbeziehung der Betroffenen in Strukturanpassungsprogramme, die zugesagte Ausrichtung der Weltbank an dem Ziel der Armutsbekämpfung sowie die Einbindung von IWF und Weltbank in nationale, unter Beteiligung von Organisationen der Zivilgesellschaft zustande gekommen Strategien der Armutsbekämpfung (PRSP), ist zu begrüßen.

In Fortsetzung dieser Politikleitlinie soll auch eine Demokratisierung der Entscheidungsstrukturen in beiden Institutionen in dem Sinne erfolgen, dass die Verteilung der Stimmrechte nicht nur die wirtschaftliche Stärke der Mitgliedsländer, sondern auch andere Kriterien wie die Bevölkerungszahl oder jene Indikatoren berücksichtigt, wie sie im Human Development Index zusammengefasst werden. Ziel einer Neuverteilung der Stimmrechte ist ein Zwang zur Konsensbildung, so dass keine in den beiden Organisationen vertreten Ländergruppe die andere dominieren kann (vgl. hierzu auch Empfehlungen 10-6).

Die Enquete-Kommission unterstützt daher alle Bemühungen im IWF, künftig die Gläubiger in Programme zur Krisenbewältigung mit einzubeziehen („Bail in"). Der IWF darf nicht die Rolle einer Art kostenlosen Risikoversicherung für Banken, Investmentfonds und private Anleger in Entwicklungs- und Schwellenländern spielen, also mit öffentlichen Geldern private Verluste kompensieren. Die Leitlinie seiner Politik muss sich an den Entwicklungsbedingungen von Ländern oder Regionen und an den Lebensbedingungen der Menschen ausrichten, wenn Programme zur Lösung von Schulden- und Finanzkrisen erarbeitet werden.

Empfehlung 2-13   Gender Budgets

Die Enquete-Kommission empfiehlt, auf allen Ebenen (international, national, regional, lokal und auf der EU-Ebene) Budgetanalysen nach Geschlecht aufzuschlüsseln, um sicherzustellen, dass Frauen den gleichen Zugang zu den öffentlichen Mitteln haben wie Männer. Diese Budgetinitiativen sind ein wichtiges Instrument, um mehr Transparenz über die Verwendung staatlicher Mittel im Sinne der Gleichstellung zu schaffen.

Dabei sind folgende Schritte vorzunehmen: geschlechtsspezifische Analysen der bestehenden Budgets; Berechnung und Formulierung von Gender-Budgets in einem breiten Konsultationsprozess mit der Zivilgesellschaft; Implementierung und Evaluierung von Gender-Budgets.

Zur Vorbereitung von Gender-Budgets bedarf es der Einführung einer disaggregierten, geschlechtsspezifischen Datenerhebung, des gendersensitiven Trainings für Mitarbeiter der Finanz- und Wirtschaftsverwaltung, der öffentlichen finanziellen Unterstützung und des technischen Trainings für die Gender-Budget Initiative.

Empfehlung 2-14   Nachhaltiges Investment unterstützen

Für Investitionen, die nicht nur privatwirtschaftlichen sondern auch ökologisch nachhaltigen und/oder sozialen

Zielen folgen („nachhaltiges" oder „ethisches" Investment), sollen Transparenz-Kriterien entwickelt werden. Eine regelmäßige Berichtspflicht aller Anlageformen über die Beachtung dieser Kriterien ist anzustreben. Bei der staatlichen Förderung von Investitionen, von Altersvorsorge oder von anderen Förderungsobjekten sollen Nachhaltigkeits- Kriterien angelegt werden.

Empfehlung 2-15   Die Mittel für die öffentliche Entwicklungszusammenarbeit aufstocken

Die Enquete-Kommission begrüßt die von der Bundesregierung eingegangene Verpflichtung Deutschlands innerhalb der EU, den Anteil der Mittel für die Entwicklungszusammenarbeit auf zunächst 0,33 Prozent des BIP zu erhöhen. Dieser Wert soll spätestens 2006 erreicht werden. Darüber hinaus gehend fordert die Enquete-Kommission die Bundesregierung auf, entsprechend den Beschlüssen des Europäischen Rates von Goeteborg und Laaken und den Zusicherungen während der Vorbereitungen der UN-Konferenz „Financing for Development", den UN-Zielwert für staatliche Entwicklungszusammenarbeit von 0,7 Prozent des BIP so rasch wie möglich zu erreichen und durch jährliche Erhöhung der entsprechenden Mittel Rechnung zu tragen. Konkrete Fortschritte zur Erreichung des Wertes sind im Rahmen von Zeitplänen anzustreben. Langfristig soll ein Wert von ein Prozent des BIP angestrebt werden. Der Bundestag wird aufgefordert, diese Zielsetzung in den Haushaltsentscheidungen zu berücksichtigen.

Zur Verbesserung der Kohärenz internationaler Politik vgl. Empfehlung 10-2, zur entwicklungspolitischen Global Governance vgl. Empfehlung 10-12.

Empfehlung 2-16   Die HIPC-Initiative fortsetzen und Schuldendienst an der Tragfähigkeit bemessen

Die Entschuldung hochverschuldeter, armer Länder soll von Seiten der Industrieländer weiter gefördert, die HIPC-Initiative soll unter Beteiligung von zivilgesellschaftlichen Organisationen mit der Zielsetzung der Armutsreduzierung fortgesetzt werden.

Die „Tragfähigkeit" des Schuldendienstes (Zinsen und Rückzahlungsbeträge) müsste heute, ähnlich wie im Londoner Schuldenabkommen mit der Bundesrepublik Deutschland nach dem Zweiten Weltkrieg, eine zentrale Rolle bei der Beurteilung der „Überschuldung" von Staaten spielen, um eine ökonomische, soziale und politische Überforderung zu vermeiden. Soziale und ökologische sowie frauenspezifische Kriterien müssen bei der Erarbeitung des Konzepts tragfähiger Verschuldung berücksichtigt werden. Die für die hochverschuldeten armen Länder (HIPC) bereits heute operationalisierte Kategorie der Tragfähigkeit soll auch auf andere Entwicklungs- und möglicherweise auch Schwellenländer in angepasster Weise ausgedehnt werden, um die Transparenz des Schuldendienstes zu erhöhen. Dies kann Schuldnern ebenso zu Gute kommen wie Kreditgebern und den Akteuren der Entwicklungszusammenarbeit.

Empfehlung 2-17   Eine internationale Insolvenzregelung entwickeln

Die Enquete-Kommission empfiehlt die Einrichtung eines internationalen Insolvenzverfahrens für eine geregelte und faire Entschuldung von souveränen Schuldnern, die ihren Verpflichtungen zum Schuldendienst nicht nachzukommen vermögen. Über die Modalitäten eines solchen Verfahrens sowie die institutionelle Ausgestaltung einer Organisation zur Durchführung des Insolvenzverfahrens in gebührender Unabhängigkeit von Schuldnern, Gläubigern und internationalen Finanzinstitutionen soll ein Einverständnis innerhalb der damit befassten internationalen Organisationen (vor allem des IWF) und zwischen den Regierungen der Industrie- und Entwicklungsländer gesucht werden. Die Enquete-Kommission ist der Überzeugung, dass nur eine unabhängige Schiedsstelle mit neutralem Vorsitz und bei paritätischer Beteiligung von Schuldnern und Gläubigern, ausgestattet mit verbindlicher Entscheidungskraft, in der Lage ist, die Aufgaben effizient und ohne Ansehung von anderen Interessen als den in der Satzung des Insolvenzverfahrens vorgesehenen (vor allem die Kriterien der Tragfähigkeit des Schuldendienstes) zu erfüllen. Nur so ist eine „ordentliche" Lösung von schweren Schulden- und Finanzkrisen („orderly debt work-out") möglich.

Empfehlung 2-18   Frauen in die Entwicklungsfinanzierung aktiv einbeziehen

Mikrokreditprogramme, insbesondere in Verbindung mit sozialer Sicherung, Bildung und Gesundheitsvorsorge stellen eine aussichtsreiche Alternative für Frauen dar und wurden auch in der „Aktionsplattform von Beijing" nachdrücklich empfohlen. Diese müssen in der öffentlichen Entwicklungszusammenarbeit weiterhin unterstützt werden. Kredite für frauenspezifische Projekte sollen subventioniert werden können. Die Hindernisse für Frauen als Kreditnehmerinnen (in Bezug auf vorzuweisende Kreditwürdigkeit, Eigenkapitalbeteiligung u. a. m.) müssen abgebaut werden. Hier sind die bereits vorhandenen geschlechtsspezifischen „Fenster" der Finanzinstitutionen und die entsprechenden Sensibilisierungsmaßnahmen von Finanzinstituten von besonderer Bedeutung. Sie sollten fortentwickelt werden. Dabei müssen bestehende Programme ständig hinterfragt und dahingehend analysiert und evaluiert werden, ob sie wirklich zur Verbesserung der Situation von Frauen („Empowerment") beitragen.

2.6   Ausblick und offene Fragen[51]

Es werden im Folgenden nur jene „offenen Fragen" benannt, die sich im Verlauf der Arbeit der Arbeitsgruppe „Finanzmärkte" ergeben haben und in dem verfügbaren Zeitrahmen nicht beantwortet werden konnten. Selbstverständlich gibt es noch viele andere Fragen im Zusammenhang mit den Entwicklungstendenzen globaler Finanzmärkte; auch der ausführlichste Bericht kann jedoch nicht

---

[51] Vgl. hierzu das Minderheitenvotum der FDP-Fraktion in Kapitel 11.2.2.2.4.

beanspruchen, in allen oder auch nur den meisten Problemkomplexen das „letzte Wort" gesprochen zu haben.

An vielen Stellen des vorliegenden Kapitels tauchte die Frage nach dem **Verhältnis von „monetärer" und „realer" Ökonomie** auf. Die Diskussion darüber konnte nur teilweise geführt werden, zum Beispiel anhand der Entwicklungstendenzen von realem Inlandsprodukt und Realzinsen (vgl. Kapitel 2.3.3). Die empirischen Ergebnisse, theoretischen Deutungen und politischen Wertungen blieben in der Diskussion strittig; davon zeugt der Abschlussbericht. Wegen der Bedeutung dieser Frage für begründete Einschätzungen von Entwicklungstendenzen der globalen Finanzmärkte, z. B. von „Verselbständigungstendenzen" der Finanzsphäre einerseits und von Wirkungen der Preisentwicklung realer Größen (von Gütern und Dienstleistungen) sowie der Lohn- und Gewinneinkommen (letztere ohne Zinseinkünfte) auf die Dynamik der Finanzmärkte andererseits, gibt es erheblichen Beratungsbedarf.

Zwar räumt der Abschlussbericht der Analyse der Ursachen und Wirkungen der Schuldenkrise der Entwicklungsländer in den 80er Jahren und der Währungs- und Finanzkrisen von Schwellenländern seit Beginn der 90er Jahre beträchtlichen Raum ein (vgl. hierzu Kapitel 2.3.1). Doch steht eine ähnlich eingehende Analyse von **Instabilitäten und Krisen der Finanzmärkte in Industrieländern** noch aus. Beispielsweise war es nicht möglich, sich eingehend mit der japanischen Bankenkrise zu beschäftigen, deren Bedeutung weit über Japan hinausreicht, oder die Rolle des **US-Dollar auf dem globalisierten Finanzmarkt** angemessen zu berücksichtigen.

Damit eng verknüpft ist die generelle Frage nach der Zukunft des Währungssystems, wenn sich mehr und mehr eine „Triadisierung" zwischen US-Dollar, Yen und Euro, einigen kleineren starken, unabhängigen Währungen und vielen „Satellitenwährungen" andeutet. In diesem Zusammenhang wären die Konsequenzen für die Gestaltung des **Europäischen Finanzmarktes** und der **Europäischen Währungsunion** genauer und eingehender als bisher geschehen, zu erarbeiten (etwa hinsichtlich einer Harmonisierung von Steuersystemen, einer europäischen Aufsicht über Finanzmärkte, der Regeln für Finanzmarktakteure und Finanzinstrumente etc.).

Auch ist die in Kapitel 2.3.4 geführte Debatte über „Shareholder Value" keineswegs abgeschlossen. Die Konsequenzen, die sowohl theoretisch als auch in der politischen Bewertung aus dem „New Economy-Boom" und dessen abruptem Ende gezogen werden müssen, sind noch zu ziehen. Dieses gilt etwa für **Unternehmensziele, für Bewertungsprinzipien, für Bilanzierungsrichtlinien, für Rating** und andere Aspekte im Zusammenhang mit der so genannten Corporate Governance.

Zum Problem der Alterung der Weltbevölkerung äußert sich der Bericht der Enquete-Kommission „Globalisierung" ausführlich im Kapitel 9.2.2. Die Konsequenzen für die **Systeme der Altersicherung und deren Reformen** werden aber bestenfalls angedeutet. Die Frage nach den Finanzierungsmodi der Alterssicherung ist eng mit dem Funktionieren der Weltfinanzmärkte verbunden: Ein kapitalgedecktes Modell stärkt die Bedeutung von Fonds auf liberalisierten, offenen Finanzmärkten. Die Frage nach den Auswirkungen auf die Finanzmärkte und umgekehrt die möglichen Folgen für die Bezieher der Alterssicherung müssten sehr viel intensiver debattiert werden, als dies im Zeitrahmen der Kommission möglich war.

Im Zusammenhang mit Geldwäsche tauchte immer wieder die Frage nach dem Verhältnis von formellen und „informellen" Banken auf, die zum Teil beträchtliche Transfers an der Bankaufsicht vorbei zu leisten in der Lage sind. Besonders hervorgetreten sind in den vergangenen Jahrzehnten infolge von Globalisierung und Liberalisierung so genannte **Hawala-Banken.** Wegen ihrer Bedeutung für bestimmte Segmente der globalen Finanzmärkte verdienen sie hohe Aufmerksamkeit, die ihnen die Enquete-Kommission „Globalisierung" bislang nicht widmen konnte.

Dies gilt auch für den **Countertrade,** also weitgehend geldlose, aber zumeist durch Kredit finanzierte, zum Teil große Tauschgeschäfte. Nach Schätzungen des IWF werden in manchen Weltregionen (zeitweise in den mittel- und osteuropäischen Transformationsländern, in Afrika) bis zu 50 Prozent des Marktvolumens über Countertrade abgewickelt. Es müsste der Frage nachgegangen werden, welche Auswirkungen Countertrade für die Transparenz der Märkte oder für Geldwäscheaktivitäten besitzt.

Auch die mit dem **islamischen Bankensystem** verbundenen Fragen mussten bislang von der Enquete-Kommission „Globalisierung" zurückgestellt werden. Dies ist angesichts der Bedeutung des islamischen Kulturkreises als Mangel zu bewerten, der nur durch die Zeitnot, in der sich die Kommission befand, gerechtfertigt werden kann. Zum einen sollte das „Islamic Banking" im Zusammenhang mit *nachhaltigen Geldanlage-Konzepten* (vgl. hierzu Kapitel 2.4.5) betrachtet werden. Denn auch der Religion verdankte Motive spielen bei der Geldanlage eine nicht geringe Rolle. Zum anderen sollte der Frage nachgegangen werden, wie islamische Banken bei Beachtung des Verbots, Zinsen zu nehmen, innerhalb des globalen Finanzmarkts operieren.

Zu Beginn ihrer Arbeit hat sich die Enquete-Kommission „Globalisierung" im Zusammenhang der Finanzmärkte mit Fragen des **elektronischen Geldes und der elektronischen Bankgeschäfte** beschäftigt. Das Thema ist, nachdem es andiskutiert worden ist, zurückgestellt worden, weil absehbar war, dass es angesichts des sonstigen Arbeitsauftrags nicht angemessen bearbeitet werden kann. Es ist allerdings völlig unstrittig, dass die Elektronisierung der Finanzmärkte eine Schlüsselfrage der zukünftigen Entwicklung darstellt und daher unbedingt bearbeitet werden muss.

3 Waren- und Dienstleistungsmärkte[1]

3.1 Globalisierungstrends: Daten und Fakten

Seit Jahrzehnten ist ein hohes Wachstum des Welthandels zu beobachten. Selbst auf dem zunehmend höheren Niveau lässt diese Dynamik kaum nach.[2] Zwischen 1948 und 2000 nahm der Warenhandel[3] real jährlich im Durchschnitt um 6,1 Prozent zu und weitete sich damit schneller aus als die Produktion (3,9 Prozent p. a.).[4] Die Volkswirtschaften sind heute wahrscheinlich wie nie zuvor in der Geschichte vom Welthandel abhängig (WTO 1998a: 33). Diese Dynamik ist nicht auf den Warenhandel beschränkt. Auch der Dienstleistungshandel weitet sich stark aus. Er expandierte in den beiden letzten Jahrzehnten sogar etwas schneller als der Warenhandel. Nach wie vor ist Westeuropa die führende Exportregion, gefolgt von Nordamerika und Asien. Die regionalen Gewichte verschieben sich jedoch. Nordamerika hat als Exporteur einen spürbaren Anteilsverlust hinnehmen müssen.[5]

Westeuropa hat als führende Exportregion seine Position dagegen ausbauen können.[6] Sprunghaft hat Asien als Exportregion an Bedeutung gewonnen – vorangetrieben vor allem durch Japan und später auch durch die asiatischen Schwellenländer.[7] Deutlich zurückgefallen als Exportregionen sind Lateinamerika[8] und Afrika[9] – und damit ein großer Teil der Gruppe der ärmsten Entwicklungsländer (LDC).

WTO-Daten zeigen auf, dass Entwicklungsländer (ausgenommen Länder im Kriegszustand und die ehemaligen kommunistischen Staaten), die am weltweiten Freihandel teilnehmen, ein Exportwachstum von durchschnittlich 4,3 Prozent in den 80er Jahren auf 6,4 Prozent jährlich in den 90er Jahren verzeichnen konnten. Zwar hat sich der Anteil der Exporte am BIP der Entwicklungsländer insgesamt erhöht, aber diese Steigerung konzentrierte sich auf lediglich 13 Länder (drei in Lateinamerika und zehn in Ost- und Südostasien). Letztere sind in ihrer Wirtschaftskraft und in ihrem Entwicklungsstand näher an die entwickelten Industrieländer gerückt, auch wenn die Finanzkrisen des vergangenen Jahrzehnts (Mexiko 1994/95, dynamische asiatische Ökonomien 1997, Russland 1998, Brasilien 1999) herbe Rückschläge im Aufholprozess darstellten. In den anderen Entwicklungsländern konzentrieren sich die Exporte hauptsächlich auf Rohstoffe und nicht auf industrielle Güter.

Die dynamischen und die strukturschwachen Entwicklungsländer driften immer stärker auseinander. Wenngleich auch die 49 LDC als Gruppe ihre Exporte erheblich ausweiten konnten (1950–1999: 5,2 Prozent p. a.), verschlechterte sich ihr Welthandelsanteil insgesamt deutlich von 3,2 Prozent 1950 auf 0,5 Prozent 2000 (UNCTAD 2001d). Doch selbst diese Gruppe ist äußerst heterogen. Einige LDC profitieren vom Export von Öl und arbeitsintensiven Industrieprodukten, andere dagegen sind auf die Ausfuhr relativ wenig nachgefragter Primärprodukte angewiesen oder infolge innerer und äußerer Konflikte exportschwach.

In den letzten 20 Jahren ist der Anteil des Handels der Industrieländer untereinander am Welthandel weiter gestiegen (1980: 45 Prozent, 1999: 49 Prozent). Noch stärker hat die Bedeutung des Süd-Süd-Handels, also der Handel der Entwicklungsländer untereinander (ohne OPEC), im selben Zeitraum zugenommen (1980: drei Prozent; 1999: neun Prozent). Sein Anteil am gesamten Handel der Entwicklungsländer ist von 24 auf 35 Prozent gewachsen (UNCTAD 2001d).

3.1.1 Trend Regionalisierung (Triadisierung)

Die ausländischen Direktinvestitionen, der Welthandel und die grenzüberschreitenden Kapitalströme haben in den letzten 20 Jahren in ungeahntem Maß zugenommen. Wichtiger aber ist, dass immer mehr Länder einbezogen wurden und neue transnationale Wirtschaftsverbindungen an Bedeutung gewonnen haben. Jedoch sind nicht alle Gesellschaften, Staaten und Unternehmen gleichermaßen von diesen wirtschaftlichen Internationalisierungstendenzen erfasst oder haben von ihnen profitieren können. Ein besonderes Kennzeichen der globalen Wirtschaftsentwicklung sind die Unterschiede im räumlichen Verflechtungsgrad und die regionalen Differenzierungen. Außenhandel wie Auslandsproduktion zeigen einen Trend zur Regionalisierung. Sie konzentrieren sich auf die Triade (EU, Nordamerika, Japan), wobei auch die Verflechtung mit den jeweils angrenzenden weniger hoch entwickelten Ländern intensiv ist: Nordamerika mit Lateinamerika, Westeuropa mit den MOE-Ländern und Nordafrika, Japan mit Ost-Südost-Asien.

Ein Merkmal der langfristigen Welthandelsentwicklung ist die zunehmende räumliche Verdichtung und Regionalisierung (s. dazu Enquete-Kommission „Globalisierung" 2001c: 46 ff.). Der *intraregionale* Warenaustausch lag in den 50er Jahren bei 30 Prozent, 1980 bei 40 Prozent und

---

[1] Der vorliegende Berichtsteil der Arbeitsgruppe Waren- und Dienstleistungsmärkte wurde großteils im Konsens verabschiedet. Minderheitenvoten oder Sondervoten zu einzelnen Abschnitten oder Handlungsempfehlungen liefern die Arbeitsgruppen der Fraktionen der CDU/CSU, FDP und PDS sowie das sachverständige Kommissionsmitglied Dr. Michael Baumann in Kapitel 11.

[2] Vgl. dazu und zum Folgenden WTO (2001b).

[3] Ohne Dienstleistungen.

[4] Vgl. WTO (2001b).

[5] Von 28 Prozent 1948 auf 17 Prozent 2000 (WTO 2001e: 44).

[6] Von 31 Prozent 1948 auf 40 Prozent 2000 (WTO 2001e: 44).

[7] Von 14 Prozent 1948 auf 27 Prozent 2000 (WTO 2001e: 44).

[8] Von 12 Prozent 1948 auf 6 Prozent 2000 (WTO 2001e: 44).

[9] Von 7 Prozent 1948 auf 2 Prozent 2000 (WTO 2001e: 44).

macht heute fast die Hälfte des Welthandels aus.[10] Westeuropa wickelt alleine mehr als zwei Drittel seiner Exporte intraregional ab. In den süd-, ost- und südostasiatischen Ländern ist es annähernd die Hälfte, in Nordamerika bereits 40 Prozent. Die stärksten *interregionalen* Handelsbeziehungen bestehen zwischen Asien und Nordamerika: Der transpazifische Handel macht elf Prozent (2000) des Weltexports aus. Es folgen der euro-asiatische Handel mit acht Prozent und der transatlantische Handel zwischen Westeuropa und Nordamerika mit sieben Prozent (WTO 2001e: 164f.).

Ein beträchtlicher Teil des Welthandels wird heute von Ländern bestritten, die an formalen regionalen und interregionalen Zusammenschlüssen beteiligt sind und sich in diesem Rahmen gegenseitig handelspolitische Präferenzen einräumen.

Mehr als ein Drittel des weltweiten Warenhandels wird innerhalb der vier größten regionalen Integrationsgemeinschaften – EU (15), NAFTA (3), ASEAN (10) und MERCOSUR (4) – und fast ein Viertel allein innerhalb der EU abgewickelt. Daneben existieren zahllose weitere regionale Integrationsgebilde. Mit der um China, Japan und Korea erweiterten ASEAN-Gruppe entstünde die *bevölkerungsmäßig* größte Freihandelszone der Welt und mit der geplanten Free-Trade-Area of the Americas der *wirtschaftlich* größte Freihandelsraum.

Neben der regionalen wird heute verstärkt eine interregionale Zusammenarbeit vereinbart oder angestrebt. Beispiele sind die Abkommen der EU mit Mexiko, mit den MERCOSUR-Staaten (in Verhandlung) sowie das Abkommen mit den AKP-Länder im Rahmen des Cotonou-Vertrages. Offen sind weiterhin die transatlantische Wirtschaftspartnerschaft zwischen der EU und den USA sowie die Asiatisch-Pazifische Wirtschaftsgemeinschaft APEC. Dabei wird deutlich, dass sich die regionalen Handelsblöcke selbst immer häufiger auf einander zubewegen. Für die nächsten Jahre wird eine weitere Beschleunigung der Bildung regionaler und interregionaler Zusammenschlüsse erwartet (WTO 2000b).

Die Abkommen der neuen Generation enthalten vermehrt Elemente tiefer Integration *(Deep Integration)*, die über den reinen Abbau konventioneller Handelsschranken an den Grenzen hinausgehen. Die Europäische Union ist da-

Abbildung 3-1

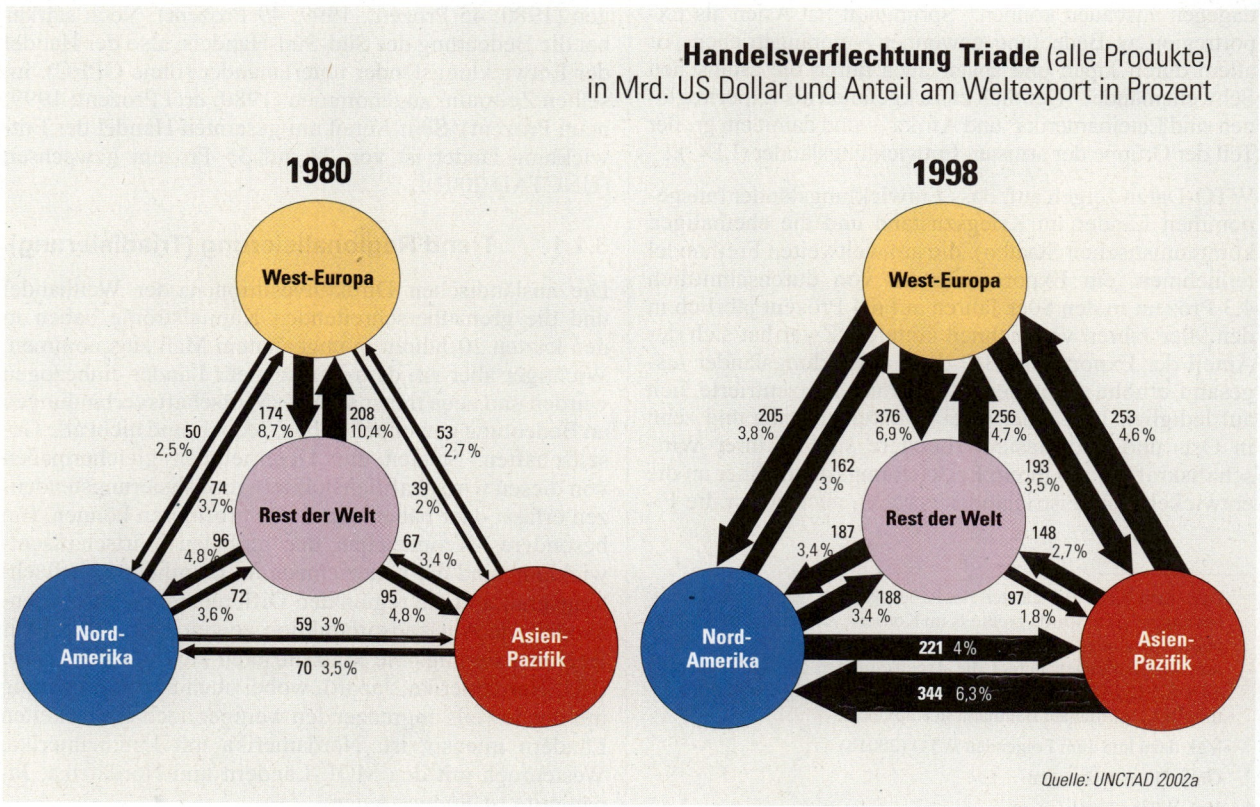

---

[10] Im Jahr 2000 entfielen 49,2 Prozent des Weltexports auf Exporte innerhalb der in der WTO-Statistik ausgewiesenen Großregionen (WTO 2001e: 164f.).

Tabelle 3-1

Beispiele regionaler Integration von Industrie-, Schwellen- und Entwicklungsländern

	Industrieländer	**Schwellenländer**	**Entwicklungsländer**
Industrieländer	EU, EFTA, FTAA, NAFTA	APEC, ASEM	FTAA, Cotonou
Schwellenländer	FTAA, NAFTA, Freihandelsabkommen EU-Südafrika, EU-MERCOSUR, EU-CEFTA	ASEAN, Andenpakt	MERCOSUR
Entwicklungsländer	APEC, ASEM, FTAA	SADC, SACU	ECOWAS, LAIA, COMESA, Caricom, PTA
Legende			
Andean Community	Andenpakt		
APEC	Asia-Pacific Economic Cooperation		
ASEAN	Association of South East Asian Nations		
ASEM	Asia-Europe Meeting		
CARICOM	Caribbean Community and Common Market		
COMESA	Common Market for Eastern & Southern Africa		
CEFTA	Central European Free Trade Agreement		
Cotonou	Abkommen zwischen der EU und assoziierten AKP-Staaten		
ECOWAS	Economic Community of West African States		
EFTA	European Free Trade Association		
EU	Europäische Union		
FTAA	Free Trade Area of the Americas		
LAIA	Latin American Integration Association		
MERCOSUR	Mercado Común del Sur		
NAFTA	North American Free Trade Agreement		
PTA	Preferential Trade Area of Eastern and Southern Africa		
SADC	Southern African Development Community		
SACU	Southern African Customs Union		

Quelle: Dieter 1999: 179, UNCTAD 2001c: 16.

bei eine wichtige treibende Kraft und kann für weitergehende politische Integrationsschritte Modellcharakter haben. Regionale Handelsvereinbarungen können die politische Unterstützung für einen multilateralen Abbau von Handelsbarrieren untergraben oder aber im Sinne eines „offenen Regionalismus" politische Energien für eine integrative Handelsliberalisierung auf breiter Front freisetzen (Domino-Theorie). Innerhalb der WTO, und konkret im Rahmen der neuen multilateralen Handelsrunde, erscheint es deshalb notwendig, die bestehenden Regeln und Verfahren für regionale Handelsabkommen zu reformieren.

3.1.2 Die Europäische Union als Beispiel regionaler Integration

In regionale Integrationsabkommen können höhere Standards eingeführt werden, die multilateral noch nicht konsensfähig sind. Aber weil sie langfristig als Handelsvorteil relevant werden, können sie eine positive Sogwirkung ausüben. Als Beispiel kann man hier die Umwelt- oder Wettbewerbspolitik der EU nennen. Die im Vergleich zu multilateralen Verhandlungen einfachere Harmonisierung von Politikfeldern innerhalb eines überschaubaren Integrationsraumes kann so auch als Vorläufer-Instrument für multilaterale Vereinbarungen dienen. Denn für kooperationswillige Entwicklungsländer wäre die Harmonisierung einzelner Politikfelder untereinander einfacher als das Aushandeln mulitlateraler Vereinbarungen.

Augenscheinlich und leicht nachzuvollziehen ist dies an der Geschichte der Europäischen Union. Die Vertiefungs- und Erweiterungsprozesse von der EGKS über die EWG der sechs EKGS-Staaten zur EU und die jeweiligen Erweiterungen auf bis zu heute 15 Mitgliedstaaten sind beispielhaft für die Entwicklung immer höherer Standards und gleichzeitiger Harmonisierung. Allerdings ist dieser Prozess in vielfacher Hinsicht noch nicht abgeschlossen.

Dies gilt auch, wenn man feststellen mag, dass regionale Integrationsabkommen zwischen Ländern mit einer relativ ähnlichen Wirtschaftsstruktur offensichtlich reibungsloser funktionieren als zwischen solchen mit einer weniger ähnlichen Wirtschaftsstruktur.

Ganz entscheidend ist die ordnungspolitische Ausrichtung innerhalb der Blocks, und besonders auch im Verhältnis gegenüber Drittstaaten (z. B. Barcelona-Prozess, Cotonou-Abkommen mit den AKP-Staaten). Die hohe interne Qualität des „Handelsblockes" Europäische Union lässt ihn auch unter ausschließlich handelspolitischen Gesichtspunkten gegenüber bloßen (Frei-)Handelsräumen vorbildlich abschneiden.

Innerhalb Europas ist die wirtschaftliche, soziale und politische Einigung im Laufe eines halben Jahrhunderts erfolgt. Bei der Süderweiterung wie bei der vorbereiteten Osterweiterung der Europäischen Union sind Erfahrungen für die Integration von Staaten mit sehr unterschiedlichen strukturellen Voraussetzungen gesammelt worden.

So kann der EU-Prozess bei der Entwicklung höherer gemeinsamer Standards und gleichzeitiger Harmonisierung der Politikfelder für regionale Integrationsbestrebungen auch in Entwicklungsregionen Vorbildfunktion haben.

3.1.3 Hierarchisierung von Märkten und Branchen: Öffnungsgrade und Protektion[11]

Sektorstruktur: Die Güterstruktur des Welthandels hat in den vergangenen Jahrzehnten einen tiefgreifenden Strukturwandel durchgemacht. Das dynamische Vordringen des Industriegüter- und Dienstleistungshandels ging mit einem entsprechenden Bedeutungsverlust des Handels mit Agrarprodukten von 47 Prozent (1950) auf nur noch 9 Prozent des Welthandels (2000) einher (WTO 2000b). Dennoch bleiben insbesondere einige Entwicklungsländer in hohem Maße vom Agrarexport abhängig. Auch hat der wirtschaftliche Bedeutungsverlust den politischen, auf Protektion zielenden Einfluss der Agrarlobby in den wichtigsten Industrieländern kaum gemindert.

Das dynamische Element des Industriegüterhandels sind wertschöpfungs- und technologieintensive Produkte. Mit Entwicklungsländern tauschen die Industrieländer immer noch ihre technologisch anspruchvolleren Industrieprodukte gegen die arbeits- und rohstoffintensiven Erzeugnisse der Entwicklungsländer (inter-industrieller Handel). Einzelne Schwellenländer dringen jedoch bereits in typische Exportdomänen der Industrieländer vor (Beispiel: Elektrotechnik und Elektronik, Automobile) und treten verstärkt in den intra-industriellen Handel ein. In traditionellen Verbrauchsgüterindustrien wie der Textil- und Bekleidungsindustrie ist die intra-industrielle internationale Arbeitsteilung meist weniger weit vorangeschritten als in technologie- und kapitalintensiven Sektoren wie der Chemie-, Automobil- und feinmechanisch-optischen Industrie. In Zukunft ist mit einem weiter steigenden Gewicht des intra-industriellen Austauschs im Welthandel zu rechnen. Dies mindert protektionistischen Druck, da die Vor- und Nachteile der strukturellen Anpassung sich jeweils in der gleichen Branche und oftmals auch innerhalb der gleichen Unternehmen niederschlagen.

Im internationalen Dienstleistungshandel hat sich ein weitreichender Strukturwandel vollzogen[12]: Der Anteil der ehemals dominierenden Transportleistungen ist seit 1990 stark geschrumpft, während das Gewicht des Reisesektors zunächst kräftig zugenommen hat, aber seit 1990 auf dem erhöhten Niveau stagniert. Demgegenüber sind die „sonstigen Dienstleistungen" stetig und kräftig expandiert und bilden nunmehr mit Abstand den größten der drei Hauptdienstleistungssektoren. Dynamische Entwicklungsmuster sind vor allem bei international gehandelten Kommunikations-, Computer- und Informations-, Finanz- und Versicherungs-, persönlichen, kulturellen und Erholungsdienstleistungen sowie bei Lizenz- und Gebührenzahlungen (beispielsweise für die Nutzung von Software) festzustellen. Das Wachstumspotenzial im internationalen Dienstleistungssektor ist außerordentlich hoch einzuschätzen, zumal die Entwicklung der Informations- und Kommunikationstechnik dazu führt, dass immer mehr Dienstleistungen handelbar werden und der Abbau von Marktzugangshindernissen und Diskriminierungen ausländischer gegenüber inländischen Anbietern sowie zwischen ausländischen Anbietern aus verschiedenen Ländern gerade erst begonnen hat.

Offenheit: Seit dem Ende des 2. Weltkriegs ist eine besonders starke Öffnung der Volkswirtschaften zu beobachten. Die globale Export- und Außenhandelsquote (Anteil des Exports von Gütern und Dienstleistungen bzw. der Summe aus den entsprechenden Ex- und Importen am Bruttoinlandsprodukt) hat erheblich zugenommen und vielfach Werte von über 20 bzw. 40 Prozent erreicht. Dabei sind deutliche Unterschiede zwischen den einzelnen Ländern und Ländergruppen zu erkennen. In der außerordentlich hohen Export- und Außenhandelsorientierung der Hocheinkommensländer außerhalb der

---

[11] Der wissenschaftliche Input zu diesem Kapitel entstammt zum überwiegenden Teil dem Gutachten von Borrmann, Jungnickel, Koopmann (2002).

[12] Vgl. dazu auch Enquete-Kommission „Globalisierung" (2001c: 51 ff.).

OECD kommt in erster Linie zum Ausdruck, dass es sich hierbei um kleine Volkswirtschaften handelt. Sie sind in hohem Maße auf den Außenhandel angewiesen, um ihre Ressourcen effizient nutzen und eine differenzierte Nachfrage bedienen zu können. Bei den OECD-Ländern fällt auf, dass die USA (hauptsächlich bedingt durch die Größe des Binnenmarktes) und Japan relativ geringe Offenheitsgrade aufweisen.

Besonders dynamisch ist die Entwicklung in der Asien-Pazifik-Region verlaufen. Dies gilt infolge der Hinwendung zur Marktwirtschaft auch für China. In Lateinamerika verlief die Öffnung der Volkswirtschaften demgegenüber eher verhalten. In Mexiko hat allerdings das Nordamerikanische Freihandelsabkommen (NAFTA) die (einseitig auf die USA ausgerichtete) außenwirtschaftliche Öffnung kräftig vorangetrieben. Dagegen hat sich der Offenheitsgrad der 49 ärmsten Entwicklungsländer im Laufe der letzten vier Jahrzehnte nicht wesentlich erhöht. Er schwankte vielmehr zwischen zwölf und 17 Prozent.

Während der Dienstleistungssektor in den OECD-Volkswirtschaften dominiert, liegt der internationale Dienstleistungshandel lediglich bei weniger als einem Viertel des gesamten Welthandelvolumens. In sektoraler Hinsicht ist daher die Erstellung von Dienstleistungen insgesamt noch in wesentlich geringerem Maße dem internationalen Wettbewerb ausgesetzt als die Warenproduktion. Innerhalb der verarbeitenden Industrie sind erhebliche Branchenunterschiede im Offenheitsgrad zu beobachten. Gemessen am Anteil der Importe am Inlandsmarkt (Importpenetrationsgrad) haben innerhalb der „Triade" die USA (und Kanada) insgesamt stärker als die EU und diese stärker als Japan ihren Inlandsmarkt für ausländische Industrieprodukte geöffnet (UNCTAD 1980 bis 1995). Dies gilt in erster Linie für Erzeugnisse aus Entwicklungsländern. Die stärksten Zuwächse und bei weitem höchsten Marktanteile in Industrieländern haben die Entwicklungsländer aufgrund ihrer komparativen Kostenvorteile bei arbeitsintensiven Produkten mit Bekleidungserzeugnissen und Schuhen erzielt. In Nordamerika haben sie sich vor allem mit Schuhen, in Westeuropa und Japan mit Bekleidung etablieren können. Relativ hohe Marktanteile erreichen Anbieter aus Entwicklungsländern auch bei Textil- und Holzprodukten sowie bei Mineralölerzeugnissen, in der Elektroindustrie (hier vor allem in Nordamerika) und in der Stahlindustrie (hier vor allem in Japan). Demgegenüber werden die Importmärkte der Triade für hochwertige Wirtschaftsgüter (Maschinen, Fahrzeuge) von Unternehmen aus Industrieländern beherrscht.

Der Offenheitsgrad der OECD-Industrie ist in den 90er Jahren weiter gestiegen. Der Durchschnittswert aus Exportquote (Export/Produktion) und Importpenetrationsrate (Import/Inlandsnachfrage) hat im verarbeitenden Sektor zwischen 1990 und 1998 von 19 auf 25 Prozent zugenommen. Technologie- und humankapitalintensive Branchen wie die Computerindustrie und der Flugzeugbau weisen den höchsten und am schnellsten gestiegenen Offenheitsgrad auf, während arbeits- und sachkapitalintensive Industriezweige wie z. B. die Papierverarbeitung oder die Herstellung von Metallprodukten am unteren Ende rangieren.[13] Dabei zeigen sich zugleich unterschiedliche Spezialisierungsmuster bei den Handelspartnern: Während die USA (abnehmend), Japan (verstärkt) und Großbritannien (unverändert) über komparative Vorteile in Hochtechnologiebranchen verfügen, haben sich die deutsche, französische und italienische Industrie auf Aktivitäten konzentriert, die durch ein mittleres Technologieniveau gekennzeichnet sind.[14]

Protektionismus: Nach Schätzungen der UNCTAD (2002: 136) könnte ein den komparativen Kostenvorteilen der Entwicklungsländer bei arbeitsintensiven Produkten entsprechender Marktzugang in die Industrieländer den Entwicklungsländern bis 2005 zu zusätzlichen Einnahmen von jährlich 700 Milliarden US-Dollar verhelfen. Dies entspricht 35 Prozent ihrer jährlichen Einnahmen bzw. 65 Prozent ihrer derzeitigen Warenexporte. Die Entwicklungszusammenarbeit der OECD-Länder beläuft sich derzeit auf 50 Milliarden US-Dollar. Allerdings ist nicht jede Ausnutzung komparativer Kostenvorteile zu begrüßen, sofern sie z. B. auf sozialer und ökologischer Ausbeutung beruht (vgl. auch Kapitel 3.5).

Die starke weltwirtschaftliche Öffnung der Volkswirtschaften ist auf die regionalen Integrationsprozesse (z. B. die Schaffung des europäischen Binnenmarktes) und auf die Erfolge beim multilateralen Abbau von Handelshemmnissen zurück zu führen. So ist es in den acht bisherigen multilateralen Handelsrunden gelungen, die handelsgewichtete Zollbelastung gewerblicher und industrieller Handelsgüter in Industriestaaten von etwa 40 Prozent auf vier Prozent zu reduzieren. Die Entwicklungsländer haben sich zunehmend in das internationale Regelwerk von GATT und WTO integriert, dem – nach dem Beitritt Chinas im Dezember 2001 – nunmehr über 90 Prozent des Welthandels unterliegen. Die Liberalisierungserfolge dürfen jedoch nicht über die in erheblichem Maße fortbestehende Protektion in einzelnen Ländern und Ländergruppen wie auch bei Produkten und Produktgruppen hinwegtäuschen. So liegt das durchschnittliche gewogene Zollniveau heute zwar bei acht Prozent (in den Industrieländern bei acht Prozent und in den Entwicklungsländern bei 13 Prozent).[15] Weit höher ist die durchschnittliche tarifäre Protektion jedoch in einzelnen, vor allem in den ärmsten Entwicklungsländern. Zudem werden Agrarprodukte erheblich stärker tarifär geschützt (27 Prozent), Industrieprodukte dagegen mit „nur" sieben Prozent. Dabei und bei der weiteren Darstellung der Problemlage gilt es zu beachten, dass die Zölle in vielen Entwicklungsländern eine nicht zu unterschätzende – ja zum Teil unverzichtbare – Funktion für die Staatseinnahmen und damit für die Finanzierung des staatlichen Verwaltungsapparates spielen. Zölle sind oft die einzige gewichtige Ersatzeinnahmequelle anstelle

---

[13] Untypisch ist die Entwicklung der Textil- und Bekleidungsindustrie, die nach diesen Kriterien eher im unteren Bereich zu vermuten wäre, tatsächlich aber zu den am stärksten exportorientierten Branchen zählt.

[14] Insbesondere in den Hochtechnologiebranchen (Luft- und Raumfahrt, Pharma, Computertechnik, Kommunikationstechnik und Feinmechanik) ist die Exportintensität deutlich stärker gestiegen als in den übrigen Industrien.

[15] Vgl. dazu und zu den folgenden Abschnitten IWF/Weltbank 2001.

nicht funktionierender bzw. nicht vorhandener Steuersysteme. Es besteht die Gefahr, dass fehlende Zolleinnahmen in einzelnen Ländern die Bereitschaft zur Korruption von Staatsbeamten bewirken oder fördern können. Der Abbau von Zöllen ist deshalb in diesen Ländern an die Entwicklung anderer zuverlässiger und rechtlich abgesicherter Staatseinnahmen zu koppeln.

Sowohl in Industrie- als auch in Entwicklungsländern werden einzelne landwirtschaftliche und industrielle Erzeugnisse z. T. sehr hohen Zöllen (Tariff Peaks) unterworfen. Auch steigen die Abgaben mit zunehmendem Verarbeitungsgrad (Tariff Escalation) und behindern so Export- und Diversifizierungsbemühungen besonders von Entwicklungsländern.

Entwicklungsländer sehen sich auf den Industrieländermärkten einer deutlich höheren Zollbelastung bei Verarbeitungserzeugnissen gegenüber als Industrieländer (3,4 Prozent gegenüber 2,0 Prozent). Sie selbst schützen sich mit über viermal höheren Industriegüter-Zöllen, wovon der Süd-Handel (zwölf Prozent) noch stärker betroffen ist als die Exporte der Industrieländer (elf Prozent). Besonders stark richtet sich diese Protektion gegen die Exportbemühungen von LDC (14 Prozent). Die tarifäre Belastung einzelner Ländergruppen ist im Agrarhandel weit weniger differenziert. Agrarexporte der LDC haben allerdings sowohl in Industrie- als auch in anderen Entwicklungsländern niedrigere tarifäre Barrieren zu überwinden (16 bzw. 17 Prozent) als ihre Konkurrenten.

Der fortschreitenden Kompensation der tarifären durch nicht-tarifäre Protektion wurde zwar – besonders in der Uruguay-Runde – mit neuen Regeln begegnet. Quoten, Subventionen, Selbstbeschränkungsabkommen, Anti-Dumping-Verfahren, Standards, Zollverfahren und Schutzklauseln stellen jedoch nach wie vor eine starke Belastung des Welthandels dar. In Entwicklungsländern haben nicht-tarifäre Handelsschranken insgesamt ein höheres Gewicht als in Industrieländern. In Industrieländern wird vor allem der Textil- und Bekleidungssektor nach wie vor durch nichttarifäre Handelshemmnisse stark geschützt.[16] Anti-Dumping-Verfahren haben stark zugenommen – sowohl in Industrie- als auch in Entwicklungsländern (1958: 37; 1995–99: 1 218 Fälle) (IWF/Weltbank 2001: 28f.). Eine Quelle immer wieder aufflammender Handelsstreitigkeiten sind die NTB (Non-tariff Barriers of Trade) im Agrarbereich. Zwar wurde in der Uruguay-Runde ein wichtiger Schritt zur Eingrenzung des Problems unternommen, die Wirkungen blieben bisher jedoch eher bescheiden. Subventionen und sonstige Stützungsmaßnahmen der Landwirtschaft in den Industrieländern werden auf mehr als das Fünffache der gesamten jährlichen Entwicklungshilfe geschätzt (Weltbank 2002a: 47). Die restriktiven Wirkungen der tarifären und nicht-tarifären Protektion werden durch die zahlreichen Zollpräferenzen, die die Industrieländer den Entwicklungsländern seit Jahrzehnten einseitig gewähren, nur teilweise gemildert.

Trotz großer methodischer Probleme, die Protektion im internationalen Dienstleistungsverkehr zu erfassen, ist davon auszugehen, dass sowohl in Industrie- als auch in Entwicklungsländern erhebliche Handelsbeschränkungen bestehen (IWF/Weltbank 2001). Der Anteil liberalisierter Dienstleistungen, bei denen keine Beschränkungen des Marktzugangs und der Inlandsbehandlung (National Treatment) bestehen, liegt in den Hocheinkommensländern lediglich bei einem Viertel und in den übrigen Ländern bei weniger als zehn Prozent (OECD 2001d: 81).

3.1.4 Wissensorientierte Dienstleistungen[17]

Deutschland ist bis zur Gegenwart in besonders ausgeprägter Weise eine Industriegesellschaft. Dies hat auch in den Wirtschafts- und Sozialwissenschaften eine starke Konzentration auf die industrielle Produktion und eine jahrzehntelange Vernachlässigung der Dienstleistungsentwicklung nach sich gezogen – mit der doppelten Konsequenz, dass wir – bezogen auf die Entwicklungsdynamik des Dienstleistungssektors – auf sehr viel weniger wissenschaftliche Expertise zurückgreifen können als für die Industrie und dass die amtliche Statistik die Dienstleistungsprozesse höchst unzulänglich abbildet. Obwohl dieser Sachverhalt seit Jahren bekannt ist und eine Verbesserung der amtlichen Statistik von vielen Experten immer wieder angemahnt worden ist, hat sich in der Realität wenig verändert. Die Restriktionen der statistischen Basis beeinträchtigen auch Expertisen für die Politik.

Für die wenigen klassischen wissenschaftlichen Ansätze zur Dienstleistungsgesellschaft und -ökonomie ist insbesondere das Thema der Internationalisierung von Dienstleistungen randständig geblieben und gewinnt erst in jüngster Vergangenheit mehr Aufmerksamkeit, nicht zuletzt im Zusammenhang mit den Aktivitäten der WTO für eine Liberalisierung des Handels mit Dienstleistungen (GATS). Dienstleistungen galten in der ökonomischen wie in der sozialwissenschaftlichen Debatte bis weit in die 80er Jahre hinein als wenig rationalisierbar und stark ortsgebunden. Beide Annahmen – hohe Rationalisierungsresistenz und starke Ortsgebundenheit – begründen die „große Hoffnung" der Beschäftigungspolitik, dass die Dienstleistungen die rationalisierungsbedingten Arbeitsplatzverluste im industriellen Sektor durch Ausweitung tertiärer Beschäftigung kompensieren werden.

Beide Annahmen waren vermutlich selbst in der Vergangenheit nicht ganz zutreffend. Man denke etwa in der Büroarbeit an den Übergang von der handschriftlichen zur maschinellen Bearbeitung von Texten oder den Übergang von der schriftlichen zur telefonischen Kommunikation sowie an die Kreditwirtschaft, die sich schon vor Jahrhunderten internationalisiert hat. Spätestens seit dem Siegeszug der neuen IuK-Medien aber sind beide Annahmen endgültig obsolet geworden.

---

[16] Zwar wurde in der Uruguay-Runde das Auslaufen des Multi-Faser-Abkommens im Jahr 2005 beschlossen, jedoch wird eine Fortsetzung der Protektion mit anderen Mitteln befürchtet (Anti-Dumping, technische Hemmnisse) (IWF/Weltbank 2001: 27).

[17] Die folgenden Ausführungen basieren auf einem Referat von Baethge vor der Enquete-Kommission „Globalisierung" (Baethge 2002).

Im Zusammenhang mit der Globalisierung ist die Frage des Ausmaßes von Standortgebundenheit oder -ungebundenheit von Dienstleistungen von besonderem Interesse. Die Annahme basiert auf der Vorstellung von der Einheit von Herstellung und Konsum einer Dienstleistung (uno actu-Prinzip), die auch heute für viele Dienstleistungen immer noch eine gewisse Gültigkeit hat, so z. B. für viele Beratungs-, Gesundheits-, Bildungs- und Pflegedienstleistungen.

Für zunehmend mehr Dienstleistungen aber wird durch die Anwendung der neuen Informations- und Kommunikationstechnologie die Standortgebundenheit und die räumliche Einheit von Produktion und Konsum von Dienstleistungen weitgehend aufgehoben. Durchsetzung und Fortentwicklung der IuK-Technologien setzen völlig neue Bedingungen für die räumliche und institutionelle Verteilung von Dienstleistungstätigkeiten und für die globale Konkurrenz in den Dienstleistungsangeboten, wie sie noch vor einem Jahrzehnt kaum vorstellbar waren. Dies ist nicht so zu verstehen, dass das Internet und die neuen Telekommunikationsmedien räumliche Aspekte vollkommen gleichgültig machten und dass es schnell zu einer globalen virtuellen Dienstleistungswelt käme, in der räumliche Bindungen von Dienstleistungsprozessen keine Rolle mehr spielten. Aber es kommt zu einer neuen Kombination von virtuellen und an den physischen Raum gebundenen Prozessen. Man kann sich diesen Zusammenhang an den Finanzdienstleistungen klar machen: Obwohl kein anderer Bereich so sehr globalisiert ist wie die Finanzdienstleistungen, behält die räumliche Nähe eine hohe Bedeutung, weil man bei den sensiblen Finanzgeschäften als Kunde den Finanzdienstleistern ins Auge schauen möchte und eine Vertrauensbasis durch Face-to-face-Kommunikation sichern will. Die Transferierungsprozesse kann man computerisieren, die Entscheidungsprozesse kaum. Ein Teil der Dienstleistungen, insbesondere solche der Information und des Zahlungsverkehrs, kann über das Internet weltweit abgewickelt werden, während ein anderer Teil, der auf Beratung zielt, meistens auch physische Kontaktmöglichkeiten erfordert. Im Resultat führt eine derartige Kombination von Internet- und physisch gebundenen Dienstleistungen dazu, dass es in den wichtigen Finanzdienstleistungszentren der Welt zu einer Ballung auch physischer Präsenz der Global Player der Finanzdienstleistungen kommt.

Insofern ist auch das Bild der „flüchtigen Dienstleistungen" die gegen die bodenständigen Dienstleistungen stehen, nicht ganz richtig. Es trifft gleichwohl den wichtigen Sachverhalt, dass es bei einer Reihe von wissens- und kommunikationsintensiven Dienstleistungen zunehmend zu globalen Verteilungen von Tätigkeiten und Angeboten kommt. Dieser Sachverhalt ist selbstverständlich nicht nur durch die Informationstechnik bedingt, sondern basiert auf der verstärkten Internationalisierung und Globalisierung der Wirtschaftsbeziehungen.

Der Grad der Raumgebundenheit von Dienstleistungen hängt von ihren Eigenschaften ab. Entsprechend sind unterschiedliche Dienstleistungssektoren auch unterschiedlich stark dem internationalen Wettbewerb ausgesetzt. Handel, Hotel und Gaststätten sowie Reinigungsgewerbe beispielsweise sind dies weniger, informations- und wissensintensive Dienstleistungen sind dem internationalen Wettbewerb demgegenüber in besonderer Weise ausgesetzt. Das sind die Dienstleistungsbereiche, in denen die deutsche Dienstleistungswirtschaft relativ schwach ist und vor allem im letzten Jahrzehnt im internationalen Handel an Boden verloren hat. Dies ist beschäftigungspolitisch besonders prekär, weil die wissensintensiven Dienstleistungen strategische Bedeutung für die Entwicklung sowohl von Unternehmen als auch von anderen personenbezogenen Dienstleistungen haben; letzteres vor allem deswegen, weil sie zumeist hochbezahlt sind, so dass von ihnen auch verstärkt eine Nachfrage nach personengebundenen Dienstleistungen ausgehen kann.

3.1.4.1 Deutschland innerhalb der internationalen Dienstleistungsentwicklung

Mit einer gewissen Verspätung hat sich auch in Deutschland der Strukturwandel zur Dienstleistungsökonomie am Ende des letzten Jahrhunderts unübersehbar durchgesetzt. Der Streit, ob es in der Bundesrepublik eine Dienstleistungslücke gäbe, hat in den letzten Jahren die Expertendiskussion sehr stark beherrscht. Bezogen auf den Anteil von Dienstleistungstätigkeiten kann man sagen, dass die Bundesrepublik mit anderen Ländern in etwa gleichgezogen hat. Nach der sektoralen Gliederung hinkt sie zwar immer noch ein beträchtliches Stück hinter vergleichbaren In-dustrienationen hinterher. Untersuchungen des Deutschen Instituts für Wirtschaftsforschung (DIW) aus den letzten Jahren aber zeigen, dass in Bezug auf die Berufs- und Tätigkeitssystematik auch in der Bundesrepublik der Anteil der Erwerbstätigen, die mit Dienstleistungsarbeiten befasst sind, ähnlich hoch ist wie in den USA oder vergleichbaren Mitwettbewerbern am Weltmarkt; der Anteil liegt in all diesen Ländern zwischen 70 und 75 Prozent. Das Problem der Bundesrepublik aber besteht darin, dass sich diese Entwicklung in Deutschland auf einem deutlich niedrigeren Niveau der Erwerbstätigkeit insgesamt vollzieht als etwa in den USA oder auch in vergleichbaren europäischen Ländern. Denn: Wäre in Deutschland die Beschäftigung insgesamt höher, so gäbe es auch mehr Beschäftigte, die Dienstleistungen erbrächten. Da dies aber nicht der Fall ist, gibt es doch eine Dienstleistungslücke (vgl. Kapitel 4.2.2.2). Diese Lücke bezieht sich nicht allein auf die personengebundenen Dienstleistungen, die in der beschäftigungspolitischen Diskussion der letzten Jahre oft im Vordergrund gestanden haben, sondern sie betrifft die unterschiedlichen Bereiche der Dienstleistungswirtschaft.

Die Suche nach den Ursachen dieser Lücke soll im Folgenden auf die wissensintensiven und unternehmensbezogenen Dienstleistungen konzentriert werden – und zwar sowohl wegen ihrer strategischen Bedeutung für die Beschäftigungsentwicklung insgesamt als auch wegen der Tatsache, dass sie im besonderen Maße dem internationalen Wettbewerb ausgesetzt sind. Zur Beantwortung der Frage nach der Stellung Deutschlands in der internationalen Entwicklung der wissensintensiven Dienstleistungen kann man auf unterschiedliche Indikatoren zurückgreifen. Im Folgenden sollen die Anteile an den Erwerbstätigen sowie Daten der Außenhandelsbilanzen herangezogen werden.

Die wissensintensiven Dienste sind von allen Beschäftigungsbereichen in den 90er Jahren der am stärksten expandierende Bereich. Er erhöhte seinen Anteil an der Gesamtheit der Erwerbstätigen um über sechs Prozentpunkte auf etwa 24 Prozent der Gesamterwerbstätigen (s. Abbildung 3-2).

Besonders dynamisch entwickeln sich hierbei die unternehmensbezogenen wissensintensiven Dienste. Sie nehmen im Langzeitvergleich zwischen 1980 und 1997 in Westdeutschland um 112 Prozent zu und steigern ihren Anteil an allen Beschäftigen in diesem Zeitraum von 2,2 Prozent auf 4,4 Prozent. Zieht man einen noch längeren Zeitraum für die Entwicklung der Erwerbstätigkeit insgesamt heran, so zeigt sich, dass zwischen 1977 und 1999 der primäre Sektor um 20 Prozent, der sekundäre Sektor um 15 Prozent seiner Beschäftigten schrumpft, der tertiäre Sektor insgesamt um 42 Prozent zunimmt, die unternehmensbezogenen Dienste sogar um 162 Prozent. In den 90er Jahren stagniert der Anteil der nicht-wissensintensiven Dienstleistungen an den Erwerbstätigen insgesamt bei etwa 42 Prozent.

Im internationalen Vergleich zeigt sich, dass der Anteil der wissensintensiven Dienstleistungen in der Bundesrepublik sich in den 90er Jahren in etwa mit der gleichen Dynamik entfaltet wie in den USA und Frankreich, aber von einem deutlich niedrigeren Ausgangsniveau ausgehend (s. Abbildung 3-2). Analysiert man die aktuellen Austauschbeziehungen von Dienstleistungen, so wird man feststellen müssen, dass im Gegensatz zum Produktionssektor, wo Deutschland immer noch eine Spitzenposition einnimmt, im Bereich der Dienstleistungen die Bilanz im internationalen Dienstleistungsverkehr negativ ist. Es ist aufschlussreich, dass die beiden noch am stärksten industriell geprägten Volkswirtschaften Deutschland und Japan die höchste Negativbilanz im Dienstleistungsverkehr aufweisen, während die USA eine deutliche Positivbilanz zeigt (+ 5,4 Prozent gegenüber jeweils – vier Prozent für Deutschland und Japan).

Trotz nicht unerheblicher Steigerung in der Wertschöpfung des Dienstleistungssektors insgesamt und wesentlicher einzelner Dienstleistungssektoren verschlechtert sich die Außenhandelsbilanz der Bundesrepublik mit Dienstleistungen insgesamt zwischen 1991 und 2001 um 266 Prozent, für die hier besonders interessierenden wissensintensiven Dienstleistungen verschlechtert sich die Bilanz noch in deutlich höherem Maße. Man kann gegenüber den Daten der Außenhandelsbilanz sicherlich einwenden, dass hier Veränderungen der Währungsparitäten etwa zwischen

Abbildung 3-2

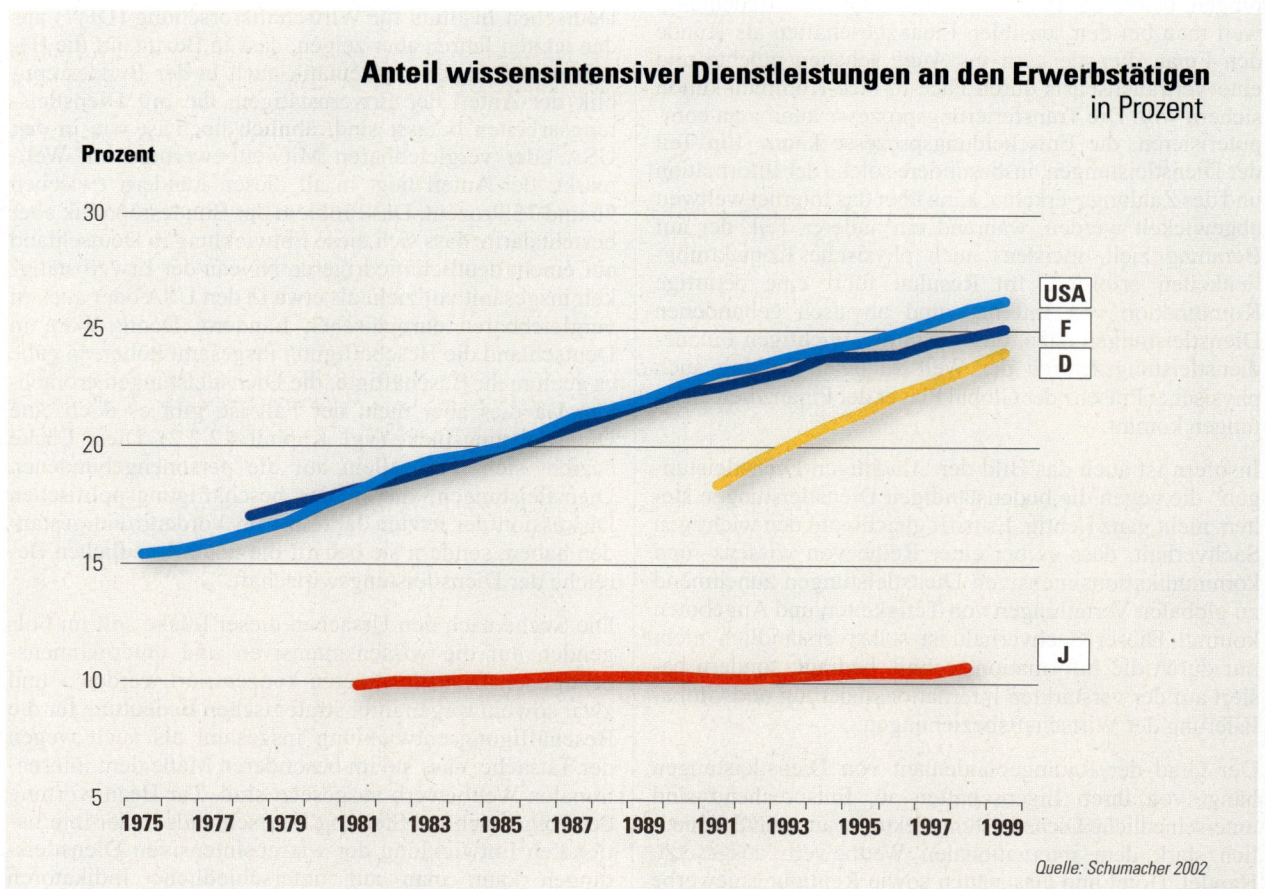

Quelle: Schumacher 2002

Dollar und DM nicht eingingen. Dies mag die Größenordnung der Veränderung etwas relativieren, nach Auffassung von Experten kann die Bereinigung nicht über die generelle Richtung der Verschlechterung der Dienstleistungsbilanzen hinweg täuschen. Im Vergleich mit anderen Ländern fällt im Laufe der 90er Jahre der Dienstleistungssaldo (ohne Touristik) in Deutschland (s. Abbildung 3-3). Selbst der Anteil der Dienstleistungen am Gesamtexport hat in diesem Zeitraum eine fallende Tendenz im Gegensatz zu den USA und Großbritannien.

Es wird häufig gesagt, dass diese Bilanzen die tatsächliche Situation zu Ungunsten der Bundesrepublik verzerren, weil ein hoher Dienstleistungsanteil – ca. 40 Prozent am eigentlichen Produktwert – in den industriellen Exportgütern enthalten sei und dieser Anteil an Dienstleistungen nicht in die Bilanz mit einfließe. Der hohe Außenhandelsexport enthalte also mehr „versteckte Dienstleistungswerte" als bei weniger starken industriellen Exportnationen. Das Argument ist richtig, wiegt aber den möglichen Beschäftigungszuwachs in der Dienstleistungsbilanz nicht auf. Tatsächlich ging die Beschäftigung in den 90er Jahren trotz eines zunehmenden Anteils an Dienstleistungen in den Industrieprodukten in der Industrie insgesamt und auch in den wissens- und/oder FuE-intensiven Industrien deutlich zwischen 30 und 35 Prozent zurück.

Insofern ist die strategische Empfehlung, statt auf Export von Dienstleistungen (Export of Services) auf die Dienstleistungsunterstützung von Exportgütern (Servicing Exports) zu setzen, nicht unproblematisch. Will man eine dauerhafte Verbesserung der Beschäftigungssituation, muss man beides intensiv betreiben. Die Frage, wie man die Bilanz im Dienstleistungssektor, insbesondere in den wissensintensiven unternehmensbezogenen Diensten verbessern könne, bleibt also aktuell. Ihre Beantwortung setzt zunächst eine Klärung der Ursachen für die Schwäche der wissens-/unternehmensbezogenen Dienstleistungen voraus. Hier lassen sich drei zentrale strukturelle Standortfaktoren identifizieren (Ochel, zitiert nach Baethge 2002), von denen der erste schwerer zu beeinflussen ist als die beiden anderen:

1. Die internationale Marktstruktur in den unternehmensbezogenen Dienstleistungen ist nicht zufällig durch amerikanische und britische Unternehmen dominiert. Dies hängt nicht zuletzt damit zusammen, dass zum einen das angelsächsische Handelsrecht und die Bilanzierungsvorschriften frühzeitig internationale Anerkennung fanden, zum anderen die USA bis in die 80er Jahre hinein das führende Land in der Mikroelektronik schlechthin war und damit die Standards festlegen konnte, innerhalb derer sich der Markt

Abbildung 3-3

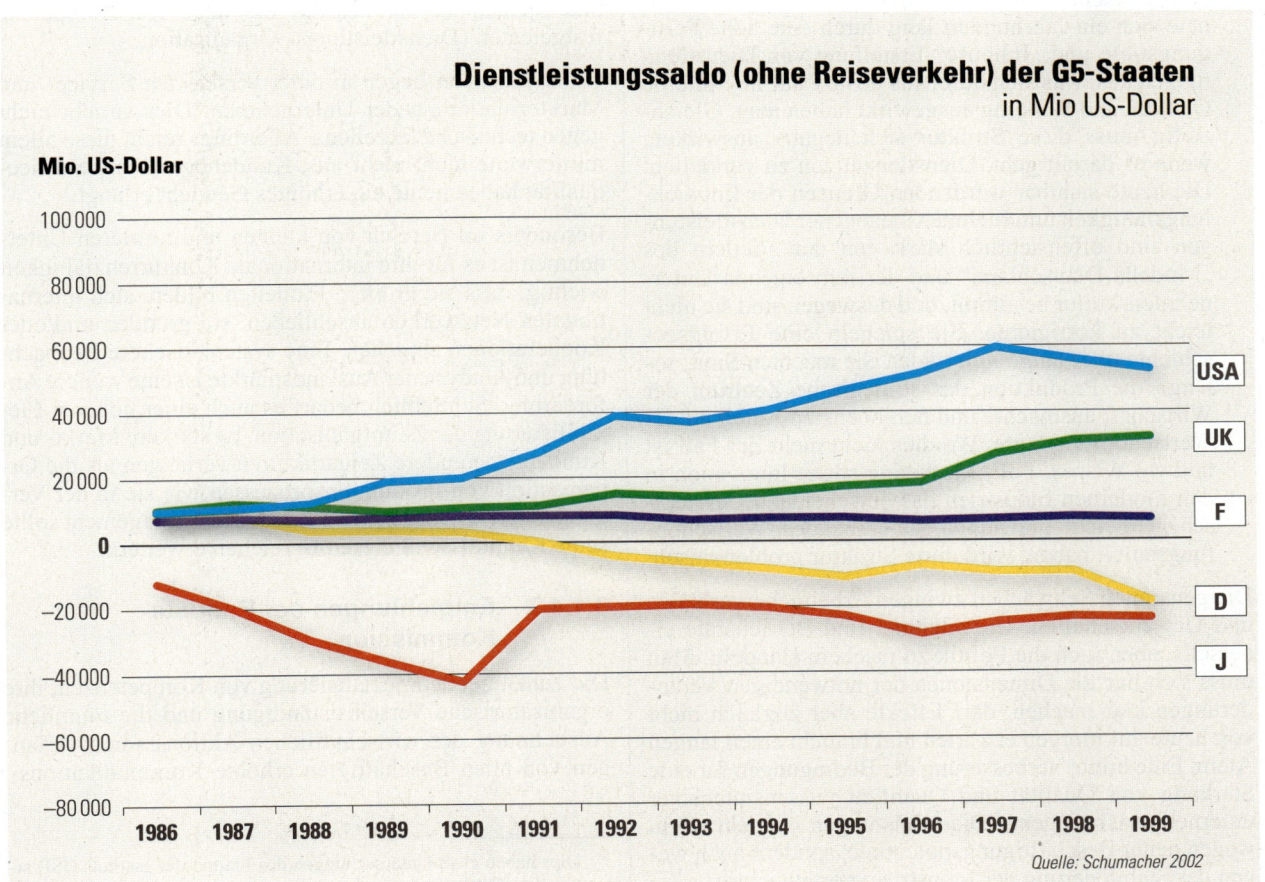

für die DV-Dienstleistungen weltweit entwickelte. Wenn heute unter den 50 größten Unternehmen der Welt im Bereich wirtschaftsnaher Dienstleistungen (Rechts-, Steuer-, Unternehmensberatung, Wirtschaftsprüfung, Markt- und Meinungsforschung, Werbeagentur) sich kein deutsches Unternehmen befindet, spricht dies eine deutliche Sprache über die Wirkung der historischen Strukturen. Nur ein deutscher Unternehmensberater hat sich zu einem großen, multinational tätigen Unternehmen seiner Branche entwickelt.

Die beiden anderen Argumente lassen sich auf den Nenner bringen: Die jahrzehntelange Stärke der Industrie ist aufgrund der spezifischen Industrialisierungstradition und -schwerpunkte der deutschen Wirtschaft mit einer Schwäche in den industriebezogenen Diensten erkauft. Dies liegt an zwei Punkten:

2. Die Spezialisierung Deutschlands auf Industriegüter beeinträchtigte die Dienstleistungsentwicklung insgesamt und somit auch die wirtschaftsnahen Dienste. Die starke Ausrichtung auf industrielle Leistungsfähigkeit und technologische Innovation führte dazu, dass anderen Dienstleistungsfeldern zu wenig Aufmerksamkeit zu Teil wurde. Die Folge: Der Sektor blieb in seiner Entwicklung hinter seinen Möglichkeiten zurück. Entsprechend sind sowohl die Institutionen sowie der wirtschaftspolitische Ordnungsrahmen noch stark auf die Bedingungen einer Industriegesellschaft ausgerichtet.

3. Das deutsche Modell industrieller Produktion zeichnete sich ein Jahrhundert lang durch eine hohe Fertigungstiefe und „Inhouse"-Erstellung von Dienstleistungen aus, was sich durchaus positiv auf ihre interne Qualität und Wirkung ausgewirkt haben mag. Gleichzeitig muss diese Struktur sich negativ auswirken, wenn es darum geht, Dienstleistungen zu verkaufen. Die heute sichtbar werdenden Grenzen der Entwicklungsfähigkeit unternehmensbezogener Dienstleistungen sind offensichtlich stark von den Pfeilern des „Modells Deutschland" und der ihm eigenen Unternehmenskultur bestimmt, und deswegen sind sie nicht leicht zu korrigieren. Sie spiegeln eine Erfolgsgeschichte über lange Zeit wider. Sie machten Sinn, solange die Produktion das strategische Zentrum der Wirtschaft ausmachte und den höchsten Anteil an der Wertschöpfung hatte. Wo dies nicht mehr der Fall ist und wo Wissen, FuE, Marketing sowie Innovation in den modernen Industrien das entscheidende strategische Gewicht und einen zunehmenden Wertschöpfungsanteil haben, wird diese Struktur problematisch.

Die genannten Schwächen zwingen Arbeitgeberverbände und Gewerkschaften, Unternehmer und Betriebsräte einerseits, aber auch die Politik zu raschem Handeln. Man muss sich nur die Dimensionen der notwendigen Veränderungen klar machen, darf Effekte aber zugleich nicht von heute auf morgen erwarten und braucht einen langen Atem. Eine breite Verbesserung der Bedingungen für eine Stärkung von Qualität und Quantität wissensintensiver unternehmensbezogener Dienstleistungen ist nicht allein wegen neuer Beschäftigungspotentiale, sondern auch wegen der Stabilisierung der Industrieexporte wichtig.

Zunächst gilt, dass heute auch für den Verkauf von Industriegütern im Ausland das Konzept technischer Exzellenz nicht mehr ausreicht.[18] Die produzierenden Unternehmen sollten sich vom Produktentwickler zum Problemlöser entwickeln. Produkte sind in Leistungen einzubetten, die dem Kunden helfen herauszuarbeiten, welches Produkt er braucht und wie er es bestmöglich nutzt. Hierdurch kann es zu einer Erhöhung der Kundenbindung kommen. Gerade bei vielen Exportgütern entsteht die Situation, dass industrielle Produkte nur noch mit zugleich komplementären Dienstleistungen zu verkaufen sind. Dies gilt etwa für höherwertige Anlagen und Industriegüter, die heute in der Regel nur mehr mit „Local Content"-Verträgen zu vertreiben sind. Die Industrie ist nicht mehr nur Produkthersteller, sondern zu einem servo-industriellen Komplex geworden.

3.1.4.2 Maßnahmen auf der Unternehmensebene

Die folgenden Maßnahmen beziehen sich weitgehend auf kleine und mittlere Dienstleistungsunternehmen. Für sie ist von großer Bedeutung, dass sich die Unternehmen von ihrer industrialistischen Organisation mit dem Konzept „alles unter einem Dach" und „hohe Fertigungstiefe" verabschieden. Dies ist nicht leicht, weil auch die Externalisierung von Funktionen und Dienstleistungen (Outsourcing) nicht immer unproblematisch ist und Reibungsverluste hervorrufen kann. Sie birgt aber auch die Chance zu einer höheren Professionalisierung und Qualitätsverbesserung durch die eigenständige Betriebsförmigkeit und Spezialisierung der auf die neue Kernkompetenz festgelegten (Dienstleistungs-)Organisation.

Große Chancen liegen in einer verstärkten Service- und Marktorientierung der Unternehmen. Dies spricht nicht gegen technische Exzellenz. Allerdings reicht diese allein mittlerweile nicht mehr aus. Kundenbezug und Servicequalität haben heute ein erhöhtes Gewicht erlangt.

Besonders im Bereich von kleinen und mittleren Unternehmen ist es für ihre internationale Konkurrenzfähigkeit wichtig, dass sie größere Einheiten bilden, sich internationalen Netzwerken anschließen, sie gründen und/oder Kooperationen eingehen. Eine systematischere Beobachtung und Analyse der Auslandsmärkte ist eine weitere Anforderung. Schließlich bedarf es auch einer höheren Flexibilisierung der Zeitorganisation, da stärkere Markt- und Kundennähe andere Zeitstrukturen verlangen als die Organisation von Produktionsprozessen wie sie in der Vergangenheit im Vordergrund stand. Das Management sollte seine Kenntnisse in diesen Bereichen erweitern.

3.1.4.3 Empfehlungen der Enquete-Kommission

Die zunehmende Spezialisierung von Kompetenzen, ihre organisatorische Verselbstständigung und die räumliche Ausdehnung der wirtschaftlichen Aktionsradien verlangen von allen Beschäftigten erhöhte Kommunikations-,

---

[18] Dies haben etwa Untersuchungen des Fraunhofer Instituts (ISI) sowie des IFO-Instituts ergeben.

Kooperations- und Koordinierungsleistungen. Hierzu zählen die Fähigkeit, sich in die Probleme und Verhaltensweisen von neuen Kunden und Kooperationspartnern schnell einarbeiten zu können, ein Verständnis für andere Organisationsstrukturen und Kulturen zu entwickeln, ständige Lernfähigkeit zu beweisen und kommunikative Sensibilität und Koordinierungsfähigkeit zu erlernen. In vielen Fällen sind Komplementärqualifikationen ergänzende Fachkompetenzen.

Empfehlung 3-1   Ausbau Disziplin übergreifender Studiengänge und weitere Öffnung der Hochschulen für Ausländer

Die Enquete-Kommission empfiehlt einen Ausbau Disziplin übergreifender Studiengänge, vor allem in den technischen, wirtschaftswissenschaftlichen und rechtlichen Studiengängen. Die Hochschulen sind weiter für Ausländer zu öffnen und attraktiver zu gestalten. Hierzu sind weltoffene Studiengänge[19] notwendig, die es bisher in Deutschland zu wenig gibt. Auch sollten Lehrveranstaltungen in fremden Sprachen durchgeführt werden.

Empfehlung 3-2   Stärkung der Fremdsprachenkompetenz

Die Fremdsprachenkompetenz soll auf allen Bildungsstufen gesteigert werden. Dies bedeutet sowohl eine Internationalisierung der dualen Ausbildung als auch eine verstärkte Internationalisierung der Hochschulausbildung.

Empfehlung 3-3   Ausbau der Weiterbildungsangebote

Ein besonderes Gewicht kommt dem Ausbau der Weiterbildungsangebote zu. Hier empfiehlt die Kommission, solche Weiterbildungsangebote zu entwickeln, die Fachqualifikationen mit Komplementärqualifikationen (Vertrautsein mit fremden Kulturen und Sprachen, Kooperationsfähigkeit mit Kunden und Partnern aus anderen Ländern) verbinden.

3.1.5   Die Bedeutung von KMU für die nationale und internationale Wirtschaftstätigkeit

Mittelständische Betriebe, Kleinbetriebe und Selbstständige (KMU) bestimmen in Deutschland, in den Industrieländern, aber auch in den Entwicklungsländern entscheidend die wirtschaftliche Struktur. Sie leisten einen großen Beitrag zu wirtschaftlicher und gesellschaftlicher Stabilität und bilden ein starkes Gegengewicht zu den Multinationalen Konzernen mit ihren globalen wirtschaftlichen Verflechtungen und Einflüssen.

KMU werden auch in der Zukunft mehrheitlich ihre Geschäftspolitik an ihrem regionalen und nationalen Umfeld ausrichten. Gleichwohl sind sie von den Auswirkungen der Globalisierung, ihren Chancen und Risiken unmittelbar beeinflusst. Ein großer Teil des Mittelstandes wird sich zukünftig stärker als bisher auf internationale Märkte orientieren.

In Deutschland werden Unternehmen mit einem jährlichen Umsatz ab 16 250 Euro bis 50 Millionen Euro und mit weniger als 500 Beschäftigten zu den KMU gezählt.[20] Schon wenige Daten belegen ihren volkswirtschaftlichen Stellenwert. Die rund 3,3 Millionen kleinen und mittleren Unternehmen repräsentieren in Deutschland:

– 40 Prozent der Bruttoinvestitionen und

– 49 Prozent der Umsätze.

KMU beschäftigen

– 70 Prozent aller Arbeitnehmer und bilden

– 80 Prozent aller Auszubildenden in Deutschland aus.

Unter den KMU befinden sich ca. 1,1 Millionen Unternehmen mit einem Jahresumsatz von mindestens 125 000 Euro und höchstens 500 Mitarbeitern. Die anderen KMU erwirtschaften einen geringeren Umsatz.

Bereits 43,3 Prozent dieser mittelständischen Unternehmen zählen sich im Jahr 2001 zum Dienstleistungssektor – 1999 waren es noch 42,4 Prozent. Zum Vergleich: Bezieht man bei dieser Betrachtung die Kleinstunternehmen (mit einem Umsatz von 16 250 bis 125 000 Euro) mit ein, beträgt die Anzahl der KMU, die auf dem Dienstleistungssektor tätig sind, über 76 Prozent. Ca. 25 Prozent davon sind Handwerksbetriebe, ca. 20 Prozent gehören zum Handel, jeweils mit abnehmender Tendenz. Zehn Prozent der Unternehmen gehören zum industriellen Mittelstand.

Tabelle 3-2

KMU: Aufteilung in Wirtschaftsbereiche

Wirtschaftsbereich (in Prozent)	1999	2001
Dienstleistungen	42,4	43,3
Handwerk	25,9	25,7
Handel	22,3	21,0

Quelle: Gruner + Jahr AG & Co., Dresdner Bank AG (2001)

---

[19] S. Empfehlung 5-40.

[20] Die Definitionen von KMU sind nicht einheitlich. Zum Beispiel lauten die Definitionen des Instituts für Mittelstandsforschung Bonn folgendermaßen: kleine Unternehmen haben bis neun Beschäftigte und einen Umsatz bis unter eine Million; mittlere bis zu 499 Beschäftigte und einen Umsatz von höchstens 100 Millionen DM. Alle Unternehmen darüber sind demnach als Großunternehmen anzusehen. Seit 1996 existieret eine weitere Definition der Europäischen Kommission. KMU beschäftigen demnach zwischen 50 und 250 Mitarbeiter, erwirtschaften einen Umsatz zwischen 7 und 40 Millionen Euro, haben eine Jahresbilanzsumme zwischen 5 und 27 Millionen Euro (nur eines der letzteren Kriterien muss zutreffen) und erfüllen das Kriterium der Unabhängigkeit. Hierzu darf sich ein KMU zu nicht mehr als 25 Prozent des Kapitals im Besitz eines Nicht-KMU befinden (Europäische Kommission 1996).

Ca. 60 Prozent der genannten KMU haben weniger als zehn Beschäftigte. Diese sind am stärksten auf dem Dienstleistungssektor vertreten. Ein leichter Trend hin zu größeren Unternehmenseinheiten ist festzustellen.

Unter den Entscheidern in mittelständischen Unternehmen sind Frauen deutlich in der Minderheit. Im Jahr 2001 betrug die Zahl der Unternehmerinnen 16,6 Prozent, sie ging damit um 1,3 Prozent gegenüber Erhebungen von 1999 zurück. Den höchsten Frauenanteil gibt es bei den Dienstleistungen mit 23 Prozent. Als Entscheiderinnen finden sich Frauen im Mittelstand vorwiegend in Kleinst- und Kleinunternehmen. Mehr als ein Drittel ist in Betrieben mit weniger als fünf fest angestellten Arbeitnehmern tätig, ca. 47 Prozent in Unternehmen mit einem Umsatz von weniger als 500 000 Euro.

Ein derzeitiges großes Problem vieler mittelständischer Unternehmer in Deutschland ist der nicht zu befriedigende Bedarf an qualifizierten Beschäftigten und Führungskräften. Die lange Suche und Auswahl geeigneten Personals hemmt die wirtschaftliche Tätigkeit der Unternehmen. Als Grund nennen die Unternehmen die Lücke zwischen der Qualifikation der Arbeitnehmer und den Ansprüchen, die das Unternehmen an die Bewerberinnen und die Bewerber stellt. Angesichts der demographischen Entwicklung der Bundesrepublik Deutschland ist ab ca. 2010 mit einem Rückgang des Arbeitskräftepotenzials zu rechnen. Deshalb hat die Entwicklung und Qualifizierung von Arbeitskräften gerade für den Mittelstand eine hohe Priorität. Das heißt u. a., dass auch der Mittelstand künftig stärker als bisher das Potenzial und die Arbeitskraft von qualifiziert ausgebildeten Frauen erschließen und nutzen muss (vgl. Kapitel 4.4).

Von den 3,3 Millionen KMU hierzulande zählen knapp zehn Prozent zur Gruppe der Selbständigen. Um internationalen Anschluss zu finden, muss „die Selbständigenkultur in Deutschland" weiter entwickelt werden. Durch die Zunahme von neuen Arbeitsformen und den auch in Deutschland erkennbaren Trend von Arbeitnehmern, „sich selbst zu vermarkten", ist eine Zunahme der Selbständigkeit auch in Deutschland zu erwarten.

Beispiele aus anderen Ländern zeigen, dass unternehmerisches Handeln gelernt werden muss. Nicht nur die Hinwendung auf ein spezielles Fachwissen, auch unternehmerisches Basiswissen wie Management-, volks- und betriebswirtschaftliche Kenntnisse gehören an vielen Universitäten im Ausland, z. B. in den USA, seit Jahren zum Universitätsalltag. In Deutschland sind die Angebote an den Universitäten oder weiterführenden Schulen noch viel zu gering, erste Versuche, wie z. B. Pilotprojekte an Schulen (Schüler gründen eine Firma) oder Universitäten sind zu zaghaft. Neben den „Business Angels", die sich in jungen Unternehmen finanziell wie unternehmerisch engagieren, ist auch das Mentoring in anderen Ländern seit vielen Jahren entwickelt. Der Austausch und die Unterstützung bei Problemen durch erfahrene Unternehmer bietet Jungunternehmern eine hervorragende Möglichkeit des „Dazu-Lernens" in der Praxis.

Zur Motivierung von Existenzgründungen ist der finanzielle Anreiz für Unternehmerinnen und Unternehmer in Deutschland zu verbessern. Die Deutsche Bundesbank stellt dazu fest: „Die Ertragssituation der Nicht-Kapitalgesellschaften ist nach Abzug eines kalkulatorischen Unternehmerlohns deutlich schlechter als die der Kapitalgesellschaften."

Die Berechnungen über Gründungen und Liquidationen weisen für das Jahr 2000 auf der Basis der vom Statistischen Bundesamt und vom IfM erfassten Gewerbean- und -abmeldungen einen Zuwachs von 78 000 aus. Allerdings darf nicht verschwiegen werden, dass in den Industrieländern ca. 50 Prozent aller Neugründungen (OECD) nach fünf Jahren vom Markt wieder verschwinden. Neueste Daten (2001) stellen übrigens fest, dass gerade KMU mit bis zu fünf Beschäftigten schnell von Insolvenz betroffen sein können.

Um Unternehmensgründungen zu beschleunigen und einfacher zu gestalten, ist es empfehlenswert, die bürokratischen Regelungen und Prozesse für Existenzgründer zu vereinfachen. Der Vergleich mit neun OECD-Ländern zeigt eine mittlere Position für Deutschland, wobei besonders die Laufzeiten bei den bürokratischen Prozessen auffällig sind (vgl. Tabelle 3-3).

Bei der Rechtsform dominiert im Mittelstand das Einzelunternehmen, eingeschlossen BGB-Gesellschaften (deren Anteil beträgt 55,9 Prozent). Der unmittelbare persönliche Einfluss der Unternehmer bleibt nach wie vor hierzulande wesentliches Strukturmerkmal im Mittelstand. Zwei Drittel der mittelständischen Unternehmen werden von einem Inhaber oder geschäftsführenden Gesellschafter allein geführt. Von 1999 bis 2001 ist dieser Anteil um fast sieben Prozent (1999: 59,7 Prozent) gestiegen.

Im Zentrum der Mittelstandsökonomie steht das Unternehmen. Teamgeist und Entscheidungsfreudigkeit prägen die Einzel- und Personengesellschaften. Die unmittelbare Verantwortung für das Ergreifen von Chancen, das Durchsetzen von Innovationen, aber auch die tatsächliche finanzielle Verantwortung unternehmerischer Risiken liegt bei den Unternehmern selbst und nicht bei Aktionären und Gesellschaftern. Dadurch wird die Unternehmensausrichtung, Unternehmenskultur und die Unternehmensentwicklung direkt beeinflusst. KMU sind der Motor für die Entwicklung von regionalen Wirtschaftsstandorten, sie schaffen Ausbildungs- und Arbeitsplätze und übernehmen damit ein hohes Maß sozialer Verantwortung in ihrem Wirkungsfeld.

Mittlerweile sind KMU in Deutschland wie auch in den anderen Industriestaaten bei der Anwendung und Nutzung der IuK-Technologien sehr gut aufgestellt. Befragungen zeigen, dass über 90 Prozent „am Netz" sind, 14 Prozent der Umsätze werden bereits durch das Internet erzielt, immer mehr der größeren KMU verwenden ein eigenes Intranet. Hier hat sich nach anfänglichem Zögern in den letzten zwei Jahren eine schnelle Marktanpassung vollzogen.

Bereits 1999 kamen über 40 Prozent der gesamten Bruttoinvestitionen vom Mittelstand. Allein im Verwaltungs-, Büro- und Produktionsbereich investierten mittelständische Unternehmen 62 Milliarden Euro; insgesamt betrug das gesamte Investitionsvolumen 129 Milliarden Euro. Das bedeutet, dass jedes Unternehmen im Durchschnitt mehr als 56 000 Euro pro Jahr investiert – angesichts der geringen Größe der Mehrzahl der KMU ein bemerkenswerter Betrag.

Tabelle 3-3

Formalitäten bei Geschäftsgründung (Stand: Ende der 90er Jahre)

Land	Anzahl notwendiger Vorgänge	Benötigte Zeit (in Wochen)	Geschätzte Kosten (Euro)
Australien	1	1	340
Frankreich	10	6	3 400
Deutschland	6	16	1 400
Italien	18	10	2 200
Japan	6	3	4 000
Niederlande	2	12	1 000
Spanien	7	24	330
Schweden	3	3	1 130
Großbritannien	1	1	420
USA	1	1	500

Quelle: OECD 2000h: 18

Die starken Veränderungen der Güter-, Dienstleistungs- und Kapitalmärkte durch zunehmende Liberalisierung und Vernetzung führen zu einer wachsenden Internationalisierung und erfordern von den Unternehmen Marktanpassungen und Strategien, die immer häufiger über die regionalen Märkte hinausgehen. Dies gilt auch für KMU, für die unter den geänderten weltwirtschaftlichen Rahmenbedingungen einer globalisierten Wirtschaft die notwendige Erschließung von Auslandsmärkten zu einem existenziellen Faktor werden kann. In der OECD sind über 95 Prozent aller Unternehmen KMU.[21] Sie beschäftigen 60 bis 70 Prozent aller Arbeitnehmer. In diesem Sektor entstehen die meisten neuen Arbeitsplätze, die Unternehmen tragen beträchtlich zu Innovation und Entwicklung von neuen Techniken bei. In der EU gibt es 19 Millionen KMU (mit weniger als 250 Beschäftigten) die über 95 Prozent aller Unternehmen repräsentieren. Sie beschäftigen 70 Millionen Menschen und tragen mit 55 Prozent zum europäischen Bruttosozialprodukt bei. In den USA sind über 90 Prozent der Unternehmen KMU (mit weniger als 500 Beschäftigten), dieses gilt auch für Japan, dort repräsentieren KMU über 95 Prozent aller Unternehmen.

In den USA erwirtschafteten kleine und mittlere Unternehmen 1996 180 Milliarden US-Dollar alleine im Export mit stark wachsender Tendenz. Mehr als 30 Prozent der Exportanteile wurden von kleinen Unternehmen (Small Business) erwirtschaftet, 60 Prozent aller exportierenden Firmen haben weniger als 20 Beschäftigte. Im Bereich der Kleinen Unternehmen (Small Business) finden sich die meisten Dienstleister: auf dem Service-Sektor, in Konstruktion und Technik, im Groß- und Einzelhandel, im Gaststättengewerbe. Sie nehmen zunehmend eine Schlüsselrolle bei den Unternehmensdienstleistungen ein; in der IuK-Technik, im Marketing, Organisation und in der Personalvermittlung. Das heißt, kleine Unternehmen bieten zu einem großen Teil hochqualifizierte Arbeitsplätze und beschäftigen entsprechendes Personal.

Insgesamt haben KMU in den Industrieländern mit ihrem qualifizierten Personal, dem Einsatz und Gebrauch der vorhandenen Spitzentechniken, der Innovationen, der hervorragenden technischen Infrastruktur gute Chancen, sich im globalen Wettbewerb weiter expansiv und erfolgreich durchzusetzen. Auch die deutschen Unternehmen nehmen zunehmend diese Herausforderung an.

Um KMU wettbewerbsfähig sowohl auf den regionalen als auch auf den globalen Märkte zu halten, empfiehlt die OECD eine Bündelung der Förderungen und eine Entbürokratisierung der Regelwerke.

Die KMU haben erkannt, dass die Bedeutung ausländischer Märkte weiter zunehmen wird. Internationale Anbieter beeinflussen verstärkt auch regionale Märkte. Darauf werden KMU sich stärker einstellen und auf andere regionale Märkte gehen müssen. Dazu können grenzüberschreitende Unternehmensfusionen und auch Kooperationen gehören.

Durch Verlagerung von Produktionsprozessen und Vertriebswegen können KMU empfindlich getroffen werden. Die Abhängigkeiten in der Zulieferindustrie haben sich teilweise durch den internationalen Wettbewerb verschärft. Durch den Eintritt ausländischer Anbieter wird ein erhöhter Wettbewerbsdruck erzeugt, d. h. der Anpassungsdruck wird insgesamt sowohl regional als auch international größer. Dennoch sind die Chancen, die sich für

---

[21] Die international gebräuchliche Abkürzung für KMU lautet SME (Small and Medium Enterprises).

KMU eröffnen, weitaus größer als die Risiken. Das sehen in Deutschland ca. 40 Prozent der mittelständischen Unternehmen genau so. Dies gilt vor allem dann, wenn sie mit erhöhter Flexibilität ihre Unternehmen wirtschaftlich und qualitativ entsprechend aufstellen und ihre Produkte und Dienstleistungen dem immer schnelleren Wechsel anpassen.

Erfolgreiche Formen des Auslandsengagements von KMU sind bevorzugt lose Kooperationen auf Zeit, Joint Ventures, die mit lokalen Partnern (auch in Schwellen- und Entwicklungsländern) eingegangen werden. Im benachbarten Ausland, vor allem innerhalb der EU, aber auch in den MOE-Ländern, werden überwiegend Tochtergesellschaften gegründet. KMU betreiben ihr Auslandsengagement oft sehr unspektakulär. Sie suchen sich ihre Partner und/oder ihre Aufträge und passen sich den örtlichen Gegebenheiten an.

Dies belegt auch eine Studie der „School of International Business" in Reutlingen. Sie bestätigt, dass deutsche Unternehmen nach der Entscheidung, ins Ausland zu gehen, die Besonderheiten ihrer Gastländer berücksichtigen. Sie gehen in der Regel nicht nur aus Kostengründen ins Ausland, sondern haben sich aus Markt- und Vertriebsmotiven zu diesem Schritt entschlossen. Sie bauen kleine Tochterunternehmen auf, die nicht nur reine Vertriebsniederlassungen sind, sondern auch eigene Unternehmen. So können sie als vollwertige „Local Player" vor Ort agieren und haben wenige Akzeptanzprobleme.

Eine andere erfolgreiche Form der Vermarktung von Produkten und Dienstleistungen liegt in der Zusammenarbeit von KMU untereinander, um auch Großaufträge zu erhalten. Netzwerkstrategien schaffen Synergien und Arbeitsplätze bei KMU. Hierauf wird sich der Mittelstand stärker konzentrieren müssen.

Für eine differenzierte Beurteilung ist es von Nachteil, dass die Arten der Auslandsengagements von KMU in Deutschland nur unzureichend statistisch erfasst werden und so über Befragungen überwiegend nur nichtamtliche – aber dennoch aussagefähige – Daten zur Verfügung stehen.

Dennoch ist es keine Frage, dass Auslandsengagements erhebliche neue Anforderungen an KMU stellen. Die notwendige Anpassung an neue Strategien mit entsprechend kompetentem Management und Personal ist eine schwierige Aufgabe. Insbesondere an geeignetem Personal, das mit entsprechenden Erfahrungswerten im Ausland eingesetzt werden kann und das ein Auslandsengagement auch möchte, herrscht Mangel.

Aus der Statistik der Deutschen Bundesbank ist zu entnehmen, dass das Auslandsengagement der KMU beträchtlich ist, sie tätigen in erheblichem Umfang Auslandsinvestitionen. Leider werden durch die hohe Meldefreigrenze die Engagements der kleinen Unternehmen ausgespart.

Trotz vielfältiger Probleme haben KMU in Deutschland auf den Exportmärkten bereits einen beachtlichen Anteil: Gut ein Viertel der Umsätze der mittelständischen Unternehmen wird im Export erwirtschaftet. Gemessen am Gesamtumsatzvolumen von 49 Prozent ist dies noch zu wenig. Hier spielt die Abhängigkeit von der Unternehmensgröße eine Rolle.

Bei der Etablierung auf den internationalen Märkten werden auch für KMU Unternehmensleitlinien, Umwelt- und Sozialstandards sowie entsprechende Grundsätze immer wichtiger. Sie haben für KMU eine wachsende Bedeutung, vergleichbar zu den Großunternehmen, da sie mehr und mehr auftragsentscheidend sind und bei Nichteinhaltung zum Verzicht von Produkten und damit zu großen wirtschaftlichen Schäden führen können. Da die Entwicklung dieser Grundsätze und eigener Standards bei KMU auf fehlende Ressourcen und Kenntnisse stoßen, ist dies durch Beratung zu fördern.

Gerade wenn sich wirtschaftliche Beziehungen globalisieren, kann die Steuer- und Abgabenpolitik nicht im nationalen Rahmen stehen bleiben. Im EU-Raum und verstärkt im künftigen erweiterten EU-Raum können die unterschiedlichen Abgaben und Subventionen insbesondere für den Mittelstand ein Hemmnis für Wachstum und Beschäftigung sein. KMU können nicht so schnell wie große Unternehmen Standorte abbauen und in anderen Ländern neue Standorte aufbauen, um ggf. zeitweise attraktivere Konditionen einzelner EU-Länder oder anderer Länder für das Unternehmenswachstum für sich zu nutzen. Sie verlieren so Großunternehmen als Kunden, die sich z. B. Zulieferer, Dienstleister oder Forschungseinrichtungen an attraktiveren Standorten suchen. Diese Situation ist durch eine bessere Qualität der Produkte und Dienstleistungen nicht wett zu machen. Bei Kooperationen und Beteiligungen sind die unterschiedlichen Gesetzgebungen und bürokratischen Regelungen ebenfalls ein großes Hemmnis.

Dennoch sind auch die Folgen einer weiteren, notwendigen Liberalisierung der Handelsbestimmungen, die auch mit der Neuorientierung einiger Wirtschaftszweige einhergehen, für KMU in den Industriestaaten lösbar. Hier sind ihre großen Erfahrungen, ihre Flexibilität am Markt, die Übernahme und die Entwicklung von Nischenprodukten, die insgesamt schnelle Anpassung der Produkt- und Dienstleistungsangebote von großem Vorteil. KMU sind für die weitere Entwicklung mit globaler Ausrichtung unverzichtbar für den Weltmarkt.

3.1.6 Zur statistischen Erfassung der Globalisierung

3.1.6.1 Unzureichendes Datenmaterial und daraus resultierende Probleme

Die Enquete-Kommission hat bei ihrer Arbeit immer wieder feststellen müssen, dass wichtige Daten zur Beurteilung von Globalisierungstatbeständen und -trends nicht in der notwendigen Form zur Verfügung standen. Zwar gibt es eine Fülle von statistischen Daten, die von vielen nationalen, internationalen und supranationalen Stellen veröffentlicht werden, aber allzu häufig sind sie nicht ausreichend aussagekräftig. Dazu tragen vor allem Probleme der Verfügbarkeit, Vergleichbarkeit und Interpretation bei. Für manche Fragen fehlen Daten völlig, andere Daten weisen Mängel in der Tiefengliederung auf.

- **Verfügbarkeit:** Die Internationalisierung der Produktion sowie des Transfers von Technologie (technisches Wissen) durch multinationale Unternehmen, die für die jetzige Phase der wirtschaftlichen Globalisierung besonders charakteristisch sind, werden in vielen Ländern durch die nationale Statistik größtenteils nicht erfasst, nämlich insoweit sie im Gastland der ausländischen Direktinvestitionen stattfinden. Oder im Dienstleistungsbereich: Die Zahlungsbilanzstatistik hat als Hauptquelle für den internationalen Dienstleistungsverkehr zahlreiche Schwächen. Dies führt zu einer Unterschätzung des tatsächlichen Umfangs des internationalen Dienstleistungsverkehrs. In vielen Ländern sind zudem die statistischen Erfassungsverfahren ungenau und durch große Zeitverzögerungen geprägt (HWWA 2001).

- **Vergleichbarkeit:** In dem Maße wie nationalen Statistiken unterschiedliche statistische Konzepte und Abgrenzungen zugrunde liegen, ist deren internationale Vergleichbarkeit problematisch, erst recht gilt dies für daraus abgeleitete Globalisierungsindikatoren. Verschiedene internationale Organisationen (UN, IWF, WTO, OECD) verarbeiten Daten zum Außenhandel. Ihre z. T. unterschiedlichen Methoden zur Korrektur fehlender oder verzerrter Daten führen zu Abweichungen in den internationalen Außenhandelsstatistiken und erschweren dadurch Außenhandelsanalysen. Unterschiedliche Abgrenzungen von Ländergruppen in den Datenbanken der großen internationalen Organisationen erschweren zusätzlich die Zusammenführung der Daten und ihren Vergleich.

- **Interpretation:** Traditionelle Indikatoren wie z. B. Handelsbilanzsalden und Exportmarktanteile büßen einen Teil ihrer Aussagekraft ein, weil sie in dem durch die Globalisierung selbst veränderten wirtschaftlichen Umfeld heute anders interpretiert werden müssen.

Die Kommission hat in mehreren Anhörungen und Diskussionen die Grundlinien der weltweiten Entwicklung auf den Waren- und Dienstleistungsmärkten erkundet. Die Anhörungen – insbesondere die Beiträge von Jungnickel (2000) und Weise (2000) – ergaben, dass die Analyse der Internationalisierung, insbesondere im internationalen Vergleich, unter dem Vorbehalt einer unsicheren und nicht immer eindeutigen Datenbasis steht. Zum gleichen Ergebnis kamen Gespräche mit Vertretern von Statistischen Ämtern und Instituten.

Dies zeigt sich nicht nur beim Außenhandel, sondern auch bei der Analyse der internationalen Unternehmensverflechtung durch Direktinvestitionen. Nicht zuletzt aus diesem Grund hat die Kommission einen Untersuchungsauftrag an eines der führenden deutschen Wirtschaftsforschungsinstitute vergeben, um die wesentlichen empirischen Indikatoren der ökonomischen Internationalisierung darzustellen und durch Grafiken und Schaubilder zu veranschaulichen (HWWA 2001). Das zusammengetragene Material hat an vielen Stellen Zusatzinformationen geliefert und ist ein wichtiger Bestandteil dieses Kapitels geworden.

Nichtsdestotrotz bleibt die Erfassung und internationale Vergleichbarkeit von Daten des Außenhandels, der Direktinvestitionen und der Auslandsproduktion, aber auch der Beschäftigung und der sozialen Indikatoren mit vielerlei empirischen Messproblemen verbunden.

3.1.6.1.1 Messprobleme

Zur quantitativen Beschreibung und Analyse des Globalisierungsphänomens werden äußerst vielfältige Begriffe, Indikatoren und analytische Verfahren verwendet. Dabei bleibt das jeweils gezeichnete Bild der Globalisierung i. d. R. unvollständig. Das liegt nicht nur an der jeweiligen Auswahl der Indikatoren, sondern auch an der fehlenden Messbarkeit bestimmter Globalisierungsaspekte. Hinzu kommen Datenprobleme: Viele Daten werden nicht oder nur unzureichend, schon gar nicht in allen Ländern oder erst in jüngerer Zeit systematisch erhoben, wodurch Analysen lückenhaft und/oder zeitlich beschränkt bleiben.

Besonders die Außenwirtschaftsstatistik wenig entwickelter Länder ist oft ungenau. Die Meldungen ihrer statistischen Ämter erfolgen oft mit erheblichen Zeitverzögerungen. Ihre internationalen Transaktionen mit Industrieländern können durch deren Meldesystem ersatzweise aktuell erfasst werden. Transaktionen zwischen solchen Ländern bleiben jedoch ungenau. Hinzu kommt das verbreitete Problem des Schmuggels. Besonders ärmste Entwicklungsländer bedürfen technischer Hilfe zur Verbesserung ihres statistischen Apparates.

In einigen Bereichen werden Daten aus wirtschaftlichen und/oder politischen Gründen unterdrückt oder verzerrt wiedergegeben. Dazu gehören z. B. Außenhandelsdaten über Öllieferungen und Waffen. Transaktionen von regional oder in einzelnen Branchen dominierenden Unternehmen werden aus Datenschutzgründen in der Außenhandels- wie in der Direktinvestitionsstatistik nicht disaggregiert veröffentlicht. Steuervermeidende oder -mindernde Verrechnungspreispraktiken ausländischer Unternehmen führen nicht selten in teils erheblichem Maße zu verzerrten Außenhandelsdaten. Ein besonderes Handicap für handelspolitische Analysen ist die Intransparenz von Daten über Handelshemmnisse. Die WTO-interne Datenbank (Integrated Data Base), die tarifäre und nicht-tarifäre Handelshemmnisse erfasst, ist extern nicht zugänglich. Hier sollte ein freier Zugang ermöglicht werden. Die OECD ist 2001 mit der Veröffentlichung ihrer Daten transparenter geworden, beschränkt sich aber auf Daten ihrer Mitgliedsländer. Die Erfassung und Quantifizierung der Belastungswirkungen nicht-tarifärer Hemmnisse (NTB) wirft schwierige methodische Probleme auf. Das Problem wird durch ihre immer häufigere Anwendung verschärft, womit teilweise die bei der tarifären Liberalisierung erzielten Fortschritte kompensiert werden sollen. Die im Rahmen der WTO eingeleitete Umwandlung von NTB in Zolläquivalente soll dieses Problem entschärfen.

Angesichts der bedeutenden Position der KMU in der Volkswirtschaft, erscheint es geboten, diese Unternehmensgruppe in den Statistiken der außenwirtschaftlichen Verflechtung stärker auszuweisen.

Nach wie vor wird das Zusammenführen nationaler und internationaler Daten aufgrund unterschiedlicher Systematiken z. B. für Wirtschaftszweige und Gütergruppen erschwert. In den letzten Jahren gab es zahlreiche, jedoch noch nicht in allen Bereichen erfolgreiche Bemühungen zur weltweiten Standardisierung. Zahlreiche zentrale wirtschaftliche Tatbestände wie Einkommen, Beschäftigung, Direktinvestitionen, FuE-Ausgaben, Dienstleistungen werden nach wie vor unterschiedlich definiert und abgegrenzt. Die Abstimmung der erheblich divergierenden Direktinvestitions- und Dienstleistungsstatistiken ist besonders vordringlich.

Klärungsbedarf besteht auch bei der Umschlüsselung der Außenhandelsdaten in die aktuelle internationale Nomenklatur der Industriestatistik (ISIC Rev. 3). Verknüpfungen der in dieser Gliederung von der OECD ausgewiesenen außen- und binnenwirtschaftlichen Daten ergeben vielfach widersprüchliche Ergebnisse wie z. B. Exportquoten und Importpenetrationsraten für einzelne Branchen, die weit über 100 Prozent hinausgehen.

Direktinvestitionen: Die internationale Unternehmensverflechtung durch Direktinvestitionen und Auslandsproduktion wird wesentlich unvollständiger und uneinheitlicher erfasst als der Außenhandel. Insbesondere gilt dies für die mit Direktinvestitionen einhergehenden grenzüberschreitenden Transaktionen und für operationale Daten der Auslandsgesellschaften. Erhebliche Probleme bestehen bei der statistischen Erfassung operationaler Daten von Auslandsgesellschaften. So fehlen Daten auslandskontrollierter Unternehmen in Deutschland z. B. über ihre letztlichen Eigentümer (UBO-Konzept), ihre Wertschöpfung, Löhne und Gehälter und Investitionen, ferner über ihren gesamten und konzerninternen Außenhandel, ihre Steuerzahlungen sowie nach Art der Direktinvestitionen (Neugründungen, Ausbau bestehender Unternehmen, M&A). Auch für Auslandsgesellschaften deutscher Unternehmen fehlen Angaben zu Wertschöpfung, Außenhandel, Steuerzahlungen und M&A. Probleme bereitet die statistische Erfassung der im Ausland investierenden Gesellschaften („Muttergesellschaften") bezüglich Beschäftigung, Umsatz und Wertschöpfung, Vorleistungsbezug sowie Bezug und Umsatz von Handelsware.

Ein weiteres Problem stellt die geringe Tiefe der statistischen Untergliederung insbesondere im Dienstleistungsbereich dar. Dies erschwert die Analyse von Internationalisierungsprozessen gerade in den technologisch anspruchsvollen Bereichen („New Economy"; Dienstleistungen überwiegend für Unternehmen; Nachrichtenübermittlung). Mängel bleiben auch im harmonisierten System der EU bestehen. Einen wichtigen Ansatzpunkt für die verbesserte Aussagekraft der Direktinvestitionsstatistik könnte eine EU-weite Harmonisierung der statistischen Erfassung sein. Dies betrifft die Direktinvestitionen selbst wie auch die operationalen Daten. In diesem, seit geraumer Zeit laufenden Prozess muss es darum gehen, eine Harmonisierung nicht auf ein gemeinsames Minimum zu vereinbaren, sondern eine nachhaltige Ausweitung der Berichterstattung in der oben genannten Richtung. Ursachen und Folgen von internationaler Firmentätigkeit lassen sich nur dann befriedigend empirisch untersuchen, wenn Paneldaten für die handelnden Einheiten (d. h. Firmen) bereitstehen. Zumindest die hier bereits in der amtlichen Statistik vorhandenen Informationen müssten der Wissenschaft zugänglich gemacht und untereinander verknüpft werden können.

Dienstleistungen: Die Zahlungsbilanzstatistik hat als Hauptquelle für den internationalen Dienstleistungsverkehr zahlreiche Schwächen. Einige, selbst größere Länder meldeten noch bis vor kurzem keine entsprechenden Daten. Defizite bestehen bei der Differenzierung nach Dienstleistungsarten und Unterschieden in den Erfassungsmethoden. Diese und andere Probleme führen zu einer Unterschätzung des tatsächlichen Umfangs des internationalen Dienstleistungsverkehrs. Die Daten der Zahlungsbilanzstatistik unterzeichnen das wahre Ausmaß der Expansion der internationalen Dienstleistungsverflechtung auch deshalb erheblich, weil sie eine quantitativ bedeutende Erbringungsart nicht erfassen, nämlich die Erbringung von Dienstleistungen über Niederlassungen im Ausland (commercial presence).

Ein traditionelles Problem im Dienstleistungsbereich liegt in der sehr begrenzten Vergleichbarkeit der Statistik der internationalen Dienstleistungsverflechtung mit der Dienstleistungsproduktion, wie sie in der Volkswirtschaftlichen Gesamtrechnung der einzelnen Länder ausgewiesen wird. Die laufende Harmonisierung im Rahmen internationaler Organisationen (OECD, UN, WTO) hat bereits erhebliche Fortschritte gebracht. Es bleibt abzuwarten, inwieweit auf mittlere Sicht genügend Daten vorliegen, um (wie im Warensektor) international vergleichbare Exportquoten, Penetrationsraten etc. zu berechnen.

3.1.6.1.2 Interpretationsprobleme

Direktinvestitionen dienen meist dem Erwerb, dem Ausbau oder dem Aufbau von Unternehmen im Ausland. Sie werden als jährliche Kapitalströme („Flows") oder als Kapitalbestand am Jahresende („Stock") gemessen. Beide Größen weisen zwar den Vorteil international breiter und zeitnaher Datenverfügbarkeit auf; ihre Aussagekraft als Indikator für die internationale Unternehmensverflechtung ist jedoch aus mehreren Gründen sehr begrenzt: Gravierende Unterschiede in den Erfassungsmethoden behindern die internationale Vergleichbarkeit, die Werte werden durch die jeweils verfolgte Finanzierungsstrategie der Investoren sowie durch die Nutzung von Bewertungsspielräumen im Zuge von Unternehmenszusammenschlüssen verzerrt, und schließlich steht ihnen keine statistisch direkt vergleichbare inländische Größe gegenüber. Direktinvestitionen sind nicht mit realen Investitionen gleichzusetzen. Sie stellen ins Ausland transferierte Finanzmittel dar, die für reale Investitionen aufgewendet werden können, aber nicht müssen. Ebenso können reale Investitionen im Ausland auch anders als durch Direktinvestitionen finanziert werden, etwa durch lokale Kreditaufnahme der Auslandsgesellschaften.

Operative Daten der Auslandsgesellschaften – z. B. Beschäftigte und Umsatz – sind daher besser geeignete Indikatoren. Sie werden nicht durch Bewertungsfragen und Finanzstrategien verzerrt und sind direkt mit entsprechenden nationalen Statistiken vergleichbar. Allerdings liegen sie nur für wenige Länder vor und dies in unterschiedlichen Abgrenzungen (Falzoni 2000). Insbesondere bei internationalen Vergleichen muss daher doch auf die Hilfsgröße Direktinvestitionen zurückgegriffen werden.

Wenn auch die Kapitalströme oder -bestände zur Darstellung der Direktinvestitionen herangezogen werden, so darf daraus nicht der Schluss gezogen werden, dass der Kapitaltransfer der entscheidende Faktor für die wirtschaftlichen Auswirkungen der Internationalisierung von Unternehmen ist. Zumindest in hochentwickelten Ländern resultieren diese primär aus dem Transfer von Eigentumsrechten und dem damit einhergehenden Transfer von technischem, organisatorischem und kaufmännischem Wissen und aus grenzüberschreitend getroffenen strategischen Entscheidungen (Lipsey 2000).[22] Gerade bei den in hochentwickelten Ländern dominierenden Fusionen und Übernahmen (M&A) anstelle von Neugründungen ist für die wirtschaftliche Auswirkung entscheidend, was der ausländische Investor aus einer übernommenen Gesellschaft macht und nicht, wie er die Übernahme finanziert.

Will man Aussagen über die positive oder negative Betroffenheit durch die Globalisierung vornehmen, so gilt es u. a., den Zusammenhang zwischen der Einkommens- und Beschäftigungssituation einerseits und Veränderungen der internationalen Wirtschaftsverflechtung andererseits konkret aufzuzeigen. Dies ist nicht immer eindeutig möglich, da die interessierenden Größen (z. B. Einkommen und Beschäftigung) auch von anderen Faktoren als der Globalisierung abhängen. So ist es methodisch und auch logisch schwierig, Einflüsse der Globalisierung und der technischen Entwicklung voneinander zu trennen. Ebenso gilt es zu bedenken, dass es „die" Effekte „der" Globalisierung nicht gibt; sie hängen entscheidend von der Anpassungsfähigkeit der Betroffenen und von den Rahmenbedingungen ab, die wesentlich von der Politik gesetzt werden. Die Globalisierung kann die Auswirkungen der nationalen Wirtschaftspolitik verstärken, zum Guten wie zum Schlechten. Eine gute oder schlechte wirtschaftliche Entwicklung kann in der Regel nicht monokausal auf die Globalisierung zurückgeführt werden.

3.1.6.2 Zur Situation in Deutschland

Damit die amtliche Statistik ein zutreffendes Bild über das Ausmaß der Globalisierung treffen kann, sind mindestens die im Folgenden aufgeführten Merkmale zu erfassen.

3.1.6.2.1 Statistische Informationen über die aktuelle Situation

(a) **Bestand und Volumen an Direktinvestitionen:** empirische Untersuchungen[23] zeigen, dass hierbei Unterschiede bestehen in Abhängigkeit vom Wirtschaftssektor. So hat sich gezeigt, dass Dienstleistungsunternehmen leichter ihre Transaktionen ins Ausland verlagern als z. B. Unternehmen im Produzierenden Gewerbe. Wirtschaftsbereich wie auch die Unternehmensgröße, z. B. gemessen an der Anzahl der Beschäftigten, sind weitere wichtige Einflussfaktoren.

(b) **Die Form des Auslandsengagements:** hier sind differenziertere Nachweise als diejenigen der Deutschen Bundesbank wünschenswert, etwa Übernahmen, Beteiligungen, Joint Ventures, Neugründungen, Kooperationen und unternehmensinterne Verlagerungen, aber auch Liquidationen,

(c) **Die Zuordnung der Auslandsaktivitäten nach Ländern oder Weltregionen:** für die meisten Wirtschaftsbereiche und Transaktionen mag diese Zuordnung aussagefähig sein, für andere wie z. B. Finanzdienstleistungsanbieter weniger. Dies gilt vor allem für reine Dienstleistungen, da die Quellen der Erträge nicht zwingend mit dem juristischen Sitz des Unternehmens übereinstimmen müssen. Finanzinvestoren bevorzugen vielleicht im Rahmen der Globalisierung Länder mit niedrigen Steuersätzen, die Erträge aus den Finanztransaktionen können jedoch aus ganz anderen Regionen, d. h. Ländern stammen.

(d) **Verhältnis von ausländischen zu inländischen Beteiligungen:** Daten hierüber liefern Anhaltspunkte, ob überhaupt eine Globalisierung vorliegt.

(e) **Zahl der konsolidierten Tochterunternehmen:** dieses Merkmal ist eng mit (d) verbunden, erlaubt allerdings auch Rückschlüsse auf das regionale Profil des Auslandsengagements.

(f) **Gesamtbeschäftigung der globalisierten Unternehmen und die Anzahl der Beschäftigten im Ausland:** Dadurch lassen sich Indikatoren berechnen wie z. B. der Anteil der Beschäftigten im Ausland. In Verbindung mit näher zu bestimmenden Schwellenwerten lassen sich Rückschlüsse u. a. auf branchen- oder größenspezifische Globalisierungsaktivitäten ermitteln. Ähnliches gilt für die nachfolgenden mikroökonomischen Merkmale.

(g) **Gesamtproduktion und Produktion im Ausland nach Wert und Menge.**

(h) **Exporte insgesamt und Exporte verbundener ausländischer Unternehmen nach Wert Menge und eventuell nach Region.**

(i) **Gesamtumsatz und Umsätze im Ausland von selbst produzierten Gütern und Handelswaren:** eine Differenzierung dieser Merkmale ist für einige Wirtschaftsbereiche von besonderer Bedeutung. Hieraus lassen sich nähere Informationen über das wirtschaftliche Engagement bzw. die Quellen der Umsatzerlöse gewinnen

(j) **Wertschöpfung insgesamt und Wertschöpfung im Ausland.**

(k) **Investitionen insgesamt im Verhältnis zu Auslandsinvestitionen.**

(l) **Aufwendungen für Forschung und Entwicklung insgesamt sowie Auslandsanteil:** ist letzterer relativ hoch, so könnte dies ein Indikator für die Nachhaltigkeit des Auslandsengagements sein.

---

[22] Aus dieser Sicht der Direktinvestitionen folgt, dass Bestrebungen zur internationalen Harmonisierung von Direktinvestitionsstatistiken zwar als Hilfslösung sinnvoll sind; das Hauptaugenmerk bei der Verbesserung der Informationslage zur Internationalisierung der Wirtschaft sollte jedoch auf operationalen Daten der Auslandsgesellschaften liegen.

[23] Vgl. dazu z. B. die Ausführungen von Radmacher-Nottelmann (2001: 73ff.).

Ehe diese Mindestanforderungen erfüllt werden können, müssten aber zuvor noch einige Grundsatzfragen geklärt werden:

- Was ist ein globalisiertes Unternehmen? Wie lässt es sich abgrenzen? Auf welche Weise lassen sich diese Daten gewinnen? Falls sekundärstatistische Quellen z. B. Geschäftsberichte in Betracht kommen: Sind die benötigten Angaben vergleichbar?

- Sollen vermögende Privatleute ebenso wie der Staat und Organisationen ohne Erwerbscharakter einbezogen werden oder nicht?

- Ist die Definition der „Direktinvestitionen", wie sie den Angaben der Deutschen Bundesbank zugrunde liegen, hinreichend aussagefähig? Werden die zur Zeit praktizierten Formen von Auslandsaktivitäten vollständig erfasst?

Es wäre anzustreben, dass sämtliche methodischen und technischen Fragen zur Gewinnung statistischer Daten über die Globalisierung international, zumindest EU-weit einheitlich beantwortet würden.

3.1.6.2.2 Statistische Daten zur Abschätzung der zukünftigen Entwicklung

Wenn es stimmt, dass die Globalisierung durch die modernen Informations- und Kommunikationstechnologien (IKT) einen neuen Stellenwert in Wirtschaft, Gesellschaft und Politik erhalten haben, dann sind statistische Daten darüber eine weitere unabdingbare Voraussetzung. Ungeachtet der in der deutschen Bundesstatistik zur Zeit vorhandenen wenigen Daten über IKT (insbesondere die Ausstattung von privaten Haushalten oder die Preisentwicklung für Telekommunikationsdienstleistungen) fehlen differenzierte statistische Angaben über die technischen Rahmenbedingungen der Globalisierung. Angaben fehlen insbesondere für:

- Den *IKT-Wirtschaftsbereich*: z. B. die Anzahl entsprechender Unternehmen, die Preise für die Güter, ihre Bedeutung für die Gesamtwirtschaft z. B. für Wachstum, Beschäftigung, Produktivität,

- Die *Ausstattung mit bzw. die Ausgaben für IKT* in Wirtschaft, Politik und Gesellschaft z. B. Angaben über den Anteil jener, die über einen PC, einen Internetanschluss, eine eigene Web-Site verfügen,

- Die *Nutzung von IKT* z. B. für Käufe und Verkäufe, zur Informationsgewinnung und zur Kommunikation und

- Die *Auswirkungen bzw. die Bedeutung* von IKT für die Wertschöpfungsketten bzw. Kostenstrukturen der Unternehmen, die Reduzierung des Aufwandes der Öffentlichen Hand bei einer Online-Aufgabenerfüllung sowie die Lebens- und Arbeitsbedingungen der Bevölkerung.

3.1.6.3 Ausblick

Die amtliche Statistik bietet einen Rahmen und die nötigen Voraussetzungen zur statistischen Beobachtung der Globalisierung. Die statistischen Ämter weisen jedoch darauf hin, dass ohne einen theoretischen Hintergrund die statistische Erfassung der Globalisierung und ihr Einfluss auf Volkswirtschaft und Gesellschaft schwierig sei. Das ist sicher richtig, aber es wäre vermessen, zunächst eine Gesamttheorie der Globalisierung zu erwarten, die dann der Statistik den Weg weisen könnte.

Sehr kritische praktische Schwierigkeiten bestehen in Deutschland darüber hinaus darin, dass der rechtlich vorgegebene Handlungsrahmen der Bundesstatistik unbefriedigend und nicht mehr zeitgemäß ist. Die amtliche Statistik war bislang der größte Informationsanbieter mit einer hohen Reputation, was die Breite und Qualität des statistischen Nachweises betrifft. Durch die neuen Informations- und Kommunikationstechnologien hat sich der Stellenwert von Informationen sehr verändert. Die Bundesstatistik kann, was ihre Programmgestaltung anbetrifft, solange nicht angemessen reagieren, solange sie weiter in ihrem engen und wenig flexiblen Rechtskorsett agieren muss: Heute muss z. B. für jede neue Statistik ein neues Gesetz erlassen werden. Eine Flexibilisierung ist zwingend geboten, damit die Bundesstatistik ihre besondere Stellung im Informationsmarkt nicht nur behalten, sondern weiter ausbauen kann.

3.1.6.4 Empfehlungen der Enquete-Kommission

Empfehlung 3-4   Initiative für eine Verbesserung der Datenerfassung und ihrer Vergleichbarkeit

Die Bundesregierung soll auf internationaler Ebene eine Initiative für eine bessere Erfassung und Vergleichbarkeit von Daten über Situation, Trends und Auswirkungen der Globalisierung ergreifen und dabei die Arbeiten auf OECD-Ebene intensivieren. Besonders dringlich sind dabei Erkenntnisse auf dem Gebiet transnationaler Unternehmensverflechtungen, der Entwicklungen im Dienstleistungssektor, der Beschäftigungs- und Qualifizierungsfragen und der Verteilung von Einkommen, Vermögen, Bildung und Gesundheit. Die Situation der Frauen soll in diesem Prozess besonders berücksichtigt werden. Auch auf der nationalen Ebene soll die Bundesregierung Maßnahmen fördern, die das Ziel haben, die empirische Erfassung und Bewertung transnationaler Bewegungen zu verbessern. Dies soll mit einer wissenschaftlichen Aufbereitung der notwendigen Schritte beginnen und auch wirtschaftswissenschaftliche Institute einschließen.

3.1.7 Korruption und Bestechung: ein globales Problem[24]

3.1.7.1 Schwächung und Schaden durch Korruption

Korruption, der Missbrauch anvertrauter Macht zu persönlichem Nutzen, ist historisch betrachtet kein neues Phänomen (Noonan 1984). Es gibt aber Anzeichen, dass

---
[24] Vgl. hierzu auch das Minderheitenvotum der PDS-Fraktion in Kapitel 11.3.3.4.

das Problem heute virulenter ist als je zuvor. Die Korruption schwächt Volkswirtschaften in vielfältiger Weise: (1) Korruption schmälert die regulatorischen Kapazitäten des Staates, da Vorschriften mit Hilfe von Bestechungszahlungen umgangen werden können. (2) Korruption verzerrt Anreize und lenkt Ressourcen in vergleichsweise unproduktive Rent-Seeking-Aktivitäten. (3) Korruption belastet den Privatsektor, wenn Beamte für die Ausübung ihrer Aufgaben Bestechungsgelder verlangen. (4) Korruption unterminiert die Geltung von Verfügungsrechten, wenn diese vor Gericht nicht mehr eingeklagt werden können und gerichtliche Entscheidungen käuflich werden. (5) Korruption untergräbt die Legitimität der Marktwirtschaft und der Demokratie, wenn diese nicht zum Wohle aller, sondern zum Nutzen weniger funktionieren. (6) Korruption führt zu einer Einkommensumverteilung zu Lasten der Armen, da diese an den Gewinnen aus dem „Korruptionsgeschäft" in der Regel nicht beteiligt werden.[25] Studien der Weltbank zeigen, dass Unternehmen in Ländern mit hohem Korruptionsstand bis zu einem Drittel ihrer Gewinne an bestechliche Amtsträger und Politiker abführen. Allein im Zusammenhang mit dem internationalen Handel fließen mindestens 100 Milliarden US-Dollar nach den Schätzungen von Transparency International in die Bestechung von öffentlichen Bediensteten. Aber Korruption ist, wie uns immer wieder drastisch vor Augen geführt wird, kein Dritte-Welt- oder außereuropäisches Problem – sie ist auch in Europa und Deutschland ein zunehmendes und drückendes Problem – vor allem bei der Vergabe öffentlicher Aufträge.

Unternehmen, die sich in der Verfolgung ihrer internationalen Geschäfte an korrupte Praktiken gewöhnen, importieren das Problem in ihre Heimatstaaten. Korruptionsindizes geben Aufschluss über internationale Investitionsrisiken (Wei 1997).

3.1.7.2 Korruptionsbekämpfung

Am Anfang einer effektiven Bekämpfungsstrategie muss eine gründliche Analyse der Ursachen von Korruption stehen. Korruption ist nicht primär Folge eines moralischen Versagens Einzelner, sondern in der Regel strukturell verursacht: Sie tritt insbesondere dort auf, wo Vorhaben staatlicher Autorisierungen bedürfen, wo die Steuergesetzgebung kompliziert und unklar ist, wo öffentliche Amtsträger große diskretionäre Handlungsspielräume bei der Vergabe öffentlicher Aufträge genießen und wo politische Parteien auf Unterstützung Dritter angewiesen sind.[26]

Korruption lohnt sich, wenn die Gewinne hoch, das Risiko entdeckt und bestraft zu werden aber gering sind. Reformen müssen dafür sorgen, dass sich dieses Verhältnis umkehrt. Wichtiger noch als nachträgliche Sanktionen sind daher Maßnahmen, die die Gelegenheiten, andere zu korrumpieren, im Vorfeld minimieren und die Wahrscheinlichkeit entdeckt zu werden, maximieren.

Nachhaltige Anti-Korruptionsreformen dürfen sich nicht allein auf die Verabschiedung neuer Gesetze beschränken, sondern erfordern den Aus- bzw. Aufbau eines leistungsfähigen Integritätssystems.[27] Hierzu müssen Parlament, Verwaltung, Medien, Kontrollinstitutionen wie Rechnungshöfe und Anti-Korruptionsbehörden, Justiz, Privatsektor und Zivilgesellschaft ein Umfeld schaffen können, in dem Korruption nicht gedeiht. Auch die internationale Ebene muss einbezogen werden, da das Problem nicht an nationalstaatlichen Grenzen Halt macht.

Das „Zauberwort" der Korruptionsbekämpfung lautet deshalb „Transparenz" (Florini 1999). Anders als bei Delikten wie Diebstahl oder Körperverletzung hat ein Korruptionsopfer gewöhnlich keine Kenntnis, dass es Opfer wurde. Die in eine korrumpierte Transaktion eingebundenen Parteien werden alles versuchen, um ihr Tun zu verschleiern. Für Außenstehende hat es den Anschein, es sei alles mit rechten Dingen zugegangen. Dies fällt umso leichter, je intransparenter Abläufe gestaltet sind. Reformen müssen in den Bereichen Verwaltung, Politik und Wirtschaft stattfinden.

Auch der Privatsektor selbst ist aufgefordert, gegen Korruption zwischen privaten Unternehmen und gegenüber der öffentlichen Hand vorzugehen. Hier sind unternehmensinterne Strukturen zu schaffen, die korruptes Verhalten von Angestellten verhindern. Die Unternehmensführung sollte öffentlich und glaubhaft versichern, dass ihr Unternehmen Korruption nicht als legitime Geschäftspraktik betrachtet. Im Sinne der Abschreckung ist auch über die Einführung der Strafbarkeit juristischer Personen nachzudenken. In den USA gibt es das nachahmenswerte Modell, Unternehmen eine Strafminderung zuzugestehen, wenn sie glaubhaft machen können, dass sie, etwa durch interne Schulung der Mitarbeiter und Abfassung und Durchsetzung von Verhaltenskodizes, ernsthaft bemüht waren, Korruption zu vermeiden. Zur präventiven Abschreckung sollten Erträge, die durch korrumpierte Geschäfte entstanden sind, beschlagnahmt und Schadensersatz gefordert werden können.

Maßnahmen zur Korruptionsbekämpfung sind auch auf internationaler Ebene zu treffen. Mit dem Inkrafttreten der „OECD Konvention über die Bekämpfung der Bestechung ausländischer Amtsträger im internationalen Wirtschaftsverkehr" am 15.2.1999 ist eine wichtige Lücke im internationalen Regelwerk geschlossen worden – die Strafbarkeit der Bestechung auch ausländischer Amtsträger (OECD 2000j). Der Erfolg dieser Konvention wird letztendlich durch die Umsetzung der Konvention in nationales Recht durch die 35 Signatarstaaten bestimmt. Ein

---

[25] Tatsächlich haben empirische Studien negative Zusammenhänge zwischen Korruptionsniveau und staatlichen Investitionen in Bildung und Gesundheit festgestellt. Vgl. hierzu Mauro (1998) und Gupta, Davoodi, Tiongson (2000).

[26] Vgl. Tanzi (1998a: 9ff.); dort auch weitere, insbesondere indirekte Faktoren, die Korruption begünstigen.

[27] Dieser Begriff wurde von Transparency International (TI), einer internationalen Antikorrupitonsorganisation geprägt.

zweistufiges Monitoring-Verfahren, zu dem auch die Veröffentlichung der Ergebnisse gehört, soll dies sicherstellen. Gleiches gilt für die „Inter-Amerikanische Konvention gegen die Korruption", die bereits 1996 im Rahmen der Organisation Amerikanischer Staaten (OAS) verabschiedet wurde. Gegenwärtig wird auch auf UN-Ebene über eine Konvention zur Korruptionsbekämpfung verhandelt. Die Weltbank hat Korruptionsbekämpfung bereits in ihr Mandat aufgenommen (Weltbank 1997, Ackermann 1997). In der WTO wird das Thema bislang nur im Rahmen des freiwilligen „Government Procurement Agreement" angesprochen.

3.1.7.3 Empfehlungen der Enquete-Kommission

Empfehlung 3-5 Maßnahmen zur Korruptionsbekämpfung

Die seit 1999 bestehende OECD-Konvention über die „Bestechung ausländischer Amtsträger im internationalen Wirtschaftsverkehr" ist ein erster entscheidender Fortschritt auf dem Gebiet der Korruptionsbekämpfung. Die aktive Bestechung steht nun unter Strafe und die steuerliche Absetzung von „Schmiergeldern" ist untersagt.

Die Anwendung dieser Konvention muss mit hoher Priorität erfolgen. Hierfür sind mehr Ressourcen auf der internationalen und auf der nationalen Ebene zur Verfügung zu stellen.

Die Enquete-Kommission empfiehlt dem Deutschen Bundestag den Beschluss und die Durchführung weiterer Maßnahmen wie:

– *Die Durchsetzung härterer Sanktionen wie die Einführung verbindlicher Verhaltenskodizes gegen Korruption mindestens innerhalb der EU.*

– *Die Einrichtung von mehr Schwerpunkt-Staatsanwaltschaften zur Korruptionsbekämpfung mit den entsprechenden personellen Ausstattungen.*

– *Einen verbesserten Austausch bzw. die Verpflichtung zur Weiterleitung von Informationen über Korruption insbesondere von den Steuer- und Zollbehörden an die Staatsanwaltschaften.*

– *Den Ausschluss der rechtskräftig Verurteilten von allen öffentlichen Aufträgen auf Zeit (Antikorruptionsregister).*

– *Die Einführung einer begrenzten Kronzeugenregelung für Informanten, damit Korruption effektiver aufgeklärt und bestraft werden kann.*

– *Die Einführung eines arbeitsrechtlichen wie wirtschaftlichen Schutzes von Informanten analog der englischen Whistle-Blower-Protection oder dem amerikanischen False-Claim-Act.*

– *Beschlagnahmeregelungen für Erträge aus Korruptionsgeschäften bzw. -aufträgen.*

– *Verschärfung des Schadenersatzes für Schäden, die durch Korruptionsvorgänge entstanden sind.*

– *Erhöhung der Transparenz der öffentlichen Verwaltung und Schaffung von Transparenz bei der Vergabe von öffentlichen Aufträgen gemäß dem sogenannten „Integritätspakt" von Transparency International (z. B. die Verpflichtung zur Veröffentlichung der Kriterien/Begründung für die Vergabe).*

– *Einführung einer „Drehtür"-Regelung („Revolving Door") für Amtsträger. Bei Ausscheiden eines hohen Beamten bzw. Amtsträgers aus dem öffentlichen Amt sind Karenzzeiten festzulegen, vor deren Ablauf es untersagt ist, Beschäftigung von jenen zu erlangen, mit denen sie in offizieller Funktion befasst waren. Erlangtes Insiderwissen darf nicht zu Lasten/zu Gunsten Dritter (Informationstransfer) eingesetzt werden.*

– *Transparenz bei Parteispenden, Wahlkampffinanzierung und Offenlegung der Beteiligung an Firmen durch Parteien – strikte Anwendung des verabschiedeten Gesetzes sowie harte Sanktionen bei Verstößen durch politische Mandatsträger.*

Zum Kampf gegen Korruption gehört ferner ein Vorgehen gegen die internationale Geldwäsche (vgl. Kapitel 2.3.2). Erst die zahlreichen Lücken im Geldwäsche-Kontrollregime machen die Anlage weitverzweigter Kontensysteme möglich, mit deren Hilfe ein Großteil der internationalen Korruption finanziert wird. Nirgendwo sonst werden die Überschneidungen zwischen Korruption und organisierter Kriminalität so augenfällig wie in diesem Bereich. Besonders bedrohlich scheint in dieser Hinsicht die Gefahr, dass organisierte Kriminalität über die Mitwirkung des Bankensektors im Geldwäschegeschäft, Einfluss auf diesen gewinnt (Carlson 2000).

3.2 Verkehrsentwicklung und Verkehrskosten

Die Arbeitsgruppe „Waren- und Dienstleistungsmärkte" hat den Auftrag, die Entwicklungen auf den Waren- und Dienstleistungsmärkten auch im Hinblick auf die gütermarktlichen Mobilitätsbedingungen und die damit verbundenen Transportkosten zu untersuchen.[28] Es geht dabei insbesondere um den Zusammenhang zwischen der Internationalisierung von Märkten, den Verkehrskosten, der Entwicklung von Transportsystemen, der Informations- und Kommunikationstechnologie und dem damit verbundenen Ressourcenverbrauch. Im Hintergrund steht der Befund, dass der internationale Handel mit Waren und Dienstleistungen in den letzten beiden Dekaden *wertmäßig* kontinuierlich zugenommen hat.

3.2.1 Globalisierung und die Rolle der Transportkosten

Transportkosten sind Teil der Transaktionskosten. Zu diesen zählen neben den Kommunikationskosten auch Zölle,

---

[28] Der wissenschaftliche Input zweier Anhörungen zu diesem Thema wurde durch ein zusätzliches Gutachten ergänzt (Aberle 2001b).

nicht-tarifäre Handelshemmnisse und Markterschließungskosten.[29]

Die Transaktionskosten sind in allen Bereichen gesunken, so etwa durch die Senkung tarifärer Handelshemmnisse im Zuge mehrerer GATT-Runden sowie durch den Abschluss regionaler Zollunions- und Freihandelsabkommen, insbesondere der EU und der NAFTA. Insgesamt haben die Verbesserungen von Transport und Kommunikation und die Senkung der Transaktionskosten zu einer Situation geführt, die eine erhebliche Ausweitung der Transporte und insbesondere eine Verlagerung von Produktion vom Zentrum (Industrieländer) in die Peripherie (Entwicklungsländer) ermöglichen. Generell lassen sich beim Transport enorme *Economies of Scale* (Größenvorteile) realisieren (Knoflacher 2001: 3ff.). Dazu bedarf es jedoch ausreichender vorangehender Infrastrukturinvestitionen, deren Leistungsfähigkeit im internationalen Vergleich deutlich variiert. Der Gesamtprozess ist gegenwärtig durch folgende zentrale Merkmale gekennzeichnet (Aberle 2001a):

– Die zunehmende Handelsintegration ist mit intensivierter **internationaler Arbeitsteilung** verbunden (Reduzierung der Fertigungstiefe). Sie fördert Outsourcing-Prozesse und bewirkt große Ausweitungen der Transportentfernungen. Die Folge ist: Die Tonnenkilometer (Tkm) steigen deutlich stärker als das reale Bruttoinlandsprodukt.

– Die langfristigen Veränderungen in der **gesamtwirtschaftlichen Güterstruktur** (Stagnation bzw. Rückgang von Grundstoffproduktion und -verarbeitung; Vordringen von Investitions- und langlebigen Konsumgütern) begünstigen den Straßengüterverkehr und treffen die Bahn und die Binnenschifffahrt negativ (als Ursache gilt der sog. Güterstruktureffekt). Die relativ niedrigen Transportkosten begünstigen diesen Trend.

– Der **Logistikeffekt** verstärkt den Güterstruktureffekt: Er resultiert aus weltweiten Optimierungsstrategien der Güter- und Informationsflüsse (z. B. *Supply Chain Management;* produktionssynchrone Liefersysteme, Verzicht auf Zwischenläger; Sendungsgrößenreduzierung). Ein besonderes Problem ist: Eisenbahn und Binnenschifffahrt weisen im Vergleich zum Straßengüterverkehr niedrigere logistische Leistungspotentiale auf. Die große Bedeutung zeitkritischer Transporte begünstigt zudem den Luftverkehr.

– Vordringen von **Just in time-Konzepten.** JIT-Konzepte erfordern störungsfreie Transportabläufe bei hoher Zuverlässigkeit. JIT-Aufgaben können prinzipiell durch jeden Verkehrsträger, der Zuverlässigkeit und zeitgenaue Anlieferungen gewährleistet, übernommen werden. Die Kombination von produktionssynchronen Anlieferungen und fehlenden Eingangslägern erhöht hierbei die Fahrtenzahlen. Die Enge der Zeitfenster stellt häufig auch den Straßengüterverkehr vor problematische Situationen (Einhaltung der höchstzulässigen Lenkzeiten, Geschwindigkeitsübertretungen). Die geringen Sendungsgrößen bei erhöhter Zahl der Anlieferungen pro Zeiteinheit begünstigen den Lkw, wie auch die Integratoren im Luftfrachtverkehr.

In den Anhörungen wurde besonders auf die Folgen verwiesen, wenn den Verkehrsträgern nicht in angemessener Weise sämtliche Kosten des Transportes zugeordnet werden. Für den Verkehrsbereich gilt dies als unbestritten. Es treten zwei Probleme auf, wenn die konkurrierenden Verkehrsträger nur unvollständig und zusätzlich unterschiedlich mit den volkswirtschaftlichen Kosten der Transportleistungserstellung belastet werden (Aberle 2001a):

– **Allgemeine Tendenz einer zu „billigen" Transportleistung.** Dies steigert den Umfang der Transportleistungsnachfrage über das gesamtwirtschaftlich sinnvolle hinaus. Dies kann zur Verstärkung der Tendenzen beitragen, die Fertigungstiefen zu reduzieren und *Global Sourcing* über große Entfernungen zu praktizieren.

– **Verkehrsträgerspezifische Fehlanlastung der Kosten.** Eine *verkehrsträgerunterschiedliche* Anlastung der volkswirtschaftlichen Kosten führt zu einer künstlichen Veränderung des *Modal Split*. Der empirische Befund zeigt hier Benachteiligungen vor allem der Binnenschifffahrt und der Bahn.

Festgestellt wurde aber auch, dass die wichtigsten Komponenten der externen Kosten – Schadstoffe, Lärm und CO_2-Emissionen – in ihrer verkehrsträgerspezifischen Höhe (Mengengerüste und Bewertungsprinzipien) äußerst umstritten sind (national und international). Dennoch können wissenschaftlich gestützte Näherungswerte politisch gesetzt und kostenwirksam gemacht werden.

Trotz Güterstruktureffekt und genereller Kostensenkungen im Transport- und Logistikbereich ist die unterschiedliche branchenspezifische Bedeutung der Transportkosten weiterhin zu bedeutungsvoll. Ihre Anteile am Produktionswert lassen sich aufgrund verschiedener Untersuchungen etwa wie folgt abschätzen (Aberle 2001a):

– Erze   6,0 – 7,0 Prozent
– Baustoffe   6,5 – 7,2 Prozent
– Eisen, Stahl   4,5 – 5,0 Prozent
– Nahrungsmittel   3,6 – 3,9 Prozent
– Hoch-/Tiefbau   3,1 – 3,4 Prozent
– Mineralölerz.   3,3 – 3,6 Prozent
– Chemische Erz.   2,1 – 2,5 Prozent

---

[29] Man unterscheidet: **Realwirtschaftliche Transaktionskosten** stehen vor allem mit dem Transport der Güter in Verbindung. Sie umfassen Fracht, Verpackungskosten, Versicherungskosten und Produktadaptionskosten, wenn Produkte für den Verkauf auf ausländischen Märkten angepasst werden müssen;
Monetäre Transaktionskosten betreffen die Abwicklung von Finanztransaktionen (Kosten der Zahlungssysteme, Fakturierung in Auslandswährung, Absicherung von Währungsrisiken);
Transaktionskosten, die durch **politische Entscheidungen** entstehen, sind Zölle, nicht-tarifäre Handelshemmnisse, Steuern im Außenhandel oder Kontrollen des Kapitalverkehrs. Darüber hinaus gibt es je nach Destination der Güter zusätzliche Länderrisiken, die abzusichern ebenfalls mit Kosten verbunden sind.

Einen deutlich geringeren Anteil haben Straßenfahrzeuge (ca. 1,5 Prozent), Büromaschinen (ca. 1,3 Prozent) und Elektrotechnische Erzeugnisse (ca. 1,3 Prozent). Im Dienstleistungsbereich liegen die Transportkostenanteile durchweg deutlich niedriger (Versicherung ca. 0,5 Prozent, Gastgewerbe ca. 1,2 Prozent, Einzelhandel ca. 0,7 Prozent, Gesundheitswesen ca. 0,3 Prozent). Eine Ausnahme bildet der Bankensektor, dessen Transportkostenanteil bei etwa 3,4 Prozent liegt. Bei den Anteilswerten ist zu berücksichtigen, dass die Umsatzrenditen der Bereiche Industrie und Handel im Durchschnitt zwischen zwei und sechs Prozent liegen.

Die Anhörungen ergaben, dass isolierte Betrachtungen der reinen Transportkosten relativ wenig aussagefähig sind. Für die wachstumsbedeutsamen Wirtschaftsbereiche ist vielmehr die Logistikqualität ein besonders globalisierungsrelevanter Wettbewerbsfaktor. Die Transportkostenanteile müssen deshalb vor dem Hintergrund der Logistikqualität betrachtet und beurteilt werden. IuK-Kosten sind Teil der Logistikkosten. Die *Logistikqualität* wird maßgeblich durch den sich stürmisch entwickelnden IuK-Sektor bestimmt.

3.2.2 Ökonomische und ökologische Auswirkungen

Hinsichtlich der *ökonomischen Auswirkungen* erbrachten die Anhörungen einen zweischneidigen Befund. Zum einen führt die mit der Senkung der Transportkosten verbundene Ausweitung der internationalen Arbeitsteilung zu einer generellen Steigerung der Wohlfahrt (im ökonomischen Sinn). Die intensivierte Arbeitsteilung ist wesentliche Triebkraft für wirtschaftliches Wachstum und Beschäftigung. In der EU ist dieser positive Effekt unverkennbar; er trifft wirtschaftlich starke Volkswirtschaften, aber auch schwächere Staaten. Die damit verbundenen starken Verkehrsleistungszuwächse sind aber nicht in analoger Weise verteilt: Sie treffen vor allem Deutschland als europäisches Haupttransitland. Generell sind die häufig peripheren und schwächer entwickelten Regionen von den transportinduzierten Negativwirkungen weniger betroffen als hochentwickelte Regionen mit hohem Industriebesatz. Wenn diese Staaten aber gleichzeitig auch Transitländer sind, kommt es zu den erheblichen Umwelt- und sonstigen Verkehrsbelastungswirkungen.

Wesentliche ökonomische Implikationen sind:

– **Unterschiede zwischen Industrie- und Entwicklungsländern.** Tendenziell ziehen Industrieländer aus der Globalisierung einen höheren Nutzen als Entwicklungsländer. Für Letztere bestehen jedoch beträchtliche Einkommens- und Beschäftigungschancen, sofern sie ihre komparativen Kosten- und Leistungsvorteile umsetzen können. Dies kann für die osteuropäischen Transformationsländer, aber auch beispielsweise für China und Südkorea nachgewiesen werden, die von der Globalisierung insbesondere durch *Global Sourcing* von Unternehmen aus hochentwickelten Volkswirtschaften profitieren konnten. Qualität und Transportkosten tragen hierzu wesentlich bei. Für hochentwickelte Länder wie Deutschland gilt, dass die internationale Wettbewerbsfähigkeit wesentlich durch *Global Sourcing* kostengünstiger Produktkomponenten gesichert wird (Aberle 2001a).

– **Anstieg der Transportintensität trotz steigenden Dienstleistungsanteils.** Die Transportintensität vieler Bereiche des Dienstleistungssektors ist wesentlich niedriger als beim Verarbeitenden Gewerbe. Trotz stetiger Zunahme des Dienstleistungsanteils am BIP zeigt sich für Deutschland, dass die durchschnittliche Transportintensität (Tkm je Einheit reales Sozialprodukt) wie auch die globale Transportelastizität (Verhältnis der relativen Veränderungen von Tkm und realem Sozialprodukt) in den letzten zehn Jahren angestiegen sind. Dies ist auf die globalisierungs- und integrationsbedingt starke Zunahme der Arbeitsteilung und die hieraus folgenden Transporterfordernisse zurückzuführen.

Die *ökologischen Probleme* des steigenden Transportvolumens sind vor allem durch den erhöhten Energieverbrauch im Transportsystem sowie den steigenden Flächenverbrauch der Verkehrssysteme bedingt. Weitere Bereiche sind die Klima beeinflussenden Abgasemissionen. Bei den Folgen des Transitverkehrs verweist Knoflacher darüber hinaus auf die Inkongruenz von Betroffenen und Nutznießern: Die Nutznießer des Transportsystems sitzen außerhalb dieser Transitregionen und sind nur unzulänglich an den Kosten der durch sie verursachten Umweltbelastungen beteiligt. Die Folge: Die Unterschiede zwischen Zentren und Peripherie nehmen hierdurch weiter zu. In diesem Zusammenhang wird darauf verwiesen, dass die Wirkungsmechanismen des Transportsystems eine Reihe von gesellschaftlichen Problemen verstärken könnten, etwa strukturelle Arbeitslosigkeit, Sozialabbau und die Ausbreitung von Krankheiten, Kriminalität und Seuchen (Knoflacher 2001).

Ein besonders markanter Bereich ist der Straßengüterverkehr, der durch einen intensiven Wettbewerb und eine besondere Dynamik gekennzeichnet ist. Hier werden alle Möglichkeiten der Auslastungsverbesserung genutzt: durch Tourenplanungssysteme, GPS-Steuerung der Fahrzeuge, Fahrerassistenzsysteme. Die Industrie forciert *Modular Sourcing* (Systemzulieferer), Gebietsspediteurkonzepte mit Nutzung von Bündelungsmöglichkeiten und Schienenlangläufe im Beschaffungsbereich. Kooperationen im Beschaffungstransport werden stärker genutzt. Auf der Konsumentenseite können durch stark zunehmende Internet-Einkäufe zusätzliche Transporte mit kleinen Fahrzeugen notwendig werden. Über Bündelungskonzepte wird kontrovers diskutiert. Die Begünstigung des Straßenverkehrs fördert das stetige Vordringen von Paketdiensten mit einer steigenden Zahl an Sammel- und Verteilfahrzeugen. Die ökologischen Folgelasten verschärfen sich entsprechend.

Zu berücksichtigen sind auch die Unterschiede zu anderen Verkehrsbereichen. Der Zugang zum Schienenverkehr ist bisher weitgehend noch kontrolliert, der Zugang zum System „Straße" jedoch nicht. Beim Seeverkehr gibt es wiederum ökonomische und ökologische Disparitäten durch die Konzentration an den Hafenanlagen (Wettbewerb der

Häfen). Hinzu kommen Wettbewerbsprobleme zwischen Binnenstaaten und Küstenländern. Länder mit großen Hafenanlagen wie Holland können alle positive Effekte daraus ziehen. Binnenländer, wie etwa Österreich, haben demgegenüber die Lasten des Transitverkehrs zu tragen. Hierfür wurde bisher noch kein Ausgleich geschaffen. Die Geschehnisse im Seeverkehr, insbesondere in internationalen Gewässern, sind zudem wesentlich schwieriger zu kontrollieren als bei anderen Verkehrsarten. Der Luftverkehr entzieht sich bis heute weitgehend nationalen Einflussnahmen, etwa der Einführung einer Kerosinsteuer und ähnlichen Auflagen (Knoflacher 2001).

3.2.3 Schlussfolgerungen und Empfehlungen der Enquete-Kommission

Eine nachhaltige Verkehrspolitik erfordert die vollständige Internalisierung der sozialen und ökologischen Kosten der Leistungserstellung. Dies wirkt bei den gegenwärtigen Preisen dem Anstieg des Verkehrsaufkommens, der Verkehrsüberlastung, dem Lärm und der Umweltverschmutzung entgegen und fördert die Verwendung umweltfreundlicher Verkehrsmittel. Es sind Maßnahmen erforderlich, die den Anstieg des Verkehrsaufkommens reduzieren, die eine schrittweise Verlagerung des Verkehrs von der Straße auf die Schiene und Wasserwege ermöglichen und den öffentlichen Personenverkehr fördern. Umweltschädliche Subventionen im Verkehrssektor müssen vollständig eingestellt werden.

Nach neueren Schätzungen betreffen die nicht erfassten externen Kosten vor allem den Straßen- und Luftverkehr. Die Kosten ihrer Umweltbelastung müssten durch die genannten Verkehrsträger getragen werden. Dieser Grundsatz ist unbestritten, die praktische Umsetzung ist aber (noch) nicht gelungen. Mengenmäßige Rechnungen sind möglich und werden angestellt, die preisliche Bewertung ist freilich umstritten. So schwanken die genannten Schattenpreise für eine Tonne CO_2 zwischen zehn und 200 Euro.

Ferner ist umstritten, ob die Umwelteffekte in die Wegekosten einzubeziehen sind. Erste Ansätze zu einer Klärung bietet möglicherweise eine Verrechnung der Verkehrsinfrastrukturkosten sowie die Anlastung von geschätzten externen Kosten (Lärm-, Schadstoffemissionen, CO_2). Denkbare Instrumente hierfür sind möglichst nutzungsabhängige Verkehrswegeabgaben und die Besteuerung von Vorhaltung und Betrieb von Verkehrsmitteln. Hierdurch kann der *Modal Split* beeinflusst werden. Die Rechnungskomponenten (Mengengerüste, Bewertung) sind allerdings national und international sehr umstritten. Außerdem: Die preislichen Einflussmöglichkeiten werden durch die sehr unterschiedlichen Systemeigenschaften der Verkehrsträger beträchtlich eingeschränkt. Das Grundproblem bleibt: „Angemessene Transportpreise" können nicht einfach marktexogen definiert werden (Aberle 2001a). So wird z. B. schon das EU-Kommissions-Konzept der „sozialen Grenzkosten", das Infrastruktur- und Staukosten den Wegekosten anlasten will, vom Wissenschaftlichen Beirat beim BMVBW wegen methodisch ungelöster Probleme abgelehnt.

Transportleistungen beanspruchen immer die Umwelt. Technische und investive Maßnahmen, Ge- und Verbote sowie preiswirksame Steuerungsinstrumente können die negativen Umwelteffekte reduzieren, z. B. die Reduzierung der Schadstoff-/Lärmemissionen im Straßenverkehr durch Gebotsregelungen (Aberle 2001b).

Im Hinblick auf die Verwendung der Einnahmen aus fiskalischen Regelungen zur Steuerung von Verkehrsströmen wurde in der Anhörung betont, dass zusätzliche Einnahmen aus *umweltspezifischen Verkehrsabgaben* zur Förderung umweltfreundlicher Technologien im Transport- und Logistikbereich eingesetzt werden sollten. Umstritten ist die Forderung nach einem weiteren Ausbau der Infrastruktur für den Straßenverkehr. Während einerseits ins Feld geführt wird, dass dadurch die Umweltbelastungen durch Staus reduziert werden können, ist andererseits zu beachten, dass eine Ausweitung der Verkehrsinfrastruktur zusätzliche Impulse zur weiteren Transporterhöhung setzt. Es ist daher eine ganzheitliche Beurteilung und Gestaltung der Maßnahmen erforderlich.

Empfehlung 3-6   Internalisierung der Verkehrskosten

Die Enquete-Kommission empfiehlt, die Internalisierung der sozialen und ökologischen Kosten im Verkehrsbereich voranzutreiben, Anreize für eine schrittweise Verlagerung des Verkehrs von der Straße auf Schiene und Wasserwege zu schaffen und den öffentlichen Personenverkehr zu fördern. Umweltschädliche Subventionen müssen vollständig eingestellt werden.

Empfehlung 3-7   Verwendung der Einnahmen aus der fiskalischen Steuerung von Verkehrsströmen

Einnahmen aus umweltspezifischen Verkehrsabgaben sollten zweckgebunden in die Beseitigung der ökologischen und sozialen Folgelasten und für Maßnahmen der Verkehrsvermeidung und zur Förderung umweltfreundlicher Technologien im Transport- und Logistikbereich eingesetzt werden.

3.3 Problemlagen und Reformnotwendigkeiten der WTO[30]

3.3.1 Bewertung der Ministerkonferenzen in Seattle und Doha

Die WTO führte vom 30. November bis 3. Dezember 1999 ihre dritte Ministerkonferenz in Seattle durch. Die Ministerkonferenz ist das höchste Gremium innerhalb der WTO und tritt alle zwei Jahre zusammen. Ziel der Ministerkonferenz von Seattle war es, eine neue Runde der Handelsliberalisierung, die sog. „Millenium Round", zu starten. Die Konferenz endete im Desaster und wurde am 3. Dezember 1999 abgebrochen, ohne dass es zu einer Einigung über eine Abschlusserklärung, die die Liberalisierungsagenda

---

[30] Vgl. hierzu auch das Minderheitenvotum der PDS-Fraktion in Kapitel 11.3.3.1.

der nächsten Jahre hätte enthalten sollen, gekommen wäre. Als Gründe hierfür gelten neben der mangelhaften inhaltlichen Vorbereitung die Kompromisslosigkeit von Europäern und Amerikanern auf wichtigen Verhandlungsfeldern[31], die fehlende Unterstützung durch die wichtigsten Interessengruppen, der faktische Ausschluss vieler Entwicklungsländer aus den informellen „Green-Room-Meetings" und für die WTO bislang in ihrem Ausmaß unbekannte weltweite öffentliche Proteste.

Deutlich wurde hingegen: Die WTO wird von vielen Akteuren und Beobachtern längst nicht mehr als bloße Handelsorganisation gesehen. Insbesondere mit der nachdrücklichen Forderung nach „spezieller und differenzierter Behandlung" der Entwicklungsländer wird die WTO als eine Organisation betrachtet, deren entwicklungspolitische Relevanz auch ihren Niederschlag im institutionellen Aufbau finden muss. Außerdem zeigen die Reaktionen von Zivilgesellschaft, Nichtregierungsorganisationen und Gewerkschaften die Skepsis gegenüber einer einflussreichen internationalen Organisation, deren demokratische Legitimation nur mittelbar ist und deren Transparenz zu wünschen übrig lässt. Seit den Geschehnissen um die Ministerkonferenz von Seattle ist die WTO in aller Munde.

Eine neue Handelsrunde wurde erst zwei Jahre später auf der vierten Ministerkonferenz in Doha/Quatar beschlossen. In deren Abschlusserklärung sind die kommenden Verhandlungsthemen festgelegt, die ein Entgegenkommen der Industrieländer gegenüber den Entwicklungsländern erkennen lassen, ohne dass man von einer umfassenden „Entwicklungsrunde" sprechen könnte. Hierzu hätte es substanzieller Opfer des Nordens bedurft, etwa der Abschaffung der Agrarsubventionen und nicht nur ihrem „Auslaufen-Lassen", wie es in der Kompromissformel heißt.[32] Trotzdem konnten insbesondere die Entwicklungsländer einige wichtige Zugeständnisse erreichen und ihren Einfluss in der WTO ausbauen. So gelang es den kleinen Volkswirtschaften zum ersten Mal in der Geschichte der WTO, ihre Probleme zuvor miteinander abzustimmen (vgl. Kapitel 3.3.9) und auf sie ausgerichtete Arbeitsprogramme und weitere Marktöffnungen durchzusetzen (WTO 2001a: Ziff. 38–44). Beim TRIPS-Abkommen sind nun Fortschritte erzielt worden, insbesondere Rechtssicherheit bei der Frage nach Zwangslizenzen (vgl. Kapitel 5.3). Die WTO hat ferner die Handelspräferenzen anerkannt, die die EU im Abkommen von Cotonou den AKP-Staaten einräumt. Quasi als Gegenleistung erklärten sich die Entwicklungsländer bereit, in der nächsten Ministerkonferenz in Mexiko-City über die sog. „Singapur-Themen" (Handel und Investitionen, Handel und Wettbewerb, Handel und öffentliches Beschaffungswesen) Gespräche zu führen.

Im Bereich Handel und Umwelt bekräftigte die WTO ihre Verpflichtung auf das Ziel einer nachhaltigen Entwicklung. Dazu gehört auch das Recht der Mitgliedsländer, ihnen angemessen erscheinende Handelsmaßnahmen zum Schutz von Gesundheit, Sicherheit und Umwelt zu ergreifen (vgl. hierzu Kapitel 3.5.1). Darüber hinaus gehende Forderungen der EU konnten nicht realisiert werden, insbesondere Produkte nach ökologischen Kriterien zu kennzeichnen und sicherzustellen, dass Handelsregeln nicht mit Umweltabkommen in Konflikt geraten. Auch wurde die von den Europäern gewünschte Integration der Kernarbeitsnormen nicht auf die Agenda der nächsten Handelsrunde gesetzt.

Ob die sogenannte Doha-Runde demnach eine „Entwicklungsrunde" wird, vermag man zum heutigen Zeitpunkt noch nicht abzuschätzen.

3.3.2 Kontroversen um Entwicklungsländer in der Welthandelsorganisation

3.3.2.1 Marktzugang für Entwicklungsländer[33]

Bislang konnten die Industrieländer am meisten von den Liberalisierungsrunden der letzten Jahrzehnte profitieren. Vor diesem Hintergrund sind die Forderungen insbesondere der NGO und der Weltbank zu sehen, die kommende Welthandelsrunde zu einer „Weltentwicklungsrunde" zu gestalten (Weltbank 2001b). Die WTO schließt sich diesen Forderungen mittlerweile an, da sie den Bedürfnissen und Interessen der Entwicklungsländer eine zentrale Stellung im zukünftigen Arbeitsprogramm zuweist (WTO 2001a: Ziff. 2). Als wichtige Mittel zum Zweck erachtet sie einen erweiterten Marktzugang, ausgewogene und auf die Entwicklungsbedürfnisse ausgerichtete Handelsregeln, finanzielle und technische Unterstützung sowie „Capacity-Building-Programme". Dies deckt freilich nur einen Teil der Forderungen der G77 Länder und China nach einer umfassenderen Einbeziehung entwicklungspolitischer Ziele in das Regelwerk der WTO (G77/China 2001: Ziff. 4).

Die Probleme der Entwicklungsländer mit der Umsetzung der WTO-Regeln und -Beschlüsse müssen in Zukunft konsequenter angegangen werden. Entwicklungsländer sind oft finanziell und personell überfordert, die zur Umsetzung des Regelwerks notwendigen Institutionen zu errichten und zu unterhalten. Dieses Problem muss in den kommenden Jahren auch unter finanzieller Beteiligung der Industrieländer gelöst werden.

Viele Industrieländer schützen sich immer noch durch hohe Zölle und andere nicht-tarifäre Marktzugangsschranken in vielen „sensiblen" Bereichen vor der Konkurrenz aus Schwellen- und Entwicklungsländern. Insbesondere in den Bereichen des Agrar- und Textilhandels, aber auch in verschiedenen Bereichen der Schwerindustrie gelang es ihnen in der Vergangenheit, unter Hinweis auf Dumping, Produktsicherheit oder „vitale" nationale Interessen hohe Handelsschranken aufrecht zu halten und neue zu errichten. Dieses Verhalten steht in einem krassen Konflikt zu den Liberalisierungsideen der WTO.

---

[31] Z. B. im Agrarbereich, im Bereich Dienstleistungen, Wettbewerb und Umwelt, der Sozialstandards und im Bereich Handel und Investitionen. Siehe hierzu May (2000).

[32] Vgl. WTO (2001a: Ziff. 13): „(...) reductions of, with a view of phasing out, all forms of export subsidies (...)".

[33] Vgl. hierzu auch das Minderheitenvotum der FDP-Fraktion in Kapitel 11.2.2.3.2.

Agrarpolitik und Textilhandel: Der Marktzugang von Waren wird seit 1948 durch das GATT geregelt. In den acht vergangenen Verhandlungsrunden konnten die durchschnittlichen Zölle für Handelsgüter von ca. 40 Prozent unmittelbar nach dem Zweiten Weltkrieg auf durchschnittlich vier Prozent nach der Uruguay-Runde 1994 gesenkt werden (OECD 2001d: 73). Die durchschnittlichen Zollsätze sind allerdings recht ungleichmäßig über Produktgruppen und Wirtschaftssektoren verteilt. Auch existieren vor allem im Bereich der Landwirtschaft und im Textilhandel noch viele nicht-tarifäre Handelshemmnisse. Diese Beschränkungen treffen also jene meist arbeitsintensiven Bereiche am härtesten, in denen Entwicklungsländer komparative Vorteile gegenüber vielen Industrieländern haben. Zum Beispiel: Knapp ein Drittel aller Textilimporte der OECD-Mitglieder sind mit Zöllen über 15 Prozent belegt. Allerdings wiegen der faktische Marktausschluss und die Wohlfahrtsverluste durch nicht-tarifäre Handelshemmnisse noch schwerer. Laut einer WTO-Studie von Anfang 2001 greifen bei ca. drei Viertel aller Textilimporte in die EU nicht-tarifäre Handelshemmnisse (FTD 14.11.2001: 15). Der Handel mit Textilien soll bis 2005 vollständig aus dem Welttextilabkommen herausgelöst und komplett in das GATT-System integriert werden. Als Liberalisierungsziel steht die Abschaffung der noch bestehenden Einfuhrkontingente und ein weiterer Zollabbau auf der Agenda.

Vor dem Hintergrund dieser Problematik stand bei den Beratungen der Ministerkonferenz in Doha der verbesserte Marktzugang für Entwicklungsländer, insbesondere der am wenigsten entwickelten Länder[34], im Vordergrund. Die Entwicklungsländer und die Gruppe der großen Agrarexporteure, die Cairns-Gruppe, verlangen von den Industrieländern einen wesentlich besseren Marktzugang zu ihren hochgradig geschützten und regulierten Agrarmärkten und eine Rückführung ihrer internen Marktregulierungen. Durch den Agrarprotektionismus der Industrieländer gehen nach Berechnungen der Weltbank den Entwicklungsländern pro Jahr rund 63 Milliarden US-Dollar verloren (Europäisches Parlament 2000: 6).

Besonders nachdrücklich wurde daher in Doha von den Industrieländern erneut das schrittweise Auslaufen von Exportsubventionen und Beihilfen für die Landwirtschaft verlangt (WTO 2001a: Ziff. 13.). Auf eine solch konkrete Liberalisierungsverpflichtung wollte sich die europäische Handelsdelegation so lange nicht einlassen, bis man sich auf die Kompromissformel „without prejudging the outcome of the negotiations" (WTO 2001a: Ziff. 13) einigte – also ohne das Ergebnisse der Verhandlungen vorwegzunehmen. Das Ziel, jene Handelsschranken abzubauen, die spezifisch durch die EU-Agrarmarktordnung bedingt sind, bleibt somit bestehen, jedoch mit einer stark relativierenden Note. Dies ist angesichts der Interessenskonflikte innerhalb der EU im Vorfeld ihrer Osterweiterung allerdings verständlich.[35]

Die Landwirtschaft hat für viele Entwicklungsländer eine besondere Bedeutung. Dies betrifft sowohl die Ernährungssicherheit, als auch die Zahl der Beschäftigten in diesem Sektor. Es sollte Entwicklungsländern erlaubt sein, ihre lokalen Produzenten zu schützen, sofern damit die Ernährungssicherheit gewährleistet werden kann. Die Landwirtschaft ist allerdings kein Produktionszweig wie jeder andere. Seit jeher erfüllt die Landwirtschaft neben der Produktion von Nahrungsmitteln Aufgaben in der Landschaftsentwicklung, ihrer Pflege und im Tourismus. Diese Mehrfachfunktion der Landwirtschaft wird heute als „Multifunktionalität der Landwirtschaft" diskutiert. Die EU umschreibt mit dem Begriff der Multifunktionalität den grundlegenden Zusammenhang von umweltgerechter Landwirtschaft, Lebensmittelsicherheit, räumlicher Ausgewogenheit, Landschafts- und Umweltschutz und Ernährungssicherheit (EU 2000).

Anti-Dumping: Anti-Dumping-Maßnahmen zur Verhinderung „unfairen" Handels haben sich in der Vergangenheit zu einem ernsten Handelsproblem entwickelt. Unter Hinweis auf Dumping werden oft Marktabschottungen zuungunsten der Entwicklungsländer betrieben. Dies war und ist besonders ausgeprägt in jenen Bereichen, in denen Entwicklungsländer besonders große komparative Vorteile aufzuweisen haben. Häufig setzen die Entwicklungsländer allerdings Anti-Dumping-Maßnahmen als Kampfinstrument untereinander ein.

Neben der Landwirtschaft sind vor allem arbeitsintensive Branchen wie die Bekleidungs- und Textilindustrie, aber auch viele vor allem arbeitsintensive Bereiche der Schwerindustrie von Anti-Dumping-Maßnahmen betroffen. Viele Entwicklungsländer sehen in der Praxis der Anti-Dumping-Abschottung durch Industrieländer ein gewaltiges Entwicklungshemmnis und fordern mit Nachdruck die beschleunigte Implementierung der Liberalisierungen aus der Uruguay-Runde insbesondere für die Agrar- und Textilwirtschaft (G 77/China 2001: Ziff. 9 und 15). Anti-Dumping-Maßnahmen nahmen auch deshalb in der Vergangenheit sehr zu, da diese relativ leicht einzusetzen sind und direkt und diskriminierend gegenüber einzelnen Ländern oder Produzenten wirken. Es ist allerdings empirisch immer schwer nachzuweisen, ob in einem konkreten Fall ein Dumpingvorwurf tatsächlich gerechtfertigt erscheint.

In der Anti-Dumping-Problematik konnten die Entwicklungsländer in Doha einen Erfolg erzielen. Insbesondere

---

[34] Die EU hat mit der sog. „Everything but Arms-Initiative", die den quoten- und zollfreien Marktzugang für alle Waren aus LDC-Ländern – wenn auch mit Übergangsfristen für Zucker, Reis und Bananen – auf den europäischen Markt beinhaltet, ein wichtiges Signal gesetzt.

[35] Seitens der EU besteht das Problem darin, dass mit der Osterweiterung die landwirtschaftliche Nutzfläche um die Hälfte vergrößert und die Zahl der Arbeitskräfte in der Landwirtschaft verdoppelt wird. Bei einer unreformierten EU-Agrarmarktordnung würden aufgrund der Unterschiedlichkeit der Lebensverhältnisse und Produktionsstrukturen zwischen den Beitrittsländern und den jetzigen EU-Mitgliedern enorme Transfers fällig. Die von der EU-Kommission in der Agenda 2000 vorgestellte Strategie einer reformierten Agrarmarktordnung sieht deshalb die Heranführung der EU-Agrarpreise an das Weltmarktniveau vor, gekoppelt mit dem Instrument „direkte Einkommensbeihilfen".

Tabelle 3-4

Anti-Dumping-Verfahren nach Entwicklungsstand: 1.1.1995–30.6.2001

	Anti-Dumping-Verfahren			
Initiatoren	Industrieländer	Entwicklungsländer	Transformationsländer	Insgesamt
Industrieländer	174	340	199	713
Entwicklungsländer	309	352	254	915
Transformationsländer	4	2	6	12
Insgesamt	487	694	459	1 640

Quelle: WTO 2002b, eigene Modifikationen[36]

soll das Problem der Mengenquoten im Textilhandel verhandelt werden. Außerdem setzten sie Verhandlungen durch, dass ihrer spezifischen Situation vor der Initiierung von Anti-Dumping-Maßnahmen Rechnung getragen wird.

3.3.2.2 Wettbewerb und Entwicklungsländer

Die klassische Außenhandelstheorie des „komparativen Kostenvorteils" folgert, dass freier Handel zu einer Steigerung der gesellschaftlichen Wohlfahrt für alle Handelspartner führen würde. Deshalb werden Handel und Liberalisierung, transantionale Konzerne und internationale Institutionen als hilfreich zur Überwindung des Rückstandes und der Armut in Entwicklungsländern angesehen.

Die Gegenmeinung geht indes davon aus, dass nachhaltig positive Auswirkungen der Beteiligung am Handel und dem internationalen Wettbewerb einen gewissen bereits vorhandenen Stand der Entwicklung der heimischen Wirtschaft voraussetzen. Die früher verfolgte Spezialisierung von unterentwickelten Ländern auf Produktion und Export von unverarbeiteten Primärgütern verstärke ihre Abhängigkeit von schwankenden Weltmarktpreisen sowie das vorhandene Technologiegefälle. Diese Situation hemme eine Entwicklung, die zu einer höheren Produktivitätsentwicklung führt.[37]

Ob günstigere Erwartungen begründet seien, wenn im internationalen Wettbewerb ein Entwicklungsland den Zuschlag als dezentraler Produktionsstandort eines transnationalen Unternehmens zur Weiterverarbeitung industrieller Produkte erhielte, könne dahingestellt bleiben. Auf der einen Seite ließe sich argumentieren, dass transnationale Unternehmen im Rahmen ihrer globalen Wertschöpfungskette i. d. R. überall den aktuellen Stand der Technik einsetzen. Dieser erfordere eine Höherqualifizierung der lokalen Arbeitskräfte. Dadurch entstehen verschiedene positive Spill-over-Effekte in der lokalen Wirtschaft hinsichtlich Produktivität, Ausbildung, Arbeits- und Sozialstandards. Die Ausschöpfung dieses Potenzials durch die Entwicklungsländer gelingt umso besser, je höher bereits der Stand der heimischen Wirtschaft sowie der sozioökonomischen Infrastruktur ist. Im Idealfall eines „Wettbewerbs auf gleicher Augenhöhe" komme es zu einer fairen Aufteilung der Außenhandelsgewinne auf die Beteiligten. Diese Entwicklung ergebe sich jedoch nicht zwangsläufig. Wie entwicklungspolitische Analysen zeigten[38], komme die Realisierung der erwarteten „spill-over-Effekte" nur unter günstigen Bedingungen zustande. Es bestehe die Gefahr, dass Projekte transnationaler Unternehmen keine weitergehenden Effekte auf die Gesamtökonomie des betreffenden Landes ausüben, wenn deren lokale, regionale oder nationale Vernetzung so gering ausgeprägt ist, dass sie einen Entwicklungsprozess nicht zu tragen oder nur zu initiieren in der Lage sind.

Auch die Probleme der ökonomisch-politischen Vermachtung zeigen sich in besonderer Weise in den Entwicklungs- und Schwellenländern. Multinationale Unternehmen, die in Entwicklungsländern agieren, haben dort in der Regel eine ungleich stärkere Position als in den OECD-Ländern. Auch wenn die grenzüberschreitenden M&A-Aktivitäten vor allem auf Unternehmen in den ent-

---

[36] In der EU sind die Mitgliedstaaten an die Entscheidungen eines „Beratenden Ausschusses" in Anti-Dumping-Verfahren gebunden (EU 1996).

[37] Schon im 19. Jahrhundert hat Friedrich List für eine aktive Rolle des Staates im nachholenden Entwicklungsprozess plädiert. Zeitweise sollte es sogar möglich sein, eine „nationale Ökonomie" gegenüber unerwünschten Weltmarkteinflüssen (durch Einführung von „Erziehungszöllen") abzusichern (temporäre und partielle Dissoziation). Eine solche Strategie jedoch, die noch in den 70er Jahren viele Fürsprecher unter Entwicklungspolitikern fand, ist seit den 80er Jahren infolge der finanziellen Öffnung der meisten Entwicklungsländer (ein Effekt der Schuldenkrise) nicht mehr umsetzbar. Daher sind komplexere Entwicklungsstrategien, die sich weder einseitig auf den Markt und die durch ihn herbeigeführte globale Arbeitsteilung noch auf die staatliche Regulierung verlassen, erforderlich: Es geht letztlich darum, die gesellschaftlichen Ressourcen zur Steigerung der „systemischen" Wettbewerbsfähigkeit zu mobilisieren.

[38] Dies betrifft vor allem die Analysen von Rosenstein-Rodan, Nurkse, Hirschman und in neuerer Zeit auch Krugman, die gezeigt haben, dass Entwicklungsprozesse nicht zuletzt auf Koppelungseffekten („linkages") und Ausstrahlungseffekten („spill-over") beruhen (Krugman 1986).

wickelten Ländern konzentriert waren, ist doch auch in den Schwellenländern eine beträchtliche Merger-Aktivität zu verzeichnen, an denen hauptsächlich multinationale Unternehmen aus den Industrieländern beteiligt sind (Singh, Dhumale 1999; Singh 2001).

Die internationale Handelspolitik mit ihren Voraussetzungen von Meistbegünstigung, Gegenseitigkeit und Gleichbehandlung inländischer und ausländischer Firmen entspricht nach Meinung vieler Autoren (z. B. Ajit Singh und Walden Bello) nicht der Interessenlage der Entwicklungsländer.[39] Sie wird als Ausdruck einer für Entwicklungsländer schädlichen Machtmanifestation (Singh) angesehen, dem durch ein „Special and Differential Treatment" der Entwicklungsländer entgegen gewirkt werden könne: Letztlich geht es bei der Diskussion um das „Special and Differential Treatment" der Entwicklungsländer darum, grenzüberschreitende Solidarität und die konstitutiven Elemente der Welthandelsordnung – Meistbegünstigung, Reziprozität und Inländerbehandlung – in ein ausgewogenes Verhältnis zu bringen. Ein Vorschlag, der in diese Richtung zielt, ist die von Pakistan auf der Ministerkonferenz von Doha eingebrachte Forderung nach einem Rahmenabkommen zum „Special and Differential Treatment". Hier geht es darum, den Entwicklungsländern ihren Entwicklungsbedürfnissen entsprechende grundsätzlich abweichende Regelungen im Rahmen der WTO zu ermöglichen, so wie sie in der Präambel zur WTO mit der Erklärung von Marrakesch, als Bestandteil des GATT und auch bereits in der Havanna Charta enthalten waren. Die EU z. B. betreibt mit ihrer „Everything but Arms"-Initiative oder auch mit der Gewährung von Präferenzen an die AKP-Staaten nichts anderes als ein eigenes „Special and Differential Treatment". Angesichts des Ausbleibens von Wohlstandserfolgen für zumindest ein Drittel der Menschen (Weltbank 2002) halten viele Entwicklungsländer im Rahmen der WTO befristete und degressiv ausgestaltete, entwicklungsförderliche Ausnahmen bei der Reziprozität und der Inländerbehandlung für erforderlich. Sie berufen sich dabei im Grunde auf das „Infant Industry"-Argument, das den heutigen Industrieländern erst ihre Entwicklung ermöglicht habe.

Dem wird entgegengesetzt, dass die Argumentationslinien von Singh und Bello für ein „Special and Differential Treatment" auf eine markt- und wettbewerbskritische Grundhaltung zurückzuführen sind. Im Ergebnis wird den Entwicklungsländern nahe gelegt, Wettbewerb selektiv nur dort zuzulassen, wo ihnen dies vermeintlich vorteilhaft erscheint, im übrigen aber die Kartellierung und sonstige Wettbewerbsbeschränkung nicht nur zu erlauben, sondern sogar strategisch zu praktizieren. Die Gefahren einer solchen Strategie dürfen aber nicht übersehen werden: Neben dem letztlich nicht lösbaren Problem einer Definition der jeweils optimalen Wettbewerbsintensität muss bedacht werden, dass auch eine bloß zeitweilige oder auch nur teilweise Abschottung von Märkten Unternehmensstrukturen fördert, die an Effizienz und Wettbewerbsfähigkeit verlieren und so das entwicklungspolitisch erwünschte Aufholen dieser Länder behindert.

Das viel zitierte „Level Playing Field" ergibt sich gerade aus der grundsätzlichen Akzeptanz der gleichen Spielregeln von allen für alle. Dass sich im Wettbewerb Spieler unterschiedlicher Qualität messen (und dabei gegenseitig stimulieren), ist vorgegeben und gewollt, damit auch das Transparentwerden von Stärken und Schwächen. Wettbewerbspolitik, die richtig verstanden Rechtsrahmen setzende Ordnungspolitik ist, kann deshalb in Fragen des Regelwerks für alle nur in engen Grenzen „Special and Differential Treatment" gewähren.

Eine wirksame Wettbewerbspolitik setzt zu ihrer Durchsetzung einen gefestigten Rechtsstaat voraus (so auch Singh). Hauptmanko einer Vielzahl von Entwicklungsländern sind aber eher zu schwache rechtsstaatliche und administrative Strukturen. Viele Entwicklungsländer haben bisher keine ausdifferenzierten Wettbewerbsordnungen entwickelt, keine wettbewerbspolitischen Institutionen aufgebaut und wünschen dies derzeit auch nicht.

3.3.2.3 Empfehlungen der Enquete-Kommission[40]

Empfehlung 3-8 Verbesserung des Marktzugangs für Entwicklungsländer

Die Enquete-Kommission empfiehlt als erste Schritte eine Verbesserung des Marktzugangs für Entwicklungsländer insbesondere auch für Halbfertigprodukte und für weiterverarbeitete Primärprodukte durch Abbau der Zolleskalation und von Spitzenzöllen. Mittelfristig soll die Abschaffung aller marktverzerrenden Exportsubventionen, besonders im Agrarbereich im Rahmen der gemeinsamen Agrarpolitik der EU erfolgen und der weitgehende Abbau nicht-tarifärer Handelshemmnisse angestrebt werden. Das Programm der Europäischen Union „Everything but Arms" für die 48 ärmsten Staaten der Welt ist ein erster Schritt zu mehr und verbesserter Marktbeteiligung und sollte weiter ausgebaut werden.

Insbesondere im landwirtschaftlichen Bereich ist jedoch aus sozialen, ökologischen Gründen und aus Gründen der Ernährungssicherheit eine funktionierende regionale Produktion und Vermarktung wünschenswert, der verbesserte Marktzugang darf deshalb nicht zu einer einseitigen Exportausrichtung von Entwicklungsländern im landwirtschaftlichen Bereich führen.

Empfehlung 3-9 Anti-Dumping

Die Enquete-Kommission empfiehlt, verbindliche und vor allem allgemein akzeptierte Definitionen von Dumping-Tatbeständen zu entwickeln und anzuwenden und ihren protektionistischen Missbrauch zu verhindern.

Empfehlung 3-10 Special and Differential Treatment

Die wirtschaftsstrukturellen Eigenheiten der Entwicklungs- und Transformations-Ökonomien können partiell

---

[39] Allerdings projizieren diese Autoren jene Sachverhalte oft auf die Wettbewerbspolitik. Dieses Vorgehen ist aber systemwidrig.

[40] Vgl. hierzu auch das Sondervotum des sachverständigen Kommissionsmitglieds Dr. Michael Baumann in Kapitel 11.4.

und auf Zeit den Verzicht auf volle Marktöffnung zugunsten einer entwicklungspolitischen Investitions- und Aufbaustrategie rechtfertigen. Das Instrument hierfür ist die Handelspolitik, die im Rahmen der WTO „Special and Differential Treatment" zeitlich begrenzt und je nach Entwicklungsstand vorsieht. Der Bundesregierung wird empfohlen, im Sinne der Ministererklärung von Doha konkrete Schritte zur Umsetzung der bezüglich „Special and Differential Treatment" getroffenen Vereinbarungen zu initiieren und zu unterstützen.

3.3.3 Liberalisierung von Dienstleistungen durch GATS[41]

3.3.3.1 Das GATS-Abkommen

Der Handel mit Dienstleistungen gilt als dynamischer Wachstumsbereich der Weltwirtschaft. Nach Angaben der WTO erreichte der Dienstleistungshandel im Jahr 1999 einen Wert von 1,34 Billionen US-Dollar (WTO 2000a), was rund einem Fünftel des gesamten Welthandels entspricht. Dreiviertel der Dienstleistungsexporte entfallen auf Industrieländer. Größte Exporteure sind die EU und die USA. Der Auslandsreiseverkehr und der Transport stellen die bedeutsamsten Sektoren dar, ihre Umsätze machen 32,8 bzw. 23 Prozent des weltweiten Dienstleistungshandels aus (WTO 2000a). Der Dienstleistungsanteil am Welthandel gilt jedoch als relativ gering im Vergleich zur stetig angewachsenen ökonomischen und beschäftigungspolitischen Bedeutung des tertiären Sektors. In den OECD-Staaten tragen Dienstleistungen 60 bis 70 Prozent zum BIP bei und beschäftigen 64 Prozent der Arbeitnehmer (OECD 2000i).

Entwicklungsländer haben sich während der Uruguay-Runde zunächst gegen die Aufnahme von Dienstleistungen in das Regime der WTO ausgesprochen. Ihre eigene Service-Industrie sei zu schwach entwickelt, so dass sie bei verfrühter Marktöffnung dem verschärften Wettbewerb nicht standhalten könne. Dass es dennoch zur Einigung auf das GATS kommen konnte, ist auch auf die Lobbyarbeit einflussreicher Dienstleistungskonzerne der Industrieländer zurückzuführen.

3.3.3.1.1 Wesentliche Bestimmungen

Im Rahmen des GATS wurde ein Schema entwickelt, das Dienstleistungen in zwölf Sektoren unterteilt:

Tabelle 3-5

Klassifikation von Dienstleistungen

Dienstleistungssektoren	
1. Unternehmerische und berufsbezogene Dienstleistungen A. (Frei-) berufliche Dienstleistungen B. EDV-Dienstleistungen C. Forschung und Entwicklung D. Grundstücks- und Immobilien-Dienstleistungen E. Miet-/Leasing-Dienstleistungen ohne Personal F. Andere gewerbliche Dienstleistungen z. B. Werbung, Unternehmens-/Personalberatung, Reparaturen, Druckereien **2. Kommunikationsdienstleistungen** A. Postdienste B. Kurierdienste C. Telekommunikationsdienste D. Audiovisuelle Dienstleistungen E. Andere **3. Bau- und Montagedienstleistungen** A. Allgemeine Bauausführung für Gebäude (Hochbau) B. Allgemeine Bauausführung für Tiefbau C. Installation und Montage-Arbeiten	D. Baufertigstellung E. Andere **4. Vertriebsdienstleistungen** A. (Provisions-)vertreter B. Großhandel C. Einzelhandel D. Franchising E. Andere **5. Bildungsdienstleistungen** A. Kindergarten/Grundschule B. Schulbildung C. Berufs-/Universitätsausbildung D. Erwachsenenbildung E. Andere Bildungseinrichtungen **6. Umweltdienstleistungen** A. Abwasserbeseitigung/Kanalisation B. (Sperr-)Müllabfuhr C. Sanitäre Einrichtungen/Hygiene D. Andere

---

[41] Der wissenschaftliche Input zu diesem Kapitel entstammt dem Gutachten von Fritz (2002).

noch Tabelle 3-5

Dienstleistungssektoren	
7. **Finanzdienstleistungen** A. Versicherungen und versicherungsbezogene Dienstleistungen B. Bank- und Finanzdienstleistungen C. Andere 8. **Medizinische und soziale Dienstleistungen (andere als die frei-beruflichen Dienstleistungen)** A. Krankenhausdienstleistungen B. Sonstige Gesundheitsdienstleistungen C. Soziale Dienstleistungen D. Andere 9. **Tourismus und Reisedienstleistungen** A. Hotels und Restaurants B. Reiseagenturen und Reiseveranstalter C. Fremdenführer/Reisebegleitung D. Andere	10. **Erholung, Kultur und Sport** A. Unterhaltungsdienstleistungen B. Nachrichtenagenturen C. Büchereien, Archive, Museen und sonstige kulturelle Dienstleistungen D. Sport und andere Erholungsdienstleistungen E. Andere 11. **Transportdienstleistungen** A. Seeschifffahrt B. Binnenschifffahrt C. Lufttransport D. Raumfahrt E. Schienenverkehr F. Straßenverkehr G. Pipeline Transport H. Hilfsdienste für Transportdienstleistungen I. Andere Transportdienste 12. **Sonstige nicht aufgeführte Dienstleistungen**

Im Prinzip umfasst das GATS alle Dienstleistungen, ausgeschlossen sind nur solche, die „in Ausübung hoheitlicher Gewalt erbracht" (Art. I) werden und Luftverkehrsrechte. Ferner werden im Artikel I vier Erbringungsarten (sog. „Modes") des Dienstleistungshandels unterschieden:

1. grenzüberschreitende Lieferungen,
2. der Konsum von Dienstleistungen im Ausland (z. B. Tourismus),
3. die kommerzielle Präsenz im Ausland und
4. die zeitweise Migration von Dienstleistungserbringern.

Damit erstreckt sich das GATS nicht nur auf den klassischen grenzüberschreitenden Handel, sondern auf ausländische Direktinvestitionen und befristete Arbeitsmigration. Da gegenwärtig mehr als 50 Prozent der weltweit getätigten ausländischen Direktinvestitionen in die Service-Industrie fließen, kommt der Erbringungsart 3 eine besondere Bedeutung zu (Hufbauer und Warren 1999). Das GATS gilt daher als ein Handels- *und* Investitionsabkommen.

Das GATS unterscheidet zwischen allgemeinen Verpflichtungen, die für alle WTO-Mitglieder gleichermaßen gelten und den spezifischen Verpflichtungen, die insoweit gelten, wie die Mitglieder konkrete Verpflichtungen eingegangen sind. Das flexible Konzept erlaubt den Staaten, die zu liberalisierenden Sektoren selbst zu bestimmen (Bottom-up-Ansatz).

3.3.3.1.2 Meistbegünstigung

Meistbegünstigung verlangt, dass Handelsvergünstigungen, die einem Land gewährt werden, auch allen anderen WTO-Mitgliedern zugestanden werden. Allerdings gibt es im GATS einige allgemeine Meistbegünstigungsausnahmen, so für regionale Integrationsabkommen (Art. V). Diese Ausnahme ist z. B. für die EU von Bedeutung, da sie verhindert, dass Handelsvorteile des Binnenmarkts umstandslos auch Drittstaaten gewährt werden müssen. Daneben gewährte das GATS länderspezifische Meistbegünstigungsausnahmen, die bis zum Abschluss der Verhandlungen angemeldet werden mussten. Die Industrieländer, v. a. die der EU, haben zahlreiche Meistbegünstigungsausnahmen angemeldet, so bei Finanzdienstleistungen, Telekommunikation, audiovisuellen Diensten, Seeverkehr und bei der Erbringungsart des grenzüberschreitenden Personenverkehrs.

3.3.3.1.3 Transparenz

Artikel III enthält die Verpflichtung, alle Maßnahmen, die den Dienstleistungshandel betreffen, zu veröffentlichen. Einmal im Jahr muss die WTO über Gesetzesänderungen, Vorschriften oder Verwaltungsrichtlinien unterrichtet werden. Zwei Jahren nach Errichtung der WTO mussten nationale Auskunftsstellen eingerichtet werden, die andere Mitglieder über alle den Dienstleistungshandel betreffende Maßnahmen informieren.

3.3.3.1.4 Innerstaatliche Regulierung

Mit dem Artikel VI über die innerstaatliche Regulierung ist ein sensibler Bereich des GATS angesprochen. Die Brisanz der GATS-Verhandlungen liegt darin, dass bedeutende Hemmnisse für den internationalen Handel mit Dienstleistungen nicht in Maßnahmen der Zollpolitik, sondern in innerstaatlichen Regelungen bestehen. Mit dem GATS wurde eine multilaterale Verhandlungsinstanz geschaffen, die die Entwicklung verbindlicher Disziplinen für Gesetzgebung und Regulierung aller Dienstleistungsmärkte zum Zweck hat. Damit greift das GATS in die Innenpolitik der WTO-Mitglieder ein und berührt oft zentrale Bereiche staatlicher Regelungshoheit. Mit der Klausel, dass Dienstleistungen, die "in Ausübung hoheitlicher Gewalt erbracht" werden (Art. 1, Abs. 3 b), von der Liberalisierung ausgenommen sind, bleibt unklar, ob öffentliche Dienste, die der Befriedigung grundlegender gesellschaftlicher Bedürfnisse (Gesundheitsversorgung, Bildung, Infrastruktur) dienen, durch handelsbezogene Maßnahmen geschützt werden dürfen. Dies wäre nur erlaubt, wenn ein solcher Dienst „weder zu kommerziellen Zwecken noch im Wettbewerb mit einem oder mehreren Dienstleistungserbringern erbracht wird". Problematisch könnten alle Bereiche sein, die teilprivatisiert sind oder in denen quasistaatliche oder private Anbieter öffentliche Aufgaben (z. B. bestimmte Gemeinwohlverpflichtungen) wahrnehmen. Es besteht Unsicherheit, die durch zukünftige Interpretationen dessen, was als hoheitliche Aufgabe unter dem GATS gelten soll, noch erhöht wird. Zwar wird in der Präambel und im Artikel VI das Recht der Mitgliedstaaten bestätigt, die Erbringung von Dienstleistungen nach ihren politischen Zielen zu regulieren. Liberalisierungsverpflichtungen dürfen aber nicht eingeschränkt werden. Der Rat für den Dienstleistungshandel wird in Artikel VI beauftragt, Disziplinen zu entwickeln, die gewährleisten, dass nationale Qualifikationserfordernisse, technische Normen sowie Zulassungsverfahren keine unnötige Belastung des Dienstleistungshandels darstellen. Welche politischen Ziele handelsbeschränkende Maßnahmen legitimieren können, bleibt ungeklärt.

Zur Erarbeitung sektorübergreifender Disziplinen wurde unter dem GATS eine „Working Party for Domestic Regulation" eingesetzt. Das GATS erzeugt Druck, über nationale Regelungen in einen internationalen Beratungsprozess mit interessierten Parteien einzutreten (OECD 2000f). Offen ist, wie weit nationale Politikpräferenzen gegenüber Handelspartnern zurückgestellt werden, insbesondere, wenn es Druckmittel seitens dieser Länder gibt.

3.3.3.1.5 Wettbewerbsregeln und Notstandsmaßnahmen

Der Artikel VIII über Monopole und Dienstleistungserbringer mit ausschließlichen Rechten ist in seiner Reichweite begrenzt. Im Fall wettbewerbsbeschränkender Praktiken (Art. IX) verpflichtet das GATS zu wechselseitigem Informationsaustausch und Konsultationen mit dem Ziel, die Praktiken zu unterbinden. In Artikel X werden Verhandlungen über sog. Notstandsmaßnahmen, d. h. die zeitlich befristete Rücknahme von Liberalisierungsverpflichtungen, vorgeschrieben. Gewerkschaften, aber auch Entwicklungsländer fordern hierbei verbindliche Notstandsmaßnahmen. Während die EU eine gewisse Aufgeschlossenheit in dieser Frage signalisiert, sind andere Industriestaaten bisher ablehnend. Sie verweisen auf die ihrer Ansicht nach hinreichende Flexibilität des GATS.

Es gibt Forderungen, dass eine Sicherheitsklausel den Schutz des inländischen Arbeitsmarkts ermöglichen solle. Eine solche Klausel sollte Frühwarnsysteme über die Beschäftigungsentwicklung enthalten sowie eine flexible Anwendung hinsichtlich der verschiedenen Erbringungsarten erlauben (Dessewffy 1999: 10f.).

3.3.3.1.6 Zahlungen und Übertragungen

Die Industrieländer streben eine Lockerung der in Entwicklungsländern z. T. verbreiteten Kapitalverkehrskontrollen an, mit denen diese sich gegen unerwünschte Zu- und Abflüsse abzusichern versuchen. Artikel XI verbietet die „Beschränkung internationaler Übertragungen und Zahlungen im Rahmen laufender Geschäfte, die mit ihren spezifischen Verpflichtungen zusammenhängen". Nur bei „bestehenden oder drohenden schwerwiegenden Zahlungsbilanzstörungen oder externen Zahlungsschwierigkeiten" sind Ausnahmen möglich (Mattoo 1998).

3.3.3.1.7 Öffentliches Beschaffungswesen

Das öffentliche Beschaffungswesen ist ein Bereich von großer ökonomischer Bedeutung. Es wird geschätzt, dass die weltweiten öffentlichen Aufträge jährlich einem Wert von zehn bis fünfzehn Prozent des Welt-BIP entsprechen. Artikel XIII nimmt die öffentliche Beschaffung ausdrücklich vom Meistbegünstigungsprinzip, Marktzugang und von der Inländerbehandlung aus. Es ist aber gefordert, dass innerhalb von zwei Jahren nach Inkrafttreten der WTO-Verträge Verhandlungen hierüber stattfinden sollen.

Parallel besteht schon ein Übereinkommen über das öffentliche Beschaffungswesen im Rahmen der WTO, das die Inländerbehandlung und Nichtdiskriminierung bei öffentlichen Aufträgen regelt. Hierbei handelt es sich jedoch um ein „plurilaterales" Abkommen, das nur für die Unterzeichner gilt, u. a. EU, USA und Japan. Die EU hat in Sektoren Ausnahmen festschreiben lassen, so in den Bereichen Telekommunikation, Verkehr, Elektrizitäts- und Wasserversorgung.

Gewerkschaften fordern, dass weitere Marktöffnungszugeständnisse bei öffentlichen Aufträgen der EU nur bei Einhaltung der ILO-Konventionen 94 (Regierungsaufträge), 95 (Lohnschutz) und 98 (Vereinigungsfreiheit, Kollektivvertragsrecht) gemacht werden dürfen. Ein zukünftiges europäisches Vergaberecht könnte eine Orientierung für das entsprechende WTO-Abkommen sein (Dessewffy 1999, DGB 2001a). Der EGB fordert, dass bei der Überprüfung mehrerer EU-Direktiven zu öffentlichen Aufträgen für die Bereiche Lieferungen, Dienstleistungen, Bauarbeiten, Wasser, Energie und Verkehr Sozialklauseln integriert werden. Die EU wird aufgefordert, erst nach öffentlicher Diskussion ihrer geplanten Mitteilungen zu den sozialen und ökologischen Aspekten öffentlicher Beschaffung Veränderungen an den genannten Direktiven vorzunehmen.

3.3.3.1.8 Allgemeine Ausnahmen

Artikel XIV räumt Ausnahmen von Liberalisierungsverpflichtungen ein. Dazu gehören Maßnahmen zur Aufrechterhaltung der öffentlichen Ordnung, zum Schutz des Lebens und der Gesundheit. Mit Ausnahme des Gesundheitsschutzes fehlen weitergehende Arbeits- und Sozialstandards, die handelsbeschränkende Maßnahmen rechtfertigen könnten.

3.3.3.1.9 Subventionen

Anders als das GATT enthält das GATS keine verbindlichen Regelungen zur Subventionierung von Dienstleistungen. Artikel XV enthält nur den Hinweis, dass Subventionen zu Verzerrungen im Dienstleistungshandel führen können und verlangt die Aufnahme von Verhandlungen über multilaterale Disziplinen und im Falle subventionsbezogener Konflikte. Allerdings können Subventionen wegen der Prinzipien der Inländerbehandlung und der Meistbegünstigung unter die GATS-Bestimmungen fallen.

3.3.3.1.10 Spezifische Verpflichtungen

Zwar gelten für das GATS mit dem Marktzugang (Art. XVI), der Inländerbehandlung (Art. XVII) und der Meistbegünstigung (Art II) die gleichen Prinzipien, die auf den Güterhandel angewendet werden. Die Prinzipien Marktzugang und Inländerbehandlung sind nur auf diejenigen Sektoren anwendbar, die die WTO-Mitglieder in Länderlisten spezifischer Verpflichtungen aufgenommen haben. Während die Industrieländer alle wichtigen Sektoren in ihren Länderlisten zumindest abdecken, haben Entwicklungsländer eine geringere Zahl von Sektoren liberalisiert. Aufgrund der flexiblen Struktur des GATS, die es den Staaten überlässt, die zu liberalisierenden Sektoren selbst zu bestimmen, spricht man auch von einem „Bottom Up"-Ansatz. Artikel XVI, 2 zum Marktzugang umfasst alle quantitativen Handelshemmnisse, die untersagt sind, es sei denn, es werden entsprechende Rechte in Länderlisten aufgenommen. Wenn ein Mitglied Verpflichtungen zur Inländerbehandlung in seine Länderliste aufnimmt, müssen in- und ausländische Anbieter eine gleichwertige Behandlung erfahren.

3.3.3.1.11 Fortschreitende Liberalisierung

In Artikel XIX wird das Prinzip fortschreitender Liberalisierung festgeschrieben. Spätestens fünf Jahre nach Inkrafttreten des Abkommens sollen die Mitglieder eine neue Verhandlungsrunde zum GATS starten. Damit wird deutlich, dass mit dem GATS der institutionelle Rahmen für weitere Liberalisierungsverhandlungen geschaffen wurde, um schrittweise zu einem höheren Stand der Liberalisierung zu gelangen. Neue Liberalisierungsangebote werden zum 31. März 2003 folgen.

3.3.3.1.12 Institutionelle Bestimmungen

Teil V des GATS enthält institutionelle Bestimmungen über Streitbeilegung und Einrichtung des Rats für den Dienstleistungshandel. Einseitige Handelssanktionen sind unzulässig. Ausgleichsmaßnahmen dürfen im Fall des Dienstleistungshandels allerdings nicht nur sektorübergreifend vorgenommen werden, sondern auch auf den Warenhandel übergreifen.

3.3.3.1.13 Struktur der EU-Verpflichtungen

Die EU und ihre Mitgliedstaaten haben eine gemeinsame Liste spezifischer Verpflichtungen (WTO 1994b). In diese Liste sind die Beschränkungen bei Marktzugang und Inländerbehandlung eingetragen. Die allgemeinen Verpflichtungen erstrecken sich auf sämtliche Sektoren, die in der Rubrik der spezifischen Verpflichtungen aufgelistet sind.[42]

Bei horizontalen Verpflichtungen hat die EU eingetragen, dass in EU-Mitgliedstaaten Dienstleistungen, die auf nationaler oder örtlicher Ebene als öffentliche Aufgaben betrachtet werden, staatlichen Monopolen oder ausschließlichen Rechten privater Betreiber unterliegen können (WTO 1994b). Die EU behält sich das Recht vor, den Marktzugang im Bereich öffentlicher Aufgaben einzuschränken. Dies gilt prinzipiell auch für nachgeordnete Gebietskörperschaften. Bei der Subventionierung von Forschung und Entwicklung sind die EU-Staaten keinerlei Verpflichtungen eingegangen, d. h. sie behalten sich das Recht vor, staatliche Förderungen nicht auf niedergelassene Anbieter aus Drittstaaten auszuweiten.

3.3.3.2 Auswirkungen auf den europäischen Binnenmarkt

Die Bestimmungen der WTO sowie das GATS-Abkommen gehören zur multilateralen Regulierungsebene. Aus deutscher Sicht besitzt außerdem die EU-Ebene Relevanz. Vor allem die Regelungen des europäischen Binnenmarkts sind für die Dienstleistungserbringung von Belang. Schließlich werden auch im deutschen Rahmen Dienste reguliert, wobei hier spezifische Kompetenzen auf der Bundes-, Landes- und der kommunalen Ebene anzutreffen sind. Zentrales Motiv der auf den unterschiedlichen Ebenen ergriffenen Maßnahmen ist seit Beginn der 60er Jahre die Liberalisierung des grenzüberschreitenden Handels. Auf der regionalen Ebene sind für Deutschland v. a. die Bestimmungen zum Dienstleistungsverkehr in der EU von Bedeutung.

3.3.3.3 Leistungen der Daseinsvorsorge

Die in Mitgliedstaaten ergriffenen Maßnahmen zum Schutz des Gemeinwohls sind als potenzielle Marktzugangsbarrieren unter Beschuss geraten. Unternehmen, die mit der Bereitstellung von Dienstleistungen von allgemeinem wirtschaftlichem Interesse betraut sind, unterliegen den europäischen Wettbewerbsregeln (Art. 86 EGV, vgl. auch Kapitel 4.7.3).

---

[42] Etwa die Meistbegünstigung, Transparenz, verstärkte Beteiligung der Entwicklungsländer, Regionale wirtschaftliche Integration, Abkommen über die Integration von Arbeitsmärkten u. v. m.

3.3.3.4 Betrachtung ausgewählter GATS-Sektoren

Nachfolgend soll für ausgewählte Sektoren der Stand der GATS-Verpflichtungen, die möglichen Verhandlungspositionen sowie die Rolle dieser Sektoren in Deutschland dargestellt werden. Dabei wird abgeschätzt, ob es sich jeweils um potenzielle „Gewinner- oder Verlierer-Branchen" handelt und welche Chancen und Risiken hinsichtlich sozialer und beschäftigungspolitischer Wirkungen mit den GATS-Verhandlungen einhergehen können. Die Enquete-Kommission ist sich bewusst, dass diese Einengung nur durch Zeitmangel zu rechtfertigen ist. Es wird daher empfohlen, in einer folgenden Enquete-Kommission die weiteren Sektoren (z. B. Gesundheit) zu betrachten.

3.3.3.4.1 Bildungsdienstleistungen

Der Bildungssektor ist ein Bereich, in dem wenige Länder GATS-Verpflichtungen übernommen haben, der jedoch eine große ökonomische Bedeutung hat. Mit Ausnahme der „anderen Bildungsdienstleistungen" hat die EU in allen Kategorien Verpflichtungen übernommen. Dabei gewährt sie durchgängig Marktzugang und Inländerbehandlung für die Erbringungsart 2, den Konsum im Ausland. Der Bereich der Erwachsenenbildung ist am weitesten liberalisiert, hier bleibt nur die Erbringungsart 4, grenzüberschreitende Personenbewegungen, beschränkt. Die ökonomische Bedeutung des Bildungssektors ist daran ablesbar, dass die OECD-Staaten rund sechs Prozent des BIP für Bildung ausgeben, 80 Prozent dieser Mittel sind öffentliche Ausgaben. Während die jährlichen öffentlichen Pro-Kopf-Ausgaben der Industrieländer Mitte der 90er Jahre 1 200 US-Dollar betrugen, belief sich dieser Wert in den Entwicklungsländern auf knapp 50 US-Dollar. Während sich einerseits im Tertiärbereich stärker erwerbswirtschaftliche Elemente durchsetzen, bleibt der Pflichtschulbereich noch staatlichen Einrichtungen vorbehalten. Der internationale Handel mit Bildungsdienstleistungen wächst v. a. im tertiären Bereich. Damit ist die GATS-Erbringungsart des Konsums im Ausland die dominante Form des internationalen Dienstleistungsverkehrs im Bildungsbereich.

Gewerkschaftliche Befürchtungen einer forcierten Liberalisierung von Bildungsdienstleistungen wurden von Education International (EI) artikuliert. EI kritisiert, dass es weder eine Überprüfung der Auswirkungen der bisherigen GATS-Verpflichtungen gegeben habe, noch überhaupt hinreichende Daten zu den vier Erbringungsarten des Handels mit Bildungsdienstleistungen vorliegen. Konsequenzen könnten eine Standardisierung von Bildung, sinkende Arbeitsplatzsicherheit durch Zunahme befristeter Beschäftigungsverhältnisse sowie die Unterminierung der öffentlichen Verantwortung für den Bildungsbereich sein (EI/PSI 1999). Derzeit ist die „Erbringung einer Dienstleistung oder ihre Subventionierung innerhalb des öffentlichen Sektors" seitens der EU im Rahmen der horizontalen Verpflichtungen ausgenommen. Eine Dienstleistung, die „in Ausübung hoheitlicher Gewalt" erbracht wird, ist nur dann von der Liberalisierung ausgenommen, wenn sie „weder zu kommerziellen Zwecken noch im Wettbewerb mit einem oder mehreren Dienstleistungserbringern erbracht wird". Da Konkurrenz von öffentlichen und privaten Anbietern im Bildungsbereich existiert, liegt die Entscheidung bei den EU-Staaten, unabhängig von den GATS-Bestimmungen privaten Bildungsanbietern Zugang zu staatlicher Unterstützung zu gewähren. Sollten EU-Staaten im Rahmen der GATS-Verhandlungen die bestehende horizontale Ausnahme aufgeben, könnten ausländische Privatuniversitäten den Anspruch erheben, wie staatlichen Universität gefördert zu werden.

3.3.3.4.2 Forschung und Entwicklung

Die EU hat die interdisziplinären und naturwissenschaftlichen Forschungsdienstleistungen im Gegensatz zu jenen in den Sozial- und Humanwissenschaften nicht in den sektoralen Abschnitt ihrer Länderliste aufgenommen, d. h. hier bestehen keine GATS-Verpflichtungen.

Öffentliche Forschungsinstitutionen sehen sich zunehmendem Legitimationsdruck im Hinblick auf die Verwertbarkeit von Forschungsergebnissen ausgesetzt. Staatliche Förderung wird zugunsten der anwendungsbezogenen Forschung umorientiert. Weitere Instrumente der Steigerung wirtschaftlicher Verwertbarkeit werden in stärkerer Konkurrenz zwischen öffentlichen und privaten Forschungsdienstleistern sowie in der Privatisierung von Forschungsaktivitäten gesehen (DIW 2001).

Als potenzielle Handelshemmnisse für die private Erbringung von Forschungsdienstleistungen können neben staatlicher Förderung für öffentliche Einrichtungen auch jene für private Forschungsinstitute angesehen werden (Zuschüsse, Steuererleichterungen etc.). Ausländische Anbieter von Forschungsdienstleistungen könnten hier die Gleichbehandlung fordern. Weitere potenzielle Handelshemmnisse, wie Wettbewerbsregeln, können aus der verstärkten grenzüberschreitenden Forschungskooperation zwischen Unternehmen resultieren. Alle diese Fragen können im Rahmen des GATS aufgeworfen werden und entsprechende Verpflichtungen nach sich ziehen.

3.3.3.4.3 Telekommunikation

Während der Uruguay-Runde konzentrierten sich die Telekommunikationsverhandlungen auf die Liberalisierung sog. Mehrwertdienste wie E-Mail oder Online-Datenbanken. Ergebnis ist das Abkommen über Basistelekommunikation. Die Unterzeichnerstaaten decken rund 91 Prozent der globalen Einnahmen in diesem Bereich ab. Die eingegangenen Verpflichtungen umfassen den Marktzugang, Investitionen und regulatorische Prinzipien. Die Markzugangsverpflichtungen betreffen nicht Hörfunk und Fernsehen. Weiterhin regelt das Abkommen den Zugang ausländischer Unternehmen zu Übertragungstechniken vom Funk über das Festnetz bis zu Satelliten (Müller, Wegmann 2000). Einen weitreichenden Eingriff in staatliche Regelungshoheit stellt dabei das Referenzpapier regulatorischer Prinzipien dar, zu deren Einhaltung sich der größte Teil der Unterzeichner des Basistelekommunikationsabkommens verpflichtete (Warner 2000).

Entwicklungsländer haben hier weniger Verpflichtungen übernommen. Jedoch werden Entwicklungsländer zu weitreichenderen Marktöffnungszugeständnissen gedrängt.

So brachten Regierungen und Unternehmen der OECD-Länder die Weltbank und Internationale Telekommunikations Union (ITU) dazu, am Basistelekommunikationsabkommen orientierte technische Hilfe zu leisten, die auf Harmonisierung von Netzwerk-Regulierungen abzielt, die den Marktzutritt ausländischer Wettbewerber erleichtert (Cowhey, Klimenko 2001).

Ziel der GATS-Verhandlungen ist es, die geografische Reichweite des Basistelekommunikationsabkommens zu erweitern. Die EU fordert in ihrem Verhandlungsvorschlag die Beseitigung sämtlicher Restriktionen für die Erbringungsarten (Modes) 1, 2 und 3. Daneben schlägt die EU weitere Erleichterungen für den Personenverkehr von Dienstleistungserbringern (Mode 4) vor (WTO 2001d). Die EU gewährt Drittstaaten seit 1998 Marktzugang und Inländerbehandlung für alle Telekommunikationsdienste. Sie hat zusätzliche Verpflichtungen mit dem Basistelekommunikationsabkommen übernommen, in denen das Recht bestätigt wird, Universaldienstverpflichtungen zu erteilen.

3.3.3.4.4 E-Commerce

Auf der WTO-Ministerkonferenz 1998 in Genf vereinbarte man ein umfangreiches Arbeitsprogramm zum E-Commerce wie auch ein Moratorium auf die Erhebung von Zöllen auf elektronisch übertragene Güter und Dienste. Da E-Commerce-Aktivitäten durch verschiedene WTO-Abkommen berührt sind, wurden auch mehrere WTO-Räte mit dem Arbeitsprogramm betraut (WTO 1998c). Allerdings herrscht Einigkeit, dass das GATS für einen Großteil des E-Commerce von hoher Relevanz ist.

Die EU teilt die Forderungen nach Liberalisierung und betont Fragen der Wettbewerbskontrolle und des Verbraucherschutzes. Den Entwicklungsländer fehlen dagegen zumeist die Kapazitäten, um sich an den E-Commerce-relevanten Diskussionen zu beteiligen.

Der wichtigste Streitpunkt betrifft die Frage, ob elektronischer Handel und digitale Produkte als Ware, Dienstleistung oder als „Hybrid" zu klassifizieren sind, also entweder unter das GATT oder das GATS fallen. Während die EU dafür eintritt, digitale Produkte als Dienstleistungen zu klassifizieren, so dass sie unter das GATS fallen würden, möchten die USA diese als Waren klassifizieren und durch das GATT regeln lassen. Schon in der Uruguay-Runde wurde über Mindestquoten, die Fernsehanstalten für europäische Werke reservieren sollten, gestritten. Man konnte sich nicht auf eine kulturelle Ausnahmeklausel einigen, wie von Frankreich und Belgien gefordert. Die EU nutzte aber die Flexibilität des GATS und übernahm keine Liberalisierungsverpflichtungen in diesem Bereich (Barth 1998). Bedenken gegen das in Doha verlängerte Zollmoratorium wurden von Entwicklungsländern geäußert. Da sie in stärkerem Maße von Zolleinnahmen abhängig sind als Industrieländer, befürchten sie Einnahmeverluste.

3.3.3.5 Auswirkungen der Liberalisierung

Mit Liberalisierung des Dienstleistungshandels werden häufig optimistische Erwartungen bezüglich Wettbewerbsfähigkeit, Beschäftigungswirkungen, Preissenkungen oder verbesserter Service-Qualität verknüpft. Studien hierüber offenbaren jedoch ein ambivalentes Bild. Die EU-Kommission legte eine Bewertung der Binnenmarktliberalisierung von Netzwerkindustrien vor, welche Leistungen der Daseinsvorsorge erbringen (Europäische Kommission 2001a). Im Telekommunikationssektor, welcher in den EU-Staaten seit 1998 liberalisiert ist, sind die Marktanteile der etablierten Betriebe immer noch hoch, jedoch hat sich die Zahl der Anbieter vergrößert. Die Liberalisierung hat Fusionen und Übernahmen im Telekommunikationsmarkt stimuliert, wobei die meisten im Inland stattfanden. Positiv beurteilt die Kommission die Beschäftigungswirkungen der Liberalisierung. So habe es mit Ausnahme von Belgien und Schweden in allen EU-Staaten zwischen 1996 und 2000 einen Beschäftigungsanstieg im Telekommunikationssektor gegeben, was allerdings nicht ausnahmslos auf die Liberalisierung zurückgeführt werden kann.

Nach Angaben der EU-Kommission hat es im Elektrizitäts- und Gassektor in der Zeit von 1990 bis 1995 einen Arbeitsplatzverlust von 14 bis 17 Prozent gegeben, weitere 25 Prozent scheinen in den nächsten fünf Jahren gefährdet. Anders als in der EU führte die Liberalisierung des Telekommunikationssektors in anderen Ländern auch zu deutlichen Preissteigerungen (Consumers International 2001). Zu Beschäftigungseffekten, veränderten Qualifikationsanforderungen, wirtschaftsstrukturellen oder ökologischen Wirkungen der Liberalisierung liegen insgesamt nur wenige Erkenntnisse vor. Auch das WTO-Sekretariat stellt fest, dass die Forschung zu den Liberalisierungswirkungen noch am Anfang steht (WTO 1998b).

3.3.3.5.1 Liberalisierungseffekte in Deutschland

WTO Angaben zufolge belegt Deutschland 1999 bei den Dienstleistungsexporten mit 79,3 Milliarden US-Dollar den vierten Rang, bei den Importen den zweiten Rang. Das Defizit in der Dienstleistungsbilanz vermag Deutschland durch die traditionell hohen Überschüsse beim Güterhandel mehr als auszugleichen. Das größte und entscheidende Gewicht in der deutschen Dienstleistungsbilanz hat der Reiseverkehr. Das Defizit hierbei kann jedoch unmöglich als Beleg für Wettbewerbsschwäche interpretiert werden. Der zweitwichtigste Bereich sind die Transportleistungen, die wiederum eng mit dem Warenhandel verknüpft sind. Die Einnahmen aus Transportleistungen für ausländische Kunden machten ca. ein Viertel der Dienstleistungsumsätze aus (Deutsche Bundesbank 2000a). Besondere Aufmerksamkeit wird den verschiedenen technischen Dienstleistungen geschenkt, dem Patent- und Lizenzverkehr mit dem Ausland, den grenzüberschreitenden Zahlungen für Forschung und Entwicklung sowie den Ingenieur- und Datenverarbeitungsleistungen. Seit Mitte der 80er Jahre weist die deutsche Dienstleistungsbilanz in diesen Bereichen Defizite auf. Auch bei den in ihrer Bedeutung zunehmenden Kommunikationsdienstleistungen ist Deutschland stärker als Nachfrager denn als Anbieter aufgetreten.

3.3.3.5.2 Zielregionen deutscher Dienstleistungsexporte

Rund die Hälfte der deutschen Dienstleistungsexporte gehen in die Länder der EU, ein knappes Drittel in Industrieländer außerhalb der EU. Die Staaten Mittel- und

Osteuropas sowie die Entwicklungsländer nehmen rund 18 Prozent der Service-Exporte auf. 56 Prozent der Dienstleistungsimporte stammen aus der EU, 25 Prozent aus den übrigen Industrieländern und wiederum 18 Prozent aus Reform- und Entwicklungsländern (Lahmann, Gordaliza 2001).

3.3.3.5.3 Ausländische Direktinvestitionen

Für viele Service-Unternehmen ist die Niederlassung im Ausland eine notwendige Voraussetzung zur Markterschließung. Dies gilt besonders für Banken, Versicherungen und Anbieter unternehmensbezogener Dienste. Nach Angaben von UNCTAD wuchsen die ausländischen Direktinvestitionen bis 1999 auf einen Wert von 800 Milliarden US-Dollar (UNCTAD 2001a) an. Sie fließen zu mehr als 50 Prozent in die Dienstleistungsindustrie. Im Jahr 1999 hielten deutsche Unternehmen Direktinvestitionen im Ausland mit einem Gesamtwert von 405 Milliarden Euro, davon 213 Milliarden Euro in Dienstleistungssektoren (Deutsche Bundesbank 2001e: 40).

3.3.3.5.4 Vorleistungen für die Güterproduktion

Da die Datenlage zur Analyse der Exportorientierung von deutschen Dienstleistungen mangelhaft ist, sind in den letzten Jahren Studien vergeben worden, die versuchen, den Stand und das Potenzial für Dienstleistungen zu analysieren. Weit größer ist das Gewicht der Dienstleistungen, die als Vorleistungsbezüge in der Warenausfuhr enthalten sind. Laut der DIW Input-Output-Berechnung haben Dienstleistungen "an der von der deutschen Ausfuhr erzeugten Wertschöpfung einen Anteil von 41 Prozent; bei der damit verbundenen Beschäftigung sind es gut 36 Prozent und bei der Bruttoproduktion gut 30 Prozent" (Schultz, Weise, 2000: 31). Obgleich die Dienstleistungsbilanz einen negativen Saldo zu verzeichnen hat, kann es dennoch sein, dass in den Jahren mit einem hohen Überschuss im Warenhandel die deutschen Unternehmen mit Dienstleistungen einen Überschuss im Außenhandel erzielt haben (Stille 2000: 9).

3.3.3.5.5 Deutsche Wettbewerbsposition

Die Stärke der deutschen Industrie wird umgekehrt auch als ein Grund für die relative Schwäche der Position v. a. bei den unternehmensnahen und technischen Dienstleistungen angesehen. Die enge Verbundenheit von Dienstleistungen mit der industriellen Exportwirtschaft stellt beim Trend zur Spezialisierung und Ausgliederung unternehmensnaher Dienstleistungen einen Wettbewerbsnachteil gegenüber den auf den spezialisierten Märkten bereits etablierten Unternehmen dar (Schultz, Weise 2000: 36, Baethge u. a. 1999: 17). Entsprechend gering werden die Exportchancen für deutsche unternehmensnahe Dienstleister bei weiteren Liberalisierungen dieser Märkte eingeschätzt. Eine Untersuchung des DIW kommt zu dem Schluss: „die Vermutung, dass deutsche Beratungsgesellschaften bei ausgewählten Wissens- und Hochtechnikdienstleistungen einen Wettbewerbsvorsprung haben, der zunehmende Dienstleistungsexporte in die westlichen Industrieländer der EU erwarten lässt, hat sich in der Befragung nicht bestätigt" (Gornig, von Einem 2000: 70, Stille 2000: 16). Aufgrund der in Branchen unterschiedlichen Wettbewerbsposition der Dienstleister ist fraglich, ob die deutsche Dienstleistungsbranche insgesamt von weiteren Liberalisierungen der Märkte profitiert.

3.3.3.5.6 Beschäftigungseffekte der Liberalisierung

Heute macht der Dienstleistungsbereich ca. 64 Prozent der Beschäftigung in Deutschland aus. Es fehlen aber Studien über die Auswirkungen des internationalen Dienstleistungshandels (Barth 1998: 43). Einige Einsichten liefern allerdings die vom DIW vorgenommenen Input-Output-Rechnungen zur Exportorientierung der Dienstleistungsbeschäftigung (Schultz, Weise 2000). Während die Zahl der von der Ausfuhr abhängigen Warenproduzenten konstant geblieben ist, stieg die Zahl der für die Ausfuhr tätigen Dienstleister seit den 80er Jahre beständig an. Beschäftigungsfolgen der Dienstleistungseinfuhr sind bislang unzureichend untersucht worden. Neben den gesamtwirtschaftlich positiven Auswirkungen der Einfuhr günstiger Dienstleistungen wäre zu analysieren, inwiefern es in den einzelnen Sektoren zu Verdrängungen heimischer Beschäftigung kam. Für Deutschland wird außerdem festgestellt, dass Prognosen über die Beschäftigung in der Medien-, Informations- und Kommunikationswirtschaft spezifische Risiken außer Acht lassen (Baethge u. a. 1999: 8 ff.). Es wird vermutet, dass mit einer weiteren Handelsliberalisierung in diesem Bereich die Wettbewerbsvorteile von Niedriglohnanbietern, insbesondere bei intensiverer Nutzung des elektronischen Handels, steigen können.

Während der Dienstleistungssektor bis in die 80er Jahre den Beschäftigungsabbau in anderen Bereichen mehr als ausgleichen konnte, gelingt dies seitdem nicht mehr (Zimmermann 2000: 78). Auch Dienstleistungen sind vor Rationalisierung nicht sicher, so dass sich insbesondere die Beschäftigungsaussichten für Geringqualifizierte verschlechtern. Die Zunahme flexibilisierter Erwerbsstrukturen wie Teilzeitarbeit, geringfügige oder befristete Beschäftigung, Mehrfachbeschäftigung und Scheinselbstständigkeit ist hier besonders ausgeprägt (Baethge u. a. 1999: 4ff.).[43]

3.3.3.5.7 Zukünftige Auswirkungen der GATS-Liberalisierung

Für Deutschland stellt sich die Frage, inwieweit die zukünftige GATS-Liberalisierung auf die nationale Regulierungsebene durchgreifen kann, insbesondere vor dem Hintergrund der weit vorangeschrittenen europäischen Binnenmarktliberalisierung.

GATS eröffnet Exporteuren außerhalb der EU Zugangsmöglichkeiten zum europäischen Markt. Nicht oder nur teilweise liberalisierte Bereiche können durch Drittstaaten herausgefordert werden – so geschehen während der

---

[43] Vgl. hierzu auch Kapitel 3.1.4.

GATS-Verhandlungen über Mindestquoten europäischer Länder für heimische Medienprodukte. Die EU übernahm damals keine Verpflichtungen, was z. B. die Filmförderung oder die Länderkompetenzen bei der Rundfunkgesetzgebung absichert. Die mögliche Marktöffnung für Bildungsdienstleistungen kann ebenfalls unabhängig von Binnenmarktbestimmungen erfolgen. In der EU sind Grundfreiheiten und Wettbewerbsregeln nicht auf staatliche Bildungssysteme anwendbar, solange die Erbringung der Bildungsdienstleistungen keinem wirtschaftlichen Zweck folgt (Europäische Kommission 2000b: 13). Das heißt, dass es den EU-Mitgliedern nicht möglich ist, verstärkt private Anbieter z. B. der Erwachsenenbildung oder der beruflichen Weiterqualifizierung aus Drittstaaten auf den Markt zu lassen.

Die multilaterale Ebene des GATS kann durch nationale Akteure strategisch eingesetzt werden, um nationale Regelungen herauszufordern. Die Forderungen deutscher, europäischer, US-amerikanischer und japanischer Dienstleistungskonzerne zu grenzüberschreitenden Personenbewegungen gleichen sich weitgehend. Dabei können sich Dienstleistungsunternehmen sämtlicher Regulierungsebenen bedienen. Zudem kann ein auf nationaler und EU-Ebene nicht lösbarer Interessenkonflikt, z. B. regierungsseitige Wünsche zur Lockerung bestehender Arbeitsnormen, durch das Eingehen entsprechender Liberalisierungsverpflichtungen im Rahmen des GATS „gelöst" werden.

GATS und die Dienstleistungsliberalisierung der EU können als sich ergänzende Liberalisierungsebenen verstanden werden. So können Lücken bei der Binnenmarktliberalisierung über den Weg der GATS-Verhandlungen unter Druck geraten. Etwaige nationale Forderungen nach Rücknahme von Liberalisierungen können durch Verweis auf GATS-Verpflichtungen abgewiesen werden. Eine wesentliche Funktion dieses Abkommens wird daher auch darin gesehen, Liberalisierungsfortschritte, die auf bilateraler oder regionaler Ebene erzielt wurden, zu multilateralisieren. Die Wiedergewinnung staatlicher Regelungskompetenzen ist nach erfolgter Festschreibung im Prinzip nicht vorgesehen. Im Gegenteil: Das GATS-Konzept der fortschreitenden Liberalisierung sieht eine sukzessive Ausweitung von Marktöffnungsverpflichtungen vor.

Wie das European Services Forum im Zusammenhang der grenzüberschreitenden Personenbewegungen feststellte, könnten entsprechende Regelungen wechselseitige Überprüfungsprozesse (sog. „Peer-Pressures") zwischen den WTO-Mitgliedern vorschreiben, die letztlich innenpolitische Handlungsspielräume begrenzen können. Ein erster Schritt wurde mit den Länderlisten spezifischer Verpflichtungen geschaffen. Diese legen das nationale Außenhandelsregime offen. Wird das Außenhandelsregime durch Gesetzesnovellierungen restriktiver ausgestaltet, liegt ein völkerrechtlicher Verstoß vor (Koehler 1999: 236). Hinzu kommen die Notifizierungsanforderungen des GATS, die dazu führen können, dass nationale Regelungen schon im Entwurfsstadium mit interessierten WTO-Mitgliedern diskutiert werden müssten. Zweifelhaft ist, ob Restriktionen für die nationale Regulierungsebene durch spezifische Schutzmechanismen verhindert werden können. Ob von Gewerkschaften geforderte Schutzklauseln bei Markt- oder Arbeitsmarktstörungen im Konfliktfall angewendet würde, hängt von Bedingungen ab. Zudem verlangt die nationale Anwendung einer Schutzklausel das Einvernehmen mit den EU-Staaten. Für die EU-Mitgliedstaaten kommt als Problem hinzu, dass sich die hohe Binnenmarktliberalisierung mancher Sektoren in den GATS-Verhandlungen als Risiko erweisen kann. Wenn die Kommission mit Verweis auf eigene Liberalisierungsfortschritte hohe Forderungen an Drittstaaten stellt, werden diese weitreichende Begehrlichkeiten gegenüber der EU formulieren. Ferner stellt das GATS einen Rahmen dar, der auch bi- und plurilaterale Abkommen ermöglicht. Plurilaterale Abkommen zu Basistelekommunikation und Finanzdienstleistungen wurden v. a. von wettbewerbsstarken Ländern vorangetrieben.

3.3.3.5.8 Folgen der Dienstleistungsliberalisierung in Entwicklungsländern

Vorbehalte der Entwicklungsländer gegenüber einer forcierten Dienstleistungsliberalisierung bedeuten keineswegs, dass sie nicht auch Chancen mit diesem Bereich verbinden. So wünschen sie sich ebenfalls bessere Marktzugangsmöglichkeiten. Jedoch artikulieren sie das Interesse, ihre inländischen Anbieter vor zu starker Konkurrenz aus dem Norden zu schützen. Daher ist ihre Haltung durch einen differenzierten Ansatz geprägt, der ebenso Exportchancen wie auch den Schutz nicht wettbewerbsfähiger Anbieter beinhaltet.

3.3.3.5.9 Exportchancen

Für viele Länder stellt der Service-Bereich eine der wenigen Möglichkeiten dar, ihre Exportpalette zu diversifizieren. Potenzielle Exportchancen werden den Ländern des Südens v.a. in sechs Service-Bereichen attestiert, in denen ihre Wettbewerbsvorteile jedoch häufig von der Möglichkeit grenzüberschreitender Arbeitskräftebewegungen bestimmt werden (UNCTAD 1999):

– Professionelle und Unternehmensdienstleistungen, v. a. im EDV- und Back-Office-Bereich;
– Gesundheitsdienstleistungen;
– Tourismus;
– Bauwesen;
– Audiovisuelle Dienstleistungen und
– Transport.

Im EDV- und Back-Office-Bereich geht man von einer geringen Zahl potenzieller Anbieter auf Seiten von Entwicklungsländern ausgegangen. Daneben sind Industrieländer nur geringe Marktöffnungsverpflichtungen bei Gesundheitsdiensten eingegangen. Im Bauwesen sind mehr Verpflichtungen bei der Niederlassungsfreiheit (Mode 3) eingegangen worden als bei der für Entwicklungsländer besonders relevanten Erbringart 4, den befristeten Arbeitsaufenthalten im Ausland. Was den Seetransport angeht, profitieren sie von der Praxis des Ausflaggens (WTO 1999, UNCTAD 1999).

Weitere Marktzugangshindernisse legen sich Dienstleistungsanbietern aus dem Süden durch die subventionierten Konkurrenten aus dem Norden in den Weg. So können sie nicht mit Baufirmen konkurrieren, die durch Exportfördermaßnahmen und Ausfallbürgschaften subventioniert werden. Desweiteren gelten preisbasierte Maßnahmen als Zutrittsbarrieren, wie Visa-, Lande-, Lizenzgebühren, Hafensteuern etc. Hinzu kommen technische Standards, mangelnder Zugang zu Informations- und Vertriebskanälen, kaum Zugang zu öffentlichen Aufträgen und fehlende Möglichkeiten, die Finanzierungspakete für größere Projekte mitzuliefern (UNCTAD 1999). Bei den grenzüberschreitenden Bewegungen natürlicher Personen (Mode 4) sind kaum Zugeständnisse gemacht worden. Die Beschränkungen der Erbringungsart 4 können in Form restriktiver Visa- oder Lizenzauflagen und mangelnder Anerkennung von Berufsqualifikationen auftreten. Hierbei ist auch die Frage des „Brain Drain" zu berücksichtigen, welcher besonders bei qualifizierten Arbeitskräften auftreten kann.

3.3.3.5.10 Risiken der Marktöffnung

Die Öffnung der Märkte für ausländische Dienstleistungen bringt spezifische ökonomische, soziale und ökologische Risiken mit sich. Im Mittelpunkt stehen Befürchtungen, den Einfluss auf bestimmte öffentliche Versorgungsleistungen zu verlieren. Ferner bestehen starke Vorbehalte hinsichtlich einer Liberalisierung der öffentlichen Auftragsvergabe. Anders als im GATT sind keine Sonderbehandlung für arme Länder enthalten. Es gibt keine verbindlichen Regelungen über die zeitlich befristete Rücknahme von Liberalisierungsverpflichtungen in Notlagen. Zwar schreibt Artikel X Verhandlungen zu Notstandsmaßnahmen vor, bis heute ist es zu keiner Einigung gekommen (WTO Reporter 2000).

Künftig relevant wird der mögliche Druck auf staatliche Regulierungen (v. a. Artikel VI). Die in Verhandlungen u. U. geforderten Beschränkungen für innerstaatliche Regulierungen lassen sich möglicherweise nur bei schon vorhandenen regulatorischen Strukturen und Kompetenzen abwehren. Die Erbringungsart 3 („Mode" 3) verlangt spezifische inländische Auflagen, um die ausländischen Direktinvestitionen in entwicklungsförderliche Bahnen zu lenken. Dazu gehören Bestimmungen zur Höhe ausländischer Beteiligungen, Einstellungsquoten einheimischer Arbeitskräfte, zur Verwendung inländischer Vorprodukte, zur Einhaltung bestimmter Gesetze zum Arbeits- oder Umweltschutz sowie Handels- und Zahlungsbilanzauflagen. Letztere sollen sicherstellen, dass keine außenwirtschaftlichen Ungleichgewichte durch hohe Importe oder hohe Devisenausgaben entstehen. Die Befürchtung der Entwicklungsländer ist, dass nach dem gescheiterten Multilateralen Abkommen über Investitionen, mit dem GATS ein weiterer Versuch unternommen wird, global verbindliche Regelungen zugunsten von Investoren zu etablieren, die die nationale Investitionslenkung unterminieren (Hochuli 2000).

3.3.3.6 Forderungen der Mitglieder zu den GATS-Verhandlungen

Im Vorfeld der Bestandsaufnahme für die neue GATS-Verhandlungsrunde unterbreiteten die EU, die USA und andere Staaten Vorschläge für eine grundlegende Änderung des GATS-Liberalisierungskonzepts. Der „Bottom-Up"-Ansatz soll teilweise überwunden werden. Stattdessen wurde ein Negativlisten-Ansatz, die Anwendung sektorübergreifender horizontaler Formeln oder die Liberalisierung größerer Cluster verwandter Sektoren vorgeschlagen. Entwicklungsländer optierten mehrheitlich für die Beibehaltung der flexiblen Struktur des GATS.

Die EU legte Verhandlungsvorschläge für die Freien Berufe, für unternehmensbezogene Dienstleistungen, Telekommunikation, Baudienstleistungen, Vertrieb, Umweltdienstleistungen, Finanzdienstleistungen, Tourismus und Verkehr vor. Die Bundesregierung nennt als Ziele für die GATS-Verhandlungen: Erstens eine ausgewogene und insgesamt höhere Liberalisierungsverpflichtungen aller WTO-Mitglieder v. a. bei Finanzdienstleistungen, Telekommunikation und Handel. Zweitens die Ausweitung von Liberalisierungszusagen in der Erbringungsart 3 (kommerzielle Präsenz), die Klärung offener Fragen und die Herstellung verstärkter Rechtssicherheit beim elektronischen Handel. Außerdem will sie eine verstärkte Beteiligung der Entwicklungsländer am weltweiten Dienstleistungshandel erreichen. Die Bundesregierung verweist darauf, dass die GATS-Erbringungsart 3 nur einen Teilbereich des Investitionsschutzes umfasst und daher ein umfassendes multilaterales Abkommen angestrebt werde (Regelungen zum Enteignungsschutz, zu Entschädigungen und Gewinntransfer). Befürchtungen, die Leistungen der Daseinsvorsorge könnten unter Liberalisierungsdruck gesetzt werden, hält sie für „im Wesentlichen unbegründet" (Bundesregierung 2001a). Allerdings wird eingeräumt, dass diese Dienste zum Regelungsumfang des GATS gehören, sofern parallel privatisierte Dienste am Markt angeboten werden. Inwieweit für Dienste der Daseinsvorsorge Liberalisierungsverpflichtungen übernommen werden, bleibe jedoch der Entscheidung jedes WTO-Mitglieds überlassen.

Ebenso wie die EU übermittelten die USA eine Reihe sektoraler Verhandlungsvorschläge für die erste Bestandsaufnahme der Verhandlungen. Die USA konzentrieren sich auf wenige Bereiche. So wird auf eine verstärkte Teilnahme weiterer Länder an den plurilateralen Abkommen über Basistelekommunikation und Finanzdienstleistungen gedrungen. Einen weiteren Schwerpunkt legen die USA auf den elektronischen Handel, der für die grenzüberschreitende Erbringung von Diensten von zunehmender Bedeutung ist (Esserman 1999).

Die Positionen der Entwicklungsländer reichen von Befürwortern weiterer Dienstleistungsliberalisierung über verhaltene Zustimmung bis zur Ablehnung weiterer Verpflichtungen. Zumeist bringen sie aber sowohl Interessen an einer dienstleistungsinduzierten Diversifizierung ihrer Exportpalette als auch nach dem Schutz ihrer noch nicht wettbewerbsfähigen Sektoren zum Ausdruck. Sie plädieren für die Beibehaltung der flexiblen Struktur des GATS und monieren, dass im GATS keine Sonderbehandlung armer Länder vorgesehen ist. Daneben fordern Entwicklungsländer eine verbindliche Regelung über die zeitlich befristete Rücknahme von Liberalisierungsverpflichtungen bei Notständen (Mashayekhi 2000).

3.3.3.7 Zusammenfassende Bewertung

Die Kenntnisse über die sozialen, ökologischen, beschäftigungs- und entwicklungspolitischen Auswirkungen der Liberalisierung des Dienstleistungsverkehrs sind noch sehr begrenzt. Dabei fehlt es sowohl an Abschätzungen der Folgen weitergehender Liberalisierungen unter dem Dienstleistungsabkommen GATS als auch an Erkenntnissen über die schon erfolgten Liberalisierungen einiger Dienstleistungssektoren z. B. im Europäischen Binnenmarkt. Erste, allerdings begrenzte Erkenntnisse gibt es lediglich für die Sektoren Telekommunikation, Luftverkehr und Energie. Für andere Bereiche der „Wissensgesellschaft" wie Bildung, Forschung oder E-Commerce existieren ebenfalls nur sehr wenige Erkenntnisse darüber, wie sie durch forcierte Dienstleistungsliberalisierung betroffen wären. Vor allem mangelt es an Erkenntnissen über die Auswirkungen auf die Beschäftigung, die Qualifikationsanforderungen, die Arbeitsbedingungen, die Löhne und die Möglichkeiten gewerkschaftlicher Interessenvertretung. Aber auch Veränderungen bei der Qualität und der Verfügbarkeit von Dienstleistungen, sowie der gesellschaftlichen Partizipationsmöglichkeiten sind noch kaum untersucht worden. Ebenso prekär ist das Wissen über mögliche Veränderungen staatlicher Regulierungs- und Fördermöglichkeiten in den genannten Sektoren. In denjenigen Bereichen, wo erste Untersuchungen vorliegen, richtete sich der Fokus vornehmlich auf preisliche Wirkungen.

3.3.3.8 Empfehlungen der Enquete-Kommission[44]

Empfehlung 3-11   Erhaltung der Flexibilität

In Bezug auf die laufenden GATS-Verhandlungen sollte die Flexibilität des Abkommens erhalten bleiben und noch verstärkt werden. Dies betrifft zum einen die souveräne Entscheidung der WTO-Mitglieder, welche Sektoren sie in welchem Ausmaß für ausländische Anbieter öffnen wollen. Zum anderen beinhaltet es das Recht, einzelne Sektoren von den GATS-Verpflichtungen auszunehmen. Dabei darf auf einzelne Staaten kein Druck zur Liberalisierung ausgeübt werden. GATS-Verpflichtungen müssen die Möglichkeit einschließen, Modelle (z. B. zu Public Private Partnership) zu erproben und spezifische Verpflichtungen zurückzunehmen, wenn die damit verbundenen Erwartungen nicht realisiert werden können.

Empfehlung 3-12   Folgabschätzungen vor Übernahme weiterer Verpflichtungen

Überprüfung der möglichen Folgen neuer Verpflichtungen vor der Übernahme weiterer Liberalisierungsverpflichtungen bei den GATS-Verhandlungen. Erst nach Vorlage derartiger Folgeabschätzungen und der öffentlichen Diskussion ihrer Ergebnisse mit allen relevanten Stakeholdern soll über die Übernahme weiterer Liberalisierungsverpflichtungen entschieden werden.

---
[44] Vgl. hierzu auch das abweichende Minderheitenvotum der CDU/CSU-Fraktion in Kapitel 11.1.7.2.

In der Folgeabschätzung sollten folgende Fragen beantwortet werden:

Welche Veränderungen der Marktstrukturen (Monopole, Oligopole etc.) sind zu erwarten? Ergeben sich Einschränkungen staatlicher Wettbewerbskontrolle?

Wie verändern sich Kosten und Preise?

Wie verändert sich die Wettbewerbsfähigkeit nationaler Anbieter?

Sind Gemeinwohlverpflichtungen, wie sie z. B. bei einigen Leistungen der Daseinsvorsorge auferlegt werden, betroffen?

Welche Beschäftigungswirkungen sind in den betroffenen Sektoren zu erwarten, z. B. Rationalisierungseffekte, veränderte Qualifikationsanforderungen, geschlechtsspezifische Arbeitsteilung, Chancen Niedrigqualifizierter, Flexibilisierung der Erwerbsstrukturen und Veränderungen gewerkschaftlicher Interessenvertretung?

Welche Umwelt- und Gesundheitsfolgen sind zu erwarten?

Wie weit werden öffentliche Regelungsmöglichkeiten und Kontrolle und die Einflussnahme von Betroffenengruppen beschränkt?

Welche Auslandswirkungen, vor allem in Entwicklungs- und Schwellenländern, gehen mit weiteren GATS-Liberalisierungen einher und wie verhalten sich diese zum politischen Ziel der Kohärenz von Entwicklungs- und Handelspolitik?

Empfehlung 3-13   Ausschluss von Bildung und weiteren Leistungen der öffentlichen Daseinsvorsorge aus den GATS-Verhandlungen

Die Leistungen der öffentlichen Daseinsvorsorge (wie z. B. auch die öffentlichen Bildungs- und Kulturdienstleistungen) sollten aus den Verhandlungen des GATS herausgenommen werden und auch nicht als Tauschoption für die Marktöffnung privater Dienstleistungen gelten. Die Bundesregierung und die EU werden aufgefordert, eine Präzisierung der Dienstleistungen „in hoheitlicher Gewalt" vorzunehmen. Im Rahmen eines Zusatzprotokolls müssen die Ausnahmeregelungen für diese Dienstleistungen verstärkt werden.

Empfehlung 3-14   Keine Unterschreitung der EU-Standards und Normen im Bereich der Berufsqualifikationen, technischen Normen und der Lizenzierungsverfahren

Im Rahmen der internationalen Harmonisierung von Qualifikationserfordernissen, technischen Normen und Zulassungsverfahren sollen keine internationalen Verpflichtungen unterhalb der EU-Standards und Normen eingegangen und klargestellt werden, dass das Recht national höherwertige Standards und Normen festzulegen, nicht beeinträchtigt wird.

In diesem Zusammenhang ist eine Auswertung bisheriger Erfahrungen mit internationalen Harmonisierungen im Bereich der Berufsqualifikationen, der technischen Normen und der Lizenzierungsverfahren durchzuführen. Dazu gehört auch eine Bestandsaufnahme und kritische Analyse der zwischenstaatlichen gegenseitigen Anerkennungsabkommen.

Empfehlung 3-15   Einbeziehung von Arbeits-, Sozial- sowie Umweltstandards

Die Bundesregierung und die EU werden aufgefordert, in die Anforderungen und Normen in Bezug auf internationale Harmonisierung zwingend Arbeits- und Sozialstandards sowie Umweltstandards einzubeziehen. Die ILO-Kernarbeitsnormen wie auch die ILO-Konvention 94 zu Regierungsaufträgen müssen als internationaler Standard gewährleistet werden. Insbesondere im Rahmen öffentlicher Auftragsvergabe oder Marktzugangsregelungen muss das Recht europäischer oder nationalstaatlicher höherer Standards in Bezug auf die Einhaltung von Kollektivverträgen, Chancengleichheit, Nichtdiskriminierung sowie sozial-, umwelt- und wachstumspolitischen Zielen und „Fair-Labour-Standards" in der Auftragsvergabe erhalten bleiben.

Empfehlung 3-16   Analyse der Wechselwirkungen zwischen nationaler, europäischer und multilateraler Regulierungsebene

Es sollte dringend ein stärkeres Augenmerk auf die Wechselwirkungen zwischen nationaler, europäischer und multilateraler Regulierungsebene gerichtet werden. Die Analyse derartiger Wirkungen sollte vor allem anhand der Untersuchung einzelner Dienstleistungssektoren erfolgen. Dazu bedürfen auch die unterschiedlichen Möglichkeiten der diversen Stakeholder, Entscheidungsprozesse auf den jeweiligen Regulierungsebenen zu beeinflussen, einer eingehenderen Betrachtung. Vor allem ist ein Vergleich der Einflussmöglichkeiten von Parlamenten, Wirtschaftsverbänden, Gewerkschaften und Nichtregierungsorganisationen in diesen Arenen geboten, um daran anknüpfend Ansätze einer neuen Justierung bestehender Ungleichgewichte bei der Interessenwahrnehmung und -durchsetzung entwickeln zu können.

Empfehlung 3-17   Einbeziehung aller Beteiligten in die Beratungen

Die Bundesregierung und EU-Kommission werden aufgefordert, alle Verhandlungsvorschläge, seien es Marktöffnungsforderungen der EU gegenüber Drittstaaten oder umgekehrt Forderungen von Drittstaaten gegenüber der EU oder auch entsprechende Marktöffnungsangebote, frühzeitig allen interessierten NGO, Gewerkschaften und Verbänden bekannt zu machen und ihnen Gelegenheit zur Stellungnahme zu geben. Die zuständigen Fachausschüsse sind in die Beratung und Entscheidung frühzeitig einzubeziehen. Auch in die Evaluierung, die weiteren Verhandlungen, die Erstellung der Rahmenrichtlinie für die öffentliche Daseinsvorsorge müssen Nichtregierungsorganisationen, Gewerkschaften und Verbände frühzeitig einbezogen werden. Die Enquete-Kommission empfiehlt mit besonderem Nachdruck, auf parlamentarischer Ebene neben dem europäischen Parlament im Rahmen des Mitentscheidungsverfahrens auch die zuständigen Fachausschüsse der nationalen Parlamente an den Beratungen zu beteiligen und in die Beschlüsse mit einzubeziehen.

3.3.4   Institutionelle Reformoptionen für die Welthandelorganisation

Die Aufgabe der WTO besteht aus Sicht ihrer Gründungsmitglieder (Abschluss der Uruguay-Runde im Jahr 1994) darin, einen internationalen Rahmen für Verhandlungen, für die Vereinbarung von Handelsregeln sowie für die Streitbeilegung bereitzustellen. Zu diesem Zweck sind die Zuständigkeiten der WTO als Nachfolge-Institution des GATT um eine breite Palette neuer Themen erweitert und vorhandene sowie neue Disziplinen mit effektiven Sanktionsmechanismen bewehrt worden. Dies hat das internationale Handelssystem sehr verändert. Welches Standing die WTO inzwischen auf der internationalen Bühne hat, zeigt sich schon in dem erheblichen Anwachsen ihrer Mitgliederzahlen.

Kasten 3-1

Wurzeln des GATT – Die Havanna-Charta

Die Havanna-Charta von 1947 kodifizierte die Internationale Handelsorganisation (ITO), die nie ihre Arbeit aufnahm und deren handelspolitische Abschnitte letzlich in das GATT übernommen wurden. Sie enthielt jedoch damals schon jenseits der bloßen Handelsliberalisierung liegende Ziele, die bis heute weder durch das GATT erreicht, noch Eingang in das Regelwerk der WTO gefunden haben: Die stark von keynesianischem Denken inspirierte Charta enthielt beispielsweise die Verpflichtung der Regierungen, Vollbeschäftigung auch über Nachfragesteuerung aufrecht zu erhalten (Kapitel 2 der Charta). Selbst heute noch umstrittene Themen fanden damals schon Eingang in die Charta, etwa die Beseitigung unfairer Arbeitsstandards „Unfair Labor Conditions" (Kapitel 2, Art. 7) oder Investitionsregeln in Kapitel 3 der Charta (Ricupero 1998). Dies zeigt, dass zumindest in der unmittelbaren Nachkriegszeit die soziale Entwicklung als Bestandteil des Handelssystem angesehen wurde.

In Folge mancher als radikal empfundener Neuerungen tauchten aber auch Schwachstellen und Defizite auf. Einige waren vorherzusehen, andere sind transparent geworden oder neu entstanden und haben zu einer Diskussion um den Reformbedarf bei der WTO geführt, zu der insbesondere das Europäische Parlament maßgebliche Beiträge geliefert hat[45], auf die aber z. T. auch schon innerhalb der WTO reagiert worden ist. So wurde auf Initiative des Generaldirektors der WTO eine beratende Sachverständigengruppe eingesetzt, die Reformvorschläge ausarbeiten soll. Diese Gruppe hat allerdings ihre Arbeit noch nicht abgeschlossen.

Im Wesentlichen handelt es sich um folgende Themenkomplexe:

– Externe Transparenz, Öffnung und interne Transparenz,

– demokratische Legitimität der WTO,

– neue internationale Architektur und Kohärenz.

Die 4. WTO-Ministerkonferenz in Doha vom 9. bis 14. November 2001 hat sich in ihrer Abschlusserklärung zu diesen institutionellen Reformüberlegungen so gut wie nicht geäußert. Zur erhöhten Transparenz findet sich dort lediglich die sehr allgemeine Aussage: „While emphasizing the intergovernmental character of the organization, we are committed to making the WTO's operations more transparent (...)" (WTO 2001a: Ziff. 10).

Im Folgenden geht es insbesondere um die Reform institutioneller Verfahrensregeln, die sich aus der berechtigten Forderung ergeben, wonach Öffentlichkeit stärker als bisher die Regel in der WTO sein sollte und inwieweit andere internationale Organisationen wie auch NGO in die Entscheidungsfindung der WTO hinzugezogen werden sollten.

3.3.4.1 Transparenz, Demokratie und Machtungleichgewichte

Das multilaterale Handelssystem hat sich seit der Uruguay Runde dramatisch verändert. Geblieben ist das Grundprinzip: In der WTO hat jedes Mitglied eine Stimme, und in den meisten Entscheidungen gilt das Konsensprinzip. Diese Grundsätze stärken kleinere Volkswirtschaften und mindern die Möglichkeiten der großen. Dennoch besteht sehr weitgehende Einigkeit darüber, dass die WTO trotz ihres geringen Alters einer substanziellen Reform bedarf, was ihre Struktur angeht. Als die WTO 1995 ihre Arbeit aufnahm, gehörten ihr 76 Staaten an. Heute hat die WTO nach dem Beitritt Chinas und Taiwans 144 Mitglieder, davon knapp 80 Prozent Entwicklungsländer. Diesen Ländern sind keine deckungsgleichen Interessen zu unterstellen, und ihre Wünsche und Fähigkeiten zur Teilhabe an den internationalen Verhandlungen divergieren naturgemäß stark. Generell kann allerdings festgestellt werden, dass sich ihr zahlenmäßiges Gewicht nicht angemessen in ihrem Einfluss und den Möglichkeiten einer regelmäßigen Teilnahme an den Verhandlungen widerspiegelt. Das Bewusstsein dieser Staaten über die Konsequenzen der Handelsliberalisierung hat sich jedoch erheblich gesteigert. Im selben Maße haben sich die Forderungen nach einer besseren Integration in die Arbeit der WTO verstärkt.

Das Prozedere der Entscheidungsfindung wird von vielen Entwicklungsländern als selektiv und ausgrenzend wahrgenommen. Oftmals werden die WTO-Beratungen durch informelle Absprachen der Delegationen der großen Industrieländer und einiger weniger „strategischer" Entwicklungsländer gesteuert (sog. „Green Room Discussions").

Bei umfassenden internationalen Regelwerken, die in der Regel über Jahre verhandelt werden, sind die Möglichkeiten einer parlamentarischen Entscheidung beschränkt. Manchen Parlamenten bleibt häufig nur die Ratifizierung oder Ablehnung der ausgehandelten Verträge. Ausgehend von der Erkenntnis, dass es in dieser Frage keine einfache Lösung gibt, sollten die Möglichkeiten parlamentarischer Einflussnahme auf die WTO ausgebaut und die nationalen Parlamente frühzeitig so weit wie möglich einbezogen werden. Dies folgt dem Ziel, zentrale Leitlinien der Verhandlungen zu kennen und ggf. zu beeinflussen. Die öffentliche Akzeptanz der WTO könnte sich durch erweiterte Beteiligungsmöglichkeiten von Nichtregierungsorganisationen verbessern. Wie eine Stärkung dieses Austauschs funktionieren könnte, haben andere internationale Institutionen des UN-Systems in der jüngeren Vergangenheit gezeigt. Der Sachverstand der Nichtregierungsorganisationen wie auch der unmittelbar betroffenen Wirtschaft sowie der Gewerkschaften sollte in die Prozesse stärker Eingang finden können (vgl. Kapitel 10.3).

Interne Transparenz: Als zwischenstaatliche Organisation hängt die WTO in ihrer nur mittelbaren „demokratischen" Legitimation davon ab, dass alle Mitgliedstaaten die gleichen Teilnahmemöglichkeiten an der Entscheidungsfindung und den Beschlüssen haben und auch praktizieren können. Tatsächlich aber sind über 20 Entwicklungsländer, die WTO-Mitglied sind, in Genf nicht ständig vertreten. Weitere Länder haben so kleine Delegationen, dass sie nicht alle sie betreffenden Aktivitäten verfolgen können. Um dem Vorwurf einer De-facto-Ausgrenzung solcher Länder vorzubeugen, ist auch hier Hilfe wünschenswert.

Generell zu bedenken ist jedoch, dass die Finanzierung diplomatischer Vertretungen in der Rangfolge entwicklungspolitischer Ziele schwerlich einen besonderen Stellenwert beanspruchen kann.

Von besonderer Bedeutung sind die Überlegungen zur Verbesserung des Streitbeilegungsverfahrens (Art. 7 der Vereinbarung über die Streitbeilegung). Dabei geht es einerseits um die Verbesserung von Transparenz und Arbeitsweise der Streitschlichtungsinstanzen. Ein gerichtsähnliches Verfahren wie das Streitschlichtungsverfahren sollte mit hoher Transparenz ausgestattet sein.

---
[45] Vgl. hierzu die Entschließung über Offenheit und Demokratie im Welthandel (Europäisches Parlament 2001b) und die Entschließung zur vierten WTO-Ministerkonferenz (Europäisches Parlament 2001a).

Andererseits geht es darum, die Besorgnis erregende Zunahme der Verfahren zugunsten des politischen Kompromisses zurückzudrängen, indem zeitlich begrenzte Ausgleichsregelungen – auch finanzieller Art – begünstigt werden.[46]

3.3.4.2 Demokratisierung der WTO

Die WTO besitzt bloß eine mittelbare demokratische Legitimation. In dem Zusammenhang gibt es eine Reihe unterschiedlicher Überlegungen, um Legitimation und Transparenz zu erhöhen. Einen der möglichen Ansatzpunkte greifen die bereits seit einiger Zeit existierenden Vorschläge auf, eine Parlamentarische Versammlung mit beratender Funktion vor den WTO-Tagungen einzurichten. Auf der Ministerkonferenz von Doha haben sich auf die Initiative des Europäischen Parlamentes und der Interparlamentarischen Union hin Parlamentarier zusammengefunden, um diese Möglichkeit erneut zu erörtern. Das Treffen der Parlamentarier im Kontext der Ministerkonferenz in Doha appellierte schließlich an die Regierungen, folgenden Zusatz der Ministererklärung hinzuzufügen: „Transparency of the WTO should be strengthened by associating Parliaments more closely with the activities of the WTO".[47] Das Europäische Parlament schlägt hierzu vor, schon jetzt eine provisorische Infrastruktur zu schaffen und zu finanzieren. Angesichts der Schwierigkeiten, die für den endgültigen Einsetzungsbeschluss erforderliche Einstimmigkeit zu erreichen, fragt es sich allerdings, ob damit nicht ein „ewiges Provisorium" geradezu programmiert würde. Dieses würde in seiner Legitimation sehr angreifbar und daher in seinem Gewicht eher begrenzt sein.

Was parlamentarische Einflussmöglichkeiten in Richtung WTO angeht, sind allerdings aus europäischer Sicht jene Überlegungen bedeutsamer, die zum Thema „Kontrolle der EU-Handelspolitik durch das Europäische Parlament und die Parlamente der EU-Mitgliedstaaten" angestellt werden. Hintergrund hierfür ist Art. 133 EGV, der die handelspolitische Zuständigkeit von den Mitgliedstaaten nach Brüssel verlagert und die Formulierung der gemeinsamen Handelspolitik dem sog. „Art.-133-Ausschuss" zuweist. Das Demokratiedefizit der Gemeinschaft ist in diesem Bereich besonders augenfällig, weil nicht nur das Europäische Parlament angesichts seiner begrenzten Kompetenzen, sondern auch die nationalen Parlamente von einer echten Kontrolle ausgeschlossen sind.

Das Europäische Parlament hat deshalb die Mitgliedstaaten wiederholt aufgefordert, durch Änderung des EG-Vertrages seine umfassende Beteiligung vorzusehen. In die Bewertung dessen, wie Handelspolitik konzipiert und überprüft wird, müssten Parlamente und die Zivilgesellschaft einbezogen werden. Das Verhältnis der Kontrolle durch das Europäische Parlament zu etwaigen Kontrollrechten der mitgliedstaatlichen Parlamente bleibt dabei allerdings offen.

---

[46] Vgl. Vorschläge der EU-Kommission vom 26.7.2000 an den Allgemeinen Rat der WTO.

[47] Diese Forderung fand keinen Niederschlag in der Ministererklärung.

3.3.4.3 Internationale Architektur und Kohärenz

In diesen Kontext gehört die Forderung nach verstärkter Zusammenarbeit der WTO mit anderen multilateralen Organisationen, insbesondere solchen, die sich mit Sozial- und Umweltnormen befassen. Zum Verhältnis der WTO zur ILO verweist das Europäische Parlament darauf, dass die ILO-Satzung bei Verletzung grundlegender Arbeitsnormen die Verhängung von Handelssanktionen zulässt. Es fordert die ILO und ihre Mitgliedstaaten auf, ihre disziplinarischen Möglichkeiten bei Verletzung stärker einzusetzen und erwartet von der WTO die Klarstellung, dass Handelssanktionen auf der Grundlage solcher ordnungsgemäß zustande gekommener ILO-Beschlüsse nicht als mit den WTO-Verträgen unvereinbar angesehen werden. Im Übrigen schlägt das Parlament aber nicht die Beachtung solcher Arbeitnehmerrechte als Wirksamkeitsvoraussetzung von Verträgen unter WTO-Regime vor, sondern lediglich ein multilaterales Abkommen innerhalb der WTO, das Anreize zu ihrer Einhaltung schafft (Europäisches Parlament 2001b: Ziff. 44).

In Sachen Kohärenz empfiehlt das Europäische Parlament, die handelsbezogenen Zuständigkeiten anderer internationaler Gremien, der FAO, WIPO, WHO, ILO und der Sekretariate der multilateralen Umweltübereinkommen zu stärken, um so Handelsbelange und internationale Umwelt-, Gesundheits- und Sozialnormen besser miteinander in Einklang zu bringen (Europäisches Parlament 2001b: Ziff. 45). Dieses Ziel über ein Aufsplitten handelspolitischer Zuständigkeiten erreichen zu wollen, erscheint allerdings als der falsche Weg. Besser wäre es, eine institutionalisierte Zusammenarbeit der genannten Organisationen zu erreichen.

3.3.4.4 Abbau des Ungleichgewichts zwischen Industrieländern, Entwicklungsländern und „Small States"

Bei Abstimmungen in der WTO hat jedes Mitgliedsland nur eine Stimme („One Country, One Vote"). Diese Stimmengleichheit ist jedoch nicht identisch mit gleichen Möglichkeiten der Einflussnahme zwischen Industrie- und Entwicklungsländern. Generell kann man feststellen, dass die Entwicklungsländer trotz ihres zahlenmäßigen Gewichts nicht über den entsprechenden Einfluss und die Partizipationsmöglichkeiten der Industrieländer verfügen. Während viele Delegationen aus Industrieländern auf die Expertise oft dutzender mitgereister Spezialisten aus Ministerien usw. zurückgreifen können, beschränken sich die Delegationen ärmerer Länder oft auf wenige Personen, die weder die ganze Themenvielfalt abdecken, noch omnipräsent sein können. Oft fehlt es den meisten Entwicklungsländern schon an den Möglichkeiten, sich vor den Verhandlungen abzustimmen. Das Machtungleichgewicht tritt insbesondere während des Prozesses der Entscheidungsfindung innerhalb der WTO zutage.

Deshalb wurde in der Enquete-Kommission der Vorschlag diskutiert, die informellen Konsultationen während WTO-Verhandlungen zu formalisieren. Bemängelt wird seitens der Entwicklungsländer ihre mangelnde Berücksichtigung und fehlende Möglichkeiten zur Einflussnahme bei informellen sog. „Green-Room-Discussions". Diese „Green-Rooms" wurden von der Verhandlungsführung zum ersten Mal auf der WTO-Ministerkonferenz von Seattle „geöffnet", um den wichtigsten Handelsnationen und einigen strategisch wichtigen Entwicklungsländern ein Forum zum informellen Vorabaustausch zu bieten. Das Gros der Entwicklungsländer blieb durch diese Verhandlungsweise im Prozess der Entscheidungsfindung außen vor. Diese mangelnde Möglichkeit der Einflussnahme der meisten Entwicklungsländer auf der Konferenz in Seattle wird unter anderem auch für deren Scheitern mitverantwortlich gemacht.

Auf der Ministerkonferenz in Doha hat sich jedoch herausgestellt, dass man formelle und informelle Konsultationen miteinander verbinden kann. Dort hat man sich auf ein neues Verhandlungsverfahren geeinigt. Im größten Verhandlungssaal kann jedes Mitglied seine grundsätzliche Position darlegen. Ausschüsse mit Vermittlern zu insgesamt sechs Themen bilden die zweite Ebene der Verhandlungen. In Unterausschüssen versuchen die Vermittler, unterschiedliche, nicht-konsensfähige Positionen nicht entstehen zu lassen. Die in den Unterausschüssen formulierten Kompromisse werden dann den jeweiligen Ausschüssen zur Abstimmung vorgelegt. In Doha herrschte deshalb über die unterschiedlichen Positionen immer Klarheit.

Die Enquete-Kommission spricht sich deshalb dafür aus, hieraus ein Verhandlungsmuster für zukünftige Konsultationen zu gewinnen. Allerdings existiert in der Kommission auch die Meinung, es sei kontraproduktiv, das Verfahren über informelle Konsultationen „zu regulieren". Solche Art Formalisierung informeller Kontakte laufe Gefahr, die Sondierung im Vorfeld zu gefährden und führe leicht zu ganz intransparenten diplomatischen Ausweichmanövern. Möglicherweise würde mit einer derartigen Regulierung das Gegenteil dessen erreicht werden, was zunächst angestrebt wurde.

3.3.4.5 Empfehlungen der Enquete-Kommission

Empfehlung 3-18   Erhöhung der externen Transparenz

Entsprechend den bei internationalen Organisationen üblichen Akkreditierungsverfahren sollten Beobachter internationaler Organisationen und Vertreter von Nichtregierungsorganisationen, Gewerkschaften und Verbänden einen Beobachterstatus erhalten und zu Sitzungen der WTO-Organe Zugang haben. Insbesondere ILO und UNEP sollte ein Rederecht eingeräumt werden, und abweichende Voten ihrerseits sollten zumindest einen Begründungszwang konstituieren.

Vor allem im gerichtsähnlich organisierten Streitschlichtungsverfahren ist die externe Transparenz zu verbessern. Maßnahmen hierzu sind:

– *Öffentlichkeit der Basissitzungen der „Panels" und des Berufungsgremiums,*

– *die vorgelegten Verfahrensdokumente sollten nur in begründeten Ausnahmefällen der Öffentlichkeit verwehrt werden können,*

– *Möglichkeit, im Streitschlichtungsverfahren auch nicht angeforderte, jedoch nach Sache, Länge und Verfahrensbelastung angemessene Gutachten von anderen internationalen Organisationen und NGO („amicus curiae" oder „amicus briefs") zu akzeptieren und dem Urteil beizufügen, insbesondere wenn sie andere internationale Übereinkommen berühren,*

– *ein „Büro für Rechtshilfe" bei der WTO einzurichten und aus ihrem Haushalt zu finanzieren.*

Das WTO-Sekretariat sollte zukünftig wesentlich mehr seiner Dokumente der Öffentlichkeit zugänglich machen. Dies könnte unter anderem durch umfassende elektronische Publikation erfolgen. Hierzu sollte das Sekretariat größere Finanzmittel erhalten.

Empfehlung 3-19   Erhöhung der internen Transparenz

Die Errichtung ständiger gemeinsamer regionaler Vertretungen bei der WTO und eine entsprechende Unterstützung von Entwicklungsländern sollte gefördert, das in Genf bereits bestehende Frühwarnsystem über anstehende neue Verhandlungen und Sitzungen gestärkt werden. Die WTO sollte ferner länderübergreifende Diskussionsforen unterstützen und die Mitwirkungsmöglichkeiten insbesondere kleinerer Entwicklungsländer durch die Vergabe und Finanzierung von Studien und ähnlichen Maßnahmen verbessern.

Empfehlung 3-20   Stärkung des Europäischen Parlaments und nationaler Parlamente

Die Enquete-Kommission empfiehlt mit Nachdruck die Stärkung des Europäischen Parlaments – nicht allein, um die integrationspolitisch wichtige Konzentration der handelspolitischen Zuständigkeit der Union, sondern auch um die Position der EU als Verhandlungspartner nicht zu schwächen.

Da die Außenwirtschaftspolitiken der EU-Mitgliedstaaten seit Mitte der 70er Jahre vergemeinschaftet sind und die nationalen Parlamente nur noch in wenigen Punkten Entscheidungskompetenz haben (z. B. WTO-Beitritt als pauschale Ja- oder Nein-Entscheidung), im Gegenzug aber das Europäische Parlament die Entscheidungskompetenz der nationalen Parlamente nicht erhalten hat, muss das Europäische Parlament in Zukunft in allen Fragen der Außenwirtschaft und der sie betreffenden internationalen Verträge, die die EU abschließt, die Mitentscheidungskompetenz erhalten.

Der europäische Verfassungskonvent ist aufgefordert, über die künftige europäische Verfassung sicherzustellen, dass bei Kompetenzübertragungen keine Lücken parlamentarischer Kontrolle entstehen können.

Darüber hinaus ist zu klären, wie die Gestaltung der Globalisierung, auf europäischer und nationaler Ebene so Gegenstand parlamentarischer Auseinandersetzung und

Kontrolle werden kann, dass ähnliche Demokratiedefizite nicht mehr entstehen bzw. beseitigt werden.

Solange die Entscheidungsreichweite des Europäischen Parlamentes noch gering ist, kann die Gestaltung von Globalisierung nicht allein die Sache der Regierungen und des Europäischen Parlaments sein. Sie muss viel stärker zum Gegenstand von Debatten und Entscheidungen der nationalen Parlamente werden. Auch für die zivilgesellschaftliche Präsenz des Themas und der jeweiligen Handlungsalternativen hat das Parlament eine nicht zu unterschätzende Bedeutung.

3.4 Handel und Wettbewerb in der Globalisierung[48]

Die Internationalisierung der Märkte und die durch sie bedingte Durchlässigkeit politischer Grenzen führen zunehmend dazu, dass grenzüberschreitende unternehmerische Aktivitäten aus dem Geltungsbereich ihrer Rechtsordnungen herauswachsen. Besorgnis erwecken insbesondere die mit fortschreitender Liberalisierung und Intensivierung des Welthandels zu beobachtenden grenzüberschreitenden Fusionsaktivitäten. Die Sorge ist begründet, dass bei fortschreitender Unternehmensverflechtung die wettbewerbsbeschränkende Vermachtung wichtiger Weltmärkte droht. Nicht nur die Verbraucher würden dadurch geschädigt. Auch kleine und mittlere Unternehmen können dadurch in Mitleidenschaft gezogen werden. Deshalb stellt sich immer drängender die Frage nach einer Internationalisierung des Wettbewerbsrechts. Hierbei ist allerdings zu beachten, dass in manchen Entwicklungsländern eine sofortige und unbedingte Öffnung der Märkte für den internationalen Wettbewerb zu einer friktionalen Verdrängung der eigenen Unternehmen führen kann.

Die Enquete-Kommission hat wesentliche Probleme und Konfliktlinien der internationalen Wettbewerbspolitik herausgearbeitet und verschiedene Optionen zur Entwicklung und Durchsetzung einer internationalen Wettbewerbsordnung diskutiert. Erste Ergebnisse wurden bereits im Zwischenbericht der Kommission veröffentlicht (Enquete-Kommission „Globalisierung" 2001c: 57 ff.).

3.4.1 Zunehmende grenzüberschreitende Unternehmenskonzentrationen

Weltweit sind die Fusionsaktivitäten seit Mitte der neunziger Jahre stark angestiegen. Besonderes Merkmal der aktuellen Fusionswelle ist die vergleichsweise hohe Zahl von Zusammenschlüssen zwischen Großunternehmen (Megafusionen). Grenzüberschreitende Übernahmen und Fusionen sind auch Gründe für die starke Zunahme weltweiter Direktinvestitionen (s. Abbildung 3.4). Etwa 90 Prozent der Direktinvestitionen der Industrieländer werden von ihren multinationalen Unternehmen vorgenommen.

---

[48] Vgl. hierzu auch das Minderheitenvotum der FDP-Fraktion in Kapitel 11.2.2.3.1 und das Minderheitenvotum der PDS-Fraktion in Kapitel 11.3.3.2.

Weltweit hat sich in den neunziger Jahren die Zahl der Unternehmenszusammenschlüsse fast verdreifacht und ihr Wert verachtfacht: Zwischen 1990 und 1999 ist die Zahl der Fusionen weltweit von rund 9 000 auf fast 25 000 gestiegen, ihr Wert hat sich von 290 auf 2 380 Milliarden US-Dollar erhöht (Kleinert, Klodt 2000). Die Bedeutung von Megafusionen ist sehr hoch: ihr wertmäßiger Anteil am weltweiten Transaktionsvolumen stieg von 8 Prozent im Jahr 1997 auf 23 Prozent im Jahr 1998.

Allerdings zeichnet sich angesichts der momentanen Wirtschaftslage eine Pause ab: Die Zahl der Zusammenschlüsse ging nach einer Meldung der KPMG Corporate Finance Deutschland im ersten Halbjahr 2001 weltweit um 35 Prozent zurück; der Wert der Transaktionen sank um 58 Prozent gegenüber dem Vorjahr. Den stärksten Rückgang gab es in Westeuropa mit einer Minderung des Gesamttransaktionsvolumens von 63 Prozent; in den USA reduzierte sich der Wert um 51 Prozent. Im asiatisch-pazifischen Raum war ein Rückgang um 19 Prozent zu verzeichnen (Handelsblatt 25.6.2001).

Die wettbewerbspolitische Relevanz von Zusammenschlüssen bemisst sich danach, ob und inwieweit die fusionierenden Unternehmen in aktueller oder potentieller Konkurrenz stehen oder ob sie auf verschiedenen Märkten tätig sind. Insbesondere bei Zusammenschlüssen von Wettbewerbern (horizontalen Fusionen) ist die Gefahr von Wettbewerbsbeschränkungen groß. Darum handelt es sich derzeit beim größten Teil der Konzentrationsvorgänge. In den von der EU-Kommission geprüften Fusionen gehörten im Jahr 1999 über 80 Prozent der Unternehmen der gleichen Branche an.

Fusionsgründe: Vorrangig geht es den Unternehmen um weltweite Präsenz, das Erschließen neuer Märkte und neuen Wissens, die Verstärkung der Marktstellung, das Optimieren von Produktionskapazitäten und die Reduktion von Transport-, Informations- und Kommunikationskosten. Dabei konzentrieren sie sich heutzutage auf ihre sogenannten Kernkompetenzen. Verkauf oder Stillegung von Unternehmensbereichen, denen in diesem Sinne keine strategische Bedeutung zukommt, sind oft die Folgen dieses Prozesses. Eine andere Folge ist Outsourcing: Eigene Produktion und hausinterne Dienstleistungen werden ausgegliedert und entsprechende Leistungen auf dem Markt hinzugekauft. Eine dritte Folge ist die sich daraus logisch ergebende Präferenz für horizontale Zusammenschlüsse. Sie ermöglichen die Konzentration von Wertschöpfungsaktivitäten auf eine kleinere Zahl größerer Standorte und damit eine bessere Nutzung von *Economies of Scale*. Transnationale Netzwerke werden aufgebaut und die Produktion auf bestimmte Standorte konzentriert (Dörrenbächer und Wortmann 2000; Kisker 2001; Dörrenbächer, Plehwe 2000; Hassel u. a. 2000).

Begleitet wurde dieser Prozess von einem Boom auf den Aktienmärkten sowie der Möglichkeit, Aktien als Akquisitionswährung einzusetzen. Fusionen sind jedoch keineswegs immer vom Erfolg gekrönt. Internationale Studien belegen, dass sich in höchstens der Hälfte der Fälle

Handel und Wettbewerb in der Globalisierung

Abbildung 3-4

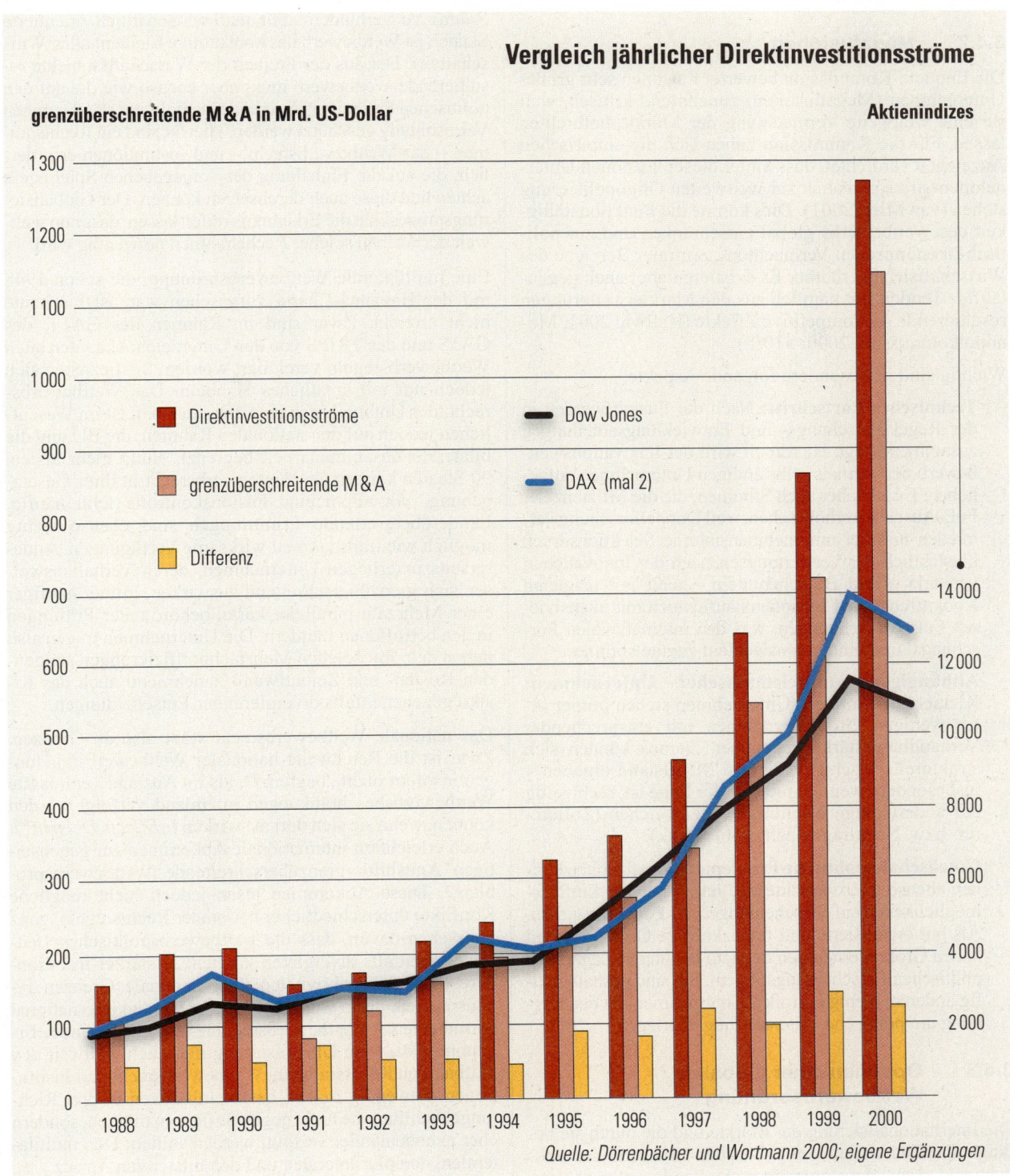

Vergleich jährlicher Direktinvestitionsströme

Quelle: Dörrenbächer und Wortmann 2000; eigene Ergänzungen

die erhofften Gewinnsteigerungen realisieren lassen (Monopolkommission 2000: 416).[49]

3.4.2 Megafusionen

Die Enquete-Kommission bewertet Fusionen sehr großer Unternehmen (Megafusionen) zunehmend kritisch, weil sie eine weltweite Vermachtung der Märkte befürchten lassen. Für die Kommission haben sich die empirischen Anzeichen verdichtet, dass hinter diesen Fusionen Unternehmensstrategien auch zur weltweiten Oligopolisierung stehen (van Miert 2001). Dies könnte die Funktionsfähigkeit des Wettbewerbs global einschränken und zur politisch-ökonomischen Vermachtung zentraler Bereiche des Wirtschaftslebens führen. Es existieren aber auch gegenläufige Tendenzen, nämlich aus den Markterweiterungen resultierende prokompetitive Effekte (Hellwig 2001, Monopolkommission 2000: 410ff.).

Wichtig sind insbesondere folgende Aspekte:

- **Technischer Fortschritt:** Nach der Fusion werden in der Regel Forschungs- und Entwicklungsabteilungen zusammengelegt. Hierdurch wird der Innovationswettbewerb der vormals selbständigen Unternehmen aufgehoben. Es gibt aber auch Stimmen, die die Effizienz der FuE-Ausgaben erhöht sehen, weil Doppelforschung vermieden und der unternehmensinterne Selektionsdruck hinsichtlich der Verwertungschancen der Innovationen verstärkt werde. Branchenintern – heißt es – reagieren Konkurrenten auf Fusionen häufig auch mit intensivieren FuE-Anstrengungen, was den internationalen Forschungs- und Innovationswettlauf zugute komme.

- **Abhängigkeit mittelständischer Unternehmen:** Kleinere und mittlere Unternehmen stehen immer öfter wenigen Großunternehmen mit entsprechender Verhandlungsstärke gegenüber. Daraus können sich strukturelle Nachteile für den Mittelstand ergeben – insbesondere wenn er nicht in der Lage ist, rechtzeitig auf anderweitige Nachfrage auszuweichen (Zulieferer- bzw. Nachfragemachtproblematik).

- **Gesellschaftspolitische Probleme:** Megafusionen können ebenso unerwünschte wie intransparente Einflussmöglichkeiten auf Entscheidungen der Politik bewirken. Als gut organisierte und finanzkräftige Organisationen haben Großunternehmen de facto leichteren Zugang zu politischen Entscheidungsträgern. Sie sind deshalb häufig anderen, weniger großen Unternehmen bei der Werbung um politische Unterstützung überlegen.

3.4.3 Optionen einer globalen Wettbewerbsordnung

Die Internationalisierung der Märkte und die durch sie bedingte Durchlässigkeit von politischen Grenzen führen zunehmend dazu, dass grenzüberschreitende unternehmerische Aktivitäten aus dem Geltungsbereich nationaler Rechtsordnungen heraus in neue hineinwachsen oder sich gar von jeglicher Jurisdiktion „emanzipieren". Das Völkerrecht verfolgt u.a. das Ziel, die Entstehung rechtsfreier Räume zu verhindern. Für marktwirtschaftlich orientierte Staaten ist Wettbewerb das konstitutive Element allen Wirtschaftens. Der aus der Freiheit der Wirtschaftssubjekte resultierende Wettbewerb muss aber ebenso wie die auf den politischen Freiheiten basierende Demokratie ständig gegen Vermachtung geschützt werden. Hierfür sind ein Rechtsrahmen – das Wettbewerbsrecht – und Institutionen erforderlich, die auf die Einhaltung der vorgegebenen Spielregeln achten und diese auch durchsetzen können. Der Globalisierungsprozess hat die Erkenntnis reifen lassen, dass nun weltweit der Aufbau solcher Rechtsrahmen notwendig wird.

Eine multilaterale Wettbewerbsordnung, die schon 1948 mit der Havanna-Charta vorgesehen war, ist bis heute nicht erreicht. Zwar sind im Rahmen des GATT, des GATS und des TRIPS von den Unterzeichnerstaaten auch Wettbewerbsregeln vereinbart worden. Sie beziehen sich jedoch nur auf staatliches Handeln. Das Wettbewerbsrecht, das Unternehmen zu Adressaten hat, ist im Wesentlichen jedoch auf den nationalen Rahmen, die EU und die bilaterale Zusammenarbeit begrenzt. Nicht mehr als ca. 90 Staaten kennen ein Wettbewerbsrecht in ihrer Gesetzgebung. Vor allem eine Fusionskontrolle fehlt häufig. Länderübergreifende Ermittlungen sind ebenso wenig möglich wie transnational wirksame Verfügungen. Andererseits unterliegen Unternehmen, deren Verhaltensweisen sich grenzüberschreitend auswirken, immer häufiger einer Mehrzahl paralleler kartellbehördlicher Prüfungen in den betroffenen Ländern. Die Unternehmen tragen also neben dem mit solchen Mehrfachnotifizierungen steigenden Kosten- und Zeitaufwand zunehmend auch das Risiko gegebenenfalls divergierender Entscheidungen.

Das nationale Wettbewerbsrecht stößt also an Grenzen. Zwar ist die Reichweite nationaler Wettbewerbsregelungen insofern nicht „begrenzt", als im Ausland veranlasste Wettbewerbsbeschränkungen im Inland verfolgt werden können, wenn sie sich dort auswirken (*„Effects Doctrin"*). Auch erleichtern internationale Abkommen zur gegenseitigen Amtshilfe grenzüberschreitende Wettbewerbsprobleme. Diese Abkommen lösen jedoch nicht mögliche Konflikte unterschiedlicher nationaler Rechtsregeln, ganz abgesehen davon, dass die wettbewerbspolitischen Leitbilder ebenfalls divergieren können. Je stärker insbesondere die Fusionsaktivitäten über nationale Grenzen hinausreichen, desto wünschenswerter werden international harmonisierte Wettbewerbsregeln. Die wachsende Erkenntnis, dass die Globalisierung nun auch weltweit den Aufbau von Rechtsrahmen, Wettbewerbsrecht und Institutionen notwendig macht, hat zu Initiativen in drei Richtungen geführt, die nicht gegenläufig sein müssen, sondern eher nebeneinander verfolgt werden sollten: Den multilateralen, den plurilateralen und den bilateralen Ansatz.

3.4.3.1 Der multilaterale Ansatz: Eine globale Wettbewerbsordnung im Rahmen der WTO

Multilateral ist der Ansatz, ein Wettbewerbsregime im Rahmen der WTO auszuhandeln. Dieser Ansatz wurde auf der WTO-Ministerkonferenz 1996 in Singapur mit Gründung

---

[49] Die Unternehmensberatung Pricewaterhouse-Coopers hat festgestellt, dass mehr als 80 Prozent der Unternehmen nicht einmal die Kapitalkosten der Fusion erwirtschaften und dass rund ein Drittel der gekauften Betriebe auch wieder verkauft werden.

der „Working Group on the Interaction between Trade and Competition Policy" aufgegriffen und auf der jüngsten Ministerkonferenz in Doha bestätigt (WTO 2001a).

Die Konferenz blieb damit allerdings deutlich hinter der Resolution des Europäischen Parlaments zurück (Europäisches Parlament 2001a). Auffallend ist, dass in dem erneuerten Mandat der Working Group nach wie vor mit keinem Wort von der Fusionskontrolle und der Missbrauchsaufsicht über marktbeherrschende Stellungen, also der eigentlichen Machtkontrolle, die Rede ist. Es werden lediglich „Regelungen" zu Kartellen angemahnt und nicht ihr Verbot! Und diese Regelungen werden wiederum bloß auf die härteste Kartellierungsform, auf sog. Hardcore-Kartelle (Preis-, Quoten- und Gebietsabsprachen), beschränkt. Angesichts der inzwischen 144 WTO-Mitglieder und ihrer Struktur überrascht dies kaum. Die Mehrzahl der Mitglieder sind Entwicklungsländer, ganz unterschiedlich in ihrem Entwicklungsstand und ihren Interessen. Zudem herrscht innerhalb der WTO das Einstimmigkeitsprinzip.

Mit dem um vieles komplexeren Thema „Fusionskontrolle" ist deshalb die WTO wohl für nicht absehbare Zeit überfordert. In der Unternehmenskonzentration liegen jedoch global die eigentlichen und nicht nur wettbewerblichen Risiken. Die Fusionswelle ist zwar konjunkturbedingt im vergangenen Jahr deutlich zurückgegangen. Sie wird aber nach einer Phase des Atemholens und der Konsolidierung wieder zum Anstieg der weltweiten Zusammenschlussaktivitäten führen.

3.4.3.2 Der plurilaterale Ansatz: Eine Clublösung als Keimzelle einer globalen Wettbewerbsordnung

Die Folgen dieser globalen wirtschaftlichen Konzentration berühren die entwickelten Industrieländer als Hauptsitzstaaten der fusionierenden Unternehmen und ihre Produktionsstätten in der Regel stärker als die Entwicklungsländer. Es empfiehlt sich deshalb, bei der Diskussion über eine globale Kontrolle von Unternehmenszusammenschlüssen und den Missbrauch von Marktmacht mit den Industriestaaten zu beginnen, die bereits eine entwickelte Wettbewerbsordnung und Erfahrungen mit ihrer Implementierung haben, und diesen „Club" beitrittsoffen zu gestalten. In eine solche Richtung zielt das im Oktober 2001 in New York gegründete „International Competition Network (ICN)".[50] Dessen Nahziel ist wie folgt definiert: „Initially, the ICN will focus on the merger control process as it applies to multinational mergers" (ICN Interim Chair 2001).

Auch hier wird es zunächst um einen intensiveren Informationsaustausch und verbesserte Kooperation in der Wettbewerbspolitik gehen. Die allermeisten Mitglieder des ICN haben jedoch bereits langjährige Erfahrungen mit dem Antitrust-Recht und dem Instrument der Fusionskontrolle. Dies bietet die Chance, dass sich hier schneller als sonstwo im Wege einer „soft harmonisation" zunächst gemeinsame

Auslegungsregeln herausbilden[51], die sich nach und nach verdichten und zu einem Regelwerk entwickeln können. Auch dieser Prozess wird Zeit benötigen. Ob sich in längerer Sicht für das ICN die Frage nach dem Status einer völkerrechtlich abgesicherten Institution stellt, ist heute freilich noch nicht abzusehen. Auszuschließen ist dies jedoch nicht, zumal heute schon von den international tätigen Unternehmen und der Anwaltschaft lauthals Klage über den „multi-jurisdiktionalen" Aufwand an Zeit und Kosten bei grenzüberschreitenden Fusionsvorhaben geführt wird.

3.4.3.3 Der bilaterale Ansatz: Der kleinste gemeinsame Nenner als Ausgangspunkt weiter reichender Wettbewerbsregime

Die bilaterale Zusammenarbeit der Wettbewerbsbehörden ist die älteste der Kooperationsformen.[52] Auch sie sollte nicht nur weitergeführt, sondern stimuliert und intensiviert werden. Bilaterale Abkommen erzeugen ihre Wirkungen in Sachen Kohärenz nicht nur zwischen den Parteien solcher Abkommen selbst, sondern können auch bei der Entwicklung plurilateraler Abkommen helfen. Das deutsch-amerikanische Regierungsabkommen zum Beispiel ist inhaltlich weitgehend im bilateralen transatlantischen Abkommen der EU mit den USA aufgegangen; die USA wiederum haben ein ähnliches Abkommen mit Kanada abgeschlossen, das im Rahmen der NAFTA auf Mexiko ausgedehnt worden ist, und beide haben Pate für das jüngste Abkommen der EU mit Kanada gestanden. Soweit sich solche Kooperationsformen bewähren, und das haben sie bisher, erscheint der Übergang vom bilateralen zu plurinationalen Vertragsbeziehungen geradezu programmiert.

3.4.4 Empfehlungen der Enquete-Kommission

Zentrale Bedeutung für die Empfehlungen der Enquete-Kommission erhält das Problem der Vermachtung des internationalen Wirtschaftsverkehrs, das sich weltweit vor allem durch Megafusionen aufbauen kann.

Empfehlung 3-21 Unterstützung internationaler Kooperationen in der Wettbewerbspolitik

Alle Schritte hin zu mehr internationaler Kooperation der nationalen Stellen, in deren Zuständigkeit Wettbewerbspolitik und -recht liegen, sind zu unterstützen. Eine Ausweitung des Verbots nationaler Kartelle auf das Verbot von Exportkartellen ist anzustreben.

Empfehlung 3-22 Nutzung des vorhandenen Wettbewerbsinstrumentariums

Die Kommission empfiehlt, in Ermangelung eines multilateralen Wettbewerbsrechts zunächst das vorhandene

---

[50] Dessen Gründungsmitglieder sind Australien, Deutschland, die Europäische Union, Frankreich, Israel, Italien, Japan, Kanada, Korea, Mexiko, Südafrika, das Vereinigte Königreich, die USA und Sambia.

[51] Konkrete Ansätze hierzu sind bereits vom Wettbewerbsausschuss der OECD erarbeitet worden.

[52] Die Bundesrepublik Deutschland war in diesem Bereich Vorreiter, als sie schon Ende der 70iger Jahre mit den USA und dann auch mit Frankreich ein bilaterales Kooperationsabkommen in Wettbewerbssachen vereinbarte.

Wettbewerbsinstrumentarium konsequent zu nutzen und grenzüberschreitende Kooperationen zu fördern. Verstärkte bilaterale Zusammenarbeit kann auch als Vorbild für mehr als zweiseitige (plurilaterale) Abkommen wirken.

Die Enquete-Kommission empfiehlt, auf mehreren Ebenen gleichzeitig eine schrittweise Annäherung wettbewerblicher Grundprinzipien zu betreiben. Neben der bilateralen ist auf multilateraler Ebene die Arbeit der WTO „Working Group on the Interaction between Trade and Competition Policy" zu unterstützen, die vor allem auf die Einführung eines Verbots für Hardcore-Kartelle hinzielt. Von besonderer Wichtigkeit ist daneben die Unterstützung des International Competition Network, das Standards für ein internationales Wettbewerbsrecht insbesondere bei der Fusionskontrolle anstrebt.

Empfehlung 3-23   Abkommen zur Sicherstellung wettbewerblicher Kernprinzipien

Obwohl multilaterale Wettbewerbsregeln in eher langfristiger Perspektive erreichbar sein werden, empfiehlt die Enquete-Kommission, an diesem Ziel festzuhalten. Am Ende eines derartigen Prozesses sollte schließlich auch eine Art „Weltkartellamt" stehen. Als einen positiven Beitrag dahin sollten mit Hilfe der OECD und der UNCTAD Regularien entwickelt werden, die den international agierenden Unternehmen diejenigen Praktiken in den Entwicklungsländern verbieten, die ihnen wettbewerbsrechtlich auf den heimischen Märkten auch verboten sind.

Empfehlung 3-24   Aufbau wettbewerbspolitischer Institutionen in Entwicklungsländern

Durch gezielte technische Hilfe sollte der Auf- und Ausbau von wettbewerbspolitischen Institutionen – etwa eines Wettbewerbsrechts und der dazu gehörenden Behörden – in den Entwicklungsländern, die dies wünschen, unterstützt werden. Die Erfahrungen, die die Industrieländer beim Kampf gegen die Vermachtung ihrer Märkte gemacht haben, sollen international breit zugänglich gemacht werden.

3.5   Standards und globale Entwicklung[53]

3.5.1   Handel und Umwelt

3.5.1.1   Problembeschreibung:

Die Dynamik des internationalen Handels wirkt in mehrfacher Hinsicht verstärkend und beschleunigend auf die Übernutzung der Umwelt ein: Durch die weltweite Verallgemeinerung westlicher Konsummuster und die damit verbundene rasante Zunahme industrieller Produktion, die zur Steigerung des Ressourcenverbrauches auf ein nicht nachhaltiges Niveau und zur Ausbreitung von Schadstoffeinträgen führt; durch die zunehmende Industrialisierung und Exportausrichtung der weltweiten landwirtschaftlichen Produktion und die ökologischen Folgen einer unangepassten Bearbeitung von Böden und Nutzung des Wassers; sowie durch die vom wachsenden Welthandel direkt verursachte immense Steigerung des Verkehrs und die damit verursachten globalen Umweltauswirkungen.

Andererseits führt der internationale Handel auch zu positiven Auswirkungen auf die globale Umwelt: Zum Transfer umweltschonender Technologien in Entwicklungs- und Transformationsländer, zu Effizienzsteigerungen in der Industrie, zur Verbreitung relativ umweltschonender Produkte und auch zur Verbreitung von Wissen und von Informationen über die Folgen von Umweltschäden und Möglichkeiten ihrer Vermeidung.

Aufgrund von Fehlfunktionen des Marktes und Defiziten der Politik spiegeln die derzeitigen Marktpreise in vielen Fällen nicht die realen Knappheitsverhältnisse der gehandelten Güter wider. Hinzu kommt, dass der Transport durch staatliche Infrastrukturmaßnahmen oder Steuerpolitik[54] subventioniert wird und somit mehr Güter international gehandelt werden als dies bei voller Anrechnung der gesellschaftlichen Kosten der Fall wäre. Umweltkosten sind nicht voll internalisiert und tauchen z. B. als Kosten im Gesundheitsbereich oder für Altlastensanierung an anderer Stelle wieder auf. Sie werden somit von anderen Akteuren und nicht von den für die externen Kosten verantwortlichen Marktteilnehmern getragen – teilweise erst von späteren Generationen. Wenn die derzeit externalisierten Kosten tatsächlich erfasst und in den Marktpreisen internalisiert würden und keine weiteren Fälle von Marktversagen vorlägen, würde Freihandel zu einer effizienteren Allokation auch des Faktors Umwelt beitragen.[55] Solange dies nicht der Fall ist und der liberalisierte Handel auf Basis unvollkommener Marktpreise stattfindet und Umweltkosten nicht berücksichtigt, droht Freihandel die Übernutzung natürlicher Ressourcen und (ökonomische) Ineffizienzen zu verschärfen. Da beides nicht im Interesse des Gemeinwohles ist, bedarf es des regulierenden politischen Eingriffes.

Um die potenziell positiven Wirkungen des Handels und der Handelsliberalisierung auszuschöpfen und gleichzeitig eine nachhaltige Entwicklung zu erreichen, sollten deshalb Umwelterfordernisse verbindlich in die Handelspolitik eingebunden und eine Kohärenz von Handels-, Umwelt- und Entwicklungspolitik hergestellt werden.

3.5.1.2   Umweltpolitik im Rahmen der WTO

3.5.1.2.1 Interessenslagen

Die WTO verpflichtet sich in ihrer Präambel dem Ziel der nachhaltigen Entwicklung: „Die Parteien zu diesem Übereinkommen erkennen an, dass ihre Beziehungen im Bereich des Handels und Wirtschaftens darauf abzielen sollen (...), die bestmögliche Nutzung der Naturschätze in Über-

---

[53] Vgl. hierzu auch das Minderheitenvotum der PDS-Fraktion in Kapitel 11.3.3.3.

[54] Zur Frage der Kerosinsteuer vgl. Kapitel 7.4.

[55] Die Begrenztheit natürlicher Ressourcen fließt bei Internalisierung externer Kosten dementsprechend als Faktor in die Preise mit ein. Allerdings gibt es immer einen Bereich nicht-substituierbarer Faktoren (wie z.B. Atemluft), der keiner ökonomischen Betrachtung zu unterwerfen ist. Freihandel als optimale Option ist laut Theorie natürlich noch an weitere Bedingungen geknüpft.

einstimmung mit dem Ziel des nachhaltigen Wirtschaftens (sustainable development) zu ermöglichen, um die Umwelt zu schützen und zu erhalten (...)" (WTO 1994a). Während in der Vergangenheit in Streitfragen zwischen Handels- und Umweltpolitik in der WTO meistens, wenn auch nicht immer, der Handelsliberalisierung Vorrang eingeräumt wurde[56], zeigen neue Entscheidungen (z. B. zum Asbest), dass den einzelnen Staaten tendenziell mehr Handlungsspielräume für Handelsbeschränkungen aus Umweltgründen zugestanden werden. So deuten verschiedene Beschlüsse des WTO-Streitschlichtungsmechanismus und hier insbesondere des Berufungsorgans (Appellate Body) darauf hin, dass unter bestimmten Bedingungen umweltpolitisch motivierte Handelsbeschränkungen auch dann mit den WTO-Bestimmungen vereinbar sein können, wenn sie aufgrund von Produktionsprozessen getroffen werden. Damit zeichnet sich eine Anwendung des GATT Artikel XX (Allgemeine Ausnahmen) ab, die von der früheren Interpretation abweicht. Es erscheint jedoch problematisch, dass die Bedingungen, unter den Artikel XX für produktionsprozessbezogene Handelsbeschränkungen in Anspruch genommen werden kann, nicht genau spezifiziert sind und die WTO-Schiedssprechung kein „Case Law" darstellt. Somit herrscht ein hohes Maß an Unsicherheit über die (Un-)Zulässigkeit umweltpolitisch motivierter Importbeschränkungen, welches den „Appellate Body" bereits mehrfach bewogen hat, auf Regelungsbedarf durch die WTO-Mitglieder hinzuweisen.

Artikel XX ist ein Ausfluss von Treu und Glauben. Er soll dem Staat, der Maßnahmen ergreift, die Möglichkeit bewahren, die eigenen Umweltschutzziele (und andere Ziele wie z. B. Schutz der öffentlichen Ordnung) zu verfolgen, er soll aber auch betroffene Staaten davor schützen, dass ihre WTO-Rechte durch WTO-widrige Maßnahmen geschmälert werden. Im Asbest-Streitfall entschied der „Appellate Body" gegen die Ansicht Kanadas, dass Asbest ohne Gesundheitsgefahren handhabbar wäre zugunsten des französischen Importverbotes.

Die WTO verfügt im Gegensatz zu vielen anderen internationalen Organisationen über ein Streitschlichtungsverfahren, in dessen Rahmen Länder, die WTO-Bestimmungen missachten, mit Sanktionen belegt werden können. Deshalb wird es von vielen für wünschenswert gehalten, Umwelt-Mindeststandards in das Regelwerk der WTO aufzunehmen, um einerseits zu verhindern, dass in solchen Streitschlichtungsverfahren Umweltbelange überregelt werden und andererseits auch Umweltstandards zur besseren Umsetzung zu verhelfen.

Dabei geht es um die Übernahme bzw. Zugrundelegung bestehender Standards aus Multilateralen Umweltabkommen (MEA), nicht um die Erarbeitung neuer Standards durch die WTO. Unter Wettbewerbsgründen hat eine allgemein gültige Standardsetzung insofern Vorteile, da sie gleiche Ausgangsbedingungen für alle Wettbewerber schafft und die durch die Öffnung des Welthandels verstärkte Gefahr des Ökodumpings reduziert.

Gegner der Verankerung von Umweltstandards in der WTO finden sich nicht nur unter denjenigen, die darin nicht die Korrektur von Fehlfunktionen des Marktes sehen, sondern lediglich nichttarifäre Handelshemmnisse. Insbesondere von Seiten vieler Regierungen und NGO aus dem Süden gibt es große Vorbehalte gegen ein solches Vorgehen. Sie befürchten aufgrund der realen Machtverhältnisse in der WTO, des krassen Ungleichgewichtes zwischen Industrie- und Entwicklungsländern und der mangelnden Transparenz negative Auswirkungen auf die ökonomischen und Umweltinteressen im Süden, wobei sie sich insbesondere durch das TRIPS-Abkommen bestätigt sehen.

Vor allem aber befürchten nicht nur Regierungen von Entwicklungsländern, dass die Verankerung von Umweltstandards in der WTO den Marktzugang für Produkte besonders aus Entwicklungsländern erschweren und eine WTO-Umweltklausel von den Industrieländern für Wirtschaftsprotektionismus instrumentalisiert würde. Transparenz und Vorkehrungsmaßnahmen gegen den protektionistischen Missbrauch sind daher ebenso geboten wie ein System des fairen Ausgleiches, schon allein um zu verhindern, dass alternativ die Forderung nach Absenkung von Umweltstandards erhoben wird.

3.5.1.2.2 Beschlüsse der WTO-Ministerkonferenz in Doha

Insbesondere aufgrund der nachdrücklichen Verhandlungsposition der EU, unterstützt von Norwegen, der Schweiz und den EU-Beitrittskandidaten, wurden in Doha erstmalig Umweltthemen in die Agenda einer Welthandelsrunde aufgenommen. In Punkt 6 der Ministererklärung wurde grundsätzlich festgestellt, dass das Handelsregime und die Verfolgung von Umweltschutz und nachhaltiger Entwicklung sich gegenseitig unterstützen müssen und insbesondere die Kooperation mit der UNEP bestärkt.[57]

---

[56] Der vielzitierte Thunfischfall fällt noch in die Zeit des GATT (1947), nicht der WTO und wurde auch nicht von den GATT Contracting Parties verabschiedet. Im Hormonfall hätte die EU durchaus Chancen gehabt, zu gewinnen, wenn sie ihre SPS-Maßnahme auf Art. 5.7 SPS gestützt und eine auf Vorsorge gestützte vorläufige Maßnahme ergriffen hätte.

[57] „6. We strongly reaffirm our commitment to the objective of sustainable development, as stated in the Preamble to the Marrakesh Agreement. We are convinced that the aims of upholding and safeguarding an open and non-discriminatory multilateral trading system, and acting for the protection of the environment and the promotion of sustainable development can and must be mutually supportive. We take note of the efforts by Members to conduct national environmental assessments of trade policies on a voluntary basis. We recognize that under WTO rules no country should be prevented from taking measures for the protection of human, animal or plant life or health, or of the environment at the levels it considers appropriate, subject to the requirement that they are not applied in a manner which would constitute a means of arbitrary or unjustifiable discrimination between countries where the same conditions prevail, or a disguised restriction on international trade, and are otherwise in accordance with the provisions of the WTO Agreements. We welcome the WTO's continued cooperation with UNEP and other intergovernmental environmental organizations. We encourage efforts to promote cooperation between the WTO and relevant international environmental and developmental organizations, especially in the lead-up to the World Summit on Sustainable Development to be held in Johannesburg, South Africa, in September 2002" (WTO 2001a).

Über das Trade Negotiation Committee, das die neue Verhandlungsrunde technisch leiten wird, wurde der bestehende WTO-Ausschuss für Handel und Umwelt unter Vorsitz der WTO Botschafterin Gabuns ermächtigt, in Sondersitzungen über folgende Aspekte des Themas Handel und Umwelt zu verhandeln:

- Aufnahme von Verhandlungen über das Verhältnis von den existierenden WTO-Regeln und Handelsmaßnahmen in multilateralen Umweltabkommen (MEA). Aufgrund einer US-amerikanischen Intervention allerdings mit der Einschränkung, dass dies nur auf die Staaten ausgedehnt werden dürfe, die Vertragsparteien von MEA seien[58],

- Aufnahme von Verhandlungen über die Gestaltung des regelmäßigen Informationsaustausches zwischen den Sekretariaten der MEA und den WTO-Ausschüssen und der Regelung des Beobachterstatus[59],

- Aufnahme von Verhandlungen über eine bevorzugte Behandlung von Umweltgütern und -dienstleistungen,

- Aufnahme von Verhandlungen zur Reduktion von Fischereisubventionen unter Berücksichtigung von Umweltaspekten.

Weiter wurde festgeschrieben, dass bei Verhandlungen im Rahmen des Abkommens über geistige Eigentumsrechte (TRIPS) die Bestimmungen der Konvention über Biologische Vielfalt (CBD) mit herangezogen werden.[60]

Der ständige WTO-Ausschuss für Handel und Umwelt (CTE) wurde darüber hinaus beauftragt, in seinen regulären Sitzungen insbesondere folgende Themen zu erörtern und bis zur 5. Ministerkonferenz in Mexiko (2003) Empfehlungen zu erarbeiten, einschließlich der Frage, ob zu folgenden Themengebieten Verhandlungen aufgenommen werden sollen:

- Auswirkung von Umweltmaßnahmen auf den Marktzugang, insbesondere der Entwicklungsländer und der Least Developed Countries,

- einschlägige umweltbezogene Vorschriften des TRIPS-Abkommens[61],

- Umweltkennzeichnung.

Der Ausschuss hat ein horizontales Mandat bekommen, sich mit umweltrelevanten Aspekten in anderen Verhandlungsbereichen zu befassen.

3.5.1.2.3 Bewertung der Beschlüsse in Doha

Die Aufnahme von Umweltthemen in die Agenda einer Welthandelsrunde kann als Teilerfolg gewertet werden. Allerdings wurde in dieser Ministererklärung ausdrücklich die Ergebnisoffenheit der Verhandlungen betont und jegliche Richtungsentscheidung vermieden. Zudem sind Konflikte vorprogrammiert durch die Feststellung in Art. 32 der Erklärung, dass die Verhandlungsergebnisse die Rechte und Pflichten der WTO-Mitglieder weder erweitern, noch vermindern dürfen. Hier sind künftige Interpretationsprobleme absehbar.[62] Nicht durchgesetzt werden konnte die Verankerung bzw. auch nur die Erwähnung des Vorsorgeprinzips in der Ministererklärung.[63] Dies scheiterte v. a. an den Entwicklungsländern, den USA und Australien. Die Enquete-Kommission beurteilt das horizontale Mandat des CTE bezüglich der Umweltaspekten in anderen WTO-Verhandlungsbereichen als sehr positiv und empfiehlt, dringend darauf hinzuwirken, dass die notwendigen internen Organisationsstrukturen des CTE zur Wahrnehmung dieser Aufgabe geschaffen werden.

In diesem Zusammenhang ist eine Weiterentwicklung und Anwendung der integrierten Wirkungsabschätzung, also der Beurteilung und Abwägung der Umwelt- und Nachhaltigkeitswirkung von Maßnahmen der Handelsliberalisierung sinnvoll. Wirkungsabschätzungen sind als dynamischer und kontinuierlicher Prozess zu betrachten, der die politische Koordinierung und Kohärenz zwischen den Handels- und Umweltministerien, den Finanz- und Wirtschaftsministerien sowie anderen relevanten Ressorts fordert.

Da sich die EU als Haupt-Promotor der Aufnahme von Umweltthemen in die Welthandelsrunde erwiesen hat, wird es auch weiterhin sehr stark von der internen Abstimmung und den Verhandlungspositionen der EU-Kommission und der Mitgliedstaaten abhängen, inwieweit in diesen Bereichen tatsächlich Fortschritte erreicht werden können. Dabei stehen die Verhandlungspositionen im Umweltbereich immer im Spannungsfeld mit den EU-Positionen zum Abbau ihrer Agrarsubventionen und insgesamt mit der Frage der Verbesserung des Marktzugangs von Entwicklungsländern. Ohne Zugeständnisse beim Marktzugang und der Entkräftung des Vorwurfes von Entwicklungsländern gegen Industrieländer, Umweltschutz

---

[58] „31. (i) the relationship between existing WTO rules and specific trade obligations set out in multilateral environmental agreements (MEAs). The negotiations shall be limited in scope to the applicability of such existing WTO rules as among parties to the MEA in question. The negotiations shall not prejudice the WTO rights of any member that is not a party to the MEA in question" (WTO 2001a).

[59] „31. (ii) procedures for regular information exchange between MEA Secretariats and the relevant WTO committees, and the criteria for the granting of observer status" (WTO 2001a).

[60] „19. (...) to examine, inter alia, the relationship between the TRIPS Agreement and the Convention on Biological Diversity, the protection of traditional knowledge and folklore, and other relevant new developments raised by Members pursuant to Article 71.1 (...)" (WTO 2001a).

[61] Zu TRIPS vgl. Kapitel 5.3.

[62] „32. (...) The outcome of this work as well as the negotiations carried out under paragraph 31(i) and (ii) shall be compatible with the open and non-discriminatory nature of the multilateral trading system, shall not add to or diminish the rights and obligations of members under existing WTO agreements, in particular the Agreement on the Application of Sanitary and Phytosanitary Measures, nor alter the balance of these rights and obligations, and will take into account the needs of developing and least-developed countries." (WTO 2001).

[63] Dies ginge über die bisherige implizite Erwähnung (Art. XX GATT, Art. 2.2 TBT-Übereinkommen) und die explizite Nennung (Art. 5.7 SPS-Übereinkommen) weit hinaus.

Standards und globale Entwicklung 167

als Protektionismus zu missbrauchen, wird hier wenig Bewegung zu erzielen sein.

3.5.1.3 Umweltkodizes

Im Gegensatz zu sozialen Kodizes sind Umwelt bezogene Kodizes bisher nicht sehr zahlreich.[64] Es gibt sowohl Verhaltenskodizes von Unternehmen und Wirtschaftsverbänden (im Einzelnen vgl. Dröge, Trabold 2001), Initiativen internationaler Organisationen und Initiativen von Umweltverbänden und anderen Interessensverbänden. Die Ziele dieser Kodizes beziehen sich auf „Respektierung bestehender Regulierungen", „Verbreitung von Umweltmanagement", „Gewährleistung einer nachhaltigen Entwicklung und nachhaltigen Verwendung natürlicher Ressourcen" und „Kommunikation mit der Öffentlichkeit". Zu den Anreizen für die Partizipation der Unternehmen gehören insbesondere: Kostensenkung, größere Effizienz, Verbesserung der internen Evaluierung, Imageverbesserung und frühzeitige Wahrnehmung von Innovationsmöglichkeiten, die zu einer Verbesserung der Wettbewerbsstellung in Märkten führen kann. In Ermangelung verbindlicher Regulierungen auf supranationaler Ebene in weiten Bereichen der Umweltpolitik stellen Umweltkodizes temporär ein sinnvolles ergänzendes Instrument zur Vermeidung von Umweltschäden dar.

3.5.1.4 Umweltlabels

3.5.1.4.1 Typen und Wirkung von Umweltlabels

Ökolabels geben Aufschluss über umweltrelevante Produktionsbedingungen und Produkteigenschaften und sind in den Industriestaaten zu einem weit verbreiteten Instrument der marktorientierten Umweltpolitik geworden (Althammer u. a. 2001). Sie können sowohl an Unternehmen als auch an einzelne Produkte vergeben werden. Die Internationale Organziation for Standardization (ISO) unterscheidet folgende 3 Typen:

- Typ 1: Öko-Siegel (Eco-Seal), das in Form einer Lizenz vergeben wird und dem ein Kennzeichnungsprogramm zugrunde liegt.

- Typ 2: Selbstauskunft (Self-Declaration-Claim), die von Herstellern, Importeuren, Groß- oder Einzelhändlern über Produkte oder Dienstleistung gegeben wird.

- Typ 3: „Report Card"-Kennzeichen, das ähnlich den allgemeinen Verbraucherinformationen auf Verpackungen anhand festgelegter Indizes die Konsumenten informiert.

Ökologische Kennzeichen, die auf die Prozess- und Produktionsmethoden vergeben werden, gründen sich auf eine Lebenszyklusanalyse. Diese „beinhaltet die Erfassung aller erkennbaren Umweltwirkungen eines Produktes von seiner Herstellung bis hin zur Entsorgung („von der Wiege bis zur Bahre"), also auch nicht produktbezogene Prozess- und Produktionsmethoden.[65]

Generell ist zu unterscheiden zwischen privaten, staatlichen freiwilligen und gesetzlichen Kennzeichen. Kennzeichen können zu erheblichen negativen Auswirkungen auf den Handel führen, wenn ein Produkt einen hohen Anteil an den Exporten eines Landes hat.

3.5.1.4.2 Berücksichtigung nationaler Besonderheiten

In der Regel werden die Kriterien für die Zertifizierung von den importierenden Ländern festgelegt, meist ohne Berücksichtigung der jeweiligen Umweltbedingungen in den eventuellen Produktionsländern. Sobald es sich jedoch nicht um die reine Bewertung der Gesundheitseigenschaften des Endproduktes handelt, sondern um die Bewertung der Prozess- und Produktionsmethoden basierend auf Lebenszyklusanalysen, besteht dabei die Gefahr der dauerhaften Diskriminierung potentieller Produzenten; insbesondere wenn man die Tatsache zugrunde legt, dass diese Lebenszyklusanalysen sich oft nur auf wenige Umweltwirkungen beschränken. Vergleicht man dies mit der Debatte um die Einhaltung von Sozialstandards, so ist zu konstatieren, dass wir es dort mit relativ gut abgrenzbaren Minimalstandards zu tun haben, die bei vorhandenem Willen herbeizuführen wären, während es sich hier um komplexe, teilweise schwer veränderbare reale Umweltbedingungen handelt. Es kann von Fall zu Fall sinnvoller und auch ökologisch effektiver sein, Kriterien für ökologische Kennzeichnung entsprechend den Umweltbedingungen des Herstellerlandes zu setzen und über ein System gegenseitiger Anerkennung eine internationale Akzeptanz herbeizuführen. Allerdings ist dabei darauf zu achten, dass dies nicht zur Zementierung des Status Quo führt, bzw. als Freibrief für unzureichende nationale Umweltschutzgesetze bzw. -standards oder sogar als Ventil für die Absenkung gewünschter Standards benutzt wird.

3.5.1.4.3 Transparenz und Koordination

Umweltlabels führen auf der einen Seite zu mehr Transparenz, da die Verbraucherinnen und Verbraucher Informationen über Umweltwirkungen von Produkten oder Produktionsweisen erhalten und sie eine größere Kompetenz, Souveränität und Macht als Marktteilnehmerinnen und Marktteilnehmer auf der Nachfrageseite erhalten. Andererseits kann die wachsende Anzahl von staatlichen und privaten ökologischen Kennzeichen jedoch auch zur Intransparenz führen, sowohl auf der Nachfrage-, als auch der Angebotsseite. Insbesondere bei unterschiedlichen Siegeln aus dem In- und Ausland in denselben Produktgruppen wird die ökonomische Effizienz verschlechtert, Kosten und Aufwand für die Informationsbeschaffung für

---

[64] Zur Diskussion über Möglichkeiten und Grenzen von Kodizes vgl. Kapitel 3.6.

[65] Die Lebenszyklusanalyse ist kein international abgestimmtes Konzept, sondern wird von einzelnen Ländern unterschiedlich angewendet. Die meisten Programme konzentrieren sich nur auf einzelne Umweltwirkungen einer Produktion.

Verbraucherinnen und Verbraucher und Unternehmen steigen. Ziel muss es deshalb sein, über eine gegenseitige Anerkennung zu einer Harmonisierung von Kriterien, bzw. zu völliger Harmonisierung bestimmter Kennzeichen zu kommen, soweit dies ökologisch und ökonomisch sinnvoll ist.

Sowohl die Erfordernisse der Harmonisierung von Labels, als auch die Defizite bei der Zusammenarbeit zwischen Import- und Exportländern werfen die Frage nach der Institution auf, die eine solche koordinierende Funktion übernehmen kann. Nach Auffassung der Enquete-Kommission fällt dieser Bereich in die Zuständigkeit der UNEP[66], die sich dann ihrerseits in einen Abstimmungs- und Interessenausgleichsprozess mit der WTO begeben muss.

3.5.1.4.4 Verhältnis Umweltlabels/WTO

Kennzeichen privater Initiativen fallen nicht unter die Anwendung des WTO-Regelwerkes, gegen sie kann also kein Streitschlichtungsverfahren eingeleitet werden.[67]

Staatliche Kennzeichen werden vom Übereinkommen über technische Handelsbarrieren (TBT) erfasst. Es wurde 1979 im Rahmen der Tokio-Runde als *Standards Code* verabschiedet und im Rahmen der Uruguay-Runde erweitert und in „Agreement on Technical Barriers to Trade" (TBT-Übereinkommen) umbenannt. Zweck des TBT-Übereinkommens ist es, nationale technische Vorschriften und Normen (Standards) international zu reglementieren, um ihre mögliche handelsverzerrende Wirkung zu minimieren. Im TBT-Übereinkommen werden die WTO-Mitglieder aufgefordert, soweit es möglich ist, die Einführung oder Anwendung nationaler und internationaler Vorschriften und Standards zu koordinieren. Ein System der gegenseitigen Information und Konsultation ermöglicht einen hohen Grad an Transparenz der einzelstaatlichen Maßnahmen.[68]

In der Uruguay-Runde wurden zudem zwei wichtige Änderungen beschlossen. Erstens wurde in der Präambel festgelegt, dass einzelne Länder zum Zweck des Schutzes des Lebens und der Gesundheit von Menschen, Tieren oder Pflanzen sowie der Umwelt notwendige Maßnahmen „auf als geeignet erachteter Ebene" ergreifen dürfen. Durch diese Maßnahmen darf es aber nicht zu einer Diskriminierung zwischen Ländern oder einer verschleierten Beschränkung des internationalen Handels kommen (Präambel TBT-Übereinkommen). Zweitens wurden in der Definition von technischen Vorschriften und von Standards auch produktbezogene Prozess und Produktionsmethoden aufgenommen (Anhang 1, Abs. 1 und 2, TBT-Übereinkommen). Inwieweit davon nicht produktbezogene Prozess- und Produktionsmethoden abgedeckt sind, ist jedoch nicht abschließend geklärt. Produktkriterien und produktbezogene Kriterien, die ausschließlich an den Produkteigenschaften anknüpfen, sind im TBT-Übereinkommen als „Normen" (bei freiwilliger Einhaltung) oder als „technische Vorschriften" (bei gesetzlicher Verpflichtung) definiert" (Althammer u. a.: 2001).

Ein offensichtlicher Konflikt zwischen Umweltlabels und WTO-Regeln ergibt sich bei dem Begriff der „Gleichartigkeit" (sog. „Like Products"). Das WTO-Regelwerk und Panel-Entscheidungen erlauben im Grundsatz keine Berücksichtigung von Unterschieden in den Prozess- und Produktionsmethoden, falls das Produktionsergebnis „gleichartig" ist. So muss z. B. Tropenholz gleich behandelt werden, unabhängig davon, ob es aus nachhaltiger oder nicht-nachhaltiger Forstwirtschaft stammt, da das Endprodukt, also das Holz „gleichartig" ist. Handelsbeschränkungen gegen nicht nachhaltig erwirtschaftetes Tropenholz sind lt. WTO-Regelwerk nicht zulässig.[69] In der neuesten WTO-Rechtsprechung (Shrimp/Turtle Case) wird allerdings eine solche Ungleichbehandlung von gleichartigen Produkten erlaubt, wenn es beispielsweise aus Umweltsicht wesentliche Unterschiede in der Herstellung bzw. im Fang der Produkte gibt.

Der Ausschuss für Handel und Umwelt (CTE) hat in Doha den Auftrag erhalten, über Vorschläge bezüglich Umweltlabels zu beraten. Hier ist von Seiten der Bundesregierung über die EU darauf zu achten, dass sich Ökolabels auch auf produktionsprozessbezogenen Inhalte beziehen dürfen, solange sie wahrheitsgetreu und transparent sind und keine Diskriminierung zwischen Anbietern stattfindet.

Grundsätzlich ist jedoch festzuhalten, dass auch im Rahmen des WTO-Regelwerks ökologisch oder sozial bewusstes Verbraucherverhalten möglich ist. Insbesondere im Falle der Freiwilligkeit einer Kennzeichnung, die dazu führt, dass gekennzeichnete Produkte aufgrund des Verbraucherverhaltens einen Marktvorteil erringen, kann keinesfalls von Diskriminierung gesprochen werden. Es ist das Recht der Konsumentinnen und Konsumenten als Marktteilnehmer, dass sie aufgrund dezidiert offener Informationen ihr Marktverhalten entscheiden können. Insofern erscheint es absurd, wenn sich marktwirtschaftlich orientierte Länder gegen eine Kennzeichnung von hormonbehandeltem Rindfleisch oder genmodifizierten Nahrungsmitteln aussprechen.

---

[66] Die Verwendung der derzeitigen Bezeichnung UNEP schließt immer mit ein, dass die Enquete-Kommission empfiehlt, die UNEP nicht in der derzeitigen Form zu belassen, sondern zu stärken und als eigenständige Organisation der UNO auszubauen.

[67] Denkbar wäre lediglich, dass ein betroffenes Land über die WTO, z. B. das Committee on Technical Barriers to Trade, versucht, über die Regierung des Landes, aus dem das Kennzeichen stammt, Einfluss zu nehmen.

[68] Seit Inkrafttreten des TBT-Übereinkommens am 1.1.1995 wurden an den Ausschuss des TBT (Committee on Technical Barriers to Trade (CTBT)) 2 300 Mitteilungen übermittelt, davon enthielten 11 Prozent (d. h. rund 250) Angaben über Umweltschutzmaßnahmen, u. a. ökologische Kennzeichen.

[69] Im Falle Österreich/importiertes Tropenholz aus Asien wurde eine Panel-Entscheidung dadurch vermieden, dass Österreich auf eine Importsteuer verzichtete und die gesetzliche durch eine freiwillige Zertifizierung ersetzt wurde.

3.5.1.5 Empfehlungen der Enquete-Kommission[70]

Empfehlung 3-25   Integration von Umweltthemen in die Welthandelsrunde

Die Enquete-Kommission unterstützt die Haltung der Bundesregierung, Umweltthemen einen wichtigen Anteil an der neuen Welthandelsrunde einzuräumen und empfiehlt, die anlaufenden Verhandlungen intensiv in diesem Sinne im Rahmen des EU-Mandates zu begleiten und gegebenenfalls auf Kompromisse und Kompensationen in anderen Verhandlungsbereichen hinzuwirken.

Ergebnis der WTO-Verhandlungen sollten sein:

- *Eine generelle Einigung, wonach die Durchführung und Befolgung in Kraft getretener MEA durch die Mitgliedstaaten dieser Vereinbarung nicht als Verstoß gegen die Regeln der WTO zu bewerten sind.*
- *Ausbau und Formalisierung der Zusammenarbeit zwischen WTO und UNEP, insbesondere auch in Streitschlichtungsverfahren. So soll die UNEP bei umweltrelevanten Streitschlichtungsentscheidungen der WTO angehört werden und ein Mitspracherecht erhalten.*
- *Eine Verbesserung der Implementierung von MEA durch WTO-Mitgliedstaaten, z. B. durch Zollsenkungen für Produkte, Umwelttechnologien und -dienstleistungen, die der Umsetzung von MEA dienen.*
- *Eine Verbesserung des Marktzugangs für Produkte aus nachhaltiger Produktion insbesondere aus Entwicklungsländern.*

Empfehlung 3-26   Verankerung des Vorsorgeprinzips

Die Enquete-Kommission empfiehlt, das Ziel der expliziten Verankerung des Vorsorgeprinzips in allen einschlägigen WTO-Vorschriften international weiter zu verfolgen.

Empfehlung 3-27   Strategien zur Internalisierung externer Kosten

Die Enquete-Kommission begrüßt den auf EU-Ebene stattfindenden Prozess zur Erarbeitung von Leitlinien für die Internalisierung externer Kosten und empfiehlt seine Beschleunigung. Sie empfiehlt weiterhin, politische Ansätze zur Durchsetzung von Strategien zur Internalisierung externer Kosten auch auf multilateraler Ebene über die EU hinausgehend zu entwickeln.

Empfehlung 3-28   Unterrichtungen des Empfängerlandes über den Export im Inland verbotener Güter

Die Enquete-Kommission fordert die Bundesregierung auf, sich dafür einzusetzen, dass Hersteller und Exporteure verpflichtet werden, das Importland über den beabsichtigten Import der im Inland verbotenen Güter (DPG) zu unterrichten und alle Informationen über die Wirkung des Stoffes, sowie über Gründe des Verbotes im Exportland weiterzugeben. Es muss jedem Land gestattet bleiben, den Import von im eigenen Land verbotenen Gütern zu unterbinden. Die Enquete-Kommission empfiehlt, keine staatlichen Exportbürgschaften für im Inland verbotene Güter zu vergeben.

Empfehlung 3-29   Umweltbezogene Verhaltenskodizes und Ökolabels

Umweltbezogene Verhaltenskodizes und Ökolabels können und sollen Internationale Vereinbarungen und Standards nicht ersetzen, aber zu einer guten Ergänzung führen, sofern ihre Einhaltung auch überwacht wird. Anzustreben ist, über eine gegenseitige Anerkennung zu einer Harmonisierung von Kriterien bzw. zu völligen Harmonisierung bestimmter Kennzeichen zu kommen, soweit dies ökologisch und ökonomisch sinnvoll ist. Die koordinierende Rolle sollte hierbei die UNEP übernehmen.

Empfehlung 3-30   Erhöhte Kompatibilität der internationalen Ordnungssysteme

Die Enquete-Kommission empfiehlt, bei künftigen internationalen bzw. multilateralen Verhandlungen auf eine größere Kompatibilität der internationalen Ordnungssysteme insbesondere des Welthandels, der Arbeits- und Sozialbeziehungen, der Umwelt sowie der Sicherung der Menschenrechte und des Friedens zu achten. Diese sollen sich gegenseitig ergänzen und unterstützen.

Bei Konflikten z. B. zwischen WTO-Regeln und multilateralen Abkommen bzw. internationalen Konventionen zur Durchsetzung von Menschrechten bzw. friedens-, sozialpolitischen und Umweltzielen ist den letzteren Priorität einzuräumen.

3.5.2   Sozialstandards und globale Entwicklung[71]

Die Verwirklichung politischer und sozialer Menschenrechte sowie die Institutionalisierung von Sozial- und Umweltstandards sind unabdingbar für eine weltweite soziale Entwicklung. Umwelt- und Sozialstandards sind eng miteinander verbunden, da Umweltzerstörung bestehende Armut verschärft (und umgekehrt). So sind es in Entwicklungsländern häufig die Ärmsten, die unter lokalen Umweltproblemen wie Trinkwasserknappheit oder Bodendegradation zu leiden haben.

„Umweltstandards" haben folglich zum Ziel, einen vorsorgenden Umweltschutz und einen nachhaltigen Umgang mit natürlichen Ressourcen durchzusetzen (Justitia et Pax 2001: 18f.). „Sozialstandards" ist ein umfassender und allgemeiner Begriff für Standards bei der Ausgestaltung von Arbeitsverträgen (Arbeitszeit, Lohn, Sozialversicherung etc.) und für Arbeitnehmerrechte.

---

[70] Zu Empfehlung 3-30 vgl. auch das abweichende Minderheitenvotum der CDU/CSU-Fraktion in Kapitel 11.1.7.2.

[71] Vgl. hierzu auch das Minderheitenvotum der FDP-Fraktion in Kapitel 11.2.2.3.3.

Solche Standards können durch völkerrechtliche Verträge gesetzt werden; sie können durch einen rechtsverbindlichen Beschluss, eine Resolution oder Empfehlung internationaler Organisationen entstehen, sowie den Inhalt von Verhaltenskodizes einzelner Unternehmen oder internationaler Unternehmensverbände bilden. „Sozialstandards" präzisieren und konkretisieren wirtschaftliche und soziale Menschenrechte.

Der Internationale Arbeitsorganisation (ILO) kommt die Aufgabe zu, für eine sozialpolitische Ausrichtung des globalen Wettbewerbs durch universelle soziale Mindeststandards in der Arbeitswelt zu sorgen. Mit der „Erklärung der ILO über grundlegende Prinzipien und Rechte bei der Arbeit und ihre Folgemaßnahmen" vom Juni 1998 sind die Kernarbeitsnormen festgelegt worden. Kernarbeitsnormen (Core Labour Standards) ist der Sammelbegriff für soziale Mindeststandards wie Koalitionsfreiheit und Tarifverhandlungsrecht, Verbot von Zwangsarbeit, Kinderarbeit und Diskriminierung in Beschäftigung und Beruf.

Die Enquete-Kommission hat eine Reihe von Gutachten zur Regulierung von Arbeit und Arbeitsbedingungen auf internationaler Ebene vergeben (Bullard 2001, Sautter 2001, Scherrer, Greven 2001) und damit den Sachstand bei der Entwicklung und Anwendung von Sozialstandards untersucht. Diesen Expertisen zufolge wird mit der Durchsetzung von Sozialstandards der Weg zu einer globalen Sozialordnung beschritten. Zudem ermöglichen Sozialstandards eine bessere Verteilung von Wohlfahrtszuwächsen. Unlauterer Wettbewerb insbesondere zwischen Entwicklungsländern, der mit der Nichteinhaltung von Kernarbeitsnormen einhergeht, verhindert langfristige Produktivitätsfortschritte.

Kernarbeitsnormen stellen die Grundbedingungen der Handels- und Investitionsliberalisierung nicht in Frage. Es stellt sich die Frage, ob wirtschaftliche Entwicklung und Expansion der Exportwirtschaft notwendigerweise zur stärkeren Beachtung der Menschenrechte im Allgemeinen und der Kernarbeitsnormen im Besonderen führt. Einige Studien und Beiträge zeigen, dass zwischen anhaltender Handelsliberalisierung und der Anerkennung und Durchsetzung von Kernarbeitsnormen ein eher positiver Zusammenhang existiert (Windfuhr 2001, OECD 1996b, OECD 2000g, Martin 2001). Die Jahresberichte von Amnesty International und des Internationalen Bunds Freier Gewerkschaften vermelden jedoch eine Zunahme an Verstößen gegen die Kernarbeitsnormen (Amnesty International 2000; ICFTU 2000b).

Der OECD-Ministerrat betonte schon 1998, die Integration grundlegender Arbeitnehmer- und Menschenrechte in das multilaterale Handels- und Investitionsregime sei das fehlende Glied in der Kette zwischen Handelsliberalisierung und gerechter Verteilung ihrer Erträge. Freilich ist nicht zu übersehen, dass gerade in den Entwicklungsländern große Widerstände gegenüber der multilateralen Durchsetzung von Sozialstandards existieren (Singh, Zammit 1999). Hier werden vielfach Hürden für den industriellen Aufholprozess befürchtet. Betont wird auch, dass bessere Lebens- und Arbeitsbedingungen nicht per Gesetz oder durch internationale Abkommen verordnet werden könnten. Diese ergäben sich vielmehr erst im Gefolge der wirtschaftlichen Entwicklung, die wiederum im Rahmen einer internationalen Kooperation vorangebracht werden sollte.

Trotz der in der Literatur vereinzelt unterschiedlichen Betonung und auch differierender Interpretationen empirischer Gegebenheiten ist die Enquete-Kommission der Auffassung, dass die internationale Verankerung und Anwendung von Sozialstandards – insbesondere die Durchsetzung von Mindestnormen im Arbeitsleben – keine inakzeptablen volkswirtschaftlichen Nachteile aus mittel- und langfristiger Sicht mit sich bringt – bei den Kernarbeitsnormen handelt es sich um Mindestnormen qualitativer Natur. Die Anhörungen der Kommission haben gezeigt, dass es gerade für die Entwicklungsländer von Vorteil ist, soziale Schutzrechte zu entwickeln und sie in ihrer Gesetzgebung zu verankern. So kann davon ausgegangen werden, dass die Einhaltung von Kernnormen die langfristige Wirtschaftsleistung aller Länder stärkt (Scherrer, Greven 2000, Martin 2001).

Langfristige Produktivitätsfortschritte in Entwicklungsländern sind notwendig, um das Entwicklungsgefälle zu Industrieländern abbauen zu können. Eine wichtige Rolle beim Ziel der allgemeinen Wohlstandssteigerung und beim Abbau bestehender weltweiter Disparitäten spielt der Zugang und die Nutzung von Wissen und die damit verbundene Notwendigkeit von schulischer Ausbildung und Qualifikation. Die Abschaffung von Kinderarbeit ist folglich sowohl aus Sicht der Menschenwürde als auch hinsichtlich der langfristigen Entwicklungspotenziale eines Landes von höchster Bedeutung (vgl. SPD 1996). Die Beachtung von Sozialstandards trägt zudem zu einer Steigerung der ausländischen Direktinvestitionen im Inland bei, da diese bevorzugt in einem stabilen gesellschaftlichen Umfeld getätigt werden. Auch die Befürchtungen mancher, es werde zu einer fatalen Abwärtsspirale bei den sozialen Bedingungen („Race to the Bottom") kommen, können durch Kernarbeitsnormen verringert werden. Generell verbessert die Einführung von Sozialstandards auch die Bedingungen für die wirtschaftliche Entwicklung – und vice versa.

Die Debatte über verbindliche Kernarbeitsnormen, die bislang in der WTO auf deutliche Ablehnung vieler Entwicklungsländer stößt (Windfuhr 2001, Sautter 2001), ist stark auf die Internationale Arbeitsorganisation (ILO) fokussiert. Parallel hierzu ist die Debatte über Sozialstandards im internationalen Handel intensiviert worden. Hier ist insbesondere die Forderung der internationalen Gewerkschaftsbewegung relevant, eine Sozialklausel in Handelsvereinbarungen zu integrieren und einen WTO-Ausschuss zum Thema „Handel und Kernarbeitsnormen" einzurichten. Die Gewerkschaften und viele Nichtregierungsorganisationen (NGO) sowie kirchliche Vertreter sowohl aus OECD-Ländern als auch aus Entwicklungsländern befürworten eine Berücksichtigung von Kernarbeitsnormen in Handelsvereinbarungen.

Die Deklaration der ILO zu den Kernarbeitsnormen hat den Druck auf die Mitgliedsstaaten verstärkt, die noch nicht alle zu den Kernarbeitsnormen gehörenden Konventionen ratifiziert haben, diese nunmehr zu ratifizieren und damit verbindlich zu machen (vgl. Enquete-Kommission „Globalisierung" (2001c: 74ff.). Aufgrund der Langwierigkeit der Ratifizierungsprozesse und der fehlenden Umsetzungsmöglichkeit wird die ILO allein dieser Rolle jedoch nicht gerecht und deshalb als „zahnloser Tiger" angesehen. Das deshalb kürzlich eingerichtete Globale Forum für soziale Entwicklung muss ein klares politisches Mandat erhalten, um auch handlungsfähig zu werden. Festzustellen ist aber, dass die internationale Anerkennung der Kernarbeitsnormen in den letzten Jahren erheblich gewachsen ist, wie die zunehmende Zahl der Ratifizierungen der ILO-Grundübereinkünfte zeigt. Schließlich erneuerten die Mitgliedsländer der WTO im Punkt Nr. 4 der Abschlusserklärung der ersten Ministerkonferenz der WTO, die im Dezember 1996 in Singapur abgehalten wurde, ihre „Verpflichtung, die international anerkannten Kernarbeitsstandards einzuhalten" (WTO 2001a). Im Kommuniqué des Weltwirtschaftsgipfels in Köln (1999) erklären die G 8 in analoger Weise:

„Wir verpflichten uns, die wirksame Umsetzung der Erklärung der ILO über grundlegende Prinzipien und Rechte bei der Arbeit und ihrer Folgemaßnahmen zu fördern. (...) Darüber hinaus betonen wir die Bedeutung einer wirksamen Zusammenarbeit zwischen der WTO und der ILO hinsichtlich der sozialen Dimension der Globalisierung und der Handelsliberalisierung" (G 8 1999).

3.5.2.1 Handel und Sozialstandards

Grundsätzlich ist zwischen qualitativen und quantitativen Sozialstandards zu unterscheiden. Während die als (qualitative) Kernarbeitsnormen international anerkannten Sozialstandards den Charakter von universellen Menschenrechten besitzen, die für alle Länder unabhängig vom Stand der wirtschaftlichen Entwicklung Gültigkeitsanspruch erheben, umfassen quantitative Sozialstandards beispielsweise Regelungen über Arbeitszeiten, Löhne und Gesundheitsbestimmungen. Zu letzteren zählen u. a. die Vereinbarung über die 48-Stunden-Woche der ILO des Jahres 1919 oder etwa die Existenz von Mindestlöhnen in den USA.

Über die Kernarbeitsnormen hinaus haben sich in einzelnen Weltregionen zum Teil hochentwickelte quantitative Sozialstandards durchsetzen können, die auch grenzüberschreitend Gültigkeit besitzen, wie etwa die „EU Sozialcharta", die wichtige Rechte der Arbeitnehmer schützt.[72] Auch in der „Charta der Grundrechte" der Europäischen Union wurden wirtschaftliche und soziale Rechte sowie Prinzipien der Sozialcharta erneut verankert.

Eine vollständige Harmonisierung der Sozialstandards in der Europäischen Union ist jedoch nicht beabsichtigt, da Mitgliedstaaten eigenständig auf ihre eigenen sozialen Probleme reagieren können sollen. Damit es aber im europäischen Binnenmarkt nicht zu einem unlauteren Wettbewerb auf Kosten der sozialen Errungenschaften kommt, legt die Europäische Union qualitative und quantitative Mindeststandards fest, die ein möglichst hohes gemeinsames Schutzniveau für Arbeitnehmer in allen Mitgliedstaaten gewährleisten sollen. Mitgliedstaaten, die umfangreichere Schutzbestimmungen vorsehen, können diese beibehalten.

Die Europäische Union nahm im Jahre 1994 auch eine Sozialklausel in ihr allgemeines Präferenzsystem im Außenhandel (APS) auf. In Anwendung dieser Klausel wurde im Jahre 1997 Burma aus der Liste der begünstigten Entwicklungsländer gestrichen. Die EU hat sich vor der Ministerkonferenz in Seattle dafür eingesetzt, die Kernarbeitsnormen im WTO-Regime zu verankern. Darüber hinaus setzt die EU positive Anreize für Entwicklungsländer, um die Beachtung der Kernarbeitsnormen weltweit voranzubringen.

Das EU-Freihandelsabkommen mit Südafrika sowie die EU-Verhandlungsleitlinien für ein Freihandelsabkommen mit Mercosur nahmen erstmals grundlegende Arbeitsnormen und deren Überwachung in Beziehung zum Freihandel auf. Das neue Cotonou-Abkommen (Freihandelsabkommen der EU mit den AKP-Staaten) vom 23. 6. 2000 verweist sowohl in der Präambel als auch im Artikel 50 auf die Beziehung zwischen Handel und Kernarbeitsnormen. Die Hauptziele des Abkommens sind die Bekämpfung von Armut, eine nachhaltige Entwicklung und die schrittweise Integration der AKP-Länder in die Weltwirtschaft, während die AKP-Länder verpflichtet wurden, eine entwicklungspolitische Strategie aufzubauen.

Das im Herbst 2001 revidierte Allgemeine Präferenzsystem der Europäischen Union fördert die Schaffung und Einhaltung der international anerkannten ILO-Konventionen zum Verbot der Zwangsarbeit, zum Verbot der ausbeuterischen Formen der Kinderarbeit, zur Nicht-Diskriminierung am Arbeitsplatz sowie zu den Grundrechten der Vereinigungs- und Koalitionsfreiheit mit zusätzlichen Zollerleichterungen. Gleichzeitig wurde das ILO-Überwachungsverfahren gestärkt. Fällt die Internationale Arbeitsorganisation nach regelmäßiger und systematischer Verletzung von Kernarbeitsnormen die Entscheidung, dass gegen das jeweilige Land Beschwerde eingereicht wird, kann die Europäische Union ein Verfahren zur Zurücknahme der Zollerleichterungen einleiten.

Ein wesentlicher Grund für die Bindung von Sozialstandards an handelspolitische Vereinbarung ist die prinzipiell erhöhte Sanktionsfähigkeit. Der bloße Anreiz der Hilfe und die Sanktion des Reputationsverlustes werden dagegen als unzureichende Instrumente angesehen, um die weltweite Durchsetzung von Sozialstandards zu erreichen. Tatsächliche oder angedrohte handelspolitische Sanktionen gelten als wirksamer, wie die Beendigung des Apartheidregimes in Südafrika gezeigt hat.

Insgesamt lässt sich festhalten, dass die Durchsetzung von grundlegenden Sozialstandards und insbesondere von Kernarbeitsnormen in den Entwicklungsländern aus folgenden Gründen wichtig ist:

---

[72] Dazu gehören das Recht auf freie Berufsausübung und gleiche Behandlung, der Anspruch auf einen Arbeitsvertrag, bezahlten Jahresurlaub und wöchentliche Ruhezeit, das Recht auf ein Mindesteinkommen bei Arbeitslosigkeit und im Rentenalter, die Begrenzung der Wochenarbeitszeit, das Recht auf Information, Mitsprache und Mitwirkung im Betrieb, auf Gesundheits- und Sicherheitsschutz am Arbeitsplatz sowie das Recht auf eine Gewerkschaftsmitgliedschaft.

- Positive Einkommenseffekte für Arbeitnehmer (dies gilt zunächst nur für Arbeitnehmer, die bereits Arbeitsplätze im formalen Sektor innehaben). Hierbei spielen freie und unabhängige Gewerkschaften eine wichtige Rolle.

- Abbau von Kinderarbeit und Zwangsarbeit. Damit wird der Weg für Ausbildung und den Aufbau von Wissen geebnet, was für die langfristige Entwicklung eines Landes unabdingbar ist.

- Tendenzielle Verbesserung der sozialen und wirtschaftlichen Situation marginalisierter Gruppen (z. B. Kontraktarbeiter, Kinder, Frauen).

- Stärkung der Gleichbehandlung von Frauen. Dies führt zu einer Stärkung ihrer wirtschaftlichen, sozialen, rechtlichen und gesellschaftlichen Stellung.

- Stärkung und Anerkennung der Rolle von Gewerkschaften als Beitrag zum Aufbau einer demokratischen Gesellschaft.

- Förderung der Bildung eines Rechtsstaates und seiner Institutionen (wobei auch umgekehrt gilt, dass Rechtsstaatlichkeit und funktionierende Institutionen Voraussetzungen für die Durchsetzung bzw. die Akzeptanz von Kernarbeitsnormen sind).

- Vermeidung von unlauterem Wettbewerb zwischen den Entwicklungsländern.

- Menschenrechtsverletzungen können langfristig die Absatzchancen senken, da das Verbraucherverhalten sich zunehmend „fairem Handel" zuwendet.

- Der Schulbesuch von Mädchen, der durch das Verbot von Kinderarbeit ermöglicht wird, wirkt sich positiv auf die Steuerung des Bevölkerungswachstums in Entwicklungsländern aus.

Grundsätzlich empfiehlt die Enquete-Kommission die Verankerung von Sozialstandards in das System der Welthandelsorganisation (WTO) als wichtiges Instrument, da mit der Durchsetzung von Kernarbeitsnormen im internationalen Handel prinzipiell auch die Bedingungen für die wirtschaftliche Entwicklung verbessert werden. Auf lange Sicht kann dies die Wettbewerbsfähigkeit und die Produktivität und damit den Lebensstandard erhöhen. Umstritten bleibt jedoch die Art und Weise der Durchsetzung und des Monitorings von Sozialstandards. Dies gilt insbesondere für die Frage einer angemessenen Strategie der Verankerung von sozialen Mindeststandards in Entwicklungsländern und ihre praktische Umsetzung.

Eine Koordinierung der Politik zwischen den internationalen Organisationen ist eine wesentliche Voraussetzung für einen Fortschritt in der Armutsbekämpfung. Es muss eine Strategie entwickelt werden, wie die Beziehung zwischen Handel und entwicklungshemmenden Problemen wie Verschuldung, Seuchen, Armut und Waffenhandel angegangen werden kann. Zudem müssen die Kernarbeitsnormen als Teil der Menschenrechte in allen relevanten internationalen Vertragswerken und Organisationen berücksichtigt werden. Nur eine koordinierte Aktion der internationalen Organisationen wird zu mehr Kohärenz der Politiken für eine soziale Dimension der Weltwirtschaftsordnung führen.

3.5.2.2 Die ILO und ihre Bedeutung bei der Durchsetzung von Kernarbeitsnormen

Die ILO erscheint als das geeignete Gremium für die Feststellung von Kernarbeitsnormen und die Entwicklung weiter gehender Sozialstandards. Erforderlich ist deshalb zunächst die Unterstützung der ILO als der federführenden internationalen Organisation zur Einbindung der Kernarbeitsnormen. Sie muss innerhalb der internationalen Architektur ein stärkeres Gewicht erhalten. Die Möglichkeit, dass die WTO sie schlicht übergeht, muss ausgeschlossen werden. Gerade in Konfliktpunkten und Streitschlichtungsverfahren muss die ILO gehört und berücksichtigt werden.

In diesem Zusammenhang geht es insbesondere um folgende Themenbereiche:

- Stärkung der ILO in ihrer Durchsetzungskraft, vor allem im Hinblick auf Kontrolle und Monitoring ihrer Konventionen und einer bisher fehlenden Sanktionsmacht bei schwerwiegenden Verletzungen,

- Unterstützung der ILO bei der konkreten länderspezifischen Umsetzung der Kernarbeitsnormen,

- Einbezug von internationalen Organisationen (insbesondere Weltbank, UNCTAD, IWF, UNDP) und auch der EU, um Sozialstandards in den Politikdialog mit den Entwicklungsländern aufzunehmen und dies mit Ansätzen der Entwicklungspolitik zu verbinden,

- nationale und europäische Entwicklungshilfeprojekte sollen die Umsetzung der Kernarbeitsnormen unterstützen,

- verstärkte Nutzung des § 33 der ILO Satzung, eine Vorkehrung, die heute schon eine Einschaltung der Instrumente relevanter anderer Organisationen (wie der WTO) erlaubt, wenn die eignen Sanktionsmöglichkeiten nicht ausreichen.

Der Enquete-Kommission war es aus Zeitgründen nicht möglich, neben den hier dargestellten Sachverhalten eine Reihe von besonderen Problemen zu erörtern, denen jedoch eine Folge-Enquete besondere Aufmerksamkeit widmen sollte:

- Probleme der Arbeitsmigration,

- Einfluss der extrem hohen Arbeitslosigkeit auf die Möglichkeiten zur Durchsetzung der Kernarbeitsnormen,

- Problem des „monitorings" angesichts der Vielzahl schon bestehender Indikatoren,

- Einbezug des informellen Sektors (besonders angesichts der überragenden Bedeutung des informellen Sektors in vielen Entwicklungsländern),

- Problem der Sonderwirtschaftszonen (FEZ).

3.5.2.3 Empfehlungen der Enquete-Kommission[73]

Empfehlung 3-31 **Gleichberechtigte Zusammenarbeit der ILO mit anderen internationalen Organisationen und die Umsetzung von Kernarbeitsnormen**

Die Koordinierung der Politik der internationalen Organisationen untereinander ist eine wesentliche Voraussetzung für einen Fortschritt in der Armutsbekämpfung und kann zu mehr Kohärenz der Politiken für eine soziale Dimension der Weltwirtschaftsordnung führen. Deshalb fordert die Enquete-Kommission die Bundesregierung auf, eine enge Zusammenarbeit der ILO als der federführenden internationalen Organisation bei der Erarbeitung und Umsetzung der Kernarbeitsnormen auf gleichberechtigter Basis mit anderen multilateralen Institutionen (WTO, Weltbank, OECD/DAC) zu fördern und zu unterstützen und darüber hinaus dafür einzutreten, dass die Kernarbeitsnormen als Teil der Menschenrechte in allen relevanten internationalen Vertragswerken und Organisationen berücksichtigt werden.

Empfehlung 3-32 **Veröffentlichung der Einhaltung und Nichteinhaltung der Kernarbeitsnormen**

Analog der Veröffentlichungen der Financial Action Task Force on Money Laundering der OECD sollten mit der ILO kooperierende Länder auf einer Positivliste, nicht kooperative Länder auf einer Negativliste hinsichtlich der Einhaltung von Kernarbeitsnormen geführt werden. Bei handelspolitischen Überprüfungen („Trade Policy Reviews") sind Sozialstandards zu integrieren. Nach hartnäckigem und unkooperativem Verbleib auf der Negativliste und nach Ausschöpfung aller Anreizsysteme sollen – wie im Falle Burmas – Sanktionsmaßnahmen ergriffen werden.

Empfehlung 3-33 **Verankerung von Sozialstandards in das Regelwerk der WTO**

Die Enquete-Kommission empfiehlt die Verankerung von Sozialstandards im Regelwerk der WTO, so dass multilateral legitimierte Handelsbeschränkungen ergriffen werden können gegenüber Ländern, die auf der Negativliste der ILO (vgl. Handlungsempfehlung 3-32) stehen.

Empfehlung 3-34 **Verankerung der ILO-Kernarbeitsnormen in Handelsabkommen**

Die Enquete-Kommission fordert die Bundesregierung auf zu prüfen, wie die ILO-Kernarbeitsnormen in Handelsabkommen sowie in den Kriterien für Exportkreditbürgschaften für Investitionsprojekte in Entwicklungsländern verankert werden können.

3.5.3 Verbraucherstandards und Vorsorgeprinzip[74]

Nicht zuletzt durch den BSE-Skandal haben Fragen und Forderungen nach besserem Verbraucherschutz und mehr Verbrauchsinformationen politisch an Bedeutung gewonnen. Mangelnde Transparenz bei der Kennzeichnung von Inhaltsstoffen und über Produktherkunft verunsichern Verbraucherinnen und Verbraucher bei ihrer Kaufentscheidung. Es wurde deutlich, wie begrenzt ihre Entscheidungsfreiheit durch begrenzte Information ist, auch und gerade, wenn es um ihre Gesundheit geht.

In der Bundesregierung wurden die Zuständigkeiten von Ministerien neu und verbraucherorientiert zugeordnet. Gleichzeitig wurde über die EU der Versuch unternommen, das Vorsorgeprinzip in die neue Welthandelsrunde einzubringen. Der Deutsche Bundestag hat dies mit Mehrheit befürwortet (SPD 2001a). Doch ist das Vorsorgeprinzip in der Ministererklärung von Doha nicht aufgenommen worden, da das Anliegen unter den WTO-Mitgliedern keine Mehrheit gefunden hatte. Vor allem in der Umweltpolitik gibt es bisher Beschlüsse und Gesetzesvorlagen zum Vorsorgeprinzip. Die Erklärung der UN-Konferenz für Umwelt und Entwicklung (UNCED) 1992 in Rio konkretisiert das Vorsorgeprinzip in Artikel 15 der Deklaration. Die Behandlung von Verbraucherschutzstandards in der WTO-Ministerkonferenz beschränkte sich auf die Empfehlung an das Komitee für Handel und Umwelt (CTE), sich mit „Labeling Requirements for Environmental Purposes" zu beschäftigen (WTO 2001a: Ziff. 32; vgl. auch Kapitel 3.6.1 und 8).

3.5.3.1 Verbraucherschutz und Vorsorge

Das Schutzinteresse von Verbraucherinnen und Verbrauchern gilt nicht nur für europäische Staaten oder Industrieländer. In allen Regionen der Welt haben Menschen ein starkes Interesse daran, vor Gesundheitsrisiken durch gefährliche Produkte oder Lebensmittel minderer Qualität, vor betrügerischen Verkaufspraktiken oder ruinösen Geldgeschäften geschützt zu sein. In Deutschland und anderen Industrieländern gibt es unterschiedliche gesetzliche Regelungen zum Schutz von Verbrauchern, so für Wohnen (Mietrecht), Investitionen (Haustürgeschäfte) oder die Qualität privater Bildungsangebote.

Langfristig muss jedoch gesehen werden, dass durch die heute vor allem in Industrieländern verbreiteten Konsummuster und Produktionsweisen die natürlichen Lebensgrundlagen in hohem Maße gefährdet werden (Deutscher Bundestag 1998, Europäische Kommission 2002). Konsequenterweise sollten deshalb im gesamtgesellschaftlichen Zusammenleben Veränderungen in Richtung einer nachhaltigen zukunftsfähigen Entwicklung angestrebt werden, was auch das Verbraucherverhalten einschließt (vgl. Kapitel 7.7.1 und 8).

---

[73] Zu Empfehlung 3-33 vgl. auch das abweichende Minderheitenvotum der CDU/CSU-Fraktion in Kapitel 11.1.7.2.

[74] Vgl. hierzu auch das Minderheitenvotum der FDP-Fraktion in Kapitel 11.2.2.3.4.

3.5.3.1.1 Gesetzesbestimmungen und Handelsübereinkommen zum Verbraucherschutz

In der Europäischen Union ist Mitte Januar 2002 eine neue europäische Richtlinie über die Produktsicherheit (2001/95/EG) in Kraft getreten, mit der die Rücknahmepflicht für Produkte auf zwei Jahre verlängert wurde. Herstellern und Händlern werden weitere Kontroll- und Informationspflichten für die Produkte auferlegt, und auch staatliche Eingriffe bei gefährlichen Waren sind vorgesehen. Diese Richtlinie muss bis Juni 2004 in nationales Recht übernommen werden. Für Deutschland heißt dies, dass das Produktsicherheitsgesetz und das Gerätesicherheitsgesetz geändert werden müssen. Die EU-Richtlinie ist eine Verschärfung der bisher geltenden Richtlinien und berücksichtigt stärker die Sicherheit von Verbrauchern. Es besteht die Pflicht, die Verbraucher zu informieren, damit sie mögliche Gefahren erkennen und vermeiden können. Außerdem müssen die Produkte überwacht und stichprobenartig geprüft werden, nachdem sie im Handel sind, und eventuell nachgerüstet werden. Hier haben die Behörden Eingriffsmöglichkeiten von der Bußgeldverhängung bis zur Anordnung von Warenrückruf oder Handels- und Exportverbot. Bei der neuen Richtlinie über die Produktsicherheit geht es nicht nur um Gebrauchsgegenstände, deren Unbedenklichkeit wichtig ist. Es geht jetzt auch darum, dass Produkte eingeschlossen sind, die Privatpersonen im Rahmen einer gewerblichen Dienstleistung geliefert oder zur Verfügung gestellt werden. Wenn also einem Kunden Gerätschaften zur Eigennutzung überlassen werden, unterliegen nicht nur diese Produkte, sondern auch der Dienstleister der behördlichen Überwachung. Das betrifft z. B. Fitnessclubs, Frisiersalons und Hotels. Außerdem werden Geräte einbezogen, die ursprünglich der gewerblichen Nutzung dienten, aber zunehmend – wie im Heimwerkerbereich – im Alltag von Privatpersonen genutzt werden. Hierunter fallen also professionelle Handwerkerausrüstungen, Farbe oder Pestizide. Die bisher vor allem im Maschinenbereich geltenden europäischen Normen für Produktsicherheit sollen für den gesamten Anwendungsbereich der Richtlinien gelten.

Neu an dieser Richtlinie ist, dass die EU-Kommission einschreiten kann, wenn von einem Produkt ernste Gefahr ausgeht. Dann darf, wenn nicht ausdrücklich eine Ausnahme vorgesehen ist, die betroffene Ware auch nicht mehr ausgeführt werden. Der Export als gefährlich eingestufter Waren in Drittländer ist damit rechtlich unmöglich, selbst dann, wenn das Produkt nach den Regeln des Bestimmungslandes rechtmäßig importiert und gehandelt würde.

Der Deutsche Bundestag hat in der 14. Legislaturperiode die Gesetze zur Neuorganisation des gesundheitlichen Verbraucherschutzes und der Lebensmittelsicherheit (Deutscher Bundestag 2002d), zur Änderung schadensersatzrechtlicher Vorschriften (Deutscher Bundestag 2001a) und das Verbraucherinformationsgesetz (Deutscher Bundestag 2002c) verabschiedet.

Auch wenn Verbraucherschutz auf Seiten der Produktsicherheit von der EU gefördert wird, so steht auf anderen Ebenen der Verbraucherschutz nicht im Vordergrund. Zwar wurde mit dem Aussetzen der Genehmigungsverfahren von den Mitgliedstaaten 1998 vereinbart, dass für gentechnisch veränderte Produkte strengere Zulassungs- und Überwachungskriterien in Kraft treten sollten. Hier sollte auch das Recht der Verbraucherinnen und Verbraucher berücksichtigt werden, selbst zu entscheiden, ob sie gentechnisch veränderte Lebensmittel essen wollen. Die Mitgliedstaaten haben sich allerdings noch nicht auf eine einheitliche Stellungnahme verständigt. Die neuen EU-Richtlinie zu Freisetzung, Anbau und Vermarktung (Europäisches Parlament/Rat der Europäischen Union 2001) wie auch neue Vorschläge für die Kennzeichnung von gentechnisch veränderten Pflanzen und den daraus hergestellten Produkten sowie für deren Rückverfolgbarkeit durch die Verarbeitungskette liegen inzwischen vor.

Auf der WTO-Ebene gibt es bereits Vereinbarungen zum Schutz der Verbraucher vor Gesundheitsgefährdung. Diese sind im WTO-Übereinkommen über die Anwendung gesundheitspolizeilicher und pflanzenschutzrechtlicher Maßnahmen (SPS-Übereinkommen) festgelegt. Weiterhin regelt das WTO-Übereinkommen über technische Handelshemmnisse (TBT-Übereinkommen) den internationalen Umgang mit technischen Regulierungen und Industriestandards. Durch diese WTO-Übereinkommen werden keine eigenen Standards gesetzt, sondern es wird auf die von fachlich kompetenten, internationalen Gremien erarbeiteten Normen verwiesen (z. B. jene der ISO; vgl. Kapitel 3.6.1).

3.5.3.1.2 Handelspolitische Maßnahmen zur Vorsorge

Diese genannten WTO-Übereinkommen ermöglichen es Staaten, die Risiken abzudecken, die von eingeführten Waren ausgehen, deren Produktion und Verarbeitung dem Regelungsbereich des Importstaats entzogen ist. Unter bestimmten Voraussetzungen können aufgrund gesundheitspolitischer oder technischer Vorschriften handelspolitische Maßnahmen ergriffen werden. Um hier keine neuen Handelsbarrieren zu errichten, müssen die staatlichen Maßnahmen gemäß den WTO-Übereinkommen wissenschaftlich begründet, transparent und verhältnismäßig sein, und dürfen nicht zwischen einzelnen Importstaaten diskriminieren. Allerdings dürfte es manchen Entwicklungs- oder Schwellenländern, eventuell sogar Transformationsländern nicht leicht fallen, beabsichtigte importbeschränkende Maßnahmen zu begründen, vor allem, wenn in diesen Ländern keine national vorsorgenden Vorschriften gelten. Deshalb sollte im internationalen Handel selbstverständlich werden, was die beschriebene neue EU-Richtlinie über Produktsicherheit festlegt, nämlich dass Produkte, deren Verkauf oder Herstellung wegen Gefährdung im eigenen Land verboten sind, nicht exportiert werden dürfen.

Im Protokoll über die biologische Sicherheit (Cartagena Protokoll), das Anfang 2000 in Montreal verabschiedet wurde, ist ein Informations- und Entscheidungsverfahren für die Ausfuhr von gentechnisch veränderten Organismen festgelegt. Hier ist das Ausfuhrland verpflichtet, dem Empfängerland alle Informationen zugänglich zu machen, die für eine Sicherheitsbewertung erforderlich sind.

Das Einfuhrland kann die Einfuhr verbieten, wenn plausibel Zweifel an der Sicherheit für Umwelt, biologische Vielfalt und menschliche Gesundheit bestehen. Eine fundierte wissenschaftliche Beweisführung ist, anders als bei den genannten WTO-Abkommen, nicht notwendig, um ein Verbot zu begründen. Es ist Staaten also erlaubt, gemäß Protokoll, aus Vorsorge Importverbote zu verhängen. Allerdings gilt dieses vereinbarte Verfahren nicht, wenn beim Handel mit gentechnisch veränderten Organismen wie z. B. Sojabohnen oder Mais, diese sofort zu Lebens- oder Futtermitteln verarbeitet werden. Auch bei der Ausfuhr solcher Produkte muss keine Information durch das ausführende Land erfolgen, wenn keine Freisetzung der Produkte vorgesehen ist. Das Importland hat in diesem Fall also keine Möglichkeit, aus Vorsorge ein Verbot zu verhängen. Das Ausfuhrland muss jedoch sicherstellen, dass sicherheitsrelevante Informationen und Erkenntnisse zur Verfügung stehen. Diese werden jeweils an eine Clearingstelle gegeben, die auf nationaler Ebene bereits eingerichtet ist oder noch eingerichtet wird. International wird der Prozess in einem Clearinghaus verfolgt.

3.5.3.1.3 Handelspolitische Wirkungen

Verbraucherschutz im Handel kann keine Rücksicht auf den Ursprung einer Ware nehmen, sondern dient dazu, bestimmte Risiken wie Gesundheitsgefahren und Irreführung auszuschalten. Verbraucherschutz kann somit nicht nach Herkunft eines Produktes geteilt werden. Deshalb haben Maßnahmen des Verbraucherschutzes oder auch die Anwendung eines international noch nicht vereinbarten Vorsorgeprinzips handelspolitische Wirkungen. Ziel der genannten WTO-Übereinkommen (SPS- und TBT-Übereinkommen) ist es, vor ungerechtfertigten Handelsbeeinträchtigungen zu schützen. Die geforderten Standards können in der Realität aber auch handelsbeschränkende Wirkung gegenüber Waren aus Entwicklungsländern haben. Denn diese können die nach dem SPS- und TBT-Übereinkommen zulässigen Standards heute häufig nur unter Schwierigkeiten erfüllen. Die Verwendung gesundheitsbeeinträchtigender Chemikalien bei der Textilproduktion oder von im Export-Zielland verbotenen Pflanzenschutzmitteln bei der Nahrungsmittel- oder Blumenproduktion könnte handelsbeschränkende Maßnahmen hervorrufen. Daher stehen etliche Entwicklungsländer internationalen Standards für den Verbraucherschutz ebenso ablehnend gegenüber wie Sozial- und Umweltstandards. Aus dem Grunde gelten auch hier die an anderen Stellen des Berichts unter den Abschnitten Sozialstandards (vgl. Kapitel 3.5.2), Handel und Umwelt (vgl. Kapitel 3.5.1) und Verhaltenskodizes transnationaler Unternehmen (vgl. Kapitel 3.6) genannten Bedingungen für eine Zusammenarbeit auf internationaler Ebene.

3.5.3.2 Interessen von Verbraucherinnen und Verbrauchern

Verbraucherinnen und Verbraucher haben ein Interesse an Produkten, die weder ihre Gesundheit noch ihre Sicherheit gefährden. Sie haben aber auch Interesse an Produkten, die mit ihren ethischen und gesellschaftlichen Wertvorstellungen vereinbar sind. Das bedeutet zum einen, dass die Produkte selbst sicher und nicht gesundheitsgefährdend sein dürfen, und dass zum anderen die Herstellung der Produkte Gefahren für die Verbraucherinnen und Verbraucher ausschließt. Es bedeutet aber auch, dass Käuferinnen und Käufer zunehmend Interesse daran haben, wie die Produkte hergestellt werden. Kurzum: Es wird Wert auf die Einhaltung bestimmter Umwelt- und Sozialstandards und die Einhaltung der Menschenrechte gelegt. Dies gilt nicht nur für Gebrauchsgegenstände. Auch bei Geldanlagen spielen solche Beweggründe zunehmend eine Rolle, z. B. bei der Anlage von Geldern für die private Rentenversorgung (vgl. Kapitel 2.4.5).

3.5.3.2.1 Qualitäts- oder Gütesiegel

Der Sicherheitsaspekt und die entsprechenden Prüfsiegel sind Käuferinnen und Käufern über Jahrzehnte vertraut. Bei Kauf und Gebrauch von Gegenständen für Haushalt und Freizeit wird auf diese Siegel geachtet bzw. diejenigen, die Gegenstände ohne Siegel kaufen, sind sich häufig einer möglichen Gefährdung durch dieses Produkt bewusst. Es gab auf europäischer Ebene eine Untersuchung der Direktion für Gesundheit und Verbraucherschutz, wo bei dem europäischen Siegel für technische Einrichtungen „CE" festgestellt wurde, dass in allen Mitgliedstaaten eine Großzahl der Kunden das Siegel identifizieren, vor allem auf Elektrogeräten, Spielzeug und Kommunikationstechnologie. Die meisten der befragten Personen gingen davon aus, dass dieses Siegel eine besondere Prüfung kennzeichnet, kannten aber nicht die genaue Bedeutung. Obwohl das CE-Siegel von über 60 Prozent der Befragten auf den Produkten identifiziert wird, beeinflusst dies nur bei drei Prozent immer die Kaufentscheidung. 49 Prozent sagten, dass sie beim Kauf nie darauf achten.

Qualitäts- oder Gütesiegel sind eine Entscheidungshilfe, wenn für die Verbraucherinnen und Verbraucher klar ist, was mit dem Siegel an Informationen verbunden ist. Natürlich wird eine Vielzahl von Gütezeichen eher zur Verwirrung als zur Klarheit von Produktinformationen beitragen. Deshalb ist die Einführung des neuen Biosiegels in der Bundesrepublik ein Schritt zur Einheitlichkeit, Transparenz und Sicherheit für die Kaufentscheidung von Lebensmitteln und anderen Gegenständen. Das Biosiegel erhalten nur Erzeuger und Hersteller, die der EG-Öko-Verordnung gerecht werden und sich vorgeschriebenen Kontrollen unterziehen. Durch den EU-weiten Standard und ein einfaches und unbürokratisches Vergabeverfahren können Erzeuger, Hersteller und Handel sofort einsteigen. Parallel zum Biosiegel dürfen auch die Verbandszeichen der Öko- und Anbauverbände oder Eigenmarken des Handels oder der Hersteller verwendet werden. So können Verbraucher weiterhin schnell die von ihnen bevorzugten Produkte erkennen und erwerben (vgl. Kapitel 3.6.1 und 7.7.1).

Mit der Vorlage des Grünbuchs der Europäischen Kommission „Europäische Rahmenbedingungen für die soziale Verantwortung der Unternehmen" (Europäische Kommission 2001c) wird die Einführung eines Gütesiegels für soziale Verantwortung nicht mehr allein von Gewerkschaftsseite oder den Nichtregierungsorganisationen vorgeschlagen. Über ein solches soziales Gütesiegel könnten, ähnlich dem genannten Biosiegel, über EU-weiten Standard und ebenso unbürokratische Vergabeverfahren bestehende Initiativen und „Labels" auf höherer Ebene gebündelt werden.

Eines der ersten Siegel, das nicht technische Sicherheit sondern soziale und gesellschaftliche Werte, nämlich die Produktion von Teppichen ohne Kinderarbeit betraf, war „RUGMARK". Dieses Siegel für „fairen Handel" wurde 1994 aus der Arbeit von Menschenrechtsorganisationen in Indien entwickelt und dann durch Entwicklungspolitik unterstützt. Die Differenz aus höheren Verkaufspreisen der Teppiche wurden für den Freikauf von Kindern aus Schuldknechtschaft und für den Schulbesuch der arbeitenden Kinder verwendet (SPD 1996).

Die Herstellung und Beachtung von Produktionsbedingungen ist auch Ziel von Fair-Trade-Gütezeichen. Die Verkaufspreise sind so gestaltet, dass die Produzenten die Preise erhalten, die ihren Lebensunterhalt, einschließlich z. B. des Schulbesuchs ihrer Kinder, sichern können. Gleichzeitig wird über höhere Erzeugerpreise auch eine Verbesserung der sozialen Arbeits- und Infrastruktur angestrebt. Transfair, eine der ersten Fair-Trade-Handelsorganisationen in Deutschland, begann zunächst mit Kaffee, mit zunehmenden Erfolgen bezog Transfair weitere landwirtschaftliche Produkte in sein Sortiment ein. Für die Preise des Endprodukts auf dem europäischen Markt bedeutet dies nur einen geringen Aufschlag.

Wer also Produkte aus ökologischem Landbau oder Produkte ohne Kinderarbeit erwerben möchte, kann sich an den entsprechenden Siegeln orientieren. Wer die Verbesserung der Einkommen der Produzenten unterstützen möchte, wird „fair gehandelte" Produkte kaufen. Der Erwerb von Produkten mit diesen sozial und/oder ökologisch begründeten Siegeln fördert also die Zielsetzung hinter dem Siegel. Das heißt aber auch: der Erfolg dieser Siegel hängt davon ab, dass die Produkte gekauft werden. Entscheidungen gründen sich also nicht alleine auf Produkt- und Siegelkenntnis, sondern – vor allem bei Entscheidungen durch öffentliche Auftraggeber oder Unternehmen, Gesellschaften, Vereine etc. – auch auf den Willen, die Zielsetzung zu unterstützen. Hier gibt es parlamentarische Initiativen, den Import von landwirtschaftlichen fair-trade-Produkten aus Entwicklungsländern zu fördern und im öffentlichen Beschaffungswesen Fair-Trade-Produkte zu bevorzugen (BÜNDNIS 90/DIE GRÜNEN 2002; seit Jahren werden auf Beschluss des Bundestages in seinen gastronomischen Einrichtungen Fair-Trade-Produkte angeboten), was über Maßnahmen zur Steigerung der Nachfrage (Informationskampagnen, bessere Vermarktungsstrukturen) und eine entsprechende Änderung der EU-Beschaffungsrichtlinie für die öffentliche Hand erreicht werden kann.

3.5.3.2.2 Soziale und ökologische Verhaltenskodizes von Unternehmen

Transparenz für Verbraucherentscheidungen herzustellen, beabsichtigen auch Organisationen wie Clean Clothes Campaign. Hier werden jedoch die Arbeitsbedingungen z. B. in Zulieferbetrieben für Kleidungs- und Sportartikelhersteller bekannter Markennamen untersucht und öffentlich gemacht. Unter anderem wird als Fallbeispiel berichtet, wie in den Nähwerkstätten vor allem junge Frauen und meist noch minderjährige Mädchen unter menschenunwürdigen Bedingungen zu Löhnen unter Existenzniveau mit ständigen Gewalt- und Vergewaltigungsdrohungen bis zu zwölf Stunden am Tag arbeiten. Selbst wenn es im jeweiligen Land Arbeitnehmer- und Organisationsrechte gäbe, werden diese von Seiten der Zulieferunternehmen mit Kündigungsdrohungen o. ä. unterlaufen. Ein im Verhältnis ebenfalls geringer Preisaufschlag auf die Produkte könnte nach Ansicht dieser Organisationen die Bezahlung und die Arbeitsbedingungen in den tausenden von Zulieferbetrieben für internationale Konzerne oder transnationale Unternehmen wesentlich verbessern. Da Arbeitsbedingungen wie die beispielhaft genannten offenbar nicht Einzelfälle sind, ist ein Ziel der Arbeit dieser Organisationen, auf die Vereinbarung und Einhaltung von sozial und ökologisch orientierten Verhaltenskodizes durch die internationalen Konzerne und transnationalen Unternehmen hinzuwirken. Verbraucherinnen und Verbraucher tendieren nach solchen Informationen über negative Produktionsbedingungen eher dazu, sich gegen den Kauf zu entscheiden. Gerade Hersteller von Mode- oder Sportartikeln bzw. von stark nachgefragten Produkten achten hier zunehmend auf ihr Image (vgl. Kapitel 3.6 und 10.3.4).

Im Gegensatz zur Kaufentscheidung aufgrund von Güte- und Qualitätssiegeln führt „Naming and Shaming" wie bei der Information über Arbeitsbedingungen in Zulieferbetrieben eher zum Kaufverzicht oder Boykott. Dies kann in Konsequenz jedoch auch negative Wirkungen für die betroffenen Arbeitnehmerinnen und Arbeitnehmer haben. Denn wenn sich die ‚angeprangerten' Unternehmen entschließen, sich von dem Zulieferbetrieb aufgrund eingegangener Verpflichtungen im Rahmen von Verhaltenskodizes zu trennen, gibt es für viele Menschen keine Arbeit mehr. Die Erfahrung hat gezeigt, dass an anderer Stelle neue Zulieferbetriebe eingerichtet werden, die unter ebenso schlechten Bedingungen produzieren. Deshalb empfehlen Nichtregierungsorganisationen den Kundinnen und Kunden der transnationalen Unternehmen inzwischen, auch nicht einfach nur die Produkte zu boykottieren. Es werden öffentlich Adressen bekannt gemacht, um mit persönlichen Schreiben an die Unternehmen zu fordern, dass vereinbarte soziale und ökologische Kodizes eingehalten werden, ohne dass die Lieferverträge gekündigt werden.

3.5.3.3 Bewusstes Verbraucherverhalten

Für bewusste Verbraucherentscheidungen ist Transparenz über Inhalt und Herstellung der Produkte ebenso notwendig wie Kenntnis über die Wirkung von Kaufentscheidungen. Sinnvoll und von vielen gesellschaftlichen Organisationen empfohlen ist hier eine Stärkung verbraucherpolitischer Instrumente zur Förderung eines aufgeklärten Verbraucherverhaltens. Verbraucherinnen und Verbraucher erhalten durch Gütesiegel und Informationskampagnen von Organisationen der Zivilgesellschaft Entscheidungshilfen für den Kauf von Produkten. Allerdings reichen diese Informationen noch nicht, um im Handel Verbraucherschutz einschließlich Gesundheitsschutz, Lebensmittelsicherheit und Tierschutz oder das Vorsorgeprinzip zu gewährleisten. Zum einen gibt es zu wenig abgesicherte Siegel, die für Verbraucher die Qualitätssicherung und die Herstellung nach sozialen, ökologischen und ethischen Kriterien verlässlich anzeigen. Zum anderen fehlt – auch staatlicherseits – eine Verpflichtung der Hersteller, Inhaltsstoffe und Herkunft der Produkte zu erklären. Dies ist in der erwähnten EU-Richtlinie zur Kennzeichnung und Rückverfolgbarkeit (für gentechnisch veränderte Produkte) vorgesehen (vgl. Kapitel 7.7.1).

Verbraucherverhalten wird zunehmend ernst genommen und berücksichtigt. Doch wie weit können Verbraucher Entscheidungen von Unternehmen oder politischen Gremien beeinflussen? Und wieweit berücksichtigen Verbraucherinnen und Verbraucher bei ihren Entscheidungen auch über den naheliegenden Verbraucherschutz hinausgehende Kriterien? Welche Wirkung hätte hier die ernsthafte Umsetzung der (Lokalen) Agenda 21? (Vgl. Kapitel 8). Eine nachprüfbare Antwort kann an dieser Stelle aufgrund fehlender Informationen nicht gegeben werden. Es ist möglich, dass die beschriebene Käuferorientierung an Umwelt- und Sozialkennzeichnungen der Beginn einer aus übergeordneten Gründen gewünschten und als notwendig erachteten Veränderung des Verbraucherverhaltens in Richtung eines nachhaltigen Konsumverhaltens ist (vgl. Kapitel 7.7.1).

3.6 Verhaltenskodizes transnationaler Unternehmen[75]

3.6.1 Die Bedeutung von Verhaltenskodizes in der Globalisierung

Während sich Unternehmen im nationalstaatlichen Kontext im Rahmen von definierten und verbindlichen sozialen, ökologischen und ökonomischen Regeln bewegen, ist dies im internationalen Kontext nicht im selben Maße der Fall. Dies führt zum einen dazu, dass Unternehmen durch Aktivitäten außerhalb des Herkunftslandes, etwa Outsourcing und die Verlagerung von Zulieferung und Produktion in andere Länder, zu geringer internalisierten sozialen und ökologischen Kosten produzieren können. Zum anderen führt die Internationalisierung der Produktion zu größerer Intransparenz für die Verbraucherinnen und Verbraucher bezüglich der Produktionsbedingungen von am Markt vorhandenen Gütern.

Verhaltenskodizes für Unternehmen sind eine derzeit viel diskutierte Möglichkeit, im Rahmen der Selbstverpflichtung der Industrie, soziale und ökologische Fortschritte zu erzielen und im gleichen Moment eine weitere ökonomische Entwicklung zu gewährleisten. Ein Hauptstreitpunkt zwischen Unternehmen auf der einen und Gewerkschaften und NGO auf der anderen Seite ist die Frage des Grades der Verbindlichkeit und der Ausgestaltung der Überprüfung.

Ein zentrales Motiv für das Zustandekommen von marktgesteuerten Implementierungsprozessen ist insbesondere der unmittelbare Druck der Öffentlichkeit auf Unternehmen, wie auch die indirekte Wirkung ihres öffentlichen Erscheinungsbildes (Public Performance). Die vor allem in Industrien mit komplexen Zulieferketten und dem Handel diskutierten *Codes of Conduct,* die im Mittelpunkt der aktuellen Debatte stehen, kamen Mitte der 90er Jahre aus den USA nach Europa. In den USA hatten Menschenrechtsaktivisten und Konsumentennetzwerke die großen Handelshäuser durch Berichte über Verletzungen von grundlegenden Rechten von Arbeitern und Arbeiterinnen bei deren Zulieferfirmen unter Druck gesetzt.

Die Social Accountability Initiative aus New York geht davon aus, dass mittlerweile weltweit 500 Kodizes existieren. Eine Untersuchung der ILO von 215 Kodizes aus dem Jahr 1998 weist folgendes aus: Von 215 beinhalten oder thematisieren: 66 Prozent keine Diskriminierung; 45 Prozent das Verbot von Kinderarbeit; 25 Prozent das Verbot von Zwangsarbeit; 15 Prozent das Recht auf Organisationsfreiheit; 40 Prozent die Zahlung von Mindestlöhnen; 75 Prozent Gewährleistung von Arbeits- und Gesundheitsschutz am Arbeitsplatz und Arbeitszeiten, soziale Sicherheit/Arbeitsverträge, ökologische Standards (ILO 1998c: 21ff.).

Eine OECD-Erhebung von 182 Kodizes aus dem Jahr 1999 unterscheidet zwischen vier verschiedenen Kodextypen: a) faires Geschäftsgebaren; b) Einhaltung der geltenden Gesetze, c) faire Arbeitsbedingungen und d) Umweltverträglichkeit. Faire Arbeitsbedingungen und Arbeiterrechte sind das häufigste Kriterium (Köpke 2000: 5)

Der Begriff *Codes of Conduct* bezeichnet im ursprünglichen Sinn vor allem unilaterale Selbstverpflichtungen von Unternehmen in Branchen mit langen Zulieferketten mit zumeist in Entwicklungsländer ausgelagerten lohnintensiven Fertigungsbereichen. Selbstverpflichtungen gewinnen allerdings auch zunehmend in hochtechnisierten Sektoren und rohstoffausbeutenden Industrien an Bedeutung. Dazu gehört die Automobilindustrie, die Chemieindustrie, der Bergbau sowie die Gas- und Ölindustrie. In diesen Branchen betreffen Selbstverpflichtungen vorwiegend das globale Gesamtverhalten, das Personalmanagement innerhalb des Konzerns und seiner Tochterunternehmen, wie auch auf die externen Auswirkungen der Unternehmenstätigkeit, v. a. die Umweltauswirkungen.

Im Gegensatz zu nationalen gesetzlichen Verpflichtungen sind Verhaltenskodizes *(Codes of Conduct)* von transnationalen Unternehmen freiwillige, präventive oder reaktive Maßnahmen zur Verbesserung der sozialen, ökologischen und ökonomischen Performance von Unternehmen bzw. ihres Gesamtverhaltens in der Gesellschaft („good citizenship"). Vielfach versuchen Unternehmen, durch die freiwillige Selbstverpflichtung ordnungsrechtliche Maßnahmen gerade auch in den Stammländern der Transnationalen Unternehmen abzuwehren. *Codes of Conduct* sind völkerrechtlich gesehen weiche Regelungsmechanismen und werden damit zum sogenannten ‚Soft Law' gezählt.[76] Die in Kodizes festgelegten Normen können im Rahmen von Qualitätssicherung und Einkaufspolitik allerdings Verbindlichkeit erlangen, z. B. sofern *Codes of Conduct* Bestandteil der Vertragsbedingungen sind, die zwischen Vermarktern und Zulieferern ausgehandelt werden.

Die Wirkung von Kodizes ist umso höher, je mehr Unternehmen diese als Instrument akzeptieren und anwenden,

---

[75] Der wissenschaftliche Input zu diesem Kapitel stammt in Teilen von Köpke (2000).

[76] Vgl. Kap. 10.3.4.

je transparenter der jeweilige Kodex bzw. seine Umsetzung ist und je mehr sie in der Produktionskette eingehalten werden

Es ist wohl empfehlenswert, *Codes of Conduct* nicht für die gesamte Wirtschaft, sondern eher für einzelne Branchen zu entwickeln (wobei jedoch gewisse Mindeststandards – wie z. B. im Bereich von Sozialstandards die Kernarbeitsnormen – als Grundlage nicht in Frage gestellt werden dürften). Dann ist es leichter, auf spezielle Gefahren, Risiken und Möglichkeiten einzugehen, die Verhaltenskodizes können effektiver wirken. Die Anwendung von Kodizes sollten auch ausreichend flexibel formuliert werden, um verschiedene Situationen in verschiedenen Ländern erfassen zu können.

3.6.2 Zentrale Unterscheidungsmerkmale wichtiger Kodizes

Bei *Codes of Conduct* handelt es sich um ethische Leitsätze, in denen Normen für ethisches Management, Sozial- und Umweltverhalten festgelegt sein können. Im Gegensatz zu gesetzlichen Verpflichtungen sind Codes of Conduct selbstverpflichtende bzw. freiwillige Leitlinien im Sinne der sogenannten *Corporate Social Responsibility* (CSR). Der Begriff der Freiwilligkeit kann in diesem Kontext allerdings missverständlich sein: Das Vorhandensein von *Codes of Conduct* und insbesondere ihre konkrete Implementierung und Überwachung ist mittlerweile in einigen Branchen de facto ein Marktausschlusskriterium für Zulieferer.[77] Unternehmensgruppen und -verbände setzen dabei Rahmennormen, die sich an Praktiken pro-aktiver Unternehmen orientieren.[78] Dritte Akteure, wie NGO und Gewerkschaften, versuchen gleichzeitig, an der Umsetzung unternehmensbezogener Kodizes beteiligt zu werden (z. B. *Rahmenabkommen* zwischen Unternehmen und Gewerkschaften) oder entwickeln eigene Standards (z. B. *Clean Clothes Campaign*), die einerseits eine indirekte Wirkung auf den Inhalt und die Formulierung von Unternehmenskodizes haben (benchmarking), andererseits Modellnormen für die Praxis entwickeln (Basiskodex der CCC), die bislang jedoch nur von wenigen europäischen Unternehmen im Rahmen von Pilotverfahren angenommen wurden (multilaterale Standards).

Im Bereich der Sozialstandards gilt die *Declaration on Fundamental Rights at Work* der ILO von 1998 als ein wichtiger Punkt der Rahmensetzung auch für freiwillige Leitlinien. In Folge dieser ILO-Erklärung lässt sich feststellen, dass die meisten Selbstverpflichtungen deutscher Unternehmen, die sich auf Unternehmenspraxen beziehen, mittlerweile die Kernarbeitsnormen enthalten.

Ein weiterer Maßstab sind die bereits im Zwischenbericht der Enquete-Kommission „Globalisierung" (2001c: 80)

angesprochenen *Leitsätze für multinationale Unternehmen der OECD,* deren Umsetzung in Deutschland durch die Einrichtung der ‚Nationalen Kontaktstelle' (National Contact Point) beim Bundesministerium für Wirtschaft und Technologie unterstützt wird. Ein sog. Beirat aus NGO, Arbeitgebern, Gewerkschaften und Ministerien hat im Januar 2002 seine Arbeit aufgenommen und erhöht die Verbindlichkeit der Leitlinien.

Demgegenüber lehnt sich der *UN Global Compact* explizit an das Prinzip der Selbstverpflichtung und Reporting-Initiativen an. Unternehmen legen in öffentlich zugänglichen Berichten dar, wie sie zur Einhaltung der UN-Übereinkunft beitragen. Diese Konzeption bezieht sich auf existierende Reporting-Initiativen, die einerseits Selbstverpflichtungen zu unterschiedlichen Themen (z. B. auch Transparenz/Korruption, ethische Managementmaßstäbe) enthalten und insofern weiter gefasst sind als Normenkataloge zu Sozialstandards, andererseits jedoch weder ein institutionalisiertes Monitoring im eigentlichen Sinne vorsehen, noch eine Verifizierung durch Dritte. Unternehmen, die ausschließlich auf Reporting setzen, haben in der Regel keine komplexen Zulieferketten und stehen weniger unter unmittelbaren öffentlichen Druck im Bereich der Arbeitsrechtsverletzungen, sondern eher im Bereich der Debatte um Umweltstandards – insbesondere in der Chemieindustrie (siehe beispielsweise *Responsible Care* der Chemischen Industrie).

Die Wechselwirkung von öffentlichem Druck, öffentlicher Einflussnahme und Benchmarking auf der einen und die Formulierung und Implementierung von Standards und Monitoringsystemen auf der anderen Seite mündet gegenwärtig in eine Reihe von Dialogprozessen über Monitoringverfahren. Dazu gehört der deutsche ‚Runde Tisch Verhaltenskodizes'. Diese Debatte konzentriert sich vor allem auf Branchen mit komplexen Zulieferketten. Die Auseinandersetzung um diese Standards wurde in Deutschland von Anfang an pragmatischer geführt als in den USA. Die großen deutschen Handelshäuser sehen sich bis heute jedoch nicht veranlasst, Konsumenten- und Arbeitsrechtsnetzwerke an der Einführung und Überprüfung von *Codes of Conduct* zu beteiligen und haben mittlerweile gleichzeitig weitreichende Prüfungsverfahren entwickelt. Dabei geht es vor allem um die Integration von Sozialstandards in umfassende Qualitätsmanagementsysteme, die vor allem die Hauptlieferanten einbeziehen. Zu diesen Unternehmen gehören der Otto Versand, Deichmann, C&A und die Karstadt Quelle AG.

In ähnlicher Weise initiierte das BMU einen nationalen Dialogprozess, in dem gemeinsam mit anderen Ressorts, Wirtschafsverbänden, Unternehmen, Gewerkschaften sowie Umwelt-, Verbraucher- und Entwicklungsverbänden konkrete praxisbezogene Grundsätze für eine stärkere Berücksichtigung von Umweltbelangen bei Auslandsdirektinvestitionen entwickelt werden.

Bei der Vereinbarung von Verhaltensregeln zwischen Berufssekretariaten (sektorale oder branchenspezifische Weltgewerkschaftsorganisationen), nationalen Gewerkschaftsgliederungen und multinationalen Unternehmen geht es in erster Linie um Direktinvestitionen bzw. um

---

[77] Dies läuft in der Regel nicht über Vertragskündigungen, sondern über das Ausbleiben einer neuen Order.

[78] Dazu gehören bspw. die Beschaffungsregeln der Außenhandelsvereinigung des Deutschen Einzelhandels bezüglich der Praktiken von Unternehmen wie die Otto Gruppe, aber auch die Ansätze der Internationalen Handelskammer ICC.

Tochterunternehmen und erst in zweiter Linie um Zulieferer und Subzulieferer. Die Berufsekretariate wollen über Rahmenvereinbarungen auf Grundlage von Verhaltensregeln den gewerkschaftlichen Zugriff auf die Aushandlung von externen Sozialstandards verbessern, ohne dabei lokale kollektivvertragliche Vereinbarungen zu ersetzen. Rahmenabkommen sollen vor allem die Durchsetzung der Kernarbeitsnormen fördern, insbesondere jedoch die Gewerkschaftsfreiheit. Im Gegensatz zur Debatte um die Überwachung der Sozialstandards von multinationalen Unternehmen oder multilateraler *Codes of Conduct* geht es Gewerkschaften nicht darum, selbst komplexe Überwachungssysteme zu entwickeln: Auch bei Rahmenabkommen wird das Prüfverfahren in der Regel von kommerziellen Wirtschaftsprüfern oder internen Abteilungen des Unternehmens durchgeführt. Gemeinsame Kommissionen, die aus Vertreterinnen und Vertretern des betreffenden Berufsekretariats und/oder Vertreterinnen oder Vertretern von nationalen Gewerkschaften – gewerkschaftliche Aufsichtsratsmitglieder – bestehen, haben das Recht, Beschwerden der beteiligten Parteien vorzubringen. In der Regel werden halbjährliche oder jährliche gemeinsame Berichte erstellt und Verbesserungsmaßnahmen beraten.

3.6.3 Instrumente zur Implementierung und Überwachung von Verhaltenskodizes

In den 90er Jahren entwickelte sich eine intensive Debatte um ‚Selbstregulierung' hinsichtlich der Anwendung und Überprüfung von Sozial- und Umweltstandards, was in diesem Sektor zu einer Vielzahl von konkreten Monitoring- und Auditierungsverfahren geführt hat, unabhängig davon, ob diese Standards (festgelegt in sogenannten Verhaltenskodizes) unilateral oder multilateral implementiert werden. In anderen Sektoren der Wirtschaft, in denen es bei transnationalen Aktivitäten vorwiegend um Direktinvestitionen geht – wie bspw. in der Chemischen Industrie –, wird demgegenüber vorwiegend auf freiwillige Berichtssysteme gesetzt. Die öffentliche Debatte zum Thema Sozialstandards konzentriert sich bisher jedoch vor allem auf das Problem der Arbeitsbedingungen in den Zulieferketten, wozu seitens von Unternehmen, NGO und Gewerkschaften bereits vielfältige konkrete Implementierungserfahrungen vorliegen, auf die sich die Handlungsempfehlungen der Enquete-Kommission insbesondere beziehen.

Sofern Implementierungs- und Überwachungsverfahren für *Codes of Conduct* vorgesehen sind, konzentriert sich die Stakeholderdebatte auf eine transparente und partizipative Umsetzung. Transparenz und Partizipation meint vor allem Verifizierung des von Unternehmen durchgeführten Monitorings durch dritte Akteure. In kodexsensiblen Branchen mit komplexen Zulieferketten handelt es sich bei der Verletzung von Mindeststandards um ein systematisches Problem und nicht um Einzelfälle. Dies erkennen deutsche Unternehmen, die an Monitoringverfahren arbeiten, explizit an.

Trotz aller Bemühungen um die Entwicklung nachhaltiger Implementierung und Überwachung bestehen weiterhin Probleme bei der Umsetzung von *Codes of Conduct,* die in ‚Umwelt- und Sozialberichten' von Unternehmen dargelegt werden, wie auch in den zahlreichen öffentlich zugänglichen Berichten über Verstöße gegen Kernarbeitsnormen der ILO, dem ‚Internationalen Bund Freier Gewerkschaften' (IBFG) und einigen international anerkannten NGO-Netzwerken. Im Kontext der Annäherung an die Problematik sind die konkreten Instrumente zur Überwachung von *Codes of Conduct* begrifflich zu unterscheiden. In der Regel werden dabei die anglo-amerikanischen Begriffe verwendet.

Implementierung im Unternehmen setzt voraus, dass die Kodizes in der Strategie des Unternehmens verankert sind. Dementsprechend müssen sie in die Management-Praxis umgesetzt werden. Sinnvoll sind Berichte über die Einhaltung der Kodizes, wie dies in vielen TNC bereits im Rahmen der Sozial- oder anderer Reports geschieht.

Kasten 3-2

Definitionen

Reporting

Berichtswesen über alle Aktivitäten transnationaler Unternehmen basieren in der Regel auf Mitarbeiterbefragungen. Die von Unternehmen eingerichteten Abteilungen verwenden dabei unterschiedliche Befragungs- und Auswertungsstandards. Ein Berichtswesen als Reporting dient der öffentlichen Außendarstellung der Situation der Anwendung eines Kodex, wie auch dem Dialog der Mitarbeiter in Stamm- und Tochterunternehmen zur Identifizierung und Bewältigung von Problemen und damit deren Beseitigung bzw. Verringerung. Eine systematische Verifizierung ist bei Reportings von vornherein nicht vorgesehen. Ein Beispiel für das Reporting von Codes of Conducts ist die Nachhaltigkeitsberichterstattung der BASF AG. Hier wurden 2001 zum ersten Mal Berichte veröffentlicht, die alle drei Aspekte der Nachhaltigkeit abdeckten: die ökologische, soziale und ökonomische Dimension. Die Mitarbeiter der BASF AG werden über ein spezielles Training-Programm mit den verbindlichen Verhaltenskodizes vertraut gemacht und haben die Möglichkeit, bei rechtlich zweifelhaften Vorgängen ihre

noch Kasten 3-2

Bedenken auch extern über eine unabhängige Anwaltskanzlei vertraulich mitzuteilen. Die Einhaltung der Kodizes wird durch die interne Konzernrevision regelmäßig überprüft.[79]

Audits/Auditing

Im Kontext von Codes of Conduct werden Audits wie bei Qualitätsprüfungen angewandt oder sogar mit diesen unmittelbar verknüpft. Audits werden von internen Abteilungen und von externen Wirtschaftsprüfern/Auditgesellschaften anhand von Checklisten (Manuals) durchgeführt. Es geht in beiden Fällen (Qualitätsprüfungen, Sozial- und Umweltaudits) um eine Standardisierung von Beobachtungen bzw. um die Festlegung, wer wie zu befragen ist und welche weiteren Eindrücke aus einem Betriebsbesuch mitgenommen werden können, die z. T. aus dem Arbeits- und Gesundheitsschutzbereich bekannt sind. Ein wichtiger Bestandteil von Audits sind die Überprüfungen der Lohnbuchhaltung hinsichtlich ordnungsgemäßer Abführung der Sozial- und Rentenversicherungsbeiträge, der ordnungsgemäßen Entlohnung nach Grundlohn, Stücklohn und geleisteten Überstunden. Dabei werden bei Beschwerden Abrechnungen der Beschäftigten mit den Daten der Lohnbuchhaltung verglichen. Audits sind z. B. auf den Gebieten des Umweltschutzes und der Qualitätssicherheit weit verbreitet und standardisiert. Audits können Teil eines Monitoring sein und liefern die Datenbasis einer Betriebs- oder Unternehmenszertifizierung/Gesamtbewertung eines Betriebes. Audits sind angekündigte Maßnahmen. Gerade KMU haben jedoch Schwierigkeiten, kostenintensive Audits durchzuführen. Hier ist eine staatliche Unterstützung zur Implementierung und Verifizierung notwendig.

Zertifizierung

Audits im Zusammenhang einer Implementierung von Codes of Conduct und Qualitätsmanagement haben in der Regel als Ziel eine Zertifizierung. Die Standards und Prozesse (Agenda), die zu einer Zertifizierung führen, müssen von den beteiligten Vertragspartnern eines Zertifizierungssystems anerkannt sein. Bei Verstößen oder aufgrund von öffentlich bekannt gewordenen Problemen kann eine Zertifizierung theoretisch rückgängig gemacht werden. In der Praxis kommt dies bislang so gut wie nicht vor, weil die enorme Vielzahl der Zulieferer von TNC nicht alle zertifiziert werden können. Zertifizierungen zu Codes of Conduct vergeben in der Regel Unternehmen (bei unilateralen Systemen) oder in Multistakeholdersystemen und externen Systemen akkreditierte Wirtschaftsprüfungsgesellschaften selbst oder eine dafür bestimmte übergeordnete Instanz.

Corrective Action Plans

Dem Ergebnis der Auditbewertung kann eine Zertifizierung nach einem Kodex folgen, sofern die darin festgelegten Standards und Indikatoren erfüllt werden. Andernfalls kann mit dem auditierten Zulieferer ein Plan zur Behebung der Beanstandungen entwickelt werden. Nach einem vorher definierten Zeitplan kann dann zur Überprüfung des *Corrective Action Plans* eine neue Runde von sogenannten Re-Audits erfolgen, die die Implementierung des Kodex feststellen kann oder ggf. auch nicht. Eine Nichtzertifizierung in einem zeitlich festgelegten Rahmen kann zur Stornierung der Lieferbeziehungen führen.

Monitoring

Monitoring (Überwachung) ist ein **Gesamtprozess,** sofern es sich tatsächlich um ein Überwachungsverfahren im engeren Sinn handelt. Die Beobachtung dieses Gesamtprozess ist weitaus mehr als ein Auditing in einem oder mehreren Betrieben oder ein Zertifizierungsprozess. Monitoring kann auch als *'Monitoring des Monitorings'* verstanden werden oder im Sinne einer permanenten Beobachtungen der Gesamtsituation der Arbeitsbedingungen in verschiedenen Betrieben nach extern festgelegten Indikatoren. Letzteres führen bspw. lokale Arbeitrechtsorganisationen in einigen Ländern durch.

Independent Monitoring

Ein unabhängiges Monitoring im ursprünglichen Sinn bezog sich auf Labour Rights Organisationen aus der so genannten 'Zivilgesellschaft' in Zentralamerika. Diese führen unabhängig von Unternehmen, kommerziellen Rechnungsprüfungsfirmen und Gewerkschaften auf der Basis von Kodizes unmittelbare Beobachtungen und Prüfungen nach den von ihnen in der Regel selbst entwickelten *Terms of Reference* durch.

Independent Monitoring ist die zentrale Forderung von Arbeits- und KonsumentInnen-Netzwerken gegenüber TNC. In der Praxis finden sich jedoch wenige Beispiele für Independent Monitoring.

---

[79] Vgl. hierzu die Veröffentlichungen der BASF AG im Rahmen des „Sustainability Report 2000" (Jahresbericht 2000; Umwelt, Sicherheit, Gesundheit 2000 und Gesellschaftliche Verantwortung 2000) und den Jahresbericht 2001, abrufbar im Internet unter http://www.basf.de.

noch Kasten 3-2

> **Verifizierung**
>
> Bei der Verifizierung wird eine externe Überprüfung von Berichten (Bestätigung oder Falsifizierung) vorgenommen, die Wirtschaftsprüfungsgesellschaften oder kommerzielle Auditfirmen auf Grundlage eines Kodex vorab durchgeführt haben. Diese Praxis ist Teil der Pilotprojekte der Clean Clothes Campaign zum ‚Independent Monitoring', an denen NGO und Gewerkschaften teilnehmen. Es handelt sich dabei um Befragungsstandards, die sich im methodischen Ansatz von dem kommerzieller Rechnungsprüfer unterscheiden und in der Regel um Spotchecks, um unangekündigte Betriebsbesuche sowie um die Aufnahme von Beschwerden oder externen Informationen (Verifizierung ist die Voraussetzung für eine Zertifizierung, muss jedoch nicht zu einer solchen führen).

3.6.4 Der Runde Tisch Verhaltenskodizes und Sozialstandards im Rahmen von Private Public Partnership

Im Kontext der Monitoringverfahren von Unternehmen am deutschen Markt sind vor allem zwei Ansätze hervorzuheben, die im Zusammenhang zu sehen sind: a.) der 'Runde Tisch Verhaltenskodizes' (seit Januar 2001) und b.) die Pilotprojekte zur Einführung von Sozialstandards im Rahmen des Programms PPP (Private Public Partnership) des Bundesministeriums für Wirtschaftliche Zusammenarbeit (BMZ) in Kooperation zwischen Wirtschaft und öffentlicher Hand.

Dabei besteht zwischen dem Projekt des 'Runden Tisches' und den Sozialstandardprojekten im Rahmen des PPP kein unmittelbarer formaler Zusammenhang. Allerdings kann ein Konsens der Akteurinnen und Akteure des 'Runden Tisches' dem BMZ Projekte wohlwollend empfehlen, die im Rahmen von PPP beantragt wurden. Dazu gehörte bspw. ein Projekt zur Verbesserung der Implementierung des ‚Flower Label Program' für Exportblumen in Afrika und Lateinamerika.

Der strategische Ansatz des 'Runden Tisches' wie auch der Projekte zur Implementierung von Sozialstandards im Rahmen von PPP besteht darin, freiwillige private Initiativen für andere zivilgesellschaftliche Akteure transparent zu gestalten, ihre Wirkung zu verbessern und dritte Akteure einzubeziehen. Der Staat kann dabei eine konsensstiftende und organisierende Rolle spielen. Konsensstiftung und Orientierung werden dabei über konkrete Praxisprojekte in Partnerschaft mit der Wirtschaft – im Sinne von 'Good Practices' als Multi-Stakeholder-Projekte entwickelt. Zu den beteiligten Akteurinnen und Akteuren gehören Vertreter von NGO, Gewerkschaften, Unternehmen, Wirtschaftsverbänden und Ministerien. Die beteiligten Akteure kamen dabei überein, *„ein gemeinsames Verständnis zu entwickeln, wie freiwillige Verhaltenskodizes wirksam, transparent und partizipativ eingeführt und umgesetzt werden können"* (Runder Tisch Verhaltenskodizes 2001: 1).

Die Initiative versteht sich als Forum, das eng mit dem Arbeitskreis 'Menschenrechte und Wirtschaft' zusammenarbeitet, der sich aus Vertreterinnen und Vertretern der Bundesregierung, der Wirtschaftsverbände, der Nichtregierungsorganisationen und der Gewerkschaften zusammensetzt. Die Akteurinnen und Akteure des Runden Tisches stimmen grundsätzlich darüber ein, dass die Kernarbeitsnormen der ILO als Sozialstandards anzuwenden seien. Verfahrensrichtlinien und Kodizes wie die Beschaffungs-Verhaltensregeln der AVE (Außenhandelsvereinigung des Deutschen Einzelhandels), der OECD, der britischen Ethical Trading Initiative (ETI) und des Internationalen Bundes Freier Gewerkschaften (IBFG) werden dabei explizit als Orientierungsrahmen für den Runden Tisch anerkannt.

Im Zuge der Erörterung unterschiedlicher Modelle sollen für alle Seiten akzeptable Verfahren des Monitorings und der Verifizierung erarbeitet und eruiert werden.[80] Eine wichtige Arbeitsfrage ist dabei, wie die Beteiligung von Gewerkschaften und NGO künftig dabei aussehen könnte. Im Rahmen dieses Prozesses werden Monitoringverfahren dabei zur Diskussion gestellt und Pilotmaßnahmen gemeinsam projektiert, die Schlussfolgerungen für die Umsetzung von Codes of Conduct ableiten lassen.

3.6.5 Vorteile und Probleme

3.6.5.1 Vorteile von Verhaltenskodizes

Auch wenn sich der Rückenwind für Unternehmenskodizes hauptsächlich aus der verstärkten öffentlichen Aufmerksamkeit über Produktionsbedingungen im Ausland entwickelt hat, so können Unternehmen neben Marketing-Vorteilen aus der Einführung von Unternehmenskodizes auch Produktivitäts- und Qualitätssteigerungen erzielen.[81] Sie setzen mit der Einhaltung von Kodizes ein Zeichen gegenüber den Stakeholdern und steigern ihr Ansehen bei der Gesellschaft, den Kunden und der eigenen Branche, was sowohl Auswirkungen auf das Kundenverhalten, als auch auf Aktionärsgruppen insbesondere im Bereich des ethischen Investments haben kann. Andererseits können Kodizes über die Nutzung von Anpassungsspielräumen und Kostenvorteilen sowie über Mitarbeiterschulung und Motivationssteigerung zu Produktivitäts- und

---

[80] Wie beim Runden Tisch einhellig berichtet wurde, sind mit Wirtschaftsprüfungsgesellschaften bei Audits keine guten Erfahrungen gemacht worden. Es ist erforderlich, geeignete Auditverfahren und -unternehmen zu entwickeln und zu akkreditieren.

[81] Wie Vertreter der Adidas-Salomon AG und der AVE (Außenhandelsvereinigung des Deutschen Einzelhandels) beim Runden Tisch Verhaltenskodizes berichteten.

Qualitätssteigerungen führen. Auf der Seite der Zulieferer kann die Einhaltung von Verhaltenskodizes zur Verbesserung von Marktchancen führen, falls sie sich mehreren Abnehmern gegenüber sehen, die auf der Basis der gleichen Kodizes operieren

Auf Seiten der Verbraucherinnen und Verbraucher führen Kodizes zu größerer Transparenz und damit auch zu größerer Souveränität.

3.6.5.2 Transparenz und Kontrolle

Voraussetzung für eine bessere Auswahlmöglichkeit und Souveränität auf Seiten der Verbraucherinnen und Verbraucher ist jedoch die ausreichende Information sowohl über die Verhaltensregeln selbst als auch über Anwendung und nachvollziehbare Überwachung der Anwendung der Kodizes. Das Kernelement öffentlichen Vertrauens ist die Einbeziehung unabhängiger Dritter in die Verifizierung.[82]

Unternehmen, die mit der Einhaltung von Verhaltenskodizes werben, setzen sich immer auch dem besonderen Risiko der Falsifizierung aus. Dies wird von Unternehmerseite mitunter als unfair angesehen. Wer jedoch mit einer besonderen Qualität seiner Produkte wirbt, muss diese Qualität auch einhalten, sonst handelt es sich um unlauteren Wettbewerb. Letztlich wird die Entscheidung eines Unternehmens, einen Kodex einzuführen immer das Resultat der Abwägung zwischen den erwähnten Vor- und Nachteilen sein. Unternehmen, die Umwelt- und Sozialstandards nicht thematisieren, laufen zwar nicht in Gefahr, dass ihre Außendarstellung falsifiziert wird, auf lange Sicht können diese jedoch einen Image- und damit einen Wettbewerbsnachteil erleiden.

Die Forderung nach Kontrolle und Verifizierung wird oft missverstanden als Forderung nach unmittelbaren Sanktionen gegenüber Unternehmen, die ihre eigenen, freiwilligen Kodizes nicht einhalten. Dies ist jedoch, wenn überhaupt, nur in den Fällen relevant, in denen es sich um dauerhafte und grobe Verstöße gegen Wettbewerbs- und Verbraucherschutzgesetze handelt, in keinem Falle bei Einzelfällen von Verstößen in der Zuliefererkette oder Tochterunternehmen. Sinn der Verifizierung durch Dritte ist die Erhöhung der Glaubwürdigkeit unternehmerischen Handelns. Eventuelle Sanktionen bleiben dem Marktverhalten von Verbraucherinnen und Verbrauchern überlassen.

Bezogen auf die Kosten der Implementierung von Überwachungsverfahren dominieren bisher Leuchtturm-Unternehmen die Szenerie. Es müssen Wege gefunden werden, wie sowohl durch Benchmarking als auch durch Unterstützung seitens der Entwicklungszusammenarbeit auch kleinere und mittlere Unternehmen zur Einführung von Sozial- und Umweltstandards motiviert werden können.

Verhaltenskodizes sind freiwillige Regeln. Die Freiwilligkeit von Kodizes ermöglicht grundsätzlich auch mehr Flexibilität als gleiche Regeln für alle. Schließlich lässt sich ein freiwilliger Kodex im Unternehmen selbst auch leichter durchsetzen als Regelungen von außen. Freiwilligkeit bedeutet jedoch weder Beliebigkeit noch Unverbindlichkeit.

3.6.5.3 Das prinzipielle Regulierungsproblem und die Bedeutung von Kodizes

Sowohl Unternehmen, als auch Gewerkschaften und NGO wissen, dass eine Kontrolle von selbst aufgestellten Kodizes sinnvoll und notwendig ist. Je besser die Kontrolle, desto glaubwürdiger ist der Kodex.

Während die Unternehmen die eigene Kontrolle bevorzugen, wollen insbesondere NGO dies durch spezielle unabhängige, eventuell gar staatliche Institutionen gewährleistet sehen. Je größer und internationaler die Unternehmen sind, desto schwieriger wird es sein, die Einhaltung von Kodizes zu kontrollieren. Die Schwierigkeiten beginnen bei der Definition von Verhalten und enden bei der Kontrolle des Verhaltens von Vorlieferanten. Gerade bei letzterem ergeben sich vielfältige Probleme, denn eine absolute Kontrolle ist unmöglich. Allerdings muss auch Sorge dafür getragen werden, dass die Vorlieferkette grundsätzlich in Verhaltenskodizes einbezogen wird, weil andernfalls die Gefahr besteht, „kritische" Aktivitäten aus dem eigenen Unternehmen auszugliedern. Bei der Kontrolle von Vorlieferern ist deshalb die Einbeziehung lokaler Instanzen sinnvoll. Die Schwierigkeit zeigt sich allerdings bei dem Beispiel aus der Textilbranche, wonach die führenden europäischen Unternehmen in Indien z. B. auf eine Zahl von 12 000 bis 15 000 Hauptlieferanten kommen (BDA, BDI 2001).

Wie bereits im Zwischenbericht der Kommission erörtert, erschließt sich die Bedeutung von Kodizes aus dem Spannungsverhältnis zwischen rechtlich verbindlichen Regelungen und Instrumenten auf der einen Seite (Sozialklauseln, nationale Arbeits- und Umweltgesetze) sowie Selbstverpflichtungen auf der anderen Seite.

Während Sozialklauseln als wirksames Instrument insgesamt umstritten bleiben[83], ist insbesondere auf die Wechselwirkung zwischen nationalen Gesetzen und Codes zu verweisen. Nationale Arbeits- und Umweltgesetze definieren in der Regel komplexere und verbindlichere Standards als Normenkataloge von Unternehmen (CoC). Durch den Stakeholder-Dialog von Selbstverpflichtung und seiner Anwendung in der Praxis entstehen neue strategische Allianzen zwischen den lokalen Gruppen von Betroffenen im Kontext der Aktivitäten transnational agierender Unternehmen und den so genannten Verbraucherinnen und Verbrauchern im Norden.

---

[82] Gerade wenn ein Transnationales Unternehmen in Medienberichterstattungen mit Vorwürfen über die Produktionsbedingungen in Tochterunternehmen oder Zulieferern konfrontiert worden ist, ist der positive Imagegewinn auf Verbraucherseite nicht dadurch zu erreichen, dass dieses Unternehmen einen Kodex aufstellt und ein Jahr später in einem rein intern erstellen Report der interessierten Öffentlichkeit erklärt, es habe alle Missstände beseitigt.

[83] Gewerkschaften verweisen auf die positiven Wirkungen von Sozialklauseln und berufen sich u. a. auf empirische Studien zur Wirkung von Sozialklauseln in Handelsvereinbarungen bezüglich der Durchsetzung der Gewerkschaftsfreiheit. Unternehmen lehnen Sozialklauseln demgegenüber in der Regel eher ab. Bei NGO, insbesondere zwischen Akteuren im Norden und Süden, besteht eine generelle Uneinigkeit – insbesondere hinsichtlich möglicher protektionistischer Wirkungen.

Das prinzipielle Regulierungsproblem besteht weniger im Vorhandensein als in der mangelnden Anwendung und Umsetzung nationaler Standards. In diesem Sinne ist der Begriff ‚Einführung von Sozial- und Umweltstandards' über Verhaltenskodizes missverständlich. In den für deutsche Vermarkter maßgeblichen Standorten Indien und China gibt es per Gesetz relativ hohe Standards, was sich bspw. in der Neufassung des chinesischen Gewerkschaftsgesetzes vom Oktober 2001 manifestiert. Das Problem besteht darin, wie die Aufsichtsbehörden und auch das politische Umfeld dazu gebracht werden können, diese Gesetze auch tatsächlich anzuwenden. Codes of Conduct können dazu beitragen, nationale Gesetze tatsächlich zur Anwendung zu bringen. Deshalb fordern Arbeitsrechtsnetzwerke und Gewerkschaften explizit[84], dass als eine wesentliche Voraussetzung für positive Wirkungen von Kodizes Beratungs- und Schulungsmaßnahmen für Beschäftigte und betroffene Gemeinden (bei rohstofffördernden Industrien) durchgeführt werden müssen. Einige Unternehmen wie etwa Nike, Adidas und Reebok haben bspw. mit chinesischen Arbeitsrechtsorganisationen die Durchführungen von Fortbildungen im Bereich Arbeits- und Gesundheitsschutz vereinbart.

In der Vergangenheit hat sich in wenigen Einzelfällen gezeigt, dass per Selbstverpflichtung nationale Standards unterlaufen werden können. Mit der Anerkennung der Kernarbeitsnormen durch eine große Mehrheit deutscher Unternehmen wird eher das Gegenteil der Fall sein, sofern Unternehmen, NGO und Gewerkschaften dafür im Dialog die Voraussetzungen schaffen. Eindeutige Grenzen hingegen bestehen dort, wo politische Rahmenbedingungen nicht gegeben sind (Fall Triumph – Burma). Dabei kommt die in der Regel problematische Frage des Boykotts ins Spiel, die jedoch für die Anwendung von Kodizes von deutschen Unternehmen gegenwärtig keine Bedeutung hat.

Der Enquete-Kommission war es aus Zeitgründen nicht möglich, neben den bisherigen Ergebnissen des Runden Tisches auch andere Initiativen[85] bzw. Hintergründe[86] und Erfahrungen mit Verhaltenskodizes detaillierter zu untersuchen und darzustellen. Diese Arbeit bleibt einer Folge-Enquete überlassen. Dazu gehört auch eine Untersuchung staatlicher Initiativen bzw. der Wirksamkeit gesetzlicher Regelungen.[87]

3.6.6 Empfehlungen der Enquete-Kommission[88]

Nachfolgende Handlungsempfehlungen gibt die Enquete-Kommission in Erwägung, dass Unternehmenskodizes immer nur rechtliche Regelungen ergänzen, nicht jedoch ersetzen können. Der Staat trägt also die Hauptverantwortung, unternehmerisches Verhalten durch Rahmen- und Prozesspolitik zu steuern. Die staatliche Gewährleistung von rechtsstaatlichen Bedingungen in Entwicklungsländern ist insofern für das Erreichen von sozialen oder ökologischen Zielen entscheidender als Verhaltenskodizes, was deren außerordentliche Bedeutung für die Erreichung der genannten Ziele jedoch nicht schmälert.

Empfehlung 3-35 Unterstützung der Umsetzung und Überwachung von Verhaltenskodizes

Die Bundesregierung soll die vorhandenen Bemühungen deutscher Unternehmen und zivilgesellschaftlicher Gruppen zur Umsetzung und Überwachung von Verhaltenskodizes unterstützen. Dies gilt auch für die Arbeit der Dialogforen (in Industrie- wie Entwicklungsländern), an denen sowohl Wirtschaft als auch Gewerkschaften und Nichtregierungsorganisationen beteiligt sind. Die Bundesregierung soll sicherstellen, dass die vorliegenden Kenntnisse zu Fragen der Umsetzung der Verhaltenskodizes sowohl in Deutschland als auch in den Zielländern einer breiteren Öffentlichkeit vermittelt werden. Dazu soll unter Einbeziehung von Gewerkschaften und NGO ein jährlicher Sachstandsbericht erstellt und veröffentlicht werden.

Empfehlung 3-36 Förderung des bi- und multilateralen Dialogs

Die Bundesregierung soll den bi- und multilateralen Dialog insbesondere mit Entwicklungsländern über die Förderung von Sozialstandards mit freiwilligen Instrumenten verstärkt fortsetzen, die inhaltliche und organisatorische Ausgestaltung eines Monitoring-Systems zur Umsetzung von Verhaltenskodizes und Kernarbeitsnormen (einschließlich der dafür erforderlichen finanziellen und organisatorischen Ressourcen) weiterentwickeln und fördern und entsprechende Unterstützung für die Implementierung anbieten.

Empfehlung 3-37 Förderung von Modellprojekten

Die Enquete-Kommission fordert die Bundesregierung auf, in Modellprojekten unter Beteiligung von Gewerkschaften und NGO die Möglichkeit geeigneter Implementier-, Auditier-, Zertifizier- und Monitoringverfahren für freiwillige Verhaltenskodizes zu entwickeln, die auch branchenspezifische Eigenheiten berücksichtigen und die Errichtung einer nationalen Monitoringagentur zu prüfen.

Empfehlung 3-38 Europäische Monitoring-Agentur

Die Enquete-Kommission unterstützt die Forderung des Europäischen Parlaments gegenüber der EU-Kommission, die Einrichtung einer europäischen Monitoring-Agentur für Verhaltenskodizes europäischer transnationaler Unternehmen zu prüfen.

---

[84] Z. B. der chinesischen Arbeitsrechtsnetzwerke und der unabhängigen Gewerkschaften in Hongkong.

[85] Etwa der Entwurf eines Code of Conduct für die Gas- und Ölindustrie des Hilfswerks „Brot für die Welt".

[86] Etwa Werner und Weiss (2001).

[87] Verwiesen sei auf die gesetzliche Berichtspflicht für Unternehmen in den Niederlanden, die bei der Vergabe von öffentlichen Aufträgen vorausgesetzt wird oder der belgische Gesetzesentwurf, wonach Wirtschaftstätigkeit auch exterritorial gerichtsrelevant ist, was während eines gemeinsamen Gesprächs mit dem Runden Tisch angesprochen wurde.

[88] Zu Empfehlung 3-42 vgl. auch das abweichende Minderheitenvotum der CDU/CSU-Fraktion in Kapitel 11.1.7.2.

Empfehlung 3-39   Förderprogramm für KMU

Die Bundesregierung soll auf nationaler Ebene die Möglichkeit eines Förderprogramms für KMU zur Unterstützung bei der Implementierung, Auditierung, Zertifizierung und dem Monitoring von Verhaltenskodizes prüfen und dies auch auf europäischer Ebene vorschlagen.

Empfehlung 3-40   OECD-Leitlinien

Die Enquete-Kommission begrüßt die nationale und internationale Implementierung der überarbeiteten OECD-Leitlinien und fordert die ausreichende finanzielle und personelle Ausstattung der Nationalen Kontaktstelle beim Bundesministerium für Wirtschaft und Technologie, damit diese verstärkt Maßnahmen zur Erhöhung der Bekanntheit und zur Anwendung dieser Richtlinien ergreifen kann. Es ist zu prüfen, ob die OECD-Leitlinien Verbindlichkeit erhalten sollen.

Empfehlung 3-41   Evaluierung der Wirksamkeit der Verhaltenskodizes

Die Enquete-Kommission empfiehlt die Evaluierung der Wirksamkeit der Verhaltenskodizes, um zu prüfen, inwieweit die Überführung von Kodizes mit Mindeststandards in gesetzliche Regelungen sinnvoll ist.

Empfehlung 3-42   Berücksichtigung von Verhaltenskodizes im öffentlichen Beschaffungswesen

Die öffentliche Hand sollte ihre „Marktmacht" nutzen und bei der öffentlichen Beschaffung von Lieferung und Leistung diejenigen Unternehmen bevorzugen, die freiwillige Verhaltenskodizes beachten. Dabei sollte auch der Gestaltungsspielraum im Bereich der Garantien und der öffentlichen Mitteln geprüft werden.

3.7   Die Rolle und der Einfluss von kleinen und mittleren Unternehmen (KMU) im internationalen Handelssystem

3.7.1   Spezifische Probleme der KMU

Im Prozess der Internationalisierung der Märkte stellen sich die spezifischen Probleme der kleinen und mittleren Unternehmen im Zugang zu Wissen und Informationen, zu haftendem Eigenkapital und zu Krediten mit angemessenen Konditionen (vgl. Kapitel 2.3.3) sowie zu qualifiziertem Personal in neuer Qualität.

Im Zuge der Entfaltung des europäischen Binnenmarktes hatten die deutschen kleinen und mittleren exportorientierten Betriebe viele Chancen ergriffen und nicht wenige Herausforderungen gemeistert. Für die Zukunft des Mittelstandes wird es jedoch wichtig sein, vermehrt Märkte auf dem europäischen Binnenmarkt und weltweit zu erschließen.

Außenwirtschaftsförderung und Kooperation: Angesichts der natürlicherweise beschränkten sachlichen und personellen Ressourcen der KMU wird es besonders wichtig sein, dass sich die wichtigsten Akteure der Außenwirtschaftsförderung, die sich zum „Servicebund Außenwirtschaft" zusammen gefunden haben, die Transparenz in der Außenwirtschaftsförderung durch den Ausbau der elektronischen Angebote verstärken und nutzerfreundlich anbieten. Elektronische Angebote müssen jedoch weit stärker als bisher ihr Beratungs- und Informationsangebot auf die Bedürfnisse der KMU, auf das Handwerk und die Freien Berufe ausrichten, mit den mittelständischen Verbänden und dem ZDH zusammen arbeiten und so den Zugang zu neuen Märkten erleichtern. Die neue Anlauf- und Koordinierungsstelle des BMWi sowie die einschlägigen Beratungsstellen vieler Bundesländer sind dabei wichtige Instrumente, um Auslandsprojekte besser zu unterstützen.

Viele Märkte werden aber nur durch Kooperation mit einheimischen Partnern sinnvoll bearbeitet werden können. Informationen und Hilfestellungen bei Kooperationsprojekten über politische, soziale und kulturelle Voraussetzungen sind dafür unentbehrlich und sollten verstärkt angeboten werden. Mit den bisher geförderten Kooperationsbörsen für Ingenieure und Architekten kann man auf gute Erfahrungen zurückblicken.

Häufig ist auch die Präsenz auf Auslandsmessen ebenso unentbehrlich wie unerschwinglich. Die öffentliche Förderung von Auslandsmessen – gerade für mittelständisch strukturierte Branchen – und von Internet-Auftritten ist deswegen empfehlenswert und weiter auszubauen.

Sprach- und Landeskenntnisse sind ein entscheidender Faktor für längerfristige, erfolgreiche Export- und Kooperationsbeziehungen. Gerade hier haben aber KMU entscheidende Nachteile gegenüber großen Firmen, weil sie bei global ausgerichteten Exportbeziehungen keinesfalls so viele mehrsprachige Beschäftigte anstellen können, wie sie sie zur Nutzung potenzieller Chancen benötigen. Die Auslandshandelskammern und deren Ausrichtung auf die Bedürfnisse kleiner und mittlerer Unternehmen sind ein wichtiges Instrument und im Zuge weiterer Internationalisierung unentbehrlich.

Die Förderung der Mehrsprachigkeit nicht nur im Sekundär-Schulwesen und an Fachhochschulen und Universitäten ist deswegen ebenso zwingend erforderlich wie deren verstärkte Berücksichtigung im Rahmen der Berufs- und Weiterbildung. Die Förderung darf sich dabei nicht in der Förderung von Zweisprachigkeit (Englisch) erschöpfen, sondern muss auf Mehrsprachigkeit und auch auf das Erlernen „kleinerer" Sprachen abzielen.

Fachkräfte: Ein derzeitiges großes Problem des Mittelstandes nicht nur in Deutschland ist der nicht zu befriedigende Bedarf an qualifizierten Beschäftigten und Führungskräften. Die KMU in Deutschland hatten im Frühjahr 2001 einer Umfrage zufolge 900 000 offene Stellen vorwiegend für qualifizierte Mitarbeiter anzubieten (Gruner + Jahr AG & Co., Dresdner Bank AG 2001: 80). Europaweit wird der Mangel an Fachkräften von fast zehn Prozent der Unternehmen als „wesentliches Hindernis der Geschäftstätigkeit" angesehen (Europäische Kommission 2000a: 8). Die lange Suche und Auswahl geeigneten Personals hemmt somit die wirtschaftliche Tätigkeit der Unternehmen. Als Grund nennen die Unternehmen häufig die Lücke zwischen der Qualifikation der Arbeitnehmer und den Ansprüchen, die sie an die Bewerber stellen.

Aufgrund des schon heute bestehenden Fachkräftemangels gewinnt die Weiterqualifizierung der Beschäftigten für KMU zunehmend an Bedeutung. Dies wird durch die Empirie bestätigt: Fort- und Weiterbildung bereits vorhandener Arbeitskräfte sind in der EU die am meisten angewandten Strategien, dem Fachkräftemangel entgegen zu wirken.

Angesichts der demographischen Entwicklung in der Bundesrepublik Deutschland genügen diese Strategien jedoch nicht mehr. Ab ca. 2010 ist mit einem Rückgang des Arbeitskräftepotenzials zu rechnen. Dies verschärft die Arbeitskräfteproblematik der KMU zusätzlich. Das bedeutet, dass der Mittelstand künftig stärker als bisher das Potenzial und die Arbeitskraft von qualifiziert ausgebildeten Frauen nutzen muss.

Forschung und Entwicklung: Die Gesellschaft befindet sich im Übergang von der Industrie- in die Wissensgesellschaft. Dieser Strukturwandel, der durch die verstärkte internationale Arbeitsteilung im Rahmen der Globalisierung noch verstärkt wird, eröffnet große Chancen für Wachstum, Produktivitätsfortschritt und die Verbesserung der Lebensqualität. Gleichzeitig stellt er eine Herausforderung im globalen Innovationswettbewerb dar. Der Druck im internationalen Wettbewerb wird stärker, die technologische Entwicklung dynamischer, die Produktlebenszyklen kürzer. Dies gilt für große Unternehmen genauso wie für KMU. Diese sind aus eigener Kraft aber schlechter als die großen Unternehmen in der Lage, Forschungsvorhaben zu ihrer Weiterentwicklung zu finanzieren oder gar selbst durchzuführen. Diesen Unternehmen fällt es schwer, den Anschluss an den technischen Fortschritt sicherzustellen. Sie sind oft kaum in der Lage, allein kostspielige und risikoreiche Aufträge an externe Forschungsstellen zu finanzieren oder gar interne Abteilungen zur Deckung ihres FuE-Bedarfs mit entsprechendem Personal zu unterhalten.

Wichtig für die Innovationsfähigkeit einer Volkswirtschaft ist neben den staatlichen Forschungsaufwendungen das Volumen an FuE in den Unternehmen. Während 1999 der Staat 16,2 Milliarden Euro in Deutschland für Forschung und Entwicklung aufgewendet hat, waren es seitens der Wirtschaft 31,0 Milliarden Euro. Die FuE-Position der deutschen Unternehmen im internationalen Vergleich ist nicht zufriedenstellend. Insbesondere die stark nachlassende Beteiligung von KMU an FuE in den 90er Jahren ist ein Schwachpunkt. Etwa 15 Prozent der FuE-Ausgaben der Wirtschaft, also etwa 4,6 Milliarden Euro, entfallen auf die KMU.

Ziele der Forschungspolitik aus KMU-Sicht

- **Die notwendigen Rahmenbedingungen müssen geschaffen werden.** Zur Unterstützung der industriellen FuE-Anstrengungen, die immer mit Erfolgsrisiken behaftet sind, muss der Staat die notwendigen Rahmenbedingungen schaffen. Im innovationsfördernden globalen Wettbewerb der besten FuE-Standorte um private FuE-Mittel sind Strategien zur unternehmerischen Verwertbarkeit von FuE sowie Rechtssicherheit bei Patenten wichtig. Patente legen Erfindungen offen und sind ein Motor für den (insbesondere globalen) Technologietransfer. Daher müssen internationale Patente auch für KMU bezahlbar bleiben.

- **Der Technologietransfer muss erhöht werden.** Ein großes Problem ist für KMU der Technologietransfer von der Forschung in marktfähige innovative Produkte. Die frühzeitige Ausrichtung von Forschungsprogrammen auf Innovationen ist für den erfolgreichen Transfer von Forschungsergebnissen in die Praxis genauso wichtig wie die Arbeit von Transferagenturen. Generell sollten KMU einen besseren Zugang zu staatlichen Forschungseinrichtungen erhalten.

- **Fachkräftemangel und Mobilität von Forschern.** Der Transfer von Know-how funktioniert am besten über Köpfe. Hierin liegt ein erhebliches Beschleunigungspotenzial für Innovationen. Die Globalisierung bietet gerade hier große Chancen, den personellen Austausch zwischen In- und Ausland sowie zwischen Wissenschaft und Wirtschaft zu verstärken. Gefragt sind insbesondere international ausgerichtete und qualifizierte Mitarbeiter. Der Mangel an entsprechenden Fachkräften dämpft heute schon die wirtschaftlichen Entwicklungsmöglichkeiten in Deutschland. Dies gilt in verstärktem Maße für KMU, die leider oft wegen scheinbar mangelnder Attraktivität bei Hochschulabsolventen und anderen Fachleuten besonders große Schwierigkeiten bei bei der Personalsuche haben.

Forschungsförderung. Die direkte Förderung von vorwettbewerblichen Forschungsprojekten der Wirtschaft („Projektförderung") – oft im Verbund mit Forschungsinstituten der Wissenschaft – ist die vorherrschende und bewährte Maßnahme vieler Staaten zur Verringerung der FuE-Kosten und zur Reduzierung des Forschungsrisikos. In Deutschland werden speziell die KMU durch die Förderung der vorwettbewerblichen industriellen Gemeinschaftsforschung (IGF) unterstützt. Die Gemeinschaftsforschung und Forschungskooperationen sollten verstärkt gefördert werden.

Auch indirekte oder indirekt-spezifische Fördermaßnahmen können helfen, technologiepolitische Ziele zu erreichen. Viele Staaten führen deshalb indirekte Maßnahmen zur Verringerung der FuE-Kosten der Unternehmen ein. Einer der effizientesten Wege, aus Forschungsergebnissen technische Innovationen zu machen, sind wissensbasierte Unternehmensgründungen. Neues Wissen wird unmittelbar vermarktet und trägt dadurch zu mehr Wachstum und Beschäftigung bei. Die Enquete-Kommission hat dazu keine Gutachten über weltweit vorhandene, in Erprobung befindliche Fördermodelle vergeben. Da sie dieses Thema aber für wichtig erachtet, schlägt sie die Bearbeitung in einer folgenden Enquete-Kommission vor.

3.7.2 Handlungsempfehlungen der Kommission

Empfehlung 3-43 Ausbau international ausgerichteter Beratungsangebote

Die Enquete-Kommission empfiehlt, die Beratung und Förderung von KMU, die sich nach Auslandsmärkten hin orientieren, zu verstärken. Um die Wettbewerbsfähigkeit der KMU zu erhöhen, sollten praktische Hilfen für die Qualifizierung der KMU für den globalen Wettbewerb und einen verbesserten Zugang zu Auslandsmärkten angestrebt werden. Unternehmensspezifisch sind Beratungen über Möglichkeiten der Kooperation, Joint Venture, Beteiligung oder Kauf von lokalen Unternehmen im Ausland mit entsprechenden Hilfen bei der Umsetzung anzubieten. Die Beratungs- und Förderangebote sind organisatorisch zu straffen und zu bündeln. Es ist eine zentrale „Beratungs-Hotline" einzuführen, die den Nutzern das komplette Beratungs- und Förderungsangebot vorstellt, anbietet und konkrete Beratungsgespräche abstimmt. Dabei sind die Leistungs- und Finanzierungsangebote der Europäischen Union, der internationalen Finanzinstitute wie Weltbank, der Afrikanischen und Asiatischen Entwicklungsbank oder der Europäischen Bank für Wiederaufbau und Entwicklung zu erschließen. Hierbei ist auch auf die Möglichkeit der Übernahme beispielsweise von Projektvorbereitungen durch diese Finanzinstitutionen hinzuweisen. Die Möglichkeiten der EU-Förderungen sind in diese Leistungen mit einzubeziehen. Außerdem sollten Mentoring-Partnerschaften insbesondere für Jungunternehmer, die sich dem globalen Wettbewerbs stellen wollen, angeboten werden.

Empfehlung 3-44   Verbesserter Zugang zur Hermes-Ausfuhrgewährleistung

Neben den finanziellen Belastungen, die KMU für Exportkredite und Hermes-Ausfuhrgewährleistungen tragen müssen, fällt ihnen vor allem die Beantragung und Abwicklung von Hermes-Ausfuhrgewährleistungen schwer. Es ist deshalb zu begrüßen, dass seitens der Bundesrepublik alle Anstrengungen unternommen werden, den Zugang zu Hermes für KMU weiter zu verbessern. Die Kommission empfiehlt, weitere intensive Maßnahmen einzuleiten, um den Zugang zu Hermes weiter zu öffnen und zu verbessern. Eine abgestimmte und zeitnahe Informationspolitik der Institutionen ist notwendig.

Empfehlung 3-45   Vernetzung als Antwort auf den globalen Innovationswettbewerb

Kleine und mittlere Unternehmen können zwar flexibel und wirtschaftlich auf Marktanforderungen reagieren, sind aber bei komplexen Aufgabenstellungen wie FuE überfordert. Zugleich wird es ohne die Ein- und Anbindung an FuE angesichts eines sich globalisierenden Marktes für KMU zunehmend schwerer, die erforderlichen Innovationsleistungen selbständig zu erbringen. Deshalb muss die Bildung und das Einklinken in regionale Netzwerke noch stärker Gegenstand einer Förderung sein, die gezielte Anreize für eine solche Zusammenarbeit schafft und damit die Teilhabe an Forschungsergebnissen sicherstellt. Zur Unterstützung dieser Prozesse sollten regionale Dienstleistungscluster und die telekommunikative Vernetzung von KMU gefördert werden.

Auch internationale Kooperation im Rahmen der EU ist eine wesentliche Voraussetzung, auf die Herausforderung der Globalisierung reagieren zu können. In den europäischen Forschungsrahmenprogrammen der letzten Perioden wurde der Etat für das spezielle Förderprogramm der KMU jeweils deutlich überproportional erhöht und die Zugangsmöglichkeiten erleichtert. Umso mehr sollte deshalb die Beteiligung deutscher KMU daran vorangetrieben werden.

Empfehlung 3-46   Erleichterung des personellen Austauschs

Da der Transfer von Know-how am besten über Köpfe erfolgt, muss der personelle Austausch zwischen In- und Ausland sowie zwischen Wissenschaft und Wirtschaft erleichtert werden. Dazu müssen auch das Dienst- und Besoldungsrecht vereinfacht und flexibilisiert werden.

3.7.3   Bedeutung und Entwicklung von KMU in Schwellen- und Entwicklungsländern

3.7.3.1   Die Bedeutung und Entwicklung von KMU in Schwellenländern

Dem leistungsfähigen Mittelstand in den Industrieländern steht eine noch andere Situation in den Schwellenländern gegenüber. In den hoch entwickelten Volkswirtschaften sichern KMU die nationale Wettbewerbs- und Innovationsfähigkeit und sind gleichzeitig Beschäftigungsmotor. In den Schwellenländern leisten KMU zwar bereits heute wichtige Beiträge für Innovationen und die wirtschaftliche Entwicklung. Um die Bedeutung der KMU in den Industrieländern zu erreichen, sind jedoch die notwendigen Rahmenbedingungen vor Ort entscheidend. Einige Schwellenländer, die am weltweiten Handel teilnehmen, konnten ihre Exportquote von 4,3 Prozent in den achtziger Jahren auf 6,4 Prozent in den neunziger Jahren steigern, aber diese Zunahme beruht alleine auf den Steigerungen von nur 13 Ländern in Lateinamerika und in Ost- bzw. Südostasien. In den Schwellenländern haben sich insgesamt in den letzten beiden Jahrzehnten die Indikatoren für Beschäftigung und damit die Einkommenssituation verbessert. Es haben sich grundsätzlich marktgerechte und offene Rahmenbedingungen durchgesetzt, die Direktinvestitionen sind gestiegen. Diese Länder gewinnen für Stabilität und Dynamik der Weltwirtschaft an Bedeutung. Sie sind entscheidend für die Integration der Entwicklungsregionen in die globalen Dienstleistungs-, Güter- und Kapitalmärkte. Sie sind Motoren für regionale Kooperation und Integration und lösen damit deutliche Effekte für die Länder mit schwachen Wirtschaftsstrukturen in ihren Regionen aus.

Für die Schwellenländer sind Direktinvestitionen ein wichtiges Element, um langfristig den Anschluss an die Industrieländer zu erreichen. Bei der WTO-Konferenz in Doha wurden Veränderungen bei den Rahmenbedingungen für Auslandsinvestitionen vereinbart. Die Verhandlungen über ein multilaterales Rahmenabkommen für Auslandsinvestitionen sollen im Herbst 2003 aufgenommen werden. Bei dieser Liberalisierung kann jedes Land die Sektoren benennen, die es für Auslandsinvestitionen öffnen will.

Für Schwellenländer sollen Ausnahmeklauseln eingearbeitet werden. Sonderregelungen sind bei der Marktöffnung der Schwellenländer gerechtfertigt, nicht aber beim Investitionsschutz. Schwellenländer brauchen Investitionsanreize, die durch einen verminderten Investitionsschutz aber nicht zu erreichen sind. In dem neuen Rahmenabkommen sollen auch ökologische und soziale Standards festgelegt werden. Einige Schwellen- und Entwicklungsländer vermuten hinter diesen Forderungen protektionistische Bestrebungen. Hier sind mittelfristig Lösungen zu finden, die beiden Seiten gerecht werden.

Durch Orientierung am Weltmarkt, durch wettbewerbsfähige heimische Unternehmen und ausländische Direktinvestitionen werden die Schwellenländer schneller als die übrigen Entwicklungsländer wachsen – und damit auch die dort ansässigen kleinen und mittleren Unternehmen.

Innovative KMU, die mit den Industrieländern, aber auch mit den Ländern ihrer Regionen kooperieren, verbessern die Leistungsfähigkeit, Beschäftigungs- und Ausbildungssituation.

Die zunehmende Zusammenarbeit zwischen KMU in einigen Schwellenländern mit KMU in Industrieländern ist eine positive Antwort und Folge der Globalisierung. Es wird z. B. gemeinsam an internationalen Ausschreibungen teilgenommen und in dieser Zusammenarbeit Projekte vor Ort abgewickelt; es findet Wissenstransfer statt. Diese Kooperationen werden zum Teil auch durch Projekte der Entwicklungszusammenarbeit unterstützt und gefördert. Teilnehmer sind in der Regel KMU mit gut ausgebildetem Personal in den Bereichen Technik, Konstruktion und Dienstleistung.

Beispiele: Bekannt sind die erfolgreichen KMU in Indien als wichtige Zulieferer von IuK-Leistungen und heute erfolgreiche selbstständig am Markt operierende Unternehmen. Es sind KMU, die dazu beigetragen haben, dass die indische Softwareindustrie 1998/1999 Umsätze in Höhe von ca. 3,8 Milliarden US-Dollar erzielte und 180 000 Menschen beschäftigen konnte. In einer Reihe weiterer Entwicklungs- und Schwellenländer, so China, Brasilien, Jordanien, Südafrika, Costa Rica und Chile, sind entsprechende KMU entstanden, um die ehrgeizigen Programme dieser Länder, bei der Softwareproduktion international wettbewerbsfähig zu werden, umzusetzen.

Im Bereich anderer intelligenter Dienstleistungen, z. B. in den verschiedenen Sparten der Ingenieur- und Medizintechnik, ist ebenfalls eine sich entwickelnde Zusammenarbeit mit KMU festzustellen, die auch durch Neugründungen von Investoren aus den Industrieregionen unterstützt wird.

Eine weitere erfolgreiche Form der KMU sind die von sog. ethnischen Netzwerken und Familienclans betriebenen Unternehmen. Diese sind oft völlig vom Kreditmarkt unabhängig und teils sehr erfolgreich. Besonders häufig sind diese Unternehmen in Indonesien, Singapur und China zu finden.

Wichtig können für KMU in den Entwicklungsländern aber auch Kooperationen mit international tätigen Unternehmen oder Organisationen sein, durch die ein Technologietransfer in diese Länder und Unternehmen ermöglicht wird. Hier spielen auch transnationale Unternehmen (TNC) eine wichtige Rolle, die durch ihre Direktinvestitionen und Produktion vor Ort die Entwicklung von lokalen innovativen KMU – oft im direkten Umfeld – stark fördern. Gerade das „Outsourcing" von Prozessen hat große Potenziale für KMU auch in Entwicklungsländern freigelegt. Diese erhalten die Chance, innovativ und damit global wettbewerbsfähig zu werden. Der Bedeutung dieser Kooperationen entsprechend hat die UNCTAD hierzu im Jahre 2000 ein Programm aufgelegt und Empfehlungen in ihrem World Investment Report 2001 erarbeitet. Beispiele für solche lokalen KMU sind Zulieferbetriebe („Backward Linkages", typisch etwa im Automobilbau) und Weiterverarbeiter („Forward Linkages", typisch etwa in der chemischen Industrie). Wichtig sind auch intra-industrielle Kooperationen („Horizontal Linkages"). Durch diese Zusammenarbeit werden hohe Qualitätsstandards transferiert und helfen den lokalen kooperierenden KMU beim Aufbau und der Entwicklung der Produktionen. Dies wirkt sich auch positiv auf die Aus- und Weiterbildung aus. Mit Ausnahme einiger Schwellenländer sind transnationale Unternehmen bisher kaum funktional mit dem traditionellen Kleingewerbe verknüpft. Deshalb gilt es, diese Kooperationen zu fördern.

Ziel solcher Kooperationen muss eine Entwicklung der lokalen Unternehmen sein, um im Laufe der Zeit Produkte und Dienstleistungen immer höherer Qualität herstellen zu können, die dann auch ohne den anfänglichen Kooperationspartner auf dem Markt wettbewerbsfähig sind.

Kooperationen von TNC mit KMU in Entwicklungs- und Schwellenländern können jedoch auch nachteilig für die jeweilige Volkswirtschaft sein, wenn z. B. eine Kooperation in einer durch Zölle oder andere Maßnahmen geschützten Industrie erfolgt, so dass das KMU nicht wirklich auf dem globalen Markt wettbewerbsfähig wird. Probleme können auch auftreten, wenn das ausländische Unternehmen eine auf dem lokalen Nachfragemarkt zu starke Stellung inne hat und Druck auf die kooperierenden KMU ausübt. In diesem Zusammenhang sei auf die Diskussion der Codes of Conduct verwiesen (vgl. Kapitel 3.6), wo die Bedeutung von Sozial- und Umweltstandards bei Kooperationen von TNC mit Unternehmen in Entwicklungs- und Schwellenländern ausführlicher thematisiert wird.

Diese Entwicklungen und Möglichkeiten werden wiederum nur bei einem kleinen Teil der Entwicklungsländer (fortgeschrittene Entwicklungsländer) aktiv genutzt, bei der Gesamtbetrachtung der Entwicklungsländer ergibt sich ein anderes Bild.

3.7.3.2 Die Bedeutung und Entwicklung von KMU in Entwicklungsländern

Unterschiede der KMU in den Entwicklungsländern sind zunächst an ihrer Größe auszumachen. In den Industriestaaten zählt ein Unternehmen mit bis zu acht Beschäftigten als kleines Unternehmen (Small Business), in den meisten Entwicklungsländern gilt dieses bereits mittelgroß. Der Anteil der Kleinstunternehmen (Kleingewerbe), d. h. auch Einpersonen-Unternehmen ist in den Entwicklungsländern besonders hoch. Entsprechend gering sind die

Jahresumsätze. Bei vielen Entwicklungsländern bestimmt der informelle Sektor den wirtschaftlichen Bereich, es besteht für Arbeitsplätze und für KMU keine formelle Registrierung, es gibt keine ausreichende Arbeitsgesetzgebung, keine ausreichende Steueraufsicht sowie Rechtssicherheiten. Aussagefähige Statistiken sind nicht vorhanden.

In Entwicklungsländern erfolgen die meisten KMU-Neugründungen, weil die Gründer keine Beschäftigung im formellen Sektor finden. Aufgrund des fehlenden Startkapitals haben sie fast keinen Zugang zu Krediten (vgl. Kapitel 2.3.5).

Neben den nicht vorhandenen Infrastruktureinrichtungen und fehlenden finanziellen Voraussetzungen ist auch das entscheidende Basiswissen oft nicht vorhanden; es fehlt an spezifischen technischen und wirtschaftlichem Grundkenntnissen. Daher können KMU sich überwiegend nur in Geschäftsfeldern engagieren, in denen die finanziellen und technischen Zugangsbarrieren niedrig sind. Dies sind dann oft Güter und Dienstleistungen geringer Qualität für Kunden mit niedrigem Einkommen. Eine Chance, sich für den Weltmarkt zu qualifizieren, haben diese KMU zur Zeit nicht. Hier setzen die Hilfen von internationalen Organisationen an (z. B. Grameen-Bank, Sewa etc.), die Zug um Zug kleine Unternehmenseinheiten mit Hilfe der Mikrofinanzierung aufbauen mit dem Ziel, langfristig tragbare Strukturen im Kleingewerbe und für KMU einzuführen und zu sichern.

3.7.3.3 Einfluss von Wettbewerb und Strukturwandel auf KMU in Entwicklungsländern

Die Industrieländer haben ihre Märkte für zahlreiche Produkte der Landwirtschaft und des verarbeitenden Gewerbes der Entwicklungsländer, also für Produkte der klassischen KMU, nicht ausreichend geöffnet. Zölle und andere Hemmnisse behindern Exporte aus Entwicklungsländern in die Industrieländer. Damit werden die Entwicklungsländer, die größere Unterstützung benötigen, benachteiligt. Allerdings zeigen die Erfahrungen der UNCTAD, dass geöffnete Märke nicht automatisch zu mehr wirtschaftlichem Wachstum führen. Grundvoraussetzung für den Erfolg geöffneter Märkte sind Bildung und Ausbildung der Bevölkerung, Rechtsstaatlichkeit und ein geordnetes Finanzwesen.

Es wird zwar über die Art der Öffnung und über die Liberalisierung des Handels mit verschiedenen Waren- und Gütergruppen auf WTO-Ebene verhandelt, aber ein entscheidender Punkt für Entwicklungsländer ist das Erreichen von Wettbewerbsfähigkeit für die vielen kleinen und mittleren Unternehmen.

Soll z. B., wie in der Abschlusserklärung der WTO-Konferenz in Doha 2001 erklärt, der Zugang zu den Agrarmärkten substanziell für die Entwicklungsländer verbessert werden, ist dies sehr zu begrüßen. Die Öffnung der Märkte erzwingt aber eine weitere erhebliche Umstrukturierung der Landwirtschaftssektoren in den Entwicklungsländern. Die meisten Entwicklungsländer sind maßgeblich von der landwirtschaftlichen Aktivität vieler Kleinunternehmen geprägt (ca. 80 Prozent der armen Bevölkerung in den Entwicklungsländern leben auf dem Land). Eine Liberalisierung geht einerseits mit der großen Möglichkeit der Teilhabe am Wettbewerb und an der globalen Wertschöpfung einher. Andererseits kann dieser Prozess nur erfolgreich gelingen, wenn die Anpassung auch an die Weltmärkte die vorhandenen Strukturen des Kleingewerbes und des Mittelstandes mit einbezieht und wettbewerbsfähig macht. Die von Weltbank und IWF in der Vergangenheit geförderten Strukturreformen in der Landwirtschaft haben in vielen Entwicklungsländern zwar dazu geführt, dass ihre Waren auf dem Weltmarkt platziert sind, aber in den heimischen Regionen vergrößerten sich Armut und Abhängigkeit. Die Ausbreitung einer Agrarindustrie (z. B. in der Kakao-, Bananen- und Kaffeeproduktion) vernichtete kleine Unternehmenseinheiten und verschärfte somit die Lebenssituation der Menschen. Für die Länder und die Mehrheit der Menschen vor Ort war dies im Ergebnis kein Gewinn.

Daher muss die außenwirtschaftliche Öffnung mit einem Strukturwandel verbunden werden, der die Menschen und damit die KMU in die Lage versetzt, am Wettbewerb teilzunehmen. Hierzu gehören in einigen Entwicklungsländern auch moderat durchzuführende Landreformen (Beispiel: Chile). Natürlich kann es dennoch zu einem Selektionsprozess unter den bestehenden KMU kommen. Die Gefahr bleibt, dass lokale Unternehmen durch „Global Players", die nach der Liberalisierung der Märkte sich legal zu etablieren versuchen, verdrängt werden. Dieser Prozess muss nicht zwingend negative Beschäftigungsauswirkung haben, kann aber – wie bei den fortgeschrittenen Entwicklungsländern – politische Auswirkungen in den betroffenen Ländern haben.

Auch in den Industrieländern haben hohe Struktur-, Konzentrations- und Rationalisierungsprozesse in den letzten 50 Jahren im Landwirtschaftssektor stattgefunden. Diese gingen und gehen weitgehend zu Lasten von kleineren Betrieben: Das Bundesland Bayern hatte z. B. vor 50 Jahren einen landwirtschaftlichen Anteil am Bruttosozialprodukt von über 30 Prozent, heute sind es noch 3,1 Prozent. Die Anpassungen gingen weitgehend zu Lasten der kleineren Betriebe. Trotz hoher Unterstützungs-Subventionen konnte nur ein Bruchteil der bestehenden Betriebsstrukturen aufrechterhalten werden, Einbrüche in der Qualität der Produkte wurden in Kauf genommen.

Dieses Beispiel zeigt, wie schwierig sich ein Umstrukturierungsprozess in den Entwicklungsländern vor dem Hintergrund weit geringerer Unterstützung darstellen kann. Das Beispiel der Agrarmärkte macht deutlich, dass die Entwicklungsländer von der Liberalisierung der Märkte insgesamt nur fühlbar profitieren können, wenn die Handelsliberalisierungen einhergehen mit einer gezielten Förderung und Unterstützung des Kleingewerbes und der KMU in den Bereichen Unternehmensplanung, Strukturplanung und Finanzierung.

Ein immer größerer Teil der KMU in den Industriestaaten nimmt innovative, spezielle Großunternehmen ergänzende Aufgaben wahr. Diese konzentrieren sich auf die Kernbereiche, und bestimmte Leistungen werden „outgesourct". Dies gilt z. B. für die klassischen Industriezweige wie Auto, Elektronik, Ingenieurbau oder Industriebau, aber auch für die IuK-Technologien und damit eng verbundene wissensintensive Dienstleistungen. Diese Entwicklung hat in den neunziger Jahren einen „Boom" gerade bei den KMU ausgelöst und wirkte in alle anderen Produktions- und Dienstleistungsbereiche hinein. Die Zusammenarbeit zwischen innovativen KMU und Großunternehmen und das selbständige Erschließen von Märkten mittels hoch entwickelter Nischenprodukte durch KMU selbst tragen zu einem guten Klima für hervorragende Leistungen durch KMU bei.

Im Gegensatz dazu können in den meisten Entwicklungsländern (HIPC, LIC und LDC) Strukturen der privaten Wirtschaft, Formen der Arbeitsteilung, die Anforderungen einer offenen, wettbewerbsorientierten Weltwirtschaft noch nicht erreicht werden. Der Aufbau eines modernen organisierten und auf zukunftsfähige Produkte und Dienstleistungen spezialisierten KMU-Sektors, der sich am globalen Wettbewerb beteiligen kann, ist deshalb derzeit nur sehr begrenzt möglich, aber dennoch unverzichtbar. Entwicklungsländer müssen in die Lage versetzt werden, an Bildung, Innovationen und Wettbewerb teilzunehmen. Nur so ist die Schaffung von Arbeitsplätzen und die Etablierung tragfähiger Unternehmen zur Eindämmung der Armut möglich.

Die vielen, durchaus erfolgreichen Aktivitäten der Entwicklungsorganisationen zielen auf die oben beschriebenen Situationen ab und zeigen zwar langsamer als erwartet, aber dennoch erste Erfolge. Und dies nicht nur in den fortgeschrittenen, sondern auch in den ärmeren Entwicklungsländern. Die Modelle des „Private Public Partnership" (PPP) sind ein Beispiel, wie öffentliche Entwicklungsorganisationen mit privaten Unternehmen gemeinsam Projekte durchführen. Die GTZ z. B. arbeitet in über 50 Ländern an mehr als 200 PPP-Projekten, die einen nachweisbaren entwicklungspolitischen Nutzen haben und in den unterschiedlichsten Bereichen angesiedelt sind, z. B. in Bildung und Ausbildung, in der Schaffung von Management-Strukturen, im technischen Bereich, in der Qualifizierung und vor allem in der Infrastruktur. Immer mehr KMU beteiligen sich an diesen Projekten.

Dabei gibt es erste kleine Erfolge zu berichten. Mit Hilfe von PPP werden Ansätze hin zur positiven Veränderung erreicht. An einem Beispiel der IuK-Technik zeigt sich, dass gemeinsame internationale Anstrengungen zwar langsamer als erwartet zu ersten Erfolgen führen, aber spürbare Veränderungen bereits erreicht werden konnten. So hatten beispielsweise 1996 lediglich elf afrikanische Länder Zugang zum Internet, im März des Jahres 2000 waren es alle Länder des Kontinents mit Ausnahme von Somalia und Liberia. Durch die Einbeziehung eines privaten Unternehmens konnten vier Millionen Nutzer ans „Netz" gebracht werden. Diese vergleichsweise geringe Zahl darf nicht darüber hinwegtäuschen, wie viele Menschen davon profitieren. Ein Anfang ist gemacht, wenn in einem Dorf nur ein Anschluss besteht. Beobachtungen zeigen, dass dieser eine Anschluss bereits zu vielfältigen Aktivitäten in Kommunikation und im Geschäftsleben führt, an dem das gesamte Dorf seinen Anteil hat. Mit diesen ersten Schritten werden neue Zukunftsoptionen eröffnet.

In Zusammenarbeit mit der UNDP hat ein amerikanischer Marktführer Datennetze in Benin und neun anderen afrikanischen Staaten errichtet. Es wurden Zentren zur dringend benötigten Ausbildung qualifizierter Fachkräfte im Kommunikationsbereich errichtet. Dies ist nur ein Anfang. Für Entwicklungsländer ist es überlebenswichtig, neue Kommunikations- und Produktionstechniken nicht nur über *„Global Players"* in das Land zu transportieren, sondern mit eigenen *„Human Resources"* (vgl. Kapitel 5.2.1.2.1) und eine entsprechende Bildung/Ausbildung zu entwickeln.

Das Dilemma der Entwicklungsländer zeigt sich an einem anderen Beispiel: Bangladesh hat seinen Textilexport in 20 Jahren von 15 Millionen US-Dollar auf mehr als fünf Milliarden US-Dollar gesteigert. KMU haben dazu beigetragen, diese für das Land so wichtige Exportleistung zu erbringen. Diese Exportleistung beschreibt aber nicht, unter welchen sozialen und umweltrelevanten Voraussetzungen diese Leistung erbracht wird.

Diese Bedingungen sind u. a. Gegenstand der schwierigen WTO-Verhandlungen zur weiteren Öffnung der Textilmärkte. Einerseits brauchen die Entwicklungsländer Wirtschaftskraft, andererseits sind sie strukturell, sozialpolitisch und umweltpolitisch noch nicht in der Lage, die geforderten Sozial- und Umweltstandards der industrialisierten Welt erfüllen zu können. So wird dort die Forderung nach Mindeststandards als Protektionismus und Wachstumshemmnis empfunden.

Fortschritte für Beschäftigung und Abbau der Armut sind in den Entwicklungsländern nur mit einer Politik zu erreichen, die Voraussetzungen für Ausbildung und wirtschaftliches Wachstum schafft und die ihre Bevölkerung auch an technische und organisatorische Lernprozesse heranführt. Wachstum alleine führt allerdings nicht dazu, dass z. B. die Produktivität der informellen Arbeitsplätze wie auch des informellen Kleingewerbes automatisch erhöht wird und mit einem Teil der Volkswirtschaften verflochten werden kann. Deshalb ist es in Frage zu stellen, ob die direkte Förderung ausschließlich des bestehenden Kleingewerbes zukunftsfähig ist. Effektiver und vor allem nachhaltiger scheint eine Förderung beider Wirtschaftsbranchen zu sein. Zunächst ist das bestehende Kleingewerbe so zu qualifizieren, dass es den „heimischen" Markt auch mit den „traditionellen" Waren versorgen kann. Die heimischen und regionalen Märkte dürfen nicht vergessen werden. Aber mit jenem Teil der KMU, der in der Lage ist, in Zukunftsgewerbe zu investieren, sind entsprechende Unternehmensstrukturen aufzubauen, die helfen, den Strukturwandel zu bestehen. Die Unternehmen müssen wettbewerbsfähig werden und erfolgreiche Formen von Arbeitsteilung müssen entstehen. Diese Prozesse helfen sowohl bei der Stabilisierung der heimischen Märkte und öffnen Optionen für den globalen Markt.

Entwicklungszusammenarbeit kann mehr dazu beitragen, die Rahmenbedingungen für wirtschaftliches Wachstum zu verbessern, wenn sie neben einer hochrangigen Politik- und Systemberatung auf die Förderung eines zukunftsfähigen Mittelstandes setzt (modernere Produktionsmethoden auch für das heimische Kleingewerbe, intelligentere

Dienstleistungen, Zulieferer, Logistikdienstleister etc.). Dieser erzeugt durch Innovation und Spezialisierung positive Impulse für die nationalen Produktions- und Dienstleistungsbereiche. Hier sind insbesondere die Implementierung von geeigneten Anpassungsstrategien, Unternehmens- und Strukturplanungen zu fördern, die für den erfolgreichen Wettbewerb auf dem Weltmarkt unabdingbar sind.

3.7.3.4 Empfehlungen der Enquete-Kommission

Empfehlung 3-47 Unterstützung der von Frauen geführten KMU in den Entwicklungsländern

Der Aufbau eigener Existenzen über die Gründung von KMU durch Frauen in Entwicklungsländern soll über die wenigen Frauenprojekte hinaus weiter gefördert und ausgeweitet werden. Diese Förderung soll angesichts ihrer rechtlichen, sozialen und gesellschaftlichen Situation in vielen Entwicklungsländern die Unterstützung der Frauen beim Zugang zu Ausbildung, zu eigener Geschäftsfähigkeit, zu Besitzrechten an beweglichen und unbeweglichen Gütern und zu eigener sozialer Sicherung einschließen.

Empfehlung 3-48 Förderung von Kooperationen transnationaler Unternehmen mit KMU in Entwicklungsländern

Kooperationen von transnationalen Unternehmen mit KMU in Entwicklungsländern sind insbesondere für den Technologietransfer in die Entwicklungs- und Schwellenländern von besonderer Relevanz. Dieser Technologietransfer leistet wichtige Impulse für die wirtschaftliche Entwicklung in diesen Ländern. Ziel des Ausbaus dieser Kooperation soll eine kontinuierliche Entwicklung lokaler Unternehmen sein. Bereits existierende Programme internationaler Organisation hierzu sollten unterstützt und weiter ausgebaut werden.

Kasten 3-3

Beispiel der Förderung von Kooperationen

Biologischer Mango-Anbau sichert in Mali die Ressourcen einer ganzen Region

In deutschen Naturkosthäusern stehen getrocknete Südfrüchte aus biologischem Anbau hoch im Kurs. Eine Firma aus Darmstadt importiert derzeit die begehrten Waren aus Burkina Faso, wo die Gesellschaft Früchte ankauft und vor Ort weiterverarbeiten lässt. Weil die Nachfrage das Angebot deutlich übersteigt, will das Unternehmen seine Aktivitäten in das benachbarte Mali ausdehnen.

Dort gibt es zwar einen großen Bestand an Mangobäumen mit Früchten von hoher Qualität, aber keinerlei Know-how über kontrolliert biologischen Anbau, Vermarktung und Qualitätsanforderungen im Export. Da das Unternehmen in Mali weder über eine Beraterstruktur noch über das Know-how für Aus- und Weiterbildung von Multiplikatoren und Kleinbauern verfügt, hat es die Kooperation mit einer Entwicklungsorganisation (GTZ) gesucht.

Nun schaffen dieses Unternehmen und die GTZ gemeinsam die Infrastruktur und das Know-how für den biologischen Anbau, während den Bauern über Abnahmegarantien höhere Einkommen in Aussicht gestellt werden können. Ferner werden Weiterverarbeitungsbetriebe aufgebaut, die lokale Arbeitskräfte ausbilden und einstellen. Da alles kontrolliert und zertifiziert wird, können sich die Verbraucher in Deutschland bald über ein zusätzliches Angebot an Trocken-Südfrüchten aus garantiert biologischem Anbau freuen.

Hinweise zum Projekt: Mali verfügt über ein großes Potenzial für landwirtschaftliche Produkte. Doch die Mangobauern finden derzeit kaum Abnehmer für ihre Früchte. Das Trockenfrucht-Projekt fördert somit die Diversifizierung der landwirtschaftlichen Produktion.

Die Vorteile:

– Wirtschaftliche Nutzung von vorhandenen, aber bislang ungenutzten Ressourcen,
– Verbesserung der lokalen Aus- und Weiterbildung,
– Bessere Absatzchancen durch Zertifizierung und Kontrolle der biologischen Produktion,
– Stabile Erzeugerstrukturen für das Unternehmen.

Quelle: GTZ (2001).

3.8 Exkurs: Handelstheorien als Leitbilder
3.8.1 Eine kurze Geschichte des Freihandels
3.8.1.1 Britische Hegemonie und Freihandel

Wir beginnen unseren Durchgang durch die Geschichte des Freihandels naheliegenderweise mit einem Blick auf dessen Leitidee, Ricardos sogenannte Theorie der komparativen Kostenvorteile.

Sie geht bekanntlich davon aus, dass es für das Wohl der Menschheit das Beste sei, wenn jedes Land sich auf die Herstellung derjenigen Güter spezialisiert, für die es den vergleichsweise geringsten Arbeitsaufwand benötigt, und die anderen Güter durch den Handel erwirbt. Damit wird nicht nur das Prinzip der produktivitätssteigernden Arbeitsteilung, sondern auch das liberale Gesellschaftsprinzip auf die internationalen Beziehungen übertragen: „Bei einem System des vollkommen freien Handels wendet natürlich jedes Land sein Kapital und seine Arbeit solchen Zweigen zu, die jedem am vorteilhaftesten sind. Dieses Verfolgen des individuellen Vorteils ist bewundernswert mit dem allgemeinen Wohle des Ganzen verbunden" (Ricardo 1979: 114f.). Freilich hatte Adam Smith das auch schon so gesehen. Die Pointe Ricardos liegt jedoch in der Zuspitzung, dass der Handel sich selbst für die Länder lohnt, bei denen die Arbeitsproduktivität in allen Branchen entweder höher ist als bei den durchschnittlichen Konkurrenten oder bei denen sie in allen Branchen niedriger ist: Auch sie sollten sich spezialisieren, nämlich auf den Bereich, in dem die Produktivität komparativ – d. h. im Vergleich zwischen den Bereichen, in denen sie selber bisher tätig sind – am höchsten ist. „Zwei Menschen können beide Hüte und Schuhe erzeugen, und einer ist dem anderen in beiden Tätigkeiten überlegen. Aber in der Herstellung von Hüten kann er seinen Konkurrenten nur um ein Fünftel oder 20 Prozent überflügeln, und in der Schuherzeugung übertrifft er ihn um 1/3 oder 33 Prozent. Wird es nicht in beider Interesse liegen, dass der Überlegene sich ausschließlich mit der Schuherzeugung und der Unterlegene mit der Hutmacherei beschäftigt?" (Ricardo 1979: 117). Es sollen also alle am Handel teilnehmen, sowohl die, die der Meinung sind, sie seien auf allen Gebieten so überlegen, dass sie den Austausch nicht brauchen, als auch die, die aufgrund ihrer Unterlegenheit auf allen Gebieten der Meinung sind, sie könnten aus ihm keinen Vorteil ziehen. Keiner soll denken, er könne alles, und keiner soll denken, er könne nichts, sondern wirklich jeder soll sich im eigenen Interesse spezialisieren und zugleich erfahren, dass er die anderen braucht. Selbst der Stärkste hat relative Schwächen, braucht also Handelspartner, und selbst der Schwächste hat relative Stärken, mit denen er im Handel aufwarten kann. Alle können und sollen einbezogen werden, niemand muss und darf ausgeschlossen werden. Indem Ricardo so die Extreme einbezieht, will er eben deutlich machen, dass im freien Handel keiner Verluste erleidet: Es ist nie ein Nullsummenspiel, immer ein Positivsummenspiel.

Die Tragweite der Smith-Ricardoschen Idee zeigt sich daran, dass die Sozialwissenschaften aus ihr das Prinzip der modernen im Unterschied zur traditionellen Gesellschaft überhaupt hergeleitet haben: fortschreitende Rollendifferenzierung, Individualisierung und daher Zusammenhalt, Solidarität immer weniger aufgrund vorgegebener natürlicher Gemeinsamkeit, sondern nur als Anerkennung des anderen in seinem Anderssein.

Das ist die ideale Seite der Sache. Auf die reale Seite werden wir gestoßen durch das konkrete Beispiel, mit dem Ricardo seine These erläutert. Es ist der freie Handel zwischen England und Portugal, bei dem sich Portugal auf die Lieferung von Wein und England auf die von Tuch spezialisiert hat. Befremdlich ist aber das Beispiel noch nicht deshalb, weil es sich offenbar um sehr ungleiche Partner handelt. Denn darin liegt ja eben die Pointe Ricardos, am Extrem der Ungleichheit den Vorteil des freien Handels zu demonstrieren. Befremdlich ist, dass Ricardo die Dinge hypothetisch so darstellt, als sei Portugal sowohl in der Wein- als auch in der Tuchherstellung produktiver gewesen! Da nicht anzunehmen ist, dass er die Leser in diesem Punkt täuschen konnte, mag die Erklärung darin liegen, dass er auf einem hohen Abstraktionsniveau denkt und seine Beispiele spielerisch-willkürlich wählt. Das ist ihm auch im 19. Jahrhundert schon vielfach vorgeworfen worden. Aber diese Erklärung reicht nicht aus. Denn er nimmt ja nicht irgendein, sondern gerade dieses bekannte Beispiel und kehrt es um. Der Grund wird klar, wenn man seinen Text nicht mit der Brille der Ökonomielehrbücher, sondern unbefangen in seinem historischen Kontext liest. Sein Thema ist nämlich gar nicht eine „Lehre von den komparativen Kostenvorteilen", sondern die Frage, ob man über den Außenhandel die Profitrate steigern kann. Und seine Antwort ist, dass man das nur erreicht, wenn man die Nahrungsmittel billiger macht und so die Löhne senken kann. „Es war mein Bestreben, durch dieses ganze Werk zu zeigen, dass die Profitrate niemals anders als durch eine Senkung der Löhne erhöht werden kann und dass eine dauernde Senkung der Löhne nur durch ein Sinken der Preise der lebenswichtigen Güter, für welche die Löhne verausgabt werden, eintritt" (Ricardo 1979: 113). Wie man die Nahrungsmittel verbilligen konnte, das wusste aber jeder interessierte Leser: Indem man die kurz vor dem Erscheinen von Ricardos Buch, nämlich 1815 eingeführten hohen Kornzölle wieder senkte oder abschaffte! „Wenn wir anstatt unser eigenes Getreide anzubauen oder die Kleidung und die anderen lebenswichtigen Güter des Arbeiters selbst zu erzeugen, einen neuen Markt entdecken, durch den wir uns mit diesen Waren wohlfeiler versorgen können, so werden die Löhne fallen und der Profit wird steigen" (Ricardo 1979: 113). Im landwirtschaftlichen Bereich musste also endlich die Freiheit des Handels einziehen, denn bei den überlegenen Industriewaren verstand sie sich von selbst. Ricardo will demnach mit seinem konstruierten Fall zeigen, dass selbst bei einer absoluten Unterlegenheit Englands in beiden Bereichen eine Spezialisierung auf die komparativ stärkere Industrie im Handel mit Agrarländern vorteilhaft wäre. Und er nimmt damit natürlich Partei in dem langen Streit zwischen Landadel und Industriebürgertum, der erst ab 1846 zugunsten des letzteren beendet wurde: Die Hungersnot in Irland nach der Missernte von 1845 hatte demonstriert, dass Großbritannien seine wachsende Bevölkerung nicht mehr selber ernähren konnte. Also wurden die Einfuhrzölle auf Getreide (auch Baumwolle und andere Rohstoffe) endlich abgeschafft. Die Freihandelsbewegung hatte sich durchgesetzt. Die Fabrikanten aber reagierten ganz der Logik Ricardos gemäß mit einer Senkung der Löhne um bis zu 25 Prozent (Marx 1969: 300).

Noch in anderer Hinsicht ist das Beispiel Ricardos irritierend. Wusste er nicht, dass der „freie" Handel zwischen England und Portugal auf den berühmt-berüchtigten Methuen-Vertrag von 1703 zurückging, der schon im 18. Jahrhundert als Meisterleistung der britischen Diplomatie gesehen wurde, nämlich im Überlisten des Partners? (vgl. z. B. Smith 1975: 329f.). Er war sogar der klassische Fall jener merkantilistischen Verträge, die nur der Form nach auf Gegenseitigkeit beruhten, inhaltlich jedoch ganz bewusst auf die Schädigung des anderen zielten. Denn nach herrschender Lehre war der Schaden des anderen der eigene Gewinn und umgekehrt, weil man dem Wirtschaftkrieg gar nicht ausweichen konnte. So wurde Portugal nach dem Abkommen von 1703 derart mit englischen Tuchwaren überschwemmt, dass es mit seinem Weinexport nach England die Handelsbilanz nicht mehr ausgleichen konnte und mit brasilianischem Gold bezahlen musste – eine Katastrophe nach merkantilistischer Lehre. Smith (1975: 331ff.) sucht zu zeigen, dass es keine Katastrophe war. Zudem geriet der Portweinhandel selber unter englische Kontrolle. Drittens wurde Portugal der erste jener zahlreichen weiteren Absatzmärkte der expandierenden englischen Industrie, die eben darum zu keiner eigenen industriellen Entwicklung kamen (der Minister Marques de Pombal, der die Probleme erkannte und ihnen seit 1756 mit Reformen beikommen wollte, wurde 1777 auf Betreiben des Landadels entlassen und verbannt). So betrug das Bruttoeinkommen Portugals schon zur Zeit Ricardos nur noch ein Zehntel des britischen. Viertens war das Land seit dem Sieg Wellingtons über die Franzosen 1810 bis 1822 englisches Protektorat – also zum Zeitpunkt des Erscheinens von Ricardos „Grundsätzen". Ist der politische Status eines Protektorats demnach eine gute Voraussetzung für freien Handel? Warum nur wählt Ricardo dieses offensichtliche Gegenbeispiel zum freien Handel, um für diesen zu werben? Redet er ironisch, um nicht zu sagen zynisch? Der Grund könnte auch die schon erwähnte Abstraktheit seines Denkens sein, hier im Hinblick auf geschichtliche Zusammenhänge: Er sieht von ihnen ab, sie interessieren ihn einfach nicht. Aber beim Methuen-Vertrag und seinen Folgen ging es ja nicht um eine weit zurückliegende, belanglose, sondern um jüngste, durchaus aktuelle Vergangenheit! Es gibt wohl nur eine Erklärung: Der Sieger der Geschichte vergisst unwillkürlich und unbewusst, wie er zu seinem Sieg gelangt ist, und gibt ihm eine ideale, auch die Moral befriedigende Interpretation. Der, der den Krieg bzw. Wirtschaftskrieg in überwältigender Weise gewonnen, im Grunde alle unterworfen hat, proklamiert nun großmütig den Frieden bzw. eben den freien Handel, den er eigentlich immer schon gewollt habe. Denn das war doch die Situation, in der sich Großbritannien 1817 befand und die Ricardo zum Ausdruck brachte. Nachdem 1815 der Hauptkonkurrent Frankreich endgültig überwunden war, gab es in der Tat niemanden mehr, der Großbritannien wirtschaftlich wie in der Beherrschung der Meere noch ernsthaft infragestellen konnte. Zwar gab es auf dem Kontinent ein Gleichgewicht der Mächte, aber zur See ein eindeutiges englisches Machtmonopol. Schon nach Trafalgar verfügte die Royal Navy über mehr Kriegsschiffe als alle anderen Kriegsflotten der Welt zusammengenommen. Und schon 1800 war das Industrialisierungsniveau pro Kopf in Großbritannien doppelt so hoch wie im europäischen Durchschnitt (Kennedy 1989: 237).

Was man somit an Ricardos Text selber erkennen kann, ist der bemerkenswerte Sachverhalt, dass der freie Handel auf erfolgreichem Protektionismus beruht, wenn er auch diese seine dunkle Herkunft begreiflicherweise vergessen machen möchte.

Natürlich ist das nicht bloß an Ricardos Text zu erkennen, sondern zumal an der realen Geschichte. Großbritannien ist bis zur Mitte des 19. Jahrhunderts durchaus keinen eigenen, etwa auf den freien Handel zielenden Weg gegangen, sondern hat die merkantilistische Politik der anderen europäischen Staaten sehr wohl mitgemacht. Es konnte zum Initiator des Freihandels vielleicht sogar nur deshalb werden, weil es sie am konsequentesten praktiziert hat; jedenfalls – da glückliche Umstände auch hier mitgespielt haben – deshalb, weil es in dieser Politik am erfolgreichsten war.

Außer dem Methuen-Vertrag ist der sogenannte Navigation-Act von 1651 ein treffender Beleg für diese Tatsache. Ursprünglich gegen die holländische Handelsdominanz gerichtet, wurde das Gesetz auch beibehalten, als sie längst gebrochen war, und galt mit gewissen Modifikationen bis zur Einführung des Freihandels also rund 200 Jahre. Es besagte kurzgefasst: 1. Allen nichtenglischen Schiffen ist es „bei Strafe des Verlustes von Schiff und Ladung verboten", mit englischen Kolonien Handel zu treiben. 2. Das gleiche Verbot gilt für die Küstenschiffahrt und -fischerei Großbritanniens. 3. Europäische Waren dürfen ebenfalls nur auf englischen Schiffen oder auf denen des Herstellungslandes eingeführt werden (gegen den Zwischenhandel) (Smith 1975: 225). Gewiss hat sich England mit diesem Gesetz nicht besonders hervorgetan, denn Frankreich und schon Spanien haben ganz ähnliche Regelungen getroffen. Interessant ist jedoch, dass der Vorreiter der Freihandelslehre Adam Smith keine Bedenken hatte, die Regelung ausdrücklich zu begrüßen und ausführlich zu begründen. Zwar räumt er ein, „dass einige Bestimmungen dieser berühmten Akte auch aus nationaler Feindseligkeit hervorgegangen sein können. Sie sind jedoch ebenso klug, als ob sie alle von der wohlüberlegtesten Weisheit diktiert worden wären. Zu jener Zeit verfolgte nationale Feindseligkeit genau das gleiche Ziel, das die wohlüberlegteste Weisheit im Auge gehabt hätte: die Verminderung der Seemacht Hollands, der einzigen Seemacht, welche die Sicherheit Englands gefährden konnte." Smith erläutert auch sehr schön, weshalb die Akte für die Freiheit des Handels und den Wohlstand, den sie bringen kann, „nicht günstig" sei. Dennoch kommt er zu dem Schluss: „Da die Verteidigung jedoch von viel größerer Bedeutung als Reichtum ist, ist die Navigationsakte vielleicht die weiseste von allen Handelsbestimmungen Englands" (Smith 197: 226f.). Von daher erscheint es gar nicht mehr als Ironie der Geschichte, dass der Prophet des Freihandels nach dem großen Erfolg seines Werkes in Würdigung seiner wissenschaftlichen

Verdienste zum Zollkommissar von Schottland ernannt wurde. Denn für die Orientierung der politischen Praxis Englands hat seine Freihandelstheorie bis zur Mitte des 19. Jahrhunderts ohnehin kaum etwas bedeutet (Fieldhouse 1965: 66). Und das spiegelt sich eben in seiner eilfertigen Inkonsequenz.

Dass Großbritannien vielmehr in der merkantilistischen Politik besonders konsequent war, zeigt die Kolonisierung Indiens so deutlich, dass sich eine Erläuterung fast erübrigt.

Denn Indien war nicht irgendein Land der später so genannten Dritten Welt, sondern das Land, auf das sich wegen seines sagenhaften Reichtums schon seit dem 15. Jahrhundert die Sehnsüchte der europäischen Kolonialmächte richteten. Bekanntlich war die Entdeckung Amerikas ja gleichsam ein Nebeneffekt dieser Sehnsüchte und war noch das Ziel von Napoleons Ägypten-Expedition eigentlich Indien. Indem es seit der Schlacht von Plassey 1757 endgültig unter britischen Einfluss kam, war England sozusagen automatisch der Sieger unter den Kolonialmächten.

Der Sinn der merkantilistischen Kolonialpolitik bestand nun darin, die positive Handelsbilanz dadurch zu sichern, dass die abhängigen Gebiete Rohstoffe und Nahrungs- bzw. Genussmittel lieferten, selber aber kein Gewerbe entwickeln durften, sondern als Absatzmarkt für die Industrie des Mutterlandes dienten. Nur war das mit Indien lange Jahrhunderte nicht zu machen! Denn dort war die Nachfrage nach europäischen Fertigprodukten lächerlich gering, weshalb nicht einmal die Importe aus Indien durch Exporte gedeckt werden konnten. So wurde der Ostindischen Kompanie im 17. Jahrhundert vorgeworfen, Geld außer Landes zu lassen – eine Sünde wider den Heiligen Geist des Merkantilismus. Und ihre Verteidiger (Mun, Child) mussten den Engländern erklären, dass die Kompanie doch auch mit anderen Ländern noch Geschäfte mache, die wieder Geld hereinbrächten (Haussherr 1954: 220). Anfang des 18. Jahrhunderts aber konnte man dieser misslichen Situation nur dadurch Herr werden, dass man massive Einfuhrbeschränkungen zum Schutz der englischen Manufakturen verhängte (Fieldhouse 1965: 105).

Die Handelsverhältnisse begannen sich erst zugunsten Englands zu verändern, als das Mogul-Reich zunehmend zerfiel und die französische Ostindische Kompanie ihre Positionen nicht mehr behaupten konnte – also aufgrund politischer Machtverschiebungen. Jetzt konnten die Briten die indischen Streitigkeiten ausnutzen und immer größere Gebiete unter ihre Kontrolle bringen. Jedenfalls seit 1763 erfolgte die Kolonisierung nicht mehr hauptsächlich durch die private Ostindische Kompanie und bloß peripher, sondern unter staatlicher Einflussnahme, und sie erfasste bis etwa 1820 den ganzen Subkontinent. Dabei machte die Kompanie Gewinne, die sie durch den Handel allein niemals erzielt hätte (Fieldhouse 1965: 127).

Zumal aber konnten die Briten die Arbeitsteilung und den Austausch nun zu ihrem Vorteil umgestalten! Obwohl noch 1815 der indische Export von Baumwollwaren nach Großbritannien den Export in die umgekehrte Richtung bei weitem überwog (und zwar trotz der fortgeschrittenen Industrialisierung im Mutterland), war Großbritannien nun in der Lage, Indien zum Kauf seiner Stoffe zu zwingen – mit dem Ergebnis, dass das Land 1850, als der Freihandel seinen Siegeszug antrat, ein Viertel des gesamten Exports von Lancashire abnehmen musste und das eigene Gewerbe weitgehend verloren hatte. Vollendet war dieser Prozess allerdings erst, als England sich entschloss, in Indien die Produktion von Baumwolle und anderen landwirtschaftlichen Rohstoffen (Jute, Indigo, Opium) im Großen zu betreiben. Nun konnte Indien, das früher Baumwollwaren in die ganze Welt geliefert hatte, nur noch Rohbaumwolle ausführen, die in England verarbeitet und dann als Fertigprodukt wieder eingeführt werden musste. Und da die Landwirtschaft nicht mehr vorrangig der Ernährung der Bevölkerung diente, kam es immer wieder zu Hungersnöten (Bairoch 1973: 102).

Natürlich hatte diese Umkehrung des Handelsverhältnisses zwischen den beiden Nationen ihren Grund auch in der industriellen Überlegenheit Englands. Wäre sie demnach auch ohne koloniale Gewalt unter Freihandelsbedingungen eingetreten? Das ist erstens eine rein hypothetische, um nicht zu sagen sinnlose Frage. Denn sie setzt doch voraus, dass Indien nicht nur als selbständiger Staat weiterbestanden hätte, sondern auch freiwillig einer solchen Arbeitsteilung zugestimmt und darin sogar noch seinen Vorteil erkannt hätte! Zweitens war Indien noch im 18. Jahrhundert ein hochentwickeltes Land, das viele Bedingungen für den industriellen Fortschritt durchaus erfüllte: Seine Landwirtschaft war in der Lage, die notwendigen Überschüsse zu erzeugen. Es gab hochqualifizierte Fachkräfte nicht nur im Textilbereich, sondern auch in der Stahlproduktion oder im Schiffbau. Es gab genügend Geldreichtum für potentielle Investitionen und auch unternehmerische Initiative (vgl. Kennedy 1989: 42 f.). Drittens hätte sich die industrielle Überlegenheit Englands umgekehrt jedenfalls nicht in diesem Ausmaß entfalten können ohne die gewaltsam hergestellten Absatzmöglichkeiten. So musste Indien z. B. Stoffe aus Großbritannien einführen, weil die im Land für den eigenen Markt hergestellten Stoffe von der Kolonialmacht mit hohen Steuern belegt wurden. Ohne diese Maßnahme aber, meint die 1826 erschienene History of British India, „hätten die Mühlen von Paisley und Manchester gleich zu Anfang mit ihrer Arbeit aufgehört und wären kaum wieder in Bewegung zu setzen gewesen, nicht einmal durch Dampfkraft. Sie wurden durch die Opferung der indischen Hersteller geschaffen" (Chomsky 2001: 42). Die Mechanisierung der Weberei, die seit 1825 erfolgte, konnte erst „unter dem Anreiz der Außenmärkte stattfinden"; und der enorme Anstieg des Imports von Rohbaumwolle bzw. des Exports von Fertigbaumwolle führte zu Transportschwierigkeiten und so zum Bau der ersten Gütereisenbahn zwischen Manchester und Liverpool 1830 (Bergeron, Furet, Kosselleck 1974: 190 f.). Der Kolonialismus ist demnach nicht nur im Freihandel, sondern auch in der industriellen Entwicklung Englands als (eine) Voraussetzung enthalten.

Das muss den damaligen Liberalen übrigens sehr wohl bewusst gewesen sein. Denn bei aller Kritik am Kolonialismus im Allgemeinen (Disraeli 1852: „Diese verdammten

Kolonien ... sind ein Mühlstein um unseren Hals!") haben sie die Herrschaft über Indien seltsamerweise nie infragegestellt. „Sogar die entschiedensten Vertreter des Freihandels und des Laissez-faire wurden Manipulatoren von Zolltarifen und zu bürokratischen Planern, wenn es um Indien ging" (Eldridge 1998: 58).

Es ist wahr, dass die Liberalen schon seit Adam Smith und Jeremy Bentham („Emanzipiert eure Kolonien!" 1793) den Kolonialismus und eine kostspielige Außenpolitik überhaupt ablehnten. Als sie sich seit den 40er Jahren durchzusetzen begannen, gab Großbritannien in der Tat auch Kolonien frei (Kanada, Australien, später Südafrika) und wandte sich zugleich international gegen eine weitere koloniale Expansion.

Es ist jedoch ebenso wahr, dass England zur selben Zeit sein Kolonialreich – sozusagen im Selbstlauf – immer noch jährlich durchschnittlich um 250 000 qkm ausdehnte (Kennedy 1989: 246), und dass andere, nicht unmittelbar unter britischer Herrschaft stehende Regionen der Erde von der Wucht seines Exports getroffen wurden. Sie wurden zu einer Arbeitsteilung mit England gezwungen, die der merkantilistischen durchaus analog war. Man denke nur an den Opiumkrieg: Das große China sah gar keinen Grund, mit den westlichen Barbaren in intensiveren Austausch zu treten. Die Briten fanden aber heraus, dass Indien sich auch sehr kostengünstig auf den Anbau von Mohn spezialisieren ließ, der dann ins benachbarte China exportiert wurde. Begreiflicherweise unterband das chinesische Reich jedoch 1800 den Import, weil das Opium seiner Auffassung nach die Gesundheit der Bevölkerung gefährdete. Daraufhin wurde es lange Jahrzehnte eingeschmuggelt, bis 1838 ein rigoroser chinesischer Beamter große Mengen der Droge beschlagnahmen und alle ausländischen Warenkontore schließen ließ. Die Folge war, dass England China den Krieg erklärte, um die Öffnung der Häfen für den Drogenimport zu erzwingen, was ihm 1842 schließlich gelang. Auch etwa Ägypten oder die lateinamerikanischen Staaten, die sehr wohl über ein Industrialisierungspotential verfügten (Brasilien, Argentinien), gerieten unter den deindustrialisierenden Einfluss des Handels mit England.

Das war der reale Hintergrund, auf dem sich die Freihandelsidee durchsetzte. Großbritannien verband mit der Aufhebung der Kornzölle (1846) und der Navigationsakte (1849) die Hoffnung, dass die anderen europäischen Staaten seinem Beispiel folgen würden. Diese Hoffnung war nicht unbegründet, denn viele von ihnen verfügten ebenfalls über Kolonien, und aufgrund des langen Friedens waren die politischen Voraussetzungen günstig. In der Tat folgte Holland sofort, Spanien 1850, und mit dem Handelsvertrag von 1860 zwischen England und Frankreich (sog. Cobden-Vertrag) gelang über die Meistbegünstigungsklausel der Durchbruch für fast ganz Europa. Zahlreiche internationale Abkommen (z. B. zur Sicherung der Freiheit auf den Meeren) und die ersten Weltausstellungen vervollständigten das Bild des friedlichen Handels und Wandels (Palmade 1974: 120ff.).

Doch die Zeit des Glücks währte nicht lange. Schon nach der Wirtschaftskrise von 1873 lebte der Protektionismus wieder auf. Weil das neue Deutsche Reich von der Krise besonders betroffen war und über keine kolonialen Ausweichmöglichkeiten verfügte, wurde es zu seinem Vorreiter. 1879 beschloss der Reichstag hohe Zölle sowohl auf Eisenwaren als auch auf landwirtschaftliche Erzeugnisse. Als die deutsche Industrie daraufhin den Spitzenplatz in Europa eroberte, zogen ab 1890 die anderen Staaten nach. Auch Großbritannien spürte natürlich die deutsche und amerikanische Konkurrenz. Die 1881 gegründete „Fair Trad League" konnte sich aber nicht durchsetzen. Warum hielt England bis zum 1. Weltkrieg im Grunde am Freihandel fest, obwohl es sich bekanntlich am Imperialismus durchaus beteiligte? Weil das Empire einen riesigen geschützten Markt bildete, auf den es ausweichen konnte, wenn in Europa Marktanteile verloren gingen!

Wir halten fest, dass die Freihandelstheorie nach rund 200 Jahren protektionistischer Vorbereitung ganze 30 Jahre erfolgreich praktiziert wurde; und zwar exklusiv von den europäischen Staaten, die an der ersten industriellen Revolution teilnahmen.

3.8.1.2 Interregnum und Protektionismus

Die folgenden rund 70 Jahre (von 1879 bis zum GATT 1948) gehörten wieder ganz überwiegend dem Protektionismus, und wenn man bis zur Eingliederung der Entwicklungsländer oder der staatssozialistischen Länder in den Weltmarkt rechnet, waren es sogar über 100 Jahre. Was war der Grund für diesen Rückfall?

Nach dem, was wir zuletzt bemerkt haben, scheint er im Imperialismus der europäischen Staaten zu liegen, die sich jeweils große Teile des offenen Weltmarktes reservieren wollten und ihn damit zerstörten. Eine Hauptrolle spielte dabei das neu hinzugekommene Deutsche Reich, das sich mit der britischen Hegemonie nicht abfinden mochte. Wie aber, wenn diese Hegemonie gar keine imperialistische, sondern eine für die Menschheit wohltätige war? Gewiss wurde sie im eigenen Interesse ausgeübt, diente aber doch zugleich dem übergeordneten Zweck der Schaffung und Regelung des Weltmarkts! Und die anderen europäischen Mächte schnitten sich ins eigene Fleisch, indem sie England des Imperialismus verdächtigten, damit von seiner großen Aufgabe tatsächlich abbrachten und ihre borniere Konkurrenz an die Stelle des freien Handels setzten. So kam es zum „Bruderkrieg der zivilisierten Nationen".

Was hier kurz referiert wird, war die Auffassung von Woodrow Wilson, dem amerikanischen Präsidenten (1913 bis 1920), der das Sendungsbewusstsein der Vereinigten Staaten im 20. Jahrhundert wohl am überzeugendsten zum Ausdruck gebracht hat. Wilson verstand sich als entschiedener Gegner des Imperialismus, war zugleich jedoch ein großer Bewunderer des britischen Empire und beides stand für ihn nicht im Widerspruch zueinander. Denn wie anders hätte denn die Welt zusammengeführt und -gehalten werden können als durch eine solche konkrete Macht? Angesichts dessen, dass England durch den Weltkrieg nun geschwächt und nicht mehr wirklich fähig war, diese Ordnungsfunktion zu erfüllen, war der Vorschlag Wilsons bekanntlich die Einrichtung eines Völkerbundes. Aber auch hier war der Idealist durchaus realistisch. Schon seit Beginn des Weltkrieges hatten nämlich Vertreter der expandierenden amerikanischen Exportwirtschaft für eine solche „League of Great Nations" geworben. Und sie waren der Überzeugung, dass nun allein die USA dazu in der Lage seien, die globale Rolle der Engländer fortzuführen. „Wilsons Vision war die Wiederherstellung der ‚Pax Britannica' unter neuer Leitung" (Unger 1997: 8).

Wie wir wissen, ist er mit dieser Vision zunächst insofern gescheitert, als Amerika selber gar nicht dem Völkerbund beitrat, sondern zum Isolationismus zurückkehrte. Man berief sich bei der Ablehnung im Kongress auf Washingtons und Jeffersons Warnungen vor „verstrickenden Bündnissen". Was man eigentlich fürchtete war jedoch, dass der überlegenen amerikanischen Wirtschaft in einem solchen Bündnis Fesseln angelegt werden könnten – ein Motiv, das uns auch heute noch wohlbekannt ist. Wilson starb bald nach seiner Niederlage und blieb Jahre vergessen. Aber nach der Weltwirtschaftskrise und angesichts des 2. Weltkrieges besann man sich in den USA wieder auf ihn: Die Zeit zur Beerbung des britischen Empire schien jetzt endgültig gekommen. Noch Charter und Clinton haben sich auf Wilson berufen.

Was besagt das aber für unsere Frage nach dem Grund des langanhaltenden Protektionismus im 20. Jahrhundert? Der Hauptgrund war offenbar die unentschiedene Situation im langen Hegemonialkampf zwischen England und den USA, der durch ihre politischen Bündnisse nur verdeckt wurde.

3.8.1.3 Amerikanische Hegemonie und Freihandel

Es ist bekannt, dass die Vereinigten Staaten Japan immer wieder wegen seiner Verstöße gegen Freihandelsprinzipien kritisieren. Anfang der 90er Jahre, als die japanische Konkurrenz geradezu bedrohlich schien, gab es in den USA zugleich eine intensive wissenschaftliche Debatte darüber, worauf denn diese illiberalen Züge des japanischen Wirtschaftssystems zurückzuführen seien. In dieser Debatte wurde bezweifelt, dass das System seine Wurzeln in der eigenen kulturellen und politischen Tradition habe und auf die außerordentliche Lern- und Anpassungsfähigkeit der Japaner gegenüber der westlichen Zivilisation hingewiesen. So sei es in Bezug auf die außenwirtschaftliche Strategie der deutsche Volkswirtschaftler Friedrich List gewesen, an dem sie sich orientiert habe.

Wir erinnern uns: Friedrich List war insofern der bedeutendste Kritiker der Freihandelsdoktrin, als er sie mit der Entwicklungsproblematik (wie sie im 20. Jahrhundert erst genannt wurde) konfrontierte. Wie wir sahen, lag die Pointe von Ricardos Theorie gerade darin, sogar extreme Entwicklungsunterschiede zwischen Ländern nicht infrage zu stellen, sondern als gegeben hinzunehmen und zu zeigen, wie sie fruchtbar gemacht werden können für das „Wohl der Menschheit".

Zu diesem Akzeptieren der Unterschiede war List nicht bereit, denn er sah, dass die so verstandene internationale Arbeitsteilung allzu viel mit dem „Teile und herrsche" Großbritanniens zu tun hatte. Zum Wohl der Menschheit gehörte für ihn, dass möglichst viele Nationen „eine möglichst gleiche Stufe der Industrie und Zivilisation" erreichen mussten, und dazu war seiner Meinung nach ein befristeter Protektionismus („Erziehungszoll") gegenüber der Exportmacht Englands unumgänglich. List lehnte also den Freihandel nicht pauschal ab, sondern hielt seine Durchsetzung ohne Entwicklungspolitik für verfrüht und kontraproduktiv. „Dem System der Schule liegt also eine wahre Idee zugrunde – eine Idee, welche die Praxis nicht verkennen darf, ohne auf Abwege zu geraten. Nur hat die Schule unterlassen, die Natur der Nationalitäten und ihre besonderen Interessen und Zustände zu berücksichtigen und sie mit der Idee der Universalunion und des ewigen Friedens in Übereinstimmung zu bringen. Die Schule hat einen Zustand, der erst werden soll, als wirklich bestehend angenommen. Sie setzt die Existenz einer Universalunion und des ewigen Friedens voraus und folgert daraus die großen Vorteile der Handelsfreiheit. Auf diese Weise verwechselt sie die Wirkung mit der Ursache. Dass aber unter den bestehenden Weltverhältnissen aus allgemeiner Handelsfreiheit nicht die Universalrepublik, sondern die Universaluntertänigkeit der minder vorgerückten Nationen unter die Suprematie der herrschenden Manufaktur-, Handels- und Seemacht erwachsen müsste, dafür sind die Gründe sehr stark und nach unserer Ansicht unumstößlich. Ein Verein der Nationen der Erde, wodurch sie den Rechtszustand unter sich anerkennen und auf die Selbsthilfe Verzicht leisten, kann nur realisiert werden, wenn viele Nationalitäten sich auf eine möglichst gleiche Stufe der Industrie und Zivilisation, der politischen Bildung und Macht emporschwingen" (List 1982: 142). Entsprechend wollte er auch keineswegs zum Merkantilismus zurück: Die Entwicklung der eigenen Industrie dient in seinem „System" nicht dazu, um durch Importsubstitution oder Exportsteigerung die finanzielle Macht der Nation zu stärken, sondern ist in gewisser Hinsicht Selbstzweck, nämlich wesentlicher Teil der Entwicklung der „produktiven Kräfte". Auf sie kommt es nach List an, weshalb er sich konsequenterweise auch gegen die Reduktion von „Reichtum" auf Tauschwert wendet und z. B. Bildung und Forschung in den Begriff einbezieht. Was er meint, berührt sich sehr stark mit dem heutigen Begriff „systemische Wettbewerbsfähigkeit", wie die folgende, zugleich unterhaltsame Polemik gegen den Vulgärliberalismus („die Schule") zeigt: „Wer Schweine erzieht, ist nach ihr ein produktives, wer Menschen erzieht, ein unproduktives Mitglied der Gesellschaft. Wer Dudelsäcke oder Maultrommeln zum Verkauf fertigt, produziert; die größten Virtuosen, da man das von ihnen Gespielte nicht zu Markte bringen kann, sind nicht produktiv. Der Arzt, welcher seine Patienten rettet, gehört nicht in die produktive Klasse, aber der Apothekerjunge, obgleich die Tauschwerte oder die Pillen, die er produziert, nur wenige Minuten existieren mögen, bevor sie ins Wertlose übergehen. Ein Newton, ein Watt, ein Kepler sind nicht so produktiv als ein Esel, ein Pferd oder ein Pflugstier, welche Arbeiter in neuerer Zeit von Herrn McCulloch in die Reihe der produktiven Mitglieder der menschlichen Gesellschaft eingeführt worden sind" (List 1982: 158).

Nun wird in jener amerikanischen Debatte immerhin erwähnt, dass List wiederum durch Erfahrungen beeinflusst sei, die er in den USA gemacht habe, wohin er 1825 auswandern musste. In der Tat schreibt er selber im Vorwort zu seinem Hauptwerk, dass ihm das Leben in den USA den Gedanken der stufenweisen Entwicklung der Volkswirtschaft gelehrt habe. Aber das ist nicht alles. Schon zwei Jahre nach seiner Einwanderung wurde er berühmt durch die Veröffentlichung von „Zwölf offenen Briefen" an den Präsidenten einer einflussreichen Gesellschaft in Philadelphia, in denen er die liberale Ökonomie kritisierte und die Grundzüge seiner eigenen Theorie darstellte (List 1982: XVIIf.). Wieso wurde er dadurch sofort berühmt? Weil die Vereinigten Staaten selber gerade zu dieser Zeit sehr hohe Zollmauern aufrichteten, die unter dem Namen „American System of Political Economy" in die Geschichte eingingen! Die Parallele zum Titel des Listschen Hauptwerkes dürfte auffallen. Aber das war so neu nicht in der amerikanischen Politik. Schon zu Beginn des 19. Jahrhunderts bestand die wichtigste Maßnahme zur Überwindung der Rückständigkeit gegenüber Großbritannien in der Einführung von Schutzzöllen. Und sie wurden noch erhöht, als nach dem Krieg von 1812 bis 1815 eine Flut billiger britischer Textilien die junge Textilindustrie in Massachusetts zu erdrücken drohte (Adams 1977 171). Die theoretischen Grundlagen für diesen massiven Protektionismus aber waren schon 1790 von Alexander Hamilton, dem ersten amerikanischen Finanzminister, gelegt worden. In seinem „Report on Manufactures" stellte er nämlich klar, dass von einer wirklichen Unabhängigkeit der Neuenglandstaaten erst dann die Rede sein kann, wenn sie nicht mehr von Importen aus dem ehemaligen Mutterland abhängen, sondern ihre eigenen Manufakturwaren herstellen würden. Hier taucht zum ersten Mal das Listsche Argument des Erziehungszolls auf (Menzel 1992: 81). Symbolischen Ausdruck gab George Washington selber dieser Einsicht, indem er am Tag seiner Inauguration 1789 bewusst Kleidung von inländischem Tuch trug, „um" – wie eine New Yorker Zeitung schrieb – „in der einfachen und ausdrucksvollen Weise, die diesem großen Manne eigen ist, allen seinen Nachfolgern im Amte und allen künftigen Gesetzgebern eine unvergessliche Lehre zu geben, auf welche Weise die Wohlfahrt des Landes zu befördern sei" (List 1982: 115).

Wenn also die Vereinigten Staaten heute Japan wegen seiner Unzuverlässigkeit in Freihandelsfragen kritisieren, so kritisieren sie zugleich ihre eigene Vergangenheit, und da ihre Gegenwart auf ihrer Vergangenheit beruht, so kritisieren sie eigentlich sich selbst. Warum tun sie das jedoch faktisch nicht? Hier spielt zunächst wieder das unwillkürliche Vergessen der Sieger eine Rolle, das wir oben schon bemerkt haben: Auch wenn ich gestern noch dasselbe getan habe, was der andere heute tut, und davon auch heute noch lebe, so kann es doch nicht dasselbe gewesen sein – sonst wäre ich ja nicht der Sieger. Hinzu kommt natürlich, dass der andere, indem er heute das tut, was ich gestern tat, mir den Spiegel vorhält, mich an meine eigene dunkle Herkunft peinlich erinnert. Und wenn er mit seiner Imitation auch noch Erfolg hat, wird er sogar zum gefährlichen Konkurrenten. Die Härte der Konkurrenz erlaubt es aber nicht, sich selbst zu kritisieren, denn das hieße ja, sich selbst zu schwächen.

So ist nicht nur die Ungleichzeitigkeit in der Entwicklung der Nationen, sondern zumal die Tatsache, dass sie in der Freihandelstheorie und -politik so wenig berücksichtigt wird (eben im Prinzip Gleichzeitigkeit vorausgesetzt wird), eine wesentliche Ursache politischer Konflikte.

Als in Europa der Freihandel die öffentliche Debatte zunehmend bestimmte und sich ab Mitte des 19. Jahrhunderts schließlich durchsetzte, blieben die USA ungerührt „Mutterland und Bastion des modernen Protektionismus" (Bairoch). Das ist zunächst schwer zu begreifen, weil der Liberalismus im wirtschaftlichen und politischen Leben der Vereinigten Staaten selber ja noch ausgeprägter war als im viktorianischen England. Es findet aber seine Parallele in der starken Tradition des Isolationismus. Offiziell wurde dieser Widerspruch zwischen Innen- und Außenverhältnis damit gerechtfertigt, dass die USA groß und reich genug seien, um innerhalb ihrer Grenzen die Vorteile des freien Handels genießen zu können und einen umfangreichen Außenhandel gar nicht brauchten (Adams 1977: 174).

Der Hauptgrund war aber natürlich das gegenüber Großbritannien genau umgekehrte Interesse des Nachzüglers. Es trat im Bürgerkrieg (1861–65) noch einmal klar zutage: Während es in England die Industrie gewesen war, die für den Freihandel, d. h. die Abschaffung der Zölle auf landwirtschaftliche Produkte und Rohstoffe eintrat, war in den USA gerade der im industriellen Aufbau begriffene Norden an Schutzzöllen interessiert und der landwirtschaftliche Süden am Freihandel, d. h. am Export von Baumwolle und Getreide nach England. Der Bürgerkrieg war also nicht nur ein Kampf um die nationale Einheit und die Sklavenbefreiung, sondern zumal eine Auseinandersetzung um die künftige Stellung der Vereinigten Staaten in der Weltwirtschaft.

Da die Schutzzollpolitik des Nordens gesiegt hatte, waren die USA in der Lage, ihren Rückstand gegenüber Großbritannien zügig aufzuholen und sich nach dem Ende der Freihandelsperiode in Europa an der imperialistischen Politik der Großmächte zu beteiligen. Dabei ging es ihnen gewiss nicht zuerst um Krieg und Kolonialbesitz (was beides allerdings nicht ausblieb), sondern um die Erschließung neuer Märkte und eine indirekte, finanzielle Kontrolle über andere Länder. Der ehemalige Außenminister Foster 1900 im „Independent": „Welche Meinungsverschiedenheiten unter den Bürgern Amerikas hinsichtlich der Politik der territorialen Expansion auch bestehen mögen, alle scheinen darin übereinzustimmen, dass eine kommerzielle Expansion wünschenswert ist. Tatsächlich ist es für uns zu einer Notwendigkeit geworden, neue und größere Märkte für unsere landwirtschaftlichen und industriellen Produkte zu finden. Ohne sie können wir nicht unsere gegenwärtige industrielle Prosperität aufrechterhalten" (Williams 1973: 55). Es ging also nicht um die Freiheit des Handels, sondern um dessen Erzwingung bei anderen.

Ein Beispiel ist die Politik der „Offenen Tür" in Südostasien. Hier erzwangen die USA schon 1853 mit der Drohung eines Bombardements die Öffnung Japans für amerikanische Exporte – allerdings mit dem ungewollten Nebeneffekt, dass sich Japan nun seiner ökonomischen

Situation bewusst wurde und mit den Meiji-Reformen die Modernisierung nach Hamilton-Listschem Rezept begann, die es ab dem Ersten Weltkrieg allmählich zum gefährlichen Konkurrenten machte. Erfolgreicher im Sinne des Imperialismus waren die USA, als sie 1899/1900 die Zustimmung aller Großmächte (außer Russland) zu ihren Open-Door Notes in Bezug auf China gewinnen konnten. Nun durften auch sie sich an der Ausplünderung dieses politisch ohnmächtigen Riesen beteiligen und dies mit Truppen absichern, die 30 Jahre dort blieben. Die Politik der Offenen Tür erhielt über Asien hinaus grundsätzliche Bedeutung im 20. Jahrhundert.

Ein anderes Beispiel ist die Wandlung, die die sogenannte Monroe-Doktrin erfahren hat. 1823 hatten die jungen Vereinigten Staaten mit ihr den Versuch der Hl. Allianz abwehren wollen, sich auf Seiten der spanischen Krone in den Unabhängigkeitskrieg der Kolonien in Lateinamerika einzumischen („Amerika den Amerikanern!"). 1904 wurde sie unter dem Druck der Geschäftswelt uminterpretiert in eine Proklamation des Rechts der USA, den lateinamerikanischen Markt allein zu beherrschen (Williams 1973: 277). Und diese Politik des „Closed Door" wurde auch schrittweise umgesetzt: zunächst in der Karibik und Mittelamerika, nach der Schwächung Englands durch den 1. Weltkrieg dann in Südamerika („Dollar-Diplomatie"), nach dem 2. Weltkrieg schließlich institutionalisiert in der Organization of American States (OAS).

Wie wurde sie umgesetzt? Sowohl wirtschaftlich als auch militärisch. So musste England nach dem 1. Weltkrieg mit einem Großteil seines Auslandskapitals die amerikanischen Waffenlieferungen bezahlen. In den 20er Jahren stand Lateinamerika weltweit an der Spitze der Importeure von US-Kapital. Zudem wurde über die Hälfte der Stahl- und Baumwollexporte der USA von Lateinamerika abgenommen. Zwischen 1900 und 1933 kam es aber auch zu zahlreichen militärischen Interventionen: viermal auf Kuba, zweimal in Nicaragua, sechsmal in Panama, siebenmal in Honduras, zweimal in Mexiko und einmal in Guatemala (Biermann 2000: 11).

Das einscheidendste Ereignis der Geschichte des Freihandels war zweifellos die Weltwirtschaftskrise 1929 und in den Folgejahren, die zu einem Schrumpfen des Welthandels um fast 70 Prozent und damit weit hinter den Stand vor dem 1. Weltkrieg führte. Sie interessiert uns hier aber nur in zweierlei Hinsicht: Da sie von den Vereinigten Staaten ausging, war sie erstens der indirekte Beweis, dass das Zentrum der Weltwirtschaft sich endgültig dorthin verlagert hatte. Da dieses Zentrum sich jedoch als nicht tragfähig erwies, offenbarte die Krise zweitens ein gravierendes Versagen der herrschenden klassischen Außenhandelstheorie. Denn diese behauptete ja eine Selbstregulierung des Weltmarkts, wo offensichtlich enormer Regulierungsbedarf bestand. Gerade in dieser Phase, als England zur Regulierung nicht mehr und die USA dazu noch nicht in der Lage waren, hätte sich doch die Fähigkeit des Marktes zur Selbstregulierung bewähren müssen! Der Grund des Versagens war, dass die Theorie die Regulierung durch Großbritannien stillschweigend vorausgesetzt hatte. Andererseits hatte aber auch List die Frage nicht beantwortet, was denn zu geschehen habe, wenn die Nachzügler ihren Rückstand aufgeholt haben und eine gewisse Gleichheit des Entwicklungstandes erreicht ist.

Diese unentschiedene Situation trieb die Mächte in den 30er Jahren zur Bildung von exklusiven Wirtschaftsblöcken: der panamerikanischen Freihandelszone der USA, dem britischen Sterling-Block, der ostasiatischen „Wohlstandsphäre" Japans, der südosteuropäischen Großraumwirtschaft des Deutschen Reiches. Und sie trieb sie schließlich dazu, am friedlichen Handel überhaupt zu verzweifeln und die Entscheidung im Krieg zu suchen. (Von der völkerrechtlichen Frage der Kriegsschuld ist hier natürlich abstrahiert.) Niemand glaubte mehr an die Freiheit des Handels – bis auf die Vereinigten Staaten, die sie bis zu diesem Zeitpunkt nie praktiziert hatten, aber nun zuversichtlich sein konnten, als Sieger aus dem Weltkrieg hervorzugehen. In der Atlantik-Charta, in der sie sich mit Großbritannien über die Kriegsziele verständigten, tauchte der freie Welthandel zum ersten Mal als wesentliches Element der Nachkriegsordnung auf, und zwar eingebracht von den USA, um den britischen Sterling-Block aufzubrechen! Das war also gleichsam der Zeugungsakt der zweiten, bis heute anhaltenden Freihandelsperiode. Dass innerhalb des Bündnisses der lange währende Kampf zwischen beiden Mächten zu Ende geführt wurde, bestätigte sich 1944, als Großbritannien sich weigerte, dem Bretton-Woods-System beizutreten, weil es seine Sterlingzone erhalten wollte. Daraufhin kündigten die USA 1945 sofort nach der Kapitulation Japans das Land-Lease-Abkommen mit England und zwangen es mit einem neuen Kreditvertrag zum Beitritt (Biermann, 117 f.).

Nach rund 150 Jahren hatten die USA mit fast 50 Prozent Anteil an der Weltindustrieproduktion die Monopolstellung erlangt, die es ihnen erlaubte, der Welt die freie Konkurrenz zu verkünden. „Es waren nicht die intellektuellen Vorzüge der Freihandelslehre, die alle Beteiligten schließlich zum Einlenken bewegten. Tatsächlich ist der gegenwärtige Weltmarkt ein von Menschen – man darf sagen: von Amerikanern – geschaffenes Gebilde, das Ergebnis von über 50 Jahren amerikanischer Diplomatie, amerikanischen Druck und amerikanischer Bereitschaft, den US-Markt zuerst und am weitesten zu öffnen" (Luttwak 1999: 236). Denn Großbritannien und andere europäische Länder neigten in der Nachkriegszeit wegen ihrer Devisenknappheit und Arbeitslosigkeit begreiflicherweise zu mehr Marktintervention. Der weit härtere Widerstand, der den USA erwachsen war, kam aber jetzt von der Sowjetunion mit ihrem ganz anderen System einer nachholenden Entwicklung! So war es sicher kein Zufall, dass das Allgemeine Zoll- und Handelsabkommen (GATT) genau zu Beginn des Kalten Krieges 1948 in Kraft trat und dass die größten Fortschritte im Abbau von Handelshemmnissen genau auf dem Höhepunkt des Kalten Krieges erreicht wurden („Kennedy-Runde" 1964 bis 1967). „Das stärkste Motiv für die Liberalisierung des Welthandels, stärker noch als die wirtschaftlichen Vorteile, die immer gegen die Nachteile abgewogen werden mussten, war stets politischer und strategischer Natur. So war GATT immer als wirtschaftliches Pendant zur gegen die Sowjetunion gerichteten westlichen Allianz gemeint" (Luttwak 1999: 237).

Als die USA unter Reagan zum „letzten Gefecht" gegen die Sowjetunion antraten, taten sie dies bekanntlich unter lautstarker Berufung auf die liberale Tradition. Ein eher komisches, aber sehr sprechendes Symbol dafür war es, dass viele Angehörige der Administration damals Krawatten mit dem Bild von Adam Smith trugen. Dass sie allerdings mit ihren ungeheuren kreditfinanzierten Rüstungsanstrengungen zugleich eindeutig gegen diese Tradition verstießen, mag noch aus der Situation des Kalten Krieges zu erklären sein. Wie ist es aber zu erklären, dass unter Reagan, dem Nachkriegspräsidenten mit der leidenschaftlichsten Liebe zum Laissez faire, der größte Umschwung zugunsten des Protektionismus stattfand, den es seit den dreißiger Jahren gegeben hat? Der Grund war natürlich die schon erwähnte überlegene japanische Konkurrenz, die die amerikanische Stahl-, Auto-, Werkzeugmaschinen- und Halbleiterindustrie bedrohte. Aber gelten die Gebote des freien Handels nur für die anderen, nicht für den, der sie propagiert und durchsetzen will? Offensichtlich bricht im Ernstfall der Protektionismus, auf dem der Freihandel historisch beruht, wieder unverhüllt hervor. Ein wissenschaftlicher Mitarbeiter des GATT-Sekretariats schätzt, dass die Auswirkungen der unter Reagan beschlossenen Handelsbeschränkungen dreimal so hoch waren wie die anderer führender Industrieländer (Greider 1998: 245, Chomsky 2001: 83).

Die harte Lehre der Weltwirtschaftskrise war, dass der Markt wesensmäßig einer politisch-rechtlichen Rahmensetzung bedarf. Der Weltmarkt, der eines solchen festen Rahmens bis heute entbehrt, trägt daher seinen Namen eigentlich zu unrecht. Die Lösung, die nach dem Weltkrieg – und in gewissem Sinne sogar durch ihn – zunächst gefunden wurde, bestand darin, dass einer, nämlich der nunmehr mächtigste der Marktteilnehmer die Aufgabe der Rahmensetzung übernahm. Aber das war deshalb nur eine provisorische Lösung, weil es diesem Mächtigsten ja überlassen blieb, zwischen seinem nationalen Interesse als Marktteilnehmer und dem übernationalen Interesse an einer gerechten Ordnung zu unterscheiden, und weil es von vornherein unwahrscheinlich war, dass er dazu in der Lage sein würde. Wahrscheinlich würde er sein nationales Interesse immer wieder mit dem der Völkergemeinschaft verwechseln, ja seine übernationale Aufgabe nur dazu benutzen, sein eigenes Interesse besser durchzusetzen. So ist es, wie wir am Beispiel Reagans gesehen haben, auch gekommen. Außerdem war aber aller geschichtlichen Erfahrung nach zu erwarten, dass der betreffende Marktteilnehmer seine herausragende Stellung gar nicht dauerhaft würde erhalten können, sondern eher Nachholanstrengungen bei anderen provozieren würde. Denn es ist für die anderen Länder ja nicht hinnehmbar, um des lieben Friedens willen Wettbewerbsnachteile zu erleiden und auf eigene Entwicklung zu verzichten. Auch unter diesem Listschen Gesichtspunkt der Chancengleichheit drängt sich somit die Frage nach einer unabhängigen übernationalen Instanz zur Regulierung des Welthandels auf.

Die seit Anfang 1995 bestehende Welthandelsorganisation (WTO) ist der Versuch, eine solche Instanz einzurichten. Sie geht auf eine gemeinsame Initiative der EU und Kanadas zurück, die sich gegen die eben charakterisierte Doppelrolle der USA als Marktteilnehmer und zugleich Regulator richtete. Zum Beispiel hatten die Vereinigten Staaten immer wieder versucht, durch die Drohung mit Importverboten und anderen Handelsbegrenzungen das Wohlverhalten anderer Staaten (Südkorea, Brasilien, EU) zu erzwingen. Die WTO sieht nun ein gegenüber dem GATT sozusagen umgekehrtes Streitschlichtungsverfahren vor: Während früher ein Land nur verurteilt werden konnte, wenn alle Mitglieder – einschließlich des betroffenen Landes – zustimmten, ist jetzt der Schiedsspruch immer gültig, es sei denn, er wird von allen Ländern einstimmig abgelehnt. Und die Verurteilung ist mit der Verhängung von Sanktionen verbunden.

Wie reagierten die USA auf diesen Ausbau der internationalen Ordnung? Mit der allerdings naheliegenden Kritik, er laufe auf eine Verletzung ihrer nationalen Souveränität hinaus. Clinton konnte die Ratifizierung des WTO-Beitritts im Kongress nur dadurch erreichen, dass er den Wiederaustritt zusicherte, falls die Vereinigten Staaten dreimal vor dem Schiedsgericht angeklagt würden. Der Austritt der USA wäre aber das Ende der Organisation.

3.8.2 Erwiderung zu „Eine kurze Geschichte des Freihandels"

Es ist offenkundig, dass relative Machtpositionen in Außenbeziehungen von Staaten eine elementare Rolle spielen. Es gibt auch keine ökonomische Theorie, die ernsthaft den Anspruch erheben würde, empirisch in der Realität in reiner Form beobachtet werden zu können. Allerdings war das Denken von Adam Smith und David Ricardo in hohem Maße von dem Bestreben geleitet, Verhaltenshypothesen empirisch zu untermauern. Man unterliegt aber einem logischen Fehlschluss, wenn man aus der Tatsache, dass Ricardo seine Theorie der komparativen Kostenvorteile empirisch auf die Handelsbeziehungen zwischen England und Portugal stützt, ableitet, dass die Freihandelstheorie auf erfolgreichen Protektionismus beruhe. Die Wahl von Portugal und England durch David Ricardo als Beobachtungsgegenstand ist in der Tat normativ, aber wohl dadurch motiviert, dass es hier um seinerzeit besonders enge und gut nachvollziehbare Handelsbeziehungen zwischen zwei unterschiedlichen Volkswirtschaften ging. Diese Entwicklung war sicher auch auf den Methuen-Vertrag zurückzuführen, bedeutete aber nicht zwangsläufig, dass Ricardo die zu Grunde liegenden Motive der englischen Außenhandelsdiplomatie gebilligt hätte.

Politisch mag Kolonialismus im Einzelfall ein Bestimmungsgrund für den Ruf in bestimmten Volkswirtschaften nach Freihandel gewesen sein; für die analytische Qualität der Theorie der komparativen Kostenvorteile ist er hingegen ohne Belang.

Es ist auch nicht zulässig, das Prinzip der komparativen Vorteile und das Argument des Erziehungszolls von Friedrich List in der dargestellten Art miteinander in Verbindung zu bringen. Die Theorie der komparativen Vorteile ist keine Entwicklungstheorie und erhebt diesen Anspruch auch nicht. Sie besagt lediglich, wie in offenen Volkswirtschaften die vorhandenen Produktionsfaktoren miteinander kombiniert werden sollen, damit eine optimale Allokation der Ressourcen bei Freihandel resultiert. Es ist somit im Wesentlichen eine statische Betrachtungsweise. Eine Volkswirtschaft kann den Zustand der optimalen Allokation prinzipiell auf jedem beliebigen Niveau der wirtschaftlichen Entwicklung erreichen. Das Verwirklichen einer optimalen Ressourcenallokation heißt aber noch lange nicht, dass damit auch wirtschaftliche Aufholprozesse initiiert werden können. Dies ist die Erkenntnis, auf der das Listsche Erziehungszollargument aufbaut und keine Kritik an der Theorie Ricardos.

Die Einbindung in den weltweiten Handel kann allerdings wirtschaftliche Aufholprozesse von der Außenwirtschaftsseite her dauerhaft unterstützen. So ist es wichtig für aufholende Länder, dass dringend benötigtes Kapital und Investitionsgüter, die sie selbst entweder gar nicht oder nur mit hohem Aufwand herstellen können, importiert werden können. Über diesen Kanal kann somit auch die Globalisierung Aufholprozesse unterstützen. Auch hier gilt, dass diese positiven Effekte unterstützenden Charakter haben und nur dann zum Tragen kommen, wenn im Inland die Grundvoraussetzungen für Aufholprozesse geschaffen worden sind. Man sollte Ricardos Theorie folglich nicht vorhalten, dass eine Spezialisierung gemäß ihrer Aussagen wirtschaftliche Unterentwicklung zementiere.

Es ist auch grob vereinfachend zu unterstellen, dass die Freihandelstheorie nach rund 200 Jahren protektionistischer Vorbereitung etwa von 1843 bis 1873 ganze 30 Jahre erfolgreich praktiziert worden wäre. Tatsächlich schwankt das Pendel in der Außenwirtschaftspolitik permanent zwischen den Extremen „Freihandel" und „Protektionismus" hin und her, wobei man Perioden mit stärker freihändlerischen Tendenzen und Perioden mit stärker protektionistischen Tendenzen unterscheiden kann, dies aber auch nur für bestimmte Regionen und eng eingegrenzte Zeiträume.

Der Verfasser beschränkt sich auf eine Diskussion der Theorie der komparativen Kostenvorteile von Ricardo vor dem historischen Hintergrund und blendet andere zentrale Modelle der traditionellen Außenhandelstheorie wie z. B. das Heckscher-Ohlin-Modell aus. Unterschiede in den Faktorausstattungen von Volkswirtschaften sowie daraus resultierende relative Entlohnungsunterschiede oder Faktorwanderungen bei Öffnung von Märkten – wie sie das Heckscher-Ohlin-Modell beschreibt – sollten aber gerade in einer Abhandlung, die für sich in Anspruch nimmt, eine Geschichte des Freihandels zu sein, nicht ausgeblendet werden.

Neuere Außenhandelstheorien erklären außerdem die Vorteile großer Länder mit großem Binnenmarkt bei geschlossenen Außengrenzen und bieten so eine konzeptionelle Grundlage für die Behauptung, dass vor allem kleinere Staaten durch handelspolitische Integration hohe Wohlfahrtsgewinne ernten können. Die Unbestimmtheit der internationalen Standortverteilung bietet in diesem Zusammenhang nationalen Industriepolitiken Handlungsspielräume, die dem „historischen Zufall" zum tatsächlichen oder vermeintlichen Nutzen der eigenen Volkswirtschaft auf die Sprünge zu helfen. Das ist gerade in Hinblick auf das Verhältnis zwischen EU und den USA relevant.

Der genannte Fehlschluss und die Verengung des Blickfelds sprechen dafür, dass der Anspruch der Abhandlung, eine kurze Geschichte des Freihandels zu bieten, zu hoch gegriffen ist.

3.9 Ausblick und offene Fragen[89]

Die Arbeitsgruppe „Waren- und Dienstleistungsmärkte" hat in fast 30 Sitzungen intensiv an einer großen Zahl von Einzelthemen gearbeitet. Zwei Plenumssitzungen der Enquete-Kommission sowie zahlreiche vergebene Studien und Anhörungen haben ebenso zu den vorgelegten Ergebnissen beigetragen wie die Besuche der Kommission in drei globalisierten Unternehmen unterschiedlicher Branchen und Größen. Die Vielzahl konkreter Handlungsempfehlungen beweist, dass die Arbeit ergebnisorientiert und politisch nützlich war.

Aus Zeitgründen konnte aber eine Reihe von Fragen aus dem Einsetzungsbeschluss und darüber hinaus nicht bearbeitet bzw. nur angeschnitten werden.

Die Arbeit der Gruppe wurde außerdem häufig erschwert durch den mangelhaften oder fehlenden Nachweis statistischer Daten. Die Vergabe einer Studie an ein führendes deutsches Wirtschaftsforschungsinstitut brachte neue Erkenntnisse, zeigte allerdings auch, welch enormer Handlungsbedarf beim Erfassen globalisierungsrelevanter Daten noch besteht.

Die Arbeitsgruppe geht davon aus, dass die bisher nicht behandelten und unten aufgelisteten Themen dringend bearbeitet werden sollten. Dies könnte in einer neuen Enquete-Kommission des Deutschen Bundestages geschehen. Zu den wichtigsten Objekten der neuen Arbeit sollten die offenen Punkte aus dem Einsetzungsbeschluss des 14. Deutschen Bundestages (Deutscher Bundestag 2001h) ebenso gehören wie Fragen, die im Verlauf der aktuellen Diskussion aufgekommen sind.

Zur ersten gehören vor allem:

- die „Auswirkungen und Herausforderungen der neuen handelsrelevanten Technologien (Internet, E-Commerce) auf den internationalen Dienstleistungshandel und das geistige Eigentum",
- „Globalisierung und internationale Steuerpolitik (Möglichkeiten und Grenzen einer Harmonisierung der Steuerpolitik auf EU-Ebene und darüber hinaus)",
- „Globalisierung und internationale Investitionspolitik. Eruierung der Möglichkeiten für eine ausgewogene multilaterale Investitionsvereinbarung",
- „Globalisierung und (...) internationale Verbraucherstandards",
- „Vorschläge zur besseren und effektiveren Koordinierung der internationalen Wirtschaftspolitik".

---

[89] Vgl. hierzu auch das Minderheitenvotum der FDP-Fraktion in Kapitel 11.2.2.3.5

Die Arbeitsgruppe hält es darüber hinaus für erforderlich, mindestens den folgenden Themengebieten eine besondere Aufmerksamkeit zu widmen, denn sie konnten **bisher nur in Ansätzen** angesprochen werden:

- die Verteilung von Einkommen, Vermögen und Ressourcen sowie der ökonomischen und politischen Macht in der Welt,
- institutionelle Lösungen für eine bessere Zusammenarbeit der internationalen Institutionen bzw. Vorschläge für eine Neuordnung und Integration der internationalen Handels-, Wettbewerbs-, Umwelt-, Entwicklungs- und Finanzpolitik,
- Bedeutung, Wirkung und Beeinflussungsmöglichkeiten für ausländische Direktinvestitionen,
- besondere Chancen und Risiken der Existenz und des Wachstums transnationaler Unternehmen und globaler Produktionsnetze,
- Trends und Auswirkungen der „New Economy" auf den Handel und die damit zusammenhängenden Veränderungen in der Arbeitswelt,
- die Untersuchung der GATS-Verpflichtungen für alle Sektoren und der Chancen und Risiken hinsichtlich sozialer und beschäftigungspolitischer Wirkungen,
- eine Untersuchung über weltweit vorhandene, in Erprobung befindliche Fördermodelle in Bezug auf KMU,
- die detaillierte Beschreibung und Analyse weiterer Initiativen und Erfahrungen mit Verhaltenskodizes,
- sozialpolitische Folgerungen aus der Globalisierung (wie können die Systeme der sozialen Sicherung vor dem Hintergrund globaler Substituierbarkeit von Produkten zukunftsfähig werden?),
- spezielle Probleme im Zusammenhang mit Sozialstandards Probleme der Arbeitsmigration,
- Einfluss extrem hohen Arbeitslosigkeit auf die Möglichkeit zur Durchsetzung der Kernarbeitsnormen,
- Problem des „monitorings" angesichts der Vielzahl schon bestehender Indikatoren,
- Einbezug des informellen Sektors (besonders angesichts der überragenden Bedeutung des informellen Sektors in vielen Entwicklungsländern) und das
- Problem der Sonderwirtschaftszonen (FEZ).

Alle diese Themen sind in Bezug auf die augenblickliche Situation und die zukünftige Entwicklung (einschließlich politischer Einflussnahme) zu diskutieren und Handlungsempfehlungen dazu zu erarbeiten.

4 Arbeitsmärkte[1]

4.1 Ausgangslage und Perspektiven

In der öffentlichen Diskussion wird häufig die Grundsatzfrage gestellt, ob und in welchem Umfang die gewachsene Wirtschafts- und Gesellschaftskultur der „sozialen Marktwirtschaft" in Deutschland zu Gunsten eines globalisierungsangepassten neuen Leitbildes einer reinen oder weitgehend deregulierten Marktwirtschaft aufgegeben werden muss.[2]

Die bisherige Entwicklung der deutschen Volkswirtschaft ist vor allem durch eine starke Industrieorientierung mit hohem Exportanteil sowie durch hohe Löhne bei zugleich hoher Produktivität gekennzeichnet. Typisch sind weiterhin eine eher korporatistische Arbeitsverfassung und Sozialpartnerschaft und die verhältnismäßig strenge Regulierung des Arbeitsmarktes nicht zuletzt durch eine noch immer hohe Bedeutung von Tarifverträgen. Allerdings nimmt die Tarifvertragsbindung insbesondere in den östlichen Bundesländern ab. In einigen Bereichen wurden auch Sozialstandards abgebaut. Die tägliche Arbeitszeit ist vergleichsweise kurz; infolgedessen sind Eigenarbeit weit verbreitet und persönliche Dienstleistungen weniger entwickelt. Die sozialen Differenzierungen sind – gemessen z. B. an den Verhältnissen in den angelsächsischen Ländern – relativ gering, das Niveau der sozialen Sicherung noch immer hoch. Als Schattenseiten wird die relativ hohe Abgabenbelastung des Faktors Arbeit angesehen, die zunehmend einseitig die abhängig Beschäftigten trifft. Dazu kommt eine im internationalen Vergleich geringe Erwerbsquote und eine hohe strukturelle Arbeitslosigkeit.

Gerade die soziale Marktwirtschaft verfügt jedoch über spezifische Produktivitätsreserven, die auch im globalisierten Wettbewerb mit Erfolg genutzt werden können. Eine Gesellschaft, die auf sozialen Ausgleich und Chancengleichheit achtet, kann letztlich ihr Humankapital besser entwickeln als eine zwangsläufig zur sozialen Segmentierung tendierende unregulierte Marktgesellschaft.

Die Leistungsfähigkeit der deutschen Volkswirtschaft muss allerdings mit Blick auf die effizientere Nutzung des einheimischen Arbeitskräftepotenzials verbessert, der Strukturwandel auf dem Arbeitsmarkt flankierend begleitet und so das sozialstaatliche Modell gesichert werden. Folgende Aufgaben stehen in einem inneren Zusammenhang und können nur gemeinsam gelöst werden:

– Verbesserung der makroökonomischen Steuerung der Volkswirtschaft,

– Beseitigung des Rückstaus an öffentlichen Infrastrukturinvestitionen,

– Stärkere Anstrengungen in der Bildungs- und Qualifikationspolitik,

– Verbindung von Flexibilität und Sicherheit der Arbeitswelt einschließlich innovativer Formen der Arbeitszeitverkürzung,

– Schaffung neuer Beschäftigungschancen für die mutmaßlichen Verlierer der Globalisierung,

– Erhöhung der Frauenerwerbsquote

– Erweiterung der auf nationalstaatlicher Ebene weitgehend eingeschränkten arbeits- und sozialpolitischen Handlungsfähigkeit des Staates

Eine erfolgreiche Beschäftigungspolitik ist insbesondere von den makroökonomischen und demografischen Bedingungen in Deutschland abhängig, die im Folgenden kurz skizziert werden. Projektionen des Arbeitsmarktes für die nächsten Jahrzehnte sind zwar mit großen Unsicherheiten behaftet und setzen eine Vielzahl von Annahmen voraus (Hof 2001: 106 ff., Prognos 1998). Trotz aller Unwägbarkeiten darf man von folgenden Entwicklungen ausgehen:

Das Arbeitskräftepotenzial in Deutschland wird wegen der Zuwanderung und der steigenden Erwerbstätigkeit von Frauen wahrscheinlich noch ca. zehn Jahre lang leicht zunehmen. In dieser Phase dürfte auch die Zahl der Erwerbstätigen – von Konjunkturschwankungen abgesehen – weiter leicht ansteigen. Auch künftig ist nicht mit „beschäftigungslosem Wachstum" zu rechnen.

Das derzeit noch hohe gesamtwirtschaftliche Arbeitsplatzdefizit wird erst längerfristig abgebaut. In diesem Jahrzehnt dürfte der Abbau der Arbeitslosigkeit – sofern nicht wirksamer gegengesteuert wird – nur sehr langsam vonstatten gehen, weil zwar die Zahl der Erwerbstätigen steigt, aber auch das Erwerbspersonenpotenzial noch leicht zunimmt. Erst anschließend, wenn das Erwerbspersonenpotenzial zurückgeht, kann die Arbeitslosigkeit rascher abgebaut werden.

In etwa zehn Jahren ist aus demografischen Gründen mit einem deutlichen Rückgang des Arbeitskräftepotenzials zu rechnen. Zuwanderung kann diesen Trend zwar abmildern, aber nicht ausgleichen. Da der Wohlstand in Deutschland aber eng verknüpft ist mit einem hohen Beschäftigungsstand müssen dann noch stärker bis dahin im Arbeitsleben unterrepräsentierte Frauen und Ausländer ins Erwerbsleben einbezogen werden. Die Verknappung des Arbeitskräftepotenzials wird trotzdem möglicherweise als Wachstumsgrenze wirksam werden. Allein aus demografischen Gründen wird sich Vollbeschäftigung allerdings nicht automatisch einstellen, sondern nur dann, wenn es gelingt,

---

[1] Vgl. hierzu auch das abweichende Minderheitenvotum von der FDP-Fraktion in Kapitel 11.2.2.6.

[2] In diesem Sinne plädiert, um eine zugespitzte Position zu nennen, die Kommission für Zukunftsfragen der Freistaaten Bayern und Sachsen (1996/97).

die dann vorhandenen Arbeitskräfte auf hohem Niveau zu qualifizieren. Wird dies versäumt, dann droht empfindlicher Arbeitskräftemangel bei gleichzeitig hoher struktureller Arbeitslosigkeit.

Daraus ergeben sich wichtige Schlussfolgerungen:

Wenn das Wirtschaftsgeschehen allein den Marktkräften überlassen wird, werden die Wachstumsraten nicht reichen, um den hohen Sockel der Arbeitslosigkeit abzusenken. Auch die demografische Entwicklung bringt in diesem Jahrzehnt keine Entlastung. Deshalb ist eine an einem hohen Beschäftigungsstand ausgerichtete Wirtschaftspolitik unerlässlich. Dazu gehören eine stärker beschäftigungsorientierte Makropolitik einschließlich einer nachhaltigen Belebung der öffentlichen Investitionstätigkeit, die Flexibilisierung des Arbeitsmarktes, die Verbesserung der aktiven Arbeitsmarktpolitik insbesondere durch die Stärkung des (Weiter-)Bildungssektors sowie die Umverteilung der Arbeit durch eine neu konzipierte Politik der Arbeitszeitverkürzung. Auf keines dieser Elemente sollte verzichtet werden.

Weil sich die Entwicklung wahrscheinlich in zwei deutlich voneinander getrennten Phasen abspielen wird, kann es in der Beschäftigungs- und Arbeitsmarktpolitik zu Zielkonflikten kommen, die nicht leicht aufzulösen sind. Kurz- und mittelfristig, so lange die bestehende Arbeitslosigkeit noch nicht abgebaut ist, wäre es wenig sinnvoll, das Arbeitskräftepotenzial zu erhöhen. Langfristig aber kommt es umso mehr darauf an, das Arbeitskräftepotenzial so weit wie möglich zu steigern. So wird es von besonderer Bedeutung sein, arbeitsmarktpolitische Strategien zeitlich richtig zu terminieren, so dass sie ihre Wirkung dann entfalten, wenn die Lage es erfordert und nicht dann, wenn es kontraproduktiv wäre.

4.2 Der deutsche Arbeitsmarkt im globalen Wettbewerb

4.2.1 Empirische Befunde zur internationalen Wettbewerbsfähigkeit Deutschlands

Die Frage, worin die Wettbewerbsfähigkeit einer Volkswirtschaft besteht, ist in der Wissenschaft umstritten (Löbbe 2000, Heise u. a. 1998, Straubhaar 1994). Versuche, die internationale Konkurrenzfähigkeit an einem einzigen Indikator (z. B. Exportleistungen oder Exportüberschüsse, Lohnstückkosten, ausländische Direktinvestitionen im Inland) festzumachen, sind zum Scheitern verurteilt. Die verschiedenen Messziffern liefern oft kein einheitliches, manchmal sogar zwangsläufig ein widersprüchliches Bild[3].

Von den verschiedenen Ansätzen übertragen zwei Modelle die einzelwirtschaftliche Perspektive, nämlich die Konkurrenz zwischen Unternehmen, auf das Verhältnis von Volkswirtschaften. Dabei handelt es sich um den außenhandelsorientierten und den kostenorientierten Ansatz. Zusätzlich werden auch der kapitalorientierte und der ressourcenorientierte Ansatz diskutiert.

4.2.1.1 Außenhandelsorientierte Definition internationaler Wettbewerbsfähigkeit

Hier wird versucht, die Wettbewerbsfähigkeit eines Landes am Außenhandelserfolg einer Volkswirtschaft zu messen, z. B. am Export, am Exportüberschuss, dem Anteil am Welthandelsvolumen oder an der so genannten Exportperformance[4]. Dabei treten allerdings beträchtliche Schwierigkeiten auf:

– Exporte und Importe sagen nur bedingt etwas über die Arbeitsmarktwirkung aus. So ist z. B. trotz eines Exportdefizits ein positiver Arbeitsmarkteffekt möglich, wenn arbeitsintensive Güter exportiert und kapitalintensive Güter importiert werden. Auch der umgekehrte Fall – negativer Beschäftigungseffekt bei positiver Handelsbilanz – ist möglich.

– Die Beteiligung eines Landes am Außenhandel hängt nicht ausschließlich von seiner Wettbewerbsfähigkeit ab, sondern zum Teil von strukturellen, vielfach auch nicht oder jedenfalls nur langfristig änderbaren Faktoren, wie z. B. von der Bevölkerungsgröße, von den natürlichen Ressourcen und von der Ausstattung mit Rohstoffen. Auch die Verbrauchsgewohnheiten können eine wichtige Rolle spielen. Ein hoher Exportanteil am Bruttoinlandsprodukt muss nicht unbedingt Ausdruck überlegener Wettbewerbsfähigkeit sein, sondern könnte auch aus einer binnenwirtschaftlichen Nachfrageschwäche resultieren; Exporterfolge können also eine Zeit lang bestehende Strukturschwächen überdecken[5]. Auf der anderen Seite können Handelsbilanzdefizite zwar in bestimmten Konstellationen etwas mit geringer internationaler Wettbewerbsfähigkeit zu tun haben, müssen es aber nicht unbedingt. Möglicherweise sind sie auch – wie z. B. am prominenten Beispiel der USA – der Ausdruck einer geringen Sparquote.

– Bei der Umrechnung in eine einheitliche Währung entstehen methodische Probleme, weil die Wechselkurse zunehmend von den realen Handelsströmen unabhängig sind und somit die Aussagekraft der Wettbewerbsindikatoren getrübt werden.

– Wählt man den Welthandelsanteil oder die Exportperformance als Indikator für Wettbewerbsfähigkeit, so

---

[3] Da z. B. eine Volkswirtschaft nicht gleichzeitig dauerhaft Exportüberschüsse erwirtschaften und einen Nettozufluss von ausländischem Kapital haben kann, wird häufig die eine der beiden Größen hohe internationale Wettbewerbsfähigkeit anzeigen, die andere eine niedrige.

[4] Die Exportperformance ist ein von der OECD entwickelter Indikator, der – bezogen auf ein bestimmtes Basisjahr – das Wachstum der Exporte eines Landes ins Verhältnis zum Wachstum seiner Absatzmärkte (d. h. der Importvolumina seiner Abnehmerländer) setzt. Diese Verhältniszahlen werden für jedes einzelne Absatzland ermittelt und dann zu einem gewichteten Gesamtindex zusammengefügt.

[5] Letzteres ist z. B. die wiederholt geäußerte Auffassung des Sachverständigenrates, der die wachsenden Exporterfolge der deutschen Wirtschaft nicht als Beweis ihrer Wettbewerbsfähigkeit anerkennt, ohne freilich die vermutete Strukturschwächen an Hand quantifizierbarer Indikatoren darzulegen.

impliziert dies ein – jedenfalls für ein Industrieland wie Deutschland – problematisches wirtschaftspolitisches Ziel. Denn aus entwicklungspolitischer Sicht sind nicht steigende, sondern abnehmende *relative Welthandelsanteile* der Industrieländer erwünscht. Dies muss bei insgesamt wachsendem Welthandelsvolumen keineswegs zu sinkendem Außenhandelsvolumen und damit zu Wohlstandseinbußen bei den Industrieländern führen.

Ungeachtet der Relativierungen, die mithin bei Versuchen, die Wettbewerbssituation eines Landes am Exporterfolg zu messen, angebracht sind, deuten die Kennzahlen der Exportentwicklung auf keine substanzielle Schwächung der deutschen Position im Wettbewerb hin. Abbildung 4-1 stellt die Welthandelsanteile Deutschlands und anderer wichtiger Industrieländer in der Zeit von 1982 bis 1999 dar.

Danach ist der Anteil Deutschlands am Welthandelsvolumen heute in etwa so hoch wie in der ersten Hälfte der 80er Jahre, wenn auch die Spitzenwerte der Zeit von 1986 bis 1992 der Vergangenheit angehören. Der Abstieg zu Beginn der 90er Jahre kann als Folge der Wiedervereinigung gesehen werden. Überkapazitäten in Westdeutschland wurden von der Nachfrage in den Neuen Bundesländern vorübergehend ausgeglichen. Inzwischen hat sich der deutsche Anteil am Welthandel stabilisiert und scheint in den letzten Jahren sogar wieder zuzulegen. Das Volumen gemessen an der Bevölkerungsgröße und der Zahl der Erwerbstätigen ist bei weitem nach wie vor im internationalen Vergleich überdurchschnittlich.

Zu einem ähnlichen Ergebnis führt die Betrachtung der preisbereinigten Entwicklung der deutschen Exportleistungen von 1991 bis 1999, die in Abbildung 4-2 abgebildet wird[6].

Lediglich zu Beginn der 90er Jahre ist der Export in Folge des Wiedervereinigungseffektes langsamer gewachsen

Abbildung 4-1

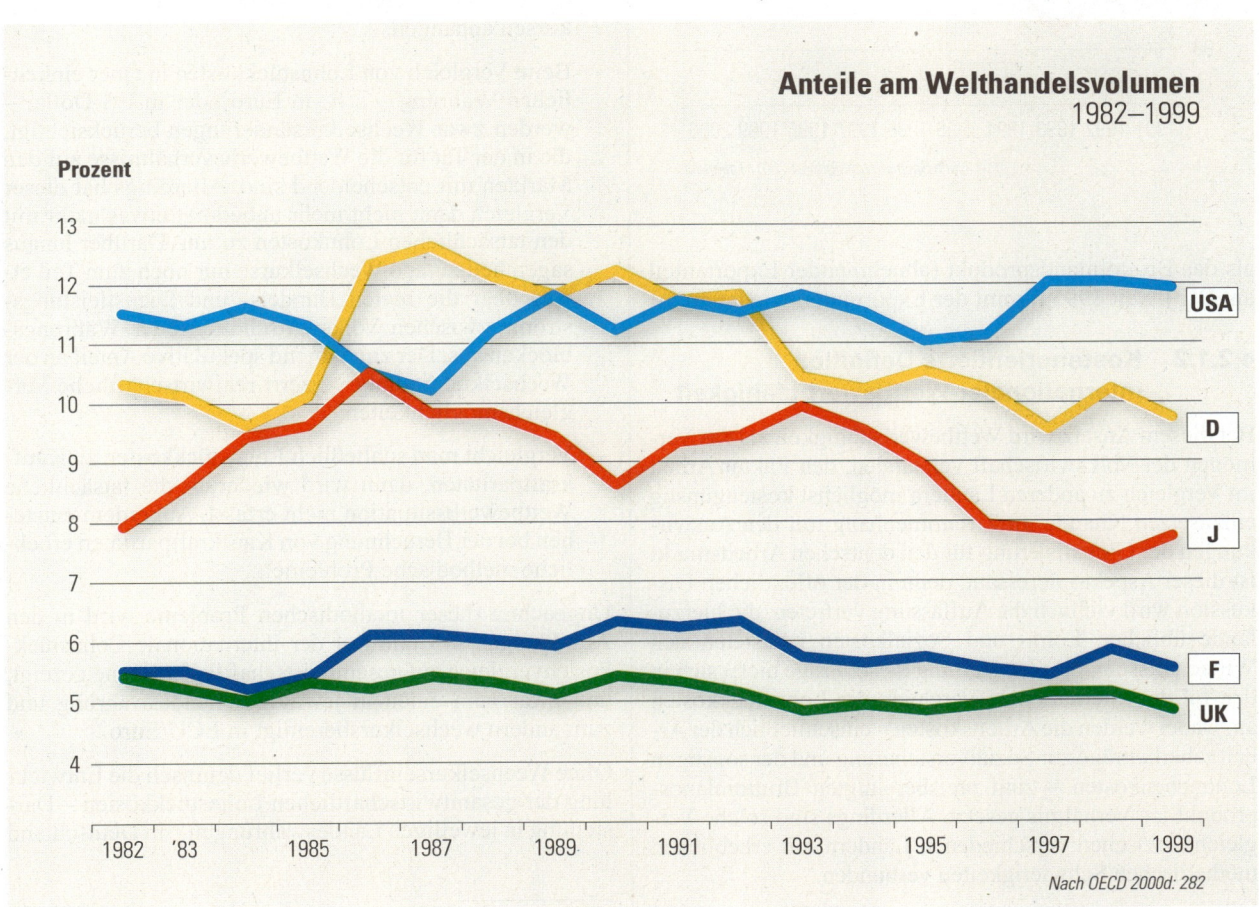

[6] Bei allen internationalen Zeitreihenvergleichen ist – abgesehen von jeweils speziellen Problem – der Vorbehalt zu machen, dass die Daten streng genommen nur vergleichbar sind, wenn die Konjunkturzyklen in den betrachteten Ländern synchron verlaufen, was aber in aller Regel nicht der Fall ist.

Abbildung 4-2

als das Bruttoinlandsprodukt (abnehmender Exportanteil am BIP). Seit 1995 nimmt der Exportanteil wieder zu.

4.2.1.2 Kostenorientierte Definition internationaler Wettbewerbsfähigkeit

Bei diesem Ansatz wird Wettbewerbsfähigkeit als das Vermögen der Volkswirtschaft verstanden, den Faktor Arbeit im Vergleich zu anderen Ländern möglichst kostengünstig einzusetzen. Gerade im Zusammenhang mit den Auswirkungen der Globalisierung für den deutschen Arbeitsmarkt ist dieser Aspekt interessant, denn in der öffentlichen Diskussion wird vielfach die Auffassung vertreten, die hierzulande üblichen Lohn- und Sozialkosten belasteten den Wirtschaftsstandort. Zur Klärung dieser Frage bietet sich in der Tat der internationale Vergleich der Lohnstückkosten an. Dabei werden die Arbeitskosten – einschließlich der Arbeitgeberbeiträge zur Sozialversicherung und der sonstigen Lohnnebenkosten – zum preisbereinigten Bruttoinlandsprodukt ins Verhältnis gesetzt. Allerdings sind solche Vergleiche zwischen verschiedenen Ländern mit erheblichen methodischen Schwierigkeiten verbunden.

– Bei sektoralen oder branchenbezogenen internationalen Lohnstückkostenvergleichen[7] werden zwar gezielt diejenigen Sektoren analysiert, die im internationalen Wettbewerb stehen[8]. Sie sind aber nicht unproblematisch, weil Vorleistungsverflechtungen und die Fertigungstiefen in den verschiedenen Volkswirtschaften und die Strukturen der Länder – z. B. die Anteile von primärem, sekundärem und tertiärem Sektor – zum Teil sehr unterschiedlich sind. Theoretisch sinnvoller sind Vergleiche der Lohnstückkosten auf der Ebene der Gesamtwirtschaft (Deutsche Bundesbank 1998). Gesamtwirtschaftliche und sektorale internationale Lohnstückkostenvergleiche können also zu konträren Ergebnissen führen.

– Werden Lohnstückkosten in jeweiliger Landeswährung verglichen, so werden zwar die heimischen Faktoren sichtbar, die auf Kosten und Effizienz des Arbeitseinsatzes einwirken. Jedoch sind dann keine Niveauvergleiche zwischen Ländern möglich, sondern nur der Vergleich der Änderung gegenüber einem bestimmten Basisjahr. Außerdem sagt der Vergleich der Lohnstückkosten in jeweiligen nationalen Währungen nichts über die Wettbewerbsverhältnisse auf den Märkten aus, da diese unter anderem entscheidend von den Wechselkursen abhängen.

– Beim Vergleich von Lohnstückkosten in einer einheitlichen Währung – z. B. in Euro oder in US-Dollar – werden zwar Wechselkursänderungen berücksichtigt, die in der Tat für die Wettbewerbsverhältnisse auf den Märkten mit entscheidend sind. Allerdings hat dieser Vergleich dann nicht mehr unbedingt etwas mehr mit den tatsächlichen Lohnkosten zu tun. Darüber hinaus sagen heutzutage Wechselkurse nur noch zum Teil etwas über die realen Handels- und Dienstleistungsströme zwischen Volkswirtschaften oder Währungsblöcken aus. Der zunehmend spekulative Anteil an der Wechselkursfindung verzerrt realwirtschaftliche Vergleichsmöglichkeiten.

– Vergleicht man schließlich Lohnstückkosten zu Kaufkraftparitäten, dann wird wiederum die tatsächliche Wettbewerbssituation nicht erfasst. Außerdem entstehen bei der Berechnung von Kaufkraftparitäten erhebliche methodische Probleme[9].

Ungeachtet dieser methodischen Probleme wird in den Abbildungen 4-3 und 4-4 der internationale Lohnstückkostenvergleich auf gesamtwirtschaftlicher Ebene gezeigt, und zwar zum einen in jeweiliger Landeswährung und zum andern wechselkursbereinigt in ECU/Euro.

Ohne Wechselkurseinflüsse verlief demnach die Entwicklung der gesamtwirtschaftlichen Lohnstückkosten – Darstellung in jeweiligen Landeswährungen – in Deutschland

---

[7] Internationale Lohnstückkostenvergleiche für das verarbeitende Gewerbe hat das Institut der deutschen Wirtschaft Köln veröffentlicht (Schröder 2002).

[8] Zum Beispiel sind Dienstleistungen in der deutschen Industrie noch vielfach in die Industrieunternehmen eingegliedert, in den USA hingegen in größerem Umfang ausgelagert; die in den extern eingekauften Dienstleistungen enthaltenen Lohnkosten erscheinen nicht als Lohnkosten der Industrie, die intern produzierten sind hingegen Teil der industriellen Lohnkosten.

[9] Zur Problematik der Berechnung von Kaufkraftparitäten vgl. Görzig (2000).

Abbildung 4-3

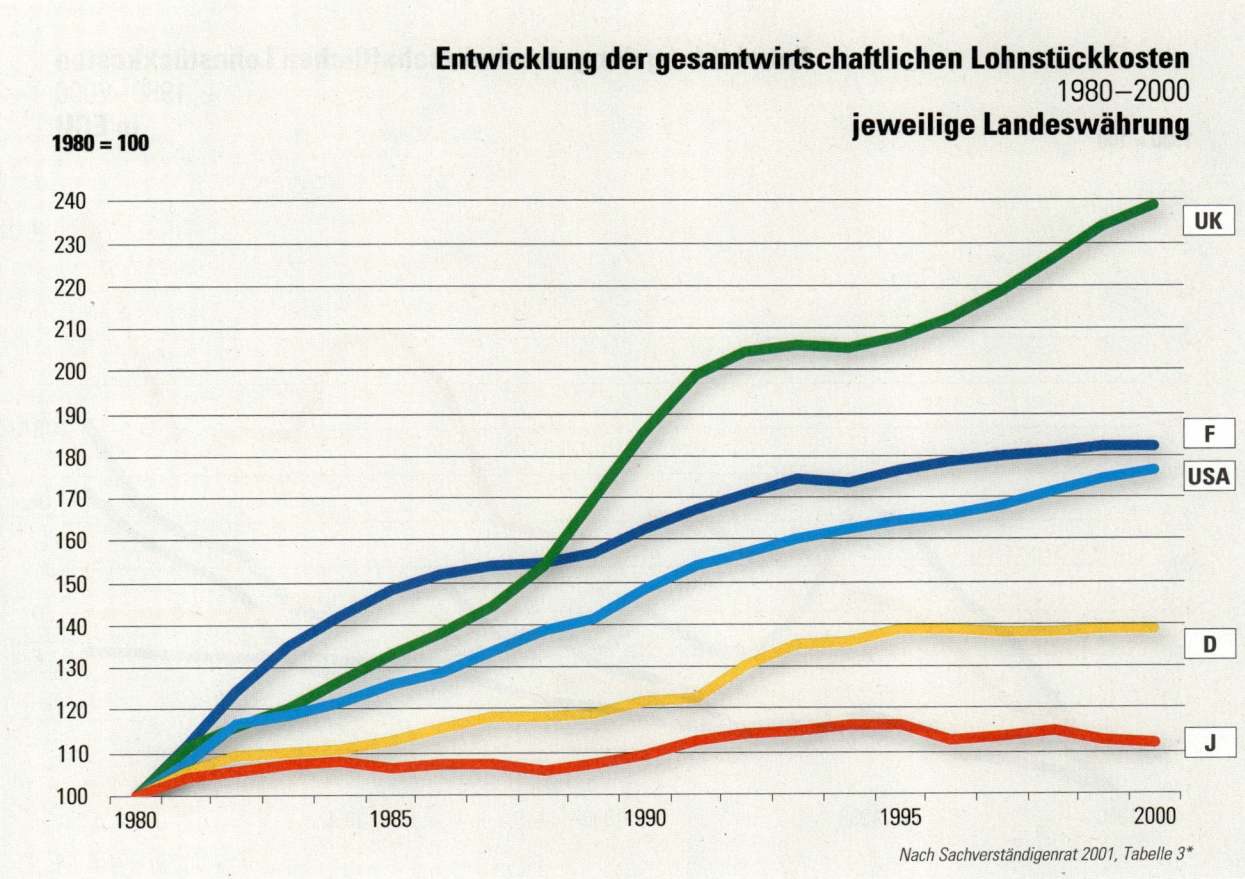

Nach Sachverständigenrat 2001, Tabelle 3*

kontinuierlich und auch im internationalen Vergleich vergleichsweise günstig; von den hier betrachteten Ländern war der Anstieg nur in Japan geringer. Werden hingegen, wie in Abbildung 4-4 gezeigt, die Lohnstückkosten einheitlich in ECU dargestellt, dann wird sichtbar, dass Wechselkursänderungen teilweise zu einem heftigen Auf und Ab der Lohnstückkostenentwicklung geführt haben. Für Deutschland war der Verlauf gleichwohl auffällig kontinuierlich. Für die USA und Japan haben sich hingegen die Wettbewerbsbedingungen durch Wechselkursänderungen gegenüber Anfang der 80er Jahre, unterbrochen jeweils von größeren Erholungspausen, erheblich verschlechtert.

Insgesamt kann die prinzipiell begrenzte Aussagefähigkeit von internationalen Lohnstückkostenvergleichen wie folgt zusammengefasst werden:

– Einigermaßen problemlos können nur Veränderungen im Zeitablauf, aber keine Niveauunterschiede gemessen werden.

– Da weder gesamtwirtschaftliche noch sektorale internationale Lohnstückkostenvergleiche von strukturellen Verzerrungen frei sind, sind sie nur zwischen strukturell vergleichbaren Ländern oder nur für kurze Zeitabschnitte, d. h. solange Strukturveränderungen vernachlässigt werden können, sinnvoll.

– Die Lohnstückkosten und ihre Entwicklung sind zwar wichtig, aber keinesfalls allein entscheidend für die Wettbewerbsfähigkeit einer Volkswirtschaft. Zum einen sind die bei den Unternehmen anfallenden Arbeitskosten nicht die einzigen Kosten; auch Kapital- und Vorleistungskosten und nicht zuletzt auch die gesamtwirtschaftlich anfallenden Infrastrukturkosten kommen hinzu. Außerdem wird die Wettbewerbsfähigkeit durch Steuern und Subventionen beeinflusst. Schließlich sind auch nicht die Kosten allein entscheidend, sondern andere Faktoren, wie z. B. Qualität der Güter und Zuverlässigkeit der Dienstleistungen, können eine ausschlaggebende Rolle spielen.

– Die reine Fixierung auf die Lohnstückkosten könnte zu dem Gedanken verführen, bei gegebener Produktivität müssten nur die Arbeitskosten sinken, um günstigere Lohnstückkosten zu erhalten und international wettbewerbsfähiger zu werden. Beide Größen können jedoch nicht unabhängig voneinander gesehen werden. Vielmehr beeinflusst die Lohnhöhe die Produktivität und umgekehrt. Steigende Löhne lösen in Unternehmen Rationalisierungsinvestitionen aus und treiben damit die Produktivität an. Zum anderen stützt sich die Finanzierung der öffentlichen Haushalte und der Sozialversicherungen stark auf die Lohneinkommen. Steigenden

Abbildung 4-4

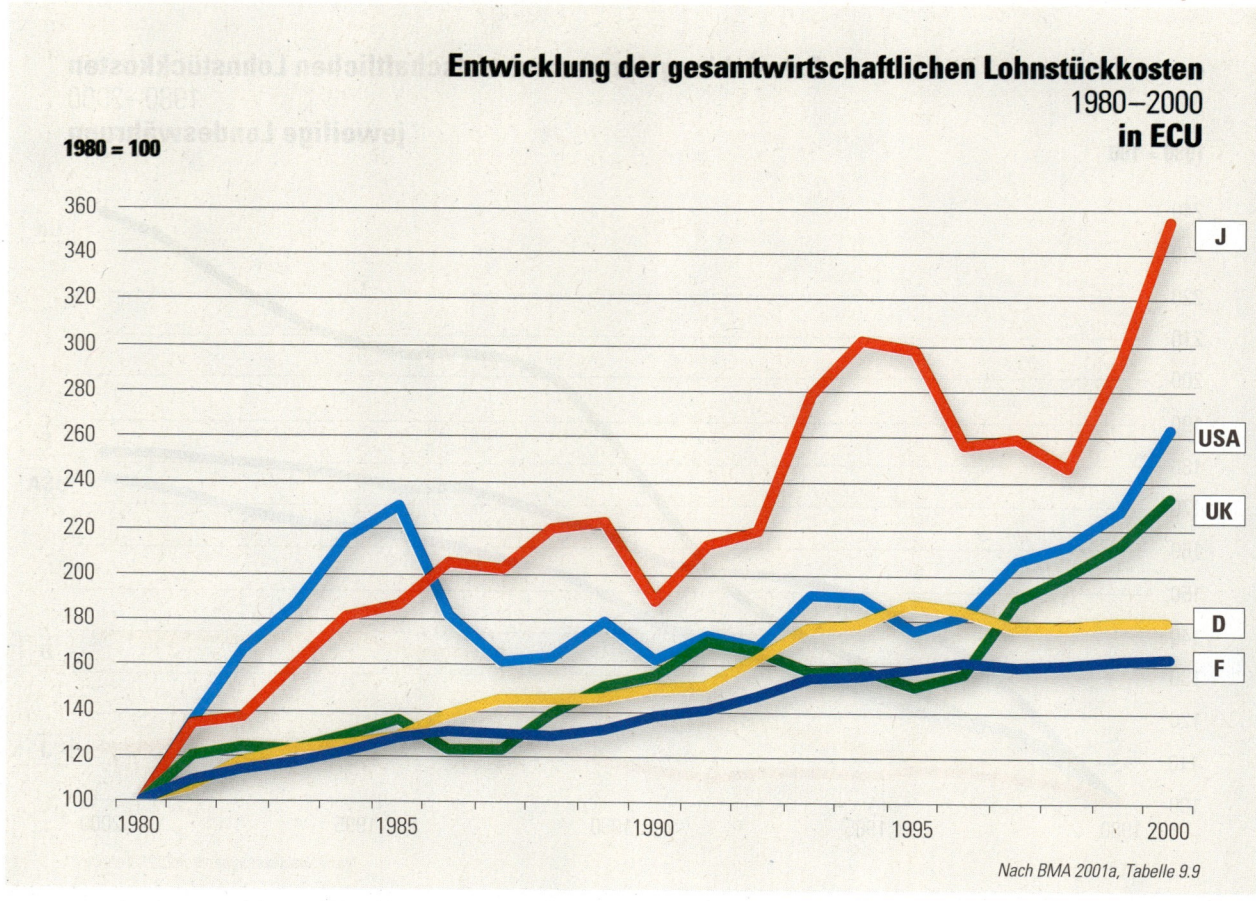

Löhnen kommt damit eine wichtige Rolle bei der Finanzierung der Infrastruktur zu, z. B. im Sinne einer breiten Bildungsbeteiligung.

Abgesehen von diesen methodischen Schwierigkeiten vermitteln die vorliegenden internationalen Lohnstückkostenvergleiche keinesfalls den Eindruck, dass die deutsche Wirtschaft in den letzten zwanzig Jahren systematisch und lohnkostenbedingt an Wettbewerbsfähigkeit eingebüßt hat. Der Vergleich von vier großen Industrieländern zeigt, dass die Lohnstückkosten im Jahresvergleich 1980/2000 nur in Frankreich weniger stark anstiegen als in Deutschland. In den USA und in Japan nahmen sie dagegen deutlich stärker zu.

4.2.1.3 Kapitalorientierte Definition internationaler Wettbewerbsfähigkeit

Beim kapitalorientierten Ansatz erscheint die internationale Wettbewerbsfähigkeit als das Vermögen eines Landes, das weltweit mobile Kapital anzuziehen. Entscheidende Messgröße der Standortqualität nach diesem Modell sind die Direktinvestitionen. Abbildung 4-5 zeigt, dass die gesamten 90er Jahre von wachsenden deutschen Direktinvestitionen im Ausland und einem Überschuss über die ausländischen Direktinvestitionen in Deutschland gekennzeichnet waren.

Vorausgesetzt, dass das Jahresergebnis 2000 allein noch keine Trendumkehr signalisiert, so scheint diese Zahlenreihe zwar einen Hinweis auf die mangelhafte Attraktivität des deutschen Standortes für das mobile internationale Kapital zu geben. Jedoch kann die Position der deutschen Wirtschaft im internationalen Vergleich nicht ohne weiteres an der Attraktivität für ausländisches Kapital abgelesen werden, zumal die deutschen Direktinvestitionen im Ausland bis zu einem gewissen Grad auch das notwendige Gegenstück des positiven Exportsaldos der deutschen Wirtschaft sind. Der Nettozufluss ausländischen Kapitals kann für sich allein kein Selbstzweck sein. Er ist auch nicht automatisch mit einem positiven Einfluss auf den Arbeitsmarkt gleichzusetzen. Die Attraktivität eines Landes für internationales Anlagekapital ist noch nicht einmal ein eindeutiger Indikator für die Kapitalrendite und für die Investitionskraft, da diese nicht von der Herkunft und von der Eigentümerschaft des Kapitals abhängen. Jedenfalls ist, wie Abbildung 4-6 zeigt, Deutschland keinesfalls als – relativ zu seinem Bruttoinlandsprodukt – investitionsschwach einzustufen. Seine privatwirtschaftliche Investitionsquote ist vielmehr relativ hoch und stabil.

Die große Mehrheit der Experten ist sich einig, dass im Überschuss der deutschen Direktinvestitionen im Ausland gegenüber den ausländischen Direktinvestitionen im

Abbildung 4-5

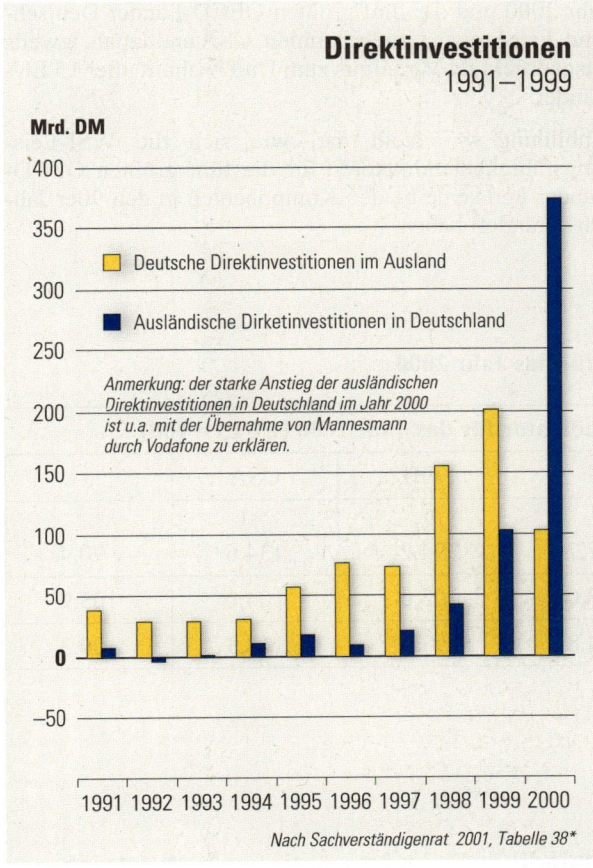

Abbildung 4-6

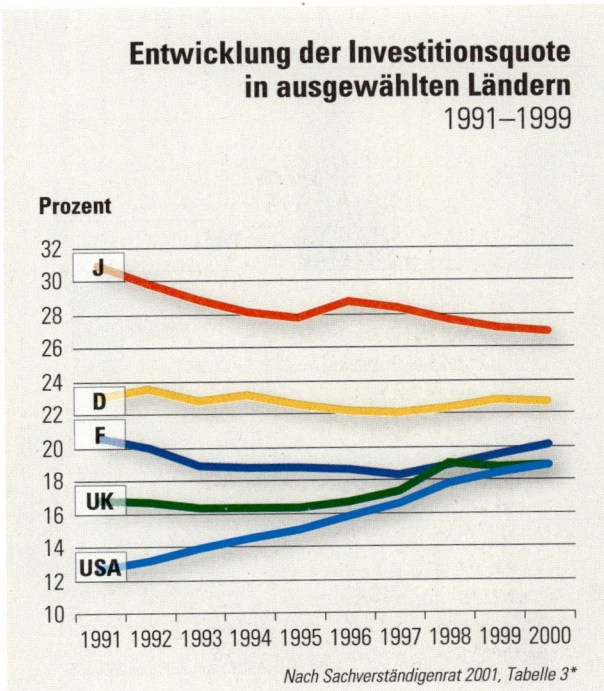

Inland kein Hinweis für mangelhafte Standortqualität zu sehen ist. Das Institut für Weltwirtschaft an der Universität Kiel kommt in einer Studie zu dem Ergebnis, dass daraus keine negativen Auswirkungen auf den deutschen Arbeitsmarkt entstehen, weil die Auslandsinvestitionen primär nicht aus Kostenmotiven erfolgen, sondern um den Absatz zu steigern und um in den Unternehmen Größenvorteile zu erzielen (Kleinert u. a. 2000). Außerdem sei die Zuwachsrate der deutschen Auslands-Direktinvestitionen im internationalen Vergleich in den 90er Jahren zwar besonders hoch gewesen, jedoch ausgehend von einer besonders niedrigen Ausgangsbasis, so dass Deutschland eher eine anderswo schon in Gang befindliche Entwicklung nachgeholt habe (Kleinert 1999: 58).

Autoren des Deutschen Instituts für Wirtschaftsforschung (DIW) argumentieren, dass der Anstieg der deutschen Direktinvestitionen im Ausland seit 1989 die Inlandsinvestitionen um maximal 0,6 Prozent-Punkte vom BIP gesenkt haben könnte (Lindlar u. a. 1998: 18f.). Vor allem aber würden die deutschen Direktinvestitionen im Ausland in der deutschen Zahlungsbilanz systematisch zu hoch ausgewiesen (Lindlar 1998: 19).

Die inländischen Beschäftigungseffekte deutscher Auslandsinvestitionen hat das Rheinisch-Westfälische Institut für Wirtschaftsforschung (RWI) mittels der Auswertung der Geschäftsberichte von über 150 multinational tätigen deutschen Unternehmen des verarbeitenden Gewerbes aus den Jahren 1990 bis 1998 untersucht (Döhrn 2001). Danach wurden die rechnerischen Arbeitsplatzverluste durch Direktinvestitionen und Beschäftigung bei ausländischen Töchtern durch inländische Beschäftigungseffekte überkompensiert. Den Nettobeschäftigungsgewinn bei diesen Unternehmen beziffert das RWI für 1990 bis 1994 auf 6,8 Prozent und für 1994 bis 1998 auf 10,3 Prozent ihrer inländischen Beschäftigung (vgl. auch Döhrn 2002).

4.2.1.4 Ressourcenorientierte Definition internationaler Wettbewerbsfähigkeit

Hier wird Wettbewerbsfähigkeit als das Vermögen begriffen, die einheimischen Ressourcen unter den Bedingungen weltoffener Märkte effizient zu nutzen. So schlägt z. B. das ifo-Institut in Anlehnung an die OECD vor, den Lebensstandard – Bruttoinlandsprodukt pro Einwohner – und die Beschäftigungsrate – Anteil der Erwerbstätigen an der Bevölkerung im erwerbsfähigen Alter – als Indikatoren für die Fähigkeit zur Ressourcennutzung zu verwenden (Gerstenberger 2001). Dieser Ansatz ist in vielerlei Hinsicht plausibler als der außenhandels-, kosten- oder kapitalorientierte Ansatz, hat aber nur noch mittelbar mit den Konkurrenzbeziehungen zwischen den in- und ausländischen Unternehmen bzw. den Produktionsfaktoren zu tun.

Das ifo-Institut kommt, gemessen an diesen Indikatoren, zu dem Ergebnis, dass Deutschland wegen seines geringen Arbeitsmarkterfolges im internationalen Vergleich ungünstig abschneidet. Zu einem im Prinzip übereinstimmenden Ergebnis kommt mit ähnlicher Methodik die Standortberichterstattung, die das Wirtschafts- und Sozialwissenschaftliche Institut der Hans-Böckler-Stiftung (WSI) seit 1998 regelmäßig veröffentlicht (Hein u. a. 2001, Heise

u. a. 2000, Heise u. a. 1998). Der WSI-Standort-Indikator – „Leistungsfähigkeit im internationalen Vergleich" – besteht aus zwei Komponenten: Die Effizienz des Faktors Arbeit wird durch die Erwerbstätigenproduktivität – BIP je Erwerbstätigen, international vergleichbar gemacht durch Kaufkraftparitäten – gemessen. Der Nutzungsgrad des Faktors Arbeit wird durch die Beschäftigungsquote – Erwerbstätige je zivile Erwerbspersonen – angegeben. Der Gesamtindikator für die Leistungsfähigkeit wird dann durch das arithmetische Mittel aus Erwerbstätigenproduktivität und Beschäftigungsquote gebildet. Tabelle 4-1 zeigt diesen Indikator und seine Komponenten für das Jahr 2000 und die fünf größten OECD-Länder Deutschland, Frankreich, Großbritannien, USA und Japan, jeweils ausgedrückt im Verhältnis zum Durchschnitt aller 15 EU-Länder.

Abbildung 4-7 stellt dar, wie sich die WSI-Leistungsfähigkeitsindikatoren für die fünf größten OECD-Länder und seine beiden Komponenten in den 90er Jahren verändert haben.

Tabelle 4-1

WSI-Standortindikator für das Jahr 2000

	Standortindikator für das Jahr 2000 (EU15 = 100)				
	D	F	GB	USA	J
Effizienz (Produktivität je Erwerbstätigen)	100,0	107,7	94,2	134,6	90,4
Nutzungsgrad (Beschäftigungsquote)	100,2	98,0	103,0	104,6	103,9
Leistungsfähigkeit insgesamt	100,1	104,8	97,6	118,3	100,3

Quelle: Hein u.a. 2001: 352

Abbildung 4-7

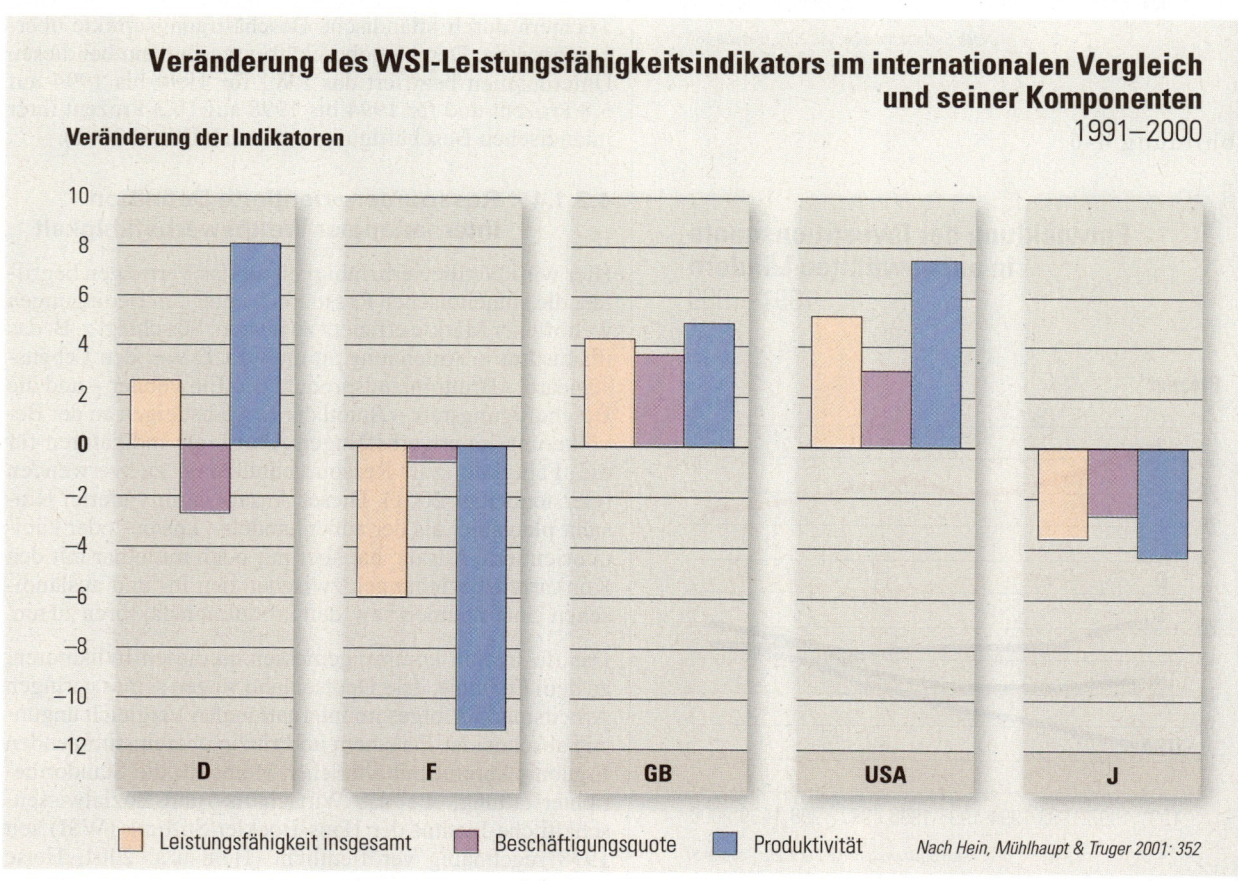

In den USA und in Großbritannien haben sich sowohl Effizienz als auch Nutzungsgrad des Faktors Arbeit von 1991 bis 2000 relativ zum EU-Durchschnitt positiv entwickelt. In Japan und Frankreich – im letzteren Fall weniger ausgeprägt – haben sich beide Indikatoren verschlechtert. Deutschland hat eine gemischte Bilanz mit zwei gegenläufigen Trends: die Produktivitätsentwicklung ist positiv und auch günstiger als in allen anderen zum Vergleich herangezogenen Industrieländern[10], die deutsche Beschäftigungsentwicklung war dagegen die ungünstigste aller fünf Länder. Die Veränderung des Gesamtindikators zeigt – auf Grund der gewählten Gleichgewichtung beider Teilindikatoren – insgesamt noch eine leichte Verbesserung der Leistungsfähigkeit Deutschlands im internationalen Vergleich (s. Abbildung 4-7).

Dabei bedarf die im internationalen Vergleich relativ günstige Produktivitätsentwicklung in den USA einer ergänzenden Interpretation: Zum einen handelt es sich um die Produktivität je Erwerbstätigen, nicht je Arbeitsstunde; hier spiegelt sich die Tatsache, dass die Arbeitszeit in den USA im fraglichen Zeitraum im Unterschied zu den anderen Ländern nicht gesunken, sondern gestiegen ist. Zweitens verbergen sich hinter den US-Zahlen möglicherweise starke Disparitäten, d. h. es handelt sich um eine Durchschnittsbildung aus hochproduktivem modernem und geringproduktivem Niedriglohnsektor (vgl. Scharpf 2002). Zu prüfen wäre, ob sich in den Zahlen auch ein starker Konjunktureffekt spiegelt. Dies würde bedeuten, dass im amerikanischen Aufschwung seit 1995 die Produktivität kapazitätsauslastungsbedingt stärker gestiegen ist als in den eher von rezessiven Tendenzen bestimmten Vergleichsländern.

Das Ergebnis ist identisch mit der Einschätzung anderer Sachverständiger: Im internationalen Vergleich liegt die Schwachstelle der Leistungsfähigkeit der deutschen Wirtschaft in den 90er Jahren in der ungünstigen Arbeitsmarktentwicklung. Das zeigt sich unter anderem darin, dass die Erwerbsquote[11] der Frauen in Deutschland vergleichsweise niedrig ist. Im Jahr 2000 betrug sie 63,2 %, in Japan 59,6 %, in den Niederlanden 64,5 %, in Großbritannien 68,9 %, in den USA 70,8 % und in Dänemark 75,8 %; in den großen OECD-Ländern war die Frauenerwerbsquote nur in Frankreich (61,7 %) und Italien (46,3 %) niedriger als Deutschland (OECD 2001a: 336–395).

4.2.2 Erklärungsgründe für die ungünstige Arbeitsmarktentwicklung in Deutschland

Die Suche nach der Erklärung für die trotz positiver Indikatoren ungünstige Arbeitsmarktentwicklung in Deutschland führt mitten in eine der wichtigsten gesellschaftspolitischen Kontroversen. In der Wissenschaft herrscht die Übereinstimmung vor, die spezifische Schwäche der deutschen Wirtschaft sei im Vergleich zu anderen Ländern weniger im Außenhandel oder in der mangelnden Konkurrenzfähigkeit der deutschen Unternehmen und Produkte auf den Weltmärkten zu suchen. Sie sei demnach keine Folge der Globalisierung im engeren Sinne sondern mehr den Schwierigkeiten im Inland geschuldet. In erster Linie wird angeführt, dass es nicht gelinge, den Arbeitsmarkt dynamisch zu entwickeln.

4.2.2.1 Ein überregulierter Arbeitsmarkt?

Eine auch international weit verbreitete wissenschaftliche Position sieht die Hauptursache der ungünstigen Beschäftigungsentwicklung hierzulande in den „Rigiditäten" des Arbeitsmarktes (vgl. z. B. Siebert 1997, Berthold 2002).

Kasten 4-1

Definition von Arbeitslosigkeit

Im Zusammenhang mit der Diskussion um die spezifisch deutsche Arbeitsmarktschwäche ist von größter Bedeutung, wie Erwerbstätigkeit (und Arbeitslosigkeit) definiert ist. Die Erwerbstätigkeit wird vom Statistischen Bundesamt weitgehend nach international vergleichbaren Standards ermittelt. Erwerbstätig sind Personen, die eine auf Erwerb ausgerichtete Tätigkeit ausüben, unabhängig vom der Arbeitszeit oder der Frage, ob der Lebensunterhalt überwiegend durch diese Erwerbstätigkeit erzielt wird (Statistisches Bundesamt 2001a: 14 f.). Im Gegensatz dazu ist der Status der Arbeitslosigkeit mit der Arbeitslosmeldung im Arbeitsamt verknüpft. Arbeitslos können auch Personen sein, die eine Erwerbstätigkeit von bis zu 15 Stunden in der Woche ausüben. Bei Erwerbstätigen und Arbeitslosen handelt es sich also um nicht disjunkte Größen. Aus empirischer Sicht sind die offiziellen Arbeitslosenzahlen im Vergleich zu nach internationalen Standards ermittelter Arbeitslosigkeit tendenziell höher ausgewiesen (Klös 1999). Beispielsweise ist der Arbeitslosigkeitsstatus in den USA davon abhängig, ob die betreffende Person beschäftigungslos, also nicht erwerbstätig ist und eine Arbeit sucht (unabhängig von der Arbeitszeit). An die Arbeitssuche sind weitere Bedingungen geknüpft, nämlich die aktive Arbeitssuche und die unmittelbare Verfügbarkeit (Schäfer, IW Köln).

---

[10] Der hier verwendete Produktivitätsvergleich auf Basis von Kaufkraftparitäten führt nicht unbedingt zum gleichen Ergebnis wie Produktivitätsvergleiche in jeweiliger Landeswährung oder mit einer einheitlichen Vergleichswährung.

[11] Anteil der Erwerbspersonen an der jeweiligen Bevölkerungsgruppe (Altersgruppe der OECD-Angaben: 16–64 Jahre).

Seit Jahren schließt sich auch der Sachverständigenrat zur Begutachtung der gesamtwirtschaftlichen Entwicklung tendenziell dieser Diagnose an (vgl. Jahresgutachten 2001/ 2002, Ziffer 319). Es wird also vermutet, dass die Funktionsfähigkeit des Arbeitsmarktes, Angebot und Nachfrage zur Deckung zu bringen, durch institutionelle Regelungen beeinträchtigt sei. Ohne diese Beeinträchtigung würden die Löhne – unter Einbeziehung aller anderen Arbeitskosten und selbstverständlich regional, branchen- und berufsspezifisch – so weit nach oben und unten differieren, dass Arbeitslosigkeit bis auf eine unvermeidbare Übergangs- oder Sucharbeitslosigkeit verschwinden würde.

Solche Störungen des Marktmechanismus werden z. B. in der Festlegung der Löhne durch Kollektivverträge gesehen, sowie in der zu geringen Lohnspreizung, in Kündigungsschutzbestimmungen, in der begrenzten Möglichkeit, Arbeitsverträge zu befristen, sowie in unflexiblen Arbeitszeitregelungen. Auch in zu hohen Geldleistungen bei Arbeitslosigkeit, welche die Motivation von Arbeitslosen beeinträchtigen, eine neue Arbeit anzunehmen, sieht man eine solche Rigidität, ebenso in der herkömmlichen aktiven Arbeitsmarktpolitik und in den Mitspracherechten von Betriebsräten. In der Summe, so die These, hätten diese Regulationen, zusammen mit der hohen Abgabenbelastung der Unternehmen und der Arbeitnehmer, zu wesentlichen Teilen die hohe strukturelle Arbeitslosigkeit verursacht. Demgegenüber seien die Arbeitsmarkterfolge in den USA und in Großbritannien nicht zuletzt daraus zu erklären, dass dort solche Rigiditäten abgebaut worden seien.

Quantifizierbare empirische Tests für diese Rigiditätstheorie der Beschäftigung fehlen allerdings in der Regel. Eine Studie, die in einem internationalen Vergleich genau diesen Zusammenhang untersucht, kommt vielmehr zu dem Ergebnis, dass mit Arbeitsmarktrigiditäten weder die Entwicklung der Arbeitslosigkeit in der Zeit noch Unterschiede der Arbeitslosigkeit zwischen Ländern erklärt werden können (Nickell 1997, OECD 1999b: 49-90).

4.2.2.2 Dienstleistungslücke und Finanzierungsstruktur des Sozialstaates?

Eine weitere Erklärung für die im internationalen Vergleich verhältnismäßig schlechte Beschäftigungslage in Deutschland setzt an der sogenannten „Dienstleistungslücke" an. Dabei unterscheidet man einen dem internationalen Wettbewerb „exponierten Sektor" und einen „geschützten Sektor" einschließlich des öffentlichen Sektors, der dem internationalen Wettbewerb nicht ausgesetzt ist. Die These lautet, dass die ungünstige Beschäftigungslage Deutschlands ausschließlich auf die im internationalen Vergleich besonders geringe Beschäftigung im geschützten Sektor, speziell bei den Dienstleistungen, zurückzuführen ist, während im exponierten Sektor sogar eine überdurchschnittliche Beschäftigung – höher als in den USA – erreicht wird (Scharpf 2002).

Die besonders niedrige Beschäftigung bei den Dienstleistungen könnte ihrerseits aus dem spezifischen Leistungsprofil und aus der Finanzierungsstruktur des Sozialstaates in Deutschland – nicht an seinem quantitativen Umfang – zu erklären sein. Einerseits kennt der deutsche Sozialstaat kein umfassendes und von der Bedürftigkeit unabhängiges Angebot an sozialen Diensten wie es in den skandinavischen Staaten üblich ist; demnach ist die Beschäftigung im öffentlichen Sektor in Deutschland notwendigerweise viel niedriger als dort. Andererseits verteuern in Deutschland die hohen Sozialabgaben die Arbeitskosten und verhindern, dass – wie in den angelsächsischen Ländern – ein breiter Sektor privater, allerdings verhältnismäßig gering bezahlter Dienstleistungen entstehen konnte. Der Grund liegt darin, dass solche einfacheren Dienstleistungen mit Eigenarbeit konkurrieren und nur nachgefragt werden, wenn sie billig sind (Scharpf 2002).

Allerdings gibt es hiergegen auch Einwände:

– Zum einen ist die empirische Basis der Aussage, in Deutschland gebe es nicht genug einfache Dienstleistungen im privaten Sektor, nicht unbestritten. Nach Auffassung von Autoren des Deutschen Instituts für Wirtschaftsforschung, die sich auf Daten des Sozioökonomischen Panels (SOEP) stützen, beruht die Theorie der Dienstleistungslücke – vor allem der häufig gezogene Vergleich zwischen Deutschland und den USA – auf statistischen Verzerrungen. Zunächst werden offenkundig sektorspezifische statt tätigkeitsbezogene Daten verwendet. Nicht erfasst werden die Dienstleistungen von geringfügig Beschäftigten sowie Beamten und Selbstständigen, und außerdem wird die transformationsbedingte Sondersituation Ostdeutschlands nicht berücksichtigt. Ohne diese statistische Verzerrung sei der Dienstleistungsanteil in Westdeutschland mit etwa 75 Prozent der Beschäftigten fast genau so groß wie in den USA (78 Prozent) (Schupp und Wagner 2001: 82f., Haisken-De New u.a. 1998).

– Zum anderen existieren die analysierten Strukturunterschiede im Sozialsystem der verglichenen Länder schon seit Jahrzehnten unverändert. Noch in den 80er und teilweise in den 90er Jahren hatte Deutschland trotz einer auch damals schon – vermeintlich oder tatsächlich – vorhandenen Dienstleistungslücke eine günstigere Arbeitsmarktsituation als die heute besser gestellten Länder, ohne dass sich dieser Überholprozess aus tiefgreifenden Änderungen des Sozialsystems erklären ließe. Dieser Befund würde eher dafür sprechen, dass die ungünstige Beschäftigungsentwicklung in Deutschland Folge einer allgemeinen Wachstumsschwäche und der Strukturprobleme in Ostdeutschland ist und nicht primär des Mangels an einfachen Dienstleistungen; die Schlussfolgerung wäre also nicht, dass Deutschland sich zwischen dem skandinavischen und dem US-amerikanischen Weg zu entscheiden hätte (Schupp und Wagner 2001: 82f., Haisken-DeNew u. a. 1998), sondern dass die Chancen des spezifischen deutschen Entwicklungspfades mit seiner Konzentration im hochproduktiven Sektor besser genutzt werden müsste, und zwar durch bessere Makrosteuerung und – so lange ein hohes gesamtwirtschaftliches Arbeitsplatzdefizit besteht – neue Formen der Arbeitszeitverkürzung.

Exkurs: Beschäftigungsquoten im Dienstleistungssektor im internationalen Vergleich

Ein internationaler Vergleich der Beschäftigungsstruktur in entwickelten Industrieländern zeigt, dass eine hohe Beschäftigungsquote im Dienstleistungssektor auf zwei Wegen erreicht werden kann. In den USA wurde eine hohe Beschäftigung im Dienstleistungssektor durch eine niedrige Steuer- und Sozialabgabenquote erzielt, weil damit durch eine Verminderung der Preise für einfache Dienstleistungen eine entsprechende Nachfrage erzeugt wurde (s. Abbildung 4-8).

Abbildung 4-8

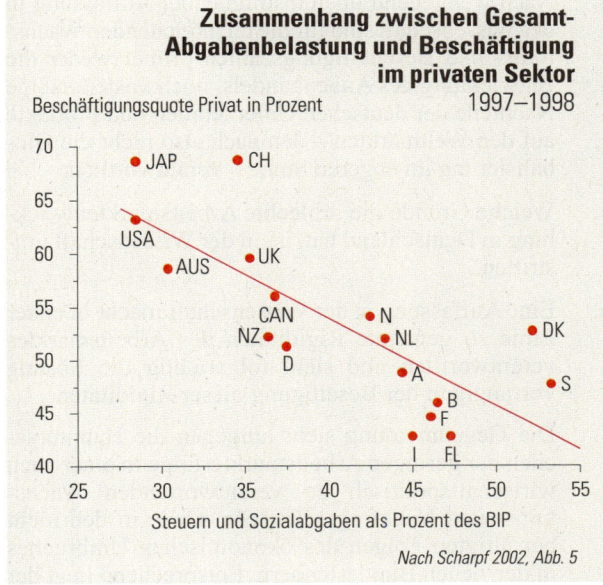

Abbildung 4-9

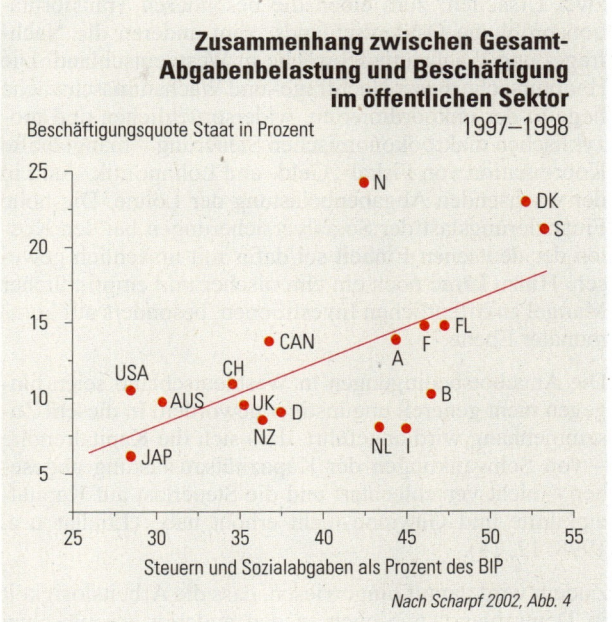

Abbildung 4-10

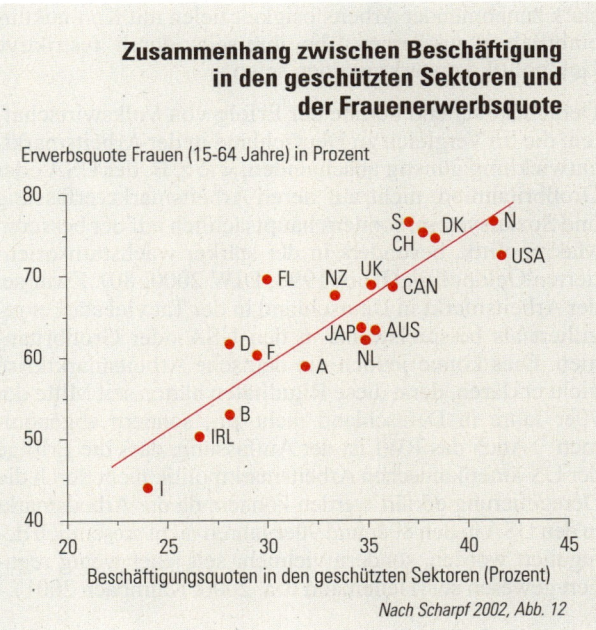

In Dänemark dagegen wurde eine hohe Beschäftigungsquote im Dienstleistungssektor offenbar durch eine entsprechende Nachfrage des Staates im öffentlichen Sektor erreicht, die über Steuern finanziert wurde und deshalb mit einer hohen Steuer- und Sozialabgabenquote verbunden ist (s. Abbildung 4-9).

Beide Länder konnten im Gegensatz zu Deutschland mit diesen unterschiedlichen Strategien eine deutlich höhere Beschäftigungsquote in der Gesamtwirtschaft erzielen. Da im OECD-Durchschnitt die Beschäftigung in den exponierten Sektoren zurückgeht, können Beschäftigungszuwächse nur in den geschützten Sektoren erzielt werden, die dem internationalen Wettbewerb nicht ausgesetzt sind.

Die Höhe der Beschäftigungsquoten in den geschützten Sektoren steht in einem engen Zusammenhang mit dem Anteil von Frauenerwerbsarbeit (s. Abbildung 4-10).

Die Erklärung für die relativ hohen Quoten der Frauenerwerbstätigkeit liegt in der Struktur des Sozialstaats und in der Struktur seiner Finanzierung. In den skandinavischen Sozialstaaten werden Familien durch öffentlich finanzierte Pflege- und Betreuungsdienste entlastet, die in den liberalen Sozialstaaten als kostengünstige private Dienstleistun-

gen angeboten werden (Scharpf 2002, Esping-Andersen 1999, Scharpf und Schmidt 2000: 310-315).

4.2.2.3 Unzureichende Makropolitik und Sonderprobleme in Ostdeutschland?

Eine andere Auffassung widerspricht der Einschätzung, die Beschäftigungskrise hierzulande und der Anstieg der Arbeitslosigkeit seien durch die Rigidität der Arbeitsmärkte und die niedrige Rentabilität zu erklären (vgl. z. B.

Lindlar u. a. 1998). Danach hat die unbefriedigende Arbeitsmarktentwicklung in Deutschland im Wesentlichen zwei Ursachen: zum einen die besonderen Transformationsprobleme Ostdeutschlands, zum anderen die Nachfrage- und Wachstumsschwäche in Westdeutschland. Die Hauptursache dieser Nachfrage- und Wachstumsschwäche liege in der unkoordinierten, widersprüchlichen und prozyklischen makroökonomischen Steuerung – mangelhafte Koordination von Fiskal-, Geld- und Lohnpolitik – und in der wachsenden Abgabenbelastung der Löhne. Die hohe Finanzierungslast der Sozialversicherungen bei den Kosten der deutschen Einheit sei dafür mit ursächlich gewesen. Hinzu käme noch ein chronischer und empfindlicher Mangel an öffentlichen Investitionen, besonders auf kommunaler Ebene.

Die Angebotsbedingungen in Westdeutschland seien hingegen nicht generell ungünstiger geworden. In diesem Zusammenhang wird angeführt, dass sich die Kapitalrendite – von Schwankungen der Kapazitätsauslastung abgesehen – nicht verschlechtert und die Steuerlast auf Kapitaleinkünfte und Gewinne nicht erhöht habe (Lindlar u. a. 1998: 12, 14).

Zudem wird darauf hingewiesen, dass die Arbeitslosigkeit in Deutschland, wie auch in den anderen europäischen Ländern, nicht kontinuierlich zugenommen habe, wie es nach der Rigiditätstheorie zu erwarten gewesen wäre, sondern diskontinuierlich und in großen Schüben. Die Phasen stark zunehmender Arbeitslosigkeit fielen mit Konjunktureinbrüchen zusammen, die ihrerseits durch restriktive Geldpolitik verstärkt worden seien.

Dementsprechend beruhe der Erfolg von Volkswirtschaften, die im Vergleich zu Deutschland in der Arbeitsmarktentwicklung günstig abschneiden, wie z. B. der USA oder Großbritannien, nicht auf deren Arbeitsmarktverfassung und Sozialsystem, sondern hauptsächlich auf der besseren Makropolitik, besonders in der stärker wachstumsorientierten Geldpolitik (Horn 1998, DIW 2000: 80). Zwar sei der Arbeitsmarkt in Deutschland in der Tat viel stärker reguliert als beispielsweise in den USA oder Großbritannien. Dies könne jedoch die deutsche Arbeitsmarktkrise nicht erklären, denn diese Rigiditäten hätten seit Mitte der 70er Jahre in Deutschland nicht zu-, sondern abgenommen[12]. Auch das RWI ist der Auffassung, dass die Erfolge der US-amerikanischen Arbeitsmarktpolitik nicht durch die Deregulierung erklärt werden können, da der Arbeitsmarkt in den USA in den 80er und 90er Jahren nicht wesentlich dereguliert worden, sondern vielmehr seit jeher wenig reguliert gewesen sei (Heilemann u. a. 2000, Kalmbach 2001).

4.2.3 Zusammenfassende Bewertung[13]

1. Die ökonomischen Kennzahlen, mit deren Hilfe man üblicherweise die Wettbewerbsfähigkeit einer Volkswirtschaft zu messen versucht – Exporte, Lohnstückkosten, Direktinvestitionen – deuten nicht auf eine substantielle Schwächung der deutschen Position im internationalen Wettbewerb hin. In dieser Hinsicht ist alles in allem die Stellung Deutschlands nicht optimal, aber gut im Mittelfeld.

2. Die immer wieder angeführten Kenngrößen sind teilweise mit erheblichen methodischen Problemen behaftet und deshalb nur von begrenzter Aussagekraft.

3. Versucht man die Leistungsfähigkeit der deutschen Volkswirtschaft im internationalen Vergleich an der Effizienz der Ressourcennutzung zu messen, so ist eine im Verhältnis zu vielen anderen Ländern ungünstige Arbeitsmarktentwicklung festzustellen.

4. Nach weitgehend übereinstimmender Auffassung in der Wissenschaft sind für die unzureichenden Wachstums- und Beschäftigungszahlen primär weder die Entwicklung des Außenhandels, noch kostenmäßige Nachteile der deutschen Unternehmen und Produkte auf den Weltmärkten – demnach also nicht die Globalisierung im engeren Sinne – verantwortlich.

5. Welche Gründe die schlechte Arbeitsmarktentwicklung in Deutschland hat, ist in der Wissenschaft umstritten.

6. Eine Auffassung in der Wissenschaft macht in erster Linie so genannte Rigiditäten des Arbeitsmarktes verantwortlich und sieht folgerichtig die Lösung vorrangig in der Beseitigung dieser Rigiditäten.

7. Die Gegenmeinung sieht hingegen die Hauptursachen der geringen Arbeitsmarkterfolge in einer auch wirtschaftspolitisch zu verantwortenden Wachstums- und Nachfrageschwäche sowie in den nicht bewältigten Folgen des ökonomischen Umbruches in den neuen Bundesländern. Entsprechend liegt der Schwerpunkt auf der Forderung nach besserer makropolitischer Steuerung.

8. Andere Analytiker diagnostizieren eine spezielle „Dienstleistungslücke" und führen diese auf das Leistungsprofil und die Finanzierungsstruktur des deutschen Sozialsystems zurück. Eine mögliche Konsequenz wäre, durch gezielte Entlastung geringer Arbeitseinkommen von Sozialabgaben die Voraussetzungen für ein preiswerteres Angebot privater Dienstleistungen zu schaffen. Die andere Möglichkeit wäre – dem skandinavischem Modell folgend – durch eine steuerfinanzierte Ausdehnung des öffentlichen Beschäftigungssektors (soziale Dienstleistungen) die Arbeitslosigkeit zu verringern.

9. Insgesamt sind die empirischen Belege dafür, dass die schlechte Arbeitsmarktentwicklung, jedenfalls im Vergleich zu erfolgreicheren Ländern, hauptsächlich aus Rigiditäten des deutschen Arbeitsmarktes zu erklären ist, nur bedingt belastbar. Dass Geld- und Fiskalpolitik in den 90er Jahren dagegen nicht beschäftigungsfördernd waren, sondern häufig konjunkturdämpfend oder gar prozyklisch Abschwungphasen verstärkt haben, ist hingegen nicht von der Hand zu weisen.

---

[12] Zum Beispiel erhebliche Arbeitszeitflexibilisierungen, Rückgang der Bedeutung des Flächentarifvertrages und des Einflusses der Gewerkschaften, Verminderung der passiven Geldleistungen bei Arbeitslosigkeit, teilweise strengere Sozialhilferegeln bei Arbeitslosen.

[13] Vgl. hierzu auch das abweichende Minderheitsvotum von der CDU/CSU-Fraktion in Kapitel 11.1.7.3.

10. Ob es in Deutschland eine „Dienstleistungslücke", speziell bei den einfachen Dienstleistungen gibt, ist umstritten.

4.3 Globalisierungsbedingter Strukturwandel auf dem deutschen Arbeitsmarkt

4.3.1 Zusammenhang von Strukturwandel und Globalisierung

Der Theorie nach ist zu vermuten, dass die Globalisierung mit wachsender internationaler Arbeitsteilung und steigender Mobilität des Kapitals – teilweise auch der hochqualifizierten Arbeitskräfte – einen Strukturwandel auf den Arbeitsmärkten beschleunigt. Es kann damit gerechnet werden, dass Deutschland mittelfristig insgesamt wie auch die meisten anderen entwickelten Industrieländer zu den Globalisierungsgewinnern zählt und demnach die Beschäftigungssituation durch die Globalisierung sogar eher verbessert als gefährdet wird.

Insgesamt führt die Globalisierung zu deutlich höherem Wettbewerbs- und damit Innovationsdruck. Die Anforderungen an die Fähigkeit zu schneller und flexibler Anpassung an die rasch wechselnden Gegebenheiten der internationalen Märkte nehmen folglich zu. Dabei steigen die Arbeitsmarktchancen gut qualifizierter hochproduktiver Beschäftigter tendenziell; sie sind – allerdings nur an zweiter Stelle hinter den Kapitaleigentümern – die Globalisierungsgewinner. Weniger gut qualifizierte Arbeitnehmerinnen und Arbeitnehmer, vor allem solche ohne Berufsqualifikation, geraten dagegen in eine zunehmend schwierige Lage, da sie sich mit ihrer geringen Qualifikation in den Wettbewerb mit Beschäftigten aus Niedriglohnländern begeben. Ihre Arbeitsmarktsituation und wahrscheinlich auch ihre Einkommensposition verschlechtern sich.

Allerdings zeigt die Empirie keinen eindeutigen und markanten Globalisierungsschub in den 90er Jahren, sondern eher eine seit Jahrzehnten kontinuierliche Entwicklung mit allmählichen Veränderungen. Eine signifikante Beschleunigung der Internationalisierungstendenz ist, außer bei den Finanzanlagen, nicht feststellbar (DIW 2000: 12). Einen Strukturwandel auf dem Arbeitsmarkt gibt es auch ohne Globalisierung, also aus der rein binnenwirtschaftlichen Dynamik heraus. Es ist praktisch kaum möglich, den Strukturwandel in eine interne und eine globalisierungsbedingte Komponente zu zerlegen. Die vorhandenen Studien sind daher auch wenig ergiebig. Keine vermochte eindeutig globalisierungsbedingte Strukturveränderungsprozesse zu beziffern (vgl. zu empirischen Befunden DIW 2000: 24f.).

Das Institut für Weltwirtschaft an der Universität Kiel hat im Auftrag des Bundeswirtschaftsministeriums hierzu eine Studie erarbeitet: Zum einen wurde untersucht, ob die Intensivierung des Handels mit neu in den Welthandel eintretenden Ländern, die über billige unqualifizierte Arbeitskräfte verfügen, zu einer erhöhten Arbeitslosigkeit gering qualifizierter Arbeitnehmerinnen und Arbeitnehmer in Deutschland geführt hat. Zum anderen wurde gefragt, ob die deutschen Direktinvestitionen im Ausland zu Arbeitsplatzverlusten in Deutschland geführt haben (Kleinert u.a. 2000).

Was die Auswirkungen des Außenhandels auf Beschäftigung und Strukturwandel betrifft, so konstatieren die Autoren zwar, dass die Intensivierung des Welthandels in Deutschland parallel mit erheblichen Arbeitsmarktproblemen verlaufen ist. Sie halten es jedoch für vorschnell, in der Globalisierung die direkte Ursache für diese Arbeitsmarktprobleme zu sehen.

Gleichwohl sind *indirekte* Auswirkungen der Globalisierung auf Beschäftigungsstruktur und Arbeitslosigkeit zu vermuten. So kann die Nachfrage nach gering qualifizierter Arbeit auf dem Weg über die Veränderung der Produktpalette, der Produktionsstruktur und die Anforderungsprofile an Arbeitskräfte abnehmen. Auf diese Weise kommt es möglicherweise infolge der Globalisierung zur Substitution gering qualifizierter durch höher qualifizierte Arbeit (Dostal 2001: 9).

In der Tat ist auf dem deutschen Arbeitsmarkt ein erheblicher Strukturwandel zu beobachten, der sich im Anstieg der Qualifikationsforderungen, im Wandel der Erwerbsformen, in zunehmender Arbeitszeitflexibilisierung aber auch in struktureller Arbeitslosigkeit äußert. Als Ursache dieser Veränderungen sind vor allem die Verschärfung des Wettbewerbs, die Gewichtsverlagerung von der Produktion zu den Dienstleistungen, die Ausbreitung der Mikroelektronik, die Beschleunigung des Innovationstempos und die zunehmende Differenzierung der Bedürfnisse und Produkte zu nennen. Auch Arbeitsorganisation und Arbeitsqualität ändern sich. Neben tayloristische Produktionskonzepte treten zunehmend flexible Strukturen mit dezentralen Entscheidungskompetenzen (SPD 2001b). Auf diese Weise nähert sich die berufliche Realität einer wachsenden Zahl von Arbeitnehmerinnen und Arbeitnehmer derjenigen der Selbstständigen an. Diese Änderungen lassen auch das Bewusstsein der Menschen und die Sozialbeziehungen nicht unberührt.

4.3.2 Anstieg der Qualifikationsanforderungen[14]

Dass die Qualifikationsanforderungen in der Arbeitswelt immer weiter zunehmen, ist empirisch gut belegt. Nach Untersuchungen des Kieler Instituts für Weltwirtschaft ist der Beschäftigungsanteil von Geringqualifizierten ohne Schulabschluss und/oder ohne Berufsausbildung langfristig deutlich zurückgegangen. Spiegelbildlich ist der Anteil der Beschäftigten mit mittlerer Qualifikation mit Berufsausbildung und/oder Abitur oder hoher Qualifikation mit Hochschulabschluss von 1984 bis 1997 von 40,2 auf 47,4 Prozent gestiegen. Die Verschiebung der Nachfrage nach höheren Qualifikationen ist nach dieser Studie Folge des zumindest teilweise globalisierungsbedingten Strukturwandels (Kleinert u. a. 2000: 74ff.). Sie geht auf zwei parallele Entwicklungen zurück: Zum einen expandierten die Sektoren mit größerem Anteil an Höherqualifizierten,

---
[14] Vgl. hierzu auch das abweichende Minderheitenvotum von der PDS-Fraktion in Kapitel 11.3.5.

während die Sektoren mit kleinerem Anteil an Höherqualifizierten geschrumpft sind. Zum anderen ist in nahezu allen Sektoren - auch in den schrumpfenden – der Anteil der Höherqualifizierten gestiegen. Auch die Analyse der Beschäftigtenstruktur nach Tätigkeiten – statt nach Sektoren - ergibt, wie auch die Kieler Studie zeigt, ein ähnliches Bild. Der Beschäftigungsanteil der Tätigkeiten, die mit der physischen Produktion von primären und sekundären Gütern verbunden sind, ist rückläufig, während die Dienstleistungstätigkeiten expandieren (s. Abbildung 4-11).

Dass die Zahl der einfachen Arbeitsplätze abgenommen und die der anspruchsvollen zugenommen hat, wird auch vom Institut für Arbeitsmarkt- und Berufsforschung dokumentiert (Dostal 2001). Die Beschäftigung mit reinen Produktionsaufgaben ist in den letzten 30 Jahren von 40 Prozent auf etwas über 20 Prozent zurückgegangen (Dostal 2001: 4, Abb. 1). Gleichzeitig haben qualitative Änderungen im Produktionsbereich dazu geführt, dass es dort praktisch keine einfachen Arbeiten mehr gibt. Die Entwicklung bei der Beschäftigung mit reinen Produktionsaufgaben unterscheidet sich damit von den Dienstleistungen, wo im Prinzip Einfacharbeitsplätze denkbar sind.

Die Folge ist, dass die Schere des Arbeitslosigkeitsrisikos zwischen den unteren und oberen Qualifikationsebenen immer stärker auseinanderklafft. Während die Arbeitslosenquoten von Personen mit abgeschlossener Hoch- oder Fachhochschulausbildung sowie mit Fachschulabschluss in den letzten Jahren stagnierten – sie lagen z. T. sogar unter dem Niveau der ausgehenden 1980er Jahre – und auch die Ebene Lehre/Berufsfachschule, zumindest im Westen noch unterdurchschnittlich von Arbeitslosigkeit betroffen war, verschlechterten sich die Arbeitsmarktchancen von Personen ohne abgeschlossene Berufsausbildung zunehmend. Im Jahr 1998 war in Westdeutschland fast ein Viertel und im Osten bereits mehr als die Hälfte aller Erwerbspersonen ohne Berufsabschluss arbeitslos. Diese Zusammenhänge sind auch geschlechtsspezifisch ähnlich signifikant, wie Tabelle 4-2 zeigt. Im Westen liegt die Arbeitslosenquote der Frauen ohne Ausbildung bei 21,2 Prozent, die der Männer ohne Ausbildung bei 25,3 Prozent. Im Osten ist es umgekehrt: dort liegt die Arbeitslosenquote der Frauen ohne Ausbildung mit 55,4 Prozent höher als die der Männer ohne Ausbildung, die bei 51,5 Prozent liegt.

Die „Niedrig- oder Geringqualifizierten" sind eine heterogene und schwer abgrenzbare Gruppe. Ersatzweise

Abbildung 4-11

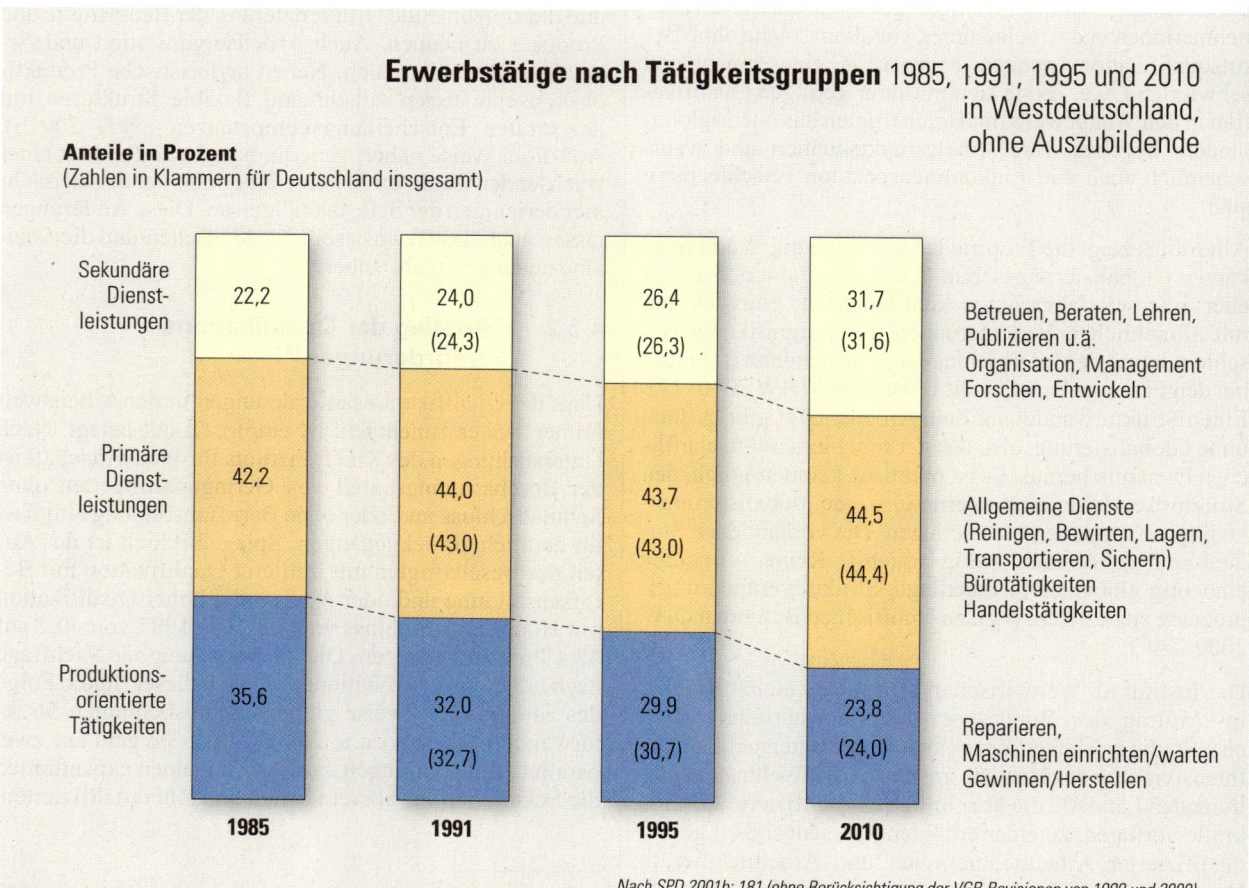

Nach SPD 2001b: 181 (ohne Berücksichtigung der VGR-Revisionen von 1999 und 2000)

Tabelle 4-2

Qualifikationsspezifische Arbeitslosenquoten in West und Ost (%), 1998

Qualifikationsebene	West Männer	West Frauen	Ost Männer	Ost Frauen
ohne Ausbildungsabschluss	25,3	21,2	51,5	55,4
Lehre/Berufsfachschule	7,0	7,6	4,8	6,7
Fachschule	2,3	7,6	4,8	6,7
Fachhochschule	2,2	3,1	4,2	3,2
Universität	3,0	4,5	5,1	5,2
Alle Qualifikationsebenen	8,6	9,4	14,3	20,0

Quelle: Dostal 2001: 7

kann man das Fehlen eines formalen berufsqualifizierenden Abschlusses als Kriterium wählen. Gemessen an diesem Begriff gab es 1995 rund 9,5 Millionen Personen ohne Berufsqualifikation im Alter von 25-64 Jahren. Das sind bezogen auf diese Altersgruppe 20 % der Bevölkerung, 11 % der Erwerbstätigen, 24 % der Nichterwerbstätigen mit Erwerbswunsch und 39 % der Nichterwerbstätigen ohne Erwerbswunsch (Dostal 2001: 11, s. Tabelle 4-3). 4,3 Millionen dieser Personen waren erwerbstätig, eine Million erwerbslos und 4,2 Millionen nicht erwerbstätig. 63,7 % aller formal Niedrigqualifizierten waren Frauen.

Das Institut für Arbeitsmarkt- und Berufsforschung (IAB) hat auch eine Projektion des Qualifikationsbedarfs für das Jahr 2010 versucht. Danach muss damit gerechnet werden, dass die Zahl der angebotenen Einfacharbeitsplätze bis 2010 gegenüber 1995 um 20 Prozent von 6,5 auf 5,2 Millionen zurückgehen wird; dabei ergibt sich folgende Aufgliederung des Bedarfs an einfachen Tätigkeiten (Dostal 2001: 17f.):

Tabelle 4-3

Bedarf an Einfachtätigkeiten (Personen in 1 000)

	1995	2010	Veränderung
Gewinnen/Herstellen als Hilfstätigkeit[15]	2 118	1 387	– 731
Handelstätigkeiten als unqualifizierte Hilfskraft	457	469	+ 12
Einfache Bürotätigkeiten	1 517	1 187	– 330
Reinigen/Bewirten Hilfsfunktion	899	971	+ 72
Lager-/Transporttätigkeiten Hilfsfunktion	1 485	1 167	– 318
Insgesamt	6 485	5 181	– 1 295
Anteile an Gesamtbeschäftigung	*19,4 %*	*15,7 %*	*– 20,0 %*

Quelle: Dostal 2001: 18

---

[15] Gewinnen/Herstellen als Hilfstätigkeit umfasst die folgenden Tätigkeiten: Anbauen, Züchten, Hegen; Gewinnen/Abbauen/Fördern; Verarbeiten/Bearbeiten, Kochen; Bauen/Ausbauen, Installieren, Montieren (sofern es sich um angelernte Arbeiter/Nichtfacharbeiter oder Auszubildende/Praktikanten/Volontäre handelt) (Weidig, Hofer und Wolff 1999).

Die Qualifikationsstruktur der Erwerbstätigen wird vom IAB wie folgt projektiert[16] (s. Abbildung 4-12).

Abbildung 4-12

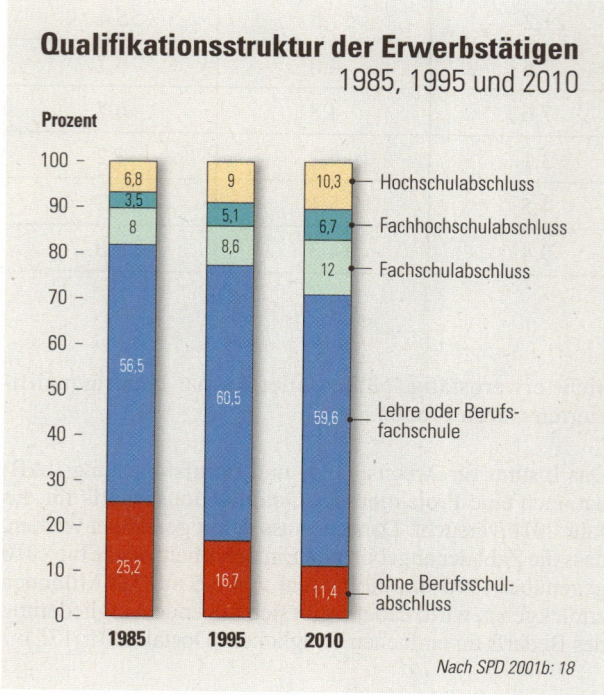

4.3.3 Wandel der Erwerbsformen

Erwerbstätige sind nach der Definition des Statistischen Bundesamtes Selbstständige, abhängig Beschäftigte und freiwillig mithelfende Familienangehörige. Die Erwerbstätigenzahl nahm in Westdeutschland zwischen 1960 und 1989 weder kontinuierlich zu, noch ab. Sie schwankte vielmehr zwischen 26 und 27,7 Millionen.

Der positive Nachfrageeffekt nach der Wiedervereinigung sorgte 1990 und 1991 in Westdeutschland für einen deutlichen Anstieg der Erwerbstätigenzahlen (+5,5 Prozent). In den neuen Ländern verringerte sich die Zahl der Erwerbstätigen in diesen beiden Jahren um ein Viertel. Für Gesamtdeutschland nahm die Zahl der Erwerbstätigen zwischen 1991 und 1998 nach der ursprünglichen Berechnungsmethode in der Volkswirtschaftlichen Gesamtrechnung (VGR) um 2,5 Millionen ab (−7,4 Prozent). Im Jahr 1999 und 2000 wurde die Ermittlung der Erwerbstätigenzahl in der Volkswirtschaftlichen Gesamtrechnung einer Revision unterzogen, um die Anzahl der geringfügig Beschäftigten besser erfassen zu können. Unter Berücksichtigung dieser Revisionen nahm die Zahl der Erwerbstätigen ab 1991 zunächst ab, stagnierte dann und stieg ab 1998 wieder an, so dass sie im Jahresvergleich zwischen 1991 und 2001 nahezu unverändert blieb (+0,8 Prozent) (s. Abbildung 4-13).

Ein höherer Anteil geringfügig Beschäftigter bei annähernd gleichbleibender Erwerbstätigenzahl deutet darauf hin, dass sich in diesem Zeitraum das Arbeitsvolumen – Summe der jährlich geleisteten Arbeitsstunden aller Erwerbstätigen – verringert haben muss. Tatsächlich nahm es in Deutschland zwischen 1991 und 2001 um fünf Prozent ab, womit der Trend eines leicht sinkenden Arbeitsvolumens seit den 60er Jahren fortgesetzt wurde (zwischen 1960 und 1990 verringerte es sich um 18,6 Prozent).[17] Dieser Trend ist nicht auf eine rückläufige Erwerbstätigenzahl zurückzuführen, sondern auf eine Abnahme der durchschnittlich geleisteten Arbeitszeit je Erwerbstätigen.

Die Abnahme der durchschnittlichen Jahresarbeitszeit je Erwerbstätigen ist, soweit sie nicht auf eine tarifliche Kürzung der Wochenarbeitszeit und die Abnahme von Überstunden zurückzuführen ist, als ein statistischer Hinweis für die zunehmende Bedeutung von Beschäftigungsverhältnissen außerhalb der „Normalarbeit"[18] anzusehen:

a) **Entwicklung der „Normalarbeitsverhältnisse":** Nach der Europäischen Arbeitskräfteerhebung von Eurostat verringerte sich die Anzahl der „Normalarbeitsverhältnisse" im gesamten Bundesgebiet zwischen 1991 und 2000 von 25,5 auf 22,3 Millionen (−12,5 Prozent).

b) **Entwicklung der Teilzeitarbeit:** Die Erwerbstätigen, die sich in der Befragung durch den Mikrozensus von Eurostat als teilzeitbeschäftigt bezeichneten, stieg von 5,2 (1991) auf 7,1 Millionen (2000). Das entspricht einer Zunahme von 36,5 Prozent.

c) **Entwicklung der geringfügigen Beschäftigungsverhältnisse:** Die zunehmende Zahl der geringfügigen Beschäftigungsverhältnisse wurde bereits im Zusammenhang mit den Revisionen der VGR zur Erfassung der Erwerbstätigen deutlich. Dieser Trend wird durch einen Forschungsbericht des Instituts für Sozialforschung und Gesellschaftspolitik (ISG) für das Bundesministerium für Arbeit und Sozialordnung bestätigt. Der Erhebung zufolge, die speziell zur Untersuchung geringfügiger Beschäftigung konzipiert wurde, stieg die Anzahl der ausschließlich geringfügig Beschäftig-

---

[16] Als „primär" werden dabei eher einfache Dienstleistungen im Bereich von Handel, Büros, Verkehr, Gastronomie, Reinigung usw. bezeichnet, als „sekundär" werden hochqualifizierte Dienstleistungen wie Forschung, Entwicklung, Management, Beratung, Bildung, Publizistik usw. zusammengefasst.

[17] Das jährliche Arbeitsvolumen in Stunden wird seit 1960 regelmäßig vom IAB berechnet und veröffentlicht.

[18] Die Normalarbeit ist in diesem Abschnitt als unbefristete Vollzeitbeschäftigung inkl. Zivildienstleistende, Beamte, Berufs- und Zeitsoldaten definiert. Sie entspricht damit der Definition der „Normalarbeit im weiteren Sinn" der Europäischen Arbeitskräfterhebung von Eurostat. Das herkömmliche Normalarbeitsverhältnis ist in Deutschland mit dem Modell des männlichen Familienernährers traditionell eng verbunden. Demnach sind nicht erwerbstätige Frauen über die Sozialversicherungsansprüche des Mannes abgesichert. Gleichzeitig impliziert dieses Konzept allerdings, dass Frauen unentgeltlich Familien- und Hausarbeit leisten, damit der Partner dem Arbeitsmarkt als Vollzeitkraft zur Verfügung stehen kann (Holst und Maier 1998).

Abbildung 4-13

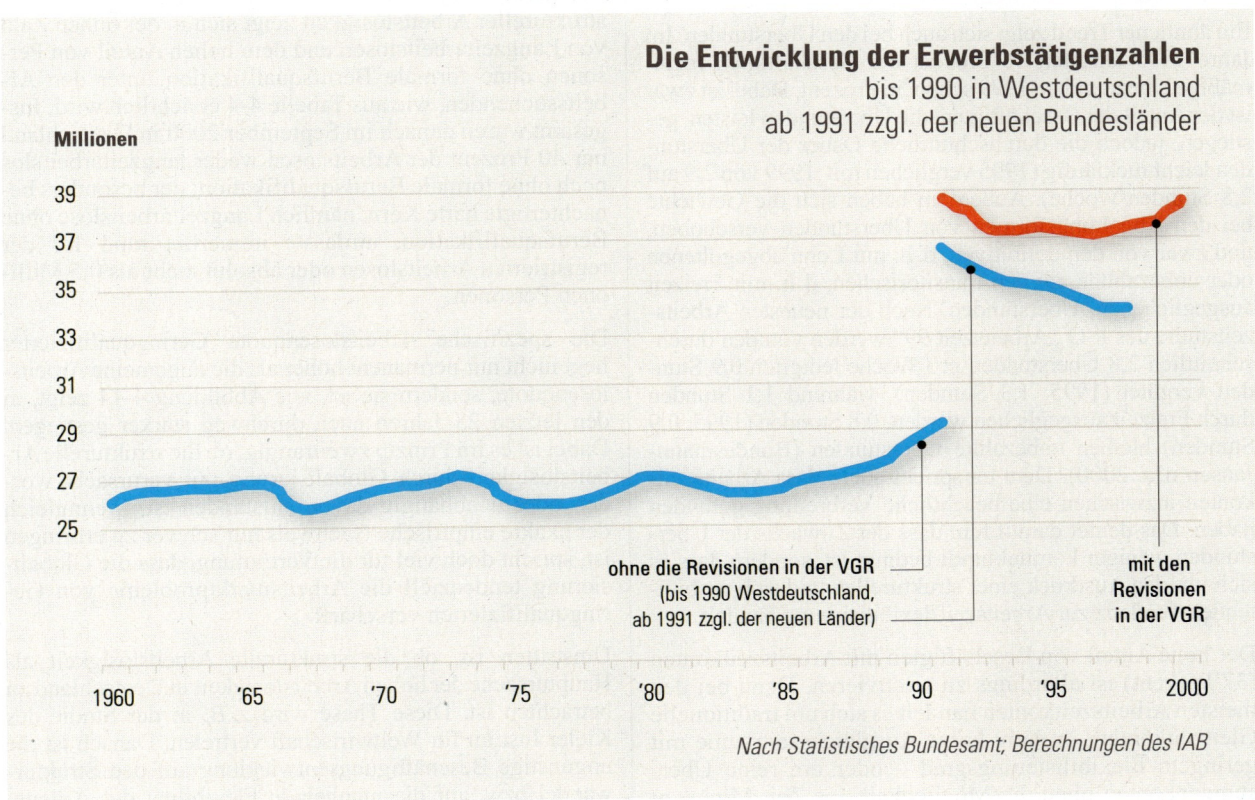

ten zwischen 1992 und 1997 in Deutschland von drei auf 4,2 Millionen (+40 Prozent) (ISG 1997).

d) **Entwicklung der befristeten Beschäftigungsverhältnisse:** Die befristeten Voll- und Teilzeitbeschäftigungsverhältnisse ohne Auszubildende sind zwischen 1991 und 2000 nach dem Mikrozensus vom Statistischen Bundesamt im gesamten Bundesgebiet von 1,9 auf 2,3 Millionen (+21 Prozent) gestiegen. Es fällt auf, dass sich im betrachteten Zeitraum der Anteil der unter 25jährigen am stärksten erhöht hat. Er verdoppelte sich in West- und in Ostdeutschland, so dass jeder fünfte Beschäftigte in dieser Altersklasse im Westen und jeder vierte im Osten sich im Jahre 1999 in einem befristeten Anstellungsverhältnis befand (Rudolph 2000).

e) **Entwicklung der Leiharbeit:** Die Anzahl der überlassenen Leiharbeitnehmer stieg nach der Statistik der Bundesanstalt für Arbeit von 133 734 (1991) auf 339 022 (2000). Das entspricht einer Zunahme von 153 Prozent.

Eine zunehmende Bedeutung der Teilzeitarbeit und der befristeten Beschäftigungsverhältnisse kann auch für die Europäische Union festgestellt werden: Der Anteil der Teilzeit-Arbeitsverhältnisse an allen Erwerbstätigen stieg zwischen 1988 und 1998 von 13,2 auf 17,4 Prozent. Im gleichen Zeitraum nahm der Anteil der befristeten Beschäftigungsverhältnisse an allen Erwerbstätigen von 6,0 auf 8,5 Prozent zu (Hoffmann und Walwei 2000).

4.3.4 Zunehmende Arbeitszeitflexibilisierung[19]

Die geschilderten Trends führen auch zu zunehmender Arbeitszeitflexibilisierung. Dies zeigt sich zunächst darin, dass die Arbeitszeitverkürzung der letzten eineinhalb Jahrzehnte mit einer deutlichen Differenzierung der Arbeitszeit abhängig vom Qualifikationsniveau der Beschäftigten verbunden war. Dies betrifft sowohl die absolute Länge der Arbeitszeit als auch die Richtung der Veränderung. Während bei Beschäftigten mit einfacher Qualifikation die Arbeitszeit kürzer ist und im letzten Jahrzehnt weiter deutlich verkürzt wurde, ist sie in den höheren Qualifikationsstufen höher und teilweise sogar noch länger geworden (Institut Arbeit und Technik, Sonderauswertung SOEP).

Ein deutlicher, wenn auch in der Gesamtwirkung nicht unbedingt dramatischer Trend zur Flexibilisierung der Arbeitszeit zeigt sich darin, dass nur noch eine deutliche Minderheit der Beschäftigten in der klassischen „Normalarbeitszeit" arbeitet (Bundesmann-Jansen u. a. 2000). Wenn man Normalarbeitszeit äußerst restriktiv als Vollzeitarbeit von montags bis freitags, mit konstanter Verteilung der Arbeitszeit, ohne Überstunden, Schichtarbeit, Nachtarbeit und Wochenendarbeit interpretiert, dann hatten schon 1989 nur noch 24 Prozent der Beschäftigten,

---
[19] Vgl. hierzu auch das abweichende Minderheitenvotum von der PDS-Fraktion in Kapitel 11.3.5.

1995 noch 19 Prozent und 1999 nur noch 15 Prozent der Beschäftigten eine normale Arbeitszeit.

Ein ähnlicher Trend zeigt sich auch bei den Überstunden. Im Jahre 1995 leisteten 46 Prozent der Beschäftigten regelmäßige Überstunden, 1999 schon 56 Prozent. Dabei ist zwar ist der Anteil der Beschäftigten, die Überstunden leisten, gestiegen, jedoch die durchschnittliche Dauer der Überstunden leicht rückläufig (1995 verglichen mit 1999 von 2,9 auf 2,8 Stunden/Woche). Außerdem haben sich die Gewichte bei den Abgeltungsformen von Überstunden verschoben, und zwar von den definitiven, d. h. mit Lohn abgegoltenen oder unbezahlten, zu den transitorischen, d. h. mit Freizeit ausgeglichenen, Überstunden. Nach der neuesten Arbeitszeitstudie des ISO „Arbeitszeit 99" werden von den durchschnittlich 2,8 Überstunden pro Woche lediglich 0,9 Stunden vergütet (1995: 1,3 Stunden), während 1,1 Stunden durch Freizeit ausgeglichen werden. 0,8 Stunden (1995: 0,9 Stunden) bleiben unbezahlte Überstunden (Bundesmann-Jansen u. a. 2000). Dem entspricht auch, dass Arbeitszeitkonten inzwischen eine beachtliche Verbreitung gefunden haben. Das deutet darauf hin, dass der Zuwachs der Überstunden weniger konjunkturell bedingt ist, sondern dass es sich um den Ausdruck einer strukturellen und sich ausbreitenden Tendenz zur Arbeitszeitflexibilisierung handelt.

Der hohe Anteil von Beschäftigten mit Arbeitszeitkonten (37 Prozent) ist allerdings zu relativieren. Denn bei den meisten Arbeitszeitkonten handelt es sich um traditionelle Gleitzeitkonten – relativ kurze Ausgleichszeiträume mit geringem Flexibilisierungsgrad – oder um reine Überstundenkonten ohne die Möglichkeit, ins Zeit-Minus zu kommen. Nur 16 Prozent der Arbeitszeitkonten dienen der echten Flexibilisierung, d. h. einer möglichen Gestaltung von Plus- und Minusstunden aus schwankender Arbeitszeitverteilung (Bundesmann-Jansen u.a. 2000: 124).

4.3.5 Strukturelle Arbeitslosigkeit

Je mehr sich der Strukturwandel der Wirtschaft beschleunigt, desto geringer werden die Chancen von Arbeitnehmerinnen und Arbeitnehmer mit einfacher Qualifikation, eine Beschäftigung zu finden. Der Trend zu wachsender struktureller Arbeitslosigkeit zeigt sich in der hohen Zahl von Langzeitarbeitslosen und dem hohen Anteil von Personen ohne formale Berufsqualifikation unter den Arbeitssuchenden, wie aus Tabelle 4-4 ersichtlich wird. Insgesamt waren danach im September 2000 in Deutschland nur 40 Prozent der Arbeitslosen weder langzeitarbeitslos noch ohne formale Berufsqualifikation; der besonders benachteiligte harte Kern, nämlich Langzeitarbeitslose ohne Berufsqualifikation, umfasste immerhin rund 1/7 der registrierten Arbeitslosen oder absolut mehr als 0,5 Millionen Personen.

Die spezifische Arbeitslosenquote Geringqualifizierter liegt nicht nur permanent höher als die allgemeine Arbeitslosenquote, sondern sie ist, wie Abbildung 4-14 zeigt, in den letzten 25 Jahren auch durchweg stärker gestiegen. Dabei ist es im Prinzip zweitrangig, ob die strukturelle Arbeitslosigkeit durch Globalisierung mit verursacht worden oder unabhängig davon entstanden ist. Wenngleich der exakte empirische Nachweis nur schwer zu erbringen ist, spricht doch viel für die Vermutung, dass die Globalisierung tendenziell die Arbeitsmarktprobleme von Geringqualifizierten verschärft.

Umstritten ist, ob die strukturelle Arbeitslosigkeit als Hauptursache der hohen Arbeitslosigkeit in Deutschland zu betrachten ist. Diese These wird z. B. in der Studie des Kieler Institut für Weltwirtschaft vertreten. Danach ist die ungünstige Beschäftigungsentwicklung auf den Strukturwandel bzw. auf die mangelnde Flexibilität des Arbeitsmarktes, auf diesen Strukturwandel zu reagieren, zurückzuführen (Kleinert u.a. 2000: 77). Dies schließen die Autoren aus der empirisch feststellbaren Korrelation zwischen der Dauer der Arbeitslosigkeit und dem Qualifikationsniveau der Arbeitslosen. Dabei sehen sie die Dauer der Arbeitslosigkeit als Indikator für die strukturelle Arbeitslosigkeit an[20]. Im Kern läuft diese Argumentation also darauf hinaus, aus der Existenz von struktureller Arbeitslosigkeit auf Rigiditäten, z. B. eine fehlende Lohnspreizung

Tabelle 4-4

Dauer der Arbeitslosigkeit nach Qualifikationsniveau, 2000

	Unter 1 Jahr arbeitslos	Langzeitarbeitslos	Insgesamt
Mit formalem Berufsabschluss	1 476 957 *(40,0 %)*	813 231 *(22,1 %)*	2 290 188 *(62,1 %)*
Ohne formalen Berufsabschluss	864 647 *(23,5 %)*	529 955 *(14,4 %)*	1 394 602 *(37,8 %)*
Insgesamt	2 341 604 *(63,5 %)*	1 343 186 *(36,5 %)*	3 684 790 *(100,0 %)*

(Die Prozentsätze beziehen sich auf die Gesamtzahl der Arbeitslosen (3 684 790 Personen)
Quelle: Kaltenborn 2001: 15, BA-Statistik für September 2000

---

[20] Zur Problematik des Begriffs „strukturelle Arbeitslosigkeit": Kalmbach (2001: 5-10).

Abbildung 4-14

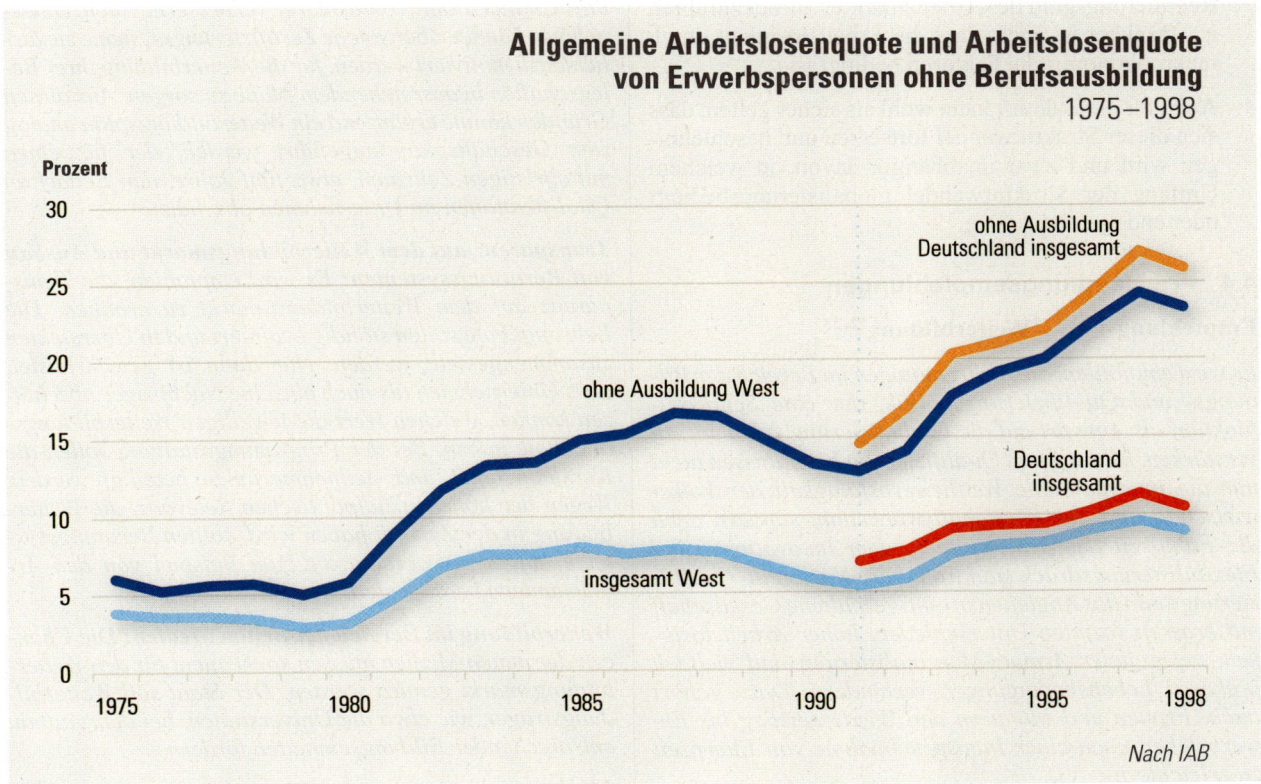

nach unten, zu schließen, die den marktwirtschaftlichen Allokationsmechanismus stören und dadurch die Arbeitslosigkeit verursacht haben (vgl. z. B. Kleinert u.a. 2000: 96).

Genau dieser Schluss stellt aber eine problematische Verkürzung dar. Die statistische Korrelation von Arbeitslosigkeit und Geringqualifikation muss nicht zwingend im Sinne der Kausalität interpretiert werden. Es könnte vielmehr auch sein, dass die Arbeitslosigkeit durch makroökonomische Störungen, wie z. B. durch eine strukturell zu gering wachsende Binnennachfrage oder durch die Zunahme des Angebots an Arbeitskräften und durch Produktivitätssteigerungen ohne entsprechende Arbeitszeitverkürzungen bzw. Lohnsteigerungen verursacht worden ist und lediglich die Geringqualifizierten davon besonders betroffen sind. Denn jede Arbeitslosigkeit äußert sich strukturell differenziert, weil sowohl bei Entlassungen wie auch bei Wiedereinstellungen ein Selektionsprozess zu Lasten der geringer qualifizierten und – tatsächlich oder vermeintlich – leistungsschwächeren Arbeitnehmerinnen und Arbeitnehmer stattfindet. In diesem Sinne argumentiert auch ein Gutachten des Instituts für Arbeitsmarkt- und Berufsforschung, das darauf hinweist, dass viele Einfacharbeitsplätze in Abhängigkeit von der generellen Arbeitsmarktlage von Qualifizierten besetzt werden, die dann für Arbeitnehmerinnen und Arbeitnehmer ohne formale Berufsqualifikation verschlossen sind (Dostal 2001: 14, 17). In der Arbeitslosigkeit von Geringqualifizierten äußert sich demzufolge ein Verdrängungswettbewerb, der Ausdruck des generellen Arbeitsplatzdefizits bzw. Arbeitskräfteüberschusses ist. Sollte dies zutreffen, dann hätte dies wichtige arbeitsmarktpolitische Konsequenzen. Dann könnte nämlich die Arbeitslosigkeit Geringqualifizierter nicht allein mit arbeitsmarktpolitischen Instrumenten verringert werden, sondern insbesondere durch ein stärker binnenmarktorientiertes und nachhaltiges Wachstum sowie einen generellen Beschäftigungsaufbau. Dies würde sich dann auch unmittelbar zu Gunsten von Geringqualifizierten auswirken.

4.3.6 Zusammenfassende Bewertung[21]

1. Auf dem deutschen Arbeitsmarkt gibt es einen erheblichen Strukturwandel, der sich im Anstieg der Qualifikationsforderungen, im Wandel der Erwerbsformen, in zunehmender Arbeitszeitflexibilisierung und in struktureller Arbeitslosigkeit äußert.

2. Der Einfluss der Globalisierung auf den Strukturwandel ist nicht eindeutig messbar. Alles in allem gibt es gegenwärtig wenig nachweisbare Belege dafür, dass die Globalisierung bislang dramatische Veränderungen auf dem deutschen Arbeitsmarkt hervorgerufen hat.

---

[21] Vgl. hierzu auch das abweichende Minderheitenvotum von der CDU/CSU-Fraktion in Kapitel 11.1.7.3.

3. Aus der Tatsache der hohen strukturellen Arbeitslosigkeit folgt nicht zwingend, dass diese auf den hohen Regulierungsgrad des Arbeitsmarktes zurückzuführen ist. Denkbar ist auch, dass die Arbeitslosigkeit durch makroökonomische Faktoren bedingt ist.

4. Auch für die Zukunft kann wohl als sicher gelten, dass sich dieser Strukturwandel fortsetzen und beschleunigen wird und zwar unabhängig davon, in welchem Umfang der Strukturwandel globalisierungsbedingt oder endogen ist.

4.4 Handlungsempfehlungen

Empfehlung 4-1   Weiterbildung[22, 23]

Es wird empfohlen, die Anstrengungen im Bereich der Bildungs- und Qualifizierungspolitik, der eine Schlüsselfunktion als Antwort auf die Globalisierung zukommt, zu verstärken. Bildung und Qualifizierung beeinflussen nicht nur die internationale Wettbewerbsfähigkeit der Volkswirtschaft und das Wirtschaftswachstum, sondern auch die Fähigkeit der Beschäftigten, dem Innovations- und Flexibilisierungsdruck standzuhalten. Nur breite Qualifizierung kann das Abgleiten in eine gespaltene Gesellschaft mit krassen sozialen Unterschieden, hoher Arbeitslosigkeit, verbreiteter Armut, Marginalisierung und vielfach prekären Lebensbedingungen verhindern. Dazu gehört auch, Frauen und Männern den Wiedereinstieg ins Erwerbsleben nach einer Inanspruchnahme von Elternzeit zu erleichtern.

Die Bildungs- und Qualifizierungspolitik kann u.a. mit folgenden Instrumenten gefördert werden:

Investive Arbeitszeitpolitik: *Es wird empfohlen, freies Arbeitszeitvolumen verstärkt für Qualifizierung zu nutzen („investive Arbeitszeitpolitik"). Ein wichtiger Schritt ist dabei die Verankerung des Instruments Jobrotation im Arbeitsförderungsrecht (SGB III) mit Inkrafttreten des Job-AQTIV-Gesetz zum 1. Januar 2002. Der Arbeitgeber, der einem Stammarbeitnehmer die Teilnahme an einer längeren Weiterbildungsmaßnahme ermöglicht, erhält für die befristete sozialversicherungspflichtige Einstellung eines Arbeitslosen als Vertreter des Stammarbeitnehmers von der Bundesanstalt für Arbeit einen Zuschuss zu dessen Lohnkosten. Betriebe können ihre Beschäftigten auf diese Weise für die Weiterbildung freistellen, ohne Personalengpässe befürchten zu müssen. Der Vertreter kann sich im Rahmen der praktischen Tätigkeit ebenfalls weiterbilden und seine Kompetenzen und damit seine Produktivität erhöhen. Jobrotation ist eine sinnvolle Verknüpfung der Bildungspolitik mit der Arbeitsmarkt- und Beschäftigungspolitik.*

Zertifizierungssysteme und Weiterbildungsplan: *Da Personen ohne formale Qualifikation gleichwohl häufig über erhebliche Qualifikationen verfügen, die jedoch nicht formal testiert sind, können Zertifizierungssysteme ihre Chancen am Arbeitsmarkt verbessern. Auch Unternehmen können über solche Zertifizierungssysteme zusätzlich dazu motiviert werden, für die Weiterbildung ihrer Belegschaften in ausreichendem Maße zu sorgen. Aus diesen Gründen könnte ergänzend ein Weiterbildungsplan analog zum Geschäftsplan eingeführt werden, der für einen mittelfristigen Zeitraum, etwa fünf Jahre, den Bedarf an Qualifikationen im Unternehmen abschätzt.*

Transparenz auf dem Weiterbildungsmarkt und Ausbau von Beratungssystemen: *Es wird empfohlen, die Transparenz auf dem Weiterbildungsmarkt zu erhöhen. Die Lehrangebote sollen ständig evaluiert und in Übersichten zusammengestellt werden. Nur dann ist gewährleistet, dass Unternehmen als auch einzelne Nachfrager abschätzen können, welchen Wert die jeweiligen Weiterbildungsangebote haben. Bei der Programmgestaltung sollen die Kursteilnehmer und -teilnehmerinnen beteiligt werden. Wegen der hohen sozialpolitischen Relevanz, die Weiterbildung in der Zukunft haben wird, sollten Beratungssysteme aufgebaut werden, die zum Beispiel von den Arbeitsämtern bereitgestellt werden können.*

Weiterbildung im Bereich der neuen Medien: *Die Chancen der neuen Medien müssen konsequent für den Weiterbildungsmarkt genutzt werden. Der Staat soll Weiterbildungsträger, wie etwa die Universitäten, bei dem Aufbau entsprechender Bildungseinheiten fördern.*

Förderung von geeigneten Finanzierungsmodellen: *Es werden geeignete Finanzierungsmodelle befürwortet (z. B. Bildungsgutscheine oder staatlich gefördertes Bildungssparen*[24]*), die Belastungen, die auf einzelne Arbeitnehmer als Nachfrager zukommen, verringern helfen. Grundsätzlich soll die Finanzierungsverantwortung für die Weiterbildung bei den Tarifparteien bleiben.*

Regionale Netzwerke für Weiterbildung: *Es sollten regionale Netzwerke für Weiterbildung geschaffen werden, um Kooperationen und Synergien besser nutzen zu können und um zu verhindern, dass sich einzelne Arbeitnehmer in einem „anonymen Massenmarkt" orientieren müssen.*

Innovative Qualifizierungsmodelle: *Nachahmenswert sind auch Modelle, bei denen Tarifverträge zur Beschäftigungssicherung flexible Arbeitszeitregelungen und Qualifikationsangebote einbeziehen.*

Rahmengesetz für Weiterbildung: *Durch die sich schneller verändernden Anforderungen im Berufsleben steigt die Notwendigkeit eines lebensbegleitenden Lernens und damit die Bedeutung der Weiterbildung innerhalb der Bildungspolitik. Deshalb sollte die Weiterbildung durch ein Bundes-Rahmengesetz nach dem Vorbild der allgemeinen Grundsätze für das Hochschulwesen von 1969 geregelt werden, um ihrer gestiegenen Bedeutung Rechnung zu*

---

[22] Vgl. hierzu auch das abweichende Minderheitenvotum von der CDU/CSU-Fraktion in Kapitel 11.1.7.3.

[23] Vgl. hierzu auch das abweichende Minderheitenvotum von der PDS-Fraktion in Kapitel 11.3.5.

[24] Bildungssparen ist – ähnlich dem Bausparen – eine Form des individuellen und längerfristigen Geldansparens, um mit den von einer Institution geförderten Spareinlagen Ausbildungs-, Weiterbildungs- oder Umschulungskosten begleichen zu können.

tragen. Ziel dieses Rahmengesetz ist es, eine systematische Strukturierung der Weiterbildung hinsichtlich der öffentlichen Verantwortung, der Organisation, des Zugangs, der Finanzierung, der Qualitätssicherung und der einheitlichen Zertifizierung von Abschlüssen sicherzustellen.

Gesetzlicher Anspruch auf Weiterbildung für Geringqualifizierte: *Aufgrund des öffentlichen Interesses an der Weiterbildung sollten die dafür nötigen finanziellen Mittel der Bundesanstalt für Arbeit zusätzlich zur Verfügung gestellt und nicht durch Umschichtungen des bestehenden Etats aufgebracht werden.*

Ausbildungsumlage für Unternehmen: *Für den Fall, dass auf freiwilliger und tariflicher Ebene kein ausreichendes Angebot an Ausbildungsplätzen zur Verfügung gestellt wird, wird empfohlen, die Unternehmen stärker in die Finanzierung eines qualitativ ausreichenden Angebots an Ausbildungsplätzen einzubinden, indem sie zu einer Ausbildungsumlage, die auf der Grundlage der Bruttowertschöpfung berechnet wird, verpflichtet werden.*

Empfehlung 4-2   Aktive Arbeitsmarktpolitik

Die aktive Arbeitsmarktpolitik der Bundesanstalt für Arbeit ist mehr als bisher an dem Ziel auszurichten, Arbeitsuchende in den regulären Arbeitsmarkt zu integrieren. Einstweilen ist die Puffer- und Auffangfunktion der herkömmlichen Arbeitsmarktpolitik noch in einem bestimmten, wenn auch schrittweise zu vermindernden Umfang notwendig. Denn solange noch ein erhebliches gesamtwirtschaftliches Defizit bei der Nachfrage nach Arbeitskräften fortbesteht, wäre die Annahme unrealistisch, hinreichende Flexibilität des privatwirtschaftlich verfassten Arbeitsmarktes genüge, um das gesamte Arbeitskräftepotenzial zu absorbieren. Für eine längere Übergangszeit kann demnach auf öffentlich geförderte Arbeit noch nicht verzichtet werden. Das gilt vor allem für die neuen Bundesländer. Ebenso wenig kann die Reform der aktiven Arbeitsmarktpolitik wachstums- und beschäftigungsorientierte makroökonomische Stabilisierungspolitik ersetzen. Im Gegenteil, die angestrebte Integration der Arbeitslosen in den ersten Arbeitsmarkt ist nur bei allgemeinem Wachstum und breitem Beschäftigungsaufbau möglich; erst unter dieser Bedingung kann dann die Reform der Arbeitsmarktpolitik Früchte tragen.

Die aktive Arbeitsmarktpolitik der Bundesanstalt für Arbeit kann u. a. mit den folgenden Instrumenten unterstützt werden:

Verbesserung der Arbeitsvermittlung: *Die Verbesserung der Arbeitsvermittlung ist durch eine Meldepflicht bezüglich der offenen Stellen, eine Umverteilung der personellen Ressourcen innerhalb der Bundesanstalt für Arbeit zu Gunsten der Vermittlung und einer Optimierung der Arbeitsabläufe bei der Vermittlung zu erreichen. Außerdem müssen sich die Vermittlungsbemühungen an einer vorausschauenden Risikoabschätzung (nicht erst nach Maßgabe der Dauer der Arbeitslosigkeit) orientieren, ohne Zeitverzögerung sofort bei Erhalt der Kündigung beginnen und individuell zugeschnitten sein. Dies kann unter Einbeziehung spezialisierter und professioneller privater Vermittlungsdienste geschehen. Die Zulassung und die Tätigkeit von Privatvermittlern sollte aber weiterhin öffentlich kontrolliert werden, damit eine Durchsetzung von Qualitätsstandards möglichst gut gesichert und ein Missbrauch minimiert wird.*

Nutzung des Instrumentariums der Zeitarbeit für eine verbesserte Arbeitsvermittlung: *Es wird die erweiterte Nutzung des Instrumentariums der Zeitarbeit unter folgenden Voraussetzungen empfohlen: Zeitarbeit bedarf nach wie vor einer speziellen gesetzlichen Regelung, die sicherstellt, dass sie nicht dafür missbraucht wird, den Kündigungsschutz zu unterlaufen, den unbefristeten Arbeitsvertrag als Regelfall zu umgehen und die Tarifverträge in den Entleihbetrieben auszuhöhlen. Für die Zeitarbeit müssen auf breiter Front Tarifverträge abgeschlossen werden. Wo keine Tarifverträge für die Arbeitnehmerüberlassung zu Stande kommen, muss ein gesetzliches Gleichbehandlungsgebot dafür sorgen, dass Zeitarbeitnehmer nicht schlechter gestellt werden als die Stammarbeitnehmer im Entleihbetrieb. Die Kontrolle der Zeitarbeit muss verbessert und Verstöße gegen gesetzliche Regelungen müssen strenger geahndet werden. Dabei muss auch die Zusammenarbeit der Behörden bei grenzüberschreitendem Verleih verbessert werden. Es wird ferner empfohlen, die Beschäftigungswirkungen von Zeitarbeit in Deutschland und im internationalen Vergleich zu evaluieren.*

Vorrang für Ausbildung und berufliche Weiterbildung: *Es wird der Vorrang für Ausbildung und berufliche Weiterbildung unter den arbeitsmarktpolitischen Maßnahmen befürwortet. Die bisherigen Instrumente müssen verbessert werden. Notwendig sind eine genauere Differenzierung nach Zielgruppen, die Einbeziehung der Qualifizierung in die Betriebe und die unverminderte Weiterführung der Vermittlungsbemühungen auch während der Qualifizierungsmaßnahmen. Arbeitsbeschaffungsmaßnahmen werden dann befürwortet, wenn andere Instrumente nicht greifen. Sie sollten nach Möglichkeit mit Qualifizierung verbunden werden. Vermittlungsbemühungen sollten während der Arbeitsbeschaffungsmaßnahmen unvermindert fortgesetzt werden.*

Existenzgründungen: *Es wird empfohlen, in der Arbeitsmarktpolitik ein größeres Gewicht auf Hilfen zur Existenzgründung zu legen sowie die Rahmenbedingungen für Genossenschaften zu verbessern.*

Organisation der Arbeitsverwaltung: *Es wird eine grundlegende Verbesserung der Organisation der Arbeitsverwaltung befürwortet. Diese umfasst eine weitere Dezentralisierung, die Verbesserung der Erfolgskontrollen, den Kauf spezialisierter Dienstleistungen auf dem Markt und eine bessere Koordination mit der Sozialhilfe und den Kommunen.*

Empfehlung 4-3   Arbeitszeitpolitik[25, 26]

Es wird empfohlen, sich für Arbeitszeitverkürzungen in den verschiedensten Formen einzusetzen. Dabei kommt einer individuell differenzierten und freiwilligen Arbeitszeitverkürzung eine besondere Bedeutung zu. Zum einen muss die Arbeitszeit wegen der steigenden Anforderungen an Innovationstempo und Reaktionsgeschwindigkeit flexibler werden. Dies gilt zumindest für die der Globalisierung ausgesetzten und wettbewerbs- und modernisierungsintensiven Bereiche der Wirtschaft. Zum anderen ist im Hinblick auf das für mindestens ein Jahrzehnt bestehende gesamtwirtschaftliche Arbeitsplatzdefizit bzw. den Arbeitskräfteüberschuss Umverteilung von Arbeit durch Arbeitszeitverkürzung notwendig. Flexibilisierung und Verkürzung der Arbeitszeit sind also miteinander zu verknüpfen. Daher sind individuell differenzierte und freiwillige Lösungen den obligatorischen und flächendeckenden Formen von Arbeitszeitverkürzung vorzuziehen. Dies muss allerdings innerhalb eines gesetzlichen oder tarifvertraglichen Ordnungsrahmens geschehen. Insofern bedarf es eines kooperativen Zusammenwirkens von Staat, Tarif- und Betriebsparteien. Der Vorrang für individuell differenzierte und freiwillige Arbeitszeitverkürzung entspricht auch den bisherigen Erfahrungen. Die Lage in den einzelnen Branchen und Betrieben und bei verschiedenen Berufs- und Qualifikationsgruppen ist außerordentlich unterschiedlich, so dass Arbeitszeitverkürzungen in der Form von schematischer und flächendeckender Rationierung der Arbeitskraft nicht sinnvoll sind. Es besteht sonst die Gefahr, dass die Arbeitszeit dort verkürzt wird, wo passend qualifizierte Arbeitskräfte knapp sind oder Innovationsprozesse verzögert würden bzw. dass Arbeitszeitverkürzung keine Wirkung zeigt. Mehr Arbeitszeitsouveränität für die Beschäftigten bedeutet einen Zugewinn an Lebensqualität und erleichtert zudem eine gerechtere Verteilung von unbezahlter (Familien-) Arbeit zwischen Männern und Frauen.

Insbesondere sind folgende Instrumente geeignet, um weitere Arbeitszeitverkürzungen zu ermöglichen:

Rechtsanspruch auf Teilzeitbeschäftigung: *Der Rechtsanspruch auf Teilzeitbeschäftigung wird begrüßt, wobei auch der Anspruch auf eine Rückkehr zur Vollzeitbeschäftigung zu prüfen wäre. Mit der jüngsten Rentenreform ist bereits die Höherbewertung von Pflichtbeiträgen während der Erziehung von Kindern unter 10 Jahren eingeführt worden, wodurch Rentennachteile aus Teilzeitarbeit weitgehend ausgeglichen werden.*

Finanzielle Förderung des Überganges von Voll- auf Teilzeitbeschäftigung bei Wiederbesetzung durch gemeldete Arbeitslose: *Es wird eine finanzielle Förderung des Überganges von Voll- auf Teilzeitbeschäftigung empfohlen, aber nur bei Wiederbesetzung durch gemeldete Arbeitslose (Teilzeitbeihilfe der Bundesanstalt für Arbeit); dies kommt aber nur als vorübergehende Maßnahme zur Bekämpfung der hohen Arbeitslosigkeit in Betracht.*

Eingeschränkte Förderung von Langfrist-Arbeitszeitkonten: *Langfrist-Arbeitszeitkonten, die im Extremfall bis zu Lebensarbeitszeitkonten reichen können, sind im Grundsatz am besten geeignet, Arbeitszeitverkürzung und Flexibilisierung zu verbinden. Allerdings besteht die Gefahr, dass kurz- und möglicherweise auch mittelfristig, also in der Phase noch hoher Arbeitslosigkeit, die effektive Arbeitszeit verlängert und das am Markt angebotene Arbeitsvolumen weiter erhöht wird und damit die Ausgrenzung eines Teils der Erwerbsfähigen eher noch verschärft wird. In den Jahren nach 2010, also bei demografisch bedingter Abnahme von angebotener Arbeitskraft könnten sich in den Vorjahren angesammelte Arbeitszeitguthaben in großem Stil sogar negativ auswirken, weil sie zu einer zusätzlichen Verknappung des Faktors Arbeit führen könnten. Um solche kontraproduktiven Effekte zu vermeiden, ist es notwendig, dass die Gesamtarbeitszeit, also das gesamte Arbeitsvolumen, das innerhalb des vereinbarten Zeitrahmens flexibel verteilt wird, bei Einführung der Langfrist-Arbeitszeitkonten nicht verlängert, sondern verkürzt wird. Die Arbeitnehmer und ggf. ihre gewählten Vertreter sind angemessen zu beteiligen. Erforderlich ist zudem, dass die höchstzulässige Jahresarbeitszeit im Zusammenhang mit der Arbeitszeitflexibilisierung nicht weiter ausgedehnt wird und dass Arbeitszeitkonten keinesfalls ohne Vergütung verfallen.*

Abbau von Überstunden: *Überstundenabbau kann im Prinzip zur Verringerung von Arbeitslosigkeit beitragen, sofern qualifiziertes Personal für Neueinstellungen zur Verfügung steht. Die Differenz zwischen gesetzlich möglicher wöchentlicher und tariflich vereinbarter Arbeitszeit sollte auf jeden Fall nachhaltig verringert werden, um kürzere Arbeitszeiten zu erreichen. Denkbar wäre auch die gesetzliche oder tarifvertragliche Begrenzung der Jahresarbeitszeit.[27]*

Empfehlung 4-4   Steigerung der Frauenerwerbstätigkeit[28]

Es wird empfohlen, die Frauenerwerbstätigkeit zu steigern. Deutschland hat eine vergleichsweise niedrige Frauenerwerbsquote. Damit wird das einheimische Arbeitskräftepotenzial nur unterdurchschnittlich entwickelt und produktiv eingesetzt. Vor allem langfristig und im Hinblick auf die demografische Entwicklung ist dieses Defizit eine ernst zu nehmende Schwachstelle, weil sie den Mangel an qualifizierten Fachkräften verstärkt. Die Steigerung der Frauenerwerbstätigkeit ist demnach nicht nur unter dem Gesichtspunkt der Gleichstellung der Geschlechter, sondern auch im Zusammenhang mit der Leistungsfähigkeit Deutschlands im internationalen Vergleich von Bedeutung. Eine bessere Vereinbarkeit von Familie und Beruf erleichtert nicht nur

---

[25]   Vgl. hierzu auch das abweichende Minderheitenvotum von der CDU/CSU-Fraktion in Kapitel 11.1.7.3.

[26]   Vgl. hierzu auch das abweichende Minderheitenvotum von der PDS-Fraktion in Kapitel 11.3.5.

[27]   Z. B. eine Begrenzung der Jahresarbeitszeit auf 1 840 Stunden im Jahr (52 Wochen pro Jahr minus 6 Urlaubswochen multipliziert mit 40 Wochenstunden = 46x40 = 1 840 Stunden im Jahr) mit der Möglichkeit, diese Grenze durch Tarifvertrag oder auf Grund eines Tarifvertrages auf bis zu 46x50 = 2 300 Stunden zu überschreiten, wenn die Mehrarbeit durch Freizeit ausgeglichen wird.

[28]   Vgl. hierzu auch das abweichende Minderheitenvotum von der CDU/CSU-Fraktion in Kapitel 11.1.7.3.

die Erwerbstätigkeit der Frauen, sondern schafft zusätzliche Arbeitsplätze und steigert nach den bisherigen internationalen Vergleichen auch die Geburtenrate. Von herausragender Bedeutung ist zudem, dass ein flexibles Angebot an entsprechenden Kinderbetreuungseinrichtungen bereit gestellt wird.

Um eine Steigerung der Frauenerwerbstätigkeit zu erreichen, werden u.a. folgende Instrumente empfohlen:

Vereinbarkeit von Familie und Beruf: *Bei der notwendigen Infrastruktur für außerfamiliäre Erziehungshilfen sind Ganztagsschulen von besonderer Bedeutung, weil sie zugleich nach allgemein sich durchsetzender Einsicht zur Verbesserung des Bildungssystems beitragen.*

Ferner werden Maßnahmen im Bereich der Kinderbetreuung im Vorschulalter empfohlen, u. a. die Einführung von zweckgebundenen Kinderbetreuungsgutscheinen. Diese werden an Eltern ausgegeben und können bei lizensierten Anbietern eingetauscht werden. Es wird ferner empfohlen, Qualitätsmindeststandards bei den Kinderbetreuungseinrichtungen zu überprüfen, u. a. könnten Qualitätsgütesiegel für Kindertagesstätten eingeführt werden.

Änderung des familienpolitischen Leitbilds bei außerfamiliären Erziehungshilfen: *Neben der Bereitstellung externer Erziehungshilfen sollen aber auch Hilfen für den vorübergehenden Verzicht auf Erwerbstätigkeit fortgesetzt werden. Allerdings sollte dabei nicht mehr das inzwischen vorherrschend gewordene 3-Phasen-Modell der weiblichen Berufsbiografie (Vollerwerbstätigkeit vor der Kinderphase – längere Erziehungspause – Teilzeitbeschäftigung) als Orientierung dienen. Der Mangel dieses Modells besteht darin, dass die zu langen Erziehungsphasen den späteren beruflichen Wiedereinstieg erheblich erschweren und dass es geschlechtsspezifisch wirkt, d. h. die berufliche Benachteiligung der Frauen gegenüber den Männern, wenn auch in abgeschwächter Form, fortsetzt. Demgegenüber sollten die öffentlich geförderten Erziehungsphasen bewusst kurz gehalten und nicht über den heutigen Rahmen hinaus ausgedehnt werden; die Verbesserung der Leistungen und Konditionen sollte eindeutig Vorrang vor der Ausdehnung der Förderungszeit haben. Von zentraler Bedeutung ist dabei, dass die Inanspruchnahme zwischen Müttern und Vätern geteilt wird.*

Rückführung des Ehegattensplittings: *Schließlich müssen kontraproduktive steuer- und sozialrechtliche Begünstigungen für kinderlose Alleinverdienerehen zurückgeführt werden. Dazu gehört vor allem das Splitting im Einkommensteuerrecht.*

4.4.1 Exkurs: Hilfen für die potenziellen Globalisierungsverlierer durch Subvention gering qualifizierter Arbeit[29]

Zu den entscheidenden Aufgaben, die sich die Politik zu stellen hat, gehört es, die Verlierer auf dem internationalisierten Arbeitsmarkt, die es im weltweiten Wettbewerb ohne Zweifel geben wird, nicht einfach ihrem Schicksal zu überlassen, sondern ihnen Hilfen zukommen zu lassen. Diese Kompensation muss so weit irgend möglich in Form von aktivierender Förderung, nicht in passiver Alimentierung bestehen.

Zu den Globalisierungsverlierern werden, wie ausgeführt, in erster Linie Personen mit geringer Berufsqualifikation gehören. Dass für diese Personengruppe nicht genug einfache Arbeitsplätze im Privatsektor, vor allem im Dienstleistungsbereich, entstehen, wird nach einer Auffassung durch eine für das deutsche Modell typische Konstellation aus hohem (maßgeblich durch das Produktivitätsniveau der Industrie bestimmten) Lohnniveau, starren Tarifverträgen, verhältnismäßig hohen Sozialtransfers bei Arbeitslosigkeit und hoher Abgabenbelastung auf dem Faktor Arbeit verhindert. Die Hauptargumente dieser Meinung sind:

- *Die Arbeitsplätze Geringqualifizierter sind dadurch bedroht, dass ihre Arbeitsproduktivität nicht ausreicht, um Löhne zu erwirtschaften, die dem durch die hochproduktive Industrie geprägten Lohnniveau entsprechen.*

- *Da das Tarifsystem niedrige Löhne nicht zulässt, werden entsprechende Arbeitsplätze nicht angeboten.*

- *Hohe Sozialversicherungsbeiträge auf Arbeitslöhne erhöhen die Lohnkosten beträchtlich und verschärfen das Problem.*

- *Ferner besteht für Geringqualifizierte kein oder nur ein geringer Anreiz, eine Beschäftigung anzunehmen, weil die erzielbaren Nettoeinkommen durch die hohen Sozialversicherungsbeiträge geschmälert werden und weil das Niveau der Transferleistungen bei Arbeitslosigkeit verhältnismäßig hoch ist.*

- *Zudem verschärfen die Modalitäten der Einkommensanrechnung bei Arbeitslosen- und Sozialhilfe das Problem, weil diese Leistungen grundsätzlich in dem Umfang entfallen, in dem Erwerbseinkommen erzielt wird. Das ergibt in dem in Frage kommenden Lohnbereich im Ergebnis einen anreizfeindlichen Quasi-Grenzsteuersatz von nahezu 100 Prozent („Sozialhilfefalle").*

Dieser Meinung zufolge verhindern also Tarifsystem und Sozialtransfers in diesem Segment des Arbeitsmarktes die marktgerechte Lohnbildung und verursachen „Mindestlohn-Arbeitslosigkeit". Auf diese Weise wird das Entstehen eines Sektors einfacher Dienstleistungen behindert, der Ersatz für wegfallende industrielle Arbeitsplätze schaffen könnte. Die ungünstigen Rahmenbedingungen für personenbezogene Dienstleistungen behindern auch die Steigerung der Frauenerwerbstätigkeit, und zwar auf doppelte Weise: Zum einen könnten in diesem Sektor speziell für Frauen Arbeitsplätze entstehen; zum anderen erschwert der Mangel an preiswerten personen- und haushaltsbezogenen Dienstleistungen die bessere Vereinbarkeit von Familie und Beruf.

---

[29] Vgl. hierzu auch das abweichende Minderheitenvotum von der CDU/CSU-Fraktion in Kapitel 11.1.7.3.

Ausgehend von dieser Diagnose kommt es nach weit verbreiteter Meinung darauf an, diese institutionelle Konstellation aufzubrechen, um die Voraussetzungen für einen expandierenden Markt für Dienstleistungen zu schaffen. Man erhofft sich davon das Entstehen niedrigproduktiver Arbeitsplätze, vor allem im Bereich einfacher Dienstleistungen, in denen auch solche Personen eine Erwerbsmöglichkeit finden können, die auf Grund des auch globalisierungsbedingten Strukturwandels keine andere Chance auf dem Arbeitsmarkt haben. Ein durchaus wichtiger Nebeneffekt ist, dass der bereits vorhandene, jedoch weitgehend illegale Markt für einfache Arbeiten legalisiert werden könnte.

Hierzu gibt es zahlreiche theoretische und auch in praktischer Erprobung befindliche Modelle, die unter Namen wie z. B. „Kombilohn" oder „Lohnsubvention" gehandelt werden. Dabei sind der Differenzierung bei der Ausgestaltung im Einzelnen (z. B. Lohnsubvention für die Arbeitgeber oder Einkommenssubvention für die Arbeitnehmer, Eingrenzung des berechtigten Personenkreises, Befristung, Einkommensanrechnung usw.) nahezu keine Grenzen gesetzt.

Die Details und zahlreichen technischen Schwierigkeiten der diversen Modelle sind hier nicht zu diskutieren. Von prinzipieller Bedeutung ist hingegen die Unterscheidung zwischen zwei Grundmodellen:

– *Grundmodell 1: spezielle und begrenzte Arbeitsmarktprogramme, die eher auf Problemgruppen des Arbeitsmarktes zugeschnitten sind und lediglich den Übergang aus der Arbeitslosigkeit in die Beschäftigung durch zeitlich befristete Subvention unterstützen sollen. Einige dieser Konzepte werden im Rahmen eines Modellprogrammes der Bundesregierung gefördert, wobei das so genannte „Mainzer Modell" nunmehr bundesweit ausgedehnt wird.*

– *Grundmodell 2: dauerhafte Umgestaltung der Sozialversicherungspflicht mit dem Ziel, die Arbeitseinkommen und die Lohnkosten im unteren Bereich generell zu entlasten; im Gegensatz zu den speziellen Arbeitsmarktprogrammen kämen dann diese Entlastungen allen Beschäftigten – einschließlich der bereits bestehenden Beschäftigungsverhältnisse – der betreffenden Einkommensklasse ohne zeitliche Begrenzung zugute und nicht nur Arbeitslosen, die eine Beschäftigung aufnehmen.*

Die Politik muss somit entscheiden, nach welchem dieser beiden Grundmodelle gegebenenfalls die Subventionierung niedrigproduktiver Arbeitsplätze ausgestaltet werden soll. Dabei sind folgende Aspekte von Bedeutung:

– *Im Prinzip ist die öffentliche Subventionierung niedrigproduktiver Arbeitsplätze keine offensive und investive, sondern eher eine defensive und kompensatorische Antwort auf die Probleme des Strukturwandels. Eine offensive und wirklich am Problem ansetzende Antwort können demgegenüber nur Bildungs- und Qualifizierungspolitik sowie eine generell wachstumsfördernde Politik geben. Die Niedriglohnsubvention wäre insofern nur die zweitbeste Lösung.*

– *Bei den Arbeitsplätzen im privaten Dienstleistungssektor, welche die wegfallenden industriellen Arbeitsplätze ersetzen sollen, muss es sich keinesfalls um einfache und schlecht bezahlte Dienste handeln. Dies ist ein voreiliger Schluss aus einer industriefixierten Sichtweise, die lohnintensive Dienstleistung automatisch mit geringer Produktivität gleichsetzt. Erwünscht sind vielmehr moderne, hochqualifizierte, hochproduktive und gut bezahlte Dienstleistungen.*

– *Auch weil Deutschland auf lange Sicht aus demografischen Gründen eher unter einem Mangel an qualifizierten Arbeitskräften zu leiden haben wird, ist es unverzichtbar, das Qualifikationspotenzial der einheimischen Bevölkerung voll auszuschöpfen. Die dauerhafte und systematische Etablierung eines Niedriglohn- und Niedrigproduktivitätssektors wäre demnach strategisch kontraproduktiv. Sie könnte später sogar zusätzliche Zuwanderung gering qualifizierter Arbeitskräfte (besonders im Hinblick auf die EU-Ost-Erweiterung) fördern. Damit würde die Wirkung wenigstens zum Teil verpuffen, wenn nicht gar das Problem noch vergrößert würde.*

– *Auch die Arbeitslosigkeit Geringqualifizierter ist zum Teil Folge des gesamtwirtschaftlichen Ungleichgewichts auf dem Arbeitsmarkt, weil einfache Arbeitsplätze von Höherqualifizierten besetzt und Bewerber ohne Berufsqualifikation verdrängt werden (Dostal 2001). Die Förderung von niedrigproduktiven Arbeitsplätzen wird demnach nur dann wirklich erfolgreich sein können, wenn die Wirtschaft insgesamt wächst und das generelle Arbeitsplatzdefizit abgebaut wird; andernfalls würde sich am Verdrängungseffekt nichts ändern.*

– *Es ist fraglich, ob öffentlich geförderte Niedriglohnarbeitsplätze für die Problemgruppe des Arbeitsmarktes, nämlich die Langzeitarbeitslosen und/oder unqualifizierten Arbeitslosen, immer das adäquate oder jedenfalls allein ausreichende Eingliederungselement sind. Denn einerseits verfügen immerhin 60 Prozent der Langzeitarbeitslosen über eine formale Berufsqualifikation, so dass für sie ein Einfacharbeitsplatz eigentlich nicht die richtige Antwort sein kann. Andererseits dürfte bei einem großen Teil der eigentlichen Problemgruppe, nämlich der Langzeitarbeitslosen ohne Berufsqualifikation, der finanzielle Anreiz durch Kombilöhne oder ähnliche Modelle zur Wiedereingliederung in das Arbeitsleben nicht ausreichen. Hier bedarf es vielmehr umfassenderer nicht zuletzt individueller Hilfsangebote.*

– *An der Theorie der „Sozialhilfefalle", welche Langzeitarbeitslosigkeit und/oder Arbeitslosigkeit Geringqualifizierter aus fehlenden finanziellen Anreizen zu erklären versucht, sind Zweifel angebracht. Empirische Studien belegen vielmehr, dass die Erwerbsmotivation von Arbeitslosen wie von Berufstätigen keineswegs ausschließlich von Einkommensgesichtspunkten bestimmt wird und durch die vereinfachten Konstrukte der traditionellen Mikroökonomie nicht voll erfasst wird (vgl. Bäcker und Hanesch 1998: 357-363 mit weiteren Literaturangaben, Bäcker 2000, Vobruba 2002).*

- *Starke Bedenken werden auch dagegen vorgetragen, das Lohnniveau sei zu hoch und das Tarifsystem zu inflexibel. Bereits die Vielzahl der unterschiedlichen Tarifverträge in den Branchen und Regionen sorgt für eine bedeutende strukturelle Differenzierung und Flexibilität. Aber auch jedes einzelne Tarifwerk für eine bestimmte Branche und Region ist in sich differenziert und flexibel und zwar hauptsächlich bei der Höhe des Arbeitsentgelts und bei der Verteilung der Arbeitszeit. Die zur Zeit etwa 7.500 in Deutschland geltenden Tarifverträge über die Höhe des Arbeitsentgelts enthalten fast ausnahmslos auch Lohn- und Gehaltsgruppen für gering qualifizierte Arbeitnehmerinnen und Arbeitnehmer mit einfachen Tätigkeiten und entsprechend niedriger Vergütung.*

- *Es ist zudem fraglich, ob sich in Deutschland eine den USA vergleichbare Nachfrage nach einfachen Dienstleistungen entwickeln kann. Solche Erwartungen vernachlässigen möglicherweise das andersartige kulturelle Umfeld in Deutschland, das durch kurze Arbeitszeiten und reichliche Freizeit, hohe Bewertung von Eigenarbeit, verhältnismäßig geringe Einkommensunterschiede und geringe Nachfrage nach persönlicher Bedienung gekennzeichnet ist.*

- *Die praktischen Erfahrungen, die bisher mit den zahlreichen in Erprobung befindlichen Modellen gemacht wurden, sind nicht besonders ermutigend. Hochrechnungen der verschiedenen Experimente auf das ganze Bundesgebiet lassen einen Förderzugang von allenfalls einigen 10 000 Fällen jährlich erwarten (Kaltenborn 2001). Die Ursachen für die eher ernüchternden Zwischenergebnisse der Modellversuche könnten zum einen in verbesserungsbedürftigen Förderkonditionen liegen, zum anderen darin, dass die Niedriglohnsubventionen nicht genügend mit dem sonstigen Instrumentarium der Arbeitsförderung koordiniert sind und vielfach diesen gegenüber nicht attraktiv genug sind.*

- *Auf gar keinen Fall ist die Zahl der Förderungsfälle mit dem Beschäftigungseffekt gleichzusetzen, weil ein allerdings vorerst nicht bezifferbarer Teil der Förderung wahrscheinlich durch Mitnahmeeffekte – wenn Arbeitsplätzen gefördert werden, die auch ohne Förderung bestanden haben oder entstanden wären – durch Verdrängungseffekte – wenn nicht geförderte durch geförderte Beschäftigung ersetzt wird – oder durch Subventionsabschöpfung – wenn der Arbeitgeber eine an sich für den Arbeitnehmer bestimmte Subvention zur Lohnsenkung nutzt – verbraucht werden wird, ohne zusätzliche Beschäftigung auszulösen.*[30]

- *Mitnahme- und Verdrängungseffekte hängen von der Ausgestaltung ab und können am ehesten im Rahmen des Grundmodells 1 vermieden werden, und zwar:*

    - *wenn nur die zusätzliche Aufnahme der Beschäftigung aus der Arbeitslosigkeit heraus, aber nicht die bestehende Beschäftigung oder der Wechsel von einem Beschäftigungsverhältnis in ein anderes gefördert wird,*

    - *wenn die Förderung eng befristet und keinesfalls zeitlich unbegrenzt geleistet wird,*

    - *wenn die Förderung auf spezielle Problemgruppen des Arbeitsmarktes beschränkt und an besondere Voraussetzungen der Personen der Arbeitnehmerinnen und Arbeitnehmer geknüpft wird, was dann allerdings wieder die Breitenwirkung der Förderung einschränkt,*

    - *wenn nicht der niedrige Monatslohn, sondern nur der niedrige Stundenlohn die Subvention auslöst, weil sonst nicht allein die gering qualifizierte Arbeit, sondern auch die Teilung qualifizierter Arbeitsplätze gefördert wird und*

    - *wenn im Übrigen die Lohngrenzen für die Förderung verhältnismäßig niedrig sind und vermieden wird, dass der Bereich qualifizierter Teilzeitarbeit in die Subvention einbezogen wird.*

- *Besonders massive Mitnahme- und Verdrängungseffekte sind hingegen im Grundmodell 2 zu erwarten und geradezu systemnotwendig, wenn nicht nur die zusätzliche Arbeitsaufnahme durch Arbeitslose zeitlich befristet subventioniert wird, sondern in der ganzen Breite sämtliche bereits bestehenden niedrig entlohnten Arbeitsverhältnisse unbefristet bezuschusst bzw. von Sozialversicherungsbeiträgen entlastet werden. Zwar können auch zusätzliche Arbeitsplätze entstehen; das ändert aber nichts daran, dass die Subvention oder Beitragsentlastung auch für solche Arbeitsplätze gezahlt werden muss, die auch ohne diese Förderung bestanden haben oder entstanden wären. Dem entsprechend hoch wären dann die fiskalischen Aufwendungen solcher Modelle, die möglicherweise überhaupt nicht in einem vertretbaren Verhältnis zum erreichten Beschäftigungseffekt stehen.*

- *Wenn beim Grundmodell 2 eine dauerhafte Entlastung Geringverdienender von Sozialversicherungsbeiträgen angestrebt wird, dann können Komplikationen nur vermieden werden, wenn die Beitragspflicht dieses Personenkreises unberührt bleibt und die Beitragszahlung lediglich aus Steuermitteln subventioniert wird. Soll jedoch das Beitragssystem selbst zu Gunsten von Versicherten mit niedrigem Arbeitslohn geändert werden (z. B. durch Untergrenzen für die Versicherungspflicht oder durch Freibeträge beim beitragspflichtigen Arbeitslohn), so kann es wegen des Zusammenhangs von Beiträgen und Leistungsansprüchen zu Problemen kommen, z. B. durch Versicherungslücken oder durch Störung des Äquivalenzprinzips.*

---

[30] Einen hohen Mitnahmeeffekt errechnet z. B. das Institut für Arbeitsmarkt- und Berufsforschung für den Fall, dass die Arbeitnehmer-Sozialversicherungsbeiträge schrittweise degressiv bis zu einem Monatslohn in Höhe des 2,5fachen der Geringfügigkeitsgrenze (nach heutigem Stand 812,50 Euro) subventioniert werden. Nach den Verhältnissen des Jahres 1997 wären dann rund 1,36 Millionen Beschäftigungsverhältnisse gefördert worden, aber praktisch keine zusätzlichen Arbeitsplätze geschaffen worden; lediglich rund 50 000 bis 70 000 geringfügig Beschäftigte würden ihre Arbeitszeit ausweiten (Bender, Rudolph und Walwei 1999: 1-5).

Insgesamt können die Vorschläge zur Subvention gering qualifizierter Arbeit folgendermaßen bewertet werden:

1. *Die Bezuschussung oder Beitragsentlastung von Niedriglöhnen für Arbeitslose, welche eine Beschäftigung aufnehmen, kann grundsätzlich ein sinnvolles arbeitsmarktpolitisches Instrument sein.*

2. *Voraussetzung dafür ist, Mitnahme- und Verdrängungseffekte (z. B. durch Befristung für den einzelnen Leistungsfall, enger Zuschnitt auf Problemgruppen des Arbeitsmarktes und relativ niedrige Fördergrenzen) so weit wie möglich ausgeschlossen werden.*

3. *Diese Bedingungen können am ehesten im Grundmodell 1 erfüllt werden, d. h. bei der befristeten Förderung der Arbeitsaufnahme von Arbeitslosen. Dies kann dazu beitragen, dass der in den letzten Jahrzehnten entstandene Sockel an struktureller Arbeitslosigkeit abgebaut wird.*

4. *Die Förderung der Arbeitsaufnahme von Arbeitslosen wird aber eine spürbare Arbeitsmarktwirkung nicht isoliert für sich allein entfalten können, sondern nur im Zusammenhang mit einer allgemeinen Wachstums- und Beschäftigungsdynamik.*

5. *Umstritten ist der Wert des Grundmodells 2. Es sind Zweifel angebracht, ob die dauerhafte Einrichtung eines öffentlich subventionierten oder indirekt durch Umgestaltung der Sozialversicherungspflicht geförderten Niedriglohnsektors eine für die deutsche Gesellschaft sinnvolle Entwicklungsperspektive und die langfristig richtige Antwort auf die Herausforderungen der Globalisierung sein kann.*

6. *Gegen einen dauerhaft geförderten Niedriglohnsektor nach dem Grundmodell 2 spricht, dass dies eine bloß passive Anpassungsstrategie wäre und dass eine aktive Strategie vorzuziehen wäre, die auf Bildungs- und Qualifizierungspolitik sowie auf eine stärker wachstumsorientierte Makropolitik setzt; so lange das gesamtwirtschaftliche Arbeitsplatzdefizit besteht, ist ergänzend eine flexible und langfristig reversible Arbeitszeitverkürzung notwendig.*

7. *Auch die künftige demografische Entwicklung und die Gefahr eines dadurch bedingten Mangels an gut qualifizierten Arbeitskräften spricht dagegen, langfristig und systematisch einen Niedriglohnsektor zu subventionieren.*

8. *In Abwägung dieser Gesichtspunkte empfiehlt sich die Förderung eines Niedriglohnsektors nur als Maßnahme zur Förderung der Arbeitsaufnahme von besonderen Problemgruppen des Arbeitsmarktes und mit strengen Vorkehrungen gegen Mitnahme- und Verdrängungseffekte (Grundmodell 1). Dies sollte zeitlich befristet sein und nur so lange praktiziert werden, bis das gesamtwirtschaftliche Arbeitsplatzdefizit abgebaut ist.*

9. *Unabhängig von beschäftigungspolitischen Erwägungen bleiben Steuerentlastungen für Haushalte mit niedrigem Einkommen aus verteilungspolitischen Gründen sinnvoll, um dem Grundsatz der Besteuerung nach Leistungsfähigkeit besser Rechnung zu tragen, als dies heute der Fall ist. Das gleiche gilt auch für Beitragsentlastungen in der Sozialversicherung.*

4.5 Globalisierung und arbeits- und sozialpolitische Handlungsfähigkeit des Nationalstaates

4.5.1 Verlust der staatlichen Autonomie in der Arbeits- und Sozialpolitik?

Weltweiter Wettbewerb und hohe Außenwirtschaftsverflechtung sind historisch keine neuen Erscheinungen. Während aber traditionell nationale Unternehmen mit ihren an festen Standorten produzierten Gütern auf den Absatzmärkten konkurrierten, hat sich nunmehr die Produktion selbst internationalisiert, so dass international operierende Unternehmen und Unternehmensketten weltweit nach den besten Standorten suchen. Der Schritt von der standortgebundenen Absatzkonkurrenz zur Standortkonkurrenz zwischen Staaten – um die Attraktivität des jeweiligen Landes für die Ansiedlung von multinationalen Unternehmen zu erhöhen – macht das Eigentümliche dessen aus, was heute „Globalisierung" genannt wird. Dieser Globalisierungsprozess weist jedoch eine starke regionale Komponente auf, da es sich überwiegend um einen Standortwettbewerb innerhalb verschiedener regionaler Integrationsgemeinschaften (EU, NAFTA, ASEAN und MERCOSUR) handelt (HWWA 2000: 4; vgl. Kapitel 3.1.1).

Es hat sich ein neuer Antagonismus zwischen den Eigentümern von mobilen und von immobilen Produktionsfaktoren herausgebildet. Die Staaten sind gezwungen, der drohenden Abwanderung der mobilen Produktionsfaktoren durch immer weiter gehende Steuererleichterungen, Deregulierungen, Umverteilung zu Gunsten der Eigentümer von Produktionsmitteln, Druck auf die Löhne und oft auch durch Subventionen entgegenzuwirken bzw. Investoren aus dem Ausland anzulocken. Folglich entsteht ein Standortwettbewerb zulasten der an einen Standort gebundenen Faktoren, vor allem der überwiegend immobil bleibenden Arbeitskräfte, mit dem Ziel, die Attraktivität ihres Standortes für die mobilen Faktoren zu erhöhen (Sachverständigenrat 1997, Ziffer 307).

Im Unterschied zum herkömmlichen internationalen Wettbewerb wird nun das gesamte nationale Regelsystem in die Konkurrenz der Standorte hineingezogen. Die Staaten werden selbst zu Konkurrenten, die versuchen, durch Gestaltung der Rahmenbedingungen die Konkurrenzfähigkeit ihrer Unternehmen und Erwerbsbevölkerung zu sichern und zu verbessern. Dieser Aufgabe muss sich nun die Sozial- und Arbeitspolitik einzelner Staaten unterordnen, wodurch ihre autonome Handlungsfähigkeit mehr oder weniger stark eingeschränkt wird. Zunächst muss offen bleiben, ob die Situation, in der sich die Politik heute befindet, in erster Linie in ökonomischen Sachzwängen begründet ist. Immerhin hat die Politik durch die Ratifizierung internationaler Abkommen, wie z. B. im Rahmen der WTO und GATS, die gegenwärtigen institutionellen Bedingungen der ökonomischen Globalisierung selbst geschaffen.

Völlige Autonomie staatlichen Handels von außen- und weltwirtschaftlichen Einflüssen gab es auch früher nie. Und es wird auch von Niemandem behauptet, dass es künftig einen vollständigen Autonomieverlust geben wird. Auch sind die Mobilität des Kapitals und die Möglichkeiten der freien Standortwahl heute noch längst nicht so hoch, wie vielfach unterstellt wird. Die nationalen Handlungsspielräume sind größer als Regierungen vielfach, aus naheliegenden Gründen, behaupten. Länder wie Dänemark oder die Niederlande zeigen vielmehr, dass es noch immer verschiedene Wege erfolgreicher Sozial- und Arbeitsmarktpolitik geben kann. Auch in der Vergangenheit waren die institutionellen Unterschiede groß, ohne dass es einen Zwang zur Vereinheitlichung gegeben hat (Kalmbach 2001: 1-5).

Gegen den zuweilen befürchteten vollständigen Autonomieverlust des Staates sprechen außerdem die schon theoretisch klar erkennbaren Grenzen der freien Standortwahl. Dazu gehören z.B. die Notwendigkeit der Markt- und Konsumentennähe der Produktion, die Transportkosten und Kommunikationskosten. Auch wenn sie gesunken sind, so werden sie doch immer größer als Null sein. Dazu zählt auch der begrenzte Zugang von kleineren und mittleren Unternehmen zum internationalen Kapitalmarkt, der dafür sorgen wird, dass es in gewissem Umfang immer nationale Kapitalmärkte geben wird.

Ungeachtet der Relativierungen ist davon auszugehen, dass der zu beobachtende Trend zum Standortwettbewerb und damit auch zur Einschränkung der Handlungsfähigkeit nationalstaatlicher Arbeits- und Sozialpolitik zwar noch nicht so weit gediehen ist, wie vielfach unterstellt, dass er sich aber in Zukunft fortsetzen wird. Man kann sehr wohl vermuten, dass die Regierungen und Parlamente immer größere Schwierigkeiten haben werden, auf die Arbeitsbedingungen und die sozialen Verhältnisse in ihren Ländern gestaltend Einfluss zu nehmen. Schon heute lassen sich die Spuren des neuen Standortwettbewerbs empirisch belegen. Es ist unverkennbar, dass die Politik gezwungen gewesen ist, sich an die Interessen der Eigentümer mobiler Produktionsfaktoren anzupassen; hier ist vor allem daran zu erinnern, dass die Unternehmens- und Körperschaftssteuern weltweit erodiert und der Anteil der auf dem Faktor Arbeit liegenden Abgaben am gesamten Abgabenvolumen gestiegen ist (vgl. Sinn 2000: 3-9).[31] Allerdings ist festzuhalten, dass die Senkungen der Gewinnsteuern in der Vergangenheit nicht nur mit der internationalen Wettbewerbsfähigkeit begründet wurden, sondern – unabhängig davon – auch mit dem Argument, damit Investitionen und Beschäftigung erhöhen zu können. Diese Politik wäre deshalb auch ohne den „Sachzwang" Globalisierung von denjenigen Regierungen gemacht worden, die diese Argumentation für richtig hielten.

4.5.2 Produktive oder ruinöse Konkurrenz der Staaten?

Die These vom drohenden globalisierungsbedingten arbeits- und sozialpolitischen Autonomieverlust der einzelnen Staaten im regionalen Standortwettbewerb wird im Prinzip als Zustandsbeschreibung von rechts bis links von den meisten Experten geteilt. Kontrovers wird aber bewertet, ob sich der Standortwettbewerb der Regierungen für die Wohlstandsentwicklung der Gesellschaften vorteilhaft oder nachteilig auswirken wird. Demnach erwarten die einen vom Standortwettbewerb eine Art Optimierung durch marktwirtschaftliche Prozesse, die anderen eine ruinöse Konkurrenz der Staaten, die zu Lasten der sozialstaatlichen Errungenschaften gehen werde. Dementsprechend ist dann auch umstritten, welche strategische Antwort auf den drohenden Autonomieverlust zu geben ist.

Nach der in Deutschland vorherrschenden Meinung ist die Sorge vor einer ruinösen Standortkonkurrenz unbegründet; nur eine Minderheit hegt diese Befürchtung (vgl. z.B. Sinn 2001). Dabei stützen sich die Optimisten im Wesentlichen auf zwei Argumente, derer sich auch der Sachverständigenrat bedient:

– Zwar zwingt die Globalisierung die einzelnen Staaten zur Deregulierung und Kostensenkung. Aber es gibt Untergrenzen, welche auch die Eigentümer der mobilen Produktionsfaktoren (vor allem die Kapitaleigner) im eigenen Interesse einhalten werden. Der Kern dieses Arguments ist, dass die Steuern der Finanzierung der Infrastruktur dienen. Deshalb können die mobilen Produktionsfaktoren, ohne dass es zur Abwanderung kommt, immer in dem Umfang besteuert werden, in dem der Infrastrukturvorteil den Nachteil der Abgabenbelastung übersteigt oder gerade noch ausgleicht. Das gleiche gilt auch für das Sozialsystem und für Regulierungen auf dem Arbeitsmarkt, insoweit sie die Leistungsfähigkeit des Humankapitals verbessern und somit einen infrastrukturähnlichen positiven Standortvorteil darstellen (Sachverständigenrat 1997, Ziffer 307, Siebert 2000: 34ff.). Es handelt sich also, so könnte man sagen, um eine Art Gleichgewichtstheorie: Das abwanderungsneutrale Niveau der Abgabenbelastung und Regulation ist dann erreicht, wenn die Eigentümer der mobilen Produktionsfaktoren genau die Kosten der von ihnen produktiv genutzten öffentlichen Güter tragen.

– Der Prozess der globalisierungsbedingten Deregulierung führt, so die vorherrschende Meinung, insgesamt zu effizienterer Faktorallokation und steigert somit den allgemeinen Wohlstand. So wird der Standortwettbewerb als ein politisches Entdeckungsverfahren zur Auffindung besserer institutioneller Lösungen angesehen (Siebert 2000: 42). Auf diese Weise zwingt der Standortwettbewerb die Staaten nur zu einer Politik, die auch ohne solchen Standortwettbewerb notwendig wäre. Wenn dabei sozialstaatliche Umverteilung reduziert werden muss, so gereicht das denjenigen, denen der Sozialstaat helfen soll, gleichwohl zum Nutzen,

---

[31] Die Ausführungen Sinns zur wachsenden Abgabenbelastung der Arbeit sind allerdings teilweise (nicht vollständig) zu relativieren, weil in den lohnbezogenen Sozialversicherungssystemen vieler Länder (z.B. Deutschlands) endogene Kostensteigerungseffekte wie wachsende Alterslast, hohe Arbeitslosigkeit und steigende Gesundheitsaufwendungen wirksam werden.

weil sie bessere Beschäftigungschancen erhalten und das Sozialsystem treffsicherer wird (Sachverständigenrat 1997, Ziffer 310).

Gegen diese Sicht lassen sich aber auch wichtige Einwände ins Feld führen:

- Mit Sicherheit haben die Eigentümer mobiler Produktionsfaktoren ein hohes Interesse an optimalen Infrastrukturleistungen und sonstigen öffentlichen Gütern. Aber daraus kann keineswegs auf ihre Bereitschaft geschlossen werden, sich auch an der Finanzierung zu beteiligen, wenn es ihnen möglich ist, die Finanzierungslasten mittels Abwanderungsdrohung auf die immobilen Produktionsfaktoren, die Konsumenten und/oder die Empfänger von Sozialleistungen abzuwälzen. Die Exit-Option wird also dazu führen, dass die mobilen Produktionsfaktoren tendenziell dorthin wandern, wo ihnen die besten öffentlichen Güter zu Lasten anderer zur Verfügung gestellt wird. Dann würde es sich bei der Standortkonkurrenz im Wesentlichen um eine besondere Form des indirekten Subventionswettlaufes handeln, allerdings nicht zu Gunsten einzelner Branchen oder Produkte, sondern zu Gunsten der Eigentümer mobiler Produktionsfaktoren.

- Selbst wenn die Eigentümer der mobilen Produktionsfaktoren die Kosten der von ihnen genutzten Infrastruktur tragen sollten – was, wie gesagt, kaum zu erwarten ist – wäre dies ein unbefriedigendes Ergebnis, weil dann nicht nur auf jegliche soziale Umverteilung verzichtet werden müsste (Sinn 2001: 15), sondern auch der Grundsatz der Besteuerung nach der Leistungsfähigkeit verletzt wäre.

- Es ist nicht zu erwarten, dass der Prozess von Abwanderungsdrohung und politischer Reaktion des Staates zu einem Gleichgewicht von Infrastrukturvorteil und Finanzierungsbeitrag führt. Der unterstellte marktähnliche Prozess muss schon deshalb das Optimum verfehlen, weil die Vorteile, keinen Kostenbeitrag für Infrastrukturleistungen zahlen zu müssen, sofort spürbar sind, während sich die Nachteile von Infrastrukturdefiziten vielfach erst nach Jahrzehnten bemerkbar machen. Es wäre also allenfalls ein schweinezyklusähnliches Marktgeschehen als ein Optimierungsvorgang zu erwarten.

- Öffentliche Güter und Infrastrukturleistungen müssen vom Staat bereitgestellt werden, weil sie am Markt nicht zu kostendeckenden Preisen angeboten werden können. Der Staat verwaltet also gerade das Segment, in dem der Markt versagt. Im Standortwettbewerb müssen sich Staaten aber wie wettbewerbsorientierte Firmen verhalten und gleichsam versuchen, öffentliche Güter am Markt zu verkaufen. Wird auf diese Weise das staatliche Handeln selbst einem Wettbewerb unterworfen, so ist es fraglich, ob ein sinnvolles Allokationsergebnis zu erwarten ist, da es sich ja gerade um Güter handelt, bei deren Produktion der Markt versagt (Sinn 2001: 12).

- Ob sich die Erwartung erfüllt, der Standortwettbewerb werde zu allgemeiner Wohlstandsteigerung führen, ist eine Frage der Empirie. Die Empirie bestätigt aber, jedenfalls nach der bisherigen Entwicklung, diese Erwartung nicht unbedingt. Denn die Finanzierungsanteile des Faktors Kapital an den staatlichen Aufgaben sind überall zurückgegangen, die öffentliche Infrastruktur erodiert – auch in Deutschland, wo dieser Umstand zu Recht Gegenstand allgemeiner Klage ist – ohne dass signifikante Wohlfahrtsgewinne als Ertrag der Globalisierung nachweisbar wären.

- Die als unvermeidbare Folge des Standortwettbewerbs erwartete größere Ungleichheit soll durch die allgemeinen Wohlstandssteigerungen wettgemacht werden. Vorausgesetzt, diese Wohlstandssteigerungen träten wirklich ein, so ist die Frage, ob sie für den Verlust an sozialem Ausgleich entschädigen, ohne Werturteil nicht zu beantworten. Auf keinen Fall kann von „mehr Wohlstand" die Rede sein, wenn die Verlierer des Standortwettbewerbs nicht nur relative Anteilsverluste, sondern sogar absolute Wohlstandsverluste hinnehmen müssen.

4.5.3 Zwischenfazit

1. In der Fachwelt herrscht weitgehende Übereinstimmung, dass infolge des Standortwettbewerbs die arbeits- und sozialpolitische Autonomie der einzelnen Staaten wesentlich eingeschränkt ist und auch in Zukunft weiter eingeschränkt werden wird.

2. Inmitten des gesellschaftspolitischen Konfliktes führt die Frage, ob die Standortkonkurrenz als letztlich produktiv oder als tendenziell ruinös zu bewerten ist.

3. Alles in allem überwiegt die Befürchtung, dass die Standortkonkurrenz zwischen den Staaten – anders als die Konkurrenz zwischen Unternehmen – weniger einen produktivitätssteigernden Effekt hat als zu einem unproduktiven Quasi-Subventionswettlauf führt, der nicht nur die arbeits- und sozialpolitischen Handlungsspielräume der Staaten immer mehr einschränkt, sondern auf lange Sicht auch zur Erosion des Sozialstaates führen könnte. Es gibt wenig Gründe für die optimistische Erwartung, in der Standortkonkurrenz werde eine Art Gleichgewicht eintreten, das ein angemessenes Maß an sozialem Ausgleich und Schutz, die Bereitstellung der erforderlichen Infrastruktur und die Verteilung der Abgabenbelastung nach Leistungsfähigkeit garantieren würde. Kein Land könnte somit auf lange Sicht durch diese Art von Standortwettbewerb etwas gewinnen, vielmehr wären letztlich alle schlechter gestellt als zuvor.

4. Es reicht demnach nicht aus, wenn die staatliche Politik sich an die Interessen der Eigentümer mobiler Produktionsfaktoren anpasst. Erforderlich ist vielmehr eine Strategie gegen einen Deregulierungswettlauf, die sich auf internationale Koordination und/oder auf Reformen stützt, die das institutionelle Gefüge des Sozialstaates unabhängiger von möglichen Wanderungen der mobilen Produktionsfaktoren zu machen versucht.

4.5.4 Sicherung und Erweiterung der arbeits- und sozialpolitischen Handlungsfähigkeit des Staates

Geht man davon aus, dass – entgegen der vielfach geäußerten optimistischen Einschätzung – die Standortkonkurrenz zwischen den Staaten deren arbeits- und sozialpolitischen Handlungsspielräume immer mehr einzuschränken droht und infolgedessen die Erosion des Sozialstaates zu befürchten ist, dann kann eine noch so gelungene Anpassung an die Erfordernisse dieser Standortkonkurrenz keine allein ausreichende Strategie sein. Senkung der Kosten und Verbesserung der Produktivität und der Wettbewerbsfähigkeit können zwar die Position im Wettbewerb stärken und vorübergehend den Handlungsspielraum für die Arbeits- und Sozialpolitik eines Landes vergrößern. Weil aber jede Anpassungsleistung die anderen Ländern früher oder später zu ebensolchen Anstrengungen zwingt – zumindest im Fall einer verhältnismäßig großen Volkswirtschaft wie der deutschen – wird der destruktive Prozess allein durch Anpassung nicht gestoppt oder in geordnete Bahnen gelenkt, sondern langfristig in Schwung gehalten und verstärkt.

Es ist also notwendig, über reine Anpassungsstrategien hinaus die arbeits- und sozialpolitische Handlungsfähigkeit der einzelnen Länder zu sichern und zu erweitern. Das kann im Prinzip auf zwei Wegen versucht werden:

- durch Immunisierung, d. h. durch den Versuch, das heimische Arbeits- und Sozialsystem so umzubauen, dass es gegenüber dem Standortwettbewerb weniger reagibel und verletzbar wird
- oder durch internationale Kooperation zur Regulierung und Begrenzung des Standortwettbewerbs.

Das ist allerdings nicht so zu verstehen, als könnte und sollte ein Land auf Produktivitätssteigerung und Kostenkontrolle verzichten. Jedes Land, das sich dem Weltmarkt öffnet und freien Kapitalverkehr zulässt, muss die Kosten im Rahmen der Produktivität halten und die Produktivität kontinuierlich verbessern, auch wenn es keine Standortkonkurrenz in der beschriebenen neuartigen Form gäbe.

4.5.4.1 Immunisierung des Sozialsystems gegenüber dem Standortwettbewerb

Bei der Immunisierung geht es um Maßnahmen, die keiner internationalen Absprachen bedürfen, sondern auf der nationalstaatlichen Ebene getroffen werden können. Anders als die üblicherweise empfohlenen Anpassungsstrategien zielt die Immunisierung jedoch nicht oder jedenfalls nicht primär auf Senkung der Arbeitskosten und auf Deregulierung, sondern darauf, das Sozialsystem so umzugestalten, dass es von möglichen Abwanderungen oder Abwanderungsdrohungen der Eigentümer mobiler Produktionsfaktoren weniger tangiert und/oder vom Verteilungskonflikt zwischen Arbeit und Kapital unabhängiger wird. Es geht also hier nicht um Abbau, sondern Umbau des Sozialstaates.

Bemühungen, das Sozialsystem zu immunisieren, gehen von der Tatsache aus, dass die Systemkonkurrenz zwischen den Ländern primär darauf abzielt, die Kosten der *immobilen* Produktionsfaktoren – vor allem die Arbeitskosten – zu senken, um dadurch den Standort für die *mobilen* Produktionsfaktoren attraktiver zu machen. In dieser Situation, so die Überlegung, kann es sinnvoll sein, wenigstens das Sozialsystem vom Faktor Arbeit teilweise oder ganz abzukoppeln und auf diese Weise zu erreichen, dass die Kosten der sozialen Sicherung nicht auf die Lohnkosten durchschlagen und die Standortqualität beeinträchtigen.

In erster Linie käme hierzu in Betracht:

- Spezielle Beitragsentlastung für niedrige Arbeitseinkommen, um die Auswirkungen der Kosten der sozialen Sicherung speziell für geringproduktive Arbeitsplätze zu neutralisieren.
- Generelle Umfinanzierung der Sozialversicherungssysteme von Beitrags- auf Steuerfinanzierung und/oder Entlassung der Unternehmen aus der Beitragspflicht zur Sozialversicherung.

Zum ersten Punkt ist bereits in Kapitel 4.4.1 Stellung genommen worden, und zwar in dem Sinne, dass solche Maßnahmen unter bestimmten Voraussetzungen auf kurze und mittlere Sicht sinnvoll sein können, um zum Abbau der bestehenden strukturellen Arbeitslosigkeit beizutragen. Als Dauerregelung sind sie eine für Deutschland wenig sinnvolle Entwicklungsstrategie.

Bei der Umfinanzierung der Sozialversicherung steht die Überlegung im Vordergrund, dass der Nationalstaat inmitten der globalisierten Wirtschaft bei der Ausgestaltung der sozialen Sicherung freier wäre und auch ein höheres Sicherungsniveau realisieren könnte, wenn die Sozialkosten nicht unmittelbar die Arbeitskosten tangieren würden. Würden Sozialkosten entweder von den Arbeitnehmern allein oder – im Falle der Finanzierung über indirekte Steuern – von den Konsumenten getragen, dann wäre, so die Hoffnung, die soziale Sicherung standortneutral. Dieser Gesichtspunkte ist ernsthaft zu prüfen, jedoch sind erhebliche Relativierungen angebracht. Vor allem ist es wichtig, nicht nur einseitig in mikroökonomischer Perspektive die Kostenbelastung zu betrachten, sondern die Gesamtheit der Faktoren zu berücksichtigen, die auf die Wettbewerbsfähigkeit bzw. auf das Arbeitsmarktgeschehen einwirken. Zudem relativieren auch volkswirtschaftliche Überwälzungsprozesse die Effekte einer Umfinanzierung der Sozialversicherung. Von Bedeutung sind folglich vor allem zwei Zusammenhänge:

- Es gibt keinen Beleg dafür, dass die internationale Wettbewerbsfähigkeit Deutschlands generell durch die Kostenbelastung mit Sozialbeiträgen beeinträchtigt wird. Denn zum einen kommt es nicht auf die Sozialbeiträge allein an, sondern auf die Lohnkosten insgesamt und auf ihre Relation zur Arbeitsproduktivität. Zum anderen liegt die deutsche Lohnstückkostenentwicklung international im Mittelfeld und wird im Übrigen offensichtlich, wie die Exportüberschüsse zeigen, durch andere Faktoren der Wettbewerbsfähigkeit wie z. B. die Qualität der Produkte kompensiert. Außerdem zeigen empirische Studien, dass für das im international exponierten Sektor der Volkswirtschaft erreichbare Beschäftigungsniveau die Höhe der Abgabenquote nur eine geringe Rolle spielt (Scharpf 2002: 11 f.).

- Die Tatsache, dass die Sozialversicherungsbeiträge den Faktor Arbeit belasten, relativiert sich, denn es geht nicht um die juristische Zahlungsverpflichtung, sondern um die tatsächliche ökonomische Lastentragung, wobei Überwälzungsvorgänge zu berücksichtigen sind. Entgegen der landläufigen Lohnnebenkostendebatte wären keine grundlegenden Änderungen zu erwarten, wenn die Sozialbeiträge statt auf den Löhnen auf den Gewinnen oder auch auf den Konsumausgaben lägen. Eine höhere Belastung der Gewinne würde nach aller Wahrscheinlichkeit auf die Löhne oder auf die Preise überwälzt, und wenn die Sozialausgaben über indirekte Steuern finanziert würden, so könnte dies keinesfalls ohne Konsequenzen auf die Lohnhöhe bleiben.

Aus beidem folgt, dass die auf dem Faktor Arbeit liegenden Sozialkosten für die Standortqualität nicht so entscheidend sind, wie häufig vermutet wird. Deshalb wäre auch mit der Umfinanzierung der Sozialkosten die erhoffte Standortneutralität der sozialen Sicherung nicht oder jedenfalls nicht in dem erhofften Ausmaß erreichbar.

4.5.4.2 Internationale Kooperation

Der Grundgedanke der Kooperation ist, die auf der nationalen Ebene durch die Standortkonkurrenz bedrohte Autonomie des Sozialstaates auf internationaler Ebene wieder herzustellen, und zwar dergestalt, dass durch Vereinbarungen über arbeits- und sozialpolitische Regulierungen zwischen den Staaten die Abwanderungsdrohung der Eigentümer mobiler Produktionsfaktoren neutralisiert wird.

Vorstellbar ist der Versuch einer sozialstaatlichen Kooperation allerdings vorläufig kaum weltweit, sondern nur auf der Ebene der Europäischen Union. Das würde aber auch völlig ausreichen, denn die Europäische Union ist mit ihren heute 375 Millionen Einwohnern – mit allen Beitrittskandidaten hätte sie eines Tages 450 Millionen Einwohner – ein größerer Wirtschaftsraum als die USA. Mit einem Außenhandelsanteil von nur rund zehn Prozent ist die Europäische Union potenziell weitgehend zu autonomer Arbeits- und Sozialpolitik fähig. Sie könnte auch mit ihrem eigenen mehr sozialstaatlich orientiertem Weg die Systemkonkurrenz mit den USA und den ostasiatischen Konkurrenten bestehen und den Ausgleich etwaiger Produktivitätsdifferenzen gegebenenfalls Wechselkursanpassungen überlassen. Mit großer Sicherheit könnte durch Koordination der Arbeits- und Sozialpolitik – neben der Steuer- und Finanzpolitik – innerhalb Europas die Gefahr der ruinösen Standortkonkurrenz ausgeschlossen werden. Denn bei der Standortkonkurrenz zwischen Staaten handelt es sich ohnehin weitgehend um ein rein europäisches Problem, hervorgerufen durch die politisch verursachte ungleichgewichtige Entwicklung von europäisiertem Handel und Kapitalverkehr bei weiterhin national regulierten Arbeitsmärkten und unkoordinierten nationalen Fiskalpolitiken.

Eine erste und möglicherweise durchaus spürbare Verbesserung zur Vermeidung eines destruktiven Wettlaufs mit dem Ziel der Absenkung sozialstaatlicher Standards könnte schon durch eine gemeinsame makroökonomische Politik der Europäischen Union erreicht werden (vgl. Kapitel 4.7.1, Priewe 2001: 23-31, Priewe 2002). Dadurch würde der Anreiz für die einzelnen Staaten vermindert, bei schlechter Konjunktur Zuflucht zu einer aggressiven Standortpolitik auf Kosten der Nachbarländer – die so genannte Beggar-my-neighbour-Politik – zu suchen.

Darüber hinaus müssen allerdings in der Europäischen Union gemeinsame Regelungen zur Arbeits- und Sozialpolitik gefunden werden. Dem stehen große Schwierigkeiten entgegen, denn wegen ihres unterschiedlichen ökonomischen Entwicklungsstandes werden sich die Mitgliedsländer kaum auf für alle gleiche und verbindliche Standards verständigen wollen und können. Deshalb muss eine vollständige Harmonisierung, d. h. ein einheitliches europäisches Sozialsystem und ein einheitliches Arbeitsrecht aus heutiger Sicht als unmöglich erscheinen, jedenfalls nicht bevor eine weitgehende ökonomische Konvergenz erreicht ist. Zudem wird die Harmonisierung dadurch erschwert, dass – auch zwischen Mitgliedsländern, die sich in etwa auf gleichen Wohlstandsniveaus befinden – die Prioritäten im sozialen Sicherungssystem sehr unterschiedlich gesetzt, die Leistungssystematiken oft sehr verschieden und die Finanzierungsstrukturen heterogen sind. Jedes Land hat sein eigenes historisch gewachsenes Gesamtsystem von arbeits- und sozialpolitischen Regulierungen, bei denen Sozialtransfers, Steuersystem, Arbeitsmarktverfassung und staatliches Arbeitsrecht sowie öffentliche Dienstleistungen auf charakteristische Weise gewichtet und verzahnt sind. Dieser Umstand macht den Weg zu einem gemeinsamen europäischen Arbeits- und Sozialsystem besonders beschwerlich (Scharpf 1997).

Gleichwohl wird langfristig eine weitergehende Harmonisierung der Arbeits- und Sozialsysteme in der Europäischen Union unausweichlich sein. Da in vielen Mitgliedsländern ohnehin über Strukturreformen oder sogar Systemwechsel im Arbeits- und Sozialsystem diskutiert wird, wäre es sinnvoll, zugleich auch mit den Überlegungen zu beginnen, wie schrittweise und mit langen Übergangsfristen ein europäisches System eingeführt werden kann. Die Konvergenz der Systeme sollte also schon heute bei nationalen Reformen in die konzeptionellen Überlegungen einbezogen werden.

Vorerst muss sich die Politik aber auf eine weniger weitgehende Lösung konzentrieren. Sie könnte darin bestehen, die in der Europäischen Union bestehenden Differenzierungen im Arbeits- und Sozialsystem auf längere Sicht fortbestehen zu lassen, jedoch durch ein System von Regeln zu verhindern, dass sich die Mitgliedsländer im

Standortwettlauf gegenseitig unterbieten. Dazu wären denkbar:

- Mindest-Sozialleistungsquoten. Hier müssten sich die Mitgliedsländer verpflichten, bestimmte Anteile des Sozialbudgets am Bruttoinlandsprodukt nicht zu unterschreiten. Solche Quoten können wegen der Unterschiede in den Ausgangsniveaus nicht für alle Mitgliedsländer gleich hoch sein, sondern müssten z. B. nach Maßgabe des Pro-Kopf-Einkommens der Bevölkerung differenziert sein, da die Sozialaufwendungen in der Regel überproportional mit dem Wohlstandsniveau wachsen (vgl. Scharpf 1997).

- Ein System europäischer Mindeststandards für Arbeitnehmerrechte, die ebenfalls differenziert nach Ländern oder Ländergruppen festgelegt werden müssten. Länder, die bereits ein höheres Maß an rechtlichem Schutz für Arbeitnehmerinnen und Arbeitnehmer erreicht haben, sollten sich auf diese Weise dazu verpflichten, diese Standards nicht mehr zu reduzieren.

Alles in allem darf man die Schwierigkeiten, die sich bei der Festlegung solcher Regeln zur Verhütung des Unterbietungswettbewerbs ergeben, nicht unterschätzen. So wird man wahrscheinlich auch Komplikationen in Kauf nehmen müssen, um die Mindest-Sozialleistungsquoten um unvermeidliche Strukturveränderungen oder Strukturunterschiede zwischen den Ländern zu bereinigen. Zum Beispiel dürfen die Mindestquoten nicht verhindern, dass bei Rückgang der Zahl der Arbeitslosen die Gesamtaufwendungen für Lohnersatzleistungen sinken. Solche technischen Schwierigkeiten dürfen aber keinesfalls davon abhalten, ernsthaft nach gangbaren Wegen zu suchen. In einem ersten Schritt müssten auch hier in Zusammenarbeit von Politik und Wissenschaft Konzeptionen erarbeitet werden.

4.6 Handlungsempfehlungen

Empfehlung 4-5   Mindestsozialleistungsquoten[32]

Angesichts der auch auf längere Sicht noch fortbestehenden Differenzierungen in den Arbeits- und Sozialsystemen der Europäischen Union wird die Prüfung von Mindestsozialleistungsquoten empfohlen, um zu verhindern, dass sich die Mitgliedsländer im Standortwettbewerb gegenseitig unterbieten. Diese müssten sich dabei verpflichten, bestimmte Anteile des Sozialbudgets am BIP nicht zu unterschreiten. Solche Quoten können wegen der Unterschiede in den Ausgangsniveaus nicht für alle Mitgliedsländer gleich hoch sein, sondern müssten z. B. nach Maßgabe der Pro-Kopf-Einkommen der Bevölkerung differenziert sein, da die Sozialaufwendungen in der Regel überproportional mit dem Wohlstandsniveau wachsen.

Empfehlung 4-6   System europäischer Mindeststandards für Arbeitnehmerrechte[33]

Es wird empfohlen, fortlaufend das System verbindlicher europäischer Mindeststandards für Arbeitnehmerrechte auszubauen.[34] Länder, die bereits ein höheres Maß an rechtlichem Schutz für abhängig Beschäftigte erreicht haben, sollten diese Standards jedenfalls nicht mehr unterschreiten.

Empfehlung 4-7   Einrichtung einer Sozialenquete-Kommission

Im Hinblick auf die Komplexität und die Dringlichkeit des Sachgebiets wird der Bundesregierung empfohlen, darauf hinzuwirken, dass auf europäischer Ebene eine Sozialenquete-Kommission eingerichtet wird.

4.7   Beschäftigungsrelevante Defizite in der Europäischen Union[35]

In Kapitel 4.2.2.3 wurde bereits darauf hingewiesen, dass ein erheblicher Teil der hohen Arbeitslosigkeit in Deutschland und Europa im Kern makroökonomische Ursachen hat. Die drei Makropolitiken – die Geld-, Fiskal- und Lohnpolitik – sind teilweise auf identische Ziele ausgerichtet: auf Preisstabilität, Wirtschaftswachstum und Beschäftigung. Um diese Ziele möglichst optimal zu erreichen, ist eine Koordination der drei Politikfelder erforderlich. Im Euro-Gebiet dominiert hingegen ein „Rollentrennungsmodell", das der Europäischen Zentralbank die Verantwortung für die Preisstabilität zuordnet, der Fiskalpolitik über den Stabilitäts- und Wachstumspakt Unterstützung bei der Inflationsbekämpfung abverlangt, während der Tariflohnpolitik eher Verteilungskompetenz zugewiesen wird, die sie zu beschäftigungskonformer Reallohnfixierung nutzen soll (Priewe 2002).

Ebenso wie eine koordinierte europäische Makropolitik zu verbesserten Wachstumspotentialen führt, sind verbindliche Regeln für die Steuer- und Finanzsysteme in einer sich internationalisierenden Wirtschaft notwendig und beschäftigungsfördernd. Über bereits bestehende Ansätze des nationalen und internationalen Steuerrechts hinaus ist eine Anpassung an die veränderten Bedingungen der Globalisierung und die damit verbundene Mobilität von Produktionsfaktoren, Wertschöpfung und Handelsströmen erforderlich (Bach 2002). Ohne den Anspruch einer umfassenden Diskussion über die Vor- und Nachteile einer europäischen Steuerharmonisierung erfüllen zu wollen, werden in Kapitel 4.7.2 insbesondere deren beschäftigungswirksame Aspekte herausgearbeitet.

---

[32] Vgl. hierzu auch das abweichende Minderheitenvotum von der CDU/CSU-Fraktion in Kapitel 11.1.7.3.

[33] Vgl. hierzu auch das abweichende Minderheitenvotum von der CDU/CSU-Fraktion in Kapitel 11.1.7.3.

[34] Bereits existierende Mindeststandards sind beispielsweise die Richtlinien 98/59 EG Massenentlassung, 93/104 Arbeitszeitrichtlinie oder 94/58 Europäische Betriebsräte.

[35] Vgl. hierzu auch das abweichende Minderheitenvotum von der PDS-Fraktion in Kapitel 11.3.5.

4.7.1 Koordinierte Makropolitik in der Europäischen Union

4.7.1.1 Überblick über die Beschäftigungsinitiativen in der Europäischen Union

Bis in die späten 90er Jahre wurde Beschäftigungspolitik nicht als gemeinsamer Gegenstand europäischer Politik verstanden. Einzige Ausnahme war das Weißbuch „Wachstum, Wettbewerbsfähigkeit, Beschäftigung" (1993) der damaligen EU-Kommission unter Vorsitz von Präsident Jacques Delors (Kommission der Europäischen Gemeinschaften 1994). Das Weißbuch enthielt eine breite Palette von Vorschlägen zur Verbesserung der Beschäftigungslage in der Europäischen Union. Die Initiative der Europäischen Kommission blieb zunächst folgenlos, da die Auffassung dominierte, Beschäftigungspolitik sei ausschließlich Angelegenheit der Mitgliedsländer.

Die Wende erfolgte dann 1997. Auf der Tagung des Europäischen Rates in Amsterdam wurde zum einen die Einführung eines Beschäftigungskapitels in den Vertrag zur Gründung der Europäischen Gemeinschaft beschlossen. Dies war eine klare Aufwertung der Beschäftigungspolitik als „Angelegenheit von gemeinsamem Interesse". Nach der neugefassten Vertragsbestimmung ist es nunmehr u. a. Aufgabe der Gemeinschaft, „ein hohes Beschäftigungsniveau und ein hohes Maß an sozialem Schutz, die Gleichstellung von Männern und Frauen sowie den wirtschaftlichen und sozialen Zusammenhalt und die Solidarität zwischen den Mitgliedsstaaten" zu fördern. Eine „koordinierte Beschäftigungsstrategie" soll entwickelt werden, um die Beschäftigungspolitik der Mitgliedstaaten in ihrer Wirksamkeit zu verstärken. Gleichzeitig wurde noch für das gleiche Jahr 1997 ein Sondergipfel des europäischen Rates unter luxemburgischem Vorsitz verabredet. Auf dem Gipfel in Luxemburg einigte man sich dahingehend, dass nunmehr jährlich gemeinsame „beschäftigungspolitische Leitlinien" als Grundlage für „nationale Aktionspläne" verabschiedet werden sollten. Diese wiederum werden regelmäßig auf europäischer Ebene verglichen und auf ihre Wirksamkeit überprüft. Diese Leitlinien haben für die Mitgliedsländer nur einen unverbindlichen Charakter. Für eine europäische Beschäftigungspolitik wird allerdings kein Geld zur Verfügung gestellt. Einzige Ausnahme ist die Begleit- und Vergleichsforschung.

Ein zweiter wichtiger Schritt war dann – unter deutschem Vorsitz – der Kölner Gipfel des Europäischen Rates im Jahr 1999. Im Mittelpunkt standen der „Europäische Beschäftigungspakt" sowie die Verabschiedung eines „makroökonomischen Dialogs". Damit gerieten auch gesamtökonomische Aspekte in das Blickfeld gemeinsamer Aktivitäten. Der „makroökonomische Dialog" soll nach dem Verständnis der Bundesregierung über ein „harmonisches Zusammenwirken von Lohn-, Geld- und Fiskalpolitik" (wachstums- und stabilitätsorientierter Policy-Mix) die makroökonomischen Voraussetzungen für einen dauerhaften, dynamischen Wachstums- und Beschäftigungsprozess verbessern. Im „makroökonomischen Dialog" tauschen sich Vertreter der EZB sowie der Sozialpartner unter voller Wahrung ihrer Autonomie und Unabhängigkeit mit Rat und Kommission regelmäßig darüber aus, welchen Beitrag sie für ein dynamisches nichtinflationäres Wachstum und mehr Beschäftigung leisten können und welche Erwartungen sie dabei an die jeweils anderen makroökonomischen Akteure haben. Der „makroökonomische Dialog" verabschiedet weder Schlussfolgerungen noch Empfehlungen. Seine Erörterungen sind unverbindlich.

Eine dritte wichtige beschäftigungspolitische Etappe war der Sondergipfel des Europäischen Rates von Lissabon im März 2000. Der Rat beschloss als Fernziel, innerhalb von zehn Jahren die Vollbeschäftigung in der Europäischen Union anzustreben. Damit wurde ein Begriff zum Schlüsselbegriff europäischer Politik, der seit den 80er Jahren in offiziellen Dokumenten der Europäischen Union strikt vermieden wurde. Das Vollbeschäftigungsziel sollte – so die zentrale Forderung des Europäischen Rates in Lissabon – im Wesentlichen durch jährliche Wachstumsraten von durchschnittlich drei Prozent erreicht werden.

4.7.1.2 Veränderte Rahmenbedingungen in der Europäischen Union

Die Etablierung des Europäischen Binnenmarktes im Jahr 1993 hat zu einer weitreichenden Öffnung der nationalen Märkte für freien Güter-, Kapital-, Dienstleistungs- und Personenverkehr geführt. Bei einem Anteil des Außenhandels mit Nicht-EU-Ländern von nur ca. zehn Prozent des BIP ist innerhalb der EU eine große, primär binnenwirtschaftlich orientierte Volkswirtschaft entstanden. Dieser intensive Prozess der ökonomischen Europäisierung kann gleichsam als regionalisierte Globalisierung interpretiert werden. Die Einführung der Europäischen Wirtschafts- und Währungsunion wurde u. a. verbunden mit der Annahme von beschäftigungswirksamen Investitions- und Wachstumsschüben. Der den Mitgliedstaaten für die Integration abverlangte Preis waren weitreichende Einbußen der wirtschafts-, geld- und finanzpolitischen Handlungsautonomie. Was die Nationalstaaten an makroökonomischer Kompetenz verloren haben, wurde, abgesehen von der Geldpolitik, auf europäischer Ebene allerdings noch nicht wiedergewonnen. Unter Makropolitik werden jene Politikfelder verstanden, die direkt oder indirekt Einfluss auf gesamtwirtschaftliche Größen wie das reale BIP, das Preisniveau und den Beschäftigungsgrad ausüben: Geldpolitik, Fiskalpolitik, soweit sie auf die auf die Stabilisierung von Preisniveau und Beschäftigung abzielt, sowie die Tariflohnpolitik der Tarifparteien. Letzteres ist unter den Bedingungen der Tarifautonomie naturgemäß keine staatliche Aufgabe. Der zu Grunde liegende Politikbegriff bezieht sich also auf das Zusammenwirken von Zentralbank, Staat und Tarifparteien, um gesamtwirtschaftliche Ziele – insbesondere Preisniveaustabilität und Beschäftigung – besser zu gewährleisten.

Makropolitik ist nun in weiten Teilen nur noch auf europäischer Ebene möglich. Der Integrationsrückstand ist umso bedenklicher, als die Risiken aber auch die Chancen makroökonomischer Aktivitäten in Europa viel größer geworden sind. Die EU ist im Vergleich zu den Mitgliedstaaten durch den Wegfall der Wechselkurse und die einheitliche Geldpolitik zu einer großen Volkswirtschaft mit einem ausgedehnten Binnenmarkt, einem geringem Maß an Öffnung der Gütermärkte gegenüber Drittländern sowie einer geringeren Außenhandelsabhängigkeit geworden. Die europäische Währungsunion bietet insoweit viel bessere Möglichkeiten für eine aktive Makropolitik zu Gunsten von mehr Beschäftigung und Preisniveaustabilität als dies in kleinen Volkswirtschaften möglich war. Diese waren zu einer wirksamen eigenständigen Geld- und Fiskalpolitik, gleich ob expansiv oder restriktiv, kaum imstande.

Strittig ist, welche Rolle makroökonomische Politik in Europa spielen, wie die Rollenverteilung sein soll und ob sie überhaupt zur Beschäftigungsverbesserung beitragen kann. Tatsächlich findet Makropolitik, in welcher Form auch immer, permanent statt, nämlich in der Geld-, der Fiskal- und der Lohnpolitik. So haben z. B. auf Preisniveaustabilität orientierte makropolitische Aktivitäten – zumindest kurzfristig – auch Auswirkungen auf die Beschäftigung. Es geht also nicht um das ob von Makropolitik, sondern nur um das wie und den optimalen Policy-Mix.

Auf den beschäftigungsrelevanten Gipfeltreffen des Europäischen Rates in Amsterdam, Köln und Lissabon wurden zahlreiche Absichtserklärungen und Wunschvorstellungen formuliert. Eine konsistente Beschäftigungsstrategie ist dabei nur schwer erkennbar. Auch das inwischen existierende Institutionengeflecht in der EU ist kaum durchschaubar. Es werden viele Empfehlungen ausgesprochen, Stellungnahmen abgegeben und Dialoge organisiert. Klare Entscheidungskompetenzen existieren jedoch lediglich für die Geldpolitik im Rahmen der autonomen EZB. Bei der Fiskalpolitik werden die Mitgliedsländer im Rahmen des Stabilitäts- und Wachstumspaktes dazu verpflichtet, einen ausgeglichenen Haushalt zu erreichen.

4.7.1.3 Die Geldpolitik

Der Europäische Gemeinschaftsvertrag weist dem Europäischen System der Zentralbanken (ESZB) in Artikel 105 EGV die vorrangige Aufgabe zu, die Preisstabilität zu gewährleisten. Darüber hinaus gilt: „Soweit dies ohne Beeinträchtigung des Ziels der Preisstabilität möglich ist, unterstützt das ESZB die allgemeine Wirtschaftspolitik in der Gemeinschaft ...". Zwar verpflichtet diese Formulierung das ESZB zur Unterstützung von Wachstums- und Beschäftigungszielen, aber die Entscheidungskompetenz, ob eine Unterstützung möglich ist und wie sie ggf. auszusehen hätte, kommt uneingeschränkt dem ESZB zu. Mit dieser Formulierung sind so unterschiedliche Auffassungen vereinbar wie die, dass Preisstabilität automatisch wachstumsfördernd wirke, oder die, dass eine Zentralbank Wachstum und Beschäftigung mit ihren Mitteln nicht zu unterstützen imstande sei, oder auch, dass die EZB stabilitäts- und wachstumsorientierte Konjunkturpolitik zu betreiben habe. Welche Interpretation das ESZB vornimmt, welche geldpolitische Strategie sie wählt und wie sie im Rahmen dieser Strategie die vorhandenen Beschäftigungsprobleme deutet, all dies bleibt der autonomen Diagnose-, Analyse- und Entscheidungshoheit der EZB überlassen.

Die EZB unterliegt nicht der Pflicht, unter verschiedenen Strategien zur Sicherung der Preisstabilität die beschäftigungsfreundlichste auszuwählen. Abgesehen von Informationspflichten unterliegt sie keinerlei Kooperationspflichten. Während die US-amerikanische Zentralbank Preisstabilität, Wachstum und Beschäftigung gleichermaßen verpflichtet ist, gibt es beim ESZB eine einseitige Prioritätensetzung zu Gunsten der Preisstabilität.

4.7.1.4 Die Fiskalpolitik

Auf dem Dubliner und dem Amsterdamer Gipfel 1996 und 1997 wurde auf deutsche Initiative hin der Stabilitäts- und Wachstumspakt beschlossen, der Regeln für die Fiskalpolitik der Mitgliedsländer vorschreibt. Die Mitgliedsländer werden verpflichtet, einen ausgeglichenen Haushalt oder sogar Überschüsse zu erreichen. Dabei wird angenommen, dass ein im Durchschnitt eines Konjunkturzyklus bestehender Haushaltsausgleich oder Haushaltsüberschuss per se positiv zu beurteilen ist. Befürchtet wird andernfalls, dass Budgetdefizite einzelner Mitgliedsstaaten Inflation und Zinssteigerungen insgesamt in der Union auslösen können. In der Wirtschaftswissenschaft ist das Ziel eines ausgeglichenen Budgets seit langem vielfach kritisiert worden. Repräsentativ für die in Deutschland vorherrschende – wenn auch keineswegs unumstrittene – Meinung dürfte die Auffassung des Sachverständigenrates zur Begutachtung der gesamtwirtschaftlichen Entwicklung (SVR) sein, der konjunktur- und investitionsorientierte Staatsverschuldung für legitim hält und lediglich „strukturelle" Defizite reduzieren möchte. Der SVR hält im übrigen die fiskalischen Referenzwerte des Stabilitätspaktes für „wissenschaftlich nicht begründbar", jedoch politisch für praktikabel, weil sie Konsolidierungsbemühungen ausgelöst hätten (Sachverständigenrat 2001: Ziffer 28 der Kurzfassung). Insoweit existieren in der EU ausschließlich Regeln für die Fiskalpolitik mit dem Ziel, die öffentlichen Haushalte zu konsolidieren. Eine Koordination zur tatsächlichen Nutzung automatischer Stabilisatoren oder, darüber hinausgehend, eine anti-zyklische Finanzpolitik, ist nicht vorgesehen.

4.7.1.5 Die Lohnpolitik

Die Lohnpolitik beeinflusst die Nominallöhne und damit indirekt das Preisniveau. Orientiert sich die Lohnpolitik am Produktivitätsfortschritt, so bleibt – bei unverändertem Preisniveau – die Einkommensverteilung zwischen Arbeit und Kapital konstant. Es wird also auf Umverteilung verzichtet, zugleich aber auch die konsumptive Nachfrage stabilisiert.

Ähnlich wie in vielen anderen europäischen Ländern geht die Lohnquote (Anteil der Einkommen aus abhängiger Beschäftigung im Verhältnis zum gesellschaftlichen Gesamteinkommen) in Deutschland zurück. Die Bruttoreallöhne stiegen folglich langsamer als die Produktivität. Es fand also „Lohnzurückhaltung" im Sinne der neoklassischen Beschäftigungslogik, die sich an der Kostentheorie des Lohnes orientiert, statt.

Die realen Nettolöhne und –gehälter je Arbeitnehmer stiegen in den 70er Jahren im Jahresdurchschnitt um 1,8 Prozent und in den 80er Jahren um 0,7 Prozent, während sie im gesamten Zeitraum 1991 bis 2000 um 5,9 Prozent fielen (s. Tabelle 4-5):

Tabelle 4-5

Reale Nettolöhne je beschäftigten Arbeitnehmer in (West-)Deutschland

10-Jahres-durch-schnitt	Reale Nettolöhne und -gehälter je Arbeitnehmer, Westdeutschland	
		Veränderung in v.H.
1980/70		*1,8*
1990/80		*0,7*

Reale Nettolöhne und -gehälter je Arbeitnehmer, Deutschland		
	1990 = 100	*Veränderung in v.H.*
1991[1]	100,0	
1992	101,0	1,0
1993	101,2	0,2
1994	98,7	– 2,5
1995	97,7	– 1,0
1996	96,3	– 1,5
1997	93,3	– 3,1
1998	93,4	0,1
1999	94,1	0,7
2000	94,1	0,0

[1] Bereinigt um einen Großteil der extrem hohen Zahl von Kurzarbeitern von 1991 (1,62 Millionen) in Ostdeutschland

Quelle: DGB 2001b: 3 (Tabelle 1a, 1b), Berechnungen nach Angaben des Statistischen Bundesamtes.

Im gleichen Zeitraum stiegen die realen Nettogewinne der Unternehmen in Deutschland erheblich an. In den Jahren 1980 bis 2000 nahmen sie um 96,5 Prozent zu (s. Tabelle 4-6). Die Kluft zwischen Löhnen und Gewinnen hat sich folglich seit 1980 nahezu verdoppelt.

Diese Entwicklung hat den sinkenden Wachstumstrend und gleichzeitig steigende Arbeitslosigkeit nicht aufhalten können. Die nachhaltige Einkommensumverteilung zu Lasten der abhängig Beschäftigten dämpfte die Binnennachfrage.

Gleichzeitig bestehen auf der Ebene der Europäischen Union weder ein einheitlicher Lohnfindungsprozess noch ein lohnpolitischer Koordinierungsmechanismus. Vielmehr haben sich die Lohnverhandlungssysteme historisch unterschiedlich entwickelt. Während sektorale und unternehmensspezifische Lohnverhandlungen in jedem Land

Tabelle 4-6

Entwicklung der realen Nettogewinne[1] in Deutschland[2]

	Nettogewinne real[3] (in Mrd.)	Veränderungen (%)
Westdeutschland		
1980	210,8	*100,0*
1981	180,9	*85,8*
1982	181,2	*85,9*
1983	237,1	*112,5*
1984	258,2	*122,5*
1985	260,8	*123,7*
1986	294,7	*139,8*
1987	304,8	*144,6*
1988	324,2	*153,8*
1989	338,2	*160,4*
1990	378,4	*179,5*
1991	376,5	*178,6*
Deutschland		
1991	432,2	*178,6*
1992	396,8	*164,0*
1993	362,4	*149,8*
1994	403,5	*166,7*
1995	439,3	*181,6*
1996	441,7	*182,6*
1997	472,0	*195,1*
1998	498,2	*205,9*

[1] Unternehmen ohne Wohnungsvermietung und Bundesbankgewinne
[2] bis 1990 Westdeutschland
[3] in BIP-Preisen von 1991

Quelle: DGB 2001b: 17 (Tabelle 5), Berechnungen nach Angaben des Statistisches Bundesamtes.

existieren, werden in einigen Ländern Lohnverhandlungen auch auf zentraler Ebene geführt. Demgegenüber bestehen Ansätze zu einem Lohnunterbietungswettbewerb, der tendenziell deflationär wirkt (vgl. Kromphardt 1999, Gern, Kamps und Scheide 2002).

4.7.2 Beschäftigungsrelevante Aspekte der europäischen Steuerpolitik[36, 37]

4.7.2.1 Direkte Beschäftigungswirkungen

Grundsätzlich dienen Steuern dazu, öffentliche Leistungen zu finanzieren, die wiederum Wirtschaft und Privat-

---

[36] Dieses Kapitel basiert auf auf einem Gutachten von Bach (2002).
[37] Vgl. hierzu auch das abweichende Minderheitenvotum von der PDS-Fraktion in Kapitel 11.3.5.

haushalten zugute kommen. Beides ist im Zusammenhang zu sehen. Für die belasteten Bürger und Unternehmen sind Steuern daher kein reiner Kostenfaktor und auf einzelwirtschaftlicher Ebene gilt zumindest bei längerfristigen Standortentscheidungen, dass Investoren oder auch zuwandernde Arbeitnehmer grundsätzlich bereit sind, höhere Steuern zu zahlen, wenn sie dafür ein entsprechendes Angebot an öffentlichen Gütern erhalten (Buchanan 1950). Steuerlicher und fiskalischer Wettbewerb zwischen Regionen und Staaten kann zwar nach verbreiteter Meinung dazu beitragen, dass der Staat sparsam wirtschaftet und bei seinem Angebot an öffentlichen Leistungen die Präferenzen der Bürger und Unternehmen optimal berücksichtigt. Auf der anderen Seite sorgt der Steuerwettbewerb durch sinkende Steuersätze auf den mobilen Produktionsfaktoren zunächst einmal für eine Reduzierung der staatlichen Einnahmen. Ohne eine Erhöhung der Staatsverschuldung müssten deshalb als Folge des fiskalischen Steuerwettbewerbs die öffentlichen Leistungen eingeschränkt werden, was insbesondere die Lebensqualität derjenigen beeinträchtigt, die auf Grund ihres geringen Einkommens auf ein funktionsfähiges Angebot an staatlicher Leistungen angewiesen sind. Ein wichtiger Aspekt in diesem Zusammenhang ist die kostenlose Bereitstellung von öffentlichen Gütern durch den Staat. Öffentliche Güter haben die Eigenschaft, dass man niemanden von ihrer Nutzung ausschließen kann. Damit wird tendenziell strategisches „Trittbrettfahrer"-Verhalten ausgelöst – sowohl bei den Unternehmen und Bürgern, als auch durch die einzelstaatlichen Steuer- und Finanzpolitiken, wenn sie um florierende Unternehmen und leistungsstarke Bürger konkurrieren. Auch wenn steuerlicher und fiskalischer Wettbewerb als grundsätzlich sinnvoll erachtet wird, gefährdet ein ausgeprägter Steuersenkungswettlauf langfristig das Angebot an öffentlichen Leistungen, und damit auch die für die Standortqualität wichtigen staatlichen Angebote im Bereich wirtschaftsnaher Infrastruktur, die allgemeine und berufliche Bildung, die technologische Leistungsfähigkeit und längerfristig auch die soziale und politische Stabilität. Eine schlechte Standortqualität hätte jedoch unmittelbar negative Beschäftigungswirkungen.

Die genaue Definition, welcher Steuerwettbewerb „ruinös" und welcher „grundsätzlich sinnvoll" ist, konnte seitens der geladenen Experten nicht geklärt werden (vgl. auch Tanzi 1995, 1998b, OECD 1998). Dieser theoretische Kenntnisstand rechtfertigt jedenfalls keine politischen Handlungsempfehlungen in Richtung eines noch größeren Steuerwettbewerbs. Die empirische Tatsache, dass sich die Struktur des Steueraufkommens kontinuierlich zu Gunsten der mobilen Produktionsfaktoren verschiebt, spricht eher für einen politischen Handlungsbedarf in Richtung internationaler Steuerharmonisierung, damit die Steuergerechtigkeit innerhalb der Gesellschaft nicht weiter erodiert.

Weitere direkte Beschäftigungswirkungen von Steuermaßnahmen sind nur sehr begrenzt festzustellen. Bei Standortentscheidungen steht zumeist die Erschließung von Marktpotenzialen der Zielländer im Vordergrund. Die konkreten Produktionskosten im Ausland weisen insgesamt eine geringere Bedeutung auf. Auch innerhalb der Kosten werden die Lohnkosten höher gewichtet als die Besteuerung. Zugleich legen die Investoren ebenso großen Wert auf produktivitätssteigernde Standortfaktoren wie Infrastrukturausstattung, Humankapital, FuE-Umfeld etc. Wichtig erscheinen nicht zuletzt die Infrastrukturangebote in den Bereichen Gesundheitsversorgung, Bildung und Kultur – etwa wenn es darum geht, spezialisierte Arbeitskräfte zum Wohnortwechsel zu bewegen. Auch hierbei zeigt sich, dass Steuerlasten und öffentliche Leistungen tendenziell im Zusammenhang zu sehen sind. Beschäftigungseffekte können jedoch politisch initiiert sein, wenn mehr oder weniger gezielt Steuervergünstigungen zur Wirtschaftsförderung eingesetzt werden. Dies geschieht offen im Rahmen der regionalen Gebietsförderung.

Bei „Standortentscheidungen" von Arbeitnehmern bzw. privaten Haushalten spielt die Besteuerung allenfalls bei hochspezialisierten und gutverdienenden Fachkräften eine gewisse Rolle. Manche Einkommensteuersysteme gewähren vor diesem Hintergrund Nachlässe bei der Besteuerung von ausländischen Arbeitnehmern, die aufgrund ihrer Fachkenntnisse ins Land geholt werden. Gesamtwirtschaftlich fallen diese Aspekte bisher kaum ins Gewicht, im Zuge der demografischen Alterung und der damit verbundenen Engpässe auf bestimmten Arbeitsmarktsegmenten könnten sie aber künftig eine größere Rolle spielen (Bach 2002: 7, 20f.).

4.7.2.2 Indirekte Beschäftigungswirkungen

Mittelbare Beschäftigungswirkungen können aus den globalisierungsbedingten Strukturverschiebungen im Steueraufkommen resultieren. So ist empirisch belegbar, dass sich die Steuerbelastungen tendenziell weg von den mobilen Besteuerungsobjekten hin auf sogenannte „immobile Besteuerungsobjekte" wie „normalverdienende" Arbeitnehmer, kleine und mittlere Unternehmen und den lokalen Verbrauch verlagern. Dies kann die Beschäftigungssituation in der binnenwirtschaftlichen Produktion erschweren. Die hohe Belastung der Arbeitnehmer mit Lohnsteuer und Sozialabgaben verteuern tendenziell die Arbeitskosten und stärken die Schattenwirtschaft. Dies betrifft auch die Situation der kleinen und mittleren Unternehmen, die nicht die Möglichkeit zur internationalen Steuerarbitrage haben.

Bezüglich der Steuerarbitrage internationalisierter Unternehmen handelt es sich zumeist um reine Buchungsvorgänge, d. h. es werden die realwirtschaftlichen Investitionsströme nicht nennenswert umgelenkt. Somit sind unmittelbare Beschäftigungseffekte nicht zu beobachten. Dennoch ist auch in diesen Fällen von längerfristigen Konsequenzen auf die wirtschaftliche Entwicklung auszugehen. Die wirtschaftlichen Entscheidungsprozesse werden verfälscht und wertvolle wirtschaftliche Ressourcen wie Investitionen und Arbeitskräfte in falsche Bahnen gelenkt – die Steuertheorie spricht hier von „Zusatzlasten" (excess burdens) der Besteuerung, also gesellschaftliche Wohlfahrtsverluste durch einen verfehlten Einsatz knapper Ressourcen.

Abbildung 4-15

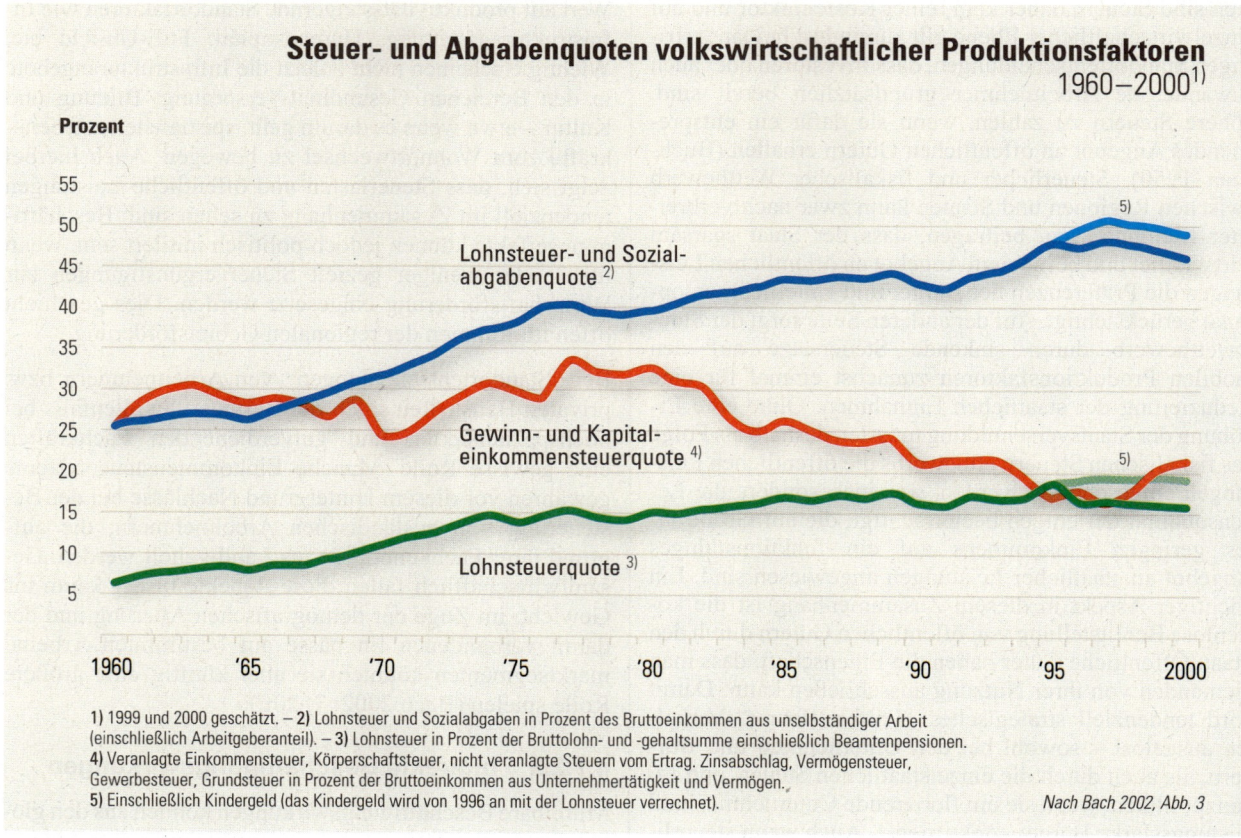

Ferner führen die oben beschriebenen Entwicklungen der Internationalisierung tendenziell zu einer noch ungleicheren Einkommensverteilung. Dies schwächt die Massenkaufkraft und kann kurz- bis mittelfristig die binnenwirtschaftliche Entwicklung belasten (Bach 2002: 9, 24f.).

4.7.3 Öffentliche Daseinsvorsorge

Mit der Einigung auf eine neue Welthandelsrunde bei der WTO-Ministerkonferenz im November 2001 in Katar treten auch die im Frühjahr 2000 begonnenen Dienstleistungsverhandlungen in eine intensive Phase ein. Dabei geht es um die Marktöffnung europäischer Dienstleistungssektoren für die WTO-Mitgliedsländer sowie um die Gleichbehandlung inländischer und ausländischer Dienstleistungsanbieter. Die angestrebte Globalisierung der Dienstleistungsmärkte benötigt eine klare Marktordnungsregelung für die Behandlung von privaten und öffentlichen Diensten. Die angestrebte Regelung liegt noch nicht vor. Sie ist deshalb wichtig, weil die Europäische Union international über Rechte als auch Verpflichtungen mit den WTO-Mitgliedsländern verhandelt.

Die in EU-Mitgliedsstaaten ergriffenen Maßnahmen zum Schutz des Gemeinwohls sind als potenzielle Marktzugangsbarrieren kritisiert worden. Artikel 86 des EG-Vertrags bestimmt, dass Unternehmen, die mit der Bereitstellung von gemeinwohlorientierten Dienstleistungen betraut sind, den europäischen Wettbewerbsregeln unterworfen sind.

Im Zuge der Privatisierungs- und Liberalisierungsentwicklungen in der EU wurden insbesondere in den politischen Diskussionen zunehmend Befürchtungen hinsichtlich der Versorgungssicherheit und -qualität geäußert. Aus diesem Grunde wurde der Vertrag von Amsterdam um Artikel 16[38] zur Daseinsvorsorge ergänzt. In der Mitteilung zur Daseinsvorsorge vom September 2000 stellte die Europäische Kommission fest, dass „wenn das Mitgliedsland der Meinung ist, dass die Marktkräfte bestimmte, dem Gemeinwohl dienende Dienstleistungen möglicherweise nur in unzureichender Weise bereitstellen, konkrete Leistungsanforderungen festgelegt werden können, damit dieser Bedarf durch eine Dienstleistung mit Gemeinwohl-

---

[38] Art. 16 EGV: „Unbeschadet der Artikel 73, 86 und 87 und in Anbetracht des Stellenwerts, den Dienste von allgemeinem wirtschaftlichen Interesse innerhalb der gemeinsamen Werte der Union einnehmen, sowie ihrer Bedeutung bei der Förderung des sozialen und territorialen Zusammenhalts tragen die Gemeinschaft und die Mitgliedstaaten im Rahmen ihrer jeweiligen Befugnisse im Anwendungsbereich dieses Vertrages dafür Sorge, dass die Grundsätze und Bedingungen für das Funktionieren dieser Dienste so gestaltet sind, dass sie ihren Aufgaben nachkommen können."

verpflichtungen befriedigt wird". Sobald Einrichtungen bei der Erfüllung eines Gemeinwohlauftrags wirtschaftliche Tätigkeiten aufnehmen, sind die Binnenmarktregeln anzuwenden. Was jedoch im konkreten Fall wirtschaftliche Tätigkeiten sind, ist nicht immer bestimmbar.

Diese rechtliche Unsicherheit im Bereich der öffentlichen Daseinsvorsorge ist aus folgenden Gründen für die Liberalisierungsverhandlungen von Dienstleistungen in der WTO problematisch:

1. Das GATS-Abkommen dereguliert innerstaatliche Regeln, welche Handelsbeschränkungen für ausländische private Anbieter darstellen. Dienstleistungen, die in Ausübung hoheitlicher Gewalt erbracht werden, sind von dieser Marktöffnung geschützt, solange sie weder zu kommerziellen Zwecken noch im Wettbewerb mit einem oder mehreren Dienstleistungserbringern erbracht werden. Dies bedeutet, dass öffentliche Monopolbetriebe von den jetzigen Liberalisierungsverhandlungen ausgenommen sind. In Deutschland gibt es jedoch öffentliche Aufgaben, die sowohl von staatlichen und privaten Anbietern geleistet werden (z. B. Bildung). Hier ist nicht klar, ob diese Ausnahmeregelung noch wirken würde. Diese Rechtsunsicherheit bietet politischen Interpretationsspielraum für Urteile im WTO-Streitschlichtungsverfahren.

2. Handelsbeschränkende Maßnahmen dürfen nur auf objektiven und transparenten Kriterien beruhen und müssen die Qualität der Dienstleistung sicherstellen. Welche politischen Ziele aber handelsbeschränkende Maßnahmen legitimieren können, ist noch ungeklärt.

3. Die Europäische Union hat sich bei den allgemeinen Verpflichtungen, die für die GATS-Vertragsstaaten grundsätzlich in allen Dienstleistungssektoren gelten, drei wichtige Ausnahmeregelungen eintragen lassen.

    (a) Dienstleistungen, die auf nationaler oder örtlicher Ebene als öffentliche Aufgaben betrachtet werden, unterliegen staatlichen Monopolen oder ausschließlichen Rechten privater Betreiber. Das heißt, die EU behält sich das Recht vor, den Marktzugang im Bereich öffentlicher Aufgaben einzuschränken.

    (b) Die EU hat sich das Recht vorbehalten, Zweigstellen von Unternehmen aus Nicht-EU-Staaten, die nicht nach dem Recht eines Mitgliedsstaats errichtet worden sind, vom Prinzip der Inländerbehandlung auszunehmen.

    (c) Im Falle von Subventionen steht auch Zweigstellen, die nach dem Recht eines Mitgliedsstaats errichtet worden sind, nicht das Recht auf Inländerbehandlung zu. Nach der auf zehn Jahre befristeten Ausnahmeregelung kommt die Europäische Union jedoch unter Druck, diese Bestimmung neu zu verhandeln. Die entsprechende Regelung wurde nämlich im Jahr 1995 beschlossen, sodass Neuverhandlungen vor der Tür stehen.

Zur Frage, in welchen Bereichen die Wettbewerbsregeln und Binnenmarktvorschriften des EU-Vertrages nicht zur Anwendung kommen, liegen mittlerweile einige Entscheidungen des Europäischen Gerichtshofes vor. Danach sind die nationalen Bildungssysteme und die Pflichtmitgliedschaft in Grundversorgungssystemen der sozialen Sicherheit, sofern kein Gewinnzweck verfolgt wird, sowie die nicht-wirtschaftlichen Tätigkeiten von Gewerkschaften, politischen Parteien oder Kirchen dezidiert ausgenommen. Daneben zeichnen sich Bereiche wie die Wasserver- und -entsorgung dadurch aus, dass deren Erbringung nach den Regeln der freien Marktwirtschaft nicht funktionieren kann. Die betreffenden „Güter" stellen keine Handelsware im herkömmlichen Sinne dar, sondern ein Erbe, das geschützt, verteidigt und entsprechend behandelt werden muss (Erwägungsgrund Nr. 1 der Richtlinie 2000/60/EUV zur Schaffung eines Ordnungsrahmens für Maßnahmen der Gemeinschaft im Bereich der Wasserpolitik).

Gleichwohl bleibt nach dem derzeitigen Stand des Gemeinschaftsrechts offen, welche Leistungen der Daseinsvorsorge tatsächlich dem EU-Vertrag unterliegen bzw. wie gemeinwohlorientierte Dienstleistungen unter dem Blickwinkel des Wettbewerbsrechtes zu beurteilen sind.

Der Europäische Rat von Lissabon ersuchte deshalb die Europäische Kommission, ihre Mitteilung über Leistungen der Daseinsvorsorge in Europa aus dem Jahr 1996 im Einklang mit dem Vertrag zu überarbeiten. Der Bericht der Europäischen Kommission an den Europäischen Rat von Laaken über Leistungen der Daseinsvorsorge stellt einen wichtigen Schritt in Richtung Europäisches Sozial- und Gesellschaftsmodell dar. Aber auch der Artikel 16 des Vertrages von Amsterdam und der Artikel 36 der Charta der Grundrechte der Europäischen Union sind weitere Schritte in diese Richtung.

Das Europäische Parlament hat in diesem Zusammenhang mit seiner Entschließung zur Mitteilung der Kommission „Leistungen der Daseinsvorsorge in Europa" die Europäische Kommission aufgefordert „rasch eine genaue und vergleichende Bewertung der tatsächlichen Auswirkungen der Liberalisierung der Leistungen der Daseinsvorsorge vorzunehmen, bevor neue Liberalisierungsmaßnahmen eingeleitet werden" (Europäisches Parlament 2001c)[39]. Des Weiteren weist das Europäische Parlament darauf hin, „dass Dienstleistungen im Gemeinwohl-Interesse den gleichberechtigten Zugang, Versorgungssicherheit, Kontinuität, hohe Qualität und demokratische Rechenschaftspflicht gewährleisten müssen."[40]

Der Europäische Gewerkschaftsbund und der Europäische Zentralverband der öffentlichen Wirtschaft setzen sich für eine verbindliche Rahmenrichtlinie der Europäischen Union ein. Darin sollen die gemeinsamen Werte sowie die Grundsätze und Bedingungen der Leistungen der Daseinsvorsorge präzise ausgeführt werden. Unternehmen mit gemeinwohlorientiertem Auftrag haben hohen Qualitätsstandards zu genügen. Dazu zählen insbe-

---

[39] Forderung Nr. 2 des Entschließungsantrages.

[40] Forderung Nr. 4 des Entschließungsantrages. Gemeinwohlorientierte Dienstleistungen werden im EU-Vertrag auch als „Dienstleistungen im allgemeinen wirtschaftlichen Interesse" bezeichnet.

sondere die Sicherstellung eines gleichberechtigten Zugangs für alle Nutzer zu erschwinglichen Preisen, die umfassende territoriale Abdeckung, die Kontinuität der Leistung auf qualitativ hohem Niveau, eine hohe Qualifikation des Personals, die Durchschaubarkeit der Tarife und Vertragsbedingungen sowie faire und effiziente Beschwerdeeinrichtungen für die Nutzer.

4.8 Handlungsempfehlungen

4.8.1 Handlungsempfehlungen zur koordinierten Makropolitik

Empfehlung 4-8   Erweiterung des Aufgabenbereichs der EZB[41]

Die Enquete-Kommission bewertet die Bildung der Europäischen Währungsunion insgesamt als historischen Fortschritt. Sie ist auch der Auffassung, dass mit dem Übergang zur Euro-Währung Chancen für eine Koordinierung der Geld-, Währungs- und Finanzpolitik gewachsen sind, um nicht nur das Ziel der Geldwertstabilität zu verfolgen, sondern auch die Beschäftigung im Euro-Raum zu fördern. Mit der Bildung der Europäischen Währungsunion sind auch die Chancen gestiegen, die Wechselkurspolitik zwischen den großen Währungsblöcken besser zu koordinieren.

Die Enquete-Kommission hält es angesichts der hohen Arbeitslosigkeit im Euro-Raum für unabdingbar, das Mandat der Europäischen Zentralbank diesen Gegebenheiten anzupassen und so zu erweitern, dass neben dem stabilitätspolitischen Ziel auch beschäftigungs- und wachstumspolitische Ziele verfolgt werden müssen. Schon jetzt sollten die im Art. 105 gegebenen Möglichkeiten der wirtschaftspolitischen Abstimmung zwischen Europäischer Zentralbank und Regierungen der Mitgliedsländer verstärkt ausgeschöpft werden. Die Bundesregierung wird aufgefordert, in diese Richtung bei Achtung und Beachtung der Unabhängigkeit der EZB initiativ zu werden.

Empfehlung 4-9   Konjunkturgerechte Fiskalpolitik

Es wird empfohlen, auf EU-Ebene darauf hinzuwirken, dass der europäische Stabilitäts- und Wachstumspakt auf der Grundlage von Artikel 2 des EGV und in Anlehnung an das deutsche Stabilitäts- und Wachstumsgesetz weiterentwickelt wird. Artikel 2 des EGV orientiert insoweit auf eine konjunkturgerechte, antizyklische Fiskalpolitik in Europa, als er ein beständiges, nichtinflationäres und umweltverträgliches Wachstum sowie ein hohes Beschäftigungsniveau verlangt.

Konjunktur- und investitionsbedingte öffentliche Ausgaben können unbedenklich kreditfinanziert werden, da beispielsweise aus öffentlichen Infrastrukturverbesserungen mehrere Generationen einen Nutzen ziehen. Demnach sind nur strukturelle Defizite, die weder konjunktur- noch investitionsbedingt sind, zu bekämpfen. Diesem Leitbild folgen im Kern auch die Empfehlungen des Sachverständigenrates zur Begutachtung der gesamtwirtschaftlichen Entwicklung. Die Finanzpolitik orientiert sich dann auch am Grundsatz der Nachhaltigkeit: Im langfristigen Durchschnitt werden konsumtive Ausgaben des Staates über Steuern und öffentliche Investitionen, deren Nutzen mehreren Generationen zu Gute kommt, über Kredite finanziert. Im Konjunkturzyklus führen schwankende Steuereinnahmen zu einem „atmenden Haushalt". Im langfristigen Durchschnitt bleiben die Schuldenstandsquote ebenso wie die Zinslastquote stabil.

Empfehlung 4-10   Produktivitätsorientierte Lohnpolitik[42]

Es wird empfohlen, dass die Lohnentwicklung in der EU einem produktivitätsorientierten Pfad folgt. Das heißt, die Löhne sollen entsprechend der Summe aus Produktivitätsfortschritt und der Zielinflation der Europäischen Zentralbank (EZB) zunehmen. Indem ein Kaufkraftausgleich nur bis zur Zielinflationsrate der EZB (unter zwei Prozent) einbezogen wird, werden Zweitrundeneffekte, die eine Preis-Lohn-Spirale in Gang setzen können, vermieden. Die Lohnpolitik sollte sich an der Leistungsfähigkeit der Unternehmen, also am langfristigen Produktivitätszuwachs und nicht am aktuell prognostizierten Wert, orientieren. Die Lohnentwicklung wird dann verstetigt und die Lohnstückkosten steigen im Ausmaß der Zielinflation der Zentralbank. Damit liefert die Lohnpolitik einen Beitrag zur Preisniveaustabilität. Es werden sowohl Preis-Lohn-Spiralen nach oben als auch nach unten (Lohndumping-Wettbewerb) vermieden. Gleichzeitig kann die realen Konsumnachfrage stabilisiert und verstetigt werden und es werden wachstumsgerechte Anreize für produktivitätsschwache und -starke Unternehmen geschaffen.

4.8.2 Handlungsempfehlungen zur Europäischen Steuerpolitik[43, 44]

Zwar kann fiskalischer und steuerlicher Wettbewerb durchaus eine wichtige Korrektur- und Entdeckungsfunktion haben, jedoch ist dieser durch Harmonisierung in Form von Mindest-Regulierungen in geordnete Bahnen zu lenken. Dies sollte zunächst innerhalb der EU erfolgen. Ergänzende Übereinkommen sind aber auch zwischen den OECD-Ländern oder sogar weltweit unter dem Dach der WTO oder der UN wünschenswert. Dabei scheint insbesondere in den letzten Jahren die Bereitschaft gewachsen

---

[41] Vgl. hierzu auch das abweichende Minderheitenvotum von der CDU/CSU-Fraktion in Kapitel 11.1.7.3.

[42] Vgl. hierzu auch das abweichende Minderheitenvotum von der CDU/CSU-Fraktion in Kapitel 11.1.7.3.

[43] Vgl. hierzu auch das abweichende Minderheitenvotum von der CDU/CSU-Fraktion in Kapitel 11.1.7.3.

[44] Vgl. hierzu auch das abweichende Minderheitenvotum von der PDS-Fraktion in Kapitel 11.3.5.

zu sein, gemeinsame Maßnahmen gegen die Steuerarbitrage der Unternehmen und „unfaire" Steuerpraktiken einzelner Staaten zu ergreifen. Bedenklich am internationalen Steuerwettbewerb ist gleichzeitig jedoch vor allem die Zunahme von Steuerbefreiungen oder -vergünstigungen, mit denen gezielt Finanzkapital und Finanzierungsdienstleistungen sowie einkommens- und vermögensstarke Haushalte angelockt werden. Diese Entwicklungen tragen deutliche Zeichen einer „beggar-my-neigbour-policy", da sich die einzelnen Länder nur gegenseitig steuerliche Bemessungsgrundlagen abgraben, ohne dass damit echte realwirtschaftliche Wohlfahrtssteigerungen verbunden sind.

Empfehlung 4-11 Stärkere Harmonisierung der Bemessungsgrundlagen der Unternehmensbesteuerung

Es wird empfohlen, innerhalb der EU die Bemessungsgrundlagen der Unternehmensbesteuerung stärker zu harmonisieren. Dies würde die Transparenz für Steuerbelastung erhöhen und die Möglichkeiten einschränken, Steuern z. B. durch Verrechnungspreise zu gestalten und „unfairen" Steuerwettbewerb durch spezifische Vergünstigungen zu betreiben. Besteuerungsautonomie und „fairer" Steuerwettbewerb könnten weiterhin über die Steuersätze gewährleistet werden; eventuell müssten Mindeststeuersätze eingezogen werden.

Empfehlung 4-12 Verbesserte Koordinierung der steuerlichen Behandlung grenzüberschreitender Geschäftsbeziehungen von multinationalen Unternehmen

Es wird empfohlen, die steuerliche Behandlung grenzüberschreitender Geschäftsbeziehungen von multinationalen Unternehmen besser zu koordinieren. Dies betrifft Regelungen zu Transfer-Preisen, Finanzierungsbeziehungen, der Bewertung immaterieller Wirtschaftsgüter, der Aufteilung von Betriebsausgaben und Gewinnen sowie Verlustausgleich. Hier sollten möglichst einheitliche Anwendungsgrundsätze vereinbart und in die nationale Steuerpraxis umgesetzt werden.

Empfehlung 4-13 Bekämpfung von Standortkonkurrenz, die mittels Steuervergünstigungen und steuerlichen Sonderkonditionen für mobile Unternehmensfunktionen erfolgt

Des Weiteren wird empfohlen, der Standortkonkurrenz mittels Steuervergünstigungen und steuerlichen Sonderkonditionen für mobile Unternehmensfunktionen (Kapitalanlagen, Holding- und Finanzierungsfunktionen, Lizenzverwaltung, Versicherungsdienstleistungen etc.) konsequent entgegenzuwirken. Inwieweit politische Übereinkommen innerhalb von EU und OECD im Sinne von Verhaltenskodizes hierfür ausreichen, muss die politische Praxis zeigen.

Empfehlung 4-14 Anpassung der Doppelbesteuerungsabkommen an veränderte Gegebenheiten und Subventionskontrolle

Es wird empfohlen, die Doppelbesteuerungsabkommen an die veränderten Gegebenheiten anzupassen. Zu verschärfen wären Missbrauchsvorschriften, etwa durch konsequente Anwendung von Aktivitätsklauseln und Regelungen gegen „treaty shopping"; ferner sollten Amtshilfe und Auskunftsverkehr über die Grenzen hinweg verbessert werden („große Auskunftsklauseln"). Vorstellbar wäre auch ein multilaterales Doppelbesteuerungsabkommen für die EU, das die bestehenden über hundert bilateralen Abkommen zwischen den 15 Mitgliedsländern ersetzen könnte.

Schwerer zu beurteilen sind die Steuervergünstigungen, die neben direkten Subventionen im Rahmen der regionalen Gebietsförderung gewährt werden. Zwar kann es den einzelnen Ländern und deren regionalen Gebietskörperschaften nicht verwehrt werden, die wirtschaftliche Entwicklung ihrer Regionen zu stabilisieren. Die Gefahr von Subventionswettbewerben liegt aber auf der Hand. Ohnehin ist die Besteuerung nur ein Instrument im fiskalischen Wettbewerb, daneben werden Investoren bevorzugt mit öffentlichen Gütern oder Subventionen versorgt. Dies spricht für eine umfassende Subventionskontrolle, die präferenzielle Behandlungen jeder Art erfasst, regelmäßige Programmevaluierungen vornimmt und die Gewährung zeitlich befristet; dies gibt es auf EU-Ebene im Rahmen des Beihilferechts bereits in Ansätzen.

4.8.3 Handlungsempfehlungen zur Öffentlichen Daseinsvorsorge[45]

Empfehlung 4-15 Europäische Rahmenrichtlinie für gemeinwohlorientierte Dienstleistungen

Der Bundesregierung wird empfohlen, die Initiative des Europäischen Parlaments, rasch eine europäische Rahmenrichtlinie für gemeinwohlorientierte Dienstleistungen zu erarbeiten, auf europäischer Ebene zu unterstützen und voranzutreiben. Das gilt auch für den Vorschlag des Europäischen Parlaments, verpflichtend eine regelmäßige Überprüfung der Leistungen der Daseinsvorsorge unter Berücksichtigung der Auswirkungen auf Nachhaltigkeit und Beschäftigung einzuführen. Eine europäische Rahmenrichtlinie sowie eine Folgenabschätzung der bisherigen Liberalisierungsschritte im europäischen Binnenmarkt müssen die Voraussetzung für eventuell neue Marktöffnungen werden.

Empfehlung 4-16 Gemeinwohlorientierte Dienstleistungen als gleichwertiges Politikziel

Der Bundesregierung wird empfohlen, darauf hinzuwirken, dass gemeinwohlorientierte Dienstleistungen durch die für ihre Durchführung und Organisation

---

[45] Vgl. hierzu auch das abweichende Minderheitenvotum von der CDU/CSU-Fraktion in Kapitel 11.1.7.3.

demokratisch legitimierten Gebietskörperschaften auf möglichst hohem qualitativen Niveau unter Beachtung des Subsidiaritätsprinzips sicher gestellt werden. In den Artikel 3 des jetzigen EVG-Vertrages oder aber in die Präambel einer künftigen europäischen Verfassung sind die Wettbewerbspolitik sowie die Schaffung eines gemeinsamen Marktes und die gemeinwohlorientierten Dienstleistungen als gleichwertiges Politikziel aufzunehmen.

Empfehlung 4-17 Einbeziehung von sozial- und umweltpolitischen Kriterien in die öffentliche Auftragsvergabe

Der Bundesregierung wird empfohlen, darauf hinzuwirken, dass im Rahmen der öffentlichen Auftragsvergabe sozial- und umweltpolitische Kriterien in das Vergabeverfahren einbezogen werden. Dies kann in transparenter und nichtdiskriminierender Weise erfolgen. Ferner sind ortsübliche Löhne und Gehälter sowie tariflich vereinbarte bzw. ortsüblich geregelte Mindeststandards zugrunde zu legen. Nur dadurch kann ein negativer Wettlauf bei den Arbeitskosten und -standards, der zu Qualitäts- und Sicherheitsmängeln in der Versorgung führen kann, wirksam verhindert werden.

Eine umfassende Analyse und Bewertung der ökonomischen und beschäftigungsrelevanten Konsequenzen im Bereich der Öffentlichen Daseinsvorsorge ist bis zum Abschluss des Endberichts dieser Enquete-Kommission nicht mehr zu leisten. Es sollte eines der wichtigen Themen einer Folge-Enquete-Kommission in der nächsten Legislaturperiode sein (vgl. zu offenen Fragen der Öffentlichen Daseinsvorsorge auch Kapitel 4.11).

4.9 Ausgewählte Fragestellungen auf der internationalen Ebene zum Thema Globalisierung und Arbeitsmärkte

Im Folgenden werden einige Aspekte der Globalisierung auf internationaler Ebene analysiert. Kapitel 4.9.1 beschäftigt sich mit dem Zusammenhang von Globalisierung und informeller Arbeit. Ein weiterer Gesichtspunkt betrifft die Abwanderung hochspezialisierter Arbeitskräfte aus Schwellen- und Entwicklungsländern. Dieses sogenannte „Brain Drain" ist von zentraler Bedeutung, da die IuK-Techniken für Entwicklungsländer besonders wichtig sind (vgl. Kapitel 4.9.2).

In Kapitel 4.9.3 wird erläutert, dass die Ziele nachhaltiges Wachstum, Beschäftigung und geschlechtliche Gleichberechtigung in einem positiven Wirkungszusammenhang stehen können, sofern die dazu notwendigen rechtlichen und institutionellen Rahmenbedingungen durchgesetzt werden.

4.9.1 Die Ausweitung der informellen Arbeit – Entwicklung und Bewertung

4.9.1.1 Definition und Charakteristika[46]

In den letzten Jahren belebte sich das wissenschaftliche und öffentliche Interesse am „informellen Sektor" wieder. Ursächlich dafür ist, dass informelle Beschäftigungsverhältnisse in den letzten Jahrzehnten spürbar zugenommen haben (Lenz 2002: 48, Altvater und Mahnkopf 2001).

Die ILO definierte im Jahre 1993[47] den „informellen Sektor" wie folgt: „[Der informelle Sektor] besteht aus Betrieben, die in der Produktion von Waren und Dienstleistungen mit dem primären Ziel tätig sind, Beschäftigung und Einkommen für die betreffenden Personen zu erzielen. Die Produktionsbetriebe in diesem Sektor arbeiten auf niedriger Organisationsstufe ohne oder fast ohne Trennung zwischen den Produktionsfaktoren Arbeit und Kapital und in kleinem Rahmen und weisen die charakteristischen Merkmale von Privathaushalten auf, deren Inhaber die notwendigen Mittel auf eigenes Risiko aufbringen müssen. Darüber hinaus sind die Produktionsausgaben oft nicht von den Haushaltsausgaben zu trennen" (ILO zitiert nach Vereinten Nationen 2000: 128). Der ILO zufolge gibt es im Wesentlichen drei Status-Kategorien informell Arbeitender, zwischen denen jedoch alle Arten von Übergängen und Kombinationen denkbar sind:

– Besitzer/-innen/Betreiber/-innen von (Mikro- und Klein-)Unternehmen,

– Selbstbeschäftigte mit unbezahlt mitarbeitenden Familienangehörigen,

– abhängig Beschäftigte in informellen Unternehmungen, in Gelegenheitsjobs, Heimarbeit, Hausarbeit (domestic work), in Saison- oder Teilzeitarbeit, unregistrierter Arbeit etc.

Eigenarbeit und Reproduktionsarbeit, d. h. unbezahlte Tätigkeiten für die Familie und für den familiären Konsum werden nach der ILO-Definition nicht als „informelle Beschäftigung" angesehen. Gleichwohl bestehen enge Beziehungen zwischen unbezahlter Reproduktions- bzw. Care-Tätigkeiten und informeller Arbeit.

Die ILO-Definition erleichterte die statistische Erfassung des informellen Sektors in der Volkswirtschaftlichen Gesamtrechnung (Charmes 2000: 4). Sie hat jedoch auch Nachteile, weil sie weder die Bedingungen der Tätigkeit oder die Charakteristika des Arbeitsplatzes einbezieht, noch das vorhandene Kapital oder die Dauer und das Ausmaß der wirtschaftlichen Aktivität berücksichtigt. Auch lässt sie ganze Gruppen informell Beschäftigter, nämlich alle, die außerhalb von Kleinst- und Familienunternehmen arbeiten, außer Betracht. Am schlechtesten belegt ist informelle Arbeit innerhalb des formellen Sektors (Lenz 2002, s. Tabelle 4-7).

---

[46] Dieses Kapitel basiert auf einem Gutachten von Lenz (2002).

[47] Durch die XVth International Conference of Labour Statisticians, Genf, Januar 1993; dokumentiert in ILO 1993: Statistics of Employment in the Informal Sektor.

Tabelle 4-7

Zur begrifflichen Zuordnung des informellen Sektors

Unternehmungsbezogene Differenzierung laut ILO Definition von 1993 Tätigkeits-/Arbeitsplatzbezogene Differenzierung	Informeller Sektor (z. B. Selbständige/selfemployed)	Formeller Sektor (z. B. registrierte Unternehmen/incorporated enterprises)
Informelle Arbeitsbeziehungen/Beschäftigung		*Bereich der __informellen Wirtschaft__, der in den offiziellen Statistiken nicht ausgewiesen wird*
Formelle Arbeitsbeziehungen/Beschäftigung		*Formelle Wirtschaft*

☐ Hellgrau schattiert = informelle Arbeit
Quelle: Lenz 2002 (nach Jacques Charmes, ILO)

Die unternehmensbezogene Betrachtung, der die Verwendung des Begriffes „Sektor" und die korrespondierende ILO-Definition von 1993 entsprach, wich deshalb zunehmend einer eher arbeitsplatz- und tätigkeitsbezogenen Sichtweise. Diese ermöglichte eine genauere Begriffsbestimmung von Informalität und informeller Beschäftigung, die über eine rein sektorelle Betrachtungsweise hinausgeht. Unter informeller Beschäftigung wird nunmehr eine Tätigkeit ohne regulären Vertrag, ohne soziale Absicherung und bei prekären Arbeitsschutzbedingungen verstanden.

Besonders die wachsende Präsenz informeller Beschäftigung in Industrie- und Entwicklungsländern führte dann dazu, dass informelle Arbeit stärker in ihrer Wechselbeziehung mit der Globalisierung und dem „formellen Sektor" gesehen wird. Die Entwicklung der formellen wie der informellen Wirtschaft hängen stark voneinander ab. Die ILO stellt dazu fest, dass ihr Paradigma der menschenwürdigen Arbeit (Decent Work Paradigma) neue Chancen für Strategien im informellen Sektor bietet.

Im Sinne einer umfassenderen Definition und Beschreibung von Informalität der Arbeit argumentieren auch Altvater und Mahnkopf.[48] Ihrer breit gefassten Definition zufolge werden zur informellen Arbeit so unterschiedliche ökonomische Aktivitäten gerechnet wie die Selbstversorgung in Haushalten und gemeinschaftliche und Selbsthilfeaktivitäten im „Dritten Sektor". Dabei handelt es sich in der Regel um die Herstellung bedarfsorientierter, nicht monetär vermarkteter Produkte und um soziale oder handwerkliche Dienstleistungen. Davon zu unterscheiden ist die autonome Arbeit „auf eigene Rechnung" (Schattenwirtschaft), die Tätigkeit von Mikrounternehmen, bestimmte Formen der Heimarbeit sowie schattenwirtschaftliche Aktivitäten größerer Unternehmen, die Steuern hinterziehen, Umsätze nicht verbuchen oder den Eigenverbrauch als Betriebsausgaben deklarieren. Gemeinsam ist diesen Aktivitäten, dass sie formell geltende arbeits- und sozialrechtliche Normen nicht beachten.

Davon nochmals abzugrenzen sind schließlich informelle Arbeiten, die im Rahmen illegaler Organisationen oder durch Einzelpersonen erfolgen und geltendes Strafrecht verletzen. Dazu zählen u. a. der Handel mit Drogen, Waffen, Giftmüll und geschützten Tierarten, Schmuggelei, Hehlerei, Bestechung, Menschenhandel, die erzwungene Prostitution und die Geldwäsche.

Wird dieser breiten Definition von Altvater und Mahnkopf gefolgt, lassen sich folgende Charakteristika von informeller Arbeit zusammenfassen:

– Bei marktbezogenen informellen Aktivitäten sind die Eintrittsschranken in den informellen Sektor niedriger als im formellen Sektor. Dies liegt vor allem an dem vergleichsweise niedrigen Kapitaleinsatz, einfachen Technologien und niedrigen Einkommen (Souza 1980: 132). *Informalität heißt also, dass der Zugang zu Arbeitsplätzen leichter ist als im formellen Sektor.*

– Informelle Aktivitäten sind weniger als formelle Aktivitäten durch gesellschaftlich legitimierte Regeln, auf die sich jedes Mitglied der Gesellschaft berufen kann, geschützt. Ihnen mangelt es also an Sicherheit in all ihren Aspekten: *Informalität heißt also: ein geringer Grad von „menschlicher Sicherheit" („Human security") und „wohlfahrtsstaatlichem Schutz" („Social protection") und ein hoher Grad an „Verwundbarkeit" („Vulnerability").*

---

[48] Die folgenden Textpassagen basieren auf einer Textvorlage von Elmar Altvater und Birgit Mahnkopf. In ausführlicher Form können diese Überlegungen in der Publikation „Globalisierung der Unsicherheit – Informalisierung von Arbeit, Geld und Politik" (Altvater und Mahnkopf 2002) nachgelesen werden.

- Informelle Transaktionen müssen mit „kurzer Reichweite" ohne den Schutz rechtlich normierter Rahmenbedingungen auskommen. Informalität ist auch mit mangelhafter Buchführung, d. h. mit Intransparenz des Geschäftsgebahrens und mit ungesicherten Eigentumsverhältnissen verbunden. *Informalität heißt also: mangelnde Institutionalisierung von Rechten, ein geringer Grad von Transparenz der „gesellschaftlichen Buchführung", Bevorzugung der Mitglieder von Netzwerken und Diskriminierung derjenigen, die „nicht dazu gehören".*

- Informelle Einheiten sind in aller Regel klein. *Informalität heißt also für kleine Unternehmen sehr häufig: mangelnde Wettbewerbsfähigkeit und deren Kompensation durch Missachtung sozialer und ökologischer Standards. Große Unternehmen hingegen nutzen informelle Arbeit, um die Kosten zu senken und auf diese Weise die Konkurrenzfähigkeit auf internationalen Märkten zu verbessern.*

- *Informalität kann auch ein niedriges Niveau an gesellschaftlicher Wertschätzung und Anerkennung bedeuten.*

- Nicht selten werden rechtliche Normen umgangen oder gebrochen. *Informalität heißt also: nicht nur eine Grauzone des Übergangs zur Formalität sondern auch ein „Schattenbereich" des Übergangs zur Illegalität und Kriminalität und Abhängigkeit vom Verhalten der Administration.*

4.9.1.2 Messprobleme

Die verschiedenen Typen informeller Arbeit lassen sich nicht leicht in quantitativen Größenordnungen angeben. Insbesondere ist ein Vergleich der Zahlen verschiedener Quellen problematisch. Studien zeigen jedoch, dass, gleichgültig welche Definition zugrunde liegt und wie gemessen und geschätzt wird, die Bedeutung der Informalität vor allem in den Entwicklungsländern zunimmt.

Bei aller Skepsis bezüglich der statistischen Messmethoden lassen sich dennoch einige Daten und Trends über die Entwicklung der informellen Arbeit zusammenfassen. Für ausgewählte Industrieländer zeigen Studien von Williams und Windebank (2001), dass auch in Europa ein eindeutiges Nord-Südgefälle existiert. Je niedriger das monetäre, formelle Einkommen, desto höher ist der Anteil informeller Arbeit.

Daten gibt es von der ILO und dem Programa Economico para Anmerica Latina y el Carribe (PREALC) für Lateinamerika, die Víctor Tokman für die 90er Jahre zusammengestellt hat. Im Ergebnis zeigen die Daten einen in manchen Ländern beträchtlichen Anstieg informeller Beschäftigung. Für Lateinamerika insgesamt wird 1990 der Anteil informeller Arbeit mit knapp 52 Prozent der Erwerbsbevölkerung beziffert, im Jahre 1996 mit gut 57 Prozent. Aktuelle Daten liegen nur für einzelne Länder und nicht für den Kontinent insgesamt vor (Tokman 1999: 82ff.). Auch für Afrika gibt es Daten der ILO. So lag der Anteil informeller Arbeitskräfte an der Beschäftigung insgesamt an der Elfenbeinküste bei 53 %, in Äthipien bei 33 %, in Gambia bei 72 % und in Südafrika bei 17 % (ILO 1999: 3, ILO-Beitrag „World Survey on the Role of Women in Development" 1999). Die ILO weist darauf hin, dass der informelle Sektor für Frauen eine größere Erwerbsquelle darstellt als für Männer. Die Daten in Tabelle 4-8 zeigen, dass in vielen Ländern insbesondere Afrikas fast alle weiblichen Erwerbstätigen, die nicht in der Landwirtschaft tätig sind, im informellen Sektor arbeiten. In einigen Ländern übersteigt die Zahl der Frauen die der Männer im informellen Sektor, d. h. ihr Anteil am informellen Sektor liegt über 50 Prozent (Vereinte Nationen 2000a: 123f.).

4.9.1.3 Der Zusammenhang von Globalisierung und Informalisierung

Oft wird informelle Arbeit als vormodern und ohne Verbindung zum zeitgemäßen globalen Geschehen gesehen. Am Beispiel des Straßen- und Grenzhandels sowie der Subcontracting-Arrangements lässt sich jedoch beispielhaft nachvollziehen, wie sehr auch informelle Tätigkeiten mit formeller Arbeit und globalen Produktions- und Distributionsprozessen von Waren, Leistungen, Kapital und Arbeitskräften verwoben sind. So hat z. B. die Liberalisierung des Handels direkten Einfluss auf Rahmenbedingungen und Sortimente der Straßen- und Grenzhändler/-innen. Einerseits fallen angestammte Märkte weg, anderseits tun sich neue Absatzchancen auf. Die Globalisierung wirkt u. a. in folgenden Zusammenhängen auf eine Informalisierung von Wirtschaft und Beschäftigung:

Subcontracting-Strategien entlang globaler Wertschöpfungs- und Beschaffungsketten

Die Globalisierung erweitert die Optionen der Unternehmen in Bezug auf weltweite Investitionsmöglichkeiten in kostengünstige Standorten. Dies gilt besonders für arbeitsintensive Produktionsschritte, die häufig in hohem Maße nach Geschlechtern getrennt erfolgen. So arbeiten z. B. vorrangig Frauen in der Elektronik- und Bekleidungsindustrie. Die Auslagerungsmobilität von arbeitsintensiven Teilen der Produktion in diesen Branchen wird durch Subcontracting-Strategien entlang globaler Wertschöpfungs- und Beschaffungsketten verstärkt. Subcontracting bezieht zunehmend informelle Beschäftigungsformen mit ein und erfolgt dann entweder in regulärer Heimarbeit, in registrierten „Sweatshops" oder in freien Exportzonen (FEZ) (Lenz 2002, Altvater und Mahnkopf 2001)

Informalisierung innerhalb des formellen Sektors

Innerhalb des formellen Sektors – auch in Industrieländern – zeichnen sich Informalisierungsprozesse im Zusammenhang mit der Globalisierung ab. Dabei werden bestimmte soziale und arbeitsrechtliche Schutzregeln, die für formelle Arbeitsverhältnisse gelten, vermieden oder umgangen. Dies kann z. B. durch untertarifliche Arbeitsverhältnisse oder überlange Arbeitszeiten erfolgen (Lenz 2002).

Tabelle 4-8

Anteil des informellen Sektors an der Erwerbsarbeit außerhalb der Landwirtschaft

	Prozentsatz der nicht in der Landwirtschaft tätigen Erwerbsbevölkerung, die im informellen Sektor beschäftigt ist, 1991/1997		Anteil der Frauen an der nicht in der Landwirtschaft tätigen Erwerbsbevölkerung im informellen Sektor 1991/1997
	Frauen	Männer	
Afrika			
Benin	97	83	62
Tschad	97	59	53
Guinea	84	61	37
Kenia	83	59	60
Mali	96	91	59
Südafrika	30	14	61
Tunesien	39	52	18
Lateinamerika			
Bolivien	74	55	51
Brasilien	67	55	47
Chile	44	31	46
Kolumbien	44	42	50
Costa Rica	48	46	40
El Salvador	69	47	58
Honduras	65	51	56
Mexiko	55	44	44
Panama	41	35	44
Venezuela	47	47	38
Asien			
Indien	91	70	23
Indonesien	88	69	43
Philippinen	64	66	46
Thailand	54	49	47

Quelle: Vereinte Nationen 2000a: 124.

Kasten 4-2

Beispiele für Informalisierung im formellen Sektor in den USA

Allein in New York waren nach einer Schätzung des General Accounting Office 1994 50 000 Asiatinnen, Hispanics und Russinnen in insgesamt 3 000 Sweatshops beschäftigt. Auch in Kalifornien und in den Südstaaten existiert eine Parallelökonomie, in denen Arbeiter/-innen unter extrem prekären Bedingungen beschäftigt sind. Die ILO berichtet dabei beispielsweise über einen Fall, bei dem illegale thailändische Arbeiter und -innen bis zu 17 Stunden beschäftigt waren und nur 38 Prozent des Mindestlohnes erhielten (ILO 1996a: 73f., nach Köpke 1998: 12).

Ergänzend zu diesen direkten Auswirkungen der Globalisierung auf Produktionsprozesse weisen Altvater und Mahnkopf auf folgende Zusammenhänge hin (s. Abbildung 4-16).

Die Teilnahme am globalen Wettbewerb erfordert die Herstellung von lokaler (nationaler) Wettbewerbsfähigkeit. Die Steigerung der Wettbewerbsfähigkeit ist in der Regel mit der Anhebung der Produktivität des

Abbildung 4-16

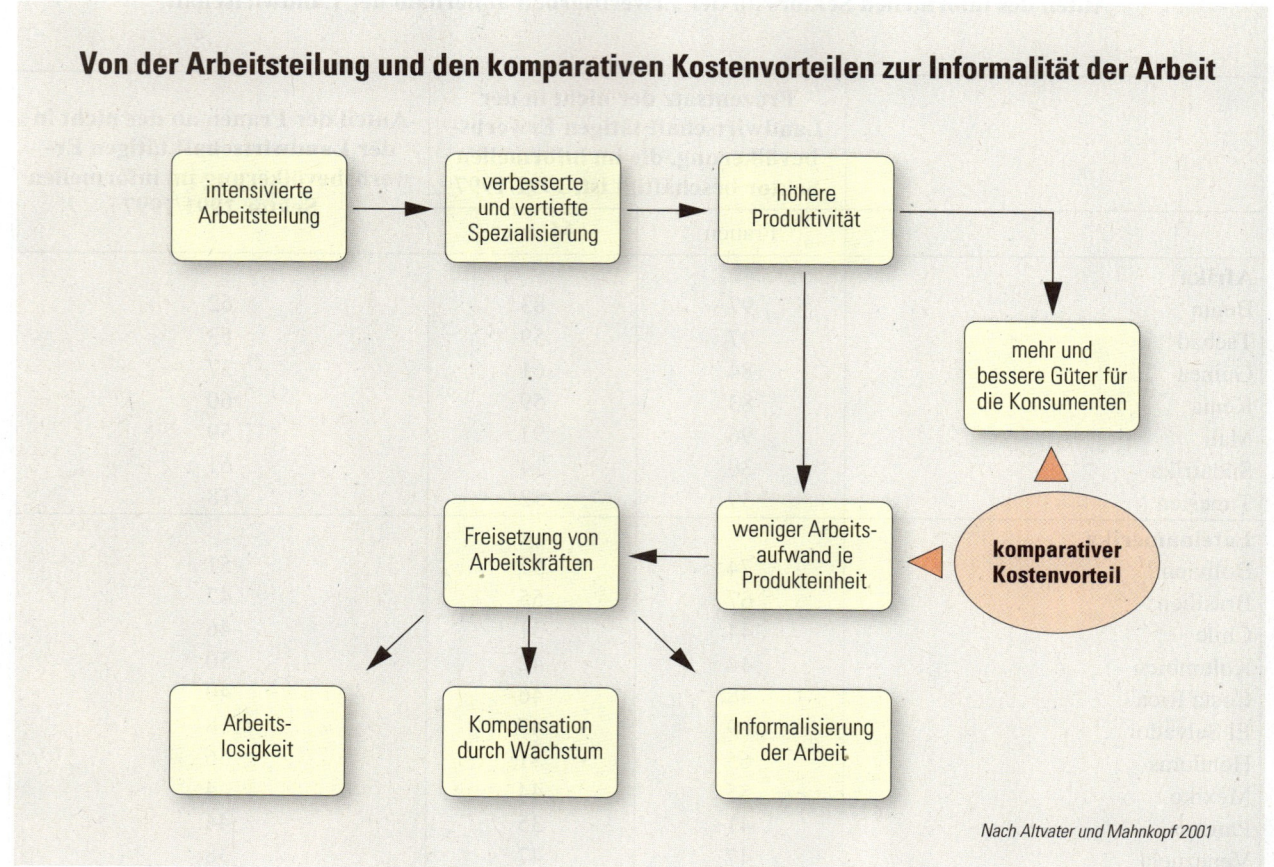

Nach Altvater und Mahnkopf 2001

Produktionsfaktors Arbeit verbunden. Daraus ergibt sich aber eine Tendenz der Freisetzung von Arbeitskräften. Entweder finden die freigesetzten Arbeitskräfte in einer dynamisch wachsenden Wirtschaft wieder einen Arbeitsplatz. Das setzt eine hinreichende Qualifikation aber auch ein gewisses Maß an Mobilität und Flexibilität voraus. Andernfalls werden sie arbeitslos. Jedoch zeigt sich gerade in Entwicklungsländern und Schwellenländern, dass im formellen Sektor freigesetzte Arbeitskräfte im informellen Sektor unterkommen. Dieser dient damit der sozialen Abfederung der Anpassung an globale Herausforderungen.

Die Bewertung des informellen Sektors fällt somit zwiespältig aus. Einerseits ist der informelle Sektor ein Bereich, in den die sozialen Kosten im Zuge einer gesteigerten globalen Konkurrenz externalisiert und in dem teilweise grundlegende Menschenrechte wie Kernarbeitsnormen unterschritten werden. Andererseits ist der informelle Sektor auch eine Art „Schockabsorber", der die Gesellschaften die Konsequenzen der Globalisierung weniger stark spüren läßt und den Menschen Arbeit und Einkommen sichert (Altvater und Mahnkopf 2001). Einige Beispiele zu dieser ambivalenten Bewertung werden in Kapitel 4.9.1.4 erläutert.

4.9.1.4 Feminisierung der Informalität

Mit dem weltweiten Anstieg der weiblichen Erwerbsbevölkerung ist auch der Anteil der Frauen im informellen Arbeitsbereich größer geworden. Überall in der Welt sind es vor allem Frauen, die zusätzlich zu der unbezahlten Arbeit, die sie in der ländlichen Subsistenzwirtschaft, im Haushalt und im Bereich freiwilliger und ehrenamtlicher Tätigkeiten verrichten, auch noch einer bezahlten Arbeit in der informellen Ökonomie nachgehen (Altvater und Mahnkopf 2001).

Die Gründe hierfür sind vielfältig. So gibt es u. a. infolge der Migration von Männern, der Zunahme von Ehescheidungen und der Auflösung von nichtehelichen Partnerschaften immer mehr weibliche Haushaltsvorstände, die für sich und ihre Kinder (häufig auch für alte und arme Eltern) den Lebensunterhalt sichern müssen. Außerdem sind Frauen nach wie vor häufig sexistisch diskriminierenden Einstellungspraktiken ausgesetzt, so dass sie auch aus diesen Gründen noch schlechtere Chancen als Männer haben, Zugang zu den schrumpfenden Erwerbsmöglichkeiten in der formellen Ökonomie zu finden. Hinzu kommt, dass sie eine formelle Anstellung mit ihrer oft ungeteilten Verantwortung für Kinder und pflegebedürftige Angehörige nicht vereinbaren können, insbesondere weil es an kostenlosen bzw. für sie bezahlbaren staatlich und/oder privat organisierten Einrichtungen für eine angemessene Kinderbetreuung mangelt (Lenz 2002, Altvater und Mahnkopf 2001).

Die Auswirkungen der Globalisierung und die Bedeutung des informellen Sektors für Frauen sind widersprüchlich und bergen sowohl Chancen als auch Risiken. Einige Aspekte werden im Folgenden anhand der in Kapitel 4.9.1.1 erläuterten Status-Kategorien skizziert (Lenz 2002).

Besitzerinnen/Betreiberinnen von Unternehmen in Entwicklungsländern

Frauen sind in einkommensstarken Tätigkeitsbereichen, v. a. als Arbeitgeberinnen und Selbstbeschäftigte, unterrepräsentiert und im einkommensschwachen Sektor, d. h. Gelegenheits-, Teilzeit-, Saisonarbeit und insbesondere im Subcontracting überrepräsentiert. Hinderlich ist ferner der beschränkte Zugang zu öffentlichen Gütern, Eigentum, Märkten, Leistungen und geregelten Rahmenbedingungen, der für Beschäftigte im informellen Sektor – und besonders für Frauen – gilt. Geschlechterspezifische Barrieren beinhalten z. B. Restriktionen beim Vertragsabschluss, bei Land- und Eigentumsrechten, bei Haushalts- und Kinderbetreuungsverpflichtungen. Zum Teil sind Frauen direkt oder indirekt von der Registrierung eines Gewerbes, von der Kreditaufnahme und von Steuererleichterungen ausgeschlossen (Weltbank 2001a: 139, Lenz 2002, Altvater und Mahnkopf 2001).

Auch müssen viele Kleinbetriebe aufgrund des Konkurrenzdrucks von importierten Produkten schließen, die infolge von Subventionen oder aufgrund von Währungsdisparitäten billiger sind. Darüber hinaus werden vormalige Besitzer kleiner Farmen durch multinationale Unternehmen in Subcontracting-Arrangements gedrängt, die teils die wirtschaftliche Situation der lokalen Produzenten verschlechtern und ihre Abhängigkeit erhöhen. Auch wenn multinationale Unternehmen stabile Absatzchancen bieten können, die die wirtschaftliche Situation kleiner Unternehmen verbessern, haben lokale Kleinunternehmerinnen aufgrund des drastischen Einflussgefälles gegenüber global tätigen Unternehmen bzw. Käufern tendenziell einen geringeren Verhandlungsspielraum (Lenz 2002).

Andererseits erhalten Besitzerinnen von informellen Unternehmen neue Geschäftschancen insbesondere durch die Liberalisierung des internationalen Handels. So können beispielsweise durch den globalen Export von Garnelen, die in kleinen Farmen gezüchtet werden, indische Kleinunternehmerinnen Erwerbschancen realisieren. Ohne effektive Organisationen und Interessenverbände können diese Chancen jedoch kaum genutzt werden, denn informell Selbstbeschäftigte und ganz besonders Frauen haben schlechten Zugang zu Krediten, Ausbildung, Technologien und Marktinformationen (Carr und Chen 2001: 8).

Selbstbeschäftigte mit unbezahlt mitarbeitenden Familienangehörigen

Auch Selbstbeschäftigte im informellen Sektor sind von teilweise subventionierter Importkonkurrenz bedroht. Millionen von Frauen in Afrika und Asien, die z. B. aus Pflanzensamen Öl pressen und Überschüsse auf dem lokalen Markt verkauften, haben aufgrund von Speiseölimporten aus den USA (im Falle von Indien) oder aus Taiwan (in weiten Teilen Afrikas) ihren Haupterwerb verloren. Ähnliches gilt für Korbflechterinnen in Afrika, deren Produkte durch billigere Imitate aus Südostasien verdrängt wurden (Carr und Chen 2001: 8). Diese Frauen mussten in noch weniger ertragreiche, weniger stabile und geschützte Beschäftigungen ausweichen. Umgekehrt ist in Ländern mit Strukturanpassungsprogrammen vielen Frauen empfohlen worden, ihre traditionell für die eigene Subsistenz produzierten Waren nun marktgängig zu verkaufen. Das hat sie plötzlich mit einer starken Konkurrenz auf den Weltmärkten konfrontiert. Ihr hauptsächlicher komparativer Vorteil liegt in ihren geringen Arbeitskosten. Dieser Eintritt „von unten" in den Arbeits- und Warenmarkt war eine Konsequenz der Globalisierung (Lenz 2002).

Abhängig Beschäftigte

Die abhängig Beschäftigten in informellen Unternehmungen, in Gelegenheitsjobs, Heimarbeit, Hausarbeit (Domestic work), in Saison- oder Teilzeitarbeit, unregistrierter Arbeit etc. bilden tendenziell die unterste Kategorie informell Beschäftigter mit der umfangreichsten Präsenz von Frauen. Unternehmen in bestimmten Branchen können sich vor allem durch Auslagerung arbeitsintensiver Schritte sozialer Regulierung entziehen. Die Informalisierung schafft also einen dringenden Handlungsbedarf für die Entwicklung eines neuen sozialen Schutzes, der die spezifische Erwerbstätigkeit und Lebensplanung gerade auch von Frauen berücksichtigt (Lenz 2002: 55-57).

Kasten 4-3

Self Employed Women's Association (SEWA), Ahmedabad, Indien

SEWA ist eine Gewerkschaft von Frauen, die im informellen Sektor arbeiten. Hervorgegangen aus der „Textile Labour Organisation" und unter Bezugnahme auf die Lehren von Gandhi hat sie inzwischen weit mehr als 30 000 Mitglieder mit regionalem Schwerpunkt in Ahmedabad bzw. im indischen Bundesstaat Gujarat. Sie versucht, die Interessen der in ihr organisierten Frauen, wozu z. B. Heimarbeiterinnen, Gemüseverkäuferinnen, Tabakarbeiterinnen und viele mehr gehören, zu bündeln, sie sichtbar zu machen und sie bei ihrer Durchsetzung zu unterstützen. Gleichzeitig legt sie Wert darauf, als kooperative Partnerin von Arbeitgebern, den Abnehmern der in Heimarbeit hergestellten Erzeugnisse, von Gemeinde- und Marktverwaltungen beim Kampf um Händlerlizenzen und von den Eigentümern von Farmland anerkannt zu werden.

> Die Besonderheit von SEWA als Gewerkschaft ist, dass hier Frauen organisiert sind, die – wie z. B. Heimarbeiterinnen oder Gemüseverkäuferinnen – nicht in einem klassischen Arbeitnehmer-Arbeitgeberverhältnis stehen. Deshalb musste die Anerkennung dieses Statuses auch erst im Konflikt erkämpft werden. Das Besondere an dem Denk- und Arbeitsansatzes von SEWA geht aber darüber weit hinaus: Er macht sich die Perspektive der Frauen im informellen Sektor zu eigen und verbindet gewerkschaftliche und genossenschaftliche Ansätze miteinander, um Schutz für die Frauen da aufzubauen, wo ihre Biographien besonders verletzbar sind.
>
> So hat SEWA eine eigene Bank und inzwischen auch eine eigene Versicherung gegründet. Die Bank unterstützt die Mitglieder beim Sparen, damit sie – oft gemeinsam in Gruppen – überhaupt im Stande sind, für schlechte Zeiten Rücklagen zu bilden. Gleichzeitig vergibt diese Bank Kleinkredite an Mitglieder, mit deren Hilfe die Frauen z. B. ihr jeweiliges Geschäft auf eine stabilere Grundlage stellen bzw. aufbauen können. Die Vergabe dieser Mikrokredite ist eng mit Beratung und Betreuung verbunden, dies ist eine Bedingung für den Erfolg.
>
> Das Versicherungssystem versucht, zu erschwinglichen Preisen wesentliche Risiken abzufedern, indem sich Mitglieder und ihre Ehemänner gegen Krankheit, Invalidität und Tod, aber auch Schäden am Geschäftsvermögen z. B. bei Heimarbeit versichern können. Gleichzeitig versucht SEWA im Gesundheitsbereich über Einkaufsgenossenschaften Medikamente unter dem Marktpreis zugänglich zu machen und Personal in den Dörfern zu schulen und zu bezahlen, um Krankheiten frühzeitig zu erkennen und nach Möglichkeit zu behandeln.
>
> SEWA leistet einen kaum zu überschätzenden Beitrag zur Vergrößerung des eigenständigen Handlungsspielraums von Frauen im informellen Sektor, zahlreiche Schulungen und eine eigene Akadamie sind hier ebenfalls wichtiger Bestandteil. Aufbau von Selbstbewusstsein, organisatorische Fähigkeiten, gewerkschaftliche Weiterbildung sowie die selbstständige Erstellung von Radio-, Print- und Fernsehmedien stehen hier ebenso auf der Tagesordnung wie Alfabetisierungskurse.

4.9.1.5 Exkurs: Schattenwirtschaft als Teilbereich der informellen Arbeit[49]

Als Teilbereich der informellen Arbeit umfasst Schattenwirtschaft all diejenigen Tätigkeiten, die im Sinne der volkswirtschaftlichen Gesamtrechnung Wertschöpfung darstellen, aber in den bestehenden amtlichen Statistiken nur zum Teil ausgewiesen werden. Schattenwirtschaft unterscheidet sich insofern von den Aktivitäten, die als Summe aller Güter und Dienstleistungen im offiziellen BIP enthalten sind, als keine Steuern und Sozialversicherungsabgaben bezahlt werden. Ein weiteres Merkmal der Schattenwirtschaft ist die häufige Verletzung von arbeits- und sozialrechtlichen Normen (u. a. Überstundenregelung, Arbeitsschutzgesetzgebung) (Schneider 2001, 2001a).

Bei der Messung von Schattenwirtschaft wird zwischen direkten und indirekten Methoden unterschieden. Direkte Methoden umfassen Umfragen und Erhebungen. In Deutschland haben sie in den letzten Jahren deutlich an Relevanz gewonnen, da die Auskunftsverweigerungsquote zu Schattenwirtschaft bei Haushaltsbefragungen seit 1996/97 nur noch bei ungefähr 0,8 Prozent liegt. Diese Quote lag Ende der 1970er Jahre noch bei über 30 Prozent, so dass zu diesem Zeitpunkt das Instrument der Direktbefragung kaum aussagefähig war. Die enorm gestiegene Bereitschaft, über Schattenwirtschaft Auskunft zu geben, kann als allgemeiner Wertewandel interpretiert werden. Schattenwirtschaft wird offensichtlich zunehmend als „Kavaliersdelikt" empfunden, über das bereitwillig Auskunft gegeben wird.[50]

---

[49] Das Kapitel basiert auf einem Vortrag von Friedrich Schneider am 7.12.02 in Berlin (vgl. auch Schneider 2001, 2001a).

[50] Neben den direkten Umfragen werden zudem indirekte Messverfahren verwendet, u. a. kann Schattenwirtschaft über den sogenannten Bargeldansatz oder den Elektrizitätsverbrauch berechnet werden. Bei diesem monetären Ansatz wird davon ausgegangen, dass schattenwirtschaftliche Aktivitäten größtenteils in bar abgewickelt werden, um gegenüber den Steuerbehörden keine Spuren (Rechnungen, Kontenbewegungen etc.) zu hinterlassen. Man kann also von einem Normalwert des Bargeldbedarfs ausgehen und immer dann auf schattenwirtschaftliche Aktivitäten schließen, wenn der Bargeldbedarf über den Normalpegel steigt. Am Bargeldansatz wird kritisiert, dass bei dieser Methode ein Referenzwert benötigt wird, bei dem eine Referenzperiode unterstellt werden muss, in der es keine Schattenwirtschaft gab. Doch diese lässt sich schwer belegen. Zudem müssten auch andere Einflüsse als die der schattenwirtschaftlichen Aktivitäten auf die Veränderungen des Bargeldkoeffizienten ausgeschlossen werden. Dies ist ebenfalls problematisch, da der Bargeldkoeffizient mit dem Konjunkturverlauf schwankt und von technischen Entwicklungen des Zahlungsverkehrs (Kreditkarte etc.) abhängig ist (Altvater und Mahnkopf 2001).

Ein anderer Versuch der Indizierung der Schattenwirtschaft ist die Messung des Elektrizitätsverbrauchs. Unter der Annahme, dass die Elastizität des Elektrizitätsverbrauchs in Bezug auf das Sozialprodukt nahe bei eins liegt, kann auf schattenwirtschaftliche Aktivitäten geschlossen werden, wenn der Elektrizitätsverbrauch stärker steigt als das offizielle BIP. Allerdings wird gegen die Verwendung des physischen Indikators die gleiche Kritik wie an monetären Indikatoren erhoben: Die Annahme eines „normalen" Verhältnisses von BIP und Elektrizitätsverbrauch ist schwer begründbar und obendrein gibt es technische Entwicklungen, die die Annahme einer konstanten Elastizität fragwürdig machen. Bestimmte schattenwirtschaftliche Tätigkeiten in wenig energieintensiven Dienstleistungen werden möglicherweise gar nicht erfasst. Gleiches gilt für die prekären Arbeitsverhältnisse im formellen Sektor (Altvater und Mahnkopf 2001).

Nach dem Bargeldansatz (vgl. Fußnote 50) haben besonders die südeuropäischen Länder einen relativ hohen Anteil an Schattenwirtschaft (25–30 Prozent des offiziellen BIP). Die skandinavischen Länder und Belgien haben Anteile von ca. 17 bis 19 Prozent. Deutschland liegt mit 16 Prozent des BIP im mittleren Feld. Die Länder Schweiz, USA, Japan, Österreich sind im unteren Drittel vertreten. Der ungewichtete OECD-Durchschnitt liegt bei 16,7 Prozent in den Jahren 1999/2000 (Schneider 2001, s. Abbildung 4-17).

Im Gegensatz zu den Ländern Südeuropas, in denen die Anteile der Schattenwirtschaft auf hohem Niveau in den 90er Jahren relativ stabil oder leicht rückläufig waren, ist der Anteil der Schattenwirtschaft von 1989 bis 1999 in Deutschland von 11,8 auf 16 Prozent gestiegen. Jüngste Schätzungen zeigen, dass die Schattenwirtschaft in Deutschland von 643 Milliarden DM (2000) auf 658 Milliarden DM (ca. 335 Milliarden Euro) im Jahr 2001 gestiegen ist. Innerhalb Deutschlands gibt es beim Umfang der Schattenwirtschaft erhebliche regionale Unterschiede. Mit Abstand weist Berlin West die höchste Zunahme der Schattenwirtschaft in den Jahren 1995–1999 auf. Im Bundestrend zeichnen sich noch Niedersachsen und Schleswig Holstein durch hohe Raten in der Schattenwirtschaft aus (Schneider 2001).

Bezüglich der Daten über Schattenwirtschaft in Entwicklungs- und Schwellenländern bestehen große Unsicherheiten. Studien Schneiders (2001, 2001a) zufolge lag 1998/99 die Schattenwirtschaft in ausgewählten Ländern des asiatischen Raums in Prozent des offiziellen BIP in Bangladesh bei 34,6 %, Indien bei 22,4 %, Malaysia bei 30,7 %, Pakistan bei 35,8 %, den Philippinen bei 42,4 % und Thailand bei 51,6 %, so dass in vielen Ländern Asiens, Afrikas und Südamerikas, sowie in ehemaligen Ostblockländern auch von einer Parallelwirtschaft gesprochen werden kann. Diese Werte steigen in Afrika bis auf 50 Prozent. Im Durchschnitt liegt der prozentuale Anteil der Schattenwirtschaft am BIP der 33 afrikanischen Ländern bei circa 26 Prozent. Gleichwohl beträgt der prozentuale Anteil der in Schattenwirtschaft arbeitenden Personen bezogen auf alle Erwerbstätige circa 55 Prozent. In Lateinamerika erreicht der Anteil der Schattenwirtschaft am BIP-Wert von durchschnittlich über 20 Prozent. Auch hier sind jedoch die Hälfte der Erwerbstätigen in der Schattenwirtschaft tätig. Auch in den neun osteuropäischen Ländern liegt der durchschnittliche Anteil der Schattenwirtschaft am BIP 1998 bei ca. 24 Prozent. Ähnlich wie in Lateinamerika sind auch hier 49 Prozent der Erwerbstätigen in der Schattenwirtschaft tätig.

Im Gegensatz zu Altvater und Mahnkopf (2001) erklärt Schneider die zunehmende Schattenwirtschaft in OECD-Ländern mit einer steigenden staatlichen Regulierungsintensität und mit strukturellen Veränderungen des Arbeitsmarktes und des Beschäftigungssystems (z. B. steigende Steuer- und Sozialversicherungsbeiträge, Verkürzung der

Abbildung 4-17

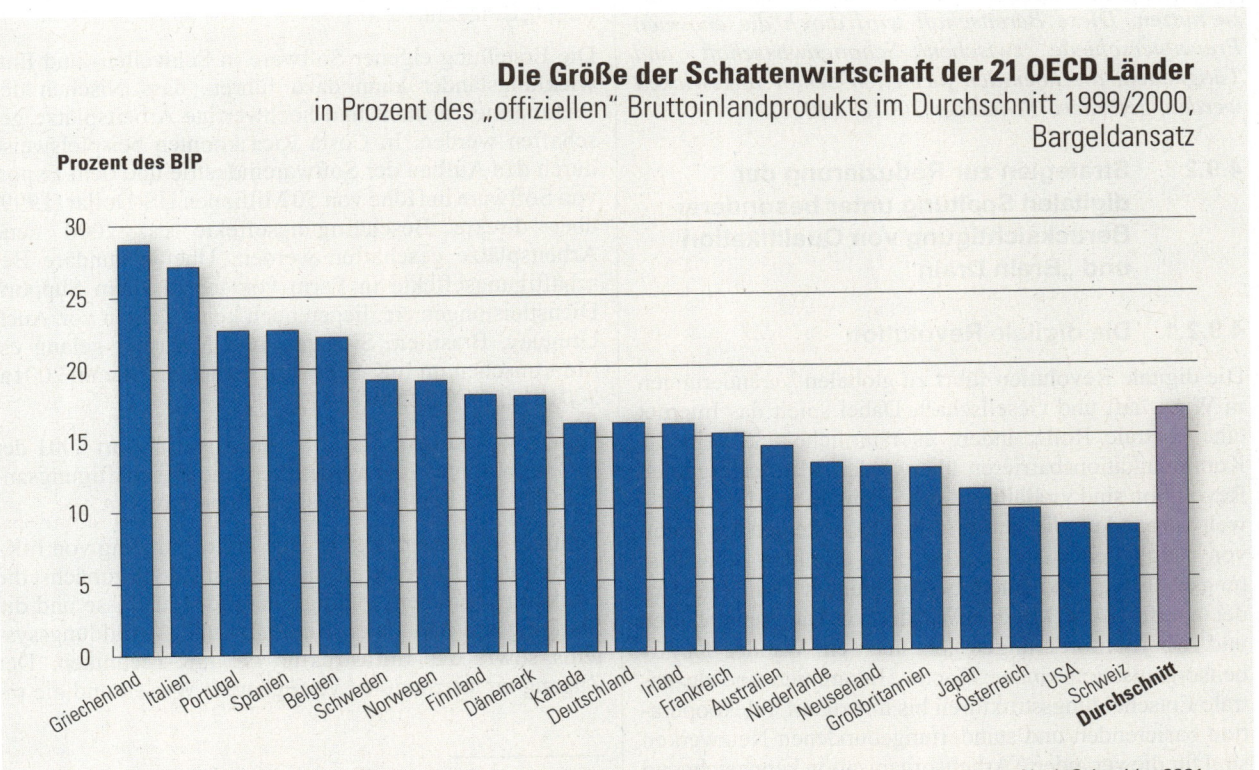

Die Größe der Schattenwirtschaft der 21 OECD Länder in Prozent des „offiziellen" Bruttoinlandprodukts im Durchschnitt 1999/2000, Bargeldansatz

Nach Schneider 2001

Arbeitszeit und/oder steigende Arbeitslosigkeit). Bei einem Preisverhältnis von Schatten- zu formeller Arbeit von circa 1:4 bis 1:5 können die Steuer- und Sozialabgaben keineswegs in dem Maße gesenkt werden, wie es theoretisch notwendig wäre, um den Kostenabstand zwischen formeller Arbeit und Schattenwirtschaft deutlich zu verkürzen. Vielmehr weist er darauf hin, dass die Ausweitung der Schattenwirtschaft durch einen nachhaltigen Wertewandel in der Bevölkerung begünstigt werde. Schneider verneint allerdings, dass die zunehmende Schattenwirtschaft regulären Betrieben Aufträge im großen Masse entzieht. Vielmehr seien circa zwei Drittel der Schattenwirtschaft komplementär zur formellen Arbeit, so dass zusätzliche Wertschöpfung entstünde. Zwei Drittel des schwarzverdienten Geldes fließen als Konsumnachfrage in die offizielle Wirtschaft zurück. Steuer- und Sozialversicherungsausfälle können deshalb nicht auf Basis der 335 Milliarden Euro berechnet werden.

Dieser Argumentation folgend ist Schattenwirtschaft ein „hausgemachtes" Problem. In Deutschland sei insbesondere durch komplizierte Abschreibungsmodelle und die Wiedervereinigung, die eher Einkommensstarke begünstigt hat, ein „Ungerechtigkeitsgefühl" entstanden. Allerdings ist es nicht ausgeschlossen, dass die Menschen in diesem Gefühl indirekt durch die Globalisierung bestärkt werden, wenn mit dem Hinweis auf die internationale Wettbewerbsfähigkeit eine Verschiebung der Steuerlast zu Gunsten der Kapitaleinkommen und zuungunsten der Arbeitnehmer bzw. Konsumenten, begründet wird. Das „Ungerechtigkeitsgefühl" schlägt sich in der steigenden Bereitschaft nieder, Schattenwirtschaft auszuführen oder zu nutzen. Diese Bereitschaft wird durch die enormen Preisunterschiede zwischen Schattenwirtschaft und Tätigkeiten, die über den formellen Sektor abgewickelt werden, gefördert (Schneider 2001a, 2001b).

4.9.2 Strategien zur Reduzierung der digitalen Spaltung unter besonderer Berücksichtigung von Qualifikation und „Brain Drain"

4.9.2.1 Die digitale Revolution

Die digitale Revolution führt zu globalen Veränderungen in Wirtschaft und Gesellschaft. Dabei spielt das Internet eine zentrale Rolle, indem es räumliche und zeitliche Kommunikationsbarrieren überwindet. Mit der digitalen Revolution sind vielfältige Auswirkungen auf die Arbeitswelt verbunden, die sich u. a. in einem steigenden Anteil von Tätigkeiten im IuK-Sektor, einer erhöhten Dienstleistungsnachfrage und einem beschleunigten Tätigkeitswandel manifestieren. Mit dem Wandel von Tätigkeitsinhalten und Arbeitsanforderungen geht auch ein Wandel der Arbeitsorganisation einher. Flache Hierarchien und dezentrale Entscheidungsstrukturen bis hin zu auf Telekooperation basierenden und standortungebundenen Netzwerken sind für die veränderte Arbeitsorganisation kennzeichnend (BMA 2001: 13, Sommer 2001).

Die neuen IuK-Techniken sind für Entwicklungsländer zur Überwindung herkömmlicher Entwicklungsbarrieren und die Verringerung von Armut von hoher Relevanz. Zum einen ist der Einsatz von IuK-Techniken für Entwicklungsländer unabdingbar, um die Gefahr einer weiteren Abkopplung von der Weltwirtschaft zu verhindern. Gleichzeitig eröffnen sich neue Entwicklungspotenziale. Die Erstellung von IuK-Produkten und -Dienstleistungen ist unter wirtschaftlichen Aspekten und mit dem Ziel, nachhaltige Beschäftigung zu schaffen, besonders wichtig.

Das Volumen des weltweiten Markts für Software Produkte wird für das Jahr 2000 auf über 500 Milliarden US-Dollar geschätzt, hinzu kommen umfangreiche weitere IuK-bezogene Dienstleistungen (Arora 2001: 1269, nach Angaben der International Data Corporation). Vor allem bei Dienstleistungen wie Datenerfassung und -pflege, Kundenbetreuung in Call Centern etc. sind die Zutrittsbarrieren auch für neue Anbieter verhältnismäßig niedrig. Länder wie Indien, China, Südafrika und Jordanien haben mit der arbeitsteiligen Übernahme von Programmiertätigkeiten bereits Marktanteile im IuK-Sektor erobert, Wachstum generiert und Arbeitsplätze geschaffen. Nach Angaben der National Association of Software and Service Companies (NASSCOM) wurden Ende 2000 ca. 410 000 Arbeitskräfte in der indischen Softwareindustrie beschäftigt. Der Export von Software-Produkten und IuK-bezogenen Dienstleistungen lag in Indien 2000/2001 bei 6,2 Milliarden US-Dollar (NASSCOM 2001). Trotzdem ist die Bedeutung des IuK-Sektors für den gesamten Arbeitsmarkt in diesem bevölkerungsreichen Land relativ gering. Der Anteil der Arbeitskräfte in der Softwareindustrie an den gesamten Beschäftigungsverhältnissen beträgt 0,1 Prozent.[51]

Die Erstellung eigener Software in Schwellen- und Entwicklungsländer kann dazu führen, dass Nischen des Weltmarktes bedient und hochwertige Arbeitsplätze geschaffen werden. In Costa Rica konnten beispielsweise durch den Aufbau der Softwareindustrie und dem Export von Software in Höhe von 50 Millionen US-Dollar (1999) über direkte Beschäftigungseffekte ca. 2000 neue Arbeitsplätze geschaffen werden. Über sekundäre Beschäftigungseffekte in Form von technischem Support, Dienstleistungen etc. liegen noch keine Zahlen vor. Auch Uruguay, Brasilien, Singapur und Malaysia gelang es, Marktnischen im IuK-Sektor zu bedienen (Stamm 2001a, 2001b: 2, OECD 2001e: 47).

Tabelle 4-9 ist dem World Employment Report 2001 der ILO entnommen und verdeutlicht die Beschäftigungsanteile des IuK-Sektors in ausgewählten Ländern.

Zentrale Voraussetzung für eine breite Nutzung von IuK-Techniken in Entwicklungsländern ist jedoch zunächst die Deckung überlebenswichtiger Grundbedürfnisse und die Stärkung des nationalen Bildungs- und Ausbildungssystems sowie der Infrastruktur für IuK-Techniken. Der Zugang zu international verfügbarem Wissen und die ra-

---

[51] Die Gesamtzahl der Beschäftigten betrug in Indien im Jahre 1996 411 020 000 Personen (World Labour Report 1997: 263).

Tabelle 4-9

Beschäftigung im IuK-Sektor, ausgewählte Länder, 1999

	Beschäftigung im IuK-Sektor, ausgewählte Länder, 1999	
	Beschäftigung im IuK-Sektor (in Tausend)	Anteil der Beschäftigung im IuK-Sektor an der gesamten Beschäftigung (in Prozent)
Australien 1995–96	256	2,4
Kanada 1997	481	3,5
Tschechische Republik 1997	152	3,1
Deutschland	1 255	3,5
EU-15	5 712	3,9
Ungarn 1997	157	4,3
Island 1996	4	2,8
Israel[1]	65	3,2
Japan 1997	3 000	4,3
Norwegen 1996	74	3,5
Schweiz 1998	172	4,5
Türkei 1997	100	0,5
USA[2] 1998	7 400	6,1
Barbados[3] 1997	3	2
China[1]	1 604	0,8
Costa Rica[1]	13.5	1
Malaysien[1] 1998	87	1
Südafrika[4]	54	1

[1] Länderstudien erstellt für den World Employment Report 2001
[2] U.S. Department of Commerce: Digital economy 2000. http://www.esa.doc.gov/
[3] Miller and Mitter, Background paper for the World Employment Report 2001
[4] Länderstudien erstellt für den World Employment Report 2001 SAITIS 2000. http://www.saitis.co.za/studies/jobs skills/index.html

Quelle: ILO 2001b: 127. (EU 15: ILO Berechnungen auf Basis von Eurostat Daten. OECD Länder außerhalb der EU 15: OECD: Information Technology Outlook 2000. http://www.oecd.org/dsti/sti/it/index.htm und „Measuring the ICT sector" (OECD: Paris, 2000), http://oecd.org/dsti/sti/it/prod/measuring ict.pdf)

sche Verbreitung von Informationen an zentrale Gesundheitseinrichtungen können positive Auswirkungen auf die medizinische Versorgung eines Landes haben (Stamm 2001b, 2001c, Weltbank 1999: 30, OECD 2001e: 47).

Die Zugangs-, Nutzungs-, und Anwendungsmöglichkeiten von IuK-Techniken fallen weltweit sehr ungleich aus. Es wird deshalb auch von einer „digitalen Kluft" gesprochen. Eine genaue Analyse der digitalen Spaltung, die zwischen Ländern aber auch zwischen Personengruppen eines Landes erkennbar ist, erfolgt in Kapitel 5.2.

Neben den derzeit noch bestehenden technischen und institutionellen Problemen wird das Hauptproblem für Entwicklungsländer der Mangel an qualifizierten Arbeitskräften im IuK-Bereich sein, der durch die dauerhafte Emigration von Akademikern und Fachkräften noch verschärft wird. Dieses sogenannte „Brain Drain" führt oftmals zu einem enormen Humankapitalverlust in Entwicklungsländern (Stamm 2001: 7, BMZ 2001a: 29-32).

Politisch kann die globale Vernetzung über die Stärkung zivilgesellschaftlicher Organisationen zur Demokratisierung und politischen Partizipation beitragen. Die globale Wissens- und Informationsübertragung sowie die weltweite Netzwerkbildung sind dabei von zentraler Bedeutung (Stamm 2001a, Stamm 2001b: 1, ILO 2001b: 58).

4.9.2.2 Die Bedeutung von Humankapital

Innovationen im Bereich der drahtlosen Zugangsnetze führen zu sinkenden Kosten beim Aufbau einer entsprechenden technischen Infrastruktur, d.h. es ist aus technischer Sicht mit einer deutlichen Reduzierung der Kosten beim Aufbau entsprechender Zugangsnetze zu rechnen (s. Kasten 4-4).

Neben technischen und institutionellen Veränderungen wird in offenen Volkswirtschaften insbesondere der Ausbau des sogenannten „Humankapitals" über den Zugang zu global verfügbaren Informationen und den Aufbau internationaler Netzwerke von Experten gefördert und beschleunigt. Entwicklungsländer können aufgrund komparativer Kostenvorteile, u. a. im Bereich der Lohnstückkosten in arbeitsintensiven Branchen, kurzfristig Wohlfahrtszugewinne erlangen. Jedoch nimmt auch in Entwicklungsländern die Bedeutung von qualifizierten Arbeitskräften zu. Die Länder, denen es nicht gelingt, einen ausreichenden Bestand an Humankapital zu akkumulieren, werden langfristig nicht an der weltweiten Arbeitsteilung partizipieren können und die Verlierer der Globalisierung sein (Hemmer u. a. 2001: 143ff.).

Ein entscheidender Engpass bei der Überwindung der digitalen Spaltung liegt folglich im Bereich qualifizierter Arbeitskräfte. Die Ausbildung und Qualifizierung von Menschen und die Fähigkeiten von Bildungssystemen, den Ausbildungs- und Qualifizierungsstandard anzuheben, wird in noch höherem Maß als bisher über die Entwicklungschancen von Ländern entscheiden. In vielen Entwicklungsländern fehlt es jedoch an einer ausreichenden Anzahl von Ingenieuren, Programmierern und technischem Fachpersonal (Stamm u. a. 2000: 1f.).

Dem Staat kommt bei der Förderung von Humankapital und bei Investitionen im Bereich Bildung, Ausbildung und FuE eine besondere Rolle zu. Industrieländer sollten dabei Entwicklungsländer beim Aufbau und der Reform von Ausbildungs- und Forschungsinstitutionen der IuK unterstützen (Stamm 2000: 2). Entwicklungspolitisches Ziel ist, in einem Land selbsttragende wirtschaftliche Strukturen im IuK-Sektor aufzubauen, die über Wachstums- und Beschäftigungssteigerungen Armut und Ungleichheiten verringern.

Die Tatsache, dass die Industrieländer zur Zeit sowohl absolut als auch relativ weit mehr für Bildung und Forschung ausgeben als Entwicklungsländer lässt vermuten, dass sich die internationale Spaltung bei der Verteilung der Humankapitalressourcen zukünftig eher noch vergrößern wird. Die digitale Spaltung ist ein Ergebnis der Unterentwicklung, deren Überwindung hohe Ausgaben für Bildung voraussetzt. Dieses Geld steht in den öffentlichen Haushalten der Entwicklungs- und Schwellenländern nicht zur Verfügung. Studien zeigen, dass Länder mit niedrigem Durchschnittseinkommen deutlich weniger in Bildung investieren als solche mit hohem Durchschnittseinkommen (HWWA 2001: Kap. 6.406).

Neben den Investitionen in das Humankapital kostet auch die Partizipation an der modernen Kommunikationstechnologie Geld. Der Nutzer muss mit einer entsprechenden Hardware ausgestattet sein und den Zugang zum Netz bezahlen. Dieses Geld ist bei vielen Haushalten in der Dritten Welt nicht vorhanden. Deshalb korreliert das Einkommensniveau der Länder positiv mit dem Grad der Verbreitung der für die Teilnahme am Internet nötigen technischen Ausstattung in der Bevölkerung (s. Tabelle 4-10).

Kasten 4-4

Technische Entwicklungspotentiale

Neue technische Möglichkeiten liefern zahlreiche Wege, Kommunikationsteilnehmern weltweit den Zugang zu Weitverkehrsnetzen wie dem Internet zu ermöglichen. Diese leistungsfähigen Zugangsnetze mit großen Bandbreiten, also hohen Übertragungsraten, unterstützen Kommunikationsdienste wie Sprache, Datenübertragung und interaktive Multimedia-Anwendungen. Solche Netze nutzen üblicherweise die vorhandene Infrastruktur bereits installierter Leitungen, also Telefon- und TV-Leitungen (xDSL) und bei großem Verkehrsaufkommen optische Verfahren (Glasfaser). Drahtlose Zugangsnetze, so genannte Fixed Wireless Access Networks (FWANs), lassen sich naturgemäß mit wenig Aufwand installieren. In nicht erschlossenen Regionen, in denen auf eine vorhandene Infrastruktur nicht zurück gegriffen werden kann, ermöglichen FWANs also einen einfach zu realisierenden Zugang zu Weitverkehrsnetzen auch mit hohen Übertragungsraten.

Für den Einsatz von FWANs gibt es verschiedene Ansätze. Zellulare Mobilfunknetze der neueren Generation (General Packet Radio System (GPRS), Universal Mobile Telecommunications System (UMTS) unterstützen neben Sprachverbindungen auch die Vermittlung von Daten mit eingeschränkter Bandbreite. Durch die Kombination von Mobilfunknetzen mit Breitband-Funksystemen wie WiFi-802.11 und dem Europäischen HiperLAN/2 kann die Kapazität dieser Netze jedoch deutlich gesteigert werden. Breitband-Funksysteme arbeiten typischerweise in weltweit verfügbaren Frequenzbändern, so dass eine kostenintensive Lizenzvergabe vor Nutzung solcher Systeme entfällt. Andere Techniken nutzen das attraktive Spektrum des terrestrischen Rundfunks oder erdnahe Satelliten. Eine vielversprechende Technik für FWANs sind vermaschte Netze von diffus strahlenden Lasern, die eine hohe Ausfallsicherheit und nahezu unbegrenzte Übertragungsraten unterstützen. Solche Laser sind in den letzen Jahren immer preiswerter und sicherer für die Anwender geworden. Zugangsnetze über Energieversorgungsleitungen (Powerline) können die an FWANs gestellten Anforderungen derzeit nicht erfüllen (Walke 2001).

Tabelle 4-10

Internetbeteiligung nach Ländergruppen mit unterschiedlichem Einkommensniveau, Juni 1999

Länder klassifiziert nach Einkommensniveau*	Telefonanschluss je 100 Einwohner	PCs je 100 Einwohner	Internet hosts je 10 000 Einwohner	Internetnutzer je 10 000 Einwohner
High income	54,1	22,3	28,1	92,0
Upper middle	13,4	2,9	8,4	55,9
Lower middle	9,7	1,3	1,9	19,0
Low income	2,5	0,2	0,1	0,9

* Vgl. zur Abgrenzung der verschiedenen Einkommensniveaus die OECD DAC-List (http://www.oecd.org/EN/glossary/0,,EN-glossary-notheme-2-no-no-5-0,00.html#10 30.05.02)

Quelle: ILO 2001b: 59

Überdies leiden viele Bildungssysteme in Entwicklungsländern unter Ineffizienzen, d. h. sie sind weniger „produktiv" als Bildungssysteme in Industrieländern und erfordern vergleichsweise höhere Inputs. Stamm weist darauf hin, dass Institutionen der beruflichen Bildung nicht auf die Anforderungen einer wissensintensiven Entwicklung vorbereitet und IuK-bezogene Ausbildungs- und Studiengänge selten seien. Dieses Problem werde durch fehlende eigenständiger FuE im IuK Bereich verschärft, so dass eine „digitale Kompetenzkluft" existiere. Einige selektive Zahlen sollen diese Spaltung verdeutlichen. So promovieren in ganz Lateinamerika jährlich etwa 530 Ingenieure, während es allein in Spanien 1998 580 Ingenieure sind. In den USA ist einer von 140 Beschäftigten in Wissenschaft und Forschung tätig, in Lateinamerika war es nur einer von 1300 Beschäftigten (Stamm 2001a).

Führt der Einsatz von IuK Techniken in Entwicklungsländern zu einer Steigerung des BIP kann über wirtschaftliches Wachstum Armut reduziert werden. Arme Bevölkerungsschichten können zudem auch direkt von dem Einsatz von IuK-Techniken profitieren. Der Zugang zu IuK-Techniken, die Mitbestimmung über Inhalte und die Anpassung des Wissens an lokale Gegebenheiten und seine Nutzung für die Lösung lokaler Probleme sind dabei wesentliche Einflussfaktoren. Das Spektrum der Bereiche, in denen IuK-Techniken Entwicklungschancen verbessern, ist sehr breit. In bestimmten Branchen ist der Einsatz von IuK-Techniken besonders effektiv. Gemeinde-Kommunikationszentren verringern die Isolierung abgelegener ländlicher Gegenden, sie beleben Wirtschaft und Handel und führen zu mehr sozialer Partizipation und Mitgestaltung. Die Gesundheitsversorgung wird durch Informationssysteme verbessert, die beispielsweise ansteckende Krankheiten, ihre Behandlungsmethoden und Behandlungserfolge erfassen, ebenso durch interaktive Behandlungsberatung zwischen Referenzkrankenhäusern und Basisgesundheitsstationen. Bildungschancen werden verbessert, beispielsweise durch vernetzte Lernumgebungen und durch Vernetzung von Schulen untereinander, mit Gemeinden und Unternehmen. E-commerce schafft für Handwerk, Klein- und Mittelindustrie neue inländische und – sofern bereits eine gewisse industrielle Struktur besteht – ausländische Absatzmärkte (BMZ 2001a: 29-32).

4.9.2.3 Arbeitsmigration

4.9.2.3.1 Allgemeine Entwicklungen[52]

Die Migration der Arbeitskräfte ist ein wichtiger Bestandteil der Globalisierung; sie wird durch wirtschaftliche und politische Faktoren beeinflusst und wirkt sich andererseits auf die Wirtschaft und den Arbeitsmarkt aus (Lorenz 2001: 2). Angaben der International Organisation for Migration (IOM) zufolge waren im Jahr 2000 etwa drei Prozent der Weltbevölkerung Migranten. Die absolute Anzahl der Migranten stieg damit von 120 Millionen im Jahr 1990 auf 150 Millionen im Jahr 2000. Mit steigender Tendenz gehören auch immer mehr Frauen zu den Migranten, sie machen derzeit fast die Hälfte aus. Europa, Nordamerika und einige Länder Asiens zählen zu den bedeutendsten Einwanderungsländern. So verzeichnet die USA eine jährliche legale Zuwanderung von einer Million Menschen. Weitere 300 000 wandern nach Schätzungen der IOM illegal ein (vgl. auch Kapitel 6.2.2.2).

Zur Zeit leben etwa über 90 Millionen Arbeitsmigranten und ihre Familien legal oder illegal außerhalb ihrer Herkunftsländer. Die Migration von Arbeitskräften ist noch immer eine wichtige Komponente der internationalen Wanderungsbewegungen, und ihre Entwicklung spiegelt tiefgreifende Veränderungen bei der Weltwirtschaft wider, vor allem auf der regionalen und interregionalen Ebene (Lorenz 2001: 1).

Die Migration aus den Entwicklungsländern ist dabei sowohl im Hinblick auf die Herkunfts- als auch auf die Zielländer vielfältiger geworden. Sie wird durch die Globalisierung, die technologischen Fortschritte bei Kommunikation und Transport und das Wachstum regionaler Wirtschaftsblöcke (in Europa, Nordamerika, Asien und dem pazifischen Raum) erleichtert. Während die Migration der Arbeitskräfte aus den Entwicklungsländern in die

---

[52] Dieser Abschnitt basiert auf Lorenz (2001).

Industriestaaten andauert, haben Wanderungsbewegungen zwischen den Entwicklungsländern, sowie die Ost-West-Ströme, vor allem in Europa, erheblich zugenommen. Heute kommt es außerdem häufiger zu Bewegungen innerhalb von Regionen, und jede Region hat ihre eigenen typischen Muster (z. B. die Systeme der zeitlich begrenzten Verträge in Asien).

Da viele Zielländer der Migranten die Möglichkeiten für eine dauerhafte Einwanderung stark eingeschränkt haben, ist die vorübergehende oder illegale Migration für viele Menschen die einzige Möglichkeit zur Migration. Selbst in Ländern wie Australien, Kanada, Neuseeland und den Vereinigten Staaten, die weiterhin dauerhafte Einwanderungsgenehmigungen vergeben, ist die vorübergehende und illegale Migration dramatisch angestiegen.

Nach wie vor ist die Migrationspolitik der Zielländer durch den Versuch gekennzeichnet, die Migranten nach den Erfordernissen des heimischen Arbeitsmarkts auszuwählen und zu steuern. In den 60er Jahren war z. B. die einheimische Bevölkerung in der Bundesrepublik Deutschland vollbeschäftigt, und es gab eine zusätzliche Nachfrage aus der Wirtschaft. Um diese Lücke auf dem Arbeitsmarkt zu schließen, wurden massenhaft Arbeitskräfte aus dem Ausland angeworben. Auch damals wurden die Grenzen nicht für alle, sondern nur für den prognostizierten Arbeitskräftebedarf geöffnet. Die ausländischen Arbeitskräfte wurden vorher anhand ihres Alters und gesundheitlichem Zustand aus einem Bewerberpotenzial ausgewählt. Heute ist der Arbeitsmarkt in der Bundesrepublik Deutschland durch Massenarbeitslosigkeit gekennzeichnet. In einigen Branchen, insbesondere in der Informationswirtschaft, wird jedoch zeitgleich ein Mangel an Fachkräften beklagt. Die Möglichkeit, auf ausländische Fachkräfte zurückzugreifen, kann aber in den Zielländern die Motivation senken, in hinreichendem Maße finanzielle Ressourcen für eine angemessene Bereitstellung von Ausbildungskapazitäten bereitzustellen.

Allgemein globalisiert wurde die legale Migration von Arbeitskräften nur für Gruppen bestimmter Spezialisten wie Computer-Fachleute, bei denen in vielen westlichen Ländern die Nachfrage nicht ausreichend durch einheimische Kräfte gedeckt werden kann. In manchen Fällen ist die Arbeit zu Subunternehmern in Ländern wie Indien ausgelagert worden, in denen ein großes Reservoir von Fachkräften existiert. Außerdem werben, vor allem in den USA, private Firmen selektiv Fachpersonal aus Europa und Südamerika an (Lorenz 2001: 3).

Ein zentrales Problem in diesem Zusammenhang allgemeiner Migration, ist die Zunahme der illegalen Einwanderung und des Menschenschmuggels als schwerwiegende Folge des Ungleichgewichts zwischen dem Emigrationsdruck und der restriktiven Einwanderungspolitik traditioneller Zielländer. Illegale Einwanderung, Menschenschmuggel sowie Zwangsprostitution sind wichtige Themen für eine Folge-Enquete-Kommission.

4.9.2.3.2 Die Abwanderung hochqualifizierter Arbeitskräfte[53]

In der Diskussion um die digitale Spaltung spielt die Migration von Fachkräften des IuK-Sektors eine zentrale Rolle. Hier existiert seit mehreren Jahren ein ausgeprägter internationaler Wettbewerb. Dabei übersteigt die Nachfrage das Angebot an Arbeitskräften im IuK-Sektor deutlich.

Neben der Notwendigkeit, genügend hochqualifizierte Arbeitskräfte auszubilden, muss auch Vorsorge getroffen werden, um Fachkräfte mit monetären und nicht-monetären Anreizen im Land zu halten bzw. sie zur Rückkehr zu bewegen. Kehren Migranten in ihr Heimatland zurück, können sich das erworbene Wissen und die internationalen Kontakte in Wissenschaft und Industrie positiv auf die Volkswirtschaft des Heimatlandes auswirken. Dieses „brain gain" gilt insbesondere für Entwicklungs- und Schwellenländer. Der IOM zufolge konnte Mexiko von einer Person, die in den USA ein Jahr Berufserfahrung gesammelt hat, acht Mal höher profitieren, als wenn die entsprechende Person in Mexiko geblieben wäre (IOM 2001: 33). Teilweise wird dieser Verlust von Humankapital durch Rückkehrer kompensiert, die den Aufbau einer einheimischen Software Industrie durch ihre Berufserfahrungen und internationalen Kontakte in hohem Masse fördern (Zuwanderungskommission 2001: Kap. 6.4). Dennoch wird der finanzielle Verlust durch Brain Drain z. B. in Indien im Jahr 2000 auf zwei Milliarden US-Dollar geschätzt (UNDP 2001a).

Fazit ist, dass die Abwanderung von Fachkräften in vielen Ländern ein reales Entwicklungshemmnis darstellt. Die Zuwanderungskommission der Bundesregierung schreibt hierzu:

> „Grundsätzlich gefährdet eine Abwanderung von qualifizierten Arbeitskräften die technische Kompetenz eines Landes, und sie kann potenzielle Entwicklungschancen reduzieren. Die Abwanderung kann Auswirkungen auf das im Land vorhandene Know How, die Produktivität und nicht zuletzt die gesamtgesellschaftliche Entwicklung haben. Negative Rückwirkungen auf den Arbeitsmarkt des Herkunftslandes sind nicht ausgeschlossen. Es besteht die Gefahr eines sich selbst verstärkenden Prozesses wirtschaftlichen Niedergangs und der Nichterfüllung staatlicher Aufgaben, was weitere Abwanderung nach sich ziehen kann." (Zuwanderungskommission 2001: Kap. 6.4)

Im Bereich des Brain Drain fehlen verlässliche, international vergleichbare Zahlen. Dennoch kann davon ausgegangen werden, dass die Emigration hochqualifizierter Arbeitskräfte insgesamt, d.h. nicht nur IuK Experten, aus Süd- und Mittelamerika und Asien nach Nordamerika besonders hoch ausfällt. So hielten sich im Jahr 2000 annähernd 200 000 hochqualifizierte Arbeitskräfte, vor allem Software Experten aus Indien, mit H-1B Visen in den USA auf, die ihnen eine Arbeitserlaubnis von

---
[53] Dieser Abschnitt basiert auf Lorenz (2001).

zunächst drei Jahren gewähren. In Indien verlassen ca. 60 Prozent der Absolventen der Technischen Universitäten das Land (Zuwanderungskommission 2001: 81).

Afrika hat Schätzungen der Weltbank zufolge zwischen 1960 und 1987 etwa ein Drittel seiner ausgebildeten Fachkräfte an die Industrieländer verloren. Auch weiterhin wandern durchschnittlich jährlich ca. 23000 qualifizierte Arbeitskräfte insbesondere Akademiker und Ingenieure ab (Kriks 1997: 232f., Körner 1998: 27, Weltbank 1995). Zwischen 1988 und 1997 wanderten ca. 233 000 Südafrikaner dauerhaft in fünf Länder (GB, USA, Kanada, Australien, Neuseeland) ab. Besonders betroffen sind Länder wie Nigeria, Ghana und der Sudan, aber auch nordafrikanische Länder wie Ägypten und Algerien (Stamm 2001a, Körner 1998: 27)[54].

Die ökonomischen und sozialen Folgen des Brain Drain sind insbesondere für Entwicklungs- und Schwellenländer enorm. Die zentrale Frage ist, wie diese Kosten kompensiert, wie die betroffenen Länder ihre Ausbildungssysteme erhalten und auf welchem Wege die Fachkräfte im Land gehalten bzw. zur Rückkehr bewegt werden können.

Eine Möglichkeit ist die Einführung von Steuern, um die finanziellen Verluste durch das Brain Drain zu kompensieren. Dabei werden verschiedene Konzepte diskutiert. Zum einen wird die "Exit-Steuer" debattiert. Diese Steuer wird erhoben, sobald ein Visum ausgestellt wird und entweder vom Arbeitnehmer oder dem neuen Arbeitgeber gezahlt. Zudem sollen Studierende eventuelle Darlehen beim Verlassen des Landes zurückzahlen. Des Weiteren wird über eine sogenannte Kopfsteuer diskutiert, die von allen im Ausland lebenden Personen zu zahlen wäre. Internationale Absprachen können zudem darauf hinwirken, den Verlust durch Brain Drain bilateral zwischen einzelnen Ländern auszugleichen (UNDP 2001a: 92).

Eine andere Möglichkeit wäre, von den Firmen und Institutionen, die in den Zuwanderungsländern von speziellen Anwerbeverfahren („Green Cards") profitieren, eine Gebühr zu erheben, die sich ggf. an den üblichen Entlohnungen von „Head Huntern" orientiert. Die so geschöpften Ressourcen könnten dann gezielt zur Förderung von Ausbildungskapazitäten in den am wenigsten entwickelten Ländern (LDCs) eingesetzt werden.

Korea und Taiwan versuchen über attraktive Forschungsinstitute, eine moderne Wissenschaftsinfrastruktur, hohe Gehälter und Karrieremöglichkeiten sowie Investitionsmöglichkeiten für forschungsintensive High-Tech-Unternehmen Hochqualifizierte ins Land zurückzuholen. So lag die Rückkehrrate von Personen, die ihre Promotion in den USA abgeschlossen haben, in Korea in den 1960er Jahren bei ca. 16 Prozent während die Rate in den 1980er auf über zwei Drittel anstieg. Infolge der standortungebundenen Kommunikationsmöglichkeiten engagieren sich darüber hinaus beide Länder im Aufbau von internationalen Netzwerken (UNDP 2001a: 92, BMBF 2001d: 8).

In Afrika gestaltet sich die Rückkehr qualifizierter Arbeitskräfte aufgrund gravierender politischer, sozialer und ökonomischer Probleme wesentlich schwieriger. Dort versucht eine Kommission „The Return of Qualified African Nationals Programme" die Reintegration hochqualifizierter Afrikaner, jedoch mit geringem Erfolg (UNDP 2001a: 92).

4.9.3 Nachhaltiges Wirtschaftswachstum, Beschäftigung und Gleichberechtigung[55]

Geschlechtliche Gleichberechtigung und nachhaltiges Wachstum stehen in einem Wechselverhältnis. Wirtschaftliches Wachstum hat nicht nur Auswirkungen auf die Verhältnisse der Geschlechter und das Maß der Gleichberechtigung von Frauen, sondern umgekehrt wirkt Gleichberechtigung auch auf Wachstumsprozesse. In einer kürzlich veröffentlichten Studie konstatiert die Weltbank (2001), dass Geschlechterdiskriminierung in vielen Ländern einhergeht mit *gesamtgesellschaftlichen* Folgen wie Armut, langsameres Wirtschaftswachstum, schlechtere Regierungsführung und geringere Lebensqualität (Weltbank 2001a; o.V. 2001).

Simulationsstudien der Weltbank über die Kausalität von Frauenbildung und Wachstum verdeutlichen exemplarisch die wesentlichen Zusammenhänge zwischen Geschlechtergleichheit und Wachstum. Errechnet wurden entgangene Wachstumseffekte durch fehlende Gleichberechtigungsstrategien im Bildungsbereich für Subsahara-Afrika, Südasien sowie die Region Nordafrika und Mittlerer Osten in der Zeit von 1960 bis 1992. Hätten diese Regionen 1960 gleiche geschlechtliche Ausgangsbedingungen beim Schulbesuch gehabt wie die Wachstumsregion Ostasien und diese bis 1992 auch im gleichen Maße verbessert wie Ostasien, wären folgende Erhöhungen der Pro-Kopf-Wachstumsraten möglich geworden: für Subsahara-Afrika um 0,7 % jährlich, für Südasien um 1,7 % jährlich und für Nordafrika und den Mittleren Osten sogar um 2,2 % jährlich (Weltbank 2001a: 90f.).

---

[54] Die (zeitweilige) Abwanderung hochqualifizierter Arbeitskräfte betrifft auch Industrieländer. Grundsätzlich ist der mehrjährige internationale wissenschaftliche Austausch positiv zu bewerten und nicht als Brain Drain zu bezeichnen. So weist das BMBF in einer Studie darauf hin, dass 12-14 Prozent aller deutschen Nachwuchswissenschaftler im Durchschnitt 3-4 Jahre als Postdocs in den USA forschen. Die sehr produktive wissenschaftliche Zeit nach der Promotion wird folglich an führenden Forschungsuniversitäten oder -laboratorien in den USA verbracht. Eine ähnliche Situation ergibt sich in der Schweiz, die ebenfalls zu den Entsendeländern von Nachwuchswissenschaftlerinnen und -wissenschaftler zählt. Als sogenannte Push-Faktoren werden ähnlich wie in Deutschland die Lage des akademischen Mittelbaus und des Ordinariensystems sowie abnehmende Forschungsfinanzierung genannt. Ein Pull-Faktor ist die Attraktivität eines Netzwerkes von gut ausgebildeten Nachwuchswissenschaftlern aus aller Welt, u. a. in Form von „Think Tanks" und „Centers of Excellence" (BMBF 2001d: 7f).

[55] Dieses Kapitel basiert auf einem Gutachten von Ruppert (2002).

Ein Grund dafür, dass der wirtschaftliche Nutzen von Investitionen in die Frauenbildung den Nutzen von Männerbildung übersteigt, liegt darin, dass Frauen einen deutlich größeren Teil ihrer zusätzlichen Einkommensgewinne in die Gesundheit und Ausbildung ihrer Kinder investieren. Zudem geht mit einem steigenden Bildungsgrad von Frauen die Ausbreitung von HIV signifikant zurück. Vor allem für städtische Gebiete empfiehlt die Weltbank die Erhöhung der Bildungs- und Beschäftigungsraten von Frauen als eines der wirksamsten Mittel, um HIV einzudämmen (Weltbank 2001a: 76). Mehr Bildung von Müttern senkt außerdem die Sterblichkeits- und Krankheitsraten von Säuglingen und Kleinkindern (Weltbank 2001a: 81).

Empirische Untersuchungen in Brasilien bestätigen gesamtgesellschaftliche Nutzeneffekte auch in Bezug auf Einkommenserhöhungen für Frauen. Sie zeigen, dass auch hier zusätzliches Haushaltseinkommen in den Händen von Müttern in einem sehr viel höheren Maß der nächsten Generation zu Gute kommt als Zusatzeinkommen, das einem männlichen Haushaltsvorstand zufließt.

Eng verbunden mit dem Zugang von Frauen zu Bildung, Gesundheitseinrichtungen und zur politischen Partizipation ist auch die Gewährleistung von Ernährungssicherheit, die die Grundvoraussetzung von gesellschaftlicher Entwicklung überhaupt darstellt. Insbesondere in Entwicklungsländern gefährden Benachteiligungen und Diskriminierungen von Frauen u. a. beim Zugang zu Krediten, zu Grundeigentum oder Produktionsressourcen die Versorgung von Familien mit Wasser und Nahrungsmitteln (Okeyo 2002, Murphy 2002: 14).

Darüber hinaus stellt die Weltbank in ihrer Studie fest, dass mehr rechtliche und politische Gleichberechtigung korreliert mit weniger Korruption in Wirtschaft und Politik und einhergeht mit „cleaner business and government and better governance" (Weltbank 2001a: 12). Nach Auswertung von Daten aus mehr als 80 Ländern sinkt unter den Bedingungen ökonomischer und sozialer Gleichberechtigung von Frauen der Korruptionsindex auf die Hälfte des Wertes, den er in Gesellschaften mit ausgeprägter Ungleichheit zwischen Frauen und Männern annimmt (Weltbank 2001a: 95f). Ein wesentlicher Grund dafür ist, dass Gesellschaften mit einem hohen Maß an geschlechtlicher Gleichberechtigung in der Regel auch demokratisch und transparent strukturiert und in soweit auch weniger korruptionsanfällig sind.

Gleichzeitig kann sich nachhaltiges Wirtschaftswachstum positiv auf die Lebensbedingungen von Frauen und Mädchen auswirken und Geschlechtergleichheit fördern. Die einzelnen Haushalte investieren bei höherem Einkommen verstärkt in die Ausbildung der Töchter. Dadurch arbeiten auch mehr Frauen und sind durch ein eigenes Einkommen unabhängiger in ihren Entscheidungen. Darüber hinaus führt Wirtschaftswachstum meist zu mehr Investitionen in die Infrastruktur, Wasserversorgung, Transport und Energie, was die Arbeitszeit von Frauen und Mädchen im Haushalt deutlich verringert. Damit wird Zeit gewonnen, die jetzt für Schulbesuch, Lohnarbeit oder Gesundheitsvorsorge zur Verfügung steht. Allerdings darf die Auswirkung des Wirtschaftswachstums auf die Gleichberechtigung nicht überschätzt werden. Sie erfolgt zudem nicht automatisch, sondern hängt ab von anderen Faktoren wie z. B. dem Rechtsstatus der Frau, dem Zugang zu und der Kontrolle über Produktionsmittel oder den politischen Rahmenbedingungen. Deshalb müssen sich ökonomische Entwicklung und institutionelle Reformen ergänzen (Nord Süd 2002: 2)

Spiegelbildlich zur positiven Korrelation von Geschlechtergleichheit und Wachstum führt ein ein hohes Maß an Geschlechterungleichheit zu gesamtgesellschaftlichen und ökonomischen Kosten. Enorm hoch, wenn auch schwer zu beziffern, sind beispielsweise die gesellschaftlichen Kosten von Gewalt gegen Frauen. In ihren Untersuchungen der sozioökonomischen Kosten von Gewalt gegen Frauen unterscheidet die Interamerikanische Entwicklungsbank (IDB) verschiedene Kostenarten (UNICEF 2000: 12f.) Zu den direkten Kosten geschlechtlicher Gewalt gehören danach u. a. die Behandlungskosten für gesundheitliche Kurz- und Langzeitschäden der Opfer, die Kosten für Polizeidienste und die Kosten für die strafrechtliche Verfolgung der Täter sowie die Kosten für Frauenhäuser. Ökonomische Multiplikationseffekte von Gewalt gegen Frauen liegen beispielsweise in Fehlzeiten und verminderter Leistungsfähigkeit am Arbeitsplatz, in Einkommensverlusten und daraus folgend einem Rückgang der privaten Investitionen in Bildung und Ausbildung der Kinder. In armen Ländern verursacht Gewalt gegen Frauen demnach vor allem Kosten in Form von entgangenen Entwicklungschancen. Für Industrieländer existieren außerdem Schätzungen der monetären Kosten geschlechtlicher Gewalt. So kommt eine kanadische Studie zu dem Ergebnis, dass Gewalt gegen Frauen den Staat jährlich mit Kosten von mehr als einer Milliarde kanadischer Dollar belastet (UNICEF 2000: 12). Dies entspricht einem Prozent des kanadischen BSP (Weltbank 2001a: 78).

Zwischen Gleichberechtigung und Wachstum können jedoch auch Zielkonflikte auftreten. Dies verdeutlicht beispielsweise eine neuere vergleichende Untersuchung über den Zusammenhang zwischen Wachstumseffekten, wie sie für den Prozess ökonomischer Globalisierung geradezu als idealtypisch gelten können, und geschlechtlicher Einkommensverteilung in semi-industrialisierten, exportorientierten Ökonomien mit einem hohen Anteil an Frauen in der verarbeitenden Exportproduktion. Dazu zählen etwa Länder wie Malaysia, Sri Lanka und Taiwan (Seguino 2000). Diese empirische Studie kommt zu dem Ergebnis, dass Lohndiskriminierung von Frauen in solchen Ökonomien durchaus wachstumsfördernd sein kann (Seguino 2000: 1212). In allen betrachteten Fällen führte die geschlechtliche Segregation des Arbeitsmarktes zunächst dazu, dass in bestimmten Bereichen der Exportindustrie, in denen die Preiselastizitäten der Nachfrage vergleichsweise hoch sind, vorzugsweise Frauen beschäftigt wurden – und zwar deshalb, weil die im Vergleich zu Männern schlechtere Verhandlungsposition von Frauen es erlaubt, ihnen niedrigere Löhne zu zahlen. Exporterlöse bauen hier also gezielt auf Geschlechterungleichheit auf (Seguino 2000: 1222).

Selbst wenn argumentiert wird, dass über den Zugewinn an Beschäftigungsmöglichkeiten für Frauen neue Gleichberechtigungseffekte entstehen können, ändert dies nichts an der Tatsache, dass auf der anderen Seite Ungleichheit zwischen Frauen und Männern in Bezug auf die Bezahlung manifestiert wird. Globalisierung als komplexer Prozess mag solche Widersprüchlichkeiten begünstigen. Ohne Einbettung in einen normativen Rahmen kann Wachstum das Ziel der Gleichstellung konterkarieren und zu gesellschaftlich gänzlich unerwünschten Effekten führen. So stellt auch die Weltbank unmissverständlich fest: „growth alone will not deliver the desired results. Also needed are an institutional environment that provides equal rights and opportunities for women and men and policy measures that address persistent inequalities" (Weltbank 2001a: 1). Rechtliche und institutionelle Rahmenbedingungen, die Gleichberechtigung auch auf dem Arbeitsmarkt gewährleisten, sind damit eine zentrale Voraussetzung für Wachstum und Gleichberechtigung.

Ohne politische Steuerungen, ohne Gleichstellungsgesetze und ohne ein bestimmtes Maß an Frauenfördermaßnahmen sind solche Entwicklungen, wie die Weltbank zu Recht betont, kaum zu erwarten (Ruppert 2002: 18-27).

4.10 Handlungsempfehlungen

4.10.1 Handlungsempfehlungen zur Informalität der Arbeit

Empfehlung 4-18 Forderung nach mehr statistischer Transparenz

Der Bundesregierung wird empfohlen, in den zuständigen internationalen Institutionen darauf hinzuwirken, dass differenzierte Daten über Umfang und Dynamik des informellen Sektors erhoben werden. Damit könnten „Grauzonen" zwischen Formalität und Informalität, zwischen Informalität und Illegalität bzw. Kriminalität aufgehellt werden. Insbesondere sollte eine geschlechtssensible Datenerhebung zu den Leistungen des informellen Sektors eingeführt werden.

Empfehlung 4-19 Ausreichende Versorgung mit öffentlichen Gütern[56]

Der Bundesregierung wird empfohlen, im Rahmen der Entwicklungszusammenarbeit auf ein ausreichendes Angebot an öffentlichen Gütern hinzuwirken, da Informalität sehr häufig eine Antwort auf den Mangel an öffentlichen Gütern ist, der nicht zuletzt durch die Privatisierungsprogramme der vergangen zwei Jahrzehnte in aller Welt verschärft wurde.

Empfehlung 4-20 Stärkung von sozialen Sicherungsmaßnahmen im informellen Sektor

Der Bundesregierung wird empfohlen, im Rahmen der Entwicklungszusammenarbeit auf einen verbesserten sozialen Schutz für Beschäftigte im informellen Sektor hinzuwirken. Dies kann z. B. erfolgen durch den Einbezug informell Beschäftigter in staatlichen oder selborganisierten Systemen der Kranken- und Alterssicherung sowie im Ausbau von Bildungs- und Kinderbetreuungseinrichtungen.

In diesem Zusammenhang wird empfohlen, genossenschaftliche oder genossenschaftsähnliche Ansätze zur Selbstorganisation der Betroffenen zu unterstützen, die an den besonders verletzlichen Stellen der Biographien von im informellen Sektor Tätigen, insbesondere der hier tätigen Frauen, ansetzen. Sie zielen ab auf eine bessere oder überhaupt eine Absicherung dieser Verletzlichkeit, z. B. mit Banken/Sparunterstützungen, Mikrokrediten, Versicherungen insbesondere für Tod, Unfall, längere Phasen von Krankheit und Arbeitsunfähigkeit. Solche Ansätze (vgl. z. B. SEWA in Indien) sollten wegen ihres Modellcharakters besonders politisch unterstützt werden. Hierbei geht es um eine Verbreiterung der politischen Diskussion über ihre Arbeit und um die besondere Berücksichtigung solcher Arbeitsansätze im Zusammenhang mit der Entwicklungsfinanzierung.

Empfehlung 4-21 Förderung des ILO-Programms „Menschenwürdige Arbeit"

Der Bundesregierung wird empfohlen, das ILO-Programm zur Menschenwürdigen Arbeit (Decent Work), das für Lohnarbeiter auf dem formellen Arbeitsmarkt wie für nicht-registrierte Lohnarbeit und für (kleine) Selbständige im informellen Sektor gilt, auf internationaler Ebene auch weiterhin uneingeschränkt zu unterstützen und dabei die Gleichstellungsdimension zu betonen.

Empfehlung 4-22 Anerkennung und Unterstützung von Organisationen im informellen Sektor

Der Bundesregierung wird empfohlen, im Rahmen der Entwicklungszusammenarbeit darauf hinzuwirken, dass internationale Entwicklungsnetzwerke wie z. B. Home/Net, StreetNet oder WIEGO als Gesprächs- und Verhandlungspartner anerkannt werden. Einen wichtigen Beitrag können dabei auch Gewerkschaften und Belegschaften global operierender Unternehmen leisten, indem sie ihre Ressourcen (Informationen, Geld und Personal) in die bereits existierenden Netzwerke grenzüberschreitender Mobilisierung von „informal workers" einbringen und/oder Basisaktivitäten in den Ländern des Südens und Ostens, in Zusammenarbeit mit lokalen und internationalen NGOs unterstützen.

Empfehlung 4-23 Verbesserter Zugang zu Ressourcen

Der Bundesregierung wird empfohlen, die Entwicklungszusammenarbeit verstärkt darauf zu orientieren, die Einkommen der Frauen im informellen Sektor zu verbessern. Ihnen sollten in Beratungs- und Bildungsprojekten, sowie in Mikrokreditprogrammen angemessene Ressourcen zur Verfügung gestellt werden. Empfohlen

---

[56] Vgl. hierzu auch das abweichende Minderheitenvotum von der CDU/CSU-Fraktion in Kapitel 11.1.7.3.

wird zudem, die Entwicklung von Zukunftskonzepten und -szenarien, die eine gleiche Beteiligung von Frauen und Männern in Erwerbstätigkeit, unbezahlter Versorgungsarbeit und „BürgerInnenarbeit" ermöglichen, anzuregen und zu unterstützen.

4.10.2 Handlungsempfehlungen zur Arbeitsmigration hochqualifizierter Arbeitskräfte

Empfehlung 4-24 Ausweitung der eigenen Ausbildungskapazitäten

Es wird der Bundesregierung empfohlen darauf hinzuwirken, dass die eigenen Ausbildungskapazitäten im IuK-Bereich deutlich ausgeweitet werden. Dabei soll auch auf die vorhandenen Reservoire gut ausgebildeter und qualifizierter, in Deutschland lebender Personen zurückgegriffen werden. Dies gilt insbesondere für qualifizierte Frauen. Ein Schritt in die richtige Richtung ist in Deutschland die von der Wirtschaft im Bündnis für Arbeit zugesagte Bereitstellung von 40 000 Ausbildungsplätzen im IT-Bereich bis zum Jahr 2003.

Empfehlung 4-25 Gebühr auf Anwerbeverfahren

Es wird empfohlen, bei Firmen und Institutionen, die in Entwicklungsländern hochqualifizierte Fachkräfte anwerben (Green Cards), eine Gebühr zu erheben, die sich ggf. an den üblichen Entlohnungen von „Head Huntern" orientiert. Die so geschöpften Ressourcen könnten dann gezielt zur Förderung von Ausbildungskapazitäten im jeweils betroffenem Land eingesetzt werden.

Empfehlung 4-26 Firmenkooperation und Förderung von Existenzgründungen bei Rückkehrern

Der Bundesregierung wird empfohlen, im Rahmen der Entwicklungszusammenarbeit darauf hinzuwirken, dass die Möglichkeiten für eine Vertiefung von Firmenkooperationen zwischen Industrieländern und Entwicklungsländern intensiver genutzt und ausgebaut werden (Joint Ventures, Entwicklungspartnerschaften/PPP, Personalaustausch, Direktinvestitionen). Die dadurch möglichen positiven Effekte des Know-how-Transfers und der nachhaltigen Qualifizierung der lokalen Fachkräfte können zu einer Stärkung der Wirtschaftskraft in den jeweiligen Entwicklungsländern beitragen.

Insbesondere wird empfohlen, Spezialisten aus Entwicklungsländern, die bereit sind in ihr Heimatland zurückzukehren („Brain Gain"), bei Interesse in Programme zur Förderung von Existenzgründungen einzubeziehen. Dies trägt dazu bei, das unternehmerische Potential in den Heimatländern zu stärken und Netzwerke zwischen Firmen in Entwicklungs- und Industrieländern aufzubauen. In diesem Zusammenhang müssten die Kreditmöglichkeiten für Existenzgründer in Basel II entsprechend angepasst werden, damit rückkehrwillige IuK Spezialisten aus Entwicklungsländern entsprechend berücksicht werden können (vgl. zu Basel II Kapitel 2.3.3.1). Ergänzend sollen rückkehrwillige Spezialisten im Rahmen von Projekten des BMZ zur Verbesserung der Infrastruktur im Bildungs- und Forschungsbereich eingebunden werden. Weitere Maßnahmen der Rückkehrerförderung sind Einarbeitungs- und Gehaltszuschüsse sowie Arbeitsplatzausstattungen.

Empfehlung 4-27 Jährlicher Bericht zur Arbeitsmigration

Der Bundesregierung wird empfohlen, eine Forschungseinrichtung damit zu beauftragen, der Regierung und dem Parlament jährlich einen Bericht zum Problem der Abwanderung qualifizierter Arbeitskräfte aus Entwicklungsländern vorzulegen. In diesem Bericht sollten die Zusammenhänge von vorausschauenden Maßnahmen der Arbeitsmarkts-, Bildungs-, Einwanderungs-, Entwicklungshilfe- sowie der Integrationspolitik für Migranten behandelt werden. Dabei sind die Ausländerbeauftragte sowie NGOs einzubeziehen. Ferner soll auch der Austausch mit anderen Zielländern von Arbeitsmigranten innerhalb und außerhalb Europas verstärkt werden, um deren Erfahrungen auf diesem Feld einbeziehen zu können.

4.10.3 Handlungsempfehlungen zu Nachhaltigem Wachstum, Beschäftigung und Gleichberechtigung

Empfehlung 4-28 Beseitigung von Gewalt gegen Frauen

Der Bundesregierung wird empfohlen, sich im Rahmen ihrer Außen- und Entwicklungspolitik mit allem Nachdruck für die Erarbeitung und Umsetzung von Gesetzen zur Beseitigung der Gewalt gegen Frauen einzusetzen. Staatliche Gewalt gegen Frauen ist nicht tolerierbar und muss in der Außen- und internationalen Politik mit Konsequenzen belegt werden. Grundlage der Definition von Gewalt gegen Frauen ist die Resolution 48/104 der Vereinten Nationen vom 20.12.1993.

Empfehlung 4-29 Verbesserte Möglichkeiten im Bildungs- und Ausbildungsbereich

Der Bundesregierung wird empfohlen, bei der Entwicklungszusammenarbeit sowie der internationalen Ausarbeitung von Programmen zur Armutsreduzierung immer dann der Bildung und Ausbildung von Frauen und Mädchen Priorität einzuräumen, wenn diese benachteiligt sind. Die Schul- und Gesundheitssysteme sind so zu gestalten, dass Frauen der Zugang erleichtert wird. Dazu gehören auch bezahlbare Einrichtungen zur Kinderbetreuung sowie eine Reduzierung der Hausarbeit, die in vielen Gesellschaften nahezu alleine von Frauen und Mädchen erledigt wird. Auf diesem Wege werden bislang Schulbesuch und Aufnahme von Erwerbsarbeit vielfach verhindert.

Empfehlung 4-30 Zugang zu Produktionsmitteln

Der Bundesregierung wird empfohlen, sich im Rahmen ihrer Außen- und Entwicklungspolitik für einen möglichst gleichen Zugang von Männern und Frauen zu Produktionsmitteln einzusetzen, z. B. durch Reduzierung der

Schulkosten, Erleichterung des Zugangs zu finanziellen Institutionen (mobile Banker, andere Kreditsysteme), Landreform und „affirmative action" (Quotenpolitik zur Bekämpfung von Benachteiligungen auf dem Arbeitsmarkt).

4.11 Ausblick und offene Fragen

Die Auswirkungen der Globalisierung auf die Arbeitssituation von Menschen in den verschiedenen Regionen der Welt ist sehr vielschichtig. Viele Themen konnten im Rahmen der Enquete-Kommission umfassend diskutiert werden, einige mußten jedoch auch offen bleiben. Es wird deshalb angeregt, ausgewählte Aspekte auf nationaler, europäischer und internationaler Ebene in einer Folge Enquete-Kommission zu vertiefen sowie weiterführende Themen neu zu erarbeiten.

Im Rahmen der nationalen Arbeitsmarktanalyse wäre ergänzend zu untersuchen, inwieweit die angebotenen Qualifikationen mit der Nachfrage übereinstimmen, in welchem Ausmaß ein Arbeitsmarktmismatch besteht und welche Faktoren dafür ursächlich sind.

Aus europäischer Sicht war eine umfassende Analyse und Bewertung der ökonomischen und beschäftigungsrelevanten Konsequenzen im Bereich der Öffentlichen Daseinsvorsorge bis zum Abschluß des Endberichts nicht zu leisten. Es wäre unter anderem zu untersuchen, welche Erfahrungen im europäischen Ausland mit der Privatisierung von staatlichen Monopolen, z. B. des Schienenverkehrs in Großbritannien oder der Postdienste in Schweden, gemacht wurden. Zudem wären die Konsequenzen zu analysieren, die eine Öffnung des Arbeitsbereichs öffentlicher Verwaltungen für private Dienstleister hätte.

Um die Auswirkungen der Globalisierung auf die Arbeits- und Sozialsysteme in der Europäischen Union analysieren und bewerten zu können, wird eine Sozialenquete-Kommission auf europäischer Ebene gefordert. Vorbehaltlich der Umsetzung dieser Empfehlung wird angeregt, dieses Thema in einer Folge Enquete-Kommission zu vertiefen.

Im europäischen Kontext wäre zudem die Erarbeitung einer tragfähigen Definition sinnvoll, welcher Steuerwettbewerb als „produktiv" und welcher als „ruinös" zu bezeichnen ist.

Auf der internationalen Ebene konzentrierte sich die Diskussion der Enquete-Kommission bis zum Abschluss des Endberichts auf drei Themenbereiche, die in einigen Bereichen vertiefend zu diskutieren wären. Eine thematische Ausweitung, welche Auswirkungen die Globalisierung auf die Arbeitssituation von Menschen weltweit hat, ist dabei erwünscht.

Ein wichtiger Themenschwerpunkt auf der internationalen Ebene wäre Migration. Während auf die Migration hochqualifizierter Arbeitskräfte eingegangen wurde, wäre die allgemeine Arbeits- bzw. Armutsmigration in einer Folge Enquete Kommission ausführlich zu analysieren.

5 Globale Wissensgesellschaft

5.1 Merkmale und Auswirkungen der Wissensgesellschaft

5.1.1 Strukturwandel von der Industrie- zur Wissensgesellschaft

Eine neue These beherrscht seit einiger Zeit die Gesellschaftstheorien, wonach unsere Gesellschaft sich in einem Übergang von der Industrie- zur Wissensgesellschaft befinde, der in seinen Wirkungen häufig mit dem Übergang von der Agrar- zur Industriegesellschaft im 19. Jahrhundert verglichen wird. Als Auslöser des sich in den Industriestaaten vollziehenden grundlegenden Wandels wird die Entwicklung der Informations- und Kommunikationstechniken (IKT)[1] angesehen.

Die Debatte reiht sich nahtlos in die langjährigen Auseinandersetzungen hinsichtlich eines permanenten Strukturwandels westlicher Industrienationen ein, der überwiegend als Entwicklung und Durchsetzung der Dienstleistungs- oder Informationsgesellschaft beschrieben wird (Tauss, Kollbeck und Mönikes 1996: 17f.). Der Deutsche Bundestag hat in seiner 13. Legislaturperiode die Enquete-Kommission „Zukunft der Medien in Wirtschaft und Gesellschaft – Deutschlands Weg in die Informationsgesellschaft" eingesetzt, um Hinweise auf die gesellschaftlichen Auswirkungen der neuen IKT zu erhalten und in entsprechende politische Handlungsempfehlungen umzusetzen (Enquete-Kommission 1998). Der zunehmend tiefgreifende und dynamische Globalisierungsprozess erfordert es nun, den überwiegend nationalstaatlichen Horizont dieser Betrachtungen zu überwinden und die neuen Merkmale einer zunehmenden inter- und transnationalen Vernetzung und enormen Innovationsdynamik insbesondere der IKT zu berücksichtigen. Die Informations- oder Wissensgesellschaft beschleunigt und intensiviert den wirtschaftlichen, sozialen und politischen – kurz: gesellschaftlichen – Übergang zu einer globalen Weltgesellschaft. Es ist eine der zentralen Herausforderung für die Politik, diesen Übergang und die Rahmenbedingungen der sich entfaltenden Gesellschaftsformation angemessen zu gestalten. Zunächst sollen jedoch der Begriff „Wissensgesellschaft" näher beleuchtet und die Merkmale und Indikatoren herausgearbeitet werden, die den möglicherweise stattfindenden Übergang zur Wissensgesellschaft charakterisieren. Vollzieht sich tatsächlich ein derartiger Transformationsprozess innerhalb der Gesellschaft? Wenn ja, wodurch wird er gekennzeichnet und welche Schlussfolgerungen ergeben sich daraus?

Begriff „Wissen"

Bei genauerer Betrachtung des Begriffs Wissensgesellschaft fällt schnell auf, dass häufig mit einem sehr unbestimmten Wissensbegriff gearbeitet wird. Im Unterschied zur reinen Information setzt der Erwerb von Wissen individuelle Erfahrung und reflexive Aneignung voraus. Vereinfacht gesagt ist Wissen verarbeitete Information oder mit anderen Worten: Wissen ist die Veredlung von Informationen.

Es spricht vieles dafür, Wissen in den Mittelpunkt der Untersuchungen zu den gesellschaftlichen Auswirkungen der neuen IKT zu stellen und damit die bereits traditionellen Begriffe der Informations- und Dienstleistungsgesellschaft zu ersetzen. So einig man sich in der zunehmenden Bedeutung des Wissens und der neuen IKT in allen gesellschaftlichen Bereichen auch ist, wird dennoch weiterhin sehr kontrovers diskutiert, ob die Wissensgesellschaft zu einem grundlegenden Strukturwandel westlicher Industrienationen führen wird, oder ob ihre Auswirkungen unterhalb eines Paradigmenwechsels eher als additive Momente bzw. als Bedeutungsverlagerungen innerhalb bekannter Rahmenbedingungen der modernen Lebens- und Wirtschaftsweise aufgefasst werden müssen.

Ein Befürworter des Strukturwandels, der Soziologe Daniel Bell, hat bereits im Jahr 1975 das Konzept einer „nachindustriellen Gesellschaft" entworfen. Seine These lautet, die zentralen Strukturen der Industriegesellschaft würden sich durch den gesellschaftlichen Wandel grundlegend verändern. Während es in der Industriegesellschaft primär um die massenhafte Produktion und Verteilung von Gütern, um die Beherrschung der Natur durch die Erkenntnis von Naturgesetzen und die Entfaltung von Transport und Verkehr ginge, werde in der entstehenden Gesellschaft der Dienstleistungssektor gegenüber der Güterproduktion erheblich an Bedeutung gewinnen und diese überholen (Bell 1975: 353). Auslöser für diesen Übergang seien vor allem technische Innovationen sowie die zunehmende Wertschöpfung aus immateriellen Produktionsfaktoren, wie Know-Hows. In der weiteren Diskussion hat sich zunächst der Begriff „Informationsgesellschaft" durchgesetzt. Schnell wurde jedoch bezweifelt, dass der Begriff der Information die Vielfalt gesellschaftlich relevanten Wissens und vor allem die gesellschaftlichen Bedingungen für den Erwerb, die Vermittlung und die Anwendung komplexen Wissens aufzunehmen vermag. Jede Gesellschaft ist immer auch eine Informationsgesellschaft gewesen. Der Begriff der „Wissensgesellschaft" befreit sich von der technologischen Verengung des Informationsbegriffes und verweist darüber hinaus auf die komplexen sozialen Kontexte allen Wissens. Er markiert daher einen qualitativen Bedeutungszuwachs des Wissens in allen Gesellschaftsbereichen. Wissen werde insgesamt zum Organisations- und Integrationsprinzip und damit zur zentralen

---

[1] Der Begriff Informations- und Kommunikationstechniken (IKT) wird derzeit zur Bezeichnung einer breiten Palette von Diensten, Anwendungen und Techniken unter Einsatz unterschiedlicher Geräte und Softwareprogramme verwendet, die häufig über Telekommunikationsnetze laufen (Europäische Kommission 2001e).

Problemquelle der modernen Gesellschaft (Stehr 2001: 10). Andere Befürworter des sich vollziehenden Strukturwandels gehen davon aus, dass die Grundrichtung der gesellschaftlichen Veränderung durch den direkten Zugang auf Netzwerke der Information weg vom kollektiven Organisationszwang hin zur individuellen Verantwortung und damit auch zur Individualisierung der Arbeit gehe (Paqué 2001).

Auf der anderen Seite gibt es in der wissenschaftlichen Diskussion auch Stimmen, die den Strukturwandel kritischer beleuchten und nicht als paradigmatisch qualifizieren. So ist z. B. Jeanette Hofmann der Auffassung, der Begriff der Wissensgesellschaft sei nebulös, weil er gegenüber dem Begriff Industriegesellschaft etwas Neues suggeriere, ohne den Unterschied zu erklären. Die Gegenüberstellung beider Begriffe führe in die Irre, weil nicht die Wissensgesellschaft die Industriegesellschaft ablöse, sondern nur das Verhältnis zwischen beiden immer schon eine Einheit bildenden Modellen verschoben werde. Entscheidendes Merkmal der zweifellos vorhandenen gesellschaftlichen Veränderungen sei die Digitalisierung des Wissens, weil sich durch sie die Bedingungen für die Erzeugung und Konservierung, die Verbreitung und Nutzung von Wissen in grundlegender Weise änderten. Wissen werde mit den gleichen Methoden erzeugt, mit denen es auch verbreitet und manipuliert werde (Hofmann 2001: 4). Auch bei der Zirkulation von Wissen, der Voraussetzung gesellschaftlichen Erkenntnisgewinns, bewirke die Digitalisierung weitreichende Veränderungen, so z. B. die erhebliche Senkung der Transaktionskosten.

Elmar Altvater stuft die entstehende Wissensgesellschaft ebenso wie Jeanette Hofmann nicht als völlig neue Gesellschaftsform ein und begründet dies mit der historischen Rolle von Wissen in der Ökonomie. Wissen, Wissenschaft und Qualifikation hätten schon immer für die ökonomische Entwicklung, für Wohlstand und Wachstum Bedeutung gehabt. In der modernen ökonomischen Theorie seien (in den Produktionsmitteln inkorporiertes) Wissen und Qualifikation der Arbeitskräfte als „Wachstumsfaktoren" fest verankert. Die „New Economy" habe der Debatte um die Bedeutung von Bildung und Wissen(schaft) Auftrieb gegeben. Es habe sich aber nicht bestätigt, dass gebündeltes Wissen als solches in Unternehmen ein Wachstumsfaktor sei. Wachstum sei abhängig von Investitionsentscheidungen der Unternehmen, durch die Wissens- und Qualifikationspotenziale mobilisiert würden.

Fazit

Die unterschiedlichen Auffassungen zum Strukturwandel von der Industrie- zur Wissensgesellschaft haben unabhängig davon, ob sie die gesellschaftlichen Veränderungen als paradigmatisch qualifizieren oder nicht, eines gemeinsam: Die Erzeugung und Verteilung von Wissen werden künftig eine vorrangige Bedeutung in der Wertschöpfung und im gesellschaftlichen Bewusstsein einnehmen. Die Zukunft gehört der Wissensverarbeitung, den hochqualifizierten Tätigkeiten. „Ob wir auf dem Weg in eine Wissensgesellschaft sind, d. h. in eine Gesellschaft, die sich in der genannten Weise über den Begriff des Wissens definiert, wissen wir nicht. Was wir wissen, ist jedoch, dass die Generierung von Wissen, die Verfügung von Wissen, die Anwendung von Wissen und ein umfassendes Wissensmanagement zunehmend die Lebens- und Arbeitsformen und damit auch die Strukturen der modernen Gesellschaft bestimmen werden. In diesem Sinn ist die Wissensgesellschaft auch die Zukunft der modernen Gesellschaft" (Mittelstraß 1998: 15). Die Globalisierung wirkt dabei als mächtigste Triebkraft der ökonomischen und politischen Veränderungen.

5.1.2 Bedeutung der Wissensgesellschaft für die wirtschaftliche Entwicklung

In der Phase des Übergangs zur Wissensgesellschaft verändert sich das Gewicht der einzelnen Produktionsfaktoren. Information und Wissen gewinnen gegenüber anderen Produktionsfaktoren wie Kapital, Rohstoffe oder Boden zunehmend an Bedeutung. Die Digitalisierung von Information und die wachsende Durchdringung aller Lebens- und Arbeitsbereiche mit neuen Informations- und Kommunikationstechniken führen zu flexibleren Strukturen und Arbeitsplätzen. Wissen wird neben seiner Funktion als Produktionsfaktor auch als Gegenstand der Produktion in der Dienstleistungsgesellschaft immer wichtiger. Wissensproduktion und -vermittlung sind durch den Einsatz moderner IKT immer stärker dem weltweiten Wettbewerb unterworfen (Kreklau 2001a: 69).

Dieser gesellschaftliche Wandel wird durch folgende ökonomische Faktoren gekennzeichnet (Sommer 2001: 14f.):

1. ein beschleunigter Trend zur **Tertiarisierung der Ökonomie,** zum Anstieg des Anteils an Dienstleistungsarbeit auf Kosten der klassischen industriellen Güterproduktion. Im westdeutschen Dienstleistungssektor waren 1998 4,2 Millionen Personen mehr tätig als 1985. Mittlerweile arbeiten fast zwei Drittel aller Beschäftigten im Dienstleistungssektor (Sommer, 2001: 14).

2. Ein zweiter Trend ist die **wachsende Wissensbasierung** ökonomischer Prozesse. Im Industrie- wie im Dienstleistungssektor verschieben sich die Gewichte jeweils zugunsten der wissensintensiven Branchen, hier nimmt die Wertschöpfung stark überdurchschnittlich zu, gleichzeitig erhöht sich der in Produkten und Dienstleistungen vergegenständlichte Anteil an Wissen erheblich. So ist der reale Output der US-Wirtschaft – gemessen in Tonnen – heutzutage etwa genau so groß wie vor einem Jahrhundert, sein realer ökonomischer Wert hat sich jedoch um den Faktor 20 vervielfacht (Progressive Policy Institute 1998: 13).

3. Der dritte Trend ist die **Digitalisierung und globale Vernetzung** der Ökonomie, vor allem durch das Internet. Im Zuge dieser Entwicklung werden mehr und mehr Güter und Dienstleistungen „entmaterialisiert" und damit über elektronische Netze produzierbar und

handelbar. Von entscheidender Bedeutung dürften hierbei die Effizienzgewinne und die Senkung der Transaktionskosten sein, die durch die Verlagerung von Geschäftsprozessen ins Internet erhofft bzw. bereits erzielt werden (vgl. Schwemmle, Zanker 2001: 23 f.). Digitalisierung und Vernetzung und der dadurch ermöglichte Einstieg ins E-Business wirken als Kostensenkungs- und Rationalisierungsprogramm für die gesamte Wirtschaft. Zudem lässt der durch das Internet erleichterte Informationsaustausch Märkte transparenter, funktionsfähiger und wettbewerbsintensiver werden.

Diese drei Trends durchdringen die Prozesse der Produktion von Waren und Dienstleistungen ebenso wie den Handel, den Bildungssektor, die Medien- und Unterhaltungsbranche, natürlich auch die öffentliche Verwaltung. Die wichtigsten Impulse hierfür gehen von der so genannten Informationswirtschaft aus, die die digitale Vernetzung der Ökonomie vorantreibt und überproportional zum gesamtwirtschaftlichen Wachstum beiträgt (Sommer 2001: 16). Die genannten Trends haben in den meisten Industrieländern bereits zu einem sektoralen Strukturwandel geführt, der zu einem Wachstum der wissensintensiven Wirtschaftszweige im Industrie- wie im Dienstleistungssektor durch Anstieg forschungs- und wissensintensiver Güter und Dienstleistungen geführt hat, welche im langfristigen Vergleich die höchsten Wachstumsraten der Wertschöpfung und der Beschäftigung zeigen. Steigende Anteile von Beschäftigung und Wertschöpfung entfallen trotz weiterhin steigender Wertschöpfung der Industrie auf den Dienstleistungssektor. Auch dieser Struktureffekt trägt maßgeblich zur „Wissensintensivierung der Wirtschaft" bei (Licht 2001: 8).

5.1.3 Auswirkungen der Wissensgesellschaft auf die Beschäftigungsentwicklung und die Arbeitswelt

Ein weiteres Hauptmerkmal des beschriebenen Strukturwandels ist in der langfristigen Perspektive die Verschiebung der Beschäftigtenstruktur zugunsten der höher Qualifizierten in allen Wirtschaftszweigen, während die Beschäftigung von Personen ohne Ausbildungsabschluss immer stärker zurückgeht (vgl. Kapitel 4.3.2). Selbst in der Industrie, die in den letzten 15 Jahren deutlich Beschäftigung verloren hat, zeigt sich eine absolut wachsende Nachfrage nach Hochschulabsolventen. In den 90er Jahren lagen die durchschnittlichen jährlichen Steigerungsraten der Beschäftigung von „knowledge workers" in den EU-Mitgliedstaaten und den USA bei 3,3 Prozent. Die „service workers" nahmen pro Jahr um 2,2 Prozent zu, die „management workers" um 1,6 Prozent, die „data workers" um 0,9 Prozent. Die Anzahl der in der Güterproduktion Tätigen reduzierte sich dagegen im gleichen Zeitraum pro Jahr um durchschnittlich 0,2 Prozent (OECD 2001f: 38). In Deutschland waren im Jahr 2000 in Unternehmen der Informationstechnik und Telekommunikation insgesamt 794 000 Menschen beschäftigt, vier Prozent mehr als 1999. Im Jahr 2001 wurde eine Beschäftigungszahl von 836 000 erwartet (Kreklau 2001b: 57). Die Unternehmen der IuK-Branche haben im Jahr 2000 in Deutschland 75 000 zusätzliche Arbeitsplätze geschaffen. Die Beschäftigung in der IuK-Branche wuchs damit im Vergleich zum Vorjahr um 10,1 Prozent auf 820 000 Stellen. In den Jahren von 1995 bis 2001 wurden ca. 190 000 zusätzliche Arbeitsplätze geschaffen (Bundesregierung 2002a: 6).

In der ersten Hälfte des Jahres 2000 konnten in Deutschland rund 93 000 Stellen für IKT-Fachkräfte nicht besetzt werden, davon entfielen ca. 74 000 auf Hochschulabsolventen (Licht 2001: 13f.). Trotz des konjunkturellen Einbruchs der „New Economy" seit Anfang 2000 sind die Potenziale dieser Branche mittelfristig noch nicht ausgeschöpft, die gesamtwirtschaftliche Bedeutung dieses Sektors nimmt weiter zu (Kreklau 2001b: 57). Ökonomische Analysen und Plausibilitätsüberlegungen machen für diesen Sektor die Annahme realistisch, „für die Jahre bis 2015 von einem jahresdurchschnittlichen Wachstum des Beschäftigungsvolumens von etwa 1,5 bis 2,5 Prozent auszugehen" (Schönig 2001: 103). In Folge dieser Wissensintensivierung der Wirtschaft kommt dem Qualifikationsniveau der Erwerbspersonen eine steigende Bedeutung für die langfristige Erhaltung der technologischen Leistungsfähigkeit der deutschen Wirtschaft zu. Denn Wissen und Qualifikationen in einer Volkswirtschaft determinieren ganz wesentlich ihre Entwicklungsmöglichkeiten und ihre internationale Wettbewerbsposition und spielen damit für die langfristige Perspektive der Erhaltung und Stärkung der technologischen Leistungsfähigkeit eine zentrale Rolle (Licht 2001: 11).

Der Wandel von der Industrie- zur Wissensgesellschaft bleibt naturgemäß nicht ohne gravierende Folgen für die Arbeitswelt. Das traditionelle System der Erwerbsarbeit verändert sich grundlegend, sowohl in Bezug auf das bisherige starre Raum-Zeit-Gefüge der Arbeitswelt, als auch in Bezug auf die Arbeitsformen und Arbeitsverhältnisse (Sommer 2001: 19). Alte, vertraute Kategorien, wie das Normalarbeitsverhältnis, die Homogenität von Sektoren, die inhaltliche Stabilität von Berufen, die normierende Bedeutung von Qualifikationsebenen werden verschwimmen und sich neu entwickeln. Die klaren, relativ dauerhaften und hierarchisch organisierten Betriebs- und Arbeitsstrukturen werden durch immer flexiblere Formen von Berufstätigkeit ersetzt. Vernetzte bzw. virtuelle Unternehmen mit temporären Organisationsformen werden zunehmen (BMWi 2001b: 16). Man kann vier große sich wechselseitig beeinflussende Trends feststellen, die die etablierten Strukturen der industriegesellschaftlich geprägten Arbeitswelt verändern (van Haaren, Schwemmle 1997: 98):

– Forcierte Rationalisierung von Arbeit

– Beschleunigte Globalisierung von Arbeit

– Räumliche und soziale Zersplitterung von Arbeit

– Erleichterte Flexibilisierung von Arbeit.

Die neue Vielfalt unterschiedlicher Varianten der Selbstständigkeit lässt die Grenzen zwischen abhängiger

Beschäftigung und neuer Selbstständigkeit weiter verschwimmen und führt zu Unübersichtlichkeit und Unsicherheit von Arbeits-, Biographie- und Lebensformen. Arbeitsrechtliche Schutzmechanismen und sozialrechtliche Stabilitäten des Industriezeitalters könnten künftig für einen großen Teil der abhängig Beschäftigten der Vergangenheit angehören (Sommer 2001: 21). Beispielhaft für die Veränderungen der Arbeitswelt ist der massive Anstieg der Telearbeitsplätze, der in Deutschland im Jahr 2001 bei über zwei Millionen lag, mit steigender Tendenz. Damit liegt Deutschland in Europa an erster Stelle (Kreklau 2001b: 58).

Politisch münden diese Trends für Deutschland in einer ordnungspolitischen Grundfrage: Wie muss sich unser Wirtschaftssystem der Sozialen Marktwirtschaft verändern, um diesen neuen Herausforderungen in der Arbeitswelt zu begegnen? Die Antwort auf diese Frage könnte – überspitzt formuliert – in zwei Grundrichtungen gehen: (1) mehr Bildung, (2) mehr Teilhabe und Flexibilität (Paqué 2001).

(1) Mehr Bildung

Der Übergang von der Industrie- zur Wissensgesellschaft gibt der Bildung einen neuen wirtschaftlichen Stellenwert. Zu allen Zeiten der Wirtschaftsgeschichte war eine gute Bildung ein maßgeblicher Vorteil für die Menschen, um bessere Einkommen, ein höheres Wohlstandsniveau und größere soziale Anerkennung zu erzielen. Allerdings bot die Industriegesellschaft auch den weniger Qualifizierten noch vergleichsweise gute wirtschaftliche Einstiegschancen: Die Spezifika der industriellen Technologie, vor allem die enge Verbindung von Mensch und Maschine in großen Fabrikanlagen, sorgte für eine vergleichsweise hohe Produktivität und damit gute Entlohnung auch geistig anspruchsloser Tätigkeiten. Die Wissensgesellschaft bietet diese Chance nicht mehr: Selbst relativ einfache Arbeiten in der Arbeitsteilung des Wissens erfordern die Beherrschung der grundlegenden Kulturtechniken und ihre in Grenzen kreative Anwendung an Terminals von Netzwerken. Für denjenigen, der darüber nicht verfügt, bleiben nur Tätigkeiten im „low productivity service sector" der Wirtschaft offen. Dabei handelt es sich allerdings zumeist um Tätigkeiten, die geringe Verdienst- und Aufstiegsmöglichkeiten bieten.

Diesem neuen wirtschaftlichen Stellenwert der Bildung muss unser Bildungssystem Rechnung tragen. Es muss so ausgestaltet sein, dass die Anzahl derjenigen, die mit mangelhafter Bildung in den Arbeitsmarkt entlassen werden, möglichst gering gehalten wird. War dies zu allen Zeiten ein sinnvolles bildungspolitisches Ziel, so ist dies in der globalisierten Wissensgesellschaft zunehmend auch eine strukturpolitische Kernaufgabe. Die „PISA"-Studie der OECD hat gezeigt, dass diese Aufgabe in Deutschland nicht zufriedenstellend gelöst wird.

(2) Mehr Teilhabe und Flexibilität

Der Abwertung der rein physischen Arbeitskraft und die damit verbundene bildungspolitische Herausforderung hat eine positive Kehrseite: Jenen Menschen, die über ein gutes Bildungsniveau verfügen, aber in der Industriegesellschaft wegen mangelnder physischer Mobilität und/oder körperlichen Gebrechen am Erwerbsleben nicht vollwertig teilhaben konnten, eröffnen die neuen Techniken neue Chancen und Optionen. Sie können über elektronische Netzwerke ihre volle Produktivität und Leistungskraft entfalten.

Diese neuen Möglichkeiten müssen zunehmend auch politisch genutzt werden, um strukturbenachteiligte Arbeitskräfte in das Erwerbsleben zu integrieren. Hier eröffnet sich ein weites Feld der neuen Arbeitsmarktpolitik in der Sozialen Marktwirtschaft. Es gilt, die Vernetzung und technische Ausstattung auch in privaten Haushalten so zu verbessern, dass vorhandene Engpässe für die „Arbeitsmarktintegration über Netzwerke" abgebaut werden. In dieser Hinsicht steht die Entwicklung in Deutschland erst am Anfang. Der Strukturwandel von der Industrie- zur Wissens- oder Informationsgesellschaft macht es den Tarifpartnern in der Sozialen Marktwirtschaft schwerer, Löhne und Arbeitsbedingungen zentral zu regeln.

5.2 Teilhabe an der und Recht in der Wissensgesellschaft

5.2.1 Digitale Spaltung – Ursachen, Risiken, Überwindung

Definition und Einführung in das Problem:

Mit der zunehmenden Verlagerung der Kommunikation, des wirtschaftlichen Handelns aber auch der politischen Willensbildung und -äußerung in das Internet, stellt sich die Frage nach einer gerechten Partizipation aller Staaten und Bevölkerungskreise an den durch die neuen Techniken eröffneten Möglichkeiten. Als digitale Spaltung – oft auch als „digital divide" bezeichnet – wird die Spaltung derjenigen in der Gesellschaft, die Zugang zu Informationen und neuen Techniken haben, von denjenigen, die keinen Zugang dazu haben, bezeichnet (Holznagel 2002: 7). Der Begriff der digitalen Spaltung beschreibt zudem die weltweit extrem ungleiche Verteilung von Informations- und Kommunikationstechniken. Dabei ist zwischen der digitalen Spaltung zwischen Industrie- und Entwicklungsländern (vgl. Kapitel 5.2.1.1.1) und der digitalen Spaltung innerhalb der Industrieländer (vgl. Kapitel 5.2.1.1.2) zu unterscheiden.

Die Teilung der Gesellschaft in Teilnehmer und Teilnehmerinnen sowie Nichtteilnehmer und Nichtteilnehmerinnen an neuen Informations- und Kommunikationstechniken ist angesichts des umfassenden Strukturwandels in Europa und in der Welt hin zur Wissensgesellschaft ein zentrales Zukunftsproblem. Zum einen zeigt sich, dass die Diskrepanz zwischen den „Information-Haves" und den „Information-Have-Nots" im globalen Maßstab größer geworden ist, zum anderen hat die wirtschaftliche und gesellschaftliche Bedeutung des Zugangs zu Informationen im Übergang zu einer stärker wissenszentrierten Ökonomie erheblich zugenommen. Die digitale Spaltung von heute kann die soziale Spaltung von morgen bedeuten. Je mehr wirtschaftliche und öffentliche Angebote elektronisch sowie digital angeboten werden, desto weniger ist die Trennung in Nutzer und Nutzerinnen sowie Nichtnutzer und Nichtnutzerinnen politisch hinnehmbar. Je stärker gesellschaftlich relevante Informationen und Kommunikationen in elektronischen Netzwerken stattfinden, desto stärker wirken sich soziale Unterschiede im Zugang und Umgang mit den neuen IuK-Möglichkeiten aus. Teilhabe und Erfolg in den schulischen, akademischen und beruflichen Karrieren sowie die Organisation der Freizeitgestaltung setzen zunehmend einen selbstverständlichen und kompetenten Umgang mit den neuen Medien voraus. Aber auch die verstärkten Bemühungen, etwa Verwaltungsvorgänge oder die politische Teilhabe mittels IKT einfacher, bürgernäher und effizienter zu gestalten, sowie neue Dienstleistungsformen anzubieten, müssen an Grenzen stoßen, wenn immer noch ein Großteil der Bevölkerung die neuen IuK-Chancen nicht nutzen will oder kann. Aus politischer Sicht muss die Zielsetzung aller Initiativen sein, die hinreichende Teilnahme aller Bevölkerungsgruppen zu ermöglichen, neue digitale Klüfte zu verhindern und sich auf internationaler Ebene für eine bessere Chancengleichheit in den Entwicklungsländern einzusetzen.

Die Unterscheidung der digitalen Spaltung zwischen Industrieländern und Entwicklungsländern ist unscharf, weil es innerhalb der Gruppe der Entwicklungsländer wie auch innerhalb der Gruppe der Industrieländer große Unterschiede gibt. Treffender ist z. B. die von der Weltbank benutzte Unterscheidung in Leader, Adopter und Latecomer. Leader sind die auf dem IT-Weltmarkt führenden Länder, z. B. USA, Kanada und Skandinavien. Die Adopter werden die digitale Lücke zu den Leadern in den nächsten zehn Jahren verringern können, z. B. Brasilien, Russland, Malaysia. Als Latecomer bezeichnet man die Länder, bei denen sich die digitale Lücke zu den Leadern in den nächsten zehn Jahren erheblich vergrößern wird, z. B. Bolivien, China, Indien und – mit Ausnahme Südafrikas – der ganze afrikanische Kontinent (BMZ 2001a: 29f.).

Eine andere Unterscheidung (nach Ursula Huws) teilt die Länder nach ihrer digitalen Netzentwicklung (E-Indikators) in sechs Gruppen ein:

- eLeaders: diese Länder sind auf dem Gebiet der elektronischen Datenverarbeitung führend.

- eCapables: zwar sind diese Länder kleiner, operieren jedoch auf derselben Stufe wie die eLeaders.

- eHares: diese Länder sind relativ klein und verfügen nur über begrenzte infrastrukturelle Telekommunikationsmöglichkeiten, weisen allerdings ein schnelles Wachstum auf.

- eTigers: diese Länder sind groß und besitzen eine recht gut entwickelte Infrastruktur sowie verfügbares Humankapital. Oft spielen sie eine signifikante Rolle in der weltweiten elektronischen Datenverarbeitung.

- eMaybes: diese Länder haben eine kleine Bevölkerung, eine gut entwickelte Infrastruktur und Humankapital.

- eLosers: diese Länder haben weder die nötigen infrastrukturellen Gegebenheiten noch das Humankapital, um von der weltweiten Datenverarbeitung zu profitieren.

Die Hauptfrage der internationalen und nationalen digitalen Spaltung ist, ob es sich um ein vorübergehendes Phänomen oder um eine permanente Eigenschaft der Wissensgesellschaft handelt. Da der Zugang zu den modernen Kommunikationsnetzen mehr und mehr zu einem sine-qua-non für berufliches Weiterkommen und persönliche Teilnahme am wirtschaftlichen und gesellschaftlichen Leben wird, wäre ein permanenter Ausschluss bestimmter Ländergruppen oder einiger Bevölkerungskreise eine Gefahr für den sozialen Zusammenhalt der Gesellschaft (Eckert 2001: 3).

5.2.1.1 Status quo, Ursachen und Folgen

5.2.1.1.1 Digitale Spaltung zwischen Industrie- und Entwicklungsländern

Trotz der aufgezeigten Unterscheidungskriterien der Länder nach ihren Entwicklungsstadien bei der Ausstattung mit IKT wird nachfolgend die unscharfe Einteilung in Industrie- und Entwicklungsländer beibehalten, weil sie zur Verdeutlichung des Problems ausreichend ist.

Die digitale Spaltung zwischen Industrie- und Entwicklungsländern hat folgende Ursachen:

Weite Teile der Welt verfügen bis heute nicht über die technischen Voraussetzungen für Telefon- und Internetanschlüsse (vgl. Kasten 4-4). Hinzu kommt, dass es keine flächendeckende Stromversorgung gibt. Neben den Ländern Südasiens weist vor allem der afrikanische Kontinent dramatische Entwicklungsrückstände auf. Unzureichende Anschlussdichte ist ein Aspekt der digitalen Ausgrenzung der Dritten Welt. Die – im globalen Vergleich extrem wenigen – Zugriffschancen auf IKT innerhalb der Entwicklungsländer sind ebenfalls stark ungleich verteilt: Sie konzentrieren sich – den Verhältnissen innerhalb der OECD-Staaten nicht unähnlich – auf die städtischen Regionen, auf die besser qualifizierten und wohlhabenderen Bevölkerungsschichten, auf jüngere und männliche Einwohner (UNDP 2001b: 40).

Ein weiterer Aspekt sind die zu hohen Kosten des Netzzugangs: Die Nutzungspreise für einen/eine typische/n Internetnutzer/in belaufen sich in den USA auf 1,2 Prozent des durchschnittlichen Monatseinkommens; für Sri Lanka liegt dieser Wert bei 60 Prozent, für Bangladesh bei 191 Prozent, für Nepal bei 278 Prozent und für Madagaskar bei 614 Prozent (UNDP 2001b: 80, Sommer 2001: 18).

Während in den entwickelten Ländern im Jahr 2000 bereits 28 Prozent der Bevölkerung Zugang zum Internet hatten, lag dieser Wert in den Entwicklungsländern nach Berechnungen der Internationalen Fernmeldeunion (ITU) nur bei 1,6 Prozent. Die so genannten High-Income-Countries machen 15 Prozent der Weltbevölkerung aus, aber 70 Prozent der Mobiltelefon-Nutzer und -Nutzerinnen (BMWi 2001b: 5ff.).

Abbildung 5-1

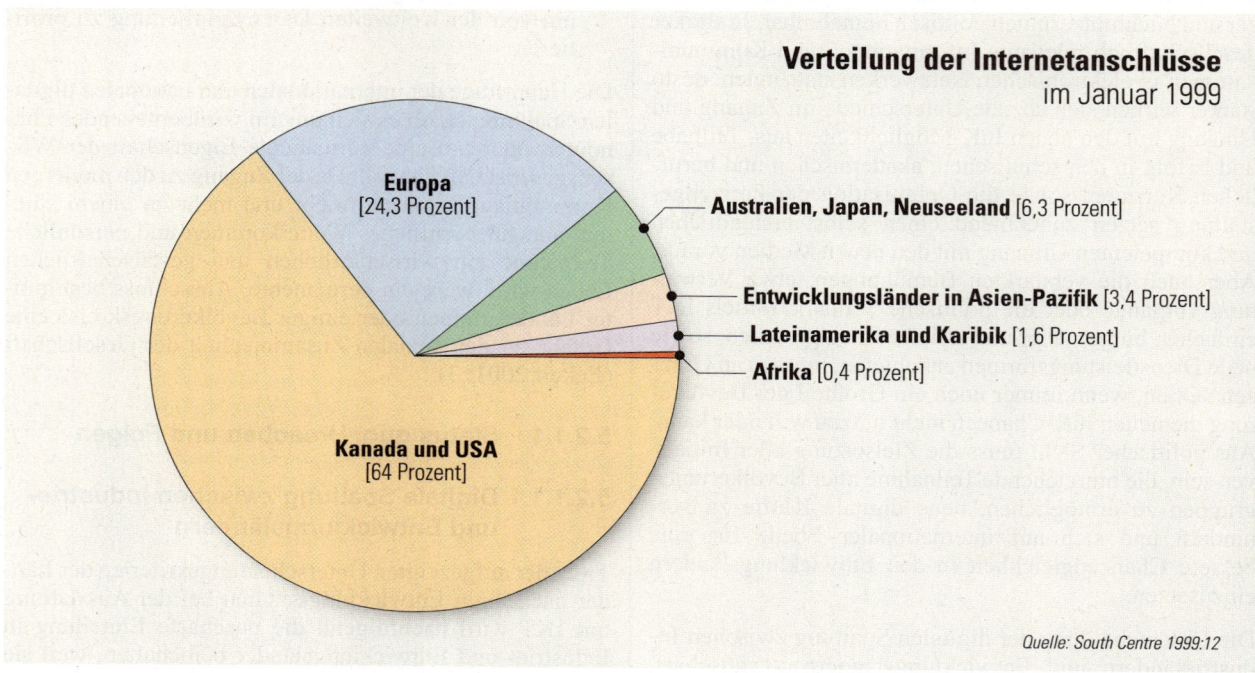

Tabelle 5-1

Zugang zu Medien und Informationstechniken (pro 1 000 Personen) 1997

	Telefonleitungen[a]	Personalcomputer[b]
Welt insgesamt	139	58
Subsaharisches Afrika	15	8
Arabische Staaten	55	10
Lateinamerika und Karibik	107	31
Ostasien und Ozeanien	64	13
China	57	6
Indien	18	2
Nordamerika	633	388
Europa	521	204

Quelle: Goldmann 2002: 42, UN 2000: 97

a Anzahl der Telefonleitungen, die mit einem Endgerät an das Vermittlungsnetz angeschlossen sind und einen eigenen Anschluss in einer Telefonanlage haben.

b Geschätzte Anzahl der unabhängigen Computer, die für die Benutzung durch eine Person bestimmt sind.

Teilhabe an der und Recht in der Wissensgesellschaft

Tabelle 5-2

Anteil der Internetnutzer und -nutzerinnen und Internetanschlüsse in ausgewählten Ländern

	Internet-Nutzer und -Nutzerinnen (in Prozent der Bevölkerung)		Internetanschlüsse (je 1 000 Personen)	
	1998	2000	1995	2000
USA	26,3	54,3	21,1	179,1
OECD-Staaten[1]	6,9	28,2	11,0	96,9
Lateinamerika/Karibik	0,8	3,2	0,2	5,6
Ostasien/Pazifikregion	0,5	2,3	0,1	0,6
Osteuropa/GUS	0,8	3,9	0,3	4,7
Arabische Staaten	0,2	0,6	–	0,4
Afrika südlich der Sahara	0,1	0,4	0,1	0,6
Südasien	0,04	0,4	–	0,1
Welt insgesamt	**2,4**	**6,7**	**1,7**	**15,1**

[1] „High-income" OECD-Staaten (ohne USA); Quelle: UNDP 2001b: 40, 60, 63

Abbildung 5-2

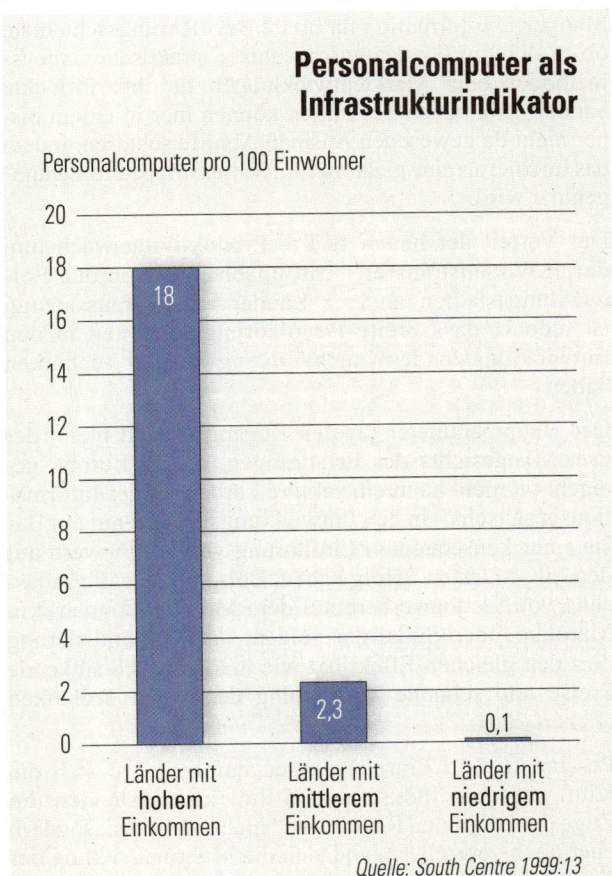

Quelle: South Centre 1999:13

Die Informations- und Kommunikationsmärkte in den Entwicklungsländern sind weitgehend in der Hand von Staatsmonopolen. Die Gebühren für IuK-Dienste sind entsprechend hoch; die Kaufkraft der breiten Bevölkerung ist dagegen niedrig.

Vorhandene Infrastruktur ist meist einseitig auf die Industrieländer ausgerichtet. Für die Vermittlung innerafrikanischer Telefongespräche mussten afrikanische Telefongesellschaften 1995 400 Millionen US-Dollar an Umwegkosten nach Europa überweisen (Brüne 1999: 216). Telefongespräche innerhalb Afrikas machten zum Beispiel in der Regel den Umweg über Paris. Die meisten Satellitenverbindungen der Entwicklungsländer laufen über die USA, auch dort, wo sie der nationalen Kommunikation dienen. Damit fließen auch die Einnahmen in die USA. Die hohen Kosten für die Schaffung der Infrastruktur sowie die geringe Verbreitung tragen ebenfalls zur Verteuerung der Zugänge bei. All diese Gründe führen zu hohen Gebühren für die IuK-Dienste.

Laut ITU belaufen sich die durchschnittlichen Kosten für einen Internetzugang in Afrika auf 75 US-Dollar pro Monat, während sie in den USA nur 10 US-Dollar pro Monat betragen. Real sind die Unterschiede noch größer, wenn man sie zu den niedrigeren Einkommen in Entwicklungsländern in Relation setzt. Dazu kommen die höheren Telefonkosten in den Entwicklungsländern und die Kosten für die Hardware (South Centre 1999: 13). Dem Tempo der Zunahme des Zugangs zu Mobilfunk und Internet sind damit enge Grenzen gesetzt. Sie werden für den Zugang zum Internet zudem durch niedrige Alphabetisierung noch enger gezogen. Auch die Inhalte des Internet zeigen deutlich, dass das Netz keineswegs Spiegel der gesamten

Bevölkerung des Planeten ist. 70 Prozent der Webseiten sind in den USA angesiedelt. Zirka 80 Prozent des Netzinhalts sind in englischer Sprache. Nur ca. fünf bis zehn Prozent des Inhalts sind nichtwestlichen Ursprungs, obwohl die Entwicklungsländer knapp 80 Prozent der Weltbevölkerung stellen (South Centre 1999: 11f.). Demgegenüber waren im Dezember 2001 43 Prozent der weltweiten Internetnutzer und -nutzerinnen englischsprachig. 32 Prozent sprachen eine europäische Sprache, 24,7 Prozent hatten eine asiatische Muttersprache. Die nächstgrößere Gruppe nach der englischsprachigen sind die Japaner mit 8,9 Prozent Anteil an den weltweiten Internetnutzern und -nutzerinnen. China stellt 8,8 Prozent der globalen Internetnutzer und -nutzerinnen, gefolgt von Deutschland (6,8 Prozent), Spanien (6,5 Prozent) und Korea (4,6 Prozent). Italienisch ist die Muttersprache von 3,8 Prozent aller Internetnutzer und -nutzerinnen, während französisch 3,3 Prozent und portugiesisch 2,6 Prozent der weltweiten Internetnutzer und -nutzerinnen sprechen[2].

Die Situation in den einzelnen Entwicklungsländern ist allerdings unterschiedlich. Es gibt keine für alle passende Patentlösung, jedoch generell geltende Grundbedingungen. Einige afrikanische Länder haben die Privatisierung und Liberalisierung ihrer IuK-Märkte eingeleitet. Dadurch ist nicht nur eine gewisse Dynamik bei der Nutzung von IKT-Diensten entstanden, diese Länder wurden auch attraktiver für ausländische Investoren. Privatisierung und Liberalisierung der IuK-Märkte und die Schaffung von fairen Wettbewerbsbedingungen auf diesen Märkten haben sich damit als eine elementare Bedingung für mehr und zugleich kostengünstige IKT-Nutzung erwiesen (BMZ 2001a: 30f.).

Privatisierung und Liberalisierung haben in einigen Ländern zu signifikanten Verbesserungen der Kommunikationsstruktur geführt. Allerdings hat es auch die gegenteilige Erfahrungen gegeben. In Argentinien haben sich beispielsweise die spanische Telefonica und die französische Telecom den Markt aufgeteilt und verlangen überhöhte Preise. Im Internetbereich drängten AOL und Yahoo massiv auf den lateinamerikanischen Markt. Amerikanische Firmen kauften südamerikanische Firmen zu hohen Preisen auf, um sich den Zugang zu den lateinamerikanischen Märkten zu sichern. Insofern hat die Öffnung der Märkte auch zu weiterer Konzentration zu Gunsten der Global Player aus dem Norden geführt. Die digitale Spaltung hat sich dort eher noch verstärkt. In staatlichen Telefongesellschaften konnten die Einnahmen aus internationalen Telefonverbindungen zur Querfinanzierung des ländlichen Telefonverkehrs eingesetzt werden. Bei einer Marktöffnung ist dies eine unzulässige Situation. In Indien wurden bei einer Ausschreibung von Telefonlizenzen in 13 von 20 Regionen im Rahmen der Privatisierung für acht Regionen überhaupt keine Angebote abgegeben (Afemann 2000: 26).

Als weiterer Engpass der IKT-Nutzung wirkt sich das Fehlen von entsprechender Fachkompetenz aus. Die Ausbildungssysteme in Entwicklungsländern sind nicht darauf vorbereitet, in ausreichender Zahl Fachkräfte zu qualifizieren. Das globale Defizit an IKT-Experten und -Expertinnen verstärkt zudem die internationale Migration in die Industrieländer (Stamm 2001: 1, vgl. auch Kapitel 4.9.2).

Die digitale Spaltung hat für die Entwicklungsländer wirtschaftliche und gesellschaftliche Folgen, wobei der wirtschaftliche Aspekt sowohl pessimistisch als auch optimistische eingeschätzt wird.

Nach optimistischen Einschätzungen können die Entwicklungsländer wirtschaftsgeschichtliche Etappen überspringen. Da die technische Entwicklung sehr schnell wirtschaftliche und technische Barrieren, die es beim Zugang zu Kommunikationsnetzen gibt, verkleinert, könnte in moderne digitale Netzwerke investiert werden, ohne die veraltete oder gar nicht vorhandene Infrastruktur erneuern oder ersetzen zu müssen. Dies zeigt sich anhand der Tatsache, dass Volkswirtschaften mit geringem Einkommen am Ende des letzten Jahrhunderts eine höhere Verteilung digitaler Telefonnetze aufzeigten, als Volkswirtschaften mit höherem Einkommen (Braga 2001: 6).

Die neuen IKT bieten nach dieser optimistischen Sichtweise ein große Gelegenheit für Entwicklungsländer, Entwicklungsrückstände wenn nicht aufzuholen, so doch zu verringern. Eines der Hauptprobleme armer Länder ist der Mangel an Information für breite Bevölkerungsschichten, ob es sich um Forschungsergebnisse, praktische Arbeitsmethoden oder Marktentwicklungen für ihre Produkte handelt. Die neuen Techniken können hier in einem bisher nicht da gewesenen Ausmaß Abhilfe schaffen, indem das Internet als eine gigantische „Wissenstransfermaschine" genutzt wird.

Der Vorteil der neuen IKT – Produktivitätswachstum durch Wissenstransfer – tritt unabhängig von den Entwicklungsstadien anderer Länder ein. Voraussetzung ist jedoch, dass breite Bevölkerungsschichten in den Entwicklungsländern auch Zugang zu den Techniken haben.

Der Hauptparameter für den Zugang ist und bleibt der Preis. Angesichts der Erfahrungen, die in Europa gemacht wurden, kann eine aktive Förderung der Informationsgesellschaft in den Entwicklungsländern nur auf Basis einer konsequenten Einführung von Wettbewerb auf den IuK-Märkten Erfolg haben. Beispiele wie die Zulassung von Wettbewerbern auf dem Mobiltelefonmarkt in Marokko oder Südafrika zeigen, dass Liberalisierung dort den gleichen Effekt hat wie hier, nämlich sinkende Preise und schnelle Verbreitung der neuen Techniken (Eckert 2001: 2).

Pessimistischen Einschätzungen zufolge wird sich die Kluft zwischen Industrie- und Entwicklungsländern im Zuge der „digitalen Revolution" nicht schließen, sondern eher noch vergrößern, und sich die Marginalisierung der Entwicklungsländer verschärfen, weil das Modernisie-

---

[2] Quelle: Network Users Accociation. http://www.nua.com (15. April 2002).

Abbildung 5-3

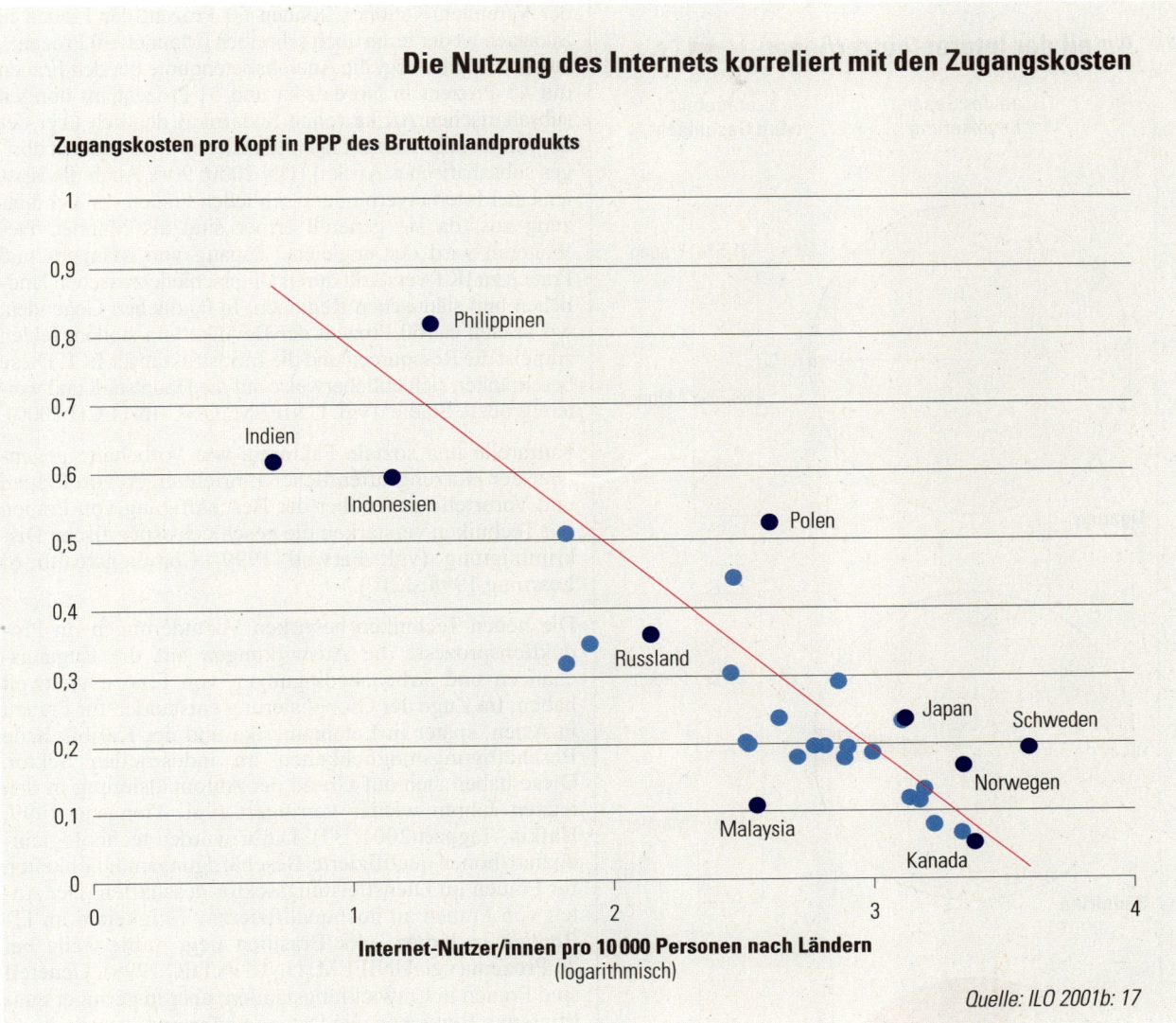

Quelle: ILO 2001b: 17

rungstempo in den Zentren im Vergleich zur Peripherie deutlich höher und die infrastrukturellen Voraussetzungen – z. B. ein funktionsfähiges Telefonnetz als Basis von Internet-„Connectivity" – in vielen Ländern der Dritten Welt noch längst nicht gegeben sind. Die Marginalisierung der Entwicklungsländer kann sich in diesem veränderten Umfeld durch eine Abkopplung von den weltweiten elektronischen Netzwerken noch dramatisch verschärfen (Sommer 2001: 17).

Der geschlechtsspezifische Zugang von Frauen und Männern zu IKT in Entwicklungsländern[3]

---

[3] Dieser Abschnitt beruht im Wesentlichen auf dem Gutachten von Goldmann (2002).

Es wird davon ausgegangen, dass Frauen 22 Prozent der Internetnutzer in Asien, 38 Prozent in Lateinamerika und sechs Prozent im Mittleren Osten stellen (Hafkin, Taggart 2001: 2). Erfahrungen zeigen, dass Männer in Afrika öffentliche Zugänge dreimal häufiger nutzen als Frauen (Landschulze, Pasero 2000: 53).

Selbst dort, wo Frauen einen beträchtlichen Anteil der Internetnutzer stellen, sind sie doch zumeist Teil einer sehr kleinen Gruppe. So haben auf den Philippinen nur ca. ein Prozent der Bevölkerung Zugang zum Internet, der Frauenanteil liegt bei 51 Prozent. In Uganda und Indien liegt der Frauenanteil mit 32 bzw. 23 Prozent relativ hoch, jedoch haben weniger als ein Prozent der Bevölkerung insgesamt überhaupt Zugang zum Internet. In den meisten Fällen handelt es sich bei diesen Frauen um Angehörige einer städtischen Elite (UN 2000: 98).

Abbildung 5-4

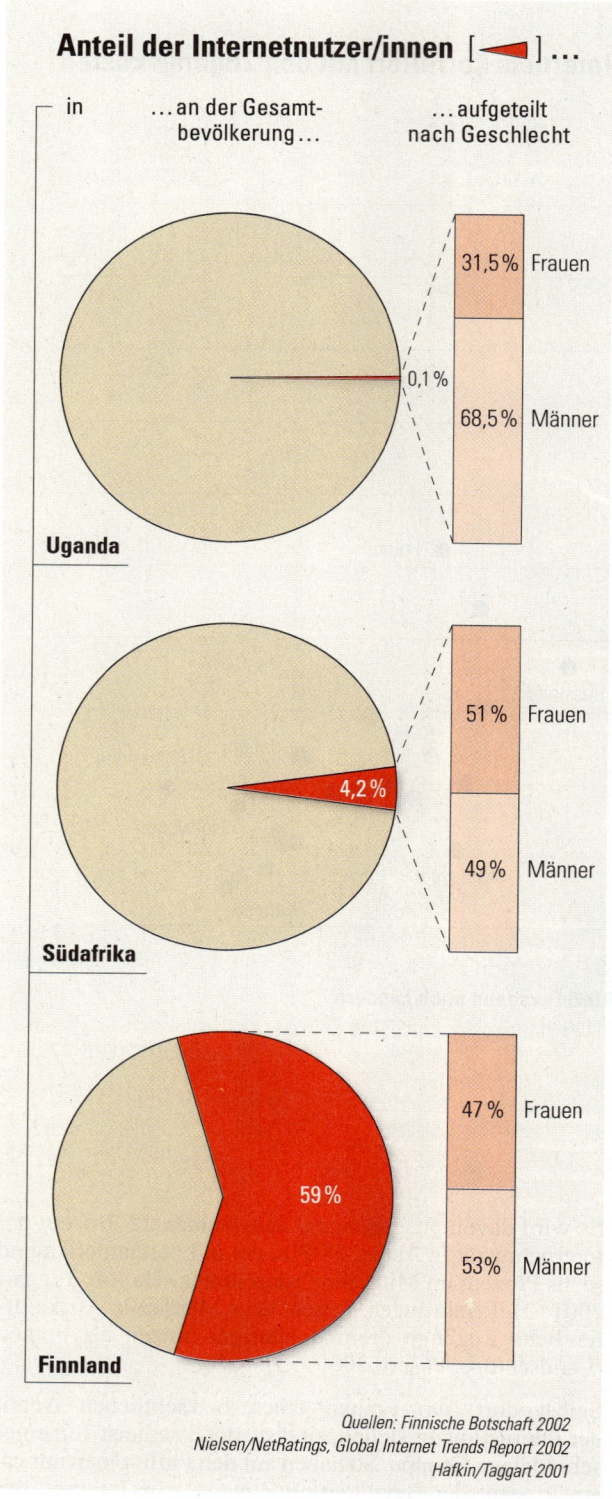

gleich zu Männern häufiger an den grundlegenden Lese-, Schreib-, sowie Computerkenntnissen. Nach Schätzungen der Vereinten Nationen können 50 Prozent der Frauen in Südasien weder lesen noch schreiben (Männer: 30 Prozent). Auch in Afrika liegt die Analphabetenquote bei den Frauen mit 48 Prozent in Nordafrika und 51 Prozent im übrigen subsaharischen Afrika (ohne Südafrika) deutlich über der der Männer (25 Prozent in Nordafrika bzw. 33 Prozent übriges subsaharisches Afrika) (UN 2000: 90f). Auch die Kosten einer Internetverbindung schließen Frauen von der Nutzung aus, da sie generell ärmer sind als Männer. Des Weiteren wird der ungleiche Zugang von Männern und Frauen zu IKT verstärkt durch Unterschiede zwischen ländlichen und städtischen Regionen. In ländlichen Gegenden, wo Frauen ca. 60 Prozent der Bevölkerung stellen, fehlen zumeist die Ressourcen und die Infrastruktur für IKT. Diese beschränken sich üblicherweise auf die Hauptstadt und weitere größere Städte[4] (vgl. UNIFEM, UNU-INTECH 2000).

Kulturelle und soziale Faktoren, wie Vorbehalte gegenüber der Nutzung öffentlicher Einrichtungen von Frauen und Vorurteile gegenüber der Beschäftigung von Frauen mit Techniken verstärken die geschlechtsspezifische Diskriminierung (vgl. Farwell 1999; Commonwealth of Learning 1998: 12ff.).

Die neuen Techniken bewirken Veränderungen im Produktionsprozess, die Auswirkungen auf die Zugangschancen und Arbeitsbedingungen von Frauen weltweit haben. Im Zuge der Globalisierung entstanden für Frauen in Asien, später in Lateinamerika und der Karibik neue Beschäftigungsmöglichkeiten im industriellen Sektor. Diese haben sich auf Grund der Automatisierung in den letzten Jahren wieder verringert (vgl. Tiongson 1999; Hafkin, Taggart 2001: 37). Dafür wurden technologieinduziert höher qualifizierte Beschäftigungsmöglichkeiten für Frauen im Dienstleistungssektor geschaffen. Der Anteil von Frauen an hochqualifizierten Tätigkeiten im IT-Bereich in Indien oder Brasilien liegt mittlerweile bei 20 Prozent (vgl. UNIFEM, UNU-INTEC 1998). Generell sind Frauen in Entwicklungsländern aber in geringer qualifizierten Bereichen wie Dateneingabe und -verarbeitung tätig. So stellen Frauen z. B. in Malaysia 70 Prozent der Beschäftigten in der Telekommunikationsindustrie, allerdings sind sie zu 90 Prozent als Sekretärinnen, Kassiererinnen oder Büroangestellte tätig (Hafkin, Taggart 2001: 38ff.). Statistiken über die Beschäftigung von Frauen im jordanischen IT-Sektor zeigen, dass die Arbeitsmarktbeteiligung von Frauen mit 27 Prozent doppelt so hoch liegt wie im Gesamtdurchschnitt (11,7 Prozent). Allerdings stellen sie im privaten Sektor 93 Prozent und im öffentlichen Sektor 74 Prozent der Arbeitskräfte im Bereich der Dateneingabe (Intaj 2001). In den späten 90er Jahren war auch in der Karibik, auf den Philippinen, in China und Indien eine große Zahl von Frauen im Bereich der Dateneingabe tätig. Hier besteht die Gefahr der Entwicklung von „digital sweat-shops" (vgl. ILO 2001).

Ein Hindernis für die Aneignung von IuK-Techiken in Entwicklungsländern ist zweifellos die fehlende Grundbildung großer Teile der Bevölkerung. Frauen mangelt es im Ver-

---

[4] In Vietnam ist ein Telefonanschluss fast nur in den fünf größten Städten möglich, während 80 Prozent der Bevölkerung auf dem Land leben. In Kampala, der Hauptstadt Ugandas, leben vier Prozent der Bevölkerung, aber hier befinden sich 60 Prozent aller Telefonleitungen.

5.2.1.1.2 Digitale Spaltung innerhalb der Industrieländer

Auch innerhalb der Industrieländer gibt es gravierende Unterschiede in der Verbreitung und Anwendung der neuen IKT.

Die USA und die skandinavischen Länder sowie Großbritannien weisen die höchsten Internetzugangs- und Nutzungsquoten auf. Deutschland belegt zumeist mittlere Plätze. Der Anteil der deutschen Bevölkerung mit einem privaten Internetzugang ist mit ca. 40 Prozent Ende 2001 nur Mittelmaß, hier führt Finnland mit ca. 65 Prozent die Wertung unangefochten an. Die tatsächliche Aussagekraft der Zugangsquote scheint allerdings fraglich, zumal hier selten die Intensität der Nutzung detailliert oder weitere relevante Faktoren wie die private Internetnutzung am Arbeitsplatz hinreichend berücksichtigt werden.

Die Ursachen der digitalen Spaltung sind vielfältig und stehen in unmittelbarem Zusammenhang mit gesellschaftlichen und wirtschaftlichen Faktoren. Neben psychologischen und intellektuellen Barrieren sind insbesondere die Besorgnis um Datensicherheit und die zu hohen Zugangskosten als Gründe zu nennen, warum das Internet nicht oder von nur wenigen Bürgern genutzt wird. Um Strategien für den Abbau dieser Barrieren zu entwickeln, ist eine differenziertere Analyse dieser Schranken erforderlich. Zum einen ist die Technikscheu oder gar die Technikfeindlichkeit weiter Teile der Bevölkerung ein Grund für die divergierende Internetnutzung. Nicht vorhandene Fertigkeiten mit der Zugangstechnologie und dem neuen Medium umzugehen, fehlendes Internet-Wissen sowie die fehlende Möglichkeit, sich dieses ohne hohen Kosten- und Zeitaufwand anzueignen, sind mit für die Technikscheu verantwortlich (Holznagel 2002: 8f.). Zum anderen führen finanzielle Hürden zu geringerem Internetgebrauch. Hohe Telefonkosten, die derzeit für die Internetnutzung anfallen, und hohe Preise für die Anschaffung der Hardware sind hierfür Ursache. Ein weiterer Aspekt der Skepsis mancher Bevölkerungsteile gegenüber dem Internet ist die Datensicherheit. Vielen mangelt es an Vertrauen in die Sicherheit und Verlässlichkeit der Onlinetransaktionen. Sie befürchten, dass persönliche Daten „abgehört" oder missbraucht werden. Genauso sind Sprachbarrieren ein Hindernis. Die Dominanz der englischen Sprache bzw. anderer ausländischer Sprachen und fremder Kulturen ist für einige (besonders ältere Menschen) abschreckend. Des Weiteren divergiert die Nutzung des Internets nach soziodemographischen Parametern wie Alter, formaler Bildungsgrad, Berufstätigkeit und Einkommen (Holznagel 2002: 8ff.).

Infrastrukturelle Unterschiede zwischen Stadt und Land tragen auch zu einem unterschiedlichen Gebrauch des Internets bei. Weiterhin schwankt die Zahl der Internet-Nutzer und -Nutzerinnen nach Geschlecht.

Zur Beschäftigungssituation von Frauen im IT-Bereich

Auch wenn zur Zeit nicht mehr als fünf Prozent der Beschäftigten in vielen OECD-Ländern im IT-Sektor tätig sind, ist seine Bedeutung für die Zugangschancen auf dem Arbeitsmarkt auf Grund der hohen Wachstumsraten und der Auswirkungen auf andere Sektoren enorm (OECD 2001j: 21f.). Die Auswirkungen der IKT auf die Beschäftigungsentwicklung werden unterschiedlich eingeschätzt, sicher scheint jedoch eine Expansion informations- und wissensbasierter Tätigkeiten. Bereits 1993 waren 56 Prozent der erwerbstätigen Frauen, aber nur 35 Prozent der Männer in informationsverarbeitenden Berufen tätig. Computergestützte Arbeitsmittel haben in vielen Berufen Einzug gehalten, in denen Frauen stark vertreten sind (Tischer 2001: 1336)[5]. Aber gerade im zukunftsträchtigen Bereich der IT-Fachkräfte ist der Frauenanteil sehr gering. In einer aktuellen IDC-Studie, die den Anteil von Frauen bei den Netzwerkfachleuten in Westeuropa untersuchte, liegt Deutschland mit fünf Prozent am unteren Ende der Skala bei einem Durchschnitt von 5,6 Prozent. Auch wenn der Frauenanteil bei den IT-Fachkräften stetig zunimmt, wird erwartet, dass Frauen auch im Jahr 2004 in Westeuropa in diesem Feld stark unterrepräsentiert sein werden (IDC 2001: 2). Diese Entwicklung ist insofern dramatisch, da Beschäftigungszuwächse gerade im Bereich der wissensbasierten Tätigkeiten und der personenorientierten Dienstleistungen erwartet werden. Weltweit planen dreimal soviel Jungen wie Mädchen eine berufliche Laufbahn im Computer- oder Informatikbereich (Goldmann 2002: 53-54).

Vor- und Nachteile des Internets

In den Regierungsprogrammen in der gesamten Welt geht man davon aus, dass das Internet nur positive Auswirkungen hat. Die trifft auch für die Entwicklungsländer zu.

In den amtlichen Darstellungen werden die negativen Auswirkungen des Internets kaum erwähnt. Neben der angeführten digitalen Spaltung, die global eher zu einer weiteren Verschärfung des Wohlstandsgefälles führt, sind die sozialen Auswirkungen zu nennen. Diese werden sich zuerst verstärkt in den Industrieländern mit hoher Internet-Nutzung bemerkbar machen. Die Abbildung 5-5 stellt die Auswirkungen des Internets dar.

5.2.1.1.3 Digitale Spaltung innerhalb Deutschlands

Ungeachtet des massiven Anstiegs der Internet-Nutzungsrate wächst auch in Deutschland die Gefahr einer digitalen Spaltung. Verschiedene Studien zur Internetnutzung in Deutschland belegen, dass die Zahl der Internetnutzer und -nutzerinnen über alle gesellschaftlichen Gruppen erheblich zugenommen hat. Sie zeigen aber auch, dass die Teilnahme am Internet weiterhin abhängig ist von den klassischen Faktoren Alter, formaler Bildungsgrad, Berufstätigkeit und Geschlecht, und dass es vorwiegend von höher Qualifizierten und höheren Einkommensschichten frequentiert wird. Unter den 50- bis 59-Jährigen sinkt der Anteil auf 8,1 Prozent. In den übrigen Altersgruppen liegt der Anteil der Nutzung mindestens über 50 Prozent. Bei Personen mit Abitur oder Studium nutzen 60 Prozent das Internet, bei Hauptschulabgängern nur rund 18 Prozent. Personen mit einem Einkommen über 2550 Euro stellen 51 Prozent der Nutzer und Nutzerinnen. Ihr Anteil an der Bevölkerung liegt nur bei 37 Prozent (BMWi 2002).

---

[5] in anderen Industriestaaten, vgl. OECD 1998a.

Abbildung 5-5

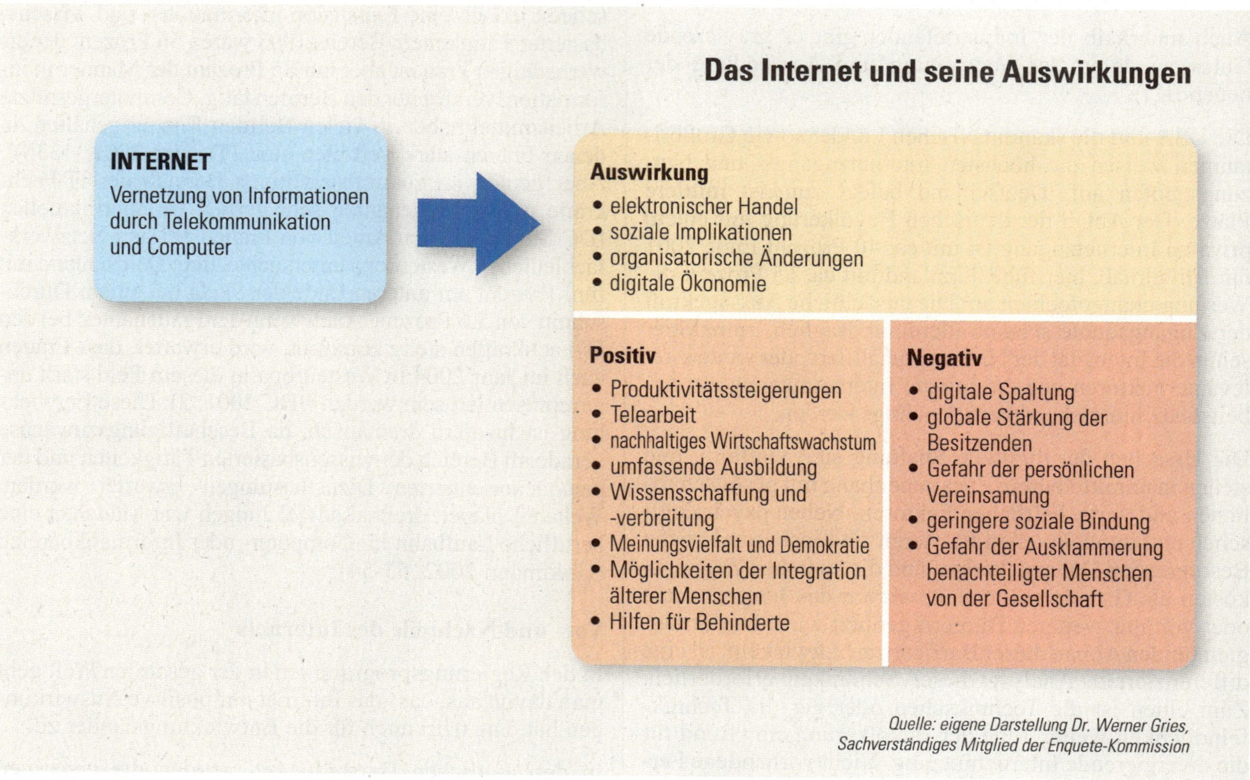

Das Internet und seine Auswirkungen
INTERNET
Vernetzung von Informationen durch Telekommunikation und Computer
Auswirkung
• elektronischer Handel
• soziale Implikationen
• organisatorische Änderungen
• digitale Ökonomie
Positiv
• Produktivitätssteigerungen
• Telearbeit
• nachhaltiges Wirtschaftswachstum
• umfassende Ausbildung
• Wissensschaffung und -verbreitung
• Meinungsvielfalt und Demokratie
• Möglichkeiten der Integration älterer Menschen
• Hilfen für Behinderte
Negativ
• digitale Spaltung
• globale Stärkung der Besitzenden
• Gefahr der persönlichen Vereinsamung
• geringere soziale Bindung
• Gefahr der Ausklammerung benachteiligter Menschen von der Gesellschaft

Quelle: eigene Darstellung Dr. Werner Gries, Sachverständiges Mitglied der Enquete-Kommission

Abbildung 5-6

Internet-Nutzung nach Alter
Anteile der Nutzer/innen in Prozent
60
76
47
66
34
53
29
50
19
34
5
13
46%
30%
14–19 Jahre
20–29 Jahre
30–39 Jahre
40–49 Jahre
50–59 Jahre
60–69 Jahre
1999/2000
2000/2001
Durchschnitt der 14–69jährigen 1999/2000
Durchschnitt der 14–69jährigen 2000/2001

Quelle: GfK Online-Monitor 2000/2001

Abbildung 5-7

Internet-Nutzung nach Bildungsabschluss
Anteile der Nutzer/innen in Prozent
Durchschnitt der 14–69jährigen
46%
31
53
63
71
Volks-/ Haupt- schule
Mittlere Reife
Abitur
Studium

Quelle: GfK Online-Monitor 2000/2001, eigene Berechnungen

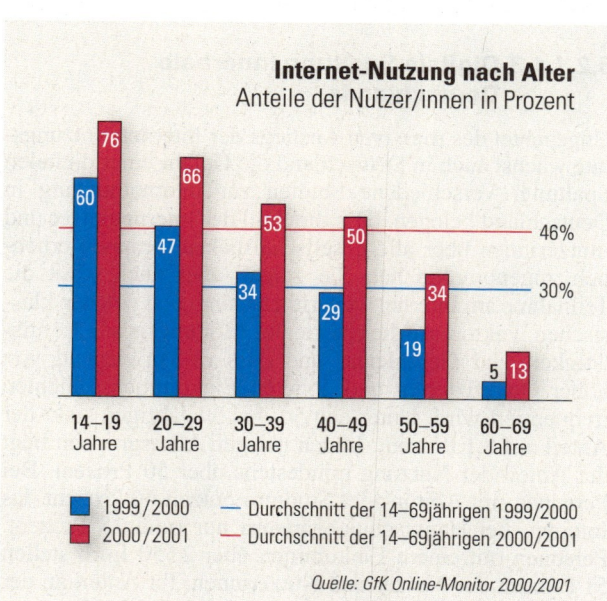

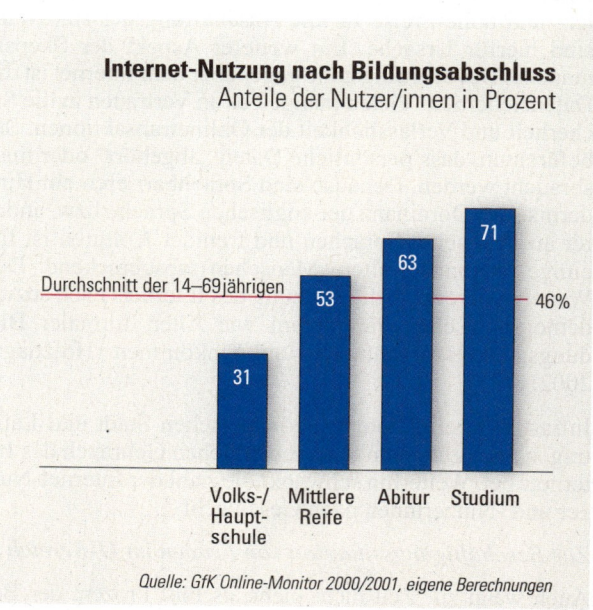

Abbildung 5-8

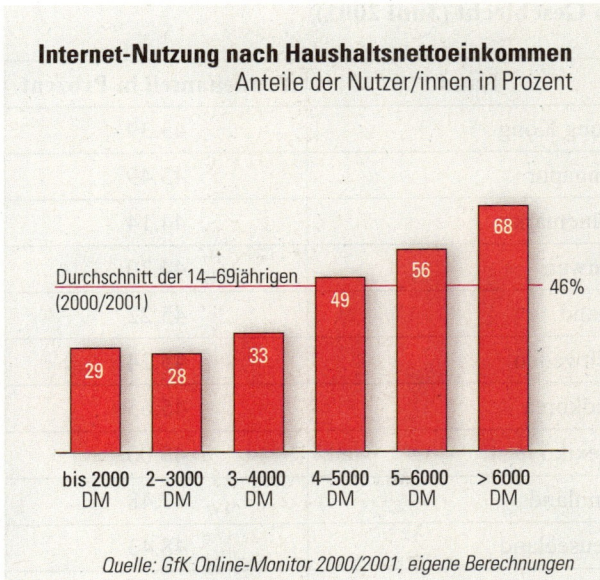

Die Internetnutzung in Deutschland umfasste Ende 2000 fast 40 Prozent der deutschen Bevölkerung (ab 14 Jahren) und lag somit bei 24,8 Millionen. Im Dezember 2001 gab es bereits 30,8 Millionen Internetnutzer und -nutzerinnen ab 14 Jahren. Bei den über 55-Jährigen stieg der Anteil von neun Prozent aller Internetnutzer und -nutzerinnen im Dezember 1999 auf zwölf Prozent im Dezember 2000.

Abbildung 5-9

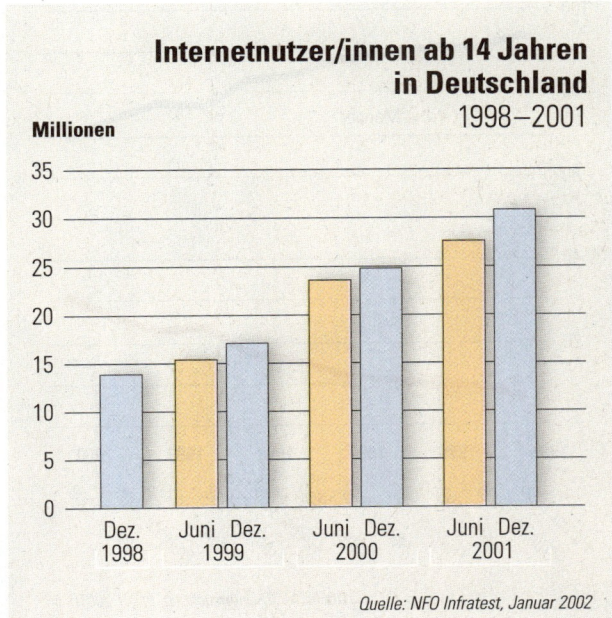

Zur Übermittlung von Daten aus dem Internet dient in Deutschland derzeit noch fast ausschließlich die analoge Nutzung des schmalbandigen Fernsprechnetzes oder die digitale Datenübertragung via ISDN-Technik. Die Übertragung dauert dabei zum einen wegen der begrenzten Bandbreite sehr lange, zum anderen fehlt der Wettbewerb zwischen verschiedenen Infrastrukturen (Holznagel 2002: 19).

Abbildung 5-10

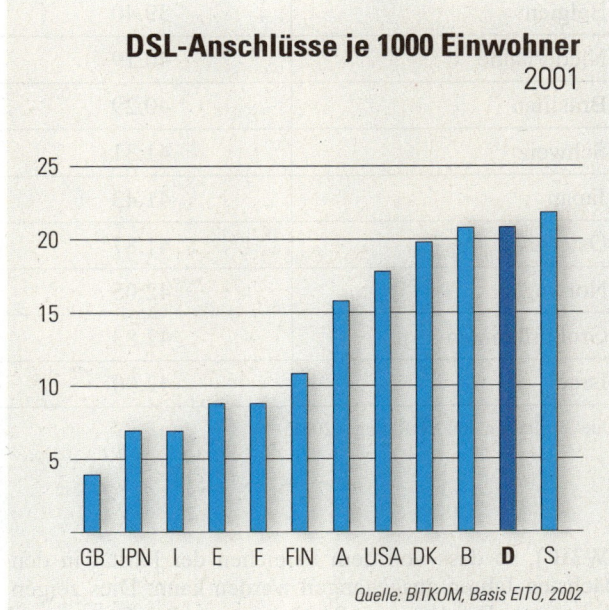

Geschlechtliche Absonderung beim Zugang zu IKT in Deutschland

In Deutschland gibt es im Bezug auf IKT eine deutliche geschlechtsspezifische Segmentierung zwischen Männern und Frauen. Untersuchungen zur digitalen Spaltung zeigen signifikante Unterschiede im Zugang zu neuen Techniken, abhängig von Geschlecht, Einkommen, Schulbildung, Alter, ethnischer Herkunft und Region. Während 39 Prozent der erwerbstätigen Frauen (und nur 34 Prozent der Männer) in Deutschland den Computer als hauptsächliches Arbeitsmittel nutzen (Tischer 2001: 1336), fällt der Frauenanteil an den privaten Internetnutzern mit 36 Prozent im Vergleich zu anderen Industrieländern zurück (vgl. Nielsen, NetRatings 2001[6]).

Allerdings ist der Anteil der Frauen unter den Internetnutzern in Deutschland in den letzten Jahren kontinuierlich gestiegen: von 15,5 Prozent im Frühjahr 1998 auf 23,2 Prozent im Jahr 1999 und 31,1 Prozent im Jahr 2000

---

[6] Vgl. Nielsen und NetRatings, Eine W3B-Umfrage ergab einen Anteil von 33,9 Prozent (26.7.2001).

Tabelle 5-3

Private Internetnutzung nach Geschlecht (Juni 2001)

Land	Frauenanteil in Prozent	Land	Frauenanteil in Prozent
Deutschland	36.60	Hong Kong	43.39
Frankreich	38.12	Singapur	43.49
Italien	39.09	Dänemark	44.14
Spanien	39.12	Taiwan	44.20
Belgien	39.40	Irland	45.22
Niederlande	40.19	Schweden	45.24
Brasilien	40.29	Südkorea	45,65
Schweiz	41.31	Mexiko	46.00
Japan	41.43	Finnland	47.48
Österreich	41.87	Neuseeland	48.43
Norwegen	42.05	Australien	48.43
Großbritannien	42.83	Kanada	51.00
Israel	42.90	USA	52.18

Quelle: Nielsen und NetRatings (2001)

(W3B[7]), so dass von dem Erreichen der Parität in den nächsten Jahren ausgegangen werden kann. Dies zeigen die ersten Erfolge von Programmen wie „Frauen ans Netz" oder „Girls@D21.IBM".

Untersuchungen verweisen darauf, dass die Ursachen für die Unterrepräsentanz von Frauen eher im sozioökonomischen Hintergrund als in weiblicher Technikdistanz begründet liegen (Landschulze und Pasero 2000: 54). Obwohl mit einer zunehmenden Verfügbarkeit des neuen Mediums eine Angleichung zu konstatieren ist, zeigen sich deutliche Unterschiede in der Art der Nutzung. Männer nutzen das Internet durchschnittlich häufiger und länger als Frauen (vgl. Nielsen und NetRatings 2001). Die Beteiligung von Frauen bei News Groups liegt bei zehn bis 15 Prozent. Zwar hat die Zahl der Webseiten von Frauen für Frauen in den letzten Jahren deutlich zugenommen und weibliche Nutzer sind zu einer wichtigen Zielgruppe der Werbung geworden; im Bereich der technischen Gestaltung ist ihr Anteil jedoch gering (UN 2000: 98). Gerade dieser Bereich ist besonders relevant im Hinblick auf zukünftige Beschäftigungsmöglichkeiten (Goldmann 2002: 51–53).

---

[7] Die Hamburger Marktforscher Susanne Fittkau und Holger Maaß führen seit 1995 jeweils im Frühjahr und im Herbst umfangreiche Online-Befragungen der Internetnutzer und -nutzerinnen durch. Bei der zwölften W3B-Umfrage im Frühjahr 2001 beantworteten rund 87 500 Online die Fragen.

Abbildung 5-11

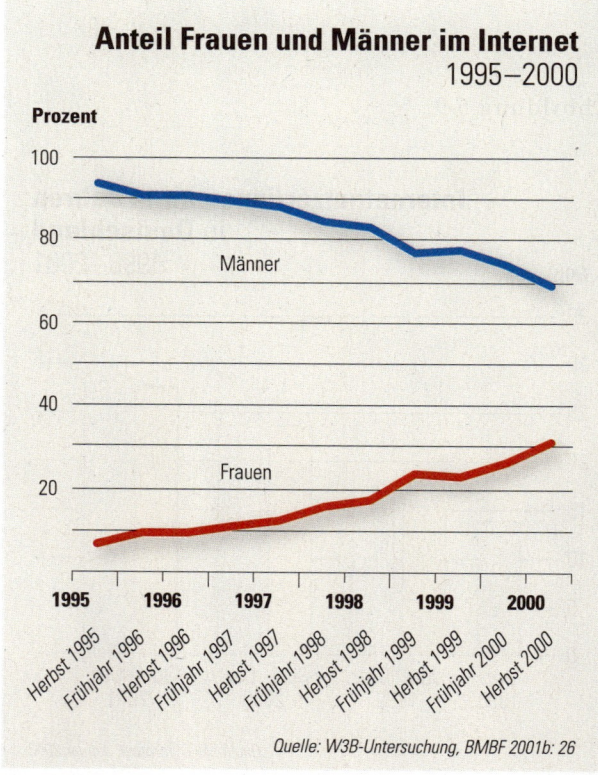

5.2.1.2 Maßnahmen zur Überwindung der digitalen Spaltung

In diesem Abschnitt wird eine Auswahl bereits existierender Maßnahmen und Programme erläutert.

5.2.1.2.1 Maßnahmen zur Überwindung der digitalen Spaltung zwischen Industrie- und Entwicklungsländern

Um die digitale Kluft zwischen den Industrie- und Entwicklungsländern zu verringern, wurden bereits eine Reihe von Programmen und Maßnahmen entwickelt und mit ihrer Durchsetzung begonnen. Zu erwähnen ist hier insbesondere die von den G8-Staaten zusammen mit neun Vertretern aus Entwicklungsländern gebildete Digital Opportunity Task Force (DOT Force) in Okinawa im Juli 2000. Auf Vorschlag Japans wurde die „Okinawa Charter on Global Information Society" verabschiedet, die das „Prinzip Inklusion" propagierte: „Alle Menschen, überall auf der Welt sollten in der Lage sein, an den Errungenschaften der globalen Informationsgesellschaft teilzuhaben, niemand darf ausgeschlossen werden". Im Gefolge des Okinawa-Gipfels nahm die G8-Digital Opportunity Task Force ihre Arbeit auf, die im Mai 2001 ihren abschließenden Bericht mit einem neun Punkte umfassenden Aktionsplan[8] vorlegte, der wiederum von den Staats- und Regierungschefs im Juli 2001 in Genua beschlossen worden ist (Sommer 2001: 30ff).

Des Weiteren gibt es die UN Information and Communication Technology (ICT) Task Force, deren Mitglieder sich ähnlich wie die DOT Force zusammensetzen.

Auch die Weltbank finanziert seit 1995 im Rahmen ihres Programms „Infodev" innovative Projekte, die der Nutzung der IKT zu Gunsten der wirtschaftlichen und sozialen Entwicklung dienen (Stamm 2001: 3).

Im Rahmen der UN spielt die Internationale Fernmeldeunion (ITU) für die Telekommunikation eine zentrale Rolle: Sie befasst sich u. a. mit Normen für die Verwaltung des Frequenzspektrums, Regulierungsfragen des Telekommunikationssektors und Abrechnungssätzen. Das Amt für Telekommunikationsentwicklung der ITU bietet den Entwicklungsländern unter ihren Mitgliedern technische Unterstützung. Die ITU koordiniert die Vorbereitungen für den bevorstehende UN-Gipfel zur Informationsgesellschaft, der in zwei Phasen verlaufen soll, einer ersten 2003 in Genf und einer zweiten 2005 in Tunis.

Mehrere andere internationale Organisationen widmen sich im Rahmen ihres jeweiligen Aufgabenbereichs Aspekten der IKT. So schloss z. B. die WTO 1997 ein Übereinkommen über Telekommunikationsdienste ab, mit dem die Märkte für Investitionen geöffnet und vorwettbewerbliche Regulierungsrahmen in einer Reihe von Ländern eingeführt wurden.

Am 5. Februar 2002 wurde in New York die Global Digital Opportunity Initiative (GDOI) gegründet: Zusammen mit Unternehmen aus dem privaten Sektor und nicht-gewinnorientierten Einrichtungen werden die Markle Foundation und UNDP in dieser Initiative nahezu zwölf Entwicklungsländern bei der Einrichtung von digitalen Techniken helfen, um das Gesundheitswesen, die Bildung und allgemeine wirtschaftliche Möglichkeiten zu verbessern sowie die Armut zu verringern. Die Initiative basiert auf der Anerkennung der wachsenden Abhängigkeit der Länder und der Notwendigkeit, Entwicklungsländer als volle Teilnehmer in die zunehmend vernetzte Wirtschaft und Gesellschaft einzubeziehen.

Geschlechtsspezifische Ansätze zur Überwindung der digitalen Spaltung in Entwicklungsländern

1995 erschien mit „Missing Links" (UNCSTD-GWG 1995) die erste größere Studie zu den Verbindungen von IKT und Gender in Entwicklungsländern, in der ein großes Potenzial der IKT zur Stärkung der Rolle der Frau im Entwicklungsprozess formuliert wurde. In der Pekinger „Platform for Action" wurden Hinweise für eine Verbesserung des Zugangs von Frauen zu Medien, Telekommunikation und neuen Informationstechniken gegeben.

Das Entwicklungsprogramm der Vereinten Nationen betont, dass es auf Grund des großen Potenzials neuer IKT wichtig ist, gerade in diesem relativ frühen Entwicklungsstadium innovative Strategien zur Beseitigung von Hindernissen für Frauen zu entwickeln und diese in die Gestaltung einzubeziehen.

Die „ITU Task Force on Gender Issues" wurde 1998 gegründet, um den gleichberechtigten Zugang von Frauen zu IKT und Gleichberechtigung innerhalb des IT-Sektors durchzusetzen.

Das „United Nations International Research and Training Institut for the Advancement of Women" (INSTRAW) betont, dass der „Gender Gap" im Umgang mit IKT zukünftig eine der größten Ursachen für Geschlechterungleichheit und eins der größten Hindernisse für die Durchsetzung einer Gender-Perspektive in der Entwicklung sein wird.

Im Bereich der Unterstützung von Frauenorganisationen fördert die Accociation for Progressive Communications (APC) schon seit einigen Jahren die Vernetzung und Schulung von Frauenorganisationen (UN 2000: 96). Das UNESCO-Projekt „Women on the Net" unterstützt Fraueninitiativen in Afrika bei der Nutzung von IKT als

---

[8] 1. Unterstützung der Entwicklungsländer bei der Erarbeitung nationaler IKT-Strategien,
2. Verbesserung des öffentlichen Zugangs zu IKT,
3. Aus- und Weiterbildung mit und für IKT,
4. Armutsbekämpfung und nachhaltiges Wachstum durch wirtschaftliche Selbständigkeit,
5. Verbesserung der Mitwirkung in internationalen IKT-Foren,
6. Besondere Unterstützung der ärmsten Länder,
7. Nutzung von IKT zur Bekämpfung von AIDS und anderen ansteckenden Krankheiten,
8. Förderung von lokalen Inhalten und Anwendungen.
9. Höhere Priorität von IKT in der Entwicklungszusammenarbeit und bessere Koordinierung.

Mittel zur gesellschaftlichen und wirtschaftlichen Partizipation. Bei der Unterstützung von Produzentinnen und Unternehmerinnen bei der Erschließung neuer Märkte und verbesserter Vermarktung können IKT marginalisierten Gruppen neue Informationsmöglichkeiten über Marktchancen geben. So förderte das Infodev-Programm der Weltbank im letzten Jahr die Ausstattung von Kleinunternehmerinnen-Initiativen mit Mobiltelefonen in Indien, was auch positive Auswirkungen auf den sozialen Status der Zielgruppe hat. Auch in Afrika gab es mehrere Projekte, die sich an Kleinstunternehmerinnen wandten. Die rasante Entwicklung der neuen IKT erfordert weltweite Anstrengungen, um zu verhindern, dass die ungleiche Teilhabe an Informations-, Partizipations- und Beschäftigungsmöglichkeiten zunimmt. In der deutschen Entwicklungszusammenarbeit hat die Förderung von IKT in der Vergangenheit allerdings keine große Rolle gespielt. Zur Zeit werden Projekte in diesem Bereich (inkl. Medien) mit einem Gesamtvolumen von 260 Millionen DM gefördert, weitere Projekte mit einem Volumen von 100 Millionen DM sind geplant bzw. zugesagt. Das Gesamtvolumen der bilateralen Entwicklungszusammenarbeit betrug im Jahre 2000 6,3 Milliarden DM (Goldmann 2002: 50). Schwerpunkte der Projekte sind die Verbesserung der Infrastruktur in ländlichen Gebieten, der Aufbau fachbezogener Informationssysteme und der Bildungsbereich. Eine vom BMWi im Zusammenhang des „Genua-Aktionsplans G8 DOT Force" veröffentlichte Übersicht der deutschen Aktivitäten (Projekte und Initiativen der Bundesregierung, der Wirtschaft und von NGOs) zur Überwindung der globalen „digitalen Kluft" weist keine Projekte auf, die einen expliziten Gender-Bezug haben. Obwohl längst bekannt ist, dass die Nichtbeachtung der zentralen Rolle von Frauen im Entwicklungsprozess negative Auswirkungen auf Nachhaltigkeit und Erfolg von Programmen hat, fehlt es im IuK-Bereich bisher an entsprechenden Konsequenzen sowohl von deutschen als auch von europäischen Entwicklungsinstitutionen (Goldmann 2002: 46–49).

5.2.1.2.2 Maßnahmen zur Überwindung der digitalen Spaltung innerhalb der Industrieländer

Umfassende Teilhabe an den neuen Medien gehört zu den Kernzielen der europäischen IKT-Politik.

Im September 1999 hat das Ministerkomitee des Europarats eine Empfehlung verabschiedet, die unverbindliche Grundsätze und politische Möglichkeiten aufzeigt, um eine allgemeine Grundversorgung mit neuen Kommunikations- und Informationsdiensten zu einem gewissen Mindeststandard zu etablieren[9]. Hierzu gehört insbesondere die Schaffung und Pflege von „Public Access Points", die an bestimmten zentralen Stellen die Nutzung neuer Medien durch die Allgemeinheit ermöglichen.

Ein strategisches Politikprogramm ist der europäische Aktionsplan „E-Europe – eine Informationsgesellschaft für alle", welches im Dezember 1999 von der EU-Kommission auf den Weg gebracht und auf dem EU-Gipfel Ende März 2000 in Lissabon vom Europäischen Rat beschlossen worden ist. Es forciert vehement die Entwicklung eines „Europas der Innovation und des Wissens", um so schnell wie möglich den Rückstand zu den Vereinigten Staaten auf dem Gebiet der multimedialen Techniken abzubauen[10]. E-Europe soll die Verbreitung digitaler Techniken in ganz Europa beschleunigen und sicherstellen, dass alle Europäer das nötige Wissen besitzen, um neue Medien erfolgreich für sich zu nutzen. Die EU-Kommission hat dazu einen Maßnahmenkatalog vorgeschlagen, der unter anderem die umfassende Einführung des Internets und multimedialer Werkzeuge im Bildungswesen, die Verbilligung des Internetzugangs durch Intensivierung von Wettbewerb, die Förderung des elektronischen Geschäftsverkehrs und von E-Government, aber auch Ansätze wie die Berücksichtigung der Bedürfnisse Behinderter bei der Entwicklung der Informationsgesellschaft und die Gesundheitsfürsorge über das Netz enthält. Die wichtigste Forderung im E-Europe Benchmarking-Bericht vom 5. Februar 2002 ist die weitere Steigerung der Internetnutzung durch die Bevölkerung, um gesellschaftliche und wirtschaftliche Chancen der Wissensgesellschaft in Zukunft optimal nutzen zu können.

5.2.1.2.3 Maßnahmen zur Überwindung der digitalen Spaltung innerhalb Deutschlands

Die Bundesregierung hat bereits Programme und Maßnahmen zur Überwindung der digitalen Spaltung in Deutschland verabschiedet und mit ihrer Umsetzung begonnen. Mit dem im Jahr 2000 begonnenen Aktionsprogramm der Bundesregierung „Innovation und Arbeitsplätze in der Informationsgesellschaft des 21. Jahrhunderts" sollten bisher unterrepräsentierte Bevölkerungsgruppen bei der Demonstrations- und Informationskampagne „Internet für alle" an das Internet heran geführt werden. Die Internetnutzung soll dadurch zur (schulischen) Allgemeinbildung werden. Die Förderung von E-Government und E-Commerce sind erklärte Ziele der Bundesregierung, durch die Bürger und Bürgerinnen vom Internet profitieren können. Mit der Initiative „BundOnline2005" verpflichtet sich der Bund, in den nächsten Jahren alle internetfähigen Dienstleistungen der Bundesverwaltung online anzubieten. Eine gemeinsame Initiative des Bundesministeriums für Bildung und Forschung und der Deutschen Telekom AG ist das Projekt „Schulen ans Netz", durch das alle Schulen Deutschlands an das Internet angeschlossen werden sollten und dessen Ziel Ende 2001 erreicht worden ist (siehe Abbildung 5-12).

---

[9] Council of Europe – Committee of Ministers, Recommendation No. R (99) 14 of the Committee of Ministers to member States on universal community service concerning new communication and information services, abrufbar unter: http://www.coe.fr/cm/ta/rec/1999/99r14.htm. (10.12.2000)

[10] Europäischer Rat (Lissabon), 23./24.03.2000, Schlussfolgerungen des Vorsitzes, http://europa.eu.int/council/off/conclu/mar2000/mar2000_de.pdf. (10.12.2000)

Abbildung 5-12

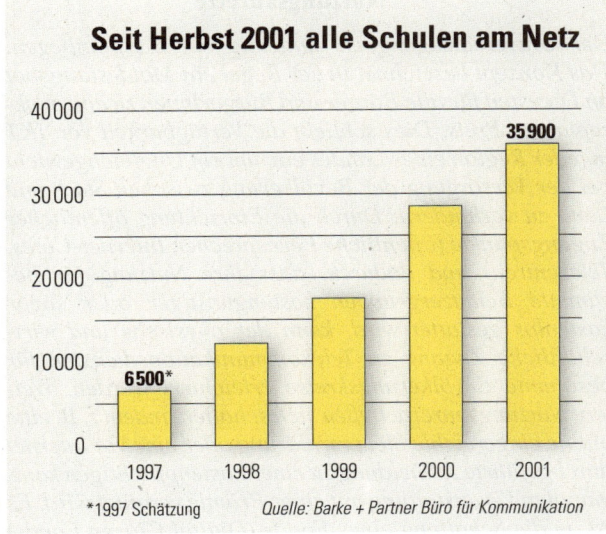

Die im Rahmen dieser Initiative erreichte Qualität, der Umfang, die Zugangsmöglichkeiten zum Internet sowie der Ausbildungsstand der Lernenden und Lehrenden konnten von der Enquete-Kommission nicht mehr ausgewertet werden.

Im Rahmen der Initiative „Elektronischer Geschäftsverkehr" der Bundesregierung hat das Bundesministerium für Wirtschaft schon vor einigen Jahren 24 regionale Informations-, Beratungs- und Schulungseinrichtungen als „Kompetenzzentren" für den elektronischen Geschäftsverkehr eingerichtet[11]. Ziel dieser Fördermaßnahme war es, einen nachhaltigen Impuls für eine stärkere Anwendung der verschiedenen Verfahren des elektronischen Geschäftsverkehrs in mittelständischen Unternehmen und im Handwerk auszulösen.

Zudem hat das BMBF eine Vielzahl von Projekten initiiert, die den Anteil von Frauen in IT-Bereichen weiter und nachhaltig erhöhen (BMBF 2001b: 27f.). Hierzu gehören:

– „Frauen ans Netz"
– „Be-Ing – in Zukunft mit Frauen", www.be-ing.de: Aufruf an Frauen, mehr als bisher Ingenieur – und Informatikstudiengänge zu ergreifen.
– Do-Ing, www.do-ing.aachen.de
– „Be-IT", www.werde-informatikerin.de
– www.it-ausbilderinnen.de
– www.kompetenz.de: Kompetenzzentrum „Frauen in der Informationsgesellschaft und Technologie" an der FH Bielefeld

– www.muffin21.de: Mentoring-Projekt
– www.fh-bremen.de: internationaler Frauenstudiengang Informatik.

5.2.1.3 Handlungsempfehlungen

Die Hauptaufgaben der Politik zur Überwindung der digitalen Spaltung bestehen darin, Wettbewerb und Liberalisierung im IKT-Sektor zu fördern, Anreize für die Wirtschaft zur Kostensenkung für Internetanschlüsse und -nutzung zu schaffen, die Zugangsmöglichkeiten durch Schaffung infrastruktureller Voraussetzungen zu erhöhen, Aus- und Weiterbildungs- sowie Schulungsmaßnahmen zur Förderung der Medienkompetenz von Vielen zu gewährleisten, die Datensicherheit im Netz sicherzustellen bzw. zu erhöhen sowie die Internetinhalte qualitativ und quantitativ zu verbessern.

Zu den allgemeinen politischen Aufgaben zur Überwindung der digitalen Spaltung zwischen Industrie- und Entwicklungsländern gehören die Steigerung der Kaufkraft der Armen, die Ausbildung und der Aufbau von Humankapital, der Abbau des Analphabetismus, die Verbesserung der Elektrizitätsversorgung, die Erhöhung des Versorgungsgrades von Telefonnetzen sowie die Senkung der Tarife für IuK-Dienste.

Bei strikter Beachtung des instrumentellen Charakters von IKT sind vor allem drei eng miteinander zu verknüpfende Ziele konstitutiv für den Erfolg entsprechender Strategien:

– Zum einen gilt es, die Zugangsmöglichkeiten zu IKT durch „angepasste" technisch-organisatorische Infrastrukturprojekte zu erweitern („connectivity").

– Zum zweiten kommt es darauf an, die Fähigkeit der Menschen, der Gemeinschaften und der Gesellschaften zu stärken, IKT sinnvoll und in ihrem eigenen Interesse einzusetzen („capacity") – u. a. durch Alphabetisierung und Qualifizierung, aber auch durch Hilfe bei der Schaffung eines innovationsfreundlichen Markt- und Regulierungsumfeldes.

– Drittens müssen bedarfsgerechte IKT-Anwendungen und -Inhalte entwickelt und angeboten werden, die realen Nutzen stiften und Bezug zur Lebenswirklichkeit in den Entwicklungsländern haben („content"). Dies heißt z. B., dass im Internet auch Informationen in der Sprache des jeweiligen Landes bzw. der Region – und nicht nur in Englisch bereitgestellt werden.

Die IKT-Projekte und -Maßnahmen dürfen nicht ohne Beteiligung der Menschen in den Entwicklungsländern und ihrer Interessen entwickelt werden. Deshalb kommt es entscheidend auf Kooperation an, d. h. auf die Zusammenarbeit mit den lokalen Akteuren und den Communities (Sommer 2001: 20). Dabei ist von Bedeutung, zentralen Institutionen und wichtigen Akteuren des Entwicklungsprozesses wie Schulen, Ausbildungszentren und wettbewerbsorientierten Unternehmen den Zugang zu IKT zu ermöglichen (Stamm 2001: 2).

---

11 Vgl. BMWI, http://www.bmwi-netzwerk-ec.de/. 8.04.2000.

Das Spektrum der Bereiche, in denen IKT-Entwicklungschancen verbessern, ist breit. In bestimmten Bereichen ist – wie Erfahrungen gezeigt haben – der Einsatz von IKT aber besonders effektiv. Gemeinde-Kommunikationszentren verringern die Isolierung abgelegener ländlicher Gegenden; sie beleben Wirtschaft und Handel und sie führen zu mehr sozialer Partizipation und Mitgestaltung. Die Gesundheitsversorgung wird durch Informationssysteme verbessert, die beispielsweise ansteckende Krankheiten, ihre Behandlungsmethoden und Behandlungserfolge erfassen, ebenso durch interaktive Behandlungsberatung zwischen Referenzkrankenhäusern und Basisgesundheitsstationen. Bildungschancen werden durch vernetzte Lernumgebungen und durch Vernetzung von Schulen untereinander, mit Gemeinden und – in der beruflichen Bildung – mit Unternehmen verbessert. E-Commerce schafft für Handwerk, Klein- und Mittelindustrie neue inländische und – sofern bereits eine gewisse industrielle Struktur besteht – ausländische Absatzmärkte (BMZ 2001a: 30).

Aus dem konkreten Inhalt der Empfehlung ergibt sich, ob sie zur Überwindung der digitalen Spaltung zwischen Industrie- und Entwicklungsländern oder innerhalb der Industrieländer bzw. nur innerhalb Deutschlands gilt.

Empfehlung 5-1   Förderung von Wettbewerb

Der Wettbewerb zwischen Anbietern der verschiedenen Übertragungswege und deren Schnelligkeit (Fernsprechnetz, xDSL, Breitbandkabel, UMTS und Powerline) sollte gefördert werden. Staatliche Initiativen müssen dafür sorgen, dass technische Systeme von den Unternehmen angeboten werden, die für alle Wettbewerber „offen" sind.

Empfehlung 5-2   Förderung von Liberalisierung und Wettbewerb in Entwicklungsländern

Die Schaffung eines Universalzugangs schließt eine selektive Liberalisierung auch in Entwicklungsländern nicht aus. Wettbewerb mit privaten IKT-Dienstanbietern soll gefördert werden, wenn die Versorgung dadurch verbessert werden kann und Preissenkungen erzielt werden können. Hierzu gehört auch die Festlegung von klaren, objektiven und transparenten Regeln[12] und Auflagen und deren Überwachung durch Regulierungsbehörden sowie die internationale Zusammenarbeit von Behörden mit dem privaten Sektor. Die optimale technische Lösung (fest oder drahtlos, Satelliten, Glasfaserleitungen etc.) für ein Entwicklungsland richtet sich nach einer Reihe von Faktoren wie Geographie, Bevölkerungsdichte und Wirtschaftstätigkeit. Der Rechtsrahmen muss die Betreiber veranlassen, die kostenwirksamste Strategie zu wählen und die Kostensenkung an den Verbraucher weiterzugeben.

---

[12]   *1) Lizenzen zur Kontrolle des Zugangs neuer Marktteilnehmer*
       2) Zusammenschaltung zwischen neuen Marktteilnehmern und den Netzen etablierter Betreiber
       3) Preispolitik

Empfehlung 5-3   Ermöglichen eines Universalzugangs, Schaffung weiterer Nutzungsanreize

Der Universalzugang ist eindeutig ein Hauptanliegen. Das Konzept bezeichnet in der Regel ein Mindestangebot an Diensten für alle Bürger und Bürgerinnen zu einem akzeptablen Preis. Dies schließt die Verfügbarkeit von IKT in jeder Region eines Landes ein, um ein Ungleichgewicht bei der Versorgung der Bevölkerung zwischen Stadt und Land zu verhindern. Durch die Einrichtung öffentlicher Zugangspunkte (öffentliche Fernsprecher, Internet-Cafés, Telezentren) und dadurch, dass ihre Nutzung für bestimmte Benutzergruppen kostengünstiger oder sogar kostenlos gestattet wird, kann der physische und wirtschaftliche Zugang zu Telekommunikationsdiensten für bestimmte Bevölkerungskreise erleichtert werden. Weitere Nutzungsanreize ließen sich schaffen, indem z. B. eine online eingereichte Steuererklärung oder eine via Internet durchgeführte Anmeldung zu einer kostenpflichtigen kommunalen Veranstaltung mit einer Prämie vergütet wird. Es ist an die Schaffung eines Fonds (Digital Citizen Fonds) zu denken, mit dem der Zugang zu bestimmten Diensten (z. B. Gesundheitsangeboten) für ausgewählte gesellschaftliche Gruppen finanziert wird. Auf die neuen Möglichkeiten des Internets sollte durch öffentlichkeitswirksame Aktionen aufmerksam gemacht werden.

Für Unternehmen sind Steuererleichterungen zur Förderung ihres Engagements bei der Schaffung von Internet-Zugängen zu erwägen, die zur Verminderung von Zugangs-Barrieren beitragen.

Empfehlung 5-4   Förderung der Aus- und Weiterbildung und der Medienkompetenz

Gefördert werden soll die Realisierung eines Angebotes an Lehrinhalten, Fortbildungskursen und -materialien für die Internet-Nutzung und des Engagements von Internet-Multiplikatoren. Das Internet sollte als Instrument der Fortbildung und des lebenslangen Lernens genutzt werden.

Die Nutzung der Medien muss einfacher werden. Durch Schulungs- und Förderinitiativen muss das für die Nutzung neuer Medien nötige Wissen vermittelt werden. Diese sollten sich gezielt an bestimmte gesellschaftliche Gruppen richten. Individuelle Schulungsmaßnahmen können die Unterschiede der Internetnutzer und -nutzerinnen nach Alter, Geschlecht, Bildungsgrad, Einkommen und Berufstätigkeit abbauen. Öffentlich-rechtliche Rundfunkanstalten und Volkshochschulen sind prädestiniert, diese Kenntnisse zu vermitteln.

Empfehlung 5-5   Förderung angepasster IKT-Inhalte

Neben die zahlreichen internationalen, vor allem US-amerikanischen Angebote im Internet sollten vermehrt Angebote und Portale des europäischen und deutschen Kultur- und Sprachraumes treten. Staatliche Institutionen sollten als gutes Beispiel vorangehen und ihre Internetpräsenzen ausbauen. Hochwertige Inhalte sollten aber vor allem in Eigeninitiativen von Bürgern und Bürgerinnen, Wissenschaft, Verbänden etc. erarbeitet werden.

Ein politischer Rahmen sollte Bestimmungen zur Förderung der Entwicklung lokaler Inhalte umfassen. IKT-Inhalte werden nur erfolgreich sein, wenn sie dem Bedarf der Nutzer und Nutzerinnen entsprechen, in einer allgemeinverständlichen Sprache abgefasst und den lokalen Bedingungen sowie dem Arbeitsumfeld der Nutzer und Nutzerinnen angepasst sind. Das lokale Eigentum an Informationen ist der Schlüssel zur Nachhaltigkeit des Projekts.

Empfehlung 5-6   **Verstärkte geschlechtsspezifische Bildungsanstrengungen und Förderung der Präsenz von Frauen im Internet und in IT-Berufen**

Zu fördern sind der Zugang zu Grundbildung und IT-relevanten Fertigkeiten von Mädchen und Frauen durch die Aufnahme ins Curriculum der Schulen, Angebote von IT-Training sowie das Studium technischer und naturwissenschaftlicher Fächer durch Frauen. Frauen-Technik-Tage und Praktika sollen die Kenntnisse über das Berufsfeld in der IT-Branche erhöhen.

Die Vorschläge der Expertengruppe „Frauen in der Informationsgesellschaft" zur Einrichtung von öffentlich finanzierten Medien-Beratungsstellen bei Frauenorganisationen und eine Ausweitung des Angebotes an Frauen- und Mädchen-Internet-Cafes werden unterstützt. Zudem wird eine Ausweitung der Aktion „Frauen ans Netz" und die Förderung geschlechtshomogener Angebote sowie die Entwicklung einer mädchengerechteren Didaktik im Bereich der Informatik gefordert.

Um die Präsenz von Frauen im Netz zu fördern, sind z. B. Konzeptionen für frauengerechte Informationssysteme zu fördern, online-Frauenbranchenbücher und Jobbörsen für Frauen zu schaffen, online-Angebote öffentlicher Institutionen besser auf die Interessenlage von Frauen auszurichten und Frauenserver einzurichten. Die Schaffung von Mentorinnennetzwerken soll die Postition von Frauen in IT-Berufen verbessern und ihnen den Einstieg erleichtern. Frauen sollten verstärkt bei Qualifizierungsmaßnahmen berücksichtigt werden.

Empfehlung 5-7   **Förderung der Infrastruktur und der Ausstattung mit Hardware in der Entwicklungs- und Bildungspolitik**

Die Versorgung der Bevölkerung in Entwicklungsländern mit Möglichkeiten zur elektronischen Selbstdarstellung und Interaktion, IKT-Nutzung zur Verbesserung des Gesundheits- und Bildungswesens sollten verstärkt Bestandteil der Entwicklungshilfe- und Bildungspolitik sein.

Empfehlung 5-8   **Internationale Hochschulkooperation**

Eine zentrale Zukunftsaufgabe stellt die internationale Hochschulkooperation dar. In Kooperation von Instituten vor Ort mit deutschen Einrichtungen, die Erfahrung in der Geschlechterforschung bzw. mit geschlechtssensiblen Ansätzen in Deutschland und Europa haben, könnte ein Angebot für verschiedene Zielgruppen in Entwicklungsländern aufgebaut werden, wie z. B. in den Bereichen Informatik, Wasserwirtschaft, (ökologische) Landwirtschaft und Sozialwissenschaften. Materialien, die vor Ort kaum erhältlich sind, könnten virtuell zur Verfügung gestellt werden. Auch für die berufliche Bildung und Weiterbildung sind virtuelle Bildungsangebote zu machen.

Empfehlung 5-9   **Datensicherheit, Gütesiegel, Haftungsregeln**

Es muss gewährleistet sein, dass Onlinetransaktionen sicher und unter Wahrung datenschutzrechtlicher Grundsätze abgewickelt werden können.

Dazu sind die Haftungsregeln so zu ändern, dass Unternehmen bei groben Verstößen gegen die IKT-Sicherheitsgrundsätze zu Schadensersatzzahlungen verpflichtet werden. Hierdurch wird ein ökonomischer Anreiz geschaffen, um den Sicherheitsstandard zu erhöhen. Förderprogramme können die kleinen und mittelständischen Unternehmen unterstützen, wenn sie ihre Anstrengungen im Bereich IKT-Sicherheit verbessern wollen. Durch die Verleihung von Gütesiegeln können besondere Leistungen im Bereich der IKT-Sicherheit ausgezeichnet werden.

Empfehlung 5-10   **Untersuchung der positiven und negativen Folgen des Internets**

Im Rahmen der Forschungsförderung des Bundes für die Informationstechnik sollen die positiven und negativen Folgen des Internets stärker untersucht werden, vor allem auch die sozialen Folgen im nationalen und globalen Rahmen.

Empfehlung 5-11   **Vorreiterrolle der öffentlichen Verwaltung**

Die öffentliche Verwaltung sollte eine Vorreiterrolle bei der Anwendung von IKT und Bereitstellung von Informationen und Dienstleistungen übernehmen.

Empfehlung 5-12   **Maßnahmenbündelung in einer Task Force „Informationsgesellschaft für alle"**

Hierbei sollte es sich um eine offene Arbeitsgruppe handeln, die gemeinsam mit der Wissenschaft die zentralen Problemstellungen bearbeitet. In einem solchen Gremium wäre auch zu ermitteln, inwiefern eine intensive Zusammenarbeit zwischen der Bundesrepublik Deutschland und anderen europäischen Staaten in diesem Bereich anzustreben ist. Aufgabe der Task Force wäre es neben der kurz- und mittelfristigen Umsetzung eines bestimmten Maßnahmenkataloges schließlich, langfristige Visionen und Strategien für die weitere Entwicklung der Wissensgesellschaft zu formulieren, um die Gefahr eines deutschen Rückstands auf diesem Gebiet auf lange Sicht zu bannen.

5.2.2 Internet und Recht[13]

5.2.2.1 Rechtliche Herausforderungen, Regulierungsbedarf und neue Regulierungsstrategien in der globalen Wissensgesellschaft

Die Enquete-Kommission hat sich neben den Ursachen, Folgen und der Überwindung der digitalen Spaltung mit den rechtlichen Fragestellungen, die das neue Medium Internet aufwirft, befasst, weil auch dies ein wichtiger Bereich für die Sicherung der Teilhabe Vieler an der Wissensgesellschaft ist. Vielfach wird der Eindruck erweckt, in regulatorischer Hinsicht könne der Wandel von der Industriegesellschaft zur Wissensgesellschaft mit einem neuen „Cyberlaw" für das Internet bewältigt werden. Eine solche Sichtweise erfasst aber nicht die eigentliche Dimension des gesellschaftlichen Wandels, der mit der revolutionären Entwicklung der Informationstechnik verbunden ist. Es kann nicht nur darum gehen, (rechtliche) Spielregeln für den neuen Sozialraum, den Cyberspace, zu definieren. Vielmehr muss der „Informationierung der Gesellschaft" durch eine „Informationierung des Rechts" Rechnung getragen werden. Dies bedeutet, dass langfristig untersucht werden muss, wie „Information" und „Wissen" an sich zum Gegenstand des Rechts gemacht werden können bzw. müssen und inwieweit der vorhandene rechtliche Rahmen zu reformieren ist. Dabei ist zu beachten, dass das Staatsverständnis sich, wie die Privatisierungstendenzen in allen Bereichen staatlichen Handelns zeigen, grundlegend geändert hat. Der Staat übernimmt in der Wissensgesellschaft eine Auffang- oder Gewährleistungsverantwortung dafür, dass Gemeinwohlziele durch den Beitrag privater Akteure erreicht werden. Des Weiteren werden Steuerungsmöglichkeiten durch die zunehmende Globalisierung von der nationalstaatlichen auf die internationale Ebene verlagert. Schließlich wird der Staat in den globalen IuK-Netzen mit – nicht zuletzt technisch bedingten – „Ohnmachtserfahrungen" (Roßnagel 1997: 26ff.) konfrontiert. Das Recht sowie ergänzende Regulierungsstrategien müssen diesen staatlichen Steuerungsverlusten Rechnung tragen. Dies bedeutet primär, dass der Staat Strukturen schaffen muss, die seinen Bürgern den Selbstschutz ermöglichen. Betroffen sind insbesondere Bereiche wie der Schutz der Privatsphäre, Verbraucherschutz und IT-Sicherheit.

5.2.2.1.1 Herausforderungen und Regulierungsfelder

Das Internet ist die Bezeichnung für eine spezielle Vernetzung von Computern und Telekommunikation, die zur Informationsverarbeitung eingesetzt wird. Die Nutzung dieses technischen Systems geschieht durch Software-Systeme. Das hier derzeit bekannteste System ist das World Wide Web (WWW)-System. Innerhalb dieses vernetzten Systems von Computern ist der Informationsaustausch ohne Grenzen mit Lichtgeschwindigkeit möglich. Ausdruck findet dies in den e-mails als Träger der Informationen und den Internet-Adressen, die eine schnelle automatische Lokalisierung der Informationsquelle ermöglichen. Das Internet ist ein Kind der militärischen Entwicklung. Im Jahr 1969 startete das ARPA-Net auf Initiative einer Organisation des US-Verteidigungsministeriums DARPA[14]. Zuerst wurden nur vier Computer miteinander vernetzt, Ende der siebziger Jahre waren es schon einige hundert Computer. In den 80er Jahren trieb die National Science Foundation (NSF) der USA die Entwicklung zum NSFNET voran. Ab 1994 begann die weltweite Kommerzialisierung. Die Nutzung dieses technischen Systems wurde vorangetrieben durch die Entwicklung des World Wide Web in der europäischen Forschungseinrichtung CERN (Genf) ab 1989. NSFNET wurde 1995 voll privatisiert, doch hat nach wie vor die US-amerikanische Regierung und Wirtschaft den entscheidenden Einfluss auf die Gestaltung des technischen Systems mit seinen Regelwerken.

Mit der Entwicklung von IuK-Netzen in den späten 60er Jahren, die heute als Internet bezeichnet werden, ging die Herausbildung von Selbstregulierungsansätzen einher, die Mitte der 80er Jahre weiter ausgebaut worden sind. Auf Seiten der Nutzer und Nutzerinnen hatte sich eine so genannte Netiquette entwickelt, die zum Teil in publizierten Codes of Conduct festlegt wurde. Mit der zunehmenden Kommerzialisierung des Internets haben sich jedoch die Zweifel an der Geeignetheit der Codes of Conduct zur ausschließlichen Regulierung des Internets gemehrt. Weltweit nutzen es inzwischen 350 Millionen Menschen. Bereits im Jahre 1999 wurden mit der elektronischen Abwicklung von Geschäftsprozessen auf der Basis der neuen IKT weltweite Umsätze in Höhe von 180 Milliarden Euro getätigt. Zumindest in den westlichen Industrieländern wird das Internet damit unverzichtbares Medium für private und unternehmerische Nutzung mit Anwendungsbereichen in allen Teilen der Gesellschaft und Industrie. Es wird zunehmend zu einem Faktor, der für die Funktionsfähigkeit der gesamten Volkswirtschaft von zentraler Bedeutung ist. Daneben wirkt die Herausbildung grenzüberschreitender Computernetze, neben den Trends zur Konvergenz der Medien und Netzinfrastrukturen, als ein zentraler Katalysator der Globalisierung.

Mit der zunehmenden Vernetzung der Gesellschaft steigt zugleich auch das Gefährdungspotenzial der über das Internet vermittelten Straftaten und Angriffe auf Schutzgüter der nationalen Werteordnungen. Neben Computerstraftaten im eigentlichen Sinne sind in jüngster Zeit vermehrt Straftaten mit volksverhetzender und kinderpornographischer Motivation zu beobachten, deren Bekämpfung und Ahndung aufgrund des weltweiten Aktionsradius der Straftäter und der sich aus den unterschiedlichen Rechtstraditionen der involvierten Staaten immer wieder ergebenden Gesetzeslücken oftmals aussichtslos erscheint.

---

[13] Dieser Abschnitt beruht im Wesentlichen auf einem Gutachten von Holznagel (Holznagel: 2002).

[14] ARPA steht für Advanced Research Project Agency. Diese Agency gehörte dem amerikanischen Verteidigungsministerium an.

Der/die einzelne Internetnutzer und -nutzerin sieht sich darüber hinaus zunehmend einer Gefährdung der Vertraulichkeit und Integrität seiner/ihrer über das Netz vermittelten persönlichen Daten ausgesetzt. Neben dieser Bedrohung für die Privatsphäre treten netzbasierte Angriffe auf Unternehmensdaten (Wirtschaftsspionage) und eine funktionsfähige Unternehmenstätigkeit an sich, die das Potenzial zu bedeutenden wirtschaftlichen Schäden in sich tragen. Schließlich bieten die virtuellen Verhältnisse offener IuK-Netze neuartige und vielfältige Angriffspunkte in Bezug auf den Schutz des geistigen Eigentums sowie gewerblicher Schutzrechte[15].

Neben diesen Gefahren tritt das Problem der Rechtsunsicherheit, weil bei globalen Transaktionen über das Internet oft unklar ist, welches Recht bei der regelmäßig grenzüberschreitenden Vertragsabwicklung anzuwenden ist und wie es durchgesetzt werden kann. Diese Rechtsunsicherheit zu beseitigen, ist eine der vordringlichsten Aufgaben der Regulierung des Cyberspace, wobei die in der Offline-Welt geschützten Werte auch in einer globalen „Netzkultur" geschützt werden müssen. Aufgrund der dargestellten Besonderheiten des Internets kann dabei grundsätzlich zwischen der Regulierung der Transportebene (sie umfasst die Sicherheit des elektronischen Geschäftsverkehrs, die Bekämpfung der Computerkriminalität, die Sicherheit der Netze und die Koordinierung des Adressraumes-IP-Adressen und Domain Names) und der Regulierung der Inhaltsebene (sie umfasst u. a. den elektronischen Vertragsschluss, Daten-, Jugend- und Verbraucherschutz, Schutz des geistigen Eigentums) unterschieden werden. Ziel der Regulierung in diesen Bereichen sollte die Herausbildung eines hinreichenden Schutzniveaus auf der Grundlage eines globalen Minimalkonsenses sein. Eine entsprechende Harmonisierung wird zu mehr Rechtssicherheit führen. Daneben ist es unabdingbar, die Effektivität der Rechtsdurchsetzung zu erhöhen. Dem Netzbürger ist nicht geholfen, wenn ihm ein vereinheitlichtes Recht zur Verfügung steht, das er nicht oder kaum durchsetzen kann.

5.2.2.1.2 Bestandsaufnahme[16]

In Deutschland sind Kernbereiche des von den Besonderheiten des Cyberspace betroffenen Rechts schon an die neuen Verhältnisse angepasst worden. Beispielhaft sind von den in der jüngeren Vergangenheit erfolgten legislativen Maßnahmen insbesondere die Einführung und Novellierung des Teledienstegesetzes, des Mediendienstestaatsvertrages[17], des Gesetzes über elektronische Signaturen[18]; die Anpassung der Vergabeverordnung (und auch der VOB) an die Verhältnisse des elektronischen Geschäftsverkehrs[19] sowie der Urheberrechtschutz im Bereich der Datenbanken und Computerprogramme[20] zu nennen.

Auf europäischer Ebene sind in den Bereichen IT-Sicherheit, Internet Domain Namen, elektronischer Geschäftsverkehr, Verbraucher-, Jugend-, Datenschutz, Wettbewerbsrecht, Urheberecht und gewerblicher Rechtsschutz sowie in der Rechtsanwendung und –durchsetzung ebenfalls eine Reihe von harmonisierenden Einzelmaßnahmen ergangen. Hierdurch ist die Etablierung einer europäischen Marktordnung für den elektronischen Geschäftsverkehr bereits recht weit voran geschritten. Durch zahlreiche Regulierungsinstrumente kann in der Europäischen Union im Bereich der für die Informationsgesellschaft relevanten Regulierungsfelder ein hohes Maß an Rechtsharmonisierung durch supranationale Steuerung erzielt werden, wodurch allmählich ein europäisches Gegengewicht zur durchsetzungskräftigen US-amerikanischen Rechtskultur entsteht. Dennoch besteht in bestimmten Einzelfragen noch weiterer Regelungsbedarf. Eine Harmonisierung fehlt vor allem im Wettbewerbsrecht, teilweise im Bereich des Jugendschutzes und im Strafrecht.

Auf internationaler Ebene gibt es verschiedene Akteure, die in den aufgezeigten Regulierungsfeldern zur Herausbildung eines globalen Rechts beitragen. Hier kann differenziert werden zwischen Organisationen, die über eine völkerrechtliche Grundlage verfügen (OECD, International Telecommunications Union – ITU, United Nations Conference on Trade and Development – UNCTAD, United Nations Commission on International Trade Law – UNCITRAL, WTO, World International Property Organisation – WIPO, Europarat, Weltbank, Haager Konferenz) und Interessenvereinigungen ohne einen völkerrechtlichen Rahmen. An erster Stelle ist hier die Gruppe der „Internet-Organisationen" zu nennen, die sich mit der Verwaltung des Adressraumes des Internets und der technischen Weiterentwicklung der Internet- und Anwendungsprotokolle befassen. Zu ihnen gehören z. B. die Corporation for Assigned Names and Numbers (ICANN), die Internet Society (ISOC) mit ihren Untergliederungen wie etwa dem Internet Architecture Board (IAB) oder der Internet Engineering Task Force (IETF) und auch das World Wide Web Consortium (W3C). Letztlich liegt die Weiterentwicklung und Realisierung der technischen Möglichkeiten des Internets in der Hand dieser privaten Organisationen. Insoweit erscheint insbesondere bedenklich, dass

---

15 Die damit zusammenhängenden Fragestellungen sind unter anderem Blickwinkel bereits Gegenstand von seiten der Enquete-Kommission vergebenen Gutachten und sollen hier nicht behandelt werden, vgl. dazu Katzenberger 2000, Liebig 2000.

16 Der derzeitige Stand der Regulierung auf nationaler, europäischer und internationaler Ebene kann an dieser Stelle nicht umfassend dargestellt werden. Zur Bestandsaufnahme der vorhandenen Regulierung siehe im Einzelnen: Holznagel 2002: 28-40.

17 Gesetz über die Nutzung von Telediensten vom 22.07.1997, BGBl. I 1997: 1870; Novellierung des Teledienstegesetzes durch das Gesetz über rechtliche Rahmenbedingungen für den elektronischen Geschäftsverkehr (Elektronischer Geschäftsverkehr-Gesetz, EGG) vom 20.12.2001 (BGBl. I 2001: 3721); Staatsvertrag über Mediendienste (Mediendienstestaatsvertrag) vom 20.01. bis 07.02.1997.

18 Gesetz zur digitalen Signatur vom 22.07.1997 (BGBl. I 1997: 1870), geändert durch das Gesetz über Rahmenbedingungen für elektronische Signaturen und weitere Vorschriften vom 21.05.2001 (BGBl. I 2001: 876).

19 Verordnung über die Vergabe öffentlicher Aufträge (Vergabeverordnung, VgV) vom 09.01. 2001·(BGBl. I 2001: 110).

20 Eingefügt durch das IuKDG vom 22.07.1997 (BGBl. I 1997: 1870) und die Urheberrechtsnovelle vom 24.06.1985 (BGBl. I 1985: 1137).

die ICANN – anders als z. B. die IETF – eine non-profit Organisation nach kalifornischem Recht ist und damit der US-amerikanischen Rechtsprechung unterliegt. Nach den Bylaws (der „Satzung") der ICANN können auch keine Regierungsvertreter oder Vertreter von völkerrechtlichen Organisationen Mitglied des Board of Directors der ICANN werden.

Des Weiteren gibt es Projekte und Vereinigungen, die von Unternehmen gegründet wurden, wie z. B. das Global Internet Project (GIP), die International Chamber of Commerce (ICC) oder der Global Business Dialogue (GBD). Diesen Foren ist gemein, dass sich Unternehmen zusammenfinden, um ihren Interessen größere Durchsetzungskraft zu verleihen.

Die Bemühungen dieser Unternehmensvereinigungen, auf dem Wege der Selbstregulierung einheitliche Regulierungsstandards für die globale Geschäftskommunikation zu entwickeln, sind zu begrüßen. Durch das Engagement der Anbieter könnten flexible Instrumente zur Lösung der den E-Commerce betreffenden Rechtsprobleme geschaffen werden, die nicht an nationale Grenzen oder behördliche Verfahren gebunden sind. Jedoch wird auch der E-Commerce nicht gänzlich ohne staatliche Regelungen auskommen. Nur der demokratisch legitimierte Gesetzgeber kann sicherstellen, dass die Interessen aller Teilnehmer bei der Internet-Regulierung hinreichend berücksichtigt werden.

5.2.2.1.3 Bewertung des geltenden Rechts

Verglichen mit anderen Ländern sind in Deutschland im Bereich des Wettbewerbsrechts, des Verbraucherschutzes und des Datenschutzes Regeln vorhanden, die ein relativ hohes Schutzniveau etablieren. Während im Bereich des Datenschutzrechtes auf europäischer Ebene inzwischen ein einigermaßen einheitliches Schutzniveau implementiert wurde, kann hiervon im Bereich des Wettbewerbsrechtes keine Rede sein. Hier stellt sich das Problem, dass durch Regelungen wie das Herkunftslandprinzip der E-Commerce-Richtlinie ein „Race to the bottom" – eine Harmonisierung auf geringstem Level – einsetzen wird. Letztendlich könnte hieran eine materielle Harmonisierung im Bereich des Wettbewerbsrechts scheitern. Aus diesem Grunde sollte hier der Weg über Selbstregulierungsinitiativen (Codes of Conduct) gegangen werden. Gleiches gilt für den Jugendschutz, der zusätzlich über die Entwicklung von technischen Instrumenten (PICS) realisiert werden kann. Der Verbraucherschutz liegt zwischen diesen beiden Polen, da die EU sich dieses Themas bereits 1992 angenommen hatte und die Fernabsatzrichtlinie von 1997 EU-weit umgesetzt wurde.

Gerade im Bereich des E-Commerce zeigt sich eine Besonderheit, die bei zukünftigen Regulierungsstrategien zu berücksichtigen ist: Prinzipiell sind die rechtlichen Voraussetzungen zum Abschluss rechtswirksamer elektronischer Verträge weltweit entweder bereits geschaffen worden oder werden in Kürze vorhanden sein. Wie sich am Beispiel der elektronischen Signaturen oder auch des Datenschutzrechts zeigt, bestehen dabei jedoch z. T. bedeutende Unterschiede (gerade zwischen den Rechtsblöcken USA und EU).[21] Deshalb wird der Wettlauf der unterschiedlichen Regulierungsansätze zu einem nicht unbedeutenden Grad voraussichtlich durch die Schaffung von technischen Standards entschieden. Die schnelle Verabschiedung und Implementierung von europäischen Standards könnte in diesem Bereich die Durchsetzungskraft des europäischen Rechtsregimes gegenüber US-amerikanischen Produkten erhöhen.

Insgesamt kann festgestellt werden, dass die Herausforderungen der globalen IuK-Netze umfassend durch verschiedene Akteure auf unterschiedliche Weise angegangen werden. Der Schwerpunkt liegt dabei auf Empfehlungen, Politik-Vorschlägen und Analysen. Flankiert werden die regulatorischen und „Governance"-Bemühungen durch technische Entwicklungs- und Standardisierungsarbeit. Die internationale Ebene zeichnet sich in den Bereichen Datenschutz, Wettbewerbsrecht und elektronischer Geschäftsverkehr jedoch durch die Abwesenheit spezifischer rechtsverbindliche Instrumente aus (Ausnahmen sind WTO, ITU und WIPO).

5.2.2.2 Bekämpfung von Cyberkriminalität und computergestützter Kriminalität

5.2.2.2.1 Gefährdungspotenziale der Cyberkriminalität

Mit der rasanten technischen Entwicklung und zunehmenden globalen Verbreitung des Internets haben sich auch neue Formen der Kriminalität herausgebildet. Cyberkriminalität und computergestützte Kriminalität umfassen eine Vielzahl verschiedener Delikte. Nach den Schutzgütern der verschiedenen Delikte ist zwischen mehreren Kategorien von Straftaten zu unterscheiden.

Die erste Kategorie umfasst diejenigen Delikte, die die IT-Sicherheit (d. h. die Vertraulichkeit, Verfügbarkeit, Integrität und Authentizität von Daten) schützen. Dazu zählen vor allem die Tatbestände der Datenauspähung (§ 202a StGB), der Datenveränderung (§ 303a StGB), der Computersabotage (§ 303b StGB) und des Computerbetrugs (§ 263a StGB).

Die Straftatbestände des Urheberrechts (Urheberrechtsgesetz) und der verwandten Leistungsschutzrechte

---

[21] Durch die Regelungen der EU-Datenschutzrichtlinie zum Datentransfer in Drittstaaten wird ein gewisser Regulierungsdruck auf andere Länder ausgeübt, der u. U. zu einer Anhebung des dortigen Schutzniveaus führen könnte. Eines der Instrumente hierzu ist das Safe-Harbour-Agreement zwischen der Europäischen Union und den USA. Es zielt darauf ab, für personenbezogene Daten aus dem Bereich der EU, die von US-Unternehmen erhoben oder verarbeitet werden, ein Datenschutzniveau zu gewährleisten, das dem der EU-Datenschutzrichtlinie entspricht. Will also ein amerikanischer E-Commerce-Anbieter Kundendaten aus dem Bereich der Europäischen Union erheben oder verarbeiten, muss er seine Datenverarbeitung entsprechend den Safe-Harbour-Prinzipien gestalten. Bei der Umsetzung des Safe-Harbour-Abkommens stellt sich jedoch als problematisch dar, dass das Abkommen bislang noch keine umfassende Akzeptanz seitens der US-Unternehmen erfahren hat. Lediglich 102 Unternehmen haben sich bislang auf die Safe-Harbour-Grundsätze verpflichtet. Des Weiteren mangelt es an effektiven Kontrollmechanismen.

(Markengesetz, Gebrauchsmustergesetz, Geschmacksmustergesetz, Patentgesetz) sowie die gewerbliche oder private Softwarepiraterie, die mittels Computer begangen werden, bilden mit ihrer vorwiegend wirtschaftlichen Zielrichtung die zweite Kategorie der Cyberkriminalität.

Die dritte Kategorie umfasst die Delikte, bei denen sich der Täter des Computers lediglich als eines Tatwerkzeugs bedient, die aber auch außerhalb von Informations- und Kommunikationsnetzen begangen werden können. Dies sind Äußerungsdelikte wie z. B. die Verbreitung pornographischer Schriften (§ 184 StGB) oder die Volksverhetzung (§ 130 StGB). Eine gesonderte Statistik im Hinblick auf die Begehung dieser Delikte mittels Computernetzwerken wird in der polizeilichen Kriminalstatistik nicht erhoben. Eine seriöse Einschätzung zum Gefährdungspotenzial und zur Bedeutung dieses Bereiches der Cyberkriminalität ist somit nicht möglich.

Bezüglich der Delikte der ersten beiden Kategorien weist die polizeiliche Kriminalitätsstatistik in den letzten zehn Jahren einen stetigen Anstieg der Fallzahlen aus. Hierbei ist zu beachten, dass nach einhelliger Auffassung zudem für jedes der genannten Delikte ein erhebliches Dunkelfeld besteht.

Auch für die zukünftige Entwicklung ist eher mit einer Zunahme der Fallzahlen zu rechnen[22]. Dies liegt beispielsweise für den Bereich der Datenspionage (§ 202a StGB) und der Datenveränderung (§ 303a StGB) daran, dass in offenen Computernetzen wie dem Internet die Daten oftmals schutzlos dem unberechtigten Zugriff von Hackern, Viren oder so genannten trojanischen Pferden ausgesetzt sind.

Die Statistik sagt nichts darüber aus, wie hoch der wirtschaftliche Schaden ist, der durch die Begehung der Delikte entstanden ist. Doch ist davon auszugehen, dass mit steigenden Fallzahlen auch der wirtschaftliche Schaden zugenommen hat. Neben diesem unmittelbar hervorgerufenen wirtschaftlichen Schaden wird zudem das Vertrauen der Nutzer und Nutzerinnen in die Sicherheit der Informations- und Kommunikationssysteme geschwächt, was deren Akzeptanz hemmt und somit ebenfalls einen mittelbaren wirtschaftlichen Schaden verursacht.

5.2.2.2.2 Nationale Lösungsansätze: Telekommunikationsüberwachungsverordnung

Auch wenn die vorgelegten Statistiken belegen, dass die Datennetzkriminalität in den vergangenen Jahren stetig zugenommen hat, ist hinsichtlich der Erwägung neuer Strafbestimmungen oder der Ausweitung der gesetzlichen Eingriffsbefugnisse zur Strafverfolgung zu berücksichtigen, dass der Missbrauch der Datennetze im Vergleich zur

Tabelle 5-4

Statistik zu Cyberkriminalität

Jahr	§ 263a StGB	§§ 303a, b StGB	§ 202a StGB	UrhG, LeistungsschutzR	Private Softwarepiraterie	Gewerbl. Softwarepiraterie
1990	787	95	77	5 423		
1991	1 003	122	58	3 400	1 036	
1992	2 009	88	67	2 180	542	
1993	2 247	137	103	3 201	501	
1994	2 754	188	165	2 459	267	89
1995	3 575	192	110	2 844	363	120
1996	3 588	228	933	2 362	192	187
1997	6 506	187	213	3 504	546	772
1998	6 465	326	267	3 025	362	289
1999	4 774	302	210	5 444	972	1 252
2000	6 600	513	513	k A	1 361	937

Quelle: Bundesinnenministerium, http://www.bmi.bund.de 2. Oktober 2001)

---

[22] Siehe Computer Crime and Security Survey des CSI und FBI, abrufbar unter http://www.gocsi.com/forms/fbi/pdf.html. 10.01.2002

legalen Nutzung lediglich einen verschwindend geringen Ausschnitt an der Gesamtnutzung darstellt. Dies gilt es insbesondere in Bezug auf gesetzliche Regelungen wie der Telekommunikationsüberwachungsverordnung (TKÜV) zu beachten, nach der potenziell die Überwachung des gesamten Telekommunikationsverkehrs der Bundesrepublik Deutschland möglich ist. Zudem ist zu bedenken, dass die Zahl der Internetnutzer und -nutzerinnen in Europa in den vergangengen fünf Jahren um einen vierstelligen Prozentbetrag (von 5,9 Miollionen Nutzer und Nutzerinnen im Jahr 1996 auf 113,14 Millionen Nutzer und Nutzerinnen im Jahr 2001, d. h. um ca. 1.800 Prozent) gestiegen ist. Vor diesem Hintergrund ist die Entwicklung der Fallzahlen zu relativieren und zeigt – zu den Nutzerzahlen ins Verhältnis gesetzt – letztendlich anteilsmäßig eine Abnahme der Datennetzkriminalität.

Auch sollte bei einer Bewertung der Statistik berücksichtigt werden, dass jeder Einzelne die Vertraulichkeit, Verfügbarkeit, Integrität und Authentizität seiner Daten durch präventiv wirkende technische Verbesserungen (z. B. Verschlüsselung) effektiver schützen kann, als der Staat dies durch neue Gesetze zur Strafverfolgung vermag. Somit sollten bezüglich der Sicherheit von Informations- und Telekommunikationssystemen präventive Maßnahmen Vorrang haben.

Die strafprozessuale Aufklärung begangener Straftaten sollte unter sorgfältiger Abwägung zwischen den Interessen der Bedarfsträger (der Sicherheits- und Strafverfolgungsbehörden) und den Rechten der Nutzer und Nutzerinnen erfolgen. Hierbei ist zu berücksichtigen, dass Überwachungsmaßnahmen ihrerseits einen Eingriff in die Sicherheit von Informations- und Telekommunikationsnetzen darstellen und gegen Täter, die ihre Kommunikation durch Verschlüsselung oder durch Steganographie schützen, von vornherein nicht zum Erfolg führen kann.

Zusammenfassend lässt sich damit feststellen, dass die Cyber-Krimininalität zwar eine Bedrohung für die Informationsgesellschaft darstellt – die sich in Zukunft vergrößern wird. Zuverlässige empirische Daten über hierdurch verursachte Schäden fehlen aber weitgehend. Zum Teil wird – insbesondere in der öffentlichen Berichterstattung (siehe z. B. die Berichterstattung zum Loveletter-Virus) – der Eindruck erweckt, dass die Gefahren des Cybercrime jedenfalls zum aktuellen Zeitpunkt übertrieben dargestellt werden. Dadurch werden die gesellschaftlichen und wirtschaftlichen Potenziale, die mit dem Stichwort „Informationsgesellschaft" verbunden sind, in den Hintergrund gedrängt.

5.2.2.2.3 Internationale Lösungsansätze: Cybercrime-Konvention

Am 23. November 2001 unterzeichneten die Mehrheit der Europarat-Länder (darunter auch Deutschland und Österreich) sowie die USA, Kanada, Südafrika und Japan in Budapest eine internationale Konvention. Sie definiert als erste ihrer Art in umfassender Weise Straftaten, die mit dem und durch das Internet begangen werden können und statuiert Regelungen zur internationalen Zusammenarbeit der Strafverfolgungsbehörden. Diese Regelungen werden von Datenschützern teils heftig kritisiert. Die so genannte Budapester Konvention, die auch Cybercrime-Convention genannt wird, verpflichtet die Unterzeichnerstaaten zur Einführung oder Anpassung nationaler strafrechtlicher Regelungen gegen „Kriminalität im Internet". Darunter fallen etwa Angriffe gegen die Vertraulichkeit, Integrität und Zugänglichkeit von Computerdaten und -systemen, also der illegale Zugang zu Computersystemen, das Abfangen von fremden Daten, die Zerstörung oder Veränderung dieser, sowie die Zerstörung oder Veränderung fremder Computersysteme. Kritisiert wird die Konvention unter anderem von Datenschützern, Bürgerrechtsorganisationen und Wirtschaftsverbänden wegen ihrer einseitigen Berücksichtigung der Interessen der Strafverfolgungsbehörden und der unzureichenden Beachtung datenschutzrechtlicher Anforderungen.

Es erscheint insbesondere bedenklich, dass auch Staaten das Cybercrime-Abkommen unterzeichnen können (und sollen), die die Wahrung der Menschenrechte nur in geringem Maße gewährleisten. Gleichwohl könnten auch diese Staaten in den Genuss der vereinfachten Rechtshilfe kommen. Prinzipiell sind die Unterzeichnerstaaten zwar berechtigt, derartige Rechtshilfegesuche mit Verweis auf innerstaatliche Verfassungsregelungen abzulehnen. Eine solche Verweigerungshaltung wird sich jedoch mittel- bis langfristig kaum aufrecht erhalten lassen. Somit ist zu befürchten, dass der internationale Druck auf die EU-Staaten und die Bundesrepublik zu einer kontinuierlichen Absenkung des Grundrechtsschutzes führen könnte. Zu berücksichtigen ist ferner, dass bei der grenzüberschreitenden Strafverfolgungs- und Ermittlungstätigkeit in globalen Netzwerken, die durch die Cybercrime-Konvention, international standardisierte Abhörschnittstellen und das Europäische Rechtshilfeabkommen in Strafsachen möglich werden wird, die deutschen Grundrechte (insbesondere Art. 10 GG) nicht vor der Tätigkeit ausländischer Behörden vom Ausland aus schützen.

Das Beispiel der Cybercrime-Bekämpfung zeigt andererseits aber auch, dass die internationalen Harmonisierungsbestrebungen in relativ kurzer Zeit zu Ergebnissen führen können, wenn die Nationalstaaten (in diesem Fall waren es die USA) die jeweiligen Regulierungsziele nachdrücklich verfolgen und in den internationalen Foren vorantreiben.

5.2.2.2.4 Auswirkungen auf die IT-Sicherheit

Die Diskussion um die Bekämpfung der Computerkriminalität ist in den Kontext der Daten- bzw. IT-Sicherheit zu stellen. Dabei fällt auf, dass der im Bereich der Daten- bzw. IT-Sicherheit vorherrschende primär technikzentrierte Blickwinkel zu erweitern ist. IuK-Systeme sind sozio-technische Systeme, deren Sicherheit von den jeweiligen Anwendungsfeldern und den Menschen, die sie bedienen, abhängen. Hier sollten verstärkt interdisziplinäre Forschungsprojekte gefördert werden, die die entsprechenden Wechselwirkungen untersuchen. Die Verwundbarkeit der Informationsgesellschaft an sich muss zum Gegenstand der nationalen und internationalen Forschung gemacht werden (Stichwort: Schutz kritischer Infrastrukturen). Im

Rahmen des Information Society Technologies Programme (IST) der EU sollte dieser Untersuchungsgegenstand noch umfassender berücksichtigt werden.

Durch die vielfältigen Einsatzmöglichkeiten von IKT ist zu überlegen, ob mittelfristig nicht ein IT-Sicherheitsgesetz sinnvoll sein könnte oder aber bestehende Technikgesetze ergänzt werden müssen. Auf nationaler Ebene sollte deshalb der gesamte sicherheitstechnische Regelungsrahmen überprüft werden, um festzustellen, wo Defizite in Bezug auf Einsatz und Verwendung von IuK-Technik bestehen. Hierzu gehören auch Überlegungen, ob spezielle Haftungsregelungen für Software- und Hardwarefehler eingeführt werden sollten.

Auf der internationalen Ebene muss zukünftig genau beobachtet werden, welche Konsequenzen die Vereinigten Staaten und die internationale Völkergemeinschaft insgesamt aus dem Terroranschlag vom 11. September 2001 ziehen wollen. Gegebenenfalls können die Initiativen dazu beitragen, das nationale Instrumentarium zu verbessern. Es ist aber auch denkbar, dass Instrumente vorgeschlagen werden, die nur schwerlich mit dem Souveränitätsgedanken oder der deutschen Grundrechtstradition zu vereinbaren sind.

5.2.2.3 Neue Regulierungsstrategien in der Informationsgesellschaft

Die Rechtsdurchsetzung in globalen Informations- und Kommunikationsnetzwerken sieht sich, wie aufgezeigt wurde, mit vielfältigen Problemen konfrontiert. Diese reichen von der Unsicherheit der anzuwendenden Rechtsordnung über die kaum mögliche Identifizierung eines Rechtssubjektes bis hin zu den komplizierten und langwierigen Vollstreckungen von gerichtlichen oder behördlichen Entscheidungen oder der unzureichenden länderübergreifenden Zusammenarbeit im Bereich der Ermittlungsverfahren. Viele Visionäre zeichnen daher ein Bild von einem Netz der Netze, das gänzlich ohne den Staat auskommt. Sie plädieren für eine reine Selbstorganisation und Selbststeuerung des Internets und fordern die vollständige Freiheit von staatlicher Regulierung. Die vorhergehende Bestandsaufnahme hat aber gezeigt, dass das Internet keineswegs ein rechtsfreier oder ein eigenständiger Raum ist, in dem nur die Gesetze der Cyberwelt gelten. Wegen der Einbuße nationalstaatlicher Steuerungsmöglichkeiten ist es jedoch notwendig, das Handlungsinstrumentarium an die neuen Herausforderungen anzupassen oder zu ergänzen. Gegenwärtig lassen sich vier Regulierungstrends ausmachen, die die geänderten Regulierungsstrategien des Staates im Internetzeitalter verdeutlichen.

5.2.2.3.1 Anpassung nationaler hoheitlicher Steuerungssysteme

In einigen Bereichen wird der Weg der klassischen ordnungsrechtlichen Regulierung eingeschlagen. Bestehende Gesetze werden um neue Regelungen ergänzt und an die neuen technischen Sachverhalte angepasst oder Rechtsnormen werden so ausgelegt, dass sie auf die Probleme im Internet Anwendung finden können. Wie etwa der § 5 des Teledienstegesetzes zeigt, sind Teledienste im Rahmen der Gesetze zulassungs- und anmeldefrei. Daraus wird geschlossen, dass alle rechtlichen Bindungen, denen ein Unternehmen bei herkömmlicher Tätigkeit unterliegt, auch für den elektronischen Geschäftsverkehr gelten. Allerdings zeigt sich alsbald auch, dass den klassischen Steuerungsinstrumenten Grenzen gesetzt sind.

5.2.2.3.2 Verantwortungsverlagerung auf supranationale Organisationen

Aufgrund des faktischen Verlustes nationalstaatlicher Handlungsmöglichkeiten ist eine Verlagerung der Initiative auf supranationale Organisationen zu erkennen. Dies erfolgt innerhalb Europas vornehmlich durch die Europäische Union. Erforderlich ist jedoch auch ein globales Vorgehen. Hier ist das Handeln der klassischen globalen Organisationen wie der UNO, der OECD und der G-8-Staaten gefordert. Die Bemühungen scheitern dabei oftmals an den sehr unterschiedlichen Rechtstraditionen und Wertvorstellungen der Nationalstaaten, wie sich nicht zuletzt bei dem Versuch der Herstellung eines einheitlichen Datenschutzstandards außerhalb der Europäischen Union und den USA offenbart hat. Zudem ergeben sich auf der Ebene völkerrechtlicher Übereinkommen Probleme hinsichtlich der Verbindlichkeit von Regelungen und regelmäßig auch Vollzugsdefizite. Da eine globale Einigung auch in Zukunft nur schwer zu erzielen sein wird, sollte zumindest eine weitere Harmonisierung einzelner ‚Rechtsblöcke' angestrebt werden, wobei dann wiederum die unterschiedlichen Rechts- und Werttraditionen zwischen diesen Blöcken ausgeglichen werden müssen. Erforderlich sind hier „Scharnier- oder Interface-Lösungen", die die Bewältigung von Konflikten vereinfachen.

5.2.2.3.3 Selbstregulierung und regulierte Selbstregulierung

Neben einer Kontrolle durch hoheitlich legitimierte Organisationen findet auch eine Übertragung von Verantwortung an bzw. eine faktische Übernahme von Verantwortung durch private Organisationen, insbesondere durch die Industrie, statt.

Bei der Verwaltung des Internets wird neben der Selbstregulierung zunehmend der Weg des Zusammenwirkens von Staat und Industrie (regulierte Selbstregulierung) eingeschlagen. Das Recht ist hierbei eines der wichtigsten staatlichen Steuerungsinstrumente, dem in der Informationsgesellschaft zunehmend die Funktion zu kommt, den Rahmen und die grundlegenden Strukturen (Rahmen- und Strukturverantwortung) vorzugeben, während die Ausfüllung dieses Rahmens, der die Grundbedingungen und Ziele vorgibt, den jeweils regulierten Akteuren selbst überlassen und somit Selbstverwaltung und -kontrolle gefördert wird. Exemplarisch für diesen Anspruch sind der Jugendschutz und der Datenschutz anzuführen. Durch den ordnungspolitischen Rahmen und entsprechende Kontroll- und Eingriffsmöglichkeiten kann der Staat

Fehlentwicklungen der Selbstregulierung verhindern und Gemeinwohlziele implementieren. Akzeptiert man das Primat der Rahmensetzung, dann folgt hieraus, dass die in manchen Rechtsgebieten herrschende „Hypertrophie" des Rechts beseitigt und das Recht vereinfacht werden muss. Ferner muss das Recht die schnelle technologische Entwicklung adaptieren können. Hierzu ist es sinnvoll, weite Teile des Rechts regelmäßigen Evaluierungen zu unterwerfen oder/und Gesetze mit „Verfallsdaten" zu versehen, wie sie beispielsweise mit der Evaluierung des Informations- und Kommunikationsdienste-Gesetzes erfolgte und wie sie auch für die neuen Sicherheitsgesetze nach den Terroranschlägen vorgesehen ist. Hierzu gehört auch, dass behördliche Strukturen und Zuständigkeiten – etwa im Rahmen von e-Government – transparenter gemacht werden müssen.

5.2.2.3.4 Selbstschutz der Nutzer und Nutzerinnen durch Technik

Aufgrund der globalen Vernetzung werden Steuerungsmöglichkeiten von der nationalstaatlichen auf die internationale Ebene verlagert – was zu weiteren, nicht zuletzt technisch bedingten, „Ohnmachtserfahrungen" führt. Das Recht sowie ergänzende Regulierungsstrategien müssen diesen Steuerungsverlusten Rechnung tragen.

Das bedeutet beispielsweise anzuerkennen, dass der Wirkungsgrad der traditionellen Steuerungsinstrumente des Staates im Cyberspace erheblich reduziert ist, sofern sie lediglich von den bestehenden auf neue technische Verhältnisse übertragen werden sollen. Die technischen Parameter der IuK-Systeme bestimmen maßgeblich, in welchem Umfang bestimmte Steuerungsziele und auch Verfassungsrechte verwirklicht werden können. Zur Veranschaulichung: Im Internet können E-Mails ohne Probleme mitgelesen werden, weil die Architektur des Internets nicht darauf ausgelegt wurde, das IT-Sicherheitsziel „Vertraulichkeit" zu realisieren. Mit einer anderen technischen Gestaltung der Protokolle könnte dies verhindert werden. Ein weiteres Beispiel: Die Blockade bestimmter Inhalte bleibt oftmals erfolglos, weil „Zensur" vom Internet als Fehler betrachtet wird und blockierte Verbindungen einfach umroutet werden oder die blockierten Inhalte auf zahllose andere Server „gespiegelt" werden. In vielen Bereichen kann das erforderliche Schutzniveau deshalb nur durch einen Selbstschutz der Nutzer und Nutzerinnen durch Technik erreicht werden (Roßnagel 1997: 26ff.). Dieser kann flankierend zu einer hoheitlichen Regulierung treten oder aber im Rahmen der Selbstregulierung durch Technik greifen. Wesentliche Teilbereiche des Internets wären einer nationalstaatlichen Überwachung nämlich nur um den Preis einer für freie Gesellschaften nicht akzeptablen Vorzensur und Inhaltskontrolle zugänglich. Der Preis der Freiheit ist eine verstärkte Eigenverantwortung der Nutzer und Nutzerinnen, die selbst Vorkehrungen z. B. gegen jugendgefährdende Inhalte ausländischer Server oder die Verbreitung von Computerviren zu treffen haben. Besondere Bedeutung kommt auch der Förderung der Entwicklung neuer technischer Schutzvorrichtungen und der Förderung der Medienkompetenz zu. Diese Maßnahmen verlangen ein intelligentes und subtiles staatliches Handeln, welches stark auf die Kooperation und die Akzeptanz des Bürgers ausgerichtet ist.

Deshalb kommt der Technik hier eine wichtige Funktion zu, weil durch sie die Umsetzung von Recht im Internet oft erst ermöglicht wird. Hier liegt ein Schwerpunkt für innovative Regulierungsstrategien. Gerade in Bereichen wie dem Datenschutz, dem Strafrecht, dem Jugendschutz und dem Urheberrecht (hier z. B. durch die Einführung des Digital Rights Management) können technische Instrumente rechtliche Werte und Ziele fördern. Durch „vorlaufende" Technikgestaltung, die darauf achtet, dass rechtlich oder gesellschaftspolitisch erwünschte Ziele in IuK-Systeme implementiert werden, kann somit ein „Mehr" an Verfassungs- und Rechtsverträglichkeit des Cyberspace erreicht werden.

5.2.2.3.5 Schlussfolgerung

Die Betrachtung der vorhandenen Regulierungsansätze zeigt, dass teilweise staatliche Vorgaben und private Selbstregulierung eher nebeneinander als miteinander erfolgen. Sinnvoll erscheint es deshalb, das Konzept der Rahmengebung und Selbstregulierung zu ergänzen um den von EU-Kommissar für Unternehmen und Informationsgesellschaft, Erkki Liikanen, vorgestellten Ansatz der Ko-Regulierung, bei dem Regelungen für bestimmte Problembereiche (z. B. E-Confidence, Streitschlichtungsverfahren, etc.) in Zusammenarbeit zwischen öffentlichem Sektor, Industrie und Verbraucherorganisationen erstellt werden. Hierzu könnten Industrie und Verbraucherorganisationen in politisch vorgegebenen Bereichen Richtlinien und Empfehlungen entwerfen, die anschließend vom Gesetzgeber im Rahmen von Rechtsetzungsvorhaben aufgegriffen und rechtsverbindlich umgesetzt werden.

Dabei ist zu berücksichtigen, dass auf allen betrachteten Ebenen unterschiedliche Regulierungsgeschwindigkeiten und -strategien festzustellen sind. Will sich der Nationalstaat ein Höchstmaß an Einfluss in diesen sehr unterschiedlichen Systemen sichern, ist zu überlegen, inwieweit über die Einrichtung einer institutionell-organisatorischen Plattform nachgedacht werden muss, die als „Brücke" zu den verschiedenen internationalen Regulierungsinitiativen fungieren könnte. Eine solche Plattform könnte zugleich als Forum und „Think-Tank" dienen, um Regulierungsstrategien zu entwerfen.

5.2.2.4 Handlungsempfehlungen

Es müssen – ggf. neue – Rechtsstrukturen bzw. Rechtsetzungsmechanismen gefunden werden, die fähig sind, ein „globales Recht" zu entwickeln, das in der Lage ist, die Unterschiede der verschiedenen Rechtstraditionen und -kulturen zu überwinden und bei bestimmten Kernbereichen einen Minimalkonsens herzustellen. Insoweit gilt es, in einen Wettbewerb der Rechtskreise einzutreten. Nicht die Regulierungsziele, sondern die Instrumente zu ihrer Erreichung müssen an die neuen tatsächlichen Gegebenheiten angepasst werden. Der Aspekt der Ko-Regulierung sollte stärker berücksichtigt werden. In Zukunft sollte eine engere Zusammenarbeit mit den beteiligten Kreisen ins Auge gefasst werden. Zu denken ist an „Public-Private Partnerships" zur Erarbeitung von Rahmenregelungen. Es ist zu überlegen, ob nicht eine nationale Institution („Think Tank") eingerichtet werden sollte, die Erkenntnisse über globale Regulierungsbestrebungen im Bereich Informationsgesellschaft bündeln, auswerten sowie geeignete Regulierungsstrategien entwickeln kann und dafür sorgt, dass nationale Repräsentanten verstärkt in internationale Initiativen eingebracht werden.

Standardisierung und Normierung der IKT sollten als Schlüsselelemente einer staatlichen Regulierungsstrategie in Bezug auf IuK-Netzwerke erkannt werden.

Regelungen, die sich auf die schnell wandelnde Techniklandschaft der IuK-Netze beziehen, sollten regelmäßigen Evaluierungen unterzogen und in geeigneten Fällen mit „Verfallsdaten" versehen werden.

Der Bereich „Recht durch Technik" muss stärker als interdisziplinäres Forschungsfeld entwickelt werden. Die Auswirkungen von manchen wünschenswert erscheinenden Technologien für die Informationsgesellschaft – Stichwort Digital Rights Management (DRM), Platform for Privacy Preferences Project (P3P) – sollten genau untersucht und ggf. rechtlich gesteuert werden. Neben dem Schutz der informationellen Selbstbestimmung ergeben sich wesentliche Spannungsfelder aus dem Verhältnis von staatlichen Sicherheitsinteressen zum „Fernmelde"(Kommunikations)geheimnis sowie der Beziehung zwischen Urheberrechten/gewerblichen Schutzrechten gegenüber der Informationsfreiheit.

Empfehlung 5-13   Schaffung eines völkerrechtlichen Rahmens für die Internet-Organisation ICANN

Es ist zu überlegen, ob nicht eine für das Internet so eminent wichtige Organisation wie die ICANN aus einer singulären nationalstaatlichen Bindung herausgelöst und mit einer völkerrechtlichen Grundlage versehen werden sollte.

Empfehlung 5-14   Schaffung eines rechtlichen Rahmens für Selbstregulierungsmaßnahmen der Internet-Wirtschaft

Der Gesetzgeber ist dazu aufgerufen, einen äußeren rechtlichen Rahmen für die Selbstregulierungsanstrengungen der Internet-Wirtschaft zu schaffen – Selbstregulierung und staatliche Regulierung also effektiv miteinander zu verzahnen. Die Empfehlungen von privatwirtschaftlichen Vereinigungen wie GBD, ICC und GIP sollten von staatlicher Seite aufgenommen und geprüft werden. In Zusammenarbeit mit den Spitzenverbänden der deutschen Wirtschaft sowie den Verbraucherschutzverbänden (etwa in Form eines Public-Private-Partnership zwischen dem BMWi und den einschlägigen Verbänden) könnten hieraus Richtlinien für die Selbstregulierung in bestimmten Teilbereichen abgeleitet werden.

Empfehlung 5-15   Der Schwerpunkt der deutschen Gesetzgebung sollte im Bereich des Informationszugangs und der Novellierung des Datenschutzrechts liegen

Der Schwerpunkt der weiteren legislativen Arbeit sollte in Deutschland in dem Bereich des Informationszugangs (Informationsfreiheitsgesetze) und der zügigen Novellierung des Datenschutzrechts liegen. Darüber hinaus sind grundlegende Untersuchungen im Bereich „Recht und Informationstechnik" erforderlich, da die Technik zunehmend die Rechtsverwirklichung sowohl in positiver als auch in negativer Hinsicht bestimmt (Beispiel: Datenschutz oder auch Digital Rights Management).

Empfehlung 5-16   Schaffung einer zentralen Stelle in Deutschland zur Beobachtung europäischer und internationaler Regulierungsbestrebungen und -initiativen sowie zur Wahrnehmung nationaler Interessen

In Bezug auf die vielfältige regulatorische Tätigkeit auf der europäischen und internationalen Ebene sollte die Einrichtung einer zentralen Stelle auf nationaler Ebene geprüft werden, die die jeweiligen Initiativen beobachtet und hierzu ein Informationsangebot bereit hält. Eine derartige Stelle könnte zum einen als erste Anlaufstelle für interessierte Kreise dienen. Zum anderen könnte sie eine Gesamtstrategie entwerfen und als Plattform für den Austausch zwischen Politik, Wirtschaft und Forschung dienen. Letztlich könnte diese Einrichtung auch dafür Sorge tragen, dass in den entsprechenden internationalen Initiativen verstärkt nationale Vertreter mitwirken, um ein „Mehr" an deutschen Wertvorstellungen und Rechtskultur in internationale Regulierungsansätze einzubringen.

Empfehlung 5-17   Verwundbarkeitspotenzial als Forschungsthema, Prüfung geltender Straftatbestände für Cybercrimedelikte und Prüfung der Cybercrime-Konvention

Es sollten Studien initiiert und gefördert werden, die empirische Daten über das tatsächliche Verwundbarkeitspotenzial der Informationsgesellschaft liefern. Die Verwundbarkeit der Informationsgesellschaft sollte als grundlegendes Forschungsthema begriffen werden. Darüber hinaus sollte eingehend geprüft werden, ob die geltenden, bereits 1986 mit dem 2. Wirtschaftskriminalitätsbekämpfungsgesetz eingeführten, materiell-rechtlichen Strafvorschriften ausreichend sind, die potenziell möglichen Delikte des Cybercrime aufzunehmen, oder ob sie um neue Straftatbestände ergänzt werden müssen.

Vor der Ratifikation der Cybercrime-Konvention sollte genau geprüft werden, inwieweit von der Möglichkeit der vertraglich vorgesehenen Abweichungen Gebrauch zu machen ist. Zudem sollten die Ergebnisse der Studie des Max-Planck-Instituts für ausländisches und internationales Strafrecht über die Effektivität der Telekommunikationsüberwachung, die voraussichtlich im Frühjahr 2002 vorgestellt werden, abgewartet und berücksichtigt werden.

Empfehlung 5-18 Internationale Konventionen – Schutz der Menschenrechte

Es sollte eine völkerrechtlich verbindliche, internationale Konvention zur Wahrung der Menschenrechte in der elektronischen Kommunikation entwickelt werden.

Empfehlung 5-19 Anonyme und pseudonyme Nutzung des Internet

Es sollte ein grundsätzliches Recht auf anonymen oder pseudonymen Zugang und Nutzung von Netzangeboten anerkannt werden[23].

Es sollte geprüft werden, ob und in welchem Umfang Anonymisierungsdienste bei Cybercrime genutzt werden und falls ja, welche Delikte wegen der „anonymen" Verhältnisse im Internet nicht aufgeklärt werden können.

Auf internationaler Ebene sollten die Arbeiten der United Nations Commission on International Trade Law (UNCITRAL) forciert und ggf. ein Abkommen erarbeitet werden, dass die Vorgaben der E-Commerce-Richtlinie, der Brüsseler Konvention und der Rom bzw. Rom II Konvention – jedenfalls für den Bereich des E-Commerce– auf globalem Level anderen Staaten zugänglich macht.

Empfehlung 5-20 Förderung interdisziplinärer Studien und Projekte zur Entwicklung technischer Lösungen für die Umsetzung rechtlicher Regelungen im Internet; Erweiterung der Zuständigkeit des BSI

Im Rahmen von interdisziplinären Studien wird empfohlen, genauer zu untersuchen, in welchen praktischen Bereichen technische Lösungen möglich sind und welche (rechtlichen) Ziele implementiert werden könnten und sollten. Interdisziplinäre Projekte, bei denen Techniker und Juristen (sowie ggf. andere Disziplinen) gezielt Lösungen für geeignete Bereiche entwickeln (nach dem Vorbild von VERNET des BMWi), sollten gefördert werden.

In diesem Zusammenhang sollte auch geprüft werden, ob der Handlungsauftrag und die Kompetenzen des Bundesamtes für Sicherheit in der Informationstechnik (BSI) neu auszurichten und ggf. zu erweitern sind. Der bislang vorrangig auf die technische Sicherheit gerichtete Fokus des BSI sollte dahingehend erweitert werden, stärker die gesellschaftlichen Abhängigkeiten und sozialen Wechselwirkungen von und mit IuK-Systemen in den Blick nehmen.

5.3 Wissensverwertung

Die Informations- und Wissensgesellschaft basiert auf immateriellen Gütern und Leistungen und daraus abgeleiteten Produkten. Dies ist der Grund dafür, dass der modernen und angemessenen Ausgestaltung des gewerblichen Rechtsschutzes für immaterielle Güter, wie des Urheberrechts und des Patentrechts, eine Schlüsselrolle bei der Entwicklung von Wirtschaft und Gesellschaft zukommt. Digitalisierung und Vernetzung der Information und Kommunikation sowie die zunehmende Bedeutung des Produktionsfaktors Wissen haben eine kontroverse Debatte über die adäquate Form des Patent- und Urheberrechts im 21. Jahrhunderts ausgelöst. Die Globalisierungseffekte bringen eine neue Dimension in die Auseinandersetzung, weil in transnationalen, globalen digitalen IuK-Infrastrukturen politische Gestaltungsansätze an Grenzen stoßen. Diese bestehen sowohl in der enormen und komplexen informationstechnologischen Entwicklungsdynamik als auch in der Kollision national unterschiedlicher Rechtsordnungen. In denselben Diskussionskontext gehört daher ebenfalls die kontroverse Debatte um die Zukunftsfähigkeit des ‚Urheberrechts nach Napster', die so genannten Bio- oder Genpatente oder auch die Frage der Zwangslizensierungen von pharmazeutischen Stoffpatenten (z. B. AIDS-Medikamente, Anti-Milzbrand-Mittel) oder landwirtschaftlichen Saatgutpatenten. Besonders die beiden letzten Aspekte sind zwischen den Industrieländern und den Entwicklungsländern äußerst strittig und daher zunehmend auch ein zentraler Streitpunkt bei der Weiterentwicklung internationaler Verträge.

5.3.1 Wissensverwertung durch Patentierung von Wissen[24]

5.3.1.1 Bedeutung der Patentierung in der ökonomischen Entwicklung

Im Gutachten „Zur technologischen Leistungsfähigkeit Deutschlands" im Auftrag des Bundesministeriums für Bildung und Forschung heißt es: „Die Bedeutung und die Struktur der FuE-intensiven Branchen im internationalen Wettbewerb ist gleichsam die ‚Nagelprobe' für die technologische Leistungsfähigkeit der einzelnen Volkswirtschaften. Die internationale Nachfrage richtet sich besonders intensiv auf forschungsintensive Güter, denn ihr Einsatz hat in der Regel signifikant positive Effekte auf Produktivität und Wettbewerbsfähigkeit der gesamten Wirtschaft. In den 90er Jahren nahm das Welthandelsvolumen bei Spitzentechnikerzeugnissen jährlich um zehn Prozent, bei Hochwertigen Erzeugnissen um acht Prozent, bei nicht-forschungsintensiven Waren dagegen nur um 5,5 Prozent zu. Der Handel mit forschungsintensiven Waren machte 1998 knapp 51,5 Prozent der Ausfuhren der OECD-Länder von verarbeiteten Industriewaren aus. Über ein Drittel davon waren Güter der Spitzentechnik, nicht ganz zwei Drittel entfielen auf Güter der Hochwertigen Technik." (ZEW 2001: 55). Der Patentierung kommt dabei die Schlüsselrolle im internationalen Technologiewettbewerb zu. Patente gelten als Indikator für Expansionsmöglichkeiten auf innovativen Märkten, errichten Marktzugangsbarrieren und schaffen damit ein Monopol in der Verfügbarkeit. Anmeldungen im Ausland werden zu einem zentralen Baustein der Weltmarktrelevanz von Unternehmen.

Darüber hinaus sind sie ein Indikator zwischen den Industrieländern für die Attraktivität von Regionen als Absatz-

---

[23] Siehe Mitteilung der EU-Kommission KOM(2000)890 endgültig, Ziff. 5.3.

[24] Vgl. hierzu auch das abweichende Minderheitenvotum der CDU/CSU-Fraktion in Kapitel 11.1.7.4.

markt. „So zeigt sich zwar von Mitte der 80er bis Mitte der 90er Jahre ein ähnlicher Verlauf zwischen den ‚Triade-Patentanmeldungen'[25] [weltmarktrelevante Patente] und den EPA-Patentanmeldungen. Die zunehmende Integration und die steigende Attraktivität des europäischen Marktes hat in den letzten Jahren jedoch zu einem stärkeren Anstieg der Anmeldungen am Europäischen Patentamt (EPA) geführt. Neben Deutschland – Anfang der 90er Jahre hatte die zeitweilige ‚Binnenorientierung' der deutschen Wirtschaft im Anschluss an die Wiedervereinigung zu einem Rückgang der weltmarktrelevanten Patentanmeldungen geführt – expandieren einzelne kleine Länder besonders rasch. Dies weist auf ein stark gestiegenes Interesse am europäischen Markt und auf erfolgreiche Anstrengungen zur Verbesserung der Technologischen Leistungsfähigkeit in ausgewählten Spitzentechnologien hin." (ZEW 2001: 53)

5.3.1.2 Die Rolle Deutschlands

Die Anzahl der aus Deutschland stammenden Triadepatente hat sich im Laufe der 90er Jahre um gut ein Drittel erhöht. Seit 1993 verläuft die Entwicklung in den USA und in Deutschland nahezu parallel. Japan und andere Volkswirtschaften, die stärker auf Technologiegebiete mit hoher Patentdynamik (insbesondere Pharma- und Telekommunikationsindustrie) spezialisiert sind (Schweden, Schweiz, Finnland), rangieren vor Deutschland und den USA. In den deutschen Patentanmeldungen kommt zum Ausdruck, dass das Innovationsgeschehen nicht auf Spitzentechnologien spezialisiert ist. Die Stärken liegen eher in den Sektoren „höherwertiger Technik". Wirtschaftszweige der Spitzentechnik stehen beim Exportwachstum (16 Prozent) auf dem ersten Rang. Die Exportdynamik der hochwertigen Technik ist wesentlich geringer und erreicht seit 1995 ca. fünf bis sechs Prozent. Trotz Steigerungen ist der Anteil Deutschlands bei den Exporten FuE-intensiver Güter gegenüber den USA zurückgegangen. Auch der Anteil deutscher Patentanmeldungen beim EPA ist im letzten Jahrzehnt auf ca. 13 Prozent zurückgegangen (vorherige Dekade 18 Prozent). Den Untersuchungen zufolge (ZEW 2001: 82f.) spielt sich die Zukunft des Pharmasektors immer mehr im Bereich der Biotechnologie ab. Waren 1999 gerade 3,2 Prozent der eingereichten Anmeldungen Biopatente, so steigerte sich dieser Wert nach Angaben des EPA im Jahre 2000 um mehr als 23 Prozent. Nur in der Datenverarbeitung war der Zuwachs größer. 41 Prozent der internationalen Patentanmeldungen im Pharmasektor haben dabei einen direkten Bezug zur Biotechnologie (1991: 31 Prozent). Dementsprechend verwundert es kaum, wenn ein immer größerer Teil der Markteinführungen neuer pharmazeutischer Wirkstoffe auf Biopharmazeutika entfällt (1999 knapp ein Viertel). Das deutsche Patentgeschehen im Pharmabereich mit biotechnologischer Relevanz geht zunehmend auf Hochschulen und Forschungseinrichtungen oder BioTech-Firmen zurück. Die Pharmakonzerne verantworten weniger als die Hälfte (43 Prozent) der Patentierung. Wichtiger wird also die Vernetzung von Partnern aus der Wissenschaft, kleinen Biotechnologieunternehmen und Pharmakonzernen. Trotzdem verzeichnet die deutsche Pharmaindustrie insgesamt Anteilsverluste bei weltweiter Patenttätigkeit sowie bei verkaufsstarken Neueinführungen. Der Umsatzanteil bei den 50 umsatzstärksten neuen Wirkstoffen ging von zwölf Prozent in der zweiten Hälfte der 80er Jahre auf ca. drei Prozent zehn Jahre später zurück.

Da die Außenhandelsanteile allerdings nicht im gleichen Ausmaß schrumpften, ist Deutschland nach wie vor eine führende Exportnation im Bereich der pharmazeutischen Industrie. Auch wenn sich die internationalen Gewichte in den 90er Jahren im Pharmabereich stärker in Richtung USA verschoben haben, ist Deutschland hier mit einem Welthandelsanteil von ca. 20 Prozent größter Exporteur. Die größte Herausforderung der Pharmaindustrie liegt somit künftig in der Integration von Bio- und Gentechnologie in der Produkt- und Prozessentwicklung. Der Anteil der biopharmazeutischen Patentanmeldungen an allen pharmazeutischen Patentanmeldungen aus Deutschland stieg von ca. 25 Prozent (1990–1992) auf ca. 35 Prozent (1996–1998). Auch der Anteil der biopharmazeutischen Wirkstoffe bei den Produktneueinführungen stieg von ca. zwei Prozent Anfang der 90er Jahre auf ca. 20 Prozent am Ende der 90er Jahre (ZEW 2001: 20).

Für die Beschäftigungsentwicklung sieht die Bilanz anders aus: Ein Vergleich zum Anteil der forschungsintensiven Produktion von 41,5 Prozent 1999 an der gesamtwirtschaftlichen Produktion und einem Beschäftigungsanteil von über 39 Prozent an der Gesamtbeschäftigung im Jahr 2000 macht die überdurchschnittliche Produktivität der Branche deutlich. Beschäftigung und Produktionsanteil haben sich in den 90er Jahren gegenläufig entwickelt. Durch den gerade in diesen Branchen überdurchschnittlich starken Konkurrenzdruck der Industrieländer stieg zwar die Produktion um 20 Prozent seit 1997, das Beschäftigungsniveau nahm aber bis zum Jahr 2000 nur um zwei Prozent zu, wobei gleichzeitig der nicht forschungsintensive Bereich der Industrie Arbeitsplätze abbaute (ZEW 2001: 44). Die Produktivitätssteigerung lag demgegenüber über dem Industriedurchschnitt. Darüber hinaus ist die enge Korrelation mit der Entwicklung wissensintensiver Dienstleistungen zu betrachten, deren Bedeutung in diesem Wechselspiel zunahm.

Auf die wachsende ökonomische und politische Bedeutung von Patenten hat die Bundesregierung mit ihrem Programm „Wissen schafft Märkte" (BMBF 2001a), einer Verwertungsoffensive für geistiges Eigentum, reagiert. Die Entwicklung ist allerdings zu neu, um sie in dieser Enquete-Kommission hinsichtlich ihrer Konsequenzen zu beurteilen.

5.3.1.3 Politische Maßnahmen zur Patentierung

Politische Maßnahmen zur Patentierung schaffen einen wirtschaftlichen Anreiz, um Unternehmen und Erfinder zu Investitionen in neues Wissen zu bewegen. Die Produktion von Wissen setzt Investitionen in Forschung und Entwicklung voraus, deren Ertrag häufig unsicher ist. Geistige Eigentumsrechte geben ihren Besitzern für begrenzte Zeit das Recht, ein immaterielles Gut exclusiv zu verwerten. So

---

[25] Patente, die am EPA, am USAT (USA) und am JPO (Japan) angemeldet wurden.

heißt es beispielsweise in den Zielen und Grundsätzen des TRIPS-Abkommens (Trade-Related Aspects of Intellectual Property Rights): „Der Schutz und die Durchsetzung von Rechten des geistigen Eigentums sollen zur Förderung der technischen Innovation sowie zur Weitergabe und Verbreitung von Technologie beitragen, dem beiderseitigen Vorteil der Erzeuger und Nutzer technischen Wissens dienen, in einer dem gesellschaftlichen und wirtschaftlichen Wohl zuträglichen Weise erfolgen und einen Ausgleich zwischen Rechten und Pflichten herstellen."

Allerdings begann mit der wachsenden ökonomischen Bedeutung seit Anfang der 80er Jahre ein Prozess, das Patentrecht auf den Bereich der belebten Natur, Pflanzen, Gene und Tiere auszudehnen.

1980 wurde in den USA das erste Patent auf eine Bakterie erteilt. 1998 wurde das erste Säugetier patentiert. In Europa verlief die Ausweitung der Patentierung mit geringer Verzögerung zeitlich fast parallel. 1981 patentierte das EPA den ersten Mikroorganismus. 1992 wurde das europäische Patent auf die sog. Krebsmaus erteilt. Außerdem wurden in zunehmenden Umfang Patente auf Pflanzen erteilt. Mit der europäischen Biopatent-Richtlinie wurde 1998[26] erstmals die Erteilung von Patenten auf Pflanzen und Tiere, auf menschliche Gene und Teile des menschlichen Körpers legalisiert. Die EU-Richtlinie legt fest, dass die Grenzen der Patentierbarkeit auch die Bereiche umfassen, die niemand „erfinden" kann: Das Lebewesen und seine genetischen Grundlagen, seine Fähigkeit zu Wachstum, Differenzierung und Fortpflanzung.

International wurde mit dem TRIPS-Abkommen die Patentierung umfangreich und weitgehend gegen den Widerstand der Entwicklungsländer in der Uruguay-Handelsrunde des GATT neu definiert. Das Abkommen sieht mit engen Ausnahmen einen Patentschutz für Produkte und Produktionsprozesse auf allen Gebieten der Technik von zwanzig Jahren vor. Es setzt hohe Mindestanforderungen für den Schutz geistigen Eigentums und geht damit über die internationalen Konventionen zum Schutz des geistigen Eigentums hinaus, die von der WIPO (World Intellectual Property Organization) verwaltet werden.

5.3.1.4 Patentierungsabkommen versus Menschenrechtsabkommen

Neben vielen NGOs sieht die UN-Menschenrechtskommission Anlass für eine menschenrechtliche Prüfung des TRIPS-Abkommens. Sie wies die Regierungen in einer Erklärung vom 17. August 2000 auf die Vorrangstellung der Menschenrechte gegenüber Wirtschaftsabkommen hin und betonte dabei insbesondere die Konflikte zwischen dem TRIPS-Abkommen und den Menschenrechten auf Teilhabe am wissenschaftlichen Fortschritt, auf Gesundheit, Ernährung und Selbstbestimmung. Die Sektion der NGO „Oxfam" in Belgien weist darüber hinaus darauf hin, dass die europäische Bio-Patentrichtlinie insgesamt acht völkerrechtlich bindende Übereinkommen verletzt, darunter den internationalen Pakt für wirtschaftliche, soziale und kulturelle Rechte sowie die Konvention über biologische Vielfalt.

Die deutsche Kommission von „Justitia et Pax" forderte ebenfalls eine Überprüfung des TRIPS-Abkommens mit den internationalen Menschenrechtsabkommen und dabei vor allem mit dem Abkommen für wirtschaftliche, soziale und kulturelle Rechte (Justitia et Pax 2001).

Zudem stellte Jürgen Knirsch von „Greenpeace" in einer öffentlichen Anhörung der Enquete-Kommission diese Probleme dar. Er unterstützte die Forderung des NGO-Statements „Re-thinking in the WTO" nach grundlegender Überprüfung des TRIPS-Abkommens und verwies auf die besondere Problematik der EU-Richtlinie 98/44, in der die Patentierung erheblich über das durch das TRIPS-Abkommen geforderte Mindestmaß hinaus ausgeweitet wurde (vgl. Tabelle 5-5, Knirsch 2001: 90f.).

Tabelle 5-5

Vergleich des TRIPS-Abkommens mit der EU-Richtlinie 98/44

TRIPS-Abkommen	EU-Richtlinie (98/44) und Europäisches Patentamt
Patente auf Pflanzen und Tiere können verboten werden.	Patente auf Pflanzen und Tiere müssen erteilt werden.
Patente auf Gene werden nicht ausdrücklich verlangt.	Patente auf Gene müssen erteilt werden.
Nicht patentiert werden müssen Verfahren, die im Wesentlichen biologisch sind.	Alle Verfahren, die nicht vollständig biologisch sind, können patentiert werden.
Mikrobiologische Verfahren werden nicht über das Gebiet der Mikrobiologie hinaus patentierbar definiert.	In der Praxis des Europäischen Patentamtes werden mikrobiologische Verfahren gleichgesetzt mit allen Verfahren, die nicht als biologisch anzusehen sind. Dadurch kann auch eine Pflanze oder ein Säugetier als Ergebnis eines mikrobiologischen Verfahrens angesehen werden.

---

[26] Richtlinie 98/44 des Europäischen Parlaments und des Rates vom 6. Juli 1998 über den rechtlichen Schutz biotechnologischer Erfindungen (Biopatent-Richtlinie), Amtsblatt Nr. L 213 vom 30/07/1998: 0013–0021.

EU und Bundesregierung lehnten bei den WTO-Verhandlungen 2001 eine Revision des TRIPS-Abkommens ab. Lediglich einzelne Bestimmungen sollen in Bezug auf die Implementierung und Unterstützung der Entwicklungs- und Schwellenländer überprüft werden. Die wesentlichen Themen, die im Rahmen des TRIPS-Rates dabei diskutiert werden, sind nach Angaben der Bundesregierung: a) Landwirtschaft/Ernährung, hierbei insbesondere Regelungen für ein geeignetes Schutzsystem von Pflanzensorten; b) Schutz und Ausbau der öffentlichen Gesundheit, insbesondere der Zugang zu preiswerten Arzneimitteln gegen lebensbedrohliche Krankheiten; c) Biopiraterie. Hierbei spielen Fragen der Patentierung von lebender Materie und das Verhältnis des TRIPS-Abkommens zur Konvention über biologische Vielfalt sowie der Schutz von traditionellem Wissen eine besondere Rolle (BMWI 2001b: 42 ff.).

5.3.1.5 Landwirtschaft und Ernährung

Ein wesentlicher Kritikpunkt ist die Abhängigkeit der Landwirte von Saatgutkonzernen und die Gefährdung von Nahrungssicherheit durch Patente. Sie erstreckt sich gleichermaßen auf Saatgut, Lebens- und Futtermittel sowie die Verwertung der Ernte. Zwar werden in der europäischen Richtlinie Pflanzensorten von der Patentierung ausgenommen. Sofern jedoch mehr als eine spezielle Sorte beantragt wird, können Patente auf diese Sorte und auf nachfolgende Züchtungen erteilt werden. Noch werden Landwirte nach der Regelung des europäischen Sortenschutzes bei der Wiederverwendung von Saatgut von Lizenzanforderungen verschont. Allerdings kann nach der Novellierung der europäischen Sortengesetzgebung eine Nachbaugebühr erhoben werden, wie es bereits in den USA gängige Praxis ist, wo Landwirte vom Agrokonzern Monsanto verpflichtet werden, kein Saatgut ohne Lizenzgebühr zur Aussaat zu verwenden. Gegen diese Unternehmenspraxis wird bereits in zahlreichen Fällen vor amerikanischen Gerichten geklagt. In der europäischen Richtlinie tritt an die Stelle der Freiheit der Verwendung von Pflanzensorten zur Züchtung nunmehr die Möglichkeit, eine Zwangslizenz zu beantragen.

Im TRIPS-Abkommen wiederum werden die WTO-Mitglieder verpflichtet, für Mikroorganismen sowie für mikrobiologische und nicht-biologische Verfahren zur Herstellung von Pflanzen und Tieren einen Patentschutz bereitzustellen. Der bekannte Wirtschaftsjurist Lukes warnte schon 1987 vor den Folgen: „Mit der Ausdehnung der Ausschließlichkeitsbefugnisse, die sich bisher auf Vermehrungsgut beziehen, würde auch das letzte Weizenkorn bis hin zum Konsum und zur industriellen Verwertung vom Ausschlussrecht erfasst. Da die Gentechnologie in der Pflanzenzüchtung zunehmend eingesetzt wird, würden in kürzester Zeit alle für die menschliche Ernährung mittelbar oder unmittelbar bedeutsamen Kulturpflanzen dem Patenrecht unterliegen." (Greenpeace 1999: 61f.). Die Kultivierung der Zuchtrechte, die Landwirte jahrhundertelang erbracht haben, wird den Monopolinteressen der großen Saatgutkonzerne unterworfen und daneben die Sortenvielfalt eingeschränkt. Profiteure sind die wenigen großen Agrochemie- und Lebensmittelkonzerne. Angesichts des Weltmarktvolumens ist dies kaum verwunderlich: Für Agrochemikalien wird es auf ca. 28 Milliarden US-Dollar geschätzt und nur für Saatgut werden 30 bis 50 Millionen US-Dollar veranschlagt. Die Verteilungskämpfe zwischen Monsanto und anderen Konzernen sind in vollem Gange, während Landwirte davon ruiniert werden.

Im OECD-Bericht zu „Biotechnologie, Landwirtschaft und Ernährung" von 1994 wurde diese Entwicklung wie folgt charakterisiert: „Das Hauptaugenmerk in diesem Sektor galt der Neuorganisation des Saatgutmarktes, was eine stärkere Integration in den Agrochemikaliensektor zur Folge hatte. (...) Was die Vermarktungsstrategien für neue Produkte anbelangt, so ist die bisherige Möglichkeit als Lieferant von Gentechnik aufzutreten, ins Wanken geraten, und an ihre Stelle tritt nun eine neue Strategie. Man versucht, sich Kontrolle über die Saatgutmärkte zu beschaffen, bzw. was noch wichtiger ist, in den nachgelagerten Bereich der Absatzmärkte vorzudringen, um so den industriellen Mehrwert für sich zu reklamieren." (OECD 1994)

Eine weltweite Verknappung und Verteuerung von Lebensmitteln kann die Folge sein, so dass auch die Weltbank vor Monopolpreisen warnt. Neben den höheren Preisen sind die Entwicklungsländer besonders betroffen, da 80 Prozent ihres Saatguts bisher aus heimischer Ernte stammt, die dann ersetzt werden könnten bzw. noch zu patentieren wären. Hinweise darauf gibt das Verfahren einiger großer Saatgutkonzerne. Parallel zur Umsetzung des TRIPS-Abkommens gingen sie z. B. in Indien dazu über, den Bauern patentgeschütztes Saatgut zunächst kostenlos zur Verfügung zu stellen. In wenigen Jahren werden die Bauern davon abhängig, weil sie kein eigenes Saatgut mehr zur Verfügung haben und auch kein lokales Saatgut mehr angeboten wird. Die Sortenvielfalt nimmt angesichts der Marktkonzentration ab, die Vielfalt der Ernährungsgrundlagen wird eingeschränkt, viele Landwirte sind ruiniert. Weitere Folgen sind auch die Einschränkung der Ernährungssicherheit und die Flucht in die Slums der Städte.

5.3.1.6 Gesundheit

Das TRIPS-Abkommen verpflichtet die WTO-Mitgliedsländer, für alle Medikamente, die nach 1995 patentiert wurden, innerhalb von 20 Jahren einen Patentschutz einzuführen. Darüber hinaus spielt hier die Patentierung von Genen eine besondere Rolle. In der europäischen Richtlinie gilt der Patentschutz automatisch für alle Funktionen, die zum Zeitpunkt der Patenterteilung noch nicht bekannt waren, obwohl man wissenschaftlich davon ausgeht, dass die Mehrzahl der Gene unterschiedlichste Funktionen hat. Damit können Konzerne, die ein Genpatent halten, alle zukünftig möglichen Anwendungen kontrollieren. Die Entwicklung neuer Medikamente auf der Grundlage patentierter Gene wird so weitgehend ausgeschaltet. Auch die Patentierung therapeutischer Verfahren ist äußerst umstritten. In den USA wurden bereits Patente auf gentherapeutische Verfahren vergeben, und auch beim EPA sind zahlreiche Anträge auf therapeutische Verfahren gestellt worden. Zwar sind sie bisher in der europäischen Richtlinie nicht zulässig, doch dies wird in der Praxis weitgehend unterlaufen.

Folgende aktuelle Fälle aus dem Jahr 2000 verdeutlichen dies:

- So erhielt die Firma Millenium Pharmaceuticals (USA) ein Patent auf ein Gen, mit dem Diagnose und Verhütung der Ausbreitung von Tumoren kontrolliert werden soll. Nach Ansicht der Firma kann dieses Gen Ärzten und Patienten entscheidende Informationen geben in der Beurteilung des Verlaufes von Krebserkrankungen der Brust, der Haut, von Magen und Darm, der Fortpflanzungsorgane, der Lunge, des Pankreas, der Lymphgefäße und anderer Organe.
- Die John Hopkins University (USA) erhielt ein Patent auf ein Gen, das u. a. für die Diagnose von Dickdarmkrebs wichtig sein soll. Die General Hospital Corporation ließ ein Gen patentieren, das bei bestimmten Tumoren des Nervensystems die Ausbreitung der Krankheit steuern soll. (Knirsch 2001: 87)

In all diesen Fällen wurden nicht nur bestimmte Anwendungen, sondern die Gene mit all ihren Funktionen patentiert. Greenpeace stellte dazu fest: „Bei diesen erteilten Patents stellt sich nicht nur die grundsätzliche Frage, wo die Grenze zwischen Entdeckung und Erfindung zu ziehen, oder was unter der Funktion eines Gens zu verstehen ist. Auch die konkreten Auswirkungen für Ärzte, Patienten und Krankenkassen müssen beurteilt werden. Die Folgen derartiger Patente können weit in die ärztliche Praxis hinein reichen. Zwar ist die Heilung vieler Erkrankungen in weiter Ferne, doch bei der Beurteilung des Krankheitsverlaufes, der Heilungsaussichten und der Wahl der besten Therapie erlangen bestimmte Gene als Hilfsmittel zur Diagnose zunehmende Bedeutung. Obwohl das Europäische Patentübereinkommen Patente auf therapeutische und diagnostische Verfahren am menschlichen Körper verbietet, sind die Patente so abgefasst, dass sich die Firmen die Zustimmung für entsprechende Verfahren in jedem einzelnen Fall vorbehalten könnten. So wurde im Patent der General Hospital Corporation sogar die Entnahme von Proben von Patienten und deren individuelle Untersuchung auf das fragliche Gen patentiert." (Knirsch 2001: 88)

So bilden Patente für Gene auch die Grundlage für Ansprüche, die aus der Ausweitung auf therapeutische Verfahren resultieren. Auch im Zusammenhang mit dem Brustkrebs-Gen BRCA befürchten Ärzte in England bspw. die Verdoppelung der Kosten, wenn sich die Firma Myriad mit ihrer Forderung auf Patentierung auf zwei wichtige Gene durchsetzt. Die Bundesärztekammer und der Dachverband der gesetzlichen Krankenkassen haben anlässlich des englischen Streits gegen die Patentierung von Brustkrebsgenen ausgesprochen. Die Senatskommission der Deutschen Forschungsgemeinschaft forderte bereits 1997, dass die Wahlfreiheit der Ärzte bei Therapie und Diagnoseverfahren nicht angetastet werden dürfen und Heilverfahren von der Patentierung ausgeschlossen werden müssten.

Die besondere Betroffenheit der Entwicklungsländer wurde am Prozess der 37 Pharmakonzerne gegen Südafrika wegen Patentschutzverletzung bei der Herstellung von Aids-Medikamente deutlich.

Infolge dieser Entwicklung setzten die Entwicklungs- und Schwellenländer auf der WTO Konferenz eine Ausweitung der Möglichkeit von Zwangslizenzen durch, deren Bedingungen jetzt im TRIPS-Rat noch detailliert verhandelt werden. Im Rahmen der EU-"Strategie" zur Armutsreduzierung werde ein Aktionsprogramm für eine beschleunigte Hilfe bei HIV/AIDS, Malaria und TBC entwickelt. Im Kern ihrer Lösungsbemühungen stehen darüber hinaus die Einrichtung eines Finanzfonds sowie freiwillige Anstrengungen von Pharmaunternehmen, neueste, wirksame und noch unter Patentschutz stehende Mittel kostenlos oder zumindest zu deutlich reduzierten Preisen abzugeben.

5.3.1.7 Biologische Vielfalt und Biopiraterie

Die Gefahren für Biodiversität und für Biopiraterie gehören seit 1960 zu den Hauptverhandlungsthemen im Zusammenhang mit Patentierung. „Dem Verlust der Biodiversität ist aus mehreren Gründen Einhalt zu gebieten. Das Übereinkommen über biologische Vielfalt nennt in seiner Präambel hierzu neben dem Eigenwert der Biodiversität deren Wert in ökologischer, genetischer, sozialer, wirtschaftlicher, wissenschaftlicher, kultureller und ästhetischer Hinsicht, sowie ihre Erholungsfunktion" (Brühl 2002: 8) „Heute ist zudem allgemein anerkannt, dass die biologische Vielfalt auch indirekt das Überleben der Menschheit sichert, in dem sie beispielsweise zum Klimaschutz beiträgt." (Brühl 2002: 10). Dabei geht es um folgende Konflikte:

„Im Zeitalter der Globalisierung agieren transnationale Unternehmen weltweit und suchen in den Zentren der Biodiversität nach neuen Wirkstoffen. Politisch brisant ist dies vor dem Hintergrund des systematischen Ungleichgewichtes in der Verfügbarkeit von genetischen Ressourcen einerseits und Technologie andererseits." (Brühl 2002: 10) Insofern wurden die schon 1960 beginnenden Verhandlungen von massiven Konflikten zwischen Entwicklungsländern und Industrieländern geprägt. „Zugespitzt möchten die Industrieländer (bzw. deren privatwirtschaftlichen Akteure) Zugang zur biologischen Vielfalt haben, um die eigene Forschung und Produktion voranzubringen. Die Entwicklungsländer sind zwar Eigentümer der biologischen Ressourcen, können sie jedoch nicht adäquat nutzen, da ihnen hierfür die Technologie fehlt. Zudem wurde in den 1970er und 1980er Jahren offensichtlich, dass die biologische Vielfalt trotz bestehender Naturschutzbemühungen abnahm (Brühl 2002: 11).

Vandana Shiva, Trägerin des alternativen Nobelpreises und Wissenschaftlerin aus Indien, warnt in diesem Kontext zu Recht vor der Entstehung eines neuen Kolonialismus: „Seit der Kolonialzeit wurden Land, Ressourcen und Rechte der Menschen durch die Kolonialländer usurpiert. Heute findet dieser Prozess auf subtilerer Ebene statt. Die transnationalen Konzerne (TNC) der nördlichen Hemisphäre versuchen exklusive Rechte auf genetische Ressourcen der Pflanzenwelt und der Artenvielfalt der Dritten Welt zu erhalten. Durch Institutionen wie die GATT-Verhandlungen betreiben sie die Ausweitung des ‚Schutzes geistigen Eigentums', was eine Monopolisierung von Ideen und eine Entwertung des Wissens der Menschen in der Dritten Welt bedeutet. Der Schutz des geistigen Eigentums ist der Schlüssel zur endgültigen Besitznahme und Kontrolle der Ressourcen und Märkte der Dritten Welt." (Greenpeace 1999: 70). So sollten etwa in einem internationalen Forschungsprojekt 720 vom Aussterben bedrohte Volksgruppen mit Blut- und Gewebeproben erfasst werden, um Aufschluss über besondere genetische Anlagen zu geben. Der Kongress der australischen Aborigines verurteilte dieses Unternehmen als „legalisierten Diebstahl". Der permanente Konflikt wird auch hinsichtlich des Einsatzes von Heilpflanzen deutlich. In einer Studie der Weltbank wurde festgestellt, dass 1990 weltweit 43 Milliarden US-Dollar mit Arzneimitteln umgesetzt wurden, die von indigenen Völkern entdeckt worden waren, ohne dass diese einen nennenswerten Anteil an den Gewinnen erhielten. Und die UN-Entwicklungsorganisation UNDP stellte 1999 fest: „Die biologische Vielfalt ist für die Entwicklung von Medikamenten von größter Bedeutung. Schätzungen zufolge lagern in den Entwicklungsländern 90 Prozent der biologischen Ressourcen der Welt. (...) Gerade diese in langer Tradition erworbenen Kenntnisse des in der Natur vorkommenden Potenzials sind für die Pharmafirmen heute so wertvoll. (...) Ohne Genehmigung der lokalen Bevölkerung wurde dieses Wissen zur Entwicklung hochprofitabler Medikamente eingesetzt. In jeder anderen Situation würde dies als Industriespionage bezeichnet." (Greenpeace 1999: 74). Deshalb wurde in der Konvention über biologische Vielfalt, die 1992 auf dem Gipfel in Rio verabschiedet wurde und 1993 in Kraft trat, vertraglich festgelegt, dass die Ursprungsländer bei der Erschließung und Nutzung der biologischen Vielfalt beteiligt werden müssen. Die Konvention erkennt die Rechte der Länder in der Verfügung über ihre genetischen Ressourcen ausdrücklich an. Die TRIPS-Regelungen, aber auch die der europäischen Richtlinie gelten aus Sicht von NGOs, vieler internationaler Organisationen und Wissenschaftler und Entwicklungs- und Schwellenländern als Verstoß gegen diese Konvention. Die UNDP stelle in ihrem „Bericht über die menschliche Entwicklung" 1999 zu den Patentierungsgesetzen ausdrücklich fest: „Diese Gesetze ignorieren die kulturelle Vielfalt bei der Schaffung von Innovationen und Teilhabe daran. Ebenso wenig berücksichtigen sie die vielfältigen Ansichten darüber, was Gegenstand von Eigentumsansprüchen sein kann und sein darf." (UNDP 1999). Mitte Februar 2002 gründeten zwölf Entwicklungs- und Schwellenländer, unter ihnen China, Indien und Brasilien, eine Allianz gegen Biopiraterie. Sie wollen verhindern, dass die genetische Vielfalt weiterhin von transnationalen Konzernen ausgebeutet wird und diese daraus kommerzielle Exklusivrechte in Form von Patentschutz ableiten, ohne dass die lokale Bevölkerung daraus einen Nutzen zieht. In diesen zwölf Ländern konzentrieren sich ca. 70 Prozent der weltweiten Artenvielfalt. Die Initiatoren erklärten, die Initiative diene auch dem Ziel, dass die Frage der Patentierung auf Tiere und Pflanzen im August diesen Jahres auf dem UN-Kongress für nachhaltige Entwicklung zur Sprache gebracht und unter dem UN-Dach gelöst werde (vgl. Kapitel 7.3.2.3).

5.3.1.8 Internationaler Patenschutz und Transfer von Umwelttechnlogien

Die Enquete-Kommission weist bereits im Kapitel „Ressourcen" auf die Bedeutung des internationalen Transfers von ressourcen- und umweltschonenden Technologien für globale Nachhaltigkeitsstrategien hin. Dort wird unter anderem empfohlen, den Transfer besonders in Entwicklungsländer zu fördern und Anreize vor allem für die Entwicklung und Verbreitung angepasster Technologien zu setzen (vgl. Empfehlung 7-32). Es bietet sich an, die internationalen Vereinbarungen zum gewerblichen Rechtsschutz auch unter diesem umweltpolitischen Blickwinkel zu erörtern. So birgt das TRIPS-Abkommen der WTO – und hier speziell die patentrechtlichen Verpflichtungen – verschiedene Implikationen für den Transfer ressourcen- und umweltschonender Technologien in Entwicklungsländer.

Infolge der Umsetzung von TRIPS wird der Transfer und die Verbreitung patentierter Technologien in Entwicklungsländern einerseits erschwert, da die Kosten durch Lizenzgebühren steigen und Lizenzverhandlungen geführt werden müssen, für die den meisten Unternehmen in Entwicklungsländern die Ressourcen und/oder das Knowhow fehlen. Außerdem besteht die Gefahr, dass der Technologietransfer bei sehr restriktiver Lizenzpolitik des Patentinhabers verwehrt bleibt. Es ist fraglich, ob die in Artikel 40 des TRIPS-Abkommens vereinbarten Regelungen zur Kontrolle wettbewerbswidriger Praktiken in Lizenzverträgen ausreichen, um den Zugang zu Technologien offenzuhalten. Zwar ermöglicht es Artikel 40 den WTO-Mitgliedern, Rechtsvorschriften gegen wettbewerbswidrige Praktiken in Lizenzverträgen vorzusehen und im konkreten Fall mit dem Staat, dem der Patentinhaber angehört, in Konsultation zu treten. Aber gerade die wirtschaftlich ärmsten Ländern dürften de facto nicht in der Lage sein, diese Möglichkeiten von sich aus auszuschöpfen.

Andererseits weisen empirische Studien darauf hin, dass Länder mit hohem Patentschutz ceteris paribus mehr ausländische Investoren anziehen als andere Länder (Maskus 2000), so dass die Einführung westlicher Patentstandards neben anderem auch den Transfer von Umweltschutztechnologien fördern dürfte. Darüber hinaus wirkt die Einführung eines effektiven Systems zum Schutz geistigen Eigentums in Entwicklungsländern grundsätzlich fördernd auf die Forschung und Entwicklung von Technologien, die speziell auf die Bedürfnisse dieser Länder zugeschnitten sind (Innovationsfunktion des Patentschutzes). Ähnlich wie auch für die innovationsfördernde Wirkung von TRIPS für die pharmazeutische Forschung im Bereich tropischer Krankheiten argumentiert wird, kann TRIPS grundsätzlich auch die Innovationstätigkeit der Unternehmen im Süden und Norden im Bereich von entwicklungsländerorientierten Umwelttechnologien anregen. Voraussetzung hierfür ist allerdings, dass eine kaufkräftige Nachfrage für die – nunmehr weltweit patentierbaren – Innovationen existiert. Dies ist jedoch vor allem in den ärmsten Entwicklungsländern kaum der Fall.

Der Mangel an empirischen Befunden erschwert eine abschließende Bewertung, aber die Diskussion deutet an, dass die Wirkungen des TRIPS-Abkommens auf den Transfer umwelt- und ressourcenschonender Technologien in die Entwicklungsländer äußerst ambivalent sein dürften. Daher empfehlen sich zum einen Maßnahmen zur Steigerung der potenziell positiven Effekte, und zum anderen (vorkehrende) Maßnahmen zur Reduzierung der potenziell negativen Wirkungen. Ansatzpunkt einer solchen Politik kann sowohl die Förderung der Verbreitung patentierter Umwelttechnologien sein als auch zusätzliche Innovationsanreize für die Erforschung und Entwicklung von Umwelttechnologien, die speziell auf den Bedarf in Entwicklungsländern abzielen.

5.3.1.9 Handlungsempfehlungen

Vor dem komplexen und komplizierten Hintergrund gruppieren sich die Forderungen und Handlungsempfehlungen der Enquete-Kommission um einige Schwerpunktbereiche im Sinne einer Orientierung von Wissen an Übereinstimmung mit den Menschenrechtsabkommen.

Empfehlung 5-21   Revision des TRIPS-Abkommens und der EU-Richtlinie[27]

Das TRIPS-Abkommen sollte hinsichtlich der aufgeführten Problembereiche Landwirtschaft, Gesundheit, Biodiversität einer Revision unterzogen werden, um es mit den Menschenrechts-, Sozial- und Umweltabkommen in Einklang zu bringen. Die Federführung sollte an die zuständigen UN-Organisationen übertragen werden. In diesem Sinne sollte auch die EU-Richtlinie einer Überprüfung unterzogen und neu verhandelt sowie ihre Umsetzung in nationales Recht solange ausgesetzt werden.

Empfehlung 5-22   Demokratische Kontrolle des EPA[28]

Die Wirkungsweise des Europäischen Patentamts sollte transparenter gestaltet und seine Arbeit einer demokratischen Kontrolle unterzogen werden.

Empfehlung 5-23   Koordinationsstelle der Regierung und parlamentarische Begleitung

Die Bundesregierung wird aufgefordert, eine Koordinationsstelle zur Begleitung dieses Prozesses einzurichten. Der Deutsche Bundestag sollte diesen Prozess ebenfalls durch einen parlamentarischen Ausschuss begleiten.

---

[27] Vgl. hierzu auch das abweichende Minderheitenvotum der CDU/CSU-Fraktion in Kapitel 11.1.7.4.

[28] Vgl. hierzu auch das abweichende Minderheitenvotum der CDU/CSU-Fraktion in Kapitel 11.1.7.4.

Empfehlung 5-24   Ausschluss der Patentierung von Genen, Lebewesen, Pflanzen und Regelungen zum Schutz der Biodiversität und der Interessen der Entwicklungsländer[29]

Im Rahmen dieser Revision und der internationalen Verhandlungen wird empfohlen, Lebewesen (einschließlich Mikroorganismen), Gene und Pflanzen generell von der Patentierung auszuschließen. Landwirte sollten das Recht auf Wiederverwendung des Saatguts (Landwirteprivileg) beibehalten sowie es im nicht-kommerziellen Bereich tauschen und es weiterentwickeln können (Züchterprivileg). Die Interessen der Entwicklungsländer, die Leistungen indigener Völker und der Schutz des traditionellen Wissens sollten in der Umsetzung der Grundsätze des Abkommens über biologische Vielfalt gewährleistet werden.

Empfehlenswert ist auch die Vereinbarung einer Verfahrensregelung zur Sicherung der Versorgung mit lebensnotwendigen Medikamenten.

Empfehlung 5-25   Transfer patentierter Umwelttechnologien durch Entwicklungszusammenarbeit fördern

Es sollte sichergestellt werden, dass die weltweite Verbreitung von Umwelt- und Ressourcenschutztechnologien durch das TRIPS-Abkommen nicht erschwert, sondern gefördert wird. Daher sollte im Rahmen der technischen Zusammenarbeit verstärkt auf die Schulung von Institutionen und Unternehmen über das Patent- und Lizenzwesen geachtet werden. Preissteigerungen für neue Umwelttechnologien infolge der Umsetzung der TRIPS-Regelungen in Entwicklungsländern sollten bei der Festlegung von Höhe und Struktur des Budgets für die Entwicklungszusamamenarbeit berücksichtigt werden. Außerdem sollte geprüft werden, inwieweit ein Dialog mit umwelttechnologischen Unternehmen zur Erzielung von Sonderkonditionen für die ärmsten Entwicklungsländer – ähnlich wie im Falle von AIDS-Medikamenten – erforderlich und erfolgversprechend sein könnte.

Empfehlung 5-26   Restriktive Lizenzpolitik und Technologietransfer

Im Falle von patentierten Umwelttechnologien zeigt sich einmal mehr, dass die ökonomische Globalisierung unter anderem einer Internationalisierung des Wettbewerbsrechts bedarf, um Nachhaltigkeitserfordernissen gerecht zu werden. Andernfalls kann nicht ausgeschlossen werden, dass die Verbreitung umweltentlastender Technologien durch restriktive Lizenzpolitiken von Unternehmen behindert wird. Entwicklungsländer sollten daher bei der Einführung von Rechtsvorschriften gegen wettbewerbswidrige Lizenzierungspraktiken, wenn sie dies wünschen, unterstützt werden. Auf internationaler

---

[29] Vgl. hierzu auch das abweichende Minderheitenvotum der CDU/CSU-Fraktion in Kapitel 11.1.7.4.

Wissensverwertung

Ebene wird empfohlen, zu prüfen, inwieweit sich die in Art. 40(3) TRIPS vorgesehenen Konsultationspflichten erweitern ließen, um das Standortland von Patentinhabern stärker in die Pflicht zu nehmen, wenn es um wettbewerbswidrige Lizenzierungspraktiken des Patentinhabers auf dem Gebiet eines anderen WTO-Mitglieds geht.

Empfehlung 5-27 **Anreizfunktion des Patentwesens für angepasste Umwelttechnologien nutzen**

Damit vom Patentwesen Anreize für die Forschung und Entwicklung von Umwelttechnologien ausgehen, die speziell auf Entwicklungsländer zugeschnitten sind, muss die kaufkräftige Nachfrage in diesen Ländern gestärkt werden. Solange dies nicht gegeben ist, sind zusätzliche Gelder der Entwicklungszusammenarbeit für die Förderung solcher Technologien bereit zu stellen. Es wäre auf internationaler Ebene zu prüfen, inwieweit die Einrichtung eines speziellen Fonds für den Erwerb von Patenten bzw. von Lizenzen für umwelttechnologische Erfindungen realisierbar ist.

5.3.2 Patentierung und Privatisierung von Wissen und ihre Auswirkungen auf die Forschung, gesellschaftliches Wissen und gesellschaftliche Teilhabe

5.3.2.1 Wirkung der Patentierungsregelungen auf die Forschung

Von den Befürwortern der Patentierung wird immer wieder ins Feld geführt, dass ohne Patentierung kein Anreiz für Firmen gegeben sei, in entsprechende Forschung zu investieren. Das ist sicherlich angesichts hoher Forschungsaufwande richtig. Allerdings müssen die verschiedenen Interessen gegeneinander abgewogen und gegen Missbrauch, unangemessene Beschränkung von Handel und Technologietransfer, Zurückdrängung von Forschung und Wissen als öffentliche Güter abgesichert werden. Derzeit besteht die Gefahr, dass Forschung und Bildung mit der Ausweitung des Patentrechts mehr als bisher dem direkten Verwertungsinteresse und der Rendite unterworfen werden. Insbesondere hat das Zentrum für europäische Wirtschaftsforschung (ZEW) darauf verwiesen, dass schnell anwendbare Lösungen vorangetrieben wurden und FuE zunehmend auf kurzfristiges Verwertungspotenzial orientiert wird (ZEW 2001). Dies hat bedeutende Folgen für die gesamtgesellschaftliche Entwicklung beispielsweise im Bereich des Gesundheitsschutzes, da Forschung zur Behandlung von Krankheiten mit hohe Forschungsaufwendungen und nicht zu kalkulierender oder geringer Rendite unterbleiben. Generell werden Bildung und Forschung als öffentliche Güter zugunsten der verwertbaren Aneignung von Forschung und Bildung zurückgedrängt. Dies gilt nicht nur für die Forschung in der Industrie, sondern auch für die Hochschulforschung. Mit der Abschaffung des „Hochschullehrerprivilegs" in Kombination mit der zunehmenden rechtlichen Eigenständigkeit der Hochschulen und ihrer Abhängigkeit von finanziellen Zuwendungen und engerer Kooperation mit der Industrie wird auch Hochschulforschung stärker diesen Erfordernissen unterworfen.

Forschungsergebnisse, die keine hohe Renditeerwartung mit sich bringen, werden zudem unterdrückt, denn neue wissenschaftliche Erkenntnisse werden geheim gehalten oder erst dann veröffentlicht, wenn sie patentiert sind. Dies kann auch zu einer Reduzierung der Publikationstätigkeit führen. Insbesondere, wenn Patente in ihrer Reichweite nicht begrenzt sind, wird weiterreichende Forschung blockiert. Dies trifft beispielsweise zu, wenn mit der Patentierung von Genen alle denkbaren Anwendungen mitpatentiert sind und so Firmen die eigene Forschung und Entwicklung unterlassen, weil sie die Ergebnisse nur in Abhängigkeit und unter Lizenzzahlung an den Patentinhaber nutzen können. Während durch den Konkurrenzdruck auf den Exportmärkten FuE forciert werden, wird der Wettbewerb behindert, weil die Patentierung und Lizenzvergabepolitik systematisch genutzt werden, sich gegenüber der Konkurrenz abzuschotten. Das Patentrecht wird dann zum reinen Unternehmensschutz, in dem die transnationalen Konzerne in der Konkurrenz auf dem Weltmarkt ihre Vormacht absichern und ausbauen. „Das Verhältnis zwischen der notwendigen erfinderischen Leistung und dem Ausmaß des zu beanspruchenden Vermarktungsmonopols kann als inflationär bezeichnet werden. (...) Aus einem geistigen, immateriellen Schutzrecht wird ein Instrument, mit dem die Anteilsinhaber genetische Ressourcen kontrollieren und den Zugang verwehren. Das betrifft sowohl Gene, als auch Organismen, die im Labor isoliert, synthetisiert und verändert werden, als auch natürlicherweise vorkommende Lebewesen, die unter anderem mit den Mitteln der Molekulargenetik lediglich neu beschrieben werden." (Knirsch 2001: 84). Die zuvor bereits skizzierte Grenzziehung zwischen Entdeckung und Erfindung wird aufgehoben, so dass laut europäischer Richtlinie natürlich vorkommende Gene mit ihrer Isolation als Erfindung angesehen und damit patentfähig werden.

Entwicklungsländer haben in dem Streit um die Patentierung das Nachsehen, weil 97 Prozent der Patente Unternehmen aus den Industrieländern gehören und etwa 90 Prozent der Patente, die in den Entwicklungs- und Schwellenländern angemeldet werden, Firmen mit Sitz in Industrieländern gehören (Greenpeace 1999: 71). Damit sind sie nicht nur von den Ergebnissen ausgeschlossen, sondern haben auch keinen nennenswerten Einfluss auf FuE und müssen mit Nachteilen für die eigene technologische Entwicklung kämpfen, da Technologieentwicklung teuer wird oder gegen Patentrechte verstößt. Neben den bereits aufgeführten Problembereichen stellt Liebig unterschiedliche Effekte und wahrscheinliche Konsequenzen, je nach Ausgangssituation der Entwicklungsländer und der Art des Technologietransfers, dar (Liebig 2000: 15f.):

Einfluss auf Investitionen in FuE: Bislang existieren kaum überzeugende empirische Belege für einen positiven

Einfluss schärferer geistiger Eigentumsrechte in Entwicklungsländern auf Investitionen in FuE. Aus theoretischer Sicht ist zu erwarten, dass ökonomisch schwache Länder keinen nennenswerten Einfluss auf die weltweiten Forschungsausgaben und -prioritäten haben. Größere und wirtschaftlich fortgeschrittene Entwicklungsländer könnten hingegen die Forschung in bestimmten Branchen beeinflussen. In den Entwicklungsländern, die bereits über ein Mindestniveau an eigenen FuE-Ausgaben verfügen, dürfte darüber hinaus die heimische Innovationskraft gestärkt werden.

Einfluss auf Importe: Es ist weder aus theoretischer noch empirischer Sicht hinreichend belegt, dass geistige Eigentumsrechte den Import von technologiehaltigen Gütern in Entwicklungsländern fördern.[30] Diese Unsicherheit führt dazu, dass für die Bewertung eines Schutzsystems geistiger Eigentumsrechte in der Welthandelsordnung ein klarer Effizienzmaßstab fehlt. Die wissenschaftliche Basis für die Integration des Themas in die WTO ist ungleich schwächer als die theoretische Grundlage für den Abbau von Handelsschranken, wie er durch das GATT angestrebt wird.

Einfluss auf ausländische Direktinvestitionen: Transnationale Konzerne (TNC) besitzen einen Großteil des weltweit verfügbaren technischen Wissens. Über ausländische Direktinvestitionen wird ein Teil davon in Entwicklungsländer transferiert. Aus theoretischer Sicht gewinnen ausländische Direktinvestitionen gegenüber Exporten für einen TNC an Attraktivität, wenn das geistige Eigentum besser geschützt wird. Davon gehen tendenziell positive Wirkungen auf den Wissenserwerb in Entwicklungsländern aus. Allerdings kommt das aufgrund der besseren komplementären Rahmenbedingungen in erster Linie fortgeschrittenen Entwicklungsländern zugute.

Einfluss auf Lizenzproduktion: TNC können ihr technisches Wissen auch direkt vermarkten, indem sie ausländischen Unternehmen eine Lizenz zur Nutzung des Wissens verkaufen. Stärkere geistige Eigentumsrechte erleichtern diesen Wissenstransfer, weil der TNC weniger darauf angewiesen ist, sein Wissen durch unternehmensinterne Produktion zu schützen. Im Prinzip stellt dieser Kanal vor allem für fortgeschrittene Entwicklungsländer eine günstige Gelegenheit dar, technologische Aufholprozesse zu beschleunigen. Allerdings hat sich in der Vergangenheit gezeigt, dass über Lizenzverträge eher ältere Technologien vermarktet werden.

Einfluss auf *Learning-by-Doing*: Lernprozesse in Imitationsbranchen bilden ein wichtiges Element zum Aufbau technologischer Kompetenz in Entwicklungsländern. Gerade in den am wenigsten entwickelten Ländern (LDCs) stellen sie häufig die beste Möglichkeit dar, um technologisch aufzuholen. Dies gilt besonders für Unternehmen, die bestehendes Wissen kostenlos zur Erstellung eigener Produkte entschlüsseln und weiterverwenden *(reverse engineering)*. Imitation wird durch eine Stärkung geistiger Eigentumsrechte erschwert. Insofern wird der Wissenserwerb negativ beeinflusst. Allerdings gilt das in erster Linie für LDCs, in denen die Imitationsbranchen häufig durch Importe verdrängt werden. In fortgeschrittenen Entwicklungsländern dürften zahlreiche Imitationsbetriebe durch ausländische Direktinvestitionen oder Lizenzproduktion ersetzt werden,[31] was sich per Saldo positiv auf die inländischen Lernprozesse auswirken kann. Daneben kritisieren die Entwicklungs- und Schwellenländer insbesondere die zu kurzen Übergangsfristen und die Nicht-Einhaltung der Verpflichtungen der Industrieländer zum Technologietransfer.

Die Privatisierung von Wissen wird neben der Patentierungsoffensive durch Reformulierung des Urheberrechts und die Absicherung von Verwertungsansprüchen durch technische Verfahren, wie auch die Fachinformationspolitik ergänzt.

5.3.2.2 Wissen und Information und ihre Bedeutung für informationelle Kompetenz

Die folgenden Ausführungen (bis einschließlich Punkt 5.3.2.6) beziehen sich im Wesentlichen auf Kuhlen (Kuhlen 2001).

Informationskompetenz wird bisher im Wesentlichen als Zugang zu den technischen Ressourcen bzw. zu den elektronischen Netzwerken behandelt (z. B. Schulen ans Netz). Sie müssen durch Maßnahmen zur informationellen Bildung ergänzt werden, insbesondere durch Informationskompetenz. Dies bedeutet, die Informations- und Kommunikationsressourcen sind methodisch abgesichert und kritisch zu nutzen. Dazu gehört auch, dass der Zugang zu und Zugriff auf Wissen und Information nicht von der Verwertungssicht dominiert wird, sondern alle in die Lage versetzt werden sollen, Zugriff auf Informationen zu erhalten, die entsprechenden Ressourcen zu kennen und die Methoden der Informationsverarbeitung zu beherrschen. „Das Postulat der informationellen Selbstbestimmung, vom Bundesverfassungsgericht zunächst als Aufgabe des Datenschutzes formuliert, sollte als Recht des freien Umgangs mit Informationen neu formuliert werden." (Kuhlen 2002: 18) Dies schließt den kommerziellen Anspruch auf Verwertung von Wissen und Informationen nicht aus, es erkennt nur neben der auf Gewinn abzielenden Verwertung von Wissen und Information das Recht auf offenen Informationsaustausch zu fairen Bedingungen an.

5.3.2.3 Kommerzialisierung der Fachinformation und -kommunikation

Dies gilt auch für die Fachinformationen und ihre Dienstleistungen auf den Informationsmärkten. Die Wurzeln der

---

[30] Maskus, Penubarty (1995), Smith (1999) und Fink, Primo Braga (1999) finden trotz der theoretischen Ambivalenz empirische Hinweise dafür, dass schärferer Eigentumsschutz insbesondere in größeren Entwicklungsländern zu steigenden Importen führt. Allerdings verflüchtigt sich dieser Zusammenhang, wenn die empirische Schätzung auf den Handel mit Hochtechnologieprodukten beschränkt wird, in denen das meiste Wissen inkorporiert ist. Vgl. auch Fink (2000: 80).

[31] Vgl. hierzu UNCTAD (1996: 16) und Primo Braga (1990: 77f.).

Fachinformationspolitik stammen aus dem Anspruch, die Wissensproduktion zu sichern und für interessierte Gruppen und Personen offen zu halten. Zunehmend setzen sich hier Marktmechanismen und Privatisierung wichtiger Bereiche der Fachinformation durch und gefährden die Sicherstellung des öffentlichen Austausches von Wissen. Probleme entstehen im Zusammenhang der Nutzung von Fachinformation für die Wissenschaft, Politik und Verwaltung und auch die Wirtschaft. Die Durchsetzung erfolgte zum einen durch Rationalisierungs- und Privatisierung der Fachinformationseinrichtungen. In der Fachinformationspolitik wurden schon ab Mitte der 80er Jahre die Einrichtungen als kommerziell sich entwickelnde Informationsmärkte definiert. Verlangt wurden weitgehende Eigenfinanzierung und Kostendeckungsgrade. Diese führten dann auch zur Auflösung der Gesellschaft für Information und Dokumentation und des früheren Deutschen Bibliotheksinstituts als zentrale Infrastruktureinrichtung des Bibliotheksgebietes. Zum anderen aber wurde sie auch wesentlich durch die Entwicklung der Informationswirtschaft und der Informatisierung selbst forciert. Als vorletzte Stufe in dem Prozess entstanden internationale Online Informationsmärkte der Fachinformation und -kommunikation mit gut 10 000 Datenbanken aus allen Wissensgebieten. Waren sie zunächst öffentlich entstanden, werden sie nun zunehmend in privater Trägerschaft geführt und nach Marktprinzipien gehandelt. Fortgesetzt hat sich diese Entwicklung mit dem Internet, obwohl es dort noch Probleme der Umsetzung in Geschäftsmodelle gibt.

5.3.2.4 Konsequenzen der Informatisierung

Die Informatisierung bewirkt dabei einerseits eine nicht gekannte Verknappung von Wissen und Information bzw. eine Einteilung in Wissenszonen nach vielfältigen Gesichtspunkten, z. B.:

– nach der Unterscheidung von hoch entwickelten und äußerst kompetitiven Informationsmärkten mit immer weiter ausdifferenzierten und leistungsstärkeren Informationsprodukten, in die mit Blick auf Gewinnerwartung hoch investiert wird;

– nach der Einteilung in Wissen, das kommerziell verwertbar ist und in dessen Produktion und Umsetzung in Informationsprodukte entsprechend investiert wird, und solche, die dabei wegen mangelnder Verwertbarkeit „herunterfallen";

– nach der Einteilung in Nutzungszonen – solche die frei zugänglich sind und solche, in denen Wissen, gestaffelt nach Zugriffsrechten, über Entgelte verrechnet wird; anders formuliert: Nutzungszonen, in denen weiterhin Wissen über den Kauf von Informationsprodukten dauerhaft erworben wird, und solchen, in denen über das Lizenzierungsprinzip nur der genau in den Bedingungen definierte Zugriff gestattet ist.

– nach den Möglichkeiten, Wissensressourcen über entsprechende Filter- und Abblockverfahren einzuschränken;

– nach der Einteilung in Regionen und Personen, die auf Grund des Standes ihrer informationellen Bildung und ihrer ökonomischen Absicherung an den Ressourcen der Informationsmärkte rezeptiv und konstruktiv teilnehmen können, und solche, die das nicht können;

– Rücknahme des bislang faktisch, nicht unbedingt rechtlich geregelten Fair use bei der Nutzung von Wissens- und Informationsprodukten, z. B. für den privaten Gebrauch oder für wissenschaftliche Zwecke.

Letzteres – die bislang nicht gekannte Öffentlichkeit und freizügige Bereitstellung von Wissen

– hat eine Einstellung gegenüber Wissens- und Informationsprodukten entstehen lassen, in denen, zumindest im elektronischen Medium, die kommerziellen Verwertungsansprüche immer schwieriger akzeptiert werden.

– hat zu einer faktischen Freizügigkeit in der Nutzung von Wissen und zu neuen, korporativen und vernetzten (virtuellen) Formen der Wissensproduktion und –nutzung nach den Prinzipien z. B. des „Information-Sharing", der nicht-proprietären Softwareentwicklung (Open Source) und des direkten Person-to-Person (P2P) und zu entsprechenden neuen Organisations- und Geschäftsmodellen geführt.

– hat zu neuen Anforderungen an die Informationsbereitstellung durch den öffentlichen Bereich (Freedom of information) geführt, denen sich dieser kaum mehr entziehen kann, und damit auch zu neuen partizipativen Formen von Öffentlichkeit insgesamt.

Die Einschätzung des Gutcharakters von Wissen und Information hat sich drastisch geändert.

Es gehört somit zu den scheinbaren Paradoxien der Entwicklung, dass einerseits Wissen und Information in einem Ausmaß frei zugänglich und öffentlich geworden sind wie nie zuvor, dass andererseits aber auch Wissen und Information ebenfalls in einem immer größeren Maße privatisiert, kommerzialisiert und damit verknappt werden (Kuhlen 2002: 35f.).

5.3.2.5 Intensivierung des Schutzes über Änderungen des Urheberrechts

Ein wesentlicher Gesichtspunkt der Änderungen des Urheberrechts ist die Anpassung an die Informatisierung, um die Urheber- und Verwertungsinteressen in elektronischen Räumen zu sichern. Die grundlegende Zielsetzung der juristischen Festlegung von Urheberrechten formuliert Wittgenstein wie folgt: „Als ausgleichende Kraft zwischen den Interessen der Urheber und der Öffentlichkeit reguliert und kanalisiert das Urheberrecht eine Wertschöpfungskette, die sich von der Erschaffung des Werkes durch den Urheber bis hin zu seiner Nutzung durch den Endverbraucher erstreckt. (...) Die einzelnen Wertschöpfungsketten ergeben sich aus den jeweils vorherrschenden Vertriebsstrukturen, welche wiederum durch die technologischen Gegebenheiten bedingt sind. Ändert sich die Technologie, so ändern sich auch die Vertriebsstrukturen und mit ihnen die Wertschöpfungsketten. Neue Märkte entstehen, und es treten Parteien auf den Plan, die zuvor keine oder nur eine untergeordnete Rolle gespielt haben."

(Wittgenstein 2000) Ursprünglich liegen dem Urheberrecht und Copyright dabei öffentliche Interessen zugrunde. Urheber und Verwerter sollten zur Produktion ermutigt werden, damit die Allgemeinheit Nutzen daraus zieht. Die Schutzwürdigkeit ergab sich aus dem öffentlichen Interesse an uneingeschränkter öffentlicher Nutzung.

Zunehmend hat sich auch in Europa die amerikanische Idee des gewerblichen Schutzrechtes durchgesetzt, nach dem die absoluten, gegen jeden durchsetzbaren Publikations- und Verwertungsrechte überwiegend bei demjenigen liegen, der die Produktion und Verteilung finanziert. Das Schutzrecht der Künstler- bzw. des Urhebers wird der wirtschaftlichen Verwertbarkeit, nicht der Idee, sondern des repräsentierten Werkes untergeordnet. Damit hat sich als primäres Ziel die Rechte der Urheber, bzw. deren Verwerter gegenüber dem öffentlichen Interesse durchgesetzt.

Ende der 80er Jahre ging die Initiative zu einer Revision urheberrechtlicher Regelungen von der WTO im Rahmen der TRIPS-Verhandlungen in der Uruguay Runde aus. Diese wurde von der zuständigen UN Organisation WIPO aufgegriffen und in Abkommen umgesetzt. Ausnahmen von den Urheber- und Verwerteransprüchen sollten auf nationaler Ebene umsetzt werden.

Zunächst verabschiedete der US-Kongress 1998 den „Digital Millennium Copyright Act" (DMCA). In der EU soll eine entsprechende Richtlinie zum Urheberrecht die Änderungen vornehmen. Daneben wurden weitere Regelungen zur Verwertung von Wissen und Informationen erlassen:

– Richtlinie zum Schutz von Computerprogrammen (1991) – Die Richtlinie wurde 1994 in das deutsche Recht umgesetzt. In den §§ 69 a – 69 f UrhG sind für Computerprogramme besondere Regelungen über zustimmungsbedürftige und zustimmungsfreie Nutzungen von Programmen getroffen und die Dekompilierung geregelt worden.

– Richtlinie zur Harmonisierung der Kabel- und Satellitenweiterleitung (1993) – Diese Richtlinie regelt die erweiterten Nutzungsmöglichkeiten, die durch die Kabelweiterleitung und Satellitensendung und durch die Digitaltechnik im Rundfunkbereich entstanden sind. Sie stellt sicher, dass diese Nutzungen auch zu einer zusätzlichen Vergütung der Urheber führen, deren Werke ursprünglich im rein analogen Umfeld geschaffen wurden.

– Richtlinie zur Harmonisierung der Schutzdauer (1993) – Diese Richtlinie vom Oktober 1993 hat die in Europa geltenden Schutzfristen für urheberrechtlich geschützte Werke, die bislang zwischen 50 und 70 Jahren schwanken, auf einheitlich 70 Jahre harmonisiert. Dies gilt auch, wenn ein Werk in den Ländern mit 50-jähriger Schutzfrist zwischenzeitlich gemeinfrei geworden war. Es ist nun einheitlich europaweit wieder geschützt, wenn der Urheber vor weniger als 70 Jahren gestorben ist. Dies gilt seit 1995 auch im deutsche Urheberrecht.

– Richtlinie zum Schutz von Datenbanken (1996) – Die Aufnahme eines urheberrechtlich geschützten Werkes in eine Datenbank bedarf der ausdrücklichen Genehmigung durch den Berechtigten (den Urheber oder seinen Rechtsnachfolger) (§ 4 UrhG Abs. I), zum anderen genießt die Datenbank als solche urheberrechtsähnlichen Schutz (§ 4 II; §§ 87 ff UrhG). Die Definition von Datenbanken beschränkt sich nicht auf elektronische Versionen. Vielmehr ist jede Sammlung von Werken, Daten oder anderen unabhängigen Elementen, die systematisch oder methodisch angeordnet und auf Vollständigkeit ausgerichtet ist, gegen die Übernahme, Vervielfältigung und Verbreitung wesentlicher Teile geschützt; also auch Bildarchive oder gesammelte Nachweisbestände von Museen.

In der EU-Richtlinie zur Harmonisierung der Urheberrechtsgesetzgebung wird den Werksurhebern gemäß Art. 2 und 3 das „ausschließliche Recht" zugestanden, „die unmittelbare oder mittelbare, vorübergehende oder dauerhafte Vervielfältigung auf jede Art und Weise und in jeder Form ganz oder teilweise zu erlauben oder zu verbieten." Diese Ausschließlichkeit des Rechts wirft Probleme auf, da es zur Berufspflicht jedes im öffentlichen Bereich arbeitenden oder von der Öffentlichkeit finanzierten Wissenschaftlers gehört, Wissen zu produzieren und der Öffentlichkeit zugänglich zu machen, sei es über Lehr- oder Publikationstätigkeit.

Die Aufzählung möglicher Ausnahmen (zugunsten Wissenschaft, Bibliotheken, Presse, Politik, Gefängnissen, etc.) in Art. 5 drohen zur Makulatur zu werden, wenn man die im Gesetzentwurf niedergelegten Erwägungen berücksichtigt:

„Bei der Anwendung der Ausnahme oder Beschränkung für Privatkopien sollten die Mitgliedsstaaten die technologischen und wirtschaftlichen Entwicklungen, insbesondere auf die digitale Privatkopie und auf Vergütungssysteme gebührend berücksichtigen, wenn wirksame technische Schutzmaßnahmen verfügbar sind. Entsprechende Ausnahmen oder Beschränkungen sollten weder den Einsatz technischer Maßnahmen, noch deren Durchsetzung im Falle einer Umgehung dieser Maßnahmen behindern." und „Der Rechtsschutz technischer Maßnahmen gilt unbeschadet des in Artikel 5 zum Ausdruck kommenden Gesichtspunkts des Allgemeininteresses sowie unbeschadet der öffentlichen Sicherheit. (...)"

5.3.2.6. Sicherung von Urheberrechtsansprüchen durch Software (DRM)

Mit Digital Rights Management (DRM)-Systemen sollen digitale Daten mit einem Rechtesystem versehen werden, welche die Einstellung beliebiger Nutzungsrechte möglich macht. Damit können Kopien unterbunden oder auf eine bestimmte Anzahl festgesetzt werden. Darüber hinaus lassen sich weitere Funktionen darin einbinden:

– das Einstellen eines Verfallsdatums bzw. einer Nutzungsdauer oder

– einer maximalen Anzahl von Zugriffsmöglichkeiten (z. B. Lesezugriff, Kopierzugriff, Druckzugriff), wonach die digitalen Daten nicht mehr zu gebrauchen sind und bei Bedarf neu erworben werden müssen

- das Begrenzen der Nutzungsmöglichkeiten auf bestimmte Teile des digitalen Objektes
- das Einstellen verschiedener Zugriffsrechte – Lesen, Bearbeiten, Kopieren, Drucken, Speichern, Ausführen, etc.
- Regeln der Verfahren der Superdistribution, also der Weitergabe digitaler Objekte an Dritte
- sowie Kombinationen aus diesen Möglichkeiten.

Wissen wird nicht mehr über Informationsprodukte gekauft und dann dauerhaft in Besitz genommen, sondern über definierte Lizenzvereinbarungen zur Nutzung erlaubt.

Im Gegensatz zur EU-Richtlinie werden in der deutschen Politik Abrechnungsverfahren nach dem Pauschalierungsgedanken verfolgt. Im Folgenden werden die Pro- und Contra-Argumente zusammengestellt (Kuhlen 2002: 46f.):

- Pauschalierung wird als sinnvoll angesehen, solange es keine einsatzbereiten DRM-Verfahren hoher Qualität gibt bzw. solange nicht ausreichendes Vertrauen in deren Seriosität, Vertraulichkeit und Anwendung etabliert ist.
- Unterschiedliche Nutzungsgewohnheiten und Ausgabepräferenzen einzelner Individuen werden bei Pauschalabgaben nicht berücksichtigt.
- Pauschalierung kann kein Ersatz für individuelle Abrechnung sein, d. h. Abgaben auf Geräte sind kein Freibrief für „Napsterisierung" – es besteht die Gefahr der Doppelauflagen.
- Abrechnungsverfahren für Pauschalierung über Mittlerleistungen sind in elektronischen Räumen bislang eher intransparent (siehe auch die Kritik der EU an den Verwertungsgesellschaften).
- Pauschalabgaben auf universal anwendbare IKT-Geräte belangt auch diejenigen, die gar nicht mit urheberrechtsrelevanten Tätigkeiten befasst sind.
- Pauschalabgaben könnten als Ersatz für individualisierte Abrechnung ein Instrument für Diensteanbieter werden (so wie es Bertelsmann bei der Weiterführung von Napster versucht).
- Individualisierte Abrechnungsverfahren beruhen auf den allgemeinen Prinzipien des „Pricing for Information", das sich entsprechend dem Lizenzierungsgedanken durchsetzen wird.
- Individualisierte Abrechnungsverfahren können in Zukunft möglicherweise von den Urhebern selber organisiert werden und können so deren Unabhängigkeit stärken.
- Der Einsatz von DRM-Verfahren mit sinkenden Transaktionskosten für Verteilung und Abrechnung individualisierter Leistungen müssen Auswirkungen auf das Preis-Marketing haben.
- Übergeordnete Interessen der Öffentlichkeit bzw. der Endnutzer müssen bei der Durchsetzung von DRM beachtet werden.
- Verfahren individualisierter Abrechnung dürfen Vermittlungsleistungen im Interesse der Öffentlichkeit, z. B. von Bibliotheken, oder den freien Informationsfluss in der Wissenschaft nicht behindern.

Eine Bewertung der angegebenen Argumente ist kaum unabhängig von dem jeweiligen Interessenstandpunkt objektiv durchzuführen. Auch hier zeigen sich die Ambivalenzen auf den elektronischen Märkten. Das Problem bei der Anwendung von DRM-Verfahren, die vom Prinzip der individualisierten Abrechnung nach der Idee des „Pricing for Information" (nicht mehr die ganze CD, sondern nur das spezielle Musikstück; nicht die ganze Datenbank, sondern nur eine bibliographische Angabe; nur kurz anlesen, nicht dauerhaft speichern; ...) elektronischen Räumen entgegenkommen, besteht weniger – wie es Kritiker heute noch, zum Teil zu Recht, formulieren – an der mangelnden technischen Einsatzbereitschaft, sowohl was den Leistungsumfang als auch was die Sicherheit (nicht unterlaufbar) angeht, sondern eher an den bislang ungelösten Problem im sozialen Umfeld. Hierzu gehört vor allem das unzureichende Vertrauen beim Einsatz von DRM-Verfahren.

- Die Sicherheit von DRM-Verfahren wird als nicht hoch eingeschätzt.
- Der Umgang mit DRM-Systemen wird als zu aufwendig empfunden oder – kaum aufzulösen – wenn unsichtbar für die Benutzer und Benutzerinnen, als Eingriff in die eigene Informationsumgebung (vor allem bei Offline-Systemen).
- Zu rigide Verfahren, die von der bisherigen Praxis des Umgangs mit Wissen und Information abweichen, werden als unfair zurückgewiesen.
- Der Verdacht der Auflösung der Anonymität beim Umgang mit Wissen und Information ist aufgrund schlechter Erfahrung oder Kenntnis einschlägiger Berichte über Missbrauch von Interaktionsdaten im E-Commerce schwer aufzulösen.

Auch hier ist dem Gesetzgeber zu empfehlen, sich nicht einseitig auf eine der beiden divergierenden Ansätze festzulegen. Pauschalierung gehört sicherlich zu den „Besteuerungsverfahren" aus früheren medialen Umgebungen und kann damit nicht einfach auf neue Umgebungen übertragen werden. DRM-Verfahren sind als Software zunächst anwendungsneutral. Sie sind als individualisierbare Verfahren dem elektronischen Medium im Prinzip sicherlich angemessen. Sie erwecken bislang allerdings eher den Eindruck einer einseitigen Interessenvertretung und werden daher von vielen als schädlich für den freien Umgang mit Wissen und Information eingeschätzt. Sie müssen daher durch Komponenten eines User Rights Managements erweitert werden, sowohl aus der Sicht individueller Nutzer und Nutzerinnen, aber vor allem aus der Sicht der Wissenschaft bzw. deren Vermittlerinstitutionen wie Bibliotheken. Kaum jemand verlangt den Nulltarif für elektronische Wissensprodukte, aber es sollte auch niemand deren vollständige ausnahmslose Abrechnung fordern.

5.3.2.7. Bewertung und Handlungsempfehlungen

Die Ausführungen weisen deutlich darauf hin, dass sowohl bei der Patentierung, wie auch bei anderen Formen der Privatisierung von Wissen Verwertungsinteressen eindeutig dominieren. Insofern ist eine Umorientierung in der Prioritätensetzung erforderlich, die Wissen und Information als öffentliches Gut und damit als Mittel demokratischer Öffentlichkeit, sozialer Gerechtigkeit und der Überwindung von Wissensunterschieden priorisiert.

Das BMBF führt derzeit einen „nationalen Forschungsdialog". Dort werden im Dialog mit Wissenschaft, Wirtschaft und Gesellschaft die kommenden Themen gesucht und diskutiert, die Deutschland in den nächsten Jahren wettbewerbsfähig halten und die Innovationsfähigkeit steigern helfen.

Darüber hinaus entwickelt das BMBF derzeit ein Strategiekonzept zur wissenschaftlichen und technischen Information und fordert eine verstärkte ethische Diskussion und einen intensiven Dialog zwischen Wissenschaft und Gesellschaft. „Verwertung, d. h. die Verarbeitung von Information braucht einen gesellschaftlichen Bewertungs- und Orientierungsrahmen", heißt es in den Empfehlungen des BMBF (BMBF 2001c: 7).

Die Enquete-Kommission unterstützt diesen ethischen Dialog und die Erstellung eines Strategiekonzepts zur wissenschaftlichen und technischen Information und hält es für notwendig, dabei folgende Projekte zu integrieren:

Empfehlung 5-28   Evaluierung der Privatisierung von Wissen

Empfohlen wird eine Evaluierung der fortschreitenden Privatisierung von Wissen und ihrer Folgen für die wissenschaftliche Forschung, Bildung und Wissenskluft innerhalb der Gesellschaft und zwischen den Industrie-, Entwicklungs- und Schwellenländern.

Empfehlung 5-29   Entwicklung eines Konzepts für nachhaltiges Wissensmanagement und informationelle Grundversorgung

Empfohlen wird die Entwicklung eines Konzepts und Verfahren für den wirtschaftlichen und öffentlichen Umgang mit Wissen und Information und ein nachhaltiges Wissensmanagement in allen gesellschaftlichen Umgebungen (Wissenschaft, Wirtschaft, Politik, Verwaltung, Medien, Nichtregierungsorganisationen, ...). Dazu gehört auch die Entwicklung eines Konzepts der informationellen Grundversorgung.

Empfehlung 5-30 Demokratische Entscheidungsstrukturen in der Forschung

Öffentlich geförderte Forschung bedarf im europäischen Raum verbesserter demokratischer Entscheidungsstrukturen. Es ist sicherzustellen, dass die Rahmenvorgaben für eine Forschungsförderung auch unter demokratischer parlamentarischer Mitwirkung gestaltet werden. Die Strukturen sollten auch hinsichtlich einer verstärkten Einbeziehung von Entwicklungs- und Schwellenländern in die Forschung (z. B. bei der Aidsbekämpfung) überprüft und verbessert werden.

Empfehlung 5-31   Überprüfung des TRIPS-Abkommens und der EU-Richtlinie zum Urheberrecht

Von der Bundesregierung und der EU wird eine Überprüfung und Konzeptionsentwicklung für die internationalen, europäischen und nationalen Richtlinien und Gesetzgebungen in Bezug auf Urheberrecht und Patentierung entsprechend der Ergebnisse gefordert. Bis dahin sollte die Umsetzung der EU-Richtlinie ausgesetzt werden.

Empfehlung 5-32   Beteiligung der Zivilgesellschaft und Parlamente

An dem Prozess sollten Vertreter und Vertreterinnen der Entwicklungs- und Schwellenländer, der Wissenschaft, Gewerkschaften und Nichtregierungsorganisationen und Verbände sowie die Parlamente beteiligt werden.

5.3.3   Zur Patentierbarkeit von Software

Die Frage der Patentierbarkeit von Software wird bereits seit Jahrzehnten national und auch auf europäischer Ebene sehr kontrovers diskutiert. Unbestritten ist, dass computer- und damit softwarebasierte Informations- und Kommunikationstechniken einen erheblichen und auch weiter zunehmenden Anteil an der Wettbewerbs- und Innovationsfähigkeit der Wirtschaft haben.[32] Patente auf Computersoftware als solche sind sowohl nach § 1 des deutschen Patentgesetzes als auch nach Art. 52 des Europäischen Patentübereinkommens (EPÜ) ausgeschlossen. Dies ist der grundlegende Unterschied etwa zur Rechtssituation in den USA, wo es neben dem Copyright einen durch Richterrecht geschaffenen relativ breiten Patentschutz auf Geschäftsmethoden und auch auf Software gibt (Abate 2000: 697ff.; Lutterbeck 2000: 34ff.). Hier spielen die Patente im wirtschaftlichen Geschehen eine grundlegend andere Rolle als in Europa, da sie im Rahmen einer Property Rights-Strategie aggressiv im Kampf um Marktanteile genutzt werden (Lutterbeck 2000: 35ff., Kaplun 2000: 441ff.).

Auch in Europa zeigt sich in der Rechtssprechung zunehmend eine differenzierte Bewertung. So hat etwa der Bundesgerichtshof wiederholt festgestellt, dass Software im Sinne technischer Programme Patentschutz zu gewähren sei (Nack 2000: 853ff., Busche 2001: 49ff., Winischhofer 2000: 92ff. und Schölch 2001: 16ff.). Das EPA folgte ebenfalls zunehmend dieser Auffassung und hat für eine erhebliche Anzahl softwarebasierter Innovationen patentrechtliche Ansprüche gewährt. Dennoch

---

[32] Vgl. Enquete-Kommission 2001a, 2001b, ferner Hofmann 2000 und Kuhlen 2000, 2002.

herrscht eine erhebliche Rechtsunsicherheit darüber, wo genau die Grenze zwischen patentierbarer und nicht-patentierbarer Software zu ziehen ist und wie die Wendung „als solche" im deutschen Patentgesetz sowie im EPÜ auszulegen sei (Winischhofer 2000: 99f.). Diese Fragen gewinnen insbesondere im Rahmen der gegenwärtigen internationalen und auch europäischen Diskussion einer grundlegenden Reform der Patentrechts deutlich an Brisanz und drängen auf politische Lösungen.

Sowohl die Sondierung der Generaldirektion Binnenmarkt 2000/2001[33] als auch die gemeinsame öffentliche Anhörung des Unterausschusses „Neue Medien" sowie des Rechtsausschusses des Deutschen Bundestages vom 21. Juni 2001[34] ergaben ein sehr kontroverses Meinungsbild. Während die Befürworter einer weitergehenden Patentierbarkeit von Software dieses hinsichtlich einer internationalen Rechtsharmonisierung für notwendig halten und Softwarepatenten große innovative und ökonomische Potenziale zuschreiben, erwarten die Kritiker für den Fall der freien Patentierbarkeit von Softwareprodukten eher nachteilige wirtschaftliche Auswirkungen und sehen den technischen Fortschritt im Softwarebereich und damit im gesamten IT- und IuK-Bereich empfindlich beeinträchtigt. Die Frage einer Patentierbarkeit von Software berührt daher zugleich rechtliche, technische wie auch wirtschaftliche Aspekte.

5.3.3.1 Rechtlicher Aspekt

Aus rechtlicher Sicht ist umstritten, inwieweit Software die Voraussetzungen der Patentierbarkeit nach Maßgabe der völkerrechtlich verankerten allgemeinen patentrechtlichen Grundsätze überhaupt zu erfüllen vermag. Die zahlreichen Trivialpatente in den USA aber auch zunehmend in Europa lassen sowohl an dem substantiellen Beitrag von Software zum allgemeinen Fortschritt als auch an ihrem technischen Charakter Zweifel aufkommen (so Live 2001: 9ff., Winischhofer 2000: 85ff.).[35] Strittig ist ebenfalls, inwieweit die internationalen Verpflichtungen aus Art. 27 des TRIPS-Abkommens grundsätzlich die Patentierbarkeit von Software fordern. Sollte Software in jedem Fall dem Bereich der Technik zugeordnet werden, wie es der aktuelle EU-Richtlinienentwurf zur Softwarepatentierung auch vorsieht, dann müsste nach TRIPS auch Software grundsätzlich patentierbar sein (Katzenberger 2000: 15ff., Liebig 2000: 5f. und Schiuma 2000: 36f.).[36] Die Reformbedürftigkeit des EPÜ wird ebenfalls unterschiedlich eingeschätzt, während die einen das Patentierungsverbot für Software als solche für überholt halten, sehen andere darin das letzte Instrument zur Kontrolle der inflationären Patentierungspraxis insbesondere des EPA (Liebig 2000: 3ff., Winischhofer 2000: 15ff. und 34ff., Melullis 2000: 29ff. und Lutterbeck u. a. 2000: 30ff.).

5.3.3.2 Technologischer Aspekt

In der technologischen Dimension sind die Auswirkungen von Softwarepatenten nach den vorliegenden Ergebnissen weniger umstritten. Exklusivlizenzen wie Patente auf Software, so die einhellige Meinung, steigert die Rechtsunsicherheit in Forschung und Entwicklung und gefährdet die technologische Entwicklung. Die besonderen Rahmenbedingungen der Softwareentwicklung im Sinne eines sequenziellen, dynamischen und rekursiven Prozesses, erschwert es zunehmend, sich einen Überblick über den Stand der Technik verschaffen zu können. Zudem ist sowohl die Wiederverwendung bestehender Lösungsfragmente ein unumgängliches Rationalisierungsinstrument als auch das Programmieren ein logikbasierter Prozess – ähnliche Problemlagen führen zu ähnlichen Lösungsstrategien, auch ohne bewusst Ansprüche Dritter verletzen zu wollen (Live 2001, Lutterbeck 2000: 96ff. und Moens 2000: 418f.). Eine Folge ist die Zersplitterung der Patentgegenstände, da immer kleinere Fragmente gesondert geschützt werden. Eine weitere liegt aber darin, dass es zu einer Abkopplung der (rechtlichen) Patentquote von der (technischen) Innovationsquote kommt. Genau dieser Effekt ist dem Expertengespräch des Deutschen Bundestages empirisch aufgezeigt worden: seit Mitte der 80er Jahre hat dort die Häufigkeit von fortschritts- oder innovationsirrelevanten Patentanmeldungen zugenommen (Lutterbeck 2001, Bessen, Maskin 2000). Patente verhindern Innovationen im Softwarebereich nicht notwendig, aber sie fördern und intensivieren sie offensichtlich in einem weitaus geringeren Maße, als oft behauptet wird.

Ein zweiter wichtiger technologischer Aspekt sind die Auswirkungen von Softwarepatenten auf die Rahmenbedingungen so genannter Open-Source-Entwicklungskonzepte (Open Source Software OSS, wie z. B. Linux). OSS besitzt gegenüber proprietärer Software Vorteile hinsichtlich der entscheidenden Kriterien wie IT-Sicherheit, Programmstabilität und nicht zuletzt der Entwicklungs- und Implementierungskosten. Eine regelmäßige Gewährung von Patenten auf Software erhöht die Rechtsunsicherheit von Open-Source-Entwicklungs- und Vertriebskonzepten und verhindert die Realisierung dieser Potenziale. Die komplexen Entwicklungsbedingungen moderner Software machen eine volle Transparenz hinsichtlich der eventuell tangierten Patentansprüche Dritter (Wiederverwendungs- und Weiterentwicklungsparadigma) unmög-

---

[33] Die eingereichten Antworten sind abrufbar unter http://europa.eu.int/comm/internal_market/de/indprop/softreplies.htm, das Sondierungspapier unter http://europa.eu.int/comm/internal_market/de/indprop/softpatde.htm. (Stand 10. April 2002)

[34] Vgl. Deutscher Bundestag 2001d sowie Bitkom 2001, Live 2001, Lutterbeck 2001 und Probst 2001. Siehe auch Tauchert 2000, Teufel 2000 und Melullis 2000.

[35] Dem entgegen vgl. Bitkom 2001, Schiuma 2001 und Teufel 2000. Grundlegend Katzenberger 2000: 21ff., Liebig 2000: 21ff.

[36] Vgl. ferner auch Laakkonen 2001: 20ff., Bitkom 2001, Live 2001 und Deutscher Bundestag 2001d: 13ff. Auch im Rahmen der WIPO wird

---

derzeit an einem grundlegenden Vertrag gearbeitet, der die allgemeinen Patentvoraussetzungen international harmonisieren soll (Patent Law Treaty unter www.wipo.org 10.4.2002).

lich, wodurch allein der Akt der Quellcode-Offenlegung bereits aufgrund zu erwartender Patentansprüche Dritter ein erhebliches Rechts- und Finanzrisiko darstellt (Deutscher Bundestag 2001d, Live 2001)[37]. Die umfangreiche Studie des Max Planck-Instituts (MPI) für ausländisches und internationales Patent-, Urheber- und Wettbewerbsrecht sowie des Fraunhofer Instituts Systemtechnik und Innovationsforschung (ISI) kommt zum Ergebnis, dass mit einer freien Patentierbarkeit von Software in erster Linie eine deutliche Verringerung der Innovationsdynamik und eine eklatante Verschlechterung der Situation für Open Source-Konzepte verbunden wird (MPI, ISI 2001:103ff.). Das Potenzial von Open-Source würde durch eine signifikante Ausweitung der Patentierbarkeit von Software nicht nur nicht realisierbar, das Konzept als solches wäre gefährdet.

5.3.3.3 Wirtschaftlicher Aspekt

Zweifel an der ökonomischen Funktionalität von Patenten bestehen seit ihrer Einführung im 19. Jahrhundert, im Zentrum steht die ewige Frage gewerblichen Rechtsschutzes in marktwirtschaftlichen Systemen: *do the benefits exceeds the costs?* Hier steht somit ein Paradigmenstreit im Mittelpunkt, ob frei zirkulierbare Ideen und Technologien oder ihre erwartbare Monopolisierung im Sinne eines Anreizsystems effektiver die Innovationsrate zu steigern vermögen.[38] Insbesondere die Studie des MIT von James Bessen und Eric Maskin hat gezeigt, dass Patente unter unterschiedlichen ökonomischen und sachlichen Rahmenbedingungen sehr unterschiedlich wirken. Immer dann, wenn eine hohe technologische Innovationsdynamik (kurze Innovationszyklen) in Verbindung mit einem sequenziellen Innovationsprozess (Neuerungen bauen substantiell auf vorhergehende Innovationen auf) vorliegt, wirken sich Patente volkswirtschaftlich negativ aus – als Beispiel wählten die Autoren bezeichnenderweise den Softwarebereich (Bessen, Maskin 2000: 21ff., Probst 2001: 6ff. und Live 2001: 18ff.). Vielmehr mehren sich auch in den USA die Anzeichen, dass infolge der Zunahme von Softwarepatenten die Innovationsfreudigkeit der Unternehmen eher abdenn zugenommen hat. Hinzu kommen die hohen Kosten für die Patentinhaber, ihre Ansprüche auch effektiv durchzusetzen – und das in weltweiten IuK-Netzwerken im Zweifel gleich international. Daher privilegiert das geltende Patentrecht tendenziell Großunternehmen, wohingegen KMU, die gerade in der Bundesrepublik den Hauptanteil an der Softwareentwicklung haben, benachteiligt sind (Deutscher Bundestag 2001d). Auch die MPI/ISI-Studie für das BMWi legt nahe, dass insbesondere KMU sich von Softwarepatenten kaum positive ökonomische Effekte, aber einen hohen juristischen Aufwand und erhebliche Rechtsrisiken erwarten. Ebenso überwiegt bei Unternehmen, Wissenschaftlern und Entwicklern die Erwartung, das

ein großzügige Patentierbarkeit von Software tendenziell die Qualität verringert, Innovationsdynamik verlangsamt und die Produktvielfalt abnimmt. Insbesondere konnte die These, dass Patente jungen innovativen Unternehmen einen attraktiven Marktzugang ermöglichen, nicht bestätigt werden (MPI, ISI 2001: 109ff., Lutterbeck 2001 und Deutscher Bundestag 2001d). Aus makroökonomischer Perspektive überwiegen die Nachteile einer freizügigen Softwarepatentierung die mikroökonomischen Vorteile, die für KMU darüber hinaus bezweifelt werden müssen. Auch wettbewerbspolitisch sollte nicht aus den Augen verloren werden, dass Softwarepatente aufgrund der bestehenden Monopolstrukturen beispielsweise bei Betriebssystemen, Browsern und Büroanwendungen überproportional vor allem amerikanischen Marktführern zu Gute kommen. Neben den allgemeinen negativen Auswirkungen der Monokultur im Softwarebereich (z. B. IT-Sicherheit, hohe Kosten und Abhängigkeiten von wenigen Anbietern), hat Europa eine gute Chance, gerade über Open Source-Projekte entscheidende Elemente der künftigen IT-Infrastruktur mitzubestimmen und den Wettbewerb im Softwarebereich wieder zu ermöglichen.

5.3.3.4 Für eine europäische Lösung

Die Frage der Patentierbarkeit von Software kann auf europäischer Ebene durchaus erfolgversprechend gelöst werden. Mit dem Europäischen Patentübereinkommen und der Möglichkeit einer entsprechenden EU-Richtlinie zumindest für die Mitgliedstaaten stehen Instrumente bereit, definierte rechts-, forschungs- und wirtschaftspolitische Zielvorgaben umzusetzen. Eine Richtlinie der Europäischen Union zur Frage der Patentierbarkeit von Softwareprodukten ist daher der richtige Ansatz. Der vorliegende Entwurf scheint der Enquete-Kommission aber zahlreiche Fragen offen zu lassen. Insbesondere werden makroökonomische und wettbewerbspolitische Aspekte nur unzureichend berücksichtigt. So setzt sie sich nicht mit den erwartbaren Auswirkungen auf politisch geforderte und auch geförderte Open-Source-Konzepte auseinander, denen hohe IT-Sicherheitspotenziale und verbesserte Marktchancen europäischer Unternehmen gegen die vor allem US-amerikanische Dominanz im Softwarebereich zugeschrieben werden. Es fehlt auch jeder Verweis auf die umfangreiche Studie der MPI/ISI für das BMWi ebenso wie die ausdrückliche Berücksichtigung der besonderen europäischen Interessen im Softwarebereich, wie z. B. Verbraucherschutz, Wettbewerbsintensivierung und Förderung der KMU. Ferner mangelt es an klaren Vorgaben, die sowohl den Erfindungscharakter patentierbarer Gegenstände absichern als auch eine ausreichende Erfindungshöhe gewährleisten können. Im weiteren Konsultationsprozess sollte darauf hingewirkt werden, dass diese offenen Punkte geklärt und eine innovative und dynamische Entwicklung der Softwarebranche sichergestellt wird.

5.3.3.5 Handlungsempfehlungen

Empfehlung 5-33   Hohe Patentvoraussetzungen gewährleisten

An die Patentierbarkeit von Software müssen höchste Voraussetzungen geknüpft werden, insbesondere die Krite-

---

[37] Zu den Potenzialen von OSS vgl. Köhntopp, Köhntopp und Pfitzmann 2000, Lutterbeck 2000: 60ff. sowie Zendel 2000: 109ff.

[38] Vgl. etwa die Studie von Hart u. a. für die EU-Kommission, die ebenfalls ambivalente Ergebnisse aufweist. Allerdings gewinnt auch sie den Eindruck, dass aus wirtschaftlicher Perspektive keine eklatante Schutzlücke bei Software besteht, die geschlossen werden müsse (Hart, Holmes und Raid 2000, grundlegend auch Liebig 2000: 12ff.).

rien der Technizität und der Erfindungshöhe[39] dürfen trotz der kontroversen Debatte nicht völlig nivelliert werden. Bei der eventuellen Reform des EPÜ bzw. der vorgesehene EU-Richtlinie zur Patentierung von Computerprogrammen sollte darauf geachtet werden, dass inhaltlich eine deutliche Abgrenzung zur amerikanischen Patentpraxis besteht und entsprechend hohe Patentvoraussetzungen enthalten sind.

Empfehlung 5-34   Softwarepatente als Ausnahme normieren und Kontrollmöglichkeiten ausbauen

Das Regel-Ausnahme-Verhältnis in dem vorliegenden Richtlinien-Entwurf der EU-Kommission ist umzukehren, Software ist grundsätzlich als nichtpatentierbar einzustufen. Die Anforderungen, die eine Ausnahme von diesem Grundsatz rechtfertigen könnten, sind eindeutig zu definieren und als Öffnungsklausel aufzunehmen. Eine regelmäßige Revision der Patententscheidungen des EPA sowie der nationalen Patentämter erscheint sinnvoll, ebenso wie ein deutlicher Ausbau der finanziellen und personellen Möglichkeiten zur Patentprüfung und die Verbesserung der Qualifikation der Patentprüfer.

Empfehlung 5-35   Evaluierung der Praxis des EPA

Die Patentierungspraxis des Europäischen Patentamtes ist hinsichtlich der Rechtmäßigkeit erteilter Patentansprüche auf Computerprogramme zu evaluieren. Das EPÜ sollte in diesem Sinne modifiziert und hinreichende Patenthürden gegen so genannte Trivial- und Logikpatente aufgenommen werden.

Empfehlung 5-36   Entwicklungs- und Rechtssicherheit für Open Source

Bei allen Anpassungen des gewerblichen Rechtsschutzes auf nationaler und europäischer Ebene sollten die besonderen Bedingungen alternativer Entwicklungskonzepte (Open Source) berücksichtigt werden. Ziel sollte eine hinreichende Entwicklungs- und größtmögliche Rechtssicherheit für diese zukunftsweisenden Konzepte sein. Ferner sind der Einsatz von Open-Source-Produkten im öffentlichen Bereich zu fördern sowie die Forschung und Entwicklung mit dem Ziel auszubauen, IT-Sicherheit zu erhöhen und den bestehenden Wettbewerbsvorteil Europas bei Open Source-Entwicklungen zu intensivieren.

Empfehlung 5-37   Hohe Patentvoraussetzungen international gewährleisten

Auf internationaler Ebene sollte darauf hingewirkt werden, dass Software nicht vorschnell und vollständig unter den Technikaspekt subsumiert wird. Insbesondere ist nach Möglichkeiten zu suchen, die auch international neuen Entwicklungs- und Optimierungskonzepten, wie u. a. Open Source, Raum lassen und dennoch die positiven Wirkungen von Patenten in vielen anderen wirtschaftlichen Bereichen fördern.

Empfehlung 5-38   Urheberrecht als Schutzrecht für Software

Es sollte geprüft werden, ob das Urheberrecht nicht einen effektiveren Schutz des geistigen Eigentums an Software im Sinne von Texten gewährleisten kann und ob dies nicht das geeignetere und auch angemessenere Schutzrecht darstellt. Dadurch würden zudem zahlreiche Fragen, die sich erst aus dem patentrechtlichen Kontext ergeben, obsolet – denn ein urheberrechtlich schützenswertes Gut sind Computerprogramme in jedem Fall.

Empfehlung 5-39   Wettbewerb im Softwarebereich stärken

Die monopolartigen Strukturen in vielen Bereichen der Softwarebranche sind wettbewerbsrechtlich intensiver zu untersuchen und eventuell notwendige Maßnahmen nachdrücklich durchzusetzen.

5.4   Wissensübertragung – Wissensgenerierung[40]

5.4.1   Globalisierung und Hochschulen

Ausgehend von der Annahme, dass unabdingbare Voraussetzung (und Konsequenz) zunehmend wissensbasierter Gesellschaften die (globale Qualität der) Informationsbeschaffung und -verarbeitung, Wissensgenerierung und -übertragung ist, hat die Enquete-Kommission begonnen, sich insbesondere mit dem deutschen Hochschulsystem im internationalen Vergleich zu befassen, weil Hochschulen zum einen in diesem Prozess eine entscheidende Rolle spielen und zum anderen dem globalen Wettbewerb in besonderer Weise ausgesetzt sind.

Ziel der Diskussion in der Enquete Kommission war, die Hochschulen wieder besser in die Lage zu versetzen, im Rahmen eines globalisierten Umfeldes, den für die Gesellschaft der Zukunft und ihre weitere Entwicklung notwendigen Aufgaben nachzukommen, nämlich:

– zentrale Einrichtung für Forschung zur Lösung globaler ökonomischer, gesellschaftlicher, sozialer und ökologischer Probleme und

– ein Ort der akademischen Ausbildung und Weiterbildung zu sein,

---

[39] Technizität und Erfindungshöhe werden zumeist als allgemeine patentrechtliche Grundsätze bezeichnet. Sie bestimmen Erfindungen als substanzielle Erweiterung des gesellschaftlichen, technischen Könnens, schließen also so genannte Trivialpatente (neu und hinreichende Erfindungshöhe) aus. Zudem setzen sie eine technische Natur der Erfindung voraus. Dieses Technizitätskriterium kann im Sinne einer Lehre zum planmäßigen Handeln unter Einsatz beherrschbarer Naturkräfte zur Erreichung eines kausal übersehbaren Erfolgs verstanden werden. Die gewerbliche Anwendbarkeit rundet diesen Anforderungskatalog ab.

[40] Vgl. hierzu auch die abweichenden Minderheitenvoten der CDU/CSU-Fraktion in Kapitel 11.1.5.6 und 11.1.7.4. sowie der FDP-Fraktion in Kapitel 11.2.2.7.

- ein Forum für die geistige Auseinandersetzung über Grundfragen der gesellschaftlichen Entwicklung zu bilden und
- Bildung als Teilhabe und Chancengleichheit zu begreifen.

Mit Bildung muss mehr als (berufliche) Ausbildung und Qualifizierung in den Blick genommen werden. Es geht nicht nur um das „Fitmachen", den raschen Erwerb verwertbaren Wissens, eine Sichtweise, die lediglich den Markt als Legitimationsinstanz anerkennt. Vielmehr meint Bildung einen umfassenden ökonomischen, soziokulturellen und politischen Zusammenhang, der nicht zuletzt mit Blick auf Fragen der Globalisierung Aufmerksamkeit verlangt. Hier stehen Bildung und Ausbildung unter einem letztlich unauflösbaren Spannungsverhältnis. Denn wie können langfristige Ziele verfolgt werden, wenn man im Rahmen einer ganz auf das Kurzfristige ausgerichteten Ökonomie lebt? (Josczok 2001).

Das erfordert fundamentale Änderungen in der Struktur der Hochschulen selbst und in den Beziehungen der Hochschulen zu den sie politisch tragenden Institutionen in den Ländern und im Bund. Wegen der Kürze der zur Verfügung stehenden Zeit konnte sich die Enquete-Kommission nicht abschließend mit all diesen Aspekten der Bildung, der Hochschulbildung und dem Forschungssektor befassen.

Die folgenden Ausführungen stellen insofern nur einen Problemaufriss auf der Grundlage des Gutachtens von Dierkes und Merkens (Dierkes 2002) und der Diskussion der Arbeitsgruppe der Enquete-Kommission darüber dar.[41]

5.4.1.1 Wirtschaftlicher Strukturwandel und Anforderungen an Hochschulen

Eine der bedeutsamen Konsequenzen der Globalisierung ist eine Entwicklung, dass sowohl bei Dienstleistungen als auch bei Produkten mehr Technik, immer modernere, zugleich kurzlebigere Technik, neuere Kombinationen von Technik und – damit verknüpft – mehr und besseres Wissen erforderlich sind. Unstrittig ist wohl auch, dass durch die Vernetzung, Datenbanken und Datenaufbereitungsmethoden immer mehr Informationen zur Verfügung stehen.

Die Konsequenz liegt auf der Hand: Nationen und Regionen, die in die Wissensbasis ihrer Bevölkerung investieren, sind diejenigen, die in diesem Wettbewerb eine größere Chance haben, auf der Gewinnerseite zu stehen. Die, die es nicht tun, oder deren Bevölkerung nicht bereit ist, zu lernen und ständig neu zu lernen, dürften eher zu den Verlierern zählen. Investitionen in das so genannte Humankapital sind damit ein Schlüsselfaktor im, gegenüber den letzten Jahrzehnten intensiverem, weil global ausgerichtetem Wettbewerb. Damit steht und fällt die wirtschaftliche Wettbewerbsfähigkeit einer Region und Nation mit der Leistungsfähigkeit ihrer Bildungseinrichtungen auf allen Stufen und für alle Phasen des Lebensprozesses. Wissen, Umgang mit Wissen, Schaffen von neuem Wissen muss schon allein aufgrund der wirtschaftlichen Entwicklung immer wieder gelernt werden. Aber nicht nur die Wettbewerbsfähigkeit erfordert diese Reform. Nur Qualifizierung kann das Abgleiten in eine gespaltene Gesellschaft mit krassen sozialen Unterschieden, hoher Arbeitslosigkeit, verbreiteter Armut, Marginalisierung und vielfach prekären Lebensbedingungen verhindern (siehe Kapitel 4.9.2). Zugang zu Bildung ist mehr denn je eine wesentliche Grundvoraussetzung für gesellschaftliche Teilhabe.

Deshalb darf Deutschland nicht länger auf Rang 21 von 25 OECD-Ländern im Hinblick auf den Prozentsatz eines Jahrgangs, der einen Hochschulabschluss erreicht, liegen, oder zu den führenden Nationen im Hinblick auf die Quote von Studienabbrechern gehören. Gefordert ist mehr und bessere „Bildung für Alle", die alle Begabungsreserven erschließt. Die Erreichung dieses Ziels erfordert die Auseinandersetzung mit Maßnahmen vor allem im Primärbereich, aber auch im Bereich der höheren Stufen des Bildungssystems. Es sind Voraussetzungen zu schaffen, damit die Zahl der Jugendlichen, unabhängig von der wirtschaftlichen Herkunft, zunimmt, die eine Hochschulreife erreicht, ohne dass die Qualität des Abschlusses dadurch vermindert wird. So sehr der Einsatz und die Gewichtung von Computern, Multimedia und Internet in Schule und Unterricht bildungspolitisch wichtig sind, so darf der Ruf nach technischen Lösungen nicht als Dreh- und Angelpunkt der derzeitigen Misere des Bildungs- und Ausbildungssystem verstanden werden. Das „Forum Bildung", an dem die für die Schulpolitik zuständigen Länder sowie die Sozialpartner und Vertretungen der gesellschaftlichen Gruppen teilgenommen haben, veröffentlichte Anfang des Jahres 2002 zwölf Empfehlungen, um diesen Herausforderungen zu begegnen. Sie betreffen sowohl Maßnahmen zur Verbesserung der Qualität des Schulsystems, z. B. durch den Ausbau von Ganztagsschulen, des Erwerb einer qualifizierten Berufsausbildung und des Hochschulstudiums, als auch den Ausbau der traditionellen Hauptwege zur Erlangung der Hochschulreife sowie der universitären Weiterbildung. Neben einer genaueren Auswertung und Diskussion der Konsequenzen aus der PISA-Studie ist dafür auch die Klärung verbesserter finanzieller Unterstützung notwendig.

5.4.1.2 Internationalisierung von Hochschulen

Des Weiteren sind Hochschulen in diesem Zusammenhang von besonderem Interesse, weil sie selbst mehr als andere Teile des Bildungssystems einem Globalisierungsdruck und verschärftem Wettbewerb ausgesetzt sind. Bei einer Gesamtschau der wahrgenommenen Wettbewerbssituation im Bereich der Hochschulbildung gelten weltweit in erster Linie und mit großem Abstand

---

[41] Zur Situation von Frauen in der Wissenschaft vgl. Kapitel 6.2.1.1.1 und Allmendinger 2002.

die Vereinigten Staaten von Amerika als das „Mekka der Bildungswilligen". Für Südostasien beginnt Australien mehr und mehr eine ähnliche Rolle als regionales Zentrum einzunehmen. Aus kontinentaleuropäischer Sicht sind es vor allem wiederum die Vereinigten Staaten und Großbritannien, denen die höchste Attraktivität beigemessen wird. Eine gewisse Wettbewerbsstärke ist noch in den skandinavischen Ländern und in den Niederlanden festzustellen.

Diese Aussagen sind durch aktuelle Wanderungsbewegungen von Jugendlichen aus den hochschulpolitisch weniger wettbewerbsfähigen Regionen gestützt. Das lässt sich eindrucksvoll, neben vielen anderen Statistiken, mit der Tatsache illustrieren, dass 50 Prozent der Studierenden, die einen Doktorgrad anstreben (PhD Students), in den USA heute nicht Bürger und Bürgerinnen dieses Landes sind. Die Attraktion wird vor allem von Natur-, Ingenieur- und medizinischen Wissenschaften ausgeübt. Sie wird, gerade am Bildungsstandort Deutschland, reflektiert durch immer stärkere Anfragen von Jugendlichen und ihren Eltern aus der oberen Mittelschicht und dem Bildungsbürgertum nach den Bedingungen eines Studiums vor allem in den USA, aber auch in Großbritannien. Die generelle Veränderung, die sich hier niederschlägt, ist in dreifacher Hinsicht zu sehen. Erstens wird angenommen, dass die Chancen in zunehmend globalisierten Arbeitsmärkten für die gehobenen und interessanteren Positionen noch mehr als zuvor von der Qualität der Ausbildung abhingen, dass zweitens eine solche Qualität am Hochschulstandort Deutschland nicht geboten werden könne, sondern hier ein Ausweichen in die besseren und höher reputierlichen Top 20 bis 30 US-amerikanischen Universitäten erforderlich sei. Darüber hinaus wird als wohl weitgehendste Veränderung die Bereitschaft zunehmen, ein volles Studium und nicht nur ein Auslandssemester zu finanzieren, d. h. beim Thema Bildung in Investitionskategorien zu denken, die pro Studium gut und gerne über 100 000 bis 200 000 Euro gehen.

Allerdings ist die Zahl der Jugendlichen, die diesen Weg einschlagen, und ihrer Familien, die in der Lage und bereit sind, diese Finanzierungsmittel aufzubringen, immer noch, gemessen an der Gesamtzahl der Studierenden am Hochschulstandort Deutschland, recht klein. Sie nimmt jedoch zu und dürfte bei einem weiteren Auseinanderklaffen der Wettbewerbsfähigkeitsschere weiter deutlich zunehmen. Bei der augenblicklichen Situation muss diese Entwicklung als Indikator dafür angesehen werden, dass gerade die bildungspolitisch sensiblen und gut informierten Bevölkerungskreise den Hochschulstandort Deutschland als weniger attraktiv einschätzen als die besten 20 bis 30 US-amerikanischen Universitäten. Insofern kann diese Entwicklung als Frühwarnindikator für breitere Tendenzen gelten, die, besonders wenn sie durch mangelnde finanzielle Möglichkeiten eingeschränkt werden, sich in politischer Unzufriedenheit mit dem deutschen Bildungssystem niederschlagen können. Darüber hinaus kann sich je nach Ausgang der GATS-Verhandlungen in Bezug auf die Liberalisierung von Bildung diese Entwicklung schnell dynamisieren (siehe Kapitel 3.3.3.4.1).

Die Verschiebung spiegelt sich auch in einer sinkenden Attraktivität des Hochschulstandortes Deutschland wider: Die Zahl der ausländischen Studierenden, vor allem solcher aus wissensintensiven Volkswirtschaften, ist in den letzten Jahren zurückgegangen. Programme wie Sokrates und Erasmus konnten hier nur geringe Kompensation bieten und blieben auf Europa beschränkt. Die Nachteile liegen auf der Hand: geringe Vertrautheit zukünftiger ausländischer Eliten mit Deutschland, seinen Institutionen und seiner Kultur; weniger „Botschafter" deutscher Kultur und Technologien und weniger Rückkopplung aus der Praxiserfahrung ehemaliger Studierender in die deutsche Hochschul- und Forschungslandschaft sowie unzureichende Rahmenbedingungen für ausländische Studierende.

Generell ist zu begrüßen, wenn Jugendliche im Ausland Qualifikationen erwerben. Genauso zu begrüßen wäre, wenn in ähnlichem Umfang Studierende anderer Länder nach Deutschland kämen und ihre Qualifikationen hier erwürben. Diese Art der Internationalisierung und Globalisierung der Ausbildung wäre wünschenswert und dringend zu fördern. Solche Maßnahmen sind nicht nur nach ökonomischen Maßstäben sinnvoll. Sie sollen zum gegenseitigen Austausch von Kultur und Wissen beitragen, in allen Ländern eine möglichst breite Zielgruppe von Studierenden aus allen Bevölkerungsschichten einbeziehen und sich vor allem an Entwicklungs- und Schwellenländer richten. Auch diese Aspekte der Internationalisierung von Hochschulen und die hierzu notwendigen Reformschritte sollten in einer möglicherweise neu einzusetzenden Enquete-Kommission weiter evaluiert werden.

5.4.1.3 E-Learning als Herausforderung

Zu den Herausforderungen der Internationalisierung gehört auch das schrittweise Vordringen des E-Learning.

Die systematische Verknüpfung von Internet-gestütztem Unterricht mit Präsenzveranstaltungen stellt eine enorme Herausforderung an den Lehrbetrieb der Hochschulen dar. Es ist zwar davon auszugehen, dass die viel zitierte „virtuelle Universität" als alleiniges Lehrkonzept nicht sinnvoll ist, dass aber Teile des heutigen Präsenzunterrichts und Eigenstudiums der Studierenden sinnvoll durch Internet gestützte Lehrformen ersetzt und verbessert werden. Während die Vermittlung von „tacit knowledge" (interaktives Erfahrungswissen, Entwicklung von Einfühlungsvermögen) noch lange in auf Praxis ausgerichteten und gruppenbezogenen Formen des Präsenzunterrichtes vonstatten gehen dürfte, ist zu erwarten, dass große Teile der expliziten Wissensvermittlung, die heute noch die wesentlichen Anteile von Vorlesungen und Lehrbüchern einnimmt, in Internet gestützte Lernformen übergehen wird. Diese Entwicklung wird weitreichende Konsequenzen für die Struktur unserer Hochschulen, die Art des Unterrichts und die Qualifikationsanforderungen an die Lehrenden haben, die sich insgesamt heute schon abzeichnen. Darüber hinaus kann der Austausch von Bildung und die Nutzung von E-Learning auch zur Verbesserung der

Bildungssituation in Entwicklungs- und Schwellenländern beitragen.

Wie die Herausforderung des E-Learning hinsichtlich der Entwicklung der Lehrtechnologien und -materialien und der Verbesserung der Bildungssituation in Entwicklungs- und Schwellenländern bewältigt werden kann, wird ebenfalls eine der dringenden Fragestellungen für die Arbeit einer neuen Enquete-Kommission in diesem Bereich sein.

5.4.1.4 Strukturreformen der Hochschulen

Der im Juni 1999 erschienene Bericht der internationalen Kommission zur Systemevaluation der Deutschen Forschungsgemeinschaft und der Max-Planck-Gesellschaft „Forschungsförderung in Deutschland" identifiziert im deutschen Wissenschafts- und Forschungssystem trotz anerkannter Stärken eine Reihe von Problemfeldern: die inflexiblen Finanzierungsmodalitäten, die relative Schwäche von Universitäten im Vergleich zu öffentlich geförderten Forschungseinrichtungen, die starren staatlichen Rahmenregelungen, das Fehlen einer kontinuierlichen Systemevaluation und eines einrichtungsübergreifenden Wettbewerbs sowie Mängel in der Nachwuchs- und Frauenförderung (Allmendinger 2002: 3).

Notwendige Reformen, auch der Hochschulverfassung, sowohl hinsichtlich der Autonomie von Hochschulen und ihrer Steuerung durch staatliche Gremien, der Wettbewerb zwischen ihnen, das Verhältnis von Forschung und Lehre sowie Lehre und Praxis an den Hochschulen und die Sicherstellung des Pluralismus in der Forschung und Lehre, wie auch die Bedingungen für Lehrende und Studierende konnten in der Enquete-Kommission nicht ausreichend diskutiert werden. Sie müssen ebenfalls einer möglichen Folge-Enquete zur Bearbeitung überlassen werden.

Übereinstimmend hat die Enquete-Kommission folgende Empfehlungen zur Internationalisierung beschlossen:

Empfehlung 5-40 Ausbau Disziplin übergreifender Studiengänge und weitere Öffnung der Hochschulen für ausländische Studierende

Die Enquete-Kommission empfiehlt einen Ausbau Disziplin übergreifender Studiengänge. Die Hochschulen sind weiter für ausländische Studierende zu öffnen und attraktiver zu gestalten. Hierzu ist eine inhaltliche internationale Öffnung von Studiengängen notwendig, die es bisher in Deutschland zu wenig gibt. Auch sollten Lehrveranstaltungen in fremden Sprachen durchgeführt werden.

Empfehlung 5-41 Stärkung der Fremdsprachenkompetenz

Die Fremdsprachenkompetenz sollte auf allen Bildungsstufen gesteigert werden. Dies bedeutet sowohl eine Internationalisierung der dualen Ausbildung als auch eine verstärkte Internationalisierung der Hochschulausbildung.

Empfehlung 5-42 Ausbau der Weiterbildungsangebote

Ein besonderes Gewicht kommt dem Ausbau der Weiterbildungsangebote zu. Hier empfiehlt die Kommission solche Weiterbildungsangebote zu entwickeln, die Fachqualifikationen mit Komplementärqualifikationen (Vertrautsein mit fremden Kulturen und Sprachen, Kooperationsfähigkeit mit Kunden und Partnern aus anderen Ländern) verbinden.

Empfehlung 5-43 Fortführung der Bildungsdiskussion

Die Enquete-Kommission empfiehlt, den Bildungsbereich hinsichtlich der aufgeführten Fragestellungen in einer Fortführung der Arbeit genauer zu analysieren, mit weiteren Gutachten die Bewertung zu vertiefen und in Anhörungen mit Vertretern und Vertreterinnen der Wissenschaft, der Studierenden, der Gewerkschaften, der Arbeitgeberverbände und weiterer gesellschaftlicher Gruppierungen zur Diskussion zu stellen. Erst diese vertiefte Bewertung und Diskussion ermöglicht die Entwicklung umfangreicher Handlungsempfehlungen für die dringend benötigten Reformen.

Neben den wirtschaftlichen Veränderungen sollten die mindestens ebenso wichtigen kulturellen, sozialen und politischen Aspekte des Bildungsprozesses intensiver thematisiert werden.

Da sich Hochschulreformdiskussionen in der Regel vor allem am US-amerikanischen und britischen Hochschulsystem orientieren, sollten diese, wie auch die skandinavischen Hochschulsysteme in der weiteren Diskussion genauer bewertet werden.

5.4.2 Wissen durch Forschung

Neues Wissen wird vor allem durch Forschung gewonnen. Im Gegensatz zum Erfahrungswissen (Learning by doing) setzt Forschung einen systematischen Ansatz bei der Wissensschaffung voraus. Dieses Wissen wird umgesetzt und dokumentiert in wissenschaftlichen Zeitschriften, Patenten im In- und Ausland oder direkt in neuen Produkten und Dienstleistungen. Dieses durch Forschung generierte Wissen ist, zusammen mit Ausbildung und Erfahrungswissen, die wichtigste Komponente des technischen Fortschritts.

Eine Vielzahl von Indikatoren für die weltweite Entwicklung der Forschung wurden zusammengetragen. Hervorzuheben sind hier die Indikatoren im Jahrbuch der Weltbank, die Indikatoren der National Science Foundation (NSF) und der Bundesbericht Forschung der Bundesregierung aus dem Jahr 2000.

In der Tabelle 5-6 werden einige Länder mit Indikatoren der Weltbank dargestellt:

Tabelle 5-6

Indikatoren zum Forschungssektor in der Welt

Land	Wissenschaftler pro 1 Mio. Einwohner 1987–1997	FuE-Aufwand im Verhältnis zum BIP in Prozent 1987–1997	Patente Inland Weltanteil in Prozent 1997	High-Tech Exporte Weltanteil in Prozent 1998	Wissenschaftliche Artikel Weltanteil in Prozent 1995
Deutschland	2 831	2,4	7,8	7,8	7,0
USA	3 676	2,6	15,8	28,6	32,8
Japan	4 909	2,8	44,0	11,6	9,0
Großbritannien	2 448	1,95	3,3	7,9	7,5
Frankreich	2 659	2,25	2,3	6,6	5,5
Kanada	2 719	1,66	0,5	2,6	4,0
Italien	1 318	2,21	0,3	2,1	3,2
Russland	3 587	0,88	1,9	0,3	3,9

Weltbank, World Development Indicators 2000: 304ff.

Die Indikatoren zum Forschungssektor verdeutlichen:

– 36,8 Prozent aller wissenschaftlichen Artikel in Fachzeitschriften der Welt entfallen auf die USA und Kanada, 32,2 Prozent auf die westeuropäischen Staaten, 9 Prozent auf Japan. Somit stammen 78 Prozent aller weltweiten Fachartikel aus Westeuropa, Nordamerika und Japan.

– Die Zahl der Forscher pro einer Million Einwohner schwankt erheblich. Sie ist in den europäischen Staaten, Nordamerika und Russland hoch und um den Faktor 8 bis 20 in den Entwicklungsländern geringer.

– Der hohe Anteil Japans bei den inländischen Patenten ist ein Resultat des japanischen Patentrechts. Betrachtet man nur die im Ausland angemeldeten Patente, so ergeben sich drastische Unterschiede.

Unabhängig von der Bewertung der einzelnen Indikatoren kann man als Trend festhalten:

78 Prozent aller wissenschaftlichen Publikationen der Welt stammen aus Ländern, die insgesamt zwölf Prozent der Weltbevölkerung ausmachen. Beim Forschungsaufwand ist es ähnlich.

Bei der Zahl der Forscher pro einer Million Einwohner fällt der hohe Anteil osteuropäischer Staaten auf, vor allem in Russland. Aufgezeigt wurde, dass der Anteil in den Entwicklungsländern deutlich geringer ist. Von einer Globalisierung der Wissensproduktion kann in keinem Fall gesprochen werden. Aus dem Gutachten „Zur technologischen Leistungsfähigkeit Deutschlands" im Auftrag des BMBF (ZEW 2001) ergibt sich Folgendes:

5.4.2.1 Stärken

Traditionelle Stärke des deutschen Innovationssystems ist die hohe Absorptionsfähigkeit für technologische Neuerungen entlang vorgezeichneter Entwicklungspfade, sowie die breite und schnelle Diffusion und Anwendung in Sektoren mit traditionellen Stärken.

Dies wird unterstützt durch eine hohe fachliche Breite unterschiedlichster Industriezweige, regional breit verteilte Forschungskapazitäten in Industrie und öffentlicher Forschung sowie ein auf eine breite, qualitativ hochwertige Wissensbasis ausgerichtetes Bildungssystem.

5.4.2.2 Schwächen

Der Vorsprung im Sekundarbereich der Ausbildung schmilzt. Je jünger die betrachtete Altersgruppe ist, desto mehr andere Staaten weisen höherer Qualifikationsanteile im tertiären Bereich auf. Im Spitzentechnikbereich, der im Export überproportional wächst, weist Deutschland abnehmende Anteile auf. Die Entwicklung der Innovationsaufwendungen der Unternehmen stagniert seit 1999 (vgl. Abbildung 5-13). Im Jahre 2001 sind die Forschungsaufwendungen der Wirtschaft (Stifterverband 2002) nur noch um 4,5 Prozent gewachsen.

Abbildung 5-13

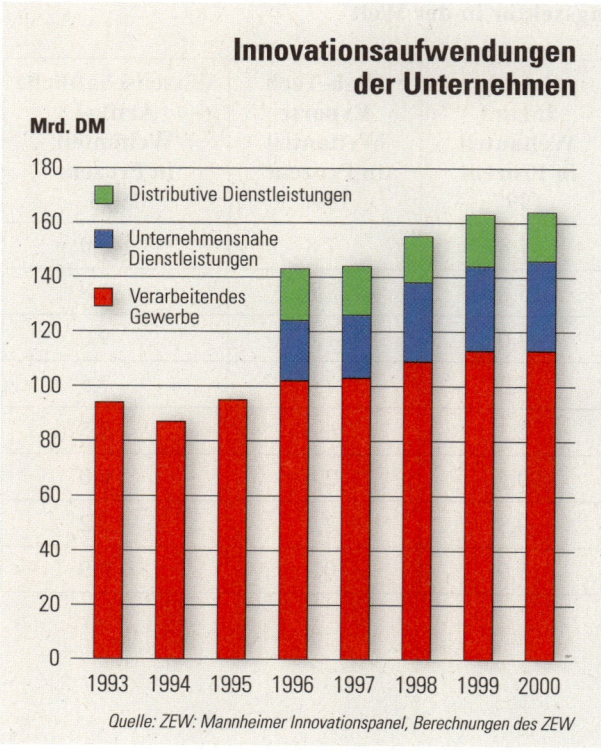

Die Enquete-Kommission „Globalisierung der Weltwirtschaft" konnte sich wegen der Kürze der zur Verfügung stehenden Arbeitszeit mit dem Forschungssektor in der Welt nicht ausführlich befassen. Sie empfiehlt, diesen Bereich in einer späteren Untersuchung ausführlich zu bewerten. Sie macht deshalb hierzu keine Empfehlungen

5.5. Handlungsoptionen für die Wissensgesellschaft

Spricht man von einer Wissensgesellschaft, dann muss man sich die Vielfalt und Dynamik des Wissens vor Augen halten. Eine Wissensgesellschaft befindet sich in fortlaufender Entwicklung, die dazu zwingt, dass sich Menschen lebenslang mit neuen Erkenntnissen individuell und gemeinsam auseinandersetzen. In diesem Sinne ist Wissensgesellschaft auch immer Lerngesellschaft. Dieser Prozess stellt nicht nur die westlichen Industriestaaten selbst und ihre wirtschaftlichen und kulturellen Beziehungen untereinander, sondern auch die Zusammenarbeit mit so genannten Entwicklungsländern vor vielfältige Herausforderungen.

Die neuen IKT haben den Zugang und den Umgang mit Informationen fundamental verändert. Sie haben zu einer zeitlichen Beschleunigung der Informationsbeschaffung und -verarbeitung und einer räumlichen Entgrenzung aller Kommunikations-, Produktions- und Austauschverhältnisse geführt. Sie bilden die Basis für die „New Economy" und verändern die „Old Economy" und damit auch unsere Gesellschaft, deren Existenzgrundlage zunehmend durch wissensintensive Produkte und Dienstleistungen bestimmt wird.

Doch Information bedeutet noch nicht Wissen und auch nicht die Umsetzung von Wissen in verantwortungsbewusstes gesellschaftliches und ökonomisches Handeln. Hierzu sind bewusste Bewertung, Verknüpfung, Zuordnung und Auswahl von Informationen und die Anwendung auf zu lösende Probleme erforderlich.

Hinzu kommt, dass Wirtschaft, Wissenschaft etc. zunehmend über die Reichweite nationaler Politik hinausgehen. Die Einflussmöglichkeiten einzelner Staaten und Politiken werden geringer. Politik wird immer häufiger mit der Frage konfrontiert, was sie dazu beiträgt, dass die Menschen in einer sich rasch wandelnden Welt aktiv an Prozessen in Wirtschaft, Wissenschaft und Gesellschaft teilhaben können. In der Konsequenz heißt dies: Politik muss sich zunehmend auf Fragen von Bildung, Qualifizierung und Forschung konzentrieren.

Die Enquete-Kommission hatte die Bundesregierung deshalb gebeten, eine Übersicht über die Programme zu übermitteln, die als Beitrag zur aktiven Gestaltung der sich entwickelnden Wissensgesellschaft initiiert worden sind. In zwei Berichten an die Enquete-Kommission hat die Bundesregierung zum Umfang politischer Maßnahmen und Handlungsempfehlungen Stellung bezogen (vgl. auch 5.2.1.2).

5.5.1 Hauptprogramme der Bundesregierung für die Wissensgesellschaft (Stand März 2002)

- Aktionsprogramm „Innovation und Arbeitsplätze in der Informationsgesellschaft des 21. Jahrhunderts";

- Zehn-Punkte-Programm der Bundesregierung „Internet für Alle";

- Wissen schafft Märkte 3/2001;

- Forschungsprogramm IT-Forschung 2006, 2/2002;

- sowie ca. 70 Handlungsempfehlungen.

Hinzu kommt das EU Aktionsprogramm „e-Europe 2002" mit zahlreichen weiteren Maßnahmen und Handlungsempfehlungen, mit deren Umsetzung aufgrund des Subsidiaritätsprinzips die Mitgliedsstaaten beauftragt sind.

Die Bundesregierung führt weiterhin in den der Enquete Kommission übersandten Dokumenten insgesamt 69 Einzelmaßnahmen (Stand September 2001) zur Gestaltung der Globalen Wissensgesellschaft an. Es sind dies im Einzelnen:

23 Aktionsprogramme

2   Offensiven

9   Einsetzen eines Gremiums oder Wettbewerbe

14 Frauenspezifische Maßnahmen des Bundes

Handlungsoptionen für die Wissensgesellschaft

1 Ankündigung eines Programms (Forschung IT)

6 Handlungskonzepte

14 Förderschwerpunkte Bund und EU

Gegliedert nach Sachschwerpunkten ergibt sich folgendes Bild:

10 im Bereich des Bildungssektors

3 im Bereich der Entwicklungshilfe

56 im Bereich der Informationstechnik und -anwendung

Das Zehn-Punkte-Programm der Bundesregierung „Internet für Alle" bestimmt folgende vorrangigen Ziele bei der Gestaltung der globalen Wissensgesellschaft (Auszüge in Stichworten):

– Zugang zu den neuen Medien verbreitern;

– Multimedia in der Bildung fördern;

– Vertrauen und Sicherheit durch verbesserten Rechtsrahmen stärken;

– Innovative Arbeitsplätze schaffen;

– Spitzenposition in Technologie und Infrastruktur erringen;

– Staatliche Modernisierung vorantreiben;

– Europäische und internationale Zusammenarbeit vertiefen und verbreitern.

Die Untersuchung der von der Bundesregierung als strategisch ausgewiesenen Programme „Aktionsprogramm 1999", „Wissen schafft Märkte 2001" und „IT-Forschung 2006" hat ergeben, dass der Bereich der Technikfolgenabschätzung insbesondere hinsichtlich der möglichen Vor- und Nachteile der IKT für die Gesamtgesellschaft im Rahmen des Programms „IT – 2006" noch verstärkt werden muss. Gleiches gilt auch im Hinblick auf die Forschung und Entwicklung neuartiger Sicherheitssysteme und die Forschung im Bereich der Mensch-Technik-Systeme.

In diesem Zusammenhang hat die Bundesregierung darauf hingewiesen, dass bereits seit Ende der 80er Jahre Forschungsprojekte zur Verknüpfung der biologischen und physikalischen Welt der Informationsverarbeitung fester Bestandteil der Forschungsförderung mit stetig zunehmendem Mitteleinsatz sind. Darüber hinaus wird das Thema im Rahmen des Programms „IT-Forschung 2006" bearbeitet und steht auch im Innovationsbeirat der Bundesministerin für Bildung und Forschung zur Diskussion an.

Gleiches gilt für den Bereich der Forschung zu möglichen Auswirkungen der zunehmend elektromagnetischen Felder auf die Umwelt. Hierzu hat die Bundesregierung bereits eine nicht geringe Anzahl an Studien in Auftrag gegeben. Die Bundesregierung weist darauf hin, dass auch das Büro für Technikfolgenabschätzung des Deutschen Bundestages im Auftrag des Ausschusses für Bildung, Forschung und Technikfolgenabschätzung zurzeit eine Studie zu diesem Thema erarbeitet.

Über den nationalen Bereich hinausgehende Auswirkungen dieser technologischen Entwicklungen, insbesondere auf die Entwicklungsländer, konnten aus den genannten Unterlagen der Bundesregierung keine Angaben entnommen werden, da hierzu eine gesonderte Befragung weiterer Ressorts hätte erfolgen müssen.

5.5.2 Vorschläge und Programme der EU, der G 8-Staaten und der Weltbank

Die nahezu unüberschaubare Anzahl von Publikationen zum Thema Informations- bzw. Wissensgesellschaft scheint ein deutlicher Indikator für die mit dieser Entwicklung verbundenen Fragestellungen und Herausforderungen zu sein. Dies wird auch an der mitunter unklaren Verwendung der Begriffe „Informations-" bzw. „Wissensgesellschaft" deutlich. Jede nationale Regierung hat ihr Aktionsprogramm, die Weltorganisationen haben ebenfalls Initiativen entwickelt und alles wird immer wieder bei verschiedenen internationalen Treffen wiederholt. Diese Vorschläge und Programme sind überwiegend im Internet zugänglich.

Darüber hinaus hat die Europäische Union eine Vielzahl von Aktivitäten entfaltet, die unter dem Stichwort „Informationsgesellschaft" zusammengefasst werden. Anlässlich des Feira-Gipfels der EU im Juni 2000 wurde ein Aktionsplan mit dem Titel e-Europe 2000 veröffentlicht. In diesem werden detailliert Maßnahmen und Zeitpläne zur Erreichung von Zielen aufgestellt. In diesem EU-Aktionsplan, der laufend fortgeschrieben wird, werden als Ziele insbesondere herausgestellt:

– Billigeres, schnelleres und sicheres Internet,

– Investitionen in Menschen und Fertigkeiten,

– Förderung der Nutzung des Internets.

Weil die Nutzung des Internets in Europa sehr unterschiedlich ist, soll der Zugang zu den modernen Kommunikationsnetzen in strukturschwachen Regionen verbessert werden. Dies soll durch öffentliche Mittel für Infrastrukturmaßnahmen und bessere Marktöffnung geschehen. Im europäischen Strukturfonds erhalten daher Informationstechnik-Projekte Vorrang.

Stärker global ausgerichtet sind die Beschlüsse des EU- und G8-Treffens vom Juli 2000 in Okinawa. Demnach soll für die gesamte Welt die folgende Maßgabe als Leitmotiv dienen: „Everyone, everywhere should be enabled to participate in and no one should be excluded from the benefits of the global information society". Diese Aussage wird durch weitere politische Deklarationen ergänzt, wobei aber die Umsetzung den jeweiligen Regierungen überlassen bleibt.

„Knowledge for All" ist die Überschrift für die Weltbank-Aktivitäten, die unter dem Stichwort „Strategies" verkündet werden. Als Beispiel für den Vorteil des Einsatzes moderner Kommunikationsmittel und der Informationsverarbeitung wird der Unterschied zwischen Ghana und Südkorea herausgestellt. Vor 40 Jahren hatten beide Länder das gleiche Pro-Kopf-Einkommen. In den 90er Jahren war aber das Einkommen in Südkorea sechs mal höher als in Ghana. Mehr als die Hälfte dieses Unterschiedes kann auf den größeren Erfolg von Südkorea bei der Aneignung und Nutzung von Wissen zurückgeführt werden.

Die Enquete Kommission konnte sich mit diesen Programmen der Regierungen und von NGOs nicht ausführlich auseinandersetzen. Deshalb wird von einer Bewertung abgesehen.

5.6. Ausblick und offene Fragen[42]

Die Arbeitsgruppe „Globale Wissensgesellschaft" der Enquete-Kommission konnte u. a. aufgrund der Tatsache, dass sie als letzte von sechs Arbeitsgruppen erst im Mai 2001 eingesetzt worden ist, wichtige Themen ihres Arbeitsprogramms wie den E-Commerce, die digitale Demokratie (z. B. neue Mitwirkungsmöglichkeiten der Bürger, Wahlen per Internet, Auswirkungen auf die Politik) und die kulturelle Dimension der Globalisierung einschließlich einer möglichen Bedrohung oder gar Nivellierung der kulturellen Vielfalt sowie Konzentrationsentwicklungen im Medienbereich nicht behandelt. Des Weiteren konnten aus dem Komplex „Wissensübertragung" die Themen Bildung, Weiterbildung, Veränderung der Inhalte von Aus- und Weiterbildung, neue Möglichkeiten der Wissensvermittlung durch IKT, Tele-Lernsysteme und digitale Lehrveranstaltungen und aus dem Komplex „Wissensgenerierung" die durch die Globalisierung veränderten Rahmenbedingungen und der Einfluss von IKT auf die Erzeugung von Wissen, die langfristige Bewahrung des vorhandenen Wissens (digitale Bibliotheken, digitales Archivierungsdilemma, Weltarchiv) nicht mehr untersucht werden. Zudem hat die Arbeitsgruppe einige wichtige Themen nur angerissen, ohne sie vertieft zu behandeln. Hierzu gehören insbesondere die Reform des Hochschulsektors, die veränderten Bedingungen für die Forschung und Auswirkungen der IKT auf die Arbeitsmärkte, Arbeitsbeziehungen, Arbeitsorganisation, Lebensqualität und Migration. Es konnten ebenfalls keine Lösungsvorschläge für Patentierung von Wissen unter Beachtung der ökonomischen Bedeutung und der Übereinstimmung mit Menschenrechtsabkommen sowie keine Lösungsansätze für Nachhaltigkeit von Forschung hinsichtlich sozialer und ökologischer Interessen, für die Bereitstellung und Bewahrung von Wissen als „öffentliches Gut" (im Hinblick auf GATS und die Tendenz der Privatisierung von Wissen) und für die Sicherung der informationellen Grundversorgung erarbeitet werden.

Die Enquete-Kommission empfiehlt, diese Themen von einer möglicherweise vom nächsten Bundestag einzusetzenden Enquete-Kommission untersuchen zu lassen.

---

[42] Vgl. hierzu auch das abweichende Minderheitenvotum der FDP-Fraktion in Kapitel 11.2.2.7.2

6 Geschlechtergerechtigkeit[1, 2]

6.1 Geschlechtergerechtigkeit in der Globalisierung

Der Globalisierungsprozess ist von Ungleichzeitigkeiten und unterschiedlichen Perspektiven gekennzeichnet. Eine Analyse, die Globalisierung als unabwendbares Schicksal darstellt und deren Folgen auf Ausgrenzungsprozesse reduziert, wird den Widersprüchlichkeiten und Brüchen in veränderten Arbeits- und Lebensverhältnissen ebenso wenig gerecht, wie eine Beschreibung, die nur die Chancen der zukünftigen Entwicklung thematisiert.

Diese ambivalente Bewertung trifft auch zu, wo Globalisierung aus der Sicht der Geschlechterverhältnisse analysiert wird. Diese beschreiben keineswegs ein homogen-dualistisches Verhältnis, bei dem alle Frauen Verliererinnen und alle Männer Gewinner sind. Vielmehr ist ein differenziertes Verständnis der globalen Zusammenhänge unerlässlich, da Geschlecht, Klasse und Ethnizität in einer komplexen Wechselwirkung zueinander stehen. Zum Beispiel wirkt sich die Globalisierung auf eine Angestellte im Bankensektor im mittleren Management anders aus als auf die Migrantin aus Polen oder den Philippinen, die in deren Haushalt arbeitet. Andererseits zeigen sich gerade in der Geschlechterfrage die Bedeutung der individuellen Entscheidungen für Lebensmodelle, Berufswege und politische Partizipation.

Die Auffassung, dass besonders die ökonomische Globalisierung ein widersprüchlicher Prozess ist, wird von einem Großteil der Fachliteratur bestätigt. Die Globalisierung bietet neue Optionen und Chancen, enthält aber gleichzeitig auch neue Risiken für marginalisierte Gruppen, die lediglich über einen eingeschränkten Zugang zu ökonomischen Ressourcen, zu Wissen und Qualifikationen sowie zu Macht und Entscheidungspositionen verfügen. Viel zu wenig präsent im öffentlichen Bewusstsein ist dabei die Tatsache, dass bei den Widersprüchlichkeiten und Ungleichzeitigkeiten der Globalisierungsprozesse Geschlechterverhältnisse eine herausgehobene Rolle spielen. Zur Veranschaulichung von geschlechtsspezifischen Ungleichheiten werden in Kapitel 6.1.1 die beiden im UN-System akzeptierten Geschlechterindizes, die das Entwicklungsprogramm der Vereinten Nationen (UNDP) entwickelt hat, vorgestellt. Auch das UN-Konzept der „menschlichen Sicherheit" (Human security) hat zum Ziel, Unsicherheiten und Ungleichheiten in der sozialen und individuellen Versorgung im Kontext der ökonomischen Globalisierung zu bewerten (vgl. Kapitel 6.2.3).

Die Wechselwirkungen von Globalisierung und Geschlechterverhältnisse können in dreifacher Hinsicht beschrieben werden (Ruppert 2002).

Erstens *wirkt* Globalisierung zum Teil sehr ungleich auf die konkreten Lebens- und Arbeitsverhältnisse von Frauen und Männern, wodurch insbesondere viele arme Frauen in Entwicklungsländern Gefahr laufen, sowohl kurz- als auch langfristig eher zu den Verliererinnen der Globalisierung zu zählen. Darüber hinaus *basiert* Globalisierung zweitens auf geschlechtlichen Ungleichheiten, die den Auswirkungen von Globalisierung gleichsam vorausgehen (vgl. Kapitel 6.2.1). Drittens *verändert* Globalisierung aber auch bestehende Geschlechterarrangements. Dies zeigt sich beispielsweise, wenn sich neue Formen der Arbeitsteilung abzuzeichnen beginnen oder wenn die Auswirkungen der internationalen Finanzkrisen auf Armutsmigration, Menschenschmuggel und Zwangsprostitution analysiert werden (vgl. Kapitel 6.2.2 und 6.2.4).

Damit birgt die Globalisierung einerseits für viele Frauen das Risiko, dass strukturelle Benachteiligungen für die einen weiter zunehmen. Andererseits kann Globalisierung in dem Maße, wie sie zu gesellschaftlicher Veränderung beiträgt, auch neue Chancen politischer Mitgestaltung für Frauen und neue Möglichkeiten gesellschaftlicher Entwicklung hin zu mehr Gleichberechtigung zwischen Frauen und Männern eröffnen. Ein wichtiges Instrument ist in diesem Kontext die seit der 4. UN-Weltfrauenkonferenz in Peking allgemein akzeptierte Strategie des „Gender Mainstreaming" (vgl. Kapitel 6.3).

Der vorliegende Text greift zentrale Fragestellungen dieser komplexen Thematik auf. Diese müssten vertieft werden. Es wäre deshalb über die Notwendigkeit nachzudenken, diese vielfältigen Zusammenhänge in einer eigenen Bundesstiftung „Geschlechterdemokratie" in Analogie zur Stiftung „Frieden und Entwicklung" im internationalen Kontext zu erforschen.

6.1.1 Geschlechtsspezifische Problemlage[3]

Zur Veranschaulichung von geschlechtsspezifischen Ungleichheiten können die beiden im UN-System akzeptierten Geschlechterindizes, die das Entwicklungsprogramm der Vereinten Nationen (UNDP) zur Messung der geschlechtsbezogenen Entwicklung von den allgemeinen Entwicklungsindizes ableitet, herangezogen werden. Dabei handelt es sich um den Gender Development Index (GDI) und das Gender Empowerment Measure (GEM).

---

[1] Das vorliegende Kapitel „Geschlechtergerechtigkeit" stellt ein Querschnittskapitel dar. Themenspezifische Vertiefungen finden sich insbesondere auch im Kapitel 2 (Finanzmärkte), Kapitel 4 (Arbeitsmärkte), Kapitel 5 (Globale Wissensgesellschaft) und Kapitel 10 (Global Governance).

[2] Der vorliegende Berichtsteil wurde im Konsens verabschiedet. Vgl. dabei auch den Kommentar der CDU/CSU-Fraktion in Kapitel 11.1.7.5.

[3] Dieses Kapitel basiert auf einem Gutachten von Ruppert (2002).

Der GDI beruht auf den gleichen Messgrößen wie der allgemeine Index menschlicher Entwicklung (HDI). Im Gegensatz zum Gini-Koeffizienten ist der im Jahre 1990 von der UNDP eingeführte HDI ein zusammengesetzter Index, der die durchschnittlichen Errungenschaften eines Landes nicht nur in Bezug auf das Einkommen, sondern darüber hinaus auch in den beiden grundlegenden Bereichen menschlicher Entwicklung, Gesundheit und Wissen, erfasst. Aus dem HDI-Wert eines Landes geht hervor, in welchem Maße die drei vorgegebenen Ziele – eine hohe durchschnittliche Lebenserwartung, einem Zugang zu Bildung für alle und einem angemessenen Lebensstandard – erreicht wurden. Gemessen wird der Gesundheitszustand also anhand der Lebenserwartung, die Bildungschancen anhand der Analphabetismusrate und den Einschulungsquoten in allen Schulstufen sowie der Lebensstandard anhand des im Hinblick auf die Kaufkraftparität bereinigte Pro-Kopf-Einkommens. Der GDI differenziert diese Werte geschlechtsspezifisch (s. UNDP 1995: 72ff., UNDP 2000d: 23). Je größer die Unterschiede zwischen den Geschlechtern sind, umso niedriger fällt der GDI-Wert aus. Generell lassen sich aus der Analyse der GDI-Entwicklung folgende Schlussfolgerungen ziehen:

– In allen Ländern der Welt liegt der GDI deutlich unter dem HDI, d. h. in keiner Gesellschaft der Welt haben Frauen die gleichen Chancen auf ein „gutes Leben" wie Männer. In vielen Ländern erleben Frauen die prekäre Situation erheblicher Benachteiligung gegenüber Männern vor dem Hintergrund ohnehin niedriger Gesamtergebnisse bei der menschlichen Entwicklung. Nach dem Bericht über die menschliche Entwicklung weisen 33 von 146 Ländern einen GDI-Wert von unter 0,500, d. h. von weniger als der Hälfte des sehr niedrigen HDI-Wertes dieser Länder auf (UNDP 2001: 242ff.).

– Die Gleichstellung der Geschlechter kommt in den letzten Jahren nur zögerlich voran. Nur 43 von 146 Ländern weisen 2001 einen GDI-Wert von mehr als 0,800 auf. Während für die Zeit *vor* der Weltfrauenkonferenz von 1995 im Weltdurchschnitt ein merklicher Anstieg des GDI zu verzeichnen war, ist seitdem trotz der Selbstverpflichtung der Staatengemeinschaft auf zahlreiche Maßnahmen zur Verbesserung der Lebenssituation von Frauen in der Aktionsplattform von Peking eine Stagnation bzw. ein leichter Rückgang der Werte festzustellen (s. Abbildung 6-1, vgl. auch Ruppert 2001).

– Geschlechtsspezifische Disparitäten stehen häufig in Zusammenhang mit menschlicher Armut. Seit Jahren weisen Länder wie Sierra Leone, Niger und Burkina Faso, die beim GDI am niedrigsten eingestuft werden, auch beim Human Poverty Index (HPI) die niedrigsten Werte auf.

– Gleichwohl lässt sich mehr Gleichberechtigung grundsätzlich auch bei niedrigem Pro-Kopf-Einkommen und geringen HDI-Werten erreichen. Deutlich wird dies z. B. daran, dass etliche Länder im mittleren Bereich des HDI-Rankings, wie Sri Lanka oder die Republik Moldawien, ebenso wie einige Länder im unteren Bereich des HDI-Ranking, wie Haiti oder Tansania, deutlich bessere Positionen im GDI-Ranking aufweisen.

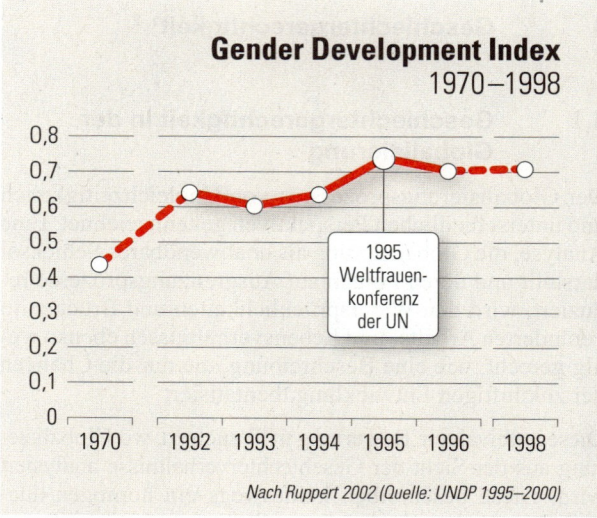

Abbildung 6-1

Nach Ruppert 2002 (Quelle: UNDP 1995–2000)

Noch plastischer als mit dem GDI wird das Ausmaß der Geschlechterungleichheit über den zweiten geschlechtsspezifischen Index GEM. Im Unterschied zum gewissermaßen rudimentären, die Grundlagen menschlicher Entwicklung bemessende GDI erfasst das Gender Empowerment Measure bestimmte Aspekte der Geschlechterverhältnisse in Wirtschaft und Politik. Als Kennzahl wird dabei der Anteil von Frauen in der Legislative, in den Führungsebenen der Wirtschaft, von Facharbeiterinnen und der Anteil von Frauen am nationalen Privateinkommen herangezogen. Der Vergleich von GDI und GEM zeigt, dass die Partizipationsmöglichkeiten von Frauen am öffentlichen Leben weltweit noch wesentlich geringer ausfallen als ihre Chancen auf Gesundheit, Einkommen und Bildung (s. Abbildung 6-2, vgl. auch Ruppert 2001).

6.1.2 Feministische Ökonomie

Ökonomische Theorien und Statistiken sind größtenteil „gender-blind". So werden beispielsweise die Beiträge der Frauen zur Wirtschaft systematisch unterschätzt: Der ausgedehnte Bereich unbezahlter Versorgungswirtschaft, in dem Frauen einen großen Teil der Arbeit übernehmen, um die soziale Kohäsion und mitmenschliche Verantwortung aufrechtzuerhalten, wird nicht sichtbar. Das heißt, dass der wirkliche Produktionsprozess vom Leben, also alles, was notwendig ist, um Tag für Tag die Subsistenz zu sichern, nicht als Leistung innerhalb einer Volkswirtschaft wahrgenommen wird. Diese vorwiegend häusliche und mütterliche Arbeit, die meistens von Frauen geleistet wird und der Gesellschaft kostenlos zugute kommt, erfährt weder eine breite gesellschaftliche Schätzung noch angemessene Beachtung innerhalb der Sphären der Wirtschaft und Wissenschaft.

Die Integration der Versorgungswirtschaft in das makroökonomische Denken setzt eine Analyse der nationalen Produktionskreisläufe voraus. Es zeigt sich, dass der na-

Abbildung 6-2

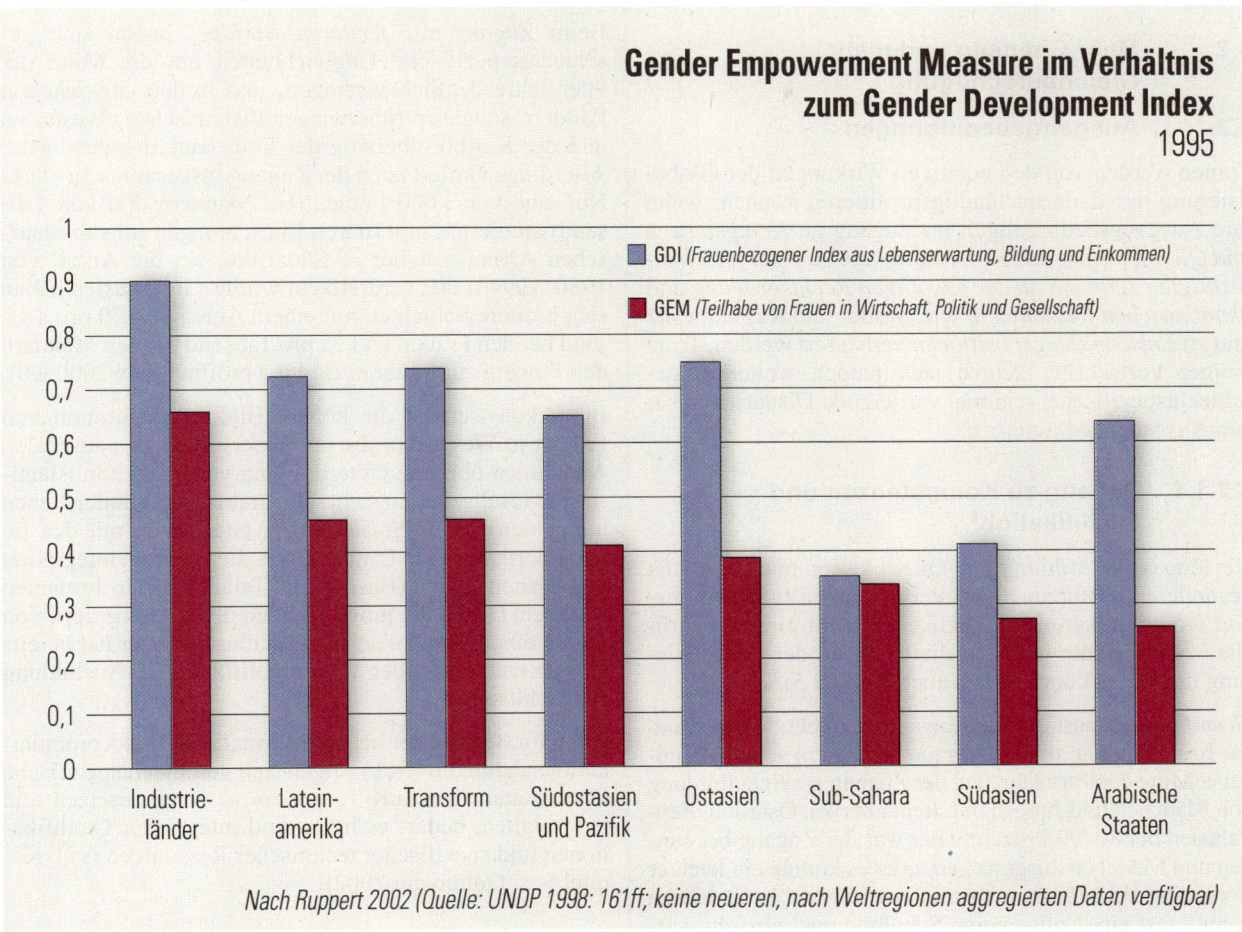

tionale Output das Resultat einer Interaktion von vier Wirtschaftsbereichen ist. Dabei handelt es sich erstens um die Warenwirtschaft des Privatsektors, die aus einem formalen Sektor und einem expandierenden informellen Sektor besteht. Der zweite Bereich umfasst die staatliche Dienstleistungsökonomie. Drittens werden in der sogenannten „care economy" familien- und gemeinwesenorientierte Güter erzeugt. Schließlich bezieht sich der vierte Sektor auf ehrenamtliche Tätigkeiten, der sowohl bezahlte als auch unbezahlte Tätigkeiten beinhaltet (insbesonders in dem neuen Bereich von Nichtregierungsorganisationen).

Dieser Kreislauf von formaler und informeller privatwirtschaftlicher Warenproduktion bis hin zu den neuen ehrenamtlichen Tätigkeiten in Nichtregierungsorganisationen erzeugt den Gesamtreichtum einer Gesellschaft. Der Großteil der konventionellen makroökonomischen Theorien und Modelle ignoriert sowohl den Sektor der unbezahlten Hausarbeit als auch den NGO-Bereich. Ferner ist die weit verbreitete Annahme problematisch, dass nur die private Warenwirtschaft Wohlstand schafft, während die staatliche Dienstleistungsökonomie und die Versorgungswirtschaft der Haushalte und Gemeinwesen vor allem konsumieren, was in der privaten Warenwirtschaft produziert worden ist. Insgesamt läßt sich feststellen, dass die Ökonomie sich vor allem auf die Zirkulation der Waren- und Geldwirtschaft auf dem Markt bezieht (UNIFEM 2000, Bakker und Elson 1998). Diese verengte Perspektive erklärt auch, dass in der derzeitigen Diskussion um den Umbau des Sozialsystems die Verlagerung der Familienarbeit in die Privatsphäre mit dem Leitbild einer geschlechtsspezifischen Trennung von Arbeitssphären verknüpft ist (Goldmann 2002).

Die feministische Ökonomik hat sich im vergangenen Jahrzehnt als Forschungszweig auffällig rasch entwickelt. In ihrer Kürze werden die in diesem Kapitel dargestellten Zusammenhänge der feministischen Ökonomie nicht gerecht, bei der es sich – trotz des pauschalierenden Begriffs – um sehr unterschiedliche Ansätze in den verschiedenen ökonomischen Denkrichtungen handelt. Zwar zielen sie letztlich alle darauf, die Situation der Frau in der Gesellschaft zu verbessern und ihre spezifische Situation in der ökonomischen Theorie zur Geltung zu bringen. Unterschiede bestehen jedoch bezüglich der Frage, mit welchen theoretischen Ansätzen und Methoden bzw. welchen politischen Forderungen dieses Ziel bestmöglich erreicht werden kann.[4]

6.2 Mehr Chancen und mehr Gleichberechtigung

6.2.1 Ausgangsbedingungen

Frauen werden von den positiven Wirkungen der Globalisierung nur dann nachhaltig profitieren können, wenn ihre Ausgangsbedingungen im Zugang zu *Kompetenzen und Qualifikation,* zu *Erwerbstätigkeit,* zu einer *gleichberechtigten Teilhabe an der jeweiligen Rechtsordnung* und *ökonomischen Ressourcen,* wie Grund- und Kapitalbesitz und zu *Entscheidungspositionen* verbessert werden. Trotz einiger Fortschritte zeigen sich jedoch weiterhin geschlechtspezifische, regional variierende Disparitäten bei den Ausgangsbedingungen.

6.2.1.1 Zugang zu Kompetenzen und Qualifikation[5]

Der Zugang zu Bildung und Qualifikation und dabei insbesondere die Nutzung der internationalen Informations- und Kommunikationsmöglichkeiten stellt eine wesentliche Voraussetzung dar, um die Chancen der Globalisierung nutzen zu können (vgl. auch Kapitel 5).

Grundbildung umfasst den Zugang zur Schulbildung und zur Lesefähigkeit als eine Voraussetzung zur sozialen Teilhabe. Mitte der 90er Jahre lag der Zugang zur Schulbildung von Mädchen und Jungen in Lateinamerika, Ostasien, Zentralasien bei 80–90 Prozent. Hier war der Zugang bei Jungen und Mädchen ausgewogen, oder es konnte ein leichter Vorsprung bei Mädchen verzeichnet werden. In Südafrika konnte fast eine „allgemeine Schulbildung" erreicht werden, da der Schulzugang von Jungen bei 95 Prozent und von Mädchen bei 99 Prozent lag (UN 2000: 86). Die Ungleichheit zwischen den Geschlechtern in der Grundbildung besteht weiterhin im Nahen Osten und in Nordafrika, wo der Mädchenanteil bei acht bis zehn Prozent unter dem der Jungen, aber immer noch über 75 Prozent liegt. In den islamischen Ländern haben Mädchen also grundsätzlich Zugang zur Schulbildung, wenn auch in etwas geringerem Umfang. Dramatische Ungleichheiten treten dagegen in Südasien (Mädchen: 64 %, Jungen: 77 %) und im subsaharischen Afrika außer Südafrika (Mädchen: 47 %, Jungen: 59 %) auf. Nach UNESCO-Schätzungen sind fast zwei Drittel der Analphabeten auf der Welt weiblich und ihre Zahl wird noch zunehmen. Die Zahl der weiblichen Analphabeten wird – in absoluten Angaben – bis 2005 im subsaharischen Afrika auf 91 Millionen und in Südasien auf 285 Millionen steigen. Diese Frauen werden von der Entwicklung ihrer Fähigkeiten und sozialer und politischer Partizipation weitgehend ausgeschlossen werden. Von den positiven Seiten der Globalisierung werden diese Frauen kaum profitieren können (UN 2000: 87).

Beim *Zugang zur tertiären Bildung*[6] haben sich geschlechtsspezifische Ungleichheiten um die Mitte der 90er Jahre deutlich verringert, und in den entwickelten Ländern sowie im (überwiegend islamischen) Westasien und der Karibik überwog der Frauenanteil sogar leicht. Allerdings variiert auch der Zugang insgesamt sehr stark: Nur eine von 1 000 Frauen (bei Männern drei von Tausend) studierten in tertiären Einrichtungen im subsaharischen Afrika – außer in Südafrika, wo der Anteil von 1980–1994/6 fast verdreifacht wurde.[7] In Ostasien haben sich breitere Schichten mit einem Anteil von 20 pro Tausend bei den Frauen und 25 pro Tausend bei den Männern den Zugang zur tertiären Bildung eröffnet (UN 2000: 90).

Bemerkenswert ist die höhere Bildungsintegration von Frauen in Westasien, die im Widerspruch zu pauschalen Annahmen über die Unterordnung von Frauen in islamischen Gesellschaften steht. Die arabischen Länder stehen hinter den OECD-Staaten an zweiter Stelle mit den lateinamerikanischen Ländern, was die Bildungsintegration von Frauen angeht (Basma Bint Talal 1996). In Jordanien strebt ein Drittel der jungen Frauen in der Altergruppe von 18–23 einen akademischen Abschluss an oder hat bereits eine universitäre oder weiterqualifizierende Ausbildung abgeschlossen.

Auch im Bereich der neuen Informations- und Kommunikationstechniken (IKT) zeigen sich geschlechtspezifische Disparitäten. Um IuK-Techniken aktiv einzusetzen und zu gestalten, bedarf es hoher und integrierter Qualifikationen und spezifischer technischer Ressourcen (vgl. Kapitel 5, s. Goldmann 2002).

6.2.1.1.1 Frauen in der Wissenschaft: Die Stellung Deutschlands im internationalen Vergleich[8]

In einer globalisierten Welt spielt der Ausbau von Humankapital eine zunehmend wichtige Rolle. Es ist daher von besonderer Bedeutung, dass Frauen an diesem Prozess des Wissensaufbaus, der durch die neuen IuK-Techniken beschleunigt wird, beteiligt sind. In Entwicklungsländern führt der Zugang von Frauen zu Bildung und Qualifikation insbesondere zu einer verbesserten gesundheitlichen Aufklärung, die sich z. B. bei der Bekämpfung von AIDS gesamtgesellschaftlich positiv auswirkt. Exemplarisch wird an dieser Stelle jedoch auf die Bedeutung von Frauen in der Wissenschaft in einigen ausgewählten Industrieländern eingegangen, da trotz des öffentlich diskutierten Wissenschafts- und Fachkräftemangels in Deutschland

---

[4] Vgl. hierzu beispielsweise Bakker 1994, 2002, Elson 1995, Elson und Cagatay 2000, Grown, Elson und Cagatay 2000, Peterson und Lewis 1999, Jennings und Waller 1990; Hoppe 2002, Kuiper 1995, Nelson 1996, Ott 1992, Seiz 1995, Sen 1990, Young 2002.

[5] Dieses Kapitel basiert auf einem Gutachten von Lenz (2002).

[6] Der tertiäre Bildungsbereich umfasst v. a. die verschiedenen Hochschularten und in eingeschränktem Umfang Einrichtungen außerhalb des Hochschulbereichs, z. B. Berufsakademien (KMK 2001: 146)

[7] 1994/6 studierten in Südafrika sieben von tausend Frauen und acht von tausend Männern in tertiären Bildungseinrichtungen (UN 2000: 90).

[8] Dieses Unterkapitel beruht auf einem Gutachten von Allmendinger (2002).

das Arbeitskräftepotenzial von hochqualifizierten Frauen als Wettbewerbsgröße bislang keine ausreichend zentrale Rolle spielt (vgl. Kapitel 4.4).

Betrachtet man die zunehmende Anzahl von jungen Frauen an den deutschen Hochschulen, ist zunächst deren volle Partizipation unter den Studierenden festzuhalten. Die Hälfte aller Erstsemester an Universitäten sind Frauen und fast 45 Prozent aller Diplome und Magister werden an Frauen vergeben. Dagegen liegt der Frauenanteil bei den Promotionen nur bei einem Drittel, bei den Habilitationen bei unter einem Fünftel. Ein ähnlicher Schwund zeigt sich im wissenschaftlichen Berufungssystem: Besetzen Frauen noch fast jede dritte Position im wissenschaftlichen Mittelbau, so ist es jede zehnte Position bei C2- und C3-Professuren und etwas mehr als jede zwanzigste Position bei C-4 Professuren. In den Leitungspositionen der Hochschulen sind Frauen mit 11,6 Prozent (2000) vertreten, in den außeruniversitären Forschungs- und Entwicklungseinrichtungen werden 5,7 Prozent der Leitungspositionen von Frauen besetzt (s. Abbildung 6-3). Hinter den dargestellten Befunden verbergen sich deutliche Unterschiede zwischen wissenschaftlichen Disziplinen, zwischen Bundesländern sowie Bestand und Neuzugängen. Der Frauenanteil liegt bei den Habilitantinnen mit fünf Prozent in den Ingenieurswissenschaften am niedrigsten, in den Sprach- und Kulturwissenschaften mit 33 Prozent am höchsten (Allmendinger 2002).

Der Blick über die Grenzen zeigt, dass Deutschland bei der Integration von Frauen in die Wissenschaft weit hinter vergleichbaren Ländern zurückbleibt. Dies soll zunächst in einem Vergleich zu den USA verdeutlicht werden, im Anschluss daran wird die Situation in ausgewählten europäischen Ländern dargestellt.

In den USA zeigen sich auf jeder einzelnen Stufe markant höhere Frauenanteile, bei Promotionen liegt der Unterschied bei über 10 Prozentpunkten, bei Habilitationen – in den USA werden hier die vergleichbaren *assistant professors* betrachtet – sogar bei 27 Prozentpunkten. Auf der Ebene von C4-Professuren (full professors) findet man in den USA 22 Prozent Frauen, also mehr als dreimal so viele wie in Deutschland. Im deutsch-amerikanischen Vergleich zeigen sich darüber hinaus weitere Brüche. In Deutschland sieht man deutlich das bereits bekannte Muster stetig abfallender Frauenanteile, wobei der Verlust an Frauen besonders deutlich zwischen der Promotion (33 %) und der Habilitation (18 %) ist.

Betrachtet man Deutschland im Vergleich mit anderen europäischen Ländern, kommt man zu ähnlichen Ergebnissen. Insbesondere nach der Promotion liegen die Frauenanteile mit etwa 60 Prozent in Schweden und Spanien deutlich höher als in Deutschland. In Schweden verlassen Frauen vor allem nach dem Studium die Wissenschaft, der Frauenanteil an Promovierenden fällt mit 34 Prozent ähnlich wie in Deutschland aus. Gleichwohl vollzieht sich der beobachtbare Filterprozess in Schweden und Spanien weniger drastisch als in Deutschland.

In der öffentlichen Diskussion scheint sich über die Jahre die Argumentation von einem qualifikationsbedingten „Frauen können nicht" über ein diskriminierendes „Frauen dürfen nicht" hin zu einem subjektiv zu verantwortenden „Frauen wollen nicht" verschoben zu haben. Qualifikationsbedingte Begründungen für die niedrigen Frauenanteile sind in der Tat kaum zu halten, auf jeder Qualifikationsstufe gibt es wesentlich mehr ausgebildete Frauen als sich auf der nächst höheren finden lassen. Die niedrige Einbindung von Frauen in Führungspositionen des Wissenschaftssystems ergibt sich hauptsächlich durch

Abbildung 6-3

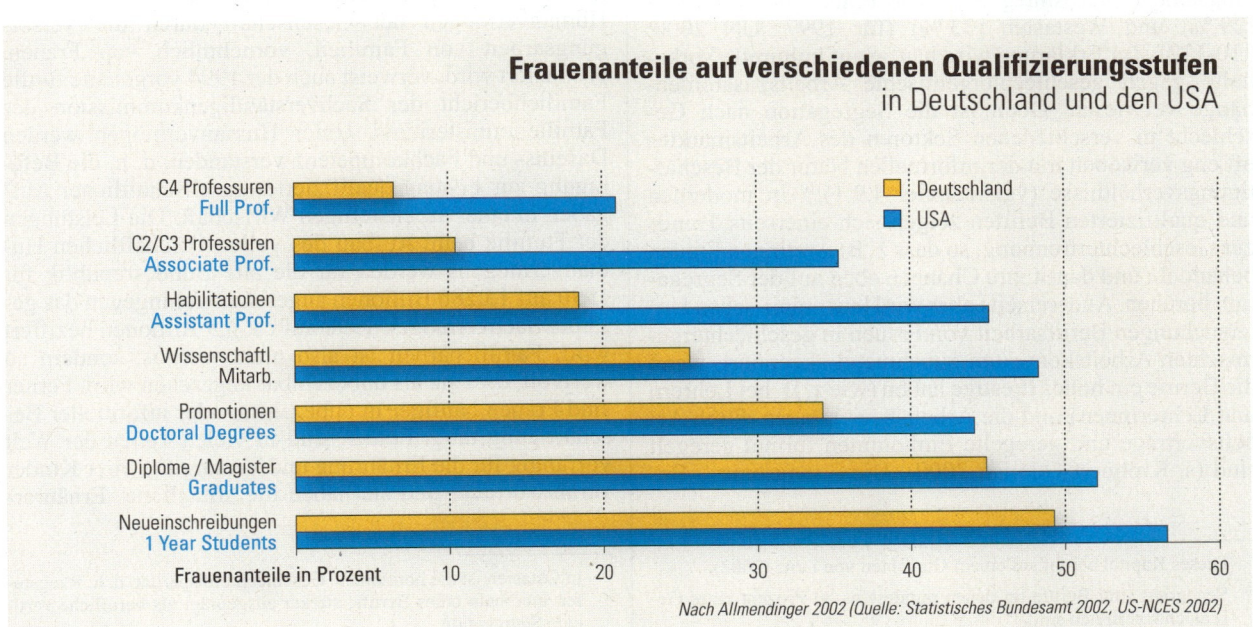

die Organisation und die Struktur der wissenschaftlichen Ausbildung, welche zu personenbezogen, zu personengebunden, zu intransparent in ihren Anforderungen, zu unsicher in ihrem Ergebnis und zu lang ist. Diese Strukturdefizite führen zu dem großen Schwund von Frauen zwischen erstem Hochschulabschluss und der Promotion, insbesondere aber zwischen Promotion und Professur. Neben strukturellen Defiziten müssen sich Frauen zudem zwischen verschiedenen Lebensentwürfen entscheiden, da die Vereinbarkeit von Beruf und Familie nicht ausreichend gewährleistet ist.

6.2.1.2 Zugang zur Erwerbstätigkeit[9]

Bei dem Zugang zu Erwerbstätigkeit zeigen sich ebenfalls die widersprüchlichen Tendenzen einer Modernisierung von Ungleichheit. Die Erwerbsintegration von Frauen ist in einigen Regionen (z. B. den USA, Westeuropa und Lateinamerika) rasch angestiegen, jedoch treten neue Formen von Marginalisierung und Ausschluss u. a. durch die Globalisierung zutage.

Die Muster der weiblichen Erwerbsintegration in den letzten 20 Jahren – parallel zur Globalisierung – sind regional sehr unterschiedlich. In Nordamerika und Westeuropa sind die weiblichen Erwerbsquoten auf 50 Prozent oder mehr angewachsen, in Lateinamerika stiegen sie auf ca. 40–50 Prozent. Das erste Muster ist also eine rasch zunehmende Erwerbsintegration von Frauen, auch Müttern während der Kinderbetreuungsphase (UN 2000: 110–2). Das zweite Muster bildet ein leichter Anstieg oder Kontinuität bei einer hohen Frauenerwerbstätigkeit, die auf vorige Modernisierungsphasen zurückgeht. In Osteuropa blieb die weibliche Erwerbsquote weiterhin hoch. In Ostasien lag sie bereits um 1980 bei knapp unter 60 Prozent und wuchs nun leicht. Im subsaharischen Afrika außer Südafrika beträgt die Quote entsprechend der herkömmlichen Geschlechterrollen 64 Prozent (1997). Auch hier sind Mütter während der Kinderbetreuung erwerbstätig (UN 2000: 110–2). Das dritte Muster bildet die langsame Erwerbsintegration von Frauen in Nordafrika (29 %) und Westasien (33 %) (für 1997, UN 2000: 110-112). Zur Erklärung wird häufig auf kulturelle Vorbehalte gegen geschlechtergemischte Arbeitszusammenhänge verwiesen. Doch ist die Segregation nach Geschlecht in verschiedenen Sektoren des Arbeitsmarktes oft eng verwoben mit der informellen Natur der Beschäftigungsverhältnisse (vgl. Kapitel 4.9.1).[10] In modernen und qualifizierten Berufen zeigen sich einerseits Trends zur Geschlechtertrennung, so dass z. B. Ärztinnen Frauen behandeln und damit ihre Chancen eben auf der Segregation beruhen. Andererseits aber wird laut empirischen Untersuchungen Berufsarbeit von Frauen in geschlechtergemischten Arbeitskontexten zunehmend akzeptiert, wenn die Berufe ein hohes Prestige haben (wie z. B. bei Lehrern und Lehrerinnen) und die Arbeitsbeziehungen durch Arbeitsverträge und geregelte Einkommen formal geregelt sind (s. Kröhnert-Othman 2000). Die – langsame – Berufsintegration vollzieht sich also in Kontexten von gemischten und segregierten Arbeitsplätzen. Die berufliche Segregation ist in Ostasien am geringsten[11] und im Nahen Osten und Nordafrika am höchsten. Die OECD Länder und Osteuropa liegen im Mittelfeld (Anker 1998: 175).

Wirtschaftliche Führungspositionen haben als Entscheidungspositionen in der Globalisierung strategische Bedeutung. Doch hat das Management in Ländern der OECD (mit Ausnahmen), im Nahen Osten, in Asien und in den Entwicklungsländern einen Männeranteil von mehr als 80 Prozent. Nur in fünf OECD Ländern liegt dieser darunter, in Kanada und den USA immerhin bei unter 60 Prozent (Anker 1998: 263, 268f.). Aber auch die Vorarbeiter/Meister (production supervisors/general foremen), d. h. die Führungsgruppen vor Ort in der Produktion, sind „Mannschaften" mit einem durchschnittlichen Männeranteil von mindestens 90 Prozent. Nur bei sechs Ländern (von 54) liegt der Anteil unter 90 Prozent; sie verfügen jeweils über eine beträchtliche exportorientierte Textilindustrie mit vielen Arbeiterinnen (Anker 1998: 263, 274ff.).

Linda McDowell (1997) analysiert in ihrer Studie über die Finanzhochburg London, dass als ein Ergebnis des expandierenden internationalen Dienstleistungssektors es jungen, gut ausgebildeten Frauen gelungen ist, in die mittleren und oberen Ränge der Wirtschafts- und Finanzwelt der „global cities" einzudringen; allerdings mit der Einschränkung, dass ungeachtet der wachsenden Zahl von Frauen in Topmanagementpositionen im globalen Wirtschaftssystem und internationalen Beziehungen, diese Welten nach wie vor als „männlich" bezeichnet werden können.

Frauen arbeiten international zunehmend in der Lohnarbeit, aber dies wird nicht durch Veränderungen in der unbezahlten Arbeit aufgefangen. Dabei zeigen Wirtschaft, Bildungssystem und Politik eine „strukturelle Rücksichtslosigkeit" gegenüber den Leistungen von Familie und Frauen, da zeitlich keine Rücksicht auf sie genommen wird und sie oft nicht honoriert und anerkannt werden.

Auf die besondere Bedeutung, dass das grundlegende Humanvermögen der Gesellschaft durch die Versorgungsarbeit von Familien, vornehmlich von Frauen, produziert wird, verweist auch der 1994 vorgelegte fünfte Familienbericht der Sachverständigenkommission des Familienministeriums. Unter Humanvermögen werden Daseins- und Fachkompetenz verstanden, d. h. die Befähigung zur Lösung qualifizierter gesellschaftlicher Aufgaben in einer arbeitsteiligen Wirtschaft. Die Leistungen der Familie beim Aufbau des volkswirtschaftlichen Humanvermögens werden für die alte Bundesrepublik für 1990 auf 15,286 Billionen angesetzt, wohingegen das gesamte Sachvermögen 1990 auf ca. 6,9 Billionen beziffert wird. Familienarbeit ist also nicht wertlos, sondern so wertvoll, dass sie als unbezahlbar angesehen wird. Ferner sind Frauen häufiger in unbezahlter oder informeller Beschäftigung tätig. Frauen sind in vielen Teilen der Welt vorrangig für die Ernährung und Versorgung ihrer Kinder verantwortlich, und sie haben die alltägliche ‚Ernährer-

---

[9] Dieses Kapitel beruht auf einem Gutachten von Lenz (2002).

[10] Segregiert sind Berufe, in denen mindestens 80 Prozent eines Geschlechts vertreten sind.

[11] In Ostasien ist die horizontale Geschlechterdisparität, d. h. Rangstufen innerhalb eines Berufs, stärker ausgeprägt als berufliche vertikale Segregation.

rolle'. Bei Alleinerziehenden spitzt sich die Zeitfalle zu. Frauen arbeiten durchschnittlich sehr viel länger als Männer, zählt man die bezahlte und die unbezahlte Arbeit zusammen (Weltbank 2001a: 66).

Deswegen wirkt sich der Um- oder Rückbau des Wohlfahrtsstaats oder der sozialen Dienstleistungen gerade auf Frauen dramatisch aus. Die IWF-Forderungen zur Kürzung „unproduktiver Sozialbereiche" in Kinderversorgung, Schulen oder dem Gesundheitswesen haben in den Entwicklungsländern Frauen in den Armenschichten, die die Mehrheit bilden, hart getroffen (Lenz 2002).

6.2.1.3 Zugang zu ökonomischen Ressourcen wie Grund- und Kapitalbesitz[12]

Systematische Untersuchungen auf globaler Ebenen fehlen, wie insgesamt die globale Verteilung von Vermögen und Ressourcen ein ‚weißer Fleck' auf den Landkarten der Forschung ist. Verlässlich erscheint dennoch die knappe Zusammenfassung der Weltbank: „Geschlechterdisparitäten im Zugang zu und der Kontrolle von produktiven Ressourcen (assets) wie Land, Information, Technologie und Kapital behindern die Möglichkeit von Frauen, die Chancen der Entwicklung zu nutzen und daran teilzuhaben." (Weltbank 2001a: 51)

Frauen haben unter anderem aufgrund von Rechtsungleichheit, vor allem im Erb- und Eigentumsrecht, und ungleicher Rechtspraxis in vielen Regionen weniger Zugang zu Land und Kapital. In den Entwicklungsländern weist die Verteilung von Grund- und Kapitalbesitz traditionell eine stark zu Gunsten der männlichen Familienmitglieder wirkende Diskriminierungstendenz auf. Da Frauen kaum finanzielle Sicherheiten bieten können, ist es für sie in der Regel sehr viel schwieriger, ein Unternehmen zu gründen, selbst wenn es sich nur um einen kleinen Betrieb handelt. Anhand von spezifischen Kleinkreditsystemen, wie zum Beispiel der Grameen Bank in

Kasten 6-1

Neue internationale Arbeitsteilung zwischen Frauen

Während der Trend zur Berufstätigkeit und zur Professionalisierung von Frauen global zunimmt, wird in Anbetracht einer fehlenden Kinder- und Haushaltsversorgung der Bedarf an „Haushaltsarbeiterinnen" ebenfalls größer. Die neue Klasse der Hausangestellten in industriellen Gesellschaften sind meist Migrantinnen, die keinen unabhängigen rechtlichen Status haben, noch Teil der offiziellen Migrantenbevölkerung sind. Studien über Migrantinnen in Italien, Kanada, den USA, England und Deutschland zeigen, dass sie in großer Mehrheit Arbeit in privaten Haushalten finden. Cohen schätzt, dass 40 Prozent der Migrantinnen in Italien Frauen sind und 25 Prozent der Arbeitskraft stellen, und dass die Dunkelziffer aufgrund des hohen Anteils nicht registrierter Arbeit (Hausarbeit, illegale „sweatshop" Arbeit oder private Dienstleistungen), die charakteristisch für Migrantinnen ist, weit höher liegt. Es wird geschätzt, dass 90 Prozent aller arbeitenden afrikanischen und asiatischen Migrantinnen in privaten Haushalten beschäftigt sind (Cohen 1987).

Doch das Bild der Migrantin, die „bezahlte Hausarbeit" leistet, ist voll von Widersprüchen. Erstens hat die „Befreiung" westlicher Frauen von der Hausarbeit auf Kosten einer marginalisierten Gruppe, die diese Arbeit erledigt, stattgefunden. Rund 43 Prozent US-amerikanischer berufstätiger Frauen beschäftigen Hausangestellte (Romero 1992). In Westdeutschland wird die Zahl der in prekären Verhältnissen beschäftigten Hausangestellten auf 2,4 Millionen geschätzt. Eine signifikante Zahl dieser Frauen sind keine Deutschen, sondern Migrantinnen der zweiten Generation, Asylsuchende, Emigrantinnen aus Polen, Rumänien und der ehemaligen Sowjetunion (Friese 1995, Young 2000).

Zweitens verstärkt Hausarbeit die geschwächte Stellung von Frauen als „unsichtbare" Arbeiterinnen, ob es nun um sexuelle Belästigung, lange Arbeitszeiten, Arbeitgeberwillkür, Unsicherheit oder um die Angst um ihre Arbeitsstelle und ihr Recht, im Land bleiben zu dürfen geht. In Ländern ohne gesicherte Aufenthaltsgenehmigung stehen diese Migrantinnen unter ständiger Gefahr der Abschiebung und Ausbeutung. Autorinnen zeichnen ein düsteres Bild des Abhängigkeitsgrades und der Rechtlosigkeit der Migrantinnen in den OECD-Ländern (s. Andall 1992, Arat-Koc 1989, Romero 1992).

Somit hat die positive Entwicklung der zunehmenden Berufstätigkeit und Professionalisierung von Frauen auf den Arbeitsmärkten – auf Grund der fehlenden Versorgungseinrichtungen – die Schattenseite einer ethnisch definierten weiblichen Schichte von Hausangestellten produziert. Zugespitzt formuliert kann davon ausgegangen werden, dass die zunehmende Gleichberechtigung zwischen Männern und Frauen der gleichen sozio-ökonomischen Schicht und gleicher ethnischer Zugehörigkeit zu mehr Ungleichheit zwischen Frauen unterschiedlicher sozialer Schichten und Ethnien geführt hat (Young 2000).

---

[12] Dieses Kapitel beruht auf einem Gutachten von Lenz (2002).

Bangladesch und SEWA (siehe Kasten 4.3 in Kapitel 4.9.1.4), wurde in den vergangenen Jahren deutlich, welch ausgeprägten Geschäftssinn Frauen entwickeln, sobald sie finanziell reelle Chancen eröffnet bekommen. Diese Kleinkreditsysteme weisen eine hohe Anzahl an frühzeitig zurückgezahlten Krediten auf und führen darüber hinaus in einem beachtlichen Ausmaß zu mehr Selbstbestimmung bei den Kreditnehmerinnen sowie mittel- und langfristig zu einem nachhaltigen Prozess an sozialem Wandel innerhalb der Gemeinschaft (vgl. Kapitel 2.3.5).

Auch die Partizipation der Frauen in der Landwirtschaft kann entscheidenden Einfluss auf das Funktionieren der Wirtschaft und die damit verbundenen sozialen Einrichtungen ausüben. Tatsächlich könnte „das eigene Feld" (Agarwal 2000) die Initiative und Integration von Frauen entscheidend beeinflussen, was wiederum weitreichende Auswirkungen auf die Machtverhältnisse zwischen Männern und Frauen zur Folge haben kann (Sen 2000).

Keinen Zugang zu ökonomischen Ressourcen hat die enorme Gruppe der Personen in den Entwicklungsländern, die in Einkommensarmut leben: 1,2 Millarden, d. h. ca. ein Fünftel der Weltbevölkerung hat nur einen US-Dollar täglich zur Verfügung. Dieser ungeheure Armutssockel besteht trotz der Fortschritte der Armutsbekämpfung, durch die der Anteil an Armen mit einem täglichen Einkommen von einem US-Dollar weltweit in den 90er Jahren von 29 auf 24 Prozent gesenkt werden konnte. Armut wird auch in Industrieländern wieder zum Massenschicksal (UNDP 2000: 34, UNDP 1998: 25-34). Die These eines sehr viel höheren Anteils von Frauen unter den Armen wurde empirisch nicht belegt; doch besondere Gruppen wie Witwen, alleinerziehende Mütter und alleinlebende ältere Frauen haben ein hohes Risiko. Umgekehrt gilt: In vielen Regionen haben Frauen unter den Armen erschwerten Zugang zu Bildung und Gesundheit (Weltbank 2001a: 61-69). So kumulieren Armut, Minderheitenstatus und weibliches Geschlecht in besonders hohen Barrieren für die Wahrnehmung der Chancen der Globalisierung und in besonders ausgeprägten Risiken im Hinblick auf den Zugang zu Entscheidungspositionen.

6.2.1.4 Zugang zu Entscheidungspositionen[13]

Der Zugang von Frauen zu politischen Entscheidungspositionen ist – mit Ausnahme einiger Länder Osteuropas – weltweit gestiegen und der Frauenanteil in den Parlamenten gewachsen (UNIFEM 2000: 76–80, UN 2000: 163–8). Doch haben erst einige Länder das Ziel einer Beteiligung von Frauen an den politischen Positionen in Höhe von 30 Prozent erreicht, das der UN-Weltaktionsplan der 4. UN-Weltfrauenkonferenz in Peking und andere UN-Gremien gesetzt hat (UNIFEM 2000: 76). Schleppend ist die Entwicklung allerdings, wenn es um die Partizipation von Frauen in Regierungsämtern geht. Deren Anteil liegt derzeit weltweit bei rund acht Prozent. In nur 16 Ländern, darunter die skandinavischen Nationen, hatten Frauen bisher 20 Prozent der Kabinettsposten

inne, aber in 45 Ländern saß bisher keine Frau im Kabinett (UN 2000: 165-6). Von einer Feminisierung der Parlamente oder internationaler Institutionen oder gar einer zunehmenden Angleichung der Anzahl von Männern und Frauen kann also nur in Ausnahmefällen gesprochen werden (vgl. Kapitel 10.2.1.7).

6.2.2 Spezifische Gefährdungen von Frauen und Verstöße gegen Menschenrechte

6.2.2.1 Gewalt gegen Frauen[14]

Ein großer Teil der Menschenrechtsverletzungen gegenüber Frauen subsumiert sich unter dem Begriff der sexuellen Gewalt. Diese erfahren Frauen in der privaten Sphäre ebenso wie in Form von sexueller Belästigung im Beruf und/oder auf der Straße sowie als Opfer in Kriegen (UN 2000: 152–161). Nach dem Weltbevölkerungsbericht von 2000 hat jede dritte Frau sexuelle Gewalt oder andere Formen von Gewalt erlebt. Vier Millionen Frauen werden jährlich in die Ehe, Prostitution oder Sklaverei verkauft – häufig auf globalen „Handelswegen" vom Osten in den Westen, vom Süden in den Norden (Süddeutsche Zeitung 19.10.2000, s. Bales 2001). Schätzungen von UN und Weltbank gehen davon aus, dass durch Unterdrückung, Verfolgung und andere Formen tödlicher Gewalt gegen Frauen in der Familie weltweit ca. 60 bis 100 Millionen weniger Frauen am Leben sind als auf der Basis von Bevölkerungsstatistiken zu erwarten gewesen wäre (UNFPA: 2000: 34, UNICEF: 2000: 6). Dem Weltbevölkerungsbericht 2000 zufolge nimmt die Zahl der Vergewaltigungen und anderer sexueller Misshandlungen weltweit zu (UNFPA 2000: 35). Bestimmte weibliche Bevölkerungsgruppen sind besonders verwundbar. Dazu gehören vor allem Frauen aus Minderheitengruppen, indigene Frauen, Migrantinnen, Flüchtlingsfrauen, Frauen in Kriegsgebieten und Frauen mit Behinderungen (s. UNICEF 2000: 2).

Studien der Weltbank belegen auch, dass ein Großteil der Gewalt bereits innerhalb des Haushalts beginnt und sich dann außerhalb der Privatsphäre und auf den Straßen fortsetzt. Inner- und außerhäusliche Gewalt können deshalb nicht als voneinander getrennte Themen behandelt werden. Hier bestehen vielmehr auffallende Wechselwirkungen. Die Verteilung insbesondere von finanziellen Ressourcen innerhalb eines Haushaltes sind ein Aspekt, der bei der Analyse der Ursachen des großen Ausmaßes an häuslicher Gewalt einbezogen werden muss. Dabei tritt häusliche Gewalt nicht nur zwischen Männern und Frauen auf, sondern zeigt sich auch in Form von Kindesmisshandlungen sowie Generationskonflikten zwischen Vätern und Söhnen. Die Zusammenhänge zwischen den Vorgängen innnerhalb von Haushalten und der breiteren Ökonomie wären hier zu analysieren (s. Moser 2002).

Alle schwerwiegenden Menschenrechtsverletzungen (z. B. Folter, Verschleppung, Vertreibung) führen bei den Opfern in der Regel zu physischen und psychischen Trau-

---

[13] Dieses Kapitel beruht auf einem Gutachten von Lenz (2002).

[14] Dieses Kapitel basiert auf einem Gutachten von Ruppert (2002).

mata. In diesem Zusammenhang stellen sexuelle Übergriffe auf Frauen keine Ausnahme dar. Menschenrechtsverstöße behindern Frauen zudem in ihrer Partizipation im gesellschaftlichen Leben und in der Politik und – wie im Fall der sexuellen Belästigung – auch an der Ausübung des Berufs. Die 4. UN-Weltfrauenkonferenz in Peking hat in ihrer Abschlusserklärung im internationalen Konsens festgehalten, dass Gewalt gegen Frauen von den Regierungen der Staaten durch Prävention und Sanktionen bekämpft werden muss.

6.2.2.2 Menschenschmuggel/Frauenhandel und Recht auf Selbstbestimmung

Menschenrechtsorganisationen haben seit geraumer Zeit auf die Verbindung zwischen illegaler Migration und organisierter Kriminalität hingewiesen. Die Vereinten Nationen bezeichnen den Menschenschmuggel als das „am schnellsten wachsende kriminelle Geschäft der Welt" (Frankfurter Rundschau 27.02.02). Besonders Frauen und Kinder bilden in diesem grenzüberschreitenden Teufelskreis eine neue globale „Dienstleistungsklasse". Menschenschmuggel scheint primär mit dem Sexmarkt, dem Arbeitsmarkt und der illegalen Migration verknüpft zu sein (Sassen 2000). Die Vereinten Nationen schätzen, dass vier Millionen Menschen 1998 von „trafficking" betroffen sind und einen Profit von zehn Milliarden US-Dollar für kriminelle Gruppen erwirtschaftet haben. Für die Bundesrepublik schätzt das Bundeskriminalamt den Jahresumsatz auf 60 Milliarden Euro.

Truong (2000) beschreibt die unterschiedlichen Formen von illegalem transnationalen Menschenschmuggel. Dazu zählen der Schmuggel von Migrantinnen, die transnational auf Arbeitssuche sind (speziell als Hausangestellte), die Schlepperdienste für politische Asylsuchende, der Schmuggel von Frauen und Kinder zur Zwangsprostitution sowie der Handel mit Körperteilen, beziehungsweise menschlichen Organen. Spätestens seit dem Fall des Eisernen Vorhangs ist Frauenhandel ein einträgliches Verbrechen mit massenhaften Opfern. Schon 1998 schätzte die EU-Kommission ihre Zahl in Westeuropa auf eine halbe Million. Das entspricht einer Zunahme von 80 Prozent seit Beginn der 90er Jahre. Der Preis der Ware „Frau" folgt einer besonderen menschenverachtenden ethnischen Logik. So „kostet" eine Frau aus armen Verhältnissen in Albanien 1 000 US-Dollar, in Griechenland oder Italien bringt sie ihren Händlern bereits das Doppelte ein. Für eine minderjährige „Jungfrau" erzielen sie sogar 10 000 US-Dollar (Niesner und Jones-Pauly 2001).

Detaillierte Daten über das Ausmaß der weltweiten Sex-Industrie und des Menschenhandels gibt es bislang nicht. Neuere Studien weisen jedoch nicht nur auf den Anstieg der Frauen-Prostitution in der Unterhaltungsindustrie in Asien und in benachbarten Ländern hin (Mushakoji 2001b, Truong 2001). Besonders schockierend sind auch die Berichte über die Zunahme an Kinderprostitution. In einem Bericht für das „Asian Regional High-level Meeting on Child Labour" beschreibt Tumlin, dass ungefähr eine Million Kinder in der Prostitution in Asien arbeiten und dass in Süd-Ostasien die Prostitution in der Zwischenzeit zu einer der größten Beschäftigungsindustrien in der Sub-Region zählt. Thailand, bereits bekannt durch seine Sexindustrie, weist die größte Anzahl der verschleppten Kinder auf (Tumlin 2000).

Nicht weniger schockierend sind die Berichte vom Handel mit menschlichen Körperteilen (Organhandel). Es ist ein Markt, der durch den raschen medizintechnologischen Fortschritt entstanden ist, und der es beispielsweise erlaubt, auf medikamentösem Weg die Abstoßung fremder Organe zu verhindern. Der dunkle Nebeneffekt ist der Ausbau des illegalen Organhandels. Somit werden hier zwei Bedürfnisse über den illegalen Markt in Einklang gebracht: „Die einen brauchen Geld, die anderen einen Körperteil" (Neue Züricher Zeitung 2./3. März 2002: 67).

Auch die Auswirkungen der Asienkrise auf arme Familien, und besonders auf die Frauen in diesen Familien, finden in der Regel kaum Beachtung in den Berichten und Analysen von Wirtschafts- und Finanzexperten.[15] Die zunehmende existenzielle Unsicherheit und die steigende Zahl an prekären Arbeitsverhältnissen ist eine Seite der Asienkrise. Die andere Seite ist die zunehmend legale und illegale Migration von Frauen und deren Einkommen, welches in vielen Fällen für die Überlebenschancen ihrer eigenen Haushalte und ganzer Gemeinden sorgen (Lim 2000, Singh und Zammit 2000, Mushakoji 2001b). Eine zentrale Rolle spielen dabei die betroffenen Staaten, die einerseits durch die Liberalisierung der Finanzmärkte und der Öffnung der Märkte immer mehr unter den Konkurrenzdruck der globalen Ökonomie geraten sind, andererseits wird der „Export" von Frauen und Kindern als eine von den Staaten geförderte Entwicklungsstrategie propagiert. Auch die betroffenen Staaten sind von den Einkommen der Frauen und den Deviseneinnahmen für die internationale Schuldentilgung und ihrer schrumpfenden Haushaltskasse abhängig (s. Sassen 2000, Staveren 2002, Young 2002).

In Korea und Malaysia fiel das Bruttoinlandsprodukt in Folge der Asienkrise um mehr als fünf Prozent in 1998, in Thailand um acht Prozent und in Indonesien sogar um 20 Prozent. Nach neuen Schätzungen der Weltbank wird die unter die Armutsgrenze fallende Bevölkerung in Indonesien 1998 auf 17 Millionen Menschen beziffert, in Thailand seit der Asienkrise auf zusätzlich 2,3 Millionen, über 665 000 in den Philippinen und auf etwas unter einer halben Million Bürgerinnen in Malaysia. Insgesamt stieg 1998 die Anzahl der unter der Armutsgrenze lebenden Menschen um ca. 20 Millionen zu den bereits existierenden 30 Millionen (Singh und Zammit 2000: 1260).

Frauen scheinen dabei stärker von den Auswirkungen der ökonomischen Depression betroffen zu sein. Im Vergleich zu Männern ist die Frauenerwerbstätigkeit in Korea von 1996/97 bis 1997/98 um 2,8 Prozent gesunken (0,5 Prozent bei Männern). Ein ähnliches Bild der Verdrängung von Frauen aus Normalarbeitsverhältnissen und den damit verbundenen Lohneinbußen zeigt sich auch in den anderen Krisenländern. In Thailand und Indonesien haben Frauen durch den drastischen Rückgang des informellen

---

[15] Ausnahmen hierzu bilden beispielsweise die folgenden Publikationen: Elson 2002, Lim 2000, Floro und Dymski 2000, Singh und Zammit 2000, Young 2002.

Sektors, dem Heimarbeitssektor und dem Kollaps vieler Straßenhändlergeschäfte starke Einbußen erlitten. Alleine das Einkommen in der indonesischen Weberei ist um 75 Prozent zurückgegangen. Auf den Philippinen verloren mehr Männer als Frauen ihre Arbeitsplätze, Frauen wiederum wurden aus dem relativ gut bezahlten Industriesektor verdrängt. Es zeigt sich außerdem, dass die Arbeitszeiten für Frauen im Vergleich zu denen von Männern auf den Philippinen nach der Asienkrise erhöht wurden; was einen zusätzlichen Verlust an Einkommen bedeutet, da die Arbeitsentlohnung nicht etwa proportional anstieg. Gleichzeitig ist die nicht-bezahlte Tätigkeit im Haushaltsbereich stark gestiegen und der doppelte Arbeitseinsatz von Frauen im bezahlten und unbezahlten Arbeitsbereich zehrt an ihrer Substanz. Lim resümiert, dass durch die vorherrschende Unterbeschäftigung und Arbeitslosigkeit Männer mehr „Freizeit" erworben haben, erwerbstätige Frauen aber umgekehrt mit der Belastung von verlängerten Arbeitszeiten und mit der zusätzlichen häuslichen Versorgung zu kämpfen haben (Lim 2000).

Es besteht dringender Forschungsbedarf nicht nur in Asien, inwiefern die Auswirkungen der Finanzkrisen der letzten Jahre (Mexiko, Asien, Russland, Argentinien, Lateinamerika, Türkei), die hohen Handelsbilanz- und Leistungsbilanzdefizite in den krisenbetroffenen Ländern, steigende staatliche Verschuldung bei gleichzeitig fallenden Staatseinnahmen und der Zusammenbruch der lokalen Ökonomien mit dem Anstieg der Frauenemigration als Arbeiterinnen in der formalen Ökonomie des Westens und des Mittleren Ostens als Krankenschwestern, als „Unterhaltungsdamen" in der Touristenbranche, als Sexarbeiterinnen und als Prostituierte in der informellen und teils illegalen Ökonomie und der Anstieg der Männer als illegale Schmuggler miteinander verknüpft sind.

Wenn unterschiedliche Länder in Bezug auf Ein- und Auswanderungsbewegungen und Überweisungen an ihre Heimatländer verglichen werden und z. B. die Situation in Indonesien analysiert wird, so zeigt sich, dass derzeit 1,95 Millionen Indonesier im Ausland arbeiten, davon sind 65 Prozent Frauen. Schon vor der Asienkrise haben die ausländischen Überweisungen ungefähr 4,8 Milliarden US-Dollar an Indonesien ausgemacht (OECD 2001k: 176). Auf den Philippinen hat sich seit der Asienkrise eine geschlechtsspezifische Verschiebung der Migration ergeben. Allgemein zeigt sich eine Verringerung der Emigration nach 1997, anderseits hat die Zahl junger Migrantinnen nach Japan und Hong Kong, vor allem als „Tänzerinnen" und Hausangestellte, stetig zugenommen. 1999 lagen die Zahlungen aus dem Ausland nach einem Rückgang 1998 weit über den Zahlen von 1997. Die Zahlungen sind für die philippinische Wirtschaft so entscheidend, dass allein die Ausgaben dieser Gelder über Weihnachten die Dollarreserve der Zentralbank um 420 Millionen US-Dollar stieg (OECD 2001k: 263). Die Auslandsüberweisungen der Migrantinnen (inklusive aus der Sex- und Touristenindustrie) stellen somit die drittgrößte Einnahmequelle für die Philippinen dar (OECD 2000m: 234).

Ein ähnliches Bild zeigt sich auch in Thailand. Die Emigration von Thailänderinnen hat nach 1997 zugenommen und die der Männer entsprechend abgenommen (siehe Tabelle 6-1):

Tabelle 6-1

Emigration aus Thailand, 1997–2000, prozentualer Anteil von Männern und Frauen

	Frauen	Männer
1997	11.9	88.1
1998	16.1	83.9
1999	18.2	81.8
2000	20.5	79.5

Quelle: Young 2002, nach OECD 2001k: 304

Truong (2000, 2001) schätzt, dass thailändische weibliche „Entertainer" in Japan ein Bruttoeinkommen von 3,1 Milliarden US-Dollar für 1998 generiert haben. In der Zeit zwischen 1993–95 wird die illegale Ökonomie in Thailand (Drogen, Schmuggel, Prostitution, Glücksspielen) auf zwischen elf und 18 Milliarden US-Dollar geschätzt. Dies entspricht acht bis 13 Prozent des BIP. In Thailand, Malaysia und Indonesien scheint das „trafficking" von Frauen und Kindern in die Prostitution mit der extremen Armut der Familien, besonders im Stammes- und im Hochland, verbunden zu sein (Jones 1998). Es bedarf keiner großen Erkenntnis, um die grenzüberschreitenden Migrationsbewegungen des stark angestiegenen Menschenhandels von Indonesien nach Malaysian Borneo und von Thailand durch Malaysia nach Japan, Korea, Europa und den USA als eine Strategie des Überlebens der von der Krise gebeutelten Familien zu deuten (Young 2002).

6.2.3 Menschliche Sicherheit (Human security)

Mit dem Begriff der „menschlichen Sicherheit (Human security)" hat die UN 1994 auf die zunehmende Unsicherheit in der sozialen und privaten Versorgung im Kontext der ökonomischen Globalisierung und der Privatisierung von öffentlichen Gütern reagiert: sei es der Zugang zu Bildung, Gesundheit, finanzielle Stabilität, intakte Umwelt, Armutsbekämpfung, Arbeitsmarkt- und Beschäftigungssicherheit, Einkommenssicherheit, Schutz gegen häusliche Gewalt und Kriegsgewalt bis zu Nahrungssicherheit und der Forderung, die Ursachen der Unsicherheiten der am Schutzlosesten („the most vulnerable") zu eliminieren. Der Begriff „menschliche Sicherheit" ist geleitet von einem holistischen Ansatz, der Sicherheit nicht auf die militärische Ebene von Staaten reduziert, sondern einen nachhaltigen, auf den Menschen ausgerichteten Sicherheitsbegriff zum Ausdruck bringen will (Mushakoji 2001a).

Der Nobelpreisträger für Ökonomie (1998) Amartya Sen, der mit der ehemaligen UN-Flüchtlingsbeauftragten, Sadako Ogata, eine unabhängige Kommission der UN zu „Human Security" leitet, setzt in seinem aktuellen, inzwischen auch auf Deutsch veröffentlichten Buch *Ökonomie für den Menschen (2000)*, ökonomische Fragen in Bezug zu Begriffen von Ethik und Freiheit, Demokratie und Gerechtigkeit. Ökonomisches Wachstum impliziert für Sen stets einen Gewinn an Freiheit und Lebensqualität. Sen zufolge sind es demnach nicht die ökonomischen Sachzwänge, die eine gleichberechtigte Teilhabe und Zugangsberechtigungen zu wirtschaftlichem Reichtum begrenzen. Vielmehr bestimmen die der wirtschaftlichen Ordnung zugrundeliegenden Werte und Normen, die gesellschaftlich definiert und bestimmt werden, über die Verteilungsfrage in einer Gesellschaft.

Eine umfassende Analyse und Bewertung des Konzepts der „menschlichen Sicherheit (Human security)" ist bis zum Abschluß des Endberichts dieser Enquete-Kommission nicht mehr zu leisten. Es sollte eines der wichtigen Themen einer Folge-Enquete-Kommission in der nächsten Legislaturperiode sein.

6.2.4 Vereinbarkeit von Arbeit und Lebensgestaltung[16]

Das Aufrechterhalten des männlichen Ernährermodells ist kontraproduktiv, da es nicht mehr den realen Lebensbedingungen vieler Familien entspricht. Die veränderten Erwerbsmuster von Frauen sind nicht rückgängig zu machen. Notwendig ist vielmehr eine Anpassung des Systems an veränderte, moderne Gesellschaften. Neue Formen von Arbeitsgestaltung und Arbeitsorganisationen (Flexibilisierung, projektbezogene Arbeit, Anforderungen an Präsenzbereitschaft im Betrieb etc.) haben zur Folge, dass das Bild von traditioneller Arbeitsteilung längst verzerrt und die klassische Trennung von Arbeits- und Lebenssphäre zunehmend aufgehoben wird. Daraus erwachsen einerseits neue individuelle Handlungsspielräume und Zukunftsoptionen, anderseits entstehen neue Zwänge zur Flexibilisierung und Ökonomisierung der Lebensorganisation. Bei den Auswirkungen auf die alltägliche Lebensgestaltung von Individuen und Familien geht es nicht mehr um die Vereinbarkeit von Beruf und Familie, sondern insgesamt um das Thema „Work-Life-Balance" – die Balance von Erwerbstätigkeit und privater Lebensführung in alltagspraktischer und berufsbiographischer Perspektive. Die Entstrukturierung gesellschaftlicher Abläufe, die individuell zu bewältigende Intensivierung von Arbeit und Aufgaben und die zunehmenden räumlichen und zeitlichen Mobilitätsansprüche stellen Individuen und Familien vor ganz neue Probleme.

Die Erhöhung der Frauenerwerbsquote ist aufgrund der längerfristigen Entwicklung des Arbeitskräftepotenzials und im Hinblick auf die demografische Entwicklung in Deutschland von großer Bedeutung. Diese Zusammenhänge haben auch in der öffentlichen Diskussion bereits zu einem Umdenken geführt. Eine Schlüsselfunktion bei der Erhöhung der Frauenerwerbstätigkeit spielt die Umverteilung von bezahlter und unbezahlter Arbeit, damit Männer und Frauen Beruf und Familie besser vereinbaren können (vgl. Kapitel 4.4).

Neben Belgien, Dänemark und Frankreich sind die Niederlande, Norwegen und Finnland zu „Pionierländern" geworden, in denen eine forcierte Enttraditionalisierung der familiären Arbeitsteilung beobachtet werden kann (Goldmann 2002). Vergleicht man die Situation in den europäischen Ländern, so zeigt sich, dass ein positiver Zusammenhang zwischen der Frauenerwerbsquote und der Zahl der Kinder existiert. Die nordischen Länder, die seit langem egalitäre Erwerbsmuster institutionell unterstützen, haben eine hohe Erwerbsquote und eine hohe Geburtenrate (z. B. Finnland 1,7; Dänemark 1,75; Schweden 1,7 (Eurostat 2001), während die südlichen Länder mit einer niedrigen Frauenerwerbsquote in den letzten Jahren einen drastischen Rückgang der Geburtenzahlen zu verzeichnen haben. So fielen etwa die Geburtenraten in Spanien von 1,56 in 1986 auf 1,15 in 2000 und in Portugal von 1,66 (1986) auf 1,44 (2000). Die Geburtenrate in Deutschland liegt mittlerweile auf einem Tief von 1,4. Es besteht weiterer Forschungsbedarf zur Frage, welche Konsequenzen neue Arbeitsformen und die Veränderungen im Verhältnis von Erwerbsarbeit und Arbeit in anderen Lebensbereichen für beide Geschlechter haben, welche neuen Inklusions- und Exklusionsprozesse sich damit verbinden und welche Konsequenzen daraus für eine moderne wohlfahrtsstaatliche Politik auf europäischer sowie internationaler Ebene resultieren.

Ein wichtiges Thema in einer Folge-Enquete-Kommission in der nächsten Legislaturperiode sollte sich mit der Frage beschäftigen, inwieweit die Beschleunigung von wirtschaftlichen Prozessen auch gesamtgesellschaftlich eine Erhöhung des Zeitdrucks nach sich zieht und damit bestehende Ungleichheiten zwischen Frauen und Männern weiter vertieft werden. Dies zeigt sich beispielsweise in Führungspositionen, in denen die unterschiedlichen zeitlichen Anforderungen von Beruf und Familie schwieriger zu vereinbaren sind.

Aber der erste Schritt auf dem Weg zu einer anderen Prioritätensetzung in der globalen Ökonomie ist ein verändertes Verständnis von Ökonomie und Politik.

6.3 Gender Mainstreaming – Chancengleichheit als Querschnittsaufgabe[17]

6.3.1 Zielsetzung und Definition

Gender Mainstreaming ist seit der 4.Weltfrauenkonferenz der UN in Peking (1995) ein allgemein akzeptierter Politikansatz und wird in vielen internationalen Organisationen wie der OECD, ILO und Weltbank sowie der Europäischen Union umgesetzt. Im Sachverständigenbericht des Europarats von 1998 wird Gender Mainstreaming wie folgt definiert: *„Gender Mainstreaming besteht in der (Re)Organisation, Verbesserung, Entwicklung und Evaluation von Entscheidungsprozessen, mit dem Ziel, dass die an politischer Gestaltung beteiligten Akteure den Blickwinkel der Gleichstellung zwischen Frauen und Männern in allen Bereichen und auf allen Ebenen einnehmen".*[18]

---

[16] Dieses Kapitel basiert auf einem Gutachten von Goldmann (2002).

[17] Dieses Kapitel basiert auf einem Gutachten von Goldmann (2002).

[18] Benutzt wird hier die deutsche Übersetzung des französischen Berichts (Krell, Mückenberger und Tondorf 2000: 5), der präziser ist als die Übersetzung in der deutschen Fassung des Berichts des Europarats von 1998.

Gender Mainstreaming ist somit eine Querschnittsstrategie mit dem Ziel, die Geschlechterperspektive in alle Politikfelder zu integrieren, um eine gleiche Teilhabe beider Geschlechter an politischen, wirtschaftlichen und gesellschaftlichen Prozessen zu realisieren. Gender Mainstreaming eröffnet Männern und Frauen gleiche Entfaltungsmöglichkeiten und vermeidet geschlechterstereotype Zuweisungen.[19] Gender Mainstreaming argumentiert nicht primär nach moralischen Kategorien für Chancengleichheit, sondern nutzt Effektivitäts- und Effizienzargumente. Gender Mainstreaming ist sowohl im Hinblick auf den Zugang als auch in den Zielen ein sozial innovativer Politikansatz, da geschlechtsspezifische Politik in einem sehr breiten Rahmen positioniert wird.

6.3.2 Erfolgsfaktoren

Bei der Umsetzung von Gender Mainstreaming ist ein schrittweises und systematisches Vorgehen notwendig. Einige Faktoren sind für eine erfolgreiche Umsetzung jedoch von besonderer Bedeutung.

Gender Mainstreaming ist zunächst ein „Top-down Ansatz". Dies bedeutet, dass auf der Leitungsebene der Organisation eine grundsätzliche Bereitschaft vorhanden sein muss, die Gender-Thematik aufzunehmen (s. Tondorf und Krell 1999). Der „Top-down"-Ansatz impliziert gleichermaßen auch die Notwendigkeit von Controlling-Systemen, so dass Manager oder die Direktion einer Organisation hinsichtlich der erfolgreichen Umsetzung der Gender Mainstreaming Strategie zur Verantwortung gezogen werden können („Gender-Accounting"). Eine hausinterne Kontrolle können Gender-Audits sein (vgl. Kasten 6-2). Die Umsetzung der Gender Mainstreaming Strategie erfordert ferner einen breiten Beteiligungsprozess aller Gruppen in der Organisation und auf allen Ebenen. Vor allem ist es wichtig, dass die Verantwortlichkeit für die Umsetzung nicht ausschließlich Frauen zugeschrieben wird. Die Anforderung, die Geschlechterperspektive in ein Aktionsfeld aufzunehmen und umzusetzen, erfordert schließlich eine breite Expertise in der Gender-Thematik. Die vielfältigen Erkenntnisse der Frauen- und Geschlechterforschung müssen für den Veränderungsprozess genutzt und mit dem fachspezifischen Wissen auf der Entscheidungs- und der Projektebene verknüpft werden. In Schweden wurden für diese Beratung u. a. „flying experts" eingesetzt, ein hochkarätiges Experten- bzw. Expertinnen-Team, das von den Behörden bei der Einführung von Gender Mainstreaming zur Unterstützung angefordert werden kann. Die Umsetzung von Gender Mainstreaming in der ILO zeigt zudem, dass Gender Mainstreaming eine Vielzahl begleitender Instrumente und Unterstützung braucht, sowohl für die strategische Planung (geschlechtsdifferenzierende Statistiken und Indikatoren), die Entwicklung von Kompetenzen (Trainingsmaterial, Checklisten, Orientierungshilfen – auch on-line) und für das Gender Controlling (Ulshöfer 2002: 4, vgl. auch Kasten 6-2).

Kasten 6-2

Gender Audits bei der ILO

Das Ziel von Gender-Audits ist, den Stand der Umsetzung von Gender Mainstreaming in der Arbeit einer Organisation oder eines Amtes festzustellen und damit die gesamte Leistungsfähigkeit der Organisation zu verbessern. Da es sich um einen partizipativen Ansatz handelt, wird auch ein Lernprozess in Gang gesetzt, der sowohl die organisatorische Ebene als auch die Erfahrungswelt des einzelnen Mitarbeiters und der einzelnen Mitarbeiterin erfasst.

Der Gender Audit beginnt mit einem *„Global desk review"*, der die wichtigsten ILO-Dokumente und Publikationen im Hinblick auf die Einbeziehung der Geschlechterperspektive überprüft. Daran schließen sich lokale *„desk reviews"*, Interviews und Workshops an. Hier werden die wichtigsten Arbeitsdokumente und Publikationen jeder teilnehmenden Arbeitseinheit gelesen und dokumentiert, sowie Workshops, Interviews und Feedback-Treffen mit allen Mitarbeitern und Mitarbeiterinnen durchgeführt. Im Fall von Länderbüros werden zusätzlich stichprobenartig Interviews mit den Sozialpartnern und ausgewählten Projektpartnern und NGOs organisiert.

Ein weiterer Schritt ist die *Berichterstattung*. Jede teilnehmende Arbeitseinheit bekommt „ihren" Schlussbericht. Der Gesamtbericht geht an den Generaldirektor und das Senior Management der ILO. Außerdem wird der dreigliedrige Verwaltungsrat der ILO von den Ergebnissen des „Gender Audit" unterrichtet. Im *„Follow-up"* wird mit jeder teilnehmenden Arbeitseinheit ein Aktionsplan ausgearbeitet, in dem sich die Mitglieder dieser Einheit vornehmen, bestimmte Maßnahmen in einem abgemachten Zeitraum durchzuführen. Dieser Plan sieht in regelmäßigen Abständen Kontakte mit dem Gleichstellungsbüro vor sowie Weiterbildungsmaßnahmen für die Mitarbeiterinnen und Mitarbeiter (Ulshöfer 2002 : 9f).

---

[19] Frauenförderung wird damit nicht überflüssig, sondern ist Bestandteil einer erweiterten Strategie zur Umsetzung von Chancengleichheit.

6.3.3 Gender Mainstreaming in Institutionen

Mittlerweile wurde in vielen Organisationen und Institutionen begonnen, Gender Mainstreaming als Strategie zu etablieren. Neben der ILO, auf deren erfolgreichen Methoden bereits im vorherigen Kapitel hingewiesen wurde, wird im Folgenden auf die Weltbank und die Europäische Union eingegangen (vgl. auch Kapitel 10.2).

6.3.3.1 Weltbank

Die Weltbank hat schon seit den 80er Jahren eine genderspezifische Perspektive in ihre länderbezogene Arbeit und in ihre Kreditvergabe aufgenommen – insbesondere in den Bereichen Erziehung und Gesundheit. Nach ihrer eigenen Einschätzung erzielte sie damit nur einen mäßigen Erfolg. 2001 haben sich schließlich die Leitungsgremien der Weltbank zur Implementierung des Gender Mainstreaming entschlossen (Weltbank 2002d). Begründet wurde dieser Schritt zum einen mit Studien, die eindeutig belegen, dass bei einer relativen Gleichstellung von Frauen und Männern ein schnelleres Wirtschaftswachstum, eine günstigere Prognose für den Abbau von Armut und mehr Effektivität bei den Maßnahmen der Entwicklungshilfe zu verzeichnen sind. Kapitel 4.9.3 zeigt, dass Staaten, die Frauen nicht ausreichend mit Männern gleichstellen, sondern vielmehr benachteiligen, ein vergleichsweise langsameres Wirtschaftswachstum und geringere Lebensqualität aufweisen.[20] Zum anderen wurde die bisherige Aufnahme der Gender Perspektive in die Arbeit der Weltbank als wenig systematisch und zielführend bewertet.

Auch wenn die Gender Mainstreaming-Strategie der Weltbank positive Zeichen für die Entwicklung setzt, bleibt sie bisher primär auf die Entwicklungshilfe beschränkt. Die Integration einer Gender-Perspektive bei der Entwicklung und Umsetzung großer Investitionsvorhaben der Weltbank ist bisher die Ausnahme, wie auch im Bericht der Weltbank selbstkritisch angemerkt wird.

6.3.3.2 Europäische Union

In zahlreichen Resolutionen hat die Europäische Kommission in den vergangenen Jahren ihr Konzept von Gender Mainstreaming verfeinert und präzisiert. Mittlerweile verfolgen einzelne Generaldirektionen eine gezielte Gender-Politik. Ein wesentlicher Faktor für die gestiegene Bedeutung der Gender Mainstreaming Verpflichtung durch die Mitgliedstaaten der EU war deren Verankerung im Sozialfonds. Der Gender Mainstreaming-Gedanke wurde im Luxemburger Beschäftigungsgipfel aufgegriffen. Im Amsterdamer Vertrag bedeutet Gender Mainstreaming, dass bei der Umsetzung aller Leitlinien Chancengleichheit zu berücksichtigen ist und Strategien zur Chancengleichheit ergänzend in einer gesonderten Leitlinie entworfen werden. Damit sind die beteiligten Staaten verpflichtet, die Gleichstellung der Geschlechter bei EU-kofinanzierten Projekten zu realisieren. Gender Mainstreaming spielt auch bei der Ausgestaltung der Förderrichtlinien und der regionalen Umsetzung des Europäischen Sozialfonds (ESF) eine herausragende Rolle. Die Vergabe von öffentlichen Mitteln mit den Anforderungen der Geschlechtergleichheit zu verbinden, könnte ein weiterer wirkungsvoller Hebel sein, um die Gleichstellung von Frauen und Männern in allen Bereichen des gesellschaftlichen Lebens zu erzielen.

In einem anderen ESF-Programm, in der Gemeinschaftsinitiative EQUAL, geht es um die Bekämpfung jeder Form von Diskriminierung am Arbeitsmarkt – aufgrund von Geschlecht, ethnischer Herkunft, Religion oder Weltanschauung, Behinderung, Alter und sexueller Orientierung. Im Bereich der Gleichstellung von Frauen und Männern sollen primär neue Formen der Arbeitsorganisation entwickelt werden, welche die Vereinbarkeit von Familie und Beruf erleichtern, die geschlechtsspezifische Segregation am Arbeitsmarkt verringern und die Geschlechtertrennung im Beruf aufheben.[21]

Trotz vieler positiver Entwicklungen in der europäischen Union muss noch immer festgestellt werden, dass Gender Mainstreaming die zentralen Felder der europäischen Politik, die zudem die größten Etats haben, nicht erreicht. Dazu gehören Landwirtschaft, Wettbewerb, Transport und Verkehr, Ökologie, Außenpolitik etc. Auch bei der Zukunftsfrage nach den Voraussetzungen der Aufnahme der mittel- und osteuropäischer Staaten, wird die Forderung nach Chancengleichheit beider Geschlechter bisher nicht ernsthaft zu einem Beitrittskriterium gemacht.

6.4 Zusammenfassende Bewertung

Die Fähigkeit und Möglichkeit der Frau, ein eigenes Einkommen zu erwerben, außerhalb des Hauses Beschäftigung zu finden, Eigentumsrechte wahrzunehmen, die Kultur-, Informations- und Kommunikationstechniken zu beherrschen und als informierte Person an politischen und ökonomischen Entscheidungsprozessen innerhalb und

---

[20] Siehe dazu auch den Weltbank Bericht „Engendering Development- Through Gender Equality in Rights, Resources and Voice" (2001), der zum Teil von den Regierungen Norwegens und der Niederlanden unterstützt wurde.

[21] Auch die Generaldirektion Research ist mittlerweile als Vorreiterin für eine Gender Mainstreaming Politik anzusehen. Sie hat die Geschlechterfrage in den letzten Jahren in einem dynamischen Prozess explizit zum Thema gemacht. Argumentiert wird hier, dass die mangelnde Repräsentanz von Frauen in der Wissenschaft und in den Entscheidungsgremien von Wissenschafts- und Forschungspolitik eine Verschwendung von Humanressourcen und ein Hindernis für die Entwicklung der Wissenschaft darstellen. In diesem Zusammenhang wurde eine Sachverständigengruppe „Women and Science" eingesetzt, um den Dialog zwischen Wissenschaftlerinnen und politischen Entscheidungsträger/innen der Mitgliedsstaaten zu fördern.
Zudem hat die Kommission die Dimension der Chancengleichheit in das 5. Rahmenprogramm im Bereich der Forschung, technologischen Entwicklung und Demonstration (1998–2003) integriert. Im Jahr 2000/2001 wurden die Schwerpunktprogramme des 5. Rahmenprogramms erstmals einem Gender Impact Assessment (GIA) unterzogen. Die Auswertung des IHP Programms zeigte, dass die Gender Mainstreaming Politik der Generaldirektion Research erste Erfolge verbuchen konnte. In den Gutachtergremien war die Zielmarke von 40 Prozent Gutachterinnen mit 37 Prozent fast erreicht. In den Stipendienprogrammen (z. B. Marie Curie Fellowship) wurden erste konkrete Maßnahmen ergriffen, um die Beteiligung von Frauen zu verbessern (Goldmann 2002).

außerhalb der Familie mitzuwirken ist kein „Frauenproblem". Es handelt sich vielmehr um ein gesamtgesellschaftliches Thema. Die verschiedenen Aspekte der Benachteiligung von Frauen mögen auf den ersten Blick disparat wirken. Was sie verbindet, ist eine positive Wirkung auf die Mitsprache und die Selbstbestimmung der Frauen. Und sie tragen zu ihrer wirtschaftlichen Unabhängigkeit sowie gesellschaftlichen Emanzipation bei. Die besonders in den südlichen Frauenbewegungen vertretenen Aspekte von der Forderung des Wohlergehens der Frau einerseits und Selbstbestimmung anderseits, die auch von den Frauenbewegungen im Norden gefordert werden, können den ökonomischen Wohlstand ganzer Regionen positiv beeinflussen.

Die Gender Mainstreaming-Strategie, die die Geschlechterperspektive in Forschungs- und Entwicklungsfragestellungen in die Entscheidungsverfahren und in die Bewertung von Ergebnissen integriert und die feministische Ökonomie berücksichtigt, bietet neben anderen Instrumenten gute Möglichkeiten, die Geschlechterungleichheit und -blindheit zu überwinden.

6.5 Handlungsempfehlungen

Empfehlung 6-1 Erarbeitung von genderspezifischen Indikatoren und Statistiken

Die Ausgangslagen von Frauen in der Globalisierung sind in allen zentralen Lebens- und Arbeitsbereichen von Ungleichheit geprägt. Darüber besteht in Politik und Gesellschaft kein ausreichendes Problembewusstsein. Ein solches Bewusstsein herzustellen, kann nicht allein Aufgabe der Frauenpolitik sein. In den Veröffentlichungen aller Politikressorts, die Daten und Fakten über die Entwicklung menschlicher Lebensverhältnisse präsentieren, müssen die Lebenslagen von Frauen umfassend dokumentiert werden. Sonderpublikationen über die spezifische Situation von Frauen sind dafür hilfreich, aber kein Ersatz für die Verpflichtung auf eine Querschnittspolitik. Sonderkapitel in allgemeinen Publikationen wirken hingegen dann kontraproduktiv, wenn sie als Ersatz für eine durchgängige geschlechtliche Differenzierung von Daten und Fakten fungieren.

Der Bundesregierung wird empfohlen, auf die entsprechenden Ministerien und Verwaltungen hinzuwirken, genderspezifische Indikatoren und Statistiken auf nationaler, europäischer und globaler Ebene zu erheben, um genderspezifische Auswirkungen der Globalisierung transparent zu machen. Gender Audits and Gender Accounting sind die Voraussetzung zur Durchsetzung von Gender Mainstreaming auf allen Ebenen von Politik und Gesellschaft.

Unter anderem ist der Human Poverty Index ein zentrales Instrument zur Messung von Ausmaß und Verbreitung menschlicher Armut. Es wird der Bundesregierung empfohlen, sich dafür einzusetzen, dass dieses Instrument so weiter entwickelt wird, dass geschlechtliche Unterschiede in Bezug auf menschliche Armut erfasst werden können.

Empfehlung 6-2 Erweiterung der Definition von Menschenhandel in § 180, 181b StGB

Um ausreichende Handhabe nicht nur gegen Zwangsprostitution, sondern gegen alle Formen des Menschenhandels zu entwickeln und um vollen Schutz der Menschenrechte von Frauenhandelsopfern zu gewährleisten, wird der Bundesregierung empfohlen darauf hinzuwirken, dass die strafrechtliche Definition von Menschenhandel in § 180, § 181b entsprechend dem „Protokoll zur Verhütung und Bestrafung des Menschenhandels, insbesondere des Frauenhandels" erweitert wird. Das genannte Protokoll ist Teil der von der Bundesrepublik ratifizierten UN-Übereinkommen gegen grenzüberschreitende Kriminalität. Verschleppten Frauen ist Opferschutz zu gewährleisten, der medizinisch und sozioökonomisch die Basis für ein selbstbestimmtes Leben in Sicherheit bietet.

Die Konvention zur „Unterdrückung des Menschenhandels" von 1949 soll erweitert werden, weil diese sich auf den Handel in die Prostitution beschränkt und andere Ausbeutungsverhältnisse nicht erfasst. Menschenhandel soll an Zwang, Täuschung, Schuldknechtschaft, Zwangsarbeit, Knechtschaft und Sklaverei festgemacht werden.

Empfehlung 6-3 Egalitärer Zugang zu beruflicher Bildung und Qualifikation

Es wird der Bundesregierung empfohlen, sich in der internationalen Arbeitspolitik und der Entwicklungszusammenarbeit umfassend für den gleichen Zugang zu beruflicher Bildung und Qualifikation, auch im IuK-Sektor und in technischen Berufen, einzusetzen:

In der Entwicklungszusammenarbeit sind kurzfristig Maßnahmen zum verstärkten Einbezug von Mädchen und Frauen in technische und Ausbildungsprojekte im IuK-Sektor und von Jungen und Männern in Pflege- und lehrende Berufe auf breiter Ebene zu entwickeln.

Angesichts der Engpässe in der tertiären Bildung und Weiterbildung in vielen Entwicklungsländern bietet die virtuelle Lehre in Kooperationsprogrammen mit Instituten vor Ort auch unter Gleichstellungsaspekten große Chancen und ist zu fördern. Allerdings ist darauf zu achten, dass die Angebote qualitativ hochwertig, interkulturell und geschlechtspezifisch angelegt sind. Solche Ansätze bieten die Virtuelle Internationale Frauenuniversität (VIFU) und die Virtuellen Internationalen Geschlechterstudien (VINGS).

Der Deutsche Akademische Austauschdienst (DAAD) und die Carl Duisberg Gesellschaft (CDG) müssen auf Gender Mainstreaming achten, wobei hier bereits gute Ansätze existieren, und auf eine Orientierung von mindestens 40 Prozent jedes Geschlechts unter den verschiedenen Gruppen von Geförderten abzielen. Der DAAD kann Modellprojekte für verstärkte Förderung von Frauen in Natur- und Ingenieurswissenschaften, sowie in der Informatik entwickeln.

Empfehlung 6-4 Förderung und Schutz der Rechte von Arbeitnehmerinnen

Es wird empfohlen, geeignete Maßnahmen zu ergreifen, die die Rechte von Arbeitnehmerinnen zur Beseitigung der Segregation am Arbeitsmarkt, der Belästigung am Arbeitsplatz, der Diskriminierung bei den sozialen Schutzleistungen und bei den betrieblichen Aufstiegschancen fördern und schützen. Solche Maßnahmen entsprechen Abschnitt 82 a der Resolution der Sondergeneralversammlung Peking +5 der Vereinten Nationen.

Empfehlung 6-5   Verwirklichung des Menschenrechts auf gleichen Lohn für gleiche Arbeit

Mit den Kernarbeitsnormen der ILO existiert ein geeigneter Mechanismus zur Verwirklichung des Menschenrechts auf der Basis von gleichem Lohn für gleiche Arbeit. Bis die uneingeschränkte Umsetzung der Arbeitsstandards verwirklicht ist, müssen spezielle Programme zur sukzessiven Reduzierung der Einkommensunterschiede von Frauen und Männern angewendet werden, die zu den festen Bestandteilen der Arbeitsmarktpolitik, der Entwicklungspolitik und der internationalen Politik der Bundesregierung gehören müssen.

Empfehlung 6-6   Die Benachteiligung von Frauen beseitigen

Die Einbeziehung von Frauen in Entscheidungspositionen im Wirtschafts- und Finanzbereich, die Erhöhung ihrer Wirtschaftskompetenz durch Förderung der Forschung, der universitären und außeruniversitären Bildung, der beruflichen Aus- und Weiterbildung und die Beratung stellen eine Grundvoraussetzung für eine Überwindung der wirtschaftlichen Benachteiligung dar. Geschlechtsspezifische Hürden im Zivil- und Wirtschaftsrecht sind zu korrigieren. Die Errichtung von Genderreferaten („Gender-Desks") in den Verwaltungen, wie sie von vielen Frauenorganisationen vorgeschlagen werden, könnte dazu beitragen, Frauen verstärkt an politischen Entscheidungsprozessen zu beteiligen.

Empfehlung 6-7   Soziale Sicherungssysteme stärken

Eine Voraussetzung neben Zugang zu Bildung und Gesundheitsversorgung sind soziale Sicherungssysteme, die der besonderen Situation von Frauen, vor allem von armen, kinderreichen Frauen, die auf Grund ihrer familiären Verpflichtungen oder fehlender Qualifikationsmöglichkeiten nur schwer oder nur für beschränkte Zeit über Zugang zum formellen Arbeitsmarkt verfügen, gerecht werden. Es wird empfohlen darauf hinzuwirken, dass die konkrete Umsetzung der 20:20 Initiative des Weltgipfels für soziale Entwicklung (WSSD) 1995 in Kopenhagen erfolgt.

Empfehlung 6-8   Genderspezifische Kohäranz der Internationalen Verhandlungen

Es wird empfohlen, darauf hinzuwirken, dass eine Gender-Perspektive bei Handelsverträgen berücksichtigt wird. Das heißt für die vorgeschlagenen Handelsabkommen sollen vor der Unterzeichnung geschlechtsspezifische Folgenabschätzungen durchgeführt werden. Es handelt sich also um einen Bildungs- und Kohärenzprozess, der eingeleitet werden muss. Die gleichen Regierungen, die in der WTO eine ganze Reihe von Abkommen beschliessen, sind dieselben Regierungen, die auch in den Diskussionen zu Gender Mainstreaming und an fünf Weltfrauenkonferenzen, Umweltabkommen unterzeichnen und in den Vereinten Nationen über Menschenrechtskonventionen diskutieren. Eine Gleichrangigkeit der unterschiedlichen Abkommen ist anzustreben.

Empfehlung 6-9   Gezielte Unterstützung von Frauen in Entwicklungsländern

Die gezielte Förderung von Frauen in der ökonomischen Transformationsphase hat Auswirkungen auf das Gesamtwohl einer Gesellschaft. In Zeiten der Transformation ist aus afrikanischer und europäischer Perspektive historisch ersichtlich, dass Frauen auch in kritischen Zeiten eine Schlüsselfunktion einnehmen, z. B. während und nach dem Ersten und Zweiten Weltkrieg in Europa. Die Unterstützung von Frauen und ihr Recht auf Selbstbestimmung und menschenwürdige Arbeitsbedingungen kann viele Gesellschaften aus der derzeitigen völligen Deprivation heraushelfen. Hinsichtlich der politischen Partizipation gilt es, Frauen in Entwicklungsländern sowohl bei der Wahrnehmung des passiven wie des aktiven Wahlrechts gezielt zu unterstützen. Die Teilhabe von Frauen an politischen Entscheidungsprozessen ist ein wichtiger Gradmesser für eine Verbesserung der Stellung und Einfluss der Frau. Bei parlamentarischen Kontakten zwischen Entwicklungs- und Industrieländern muss daher verstärkt Wert auf die Berücksichtigung von Parlamentarierinnen aus den Ländern des Südens gelegt werden.

6.6   Ausblick und offene Fragen

Zum Thema „Globalisierung und Geschlechtergerechtigkeit" besteht grundsätzlich weiterer Forschungsbedarf, um die komplexen Zusammenhänge angemessen erfassen zu können. Besonders wichtig ist die Integration genderspezifischer Aspekte in die makroökonomischen Theorien und die Wirtschaftspolitik. Dazu würde beispielsweise gehören, bei Handelsverträgen im Rahmen der WTO sowie bei der Liberalisierung von öffentlichen Gütern (Gesundheit, Bildung) geschlechtsspezifische Analysen und Folgenabschätzungen zu erarbeiten. Auch in den Bereichen Dienstleistungen und Qualifikation sowie im Bereich Finanzmärkte wären die Auswirkungen der Globalisierung im Hinblick auf Geschlechterverhältnisse vertiefend zu analysieren.

Auch konnte bis zum Abschluss des Endberichts die globalisierungsbedingte Migration von Frauen nur ansatzweise diskutiert werden, hier besteht weiterer Forschungsbedarf. Schließlich wären auf der Agenda einer Folge-Enquete-Kommission Themen wie Geschlechterdemokratie, die öffentliche Repräsentation von Frauen und Männern in Medien sowie die Zusammenhänge von Militär, Gewalt und Gender zu untersuchen.

Schließlich konnte bis zum Abschluß des Endberichts eine umfassende Analyse und Bewertung des UN-Konzepts der „Menschlichen Sicherheit" (Human security) nicht geleistet werden. Dieses Thema ist jedoch nicht auf das Querschnittkapitel Geschlechtergerechtigkeit begrenzt.

7 Ressourcen[1]

7.1 Umwelt und Entwicklung im Zeitalter der Globalisierung

Rolle der Globalisierung

Schon immer haben Menschen durch die Nutzung der natürlichen Lebensgrundlagen auf die lokalen Ökosysteme eingewirkt. Aber erst in den letzten zwei Jahrhunderten führte die Industrialisierung verbunden mit einem steilen Bevölkerungsanstieg zu einer drastischen quantitativen und qualitativen Ausweitung des Verbrauchs natürlicher Ressourcen und damit über lokale und regionale Umweltauswirkungen hinaus zu globalen Umweltproblemen.

Während sich globale Erwärmung, Zunahme der UV-Strahlung und Schadstoffbelastung auf alle Klimazonen auswirken, sind insbesondere die tropischen und subtropischen Gebiete schwerer von extremen Wetterereignissen durch den teilweise vom Menschen verursachten Klimawandel, durch Desertifikation und den Verlust der biologischen Vielfalt betroffen. Erschwerend kommt hinzu, dass die tropischen und subtropischen Länder in ihrer Mehrzahl ökonomisch gesehen Entwicklungsländer sind, denen es an finanziellen und technischen Mitteln fehlt, Ausgleichs- und Abhilfemaßnahmen zu ergreifen. Die Folge ist häufig soziales Elend vor allem unter der armen Bevölkerung, da diese sich kaum vor Umweltschäden schützen kann. Globale Umweltpolitik erfüllt daher auch eine wichtige Funktion bei der Armutsbekämpfung.

Die Dynamik der Globalisierung wirkt sich in mehrfacher Hinsicht verstärkend und beschleunigend auf die Übernutzung der Umwelt aus:

- Die weltweite Verallgemeinerung westlicher Konsummuster und der industriellen Produktionsweise führt zu einer Steigerung des Ressourcenverbrauches auf ein nicht nachhaltiges Niveau.

- Die zunehmende Industrialisierung und Exportausrichtung der weltweiten landwirtschaftlichen Produktion als Folge des globalen Warenaustausches führt zu einer Intensivierung der Landwirtschaft, zu einer unangepassten Bearbeitung der Böden und steigendem Verbrauch des Wassers mit den entsprechenden ökologischen Folgen.

- Im Zuge der internationalen Arbeitsteilung haben sich viele Entwicklungsländer auf die Produktion und den Export mineralischer und agrarischer Produkte spezialisiert, was die erwähnte Belastung der tropischen und subtropischen Ökosysteme verstärkt.

- Die Globalisierung ist durch eine überdurchschnittliche Zunahme des Verkehrs gekennzeichnet. So nimmt die verkehrsbedingte Umweltschädigung (Zerschneidung von Ökosystemen, Luftschadstoffe, CO_2-Ausstöße, Landschaftsverbrauch etc.) überproportional zu. Das gilt ganz besonders für den Luftverkehr (s. Abbildung 7-13).

Andererseits gibt es auch positive Wirkungen:

- Die Globalisierung beschleunigt den internationalen Transfer umweltfreundlicher Technologien.

- Die Liberalisierung des internationalen Handels trägt zur Verbreitung relativ umweltschonender Produkte bei, sei es durch Importe oder dadurch, dass die Erschließung von Exportmöglichkeiten in Länder mit strengen Umweltschutzstandards für Produzenten in anderen Ländern einen Anreiz darstellt, höhere Umweltstandards, als die im eigenen Land vorgeschriebenen, zu realisieren.

- Die Globalisierung beschleunigt die Verbreitung von Wissen, d. h. auch die Verfügbarkeit von Informationen über Ursachen und Folgen von Umweltschäden und Möglichkeiten zu ihrer Vermeidung.

- Internationale völkerrechtliche Vereinbarungen zum Umweltschutz haben Regierungen zur Erarbeitung von Umweltschutzgesetzen und zur Umsetzung von Umweltschutzmaßnahmen veranlasst, welche ohne Außenöffnung der Nationalstaaten nicht oder erheblich später erfolgt wären.

Auswirkung von Armut und Reichtum

Nachhaltige Entwicklung ist ein Optimierungsproblem, nicht ein Maximierungsproblem. „Armut ist der größte Verschmutzer", diese Aussage wird Indira Gandhi zugeschrieben. Daran ist richtig, dass ein aus Armut getriebener Zwang zum Überleben den Menschen keine Wahl zwischen umweltfreundlichem oder umweltfeindlichem Verhalten lässt[2]. Die umweltfeindliche Seite des täglichen Kampfes um das Überleben der Familie kann nur durch ein Wirtschaftsmodell beseitigt werden, welches nachhaltiges Wachstum und die Sicherung eines Mindestmaßes an sozialer Sicherheit gleichzeitig gewährleistet.

Auf der anderen Seite ist der Reichtum, wie er in Industrieländern vorherrscht, ebenfalls eine Gefahr für die Umwelt. Dieser Umstand kann vielleicht am anschaulichsten anhand des „Ökologischen Fußabdrucks" illustriert werden. Der ökologische Fußabdruck misst den Gesamtflächenbedarf für den Ressourcenverbrauch pro Kopf. Bei

---

[1] Der vorliegende Berichtsteil „Ressourcen" wurde großteils im Konsens verabschiedet. Minderheitenvoten zu einzelnen Abschnitten oder Handlungsempfehlungen dieses Berichtsteils liefern die Arbeitsgruppen der Fraktionen der CDU/CSU und FDP in Kapitel 11.

[2] Hier sind nicht die Indigenas gemeint, die seit vielen Jahrhunderten im Einklang mit dem Ökosystem Regenwald in und von ihm leben, sondern die verarmten, landlosen Bauern.

Indern liegt er bei 0,7 Hektar, bei Deutschen bei etwa 4 Hektar, bei US-Amerikanern bei etwa 8 Hektar (Wackernagel u. a. 2002: 2f., Wackernagel und Rees 1997). Im Sinne der Fußabdrücke sind Deutschland und die USA überbevölkert, Indien (noch) nicht.

Rolle der Multinationalen Unternehmen

Einer besonderen Betrachtung bedarf die Frage nach den konkreten Umweltfolgen durch die Tätigkeit multinationaler Unternehmen, insbesondere in Entwicklungsländern. Die sozialen und ökologischen Produktionskosten sind ein wichtiger, wenn auch nicht der einzige Faktor bei Standortentscheidungen von transnational agierenden Unternehmen. Bei steigendem internationalen Kostenwettbewerb steigt auch der Anreiz, die Kostenvorteile niedriger Umweltstandards zu nutzen. Anderseits haben Unternehmen auch Vorteile, wenn sie die im Land des Stammsitzes gültigen Umweltvorschriften weltweit beachten. Das erleichtert die konzerninterne Kommunikation und schützt vor unliebsamer internationaler Kritik, die das Firmenimage langanhaltend beschädigen kann. Insbesondere für Anbieter ökologischer Produkte und Dienstleistungen sollte eine proaktive ökologische Haltung im Gastland selbstverständlich sein.

Ebenfalls differenziert zu betrachten ist die Frage des Technologietransfers. Multinationale Unternehmen arbeiten in der Regel mit moderner, häufig im Gastland nicht vorhandener Technologie und können auf diese Weise einen Beitrag zur Schonung der Umwelt leisten. Das heißt, sie tragen zu qualitativen Sprüngen zum Schutz der Ressourcen („Leap Frogging") bei. Allerdings hängt dies vom konkreten Fall ab; wird etwa eine veraltete Technologie eingeführt, die eine lange Laufzeit hat, so können die Folgen im Einzelfall für die Umwelt negativ sein, auch wenn diese Technologie im Moment der Investition im Gastland noch nicht verfügbar war.

Ressourceneffizienz

Unabhängig vom Verhalten der internationalen Firmen ist die Verminderung des Pro-Kopf-Ressourcenverbrauchs eine der wichtigsten Strategien der nachhaltigen Entwicklung. Sie lässt sich prinzipiell auf zwei verschiedenen Wegen erreichen: dem der Effizienz und dem der „Suffizienz", der Genügsamkeit. Letzterer Weg ist allerdings schwerlich „von oben" zu verordnen und lässt sich bei der Mehrzahl der Menschen nur dann vermitteln, wenn die erste Strategie, die der Effizienz, im Wesentlichen ausgeschöpft ist.

Somit ergibt sich die Frage, wie groß die Effizienzpotenziale sind und auf welchem Wege sie am besten nutzbar gemacht werden können. Der Bericht stellt sich deshalb auch der Frage, wie sich die Gestaltung der Globalisierung positiv für größere Ressourceneffizienz einsetzen lässt.

Biologische Vielfalt

Die Globalisierung der Weltwirtschaft findet vor dem Hintergrund des Verlustes der Biologischen Vielfalt statt. Dabei geht es nicht nur um das sogenannte Artensterben, sondern auch um die genetische Vielfalt und die Vielfalt der Ökosysteme (vgl. Kapitel 7.3). Täglich werden hauptsächlich in Folge von Abholzung, Verkehrs- und Siedlungsbau, Landwirtschaft, Degradation von Böden und Gewässer- sowie Luftverschmutzung etwa 50 bis 100 Tier- oder Pflanzenarten ausgerottet. Abbildung 7-1 illustriert das Ausmaß der Vernichtung am Beispiel der Pflanzenarten in Europa. In Deutschland, Österreich, Tschechien, Slowakei, der Schweiz und den Benelux-Staaten liegt der Anteil der ausgestorbenen und gefährdeten Gefäßpflanzenarten zwischen 22 und 45 Prozent. „Die heutige Vielfalt der Biosphäre ist das Ergebnis von über drei Milliarden Jahren Evolution. ... [Die] Tier- und Pflanzenarten ... übernehmen nicht nur vielfältige Regelungsfunktionen innerhalb des Naturhaushaltes, als biologische Ressourcen liefern sie auch zahlreiche wirtschaftlich bedeutsame Produkte wie Nahrungsmittel, Medikamente und Rohstoffe" (Stiftung Entwicklung und Frieden 1999: 304).

Waldschäden und Waldverluste

Auch die Beeinträchtigung der deutschen und europäischen Wälder ist weiterhin erheblich. In der Waldschadenserhebung von 2001 konnten in Deutschland lediglich auf 36 Prozent der Waldfläche keine Schäden festgestellt werden (1984: 44 Prozent). Der Flächenanteil der deutlichen Schäden war im Jahr 2000 mit 22 Prozent genauso groß wie 1984.[3] Dabei hat sich eine Verschiebung zu ungunsten der Laubbäume ergeben (UBA 2001a: 291ff.). Weltweit ist der Waldbestand nur noch halb so groß wie vor 8 000 Jahren (s. Abbildung 7-2). Weniger als die Hälfte davon sind Urwälder. „Bis vor wenigen Jahrzehnten beschränkten sich die Waldverluste zum größten Teil auf Europa, Nordafrika, den Nahen Osten, die USA und China. In weiten Teilen dieser Länder war die ursprüngliche Walddecke am Anfang des Jahrhunderts weitgehend abgeholzt. In Europa und den USA nimmt die verbliebene Waldfläche dank Aufforstung wieder zu". In den Tropen ging zwischen 1960 und 1990 ein Fünftel des ursprünglichen Regenwaldes verloren. Die Geschwindigkeit der Vernichtung hat sich Anfang der neunziger Jahre leicht verlangsamt. „Intakte Wälder stabilisieren das Klima, bieten Lebensraum für zahlreiche Tier- und Pflanzenarten und schützen vor Erosion, Erdrutschen und Überschwemmungen. Gleichzeitig sind sie wichtige ökonomische Ressourcen." (Stiftung Entwicklung und Frieden 1999: 305)

Klimaänderung

Die globale Erwärmung scheint gravierendere Ausmaße anzunehmen, als man bisher vermutet hat. Das Intergovernmental Panel on Climate Change (IPCC)[4] musste in

---

[3] Beginn der Waldschadenserhebungen in Deutschland.

[4] Das IPCC (Zwischenstaatlicher Ausschuss über Klimaänderungen) wurde 1988 durch das United Nations Environment Programme und die World Meteorological Organisation gegründet. 2001 präsentierte es seinen dritten Sachstandsbericht. Das IPCC behandelt umfassend, interdisziplinär und unter Einbezug von Wissenschaftler/-innen aus allen Regionen der Erde die Klimaänderung als große Herausforderung dieses Jahrhunderts. Im Mai 2001 hat die Royal Society des Vereinigten Königreichs zusammen mit den führenden wissenschaftlichen Akademien aus 16 weiteren Ländern in einer gemeinsamen Stellungnahme zur Klimaänderung das IPCC als die beste wissenschaftliche Quelle von Expertise über die Klimaänderung bezeichnet.

Abbildung 7-1

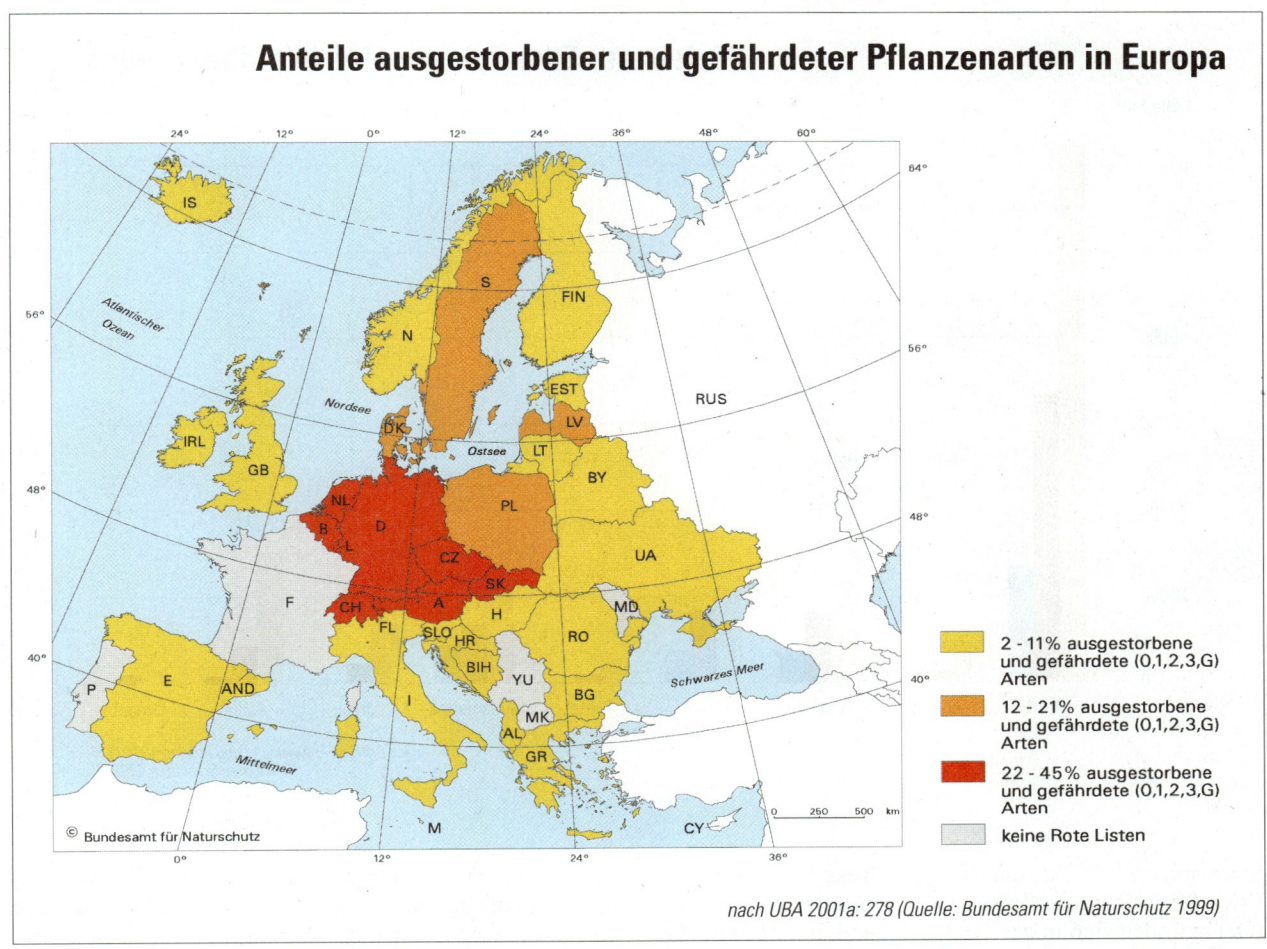

nach UBA 2001a: 278 (Quelle: Bundesamt für Naturschutz 1999)

seinem dritten Sachstandsbericht den projizierten Anstieg der oberflächennahen Weltmitteltemperatur von 1990 bis 2100 von 1–3,5 °C auf 1,4–5,8 °C deutlich nach oben korrigieren (s. Abbildung 7-3; GERMANWATCH 2001a: 5, 8, IPCC 2001a: 13). Bereits heute sind die Auswirkungen des globalen Klimawandels spürbar. Zu den Beispielen beobachteter Änderungen zählen „das Schrumpfen der Gletscher, das Auftauen des Permafrost, ... Verlängerung der Wachstumszeiten in Regionen mittlerer und hoher Breiten" sowie die „Abnahme einiger Pflanzen- und Tierpopulationen" (GERMANWATCH 2001a: 9, IPCC 2001b: 3). Die Wissenschaftler erwarten u. a. einen generellen Rückgang der Ernteerträge in den meisten tropischen und subtropischen Regionen sowie in den meisten Regionen der mittleren Breitengrade, abnehmende Wasserverfügbarkeit für die Bevölkerung in vielen Regionen mit Wasserknappheit, eine Zunahme der wasserbürtigen Krankheiten sowie von Überschwemmungen durch starke Niederschläge und Anstieg des Meeresspiegels. Vorteilhafte Auswirkungen der Klimaänderung betreffen u. a. mögliche Erhöhungen der Ernteerträge in einigen Regionen in mittleren Breiten, mehr Wasser für die Bevölkerung in einigen Regionen, die jetzt unter Wasserknappheit leiden, verminderte Mortalität im Winter in kalten Zonen sowie verminderter Energiebedarf für die Raumwärme aufgrund höherer Wintertemperaturen (GERMANWATCH 2001a: 9f., IPCC 2001b: 5f.).

Die für das 21. Jahrhundert vorausgesagten Klimaänderungen haben das Potenzial, in Zukunft zu großräumigen und möglicherweise unumkehrbaren Veränderungen in Systemen der Erde zu führen, deren Auswirkungen kontinentale und globale Größenordnungen erreichen. Das IPCC weist auch auf die Auswirkungen auf die biologische Vielfalt hin, denn natürliche Systeme können gegenüber der Klimaänderung wegen ihrer beschränkten Anpassungsfähigkeit besonders verwundbar sein. Selbst für Temperaturzunahmen, die geringer sind als einige wenige Grad, werden nach den Projektionen des IPCC mehr Menschen durch die Klimaänderung geschädigt als davon profitieren. Die erwarteten Wirkungen der Klimaänderung sind in Entwicklungsländern am größten (GERMANWATCH 2001a: 9ff., IPCC 2001b: 4ff.).

Ozonabbau

Der vom Menschen verursachte zusätzliche Treibhauseffekt hat auch Auswirkungen auf den Abbau der stratosphärischen Ozonschicht, da er eine Abkühlung der

Abbildung 7-2

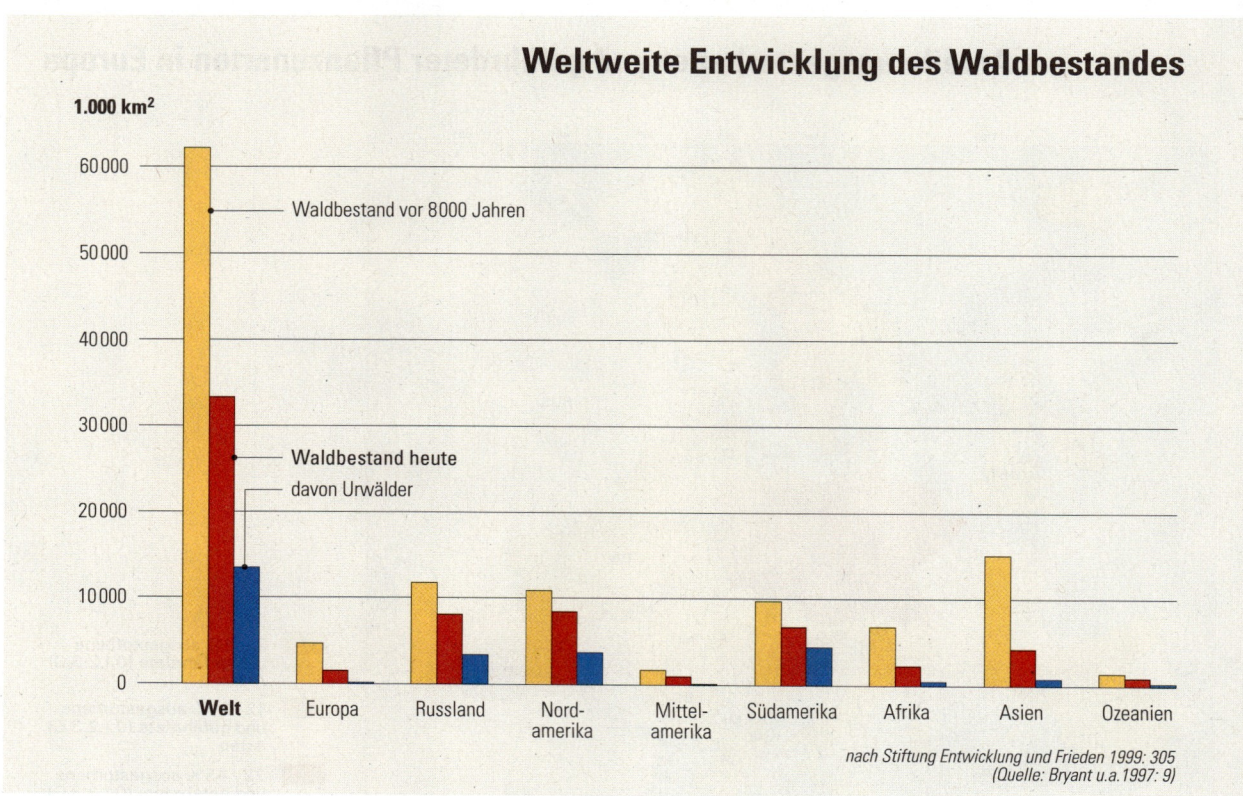

Stratosphäre bewirkt, die diesen Prozess noch verstärkt. Etwa 90 Prozent des gesamten atmosphärischen Ozons (O_3) befinden sich in der Stratosphäre, d. h. in 10–40 Kilometern Höhe. Der Abbau von Ozon erfolgt sowohl durch Photolyse von Ozon als auch durch eine Reihe von chemischen Prozessen und ist hauptsächlich auf chlorhaltige Fluorchlorkohlenwasserstoffe (FCKW), bromhaltige Halone, halogenierte Kohlenwasserstoffe (HKW) sowie auf Distickstoffoxid (N_2O) zurückzuführen (Enquete-Kommission „Schutz der Erdatmosphäre" 1992: 14, 43). Diese Stoffe wurden seit Mitte des 20. Jahrhunderts in großen Mengen industriell hergestellt und als Kühlmittel oder als Treibgas eingesetzt.

In den letzten 20 Jahren ist die Ozonschicht weltweit dünner geworden, wobei die polaren Gebiete am stärksten betroffen sind. Die ausgedünnte Ozonschicht ist infolgedessen nicht mehr ausreichend in der Lage, die gefährliche UV-B-Strahlung abzuschirmen. Auch in Europa hat die Ozonkonzentration in der Stratosphäre abgenommen und die UV-Strahlung zugenommen (s. Abbildung 7-4). „Die Gefahren einer stärkeren UV-B-Strahlung sind vielfältig. Sie kann sich auf die Gesundheit von Mensch und Tier, auf Pflanzen und Mikroorganismen, auf Baustoffe und auf die Luftqualität auswirken. Erkrankungen wie grauer Star und Hautkrebs, genetische Schäden und die Schwächung des Immunsystems können durch eine erhöhte UV-Strahlung begünstigt werden" (BMBF 2001e: 22). Obwohl die internationale Staatengemeinschaft zügig auf dieses globale Problem reagiert hatte und bereits 1987 im Montrealer Protokoll beschloss, die Produktion und Freisetzung von Ozon zersetzenden Stoffen deutlich einzuschränken, erreichen ihre Konzentrationen in der Stratosphäre aufgrund ihrer Langlebigkeit erst jetzt den höchsten Wert. Es wird vermutet, dass die Ozonschicht erst Mitte des 21. Jahrhunderts wieder den Zustand von 1980 erreicht haben wird. Weitere Anstrengungen zur Einhaltung der Ausstiegsfristen und zur Eindämmung des FCKW-Schwarzhandels sind notwendig (Enquete-Kommission „Schutz der Erdatmosphäre" 1992: 14, BMBF 2001e: 21ff.).

Wassermangel und Wasserverschmutzung

Die globale Wasserproblematik nimmt einen besonderen Stellenwert ein, da alle Lebensvorgänge an das Vorhandensein von Wasser gebunden sind. Wasserknappheit, aber auch ein Mangel an Wasserqualität wird für Hunderte Millionen Menschen – insbesondere in den ärmeren Bevölkerungsschichten – zu einer ständigen Bedrohung. Der weltweite Wasserverbrauch hat sich seit 1940 fast vervierfacht und die nutzbaren Wasservorräte verringert (BMBF 2001: 17). „Eingriffe in den Wasserhaushalt können das lokale und regionale Klima verändern, Böden schädigen, Grundwasserspiegel absenken und die biologische Vielfalt beeinträchtigen. Die Wasserentnahme aus Flüssen hat vielerorts ein solches Ausmaß erreicht, dass (zumindest teilweise) nur noch geringe Wassermengen bis ans Meer gelangen. ...

Umwelt und Entwicklung im Zeitalter der Globalisierung

Abbildung 7-3

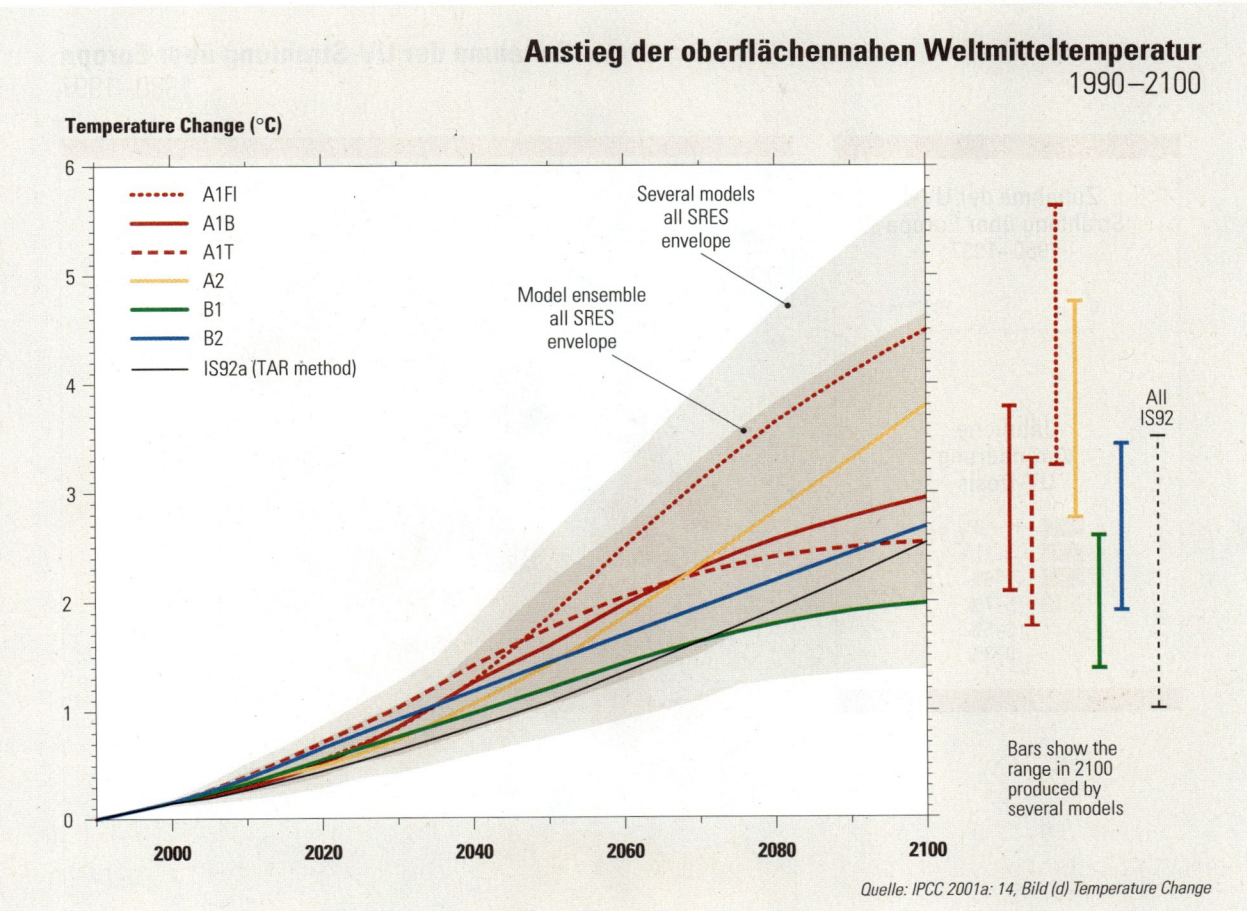

Quelle: IPCC 2001a: 14, Bild (d) Temperature Change

Beim Menschen führt die mangelhafte Versorgung mit hygienisch einwandfreiem Trinkwasser zu Gesundheitsschäden. Wasserknappheit gefährdet die Nahrungsmittelproduktion. Wassermangel verursacht schon heute Konkurrenzkämpfe zwischen verschiedenen Wassernutzern (Landwirtschaft, Industrie und Siedlungswirtschaft). In vielen Weltregionen gefährden Konflikte um den Zugang zu gemeinschaftlichen Wasserressourcen den Frieden" (Stiftung Entwicklung und Frieden 1999: 301). „Nach einer Bestandsaufnahme der Vereinten Nationen über die weltweiten Süßwasserreserven lebt bereits heute ein Drittel der Weltbevölkerung in Ländern, die unter mäßigem bis hohem" „Wasserstress"[5] leiden, d. h. sie verbrauchen mehr als 20 Prozent ihrer verfügbaren Wasservorräte. „Im Jahr 2025 werden bereits zwei Drittel der Weltbevölkerung in diesen Ländern leben" (s. Abbildung 7-5, Stiftung Entwicklung und Frieden 1999: 302). Davon betroffen sind v. a. Länder in ariden bis semi-ariden Regionen Afrikas und Asiens.

Neben dem Süßwasser sind auch die Weltmeere einer zunehmenden Belastung ausgesetzt, z. B. durch Überfischung, intensiv betriebene Aquakulturen und der Verunreinigung durch wassergefährdende Stoffe insbesondere in Küstennähe durch die Landwirtschaft, den Tourismus, durch Häfen sowie durch Industrie- und Kommunalabwässer.

Bodendegradation

Eng mit der Wasserproblematik – aber auch mit dem Waldverlust und der Klimaproblematik – verbunden ist der Prozess der Bodendegradation insbesondere in Trockengebieten (Desertifikation). Bereits 17 Prozent der weltweiten Landfläche (2 Milliarden Hektar) weisen deutliche Bodenschäden auf (Stiftung Entwicklung und Frieden 1999: 296). 300 Millionen Hektar Ackerland – das entspricht fast der Größe von Indien – sind so geschädigt, dass sie brachliegen (BMBF 2001e: 12). Abbildung 7-6 zeigt die von Desertifikation bedrohten Gebiete im Jahr 1999.

Die Hauptursache der Bodendegradation ist eine unangepasste Landwirtschaft und Viehhaltung sowie eine Umwandlung von Wäldern in Ackerland, z. B. zu intensiv oder mit Monokulturen bewirtschaftete Böden, falsch dosierte Dünge- und Pflanzenschutzmittel oder Belastungen durch Wassermangel oder falsche Bewässerungstechniken (BMBF 2001e: 11). „Nirgendwo ist die Krise so akut wie in den Trockengebieten, die sich über mehr als ein

---

[5] Ein Flusseinzugsgebiet wird als unter hohem „Wasserstress" stehend eingestuft, wenn 40 Prozent oder mehr des jährlichen Abflusses und erneuerbaren Grundwassers zur Nutzung entnommen werden.

Abbildung 7-4

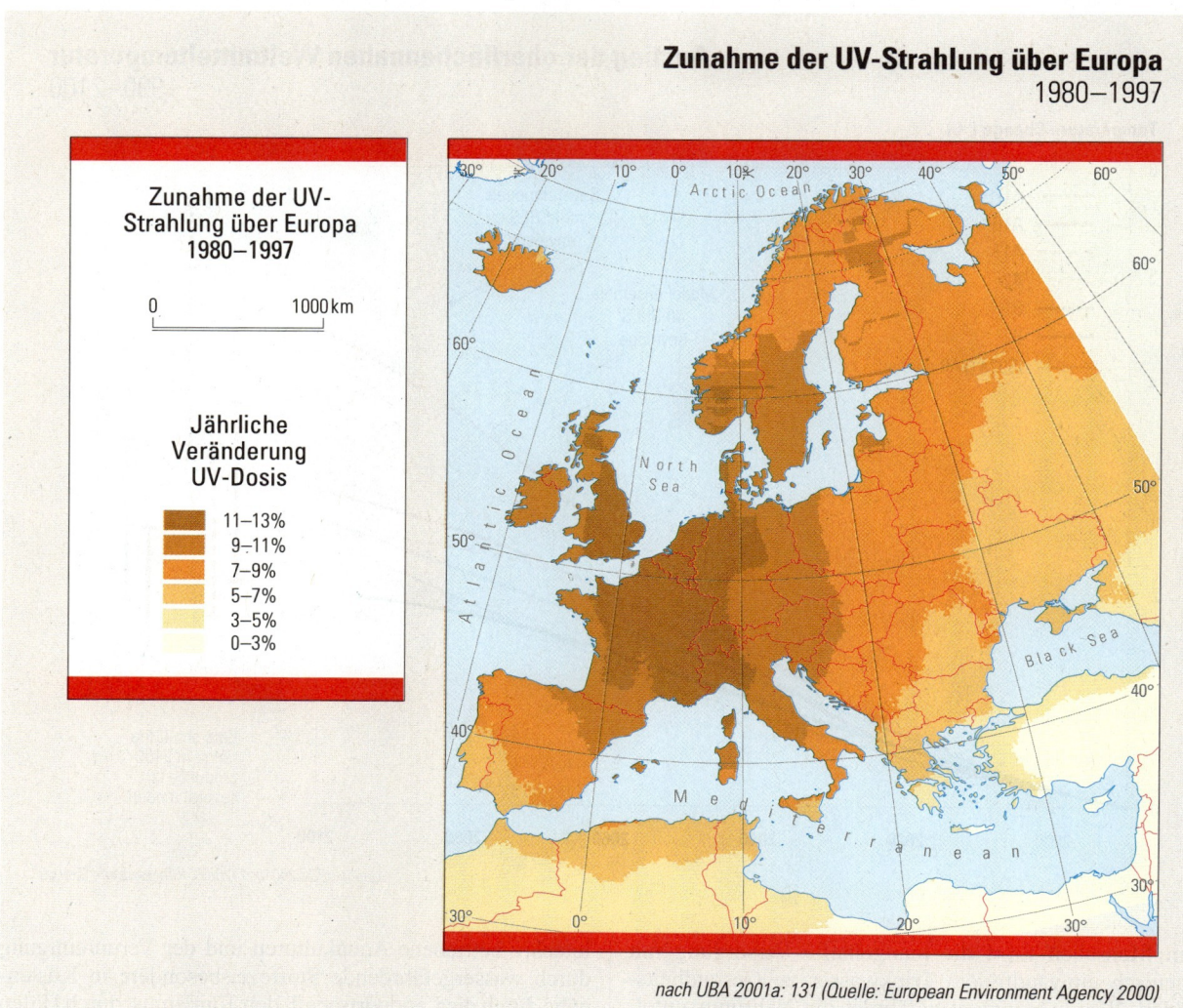

nach UBA 2001a: 131 (Quelle: European Environment Agency 2000)

Drittel der Landoberfläche der Erde erstrecken. ... Die Verödung von Land findet überall auf der Welt statt, wird allerdings nur dann als „Wüstenbildung" oder Desertifikation „definiert, wenn sie sich in Trockengebieten ereignet" (UNCCD-Sekretariat 1995: 9). Zuerst entstehen einzelne Flecken verödeten Landes, die manchmal Tausende Kilometer von der nächsten Wüste entfernt sind. Nach und nach dehnen sich diese Flecken allerdings aus, wachsen zusammen und schaffen wüstenähnliche Räume. Die „Wüstenbildung hat eine Rolle bei der Entstehung von zehn der bewaffneten Konflikte gespielt, die derzeit in Trockengebieten ausgetragen werden. Sie trägt zu politischer Instabilität, Hunger", Migration „und dem Zusammenbruch sozialer Gefüge in Problemzonen wie Somalia bei und führt dazu, dass gewaltige Summen an Geld für Katastrophen- und humanitärer Hilfe ausgegeben werden. Und sie verschlimmert sich anbahnende Umweltkrisen wie die globale Erwärmung und den Verlust der Biologischen Vielfalt" (UNCCD-Sekretariat 1995: 10). Desertifikation und Dürren wirken sich insbesondere in den Entwicklungsländern häufig unmittelbar existenzgefährdend aus, da dort der überwiegend von der Landwirtschaft lebenden Bevölkerung die Grundlage zur Nahrungsproduktion verloren geht.

Mit der UN-Konvention zur Bekämpfung der Bodendegradation in Trockengebieten (United Nations Convention to Combat Desertification – UNCCD) verfügt die internationale Staatengemeinschaft über ein wichtiges Instrument gegen Landverödung.[6] Da aber auch außerhalb von Trockengebieten Böden massiven Schädigungen ausgesetzt sind, wird bereits seit längerem eine internationale Bodenkonvention diskutiert. Deren Ziel ist der nachhaltige Umgang mit allen Arten von Böden durch möglichst viele Staaten der Welt (WBGU 1994: 301f.).

---

[6] Eine gute Übersicht über den Verhandlungsprozess der UN-Konvention zur Bekämpfung der Bodendegradation in Trockengebieten findet sich z. B. bei Pilardeaux (2000).

Umwelt und Entwicklung im Zeitalter der Globalisierung

Abbildung 7-5

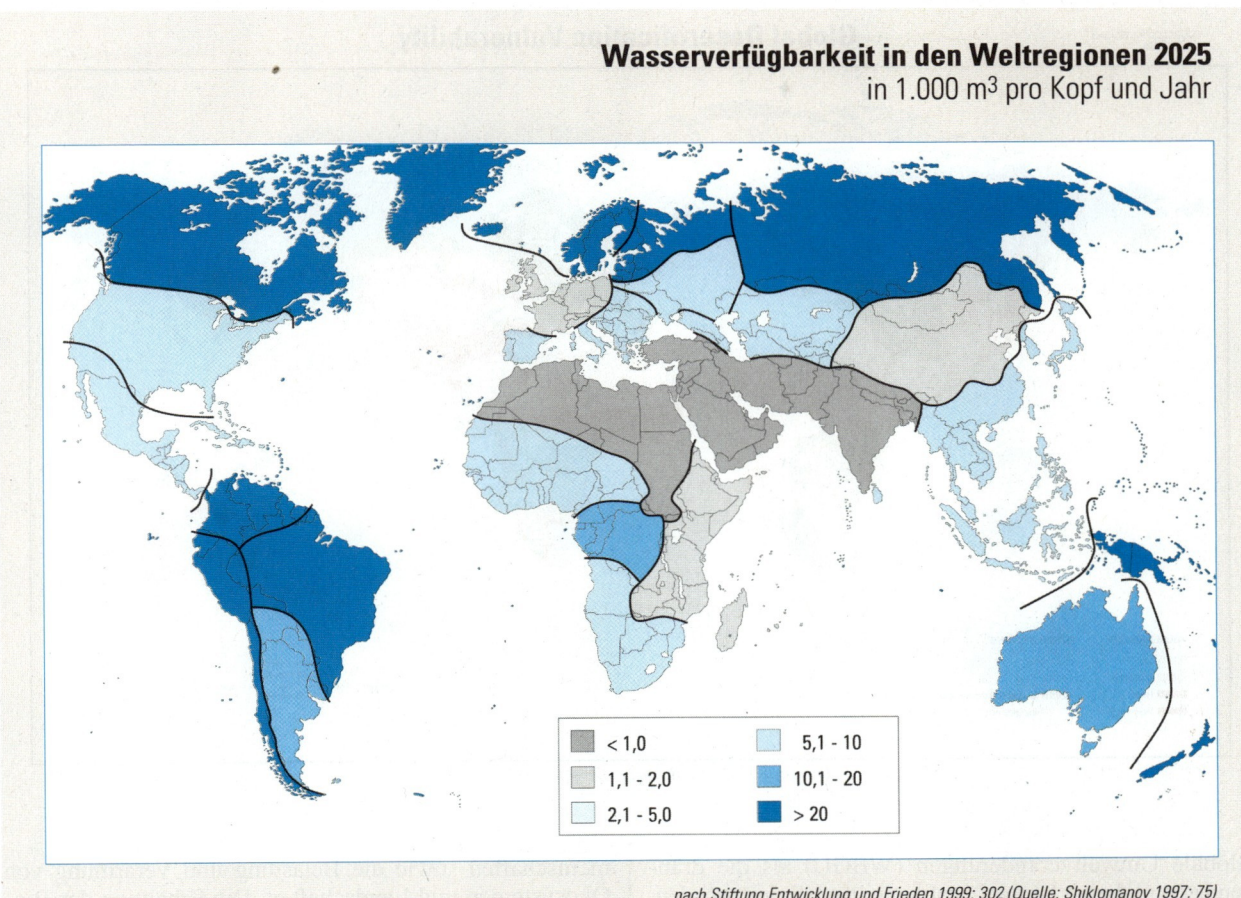

Wasserverfügbarkeit in den Weltregionen 2025
in 1.000 m³ pro Kopf und Jahr

nach Stiftung Entwicklung und Frieden 1999: 302 (Quelle: Shiklomanov 1997: 75)

Themenauswahl der Enquete-Kommission

Vor diesem Hintergrund bietet es sich an, zunächst zwei besonders wichtige global wirksame Steuerungsfelder genauer zu analysieren:

1. Institutionelle Stärkung globaler Umweltpolitik
2. Nachhaltigkeitsstrategien unter besonderer Berücksichtigung von Subsistenzstrategien einerseits und Technologiepolitik und Technologietransfer (Effizienz und Konsistenzstrategien) andererseits.

Trotz eines gestiegenen Problemdrucks (s. o.) ist es der internationalen Staatengemeinschaft noch nicht gelungen, angemessen auf die globalen Umweltprobleme zu reagieren. Notwendig ist die Stärkung der globalen Umwelt- und Nachhaltigkeitsinstitutionen und insbesondere die Aufwertung des heutigen Umweltprogramms der Vereinten Nationen (UNEP) zu einer Weltumweltorganisation (vgl. Kapitel 7.6).

In einem Industrieland wie Deutschland, dass einen nicht verallgemeinerbaren Pro-Kopf-Ressourcenverbrauch aufweist, liegt die Herausforderung darin, die Ressourceneffizienz deutlich zu erhöhen (vgl. Kapitel 7.7.2) und Voraussetzungen für nachhaltiges Verbraucherverhalten zu schaffen (vgl. Kapitel 7.7.1). Darüber hinaus sollte mittels Technologietransfer, der Capacity-Building einschließt, für geeignete Voraussetzungen in den Entwicklungsländern gesorgt werden.

Die Fülle der in Frage stehenden Sachbereiche macht eine Auswahl erforderlich. Die Enquete-Kommission beschränkt sich hier auf die Behandlung von natürlichen Ressourcen.[7] Wegen ihrer Wichtigkeit und vor allem auch Modellhaftigkeit hat die Enquete-Kommission folgende Themen exemplarisch ausgewählt:

1. Ernährung und Landwirtschaft
2. Biologische Vielfalt
3. Klimaschutz (beim Flugverkehr)
4. Wasser

Diese Themen sowie der stratosphärische Ozonabbau sind vom Wissenschaftlichen Beirat der Bundesregierung

---

[7] Ressourcen im weiteren Sinne umfassen z. B. auch Wissen, Rechtssicherheit, Arbeitskraft etc..

Abbildung 7-6

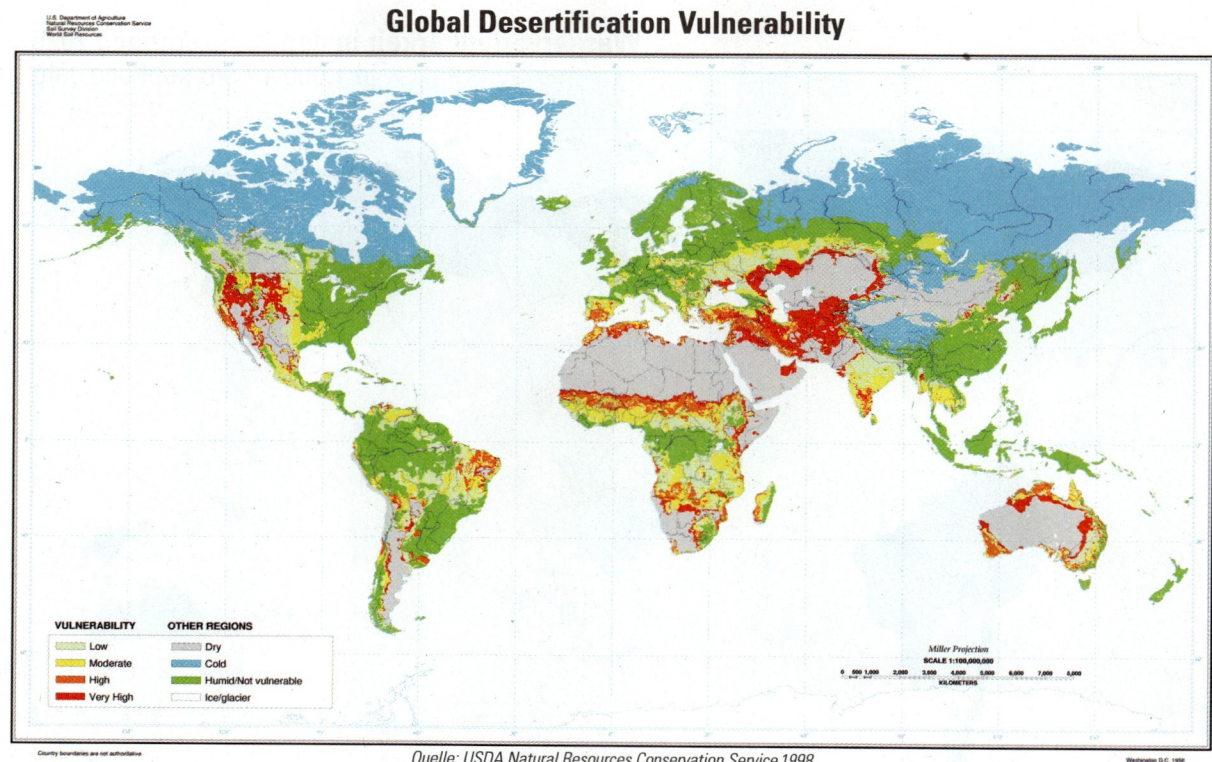

Quelle: USDA Natural Resources Conservation Service 1998

Globale Umweltveränderungen (WBGU) als die drängendsten globalen Umweltprobleme identifiziert worden. Das Wiener Übereinkommen zum Schutz der Ozonschicht (1985) und in der Folge das Montrealer Protokoll (1987) ist das prominenteste Beispiel für eine erfolgreiche Verabschiedung und Umsetzung eines völkerrechtlich verbindlichen globalen Umweltabkommens. Eine Behandlung der Ozonproblematik durch die Enquete-Kommission erscheint deshalb verzichtbar.

Hunger und Unterernährung ist eine zentrale Herausforderung der Weltgesellschaft. Sie steht im Mittelpunkt des Themenschwerpunktes „Ernährung und Landwirtschaft". Die Enquete-Kommission hat sich nicht nur mit den entwicklungspolitischen Aufgaben, die sich aus der weltweit anwachsenden Bevölkerung, der Übernutzung der Böden sowie einer unzureichenden Land- und Ernährungswirtschaft ergeben, befasst (vgl. Kapitel 7.2), sondern auch die Zusammenhänge mit den Konsumgewohnheiten in den Industrieländern aufgezeigt und Anforderungen an eine nachhaltige Verbraucherschutz- und Landwirtschaftspolitik formuliert (vgl. auch Kapitel 7.7.1). Die Globalisierung der Wirtschaft hat den Welthandel so grundsätzlich verändert, dass eine angemessene und nachhaltige Anpassung der Rahmenbedingungen erforderlich ist.

Die Enquete-Kommission beobachtet auch in diesem Zusammenhang mit Sorge den Verlust der genetischen Vielfalt, das Aussterben von Arten und ganzen Lebensgemeinschaften sowie die Belastung und Verarmung von Ökosystemen und Landschaften. Die Erhaltung der Biosphäre stellt ein mit dem Schutz der Erdatmosphäre vergleichbares Problem dar. Die von der Enquete-Kommission erarbeiteten Empfehlungen im Themenschwerpunkt „Biologische Vielfalt" sollen einen Beitrag zur Sensibilisierung der Bürger und Bürgerinnen für dieses Thema leisten und Impulse für die nationale und internationale Diskussion und Umsetzung geben (vgl. Kapitel 7.3).

Der Klimaschutz ist unbestritten eine der größten Herausforderungen der Menschheit. Zwei Enquete-Kommission des Deutschen Bundestages haben sich bisher und ausschließlich mit dieser Problematik befasst.[8] Gegenwärtig erarbeitet die Enquete-Kommission „Nachhaltige Energieversorgung unter den Bedingungen der Globalisierung und Liberalisierung" im Hinblick auf die veränderten Rahmenbedingungen eine nationale Strategie zum Umgang mit der eng mit der Klimafrage verbundenen Energiefrage. Ihr langfristiges Ziel ist die Etablierung eines nachhaltigen Energiesystems bis spätestens 2050. Vor dem Hintergrund der bereits intensiven Behandlung der Klimaproblematik durch die Bundesregierung (Kli-

---

[8] Die Enquete-Kommission „Vorsorge zum Schutz der Erdatmosphäre" und die Enquete-Kommission „Schutz der Erdatmosphäre" haben in der 12. bzw. 13. Legislaturperiode ihre Berichte an das Parlament vorgelegt (Enquete-Kommission „Vorsorge zum Schutz der Erdatmosphäre" 1989, 1990a, 1990b, 1990c; Enquete-Kommission „Schutz der Erdatmosphäre" 1992, 1994a, 1994b, 1995).

maschutzprogramm, IMA-CO$_2$, Staatssekretärsausschuss für Nachhaltige Entwicklung, Nachhaltigkeitsrat etc.) und angesichts der weit fortgeschrittenen Verhandlungen zur VN-Klimarahmenkonvention und der beschlossenen Ratifizierung des Kioto-Protokolls durch die Bundesrepublik Deutschland und die Europäische Union, hat sich die Enquete-Kommission „Globalisierung der Weltwirtschaft" nicht umfassend mit diesem Bereich befasst. Vielmehr greift sie den internationalen Flugverkehr auf, der hohe Wachstumsraten aufweist und dessen Emissionen bisher nicht vom Kioto-Protokoll erfasst sind (vgl. Kapitel 7.4).

Süßwasser ist ein global immer knapper werdendes Gut. Die Auseinandersetzungen um diese Ressource nehmen zu. Der internationale Abstimmungsbedarf wächst. Der notwendige Finanzbedarf übersteigt vielerorts die Möglichkeiten der Öffentlichen Hand. Liberalisierung und Privatisierung im Wasser- und Abwassersektor nehmen weltweit zu, sind aber zwischen Befürwortern und Gegnern stark umstritten. Die Enquete-Kommission hat versucht, – ausgehend von den vorliegenden Analysen (WBGU 1998, BMZ 1999, WCD 2000 etc.) – beim Thema „Wasser" zeitgemäße Lösungsansätze im Hinblick auf die Süßwasserfrage zu entwickeln, die den Anforderungen einer globalisierten Welt standhalten (vgl. Kapitel 7.5). Ein drängendes Problem ist auch die Verschmutzung und Überfischung der Weltmeere. Da sich die Enquete-Kommission aus zeitlichen Gründen in dieser Legislaturperiode nicht eingehend mit der Thematik beschäftigen konnte, schlägt sie vor, das Thema zu einem späteren Zeitpunkt noch einmal aufzugreifen. Verbesserungen in diesem Bereich können einen wichtigen Beitrag zur Sicherung der Welternährung leisten.

7.2 Ernährung und Landwirtschaft

7.2.1 Einleitung

Die Ernährungs- und Landwirtschaftsorganisation der Vereinten Nationen (FAO) definiert Ernährungssicherheit als „eine Situation, die eintritt, wenn alle Menschen jederzeit physischen, sozialen und wirtschaftlichen Zugang zu ausreichenden, sicheren und nährstoffreichen Nahrungsmittel haben, die ihren Nährstoffbedarf decken und ein aktives und gesundes Leben ermöglichen" (nach CIDSE u. a. 2002: 10). Das Nahrungsangebot muss in Menge und Qualität verfügbar und die Stabilität der Versorgung gewährleistet sein. Der Nobelpreisträger für Wirtschaftswissenschaften Amartya Sen nennt als Schlüssel zur Verwirklichung von Ernährungssicherheit die substantielle Freiheit des Einzelnen und der Familie, sich ausreichend Nahrung zu verschaffen. Entweder die Menschen sind in der Lage, ihre Nahrung selbst zu produzieren, oder sie müssen über die entsprechenden Mittel verfügen, sie auf dem Markt käuflich zu erwerben. Das heißt, dass Menschen dann Hunger leiden, wenn sie ihr Zugangsrecht auf eine angemessene Nahrungsmenge nicht wirksam machen können (Sen 2002: 197ff.). Die Weltnahrungsmittelproduktion pro Kopf ist nicht zurückgegangen. Die größten Wachstumsraten der Pro-Kopf-Produktion verzeichneten dichter besiedelte Regionen der Dritten Welt, und zwar in China, Indien und in Asien insgesamt. Einzig in Afrika, und dort insbesondere in der Sahelzone, ist die Nahrungsmittelproduktion pro Kopf gesunken (Sen 2002: 248ff.). Trotz dieser weltweit durchschnittlich ausreichenden Menge an Nahrungsnitteln sind 826 Millionen Menschen von Hunger und Unterernährung betroffen, davon 792 Millionen in Entwicklungsländern und 34 Millionen in Ost- und Mitteleuropa (s. Abbildung 7-7), und eine weitere Milliarde von Menschen ist ständig dem Risiko von Ernährungsproblemen ausgesetzt (von Braun 2002: 1).

Die Ursachen sind vielschichtig und hängen zusammen mit Politikversagen, der Armutsproblematik, den natürlichen Umweltbedingungen und der Bevölkerungsentwicklung (s. Abbildung 7-8). Das heißt Unterernährung ist nicht nur ein Problem der in einer Region, einem Land oder auch weltweit absolut produzierten Nahrungsmittelmenge. Vielmehr ist die Frage, inwieweit der Bevölkerung der Zugang zu Nahrung ermöglicht wird. Diese Zugangsrechte sind abhängig von der Grundausstattung mit produktiven Ressourcen und marktfähigen Gütern, von den individuellen Produktionsmöglichkeiten, die wiederum eine Funktion der verfügbaren Technologie und des Wissens- und Ausbildungsniveaus sind, und funktionierender landwirtschaftlicher und außerlandwirtschaftlicher Produkt- und Faktormärkte (lokal, regional, global). Hinzu kommt die grundlegende Bedeutung der Verwirklichung politischer, wirtschaftlicher und sozialer Freiheitsrechte als notwendige Voraussetzung einer dauerhaften Befriedigung ökonomischer Bedürfnisse.

Die Globalisierungsprozesse wirken sich massiv auf alle den Gesamtkomplex menschlicher Ernährung betreffende Faktoren aus. „Globalisierung meint das erfahrbare Grenzenloswerden alltäglichen Handelns in ... verschiedenen Dimensionen ..., und damit im Grunde genommen etwas zugleich Vertrautes und Unbegriffenes, schwer Begreifbares, das aber mit erfahrbarer Gewalt den Alltag elementar verändert und alle zu Anpassungen und Antworten zwingt" (Beck 1999: 44). Diese Veränderungen betreffen insbesondere auch die Ressourcen, die zur Ernährungssicherheit eingesetzt werden, ihre Verfügbarkeit, ihre Nutzungsmöglichkeiten und ihre Nutzungsintensität. Landwirtschaftliche Produktion, Lebensmittelvertrieb und -verteilung sowie ländliche Entwicklung stehen dabei naturgemäß im Mittelpunkt, wenngleich keinesfalls vergessen werden darf, dass die Ursachen von Unterernährung und Hunger immer auch außerhalb des agrarischen Bereichs zu suchen sind. Obwohl die Auswirkungen der Globalisierung auf landwirtschaftliche Entwicklungen und Ernährungssicherheit bislang kaum quantifizierbar sind und die Meinungen hier weit auseinandergehen, stellt sie dennoch eine relevante Größe dar. Zu beachten sind in diesem Zusammenhang die Auswirkungen der Handelsliberalisierung, von Strukturanpassungsprogrammen, Konzentrationsprozesse multinationaler Konzerne im Agrarsektor sowie von Finanzkrisen, etwa der Asienkrise.

Abbildung 7-7

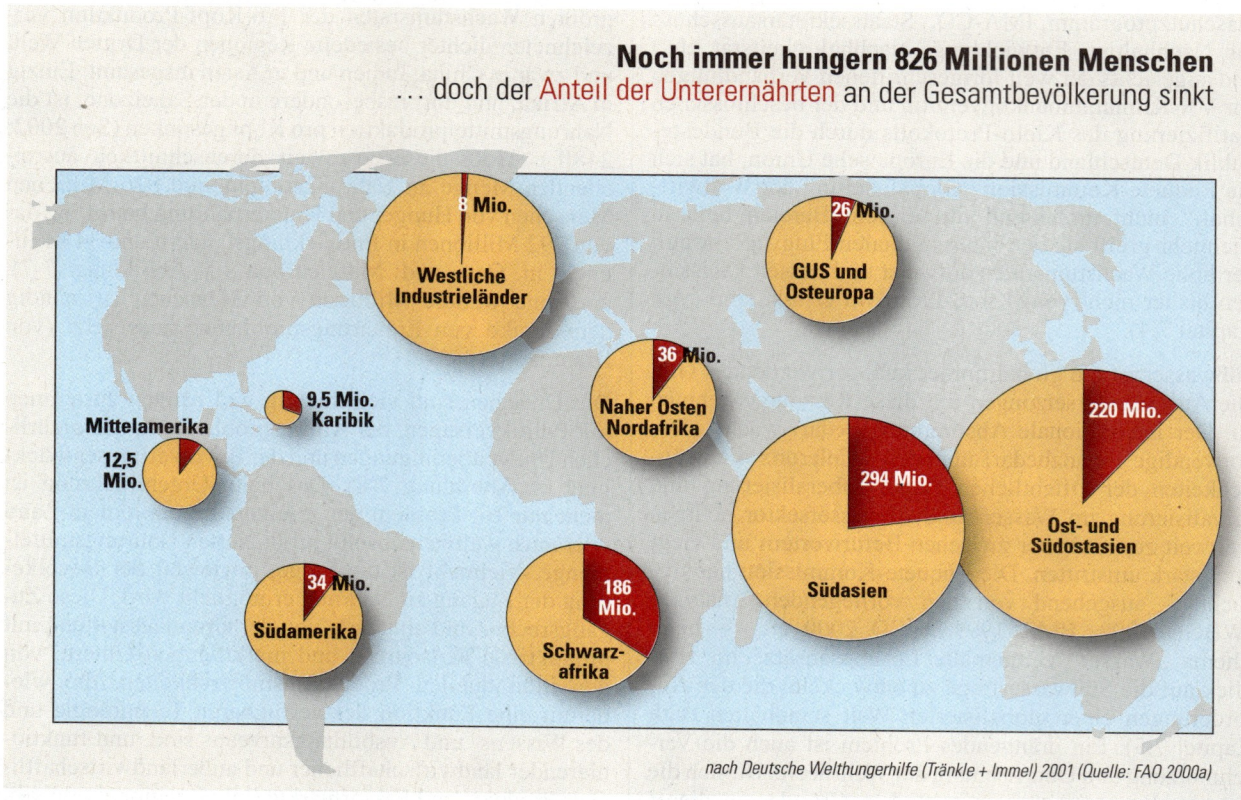

nach Deutsche Welthungerhilfe (Tränkle + Immel) 2001 (Quelle: FAO 2000a)

7.2.2 Ausgewählte Teilaspekte

Die Dimension globaler Ernährungssicherheit erfordert insbesondere in den folgenden Bereichen Anpassungen und Antworten:

7.2.2.1 Grundausstattung mit produktiven Ressourcen

Der Zugang zu produktiven Ressourcen ist weltweit, aber auch innerhalb der Entwicklungsländer, ungleich verteilt. Oftmals ist die eigene Arbeitskraft die einzige Ressource, die den Menschen zur Verfügung steht. Bedingt durch infrastrukturelle Mängel in ländlichen Räumen und einer auf den Weltmarkt ausgerichteten Modernisierung der Landwirtschaft, die auf Substitution von Arbeit durch Kapital setzt, entsteht gerade dort Massen-Arbeitslosigkeit, wo laut International Fund for Agricultural Development (IFAD) 75 Prozent der Armen leben: Nämlich in ländlichen Gebieten (IFAD 2001). Deshalb „kann die Bedeutung der menschlichen Arbeit bei der Lösung des Hungerproblems nicht genug unterstrichen werden" (Woytila: 2001).

Der Strukturwandel in der Landwirtschaft ist weltweit von großen Produktivitätsunterschieden geprägt, deren Ursachen vorwiegend in den unterschiedlichen Betriebsgrößen zu finden sind. Auf den größeren Betrieben und Betriebseinheiten wird durch eine intensive Nutzung aller technischen Möglichkeiten eine Optimierung der Gewinne angestrebt. Negative Konsequenzen für die Qualität der produzierten Nahrungsmittel, das ökologische Gleichgewicht und die Zerstörung der natürlichen Ressourcen sind häufig die Folge. Die Bedeutung von Familienbetrieben geht zurück, wenngleich in Afrika und Asien weiterhin kleinbäuerliche Strukturen vorherrschen. Dennoch kommt dem Agrobusiness eine immer größere Bedeutung zu. Vielerorts – v. a. in Lateinamerika – herrscht der großflächige Landbesitz mit markt- bzw. weltmarktorientierter Ausrichtung vor, der teilweise zudem staatlich gefördert wird. Charakteristisch ist dabei eine starke Konzentration auf Monokulturen und damit der Verlust von Agrobiodiversität sowie die Zerstörung von multifunktional bedeutsamen Kulturlandschaften.

Im Zuge des Strukturwandels verliert in Entwicklungs- und Schwellenländern der Faktor menschliche Arbeit als wichtige umweltschonende Ressource immer mehr an Bedeutung. Die damit verbundene soziale Ausgrenzung mit einer Abdrängung in Arbeitslosigkeit und Marginalität führt zu Überlebensstrategien, die einen rücksichtslosen Umgang mit natürlichen Ressourcen zur Folge haben: Raubbau bei in der Natur vorhandenen, der Ernährung dienenden Gewächsen, Abholzung, Übernutzung und Verschmutzung von Gewässern etc.. Ein Abdrängen in Schattenwirtschaft, Subsistenzwirtschaft und Landflucht sind die Folgen.

Der fehlende Zugang von Kleinbäuerinnen und Kleinbauern zu den produktiven Ressourcen (Land, Kredite, Betriebsmittel und Agrarberatung bzw. -vermarktung)

Ernährung und Landwirtschaft

Abbildung 7-8

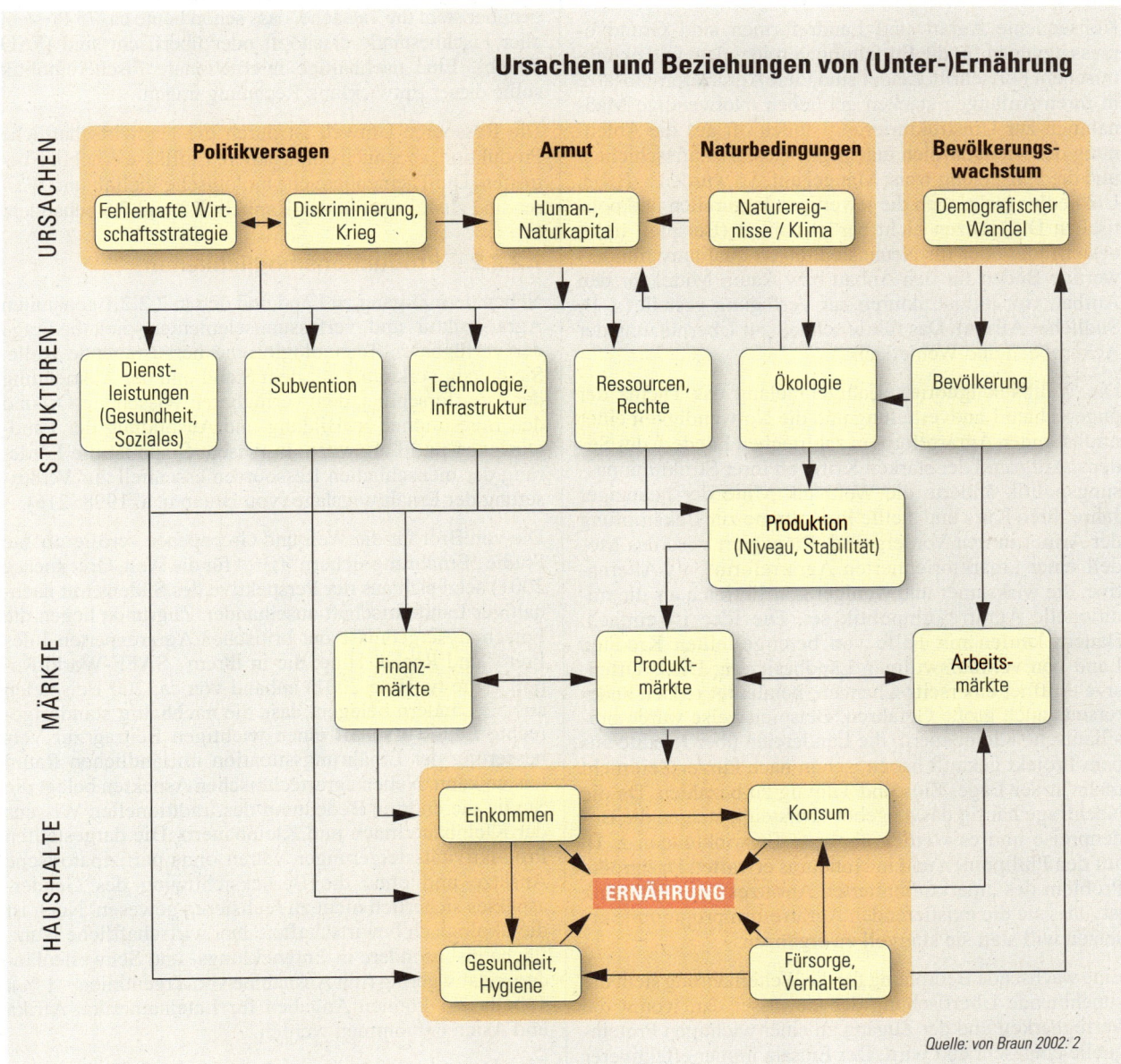

stellt ein großes Entwicklungshemmnis in vielen Ländern dar. Innerhalb der Gesellschaften sind wiederum die Frauen, die z. B. in Afrika 70 bis 90 Prozent der Arbeitskräfte in der Landwirtschaft stellen, am stärksten betroffen. Ihre wirtschaftlichen Potenziale sind durch zahlreiche rechtliche, agrarpolitische und soziokulturelle Hindernisse beschränkt.[9] Hierzu zählen Schwierigkeiten beim Landzugang, Beeinträchtigung im Erbrecht und die in der Entwicklungsplanung sich hartnäckig haltende Vorstellung von kleinbäuerlichen Familienbetrieben unter männlicher Leitung (Schäfer 2002: 31).[10] Die extreme Ungleichverteilung von Landbesitz kann verhindern, dass Menschen ihre Grundnahrungsmittel selbst anbauen können. Insoweit ist dafür Sorge zu tragen, dass Art. 11 des Internationalen Paktes über wirtschaftliche, soziale und

---

[9] „Afrika gilt mittlerweile als ein Kontinent, dessen landwirtschaftliche Produktion und Ernährungssicherung in Frauenhand liegt, denn über 90 Prozent der Grundnahrungsmittel und über 30 Prozent der Marktfrüchte werden von Frauen produziert" (Schäfer 2002: 31).

[10] „Obwohl seit einigen Jahrzehnten immer mehr Haushalte von Frauen geführt werden, bilden diese nur selten die Zielgruppe von Projekten" (Schäfer 2002: 31).

kulturelle Rechte in der Praxis effektive Bedeutung erlangen kann.[11]

Konsequente Agrar- und Landreformen sind Grundvoraussetzungen für die Entfaltung von sozialem und ökonomischem Fortschritt. Leider sind viele Agrarreformansätze in ihren Anfängen stecken geblieben. Notwendige Maßnahmen zur Umstrukturierung stoßen oft auf die Ablehnung der wirtschaftlich mächtigen Gesellschaftsschichten und die Umsetzung weist Mängel auf. So wurden z. B. bei Umsiedlungsaktionen die jeweiligen kulturellen und politischen Differenzen nicht berücksichtigt (Beispiel: Indonesien) und/oder für Neuansiedlungen qualitativ minderwertige Böden für den Anbau bzw. kaum Mittel für den Aufbau von Infrastrukturen zur Verfügung gestellt (z. B. Südliches Afrika). Das führte schnell zur Übernutzung der Ackerböden und Weideflächen.

Die Weltbank ignorierte jahrzehntelang das Thema der ungerechten Landverteilung und die Notwendigkeit einer umfassenden Agrarreform in zahlreichen Ländern des Südens. Aufgrund der starken Kritik an ihrer Strukturanpassungspolitik änderte die Weltbank Mitte der neunziger Jahre ihren Kurs und stellte Programme zur Bekämpfung der Armut in den Vordergrund. Propagiert wird das Modell einer „marktorientierten Agrarreform" als Alternative, die wirksamer und weniger konfliktreich als die traditionelle Agrarreformpolitik sei. Die Idee ist einfach: Bauern kaufen mit Hilfe von bereitgestellten Krediten Land von verkaufswilligen Landbesitzern. Diese Offensive eröffnet einerseits Chancen, beinhaltet jedoch andererseits auch große Gefahren. Beispielsweise waren brasilianische Kleinbauern, die Ländereien über Kredite aus dem Projekt gekauft haben, schon nach kurzer Zeit nicht mehr in der Lage, Zins und Tilgung zu bezahlen. Da die Nachfrage häufig das Angebot übersteigt, steigen die Bodenpreise und es werden ähnliche Entwicklungen z. B. auf den Philippinen und in Honduras erwartet. Das größte Problem des „marktorientierten Ansatzes" der Weltbank ist, dass sie die existierenden Agrarreformprogramme ersetzen will statt sie sinnvoll zu ergänzen.

Eine wachsende Bedrohung für die Welternährung stellt die zunehmende Überfischung der Gewässer dar, womit die Verfügbarkeit und der Zugang zu einer wichtigen Proteinquelle eingeschränkt wird. Der Einsatz immer effektiverer Kühltechnik und größerer Schiffe verbunden mit einem immer höheren Energieeinsatz für Fangtechniken, haben diesen Trend gefördert. Angesichts der Tatsache, dass in Entwicklungsländern 300 bis 500 Millionen Menschen in ihrer wirtschaftlichen Existenz direkt oder indirekt von der Fischereiwirtschaft abhängig sind, wird die Bedrohlichkeit dieser Entwicklung deutlich (Entwicklung + Ländlicher Raum 1/2001: 35). Nach Schätzung der FAO ist angesichts der demographischen Entwicklung eine zusätzliche Produktion von 110 bis 120 Millionen Tonnen Fisch erforderlich, um das gegenwärtige Versorgungsniveau zu halten (Entwicklung + Ländlicher Raum 1/2001: 35). Dem gegenüber steht die Tatsache, dass schon heute ca. 75 Prozent aller Fischbestände erschöpft oder überfischt sind (FAO 2000b). Eine nachhaltige internationale Fischereipolitik sollte dieser Entwicklung Rechnung tragen.

Die Ressource Umwelt ist durch die landwirtschaftliche Produktion, aber auch durch andere Einflüsse erheblich betroffen. Die Themenbereiche biologische Vielfalt und Wasser sind ausführlich in den Kapiteln 7.3 und 7.5 behandelt.

7.2.2.2 Produktionsmöglichkeiten

Neben dem Zugang zu Land und den in 7.2.2.1 genannten Agrarstruktur- und -verfassungselementen spielt die Frage der verfügbaren Technologie eine herausragende Rolle. Sie ist eng verknüpft mit dem Stand und der Ausrichtung der Agrarforschung, dem verfügbaren Wissen vor Ort und den Investitionen in Bildung und Ausbildung der Landwirtinnen und Landwirte. In diesem Sinne ist die Förderung der menschlichen Ressourcen essentiell zur Verbesserung der Ernährungslage (von Braun u. a. 1998: 216).

Die von Brot für die Welt und Greenpeace veröffentlichte Studie „Ernährung sichern" (Brot für die Welt, Greenpeace 2001) setzt sich aus der Perspektive des Südens mit nachhaltiger Landwirtschaft auseinander. Zugrunde liegen die Forschungsergebnisse der britischen Agrarexperten Jules Pretty und Rachel Hine, die in ihrem „SAFE-World-Report" (Pretty, Hine 2001) anhand von ca. 200 Beispielen aus 52 Ländern belegen, dass die nachhaltig standortgerechte Landwirtschaft einen wichtigen Beitrag zur Verbesserung der Ernährungssituation im ländlichen Raum leisten kann. Neben agrartechnischen Aspekten belegt die Studie die enorme Bedeutung des traditionellen Wissens der Kleinbäuerinnen und Kleinbauern. Die dargestellten Produktivitätssteigerungen wären ohne partizipatorische Ansätze und ohne die Berücksichtigung des Genderaspektes sicherlich nicht zu realisieren gewesen. Noch ist die ökologisch bewirtschaftete landwirtschaftliche Nutzfläche insbesondere in Entwicklungs- und Schwellenländern relativ gering (mit Ausnahme von Argentinien < 1 %). Tabelle 7-1 können Angaben für Lateinamerika, Afrika und Asien entnommen werden.

Ein besonderes Augenmerk muss auf jene Agrarstandorte gelegt werden, die u. a. geprägt sind von hohem Energieeinsatz, Monokulturen und dem Verlust von Agrobiodiversität. Großflächige kapitalintensive landwirtschaftliche Strukturen und nachhaltiges landwirtschaftliches Wirtschaften unter Berücksichtigung von wirtschaftlichen, sozialen und kulturellen Aspekten müssen kein Widerspruch sein. Allerdings bedarf es der entsprechenden politischen Weichenstellungen. „Nachhaltige Landwirtschaft"[12] muss sowohl den Bedürfnissen der Bevölkerung als auch den natürlichen, ökologischen Bedingungen in einer bestimmten Region gerecht werden, die ja häufig in ihren Zielen, nämlich Erhalt natürlicher Ressourcen, gleich sind. Ihr Ziel ist ein opti-

---

[11] Art. 11 Absatz 1 Satz 1 des Internationalen Paktes über wirtschaftliche, soziale und kulturelle Rechte lautet: „Die Vertragsstaaten erkennen das Recht eines jeden auf einen angemessenen Lebensstandard für sich und seine Familie an, einschließlich ausreichender Ernährung, Bekleidung und Unterbringung, sowie auf eine stetige Verbesserung der Lebensbedingungen."

[12] Der Begriff „Nachhaltige Entwicklung" wird sehr unterschiedlich verwendet (s. z. B. epd Entwicklungspolitik 19/1997: d9).

maler Ertrag landwirtschaftlicher Erzeugnisse, ohne dass zerstörerische Auswirkungen auf die Umwelt einhergehen. „Priorität genießen die Nutzung und Erweiterung lokaler Ressourcen in der Region, wie zum Beispiel Arbeitskraft, Wasser, Nährstoffe, vor der Abhängigkeit von Betriebsmitteln. Das schließt den Gebrauch technischer und synthetischer Mittel nicht aus, hält aber ihren Einsatz so gering wie möglich, um weder die natürliche Umwelt noch die wirtschaftliche und physische Eigenständigkeit der Bevölkerung aufs Spiel zu setzen. Landwirtschaft kann nur dann nachhaltig sein, wenn die sozialen und kulturellen Belange der sie tragenden Menschen als integraler Bestandteil aller Veränderungsprozesse angesehen und deren Entscheidungsbefugnisse nicht angetastet werden" (epd Entwicklungspolitik 19/1997: d10, s. auch Kasten 7-1).

Tabelle 7-1

Ökologisch bewirtschaftete landwirtschaftliche Nutzfläche

Ökologisch bewirtschaftete landwirtschaftliche Nutzfläche (in Hektar)			
	Lateinamerika	**Afrika**	**Asien**
> 1 Million ha.	Argentinien (2,8 Millionen)		
100 000 – 1 Mio. ha.	Brasilien		
25 – 100 000 ha.	Mexiko, Peru		China
5 – 25 000 ha.	Paraguay, Costa Rica, Bolivien, Guatemala, Kolumbien	Tunesien, Uganda, Zambia, Südafrika, Marokko	Türkei, Japan, Israel
1 – 5 000 ha.	El Salvador, Chile, Kuba, Ecuador, Nicaragua, Uruguay	Tanzania, Ägypten, Zimbabwe	Papua Neuguinea, Indien, Taiwan, Philippinen, Thailand, Pakistan
< 1 000 ha.	Surinam	Kamerun, Mauritius, Malewi, Ghana, Kenya, Benin	Korea, Sri Lanka, Hongkong, Laos
Ökologischer Landbau vorhanden, aber keine Zahlen verfügbar	Honduras	Burkina Faso, Senegal	Libanon

Ökologisch bewirtschaftete landwirtschaftliche Nutzfläche (in % der landwirtschaftlichen Nutzfläche)			
Anteil der Ökofläche in % der landwirtschaftlichen Nutzfläche	**Lateinamerika**	**Afrika**	**Asien**
> 1 %	Argentinien (1,65 %)		
0,5 – 0,99 %			Papua Neuguinea,
0,15 – 0,5 %	Costa Rica, El Salvador, Surinam, Guatemala, Brasilien	Mauritius	
0.025 – 0,14 %	Paraguay, Mexiko, Peru, Kolumbien	Tunesien, Ägypten, Uganda	Türkei, Korea, Libanon, Japan
< 0,025 %	Bolivien, Nicaragua, Chile, Uruguay	Tanzania, Kamerun, Zimbabwe, Malawi	Sri Lanka, Thailand

Quelle: Nach Willer and Yussefi 2002: 22ff.

Kasten 7-1

Kennzeichen von Projekten nachhaltiger Landwirtschaft

Nachhaltige Landwirtschaft ...

- arbeitet mit Methoden und Verfahren, die die Produktivität des Bodens maximieren und gleichzeitig die schädlichen Auswirkungen auf Boden, Wasser, Luft und Artenvielfalt sowie die Gesundheit der Bauern und der Verbraucher minimieren;

- stellt Methoden und Verfahren in den Mittelpunkt, die Ressourcen erhaltend sind;

- zielt darauf ab, so wenig wie möglich nicht-erneuerbare und auf Erdölbasis hergestellte Betriebsmittel einzusetzen und sie langfristig abzuschaffen. Sie werden durch erneuerbare ersetzt;

- wendet Methoden und Verfahren an, die an die jeweiligen örtlichen Verhältnisse angepasst sind;

- bezieht die Bauern und Bäuerinnen mit ihrem Wissen, ihrem Können und ihren Fähigkeiten mit ein; ist partizipatorisch.

Quelle: Nach Brot für die Welt und Greenpeace 2001: 23.

In diesem Zusammenhang stellt sich auch die Frage, welche entwicklungspolitischen Auswirkungen die neue deutsche Agrarpolitik erkennen lässt (Grethe 2001). Zu berücksichtigen sind z. B. Effekte einer verringerten Erzeugung von Agrarprodukten, Fragen von Produkt- und Prozessstandards, Änderungen der Marktzugangsbedingungen, eine veränderte Nachfrage nach ökologisch erzeugten Produkten und die Frage der Zertifizierung ökologischer Produktion in Entwicklungsländern.

Der Internationalen Agrarforschung kommt in diesem Zusammenhang eine wichtige Aufgabe zu. Neben unbestreitbaren züchterischen Leistungen in den verschiedenen Agrarforschungszentren und den Erfolgen einer präventiven Hungerbekämpfung seit ihrer Gründung im Jahre 1971 muss die Internationale Agrarforschung ihren Reformprozess mutig vorantreiben und konsequent eine zukunftsfähige Ausrichtung entwickeln, die sich neben der klassischen Züchtung insbesondere mit den sozioökonomischen Rahmenbedingungen der landwirtschaftlichen Produktion beschäftigt. Traditionelles Wissen, Genderaspekte, partizipative Forschungsansätze, verstärkter Einsatz regenerativer Energien im Sinne angepasster Technologien, Weiterverarbeitung landwirtschaftlicher Produkte und der weitere Ausbau von Wissensmanagementsystemen stehen im Mittelpunkt des Interesses. Diese Forschungsschwerpunkte würden die konsequente Orientierung der Internationalen Agrarforschung an der Bekämpfung der weltweiten Armut unterstreichen.

Biotechnologien und insbesondere die Gentechnik eröffnen der Pflanzenzüchtung neue Wege. Inwieweit die neu gewonnenen Erkenntnisse und deren praktische Umsetzung sich positiv auf die Welternährungslage auswirken, „hängt vor allem davon ab, wie dieses Potenzial eingesetzt und wie mit ihm umgegangen wird" (Misereor 1999: 2). Während die einen mit der praktischen Anwendung der Gentechnik keine neuen Abhängigkeiten verbinden und mit dem Einsatz krankheits- und schädlingsresistenten Saatgutes ökonomische Vorteile sowohl für große landwirtschaftliche Einheiten als auch für Familienbetriebe prognostizieren (Novartis Deutschland GmbH 1999: 16), befürchten die Kritiker neben bisher unabsehbaren gesundheitlichen und ökologischen Risiken, neue Abhängigkeiten für die Landwirte in den Entwicklungsländern von weltweit agierenden Saatgut- und Biotechnologiekonzernen sowie eine Verdrängung traditioneller und biologischer Landwirtschaft. Misereor (1999: 4) kritisiert, „dass durch die dieser Technik innewohnenden Dynamik das Modell der industrialisierten Landwirtschaft weiter forciert wird mit der Folge, dass sich die Schere zwischen 'arm und reich' und 'dominant und abhängig' sowohl in den Ländern des Südens selbst als auch zwischen Nord und Süd weiter öffnen wird". Tatsache ist, dass die „Grüne Gentechnik" bisher keinen Beitrag zur Verbesserung der Welternährung leisten konnte.

7.2.2.3 Märkte und Handel[13]

In Abhängigkeit von Entwicklungsstand, Offenheit der Wirtschaft und Intensität der außenwirtschaftlichen Beziehungen, der landwirtschaftlichen Produktionsstruktur, insbesondere ihrer Exportorientierung und der rechtlichen und politischen Rahmenbedingungen wirkt die Globalisierung direkt auf die Landwirtschaft ein oder beeinflusst sie indirekt im vor- und nachgelagerten Bereich (BMZ 2000: 6). Insgesamt sind die Entwicklungsländer in den internationalen Handel mit landwirtschaftlichen

---

[13] Auf „fair gehandelte" Produkte wird in Kapitel 3.5.3.2.1 „Qualitäts- oder Gütesiegel" eingegangen.

Erzeugnissen (einschließlich Forstprodukte) stärker integriert als in den Welthandel insgesamt[14] (BMZ 2000: 6). Gleichzeitig kann festgestellt werden, dass der internationale Handel diverser Agrarprodukte von wenigen transnationalen Unternehmen „kontrolliert" wird (s. Tabelle 7-2).

Tabelle 7-2

Marktmacht transnationaler Konzerne im Agrarbereich[15]

Produkt	Anteil der weltweiten Exporte, die von 3 – 6 der größten transnationalen Konzerne im Agrarhandelsbereich vermarktet werden
Weizen	85–90 %
Mais	85–90 %
Zucker	60 %
Kaffee	85–90 %
Reis	70 %
Kakaobohnen	85 %
Tee	80 %
Bananen	70–75 %
Holz	90 %
Baumwolle	85–90 %
Felle und Häute	25 %
Tabak	85–90 %
Naturkautschuk	70–75 %
Jute und Juteprodukte	85–90 %

Nach GERMANWATCH 2002: 45 (Quelle: Claimonte und Cavanaugh 1988)

Die Liberalisierung der Märkte hat zwar in der Summe auch in den Entwicklungsländern dynamische Wachstumseffekte mobilisiert (von Braun u. a. 1998: 129). Dies konnte jedoch nicht verhindern, dass die Einkommensschere zwischen Industrie- und Entwicklungsländern weiter auseinanderging. Darüber hinaus wirken sich die Globalisierungseffekte innerhalb der Gruppe der Entwicklungsländer sehr unterschiedlich aus. Nettoimportländer und insbesondere die LIFDCs (Low Income Food Deficit Countries) sind am stärksten negativ getroffen. Je unzureichender die agrarinfrastrukturellen Voraussetzungen eines Landes ausgestaltet sind, desto geringer ist die Wahrscheinlichkeit, dass etwa steigende Weltmarktpreise für Getreide Produktionsanreize auslösen, die sich einkommenswirksam umsetzen. In der Regel ist jedoch die Elastizität der Inlandspreise in Bezug auf die Weltmarktpreise relativ gering (BMZ 2000a: 7). Insofern kommt dem Institutionen- (vgl. Kapitel 2.2.4) und dem Infrastrukturausbau ländlicher Räume entscheidende Bedeutung zu.

Mit der so genannten Uruquay-Runde wurde die Landwirtschaft erstmals in das multilaterale Handelssystem einbezogen. Mit der Unterzeichnung der Schlussakte von Marrakesch (Marokko) am 15.4.1994 verpflichteten sich die Mitglieder des Allgemeinen Zoll- und Handelsabkommens (GATT), den Einfuhrschutz und die Stützungsmaßnahmen über einen Zeitraum von sechs Jahren (1995-2001) schrittweise zu verringern. Aufgrund der damals gewählten Bezugsgrößen (Ausgangstarifäquivalente) und der Möglichkeit der Erhebung von Zusatzzöllen (besondere Schutzklausel) konnten die EU und die USA ihre Verpflichtungen zum Abbau der Agrarprotektion ohne Mühe umsetzen und somit ihre Stellung im Markt absichern. Im Rahmen der *Green Box*[16] und der Vorzugsbehandlung der Entwicklungsländer bei der internen Unterstützung (Special and Differential Treatment) steht ein gewisser Spielraum zur Umsetzung von Ernährungssicherungszielen zur Verfügung. Darunter fallen z. B. die Verbesserung der physischen Infrastruktur, der verbesserte Zugang zu landwirtschaftlichen Inputs (gegebenenfalls zu subventionierten Preisen), der Ausbau bzw. die Effektivierung des landwirtschaftlichen Beratungswesens und der verbesserte Zugang zu Krediten (insbesondere auch für Frauen) (Reichert 2001: 8). Dennoch kann festgestellt werden, dass der durch das Agreement on Agriculture (AoA) teilweise liberalisierte Agrarmarkt die Länder des Nordens privilegiert, und zwar indem es die Landwirtinnen und Landwirte der Südländer durch verstärkte Öffnung der Märkte von Entwicklungsländern in zunehmendem Maße dem Wettbewerb mit der subventionierten Landwirtschaft der nördlichen Staaten aussetzt. Insofern hat der Abbau von Zolltarifen und nichttarifären Handelshemmnissen zwar in der Tat bisher schon in vielen Entwicklungsländern durchgreifende Wirkung erzielt (Weltbank 2001). Gleichzeitig wurden jedoch Konzentrationsprozesse in Entwicklungsländern im agrarischen Bereich forciert, die die Armut im ländlichen Raum nicht gemindert haben (Justitia et Pax 2001) und keinen Beitrag zu Chancen- und Bedürfnisgerechtigkeit leisten konnten. Daran hat sich auch durch die WTO-Ministerkonferenz Ende 2001 in Doha grundsätzlich nichts geändert. Wenn auch durch den WTO-Streitschlichtungsmechanismus und den Willensbildungsprozess im Konsensverfahren für

---

[14] Auf die Entwicklungsländer entfallen 44 Prozent der Weltexporte landwirtschaftlicher Erzeugnisse, aber nur 35 Prozent der Weltimporte. Landwirtschaftliche Erzeugnisse tragen zu 14 Prozent an den Gesamtexporten und zu 11 Prozent an den Gesamtimporten bei (BMZ 2000: 6).

[15] Geschätzte Anteile von TNK am Agrargüterhandel (nach Claimonte und Cavanaugh 1988, zitiert in OECD 1996a: 28).

[16] Die „Green Box" enthält erlaubte, handelsneutrale Stützungszahlungen, also Maßnahmen die keine oder nur geringe Handelsverzerrungen oder Auswirkungen auf die Produktion haben (vgl. www.verbraucherministerium.de/aktuelles/wto/kap6.htm).

die Entwicklungsländer Möglichkeiten bestehen, ihr Gewicht in die Verhandlungen einzubringen, so steht dem die insgesamt ungleich größere Verhandlungsmacht der Industrieländer gegenüber (Wieczorek-Zeul 1999).

Um negativen Auswirkungen des globalen Handels mit Agrargütern für die Entwicklungsländer entgegenzutreten, stellten in Doha Entwicklungsländer die Idee einer *Development-Box* vor (s. Kasten 7-2). Nichtregierungsorganisationen unterstützen dieses Modell und schlagen zur Finanzierung vor, durch den Abbau von Agrarsubventionen eingesparte Mittel in diese Box einzuzahlen.

7.2.2.4 Institutionen

Unterernährung kann als Einschränkung elementarer menschlicher Freiheiten begriffen werden. Die Erweiterung und institutionelle Sicherung von politischen, wirtschaftlichen und sozialen Freiheiten im Handlungsfeld der Ernährungssicherheit ist ein wichtiger Aspekt der politischen Gestaltung der Globalisierung.[17]

Zu den wichtigsten institutionellen Regelungen der Ernährungssicherung gehört das im Internationalen Pakt über wirtschaftliche, soziale und kulturelle Rechte niedergelegte Menschenrecht auf angemessene Nahrung. Die Bedeutung der WSK-Rechte in der entwicklungspolitischen Debatte der letzten Jahre und der damit verbundene Perspektivenwechsel von *Basic Needs* zu *Basic Rights* hat erheblich zugenommen, so dass sie inzwischen als wichtige Indikatoren im Sinne von Mindeststandards für staatliches Handeln gelten. Schon der Welternährungsgipfel von 1996 hat sich dafür ausgesprochen, das Recht auf Nahrung durch Verpflichtungen, die das für die Politik von Staaten bedeutet, in einem Verhaltenskodex umzusetzen. Einen ersten, international breit diskutierten Entwurf dieses Verhaltenskodex gibt es inzwischen. Nun macht sich die deutsche Agrarministerin dafür stark, dass dieser Verhaltenskodex politisch vom *Welternährungsgipfel – Fünf Jahre danach* im Juni 2002 gefördert wird.[18] Diese Initiative ist zu unterstützen, denn noch hat dieser Ansatz keine breite politische Bedeutung, noch nicht einmal innerhalb der EU.

Kasten 7-2

Development- bzw. Food-Security-Box

Brot für die Welt, der Evangelische Entwicklungsdienst (EED) und MISEREOR schlagen folgende Maßgaben für die *Development- bzw. Food-Security-Box* vor:

– Als Teil der Sonder- und Vorzugsbehandlung („special and differential treatment") gilt sie nur für Entwicklungsländer.

– Die Maßnahmen der Development-Box müssen (in Anlehnung an die Bestimmung des schon existierenden Artikel 6.2 des WTO-Landwirtschaftsabkommens) gezielt Kleinbauern und benachteiligten Produzenten („low-income and resource-poor farmers") zugute kommen.

– Sie sollen für alle Entwicklungsländer gleichermaßen gelten, denn ländliche Armut gibt es nicht nur in den ärmsten Entwicklungsländern.

– Die Maßnahmen sind Vorzugsbehandlungen, d. h. sie sind von der Reziprozität ausgeschlossen.

– Entwicklungsländer sollten die Möglichkeit erhalten, eine Liste von für ihre Ernährungssicherheit relevanten Kulturen zu definieren. Sie umfasst Grundnahrungsmittel und andere armutsrelevante Kulturen, die überwiegend von Kleinbauern angebaut werden. Produkte, die von dem entsprechenden Land exportiert werden, dürfen nicht in die Liste aufgenommen werden.

– Produktionsfördernde Maßnahmen für die Kulturen auf dieser Liste sollten von allen Bestimmungen der WTO ausgenommen sein dürfen. Insbesondere muss es Entwicklungsländern ermöglicht werden: Die Außenzölle für diese Produkte anzuheben, um die Landwirte vor subventionierten und billigen Importen zu schützen, beim Verdacht von „Dumping" auch quantitative Importrestriktionen einzuführen, die spezielle Schutzklausel gegen eine Importflut muss uneingeschränkt gelten, preisstabilisierende Maßnahmen wie staatliche Ankaufprogramme für Produkte von Kleinproduzenten zu garantierten Preisen einzuführen und unbegrenzt Subventionen zur Steigerung der Produktivität zu gewähren" (Brandstäter 2002: 10 bzw. Misereor u. a. 2002 sowie CIDSE u. a. 2002: 31).

---

[17] Eine ausführliche Darstellung des hiermit allgemein angesprochenen Begriffes der „Global Governance" findet sich in Kapitel 10.1.

[18] Der Welternährungsgipfel – Fünf Jahre danach, der ursprünglich vom 5.–9. November 2001 in Rom stattfinden sollte, wurde auf Juni 2002 verschoben.

Ernährung und Landwirtschaft

Hunger und Mangelernährung waren Gegenstand zahlreicher internationaler Konferenzen und Initiativen der Vergangenheit (z. B.: UN-Welternährungskonferenz 1974, Weltkindergipfel 1990, Weltbevölkerungskonferenz 1994).[19] Auch auf dem jüngsten Welternährungsgipfel 1996 in Rom wurden zwar viele richtungsweisende Vorschläge gemacht, die Erfolge des vereinbarten Aktionsprogramms sind bis heute jedoch gering. Gleichwohl tragen internationale Konferenzen dazu bei, „durch gemeinsamen Dialog die Einsicht und die Dialogbereitschaft zu fördern" (Reimann 2000: 357). „Um das Recht auf Ernährung zu verwirklichen, müssen keine neuen Institutionen geschaffen, sondern bestehende Einrichtungen effizienter koordiniert und genutzt werden. Dabei wirken sich die Vorgaben und Entscheidungen einer großen Anzahl unterschiedlicher Akteure aus. Neben dem Menschenrechtsschutzsystem der Vereinten Nationen haben internationale Regierungsorganisationen, Banken und sonstige Finanzierungsfonds sowie NRO maßgeblichen Einfluss" (Reimann 2000: 357, s. Abbildung 7-9).

Innerhalb des Menschenrechtsschutzsystems der Vereinten Nationen spielt das 1977 gegründete Ernährungskomitee (United Nations Administrative Committee on Coordination – Subcommittee on Nutrition) eine wichtige Rolle. Ziel ist es, die Aktivitäten zur Verbesserung der Ernährungslage zu harmonisieren. Deshalb wirken alle UN-Organisationen mit, die in unterschiedlicher Weise einen Beitrag zur Verbesserung der Welternährungssituation leisten.

Die Ziele der Welternährungssicherheit zu verfolgen ist auch der satzungsgemäße Auftrag des Committee on World Food Security (CFS). „Der Ausschuss soll innerhalb des Systems der Vereinten Nationen als Forum zur Überprüfung und Weiterverfolgung von Maßnahmen hinsichtlich der weltweiten Ernährungssicherheit dienen, einschließlich der Nahrungsproduktion, der nachhaltigen Nutzung der natürlichen Ressourcenbasis für die Ernährungssicherheit, der Ernährung, des physischen und wirtschaftlichen Zugangs zu Nahrungsmitteln und anderen

Abbildung 7-9

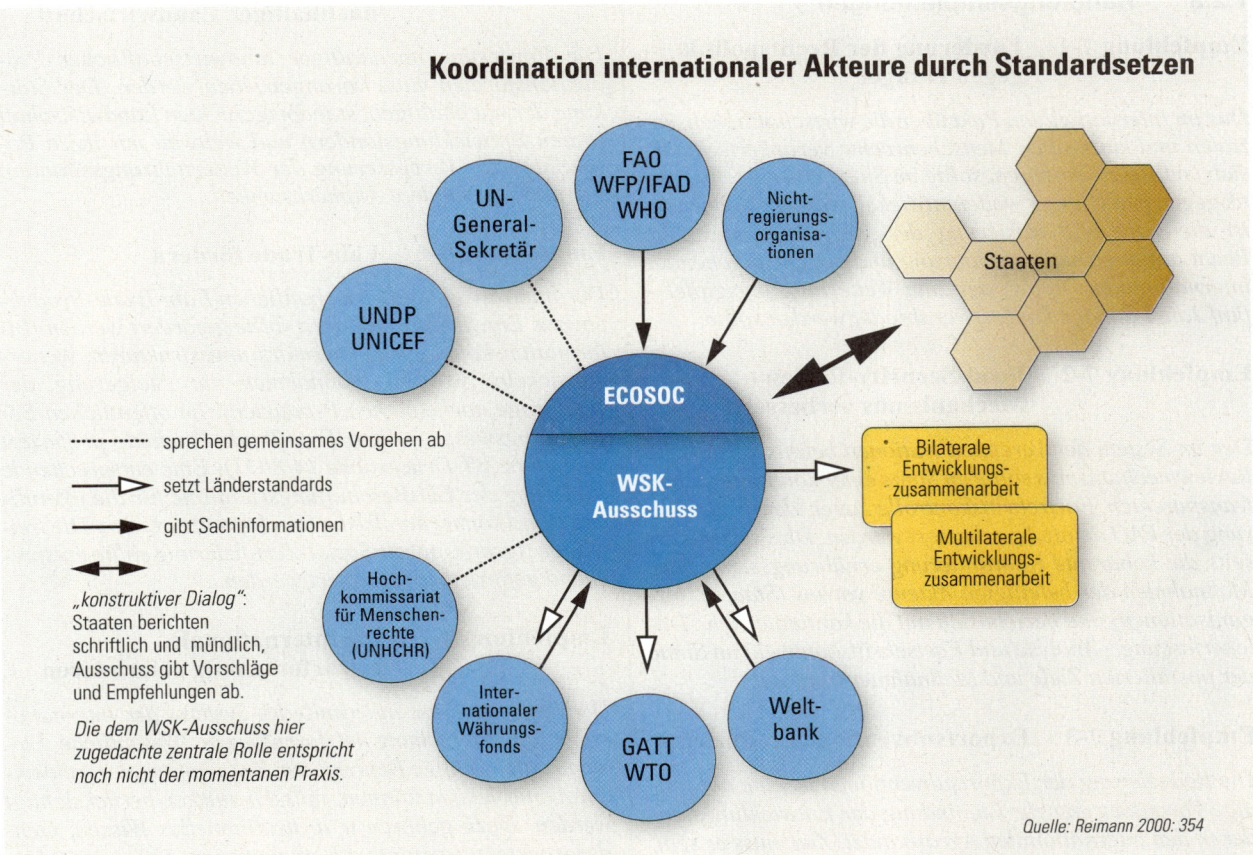

Quelle: Reimann 2000: 354

---

[19] Weitere internationale Konferenzen, auf denen Ernährungsfragen eine wichtige Rolle gespielt haben: Internationale Ernährungskonferenz 1992, Konferenz zur Reduzierung des weltweiten Hungers 1993, 2020 Vision für Nahrung, Landwirtschaft und die Umwelt 1995.

für die Ernährungssicherheit relevanten Aspekten der Armutsbekämpfung, der Auswirkungen des Handels mit Nahrungsmitteln auf die Ernährungssicherheit, sowie anderer in diesem Zusammenhang stehender Fragen" (§6 der Satzung des CFS).[20] Die Fortschritte bei der Erreichung der im Rahmen des Welternährungsgipfels 1996 formulierten Ziele zur Halbierung der Anzahl der Unterernährten bis zum Jahr 2015, die während des UN-Milleniumgipfels bekräftigt wurden, sind derzeit nicht ausreichend. Es sind erhebliche Anstrengungen nötig, um die angestrebten Ziele tatsächlich zu verwirklichen. Ein entsprechender Review-Mechanismus, wie er bereits im CFS festgelegt ist, sollte während des *Welternährungsgipfels – fünf Jahre danach* im Juni 2002 auf seine Funktion und Wirkung hin überprüft werden, gegebenenfalls müssten Beschlüsse gefasst werden, die die Effektivität des Monitoring-Systems steigern. Die FAO könnte in Zusammenarbeit mit den anderen Akteuren eine zentrale Rolle übernehmen (s. Abbildung 7-9). Es ist wichtig zu begreifen, dass „‚wir, die Völker', aus Individuen bestehen, deren Anspruch auf die grundlegenden Rechte viel zu oft den angeblichen Interessen eines Staates oder einer Nation geopfert wurde" (Annan 2001).

7.2.3 Handlungsempfehlungen

Empfehlung 7-1 Förderung der Rechtspolitik gegen Hunger

Das im Internationalen Pakt über die wirtschaftlichen, sozialen und kulturellen Menschenrechte verankerte Recht, sich (selbst) zu ernähren, sollte im Sinne einer Rechtspolitik gegen den Hunger weiterentwickelt werden. Notwendig ist die weitere Präzisierung des Verhaltenskodex zum Recht auf angemessene Nahrung und ein entsprechender internationaler Dialog, der zum Welternährungsgipfel – fünf Jahre danach konkret verabredet werden sollte.

Empfehlung 7-2 Food-Security-Review-Mechanismus verbessern

Der im System der Vereinten Nationen bereits verankerte Reviewmechanismus sollte im Sinne einer kontinuierlichen transparenten Fortschrittskontrolle unter der Federführung der FAO deutlich verbessert werden. Dies setzt einerseits die kohärente Koordinierung ernährungssichernder Maßnahmen der beteiligten Akteure voraus (Staaten, Organisationen) und bezieht sich auf die kontinuierliche Datenerfassung, -Analyse und Fortschrittskontrolle im Sinne der postulierten Ziele und Maßnahmenkataloge.

Empfehlung 7-3 Exportsubventionen reduzieren

Die Reduzierung der Exportsubventionen ist eine notwendige Voraussetzung zur Einbindung der Entwicklungsländer in den internationalen Agrarhandel. Ziel muss es sein, innerhalb eines überschaubaren Zeitraums Exportsubventionen abzuschaffen. Aus sozialen, ökologischen Gründen und aus Gründen der Ernährungssicherheit ist der Erhalt bzw. die Schaffung einer funktionierenden regionalen Produktion und Vermarktung wünschenswert. Der verbesserte Marktzugang darf deshalb nicht zu einer einseitigen Exportausrichtung von Entwicklungsländern im landwirtschaftlichen Bereich führen.

Empfehlung 7-4: Unterstützung demokratischer Agrar- und Bodenreformen

Die Enquete-Kommission fordert die Bundesregierung auf, demokratische Agrar- und Bodenreformen in Entwicklungsländern verstärkt zu unterstützen, indem sie im Politikdialog mit Regierungen der Partnerländer für derartige Reformen eintritt. Insbesondere sind im Rahmen der bilateralen Entwicklungszusammenarbeit die Förderung demokratischer Landverfassungsreformen, sozial verträglicher Landverteilung und die rechtliche Sicherung des Landzugangs oder -eigentums, insbesondere für Frauen, durch finanzielle Unterstützung und Beratungsmaßnahmen auszubauen. Ansatzpunkt hierfür sind die bei der Umsetzung des Aktionsprogramms 2015 der Bundesregierung geplanten Schritte.

Empfehlung 7-5 Stärkung des ökologischen Landbaus und Förderung von nachhaltiger Landwirtschaft

Die Förderung nachhaltiger landwirtschaftlicher Produktionsformen muss vorangetrieben werden. Der Stärkung der nachhaltigen, standortgerechten Landwirtschaft in den Entwicklungsländern und weltweit mit ihren Potenzialen zur Verbesserung der Welternährungssituation gilt dabei besondere Aufmerksamkeit.

Empfehlung 7-6 Fair-Trade fördern

Der Import von landwirtschaftlichen Fair-Trade-Produkten aus Entwicklungsländern sollte gefördert werden (Informationskampagnen, Vermarktungsstrukturen weiterentwickeln, weitere Maßnahmen zur Steigerung der Nachfrage nach solchen Produkten). Im öffentlichen Beschaffungswesen sollten Fair-Trade-Produkte präferiert werden (s. BT-Drucksache 14/8031). Eine entsprechende Änderung der EU-Beschaffungsrichtlinie für die öffentliche Hand könnte kurzfristig durchgesetzt werden. Die freiwillige Agrar-Umwelt/Sozial-Zertifizierung sollte entsprechend gefördert und forciert werden.

Empfehlung 7-7 Die internationale Agrarforschung reformieren

Der Reformprozess innerhalb des Systems der Internationalen Agrarforschung ist fortzusetzen. Wesentliche Elemente, die wichtige Beiträge zur Bekämpfung der weltweiten Armut leisten können, müssen stärker berücksichtigt werden. Dazu gehören u. a. traditionelles Wissen, Genderaspekte, partizipative Forschungsansätze, verstärkter Einsatz regenerativer Energien im Sinne angepasster Technologien, Weiterverarbeitung landwirtschaftlicher Produkte und der weitere Ausbau von Wissensmanagementsystemen. Saatgutbezogene Forschung und die schutzrechtliche Verankerung sollte nach den Kriterien der Konvention für biologische Vielfalt und der Konven-

---

[20] S. http://www.fao.org/legal/basictxt/h63f.htm 07.05.02.

tion über pflanzengenetische Ressourcen durchgeführt werden. Die Notwendigkeit einer effektiveren Nutzung der eingesetzten finanziellen Mittel allein wird nicht ausreichen, die internationale Agrarforschung wirtschaftlich auf solide Beine zu stellen. Mittelfristig sollte also auch im Bereich der Forschung der Tatsache Rechnung getragen werden, dass zur Erreichung der Ernährungssicherungsziele erhebliche Investitionen im Agrarbereich getätigt werden müssen.

Empfehlung 7-8   Development-Box in Erwägung ziehen

Die von Entwicklungsländern in Doha eingebrachten Vorschläge zur Einrichtung einer Development-Box im Rahmen des WTO-Regelwerkes und die von deutschen Nichtregierungsorganisationen vorgeschlagene Finanzierung entsprechender entwicklungsfördernder Maßnahmen mittels „Konversion von Agrarsubventionen" sollte einer wissenschaftlichen Prüfung hinsichtlich Machbarkeit und Auswirkungen unterzogen werden. Die Vorschläge wirken der potenziellen Benachteiligung der Entwicklungsländer bei den WTO-Agrarverhandlungen entgegen. Deshalb wäre es wünschenswert, wenn sie auf der Tagesordnung blieben.

7.3   Biologische Vielfalt[21]

7.3.1   Einleitung

Mit dem Verlust der biologischen Vielfalt geht heute einer der reichsten Naturschätze verloren.[22] Biodiversität umfasst die Vielfalt der Gene, Arten und Ökosysteme. Sie steht also „für die Vielfalt aller Lebensformen in all ihren Ausprägungen und Beziehungen untereinander" (WBGU 2000: 3). Während das drohende oder bereits vollzogene Aussterben einzelner Arten, insbesondere von Pandabären, Tigern oder Elefanten, größeren Teilen der Bevölkerung präsent ist, sind weder der Verlust der genetischen Vielfalt und der Diversität von Ökosystemen noch dessen Bedeutung einem breiteren Publikum bekannt – obwohl Fachleute von der „6. Auslöschung der Gen- und Artenvielfalt" (WBGU 2000: 3) sprechen.[23]

7.3.1.1   Das Aussterben der Arten

Im Laufe der Evolution sind etliche Arten ausgestorben, die von neuen Arten ersetzt worden sind. Dieses Gleichgewicht ist heute aus den Fugen geraten: Jede Stunde sterben ca. drei Arten aus, womit die Aussterberate ca. 50–100 mal höher als unter natürlichem Umständen ist (CBD Secretariat 2000: 5). Der Wissenschaftliche Beirat der Bundesregierung geht sogar davon aus, dass die vom Menschen verursachte Rate 1 000 bis 10 000 mal höher ist, als die natürliche Hintergrundrate (WBGU 2000: 37).

Diese Schätzungen sind allerdings mit Vorsicht zu genießen, da die Gesamtzahl der Arten nicht bekannt ist. Einige gehen davon aus, dass es global bis zu 100 Millionen Arten gibt, andere schätzen die Anzahl aller Arten auf 13 Millionen. Hiervon sind von der Wissenschaft bis heute erst ca. 1,75 Millionen Pflanzen- und Tierarten beschrieben (UNEP 1995). Kleinere Tiere, wie Insekten, stellen die größte Gruppe dar. Von diesen 1,75 Millionen Arten sind heute vorsichtigen Schätzungen zufolge weltweit rund 34 000 Pflanzenarten und 5 200 Tierarten vom Aussterben bedroht (CBD Secretariat 2000: 5). Auch in Deutschland ist ein großer Teil der ursprünglich hier heimischen Tiere und Pflanzen ausgestorben oder im Bestand gefährdet. Den „Roten Listen" zufolge drohen rund 40 Prozent aller Pflanzen- und die Hälfte aller Tierarten auszusterben (Bundesamt für Naturschutz 1997: 47f.).

7.3.1.2   Der Verlust der genetischen Vielfalt

Mindestens ebenso schwerwiegend in seinen Folgen wie das Aussterben von Arten ist der Verlust der genetischen Vielfalt sowohl bei wildlebenden Arten als auch bei Nutzarten. Unter genetischer Vielfalt versteht man unterschiedliche Merkmale, die innerhalb einer Art (und in den verschiedenen Arten) vorkommen. Merkmale sind z. B. Größe, Geschmack und Resistenz gegenüber Krankheiten. Eine Art kann eine große genetische Vielfalt aufweisen oder auch genetisch relativ konform sein. Arten, die eine größere genetischen Vielfalt aufweisen, sind anpassungsfähiger als genetisch konforme Arten.

Die genetische Vielfalt von Nutzpflanzen und Haustieren ist früher durch Züchtungen erhöht worden. Heute dagegen vermindert die Landwirtschaft die Vielfalt an genetischen Ressourcen grundsätzlich, da sie sich auf wenige, genetisch konforme Sorten stützt. Früher angebaute oder genutzte Sorten drohen dagegen auszusterben, wie z. B. rund 30 Prozent der früheren Haustierrassen (CBD Secretariat 2000: 5). Auch in Deutschland ist die Landwirtschaft nicht mehr ein originärer Förderer der genetischen (und Arten-) Vielfalt, sondern hat sich, insbesondere durch die intensive Flächennutzung, zu einem Verursacher von Gefährdung oder Rückgang der Vielfalt verwandelt (Bundesamt für Naturschutz 1997: 215). Alte Landsorten finden sich kaum noch auf den Äckern, sondern nur noch in den Genbanken (Blümlein 1995: 4).

7.3.1.3   Die Bedrohung der Ökosysteme

Ein weiterer Bestandteil der Biodiversität ist die Vielfalt der Ökosysteme, wie Wüsten, Wälder, Feuchtgebiete, Korallenriffe oder Mangroven. Hier leben Tiere, Pflanzen und Mikroorganismen miteinander, und zwar in einem gegenseitigen Abhängigkeitsverhältnis voneinander.

Ökosysteme werden durch vielfältige menschliche Eingriffe gestört bzw. in ihrem Bestand bedroht, wie etwa durch Ausbeutung von Ressourcen, Degradation und Zersiedelung. In Folge sind heute über die Hälfte der

---

[21] Dieses Kapitel basiert auf einem Gutachten von Brühl (2002).
[22] Zur Einführung in die Thematik ist der zwar schon ältere, aber nach wie vor aktuelle Sammelband des Biologen E. O. Wilson (1992) empfehlenswert.
[23] Die letzte Auslöschung ist 65 Millionen Jahre her und beinhaltete u.a. das Aussterben der Saurier (Kreide-Tertiär), zuvor gab es tiefgreifende Aussterbeereignisse am Ende des Ordoviziums, im Ober-Devon, Ende Perm und am Ende Trias (WBGU 2000: 28).

Mangroven zerstört; rund 45 Prozent des ursprünglich vorhandenen Waldes sind abgeholzt; 10 Prozent der Korallenriffe sind vernichtet und ein Drittel der noch bestehenden Riffe droht in der nächsten Dekade verloren zu gehen (CBD Secretariat 2000: 5). Kasten 7-3 geht auf den internationalen Waldschutz ein. Die Zerstörung von Ökosystemen findet auch in Deutschland statt. In den letzten 100 bis 150 Jahren sind rund zwei Drittel der Biotoptypen in Deutschland in ihrem Bestand gefährdet, 15 Prozent sind von völliger Vernichtung bedroht (BMU 1998: 30).

7.3.1.4 Ungleiche Verteilung der Biologischen Vielfalt

Die biologische Vielfalt ist nicht gleichmäßig auf dem Globus verteilt, sondern in Zentren konzentriert. In der freien Natur (wildgenetische Vielfalt) nimmt die Biodiversität generell von den Polen zu den Tropen hin zu (WBGU 2000: 40), da die hohe Temperatur bei großer Feuchtigkeit und das relativ stabile Klima zur Diversität beitragen (Wolters 1995: 18).[24] Somit liegen die Zentren meist in den Entwicklungsländern. Besonders reichhaltig ist die Vielfalt in zwölf „Megadiversity-Ländern", die die höchste Artenzahl von Wirbeltieren, Schmetterlingen und höheren Pflanzen beherbergen (s. Abbildung 7-10). Diese Länder sind Kolumbien, Ecuador, Peru, Brasilien, Republik Kongo (ehemals Zaire), Madagaskar, China, Indien, Malaysia, Indonesien, Australien und Mexiko (Rosendal 1999: 145). Viele der dort anzutreffenden Tier- und Pflanzenarten existieren ausschließlich in diesen Gebieten und werden daher als endemisch bezeichnet. Es gibt global 25 solcher als „Hot Spots" bezeichneten Gebiete, die

Kasten 7-3

Biologische Vielfalt und Wälder

Im Bereich der Landnutzungsänderungen gibt nach wie vor die Entwaldung und der damit verbundene Verlust von Ökosystemfunktionen und Biologischer Vielfalt Anlass zur Sorge. Für weite Teile der tropische Regenwälder sind die Prognosen düster, sie drohen in den nächsten 20 Jahren bis auf wenige „Inseln" völlig zu verschwinden. Zum Beispiel zeigt ein neuer Bericht aus dem Umkreis des World Resources Institute eine Beschleunigung der Rodung in Indonesien: Die Verlustraten haben sich vor allem durch illegalen Holzeinschlag in den letzten Jahren verdoppelt (FWI, GFW 2002). In Sulawesi ist der Tiefland-Primärwald bereits nahezu vollständig abgeholzt. Bei Fortbestehen dieser Trends wird in Sumatra bis 2005 und in Kalimantan bis 2010 kaum noch Tiefland-Urwald zu finden sein. Auch an den großen borealen Waldflächen, die in Industrie- und Schwellenländern liegen, wird unvermindert Raubbau getrieben.

Im Bereich des internationalen Wälderschutzes besteht nach wie vor eine Regelungslücke. Der UNCED-Gipfel in Rio de Janeiro 1992 hat lediglich eine unverbindliche Wäldererklärung verabschiedet. Seither bewegt sich die Diskussion in diversen UN-Foren (IPF, IFF, UNFF) schleppend und ohne nennenswerte Ergebnisse.

Seit 1992 wird diskutiert, ob die Regelungslücke durch eine eigene Wälderkonvention, ein Zusatzprotokoll zur Biodiversitätskonvention oder durch die Fortsetzung und Intensivierung der bestehenden Anstrengungen am besten geschlossen werden kann. Der WBGU ist 1995 zu dem Schluss gekommen, ein Wälderprotokoll im Rahmen der Biodiversitätskonvention zu empfehlen (WBGU 1996), u. a. weil der breite Ansatz der Konvention gleichermaßen die Erhaltung und die nachhaltige Bewirtschaftung von Ökosystemen umfasst. Außerdem hat die CBD bei anderen äußerst komplexen und kontroversen Themen wie Gentechnik bereits zielführend gearbeitet (Biosafety-Protokoll).

Bei der 6. Vertragsstaatenkonferenz der Biodiversitätskonvention war die „Biologische Vielfalt in Wäldern" ein wichtiges Schwerpunktthema. Es konnte erstmals ein umfangreiches und vor allem aktionsorientiertes Arbeitsprogramm verabschiedet werden, bei dem die ökologisch bedeutsamen und besonders gefährdeten Wälder besonders dringlich geschützt werden sollen. Außerdem wurde der Aufbau von Netzwerken von Waldschutzgebieten vereinbart. Dieses Aktionsprogramm ist ein wichtiger Schritt auf dem Weg zu einem verbindlichen Wälderschutz im Rahmen der Biodiversitätskonvention.

---

[24] Vermutlich trägt auch die kulturelle Vielfalt (d.h. indigene Völker) zur Biodiversität bei. Zumindest werden in acht der zwölf Megadiversity-Länder mehr als 100 Sprachen gesprochen (Wolters 1995: 21).

Biologische Vielfalt

nur 1,4 Prozent der Landfläche der Erde bedecken (Myers u. a. 2000).[25]

Ein für die Menschheit bedeutender Teil der biologischen Vielfalt sind die für Nahrungszwecke domestizierten Tier- und Pflanzenarten, die nur einen Bruchteil der gesamtem Biodiversität ausmachen: Circa 200 Pflanzenarten und 90 Tierarten werden für die Ernährung genutzt (Wolters 1995: 15ff.).[26] Durch Züchtungen haben die Menschen eine große genetische Diversität (viele Sorten) bei den Pflanzen und Haustieren erzielt. Die Ursprungsgebiete der meisten dieser Arten liegen in der subtropischen Zone und werden häufig als Vavilovsche Zentren[27] bezeichnet (s. Abbildung 7-10). Auch wenn heute davon ausgegangen wird, dass die Grenzziehung der Zentren nicht genau war (Flitner 1995: 199ff.), so ist doch auffällig, dass die Nutzpflanzen in den nördlichen Industrieländern fast ausschließlich aus diesen Zentren kommen. Beispielsweise stammen 98 Prozent der in den USA angebauten Getreidepflanzen ursprünglich aus anderen Regionen der Welt.

7.3.1.5 Ursachen des Verlusts der biologischen Vielfalt

Vielfältige Aktivitäten der Menschen haben negative Auswirkungen auf die biologische Vielfalt (Brühl 1995: 13ff.): Erstens folgt unsere Produktionsweise nur in den wenigsten

Abbildung 7-10

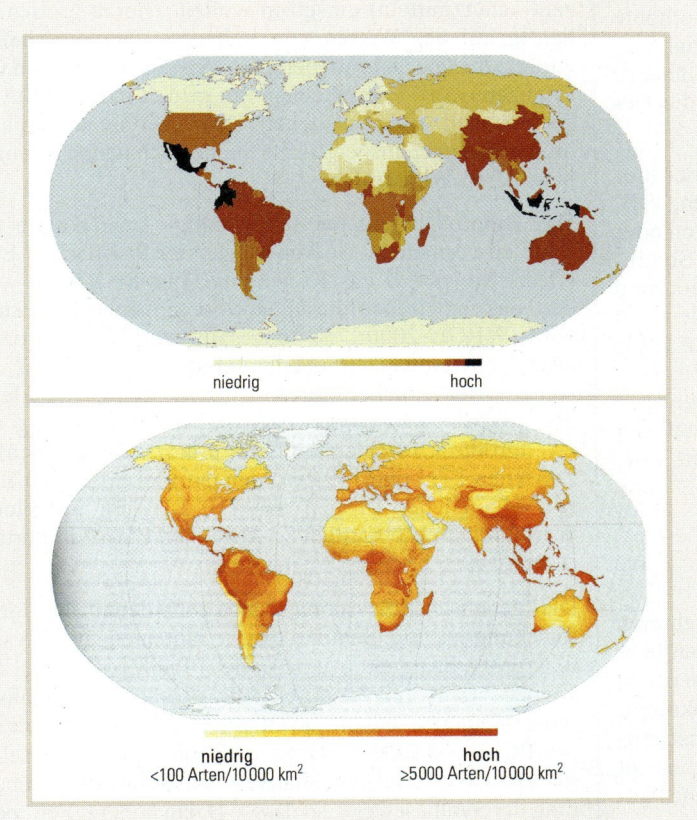

Verteilung der Biodiversität

Verteilung der Biodiversität nach Staaten

Verteilung der höheren Pflanzen

nach World Conservation Monitoring Centre 2000: 97, 103

---

[25] Ähnliches gilt für marine Ökosysteme: „The 10 richest centers of endemism cover 15,8 % of the world's coral reefs (0.012 % of the oceans) but include between 44,8 and 54,2 % of the restricted-range species" (Roberts u.a. 2002).

[26] 30 Tierarten wurden in den vergangenen 10 000 Jahren domestiziert. Dazu kommen 60 weitere Wildtierformen, die der Mensch zu wirtschaftlichen Zwecken systematisch in ihrem Bestand kontrolliert bzw. in Gefangenschaft hält (Wolters 1995: 16f.).

[27] Benannt nach dem russischen Botaniker Nikolai I. Vavilov, der 1926 seine These über die Ursprungszentren der Nutzpflanzen erstmals veröffentlichte (siehe Flitner 1995: 53).

Fällen dem Leitbild der Nachhaltigen Entwicklung. Durch industrielle Nutzung der Natur werden Luft und Wasser verschmutzt, in Folge sterben Lebewesen unter ökologischem Stress schneller (Barker und Tingey 1991). Große Staudämme oder Transportwege durch die Wälder führen zu einer Zerstückelung der Ökosysteme und zu einer Verminderung der biologischen Vielfalt (Myers 1988, McNeely 1992). Ferner haben die modernen landwirtschaftlichen Anbaumethoden weltweit alte Sorten und Rassen weitgehend vom Acker bzw. aus dem Stall verdrängt und die biologische Vielfalt vermindert. Zweitens trägt schließlich das Bevölkerungswachstum als unmittelbare Ursache zur Gefährdung der Biodiversität bei (Ehrlich 1992: 39, Brühl 1995: 16). Ökosysteme werden dadurch zerstört, verschlechtert (degradiert), verändert (Konversion) und zerstückelt und in Folge die biologische Vielfalt (insbesondere die Artenvielfalt) verringert (Henne 1998: 54). Drittens tragen mittel- und langfristig Treibhauseffekt und Ozonloch zum Verlust der biologischen Vielfalt bei. Durch die Klimaveränderungen verschieben sich Vegetationszonen und durch die erhöhte Einstrahlung von UV-Strahlen wird das Erbmaterial, insbesondere von Organismen im Salzwasser, verändert. Beides bewirkt vor allem ein Artensterben und die Degradation von Ökosystemen.

In Deutschland sind Hauptursache des Verlusts der biologischen Vielfalt vor allem Biotopzerstörungen, z. B. durch den Straßenbau, Küstenschutz, Abgrabungen oder zur Schaffung landwirtschaftlicher Nutzflächen. So gingen in den letzten 25 Jahren im alten Bundesgebiet rund 863 300 Hektar Land für Siedlungszwecke und den Bau von Straßen verloren (Bundesamt für Naturschutz 1997: 32ff.). Darüber hinaus führt die intensivierte Bearbeitung von Flächen (stärkere Entnahme von Erzeugnissen pro Flächeneinheit, Umstellung der Periodizität der Landnutzung usw.) zum Verlust der biologischen Vielfalt.

7.3.1.6 Die Bedeutung der biologischen Vielfalt

Dem Verlust der biologischen Vielfalt ist aus mehreren Gründen Einhalt zu gebieten: Das Übereinkommen über biologische Vielfalt nennt in seiner Präambel hierzu neben dem Eigenwert der Biodiversität deren Wert in ökologischer, genetischer, sozialer, wirtschaftlicher, wissenschaftlicher, erzieherischer, kultureller und ästhetischer Hinsicht sowie in ihrer Erholungsfunktion. Der wirtschaftliche Nutzen der Biodiversität ist besonders wichtig.

Erstens werden Bestandteile der biologischen Vielfalt direkt vermarktet, wie Nutzpflanzen und Nutztiere oder auch Naturprodukte wie Vanille, Kakao oder Kautschuk. Auch Medizinalpflanzen werden direkt entnommen und entweder die ganze Pflanze oder deren Extrakte als Heilmittel eingesetzt (Phytotherapeutika). Allein in Deutschland werden jährlich Phytotherapeutika im Wert von 2,5 Milliarden US-Dollar verkauft. Zukünftig wird dieser Wert vermutlich noch wachsen, da insgesamt Heilpflanzen zunehmend wieder geschätzt und genutzt werden.

7.3.1.7 Die Nutzung der genetischen Ressourcen

Zweitens wird die biologische Vielfalt als „genetische Ressource" zu Züchtungszwecken in der Agrar- und Pharmaindustrie eingesetzt. Hierzu werden vor allem Pflanzen und kleine Tiere gesammelt, ihre Bestandteile werden analysiert und für eine potenzielle industrielle Nutzung aufbereitet („Bioprospektierung", WBGU 2000: 69). Im Zeitalter der Globalisierung hat die Bedeutung der biologischen Vielfalt (vor allem genetischer Ressourcen) aufgrund der Entwicklung der Biotechnologie enorm zugenommen (Heins 2001: 149). Mittels ihrer modernen Methoden können gezielt Gene transplantiert werden, und zwar nicht nur zwischen Organismen einer Art, sondern auch zwischen Organismen unterschiedlicher Arten. Es sind vor allem transnationale Konzerne, die im Zeitalter der Globalisierung vermehrt in tropischen und subtropischen Ländern nach biologischen Wirkstoffen suchen, die sie in der Entwicklung von Medikamenten oder Pflanzen(-schutzmitteln) einsetzen wollen. Hierzu greifen sie häufig auf das Wissen von indigenen Gemeinschaften zurück, die über Jahrhunderte hinweg die Wirkweisen von Pflanzen oder Tieren kennen, um gezielt nach erfolgversprechenden Arten zu suchen. Oder aber sie starten eine breit angelegte, unspezifische Suche nach neuen Pflanzen bzw. deren Wirkstoffen.

Das Bioprospekting hat schon einige spektakuläre Erfolge zu vermelden. So konnte aus der Pazifischen Eibe *(Taxus brevifolia)* das Krebsmittel Taxol® isoliert werden, das inzwischen durch Mikroorganismen hergestellt wird (WBGU 2000: 75). Insgesamt sind ca. 30 Prozent aller weltweit verschriebenen Medikamente direkt auf Naturstoffe zurückzuführen (WBGU 2000: 75, Heins 2001: 326). Deutschland ist dabei nach Hongkong der zweitgrößte Umschlagplatz für pflanzliche Wirkstoffe. Zwischen 1991 und 1994 wurden jährlich ca. 40 000 Tonnen pflanzlicher Drogen aus 110 Ländern mit einem Wert von durchschnittlich 82 Millionen Euro[28] importiert (Lerch 1999: 178).

Die „genetischen Ressourcen" sind außerdem in der Agrarforschung wichtig. Seit den 1960er Jahren engagieren sich u. a. große Saatgutkonzerne in der Pflanzenzüchtung. Sie können heute zumeist durch Anwendung biotechnologischer Methoden sowohl quantitative (höhere Ernteerträge pro Pflanze, höhere Toleranz gegenüber Dürre, versalzte Böden usw.) als auch qualitative Veränderungen (Veränderung der Synthesewege, so dass z. B. ein höherer Fett- oder Proteingehalt bei Früchten erzielt wird) erzielen.

7.3.1.8 Der Wert der biologischen Vielfalt im Wandel der Zeit

Die (potentielle) ökonomische Bedeutung der biologischen Vielfalt wurde schon sehr früh erkannt, und ist heute im Zeitalter der Globalisierung ein bedeutender Wirtschaftsfaktor. Als Indikator für die zunehmende Re-

---

[28] 160 Millionen DM.

levanz dieses Sektors kann man die verstärkten Aktivitäten der transnationalen Unternehmern heranziehen. Heute ist zudem allgemein anerkannt, dass die biologische Vielfalt durch ihre vielfältigen ökologischen Funktionen auch indirekt das Überleben der Menschheit sichert, in dem sie beispielsweise zum Klimaschutz beiträgt. In Wäldern, Meeren und Mooren speichern Pflanzen Kohlendioxid. Zudem hat die Vegetation eine wichtige Funktion in der Selbstreinigung von Wasser inne, trägt also zum sauberen Trinkwasser bei.

7.3.2 Das Übereinkommen über biologische Vielfalt (CBD)

7.3.2.1 Der Weg zum Übereinkommen über biologische Vielfalt

Die ersten Konflikte über Erhaltung und Nutzung der Biodiversität traten schon in den 1960er Jahren auf. Zugespitzt möchten die Industrieländer (bzw. privatwirtschaftliche Akteure in denselben) Zugang zur biologischen Vielfalt haben, um die eigene (biotechnologische) Forschung und Produktion voranzubringen. Die Entwicklungsländer sind zwar Eigentümer der biologischen Ressourcen, können sie jedoch nicht adäquat nutzen, da ihnen hierfür die Technologien fehlen. Zudem wurde in den 1970er und 1980er Jahren offensichtlich, dass die biologische Vielfalt trotz Naturschutzbemühungen abnahm. Diese beiden Entwicklungen führten im Endeffekt zur Entstehung der Biodiversitätskonvention.

Konflikte um pflanzengenetische Ressourcen in der FAO

Die ersten Konflikte über biologische Vielfalt entstanden im Versuch der weltweiten Modernisierung der Landwirtschaft. Transnationale Konzerne und internationale Agrarforschungsinstitute betreiben diese Agrarmodernisierung, um Ertragssteigerungen zu erzielen. Durch die vermehrte Aufbewahrung der genetischen Vielfalt in Genbanken der Industrieländer sowie die Verschärfung der Schutzrechte für neu gezüchtete Pflanzensorten flossen Gewinne aus der Nutzung der biologischen Vielfalt verstärkt in den Norden. Die Entwicklungsländer kritisierten diese Situation vor allem im Rahmen der FAO. Diese verabschiedete 1983 das International Undertaking on Plant Genetic Resources. Demnach stellen pflanzengenetische Ressourcen ein Erbe der Menschheit dar und sind daher uneingeschränkt zugänglich zu machen. Dieses Abkommen wurde im November 2001 durch ein neues Abkommen zu pflanzengenetischen Ressourcen (International Treaty on Plant Genetic Resources for Food and Agriculture, ITPGRFA) abgelöst.

Natur- und Artenschutz als zweite Säule der Biodiversitätspolitik

Während in der FAO Fragen des Zugangs und der Verteilung genetischer Ressourcen im Mittelpunkt standen, wurde der Schutz einzelner Tiere oder Pflanzen bzw. Ökosysteme in anderen Gremien verhandelt und institutionalisiert. Der wichtigste internationale Vertrag zum Schutz einzelner Arten wurde 1973 unterzeichnet: Das Washingtoner Abkommen (Convention on International Trade in Endangered Species of Wild Fauna and Flora, CITES). Durch Handelsbeschränkungen sollen vom Aussterben bedrohte Arten geschützt werden. Die speziellen Anforderungen beim Schutz wandernder Tierarten werden in der Bonner Konvention (Convention on Migrating Species, CMS) berücksichtigt. Ebenfalls stehen bestimmte Ökosysteme unter Schutz: Die Ramsar-Konvention zum Schutz von Feuchtgebieten, die Welterbekonvention und das MAB-Programm der UNESCO sind wichtige Bausteine. Schließlich gibt es noch eine Reihe von regionalen Abkommen zum Schutz der Biodiversität, wie z. B. die Berner Konvention (Übereinkommen über die Erhaltung der europäischen wildlebenden Pflanzen und Tiere und ihre natürlichen Lebensräume), die 1979 unterzeichnet wurde, oder die Alpenkonvention.

Die Verhandlungen zur Biodiversitätskonvention

Da in den 1980ern deutlich wurde, dass die bestehenden Naturschutzkonventionen nicht ausreichten, um die biologische Vielfalt zu schützen, und zudem Verteilungsfragen ungeklärt waren, begannen weitere Bemühungen zum Schutz der biologischen Vielfalt. Ergebnisse dieser Bemühungen waren die 1982 verabschiedete World Charter for Nature sowie der 1987 veröffentlichte Bericht der Weltkommission für Umwelt und Entwicklung (Brundtland-Report, Hauff 1987). 1988 wurde in Genf eine UN-Arbeitsgruppe zur Biodiversität eingesetzt (Chasek 2001: 117ff.). Die Verhandlungen waren von einer Polarisierung zwischen Industrie- und Entwicklungsländern geprägt. Dies umfasste vor allem drei Aspekte:

– Beurteilung der biologischen Vielfalt: Umkämpft war die Frage, ob die Biodiversität ein gemeinsames Erbe der Menschheit darstellt oder ob es sich hierbei um Ressourcen handelt, über die Staaten souverän entscheiden können.

– Finanzierungsmechanismen: Sowohl die Höhe eines einzurichtenden Fonds, aus dem die Entwicklungsländer neue Maßnahmen zum Schutz der biologischen Vielfalt bezahlt bekommen sollten, als auch die institutionelle Anbindung dieses Fonds waren umstritten.

– Zugang zur und Erwerb der Biodiversität: Sowohl Fragen des freien Zugangs zu den Zentren der Biodiversität als auch das Problem der Patentierung von Pflanzen und Tieren und somit Fragen der Verteilung der Gewinne, die sich aus der Nutzung ergeben können, wurden kritisch diskutiert.

Hiermit begannen die offiziellen zwischenstaatlichen Verhandlungen zur CBD, die bis zum 22. Mai 1992 andauerten.

7.3.2.2 Ziele und Institutionen des Übereinkommens über biologische Vielfalt

Das Übereinkommen über biologische Vielfalt (Convention of Biological Diversity, CBD) wurde 1992 auf der UN-Konferenz über Umwelt und Entwicklung (UNCED) in Rio von 157 Staaten unterzeichnet und trat am

28. Dezember 1993 in Kraft. Deutschland und die Europäische Union haben die CBD am 21. Dezember 1993 ratifiziert.[29] Die CBD verfolgt vor allem drei Ziele: (1) Die biologische Vielfalt soll erhalten werden, (2) ihre Bestandteile sollen nachhaltig genutzt werden und (3) die sich aus der Nutzung genetischer Ressourcen ergebenden Gewinne sollen ausgewogen und gerecht geteilt werden. Hierzu sind drei Prinzipien handlungsleitend: Der angemessene Zugang zu den genetischen Ressourcen, die angemessene Weitergabe der einschlägigen Technologien und die angemessene Finanzierung (Art. 1 CBD).

Wie diese Ziele in konkrete Handlungen umzusetzen sind, schreiben Artikel 6 bis Artikel 20 der CBD vor, in denen die komplexen Verpflichtungen der CBD deutlich werden. Demnach sind nationale Strategien, Pläne und Programme zum Erhalt und zur nachhaltigen Nutzung der Biodiversität zu entwickeln (Art. 6). Die Bestandteile der biologischen Vielfalt sind zu bestimmen (Art. 7 CBD) und zu schützen, und zwar sowohl an den Orten ihres natürlichen Vorkommens (in-situ), als auch außerhalb ihrer natürlichen Lebensräume, beispielsweise in Botanischen Gärten oder Genbanken (ex-situ) (Art. 8 und 9 CBD). Soziale und politische Anreize zum Erhalt der Biodiversität sollen entwickelt werden (Art. 11 CBD), und das gesellschaftliche Bewusstsein über die biologische Vielfalt ist zu fördern (Art. 13). Eine besondere Rolle kommt hierbei den indigenen Gemeinschaften zu, die durch ihre traditionelle Lebensform die biologische Vielfalt erhalten und nachhaltig nutzen (Art. 8(j) CBD). Mehrkosten, die den Entwicklungsländern durch Verpflichtungen der CBD entstehen, werden durch die Industrieländer getragen, wozu Letztere neue und zusätzliche finanzielle Mittel bereitstellen. Ferner fördern die Industrieländer die Forschung und Ausbildung in den Entwicklungsländern (Art. 12 CBD) und ermöglichen den Zugang und die Weitergabe von Technologie, inklusive Biotechnologie (Art. 16 CBD). Im Gegenzug ermöglichen die Entwicklungsländer den Zugang zu den biologischen Ressourcen (Art. 15 CBD). Um den Erfahrungsaustausch zu verbessern, wird ein Clearing House Mechanismus eingesetzt (Art. 18.3 CBD).

Um diese Ziele zu erreichen, hat die CBD verschiedene Institutionen eingesetzt, die in Artikel 21-42 aufgeführt sind (s. Abbildung 7-11). Wichtigstes Gremium ist die Konferenz der Vertragsparteien (Conference of the Parties, COP), die laufend die Umsetzung der CBD überprüft und gegebenenfalls Änderungen oder neue Protokolle beschließen kann (Art. 23 CBD). An den Vertragsstaatenkonferenzen (Conference of the Parteis – COP) können neben allen Vertragsstaaten auch Organisationen der Vereinten Nationen und Nicht-Vertragsstaaten sowie Nichtregierungsorganisationen als Beobachter teilnehmen. Die Vertragsstaatenkonferenzen bereitet das Sekretariat vor, das in Montreal, Kanada angesiedelt ist (Decision II/12). Es koordiniert außerdem die Zusammenarbeit mit anderen internationalen Organisationen (s. Art. 24 CBD). Das Nebenorgan für wissenschaftliche, technische und technologische Beratung (SBSTTA) ist für die inhaltliche Vorbereitung der COPs mit verantwortlich, da hier einzelne Fragen vordiskutiert sowie Berichte verabschiedet werden, die dann den Vertragsparteien vorgelegt werden (Art. 25 CBD).

Des Weiteren werden Arbeitsgruppen zu spezifischen Problemen eingesetzt. Die Wichtigsten sind bzw. waren eine Arbeitsgruppe zu biologischer Sicherheit, ein Experten-Panel sowie eine Arbeitsgruppe zu Zugang zu genetischen Ressourcen und gerechter Vorteilsaufteilung, eine Arbeitsgruppe zu Artikel 8(j)[30] und damit zusammenhängenden Fragen sowie das zwischenstaatliche Komitee für das Cartagena-Protokoll.

Die CBD betritt in mehrfacher Hinsicht Neuland: Erstmals wird die biologische Vielfalt in ihrer Gesamtheit als schützenswert angesehen. Die Erhaltung gilt als gemeinsames Anliegen der Menschheit. Die gerechte Aufteilung der sich aus der Nutzung ergebenden Vorteile, also auch der ökonomischen Gewinne, ist ebenfalls das erste Mal im Völkerrecht festgeschrieben. Mit dieser Zielsetzung geht die CBD weit über bisherige Bemühungen des (klassischen) Naturschutzes hinaus.

7.3.2.3 Die Weiterentwicklung des Übereinkommens über biologische Vielfalt[31]

Die CBD ist ein sehr komplexes internationales Übereinkommen, das an einigen Stellen noch vage formuliert ist. So schreibt die CBD nicht konkret vor, wie die drei Ziele (Schutz, nachhaltige Nutzung und Vorteilsausgleich) genau zu erreichen sind, sondern legt die handlungsleitenden Prinzipien fest. Die Konvention ist daher eher als ein Startpunkt eines internationalen Prozesses der Biopolitik denn als ein abgeschlossenes völkerrechtliches Übereinkommen zu verstehen. Der Prozess der Konkretisierung wird einige Dekaden in Anspruch nehmen, in denen die Zielvorstellungen, Leitbilder, Kriterien und Indikatoren der Biodiversität genauer definiert werden (Gettkant u. a. 1997: 89).

Auf der 6. Vertragsstaatenkonferenz in Den Haag wurde ein Strategischer Plan verabschiedet, der den Anspruch der CBD bekräftigt, beim Thema biologische Vielfalt eine Führungsrolle zu spielen.[32] Damit verpflichten sich die Vertragsparteien, bis 2010 eine signifikante Verminderung des Verlustes biologischer Vielfalt zu erreichen. Es wurden

---

[29] Die USA ist noch keine Vertragspartei. Zwar initiierte sie mit die Verhandlungen, strebte aber nur eine Naturschutzkonvention an und lehnte daher den umfassenden Ansatz der CBD ab, weil sie Einbußen für die eigene Wirtschaft befürchtete (Brühl 2000: 378ff.).

[30] Artikel 8(j) fordert von den Mitgliedsstaaten den Schutz des traditionellen Wissens und der traditionellen Lebensweisen lokaler und indigener Gemeinschaften, und deren Bedeutung für den Erhalt der biologischen Diversität anzuerkennen.

[31] Die Zusammenstellung der Weiterentwicklung stützt sich fast ausschließlich auf Primärquellen wie die jeweiligen Dokumente der Vertragsstaatenkonferenzen oder untergeordneter Gremien, sowie auf verschiedene Ausgaben des Earth Negotiation Bulletin (ENB). Diese vom International Institute for Sustainable Development (IISD) herausgegebenen Informationsblätter fassen die wichtigsten Argumente der Verhandlungen zusammen; siehe ENB Vol. 9 (http://www.iisd.ca/biodiv 10.03.02).

[32] Siehe http://www.biodiv.org/decisions.

Abbildung 7-11

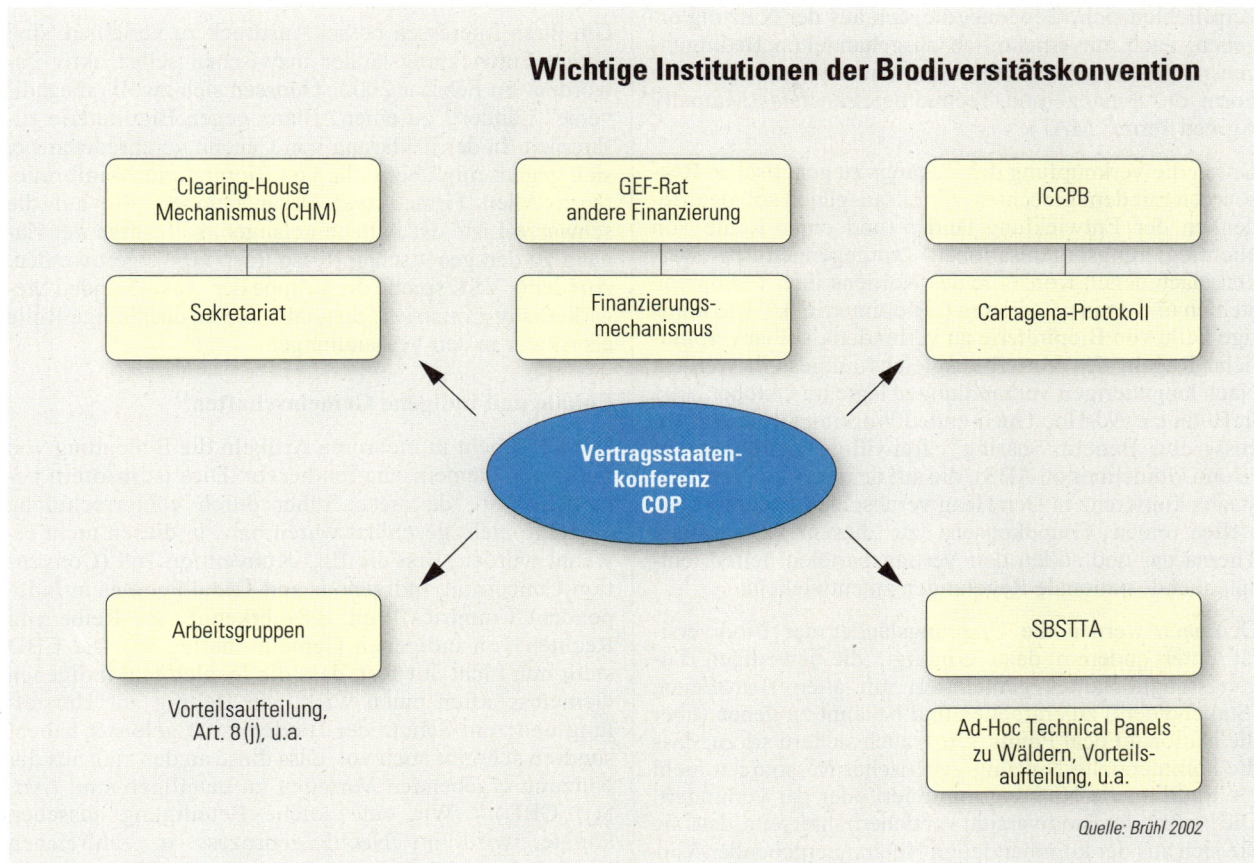

vier zentrale strategische Ziele formuliert, die mit Unterzielen präzisiert wurden und bis 2010 erreicht sein sollen.

Wichtige Entscheidungen konnten im CBD-Prozess in folgenden Bereichen erzielt werden:

Finanzierung

Zur Finanzierung der nachhaltigen Nutzung und zum Schutz der Biodiversität ist zwischen dem regulären Finanzierungsmechanismus und zusätzlichen finanziellen Ressourcen zu unterscheiden. Den regulären Finanzierungsmechanismus stellt seit der zweiten Vertragsstaatenkonferenz die Globale Umweltfazilität (Global Environment Facility, GEF) dar. Zuvor war die GEF schon als Interimsmechanismus eingesetzt.[33] Zusätzlich zu dem regulären Mechanismus sieht die CBD vor, dass den Entwicklungsländern durch bilaterale, regionale oder andere multilaterale Kanäle zusätzliche Finanzmittel zur Verfügung gestellt werden können (vgl. Kapitel 2.4.6.1). Da unklar war, wer wie viele zusätzliche Mittel zum Schutz und Erhalt der biologischen Vielfalt zur Verfügung stellt, forderte die fünfte COP ein besseres Berichtswesen über Finanzmittel.[34]

Zugang zu genetischen Ressourcen und Vorteilsausgleich (Access and Benefit Sharing, ABS)

Ein zentrales Ziel der CBD ist es, den Zugang zu genetischen Ressourcen mit dem gerechten Aufteilen der sich aus der Nutzung ergebenden Gewinne (Vorteilsausgleich) zu verknüpfen. Die Herkunftsländer haben souveräne Rechte über ihre biologische Vielfalt und können über den Zugang zur Biodiversität entscheiden[35], bzw. müssen dem

---

[33] Dieser Einigung ging eine kontroverse Diskussion zwischen Industrie- und Entwicklungsländern voraus. Während die Industrieländer betonten, dass durch die Nutzung von GEF als einer bestehenden Institution Geld gespart werden könnte, verurteilten die Entwicklungsländer GEF als eine undemokratische Institution, in der sie keine direkte Mitsprache hatten. Als mit der GEF-Reform 1994 Entscheidungen über die Mittelvergabe nicht mehr durch die Weltbank (in der die Industrieländer die Stimmmehrheit haben), sondern durch den neu eingesetzten GEF-Rat gefällt wurden (in dem 16 Entwicklungs- und 14 Industrieländer sitzen sowie zwei Sitze für die osteuropäischen Staaten reserviert sind), stimmten auch die Entwicklungsländer zu, GEF als Mechanismus einzusetzen (Heins und Brühl 1995: 122ff.).

[34] S. Decision V/11.

[35] S. Artikel 15(1) CBD.

Zugang zu genetischen Ressourcen vorher zustimmen (Prior Informed Consent, PIC).[36] Die Empfängerstaaten verpflichten sich, Gewinne, die sich aus der Nutzung ergeben, nach einvernehmlich ausgehandelten Bedingungen möglichst gerecht zu teilen, und zwar vor allem in Form des Finanz- und Technologietransfers (Mutually Agreed Terms, MAT).[37]

Durch die Verknüpfung des Zugangs zu genetischen Ressourcen mit dem gerechten Vorteilsausgleich soll den Bedenken der Entwicklungsländer (und einer Reihe von Nichtregierungsorganisationen) entgegengetreten werden, nach denen Konzerne des Nordens ihre Ressourcen stehlen und dann patentieren („Biopiraterie").[38] Um künftige Fälle von Biopiraterie zu verhindern, sollen verbindliche Regeln des Vorteilsausgleichs aufgestellt werden. Nach langwierigen Verhandlungen legte im Oktober 2001 in Bonn die Ad-Hoc Open-ended Working Group on Access- and Benefit Sharing[39] freiwillige Leitlinien vor (Bonn Guidelines on ABS), die auf der sechsten Vertragsstaatenkonferenz in Den Haag verabschiedet wurden. Sie stellen einen Grundkonsens zu diesem schwierigen Thema dar und sollen den Vertragsparteien helfen, entsprechende nationale Regelungen zu entwickeln.

Demnach werden die Ursprungsländer der Biodiversität unter anderem dazu ermutigt, die jeweiligen Zugangsmöglichkeiten gemeinsam mit allen Betroffenen (Stakeholders) zu erarbeiten und bekannt zu geben (über die National Focal Points, s. u.); auch sichern sie zu, dass die kommerzielle Nutzung genetischer Ressourcen nicht die traditionelle Nutzung minimiert oder gar verhindert. Die Nutzer der Biodiversität versichern ihrerseits, dass sie die sich aus der kommerziellen Nutzung ergebenden Vorteile mit all jenen fair und gerecht teilen, die zur Erhaltung, dem wissenschaftlichen oder kommerziellen Prozess beigetragen haben, und zwar auch, wenn die biologischen Ressourcen an Dritte weitergegeben wurden. Der Vorteilsausgleich kann sowohl monetär als auch nicht-monetär sein (Zusammenarbeit in der Biotechnologie, Weiterbildung, Capacity-Building). Die Empfängerländer sichern u. a. zu, dass sie die Bräuche, Traditionen und Werte von indigenen Gemeinschaften respektieren. Sie verpflichten sich außerdem anzugeben, welche Pflanzen und Tiere sie an welchem Ort suchen und in welchem Zeitrahmen die Suche abgeschlossen sein wird.[40]

Die vorgeschlagenen Richtlinien sollen auf freiwilliger Basis umgesetzt werden und keinesfalls nationale Gesetzgebungen zu Zugang zu genetischen Ressourcen und Vorteilsausgleich ersetzen. Da sie rechtlich unverbindlich sind, kann nicht-regelkonformes Verhalten nicht geahndet werden. Um den Regelungen zu Zutritt und Vorteilsausgleich mehr Verbindlichkeit und Gewicht zuzuweisen, hatten die Entwicklungsländer ursprünglich gefordert, dass die Vereinbarungen in Form eines Protokolls verabschiedet werden.

Um ihren Interessen besser Ausdruck zu verleihen, sind einige Entwicklungsländer inzwischen selbst aktiv geworden. Im Februar 2002 schlossen sich zwölf „megadiverse" Länder[41] zu einer Allianz gegen Biopiraterie zusammen. In der Erklärung von Cancún verabredeten sie, sich gegenseitig über Fälle von Biopiraterie zu informieren.[42] Allen Firmen und Organisationen, die auf die schwarze Liste der Allianz gelangen, soll fortan der Zugang zu den genetischen Ressourcen verweigert werden. Auf der 6. VSK spielte die Gruppe der „Like-Minded Megadiversity Countries" erstmals eine eigenständige Rolle als Akteur in den Verhandlungen.

Lokale und indigene Gemeinschaften[43]

Die CBD hebt in mehreren Artikeln die Bedeutung von indigenen Gemeinschaften hervor. Dies ist insofern bemerkenswert, da diese früher durch völkerrechtliche Verträge nicht geschützt waren bzw. in diesen nicht erwähnt wurden. Erst die ILO-Konvention 169 (Convention Concerning Indigenous and Tribal Peoples in Independent Countries) von 1989 erkennt eine Reihe von Rechten von indigenen Gemeinschaften an. Die CBD stellt nun nicht nur fest, dass die lokalen und indigenen Gemeinschaften einen wichtigen Beitrag zur Herstellung und zum Schutz der Biodiversität geleistet haben, sondern schreibt auch vor, dass diese an den sich aus der Nutzung ergebenden Vorteilen zu beteiligen sind (Art. 8(j) CBD).[44] Wie eine solche Beteiligung aussehen könnte, wird im Nachfolgeprozess in zahlreichen Workshops und Arbeitsgruppen kontrovers diskutiert. In den Diskussionen sind Landrechte (Eigentums-, Besitz- und Nutzungsrechte), Hoheitsrechte (traditionelle Gerichtsbarkeit, Verwaltungsstrukturen) und geistige Eigentumsrechte angesprochen worden (Dömpke u. a. 1996: 16). Differenzen traten insbesondere darüber auf, wie ein angemessener Vorteilsausgleich ausgestaltet sein könnte und ob der Schutz traditionellen Wissens ein kulturelles Recht oder ein ökonomisches Recht darstellt. Die Delegierten einigten sich u. a. darauf, dass Partizipationsmöglichkeiten für indigene Gemeinschaften auf allen Ebenen einzuführen sind. Ziel des Prozesses, der im Februar 2002 in Montreal fortgesetzt wurde, könnte entweder die Verabschiedung von Richtlinien bzw. Empfehlungen oder auch ein Protokoll sein, welches Fragen des Schutzes der lokalen und indigenen Gemeinschaften sowie deren Wissen regelt.

---

[36] S. Artikel 15(3) CBD.

[37] S. Artikel 16, 17, 18 und 19 CBD.

[38] Zwei häufig genannte Beispiele für Biopiraterie sind Produkte vom Neem-Baum und Basmati-Reis.

[39] S. Decision V/26.

[40] S. UNEP/CBD/COP/6/6.

[41] Brasilien, China, Kolumbien, Costa Rica, Ecuador, Indien, Indonesien, Kenia, Mexiko, Peru, Südafrika und Venezuela.

[42] Siehe http://www.semarnat.gob.mx/internacionales/reunion/doc/CANCUN-DECLARATION.doc.

[43] Der Wortlaut der deutschen Übersetzung in der CBD von „Indigenous and Tribal Peoples" ist „eingeborene und ortsansässige Gemeinschaften". Da er von den Betroffenen als diskriminierend empfunden wird, wird hier der Begriff „lokale und indigene Gemeinschaften" verwendet.

[44] Siehe auch 10(c), 17(2), 18(4) und 19 sowie die Präambel der CBD.

Biologische Vielfalt

Hintergrund der schwierigen Debatte ist die Frage von Patentierbarkeit von Organismen und somit das Verhältnis vom Schutz geistigen Eigentums (im Sinne des TRIPS Abkommens der WTO) und dem traditionellen, indigenen Wissen.[45] Das TRIPS-Abkommen sieht in Art. 27 ff. vor, dass die WTO-Mitgliedsstaaten alle Erfindungen – auch Pflanzen, Tiere und Mikroorganismen – patentieren können. Wenn sie dies nicht wünschen, müssen sie zumindest ein anderes Schutzsystem (wie ein *sui generis* System) einführen. Dies wird von Indigenen und anderen kritisiert, da westliche Modelle von Patenten indigenes Wissen nicht schützen, sondern im Gegenteil sogar zu dessen Erosion beitragen. Die 6. VSK einigte sich auf die Fortführung des Diskussionsprozesses in einer Arbeitsgruppe, die u. a. auch zum Sui-generis-Ansatz Empfehlungen erarbeiten soll.

Weitere Entscheidungen der CBD-Vertragsstaaten

Bei den Konferenzen der Vertragsstaaten sind eine Vielzahl wichtiger Entscheidungen gefallen.

- Der ökosystemare Ansatz bezeichnet den Anspruch der CBD, ganzheitlich und umfassend zu handeln. Er dient als Rahmen für die Analyse und Implementationen der CBD und ist das fundamentale Paradigma für alle CBD-Aktivitäten.

- Bei den Vertragsstaatenkonferenzen wurden für verschiedene Ökosystemtypen Arbeitsprogramme beschlossen, wie z. B. Binnengewässer, Trockengebiete oder Wälder. Alle Arbeitsprogramme fordern eine Bestandsaufnahme über den Zustand der biologischen Vielfalt und über Auswirkungen, die menschliches Handeln auf die Biodiversität hat. Einige der Arbeitsprogramme verpflichten zu konkreten Maßnahmen wie nationalen Aktionsplänen.

- Es sollen Indikatoren der biologischen Vielfalt festgelegt werden, um zu überprüfen, ob ergriffene Maßnahmen zum Schutz der biologischen Vielfalt effektiv sind.

- Auf der 6. VSK wurden Leitprinzipien zum Umgang mit invasiven gebietsfremden Arten („Invasive Alien Species") verabschiedet.

- Um Erfolge und Misserfolge bei der Umsetzung der Biodiversitätskonvention sichtbar zu machen, sind alle Staaten verpflichtet, über ergriffene Maßnahmen zu berichten. Um die Auswertung zu vereinfachen hat SBSTTA vorgeschlagen, den Bericht in Form eines Fragebogens vorlegen zu lassen. Zusätzlich sollen thematische Berichte erstellt werden.

- Der Clearinghouse Mechanismus wurde entwickelt, um die technische und wissenschaftliche Kooperation zu verbessern. Mit Hilfe von nationalen Informationszentren (National Focal Points) soll ein globaler Mechanismus zum Informationsaustausch über die Biodiversität aufgebaut werden.

- Durch Einrichtung von Schutzgebieten soll die Biodiversität vor Ort bewahrt werden. Dieses Thema wird auf der nächsten Vertragsstaatenkonferenz einen Schwerpunkt bilden.

Das Cartagena-Protokoll über biologische Sicherheit

Die CBD hat am 29. Januar 2000 ein erstes Protokoll verabschiedet, das *Cartagena-Protokoll über biologische Sicherheit*. Es setzt international verbindliche Sicherheitsstandards für den grenzüberschreitenden Handel mit gentechnisch veränderten Organismen. Das Verhalten der Vertragsparteien soll durch den Vorsorgegrundsatz geprägt sein, wozu auch Mechanismen der Risikoabschätzung und des Risikomanagements benannt werden. Der Import eines gentechnisch veränderten Organismus unterliegt einem Genehmigungsverfahren, welches verbindlich eine Information des Importlandes durch den Exporteur und eine anschließende Risikoanalyse vorsieht. Zudem sollen der Informationsaustausch und das Capacity Building verbessert werden, wozu das „Biosafety Clearing House" (BCM) eingesetzt wurde. Noch ungeklärt ist allerdings die Frage nach den Sanktionsmechanismen.

Das Cartagena-Protokoll tritt in Kraft, nachdem es von 50 Staaten ratifiziert worden ist. Von 103 Unterzeichnerstaaten sind aber erst 17 den Schritt zur Ratifizierung gegangen (Stand: Mai 2002). Deutschland hat das Cartagena-Protokoll zwar unterzeichnet, aber noch nicht ratifiziert. Das erste Treffen der Parteien des Cartagena-Protokolls sollte bei der sechsten Vertragsstaatenkonferenz abgehalten werden, was in Anbetracht der geringen Anzahl hinterlegter Ratifizierungsurkunden nicht möglich war. Stattdessen wurde eine weitere Sitzung des ICCP (Intergovernmental Committee Cartagena Protocol on Biosafety) abgehalten, die allerdings nur wenig Fortschritte brachte. Es besteht die Hoffnung, dass viele Staaten den Weltgipfel für nachhaltige Entwicklung in Johannesburg zum Anlass nehmen, das Protokoll zu ratifizieren.

Das Biodiversitätsregime als Baustein der Weltwirtschafts- und Weltumweltpolitik

Als internationales Regime gelten Vereinbarungen, wenn sie Prinzipien, Normen, Regeln und Verfahrensweisen für ein spezifisches Politikfeld festlegen. Mit dem Cartagena-Protokoll und den diversen Beschlüssen der Vertragsstaatenkonferenzen ist inzwischen ein solches Set an gemeinsamen Verpflichtungen entstanden (s. Abbildung 7-12). Das Biodiversitätsregime ist von hoher Bedeutung für die Weltwirtschafts- und Weltumweltpolitik, da es sowohl Punkte des klassischen Naturschutzes als auch Gerechtigkeitsaspekte und Fragen des Welthandels beinhaltet. Zudem weisen die Entwicklungsländer der CBD die Rolle einer Schlüsselkonvention zu, mit deren Hilfe man kontroverse Fragen im Nord-Süd-Kontext klären kann. Einige Fragen, die im Rahmen des Biodiversitätsregimes behandelt werden, werden parallel auch in anderen internationalen Foren diskutiert. Hierbei unterstützen sich die Diskussionsprozesse gegenseitig, es kommt aber auch zu Zielkonflikten.

---

[45] Siehe hierzu auch Brühl und Kulessa (1998) sowie Löffler (2001).

Abbildung 7-12

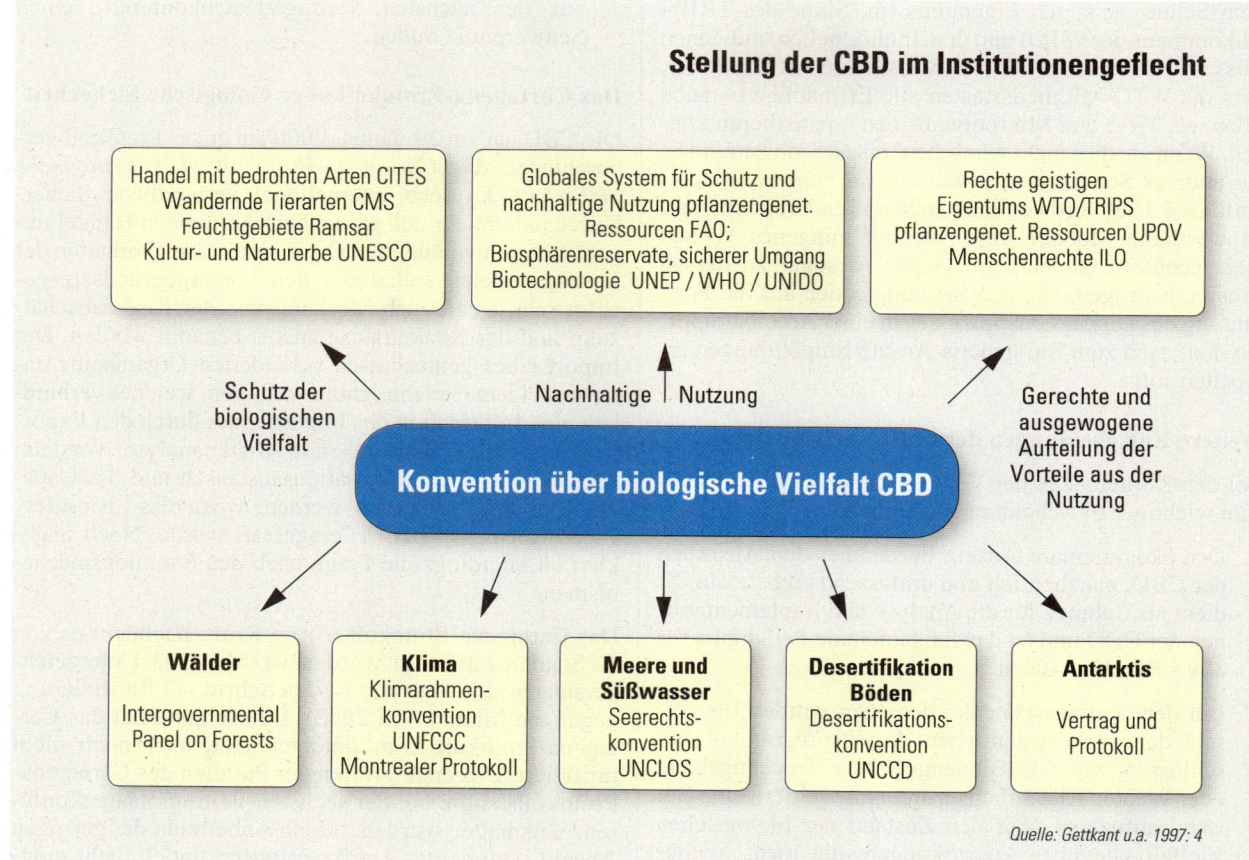

Quelle: Gettkant u.a. 1997: 4

Eine Doppelung von Diskussionsprozessen tritt in Bezug auf handelsrelevante Aspekte, d. h. im Zusammenhang mit Fragen des Rechts auf geistiges Eigentum, des Umgangs mit genetisch veränderten Organismen und des gerechten Vorteilsausgleichs auf. Hier stehen sich die unvereinbaren Ziele von kollektiven Eigentumsrechten (CBD) und privaten Eigentumsrechten (TRIPs) gegenüber. Widersprüchliche Regelungen zwischen der Landwirtschafts- und Ernährungsorganisation der Vereinten Nationen (FAO) und der CBD in Bezug auf pflanzengenetische Ressourcen konnten – zumindest auf dem Papier – durch das neue Abkommen zu pflanzengenetischen Ressourcen vom 3.11.2001 der FAO (ITPGRFA) gelöst werden. Konflikte deuten sich dagegen zwischen den verschiedenen Umweltabkommen an, wie der CBD und der Klimarahmenkonvention, u. a. betreffend der Wälderpolitik. Zu Konflikten kann es kommen, wenn artenreiche Primärwälder abgeholzt werden oder naturnahe Bewaldungskonzepte scheitern, weil Staaten durch das Aufforsten mit schnell wachsenden Monokulturwäldern ihre Klimabilanz rechnerisch verbessern wollen. Mittlerweile arbeitet eine eigene Expertengruppe der CBD zu diesem Thema, und es gibt eine gemeinsame Liaisongruppe der Konventionssekretariate.

7.3.3 Umsetzung in den Vertragsstaaten

7.3.3.1 Umsetzung weltweit

Die große Mehrzahl der Staaten (183) sind der CBD beigetreten. Doch trotz dieser breiten Mitgliedschaft ist der Rückgang an biologischer Vielfalt nicht gestoppt. Dennoch kann die CBD einige Erfolge aufweisen. Das Thema gewinnt an Aufmerksamkeit, viele vage gehaltenen Verhaltensvorschriften der Konvention sind im Nachfolgeprozess konkretisiert worden und mit dem Cartagena-Protokoll zur biologischen Sicherheit ist der Umgang mit gentechnisch veränderten Organismen verbindlich geregelt. Als Misserfolg muss bewertet werden, dass viele Staaten, so auch Deutschland, die CBD nur unzureichend umgesetzt haben. Dies liegt am fehlenden politischen Willen (national wie auch international) und an der Komplexität des Themas bzw. auch der Vielfalt der zu lösenden Probleme (von Naturschutzaspekten, über Handelsfragen bis hin zur Entwicklungszusammenarbeit). Das der CBD innewohnende Potenzial zur Verregelung vielfältiger Konflikte (wie Naturschutz, Schutz geistigen Eigentums, Verteilungsgerechtigkeit usw.) ist noch nicht ausreichend genutzt.

7.3.3.2 Europäische Anstrengungen in der Biodiversitätspolitik

Die Europäische Union (EU) hat schon 1998 eine Gemeinschaftsstrategie zur biologischen Vielfalt beschlossen. Diese Gemeinschaftsstrategie ist Bestandteil des 5. Umweltaktionsprogramms und setzt einen allgemeinen politischen Rahmen.[46] Demnach sind vier Themen von besonderer Bedeutung: Schutz und nachhaltige Nutzung der Biodiversität, Vorteilsausgleich, Identifizierung und Monitoring der biologischen Vielfalt inklusive Wissenschaftsaustausch sowie Öffentlichkeitsarbeit und Erziehung. Ergänzt und konkretisiert wird die Strategie durch sektorale Aktionspläne. Diese sind seit März 2001 für die Landwirtschaft, Fischerei, wirtschaftliche Zusammenarbeit und Entwicklung sowie Erhaltung natürlicher Ressourcen erstellt worden. Hierin sind jeweils Bestandsaufnahmen und künftig zu ergreifende Schritte in Form von konkreten Aufgaben benannt. Die Durchführung der Aktionspläne soll künftig überwacht werden, wobei die Indikatoren hierfür noch nicht festgelegt sind. Die Entwicklung und Implementierung der Strategie und der Aktionspläne sind Bestandteile der europäischen Bestrebungen zur Etablierung von nachhaltiger Entwicklung und sind auch in die beim Göteburger Gipfel (2001) verabschiedete Nachhaltigkeitsstrategie eingeflossen. Im sechsten Umweltaktionsprogramm wurde Biodiversität zudem als wichtiges Thema identifiziert. Seit dem 8. Juni 2000 verfügt die EU auch über einen europäischen Clearing House Mechanismus, der Informationen verteilen und die Kommunikation verbessern soll.

Darüber hinaus ist der Naturschutz, wie auch in Deutschland, ein wichtiger Bestandteil bei der Umsetzung der CBD. Mit der *Richtlinie des Rates der Europäischen Gemeinschaften zur Erhaltung der natürlichen Lebensräume sowie der wildlebenden Tiere und Pflanzen*[47] vom 21. Mai 1992 soll die Biodiversität geschützt werden. Hierzu sind Regelungen zum Artenschutz – wie Fangverbot und Handelsuntersagung – zu erlassen und es sind Schutzgebiete einzurichten. Die EU-Mitgliedsstaaten sind verpflichtet, ein kohärentes Netzwerk von Schutzgebieten aufzubauen, in das auch die Schutzgebiete einzubeziehen sind, die nach der *Richtlinie des Rates der Europäischen Gemeinschaften über die Erhaltung wildlebender Vogelarten*[48] vom 02. April 1979 eingerichtet wurden. Das neue europäische Netzwerk unter dem Namen „Natura 2000" soll circa 15 Prozent der Landesfläche unter Schutz stellen.

Die deutschen Bundesländer waren aufgefordert, Schutzgebiete auszuweisen. Dem kamen sie nur sehr zögerlich nach und haben erst rund ein Drittel der Gebiete benannt und zudem die Fristen zur Benennung verstreichen lassen. Die Europäische Kommission mahnt seit 1996, dass Deutschland seinen europäischen Verpflichtungen nicht nachkommt und hat nach mehreren Briefwechseln mit der Bundesregierung 1998 den Europäischen Gerichtshof angerufen. Dieser stellte am 11. September 2001 fest, dass Deutschland seiner Verpflichtung nicht ausreichend nachgekommen ist.

7.3.3.3 Umsetzung in Deutschland

Stand der Ratifizierung

Die Bundesrepublik Deutschland hat das *Übereinkommen über die biologische Vielfalt* am 12. Juni 1992 in Rio de Janeiro unterzeichnet. Am 30. August 1993 wurde das Durchführungsgesetz zur CBD beschlossen.[49] Hierin wird festgestellt, dass sich die Umsetzung des Übereinkommens innerhalb bestehender Gesetzesregelungen und Aktivitäten vollzieht, Mehrkosten würden also durch die CBD nicht entstehen. Die Ratifikationsurkunde hinterlegte die Bundesregierung am 21. Dezember 1993 beim Sekretariat der CBD in Montreal. Hiermit ist Deutschland verpflichtet, die Normen und Regeln der CBD einzuhalten. Diese umfassen sowohl Maßnahmen, die in Deutschland selbst zu erfüllen sind, als auch solche, die in der Entwicklungszusammenarbeit zu beachten sind. Deutschland hat bisher die CBD vor allem als Naturschutzkonvention angesehen. Der umfassende Charakter der CBD schlägt sich dagegen nicht oder nur ansatzweise in konkreten Maßnahmen nieder. Ausdruck hiervon ist auch das Fehlen einer nationalen Biodiversitätsstrategie.

Die fehlende nationale Strategie

Artikel 6 CBD verpflichtet die Vertragsparteien, nationale Strategien für den Schutz und die nachhaltige Nutzung der biologischen Vielfalt zu entwickeln. Bestehende Pläne und (Sektor-) Programme müssen an eine solche Strategie angepasst werden. Dieser Verpflichtung ist Deutschland bis heute nicht nachgekommen. Auf dieses Defizit haben verschiedene Akteure, wie der Wissenschaftliche Beirat der Bundesregierung Globale Umweltveränderungen (WBGU) oder das Forum Umwelt & Entwicklung mehrfach hingewiesen. Der WBGU empfiehlt in seinem Jahresgutachten 1999, eine interministerielle Arbeitsgruppe (IMA) „Biodiversitätspolitik" einzurichten, in der alle an der Entwicklung einer nachhaltigen Biodiversitätspolitik beteiligten Ressorts teilnehmen sollen (WBGU 2000: 365f.).

Erster Nationalbericht (1998)

Nachgekommen ist Deutschland dagegen seiner Verpflichtung, zur vierten Vertragsstaatenkonferenz 1998 einen nationalen Bericht vorzulegen, wenn auch erst zu der verlängerten Abgabefrist. Themenschwerpunkt der Nationalberichte 1998 sollte die Umsetzung des Artikels 6 (Allgemeine Maßnahmen zur Erhaltung und nachhaltigen Nutzung) sein. Der deutsche Nationalbericht entstand unter der Federführung des Bundesministeriums für Umwelt, Naturschutz und Reaktorsicherheit (BMU 1998). Es wird deutlich, dass Deutschland bisher wenige konkrete Maßnahmen ergriffen hat, um die Ziele der Biodiversitätskonvention zu erzielen. Denn statt neue Maßnahmen zur Erhaltung und nachhaltigen Nutzung zu verabschieden, verweist die Bundesregierung auf bisher

---

[46] Mitteilung KOM (1998) 42.
[47] Flora-Fauna-Habitat-Richtlinie (FFH), 92/43.
[48] EG-Vogelschutzrichtlinie, 79/409/EWG.

[49] Am 9. September 1993 im Bundesgesetzblatt veröffentlicht.

Geleistetes[50] und stellt auch anderweitig motivierte Vorhaben wie z. B. die europäische Agrarreform von 1992 als Errungenschaft der Biodiversitätspolitik dar.[51] Übergreifende Maßnahmen und Leitbilder fehlen. Stattdessen werden in den Kapiteln zu Schutz und Erhaltung der Biologischen Vielfalt eine Reihe von lokalen Einzelmaßnahmen (wie Erhalt der Sumpfschildkröte, Rotbauchunke und Großtrappe in Brandenburg) aufgezählt.

Wichtige und in der Biodiversitätspolitik kontrovers diskutierte Fragen bezüglich des Finanz- und Technologietransfers, sowie des Zugangs zu genetischen Ressourcen und die gerechte Teilung der sich daraus ergebenden Vorteile werden im Nationalbericht 1998 nicht diskutiert. Zwar wird darauf verwiesen, dass in der Entwicklungszusammenarbeit rund 150 Projekte die Erhaltung der Biodiversität als Schwerpunkt haben, jedoch fehlt die Angabe, auf welchen Zeitraum sich dies bezieht. Weiterhin wird hervorgehoben, dass Deutschland 12 Prozent des Budgets der Globalen Umweltfazilität (Global Environment Facility, GEF) eingezahlt hat. Eine Analyse übergreifender Zusammenhänge und Interessenkonflikte (z. B. zwischen verschiedenen Sektoren) fehlt.

Zweiter Nationalbericht (2001)

Da die ersten nationalen Berichte zum Teil sehr verspätet beim CBD-Sekretariat eintrafen und zudem deren Format sehr uneinheitlich war, was die Auswertung erschwerte, vereinbarten die Vertragsparteien bei der fünften Vertragsstaatenkonferenz ein neues Vorgehen, wonach ein sehr ausführlicher Fragebogen bis Mitte Mai 2001 auszufüllen war.[52] Nachfolgend sind alle vier Jahre solch umfangreiche Nationalberichte zu erstellen.

In seinem Bericht betont Deutschland, dass es verstärkt Naturschutzmaßnahmen und andere politische Schritte unternommen habe, um die Biodiversität zu erhalten und nachhaltig zu nutzen (BMU 2001a). Darüber hinaus habe man durch (Mit-)Veranstaltung von zahlreichen Konferenzen und Workshops zur Weiterentwicklung der CBD beigetragen. Ein Schwerpunkt bei der Umsetzung der CBD ist nach eigener Einschätzung die Kooperation mit anderen Staaten, insbesondere mit Entwicklungsländern.

Nationale sektorale Arbeits- und Aktionspläne

Zur Umsetzung der CBD im eigenen Land gibt Deutschland an, dass zwar den einzelnen bei den Vertragsstaatenkonferenzen verabschiedeten Arbeitsprogrammen und Artikeln der CBD eine (mittlere bis) hohe Priorität eingeräumt werde, dass jedoch die für die Implementierung zur Verfügung stehenden Ressourcen insgesamt nur „ausreichend" und „nicht gut" sind (BMU 2001a)[53]. So ist Deutschland seiner Verpflichtung, einzelne sektorspezifische Programme – wie zur Vielfalt in der Landwirtschaft – zu erstellen, nicht nachgekommen. Vielmehr geht man davon aus, dass die bisherigen Maßnahmen ausreichend sind. Eine Ausnahme betrifft die Wälder. Im *Nationalen Forstprogramm* vom September 2000[54] wird das Verhältnis von Wald und biologischer Vielfalt behandelt (BML 2000: 30ff.) und vielfältiger Handlungsbedarf attestiert. Ergriffene notwendige Maßnahmen betreffen den Bereich des Monitorings (Bundeswaldinventur, Waldschadenserhebungen), Regelungen schädlicher externer Einwirkungen (insbesondere Emissionen) und die naturnahe Waldbewirtschaftung (BMVEL 2001). Im internationalen Kontext setzte sich Deutschland beim Rio-Gipfel für eine Waldkonvention und nach deren Scheitern für ein Waldprotokoll zur CBD ein.[55]

Thematische Programme und Berichte

Die Vertragsparteien sind aufgefordert, thematische Berichte zu denjenigen Themen abzugeben, die bei den Vertragsstaatenkonferenzen diskutiert werden. So waren für die 6. Vertragsstaatenkonferenz im April 2002 in Den Haag Berichte zu Forstökosystemen (Forest Eco Systems), nichtheimischen Arten (Alien Species) sowie Zugang und Vorteilsausgleich (Access and Benefit Sharing) zu erstellen. Letzterer Verpflichtung ist Deutschland bisher noch nicht nachgekommen. Der Bericht zu nichtheimischen Arten liegt seit dem 22.12.00 und der Bericht zu Forstökosystemen seit dem 24.04.01 vor (BMU 2000b, BMU 2001b).

Ausweitung des Naturschutzes

In Deutschland wird die Biodiversitätskonvention fälschlicherweise häufig als „Artenschutzkonvention" bezeichnet. Dies ist ein Indikator dafür, dass nur ein Bestandteil der biologischen Vielfalt (Arten) und nur ein Ziel der CBD (Schutz) wahrgenommen wird, statt die CBD und die Biodiversität in ihrer Gänze zu würdigen. Analog zu dem Sprachgebrauch liegt der Schwerpunkt deutscher Bemühungen auf dem Naturschutz.

Seit 1975 gibt es in Deutschland ein Naturschutzgesetz. Der Bund besitzt nur eine Rahmenkompetenz. Die Durchführung und Finanzierung von Maßnahmen zum Naturschutz ist Aufgabe der Bundesländer. Die deutsche Bundesregierung hat mit der Neuregelung des Bundesnaturschutzgesetzes (BNatSchGNeuregG) einen relativ vielversprechenden Vorstoß gemacht, um den Schutz der Biologischen Vielfalt zu verbessern (Volkery 2001). In § 2(8) BNatSchGNeuregG ist ausdrücklich das Ziel, die „biologische Vielfalt zu erhalten und zu entwickeln" festgehalten. Hierzu soll u. a. ein bundesweiter Biotopverbund eingeführt

---

[50] Als Leistungen des Bundes werden vor allem schon lange bestehende Gesetzesmaßnahmen (wie Flurbereinigungsgesetz, Bundesimmissionsschutzgesetz oder Chemikaliengesetz) aufgeführt.

[51] Verordnung zur Förderung umweltgerechter und natürlicher Lebensraum schützender Produktionsverfahren vom 30.07.92, Amtsblatt der Europäischen Union, Abl. L. 215, 91, EG 2078/92.

[52] S. Decision V/19.

[53] Der Großteil des Fragebogens setzt sich aus geschlossenen Fragen zusammen. Für alle Artikel und Arbeitsprogramme wurde gefragt, ob die Priorität niedrig, mittel oder hoch war bzw. dem Aspekt keine Relevanz eingeräumt wird und ob die zur Implementierung vorhandenen Ressourcen eher eingeschränkt, eingeschränkt, adäquat oder gut waren.

[54] Das „Nationale Forstprogramm" ist kein direkter Beitrag zur CBD, sondern stellt eine „Hausaufgabe" der Waldverhandlungen im Zwischenstaatlichen Waldforum (IFF) dar.

[55] Nach dem Scheitern der Waldkonvention wird der Schutz der Wälder bei den Vereinten Nationen im Zwischenstaatlichen Waldausschuss (Intergovernmental Panel on Forest, IPF, 1995–1997) beraten, der 1997 umbenannt wurde in das Zwischenstaatliche Waldforum (Intergovernmental Forum on Forest, IFF).

Biologische Vielfalt

werden, für den die Bundesländer mindestens 10 Prozent ihrer Landesflächen zur Verfügung stellen sollen (§ 3). Zudem wird das Verhältnis von Landwirtschaft und Naturschutz neu definiert. Demnach soll die landwirtschaftliche Nutzung angrenzende Biotope nicht beeinträchtigen (§ 5(4)). Verbänden wird die Möglichkeit zur Verbandsklage gegeben (§ 61). Das Gesetz ist ein Schritt in die richtige Richtung, der aber nicht weitgehend genug ist. So fordern z. B. der WBGU, Naturschutzverbände und selbst die EU, dass ca. 15–20 Prozent der Fläche unter Schutz gestellt werden.[56]

Cartagena-Protokoll ratifizieren

Noch in Arbeit befindet sich nach Angaben der Bundesregierung die Ratifizierung des Cartagena-Protokolls (BMU 2001a: 74). Das *Cartagena-Protokoll über biologischen Sicherheit* kam zu Stande, nachdem die EU als Mittlerin zwischen der Miami-Gruppe und den Entwicklungsländern auftrat. Bisher haben weder die EU, noch Deutschland[57] das Cartagena-Protokoll ratifiziert. Aus Gründen der Glaubwürdigkeit – schließlich trat die EU für ein Biosafety-Protokoll ein – sollte das Cartagena-Protokoll noch in diesem Jahr von der EU und von Deutschland ratifiziert werden. Eine Ratifikation von Deutschland ist aber auch deshalb wichtig, weil in Deutschland beheimatete Unternehmen Freisetzungsversuche in Entwicklungsländern betreiben bzw. genetisch veränderte Organismen dort vertreiben. Deutschland hat die Pflicht darauf zu achten, dass die Unternehmen sich an die internationalen Standards halten.

Anreizsysteme schaffen

Das Geschäftsinteresse an biologischer Vielfalt muss sich mit dem Schutz der biologischen Vielfalt decken, sonst droht eine ständige Übernutzung der natürlichen Ressourcen. Dazu muss ein Mechanismus gefunden werden. Ein Beispiel ist das „Nutzungsabkommen" zwischen dem größten Pharmakonzern der USA, Merck, Sharp & Dome, und dem halbstaatlichen non-profit Institut INBio (Instituto Nacional de Biodiversidad) in Costa Rica (s. Kasten 7-4).

Kasten 7-4

Partnerschaftliche Nutzung der tropischen Biodiversität

Der größte Pharmakonzern der USA, Merck, Sharp & Dome, hat in Costa-Rica versucht, ein Modell für partnerschaftliche Nutzung der tropischen Biodiversität zu schaffen. 1991 wurde daher ein Nutzungsvertrag zwischen dem halbstaatlichen non-profit Institut INBio (Instituto Nacional de Biodiversidad) und Merck abgeschlossen. Das Interesse von Merck bezog sich auf die Inventarisierung der Biodiversität und das Informationsmanagement, während für INBio der Zugang zu moderner Biotechnologie und Gentechnik im Vordergrund stand. Merck hat Costa Rica 1,3 Millionen US-Dollar für den Erhalt und die Auswertung von 10 000 Pflanzen oder Tieren aus dem Tropenwald des Landes gezahlt und z. B. die Ausbildung von mehreren hundert Sammlern übernommen. „Außerdem gibt es auch hier die Royalty-Vereinbarung. Nach Eigenaussagen von INBio-Mitarbeitern liegen sie zwischen vier und sechs Prozent der Gewinne, die aus dem Verkauf eines Produktes entstehen können, das aus einem genetischen Muster gewonnen wurde, das INBio gesammelt hat. Und es gibt weitere finanzielle Regelungen bei diesem Abkommen, die aber nur teilweise veröffentlicht sind. So ist Teil der INBio-Satzung, dass 10 Prozent des zur Verfügung stehenden Forschungsbudgets und 50 Prozent der (irgendwann) eingehenden Royalties an das Umweltministerium in dessen Umweltschutzprojekte fließen sollen. Es steht zu erwarten, dass die 1991 mit Merck geschlossenen und 1994 verlängerten Verträge sowie die Verträge mit einer Reihe anderer Chemieunternehmen tatsächlich einige Jahre über den Zeitpunkt hinaus eingehalten werden, an dem die Unternehmen ihre Bioprospektionen in den Tropenwald-Reservaten Costa Ricas abschließen." (FES 1996: 3). Viele Experten warnen aber vor zu hoch fliegenden Hoffnungen. „Kein einziges Medikament, das auf der Arbeit der Kooperation von Merck und INBio fußt, wurde bisher patentiert. Biopolitisch betrachtet ist das Projekt überzeugend, doch kommerziell gesehen kann es bislang nur als Flop eingestuft werden" (Haas und Schwägerl, FAZ 11.04.02).

Aktuelle Beispiele für Kooperationen nach den CBD-Bestimmungen liefert die auf diesen Zweig der Biotechnologie spezialisierten Firma „Diversa" in San Diego. Diversa hat inzwischen entsprechende Vereinbarungen u. a. mit Ghana, Kenia, Südafrika, Indonesien, Russland und sogar verschiedenen Regionen in den USA getroffen. Nach diesen Abkommen erhält Diversa das Recht, Proben aus der Umwelt der entsprechenden Regionen nach ihren genetischen Ressourcen zu untersuchen und daraus Produkte zu entwickeln und auf den Markt zu bringen. Im Austausch verpflichtet sich Diversa, auf die mit den entsprechenden Produkten erzielten Einkünfte „Royalties" zu zahlen. Dabei macht nach eigenen Aussagen Diversa bei der Höhe der Royalties keinen Unterschied zwischen den Vertragspartnern, d. h. sie sind – unabhängig vom Entwicklungsgrad des Partnerlandes – immer gleich hoch. Darüber hinaus engagiert sich Diversa stark beim „Capacity Building" und investiert in die Ausbildung und technische Ausstattung von lokalen Forscherinnen und Forschern sowie Forschungsinstituten.

---

[56] Der WBGU empfiehlt als grobe Richtschnur einen nach fachlichen Kriterien ausgewählten Anteil von 10 bis 20 Prozent der weltweiten Landfläche für den Naturschutz zu reservieren (WBGU 2000: 413).

[57] Deutschland hat wie auch die EU das Cartagena-Protokoll anlässlich der fünften Vertragsstaatenkonferenz am 14. Mai 2001 unterzeichnet.

CBD Verpflichtungen im Nord-Süd Kontext erfüllen

Die Zentren der biologischen Vielfalt liegen vor allem in den Entwicklungsländern, wo die Bedrohung der biologischen Vielfalt sehr hoch ist und zudem zumeist finanzielle und technische Mittel zur Erhaltung und nachhaltigen Nutzung der Vielfalt fehlen (UNEP 1995). Deshalb sieht die CBD vor, dass die Entwicklungsländer bei der Umsetzung der CBD besonders zu unterstützen sind: Sie erhalten daher von GEF entsprechend finanzielle Unterstützung. Deutschland zahlt mit jährlich ca. 23 Millionen Euro[58] die dritthöchsten Beiträge zu GEF und sitzt auch im GEF-Aufsichtsrat (Bundesregierung 2001e: 24).[59] Ferner sollen die Entwicklungsländer auch durch bilaterale Maßnahmen von den Industrieländern unterstützt werden.

Im Auftrag des Bundesministeriums für Wirtschaftliche Zusammenarbeit und Entwicklung (BMZ) unterstützt vor allem die Gesellschaft für Technische Zusammenarbeit (GTZ) die Umsetzung der CBD in Entwicklungsländern.[60] Dort ist 1994 das Sektorvorhaben „Umsetzung der Biodiversitätskonvention" eingesetzt worden. Ausgewählte Staaten werden hierdurch bei der nationalen Umsetzung der CBD unterstützt. Nachdem anfangs vor allem Projekte zum Schutz der Biologischen Vielfalt unterstützt worden sind, werden nun verstärkt Beratungsleistungen zu spezifischen Fragen (wie Artikel 8(j), Access and Benefit Sharing, usw.) geleistet.

Darüber hinaus zielen auch andere Projekte auf die Erhaltung der Biodiversität ab. Nach Angaben des BMZ sind zwischen 1985 – also vor Abschluss der CBD – und 2000 ca. 300 Projekte finanziert worden, die dem Erhalt und der nachhaltigen Nutzung der Biodiversität dienen. Diese werden jährlich mit ca. 31 bis 36 Millionen Euro[61] unterstützt (BMZ und GTZ 2000: 10f.). Entwicklungsländer werden z. B. beim Management von Schutzgebieten sowie dem Aufbau von Institutionen unterstützt, die Zugangs- und Vorteilsregelungen festlegen. Um den Informationsaustausch in und mit Entwicklungsländern zu stärken, werden die Staaten auch beim Ausbau von Clearing-House-Mechanismen (CHM) unterstützt. Unter anderem half Deutschland Kamerun und Kolumbien beim Aufbau eines nationalen Clearinghouse Mechanismus und von nationalen Focal Points (Bundesregierung 2001e: 73). Schließlich dienen einige Projekte dem Capacity Building.

Verstärkte Partizipation der Zivilgesellschaft

Ebenso wie die Agenda 21 lebt die CBD von der Umsetzung auf der lokalen Ebene, denn im Endeffekt sind es Landwirte und Landwirtinnen, Fischer und Fischerinnen oder Unternehmer und Unternehmerinnen, die den Zustand der biologischen Vielfalt maßgeblich beeinflussen. In Deutschland ist die CBD auch knapp zehn Jahre nach ihrer Unterzeichnung noch weitgehend unbekannt. Ein Hauptgrund hierfür ist die mangelnde Aufklärungsarbeit der Bundesregierung. Ausdruck hiervon ist auch, dass zentrale Texte und Entscheidungen des CBD-Nachfolgeprozesses nicht übersetzt vorliegen, um von der interessierten Fachöffentlichkeit eingesehen werden zu können.

Zum zehnjährigen Bestehen der CBD hat das BMU als federführende Behörde zur Umsetzung der CBD eine einjährige Öffentlichkeitskampagne gestartet. Unter dem Titel „Leben braucht Vielfalt" soll im Jahr 2002 einer breiten Öffentlichkeit vermittelt werden, was Biodiversität ist und warum diese wichtig ist. Hiermit will Deutschland zur Aufklärung und Bewusstseinsbildung in der Öffentlichkeit gemäß Art. 13 CBD beitragen. Die Kampagne setzt nicht auf zentral organisierte Veranstaltungen, sondern ermutigt gesellschaftliche Akteure wie Naturschutzverbände, Wirtschaftsunternehmen und andere NGO, Kooperationspartner zu werden und mit einem BMU-Logo versehen ihre Beiträge zur biologischen Vielfalt zu präsentieren. Bisher haben sich 528 Interessierte beim BMU gemeldet und 261 konkrete Projekte, mit denen sie auf die biologische Vielfalt hinweisen wollen, angemeldet (Stand: Mai 2002, BMU 2002).

7.3.4 Handlungsempfehlungen

Empfehlung 7-9   Nationale Strategie zur biologischen Vielfalt erstellen

Die Bundesregierung sollte eine Interministerielle Arbeitsgruppe (IMA) „Biodiversitätspolitik" einrichten, deren Aufgabe die Entwicklung einer nachhaltigen Biodiversitätsstrategie ist. In die Entwicklung der Strategie sind frühzeitig Verbände in Form von „Runden Tischen" einzubeziehen. Zwischenergebnisse der Strategie sollen der Öffentlichkeit vorgestellt und mit ihr diskutiert werden. Es müssen sektorale Aktionspläne erstellt und Maßnahmen zur nachhaltigen Nutzung, insbesondere für den Waldbereich und die Landwirtschaft festgelegt werden. So könnte u. a. in der Landwirtschaft der Anbau von alten Landsorten staatlich unterstützt werden.

Des Weiteren sind nationale und verbindliche Regeln des Vorteilsausgleiches zu formulieren. Verstöße gegen die Regeln sind zu ahnden. Die Bundesregierung sollte deshalb eine Institution gründen – und z. B. am BMU ansiedeln –, die sich ausschließlich mit Fragen des Vorteilsausgleiches beschäftigt. Diese Institution könnte auch Ansprechpartner für Entwicklungsländer werden und ähnlich wie der nationale Clearing-House Mechanismus eine Vorbildfunktion inne haben. Der fällige thematische Bericht über „Zugang und Vorteilsausgleich" (Access and Benefit Sharing) ist umgehend zu erstellen.

In einer nötigen Überarbeitung des Bundesnaturschutzgesetzes ist die Bundesregierung aufgefordert, den Anteil der zu schützenden Fläche auf 15-20 Prozent auszuweiten. Dies entspricht auch den Verpflichtungen, die Deutschland durch die europäischen Vereinbarungen eingegangen ist. Die Bundesregierung soll daher die Bundesländer nachdrücklich auf die europäische Verpflichtung, ausreichende Gebiete für Natura 2000 zu benennen, hinweisen.

---

[58] 45 Millionen DM.

[59] Circa 40 Prozent der GEF-Mittel entfallen auf den Bereich biologische Vielfalt.

[60] Des Weiteren entsendet der Deutsche Entwicklungsdienst (DED) Expertinnen und Experten.

[61] 60–70 Millionen DM.

Empfehlung 7-10 Cartagena-Protokoll ratifizieren

Der Deutsche Bundestag sollte das Cartagena-Protokoll noch in diesem Jahr ratifizieren.

Empfehlung 7-11 Wälderprotokoll verabschieden

Die Bundesregierung sollte das Engagement der Biodiversitätskonvention im Bereich Wälder unterstützen und darauf hinwirken, dass ein Wälderprotokoll verabschiedet wird und ein weltweites Netzwerk von Waldschutzgebieten zustande kommt. Der Finanzierungsmechanismus der CBD ist für diesen Bereich verstärkt zu nutzen und zu ergänzen.

Empfehlung 7-12 Anreizstrukturen für den Erhalt der biologischen Vielfalt schaffen

Im Rahmen der Nationalen Strategie zur biologischen Vielfalt sollte dafür gesorgt werden, dass alle wesentlichen Handelnden ein ökonomisches Interesse am Erhalt oder der Wiederherstellung der biologischen Vielfalt haben. Zumindest sollen Anreizstrukturen systematisch abgebaut werden, die die Monostruktur von land- und forstwirtschaftlich genutzten Flächen begünstigen. Wissenschaftliche Untersuchungen über indirekte und versteckte Anreize zu Lasten der Biodiversität – insbesondere in der globalen Produktions- und Zulieferkette – sind deutlich zu verstärken.

Empfehlung 7-13 CBD-Verpflichtungen im Nord-Süd Kontext erfüllen

Als Industrieland und Empfängerstaat hat Deutschland die Verpflichtung, die Entwicklungsländer bei ihren Anstrengungen zur Implementierung der CBD zu unterstützen. Die bilaterale Entwicklungszusammenarbeit und auch die finanzielle Unterstützung durch die GEF sind daher auszubauen. Besondere Unterstützung benötigen hierbei lokale und indigene Gemeinschaften, die häufig nicht über ihre Rechte im Rahmen der CBD aufgeklärt sind. Hier ist deshalb verstärkt Informationsarbeit nötig. Vermehrt sollten Entwicklungsländer beim Aufbau von Regeln des Vorteilsausgleichs durch Capacity Building unterstützt werden.

Empfehlung 7-14 Öffentlichkeitsarbeit verbessern und Partizipation der Zivilgesellschaft verstärken

Das BMU als federführendes Ministerium in der Biodiversitätspolitik ist aufgefordert, die relevanten Entscheidungen der Vertragsstaatenkonferenzen ins Deutsche zu übersetzen und über den Clearing-House-Mechanismus der interessierten Öffentlichkeit zur Verfügung zu stellen. Es sollte geprüft werden, wie die Öffentlichkeit – über die dezentrale Öffentlichkeitskampagne des BMU im Jahr 2002 hinaus – langfristig wirkungsvoll informiert und die Sensibilität der Bevölkerung für das Thema erhöht werden kann. Projekte, die den Zielen der CBD dienen, sind vermehrt finanziell zu unterstützen und ausgewählte Projekte der Öffentlichkeit vorzustellen. Darüber hinaus sind zivilgesellschaftliche Kräfte frühzeitig in die Umsetzung der Beschlüsse der CBD bzw. der Vertragsstaatenkonferenzen einzubinden. Hierzu sollten regelmäßige Konsultationen von Ministerien mit Vertreterinnen und Vertretern von Nichtregierungsorganisationen (bzw. Verbänden) stattfinden. Im Rahmen solcher Treffen sollten auch Berichte der Bundesregierung an die COP gemeinsam diskutiert werden. Auch in den Entwicklungsländern sind zivilgesellschaftliche Akteure stärker in die politischen Prozesse einzubeziehen und innerhalb der Entwicklungszusammenarbeit zu unterstützen.

7.4 Klimaschutz beim Flugverkehr

7.4.1 Flugverkehr und Globalisierung

Es besteht kaum ein Zweifel daran, dass Verkehr und Globalisierung einander bedingen und verstärken. Dies gilt insbesondere für den Flugverkehr. Die wirtschaftliche Bedeutung des Sektors lässt sich an den hohen Umsätzen der Branche und der Zahl der Beschäftigten ablesen. Es wird geschätzt, dass 1992 weltweit ca. 22 Millionen Beschäftigte dem Flugbetrieb zuzurechnen waren und ca. 1 000 Milliarden Euro weltweit im Zusammenhang mit dem Flugverkehr umgesetzt wurden (Michaelis 1997, WBGU 2002a: 7). Die positiven Effekte des Flugverkehrs sind zahlreich. Beispielsweise hilft er, verschiedene Menschen und Kulturen zusammen zu bringen, die wirtschaftliche Zusammenarbeit zu intensivieren oder Klimakonferenzen u. ä. abzuhalten, um die Atmosphäre zu schützen. Der Flugverkehr kann auch als Motor der Globalisierung bezeichnet werden, ohne den die Globalisierung heute ein anderes Gesicht hätte. Die Schattenseiten betreffen den Zusammenhang zwischen dem Flugverkehr und der globalen Umweltkrise. So weist z. B. der Verkehr – und insbesondere der Luftverkehr – höhere Wachstumsraten als die Weltwirtschaft auf. Abbildung 7-13 zeigt den Zusammenhang für Deutschland. Die Ereignisse vom 11. September 2001 waren von besonderer Bedeutung für den Flugverkehr. Sie veranschaulichten in drastischer Weise kaum zu vermeidende Sicherheitsrisiken und führten – zumindest kurzfristig – zu einem erheblichen Nachfragerückgang in diesem Sektor, von dessen wirtschaftlichen Folgen sich einige Fluggesellschaften wahrscheinlich gar nicht mehr erholen werden.[62]

7.4.2 Flugverkehr und Nachhaltigkeit

Ausgangspunkt für die gegenwärtige Diskussion über den Flugverkehr ist der Sonderbericht „Flugverkehr und die globale Atmosphäre" des zwischenstaatlichen Ausschusses zum Klimawandel (IPCC) vom Mai 1999 (IPCC 1999). Dort wurde ein neuer Begriff eingeführt: Der Radiative Forcing Index (RFI). Aus diesem Bericht geht

---

[62] Die wirtschaftliche Lage der betroffenen Fluggesellschaften war allerdings auch schon vor dem 11. September 2001 kritisch.

Abbildung 7-13

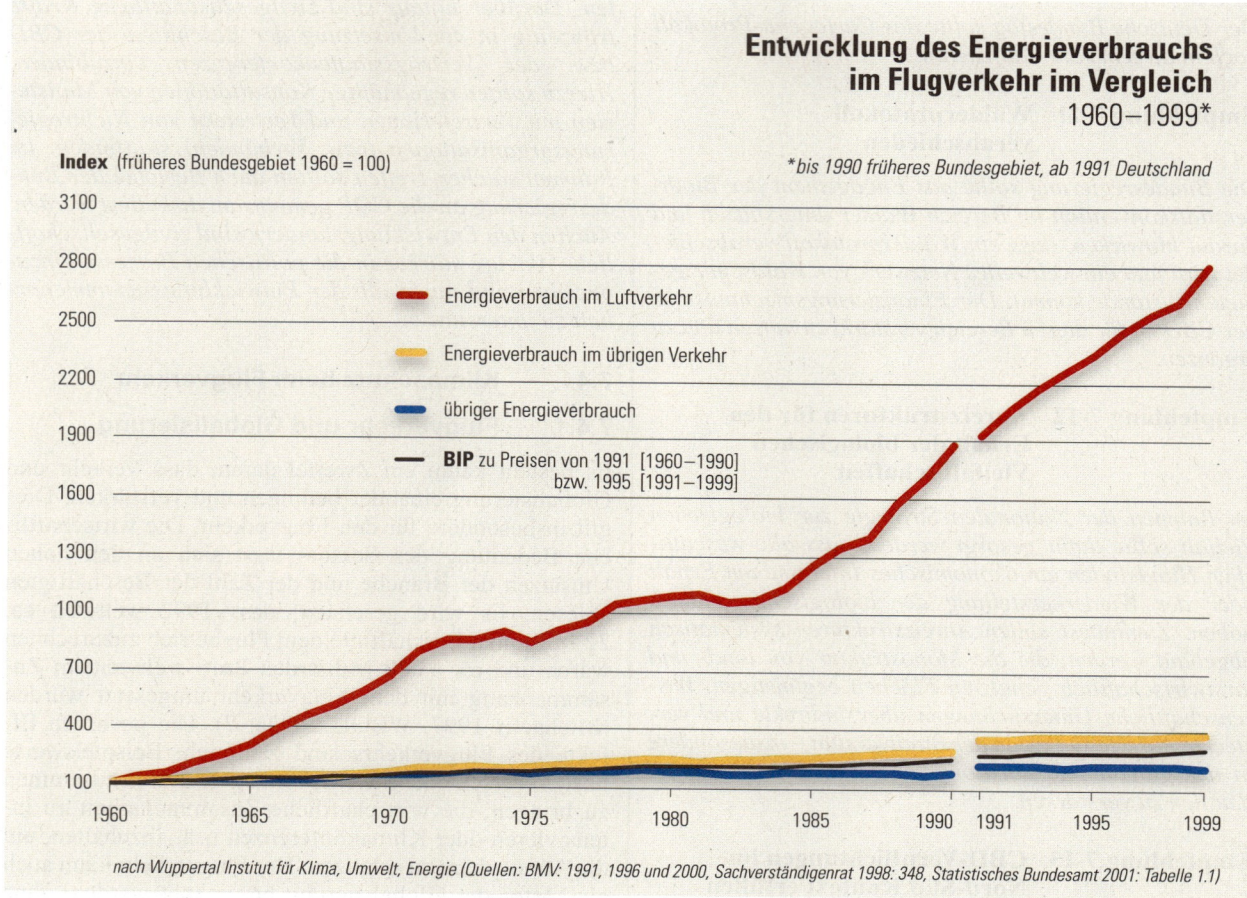

nach Wuppertal Institut für Klima, Umwelt, Energie (Quellen: BMV: 1991, 1996 und 2000, Sachverständigenrat 1998: 348, Statistisches Bundesamt 2001: Tabelle 1.1)

hervor, dass der RFI des Luftverkehrs zwischen 2 und 4 liegt. Das bedeutet, dass der globale Erwärmungseffekt durch die Gesamtemissionen des Luftverkehrs 2 bis 4 mal höher liegt als nur die durch die CO_2-Emissionen des Luftverkehrs ausgelöste Erwärmung. D. h. die Abgase des Flugverkehrs sind besonders klimaschädlich. Die Nord-Süd-Initiative GERMANWATCH formuliert dies anschaulich wie folgt: „Ein Passagier eines durchschnittlichen Zivilflugzeuges verursacht mit jeder Stunde Flugzeit ebenso viele Treibhausgasemissionen wie eine durchschnittliche Person in Bangladesch innerhalb eines Jahres durch alle ihre Aktivitäten zusammen" (GERMANWATCH 2001b: 1). Neben den Emissionen von Kohlendioxid und Wasserdampf sind für die Klimawirksamkeit auch die Wirkung der Emissionen von NO_X, Schwefeloxiden und Aerosolen auf die Konzentration von Ozon und Methan sowie die Entstehung von Kondensstreifen von Bedeutung. Ein weiterer möglicher Effekt der Emissionen des Flugverkehrs ist die Bildung von Zirruswolken (IPCC 1999; WBGU 2002a: 6).

Auch aus ökonomischer Sicht gibt es Handlungsbedarf, denn die Regeln der Marktwirtschaft funktionieren im Luftverkehrssektor nicht einwandfrei. Die Fluggesellschaften werden subventioniert und ebenso die Infrastruktur. Weder externe ökologische Effekte noch Sicherheitsrisiken werden internalisiert. Internationale Flüge sind von der Mehrwertsteuer befreit. Seit mehr als 50 Jahren kennt der Sektor keine Kerosinsteuer (Chicago Convention). Wettbewerbsverzerrungen im Transportsektor sind die Folge. Es ist notwendig, mehr marktwirtschaftliche Prinzipien in den Luftverkehrssektor einzuführen.

7.4.3 Zukünftige Entwicklung des Flugverkehrs

Gemäß Prognosen, die jedoch vor dem 11. September 2001 erstellt wurden, wird global ein starkes Wachstum des Flugverkehrs erwartet.[63] Bis 2015 werden sich die Emissionen des Jahres 1995 verdoppeln. OECD-Werte aus dem Jahr 2000 mit konservativen Annahmen zeigen an, dass die Höhe der Treibhausgasemissionen des Luftverkehrs bis zum Jahr 2010 global die von Personenwagen erreicht haben werden, um sie später sogar zu übertreffen (s. Abbildung 7-14). Der IPCC erwartet, dass sich der Anteil des Flugverkehrs am gesamten Passagiertransportvolumen bis 2050 im Vergleich zu 1990 von 9 auf 36 Prozent vervierfachen wird (IPCC 1999). „Das hohe Nachfragewachstum im Flugverkehr ist durch den Anstieg des Bruttosozialprodukts in verschiedenen Regionen der Welt, das Bevölkerungswachstum, einen starken Anstieg des Ferntourismus sowie generell durch hohe Mobilität und längere zurückgelegte Wege zu erklären" (WBGU 2002b: 5, WBGU 2002a: 6f.).

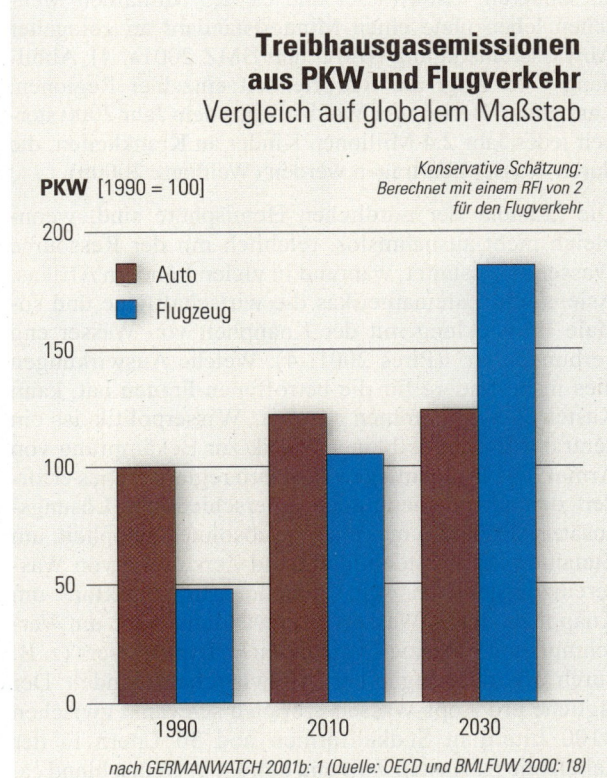

Abbildung 7-14

nach GERMANWATCH 2001b: 1 (Quelle: OECD und BMLFUW 2000: 18)

Wie die (finnische) Ratpräsidentschaft der EU auf dem Bonner Klimagipfel im November 1999 feststellte, würde die Zunahme der Treibhausgasemissionen infolge des Wachstums des internationalen Flugverkehrs bis zum Ende der ersten Verpflichtungsperiode (2008–2012) die durch das Kioto-Protokoll angestrebte 5-prozentige Emissionsreduktion der Industrieländer zur Hälfte zunichte machen, wenn keine weiteren Maßnahmen ergriffen würden. Wenn sich die Trend-Entwicklung nicht dauerhaft verändert (etwa innerhalb der nächsten 50 bis 70 Jahre), werden die Flugverkehrsemissionen allein eine Größenordung erreichen, wie sie die Menschen insgesamt verursachen dürfen, wenn sie das Klima nicht weiter verändern wollen.

7.4.4 Internationale Rahmenbedingungen

Während der nationale Flugverkehr in den Treibhausgasreduktionszielen des Kioto-Protokolls einbezogen ist, trifft dies für den internationalen Flugverkehr nicht zu (ebenso übrigens für die internationale Seeschifffahrt). Obwohl auf den Vertragsstaatenkonferenzen zur Klimarahmenkonvention (UNFCCC) von verschiedenen Seiten immer wieder auf die erhebliche Zunahme der Treibhausgasemissionen infolge des Wachstums des internationalen Flugverkehrs hingewiesen wird, hat die UN-Sonderorganisation für Zivilluftfahrt (ICAO, International Civil Aviation Organisation), die sich laut Kioto-Protokoll um dieses Thema kümmern soll[64], bisher keine konkreten Vorschläge vorgelegt und auch keine Beschlüsse gefasst, wie dieses Problem anzugehen sei. Sie hat lediglich allgemeine Vorschläge zu marktorientierten Instrumenten erarbeitet. Noch inaktiver zeigt sich die Internationale Seeschifffahrtsorganisation (IMO, International Maritime Organisation). Die staatliche Willensbildung wird in der ICAO von den Interessen der Wirtschaft (Fluggesellschaften, Flugzeugindustrie, Flughäfen etc.) sehr stark beeinflusst, während der Zivilgesellschaft bis vor kurzem jeglicher Zugang verwehrt wurde. Seit einigen Jahren sind nun Umweltverbände in sehr bescheidenem Maße in ICAO-Gremien zugelassen.

Während die Europäische Union die Arbeit zu methodischen Fragen einschließlich der Allokation der Emissionen befürwortet, lehnen die USA und die OPEC-Staaten – basierend auf einer Überinterpretation von Artikel 2 Abs. 2 Kioto-Protokoll – die weitere Behandlung des Themas im Rahmen der UNFCCC derzeit grundsätzlich ab. Aufgrund geringer Fortschritte auf dieser Ebene wurde vom WBGU im Vorfeld des UN-Weltgipfels für nachhaltige Entwicklung in Johannesburg („Rio + 10") die Einführung von Entgelten für die Nutzung des Luftraums und der Meere vorgeschlagen (WBGU 2002a: 6ff., vgl. auch

---

[63] Es ist zu erwarten, dass es aufgrund der Ereignisse des 11. September 2001 nach einem (kurzfristigen) Rückgang des Flugverkehrsaufkommens rasch zu einem ähnlichen Anstieg des Flugverkehrs kommen wird, wie prognostiziert. Ein ähnlicher Effekt war nach dem Golfkrieg 1991 zu verzeichnen.

[64] „Die in Anlage I aufgeführten Vertragsparteien setzen ihre Bemühungen um eine Begrenzung oder Reduktion der Emissionen von nicht durch das Montrealer Protokoll geregelten Treibhausgasen aus dem Luftverkehr und der Seeschifffahrt im Rahmen der Internationalen Zivilluftfahrt-Organisation beziehungsweise der Internationalen Seeschifffahrt-Organisation fort" (Artikel 2, Abs. 2, Kioto-Protokoll).

Kasten 7-7 in Kapitel 7.6), mit deren Aufkommen Belange der internationalen Umwelt- und Entwicklungspolitik unterstützt werden sollen.

7.4.5 Handlungsempfehlungen

Empfehlung 7-15 Reduzierung der Treibhausgasemissionen in der internationalen Luft- und Seeschifffahrt[65]

Für den internationalen Luftverkehr und die internationale Seeschifffahrt sollten von der internationalen Staatengemeinschaft (Vertragsstaaten) Höchstgrenzen für Treibhausgasemissionen verabschiedet werden, die den Anstieg der Treibhausgasemissionen auf 50 Prozent des erwarteten Anstiegs bis zum Ende der ersten Verpflichtungsperiode von 2008–2012 begrenzen (vgl. Kapitel 7.4.3). Die Enquete-Kommission empfiehlt die Einführung einer emissionsorientierten Flugverkehrsabgabe, die zumindest EU-weit erhoben wird. Alternativ könnte auch die Einführung eines offenen Emissionshandelsprogramms beschlossen werden, das mit den Regelungen im Kioto-Protokoll übereinstimmt.[66] *Dabei sollte untersucht werden, wie die Klimawirksamkeit der anderen Emissionen des Flugverkehrs (neben CO_2) dabei berücksichtigt werden kann. Des Weiteren wird der Vorschlag des WBGU zur Einführung von Entgelten für die Nutzung globaler Gemeinschaftsgüter unterstützt.*[67] *Weitere Untersuchungen über die genaue Ausgestaltung der Nutzungsentgelte unter Einbezug eines Zeitplans zu ihrer Einführung sollen durchgeführt werden. Die Bundesregierung sollte im Sinne einer erhöhten Verbraucherinformation vorschreiben, dass – analog zur Praxis bei der Zigarettenverpackung – die Klimawirksamkeit des jeweiligen Fluges auf jedem Flugticket ausgewiesen wird.*

Weiterhin sollte die Bundesregierung Beschlüsse im oben genannten Sinne fassen und diese auch auf der EU-Ebene umsetzen. Innerhalb der Europäischen Union sollte ein Prozess gestartet werden, um einen Konsens hinsichtlich der einzuführenden Instrumente zu erzielen. Falls Abgaben erhoben werden, sollten die Einnahmen aus einer solchen Abgabe zweckgebunden eingesetzt werden, zum Schutz des jeweiligen Guts (Klima, Meere) bzw. für Anpassungsmaßnahmen an den Klimawandel in den wirtschaftlich damit überforderten Entwicklungsländern. Die in den internationalen Umweltkonventionen vorgesehenen Umweltfonds, wie z. B. der im Kioto-Protokoll eingerichtete Anpassungsfonds[68]*, sind zu nutzen. Bei den Verhandlungen um die zweite Verpflichtungsperiode des Kioto-Protokolls soll von der Bundesregierung darauf gedrungen werden, dass auch diejenigen klimawirksamen Emissionen des Flugverkehrs (wie etwa Kondensstreifen) berücksichtigt und einbezogen werden, die nicht zu den sechs sogenannten „Kioto-Gasen" zählen.*

Im Rahmen der UN-Sonderorganisation für zivile Luftfahrt (ICAO) sollten Standards für NO_x-Verminderungstechniken weiter verschärft werden.[69] *Die Bundesregierung sollte dem Bundestag regelmäßig über ihre Arbeiten in der ICAO berichten und darauf drängen, dass die ICAO sich der Zivilgesellschaft und den Umweltschutznotwendigkeiten stärker öffnet. Auf den Einsatz von neuen zivilen Überschallflugzeugen sollte verzichtet werden, da ihre Klimaschädlichkeit um ein mehrfaches größer ist als die der Unterschallflugzeuge.*[70]

7.5 Wasser

7.5.1 Hintergrund und Herausforderungen

1,2 Milliarden Menschen haben zur Zeit keinen Zugang zu sauberem Trinkwasser und ca. 2,5 Milliarden Menschen leben ohne einen Mindeststandard an geregelter Abwasserentsorgung (BMU und BMZ 2001a: 4). Abbildung 7-15 zeigt die Betroffenheit einzelner Regionen. Laut einem Bericht der Weltbank aus dem Jahr 2000 sterben jedes Jahr 2,4 Millionen Kinder an Krankheiten, die durch Wasser übertragen werden (Weltbank 2000b).

Die „Länder der nördlichen Hemisphäre sind, wenngleich nicht ausnahmslos, reichlich mit der Ressource Wasser ausgestattet, während in vielen Ländern Afrikas, Asiens und Lateinamerikas die wirtschaftliche und soziale Entwicklung mit der Knappheit von Wasser eng verbunden ist" (Pires 2001: 4). Welche Auswirkungen dies insbesondere für die betroffenen Frauen hat, kann Kasten 7-5 entnommen werden. Wasserpolitik ist ein zentraler Bestandteil einer Politik zur Bekämpfung von Armut. Die Problemlagen variieren regional. Dies erfordert dementsprechend auch unterschiedliche Lösungsansätze, ob es sich nun um eine absolute Knappheit, um Zunahme der Wüstenbildung und Zerstörung von Wassereinzugsgebieten, um fehlende Infrastruktur, um Knappheit durch Wasserverschwendung oder um Verschmutzung potenziell vorhandenen Trinkwassers (z. B. durch Überdüngung in der Landwirtschaft) handelt. Der tägliche pro Kopf-Wasserverbrauch schwankt zwischen 3 100 Litern in Südkalifornien und 30 Litern in der Sahelzone (s. Kasten 7-6) und beträgt in Deutschland ca. 130 Liter (BGW 2001).[71]

---

[65] Vgl. hierzu auch das abweichende Minderheitenvotum der CDU/CSU-Fraktion in Kapitel 11.

[66] D. h. Voraussetzung ist die Allokation auf die Vertragsparteien oder die Festlegung eines eigenen Zieles. Denkbar wäre auch ein geschlossener Emissionshandel nur innerhalb des Flugverkehrssektors.

[67] Siehe Kasten „Globale Nachhaltigkeitspolitik durch neue Nutzungsentgelte auf öffentliche Güter stärken" in Kapitel 7.6.

[68] Die drei neuen Fonds der Klimarahmenkonvention bzw. des Kioto-Protokolls (Spezieller Klimaänderungsfonds, Anpassungsfonds und Fonds für die am wenigsten entwickelten Länder) sind bei der Globalen Umweltfazilität (GEF) angesiedelt.

[69] Insbesondere hinsichtlich der Einbeziehung der Emissionen des Reisefluges.

[70] Treber (1999).

[71] Seit 1996 ist der personenbezogene Wasserverbrauch in Deutschland konstant. In den letzten zehn Jahren hat er sich jedoch um 12 Prozent verringert. Der durchschnittliche Wasserverbrauch der Bevölkerung beträgt heute pro Einwohner und Tag 128 Liter und entspricht damit dem Verbrauch von vor 25 Jahren (BGW 2001b).

Abbildung 7-15

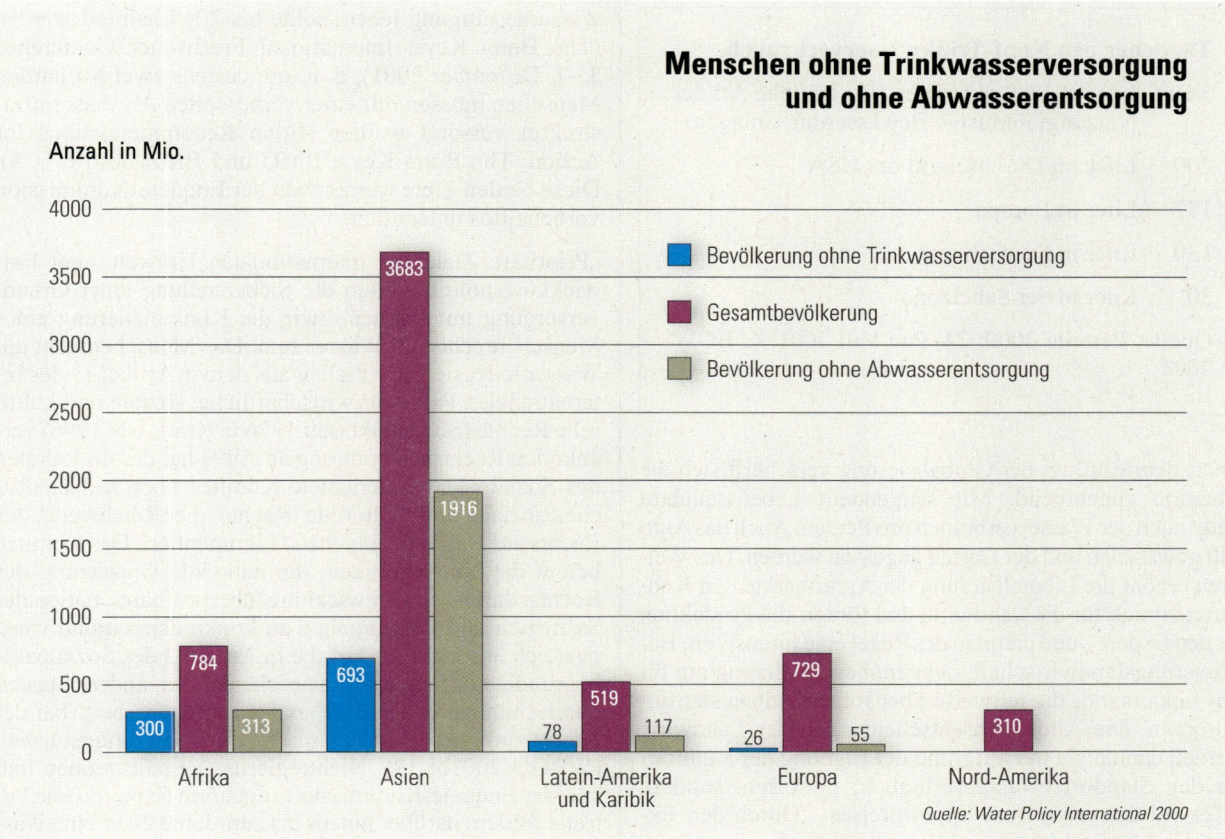

Kasten 7-5

Frauenspezifische Auswirkungen der Wasserknappheit

„In weiten Teilen der Welt nutzen die ländlichen Haushalte Wasser zum Trinken, zur Hygiene/Sanitation (Waschen, Reinigen), zur Bewässerung im Landbau, zur Fischzucht und in der Tierzucht zum Tränken. Die Wassernutzung ist weitgehend von einer geschlechtlichen Arbeitsteilung gekennzeichnet. Männliche Bauern nutzen Wasser zur Feldbewässerung. Die Programme und Untersuchungen zu Bewässerung nehmen oft nur die ‚männliche Seite der Wassernutzung' wahr: ‚Bewässerung und Landwirtschaft spiegeln insofern individuelles Verhalten wider, und nur Männer werden als Wassernutzer angesehen.'[72] (Kunst und Kruse 2001: 2). Damit werden die Formen der Wassernutzung durch Frauen vernachlässigt, die sich sowohl auf reproduktive Versorgung des Haushalts (Trinkwasser, Waschwasser und zur Hygiene) als auch auf produktive Tätigkeit in der Subsistenzproduktion (Feld- und Gartenanbau, Viehzucht usw.) erstrecken. Zunächst müssen also die vorhandenen Formen der geschlechtsspezifischen Formen der Wassernutzung detailliert erfasst werden. Ferner ist für eine nachhaltige und bedarfsgerechte Gestaltung von Wassernutzung die gleiche Partizipation der Frauen elementar (Kunst und Kruse 2001, Francis und Jahn 2001). ... Nachhaltigkeit in ihren drei Formen

– der gesellschaftlichen Entwicklung durch geschlechtergerechte Netzwerk- und Institutionenentwicklung vor Ort,

– der wirtschaftlichen Entwicklung durch Freisetzung der Frauen, Kinder und Jugendlichen von ineffektiven und belastenden schweren Tätigkeiten, wie dem Wasserschleppen, und die Eröffnung von Bildung, Kompetenzen und einkommensschaffenden Tätigkeiten (Weltbank 2001a: 19f., 24f.) sowie

– im Naturumgang

ist auch in der Trinkwasserfrage wesentlich." (Lenz 2002: 107)

---

[72] Dies ist die deutsche Übersetzung von: „Irrigation and farming are thus seen as reflecting individual behaviour and men are regarded as the only water users."

Kasten 7-6

Täglicher pro Kopf-Trinkwasserverbrauch

3 100 Liter in Südkalifornien (für jegliche Art der Nutzung, inklusive Bewässerungsanlagen)

700 Liter im Durchschnitt der USA

157 Liter in Europa

130 Liter in Deutschland

30 Liter in der Sahelzone

Quelle: Petrella 2000: 24, Pau Vall 2001: 6, BGW 2001

Unter dem Einfluss der Globalisierung verschärft sich die Situation zunehmend. Mit steigendem Lebensstandard steigt auch der Wasserverbrauch pro Person: Auch das Auto will gewaschen und der Garten gegossen werden. Des Weiteren erhöht die Liberalisierung der Agrarmärkte den Konkurrenzdruck für die Landwirte und fördert die Produktion für den Export – und damit in der Regel eine intensivere Bewässerungslandwirtschaft – gegenüber der Erzeugung für den Lokalmarkt, die teilweise über Regenfeldbau stattfinden kann. Die Allokationsentscheidungen der Landwirte werden dann nicht nur aufgrund der Eignung der Kulturart für den Standort (Wasserverbrauch) getroffen, sondern aufgrund des erwarteten Exportpreises. „Durch den Export der Agrarprodukte wird Wasser ins Ausland transportiert (Schlagwort: Virtuelles Wasser)" (Neubert 2001: 112). Schließlich wirkt sich die Globalisierung auf die Wasserversorgung dadurch aus, dass immer mehr transnationale Unternehmen im Zuge der Deregulierung und Privatisierung im Wassersektor ökonomisch aktiv werden. Ein extremes Beispiel hierfür ist die Firma U. S. Global Water Corporation. Diese schloss ein Abkommen mit Sitka, Alaska, über den Export von 18 Milliarden Gallonen[73] pro Jahr an Gletscherwasser, das per Tanker nach China gebracht wird, um es dort in einer Freien Exportzone durch billige Arbeitskräfte in Flaschen abfüllen zu lassen und zu vermarkten.

Grundversorgung mit sauberem Wasser

Um die Ziele der Armuts-Halbierung und der Halbierung des Anteils derjenigen, die hungern und keinen ausreichenden Zugang zu Trinkwasser haben (Ziel der Millenniums-Deklaration 2000)[74] zu erreichen, muss bis 2015 weiteren 1,6 Milliarden Menschen Zugang zu ausreichen-

der Wasser-Infrastruktur und -Diensten verschafft werden. Auch die Zahl der Menschen, die ohne eine minimale Abwasserbeseitigung leben, sollte bis 2015 halbiert werden (The Bonn Keys, International Freshwater Conference 3.–7. Dezember 2001), d. h. mindestens zwei Milliarden Menschen müssen mit einer verbesserten Abwasserinfrastruktur versorgt werden (Bonn Recommendations for Action, The Bonn Keys; BMU und BMZ 2001a: 6, 8). Diese beiden Ziele werden von der Enquete-Kommission vorbehaltlos unterstützt.

„Prioritäre Ziele der internationalen Umwelt- und Entwicklungspolitik sollten die Sicherstellung einer Grundversorgung mit Wasser sowie die Konkretisierung eines Menschenrechts auf Wasser sein. Das Menschenrecht auf Wasser leitet sich unmittelbar aus dem in Artikel 11 des Internationalen Pakts für wirtschaftliche, soziale und kulturelle Rechte (Sozialpakt, seit 1976 in Kraft, UN 1996) verankerten Rechts auf Nahrung ab. 1999 hat das im Rahmen des Sozialpakts eingerichtete Komitee über wirtschaftliche, soziale und kulturelle Rechte die Reichweite des Rechts auf Nahrung eingehend kommentiert. Das Komitee betont die Notwendigkeit, die nationale Umsetzung des Rechts durch die Entwicklung überprüfbarer nationaler Strategien und Zeitvorgaben zu konkretisieren und weist zugleich ausdrücklich auf die in Artikel 2 des Sozialpakts begründete Pflicht der Industrieländer hin, andere Staaten durch ‚internationale Hilfe und Zusammenarbeit' bei der Umsetzung des Rechts auf Nahrung zu unterstützen" (WBGU 2001b: 12). Nichtregierungsorganisationen und von der Enquete-Kommission angehörte Experten wie Petrella fordern darüber hinaus bis zum Jahre 2015 eine Wasserver- und Abwasserentsorgung für alle Menschen, um das Recht auf sauberes Trinkwasser und Zugang zu sanitären Einrichtungen als Menschenrecht einzulösen.

Die derzeitig eingesetzten Finanzressourcen sind zur Erreichung der oben genannten Ziele nicht ausreichend. Schätzungen der Investitionen, die für eine erforderliche Wasser-Infrastruktur notwendig sind, gehen bis zu 180 Milliarden US-Dollar jährlich. Heute werden circa 70 bis 80 Milliarden US-Dollar pro Jahr investiert. Allein für die Befriedigung der Grundbedürfnisse nach Wasser sind 20 Milliarden US-Dollar nötig, verglichen mit einem heutigen Niveau von 10 Milliarden US-Dollar (BMU und BMZ 2001a: 8). Allerdings wird die Basis dieser Schätzungen auch in Zweifel gezogen, insofern sie auf den Lösungskonzepten und Kostenkalkulationen der Wasserkonzerne beruhen und die Option kostengünstigerer Lösungen nicht in Betracht ziehen (Hoering 2001: 31).[75]

„Auf dem Weltsozialgipfel 1995 einigte sich die Staatengemeinschaft auf das 20 : 20-Ziel. Hiernach sollen jeweils

---

[73] Eine US-Gallone entspricht 3,8 Litern.

[74] Internationales Entwicklungsziel der UN-Millennium-Generalversammlung: „... bis zum Jahr 2015 den Anteil der Menschen, die in extremer Armut leben, und den Anteil der Menschen, die Hunger leiden, zu halbieren, sowie bis zu demselben Jahr den Anteil der Menschen, die hygienisches Trinkwasser nicht erreichen oder es sich nicht leisten können, zu halbieren", und „auf Dauer der nicht tragbaren Ausbeutung der Wasserressourcen ein Ende zu setzen" (UN 2000c).

[75] „Der immense Investitionsbedarf, den die Weltbank mit jährlich 60 Milliarden US-Dollar veranschlagt, ist ein zentrales Argument für die Beteiligung des privaten Sektors: Nur so seien die erforderlichen Mittel aufzubringen. Diese Schätzungen basieren jedoch weitgehend auf den Lösungskonzepten, Kostenkalkulationen und Gewinnerwartungen der ‚Global Players' selbst. Damit nimmt die Argumentation der Weltbank ihr Ergebnis implizit vorweg. Und der Blick auf die Alternative, nämlich Lösungen und damit Akteure zu suchen, die kostengünstiger sind, wird damit verstellt" (Hoering 2001: 31).

20 % der offiziellen Entwicklungsleistungen der Geberländer und 20 % des nationalen Budgets der Empfängerländer für soziale Grunddienste (Trinkwasser und Sanitäranlagen, Basisgesundheitsdienste einschließlich reproduktiver Gesundheitsversorgung, Grundbildung, Beseitigung der Mangelernährung bei Kindern und Müttern) aufgewendet werden. Die aktuellen Zahlen auf beiden Seiten verfehlen diese Vorgabe deutlich. So liegt der Durchschnitt auf Geberseite derzeit bei rund 11 % der gesamten Leistungen" (WBGU 2001b: 12f.). Insgesamt hat Deutschland 27 wechselseitige 20:20-Vereinbarungen abgeschlossen und erfüllt in diesem Zusammenhang auch die angesprochenen Verpflichtungen (im Durchschnitt 23,8 Prozent). Allerdings werden auch in Deutschland nur 12 Prozent der gesamten ODA für soziale Grunddienste – unter denen die Versorgung mit Trinkwasser und Sanitäranlagen ohne Zweifel essenziell ist – aufgewendet.[76]

Eine nachhaltige Wasserpolitik muss international wie national in stärkerem Zusammenhang mit anderen politischen Zielen und Problemen gesehen werden, z. B. Klimaschutz, Schutz der biologischen Vielfalt, Bodenschutz, Gesundheitsvorsorge etc., eine Koordinationsaufgabe, die nach Ansicht der Enquete-Kommission Aufgabe einer zu einer Weltumweltorganisation ausgebauten UNEP sein sollte (vgl. Kapitel 7.6). „Zehn Jahre nach der Konferenz von Rio bedarf es einer der Klimafrage vergleichbaren globalen Anstrengung, das Kapitel 18 der Agenda 21 zum Süßwasser in konkreten Schritten umzusetzen" (Deutscher Bundestag 2001a: 1). Dazu sollten v. a. existierende Abkommen und Konventionen genutzt und ggf. weiterentwickelt werden. Auch die Vorschläge des WBGU hinsichtlich einer Weltwassercharta und eines neuen Finanzierungsinstruments für dieses globale Gemeinschaftsgut verdienen Unterstützung (WBGU 1998: 349, 370ff.).

7.5.2 Nachhaltige Wasserversorgung

7.5.2.1 Ressourcenschutz und Trinkwasserqualität

In Kapitel 18 der Agenda 21 heißt es: „Wasser wird in allen Lebensbereichen benötigt. Oberstes Ziel ist die gesicherte Bereitstellung von Wasser in angemessener Menge und guter Qualität für die gesamte Weltbevölkerung bei gleichzeitiger Aufrechterhaltung der hydrologischen, biologischen und chemischen Funktionen der Ökosysteme, Anpassung der Aktivitäten des Menschen an die Belastungsgrenzen der Natur und Bekämpfung der Vektoren wasserinduzierter Krankheiten" (BMU 1993: 160).

In den letzten 70 Jahren hat sich der Weltwasserverbrauch versechsfacht. Dazu haben sowohl die Verdoppelung des pro-Kopf-Wasserverbrauchs als auch die Verdreifachung der Weltbevölkerung beigetragen. Heute steigt der globale Wasserverbrauch – mit großen regionalen Unterschieden – ungefähr parallel zum Bevölkerungswachstum (Fleisch 2002: 33). In einzelnen Ländern wie Libyen, Katar, Saudi-Arabien, den Vereinigten Emiraten und Jemen, übersteigt die Wasserentnahme bereits das erneuerbare Angebot, und es wird ein nicht nachhaltiger Entwicklungspfad eingeschlagen (BMZ 1999: 13).

Circa 70 Prozent – regional sogar bis zu 90 Prozent – des gesamten Wasserdargebotes fließen in den Landwirtschaftssektor und dort befindet sich absolut und prozentual gesehen auch das größte Sparpotenzial. Nach einer Schätzung des International Water Management Institut (IWMI) könnten bis zum Jahr 2025 etwa 50 Prozent der zusätzlich benötigten Wassermengen durch Effizienzsteigerungen bei der Bewässerung gewonnen werden. Ursachen für den hohen Wasserverbrauch sind der Einsatz veralteter Technik, Verwendung von Wasser in Trinkwasserqualität, aber auch der Anbau unangepasster Erzeugnisse. Die Liberalisierung der Agrarmärkte erhöht den Konkurrenzdruck für Landwirte und fördert die Produktion für den Export.

Während das Bevölkerungswachstum und die zunehmende Verstädterung die Wassernachfrage erhöhen, reduziert die zunehmende Wasserschmutzung das Angebot des kostbaren Guts. Industrielle und häusliche Abwässer, die oft ungeklärt in der Natur „entsorgt" werden, schadstoffhaltiges Sickerwasser wilder Mülhalden und ein häufig unsachgemäßer Pestizid- und Düngemitteleinsatz beeinträchtigen das Oberflächen- und Grundwasser. Die Folgen sind zunehmende bakterielle Verschmutzungen, Sedimentablagerungen und steigende Schwermetall- und Nitratbelastungen. Nur 5 Prozent der Abwässer weltweit werden gereinigt. (BMZ 1999: 13)

Die hier angesprochenen Problembereiche dürfen nicht isoliert betrachtet werden. Vielmehr sind komplexe Ursache-Wirkungs-Zusammenhänge verantwortlich für die erkennbaren Defizite. Diesen sollte durch einen umfassenden, integrierten Handlungsansatz wie der Integrierten Wasserressourcenbewirtschaftung (IWRB) begegnet werden (BMZ 1999: 105). „Unter IWRB wird im Allgemeinen die Bewirtschaftung (Erfassung, Planung, Erschließung, Verteilung, Güteüberwachung und Schutz) der Wasserressourcen in einem ganzheitlichen Sinne unter Berücksichtigung sämtlicher Sektoren und Institutionen, die den Wasserhaushalt nutzen und beeinträchtigen, verstanden. Da die Art der Landnutzung den Wasserhaushalt mitbestimmt, bedeutet [dies] ... auch eine integrierte Betrachtung von Land- und Wassernutzung. IWRB setzt die Bewirtschaftungsplanung auf der Basis von Wasser- und Flusseinzugsgebieten voraus und geht häufig über Verwaltungs- und sogar Landesgrenzen hinaus" (BMZ 1999: 106). Die EU beschreitet mit der kürzlich verabschiedeten Wasser-Rahmenrichtlinie in diesem Sinne neue Wege im Gewässerschutz. Erstmals wird der

---

[76] Das BMZ betont, dass die 20:20-Initiative ausdrücklich eine Gegenseitigkeit der quantifizierbaren Engagements voraussetzt und daher Entwicklungszusammenarbeit für soziale Grunddienste gerade in diesem Zusammenhang nicht an der Gesamt-ODA eines Gebers, sondern nur im Rahmen seiner Leistungen für jene Partnerländer gemessen werden kann, mit denen wechselseitige 20:20-Vereinbarungen abgeschlossen wurden.

Die „Arbeitsgruppe 20:20" im Forum Weltsozialgipfel deutscher Nichtregierungsorganisationen hält es dagegen für notwendig, dass die offiziellen Entwicklungsleistungen der Geberländer insgesamt zu 20 Prozent für soziale Grunddienste eingesetzt werden, und es nicht ausreiche, dass die bilaterale Entwicklungszusammenarbeit oder nur die Leistungen für jene Partnerländer gezählt werden, mit denen wechselseitige 20:20-Vereinbarungen abgeschlossen wurden.

gute ökologische Zustand der Oberflächengewässer zum übergeordneten Ziel erklärt und neben Grenzwerten für chemische Stoffe auch der Gesamtzustand der aquatischen Lebensgemeinschaft zum Maßstab gemacht. Planung und Durchführung von Gewässerschutz finden in der EU zukünftig auf der Grundlage von Flusseinzugsgebieten statt. Das Grundwasser soll nicht nur vor chemischer Verschmutzung, sondern auch vor jeder Übernutzung geschützt werden. Der Eintrag gefährlicher Stoffe ist verboten. Die Erstellung der Maßnahmenpläne unterliegt in allen Stadien der Bürgerbeteiligung. Grundlage der Richtlinie ist das Vorsorgeprinzip (s. Kasten 8-2 in Kapitel 8.1).

Da ein großer Anteil des Wasserdargebots in der Landwirtschaft eingesetzt wird (s.o.), sollten Maßnahmen zur Steigerung der Effizienz insbesondere in diesem Sektor ansetzen.[77] Beispiele sind die verstärkte Kaskadennutzung von Wasser, d. h. Mehrfachnutzung ohne erneute Herstellung von Trinkwasserqualität – z. B. Einsatz von Brackwasser zur Bewässerung von Feldern –, die Tröpfchenbewässerung oder die Gewinnung und Verwendung von Regenwasser. Von zentraler Bedeutung sind die Vermeidung von Leitungsverlusten und die Minimierung besonders wasserverbrauchender Produktion. Mit hoher Priorität ist auch an Lösungen zu arbeiten, die zum Ausgleich konkurrierender Wassernutzungsinteressen zwischen Landwirtschaft, Industrie, Energieerzeugung, Transport und Umwelt beitragen.

7.5.2.2 Grenzüberschreitende Gewässer und Wasserexport

Weltweit gibt es 261 grenzüberschreitende Flüsse. Dabei ist die Donau mit 17 Anrainerstaaten der „internationalste" Fluss. Der Kongo, der Niger, der Nil und der Sambesi haben zwischen neun und elf Anrainerstaaten, der Amazonas, das Ganges-Brahmaputra-Meghana-Flusssystem, der Jordan, der Euphrat, der Tigris und der Rhein zwischen fünf und acht. Grenzüberschreitende Flüsse stellen 60 Prozent der weltweiten Süßwasserressourcen und sind Siedlungsgebiet von 40 Prozent der Weltbevölkerung (Klaphake und Scheunemann 2001: 7). Immer wieder kommt es zu Spannungen zwischen Anrainerstaaten aufgrund von Ableitungsvorhaben von Quellwassern oder Staudamm-Plänen (z. B. Syrien/Irak wegen des Tabqa-Damm 1975, Äthiopien/Ägypten wegen äthiopischer Dammbaupläne am Blauen Nil). Vor dem Hintergrund der Bedrohung von Wasserressourcen durch Wüstenbildung und Verschmutzung sehen eine ganze Reihe von Wissenschaftlern und Wissenschaftlerinnen sowie Politikern und Politikerinnen, dass die Verteilung von Wasser zur Kriegsursache werden könnte

(Klaphake und Scheunemann 2001: 7f.). Doch selbst wenn es immer wieder zu Spannungen um die Wassernutzung kommt oder Wasser im Rahmen von Konflikten instrumentalisiert wird, liegt der letzte Wasserkrieg Jahrtausende zurück (FAO 2000c).[78] Umgekehrt waren grenzüberschreitende Wasservorkommen oft ein Katalysator für Kooperation zwischen feindlichen Anrainerstaaten. „Allein in den letzten 50 Jahren wurden weltweit in 1 800 Abkommen an grenzüberschreitenden Gewässern Nutzungskonflikte beigelegt" (Klaphake und Scheunemann 2001: 8).[79] Aus diesen Erfahrungen in der Vergangenheit können natürlich keine definitiven Aussagen für die Zukunft getroffen werden. Gerade im Falle steigender Nachfrage und sinkenden Angebotes können sich Spannungen verschärfen. Deshalb haben auch die NATO und die OECD Arbeitsgruppen eingesetzt, die besonders kritische Regionen beobachten (Klaphake und Scheunemann 2001: 9).

Auf UN-Ebene wurde 1997, nach 30-jährigen Verhandlungen, die *Konvention über die nicht-schifffahrtliche Nutzung internationaler Wasserläufe* verabschiedet, deren Zweck der Interessenausgleich zwischen Oberliegern und Unterliegern und zwischen Nutzung und Schutz der Ressource Wasser ist. Sie ist eine fundierte Kodifizierung des geltenden Gewohnheitsrechts und stellt einen weltweiten Mindeststandard für die Anrainerstaaten grenzüberschreitender Gewässer dar, in dessen Rahmen Staaten zukünftig durch Abschluss regionaler Verträge zusammenarbeiten sollen. Nicht abgedeckt durch die Konvention sind z. B das Vorsorge- und Verursacherprinzip und die Aufnahme einer Schwarzen Liste von hochgefährlichen Stoffen oder die Verpflichtung zur Durchführung von Umweltverträglichkeitsprüfungen. Eine Weiterentwicklung der Konvention in diesem Sinne sollte durch zusätzliche Protokolle und Verträge erfolgen.

Das *Übereinkommen über die Zusammenarbeit zum Schutz und zur verträglichen Nutzung der Donau* von 1994 „ist beispielhaft für den zur Zeit möglichen Regelungsgrad eines Vertrages über die gemeinsame Gewässernutzung. Es orientiert sich an dem Gedanken einer möglichst schonenden Nutzung, bezieht sich auf das gesamte hydrologische Einzugsgebiet der Donau und soll darüber hinaus zur Verminderung der Belastung des Schwarzen Meeres beitragen" (Bracher 2001: 17). Das Donau-Abkommen ähnelt dem in Helsinki unterzeichneten *Übereinkommen zum Schutz und zur Nutzung grenzüberschreitender Wasserläufe und internationaler Seen* von 1992. Letzeres wurde von der UN-Wirtschaftskommission für Europa erarbeitet und kann gewissermaßen als eine „Rahmenkonvention für den europäischen Bereich" bezeichnet werden. Ein weiteres Beispiel für ein regionales Abkommen

---

[77] Die GTZ hat im Mai 2001 ein 5–6-jähriges Sektorvorhaben mit dem Titel „ecosan" (Ecological Sanitation) begonnen. Die unter „ecosan" zusammengefassten nachhaltigen Abwasser- und Sanitärentsorgungssysteme beruhen auf der konsequenten Umsetzung einer stoffstromorientierten Kreislaufwirtschaft. Im Idealfall ermöglichen ecosan-Systeme eine vollständige Rückführung der in Fäkalien, Urin und Grauwasser enthaltenen Nährstoffe in die Landwirtschaft und einen sparsamen Umgang mit Wasser unter größtmöglicher Wiederverwendung insbesondere zur Bewässerung (GTZ 2002).

[78] Die 1997 von einer Gruppe von amerikanischen Wissenschaftlern der Oregon State University veröffentlichte Transboundary Freshwater Dispute Data Base zeigt, dass Wasserkriege ein Mythos sind. Der letzte Wasserkrieg liegt 4 500 Jahre zurück, und wurde zwischen den zwei mesopotamischen Stadtstaaten Lagash und Umma ausgetragen.

[79] Klaphake und Scheunemann (2001) führen als Beispiel den Indus-Vertrag (1961) zwischen Indien und Pakistan an, der alle politischen Spannungen und diverse Kriege um Kaschmir überstanden hat.

Wasser

ist das *Protocol on Shared Waterhouse der South African Development Community* von 1997.

Ein anders gelagertes Phänomen, das erhebliches gesellschaftliches Konfliktpotenzial birgt, ergibt sich aus tiefgreifenden Eingriffen in den Wasserhaushalt durch die Behandlung von Wasser als Wirtschaftsgut wie jedes andere durch die Entnahme und Export in ferne Regionen. Beispiel ist der Konflikt zwischen Kanada und der kalifornischen Firma Sun Belt. Die kanadische Firma Snow Cap und Sun Belt investierten 1990 in den Export von Wasser aus British Columbia per Tanker. Nach massiven Protesten der Bevölkerung stoppte die Regierung von British Columbia das Vorhaben. Während Snow Cap vom Staat 400 000 US-Dollar Schadenersatz für bereits getätigte Investitonen erhielt, klagte Sun Belt nach NAFTA Chapter 11 auf 220 Millionen US-Dollar wegen entgangener Gewinne; das Ergebnis steht noch aus.

7.5.2.3 World Commission on Dams

Weltweit existieren derzeit rund 45 000 Großstaudämme.[80] Seit Jahrtausenden stellt die Stauung und Speicherung von Wasser eine unverzichtbare Voraussetzung für menschliche Entwicklung dar. Manche Staudämme, insbesondere Großprojekte, bei deren Umsetzung es zu gravierenden sozialen und ökologischen Folgen kommt, stoßen aber zunehmend auf massive Kritik der Betroffenen. Die 1997 von der World Conservation Union (IUCN) und der Weltbank ins Leben gerufene World Commission on Dams (WCD)[81] hat die bisherigen Erfahrungen mit Großstaudämmen ausgewertet und Empfehlungen für Entscheidungsträger formuliert. Bemerkenswert ist, dass in die Arbeiten sowohl Befürworter als auch Kritiker von Großstaudämmen einbezogen waren.

Der im Jahr 2000 vorgelegte Kommissionsbericht verdeutlicht, dass die bisherigen Staudammprojekte neben den beabsichtigten positiven wirtschaftlichen und sozialen Folgen oftmals auch zu enormen ökologischen, aber auch zu volkswirtschaftlichen Schäden geführt haben. Die unmittelbaren sozialen Auswirkungen sind gravierend: Zwischen 40 bis 80 Millionen Menschen sind bereits vertrieben bzw. umgesiedelt worden, Alternativen zu bestehenden Dämmen (Einsparungen, Effizienzsteigerungen, innovative Technologien) wurden nur unzureichend geprüft. Häufig wurden die Budgets bei Bau- und Betriebskosten bei weitem überschritten. Die betroffene Bevölkerung wurde zumeist nicht in den Planungsprozess einbezogen.

Die WCD hat einen neuen Ansatz für die Planung und den Entscheidungsprozess entwickelt. Zukünftig sollen Entscheidungen über Staudämme auf den Werten Gerechtigkeit, Effizienz, Partizipation, Nachhaltigkeit und Rechenschaftspflicht basieren und noch vor der Ausschreibung alle notwendigen Vereinbarungen mit den Betroffenen getroffen werden. Darüber hinaus sollen sieben strategische Prioritäten den Prozess der Entscheidungsfindung bestimmen: Gewinnung öffentlicher Akzeptanz, umfassende Prüfung von Optionen und Alternativen, Problemlösung hinsichtlich bestehender Staudämme, Erhalt von Flüssen und Erhalt der natürlichen Existenzgrundlagen der Menschen, Anerkennung von Ansprüchen und gerechte Verteilung von Nutzen, Einhaltung von Verpflichtungen und Vereinbarungen sowie gemeinsame Nutzung von Flusssystemen zur Förderung von Frieden, Sicherheit und Entwicklung.

Angesichts des steigenden Energiebedarfes in Entwicklungsländern werden Staudämme neben dem Ausbau der Nutzung regenerativer Energien weiterhin einen wichtigen Beitrag zur Deckung des Energiebedarfs leisten. Die Enquete-Kommission sieht wie die Bundesregierung in einem Projektplanungsprozess, der sich nach den Kriterien der World Commission on Dams ausrichtet, einen guten Weg, unerwünschte ökologische, soziale, politische aber auch wirtschaftlich negative Folgen zu vermeiden. Wichtig für die Durchsetzung solcher Entscheidungsprozesse wäre nicht nur die Übernahme dieser Kriterien durch die Regierungen der Projektländer, sondern auch durch die Regierungen, die mit Hilfe von Ausfuhrgewährleistungen die Finanzierung dieser Projekte erst ermöglichen. Die konsensorientierte Arbeit der aus Vertreterinnen und Vertretern des Privatsektors und der Zivilgesellschaft zusammengesetzten Kommission hat Modellcharakter auch für andere Konfliktfälle.

7.5.3 Chancen und Grenzen marktwirtschaftlicher Instrumente zur Umsetzung des Rechts auf Wasser

7.5.3.1 Grundlagen

Bereits im Zwischenbericht ist die Enquete-Kommission der Frage nachgegangen, wie Wasser zum Wohle der einzelnen Nutzerinnen und Nutzer und gleichzeitig im Interesse des Gemeinwohls zu bewirtschaften ist. Dabei wurde auch erörtert, welche ökonomischen Instrumente zur Sicherstellung des Rechts auf Wasser geeignet erscheinen und welche Rahmenbedingungen dabei beachtet werden sollten. Angesichts der vorangeschrittenen Liberalisierung der Energieversorgung, der Telekommunikation und zum Teil auch der Verkehrsnetze sowie der geplanten Entwicklungen beispielsweise im Dienstleistungssektor im Rahmen der GATS-Verhandlungen der Welthandelsorganisation (WTO) wird von vielen Verantwortlichen mit ähnlichen Argumenten auch ein stärkeres privatwirtschaftliches Engagement in der Wasserwirtschaft gefordert. Dem wird entgegengehalten, dass Wasser kein Gut wie jedes andere sei. Von der sorgfältigen Prüfung jedes privaten Engagements bis zur strikten Ablehnung der Privatisierung in diesem Sektor reichen die Positionen. Zur Erreichung der hochgesteckten Ziele bis 2015 (s. Kapitel 7.5.1) ist eine umfassende Reform des Wassersektors in Entwicklungsländern dringende Voraussetzung. Eine stärkere Beteiligung des Privatsektors findet schon aus Finanzierungsgründen statt, auch wenn sie kein Allheilmittel sein kann.

---

[80] Laut der Internationalen Kommission für Großstaudämme (ICOLD) hat ein Großstaudamm eine Höhe von 15 oder mehr Metern (über dem Fundament). Wenn ein Staudamm 5 bis 15 Meter hoch ist und ein Speichervolumen von über 3 Millionen Kubikmetern hat, gilt er ebenfalls als Großstaudamm.

[81] Vorsitzender der Weltkommission für Staudämme (WCD) war Minister Kadar Asmal aus Südafrika.

Öffentliche Wasserversorgung ist der Normalfall

Bis heute wird die Wasserversorgung und Abwasserentsorgung weltweit in der Regel von öffentlichen Unternehmen durchgeführt. Privatisierung und Public-Private-Partnership (PPP) stellen eher die Ausnahme dar. Selbst in den Städten werden gegenwärtig weniger als 10 Prozent der Bevölkerung von privaten Unternehmen versorgt. Abbildung 7-16 zeigt die Situation in Europa. Lediglich in Großbritannien und Frankreich beziehen mehr Menschen ihr Trinkwasser von privaten Unternehmen. Auch in den USA ist die große Mehrheit der über 4 000 Wasserbetriebe in kommunaler Hand (Schiffler 2001: 7). Ähnlich stellt sich die Situation in Kanada, Japan, Australien und Neuseeland dar (Hall 2001: 7).

In Lateinamerika, Osteuropa, Afrika und Asien betrug der Privatisierungsgrad 1997 weniger als 5 Prozent (Hall 1999a: 11). 42 Prozent der weltweiten privaten Wasserversorgungs- und Abwasserentsorgungs-Projekte sind jedoch in Lateinamerika realisiert und 31 Prozent entfallen auf Ostasien und den Pazifik.

Der Privatisierungsanteil steigt

Es ist davon auszugehen, dass der Privatisierungsanteil weltweit steigen wird. Vivendi, das größte Wasserunternehmen weltweit, rechnet für 2010 mit einem privaten Marktanteil von 60 Prozent in Lateinamerika, von bis zu 35 Prozent in Westeuropa und Afrika und lediglich ca. 20 Prozent in Nordamerika und Asien (Hall 1999a: 11). Auch wenn diese Zahlen mit einiger Vorsicht zu betrachten sind, da sie Interessen der Wasserkonzerne berücksichtigen, so gibt z. B. allein die Umsatzsteigerung von Vivendi Water, dem weltgrößten Wasserversorgungsunternehmen, in den letzten Jahren einen Hinweis darauf, wie dynamisch sich dieser Markt entwickelt. Vivendi Water erreichte mit einem Umsatz von 14 Milliarden Euro im Jahr 2001 eine Steigerung von 50 Prozent gegenüber 1998.

Verschiedene Formen der Beteiligung des Privatsektors

Da häufig Missverständnisse im Zusammenhang mit dem Begriff der „Privatisierung" auftreten, soll im Folgenden ein kurzer Überblick über die verschiedenen Formen der Beteiligung der Privatwirtschaft bei der Wasserversorgung und Abwasserentsorgung gegeben werden.[82] Die vollständige Privatisierung von staatlichen Unternehmen ist im Wassersektor eher die Ausnahme. Meistens kommen weniger umfassende Formen der privaten Beteiligung wie beispielsweise Management-Verträge, Leasing-Verträge und Konzessionen zum Einsatz.

„Im Rahmen von *Management-Verträgen* verbleiben das Eigentum an den Anlagen und die Einnahmen aus Wassergebühren bei der öffentlichen Hand. Dem privaten Betreiber werden lediglich bestimmte Aspekte des Betriebs und der Wartung des Systems für einen begrenzten Zeitraum (meist 4–5 Jahre) übertragen. Die Bezahlung des Betreibers wird von der Erreichung der gesetzten Ziele abhängig gemacht. Etwas weiter gehen *Leasing-Verträge*, bei denen der Betreiber über einen längeren Zeitraum (meist 8–10 Jahre) einen bestimmten Anteil der Betriebskosten trägt und einen Teil der Einnahmen erhält, so dass er stärker am betrieblichen Erfolg und Risiko beteiligt wird. *Konzessionen* gehen noch einen Schritt weiter. In ihrem Rahmen muss der Betreiber umfangreiche Investitionen finanzieren, wofür ihm die gesamten Gebühreneinnahmen für einen längeren Zeitraum (meist 25–30 Jahre) zugestanden werden. Eine besondere Form der Konzession für einzelne Anlagen sind Build-Operate-Transfer (BOT)-Projekte. In einem BOT-Projekt steht der Betreiber in keinem direkten Kontakt mit den Endverbrauchern, sondern er schließt einen Vertrag mit einem städtischen Wasserunternehmen ab, dem gegen Bezahlung von Gebühren Wasser in großen Mengen geliefert oder Abwasser abgenommen wird" (Schiffler 2001: 7). Tabelle 7-3 gibt einen Übersicht über die verschiedenen Vertragstypen im Wasser- und Abwassersektor und Abbildung 7-17 illustriert das jeweilige Ausmaß der Privatisierung.

Die Abbildung 7-18 zeigt die Art der abgeschlossenen Verträge mit privaten Unternehmen im Rahmen von Public-Private-Partnership (PPP)-Projekten in Ländern mit mittlerem und niedrigem Einkommen Ende der 90er Jahre.

Preisgestaltung

Wasser ist ein unersetzbares Lebensmittel und deshalb ein öffentliches Gut, das jedem Menschen im notwendigen Maße zur Verfügung stehen muss. Die Bereitstellung bleibt im originären Aufgabenbereich der öffentlichen Daseinsvorsorge, selbst wenn einzelne Elemente der Bereitstellung privatisiert werden. Im Gegensatz zu einem Unternehmen, das sich aus Verlustbereichen zurückziehen kann, kann oder sollte dies ein funktionierender Staat bei der existenziellen Versorgung seiner Bevölkerung nicht. Auch wenn Wasser ein öffentliches Gut ist, hat die Produktion von sauberem Trinkwasser einen hohen Preis. Zu klären ist, wer ihn zu bezahlen hat.

Bei der Forderung nach Umsetzung des Prinzips der Kostendeckung gehen viele Umweltschützer und Wasserindustrie, gestützt durch IWF und Weltbank Hand in Hand. Erstere sehen darin ein Lenkungsmittel zur Senkung des Wasserverbrauches, letzere darüber hinaus eine Absicherung ihrer Rentabilität. Dabei bestehen jedoch insbesondere zwei Probleme: Eine tatsächliche Kostendeckung müsste nicht nur die Betriebskosten, sondern auch die Bereitstellung des Wassers, die Sicherung der Wassereinzugsgebiete und weitere Umweltkosten abdecken. Aber dann kann das Wasser für die Normalbevölkerung in Entwicklungsländern unbezahlbar werden. Das heißt, die Wasserversorgung müsste dann über einen Sozialetat o. ä. subventioniert werden. Zum anderen wäre die Zusicherung von Kostendeckung in einem monopolisierten Bereich – ob es nun ein staatliches oder ein privates Monopol ist – ohne eine funktionierende Aufsicht der Freibrief für Ineffizienz, Korruption und Fehlinvestitionen. Hier spräche die Kostendeckung eher gegen eine Privatisierung des Monopols,

---

[82] Weiterführende Literatur siehe z. B. Breithaupt u. a. (1998).

Abbildung 7-16

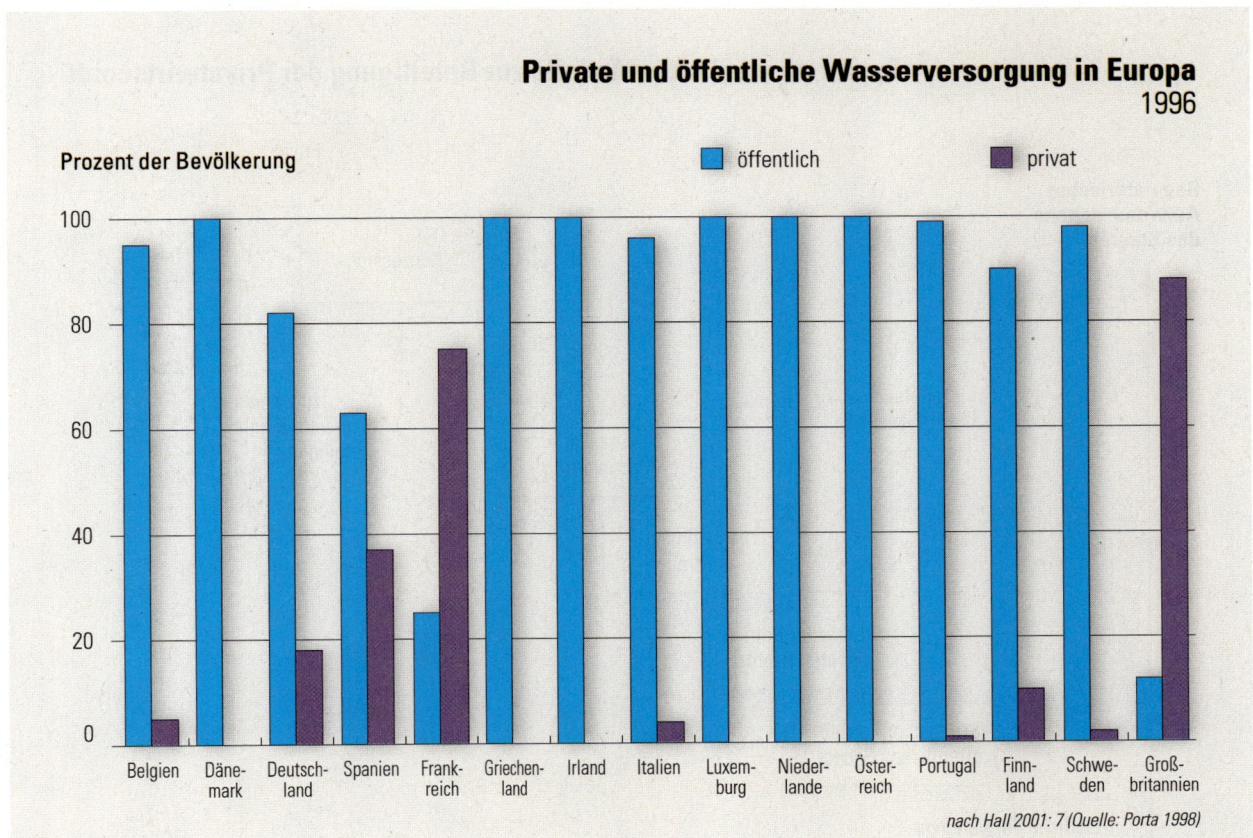

denn während es dem privaten Unternehmen egal ist, ob die kostendeckenden Preise auf anderem Wege wieder vom Staat subventioniert werden, gibt es für den staatlichen Betreiber zumindest theoretisch einen größeren Anreiz zur Kostenminimierung, weil an anderer Stelle die Preissubventionen eingespart werden können.

Partizipation

In der Vergangenheit wurde im Rahmen der Entwicklungszusammenarbeit häufiger die Erfahrung gemacht, dass der Aufbau einer nachhaltigen Wasserversorgung nur dann richtig funktionieren kann, wenn die Nutzerinnen und Nutzer in die Planungs- und Entscheidungsprozesse involviert werden. So können z. B. solche Ansätze scheitern, die auf die Versorgung von Trinkwasser für Menschen abzielen, wenn sie innerhalb von nomadischen Gesellschaften angewendet werden, in denen unter Umständen das Wasser für das Vieh als wichtiger empfunden wird als das für den Menschen. Folgerichtig verlangt inzwischen auch die Weltbank Partizipation. Die von der Weltbank zur Umsetzung des PRSP-Prozesses erstellten JSA-Richtlinien[83] legen entsprechende Grundkriterien für die Partizipation der Zivilgesellschaft dar. Dazu gehören Standards für die Transparenz der Abläufe in den Regierungen und Parlamenten, Kriterien für die Zivilgesellschaft einschließlich Frauengruppen, ethnischen Minderheiten, des privaten Sektors sowie die Einbeziehung bilateraler und multilateraler Entwicklungspartner. Im PRSP-Sourcebook der Weltbank (Weltbank 2002c) werden praktische Ratschläge für die Umsetzung dieser Partizipation erörtert.

Eine Förderung der Einbindung der Öffentlichkeit beginnt bei der Information. Aus diesem Grunde enthält das *Protokoll über Wasser und Gesundheit* der *Konvention zum Schutz und zur Nutzung grenzüberschreitender Wasserläufe und internationaler Seen* als ein wichtiges Element sehr weitgehende Informationspflichten.[84] In der neuen deutschen Trinkwasserverordnung[85] von 2001 finden sich z. B. Vorschriften über die Information der Öffentlichkeit durch die Unternehmen und sonstige Betreiber. Erstmals

---

[83] Guidelines for Joint Staff Assessment (JSA) of a Poverty Reduction Strategy Paper (PRSP) (Weltbank 2002b).

[84] UN-ECE (1992). Das Protokoll über Wasser und Gesundheit wurde 1999 im Rahmen der UN-ECE in London auf der Dritten Ministerkonferenz Umwelt und Gesundheit angenommen.

[85] Verordnung zur Novellierung der Trinkwasserverordnung vom 21.05.01, Bundesgesetzblatt I, Nr. 24, 959-980 vom 28.05.01 (TrinkwV).

Abbildung 7-17

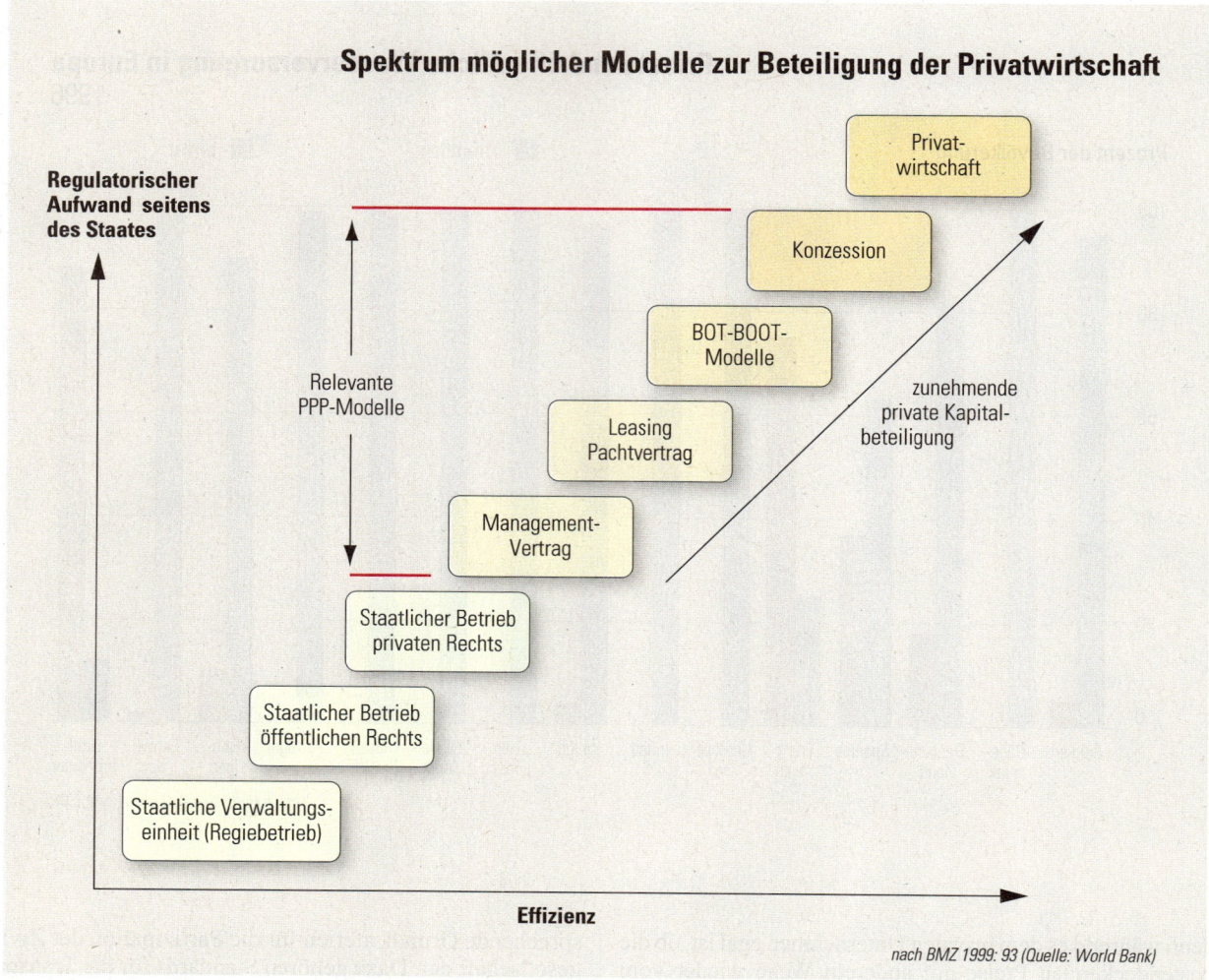

nach BMZ 1999: 93 (Quelle: World Bank)

verpflichten sich die Wasserversorger verbindlich, über die Qualität des Wassers und geeignete Materialien für Leitungen zu informieren. Defizite gibt es in Deutschland und anderenorts hinsichtlich der Informationen über „das Zustandekommen von Wasserpreisen, Zielvorstellungen der Unternehmen, anstehende Entscheidungen und in deren Rahmen bestehende Mitwirkungsmöglichkeiten" (UBA 2001b: 183).

Der private Wassermarkt

Mit derzeit über 100 Millionen versorgten Menschen stehen weltweit die beiden französischen Konzerne Vivendi und Suez-Lyonnaise des Eaux an der Spitze der privaten Anbieter. RWE/Thames Water folgt mit 35 Millionen Verbraucherinnen und Verbrauchern (Peck: 7). Einen Überblick über die weltgrößten Wasser-Unternehmen gibt Tabelle 7-4. Abbildung 7-19 zeigt die Regionen, in denen sie hauptsächlich aktiv sind. Der Umsatz privater Anbieter wird nach Schätzungen von RWE von 90 Milliarden Euro 1999 auf 430 Milliarden Euro im Jahr 2010 steigen (Peck 2001: 7f.). Im Vordergrund dieser Interessen stehen dabei die zu erwartenden über 650 Millionenstädte weltweit, die für die Bevölkerungsmehrheiten über völlig unzureichende infrastrukturelle Angebote verfügen (Petrella 2000: 113). Bei den deutschen Großunternehmen im Wassermarkt handelt es sich um die großen Energieversorger, die ihre Kapitalbildung über Jahrzehnte in einem monopolisierten Markt vorgenommen haben.[86]

Der deutsche Markt ist europaweit mit 17 Milliarden Euro Gesamtumsatz (Wasser und Abwasser) der größte. Mit 16 000 durch Gebietsmonopole geschützte Unternehmen ist dieser „Markt" sehr fragmentiert und damit eher unattraktiv für große Anbieter (Peck 2001: 7). Allerdings fördern die größten 140 Anbieter über 50 Prozent der Wassermenge, während die kleinsten 3 500 lediglich einen

---

[86] Hinzu kommt, dass die großen deutschen Energieversorger über das Instrument der steuerfreien Rückstellungen für die spätere Entsorgung radioaktiver Abfälle eine Kapitalliquidität in zweistelliger Milliardenhöhe anhäufen konnten, die es in keiner anderen Branche gibt und die zu einer enormen und vielfach beklagten Wettbewerbsverzerrung führt.

Wasser

Tabelle 7-3

Vertragstypen im Wasser- und Abwassersektor

Vertragstypen	Typische Laufzeiten	Beschreibung	Beispiele
Serviceverträge (Service Contracts)	1–5 Jahre	Kommune bleibt verantwortlich für Betrieb und Instandhaltung; Einige Serviceleistungen (Zähler ablesen, Rechnungstellung etc.) werden von Privaten übernommen	Santiago, Chile; Madras, Indien
Managementverträge (Management Contracts)	1–5 Jahre	Kommune überträgt das Management bestimmter Aktivitäten auf Private	Cartagena, Kolumbien; Danzig, Polen
Vermieten auf Zeit mit Kaufoption (Lease Contracts)	8–15 Jahre	Privater Betreiber mietet/leased die Anlage	Elfenbeinküste; Frankreich (mehrere Städte)
Konzessionen, (Concessions)	20–30 Jahre	Privater Betreiber finanziert und betreibt die Anlage, Kommune bleibt im Besitz der Anlage	Buenos Aires, Argentinien; Manila, Philippinen; La Paz, Bolivien
BOT-Modelle (Build, Operate, Transfer)	20–30 Jahre	Privater Betreiber konstruiert, finanziert und betreibt die Anlage für eine bestimmte Zeit	Mendoza, Argentinien; Izmit, Türkei
Voll-Privatisierung (Divesture)	∞	Eigentum wird dauerhaft auf den privaten Betreiber übertragen	England und Wales

Quelle u. a.: Water Policy International 2000

Abbildung 7-18

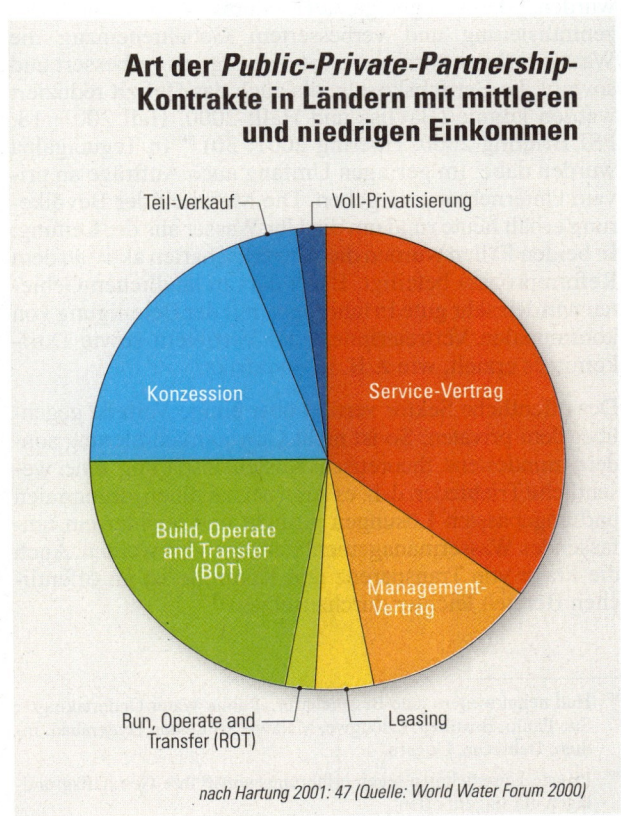

nach Hartung 2001: 47 (Quelle: World Water Forum 2000)

Anteil von 2,5 Prozent aufweisen (BMZ 1999: 116). Nach Schätzung der Deutschen Bank Research werden davon allenfalls 100 Unternehmen übrig bleiben (Peck 2001: 7). In Ostdeutschland wurden ehemals 16 großräumige Einheiten nach westdeutschem Muster mit „erheblichen Kosten und häufig zu Lasten der Bürgerinnen und Bürger" (BMZ 1999: 117) auf 1 000 kleine und kleinste Wasserversorgungsunternehmen aufgeteilt.

7.5.3.2 Privatisierung und Liberalisierung in Entwicklungs- und Schwellenländern

Reform des Öffentlichen Sektors

Im Bereich staatlicher und kommunaler Wasserversorgung gibt es einen erheblichen Reformbedarf, insbesondere auch in Entwicklungsländern, wenn die Ziel einer besseren Ver- und Entsorgung bis 2015 erreicht werden sollen. Wenn wie im Nahen Osten bis zu 70 Prozent der Verluste dadurch entstehen, dass Wasserrechnungen nicht bezahlt werden und zwar aufgrund von Beziehungsnetzen, die zu Regierungen bestehen (Neubert, Wortprotokoll der 22. Sitzung der Enquete-Kommission „Globalisierung der Weltwirtschaft" vom 18. Juni 2001: 89) oder wenn in Armenvierteln das Wasser teuer von Tankwagen gekauft werden muss, während an Wasserleitungen angeschlossene, reiche Bevölkerungsschichten Bruchteile solcher Preise für ihr Wasser bezahlen, ist der Reformbedarf offensichtlich. Er reicht vom Aufbau oft fehlender Regulierungsbehörden über den Abbau von Korruption und Misswirtschaft hin zur betrieblichen und technischen

Tabelle 7-4

Die weltgrößten Wasser-Unternehmen

Unternehmen	Tochter-unternehmen	Stammsitz	Umsatz im Wasserbereich[1] [Mrd. US-$]	Gewinn[2] [Mrd. US-$]	Gesamt-umsatz[3] [Mrd. US-$]	versorgte Einwohner[4] [in Millionen]
Vivendi	Vivendi Water	Frankreich	5,9	1,03	29,74	> 100
Suez	ONDEO[6]	Frankreich	4,8	0,94	29,39	100
Bouygues	SAUR	Frankreich	2,28	0,21	2,92	26
Enron	Azurix	USA	–	0,79	29,35	4
RWE Group[5]		Deutschland	0,13	555,50	40,40	35[5]
Thames Water[5]		Großbritannien	2,13	0,23	2,13	–
United Utilities	US Water	Großbritannien	1,37	0,29	1,37	27
Severn Trent		Großbritannien	0,57	0,18	0,82	20
AWG	Anglian Water	Großbritannien	0,45	0,23	0,50	9
Kelda Group	Yorkshire Water	Großbritannien	–	0,13	0,40	–

[1,2,3] Quelle: Polaris Institute (2000). Zahlen von 1998 bzw. 1999
[4] Quelle: Peck (2001: 7).
[5] Im November 2000 sind RWE und Thames Water fusioniert. Die Anzahl der versorgten Einwohner beziehen sich auf RWE/Thames Water.
[6] Bis April 2001 Suez-Lyonnaise des Eanx.

Effizienzsteigerung. Dazu gehören technische Maßnahmen wie der Einbau von Wasserzählern und die Reduzierung von Wasserverlusten ebenso wie die Verbesserung des Rechnungswesens.

Notwendig ist darüber hinaus oft eine aktive Dezentralisierung der Wasserversorgung. Eine öffentliche Wasserversorgung ist nicht mit einer zentralstaatlichen gleichzusetzen, im Gegenteil ist eine dezentrale, den örtlichen Gegebenheiten angepasste Wasserversorgung, die sich auch an den Bedürfnissen der ländlichen Bevölkerung orientiert, sinnvoll. Es muss hier immer die Frage nach dem Zusatznutzen gestellt werden, der sich dadurch ergäbe, Reformen mit Privatisierungen zu verbinden, anstatt sie im öffentlichen Bereich durchzuführen.[87] Dabei müssen auch die Kosten betrachtet werden, die durch den zusätzlichen Regulierungsaufwand in den öffentlichen Verwaltungen entstehen.

Es gibt eine Vielzahl von erfolgreichen Beispielen von Reformen und Umstrukturierungen der öffentlichen Versorgungsunternehmen (Public Sector Water Undertakings, PWU), vielfach unter aktiver Beteiligung der Beschäftigten, bzw. ihrer gewerkschaftlichen Vertreter, sowie der Gemeinderäte und Dorfkomitees. Bekannte Beispiele sind z. B. zu finden in Kapstadt, wo durch Managementverbesserung und Einbau von Wasserzählern Effizienzsteigerungen erzielt und Privatisierungsbestrebungen aufgegeben wurden, oder in Tegucigalpa/Honduras, wo u. a. durch Dezentralisierung und verbessertem Gebühreneinzug die Wasserverluste verringert, die Versorgung verbessert und sowohl die Betriebskosten, als auch das Defizit reduziert werden konnte (Bayliss und Hall: 2000, Hall 2001: 18, PSI Briefing 2000, Hoering 2001: 30).[88] In Tegucigalpa wurden dabei im geringen Umfang auch Aufträge an private Unternehmen vergeben. Die Mehrheit der Bevölkerung erhält heute rund um die Uhr Wasser aus der Leitung. In beiden Fällen wurden die Gewerkschaften aktiv an dem Reformprozess beteiligt. Besonders in ländlichen Gebieten wurden sehr gute Erfahrungen mit der Beteiligung von kommunalen Vertreterinnen und Vertretern sowie Dorfkomitees erzielt, wie z. B. in Südafrika.

Der öffentliche Sektor verfügt über einige Vorteile gegenüber dem privaten. So ist nicht Gewinnmaximierung sondern mindestens theoretisch Kosteneinsparung eine wesentliche Triebfeder, d. h. es kann nach kleinen, dezentralen und angepassten Lösungen gesucht und leichter ein umfassendes Wassermanagement durchgeführt werden. Auch die Frage von Transparenz und Kontrolle ist im öffentlichen Bereich leichter durchzusetzen.[89]

---

[87] Gerade bei der wichtigen Frage des Korruptionsabbaus ist der Privatsektor keine Hilfe (s. u.).

[88] Hall nennt weitere gute Beispiele für „Public Water Undertakings": Sao Paulo, Brasilien; Lilongwe, Malawi; Sri Lanka; Hyderabad, Indien; Debrecen, Ungarn.

[89] Private Unternehmen legen erfahrungsgemäß ihre Geschäftsgrundlagen nur ungern offen.

Wasser

Abbildung 7-19

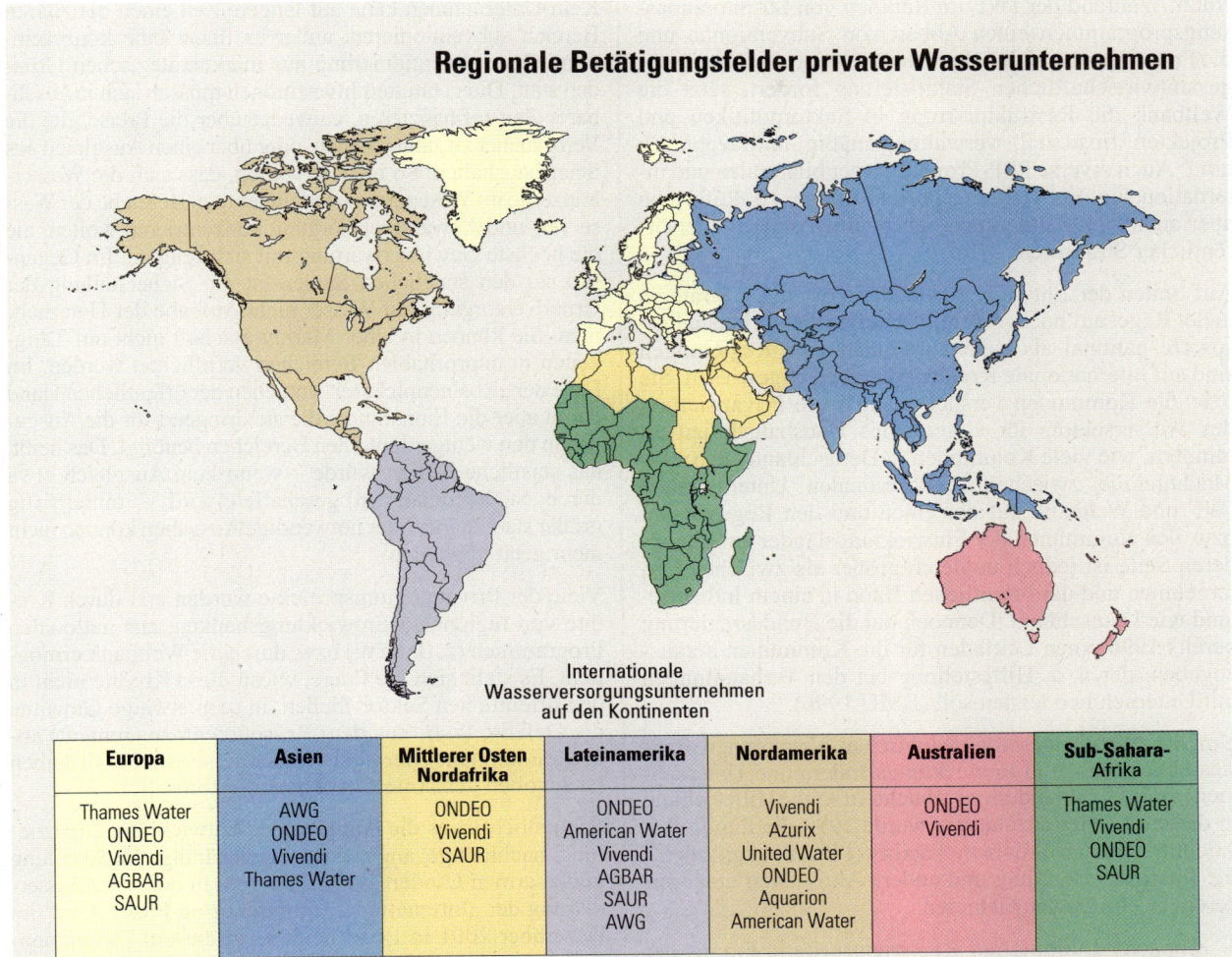

Eine Möglichkeit, bestehende Managementdefizite vor Ort zu beseitigen ohne die Kontrolle an Privatunternehmen abzutreten, sind Partnerschaften zwischen etablierten und erfolgreichen öffentlichen Wasserversorgern mit solchen mit Reformbedarf. Diese auch als „Twinning" bezeichneten Partnerschaften in Transformations- und Entwicklungsländern wurden insbesondere in den baltischen Ländern erfolgreich praktiziert.[90] Sie sind häufig Teil von Gesamtfinanzierungspaketen (Hall 2001: 4, 27).[91]

Für eine Reform des öffentlichen Wasser- und Abwassersektors sind ähnliche Voraussetzungen und Maßnahmen notwendig. Hoering (2001: 31) nennt den Rückzug des Staates aus der direkten Kontrolle, eine Restrukturierung, um die Wirtschaftlichkeit zu verbessern, Regulierungsinstanzen, eine öffentliche Kontrolle und Capacity Building. Ehe eine Privatisierung in diesem Sektor empfohlen wird, sollte daher die Restrukturierung des öffentlichen Sektors (Gesamtmanagement, kostengünstige Lösungen, Transparenz und öffentliche Kontrolle) geprüft und eine offensichtlich ausstehende Bestandsaufnahme bisheriger Privatisierungserfahrungen durchgeführt werden. „Das neue südafrikanische Wassergesetz schreibt daher auch vor, dass eine Privatisierung erst dann erfolgen darf, wenn alle bekannten öffentlichen Versorger sich als unwillig oder unfähig erweisen, die anstehenden Aufgaben zu erfüllen" (Hoering 2001: 31, Bayliss und Hall 2000).

Probleme und Chancen der Privatisierung und Liberalisierung

Bei der Erschließung des Wassermarktes in den Entwicklungsländern werden interessierte Unternehmen in ihren

---

[90] HELCOM News, www.helcome.fi/news/news496.html 07.05.02; Baltic Sea Environmental Proceedings No. 72, www.helcom.fi/pitf/bsep72.html 07.05.02.

[91] In Indonesien unterstützen beispielsweise holländische Wasserversorger indonesische Stadtwerke mit Geld und Beratung (Hoering 2001: 30).

Stammländern ebenso wie von der Politik des Internationalen Währungsfonds (IWF) und der Weltbank unterstützt. Während der IWF im Rahmen von Strukturanpassungsprogrammen einen Abbau von Subventionen und die Privatisierung staatlicher Unternehmen als Beitrag zur gesamtwirtschaftlichen Stabilisierung fordert, setzt die Weltbank die Restrukturierung in Sektorpolitiken und Projekten finanziell, verwaltungsmäßig und technisch um.[92] Auch diverse PPP-Projekte in der bilateralen und internationalen Entwicklungspolitik führen zu Reformen aber auch zum Aufbrechen bisher unwirtschaftlicher öffentlicher Strukturen.

Auf Seiten der Entwicklungsländer stößt diese Strategie in der Regel auf hochverschuldete öffentliche Haushalte – sowohl national als auch kommunal. Die Regierungen sind auf internationale Kredite zwingend angewiesen. Sie bzw. die Kommunen versuchen, über die Privatisierung des Wassersektors ihr allgemeines Haushaltsdefizit zu mindern, wie viele Kommunen in Deutschland auch. Das Machtgefälle zwischen transnationalen Unternehmen, IWF und Weltbank auf der einen und den Regierungen bzw. den Kommunen der Entwicklungsländer auf der anderen Seite ist jedoch ungleich größer als zwischen Unternehmen und der öffentlichen Hand in einem Industrieland wie Deutschland. Dennoch hat die Bundesregierung bereits 1996 einen Leitfaden für die Kommunen herauszugeben, der u. a. Hilfestellung bei den Verhandlungen mit Unternehmen leisten soll (BMU 1996).[93]

Um die Vertragsgestaltung zwischen Kommunen bzw. staatlichen Stellen in Entwicklungsländern und Unternehmen in den Geberländern zu erleichtern sowie Hilfestellung in diesem Gebiet anzubieten, wurde 1999 die Public-Private Infrastructure Advisory Facility (PPIAF) gegründet.[94] Sie finanziert Beratung und andere Aktivitäten unter anderem auf folgenden Gebieten:

– Capacity-Building auf Regierungsseite in Fragen der Ausgestaltung sowie der Ausführung privater Projekte in Bereichen der Infrastruktur und der Regulierung privater Serviceunternehmen,

– Entwicklung von Rahmenbedingungen für Infrastrukturentwicklungsstrategien, damit aus dem Potenzial der Einbeziehung privater Unternehmen Vorteile gezogen werden können sowie

– Herstellung von Konsens hinsichtlich institutioneller Reformen und geeigneter Regulierungen.

---

[92] „In 12 von 40 Kreditprogrammen im Jahr 2000 fordert der IWF von den Empfängerregierungen, den Wassersektor zu privatisieren und anstelle von Subventionen kostendeckende Preise durchzusetzen" (Hoering 2001: 8).

[93] Eine völlig überarbeitete Neuauflage ist unter dem Namen „Privatisierung der Wasserwirtschaft" kürzlich erschienen (BMU 2002b).

[94] PPIAF wurde auf gemeinsame Initiative der Regierungen Japans und Großbritanniens ins Leben gerufen, um die Funktion einer Unterstützungsstelle für EZ/FZ-Empfängerland einzunehmen. Als solche arbeitet sie eng mit der Weltbank zusammen. PPIAF ist finanziell gebunden sowohl an verschiedene bilaterale und multilaterale Entwicklungsinstitutionen als auch an internationale Finanzinstitute. Auf der Homepage von PPIAF (www.ppiaf.org) finden sich Checklisten mit grundlegenden Kriterien zur Vertragsgestaltung.

Unternehmen sind – unabhängig von einzelnen Unternehmensphilosophien – keine Entwicklungshilfe-Institutionen. Kein Unternehmen kann auf längere Zeit einen defizitären Bereich subventionieren, außer es findet eine konzerninterne Quersubventionierung aus marktstrategischen Gründen statt. Die getätigten Investitionen müssen sich in absehbarer Zeit refinanzieren, entweder über die Preise, die die Verbraucher zu zahlen haben, oder über einen Ausgleich aus Staatshaushalten. So ist zu erwarten, dass sich die Wasserkonzerne im Wesentlichen auf diejenigen Bereiche der Wasserver- und Abwasserentsorgung konzentrieren wollen, die die höchste Gewinnerwartung mit sich bringen. Im Gegensatz zu den staatlichen Stellen ist die Sicherstellung der Grundversorgung mit Wasser nicht Aufgabe der Unternehmen. Sie können in einer Marktwirtschaft nicht auf Tätigkeiten in unprofitablen Bereichen verpflichtet werden. Im Falle der „Rosinenpickerei" entgehen der öffentlichen Hand damit aber die Einnahmen, die sie dringend für die Ausgaben in den weniger rentablen Bereichen benötigt. Das heißt, das staatliche Defizit würde – wenn kein Ausgleich etwa durch Steuereinnahmen geschaffen wird – mittelfristig größer statt kleiner oder notwendige Ausgaben können nicht mehr getätigt werden.

Viele der Privatisierungsprojekte werden erst durch Kredite von regionalen Entwicklungsbanken, aus nationalen Programmen (z. B. KfW) bzw. durch die Weltbank ermöglicht. Es stellt sich die Frage, wieso diese Kredite nicht in den öffentlichen Sektor fließen, in dem etwaige Gewinne die Defizite (z. B. aus dem Ressourcenmanagement) abdecken können. Hier sind wirksame staatliche Vorgaben (siehe oben genannte Checklisten) erforderlich.

Schließlich ist es die Aufgabe der Entwicklungsfinanzierung, nachhaltige, angepasste, eigenständige Entwicklung in den armen Ländern zu finanzieren. In der Abschlusserklärung der „International Conference on Freshwater" im Dezember 2001 in Bonn heißt es in diesem Zusammenhang: „Die Entwicklungshilfe sollte die nationalen Finanzierungsmöglichkeiten ergänzen und die Rolle eines Katalysators übernehmen, um beim Ausbau von Kapazitäten zu helfen und die örtlichen und regionalen Institutionen dabei zu unterstützen, ihre eigenen Lösungen und Modelle zu definieren und ein günstiges Umfeld für potenzielle Investoren zu schaffen. Die Beteiligung des privaten Sektors sollte den Entwicklungsländern nicht als Vorbedingung für die Finanzierung auferlegt werden" (BMU und BMZ 2001a: 14).

Die Erfahrungen mit privater Beteiligung in der Trinkwasserversorgung und Abwasserentsorgung sind sehr unterschiedlich. In England sind die Tarife seit der Privatisierung 1989 stark angehoben worden, und die Gewinne der Wasserunternehmen so sehr gestiegen, dass sogar 1997 eine Sondersteuer auf „übermäßige Gewinne" der privatisierten Wasserwirtschaft eingeführt wurde (Petrella 2000: 99). Die Leistungsstandards haben sich in diesem Zeitraum im Allgemeinen verbessert, nicht zuletzt aufgrund der EG-Trinkwasserrichtlinie und unter dem Druck einer durch die Privatisierungsdebatte anspruchsvoller gewordenen Öffentlichkeit (Schiffler 2001: 7, UBA 2001b: 83). Es wird jedoch auch berichtet, dass es immer noch erhebliche Probleme insbesondere mit den Parametern Nitrat, Blei, Eisen, PAK und Pestizide gibt, die unter anderem auf die mangelhafte Leitungspflege aber auch auf die Qualität der Rohwasserressourcen zurückzuführen sind (Lobina und Hall 2001, UBA 2001b: 82f.). „In der Elfenbeinküste sind die Tarife höher als in den Nachbarländern, aber die Leistungsqualität ist besser. In Buenos Aires konnten nach Vergabe einer Konzession im Jahr 1993 die Tarife wieder gesenkt werden, mussten nach einiger Zeit aber wieder angehoben werden" (Schiffler 2001: 7). Besonders negative Erfahrungen wurden in Cochabamba in Bolivien gemacht, wo ein Vertrag mit einem privaten Betreiber geschlossen wurde, ohne dass die Öffentlichkeit über die Ziele des Vertrags informiert wurde, während gleichzeitig massive Tariferhöhungen angekündigt wurden. Nach heftigen Protesten und Unruhen und sogar Todesfällen am Rande von Demonstrationen musste der Vertrag wieder aufgelöst werden, noch bevor der Betreiber seine Tätigkeit aufnehmen konnte (Schiffler 2001: 7).

Solche Extremfälle sind zum Glück nicht die Regel, aber schlechtes privates Management oder Probleme bei der Armutsorientierung sind keine Seltenheit. In Puerto Rico scheiterte ein privates Engagement des weltweit größten Wasserversorgungsunternehmens, Vivendi, auf der ganzer Linie[95], so dass die staatliche Entwicklungsbank[96] mehrmals gezwungen war einen Überbrückungskredit zur Verfügung zu stellen (Hall 2001: 10). Das Kommunalparlament von Budapest hat 1999 einen Finanzplan des lokalen Wasserversorgers Suez-Lyonnaise zurückgewiesen, der elf Millionen Euro Verlust und einen 5-prozentigen Rückgang der Einnahmen für dieses Jahr vorsah, aber gleichzeitig über eine Million Euro Prämien für die Manager beinhaltete (Hall 2001: 10).[97]

Derartigen Problemen muss durch eine geeignete Vertragsgestaltung entgegengewirkt werden. Ziele und Konditionen privater Betreiberverträge sollten transparent und der Öffentlichkeit zugänglich sein (siehe JSA-Richtlinien auf Seite 368). Sie sollten Indikatoren als Erfolgsmaßstab sowie Sanktionen und Schlichtungsmechanismen für den Fall eines Vertragsbruchs enthalten und Anreize bieten, um die vertraglichen Ziele zu verwirklichen. Auf diese Weise lassen sich auch Regelungen zur Beendigung von unbefriedigenden Konzessionen finden.

> „Es gibt Lösungen für die Probleme der Privatisierung: Eindeutige und stimmige Normen, strenge staatliche Kontrolle und strenge Prüfung aller Verträge seitens unabhängiger Organisationen" (The Pacific Institute for Studies in Development, Environment and Security 2002: 1).

Recht gute wenn auch noch begrenzte Erfahrungen sind mit Management-Verträgen und der Vergabe von Konzessionen im Nahen Osten gemacht worden. Der erste Management-Vertrag im Wassersektor wurde 1996 für den gesamten Gazastreifen unterzeichnet. Die von Kritikern der Wasserprivatisierung im Allgemeinen angeführten und befürchteten negativen Auswirkungen sind ausgeblieben: Es hat keine Tariferhöhungen, keine Wasserabschaltungen und keine Entlassungen gegeben. „Der Management-Vertrag hat im Gegenteil dazu geführt, dass trotz wachsender Bevölkerung und knapper Ressourcen die den Haushalten zur Verfügung gestellte Menge gestiegen ist und die Trinkwasserqualität sich leicht verbessert hat" (Schiffler 2001: 10). Auch anderenorts, zum Beispiel in Amman, Jordanien, Casablanca, Marokko, werden die meisten vertraglich festgesetzten Ziele erreicht oder sogar übertroffen. Hier zahlt sich gegebenenfalls aus, dass durch die Einbeziehung der (ausländischen) Privatwirtschaft die Verwicklung in die lokalen Machtstrukturen geringer ist und die Leistungsziele für Wasserversorger genau definiert wurden. „Angesichts der allgemein geringen Transparenz öffentlicher Entscheidungen und der geringen Rechenschaftspflichtigkeit der Entscheidungsträger im Nahen Osten ... sind die bisherigen Ergebnisse beachtlich, auch wenn dies nicht bedeutet, dass sie unter anderen Bedingungen ohne weiteres wiederholt werden können" (Schiffler 2001: 11).

Grundsätzlich sollten Entscheidungsträger bei anstehenden Ausschreibungen

– den Verbleib der Wasserver- und Abwasserentsorgung bei der öffentlichen Hand als eine vorrangige Option ausarbeiten und betrachten,

– jedes private Angebot in einem öffentlichen Verfahren und ggf. unter Hinzuziehung von unabhängigen Organisationen mit der öffentlichen Variante vergleichen sowie

– geheime Vereinbarungen und Verträge vermeiden (nach Hall 2001: 4).

Korruption

„Ein großes Problem beim Wassermanagement ist die Korruption, die als größeres Leck bezeichnet wird als die Lecks in defekten Wasserleitungen. Korruption ist in allen Ländern ein ernstes Problem, besonders verheerende Auswirkungen hat sie jedoch in den Entwicklungsländern"[98] (BMU und BMZ 2001b: 4). Entgegen der verbreiteten Auffassung, dass dies vor allem ein Problem der politischen Kultur in Entwicklungsländern sei, sind heute im Gegenteil vor allem Internationale Konzerne (TNC) sowohl in OECD- als auch in Entwicklungsländern in Korruptionsfälle verwickelt. Korruption im großen Stil hat sich zu einem globalen Phänomen entwickelt. Die Contracting- und Privatisierungsprojekte werden im Zuge der Liberalisierung und Privatisierung größer und damit steigen auch die ökonomischen Anreize für Korruption.

---

[95] Compania de Aguas, eine Tochterfirma von Vivendi, blieb weit hinter den in sie gesetzten Erwartungen zurück und bot jahrelang schlechten Service. Nach vier Jahren verzeichnete das Unternehmen ein Defizit von 241 Millionen US-Dollar.

[96] Banco Gubernamental de Fomento.

[97] 1 € = 240,61 HUF (ungarischer Forint); 11,12 Mio. € = 2,7 Mrd. HUF, 1,03 Mio. € = 250 Mio. HUF.

[98] Dies ist die deutsche Übersetzung von: „A major concern for water governance is corruption, which has been termed a bigger leak from the sector than water lost from rotten pipelines. Corruption is a serious problem in all countries, but with a particular devastating effect on developing countries."

„Der Infrastruktursektor und damit auch der Wassersektor zeigt die höchste Intensität an Korruption und Betrug auf"[99] (BMU und BMZ 2001b: 4). Viele der weltgrößten Unternehmen sind angeklagt oder sogar verurteilt wegen Bestechung, Korruption und ähnlicher Dinge. Folglich war die Korruptionsbekämpfung ein wichtiger Diskussionspunkt auf der Internationalen Süßwasserkonferenz im Dezember 2001 in Bonn. Ausgangspunkt für den Kampf gegen die Korruption müsse die Transparenz von Entscheidungsprozessen sein. Auch daher hat die Beteiligung der Stakeholder eine so große Bedeutung. Bestechung als auch die Annahme von Bestechungsgeldern sind gleichermaßen zu verurteilen. Die Ankündigung des Privatsektors, einen Verhaltenskodex zu erstellen, der sich gegen Korruption und Bestechung richtet, wurde begrüßt. Darüber hinaus müssten geeignete gesetzliche Bestimmungen gegen Korruption entwickelt und umgesetzt sowie die Bevölkerung in die Entscheidungsprozesse einbezogen werden. (BMU und BMZ 2001a: 12)

Zu den effektivsten Instrumenten der Korruptionbekämpfung gehören Transparenz und ökonomische Abschreckungsmittel. Alle Dokumente sollten öffentlich verfügbar sein[100] und korrupte Unternehmen sollten künftig von öffentlichen Aufträgen ausgeschlossen werden.[101] Singapur hat beispielsweise 1996 fünf Unternehmen für fünf Jahre von allen öffentlichen Ausschreibungen ausgeschlossen, weil ein Mittelsmann verurteilt worden war, Schmiergelder im Wert von 9,8 Millionen US-Dollar für seine multinationalen Klienten angenommen zu haben (Hall 1999b: 27).

7.5.3.3 Privatisierung und Liberalisierung in Deutschland

Durch Privatisierung und Unternehmenskonzentrationen wandelt sich gegenwärtig in Deutschland die Wasserversorgung auch ohne die Verwirklichung der in den letzten Jahren intensiv diskutierten Marktöffnung. Gründe für diese Entwicklung sind die zunehmende Infragestellung der Erbringung von Leistungen der Daseinsvorsorge durch öffentliche Unternehmen, die knappen Kassen der Kommunen und die Bildung großer Multi-Utility-Unternehmen[102]. Es wird erwartet, dass der Kostendruck in der Wasserversorgung in den kommenden Jahren weiter zunimmt (UBA 2001b: 211).

In Deutschland ist die jederzeit und allerorts gesicherte Versorgung der Bevölkerung mit hygienisch einwandfreiem Wasser traditionell eine Kernaufgabe der öffentlichen Daseinsvorsorge und damit der Kommunen. Die Wahrnehmung dieser Aufgaben, d. h. den Betrieb der Trinkwasserversorgung haben dabei schon derzeit etliche Kommunen privaten oder teilprivatisierten Unternehmen anvertraut. Die deutsche Wasserwirtschaft ist aber immer noch gekennzeichnet durch eine deutliche Dominanz von Unternehmen in öffentlicher Hand und eine stark dezentralisierte Struktur. In diesen Strukturen garantiert die deutsche Wasserwirtschaft seit Jahrzehnten eine flächendeckend hohe Versorgungssicherheit und eine hohe Trinkwasserqualität, die jedem internationalen Vergleich – auch im Hinblick auf das Preisniveau – standhält.

Die Marktsituation der deutschen Wasserwirtschaft ist geprägt durch ein besonderes Verhältnis von wettbewerblichen und versorgungssichernden Elementen. Wettbewerb im Markt bleibt für den Betrieb der natürlichen Monopole eingeschränkt. In allen übrigen Sektoren der Wasserindustrie herrscht dagegen offener Wettbewerb.

Von einer weiteren Öffnung des Marktes in Richtung auf eine Konkurrenz um Versorgungsgebiete sind erhebliche Folgen für die Trinkwasserqualität und damit für den Gesundheitsschutz, den Schutz der Ressource Wasser, die Versorgungssicherheit und das verfassungsrechtlich verankerte kommunale Selbstverwaltungsrecht zu erwarten (vgl. Deutscher Bundestag 2001: i). Es gibt genügend Hinweise, dass eine weitere Öffnung des Wassermarktes ein Experiment mit ungewissen Folgen im Hinblick sowohl auf Umwelt- und Gesundheitsschutz als auch die Preisentwicklung wäre und zu einem Mehraufwand an Bürokratie führen kann. Internationale Vergleiche werfen begründete Zweifel auf, ob über eine Marktliberalisierung eine Senkung des Preisniveaus erreicht und die Herausbildung einer neuen Monopolstruktur, bei der wenige private Anbieter die vielen kommunalen Unternehmen ablösen, verhindert werden kann.

Ziel einer nachhaltigen Wasserwirtschaft muss es sein, die Wasserressourcen qualitativ so zu erhalten, dass der Aufbereitungsaufwand dauerhaft so gering wie möglich gehalten wird. Möglichkeiten, die Ressourcenqualität zu erhalten bzw. zu verbessern, können die Ausweisung von Wasserschutzgebieten, Kooperationen mit der Landwirtschaft oder gezielte Altlastensanierungen sein, wobei sich diese Maßnahmen bzw. „Investitionen" im Allgemeinen erst langfristig lohnen, und so dem Ziel einer kurzfristigen Ertragssteigerung entgegenstehen können.

Vor diesem Hintergrund spricht sich die Enquete-Kommission gegen eine grundlegende Neuordnung der Strukturen der deutschen Wasserwirtschaft durch die Streichung des kartellrechtlichen Ausnahmetatbestandes nach § 103 GWB (alte Fassung) und eine Liberalisierung des deutschen Wassermarktes aus.[103] Gleichwohl ist sie der Auf-

---

[99] Dies ist die deutsche Übersetzung von: „The infrastructure sector, and thus also the water sector, shows the highest intensity of corruption and fraud."

[100] „In Kerala, Indien, einem allgemein gerühmten Modell dezentralisierter Demokratie, werden Unterlagen über die Auswahl der Begünstigten, Berichte und Protokolle sowie alle Unterlagen über Arbeiten, die durch Fremdfirmen durchgeführt werden, einschließlich Rechnungen und Belegen, der Öffentlichkeit zugänglich gemacht" (Hall 1999 c: 4); Hall 1999b: 27.

[101] „Öffentlicher Zugang zu allen Dokumenten bietet den wesentlichen Schutz der Demokratie vor Korruption" (Hall 1999c: 4).

[102] Der Begriff „Multi-Utility"-Unternehmen bezeichnet die Anbietung einer Vielzahl von Dienstleistungen (z. B. Wasser, Abwasser, Fernwärme, Gas, Telekommunikation, Datenübermittlung, Gebäudemanagement) durch ein Unternehmen.

[103] Die Enquete-Kommission schließt sich in dieser Frage den Beschlüssen der Umwelt- und Innenministerkonferenzen der Bundesländer, der kommunalen Spitzenverbände und der Verbandsvertreter der deutschen Wasserwirtschaft an. Diese reagierten auf das vom Bundesministerium für Wirtschaft und Technologie in Auftrag gegebene Gutachten „Optionen, Chancen und Rahmenbedingungen einer Marktöffnung" (BMWi 2001c). Auch das Umweltbundesamt äußert in seinem Gutachten „Liberalisierung der deutschen Wasserversorgung" vom November 2000 erhebliche Bedenken (UBA 2000).

fassung, dass es Modernisierungsbedarf in der Wasserwirtschaft gibt. Es gibt bedeutende Potenziale, mehr Effizienz im Sinne einer optimalen betriebswirtschaftlichen Bereitstellung bester Wasserqualität zu erlangen. Diese Potenziale gilt es in einer gemeinsamen Anstrengung von Bund, Ländern, Gemeinden und Wasserwirtschaft auszuschöpfen, ohne bewährte Strukturen grundsätzlich in Frage zu stellen (s. BT-Drucksache 14/7177: 1ff.).

7.5.4 Handlungsempfehlungen

Empfehlung 7-16 Anerkennung des Rechts auf Grundversorgung mit sauberem Wasser[104]

Wasser ist ein unersetzbares Lebensmittel und deshalb ein elementares öffentliches Gut. Das Recht auf Wasser ist ein individuelles Grundrecht. Die Enquete-Kommission hält die Gewährleistung bzw. Herstellung des Zugangs zu qualitativ und quantitativ ausreichendem Wasser für eine prioritäre Aufgabe, die in der öffentlichen Verantwortung liegt. Die Enquete-Kommission empfiehlt der Bundesregierung im Speziellen darauf hinzuwirken, dass in einer ergänzenden Kommentierung von Artikel 11 des Sozialpakts ausdrücklich festgehalten wird, dass das Recht auf sauberes Wasser elementarer Bestandteil des Rechts auf Nahrung ist.

Empfehlung 7-17 Den Zugang zu Wasser durch Entwicklungszusammenarbeit verbessern

Die Enquete-Kommission fordert die Bundesregierung auf, die entwicklungspolitischen Anstrengungen zur Verbesserung des Zugangs zu Trinkwasser und zur Abwasserentsorgung zu verstärken, damit das internationale, im Millenniumsgipfel benannte Entwicklungsziel, die Anzahl der Menschen ohne Zugang zu sauberem Trinkwasser weltweit bis zum Jahr 2015 zu halbieren, erreicht werden kann.

Anzustreben ist, dass die Bundesregierung im Rahmen ihrer Entwicklungszusammenarbeit mit weiteren Ländern so genannte 20 : 20-Abkommen abschließt und dass die entsprechenden Verpflichtungen beiderseitig eingehalten werden. Darüber wird auch der Anteil der Mittel für soziale Grunddienste in der gesamten bilateralen Entwicklungszusammenarbeit, zu denen auch die Versorgung mit Trinkwasser und Sanitäranlagen zählt, steigen.

Empfehlung 7-18 Effizienz und Qualität bei der Wasserverwendung steigern[105]

Die Bundesregierung sollte für den Leitgedanken der europäischen Wasserrahmenrichtlinie als Modell für neue völkerrechtliche Lösungen im internationalen Wassermanagement werben und interessierte Länder beim Aufbau einer Integrierten Wasserressourcenbewirtschaftung (IWRB) unterstützen.

Empfehlung 7-19 Grenzüberschreitende Gewässer schützen

Die Bundesregierung sollte den im so genannten Petersberg-Prozess begonnenen Austausch von Erfahrungen über die Zusammenarbeit im Gewässerschutz intensivieren und den Politikdialog und die regionale Kooperation in der Frage der Wassernutzung insbesondere für Regionen an grenzüberschreitenden Gewässern fördern. Sie sollte sich für eine Weiterentwicklung der Konvention über die nicht-schifffahrtliche Nutzung internationaler Wasserläufe einsetzen (z. B. Aufnahme des Vorsorge- und Verursacherprinzips, einer Schwarzen Liste von hochgefährlichen Stoffen oder der Verpflichtung zur Durchführung von Umweltverträglichkeitsprüfungen).

Empfehlung 7-20 Empfehlungen der World Commission on Dams umsetzen[106]

Die Enquete-Kommission unterstützt die Auffassung der Bundesregierung, wonach ein Projektplanungsprozess, der sich nach den Kriterien der World Commission on Dams (WCD) ausrichtet, ein guter Weg ist, um unerwünschte ökologische, soziale, politische aber auch wirtschaftlich negative Folgen zu vermeiden. Wichtig für die Durchsetzung solcher Entscheidungsprozesse wäre nicht nur die Übernahme dieser Kriterien durch die Regierungen der Projektländer. Auch die Regierungen, die mit Hilfe von Ausfuhrgewährleistungen die Finanzierung dieser Projekte erst ermöglichen, sollten sich in ihren Vergaberichtlinien an den Empfehlungen der World Commission on Dams orientieren. Die Bundesregierung sollte sich in diesem Sinne ebenso in der Weltbank und den regionalen Entwicklungsbanken für eine Orientierung an der WCD aussprechen.

Empfehlung 7-21 Kosten betriebswirtschaftlich ermitteln und Preise armutsgerecht gestalten[107]

Die Preisgestaltung muss sich einerseits danach ausrichten, dass der Grundbedarf an Wasser von allen in Anspruch genommen werden kann, und muss andererseits knappheitsgerecht sein, also Anreize zur Vermeidung von Wasserverschwendung geben, z. B. durch progressive Preisgestaltung. Preise, die die vollen Kosten decken, sind auf absehbare Zeit von breiten Bevölkerungsschichten nicht zu tragen. Hier muss ein Ausgleich stattfinden, ob z. B. durch ein kostenloses Grundkontingent oder durch pauschale Transfers muss sicherlich innerhalb der einzelnen Länder anhand der vorhandenen Traditionen und Diskussionen entschieden werden.[108]

---

[104] In Kapitel 11 „Global Governance" wurde die Forderung nach Einführung eines Fakultativprotokolls zum Internationalen Pakt für wirtschaftliche, soziale und kulturelle Rechte zur Einführung eines Individualbeschwerdeverfahrens aufgenommen.
Vgl. hierzu auch das abweichende Minderheitenvotum der CDU/CSU-Fraktion in Kapitel 11.

[105] Vgl. hierzu auch das abweichende Minderheitenvotum der CDU/CSU-Fraktion in Kapitel 11.

[106] Vgl. hierzu auch das abweichende Minderheitenvotum der CDU/CSU-Fraktion in Kapitel 11.

[107] Vgl. hierzu auch das abweichende Minderheitenvotum der CDU/CSU-Fraktion in Kapitel 11.

[108] Während Chile für „Bedürftige" Sondertarife und Bezugsscheine eingeführt hat, wird dies in Südafrika wegen der Stigmatisierung und des Nachweisproblems abgelehnt, und auf eine kostenlose Grundversorgung abgehoben; die Kosten werden teilweise auf Großverbraucher umgelegt.

Empfehlung 7-22 Beteiligung der Betroffenen sicherstellen

Die Planung von Wasserversorgung sollte grundsätzlich auf einem gemeinschaftlichen, partizipativen Ansatz beruhen, d. h. Planer(-innen), Nutzer(-innen), wirtschaftlich Interessierte und Entscheider(-innen) sollten gleichermaßen beteiligt werden. Wichtig ist, dass insbesondere die Frauen, die in vielen Gesellschaften immer noch für die Wasserbeschaffung zuständig sind, in die Planungsprozesse mit einbezogen werden. Die Enquete-Kommission empfiehlt eine an das Partizipationsniveau der JSA-Guidelines angelehnte Qualität zivilgesellschaftlicher Beteiligung.

7.6 Institutionelle Stärkung globaler Umweltpolitik: Weltumweltorganisation

7.6.1 Ausgangslage

Das Umweltprogramm der Vereinten Nationen (UNEP) ist 1972 eingerichtet worden, um sich mit damals erkennbaren Aufgaben der Umweltpolitik zu befassen. UNEP sollte mit wenig Mitteln und schwachen Kompetenzen eine katalytische Aufgabe übernehmen und auf andere internationale Organisationen einwirken. Seit der Gründung von UNEP haben sich globale Umweltprobleme mit einer damals noch nicht geahnten zerstörerischen Dynamik vergrößert. Hierzu gehören z. B. Klimaveränderungen, Verlust der biologischen Vielfalt, Zerstörung von Naturwäldern, Degradation von Böden und die Ausdehnung von Dürregebieten.

UNEP hat im Rahmen seiner begrenzten Möglichkeiten durchaus Anstöße zum Schutz der Umwelt geben können. Im vergangenen Jahrzehnt hat sich freilich mehrfach gezeigt, dass UNEP nicht mehr imstande ist, die heutigen und künftigen drängenden Umweltprobleme rasch und effektiv aufzugreifen. UNEP kann mit seiner unzuverlässigen Finanzierung und fehlenden Instrumenten zur Durchsetzung seiner Politik (z. B. Sanktions- und Schlichtungsmechanismen nach dem Vorbild der WTO) die notwendigen Aufgaben nicht erfüllen. Im Ergebnis hat UNEP auf wichtigen Feldern in der Umweltpolitik nur noch eine marginale Rolle spielen können und ist aus einzelnen Entscheidungsfeldern der Umweltpolitik von der internationalen Gemeinschaft gänzlich herausgedrängt worden. Eine Folge ist, dass bestehende internationale Vereinbarungen zum Umweltschutz in der Praxis nicht hinreichend umgesetzt werden.

Im Zeitalter der Globalisierung sind große gemeinsame Anstrengungen für eine nachhaltige Entwicklung notwendig. Globale Umweltpolitik besitzt heute aber nicht den Stellenwert, der ihr auf Grund des Problemdrucks zukommen müsste: So muss festgestellt werden, dass einerseits die globalen Umweltprobleme wachsen, andererseits aber keine globale Umweltorganisation besteht, welche die Kompetenzen und Mittel hat, diese negativen Entwicklungen aufzuhalten und die Belange der Umwelt auf internationaler Ebene wirksam und unter gleichberechtigter Berücksichtigung der Interessen von Industrie- und Entwicklungsländern zu vertreten. Besonders folgenschwer sind die fehlende Koordination und Integration der Einzelaktivitäten zum Schutz der natürlichen Lebensgrundlagen der Menschheit.

Das derzeitige organisatorische Defizit droht zur schwersten Belastung der künftigen Umweltpolitik zu werden.

Trotz wachsender Umweltprobleme hat es die Staatengemeinschaft also bisher nicht vermocht, adäquate Strukturen zur kooperativen Problembewältigung aufzubauen. Dem Umweltprogramm der Vereinten Nationen (UNEP) fehlen Mandat und Ressourcen für ein energisches Umsteuern. Die UN-Kommission für Nachhaltige Entwicklung (CSD) kann die Richtung der globalen Umweltpolitik kaum beeinflussen. Die Sekretariate der diversen Umweltkonventionen sind weltweit verstreut und zu wenig vernetzt. Hinzu kommt, dass die Programme der Globalen Umweltfazilität (Global Environment Facility, GEF), die von der Weltbank in Kooperation mit UNDP und UNEP als Finanzierungsinstrument der internationalen Umweltabkommen verwaltet wird, nicht mehr als der besagte Tropfen auf den heißen Stein sind.

7.6.2 Aktuelle Reformvorschläge und Entwicklungen

7.6.2.1 Stufenmodell des WBGU

Die Reformnotwendigkeit im Bereich globaler Umweltpolitik ist auch in der wissenschaftlichen Debatte ein Thema (vgl. u. v. a. Biermann 2001, Esty 2000, Simonis 2000, TWN 2001, Unmüßig 2001). In Deutschland hat u. a. der Wissenschaftliche Beirat der Bundesregierung Globale Umweltveränderungen (WBGU) in seinem Jahresgutachten 2000 auf diese Problematik hingewiesen (WBGU 2001a: 175ff.). Der WBGU befürwortet mit dem Vorschlag einer neuen „Earth Alliance" eine Neustrukturierung der internationalen Institutionen und Organisationen im Umweltbereich, die auf den bestehenden Strukturen aufbaut und diese, wo es nötig erscheint, weiter entwickelt. Im Rahmen eines Stufenmodells soll ein erstes Ziel eine verbesserte Kooperation der verschiedenen existierenden Organisationen und Programme sein. UNEP sollte in eine eigenständige Organisationsform innerhalb des UN-Systems überführt werden. Nur so lasse sich die Handlungsfähigkeit der Vereinten Nationen zur wirksamen Bearbeitung globaler Umweltprobleme herstellen. Der Beirat tritt für die Gründung einer Globalen Umweltorganisation (Global Environment Organisation, GEO)[109] in Anlehnung an das Modell der Welthandelsorganisation ein, allerdings ohne deren Abkopplung vom UN-System anzustreben. Eine solche Stärkung von UNEP könnte nach Meinung des WBGU zunächst durch den Ausbau zu einer UN-internen Unterorganisation und später zu einer UN-Sonderorganisation geschehen. Ziel wäre dabei auch, die zentralen multilateralen Umweltabkommen und deren Sekretariate unter einem Dach zu vereinen. Die Beschlüsse über einzelne Umweltabkommen erfolgten weiterhin in gesonderten Vertragsstaatenkonferenzen, welche als „Ausschüsse" der neuen Umweltorganisation angeschlossen wären (*Earth Organisation*, WBGU 2001a).

---

[109] An Stelle des Namens „Globale Umweltorganisation" wären nach Ansicht des WBGU auch andere Bezeichnungen wie etwa „Internationale Umweltorganisation" oder „Weltumweltorganisation" denkbar.

7.6.2.2 UNEP-Reformdiskussion im Kontext des IEG-Prozesses

Bereits 1997 hatte die Bundesregierung zusammen mit Brasilien, Singapur und Südafrika einen Vorstoß unternommen, das Thema auf die internationale Tagesordnung zu setzen. Inzwischen wird das Thema von UNEP selbst bearbeitet. Eine erste internationale Umweltministerkonferenz tagte im Mai 2000 in Malmö und hob den organisatorischen Reformbedarf der globalen Umweltpolitik hervor. Anfang Februar 2001 richtete der UNEP-Verwaltungsrat in Nairobi eine intergouvernementale Arbeitsgruppe („Open-ended Intergovernmental Group of Ministers or their Representatives", IGM/IMG) zum Thema „International Environmental Governance" (IEG) ein. Diese Arbeitsgruppe sollte sowohl vorhandene institutionelle Schwächen bewerten als auch den Bedarf und die Möglichkeiten für die Weiterentwicklung von UNEP eruieren. Im Rahmen der Treffen dieser Arbeitsgruppe wurden im Jahr 2001 auch je eine Anhörung von Expert(-innen) und Vertreter(-innen) der Zivilgesellschaft durchgeführt.[110] Während insgesamt sechs Sitzungen der Intergouvernementalen Arbeitsgruppe zu IEG wurde in mehreren Arbeitsgruppen diskutiert.

Auf der dritten Sitzung am 09./10. September 2001 in *Algier*, Algerien, stellte UNEP-Exekutivdirektor Klaus Töpfer seinen überarbeiteten Bericht zu IEG vor (UNEP/IGM/3/2).[111] Des Weiteren präsentierte der kanadische Umweltminister David Anderson, Vorsitzender des UNEP-Verwaltungsrats wie auch der Intergouvernementalen Arbeitsgruppe, zur Sitzung ein Arbeitspapier mit ersten Elementen („Building Blocks") möglicher Reformen. Elemente der in den beiden Papieren vorgeschlagenen Reformen wurden in Algier in zwei Arbeitsgruppen diskutiert. Eine erste Arbeitsgruppe beriet Schritte zur Reform von UNEPs Globalem Umweltministerforum (GMEF) und weitere Maßnahmen zur Stärkung von UNEP. Vorgeschlagen wurde, dass das GMEF eine universelle Mitgliedschaft erhalten und als Steuerungsinstrument innerhalb von UNEP ausgebaut werden soll. Das GMEF soll damit auch als Forum für die Koordination in der internationalen Umweltpolitik dienen. Eine zweite Arbeitsgruppe beriet die Möglichkeiten einer noch weiter verbesserten Zusammenarbeit im Rahmen bestehender multilateraler Umweltabkommen (MEAs) und die Rolle der „Environment Management Group" (EMG). Zur verbesserten Koordinierung der MEAs und ihrer Umsetzung wurde das so genannte „Clustering"-Konzept diskutiert. „Clustering", d. h. die vertiefte Kooperation von Konventionen und Programmen, soll zunächst v. a. auf inhaltlicher Ebene gefördert werden. Die bereits bestehende „Environmental Management Group" (EMG) soll auch die oben genannten Reformen als Koordinationsforum vorbereiten. Die G77/China brachten Vorschläge für weitere „Building Blocks" ein, v. a. mit Blick auf die inhaltliche Einbettung in ein Konzept „nachhaltiger Entwicklung" und den Transfer von Ressourcen und technischer Hilfe (Capacity Building). Als UN-Programm kann UNEP bislang keine operativen Maßnahmen durchführen. Der Töpfer-Bericht enthält nun u. a. Vorschläge zum Ausbau der Kapazitäten von UNEP für operationelle Maßnahmen in Entwicklungsländern (z. B. Kapazitätenaufbau, Technologietransfer). Diese sollten jedoch möglichst auf Pilotvorhaben im engeren Umweltbereich beschränkt bleiben, damit eine klare Arbeitsteilung im UN-System gewahrt wird. Die Neufassung des „Building Blocks"-Papiers soll um die zwei Bereiche „Sustainable Development" und „Finance, Capacity Building and Technology Cooperation" erweitert werden.

Seither fanden mehrere Treffen statt, auf dem die oben genannten Themen weiter diskutiert wurden.[112] Bei der Sondersitzung des UNEP-Verwaltungsrates sowie des Globalen Ministerforums Umwelt im Februar 2002 in Cartagena konnte sich die EU mit ihrer Forderung durchsetzen, UNEP durch die Aufwertung des GMEF zu stärken. Das Ministerforum soll künftig deutlicher als bisher die politische Debatte zur globalen Umweltpolitik prägen und Empfehlungen auch gegenüber anderen UN-Einrichtungen mit Umweltaktivitäten geben können („Political Guidance"). Als Forum für die Koordination in der internationalen Umweltpolitik soll das GMEF Empfehlungen für die kohärente Umsetzung der verschiedenen multilateralen Umweltabkommen formulieren. Ferner wird die Notwendigkeit unterstrichen, UNEPs Rolle auf den Gebieten „Monitoring und Assessment" und Kapazitätenförderung in den Entwicklungs- und Schwellenländern unter Beachtung der Tätigkeitsfelder und Mandate anderer UN-Organisationen auszubauen. Ein weiteres Element der Stärkung UNEPs ist die Etablierung eines strategischen Plans zur technologischen Unterstützung und zum Kapazitätenaufbau in Entwicklungs- und Schwellenländern. Dies soll UNEP in Zusammenarbeit mit anderen betroffenen internationalen Organisationen umsetzen und dabei auf die positiven Erfahrungen aus der strategischen Partnerschaft zwischen UNEP und GEF zurückgreifen.

Der Bericht der intergouvernementalen Arbeitsgruppe wird der UN-Kommission für nachhaltige Entwicklung (CSD), die als Vorbereitungsausschuss des Weltgipfels für nachhaltige Entwicklung (WSSD) fungiert, vorgelegt. Auf dem Weltgipfel in Johannesburg sollen die Vorschläge erörtert und entsprechende Beschlüsse gefasst werden.

Das Stichwort „Weltumweltorganisation" wird im obigen Zusammenhang insgesamt eher zurückhaltend verwendet.

Die USA und Japan sowie Vertreter der G77 und Chinas nehmen eine eher zögerliche Haltung ein. Kritische

---

[110] Eine Zusammenfassung der Ergebnisse dieser Konsultationen sowie weiterer Unterlagen zum IEG-Prozess finden sich unter UNEP (2002).

[111] Der Bericht findet sich ebenfalls unter UNEP (2002).

[112] Die vierte Sitzung der IGM/IMG fand am 31. November/1. Dezember 2001 in Montreal, Kanada, statt, eine fünfte Sitzung der IGM/IMG am 25. Januar 2002 in New York. Das sechste „Final Meeting of the Open-ended Intergovernmental Group of Ministers or Their Representatives on International Environmental Governance" fand am 12. Februar 2002 in Cartagena, Kolumbien, statt. Direkt im Anschluss tagte das Globale Ministerforum Umwelt.

Stimmen mahnen an, zunächst solche Reformen anzustreben, die sich in überschaubaren Zeithorizonten sowie mit vertretbarem Aufwand erreichen lassen (vgl. Juma 2000). Auf der Basis vertrauensbildender Maßnahmen in diesem Bereich öffnet sich die Position der Entwicklungsländer jedoch in jüngster Zeit. Auch der WBGU empfiehlt nachdrücklich, sich gezielt um Koalitionen mit wichtigen Entwicklungsländern zu bemühen, um die Akzeptanz politischer Initiativen von vornherein sicherzustellen. Frankreich und Kanada unterstützen Vorschläge nach Reformen in Richtung einer Weltumweltorganisation. Die Bundesregierung votiert in Abstimmung mit der EU dafür, dass die auf dem Weltgipfel für Nachhaltige Entwicklung anstehende Beschlussfassung der Ausgangspunkt für eine Aufwertung des UN-Umweltprogramms (UNEP) sein sollte, mit der Perspektive, UNEP zu einer Weltumweltorganisation fortzuentwickeln.[113] Sowohl der Bereich Umwelt (UNEP) als auch der Bereich nachhaltige Entwicklung (insbesondere CSD) soll institutionell gestärkt werden.

Umstritten ist auch der Standort Nairobi. Mit Blick auf die angestrebten Maßnahmen des Capacity Building in Entwicklungsländern sollte der Standort Nairobi allerdings beibehalten werden. Dennoch sind massive Verbesserungen vor Ort notwendig, auch um die Personalsituation UNEPs in Nairobi zu optimieren. Voraussetzungen dafür sind insbesondere stabile finanzielle Ressourcen, politische Unterstützung für das in Nairobi angesiedelte UNEP und verbesserte Sicherheitsbedingungen in Nairobi. Zudem könnten die anderen regionalen Zentren UNEPs (Genf, Paris) weiter ausgebaut werden.

Die Gründung einer Weltumweltorganisation wird von Entwicklungs- und Industrieländern wohl nur dann akzeptiert werden, wenn beiden Seiten effektive Einflussmöglichkeiten bei deren Steuerung und Fortentwicklung eingeräumt werden. Als Modell bietet sich die Übernahme des nord-süd-paritätischen Entscheidungsverfahrens des Multilateralen Fonds im Montrealer Protokoll oder des ähnlich angelegten Mechanismus in der GEF an. Den Entwicklungsländern brächte die Gründung einer Weltumweltorganisation unter anderem den entscheidenden Vorteil einer räumlichen Zentralisierung von Verhandlungen. Sämtliche internationalen umweltpolitischen Treffen könnten am Sitzort der Weltumweltorganisation organisiert werden, was fast allen Entwicklungsländern den Aufbau eines professionellen Diplomaten- und Expertenteams vor Ort erleichtern würde. Dasselbe gilt für Umweltschutzverbände und andere Nichtregierungsorganisationen vor allem aus Entwicklungsländern, die sich das bisherige Verhandlungssystem weltweit wechselnder Konferenzen nicht leisten können.

Außerdem muss das legitime Interesse der Entwicklungsländer an deren nachholender und nachhaltiger Entwicklung berücksichtigt werden. Dies muss durch die finanzielle Stärkung der GEF und den Ausbau der entsprechenden Ressourcen- und Technologie-Transfers unterstützt werden. UNEP sollte nach Auffassung der EU auch vermehrt die Möglichkeit nutzen, anhand von kleinen, ausgewählten Pilotprojekten die konkreten ökologischen und ökonomischen Vorteile von Umweltschutzpolitik und Umweltschutztechnologie zu demonstrieren. Im IEG-Prozess hoben die G 77/China die Notwendigkeit einer „Sustainable Development"-Komponente hervor und sprachen sich in diesem Zusammenhang auch für den Erhalt der UN-Kommission für Nachhaltige Entwicklung (CSD) aus.

7.6.2.3 Die Rolle der CSD

Die Arbeit der Kommission für nachhaltige Entwicklung (CSD) hat in den vergangenen Jahren gezeigt, dass sie vor allem zwei institutionelle Beiträge zu leisten vermochte: Zum einen gelang es über die CSD, die Zivilgesellschaft in die Diskussion der Agenda-21-Themen aktiv einzubinden. Der so genannte „Multi-Stakeholder-Dialogue" der CSD, der u. a. eine Plenumsdiskussion der Hauptakteursgruppen („Major Groups") zu den Schwerpunktthemen beinhaltet, ist einer ihrer beachtlichen Erfolge und sollte in jedem Fall beibehalten werden. Zum anderen behandelte die CSD Querschnittsthemen nachhaltiger Entwicklung, für die es kein anderes adäquates internationales Forum gibt (vor allem: Wasser, Ozeane, Tourismus, Energie). Diese Funktion der CSD und ihre Rolle, die Rio-Agenda mit all ihren Facetten auf der internationalen Tagesordnung zu halten, sollte weiter gestärkt werden.

Die aktuell diskutierten Reformvorschläge gehen u. a. dahin, dass die behandelte Themenvielfalt in den einzelnen Sitzungen begrenzt werden soll. Dabei geht es vor allem um eine Steigerung der Effizienz ihres Arbeitsprogramms, z. B. durch eine vertiefte Befassung mit nur ein bis zwei Schwerpunktthemen pro Sitzung. Dies würde es auch ermöglichen, die jeweils zuständigen Ressorts stärker in die Beratungen der CSD zu den ausgewiesenen Sektoren und ihrer Bedeutung für die nachhaltige Entwicklung (etwa Landwirtschaft oder Gesundheit) einzubeziehen und somit sowohl ein klareres Profil der CSD, als auch eine verbesserte Umsetzung ihrer Ergebnisse zu erlangen. Die Themen, die auf die Tagesordnung gesetzt wurden, sollten besser vor- und nachbereitet werden, z. B. in einem rollierenden, auf einem Zweijahresrhythmus basierenden System. Die Beratung sollte abschließend sein und auch eine Implementierungsüberwachung („Monitoring") enthalten, etwa im Sinne der Wiedervorlage von Entscheidungen vergangener Sitzungen mit anschließender Erfolgskontrolle. Die Konzentration auf jeweils ein Thema könnte auch dazu beitragen, die Partizipation von Ministern anderer Sektoren und damit die Wirkung der CSD-Entscheidungen zu erhöhen.

Die CSD-10[114] dient auch als Vorbereitungsausschuss (PrepCom) für den World Summit on Sustainable Deve-

---

[113] Schon im Algier-Statement der Bundesregierung hieß es: „Besonders im Hinblick auf die Globalisierung ist es von wesentlicher Bedeutung, dass die Belange der Umwelt auf internationaler Ebene wirksam vertreten werden. Mit dem Johannesburg-Gipfel sollte eine Aufwertung der UNEP in Nairobi beginnen, mit der Aussicht auf Weiterentwicklung der UNEP zu einer Weltumweltorganisation."

[114] Für die CSD-10 sind vier Treffen geplant: 30.04.-02.05.01, 28.01.-08.02.02 und 25.03.-05.04.02 in New York und vom 27.05.-07.06.02 in Bali.

lopment (WSSD) in Johannesburg in 2002. Sie wird die Governance-Strukturen im Bereich Nachhaltige Entwicklung insgesamt behandeln und soll einen Entscheidungsvorschlag für den Gipfel ausarbeiten.

7.6.2.4 Finanzierungsfragen

Die Weltumweltorganisation wird nur dann die gewünschte Führungsrolle bei der Lösung globaler Probleme ausfüllen können, wenn für Umwelt und Entwicklung eine adäquate Finanzausstattung zur Verfügung steht. Dazu gehört zunächst, dass die materielle Basis der Weltumweltorganisation dauerhaft gesichert sein muss. Dies kann durch freiwillige Ad-hoc-Leistungen nicht erreicht werden. Im Kontext der vorgeschlagenen Reformen wird die Festlegung verbindlicher Beitragszahlungen gemäß dem üblichen UN-Schlüssel diskutiert. Darüber hinaus sind zusätzliche Mittel zur Finanzierung von Projekten erforderlich, die der Schadensreduzierung und der Anpassung an die jeweilige globale Umweltveränderung in den armen Ländern dienen (z. B. Ausbau einer überschwemmungs- und sturmsicheren Infrastruktur, Deichbau, Hafenschutz, Landnutzungswandel, Katastrophenschutz usw.). Der WBGU schlägt vor, Entgelte auf die Nutzung globaler Gemeinschaftsgüter zu erheben (s. Kasten 7-7).

Kasten 7-7

Globale Nachhaltigkeitspolitik durch neue Nutzungsentgelte auf öffentliche Güter stärken

In seinem Sondergutachten „Entgelte für die Nutzung globaler Gemeinschaftsgüter" schlägt der Wissenschaftliche Beirat der Bundesregierung Globale Umweltveränderungen (WBGU) vor, Entgelte auf die Nutzung globaler Gemeinschaftsgüter, insbesondere den internationalen Luftraum und die Hohe See, zu erheben. Die zweckgebunden einzusetzenden Nutzungsentgelte sollen zum Schutz dieser Güter beitragen und die internationale Nachhaltigkeitspolitik stärken. Hinsichtlich der Verwaltung der Mittel empfiehlt der WBGU, den größten Teil des Aufkommens an bestehende internationale Institutionen zu vergeben, etwa an die Globale Umweltfazilität (GEF) oder die neuen Fonds zum Klimaschutz.

Nutzungsentgelte für die Nutzung des Luftraums

Da der internationale Flugverkehr weltweit die stärksten Steigerungsraten aufweist und seine Treibhausgasemissionen nicht durch das Kioto-Protokoll beschränkt sind, empfiehlt der Beirat, sich auf internationaler Ebene für die schrittweise Einführung eines weltweiten Nutzungsentgelts für die Nutzung des Luftraums einzusetzen. Die Höhe des Entgelts sollte auf Basis des Flugzeugtyps, der Flugroute, der Entfernung und des Ladegewichts bestimmt werden. Die gewonnenen Finanzmittel sollten dem Klimaschutz zugute kommen. Insbesondere Maßnahmen zur Steigerung der Energieeffizienz, zur Förderung des verstärkten Einsatzes erneuerbarer Energien aber auch zur Anpassung an den globalen Klimawandel und zur Bewältigung seiner Folgen kommen für eine Förderung in Betracht.

Nutzungsentgelte für die Seeschifffahrt erheben

Die Seeschifffahrt trägt erheblich zur Verschmutzung der Meere, der Luft sowie auch zum globalen Klimawandel bei. Da auch die Treibhausgasemissionen aus dem internationalen Schiffsverkehr nicht durch das Kioto-Protokoll erfasst werden, empfiehlt der Beirat, diese Regelungslücke durch die Erhebung eines jährlich zu entrichtenden Entgelts für die Seeschifffahrt zu schließen. Ausgehend von einem Basisentgelt, das anhand der Tragfähigkeit der Schiffe, der Leistungskraft der Motoren sowie eines Gebührenfaktors zu bestimmen wäre, können Rabatte gewährt werden, deren Höhe unter anderem von einer umweltfreundlichen Reedereipolitik, der Technik der Schiffe und dem Betriebsmanagement abhängt. Die gewonnenen Finanzmittel sollten für den Meeresschutz verwendet werden, insbesondere für das integrierte Küstenmanagement in Entwicklungs- und Transformationsländern.

Entgelte für Nutzungsverzicht auf Naturschätze

Der WBGU schlägt zudem vor, Ausgleichszahlungen an Entwicklungsländer in Betracht zu ziehen, die auf eine schädigende Nutzung bestimmter Umweltressourcen verzichten und dadurch wirtschaftliche Nachteile in Kauf nehmen. Dieses Instrument setzt nicht an den globalen Gemeinschaftsgütern sondern an nationalen Gütern von globalem Wert an, wie z. B. Wäldern, Böden oder Gewässern.

Quellen: WBGU 2002a, WBGU 2002b

7.6.3 Handlungsempfehlungen

Empfehlung 7-23 Stärkung der globalen Umwelt- und Nachhaltigkeitsinstitutionen[115]

Die Enquete-Kommission „Globalisierung der Weltwirtschaft" des Deutschen Bundestags ist sich einig in der Forderung nach der Stärkung der globalen Umwelt- und Nachhaltigkeitsinstitutionen und befürwortet die Aufwertung des heutigen Umweltprogramms der Vereinten Nationen (UNEP). Die Enquete-Kommission plädiert dafür, den UN-Weltgipfel für Nachhaltige Entwicklung (WSSD) 2002 in Johannesburg zu nutzen, um diese Strukturreform auf den Weg zu bringen. Diese günstige Gelegenheit sollte nach Ansicht der Kommission für eine entsprechende Initiative zur deutlichen und zügigen Aufwertung und Neuordnung der für Umwelt und Nachhaltige Entwicklung zuständigen Gremien der Vereinten Nationen genutzt werden. Dies ist mit der dringlichen Empfehlung verbunden, das Programm sobald wie möglich zu einer Weltumweltorganisation der UNO fortzuentwickeln. Deutschland sollte in enger Absprache mit seinen europäischen und internationalen Partnern in dieser wichtigen Reformangelegenheit ein Vorreiter sein.

Das Globale Umweltministerforum (GMEF) sollte zwischenzeitlich eine Antriebs- und Koordinierungsfunktion für den globalen Umweltschutz erhalten.[116] *Die Koordinierung und Kooperation der MEAs sollte verbessert werden. Auch die CSD bedarf einer Aufwertung, v. a. mit Blick auf die legitimen Bedürfnisse der Entwicklungsländer und der Fortsetzung der „Multi-stakeholder"-Dialoge.*

Empfehlung 7-24 Finanzielle und personelle Ausstattung der Weltumweltorganisation sichern[117]

Eine durchsetzungsfähige Weltumweltorganisation sollte ein starkes Mandat erhalten, so dass sie die Belange der Umwelt effektiv wahrnehmen kann. Hierzu gehört auch die gesicherte und verbesserte finanzielle und personelle Ausstattung. Die Enquete-Kommission tritt dabei auch für die Festlegung verbindlicher Beitragszahlungen gemäß dem üblichen UN-Schlüssel ein, da sich die Höhe der Beiträge vor allem an der wirtschaftlichen Leistungsfähigkeit der Staaten orientieren soll. Auch die Diskussion innovativer Finanzierungs- und Governance-Instrumente sollte weiterverfolgt werden: Es gilt Anreizstrukturen für eine nachhaltige Entwicklung zu schaffen sowie innovative Instrumente wie Zertifikate oder Verhaltenskodizes dort einzusetzen, wo dies sinnvoll er-

scheint. Die Enquete-Kommission befürwortet zudem, dass UNEP künftig sehr viel stärker in die Entscheidungsprozesse der Globalen Umweltfazilität (GEF) einbezogen wird, deren Entscheidungen insgesamt transparenter, nachvollziehbarer und kontrollierbarer werden müssen. Die finanzielle Ausstattung der GEF sollte gestärkt werden.

Empfehlung 7-25 Akzeptanz in Entwicklungsländern für Reformüberlegungen schaffen

Aufgrund der existierenden Vorbehalte von Entwicklungsländern müssen jegliche Initiativen in diesem Bereich multilateral, gemeinsam von Industrie- und Entwicklungsländern, getragen werden. Die Akzeptanz in Entwicklungsländern für solche Reformen wird nur erreicht werden können, wenn diese ihre legitimen sozioökonomischen Entwicklungsziele nicht gefährdet sehen und entsprechende Hilfestellung erhalten. Um die entsprechenden Ressourcen-Transfers sicherzustellen, sollte u. a. die Globale Umweltfazilität (GEF) finanziell gestärkt werden. Außerdem sollten die Entwicklungsländer auch weiterhin in alle Reformüberlegungen mit einbezogen werden. Nicht nur in der Planung, auch in einer reformierten Weltumweltorganisation selbst sollte Nord und Süd bei den Entscheidungsverfahren eine gleichberechtigte Stellung eingeräumt werden – etwa nach dem Muster der nord-süd-paritätischen Entscheidungsverfahren[118] *des Montrealer Protokolls, des Ozonfonds oder der GEF.*

Empfehlung 7-26 Konsultationsforum für alle wichtigen „Stakeholders" schaffen

Zur Stärkung der Strukturen der internationalen Umweltpolitik sollte ein Konsultationsforum für alle wichtigen „Stakeholders" und Partner im Umweltschutz eingerichtet werden. Organisationen der Zivilgesellschaft (Nichtregierungsorganisationen, z. B. aus dem Umwelt-, Entwicklungs- oder Verbraucherschutzbereich, Gewerkschaften u. a.) und der Wirtschaft samt ihrer Verbände können als wertvolle Kontaktstellen von der lokalen bis zur internationalen Ebene dienen und die angemessene sowie wirkungsvolle Berücksichtigung gesellschaftlicher Belange und legitimer Interessen von Betroffenen sicherstellen. Die Mitwirkung privater Akteure hat sich bei Anhörungen und Arbeitsgruppensitzungen, bei der Bereitstellung von Informationen, sowie bei der Implementation von Übereinkünften vor Ort bewährt. Nichtregierungsorganisationen sollte daher verstärkt das Angebot unterbreitet werden, ihre Ideen und Ressourcen im Vorfeld der Entscheidungsfindung sowie bei der Umsetzung einzubringen.

---

[115] Vgl. hierzu auch das abweichende Minderheitenvotum der CDU/CSU-Fraktion in Kapitel 11.

[116] Der Vorteil solcher erster Reformschritte im Rahmen bestehender Strukturen ist, dass man kein neues Statut, keine langwierigen Ratifizierungsverfahren bräuchte. Eine Resolution der UN-Generalversammlung genügt, um sofortige Veränderungen in Gang zu setzen.

[117] Vgl. hierzu auch das abweichende Minderheitenvotum der CDU/CSU-Fraktion in Kapitel 11.

[118] Bei Beschlüssen müssen die Mehrheit der Industrieländer und die Mehrheit der Entwicklungsländer zustimmen, um zu verhindern, dass z. B. entwicklungspolitische Belange ohne die betroffenen Länder verabschiedet werden und dass z. B. bei Finanzierungsfragen die Geberländer von den Nehmerländern majorisiert werden können.

7.7 Nachhaltigkeitstrategien

7.7.1 Voraussetzungen und Hindernisse für nachhaltiges Verbraucherverhalten

7.7.1.1 Nachhaltiges[119] Verbraucherverhalten und Globalisierung

Globalisierung beeinflusst massiv die Nachhaltigkeit des Warenangebots. Gleichzeitig setzt sie Maßstäbe für die Konsumgewohnheiten bei uns und in den Entwicklungsländern. Denn nach Einschätzung des WBGU werden im Zuge der Globalisierung „umweltbelastende Wirtschaftsweisen und Lebensstile, kaum aber nachhaltige Praktiken, über den ganzen Globus verbreitet. ... Industrielle Lebensstile, die Ausbreitung westlicher Konsummuster, Mobilität und Urbanisierung sind Phänomene, die ebenfalls an der Verursachung vieler Syndrome und Umweltprobleme beteiligt sind" (WBGU 2001a: 3, 55). Im Abschlussbericht der Enquete-Kommission „Schutz des Menschen und der Umwelt" des 13. Deutschen Bundestages hieß es gemeinsam: „Unsere natürlichen Lebensgrundlagen sind durch die heute verbreiteten Produktions- und Konsummuster in zum Teil hohen Maße gefährdet" (Enquete-Kommission „Schutz des Menschen und der Umwelt" 1998: 31). Ähnlich formulierte damals die Bundesregierung: „Menschliches Leben ist an einem Punkt angelangt, an dem es Gefahr läuft, sich seiner natürlichen Grundlagen zu berauben" (BMU 1997: 9). Wir leben in einer globalen Konsumentengesellschaft mit gemeinsamen Produkten, Lebensstilen und Erwartungen. Die Aufgabe, nachhaltige Produktions- und Konsummuster zu entwickeln, liegt daher bei allen Staaten. Ebenso argumentieren die UN (CSD) unter Hervorhebung der besonderen Verantwortung der Industrieländer. Es ist an der Zeit, die identifizierten Aufgaben in Angriff zu nehmen.

Eine zunächst auf nationaler Ebene ansetzende Veränderung bestehender Konsummuster beim privaten Konsum hin zu einer Orientierung am Prinzip der Nachhaltigkeit, hat nach dem beschriebenen „Verbreitungs"-Muster der Globalisierung umgekehrt auch „nachhaltige" Effekte auf bisherige Wirtschaftsweisen und Lebensstile – und damit letztlich auch auf die Umwelt: Nationale Veränderungen der Konsummuster können eine Vorbildfunktion für die Konsumorientierung der Entwicklungsländer übernehmen. Konkret dürfte eine in Richtung Nachhaltigkeit veränderte Nachfrage zu einer Veränderung des Warenangebotes führen. Dadurch kann eine Entlastung der Umwelt erzielt werden.

Aufgrund der Pluralisierung der Lebens- und Konsumstile in unserer durch zunehmende Individualisierung gekennzeichneten Gesellschaft, müssen Konzepte nicht nur für ein nachhaltiges, sondern für ein ganzes Spektrum an potenziellen nachhaltigen Konsummustern erarbeitet werden. Aus der Erkenntnis, dass es ganz verschiedene nachhaltige Konsumstile geben kann, gilt es der totalitären Versuchung zu widerstehen, eine bestimmte Lebensform als „gut" vorzuschreiben (Bals 2002: 49). Ausgangspunkt für Überlegungen zu allen möglichen Wegen nachhaltigen Verbraucherverhaltens sollten dabei die bestehenden Konsummuster und Lebensgewohnheiten (Präferenzen) sein, die insbesondere durch das soziokulturelle Umfeld der Konsumenten geprägt werden, mit ihren unterschiedlichen Nachhaltigkeitspotenzialen. Jede Zielgruppe des „Produktes" nachhaltiges Konsumverhalten braucht demnach eine ihr zugeordnete Ansprache. Langfristige Verhaltensänderungen in Richtung auf ein an Nachhaltigkeitsaspekten orientierten Verhaltens kann nur durch positive Überzeugung, d. h. über Anreiz- und Bildungsstrategien, vor allem aber durch Vor- und Leitbilder und eine umfassende Verbraucherinformation erreicht werden. Nach allem was man weiß, müssen aber drei Dinge zusammenkommen: Push-Faktoren, wie Preise etc., die Impulse setzen, Pull-Faktoren, wie attraktive Alternativen, und Übergangshilfen, wie Aufklärung und Vorbilder; sonst sind selbst bei bestehendem qualitativ wie preislich attraktiven Angebot die Trägheiten zu hoch. Exogene Anreize und Maßnahmen zur Verringerung der Hemmschwellen sind also essentiell. Dazu gehört, dass nachhaltiges Verbrauchsverhalten nicht Verzicht sondern ein „gutes Leben" heißen kann, dem die Vermeidung von Verschwendung eigen ist. Negativ induzierte Verhaltensänderungen, wie z. B. durch die BSE-Krise, sind kurzfristig und werden entscheidend durch ihre Präsenz in den Medien geprägt. Unerheblich für das Verbraucherverhalten an sich scheint dabei die Kenntnis des Begriffs der Nachhaltigkeit zu sein. Dies zeigt sich in einer Diskrepanz zwischen „nachhaltiger" Einstellung und „nicht nachhaltigem" Konsum sowie zwischen „nachhaltigem" Konsum und Unkenntnis des Begriffs der Nachhaltigkeit bei den Verbrauchern. Dennoch wäre für die Durchsetzung des Prinzips Nachhaltigkeit als handlungsrelevantes Leitbild in der Bevölkerung ein höherer Bekanntheitsgrad förderlich. Eine dafür nötige Kultur der Nachhaltigkeit müsste nicht mehr Geld kosten, sondern kann bei genügender Verbreitung Geld sparen helfen. Nach Umfragen des Umweltbundesamtes (UBA) besteht in der Bevölkerung eine Bereitschaft, entsprechende Angebote anzunehmen (UBA 2001c, UBA 2002a, Teil IV).

---

[119] Nachhaltigkeit als Prinzip bezeichnet das Zusammenspiel der drei Dimensionen Ökologie, Ökonomie und Soziales (siehe dazu auch das folgende Kapitel 8 „Nachhaltige Entwicklung"). Im Zusammenhang mit Verbraucherverhalten erhält die ökologische Dimension von Nachhaltigkeit den Vorrang. Wirtschaftliche Entwicklung und Wohlfahrt sind langfristig nur möglich innerhalb eines gesteckten Rahmens, den die Natur als Lebensgrundlage setzt. Umgekehrt dienen ökonomische und soziale Aspekte auch zur „Machbarkeit" von Ökologie: Ökologische Produktion und Konsum sind nur realisierbar, wenn sie für den Verbraucher erschwinglich sind im Sinne eines „sich leisten können", und wenn sowohl Konsum als auch Produktion unter akzeptablen sozialen Umständen geschehen. Nachhaltiger Konsum ist bereits in verschiedenen Enquete-Kommissionen in gemeinsamen Positionen wie auch in Minderheitspositionen und Sondervoten angeklungen (Enquete-Kommission „Schutz der Erdatmosphäre" 1994: 1088-1257 – Minderheit, Enquete-Kommission „Schutz des Menschen und der Umwelt" 1998: 381ff. – Minderheit).Vorschläge und Anregungen zu den Erfordernissen eines Wandels finden sich beispielsweise in Enquete-Kommission „Schutz der Erdatmosphäre" 1994: 238ff. „Vision 2050" und 241ff. „Von der Realität in die Vision".

7.7.1.2 Anreize für einen an Nachhaltigkeit orientierten Konsumstil

Verbraucherverhalten orientiert sich an individuellen Handlungsbereitschaften und Nutzerkalkülen. Ökonomisch betrachtet lässt sich der Nutzen aufteilen in den Grundnutzen eines Produktes und den Zusatznutzen. Der Zusatznutzen beim Kauf eines „nachhaltigen" Produktes ist gegebenenfalls ein Fremdachtungsnutzen und ein Selbstachtungsnutzen, die beide gesteigert werden können.[120] Entscheidend für das Verhalten von Individuen – hier Konsumentinnen und Konsumenten – ist ihr soziokulturelles Umfeld, das die individuelle Meinungs- und Präferenzenbildung prägt. Damit ein so genannter Zusatznutzen in Form einer gesteigerten Selbst- bzw. Fremdachtung generiert werden kann, muss das soziokulturelle Umfeld des Verbrauchers den „nachhaltigen" Konsum positiv einstufen gegenüber dem „nicht nachhaltigen" Konsum. Auf dieser Ebene muss der Nutzen eines Produktes dem Verbraucher wie dem Produzenten und ihrem Publikum (Fremdachtungsnutzen) erkennbar sein, um zu einer bewusst gesteuerten Verhaltensänderung zu führen, d. h. der größere Nutzen eines nach Nachhaltigkeitsmaßstäben hergestellten Produktes gegenüber einem herkömmlichen muss nicht nur konkret erkennbar gemacht werden, sondern für die Konsumenten und die Öffentlichkeit auch glaubhaft sichtbar sein. Anderenfalls wird ihre Zahlungsbereitschaft für diesen Zusatznutzen nicht ausreichend sein, um einen höheren Kostenaufwand der Anbieter decken zu können, und die Anbieter werden kaum eine Möglichkeit haben, für einen solchen Zusatznutzen ihrer Produkte und Dienstleistungen einen höheren Aufwand zu treiben, wenn er am Markt nicht vergütet wird. Die Informationsbeschaffung der Verbraucher ist für die Durchsetzung von Zusatznutzen für nachhaltige Güter und Dienstleistungen im Markt daher essenziell. Sie sollte auch durch entsprechende an ökologischen, sozialen und ethischen Standards orientierte Offenlegungspflichten für Unternehmen erleichtert werden. Ein aus England in die deutsche Gesetzgebung übernommenes Beispiel ist die Transparenzpflicht für Anbieter der Riester-Rente.[121] Ein anderes Beispiel ist die gegenwärtige Debatte um die Einführung einer Deklaration der Umwelteigenschaften der elektrischen Stromerzeugung, die z. B. bereits in etlichen Staaten der USA eingeführt ist und gegenwärtig in der EU eingeführt werden soll. Solche Transparenzinformationen stellen, anders als dies in weiten Bereichen der Wirtschaft noch gesehen wird, kein Wettbewerbshemmnis dar, sondern sind im Gegenteil notwendige Voraussetzung, um höhere als (gesetzliche) Minimalstandards überhaupt im Markt durchsetzen zu können. Ein Gesetz zur Verbraucherinformation[122], das u. a. „dem Verbraucher den bewussten Einkauf nach seinen ethischen Wertvorstellungen ermöglichen" soll, wurde im Mai 2002 im Bundestag beschlossen.

Kaufentscheidungen laufen jedoch nicht rein „rational" bzw. nutzenorientiert ab, sondern werden stark bestimmt von emotionalen und psychologischen Einflussfaktoren – wie dies die tägliche Flut von Werbemaßnahmen verdeutlicht (symbolische Funktion wie Zugehörigkeit zu sozialer Gruppe, Statussymbol u. a.). Nachhaltige Produkte bzw. eine nachhaltige Lebensweise müssen den Verbraucher also auch emotional ansprechen, um Erfolg haben zu können. Die Förderung nachhaltiger Lebensstile sollte somit bei der Förderung von Handlungsbereitschaften ansetzen und den Verbrauchern Möglichkeiten zum „Erproben" geben, d. h. es müssen bereits Waren am Markt vorhanden sein. Werbung (über Funk, Fernsehen, Internet, Plakate) hat in diesem Zusammenhang die Funktion, einerseits zu informieren und andererseits Lust zu machen auf das Ausprobieren und Testen eines bereits vorliegenden nachhaltigen Warenangebots.

7.7.1.3 Konkrete Handlungsfelder für verhaltensändernde Maßnahmen mit unterschiedlichen Umsetzungsschwierigkeiten

Konkrete Handlungsfelder, in denen nicht nur Bedarf, sondern auch Chancen zu einer Veränderung des Verbraucherverhaltens in Richtung Nachhaltigkeit bestehen, sind Investitionen/Kapitalanlagen, Ernährung/Lebensmittel, Bildung und Wissenschaft, Mobilität und Tourismus, Bauen und Wohnen, Energienutzung. Dabei bilden die Bereiche „Bauen und Wohnen", „Lebensmittel und Ernährung", „Mobilität und Tourismus" die drei prioritären Handlungsfelder, weil die Haushalte in ihrem Verbrauchsverhalten direkt Einfluss nehmen können (Spangenberg, Lorek 2001: 6, 18).

Grundsätzlich sind Verhaltensänderungen für den Menschen dort leichter, wo persönliche Vorteile erfahrbar werden. Viel schwerer sind Änderungen im Verhalten zu erzielen, wo diese Erfahrbarkeit, der persönliche Nutzen, fehlt oder nur geringfügig ausgeprägt ist. Allgemeine Hindernisse sind hohe Preise, mangelnder Komfort bzw. Bequemlichkeit, mangelnde Verfügbarkeit, Informationsdefizite und Vertrauensmangel in die „Echtheit" von Produkten mit höherer Prozessqualität. Prozessqualität beschreibt dabei die spezifische Produktionsbedingungen, ohne dass die äußerlich wahrnehmbaren Eigenschaften – die „Ergebnisqualität" – eine höhere Prozessqualität sichtbar werden lassen müssen.

Verhältnismäßig leicht zu erreichen sind Änderungen im Bereich Bauen und Wohnen und der damit verbundenen Energienutzung, mit einer energieeffizienten Heiztechnik, optimaler Gebäudedämmung und einem angepassten Nutzerverhalten, d. h. einer gesenkten Nachfrage beim

---

[120] Fremdachtungsnutzen ist dabei der Nutzen, der durch eine besondere Achtung des Individuums durch andere entsteht. Selbstachtungsnutzen ist der Nutzen, der eine höhere Selbstachtung generiert.

[121] Im Gesetz zur Reform der gesetzlichen Rentenversicherung und zur Förderung eines kapitalgedeckten Altersvorsorgevermögens (Altersvermögensgesetz AvmG) heißt es in Artikel 6a (Zertifizierungsgesetz) § 1 Ziffer 9: „Der Anbieter muss auch darüber schriftlich informieren, ob und wie er ethische, soziale und ökologische Belange bei der Verwendung der eingezahlten Beiträge berücksichtigt". Zum ethischen Investment insgesamt siehe auch Empfehlung 2-14.

[122] Entwurf eines Verbraucherinformationsgesetzes (BT-Drs. 14/8738) vom 08.04.02.

Energiebedarf. Hier können die erreichten Energieeinsparungen spürbare monetäre Vorteile bringen. Instrumente, die dieses Einsparpotenzial bereits aufgreifen, sind beispielsweise die Energieeinsparverordnung und das CO_2-Gebäudesanierungsprogramm der Kreditanstalt für Wiederaufbau. Einer breiteren Durchsetzung stehen entgegen das tendenziell geringe Interesse am Thema Energie, Befürchtungen der Komfortbeeinträchtigung (da „Energiesparen" häufig mit „Frieren müssen" gleichgesetzt wird, obwohl das Gegenteil richtig ist: Wärmedämmung und wärmedämmende Fensterverglasung führen zu merklich geringerer Kältestrahlung der Außenwände und Fenster und damit zu höherem Komfort, der es zulässt, dass die Raumlufttemperatur ohne Komfortverlust abgesenkt werden kann, da die Kältestrahlung ungedämmter Wände und einfach- oder doppelverglaster Fenster nicht mehr durch höhere Lufttemperaturen kompensiert werden muss), Investor-Nutzer-Konflikte bei Mietobjekten sowie die technische Überforderung im Umgang mit der Haushaltstechnik.

Weitaus schwieriger zu erzielen ist ein Umdenken im Bereich Mobilität und Tourismus: Umweltschutz wird hier mit Zwängen und Einschränkungen der persönlichen Freiheiten – Stichwort Auto, Stichwort Fernreisen – verbunden. Die Vorteile nachhaltigen Verhaltens sind für den Einzelnen schwer erkennbar bzw. werden von individuellen Vorteilen nicht nachhaltigen Verhaltens überwogen. Anreize zugunsten nachhaltigen Mobilitäts-Verhaltens können geschaffen werden durch Maßnahmen wie eine kontinuierliche Anhebung der Mineralölsteuer oder einer nach CO_2 differenzierten Kfz-Steuer, einer für die Verbraucher transparenten Kennzeichnung von Kfz nach ihrer spezifischen Umweltbelastung, einem gleichzeitigen Ausbau der Bahn und des Öffentlichen Personennahverkehrs sowie einer auf den Öffentlichen Verkehr abgestimmten Siedlungs- und Flächennutzungsstrategie. Damit können die Relationen individueller Vor- und Nachteile zwischen nachhaltigen und nicht nachhaltigen Mobilitätsverhaltens zugunsten nachhaltigen Verhaltens verschoben werden.

Im Bereich Ernährung sind die Vorteile eines nachhaltigen Konsums selten direkt erfahrbar. Der Aufwand in der Beschaffung ist oft ungleich höher als bei herkömmlichen Produkten. Damit nachhaltige Produkte mit höherer Prozessqualität – z. B. Produkte aus dem Ökolandbau – die Haushalte finanziell nicht mehr belasten als herkömmliche, könnten sich die Verbrauchsstrukturen der Haushalte in Richtung weniger Fleischkonsum und mehr stärkehaltige Lebensmittel (z. B. Getreide) verändern, was im übrigen schon aus ernährungsphysiologischen Gründen empfehlenswert ist. Gleichzeitig müssen die Produkte das Kriterium der Überallerhältlichkeit (Ubiquität) erfüllen, um als Alternative für breite Schichten in Frage zu kommen. Voraussetzung für eine nachhaltige Entwicklung in der Nahrungsmittelproduktion ist die Änderung unserer heutigen Ernährungsgewohnheiten und -ansprüche. Da nachhaltige Nahrungsmittelproduktion arbeits- und wissensintensiv ist, ist sie nicht zu Billigpreisen erhältlich, vermeidet aber externe Umwelt- und Gesundheitskosten, die sonst die Allgemeinheit, also die Verbraucher, indirekt zu tragen hätten. Daher muss sich auch die Wertschätzung von Ernährung, die sich als Posten im Haushaltsbudget des deutschen Verbrauchers mit lediglich zehn Prozent niederschlägt (vier Prozent unter europäischem Durchschnitt), ändern, um in diesem Bereich eine Entwicklung in Richtung Nachhaltigkeit zu bewirken. Schon eine allmähliche Internalisierung externer Kosten (z. B. der Gesundheit und Umwelt) würde in diese Richtung führen. Andererseits gibt es zahlreiche Beispiele aus der jüngsten Zeit, die zeigen, dass Verbraucher zur Änderung ihrer Konsumgewohnheiten bereit sind, wenn sie der Auszeichnung der Produkte vertrauen. So ist der Absatz an Eiern aus der Freilandhaltung beim Lebensmitteldiscounter Aldi höher als der Absatz an Eiern aus der Käfighaltung – und dies bei einer durchaus preisbewussten Klientel dieses Discounters.

Das Beschaffungswesen der öffentlichen Hand erhält quer durch alle genannten Kategorien eine besondere Funktion: Zum einen als Vorbild für Verbraucher und Privatwirtschaft, zum anderen aber auch als Großkunde, der klare Zeichen setzt für an Nachhaltigkeit orientierten Produkten, indem er durch hohe Stückzahlen konkrete wirtschaftliche Anreize zu einer Umorientierung in Industrie und Handel schafft. Diese Funktionen können jedoch nur wahrgenommen werden, wenn die Mitarbeiter in den Beschaffungsstellen entsprechend geschult sind bzw. politische Vorgaben zur Beschaffung erhalten. Die Bundesregierung sollte entsprechende Vorschläge der EU-Kommission unterstützen.

7.7.1.4 Existierende Maßnahmen und weiterer Handlungsbedarf

Bildungsmaßnahmen, die in Schule und Hochschule greifen, setzen bei denjenigen an, die in Ausbildung, Management und Politik entscheiden. Sie sind die Grundlage einer langfristigen Umorientierung in der Gesellschaft. Ein Ansatzpunkt in den Schulen ist das Programm BLK21, das von der Kultusministerkonferenz (KMK) und der Bund-Länder-Kommission für Bildungsplanung und Forschungsförderung mit einer Laufzeit von vorerst fünf Jahren eingerichtet worden ist. In der Lehrerausbildung an den Hochschulen ist das Thema noch zu stark vernachlässigt und sollte flächendeckend in die Studienpläne Einzug erhalten.

Positive Beispiele aus Lokale Agenda 21-Prozesse zeigen auch Möglichkeiten zur Operationalisierung des Prinzips im Sinne eines nachhaltigen Verbraucherverhaltens. Sie sind Wegbereiter, um bisher nicht erreichte Verbraucher, kommunale Institutionen und den Einzelhandel für zukunftstaugliche Konsummuster zu gewinnen. Die aufgezeigten Möglichkeiten in den genannten Handlungsfeldern (Bildung, Internalisierung externer Kosten, Steuerung Lokaler Agenda 21-Prozesse, Ernährung und Landwirtschaft) sollen ausgeschöpft werden. Gleichzeitig sollen Methoden und Erfahrungen aus diesen Feldern auf weitere wichtige Handlungsfelder übertragen werden und umgekehrt (Mobilität, Tourismus, Bauen und Wohnen).

Ein ganzes Maßnahmenpaket zur Förderung „nachhaltiger" Ernährung und Landwirtschaft hat beispielsweise das

Bundesministeriums für Verbraucherschutz, Ernährung und Landwirtschaft" (BMVEL) lanciert bzw. geplant. Dazu zählen das Bundesprogramm Ökolandbau, das bundesweite Biosiegel, die Weiterentwicklung der EG-Ökoverordnung, das Ökolandbaugesetz, die Gemeinschaftsaufgabe „Verbesserung der Agrarstruktur und des Küstenschutzes" (GAK) sowie die Einführung der Modulation. Im Bereich des Bundesministeriums für Verkehr, Bau und Wohnungswesen (BMVBW) werden z. B. durch neue Vorschriften der Energieeinsparverordnung bei Neubauten der Niedrigenergiehaus-Standard zur Regel. Auch der Energiebedarf von Altbauten wird gesenkt. Häuser, die seither neu gebaut oder umgebaut werden, verbrauchen spezifisch deutlich weniger Heizenergie als bisher.

7.7.1.5 Zukunftsprojekt nachhaltiges Verbraucherverhalten

Verhaltensänderungen in einer Gesellschaft vollziehen sich langfristig und müssen über einen Zeithorizont von einem bis mehreren Jahrzehnten betrachtet und aktiv begleitet werden, bevor sie zum gesellschaftlich getragenen „Selbstläufer" werden können. Wichtig ist dabei, alle Akteure in Markt und Gesellschaft einzubinden und realistische Ziele zu setzen, deren Umsetzung von den beteiligten Akteuren getragen werden können. Eine an Nachhaltigkeit orientierte Globalisierung erfordert, dass dieser Ansatz auf internationaler und EU-Ebene vertreten wird und im Austausch mit anderen Ländern weiter entwickelt wird. Der Rat der Europäischen Union hat dazu festgehalten, „dass insbesondere den Industrieländern Verantwortung zufällt, um den gegenwärtigen und künftigen Herausforderungen der nachhaltigen Entwicklung gerecht zu werden und den Entwicklungsländern bei ihren Anstrengungen zur Verwirklichung der nachhaltigen Entwicklung zu helfen". Nach diesen Schlussfolgerungen „ist es im Zusammenhang mit dem Engagement der EU für nachhaltige Entwicklung erforderlich, dass wichtige Maßnahmen getroffen werden, wie beispielsweise die Förderung nachhaltiger Konsum- und Produktionsmuster durch Abkopplung des Wirtschaftswachstums von der Schädigung der Umwelt unter Berücksichtigung der Belastbarkeit der Ökosysteme. Dies wird einen angemessenen politischen Rahmen zur Förderung der Ökoeffizienz sowie des Ausbaus von Fertig- und Fähigkeiten erfordern."[123]

7.7.2 Ressourceneffizienz[124]

Vernunft, Ethik und ein langfristiges Ökonomieverständnis gebieten es, die Ressourceneffizienz zu erhöhen. Welche Steigerungspotenziale Produktivitäten von Produktionsfaktoren haben können, verdeutlicht die Entwicklung der Arbeitsproduktivität. Seit 1870 hat sich die Arbeitsproduktivität in Deutschland etwa um den Faktor 17 erhöht. Der hinter dieser Entwicklung stehende enorme technische Fortschritt ging in vielen Fällen mit der intensiven Ausbeutung zunächst kostspieliger und später immer billiger Naturressourcen einher. Die Industriegeschichte des Nordens ist dadurch charakterisiert, dass das „gemeinsame Naturkapital" der Menschheit drastisch dezimiert wurde; wir haben vom Kapital anstatt von den Zinsen gelebt – eine Strategie, die nicht über einen beliebig langen Zeitraum fortgeführt werden kann.

Zwar werden die Märkte langfristig zusammenbrechen, wenn ökologische Faktoren nicht einbezogen werden. Wir können jedoch nicht darauf vertrauen, dass die objektiv eingetretene Verknappung der natürlichen Ressourcen und die begrenzte Belastungsfähigkeit der Atmosphäre und Biosphäre ökologisch zumindest halbwegs wahre Preise an die Produzenten und Konsumenten zurückmelden. Preise können ohnedies niemals die „ganze ökologische Wahrheit" ausdrücken: Die Schönheit einer Naturlandschaft, der Verlust der Artenvielfalt, das Leid von Ökoflüchtlingen oder der Verlust von Menschenleben durch menschengemachte Klimakatastrophen lassen sich nicht in Geld bewerten.

Die Steigerung der Produktivität beim Ressourcenverbrauch hat andere gesellschaftliche Triebkräfte und wesentlich weniger Durchsetzungskraft als die Erhöhung der Arbeitsproduktivität seit dem 19. Jahrhundert. Während der kollektive Kampf der internationalen Arbeiterbewegung für mehr Lohn und die Verringerung der täglich zu erbringenden Arbeitsstunden die Arbeit ökonomisch knapp machte, gibt es bei den natürlichen Ressourcen keinen vergleichbaren Druck. Die Natur kann sich weder kollektiv wehren noch weltweite Schutzmaßnahmen durchsetzen.

Deshalb müssen nationale Regierungen in einem international abgestimmten Rahmen den Naturverbrauch auch weiterhin begrenzen und verknappen. Diese „ökologischen Leitplanken" werden dazu führen, dass sich der technische Fortschritt auf die Schonung von Natur und Rohstoffen konzentriert. Ohne einen solchen „ökologischen Ordnungsrahmen" ist eine zukunftsfähige Entwicklung nicht möglich.

Eine drastische Reduzierung des Ressourcenverbrauchs muss jedoch nicht heißen, dass die Wirtschaft nicht wachsen kann. Dass eine deutliche Entkoppelung von Bruttoinlandsprodukt und Ressourceninanspruchnahme möglich ist, hat die bereits seit einiger Zeit tatsächlich erfolgte Steigerung von Ressourceneffizienz in vielen Ländern und Branchen gezeigt. Auf die gesamte deutsche Volkswirtschaft bezogen, ist der spezifische Verbrauch an Rohstoffen und Energieträgern zwischen 1960 und 1999 um 47 Prozent und der spezifische Endenergieverbrauch um 34 Prozent gesunken. Dabei lassen sich allerdings deutliche Unterschiede zwischen produktionsbezogenem und konsumptivem Verbrauch feststellen. So konnte der spezifische Endenergieverbrauch im produzierenden Gewerbe in Deutschland zwischen 1960 und 2000 um 64 Prozent gesenkt werden, während er im Verkehr um 27 Prozent zunahm und bei den Haushalten etwa konstant blieb. Voraussetzung für diese Steigerungen der Ressourceneffizienz sind technologische Innovationen und Investitionen, die klarer langfristiger und möglichst international abge-

---

[123] Auszug aus den Schlussfolgerungen des Vorsitzes des europäischen Rat (Barcelona) vom 15. und 16. März 2002 Teil III; 30f..

[124] Dieses Kapitel entstand mit freundlicher Unterstützung von Dr. Summerer, Umweltbundesamt.

stimmter politischer Rahmenbedingungen bedürfen. Dann kann das Verbrauchsniveau deutlich gesenkt werden, ohne dass es zu Wohlstandseinbußen kommt.

Eine Strategie, bei der Wirtschaft und Umwelt gemeinsam gewinnen, besteht vor allem darin, die Ressourcenproduktivität maximal zu steigern, d. h. so viel wie möglich aus dem Einsatz einer bestimmten Menge an Rohstoffen und Energie herzustellen (Statistisches Bundesamt 2000). Dafür ist ein intelligenter Aufbau der Produktionsanlagen erforderlich. Was in einem Prozess Abfall oder Wärme ist, wird in einem anderen Herstellungsverfahren sinnvoll eingesetzt. Dieser produkt- und prozessorientierte Umweltschutz ist ein wichtiges Teilelement der Ressourceneffizienz.

Art und Umfang der Ressourceninanspruchnahme hängen eng zusammen mit der wirtschaftlichen, wissenschaftlichen und technischen Entwicklung. Als Folge der wissenschaftlichen und technischen Innovation ändert sich die Nutzung natürlicher Ressourcen fortwährend. Knapp werdende Ressourcen können „gestreckt" werden durch die Miniaturisierung von Produkten, sie können aber auch ganz geschont werden durch die Entwicklung von Alternativen. Obwohl das Naturkapital nicht beliebig durch Humankapital substituiert werden kann, sind wissenschaftliche und technische Innovationen ein wesentliches Element einer nachhaltigen Ressourceninanspruchnahme.

Bei gegebener Technik bedeutet eine Reduzierung der Rohstoffgewinnung stets eine Umweltentlastung in mehreren Problembereichen. Es reduzieren sich die Beeinträchtigungen, die sich durch den Abbau und die Aufbereitung der Rohstoffe und den Transport ergeben, sowie die Beeinträchtigungen durch die Freisetzung von Schadstoffen und die Abfälle. Mit der Verringerung der Rohstoffgewinnung können daher „mehrere Fliegen mit einer Klappe" geschlagen werden.

Die Bedeutung der Thematik „Ressourcenschutz und Ressourceneffizienz" ist in den vergangenen Jahrzehnten kontinuierlich gewachsen. Nach ersten Ansätzen im ersten Umweltprogramm der Bundesregierung aus dem Jahre 1972 ist 1994 mit der Staatszielbestimmung Umweltschutz (Art. 20a GG) der Schutz der natürlichen Lebensgrundlagen auch für künftige Generationen im Grundgesetz verankert worden. Im Kreislaufwirtschafts- und Abfallgesetz ist der Grundsatz der Ressourcenschonung in §1 festgeschrieben, indem als Zweck des Gesetzes – neben der umweltverträglichen Beseitigung von Abfällen – explizit die Schonung der natürlichen Ressourcen angegeben ist. Die Verwirklichung dieses Zweckes wird durch die in den Grundsätzen der Kreislaufwirtschaft (§4) festgelegte Hierarchie mit dem Vorrang der Vermeidung von Abfall vor dessen Verwertung und Beseitigung, die Konkretisierung durch Grundpflichten des Abfallerzeugers sowie durch die Bestimmungen zur Produktverantwortung (§ 22 ff.) umgesetzt.

Die politische Bedeutung des Themas Ressourcenschutz ist auch in der nationalen Nachhaltigkeitsstrategie der Bundesregierung deutlich geworden. Wenn wir Verantwortung für künftige Generationen übernehmen wollen, heißt es dort, müssen wir vor allem auch knappe Ressourcen sparsam und effizient nutzen. Ein wichtiger Indikator dafür ist die Energie- und Rohstoffeffizienz. In ihrer nationalen Nachhaltigkeitsstrategie hat die Bundesregierung dem Themenschwerpunkt Ressourcenschonung zwei Handlungsziele zugeordnet:

– Erhöhung der Rohstoffproduktivität auf das 2,5fache bis 2020 auf der Basis von 1993
– Verdoppelung der Energieproduktivität bis 2020 auf der Basis von 1990.

Als Rohstoffproduktivität wird das Verhältnis von Wirtschaftsprodukt zum Verbrauch nicht erneuerbarer Rohstoffe bezeichnet. Auf eine Volkswirtschaft bezogen, stellt diese Kenngröße dar, wie viel Bruttoinlandsprodukt mit einer Tonne Rohstoff „produziert" wird. Für diese Berechnung wird die Rohstoffinanspruchnahme des entsprechenden Landes zugrunde gelegt. Diese setzt sich zusammen aus der inländischen Entnahme und der Einfuhr nicht erneuerbarer Energieträger (Kohle, Erdöl, Erdgas usw.), Eisen, Mineralien, Steine und Erden bzw. deren Erzeugnissen. Um zu einer Reduzierung der absoluten Rohstoffinanspruchnahme zu kommen, muss die Rohstoffproduktivität eine höhere Steigerungsrate aufweisen als das Wirtschaftswachstum.

Die umweltpolitische Forderung nach einer Reduktion der Rohstoffinanspruchnahme wird in verschiedenen Konzepten mit konkreten Reduktionszielen (Faktor vier oder Faktor zehn, von Weizsäcker u. a. 1997, Schmidt-Bleek 1998) verbunden. Diese Konzepte sind zunächst vom Wuppertal Institut entwickelt und propagiert worden und haben inzwischen sowohl in der Wirtschaft (z. B. im World Business Council for Sustainable Development, WBCSD) als auch auf Regierungsebene ein breites internationales Echo gefunden. Auch das Umweltprogramm der Vereinten Nationen (UNEP) sieht in der Ressourceninanspruchnahme ein Schlüsselproblem und greift in seinem Bericht „Global Environment Outlook 2000" das Ziel einer Reduktion der Ressourceinanspruchnahme um den Faktor zehn auf: „Eine Reduzierung des Ressourcenverbrauchs in den Industrienationen um das 10-fache ist ein notwendiges langfristiges Ziel, wenn angemessene Ressourcen für die Bedürfnisse der Entwicklungsländer bereit gestellt werden sollen"[125] (UNEP 1999: 2).

Im Bereich informatorischer und organisatorischer Maßnahmen des Umweltschutzes sind die Ziele der Material- und Energieeffizienz unter dem Begriff „Ökoeffizienz" bekannt geworden (Liedtke 2001). Material- und Energieverbrauch sind im betrieblichen und produktbezogenen Umweltschutz wichtige Kriterien, die bei Ökobilanzen, Produktlinienanalysen, Umweltzeichen und im betrieblichen Umweltcontrolling berücksichtigt werden.

---

[125] Dies ist die deutsche Übersetzung von: „A tenfold reduction in resource consumption in the industrialized countries is a necessary long-term target if adequate resources are to be released for the needs of developing countries."

Ob die im Rahmen einer Strategie der Ökoeffizienz möglichen informatorischen und organisatorischen Maßnahmen realisiert werden, hängt vor allem auch davon ab, inwieweit die Ressourceninanspruchnahme als Kostenfaktor wahrgenommen wird. Solange negative Folgen der Ressourceninanspruchnahme zu Lasten Dritter erfolgen und dem Nutzer nicht zugerechnet werden (externe Kosten) besteht kein hinreichender wirtschaftlicher Anreiz für einen sparsamen Gebrauch. Die Internalisierung dieser externen Kosten durch die Anwendung rechtlicher und/oder ökonomischer Instrumente ist daher ein wichtiger Ansatzpunkt zur Steigerung der Ökoeffizienz.

Rechtliche Instrumente sind vor allem dort angebracht, wo die zu regelnden Tatbestände eindeutig und gravierend sind und die Zahl der Akteure überschaubar ist. Der Einsatz ökonomischer Instrumente (z. B. Umweltabgaben) bietet sich vor allem dann an, wenn die zu verringernde Umweltbelastung von einer Vielzahl von Quellen, z. B. breiten Kreisen der Bevölkerung verursacht wird und eine Feinsteuerung des Verhaltens in Richtung Ressourceneffizienz nicht praktikabel ist. Wollte man z. B. die notwendige Verringerung der CO_2-Emissionen allein durch Produktions- und Produktauflagen erreichen, müssten Hunderttausende von Einzelauflagen die verschiedenen Formen der Energienutzung regeln. Dies würde die Regelungsfähigkeit der Umweltpolitik überfordern und die Handlungsfreiheit der Wirtschaftssubjekte in einem unzumutbaren Maße beschneiden. Ökonomische Instrumente, die im Sinne einer Grobsteuerung wirtschaftliche Anreize für ein umweltgerechteres Verhalten schaffen, oder Selbstverpflichtungen stellen in einem solchen Fall die besser geeignete Lösung dar (Lübbe-Wolf 1996).

Die erforderliche drastische Steigerung der Ressourceneffizienz ist allerdings nicht im Selbstlauf zu erreichen, sondern nur durch eine Kombination energiepolitischer Vorgaben, Anreize und Anregungen. Der notwendige Policy Mix für einen nachhaltigen Ressourcenverbrauch besteht aus vielen Instrumenten. Dazu gehören vor allem

– eine länderübergreifende Zusammenarbeit – durch die Verabschiedung internationaler Verträge und den Transfer von Know-how und Techniken,

– globale, über den Preis zu steuernde Instrumente, wie z. B. die einkommensneutrale Energiesteuer und handelbare Zertifikate,

– ordnungsrechtliche Vorschriften, die die maximalen Ressourcenverbräuche in den Bedürfnisfeldern Bauen und Wohnen und Mobilität festschreiben,

– freiwillige Vereinbarungen von Industrieverbänden, z. B. über CO_2-Reduktionsziele und

– Förderprogramme, z. B. für die Markteinführung regenerativer Energien.

Gerade auch auf internationaler Ebene muss es Instrumentenbündel geben, die auf die jeweiligen Länder und Sektoren sowie auf ihre spezifischen Gegebenheiten abgestimmt sind. Einen Königsweg für alle Regionen und alle Sektoren kann es nicht geben und der Erfolg oder Misserfolg einer Politik der Ressourcenschonung wird nicht zuletzt davon abhängen, ob es gelingt, den optimalen Instrumentenmix zu finden und einzusetzen.

7.7.3 Technologietransfer als Instrument für eine nachhaltige Entwicklung[126]

Unter Technologietransfer versteht man den planmäßigen und nach wirtschaftlichen bzw. umwelt- und entwicklungspolitischen Aspekten organisierten Export von Technologien von einem Land in ein anderes, meist von hochindustrialisierten Ländern in Schwellen- oder Entwicklungsländer. Beim Technologietransfer ist zu unterscheiden zwischen Hardware (der technischen Ausrüstung) und Software (dem Schaffen der institutionellen und organisatorischen Voraussetzungen für die Anwendung von Technologien – „Capacity Building") einschließlich Qualifikationen.

Es gibt viele Gebiete, auf denen die unterschiedlichen Akteure zum Technologietransfer (Regierungen, der private Sektor, Finanzinstitutionen, Nichtregierungsorganisationen oder Forschungs- und Bildungsinstitutionen) zusammenarbeiten. Die geläufigsten sind der direkte Warenaustausch, Lizenzierungen, Franchising, Auslandsinvestitionen, der Verkauf von schlüsselfertigen Anlagen, Joint Ventures, Unteraufträge, Forschungs- oder Co-Produktionsvereinbarungen, Austausch von wissenschaftlichem und technischem Personal, Konferenzen, Handelsausstellungen und Messen, Ausbildung von Multiplikatoren, Wirtschaftsdelegationen, Informationsaustausch über Artikel oder Internetportale, Regierungsprogramme und -projekte.

Jeder dieser Wege repräsentiert unterschiedliche Arten des Austauschs von Wissen, Geld und Waren zwischen den Akteuren. Ausgehend von der treibenden Kraft für einen Technologietransfer kann man unterscheiden zwischen

– staatlich initiiertem und geförderten Technologietransfer,

– Technologietransfer, der durch privatwirtschaftliche Aktivitäten geprägt ist, und

– Technologietransfer, der von Gesellschaften aufgrund eines speziellen Handlungsbedarfs ausgelöst wird.

Für Deutschland hat das Thema Technologietransfer eine besondere Bedeutung, insbesonders angesichts der Tatsache, dass Deutschland einer der reichsten Industriestaaten mit starker Exportorientierung seiner Wirtschaft ist und auf vielen technischen Gebieten weltweit als führend angesehen wird. Dies trifft auch auf die Umwelttechnik zu, die als integrierter Bestandteil von Produktionsanlagen, Industrieprodukten (z. B. Kraftwerken) oder als nachsorgende Technik (z. B. Kläranlagen) für den Export Bedeutung hat.

In den folgenden Ausführungen wird der mehr staatlich mitgestaltete Technologietransfer behandelt. Die beispielhaft auf den Bereich der Umwelttechnik bezogenen Aussagen, lassen sich auf andere Technologiebereiche übertragen. Unter dem Gesichtspunkt einer gewünschten

---

[126] Dieses Kapitel entstand mit freundlicher Unterstützung von Dr. Pohle, Umweltbundesamt.

Orientierung an Zielen der Nachhaltigkeit kommt der umwelt- und sozialverträglichen Technik allerdings besondere Bedeutung zu.

7.7.3.1 Technologietransfers als strategisches Arbeitsfeld

Das Thema „Technologietransfer" hat einen außerordentlichen Stellenwert in den Agenden der internationalen Organisationen. Von EU, OECD, UNCTAD sowie den umwelt- und entwicklungsrelevanten Organisationen des UN-Systems wird es mitunter fast als Zauberformel angesehen. Überall wird die Notwendigkeit einer Steigerung der technischen Leistungsfähigkeit, insbesondere der Entwicklungsländer, durch wirtschaftliche und technische Zusammenarbeit betont, und das heißt insbesondere der Austausch von Know-how und fortgeschrittener Technologie. So soll Technik dazu beitragen, dass auch in Fällen großer Armut wirtschaftliche Entwicklung und Umweltentlastung Hand in Hand gehen. Generell – so die optimistischen Einschätzungen – könne die Technik eine relative, in Einzelfällen sogar eine sehr weitgehende Entkopplung zwischen Wirtschaftswachstum und Umweltbelastung herbeiführen und damit eine Entwicklung einleiten, die Schwellen- und Entwicklungsländer an die Industrieländer heranführt, ohne deren ressourcen- und umweltintensiven Lebensstil zu übernehmen. Die Empfängerländer modernster Technologien sollen teure und umweltintensive Entwicklungsstufen der Industrieländer quasi überspringen und den Prozess ihrer wirtschaftlichen Stärkung von Anfang an unter dem Leitbild der Nachhaltigkeit gestalten.

Daher greift die Agenda 21 an vielen Stellen, insbesondere in Kapitel 34[127], die Notwendigkeit eines verstärkten Transfers von Technologien und Wissen als wichtige Ansatzpunkte zur Überwindung des globalen Entwicklungsgefälles sowie zur Bewältigung nationaler und globaler Umweltprobleme heraus. Gemäß der Kommission der Vereinten Nationen für nachhaltige Entwicklung (CSD) soll zur Entwicklungsförderung und zur Umweltvorsorge in Kooperation beim Transfer das „gesamte Technologiespektrum" zum Einsatz kommen, das umweltschonend und ressourcensparend ist.

Zur Ambivalenz des Technologietransfers

Die außerordentlich hohe Wertschätzung von Wissenstausch und Technologietransfer in den Agenden der internationalen Organisationen und die großen Hoffnungen, die – von Seiten der Industrieländer und vieler Entwicklungsländer – in einen umfassenden Austausch von Know-how und Technologie auch und gerade unter dem Aspekt der nachhaltigen Entwicklung gesetzt werden, sind die eine Seite der Medaille. Die andere Seite ist die sehr viel weniger rühmliche Rolle, die der Export von Know-how und Technik in der Vergangenheit gespielt hat.

Selbst in den Fällen, in denen der Transfer von Wissen und Technik nicht an unmittelbar wirtschaftlichen Interessen der Urheberländer orientiert war, ist in aller Regel von der selbstverständlichen Voraussetzung ausgegangen worden, dass am Ende einer auch mittels Technologietransfer betriebenen Entwicklungshilfe leidlich industrialisierte und in ihrer Wirtschafts- und Sozialstruktur mit den „Geberländern" vergleichbare Staaten stehen müssten. Die besonderen Gegebenheiten in den Entwicklungsländern sind – wenn sie überhaupt wahrgenommen worden sind – lediglich als Hemmnisse angesehen worden, die es so schnell wie möglich zu überwinden galt. Dabei wurde nur unzureichend Rücksicht auf die natürlichen Gegebenheiten und die soziokulturellen Rahmenbedingungen in den Zielländern genommen.

Technologietransfer und Wissensaustausch – Die richtige Mischung

Die Erfahrungen der vergangenen Jahrzehnte zeigen, dass ein Technologietransfer ohne umfassenden Wissensaustausch scheitern muss. Bei der Überwindung globaler Entwicklungsunterschiede und Umweltprobleme kommt es nicht nur auf den Transfer von Kenntnissen über das engere Technologiesystem oder auf die Vermittlung von Wissen über technische Handlungsmöglichkeiten an. Zum Wissenstransfer zählt vor allem auch die Vermittlung von Kenntnissen über ökonomische und gesellschaftspolitische Facetten des Technologietransfers. Insofern müssen Technologien in aller Regel an die im weitesten Sinne sozio-ökonomischen und sozio-kulturellen Bedingungen in den Zielländern angepasst werden (Appropriate Technologies). Ein Teil dieser Anpassungen geschieht sinnvollerweise zusammen mit den Menschen vor Ort, mittelfristig in den Zielländern selbst, so dass sich auf die Dauer dort Produktions- und Instandhaltungskapazitäten, entsprechende Teilmärkte und vor allem das erforderliche Know-how entwickeln. Eine enge Auslegung des Technologietransfers führt zwangsläufig zu einem Übergewicht der Hardware (der technischen Ausrüstung) gegenüber der Software (der wissenschaftlichen und technischen Kompetenz), zu einem Übergewicht an Fremdbestimmung und zu einer Unterbewertung dessen, was Menschen in den Empfängerländern selbst zu leisten imstande sind.

Inzwischen beginnt sich die Auffassung durchzusetzen, zu transferierende Technologie als zu optimierende Dienstleistungsbündel zu betrachten, die die technische Komponente, das Know-how im Sinne breiter Wissensvermittlung, Organisation und Produkt umfassen. Der Technologietransfer soll vor allem dem Aufbau informeller und organisatorischer Kapazitäten dienen und soll die Empfängerländer in die Lage versetzen, Innovationen schneller und effektiver in den eigenen Entwicklungsprozess zu integrieren und dabei selbst innovativ tätig zu werden. Nur so kann der Substanzverlust an wissenschaftlichem Know-how durch Abwanderung von Experten in die Industrieländer aufgehalten werden (Stichwort „Green Card").

Bei Fördermaßnahmen ist auch darauf zu achten, dass beispielsweise Projekte einen Demonstrationscharakter haben. Die bi- und multilateralen Fördermittel sind im Vergleich zum gesamten Investitionsbedarf sehr gering.

---

[127] Kapitel 34 der Agenda 21: Transfer umweltverträglicher Technologien, Kooperationen und Stärkung von personellen und institutionellen Kapazitäten (BMU 1993: 248ff.).

Daher ist es besonders wichtig, dass die Maßnahmen einen nachhaltigeren Effekt haben und geeignet sind, als Beispiel für weitere Anwendungen zu dienen (Impuls- oder Katalysatorfunktion, Demonstrationscharakter).

Ein ausschließlich langfristiger, software-orientierter Ansatz des Technologietransfers birgt hingegen das Risiko, dass die Beteiligten mangels in absehbarer Zeit erzielter konkreter Ergebnisse Lust und Interesse verlieren. Auch bestehen bei Softwaremaßnahmen (einschließlich der Forschungsförderung, Messprojekten, Konzeptstudien etc.) oftmals Legitimationsprobleme, die in demokratischen Zielländern in der Öffentlichkeit diskutiert werden. Verantwortliche in den Zielländern müssen sich sehr bald und zu recht den ungeduldigen Fragen aus der betroffenen Bevölkerung stellen: Was habt ihr erreicht mit eurer Politik? Wie wurden die ausländischen Fördergelder und Kredite verwendet? Wie wurde damit beispielsweise konkret die Umwelt verbessert?

Rahmenbedingungen und Restriktionen im Wissens- und Technologietranfer

Die praktischen Erfahrungen mit Technologietransfer zeigen, dass er sinnvollerweise als Projekt organisiert werden sollte, für dessen erfolgreichen Verlauf in aller Regel eine Reihe konkreter Grundvoraussetzungen vorliegen müssen. Wichtig ist in vielen Fällen die Einbindung des Transferprojektes in ein Programm der bi- oder multilateralen Zusammenarbeit. Bei der Auswahl von Projekten ist nicht nur auf die Beurteilung der maßgeblichen Akteure zu achten, sondern auch auf den Stand der Vorbereitung des Projektes. Insbesondere ist die Berücksichtigung sozialer und kultureller Aspekte von vorneherein in Projekten zu integrieren und ihr ist eine wesentliche Bedeutung beizumessen. Wichtig für den Anschub gemeinsamer Projekte ist eine Anschubfinanzierung. Die Finanzierung hat insgesamt große Bedeutung. Sie ist die Basis einer dauerhaften konkreten Zusammenarbeit, die über den Rahmen eines allgemeinen Informationsaustauschs hinausgeht. Ein aktives Projektmanagement und -controlling muss sichergestellt werden. Dabei ist die Trennung zwischen operativ-fachlichen und strategisch-politischen Aufgaben frühzeitig einzuleiten. Gerade unter dem Gesichtspunkt sozialer und ggf. gewünschter politischer Effekte muss der Förderung dezentraler Kleinprojekte außerhalb von Regierungsabkommen – oder in diese global eingebettet – großes Gewicht gegeben werden. Auch hier ist auf Demonstrationscharakter, ein gutes Projektmanagement und -controlling zu achten, die Vergabe von Mitteln für solche Projekte sollte jedoch möglichst unkompliziert sein.

Ein beachtlicher Teil des Wissenstransfers vollzieht sich im Rahmen von Markt- und Wettbewerbsprozessen bei gleichzeitiger Gewährung von Verfügungs- bzw. Zugangsrechten zu bestehendem und neu hinzukommendem Wissen. Der Ausschluss anderer von neuem Wissenszuwachs, etwa über Patentanmeldungen, ist in Grenzen möglich und löst im regionalen Umfeld bzw. bei Ländern, die mit innovativen Gütern und Techniken handeln, Anreize für technischen Fortschritt aus. Für potenzielle Empfängerländer solcher in den Industrieländern entwickelten Technologien stellt die mit dem Patentwesen verbundene Zugangsbeschränkung demgegenüber zumindest ein finanzielles Problem dar.

Wissensaustausch und Technologietransfer sind an einige wichtige Prämissen gebunden. Hierzu zählt als Mindestvoraussetzung die Vermittlung einer soliden Grundausbildung, um einen besseren Informationsaustausch zu ermöglichen. Vor allem der nicht marktdeterminierte Transfer von Wissen und technischem Know-how kann durch die Hochschulen und Fachhochschulen geleistet werden. Sie sind eine wichtige Basis für den Aufbau der eigenen Forschung, die stärker am regionalen Umfeld und seinen Problemen orientiert ist. Hinzu treten in der Regel die Notwendigkeit des raschen Ausbaus der Telekommunikations- und Verkehrsinfrastruktur, um die individuellen Kontaktmöglichkeiten zu stärken, die Unterstützung des Forscheraustauschs und die Gewährleistung an Eigentumsrechten an neuem Wissen.

Akteure des Technlogietransfers in Deutschland

Wissens- und Technologietransfer beispielsweise zur Umwelttechnik stützt sich in Deutschland vor allem auf wirtschaftliche Beziehungen, die Entwicklungszusammenarbeit, auf bilaterale Umweltabkommen und auf Forschungs- und Bildungskooperationen mit Drittländern. Eine Übersicht über die deutschen Institutionen und deren Aktivitäten zum Umwelttechnologietransfer bietet die Publikation „Umwelttechnologietransfer in Nichtindustrieländer" (Seidensticker 1999).

Voraussetzungen für den Technologietransfer

Ein entscheidender Faktor für den Technologietransfer ist die erfolgreiche Anwendung der zu transferierenden Technologien in den Ursprungsländern selbst. Hier kommt den Industrieländern eine wichtige Vorbildfunktion zu. Die Entwicklung in Schwellen- und Entwicklungsländern vollzieht sich nicht autonom, d. h. unabhängig vom Wohlstandsmodell in den Industrieländern. Vielmehr sind die zu transferierenden Technologien, Hardware wie Software, von den Wert- und Zielvorstellungen der Geberländer geprägt. Die Empfängerländer sind zwar in der Pflicht, selbständige Strategien einer nachhaltigen Entwicklung zu definieren und in ihre nationale Politik umzusetzen. Konkrete Beispiele der Geberländer für eine nachhaltige Entwicklung wären jedoch am ehesten dazu in der Lage, eine solche Entwicklung auch in den Empfängerländern anzuregen. Daher kommt beispielsweise einer Intensivierung von Nachhaltigkeit in Deutschland und in der EU eine hohe Bedeutung für den Übergang zu einer nachhaltigen Entwicklung in den Schwellen- und Entwicklungsländern zu. Ein Beispiel für die Verknüpfung dieser Aspekte und zugleich einer Förderung kleiner und mittlerer Unternehmen stellt das Transferzentrum für angepasste Technologien in Nordrhein-Westfalen dar.

7.7.3.2 Technologietransfer und wirtschaftliche Entwicklung in Deutschland

Neben der moralischen Verpflichtung der Industrieländer zur Unterstützung der Schwellen- und Entwicklungsländer bei der Schaffung der institutionellen und organisatorischen Voraussetzungen für eine nachhaltige Entwicklung bietet der Technologietransfer natürlich erhebliche Chancen für die wirtschaftliche Entwicklung in den Industrienationen selbst.

Trotz gewisser Unsicherheiten sind die wirtschaftlichen Entwicklungsmöglichkeiten im Bereich der globalen Märkte für Deutschland gut. Mit einem relativ kräftigen Wachstum ist beispielsweise auf dem Markt für erneuerbare Energien zu rechnen. Eine vom Büro für Technikfolgenabschätzung in Auftrag gegebene Studie zeigt, dass auf mittlere bis längere Sicht (etwa zehn bis 15 Jahre) weltweit mit einem jährlichen Investitionsvolumen in Höhe von 84 Milliarden Euro[128] für Anlagentechnik auf diesem Gebiet gerechnet werden kann (TAB 1996: 9).

Strategien zum Technologietransfer sind nur im Dialog zwischen Politik und Wirtschaft zu entwickeln, um sozusagen mit verteilten Rollen gemeinsam für eine weltweite nachhaltige Entwicklung und eine Verbesserung der Marktchancen deutscher Technologie zu arbeiten. Die Politik kann hier allerdings nur flankierend wirksam werden. Es geht vor allem darum, politische Rahmenbedingungen zu schaffen, die die Aktivitäten der deutschen Wirtschaft und hier insbesondere der kleinen und mittelständischen Unternehmen (KMU) unterstützt, um eine Chancengleichheit auf den Märkten zu sichern. In erster Linie sind die Unternehmen selbst aufgefordert, mit Innovationen und einem entsprechenden Risiko die Chancen auf den internationalen Märkten zu nutzen. Kontakte im Rahmen der internationalen Zusammenarbeit zeigen, dass international ein erhebliches Interesse an einer Zusammenarbeit mit deutschen Firmen besteht. Bei den in diesem Zusammenhang so wichtigen kleinen und mittleren Unternehmen ist allerdings zu beachten, dass sie ihre Rolle in diesem Kontext nur dann spielen können, wenn sie dazu eine zielgenaue finanzielle und institutionelle (Transferzentren) Förderung erhalten.

Neben der Entwicklung von Kriterien für einen erfolgreichen Technologietransfer sind beispielsweise für die Verbesserung des Technologietransfers der Ausbau des Außenwirtschaftsportals „ixpos" (www.ixpos.de) in Analogie zum deutschen Portal zum Umwelttechnologietransfer (www.cleaner-production.de) sowie generell der Zugang zu deutschen Technologien zu verbessern. Vom BMWi sollte dazu die Entwicklung von internetgestützten „Marktplätzen" zu speziellen Technologiebereichen gefördert werden.

7.7.4 Handlungsempfehlungen

Empfehlung 7-27 Kultur der Nachhaltigkeit stärken

Nachhaltig leben bedeutet nicht notwendigerweise Verzicht, sondern die Chance zu einem guten Leben. Das schließt ein Handeln ein, das Verschwendung vermeidet. Die Bundesregierung sollte insbesondere solche Informations- und Aufklärungsbemühungen für nachhaltiges Verhalten unterstützen, die an zentrale Verhaltensmotive wie Convenience, Zeitsparnis, Spaß und Gesundheit anknüpfen und dadurch zur Motivation der beteiligten Akteure beitragen.

Empfehlung 7-28 Transparenz schaffen mit Kennzeichen und Tests

Durch einfache und glaubwürdige Schlüsselinformationen wie Umweltkennzeichen (z. B. Biosiegel), die Deklaration einer Nachhaltigkeit fördernde Prozessqualität (z. B. Deklaration von Erzeugungsanlagen und Emissionen bei der Stromerzeugung) oder an Sozialstandards orientierte Waren- und Unternehmenstests kann in zunehmenden Konsumbereichen bei den Verbrauchern die erforderliche Signalwirkung und das benötigte Vertrauen in nachhaltige Produkte und Transparenz geschaffen werden. Unternehmen sollten daher Offenlegungspflichten auferlegt werden bezüglich ökologischer, sozialer und ethischer Belange bei Produktion und Investitionen. Sowohl für Produkt- als auch für Unternehmenstests müssen prüfbare Bewertungskriterien entwickelt und festgelegt werden. Die damit geschaffene Transparenz stärkt auch die internationale Wettbewerbsfähigkeit der deutschen Wirtschaft.[129]

Empfehlung 7-29 Industrie und Handel mit staatlichen Anreizen überzeugen

Die Bundesregierung soll mit den ihr verfügbaren politischen Instrumentarien Einfluss nehmen auf Handel und Industrie in Richtung auf Produktion und Absatz nachhaltiger Produkte. Gefördert werden sollen im Ergebnis neben ökologischer Produktion ökologieorientierte Handelskonzepte. Im Bereich Energie ist die rasche Einführung eines Energiepasses erforderlich, um potenziellen Mietern oder Eigentümern ein Signal zur Höhe der erwartbaren Heizungskosten bzw. des langfristigen Werts der Immobilie zu geben; im Bereich Ernährung ist darauf zu achten, dass sich neben der Stärkung des Ökolandbaus auch die konventionelle Landwirtschaft stärker ökologisiert und dass über Qualitätssiegel ausreichend Handlungsdruck erzeugt wird; im Bereich Mobilität sind entsprechende Leitkonzepte weitgehend erst noch zu entwickeln (Ansatzpunkte: Förderung Firmentickets, Lieferdienste, Kauf von Dienstleistungen anstelle von Produkten etc.).

Empfehlung 7-30 Naturverbrauch transparent machen

Bei der Produktion von Waren (z. B. Orangen) und Dienstleistungen (z. B. Flugreisen) sollte der Ressourcenverbrauch (Flächen, Rohstoffe, Energie) im gesamten globalen Herstellungszyklus für Verbraucherinnen und Verbraucher soweit wie möglich transparent gemacht werden. Entsprechende Analysen sollten vorangetrieben werden.

Empfehlung 7-31 Ressourceneffizienz verbessern

Eine langfristig angelegte und sozialpolitisch ausgewogene Politik der Anhebung von Energie- und Rohstoffpreisen

---

[128] 165 Milliarden DM.

[129] Siehe hierzu auch Kapitel 3.6.3.

sowie der Verteuerung der Flächeninanspruchnahme soll sicherstellen, dass sich das Schwergewicht der technologischen Innovation sowie das Verbraucherverhalten in Richtung Ressourceneffizienz verschiebt.

Empfehlung 7-32   Kriterien für Technologietransfer im Zuge einer nachhaltigen Entwicklung nutzen

Die Enquete-Kommission fordert die Bundesregierung dazu auf, dass die Kriterien für die Förderung des Technologietransfers noch einmal daraufhin überprüft und dahingehend vereinheitlicht werden, dass Ziele der Nachhaltigkeit (ökonomisch, ökologisch und sozial/kulturell) ein noch größeres Gewicht bekommen und hierfür eindeutige Indikatoren entwickelt, bei der Fördermaßnahmen tatsächlich angewandt und ihre Einhaltung überprüft bzw. ihre Nicht-Einhaltung sanktioniert werden. Dies sollte von den bestehenden interministeriellen Arbeitskreisen aufgegriffen werden. Folgenden Aspekten sollte dabei Rechnung getragen werden:

- *Technologietransfer muss in seiner Durchführung den Kriterien der Nachhaltigkeit folgen. Es geht darum, den Empfängerländern Wege zu eröffnen, auf denen sie eine nachhaltige Entwicklung mit sehr viel geringerem Ressourcen- bzw. Umweltverbrauch in Gang setzen können als wir in den hochentwickelten Industrieländern dies vermocht haben.*

- *Technologietransfer muss eine Hilfe zur Selbsthilfe sein, mit der insbesondere der Kapazitäts- bzw. Kompetenzaufbau gefördert wird. Es geht also darum, eine Mischung aus technologischen Maßnahmen und Maßnahmen zur Gestaltung besserer Rahmenbedingungen im Zielland zum Gegenstand des Transfers zu machen.*

- *Technologietransfer sollte sich nicht auf die Ebene der konkreten Technologieprojekte beschränken, sondern immer auch die Ebene der politischen und sozialen Orientierung einschließen. Das Transferprojekt muss in einen übergeordneten politischen und sozialen Rahmen eingebunden werden.*

- *Es wird ein Technologietransfer gebraucht, der im Ausgangsland auch rückgekoppelt ist und dort wiederum zu Innovationen führt, wodurch letztlich auf beiden Seiten technische Potenziale und eine dauerhafte Zusammenarbeit aktiviert werden.*

- *Bei Projekten des Technologietransfers müssen alle maßgeblichen und potenziell betroffenen Akteure vor Ort einbezogen werden.*

- *Jeder Technologietransfer hat die sozioökonomischen und die soziokulturellen Gegebenheiten im Empfängerland zu berücksichtigen.*

Empfehlung 7-33   Systemlösungen anbieten

Eine Antwort auf die Anforderungen der internationalen Märkte sind Projektgesellschaften, in denen integrierte System- und Servicelösungen angeboten werden. Vor allem in Schwellen- und Entwicklungsländern werden in zunehmenden Maße so genannte BOT (Build-Operate-Transfer) und BOO (Build-Own-Operate) Angebote nachgefragt. Dabei geht es nicht mehr um den Export einzelner Anlagen sondern um Systemlösungen, die Planung, Finanzierung, Bau, Betrieb und Schulung mit einschließen. Politische, soziale und (inter-)kulturelle Aspekte müssen hier ein deutlich stärkeres Gewicht erhalten. Diese strukturelle Veränderung der Nachfrage bedeutet für mittelständische Unternehmen in Deutschland neue Herausforderungen, für die sie bisher nicht die nötigen Konzepte bzw. Strategien haben. Dies erfordert eine stärkere Kooperation zwischen den nationalen Technikanbietern. Hier sind z. B. von der Kreditanstalt für Wiederaufbau (KfW) geeignete Modelle zu entwickeln. Sie müssen auf mikroökonomischer Ebene auf eine Stärkung der Kooperation und der Projektfähigkeit mittelständischer Unternehmen abzielen.

Empfehlung 7-34   Angepasste Technologien entwickeln

Die technologische Entwicklung, die lange Zeit vor allem durch einen starken Binnenmarkt geprägt war, hat im Zeichen der Globalisierung differenzierter zu erfolgen. Insbesondere in Transformations- und Entwicklungsländern bestehen häufig spezifische Anforderungen, die oft nur mit angepassten Technologien zu angepassten Preisen umgesetzt werden können. Hieraus resultieren kostenträchtige Anpassungsleistungen, die, soweit sie sich privatwirtschaftlich nicht kurzfristig rentieren können, teilweise von der öffentlichen Hand übernommen werden sollen.

7.8   Ausblick und offene Fragen

Viele Probleme hinsichtlich der natürlichen Ressourcen konnten im Rahmen der Kommissionsarbeit nur angerissen werden. Oftmals handelt es sich dabei um Querschnittsthemen, die im Zusammenhang mit Überlegungen stehen, die auch in anderen Themenfelder (z. B. Waren- und Dienstleistungsmärkte, Wissensgesellschaft) angestellt wurden. Die begonnenen Diskussionen sollten vertieft und im Sinne einer nachhaltigen Entwicklung zusammengeführt werden. Insbesondere hinsichtlich der institutionellen Fragen sowie der künftigen Zusammenarbeit zwischen staatlichen und nichtstaatlichen Akteuren wird auch auf die offenen Fragen im Bereich Global Governance verwiesen (vgl. Kapitel 10).

Zentral erscheint die Befassung mit dem Themenkomplex *Umwelt und Armutsbekämpfung*. In diesem Zusammenhang ist es sicher notwendig, z. B. in den Themenfeldern Ernährung und Landwirtschaft sowie Biologische Vielfalt die in dieser Legislaturperiode begonnenen Arbeiten fortzuführen oder im Themenfeld Wasser das vielerorts ungelöste Problem der Abwasserentsorgung aufzugreifen sowie Empfehlungen zur Salzwasserproblematik zu erarbeiten (Meeresschutz, Fischerei und Aquakultur). Des Weiteren bedarf es der Befassung mit den langfristigen Notwendigkeiten und Perspektiven des Klimaschutzes. Offene Fragen betreffen hier z. B. Capacity Building in den Entwicklungsländern und Equity-Fragen sowie die nachhaltige Energieversorgung. Darüber hinaus müssten Möglichkeiten für Anreizstrukturen und Finanzierungsstrategien einer technologischen Revolution zum Ressourcenverbrauch aufgezeigt werden. Unvollständig wäre die Behandlung des Themas (natürliche) Ressourcen ohne die Thematisierung der Konflikte beim Rohstoffabbau, die Umweltauswirkungen, aber auch Menschenrechtsverletzungen etc. betreffen.

Auch für den Bereich Ressourcen stellt sich die Frage, wie die angemahnten Reformen in den verschiedenen Politikfeldern Schritt für Schritt konkret *umgesetzt* werden können. Die bisher allenfalls in Ansätzen behandelte Instrumentenfrage (Ökosteuer etc.) sollte fortgesetzt werden. Zu denken ist auch an Haftungsregeln im Sinne des Verursacherprinzips, z. B. zur Risikovorsorge angesichts des Klimawandels.

8 Nachhaltige Entwicklung[1]

8.1 Das Leitbild der nachhaltig zukunftsverträglichen Entwicklung

Die Konferenz der Vereinten Nationen für Umwelt und Entwicklung 1992 in Rio de Janeiro markierte eine der bedeutendsten umwelt- und entwicklungspolitischen Weichenstellungen der vergangenen Jahrzehnte. Die Ergebnisse von Rio, insbesondere die Rio-Deklaration, das Aktionsprogramm Agenda 21 sowie die globalen Abkommen zu Klima und Biodiversität haben die politische Agenda auf globaler, regionaler und lokaler Ebene verändert. Das auf der Konferenz propagierte Leitbild der nachhaltigen Entwicklung ist zu einem neuen Paradigma der umwelt- und entwicklungspolitischen Zusammenarbeit geworden.

„Sustainable Development", verstanden als eine globale umwelt- und gesellschaftspolitische Entwicklung hat die umwelt- und entwicklungspolitische Debatte der ersten Hälfte der 1990er Jahre geprägt. Verwendet worden ist der Begriff zum ersten Mal in der Weltnaturschutzstrategie der International Union for the Conservation of Nature (IUCN) und des World Wide Fund for Nature (WWF). Nachhaltigkeit heißt dort: Ein natürliches System ausschließlich so zu nutzen, dass es in seinen wesentlichen Charakteristika langfristig erhalten bleibt. Die heute allgemeinhin akzeptierte Interpretation des Begriffs der Nachhaltigkeit geht jedoch weit über diese Auffassung hinaus.

Weltweit bekannt wurde das Leitbild der nachhaltigen Entwicklung als 1987 die Brundtland-Kommission für Umwelt und Entwicklung ihren Bericht „Unsere gemeinsame Zukunft" vorlegte. Unter nachhaltiger Entwicklung wird dort eine Entwicklung verstanden, „die den Bedürfnissen der heutigen Generation entspricht, ohne die Möglichkeit künftiger Generationen zu gefährden, ihre eigenen Bedürfnisse zu befriedigen und ihren Lebensstil zu wählen." Das Konzept der nachhaltigen Entwicklung bildete hier zum ersten Mal die Grundlage einer integrativen globalen Politikstrategie.

Die Enquete-Kommission „Schutz des Menschen und der Umwelt" des 13. Deutschen Bundestages hat mit ihrem im Jahr 1998 vorgelegten Abschlussbericht „Konzept Nachhaltigkeit – vom Leitbild zur Umsetzung" erstmalig versucht, diese integrative Politikstrategie zu skizzieren. Auf Basis der von der Brundtland-Kommission geprägten Maxime des intergenerativen Handelns wurde deutlich, dass eine Reduktion des Nachhaltigkeitsanspruchs auf natürliche Ressourcen zu einer verengten und wahrscheinlich auch fehlgeleiteten Nachhaltigkeitspolitik führen würde. Ressourcen- und Senkenproblematik sind zwar wesentliche Aspekte der ökologischen Dimension der nachhaltig zukunftsverträglichen Entwicklung, und könnten aus nachvollziehbarer ökologischer Sicht in vielen Bereichen einen vorrangigen Handlungsbedarf zum Schutz der natürlichen Lebensgrundlagen begründen. Der Sache wäre damit jedoch nach Auffassung der damaligen Enquete-Kommission nicht gedient. Und so heißt es:

„Eine ökologisch dominierte Nachhaltigkeitspolitik wird im gesellschaftlichen Abwägungsprozess immer dann unterliegen, wenn sich andere Problemlagen als unmittelbarer, spürbarer und virulenter erweisen und damit auch für politisches Handeln dringlicher und attraktiver sind. Selbst wenn sie sich durchsetzen kann, bleibt sie ohne Wirkung, denn letztlich dürfte nur eine Politik der Integration der drei Dimensionen in der Lage sein, die konzeptionelle Schwäche einer von wirtschaftlichen und sozialen Fragestellungen isolierten Umweltdiskussion zu überwinden. Ein strategischer Durchbruch, gerade auch für ökologische Anliegen, kann nur gelingen, wenn Umweltbelange nicht länger einer hochspezialisierten Fachpolitik und -bürokratie zugewiesen werden, sondern integraler Bestandteil der Gesellschaftspolitik sind. ... In Deutschland reift allmählich die Erkenntnis, dass mit dem Leitbild der nachhaltig zukunftsverträglichen Entwicklung wichtige Entwicklungslinien auch jenseits der ökologischen Dimension angesprochen werden. Aufgrund der komplexen Zusammenhänge zwischen den drei Dimensionen bzw. Sichtweisen von Ökologie, Ökonomie und Sozialem müssen sie integrativ behandelt werden. Dabei geht es – bildhaft gesprochen – nicht um die Zusammenführung dreier nebeneinander stehender Säulen, sondern um die Entwicklung einer dreidimensionalen Perspektive aus der Erfahrungswirklichkeit. Die Diskussion tendiert dahin, Nachhaltigkeitspolitik als Gesellschaftspolitik zu interpretieren, die im Prinzip und auf lange Sicht alle genannten Dimensionen gleichberechtigt und gleichwertig behandelt" (Enquete-Kommission „Schutz des Menschen und der Umwelt" 1998: 31f.).

Eines ist seit der Weltkonferenz für Umwelt und Entwicklung in Rio de Janeiro zumindest klar geworden: Alles Wirtschaften und damit auch die Wohlfahrt im klassischen Sinne stehen unter dem Vorbehalt der ökologischen Tragfähigkeit. Ebenso klar geworden ist, dass „auch ökologische Ziele (...) kaum umgesetzt werden (können), wenn es Menschen aufgrund ihrer materiellen Bedingungen schwer gemacht wird, Rücksichten auf ökologische Ziele zu nehmen" (Enquete-Kommission „Schutz des Menschen und der Umwelt" 1998: 33). Kasten 8.1 beschreibt die Diskrepanz zwischen Umweltbewusstsein und Umwelthandeln in Deutschland.

---

[1] Dieses Kapitel entstand mit freundlicher Unterstützung von Dr. Summerer, Umweltbundesamt.

Kasten 8-1

> **Diskrepanz zwischen Umweltbewusstsein und Umwelthandeln in Deutschland**
>
> Seit Mitte der 1990er Jahre ist das öffentliche Interesse an Umweltfragen deutlich zurückgegangen. Im Zuge wirtschaftlicher Krisenentwicklungen sind Umweltschutz und nachhaltige Entwicklung von anderen Paradigmen für die Gesellschaft der Zukunft verdrängt worden. Nach regelmäßigen repräsentativen Bevölkerungsumfragen des Umweltbundesamtes gibt es in Deutschland einen steten und deutlichen Rückgang des öffentlichen Interesses am Thema Umwelt. Gleichzeitig ist aber eine anhaltende Grundsensibilisierung und eine gewisse Routine beim umweltorientierten Alltagsverhalten festzustellen. Bei den Umfragen wird deutlich, dass die Bevölkerung zwar ein hohes Problembewusstsein über ökologische Gefahren besitzt, dass aber nur eine kleine Minderheit zu einem eigenen Engagement bereit ist. Darüber hinaus zeigt sich eine sehr stark ausgeprägte Nah-Fern-Differenz im Umweltbewusstsein. In Bezug auf das Hier und Heute werden umweltpolitische Fortschritte konstatiert und ein hohes Wohlbefinden geäußert. Dagegen wird der Zustand der globalen Umwelt als sehr Besorgnis erregend eingeschätzt, und für die Zukunft deutliche Verschlechterungen erwartet. Vielen Menschen erscheinen Umweltbelastungen offensichtlich in Gestalt einer diffusen, wenngleich noch fernen Bedrohung, die zudem kaum Möglichkeiten für ein praktikables Engagement eröffnet. Die Ausrichtung der Debatte an dem Leitbild der nachhaltigen Entwicklung ist in der breiten Öffentlichkeit bislang nicht mitvollzogen worden. Nur 14 Prozent der Befragten können mit diesem Begriff etwas anfangen. Es ist also bis jetzt nicht gelungen, die Herausforderungen einer konsequenten Zukunftsvorsorge und -gestaltung sowie die Chancen beim Übergang zu nachhaltigen Wirtschaftsformen und Lebensstilen für die Öffentlichkeit deutlich zu machen.

Eine nachhaltig zukunftsverträgliche Wirtschaft und Gesellschaft lässt sich nicht anhand exakter Kriterien abschließend definieren und im Sinne eines detaillierten Zielsystems steuern. Grundlage aller Vorgehensweisen muss vielmehr zukunftsbezogenes Lernen, Suchen nach entsprechenden Kriterien und der Wille zum Gestalten sein, – ein Prozess also, der sich durch ein gewisses Maß an Offenheit und Unsicherheit auszeichnet.

Aus der Deklaration und der Agenda 21 von Rio ist ersichtlich, dass eine nachhaltige Entwicklung ein gesellschaftliches Projekt von großer Tragweite ist. Alle Bürgerinnen und Bürger sowie die Akteure in Politik, Wissenschaft, Wirtschaft und Kultur sind aufgerufen, im Rahmen dieses Lernens und Suchens auf die Dauer aufrecht zu erhaltende Formen des Wirtschaftens und Lebens zu finden. Die nachhaltig zukunftsverträgliche Entwicklung ist hierbei als regulative Idee zu verstehen, vergleichbar mit den Leitideen Freiheit, Gerechtigkeit und Wahrheit. „So ist die Herstellung von Gerechtigkeit oder Chancengleichheit aus primär sozialpolitischem Interesse nicht allein ein soziales Ziel, sondern auch Voraussetzung für langfristige ökonomische Leistungsfähigkeit und folglich auch ein ökonomisches Ziel" (Enquete-Kommission „Schutz des Menschen und der Umwelt" 1998: 33). „Mit diesem Verständnis von nachhaltig zukunftsverträglicher Entwicklung lassen sich auch Richtungen für die dazu notwendigen Such-, Lern- und Erfahrungsprozesse ermitteln und die Prozesse politisch initiieren und unterstützen" (Enquete-Kommission „Schutz des Menschen und der Umwelt" 1998: 28).

Nachhaltige Entwicklung ist nur schrittweise über evolutive, gesellschaftspolitische Konkretisierungs- und Willensbildungsprozesse zu verwirklichen, in denen die unterschiedlichen Perspektiven und Interessen der Individuen und gesellschaftlichen Gruppen aufeinander abgestimmt werden. Das bedeutet auch, dass dem Vorsorgeprinzip Rechnung getragen wird (s. Kasten 8-2). Dabei gilt es, den Prozessen angemessene Verhaltensweisen und Verfahrensnormen zu finden, um so mittel- und langfristig konkrete und verbindliche, gemeinsam anzustrebende Ziele aufzustellen, die den Charakter von Etappen- oder Zwischenzielen haben und die durch ihre laufende Überprüfung spätere Entscheidungsoptionen und -wege offen halten. In diesem Prozess der Werte- und Zielfindung geht es immer auch darum, ökologische, ökonomische und soziale Leistungsfähigkeiten zu verbessern. „Diese bedingen einander und können nicht teiloptimiert werden, ohne Entwicklungsprozesse als Ganzes in Frage zu stellen" (Enquete-Kommission „Schutz des Menschen und der Umwelt" 1998: 33). Das schließt jedoch nicht aus, dass bei alternativen Produktionsansätzen, die aus ökologischer Sicht eine Verbesserung darstellen können, etwa bei der ökologischen Landwirtschaft, auch ökonomische Produktivitätsrückgänge entstehen und von vielen akzeptiert werden.

Kasten 8-2

Vorsorgeprinzip

Das Vorsorgeprinzip hat in zahlreichen Erklärungen, Beschlüssen und Gesetzesvorlagen zentrale Bedeutung als Leitprinzip der Umweltpolitik und des Umweltrechts erlangt. Konkretisiert wurde das Vorsorgeprinzip z. B. in Artikel 15 der Erklärung des UN-Weltgipfels für Umwelt und Entwicklung von Rio 1992 und in einer Mitteilung der Europäischen Kommission vom 2. Februar 2000.

Ziel des Vorsorgegedankens ist, die natürlichen Ressourcen und Lebensgrundlagen zu schützen, um ihren Wert, ihre Leistungsfähigkeit und ihre Funktionen langfristig zu bewahren. Wegen der Zeitverzögerung von Ursache und Wirkung ist ein Handeln, wenn das Verhalten des Systems eindeutig prognostiziert werden kann, zu spät, um die Konsequenzen abzuwehren. Deshalb spricht beim Umgang mit nicht mechanistischen, hoch komplexen und für die menschliche Gesellschaft hoch bedeutenden Systemen eindeutig das Vorsorgeprinzip. Das gilt insbesondere, wenn irreversible Schäden drohen.

Am besten gelingt Vorsorge in Kooperation mit den Betroffenen und mit denen, die Prozesse und Techniken im Detail kennen. Insoweit hängen das Kooperationsprinzip und das Vorsorgeprinzip in der Umweltpolitik eng zusammen. So können Selbstverpflichtungen immer dann ein wichtiges Instrument einer vorsorgenden Umweltpolitik sein, wenn es keine (völker-)rechtlichen Regelungen gibt.

Eine eindeutige Definition des Vorsorgeprinzips im deutschen Recht und den meisten anderen nationalen Gesetzgebungen fehlt. Eine nationale, international abgestimmte Rechtssetzung ist aber wichtig für die Rechtssicherheit und einheitliche Bewertungen durch verschiedene Behörden. Sie sollte immer dann, wenn es (völker-) rechtliche Regelungen gibt, eingesetzt werden. Eine angemessene Auslegung und Anwendung des Vorsorgeprinzips muss sich an international anerkannten Kriterien ausrichten:

- Die Anwendung des Vorsorgeprinzips muss auf wissenschaftlichen Risikobewertungen beruhen.
- Maßnahmen, die aufgrund des Vorsorgeprinzips ergriffen werden, müssen vorläufig sein. Sie müssen eine laufende wissenschaftliche Bewertung einschließen, um das tatsächliche Risiko genauer zu klären.
- Die Maßnahmen müssen begründet und nach nationalem Recht anfechtbar sein.

Im Sinne der regulativen Idee einer nachhaltig zukunftsverträglichen Entwicklung geht es also nicht so sehr darum, ein für alle Zeiten gültiges Zielbündel in einem gesellschaftlichen Suchprozess zu identifizieren und zu verankern, denn: „Eine nachhaltig zukunftsverträgliche Entwicklung ist insofern offen, als niemand einen allgemein verpflichtenden Zielzustand der Gesellschaft daraus ableiten könnte. Gleichzeitig ist sie insofern verbindlich, als sich eine Gesellschaft ... auf variable Leitplanken einigen kann, deren Nichtbeachtung zu gesellschaftlichen Entwicklungen führt, die offenkundig als nicht nachhaltig zukunftsverträglich empfunden werden (Enquete-Kommission „Schutz des Menschen und der Umwelt" 1998: 28).

Seit der Proklamation des Leitbildes der nachhaltigen Entwicklung auf der Weltkonferenz für Umwelt und Entwicklung in Rio de Janeiro im Jahr 1992 ist ein Jahrzehnt vergangen. Unübersehbar sind die Versuche, dieses Leitbild zu operationalisieren und auf allen Ebenen – der globalen, der nationalen, regionalen und lokalen – in konkretes politisches Handeln umzusetzen. Dabei ist zunehmend klar geworden, dass dieses Leitbild nicht unmittelbar implementiert werden kann.

Eine Umsetzung dieser Strategie in den Alltag ist in vielen Ländern auf großes Interesse gestoßen. Über die Einrichtung und Umsetzung Lokaler Agenden 21 in verschiedenen europäischen Ländern lässt sich Folgendes sagen (ICLEI 1999): Während sich in Schweden und Großbritannien fast 100 Prozent der Kommunen Lokale Agenden gegeben haben, sind es in den Niederlanden 30 Prozent und in Deutschland nur etwa 10 Prozent. Heute verfügen circa 16 Prozent der deutschen Kommunen über einen Agendabeschluss (Agenda-Transfer 2002). Während die Agenden der deutschen Kommunen sich auffallend an globalen Problemen orientieren, sind in den drei oben genannten Ländern, in denen sich die Lokalen Agenden 21 auch stärker auf Bürgerbeteiligungen stützen als in Deutschland, die kommunale und regionale Dimension wichtiger. Die meisten Agenda 21-Kommunen in diesen drei Ländern haben Indikatoren entwickelt, mit deren Hilfe sie Erfolge und Misserfolge klassifizieren, also messen können. In Deutschland sind solche kommunalen Nachhaltigkeitsindikatoren bislang kaum entwickelt worden. Eines der wichtigsten Kriterien für den Erfolg oder Misserfolg einer Lokalen Agenda 21 ist deren Verbindlichkeit. Während in Schweden, Großbritannien und den Niederlanden fast alle Kommunen einen Ratsbeschluss dazu gefasst haben, gibt es in Deutschland oft keine Beschlussfassung in den örtlichen Entscheidungsgremien.

Zur Unterstützung der Lokalen Agenden in Deutschland sind in den vergangenen Monaten die *Servicestelle Kommunen in der Einen Welt* und die bundesweite *Servicestelle für Lokale Agenda 21* eingerichtet worden.

Das Leitbild der nachhaltig zukunftsverträglichen Entwicklung ist kein deskriptives, sondern ein normatives Konzept. Es vermittelt schon in seiner Begrifflichkeit die Vorstellung einer Welt wie sie sein sollte, insbesondere einer Welt mit mehr intergenerativer (Generationen-)Gerechtigkeit und mehr intragenerativer (Verteilungs-)Gerechtigkeit. Alle Eingriffe des Menschen in ökologische, ökonomische und soziale Systeme müssen vor allem immer auch unter dem Aspekt der Verantwortbarkeit für ihre Zukunftsfähigkeit gesehen werden, wobei Aufmerksamkeit insbesondere auf die begrenzte Reproduzierbarkeit vieler natürlicher Ressourcen gelegt werden muss.

Das Wirtschaften und die Lebensstile der reichen Länder des Nordens sind nach weit verbreiteter Ansicht aber nicht nur unter dem Aspekt der Generationengerechtigkeit außerordentlich problematisch, sondern genauso unter dem Aspekt der Verteilungsgerechtigkeit. Danach bestehe eine ausgeprägte „Gerechtigkeitslücke" zwischen den Ländern des Nordens und den Ländern des Südens. In ihrem „Bericht über die menschliche Entwicklung" hat UNDP 1999 festgestellt, dass die Ungleichheit sowohl zwischen den Ländern als auch innerhalb der Länder im vergangenen Jahrzehnt drastisch zugenommen hat (UNDP und DGVN 1999). Das Verhältnis der Einkommen zwischen dem reichsten Fünftel der Weltbevölkerung und dem ärmsten Fünftel lag 1999 bei 78:1; 1990 lag es noch bei 60:1 und 1960 bei 30:1. Ungleichheiten bei den Einkommen und in der Verteilung von Lebenschancen in diesem Ausmaß sind mit einer nachhaltig zukunftsverträglichen Entwicklung nicht vereinbar.

Vom UN-Weltgipfel für nachhaltige Entwicklung im August und September 2002 in Johannesburg (Südafrika), erwarten deshalb insbesondere die Entwicklungsländer ein stärkeres Engagement der Industrieländer bei der Bekämpfung von Hunger und Armut, beim Abbau von Handelsbarrieren gegen Waren aus den armen Nationen, einen offenen und fairen Technologietransfer sowie die Einführung neuer Mechanismen zur Finanzierung und Umsetzung der Agenda 21.

Eine „Gerechtigkeitslücke" besteht jedoch nicht nur zwischen den reichen Industrieländern und den Entwicklungsländern, sondern auch zwischen den Geschlechtern (vgl. Kapitel 6). Eine nachhaltig zukunftsverträgliche Entwicklung und Geschlechtergerechtigkeit sind im Zusammenhang mit der ökologischen Dimension der Nachhaltigkeit eng verknüpft, zumal

- das Umweltbewusstsein und die Risikowahrnehmung von Frauen im Durchschnitt höher ist als das der Männer,

- Frauen in den Entwicklungsländern die Hauptlast der Arbeit für die Überlebenssicherung tragen und von Umweltzerstörungen besonders betroffen sind und

- Subsistenzproduktion und Umweltschutzarbeit in der Regel im Verantwortungsbereich der Frauen liegen.

Intragenerative Gerechtigkeit verlangt, den Grundsatz der Geschlechtergerechtigkeit in allen gesellschaftlichen Bereichen durchzusetzen. Davon sind wir heute, auch in den fortgeschrittenen Staaten des Nordens, noch weit entfernt.

Eine ganzheitliche und integrative Sichtweise reicht über die bloße Frage der inter- und intragenerativen Gerechtigkeit hinaus. „Ohne die Teilhabe von den ärmsten Ländern an den Gewinnen der internationalen Arbeitsteilung ist die gemeinsame Zukunft der Welt nicht nachhaltig zu sichern" (BT-Drs. 14/7143). Hier muss aber auch nach den Gründen, die in diesen Ländern selbst liegen, gefragt werden, wie z. B. Clanherrschaften, Korruption und gewollte Isolierung, sowie nach den historischen Vorbedingungen wie Kolonialisierung, Ziehung politischer Grenzen, die z. B. quer durch ethnische Gruppierungen verlaufen, etc.[2] Hier stellt sich die Frage, welchen Beitrag die Gestaltung der Globalisierung im Rahmen einer nachhaltig zukunftsverträglichen Entwicklung für eine Welt mit mehr Gerechtigkeit und mehr Lebenschancen für Alle leisten kann.

8.2 Globalisierung und nachhaltig zukunftsverträgliche Entwicklung

Wenn Globalisierung insgesamt erfolgreich im Sinne einer nachhaltig zukunftsverträglichen Entwicklung sein soll, braucht sie Gestaltungsoptionen, die sicherstellen, dass die nachhaltige ökonomische und soziale Leistungsfähigkeit global verbessert und unverzichtbare öffentliche Güter, insbesondere die natürlichen Lebensgrundlagen, nicht gefährdet werden.

Viele Kritiker der heutigen ressourcenintensiven und sozial inkohärenten Weltwirtschaft machen die Globalisierung und die mit ihr verbundenen Entkoppelungstendenzen aus räumlichen, normativen und sozialen Zusammenhängen für krisenhafte Entwicklungen verantwortlich. Autos, die bei uns fahren, sind aus dem Eisen brasilianischer Erze gefertigt, das Benzin stammt aus nigerianischen Ölquellen und die Reifen aus südostasiatischer Kautschukproduktion. Dadurch würden sich die Machtverhältnisse zwischen international mobilen und standortgebundenen Akteuren verschieben, fernräumliche Abhängigkeiten nähmen zu. Auf der anderen Seite wird entgegengehalten, dass diese Phänomene nichts anderes seien, als das Ergebnis der Zunahme einer weltweiten Arbeitsteilung und Spezialisierung, die einigen Ländern geholfen hat, Wege aus der Armut zu finden. Dies sind ins-

---

[2] Auf dem Gipfel Afrikanischer Staaten im Juli 2001 wurde die Initiative für New Partnership for Africa's Development (NEPAD) verabschiedet, deren zentrale Elemente die afrikanische Eigenverantwortung und die aktive Teilnahme Afrikas an der Gestaltung globaler Rahmenbedingungen sind. Alle entscheidenden Probleme Afrikas werden angesprochen. Von Bedeutung ist die Feststellung, dass Fehlentwicklungen auch durch eigenes Handeln verursacht wurden und dass Demokratie, Rechtsstaat, Beachtung der Menschenrechte, Frieden und Stabilität die Voraussetzung für jegliche Entwicklung darstellen. Die G8-Staaten haben in Genua die Erarbeitung eines Aktionsplanes zur Unterstützung der NEPAD durch eine Gruppe (Afrika-)Beauftragter beschlossen, der auf dem G8-Gipfel in Kananaskis am 26. Juni 2002 verabschiedet werden soll.

besondere die Länder, die im Zuge der Globalisierung von Entwicklungs- zu Schwellenländern wurden. Andere Länder haben diese Entwicklung nicht nachvollzogen. Dass viele Länder im Prozess einer überschnellen Industrialisierung gegen ökologische und teilweise auch soziale Aspekte der Nachhaltigkeit verstoßen, steht auf einem anderen Blatt. Entscheidend ist, dass es zwei Seiten einer Medaille gibt, von denen eine oft vergessen wird.

Ursache der in den letzten Jahren sich verstärkenden Globalisierungstendenzen im wirtschaftlichen Bereich sind u. a.

- die fortschreitenden Handelsliberalisierungen, die u. a. zu einer weiteren Vertiefung der weltweiten Spezialisierung führen,
- die erhebliche Ausweitung der weltweiten Kommunikation und immer schnellere Kommunikationsmöglichkeiten,
- das Wegfallen der Kontrollen für den Kapitaltransfer und
- die relativ geringen Kosten für die Mobilität von Menschen und Gütern.

Diese Ursachen wirken im Wesentlichen in eine Richtung: Sie beseitigen oder relativieren noch bestehende räumliche, soziokulturelle und nationale Grenzen, und machen die ganze Welt zum globalen Handlungsfeld. Damit erhöht sich der Wettbewerbsdruck unter den Unternehmen und ihren möglichen Standorten, vor allem aber zwischen Ländern bzw. Regionen. Unter den Gesichtspunkten einer nachhaltig zukunftsverträglichen Entwicklung können diese Prozesse sowohl Nachteile als auch Vorteile haben. Mögliche negative Auswirkungen betreffen:

- Senkung von sozialen und ökologischen Standards als Folge des zunehmenden Konkurrenzdrucks („Race to the bottom"-Hypothese),
- zunehmende Tendenz von Unternehmen, in Länder mit niedrigen Standards und günstigeren Produktionsfaktoren auszuweichen, wobei sich hinsichtlich der ökologischen Auswirkungen Aussagen nur vor dem Hintergrund der konkreten gesetzlich geltenden oder (meist höheren) freiwillig eingeführten Standards treffen lassen,
- eine weltweit zunehmende kulturelle Harmonisierung und ein damit zunehmender Verlust nationaler Identitäten und kultureller Eigenarten,
- Verstärkung des Verkehrs infolge des globalen Handels und multinational angelegter Produktionsprozesse sowie
- beschleunigte Erschließung bislang wenig erschlossener Räume, vor allem durch Straßen mit evtl. negativen ökologischen und sozialen Folgen, wenn die Belange der Umwelt und der in diesen Räumen lebenden Menschen nicht berücksichtigt werden.

Oftmals werden Globalisierung und Nachhaltigkeit unter zeitlichem Aspekt in einen nahezu unauflösbaren Gegensatz gebracht. In Einzelfällen können die Anforderungen an eine nachhaltige Entwicklung und die Folgen der Globalisierung durchaus widersprüchlich sein. Obwohl öffentliche Güter – sozialökonomische und kulturelle Errungenschaften sowie eine intakte Umwelt – langfristig für die Erhaltung einer menschenwürdigen Gesellschaft essentiell sind, werden sie in ihrer Bedeutung häufig unterschätzt und oft hinter kurzfristige ökonomische Gewinnerwartungen zurückgestellt. Kurzfristige Gewinninteressen der Wirtschaft sind nicht ursächlich auf die Globalisierung zurückzuführen, werden jedoch durch den davon ausgelösten Wettbewerbsdruck verstärkt. Um Konflikte zwischen Folgen der Globalisierung und den Erfordernissen einer nachhaltigen Entwicklung zu vermeiden oder zu beheben, muss die Globalisierung entsprechend gestaltet werden.

Mit der Globalisierung können jedoch auch positive Wirkungen im Hinblick auf Nachhaltigkeit verbunden sein, z. B.

- eine Tendenz zur Angleichung der ökologischen und sozialen Standards auf hohem Niveau, u. a. durch Produktionsverlagerung multinationaler Unternehmen,
- Erhöhung der ökonomischen und sozialen Wohlfahrt der an der Globalisierung beteiligten Länder,
- Austausch von Produktions- und Innovations-Knowhow sowie
- höhere Effizienz der Nutzung (natürlicher) Ressourcen.

Gemeinsamkeiten zwischen Globalisierung und Nachhaltigkeit lassen sich auf der Ebene der Produktion und der Produktionsprozesse erkennen. Bei beiden geht es um einen „Wettbewerb", zum Beispiel bei der Entwicklung zu einer effizienten Ressourcennutzung, bei dem ineffiziente Produzenten und Standorte an Bedeutung verlieren oder ausscheiden. Der Wettbewerb kann in diesem Sinne ein Stimulus auch für eine Politik der Nachhaltigkeit sein, allerdings nicht automatisch, sondern innerhalb politischer Rahmensetzungen im Sinne der ökonomischen, sozialen und ökologischen Entwicklungsziele.

Daraus folgt, dass die Rahmenbedingungen für eine nachhaltig zukunftsverträgliche Gestaltung der Globalisierungsprozesse zu verbessern sind. Der durch Globalisierung verschärfte Wettbewerb deckt Schwächen der verschiedenen Volkswirtschaften bzw. Standorte nicht nur im ökonomischen, sondern auch im ökologischen und sozialen Bereich auf. Hier gilt es

- nachhaltige Innovationsprozesse in Gang zu setzen,
- mehr Gerechtigkeit anzustreben, d. h. Unterschiede bei den Entwicklungschancen zwischen und innerhalb von Staaten zu mildern und
- die ökologische und sozioökonomische Sicherheit und Leistungsfähigkeit der Menschen in den am Globalisierungsprozess beteiligten Ländern zu verbessern und eine wirkliche Entwicklungsbasis zu bieten.

Globalisierung stellt daher mehr, nicht weniger politische Ansprüche. Weltweite im Rahmen einer möglichst kohärenten Politik entwickelte Übereinkommen und Konventionen in ökologischer, ökonomischer und sozialer Sicht schaffen einen globalen Ordnungsrahmen, der Menschen, Unternehmen und ganze Regionen in die Lage versetzt, die mit der Globalisierung verbundenen Chancen nutzen zu können.

8.3 Neue Impulse für die Nachhaltigkeit

8.3.1 International: Die Vorbereitungen für den Weltgipfel für Nachhaltige Entwicklung in Johannesburg (Südafrika)

Der *UN-Weltgipfel für nachhaltige Entwicklung* (WSSD) bietet – zehn Jahre nach Rio – die Gelegenheit, Bilanz zu ziehen und dem Politikfeld für nachhaltige Entwicklung neue Anstöße zu geben. Der Gipfel soll aktionsorientierte Entscheidungen treffen und den seit Rio entstandenen neuen Herausforderungen Rechnung tragen. Als Schwerpunkte für den Gipfel zeichnen sich ab: Armutsbekämpfung und Umweltschutz, Ressourcenschonung und Ressourceneffizienz, Globalisierung und nachhaltige Entwicklung, Finanzen und Technologietransfer, Stärkung der UN-Strukturen in den Bereichen Umwelt und Entwicklung.

Multilaterale Organisationen bei der Vorbereitung des Gipfels sind vor allem die Kommission für nachhaltige Entwicklung (CSD), das United Nations Environment Program (UNEP), die Konventionssekretariate, das United Nations Development Program (UNDP) sowie die OECD. Während die CSD vor allem die Fortschritte bei der Umsetzung der Empfehlungen der Rio-Konferenz beobachten und den Folgeprozess dieser Konferenz begleiten soll, hat die UNEP vor allem die Verhandlungen zu zahlreichen wichtigen Umweltschutzübereinkommen begleitet und koordiniert.

Wie schon der WBGU hat auch die Enquete-Kommission „Globalisierung der Weltwirtschaft" in ihrem Zwischenbericht ausgeführt, dass UNEP unter den Bedingungen des Status quo nicht mehr im Stande ist, die heutigen und künftig drängenden Umweltprobleme rasch und effektiv aufzugreifen, und dass deshalb eine entscheidende Aufwertung des Programms angestrebt werden muss, auch wenn sich der Stellenwert und der Einfluss des UNEP in den letzten Jahren deutlich erhöht haben. Jetzt wird verstärkt seine Aufwertung zu einer eigenständigen Weltumweltbehörde diskutiert und angestrebt.

8.3.2 Regional: Die Europäische Union im Übergang von der Umwelt- zur Nachhaltigkeitspolitik

Im Laufe der vergangenen Jahre ist die Bedeutung der EU auch für die Umwelt- und Nachhaltigkeitspolitik der Mitgliedstaaten immer größer geworden (s. Kasten 8-3). Obwohl jedes Land für seine eigene Nachhaltigkeitspolitik verantwortlich ist, steht doch fest, dass kein Land Nachhaltigkeit im Alleingang erreichen kann. In den Staaten der Europäischen Union (EU) gehört die Umweltpolitik wie die Politikfelder einer gemeinsamen Außen- und Sicherheitspolitik sowie die Entwicklungspolitik, zu den Bereichen, die nach den Beschlüssen von Maastricht weithin auf den Vorgaben der Gemeinschaft beruht. Deutschland sollte im Staatenverbund eine Vorreiterrolle einnehmen, und z. B. das Präzisieren und Weiterverhandeln von international verbindlichen Umweltschutz- und Ressourcenabkommen vorantreiben.

Die EU war eine der treibenden Kräfte beim Aushandeln des Kioto-Protokolls und konnte ein Aufweichen der Verpflichtungen aus diesem Protokoll in den jüngsten Verhandlungen zumindest begrenzen.

Kasten 8-3

Europäische Union: Von der Umwelt- zur Nachhaltigkeitspolitik	
Mai 1997	Amsterdamer Vertrag: Einführung des Leitbildes der Nachhaltigen Entwicklung in den Vertrag über die EU, Aufwertung des Umweltschutzes durch die Integrationsklausel (Verpflichtung zur Berücksichtigung der Umweltschutzbelange in allen anderen Politiken), Verankerung des Prinzips der Geschlechtergerechtigkeit.
Juni 1998	EU-Rat in Cardiff: Beauftragung von Fachministerräten Integrationsstrategien für ihre jeweiligen Politikbereiche zu entwerfen, zunächst für Energie, Verkehr und Landwirtschaft.
Dezember 1998	EU-Rat in Wien: Erweiterung dieser Politikbereiche um die Handlungsfelder Industrie, Binnenmarkt und Entwicklung.
Januar 2001	Vorlage des 6. Umweltaktionsprogramms der EU für den Zeitraum 2001-2010. Die Nachhaltigkeitsstrategie wird zur Schlüsselfunktion für die soziale und ökonomische Weiterentwicklung der EU.
März 2001	Erarbeitung einer europäischen Nachhaltigkeitsstrategie durch die sog. Prodi-Kommission. Diese umfasst Energie/Klima, Ressourcen, Verkehr, Landnutzung, Gesundheit, Arbeit und Altersstruktur.
Juni 2001	EU-Rat in Göteborg: Beschluss einer europäischen Nachhaltigkeitsstrategie, Weiterentwicklung der Sektorstrategien zur Integration der Umweltbelange.

Die Umsetzung der Absichtserklärungen zur Nachhaltigkeit aus dem 6. Umweltaktionsprogramm der EU und im Beschluss einer europäischen Nachhaltigkeitsstrategie von Göteborg im vergangenen Jahr ist aus zeitlichen Gründen noch nicht nachprüfbar Die Integration in die verschiedenen Sektorbereiche stößt offenbar auf Schwierigkeiten. Hierüber muss nach dem Beschluss von Göteborg im jährlichen Überprüfungsbericht der Kommission über Fortschritte der Gemeinschaft auf dem Weg zum „leistungsfähigsten wissensbasierten Wirtschaftsraum der Welt" (Lissabon-Prozess) anhand ausgewählter Indikatoren berichtet werden. Dass es die EU ernst meint, ist u. a. auch an den gestiegenen Anforderungen abzulesen, die die EU-Kommission an die Integration von Umwelt- und Nachhaltigkeitsaspekten in das gemeinschaftliche Förderkonzept im Rahmen der Strukturfondsförderung gestellt hat.

8.3.3 National: Erarbeitung einer nationalen Nachhaltigkeitsstrategie in Deutschland

Vor dem Weltgipfel in Johannesburg hat die Bundesregierung im April 2002 eine nationale Nachhaltigkeitsstrategie beschlossen. Im Februar 2001 wurde aus zehn Bundesministerien ein Staatssekretärsausschuss für nachhaltige Entwicklung eingerichtet, der im Dezember 2001 im ersten Entwurf „Perspektiven für Deutschland" die zentralen Herausforderungen anhand der vier Koordinaten „Generationengerechtigkeit", „Lebensqualität", „sozialer Zusammenhalt" und „internationale Verantwortung" beschreibt. Der Entwurf der Bundesregierung hat den Eindruck erweckt, dass nachhaltige Entwicklung in erster Linie eine Staatsaufgabe sei und nicht so sehr ein gesamtgesellschaftliches Projekt. Der Konsultationsprozess, der zur Nachhaltigkeitsstrategie geführt hat, und die Anhörungen sowie die Stellungnahmen aus der Wissenschaft, von Unternehmen, Gewerkschaften, Kirchen, Nichtregierungsorganisationen und Verbänden, sind Teil des Strategiepapiers (Bundesregierung 2002b: 42ff.). Von Seiten sehr vieler Nichtregierungsorganisationen wird kritisiert, dass der gesellschaftliche Dialog nicht ausreichend erfolgt ist, weil von der Vorlage des ersten Entwurfs bis zum Kabinettsbeschluss großer Zeitdruck bestand.

Nachhaltige Entwicklung ist in hohem Maße auf Zustimmung in der Gesellschaft angewiesen. Die Initiierung und Begleitung dieses Prozesses kann nicht allein Aufgabe der Exekutive sein. Zur Unterstützung des gesellschaftlichen Dialogs zur Nachhaltigkeit hat die Bundesregierung im April 2001 einen hochrangig besetzten „Rat für nachhaltige Entwicklung" einberufen.[3] Er soll eine zentrale Funktion in diesem Dialog wahrnehmen und Beiträge für die nationale Strategie und ihre Umsetzung erarbeiten.

Kasten 8-4

Nachhaltigkeitsstrategie der Bundesregierung

Die Nachhaltigkeitsstrategie der Bundesregierung, die am 17. April 2002 vom Kabinett beschlossen wurde, nennt die folgenden acht prioritären Handlungsfelder, bei denen Weichenstellungen für eine nachhaltige Entwicklung in Deutschland notwendig sind:

1. Energie effizient nutzen – Klima wirksam schützen
2. Mobilität sichern – Umwelt schonen
3. Gesund produzieren – gesund ernähren
4. Demografischen Wandel gestalten
5. Alte Strukturen verändern – neue Ideen entwickeln
6. Innovative Unternehmen – erfolgreiche Wirtschaft
7. Flächeninanspruchnahme vermindern

Zudem sollte Deutschland auch der globalen Verantwortung gerecht werden (Global Verantwortung übernehmen). Für den Beginn der Umsetzung der Nachhaltigkeitsstrategie schon in der laufenden Legislaturperiode hat die Bundesregierung eine Konzeption, Ziele und Maßnahmen für die ersten drei Handlungsfelder erarbeitet.

Quelle: Bundesregierung 2002b: 95ff.

---

[3] Dem Rat gehören siebzehn Persönlichkeiten des öffentlichen Lebens an, die aus unterschiedlichen gesellschaftlichen Interessensgruppen stammen (s. http://www.nachhaltigkeitsrat.de 07.05.02).

Prioritäre Handlungsfelder, in denen zuerst Weichenstellungen für eine nachhaltige Entwicklung vorgenommen werden sollen, sind Energie/Klima sowie Mobilität und Gesundheit/Ernährung. Kernstück der Nachhaltigkeitsstrategie sind 21 Schlüsselindikatoren, anhand derer Ziele formuliert und Fortschritte bilanziert werden können (Bundesregierung 2002b: 65ff.).

Der Deutsche Bundestag hat am 16. Mai 2002 zwei Entschließungen zur Nationalen Nachhaltigkeitstrategie und zum UN-Weltgipfel für nachhaltige Entwicklung angenommen (s. BT-Drucksachen 14/9052 und 14/9056; Deutscher Bundestag (2002e), Deutscher Bundestag (2002f)). Hier wird als positiv festgestellt, dass sich die nationale Nachhaltigkeitsstrategie eng an den Vorarbeiten der Enquete-Kommission „Schutz des Menschen und der Umwelt" orientiert hat. Gleichzeitig wird gefordert, die Ergebnisse der UN-Konferenz für Nachhaltige Entwicklung in Johannesburg und dort eingegangene Verpflichtungen nach Abschluss der Konferenz in das Konzept der Nachhaltigkeitsstrategie einzubeziehen, damit diese den sozialen, ökologischen und ökonomischen Bedürfnissen der künftigen Generationen gerecht wird.

9 Die Entwicklung der Weltbevölkerung im Zeitalter der Globalisierung

9.1 Einleitende Bemerkung

Die Themen Globalisierung und Bevölkerungsentwicklung haben viele Berührungspunkte. Fragen der Bevölkerungsentwicklung beeinflussen alle von der Kommission behandelten Themengruppen, von dem selbstverständlichen Zusammenhang zu Beschäftigungs-, Finanzierungs- oder Ressourcenproblemen bis hin zur Global Governance-Problematik. Deshalb lag es nahe, dass sich die Enquete-Kommission mit der weiteren Entwicklung der Weltbevölkerung intensiv auseinander setzte. Im Folgenden sind, im Wesentlichen auf der Basis eines Gutachtens, die Haupttrends dargestellt.[1] Es wird die Frage untersucht, ob die sich abzeichnenden Entwicklungen gestaltbar sind und welche politischen Schlussfolgerungen gezogen werden können. Vor allem wegen anderer Schwerpunkte und wegen besonderen Zeitmangels konnte dies nicht in ausreichendem Maße geschehen. Es muss in geeigneter Form nachgeholt werden.

9.2 Die globale demographische Entwicklung

Die demographische Entwicklung gehört zu den gravierendsten globalen Herausforderungen. Dynamisches Wachstum der Weltbevölkerung in bisher ungekannten Größenordnungen, zugleich eine historisch einmalige Zunahme des Anteils alter Menschen, weiter wachsende Migration und rapide Verstädterung werden das 21. Jahrhundert in allen Bereichen prägen und eine Reihe globaler Probleme verstärken. Das 20. Jahrhundert nimmt auch in demographischer Hinsicht eine Ausnahmestellung in der Weltgeschichte ein. Nie zuvor wuchs die Erdbevölkerung so schnell und um so viele Menschen. Die demographische Entwicklung wird durch politische Entscheidungen massiv beeinflusst, ist also – begrenzt – gestaltbar. Diese Gestaltbarkeit der Weltbevölkerungsentwicklung birgt Chancen für die gesamte wirtschaftliche, politische, soziale und ökologische Entwicklung der Welt.

9.2.1 Fortgesetzt dynamisches Wachstum der Weltbevölkerung

9.2.1.1 Regional ungleiche Verteilung

Das globale Weltbevölkerungswachstum ist regional höchst ungleich verteilt. Der Anteil der Entwicklungsländer am Weltbevölkerungswachstum nahm in der zweiten Hälfte des 20. Jahrhunderts stetig zu. Im 21. Jahrhunderts findet das Bevölkerungswachstum, anders als im 20. Jahrhundert, praktisch ausschließlich in den Entwicklungsländern[2] statt.

Dabei sind mittlerweile die Wachstumsunterschiede innerhalb der Entwicklungsregionen und -länder größer als die zwischen der Gesamtheit der Entwicklungsländer und der sog. entwickelten Nationen.

In Folge der ungleichen Bevölkerungsentwicklung wächst auch der Anteil der Menschen, die in Entwicklungsländern leben; das „demographische Gewicht" der Industrienationen nimmt stetig ab.

9.2.1.2 Indirekte Einflussfaktoren auf das Bevölkerungswachstum

Indirekte Faktoren

Die Verwirklichung der vorgenannten Potenziale hängt von den indirekten Einflussfaktoren ab, zu denen u. a. Armut im weitesten Sinne – insbes. geringe formale Bildung und Gesundheitsversorgung –, Kultur, Religion, rechtliche und politische Rahmenbedingungen, Grad der Urbanisierung sowie Diskriminierung von Mädchen und Frauen gehören. Der Einfluss dieser indirekten Faktoren auf die Bevölkerungsentwicklung lässt sich schon im Hinblick auf ihre komplexe Interdependenz schwerlich quantifizieren. Der Stand der Forschung lässt sich folgendermaßen zusammenfassen:

Die besondere Bedeutung von Familienplanungsdiensten

In den letzten Jahrzehnten ist die durchschnittliche Kinderzahl in allen Entwicklungsregionen gefallen, wobei diese Entwicklung in Afrika nur sehr viel langsamer verläuft. Parallel dazu greifen immer mehr Frauen und Männer auf moderne Verhütungsmittel zurück. Diese beiden Entwicklungen hängen kausal zusammen. Verschiedene umfangreiche Analysen kommen gleichermaßen zu dem Ergebnis: das Sinken der Geburtenrate in Entwicklungsländern ist allen verfügbaren Untersuchungen zufolge fast ausschließlich auf erhöhte Anwendung von Familienplanungsmethoden zurückzuführen (z. T. geht die verringerte Fertilität auch auf erhöhte Abtreibungszahlen zurück).

Änderung der Fertilitätspräferenzen

Eine qualitative und quantitative Verbesserung des entsprechenden Angebots und Zugangs zu Familienplanung reicht nicht aus, um eine Stabilisierung der Bevölkerungszahl zu erreichen, da Familienplanungsangebote hauptsächlich auf die Verringerung der Zahl ungewollter Schwangerschaften und Zeitpunkt sowie Abstand zwischen den Geburten ("spacing") wirken. Erst bei durchschnittlich zwei Kindern je Paar (Ersatzniveau der Fertilität 2,1) ist eine Stabilisierung der Weltbevölkerungszahl langfristig möglich. Die von den Eltern gewünschte Kinderzahl liegt in zahlreichen Entwicklungsländern (noch) oberhalb dieses Niveaus. Darum ist für eine Verwirklichung der mittleren UN-Projektion und

---

[1] Dieses Kapitel basiert auf einem Gutachten von Fleisch (2002).
[2] Zu den Entwicklungsländern werden hier alle Länder gemäß einer UN-Definition gezählt, die nicht zu Europa, Nordamerika, Australien, Japan und Neuseeland gehören.

Abbildung 9-1

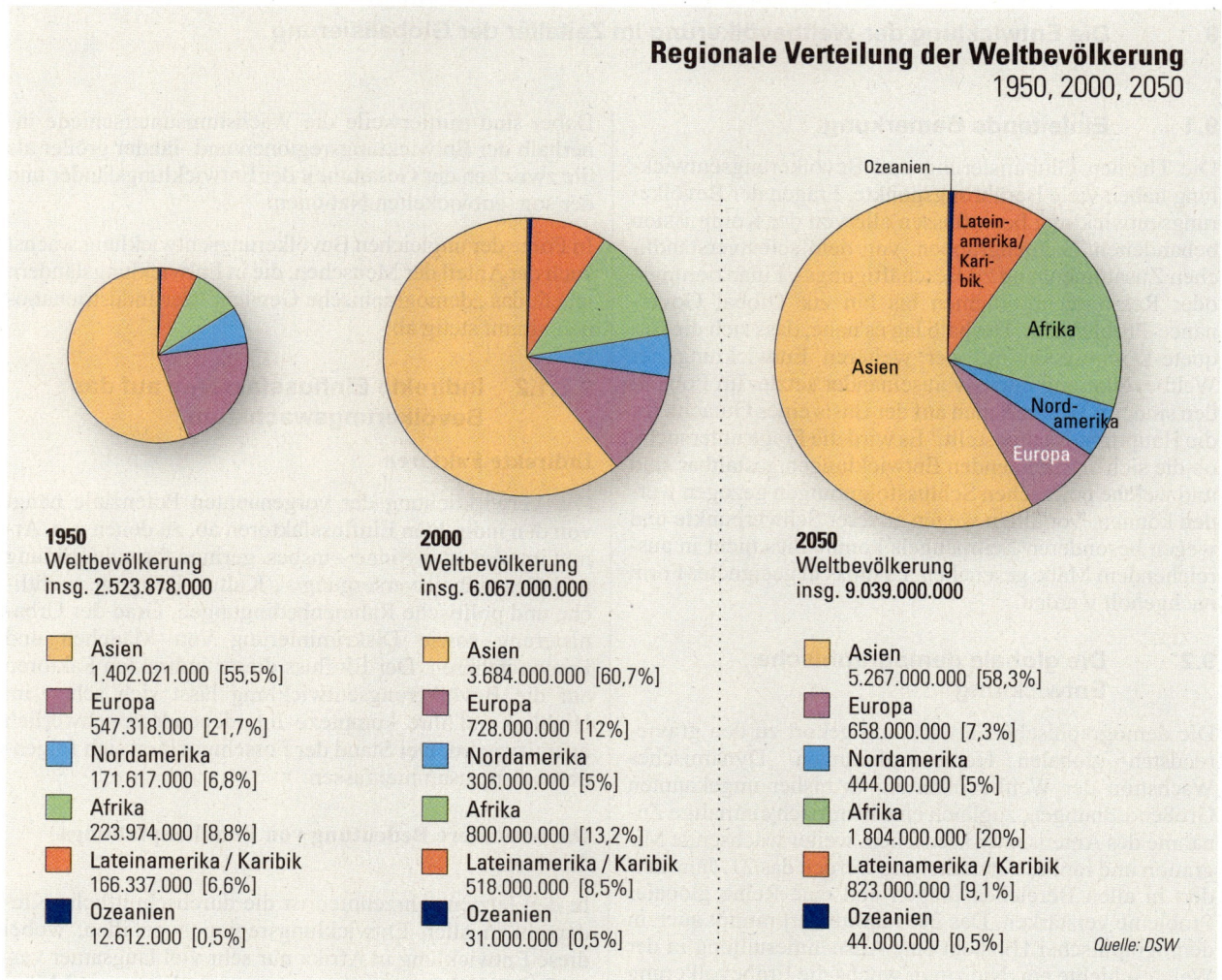

eine Stabilisierung der Weltbevölkerungszahl zusätzlich eine weitere Veränderung der Fertilitätspräferenzen Voraussetzung, die nur begrenzt durch Familienplanungsprogramme erreicht werden kann.

Sinkende Fertilitätspräferenzen beeinflussen nicht nur die Nachfrage nach Familienplanung und, soweit Familienplanung nicht verfügbar ist, nach Abtreibung; vielmehr hat umgekehrt erhöhte Familienplanungspraxis offenbar (Rück-) Wirkungen auf die durchschnittlichen Fertilitätspräferenzen (Cleland 2002: 8f.). Das hängt auch damit zusammen, dass mehr Familienplanung auch unmittelbar Verbesserungen der Gesundheit und eine Reihe anderer sozioökonomischer Indikatoren bewirkt.[3]

„Die Bereitstellung flächendeckender Familienplanungsangebote stellt eine der vielversprechendsten Investitionen in das gegenwärtige und zukünftige Wohlergehen der Menschen dar." UNICEF

Bildung

Formal weniger gebildete Menschen haben nicht nur in Entwicklungsländern in der Regel mehr Kinder. Dabei steht ein höherer Bildungsgrad der Mutter stärker in Zusammenhang mit geringerer Kinderzahl als ein höheres Bildungsniveau des Vaters (Cleland 2002: 8f.). Darum wurde lange Zeit meist als erwiesen unterstellt, dass sich die Verbesserung des Bildungsniveaus – insbesondere dasjenige von Frauen – auch stark fertilitätsmindernd auswirkt (Gelbard, Haub 1999: 25), und dies prägt bis heute die entwicklungspolitische Debatte. Mehrere neuere empirische Untersuchungen hingegen belegen, dass die Verbesserung der statistisch erfassbaren Bildung keineswegs generell und überall unabdingbare Vorbedingung für einen starken Rückgang der Fertilität ist und dass die Wirkung vermehrter Bildung stark kontextabhängig ist. Die engste nachweisbare Verbindung zwischen Grad der Bildung und der Fertilität ist die Nutzungsquote von Kontrazeptiva: höher gebildete Frauen nutzen häufiger Verhütungsmethoden und haben i. d. R. weniger Kinder. Dabei ist die Verbindung zwischen Bildung und Verhütung nicht

---

[3] Dazu Shane 1997: 21.

monokausal, sondern interdependent verknüpft und von weiteren Faktoren beeinflusst. Höhere Bildung geht in der Regel mit höherem Einkommen einher. Menschen mit höherem Bildungsniveau wohnen überproportional oft in Städten, wo der Zugang zu Mitteln und Maßnahmen für Familienplanung einfacher ist. Dort haben Menschen in Entwicklungsländern schon bei niedrigerem Bildungs- und Einkommensniveau durchschnittlich geringere Kinderzahlen als Menschen mit vergleichbarem Einkommens- und Bildungsniveau im ländlichen Raum. Selbst wenn wegen der Komplexität der Zusammenhänge die kausale Beziehung zwischen Bildung und Kinderzahl in der Bevölkerungswissenschaft hinterfragt wird, ist eine bessere Bildung von Mädchen und Frauen auch bevölkerungspolitisch geboten.

Heiratsalter

Aus welchen Gründen auch immer – je später im Leben ein Mädchen/eine junge Frau ihr erstes Kind bekommt, umso weniger Kinder bekommt sie im Laufe ihres Lebens insgesamt (Deutsche Stiftung Weltbevölkerung 1998b: 25). Dem entspricht, dass kulturelle Traditionen, die eine frühe Heirat begünstigen, einer Verringerung der Geburtenrate entgegenwirken. (Vermutlich ist der Zusammenhang jedoch komplizierter und keine monokausale Verbindung. Lebendige kulturelle Traditionen sind oft Ausdruck einer insgesamt geringeren „Modernisierung" im westlichen Sinn, die sich auch in Fertilitätspräferenzen, Situation von Frauen usw. ausdrückt und in der Summe Einfluss auf Fertilitätspräferenzen und Zugang zu Familienplanung haben kann.) Die Bedeutsamkeit des Faktors frühe Heirat ist jedenfalls gut belegbar, z. B. im arabischen Raum, wo die durchschnittlichen Kinderzahlen von ungefähr sechs in den letzten Jahrzehnten in einigen Ländern auf unter drei, in anderen jedoch fast überhaupt nicht gefallen sind: der vollkommen unterschiedliche Rückgang korreliert stark mit Unterschieden bei der Heraufsetzung des Heiratsalters im Zusammenwirken mit anderen bevölkerungspolitischen Maßnahmen (Gelbard, Haub 1999: 22f.). Im Übrigen ist der Einfluss kultureller Traditionen zu komplex, als dass sich zu ihrer Bedeutung für die Bevölkerungsentwicklung quantitative Aussagen belegen ließen. Es ist jedoch kaum bestreitbar, dass traditionelle Wertvorstellungen in Entwicklungsländern die Fertilitätspräferenzen und die Möglichkeiten von Frauen, ihr Recht auf reproduktive Selbstbestimmung auszuüben, beeinflussen.

Wirkungen auf Familienebene

Je höher die Anzahl der Kinder in einer Familie, umso schlechter ist auch der Gesundheitszustand der Kinder, wobei diese negativen Folgen Mädchen infolge ihrer Diskriminierung i.d.R. überproportional treffen (O'Neill, MacKellar, Lutz 2001: 101). Bei späterem Gebäralter, größerem Abstand zwischen den Geburten und geringerer Kinderzahl je Familie sind die Mütter-, Kinder- und Säuglingssterblichkeit in Entwicklungsländern geringer, und dies gilt unabhängig von der Versorgung mit sauberem Trinkwasser, Bildungsgrad der Eltern, dem Wohnort (Stadt oder Land) usw. (Leisinger 1999: 101). Darum besteht weitgehende Einigkeit, dass eine Ausdehnung der Familienplanung von herausragender Bedeutung für die Verbesserung der Gesundheitssituation in Entwicklungsländern und für die Situation von Frauen und Mädchen in allgemeiner Hinsicht ist (O'Neill, MacKellar, Lutz 2001: 101, Global Health Commission 2001: 16, Leisinger 1999: 101).

In den meisten Ländern, in denen sich hohes Bevölkerungswachstum mit anderen Erscheinungsformen von Armut paart, ist das öffentliche Gesundheitswesen bereits heute überfordert. In einer zunehmenden Zahl afrikanischer Länder ist zudem in Folge der Ausbreitung von HIV/AIDS ein Zusammenbruch des Gesundheitswesens absehbar; mittelfristig ist auch für andere Weltregionen wie z. B. Asien eine rapide Ausbreitung der Pandemie zumindest nicht auszuschließen.[4] Die fürchterlichen Folgen für alle gesellschaftlichen Bereiche sind in immer mehr der am stärksten von HIV/AIDS betroffenen Länder bereits ersichtlich. Die Belastungen des Gesundheitswesens durch HIV/AIDS summieren sich in immer mehr Ländern mit den durch hohes Bevölkerungswachstum steigenden Belastungen und mit weiteren Erschwernissen für eine Verbesserung der Gesundheitssituation. Hinzu kommt der steigende Anteil alter Menschen an der Weltbevölkerung; auch diese demographische Veränderung hat global weitreichende belastende Folgen für das Gesundheitswesen.

9.2.1.3 Projektionen

Für die künftige Weltbevölkerungsentwicklung gibt es unterschiedliche Projektionen (Wenn-dann-Berechnungen), die aus unterschiedlichen Basisannahmen resultieren. Allen von den Vereinten Nationen üblicherweise publizierten alternativen Projektionen liegt die Annahme zugrunde, dass die Fertilität in Entwicklungsländern weiter stark sinken wird. Vielfach wird die so genannte mittlere der UN-Projektionsvarianten als die wahrscheinlichste angesehen. Dieser Variante zufolge wird die Weltbevölkerung bis Mitte des 21. Jahrhunderts auf 9,3 Milliarden Menschen wachsen.

9.2.2 Umkehrung der Altersstruktur: Alterung und abnehmende Fertilität

Alterung

Die Abnahme der durchschnittlichen Kinderzahl pro Frau und die Steigerung der Lebenserwartung führten in der zweiten Hälfte des 20. Jahrhunderts nicht nur in Industrieländern zu einem schnell wachsenden Anteil der alten Menschen an der Bevölkerung. Dieser Trend wird sich fortsetzen und alle Lebensbereiche tangieren. Die Zuwachsrate der älteren Bevölkerung dürfte in den nächsten fünfzig Jahren mehr als doppelt so hoch liegen wie diejenige der Gesamtbevölkerung.

In den letzten fünfzig Jahren ist der Anteil der Menschen über 60 Jahre an der Weltbevölkerung von acht auf heute

---

[4] Vgl. dazu u. a. Garrett 2000: 475; vgl. ferner UNAIDS 2001: 13f.

ungefähr zehn Prozent der Weltbevölkerung gestiegen; für die nächsten fünfzig Jahre wird mit einem Anstieg auf 21 Prozent der wachsenden Weltbevölkerung gerechnet und ihre absolute Zahl wird von heute ungefähr 600 Millionen auf etwas mehr als das Dreifache steigen (Vereinte Nationen, Population Division 2001a, Executive Summary: xxvii).[5] Die Zunahme der Zahl älterer Menschen läuft in Entwicklungsländern erheblich schneller ab als in Industrienationen, und der weit überwiegende Teil der Menschen über 60 wird in Entwicklungsländern leben. Dort erodieren groß-familiäre und rurale Solidarstrukturen im Zuge von Verstädterung und Industrialisierung. Privatwirtschaftliche oder sozialstaatliche Altersversorgungssysteme sind aber für einen großen Teil der Bevölkerung auf absehbare Zeit faktisch unerreichbar. Es steht zu befürchten, dass aufgrund dessen die Zahl der absolut Armen in der Welt nicht sinken, sondern sogar steigen wird. Wegen der höheren Lebenserwartung von Frauen und ihrem höheren Anteil an der älteren Bevölkerung sowie im Hinblick auf den zunehmenden Anteil „alter Armer" dürfte die „Feminisierung der Armut" zunehmen (Vereinte Nationen, Population Division 2001a, Executive Summary: xxx; Leisinger 1999: 41).

9.2.3 Wachsende Migration und Urbanisierung

9.2.3.1 Wachsende Migration

Zu den großen demografischen Trends, deren Ausmaß bisherige Menschheitserfahrungen übersteigt und das Bemühen um eine zukunftsfähige Entwicklung erheblich erschwert, gehört die anhaltend wachsende Migration. Während in den Industrienationen die internationale Migration höchste Aufmerksamkeit genießt, wird häufig übersehen, dass die Bevölkerungsbewegungen innerhalb von Ländern erheblich größer sind und auch die internationale Migration überwiegend ein Phänomen zwischen Entwicklungsländern ist. Allein innerhalb Chinas dürften mit einer „floating population" von z. Zt. über 100 Millionen Menschen fast ebenso viele Menschen unterwegs sein wie weltweit zwischen Staaten. Genauere zahlenmäßige Angaben und Differenzierungen sind indes schwierig, da Definitionen und Statistiken stark variieren und nur unvollständiges Datenmaterial zur Migration innerhalb von Ländern vorliegt.

Trotz der hohen Unsicherheit über das globale Ausmaß der internationalen und Binnen-Wanderungen ist jedenfalls unbestritten, dass viele hunderte Millionen Menschen sich in der Situation freiwilliger oder erzwungener Migration befinden, dass ihre Zahl und der Anteil weiblicher Migranten steigt und dass sich diese Bevölkerungsbewegungen auf jene Regionen konzentrieren, die mit dem ungenauen Begriff des „Südens" bezeichnet werden (Fleisch 2001).

9.2.3.2 Jahrtausend der Städte

Mit dem 21. Jahrhundert hat das „Jahrtausend der Städte" (Kofi Annan) begonnen. Die Stadtbevölkerung der Erde wächst prozentual erheblich schneller als die Weltbevölkerung. Dies ist unstrittig, auch wenn sich keine einheitliche Definition des Begriffes „Stadt" durchgesetzt hat. Nach UN-Angaben hat sich in den letzten fünfzig Jahren die Zahl der Menschen, die in Städten leben, von 740 Millionen auf 2,9 Milliarden mehr als verdreifacht, der Urbanisierungsgrad – also Anteil der Städter/innen an der wachsenden Weltbevölkerung – ist damit von 30 auf 47 Prozent hochgeschnellt. Im Jahr 2007 wird UN-Schätzungen zufolge die Mehrzahl der Menschen in einer Stadt leben, zwei Drittel von ihnen in Entwicklungsländern. Es besteht Einigkeit, dass der Trend der rapiden Verstädterung, also der Zunahme des städtischen Bevölkerungsanteils an der Gesamtbevölkerung, mit nur leichter Abschwächung anhalten wird. In den nächsten zwanzig Jahren werden weltweit voraussichtlich über 50 Prozent mehr Menschen zur Stadtbevölkerung hinzukommen als in den letzen 25 Jahren, insofern kann man von einem „Wachstum des Städtewachstums" sprechen. Im Jahre 2050 werden, so schätzen die UN, über sechs Milliarden Menschen in Städten leben, – das sind ebenso viele, wie heute insgesamt den Globus bevölkern. Weltweit werden dann zwei von drei Menschen Städter/in sein.

Abbildung 9-2

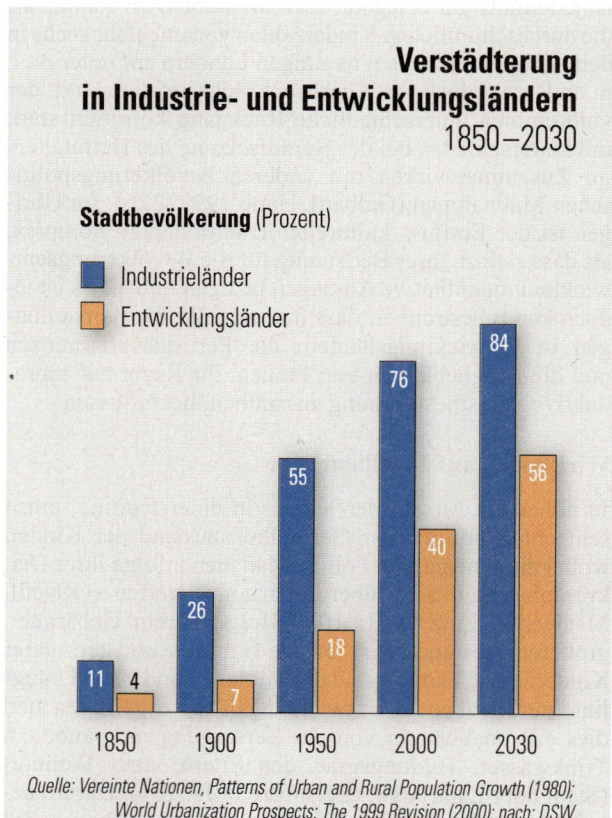

Verstädterung in Industrie- und Entwicklungsländern 1850–2030

Quelle: Vereinte Nationen, Patterns of Urban and Rural Population Growth (1980); World Urbanization Prospects: The 1999 Revision (2000); nach: DSW

---

[5] Vgl. auch Zahlen für 2100 in O'Neill, Balk 2001: 33 und Leisinger 1999: 40f.

Diese enorme Dynamik hat keine historischen Vorbilder. Das bereits schwierig zu bewältigende Wachstum der Industriestädte des 19. Jahrhunderts verlief geradezu gemächlich, verglichen mit dem heutigen Städtewachstum in Entwicklungsländern. Mexiko City wuchs in nur 30 Jahren von einer auf acht Millionen Menschen, London brauchte dafür 130 Jahre.

In den nächsten 15 Jahren wird die Zahl der Megastädte von heute 19 auf 23 wachsen, davon die überwiegende Zahl in Entwicklungsländern. Es wird erwartet, dass Bombay bis 2020 mit dann 28,5 Millionen Einwohnern (heute 18 Millionen) Tokio (26 Millionen) vom ersten Platz verdrängt haben wird. Lagos wird den dritten Platz einnehmen (1950: 300 000 Einwohner, 2000: 13,4 Millionen, 2015: 23,2 Millionen).

Neun der zehn bevölkerungsreichsten Städte der Welt werden vermutlich bereits im Jahr 2020 Städte in Entwicklungsländern sein. Davon werden allein drei in Indien liegen.

9.3 Weltbevölkerungswachstum und Aspekte nachhaltiger Entwicklung

Der Zusammenhang zwischen den demographischen Entwicklungen und anderen Variablen nachhaltiger Entwicklung ist als solcher weitgehend unbestritten und auch in der Agenda 21 des Umweltgipfels in Rio 1992 anerkannt worden. Er ist jedoch von hoher Komplexität geprägt und darum in vielerlei Hinsicht unklar und umstritten.

Die Diskussion konzentriert sich dabei zumeist auf die Frage der ökologischen Tragfähigkeit. Indes dürfte der Zusammenhang zwischen starken demographischen Veränderungen einerseits und sozialen, politischen und wirtschaftlichen Entwicklungen andererseits nicht minder bedeutsam sein.

9.3.1 Menschenzahl und „natürliche" Tragfähigkeit

Die Frage, wie viel Menschen die Erde „ertrage", ist nicht mit einer bestimmten Zahl beantwortbar. Die Bevölkerungszahl ist einer von zahlreichen Faktoren, die die Möglichkeiten menschenwürdigen Lebens bei gleichzeitiger ökologischer Nachhaltigkeit (sustainability) mitbestimmen. Insbesondere setzt die „carrying capacity" der Erde der Versorgung einer wachsenden Menschenzahl bei gleichzeitiger ökologischer Nachhaltigkeit auf absehbare Zeit keine dauerhaft unverrückbare Grenze; vielmehr hängt es wesentlich auch von der Art und Weise der Nutzung natürlicher Ressourcen ab, wie viele Menschen unter welchen Bedingungen leben können. Auf der anderen Seite ist offensichtlich, dass eine größere Menschenzahl bei ansonsten konstanten Variablen eine größere Belastung der natürlichen Umwelt darstellt.

Die ökologische Belastung ist zur Zeit eng gekoppelt an das jeweilige Wohlstandsniveau; das wohlhabendste Fünftel der Menschheit ist auch an den ökologischen Belastungen der Erde weit überproportional beteiligt. Allerdings zeigt bereits der Vergleich der USA mit z. B. europäischen Staaten, dass ein vergleichbares Wohlstandsniveau mit höchst unterschiedlichen ökologischen Belastungen gekoppelt sein kann. Gleichwohl ist der geringere durchschnittliche Pro-Kopf Ressourcenverbrauch der Entwicklungsländer vor allem Ausdruck weit verbreiteter Armut. Soweit eine Verlangsamung des Bevölkerungswachstums mit Verringerung der Armut und wirtschaftlicher Entwicklung einhergeht, kann dies im Ergebnis zu einer höheren ökologischen Gesamtbelastung der natürlichen Umwelt führen (sog. „Demographische Falle").

Global betrachtet ist der wachsende Druck auf Ökosysteme heute überwiegend eine Frage der Art und Weise und der Quantität des Konsums.[6] Das macht die Bevölkerungsentwicklung aber nicht bedeutungslos. Bevölkerungswachstum erhöht den Gesamtverbrauch und die sonstige Belastung der Umwelt. Dies kommt in der Formel zum Ausdruck, die die Umweltwirkung vereinfachend folgendermaßen darstellt:

Umweltwirkung = Bevölkerungszahl x Pro-Kopf-Konsum x Umweltverbrauch je Konsumeinheit.[7]

Die globale Betrachtung von Tragfähigkeitsfragen birgt die Gefahr unausgewogener Schlussfolgerungen, wenn sie nicht durch regionale Perspektiven ergänzt wird. Wichtige ökologische Ressourcen sind regional ungleich verteilt. Auch bei vergleichsweise niedrigem Konsumniveau kann erheblicher Druck auf die lokalen und regionalen natürlichen Ressourcen ausgeübt werden – mit Konsequenzen auch für globale Umweltfragen.

9.3.2 Bevölkerungswachstum und natürliche Ressourcen am Beispiel Wasser

Der Zusammenhang zwischen Bevölkerungsentwicklung und Variablen nachhaltiger Entwicklung tritt bei einigen begrenzten natürlichen Ressourcen etwas klarer zutage. Gleichwohl sind die Prozesse tief miteinander verflochten; der im Folgenden unternommene Versuch der Darstellung einzelner kausaler Zusammenhänge ist darum in seiner Aussagefähigkeit immer beschränkt. Verallgemeinern lässt sich indes, dass die belastende Wirkung von Bevölkerungsveränderungen wie Wachstum oder Migration auf natürliche Ressourcen als solche unbestritten ist, dass aber diese Wirkung jeweils von einer Reihe anderer Faktoren abhängt und darum höchst unterschiedlich und von komplexer Interdependenz geprägt ist (O'Neill, MacKellar, Lutz 2001: 89ff.).

9.3.2.1 Das Weltbevölkerungswachstum verschärft die globale Wasserkrise

Wasser ist eine Schlüsselressource für fast alle Entwicklungsfragen. Die Gesamtproblematik der Süßwasserknappheit und deren Folgen werden an anderer Stelle dargestellt (Vgl. hierzu Kapitel 7.5). Die folgenden Ausführungen beschränken sich darum auf einige Aspekte des Zusammenhangs mit dem Weltbevölkerungswachstum.

---

[6] Dies dürfte unbestritten sein; nähere Ausführungen dazu u. a. in: UNDP, UNEP, World Bank, World Resources Institute 2000: 23 ff.

[7] Dazu im einzelnen: O'Neill, MacKellar, Lutz 2001: 117 ff.

Nach einer weithin anerkannten Definition von Wasserknappheit und -mangel[8] leben heute mindestens 500 Millionen Menschen in 31 Ländern mit Wasserknappheit oder -mangel. Je nachdem, wie sich die Bevölkerungszahl entwickelt, werden bis zum Jahr 2025 zwischen 39 und 48 Länder in eine dieser beiden Kategorien fallen mit einer Gesamtbevölkerung von 2,4 bzw. 3,3 Milliarden Menschen (Engelman, Dye, LeRoy 2000: 30).[9]

Eine Definition der Vereinten Nationen geht von einem Mindestsüßwasser-Bedarf pro Person (MWB) von 50 Litern täglich aus, dessen Befriedigung wiederum als Verwirklichung des Grundrechts auf sauberes Wasser angesehen wird. Bis zum Jahr 2050 wird nach UN-Schätzungen nahezu jeder zweite Mensch in Ländern leben, die den MWB-Standard nicht erfüllen; und diese Schätzung beruht auf der mittleren UN-Bevölkerungsprojektion, die eine Verringerung der durchschnittlichen Kinderzahl auf ungefähr zwei pro Frau im Weltdurchschnitt zugrundelegt. Dabei berücksichtigt der genannte MWB nur den Süßwasserbedarf für die individuell-persönliche Nutzung und nicht auch für andere Formen der Wassernutzung wie Landwirtschaft, Industrie und Schutz von Ökosystemen.

Die Differenz macht deutlich, welche hohe Bedeutung einer Verlangsamung des Bevölkerungswachstums für die Frage ausreichender Verfügbarkeit von sauberem Wasser zukommt.

Die Wasserqualität lässt in weiten Teilen der Welt zu wünschen übrig. Mehr als eine Milliarde Menschen haben bereits heute – unabhängig von der verfügbaren Wassermenge – keinen Zugang zu sauberem Wasser (UNFPA 2001: 15, Enquete-Kommission „Globalisierung" 2001c: 87). Wassermangel, Wasserknappheit und schlechte Wasserqualität haben erhebliche negative Auswirkungen u. a. auf die Volksgesundheit (Enquete-Kommission „Globalisierung" 2001c: 87) und damit auch auf die volkswirtschaftliche und sonstige Entwicklung. Indem Bevölkerungswachstum dies verschärft, unterminiert es eine nachhaltige Entwicklung.

Bevölkerungspolitik und Wasserkrise

Die Verfügbarkeit von Süßwasser lässt sich auf absehbare Zeit nur begrenzt durch technische Lösungen wie z. B. Entsalzung und nur mit hohen finanziellen – und in der Praxis auch ökologischen – Kosten steigern. Enorme

Abbildung 9-3

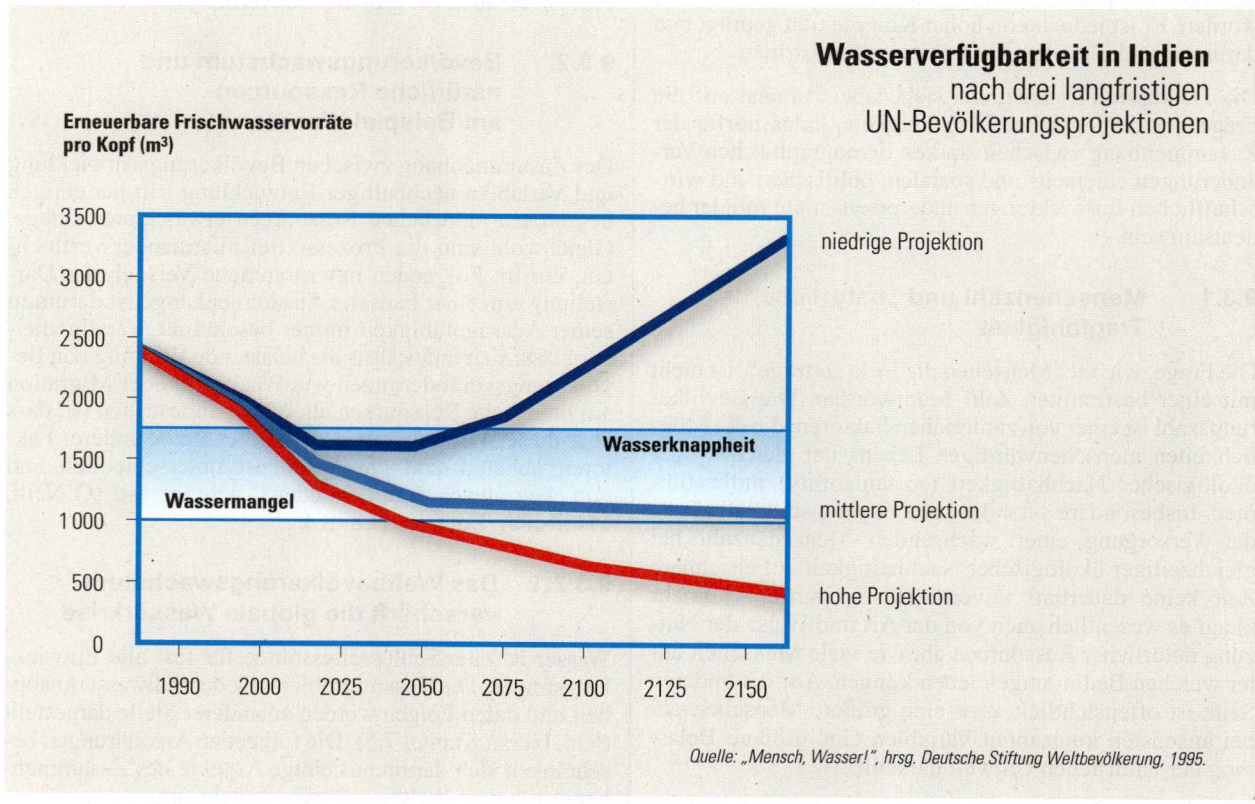

---

[8] Vgl. Engelman, Dye, LeRoy 2000: 25f.; UNFPA 2001: 14.
[9] Vgl. mit höheren Zahlen zur aktuell von Wasserknappheit betroffenen Menschen: UNDP, UNEP, World Bank, World Resources Institute 2000: 110 ff.

Potenziale bergen jedoch Möglichkeiten, den Effizienzgrad der Wassernutzung zu steigern. Dies erfordert jedoch Zeit, erhebliche Investitionen, „good governance" und die Überwindung tradierter kultureller Hürden für Verhaltensänderungen. Eine Verlangsamung des Bevölkerungswachstums bringt Zeitgewinne auch für die Entschärfung des Süßwasserproblems mit sonstigen Maßnahmen und erleichtert damit die Schaffung der übrigen Voraussetzungen für eine gesteigerte Wassereffizienz. Nach einer weithin anerkannten Studie von Engelmann und Le Roy können spezifisch bevölkerungs-politische Entwicklungsmaßnahmen, insbesondere die Verwirklichung des „Menschenrechts auf Familienplanung", zur Entschärfung der Süßwasserkrise in Entwicklungsländern mindestens ebensoviel beitragen wie alle anderen Maßnahmen zusammen (Engelman, LeRoy 1995: 56). Diese Einschätzung mag als übertrieben einzustufen sein. Vor dem Hintergrund der Bedeutung der Bevölkerungsentwicklung ist aber bedenklich, dass etwa 30 Prozent des deutschen Entwicklungshaushalts in Vorhaben auf dem Wassersektor gehen, während für spezifisch bevölkerungspolitische Entwicklungsmaßnahmen wie Förderung der Familienplanung nur jeweils zwei bis drei Prozent aufgewendet werden und bevölkerungspolitische Maßnahmen in diese Programme zur Verbesserung der Wasserversorgung häufig nicht integriert sind.

Eine Verbesserung der effizienten Nutzung des Rohstoffes Wasser trägt auch zu sozioökonomischen Verbesserungen und damit indirekt zur Verlangsamung des Weltbevölkerungswachstums bei. Ohne eine Verringerung der globalen demographischen Dynamik ist eine Lösung der globalen Wasserkrise auf absehbare Zeit unrealistisch.

9.3.3 Wirtschaftliche und soziale Aspekte

9.3.3.1 Verschärfter Kampf um bezahlte Beschäftigung

Schnell wachsende Erwerbsbevölkerung

Die Weltbevölkerung befindet sich seit einigen Jahrzehnten in einer Phase historisch einmalig hohen Wachstums der Zahl der Menschen im Erwerbsalter (15 bis 64 Jahre).[10] Dieses Wachstum ist heute fast ausschließlich (über 90 Prozent) (Farooq, Ofosu 1992: 6) die Folge des Weltbevölkerungswachstums und der pyramidenförmigen Altersstruktur. Die Zahl der erwerbsfähigen Menschen wird in den nächsten zehn Jahren um mehr als 450 Millionen Menschen (Konrad-Adenauer-Stiftung & Deutsche Stiftung Weltbevölkerung 2000: 7) wachsen. Bis zur Mitte des Jahrhunderts kommen, je nach Bevölkerungsentwicklung, schätzungsweise zwischen 1,7 und über zwei Milliarden Menschen hinzu (Leisinger 1999: 107); der Unterschied entspricht der Gesamtzahl der heutigen Erwerbsbevölkerung Lateinamerikas und der Karibik zusammen und illustriert die Bedeutung der Beeinflussung der Bevölkerungsentwicklung.

In Phasen, in denen die Erwerbsbevölkerung schneller wächst als die Gesamtbevölkerung, bietet sich die Chance, diesen „demographischen Bonus" für eine Steigerung der Wirtschaftskraft zu nutzen. Die Nutzung der theoretischen Vorteile einer überproportional wachsenden Erwerbsbevölkerung setzt jedoch Investitionen insbesondere in das Humankapital, andere öffentliche Dienstleistungen und Infrastruktur voraus. In Ländern mit rasch wachsender Bevölkerung ist dies tendenziell schwieriger, weil sich die Investitionssumme auf eine stetig wachsende Kopfzahl verteilt. In einer Weltwirtschaft, die sich zunehmend auf Technik und Information stützt, besteht die Gefahr, dass Nationen mit rasch wachsender Bevölkerung wirtschaftlich zurückfallen.

Wachstum des informellen Sektors

Weltweit – mit sehr wenigen Ausnahmen – verschiebt sich die Beschäftigung vom Agrarsektor hin zum Dienstleistungssektor. In den Entwicklungsländern ist heute nach wie vor der überwiegende Teil der Erwerbsbevölkerung in der Landwirtschaft beschäftigt. Dieser Anteil sinkt jedoch laufend, wozu – im Zusammenwirken mit anderen Faktoren wie z. B. extrem ungleiche Landverteilung – die durch Bevölkerungswachstum beschleunigte Verstädterung beiträgt. In der Zeit zwischen 1950 und 1990 sank in Entwicklungsländern der Anteil der in der Landwirtschaft tätigen von über 80 auf ungefähr 60 Prozent, während die entsprechenden Anteile des Dienstleistungssektors von zwölf auf 23 Prozent und der Industrie von sieben auf 16 Prozent der Beschäftigten stieg (Konrad-Adenauer-Stiftung & Deutsche Stiftung Weltbevölkerung 2000: 12). Das absolute Wachstum der formellen Arbeitsplätze des industriellen und des Dienstleistungssektors in Entwicklungsländern – ganz überwiegend in Städten verortet – ist dabei offenbar (die Datenlage ist für ein Großteil der Entwicklungsländer vollkommen unzureichend) geringer gewachsen als die Zahl der Menschen im Erwerbsalter in den Städten (ILO 1996b: 157). Dem entspricht, dass ein immer größerer Anteil der Menschen der Entwicklungsländer im informellen Bereich tätig ist (ILO 1996b: 157). Das überproportionale Wachstum des in den informellen Sektor der Städte strömenden Arbeitskräfteangebots zusammen mit anderen Faktoren wirkt negativ auf das Lohnniveau der unteren Schichten und die soziale Sicherung.[11]

Verschärfung von Einkommensungleichheiten

Dem entspricht, dass nach Studien z. B. der Weltbank und der ILO der Anteil der unteren Schichten am Gesamteinkommen eines Landes umso geringer ist, je höher das Bevölkerungswachstum ist (Leisinger 1999: 107).

Gleichwohl ist fraglich, ob das Bevölkerungswachstum hier der ausschlaggebende oder jedenfalls ein signifikanter Verstärkungs-Faktor der innerstaatlichen Einkommensungleichheit ist. Dem weltweit zu beobachtenden Wachstum der Einkommensungleichheit innerhalb von Ländern liegen eine Reihe von Faktoren zugrunde: in Entwicklungsländern summieren sich „traditionelle" Ursachen,

---

[10] Zur Definition vgl. Weltbank 2001d: 51.

[11] Vgl. u. a. ILO 1996b: 151 ff.

wie z. B. extrem ungleiche Verteilung von Land mit neueren, wie z. B. Strukturanpassungsprogrammen oder Privatisierung maroder Staatsbetriebe. Die verfügbaren Daten (vgl. Cornia, Court 2001) sind zu unvollständig und bieten deshalb bislang keinen Beleg für oder gegen die These, dass das hohe Bevölkerungswachstum ein wesentlicher Verstärkungsfaktor der wachsenden Einkommensungleichheiten innerhalb von Ländern ist.

Für eine solche Wirkung des Bevölkerungswachstums dürfte jedoch u. a. die Erschwerung verbesserter Bildungsversorgung durch starkes Bevölkerungswachstum sprechen. Die Verbesserung des allgemeinen Niveaus z. B. der Bildung – insbesondere von Mädchen – ist von besonderer Bedeutung für die Begrenzung von Einkommensungleichheiten (Vgl. Cornia, Court 2001). Hohes Bevölkerungswachstum ist nicht das wesentliche Hindernis. Aber im Zusammenspiel mit der pyramidenförmigen Altersstruktur ein zusätzliches Erschwernis für eine Verbesserung der Bildungsversorgung (UNFPA 1991a: 7). Insofern hat hohes Bevölkerungswachstum eine indirekte Verstärkungswirkung auf die innerstaatliche Einkommensungleichheit, die jedoch nicht zahlenmäßig erfassbar ist. Entsprechendes gilt für andere Bereiche, in denen eine verbesserte Pro-Kopf-Versorgung durch starkes Bevölkerungswachstum erschwert wird und die für die Entwicklung des Inlandsprodukts bedeutsam sind, z. B. im öffentlichen Gesundheitswesen und der sonstigen Infrastruktur.

Verstärkung der internationalen Einkommenskluft

In den Entwicklungsländern mit hohem Bevölkerungswachstum verteilt sich das Bruttoinlandsprodukt auf eine schnell wachsende Menschenzahl; das hat zur Folge, dass das Pro-Kopf Bruttoinlandsprodukt erheblich langsamer wächst als die Wirtschaft oder sogar trotz wachsendem Bruttoinlandsprodukt sinkt. Je geringer infolge höheren Bevölkerungswachstums das durchschnittliche Pro-Kopf-Wachstum des Inlandsprodukts ist, umso größer ist die Wahrscheinlichkeit, dass große Bevölkerungsteile reale Einkommenseinbußen in Zeiten wirtschaftlichen Wachstums hinnehmen müssen. Das Inlandsprodukt Afrikas wuchs in den neunziger Jahren jährlich um rund 2,3 Prozent und im letzten Jahrzehnt um rund 2,6 Prozent. Infolge des Bevölkerungswachstums sank jedoch das Pro-Kopf-Bruttoinlandsprodukt in den neunziger Jahren, und im letzten Jahrzehnt stagnierte es nahezu, trotz Wirtschaftswachstums.

Da am Wachstum des Bruttoinlandsprodukts die verschiedenen Bevölkerungsschichten unterschiedlich partizipieren, läuft ein Wachstum des durchschnittlichen Pro-Kopf-Inlandsprodukts nicht automatisch für die Mehrzahl der Bevölkerung auf reale Einkommenszuwächse hinaus. Je geringer infolge höheren Bevölkerungswachstums das durchschnittliche Pro-Kopf-Wachstum des Inlandsprodukts ist, umso größer ist die Wahrscheinlichkeit, dass große Bevölkerungsteile reale Einkommenseinbußen in Zeiten wirtschaftlichen Wachstums hinnehmen müssen. Die ist besonders deutlich am Beispiel Afrikas. Selbst wenn in Afrika die Wirtschaft in den nächsten Jahren ungefähr mit derselben Prozentzahl wächst wie die Bevölkerung und damit das durchschnittliche Pro-Kopf-Inlandsprodukt in etwa konstant bleibt, wird dort die Zahl der Menschen in absoluter Armut (Einkommen unter einem Dollar pro Tag) deutlich wachsen (Weltbank 2000a: 29ff.). Mit überproportionaler Beteiligung wohlhabenderer Schichten an Einkommenszuwächsen und konstantem durchschnittlichen Pro-Kopf-Einkommen ist zwangsläufig ein Realeinkommensverlust der ärmeren Schichten und, bei Wachstum der Bevölkerung, ein Anwachsen der Zahl der in Armut lebenden Menschen verbunden. Da sich, wie ausgeführt, Bevölkerungswachstum, Einkommensungleichheit und Armut gegenseitig verstärken, wächst schon darum mit höherem Bevölkerungswachstum die Gefahr einer Negativspirale.

Abbildung 9-4

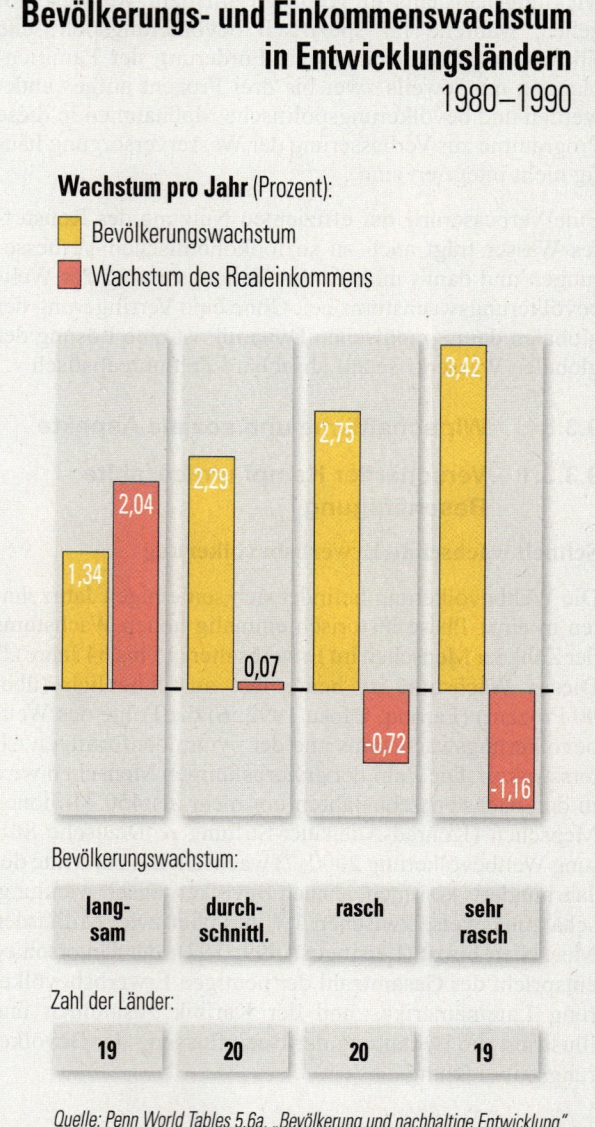

Quelle: Penn World Tables 5.6a, „Bevölkerung und nachhaltige Entwicklung" Deutsche Stiftung Weltbevölkerung, 1988

Da dieser demographisch bedingte Effekt in den Industrienationen nicht oder allenfalls sehr viel geringer auftritt, bedeutet dies auf internationaler Ebene, dass damit eine Vergrößerung der Einkommenskluft zwischen dem ärmsten und wohlhabendsten Fünftel der Menschheit einhergeht (Eberlei 2001a: 77).

9.3.3.2 Wirtschaftliches Wachstum

Mittlerweile geht die wohl überwiegende Meinung der Wirtschaftswissenschaftler dahin, dass rasches Bevölkerungswachstum dem Wirtschaftswachstum eines Landes im Zeitalter der Globalisierung abträglich ist (Deutsche Stiftung Weltbevölkerung 1998a: 12). Wirtschaftswachstum hängt aber von einer Reihe weiterer Faktoren mit ab. Umfangreiche Korrelationsanalysen[12] sprechen aber zumindest dafür, dass ein niedrigeres Bevölkerungswachstum tendenziell günstigere Bedingungen für ein Wirtschaftswachstum im Rahmen der Weltwirtschaft schafft. Dies scheint u.a. damit zusammenzuhängen, dass in einer globalisierten Weltwirtschaft am ehesten und mit dem größten Erfolg in den Entwicklungsländern mit einer besser (aus-)gebildeten und gesünderen Bevölkerung investiert wird. Ein weiterer Faktor dürfte sein, dass Familien mit geringerer Kinderzahl in Entwicklungsländern meist – aber keineswegs durchgängig – eine höhere Sparrate aufweisen und mehr in die Bildung und Ausbildung ihrer Kinder investieren.

9.3.3.3 Erschwerung ausreichender Bildungsversorgung

Die Verbesserung des allgemeinen Bildungsniveaus – insbesondere von Mädchen – spielt für eine Reihe von Fragen eine Schlüsselrolle. Umgekehrt hat auch das Bevölkerungswachstum Einfluss auf die Bildungsversorgung.

Wirkungen auf Familienebene

Auf Familienebene sinken unter Armutsbedingungen die „Investitionen" in die Entwicklung eines Kindes mit wachsender Familiengröße (Leisinger 1999: 101). Die Vermeidung ungewollter Schwangerschaften hat einen unmittelbar positiven Effekt innerhalb einer Familie auch auf die Bildung und Ausbildung der nachwachsenden Generation. Dies illustrieren auch Untersuchungen, wonach die Wahrscheinlichkeit des Schulbesuchs der Kinder erheblich höher ist, wenn die jeweilige Mutter Familienplanung anwendet – auch wenn hier verschiedene Faktoren zusammenwirken und darum keine monokausale Erklärung angemessen ist.

Verbesserung der (Aus-)Bildungsversorgung und andere Maßnahmen zur Verlangsamung des Weltbevölkerungswachstums verstärken sich gegenseitig.

Schnelles Bevölkerungswachstum hat, wie beschrieben, negative Effekte auf die Einkommensentwicklung und erschwert auch dadurch in Entwicklungsländern Investitionen der ohnehin einkommensschwachen Eltern in Bildung und Ausbildung ihrer Kinder. Auch hier ist die Wirkung wechselseitig.

Wachsende Zahl der Kinder im Schulalter

Auf gesellschaftlicher Ebene bedeutet rapides Bevölkerungswachstum im Zusammenspiel mit der pyramidenförmigen Altersstruktur ein rapides Wachstum der Zahl der Kinder und Jugendlichen. In der Folge verteilt sich der Bildungsetat auf eine immer größere Kopfzahl. Eine Verbesserung der Bildungsversorgung ist aber im Zeichen der globalisierten Weltwirtschaft mehr denn je conditio sine qua non dafür, dass Entwicklungsländer nicht von der weltwirtschaftlichen Entwicklung abgekoppelt bleiben oder werden.

Kasten 9-1

Bedeutung des Bevölkerungswachstums für die Unterrichtsversorgung am Beispiel Uganda

Welche Bedeutung das Bevölkerungswachstum für die Unterrichtsversorgung haben kann, macht das Beispiel Ugandas deutlich. In Uganda wird sich allein in den nächsten 25 Jahren die Zahl der Kinder im Primärschulalter von heute 6,6 Millionen knapp verdoppeln, wenn im selben Zeitraum die durchschnittliche Kinderzahl pro Familie „nur" um ein Kind sinkt. D. h.: bei gleichbleibenden Einschulungsraten und konstanter personeller und sachlicher Schulausstattung pro Schüler verdoppeln sich in diesem Fall die finanziellen Aufwendungen im Lande für die Primärschulbildung. Entsprechendes gilt für Sekundarbildung und Ausbildung. Wenn im selben Zeitraum das Schüler-Lehrer-Verhältnis in den Grundschulen von heute 1 zu 60 auf 1 zu 40 gesenkt werden soll, bedeutet dies, dass zur Versorgung einer wachsenden Schülerzahl die Zahl der aktiven Lehrer in Uganda innerhalb von nur 25 Jahren verdreifacht werden muss (Population Secretariat, Uganda 2001: 29).

---

[12] Siehe O'Neill, MacKellar, Lutz 2001: 84 f.

Hohes Bevölkerungswachstum ist kein unüberwindbares Hindernis für eine Verbesserung der Versorgung der Bevölkerung mit Bildungs- und Ausbildungsangeboten, wie positive Trends in diesem Bereich in der Vergangenheit zeigten (Nachweise bei O'Neill, MacKellar, Lutz 2001: 89); jedoch erschwert das hohe Bevölkerungswachstum im Zusammenspiel mit anderen Faktoren die Bildungsversorgung auf mehreren Ebenen.

Geschlechtsspezifische Diskriminierung in der Bildungsversorgung

Nach wie vor besuchen erheblich weniger Mädchen als Jungen Grund- und weiterführende Schulen, auch wenn in einer Reihe von Ländern diese geschlechtsspezifische Diskriminierung verringert wurde. Der Fortschritt der Geschlechtergerechtigkeit in der Bildung, der für vorangegangene Jahrzehnte festgestellt werden konnte, ist in den letzten Jahren ins Stocken gekommen, in zahlreichen Ländern gab es sogar Rückschritte (Ruppert 2001a: 112, 120f.).

Allgemeine Rückschlüsse auf das Verhältnis zwischen Veränderung der Diskriminierung im Bildungswesen und der Bevölkerungsentwicklung lassen die verfügbaren Daten jedoch nicht ohne weiteres zu. Es lässt sich aber belegen, dass auf Familienebene eine hohe Kinderzahl die bestehende Diskriminierung von Mädchen in mehrfacher Hinsicht verstärkt; unter Armutsbedingungen wird bei ihnen in der Regel zuallererst gespart. Das betrifft sowohl den Schulbesuch wie auch die Ernährung, die für den Lernerfolg nachweislich von großem Einfluss ist. Zudem wirkt sich auf Familienebene eine hohe Kinderzahl in Kombination mit Armut und bestehender Diskriminierung in der Weise aus, dass die älteren Geschwister – und hier überproportional die Mädchen – für die Betreuung der jüngeren eingesetzt werden, statt dass sie zur Schule gehen. Damit erhöht sich die Wahrscheinlichkeit, dass sie ein geringeres Einkommen und schlechteren Zugang zu Familienplanung haben werden (O'Neill, MacKellar, Lutz 2001: 99ff u. ö.).

Die ohnehin zu fordernde Beseitigung der geschlechtsspezifischen Diskriminierung (auch) im Bildungsbereich ist auch bevölkerungspolitisch wünschenswert, weil eine Erhöhung des Bildungsniveaus der Mutter für verschiedene Determinanten der Fertilität einflussreicher ist als die des Vaters.

9.3.3.4 Weitere politische Aspekte

Gefährdung des Friedens

Aus den vorangegangenen Ausführungen ergibt sich bereits, dass das Weltbevölkerungswachstum als krisenverschärfender Entwicklungsfaktor an Bedeutung gewinnen wird und damit auch die globale Sicherheit infrage stellt.

Mit der Verknappung natürlicher Ressourcen, der Vertiefung sozialer Fehlentwicklungen, der Migration und der ungeordneten Stadtentwicklung geht die Gefahr der Destabilisierung sozialer und politischer Systeme einher. Dies erhöht das Potenzial für Krisen und Konflikte. Verstärkend kommt hinzu, dass durch hohes Bevölkerungswachstum im Verbund mit „bad governance" und anderen Faktoren die Chancen für religiösen Fundamentalismus und Extremismus wachsen.

Veränderung der sicherheitspolitischen Gewichtungen?

Auf die globalen politischen Wirkungen des Bevölkerungswachstum hat die Stiftung Wissenschaft und Politik, Ebenhausen in einer Studie hingewiesen (Wöhlcke 1997: 35f., 39f.). Darin werden erhebliche Konsequenzen des Weltbevölkerungswachstums für die bisherigen globalen sicherheitspolitischen Gewichtungen hervorgehoben. Das – regional höchst unterschiedliche – Bevölkerungswachstum werde, so die Studie, die Hierarchie und die Gewichte im internationalen System geradezu umschichten. Außerdem wird eine zusätzliche Gefährdung der Stabilität in Regionen befürchtet, die bereits heute von erheblichen Migrationsbewegungen und/oder Knappheiten geprägt sind.

Verteilungskonflikte

Absoluter Wassermangel (d.h. weniger als 1000 Kubikmeter verfügbares Süßwasser pro Kopf und Jahr) herrscht schon heute in weiten Teilen Afrikas, Nordchinas, Indiens und des Mittleren Ostens, und die Problematik nimmt nicht zuletzt infolge des Bevölkerungswachstums zu.

Damit verschärft sich die Frage der Verteilung begrenzter Ressourcen. Verteilungskonflikte um Süßwasserreserven können an zahlreichen Fronten aufbrechen: zwischen Stadt und Land, Arm und Reich, zwischen verschiedenen Wirtschaftssektoren (Landwirtschaft versus Industrie) sowie zwischen Staaten, die gemeinsame Wasserquellen nutzen. Während die erstgenannten Gegensätze von Interessensgruppen vor allem den sozialen Frieden bedrohen, wird in letzterem von der internationalen Friedensforschung zunehmend der Grund für bewaffnete Konflikte in der Zukunft gesehen (Wöhlcke 1997: 98)[13]. Um solchen Konflikten vorzubeugen, bedarf es einerseits einer maximalen Ausnutzung des immensen Ersparnispotenzials, das z. B. in einer verbesserten Bewässerungstechnik, effektiveren landwirtschaftlichen Produktionsweisen, modernen industriellen Techniken und drastisch reduzierter Wasserverschmutzung liegt. Dafür muss zunächst der politische Wille mobilisiert werden, um die weitgehend bekannten Lösungen zur nachhaltigen Nutzung der Wasservorräte in die Tat umzusetzen (Postel 1998: 629–637). Das bedeutet beispielsweise, Wasser in integrierte Entwicklungs- und Raumplanung einzubeziehen. Konfliktvermeidung auf internationaler Ebene erfordert zudem internationale Absprachen in wasserknappen Regionen zur optimalen gemeinsamen Nutzung vorhandener Wasserreserven (Postel 1998: 101ff.). In allen Ansätzen zur Sicherung der Wasserversorgung kommt aber auch der Reduzierung des Bevölkerungswachstums mit

---

[13] Siehe auch International Federation of the Red Cross and the Red Crescent Societies 1999: 13.

humanitären Maßnahmen inkl. Familienplanung eine Schlüsselrolle zu.

Desintegration und innere Spannungen

Die Zunahme der regionalen und internationalen Migration, die oben bereits dargestellt wurde, und zu der die wachsende Zahl von Umweltflüchtlingen immer mehr beiträgt, hat u.a. zur Folge, dass die jeweilige nationale Infrastruktur und Basisversorgung überlastet und der Prozess der schnell wachsenden informellen Randsiedlungen der Städte (Slumbildung) mit all seinen Folgen, wie Krankheiten, Kriminalität und Extremismus, beschleunigt wird. Die staatliche Ordnung und Verwaltung in einer Reihe von Entwicklungsregionen wird dadurch zunehmend überfordert. Ferner können große Migrationsströme auch die innere Integrationskraft einer Gesellschaft überfordern. Die daraus resultierende Segmentierung nationaler und kultureller Identitäten kann erhebliche Spannungen erzeugen, die auch in der Innen- und Außenpolitik immer stärker an Einfluss gewinnen werden (Wöhlcke 1997: 41), und die als Rebound-Effekt die Popularität religiös-fundamentalistisch geprägter politischer Gruppierungen erhöhen können.

Veränderte Konflikte

Insgesamt lässt sich beobachten, dass sich die Natur moderner Konflikte, insbesondere seit dem Ende des Kalten Krieges, grundlegend verändert hat: an die Stelle von politischen Rivalitäten großer Mächte tritt eine Summe unterschiedlicher Belastungsfaktoren und Instabilitäten, welche die Grundlagen sozialer und politischer Strukturen bedrohen (Fleisch 2000: 95)[14]. Statt als internationale Konflikte spielen sich heute die meisten kriegerischen Auseinandersetzungen in Form von bürgerkriegsähnlichen Auseinandersetzungen ab. Unter diesen Voraussetzungen verändern sich, national wie international, auch die politischen Gestaltungsmöglichkeiten und Steuerungsinstrumente für Frieden und Sicherheit (Fleisch 2000: 96).

In vielen Ländern paart sich das hohe Bevölkerungswachstum zudem mit einer strukturellen Ineffizienz, sei es in der Verwaltung, Wirtschaftspolitik oder Infrastruktur. Das steht dem Ausgleich von Konflikten und einer balancierten Verteilung vorhandener Ressourcen vielfach im Wege (Fleisch 2000, Wöhlcke 1997: 30f.).

In einer zunehmend globalisierten Welt bleiben diese Effekte nicht mehr auf ein Land oder eine Region beschränkt, sondern wirken überregional destabilisierend.

9.4 Weltbevölkerungspolitik

9.4.1 Die Kairoer Konferenz zu Bevölkerung und Entwicklung 1994

Heute besteht international weitreichend Einigkeit, dass und wie eine weltbevölkerungspolitische Entwicklungsstrategie auszusehen hat. Denn mit der UN-Konferenz zu Weltbevölkerung und Entwicklung in Kairo 1994 konnte erstmalig seit dem Zweiten Weltkrieg ein weitreichender internationaler Konsens über die Notwendigkeit und Gestaltung bevölkerungspolitischer Strategien und Politiken erreicht werden, der bis heute anhält.

9.4.1.1 Kairo 1994: Paradigmenwechsel und internationaler Konsens

Mit der Kairoer UN-Konferenz zu Bevölkerung und Entwicklung 1994 wurde ein Paradigmenwechsel eingeläutet: zum einen wurde nach jahrzehntelangem Streit ein weitreichender internationaler Konsens[15] zu Weltbevölkerungsentwicklung und diesbezüglicher Politik im Kontext nachhaltiger Entwicklung erreicht. Vor allem aber löste eine von individuellen Bedürfnissen ausgehende Sichtweise und diesbezügliche Handlungsempfehlungen die zuvor dominierende Auffassung ab, welche Bevölkerungspolitik hauptsächlich als ein Instrument zur kontrollierenden Steuerung „von oben" zum Inhalt hatte. Die alte Sichtweise von Bevölkerungspolitik war einer der wesentlichen Gründe für eine Ablehnung durch Frauen- und Menschenrechtsgruppen gewesen; dieser Grund entfiel mit den Kairoer Beschlüssen weitgehend. Und der Streit, ob „Entwicklung die beste Pille" oder Verhütung notwendige Vorbedingung von Entwicklung sei, wurde in dem Sinne aufgelöst, dass Verbesserung des Zugangs zu Familienplanung weder vor- noch nachrangig, sondern ein notwendiger Bestandteil von anderen Entwicklungsanstrengungen und in diesen zu integrieren sei.

Der Konsens von Kairo ist nachfolgend auf weiteren UN-Konferenzen der neunziger Jahre, insbesondere auf der Weltfrauenkonferenz 1995 (Beijing), in verschiedener Hinsicht bestätigt worden und wurde auf der Kairo-Folgekonferenz 1999 trotz entsprechender Versuche des Vatikan von der internationalen Gemeinschaft nicht mehr infrage gestellt.

---

[14] Vgl. auch Soysa, Gleditsch 1999: 12f.

[15] Zwar waren Vorbereitung und Durchführung auch der Kairoer Konferenz von heftigem Streit geprägt.

Dies ging jedoch zum Großteil auf ein den Verlauf stark behinderndes Widerstreben des Vatikan und einiger kleinerer Länder aus; die Vorbehalte des „Heiligen Stuhls" richteten sich vor allem gegen den Einsatz von Kondomen zur Eindämmung der HIV/AIDS-Pandemie sowie von „künstlichen" Verhütungsmitteln insgesamt, gegen Sexualaufklärung und von Verhütungsmöglichkeiten für Jugendliche und unverheiratete Menschen sowie gegen eine Anerkenntnis des Menschenrechts auf Familienplanung als Individualrecht. Andere Streitpunkte z. B. zur Bewertung von Migration, zur Gleichstellung der Frau usw. konnten mit den übrigen Konferenzteilnehmern weitestgehend beigelegt werden. Im Übrigen hat aber die internationale Gemeinschaft mit dem Kairoer Abschlussdokument eine Konsensleistung zustande gebracht, die ihresgleichen sucht; und zwar nicht nur zwischen nahezu allen Regierungen weltweit, sondern auch zwischen verschiedenen Gruppierungen der Nichtregierungsorganisationen aus den Feldern der Bevölkerungs-, Frauen-, Umwelt- und sonstigen Entwicklungspolitik, den Akademien der Wissenschaften auf der ganzen Welt und zahlreichen weltweiten Verbänden. Gegen den Kairoer Konsens wurden auch vom Vatikan nur teilweise (siehe oben) sowie, was die Gleichberechtigung von Frauen angeht, von einigen islamisch geprägten Ländern Vorbehalte geltend gemacht.

Kasten 9-2

Die zentralen Botschaften des Abschlussdokuments von Kairo

Die zentralen Botschaften des Abschlussdokuments von Kairo in Form eines Aktionsprogramms beinhalten,

- dass sich die Verwirklichung der Freiheits-, Gleichheits- und sozialen Menschenrechte und andere Maßnahmen nachhaltiger Entwicklung gegenseitig bedingen,
- dass nachhaltige Entwicklung ohne Verlangsamung des Weltbevölkerungswachstums kaum möglich sein dürfte und umgekehrt,
- dass die ohnehin zu fordernde Verwirklichung individueller Freiheits-, Gleichheits- und Anspruchs- und Teilhabe-Rechte der Schlüssel auch zur Verlangsamung des Bevölkerungswachstums ist,
- das erstmalige Anerkenntnis der Bedürfnisse und Rechte von Jugendlichen insbesondere auf dem Gebiet der Sexualaufklärung und der Versorgung mit Dienstleistungen der reproduktiven Gesundheit.

Dreh- und Angelpunkte der Kairoer Beschlüsse sind dabei erstens ein ganzheitliches Konzept der „reproduktiven Gesundheit" einschließlich Familienplanung, und – damit zusammenhängend – zweitens Gleichberechtigung und Gleichstellung von Frauen und Mädchen und „empowerment" von Frauen. Neben Forderungen und Empfehlungen zu einer Vielzahl von Fragen enthält der Kairoer Aktionsplan ein „Kernpaket" von Maßnahmen der Familienplanung und reproduktiver Gesundheit mit konkreten Aussagen zur Finanzierung.

9.4.1.2 Einhellige nachhaltige Unterstützung der Kairoer Beschlüsse in Deutschland

Der Deutsche Bundestag hat sich bereits im Jahre 1994 fraktionsübergreifend hinter die Beschlüsse von Kairo – ausdrücklich auch in Fragen der Finanzierung von Maßnahmen des „Kernpakets" – gestellt und die Bundesregierung u. a. aufgefordert, im Wege der Umschichtung einen größeren Anteil des Entwicklungshaushalts für die Umsetzung des Kairoer Aktionsplans bereitzustellen; ferner wurde mit dem Beschluss die „zentrale" Bedeutung des UN-Bevölkerungsfonds UNFPA hervorgehoben und das anhaltende Bevölkerungswachstum als bedeutendes Entwicklungshindernis für die meisten Entwicklungsländer eingestuft (Deutscher Bundestag 1994: 12/8162 und 1998: 13/9608).

Seither ist dies im politischen Raum in Deutschland immer wieder und von allen Seiten bekräftigt worden und kann als stabiler parteienübergreifender Konsens in Deutschland bezeichnet werden. Ferner hat der Verband der deutschen Nichtregierungs-Organisationen VENRO die Beschlüsse von Kairo 1994 begrüßt und in den Folgejahren mehrfach ein verstärktes Engagement der Bundesregierung bei der Umsetzung angemahnt; Zustimmung kam auch aus den Umweltverbänden, den Gewerkschaften, von Seiten der Wirtschaft und den Medien. Von Seiten der Wissenschaft in Deutschland werden ebenfalls seit langem und, soweit ersichtlich weitestgehend einhellig, verstärkte Bemühungen entsprechend den Kairoer Beschlüssen als unbedingt erforderlich für die menschliche Entwicklung eingestuft.

Die deutsche Bevölkerung stuft das Weltbevölkerungswachstum, wie umfangreiche Befragungen z. B. durch EMNID wiederholt bestätigten, als eines der größten globalen Probleme ein und befürwortet eine finanzielle Verstärkung des Entwicklungsengagements der Bundesrepublik, obwohl das gegenwärtige Niveau dieses Engagements von der Bevölkerung den Umfragen zufolge vollkommen überschätzt wird.

Die finanziellen Zielsetzungen des Kairoer Aktionsprogramms wurden im Kairo-Folgeprozess weder für die Verwirklichung des „Kernpakets" bis zum Zieljahr 2000 noch für andere Bereiche auch nur annähernd erreicht.

Bei der Finanzierung des Kernpakets sind die wohlhabenden OECD-Staaten, die ein Drittel der Kostenlast tragen sollten, stärker hinter dem Aktionsplan zurückgeblieben als die Entwicklungsländer. Nach Schätzungen des UN-Bevölkerungsfonds und von Nichtregierungsorganisationen wurden im Jahre 2000 von den so genannten Geberländern nur rund zwei Milliarden US-Dollar statt der vereinbarten 5,7 Milliarden US-Dollar zur Verfügung gestellt und damit kaum mehr als im Jahre der Kairo-Konferenz (UNFPA 2000: 77)[16]. Innerhalb der OECD-Staaten gibt es insofern beträchtliche Unterschiede. Für die Entwicklungsländer, denen in Kairo zwei Drittel der Kostenlast zugeordnet wurde, wird geschätzt, dass sie etwas mehr als die Hälfte des in Kairo beschlossenen Finanzierungsniveaus erreicht hatten.

---

[16] Vgl. auch Conly, de Silva 1998.

Kasten 9-3

> **Das so genannte Kairo-Kernpaket**
>
> Eine bestimmte zahlenmäßige Zielvorstellung hinsichtlich der Bevölkerungsentwicklung wird im Kairoer Aktionsplan nicht als Ziel formuliert, und zwar auch vor dem Hintergrund, dass solche quantitativen demographischen Zielvorgaben häufig in gravierende Menschenrechtsverletzungen mündeten. Mit dem Aktionsplan betont aber die internationale Gemeinschaft ausdrücklich, dass die Umsetzung der Beschlüsse, insbesondere des „Kernpakets", unabdingbare Voraussetzung dafür sind, dass die Weltbevölkerung nicht schneller als entsprechend der mittleren UN-Projektion wächst.
>
> Zum „Kernpaket" gehören folgende Komponenten: Befriedigung des ungedeckten Bedarfs an Familienplanungsdienstleistungen, HIV/AIDS-Prävention, sonstige reproduktive Basisgesundheitsversorgung und Investitionen in bevölkerungswissenschaftliche Forschung. Die Aufwendungen dafür sollen nach den Beschlüssen von Kairo rund 17 Mrd. US-Dollar jährlich im Jahr 2000 betragen und nachfolgend im Hinblick auf die Bevölkerungsentwicklung laufend auf ein Jahresbudget von 22 Milliarden US-Dollar (in Preisen von 1993) gesteigert werden. Der größte Teil davon soll in die Verhinderung ungewollter Schwangerschaften durch Familienplanungsdienstleistungen i. w. S. (inklusive Aufklärung) investiert werden.
>
> Auf der Kairoer Konferenz kamen die Regierungen aller Nationen überein, dass die so genannten Geberländer von öffentlicher Entwicklungszusammenarbeit – im Wesentlichen die OECD-Staaten – ein Drittel des 17-Milliardenpakets bereitstellen würden und die Entwicklungsländer zwei Drittel.
>
> Mit dem Ziel von 17 Milliarden US-Dollar Jahresbudget für das Kernpaket im Jahr 2000 hat die internationale Gemeinschaft eine Verdreifachung der entsprechenden globalen Aufwendungen im Jahr 1994 innerhalb von sieben Jahren beschlossen.

9.4.1.3 Die Beiträge Deutschlands

Die genannten Beschlüsse des Bundestages sind nicht nur nicht verwirklicht worden, im Bereich der bevölkerungspolitischen Entwicklungszusammenarbeit sind erhebliche Kürzungen vorgenommen worden. Zwar sind die Zahlen zu den deutschen Finanzbeiträgen für die Implementierung des Kairoer Kernpakets im Einzelnen strittig, da es widersprüchliche Darstellungen seitens der Bundesregierung, unterschiedliche Einstufungen und insgesamt keine Transparenz gibt.

Unstrittig dürfte aber sein, dass Deutschland seinen Anteil zur Finanzierung des Kairo-Kernpakets – berechnet nach Maßgabe des Bruttosozialprodukts – nicht einmal zur Hälfte aufbringt und dass die entsprechenden Budgets gesunken sind. Dabei hat sich der Akzent auf Kosten der Förderung der Familienplanung hin zur AIDS-Prävention verschoben, d. h. die Förderung der Familienplanungsdienste wurde überproportional gekürzt. Dieser Effekt ist noch durch Fokussierung auf weniger Förderschwerpunkte je Entwicklungsland verstärkt worden; Familienplanung fiel häufiger aus dem jeweiligen Förderkonzept heraus als etwa Investitionen in Infrastruktur.

Auch die multilateralen Mittel für die bevölkerungspolitische Entwicklungszusammenarbeit sind gekürzt worden, obwohl die zentrale Bedeutung von UNFPA unstrittig ist.

In neuerer Zeit ist seitens der Bundesregierung versucht worden, im Rahmen der Entschuldungsinitiative Finanzressourcen für die reproduktive Gesundheit zu generieren; inwieweit das von Erfolg gekrönt sein wird, bleibt abzuwarten.

9.4.2 Weltbevölkerungspolitik als chancenreiche politische Herausforderung im Zeitalter der Globalisierung

Die zur Jahrtausendwende nachlassende Bereitschaft insbesondere der Industrienationen, die Weltbevölkerungsentwicklung als zentrale globale politische Gestaltungsaufgabe nachhaltiger Entwicklung anzunehmen, steht im krassen Kontrast zu den großen Erfolgen, die mit entsprechenden humanitären Maßnahmen erzielt wurden, und den mit solchen Maßnahmen verbundenen Vorteilen.

Doch selbst wenn es gelingen sollte, die spezifisch bevölkerungspolitischen Beschlüsse der Kairo-Konferenz umzusetzen und eine Verlangsamung des Weltbevölkerungswachstums entsprechend der mittleren UN-Projektion zu erreichen, dürfte die Bewältigung des Weltbevölkerungswachstums in den nächsten Jahrzehnten schwieriger werden als in der Vergangenheit. Zum einen kommen, wie ausgeführt, in den meisten Entwicklungsländern in den nächsten Jahrzehnten mehr Menschen hinzu als in dem Vergleichzeitraum der Vergangenheit, und zwar auch bei drastisch verringerter Fertilität und langsamerem Bevölkerungswachstum entsprechend der mittleren UN-Projektion. Und dieses Wachstum trifft auf vergleichsweise ungünstigere Bedingungen als früher. Die Schädigung und der Verbrauch natürlicher Ressourcen wie z. B. Wasser führt in den nächsten Jahrzehnten für immer mehr Länder zur Unterschreitung kritischer Grenzwerte. Dasselbe gilt für die landwirtschaftliche Nutzfläche pro Kopf und die

Bodenverschlechterung. Ganze Ökosysteme sind schwerer geschädigt als vor einigen Jahrzehnten, die Meere überfischt und der Artenverlust hat sich beschleunigt. Die Folgen des Klimawandels sind heute deutlicher zu spüren als vor einigen Jahrzehnten, vor allem in Entwicklungsländern, und die Wüstenbildung ist erheblich weiter fortgeschritten. Migration und Urbanisierung sind dynamischer als je zuvor und kommen als Belastung der Gesellschaften hinzu. Die Zahl der Arbeitslosen oder Unterbeschäftigten ist höher denn je und steigt, und immer mehr Menschen finden nur noch im informellen Sektor eine Beschäftigung. Die Schere bei den Einkommen klafft immer weiter auseinander. Innerhalb der Entwicklungsländer und -regionen ist auch die demographische Entwicklung von zunehmender Divergenz geprägt. Die Entwicklungsländer sind mit Waffen überflutet. In einer zunehmend vernetzten Welt treffen Krisen immer mehr Menschen auch in anderen Regionen.

Dies sind nur einige der Bedingungen, die es heute gegenüber den letzten vier Dekaden erschweren, die absehbare Wiederholung des Bevölkerungswachstums um drei Milliarden Menschen zu bewältigen.

Die vergangenen Jahrzehnte brachten enorme Fortschritte für den Zugang zu Familienplanung und anderen unmittelbar fertilitätsrelevanten Dienstleistungen. Sie waren aber auch geprägt von Menschenrechtsverletzungen bei der Durchsetzung demographischer Zielsetzungen nicht nur in Indien und China. Auch die Qualität der Familienplanungsdienste entspricht in zahlreichen Entwicklungsländern nicht dem als Minimum anerkannten Niveau. Und nach wie vor haben über 300 Millionen Paare im reproduktiven Alter (allgemein zwischen 15 und 40 Jahren) keinen Zugang zu Familienplanung und zugehörigen reproduktiven Gesundheitsdienstleistungen. Über 100 Millionen davon möchten die nächste Schwangerschaft hinausschieben oder keine weitere Schwangerschaft mehr, jedoch haben sie keinen Zugang zu moderner Kontrazeption. Dass ungewollte Schwangerschaften einer der beiden Hauptfaktoren des heutigen Weltbevölkerungswachstums sind, wurde bereits dargelegt.

Betrachtet man die Gesundheitssituation insgesamt, ist das Bild noch düsterer auch im Bereich der Reproduktionsmedizin. Dies gilt sowohl bei der medizinischen Betreuung von Schwangerschaft und Geburt wie auch beispielsweise der weit verbreiteten Praxis von Genitalverstümmelungen (in Ländern wie Äthiopien und Ägypten sind davon mehr als 80 Prozent der Mädchen betroffen).

Gleichwohl bleibt festzuhalten, dass die Nutzung der Basisgesundheitsdienstleitung Familienplanung seit den frühen sechziger Jahren in allen Entwicklungsregionen außer Afrika erheblich gestiegen ist – von zehn auf über 50 Prozent der maßgeblichen Altersgruppe, woran die Entwicklungszusammenarbeit einen erheblichen Anteil hat. Dies hat u. a. zu einem historisch einmaligen Rückgang der Fertilität geführt und war für eine Reihe anderer Entwicklungserfolge eine wichtige Voraussetzung.

Nach Schätzungen sind in den Entwicklungsländern allein mit Familienplanungsprogrammen der letzten Jahrzehnte 700 Millionen unerwünschte Geburten verhütet worden (Cincotta, Engelmann 2001: 139), und die Zahl der verhüteten Abtreibungen dürfte in ähnlicher Größenordnung liegen.

Hochrechnungen zufolge werden bis zum Jahr 2050 weitere 3,1 Milliarden ungewollte Schwangerschaften nicht stattfinden, wenn die in Kairo beschlossenen Investitionen in Familienplanung i. w. S. getätigt werden (Bongaarts 1990: 299ff.). Noch größer ist der demographische und humanitäre Effekt, wenn dies mit Grundbedürfnisbefriedigung auf anderen Gebieten, insbesondere auch der Bildung, kombiniert wird.

Der Unterschied zwischen mittlerer und hoher Projektionsvariante – fast zwei Milliarden Menschen zusätzlich bis 2050 – und die evidenten negativen Folgen sehr schnellen Bevölkerungswachstums für die ganze Welt sollten Grund genug sein, die Chancen zu nutzen, die sich mit der Verwirklichung des Kairoer Plans verbinden.

Es hätte nur Vorteile, weltweit und für Generationen. Kurzum: Bevölkerungspolitik ist erfolgversprechende Politik nachhaltiger Entwicklung.

10 Global Governance[1]

10.1 Was ist, warum und wozu „Global Governance"?

10.1.1 Was ist „Global Governance"?

Der Prozess der „Globalisierung der Weltwirtschaft" muss politisch so gestaltet werden, dass dessen Risiken minimiert und Chancen für Individuen und Gesellschaften optimiert sowie existierende Fehlentwicklungen korrigiert werden. Antworten auf diese Herausforderungen erstrebt das Projekt „Global Governance". Auf den einfachsten Nenner gebracht bedeutet „Global Governance", den Prozess der Globalisierung politisch zu gestalten.

Wichtige Beiträge zur Entwicklung des Konzeptes einer Global Governance lieferten v. a. die Berichte verschiedener Kommissionen der Vereinten Nationen: So z. B. das als Brandt-Bericht bekannt gewordene Abschlussdokument der Unabhängigen Kommission für Internationale Entwicklungsfragen (Nord-Süd-Kommission 1980),[2] ebenso der 1987 veröffentlichte Bericht „Our Common Future" der UN World Commission on Environment and Development. Letzterer wurde – in Anlehnung an den Namen der Kommissionsvorsitzenden – weltweit als Brundtland-Report bekannt (deutsch: Hauff 1987). Auch die Berichte des Club of Rome trugen zur Entwicklung des Konzeptes bei; vor allem der 1991 unter dem Titel „The First Global Revolution" publizierte Bericht forderte unter Rekurs auf den Begriff Governance eine „gleichzeitige, umfassende Inangriffnahme aller Probleme auf allen Ebenen" (King und Schneider 1992: 123). In einem weiteren Bericht an den Club of Rome wurde ermittelt, ob die „Erde noch regierbar" ist (Dror 1995). Schließlich wurde der Begriff „Global Governance" durch die „Commission on Global Governance" (CGG) ins Zentrum ihrer Arbeit gestellt, die sich nach dem Ende des Ost-West-Konfliktes und im Hinblick auf neue globale Probleme mit der Regierbarkeit der Welt beschäftigte. Die Ergebnisse dieser unter dem Dach der UNO arbeitenden Kommission wurden 1995 in dem Bericht „Our Global Neighbourhood" zusammengefasst.[3] Die CGG beschreibt die Absichten des Ansatzes „Global Governance" wie folgt:

Kasten 10-1

„Global Governance" im Bericht der CGG

„Governance ist die Gesamtheit der zahlreichen Wege, auf denen Individuen sowie öffentliche und private Institutionen ihre gemeinsamen Angelegenheiten regeln. Es handelt sich um einen kontinuierlichen Prozeß, durch den kontroverse oder unterschiedliche Interessen ausgeglichen werden und kooperatives Handeln initiiert werden kann. Der Begriff umfaßt sowohl formelle Institutionen und mit Durchsetzungsmacht versehene Herrschaftssysteme als auch informelle Regelungen, die von Menschen und Institutionen vereinbart oder als im eigenen Interesse angesehen werden. ... Auf globaler Ebene hat man unter Ordnungspolitik bisher vorwiegend das System der zwischenstaatlichen Beziehungen verstanden, doch heute müssen auch Nichtregierungsorganisationen, Bürgerbewegungen, Multinationale Konzerne und der globale Finanzmarkt miteinbezogen werden. Mit diesen Gruppen und Institutionen interagieren globale Massenmedien, deren Einfluß dramatisch gewachsen ist. ... Es gibt weder ein einziges Modell oder eine einzige Form der Weltordnungspolitik, noch existiert eine einzige Ordnungsstruktur oder eine Gruppe solcher Strukturen. Es handelt sich um einen breit angelegten, dynamischen und komplexen Prozeß interaktiver Entscheidungsfindung, der sich ständig weiterentwickelt und sich ändernden Bedingungen anpaßt. ... Eine wirksame globale Entscheidungsfindung muß daher auf lokal, national und regional getroffenen Entscheidungen aufbauen und diese ihrerseits beeinflussen und muß auf die Fähigkeiten und Ressourcen unterschiedlichster Menschen und Institutionen auf vielen Ebenen zurückgreifen." (Stiftung Entwicklung und Frieden 1995: 4ff.)

---

[1] Dieser Berichtsteil konnte weitgehend im Konsens verabschiedet werden. Vgl. jedoch die Minderheitenvoten zu einzelnen Abschnitten oder Handlungsempfehlungen von der Arbeitsgruppe der CDU/CSU- und der FDP-Fraktion sowie die Anmerkungen der PDS-Fraktion in Kapitel 11.

[2] Zu seiner Wirkungsgeschichte vgl. Nuscheler (2000).

[3] In der deutschen Übersetzung lautet der Titel „Nachbarn in einer Welt" (Stiftung Entwicklung und Frieden 1995).

Der Bericht der CGG wurde in Deutschland vor allem vom Institut für Entwicklung und Frieden (INEF) aufgegriffen und weiterentwickelt.[4] Weltweit beschäftigen sich auch so unterschiedliche Akteure wie das World Economic Forum (WEF)[5] oder das World Social Forum (WSF)[6] mit dem Thema Global Governance.[7]

10.1.2 Probleme, auf die Global Governance eine Antwort geben will

Ein Ausgangspunkt der Überlegungen zu Global Governance ist, dass aufgrund der gestiegenen Interdependenz zwischen Staaten – verursacht durch die zunehmend grenzüberschreitenden Auswirkungen v. a. wirtschaftlichen Handelns – viele Probleme nicht mehr im nationalstaatlichen Alleingang gelöst werden können. So können sowohl Verursacher als auch Betroffene von problematischen grenzüberschreitenden Effekten in einem anderen Staat angesiedelt sein, wie etwa im Falle der Verschmutzung eines grenzüberschreitenden Flusses oder von regionalen Wirtschaftskrisen. Ebenso kann ein Staat allein bestimmte öffentliche Güter nicht ausreichend zur Verfügung stellen (etwa im Falle der Armutsbekämpfung, wenn ihm dazu die Ressourcen fehlen) bzw. diese nicht effektiv vor Übernutzung und Zerstörung schützen (etwa im Falle des Schutzes der Ozonschicht). Zu den international zu schützenden globalen öffentlichen Gütern („Global public goods")[8] zählen nach einer Studie von UNDP (Kaul u. a. 1999) nicht nur das globale Klima oder die biologische Vielfalt (vgl. Kapitel 7), auch Frieden, die Vermeidung von Wirtschaftskrisen, ökonomische, soziale und finanzielle Stabilität (vgl. Kapitel 2, 3 und 4) sowie die verschiedenen Aspekte menschlicher Sicherheit („Human security", vgl. u. a. Kapitel 6.2.3) gehören dazu. Ebenso existieren auch „Public bads", wie sie etwa die aus der gestiegenen ungleichen Einkommensentwicklung resultierende Armut, die weltweit ungleiche Verteilung des Zugangs zu Wissen, die Einschränkung staatlicher Souveränität oder Schranken für die Ausübung von Bürgerrechten darstellen. Der Schutz öffentlicher „Goods" wird durch solche „Bads" unter Umständen bedroht. Insbesondere bestimmte „externe Kosten" privatwirtschaftlicher Tätigkeiten, beispielsweise soziale und ökologische Schäden, können dem Schutz öffentlicher Güter entgegenwirken. Diese Probleme können einerseits durch Globalisierungsprozesse bzw. die in ihrer Folge gewachsene Interdependenz verschärft werden, wenn nicht entsprechende politische Gegenmaßnahmen getroffen werden (s. Kasten 10-2). Globalisierungsprozesse befördern zumeist das Wachstum privater Güter, gefährden aber unter Umständen gleichzeitig den Schutz globaler öffentlicher Güter – insofern kann zwischen beidem ein nur schwer aufzulösendes Spannungsverhältnis bestehen. Die Globalisierung kann andererseits aber auch Positives mit Blick auf diese Probleme und ihre Lösung leisten, z. B. durch besseren Zugang zu Wissen und Technologie, Herausbildung gut informierter und emanzipierter gesellschaftlicher Gruppen oder Ressourceneinsparung durch Effizienzgewinne. Ergebnis erfolgreicher Global Governance sollte sein, dass diese Chancen so weit wie möglich von allen Menschen genutzt werden können.

In der Kontroverse über diese Herausforderungen wurde darauf hingewiesen, dass der Begriff der „globalen Probleme" eine recht große Zahl unterschiedlicher Tatbestände erfasse. Die dahinter stehenden unterschiedlichen Ursachen sowie oft grundverschiedenen Handlungsinteressen und -optionen müssten jedoch auseinandergehalten werden, um ein realistischeres Bild der heutigen Lage zu zeichnen. Auch nach dieser Einschätzung ist Global Governance in verschiedener Hinsicht erforderlich und hilfreich: in Form allgemein akzeptierter Verhaltensregeln für die Lösung regionaler Probleme (z. B. Verursacherprinzip, Gewaltverzicht), als Hilfe des begünstigten für den benachteiligten Teil der Welt und als gemeinsame Anstrengung zur Überwindung der wirklich gemeinsamen Probleme. So besteht Übereinstimmung darüber, dass ein Staat allein die genannten Probleme nicht befriedigend lösen kann, sondern dazu die Kooperation mehrerer oder gar aller betroffenen Staaten notwendig ist. Bei dem Bestreben, politisch weltumspannend zu handeln, darf nicht übersehen werden, dass nicht automatisch so etwas wie ein gemeinsames Interesse „der Menschheit" bzw. der Staatenwelt an einer Lösungsfindung vorausgesetzt werden kann. Auch gilt eine gleichmäßige Wechselseitigkeit der „Interdependenz" nur für bestimmte Sachverhalte und Staatengruppen, oft existieren klare Hierarchieverhältnisse und einseitige Abhängigkeiten. So sind die OECD-Länder viel besser ausgestattet als die Entwicklungs- und Schwellenländer, um mögliche problematische Auswirkungen der Globalisierung abzuwehren. Ausgehend von einer solchen Situation globaler Chancenungleichheit ist es daher notwendig, eine globale Verantwortungsethik zu entwickeln und aus einer daraus abgeleiteten Verantwortung heraus zu handeln. Die unterschiedlichen Folgen der Globalisierung, begründet durch die große Ungleichheit zwischen den Industrieländern und vielen weltwirtschaftlich abgekoppelten Entwicklungsländern, sollten berücksichtigt werden. Die Schaffung einer globalen Struktur- und Ordnungspolitik muss es gerade den schwächeren Mitgliedern der internationalen Staatenfamilie, also in erster Linie den Entwicklungsländern, ermöglichen, an der Globalisierung mit den gleichen Chancen und Rechten wie die wirtschaftlich potenteren Länder partizipieren zu können. In diesem Zusammenhang stellt sich auch die

---

[4] Für einen Überblick über die Arbeit des INEF zum Thema vgl. etwa Nuscheler (2000), Messner und Nuscheler (2000), Mürle (1998), Messner und Nuscheler (1996) sowie http://www.uni-duisburg.de/Institute/INEF/Governance/GG-FRAME.HTM (10. Mai 2002).

[5] Das WEF startete eine „Global Governance Initiative" mit dem Ziel, einen jährlichen Bericht über „good or bad practice" hinsichtlich der Lösung der zehn wichtigsten globalen Probleme zu veröffentlichen (vgl. http://www.weforum.org/pdf/Initiatives/Global_Governance 10. Mai 2002).

[6] Vgl. z. B. den Initialtext des WSF 2002 in Porto Alegre von Bello (2002).

[7] Für einen Überblick über die allgemeine Diskussion zum Thema Global Governance vgl. Tabelle 10-1 am Ende dieses Kapitels.

[8] Öffentliche Güter sind Güter, bei denen sich zum einen das Ausschlussprinzip nicht anwenden lässt und zum anderen die Nichtrivalität im Konsum überwiegt. Ihr Nutzen kommt allen zugute, wenn es an ihnen mangelt, erleiden viele Schaden. Die Globalität öffentlicher Güter bestimmt sich vor allem durch die Reichweite ihres Nutzens.

Kasten 10-2

> **Einige Beispiele für Herausforderungen, die sich – in unterschiedlicher Intensität – durch Globalisierung verschärfen können**[9]
>
> 1. Schutz globaler (öffentlicher) Güter
>   - Schutz des globalen Klimas und der Ozonschicht, Bewahrung der biologischen Vielfalt
>   - Stabilität des internationalen Finanzsystems
>   - Globale Infrastruktur zum Schutz vor Gesundheitsgefährdungen
> 2. Globale Wechselwirkungen (Interdependenzen)
>   - Anpassungszwänge durch Standortwettbewerb, (Kosten-)Wettbewerb zwischen Sozial- und Umweltregulierungssystemen, höherer Effizienzdruck für Staatsapparate und öffentliche Bürokratien, Steuersenkungswettläufe
>   - Zusammenhänge von Wirtschaftskrisen, Verelendungs- und Migrationsprozessen,
>   - Zusammenhänge von Welthandel, Transporten und ökologischen Kosten der Mobilität
> 3. Globale Asymmetrien
>   - Verteilungsprobleme, die durch ökonomische Globalisierung verschärft werden können, die nur einen Teil der Welt negativ und existenziell betreffen und z. B. zu Armut, Wassermangel, Krankheiten in Entwicklungsländern führen, während andere Teile davon sogar profitieren.
> 4. Grenzüberschreitende externe Effekte / regionale Probleme
>   - grenzüberschreitende Probleme mit regionaler Tragweite (z. B. Grenzstreitigkeiten zwischen Indien und Pakistan);
>   - Emissionen von Schadstoffen (z. B. grenzüberschreitende Luft- und Wasserbelastungen)
>   - Migrationsursachen (Armut, politische Verfolgung, Umweltdegradation etc.)
>   - Organisierte Kriminalität

Frage, ob und wieweit bereits bestehende globale Institutionen, wie z. B. der IWF und die WTO, tatsächlich zur Lösung globaler Probleme beigetragen haben oder ob sie – wie vor allem von Seiten einer größeren Zahl von Entwicklungsländern, von vielen Gruppierungen der Zivilgesellschaften aber auch von internationalen Organisationen wie der UNCTAD vorgebracht wird – diese Probleme nicht nur nicht gelöst, sondern sogar verschärft haben. Auch innergesellschaftliche Probleme und die Rolle gesellschaftlicher Gruppen (wie etwa die inkompetenter oder korrupter Eliten) müssen dabei in die Analyse von Auswirkungen der Globalisierung auf bestimmte Länder mit einbezogen werden.

Insgesamt lässt sich festhalten, dass es sowohl gemeinsame – wie auch divergierende – Interessen an einer erfolgreichen Lösung bestimmter Probleme, etwa der Flüchtlingsproblematik oder der Probleme durch die Existenz von Massenvernichtungswaffen, als auch eine moralische Verantwortung dazu gibt. Beides motiviert heute – wie auch schon vor dem Globalisierungsschub der 90er Jahre – die Überlegungen zur Schaffung und Gestaltung einer Global Governance.

10.1.3 Inhaltliche Orientierung und normative Kriterien für Global Governance

Dies leitet zu einer weiteren wichtigen Ausgangsfrage für die Diskussion einer Global Governance über, der Frage nach den inhaltlichen und normativen Zielen eines solchen Unterfangens. Schließlich geht es nicht um irgendeine Global Governance. Vielmehr ist Global Governance als globale Struktur- und Ordnungspolitik ein Mittel zum Zweck: Das Konzept dient der Umsetzung politisch im Einzelnen noch zu bestimmender Inhalte und Ziele. Welche grundlegenden Vorstellungen und Kriterien von Demokratie und Partizipation, von sozialer Gerechtigkeit und nachhaltiger Entwicklung oder von internationaler Politik und wirtschaftlichem Wachstum liegen Global Governance zugrunde? Welche Auffassungen von Rechtsstaatlichkeit,

---

[9] Teilweise adaptiert aus Messner (1999: 56, Tabelle „Problemtypen der Globalisierung"). Vgl. dazu auch Messner (1998b).

Menschenrechten oder Geschlechterdemokratie[10] stellen die inhaltliche Orientierung einer „Good Global Governance" dar?

Deutschland besitzt eine politische Tradition der sozialen Marktwirtschaft. Während des letzten Jahrzehnts ist eine beschleunigte Globalisierung der Märkte zu beobachten. Diese Globalisierung war auch deshalb möglich, weil eine Vielzahl von Staaten, einschließlich Deutschlands, sich politisch darauf verständigt hat, dem Konzept des internationalen Wettbewerbs und des offenen Weltmarktes zu folgen. Weil diese Entwicklung aber nicht zum Vorteil aller verlaufen ist, muss es zukünftig verstärkt um die Beseitigung der Defizite gehen, d. h. um eine andere Gestaltung nationaler wie internationaler Politik. Vor diesem Hintergrund kann Global Governance in einem umfassenden Sinne als politisches Projekt verstanden werden, um negative wirtschafts-, sozial- und umweltpolitische Tendenzen der internationalen Märkte beseitigen zu helfen. Wie im Prozess der Entwicklung einer sozialen Marktwirtschaft gilt es auch auf globaler Ebene, die Fehlentwicklungen bei der inhaltlich-programmatischen Ausrichtung des bisherigen globalen Regierens zu korrigieren. Andernfalls könnten sich die bereits eingetretenen Akzeptanzprobleme intergouvernementalen Regierens weiter verschärfen.

Dafür müssen in einem breiten gesellschaftlichen Aushandlungsprozess richtungsweisende Normen entwickelt werden. Im Rahmen einer freiheitlichen Struktur- und Ordnungspolitik müssen dabei wirtschaftspolitische, soziale und ökologische Leitlinien für die globale Weltwirtschaft gelten, deren Inhalte allerdings nicht „von oben" vorgegeben, sondern unter Einbezug zivilgesellschaftlicher und privater Akteure erst noch zu bestimmen sind. In allgemeiner Form gilt, dass Globalisierung nicht zum Aufbau von Machtpositionen führen darf, die den Wettbewerb verhindern oder einseitig zu steuern in der Lage sind. Ebenso müssen Ausgleichsmechanismen für die Verlierer der Globalisierung geschaffen bzw. neu justiert werden. Armut und soziale Ungerechtigkeit müssen weltweit bekämpft sowie die angesprochenen negativen „externen" Kosten und negativen Effekte wirtschaftlichen Handelns auf soziale wie ökologische Gefüge beseitigt werden.[11] Es geht also um eine sozial und ökologisch nachhaltige Bewahrung, den Schutz und die Bewirtschaftung globaler öffentlicher Güter. Oberstes Ziel dabei ist es, dass die Globalisierung und die damit verbundenen Aktivitäten nationaler Regierungen, internationaler Instanzen wie wirtschaftlicher Akteure potenziell für alle Menschen Nutzen bringen sollen.

Als wichtige Orientierung für die inhaltliche Ausgestaltung einer Global Governance empfiehlt sich das im vorherigen Kapitel (8) diskutierte Konzept der Nachhaltigkeit, dessen Leitidee einer Berücksichtigung von sozialen und ökologischen wie von wirtschaftlichen Belangen zumindest einen ersten Anhaltspunkt dafür gibt, welcher Weg eingeschlagen werden soll. Darunter fallen so unterschiedliche Aspekte wie globaler Umweltschutz, Konfliktprävention, die Verwirklichung von Menschenrechten, Generationen- und Geschlechtergerechtigkeit bis hin zur Bewahrung und Weiterentwicklung sozialer Standards (vgl. Kapitel 3.6). Der Vorzug des Nachhaltigkeitskonzepts liegt auch in seiner Eignung als programmatischer Leitfaden dafür, dass verschiedenste zivilgesellschaftliche Anliegen und Mitspracheansprüche systematisch berücksichtigt werden müssen. Bürgerbeteiligung, die auch auf globaler Ebene verwirklicht werden müsste, wird demnach sowohl ein demokratischer Eigenwert als auch ein unerlässlicher Beitrag zur Verbesserung der Qualität der Politikformulierung und Politikergebnisse zugesprochen.

Eine Nachhaltigkeitsstrategie, so wird hier bereits deutlich, kann sich nicht nur an Indikatoren orientieren, auch eine allgemeingültige „Blaupause" für nachhaltige Entwicklung kann es nicht geben (vgl. OECD – DAC 2001). Zu berücksichtigen ist, dass die Gefahr besteht, dass das gut gemeinte Konzept der Nachhaltigkeit, wie es im Brundtland-Bericht entwickelt wurde (Hauff 1987), verwässert bzw. spezifischen partikularen Interessen untergeordnet wird. Für die Umsetzung des Nachhaltigkeitsgedankens wäre ein tiefgreifender Strukturwandel in allen Bereichen des wirtschaftlichen, sozialen und politischen Lebens nötig, der aber nicht nur Gewinner hervorbringt und deshalb gegen Einzel-Interessen durchgesetzt werden muss.

Eine nachhaltige Entwicklung erfordert zudem die ständige Verbesserung von Kohärenz und Komplementarität zwischen unterschiedlichen Sektorpolitiken. Wie schwierig dies in der Umsetzung ist, zeigt etwa die Konkurrenz zwischen umwelt- und wirtschaftspolitischen Zielen, die sich kaum problemlos aufeinander abstimmen lassen. Das gilt etwa für den Klimaschutz, der den Ausbau regenerativer Energien und die Verringerung des Verbrauchs an fossilen Energieträgern wie Kohle, Gas und Erdöl erfordern würde. Auch der Abbau ökologisch kontraproduktiver Subventionen aus den Bereichen Energie, Verkehr, Flächenverbrauch und Landwirtschaft steht im Spannungsverhältnis zu wirtschaftlichem Wachstum und nationaler Wettbewerbsfähigkeit. Soziale Nachhaltigkeit auf Grund einer globalen Verantwortung und im Sinne sozialer Gerechtigkeit würde schließlich nicht nur die erhebliche und dauerhafte Aufstockung des Etats für die Entwicklungszusammenarbeit erfordern. Hier steht der Verwirklichung sektorübergreifender Kohärenz nicht selten eine rigide nationale Finanzplanung entgegen.[12]

Global Governance soll auch grundsätzlich neue Chancen für eine globale Politik der Geschlechtergerechtigkeit

---

[10] Das Konzept der globalen Geschlechterdemokratie (Lenz 2001) verweist auf die Notwendigkeit, Partizipation und Gleichstellung von Frauen und Männern sowie von marginalisierten Gruppen mit der globalen Entwicklung zur Demokratie zusammen zu denken und zu führen.

[11] U. a. benennt etwa der UNDP-Bericht 2000 entsprechende Ziele und Prioritäten für internationale Aktivitäten.

[12] Vgl. hierzu auch die Stellungnahme des Rates für Nachhaltige Entwicklung zur Nationalen Nachhaltigkeitsstrategie der Bundesregierung vom 18.2.2002 (http://www.nachhaltigkeitsrat.de 10. Mai 2002).

eröffnen (vgl. Kapitel 6) – auch wenn diesbezüglich eine „Ambivalenz von Governance-Strukturen" (Holland-Cunz und Ruppert 2000) besteht. „Gender mainstreaming" und Geschlechterdemokratie sind keine widerspruchsfreien Konzepte, die es schlicht zu realisieren gilt. In erster Linie geht es darum, überhaupt das „konzeptionelle Schweigen" im Hinblick auf Geschlechterverhältnisse und Globalisierungsfragen zu überwinden (Bakker 1994). Dann sind die schwierigen Dynamiken dieses Zusammenhangs zu benennen. So wirkt sich die Globalisierung auf eine Angestellte im Bankensektor anders aus als auf Migrantinnen aus Polen oder von den Philippinen. Gut verdienende Angestellte in den Industrieländern haben mit den Arbeiterinnen des informellen Sektors und den dortigen prekären Arbeitsverhältnissen wenig gemein, obgleich sie vielleicht für den gleichen Transnationalen Konzern arbeiten. Für erstere erweitert sich der individuelle Entscheidungsrahmen für Lebensmodelle, Berufswege und für die politische Partizipation. Für letztere wird er nicht selten eingeschränkt (Ruppert 2002).

Globalisierungsprozesse könnten durchaus hilfreich sein, um solche Widersprüchlichkeiten aufzulösen, etwa in dem sie die globale Verbreitung und Anerkennung von sozialen und ökologischen Standards mit Blick auf effiziente und demokratische öffentliche Verwaltung, von Werten wie Freiheit und Wille zu individueller Verantwortung sowie von wirtschaftlichem Wettbewerb befördern. Hinsichtlich solcher normativen Fragen macht sich aber die fehlende Vision einer Weltethik, zumindest im Sinne eines Minimalkataloges weltweit geteilter grundsätzlicher Werte, negativ bemerkbar. Im Austausch der Weltreligionen untereinander wurden hierzu jedoch erste Ansätze erarbeitet (vgl. Küng 1990, Kuschel u. a. 1999 sowie Höffe 1999 und COMECE 2001). Bemerkenswert ist auch die Initiative von UN-Generalsekretär Kofi Annan, der eine Arbeitsgruppe weltweit wichtiger Persönlichkeiten (darunter Richard von Weizsäcker und Hans Küng) ins Leben gerufen hat, um aus den universal geteilten Werthaltungen die Grundlage eines zukünftigen Dialogs der Kulturen heraus zu destillieren und die künftige Rolle der Vereinten Nationen darin zu beschreiben.[13] Global Governance dient nicht der Umsetzung von weltweit bereits klar definierten Zielen, sondern ist ein Prozess, in dem teilweise auch die wertorientierten Ziele erst noch politisch ausgehandelt werden müssen. Dafür ist neben den staatlichen Aktivitäten eine aktive und transparente Beteiligung der Zivilgesellschaft und der Privatwirtschaft auf allen Ebenen der politischen Entscheidungsfindung unerlässlich.

Empfehlung 10-1 Soziale, ökologische und wirtschaftliche Nachhaltigkeit als Ziel von Global Governance

Das wichtigste programmatische Ziel einer Global Governance-Politik ist es, der sozialen, ökologischen und wirtschaftlichen Nachhaltigkeit eine konkrete Gestalt zu geben und die globalisierten Märkte an diese Leitidee zu binden. Die Leitlinien zur Umsetzung dieses Zieles und ein entsprechender Regelungsrahmen können nicht von oben verordnet werden, sondern sollten in einem breiten öffentlichen Diskussionsprozess festgelegt werden, in dem auch bisherige Fehlentwicklungen und Möglichkeiten ihrer Korrektur thematisiert werden. Die Bundesregierung sollte sich dafür einsetzen, dass national, in der EU wie international einer solchen Vorgehensweise entsprochen wird, indem die Global Governance-Ansätze, wie sie von der Enquete-Kommission entwickelt wurden, angewendet und gestärkt werden.

Um dieses Ziel zu erreichen, sind v. a. folgende Bausteine einer Global Governance wichtig: die o. g. Entwicklung neuer und – wo nötig – die Korrektur verfehlter inhaltlicher Orientierungen globaler Politik, im Kontext des Ausbaus zwischenstaatlicher Kooperation (vgl. Kapitel 10.2) und des Zusammenwirkens von staatlichen und nichtstaatlichen Akteuren von der lokalen bis zur globalen Ebene (vgl. Kapitel 10.3). Vor dem Hintergrund der Tatsache, dass es sich bei Global Governance in einem sehr fundamentalen Sinne um „Work in Progress" handelt, wäre es vermessen, im Folgenden Empfehlungen für die Realisierung eines starren und statischen Institutionengefüges geben zu wollen. Es gibt für Global Governance keinen Organisationsplan. Mit Hilfe des Konzeptes Global Governance hat die Enquete-Kommission aber prinzipielle Überlegungen und Kriterien zu den Inhalten, Formen und Prozessen des „guten Regierens" auf nationaler und internationaler Ebene entwickelt oder umrissen.

10.2 Global Governance als Verdichtung der internationalen Kooperation und Ausbau multilateraler Beziehungen

10.2.1 Regieren in Mehr-Ebenen-Systemen

10.2.1.1 „Global Governance" meint nicht „Global Government"

Das Konzept Global Governance wendet sich gegen die Idee einer zentralen Weltregierung oder eines hierarchischen Weltstaats. Vielmehr ist eine institutionelle Architektur angedacht, die an das anknüpft, was Kant eine „Föderation von freien Republiken" nannte: ein dezentrales, subsidiäres und föderatives System (Höffe 1999, Hasenclever und Rittberger 2000). Es geht also darum, eine multilaterale Kooperationskultur zu institutionalisieren, um gemeinsam mit anderen Betroffenen die oben angesprochenen Probleme lösen zu können.

Global Governance weist dabei dem Nationalstaat neue Aufgaben im Rahmen einer Mehr-Ebenen-Architektur zu (vgl. Messner 1998a): Zwar verfügen Staaten noch allein über das Gewaltmonopol und auch nur Staaten können Völkerrecht setzen, aber sie müssen sich zunehmend mit „geteilten Souveränitäten" in tendenziell entgrenzten Kooperations- und Integrationsräumen abfinden. Grenzüberschreitende Probleme können am besten in verflochtenen

---

[13] Vgl. den Bericht „Brücken in die Zukunft. Ein Manifest für den Dialog der Kulturen" (Stiftung Entwicklung und Frieden 2001a, siehe auch http://diplomacy.shu.edu/dialogue 10. Mai 2002).

Mehrebenensystemen bearbeitet werden, in denen Nationalstaaten zwar eine wichtige Scharnierrolle übernehmen, jedoch Kompetenzen „nach oben" (inter- und supranationale Ebenen) und „nach unten" (lokale und regionale Politik) abgeben. Im Sinne des Subsidiaritätsprinzips ist es sinnvoll, Problemlösungen auf der Ebene zu suchen und institutionell anzusiedeln, die sachlich und organisatorisch angemessen ist und auf der das Problem daher möglichst effizient und demokratisch zu lösen ist – sei es auf lokaler, nationaler, regionaler oder globaler Ebene. Im Zuge einer „postnationalen Konstellation"[14] findet Regieren zunehmend durch das Zusammenspiel verschiedener Entscheidungsebenen statt, wobei die einzelnen Ebenen nicht mehr ohne die anderen voll funktionsfähig sind.

10.2.1.2 Global Governance benötigt weiterhin Nationalstaaten

Global Governance meint nicht das Ende des Nationalstaates. Im Gegenteil: Ziel aller zwischenstaatlichen Kooperation ist es, dass Staaten für die Bearbeitung globaler Probleme Handlungsfähigkeit zurückgewinnen sollen. Das heißt, Global Governance läutet gerade nicht das Sterbeglöckchen für den Nationalstaat, sondern will ihm dort Handlungskompetenz zurückgeben, wo er diese durch Globalisierungsprozesse zu verlieren droht. Dies gilt verstärkt für die Zeit nach 1990: Ist es auch zuvor schon darum gegangen, bei zunehmender globaler Vernetzung die gleichzeitig abnehmende Kompetenz der Nationalstaaten zur Problemlösung auszugleichen, so fällt es heute demokratischen Nationalstaaten zunehmend schwer, bislang national verankerte Standards zu halten. Viele Staaten haben diese zentrale Herausforderung erkannt und denken über neue Wege des kooperativen Regierens nach.[15]

Die Diskussion über die Zukunft der Nationalstaaten unter den Bedingungen der Globalisierung wird häufig in der Logik von Nullsummenspielen geführt: Weil neue Akteure in der Weltpolitik an Bedeutung gewinnen, verlieren die Staaten an Einfluss; weil globale Institutionen wichtiger werden, erodieren die Gestaltungsmöglichkeiten der Staaten. An diesen Argumenten ist die Wahrnehmung richtig, dass Staaten *im Alleingang* in immer mehr Politikfeldern an die Grenzen ihre Handlungsfähigkeit stoßen, weil Probleme zunehmend grenzüberschreitenden Charakter haben. Sie sind deshalb auf das Zusammenspiel mit anderen Akteuren innerhalb und jenseits der territorialen Grenzen der Staaten angewiesen, um auftretende Probleme lösen zu können. Derzeit spricht jedoch nichts dafür, dass sich globale Probleme und globale Interdependenzen sowie deren Rückwirkungen auf nationale Gesellschaften in absehbarer Zeit *ohne* Nationalstaaten erfolgreich bearbeiten ließen. Allerdings müssen sich diese neuen Rahmenbedingungen, die durch Globalisierungsprozesse geschaffen werden, anpassen.[16]

Nach dem Konzept einer Global Governance verbinden sich die verschiedenen politischen Systeme und Ebenen idealiter zu einem subsidiären *Mehr-Ebenen-Arrangement*. Die Rolle des Nationalstaates entwickelt sich im Rahmen eines solchen Mehr-Ebenen-Modells weiter, er muss zu einer Art „Interdependenzmanager" (Messner 1998b) werden. Ein idealtypisches Mehr-Ebenen-Modell des subsidiären Regierens jenseits des Nationalstaates könnte sich durch drei Elemente auszeichnen (vgl. Zürn 2001): Als erstes Element entwickeln Staaten, die von grenzüberschreitenden Problemen betroffen sind, zusammen mit nichtstaatlichen Akteuren (vgl. Kapitel 10.3) Vorschläge für internationale Regelungen. Diese beinhalten bestimmte Zielvorgaben, die dann letztlich von den dafür legitimierten Staaten vereinbart werden, etwa in Form von Rahmenrichtlinien. Zweitens setzen entweder nationale oder auch subnationale politische Einheiten diese Rahmenrichtlinien dank ihrer Ressourcenhoheit um. Drittens schließlich kontrollieren staatliche und nichtstaatliche Akteure die Umsetzung der internationalen Richtlinien und die Einhaltung grundlegender Rechte. Entscheidend ist dabei die gelungene Verzahnung der verschiedenen Ebenen.

Eine solche Mehrebenenpolitik strebt demokratische Strukturen an, die einerseits noch etwas mit Nähe, Überschaubarkeit und Erkennbarkeit zu tun haben und die andererseits globale Probleme effektiv lösen können. Zu bedenken sind dabei mögliche Demokratie- und Koordinationsprobleme einer solchen Mehrebenenpolitik und die Gefahr von Verhandlungsblockaden aufgrund unterschiedlicher Interessenlagen. Gleichzeitig darf der Verweis auf die Notwendigkeit internationaler Kooperation nicht zur Ausrede werden, um nationale Verantwortlichkeiten wegzuschieben. Effektive und legitime Global Governance ist auf die Existenz demokratischer, verantwortungsvoller und handlungsbereiter Staaten angewiesen. Ergänzend dazu kann sich Global Governance auch positiv auf „Good Governance" im Inneren von Staaten auswirken, was wiederum eine zentrale Voraussetzung für deren Funktionieren ist. Notwendig sind flankierende Maßnahmen zur Korruptionsbekämpfung sowie die Stärkung demokratischer Strukturen.[17]

---

[14] Vgl. dazu insbesondere Zürn (2001), nach dem sich die drei Dimensionen der Staatlichkeit – Anerkennung, Ressourcen und Zielerreichung –, die sich in der nationalen Konstellation im Nationalstaat vereinten, in der postnationalen Konstellation auf unterschiedliche Ebenen verteilen.

[15] Diskutiert wurde dies zum Beispiel auf der Reihe von Konferenzen „Modernes Regieren – Modern Governance". In deren 2002er Stockholmer Kommuniqué heißt es: „Nur durch Kooperation werden die Nationalstaaten in der Lage sein, eine effiziente politische Handlungsfähigkeit auf einer wachsenden Zahl wichtiger Gebiete wiederzugewinnen" (http://www.progressive.gov.se/files/Communique-german.pdf 30. April 2002).

[16] Vgl. zum Formwandel des Staates durch Globalisierung das ausführliche Gutachten von Messner (2001b).

[17] Vgl. auch BMZ (2002a) zu „Good Governance in der deutschen Entwicklungszusammenarbeit". Auch die Zivilgesellschaft kann dabei eine Rolle spielen, vgl. den BT-Antrag der Fraktionen der SPD sowie Bündnis 90/Die Grünen „Förderung der Zivilgesellschaft im Norden und im Süden – eine Herausforderung für die Entwicklungszusammenarbeit" (BT-Drs. 14/5789) (Deutscher Bundestag 2001g) und die Beiträge in FES (2001).

Auf einer relativ hohen Abstraktionsebene lassen sich vor dem Hintergrund dieser Problemlagen aus einer normativen Perspektive die Aufgaben und Funktionen eines „Global Governance-fähigen" Staates benennen (vgl. Messner 2001b):

Staatliche Institutionen müssen Scharnierfunktionen zwischen den verschiedenen Politikebenen übernehmen und verstreute Steuerungs- und Problemlösungsressourcen bündeln, um die komplexen Interdependenzprobleme managen zu können. Der Staat muss zunehmend Moderatorenaufgaben übernehmen, die an Bedeutung gewinnen, wo Problemlösungs- und Steuerungsressourcen auf unterschiedliche Akteure und unterschiedliche Handlungsebenen verteilt sind und deshalb zusammengeführt werden müssen. Er sollte als demokratisch legitimierter Akteur aber nicht nur auf Initiativen handlungsmächtiger privater Akteure diesseits und jenseits seiner Grenzen re-agieren: Zöge er sich ausschließlich auf seine Moderatorenrolle zurück, überließe er den jeweils handlungsmächtigsten Privatakteuren das Feld – die Folge wäre ein Substanzverlust der Demokratie.

Der Staat ist und bleibt die einzige Institution der Gesellschaft, die Verantwortung für das „Ganze" und das (wenn auch immer umstrittene) „Gemeinwohl" trägt. Das Konzept des demokratischen Rechtsstaates kommt ohne den normativen Bezug auf das Gemeinwohl nicht aus. Trotz aller Differenzierungs- und Entgrenzungtrends wird der Staat nicht aus seiner Gesamtverantwortung entlassen, denn es ist kein funktionales Äquivalent in Sicht, dass diese Aufgabe übernehmen könnte. Der Nationalstaat wird zwar in horizontale und vertikale Netzwerke eingebunden und gegenüber internationalen Regelwerken sowie Gerichtsbarkeiten rechenschaftspflichtig – aber er bleibt, ausgestattet mit dem Gewaltmonopol, mehr als nur ein „primus inter pares".

Einige Reformen sind notwendig, um das deutsche politische System „Global Governance-tauglich" weiterzuentwickeln und Gefahren zu begegnen, die manche „Globalisierungskritiker" schon veranlassten, die „Ohnmacht des Staates" zu beklagen (vgl. Koch 1995).[18]

10.2.1.3 Ein neues Verhältnis zwischen Innen- und Außenpolitik

Eindeutig ist, dass viele grenzüberschreitende Probleme nicht mehr mit den herkömmlichen Methoden und Instrumenten der nationalstaatlichen Außenpolitik erfolgversprechend bearbeitet werden können (vgl. Messner 2001b). Das Politikfeld „Außenpolitik" schien lange Zeit sehr übersichtlich strukturiert zu sein. Im Zentrum der auswärtigen Beziehungen standen Friedens- und Sicherheitspolitik (inklusive Verteidigung), die Marktöffnung für eigene Exporte und die Gestaltung der Nord-Süd-Beziehungen im Rahmen der Entwicklungspolitik. Vor diesem Hintergrund ließen sich Innen- und Außenpolitik ziemlich trennscharf voneinander unterscheiden. Diese Wahrnehmung von Außenpolitik als überschaubarem Feld mit leicht zu umschreibenden Aufgabenfeldern und schnell zu verortenden Akteuren innerhalb der Ministerienlandschaft dürfte grundlegend dafür sein, dass in Deutschland, wie die „Geschäftsordnung der Bundesregierung" zeigt, das Auswärtige Amt (AA) für die Gesamtheit der deutschen Außenbeziehungen zuständig ist, flankiert durch das Bundeskanzleramt, das aufgrund der Richtlinienkompetenz des Kanzlers auch in der Außenpolitik eine starke Stellung besitzt. Die umfassende Verantwortung des AA für die Wahrnehmung „gesamtstaatlicher Interessen" drückt sich zum Beispiel darin aus, dass in der Geschäftsordnung (§ 11) festgelegt ist, dass Mitglieder und Vertreter auswärtiger Regierungen und zwischenstaatlicher Einrichtungen nur nach vorherigem Benehmen mit dem AA empfangen werden sollen und Verhandlungen mit dem Ausland oder im Ausland nur mit Zustimmung des AA, auf Verlangen auch nur unter seiner Mitwirkung, geführt werden dürfen. Diese Aufgabenbeschreibung für das AA als Spitze und Zentrum deutscher Außenbeziehungen entspricht längst nicht mehr den Realitäten. So zeigt eine Bestandsaufnahme der auswärtigen Beziehungen der Bundesministerien (Eberlei und Weller 2001), dass alle Fachressorts in den vergangenen zehn bis 15 Jahren als Reflex auf Globalisierungsdynamiken ihre grenzüberschreitenden Aktivitäten stark ausgebaut haben. Dies drückt sich z. B. in der hohen und steigenden Zahl der Arbeitseinheiten aus, die sich mit internationalen Fragestellungen beschäftigen. Derzeit sind in den Bundesministerien 336 Referate mit internationalen Aufgaben befasst, davon 281 mit Problemstellungen, die auch über die „europäische Innenpolitik" hinausreichen. Zum Vergleich: das AA verfügt über 74 Referate. Faktisch ist somit jedes Fachministerium zum „Außenministerium" des von ihm bearbeiteten Politikfeldes geworden.

Empfehlung 10-2 Stärkung einer kohärenten internationalen Politik der Bundesregierung

Die internationale Handlungsfähigkeit der Bundesregierung ist eine unabdingbare Voraussetzung für die aktive Gestaltung der Globalisierung. Sie ist eng gekoppelt an ein hohes Maß von Kohärenz all der Politikbereiche, die sich mit internationalen Fragen beschäftigen. Die Enquete-Kommission empfiehlt der Bundesregierung, bereits bestehende Konzepte zur Schaffung von mehr Kohärenz zu stärken sowie darüber hinaus gehende Ansätze zu identifizieren und umzusetzen. Die über 250 Referate und ähnliche Arbeitseinheiten in den Bundesministerien, die sich mit europapolitischen und internationalen Fragen beschäftigen, sollten in ihrer Politik aufeinander abgestimmt werden, um eine kohärente internationale Politik zu

---

[18] Das Gutachten von Messner (2001b) geht auf verschiedene Aktionsfelder ein: Auf der Mikroebene der Akteure des politischen Systems müssen Global Governance-Kompetenzen gestärkt werden. Auf der Makroebene des politischen Systems geraten organisatorisch-institutionelle Strukturen unter Innovationsdruck. Auf der Metaebene des politischen Systems müssen neue Leitbilder und eine strategische Orientierung in Richtung Global Governance entwickelt werden. Ein viertes Aktionsfeld thematisiert „Wissen als zentrale Machtressource globalisierungstauglicher Politik".

gewährleisten. Um die Bearbeitungskapazitäten von internationalen Strukturfragen und politischen Querschnittsthemen zu erhöhen, sind Strukturreformen notwendig.

Beispielsweise kann die Entwicklungspolitik ihren erweiterten Aufgabenkatalog im Sinne eines Beitrags zu Globaler Strukturpolitik als politische Querschnittsaufgabe nur dann erfüllen, wenn Außen- und Menschenrechtspolitik, Handels- und Finanzpolitik, Umwelt- und Agrarpolitik mit der Entwicklungspolitik in eine kohärente Gesamtpolitik eingebunden werden. Ziel muss dabei sein, die nationalen wie internationalen Rahmenbedingungen sozial gerecht und ökologisch tragfähig zu gestalten, so dass alle Menschen an den Chancen der Globalisierung teilhaben können und Risiken der Globalisierung eingedämmt werden. Entsprechend den vier Zieldimensionen der Entwicklungspolitik (vgl. Kapitel 10.2.3.1) sollten im Zentrum der Bemühungen die Reduktion der Armut, die Verbesserung der wirtschaftlichen Leistungsfähigkeit einschließlich der Bedingungen für private Direktinvestitionen in den Partnerländern, die politische Stabilität – auch im Kontext erweiterter Beteiligungsmöglichkeiten der Bevölkerung – sowie der Erhalt des ökologischen Gleichgewichtes stehen.

10.2.1.4 „Regional Governance" als Baustein einer Global Governance

Mit Blick auf die bislang existierenden völkerrechtlichen Regelwerke sind v. a. regionale Integrationsprojekte (wie die EU, NAFTA, ASEAN, Mercosur) Vorreiter für das Regieren jenseits des Nationalstaates. Hier lässt sich nicht nur eine Orientierung der Wirtschaft, sondern – zumindest in Ansätzen – auch der Politik in Richtung auf plurinationale Regionen beobachten. Global Governance muss auf solchen größeren regionalen Kooperationskernen aufbauen und sie als organisatorischen Unterbau nutzen, weil das Subsidiaritätsprinzip auch im globalen Kontext sinnvoll bleibt und dem Aufbau teurer, aber ineffizienter bürokratischer Wasserköpfe vorbeugen kann. Die Spanne zwischen den Bedürfnissen der Menschen auf der lokalen Ebene und den globalen Ereignissen soll durch regionale Komponenten überbrückt werden.

In Europa ist diese Instanz die sich erweiternde Europäische Union, die sich seit Mitte der 90er Jahre – mittels der GASP – auch als außenpolitischer Akteur zu konstituieren begann. Häufig wird von außen gar eine Vorbildfunktion der EU für andere Regionen gesehen.[19] Dabei steht vor allem das europäische, auf sozialen Ausgleich gerichtete Marktmodell im Vordergrund, das in den Augen vieler Menschen eine attraktive Alternative zum amerikanischen Modell ist. Diese Wahrnehmung Europas in der Welt sollte von den Regierungen als Aufforderung verstanden werden, dieses Modell zu verteidigen und die soziale Absicherung von Menschen weltweit zu befördern (vgl. auch Kapitel 4). Auch die demokratische Qualität der EU muss verbessert und durch Strukturreformen gefestigt werden. Dies gilt auch im Hinblick auf die Verwirklichung von Geschlechterdemokratie und Gleichstellung.[20] Die Strukturreformen der EU sollten noch vor der anstehenden Erweiterung abgeschlossen werden und eine Ausweitung des Mehrheitsprinzips sowie ein höheres Maß an Legitimität der EU beinhalten.[21]

Das Weißbuch „Europäisches Regieren" der EU-Kommission (2001f.) geht vom Befund eines rückläufigen Zutrauens der EU Bürger in die EU-Institutionen bei gleichzeitig zunehmenden Forderungen nach politischen Lösungen von Alltagsproblemen (Arbeitslosigkeit, Nahrungsmittelrisiken, Kriminalität, Konflikte an den Außengrenzen) aus. Zusätzliche Herausforderung erkennen die Autoren im laufenden Erweiterungsprozess.

Das Weißbuch hebt die folgenden Grundsätze „guten Regierens" hervor: Offenheit, Partizipation, Verantwortlichkeit, Effektivität sowie Kohärenz, neben Verhältnismäßigkeit und Subsidiarität.[22] Seine Autoren fordern die Entwicklung von Kriterien, die auf eine stärkere und transparente Einbeziehung der Menschen in die Politikgestaltung zielen.[23] Zivilgesellschaftliche Organisationen sollten an der Erarbeitung solcher Kriterien beteiligt werden. Über die Organisation und Rolle des bisherigen Wirtschafts- und Sozialausschusses soll neu nachgedacht werden, für die Beiziehung von Sachverständigen (derzeit fast 700 beratende ad-hoc Gremien) mehr Transparenz,[24] Rechenschaftspflicht und damit auch Chancengleichheit erreicht werden. Die EU-Kommission will dafür einen Verhaltenskodex vorlegen. Weitere Vorschläge zielen auf eine Konzentration der Organe auf ihre Kernaufgaben: Der Rat sollte die Fachministerräte besser koordinieren und seine politische Führungsfähigkeit verbessern. Die EU-Kommission soll sich auf die Formulierung von Ini-

---

[19] Vgl. den Bericht der Delegationsreise der Enquete-Kommission nach Mexiko 2001.

[20] Die EU hat im Vertrag von Amsterdam (1997, gültig seit 1999) die Gleichstellung als vorrangiges Ziel fest geschrieben; Art. 2 des Vertrages lautet: „Aufgabe der Gemeinschaft ist es, durch die Errichtung eines gemeinsamen Marktes und einer Wirtschafts- und Währungsunion sowie durch die Durchführung der in den Art. 3 und 4 genannten gemeinsamen Politiken und Maßnahmen in der ganzen Gemeinschaft (...) die Gleichstellung von Männern und Frauen (...) zu fördern". Art. 3 Abs. 2 des Amsterdamer Vertrages besagt: „Bei allen in diesem Artikel genannten Tätigkeiten wirkt die Gemeinschaft darauf hin, Ungleichheiten zu beseitigen und die Gleichstellung von Männern und Frauen zu fördern."

[21] Vgl. dazu auch Helmut Schmidt (2000: 248ff.), für den jedoch ein Gelingen dieser notwendigen Reformschritte noch nicht garantiert ist.

[22] „Governance steht für die Regeln, Verfahren und Verhaltensweisen, die die Art und Weise, wie auf europäischer Ebene Befugnisse ausgeübt werden, kennzeichnen, und zwar in Bezug auf Offenheit, Partizipation, Verantwortlichkeit, Effektivität und Kohärenz" (Europäische Kommission 2001f: 11).

[23] Entsprechend wird das Weißbuch derzeit in einem öffentlichen Diskussionsprozess (bislang über 2 500 beteiligte Organisationen und Personen) diskutiert (vgl. http://europa.eu.int/comm/governance/index_en.htm 30. April 2002).

[24] Wegweisend ist hier im Umweltbereich die Aarhus-Konvention, das UN-ECE Übereinkommen über den Zugang zu Informationen, die Öffentlichkeitsbeteiligung an Entscheidungsverfahren und den Zugang zu Gerichten in Umweltangelegenheiten (vgl. http://www.unece.org/env/pp/documents/cep43e.pdf 10. Mai 2002).

tiativen und deren Durchführung konzentrieren. Sie ist die Hüterin der Verträge und übernimmt die internationale Vertretung der Gemeinschaft. Das Europäische Parlament soll die öffentliche Debatte über die Zukunft der EU und ihrer außenpolitischen Rolle anleiten sowie die Durchführung der EU-Politiken und den Vollzug des Haushalts stärker kontrollieren. Außerdem sollen seine Mitentscheidungsbefugnisse erweitert werden. Leider bleibt im Weißbuch die Rolle des Europäischen Parlaments, dessen Stärkung ein wichtiger Schritt zu einer größeren Legitimität der Exekutive in Brüssel wäre, sonst weitgehend ausgeblendet.

Ein 105-köpfiger EU-Konvent, unter Beteiligung aller EU-Organe und der nationalen Parlamente, soll in den kommenden zwei Jahren Schlüsselfragen zur künftigen Entwicklung der Europäischen Union erörtern und beantworten helfen sowie einen weit gehenden Vorschlag für einen neuen EU-Vertrag bzw. eine mögliche Verfassung der EU erarbeiten.[25] Ziel ist es, die innere und äußere Handlungsfähigkeit einer sich erweiternden Union in einer globalisierten Welt sicherzustellen und gleichzeitig auch die demokratische Legitimität und Transparenz der EU zu verbessern. Die Mitglieder des Verfassungskonvents sollen hierzu bis Sommer 2003 Reformvorschläge ausarbeiten. Auch die Institutionen der EU stehen dabei auf dem Prüfstand. So soll etwa das Zusammenwirken und die Zusammensetzung der wichtigsten Gremien, wie dem Rat als Organ der Regierungen, der Kommission und dem Parlament, neu geregelt werden. Eine weitere Frage wird sein, wie die Effizienz der Beschlussfassung in einer künftigen Union von etwa 30 Mitgliedstaaten erhöht werden kann, z. B. ob mehr Beschlüsse mit qualifizierter Mehrheit getroffen werden können sollten. Der Konvent will einen intensiven Dialog mit der Zivilgesellschaft suchen, die über ein Forum eingebunden werden soll.[26]

Eine erfolgreiche Reform der Governance im eigenen Haus kann auch mehr Glaubwürdigkeit und Gehör bei multilateralen Verhandlungen verschaffen. Die innerhalb der EU verfolgten Ziele Frieden, nachhaltiges Wachstum, Beschäftigung und soziale Gerechtigkeit sollten auch jenseits ihrer Grenzen gefördert werden. Regionale Integrationsprojekte, die sich bislang nur als rein wirtschaftliche Freihandelszonen verstehen (z. B. NAFTA), sollten auch auf der politischen Ebene ausgebaut werden, um Handlungsspielräume gegenüber dem Globalisierungsdruck zu erweitern. Schließlich sollte auch die Kooperation zwischen den Regionen ausgebaut werden. Mit dem Ziel einer verbesserten Kooperation wurde am 23. Juni 2000 das sog. „Abkommen von Cotonou" zwischen der EU und den z. Zt. 77 Ländern der Staatengruppe Afrikas, der Karibik und des Pazifiks (AKP-Staaten) unterzeichnet. Das neue Kooperationsabkommen setzt auf die Weiterentwicklung des politischen Dialogs, die Beteiligung der Zivilgesellschaft, Bekämpfung der Armut, regionale Freihandelsabkommen (statt der bisherigen Handelspräferenzen und der Exporterlösstabilisierung) sowie die Reform der finanziellen Zusammenarbeit. Ebenso wichtig ist die Absicht der EU, die subregionale Integration zu fördern, um die Stellung dieser Gebiete auf dem Weltmarkt langfristig zu verbessern.

Kritische Beobachter aus dem Süden[27] haben einhellig auf das heute in Folge des Nord-Süd Machtgefälles fehlende „level playing field" im internationalen Handel hingewiesen. Zugleich formulieren sie das Bedürfnis nach einem – in der Sprache der Handelspolitik – „special and differential treatment" als unerlässliche und in den Prinzipien von ITO[28] und GATT verankerte Voraussetzung für die nachholende Industrialisierung der EL. Die Beschränkung auf je Land und den Einzelfall spezifizierte Ausnahmen im Rahmen der WTO habe den Aufholprozess gerade von Ländern auf der Schwelle zur Industrialisierung aufgehalten. Vor diesem Hintergrund haben sich Vertreter des Südens (vgl. Bello 2001) für stärker regionale Governance Strukturen anstelle der zunehmend zentralisierenden Strukturen von Weltbank, IWF und WTO ausgesprochen.

Empfehlung 10-3   Regionalisierungsanstrengungen der Entwicklungsländer unterstützen

Die Enquete-Kommission empfiehlt Bundestag und Bundesregierung im Bereich der politischen und wirtschaftlichen Zusammenarbeit mit Entwicklungsländern Strategien zu unterstützen, die auch in anderen Regionen der Welt Formen der regionalen Kooperation entstehen lassen.

Ein erster Ansatz ist der Stabilitätspakt Südosteuropa, der auf eine regionale Zusammenarbeit abzielt, bei der internationale Institutionen nur noch flankierend den Prozess begleiten, die Initiativen letztendlich aber aus den Ländern der Region selbst entstehen. Im Rahmen des Abkommens von Cotonou sind politische und wirtschaftliche Partnerschaften zwischen der EU und AKP-Staaten bzw. deren regionalen Zusammenschlüssen vereinbart worden. Solche Ansätze zur Bündelung regionaler Kräfte und Interessen sollten auf die regionalen Bedürfnisse zugeschnitten werden, um Entwicklungsländer dabei zu unterstützen, stärker als bisher von den Vorteilen der Globalisierung zu profitieren.

10.2.1.5 Internationale Verhandlungen als Bausteine einer Global Governance

Kernprobleme der Weltwirtschaft werden auf Gipfeltreffen der G7/G8, in Verhandlungsrunden der WTO,

---

[25] Die „Erklärung über die Zukunft der Union" des Europäischen Rats vom 14./15. Dezember 2001 in Laeken erläutert Inhalt und Verfahren des Prozesses zur Zukunft Europas. Dieser Prozess soll im Jahr 2004 in eine erneute Regierungskonferenz münden, die durch den Konvent zur Zukunft Europas vorbereitet wird (für Dokumente und weitere Informationen vgl. die Internetseite des Konvents http://european-convention.eu.int/ 10. Mai 2002).

[26] Siehe die Internetseite dieses Forums zum EU-Konvent (http://www.europa.eu.int/futurum/index_de.htm 10. Mai 2002).

[27] Vgl. die Beiträge von Bello (2001), Bullard (2001), Singh und Dhumale (1999), siehe auch UNCTAD (2002).

[28] Die „International Trade Organisation" war in den Nachkriegsjahren als UN-Sonderorganisation geplant. Die Satzung der ITO, die Havanna Charta, wurde jedoch 1947 von den USA nicht ratifiziert, da die Ausnahmen bei den Handelsbestimmungen, wie sie v. a. von den Entwicklungsländern gefordert wurden, auf Kritik stießen.

UNCTAD und auf den Jahrestagungen des IWF und der Weltbank behandelt. Kritiker sehen in diesen Veranstaltungen ein „Kartell der Reichen und Mächtigen", die das Sagen in der Weltwirtschaft hätten. Wichtige Beispiele für globale Verhandlungen waren auch die Weltkonferenzen der Vereinten Nationen in den 90er Jahren, beginnend mit dem sog. „Erd-Gipfel", der Konferenz über Umwelt und Entwicklung 1992 in Rio de Janeiro (vgl. Messner und Nuscheler 1996, Fues und Hamm 2001).

Diese Weltkonferenzen sollten auch einen Beitrag zur Bearbeitung der sozialen und ökologischen Folgekosten der Globalisierung leisten. Die Regierungen des Südens, auf deren Initiative diese Konferenzen zustande kamen, bemühen sich heute nahezu ausnahmslos um die Integration in die globale Ökonomie. Ihre Hoffnung war, dass die Entwicklung weltumspannender Regelwerke für die Weltwirtschaft und ein internationaler Machtausgleich ihnen dabei neue Handlungsmöglichkeiten eröffnen könnten.

Auch wenn die bisherige Erfolgsbilanz der Weltkonferenzen wenig spektakulär ist, können sie *optimistisch* gesehen als Vorboten eines tiefgreifenden Struktur- und Formwandels der globalen Politik hin zu einer Global Governance gedeutet werden (vgl. Hamm und Fues 2000): Die Innovationsleistung der Weltkonferenzen bestehe in der Erarbeitung eines prototypischen Modells für die kooperative, solidarische und partizipative Problembearbeitung im internationalen System. Weltkonferenzen hätten das Potenzial, Teil eines qualitativ neuen transnationalen Steuerungsmodells zu sein: zum einen durch die Verknüpfung sämtlicher Handlungsebenen (von der lokalen bis zur globalen) und zum anderen durch die Eröffnung einer internationalen Arena für heterogene staatliche wie nichtstaatliche Akteure, die sich in Netzwerken verbünden

oder auf Foren streiten können. In diesem Sinne können die Weltkonferenzen als ein „Laboratorium" oder eine „Lernwerkstatt" für Global Governance wirken: Der Fundus nationaler und lokaler Erfahrungen und „best practices" könnte kooperativ für globale Problemlösungen sowie die gesammelten Erfahrungen als Vertrauensgrundlage für eine evolutionäre Umgestaltung des globalen Ordnungsrahmens genutzt werden.

In der Diskussion wurde allerdings auch eine sehr viel *skeptischere* Sicht vorgebracht. Sie macht geltend, dass die Konzentration auf die Hervorbringung und Entstehung neuer globaler Strukturen, wie z. B. der Weltkonferenzen, leicht dazu führen könne, hierin ein Indiz für das Voranschreiten von Global Governance zu sehen, das an sich schon positiv zu bewerten sei. Auf Weltkonferenzen komme es aber kaum noch zu konkreten Verabredungen, und wenn doch, würden sie überwiegend nicht eingehalten.

Auf jeden Fall sollten die Chancen der *Follow-Up-Prozesse der Weltkonferenzen* besser genutzt werden (vgl. Fues und Hamm 2001). Oft finden sich in den Aktionsprogrammen der Weltkonferenzen bereits die Lösungen für viele globale Probleme. Trotz der Zustimmung der Staaten zu diesen Programmen fehlt es aber an ihrer Umsetzung, oft genug sind auch Finanzierungsfragen noch ungeklärt. So sollten die Folgeprozesse durch wirksame Überprüfungsmechanismen unterstützt werden und auch „harte" Fragen der Weltwirtschaft und Sicherheitspolitik in eine kooperative Gestaltung der globalen Politik einbezogen werden. Um dies effektiv zu gestalten, sind weltweit eine kritische Öffentlichkeit und selbstbewusste Parlamente vonnöten.

Zur Zeit wird der *Weltgipfel für nachhaltige Entwicklung 2002* (World Summit on Sustainable Development, WSSD)

Kasten 10-3

Weltkonferenzen der neunziger Jahre

Jahr		Ort
1992	Konferenz für Umwelt und Entwicklung – Erdgipfel (UNCED)	Rio de Janeiro
1993	Zweite Weltmenschenrechtskonferenz	Wien
1994	Dritte Konferenz für Bevölkerung und Entwicklung (ICPD)	Kairo
1995	Weltgipfel für soziale Entwicklung – Sozialgipfel (WSSD)	Kopenhagen
1995	Vierte Weltfrauenkonferenz (WCW)	Peking
1996	Zweite Weltkonferenz für Wohn- und Siedlungswesen (Habitat II)	Istanbul
1996	Welternährungsgipfel (WFS)	Rom

Nach Hamm und Fues 2000: 2 (Quelle: Vereinte Nationen, Department of Public Information 1997).

Kasten 10-4

Weltfrauenkonferenz

Im Juni 2000 fand in New York die UN-Sondergeneralversammlung "Frauen 2000 – Geschlechtergleichheit, Entwicklung und Frieden für das 21. Jahrhundert" statt. Aufgabe dieser Konferenz war es, die Erfolge und Hindernisse bei der Umsetzung der Aktionsplattform zu bilanzieren, die fünf Jahre zuvor von der Vierten Weltfrauenkonferenz in Peking verabschiedet worden war. Die größten Erfolge globaler Frauen- und Geschlechterpolitik sind vor allem auf die Arbeit von Frauenbewegungen rund um den Globus zurückzuführen und liegen hauptsächlich in der Herstellung öffentlicher Bewusstseinsbildung und politischer Aufmerksamkeit für geschlechterpolitische Belange und frauenpolitische Perspektiven (vgl. Wichterich 2000). So bescheiden diese Bilanz angesichts etwa der wachsenden Armut von Frauen klingen mag, wird daran doch eines ersichtlich: Global Governance als Prozess, der eine kooperative Bearbeitung globaler Problemlagen und krisenhafter Folgen ökonomischer Globalisierung zum Ziel hat, schafft neue Einflusschancen und Handlungsgrundlagen für institutionelle wie außerinstitutionelle Frauenpolitik (vgl. exemplarisch Holland-Cunz und Ruppert 2000; Lenz und Schwenken 2001).

---

in Johannesburg, Südafrika, vorbereitet.[29] Der Gipfel soll eine Bestandsaufnahme vornehmen, was seit Rio mit Blick auf die nachhaltige Entwicklung unserer Erde erreicht wurde. Dieses Zusammentreffen sollte genutzt werden, um der globalen Umweltpolitik und dem gesamten Politikfeld „Nachhaltige Entwicklung" neue Impulse zu geben.

Empfehlung 10-4 Weltkonferenzen als Politikarena nutzen

Mit Blick auf zukünftige Weltkonferenzen empfiehlt die Enquete-Kommission die Verabschiedung neuer Leitlinien durch das Bundeskabinett für die Gesamtheit der nationalstaatlichen Außenbeziehungen, in denen die Weltkonferenzen als wichtige Politikarenen berücksichtigt werden. Zur besseren Vor- und Nachbereitung der jeweiligen Weltkonferenzen ist die Einrichtung von interministeriellen Steuerungsgruppen sinnvoll: Diese sollen in der Vorbereitung für die Koordination und Kohärenz der deutschen Beiträge zur jeweiligen Konferenz verantwortlich zeichnen und in der Nachbereitung auf die systematische Umsetzung der beschlossenen Programme drängen. Der Aufbau bzw. Ausbau von heterogenen Politiknetzwerken in Deutschland für den institutionalisierten Dialog mit interessierten Akteursgruppen (u. a. Wirtschaftsverbände, Gewerkschaften, NROs, Wissenschaft, Berufsvereinigungen) soll dazu beitragen, eine solche Steuerungsgruppe in ihrer Arbeit zu unterstützen.

10.2.1.6 Internationale Institutionen als Säulen einer Global Governance

Das „Reden allein genügt nicht" – auch nicht auf globaler Ebene. Ein Ergebnis zwischenstaatlicher Verhandlungen sind oft internationale Institutionen. Mit Institutionen sind hier nicht nur internationale Organisationen gemeint, sondern auch etwa Vertragswerke oder Konsenspapiere runder Tische, also alles, was der normgeleiteten Beeinflussung des Verhaltens von Staaten bzw. Menschen dienen kann.[30] Institutionen sind demnach Instrumente, um politisch bestimmte Ziele zu erreichen bzw. Inhalte umzusetzen. Bislang dominierten nationalstaatliche Institutionen bei der Problembearbeitung, z. B. nationale Gesetze. Der Gedanke einer Global Governance will nun multilaterale Institutionen stärken, um Globalisierungsprozesse gemäß politisch zu bestimmender Ziele, wie z. B. Demokratie und Frieden, Freiheit und Gerechtigkeit, zu beeinflussen. Auf anderen Feldern kann als erster Schritt auch eine plurilaterale Lösung angezeigt sein, wie etwa im Bereich der Fusionskontrolle.[31]

Internationale Organisationen sind sowohl problemfeldbezogene wie auch problemfeldübergreifende zwischenstaatliche Institutionen, die gegenüber ihrer Umwelt als Akteure auftreten können.[32] Die seit den 80er Jahren

---

[29] Vgl. http://www.weltgipfel2002.de/ und http://www.johannesburg-summit.org/ (30. April 2002).

[30] Institutionen spielen in verschiedenen wissenschaftlichen Disziplinen eine wichtige Rolle: Wirtschaftswissenschaftler sprechen davon, dass Institutionen bestimmte Kosten vermindern, z. B. Informations- und Transaktionskosten, und dadurch Verhalten beeinflusst wird. Juristen betrachten Institutionen mit Blick auf das existierende Recht: Welche Verhaltensnormen sind de facto existent (ob im Sinne geschriebenen Rechts oder des ungeschriebenen Gewohnheitsrechts) und beeinflussen dadurch Verhalten. Politikwissenschaftler interessieren bestimmte Aspekte der zielgerichteten politischen Steuerung von Verhalten durch Institutionen, etwa zur Erreichung von Frieden, Wohlfahrt, Umweltschutz.

[31] Während Multilateralität im Sprachgebrauch der Politik ein mehrseitiges, vielfach verknüpftes Beziehungsgeflecht zwischen mehreren (möglichst allen betroffenen) Parteien (hier v. a. Staaten) meint, steht Plurilateralität für Beziehungen zwischen einigen wenigen Parteien und Bilateralität für zweiseitige Beziehungen. Plurilaterale Abkommen („plurilateral agreements") spielen v. a. im Kontext der WTO eine Rolle.

[32] Je nach Verständnis von internationalen Organisationen fungieren diese entweder als „Als-ob"-Akteure, deren Handeln letztlich von den Vertretern ihrer Mitgliedsstaaten fremdbestimmt ist, oder als reale, auch eigenständig handlungsmächtige Akteure. Einerseits begreift das Bild der internationalen Organisation als „Verhandlungssystem" oder „Arena" vor allem die Mitgliedsstaaten bzw. ihre Vertreter als die in Wirklichkeit einzig handelnden, d. h. sieht ausschließlich diese in der Rolle von Akteuren. Andererseits geht eine zweite Vorstellung von internationalen Organisationen davon aus, dass diesen selbst die Eigenschaft eines kollektiven oder korporativen Akteurs zukommt (vgl. Rittberger und Zangl 1994, Delbrück 1998a, Klein 2001, Epping 2001).

wichtiger werdenden „internationalen Regime"[33] spezialisieren sich im Gegensatz zu den großen „all-purpose"-Organisationen auf einzelne Problemzusammenhänge, wodurch eine flexiblere Problembearbeitung ermöglicht werden soll. Sie sind wichtige Teile einer sich herausbildenden Global Governance, mit deren Hilfe versucht wird, das Verhalten aller international betroffenen Akteure in einem spezifischen Problemfeld dauerhaft zu steuern. Über die Einrichtung solcher internationaler Institutionen wird versucht, Erwartungsstabilität über das wechselseitige Verhalten, klare (unter Umständen dann auch völkerrechtlich gültige) Standards für konformes und abweichendes Verhalten, Mechanismen für den Umgang mit Regelbrüchen sowie einen organisierten Informations- und Kommunikationsfluss zu schaffen. Internationale Regime sind also institutionelle Rahmenbedingungen, die die freiwillige Kooperation zwischen internationalen Akteuren ermöglichen und im besten Fall langfristig verfestigen sollen. Die Akzeptanz solcher Regime hängt auch davon ab, ob deren Strukturen und Verteilungsergebnisse von allen Teilnehmern als fair betrachtet werden. Internationale Regime können ein selbstständiges Eigenleben entwickeln, sie entwickeln sich ständig evolutionär weiter (aber nicht notwendig nur zum Besseren) und können so auch u. U. jenseits der nationalen Interessen, die das Regime ursprünglich initiierten, kooperative Praktiken und Regelbefolgung befördern. Darüber hinaus dienen die Verhandlungsforen internationaler Regime zunehmend als Politikarena für am konkreten Problem interessierte nichtstaatliche Akteure (vgl. Kapitel 10.3).[34]

Die Zahl der völkerrechtsfähigen internationalen Organisationen hat in den mehr als fünf Jahrzehnten seit dem Ende des Zweiten Weltkrieges deutlich zugenommen (derzeit ca. 250 nach dem Yearbook of International Organizations 1999/2000), die Gesamtanzahl internationaler Organisationen ist noch stärker gewachsen (s. Abb. 10-1).

Global Governance will dort, wo aufgrund drängender globaler Probleme dringender Handlungsbedarf besteht, wie z. B. im Umwelt- und Entwicklungsbereich, *effektive und demokratische internationale Organisationen und Regime* schaffen bzw. existierende Institutionen reformieren, um eine verbesserte inhaltliche Handlungsfähigkeit und finanzielle Ausstattung zu erreichen. Global Governance bedeutet nicht einfach das unüberlegte Wachstum von internationalen Organisationen: Je nach Ausgangslage können vielmehr entweder bereits bestehende internationale Organisationen aufgewertet und reorganisiert oder aber für neue Aufgaben (zunächst) eigene, problemadäquate Organisationsformen gesucht werden. Zunächst plurilaterale Institutionen könnten beitrittsoffen gestaltet werden, in der Hoffnung, langfristig alle Akteure überzeugen und „an Bord" bekommen zu können.

Eine sehr viel *skeptischere* Sicht macht geltend, dass die Vernachlässigung der kritischen Bestandsaufnahme und Einschätzung der bestehenden internationalen und globalen Institutionen dazu führen könne, dass die Hauptlinie der Entwicklung von Global Governance falsch eingeschätzt werde. Diese Hauptlinie sei – dieser Sicht nach – gegenwärtig eher in einer Marginalisierung oder gar Demontage globaler Institutionen und Regeln im Sinne einer friedlichen, demokratischen und gerechten Weltordnung zu sehen. Die bestehenden globalen Institutionen seien zum Teil (wie der IWF und GATT bzw. WTO) in den vergangenen 20 Jahren systematisch umfunktioniert worden und mitverantwortlich für die extreme Ungleichheit der Welt. Die UNO, die globale Institution par excellence, werde seit Jahren von der größten und wichtigsten Weltmacht für ihre nationalen Interessen instrumentalisiert oder ggf. finanziell ausgetrocknet und politisch marginalisiert bzw. schlicht übergangen. Diese Fehlentwicklungen globaler Institutionen nur als – zu kritisierende – vorübergehende Störung eines ansonsten unaufhaltsamen Fortschritts hin zu Global Governance aufzufassen, greife zu kurz. Ein Festhalten an Idealen, deren Realitätsgehalt heute wesentlich geringer als zur Zeit des Brandt- und Brundtland-Berichts einzuschätzen sei, könne aber nicht auf ein nur wissenschaftliches Problem reduziert werden, sondern könne auch politische Konsequenzen haben. So dürfe man sich nicht um der Global Governance willen auf Modelle einlassen, die mit dem Ziel einer friedlichen, demokratischen, kooperativen und gerechten Weltordnung (oder Weltstruktur) nichts mehr zu tun hätten. Wichtiger sei es, nicht in erster Linie die institutionelle Seite, sondern die inhaltlich substanzielle Seite einer Global Governance in den Vordergrund zu stellen.

Die *Demokratisierung internationaler Institutionen* ist eine zentrale Bedingung für ihre Akzeptanz. Das Problem mangelnder Kohärenz, Transparenz und Rechenschaftspflicht sowie der oft ungleichen Beteiligungschancen und Machtverhältnisse innerhalb vieler internationaler Organisationen ist schon länger erkannt. So fordert etwa die „Agenda for Democratization" des früheren Generalsekretärs der Vereinten Nationen Boutros-Ghali die Demokratisierung internationaler Beziehungen.[35]

Als oberster Grundsatz sollte gelten, dass internationale Organisationen eine demokratische Grundstruktur und Möglichkeiten für alle Mitgliedsstaaten, in relevanter

---

[33] Internationale Regime werden in der Politikwissenschaft als eine institutionalisierte Form des kooperativen, norm- und regelgeleiteten Verhaltens bei der politischen Bearbeitung spezifischer Konflikte oder Interdependenzprobleme definiert. Sie setzen sich aus Prinzipien, Normen, Regeln und Entscheidungsverfahren zusammen. Zudem „lebt" ein internationales Regime nur dann, wenn eine Bereitschaft der beteiligten Akteure erkennbar ist, die vereinbarten Verhaltensnormen auch anzuerkennen und davon ausgehende „Spiel"-Regeln einzuhalten (vgl. Rittberger und Zangl 1994, Müller 2000, Wolf 1993, Zürn 1997). Der Geltungsbereich, über den sich ein internationales Regime erstreckt, kann sich auf die politische Bearbeitung eines einzigen, spezifischen Konfliktgegenstandes (z.B. Verteilung von Satellitenpositionen auf dem geostationären Orbit) oder Interdependenzproblems (z.B. Nordsee-Regime, Klimaregime) beschränken. Er kann aber auch ein ganzes Problemfeld (z. B. Welthandelsregime) umfassen.

[34] Beispielsweise nahmen anlässlich der Weltfrauenkonferenz 1995 in Peking weit über 30 000 NGO-Aktive am parallel tagenden „NGO Forum on Women" teil (vgl. auch Finke 2001).

[35] Vgl. http://www.undp.org/governance/pdf/a51761.pdf (10. September 2001). Vgl. auch Pinzani (2000).

Abbildung 10-1

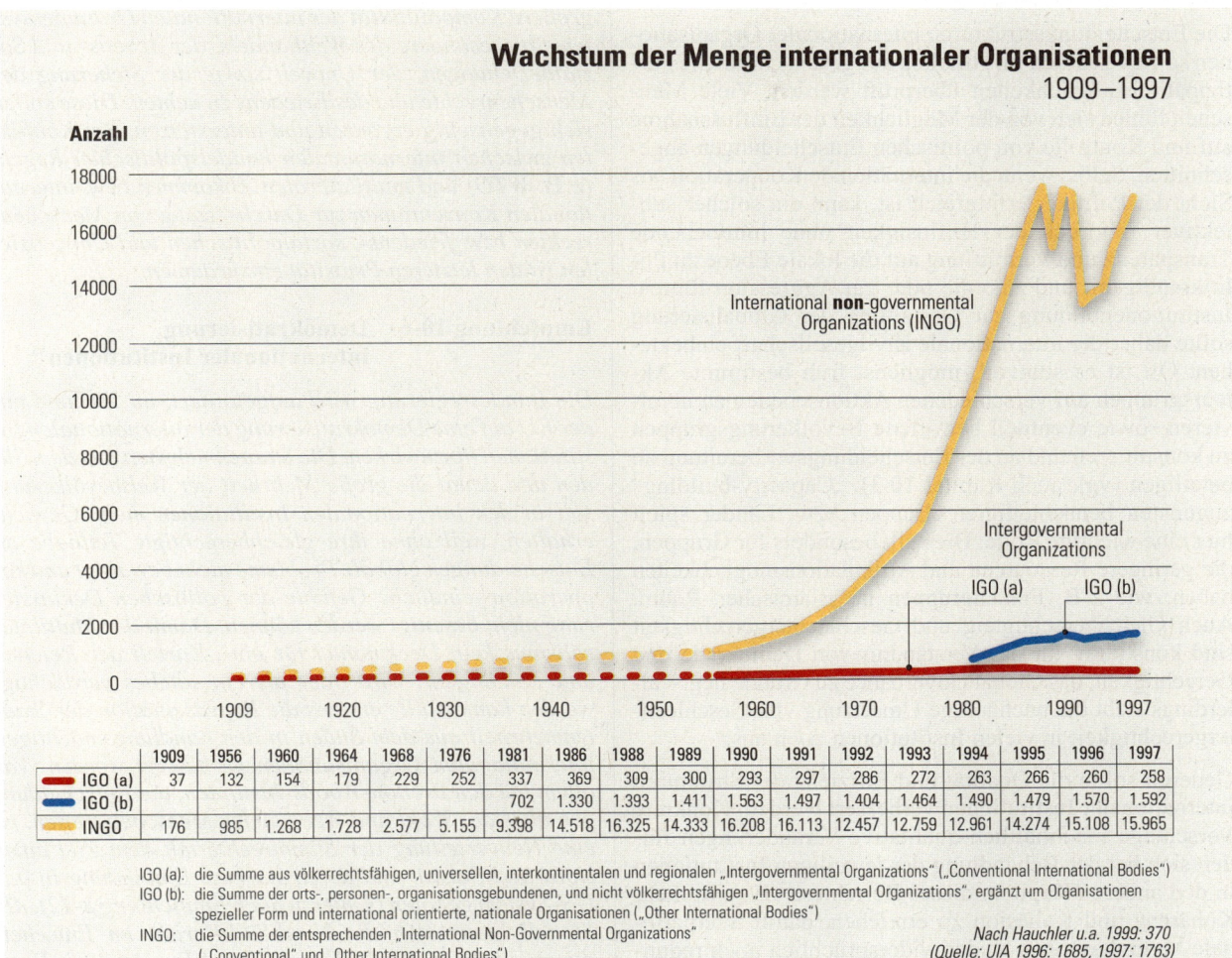

Weise an der Diskussion, Willensbildung und Entscheidung teilzunehmen, aufweisen sollten, um einen legitimen Anspruch auf Global Governance stellen zu können. Defizite werden hier bei vielen internationalen Organisationen gesehen.

Hinsichtlich der Wahl demokratischer Reformen der internationalen Institutionen existieren sehr unterschiedliche Positionen. *Einerseits* wird die Ansicht vertreten, dass eine Änderung des Stimmrechtes in IWF und Weltbank dringend erforderlich sei: In beiden Institutionen verfügten die USA alleine über 17 Prozent und die G10 Länder über mehr als 50 Prozent der Stimmen. Dies entspreche zwar ihrer Quote bzw. ihrem Kapitalanteil an beiden Organisationen, die sich nach der jeweiligen ökonomischen Stärke und entsprechenden Kapitalnachschusspflichten richteten. Es entspreche aber nicht den Anforderungen an eine Organisation, die mit dem Anspruch auf globale Verantwortung für die Stabilität der Währungsbeziehungen bzw. für den Vorrang des Kampfes gegen die Armut auf der Welt und für demokratische Kooperation auftrete. Eine Politik, die diesen Anspruch ernst nehme, müsse daher auch für eine Neuverteilung des Stimmrechts – und der realen Möglichkeiten, es kompetent auszuüben – zugunsten der Entwicklungsländer eintreten. Dabei sei die Position Deutschlands durchaus von Gewicht: Ein Hinwirken der Bundesregierung in der EU in diese Richtung dürfe erheblichen Einfluss haben, und ein Eintreten der EU für ein größeres Stimmgewicht der Entwicklungsländer in IWF und Weltbank werde sicher breite Unterstützung finden. *Andererseits* wird die Position vertreten, eine Reform von IWF und Weltbank durch Stimmrechtsänderungen werde nicht gewollt und sei auch gar nicht sinnvoll bzw. hätte wohl wenig Aussicht auf Erfolg: Aller Erfahrung nach würde eine solche Reform schlicht zur Umgehung dieser Organisationen – etwa durch die Geldgeber – und zur Abwicklung ihrer Aufgaben über andere bzw. neue institutionelle Kanäle führen. Alternativ biete sich eine indirekte Möglichkeit der Demokratisierung durch die Herstellung von Öffentlichkeit und Transparenz. Zum Zwecke einer stärkeren Kontrolle und Transparenz sollte etwa NGOs[36] ein Konsultativstatus bei IWF, Weltbank und WTO zugesprochen werden.

Die Entscheidungsstrukturen internationaler Organisationen sollten generell im Hinblick auf gesellschaftliche Partizipationsmöglichkeiten überprüft werden. Viele Menschen fühlen sich von der Möglichkeit der Einflussnahme auf und Kontrolle von politischen Entscheidungen abgeschnitten. Selbst wenn die internationale Kooperation aus Sicht der Politiker erfolgreich ist, kann ein solcher subjektiver Eindruck der Hilflosigkeit ohne hinreichende Transparenz und Vermittlung auf die lokale Ebene zu Politikmüdigkeit und Anomie oder gar Aggression führen. Institutionenbildung zur Gestaltung der Globalisierung sollte daher die internationale Zivilgesellschaft einbeziehen. Oft ist es sinnvoll, möglichst früh bestimmte Akteursgruppen auf verschiedenen Aktionsebenen zu involvieren sowie eventuell betroffene Bevölkerungsgruppen zu konsultieren und an der Entscheidungsvorbereitung zu beteiligen (vgl. auch Kapitel 10.3). „Capacity-building" zugunsten benachteiligter Gruppen bzw. Länder spielt hier eine wichtige Rolle. Dies gilt besonders für Gruppen, die geringere Ressourcen und Artikulationsmöglichkeiten haben, wie z.B. Frauengruppen im islamischen Raum. Auch Gleichberechtigung und Geschlechtergerechtigkeit sind konstitutiv für das Verständnis von Demokratie und Gerechtigkeit, das Global Governance zu Grunde liegt – allerdings steht die nachhaltige Umsetzung von Geschlechtergerechtigkeit in vielen Institutionen noch aus.

Generell sollte die Qualität und Effizienz der Strukturen internationaler Institutionen verbessert werden. Konkrete Vorschläge für inhaltlich-qualitative Veränderungen finden sich bei der Behandlung der jeweiligen Institutionen in den anderen Kapiteln dieses Berichtes.[37] Es gilt, mehr Kohärenz und Kohäsion zu erreichen, damit internationale Vereinbarungen weder widersprüchlich noch redundant sind. Auch die Eigeninteressen von Organisationen bzw. von deren Mitarbeitern sind hier ein kritischer Punkt.

Empfehlung 10-5 Reform des internationalen Institutionengefüges

Global Governance zielt auf die problemadäquate Reorganisation und die Verschlankung der internationalen Institutionenlandschaft ab. Ziel muss es sein, vorhandene ineffektive Strukturen zu überwinden und den Ressourceneinsatz zu optimieren. Hierzu gehört auch die Entwicklung eines Konzepts zur künftigen Rekrutierung des dafür benötigten hochqualifizierten Personals und eine Erhöhung des deutschen Anteils daran sowie Maßnahmen, die eine stärkere Repräsentanz von Frauen in internationalen Führungsfunktionen gewährleisten. Die Enquete-Kommission empfiehlt der Bundesregierung die Einsetzung einer unabhängigen Expertengruppe, die Vorschläge zur Reform des internationalen Institutionengefüges ausarbeitet.

Die Enquete-Kommission empfiehlt bei künftigen internationalen bzw. multilateralen Verhandlungen auf eine größere Kompatibilität der internationalen Ordnungssysteme insbesondere des Welthandels, der Arbeits- und Sozialbeziehungen, der Umwelt sowie der Sicherung der Menschenrechte und des Friedens zu achten. Diese sollen sich gegenseitig ergänzen und unterstützen. Bei Konflikten zwischen internationalen handelspolitischen Regeln (z.B. WTO) und multilateralen Abkommen bzw. internationalen Konventionen zur Durchsetzung von Menschenrechten bzw. friedens-, sozialpolitischen und Umweltzielen ist den letzteren Priorität einzuräumen.

Empfehlung 10-6 Demokratisierung internationaler Institutionen[38]

Die Bundesregierung wird aufgefordert, im Verbund mit der EU auf eine Demokratisierung der internationalen Institutionen hinzuwirken. Die Staatenmehrheit aus dem Süden und damit die große Mehrheit der Weltbevölkerung soll in den internationalen Institutionen mehr Gewicht erhalten, weil ohne ihre gleichberechtigte Teilhabe an Entscheidungen globale Probleme nicht bewältigt und kooperationsfeindliche Gefühle der politischen Deklassierung nicht beseitigt werden können. Damit der Multilateralismus kein Deckmantel für ein „Kartell der Reichen und Mächtigen" wird oder als ein solches verdächtigt werden kann, sollte erstens die Repräsentation der Staatenmehrheit aus dem Süden in den handlungsmächtigen internationalen Organisationen verbessert werden. Vor allem bei den Bretton-Woods-Instituten, die Entscheidungen über das Wohl und Wehe vieler Menschen treffen, ist eine Neuverteilung der Stimmrechte mit dem Ziel einer Nord-Süd-Parität und deren stärkere Einbindung in das UN-System geboten (s. hierzu auch Empfehlung 2-12). Als Modell bietet sich die Nord-Süd-Parität im Entscheidungsverfahren der GEF an (Global Environment Facility). Zweitens sollte die Transparenz der internationalen Entscheidungsprozesse durch die Einbindung zivilgesellschaftlicher Akteure in das Agenda- und Standard-Setting erhöht werden.

10.2.1.7 Die Vereinten Nationen und Global Governance

Die bekannteste internationale Organisation sind sicherlich die Vereinten Nationen (UNO), die im Rahmen von Global Governance eine zentrale Rolle spielen (vgl. Dicke 2001, DGVN 2002, Rittberger 2002). Wie die komplexe Struktur der Vereinten Nationen verdeutlicht, hat die Präsenz internationaler Institutionen in den verschiedenen Politikfeldern einen beachtlichen Umfang erreicht (s. Abb. 10-2).

Die Leistungsfähigkeit der UNO wird zunehmend auch an unmittelbaren Erwartungen der Weltöffentlichkeit im Hinblick auf globale Politikgestaltung und Problemlösung gemessen. Angesichts dieser steigenden Erwartungen ist die

---

[36] „NGO" steht für Non-Governmental Organization, also für Nicht-Regierungsorganisation (vgl. Kapitel 10.3).

[37] Vgl. etwa die Ausführungen zur Reform von UNEP in Kapitel 7.6.

[38] Vgl. hierzu auch das abweichende Minderheitenvotum der CDU/CSU-Fraktion in Kapitel 11.

Global Governance als Verdichtung der internationalen Kooperation

Abbildung 10-2

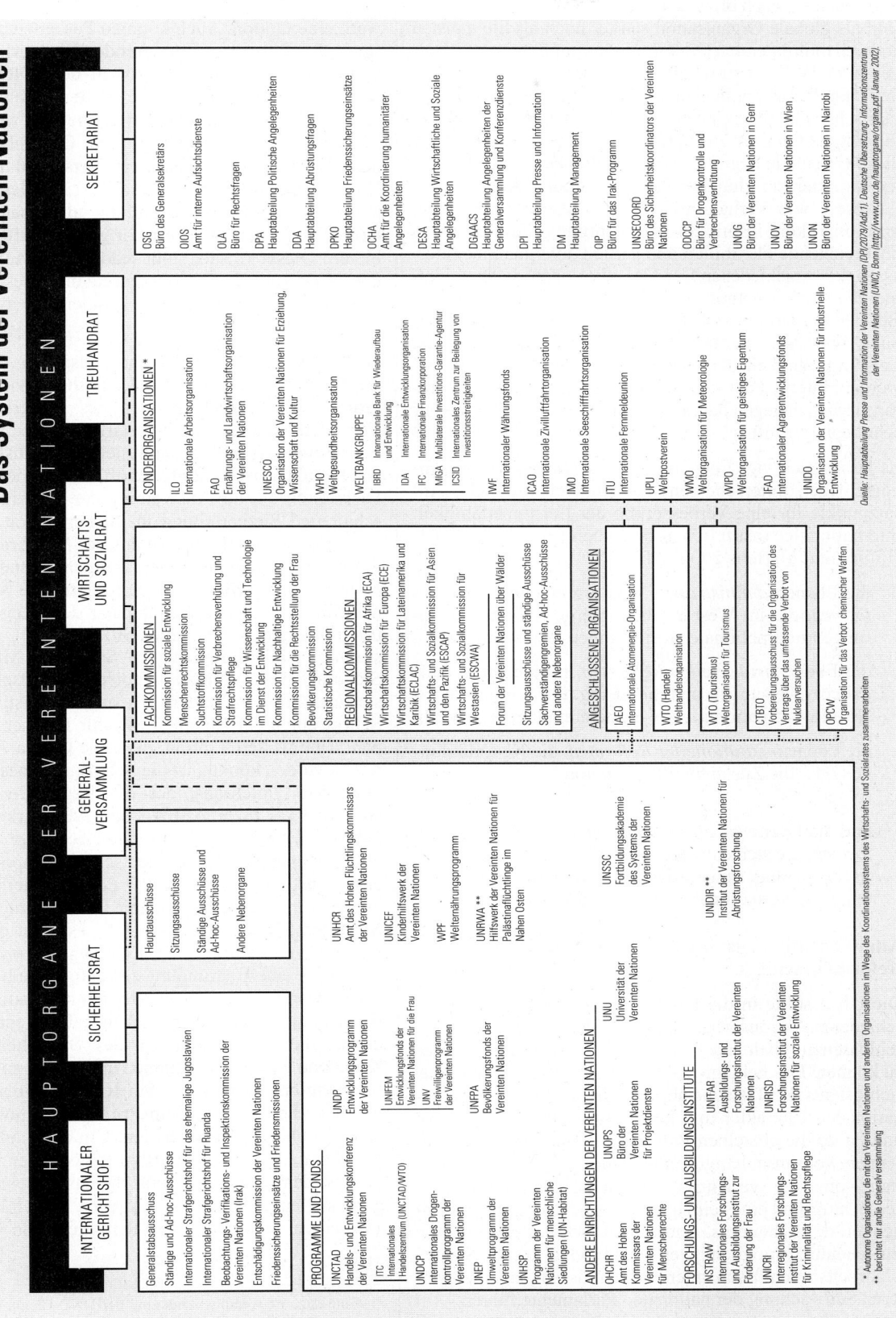

Das System der Vereinten Nationen

UNO – wie auch andere existierende internationale Organisationen – jedoch oft überfordert. Die Vereinten Nationen sind als globale Organisation stärker noch als die meisten anderen multilateralen Organisationen auf Zustimmung der gesamten Weltgemeinschaft angewiesen. Zugleich werden ihre Handlungsmöglichkeiten durch die politischen, militärischen und finanziellen Kapazitäten begrenzt, die ihnen die Mitgliedsstaaten zur Verfügung stellen. Doch nicht nur diese Umstände begrenzen die Möglichkeiten der Vereinten Nationen zur globalen Politikgestaltung. Auch interne Faktoren, wie Verhandlungs- und Entscheidungsregeln und -praktiken, Informationsaufbereitung, ihre bisweilen unzureichende Flexibilität und partiell divergierende Interessen der verschiedenen UN-Organisationen sind nicht immer die idealen Voraussetzungen für eine optimale Arbeit. Bei der Forderung nach Reformen sollte die Unterscheidung zwischen internen und externen Faktoren, die die Leistungsfähigkeit der UNO beeinflussen, berücksichtigt werden: Interne Faktoren sind von der Institution selbst reformierbar, dagegen hat die UNO auf externe Faktoren nur sehr bedingt Einfluss.

Es lassen sich vier Ebenen der Umsetzung von Reformvorschlägen unterscheiden, die zugleich mögliche Ansatzpunkte für eine Verbesserung der Leistungsfähigkeit internationaler Institutionen benennen (vgl. Dicke 2001, Hüfner und Martens 2000: 7 ff.):

- die Ebene *administrativer und organisatorischer Reformen,* die im Wesentlichen interne Effizienzsteigerungen internationaler Institutionen beabsichtigen;
- die Ebene *struktureller Reformen,* mit denen in Aufgabenzuweisungen und die in sog. intra-organisatorische Koordination im UN-System eingegriffen wird;
- die Ebene *institutioneller Reformen,* die Neugründungen oder die Zusammenführung von Institutionen verfolgen;
- und die Ebene *konstitutioneller und „kognitiver" Reformen,* die sich entweder auf rechtliche oder auf politische Veränderungen des Verhaltens politischer Akteure in internationalen Institutionen beziehen.

Administrativ-organisatorische und strukturelle Reformvorschläge

Die UNO sollte in die Lage versetzt werden, die verabschiedeten Aktionsprogramme und deren konsensual beschlossenen Inhalte auch effektiv in die Realität umsetzen zu können. Das beklagte „Vollzugsdefizit" der UNO leitet sich oft aus der Tatsache ab, dass die UNO keinen supranationalen Charakter und kein Gewaltmonopol inne hat und daher die einzelnen Politikschritte bei 189 Mitgliedstaaten konsensabhängig sind. Durch das Prinzip „one state – one vote" verlangsamen sich die Abstimmungsprozesse, aufgrund eines einzigen Vetos besteht gar die Möglichkeit des Scheiterns. Andererseits würden alle anderen Entscheidungsmöglichkeiten, wenn sich also etwa Staaten Mehrheitsbeschlüssen unterwerfen müssten, zu einer weiteren Schwächung der nationalen Parlamente führen.

Mehrere Möglichkeiten, das oft kritisierte Demokratiedefizit der UNO abzubauen, sind in der Diskussion. Die demokratische Wahl der nationalen Delegation für die Generalversammlung (GV) durch das jeweilige Staatsvolk wäre eine Option. Auch könnten Parlamentarier über die (ggf. ebenfalls zu reformierende) Interparlamentarische Union (IPU) enger in die Arbeit der UNO einbezogen werden, etwa durch jährliche Treffen parallel zu Sitzungen der GV (vgl. Kapitel 10.4). Erheblich weiter geht der (umstrittene) Vorschlag, neben der Generalversammlung der UNO eine parlamentarische Versammlung als zweite Kammer einzurichten. Eine solche „Peoples Chamber" – neben der Generalversammlung als Staatenkammer – könnte auch eine Plattform für gesellschaftliche Akteure bieten. Dieser Ansatz stößt jedoch auch auf Skepsis, da die Festlegung der Zusammensetzung eines solchen Parlaments kaum überwindbare Probleme – etwa demographischer Art – bereitet.

Weitere Vorschläge zur Demokratisierung der UNO beziehen sich auf die Reform des Sicherheitsrates. Die Legitimität der Entscheidungen des Sicherheitsrates der Vereinten Nationen sollte gestärkt werden. Mehrere konkurrierende Vorschläge sind hier in der Diskussion (vgl. Gareis und Varwick 2002: 256ff.). Prominent ist v. a. die Diskussion um die Ausweitung der Ständigen Mitgliedschaft und Sitzverteilung im Sicherheitsrat, da die momentane Sitzverteilung, die aus der Nachkriegskonstellation resultiert, als nicht mehr zeitgemäß und mittelfristig nicht haltbar erscheint. Einige fordern eine Neuverteilung der Sitze im Sicherheitsrat nach dem Regionalprinzip, u. a. mit einem permanenten Sitz für die EU. Da eine Zustimmung aller momentanen Ständigen Mitglieder des Sicherheitsrates hierzu jedoch unwahrscheinlich erscheint,[39] fordern andere als einen realistischen ersten Schritt einen permanenten Sitz für Deutschland und Japan. Eine weitere Option, die ohne Charta-Änderung erreicht werden könnte, ist die Schaffung eines regional gegliederten Unterbaus, der die Regionalorganisationen (wie die EU, OSZE, ASEAN oder AU) stärker in die Aufgabe der Friedenssicherung einbezieht (vgl. Dicke 2001, 2002). Generell sollte die deutsche Außenpolitik auf eine enge Abstimmung der UNO-Politik innerhalb der EU drängen und damit zugleich die GASP stärken. Das Vetorecht des Sicherheitsrates – falls es nicht durch zeitgemäßere Entscheidungsverfahren abgelöst werden kann – könnte an eine Begründungspflicht gegenüber der Generalversammlung gebunden werden (vgl. auch Deutscher Bundestag 2001f.). Weitergehende Überlegungen gehen dahin, die Entscheidungen des Sicherheitsrates über Krieg und Frieden im Rahmen eines noch zu schaffenden Interventionsregimes vor den IGH zu bringen, um auch im Sicherheitsbereich dem Prinzip der Gewaltenteilung zum Durchbruch zu verhelfen. Um ein schnelleres Handeln beim „Peace Keeping" zu ermöglichen, müssten die Staaten dem Generalsekretär die Instrumente zur Verfügung stellen, die ihnen die „Agenda für den Frieden" von 1992 abverlangt hatte, vor allem die schon von der UN-

---

[39] Eine dazu notwendige Änderung der UNO-Charta erfordert neben einer Zwei-Drittel-Mehrheit an Ratifikationen durch die Mitglieder der UNO auch die Zustimmung sämtlicher Ständiger Mitglieder des Sicherheitsrates (Art. 108 und Art. 109 Abs. 2 der Charta).

Charta vorgesehenen Interventionskontingente zur Vermeidung, Eindämmung oder Beendigung von Gewaltausbrüchen. Auch hier könnten und sollten die EU-Staaten oder die EU im Rahmen der GASP mit gutem Beispiel vorangehen, wenn sie wirklich eine Stärkung der Vereinten Nationen im Kernbereich der Friedenssicherung erreichen wollen. Die Aufgaben in der Krisen- und Konfliktprävention werden wachsen, weil die GASP größere politische und militärische Anstrengungen abfordert, als die EU bisher zu leisten fähig und bereit war. Parlament und Regierung müssen die Öffentlichkeit auf diese Herausforderungen vorbereiten, dies gilt noch mehr mit Blick auf einen erweiterten Sicherheitsbegriff im Sinne von „Human security".

Um die Leistungsfähigkeit der UNO zu verbessern, ist auch eine Rekrutierung qualifizierten Personals unumgänglich (vgl. Göthel 2002). Wie dies gleichzeitig mit einer Verschlankung der UNO einher gehen könnte, sollte untersucht werden. Auch die deutsche Personalpolitik ist zu verbessern (vgl. Hüfner 2001).

Institutionelle Reformen und die Zusammenarbeit mit anderen Institutionen

Die schrittweise Verbesserung der Kooperation, Koordination und Kohäsion der Institutionen der UNO ist ein wichtiges Reformziel. Institutionenkonkurrenz hat sich in der Vergangenheit nicht immer als leistungssteigernd erwiesen, vielmehr erhöht jede Neugründung das Koordinationsproblem (vgl. Dicke 2001). Von übereilten Neugründungen neuer Organisationen sollte daher eher abgesehen werden. Durch die Bearbeitung neuer Probleme können etablierte Institutionen wie die UNO ihre Glaubwürdigkeit steigern – sie sollten durch qualifizierte Personalausstattung dazu in die Lage versetzt werden, effizient reagieren zu können. Andererseits gibt es auch erfolgreiche Beispiele für die Neueinrichtung von Organisationen wie etwa den Internationalen Strafgerichtshof.[40] Generell sollten Sonderorganisationen wie WTO, IWF oder WIPO und auch globale Organisationen wie IEC und ISO künftig enger mit der UNO zusammenarbeiten.

Zudem ist die enge Zusammenarbeit und Verzahnung der Arbeit der UNO mit der regionalen, nationalen und lokalen Ebene von großer Bedeutung, auch um die Akzeptanz internationaler Politik in nationalen Gesellschaften zu stärken und die globalen Entscheidungsträger in der Verantwortung der Bürgerinnen und Bürger zu halten. Der Entscheidungsprozess in der UNO könnte durch eine vorgängige *regionale* Interessensbündelung weitaus erfolgreicher und effizienter erfolgen (vgl. Kapitel 10.2.1.4).

Konstitutionelle und „kognitive" Reformen

Grundsätzlich wären Verhaltensänderungen der Mitgliedsstaaten in Richtung einer konstruktiveren Politik gegenüber der UNO zu begrüßen. Auch die Einbeziehung der Zivilgesellschaft in die Arbeit der UNO erscheint vielversprechend. Während von einigen bereits die lebhafte Partizipation der NGOs auf UN-Konferenzen als ausreichend empfunden wird, wollen andere den NGOs mehr Spielräume eröffnen (vgl. Kapitel 10.3). Die Verbreitung von Kenntnissen über die Arbeit der UNO kann ein direkter Beitrag zur Steigerung ihrer Legitimität und auch Leistungsfähigkeit sein.

Internationale Gender-Politik im Rahmen der UNO

Globale Politik für Geschlechtergleichheit unter dem Dach der Vereinten Nationen ist ein relativ junges Phänomen, das eng auf den Prozess ökonomischer Globalisierung bezogen ist.[41] Erst mit der Welt-Frauendekade von 1975–1985 wurden geschlechtsspezifische Unterdrückung und Diskriminierung überhaupt zum Thema von UN-Politik. Seither gilt *„Empowerment"*, ein Konzept, das Mitte der 1980er Jahre von Feministinnen aus den südlichen Kontinenten entwickelt wurde und den Prozess der Machtbildung und der gleichberechtigten Teilhabe von Frauen in allen Bereichen politischen und gesellschaftlichen Lebens und Handelns beschreibt, zugleich als Mittel und Ziel einer frauengerechten Weltentwicklung. Gleiche soziale, ökonomische und politische Entscheidungsrechte und gleiche Verfügung über Ressourcen von der lokalen bis zur internationalen Ebene lassen sich, so der Kerngedanke der „Empowerment"-Idee, nur über die Transformation aller fundamentalen gesellschaftlichen Ungleichheitslagen verwirklichen (exemplarisch Wichterich 1995, Ruppert 1998). Die Agenda 21 stellt vielfältige Bezüge auf Frauen als Handelnde und Betroffene von Umwelt- und Entwicklungspolitik her und betont die Partizipationsrechte der Frauen von der lokalen bis zur internationalen Ebene. Auch die Aktionsplattform von Peking versteht sich ausdrücklich als detailliert handlungsleitendes Programm zum „Empowerment" von Frauen weltweit (vgl. Wichterich 1995, 1996). Die internationale Staatengemeinschaft hat zudem mit der Erklärung der UN Weltfrauenkonferenz das Prinzip des *„Gender Mainstreaming"* beschlossen. Dementsprechend haben sich die Vereinten Nationen gemäß der Pekinger Aktionsplattform dem Prinzip des „Gender Mainstreaming" innerhalb der eigenen Institution verpflichtet: Beim „Administrative Committee on Coordination", in dem die Abstimmung der Programme der UN-Sonderorganisationen aufeinander erfolgt, wurde das „Interagency Meeting on Women and Gender Equality" eingerichtet. Dieses Gremium macht Vorschläge zur Umsetzung der in Peking formulierten Prinzipien und prüft und überwacht die von den einzelnen Sonderorganisationen durchgeführten Maßnahmen. Die Umsetzung der Aktionsplattform von Peking und ihrer Konkretisierungen in der Resolution der Sondergeneralversammlung Peking +5 müssen im Rahmen von Global Governance von den Regierungen konsequent vorangetrieben werden. Beide Dokumente müssen für alle darin differenzierten Politikbereiche als Maßstab internationaler Verhandlungen gelten.

---

[40] Die notwendige Ratifizierung des 1998er Statuts von Rom durch 60 Staaten wurde am 11. April 2002 erreicht.

[41] Dieser Abschnitt basiert auf einem Gutachten von Ruppert (2002). Vgl. auch Ruppert (2001a/b) sowie Kapitel 6 dieses Berichts.

Empfehlung 10-7   Stärkung internationaler Organisationen

Die Enquete-Kommission empfiehlt der Bundesregierung, im Verbund mit der EU zur Stärkung internationaler Organisationen beizutragen, um deren Fähigkeiten zum Management grenzüberschreitender Probleme und zur Bereitstellung globaler öffentlicher Güter zu verbessern. Stärkung bedeutet eine Effizienzsteigerung sowohl durch eine ausreichende Finanzausstattung als auch durch die Übertragung von Handlungskompetenzen („geteilte Souveränitäten"), wo dies notwendig und sinnvoll ist, wobei eine begleitende parlamentarische Kontrolle gesichert sein muss.

Ein konkretes und von der Bundesregierung zu unterstützendes Projekt ist die institutionelle wie finanzielle Aufwertung des UNEP, das so bald wie möglich zu einer Weltumweltorganisation ausgebaut werden sollte (s. Empfehlung 7-23ff.). Ziel ist hier, die Arbeit der verschiedenen Umweltregime zu bündeln und besser aufeinander abzustimmen, um die internationale Umweltpolitik zu stärken.

Empfehlung 10-8   Die UNO stärken und demokratisieren

Die Legitimität der Entscheidungen des UN-Sicherheitsrates sollte gestärkt werden. Die Bundesregierung sollte eine Reforminitiative initiieren bzw. unterstützen, die auf eine stärkere Repräsentanz der Weltregionen und auf die Schaffung eines regional gegliederten Unterbaus abzielt, der die Regionalorganisationen (wie die EU, OSZE, ASEAN oder AU) stärker in die Aufgabe der Friedenssicherung einbezieht. Die Enquete-Kommission unterstützt die Forderung des Deutschen Bundestages (Deutscher Bundestag 2001f) und der Bundesregierung, das Vetorecht im Sicherheitsrat – falls es nicht durch zeitgemäßere Entscheidungsverfahren abgelöst werden kann – an eine Begründungspflicht gegenüber der Generalversammlung zu binden. Auch beim Peace Keeping sollten die Staaten die Instrumente zur Verfügung stellen, die ihnen die „Agenda für den Frieden" von 1992 abverlangt, vor allem die schon von der UN-Charta vorgesehenen Interventionskontingente zur Vermeidung, Eindämmung oder Beendigung von Gewaltausbrüchen.

Um das häufig beklagte „Vollzugsdefizit" der UNO zu überwinden, muss sie in die Lage versetzt werden, die Umsetzung der z. B. auf den Weltkonferenzen verabschiedeten Aktionsprogramme wirksamer kontrollieren und vorantreiben zu können. Zu diesem Zweck sollte der Wirtschafts- und Sozialrat (ECOSOC) mit einem Review-Prozess ausgestattet werden, der ihm ein wirksames „Compliance management" ermöglicht.

Empfehlung 10-9   Internationale Genderpolitik in der UNO

Die Enquete-Kommission fordert die Bundesregierung auf, sich dafür einzusetzen, dass auch die Beschlüsse der IV. Weltfrauenkonferenz der UN in Peking umgesetzt werden. Hier geht es um die Entwicklung der Programmatik, das Monitoring der Umsetzung (insbesondere in der EU und Deutschland) und weitere Aktivitäten (wie eine Folgekonferenz), die von der Bundesrepublik zu unterstützten sind, mit dem Ziel, sich auch kontinuierlich dafür einzusetzen, dass auf den weiteren Nachfolgekonferenzen der UN die Geschlechterdimension adäquat eingebracht und behandelt wird. Dazu gehört es, die Institutionen, die im UN-System Gleichstellung voranbringen (z. B. CSW, CEDAW, Unifem, ILO), in ihrer Position zu stärken und mit den entsprechenden Programmen (CEDAW, Menschenwürdige Arbeit/ILO) konstruktiv zu kooperieren und diese umzusetzen. Auch bei anderen Abkommen sollte die Bundesregierung auf die Überprüfung hinsichtlich geschlechtsspezifischer Auswirkungen dringen.

10.2.2   Bedingungen und Hindernisse internationaler Politik

In den Debatten über Global Governance tauchen immer wieder Fragen nach den Bedingungen, Chancen und Risiken eines solchen Projektes auf. Es stellt sich die Frage, inwieweit so unterschiedliche Faktoren wie etwa die Entwicklung einer Weltgesellschaft, das Internet, die globale Arbeit der Medien, interkulturelle Dialoge oder die Existenz stabiler demokratischer Rechtsstaaten notwendige Bedingungen für Global Governance sind. Und umgekehrt: Welche Elemente verhindern möglicherweise eine demokratische Global Governance? Stellen etwa das globale Machtgefälle, das mangelnde Interesse dominanter Akteure an globaler Kooperation und die Durchsetzungsfähigkeit partikularer Interessen von Staaten oder regionalen Blöcken (z. B. im Rahmen der Nord-Süd-Problematik), das Weiterbestehen von kulturellen Differenzen und lokalen Eigenheiten (Sprache, Normen, Religion, Regelungssysteme) oder die digitale Spaltung Hindernisse für eine Global Governance dar, die gehaltvollen Demokratie- und Gerechtigkeitsvorstellungen entspricht? Nicht alle diese Punkte können hier ausführlich behandelt werden. Zwei wichtige sollten jedoch herausgegriffen werden. Dabei gilt für alle folgenden Argumente, dass sie das gewünschte Ziel einer demokratischen Global Governance nicht in Frage stellen, aber systemische Probleme auf dem Weg ihrer Verwirklichung aufzeigen.

10.2.2.1   Multilaterale Kooperation vs. unilaterale Dominanz

Ungeachtet der Notwendigkeit von globaler Zusammenarbeit fehlt oft der politische Wille dazu, weil machtpolitische Interessen und nationale Egoismen überwiegen. Dazu kommt, dass verstärkte internationale Kooperation *per se* noch keine ausreichende Lösung ist: Es gibt bereits ein hohes Maß an internationaler Kooperation, deren Ergebnisse jedoch oft unbefriedigend bleiben. Multilaterale Kooperation gilt es also nicht nur auszubauen, sondern – was noch wichtiger ist – inhaltlich zum Wohle aller Menschen zu gestalten.

Kritiker erkennen in nationalen Eigeninteressen und existierenden Machtasymmetrien zentrale Hindernisse für Global Governance. Sie beobachten vor allem in der Außen- und Sicherheitspolitik der USA eine Tendenz zum Unilateralismus. Nach dem Ende des Ost-West-Konflikts wurde eine weltpolitische Konjunktur des Multilateralismus erwartet. Tatsächlich erleben wir aber eine Krise des Multilateralismus. Die Großmächte befürworten üblicherweise nur soviel Multilateralismus, wie zur Wahrung der eigenen Interessen unbedingt notwendig ist. Diese Tendenz hat sich – ausgelöst durch die gegen die USA gerichteten Terrorangriffe am 11. September 2001 – noch verstärkt.

Unilateralismus ist für eine Kultur der Kooperation abträglich und blockiert den Aufbau multilateraler Global Governance-Strukturen. Das schlechte Vorbild könnte Schule machen: Warum sollten sich die ehemalige Großmacht Russland und die aufsteigenden Großmächte China und Indien anders verhalten? Das Resultat offenbart sich in der Schwächung des UN-Systems, das eigentlich das institutionelle Rückgrat einer multilateralen „neuen Weltordnung" bilden sollte. Im Vorwort zu Brzezinskis „Die einzige Weltmacht" (1997) setzte Hans-Dietrich Genscher einen Kontrapunkt: Eine künftige Weltordnung könne nur dann die Gebote der Dauerhaftigkeit und Gerechtigkeit erfüllen, wenn sie auf das „gleichberechtigte Zusammenleben der Völker und auf die gleichberechtigte und globale Zusammenarbeit der Weltregionen" gegründet sei.

Lehrreich sind auch die Schlussfolgerungen, die der amerikanische Politologe Samuel Huntington vor dem 11. September 2001 aus seiner Analyse der weltpolitischen Mächtekonstellation gezogen hatte: Das derzeitige Streben der politischen Entscheidungsträger und ihrer wissenschaftlichen Beraterstäbe nach einem „globalen Unilateralismus" sei im Eigeninteresse der USA kontraproduktiv. Eine kooperationsfeindliche Supermacht laufe Gefahr, zur „einsamen Supermacht" (Huntington 1999) zu werden, die als solche mehr verlieren als gewinnen könne.

Während Skeptiker die Zukunft multilateraler Kooperation eher pessimistisch einschätzen, setzt eine optimistische Sicht darauf, dass unilaterales Verhalten langfristig für alle zu „teuer" sei, denn Kooperation und „Burden sharing" können auch politische und finanzielle Kosten sparen. Globale Probleme können auch durch einen mächtigen Hegemon nicht mehr allein bewältigt werden. Seine Kooperationsverweigerung provoziert zudem die Kooperationsverweigerung anderer Staaten bei der Bearbeitung von Problemen, die ihn auch selbst betreffen. Die Bereitschaft zur Kooperation besteht aber nur dann, wenn alle Verhandlungspartner einen fairen Interessenausgleich erwarten können. Deshalb läge es auch im aufgeklärten Eigeninteresse der USA, mehr auf partnerschaftliche Kooperation zu setzen und auf diese Weise Widerstände abzubauen, die ein hegemonialer Führungsanspruch unweigerlich aufbaut.

Eine künftige Weltordnung kann nur dann dauerhaft sein, wenn sie auf die globale Zusammenarbeit aller Weltregionen gegründet ist. Sie kann zwar nicht ohne oder gegen die USA geschaffen werden, aber diese können nur dann eine konstruktive Rolle spielen, wenn sie zu einem „selbstbewussten Multilateralismus" zurückkehren. Wenn sich die Supermacht verweigert, kann eine kooperative Weltfriedensordnung nicht funktionieren (vgl. Debiel 2000a, 2000b).

Die Vision von Global Governance zielt trotz all dieser aktuellen Widerstände, die durch eine andere Wahrnehmung von Interessen veränderbar sind, auf den Aufbau einer nicht-hegemonialen Kooperationskultur ab. Auch der nach dem 11. September 2001 ausgerufene „Krieg gegen den Terror" verlangt globale Kooperation. In einer zunehmend vernetzten Welt ist multilaterale Kooperation mehr denn je erforderlich.

Empfehlung 10-10 Förderung und Ausbau multilateraler Kooperation

Die EU sollte im Rahmen der Gemeinsamen Außen- und Sicherheitspolitik der EU (GASP), der europäischen Handels-, Umwelt- und Entwicklungspolitik ihr multilaterales Engagement verstärken und ggf. Trends zu unilateralem Verhalten gegensteuern. Aus den europäischen Juniorpartnern der Vergangenheit sollte sich schrittweise ein gleichberechtigter „Partner EU" mit Verhandlungsmacht und zivilem weltpolitischem Gestaltungswillen entwickeln. Die EU soll eine konstruktive Vorreiterrolle als „kooperative Weltmacht" (Messner 2001a) übernehmen, mit besonderem Schwerpunkt auf der zivilen Krisen- und Konfliktprävention.

10.2.2.2 Völkerrechtliche Grundlagen einer Global Governance

Die *Verrechtlichung* der internationalen Beziehungen hat sich seit 1945 beschleunigt und muss auch künftig gefördert werden; die Gestaltung dieses Prozesses hat auf der Grundlage des Völkerrechts zu geschehen. Diese Beurteilung ist nicht selbstverständlich, denn in der Praxis sind auch Unkenntnis und Nichtbeachtung des Völkerrechts sowie Verstöße dagegen zu beklagen (Paech 2001, Dicke 2001). Einerseits wird der weitaus größte Teil der rapide anwachsenden Zahl von Regelungsvorgaben, die internationale Organisationen ausarbeiten, von den Staaten akzeptiert. Die rechtliche Umsetzung und materielle Durchsetzung lässt gleichwohl oft zu wünschen übrig. Zudem gibt es wichtige internationale Abkommen, deren Ratifikation von wichtigen Staaten verweigert wird (vgl. etwa die Akzeptanzprobleme mit Blick auf den Internationalen Strafgerichtshofs), oder es werden völkerrechtlich ratifizierte Abkommen gekündigt oder gebrochen.

Uneinigkeit besteht betreffend der *Form* der anzustrebenden Verrechtlichung, wobei die wesentlichen Positionen einander nicht unüberbrückbar widerstreiten. Der Dissens bezieht sich auf die Frage, ob schwerpunktmäßig die Fortbildung des konsensorientierten zwischenstaatlichen Vertragsrechts oder die Entwicklung des Völkerrechts zu einem konstitutionalisierten „Weltinnenrecht" angestrebt werden sollte. Letzteres würde eine objektive Rechtsordnung bedeuten, deren Geltung nicht mehr von der jeweiligen Zustimmung der Staaten abhängt, sondern vielmehr legislativen Charakter annimmt (Delbrück 1998b; vgl. auch Hauchler 1999). Von den Kritikern wird eingewandt, dass in einem solchen Modell die Eigenart und die Vorzüge des klassischen Völkerrechts verloren gehen könnten. Vorerst seien daher regional und sektoral begrenzte Schritte vorzuziehen. Einigkeit besteht dahingehend, dass sektorale Rechtsregime zum Schutz der Menschenrechte und öffentlichen Güter als vertragliche Errichtungen partieller Rechtsordnungen zukunftsweisende Elemente einer Global Governance-Struktur sind (vgl. auch Stiftung Entwicklung und Frieden 2001b).[42]

Der Internationale Strafgerichtshof (ICC) ist ein Beispiel für ein sektorales Rechtsregime, dessen Einrichtung auch von Autoren, die eine weitgehende Hierarchisierung des Völkerrechts ablehnen, begrüßt wird: Der ICC bedeutet einen substanziellen Schritt in Richtung auf die Verrechtlichung und Zivilisierung der internationalen Beziehungen; er wird zudem mit gutem Grund *nicht* regional beschränkt, sondern als universell konzipiert, denn die unabhängige richterliche Kontrolle und Sanktion ist eines der zentralen Elemente nicht nur des angloamerikanischen Verständnis der „rule of law" oder des kontinentaleuropäischen Konzepts der Rechtsstaatlichkeit, sondern *aller Rechtskulturen.*

Von völkerrechtlicher Relevanz für die Ausgestaltung von Global Governance ist auch das internationale Übereinkommen zur Beseitigung aller Formen von Frauendiskriminierung (Convention on the Elimination of All Forms of Discrimination against Women, CEDAW) von 1979. Es ist das weitestgehende internationale Rechtsdokument zur Verwirklichung der Menschenrechte von Frauen und zur Herstellung der Gleichberechtigung von Frauen und Männern. CEDAW stellt eine verbindliche Rechtsgrundlage für alle internationalen Verhandlungen und Verträge dar. Alle Vertragsstaaten sind verpflichtet, das Prinzip der Gleichstellung von Frauen und Männern in allen Bereichen des politischen, wirtschaftlichen und gesellschaftlichen Lebens fest zuschreiben und die Umsetzung zu gewährleisten. Im Oktober 1999 beschloss die Generalversammlung der Vereinten Nationen, CEDAW ein Fakultativprotokoll zur Seite zu stellen. Das Protokoll ist Ende Dezember 2000 in Kraft getreten und eröffnet den Weg der Individualbeschwerde. Einzelne Frauen und Frauengruppen haben so die Möglichkeit den CEDAW-Ausschuss anzurufen und Untersuchungen gegen ihre Regierungen wegen anhaltender Verletzung des Abkommens in Gang zu setzen. Der Ansatz der Frauen-Menschenrechte hat wesentlich dazu beigetragen, der Norm der Interdependenz und Unteilbarkeit von politischen, sozialen und wirtschaftlichen Menschenrechten internationale Anerkennung zu verschaffen (vgl. Hamm 1999: 441).

Absolute vs. geteilte Souveränität

In enger Verbindung mit dem zuvor genannten Punkt steht der Unwille von Nationalstaaten, Souveränität abzugeben. Manche Beobachter halten ein sanktionsbewehrtes Recht mit völkerrechtlicher Geltung gegenüber allen Staaten, und dessen Durchsetzung gegenüber nationalen Instanzen für eine grundlegende Voraussetzung einer globalen politischen Ordnung: Ein nur loses Netz von über 200 Nationalstaaten könne dagegen keine Handlungsfähigkeit gewinnen, sei kein geordnetes System globaler Steuerung. Ein erfolgreiches Regieren auf der globalen Ebene im Sinne einer Global Governance benötige zumindest ein teilweise globales Gewaltmonopol.[43] Ob jedoch global eine Bereitschaft vorhanden ist, Global Governance als ein System von Normen und Regeln zu institutionalisieren, das die prinzipiell vorrangige Souveränität von Staaten ablöst, ist zur Zeit fraglich. Aus Sicht des heutigen Völkerrechts – ausgehend vom Westfälischen Frieden – ist die nationale Souveränität Ausgangspunkt und Grundlage jeglichen Vertragsrechts, Gewohnheitsrechts oder Allgemeiner Rechtsprinzipien auf der internationalen Ebene. Darauf beziehen sich nicht nur die USA; vor dem Hintergrund der Dekolonialisierung halten auch die Staaten der Dritten Welt an ihrer nationalen Souveränität fest. Auch bei internationalen Institutionen handelt es sich bislang v. a. um Kooperation und Koordination von *Staaten,* internationale Organisationen haben selbst nur selten Gesetzgebungsgewalt.

So wundert es nicht, dass dieses Thema Dissens provoziert: Die einen betrachten die staatliche Souveränität als zunehmend obsolet werdendes Element des Völkerrechts, das zumal häufig als Mittel staatlicher Macht- und Blockadepolitik missbraucht wird und auch den Schutz individueller Selbstbestimmung vereitelt. Andere dagegen verstehen staatliche Souveränität als zumindest in absehbarer Zukunft unverzichtbaren Bestandteil einer Global Governance, der vor allem dem Schutz schwacher vor mächtigen Staaten dient und insofern ein wesentliches Moment von Demokratie in den internationalen Beziehungen verbürgt. Aus dieser Sicht ist die Ambivalenz des Völkerrechts kein vermeidbarer Mangel, sondern sachlich begründet und in jedem konkreten Fall auszutarieren. Staaten, die außer ihrer Souveränität wenig in die Waagschale zu werfen haben, seien (partielle) Souveränitätsverzichte nicht ohne entsprechende und nachhaltige Kompensation abzuverlangen. Gleichwohl erkennt auch diese Position an, dass sich das Verständnis und die Inanspruchnahme von Souveränität in der Staatenpraxis in einem andauernden und tiefgreifenden Wandel befindet. Real ist dies bereits in der Europäischen Union zu beobachten und auch außerhalb Europas sind Formen „geteilter Souveränität" in Zukunft denkbar. Einige gehen sogar so weit, nationale Souveränität heute zu definieren als „to be in a good standing with the international community" (Chayes und Chayes 1998).

Zudem erscheint es sinnvoll, zwischen interner und externer Souveränität zu unterscheiden (Reinicke und Witte

---

[42] Vgl. die in den anderen Kapiteln dieses Berichtes diskutierten internationalen Verträge (wie z. B. das Übereinkommen über biologische Vielfalt in Kapitel 7.3.2 dieses Berichts).

[43] Vgl. Hauchler (1999), der eine Aufteilung des nationalstaatlichen Gewaltmonopols in funktionelle Teilmonopole auf die subsidiär gestaffelten Ebenen der nationalen und internationalen Politik vorschlägt.

1999, Messner 1998b). Hat in früherer Zeit die Einschränkung der staatlichen Handlungsfreiheit in erster Linie die externe Souveränität (also das Verhältnis zu anderen Staaten) betroffen, so besteht die neue Qualität der Globalisierung darin, dass sich nicht nur die Interdependenzen und wechselseitigen Verwundbarkeiten zwischen den Staaten verdichten, sondern auch die interne Souveränität der Regierungen (de facto) in einer zunehmenden Zahl von Politikfeldern in Frage gestellt wird. Die interne Souveränität bezieht sich auf das Verhältnis des Staates zu den privaten Akteuren einer Gesellschaft (Wirtschaft oder Zivilgesellschaft) und die Überordnung des Staates gegenüber allen anderen Akteuren innerhalb eines Staatsgebietes. Anknüpfend an Max Weber impliziert die interne Souveränität des Nationalstaates dessen Fähigkeit als Souverän, nach innen auf seinem Territorium alle politischen, sozialen und ökonomischen Probleme regeln zu können. Genau diese Spielräume der Regierungen, Politiken zur souveränen Gestaltung der Gesellschaft und zur Lösung von Problemen innerhalb der Staatsgrenzen formulieren und umsetzen zu können, schränkt die Globalisierung ein. Daher kann das „Pooling" von externen Souveränitäten eben auch im Interesse des Nationalstaates sein, wenn auf diese Weise Probleme, die auch das eigene nationale Territorium betreffen, besser gelöst werden können und damit auch die interne Souveränität gestärkt wird.

Empfehlung 10-11 Stärkung des Völkerrechts[44]

Bundestag und Bundesregierung werden aufgefordert, überall dort, wo es bereits rechtsverbindliche völkerrechtliche Normen gibt, mit den zur Verfügung stehenden politischen und rechtlichen Mitteln auf ihre Um- und Durchsetzung auf nationaler, europäischer und internationaler Ebene hinzuwirken. Dies ist die Voraussetzung dafür, durch rechtsverbindliche und durchsetzbare Normen langfristige und stabile Garantien für soziale, ökologische und menschenrechtliche Mindeststandards zu schaffen.

Außerdem sollte sich die Bundesregierung für die Einführung eines Fakultativprotokolls zum Internationalen Pakt für wirtschaftliche, soziale und kulturelle Rechte (Sozialpakt) einsetzen, durch das die Untersuchung und quasi-richterliche Entscheidung von Individualbeschwerden durch einen Sachverständigenausschuss ermöglicht werden soll.

10.2.3 Good Global Governance und das Nord-Süd-Verhältnis

10.2.3.1 Globale Strukturpolitik: Entwicklungspolitik unter den Bedingungen der Globalisierung

Im Kontext der Globalisierungsdebatte tauchte Ende der 90er Jahre ein neuer Begriff auf, welcher der Entwicklungspolitik neue Aufgaben und Prioritäten zuwies: globale Strukturpolitik. Die rot-grüne Koalitionsregierung machte ihn zum ordnungspolitischen Leitbild einer „globalen nachhaltigen Entwicklung".[45] Dieses Leitbild geht von der Prämisse aus, dass die globalen Herausforderungen, vor denen sich in der „globalen Risikogesellschaft" (Beck 1997) keine Gesellschaft drücken kann, nur durch eine neue multilaterale Kooperationskultur (sprich Global Governance) gemeistert werden können. Für die Entwicklungspolitik bedeutet globale Strukturpolitik stichwortartig:

Entwicklungspolitik muss auf die Veränderung interner und internationaler Strukturen abzielen. Die Hauptverantwortung für entwicklungsfördernde Strukturreformen tragen die Entwicklungsländer selbst, für Reformen der internationalen Finanz- und Handelsstrukturen aber die OECD-Länder, die das Sagen in der Weltwirtschaft haben.

Das Leitbild der „globalen nachhaltigen Entwicklung" verlangt die Konzentration der knappen Mittel auf Bereiche, in denen es um die Lösung globaler Probleme mit hoher Risikostreuung geht, vor allem auf die Armutsbekämpfung, die Eindämmung der Umweltzerstörung und auf die friedenssichernde Konfliktprävention. Das BMZ orientiert sein Konzept der globalen Strukturpolitik an vier Zieldimensionen: soziale Gerechtigkeit – wirtschaftliche Leistungsfähigkeit – ökologisches Gleichgewicht – politische Stabilität. International wurden im Rahmen der Weltkonferenzen der 90er Jahre und beim Millenniumsgipfel 2000 sieben internationale Entwicklungsziele vereinbart (s. Kasten 10-5).

Aus globaler Perspektive ist es geboten, auch in den Schwellenländern mit einem wachsenden Energieverbrauch in regenerative Energiesysteme und in Umwelttechnologie zu investieren. Ohne Mitwirkung der Schwellen- und Transformationsländer kann es keine Lösung der globalen Umweltprobleme, kein Migrationsregime zur Steuerung internationaler Wanderungsbewegungen und keine stabile Friedensordnung geben. Diese Mitverantwortung setzt allerdings auch voraus, dass ihre Rolle in den internationalen Organisationen aufgewertet wird.

Die bi- und multilaterale Entwicklungszusammenarbeit sollte stärker als bisher regionale Kooperationsprojekte unterstützen, um regionale Problemlösungskapazitäten aufzubauen und überforderte globale Organisationen (wie das gesamte UN-System) zu entlasten. Das Prinzip der Subsidiarität erfordert die Stärkung regionaler Organisationen. Diese Forderung ist auch von Vordenkern der „Gruppe 77" zu hören (vgl. Bello 2001).

---

[44] Vgl. hierzu auch das abweichende Minderheitenvotum der CDU/CSU-Fraktion in Kapitel 11.

[45] Vgl. Wieczorek-Zeul (1999) und die Aufsätze in Heinrich-Böll-Stiftung (2001). Vgl. aber auch die Große Anfrage der CDU/CSU-Fraktion „Eine internationale Soziale Marktwirtschaft als Grundmodell für eine globale Struktur- und Ordnungspolitik – Chancen und Risiken der Globalisierung der Weltwirtschaft für die Entwicklungsländer" (BT-Drs. 14/1960) sowie die Antwort der Bundesregierung dazu (BT-Drs. 14/3967) (Deutscher Bundestag 1999 und 2000).

Kasten 10-5

> **Sieben internationale Entwicklungziele für das 21. Jahrhundert**
>
> – Halbierung des Anteils der in absoluter Armut lebenden Menschen bis zum Jahr 2015;
>
> – Universale Grundschulbildung in allen Ländern bis zum Jahr 2015;
>
> – Nachweisliche Fortschritte auf dem Weg zur Gleichberechtigung von Mann und Frau und zur Befähigung der Frauen zur Selbstbestimmung durch die Beseitigung des Gefälles in der Primar- und Sekundarschulbildung von Jungen und Mädchen bis zum Jahr 2005;
>
> – Senkung der Sterblichkeitsraten bei Säuglingen und Kindern unter fünf Jahren um zwei Drittel und
>
> – Verringerung der Müttersterblichkeit um drei Viertel, jeweils zwischen 1990 und 2015;
>
> – Zugang – über das System für die gesundheitliche Grundversorgung – zur Reproduktivgesundheitsfürsorge für alle Personen im entsprechenden Alter so bald wie möglich, spätestens jedoch bis zum Jahr 2015;
>
> – Weitere Umsetzung der nationalen Strategien für eine nachhaltige Entwicklung in allen Ländern bis zum Jahr 2005, um zu gewährleisten, dass der gegenwärtige Trend, der auf einen Schwund an Umweltreserven hinausläuft, bis 2015 auf globaler wie nationaler Ebene effektiv umgekehrt wird.
>
> Nach BMZ 2001c: XVI (Quelle: OECD – DAC 1996).

Entwicklungspolitik muss wieder die Handlungsfähigkeit der Staaten stärken, nachdem der neo-liberale „Washington Konsensus" nicht nur zum Abbau eines lähmenden Interventionismus geführt hat, sondern auch ihre Fähigkeit geschwächt hat, konstruktiv mit den eigenen Problemen und mit dem Globalisierungsdruck umzugehen. „Capacity building" setzt „Institution building" voraus.

Nicht nur schrumpfende Entwicklungsetats, sondern auch Einsichten, wie Fähigkeiten zur kooperativen Problemlösung aufgebaut werden können, verlangen die Suche nach neuen Formen von Public-Private-Partnership (PPP). Ohne die finanziellen und organisatorischen Ressourcen der weltweit agierenden „Multis" und ohne das Engagement der zunehmend transnational organisierten NGOs ist die Lösung vieler Weltprobleme nicht mehr möglich. Zivilgesellschaftliches Engagement ist nicht nur eine demokratische Tugend, sondern bringt auch eine Menge Sachkunde und Bewegung in die Politik. Globale Politiknetzwerke nach dem Muster der „World Commission on Dams" (vgl. Kapitel 10.3.3), die Staaten, internationale Organisationen, Unternehmen und NGOs an den Verhandlungstisch brachte, sind ein neues Modell für das „Regieren jenseits der Staaten".

In der Entwicklungszusammenarbeit sollten Frauengruppen und andere NGOs, die sich in ihrem jeweiligen Kontext für die Ziele der IV. Weltfrauenkonferenz der UN in Peking einsetzen, gefördert werden. Dies gilt besonders für Frauen im Nahen Osten, in Asien und im subsaharischen Afrika, die sich mit fundamentalistischen Angriffen auf Frauen- und Menschenrechte auseinandersetzen müssen. Generell ist es für Gruppen von Frauen in Armenvierteln, Migrantinnen oder kleine lokale Projekte (vgl. Kortendiek 2001) schwierig, z. B. Räume, Aktivitäten oder auch die Flugreise zu internationalen Konferenzen zu finanzieren, sie haben zudem geringen Zugang zu organisationsrelevanten Ressourcen wie Geld, Wissen oder internationaler Kommunikation, z. B. dem Internet.

Globale Strukturpolitik bewegt sich nicht auf einer Nord-Süd-Einbahnstraße, sondern verlangt allen Gesellschaften Bewusstseins- und Verhaltensänderungen ab. Die Menschen und Staaten des Nordens müssen erkennen, dass sie für die Probleme in scheinbar entfernten Regionen, die ihnen die Globalisierung näher bringt, sowohl mitverantwortlich als auch von ihren Folgen betroffen sind.

Die Hegemonie eines Kartells der Reichen und Mächtigen ist unvereinbar mit einer neuen internationalen Kooperationskultur. Die Staatenmehrheit aus der Dritten Welt wird nur dann zu kooperativen Problemlösungen (z. B. in der Umweltpolitik) bereit sein, wenn ihr erstens mehr Gleichberechtigung in internationalen Verhandlungsprozessen und in wichtigen internationalen Organisationen zugestanden wird, und wenn sie zweitens an den Handels- und Wohlstandsgewinnen, die aus der Globalisierung resultieren, angemessen beteiligt wird.

Eine globale Strukturpolitik verlangt nicht nur eine Reorientierung der Entwicklungspolitik und Reorganisation der Entwicklungsverwaltung, sondern auch eine Ausrichtung der Gesamtpolitik auf die Herausforderungen der Globalisierung und ihrer Risiken. Regieren im 21. Jahrhundert muss anders organisiert werden als zuvor: Die nationale Entwicklungspolitik muss besser als bisher mit der europäischen und globalen Ebene koordiniert und vernetzt werden. Globale Strukturpolitik heißt mehr Koordination von Akteuren und mehr Kohärenz von Politikbereichen.

Die Entwicklungspolitik kann ihren erweiterten Aufgabenkatalog nur dann erfüllen, wenn sie als politische Querschnittsaufgabe konzipiert wird, also zusammen mit der Außen- und Menschenrechtspolitik, der Handels- und Finanzpolitik, der Umwelt- und Agrarpolitik in eine kohärente Gesamtpolitik eingebunden wird (s. Empfehlung 10-2). Voraussetzung dazu wäre, dass die unproduktiven Ressortrivalitäten überwunden werden und das Bundeskanzleramt seine Richtlinienkompetenz und Koordinierungsfunktion auch auf den angeblich „weichen" Politikbereich der Entwicklungspolitik ausdehnt oder die Federführung des BMZ bei entwicklungspolitisch relevanten Vorhaben und Entscheidungen stärkt.

In dieser Legislaturperiode sind bereits wichtige Schritte zur Neuausrichtung der Entwicklungspolitik im Sinne internationaler Strukturpolitik geleistet worden, zum Beispiel im Rahmen des Aktionsprogrammes 2015 (s. Kasten 10-6). Das BMZ hat die Federführung in wichtigen strukturbildenden Politikfeldern wie z. B. der EU-Entwicklungspolitik erhalten, es ist im Bundessicherheitsrat mit einem Sitz vertreten, eine neue entwicklungspolitische Regelprüfung soll die Kohärenz sichern. Auf multilateraler Ebene wurden ebenfalls wichtige Reformschritte eingeleitet, wie die Entschuldung der ärmsten Entwicklungländer und die verstärkte Armutsorientierung der Bretton-Woods-Institutionen.

Kasten 10-6

Die zehn vorrangigen Ansatzpunkte des Aktionsprogramms 2015

1. Wirtschaftliche Dynamik und aktive Teilhabe der Armen erhöhen:

   Unterstützung wirtschaftlicher Reformen in den Partnerländern, Maßnahmen zur Entwicklung unternehmerischer Fähigkeiten sowie die Verbesserung von Ausbildungs- und Beschäftigungsmöglichkeiten;

2. Das Recht auf Nahrung verwirklichen und Agrarreformen durchführen:

   Unterstützung von Maßnahmen zum zügigen Abbau des europäischen und internationalen Agrarprotektionismus, Agrar- und Bodenreformen;

3. Faire Handelschancen für die Entwicklungsländer schaffen:

   Einsatz für eine neue umfassende WTO-Verhandlungsrunde (u. a. Abbau der Importzölle der Industrieländer für weiterverarbeitete Rohprodukte) und für Verbesserungen des Allgemeinen Präferenzsystems der EU;

4. Verschuldung abbauen – Entwicklung finanzieren:

   Einsatz für eine zügige Umsetzung der HIPC-Entschuldungsinitiative sowie für die Stärkung der internationalen Finanzarchitektur und den Ausbau leistungsfähiger Finanzsysteme in den Entwicklungsländern;

5. Soziale Grunddienste gewährleisten – Soziale Sicherung stärken:

   Unterstützung sozialer Sektorreformprogramme (insb. zum Bildungs- und Gesundheitswesen), des Zugangs von Entwicklungsländern zu lebensnotwendigen Medikamenten und der Bekämpfung von HIV/AIDS;

6. Zugang zu lebensnotwendigen Ressourcen sichern – Intakte Umwelt fördern:

   Unterstützung der nachhaltigen und armutsmindernden Bewirtschaftung von Wasserressourcen sowie die Energieversorgung netzferner armer ländlicher Gebiete auf der Grundlage erneuerbarer Energien;

7. Menschenrechte verwirklichen – Kernarbeitsnormen respektieren:

   Unterstützung von Partnerregierungen und zivilgesellschaftlichen Akteuren bei der Verwirklichung aller Menschenrechte sowie eines funktionsgerechten Beschwerdemechanismus für die wirtschaftlichen, sozialen und kulturellen Menschenrechte;

8. Gleichberechtigung der Geschlechter fördern:

   Unterstützung der Grundbildung von Mädchen und Frauen sowie der Bekämpfung des Frauenhandels und der Zwangs- und Kinderprostitution;

9. Beteiligung Armer sichern – Verantwortungsvolle Regierungsführung stärken:

   Unterstützung der Erarbeitung nationaler Armutsstrategien in Zusammenarbeit mit der Zivilgesellschaft sowie von Demokratisierungsprozessen in den Partnerländern zur Verbesserung der politischen Teilhabe;

10. Konflikte friedlich austragen – Menschliche Sicherheit fördern:

    Förderung von Krisenprävention, friedlicher Konfliktbeilegung und Friedenskonsolidierung.

Quelle: BMZ 2001c: 72.

Empfehlung 10-12 Entwicklungspolitische Global Governance

Die Bundesregierung wird dazu aufgefordert, Entwicklungspolitik noch stärker als bisher im Sinne einer internationalen Strukturpolitik zu konzipieren. Sie soll im Rahmen der Entwicklungszusammenarbeit politische Strategien stärken, die darauf abzielen, die internationalen Rahmenbedingungen für eine sozial, wirtschaftlich und ökologisch nachhaltige Entwicklung zu verbessern. Die bei den Weltkonferenzen der 90er Jahre und beim Millenniumsgipfel 2000 vereinbarten internationalen Entwicklungsziele (s. Kasten 10-5) müssen umgesetzt werden, insbesondere das Ziel, den Anteil extrem armer Menschen an der Weltbevölkerung bis zum Jahr 2015 zu halbieren. Das ressortübergreifende „Aktionsprogramm 2015" der Bundesregierung ist ein erster Ansatzpunkt, den es weiter zu konkretisieren und umzusetzen gilt (s. Kasten 10-6). Das Aktionsprogramm strebt soziale, wirtschaftliche, politische und ökologische Strukturveränderungen auf internationaler Ebene an, es geht aber auch um notwendige Reformen in den Ländern selbst und bei uns in Deutschland. Maßnahmen zur Schaffung fairer Handelschancen für die Entwicklungsländer, zum weiteren Abbau der Verschuldung und zur Stärkung der Kapazitäten von Entwicklungsländern sowie zur verbesserten Finanzierung der entwicklungspolitischen Zusammenarbeit (sowohl zur schrittweisen quantitativen Erhöhung der Mittel für die öffentliche Entwicklungszusammenarbeit anhand konkreter Zeitpläne sowie zur Entwicklung innovativer Finanzierungsinstrumente, vgl. dazu genauer Empfehlung 2-15ff. und Kasten 7-8) müssen voran gebracht werden.

10.2.3.2 Eine Sicht aus dem Süden

In der Enquete-Kommission wurden auch Positionen aus dem Süden vorgetragen und kontrovers diskutiert, die von vielen NGOs und auch von Regierungen von Entwicklungsländern getragen werden. Sie sehen die Wirkungen der Globalisierung und die Entwicklung der globalen Institutionen – vor allem IWF, Weltbank und WTO – sehr viel kritischer als das in den industrialisierten Ländern üblich ist und stehen auch dem Konzept der Global Governance skeptisch bis ablehnend gegenüber (vgl. etwa Bello 2001, Khor 2000, Anderson 1999). Diese Positionen sollen im Folgenden vorgestellt werden, ohne dass diese von der Gesamtheit der Kommission unterstützt würden.

Aus dieser Sicht gab es im Verhältnis zwischen den entwickelten Industrieländern und den meisten Entwicklungsländern nach der Befreiung letzterer aus kolonialer Abhängigkeit nur eine kurze Phase des Fortschritts, in der auch die Industrieländer die Notwendigkeit einer Neuen Internationalen Wirtschaftsordnung anerkannten, die stärker auf die Bedürfnisse der Entwicklungsländer ausgerichtet sein sollte. Seit Mitte der 70er Jahre sei diese Phase aber durch einen Prozess der Unterordnung des Südens unter die Interessen des Nordens ersetzt worden, der bis heute anhalte und in den letzten Jahren noch intensiviert worden sei. Er habe mit der Demontage der Entwicklungskonzeption der Vereinten Nationen begonnen, sich über die Strukturanpassungsprogramme des IWF fortgesetzt und mit der Errichtung einer Welthandelsorganisation Mitte der 90er Jahre einen neuen Umsetzungsmechanismus erhalten. Dabei sei insbesondere der IWF zur obersten wirtschaftspolitischen Aufsichtsinstanz des Nordens gegenüber dem Süden umfunktioniert worden.

Im Ergebnis dieser Unterordnung des Südens unter die Interessen des Nordens habe die schnelle Öffnung für den internationalen Handel und Kapitalverkehr in vielen Entwicklungsländern große Teile der Landwirtschaft, des Handwerks und der heimischen Industrie ruiniert, Hunderte von Millionen Menschen in die Armut getrieben und die sozialen Verhältnisse in bislang nicht da gewesener Weise polarisiert. Mit der Institutionalisierung der Freihandelsideologie – der mit guten Gründen keines der heutigen Industrieländer in der Phase seiner Entwicklung gefolgt sei – in der WTO solle diese Unterordnung jetzt weiter vertieft werden. Die Konstruktion der globalen Institutionen mache sie – beim IWF und der Weltbank schon durch die Verteilung der Stimmrechte, in der WTO durch die erdrückende personelle und technische Übermacht der Industrieländer – faktisch zu einem Instrument des Nordens gegenüber dem Süden. Von Demokratie, wie sie in Institutionen mit globaler Verantwortung erforderlich sei, könne daher keine Rede sein. Im Gegenteil, in den letzten Jahren habe sogar das Konzept der militärischen Durchsetzung der Interessen des Nordens eine neue Akzeptanz gewonnen. Die Hierarchisierung der globalen Institutionen habe eine besondere Zuspitzung in den G7/G8 Gipfeltreffen gefunden, in denen sich die globalen Führungsmächte sich abstimmten. Aus dieser Perspektive erscheinen die aktuell diskutierten Reformen von IWF und Weltbank und auch das Konzept Global Governance vor allem als der Versuch, die bestehenden Verhältnisse angesichts zunehmender weltwirtschaftlicher Instabilitäten, großer und in immer schnellerem Tempo ablaufender Finanz- und Wirtschaftskrisen und unübersehbar wachsender Kritik und sozialer Bewegungen gegenüber den zunehmend als undemokratisch und ungerecht empfundenen Zuständen zu stabilisieren und die hierarchischen wirtschaftlichen und politischen Strukturen des Weltsystems zu erhalten. Ein Beleg dafür sei etwa, dass der IWF trotz aller Reformprosa und trotz angeblicher Hauptorientierung auf die Bekämpfung der Armut heute gegenüber Argentinien die gleiche neoliberale Konditionalitätenpolitik verfolge wie in der zweiten Hälfte der 80er Jahre gegenüber den asiatischen Krisenländern.

Alternativen: Demokratisierung oder Deglobalisierung?

Aus dieser kritischen Einschätzung lassen sich verschiedene politische Schlussfolgerungen ziehen. Sie wurden in der Enquete-Kommission diskutiert und waren auch Gegenstand intensiver Diskussionen auf dem zweiten Weltsozialforum in Porto Alegre im Februar 2002, auf dem die Positionen des Südens in besonderer Weise vertreten waren. Dabei wurden v. a. zwei Alternativen debattiert:

Auf der einen Seite wird gefordert, dass die bestehenden globalen Institutionen von Grund auf demokratisiert werden müssten, wenn sie ihrem Anspruch auf globale Verantwortung gerecht werden sollen. Demokratisierung müsse sich dabei ebenso auf eine Neuverteilung des Stimmrechtes und der Ressourcen in den globalen Institutionen wie auf eine Neuformulierung ihres Auftrages richten, bei dem die Entwicklung der Länder des Südens im Vordergrund stehen müsse. Institutionen wie Weltbank und IWF müssten nicht nur eine angemessenere Kreditversorgung der Länder des Südens sicherstellen, sondern auch durch geeignete Beschränkungen dafür sorgen, dass die internationalen Finanz- und Handelsströme nicht zur Destabilisierung und zu Krisen in den Entwicklungsländern führen.

Auf der anderen Seite wird bezweifelt, dass eine derartige Demokratisierung in absehbarer Zeit politisch gelingen kann und daher eine „De-Globalisierung" gefordert. Hinter diesem befremdlich klingenden Wort steckt die Vorstellung, dass es angesichts der zementierten Machtverhältnisse in den globalen Institutionen sinnvoll sei, diesen möglichst viel Kompetenz zu entziehen und sie dadurch zu unterlaufen, dass Länder einer Region ohne Rückgriff auf und Aufsicht durch IWF und WTO intensiver wirtschafts- und währungspolitisch zusammenarbeiten, um ihre lokalen und nationalen produktiven Potenziale zu entwickeln und sich vor Handels-, Finanz- und Währungsattacken zu schützen. Eine solche Politik solle sich vor allem auf eine Stärkung des Binnenmarktes ausrichten und politische Rahmenbedingungen setzen, die sozialer Sicherheit, Gerechtigkeit und Solidarität Vorrang vor Markteffizienz und Kostenminimierung verschaffe. Hinsichtlich internationaler Institutionen plädiert diese Position für ein pluralistisches System, d. h. für eine Dezentralisierung und gleichberechtigte Zusammenarbeit verschiedener regionaler Organisationen.

Aus Sicht dieser Globalisierungskritik steht die deutsche Politik nicht vor der Notwendigkeit, sich zwischen diesen beiden Alternativen entscheiden zu müssen: Soweit sie sich der kritischen Einschätzung der bestehenden globalen Institutionen nicht entziehen wolle, könne sie beide Wege als sinnvoll akzeptieren und mit ihren Mitteln unterstützen.

10.3 Global Governance als Verstärkung der transnationalen Kooperation von staatlichen und nichtstaatlichen Akteuren

10.3.1 Nichtstaatliche Akteure in der Global Governance

Global Governance meint mehr als nur einen verstärkten intergouvernementalen Multilateralismus. Als ein zweiter Baustein des globalen Regierens gilt die Einbindung nichtstaatlicher Akteure in das Regieren – auch daher die Rede vom globalen Regieren (Governance) und nicht von globaler Regierung (Government). Dabei ist sowohl an zivilgesellschaftliche als auch an andere private Akteure zu denken. Häufig genannte nichtstaatliche Akteure sind etwa Verbände wie Gewerkschaften, Industrie-, Arbeitgeber- und Wohlfahrtsverbände sowie Umwelt-, Entwicklungs- und Menschenrechts-NGOs, wie Greenpeace, Oxfam oder amnesty international. „NGO" steht dabei für Non-Governmental Organization, also für Nicht-Regierungsorganisation.

Das Wachstum der Menge der international tätigen NGOs hat Ende der achtziger Jahre einen neuen Höchststand erreicht (s. Abb. 10.1 in Kapitel 10.2.1.6; derzeit existieren ca. 17 000 nichtstaatliche „conventional" und „other international bodies" nach dem Yearbook of International Organizations 1999/2000). Der im Rahmen der UNO breit verwendete Begriff „Nicht-Regierungsorganisation" umfasst generell alle Organisationen, die keine Befugnis zu allgemeinverbindlichen politischen Entscheidungen haben, also eben kein Mandat zu „regieren". Dies gilt für alle privaten Akteure, Interessengruppen, Wirtschaftsunternehmen oder auch für humanitäre Gruppen wie das Rote Kreuz. Umgangssprachlich werden unter „NGOs" oft solche umwelt- und entwicklungspolitischen Organisationen verstanden, die sich als Non-Profit-Organisationen weniger für partikulare Interessen ihrer Klientel als für allgemeine Anliegen einsetzen.[46] Aber auch privatwirtschaftliche und profitorientierte „global players", wie die multinationalen Konzerne, sind nichtstaatliche Akteure, die in Global Governance-Strukturen und -Prozesse eingebunden werden sollen.

Für die Politik stellt sich die Frage, wie die besondere Flexibilität von nichtstaatlichen Akteuren in der Reaktion auf die Dynamiken und Probleme der Weltwirtschaft genutzt und wie die besondere Rolle von gemeinwohlorientierten NGOs beim Ausgleich der de facto geringeren Partizipation auf Seiten der Globalisierungsverlierer gestärkt werden kann. Bislang übernehmen bestimmte NGOs weitgehend allein die Rolle der „Global Opposition", die das kritische Agenda-Setting übernimmt, also die konkrete Benennung und öffentliche Kritik globaler Probleme, und die das autokratische Gebaren mancher internationaler Organisationen und Staaten in Frage stellt. So trafen sich parallel zum „World Economic Forum" (WEF) 2002 in New York über 50 000 Menschen zum „Weltsozialforum" (WSF) in Porto Alegre. Die Formierung einer zivilgesellschaftlichen „Global Opposition" verweist auf Versäumnisse der konventionellen politischen Akteure und Institutionen bei der Gestaltung des Globalisierungsprozesses. Um in Zukunft friedliche Dialoge in Gang setzen und militante Proteste vermeiden zu können, wäre es sinnvoll, demokratische Foren für den offenen Meinungsaustausch mit Adressaten in Politik, Wirtschaft und Gesellschaft zu schaffen, in deren Rahmen auch Kritik geäußert werden kann. Solche neuen Formen der Partizipation sollen dazu beitragen, den ins Hintertreffen geratenen gesellschaftlichen Gruppen Mitsprachemöglichkeiten und die Teilhabe an Global Governance zu verschaffen.

---

[46] Im Folgenden wird vorwiegend breit von „nichtstaatlichen Akteuren" gesprochen. Wenn ausschließlich gemeinwohlorientierte NGOs gemeint sind, wird dies gekennzeichnet.

Kasten 10-7

> **Die Globalisierung der Demokratie**
>
> „Ist die Globalisierung zu beherrschen? Oder können wir in einem ersten Schritt eine globale zivile Gesellschaft aufbauen? Bis vor kurzem suchte man umsonst nach einem globalen „wir, das Volk", das vertreten werden konnte. Das ändert sich jetzt. Es gibt eine andere Internationalisierung, einen Kern, um den sich ein globales Staatswesen bilden kann. Eine wirksame Global Governance zur Eindämmung der Auswüchse des globalen Marktes gibt es noch nicht; der internationale Aktivismus seitens NGOs hat jedoch überraschende Erfolge erzielt. Menschen, denen am Wohl der Öffentlichkeit liegt, setzen sich dafür ein, auf globaler Ebene das übliche zivile Gleichgewicht, das in demokratischen Nationen besteht, nachzubilden. Hier einige Beispiele:
>
> – eine junge Frau namens Jody Williams, gründete mit Hilfe einer Prinzessin (die inzwischen leider verstorben ist) eine weltweite Bürgerbewegung für ein Verbot von Landminen, die tatsächlich zu einem Vertrag führt;
>
> – ein Visionär aus Bangladesh, Mohammed Yunus, entwickelt eine Idee hinsichtlich Kleinstkrediten, in deren Rahmen Frauen in Ländern der Dritten Welt Mikrokredite erhalten, mit deren Hilfe sowohl Unternehmen gegründet als auch Frauen aus der traditionellen Abhängigkeit befreit werden; (...)
>
> – Frauengruppen in aller Welt treffen sich in Peking in einer Demonstration internationaler Solidarität; sie fordern nichts von den Regierungen und alles von den Institutionen der Zivilgesellschaft, die durch ihre Aktionen gestärkt werden (...)
>
> – Bürgergruppen nutzen Mittel wie das „Good Housekeeping Seal" zur Unterstützung sicherer Fischfangmethoden („dophin-safe tuna") und Teppichproduktion ohne Kinderarbeit (Rugmark), während Studenten an der Duke University eine Bewegung starten, die sicherstellen soll, dass die Sportausrüstung für den Campus nicht in kinderausbeutenden Betrieben hergestellt wird; (...)
>
> Alle diese Aktivitäten weisen darauf hin, dass wir in eine neue Ära eintreten, in der globale Märkte und servile Regierungen nicht länger allein das Geschick der Welt planen."
>
> Quelle: Benjamin R. Barber 2000 (Übersetzung Deutscher Bundestag).

10.3.2 Fragen der demokratischen Legitimität

Die demokratische Legitimität nichtstaatlicher Akteure

Oft wird kritisiert, dass nichtstaatliche Akteure keine demokratische Legitimität im streng staatstheoretischen Sinne hätten. In der Tat haben sie kein formelles Mandat, das aus allgemeinen, freien und geheimen Wahlen hervorgegangen wäre. Auch intern sind Nicht-Regierungsorganisationen nicht generell demokratisch strukturiert, oft besteht auch keine Transparenz hinsichtlich ihrer Finanzierung. Und selbst da, wo sie sich auf eine große Mitgliederbasis oder auf hohe und durch Meinungsumfragen belegte Akzeptanz in der Gesellschaft stützen können, repräsentieren sie letztlich nur sich selbst bzw. das Anliegen ihrer Unterstützer. Insofern besteht kein Anspruch für nichtstaatliche Akteure, an (zwischen)staatlichen Entscheidungen formell gleichberechtigt beteiligt zu sein; sie erheben diesen Anspruch aber auch gar nicht (Beisheim 1997, Wahl 2001). Vielmehr agieren etwa der BDI oder Greenpeace als Interessengruppen für ihre Sache und versuchen, im Sinne eines pluralistischen Wettstreits auf die Politik Einfluss zu nehmen. Neu daran ist, dass sich heute zuvor eher unterrepräsentierte Interessen, wie etwa menschenrechts-, umwelt-, entwicklungspolitische Interessen, stärker artikulieren, während wirtschaftspolitische Interessen schon länger bei den internationalen Institutionen präsent sind.

Frauen sollten in den Führungsgremien von nichtstaatlichen Gruppen deutlich besser repräsentiert sein.[47] Mehr als zehn Prozent der beim Wirtschafts- und Sozialrat der UNO akkreditierten NGOs sind mittlerweile Frauen-NGOs. Lokale, nationale, regionale und internationale Frauen-NGOs sind recht eng miteinander verknüpft. Mit dem „Caucus-System" hat die Frauenbewegung einen Verhandlungsmechanismus internationaler NGO-Politik hervorgebracht, der als eine Art Vermittlung zwischen den Basisbewegungen und den offiziellen Verhandlungssystemen zu verstehen ist.[48]

---

[47] So lässt sich etwa selbst bei den NGOs im Forum Menschenrechte eine mangelhafte Partizipation von Frauen an den Entscheidungsstrukturen in deutschen NGOs exemplarisch aufzeigen: fünf von 23 Organisationen sind reine Frauenorganisationen; zwei von 18 gemischtgeschlechtlichen Organisationen haben keine Frauen in den Führungsgremien; acht weitere Organisationen haben einen Frauenanteil in den Führungsgremien von zum Teil deutlich weniger als – den bei der parlamentarischen Repräsentation in Deutschland erreichten – 30 Prozent; fünf Organisationen haben einen Frauenanteil in den Führungsgremien zwischen ca. 30 Prozent und 50 Prozent; drei Organisationen haben einen Frauenanteil in den Führungsgremien von 50 Prozent und mehr; im Forum Menschenrechte selbst beträgt die Quote der Frauen knapp 40 Prozent (vgl. Ruppert 2002, vgl. auch Meyer und Prügl 1999, Wichterich 2001).

[48] Der Begriff „Caucus" bezeichnet eine Versammlung, die sich mit einem bestimmten Thema befasst und für alle Interessierten offen ist. Das „Caucus-System" soll vor allem als Gremium der Absprache von Lobby-Aktivitäten und Aktionen dienen (Holthaus und Klingebiel 1998: 55).

Als öffentliches Forum der Beratung soll dieses Caucus-System nicht nur die interne Koordinierung des politischen Prozesses erleichtern, sondern vor allem auch die Transparenz von Verhandlungsprozessen gegenüber der eigenen Basis erhöhen und die Legitimationsbasis der Vertreterinnen von Frauen-NGOs in Regierungsverhandlungen verbreitern.

Stärkung der Legitimität politischer Systeme durch nichtstaatliche Akteure

Nach wie vor beruht demokratische Legitimation auf der Teilhabe der Bürgerinnen und Bürger, Körperschaften und anderer Institutionen am Zustandekommen der Gesetze, die sie betreffen. Freilich traf und trifft die Umsetzung dieser Volkssouveränität schon immer auf konzeptionelle und praktische Schwierigkeiten. Faktisch ist es in allen bestehenden liberaldemokratischen System mediatisiert durch Verfahrensregeln und Institutionen, wie der Wahl politischer Parteien. In einem komplexen System von Global Governance besteht nun die Gefahr, dass solche vorwiegend nationalen Verfahren in ihrer Bedeutung weiter sinken. Schon heute empfinden viele Bürgerinnen und Bürger das ihnen zustehende Wahlrecht als nicht mehr politisch relevant; Zeichen dafür ist die wachsende Zahl von Nicht- oder Stimmungswählern. In der Tat können nationale Wahlen insbesondere in kleineren Staaten im Zuge der Globalisierung auf die Bedeutung von Lokalwahlen zurücksinken. Global Governance könnte damit zunehmend zu einer autokratisch verselbständigten Expertokratie werden und den Weg zu einer weltweiten Oligarchie der Besitz- und Bildungseliten ebnen. Gesellschaftliche Gruppen könnten dazu beitragen, diesen Tendenzen entgegenzuwirken.

Nichtstaatliche Akteure erfüllen mit ihrem Engagement in einem System von „Checks and Balances" eine wichtige demokratische Funktion. Dies ist besonders wichtig, wenn man davon ausgeht, dass das „Herauswachsen" (J. Habermas) ökonomischer Prozesse und Strukturen aus dem Rahmen des Nationalstaates im Zuge der Globalisierung zu einem Demokratiedefizit führt. Gerade mit Blick auf internationale Verhandlungen besteht eine gravierende Partizipationslücke: Unter den gegenwärtigen Bedingungen sind internationale Entscheidungsprozesse häufig undurchsichtig, u. a. für die Öffentlichkeit, aber auch für die dafür demokratisch legitimierten Akteure, die Parlamente, und selbst für die Administrationen und Regierungen. In diesem Demokratievakuum können NGOs dazu beitragen, Entscheidungsprozesse öffentlicher und transparenter zu machen. Als alleinige Legitimationsressource reichen sie jedoch nicht aus: Im komplexen Institutionengefüge auf den verschiedenen Ebenen einer Global Governance sehen die meisten NGOs ihre Rolle bei Monitoring, Information, Konsultation und kritischem Dialog – gesamtgesellschaftlich verbindliche Entscheidungen treffen sollten letztlich auch zukünftig nur entsprechend demokratisch legitimierte Akteure (vgl. Birle 2002 und Beiträge in Brunnengräber u. a. 2001).

Zivilgesellschaftliche Gruppen stellen schon im nationalen politischen System eine größere Öffentlichkeit her und bieten demokratische Beteiligungsformen. Dieses bürgerschaftliche Engagement sollte ihnen auch im Rahmen einer Global Governance ermöglicht werden, zum Beispiel durch einen freieren Zugang zu den Akten und Verhandlungen von internationalen Organisationen oder rechtsförmlich ausgestattete Eingaben- und Auskunftsrechte ihnen gegenüber, vergleichbar den Petitionen oder den parlamentarischen Anfragen auf nationaler Ebene. Wünschbares Ziel wäre, dass die bereits bestehenden weltweiten Zusammenschlüsse nichtstaatlicher Akteure sich schrittweise intern demokratisieren und mit der zusätzlichen Legitimität gewählter Vertreter und abgestimmter Positionen Agenda-Setting und Problemlösungsvorschläge in ein System der Global Governance einbringen könnten.

10.3.3 Herausbildung neuer Kooperationsformen zwischen staatlichen und nichtstaatlichen Akteuren

Nicht nur in der nationalen Politik, sondern auch auf den Weltkonferenzen und in internationalen Organisationen wird die Einbindung nichtstaatlicher Akteure in politische Prozesse bereits praktiziert. Nun wird verstärkt darüber nachgedacht, welche neuen internationalen Kooperationsformen zwischen (zwischen-)staatlichen, zivilgesellschaftlichen und wirtschaftlichen Akteuren dazu beitragen könnten, das Projekt einer demokratischen und effektiven Global Governance voranzutreiben.

Zunächst gibt es schon langjährige und gute Erfahrungen im Bereich von *Beratungsverfahren*. Dies gilt für nationale und internationale Entscheidungsprozesse. Auch in internationalen Institutionen wie der OECD, WTO, IWF und Weltbank werden nichtstaatliche Akteure bereits gehört. In manchen Organisationen ist diese Einbindung sogar institutionalisiert. So existiert in der OECD ein Beirat der Unternehmerseite (BIAC),[49] dem ein Beirat der Gewerkschaftsseite (TUAC)[50] gegenübersteht. Bei den Vereinten Nationen können sich internationale NGOs über den Wirtschafts- und Sozialrat (ECOSOC) für Verhandlungen akkreditieren, bei dem auch seit 1948 der Council for Non Governmental Organisations (CONGO) angesiedelt ist. Bei der Weltbank gibt es seit 1981 ein NGO-Komitee. Die reelle Bedeutung dieser Foren ist jedoch sehr unterschiedlich. Der Politikdialog mit NGOs kann für (zwischen-)staatliche Institutionen vielfältige Vorteile haben: die Abschöpfung von Expertise und Problemlösungskompetenz, die Legitimierung der eigenen Politik und die Stärkung der eigenen Position gegenüber anderen Regierungen oder zwischenstaatlichen Organisationen sowie auch die Früherkennung von gesellschaftlichen Problemen und sozialem Protest. Um die Perspektive nicht auf die Instrumentalisierung der NGOs zu verengen, ist für die Vision einer zukünftigen demokratischen Global Governance auch der öffentliche Protest außerhalb der Institutionen wichtig (vgl. Altvater und Brunnengräber 2002).

---

[49] Business and Industry Advisory Committee.

[50] Trade Union Advisory Committee.

Eine aktuell diskutierte Idee, wie diese Konsultationsverfahren im Rahmen einer Global Governance ausgebaut werden könnten, bezieht sich auf *Politiknetzwerke* und Formen der Netzwerksteuerung (vgl. Reinicke u. a. 2000, Wolf 2001). Hier geht es darum, verschiedene Akteure an „Runden Tischen" zusammenzubringen und Brücken zwischen dem öffentlichen Sektor, der Zivilgesellschaft und der Privatwirtschaft zu bauen, oft unter Mithilfe von internationalen Organisationen.[51] Gemeinsam erarbeiten diese Akteure Vorschläge für Problemlösungen, die dann auf nationaler Ebene aufgegriffen, parlamentarisch legitimiert und umgesetzt werden können. Netzwerke sollen so das Verhandeln globaler Regeln und Standards erleichtern, denn das bei der Behandlung globaler Probleme vorhandene Konfliktpotenzial ist nur über die systematische Einbindung aller Konfliktparteien bzw. „Stakeholders" zu entschärfen. Außerdem können Netzwerke bei der Produktion und Verbreitung von Wissen hilfreich sein und innovative Implementationsmechanismen für bestehende intergouvernementale Abkommen erarbeiten. Schließlich schaffen Netzwerke auch Vertrauen unter den Beteiligten als Basis für jede effektive Kooperation, sorgen für mehr Transparenz in der internationalen Politik und können die Partizipationslücke im Bereich globaler Politik verkleinern. Aber auch Politiknetzwerke könnten zu Demokratieproblemen führen, wenn die Herausbildung neuer globaler Machtstrukturen und die dort getroffenen politischen Entscheidungen nicht mehr hinreichend mit den Menschen vor Ort verbunden sind.

Bei der *Implementation* beschlossener Politiken sind nichtstaatliche Akteure schon heute hilfreich. Die Vorteile aus staatlicher Sicht bestehen darin, dass zum Beispiel die sog. „technischen" NGOs im Entwicklungsbereich oder auch privatwirtschaftliche Unternehmen in Einzelbereichen über spezielle Expertise verfügen, besseren Zugang zu bestimmten Zielgruppen haben, die Anerkennung von staatlichen Projekten gegenüber Zielgruppen und der Öffentlichkeit erhöhen könnten und zudem meist kosteneffizienter arbeiten. Dafür erhalten sie Zugang zu zusätzlichen Finanzressourcen und erfahren ggf. auch eine Aufwertung in der Öffentlichkeit bzw. auf dem Spenden- und Zuschussmarkt. In diesem Sinne können solche „Public Private Partnerships" meist produktiv und zu beiderseitigem Nutzen verlaufen.[52] Ebenso kann bei der Evaluation von Projekten das kritische Potenzial von NGOs genutzt werden. Kritiker sehen jedoch eine rein technische Einbindung von NGOs ohne die Möglichkeit auch zum politischen Diskurs über Ziele von Politiken mit Skepsis. Sie verweisen auf die Gefahr der Instrumentalisierung und Kooptation (vgl. Brand u. a. 2000: 123ff.).

Empfehlung 10-13 Einbezug nichtstaatlicher Akteure in Global Governance

Zum Zwecke einer verbesserten Transparenz von und der Partizipation nichtstaatlicher Akteure an Global Governance sollte zivilgesellschaftlichen NGOs, Wirtschaftsverbänden und Gewerkschaften auch bei IWF, Weltbank und WTO ein Konsultativstatus zuerkannt werden, den sie bereits in UN-Organisatonen besitzen. Bei allen internationalen Organisationen sollten Anhörungs-, Petitions- und Beschwerdemöglichkeiten geschaffen werden. Ministerien und andere öffentliche Institutionen, die sich noch nicht für den Dialog mit NGOs geöffnet haben, sollten dies tun. Außerdem sollten gesetzliche Grundlagen für den Zugang zu Informationen in den staatlichen Einrichtungen und internationalen Organisationen entwickelt werden – ähnlich dem US-amerikanischen „Freedom of Information Act". Dies umfasst einen rechtlich gesicherten Zugang zu Informationen sowie ein Recht auf die Einspeisung von Informationen und Vorschläge in die offiziellen Kommunikationskanäle. Die Bundesregierung sollte sich auf nationaler wie auf internationaler Ebene für die Umsetzung dieser Ziele einsetzen.

Die Institutionalisierung des Dialogs sollte behutsam und in demokratischer Verantwortung geschehen. Traditionelle Beiräte u. ä. Konstruktionen könnten durch zu starke Formalisierung zu bürokratischer Erstarrung führen. NGOs sollten aber von staatlicher Seite grundsätzlich in gleicher Weise wie wirtschaftliche Verbände und Sozialpartner behandelt werden.

Um zivilgesellschaftliches Engagement, das eine für die Gesamtgesellschaft nützliche Tätigkeit im Sozial-, Menschenrechts- oder Umweltbereich darstellt, zu unterstützen, sollte die Institutionalisierung gesellschaftlicher Vernetzung und partizipativer Dialoge bis zu einem gewissen Maße finanziell unterstützt werden. Dies könnten etwa Foren zur Abstimmung von gesellschaftlichen Positionen und Aktivitäten sein, die auch einen Zugewinn an Transparenz, Legitimität und Effektivität in der Zusammenarbeit von staatlichen und nichtstaatlichen Akteuren ermöglichen sollten.

10.3.4 Private Regelungsvereinbarungen („Soft law")

Was ist „Soft law"?

Nichtstaatliche Akteure können auch selbst globale Regeln und Standards im Sinne „weicher" Regelungen bzw. von „Soft law" erarbeiten. Noch fehlt es an einer allgemein gültigen Begriffsbestimmung von „Soft law" und nationale Praktiken weisen zudem große Unterschiede auf. Begriffe wie „Selbstverpflichtung", „freiwillige" oder „gemeinsame Regelung" werden deshalb häufig mit unterschiedlichen Bedeutungen verwandt.[53] Das Charakteristische dieser Ansätze liegt in der Selbstverpflichtung von Unternehmen, sich freiwillig Richtlinien und Verhal-

---

[51] Ein klassisches Beispiel für ein solches globales Politiknetzwerk war die „World Commission on Dams" (WCD), sie bestand aus zwölf Mitgliedern, die alle verschiedenen Stakeholders repräsentierten, und wurde durch ein 50-köpfiges Forum ergänzt. Am 16. November 2000 stellte die WCD ihren Bericht vor und löste sich auf (vgl. Kapitel 7.5.2.3 und http://www.dams.org/30. April 2002).

[52] Allerdings sind private Akteure nicht notwendigerweise immer effektiver und effizienter – und der Staat trägt zudem weiter das Risiko. Dazu kommt die Gefahr der schädigenden Kartellbildung zwischen öffentlichen und privaten Akteuren.

[53] Im Englischen sind auch die Begriffe „private governance" oder „self-regulation" geläufig (Bortolotti und Fiorentini 1999, Haufler 2001, Ronit und Schneider 2000). Im internationalen Kontext spricht man auch vom Völkergewohnheitsrecht oder von „non-binding international legal agreements" (Reinicke und Witte 2000).

tenskodizes zu unterwerfen, die nicht von einer zentralen Gewalt als allgemeingültig und rechtsverbindlich erlassen wurden (vgl. Sautter 2001). Im weiteren Sinne könnten sämtliche Regeln mit Ausnahme von Gesetzen, Verordnungen und Verträgen als „Soft law" bezeichnet werden. Im enger gefassten Sinne setzt sich „Soft law", das von wirtschaftlichen Akteuren auf eigene Initiative, in Zusammenarbeit mit dem Staat oder mit anderen nichtstaatlichen Akteuren erlassen wurde, aus einer Reihe verschiedener Instrumente zusammen, auf deren Anwendung man sich verständigt hat und die in der Regel keine Gesetzeskraft haben.[54] Die Europäische Kommission unterscheidet bei den verschiedenen „Soft law"-Instrumenten zwischen Selbstverpflichtungen („Soft law" der Industrie für die Industrie) und freiwilligen bzw. gemeinsam ausgehandelten Vereinbarungen (von den politischen Instanzen gefördertes und zusammen mit unparteiischen Stellen entstandenes „Soft law").[55]

Die Idee solcher privaten Regelungsansätze ist es, nichtstaatliche Akteure, insbesondere international agierende Unternehmen, in die Um- und Durchsetzung von Menschenrechts-, Sozial- und Umweltstandards einzubeziehen (vgl. dazu auch Kapitel 3.6). Der Rückgriff auf „Soft law" erfolgt vor dem Hintergrund der Globalisierung von Produktionsketten, durch die auch solche Produkte auf den Weltmarkt gelangen, die andernorts unter Missachtung sozialer, ökologischer und menschenrechtlicher Mindeststandards gefertigt wurden. Dies ist der mangelnden Um- und Durchsetzung bestehender nationaler und internationaler Standards bzw. Regelungslücken in manchen Bereichen geschuldet. Unter dem wachsenden Druck von NGOs, Verbrauchergruppen und der öffentlichen Meinung haben daher v. a. Unternehmen von Markenprodukten seit Beginn der 1990er Jahre Verhaltenskodizes verabschiedet, die die Einhaltung einer Reihe von Mindeststandards im Unternehmen gewährleisten sollen und die sie ebenso auf ihre ausländischen Zulieferer und Unterhändler anwenden (Kearney und Justice 2001).

Ein Beispiel für eine solche private Initiative ist etwa der von „Social Accountability International" (SAI) ausgearbeitete Verhaltenskodex „Social Accountability 8000", der das erste international auditierbare Sozialverträglichkeitssystem im Bereich des Wareneinkaufs umfasst.[56] Der 1999 vom UN-Generalsekretär Kofi Annan lancierte „Global Compact" verfolgt die Idee, multinationale Unternehmen in den Bereichen Menschenrechte, Arbeit und Umwelt zu einem verantwortlichen Handeln zu verpflichten.[57] Die dem Global Compact beitretenden Unternehmen erklären, seine Prinzipien sowohl in ihrem Unternehmensbereich als auch in ihren Beziehungen zu den öffentlichen Institutionen der Länder, in denen sie tätig sind, anzuerkennen. Mit den „OECD-Leitsätzen für multinationale Unternehmen" (OECD 2001h) liegt der bisher einzig multilateral anerkannte Katalog von Verhaltensempfehlungen der Unterzeichnerregierungen für unternehmerisch verantwortliches Verhalten vor.[58] Die im Jahr 2000 revidierten Leitlinien decken dabei nicht nur fast die gesamte Bandbreite unternehmerischer Aktivitäten ab (von Wettbewerbspolitik über Arbeitsstandards bis Technologietransfer und Verbraucherschutz; siehe näher Kapitel 3.7), sondern sind auch in ihrem Anwendungsbereich umfassend formuliert. Angesichts der steigenden Vielzahl verschiedener Verhaltenskodizes erscheint eine gewisse Standardisierung der Basisnormen und ihrer Ausgestaltung sinnvoll. Erste Ansätze hierzu versucht die „Global Reporting Initiative".[59]

Potenziale und Risiken von „Soft law"

Die Debatte über die Effektivität von „Soft law"-Ansätzen entzündet sich v. a. an Fragen des Grades ihrer Verbindlichkeit und der Regelungen der praktischen Umsetzung: Die Unternehmerseite tritt für ein Beibehalten der rechtlichen Unverbindlichkeit eines Engagements auf allen Stufen der Ausgestaltung ein (VCI 2001, 1998). Von NGO- und Gewerkschaftsseite wird die Unzulänglichkeit vieler Selbstverpflichtungserklärungen für die effektive Umsetzung von Mindeststandards beklagt.[60] Die Enquete-Kommission hält es für sinnvoll, das sozial verantwortliche Handeln von Unternehmen und die dazugehörigen Instrumente v. a. unter Wirksamkeitsaspekten zu diskutieren: Überlegungen zu „Soft law" sollten dahingehend weitergeführt werden, wie freiwillige Initiativen so unterstützt und gestaltet werden können, dass tatsächlich greifbare Verbesserungen erreicht werden.[61]

---

54 Vgl. Groupement européen d'intérêt économique (ohne Jahr).

55 Ungeachtet des Merkmals der Freiwilligkeit kann zwischen rein privaten Initiativen und Formen der kooperativen Politik unterschieden werden, je nachdem welche Akteure an der inhaltlichen Formulierung, Ausgestaltung und Überprüfung von „Soft law" beteiligt sind. So lassen sich diese hinsichtlich der inhaltlichen Formulierung und Kontrolle ihrer tatsächlichen Integration in den Alltag der Produktionskette in vier Gruppen unterteilen: Im Falle einer Erst-Partei-Zertifizierung erfolgen sowohl die Formulierung der Selbstverpflichtungserklärung als auch die Kontrolle unternehmensintern. Bei der Zweit-Partei-Zertifizierung werden Organisation und Überprüfung von einem Verband übernommen (z. B. Branchenkodizes). Im Rahmen einer Dritt-Partei-Zertifizierung wird die Kontrolle von einer nicht-staatlichen dritten Instanz (z. B. einer NGO oder einer Screening Agentur) durchgeführt. Schließlich sieht die Viert-Partei-Zertifizierung eine Überprüfung durch den Staat oder eine zwischenstaatliche Institution vor.

56 Siehe http://www.sa8000.org (19. Februar 2002) und auch Blickle (2001), Clean Clothes Campaign (2002) und Wick (2001).

57 Der Global Compact umfasst neun Prinzipien, deren Grundlage die Allgemeine Erklärung der Menschenrechte von 1948, die sechs Kernarbeits- und Sozialnormen der Internationalen Arbeitsorganisation (ILO) sowie die Abschlusserklärung der Umwelt- und Entwicklungskonferenz der UNO in Rio de Janeiro 1992 sind (siehe http://www.unglobalcompact.org 19. Februar 2002). Für eine kritische Einschätzung vgl. Paul (2001) und Zumach (2002).

58 Siehe http://www.oecd.org/daf/investment/guidelines/ (19. Februar 2002) und auch Ehinger (2001).

59 Vgl. http://www.globalreporting.org (19. Februar 2002). Für eine allgemeine Übersicht über die Ausgestaltung, Umsetzung und Auswirkungen von Verhaltenskodizes für internationale Konzerne vergleiche Wick (2001) und Palm (2001).

60 Allerdings sprechen sich auch Gewerkschaftsseite und NGOs nicht per se gegen „Soft law"-Ansätze aus (vgl. Kearney und Justice 2001, VENRO 2001, Wick 2001).

61 Siehe auch das entsprechende Grünbuch der Europäischen Kommission (2001c) sowie die Entschließung des Rates der Europäischen Union „Council Resolution on Follow-up to the Green Paper on Corporate Social Responsibility" vom 3. Dezember 2001 (http://europa.eu.int/comm/employment_social/soc-dial/csr/council_en_011203.htm 10. Mai 2002).

Die Diskussion über die Legitimität, Risiken und Potenziale von „Soft law"-Ansätzen bezieht sich auf Tendenzen der Verlagerung bisher genuin staatlicher und politisch auszugestaltender Aufgaben – das Setzen von rechtlich verbindlichen Rahmenbedingungen zur Sicherung von öffentlichen Gütern, wie Partizipationsmöglichkeiten, Einhaltung von Menschenrechten, Bestimmung ökologischer Standards (vgl. Dröge und Trabold 2001) – in den Bereich privater Regelungsvereinbarungen. Neben der generellen *Kritik* einer „neoliberalen" Strategie der Privatisierung der Weltpolitik (Brühl u. a. 2001), wird auf die folgenden Risiken von „Soft law"-Ansätzen hingewiesen: Sie bürgten die Gefahr in sich, als reine Alibi- und PR-Aktivitäten eingesetzt zu werden, um aufklärerische öffentlichkeitswirksame Kampagnen und damit einhergehende negative Verbraucherreaktionen zu vermeiden, ohne dass die tatsächliche Befolgung der Selbstverpflichtung garantiert sei. Zudem seien nur Markenfirmen auf ein positives Image in der Öffentlichkeit angewiesen und beschränke sich die Anwendung von „Soft law" auf nur wenige Branchen.

Umgekehrt wird angesichts der Tatsache, dass ordnungsrechtliche Maßnahmen im Kontext der Globalisierung eine Schwächung erfahren, auf die unterschiedlichen *Potenziale* von „Soft law"-Ansätzen hingewiesen. Im Falle nationaler Alleingänge im Sinne einer „Hard-law"-Regulierung drohen möglicherweise negative Auswirkungen auf die internationale Wettbewerbsfähigkeit und könnten Regelungen durch die Verlagerung von problematischen Produktionsbereichen ins Ausland oder an dortige Zulieferer umgangen werden. Private Regelungsvereinbarungen stellen immer dann ein wichtiges Steuerungselement und Gestaltungsmittel dar, wenn Staaten entweder nicht willens oder nicht fähig sind, verbindliche Regelungen auf nationaler, internationaler oder supranationaler Ebene zu erlassen. Überall dort, wo Entwicklungen durch das bestehende Recht nicht gedeckt oder nicht aufgehalten werden können, erweist sich „Soft law" aufgrund seiner Geschwindigkeit und Flexibilität als vorteilhaft. Private Regelungsvereinbarungen können und sollen nicht nationales, europäisches und internationales Ordnungsrecht ersetzen; vielmehr können sie lediglich eine Ergänzungsfunktion gegenüber allgemein verbindlichen Regelungen haben.[62] Um höchste Wirksamkeit zu entfalten, sollten sich Selbstverpflichtungen der Privatwirtschaft samt Kontrollmechanismen auf die gesamte Produktionskette beziehen. Verhaltenskodizes ermöglichen es so, soziale, ökologische und menschenrechtliche Mindeststandards in Tochterunternehmen und Zuliefererindustrien auch dort einzuführen, wo die nationale Gesetzgebung solche nicht vorsieht oder deren Durchsetzung im Argen liegt.[63]

Verhaltenskodizes zahlen sich sowohl aus unternehmerischer als auch gesellschaftlicher und staatlicher Sicht im langfristigen Eigeninteresse aus: So steigen bei unter der Beteiligung von „Stakeholdern" erarbeiteten Regelungen die Akzeptanz bei Regelungsadressaten und die Chancen ihrer Umsetzung. Unternehmerische Handlungsspielräume ermöglichen, Innovationspotenzial, z. B. in der Umwelttechnik, voll zu nutzen. So kann der Staat vom Problemlösungskapital der Wirtschaft profitieren. Die Unternehmen können sich im Gegenzug über ihr ethisches Engagement profilieren, aber auch langfristige Planungs- und Investitionssicherheit erlangen. Wenn „Soft law"-Lösungen auf die Kostensituation und den Investitionszyklus der einzelnen Unternehmen zugeschnitten werden, können schließlich auch etwaige durch ordnungsrechtliche Maßnahmen verursachte negative Verteilungswirkungen und Kostennachteile im internationalen Wettbewerb abgemildert werden.[64] Generell sollten keine Kosten zu Lasten unbeteiligter Dritter oder der Allgemeinheit abgewälzt werden. So beinhalteten private Regelungen das Risiko, mit wettbewerbsrechtlichen Regelungen in Konflikt zu treten (Kartellrecht, Subventionsrecht), insofern sie ein bestimmtes Dritte schädigendes Marktverhalten bedingen könnten.

Da sowohl Potenziale als auch Risiken der „Soft law"-Ansätze mit ihrer realen Um- und Durchsetzung stehen und fallen, hängt ihre Bewertung wesentlich von der Ausgestaltung und Effektivität der *Erfolgskontrolle* ab. Die Theorie geht davon aus, dass die gegenseitige Beobachtung der Wettbewerber am Markt ein für sich höchst effizientes Mittel der Selbstregulierung darstelle, wenn ein gewisses Maß an Transparenz gewährleistet sei. Dadurch könnte ein aufwendiges Monitoring oder eine kostenintensive Administration staatlicher Regelungen auf ein Minimum beschränkt werden. In der Praxis liegt im Bereich der effektiven Erfolgskontrolle aber derzeit noch einer der wesentlichen Schwachpunkte der „Soft law"-Ansätze: Zum einen sind systematische Erfolgskontrollen und etwaige Sanktionsmöglichkeiten bislang oftmals nicht vorgesehen. So beinhaltet z. B. der Global Compact kein Verfahren zur Überprüfung seiner tatsächlichen Beachtung durch die beigetretenen Unternehmen. Zum anderen führt die Vielzahl unterschiedlicher Kodizes mangels einheitlicher Regelungen und Kriterien für ein Monitoring zu Unübersichtlichkeiten und erschwert die Vergleichbarkeit. Außerdem bedeutet ein regelmäßiges Monitoring hohe Kosten, die besonders für kleinere Unternehmen eine Hemmschwelle oder sogar ein Hindernis bedeuten können, einem Verhaltenskodex beizutreten. Zwar könnten bei der Erfolgskontrolle besonders NGOs und Gewerkschaften eine herausragende Rolle spielen, allerdings weisen diese selbst darauf hin, dass sie solche Aufgaben aufgrund mangelnder Ressourcen weder systematisch noch auf Dauer übernehmen könnten, und verweisen ihrerseits auf die Verantwortung des Staates. Die Gewerkschaften drängen bei Verhaltenskodizes besonders auf die Garantie von Kollektivarbeitsrechten (Verei-

---

[62] Dabei ist zudem zu berücksichtigen, dass „Soft law"-Ansätze nicht für alle Branchen ein geeignetes Mittel zur Durchsetzung bestimmter Mindeststandards darstellen.

[63] Allerdings wird in diesem Zusammenhang darauf hingewiesen, dass „Soft law" derzeit v. a. in den Industrieländern ohne eine wirksame Einbeziehung der unterschiedlichen Stakeholder im Süden verabschiedet werde. Tatsächlich sei es aber notwendig, die betroffenen Stakeholder entlang der gesamten Produktionskette in den Dialog über die Standardsetzung und die Erfolgskontrolle einzubeziehen. Generell existiert auch bei „Soft law" die Gefahr des Missbrauchs zur Durchsetzung protektionistischer Interessen des Nordens.

[64] Siehe Position des VCI (2001, 1998) zu Selbstverpflichtungen als Instrument der Umweltpolitik.

nigungsfreiheit, Recht auf Tarifverhandlungen): Nur diese erlaubten, langfristig Strukturen für eine Kontrolle der unternehmerischen Selbstverpflichtung aufzubauen (vgl. auch Clean Clothes Campaign 2002, Wick 2001).[65]

Auch bei Selbstverreglungsansätzen muss Geschlechterdemokratie bewusst hergestellt und erhalten werden. Ein positives Beispiel bietet hier die „Clean Clothes Campaign" (CCC), die eine weltweite Solidaritätsbewegung zwischen Arbeitern und Arbeiterinnen, ihren Organisationen[66] sowie Verbraucherinnen und Verbrauchern darstellt. Sie engagiert sich für die Verbesserung der Arbeitsbedingungen in der Bekleidungsindustrie, in der v. a. Frauen in der Produktion tätig sind. Die CCC appelliert in erster Linie an Handels- und Versandhäuser sowie Markenfirmen, bestimmte Sozialstandards einzuhalten. Das Hauptinstrument dafür sieht sie in Verhaltenskodizes, wozu eine unabhängige Kontrolle im Rahmen von Multistakeholder-Initiativen gehört. Dabei sind Frauen maßgeblich an der nationalen und internationalen Konzept- und Strategieentwicklung sowie an der Koordination beteiligt. Internationale Frauenbewegungen und Netzwerke haben in diesem Kontext entscheidende Impulse gegeben (Meyer und Prügl 1999, Wick 2001).

Insgesamt schwanken die Bewertungen von „Soft law" im Wesentlichen zwischen drei Positionen: Während einige in ihm ein Instrument sehen, dessen absolutes Kennzeichen die Freiwilligkeit auf allen Ebenen sein sollte, betrachten andere es vielmehr als eine Art subsidiäres und komplementäres Recht, das lediglich eine Vorstufe zu späteren ordnungsrechtlichen Maßnahmen sein könnte. Eine dritte Sicht hebt hervor, dass das besondere Potenzial von privaten Regelungsinitiativen darin bestehe, kollektive Lernprozesse im Rahmen von Netzwerken zu bewirken: da hier „Stakeholder" direkt miteinander redeten, werde Verantwortungsgefühl, Reflexion, Verständigungs- und Kompromissbereitschaft befördert.

Empfehlung 10-14 „Soft Law"-Ansätze stärken

Die Politik sollte die Ausweitung des Dialogs unterschiedlicher „Stakeholders" über die Setzung und Überwachung von sozial- und umweltpolitischen Standards unterstützen (s. dazu auch Empfehlung 3-7). Dabei ist auch auf Transparenz bei der Benennung der Vertreter und bei der Finanzierung der „Soft-law bodies" zu achten. Politik und Wirtschaft sollten bei der inhaltlichen und konkreten Ausgestaltung von „Soft law"-Ansätzen auch die betroffenen Akteure aus dem Süden in Dialoge einbeziehen. Allgemein sollten „Soft law"-Vereinbarungen international anerkannten Sozial-, Umwelt- und Menschenrechtsstandards entsprechen und integraler Bestandteil der Lieferketten von allen auf deutschen Märkten agierenden Unternehmen sein. Transparenz bei der Umsetzungskontrolle ist ein Dreh- und Angelpunkt der öffentlichen Glaubwürdigkeit von „Soft law"-Ansätzen.

Der Bundestag sollte überprüfen, welche weiteren Anreizsysteme er zur Unterstützung von „Soft law"-Ansätzen schaffen kann, ohne die das Instrument auszeichnende Freiwilligkeit zu sehr zu beschränken. Der Bundestag soll auch überprüfen, inwieweit „Soft law"-Ansätze mit bestehenden wettbewerbsrechtlichen Regelungen auf nationaler, europäischer und internationaler Ebene zum Nachteil von unternehmensethischen Eigeninitiativen und ggf. von öffentlichen Anreizsystemen in Konflikt zu geraten drohen.

Die Umsetzung des Ziels einer verstärkten Einbindung privater Akteure sowie der Idee miteinander verkoppelter politischer Arenen mit unterschiedlichen Funktionen sollte nach dem Muster „form follows function" im Verlauf des politischen Prozesses schrittweise erprobt werden. Dabei sind Zwischenlösungen denkbar, die man in Anlehnung an die Figur des „Soft law" als „Soft institutions" bezeichnen könnte. Hierbei geht es um die bereits weithin praktizierten Formen von Runden Tischen, Koordinierungsgesprächen und Vereinbarungen, deren Ergebnisse von den Beteiligten als verpflichtend verstanden und befolgt werden, ohne formelle Entscheidungen zu sein. Als Sicherheit dient dabei nicht die rechtliche Einklagbarkeit, sondern das stabile Eigeninteresse aller Beteiligten an Verhaltens- und Erwartungssicherheit. Entscheidend ist die ernsthafte Bereitschaft zur Öffnung gegenüber der Zivilgesellschaft, zur Suche nach Formen, in denen bürgergesellschaftliche Anliegen, Mitspracheansprüche und Ressourcen zu einem festen Bestandteil von Global Governance werden können. Dies ist nicht selbstverständlich, denn es geht hier um die Teilung von politischer Macht.

10.4 Herausforderungen für das Parlament

10.4.1 Parlamente und Globalisierung

Nationale Parlamente sind gegenüber den Regierungen hinsichtlich ihrer Möglichkeiten zur Beeinflussung von Globalisierung und Global Governance im Nachteil. Durch die Verlagerung politischer Entscheidungsprozesse auf die Ebene der internationalen Politik können sich Regierungen teilweise von der parlamentarischen Kontrolle und somit von einem wesentlichen Bestandteil des demokratischen Systems lösen. Internationale Vereinbarungen kommen oft im Rahmen von nur mangelhaft transparenten Verhandlungen zustande. Parlamente können sich meist erst dann mit internationalen Abkommen ernsthaft befassen, wenn die Verträge bereits von Regierungsseite unterschrieben und nicht mehr verhandelbar sind (s. Kasten 10-8). Die Abkommen sind darüber hinaus zu vertretbaren politischen Kosten kaum revidierbar. Das

---

[65] Sollten derartige Standards fehlen, berge die Zusammenarbeit mit NGOs im Rahmen des Monitorings sogar das Risiko einer Verhinderungsstrategie gegenüber gewerkschaftlichen Organisationsformen (Kearning und Justice 2001). Eine OECD-Untersuchung hat ergeben, dass von den 100 größten transnationalen Unternehmen, die einen Verhaltenskodex angenommen haben, nur ca. 15 Prozent die Koalitionsfreiheit erwähnen. Etwas anderes gilt hingegen für unternehmensübergreifende Kodizes, die häufig nicht nur alle Kernarbeitnormen enthalten, sondern auch z. T. Bestimmungen zu Arbeitsschutz, Arbeitszeit und existenzsichernden Löhnen aufweisen (vgl. Palm 2001).

[66] Dazu gehören NGOs, die sich für die Interessen der Arbeiterinnen und Arbeiter einsetzen, z.B. das „Hongkong Christian Industrial Committee", das RED (Zentralamerikanisches Netzwerk von Frauenorganisationen zur Unterstützung der Maquila-Arbeiterinnen), oder das „Committee for Asian Women".

Parlament wird auf diese Weise durch – in den USA so genannte – Fast track-Verfahren[67] zum „Exekutor" internationaler Beschlüsse und sein Gewicht wird im Zuge der Globalisierung durch die de facto Stärkung der Exekutive vermindert. Gleichzeitig wird es von den Bürgerinnen und Bürgern für die Folgen dieser Vereinbarungen verantwortlich gemacht, da die Parlamente diese Beschlüsse zu ratifizieren und in nationales Recht um zu setzen haben.

Zudem dominieren beschleunigte ökonomische Prozesse mit globaler Reichweite gegenüber der notwendigen Langsamkeit nationalstaatlicher und demokratisch legitimierter Politik. Ökonomische Prozesse greifen also unter Umständen „viel schneller und stärker in das Schicksal der Menschen ein als im Parlament erstrittene Entscheidungen" (Thierse 2001). Das bedeutet eine Aushöhlung der von den nationalen Parlamenten wahrgenommenen Volkssouveränität und stellt insofern ein erhebliches demokratisches Problem dar.

Vielfach wird darauf hingewiesen, dass die Diskrepanz zwischen nationaler und internationaler Politik unvermeidlich ist, weil sich die dem Nationalstaat eigenen majoritären, über Parteienkonkurrenz vermittelten Formen der Demokratie nicht einfach auf die Ebene jenseits des Staates übertragen lassen. Um so bedeutsamer ist es aber, sich damit zu beschäftigen, welche aktive Rolle Parlamente und Regierungen bei der Herausbildung einer Global Governance übernehmen müssen, um durch veränderte Organisations- und Arbeitsformen den veränderten Rahmenbedingungen und den neuen Anforderungen politischer Steuerung Rechnung zu tragen.

10.4.2 Stärkung der globalen Demokratie als Ziel von Parlamenten

10.4.2.1 Einbezug von Parlamenten in außenpolitische Entscheidungsprozesse

Die Mitglieder des Parlaments sind direkt vom Volk gewählt; insofern müssen sie auch im Hinblick auf Globalisierungsprozesse Kontroll- wie Gestaltungsfunktionen übernehmen – schließlich wirken diese in zunehmendem Maße auf nationale Politik zurück. Um dieser Aufgabe gerecht zu werden, ist es notwendig, dass Parlamentarierinnen und Parlamentarier systematisch und umfassend über Globalisierungsprozesse informiert werden. Der Informationsaustausch zwischen Ministerien und dem Parlament sollte verbessert und neue Instrumente der politischen Teilhabe entwickelt werden. Ziel muss es sein, systematisch parlaments- und staatsübergreifende Arbeitsfelder zu erschließen.

Die Kontrollrechte des Parlaments und seiner Ausschüsse sind jedoch im Feld der Außenpolitik bzw. auch in allen anderen ressortübergreifenden Feldern internationaler Politik eingeschränkt, insbesondere wenn es um die spezifischen Regeln für die Einflussnahme des Parlaments auf völkerrechtliche Verträge geht (vgl. Messner 2001, Wolf 2001). In einer sich globalisierenden Welt, in der völkerrechtliche Verträge zunehmend an Bedeutung für die Innen- und Außenpolitik gewinnen, muss diese Beschränkung des Parlaments aufgehoben werden. Angemessen ist die Stärkung der Position des Parlaments auch im Bereich der Vorbereitung und Ausgestaltung solcher Verträge. Parlamente sollten sich schon zu einem frühen Zeitpunkt bei der Identifizierung von Problemen und der Vorbereitung multilateraler Verträge durch begleitende Maßnahmen, Anhörungen und Teilnahme an Verhandlungen einbringen, um die Transparenz und Mitgestaltungsmöglichkeiten für die Parlamentarier im Hinblick auf die internationale Politik zu sichern.[68] Im Zusammenspiel zwischen Parlament und Parlamentsverwaltung muss eine Form der Informationsaufbereitung entwickelt werden, die es den Mitgliedern des Parlaments ermöglicht, auch an politischen Entscheidungen auf internationaler Ebene teilhaben und diese nachvollziehen zu können. Auch auf die erforderlichen nationalen – ggf. auch regionalen bzw. kommunalen – Gesetzesänderungen muss hingewiesen werden. Es müssen Regelungen entwickelt werden, die die frühzeitige Einbeziehung des Parlaments sicherstellen und verhindern, dass sich die Verfahrenszeiten zur Ratifizierung völkerrechtlicher Verträge weiter verlän-

Kasten 10-8

Nationales Parlament und internationales Völkerrecht

Nach Artikel 59, Abs. 2 des Grundgesetzes bedürfen die von der Exekutive ausgehandelten völkerrechtlichen Verträge zwar der Zustimmung des Bundestages, ein materielles Mitbestimmungsrecht bei der inhaltlichen Ausgestaltung der Verträge steht dem Bundestag jedoch nicht zu. Völkerrechtliche Verträge werden dem Parlament zu dem Zeitpunkt, der der Regierung angemessen erscheint, zugesandt. Das Parlament hat dann lediglich die Wahl zwischen Annahme und Ablehnung. Von der Möglichkeit der Ablehnung der Ratifizierung völkerrechtlicher Verträge hat der Bundestag in den vergangenen zehn Jahren keinen Gebrauch gemacht.

---

[67] „Fast track"-Gesetzgebung bedeutet, dass das Parlament über Gesetzesvorschläge nur insgesamt entscheiden kann und nicht nachträglich bestimmte „Package deals" (Verhandlungspakete) aufschnüren bzw. zusätzliche Forderungen als Preis für die Verabschiedung eines Gesetzes stellen kann.

[68] So werden z. B. dem EU-Ausschuss durch Art. 23 Abs. 2 und 3 GG in den Angelegenheiten der Europäischen Union besondere Informationsrechte eingeräumt. Auch das Recht etwa der Ausschüsse, die Anwesenheit jedes Mitglieds der Regierung zu verlangen, oder die „Aktuelle Stunde" bieten hier Möglichkeiten.

gern. Andernfalls würde sich die Spanne zwischen der Langsamkeit der nationalstaatlichen Verfahren und den beschleunigten ökonomischen Prozessen nochmals vergrößern (s. Empfehlung 10-15).

Eine „Task Force Globalisierung" sollte prüfen, welche weiteren organisatorischen Neuerungen die angemessene parlamentarische Beschäftigung mit Globalisierungsthemen sicherstellen helfen (s. Empfehlung 10-17). Diese „Task Force" sollte etwa die Einrichtung neuer Gremien prüfen: Ein hochrangiges Koordinationsgremium, dessen Aufgabe in der Herstellung einer ressortübergreifenden Verzahnung über die Ausschussgrenzen hinweg besteht, könnte den Querschnittsbezügen vieler Globalisierungsthemen gerecht werden. Auch die Einrichtung themenbezogener „Task Forces", die sich für eine begrenzte Zeit speziell mit ausgewählten globalen Fragestellungen beschäftigen und etwa die Organisation gemeinsamer Anhörungen mit den betroffenen Fachausschüssen zu globalisierungsrelevanten Themen übernehmen, sollte erwogen werden. Der im Zusammenhang mit dem Maastrichter Vertrag geschaffene Europa-Ausschuss des Bundestages, der Konsultationsrechte vor den Entscheidungen des EU-Ministerrates wahrnimmt, könnte ebenfalls einen Ansatz darstellen, der prinzipiell auf alle anderen Politikbereiche übertragbar wäre. Schließlich sollte auch die Einrichtung eines ständigen „Querschnittsausschusses Globalisierung" geprüft werden. Um die federführenden Ausschüsse in diese Arbeit der „Task Force Globalisierung" einzubinden, ist die Doppelmitgliedschaft der Mitglieder der „Task Force" in einem regulären Bundestagsausschuss und dem neuen Gremium sinnvoll.

10.4.2.2 Transnationale parlamentarische Foren und Auslandskontakte

Im Rahmen von Global Governance müssen Parlamentarierinnen und Parlamentarier in ihrer Arbeit die Bedürfnisse der eigenen Wahlbevölkerung verstärkt mit denen anderer nationaler Politikkulturen, Gepflogenheiten und Handlungsweisen abstimmen, um zur weltweiten Akzeptanz von Regeln auf den verschiedenen Ebenen des Regierens beitragen zu können. Für die Abgeordneten des Deutschen Bundestages ist es daher wichtig, über Auslandskontakte wertvolle Erfahrungen sammeln zu können. Die Enquete-Kommission begrüßt in diesem Zusammenhang das vom Präsidenten des Deutschen Bundestages seit der 13. Wahlperiode unterstützte Programm zum Kurzbesuch von erfolgreichen Wirtschafts- und Selbsthilfeorganisationen (wie SEWA, Grameen usw.) ärmster Menschen im informellen Bereich in Entwicklungsländern („Exposure und Dialogprogramm – Sich dem Leben aussetzen und miteinander reden"). Sie empfiehlt aus eigener Erfahrung den Mitgliedern des Parlaments, die Möglichkeit der Teilnahme an diesem Programm in Verbindung mit einer Ausschuss- oder Delegationsreise wahrzunehmen. Die Enquete-Kommission würde begrüßen, wenn alle Abgeordneten vor einer Reise Informationen zu diesem Programm von seiten der Verwaltung erhalten könnten. In der Realität bleiben bislang viele dieser Erfahrungen, Kontakte und Kooperationen singulär und sind zu wenig vernetzt. Angesichts dieser Defizite könnte etwa die interne Einrichtung einer Datenbank mit Ansprechpartnern im Ausland und die verbesserte Koordination von Reisen sicherstellen, dass Initiativen zum internationalen Kontakt- und Dialogausbau sinnvoll rückgebunden werden (s. Empfehlung 10-16).

Parlamente müssen aber auch in eigenständiger Regie durch den Auf- und Ausbau interparlamentarischer Netzwerke internationale Willensbildungsprozesse besser begleiten. Hier kann die Interparlamentarische Union (IPU) als Plattform genutzt und weiterentwickelt werden.[69] Ihre Arbeit muss künftig besser öffentlich vermittelt und bekannt gemacht werden. Allerdings muss sich auch die IPU einem Reformprozess unterziehen, weil die jetzige Zusammensetzung und Organisationsform wenig Akzeptanz verspricht und ihren Entscheidungen lediglich Symbolcharakter zukommt.

Auch grenzüberschreitende Netzwerke interessierter Parlamentarier bieten wertvolle Chancen transnationaler Koordination, sei es im Rahmen eines e-Parlaments (s. Kasten 10-9) oder von themenspezifischen Zusammenschlüssen.[70] So hat etwa das Weltparlamentariernetzwerk im Frühjahr 2002 in Porto Alegre den Beschluss gefasst, noch im gleichen Jahr eine elektronische Vernetzung zu realisieren. Auch binationale Kontakte durch Parlamentariergruppen und Gesprächskreise müssen intensiviert bzw. zu multinationalen Kontaktbörsen ausgebaut werden. Den Austausch unter Parlamentarierinnen und Parlamentariern verschiedener Länder, Treffen zwischen den Sprecherinnen und Sprechern der Arbeitsgruppen der einzelnen Fraktionen der europäischen Parlamente sowie bi- oder multinationale Treffen zwischen ganzen Ausschüssen gibt es im Ansatz bereits. Sie müssen ausgebaut, auf ihre Effektivität überprüft und verstetigt werden. Ebenso können Kontakte zum Europäischen Parlament, vor allem auch zu dessen Fachausschüssen, genutzt werden (s. Empfehlung 10-16).

Über diese Vernetzung könnte auch die internationale Verständigung und gemeinsame Reflexion über die Rolle von Parlamenten im Rahmen von Global Governance befördert werden: Im Dialog könnten Parlamentarier verschiedener Länder etwa Anregungen austauschen, welche Optionen ihnen zur effektiven Gestaltung und kohärenten Vermittlung von Globalisierungsprozessen zur Verfügung stehen. Gleichzeitig kann das Parlament auch Hilfestellung beim Abbau von Demokratiedefiziten in solchen Ländern bieten, in denen Parlamente nur rein formal existieren.

10.4.2.3 Kooperation des Parlaments mit gesellschaftlichen Gruppen

Generell sollte das Parlament verstärkt neue Formen praktischer Partizipation von Bürgerinnen und Bürgern anregen – sowohl im direkten Kontakt mit den betroffenen

---

[69] In der Selbstdarstellung der 1889 gegründeten und in Genf ansässigen Organisation heißt es: „The Union is the focal point for worldwide parliamentary dialogue and works for peace and co-operation among peoples and for the firm establishment of representative democracy" (vgl. http://www.ipu.org 10. Mai 2002).

[70] Vgl. z. B. das umweltspezifische Netzwerk GLOBE (Global Legislators Organisation for a Balanced Environment, http://www.globeinternational.org 10. Mai 2002).

Kasten 10-9

---

e-Parliament

E-Parliament ist ein vielversprechender Ansatz für eine elektronische Vernetzung von Parlamentariern weltweit. Die Vernetzung orientiert sich an gemeinsamen thematischen Interessen, z. B. mit Blick auf einen AIDS-Impfschutz, Transparenzregeln für Verbraucher oder Klimaschutz. Für ein solches Thema kann jeweils eine „Parliamentary Intergroup" gebildet werden, die sich nach ein paar Jahren wieder auflösen soll. Jedes (nationale oder europäische) Parlamentsmitglied kann sich anmelden.

Zielsetzung jeder Intergroup kann die internationale Harmonisierung von Gesetzesinitiativen oder das Aufspüren und Überwinden von nationalen Interessendifferenzen sein und zwar lange bevor die schwerfällige Konferenzdiplomatie zu vertraglichen Lösungen gekommen ist. Die Einübung in die internationale parlamentarische Kooperation soll dazu führen, dass ein parlamentarisches Gegengewicht gegen das regierungs- und verwaltungsdominierte Handeln der Staatengemeinschaft sowie gegenüber der globalisierten Wirtschaft aufgebaut wird (vgl. http://www.earthaction.org/e-parl/index.html 10. Mai 2002).

Menschen als auch vermittelt über zivilgesellschaftliche Gruppen –, um mehr Vertrauen und Einfluss mit Blick auf die Gestaltung von Globalisierung und Global Governance gewinnen zu können. Die transnationalen Aktivitäten von NGOs erweitern den Radius demokratischer Politik und sorgen zumindest im Ansatz dafür, dass Öffentlichkeit, Partizipation und Einflussnahme auch auf internationaler Ebene ermöglicht wird (vgl. Kapitel 10.3). Eine intensivere Zusammenarbeit mit NGOs könnte die Gestaltungsmöglichkeiten von Parlamenten im Hinblick auf Globalisierungsprozesse weiter verbessern, weil sich so Know-How und Entscheidungskompetenz bündeln lassen (vgl. Wolf 2001). Sonst bestünde die Gefahr, dass dem Parlament und den Parteien Definitionsmacht über die politische Agenda abhanden kommen könnte (vgl. Altvater und Brunnengräber 2002). Das Parlament kann darüber hinaus um Verständnis für die Notwendigkeit der angesprochenen neuen Formen der Global Governance werben – etwa für globale Politiknetzwerke, die sich aus staatlichen Instanzen, der Privatwirtschaft und den NGOs zusammensetzen – und sollte sich an diesen aktiv beteiligen. Verliert das Parlament hingegen den Anschluss an internationale Politikprozesse, könnte sich die Machtbalance zugunsten neuer, nunmehr „globaler" Gremien der politischen Beratung und Entscheidung verschieben, bei denen unklar ist, ob und wie sich diese dem Gemeinwohl noch verpflichtet fühlen.

Ein kontinuierlicher und transparenter Dialog zwischen Parlament, NGOs sowie anderen zivilen Akteuren sollte einen nachhaltigen Austausch sicherstellen und der Öffentlichkeit nationale und internationale Entscheidungsprozesse sichtbar machen. Hier haben Parlamentarier, NGOs, Unternehmen und andere Akteure der Politikgestaltung eine gemeinsame Verantwortung. Im Rahmen dieses Dialogs können zudem gemeinsam Kriterien entwickelt werden, mit deren Hilfe die äußere und innere demokratische Legitimität von NGOs eingeschätzt und verbessert werden könnte (s. Empfehlung 10-18).

Die Aktivitäten von NGOs schaffen auch Voraussetzungen dafür, dass die Menschen nachvollziehen können, wie sich die Globalisierung auf die eigene Lebensgestaltung und das Zusammenleben in der Gesellschaft auswirkt. In der Diskussion zwischen Parlament, NGOs, Unternehmen und anderen nichtstaatlichen Akteuren ist zu klären, inwieweit die Vermittlung globaler Fragen und deren Rückwirkungen auf die lokale Ebene gemeinsam geleistet werden kann.

10.4.2.4 Vermittlung von Globalisierungsfragen an die lokale Ebene im Wahlkreis

Aufgabe des Parlaments ist es, die Sorgen und Bedürfnisse der Bürgerinnen und Bürger im Zusammenhang mit der Globalisierung aufzunehmen. Wenn Globalisierung in den Wahlkreisen jedoch kaum Thema ist und bei den Bürgerinnen und Bürgern vor Ort noch nicht als politisch gestaltbare Aufgabe wahrgenommen wird, kann das dreierlei bedeuten. Entweder wird Globalisierung nicht zur Kenntnis genommen, ihr wird mit Resignation begegnet oder die Parlamentarier erscheinen den Bürgerinnen und Bürgern als die falschen Ansprechpartner. Auch hier könnte ein Schulterschluss mit NGOs hilfreich sein, um Auswirkungen der Globalisierung zu thematisieren und positive Handlungsmöglichkeiten aufzeigen zu können.

In diesem Zusammenhang ist an den Vorschlag zu erinnern, Ausschusssitzungen des Parlaments öffentlich abzuhalten.[71] Um den Charakter der Ausschusssitzungen als parlamentarische Arbeitsgremien zu erhalten, muss eine sinnvolle Mischung zwischen öffentlichen und nicht-öffentlichen Sitzungen gefunden werden. Im Rahmen öffentlicher Sitzungen könnte vor einer breiteren Öffent-

---

[71] Dieser Vorschlag wird auch vom Bundestagspräsidenten Wolfgang Thierse unterstützt (Thierse 2001). Nach der Geschäftsordnung des Bundestages sind in der Ausschussarbeit zwei Arten von öffentlichen Sitzungen möglich: die so genannte Erweiterte öffentliche Beratung und die öffentliche Anhörung. In der 13. WP gab es insgesamt drei Erweiterte öffentliche Ausschussberatungen im Sinne des § 69 a GOBT. Ferner gab es insgesamt 209 Ausschusssitzungen mit öffentlichen Anhörungen. In 127 öffentlichen Anhörungen wurden insgesamt 169 Gesetzentwürfe beraten.

lichkeit und im engen Kontakt mit den Wählerinnen und Wählern diskutiert werden, auf welche weltweiten Interdependenzen in welcher Form reagiert werden sollte. Parlamentarierinnen und Parlamentarier müssen ihren Auftrag als demokratische Mittler zwischen den Bürgerinnen und Bürgern auf der einen und den internationalen Institutionen auf der anderen Seite wahrnehmen, um Misstrauen, Ohnmachtsgefühle und Unzufriedenheit abzubauen. Sie können auf diese Weise auch dazu beitragen, dass internationale Kooperation nicht als ein Null-Summenspiel bzw. als Wettbewerb um nationale Standortvorteile verstanden wird. Globalisierungsprozesse müssen in ihrer ganzen Komplexität diskutiert und die Notwendigkeit internationaler Kooperation verdeutlicht werden.

Daraus ergeben sich folgende Empfehlungen:

Empfehlung 10-15 Stärkere Einbindung des Parlaments in die internationale Politik

Der Deutsche Bundestag sollte als nationales Parlament von der Regierung eine frühzeitige Informationspolitik und ein verbessertes Mitspracherecht verlangen, damit seine Kontroll- und Gestaltungsfunktion auch auf die internationale Ebene ausgedehnt werden kann. Schon bei der Vorbereitung und während internationaler Verhandlungen ist eine rechtzeitige, sachgerechte und hinreichende sowie ggf. vertrauliche Unterrichtung der Mitglieder des Deutschen Bundestages – und ggf. des Europäischen Parlaments – geboten, ohne dass damit die Verhandlungsposition gegenüber möglichen Vertragspartnern geschwächt wird. Vor der Unterzeichnung von Verträgen sollten Regierungen ihren Parlamenten Informationen über das erzielte Ergebnis vorlegen, versehen mit dem Hinweis auf voraussichtlich notwendig werdende nationale Gesetzesänderungen auf allen möglicherweise betroffenen Gesetzgebungsebenen. Die Bundesregierung wird außerdem dazu aufgefordert, die Vorsitzenden parlamentarischer Fachausschüsse in geeigneter Weise an internationalen Verhandlungen zu beteiligen, wie es die USA trotz einer strikter gehandhabten Gewaltenteilung bereits praktizieren.

Empfehlung 10-16 Systematische Nutzung und Vernetzung von Kontakten und Informationen für das Parlament

Das Parlament braucht Informationen und Austausch auf europäischer und internationaler Ebene, über herkömmliche Medien, über Internet und über Reisen. Absprachen und Ergebnisaustausch sollen zur systematischen Nutzung und Vernetzung der Kontakte führen. Verbesserte Koordinierung und gegenseitige Information über die Auslandsreisen von Parlamentariern, Ausschüssen und Parlamentariergruppen können dazu beitragen, Auslandskontakte optimal zu nutzen, einen ressortübergreifenden, innerparlamentarischen Informationsaustausch sicherzustellen und die Einbindung des Parlaments in internationale Politikprozesse zu verbessern. Eine Datenbank internationaler Gesprächspartner zu globalisierungsrelevanten Fachthemen sollte erwogen werden.

In Kontakten mit Parlamentarierinnen und Parlamentariern auf EU-Ebene wie auf internationaler Ebene soll der Austausch über Parlamentsarbeit und Demokratieerfahrungen erleichtert und ermöglicht werden. Vor allem für Abgeordnete aus Entwicklungsländern und jungen Demokratien soll dieser Austausch auch durch Reisen zum Deutschen Bundestag und zu europäischen Parlamenten gefördert werden. Die Teilnahme von Parlamentarierinnen und Parlamentarier an einem „Exposure und Dialogprogramm" in Verbindung mit Auslandsreisen ist zu empfehlen und sollte von der Verwaltung unterstützt werden. Die Arbeit bestehender internationaler parlamentarischer Versammlungen (IPU, EP) sowie internationaler Netzwerke zwischen Parlamentariern und internationaler Parlamentarierkonferenzen zu sektoralen oder regionalen Themen sollte ausgewertet, ausgebaut und intensiv durch den Deutschen Bundestag genutzt werden.

Das Parlament benötigt größere Transparenz und Öffentlichkeit der Parlamentsarbeit auch über das Internet, also eine Stärkung von Parlamentsrechten und von Öffentlichkeitsrechten. Der Austausch über Themen kann e-vernetzt erfolgen. Das Parlament kann und soll eigene Erkenntnisse und gewonnene Beratungs- und Informationsergebnisse der Öffentlichkeit zur Verfügung stellen und so mit der Zivilgesellschaft in Dialog treten. Ein e-Parliament flankiert alle anderen Ansätze zur Intensivierung und Verbesserung der internationalen Parlamentsarbeit und ermöglicht Abgeordneten, zu spezifischen Themen „Parliamentary Intergroups" zu bilden, die z. B. gemeinsame Politikansätze, internationale Harmonisierung von Gesetzesinitiativen oder das Aufspüren und Überwinden von nationalen Interessendifferenzen beraten und so auch im Vorfeld von Verhandlungen Lösungsvorschläge beitragen können.

Empfehlung 10-17 Einsetzung einer „Task Force Globalisierung"

Die Enquete-Kommission empfiehlt dem Bundestag, in der kommenden Legislaturperiode eine zeitlich befristete „Task Force Globalisierung" einzurichten, die prüfen soll, wie eine angemessene parlamentarische Befassung mit globalen Querschnittsfragen organisatorisch gefestigt werden kann. Dabei soll sie auch die Einrichtung neuer parlamentarischer Gremien prüfen, sei es die Einrichtung eines ständigen „Querschnittsausschusses Globalisierung" (etwa parallel zum Europaausschuss) oder die Einrichtung eines hochrangigen Koordinationsgremiums, dessen Aufgabe in der Herstellung einer ressortübergreifenden Verzahnung über die Ausschussgrenzen hinweg besteht. Auch die Einrichtung themenbezogener „Task Forces", die sich für eine begrenzte Zeit speziell mit ausgewählten globalen Fragestellungen beschäftigen und etwa die Organisation gemeinsamer Anhörungen mit den betroffenen Fachausschüssen zu globalisierungsrelevanten Themen übernehmen, sollte erwogen werden. Es sollte auch geprüft werden, wie im Rahmen der parlamentarischen Beschäftigung mit Globalisierungsfragen sichergestellt werden kann, dass Genderaspekte angemessen berücksichtigt werden, z. B. über institutionelle Einrichtungen wie Gender-Audits oder einen sog. „Genderdesk" (s. Kasten 6.2). Um die federführenden Ausschüsse in diese Arbeit der „Task Force Globalisierung" einzubinden, ist die Doppelmitgliedschaft der Mitglieder

der „Task Force" in einem regulären Bundestagsausschuss und dem neuen Gremium sinnvoll.

Empfehlung 10-18 Intensivierung des Dialogs mit NGOs

Parlamente haben im Dialog mit nichtstaatlichen Akteuren bereits positive Erfahrungen sammeln können. Daher empfiehlt die Enquete-Kommission dem Parlament, sich diesen gegenüber weiter zu öffnen und hinsichtlich internationaler Politikprozesse den Dialog und die Kooperation zu intensivieren. Über Netzwerke kann ein dauerhafter Dialog mit gesellschaftlichen Gruppen, Organisationen, Institutionen wie Wirtschaftsverbänden, Gewerkschaften, Kirchen, NGOs, der Wissenschaft, der Kultur oder auch einzelnen Berufsvereinigungen entstehen. Während EU-interner oder internationaler Verhandlungen sollten betroffene nichtstaatliche Akteure, v. a. die Sozialpartner, von Regierung und Parlament aufgrund meist umfangreicher wirtschafts-, struktur-, arbeitsmarkt-, sozial- und umweltpolitischer Auswirkungen der Ergebnisse informiert und zu Stellungnahmen aufgefordert werden.

10.5 Ausblick und offene Fragen

10.5.1 Zukünftige Ziele von Global Governance

Für die Enquete-Kommission „Globalisierung der Weltwirtschaft" ist Global Governance ein Ansatz für die Bearbeitung globaler Probleme von zunehmender Komplexität und Interdependenz. Im Spannungsfeld zwischen Staaten und multinationalen Institutionen, globalisierter Wirtschaft und Finanzwelt, Medien und Zivilgesellschaft plädiert Global Governance für eine neue, kooperative Form der Problembearbeitung: Für Global Governance sind dialogische und kooperative Prozesse zentral, die über die verschiedenen Handlungsebenen subsidiär entlang der Achse lokal – global hinweg reichen sowie Akteure aus den Bereichen Politik, Wirtschaft und Gesellschaft zusammenführen und vernetzen. Global Governance setzt damit also auf das konstruktive Zusammenwirken von staatlichen und nichtstaatlichen Akteuren in dynamischen Prozessen interaktiver Entscheidungsfindung von der lokalen bis zur globalen Ebene. Darauf zielen die Empfehlungen dieses Kapitels ab.

Substanziell setzt Global Governance auf eine am Nachhaltigkeitskonzept orientierte Ordnungspolitik für die globalisierte Marktwirtschaft und die Einbindung ökonomischer Prozesse in umfassendere gesellschaftliche Ziele über die Schaffung wirtschaftspolitischer, sozialer und ökologischer Leitlinien. So unterschiedliche Aspekte wie globaler Umweltschutz, Kampf gegen die Armut, Konfliktprävention, die Verwirklichung von Menschenrechten, Stabilität der Finanzmärkte, Generationen- und Geschlechtergerechtigkeit bis hin zur Bewahrung und Weiterentwicklung sozialer Standards müssen berücksichtigt werden. Die Vertreter dieses Konzeptes sind mehrheitlich der Ansicht, dass Global Governance den Prozess der Globalisierung nicht aufhalten oder gar zurückdrehen kann und will. Jedoch soll für die sich dynamisch entwickelnden Weltmärkte ein Ordnungsrahmen geschaffen werden, der Fehlentwicklungen vermeidet und ggf. korrigiert. Diese Fehlentwicklungen haben dazu geführt, dass die potenziellen Wohlstandsgewinne der Globalisierung im Wesentlichen nur einer Minderheit von Ländern und Menschen zugute gekommen sind und demgegenüber der Abstand zwischen Arm und Reich, in vielen Regionen auch die Armut oder der Raubbau an den Naturressourcen in den 90er Jahren zugenommen haben. Globalisierung und Global Governance sind jedoch langfristige Prozesse, die ergebnisoffen und gestaltbar sind.

Strukturell setzt Global Governance auf Regelungsinstitutionen und -formen jenseits der einzelstaatlichen Ebene. Grenzüberschreitende Probleme sollten in verflochtenen Mehr-Ebenen-Systemen bearbeitet werden, in denen Nationalstaaten zwar eine wichtige Scharnierrolle übernehmen, jedoch Kompetenzen „nach oben" (inter- und supranationale Ebenen) und „nach unten" (lokale und regionale Politik) abgeben. Problemlösungen müssen auf der Ebene institutionell angesiedelt werden, die sachlich und organisatorisch angemessen ist und auf der Probleme daher möglichst effizient und demokratisch zu lösen sind. Die institutionellen Empfehlungen für Global Governance sollten sich nicht von der Frage leiten lassen, auf welchem Wege der Selbstbehauptung der traditionellen politischen Institutionen des Nationalstaates am besten gedient werden kann. Vielmehr sollten sich nationalstaatliche Akteure im Rahmen von Global Governance immer mehr auch mit anderen „Global Players" verständigen, sei es mit regionalen und internationalen Institutionen oder mit privatwirtschaftlichen und zivilgesellschaftlichen Akteuren. Dabei kann dem Selbstbehauptungsinteresse der öffentlichen Akteure dadurch Rechnung getragen werden, dass sie allein das Recht auf Kompetenzallokation behalten (vgl. Wolf 2001). Die Staaten – vorzugsweise vertreten durch ihre Parlamente – sollten nach wie vor über die Kriterien und Bedingungen zu entscheiden haben, nach denen internationale Organisationen oder private Akteure bestimmte öffentliche Aufgaben wahrnehmen können. Auch die Kohärenz all der Politikbereiche, die sich mit internationalen Fragen beschäftigen, muss durch die nationalen Institutionen gewährleistet werden.

Im Rahmen des Auf- und Ausbaus von Global Governance spielt die *Stärkung, Reform und Demokratisierung von internationalen Institutionen* eine wesentliche Rolle. Global Governance zielt auf die problemadäquate Reorganisation der internationalen Institutionenlandschaft ab. Ziel muss es sein, vorhandene ineffektive oder undemokratische Strukturen zu überwinden. Global Governance will dort, wo aufgrund drängender globaler Probleme dringender Handlungsbedarf besteht, effektive und demokratische internationale Organisationen und Regime schaffen bzw. existierende Institutionen reformieren, um eine verbesserte Handlungsfähigkeit und finanzielle Ausstattung zu erreichen. Global Governance ist nicht nur eine organisatorische oder finanzielle Frage, sondern ein politischer Prozess, bei dem auch Machtungleichgewichte, die für gegenwärtige Probleme mitverantwortlich sind, überwunden werden müssen. Internationale Organisationen sind nur so stark, wie ihre Mitgliedsstaaten sie machen: sowohl eine umsichtige Übertragung von Handlungskompetenzen als auch eine ausreichende Ressourcenausstattung ist Voraussetzung für ihre Handlungsfähigkeit. Deutschland sollte im Verbund mit der EU zur Stärkung internationaler Organisationen beitragen, um deren Fähigkeiten zum Management grenzüberschreitender Probleme und zur Bereitstellung globaler öffentlicher Güter zu verbessern. Dort, wo bereits rechtsverbindliche internationale Normen gesetzt werden konnten, sollte ihre Um- und Durchsetzung befördert werden. Auch regionale Kooperationsprojekte sind eine wichtige Stütze von Global Governance. Die Europäische Union, die nicht nur auf wirtschaftliche Zusammenarbeit, sondern auch auf politische Integration und sozialen Ausgleich zielt, ist ein positives Modell, das es weiter auszubauen und zu demokratisieren gilt. Regionen sollten ihre Zusammenarbeit im Rahmen demokratischer Regionalorganisationen verbessern und ihre außenpolitische Handlungsfähigkeit stärken. So könnten sie auch die Arbeit der UNO besser unterstützen, zu deren Demokratisierung beitragen und im UN-Sicherheitsrat – als ein wichtiger Akteur für global bedeutsame Entscheidungen – stärker mit Sitz und Stimme vertreten sein. Ansätze zur Bündelung regionaler Kräfte und Interessen könnten Entwicklungsländer dabei unterstützen, stärker als bisher von den Vorteilen der Globalisierung zu profitieren. Entwicklungspolitik sollte generell im Sinne einer internationalen Strukturpolitik konzipiert werden, um die Rahmenbedingungen für eine sozial, wirtschaftlich und ökologisch nachhaltige Entwicklung zu verbessern.

Im Rahmen einer *verbesserten Zusammenarbeit zwischen staatlichen und nichtstaatlichen Akteuren* sollten Politiknetzwerke und -partnerschaften zwischen Regierungen, Parlamenten, Wirtschaft, Gewerkschaften sowie der Zivilgesellschaft unterstützt werden. Diese Zusammenarbeit sollte dazu beitragen, die Transparenz internationaler Politikprozesse zu erhöhen sowie sie auf nationaler Ebene besser vor- und nachzubereiten. Generell ist bei der Bildung transnationaler Netzwerke wichtig, auch lokale Akteure einzubinden und eine Balance zwischen den verschiedenen Beteiligten zu finden, etwa zwischen Nord und Süd, Starken und Schwachen, Globalisierungsgewinnern und -verlierern. Sowohl bei den internationalen Institutionen wie auch bei diesen Netzwerken sollte darauf geachtet werden, dass Frauen und Männer gleichberechtigt vertreten sind und dass frauenspezifische Belange berücksichtigt werden. Im Rahmen dieser Zusammenarbeit könnten freiwillige Selbstverregelungsinitiativen bestehendes (zwischen-)staatliches Recht ergänzen und internationale Vorbildfunktion für eine angepasste und angemessene Standardsetzung haben.

Die Einrichtung der Enquete-Kommission „Globalisierung der Weltwirtschaft" zeigt, dass sich das *Parlament* der oben angesprochenen Herausforderungen bewusst ist und nach Antworten sucht. Als demokratisch gewählter Akteur sollte das Parlament im Rahmen einer Global Governance gestärkt werden: Es muss seine Kontroll- und Gestaltungsfunktionen auch auf die internationale Ebene ausdehnen. Verbesserte Mitspracherechte in der außenpolitischen Entscheidungsfindung sowie ein verstärkter Austausch mit anderen Parlamenten und auch zivilgesellschaftlichen Akteuren auf europäischer und internationaler Ebene sind erste Schritte hierzu. Eine „Task Force" sollte prüfen, welche weiteren organisatorischen Verbesserungen der angemessenen parlamentarischen Beschäftigung mit globalisierungsrelevanten Themen dienen.

Global Governance-Ansätze zeichnen sich durch einen politisch-praktischen, perspektivischen und normativen Charakter aus. Sie entwerfen neue Modelle der politischen Steuerung und Kooperation, in dem bestehende politische Institutionen und Akteure mit neuen Formen der Politikgestaltung von der lokalen bis zur globalen Ebene und unterschiedliche Politikfelder miteinander verbunden werden. Wo Defizite zu erkennen sind, werden Reformen gefordert und politische Instrumentarien und Prozesse auf ihre Funktionsfähigkeit im globalen Miteinander von Wirtschaft, Gesellschaft und Politik überprüft. Ausgehend von der Diagnose, dass viele grenzüberschreitende Probleme nicht mehr mit den herkömmlichen Methoden und Instrumenten der nationalstaatlichen Außenpolitik erfolgversprechend bearbeitet werden können, wird Globalisierung nicht nur als ökonomischer, sondern auch als politischer und kultureller Prozess erkannt und wahrgenommen, den es zu gestalten gilt. Wenn sich die Probleme globalisieren, muss auch die Politik reagieren: Eine demokratische und handlungsfähige Global Governance soll dazu beitragen, dass die Chancen der Globalisierung für alle Menschen nutzbar sind, um möglichst breiten und nachhaltigen Wohlstand zu schaffen.

10.5.2 Offene Fragen

Relevante Fragen zur Realisierung einer demokratischen und effektiven „Global Governance" mussten offen bleiben, einige sollen hier zumindest aufgezeigt werden. Für alle Bereiche stellt sich die Frage, wie die angemahnten Reformen in den verschiedenen Politikfeldern Schritt für Schritt konkret *umgesetzt* werden können. Dies ist ansatzweise in den verschiedenen AGs dieser Enquete-Kommission geschehen und sollte fortgeführt werden.

Das Regieren in *Mehr-Ebenen-Systemen* wirft u. a. die Frage auf, wie die *Verzahnung* der verschiedenen Ebenen gelingen kann, so dass Kooperation, Kohärenz und Koordination gewährleistet sind. Auch müssten konkrete Formen globaler Demokratie – für die notwendige *Transparenz und Demokratisierung* dieses komplexen Mehr-Ebenen-Regierens – entwickelt werden. Eine besonders schwierige Frage ist, wie die verschiedenen benannten *Blockaden* für multilaterales Regieren überwunden werden können und wie mehr Unterstützung für eine multilaterale Kooperationskultur mobilisiert werden kann.

Fragen bleiben auch bei der *Zusammenarbeit staatlicher und nichtstaatlicher Akteure* im Rahmen von Politiknetzwerken und -partnerschaften zu lösen. Wie kann eine solche Zusammenarbeit auf nationaler und globaler Ebene gefördert werden, ohne dass nichtstaatliche Akteure ihre Autonomie verlieren? Welche Befugnisse bekommen öffentlich-private Netzwerke und welchen Kriterien demokratischer Legitimität müssen sie genügen? Wie kann eine ausreichende Partizipation der betroffenen Bürgerinnen und Bürger in aller Welt und ein gerechter Interessen- und Machtausgleich sichergestellt werden? Auch verbesserte

Möglichkeiten der erfolgreichen Moderation von Runden Tischen und der Erfolgskontrolle für private Initiativen müssen weiter entwickelt werden.

Des Weiteren bedürfen die *sicherheitspolitischen Aspekte* der Globalisierung, der internationale Terrorismus, der die Verwundbarkeiten der globalisierten Welt zu nutzen versucht, und die Möglichkeiten *ziviler Konfliktbearbeitung* im Kontext der Globalisierung vertiefter Analysen. Im Kontext der Globalisierung bekommt auch das Konzept der „erweiterten Sicherheit" eine größere Bedeutung.

Bislang wurde die *kulturelle Globalisierung,* die Wertesysteme, Lebensstile und Konsumgewohnheiten ebenso stark beeinflusst wie Kapital- und Warenströme, weitgehend vernachlässigt. In diesem Kontext sollte auch die Rolle der Medien, die in einer globalen Welt eine wichtige Vermittlerfunktion innehaben, intensiver reflektiert werden.

Es bedarf auch eingehender Überlegungen, ob die Globalisierung die *Menschenrechte* befördert oder eher gefährdet (wie z. B. die UN-Menschenrechtskommission befürchtet).

Das *Parlament* sollte möglichst rasch selbst klären, wie es sich so reformieren könnte, dass es mit Fragen der Globalisierung und der Global Governance angemessen umgehen kann. Es sollte sich auch der *Auseinandersetzung mit der Kritik* an Globalisierungsprozessen noch intensiver stellen. Schließlich sollten Parlament, Wissenschaft und Zivilgesellschaft Ideen entwickeln, wie ein *breiter öffentlicher Diskussionsprozess* initiiert werden könnte, mit dessen Hilfe gesamtgesellschaftlich debattiert wird, welchen *inhaltlichen Leitideen* Global Governance folgen soll.

Ausblick und offene Fragen 453

Tabelle 10-1

Die Diskussion um Global Governance im Überblick

Diskussionsbeitrag	Ursprung	Zentraler Text	Ausgangs-problematik	Ziele und Instrumente	Zentrale Akteure	Sonstige Eigenheiten
Commission on Global Governance (CGG)	1990 auf Initiative von Willy Brandt gegründet. 35 Persönlichkeiten; VN-Nähe	Abschlussbericht 1995: „Our Global Neighbourhood" (siehe auch 1995er Bericht d. Independent Working Group on the Future of the UN)	Globale Probleme: Aufrüstung, Armut, Umweltprobleme	System der Weltordnung durch effektivere politische Führung, Demokratisierung, Reformierung der UN, nachhaltiges Wachstum	Rat für wirtschaftliche Sicherheit bei den UN (RWS), Zivilgesellschaft, Hauptakteure: Staaten	Emphatische Variante von Global Governance, von Visionen getragen
Institut für Entwicklung und Frieden (INEF) u. Stiftung Entwicklung und Frieden (SEF)	Franz Nuscheler, Dirk Messner (Willy Brandt)	SEF Policy Paper Nr. 2 „Global Governance. Herausforderungen an die deutsche Politik"	Verlust an staatlicher Steuerungsfähigkeit, Bedeutungsverlust der Entwicklungspolitik, globale Probleme	Neugestaltung von Staatlichkeit, Neudefinition von Souveränität, fünf Säulen einer Weltordnungspolitik	Staaten, Zivilgesellschaft, regionale Zusammenschlüsse, internationale Organisationen	Wissenschaftspolitische und strategische Variante von Global Governance
Gruppe von Lissabon	19 Persönlichkeiten aus Westeuropa, Japan und Nordamerika, die sich 1992 in Lissabon trafen, u. a. Ricardo Petrella	Bericht 1995: „Grenzen des Wettbewerbs. Die Globalisierung der Wirtschaft und die Zukunft der Menschheit"	Aggressive Wettbewerbsideologie, globale Probleme, Legitimationskrise des Staates	Vier Prinzipien der Effizienz, Verantwortung, Relevanz und Toleranz; Vier globale Verträge, „pax triadica"	G7-Staaten, Globale Zivilgesellschaft, aufgeklärte Eliten d. Industrieländer, Wissenschaft, Regierungen, Medien, Städte	Emphatische Variante von Global Governance, stark normative Ausrichtung
„EU"-Governance	EU-Kommission; institutionelle Reform und Osterweiterung	Weißbuch „Europäisches Regieren", Arbeitsprogramm „Die Demokratie in der EU vertiefen"	Regionale Integration im internationalen Kontext und damit verbundene Probleme	Politikfelder u. Entscheidungsprozesse, demokratische Institutionen der Mehrebenenpolitik	Mitgliedsstaaten, EU-Institutionen, gesellschaftliche Akteure	

noch Tabelle 10-1

Diskussionsbeitrag	Ursprung	Zentraler Text	Ausgangs-problematik	Ziele und Instrumente	Zentrale Akteure	Sonstige Eigenheiten
„Good Governance"	Entwicklungspolitische Diskussion, u. a. IWF, Weltbank, UNDP, BMZ 1989 Studie der Weltbank „Crisis of Governance" in Staaten des südlichen Afrika	„Good Governance. The IMF's Role"	Governance Probleme in (Empfänger-)Ländern: Mangelnde Trennung von privatem u. öffentlichem Sektor, schlechtes Politikmanagement, unzuverlässiges Rechtssystem, Willkür u. Korruption der Eliten	Strukturelle Anpassungspolitiken, Notwendigkeit demokratischer Legitimation, Rechtsstaatlichkeit, effizienter Verwaltung, Transparenz u. Rechenschaftspflicht; Diskussion um Konditionierung von Entwicklungshilfe	Staaten (v. a. Entwicklungsländer, jüngst auch verstärkt Industrieländer), internationale Institutionen	Kritik des Südens am Begriff, so wie er bislang besetzt ist; und an westlicher Dominanz
„Corporate Governance" sowie „Corporate Citizenship" bzw. „Corporate Responsibility"	Wirtschaftspolitische Diskussion, u. a. OECD, Weltbank bzw. Global Corporate Governance Forum	The OECD Principles of Corporate Governance, 1999	Uneinheitliche Standards für MNCs in verschiedenen Ländern schaffen Unsicherheit für Unternehmen u. andere „Stakeholders"; Standortwettbewerbsproblematik für Staaten	„To help countries improve standards of governance for their corporations, by fostering the spirit of enterprise and accountability, promoting fairness, transparency and responsibility."	Staaten, Wirtschaft, Gewerkschaften, Roundtables	Diskussion um Soft-law (Selbstverpflichtungen, Codes of Conduct) vs. ordnungsrechtliche Regelungen
Sozialwissenschaftliche Beiträge	Fachbereich Internationale Beziehungen, NGO-Literatur	u. a. Beck, Czempiel, Giddens, Kaiser, Keohane, Kohler-Koch, Mayntz, Nye, Risse, Rittberger, Rosenau, Scharpf, Wolf, Zürn	Bedeutungszunahme internationaler Kooperation angesichts globaler Probleme	Effektive und legitime globale Steuerungsmechanismen	u. a. Internationale Institutionen, Staaten, NGOs	Empirisch-Analytische Variante, Zeitdiagnostik

noch Tabelle 10-1

Diskussionsbeitrag	Ursprung	Zentraler Text	Ausgangs-problematik	Ziele und Instrumente	Zentrale Akteure	Sonstige Eigenheiten
Völkerrechtliche Beiträge	Völkerrechtliche Diskussion	u. a. Delbrück, Dicke, Dolzer, Hobe, Paech	Auswirkungen int. Institutionen auf nationales Recht	Diskussion um Status quo und Weiterentwicklung des Völkerrechts	Staaten und ggf. neue Subjekte des Völkerrechts	
Kritische Position	WEED, Heinrich-Böll-Stiftung,	u. a. Brand, Brunnengräber, Schrader, Stock, Wahl (2000)	Analyse der machtförmigen Strukturen der internationalen Politik	Emanzipative Ansätze; „Bottom-up"-Prozesse	Rolle der „global opposition", NSB, kritische Gewerkschaften	
Gemeinsamkeiten	Neue Ordnungsdebatte nach Ende des Ost-West-Konfliktes		Probleme wettbewerbszentrierter Globalisierung und globale Probleme	Ausbau internationaler Kooperation und neue (nicht-hierarchische) Steuerungsprozesse	Akteursumfeld auf internationaler und nationaler Ebene muss erweitert werden	Handlungsmotiv: ein globales Welt- oder Bürgerethos

Zusammengestellt von Marianne Beisheim (Wissenschaftliche Referentin im Sekretariat der Enquete-Kommission "Globalisierung der Weltwirtschaft") und Dr. Achim Brunnengräber (Wissenschaftlicher Mitarbeiter von Dr. Ernst-Ulrich von Weizsäcker, MdB).

Minderheitenvoten
der Arbeitsgruppen von CDU/CSU, FDP und PDS

Sondervotum
des sachverständigen Kommissionsmitglieds Dr. Michael Baumann

11 Minderheitenvoten

11.1 Minderheitenvotum der CDU/CSU-Arbeitsgruppe

Verantwortliche Sachverständige: Dr. Wolfgang Brühl, Prof. Dr. Dr. Rudolf Dolzer, Dr. Werner Gries, Dr. h. c. Dieter Wolf.

Mitglieder des Bundestages: Hartmut Schauerte (Obmann), Klaus Jürgen Hedrich, Josef Hollerith, Thomas Rachel.

11.1.1 Einleitende Bemerkungen von Hartmut Schauerte MdB

Sprecher der CDU/CSU-Arbeitsgruppe in der Enquete-Kommission „Globalisierung der Weltwirtschaft":

11.1.1.1 Zukunft gestalten – Chancen der Globalisierung nutzen

Die Arbeit der Enquete-Kommission Globalisierung der Weltwirtschaft, die im Dezember 1999 vom Deutschen Bundestag fraktionsübergreifend eingerichtet wurde, beendet Ihre Arbeit mit dem vorliegenden Schlussbericht.

Im September 2001 hat die Enquete-Kommission bereits einen Zwischenbericht mit ersten Ergebnissen der laufenden Untersuchungen dem Deutschen Bundestag und der Öffentlichkeit vorgestellt.

Ein Minderheitenbericht ist nach parlamentarischen Gepflogenheiten nur dann erforderlich und geboten, wenn auch und gerade bei einem solchen umfassenden Thema, grundlegende unterschiedliche Bewertungen und Empfehlungen im Ganzen und in wichtigen Einzelfragen gegeben sind. Da Beurteilung und Aufgabenstellung der Globalisierung in nahezu jeden innenpolitischen und außenpolitischen Bereich auch der deutschen Politik hineinwirken, ist es aus einsichtigen Gründen unvermeidlich, dass es bei durchaus gegebenen gemeinsamen Beurteilungen und Empfehlungen in großem Umfang graduelle aber auch sehr fundamentale Unterschiede in diesem Schlussbericht gibt.

Dieser hier vorgelegte notwendige und unvermeidliche Minderheitenbericht soll nicht ein gänzlich neuer Bericht sein. Er konzentriert sich im wesentlichen auf gravierende Unterschiede in der Beurteilung des gestellten Themas. Er will insbesondere auch vor Gefahren warnen, die bei zum Teil populistischer, ideologischer oder realitätsfremder Herangehensweise diesem wichtigen Politikbereich drohen.

Für die praktische Politik halten wir wenig von umfangreichen und umfangreich bestrittenen Erklärungsversuchen für die Globalisierung. Der Streit, ob sie stärker technologische Wurzeln, stärker wirtschaftliche Wurzeln oder stärker politische Wurzeln habe, führt zu nichts. Mindestens diese drei Ursachen haben eindeutig eine Entwicklung in Gang gebracht, die eine wachsende Bedeutung für die ganze Welt erhält und deren Grundströmung nicht gestoppt werden kann und unserer Auffassung nach auch nicht gestoppt werden darf.

Bei dem zu erwartenden Umfang und der Größe der Veränderungen, die auf die Völker der Welt und teilweise auch auf das Leben der einzelnen Menschen zukommen, ist es für die CDU/CSU-Fraktion in der Enquete-Kommission darum von herausragender Bedeutung, dass die Chancen der Globalisierung und ihre Vorteile wie auch die Risiken und die Nachteile mit wahrheitsgemäßen Fakten unterlegt vorgestellt werden. Die im Untersuchungsauftrag angesprochenen Auswirkungen können ihrer Natur nach positiv wie auch negativ sein. Die Mehrheitsfraktion hat die positiven Auswirkungen immer wieder vernachlässigt und den Risiken und Gefahren dieses Prozesses eindeutig den Vorrang eingeräumt.

11.1.1.2 Einseitigkeiten vermeiden

Eine Politik, die vor allem oder auch nur die Risiken eines unvermeidlichen Prozesses beschreibt, handelt unverantwortlich. Sie muss sich den Vorwurf gefallen lassen, dass sie diesen geschichtlichen Prozess für ideologische und parteipolitische Zwecke instrumentalisiert.

Dass dieser schwere Vorwurf gerechtfertigt ist, kann man auch aus dem Folgenden ableiten. In den Aussagen des Mehrheitsberichtes werden immer wieder Probleme und Fehlentwicklungen in der Welt, die mit der Globalisierung nichts oder nur sehr gering zu tun haben, als Ergebnis der Globalisierung oder als Teil der Globalisierung beschrieben. Selbständige Ursachen, die vor oder zeitgleich mit der Globalisierung ihre Wirkungen entfalten, werden negiert. Andernfalls werden eindeutig positive Wirkungen der Globalisierung nicht erwähnt oder in Frage gestellt. Das mögen wenige Beispiele verdeutlichen. Die Armutsentwicklung in der Welt ist offenkundig und eindeutig ganz überwiegend ein Ergebnis der Bevölkerungsexplosion, gerade in den armen Ländern. Auch wenn man zu der Erkenntnis kommen kann, dass die Globalisierung nicht wirkungsvoll genug auf diese Entwicklung Einfluss nimmt, ist es grundfalsch, sie als Ursache oder Problemvergrößerer zu beschreiben.

Dies gilt auch für die Beschreibung der Lage der Frauen in der Welt. Die Mehrheit erweckt den Eindruck, als sei für die sicherlich zu beklagenden schlimmen und unerträglichen Zustände der Lage der Frauen in vielen Ländern und Kulturen der Welt ein Ergebnis der Globalisierung. Bei genauem Hinsehen ergibt sich, dass das Gegenteil der Fall ist. Im Rahmen der Globalisierung ist dieses Thema nicht nur weltweit bewusst geworden, sondern auch tendenziell lösbar geworden.

Befremdlich einseitig ist auch die These der Mehrheit, dass die Beschleunigung von Prozessen vor allem Gefahren in sich berge und die Langsamkeit zu bevorzugen sei. So sehr es zutrifft, dass in gewissen Bereichen langsame Veränderungen Vorteile vor schnellen Veränderungen bringen, darf doch nicht verkannt werden, dass in sehr vielen zentralen Bereichen es gerade die schnellen Veränderungen sind, die erstrebenswert sind. Dies gilt z. B. für ein schnelles Reagieren in der Ökologie, für ein schnelles Reagieren in der Demokratie und bei den Menschenrechten, für ein schnelles Reagieren und Handeln in der Geschlechtergerechtigkeit. Auch und gerade diese Ziele, einschließlich der schnellen Implementierung des Nachhaltigkeitsgrundsatzes, haben gerade und vor allem im Rahmen der Globalisierung Chancen weltweit zur Geltung gebracht zu werden.

Aber auch bei der Zuordnung von Verlierern und Gewinnern wird schädliche Einseitigkeit praktiziert, wenn z. B. erklärt wird, dass die Kapitaleigner die eigentlichen Gewinner seien. Fakt ist, neben aller dynamischen Entwicklung in diesem Bereich, dass die Liberalisierung der Kapitalmärkte den Wettbewerb um das Kapital und den Wettbewerb des Kapitals untereinander eindeutig enorm verschärft hat. Dieser erhöhte und gewollte Wettbewerb hat naturgemäß die Margen und Zinsspannen des Kapitals weltweit gesenkt. Auch mancher Kapitaleigner sehnt sich darum fälschlicherweise nach geschützten nationalen Märkten zurück. Vorurteile ersetzen eben keine Urteile.

Bei den konkreten Empfehlungen und Lösungsansätzen für die nationale und die internationale Politik, sind erhebliche aber nicht ganz überraschende Unterschiede festzumachen. Die parteipolitisch unterschiedlichen Antworten in der nationalen Politik sind in den auf die Weltpolitik verlängerten Ansätzen eindeutig wieder zu erkennen. So sind die bekannten Streitpunkte über die Bedeutung des staatlichen und des privaten Korridors über Rolle und Umfang der öffentlichen Güter, aber auch die Fragen von Freiheit oder Regulierung als alte Bekannte wieder zu entdecken. All zu oft war bei der Mehrheit erkennbar, dass sie die Aufgabenstellung der Globalisierung mit nationalen und mehr oder weniger sozialistischen planwirtschaftlichen Antworten lösen will. Dies wirkt vor der Größe der Herausforderung über weite Strecken provinziell.

11.1.1.3 Lösungen anbieten, Ängste nehmen

Die Auffassung der CDU/CSU-Fraktion ist ganz eindeutig, dass es die bedeutende Aufgabe für nationale und internationale Politik ist, die Chancen der Globalisierung zu benennen und sie zu erhöhen sowie die Gefahren und Risiken der Globalisierung zu verringern.

Politik hat die Globalisierung nicht nur zu erklären und zu gestalten, sie hat sie auch in der Öffentlichkeit zu vertreten. Gerade nach intensiver Beschäftigung mit dem Thema der Globalisierung kommen wir zu der Auffassung, dass die deutsche Politik gegenüber den Bürgern eine Bringschuld hat. Sie muss den Menschen die Chancen und Vorteile der Globalisierung erkennbar machen, die Anforderungen aufzeigen, die der im Gang befindliche Wandel mit sich bringt. Im Lichte der heute in Deutschland gegebenen öffentlichen Stimmung erfordert eine solche Positionsbestimmung durch die Politik auch Mut und Führungskraft. Das vorliegende Minderheitsvotum will seinerseits einen Beitrag für eine solche Neuausrichtung der Gesellschaft und der Politik zu Fragen der Globalisierung leisten.

Wir lehnen jede blinde Fortschrittsgläubigkeit ab, aber wir wissen, dass nur mit positivem Denken und Handeln die Probleme dieser Welt erfolgreich und menschengerecht gelöst werden können.

Selbstverständlich sehen und wissen wir, dass es bei dem Prozess der Globalisierung auch tatsächliche und vermeintliche „Verlierer" bei den einzelnen Menschen in Branchen, in Regionen und auch in Völkern und Nationen gibt. Da die Globalisierung vor allem den Menschen dienen soll und die dauerhafte Akzeptanz dieses Veränderungsprozesses nur gelingt, wenn auch die „Verlierer" Zuwendung, Schutz und Chancen erfahren, sind die Nationalstaaten, die Gemeinschaft der Staaten und die übrigen Agierenden besonders aufgerufen, diese Problemstellungen aufzunehmen und Lösungen anzubieten. Die Aufgabenstellung lautet: Ängste nehmen, Lösungen anbieten und Mut machen.

11.1.1.4 Good Governance, Global Governance, Soziale Marktwirtschaft

Wir sind der Auffassung, dass die Globalisierung gestaltet werden kann. Die entscheidende Herausforderung besteht heute darin, dass jeder Staat seine Ordnung so umbaut und gestaltet, dass er die Vorteile der Globalisierung nutzen und ihre Nachteile so gering wie möglich hält. Auch und gerade im Prozess der Globalisierung haben die Nationalstaaten durch Niemanden zu ersetzende Verantwortung zu übernehmen. Dies gilt in besonderer Weise für die Industrieländer, die sich ihrer über ihre engen Interessen hinausgehende Gesamtverantwortung bewusst werden müssen, wie aber auch für die Entwicklungsländer, die die Globalisierung als Chance zur Bekämpfung von Armut, zur Verbesserung der Menschenrechte und zur Vermeidung von Kriegen nutzen können und müssen sowie mit Hilfe der Industrieländer wesentliche Fortschritte auf dem Weg der „Good Governance" machen.

Der verantwortlich gestaltete Globalisierungsprozess wirkt als Motor und Katalysator zugleich:

– er fördert Wachstum und Wohlstand

– schafft Raum für Innovation und Kreativität

– vergrößert die individuelle Freiheit

– intensiviert den Wettbewerb

– und schafft Arbeitsplätze.

Neben den „klassischen" und souveränen Nationalstaaten gewinnt die Staatengemeinschaft eine unverzichtbare Bedeutung. Organisationen wie z. B. die Vereinten Nationen, Internationaler Währungsfonds, Weltbank, Welthandelsorganisation, Umweltorganisationen wie UNEP und andere müssen gestärkt und zukunftsfähig gemacht werden. Eine gerechte und faire Organisation von nationalen Interessen und international weltweiten Notwendigkeiten ist die große Aufgabe für eine zu entwickelnde „Weltinnenpolitik" (Global Governance).

Die deutsche Politik wird diesen Herausforderungen nur gerecht werden können, wenn sie sich dem Wettbewerb der besseren Lösungen öffnet und intelligent und erfolgreich versucht, möglichst viele Elemente des Erfolgsmodells unserer sozialen Marktwirtschaft in die weltweite Globalisierungspolitik einzubringen.

11.1.2 Die Menschen entwickeln ihre Welt

Wenn man die globale Entwicklung über die letzten ein- oder zweihundert Jahre betrachtet, wird man leicht feststellen, dass die Situation der Menschen im Allgemeinen heute in vieler Hinsicht deutlich besser und menschenwürdiger ist als zu jedem anderen Zeitpunkt der Geschichte vor uns:

- Der Anteil der in absoluter Armut lebenden Menschen ist geringer geworden.
- Grundlegende Menschenrechte konnten formuliert werden und schützen heute mehr Menschen als jemals zuvor.
- Die durchschnittliche Lebenserwartung der Menschen hat zugenommen.
- Die durchschnittliche Kindersterblichkeit hat abgenommen.
- Die Gesundheit der Menschen ist heute besser als früher.
- Die Menschen leben heute in größerer Freiheit als je zuvor.
- Das Bildungsniveau hat zugenommen. Der Zugang zu Bildung und Wissen ist für die meisten Menschen leichter geworden.

Kurz: Die sozialen Bedingungen und die Lebensqualität der Menschen sind heute besser denn je zuvor. Nach einem vielbeachteten Bericht des UNDP aus dem Jahre 2001 (UNDP 2001) konnte die Armut in den vergangenen 50 Jahren stärker als in den 500 Jahren davor verringert werden. Immer mehr Länder haben die grundlegenden Menschenrechte anerkannt. Die Konvention der Kinderrechte etwa haben mittlerweile alle 191 Staaten der UN ratifiziert, während es 1990 nur 60 waren. Während im Jahre 1950 die durchschnittliche Lebenserwartung in den Entwicklungsländern noch unter 40 Jahren lag, liegt sie dort heute trotz AIDS und anderer Krankheiten bei 61 Jahren. Im gleichen Zeitraum stieg die Lebenserwartung in den Industrieländern von 66 auf 75 Jahre. Die Kindersterblichkeit ist in allen Regionen zurückgegangen. Während 1990 in Südasien von 1 000 Neugeborenen noch etwa 130 Kinder vor dem 5. Lebensjahr starben, ist diese Zahl bis 2000 auf 100 gefallen. Ebenfalls auf Südasien bezogen konnte die Unterernährung von etwa 40 % im Jahre 1970 auf 23 % im Jahre 1997 gesenkt werden. Der Anteil der Erwachsenen, die nicht lesen und schreiben können, ist zwischen 1970 und 1999 von 53 % auf 27 % gesunken (alle Zahlen: UNDP 2001).

Der UNDP-Bericht weist für nahezu alle Einzelindikatoren weltweite Verbesserungen aus. Der Bericht trägt den Untertitel „New technologies key to reducing poverty" und zeigt, dass es Fortschritte auf den verschiedensten Technologiefeldern waren, wie etwa Erfolge bei Antibiotika, Impfstoffen, der Hygiene, in der Züchtung und Entwicklung neuer Nährpflanzen, bei Düngemitteln, um nur einige zu nennen, die zu diesen Entwicklungen geführt haben. Der Bericht ruft daher dringend dazu auf, auch weiterhin alle Chancen zu nutzen, die in der Entwicklung und Nutzung neuer Technologien liegen.

Was die Länder betrifft, die in der Entwicklung zurückliegen, geht es also vor allem um die Verbreitung neuer Technologien zu den dort lebenden Menschen.

Um es ganz klar zu sagen: Es gibt nach wie vor viel zu viel Armut auf der Welt und viel zu viele Menschen, deren Lebenssituation menschenunwürdig ist. Es ist auch klar, dass nicht alle Schwierigkeiten der Entwicklung bei armen Menschen mit mehr und besserer Technologie behoben werden können. Aber die Richtung stimmt und ermutigt dazu, auf dem Weg des internationalen Austauschs von Ideen, Technologien, Wissen und Politik weiterzugehen, in Zukunft hierfür sogar verstärkt Anstrengungen zu unternehmen und die globale Entwicklung zum Wohle möglichst vieler Menschen zu nutzen.

11.1.3 Die Globalisierung als ökonomischer Prozess

Wie der Name der Enquete-Kommission „Globalisierung der Weltwirtschaft – Herausforderungen und Antworten" schon deutlich macht, ging es dieser Kommission in ihren Untersuchungen in erster Linie um die wirtschaftlichen Aspekte der Globalisierung und ihre Auswirkungen. In ökonomischer Hinsicht bezeichnet Globalisierung das Zusammenwachsen, die Integration von in- und ausländischen Märkten. Katalysator und Triebkräfte hinter den Prozessen der vielschichtigen Globalisierung sind die Menschen. Sie möchten die Wohlstandseffekte, die durch größere Märkte und eine stärkere internationale Arbeitsteilung entstehen, für sich und ihre Länder nutzen. Die ökonomische Globalisierung ist nichts anderes als die verstärkte internationale Arbeitsteilung und äußert sich in der Zunahme folgender Phänomene:

- Grenzüberschreitende Handelsbeziehungen
- Weltweite Auslandsinvestitionen
- Internationale Kapitalströme
- Internationaler Wissenstransfer

Wie eine Analyse dieser Indikatoren zeigt (s. die entsprechenden Kapitel im Mehrheitsbericht), sind diese Phänomene keine Neuheit der vergangenen 10 bis 20 Jahre. Im Gegenteil, internationale Wirtschaftsbeziehungen gibt es seit Jahrhunderten (vgl. „Geschichte des Freihandels", Exkurs Abschnitte 3.8.1 und 3.8.2). Damit ist „die Globalisierung" also nichts grundsätzlich Neues, auch wenn der erst in den 1990er Jahren zum Modewort gewordene Begriff in den Medien etwas Anderes suggeriert.

Globalisierungsphänomene deutlich angestiegen

Quantitativ sind diese Globalisierungsphänomene in den letzten beiden Jahrzehnten in der Tat stark angestiegen. Möglich geworden ist das durch den technischen Fortschritt (vor allem im Transport- und im Kommunikationsbereich) sowie die politisch gewollten und nach dem Wegfall des Ost-West-Konflikts weltweit hinzu gewonnenen Freiheiten. Die Erkenntnisse, die aus dem jahrzehntelangen Wettbewerb der entgegengesetzten gesellschaftlichen und wirtschaftlichen Paradigmen zwischen Ost und West gewonnen wurden, erleichtern heute die Liberalisierung,

Deregulierung und Privatisierung vieler Bereiche, die zuvor unter bürokratischer Verwaltung oder Staatsdominanz standen.

Die hier vorgenommenen Abgrenzungen sollen für die weiteren Überlegungen eine Erkenntnis darüber ermöglichen, welche weltweiten Entwicklungen der vergangenen Jahre ursächlich mit der Globalisierung zu tun haben und welche nicht. In der Diskussion werden viele negative Entwicklungen der letzten Jahre und Jahrzehnte der Globalisierung angelastet (Gefährdung öffentlicher Güter, Verschärfung der Armut, wachsende Kluft bei Bildung, Gesundheit, Wohlstand). Der Mehrheitsbericht stellt an vielen Stellen die heutige Situation dramatischer dar als sie ist und erweckt den Eindruck, als seien die Zeiten vor der Globalisierung besser gewesen.

Die CDU/CSU-Arbeitsgruppe will zeigen – ohne in Zweckoptimismus zu verfallen –, dass die Globalisierung stattdessen ausgesprochen gute Chancen für eine weltweite nachhaltige Entwicklung eröffnet, die Armut verringern und Wohlstand für die Menschen bringen kann. Diese Chancen und Herausforderungen der Globalisierung erfordern freilich innerstaatliches Handeln. Das stellt hohe Anforderungen an eine vorausschauende Politik.

Abbildung 11-1

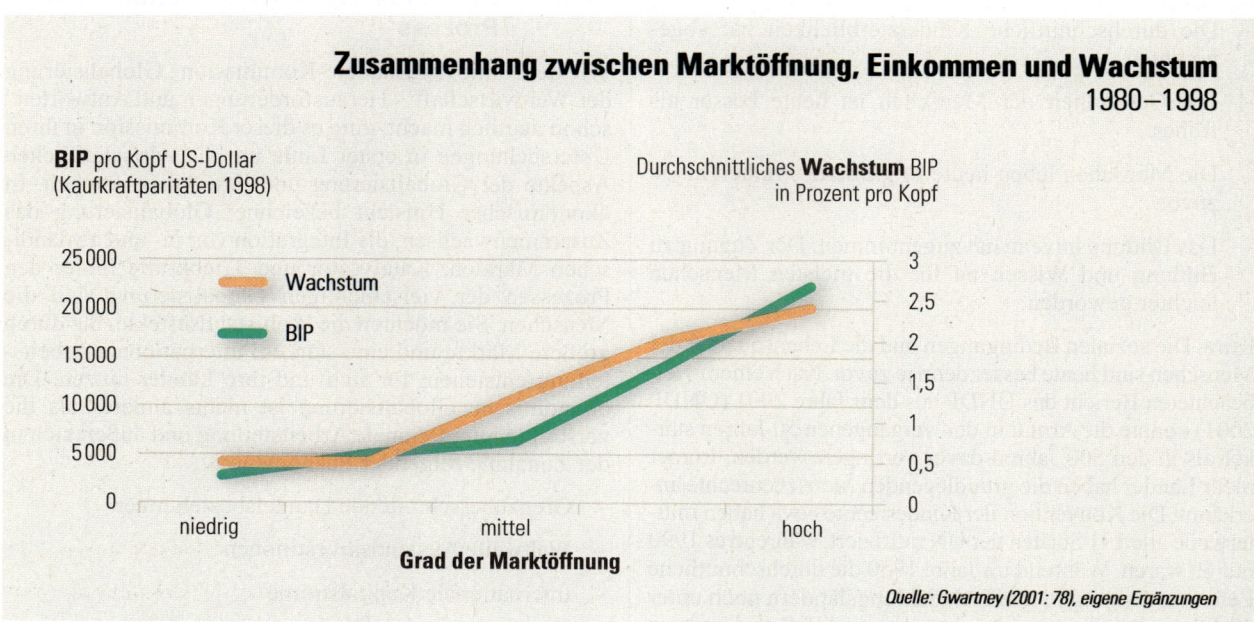

Abbildung 11-2

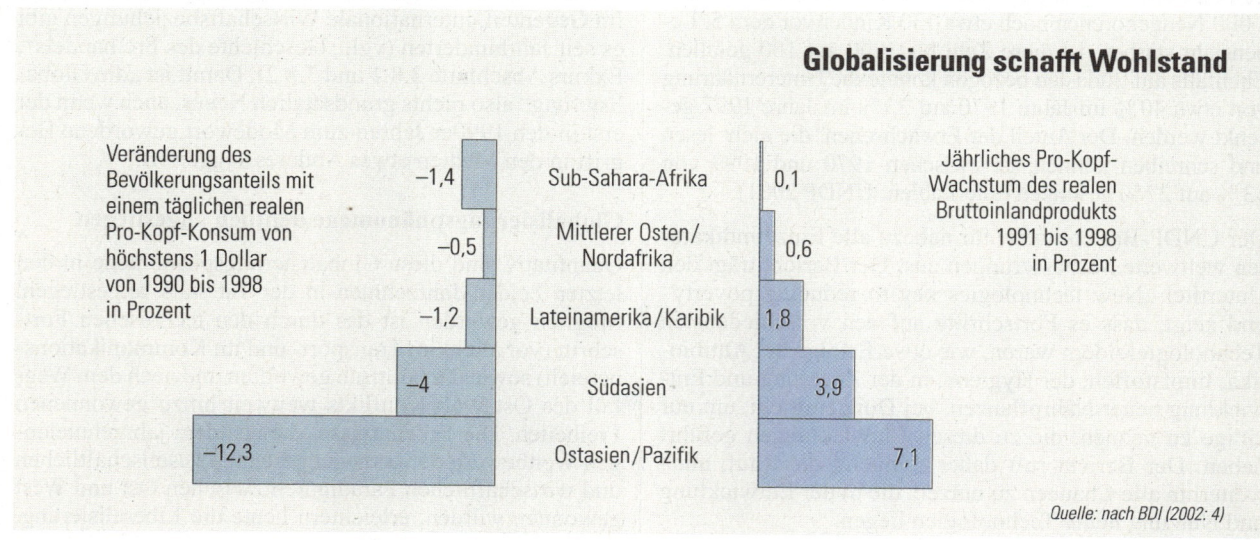

11.1.4 Globalisierung führt zu mehr Wohlstand

Empirische Untersuchungen und Beobachtungen aus den letzten Jahrzehnten zeigen: Die Globalisierung führt zu Wachstum und damit zu mehr Wohlstand in solchen Ländern, die sich bewusst dem internationalen Wettbewerb stellen und ihre eigenen Grenzen öffnen (s. Abbildungen 11-1 und 11-2). Diese Länder haben neben durchweg höheren Wachstumsraten auch höhere Einkommen und mehr Arbeitsplätze, geringere Armut und Ungleichheiten in der Einkommens- und Vermögensverteilung, ja sogar eine bessere Umweltqualität als Länder, die sich dem Geschehen auf den Weltmärkten entziehen.

Dies wird im Vergleich der Entwicklungen mancher lateinamerikanischer Länder mit den meisten Südostasiens offensichtlich. Während Länder Lateinamerikas die entwicklungspolitische Strategie der Importsubstitution befolgten – Importe sollten durch den Aufbau eigener Industrien „gespart" werden – öffneten sich südostasiatische Länder und verfolgten eine exportorientierte Strategie. Binnen einer Generation konnten sich viele südostasiatische Länder von Entwicklungsländern zu Schwellenländern entwickeln. Viele der dortigen Branchen und Unternehmen zählen heute zu den Führern auf den jeweiligen Weltmärkten. Und was oft übersehen wird: Auch Deutschland und Europa verdanken u. a. dieser Strategie ihr „Wirtschaftswunder" nach dem Krieg.

Wie entsteht dieses Wohlstandspotenzial?

Werden die Grenzen durchlässig, können Unternehmen natürliche, wirtschaftliche und politisch bedingte Standortvorteile besser nutzen und ihre Geschäfte dort tätigen, wo ihnen dies am günstigsten erscheint (Standortwettbewerb). Dies gilt für den Absatz, aber auch für Forschung und Entwicklung sowie die Produktion. Die Unternehmen werden in die Lage versetzt, Technologien anzuwenden, die sonst nicht vorhanden wären bzw. erst hätten entwickelt werden müssen. Eine Vergrößerung der Märkte ermöglicht ihnen Größen- *(Economies of Scale)* und Verbundeffekte *(Economies of Scope)* zu nutzen. Die Kosten der Beschaffung und Bereitstellung von Gütern und Dienstleistungen sinken, da die Fixkosten auf größere Stückzahlen umgelegt werden können. Die Gewinne aus der verbesserten Effizienz stehen für weitere Investitionen zur Verfügung oder werden in Form niedrigerer Preise an die Verbraucher und als Dividenden an die Aktionäre weitergegeben.

Globalisierung bedeutet mehr Wettbewerb

Die ökonomische Globalisierung findet im Wesentlichen auf zwei Ebenen statt: auf der Ebene der Märkte und auf Unternehmensebene. Beide Prozesse verlaufen zunächst parallel und führen zu größeren Räumen, in denen die Marktteilnehmer, aber auch Arbeitnehmer, Verbraucher, die Wissenschaft und die Politik agieren. Die Anzahl der Akteure in den einzelnen Märkten erhöht sich sowohl auf Seite der Anbieter als auch auf Seite der Nachfrager. Mehr Nachfrager fordern mehr Anbieter heraus. Bei offenen Grenzen stehen sie im Wettbewerb zueinander. Dies vergrößert die Wahlmöglichkeiten und Handlungsspielräume für beide, erhöht aber auch die Komplexität der Entscheidungen. Die Globalisierung, d. h. die Öffnung der Grenzen für Handel, Investitionen, Kapital sowie für die Menschen, führt also zunächst – solange sich die Marktstrukturen durch Unternehmenskonzentration nicht wieder verengen – zu mehr Wettbewerb.

Wir begrüßen den Wettbewerb nachdrücklich. Wir stellen uns damit auch bewusst gegen weite Teile des Mehrheitsberichts, den an vielen Stellen eine diffuse Furcht vor dem Wettbewerb kennzeichnet. Tendenzen zur Begrenzung des Wettbewerbs auf den verschiedensten Gebieten ziehen sich wie ein roter Faden durch den Mehrheitsbericht, etwa wenn es um die Öffnung der Märkte in Industrieländern für arbeitsintensive Produkte der Entwicklungsländer geht, bei der Diskussion um die Öffnung der Dienstleistungsmärkte, bei der Diskussion um Leistungen der öffentlichen Daseinsvorsorge, der „Harmonisierung" von Steuern und Abgaben, etc.

Angesichts der enormen Bedeutung des Wettbewerbs sehen wir eine der vornehmsten und wichtigsten Aufgaben der politischen Gestaltung in der Wahrung seiner globalen Funktionsfähigkeit. Eine der von uns eingebrachten und für uns zentralen Handlungsempfehlungen dreht sich daher um die Forderung nach einer internationalen Wettbewerbspolitik. Im Zuge der Globalisierung wird mittel- und längerfristig das Risiko einer Vermachtung weltweiter Märkte durch Unternehmenskonzentration eine der großen Herausforderungen sein. Die Absicherung der Funktionsfähigkeit des Wettbewerbs vermag dem entgegenzusteuern, denn der Wettbewerb ist der große „Entmachter". Anstatt die Marktkräfte einzuschränken, muss daher der Wettbewerb durch eine grenzüberschreitend effektive Kartellaufsicht und Fusionskontrolle gesichert werden.

Wettbewerb als globaler Koordinationsmechanismus

Wir beobachten übrigens, dass die Diskussion um Wettbewerb als globalen Koordinationsmechanismus in der Enquete-Kommission ein Spiegelbild der innenpolitischen Diskussion über das Thema Wettbewerb ist. Dies ist für uns ein Zeichen dafür, dass die Globalisierungsdebatte in der Regel nicht nur keine grundsätzlich neuen Fragen aufwirft, sondern dass viele Themen, die bereits innerhalb Deutschlands kontrovers diskutiert werden, nunmehr einfach „globalisiert" werden. Globalisierung wird also häufig als Vorwand benutzt, um neue nationale und internationale Regulierungen, meist mit dem Ziel einer Beschränkung von Wettbewerb, zu rechtfertigen.

Dieser Logik folgend, begründen die Mehrheitsfraktionen negative Entwicklungen der Weltwirtschaft kausal mit der „Globalisierung", ohne diese Bezüge wirklich herstellen zu können. Hierzu gehören implizit gemachte Vorwürfe, die Globalisierung gefährde Arbeitsplätze in den Industrieländern, vergrößere die Armut im Süden und die Ungleichheit zwischen Nord und Süd, zerstöre soziale Strukturen, die Umwelt und destabilisiere durch Spekulation das weltweite Finanzsystem. Wir werden im Folgenden darauf eingehen, dass viele dieser in der Tat unguten Entwicklungen mit der Globalisierung im engeren Sinne nichts zu tun haben.

Globalisierung belohnt gute Politik

Die disziplinierende Wirkung des Wettbewerbs gilt nicht nur für den Privatsektor, sondern ebenfalls für die Politik. Das weltweite Zusammenrücken der Menschen sorgt für mehr Transparenz, nicht nur auf den Märkten, sondern auch in der Politik. Eine Politik des gezielten Ausbaus liberaler internationaler Rahmenbedingungen für Handel und Investitionen trägt global nicht nur zu einer Erhöhung des Lebensniveaus der Menschen und des Wohlstands bei. Sie erhöht zugleich das Potenzial für mehr Demokratie und die Menschenrechte. Politische und wirtschaftliche Freiheit hängen eng zusammen.

Außerdem bestrafen liberalisierte Märkte sowie die Mobilität qualifizierter Arbeitskräfte und des Kapitals rasch und unerbittlich eine schlechte Wirtschaftspolitik. Der durch die Globalisierung bedingte Wettbewerb deckt so Stärken und Schwächen einzelner Standorte nicht nur im ökonomischen, sondern auch in sonstigen Lebensbereichen auf.

Dies gilt auch für die sozialen Sicherungssysteme. Aber hier gilt ebenso: Die Globalisierung und der Wettbewerb bedrohen unsere Sozialsysteme nicht, wenn wir sie – rechtzeitig – den veränderten Realitäten anpassen. Staatliche Sozialpolitik muss finanzierbar bleiben und die wirtschaftliche Leistungsfähigkeit einer Volkswirtschaft – vor allem im Interesse der Bürger – berücksichtigen. Nur ein Mehr an privater Eigenverantwortlichkeit anstatt staatlicher Rundum-Versorgung und Bevormundung kann das leisten, ein Prinzip, das nicht nur in der Sozialpolitik sondern bei allen staatlichen Aktivitäten wieder mehr zur Geltung gebracht werden muss. Dieser Ansatz würde übrigens auch die Steuerdiskussion entschärfen.

Wettbewerb ist der beste Katalysator, um Kosten und Nutzen der öffentlichen Leistungspalette besser als bisher in Übereinstimmung zu bringen. So würde nicht nur der Verschwendung von Steuergeldern und Abgaben vorgebeugt, die Bürger bekämen auch mehr Leistung für ihr Geld.

Die Globalisierung schafft insgesamt also starke Anreize für die Regierungen, durch eine gute (Wirtschafts- und Sozial)Politik für ihren Standort zu werben. Viele Politiker fühlen sich durch die Globalisierung „gefangen" und übersehen, dass sie nach wie vor frei sind, die richtigen Weichenstellungen für das wirtschaftliche und soziale Wohlergehen ihres Landes zu treffen. Dies ist sogar durch die Globalisierung immer wichtiger geworden. Die Globalisierung macht die positiven und negativen Folgen nationaler Weichenstellungen deutlicher als dies ohne den globalen Wettbewerb der Politik wäre.

Globalisierung bietet Chancen für alle

- Globalisierung führt zu mehr individueller Freiheit. Die Globalisierung bietet jedem die Möglichkeit, seine individuellen Ziele und Wünsche besser zu verwirklichen als das ohne die internationale Arbeitsteilung und das Zusammenwachsen der Märkte der Fall wäre. Das geht über den materiellen Wohlstand hinaus, Freiheit und Entscheidungsvielfalt nehmen ebenso zu.

- Globalisierung schafft Wissen. Freier Handel gibt den Menschen die Möglichkeit, von anderen zu lernen. Durch den Austausch von Waren und Dienstleistungen, insbesondere aber durch unternehmerische Auslandsaktivitäten bei Direktinvestitionen, werden Wissen und Technologie in alle Richtungen transferiert. Da Wissen und Bildung die Grundlage schlechthin für eine weitere Entwicklung sind, kommt diesem Globalisierungseffekt eine besondere Bedeutung für die Wohlfahrtsentwicklung aller, insbesondere unterentwickelter, Volkswirtschaften zu.

- Globalisierung schafft Arbeitsplätze auch mit wachsender Qualität. Die Arbeitnehmer jener Branchen, die an der Globalisierung teilnehmen, profitieren davon. Da die dem Wettbewerb ausgesetzten Branchen produktiver arbeiten als geschützte, erlauben die höheren Produktivitäten auch entsprechend hohe Löhne – und dies zu in der Regel auch sonst besseren Arbeitsbedingungen.

- Aber auch die Verbraucher profitieren von der Globalisierung, und zwar gleich doppelt: Zum einen führen die globalen Produktionsmöglichkeiten und der globale Wettbewerb zu niedrigeren Preisen. Zum anderen ermöglicht Handel überhaupt erst den Konsum von Gütern, die bei geringer Öffnung nur in einem begrenzten Maße den Konsumenten zur Verfügung stehen. Die Öffnung führt also zu einer deutlich ausgeweiteten Produktvielfalt für die Verbraucher.

Wie groß ist dieses Globalisierungspotenzial in quantitativer Hinsicht?

Der Abbau von Handelsschranken allein im Rahmen der Uruguay-Runde brachte der Welt einen Wohlstandsgewinn von bis zu 680 Mrd. US-Dollar. Die genannten Effekte haben das Potenzial, die jährliche globale Wirtschaftsleistung enorm zu steigern. Schon ein 33prozentiger Abbau bestehender Handelsbarrieren bei Güter- und Dienstleistungsmärkten kann zu einer Steigerung der jährlichen weltweiten Wirtschaftsleistung von 613 Mrd. US-Dollar bzw. 680 Mrd. Euro führen (Brown u.a. 2001).

Globalisierung ist also kein „Nullsummenspiel", in dem wachsender Wohlstand bei dem Einen mit wachsender Armut und Entwicklungsrückschritten bei Anderen finanziert wird. Diejenigen, die dieses behaupten, übersehen Folgendes:

- Weder nationale noch globale Wirtschaftsentwicklungen sind endlich begrenzt, Wachstumschancen bestehen immer. Die Vorstellung, dass der Eine nur auf Kosten des Anderen wachsen und dass Bestehendes nur umverteilt werden könne, steht im Widerspruch zu Theorie und Empirie.

- Beobachtungen von Unterschieden sind lediglich Momentaufnahmen. Handel und Wettbewerb sind aber keine statischen Größen, sondern sind ständig in Bewegung. Wettbewerbsvor- und nachteile können sich im Zeitverlauf ändern oder verschieben. Es gibt deshalb keine strukturell bedingte Unterlegenheit oder gar schicksalhafte Vorbestimmtheiten.

- Innerstaatliche Verhältnisse werden kaum berücksichtigt. Meist sind es aber gerade diese, auf die Missstände zurückzuführen sind. Die Globalisierung hilft jedoch, solche Missstände transparent zu machen.

Globalisierung: ein „Positivsummenspiel"

Stattdessen ist Globalisierung ein „Positivsummenspiel", das weltweit gesehen zu mehr Wohlstand führt. Die Globalisierung bietet Chancen der Entwicklung für jeden Einzelnen, der an der internationalen Öffnung teilhaben kann.

Wir wollen dieses immense Potenzial für die Menschen in der Welt freilegen und ausbauen. Handelsschranken müssen weiter abgebaut werden. Dies ist gleichermaßen im Interesse der Entwicklungs- und Schwellenländer sowie der Industrieländer.

Globalisierung ist keine „Naturgewalt". Sie wird von Menschen aktiv gestaltet. Bei richtiger Rahmensetzung überwiegen die Chancen der Globalisierung für eine nachhaltige Entwicklung in ökonomischer, sozialer und auch ökologischer Sicht. Den Menschen in der dritten Welt eröffnet sie lebenswichtige Chancen zur Bekämpfung der Armut.

Leider konnte in dieser zentralen Frage keine Zustimmung seitens der Mehrheitsfraktionen erreicht werden. Dies ist umso verwunderlicher, als einzelne Passagen und Handlungsempfehlungen des Mehrheitsberichts, etwa bei der Bewertung der Entwicklungschancen der ärmeren Länder durch Marktöffnungen, durchaus implizit oder explizit von Wohlstandseffekten der Globalisierung ausgehen.

Konsens wurde dagegen erzielt, dass Globalisierung gestaltbar ist und eines ordnungspolitischen Rahmens bedarf. Wenn jedoch die prinzipiellen Chancen der Globalisierung unterschiedlich bewertet werden, kann es nicht verwundern, dass auch die Handlungsempfehlungen an die Politik so unterschiedlich ausfallen.

11.1.5 Globalisierung als politische Aufgabe

Oberstes Ziel der politischen Gestaltung der Globalisierung muss es nach Auffassung der CDU/CSU-Arbeitsgruppe sein, die Rahmenbedingungen primär so zu gestalten, dass das der Globalisierung innewohnende Wohlstandspotenzial freigelegt wird. Dabei ist dafür Sorge zu tragen, dass weltweit Chancengerechtigkeit zwischen den Staaten und zwischen den Menschen hergestellt wird, die möglichst allen die Möglichkeit für die eigene Entwicklung eröffnet. Die weltweite Arbeitsteilung und die mit ihr verbundenen Wohlfahrtseffekte ergeben sich jedoch nicht von selbst und bedürfen eines Ordnungsrahmens. Sie führen nur dann zu Chancengerechtigkeit, wenn gewisse Voraussetzungen, für die die Politik Verantwortung trägt, erfüllt sind. Dazu müssen insbesondere

– der möglichst freie Handel von Waren und Dienstleistungen durch entsprechende internationale Abkommen abgesichert,

– die Liberalisierung der Märkte unter Schaffung einer effizienten Wettbewerbskontrolle vorangetrieben und parallel dazu möglichst viele Länder in die Weltwirtschaft integriert,

– die ärmeren Länder nach internationalem Vorbild demokratisch regiert und mit mehr rechtsstaatlich funktionierenden Institutionen ausgestattet und so für Auslandsinvestitionen attraktiv gemacht (ein internationales Investitionsabkommen wäre im Interesse der Investoren wie dieser Länder selbst),

– die bisher erreichten Liberalisierungsfortschritte auf den internationalen Finanzmärkten abgesichert,

– der Aufbau und die Transparenz von internationalen Organisationen, auch unter Hinzuziehung der „Zivilgesellschaft", gefördert,

– die zunehmende weltweite Verankerung von *„Good Governance"* erreicht werden.

Die folgenden Abschnitte befassen sich mit diesen Voraussetzungen und leiten Vorschläge ab, was im Einzelnen zu tun ist.

11.1.5.1 Grenzüberschreitenden Handel fördern

Abseits des tagesbezogenen parteipolitischen Streits, der die Diskussion in der Enquete-Kommission häufig dominiert hat, ist eine weit überwiegende Mehrheit in Wissenschaft und Gesellschaft der Meinung, dass ein freier Waren- und Dienstleistungsverkehr der Welt einen höheren Wohlstand bringt und so helfen kann, die Armut in der Welt nachhaltig zu bekämpfen. Es ist empirisch erwiesen, dass die Länder, die sich gegenüber der Globalisierung aktiv verhielten, sich dem weltwirtschaftlichen Güterverkehr öffneten, einen höheren Wohlstand erreichten als jene, die sich von ihm abschotteten (s. Abbildung 11-1). Der Weg der Liberalisierung und Deregulierung sollte deshalb fortgesetzt werden.

Deutschland ist das Paradebeispiel dafür, dass die Integration in die Weltwirtschaft entscheidend für die gesamtwirtschaftliche Entwicklung und Wohlstand ist. Nationale Verteilungsspielräume können erhöht werden. Die soziale Marktwirtschaft wird dadurch in die Lage versetzt, gewisse Korrekturen in der Verteilung von Einkommen, Vermögen und Chancen vorzunehmen.

Nicht nur die Erfahrungen in Deutschland, sondern auch jene in vielen anderen Industrie-, Transformations- und Entwicklungsländern haben gezeigt, dass die Befürchtungen der Mehrheit der Kommission unzutreffend sind, wonach Länder vor der Globalisierung geschützt werden müssten. Werden spezielle Maßnahmen als notwendig erachtet – etwa in Zeiten des Systemwechsels oder als Teil einer Aufbaustrategie, um im Übergang zu internationalem Wettbewerb zu bestehen – so sind diese so marktkonform wie möglich zu gestalten und mit einem zeitlichen Limit zu versehen. Als spezifische Reaktion auf die Globalisierung sind diese allerdings nicht zu deuten.

Handelsschranken abbauen:

Entwicklung, gerade der ärmsten Länder, durch Hilfe zur Selbsthilfe ermöglichen

Seit den 1960er Jahren haben sich die Wohlstandsunterschiede zwischen Industrie- und Entwicklungsländern vergrößert. Ist dies eine Auswirkung der Globalisierung?

Im Wesentlichen gibt es zwei unterschiedliche Strategien, Entwicklungsrückstände aufzuholen.

Auf Importsubstitution setzende und nach innen gerichtete Strategien versuchen, in einer nach außen geschützten Volkswirtschaft eine eigene industrielle Basis zu entwickeln. Dabei wird angenommen, dass diese Basis in Zukunft im internationalen Wettbewerb werde bestehen können. Da aber Wettbewerbsfähigkeit grundsätzlich nur im Wettbewerb aufgebaut wird, führt diese Strategie – bei beachtlicher Wirtschaftslenkung durch den Staat – meist zu beträchtlicher Verschwendung von Ressourcen und ist oft ein ebenso teures wie erfolgloses Unterfangen. Trotzdem werden so handelnde Staaten häufig von jenen – ideologisch motivierten – Kräften unterstützt, die Entwicklungsunterschiede zwischen Nord und Süd nur in strukturellen Nachteilen der Länder der südlichen Hemisphäre, in traditionellen inter-industriellen Handelsmustern oder in Ausbeutung der Industrieländer sehen. Viele Länder Südamerikas haben sie in den 1960er und 1970er Jahren verfolgt – ohne nachhaltigen Erfolg, wie wir inzwischen wissen. In abgeschotteten Märkten können in der Regel eben keine wettbewerbsfähigen Strukturen entstehen.

Entwicklungschancen durch Öffnung der Märkte

Die andere Strategie, die von vielen Ländern Südostasiens angewendet wurde, zielt auf eine möglichst frühe handelspolitische Öffnung und die damit verbundenen Entwicklungschancen. Nur diejenigen, die sich in den grenzüberschreitenden Handel integrieren, können an den Effizienzgewinnen und der weltumspannenden Verbreitung von technischen Neuerungen partizipieren. Die Gewinne einer frühzeitigen handelspolitischen Öffnung führen zu einer effizienteren Verwendung von Ressourcen, da importierte Technologien im Inland nicht noch ein zweites Mal entwickelt werden müssen. Stattdessen stehen die ersparten Ressourcen anderen Bereichen zur Verfügung und können jene Sektoren fördern helfen, in denen das Land komparative Vorteile besitzt. Nach dem Erfolg dieser Strategie für die Schwellenländer Südostasiens haben mittlerweile auch viele Entwicklungsländer die darin liegende Chance erkannt.

Aber gerade dort, wo viele Entwicklungsländer komparative Kostenvorteile aufweisen, ist ihnen der Marktzugang oft durch hohe Zölle oder quantitative Handelshemmnisse verwehrt. Prominente Beispiele sind die Textil- und Agrarindustrie, Teile der Schwerindustrie und andere arbeitsintensive Bereiche. Außerdem sehen sich Entwicklungsländer oft mit Anti-Dumping-Maßnahmen der Industrieländer und einem besonders entwicklungshemmenden Instrument der Handelsprotektion konfrontiert, der sog. Tarifeskalation: steigende Zollsätze analog zum Verarbeitungsgrad der Waren, was vielen Entwicklungsländern das Herausbilden ertragreicher Exportsektoren erschwert.

Abbau von protektionistischen Strukturen

Eine Öffnung der Märkte der Industrieländer für Produkte der Entwicklungsländer könnte diesen nach einer UNCTAD-Schätzung bis 2005 zu zusätzlichen Einnahmen von jährlich 700 Milliarden Dollar verhelfen. Zum Vergleich: Ein solches Volumen entspricht 35% ihrer jährlichen Einnahmen bzw. 65% ihrer derzeitigen Warenexporte (UNCTAD 2002). Die gesamte Entwicklungshilfe der OECD-Länder beläuft sich demgegenüber zzt. auf jährlich 50 Milliarden Dollar (UNCTAD 2002), um die Dimensionen dieser Chance einmal herauszustellen. Die Industrieländer sind also gefordert, ihre Grenzen zu öffnen und protektionistische Handelspraktiken künftig abzubauen. Das haben nicht zuletzt die Verhandlungen während der WTO-Ministerkonferenz in Doha 2001 gezeigt. Natürlich wird dies nicht reibungslos zu bewerkstelligen sein und teils schmerzhafte Anpassungen innerhalb der Industrieländer erfordern.

Aber auch in den Industrieländern selbst schlummern noch viele Wachstums- und Entwicklungspotenziale, die z. Zt. noch durch protektionismusbedingte Verschwendung von Ressourcen vergeudet werden. Der weltweite Abbau von Handelsschranken nutzt nicht nur den Entwicklungsländern, sondern auch den Industrieländern.

Die Erfahrung zeigt, dass grenzüberschreitender Handel und Investitionen nicht nur wirtschaftlichen Fortschritt mit sich bringen, sondern auch einen höheren Standard bei Menschenrechten und Fortschritten im Umweltschutz fördern. Zudem ermöglichen sie einen zielgerechten Einsatz der Entwicklungsbudgets der Industrieländer zur Lösung besonderer Problemfelder der Entwicklungspolitik und ermöglichen den Entwicklungsländern, ihre Zukunft in die eigenen Hände zu nehmen.

Unsere Kräfte sollten deshalb auf eine weitere konsequente Marktöffnung und den weiteren Ausbau der WTO gerichtet sein. Ein für Alle vorteilhafter Welthandel braucht ein Forum, das die Spielregeln setzt und ihre Einhaltung überwacht. Der freie Handel ist zwar nicht alleine verantwortlich für Entwicklungserfolge. Bei entsprechender Ordnungspolitik im Inneren ist er jedoch willkommener Beschleuniger.

Sozial- und Umweltstandards durch Handel und Austausch entwickeln

Mindeststandards im Sozial- und Umweltbereich sind wesentlich für die Entwicklung von Menschen, Gesellschaften und Volkswirtschaften. Es darf nicht dazu kommen, dass Länder im Zuge ihrer Entwicklung dauerhaft Raubbau an ihren menschlichen und natürlichen Ressourcen betreiben. Ein dauerhafter Raubbau an diesen Ressourcen würde dazu führen, dass diese Länder im Entwicklungsprozess nicht aufholen, sondern immer mehr im Entwicklungsniveau zurückfallen. Das Leitbild der nachhaltigen Entwicklung zeigt, dass die Verbesserungen der Leistungsfähigkeit im ökonomischen, sozialen und ökologischen Bereich sich gegenseitig bedingen und nicht teiloptimiert werden können, ohne Entwicklungsprozesse als Ganzes in Frage zu stellen.

Kernarbeitsnormen der ILO

Bei den Sozialstandards sind vor allem die qualitativen Kernarbeitsnormen der Internationalen Arbeitsorganisation (ILO) von Bedeutung. Diese Kernarbeitsnormen verbriefen das Recht auf Vereinigungsfreiheit und Kollektivverhandlungen, die Abschaffung der Zwangsarbeit, die Beseitigung von Diskriminierung in Beschäftigung und Beruf sowie das Verbot von Kinderarbeit. Diesen Standards wird allgemein der Charakter von universellen Menschenrechten zuerkannt. Quantitative Sozialstandards wie Höchstarbeitszeiten, Mindestlöhne, Urlaubszeiten usw. spielen in der Diskussion noch eine untergeordnete, aber vermutlich künftig wachsende Rolle. Bei Umweltstandards geht es vor allem um die Verhinderung einer Übernutzung von Umweltgütern zu Lasten Dritter, wie etwa der nachfolgenden Generationen.

Als weiteres Argument für solche Normen wird angeführt, dass sie für gleiche Wettbewerbsbedingungen notwendig seien. Unternehmen verließen die hoch regulierten Länder, um in weniger regulierten Ländern unter weitgehend sanktionsfreier Nutzung – etwa von Umweltgütern – billiger produzieren zu können. Länder mit niedrigen oder nicht vorhandenen Sozial- oder Umweltstandards würden sich dadurch einen ungerechtfertigten Wettbewerbsvorteil gegenüber solchen Produzenten erwerben, die an Standards gebunden sind. Dieses Verhalten – häufig etwas polemisch „Sozialdumping" und „Umweltdumping" genannt – führe zu einem *„Race to the Bottom"* der Standards.

Verknüpfung Handelsregeln mit Sozial- und Umweltstandards: falsches Signal

Um Sozial- und Umweltstandards global durchzusetzen, fordern seit einigen Jahren viele Gruppierungen in Industrieländern – insbesondere Gewerkschaftsverbände, verschiedene NGO, kirchliche Gruppen und weitere Globalisierungskritiker – entsprechende Mindeststandards in die weltweite Handelsordnung der WTO einzubeziehen. Durch den dort verankerten Streitbeilegungsmechanismus hätte man ein effizientes Sanktionsmittel in der Hand.

Dabei ist jedoch zu fragen, ob eine Verquickung von Handelsregeln mit Sozial- und Umweltstandards tatsächlich zu dem gewünschten Resultat führt, nämlich einer Angleichung der Entwicklungschancen in Nord und Süd.

Wie kann man höhere Standards erreichen? Nicht durch Verordnung und auch nicht durch ihre Integration in die WTO, wie es die Mehrheitsfraktionen vorschlagen. Der Weg über – seitens der Unternehmen – freiwillig vereinbarte Standards ist zur Zeit mit Sicherheit der am meisten Erfolg versprechende Ansatz. Die meisten Entwicklungsländer können sich wegen der noch geringen Produktivität ihrer Volkswirtschaften schlicht noch keine höheren Standards leisten und lehnen eine Kopplung von Standards an die WTO daher ab, wie auch in Doha wieder klar wurde. Dies tun sie übrigens nicht, weil sie unsere Systeme der sozialen Sicherung zerstören oder die Umwelt verpesten wollen, sondern weil sie ihre Volkswirtschaften entwickeln wollen.

Das heißt nicht, dass man über die Kernarbeitsnormen oder in Umweltabkommen akzeptierte Umweltstandards hinwegsehen sollte. Wir sind lediglich der Meinung, dass ihre Durchsetzung mit Mitteln von Sanktionen der völlig falsche Weg ist. Diese Kopplung eröffnet protektionistischen Interessen Tür und Tor und verstärkt oft jene Missstände, zu deren Beseitigung Standards entwickelt worden sind. Ein Beispiel: Als Resultat des internationalen Drucks auf Bangladesh, Kinderarbeit in Produktion von Textilien einzuschränken, wurden viele Kinder entlassen und mussten sich in wesentlich gefährlicheren Bereichen eine Beschäftigung suchen: als Prostituierte oder Steinbrucharbeiter – oder in Industrien, die nur für den Heimatmarkt und nicht für den Export produzieren. Ähnlich verhält es sich mit Sanktionen wegen unzureichender Umweltstandards. Während diese oft zu einem drastischen Rückgang der Produktion führen, sind die positiven Umweltwirkungen meist gering. Diese Realitäten dürfen nicht aus ideologischen Gründen verdrängt werden. Bei der Einigkeit im Ziel bestehen erhebliche Unterschiede in der Methodik der Zielerreichung.

Höhere Entwicklung schafft höhere Standards

Die Erfahrung zeigt, dass wachsender Wohlstand mit dem Wunsch nach höheren Sozial- und Umweltstandards einhergeht. Deutschland ist hierfür geradezu ein Paradebeispiel. Daher müssen – wie schon bei der Entwicklung der heutigen Industrieländer – neue nationale und internationale Vorgaben im Sozial- und Umweltbereich unter Berücksichtigung der jeweiligen Lage und des Standes der verschiedenen Länder getroffen werden. Standards können keine fixen Ziele *per se* sein. Ziel muss es gerade sein, im Laufe einer nachhaltigen Entwicklung diese Standards schrittweise weiterzuentwickeln.

Wie oben gezeigt, ist aber gerade die gesteigerte internationale Arbeitsteilung in Form des grenzüberschreitenden Handels und der Direktinvestition die wesentliche Quelle für Entwicklung und Wohlstand. Der richtige Weg zu immer höheren Standards ist daher ein freier Austausch von Waren und der damit verbundene Transfer von Technologie und die damit ermöglichte Entwicklung. Soll die Handelspolitik wirklich zur Besserung der Entwicklungschancen in Schwellen- und Entwicklungsländern beitragen, so sind die Grenzen der Industrieländer natürlich auch für jene Produkte zu öffnen, in den die Schwellen- und Entwicklungsländer komparative Vorteile haben. Gerade aus Gründen der Fairness und Solidarität müssen internationale Kosten- und Preisdifferenzen als Ergebnis unterschiedlicher Faktorausstattungen und Produktivitäten – zumindest kurzfristig – akzeptiert werden. Hierzu müssen viele Industrieländer und Handelsblöcke ihre protektionistischen Mauern einreißen.

ILO und UNEP stärken

Die Kernarbeitsnormen der ILO und Umweltstandards können verwirklicht werden, ohne in das Regelwerk der WTO einbezogen zu werden. Hierzu bieten die ILO und die UNEP (United Nations Environment Programme), die sich direkt mit diesen Standards beschäftigen, die geeignete Plattform. Diese Institutionen müssen gestärkt werden und mit anderen Sanktionsmöglichkeiten als Handelssanktionen ausgestattet werden. Dazu ist mehr technische und finanzielle Hilfe seitens der Industriestaaten notwendig. Wir sollten die Energien darauf lenken, in Schwellen- und Entwicklungsländern jene Institutionen zu schaffen und zu fördern, die sich die Verbesserung der Arbeits- und Lebensbedingungen zum Ziel gesetzt haben.

Hierzu tragen auch transnationale Unternehmen bei, wenn sie in jenen Ländern ihre weltweit geltenden Verhaltensregeln anwenden und moderne Techniken verwenden.

Zusammenfassend: Die Entwicklung, die Durchsetzung und das Erreichen immer höherer Standards in Entwicklungsländern wird nicht durch eine Handelspolitik der Sanktionen, sondern durch eine regelgestützte Handelspolitik der Öffnung erreicht.

11.1.5.2 Funktionsfähigkeit globaler Finanzmärkte stärken: Weltweiten Handel und Austausch sichern

Für die Finanzierung internationaler Handelsströme sowie für die heimische Produktions- und Investitionstätigkeit sind funktionsfähige Finanzmärkte von entscheidender Bedeutung. Die riesigen globalen Finanzströme beruhen weitgehend, aber nicht ausschließlich, auf den Waren- und Dienstleistungsströmen. Denn jeder Handelsabschluss zieht eine Vielzahl von Finanztransaktionen nach sich. Kapital sucht rentable Anlagemöglichkeiten auf der ganzen Welt und wechselt bei Veränderungen von Rahmenbedingungen oder Erwartungen seinen Anlageort in bisweilen kürzester Zeit. Von der Liberalisierung und Deregulierung haben die Finanzmärkte und insbesondere die Finanzierung der Weltwirtschaft bisher am meisten profitiert. Dies ist ein Element des Systemwettbewerbs nach dem Motto „Das Kapital sucht sich seinen besten Wirt".

Zunächst konzentrierte sich die Masse der internationalen Kapitalströme auf die etablierten Industrieländer. Seit den letzten zehn Jahren fließt auch zunehmend mehr Kapital in Form von Direkt- und Portfolioinvestitionen in Entwicklungsländer, ein Indiz für gesteigertes Vertrauen in die jeweilige Wirtschaftspolitik. Die Kapitalströme haben sich seit Ende der 1980er Jahre bereits verfünffacht (Brunetti und Scheidegger 2002: 9).

Finanzkrisen: Globalisierung macht Ordnungsdefizite transparent

Nach dem Scheitern des Bretton Woods-Systems hat es immer wieder schwere Wechselkursprobleme und krisenhafte Zuspitzungen in einzelnen Ländern oder Regionen gegeben. Jüngste Beispiele sind die Asienkrise 1997/98 oder die Argentinienkrise 2001/02. Derartige Krisen und die hohe Volatilität der meist kurzfristigen Finanzströme erschüttern das Vertrauen in die Funktionsfähigkeit nationaler und internationaler Finanzmärkte. Sie stellen das Wirken der internationalen Finanzinstitutionen in Frage und führen zu Vermögensverlusten für Wirtschaftssubjekte und Volkswirtschaften. Sie zerstören Wohlstandsgewinne und führen zu neuer Armut.

Die Finanzkrisen und Missstände auf den Finanzmärkten werden oft pauschal der Globalisierung in die Schuhe geschoben. Es gebe so etwas wie „vagabundierendes Kapital", das sich bar jeder güterwirtschaftlichen Basis global und binnen kürzester Zeit immer neue Wirte sucht. Gleichzeitig werden neuere Entwicklungen (wie etwa die so genannten Finanzinnovationen oder das *„Shareholder-Value"*-Denken) für die hohe Volatilität der Märkte verantwortlich gemacht. Dieses immer nur kurzfristige Kapital würde dann auch keiner geordneten Entwicklung mehr zur Verfügung stehen. Zur Abwehr derartiger Störungen wird zunehmend eine wieder erhöhte Regulierung („Reregulierung") der internationalen Finanzmärkte und eine neue Finanzarchitektur gefordert.

Bei näherer Betrachtung sind diese Vorwürfe haltlos. Denn Finanzkrisen erfassten bislang insbesondere jene Länder, die eine ungenügende Finanzmarktordnung besaßen. Zudem provozierte das Festhalten an marktwidrigen festen Wechselkursen geradezu die Spekulation gegen sie. Platzen dann noch Spekulationsblasen an den Börsen oder bestehen Kapitalgeber auf der Einlösung kurzfristiger Verbindlichkeiten, so werden Finanzkrisen wahrscheinlich. Deren Ursache sind aber allesamt in den Ordnungsbedingungen der Finanzmärkte zu sehen. Die Globalisierung macht die Defizite transparent und könnte im Gegenteil zur Disziplinierung der heimischen Finanzmarktakteure führen. Die Finanzmärkte sind nicht nur die Gewinner der Globalisierung, auch sie müssen sich dem verschärften Wettbewerb und damit schrumpfenden Margen stellen.

Wohlstand durch geordneten freien Kapitalverkehr

Ein freier internationaler Kapitalverkehr fördert langfristig Wohlstand, Wachstum und Beschäftigung. Er führt Kapital seiner volkswirtschaftlich besten Verwendung zu. Der notwendige Ausgleich von Ersparnissen und Investitionen wird erleichtert, Sparer erhalten eine größere Vielfalt an Anlagemöglichkeiten, Investoren eine größere Finanzierungsvariation.

Generelle Beschränkungen des grenzüberschreitenden Kapitalverkehrs sind falsche Signale für die Märkte. Sie führen zu Wohlstands- und Beschäftigungseinbußen. So erstrebenswert eine in Zukunft geringere Schwankung der Wechselkurse – insbesondere die der Schlüsselwährungen Dollar, Euro und Yen – ist, so sehr muss davor gewarnt werden, dies mit nicht-marktformen Mitteln erreichen zu wollen. Erstrebenswert sind nicht feste Wechselkurse an sich, sondern realistische Wechselkurse. Wenn diese im Zeitablauf stabil bleiben, dann umso besser, denn dann spiegelt sich darin eine verlässliche Wirtschaftspolitik wider. Wechselkurse sind der ganz wesentliche Ausdruck der Einschätzung der Politik und der *„Performance"* des Währungsgebiets.

Keine „Tobin-Steuer"!

Zur Abwehr von „spekulativen" Geldern wird von Globalisierungskritikern eine Steuer auf kurzfristige internationale Finanztransaktionen gefordert („Tobin-Steuer"). Abgesehen davon, dass „Spekulation" weder definiert werden kann noch *per se* verwerflich ist, muss darauf hin gewiesen werden, dass der größte Teil der kurzfristigen Kapitalbewegungen mit dem Verkehr von Waren und Dienstleistungen (zum Beispiel zur kurzfristigen Zwischenfinanzierung oder Fristentransformation) mittelbar oder unmittelbar zusammenhängt. Eine solche Spekulationssteuer träfe also den Handel direkt und würde ihn wiederum noch unsicherer machen! Darüber hinaus könnte eine Tobin-Steuer allenfalls dann wirken, wenn sie von allen Länder der Welt eingeführt wird.

Finanzaufsicht verbessern

Viele Länder verfügen auch noch nicht über ein ausreichend stabiles und umfassendes Finanzsystem mit entsprechender Aufsicht. Hier sind Hilfen der großen Industrieländer und von IWF, Weltbank u. a. notwendig und sinnvoll. Dies müssen nicht unbedingt monetäre Hilfen sein, sondern könnte in wertvollen Beratungsleistungen liegen, so bei dem Entwurf neuer Zentralbankgesetze, die die Unabhängigkeit der Zentralbank von der Regierung festschreiben. Gerade die jüngsten Finanzkrisen haben wieder gezeigt, dass die Hauptursachen in „hausgemachter", interventionistischer Wirtschaftspolitik bestanden.

Krisenprävention und Krisenmanagement von IWF und Weltbank

Die internationale „Finanzarchitektur" hat sich grundsätzlich bewährt. Die in jüngerer Zeit begonnene Rückführung von Weltbank und IWF auf ihre ursprünglichen Kernaufgaben ist richtig. Der IWF sollte die ihm 1997 zugewiesene Aufgabe der Liberalisierung des Kapitalverkehrs realisieren. Außerdem ist zur Abwehr unvermeidbarer Krisen ein System wirksamer Notmaßnahmen zu entwickeln (Krisenmanagement), damit auch die Gefahr der „Ansteckung" von nicht direkt betroffenen Staaten minimiert wird. Vor allem aber sind alle Maßnahmen zur Krisenprävention zu begrüßen. Dazu zählt für den IWF eine aktivere Rolle bei der Erhebung und Aufbereitung von länderspezifischen Kapitalmarktinformationen. Entwicklungs- und wachstumspolitische Aufgaben sollten der Weltbank zugeordnet werden und bleiben.

Vorwürfe, wonach die Weltbank, vor allem aber der IWF an Finanzkrisen eine große Schuld tragen und außerdem Länder (v.a. Entwicklungsländer) in eine falsche restriktive Politik treiben würden, sind ungerechtfertigt. Richtig ist, dass bei der Kreditgewährung die nationale Politik durch den IWF beurteilt wird und Wert auf eine stabilitätsorientierte Politik gelegt wird („Washington Consensus"). Dies ist unter dem Gesichtspunkt optimaler Kapitalallokation richtig, eine andere IWF-Politik wäre fahrlässig. Die Souveränität und Handlungsfähigkeit der kreditnehmenden Staaten wird hierdurch nicht unzulässig eingeschränkt. Kapitalmarktbewegungen bleiben immer ein Spiegel der ordnungspolitischen Situation in den jeweiligen Ländern.

Wirksame Vorgehensweise gegen Geldwäsche und Offshore-Finanzmärkte

Es liegt auf der Hand, dass gegen kriminelle Handlungen auf den Finanzmärkten mit allen verfügbaren Mitteln vorgegangen werden muss. Die Staatengemeinschaft muss private Macht durch Gestaltung der Rahmenbedingungen begrenzen und vor allem Geldwäsche, Steuerhinterziehung und die Finanzierung von Terrormaßnahmen etc. durch eine Verbesserung der internationalen Finanzaufsicht unterbinden. Die entsprechenden Vorschläge der internationalen Institutionen (z. B. OECD, Financial Stability Forum) sind zu unterstützen.

Wie wir sehen, geht es also auch bei der Diskussion um die globalen Finanzmärkte in Wirklichkeit um das Thema Wettbewerb. So sanktionieren liberalisierte Finanzmärkte eben eine schlechte Wirtschaftspolitik. Verursacht ein Staat durch eine wachstums- und stabilitätsgefährdende Geld- und Finanzpolitik erhebliche Teuerungsraten und hohe Budgetdefizite, bestrafen ihn die Finanzmärkte mit hohen Risikoaufschlägen bei den Zinsen. Entsprechend belohnen die Finanzmärkte eine langfristige und auf Seriosität ausgerichtete Wirtschaftspolitik.

11.1.5.3 Die Basis jeder effizienten Wirtschaftsordnung: Rechtsstaatlichkeit fördern

Die Globalisierung stellt anspruchsvolle Anforderungen an die innere Verfassung von Staatswesen und die Rolle des Staates bei der Gestaltung der Wirtschaftsordnung und -prozesse. Die Staaten müssen eine leistungsfähige Rechts- und Wirtschaftsordnung im Inneren aufbauen, innerhalb derer sich die Wirtschaftsprozesse dynamisch, aber in geordneten Bahnen, entfalten können. Über die Qualität ihrer Wirtschaftsordnungen, darunter die Sozialordnung, die Ordnung des Arbeitsmarktes, des Wettbewerbs u.v.m., treten die Staaten in einen Wettbewerb der Systeme um die Standorte der mobilen Produktionsfaktoren ein.

Für Marktbeziehungen innerhalb einer Marktwirtschaft sind marktpreisgesteuerte Wirtschaftsprozesse und dezentrale Planung der Wirtschaftsprozesse konstitutiv. Um der Ausbeutung durch Kartelle und Monopole und durch sonstige Vermachtung der Wirtschaftsprozesse vorzubeugen, ist allerdings eine aktive Wettbewerbspolitik notwendig, die Kartelle verbietet, Monopole unter eine Missbrauchsaufsicht stellt sowie das Entstehen und die Verstärkung von marktbeherrschenden Stellungen durch Unternehmenszusammenschlüsse („externes Wachstum") verhindert.

Soziale Marktwirtschaft, Demokratie und Rechtsstaatlichkeit

Aus der „Interdependenz der Ordnungen" (Walter Eucken) ergibt sich, dass sich eine freiheitliche Wirtschaftsordnung und eine freiheitliche Gesellschafts- und Rechtsordnung gegenseitig bedingen. Deshalb passen (soziale) Marktwirtschaft, Demokratie und Rechtsstaatlichkeit so gut zusammen und ergänzen sich hervorragend. Viele Staaten in der Welt sind aber nicht demokratisch verfasst, und Rechtsstaat und Demokratie sind auch nicht ohne weiteres gleichzusetzen. Demokratisch ist ein Staat, der auch die politischen Rechte seiner Bürger unter den Schutz seines Rechtssystems stellt und dessen Organisation von der bestimmenden Teilhabe des Volkes an der Regierung ausgeht. Rechtsstaatlich wird man einen Staat bereits nennen können, wenn er die Menschenrechte respektiert und sein Rechtssystem durch unabhängige Gerichte diskriminierungsfrei absichert.

Mit anderen Worten: Der rechtliche Schutz vor staatlicher oder privater Willkür kann auch von Staaten gewährt werden, die noch Demokratiedefizite aufweisen. Wirtschaftliche Aktivitäten entwickeln sich aber nur bei

Planungssicherheit. Dies gilt erst recht für den Handel und grenzüberschreitende Auslandsinvestitionen. Entscheidend für die wirtschaftlichen Beziehungen zwischen Unternehmen oder Volkswirtschaften bleibt deshalb das Maß an praktizierter Rechtsstaatlichkeit unter den Handelspartnern. Die gewählte Staatsform ist hierbei nicht allein entscheidend – trotz unserer eindeutigen Präferenz für die demokratische. So hat in der Wirtschaftsgeschichte der internationale Handel immer funktioniert. So operiert zu Recht auch die WTO, die – weil Demokratien eben so verbreitet (noch) nicht sind – unter ihrem Dach viele Staaten beherbergt, die in dieser Hinsicht deutliche Defizite aufweisen.

Die Bedeutung von rechtsstaatlichen Garantien für potentielle Außenhandelspartner und Investoren haben auch solche Entwicklungsländer erkannt, die nicht allzu demokratisch organisiert sind. Sie zeigen – nicht immer aus eigenem Antrieb – Interesse an rechtlichen Ordnungssystemen, mit denen sie wirtschaftliche Partnerschaft „einzuwerben" hoffen. Die Umsetzung in rechtlicher Realität kommt dann aber doch oft – wenn überhaupt – nur sehr langsam voran.

Gerade im Zeitalter der Globalisierung offenbaren sich die Stärken und Schwächen eines gesellschaftlichen Systems samt seiner Rechtsordnung. In weiten Teilen der Erde konnten sich demokratische Gesellschaftsformen entwickeln, Wohlstand und Frieden sichern und totalitäre Systeme ablösen. Dauerhaft wird Globalisierung nur akzeptiert und Bestand haben, wenn sie von demokratischen Staaten getragen und gestaltet wird.

Verantwortungsbewusster internationaler Politik muss es darum gehen, anderen Ländern zu helfen, rechtsstaatliche und demokratische Systeme aufzubauen. Das Wettbewerbsrecht und rechtliche Garantien zum Schutz von Investitionen sind Beispiele dafür.

11.1.5.4 Die Voraussetzung für eine gerechte globale Wirtschaft: Eine internationale Wettbewerbspolitik schaffen

Eine funktionierende Wettbewerbsaufsicht ist also eine der zentralen Aufgaben eines für internationalen Handel und Austausch attraktiven Rechtsstaats. Defizite an Planungssicherheit für die Unternehmen, aber auch Risiken der unkontrollierten Vermachtung der Märkte, entstehen, wenn unternehmerische Aktivitäten in „rechtsfreie" Räume vorstoßen.

Nationale Wettbewerbsordnung

Eine nationale Wettbewerbsordnung ist nur auf eine Jurisdiktion begrenzt. Mit der Internationalisierung der Märkte und der Durchlässigkeit von politischen Grenzen wachsen zunehmend grenzüberschreitende unternehmerische Aktivitäten aus dem Geltungsbereich ihrer Rechtsordnungen heraus in neue hinein und/oder „emanzipieren" sich gar von jeglicher Jurisdiktion. Diese Entwicklung ist dem Grunde nach nicht neu, sie hat sich nur in den vergangenen zehn Jahren ganz wesentlich beschleunigt. Sie ist Mitursache für die wachsende Bedeutung des Völkerrechts, das zum Ziel hat, das Entstehen rechtsfreier Räume zu verhindern. Nationale Rechtsordnungen sind oft dazu nicht mehr in der Lage. So sind das Europäische Recht und seine Institutionen entstanden, so entsteht eigene völkerrechtsbasierte Jurisdiktion in neuen Wirtschaftszonen, und dieser Prozess findet nun auch verstärkt global statt.

Internationale Wettbewerbsordnung

Für marktwirtschaftlich orientierte Staaten und Staatengemeinschaften ist Wettbewerb das konstitutive Element ihrer Wirtschaftsordnungen. Der aus der Freiheit der Wirtschaftssubjekte resultierende Wettbewerb muss aber ebenso wie die auf den politischen Freiheiten basierende Demokratie ständig gegen Vermachtung geschützt werden. Hierfür sind ein Wettbewerbsrecht und Institutionen erforderlich, die auf die Einhaltung der vorgegebenen Spielregeln achten und sie durchsetzen. Auch die internationalen Handelsbeziehungen bedürfen eines solchen Rechtsrahmens. Die Initiativen hierzu gehen in drei Richtungen, die nebeneinander verfolgt werden sollten: den multilateralen, den plurilateralen und den bilateralen Ansatz.

Multilateraler Ansatz

Multilateral ist der Ansatz, Wettbewerbsregeln im Rahmen der WTO auszuhandeln. Er wurde auf der WTO-Ministerkonferenz 1996 in Singapur mit Gründung der „Working Group on the Interaction between Trade and Competition Policy" aufgegriffen und auf der jüngsten Ministerkonferenz in Doha bestätigt. Allerdings hat sich die Einsicht in die Wichtigkeit von Missbrauchsaufsicht und Fusionskontrolle bisher noch nicht in der WTO durchgesetzt. Dies ist bei der Zahl der Mitglieder der WTO und der Einstimmigkeitsmethode nicht weiter überraschend. Es verwundert daher nicht, das die Working Group in den fünf Jahren ihrer Existenz noch zu keinen greifbaren Ergebnissen gelangt ist. Wenn ihr das irgendwann mit einem Verbot von Hardcore-Kartellen gelingen sollte, wäre multilateral sicher ein sehr wichtiger erster Schritt getan. Bis dahin kann die Gruppe im Sinne einer *„Competition Advocacy"* bewusstseinsbildend wirken, was nicht zu unterschätzen wäre. Mit dem um vieles komplexeren Thema „Fusionskotrolle" aber wäre die WTO wohl für nicht absehbare Zeit überfordert. Hier jedoch liegen – angesichts des noch keineswegs ausgelaufenen Trends zu Megafusionen – die eigentlichen, nicht nur wettbewerblichen Risiken einer wirtschaftlichen Vermachtung.

Plurilateraler Ansatz

Pragmatisch ist der plurilaterale Ansatz, der bei der Diskussion über eine globale Kontrolle von Unternehmenszusammenschlüssen und Missbrauch von Marktmacht mit Industriestaaten beginnt, die bereits eine entwickelte Wettbewerbsordnung und Erfahrungen mit ihrer Implementierung haben, und diesen „Club" beitrittsoffen gestaltet. In eine solche Richtung zielt das im Oktober 2001 in New York gegründete „International Competition Network" (ICN). Auch hier wird es zunächst um intensiveren Informationsaustausch und verbesserte Kooperation gehen. Die allermeisten Mitglieder des ICN haben jedoch langjährige Erfahrungen mit dem Antitrust-Recht, auch mit dem Instrument der Fusionskontrolle. Dies bietet die Chance, dass sich hier schneller als sonst im Wege einer *„Soft Harmonisation"* zunächst gemeinsame Auslegungsregeln herausbilden, die sich nach und nach zu einem Regelwerk verdichten. Auch das wird seine Zeit brauchen, aber schon jetzt wird immer öfter der Bedarf an internationalen Fusionsregeln von den international tätigen Unternehmen eingefordert.

Bilateraler Ansatz

Auch die bilaterale Zusammenarbeit der Wettbewerbsbehörden sollte weitergeführt und intensiviert werden, denn sie erzeugt Wirkung in Sachen Kohärenz nicht nur zwischen den Parteien solcher zweiseitiger Abkommen. Zum Beispiel ist das deutsch-amerikanische Regierungsabkommen inhaltlich weitgehend im bilateralen transatlantischen Abkommen der EU mit den USA aufgegangen, und die USA haben ein ähnliches Abkommen mit Kanada abgeschlossen. Beide wiederum haben Pate für das jüngste Abkommen der EU mit Kanada gestanden. Soweit sich solche Kooperationsformen bewähren, und das haben sie bisher, erscheint der Übergang vom bilateralen zu plurinationalen Vertragsbeziehungen geradezu programmiert.

Inwieweit sich langfristig der Bedarf nach einer völkerrechtlich abgesicherten internationalen Wettbewerbsorganisation („Weltkartellamt") ergibt, lässt sich noch nicht abschätzen, kann und soll aber auch nicht ausgeschlossen werden.

11.1.5.5 Volkswirtschaften verbinden: Direktinvestitionen, transnationale Unternehmen und den Mittelstand unterstützen

Das starke Ansteigen von Direktinvestitionen im Ausland ist eines der wesentlichen Kennzeichen der Globalisierung. Weltweit hat sich ihr Volumen von 1980 – 1999 etwa verhundertfacht. Oft stammen diese von großen weltweit tätigen Unternehmen, sog. transnationalen Unternehmen.

Gründe für ausländische Direktinvestitionen

Direktinvestition erfolgen in aller Regel nicht, um Arbeitsplätze zu verlagern. Das Motiv der meisten Direktinvestitionen ist die Erschließung neuer Märkte. Angesichts der Vorteile der direkten Marktnähe sind dazu meist (Produktions-)Niederlassungen im Ausland erforderlich. In anderen Fällen werden in den Produkten bestimmte Anteile an heimischen Komponenten verlangt, was Investitionen in Produktionsanlagen bedingt. Ein weiteres Motiv für Direktinvestitionen ist auch die Risikominderung, etwa durch Verteilung der Risiken auf verschiedene Märkte oder die Verringerung von Wechselkursrisiken. Die meisten Direktinvestitionen finden innerhalb von Industrieländern statt. Hier zeigt sich, dass die mögliche Senkung der Produktionskosten durch geringere Energie-, Rohstoff- oder Arbeitskosten zumindest im Vergleich von Industrie- zu Entwicklungsländern eine eher geringe Rolle spielt.

Arbeitsplätze sichern durch ausländische Direktinvestitionen

Gerade solche Entwicklungsländer, deren Verwaltung international übliche Standards der Rechtsstaatlichkeit beachtet, ziehen allerdings auch immer stärker ausländisches Kapital an. Grundsätzlich führen derartige Investitionen zu mehr Wohlstand und Arbeitsplätzen im Zielland. Aber auch das Herkunftsland der Investitionen zieht Vorteile aus Auslandsinvestitionen. Zusätzliche Märkte werden erschlossen, bestehende abgesichert. Neue Impulse strahlen in das Heimatland zurück. Auslandsaktive Unternehmen vernichten durch die Auslandsinvestition nicht Arbeitsplätze im Heimatland, sondern sichern sie im Gegenteil, da sie die Wettbewerbsfähigkeit der heimischen Unternehmen erhöhen (Döhrn 2002). Austausch von Wissen und Technologie wirkt in beiden Richtungen positiv. Das gleiche gilt für gesellschaftliche Wechselwirkungen, etwa im Hinblick auf Menschenrechte.

Rolle von Multinationalen Unternehmen

Transnationale Unternehmen wirken heute oft als Vorbild. Im Gegensatz zu ihrem allgemein schlechten Image in der Öffentlichkeit gilt es unter Fachleuten als unbestritten, dass die transnationalen Unternehmen einen wichtigen Beitrag zur Verbesserung der Situation im ökonomischen, gesellschaftlichen und ökologischen Bereich in den Ländern leisten, in denen sie investieren – auch wenn dies nicht die ursprüngliche und erstrangige Zielsetzung der Unternehmen ist. Zahlreiche Studien belegen einerseits die Notwendigkeit des Transfers von Wissen und Technologie in die Entwicklungsländer und andererseits, dass transnationale Unternehmen hierzu entscheidende Impulse geben. Wer heute in einem Entwicklungsland investiert, wendet grundsätzlich dieselbe Technik an wie in einem Industrieland. Wer heute in einem Entwicklungsland erfolgreich arbeiten will, muss dafür Sorge tragen, dass seine Mitarbeiter gut ausgebildet sind und ständig weitergebildet werden. Deshalb unterscheiden sich ausländische Direktinvestitionen von landeseigenen in der Regel positiv in ihrer Modernität: in der Qualität der geschaffenen Arbeitsplätze und der wettbewerblichen Zukunftsfähigkeit.

Die Löhne, die von ausländischen Unternehmen in Entwicklungsländern gezahlt werden, sind in der Regel deutlich höher als das landeseigene Durchschnittseinkommen. Damit können es sich immer mehr Eltern leisten, ihre Kinder zur Schule anstatt zur Arbeit zu schicken. Qualifiziertere Arbeit führt dann wieder zu höheren Löhnen. Auch Frauen bekommen verstärkt Gelegenheit zu regulären Arbeitsverhältnissen. Dies gilt zum Beispiel für Volkswagen in Mexiko.

Hohe internationale Standards durch unternehmenseigene Leitbilder

Auch vor dem Hintergrund funktionierender Aufsicht durch Aktionäre, Tarifpartner und Politik im Heimatland sind transnationale Unternehmen bestrebt, die Sozialbeziehungen in ihren ausländischen Gesellschaften so zu gestalten, dass die landesspezifischen Regelungen übertroffen werden. Das gilt für die Entlohnung und soziale

Leistungen und ebenso für die Arbeitsorganisation oder die Nichtdiskriminierung von Minderheiten. Gewerkschaften sind in transnationalen Unternehmen signifikant häufiger als in anderen Unternehmen aktiv. Nahezu alle transnationalen Unternehmen in den Industrieländern verfügen heute über unternehmenseigene Leitbilder und Visionen, die weltweite Geltung haben. Sie sollen sicherstellen, dass grundsätzlich auf der gesamten Welt die gleichen Normen gelten – ohne die vielfältigen und unterschiedlichen rechtlichen und kulturellen Rahmenbedingungen im jeweiligen Land zu verletzen.

Beispiele aus der Vergangenheit und der Gegenwart zeigen, dass es gelegentlich unverantwortbares Verhalten von Unternehmen gibt. Hierzu gehören z. B. Missachtung von Menschenrechten, ausbeutungsähnliche Arbeitsverhältnisse und das Verursachen von Umweltschäden. Sie können nicht geduldet werden. Internationale Organisationen entwickeln deshalb Verhaltenskodizes, wie etwa die von fast allen Staaten anerkannten ILO-Kernarbeitsnormen oder die OECD-Guidelines für transnationale Unternehmen.

Notwendige Flexibilität in der Praxis

Bei der Diskussion darüber, welche konkreten Vorgaben oder Leitlinien Unternehmen bezüglich ihres Verhaltens im Ausland gemacht werden sollen, muss aber auch berücksichtigt werden, dass mittlerweile nicht mehr nur die großen transnationalen Unternehmen, sondern vielfach auch Mittelständler Auslandsinvestoren sind. Die Anforderungen müssen auch ihnen gerecht werden und dürfen keinen übermäßigen Aufwand verursachen. Zudem darf die Politik die Verantwortung für bestimmte politische Ziele nicht einseitig auf Unternehmen abschieben. Schließlich muss berücksichtigt werden, dass die politischen, rechtlichen, wirtschaftlichen und kulturellen Rahmenbedingungen in Entwicklungsländern z. T. völlig verschieden von denen in den Industrieländern sind. Daher lassen sich die bei uns vorherrschenden Vorstellungen über sozial und ökologisch „richtiges" Verhalten oft nur eingeschränkt auf Länder in anderen Teilen der Welt übertragen. Hier stellen freiwillige Leitsätze die weitaus bessere Alternative dar. Sie lassen den Unternehmen den Raum für die notwendige Flexibilität in der unternehmerischen Praxis. Unternehmenskodizes können so dazu beitragen, das Vertrauen zwischen Investoren und Gaststaaten zu stärken. Damit fördern sie insbesondere für Entwicklungs- und Schwellenländer wichtige Direktinvestitionen. Diese Funktion können Leitsätze nur dann übernehmen, wenn sie weiterhin ihren Empfehlungscharakter behalten.

Gerade die letzten Jahre haben gezeigt, dass die Staaten bei ihren Bemühungen um eine Verbesserung der weltweiten Lebensbedingungen immer mehr an (z. B. finanzielle) Grenzen stoßen. Zunehmend werden daher solche Probleme von Staat und privaten Unternehmen gemeinsam angegangen. Das bedeutet den Austausch von Kenntnissen, Erfahrungen, Finanzmitteln und Humanvermögen. Beide Seiten können davon profitieren. Diese Initiativen wollen wir unterstützen, denn solche positiven Ansätze einer Entwicklungsförderung, die wettbewerbsorientiert bleibt, sind im ureigensten Entwicklungsinteresse der entsprechenden Länder.

Voraussetzung für das Gelingen solcher Ansätze ist jedoch eine klare Zuordnung der Verantwortung und der Steuerung der Projekte einschließlich der finanziellen Risiken. Je freiwilliger das Zusammengehen von Staat und Wirtschaft ist und bleibt, desto höher sind die Erfolgschancen für beide Parteien.

Die Vorteile des Mittelstandes nutzen und dem Mittelstand Chancen geben

Die Rolle des Mittelstandes in den Produktions- und vor allem in den Dienstleistungssektoren ist im Prozess der Globalisierung der Weltwirtschaft von großer Bedeutung. Der eigentümergeführte oder genossenschaftlich organisierte Mittelstand ist sowohl volkswirtschaftlich wie gesellschaftspolitisch von außerordentlich großem Nutzen. Die Chancen und Risiken der Globalisierung für den Mittelstand sind sorgfältig zu prüfen. Hierbei können die Auswirkungen auf den Mittelstand, der weltweit seine Produkte und Dienstleistungen anbieten will und der damit auch der weltweiten Wettbewerbssituation auf der einen Seite unterliegt und den mittelständischen Strukturen, die regionale Märkte und Bedürfnisse abdecken, durchaus unterschiedlich sein. Beiden gemeinsam ist, dass sie sich durch hohe Anpassungsfähigkeit, große Innovation und Arbeitsplatzintensität auszeichnen, so wie sie unter dem gemeinsamen Mangel an Kapital und der Behinderung durch Bürokratie besonders leiden. Als dritte Gemeinsamkeit ist ihre besonders hervorzuhebende stabilisierende Wirkung für gesellschaftliche Entwicklungen zu benennen. Diese positive Wirkung liegt nicht zuletzt in der Tatsache begründet, dass der Mittelstand dezentrale Siedlungsstrukturen ermöglicht, große Standorttreue aufweist und Generationen übergreifend nachhaltig plant.

Soweit der Mittelstand selbst in seinen Möglichkeiten global antritt, ist er in besonderer Weise auf offene, unbürokratische Märkte, auf Investitionssicherheit und auf durchsetzbares Handelsrecht angewiesen. Er reagiert besonders empfindlich auf Diskriminierung sowie tarifäre und nicht tarifäre Handelshemmnisse.

Auch für den Mittelstand gilt, dass die Globalisierung Chancen und Risiken birgt. Die Chancen liegen insbesondere in der weltweiten Informationsmöglichkeit und in der weltweiten Nischenpolitik. Sie liegen aber auch darin, dass deutsche Global Player ihre Kernkompetenzen entwickeln und „outsourcen". Sie eröffnen damit neue Chancen und Tätigkeitsfelder für mittelständische Unternehmen.

Eigenkapital und Wettbewerbsrecht stärken

Die Risiken liegen in zunehmender, auch weltweiter Konzentration und im Entstehen von übermächtigen Marktteilnehmern, die Marktwirtschaft durch Machtwirtschaft ersetzen. Die Öffnung von Dienstleistungsmärkten erhöht selbstverständlich den Konkurrenzdruck auf den ansässigen Mittelstand. Um ihn fit für die neuen Herausforderungen zu machen, gilt für den nationalen Politikansatz das Folgende: Die Eigenkapitalbasis muss durch vernünftige Steuerpolitik deutlich verbessert werden. Auch im Interesse des Mittelstandes muss der Arbeitsmarkt flexibler werden. Die Finanzierung des Mittelstandes darf durch Entwicklungen wie in Basel II nicht erschwert werden.

Unverzichtbar ist deshalb ein energischer Einsatz der deutschen Verhandlungsführer bei den Baseler Konsultationen für eine stärkere Mittelstandsorientierung der geplanten Eigenkapitalvorschriften, um Schaden für kleine und mittlere Unternehmen abzuwenden. Dazu gehören u. a. der Verzicht auf Aufschläge für langfristige Kreditlaufzeiten, eine stärkere Berücksichtigung der bisher in Deutschland banküblichen Sicherheiten sowie ein Bonus für kleinere Unternehmen beim internen Rating durch die Banken.

Die in Basel zu entwickelnden neuen Richtlinien müssen so ausgestaltet werden, dass sie die Stabilität der Finanzmärkte gewährleisten, ohne die Finanzierungsmöglichkeiten unserer mittelständischen Unternehmen zu gefährden.

So wichtig aber eine stärkere Berücksichtigung mittelständischer Belange bei Basel II ist: es führt kein Weg an umfassenden politischen Maßnahmen in Deutschland vorbei, die zur Verbesserung der geringen Eigenkapitalausstattung der Betriebe beitragen. So muss insbesondere das steuerliche Umfeld die Eigenkapitaldeckung erheblich erleichtern und stärken.

Eine verschärfte Wettbewerbspolitik und ein klar geregeltes Vergabewesen sind von lebenswichtiger Bedeutung. Die Gründerszene einschließlich der Kapitalversorgung muss in Deutschland auf hohes Niveau gebracht werden. National und international müssen moderne und neue Kooperationsformen entwickelt werden, um den Mittelstand auch im Verband und im Verbund vor übermächtiger Konkurrenz zu schützen und ihm neue Felder in der globalisierten Wirtschaft zu eröffnen.

Mittelstand – Pate von Demokratie und Menschenrechten

Ein zukunftsweisendes modernes Entwicklungspolitik-Konzept muss realisieren, dass die wirtschaftlichen Strukturen in den Entwicklungsländern und in den Schwellenländern nur dann in der Breite erfolgreich aufgestellt werden können, wenn die Mittelstandsförderung in diesen Ländern ein zentrales Anliegen wird. Genossenschaftliche Ansätze, Ansätze für Handwerk und Dienstleistung, Familienunternehmen und vor allem auch Existenzgründungen durch Frauen müssen unverzichtbare Bestandteile der Entwicklungshilfe-Konzepte sein. Dies gilt auch für Ansätze der Weltbank und des internationalen Währungsfonds. Diese Forderungen sind auch vor dem Hintergrund der entwickelten demokratischen Strukturen in vielen Ländern unverzichtbar. Ein selbstbewusstes ökonomisch starkes Bürgertum ist immer ein entscheidender Pate an der Wiege von Demokratie und Menschenrechten gewesen. Durch die Vielfältigkeit eines selbstbewussten Mittelstandes kann Clanbildung, Vetternwirtschaft und Oligarchie erfolgreich und dauerhaft durchbrochen werden.

11.1.5.6 Basis für die globalisierte Zukunft schaffen: Bildung und Forschung fördern

Die Gesellschaft befindet sich im Übergang von der Industrie- in die Wissensgesellschaft. Dieser Übergang bedeutet sicher nicht den Abschied von industrieller Produktion oder von industriellen Produktionsweisen. Aber das Gewicht der einzelnen Produktionsfaktoren verändert sich. Information und Wissen und damit eine besondere Form des „Humankapitals" gewinnen gegenüber anderen Produktionsfaktoren wie Kapital, Rohstoffen, Boden oder der menschlich-körperlichen Arbeit die entscheidende Bedeutung.

Dienstleister und Industrie sind inzwischen untrennbar miteinander verflochten. Services gehen in erheblichem Umfang als Vorleistungen in moderne und innovative Industrieprodukte ein. Mittlerweile machen Dienstleistungen, wie etwa Planung und Beratung sowie FuE inkl. Patente und Lizenzen, einen Großteil der in Gütern enthaltenen Wertschöpfung aus. Der Strukturwandel bedeutet enorme Chancen für Wachstum, Produktivitätsfortschritte und Entwicklungen in der Lebensqualität. Gleichzeitig bedeutet dieser Strukturwandel auch Herausforderungen im globalen Innovationswettbewerb. Der Druck im internationalen Wettbewerb wird stärker, die technologische Entwicklung dynamischer, die Produktlebenszyklen kürzer.

Bildung und Wissen als Voraussetzung für Innovationen

Der Strukturwandel wird durch die Möglichkeiten der verstärkten internationalen Arbeitsteilung im Rahmen der Globalisierung unterstützt. Die Voraussetzungen, um die Vorteile und Chancen dieses Strukturwandels und damit auch der Globalisierung optimal nutzen zu können, sind Bildung, ein wettbewerbsfähiges Wissen und die Fähigkeit, diese rasch in Innovationen umsetzen zu können. Bildung und Ausbildung sind die entscheidenden Faktoren in der Wettbewerbsfähigkeit einer Volkswirtschaft sowie der einzelnen in ihr lebenden Menschen. Denn nur gut ausgebildete Menschen schaffen neue Produkte und Dienstleistungen. Forschung, Wissen, Ausbildung und Wirtschaftswachstum hängen eng miteinander zusammen.

So wie in den Zeiten von Wissensgesellschaft und Globalisierung Bildung immer wichtiger wird, eröffnen umgekehrt die Globalisierung und die neuen Techniken der Wissensgesellschaft aber auch mehr Menschen als jemals zuvor in der Geschichte Zugang zu genau diesen Faktoren, Bildung und Wissen. Forschung und Entwicklung waren die Grundlage für die Innovationen in der Halbleitertechnologie, die die kostengünstige Massenproduktion von Computern ermöglicht haben. Dadurch haben heute breite Bevölkerungskreise (in Verbindung mit Software) Zugang zu den weltweit vorhandenen Informationen, um die darin liegenden vielfältigen Chancen nutzen zu können. Erstmals in der Geschichte eröffnet sich dank der Verfügbarkeit der Technik der Zugang zu Wissen und Informationen nicht mehr nur einer vergleichsweise kleinen Gruppe Privilegierter.

Indien hat gezeigt, mit welcher Dynamik ein der Technik aufgeschlossen gegenüberstehendes Schwellenland in der Nutzung der Informationstechnologie den Anschluss an die weltweit führenden Länder geschafft hat. Hierbei haben insbesondere die erfolgreichen Anstrengungen in der Heranbildung von hochqualifizierten Fachkräften beigetragen. Jedes Jahr verlassen Tausende Software-Entwickler(innen) die indischen Colleges und Universitäten. Sie finden dank ihrer Ausbildung auf dem rasch wachsenden heimischen IT-Arbeitsmarkt oder im Ausland eine Anstellung, die attraktive berufliche Perspektiven bietet.

Für das große Thema Bildung ist Folgendes notwendig:

- In der gesamten Welt, und das gilt eben auch für Deutschland, müssen die Bildung wesentlich ausgebaut und hierzu die Bildungssysteme verbessert werden. Im Rahmen einer weltweiten Strategie zur Stärkung der Wissensgesellschaft besitzt der Bildungssektor erste Priorität. Dies muss auch durch internationale Anstrengungen der Entwicklungshilfe unterstrichen werden. Die Rahmenbedingungen der Schulen und Hochschulen müssen mehr auf Wettbewerb hin orientiert werden. Effizienzsteigerung und mehr Investitionen im Bildungssektor sind das Gebot.

- Beim Aufbau von Bildung und Wissen ist aber auch Eigeninitiative notwendig, sie muss gefördert werden. Meist verspricht sie sogar den größten Erfolg. Dabei müssen auch Anreize für private Investitionen verstärkt werden. Die Bedeutung des privaten Sektors für Bildung und Ausbildung nimmt weltweit zu. Einen wichtigen Beitrag beim *„Capacity Building"*, also beim Aufbau von Bildung und Wissen in den Entwicklungs- und Schwellenländern, leisten etwa die globalen Aktivitäten transnationaler Unternehmen.

- Die neuen Techniken der global vernetzten Welt müssen stärker für einen weltweiten Zugang zu Bildungseinrichtungen genutzt werden. Eine „digitale Spaltung" ist nicht hinnehmbar.

- Transfer von Know-how funktioniert am besten über Köpfe. Hierin liegt ein erhebliches Beschleunigungspotenzial für Innovationen, das es zu nutzen gilt. Die Globalisierung bietet gerade hier enorme Chancen, zum Vorteil aller den personellen Austausch zwischen In- und Ausland sowie zwischen Wissenschaft und Wirtschaft zu verstärken. Dazu müssen im Inland das Dienst- und Besoldungsrecht flexibilisiert sowie für den grenzüberschreitenden Austausch die entsprechenden nationalen und internationalen Regelungen vereinfacht und flexibilisiert werden.

Konzentration im Forschungssektor

Im Gegensatz zu den Bildungsausgaben ist der Forschungssektor global stark konzentriert. Von den etwa fünf Millionen Forschern in der Welt entfallen 70 % auf die sechs Staaten USA, Deutschland, Japan, Großbritannien, Frankreich und Italien. Diese Konzentration resultiert zum Teil auch daraus, dass etwa 60–70 % der weltweiten Forschungsausgaben von der Wirtschaft getragen werden (OECD 2001m).

Investitionen in Forschung und Entwicklung haben eine große Hebelwirkung über die eigentlichen Investitionen hinaus und sind damit von großem volkswirtschaftlichem Nutzen. Diesem stehen jedoch hohe Erfolgsrisiken gegenüber. Dies gilt gleichermaßen für öffentliche wie für industrielle FuE-Aufwendungen. Im Rahmen der Globalisierung gibt es auch einen innovationsfördernden globalen Wettbewerb der besten FuE-Standorte um die privaten FuE-Mittel. Zu den wichtigsten Aufgaben der Forschungspolitik gehören daher:

- Im Interesse der Gesellschaft muss auch die öffentlich finanzierte Forschung neues Grundlagenwissen für spätere innovative Entwicklungen erarbeiten. Diese Forschung muss nicht angewandt sein, aber anwendungsoffen. Schon weil die Mittel begrenzt sind, müssen die Mittel im Wettbewerb an die Hochschulen und Institute vergeben werden. In der Wissenschaft ist Wettbewerb genau so angebracht wie in der Wirtschaft.

- Zur Unterstützung der industriellen FuE-Anstrengungen, die immer auch mit Erfolgsrisiken behaftet sind, muss der Staat die notwendigen Rahmenbedingungen schaffen. Wichtig sind hierbei vor allem Rechtssicherheit in Fragen des geistigen Eigentums sowie schlüssige Innovationsstrategien von FuE bis hin zur unternehmerischen Verwertung. Häufig konterkarieren langwierige Genehmigungsverfahren bei der Umsetzung die Technologieförderung ein- und derselben Regierung.

- Die Globalisierung bietet durch Technologietransfer den Entwicklungs- und Schwellenländern enorme Chancen, Anschluss an die weltweit führenden Technologien zu finden. Patente schaffen einen Anreiz zur Erweiterung des Wissens und für weitere Erfindungen, weil der erfinderische Schritt offengelegt wird und damit der Gesellschaft zugute kommt. Technologietransfer setzt jedoch wirksamen Patentschutz, etwa durch das TRIPS-Abkommen im Rahmen der WTO voraus. Entwicklungsländer, die die richtigen Rahmenbedingungen wie eben einen effektiven Schutz geistigen Eigentums setzen, schaffen die Voraussetzungen für wirtschaftliche Entwicklungen und auch für eigenständige Innovationen, die sie dann wiederum auf dem Welt- und Heimatmarkt verwerten können. Da es den Entwicklungs- und Schwellenländern oft lediglich an Know-how bei der Umsetzung solcher internationaler Abkommen fehlt, sprechen wir uns für eine Unterstützung dieser Länder im Umgang mit FuE-fördernden Rechtsabkommen aus. Das muss auch die im TRIPS-Abkommen vorgesehenen Möglichkeiten zu Zwangslizenzen umfassen.

- Die Globalisierung bietet die Chance, das enorme Potenzial für mehr Innovationen, das durch internationale Kooperation entsteht, freizulegen. Daher müssen die Rahmenbedingungen für solche internationalen – Industrie-, Schwellen- und Entwicklungsländer umfassende – Kooperationen geschaffen werden.

- Die Erfahrungen vieler Länder zeigen, dass im Rahmen des globalen Wettbewerbs um die besten FuE-

Standorte insbesondere steuerliche Anreize geeignet sein können, dass Unternehmen verstärkt FuE im eigenen Hause oder durch externe Forschungsaufträge durchführen. Ein finanzierbarer und sinnvoller Einstieg könnte die Förderung von Forschungsaufträgen der Wirtschaft an die Wissenschaft sein, indem ein Teil der Transferzahlungen von der Steuerschuld in Form eines Steuerguthabens abzugsberechtigt wäre. Wichtig sind dabei folgende Kriterien: keine sektorale Förderung, Schwerpunkt im vorwettbewerblichen Bereich, administrativ leicht abzuwickeln, Gegenfinanzierung durch Einsparung der direkten FuE-Zuwendungen des Staates an die Wirtschaft.

– Die Innovationskette von der universitären und außeruniversitären Grundlagenforschung hin zu wirtschaftlich verwertbaren Innovationen bei Produkten und Dienstleistungen muss verstärkt werden. Zum Ausbau dieses Transfers müssen die Hochschulen die Ergebnisse ihrer Forschung besser verwerten, etwa durch mehr Patentanmeldungen. Die unternehmensbezogene Forschung muss gestärkt werden.

11.1.5.7 Die Umwelt retten: Durch eine global angelegte nachhaltige Entwicklung Armut bekämpfen und die Ressourceneffizienz erhöhen

Die Globalisierung steigert den Wohlstand in Industrie- und Entwicklungsländern. Für die Umwelt resultieren daraus zwei Probleme: Zum einen kann mehr Wachstum und Wohlstand in der Regel ein höheres Maß an Umweltbelastung bedeuten, weil bei der Produktion der Güter zusätzliche Ressourcen benötigt werden, Emissionen anfallen und mehr Konsumgüter auch mehr Abfall bedeuten. Zum anderen setzen die lokal angestammten Produzenten in Entwicklungsländern vielfach Technologien ein, die wesentlich umweltbelastender als die in den Industrieländern angewandten Methoden sind.

Armut: Gift für die Umwelt

Nach Indira Gandhi ist Armut das „schärfste Gift für die Umwelt". Ein aus Armut getriebener Zwang zum Überleben lässt den Menschen keine Wahl zwischen umweltfreundlichem oder umweltfeindlichem Verhalten. Insoweit verlagert sich die Frage nach dem Schutz der Umwelt auch auf das Thema der Auswirkungen der Globalisierung auf die Armutsbekämpfung. Dabei kommt es weniger auf die relative Ungleichheit in der Folge der Globalisierung als auf die Bekämpfung der Armut an. Die Auswirkung der Globalisierung auf die Umwelt wird davon abhängen, ob es durch nationale und internationale Maßnahmen gelingt, die wirtschaftlichen Vorteile der Globalisierung in möglichst weitem Umfang auch den ärmsten Ländern und den ärmsten Menschen zu Gute kommen zu lassen.

Mit dem Überschreiten eines gewissen Maßes des Wohlstands wachsen die persönlichen Ansprüche der Menschen, und damit können auch Umweltbelastungen verstärkt werden. Der Blick auf die zunehmende Motorisierung in Industrie- und Schwellenländern weist auf diese Seite von Globalisierung und Wachstum hin. Dabei ist klar, dass es dem Norden gegenüber dem Süden moralisch verwehrt ist, einen doppelten Maßstab anzulegen und dem Süden das Recht auf gleiche Belastung der Ressourcen abzusprechen.

Mehr Umweltschutz durch Suffizienz, Effizienz und Konsistenz

Aus dieser Situation kann letztlich nur die drastische Erhöhung der Produktivität der Ressourcen herausführen. Vor diesem Hintergrund bedarf es zweifelsfrei neuer Anstrengungen im Bereich der Suffizienz, Effizienz und der Konsistenz. Ein positiver Beleg für den Zusammenhang zwischen ökonomischem Wachstum und Umweltschutz findet sich etwa in der Entwicklung der Schadstoffe in Luft und Wasser in Industriestaaten in den vergangenen Jahrzehnten. Das wirtschaftliche Wachstum hat in vielen Ländern Ressourcen frei gemacht, die zu erheblichen umweltpolitischen Fortschritten geführt haben.

Immer wieder sind Klagen darüber zu hören, dass transnationale Unternehmen ihre Produktion zur Senkung ihrer Kosten in Länder mit wenig ausgeprägter Umweltgesetzgebung auslagern und damit die Umwelt schädigen könnten. Empirische Belege für eine solche These gibt es – spätestens nach Bhopal – nicht.

Schonung der Umwelt durch Multinationale Unternehmen

Im Gegenteil: Transnationale Unternehmen arbeiten in der Regel mit moderner, sonst im Gastland oft nicht vorhandener, Technologie und leisten auf diese Weise einen Beitrag zur Schonung der Umwelt und damit auch zu qualitativen Sprüngen zum Schutz und der Effizienzerhöhung der Ressourcen („Leap-Frogging"). Die entsprechenden Direktinvestitionen führen zu einem Technologietransfer, der häufig auch zu einem spill-over in andere Bereiche des Ziellandes führt. Eine Studie des UBA hat ergeben, dass die Verbesserung der Umweltstandards durch deutsche Unternehmen in Entwicklungsländern schon lange stattfindet und nicht nur eine optimistische Hoffnung ist.

Die Globalisierung erhöht auch das Umweltbewusstsein und die Verfügbarkeit von Informationen über die Folgen von Umweltschäden und ihre Vermeidung und verbessert damit die Chancen einer verbesserten internationalen Umweltpolitik.

Situation der Dritten Welt beim Umweltschutz berücksichtigen

Besondere Bedeutung bei der zukünftigen Entwicklung der globalen Umwelt kommt der Lage in der Dritten Welt zu. Die nationale Souveränität prägt die internationale Ordnung auch heute noch – auch in Bezug auf die Umweltpolitik, wie in allen globalen Erklärungen zur internationalen Umweltpolitik immer wieder betont wird. Gerade die Entwicklungsländer bestehen darauf, Entwicklungsstrategien samt der ökologischen Dimension einzelstaatlich selbst zu entscheiden. Die Ursachen von Umweltproblemen müssen also in erster Linie von den jeweils territorial zuständigen Ländern vor Ort beseitigt werden. Hieraus ergibt sich das Dilemma, dass einerseits die Entwicklungsländer auf Grund ihrer natürlichen Ressourcen, ihrer wirtschaftlich schwierigen Lage und ihrer Bevölkerungszahlen einen besonderen Einfluss auf die Entwicklung der globalen Umweltprobleme haben, dass sie andererseits aber nur begrenzt imstande sind, ihre Politik auf die Themenfelder der globalen Umweltpolitik auszurichten. In den Bereichen Klimaveränderung und Erhaltung der Artenvielfalt wird dieses Problem besonders deutlich.

Neue globale Umweltpartnerschaft zwischen Industrie- und Entwicklungsländern

Für die Industriestaaten ergibt sich damit die Notwendigkeit, über Normen und Modalitäten einer neuen globalen Umweltpartnerschaft nachzudenken, welche es den Entwicklungsländern ermöglicht, im Sinne des Prinzips der „gemeinsamen aber unterschiedlichen Verantwortung" mittel- und langfristig einen eigenen Beitrag zu leisten und ihre Wirtschafts- und Entwicklungspolitik mit Rücksicht auf die globale Umweltsituation auszurichten. Die heutigen Entwicklungsländer müssen in die Lage versetzt werden, ihren Beitrag zur Entwicklung einer nachhaltigen Strategie zu leisten. Hier sollen einige Felder benannt werden, auf denen eine globale Umweltpartnerschaft zum Ausdruck kommen muss:

- die Entwicklung von Rahmenbedingungen – gerade im Bereich der globalen öffentlichen und industriellen FuE-Anstrengungen, die weltweit die Entwicklung neuer umweltfreundlicher Technologien in Richtung einer höheren Ressourceneffizienz fördert;

- die Entwicklung von Rahmenbedingungen, die den Einsatz umweltfreundlicher Technologie in Entwicklungsländern fördert;

- die Ausrichtung der Entwicklungspolitik auf das Leitbild der „*Good Governance*", das gleichermaßen die ökonomische, soziale und ökologische Dimension umfasst; hierfür sind dringend operationale Kriterien zu entwickeln;

- die angemessene Verstärkung der Umweltaspekte im Rahmen der Entwicklungszusammenarbeit; der Erfolg künftiger Entwicklungs- und Umweltpolitik wird entscheidend von der Deckung des enormen Finanzbedarfs sowie dem Einsatz moderner Umwelttechnik abhängen; insoweit muss die internationale – gerade auch die deutsche – Entwicklungshilfe wieder ausgebaut werden;

- das stärkere Bemühen um eine effizientere Berücksichtigung globaler umweltpolitischer Belange in der Arbeit der internationalen Finanzsituation, wobei in erster Linie der Aufbau umweltrelevanter Institutionen („*Capacity Building*") stärker gefördert werden muss;

- das verstärkte Bemühen um die Verhandlungen für eine effiziente globale Umweltorganisation.

Neue nationale und internationale Vorgaben zum Schutz der Umwelt müssen unter Berücksichtigung der jeweiligen Lage und des Standes der verschiedenen Länder (weiter)entwickelt werden. Bestimmte Standards können keine fixen Ziele *per se* sein. Ziel ist es, diese Standards im Laufe und Sinne einer nachhaltigen Entwicklung zu fördern und fortzuentwickeln.

Nachhaltigkeitsstrategien stärker vorantreiben

Zusätzlich sollte die in Rio de Janeiro vor zehn Jahren von der internationalen Völkergemeinschaft beschlossene Nachhaltigkeitsstrategie stärker vorangetrieben werden als in der zurückliegenden Dekade. **Ökonomische, soziale und ökologische Nachhaltigkeit sind Voraussetzung globaler Erfolge. Sie bedingen sich gegenseitig und können nicht teiloptimiert werden, ohne die Entwicklungsprozesse als Ganzes in Frage zu stellen.** Zur Durchsetzung der Nachhaltigkeitsidee bedarf es zwar der rechtlichen Rahmensetzung. Innerhalb des völkerrechtlichen Rahmens sind aber weniger staatliche Regulierungen als vielmehr Wettbewerb der Ideen und individuelle Ansätze gefragt. Auch sind freiwillige Vereinbarungen und *Codes of Conduct* ebenso begrüßenswert wie die Erprobung neuer Politikansätze. Abgaben und Steuern als flexible Elemente sind grundsätzlich starrem Ordnungsrecht vorzuziehen – nicht nur, aber auch in der Umweltpolitik.

Die Nachhaltigkeitsforderung eines internationalen und intergenerativen Interessenausgleichs zielt außerdem auf eine bessere Entwicklungszusammenarbeit. Fairer Interessenausgleich zwischen Industrie- und Entwicklungsländern erfordert Chancengleichheit, diese wiederum eine direkte Förderung der zurückgebliebenen Länder, was einen mindestens relativen Verzicht der Industrieländer zur Bedingung hat. Ohne eine verstärkte Entwicklungsorientierung der Politik der Industrieländer wird es nicht möglich sein, den Nord-Süd-Gegensatz zu überwinden.

11.1.5.8 Chancen für mehr Arbeitsplätze auch mit wachsender Qualität nutzen: Den Strukturwandel aufgreifen und Arbeitsmärkte flexibilisieren

Der weltweite Wettbewerb auf den Güter-, Dienstleistungs- und Finanzmärkten birgt prinzipiell nur eine Konstante: den kontinuierlichen Wandel. Auf diesen Strukturwandel müssen sich sowohl Arbeitgeber als auch Arbeitnehmer einstellen.

Die Globalisierung von Unternehmen und Märkten, etwa in Form von Direktinvestitionen erfolgen in aller Regel nicht, um Arbeitsplätze zu verlagern. Derartige Investitionen führen in der Regel zu mehr Wohlstand und Arbeitsplätzen im Ziel- und im Herkunftsland. Zusätzliche Märkte werden erschlossen, bestehende abgesichert. Aktuelle Studien auf makro- und mikroökonomischer Ebene belegen: Negative Beschäftigungseffekte einer Produktionsverlagerung ins Ausland werden durch die positiven Beschäftigungseffekte der Umsatzausweitung bei Erschließung neuer Märkte mehr als kompensiert (Döhrn 2002). Direktinvestitionen im Ausland erhöhen die Wettbewerbsfähigkeit der heimischen Unternehmen. Austausch von Wissen und Technologie wirkt in beiden Richtungen positiv.

Arbeitgeber und Arbeitnehmer profitieren von der Globalisierung

Arbeitgeber und Arbeitnehmer jener Branchen, die an der Globalisierung teilnehmen, profitieren daher beide, da der weltweite Wettbewerb zu Produktivitätsfortschritten führt. Die Löhne, die in diesen Branchen bezahlt werden können, sind damit deutlich höher. Allerdings ist dies an Bedingungen geknüpft. Der Druck auf die Anpassungsfähigkeit der Arbeitsverhältnisse nimmt zu. Dies nehmen die Tarifpartner auch zunehmend zur Kenntnis.

Die Globalisierung verstärkt durch die erhöhte internationale Arbeitsteilung sowie den Übergang von der Industrie- in die Wissensgesellschaft den Strukturwandel. Dieser permanente Strukturwandel erfasst jedoch Branchen nicht zeitgleich und in der gleichen Intensität. Dies ist bei der Gestaltung der Arbeitsverhältnisse mit zu berücksichtigen. Ständig entstehen neue Branchen und Berufe. Die Zahl der auch heute noch im Zeitalter der Globalisierung im In- und Ausland neu geschaffenen Arbeitsplätze ist ein Indiz dafür, dass wir trotz der Globalisierung nicht am Ende der Arbeitsgesellschaft angekommen sind.

Allerdings partizipieren die EU und insbesondere Deutschland unterdurchschnittlich am Wachstum der Beschäftigung. Dass prinzipiell genügend Arbeit vorhanden ist, zeigen die hohe Zahl an Überstunden und die rapide zunehmende Flucht vieler Menschen in die Schattenwirtschaft. Besorgnis erregend ist, dass in Deutschland mittlerweile etwa 16 % des Bruttoinlandsprodukts, absolut etwa 330 Mrd. Euro, in der Schattenwirtschaft vorbei am Fiskus und den Systemen der sozialen Sicherung geschleust werden.

Arbeitsmarktprobleme in Deutschland sind hausgemacht

Deutschlands Arbeitsmarktprobleme haben mit der Globalisierung im Sinne der internationalen Arbeitsteilung also wenig zu tun. Dies stellt auch der Mehrheitsbericht fest. Er beschäftigt sich ausführlich mit den im Wesentlichen rein nationalen Problemen des deutschen Arbeitsmarktes. Wir stellen stattdessen hier nur zwei Punkte kurz fest, die freilich genauerer Diskussionen in den dafür geeigneten Kommissionen und Gruppen bedürften: Der deutsche Arbeitsmarkt reagiert nicht flexibel genug auf den stattfindenden Strukturwandel und nutzt insbesondere nicht die vorhandenen Potenziale bei den Erwerbstätigen im Niedriglohnbereich und bei den personenbezogenen Dienstleistungen. Diese Potenziale können vor allem wegen der Höhe der auf derartige Arbeitsplätze zu entrichtenden Steuern und Sozialabgaben derzeit nicht erschlossen werden.

11.1.5.9 Kompetenzen der Akteure zur Gestaltung der Globalisierung international aufeinander abstimmen: Global Governance-Konzepte pragmatisch angehen

Nationalstaat

Träger der globalen Weltordnung sind auch heute noch die Nationalstaaten. In Demokratien dient der Staat der Freiheit und der Würde des Menschen. Seine Autorität bezieht er aus seiner Bindung an die unveräußerlichen Grundrechte der Bürger. Der demokratische Staat soll die innere und äußere Sicherheit garantieren, muss seine Bürger vor Willkür und Machtmissbrauch schützen, verbindet verschiedene Gruppen und fördert den gesellschaftlichen Konsens. Der Staat bündelt die Kräfte der Gemeinschaft und verteilt die Macht auf die Funktionsträger Legislative, Exekutive und Judikative. In Zeiten der weltweiten wirtschaftlichen Verflechtung und weiterer globaler Entwicklungen stoßen Nationalstaaten jedoch an Grenzen ihrer Möglichkeiten bei der Lösung dieser Aufgaben.

Nach den Erfahrungen im Zweiten Weltkrieg hat der Nationalstaat seine Gestalt und seine Aufgaben deutlich verändert. Auf vielen Politikfeldern haben die Zahl und die Dichte völkerrechtlicher Normen sowie die Gründung neuer internationaler Organisationen zugenommen und damit die souveräne Eigenständigkeit einseitig staatlichen Handelns zusehends eingeschränkt.

Dabei bleiben die Nationalstaaten jedoch unverzichtbar. Sie sind nach wie vor die Träger des sogenannten Gewaltmonopols, d. h. nur sie können Rechtsverletzungen, auch solche des Völkerrechts, sanktionieren und so dem Recht die nötige Achtung verschaffen. Alleine die Nationalstaaten sind originäre Völkerrechtssubjekte, die aus eigener Souveränität für ihr Staatsgebiet normatives, also zwingendes Gesetzesrecht setzen können. Nur Nationalstaaten können – gemeinsam mit anderen Staaten – neues Völkerrecht generieren und bestehendes abändern oder aufheben. Wenn dem Völkerrecht die Rolle eines sich verdichtenden Netzwerks bis hin zu einer Konzeption einer *„Global Governance"* zuwachsen soll, so ist jeder Schritt in diese Richtung nur durch die Nationalstaaten möglich, und damit ist auch für die Zukunft die entscheidende Rolle der Nationalstaaten vorgegeben.

Zivilgesellschaft

Nach Einschätzung vieler Kritiker sind im Laufe der Kompetenzübertragungen von nationalen zu internationalen Regelungen Demokratiedefizite entstanden. Viele Menschen sehen ihre Interessen gerade bei internationalen Entscheidungsprozessen oft nicht ausreichend repräsentiert und fordern daher, die Rolle der Bürger in der Gesellschaft – auf nationaler, vor allem aber auf internationaler Ebene – zu stärken. Nichtregierungsorganisationen (NGO) versuchen, dieses von vielen ausgemachte „Machtvakuum" zu besetzen und nehmen dabei in Anspruch, als „Zivilgesellschaft" aufzutreten. Organisationen wie „amnesty international" oder „Greenpeace" gelten in der breiten Öffentlichkeit als glaubwürdig und haben einen hohen Vertrauensvorschuss. Diese Organisationen sind Sympathieträger und präsentieren sich als Anwälte universaler und gemeinnütziger Anliegen.

Nichtregierungsorganisationen als Teile der Zivilgesellschaft

Die Zivilgesellschaft ist aber weder eine Plattform altruistischer Akteure, noch *per se* demokratieförderlich. NGO sind zu einer neuen Herausforderung für die Politik geworden. Die Demokratisierungspotenziale der Zivilgesellschaft können nur kontextabhängig erschlossen werden. Die Akteurspalette der internationalen Zivilgesellschaft zeichnet sich durch eine große Vielfalt, Heterogenität und Konkurrenzverhältnisse aus. NGO repräsentieren naturgemäß immer nur einen Ausschnitt der Gesellschaft, den ihrer Mitglieder und das auch nur in einem speziellen Thema. Entsprechend verfügen NGO meistens über eine sehr spezifische Expertise in wenigen Themenfeldern. NGO sind im politischen System offen positioniert und benötigen keine langwierigen internen Abstimmungsprozesse. NGO können dadurch schnell und flexibel handeln, gerade auch in Hinblick auf die Formulierung von Kritiken und die Umsetzung von Protesten.

Darüber hinaus haben sie es verstanden, sich weltweit zu vernetzen und zu professionalisieren. Einige haben sich zu regelrechten „NGO-Multis" entwickelt und operieren als „Global Player". In Verbindung mit hohem emotionalem Engagement macht all dies sie zu einflussreichen und ernstzunehmenden Interessenvertretern. Während sie anfangs alleine durch ihre Wirkung auf die öffentliche Meinung Einfluss auf Entscheidungsprozesse ausgeübt haben, nehmen sie zunehmend für sich in Anspruch, für die Zivilgesellschaft im Allgemeinen sprechen zu können. Sie leiten daraus einen Anspruch ab, an den politischen Entscheidungsverfahren direkt beteiligt zu werden.

Jedoch alleine die Parlamente und Regierungen sind durch allgemeine, freie Wahlen legitimiert, für einen Staat oder eine Region zu sprechen und zu entscheiden. Es muss kritisch hinterfragt werden, auf Basis welcher Legitimationsprozesse und daraus abgeleitet – ob, unter welchen Bedingungen und in welchen Fällen – NGO für die Bürger und die Zivilgesellschaft sprechen können. Zu fragen ist, welches Mandat von welchen Bürgen NGO mit welcher Verbindlichkeit erhalten. Zu fragen ist auch, wem sie Rechenschaft abliefern und von wem sie finanziert werden.

Transparenz und Rechtschaffenheit von NGO

Zweifellos gibt es eine ganze Reihe von Funktionen, die zivilgesellschaftliche Akteure im Rahmen des Globalisierungsprozesses übernehmen können. Nur NGO, deren Organisation und interne Entscheidungsprozesse transparent sind und rechtschaffend ablaufen und auf jedwede Form von Gewalt verzichten, sind überhaupt legitimiert, als Interessenvertreter beim politischen Entscheidungsprozess gehört zu werden. Wir begrüßen ausdrücklich das Engagement, den Sachverstand und die beratende Mitwirkung an vielfältigen Problemfeldern solcher NGO bei der Kontrolle und Kritik an Entscheidungen, bei der Kontrolle um die Rechenschaft internationaler Organisationen sowie im legislativen Vorfeld. Ihre positive Wirkung auf die Bewusstseinserweiterung in den Gesellschaften hat einen eigenen zusätzlichen, erheblichen Wert.

Da NGO jedoch – wie alle anderen Interessengruppierungen auch – immer nur Partikularinteressen verfolgen, haben sie die Gesamtlage nicht notwendig im Blick. Sie können daher gar nicht für die Zivilgesellschaft im Ganzen sprechen, geschweige denn Verantwortung für das Ganze übernehmen. Es muss also eine deutliche Grenze gezogen werden: Entscheidungen müssen immer von den Parlamenten und Regierungen getroffen werden, deren Legitimation sich durch allgemeine, freie Wahlen begründet. Diese übernehmen für ihre Entscheidungen auch die Verantwortung.

Global Governance

Der Begriff der „*Global Governance*" suggeriert globale Strukturen, die sich dem Begriff „Regierung" allenfalls annähern, wobei dabei oft eine stärkere Beteiligung der Zivilgesellschaft am internationalen Entscheidungsprozess impliziert wird. Aus verschiedenen Richtungen wird sich in den kommenden Jahren immer wieder die Frage nach der neuen Austarierung der Kompetenzen von Einzelstaat, Staatengemeinschaft und Zivilgesellschaft zu Gunsten verstärkter Internationalität der Politik stellen, wie folgende Beispiele zeigen:

– Faktisch globale Entwicklungen ergeben Sachzwänge, denen der einzelne Staat kaum begegnen kann. Die Einigung auf die WTO 1994 etwa war die richtige Antwort auf die Forderung nach mehr Wachstum und Wohlfahrt durch weltweiten Handel. Oder: Im Umweltbereich haben faktisch globale Zusammenhänge bei der Schädigung der Umwelt zu neuen Normen geführt, etwa im Bereich der Ozonschicht oder beim Schutz des Klimas.

– Forderungen der langfristigen Friedenswahrung und der weltweiten Stärkung der Rechtsstaatlichkeit auf nationaler und internationaler Ebene müssen zu neuen Formen zwischenstaatlicher Kooperation führen.

– Im Gefolge der Globalisierung der Wirtschaft müssen internationale Rahmenbedingungen geschaffen werden, die einen effizienten und gerechten Wettbewerb erlauben (Vorschlag der Bildung einer G24, s.u.).

– Die Homogenität regionaler Werte und Interessen bietet sich als Grundlage an, auf regionaler Ebene neue Formen der Kooperation und des Souveränitätsverzichts zu entwickeln. Ein besonderes und erfolgreiches Beispiel hierfür ist die EU.

Staatliche, zwischenstaatliche und supranationale Zuständigkeiten berücksichtigen

Die Schwäche vieler Versuche eines neuen Austarierens der staatlichen, zwischenstaatlichen und supranationalen Zuständigkeiten sowie der Beteiligung der Zivilgesellschaft besteht darin, dass sie die heutige Rolle des Staates unterschätzen und diejenigen Ansätze überbetonen, die auf einem verstärkten Willen zwischenstaatlicher Kooperation beruhen. Gegen Entwürfe zu globalen Denkens und Regierens sprechen rationale Gründe. So findet der einzelne Bürger seine Identität etwa auch heute am stärksten auf der Ebene der Gruppen, Völker und Staaten. In vielen Bereichen kann der Staat in seiner Funktion der Herstellung der Sicherheit und Wohlfahrt des Bürgers nur schwer durch zwischenstaatliche Mechanismen der Kooperation ersetzt werden, auch wenn solche Kooperation dem Staat bei der Erfüllung seiner Aufgabe hilft. Selbst auf jenen Feldern, auf denen sich inhaltlich die Übertragung der Aufgabe an internationale Organisationen anbietet, haben die Erfahrungen der vergangenen Jahrzehnte mehr Fragen als Antworten aufgeworfen.

Die Abgrenzung zwischen nationalstaatlicher Souveränität und der Kompetenz internationaler Organisationen einerseits und der Beteiligung der Zivilgesellschaft andererseits muss sich daher weniger an großen Visionen einer neuen Weltordnung ausrichten, sondern pragmatisch-punktuell an sektorspezifischen Besonderheiten. Insbesondere sollten folgende Überlegungen in die weiteren Diskussionen um Global Governance-Strukturen eine Rolle spielen:

- Um Effizienz, Verantwortlichkeit und Transparenz vieler internationaler Organisationen steht es nicht überall beim Besten, wie etwa die Diskussionen um die Vereinten Nationen, den IWF oder die WTO zeigen. Deren Arbeit muss sich aber an diesen Kriterien messen lassen, die weltweit zum Maßstab des Regierens geworden sind. Mit dieser Maßgabe ist die Arbeit internationaler Organisationen zu stärken, um den legitimen Interessen aller Staaten und Menschen an einer offenen und gerechten internationalen Ordnung gerecht zu werden.

- Rechtsstaatlichkeit muss viel stärker als bisher als das gemeinsame Fundament für eine Reihe von bisher eher als separat betrachtete Felder internationaler Politik angesehen werden.

- Die Kohärenz der Arbeit internationaler Organisationen muss verbessert werden. Dies gilt insbesondere im Verhältnis zwischen Weltbank, dem IWF, der WTO, der UNEP und UNDP. In der Vergangenheit sind immer wieder erhebliche Defizite bei der gegenseitigen Abstimmung und damit bei der Durchführung der jeweiligen Aufgaben aufgetreten. Die bisherigen lockeren Formen der Kooperation bedürfen deshalb einer Straffung, die im Ergebnis die gegenseitige Unterstützung effektiver gewährleistet. Damit dieses Ziel erreicht werden kann, ist eine Kommission unter Leitung einer unabhängigen international anerkannten Persönlichkeit einzurichten, die Vorschläge in dieser Richtung erarbeiten soll. Der Kommission sollen die Vertreter wichtiger Staaten sowie der beteiligten Organisationen angehören.

- Im Sinne der verbesserten weltweiten Abstimmung der unterschiedlichen globalen Politikfelder muss verstärkt über eine informelle Gruppe nachgedacht werden, die ähnlich wie die G7/G8 arbeitet, aber aus Vertretern aller Regionen der Welt zusammengesetzt ist. Dabei kann angeknüpft werden an die schon jetzt bewährte Zusammensetzung des Exekutivdirektoriums von Weltbank und IWF. Im Rahmen der G7/G8 wird häufig informell über Fragen entschieden, die in erheblicher Weise Auswirkungen auf die dritte Welt und die Arbeit internationaler Institutionen haben. Eine solche G24 („*Global Governance Group*") könnte Fragen globaler Bedeutung mit sehr viel größerer Legitimität als die G7/G8 ansprechen. Die Bundesregierung wird hiermit ersucht, diesen Vorschlag in die internationalen Debatten einzubringen. An der Existenz der G7/G8 sollte sich nichts ändern, da die Vorteile ihrer homogenen Zusammensetzung nicht aufgegeben werden sollen. Eine Überstimmung potenzieller Geberländer mit der Folge finanzieller Verpflichtungen wäre in einer G24 nicht möglich, weil bindende Beschlüsse in diesen Gremien nicht getroffen werden.

- Internationale Institutionen müssen immer wieder im Hinblick auf ihre Legitimität und ihren Bedarf überprüft werden. Die meisten heutigen Organisationen spiegeln die politischen Verhältnisse nach 1945 wider. Einrichtungen, die sich bei einer Überprüfung als überflüssig erweisen, sollten nicht mehr unterstützt werden.

- Beim Dialog mit der Zivilgesellschaft stellt sich angesichts der Vielfalt und unklaren Abgrenzungen der NGO immer das Problem der Auswahl der Teilnehmer. Bislang gibt es kein allgemein akzeptiertes Regelwerk für die Partizipation von NGO bei internationalen Verhandlungsprozessen.

- Schließlich birgt eine Partizipation auch immer die Gefahr der Instrumentalisierung. Organisationen wie die UN, Weltbank und EU sind dazu übergegangen, zur Durchführung gemeinsamer Projekte den NGO Mittel zur Verfügung zu stellen. Je mehr sich NGO in Politikabsprachen einbinden lassen, desto geringer werden ihre Handlungsspielräume.

Zusammenfassung

Die Vorstellung einer zentralen Rolle zivilgesellschaftlicher Gruppen als Träger einer globalen Ordnung ist unrealistisch und entspricht nicht dem ordnungspolitischen Grundkonsens in breiten Teilen der Weltöffentlichkeit. Die Lösung globaler Probleme darf nicht in den Zuständigkeitsbereich zivilgesellschaftlicher Akteure übertragen werden, sondern muss Aufgabe der politisch verantwortlichen Entscheidungsträger bleiben. Bei der Einbeziehung des Sachverstands zivilgesellschaftlicher Akteure in den Meinungsbildungsprozess muss die Legitimationsgrundlage und die Repräsentativität genau geprüft werden. Die neue Austarierung der Kompetenzen von Einzelstaat, Staatengemeinschaft und Zivilgesellschaft muss sich weniger an großen Visionen einer neuen Weltordnung ausrichten, sondern pragmatisch-punktuell an sektorspezifischen Besonderheiten.

11.1.6 Fazit: Globalisierung gestalten

Es ist höchst erstaunlich, dass sich gerade viele sog. „Globalisierungsgegner" gegen diejenigen politischen Akteure wenden (G7, WTO, IWF, Weltbank etc.), die auf dem Weg der internationalen Koordinierung und Kooperation eine effektive politische Gestaltung der Globalisierung anstreben und damit das Primat des Politischen wahren wollen. Es waren die Konferenzen internationaler Organisationen, die die Globalisierungskritiker auf die Straße brachten. Daraus verdichtet sich für uns der Verdacht, dass

Kritiker der Globalisierung oft nicht wirklich eine globale Perspektive für die politische Lösung anstehender Probleme haben und verfolgen.

Stattdessen wenden sie sich in Wirklichkeit gegen den Wettbewerb, den die Globalisierung auf den verschiedenen Feldern bedeutet. Dieser Wettbewerb bedroht in der Tat viele nationale Regelungen, die im Laufe der Zeit entstanden sind, um einzelne Interessen im nationalen Rahmen zu schützen. Wir nennen das Protektionismus im weitesten Sinne. Da nun die bislang erfolgten internationalen Regeln meist zu mehr Wettbewerb geführt haben, sind diese internationalen Regelungen und die entsprechenden Organisationen diesen Kritikern ein Dorn im Auge. Sie versuchen, Einfluss auf die internationalen Entscheidungsprozesse zu nehmen, um systematisch die nationalen protektionistischen Schutzregelungen auf die internationale Ebene zu heben und auf dieser Ebene zu „harmonisieren". Wo dies nicht gelingt, etwa weil andere Länder den Vorteil von mehr globalem Wettbewerb für sich klar sehen, wird versucht, alle Regelungen wieder unter die nationale Aufsicht zu stellen. Dadurch würden die internationalen Liberalisierungs- und Deregulierungsfortschritte zurückgenommen und der globale Wettbewerb wieder beschränkt.

Wettbewerb ist natürlich unbequem. Es ist aber der Wettbewerb, der uns größere Leistungsfähigkeiten im ökonomischen, ökologischen und sozialen Bereich bringt und damit zu mehr Wohlstand führt. Mehr Wettbewerb bedeutet auch, der Privatwirtschaft im Globalisierungsprozess einen entsprechenden Platz einzuräumen. An der Trennung zwischen Staat, Wirtschaft und Gesellschaft ist auch in Zeiten der Globalisierung festzuhalten.

Wirkliche Weltprobleme erfordern weltweite und das heißt multilaterale Anstrengungen. Dabei ist klar, dass Einigungen auf globaler Ebene nicht durch einseitige Vorgaben des Nordens oder im Norden ansässiger transnationaler NGO oder Unternehmen angestrebt werden kann, sondern nur auf dem Wege eines partnerschaftlichen Dialogs mit dem Süden. Wie wir uns die Erstellung neuer internationaler Vereinbarungen und deren Inhalte vorstellen, haben wir in den vorangehenden Abschnitten zu einzelnen in der Enquete-Kommission behandelten Themenfeldern dargestellt.

Auf die wichtigsten Unterschiede zu den Handlungsempfehlungen der Mehrheit der Kommission gehen wir im folgenden Teil ein.

Deutschland zählt zu den Ländern, die in der Vergangenheit aus der internationalen Arbeitsteilung besonders große Vorteile gezogen haben. Das wird auch in der Zukunft so sein, wenn die Globalisierung hier weiterhin als positive Herausforderung begriffen wird. Die CDU/CSU-Arbeitsgruppe sieht in der Globalisierung auch die Chance, den Reformstau in Deutschland aufzulösen und das Land wieder auf einen angemessenen Wachstumspfad zurückzuführen. Die soziale Marktwirtschaft ist nach dem Krieg in Deutschland entwickelt worden. Sie ist nach unserer Überzeugung der richtige Rahmen für mehr Wohlstand und Gerechtigkeit.

11.1.7 Minderheitsvoten der CDU/CSU zu speziellen Kapiteln und Handlungsempfehlungen des Mehrheitsberichts

11.1.7.1 Finanzmärkte

Vorbemerkungen

Die Arbeitsgruppe „Finanzmärkte" hatte bereits im Zwischenbericht der Enquete-Kommission eine Vielzahl von Handlungsempfehlungen vorgelegt. Die CDU/CSU-Gruppe hatte damals der Mehrheitsmeinung in vielen Punkten widersprochen, aber auch erwartet, dass der ihrer Meinung nach verfrüht vorgelegte Zwischenbericht in weiteren Diskussionen vertieft würde. Das ist nur in Ausnahmefällen geschehen.

Auch bei neu diskutierten Themen traten erneut schwerwiegende Meinungsdifferenzen zwischen den Koalitionsparteien – in der Regel verstärkt durch die PDS – und der CDU/CSU-Gruppe sowie der FDP auf. Das ist in Anbetracht der Bedeutung der behandelten Themen für den Globalisierungsprozess bedauerlich.

Die Mehrheit steht der Globalisierung der Finanzmärkte ablehnend gegenüber. Schlimmer jedoch ist, dass die Mehrheit diese Skepsis an den Anfang ihrer Überlegungen stellt und daher bei allen weiteren Betrachtungen systematisch empirische Entwicklungen und Theorien ausblendet, die nicht in diese Kritik passen. So setzt sie sich bereits mit der sonst allgemein anerkannten Überzeugung der „herrschenden Lehre" nicht einmal ernsthaft auseinander, wonach weitgehend freie Kapitalmärkte nicht nur notwendige Voraussetzung funktionierender internationaler Gütermärkte sind, sondern auch aus sich heraus dazu beitragen, den *Wohlstand in der Welt* zu mehren („das zentrale Argument für einen freien internationalen Kapitalverkehr ist sein Beitrag für das Wirtschaftswachstum" (Deutsche Bundesbank 2001d: 21). Sie erweckt stattdessen den Eindruck, die positiven Wirkungen globaler Finanzmärkte könnten nur unter sehr speziellen, in der Realität nicht gegebenen Voraussetzungen eintreten.

An vielen weiteren Stellen werden Stil und Inhalt des Mehrheitsbericht den Ansprüchen, die an eine ausgewogene Darstellung und wissenschaftliche Auseinandersetzung zu stellen sind, nicht gerecht. Dies betrifft vor allem die Teile, die sich mit dem Problem hoher Realzinsen, dem Entstehen und den Folgen von Finanzkrisen sowie dem europäischen Finanzmarkt und der Europäischen Währungsunion beschäftigen. Ein Bemühen um Konsens in der Arbeitsgruppe war bei der Mehrheit nicht festzustellen. Dies führte dazu, dass die Meinung der Minderheit im Kommissionsbericht fast an keiner Stelle sichtbar wird. Im Folgenden können nur die wichtigsten Themen angesprochen werden.

a) liberalisierte Finanzmärkte

Die Mehrheitsmeinung geht davon aus, dass die Globalisierung der Finanzmärkte für eine Vielzahl von Fehlentwicklungen und Krisen der Weltwirtschaft verantwortlich zu machen und deshalb einzuschränken und zu kontrollieren sei. Deregulierung und Liberalisierung der Finanzmärkte gelten als gefährlich und als Ursache von Finanzkrisen.

Die CDU/CSU-Gruppe betont dagegen die durchweg positiven Auswirkungen der Liberalisierung der Finanzmärkte. Sie bewirkt z. B., dass

- Kapital seiner produktivsten Verwendung zugeführt werden und damit eine wachstumssteigernde Wirkung entfalten kann.
- kapitalsuchende Marktteilnehmer nicht nur auf ihre nationalen Märkte beschränkt bleiben bzw. verzerrte Preise zu zahlen haben.
- „privates Kapital mittlerweile für eine zunehmende Zahl von Entwicklungs- und Schwellenländern zur dominierenden Finanzierungsquelle geworden (ist)" (Deutsche Bundesbank 2001d: 17)
- Investitionsrisiken auf verschiedene Marktteilnehmer verteilt werden können.
- gesamtwirtschaftliches Angebot und Nachfrage zu niedrigen Preisen einen Ausgleich finden und die Auswahlmöglichkeiten der Marktteilnehmer reichhaltiger werden.
- kurzfristige Schwankungen des Sozialproduktes durch Kapitalimporte bzw. -exporte ausgeglichen werden können.
- die Effizienz nationaler Finanzsysteme erhöht wird.

b) Finanzkrisen

Die Mehrheit ist der Meinung, Ausgangspunkt der *Finanzkrisen* sei ein überhöhtes Kapitalangebot. Besonders attraktiv erscheinende Länder seien „überschwemmt" worden. Die Welle sei dann zurückgeschwappt, wenn sich eine zu geringe Absorptionsfähigkeit des nationalen Marktes gezeigt habe.

Die CDU/CSU-Gruppe widerspricht dieser einfachen Argumentation. Nachfrageaspekte bleiben dabei unberücksichtigt.

Es ist richtig, dass in den neunziger Jahren die privaten Kapitalflüsse in die Entwicklungsländer außergewöhnlich stark anstiegen, nachdem sie vorher v.a. in Industrieländer geströmt waren. Nun ist es aber nicht so, dass die Entwicklungsländer nutzen- und schutzlos einem einströmenden Kapital ausgesetzt sind. Zum einen profitieren von der Kapitalanlage beide Seiten – die Anleger und die Anlageorte –, zum anderen liegt es im Verantwortungsbereich der Anlageländer, durch eine (fortgesetzte) rationale, attraktive und an nationalen Gegebenheiten orientierte Politik die Bedingungen für ein rentables Kapitalangebot aufrechtzuerhalten und für eine solide nationale Marktaufsicht zu sorgen.

Länder, die nicht durch eine solide Wirtschaftspolitik ausländisches Kapital attrahierten, sondern durch anders motivierte Einflussnahmen auf den Wechselkurs bzw. das Wirtschaftsgeschehen erst Anreize für exzessive Kapitalzuströme schufen und dabei implizit Wechselkurs- und Kreditgarantien vorzugeben schienen, sind an „ihrer" Krise selbst schuld – nicht ein anonymer internationaler Kapitalmarkt oder „die Globalisierung". Diese Anschauung setzt sich auch nach den Krisen der jüngsten Zeit (z. B. in Argentinien) mehr und mehr durch.

Damit sollen die Fehleinschätzungen und Überreaktionen seitens der Marktteilnehmer im Vorfeld und während der Finanzkrisen nicht verharmlost werden. Sie waren aber alleine niemals die Ursache. Es gibt auch kein einziges Beispiel dafür, dass wirtschaftlich gesunde Länder in eine ausschließlich durch Spekulation verursachte schwere Krise gerieten. „Freier Kapitalverkehr kann also Krisen verstärken und beschleunigen, ihre Ursachen liegen aber anderswo" (Deutsche Bundesbank 2001d: 25), nämlich in wirtschaftspolitischem Fehlverhalten der betroffenen Länder. „Der freie Kapitalverkehr legt (es)... offen und übt so einen Rechtfertigungszwang auf die politisch Verantwortlichen aus" (Deutsche Bundesbank 2001d: 25).

Ungeachtet der grundsätzlichen Befürwortung freier internationaler Kapitaltransaktion muss es jedem Land überlassen bleiben, frei darüber zu entscheiden, ob und in welcher Weise es seine Grenzen für ausländisches Kapital öffnet. Umgekehrt muss jeder Staat, der am globalen Finanzsystem teilnehmen will, die internen Voraussetzungen, insbesondere mit Blick auf das heimische Bankssystem hierfür schaffen

c) Devisenumsatzsteuer („Tobin-Steuer")

Das Eintreten der Mehrheit in der Arbeitsgruppe für *Kapitalverkehrskontrollen* einschließlich einer Devisenumsatzsteuer *(„Tobin-Steuer")* wird von einer breiten Mehrheit von Währungs- und Finanzwissenschaftlern und -politikern verworfen. Das kürzlich vom BMZ in Auftrag gegebene Gutachten kommt zwar zum Ergebnis, dass es technisch möglich sei, die Steuer zu erheben, enthält sich aber jeder Wertung, ob das sinnvoll sei (Spahn 2002).

Die CDU/CSU-Arbeitsgruppe lehnt die Tobin-Steuer entschieden ab. Abgesehen davon, dass sie in der Praxis kaum umzusetzen ist (sie müsste weltweit eingeführt werden, um wirklich wirksam zu sein), würde der internationale Waren- und Dienstleistungsverkehr massiv beeinträchtigt. Die Auffassung, man träfe mit einer Besteuerung kurzfristiger Kapitaltransaktionen nur die „Spekulanten", ist naiv. Die Mehrheitsmeinung nimmt nicht zur Kenntnis, in welchem Umfang kurzfristige Finanzoperationen unmittelbar und mittelbar mit klassischen Waren- und Dienstleistungstransaktionen verbunden sind und übersieht, dass ein großer Teil kurzfristiger Finanzgeschäfte der zum Teil durch rechtliche Vorgaben erzwungenen Kurssicherung dienen. Eine Beschränkung auf unerwünschte Transaktionen ließe sich weder durchsetzen noch kontrollieren. In echten Krisen übersteigen zudem die Ertragserwartungen aus Währungsgeschäften deutlich die Größenordnung einer Tobin-Steuer. Würde die verschiedentlich vorgeschlagene hohe Steuer mit einem Satz von bis zu 60 % Realität, könnte vielleicht die Spekulation erschwert werden. Gleichzeitig aber würden Investitionen in Entwicklungsländern fragwürdig, wenn das Rücktauschrisiko mit einem so hohen Steuersatz verbunden wäre. Höchstwahrscheinlich müssten am Ende vor allem die Entwicklungsländer und ihre Kapitalmärkte unter dieser Steuer leiden.

Gerade das Ziel, die Wachstumsbedingungen in Entwicklungsländern zu verbessern, würde verfehlt, wenn die Finanzmärkte durch eine Zusatzsteuer belastet würden und die Steuer zu Fehlallokationen des Kapitals führen würde. Die mit der Tobin-Steuer häufig verbundene Vorstellung, man könne auf diesem Weg zusätzliche Staatseinnahmen generieren, verkennt, dass in den meisten Ländern eine Senkung der Abgabebelastung erforderlich ist, und nicht eine Erhöhung.

d) Realzinsen

Der Mehrheitsbericht der Arbeitsgruppe „Finanzmärkte" beschäftigt sich recht ausführlich mit der Problematik hoher Realzinsen, insbesondere mit ihrem Verhältnis zum realen Wachstum des Sozialprodukts. Obwohl hierzu zwei, auch zitierte Gutachten vorgelegen haben, stützt sich der Bericht nur einseitig auf ein Gutachten von Felix (2002), der in der Fachwelt für seine Minderheitsmeinung bekannt ist. Das andere Gutachten von von Hagen (2002) weist nach, dass hohe Realzinsen per se keinen Anlass zur Besorgnis bieten. Von Hagen weist nach, dass die Nettokapitalrendite (=Ertragsrate vor Sachkapitalkosten) in allen beobachteten Ländern über den langfristigen Realzinsen lagen. Die Ausführungen des Mehrheitsberichts aber stehen im Gegensatz zu dieser Feststellung.

Die CDU/CSU-Gruppe schließt sich der Stellungnahme der FDP an, die von der herrschenden Lehre ausgeht und zum Ergebnis kommt, dass die Realzinsen in den 1990er Jahren weder besonders hoch waren noch, dass von ihnen für die Finanzmärkte negative Wirkungen ausgehen.

e) Zu einzelnen Handlungsempfehlungen

Zur Handlungsempfehlung 2.1

Geldwäsche wirksam bekämpfen

Selbstverständlich unterstützt die CDU/CSU-Arbeitsgruppe jede wirksame Bekämpfung von Geldwäsche und kriminellen Geldgeschäften. Daher wird auch der Forderung zugestimmt, dass die FATF ihre „40 Empfehlungen" weiterentwickeln soll.

Der Staat muss Möglichkeiten dazu haben, gegen dubiose und kriminelle Geldtransaktionen vorzugehen. Allerdings ist es zweifelhaft, ob dies mit den von den Mehrheitsfraktionen genannten Mitteln möglich und zielführend ist. Stattdessen ist zu befürchten, dass vor allem unerwünschte Bürokratie produziert wird. Die Anzahl aller Transaktionen alleine einer großen Bank beläuft sich auf bis zu zehn Millionen pro Tag. Die Wirksamkeit von „Filtern" ist damit fragwürdig.

Zur Handlungsempfehlung 2.6

Einen einheitlichen europäischen Finanzmarkt schaffen

Grundsätzlich ist der Zielsetzung zuzustimmen, einen europäischen Finanzmarkt zu schaffen, der funktionsfähig, wettbewerbsfähig und demokratisch legitimiert ist. Die Empfehlung wird jedoch abgelehnt, weil hier Finanzmärkte mit einer Zielsetzung versehen werden sollen, die sie nicht leisten können. Ob ein Finanzmarkt reguliert werden muss, um „einem sozialstaatlichen Entwicklungsmodell in Europa Rechnung (zu) tragen", muss stark bezweifelt werden. Natürlich sollten keine Widersprüche zwischen sozialer und (finanz)marktwirtschaftlicher Politik entstehen. Es handelt sich aber um zwei verschiedene Politikfelder. Die Finanzmärkte sollten nicht einer entsprechenden direkten Regulierung unterliegen.

Völlig unklar bleibt, wie und auf welchem Weg „die Systeme der sozialen Sicherheit" so ausgestaltet werden sollen, dass „sie vor den Risiken der Finanzmärkte abgeschirmt bleiben". Das kann nur so verstanden werden, dass soziale Sicherheit nicht über Finanzmärkte finanziert werden soll. Das aber würde bedeuten, dass sie auch von den (Ertrags-) Chancen der Finanzmärkte ausgeschlossen wäre. Sie wäre damit teuer und liefe Gefahr, den Menschen gerade keine Sicherheit zu bieten.

Schließlich wird auch in dieser Empfehlung wieder der „schädliche Steuerwettbewerb" angesprochen, vor dem man sich schützen müsse. Nach Kenntnis der CDU/CSU-Gruppe gibt es indes keinen Beweis für diese Schädlichkeit. Im Gegenteil: Der Steuerwettbewerb kann dazu führen, dass die Belastung der Menschen gesenkt wird, dass effektiver gewirtschaftet wird. Wenn ehemals staatliche Aufgaben wegen geringerer Staatseinnahmen durch private Unternehmen erbracht werden, so kann dies zu Effizienzsteigerungen führen.

Zur Handlungsempfehlung 2.7

Stabilitäts-, Beschäftigungs- und Wachstumspolitik in der Europäischen Währungsunion besser verzahnen

Gegen eine bessere Verzahnung der genannten Politikbereiche kann niemand sein. Es ist allerdings von entscheidender Bedeutung, in welcher Weise das erreicht werden soll. Bereits in dem der Empfehlung zugrunde liegenden Text wird überdeutlich, dass die Mehrheit einem weitgehend freien Finanzmarkt (als Beispiel wird der US-amerikanische herangezogen) sehr kritisch gegenübersteht. Hinzu kommen offenkundig falsche Darstellungen, die in dem Satz gipfeln: „Die gesamtwirtschaftliche Orientierung der EU ist schädlich für die Stabilität und Funktionsfähigkeit der Finanzmärkte in der EU" und die Politik von Kommission und Europäischer Zentralbank einer harschen, ungerechtfertigten Kritik unterzieht.

Der Empfehlung muss insoweit widersprochen werden, als wir es für völlig falsch halten, das Mandat der Europäischen Zentralbank zu ändern und „beschäftigungs- und wachstumspolitische Ziele" mit zu verfolgen. Die vorrangige Ausrichtung des Notenbanksystems auf die Geldwertstabilität, wie sie im Maastricht-Vertrag verankert ist, ist die grundlegende Bedingung für den dauerhaften Erfolg der Währungsunion und ihre Akzeptanz in der Bevölkerung. Einen Widerspruch zwischen stabilem Geld und Beschäftigung, wie ihn die Empfehlung der Kommissionsmehrheit suggeriert, gibt es nicht. Im Gegenteil: Nur in einer Volkswirtschaft mit niedrigen Preissteigerungsraten können die Preise ihre Lenkungsfunktion am Markt voll erfüllen. Geldwertstabilität fördert damit dauerhaft wachstumsfreundliche Rahmenbedingungen; ihre Einschränkung begrenzt hingegen Wachstums- und Beschäftigungschancen.

Die bestehenden Beschäftigungsprobleme in Europa und insbesondere in Deutschland sind eindeutig nicht die Folge einer übermäßig restriktiven Geldpolitik, sondern das Ergebnis einer unsachgemäßen nationalen Wirtschaftspolitik. Sie können auch nicht durch billiges Geld gelöst werden. Die Erfahrung der siebziger Jahre des vergangenen Jahrhunderts hat gerade erwiesen, dass eine solche Politik zu einer höheren Inflationsrate bei unverändert niedrigem Beschäftigungsniveau führt.

Eine Zielerweiterung der EZB ist somit nicht erforderlich, sie wäre schädlich, weil sie die EZB Politik überfrachtete und die Gefahr bestünde, dass das Stabilitätsziel vernachlässigt würde.

Zur Handlungsempfehlung 2.8

Für die Einführung einer Devisentransaktionssteuer und die Aufrechterhaltung von Möglichkeiten zur Kontrolle kurzfristiger Kapitalbewegungen

Zur generellen Problematik *(Tobin-Steuer)* wurde oben bereits Stellung genommen. Aber auch diese Empfehlung lehnen wir strikt ab. Wenn in dem vorliegenden Text zunächst eine europäische Einführung vorgeschlagen wird, dann erkennt man eine gewisse Oberflächlichkeit. Denn einerseits wurde bereits oben darauf hingewiesen, dass eine Tobin-Steuer nur wirken kann, wenn sie weltweit eingeführt wird. Zum anderen sind durch das System der Europäischen Währungsunion mit der Euro-Einführung die meisten Wechselkurse zueinander fest. Eine europaweite Tobin-Steuer wäre völlig sinnlos. Der Devisenhandel würde in die Länder abwandern, in denen eine solche Steuer nicht erhoben würde. Schließlich haben gerade die Finanzkrisen des Jahres 2002 gezeigt, dass eine Steuer die Krisengefahr nicht ursachengerecht eindämmen könnte.

Zur Handlungsempfehlung 2.9

Die Beteiligung des privaten Sektors („Private Sector Involvement") bei der Vorbeugung und Bewältigung von Finanzkrisen stärken

Die CDU/CSU-Arbeitsgruppe teilt die Ansicht der Deutschen Bundesbank (Deutsche Bundesbank 1999: 33, Deutsche Bundesbank 2002: 126), dass im Krisenfall alle Beteiligten – Schuldner, öffentliche und private Gläubiger – sich an der Krisenbewältigung einschließlich einer etwaigen Umschuldung in angemessener Weise zu beteiligen haben. Auf diese Weise lässt sich dem „moral hazard"- Risiko vorbeugen. Hierfür muss selbstverständlich Sorge getragen werden.

Auch in der Vergangenheit haben sich private Gläubiger an Umschuldungen aktiv beteiligt. Bereits 1999 haben die G7-Staaten Grundsätze zur Einbindung des privaten Sektors in die Krisenbewältigung aufgestellt. Dieses Fünf-Punkte Programm (Deutsche Bundesbank 1999: 43) sollte baldmöglichst umgesetzt werden.

Die Empfehlung, Gläubiger in einem vorher ausgehandelten Maße an den Kosten einer Schuldenrestrukturierung zu beteiligen, wird auch von der CDU/CSU mitgetragen. Dabei muss jedoch stets eine Balance zwischen grundsätzlichen Festlegungen und einer ausreichenden Flexibilität gewahrt werden, weil sich jede Krise von den anderen unterscheidet. Das verbietet zu weitgehende und straffe Regeln.

Schwierigkeiten bestehen offenbar bei der Einbeziehung von Anleihegläubigern. Hier sollten Mechanismen entwickelt werden, die diese Gläubigergruppe stärker in Umschuldungen einbindet. Um zu vermeiden, dass die internationalen Kapitalmärkte für Entwicklungsländer als Finanzierungsquelle ausfallen, muss es sich um marktmäßige Mechanismen, wie beispielsweise die Aufnahme von Umschuldungsklauseln in Anleiheverträge, handeln. Andernfalls würde gerade die Finanzierung von Entwicklungsländern von Anfang an erheblich verteuert werden.

Die Forderung der Mehrheit, dass „Kreditgeber, die ihren Verpflichtungen bei einer vereinbarten Umschuldung nicht nachkommen, (...) bei öffentlichen Aufträgen (...) zeitweise ausgeschlossen werden", ist abzulehnen. Unklar bleibt hierbei zunächst, welche Kreditgeber gemeint sind. Soweit es sich um Anleihegläubiger handelt, läuft die Empfehlung ins Leere. Das gleiche gilt für Bankkredite. Es ist nicht im Sinne der Minderheit, bestimmte Gläubigergruppen und Interessen zu diskriminieren. Außerdem unterstellt die Empfehlung ohne sachliche Rechtfertigung, dass sich Gläubiger an Vereinbarungen, die sie bei Umschuldungsabkommen eingegangen sind, nicht halten.

Zur Handlungsempfehlung 2.10

Offshore Zentren zur Kooperation veranlassen

Die Existenz von Finanzplätzen mit fehlenden oder schwachen Regulierungen und niedrigen Steuersätzen bieten einen Anreiz für kriminelle Aktivitäten.

Sie können zu erheblichen Problemen für die Stabilität der internationalen Finanzbeziehungen führen. Darum ist die Informationslage über die in Offshore-Zentren abgewickelten Finanzgeschäfte erheblich zu verbessern.

Vor allem aber wäre es wichtig, die Informationslage über die anscheinend umfangreichen Finanztransaktionen zu verbessern, die außerhalb des Bankensektors z. B. über Fonds oder spezielle Gesellschaftskonstruktionen, wie z. B. die „International Business Corporations" abgewickelt werden. Auch die Aufsichtsregeln sind in den meisten Offshore-Zentren verbesserungsfähig. Insofern unterstützt die CDU/CSU-Arbeitsgruppe die Vorgehensweise der OECD, welche durch Ihre Anstrengungen wirkungsvoll die Unterbindung von Geldwäsche und Steuerhinterziehung in Offshore-Zentren voranbringen. Auf diesem Wege müssen die Staatengemeinschaft alle Wege und Mittel einsetzen, um die Vorgaben der OECD umzusetzen.

Die Staatengemeinschaft muss in international vereinbarter Weise mit geeigneten – auch scharfen – Sanktionen die nicht kooperativen Offshore-Finanzzentren zur Korrektur ihrer gefährlichen Finanzmarktpolitik zwingen.

> Zu diesen Ländern gehören – nach der Veröffentlichung durch die OECD (2001b) – folgende Länder:
>
> Ägypten, Cook Islands, Dominica, Guatemala, Indonesien, Israel, Libanon, Marshall Islands, Myanmar, Nauru, Nigeria, Niue, Philippinen, Russland, St. Kitts und St. Vincent, St. Vincent and the Grenadines, Ungarn.

Bei gemeinsamen Willen muss es möglich sein, diese nicht-kooperationsbereiten Finanzplätze zur Einhaltung von Mindeststandards bringen.

Die im Mehrheitsbericht empfohlene öffentliche Brandmarkung von Unternehmen, die zu nicht kooperativen Offshore-Finanzplätzen Geschäftsbeziehungen unterhalten, ist zunächst abzulehnen. Diese Maßnahme ist unserer Auffassung erst dann gerechtfertigt, wenn zuvor alle Möglichkeiten der internationalen Politik zur Beseitigung oder Verringerung dieses nicht hinnehmbaren Fehlverhaltens gescheitert sind.

Zur Handlungsempfehlung 2.12

Die Institutionen von Bretton Woods nicht schwächen, sondern reformieren

Die Überschrift dieser Handlungsempfehlung überrascht, da sie suggeriert, dass es irgendwo die ernsthafte Forderung nach Schwächung der Institutionen gebe. Das ist nach unserem Wissen nicht der Fall. Die CDU/CSU-Gruppe steht inhaltlich hinter dieser Handlungsempfehlung, allerdings sind Einzelheiten zu unklar formuliert.

So steckt hinter der Forderung, der IWF solle sich bei der Erarbeitung von Programmen „zur Lösung von Schulden- und Finanzkrisen (...) an den Entwicklungsbedingungen von Ländern oder Regionen und an den Lebensbedingungen der Menschen ausrichten" offenbar der Vorwurf, der IWF habe dies in der Vergangenheit nicht getan. Der Mehrheitsbericht lastet dem IWF eine nicht gerechtfertigte Schuld an Finanzkrisen an.

Ähnlich vorwurfsvoll klingt es, wenn gefordert wird, dass „soziale und ökologische Belange berücksichtigt und Formen der Partizipation der Bevölkerung gefunden werden müssen". Die Mehrheit unterstellt, dass in der bisherigen Politik der Institutionen soziale und ökologische Belange nicht berücksichtigt wurden. Das ist nicht richtig.

Richtig ist, dass in der Politik der Institutionen ökonomische Belange im Vordergrund gestanden haben. So muss es auch bleiben, da die Institutionen im Auftrag von und mit finanziellen Mitteln unabhängiger Gläubiger (Staaten) handeln.

In diesem Zusammenhang sehen wir auch die geforderte „Demokratisierung" der Entscheidungsstrukturen in IWF und Weltbank kritisch. Eine massive Neuverteilung der Stimmrechte erscheint der CDU/CSU-Arbeitsgruppe nicht sinnvoll. Die Länder, die die Mittel zur Verfügung stellen, sollten auch das Recht behalten, letztlich über die Konditionen der Vergabe zu entscheiden. Sonst werden sie wahrscheinlich ihr finanzielles Engagement verringern oder ganz aufgeben.

Zur Handlungsempfehlung 2.13

Geschlechtergerecht Haushalte („Gender Budgets")

Wir unterstützen das Ziel, mehr Klarheit über geschlechtsspezifische Auswirkungen von Haushaltsbeschlüssen zu bekommen. Die Formulierung der Handlungsempfehlung geht allerdings viel zu weit. Mit welch riesigem Aufwand soll es möglich sein, alleine die Analysen „auf allen Ebenen (international, regional, lokal und auf EU-Ebene)" geschweige denn die Aufstellung geschlechtergerechter Haushalte durchzuführen? Bereits die geforderte Datenerhebung oder das „gendersensitive Training für MitarbeiterInnen der Finanz- und Wirtschaftsverwaltung" würde einen sehr hohen Aufwand bedeuten, wenn die Ergebnisse brauchbar sein sollen. Die CDU/CSU-Gruppe hält diesen Aufwand nicht für gerechtfertigt und lehnt deshalb die Empfehlung ab.

Zur Handlungsempfehlung 2.16

Die HIPC- Initiative fortsetzen und den Schuldendienst an der Tragfähigkeit bemessen

Die Weltbank und der Internationale Währungsfonds haben bereits 1999 im Rahmen der beschlossenen HIPC-Initiative für die ärmsten und hochverschuldeten Länder einen weitreichenden Schuldenerlass beschlossen. Dies ist auch in den Augen der CDU/CSU-Gruppe ein richtiger und notwendiger Schritt gewesen. Ebenso ist es sinnvoll, die Entschuldung mit Hilfe der freiwerdenden Mittel („*Poverty Reduction Strategy Program*", PRSP) an eine sinnvolle nationale Armutsbekämpfung zu knüpfen und künftige Kreditmittel nur zu vergeben, wenn ein solches PRSP vorliegt.

Es darf allerdings nicht übersehen werden, dass die HIPC-Initiative Gefahren in sich birgt: Zum einen könnten Länder, die große Probleme mit ihrer Verschuldung haben, in der Hoffnung, in den Genuss der Initiative zu kommen, in ihren eigenen Anstrengungen zur Schuldenbewältigung nachlassen und sich auf die Solidarität anderer Länder verlassen. Zum anderen sollten Kreditgeber vor (!) der Bereitstellung der Kredite auf eine sinnvolle Verwendung der Kredite ebenso dringen wie auf eine „*Good Governance*" (in den Bereichen von Menschenrechten, Demokratie, Bildungsinvestitionen, Rechtsstaatlichkeit und Reduzierung von Rüstungsaufgaben) des betreffenden Staates. Ohne eine solche könnte die Kreditvergabe (v. a. unter dem Schild der HIPC-Initiative) ein Fass ohne Boden werden.

Deshalb sollte die Tragfähigkeit nicht die „zentrale Rolle bei der Beurteilung der ‚Überschuldung'" spielen, denn es geht nicht nur darum im Nachhinein, „eine ökonomische, soziale und politische Überforderung zu vermeiden", sondern eine solche Gefahr bereits vor der Kreditvergabe zu sehen und entsprechend zu handeln. Schließlich sollte die Tragfähigkeit – anders als die Mehrheit es vorschlägt – auf die wirtschaftliche Tragfähigkeit bezogen bleiben. Andere Merkmale wie die genannten, ökologischen oder genderspezifischen Gesichtspunkte – können an anderen Stellen berücksichtigt werden, z.B. bei der Vergabe neuer Kredite.

Deutlich unterschieden werden muss zwischen HIPC und den Ländern mit mittlerem Einkommen. Für diese Länder greift die Forderung nach Umschuldungen bzw. Schuldenerlass zu kurz, muss doch das Ziel der Bemühungen sein, ihnen Spielräume gerade dadurch zu verschaffen, dass Zugang zu internationalen Mitteln besteht. Besonders negativ ist zu beurteilen, wenn auch für internationale Handelsfinanzierungen ein Schuldenerlass gefordert wird. Dies kommt einer sofortigen und empfindlichen Störung der Ressourcentransfers in die betroffenen Ländern gleich.

Zur Handlungsempfehlung 2.17

Eine internationale Insolvenzregelung entwickeln

Eine internationale Insolvenzregelung ist seit längerem im Gespräch. Eine neue Regelung erscheint grundsätzlich auch der CDU/CSU-Gruppe als notwendig. Allerdings sind noch zu viele, vor allem juristische Probleme zu lösen, denn hier wird absolutes Neuland beschritten. Die Hinweise auf individuelle Insolvenzrechte – auch in Richtung der US-amerikanischen Regelungen zu „Chapter 9" bzw. „Chapter 11" greifen nicht richtig. Mindestens auf Jahre hinaus sind derartige Regelungen nicht realisierbar. Zu den Problemen, die bestehen, gehört z.B. dass alle Länder bereit sein müssen, für bestimmte Zwecke ihr nationales Insolvenzrecht einer internationalen Regelung, die u.U. aus einem völlig anderen Rechtssystem und Rechtsverständnis stammt, unterzuordnen.

Hinzu kommt, dass sich diese Vorschriften nicht auf bestimmte Gläubigergruppen (z.B. ausländische Besitzer von Staatsanleihen) beschränken lassen. Vielmehr würden alle, also auch die inländischen Besitzer aller Staatsschulden hiervon erfasst. Fraglich ist, welche Behörde den Umschuldungsfall erklären soll. Unklar sind zudem die Kriterien anhand derer der konkrete Umschuldungsfall identifiziert werden soll. Jeder Umschuldungsfall ist anders. Einheitliche Bewertungsfaktoren sind schwierig zu finden. Außerdem kann ein Umschuldungsprozess nur dann erfolgreich sein, wenn auch ein Strukturanpassungsprogramm des Schuldners erstellt und vor allem seine Einhaltung kontrolliert wird.

Der Wissenschaftliche Beirat beim BMZ hatte Anfang 2000 ein Gutachten vorgelegt, das zum Ergebnis kommt, dass die politische Souveränität und damit verbunden die Nichtabsetzbarkeit einer Regierung einem internationalen Insolvenzverfahren aus einem Guss entgegenstehen. Das Gutachten empfiehlt, das Augenmerk vielmehr auf eine schrittweise Veränderung der bestehenden quasi-insolvenzrechtlichen Verfahren und deren einzelner Elemente zu richten. Diese Sichtweise ist von einer weiteren Stellungnahme durch die Hermes Kreditversicherungs-AG bestätigt worden. Begrüßenswert ist die Haltung der gegenwärtigen Bundesregierung, die zwar Denkmodelle eines internationalen Insolvenzrechts durchaus ernst nimmt und eingehend prüft, ansonsten aber die Umsetzung eines internationalen Insolvenzverfahrens als allenfalls sehr langfristig realistische Alternative betrachtet.

Es gibt auch andere kritische Stimmen, die von einer solchen „umwälzenden Neuerung der Finanzbeziehungen" Nachteile erwarten. So spricht Schweickert (Institut für Weltwirtschaft, Kiel) davon, dass sich damit „das Kreditrisiko erhöhen werde und damit die Kapitalkosten" (Schweickert 2001).

Völlig lehnen wir die Mehrheitsempfehlung ab, wonach eine „unabhängige Schiedsstelle mit neutralem Vorsitz und bei paritätischer Beteiligung von Schuldnern und Gläubigern" verbindliche Entscheidungen in Fällen von Staaten-Insolvenz fällen soll. Das ist kein praktikables Verfahren.

Im IWF werden zur Zeit Pläne diskutiert, wie ein geordneter Umschuldungsprozess organisiert werden könnte. Hierbei sind Verfahrensregeln geplant, die „Mehrheitsentscheidungen vorsehen, die für alle Gläubiger rechtswirksam wären" (Deutsche Bundesbank 2002: 130). Dieses Vorgehen erscheint angemessen und realisierbar.

11.1.7.2 Waren- und Dienstleistungsmärkte

Vorbemerkungen

Die Arbeitsgruppe „Waren- und Dienstleistungsmärkte" hat mit Hilfe sehr intensiver Beratungen, Diskussionen, externer Gutachten, und Unternehmensbesuchen versucht, die wichtigsten Themen der globalisierten Waren- und Dienstleistungsmärkte zu behandeln. Dies ist nur ansatzweise gelungen, denn wie im Bericht bereits erwähnt, bleibt eine Fülle wichtiger Sachthemen unbearbeitet und sollte deshalb von einer neu einzusetzenden Enquete-Kommission aufgegriffen werden.

Im Bestreben, durch Kompromiss-Formulierungen einen Konsens in wichtigen Fragen zu erzielen, sind aber bereits jetzt gute Ergebnisse erzielt und viele ursprüngliche Meinungsunterschiede überwunden worden. Die Handlungsempfehlungen der Arbeitsgruppe konnten weit überwiegend von allen Mitgliedern gemeinsam verabschiedet werden.

Das Konsensstreben hat allerdings auch grundsätzliche Meinungsunterschiede im Schlussbericht verdeckt. Immer wieder stellte sich in den Diskussionen heraus, dass die Mehrheit die Risiken einer Globalisierung in den Vordergrund stellt. Demzufolge ist das Mehrheitsstreben eher und häufiger auf Regulierungsbemühungen gerichtet. Die CDU/CSU-Gruppe sieht auch die Gefahren und Herausforderungen, die eine globalisierte Weltwirtschaft mit sich bringt und die einer Lösung bedürfen. Die Wohlstandszuwächse, die sich für jene Länder nachweisen lassen, die sich öffnen und aktiv an der Globalisierung beteiligen, veranlassen die CDU/CSU-Gruppe jedoch zu wesentlich optimistischeren Schlussfolgerungen. Insgesamt überwiegen nach ihrer Meinung die Chancen der Globalisierung deutlich ihre Risiken.

Das folgende Minderheitsvotum der CDU/CSU-Gruppe konzentriert sich auf die wichtigsten umstrittenen Themen der Arbeitsgruppe „Waren- und Dienstleistungsmärkte".

Bereits der wirtschaftstheoretische und -historische Hintergrund der Globalisierung war umstritten. Das führte u. a. zum unkommentierten Gegenüberstellen der Meinungen im Exkurs am Ende des Berichts. Dass es nicht gelang, die grundsätzlichen Positionen weiter anzunähern, ist aus vielen Gründen bedauerlich, vor allem deswegen, weil abseits des parteipolitischen Streites eine weit überwiegende Mehrheit in Wissenschaft und Gesellschaft der Meinung ist, dass ein freier Waren- und Dienstleistungsverkehr der Welt einen höheren Wohlstand bringt und so die Armut in der Welt nachhaltig bekämpft werden kann und empirisch bewiesen ist, dass die Länder, die sich gegenüber der Globalisierung aktiv verhielten, sich dem weltwirtschaftlichen Güterverkehr öffneten, einen höheren Wohlstand erreichten als jene, die sich von ihm abschotteten (z.B. WTO 2000c). Nicht nur Deutschland, sondern viele Industrie-, Transformations- und Entwicklungsländer haben bewiesen, dass die Befürchtungen der Mehrheit der Kommission nicht richtig sind, wonach Länder vor der Globalisierung geschützt werden müssten.

Zur Handlungsempfehlung 3-33

Verankerung von Sozialstandards in das Regelwerk der WTO

Die CDU/CSU-Arbeitsgruppe lehnt diese Empfehlung weiterhin ab. Bereits im Zwischenbericht der Kommission hatte sie deutlich gemacht, dass eine Reihe gewichtiger Gründe gegen diese unmittelbare Kopplung spricht. Daran hat sich nicht geändert. Deshalb seien die Hauptargumente kurz wiederholt:

– Zur Entwicklung eines eigenen Wohlstands müssen die Entwicklungsländer am Welthandel teilnehmen können. Aus Traditions-, Kultur- und anderen Gründen, darunter schiere Armut, halten einige von ihnen noch nicht die Kernarbeitsnormen ein. Ein Zwang, diese sofort umsetzen zu müssen, um am WTO – System teilnehmen zu können, würde ihre Exportchancen abrupt verringern und ihre *Eingliederung in die globale Handelswelt behindern*. Damit würde eine Verankerung der Standards letztlich jenen schaden, die sich schützen sollen. Dies betonen auch viele Entwicklungsländer selbst auf nahezu allen internationalen Konferenzen.

Selbstverständlich muss es das Ziel eines jeden Entwicklungslandes sein, die Normen einzuhalten, und in diesem Sinne sollte auch auf sie eingewirkt werden. Die Industrieländer sollten sich jedoch nicht eines Druckmittels bedienen, das die Weigerung, den Handel mit zu liberalisieren, zum Gegenstand hat. Ein solcher Automatismus wäre verhängnisvoll für viele Entwicklungsländer.

Die Wirtschaftsgeschichte hat gezeigt, dass bessere Lebens- und Arbeitsbedingungen weder durch internationale Boykottvereinbarungen noch durch andere Handelssanktionen durchgesetzt werden können. Das einzige Mittel ist eine *Erhöhung der Lebensstandards* (OECD 1996b). Dazu ist allerdings eine Beteiligung an der internationalen Arbeitsteilung unerlässlich. Die WTO verfolgt das Ziel der Förderung eines regelgebundenen Freihandels. Damit erleichtert sie mittelbar über größere Verteilungsspielräume auch das Erreichen sozialer Ziele. Wohlgemerkt: Dies ist aber nicht die originäre Aufgabe der Handelspolitik, aber Handel hilft. Die Beseitigung sozialer Verwerfungen dagegen ist Aufgabe vor allem nationaler Politik. Hierfür kann vom Ausland (z.B. über die ILO) ebenso Hilfe angeboten werden, die Handelspolitik als Zwangspolitik ausgestaltet ist jedoch das falsche Instrument Viele Entwicklungsländer weisen selbst darauf hin, dass eine bessere ökonomische Entwicklung Voraussetzung und Hilfe für die Lösung sozialer Probleme ist (ILO 2001a).

– Die Welthandelsorganisation (WTO) ist eine Erfolgsgeschichte. Ihre Regeln bilden einen unentbehrlichen ordnungspolitischen Rahmen für den Welthandel. Es muss aber sehr sorgfältig darauf geachtet werden, dass die WTO-Regeln nicht mit sachfremden politischen Zielen überfrachtet werden. Als Garant für Sozialstandards wäre die Welthandelsorganisation heute überfordert. Diese Politik braucht ihre eigene Foren. Auch die ILO hat ihre erfolgreiche Tradition und ist das geeignete Gremium für die Entwicklung und Durchsetzung von Arbeits- und Sozialstandards.

Der deutschen Bundesregierung ist zuzustimmen: *„...nicht die WTO, sondern die dafür ausgewiesenen internationalen Fachleute bei der ILO (International Labourorganisation) (sollten) internationale sozialpolitische Normen verhandeln"* (Deutscher Bundestag 2001). Selbstverständlich sollten die relevanten Internationalen Organisationen eng zusammenarbeiten; gemeinsame Ausschüsse beispielsweise von WTO und ILO können Lösungen der Probleme vorbereiten.

Ebenso lassen sich die in den Konventionen der ILO und in den Menschenrechtsverträgen der VN enthaltenen Durchsetzungsinstrumente noch wesentlich verbessern (z.B. Sautter 2001). Verpflichtungserklärungen gegenüber der Staatengemeinschaft können beispielsweise dazu beitragen, vertraglich anerkannte Sozialstandards zu verwirklichen. Sie können wirksam durch unternehmerische Selbstverpflichtungen – etwa Verhaltenskodizes – oder anerkannte arbeitsrechtliche Gütesiegel unterstützt werden (ebenda). Auch erhöhte Transparenz kann helfen, wie die Veröffentlichung der Einhaltung bzw. Nichteinhaltung von Kernarbeitsnormen entsprechend der Empfehlung 3-32, der die CDU/CSU-Gruppe nicht widerspricht. Nach hartnäckigem und unkooperativen Verbleib auf der Negativliste können dann – wie der Fall Burma zeigt – auch nach geltendem Recht Sanktionsmaßnahmen ergriffen werden. Eine Verankerung von Sozialstandards in das WTO-Regelwerk (Empfehlung 3-33) ist dazu nicht erforderlich.

– Die Mehrheit der Entwicklungsländer ist gegen jede Verschränkung von handelspolitischen Vereinbarungen und Kernarbeitsnormen. Sie ist aber nicht per se gegen Kernarbeitsnormen. Aus anderen Erfahrungen befürchten sie aber auch hier, dass entsprechende Vorschläge der Industrieländer letztlich nichts anderes sind als eine versteckte protektionistische Maßnahme, die sie weiterhin vom Wettbewerb ausschließen soll. Um im Bilde zu bleiben: viele Entwicklungsländer sehen Exportchancen gerade in jenen arbeitsintensiven Bereichen, in denen wegen noch niedriger Produktivitäten die Standards eben noch nicht auf "Nord"niveau sind. Dies ändert sich aber im Zuge des Handels. Es muss auch bedacht werden, dass – auch wegen Erfahrungen der Vergangenheit – die WTO in den Kreisen der Entwicklungsländer als ein „ungeliebtes Organ" gilt.

Mehr noch: Eine Implementierung der Kernarbeitsnormen in das WTO-Regelwerk würde zudem zunächst die falschen treffen. Denn gerade die Entwicklungsländer, die sich weigern, die Kernarbeitsnormen einzuhalten, sind meist diejenigen, die kaum nennenswerte Exporte haben. Damit verliert das Hauptargument der Mehrheit (die *Sanktionsfähigkeit der WTO*) aber seine Bedeutung. Das Gegenteil ist der Fall: Über die Handelsverluste der übrigen Länder würde sich deren ökonomische Situation objektiv verschlechtern.

Um nicht missverstanden zu werden: die CDU/CSU -Arbeitsgruppe ist keineswegs gegen Kernarbeitsnormen und Sozialstandards. Sie unterstützt jede realistische Chance, ihre Durchsetzung zu fördern. Die WTO kann eine beratende und unterstützende Rolle spielen – höhere Transparenz, gemeinsame Ausschüsse etc. sind denkbar-, Handelsvereinbarungen und Kernarbeitsnormen sollten aber auf keinen Fall direkt gekoppelt werden.

Zur Thematik „Liberalisierung von Dienstleistungen durch GATS"

In den letzten Jahren ist im globalisierten Handel die Bedeutung der Dienstleistungen stark gestiegen. Das ist zum einen ein Spiegelbild nationaler Entwicklungen, zum anderen aber auch durch neue Technologien (Internet etc.) sowie durch den Übergang von früher standortabhängigen („gebundenen") Dienstleistungen zu „ungebundenen" bedingt. Damit wuchs auch die Bedeutung des internationalen Dienstleistungsabkommens GATS. Auch der Verlauf der jüngsten Welthandelskonferenz in Doha 2001 ist hierfür ein Beweis. Es entsteht der Eindruck, als müssten nun auch bei den Dienstleistungen Widerstände gegen den Freihandel überwunden werden, so wie das bei GATT bzw. WTO für die Waren in den letzten Jahrzehnten der Fall war. Die Widerstände gegen Marktöffnungen für Dienstleistungen scheinen in vielen Ländern noch groß zu sein, teilweise sogar in Ländern, die vom freien Zugang ihrer Waren zum Weltmarkt besonders profitierten, wie Deutschland. Diesen Eindruck muss man gewinnen, wenn man den Text, vor allem aber die Empfehlungen der Mehrheit der Kommission zu diesem Thema, liest. Dies ist wohl ein weiteres Zeichen dafür, dass die Mehrheit der Kommission Risiken der Globalisierung stärker betonen will als die entsprechenden Chancen und wettbewerblichen Lösungen generell skeptisch gegenüber steht.

Zur Handlungsempfehlung 3-11
Erhaltung der Flexibilität

Während der erste Teil der Empfehlung dem Geist des GATS-Abkommens entspricht, muss der letzte Teil abgelehnt werden. Die Mehrheit der Kommission stellt sich hier übrigens gegen die Meinungen der EU und der deutschen Bundesregierung, indem sie für so genannte *„Safeguard Measures"* eintritt. Diese Klauseln sollen nach Meinung einiger WTO-Mitglieder die heimische Industrie vor möglichen negativen Auswirkungen des internationalen Dienstleistungshandels schützen. Da aber nach den GATS Bestimmungen ohnehin jedes Land die Möglichkeit besitzt, je nach Sektor festzulegen, welchem Liberalisierungsniveau dieser unterworfen werden soll, sind solche Notfallklauseln nicht nötig. Es besteht darüber hinaus die Gefahr, dass derartige Schutzklauseln missbräuchlich angewendet werden und der Beliebigkeit Tür und Tor öffnen. Allzu leicht wird es möglich sein, Verpflichtungen zurück zu nehmen, sofern die damit verbundenen „Erwartungen" nicht erfüllt wurden.

Für die international investierenden Dienstleister sind aber feste, verlässliche Rahmenbedingungen vor Ort unabdingbar. Unternehmen werden nicht investieren, wenn sie befürchten müssen, dass die Grundlage der Investition verändert wird. Derartige Schutzklauseln können deshalb auch kaum im Interesse der Entwicklungsländer sein, für deren Entwicklung ausländische Investitionen auch im Dienstleistungsbereich wichtige Voraussetzung sind.

Wie auf jedes andere internationale Abkommen muss auf GATS Verlass sein, zu starke Flexibilität könnte Beliebigkeit bedeuten, und die wiederum würde jeder Investitionsplanung die notwendige Basis entziehen.

Zur Handlungsempfehlung 3-13
Ausschluss von Bildung und weiteren Leistungen der öffentlichen Daseinsvorsorge aus den GATS Verhandlungen

Zum Verständnis des GATS ist es wichtig zu wissen, dass das Abkommen die nationale Souveränität der Staaten anerkennt und zulässt, dass diese das Erbringen von Dienstleistungen nach eigenen Zielvorstellungen regulieren dürfen. Die Staaten entscheiden auch, welche Dienstleistungsart sie in das GATS einbringen und welche nicht. Insoweit ist die Formulierung der Empfehlung ungenau, denn man kann nichts herausnehmen, was nicht vorher eingebracht worden ist – und von vornherein ist kein Sektor im GATS enthalten.

Die wichtigere Frage ist, ob Bildungsdienstleistungen generell und prophylaktisch aus dem GATS herausgehalten werden sollen. Das GATS unterscheidet fünf Kategorien der Dienstleistungen: vom vorschulischen Bereich bis zur Erwachsenenbildung. Die EU hat fast durchgängig bereits den Marktzugang für Bildungsdienstleistungen gewährt, eine Rücknahme ist einseitig nicht möglich. Deutschland und Europa können daran kaum interessiert sein, wollen sie doch Bildungsdienstleistungen möglichst auch exportieren und über Importe die Auswahl an Bildungsangeboten erhöhen.

Ein Schutz des deutschen Marktes vor ausländischen Bildungsdienstleistungen macht nur Sinn, wenn befürchtet werden müsste, dass dadurch Nachteile für das Bildungswesen in Deutschland entstünden oder dass ein hoheitlicher Auftrag verletzt würde. Beides ist nicht zu sehen. Der

Mehrheitswunsch nach einer Präzisierung der Dienstleistungen „die in hoheitlichem Auftrag erbracht" werden, ist dennoch sinnvoll. Allerdings ist die Intention der Mehrheit damit folgende: Hier spielt der Erhalt mögliche Subventionierungen der öffentlichen Hand eine Rolle. Subventionierungen sind bei staatlich erbrachten Dienstleistungen eher die Regel als die Ausnahme und können durch die EU z. Zt. vom GATS ausgenommen werden. Auch hier schafft die Mehrheit letztlich einen wettbewerblichen Ausnahmebereich, in dessen Grenzen sich Ineffizienzen ausbreiten können und die Wahlmöglichkeiten eingeschränkt werden.

Zur Handlungsempfehlung 3-14

Keine Unterschreitung der EU-Standards und Normen im Bereich der Berufsqualifikationen, technischen Normen und der Lizenzierungsverfahren

Da das GATS keine Normungsbehörde ist, gehört die Festsetzung internationaler Standards nicht zu ihren Aufgaben. Vielmehr erkennt das GATS den Mitgliedern das souveräne Recht zur Regelung der Dienstleistungserbringung im innerstaatlichen Bereich zu. Mit anderen Worten: GATS macht hier keinerlei Vorschriften. Dennoch soll die Regelungsfreiheit bestimmten Kriterien unterworfen werden, die erstens darauf abzielen, Diskriminierungen unter Ausländern sowie In- und Ausländern zu unterbinden und zweitens die Transparenz fördern. Insbesondere dürfen Qualifikationsvorschriften und -verfahren, die technischen Normen und die Vorschriften über die Lizenzerteilung keine unnötigen Hemmnisse für den Dienstleistungsverkehr darstellen. Es ist geplant, bestimmte Disziplinen zu erarbeiten, die z. B. sicherstellen, dass die innerstaatlichen Vorschriften auf objektiven und transparenten Kriterien beruhen. Die deutsche Regierung bzw. die EU ist also nach wie vor frei, eigene Standards zu setzen, sofern diese den Kriterien der Inländerbehandlung und Transparenz genügen.

Grundsätzlich stellt sich aber die Frage, ob für internationale Abkommen tatsächlich die EU das Maß aller Dinge sein sollte. Angesichts der Verschiedenartigkeit von Ländern, Sitten, Bedürfnissen erscheint dies eher zweifelhaft. Eine internationale Harmonisierung von Berufsqualifikationen erscheint vor dem Hintergrund unterschiedlicher weltweiter Anforderungen geradezu überflüssig, kontraproduktiv und ohnehin nicht durchführbar. Besser wären hier Abkommen zur gegenseitigen Anerkennung von Bildungsabschlüssen geeignet.

Die vorgeschlagene Auswertung von Erfahrungen mit Harmonisierungen erscheint zwar grundsätzlich sinnvoll. Offen bleibt, wer diese sehr umfangreiche Arbeit verrichten soll und ob sie in Anbetracht der obigen Argumente überhaupt sinnvoll ist. Eine neue Bürokratie müsste ersonnen und mit einer Aufgabe betraut werden, deren Sinn die CDU/CSU-Arbeitsgruppe grundsätzlich bezweifelt.

Zur Handlungsempfehlung 3-15

Einbeziehung von Arbeits-, Sozial- und Umweltstandards

Die Ablehnungsgründe dieser Handlungsempfehlung entsprechen jenen der Handlungsempfehlung 3-33. Darüber hinaus ist es nicht Aufgabe von GATS, Normen aufzustellen oder ihre Überwachung zu gewährleisten, sondern Aufgabe des GATS ist es, über bestehende nationale Normen Transparenz zu schaffen. Ziel jeder neuen GATS-Runde sollte es sein, die Liberalisierung des Dienstleistungshandels weiter voran zu bringen. Diesem Ziel laufen „zwingende" Voraussetzungen zuwider. So sollten auch die notwendigen und zu begrüßenden ILO Standards nicht zur *conditio sine qua non* für Handelsgespräche gemacht werden, weil andernfalls eventuell notwendige und zeitlich begrenzbare Kompromisse unmöglich werden

Zur Handlungsempfehlung 3-16

Analyse der Wechselwirkungen zwischen nationaler, europäischer und multilateraler Regulierungsebene

Diese Empfehlung konnte aus Zeitmangel nicht ausreichend diskutiert werden. Sie ist unscharf formuliert und deshalb nicht zielführend. Sie ist darüber hinaus keine unmittelbar mit GATS zusammenhängende Empfehlung.

Die Mehrheit in der Kommission ist der Auffassung, dass auf allen Regulierungsebenen der Einfluss von „stakeholdern", Zivilgesellschaft und anderen außerparlamentarischen Gruppen gestärkt werden müsse. Daraus erklärt sich wohl vor allem ihr Widerstand gegen den Vorschlag, diese Empfehlung zu streichen oder zu präzisieren. Dem Ziel der Mitsprache soll in der folgenden Handlungsempfehlung zur „Einbeziehung aller Beteiligten in die Beratungen" auch Rechnung getragen werden:

Zur Handlungsempfehlung 3-17

Einbeziehung aller Beteiligten in die Beratungen

Die so formulierte Empfehlung geht nach Meinung der CDU/CSU-Gruppe zu weit. Bereits heute werden die angesprochenen Beteiligten über den Stand der Verhandlungen informiert, vielleicht könnte dies auch noch verbessert werden. Eine weitergehende Beteiligung ist schon aus juristischen Gründen unmöglich, nach EU-Recht bestehen Vorgaben und Beschränkungen, die die Handhabe der Außenbeziehungen als vertraulich einstufen. Es bestehen grundsätzliche Bedenken, Dokumente, die in Verhandlungen verwendet werden, Dritten zugänglich zu machen. Die Gefahr, dass die eigene Verhandlungsposition geschwächt wird, eigene Forderungen evtl. zu teuer zu erkauft werden müssen, ist nicht von der Hand zu weisen.

Bereits oben wurde auf die Erfolgsgeschichte der WTO hingewiesen. Ihr Sanktionsmechanismus bei Verstößen gegen das Statut hat trotz vieler Anfeindungen das Prinzip des freien Welthandels stets durchsetzen können. Die Kritik an der WTO, sie agiere „zu ökonomisch" und sei anderen als wirtschaftlichen Zielen gegenüber nicht offen genug ist nicht richtig. Schon der WTO Artikel XX, der sachgerechte Ausnahmen durchaus vorsieht, beweist das Gegenteil.

Zur Handlungsempfehlung 3-30

Erhöhte Kompatibilität der internationalen Ordnungssysteme

Diese Empfehlung wurde erst sehr knapp vor den Schlussbesprechungen der Kommission durch die Mehrheit in die Diskussion eingeführt. Sie konnte nicht mehr ausreichend diskutiert werden. Der erste Teil ist nahezu selbstverständlich. Die CDU/CSU-Gruppe ist allerdings strikt gegen den zweiten Teil der Empfehlung. Räumte man grundsätzlich „multilateralen Abkommen bzw. internationalen Konventionen zur Durchsetzung von Menschenrechten bzw. friedens-, sozialpolitischen und Umweltzielen (...) Priorität" gegenüber den WTO-Regeln ein, würde eine Hierarchie zwischen den internationalen Abkommen aufgebaut, die das Völkerrecht nicht kennt. Die WTO ist auch keine Superbehörde, die Ziele aller möglichen multilateralen Abkommen zu verfolgen und durchzusetzen hat, bloß weil sie effizienter als andere internationale Organisationen arbeitet. Mit anderen Worten: die WTO darf nicht mit handelsfremden Aufgaben überfrachtet werden. Bei einer Umsetzung der Mehrheitsempfehlung wäre zudem zu befürchten, dass solche handelsfernen Ziele protektionistisch missbraucht werden würden.

Zur Handlungsempfehlung 3-42

Berücksichtigung von Verhaltenskodizes im öffentlichen Beschaffungswesen

Diese Handlungsempfehlung zielt zwar in die richtige Richtung, geht aber viel zu weit. Die Bevorzugung von Unternehmen, die freiwillige Verhaltenskodizes befolgen, durch das Beschaffungswesen der öffentlichen Hand darf kein Blankoscheck für ein Abweichen von den Vergaberichtlinien sein.

Die praktische Umsetzung einer solchen Präferenzierung könnte zudem kontraproduktiv wirken. Im Berichtsteil der Mehrheitsfraktionen wird einvernehmlich und zutreffend darauf hingewiesen, dass Korruption insbesondere dort auftritt, „wo öffentliche Amtsträger große diskretionäre Handlungsspielräume bei der Vergabe öffentlicher Aufträge genießen". Die ohnehin schon bedenkliche Überfrachtung der Vergabe mit so genannten vergabefremden Aspekten würde hier nicht unbeträchtlich erweitert, mit dem möglichen Ergebnis, dass einem korruptionsgeneigten Vergabe-Beamten der Zuschlag nicht an den preislich und qualitativ günstigsten Bieter, sondern an seinen Günstling noch leichter wird.

Schlussbemerkung

Die CDU/CSU Gruppe bedauert es sehr, dass viele und wichtige Themen in der Arbeitsgruppe „Waren- und Dienstleistungsmärkte" nicht oder nicht ausreichend diskutiert werden konnten. So ist es für eine Kommission, die sich mit der Globalisierung befassen soll, eigentlich nicht hinnehmbar, dass Themen wie *Ausländische Direktinvestitionen, Transnationale Unternehmen oder E-business* in dieser Legislaturperiode weitgehend unbearbeitet blieben. Aber die Zeit reichte dazu nicht aus.

Es mag dahin gestellt bleiben, ob die Arbeitsgruppe ihre Themen richtig ausgewählt hat – wohl wissend, dass nicht für alle Themenschwerpunkte hinreichend Zeit zur Verfügung stehen würde. Es steht fest, dass vor allem in der ersten Phase der Beratungen auch Zeit verloren wurde, weil ideologische Standpunkte eine zu große Rolle spielten. Aus Sicht der CDU/CSU-Gruppe ist oftmals zu lange über Tatsachen, Missstände und Vermutungen diskutiert worden, die mit Globalisierung evtl. zusammengebracht werden können, deren Ursache aber nicht die Globalisierung ist.

Das gilt z. B. auch für das Kapitel über Korruption. Es versteht sich von selbst, dass Korruption auf allen Ebenen und mit allen Mitteln bekämpft werden muss. Dazu gab es auch keinerlei Meinungsverschiedenheiten. Die Handlungsempfehlungen wurden einstimmig verabschiedet. Es erscheint allerdings symptomatisch für das Verhalten der Mehrheit, dass der folgende Absatz gegen die Stimmen der CDU/CSU-Gruppe aus dem Berichtsentwurf gestrichen wurde: „Vielfach wird der Vorwurf erhoben, die Globalisierung sei Ursache für einen Anstieg der Korruption in den letzten Jahren. Das sei mit der Liberalisierung und Privatisierung verbunden. Tatsächlich lässt sich dieser Verdacht weder theoretisch noch empirisch belegen. Korruption hat es schon lange vor der Globalisierung gegeben. Wenn sie neuerdings ansteigt, so ist dies kein Beweis für eine ursächlichen Zusammenhang zur Globalisierung."

Wenn es eine eventuelle Weiterführung thematisch-ähnlicher Arbeiten einer Enquete-Kommission geben sollte, so ist Sorge dafür zu tragen, dass

- die Zusammenhänge zwischen beobachteten Tatsachen, Entwicklungen und Trends auf den nationalen und internationalen Märkten zur Globalisierung genau analysiert werden,

- die wichtigen Themen, die – aus welchen Gründen auch immer – in dieser Legislaturperiode nicht behandelt wurden, in den Vordergrund neuer Beratungen gerückt werden.

11.1.7.3 Arbeitsmärkte

Vorbemerkungen

Der Berichtsteil der Mehrheitsfraktionen gliedert sich grundsätzlich in einen Diagnose- und einen Therapie- oder Empfehlungsteil. Im Diagnoseteil konnten weitgehend Übereinstimmungen mit den Mehrheitsfraktionen hergestellt werden. Allerdings hegt die CDU/CSU-Arbeitsgruppe erhebliche Bedenken gegen viele von den Mehrheitsfraktionen ausgesprochenen Handlungsempfehlungen. Gerade bei diesem Thema ist offensichtlich, dass die Enquete-Kommission den Mehrheitsbericht nutzt, um ideologische und nationale Politikansätze unter Missachtung der empirischen Fakten und zum Teil gegen sie als angeblich nützliche Rezepte für komplizierte weltweite Prozesse zu verkaufen versucht.

Die Mehrheitsfraktionen stellen fest, dass die diagnostizierten Probleme auf dem Arbeitsmarkt nicht in unmittelbarem oder ursächlichem Zusammenhang mit der Globalisierung stehen. Deshalb werden viele nationale Arbeitsmarktprobleme aufgezeigt und Handlungsempfehlungen vorgebracht.

Im Folgenden greifen wir explizit Kapitel und Handlungsempfehlungen aus dem Mehrheitsbericht auf und stellen eigene Forderungen zur Bekämpfung von Arbeitslosigkeit vor. Ergänzend verweist die CDU/CSU-Arbeitsgruppe auf ihr Votum zum Kapitel 5 „Arbeitsmärkte" im Zwischenbericht der Enquete-Kommission „Globalisierung der Weltwirtschaft".

Zusammenfassende Bemerkungen

Die Regulierungsdichte wirkt auch auf den deutschen Arbeitsmärkten seit langem lähmend. Helfen könnte schon, wenn vor die Normsetzung – wo immer möglich – zunächst eine limitierte Testphase (siehe das sog. „Wisconsin-Modell" der hessischen Landesregierung) gesetzt würde. Allein hierdurch würde auf der Zeitachse Flexibilität gewonnen.

Flexibilität und „Öffnungsklauseln" notwendig

Vor allem aber müssen die Rahmenbedingungen im Tarifbereich („Öffnungsklauseln") endlich flexibler werden. Der in dieser Legislaturperiode wiedereingeführte verstärkte Kündigungsschutz wirkt beschäftigungsfeindlich. Um die Einstellungschancen älterer Arbeitnehmer zu verbessern, sollte diesen beim Abschluss eines Arbeitsvertrages ein Optionsrecht eingeräumt werden. Sie könnten sich hierbei entscheiden, bei einer eventuellen späteren Kündigung gegen Zahlung einer Abfindung auf eine Kündigungsschutzklage zu verzichten. Ebenso beschäftigungsfeindlich wirken der einseitige allgemeinen Anspruch auf Teilzeitarbeit und die kostenintensiven Neuregelungen bei der Reform des Betriebsverfassungsgesetzes im Jahr 2001. Beide belasten insbesondere die mittelständische Wirtschaft zusätzlich und schädigen damit die eigentlichen Träger derzeitiger und zukünftiger Beschäftigung.

Beschäftigungswirksame Handlungsempfehlungen für Deutschland

Arbeitslosen- und Sozialhilfe sollten zusammengefasst und so ausgestaltet werden, dass Anreize zur Aufnahme einer Beschäftigung entstehen. Deshalb muss das Lohnabstandsgebot strikt beachtet werden. Zudem sollte die Anrechnung von Erwerbseinkommen auf die Sozialhilfe reduziert und die vielfältigen Ansprüche, die über den Regelsatz der Hilfe zum Lebensunterhalt weit hinausgehen, geprüft werden. Wer ein Arbeitsangebot ablehnt, der muss mit einer deutlichen Verringerung seines Anspruchs auf Sozialhilfe rechnen. Um im Niedriglohnbereich gezielt Beschäftigungsanreize zu setzen, sollte auf Sozialbeiträge bis zum steuerlichen Grundfreibetrag (derzeit etwa 10.000 Euro p.a.) verzichtet werden. Die Beitragsausfälle könnten durch Einschränkungen der vielen ineffizienten Arbeitsmarktprogramme kompensiert werden.

Der relativ niedrige Anteil von Beschäftigten im Niedriglohnbereich und der hohe Anteil der Schattenwirtschaft weisen auf die falschen Rahmenbedingungen auf dem deutschen Arbeitsmarkt hin. Diese sind maßgeblich von der jetzigen Bundesregierung zu verantworten.

Kommentar zu Kapitel 4.2: Der deutsche Arbeitsmarkt im globalen Wettbewerb

Zu Kapitel 4.2.3: Zusammenfassende Bewertung, Punkt 1.

Die Stellung Deutschlands im internationalen Wettbewerb wird hier nicht zutreffend beschrieben. Der von der OECD entwickelte und verwendete Indikator der Exportperformance zeigt dies deutlich: Seit Mitte der 80er Jahre hat dieser Indikator fast 25 Prozent eingebüßt. Die Exportperformance anderer Industrieländer (z. B. USA, Irland, Spanien, Norwegen, Finnland) hat sich hingegen verbessert, und wichtige europäische Konkurrenten haben weniger schlecht abgeschnitten als Deutschland.

Zu Kapitel 4.2.3, Punkt 8.

Zugrundeliegende Ursache der in Deutschland vergleichsweise geringen Beschäftigung im Bereich der persönlichen Dienstleistungen ist der unzureichende Lohnabstand (zur empirischen Relevanz siehe Boss 2001; Klös, Schäfer 2002). Dieser kann zwar durch die Entlastung geringer Einkommen von Sozialabgaben gemildert werden, doch dies löst nicht das eigentliche Problem. Vielmehr werden durch die Verschiebung von Finanzmitteln von einer öffentlichen Hand (Steuer) in die andere (Sozialversicherung) die ohnehin schon problematischen Anreizstörungen durch weitere Verletzungen des Konnexitätsprinzips verstärkt. Eine problemadäquate Lösung bestünde in einer Absenkung der Transfereinkommen und ggf. der Einführung einer negativen Einkommensteuer. Die Schaffung bzw. Ausdehnung eines öffentlichen Beschäftigungssektors beseitigt die Arbeitslosigkeit nicht, da die Opportunitätskosten beachtet werden müssen: Eine dadurch bedingte Erhöhung der Steuern zur Finanzierung öffentlicher Beschäftigung führt ihrerseits zur Erhöhung der Arbeitslosigkeit.

Zu Kapitel 4.2.3, Punkt 9.

Die empirischen und theoretischen Hinweise auf einen beschäftigungsfeindlichen Einfluss von Rigiditäten sind unübersehbar (vgl. z. B. Eichhorst u. a. 2001, Berthold u. a. 1999, Siebert 1997). Voraussetzung für die Absenkung der hohen nationalen Arbeitslosigkeit ist jedoch Flexibilität, also die Bereitschaft zur Anpassung und die Öffnung veränderungsfeindlicher tarifrechtlicher Strukturen. Da dies bisher nicht geschehen ist, die Notwendigkeit jedoch weiter besteht, entstehen mittlerweile viele Arbeitsverhältnisse in rechtlichen Grauzonen oder sogar unter Verstoß des Tarifrechts. Je länger die arbeitsmarktpolitischen Anpassungen verzögert werden, desto höher werden im Zeitablauf die Kosten dafür sein.

Zu Kapitel 4.2.3, Punkt 10.

Die Existenz einer Dienstleistungslücke ist unumstritten. Umstritten sind allerdings die Messmethode und daraus resultierende Ergebnisse. Nicht nachvollziehbar ist, warum eine „generelle Wachstumsschwäche" und „Strukturprobleme in den neuen Bundesländern" dafür ursächlich sein sollen, obwohl die Existenz der Lücke auch in

Westdeutschland einwandfrei nachweisbar ist. Eine generelle Wachstumsschwäche müsste alle Branchen betreffen.

Kommentar zu Kapitel 4.3: „Globalisierungsbedingter Strukturwandel auf dem deutschen Arbeitsmarkt"

Zu Kapitel 4.3.6: Zusammenfassende Bewertung, Punkt 3.

Der Hinweis auf makroökonomische Faktoren" (zu geringe Binnennachfrage, Zunahme des Angebotes an Arbeitskräften, Produktivitätswachstum) als Ursache struktureller Arbeitslosigkeit überzeugt nicht. Das Produktivitätswachstum liefert keine langfristig zufriedenstellende Erklärung für Arbeitslosigkeit (Vivarelli 1995). Auch ein höheres Arbeitskräfteangebot führt nicht unbedingt zu höherer Arbeitslosigkeit. Dies zeigen Erfahrungen anderer Länder (z. B. der USA). Maßgeblich für die Absorptionsfähigkeit eines Arbeitsmarktes ist nämlich seine Flexibilität. Die Vorstellung, die strukturelle Arbeitslosigkeit sei keynesianischer Natur und resultiere aus einer unzureichenden Güternachfrage, ist angesichts des vorgeschlagenen Gegenmittels – einer Ausweitung der Staatsausgaben – empirisch wenig gehaltvoll: Die strukturelle Arbeitslosigkeit in Deutschland steigt seit vielen Jahren – unabhängig davon, ob eine expansive oder restriktive Fiskalpolitik betrieben wird.

Für die Lesbarkeit des gesamten Votums bilden wir in dem folgendem Kasten die Aussagen ab, die bereits im Zwischenbericht als Beispiel für einen internationalen Vergleich dienen.

Die deutsche Volkswirtschaft profitiert weniger als andere Industrienationen von den Erwerbschancen, welche sich aus der Globalisierung und dem Strukturwandel ergeben. Veränderungen im wirtschaftlichen Umfeld haben die Arbeitslosigkeit erhöht, der Beschäftigungsaufbau blieb weitgehend aus. Der internationale Vergleich zeigt überdeutlich, dass diese Entwicklung weder auf den Globalisierungsprozess noch auf den Strukturwandel zurückzuführen ist. Andere OECD-Staaten konnten die Anpassungslasten auf den Arbeitsmärkten deutlich besser verarbeiten und haben die Lasten in Chancen umgewandelt.

Flexible Arbeitsmärkte

Die entscheidenden Voraussetzungen hierfür waren jedoch flexible Arbeitsmärkte (USA) oder strukturelle Reformen, welche die Arbeitsmärkte flexibilisiert haben (z.B. Australien, Neuseeland, Großbritannien, Niederlande, Dänemark). Flexible Arbeitsmärkte kennzeichnen sich dadurch, dass sich der Preis für den Produktionsfaktor Arbeit, der Lohn oder das Gehalt, an veränderte Knappheitsverhältnisse durch Globalisierung und Strukturwandel anpasst. Sie sind zugleich eine Versicherung dafür, dass sich konjunkturelle Arbeitslosigkeit nicht in strukturelle Arbeitslosigkeit verwandelt (OECD 1999a: 44). Der Anstieg der strukturellen Arbeitslosigkeit in Deutschland ist darauf zurückzuführen, dass die Veränderungen im wirtschaftlichen Umfeld nicht von den erforderlichen Veränderungen bei Löhnen und Gehältern flankiert worden sind.

Die Verteilungsspielräume sind durch die Lohnabschlüsse in Deutschland in den letzten dreißig Jahren allzu oft überschritten worden. Jahren, die einen deutlichen Anstieg der Arbeitslosigkeit verzeichneten, ging in den Vorjahren stets eine aggressive Lohnpolitik voraus (Berthold u. a. 1999: 8).[1] Eine moderate Lohnpolitik ist aber Voraussetzung dafür, dass eine bestehende Arbeitslosigkeit abgebaut werden kann. Größere Beschäftigungsgewinne wurden in Deutschland lediglich in Zeiten moderater Lohnabschlüsse, insbesondere in den 80er Jahren, erzielt.

Beispiel Niederlande

Gerade das Beispiel Niederlande zeigt, dass eine zurückhaltende Lohnpolitik den Beschäftigungsaufschwung unterstützt. Zwischen 1979 und 1997 wurden mehr als 1,2 Millionen neue Arbeitsplätze eingerichtet, ein Plus von knapp 27 Prozent (Sachverständigenrat 1999). Während die Lohnkosten seit Beginn der 80er Jahre in den Niederlanden stabil blieben, stiegen sie in Deutschland um 40 Prozent, im europäischen Durchschnitt immerhin noch um 15 Prozent (Hartog 1999: 464f.). Das Niveau des durchschnittlichen realen Vertragslohnes in der gesamten niederländischen Volkswirtschaft war Mitte der 90er Jahre sogar auf ein niedrigeres Niveau gesunken als 1979.

Eine allgemeine Lohnzurückhaltung ist aber noch nicht hinreichend für einen nachhaltigen Abbau der strukturellen Arbeitslosigkeit. Die unterschiedlichen Anpassungslasten erfordern eine flexible und differenzierte Lohnstruktur (Sachverständigenrat 1998, Ziffer 170ff.; 1999, Ziffer 341ff. und 2000, Ziffer 422). Dies gilt sowohl mit Blick auf die verschiedenen Berufe und Qualifikationen, auf wirtschaftliche Sektoren und auf die Vielzahl der Unternehmen sowie auf die unterschiedlichen Regionen. Eine Lohndifferenzierung, welche die ökonomischen Knappheiten berücksichtigt, ist jedoch in der deutschen Wirtschaft ausgeblieben, die Lohnstruktur blieb weitgehend

---

[1] Insbesondere die Jahre 1970 bis 1975 sowie 1980/1981 und 1991/1992 waren durch eine aggressive Lohnpolitik gekennzeichnet.

unverändert. Den Arbeitnehmern fehlen damit die notwendigen Signale und Impulse, erstens dass sie sich umorientieren müssen und zweitens wie sie sich umorientieren müssen, damit sie von den Vorteilen der Globalisierung und des Strukturwandels profitieren können (Berthold, Stettes 2001: 6ff.).

Die Qualifikationsanforderungen der Unternehmen haben sich zugunsten von höher qualifizierten Beschäftigten verschoben. Die Vergütungen hätten daraufhin in den unteren Einkommensgruppen zurückgehen müssen. Statt dessen ist die qualifikatorische Lohnstruktur in Deutschland noch stärker komprimiert worden (Freeman, Schettkat 2000: 5). Während die Löhne und Gehälter in der Hochlohngruppe (D9) von Mitte der 80er Jahre bis Mitte der 90er Jahre um gut 21 Prozent angestiegen sind, haben Sockelbeträge und überproportionale Tarifanhebungen für Geringqualifizierte die Vergütungen im Niedriglohnsegment (D1) um knapp 60 Prozent angehoben. Die Lohnstruktur hat sich demzufolge in die völlig falsche Richtung entwickelt. Die Folge war einerseits, dass für Geringqualifizierte und Ungelernte immer weniger Arbeitsplätze neu geschaffen wurden und andererseits, dass die Unternehmen gezwungen wurden, bestehende Arbeitsplätze für diese Beschäftigtengruppen wegzurationalisieren.

Dagegen hat eine zunehmende Ausweitung des qualifikatorischen Lohndifferentials in den USA dem Rationalisierungsdruck entgegengewirkt.[2] Die Arbeitslosigkeit unter den Geringqualifizierten in den Vereinigten Staaten befindet sich seit Mitte der 80er Jahre auf dem Rückzug. Einfache Arbeit ist in Deutschland nicht nur im internationalen Vergleich zu teuer, sondern insbesondere im Vergleich zum heimischen Sach- und Humankapital (Härtel u. a. 1998: 26).

- Die Lohnstruktur zwischen den verschiedenen Branchen ist in Deutschland relativ starr. Eine Anpassung an die Veränderungen in Folge des sektoralen Strukturwandels ist weitgehend ausgeblieben (Klodt u. a. 1997: 201ff.; Möller, Bellmann 1996: 252ff.; Prasad 2000). Ein Wechsel der Beschäftigten aus der Industrie in den Dienstleistungssektor ist aufgrund der Lohnunterschiede vergleichsweise unattraktiv, und zwar insbesondere für Facharbeiter und Geringqualifizierte.

- Die Lage auf den regionalen Arbeitsmärkten in Deutschland differiert beträchtlich, die Verdienstentwicklung verläuft jedoch gleichmäßig (OECD 1996c: 134). Die Lohnabschlüsse haben sich langfristig eher an der Inflationsrate oder der gesamtwirtschaftlichen Produktivitätsentwicklung orientiert, regionale Begebenheiten spielten eine relativ untergeordnete Rolle (Schnabel 1997: 159ff.). Obwohl die Beschäftigungsentwicklung in Ost- und Westdeutschland gerade in den letzten Jahren unterschiedliche Richtungen eingeschlagen hat, haben sich die Einkommensunterschiede zwischen den Regionen seit 1990 deutlich eingeebnet (OECD 2000k: 31ff.).[3]

Die Länder in Kontinentaleuropa – Niederlande und Dänemark –, in denen die Arbeitslosigkeit in den letzten Jahren gesunken ist, haben nachhaltige Beschäftigungserfolge nicht aufgrund einer Umverteilung von Arbeit erzielt, sondern durch Maßnahmen, welche den Arbeitsmarkt flexibilisierten. Sie sind dabei den Empfehlungen der OECD zur Bekämpfung der strukturellen Arbeitslosigkeit gefolgt (OECD 1999a: 54ff.).[4]

- In den Niederlanden wurde der gesetzliche Mindestlohn abgesenkt und gleichzeitig der tarifliche Mindestlohn an den gesetzlichen angenähert (OECD 2000m: 57; Hartog 1999: 465). Der faktische Mindestlohn nahm damit um ca. 20 bis 25 Prozent ab (1979 bis 1996). Kürzungen bei den Arbeitgeberbeiträgen zur Sozialversicherung für Geringverdiener haben die Arbeitskosten für diese Problemgruppe beträchtlich gesenkt, und zwar um mehr als 10 Prozent (OECD 2000m: 56, 2000d: 222).

Die Beschäftigung im Niedriglohnsektor expandierte aber nicht in dem erwarteten Umfang, da die monetären Anreize für einen Geringqualifizierten, eine Tätigkeit aufzunehmen, ausblieben (OECD 2000m: 57). Infolgedessen wurden die Zumutbarkeitskriterien für Arbeitslose erheblich verschärft. Dennoch erfolgte die Schaffung von Arbeitsplätzen für Geringverdiener überwiegend im öffentlichen Sektor, weshalb der Beschäftigungserfolg in diesem Bereich eher reserviert zu beurteilen ist.

Der beobachtbare Beschäftigungsanstieg ist nicht auf eine allgemeine Arbeitszeitverkürzung zurückzuführen, sondern auf die Schaffung von Arbeitsplätzen für flexibel einsetzbare Arbeitnehmer (Hartog 1999: 478ff.). Dazu zählen erstens Leiharbeitnehmer, befristete Beschäftigte und Beschäftigte auf Abruf sowie zweitens Teilzeitbe-

---

[2] Die Einkommen im unteren Ast der Einkommensverteilung (D1) sind in den USA von 1985 bis 1995 um über 7 Prozent gesunken, während Hochqualifizierte in den oberen Einkommensklassen Verdienstzuwächse von gut 3 Prozent verzeichnen konnten.

[3] Bezogen auf die Ebene der Bundesländer. Dies steht im Gegensatz zu den Entwicklungen in den anderen OECD-Staaten, in denen Einkommensdaten auf regionaler Ebene vorliegen.

[4] Dies gilt noch mehr für die angelsächsischen Länder Großbritannien, Neuseeland und Australien, deren Arbeitsmärkte sich noch günstiger entwickelt haben.

schäftigte mit flexiblen Arbeitszeiten. Angesichts der strikten Kündigungsschutzvorschriften nutzen Unternehmen diese Beschäftigungsformen, um flexibel auf Nachfrageschwankungen reagieren zu können, vielen Erwerbslosen dienen sie häufig als Sprungbrett in „normale" Beschäftigungsverhältnisse.[5] Dies gilt insbesondere für Langzeitarbeitslose, welche an einem solchen Arbeitsplatz erst in die Lage versetzt werden, die erforderlichen Qualifikationen zu erwerben, um eine nachhaltige Erwerbsperspektive zu erhalten. Die für OECD-Verhältnisse einst überdurchschnittlich hohe Quote der Langzeitarbeitslosigkeit konnte deshalb in den letzten zehn Jahren von knapp 50 Prozent 1990 auf ca. 33 Prozent 2000 erheblich verringert werden.

- Der Arbeitsmarkt in Dänemark kennzeichnet sich ohnehin schon durch niedrige Kündigungsschutzvorschriften und restriktive Zumutbarkeitskriterien in der Arbeitslosenversicherung (OECD 2001l). Letztere wurde in den 90er Jahren noch einmal deutlich verschärft.

Zudem bietet eine dezentrale Lohnfindung in Verbindung mit einer hohen Lohndrift hohes Flexibilisierungspotenzial bei Lohnstruktur und Lohnhöhe. Die Erfahrungen in Dänemark und in den Niederlanden und ihre potenzielle Übertragbarkeit auf Deutschland stehen jedoch unter mehreren Vorbehalten. Erstens sind beide Volkswirtschaften klein und weisen jeweils eine vergleichsweise homogene Wirtschafts- und Beschäftigtenstruktur auf. Vor diesem Hintergrund stellt sich die Frage, ob sich der Blick nicht eher auf große Volkswirtschaften mit heterogen Strukturen richten sollte, welche über flexible Arbeitsmärkte verfügen, bspw. die USA oder Großbritannien. Der Rückgang der Arbeitslosigkeit ohne eine Zunahme der Einkommensungleichheit in den Niederlanden und Dänemark ist ein Indiz für die Homogenität der Arbeitskräfte. Die Konstanz der Einkommensverteilung steht jedoch mehr in Verbindung mit den scharfen Zumutbarkeitskriterien und den geringen Arbeitsanreizen, welche auf großzügige Sozialleistungen zurückzuführen sind. Zweitens wurde die Beschäftigung im öffentlichen Sektor ausgebaut.[6] Drittens steht die Bewährungsprobe für beide Länder noch aus. Sowohl die Niederlande als auch Dänemark haben durch die Praxis der Frühverrentung ihre Sozialsysteme belastet. Angesichts der günstigen Rahmenbedingungen für Wachstum und Beschäftigung in den 90er Jahren bleibt abzuwarten, wie nachhaltig die Reduzierung der Arbeitslosigkeit war.

Kommentar zu Kapitel 4.4: Handlungsempfehlung 4-1 „Weiterbildung"

Jedes Individuum investiert durch Bildung und Weiterbildung in seine eigene Zukunft. Das heißt auch, dass jeder diese Entscheidungen für sich selbst treffen muss. Gegenwärtig gibt die Bundesanstalt für Arbeit bereits sieben Milliarden Euro im Jahr für die berufliche Weiterbildung aus. Angesichts ausstehender Belege für die Wirksamkeit der Förderung (Hagen, Steiner 2000) erscheint eine weitere Erhöhung nicht angemessen. Eine Ausweitung der Regulierungsdichte durch Rahmengesetze und Ausbildungsumlagen wird ebenso abgelehnt. Die Idee eines Zertifizierungssystems für Unternehmen erscheint zweifelhaft. Der Mangel an formalen Qualifikationen kann kaum durch Formalisierung abweichender Qualifikationen kompensiert werden. Wie die Unternehmen ihre Weiterbildung organisieren, sollte ihnen letztlich selbst überlassen werden.

Zu Handlungsempfehlung 4-3 „Arbeitszeitpolitik"

Diese Handlungsempfehlung beruht auf der Vorstellung, das Arbeitsvolumen sei fest vorgegeben und müsse bloß auf mehr Köpfe verteilt werden, um den Beschäftigungsstand zu erhöhen. Diese Vorstellung ist unzutreffend. Die Qualifikationen auf dem Arbeitsmarkt sind viel zu spezifisch, als dass man durch allgemeine Arbeitszeitverkürzungen die Beschäftigung erhöhen könnte. Während in einigen Segmenten sogar Fachkräftemangel herrscht, ist in anderen Segmenten ein Überschuss zu beobachten. Regulierungen wie das Teilzeit- und Befristungsgesetz werden diese Segmentierung verschärfen und die Arbeitslosigkeit erhöhen (vgl. Klös, Schäfer 2000). Bereits im Zwischenbericht 2001 zeigte die CDU/CSU-Arbeitsgruppe anhand von verschiedenen Beispielen aus dem europäischen Ausland, dass der hier erneut vorgebrachte Vorschlag der Arbeitszeitverkürzung nicht zu den gewünschten Effekten – der Verringerung von Arbeitslosigkeit – führt (Enquete-Kommission „Globalisierung" 2001c: 178ff.). Aus diesem Grund wird auf eine erneute Darstellung an dieser Stelle verzichtet.

Zu Handlungsempfehlung 4-4 „Steigerung der Frauenerwerbstätigkeit", hier speziell: Rückführung des Ehegattensplittings"

Bereits der frühere SPD-Bundesfinanzminister Lafontaine plante die Begrenzung des Splittingvorteils auf maximal 8 000 DM und scheiterte mit diesem Vorhaben an massiven verfassungsrechtlichen, aber auch ökonomischen Bedenken. An dieser Sachlage hat sich so gut wie nichts geändert. Folgende Gründe sprechen für die Beibehaltung des Splittingverfahrens:

- Das Ehegattensplitting ist keine disponible Steuervergünstigung, sondern verfassungsrechtlich geboten, weil die Ehe als Lebensgemeinschaft beide Partner als gleichberechtigt ansieht und daher das Einkommen

---

[5] Der Kündigungsvorschriften in den Niederlanden sind ebenfalls im internationalen Vergleich sehr strikt, wenn auch nicht in dem Ausmaß wie in Deutschland (vgl. OECD 1994b, 69ff.).

[6] In den Niederlanden gilt dies aber nur für Niedriglohnempfänger, welche jedoch die Beschäftigtengruppe bilden, für welche die Anpassungslasten am höchsten sind.

auch beiden in gleicher Höhe zugerechnet werden muss. Außerdem begründet die Ehe auch zivilrechtliche Unterhaltsansprüche.

- Im Zuge der Steuerreform sinkt die Grenzsteuerbelastung und dadurch verringert sich automatisch auch der Splittingvorteil

- Durch den Splittingvorteil profitieren nicht nur die kinderlosen Ehepaare, sondern insbesondere die Ehepaare mit Kindern – eine Kappung des Vorteils müsste aus verfassungsrechtlichen Gründen auch auf diese Gruppe im Zuge des Gleichbehandlungsgrundsatzes ausgedehnt werden.

- Nur zwei Prozent der verheirateten Einkommensteuerzahler kommen gegenwärtig in den Genuss des vollen Splittingvorteils. Die steuerlichen Einsparpotenziale sind bei einer Abschaffung deshalb gering.

Zu Kapitel 4.4.1: Exkurs: Hilfen für die potenziellen Globalisierungsverlierer durch Subvention gering qualifizierter Arbeit

Das antizipierte Primat der Qualifizierungspolitik gegenüber der Lohnsubventionierung im Niedriglohnbereich stößt an Grenzen, da die Grenzkosten der Qualifizierung steigen und die Grenzerträge hieraus letztlich übersteigen. Ein Arbeitsmarkt muss aber auch Chancen für Geringqualifizierte bieten. Anreize zur Qualifizierung bietet der Markt durch bessere Chancen auf einen Arbeitsplatz und höhere Löhne für Hochqualifizierte genug.

Dass kulturelle Aspekte einer Ausweitung des Sektors der Einfachdienstleistungen entgegenstehen, wird bereits durch ein steigendes Angebot dieser Dienstleistungen in der Schattenwirtschaft widerlegt.

Das Argument, das Lohnniveau sei zu hoch für einen Niedriglohnsektor leitet sich nicht aus dem Mangel an entsprechenden Leistungsgruppen in Tarifverträgen ab. Es resultiert vielmehr aus dem geringem Arbeitsangebot in diesen Leistungsgruppen. Dies kann mit dem Mindestlohncharakter der Sozialhilfe erklärt werden.

Zu Kapitel 4.5: Globalisierung und arbeits- und sozialpolitische Handlungsfähigkeit des Nationalstaates

Zu den Handlungsempfehlungen 4-5 und 4-6 „Mindestsozialleistungsquoten"

Die Forderung nach EU-weiten Mindestsozialleistungsquoten ist irrational, da einerseits nicht berücksichtigt wird, wie viele soziale Leistungen notwendig sind und andererseits der politische Wille einzelner Mitgliedsländer ignoriert wird. Stattdessen sollten die Sozialbudgets effizienter dazu verwendet werden, um den Finanzbedarf zu senken und Räume für wachstumsfördernde Steuer- und Sozialabgabensenkungen zu schaffen. Im Übrigen wird ein Wirkungszusammenhang impliziert (niedrigere Sozialleistungsquoten erhöhen die Wettbewerbsfähigkeit), der in Abschnitt 4.2 noch heftig angezweifelt wurde.

Mindestsozialleistungsquoten laufen zudem auf eine Harmonisierung der Sozialausgaben auf hohem Niveau hinaus und beschränken den Wettbewerb um „Best Practices". Zudem ist die Ausgangshypothese eines „Race to the Bottom" im Wettbewerb bei den Sozialleistungen nicht zutreffend. Im Gegenteil, die Sozialleistungsquoten sind im Zeitraum 1980 bis 1999 in fast allen Ländern der EU gestiegen. Auch die Sozialleistungen je Kopf tendieren nach oben, nicht nach unten.

Zu Kapitel 4.7: Beschäftigungsrelevante Defizite in der Europäischen Union

Zu Handlungsempfehlung 4-8 „Erweiterung des Aufgabenbereichs der EZB"

Die Forderung nach einer Ausweitung des Zielkatalogs der EZB wird von CDU/CSU abgelehnt. Aus ordnungspolitischen Gründen sollten die Zuordnungen von Aufgaben in der Wirtschaftspolitik klar und eindeutig sein und nicht verwischt werden. Indem die EZB für Preisstabilität sorgt, leistet sie einen wichtigen Beitrag für Wachstum und Beschäftigung. Die Bundesregierung hat durch ihre Wirtschafts-, Steuer-, Finanz- und Sozialpolitik für wachstums- und investitionsfreundliche Rahmenbedingungen zu sorgen, die Tarifpartner sind für beschäftigungsorientierte Löhne verantwortlich.

Zu Handlungsempfehlung 4-10 „Produktivitätsorientierte Lohnpolitik"

Die Lohnentwicklung muss stets im Einklang mit der nationalen Produktivitätsentwicklung stehen und darf sich nicht an einem EU-Durchschnitt orientieren. Dies gewährleistet eine stabilitäts- und beschäftigungsorientierte Lohnpolitik.

Die Mehrheitsfraktionen scheinen zudem einen Lohnkostenwettbewerb generell negativ zu beurteilen (Vorwurf eines „Lohndumping-Wettbewerbs"). Auch hier konnte z. B. der Sachverständigenrat in einem seiner letzten Gutachten kein „Race to the Bottom" feststellen. Zudem ist die implizite Annahme falsch, Lohndisziplin sei beschäftigungsneutral, wenn dies alle Länder täten. Lohnmoderation kann vielmehr in allen beteiligten Ländern die Beschäftigungslage verbessern, denn sie verbessert tendenziell das Verhältnis von Arbeits- zu Kapitalkosten.

Zu Kapitel 4.8, 4.8.2: Handlungsempfehlungen zur Europäischen Steuerpolitik

Die in diesem Kapitel unterbreiteten Empfehlungen sind alle durch ein tiefes Misstrauen gegenüber dem internationalen Steuerwettbewerb gekennzeichnet. Dieser wird einseitig als „unfairer Wettbewerb" interpretiert. Bisher existieren allerdings keine rechtlich verbindlichen und definitorisch klaren Begriffsunterscheidungen zwischen einem unerwünschten „unfairen" und einem erwünschten „fairen" Steuerwettbewerb.

Steuerwettbewerb ist auch nicht zwangsläufig mit Steuermindereinnahmen verbunden. Auch hier ist ein „Race to the Bottom" empirisch bislang nicht nachweisbar. Im Gegenteil: Die Anteile der von den Kapitalgesellschaften gezahlten Gewinnsteuern an den Steuereinnahmen insgesamt sind laut OECD-Berechnungen in den 90er Jahren angestiegen und nicht gesunken. Führt Steuerwettbewerb zu einer höheren Effizienz der nationalen Steuersysteme, (Senkung der Steuersätze und gleichzeitig Abschaffung von Steuerschlupflöchern) so kann dies positive ökonomische Anreize entfalten. Hohe Steuersätze ohne entsprechende Gegenleistung führen aber insbesondere im Bereich der Besteuerung mobiler Faktoren (Sachkapital und hochqualifizierte Arbeitskräfte) zu Ausweichreaktionen.

Soll eine Harmonisierung der direkten Steuern auf europäischer Ebene angestrebt werden, dann erscheint es bei der Unternehmensbesteuerung sinnvoller, an Stelle der Steuersätze, die steuerlichen Vorschriften der Gewinnermittlung anzugleichen. Dies würde den Steuerwettbewerb transparenter machen und nicht ausschalten. Ein solcher Vorschlag ist in der Diskussion und ein erster sinnvoller Schritt könnte eine europäische Angleichung im Bereich der Körperschaftsteuern sein (z. B. Halbeinkünfteverfahren als einheitliche Besteuerungsmethode).

Zu Handlungsempfehlung 4-13 „Bekämpfung von Standortkonkurrenz, die mittels Steuervergünstigungen und steuerlichen Sonderkonditionen für mobile Unternehmensfunktionen erfolgt"

Dieser Empfehlung liegt erneut die Angst vor einem „Race to the Bottom" zu Grunde. Auch hier werden „mobile Unternehmensfunktionen" nicht abwandern, so lange der „Value for Money" stimmt. Deshalb sollte zunächst abgewartet werden, ob die bereits beschlossenen Maßnahmen in Form der Verhaltenskodizes ausreichen. Generell restriktivere Besteuerungsregeln bei mobilen Unternehmensfunktionen (Kapitalanlagen, Holding- und Finanzierungsfunktionen, Lizenzverwaltung, Versicherungsdienstleistungen) werden allerdings Umgehungs- und Vermeidungsstrategien nach sich ziehen (z. B. Verlagerungen außerhalb der EU) und sind deshalb nicht zielführend.

Zu Handlungsempfehlung 4-14 „Anpassung der Doppelbesteuerungsabkommen an veränderte Gegebenheiten und Subventionskontrolle"

Bevor multilaterale Abkommen geschaffen werden, sollte geprüft werden, ob die bilateralen Freistellungs- oder Anrechnungsmethoden für alle EU- verbindlich gemacht werden sollten. Auch bei dem Vorschlag einer umfassenden Subventionskontrolle ist Skepsis angebracht. Bereits auf nationaler Ebene ist eine Kontrolle schwer durchführbar; auch auf der EU-Ebene gibt es in der Beihilfenkontrolle erhebliche Probleme. Eine Ausdehnung der Kontrolle auf alle Steuervergünstigungen würde diese Kontrollprobleme weiter verschärfen, zumal selbst eine Quantifizierung von Vorteilen aufgrund von Steuervergünstigungen methodisch schwierig ist.

Zu Kapitel 4.8.3 Handlungsempfehlungen 4-15 bis 4-17

„Öffentliche Daseinsvorsorge"

Die in dem Mehrheitsbericht unter diesem Punkt geforderte Rahmenrichtlinie wäre bei konsequente Wettbewerbspolitik überflüssig. Es sollte zudem strikt das Beihilfenverbot und das Subsidiaritätsgebot durchgesetzt werden. Die Schaffung einer Rahmenrichtlinie für gemeinwohlorientierte Dienstleistungen setzt zunächst eine Definition solcher Dienstleistungen voraus. Allerdings entzieht sich der Begriff der Gemeinwohlorientierung einer exakten Definition. Es ist deshalb zu befürchten, dass hierdurch gemeinwohlorientierte öffentliche Unternehmen gegenüber privaten Unternehmen bevorzugt werden sollen.

Zu Kapitel 4.10.1: Handlungsempfehlungen zur Informalität der Arbeit

Zu Handlungsempfehlung 4-19 „Ausreichende Versorgung mit Öffentlichen Gütern"

Die Schlussfolgerung in dieser Handlungsempfehlung, Informalität resultiere aus mangelnder Versorgung mit öffentlichen Gütern, ist unplausibel und von der Analyse nicht gedeckt. Sie steht auch im Widerspruch zu den Ausführungen über den informellen Sektor in Kapitel 4.9.1.1 und die Schattenwirtschaft in Kapitel 4.9.1.5.

11.1.7.4 Globale Wissensgesellschaft

Zum Teil „Hochschulen"

Vorbemerkungen

Die Mehrheitsfraktion in der Enquete-Kommission hat an Ende der Beratungen einen bis zu diesem Zeitpunkt gemeinsamen Bericht zum Bereich „Hochschulen und Globalisierung" zurückgezogen. Die CDU/CSU-Arbeitsgruppe hält es für erforderlich, diesen so bedeutsamen Bereich und die Empfehlungen dem Deutschen Bundestag vorzulegen. Sie gibt deshalb folgendes Minderheitenvotum ab.

Wissensübertragung- Wissensgenerierung

Die Enquete-Kommission hat sich das deutsche Hochschulsystem als Fallbeispiel für die Übertragung von Wissen im globalen Wettbewerb ausgesucht, weil Hochschulen dem globalen Wettbewerb besonders ausgesetzt sind.

Das Gutachten von Dierkes und Merkens (2002) für die Enquete-Kommission Globalisierung des Bundestages bildet die Grundlage der folgenden Ausführungen.

Globalisierung, Wissenschaft und Hochschulen: eine Einführung

Der jetzt, zu Beginn des 21. Jahrhunderts, erreichte und wahrscheinlich fortschreitende Stand der Globalisierung der Weltwirtschaft mag einmalig sein, er mag vielleicht auch nur den Umfang repräsentieren, der die damalige Welt bei der Wende vom 19. zum 20. Jahrhundert charakterisierte; so oder so hat er tiefgreifende Konsequenzen für die Wirtschaft aller Nationen und Regionen: der Wettbewerb wird intensiviert, neue Wettbewerber treten auf und brechen in Märkte ein, die bislang von wenigen dominiert wurden. Wirtschaftsstandorte wie die Bundesrepublik Deutschland müssen so zunehmend Anstrengungen unternehmen, um ihre Marktführerschaft in einzelnen Märkten und ihre generelle Exportfähigkeit zu erhalten.

Unterhalb dieser Makrotrends ist festzustellen, dass neben einer großen Steigerung bei den einfachen Dienstleistungen, die in der Regel weiterhin lokal und regional nachgefragt und angeboten werden, der Markt an wissensintensiven Dienstleistungen – global nachgefragt und angeboten – deutlich zunimmt. Gleichzeitig lässt sich beobachten, dass die für die modernen Ausprägungen traditioneller Produkte und Techniken erforderliche Wissensbasis ebenfalls deutlich zunimmt. Ob diese Entwicklung nun als Wissensgesellschaft oder auch nicht bezeichnet wird mag Anlass zu trefflichen Diskursen geben. Erheblich ist es nicht. Erheblich ist, dass sowohl bei Dienstleistungen als auch bei Produkten mehr Technik, neuere Technik, neuere Kombinationen von Technik und damit verknüpft, mehr und besseres Wissen erforderlich ist. Unstrittig ist auch wohl, dass durch die Vernetzung, Datenbanken und Datenaufbereitungsmethoden immer mehr Informationen zur Verfügung stehen.

Wissensbasis vergrößern – Investitionen erforderlich

Die Konsequenz liegt auf der Hand: Nationen und Regionen, die in die Wissensbasis ihrer Bevölkerung investieren, sind diejenigen, die in diesem Rennen die Chance haben, auf der Gewinnerseite zu stehen. Die, die es nicht tun, oder deren Bevölkerung nicht bereit ist zu lernen und ständig neu zu lernen, dürften eher zu den Verlierern zählen. Investitionen in das Humankapital sind damit ein Schlüsselfaktor im gegenüber den letzten Jahrzehnten intensiveren und globaleren Wettbewerb. Damit steht und fällt die wirtschaftliche Wettbewerbsfähigkeit einer Region und Nation mit der Leistungsfähigkeit ihrer Bildungseinrichtungen auf allen Stufen und für alle Phasen des Lebensprozesses. Wissen, Umgang mit Wissen, Schaffen von neuem Wissen muss gelernt und immer wieder gelernt werden im Interesse der Wettbewerbsfähigkeit, sieht man einmal von allem anderen, nämlich den kulturellen, sozialen und politischen Aspekten des Bildungsprozesses ab.

Die Frage nach der langfristigen Wettbewerbsfähigkeit des Wirtschaftsstandortes Bundesrepublik Deutschland lässt sich daher zu einem großen Teil auf die Frage nach der Wettbewerbsfähigkeit der Bildungsinstitutionen, der Prozesse im Bildungswesen und die Bildungsinhalte zurückführen. Angesichts der großen Bedeutung von Wissen macht es Sinn hier exemplarisch die Hochschulen herauszugreifen und zu fragen: Inwieweit sind diese in der Lage, Jugendliche und Menschen jenseits der Erstausbildung auf diesen Wettbewerb um Wissen vorzubereiten und zu unterstützen.

Global wettbewerbsfähige Hochschulen

Hochschulen sind in diesem Zusammenhang auch noch von besonderem Interesse weil sie selbst, mehr als andere Teile des Bildungssystems, einem Globalisierungsdruck und verschärftem Wettbewerb ausgesetzt sind. Während vorschulische Bildung, Grundschulen und das Angebot der Sekundarstufe fast ausschließlich regional und lokal angeboten werden und nur auf dieser Ebene einem Wettbewerb – je nach Kulturraum – unterliegen, sind die Nachfrager nach Hochschulausbildung, wenn Sprachbarrieren unbedeutend werden und die finanziellen Mittel bereitstehen, grundsätzlich mobil. Sie können und werden dies in Zukunft immer mehr tun, sich weltweit die leistungsfähigsten Hochschulen aussuchen, die sie am besten auf den für die hochtalentierten und -motivierten Studierenden immer mehr globaleren Arbeitsmarkt vorbereiten.

Global wettbewerbsfähige Hochschulen haben darüber hinaus noch eine Fülle zusätzlicher positiver Sekundär- und Tertiäreffekte. Sie binden Studenten an den Kulturraum, in dem sie studiert haben, seine Institutionen, Technologien und Verfahren und tragen somit langfristig und nachhaltig zur weiteren Steigerung der Wettbewerbsfähigkeit einer Region mit global wettbewerbsfähigen Hochschulen bei.

Die Frage ist also damit ganz einfach: Wo steht das deutsche Hochschulsystem in dieser dualen Verantwortung, selbst global wettbewerbsfähig und damit für Studierende und Forscher aus anderen Regionen attraktiv zu sein und gleichzeitig die in diesem Land heute und vor allem zukünftig Lebenden optimal auf den globalen Wettbewerb vorzubereiten, der zunehmend von der Qualität des Humankapitals bestimmt wird.

Die Sogwirkung der US-amerikanischen und englischen Hochschulen

Bei einer Gesamtschau der faktischen und auch wahrgenommenen Wettbewerbssituation im Bereich der Hochschulbildung gelten global in erster Linie und mit großem Abstand die Vereinigten Staaten als das „Mekka" der Bildungswilligen und Leistungsorientierten. Für Südostasien beginnt Australien mehr und mehr eine ähnliche Rolle als regionales Zentrum einzunehmen. Aus kontinentaleuropäischer Sicht sind es vor allem wiederum die Vereinigten Staaten und Großbritannien, denen die höchste Attraktivität beigemessen wird. Eine gewissen Wettbewerbsstärke ist noch in den skandinavischen Ländern und in den Niederlanden festzustellen.

Attraktivität von ausländischen Hochschulen

Diese Daten werden gestützt durch aktuelle Wanderungsbewegungen von Jugendlichen aus den hochschulpolitisch weniger wettbewerbsfähigen Regionen. Das lässt sich eindrucksvoll, neben vielen anderen Statistiken, mit der Tatsache illustrieren, dass 50 Prozent der PhD-Studenten in den Vereinigten Staaten heute nicht Bürger dieses Landes sind. Diese Attraktion wird vor allem von Natur-, Ingenieur-, und medizinischen Wissenschaften ausgeübt. Sie wird, gerade am Bildungsstandort Deutschland, reflektiert durch immer stärkere Anfragen von Jugendlichen und ihren Eltern aus der oberen Mittelschicht, dem Bildungsbürgertum, im Hinblick auf die Bedingungen eines Studiums vor allem in den Vereinigten Staaten, aber auch in Großbritannien. Die generelle Veränderung, die sich hier niederschlägt, ist in dreierlei Hinsicht zu sehen. Erstens wird angenommen, dass die Chancen in zunehmend globalisierten Arbeitsmärkten für die oberen, mächtigen und interessanten Positionen noch mehr als zuvor von der Qualität der Ausbildung abhängt, dass zweitens eine solche Qualität am Hochschulstandort Deutschland nicht geboten werden kann, sondern hier ein Ausweichen in die faktisch besseren und höher reputierlichen Top 20 bis 30 US-amerikanischen Universitäten erforderlich ist und dass letztlich – dies ist die weitgehendste Veränderung – die Bereitschaft wächst, ein volles Studium und nicht allein ein Auslandssemester zu finanzieren, d. h. in Investitionskategorien zu denken, die sich gut und gerne auf über 100 000 bis 200 000 Euro belaufen können.

Hochschulstandort Deutschland für Ausländer wenig attraktiv

Die Zahl der Jugendlichen, die diesen Weg einschlagen, und ihrer Familien, die in der Lage und bereit sind, diese Finanzierungsmittel aufzubringen, ist immer noch, gemessen an der Gesamtzahl der Studenten am Hochschulstandort Deutschland, recht klein. Sie nimmt jedoch zu und dürfte bei einem weiteren Auseinanderklaffen der Wettbewerbsfähigkeitsschere gerade unter der Erbengeneration deutlich zunehmen. Bei der augenblicklichen Situation muss diese Entwicklung als Indikator dafür angesehen werden, dass gerade die bildungspolitisch hochsensiblen und gutinformierten Bevölkerungskreise den Hochschulstandort Deutschland als weniger attraktiv einschätzen als die Top 20 bis 30 amerikanischen Universitäten. Insofern kann diese Entwicklung als Frühwarnindikator für breitere Tendenzen gelten, die, besonders wenn sie durch mangelnde finanzielle Möglichkeiten beschnitten werden, sich in politischer Unzufriedenheit mit dem deutschen Bildungssystem niederschlagen. Generell ist natürlich zu sagen, dass jeder Jugendliche, der an Spitzeneinrichtungen der Forschung und Wissenschaft im Ausland Qualifikationen erwirbt, begrüßenswert ist, wenn er oder sie zurückkehrt und damit nicht Teil des wachsenden Brain Drains auf der Welt wird, und wenn auf der anderen Seite in ähnlichem Umfang Studenten anderer Länder, insbesondere der stark wissensbasierten Volkswirtschaften nach Deutschland kommen würden und ihre Qualifikation hier erwerben. Diese Art der Vermischung, Internationalisierung und Globalisierung der Ausbildung ist nur wünschenswert. Die augenblickliche Situation zeigt jedoch, dass sich bei dieser bildungspolitisch kritischen und sensiblen Bevölkerungsschicht zunehmend eine Schere herausbildet zwischen der Attraktivität des Studierens in den Vereinigten Staaten oder auch in Großbritannien und der zurückgehenden Attraktivität, ein Studium am Hochschulstandort Deutschland zu beginnen.

Die Markenstärke US-amerikanischer Spitzenuniversitäten als Zugfaktor für den Hochschulstandort USA

Die besondere Anziehungskraft US-amerikanischer Universitäten weltweit ist im wesentlichen auf der faktischen Ebene auf eine jahrzehntelange Hierarchisierung des Bildungssystems zurückzuführen, bei der die leistungsfähigen Privat- wie Staatsuniversitäten durch starke Finanzkraft (Endowment, Alumni Donations, andere Unterstützung privater Personen und Organisationen, Forschungsförderung) die kompetentesten Fakultät mit den besten Studenten zusammengebracht haben. Strenge Selektion, Leistungsstreben und Kommunikation der Leistungsfähigkeit der Institution durch eine entsprechende Informationspolitik sind hier, neben intensiver Studenten- und Ehemaligenbetreuung, die Schlüsselfaktoren. Die breite öffentliche Diskussion verschiedener allgemeiner und fachspezifischer Rankings der Universitäten macht, bei allen methodischen Schwächen, dieses deutlich und verstärkt die hier wirkende Faktoren noch einmal.

Die Reputation der hervorragenden 20 bis 30 Universitäten bestimmt das Image und die Attraktivität des Hochschulsystems der USA insgesamt. Ein USA-Studium gilt generell als „besser" und damit – in den meisten Ländern – als karriereförderlicher im Vergleich zu Abschlüssen nationaler Universitäten. Obwohl sehr viel für den objektiven Qualitätsvorsprung der Spitzenuniversitäten und die Berechtigung ihrer hohen Attraktivität spricht, ist dies im Hinblick auf den verbleibenden Großteil des Hochschulsystems der USA eher fragwürdig.

Qualität der Hochschulen steigern – Schwerpunkte herausstellen

Einige Faktoren wie beispielsweise intensive Studentenbetreuung, Flexibilität, Leistungsstreben oder die breite Akzeptanz von neuen, auf die Kundeninteressen bezogenen Entwicklungen in den Curricula müssen auch hier als weitgehend durchgängige Wettbewerbsvorteile angesehen werden. Die Qualität der Lehrenden und Forschenden bleibt jedoch, ebenso wie die Qualität der Studenten, in der Regel hinter einer durchschnittlichen Universität in Kontinentaleuropa zurück. Aber auch für Bildung gilt, was auch vielen Produkt- und Dienstleistungsmärkten zu beobachten ist: nicht nur die Fakten zählen; die aus dem „Image" resultierenden Wahrnehmungen sind ebenfalls sehr wichtig, und diese werden, wenn keine Strategieänderungen des Hochschulstandorts Deutschland auf der faktischen wie auch kommunikativen Ebene erfolgen, noch lange für einen Wettbewerbsvorteil des US-amerikanischen Bildungssystems sorgen. Dieses wird so auch noch langfristig in der Lage sein, hervorragende und hochmotivierte Jugendliche von überall aus der Welt an sich zu ziehen mit all den damit verknüpften positiven Sekundär- und Tertiärwirkungen. Das hier über die US-amerikanischen Hochschulen Gesagte gilt mit gewissen Einschränkungen auch für die Wettbewerbsfähigkeit des Hochschulsystems in Großbritannien gegenüber den kontinentaleuropäischen Konkurrenten, bei denen die kleinen Länder, vor allem Skandinavien und Holland, eine Mittelstellung einnehmen dürften.

Die Globalisierungsstrategien US-amerikanischer Universitäten

Die große Kompetenz führender US-amerikanischen Universitäten, Institutionen hoher Bildungs-, Ausbildungs- und Forschungskompetenz zu schaffen, wie auch deren exzeptionelle Leistungsfähigkeit zu erhalten oder noch auszubauen, hat nicht nur zur großen Aktivität bei hochmotivierten und begabten Jugendlichen weltweit geführt; sie hat gleichzeitig in den letzten zwei Jahrzehnten die strategische Option, auch physisch-räumlich auf neue Kundengruppen zuzugehen, verstärkt. Der Ausbau von

Programmen und Studiengängen bis hin zur Gründung von Zweigniederlassungen in anderen Teilen der Welt ist die logische Konsequenz einer solchen Strategie, die sich zunehmend als systematisch verfolgtes Globalisierungskonzept einer Reihe von hochreputierlichen Universitäten, aber auch einer nicht zu vernachlässigenden Zahl von im qualitativen Sinne „Billiganbietern" geführt hat.

Die Entwicklung zur Präsenz solcher Niederlassungen von als leistungsfähig angesehenen und besonders kundenorientierten Mitbewerbern in angestammten Marktterritorien wird Hochschulen auch in Deutschland zunehmend unter Druck setzen, entweder wettbewerbsfähiger zu werden, oder auch im Heimatmarkt in eine „zweite Liga" abzusteigen. Die nächsten Jahre werden hier die entscheidenden sein. Sie werden auch bestimmen, ob ein nicht unwichtiger Teil gerade der begabtesten Jugendlichen Deutschlands nach curricularen Bestimmungen, basierend auf den Grundsätzen US-amerikanischen Akkreditierungseinrichtungen, studieren werden oder ob hier eine eigenständige europäische Lösung als Wettbewerbsmodel gefunden wird.

Ob die finanzielle Unterstützung von Filialgründungen US-amerikanischer Universitäten durch den deutschen Steuerzahler – wie in Bremen im Fall der Rice University geschehen – eine sinnvolle Strategie ist, die Wettbewerbsfähigkeit des Bildungsstandorts Deutschland auf Hochschulebene zu fördern, bleibt abzusehen. Es scheint a priori als eher relativ fragwürdig.

Die sinkende Attraktivität deutscher Hochschulen bei ausländischen Studierenden, vor allem aus wissenschaftsintensiven Volkswirtschaften

US-amerikanische und zum Teil auch englische Universitäten nehmen damit den Wettbewerbsrang ein, den die deutschen Hochschulen sehr lange, fast bis zur Zeit des Nationalsozialismus, in vielen Disziplinen im 20sten Jahrhundert hatten, nämlich zum „Mekka" der Hochbegabten und Leistungsmotivierten Jugendlichen aller Welt zu werden.

Diese Verschiebung spiegelt sich in einer sinkenden Attraktivität des Hochschulstandortes Bundesrepublik Deutschland wieder: Die Zahl der ausländischen Studierenden, vor allem solcher aus wissensintensiven Volkswirtschaften, ist in den letzten Jahren zurückgegangen. Programme wie Sokrates und Erasmus konnten hier nur geringe Kompensation bieten. Vor allem blieben sie auf Europa beschränkt. Die Nachteile liegen auf der Hand: geringe Vertrautheit zukünftiger ausländischer Eliten mit Deutschland, seinen Institutionen und seiner Kultur. Weniger „Botschafter" deutscher Technologien und weniger Rückkoppelung aus der Praxiserfahrung ehemaliger Studenten in die deutsche Hochschul- und Forschungslandschaft. Damit ergibt sich ein langfristig wirkendes weiteres Element einer Verringerung der Wettbewerbsfähigkeit des Wissenschaftsstandortes Deutschland und insbesondere seiner Hochschulen.

Der Erfolg neuer Wettbewerber am Beispiel Australiens

Hochschulbildung als Exportgut ist einer der am schnellsten wachsenden Industriezweige in Australien und lag im Jahre 2001 an 14ter Stelle, als Dienstleistungsexport sogar an dritter Stelle. Die hieraus resultierende Einnahmen betrugen über A$ 4 Milliarden – eine Erhöhung von 19 Prozent im Vergleich zum Jahre 2000. Die Bildungs-Export-Industrie spielt damit eine wichtige Rolle in der rapide wachsenden australischen Wirtschaft, die sich während der letzten zehn Jahre immer mehr zu einer wissensbasierten Gesellschaft entwickelt hat.

Dank des Columbo Plans, bietet Australien schon seit den 50er und 60er Jahren Stipendien für eine kleine Anzahl hervorragender Studenten aus Asien und afrikanischen Ländern. Bis zum Jahre 1986, als Studiengebühren in vollem Umfang für ausländische Studenten eingeführt wurden, profitierten die australischen Hochschulen und die australischer Wirtschaft in nur geringem Maße von diesen Studenten. Seit 1986 ist jedoch eine dramatische Änderung festzustellen. Im Herbst 2001 studierten 126 807 Ausländer in Australien, mehr als 80 Prozent von ihnen kamen aus Asien.

Die drastische Änderung in der Einstellung zum Hochschulwesen – von der des Empfängers von öffentlichen Geldern zu der eines geschätzten Exportgutes – ist das Ergebnis der Änderungen in den Hochschulfinanzierungsprogrammen in den späten 80er Jahren. Diese zwangen die Hochschulen dazu, zusätzliche Finanzierungsmöglichkeiten außerhalb des öffentlichen Sektors zu suchen. Dies führte zu einem erhöhten Interesse an ausländischen Studenten als externe Einkommensquelle. Der enorme Zuwachs an ausländischen Studenten seit Ende der 80er Jahre ist das Resultat einer konzertierten Aktion, australische Universitäten für den internationalen, in erster Linie südostasiatischen Markt attraktiv zu machen.

Eine Vielzahl von Nutzen zeigten sich durch diese neue Strategie. Von den A$ 4 Milliarden Einnahmen durch ausländische Studenten im Jahre 2001ist ungefähr die Hälfte auf reine Studiengebühren zurückzuführen, die restlichen A$ 2 Milliarden wurden von den Studenten für Essen, Wohnen, Reisen, Freizeit. Weitere A$ 1 000 pro Student flossen durch Freunde oder Familienmitglieder ins Land, die nach Australien zu Besuchszwecken reisten.

Wettbewerbsvorteile durch Qualität der Hochschulausbildung

Zusätzlich zu dem wirtschaftlichen Gewinn profitiert das australische Bildungs- und Ausbildungswesen sehr durch die ausländischen Studenten. Die Öffnung der Hochschulen für internationale Konkurrenz, „Best Practice" und das Streben, konkurrenzfähig zu bleiben, führten dazu, dass die Qualität der Hochschulausbildung auf ein hohes Niveau gestiegen ist. Die Förderung einer stärkeren internationalen Dimension in Lehre, und Forschung kam auch den australischen Studenten zugute – ein wichtiger langfristiger Gewinn für die australische Wirtschaft. Die ausländischen Studenten dienen als „Goodwill Ambassadors" und werden das australische Hochschulsystem ihren Kindern und Freunden weiterempfehlen. Freundschaften und Beziehungen, die während des Studienaufenthaltes in Australien zustande kamen, werden zu hervorragenden Netzwerken ausgebaut, für zukünftige Aktivitäten im Handel,

Politik oder Technologie, eine wertvolle Komponente im Transformationsprozess zu einer Wissensgesellschaft. Der Export von Wissen ist sauber, „grün", preisstabil, einer der wenigen „Value-Added" – Exportindustrien und wächst kontinuierlich und schnell.

Hohe staatliche Bildungsausgaben in Australien

Ein Großteil des Wachstums in der Wissens-Export-Industrie innerhalb der letzten zehn Jahre ist auch auf ein hohes Maß staatlicher Investitionen zurückzuführen. Australiens Ausgaben für Bildung im Jahre 2001 lagen bei A$ 5,8 Milliarden. Dies ist ein bedeutend höherer Anteil des Bruttoinlandsprodukt als das der meisten Industrieländern. Dadurch dass Bildung als eine „Value-Added"-Industrie angesehen wird, und nicht als ein „Kostgänger" des Staates, erhält das Hochschulwesen auch staatliche Investitionen im selben Maße wie andere Exportindustrien wie Bergbau, Landwirtschaft und Tourismus. Diese Investitionen werden langfristige Vorteile für die gesamte Gesellschaft mit sich bringen, nicht nur für die Bildungseinrichtungen.

Eine weitere wichtige Form von staatlicher Investition in das Bildungssystem als Wissensindustrie sind die großen Programme des Auslandsmarketings für Hochschulen wie

– Repräsentation auf Bildungsmessen

– Aktivitäten, die Australiens Zugang zu internationalen Bildungs- und Ausbildungsmärkten erhöht.

– Promotions, sponsoring und Studienreisen

– Erhöhte Internetpräsenz und Internetkioske in australischen Botschaften

– Austauschstudienprogramme

– Stipendien.

Das Hauptziel sind die benachbarten asiatischen Länder (wegen ihrer Nähe zu Australien) mit jährlich 680 000 Studenten, die ihr Studium im Ausland absolvieren. Viele australische Universitäten haben während der letzten vier Jahre Filialen im Ausland eingerichtet, die eine australische, englischsprachige Ausbildung mit niedrigeren Kosten für Reisen und Unterbringung für mindestens einen Teil der Ausbildungszeit zu ermöglichen. Von der Gesamtzahl Australiens Studierenden im Jahre 2000 waren 35 Prozent Off-campus Studenten.

Australien hat insgesamt schon seit mehr als zehn Jahren erkannt, dass Wissen, lebenslanges Lernen, Innovation und Technologie die wichtigsten Faktoren in unserer sich stark verändernden Gesellschaft sind und diese Erkenntnis systematisch in die Positionierung seines Hochschulsystems als führende Exportindustrie des Dienstleistungssektors umgesetzt.

Die Herausforderungen von morgen: Verknüpfung von E-Learning mit Präsenzunterricht

Das Vordringen von E-Learning, die systematische Verknüpfung von Internet gestütztem Unterricht mit Präsenzveranstaltungen stellt eine enorme Herausforderung an die Lehrfunktion der Hochschule dar. Realistisch ist zwar davon auszugehen, dass die vielzitierte „virtuelle Universität" als alleiniges Lehrkonzept nicht sinnvoll ist, dass aber Teile des heutigen Präsenzunterrichts und Eigenstudiums der Studierenden sinnvoll durch Internet gestützte Lehrformen ersetzt und verbessert werden. Während die Vermittlung von „Tacit Knowledge" (Erfahrungswissen, Entwicklung von Einfühlungsvermögen) noch lange in auf Praxis ausgerichteten und gruppenbezogenen Formen des Präsenzunterrichtes vonstatten gehen dürfte, ist zu erwarten, dass große Teile des expliziten Wissens, das heute noch die wesentlichen Anteile von Vorlesungen und Lehrbüchern einnimmt, in Internet gestützte Lernformen übergehen wird. Diese Entwicklung hat weitreichende Konsequenzen für die Struktur unserer Hochschulen, die Art des Unterrichts, die Qualifikationsanforderungen an die Lehrenden, die sich insgesamt heute schon abzeichnen und als revolutionär bezeichnet werden müssen.

E-Learning Konzepte an amerikanischen Universitäten

Diese Veränderung bietet ungeheure Chancen auf den Gebiet der Entwicklung von relevanten Lehrtechnologien und Lehrmaterialien. Dieses Feld stellt einen neuen Markt für Universitäten dar. Diejenigen Universitäten, die heute beginnen, diesen Markt zu bedienen, werden nicht nur ein Wettbewerbsvorteil durch erfahrenen Umgang mit ihnen haben, sondern auch starke Akteure im globalen Markt der Lerninhalte der Zukunft sein. Diesen Markt zu erschließen, ist schwierig und mit hohen Kosten verbunden. Die Entscheidung von Stanford University, Princeton University und Harvard University, gemeinsam E-Learning Konzepte zu entwickeln illustriert dieses recht deutlich. Es wird daher in Deutschland, wahrscheinlich sogar Europaweit, ähnliche Konsortien von Universitäten, eingebunden in strategischen Allianzen mit anderen Industrien wie Multimediafirmen oder Verlagen, erfordern. Universitäten in Deutschland, und dies gilt überwiegend auch für die anderen Länder der Europäischen Union, werden die hierfür notwendigen Investitionen nicht aus eigener Kraft tätigen können. Hier sind daher die Bundesregierung und auch die Kommission der Europäischen Union gefordert, gezielt die Entwicklung dieses Teils einer neudefinierten Bildungsindustrie auf Hochschulebene zu unterstützen. Wenn dies nicht bald geschieht, bleiben Chancen ungenutzt mit der Konsequenz, dass die Wettbewerbsfähigkeit anderer Regionen auf diesem globalen Markt der Bildungstechnologien und Bildungsinhalte gestärkt wird.

Konsequenz der Status Quo-Diagnose: abnehmende Bedeutung der deutschen Universitäten im globalen Wettbewerb und Herausforderung durch die Notwendigkeit zunehmender Ausbildung

Zuerst werden im Schulsystem die Wege zum Erwerb der Berechtigung zum Hochschulstudium erweitert und optimiert werden müssen. Dazu bedarf es entsprechende Maßnahmen sowohl im allgemeinbildenden – Allgemeine Hochschulreife – als auch im berufsbildenden Schulwesen Fachgebundene Hochschulreife. Die Qualität des Schulsystems muss verbessert werden. Das deutsche Schulsystem schneidet im internationalen Vergleich schlecht ab. Das setzt eine entsprechende Forschung aber auch finanzielle Unterstützung voraus: Beispielsweise muss das Angebot an Ganztagsschulen erweitert werden. Nur auf diese Weise kann die Zahl der Studierwilligen dem internationalen Standard angeglichen werden. Gleichzeitig muss die Schulzeit bis zum Erwerb der Hochschulreife verkürzt werden. Die im internationalen Vergleich zu langen Ausbildungszeiten resultieren auch aus einer langen Schulzeit. Ebenso muss der Prozentsatz eines Altersjahrgangs vergrößert werden, der einen Hochschulabschluss erreicht. Bisher sickert ein großer Anteil der Studienanfänger ohne Abschluss in das Beschäftigungssystem ein, wie die Hochschulstatistiken belegen. Studienabschlüsse, die nach kürzeren Studienzeiten erreichbar sind, schaffen hier Abhilfe.

Neben den Hochschulstudiengängen müssen in den Sektoren, in denen die Nachfrage das Angebot an Studienplätzen übersteigt, auch die Studienplätze an Fachhochschulen ausgebaut werden. Auch in diesem Sektor nimmt Deutschland in der OECD-Statistik nur einen Mittelplatz ein.

In den technischen Disziplinen und in den Naturwissenschaften muss der Schwerpunkt an den Hochschulen weniger auf die Schaffung neuer Studienplätze gelegt werden. Es kommt vielmehr darauf an, die vorhandenen Studienplätze auszulasten. Es ist jedenfalls eine falsche Reaktion, wenn gegenwärtig in einzelnen Bundesländern Studienplätze in diesem Bereich gestrichen werden sollen, weil die Nachfrage zu gering ist. Angemessener ist es, die Nachfrage durch geeignete Maßnahmen zu steigern. Es gibt bisher zu geringe Überlegungen in die Richtung, wie man durch geeignete Informationen die Wahl naturwissenschaftlicher und technischer Studiengänge in geeigneter Weise beeinflussen kann. Tage der offenen Tür reichen hier nicht aus.

Die Stärken, Förderung der Graduierten und Postgraduierten, müssen weiter ausgebaut werden. In diesem Bereich funktioniert die Integration von Forschung und Lehre. Deshalb müssen die bisherigen Formen der Förderung durch die DFG – Sonderforschungsbereiche bis Graduiertenkollegs – beibehalten und noch ausgebaut werden. In den Hochschulen müssen ergänzend interdisziplinäre Zentren auf Zeit gebildet werden. Dieses Maßnahmenbündel wird es erlauben, die Wettbewerbsfähigkeit in diesem Sektor zu vergrößern.

Die Investitionen in das Humankapital müssen sowohl in den öffentlichen als auch den privaten Haushalten erhöht werden. Es ist von Interesse, dass es in Deutschland nur eine geringe Bereitschaft gibt, unterdurchschnittliche Leistungen des öffentlichen Bereichs aus dem privaten Bereich zu kompensieren, obwohl ein gewisser Prozentsatz von Eltern die hohen Studiengebühren im Ausland bereitwillig bezahlt. Es mangelt offensichtlich nicht an der Bereitschaft für solche Unterstützungsleistungen.

Konsequenz aus der abnehmenden Bedeutung der deutschen Universitäten

Stellt man die anerkanntermaßen große Stärken den gleichzeitig nicht zu vernachlässigen Schwächen gegenüber, so lässt sich feststellen, dass die Hochschulen heute trotz hoher Motivation und großem Engagements einzelner ihre Aufgaben an vielen Stellen nicht mit der Qualität und Präzision erfüllen können, die von ihnen erwartet werden müssen, um den Wissenschaftsstandort Deutschland langfristig wettbewerbsfähig zu halten. Eine weiterhin restriktive Haushaltspolitik bei den traditionellen Hauptmittelgebern der Hochschulen, den Bundesländern, eine bis jetzt ergebnislos geführte Diskussion über die Einführung von Studiengebühren sowie die Tatsache, dass viele der hier aufgeführten Schwächen sich nicht allein auf mangelnde finanzielle Ausstattung zurückführen lassen machen deutlich, wie hoch der Reformbedarf angesichts der globalen Wettbewerbslage im Bildungssystem einerseits und den Anforderungen durch den Wissensstandort Deutschland andererseits ist. Berücksichtigt man darüber hinaus, dass das Größenwachstum vieler Universitäten in den letzten 25 Jahren – durch Neugründungen nur ungenügend abgepuffert – zu einer vielbeklagten Schwerfälligkeit bis Handlungsunfähigkeit der Entscheidungsgremien geführt hat, die zunehmende Verrechtlichung vieler universitärer Vorgänge weiter voranschreiten könnte und die vorhandenen Wettbewerbsmöglichkeiten durch die Bundesländer als politische Entscheidungsträger nur unzulänglich ausgenutzt werden, kann daher bei Unveränderlichkeit der Randbedingungen, Stärken und Schwächen nur auf eine abnehmende Bedeutung der deutschen Hochschulen im globalen Wettbewerb um Reputation, Forschungsmittel und hochqualifizierte Studenten ausgegangen werden. Der deutlichen Verschärfung des Wettbewerbsklimas auf dem Gebiet der Hochschulausbildung durch amerikanische, australische aber auch englische, skandinavische und holländische Hochschulen tritt die deutsche Hochschullandschaft mit zu geringer Ausnutzung der Stärken und zu hoher Belastung durch die Schwächen nicht chancenlos aber chancengemindert gegenüber.

Das Leitbild für ein wettbewerbsfähiges Hochschulsystem: Differenzierung, Leistung, Eigenprofil und Kooperation

Eine Verbesserung dieser Situation erfordert fundamentale Änderungen in der Struktur der Hochschulen selbst und in den Beziehungen der Hochschulen zu dem sie politisch tragenden Institutionen, die weit über die Modifikation der Hochschulgesetze der letzten Jahre hinaus gehen und prinzipielle Neuorientierungen ermöglichen. Ziel muss es sein, die Hochschulen wieder in die Lage zu versetzen, im Rahmen eines globalisierten Umfeldes, dem für die Gesellschaft der Zukunft und ihre weitere Entwicklung notwendigen Aufgaben nachzukommen, nämlich

– die zentrale Einrichtung für Forschung und

– ein Ort akademischer Lehre und Ausbildung zu sein,

– ein Forum für die geistige Auseinandersetzung über Grundfragen der gesellschaftlichen Entwicklung zu bilden, und

– Serviceleistungen bereitzustellen

Die Gutachter sehen in einem Leitbild, das durch die Metapher „differenziertes Effizienzszenario" gekennzeichnet werden kann die größten Chancen, diese internationale Wettbewerbsfähigkeit wieder zu erreichen. Dieses Leitbild umfasst insbesondere folgende Einzelziele:

- Die Entscheidungsautonomie und -fähigkeit der Hochschulen und damit auch die Eigenverantwortung sind zu erhöhen. Den Hochschulen ist so die Möglichkeit zu geben, auf die wechselnden Anforderungen ihrer sozialen, politischen, kulturellen, wirtschaftlichen und ökologischen Umwelt flexibler als unter dem jetzigen Regelungssystem zu reagieren.

- Die Orientierung auf Leistung in Forschung und Lehre ist stärker zu institutionalisieren; individuelle Motivation allein reicht als Antriebskraft für akademische Wissenschaft und Lehre unter den heutigen Bedingungen komplexer Verflechtung der Hochschulen mit der Gesellschaft bei gleichzeitiger indifferenter Organisationsstruktur offenkundig nicht aus.

- Die Steuerung durch staatliche Gremien ist – jenseits der budgetären Prioritätensetzung für den Bereich Wissenschaft und Forschung allgemein – auf die Schaffung genereller Anreiz- und Feedbacksysteme und die Evaluation der Aufgabenerfüllung durch die Hochschulen nach leistungsbezogenen Kriterien zu beschränken und konzentrieren und das Engagement in Detailentscheidungen zurückzunehmen.

Dieses Leitbild ist nur dann zu erreichen, wenn die Hochschulen Deutschlands in Zukunft einen hohen Grad an Autonomie, Wettbewerbs- und Leistungsorientierung, Flexibilität in der Aufgabenerfüllung sowie Spezialisierung und Kooperation in der Aufgabendefinition erreichen können. Ebenso ist eine entsprechende Internationalität oder Europäisierung erforderlich.

Einzelempfehlungen

1. Deutschland kann nicht länger auf Rang 21 von 25 OECD Ländern im Hinblick auf den Prozentsatz eines Jahrgangs, der einen Hochschulabschluss erreicht, liegen oder zu den führenden Nationen im Hinblick auf die Quote von Studienabbrechern gehören. Wenn sich dies nicht schnell und deutlich ändert, wird die Wettbewerbsposition der Bundesrepublik, vor allem in den zunehmend wissensintensiven Industrien, deutlich beeinträchtigt. Gefordert ist „mehr und bessere Bildung für die Vielen" die Erreichung dieses Zieles erfordert, bereits Maßnahmen auf höheren Stufen des Bildungssystems zu treffen. Es sind entsprechende Voraussetzungen zu schaffen, damit die Zahl der Jugendlichen zunimmt, die eine Hochschulreife erreichen. Dazu bieten sich in Deutschland zwei Wege an, die sich auch in der Vergangenheit schon bewährt haben.

- Ausbau des Allgemeinbildenden Schulwesens, um mehr Jugendlichen die Möglichkeit zu geben, die Allgemeine Hochschulreife zu erwerben.

- Ausbau der Wege zur fachgebundenen Hochschulreife, um die Praxis- und Berufsnähe im Studium zu verbessern.

Neben dem Ausbau dieser traditionellen Hauptwege zur Erlangung der Hochschulreife gilt es aber auch, in Anlehnung an die Empfehlung des Sachverständigenrates Bildung bei der Hans-Böckler-Stiftung, die anderen Zugangswege zur Hochschulbildung zu verstärken und hierfür auch zu werben. Um die zu langen Ausbildungszeiten in Deutschland im internationalen Vergleich zu reduzieren gilt es außerdem, die Schulzeit bis zum Erwerb der Hochschulreife zu verkürzen.

2. Innerhalb des Hochschulsystems muss die Zahl der Studienplätze insgesamt gesteigert werden. Dabei wird es vor allem darauf ankommen, Studienangebote zu entwickeln, die als berufsbezogene Abschlüsse modular angelegt auf die „Vielen" zugeschnitten sind. Gleichzeitig wird eine Erweiterung des Angebots im Bereich der Fachhochschulen erforderlich sein.

3. Die Investitionen in das Bildungssystem allgemein und in den tertiären Bereich speziell müssen erhöht werden, wenn Deutschland im internationalen Wettbewerb bestehen will, weil es einen starken Zusammenhang zwischen diesen Investitionen in das Humankapital und der Wettbewerbsfähigkeit einer Region gibt.

4. Die Notwendigkeit stärker in das Humankapital zu investieren gilt für die öffentlichen und auch die privaten Haushalte. In Deutschland werden die privaten Haushalte im internationalen Vergleich wenig durch das Studieren der Kinder belastet. Bildungsinvestitionen haben offensichtlich in Deutschland bei den Ausgaben privater Haushalte noch einen zu geringen Stellenwert. Es wird erwartet, dass der Staat hier in fast allen Sektoren – Ausnahmen sind der vorschulische und der Weiterbildungsbereich – die entsprechenden finanziellen Verpflichtungen übernimmt. Hier ist eine Umverteilung der Lasten im Lebenszyklus erforderlich: Im vorschulischen Bereich sollten keine Kosten anfallen, demgegenüber erscheint in vielen Fällen eine finanzielle Belastung im tertiären Bereich als gerechtfertigt. Dies fällt umso leichter je mehr auch aus verteilungspolitischen Gründen auf Bildungskonten Vouchersysteme und ähnliche Formen der Bildungsfinanzierung wie vom Sachverständigenrat Bildung der Hans-Böckler-Stiftung schon vorgeschlagen, zurückgegriffen wird.

5. Speziell bei den Naturwissenschaften, insbesondere Physik und Chemie, sowie in der Mathematik muss die Nachfrage nach Studienplätzen an das Angebot angepasst werden. Es gibt in diesen Fächern nicht zu wenige Studienplätze, sondern eine zu geringe Nachfrage. Das setzt Maßnahmen voraus, die im Schulsystem ergriffen werden. Die Motivation, diese Fächer zu studieren, muss verbessert werden. Mit dem Schwerpunktprogramm BIQUA (Bildungsqualität von Schule) der DFG werden erste, entsprechende Vorarbeiten geleistet.

6. Neue Studienplätze müssen bis zur Erreichung der Auslastung in den Naturwissenschaften und den technischen Disziplinen speziell in den Geistes- und Sozialwissenschaften eingerichtet werden. Das minimiert auch die entsprechenden Kosten.

7. Die Einheit von Lehre und Forschung kann nicht in allen Bereichen des Studiums beibehalten werden. Im Erststudium werden große Teile der Lehre ohne eine enge Verknüpfung mit der Forschung geleistet werden müssen. Deshalb werden Professuren notwendig sein, die ihren Schwerpunkt in der Lehre finden.

8. Die Qualitätsforderungen in der Lehre müssen generell gesteigert werden. Erforderlich ist hier eine entsprechend bessere Ausbildung für die Lehre durch hochschuldidaktische Kurse sowie der systemweite Ausbau von Qualitätsbeurteilung durch Studierende und *Peers*.

9. Die Orientierung auf Leistung in Forschung und Lehre ist stärker zu institutionalisieren; individuelle Motivation allein reicht als Antriebskraft für akademische Forschung und Lehre unter den heutigen Bedingungen komplexer Verflechtung der Hochschulen mit der Gesellschaft bei gleichzeitiger indifferenter Organisationsstruktur nicht aus.

10. Hochschulen benötigen ein professionelles Management in der Leitung und eine entsprechende Zuordnung von Verantwortung. Universitäre Gremien haben in einem solchen System die Funktion der Aufsicht wahrzunehmen.

11. Es müssen über die entsprechenden Organisationsstrukturen hinaus Anreizsysteme für die Individuen geschaffen werden. Mit der Besoldungsreform für die Hochschullehrer sind hier erste Schritte getan. Es ist in den nächsten Jahren zu evaluieren, inwieweit der jetzt gegebene Rahmen hierfür ausreicht.

12. Für Teile des Lehrangebots kann nicht davon ausgegangen werden, dass sie längerfristiger angeboten werden. Curricula müssen gerade an den Grenzen der Disziplinen flexibel sein und die Lernfähigkeit des Hochschulsektors reflektieren. Damit müssen hochqualifizierte Lehrende auf Zeit gewonnen werden. Hierfür bedarf es entsprechender Entgeltregelungen. Die starre Bindung an das Beamtenrecht bzw. den BAT muss für das wissenschaftliche Personal aufgegeben werden. Für mittelfristige Engagements attraktiver Lehrender müssen entsprechende Handlungsspielräume eröffnet werden. Die Qualitätsanforderungen in der Lehre müssen generell gesteigert werden. Erforderlich ist hier eine entsprechend bessere Ausbildung für die Lehre durch hochschuldidaktische Kurse.

13. Höhere Anteile einer Alterskohorte, die studieren, erfordern, dass die Zeiten für das Erststudium verkürzt werden. Wenn gleichzeitig die Internationalisierung der Studien gefördert werden soll, setzt das vor allem im Erststudium eine konsequente Modularisierung voraus.

14. Universitäten müssen das Recht haben, ihre Studierenden mit hochschulspezifischen Auswahlverfahren (Probestudienzeit, Aufnahmeprüfungen) selbst auszuwählen.

15. Die universitäre Weiterbildung muss ausgebaut werden. In Deutschland wird im internationalen Vergleich nicht, in Jahren bilanziert, zu lange studiert; falsch ist die extreme Konzentration der Zeiten für das Studium auf die Erstausbildung, also vor dem Übertritt in das Beschäftigungssystem.

16. Die Stärken der deutschen Hochschulen bei der Graduiertenförderung und der Förderung der Postgraduierten müssen ausgebaut werden. In diesen Bereichen müssen verstärkt Arbeits- bzw. Forschergruppen eingerichtet werden. In den Hochschulen muss generell die Form der Kooperation durch die Schaffung geeigneter Zentren auf Zeit verbessert werden.

17. Hochschulen muss die Wahlfreiheit gelassen werden, ob sie sich insgesamt oder in einzelnen Fachbereichen bzw. Fakultäten mehr auf die Bildung der Vielen oder auf Angebote für Eliten konzentrieren wollen. Sie müssen eigenständige Leitbilder entwickeln und so verstärkt an ihrer Profilbildung arbeiten. Dies setzt weitgehende Autonomie voraus. Um diese Autonomie langfristig zu sichern müssen Hochschulen Systeme zur Überprüfung einrichten, ob und inwieweit sie die Ziele ihres Leitbildes erreichen.

18. Die Internationalisierung der Studiengänge und Studienabschlüsse muss vorangetrieben werden. Dies hat Konsequenzen sowohl für die inhaltliche Orientierung der Studiengänge als auch für den Anteil der Lehrveranstaltungen, die in der *lingua franca* der heutigen Welt, Englisch, auf einem didaktisch international wettbewerbsfähigen Niveau angeboten werden. Hier liegt eine besondere Herausforderung an den Wissenschaftsstandort Deutschland im globalen Wettbewerb.

19. Die bestehenden Instrumente der Europäisierung der Hochschulausbildung sind umfassen auszubauen und beschleunigt voranzutreiben. Dies gilt, neben gemeinsamen Studiengängen einiger europäischer Universitäten und internationalen Abschlüssen, vor allem für die Mobilitätsprogramme wie Sokrates-Erasmus, die quantitativ und von der Ausstattung her deutlich erweitert werden müssen. Dies gilt auch für eine umfassendere Anerkennung von Studienleistungen durch Ausbau des Creditpoint-Systems. Die guten Erfahrungen vieler Fachhochschulen in der Europäisierung, vornehmlich wirtschaftswissenschaftlicher Studiengänge sollten in andere Fachgebiete übernommen werden. Entsprechende Modelvorhaben sind zu unterstützen. Die Europäisierung erfordert darüber hinaus zusätzliche innovative Ansätze, wie sie beispielsweise unter Führung der Luxemburger Regierung in der Schaffung eines Verbundsystems europäischer Reformuniversitäten unter dem Markennahme „*Campus Europae*" entwickelt werden. Hier sollen Studierende an mindestens zwei Verbunduniversitäten in unterschiedlichen europäischen Ländern studiert haben, bevor sie ihren jeweiligen Abschluss erreichen (zu den Einzelheiten siehe Schily, K. et al. Denkschrift der Initiative „Europäische Stiftungsuniversitäten" zweite Auflage, Witten 2000). Alle diese Maßnahmen dienen dazu, die kulturelle Vielfalt Europas bewusst als

Wettbewerbsvorteil zu nutzen und die Studierenden Europas im weitmöglichsten Umfang auf das Arbeiten in globalen Märkten und multikulturellen Umwelten vorzubereiten. Die Kommission der Europäischen Union und die Bundesregierung sind aufgerufen im Interesse des Wirtschaftsstandortes Europa und Deutschland hier schnell und umfassend aktiv zu werden.

20. Begleitend zu diesen Maßnahmen muss das Potenzial des Wissenschaftsstandortes Deutschland international deutlicher gemacht werden. Hier ist auch die auswärtige Kulturpolitik gefordert, entsprechende Marketing-Maßnahmen nach dem Vorbild anderer Bildungsexportnationen auszubauen. Die Stärkung des Standorts Deutschland durch Ausbau der relevanten Programme des DAAD und der Alexander von Humboldt Stiftung sind ebenfalls richtige und wichtige Maßnahmen. Sie müssen ergänzt werden durch dezentrales Marketing der Hochschulen im Ausland für ihre Dienstleistungen. Zum Start sind befristet Projektmittel hierzu bereitzustellen.

21. Die Entscheidungsautonomie und -fähigkeit der Hochschulen und damit auch die Eigenverantwortung sind zu erhöhen. Den Hochschulen ist so die Möglichkeit zu geben, auf die wechselnden Anforderungen ihrer sozialen, politischen, kulturellen, wirtschaftlichen und ökologischen Umwelt flexibler als unter dem jetzigen Regelsystem zu reagieren. Dabei können die Vorteile des föderalen Aufbaus der Bundesrepublik Deutschland genutzt werden. Die Länder als Eigentümer der staatlichen Hochschulen müssen diesen einen Wettbewerb von Talenten bei den Forschern, Lehrenden und Studierenden ermöglichen, um so die Gesamtleistungsfähigkeit des Hochschulsystems zu steigern.

22. Die Steuerung durch staatliche Gremien ist – jenseits der budgetären Prioritätensetzung für den Bereich Wissenschaft und Forschung allgemein – auf die Schaffung genereller Anreiz- und Feedbacksysteme und die Evaluation der Aufgabenerfüllung durch die Hochschulen nach leistungsbezogenen Kriterien zu beschränken und zu konzentrieren und das Engagement in Detailentscheidungen zurückzunehmen. Die Wissenschaftsverwaltungen müssen sich so einerseits auf die Setzung von Rahmenbedingungen, die grundlegenden Budgetentscheidungen, Entscheidungen über die Förderung von Forschungsschwerpunkten sowie das Ausmaß von Finanzierung von Lehre konzentrieren und sollen andererseits langfristig die Forschungs- und Ausbildungsleistungen der Hochschulen in Bezug auf Zielerreichung kontrollieren.

23. Die staatliche Förderung muss zukünftig flexibler gehandhabt werden, indem einerseits Projektförderung auf einen längerfristigen Zeitraum eingerichtet wird, gleichzeitig aber zeitlich befristete Projekte daraus gefördert werden.

24. Die Hochschulen müssen Verbünde schaffen, die das große intellektuelle und wirtschaftliche Potenzial des *E-Learning* erschließen. Hierzu müssen auch Allianzen mit den relevanten Softwareanbietern und Multimediaunternehmen geschaffen werden. Die Kommission der Europäischen Union und die Bundesregierung sind aufgerufen durch hohe Förderanstrengungen den deutschen Hochschulen im Verbund mit Universitäten anderer europäischer Länder den Einstieg in diesen großen und schnell expandierenden Markt zu ermöglichen. Dies dient nicht nur dem wirtschaftlichen Ziel der Wettbewerbsfähigkeit auf diesem Gebiet, sondern hat auch hohe kultur- und europapolitische Bedeutung.

Zum Kapitel 5.3.1 „Wissensverwertung durch Patentierung von Wissen"

Vorbemerkung:

Die Mehrheit in der Enquete-Kommission bezieht im Bericht und in den Handlungsempfehlungen eine Position zu Patenten, die die CDU/CSU-Arbeitsgruppe nicht mittragen kann. In diesem Punkt unterstützt die CDU/CSU-Gruppe die Position der Bundesregierung, die ihre Position vor der Enquete-Kommission dargestellt hat. Auf diesem Text basieren die folgenden Ausführungen (Vgl. hierzu Kommissionsdrucksache 14/12a, Stellungnahme vom Bundesministerium für Wirtschaft und Technologie zur öffentlichen Anhörung der Enquete-Kommission „Von der Industrie zur Wissensgesellschaft: Wirtschaft, Arbeitswelt und Recht, Privatisierung und Patentierung von Wissen" vom 08.10.2001)

Die Patente im Rahmen der Globalisierung

Mit der zu beobachtenden zunehmenden Internationalisierung von unternehmerischen Aktivitäten, der Globalisierung von Produktion und Märkten sowie der weltumspannenden Kommunikation über Datennetze hat der Bedarf nach Schutz des „vierten" Produktionsfaktors Wissen stark zugenommen. Dieser gestiegene Bedarf lässt sich an der z. T. dramatischen Entwicklung bei den Anmeldungen von gewerblichen Schutzrechten wie Patente und Marken bei nationalen, regionalen und internationalen Patentämtern ablesen. Weltweit schnellte beispielsweise die Anzahl der gesamten Patentanmeldungen zwischen 1991 und 1998 von 1,6 Mio. auf 5,8 Mio. hoch. Die wachsende Internationalisierung der unternehmerischen Aktivitäten der Anmelder ist daran abzulesen, dass in den Jahren 1997/98 eine nationale Anmeldung zu durchschnittlich 8,1 Folgeanmeldungen in anderen Ländern führte. Drei Jahre zuvor lag die Rate noch bei 3,3.

Bei Betrachtung der reinen Anmeldezahlen ist jedoch zu berücksichtigen, dass längst nicht alle angemeldeten Patente auch erteilt werden (beim Europäischen Patentamt beläuft sich die Erteilungsrate auf etwa ein Drittel). Zudem wird erfahrungsgemäß nur ein Teil der erteilten Patente wirtschaftlich verwertet, d. h. in Innovationen am Markt umgesetzt. Insofern bedarf es für eine Bewertung der Auswirkungen von Patenten sowohl auf die Innovationsdynamik einer Volkswirtschaft wie auf das wirtschaftliche Wachstum insgesamt fundierter empirischer Erhebungen, von denen es bislang zu wenige gibt.

Die Neigung kleinerer Unternehmen, zu patentieren, ist geringer. Diese Unternehmen haben zum einen besondere Probleme, die vom Patentsystem gebotenen Chancen zu ergreifen und die gewährten Schutzrechte im globalen Wettbewerb durchzusetzen und können sich oft die hohen Gebühren eines internationalen Patentanmeldeverfahrens nicht leisten. Daher müssen in Zukunft internationale Patentanmeldungen auch für solche Unternehmen bezahlbar gestaltet werden.

Warum gibt es Patente und andere Schutzrechte?

Der Patentschutz gibt dem Erfinder das Recht der exklusiven Nutzung einer Erfindung für eine bestimmte Zeit. Dabei dient der Patentschutz nicht der Monopolisierung der Märkte und Schaffung von Marktzugangsbarrieren. Patentschutz bedeutet nicht Eigentumserlangung. Die Idee ist, dass das Schutzrecht dem Erfinder oder Unternehmen die Möglichkeit verschafft, höhere Profite als auf dem Wettbewerbsmarkt zu erzielen und sich auf diese Weise die Erträge aus der Erfindung zu sichern. Patente sind ein Anreiz für Investitionen in weitere Forschungs- und Entwicklungsaktivitäten, die zur Generierung neuer Innovationen führen.

Wofür werden Patente erteilt und wofür nicht?

Die Mehrheitsfraktionen sprechen in ihrem Bericht mehrfach von der „Patentierung von Wissen" und zeigen damit, dass sie sich mit den juristisch bestehenden Grundlagen nicht wirklich auseinandergesetzt haben.

Nur technische Erfindungen können patentiert werden. Wissen als solches ist nicht patentierbar, sondern darf jederzeit frei benutzt werden Nach Art. 52 EPÜ sind wissenschaftliche Theorien, mathematische Modelle, Pläne, Regeln und Verfahren für gedankliche Tätigkeiten bzw. die bloße Wiedergabe von Informationen vom Patentschutz ausgeschlossen.

Erfindungen stellen „geistiges Eigentum" dar, das – wie alle Eigentumsarten – durch das Grundgesetz geschützt ist. Der Inhaber geistigen Eigentums hat wie beim Privateigentum zunächst das Recht, frei darüber verfügen zu können. Jedoch verpflichtet Eigentum den Inhaber zu unschädlichem Verhalten gegenüber der Allgemeinheit. Eigentum hat damit Grenzen. Patente sind nur ein „Eigentum auf Zeit". Dies bedeutet, dass die Allgemeinheit nicht von ihrem positiven Nutzen ausgeschlossen werden darf. Patente bleiben also der Öffentlichkeit zugänglich und können in Fällen der Notwendigkeit dem Inhaber durch das Instrument der Zwangslizenzierung entzogen werden.

Der Patentanmelder muss das technische Wissen, das Gegenstand seines Patentgesuchs ist, der Allgemeinheit bekannt geben. Der „Tauschvertrag" befördert vom Grundsatz her eine aus gesamtwirtschaftlicher und wohlfahrtsökonomischer Sicht gewünschte relativ zügige und breite Diffusion neuen technischen Wissens, auf das für neue Innovationen aufgebaut werden kann. Ineffiziente Ressourcenallokation bei Forschung und Entwicklung soll damit vermieden werden. Damit dienen Patente dem Technologietransfer, da durch die Offenlegung neue Technologien öffentlich zugänglich werden.

Jedoch ist mit der Einführung eines irgendwie gestalteten Schutzrechtssystems eine optimale Generierung und Diffusion neuen technischen Wissens nicht automatisch gewährleistet. Denn ein zu starker Patentschutz verhindert eine breite Diffusion von Innovationen, ein zu schwacher Patentschutz führt in der Tendenz dazu, dass – bei zwar breiter Diffusion des Wissens – zu wenig neues Wissen produziert wird. Wie die aktuellen Diskussionen zum Patentschutz für bio- und gentechnische Erfindungen wie auch für Software auf nationaler, europäischer und internationaler Ebene zeigen, stellt sich für die Wirtschafts- und Rechtspolitik deshalb immer wieder die Frage nach einem gesamtwirtschaftlich „optimalen" Patentregime, das ein Gleichgewicht zwischen Anreiz für und der Diffusion von Innovationen schafft. In einer globalisierten Welt werden befriedigende Antworten letztlich nur im internationalen Konzert gefunden werden können.

TRIPS-Abkommen

Durch die im TRIPS-Übereinkommen niedergelegten Mindeststandards für sämtliche geistige Eigentumsarten und spezifischen Regeln zu deren Durchsetzung wird im multilateralen Rahmen ein substanzieller Beitrag zur Eindämmung der Produkt- und Markenpiraterie geleistet – nach Schätzungen ist hiervon ein Warenwert von 120 bis 200 Milliarden US-Dollar betroffen. Das Übereinkommen wird seitens der Bundesregierung und der CDU/CSU-Arbeitsgruppe deshalb nach wie vor als wichtiges Regelwerk zur Beseitigung von Marktzugangshemmnissen eingestuft.

Das Übereinkommen ist für die Industrieländer bereits seit 1996, für Entwicklungs- und Transformationsländer aber erst seit 2000 in vollem Umfang verpflichtend. Darüber hinaus können die LDC eine zusätzliche Übergangsperiode von weiteren fünf Jahren (ggf. sogar bis 2016) in Anspruch nehmen. Die von der WTO durchgeführte Implementierungs-Überprüfung zeigt, dass bei den Entwicklungsländern die Bereitschaft zur Umsetzung der Regeln besteht und dass auch bisher dem Schutzsystem geistigen Eigentums sehr kritisch eingestellte Staaten dieses nicht mehr grundsätzlich ablehnen. Besonders Schwellenländer erkennen die positiven Anreizwirkungen dieses Systems für Forschung und Innovation sowie als ein Mittel, um ausländische Investitionen anzuziehen. Denn ein gesicherter rechtlicher Rahmen wie ausreichende Möglichkeiten des Patentschutzes ist für Investitionsvorhaben unerlässlich.

In vielen Fällen bestehen jedoch noch technische Schwierigkeiten bei der Umsetzung der Regeln. Die EU, aber auch andere Industriestaaten, haben deshalb verstärkt technische Hilfe bei der Umsetzung angeboten.

Patentierung von biotechnologischen Erfindungen

Die Biotechnologie hat ein breites Spektrum von Anwendungen in den verschiedensten Bereichen wie Medizin, Umweltschutz, Landwirtschaft und Nahrungsmittelproduktion. Sie beinhaltet ein großes Potenzial für Fortschritte in den genannten Bereichen und kann damit auch einen wichtigen Beitrag zu Wachstum und Beschäftigung leisten. Vor allem in den Entwicklungsländern dürfte sie künftig eine große Rolle im Hinblick auf die Sicherung der Ernährungssituation spielen. Die Möglichkeit zur Erlangung wirksamer Schutzrechte für biotechnologische Erfindungen ist ein wichtiger Anreiz für Investitionen in Forschung und Entwicklung und damit Motor für Fortschritte in Bezug auf diese Zukunftstechnologie.

In der EU wurde nach über zehnjähriger intensiver Diskussion mit der Verabschiedung der Biopatentrichtlinie die Grundlage für eine einheitliche Vorgehensweise beim Schutz geistigen Eigentums im Bereich biotechnologischer Erfindungen in ganz Europa gelegt. Die Bundesregierung hat dem Parlament einen Gesetzentwurf zur Umsetzung der Richtlinie vorgelegt. Damit wird das nationale Patentrecht in diesem Bereich verbessert und präzisiert.

Bei der Ausarbeitung des Gesetzentwurfs spielten insbesondere die aus ethischer Sicht notwendigen Grenzen der Patentierbarkeit von Genen eine wichtige Rolle. Der Gesetzentwurf stellt klar, dass Gene als solche ebenso wenig patentierbar sind wie z. B. der menschliche Körper oder einzelne Körperteile. Ein isolierter oder ein auf andere Weise durch ein technisches Verfahren gewonnener Bestandteil des menschlichen Körpers oder sonstiges auf diesem Wege bereitgestelltes biologisches Material einschließlich der (Teil-)Sequenz eines Gens können jedoch eine patentierbare Erfindung darstellen, wenn ihre Funktion genau beschrieben ist und alle weiteren Voraussetzungen für eine Patenterteilung erfüllt sind, wie insbesondere die Neuheit und die konkrete Beschreibung der gewerblichen Anwendbarkeit. Eine bloße Entdeckung oder das Auffinden von Stoffen (Genen oder Genabschnitten) reicht also nicht.

Die Biopatentrichtlinie schließt Pflanzensorten und Tierrassen ausdrücklich von der Patentierbarkeit aus. Patentschutz und Sortenschutz sind zwei unterschiedliche gewerbliche Schutzrechte. Mit dem Sortenschutz wird ein Gesamtgenom in seiner Individualität geschützt, wohingegen das Patent – auch in Bezug auf Pflanzen – eine Erfindung in Form von generischen Ansprüchen schützt. Jedes Schutzrecht hat also für seinen Bereich angemessene Voraussetzungen und Schutzwirkungen, stehen jedoch nebeneinander. Mit der Biopatentrichtlinie werden also keine Eigentumsrechte an der belebten Natur gewährt.

Der vorliegende Gesetzentwurf der Bundesregierung wurde nach sorgfältiger Abwägung aller relevanten Aspekte, insbesondere der ethischen Fragen vom Kabinett verabschiedet. Er setzt klare Grenzen der Patentierbarkeit. Aus wirtschaftspolitischer Sicht ist die Umsetzung der Richtlinie eine wichtige Voraussetzung für die Wettbewerbsfähigkeit des Wirtschafts- und Forschungsstandortes Deutschland.

Die EU-Biopatentrichtlinie verletzt nicht das TRIPS-Abkommen, da der Patentierungsumfang der Richtlinie nicht über den des TRIPS-Abkommens hinausgeht. Ausgenommen sind in beiden Fällen die Patentierung auf Pflanzen und Tiere, wohingegen in beiden Abkommen die Patentierung von Genen/Gensequenzen erlaubt ist. Insbesondere das Diskriminierungsverbot des Art. 27 (1) TRIPS, wonach Patente für Erfindungen auf allen Gebieten der Technik erhältlich und Patentrechte ausübbar sein müssen, verbietet die Einschränkung des Stoffschutzes auf bestimmten Gebieten, z. B. bei humanen Genen. Daher muss die Richtlinie die Patentierung von Genen ermöglichen, um nicht eine Diskriminierung der Gentechnik im Vergleich zu anderen technischen Bereichen und damit eine Verletzung des TRIPS-Abkommens herbeizuführen.

Kritische Stimmen sehen eine Unvereinbarkeit des TRIPS-Abkommens mit dem Abkommen über die biologische Vielfalt (CBD). Die CBD sieht jedoch gerade ausdrücklich die verstärkte Nutzung der biologischen Vielfalt für die Entwicklung der Menschen vor. Die CBD legt die Grundlagen, wie die aus der Nutzung entstehenden Gewinne ausgewogen und gerecht geteilt werden. Insbesondere anerkennt die CBD ausdrücklich den gewerblichen Rechtsschutz als Voraussetzung für Investitionen in die Nutzung der biologischen Vielfalt sowie die Entstehung von Gewinnen für den Vorteilsausgleich. Die CBD bedingt also geradezu eine internationale Patentschutzregelung wie TRIPS. Forscher und Industrie haben ein großes Interesse an Erhalt und Erforschung der biologischen Vielfalt, da gerade sie eine wertvolle Ressource für Innovationen und Produkte bietet.

Zugang zu preiswerten Arzneimitteln im Zusammenhang mit lebensbedrohlichen Krankheiten

Verschiedene durch Pandemien stark betroffene Entwicklungsländer haben das TRIPS-Abkommen und dessen Patentregime kritisiert, da sie dadurch eine Beeinträchtigung der medizinischen Versorgung der betroffenen Bevölkerung befürchten. Diskutiert werden in diesem Zusammenhang insbesondere Reichweite und Ausnahmen des Patentschutzes, die Voraussetzungen für Zwangslizenzen, sowie die Zulässigkeit von Parallelimporten, also ob und inwieweit einem Lizenznehmer das Recht zum Wiederverkauf in Drittstaaten zusteht.

Deutschland und die EU haben wiederholt erklärt, dass sie die Frage des Zugangs zu preiswerten Medikamenten in vielen Entwicklungsländern für ein ernstes Problem halten. Im Rahmen der EU-„Strategie zur Armutsreduzierung" wurde mittlerweile ein Aktionsprogramm für eine beschleunigte Hilfe bei AIDS, Malaria und Tuberkulose in den nächsten fünf Jahren entwickelt und vorgestellt. Im Zuge der sich in verschiedenen Foren geführten Diskussion hat sich die Einsicht durchgesetzt, dass das TRIPS-Übereinkommen nicht die Ursache der im Zusammenhang mit den Pandemien aufgetretenen Probleme ist, sondern zu dessen Lösung beitragen kann.

Im Kern der Lösungsbemühungen stehen allerdings die inzwischen im internationalen Rahmen vereinbarte Einrichtung eines Finanzfonds in Milliardenhöhe einerseits sowie andererseits freiwillige Anstrengungen der Pharmaunternehmen, neue, wirksame und noch unter Patentschutz stehende Medikamente kostenlos bzw. zu deutlich reduzierten Preisen *(„Tiered Pricing")* in die betroffenen Entwicklungsländer abzugeben. Zurzeit prüft die EU-Kommission, wie durch Handelsregelungen verhindert werden kann, dass derart verbilligt abgegebene Medikamente auf sonstigen Drittmärkten angeboten werden und damit dem Hilfszweck zuwider laufen. Hinsichtlich der in den TRIPS-Regelungen enthaltenen Möglichkeit zur Verhängung von Zwangslizenzen (Art. 31 TRIPS) hat die EU beschlossen, bei entsprechenden Rechtsfragen den Interessen der Entwicklungsländer im Wege einer möglichst flexiblen Interpretation des TRIPS-Abkommens weitestgehend Rechnung zu tragen. Zzt. wird im Rahmen der post-Doha-Verhandlungen innerhalb der WTO die Möglichkeit kontrovers diskutiert, sog. grenzüberschreitende Zwangslizenzen zu ermöglichen. dieses würde bedeuten, dass Entwicklungsländer, die zur ausreichenden Versorgung ihrer Bevölkerung eine Zwangslizenz vergeben müssten, aber über keine ausreichenden nationalen Produktionskapazitäten verfügen, die Lizenz an einen Hersteller in einem Drittland vergeben könnten, um die Versorgung sicherzustellen.

Im Gegensatz zu den USA vertreten Deutschland und die EU die Ansicht, dass das TRIPS-Abkommen in Bezug auf Parallelimporte neutral formuliert ist, da es dem nationalen Gesetzgeber freistellt, sich für eine nationale (für die EU regionale) oder weltweite Erschöpfung für Patente bzw. Marken zu entscheiden. Die Frage der Preisgestaltung ist in TRIPS nicht geregelt; dieses wird ausschließlich der Disposition der Marktteilnehmer überlassen. Art 8 TRIPS eröffnet jedoch den Mitgliedsstaaten die Möglichkeit zu Eingriffen in die Preisgestaltung für Pharmaprodukte, wenn dies mit dem Ziel des Schutzes der öffentlichen Gesundheit begründet wird.

Zu einzelnen Handlungsempfehlungen

Zur Empfehlung 5-21 Revision des TRIPS-Abkommens und der EU-Richtlinie

Die CDU/CSU-Gruppe unterstützt die Ansicht der Bundesregierung, wonach weder das TRIPS-Abkommen noch die EU-Biopatentrichtlinie derzeit revisionsbedürftig sind. Die EU-Richtlinie ist wortlautnah und zügig in deutsches Recht umzusetzen. Im Rahmen des TRIPS-Abkommens sollen sich Deutschland und die EU dafür einsetzen, dass eine Sicherstellung der ausreichenden Versorgung mit preiswerten Medikamenten im Wege einer Selbstverpflichtung der Hersteller und nicht mit einer Änderung des Abkommens erfolgt.

Zur Empfehlung 5-22 Demokratische Kontrolle des EPA

Das Patentamt muss nach den Prinzipien der Rechtsstaatlichkeit arbeiten und sich dabei an allgemein geltende Prüfungs- und Verwaltungsrichtlinien halten. Es bestehen daher in diesem Zusammenhang keine Handlungsnotwendigkeiten, da die hausinternen Prüfungs- und Verwaltungsrichtlinien des EPA öffentlich zugänglich und damit transparent sind.

Zur Empfehlung 5-24 Ausschluss der Patentierung von Genen, Lebewesen, Pflanzen und Regelungen zum Schutz der Biodiversität und der Interessen der Entwicklungsländer

Lebewesen und Pflanzen sind von der Patentierung sowohl durch das TRIPS-Abkommen wie durch die EU-Biopatentrichtlinie ausgeschlossen. Gemäß diesen beiden Abkommen ist sicherzustellen, dass eine Patentierung von Genen/Gensequenzen gewährleistet ist. Dies ist nötig, um eine Diskriminierung zu anderen Bereichen der Technik zu vermeiden und so dem Diskriminierungsverbot in TRIPS zu entsprechen.

11.1.7.5 Geschlechtergerechtigkeit

Die Mitglieder der CDU/CSU-Arbeitsgruppe in der Enquete-Kommission stimmen dem vorliegenden Kapitel 6, „Geschlechtergerechtigkeit" in weiten Teilen zu. Auch die ausgesprochenen Handlungsempfehlungen finden die Zustimmung bei den Mitglieder der CDU/CSU-Fraktion.

Jedoch fällt auf, dass der Bericht tendenziell ein recht „düsteres" Bild über die Situation der Frauen in der globalisierten Welt zeichnet. Richtig ist allerdings, dass sich der komplexe und vielschichtige Prozess der wirtschaftlichen und kulturellen Globalisierung sehr unterschiedlich, positiv als auch negativ auf die Situation und die Entfaltungsmöglichkeiten der Frauen auswirkt.

Verbesserung der Lage der Frauen durch Globalisierung

Es ist wohl unstrittig, dass sich gerade im Laufe des letzten Jahrhunderts die Situation der Frauen in vielen Teilen der Erde erheblich verbessert hat. Zurückzuführen ist die gestärkte Position von Frauen auf das Streben nach einer gleichgestellten Rolle der Frauen in Politik, Gesellschaft und Wirtschaft, bedingt auch durch die allgemeinen Demokratisierungsprozesse weltweit und eine zunehmende Verflechtung und Internationalisierung – also letztendlich auf die Globalisierung zurückzuführen ist.

Zu bedenken ist auch, wie weit entfernt man von weitgehend humanen und gleichberechtigten Lebensbedingungen wäre, wenn nicht Globalisierung eine Vielzahl von positiven Entwicklungen weltweit ausgelöst hätte. Diese Argumentation verkennt nicht, dass es Aufgabe und Ziel sein muss, noch weitere Fortschritte in Richtung mehr Gleichberechtigung, Mitbestimmung, Selbstverwirklichung und Wohlstand durch umsichtiges und nachhaltiges Handeln zu erzielen.

Die Mitglieder der CDU/CSU-Arbeitsgruppe in der Enquete-Kommission sind der Auffassung, dass der anhaltende wirtschaftliche und politische Globalisierungsprozess gerade die Entwicklung von Frauen in der Welt fördert und spürbare Fortschritte erzielt. Jedoch verlaufen diese Entwicklungen nicht überall gleich. Besonders deutliche Fortschritte können in den entwickelten Industrie- und Schwellenländer verzeichnet werden, bei der sich Frauen mehr und mehr am wirtschaftlichen und politischen Geschehen beteiligen. Ein erkennbarer Fortschritt ist auch die weltweit höhere Lebenserwartungen von Frauen (in Deutschland liegt sie um fünf bis sieben Jahre höher als die der Männer). Auch die Differenz zwischen Mann und Frau beim Zugang zur Bildung, Weiterbildung und Forschung ist zurückgegangen. Dies gilt für hohe wie auch für niedrige Qualifizierung. Diese Entwicklung wird auch durch moderne Informations- und Kommunikationsmöglichkeiten unterstützt, die größere Bevölkerungsschichten weltweit verbindet, Chancen eröffnet und berufliches Fortkommen sichert. Dies zeigt sich insbesondere an der Zahl der Hochschulabsolventinnen. Frauen partizipieren also in zunehmendem Maße in klassischen „Männerdomänen". Leider sieht die Situation in weniger entwickelten Ländern ganz anders aus. Trotz unterschiedlicher und für westliche Gesellschaften oft schwer nach zu vollziehenden Kulturen und Traditionen sind Menschenhandel, Prostitution und Gewalt gerade gegen Frauen nach wie vor auch im 21. Jahrhundert ein erschreckendes und beängstigendes weltweites – und nicht nur auf Entwicklungsländer beschränktes – Phänomen.

Kampf gegen Diskriminierung und Gewalt gegen Frauen konsequent fortführen

Die CDU/CSU-Arbeitsgruppe setzt sich dafür ein, jede Form von Gewalt und Diskriminierung gegen Menschen – und insbesondere gegen Frauen – mit allen politischen und wirksamen gesellschaftlichen Mitteln zu bekämpfen. Daher unterstützt die CDU/CSU-Arbeitsgruppe jede Form der weltweiten Ächtung von Gewalt gegen Individuen und gesellschaftliche Gruppen, wie sie in vielen internationalen Abkommen und multilateralen Verpflichtungen festgeschrieben sind.

Es wird betont, dass gerade durch die Globalisierung solche internationalen Vereinbarungen und Abkommen erarbeitet und erfolgreich durchgesetzt werden konnten und weiterhin können. Die weltweite Vernetzung und das positive Interesse an internationalen Übereinkommen machen deutlich, dass Gleichberechtigung von Frauen, Selbstbestimmung, Gewaltfreiheit und das Recht auf Wohlstand elementare Grundrechte einer Gesellschaft in einer globalisierten Welt sind. Jede Form und jedes Engagement von Gruppen und Zivilgesellschaften, die diese Ziele unterstützen und auf deren Einhaltung hinwirken, haben die volle Unterstützung der Unionsparteien.

Abschließend wird betont, dass gerade durch Globalisierung die mit Recht gerügte unerträgliche und schlimme Situation zulasten der Frauen in unterschiedlichen Regionen und vor allem Kulturen in dieser Welt durch die Globalisierung nicht verursacht sondern eindeutig verbessert werden. So sind z. B. internationale Konferenzen wie Peking erst unter dem Schutzschild der Globalisierung möglich geworden. Je größer die Bereitschaft von Nationen ist, sich der Globalisierung zu öffnen, desto größer sind die Chancen der Frauen auf Verbesserung ihrer Lebenssituationen. Vor allen unter der Globalisierung, beschleunigt durch die modernen Informationstechnologien wächst das Bewusstsein für notwendige Veränderungen zugunsten der Frauen. Für kaum einen Bereich ist so eindeutig festzustellen, dass die Globalisierung Hoffnung und Chance für die Lage der Frauen in der Welt bedeutet.

11.1.7.6 Ressourcen

Vorbemerkungen

Unzweifelhaft ist der Zusammenhang zwischen Globalisierung und Umwelt vielschichtig und kann nicht mit knappen Formulierungen erfasst werden. Je nach Ausgestaltung der wirtschaftlichen Aktivität, der innerstaatlichen Rechts- und Wirtschaftsordnung und des völkerrechtlichen Rahmens können sich für die Umwelt positive und negative Aspekte ergeben. Der Mehrheitsbericht betont auch hier wieder die Risiken stärker als die Chancen. Nach Auffassung der CDU/CSU-Gruppe kann im Rahmen einer fortschreitenden Globalisierung aber eine Vielzahl von Problemen besser gelöst werden als ohne sie. Dazu gehört die im Bericht andiskutierte Frage der Ernährung ebenso wie die ausführlich angesprochene Wasser-Problematik – einschließlich der Chancen, die Privatisierungsansätze hier bieten.

Zu einzelnen Abschnitten und Handlungsempfehlungen

Zur Empfehlung 7.15 „Klima"

Die Mehrheit der Kommission fordert die Einbeziehung des internationalen Flugverkehrs in die weiteren Verhandlungen zur Fortentwicklung der Klimarahmenkonvention. Dem ist zuzustimmen, weil kein sachlicher Grund für die Ausklammerung dieses – von der Höhe der Emissionen her bedeutsamen – Sektors zu erkennen ist. In der ICAO sind nach dem bisherigen Verlauf der Beratungen keine Fortschritte zugunsten der Akzeptanz eines Reduktionskonzepts er erwarten. Darüber hinaus indes unterstützt die Mehrheit der Kommission in diesem Zusammenhang das Konzept der Einführung neuer Abgaben im Sinne eines Entgelts für die Nutzung von Gemeinschaftsgütern. Diesen Vorschlag kann nicht zugestimmt werden. Er steht nicht im Einklang mit den international vereinbarten Grundlagen der UNFCCC, die solche Abgaben gerade nicht vorsieht. Die Idee der Einführung solch global ausgerichteter Steuern ist in keiner Weise ausgereift und ihre Vereinbarkeit mit einer freiheitlich fundierten internationalen Wirtschaftsordnung nicht erwiesen. Im übrigen wird sich ein solches Konzept neuer Abgaben international nicht durchsetzen lassen. Aus diesen Gründen kann dieser Teil der Empfehlung 7.15 nicht mitgetragen werden.

Zum Abschnitt „Wasser"

Grundsätzliches zur Beteiligung privater Unternehmen

Durch seine zentrale Rolle als Lebensmittel hat Wasser eine besondere Qualität und hohe Bedeutung. Dies gilt zu allererst – wie für andere Lebensmittel auch – für die Einhaltung der hygienischen Standards und ist durch eine entsprechende staatliche Kontrolle zu gewährleisten. Staatliche Aufsicht ist neben der Sicherung der Qualitätsstandards noch an anderer Stelle von wesentlicher Bedeutung: Da Wasser am günstigsten über ein weitverzweigtes Leitungssystem dargereicht wird, muss die sinnvollere stärkere Einbindung privater Unternehmen, sei es durch eine Konzessionierung des Betriebs, sei es durch vollständige Privatisierung, durch eine entsprechende Preisaufsicht und Leistungskontrolle begleitet werden, um einen Missbrauch durch eine marktbeherrschende Stellung zu verhindern.

Der CDU/CSU-Arbeitsgruppe erscheint aber eine stärkere Beteiligung privater Unternehmen an der Errichtung, dem Eigentum und dem Betrieb der Wasserversorgung und Abwasserentsorgung zweckmäßig. Das gilt für die Allgemeinheit in wasserreichen, wie –armen Regionen, in Industrie-, wie auch in Schwellenländern. Dafür sprechen sowohl *ökologische* als auch *ökonomische Gründe*. Private Unternehmen rechnen mit Preisen und mit Kosten. Ihr Ziel ist die Erwirtschaftung einer angemessenen Rendite auf das investierte Kapital. Aufsichtsrechtliche Rahmenbedingungen müssen nicht nur existieren, sondern auch durchgesetzt werden, um zu verhindern, dass es hierbei zum Missbrauch der wasserversorgungswirtschaftlichen Monopolstellung kommt.

Der mehrfache Hinweis im Kapitel auf die häufig schwache Rechts- und Zivilgesellschaft in vielen Ländern, die einer derartigen Kontrolle entgegen steht, ist als Argument gegen eine stärkere Privatisierung der Wasserversorgung ungeeignet. Denn es wird verkannt, dass in vielen Ländern (in denen nur 30 % – bis 60 % der Bevölkerung Zugang zu einer leitungsgebundenen, gesundheitlich unbedenklichen Wasserversorgung haben) die Wasserwirtschaft *bereits in privater Hand* liegt – und zwar in den Händen *lokaler* Geschäftsleute, die – gemessen an den Kosten – exorbitante Gewinne durch die flaschengebundene Wasserversorgung machen. Dabei sind es in der Regel die ärmeren Bevölkerungsschichten, die hierzu keine Alternative haben. Für sie beträgt der Wasserpreis ein Vielfaches des Preises in der leitungsgebundenen Versorgung.

Eines der größten Hindernisse, die private, global agierende Wasserversorgungsunternehmen wie z. B. Thames Water in Entwicklungs- und Schwellenländern zu überwinden haben, ist deshalb der Widerstand lokaler Lieferanten von flaschengebundenem Wasser, die den Verlust ertragreicher Monopolstellungen fürchten.

Die technisch immer anspruchsvollere Wasserversorgung vor allem in den entstehenden „Megacities" Südamerikas und Asiens wird aber auch in *qualitativer Hinsicht* von privaten Unternehmen besser als von den bisherigen öffentlichen Betreibern gewährleistet. Erwiesenermaßen hat sich die Wasserqualität in den Versorgungsgebieten durch die Konzessionierung an Private i. d. R. deutlich verbessert. Soweit erforderlich haben die privaten Konzessionäre sich zu langfristigen Investitionen in erheblicher Höhe verpflichtet. Es dürfte deshalb ohne weiteres einsichtig sein, dass das investierte Kapital zurückzuzahlen und zu verzinsen ist. Die hierfür erforderlichen Preisanhebungen dienen dabei auch dem verantwortungsvolleren und sparsameren Umgang mit der Ressource Wasser – ein inzwischen unumstrittenes Prinzip.

Die Einschaltung privater Unternehmen in den Betrieb der Wasserversorgung dient auch in einer weiteren Hinsicht dem sparsamen Umgang mit der knappen Ressource Wasser. In Rechnung gestellt werden kann nur das Wasser, das beim Kunden aus dem Wasserhahn fließt. Sickerverluste durch undichte, alte Leitungssysteme können bis zu 30 % oder 40 % betragen. Die Reduzierung dieser Verluste ist im *wirtschaftlichen Interesse der Wasserversorgungsunternehmen* und dient dem Erhalt der Süßwasserressourcen auch und vor allem in den Regionen im Süden der Welt, die durch hohes Bevölkerungs- und Wirtschaftswachstum sowie Agglomerationsbildung gekennzeichnet sind.

Einbeziehung privater Unternehmen in der Wasserversorgung fördern

Auch in den wasserreichen und hoch entwickelten Volkswirtschaften des Nordens gibt es gute Gründe für eine stärkere Einbindung privater Unternehmen in die Wasserversorgung. Der Investitionsbedarf für die Aufrechterhaltung des hohen Standards der Wasserversorgung und Abwasserentsorgung wird allein in Deutschland bis 2005 auf rund 38 Mrd. Euro geschätzt. In Deutschland betreiben gegenwärtig ca. 6 600 überwiegend kommunale Unternehmen die Wasserversorgung, eine im internationalen Vergleich äußerst kleinteilige Struktur. Auf eine Million Einwohner entfallen in Deutschland rund 88 Wasserversorgungsunternehmen. In den Niederlanden beträgt die Kennzahl 4,4 und in Italien 2,3. Es spricht vieles dafür, dass durch eine Konsolidierung und Zusammenfassung zu weniger und größeren Einheiten Kosten gespart und das erforderliche Investitionsvolumen erheblich zurückgeführt werden können. Grundsätzlich ist dies auch unter Beibehaltung der bisherigen öffentlichen Struktur möglich.

Es ist aber nicht auszuschließen, dass sich die traditionell auf Eigenständigkeit bedachten Kommunen leichter tun, ihre Wasserversorgung als Teil einer größeren privat geführten Einheit zu begreifen, die außerdem dann den verbleibenden Rest der Finanzierung übernehmen muss. Eine Privatisierung der Wasserversorgung kann zudem auch so ausgestaltet werden, dass sie, z. B. über Konzessionsgebühren, dem kommunalen Haushalt zusätzliche Einnahmen bringen, mit denen dringliche Projekte, z. B. im sozialen Bereich, aber auch im seit Jahren vernachlässigten investiven Bereichen, finanziert werden können. Aus Sicht der Minderheit ist es vernünftig, die Regelung der Wasserversorgung auch privat zuzulassen und nicht einseitig die öffentliche Wasserversorgung weltweit einzufordern.

Zur Handlungsempfehlung 7.16

Anerkennung des Rechts auf Grundversorgung mit sauberem Wasser

Wasser ist kein öffentliches Gut. Der volkswirtschaftliche Begriff des „öffentlichen Gutes" ist eindeutig definiert und besetzt. Dass Wasser ein unersetzbares Lebensmittel ist, bedeutet nicht, dass es auch ein öffentliches Gut ist. Die im späteren gezogenen Schlussfolgerungen sind folglich nicht zutreffend und volkswirtschaftlich unsinnig.

Das bedeutet natürlich nicht, dass die CDU/CSU-Arbeitsgruppe nicht auch der Meinung ist, jedem Menschen auf der Welt müsse der Zugang zu Wasser in ausreichender Menge und Qualität offen stehen.

Zur Handlungsempfehlung 7.18

Effizienz und Qualität bei der Wasserversorgung steigern

Die hierzu gemachten Ausführungen im Mehrheitsbericht sind leider knapp. Die Wasserrahmenrichtlinie bietet zweifellos einen Ansatzpunkt für mehr Qualität und Effizienz in der Wasserversorgung. Sie sieht u.a. auch das Prinzip der kostendeckenden Preise vor und ermöglicht darüber, Lenkungsfunktionen zu entfalten. Der Leitgedanke der für Industrieländer konzipierten Wasserrahmenrichtlinie ist für die Lösung der lokalen Wasserprobleme anderer Länder jedoch vielfach schlicht ungeeignet.

Gründe für eine unzureichende Effizienz und Qualität der Wasserwirtschaft in vielen Entwicklungsländern ist meist die Schwäche der staatlichen und kommunalen Institutionen. Hinzu kommen ein Mangel an Investitionskapital und falsche Verbrauchsanreize durch nicht-kostendeckende Preise. Die Einbeziehung privater Unternehmen kann knappes Kapital mobilisieren und die Rolle des Staates auf die in der Marktwirtschaft vorgesehene Funktion zurückführen, den (durchaus strengen) ordnungsrechtlichen Rahmen für privates Handeln vorzugeben.

Zur Handlungsempfehlung 7.21

Kosten betriebswirtschaftlich ermitteln und Preise armutsgerecht gestalten

Gegen „armutsgerechte Preise" ist natürlich nichts einzuwenden, solange explizit festgelegt ist, wer die ggf. notwendige Quersubventionierung zu tragen bereit ist (öff. Hand aus Steuermitteln oder Weiterwälzung auf andere Verbrauchergruppen). Denn wenn ein Unterschied zwischen der Höhe der betriebswirtschaftlich ermittelten Kosten und den armutsgerechten Preisen besteht, muss die Differenz von jemandem getragen werden.

Es ist allerdings darauf hinzuweisen, dass bei einer Subventionierung eines Teils des Verbrauches grundsätzlich die Gefahr von Verschwendung und Mitnahmeeffekten durch nichtbedürftige Nutzergruppen entsteht.

Bevor pauschal „armutsgerechte" Preise der netzgebundenen Wasserversorgung gefordert werden, ist zudem zu prüfen, ob durch den Anschluss an das öffentliche Wassernetz die bisherige Kostenbelastung (bzw. Zeitaufwand) einer alternativen Wasserbeschaffung (z. B. bei mobilen Trinkwasserhändlern) nicht sogar deutlich gesenkt werden kann. Die für eine solche Netzerweiterung notwendigen Investitionen sollten dann über kostenorientierte Preise auch weitergegeben werden.

Zur Empfehlung 7.20 „World Commission on Dams"

Die Arbeit der World Commission on Dams mit ihrer Akzentuierung der Willensbildung mit Hilfe nichtstaatlicher Stellen findet zu Recht Lob und Anerkennung. Gleichzeitig zeichnet sich aber in der Praxis staatlicher und internationaler Entscheidungsträger ab, dass die Leitlinien dieser Kommission nicht so umfassend und eindeutig sind, dass damit alle Entscheidungslagen erfasst werden. Von einer Festlegung für jeden Einzelfall kann deshalb nicht ausgegangen werden. Die Leitlinien dieser Kommission müssen deshalb den Charakter eines allgemeinen Rahmens behalten, der von den staatlichen Entscheidungsträgern im Einzelfall überprüft, konkretisiert und verändert werden kann.

Zur Empfehlung 7.23 und 7.24 „Ausbau der ‚International Environmental Governance'"

Die bisherigen Vorbereitungen für den Johannisburg-Gipfel lassen in keiner Weise erkennen, dass der im Zwischenbericht der Enquete-Kommission geforderten Umgestaltung von UNEP die erforderliche klare Priorität eingeräumt wird.

Der Appell der Enquete-Kommission im Zwischenbericht ist bisher ohne die erforderliche Antwort auf Seiten der Bundesregierung geblieben. Wesentliche Impulse der Bundesregierung für zielführende internationale Erörterungen sind nicht erkennbar geworden; somit ist die Bundesrepublik Deutschland zurückgefallen unter die Position, die sie 1997 eingenommen hatte.

Im Lichte der Dringlichkeit der institutionellen Reform, die für die notwendigen sachlichen Fortschritte auf einer Reihe von Feldern geboten ist, wird die Bundesregierung hiermit erneut dringlich aufgefordert, eine eigene Initiative zu entwickeln und damit die Voraussetzungen zur Erreichung dieses Reformziels zu schaffen.

11.1.7.7 Global Governance

Vorbemerkung

Der Berichtsteil „Global Governance" konnte in der Kommission sehr weitgehend im Konsens formuliert und verabschiedet werden. Das heißt natürlich nicht, dass er genauso aussehen würde, wenn ihn die CDU/CSU-Gruppe allein abgefasst hätte. Dieser Teil ist das Ergebnis intensiver, in Teilen durchaus kontroverser Diskussion. Dies hat gelegentlich zu Aussagen geführt, die von genereller Skepsis, manchmal auch von Ablehnung der Mehrheitsfraktionen SPD/Grüne gegenüber der Globalisierung getragen sind, ohne dass sie – weil Erwartungen an die Zukunft betreffend – als nachweislich falsch bezeichnet werden könnten. Die CDU/CSU-Arbeitsgruppe hat an diesen Stellen versucht, ihre – was die Chancen der Globalisierung angeht – positivere Sicht einzubringen. So ist auf dem Kompromissweg ein Berichtsteil entstanden, in dem manchmal noch die Dialektik der Diskussion durchscheint.

Diese offene Annäherung mit dem Ergebnis eines Kompromisses war jedoch in zwei Punkten nicht möglich:

Zur Handlungsempfehlung 10-6 „Demokratisierung internationaler Institutionen"

In dieser Empfehlung fordern die Mehrheitsfraktionen die Neuverteilung der Stimmrechte bei den Bretton Woods-Institutionen (IWF und Weltbank) mit dem Ziel einer Nord-Süd-Parität. Eine solche Stimm-Parität ginge nach unserer Auffassung jedoch nicht nur eindeutig zu weit, was die sachgerechte Risiko-Zuordnung bei Entscheidungen über finanzielle Stützungs- und Hilfsmaßnamen angeht, sie wäre im Ergebnis sogar kontraproduktiv, weil die Funktionstüchtigkeit beider Institutionen vor allem zu Lasten der Entwicklungsländer in Frage gestellt wäre.

IWF und Weltbank bewegen zur Stabilisierung der Währungssysteme bzw. mit dem Ziel wirtschaftlicher Hilfestellung in der Dritten Welt beachtliche Kapitalvolumina. Die Stimmrechte in beiden Organisationen spiegeln derzeit das jeweilige finanzielle Engagement ihrer als Geberländer fungierenden Mitglieder wieder. Das kann bei Finanzierungsinstituten auch nicht anders sein. Würden in den beiden Organisationen nicht mehr die Geberländer,

d. h. die Träger des Finanzierungsrisikos, das Sagen haben, sondern z. B. bei der Konditionierung der Finanzhilfen schon innerorganisatorisch auf den jeweiligen Konsens mit den Nehmerländern angewiesen sein, wäre das drastische oder gar totale Herunterfahren der Kapitalisierung seitens bisher dazu bereiten Mitglieder die wohl direkte Folge, zu Lasten der weltweiten Währungsordnung und der weniger entwickelten Volkswirtschaften.

Die Ablehnung dieser Mehrheitsempfehlung ist jedoch nicht als eine Position zu sehen, die auf schlichte Fortschreibung des *Status quo* bei IWF und Weltbank hinzielt. Die CDU/CSU-Arbeitsgruppe empfiehlt vielmehr, Öffentlichkeit und Transparenz bei beiden Institutionen zu erhöhen, ggf. auch NGO einen Konsultativstatus einzuräumen.

Zur Handlungsempfehlung 10-11 „Stärkung des Völkerrechts"

Dieser Empfehlung der Mehrheitsfraktionen stimmen wir nur teilweise zu.

Wir können nicht den Vorschlag mittragen, ein Fakultativprotokoll zum Internationalen Pakt für wirtschaftliche, soziale und kulturelle Rechte („Sozialpakt") einzuführen, das die Untersuchung und quasi-richterliche Entscheidung von Individualbeschwerden durch einen Sachverständigenausschuss ermöglicht. Der noch relativ junge Sozialpakt ist seinerzeit unter dem auch von Deutschland mitgetragenen Verständnis abgeschlossen worden, solche Individualbeschwerden gerade nicht zu institutionalisieren. Es geht also auch um Glaubwürdigkeit in die Kontinuität deutscher Politik. Abgesehen davon sollte heute wie damals zunächst auf Transparenz und öffentliche Aufmerksamkeit, auch von NGO, gesetzt und nicht gleich nach einem der Popularklage nahekommenden Beschwerderecht gerufen werden. Solchen „Rechtsmitteln" begegnet aus gutem Grund auch unsere eigene Rechtsordnung mit Zurückhaltung, zumal wenn sie von quasi-richterlichen Instanzen entschieden werden sollen.

11.2 Minderheitenvotum der FDP-Arbeitsgruppe in der Enquete-Kommission „Globalisierung der Weltwirtschaft – Herausforderungen und Antworten" zum vorgelegten Schlussbericht der Arbeitsgruppen von SPD und Bündnis 90/Die Grünen

Verantwortliche Mitglieder der FDP-Arbeitsgruppe: Gudrun Kopp, MdB, Prof. Dr. Karl-Heinz Paqué (Sachverständiger)

11.2.1 Einleitung/Vorbemerkungen von Gudrun Kopp MdB

11.2.1.1 Globalisierung als Chance begreifen

In weiten Teilen der deutschen Öffentlichkeit ist eine eher ängstliche Haltung gegenüber der Globalisierung vorhanden. Diese Skepsis beruht im wesentlichen auf zwei Gründen: einem Gefühl der Ohnmacht und einer Furcht vor dem Unbekannten.

Das Gefühl der Ohnmacht basiert auf dem gängigen Missverständnis, die Globalisierung sei politisch nicht gestalt- oder veränderbar. Die Furcht vor dem Unbekannten wiederum führt häufig zur schlichten Ablehnung des Neuen. Hier ist die Politik in besonderer Weise gefragt, für Korrekturen dieser Annahmen zu sorgen. Diese gedanklich vorzubereiten, ist Aufgabe der Enquetekommission.

Die FDP ist überzeugt: Die Globalisierung birgt viel größere Chancen als Risiken. Sie kann zu einem weiteren mächtigen Schritt werden in Richtung einer Welt, in der möglichst viele Menschen eine Chance haben, ihre Persönlichkeit zu entfalten, und zwar in individueller Freiheit und sozialer Verantwortung.

Dabei ist die Globalisierung selbst von Menschen geschaffen. Sie ist kein Phänomen, das über die Menschheit kommt, wie eine neue Wetterlage. Es geht deshalb für Politik und Gesellschaft nicht um ein passives Anpassen an die Globalisierung, sondern um deren aktive Gestaltung.

Die Globalisierung eröffnet ein großartiges Spektrum an wirtschaftlichen und sozialen Chancen für die Menschheit: Mehr Wohlstand und Wachstum durch Produktivitätssteigerungen, neue Möglichkeiten der weltweiten Arbeitsteilung durch Handel und Kapitalmobilität, Überwindung geographischer Standortnachteile durch neue Technologien. Die weltweite und gleichzeitige Verfügbarkeit von Information kann dazu beitragen, ansonsten im institutionellen Halbdunkel globaler Märkte verborgene Vorgänge transparent zu machen.

Den Chancen stehen auch Risiken gegenüber: Ausuferung lokaler Störfälle zu globalen Krisen, private Monopolmacht von weltweit agierenden Großkonzernen, Untergraben der Steuerbasis als Folge der weltweiten Mobilität des Kapitals.

11.2.1.2 Thesen zur Globalisierung

Eine liberale Finanzmarktpolitik lässt alle Neubewertungen der Kapitalbestände zu, die sich aus der Dynamik von Wachstum, Strukturwandel und Konjunktur von Volkswirtschaften ergeben. Dafür müssen stabilitätsfördernde Rahmenbedingungen geschaffen werden, die sicherstellen, dass es nicht zu fluchtartigen Kapitalbewegungen kommt und ein System wirksamer Notmaßnahmen zur Abwehr makroökonomischer Krisen gibt.

Liberale begrüßen alle Reformschritte, die zu mehr Transparenz der Kapitalmärkte und damit zu einer besseren Bewertung der Risiken durch die Marktakteure beitragen.

Ludwig Erhardt hat die Soziale Marktwirtschaft von Anfang an als weltoffene Wettbewerbsordnung konzipiert. Mit einem liberalen Verständnis von Weltordnungspolitik sind Kampfansagen an den Effizienzgedanken in der Marktwirtschaft wie zum Beispiel eine Tobinsteuer nicht vereinbar. Ein solcher Verzicht auf marktwirtschaftliche Ordnungspolitik, verbunden mit dem Sand im Getriebe der Märkte, würde mit verheerenden Folgen gerade für die armen Länder einhergehen.

Es ist zu begrüßen, dass die Globalisierung Grenzen für das souveräne Recht auf eine schlechte Wirtschaftspolitik auch für Industrieländer mit sich bringt und vermeidet, dass diese Länder die Konsequenzen einer schlechten Wirtschaftspolitik ungestraft exportieren können.

Deshalb ist auch eine schlichte Gleichsetzung zum Beispiel des Steuerwettbewerbs mit Geldwäsche, wie sie sich jetzt in manchen Kommentaren andeutet, nicht akzeptabel.

Die Globalisierung ruft nach einer Renaissance staatlicher Ordnungspolitik. Der Wettbewerb als Entdeckungsverfahren muss aber auch zwischen entwickelten Volkswirtschaften gestützt auf das internationale Recht möglich bleiben.

Der freie Handel mit Gütern und Dienstleistungen ist ein Kernziel liberaler Wirtschaftspolitik. Nur eine globale Handelsordnung kann dafür sorgen, dass sich die Politik Schritt für Schritt in Richtung einer Liberalisierung der Märkte bewegt. Deshalb ist die Welthandelsorganisation (WTO) zu stärken. Weitere Welthandelsrunden müssen folgende Ziele erreichen:

- Eine einschneidende Liberalisierung der Agrar- und Textilmärkte im Interesse der ärmsten Entwicklungsländer
- Weitere Fortschritte im Hinblick auf das Langfrist-Ziel einer globalen Wettbewerbsordnung unter dem Dach der WTO
- Eine Stärkung multilateraler Streitschlichtungsmechanismen anstelle bilateraler Aushandlungen, die nur zu oft dem Recht des Stärkeren folgen
- Eine Einschränkung des Mißbrauchs von Anti-Dumping-Maßnahmen und mehr Rechtssicherheit für internationale Investitionen

Dagegen lehnt die FDP die Koppelung von Sozialstandards an handelspolitische Vereinbarungen unter dem Dach der WTO grundsätzlich ab. Die Einbindung armer Länder in die internationale Arbeitsteilung über eine weitere Marktöffnung hilft am nachhaltigsten, diese Länder schnell an höhere Lebensstandards heranzuführen.

Die Regierungen der Industrieländer können das Ziel, die sogenannten Kernarbeitsnormen der ILO möglichst schnell und breit durchzusetzen, durch mutige Liberalisierungsschritte wesentlich effektiver erreichen als durch Androhen von Sanktionen.

Ein weiteres Ziel für Verhandlungen sollte sein, die Bestimmungen internationaler Umweltabkommen mit den Prinzipien der internationalen Welthandelsordnung kompatibel zu machen. Globale Umweltprobleme müssen durch internationale Absprachen angegangen werden, auch wenn einzelne Länder eine Vorreiterrolle übernehmen.

Ökonomisch effizienter Umweltschutz verlangt dabei Wege zu finden, um globale Schadstoffemissionen vor allem dort zu vermindern, wo die Kosten pro reduzierter Schadstoffeinheit am geringsten sind. Deshalb sind die flexiblen Kyoto-Instrumente der richtige Ansatz.

Das Durchsetzen bestimmter Produktions- und Verarbeitungsmethoden, die sich ein Importland wünschen mag mit Hilfe von Handelsrestriktionen, lehnt die FDP ab.

Die Globalisierung der Märkte und die Globalisierung der Menschenrechte sind zwei Seiten derselben Medaille. Liberale Menschenrechtspolitik tritt für die Stärke des Rechts und nicht für das Recht der Stärkeren ein. Menschenrechte und Völkerrecht können sich nicht selbst schützen. Sie müssen von der Gemeinschaft freier Rechtsstaaten gestützt werden.

Der Nationalstaat wird durch die Globalisierung weder irrelevant noch seiner Souveränität beraubt. Das Setzen politischer und ökonomischer Rahmenbedingungen durch nationale Gesetze und multilaterale Abkommen kann von den Akteuren der Globalisierung nicht übernommen werden.

Angesichts globaler Interdependenzen ist kein Raum mehr für Schuldzuweisungen zwischen Nord und Süd. Der gemeinsame Kampf gegen globale Probleme wie Terrorismus, Massenvernichtungswaffen, Umweltzerstörung, organisierte Kriminalität, Bürgerkriege, Unterentwicklung, Menschenrechtsverletzungen und Migration liegt im wohlverstandenen Interesse der gesamten Staatengemeinschaft.

Für die FDP steht fest: Globalisierung wirkt demokratiefördernd. Wirtschaftliche und politische Modernisierung bedingen einander. Wirtschaftlicher Erfolg ist nur durch Teilnahme an globalisierter Informationstechnologie möglich. Repressive Systeme treten in Konkurrenz zu freiheitlichen.

Kein noch so isolationistisches Regime kann sich dem Prozess der gesellschaftlichen Modernisierung und dem Reformdruck auf Dauer entziehen. Bestes Beispiel für den Unterschied zwischen Globalisierungsbefürwortern und -verweigerern ist der zwischen Nord- und Südkorea.

Bei aller kulturellen Vielfalt gibt es eine weltweite Ethik der Humanität, die alle Kulturkreise verbindet. Die universale Geltung der Menschenrechte darf nicht mit dem Hinweis auf kulturelle Traditionen eingeschränkt werden. Das Verbot von Folter, politischer, rassischer und religiöser Verfolgung und dem Verschwindenlassen von Menschen ist nicht verhandelbar.

Gefragt ist ein wirksames Instrumentarium der „Weltzivilgesellschaft", ein System weltweit verbindlicher und sanktionsbewehrter Normen. Hierzu gehören u.a. die UN-Menschenrechtspakte, die UN-Kinderrechtskonvention und die UN-Anti-Folter-Konvention.

Menschenrechtliche Aspekte müssen integraler Bestandteil der Entwicklungspolitik werden. Entwicklungsländer, die sich um die Verbesserung ihrer Menschenrechtssituation und Festigung rechtsstaatlicher Strukturen bemühen, sollen besonders gefördert werden.

Die Schaffung des Ständigen Internationalen Strafgerichtshofes für Kriegsverbrechen, Völkermord und Verbrechen gegen die Menschlichkeit ist ein wichtiger Baustein zum Aufbau einer weltweit verbindlichen Judikative zur Durchsetzung von Völkerrechtsnormen, der weitere folgen müssen.

Politik und Wirtschaft müssen gemeinsam Wege zur Verstärkung der Ansätze zur Durchsetzung von Menschenrechten suchen. Dem vielversprechenden Modell einer

OECD-Konvention gegen Korruption müssen weitere folgen.

Fazit:

Die FDP begreift ihre Aufgabe darin, die Globalisierung nicht zu verteufeln, sondern sie offensiv zu gestalten. Wir werden nicht nachlassen mit unseren Bemühungen, möglichst viele politisch Verantwortliche davon zu überzeugen :

Eine offene Gesellschaft braucht mehr und nicht weniger Globalisierung!

11.2.1.3 Zum Entstehen der FDP-Minderheitenvoten

Von Beginn an sah sich die FDP innerhalb der Enquete-Kommission mit der Aufgabe konfrontiert, immer wieder gerade die Chancen der Globalisierung – bei allen Risiken – in das Zentrum der Betrachtungen zu rücken.

Das war mühsam und konnte letztlich nur in Teilen gelingen. Deshalb sehen wir auch beim Schlussbericht die Notwendigkeit, wenigstens in zentralen Themenbereichen unsere deutliche Distanzierung von der Mehrheitsmeinung in Form von Minderheitenvoten darzustellen.

Denn für die FDP gilt: Wer die Zukunft erfolgreich gestalten will, braucht Mut zu Reformen und einen klaren Blick für globale Zusammenhänge.

Die nötigen Schlussfolgerungen und Handlungen sind nicht zuletzt von entscheidender Bedeutung für den Standort Deutschland im weltweiten Wirtschafts- und Lebensgefüge.

Die FDP-Arbeitsgruppe legt Wert auf die Feststellung, dass ihre Analyse zur Globalisierung und ihre politischen Schlussfolgerungen in etlichen Teilen der grundsätzlichen Haltung, im Tenor oder auch in Einzelfragen von denen des Schlussberichtes abweichen.

Aus der Tatsache, dass Aussagen des Schlussberichtes nicht explizit kritisiert werden, kann deshalb nicht grundsätzlich geschlossen werden, dass die FDP diesen zustimmt.

11.2.1.4 Zum Beratungsverlauf

Die FDP bedauert, dass für die inhaltliche Arbeit der Enquete-Kommission insgesamt nur sehr wenig Zeit gegeben war. So standen seit dem Vorliegen des Zwischenberichtes bis zum Erstellen des Schlussberichtes gerade einmal sechs Monate zur Verfügung. Eine sorgfältige Beratung von Gutachten und differenziert zu betrachtenden Inhalten kam gerade in später eingerichteten Arbeitsgruppen eindeutig zu kurz.

Vergeblich hatte die FDP aufgrund des vorhersehbaren Zeitdrucks schon weit im voraus dafür plädiert, auf einen Zwischenbericht zu verzichten, um dem Ergebnis der Arbeit der Enquete-Kommission, dem Schlussbericht, mehr Zeit und Aufmerksamkeit widmen zu können.

Vor diesem Hintergrund wird die umfangreiche Auflistung von wichtigen Themenbereichen, die in der Enquete-Kommission **keinerlei Berücksichtigung** fanden, erklärlich.

11.2.2 Minderheitenvoten

11.2.2.1 Einleitung des Abschlussberichts

Die FDP trägt das Einleitungskapitel in weiten Teilen nicht mit. Maßgeblich dafür sind inhaltliche Fehler und Wertungstendenzen, die einer liberalen Einschätzung entgegenlaufen. Beispielhaft seien folgende Punkte erwähnt:

1. Die historische Darstellung ist stark verzerrt. Völlig ausgeblendet werden die Handelsaktivitäten etwa der Phönizier, der Genuesen, Venezianer oder auch der Araber, die die Behauptung von der ersten Blüte eines europazentrierten Welthandels im 17. Jahrhundert widerlegen. Unzutreffend ist auch das Kriterium der nationalen Grenzen, da von einem Nationalstaat im modernen Sinne erst seit der Französischen Revolution gesprochen werden kann.

2. An keiner Stelle der Einführung wird klar, woran die Enquete-Mehrheit die Asymmetrie des internationalen Handels misst. Geht es um Bevölkerungszahlen, um das reale Bruttoinlandsprodukt, um geographische Ausdehnung von Ländern oder die schlichte Zahl der Staaten? So kann man nicht von Asymmetrie nur deshalb sprechen, weil sich nur 15 Prozent des Welthandels zwischen unterschiedlichen Erdteilen abspielt oder weniger als 3 Prozent des Welthandels Afrika berühren. Verfehlt ist an dieser Stelle die Behauptung, dass ein großer Teil der Exporterlöse der Entwicklungsländer für den Schuldendienst aufgezehrt wird, denn hierbei wird eine ganz andere Dimension der behaupteten Asymmetrie berührt.

3. Die Subventionierung der Transportkosten durch die öffentliche Hand gehört nicht in die Aufzählung der Entwicklungsstränge, die die Globalisierung befördern.

4. Nicht haltbar ist, dass den Finanzmärkten ihre Instabilität mit der Begründung vorgeworfen wird, Anlageentscheidungen würden unter Unsicherheit getroffen. Ein Großteil der Entscheidungen im Leben findet unter Unsicherheit statt. Hieraus auf eine generelle Instabilität gesellschaftlicher Entwicklungen zu schließen, ist unangebracht. Die Instabilität ist zudem kein einzigartiges Merkmal der Finanzmärkte. Ebenso sollte nicht von finanzieller Stabilität als hohem öffentlichem Gut oder den „Kosten der finanziellen Stabilisierung" gesprochen werden, sondern allenfalls von stabilen Rahmenbedingungen für internationale Märkte. Effektive Stabilität ist im besten Falle das Ergebnis, das sich ex post einstellt.

5. Ökonomisch erklärungsbedürftig ist die Feststellung, dass in vielen industriellen Gütermärkten die Produktionskapazität mittlerweile weit oberhalb der realen Nachfrage liegt. Ist hier das volkswirtschaftliche Produktionspotential gemeint? Keineswegs folgt hier automatisch, dass der Wettbewerb sich mehr als Kostenwettbewerb und nicht etwa als Qualitätswettbewerb gestaltet.

6. Der in der Einleitung zum Schlussbericht hergestellte Zusammenhang zwischen der Entwicklung der Unternehmensinsolvenzen seit 1991 in Deutschland und der Globalisierung herzustellen, ist nicht akzeptabel. Zum einen hat die Wiedervereinigung sowohl bei den Unternehmensgründungen als auch bei den Insolvenzen zu starken Verschiebungen geführt. Zum anderen gibt die bloße Zahl der Unternehmensinsolvenzen keine Auskunft darüber, wie die quantitativen Effekte (Arbeitsplätze, Umsätze, Investitionen) tatsächlich waren. Fraglich ist außerdem, auf Grund welcher Beobachtung in diesem Zeitraum von geringen Wachstumsraten in Europa gesprochen wird, ohne dass nicht im gleichen Umfang neue Arbeitsplätze geschaffen worden seien. Die Ergebnisse mehrerer EU-Mitgliedsstaaten belegen das Gegenteil.

7. Sehr gewagt ist die Behauptung, dass „plausiblerweise" die Kapitaleigner insgesamt eher auf der Gewinnerseite stehen. Gerade die Eigner großer agrarisch genutzter Bodenflächen oder auch Altindustrien gehören zu den Verlierern. Umgekehrt gehören die Eigner von hohem Wissen zu den Gewinnern. Deshalb ist diese offenbar auf die Unterscheidung zwischen Kapital und Arbeit aus dem 19. Jahrhundert zurückgehende Feststellung in dieser undifferenzierten Form nicht haltbar.

8. Die Übersicht über die Entwicklung der Besteuerung der Faktoren Arbeit und Kapital in Deutschland als Beleg für die relativ ansteigende steuerliche Belastung des Faktors Arbeit ist in dieser Form höchst angreifbar. Es ist äußerst ungewöhnlich, die Sozialversicherungsbeiträge pauschal unter dem Begriff „Arbeitssteuer" zu fassen, da es sowohl hinsichtlich der Zahlung (die Unternehmen zahlen zum Teil die Hälfte) als auch hinsichtlich des Charakters dieser Beiträge und ihrer Gleichsetzung mit Steuern zumindest Diskussionsbedarf gibt.

9. Außerordentlich problematisch ist, dass der Bericht vermeintliche Verteilungsungerechtigkeit ausschließlich relativ messen will. Legt man ausschließlich die relative Betrachtung zu Grunde, müsste Nordkorea als erstrebenswertes Beispiel erscheinen. Deshalb sollten die absoluten Fortschritte in der Versorgung der Menschen mit den lebensnotwendigen nicht verschwiegen werden.

11.2.2.2 Finanzmärkte (Kapitel 2 des Abschlussberichts)

Die Empfehlungen der Enquete-Mehrheit in der AG „Finanzmärkte" werden insbesondere in folgenden Punkten nicht mit getragen:

Die Einengung von Privilegien für bestimmte Berufsgruppen im Zusammenhang mit der Bekämpfung der Geldwäsche ist nicht genügend durchdacht. Es müsste zumindest spezifiziert werden, welche Privilegien eingegrenzt werden sollen und in welcher Form die Registrierung von Kapitalbewegungen erweitert werden sollte.

Es ist vollkommen unklar, was eine ausgewogene Struktur der Versorgung mit öffentlichen und privaten Bankendienstleistungen sein soll. Hier wird eine ganz neue Unterscheidungskategorie eingeführt, die im Hinblick auf Bankdienstleistungen nicht in der Literatur zu finden ist. Wenn hiermit der Erhalt des öffentlichen Bankensektors gemeint ist, so sollte dies auch gesagt werden. Der Erhalt hat aber nichts mit Wettbewerbspolitik, sondern mit dem Konservieren von Strukturen zu tun. Wenn es darum geht, die Versorgung mit Finanzdienstleistungen in der Fläche oder die Versorgung bestimmter Bevölkerungskreise mit Finanzdienstleistungen zu gewährleisten, so sollte dies auch entsprechend ausgedrückt und begründet werden.

Die Position der Enquete-Mehrheit zu „Shareholder value" (Kapitel 2.3.4) wird nicht mitgetragen. Die FDP legt stattdessen die folgende eigenständige Position vor:

11.2.2.2.1 Unternehmenswertorientierte Unternehmensführung (Shareholder Value)

Problemstellung

In der Diskussion um Chancen und Risiken der Globalisierung wird mit dem „Shareholder Value", einem neuen, von US-amerikanischen Lehrmeinungen dominierten Leitbild der Unternehmensführung, in Deutschland vielfach ein gesellschaftspolitisches Feindbild verbunden. Einer genaueren Überprüfung hält dieser Ansatz nicht Stand. Insbesondere die idealtypische Gegenüberstellung des „Shareholder Value" als des hässlichen Antlitzes eines US-amerikanischen Kapitalismus mit dem „Stakeholder Value", als dem vermeintlich menschengerechten Antlitz des rheinischen Kapitalismus wird der vielschichtigen Realität kaum gerecht.

Kurze Charakterisierung des Shareholder Value-Konzepts

Die unternehmenswertorientierte Unternehmensführung umschreibt betriebswirtschaftlich gesehen eine neue Kennziffer der Unternehmensrentabilität. Sie ist im Gegensatz z. B. zum Gewinn pro Aktie nicht auf eine einperiodige Ertragsbetrachtung ausgerichtet, sondern knüpft an der erwarteten künftigen Entwicklung der Einzahlungs- und Auszahlungsgrößen an. Befürwortern des „Shareholder Value"-Ansatzes zufolge fördern herkömmliche Maßstäbe wie der Jahresüberschuss der Handelsbilanz, die Eigenkapitalrentabilität oder das Ergebnis je Aktie eine auf kurzfristige Erfolge ausgerichtete Unternehmensführung. Sie können zudem vom Management besser gestaltet (manipuliert) werden. Demgegenüber will das „Shareholder Value"-Konzept die Rendite des langfristigen Anteilseigners zur zentralen Zielgröße der Unternehmensführung machen. Überwiegend gilt das Verfahren der Diskontierung geplanter freier Zahlungsmittelüberschüsse (discounted cash flow-Verfahren) als Maßstab.

Konsequenzen für die Unternehmenspolitik

Es wäre aber falsch, eine unternehmenswertorientierte Unternehmensführung mit der Suche nach dem schnellen Gewinn an den Börsen gleichzusetzen. Unternehmenswertorientierte Unternehmensführung soll vielmehr für dauerhaft attraktive Börsenkurse und einen stetigen Anstieg sorgen. Dies verlangt eine sehr hohe Kommunikationskompetenz. Missbräuche durch gezielte Falschmeldungen sind im Einzelfall nicht ausgeschlossen, können aber zu nachhaltigem Misstrauen der Anleger gegenüber dem Unternehmen führen und sind deshalb langfristig zum Scheitern verurteilt.

Im Ergebnis führt das neue Verfahren der Unternehmensbewertung zu einem größeren Einfluss der Aktionäre und zu einem geringeren von Managern und Bankenvertretern in den Großunternehmen. Vielfach ist ein Druck entstanden, ungeschminktere Geschäftsberichte vorzulegen. Der Zwang, intensiver zu informieren, stellt für kleinere Unternehmen dabei zweifellos ein besonderes Problem dar.

Aus dem „Shareholder Value" hat sich außerdem das Konzept der „Corporate Governance" entwickelt, das noch weitergehendere Grundsätze zur Führung und Kontrolle von Unternehmen formuliert. Institutionelle Großanleger, insbesondere Pensionsfonds, üben im Interesse ihrer langfristig orientierten Anleger in dieser Richtung weiteren Druck aus.

„Stakeholder Value" wird dagegen typischerweise mit einer Unternehmensführung gleichgesetzt, die besonders von – oftmals nachlässigen – Aufsichtsräten, Arbeitnehmern und Betriebsräten geprägt wird. Holzmann gilt als negatives Paradebeispiel. Das Management hat in der Regel einen größeren Entscheidungsspielraum. Deutschland galt in den letzten Jahrzehnten als ein Land, in dem die Interessen der Aktionäre im internationalen Vergleich unterrepräsentiert waren, was sich auf die Kapitalrendite auswirkte. Das positive Gewicht, das die gesetzlich verankerte Mitbestimmung und der soziale Frieden als „Produktionsfaktoren" in Deutschland in der Vergangenheit möglicherweise in die Waagschale werfen konnten, hat sich im Zuge des technischen Aufholprozesses benachbarter Länder zumindest verringert. Dies kann aber nicht dem „Shareholder Value"-Konzept selbst angelastet werden.

Gesamtwirtschaftliche Aspekte

Die unternehmenswertorientierte Unternehmensführung befördert damit Entwicklungen, die auch gesellschaftspolitisch differenziert beurteilt werden müssen. Ein Unternehmen, das diesen Grundsätzen erfolgreich folgt, sichert langfristig den Unternehmensbestand, erhöht den Leistungsdruck auf den Vorstand, verschärft die Kontrolle durch Aufsichtsrat sowie Hauptversammlung und fördert die Mitarbeiterbeteiligung. Es wirkt der oft beklagten „Bankenmacht" entgegen, begrenzt die Selbstherrlichkeit des Managements und beschränkt Tendenzen, versteckte, unproduktive Reserven im Unternehmen anzusammeln. Im Ergebnis führt dies zu einer selektiven, langfristigen Sicherung von Arbeitsplätzen.

Viele der mit einer unternehmenswertorientierten Unternehmensführung verfolgten Ziele werden unter anderem Etikett ohnehin verfolgt. Im Zuge des Bedeutungsgewinns der privaten Altersvorsorge ist zu erwarten, dass die langfristige Unternehmensrentabilität eine noch zentralere Rolle spielen wird. In diesem Zusammenhang darf auch nicht übersehen werden, dass für den Erfolg von Unternehmen gerade in der sogenannten „New Economy" eine motivierte Belegschaft die entscheidende Rolle spielt, so dass eine Unternehmenspolitik gegen die Interessen einer Mehrheit der Mitarbeiter, die der „Shareholder Value"-Philosophie gerne unterstellt wird, kaum erfolgreich sein dürfte. Allerdings verlangt unternehmenswertorientierte Unternehmensführung eine hohe Flexibilität sowie den Abschied von alten Gewohnheiten. Die Geschwindigkeit, mit der sich Veränderungen vollziehen, überfordert unter Umständen einige Beteiligte. Qualifikations- und Veränderungsdruck erhöhen sich. Die Spannbreite zwischen hochqualifizierten, flexiblen und wenig qualifizierten, inflexiblen Mitarbeitern wird deutlicher sichtbar. „Shareholder Value"-Konzepte können so das Lohngefälle erhöhen.

Ebenso wie alte Unternehmensführungskonzepte braucht die unternehmenswertorientierte Unternehmensführung aber einen verlässlichen, transparenten und reformfähigen Rechtsrahmen. Dazu zählen in Deutschland vor allem Entscheidungen zur Zukunft der Alterssicherung, das reformierte Insolvenzrecht, neue Entwicklungen bei der Rechnungslegung, die Fusionskontrolle oder auch die Finanzmarktgesetzgebung. Dass amerikanische Standards dabei dominieren, ist sowohl dem überragenden ökonomischen und politischen Gewicht der USA als auch dem messbaren wirtschaftlichen Erfolg dort zuzuschreiben. Gesellschaftspolitische Gefahren gehen vom betriebswirtschaftlichen Konzept selbst indes nicht aus.

11.2.2.2.2 Tobin-Tax

Die von der Enquete-Mehrheit geforderte Devisentransaktionssteuer (Tobin-Tax) würde im Kern eine Senkung der Effizienz internationaler Kapitalmärkte bewirken. Die Verteilungswirkungen sind vollkommen unklar. Die Vermengung von Finanzierungsfunktion und Steuerungsfunktion würde zu einem heillosen Zielkonflikt führen, der die missratene Konstruktion der Ökosteuer oder der Abwasserabgabe in Deutschland weit in den Schatten stellen könnte. Zur Kritik an der Devisentransaktionssteuer wird im übrigen auf die von der FDP eingebrachten Papiere verwiesen.

Die Forderung nach währungspolitischer Souveränität im Sinne einer Abkopplung vom Urteil der Finanzmärkte etwa durch Kapitalverkehrskontrollen wird so undifferenziert nicht mitgetragen. Währungspolitische Souveränität in diesem Sinne meint nichts anderes, als den nationalen Regierungen das Recht auf eine (langfristig) schlechte Wirtschaftspolitik zuzugestehen bzw. sie von der Verantwortung für die Konsequenzen zu entbinden. Die disziplinierende Wirkung einer internationalen Abstimmung über die Qualität einer Wirtschaftspolitik ginge so vollkommen verloren. Im übrigen bleibt völlig offen, wie Kapitalverkehrskontrollen so gestaltet werden sollten, dass sie die prinzipielle Offenheit der jeweiligen Volkswirtschaften nicht infrage stellen.

11.2.2.2.3 Reform der internationalen Finanzinstitutionen

Europäische Zentralbank

Es ist inakzeptabel, das Statut der Europäischen Zentralbank um beschäftigungs- und wachstumspolitische Ziele zu erweitern. Zum einen tragen die Ziele des europäischen System der Zentralbanken (ESZB), wie sie in den Artikeln 2ff EZB-Satzung formuliert worden sind, unmittelbar zur Hebung des Beschäftigungswachstums im Euro-Raum bei. Außerdem ist das ESZB nach Artikel 2 Satz 2 EZB-Satzung verpflichtet, die allgemeine Wirtschaftspolitik der Gemeinschaft zu unterstützen, um zur Verwirklichung der in Artikel 2 EG-Vertrag festgelegten Ziele der Gemeinschaft beizutragen, soweit dies ohne Beeinträchtigung des Zieles der Preisstabilität möglich ist. Die Formulierung in der Empfehlung der Enquete-Mehrheit impliziert, dass Preisstabilität negative Auswirkungen auf die Beschäftigung und das Wachstum hat. Diese Annahme ist durch die Erfahrungen der 70er Jahre, die durch das politische – im Ergebnis gescheiterte – Ausnutzen von Geldillusion durch Regierungen geprägt waren, nachhaltig widerlegt.

Internationale Insolvenzordnung

Die Formulierungen der Enquete-Mehrheit zu einer internationalen Insolvenzordnung werfen alle möglichen Sachverhalte durcheinander. Es ist banal, dass Gläubiger in der Kreditbeziehung Verantwortung tragen und selbstverständlich die Fähigkeit ihres Kreditnehmers, einen Kredit angemessen zu bedienen, in ihr Kalkül aufnehmen müssen. Tun sie das nicht, sind Gläubiger im Insolvenzfall ausnahmslos von Ausfällen bedroht. Im vorliegenden Fall ist aber offenbar an die Einbindung des privaten Sektors in die Restrukturierung durch den IWF gedacht. Das sollte in der Empfehlung aber auch klar herausgestellt werden. Die FDP hatte hierzu vorgeschlagen, das Instrument der „Subordinated Debt" näher zu prüfen, das vorsieht, dass Banken aus Entwicklungs- und Schwellenländern verstärkt dazu übergehen, einen bestimmten Anteil ihres Fremdkapitals als eigenkapitalähnliche Schuldverschreibungen im Ausland zu plazieren. Kommt es zur Zahlungsunfähigkeit, werden solche Papiere grundsätzlich nachgeordnet behandelt. Dies würde dazu führen, dass seitens der Gläubiger ein verstärktes privatwirtschaftliches Interesse an solider Marktinformation und deren Verarbeitung besteht und deshalb der Kurs der frei zu handelnden Papiere als zusätzlicher Frühindikator dienen kann für die Einschätzung durch (relativ gut informierte) Marktteilnehmer.

Der IWF sollte die Zinsbedingungen seiner Kreditgewährung in diesem Fall nutzen, um den Regierungen der Entwicklungsländer Anreize zu geben, einen nationalen Regulierungsrahmen zu schaffen, der diese innovativen Wege zu mehr Transparenz im Bankensystem begünstigt. Des weiteren könnte empfohlen werden, dass neu emittierte Schuldverschreibungen mit Umschuldungsklauseln versehen werden, die den privaten ausländischen Kreditgeber von vornherein verpflichten, sich im Krisenfall an entsprechenden Verhandlungen zu beteiligen und ggfs. einen bestimmten Verlustschlüssel zu akzeptieren. Klauseln dieser Art gibt es bereits bei Konsortialkrediten von Banken. Umschuldungsklauseln bei Schuldverschreibungen hätten auch den Vorteil, dass sie vom Markt mit einer Risikoprämie abgegolten werden und damit für ein weiteres Element der marktbedingten Transparenz sorgen würden.

Ungeeignet ist hingegen die Empfehlung, Kreditgeber, die ihren Verpflichtungen bei einer vereinbarten Umschuldung nicht nachkommen, bei öffentlichen Aufträgen oder bei der Begebung von öffentlichen Anleihen zeitweise auszuschließen. Dies könnte im Extremfall nur dazu führen, dass die Begebung öffentlicher Anleihen sich z.B. nachhaltig verteuern würde. Ebenso unsinnig ist die Forderung, dass der IWF eine Konditionalität für Gläubiger entwickelt. Gläubiger, die eine solche Konditionalität nicht akzeptieren wollen, würden schlicht keine Mittel zur Verfügung stellen. Damit wäre keiner Seite geholfen.

Internationaler Währungsfonds (IWF)

1. Der IWF muss sich noch stärker als bisher auf die Vermeidung von Finanzkrisen konzentrieren. Deshalb sollte er eine internationale Führungsrolle bei der Überwachung der Einhaltung von international vereinbarten Verhaltenskodizes, insbesondere im Geld- und Kreditsektor übernehmen. Dazu zählen auch Aufsichts- und Datenveröffentlichungsstandards sowie die Überwachung der Einhaltung von Kodizes und Standards in den „Offshore-Finanzzentren". Schließlich sollte der IWF die Durchführung der Beschlüsse des Baseler Ausschusses für Bankenaufsicht zu den künftigen Eigenkapitalanforderungen für Kreditinstitute bei IWF-Beistandskandidaten mit überwachen. Wo der IWF eine direkte Zuständigkeit besitzt, muss er diese Standards weiterentwickeln und verbreiten.

2. Die Rolle des IWF als einer Institution, die ein makroökonomisches Rating für Länderrisiken erleichtert, ist zu stärken. Der IWF muss durch seine Länderüberwachung und die Veröffentlichung umfangreicher Länderdaten das Informationsproblem lindern und die Effizienz der Kapitalmärkte verbessern. Die Höhe der Staatsverschuldung, der Kreditsalden und der Verbindlichkeitsstruktur des Privatsektors, Bilanzierungsregelungen der Banken, das Konkursrecht oder Eigentumsverflechtungen von kombinatsähnlichen Konzernen sind Indizien für die Krisenanfälligkeit von Ländern. Der seit 1997 existierende „Spezielle Datenveröffentlichungs-Standard" (SDDS) ist hier ein erster Schritt. „Offshore-Finanzzentren", die sich einer neuen Überwachung des IWF weder stellen noch die Transparenzauflagen erfüllen, müssen Gegenstand von Bekanntmachungen werden. Zweck aller Kodizes und Standards muss es letztlich sein, durch Schaffung von mehr Transparenz internationalen Kapitalgebern sachgerechtere Kreditentscheidungen zu ermöglichen.

3. Die IWF-Kreditkonditionen müssen in Abhängigkeit von der Erfüllung der o.g. Standards differenziert werden. Dadurch wird die Umsetzung von Kodizes und Standards indirekt gefördert. Um den revolvierenden Charakter der IWF-Ressourcen zu wahren, ist auch die Vergabe besonders hoher Kredite und eine wiederholte Verlängerung mit einer progressiv steigenden Zinsbelastung der jeweiligen Kreditnehmerländer zu verbinden. Die IWFMitgliedsstaaten sollten a priori Orientierungshilfen erhalten, welche Verfehlung von welchen Standards mit welchen Zinsaufschlägen

belegt werden. Solche Zinsstaffeln sind zu veröffentlichen.

4. Langfristig konditionierte Kredite zur Strukturanpassung sollten die Weltbank und regionale Entwicklungsbanken übernehmen. Der IWF muss sich hingegen darauf konzentrieren, die vorbeugende und begleitende makroökonomische Beobachtung und die schnelle Hilfe bei Zahlungsbilanzschwierigkeiten zu gewährleisten. Dadurch können auch die wirtschaftspolitischen Auflagen auf wenige Kernpunkte konzentriert werden, was der Tendenz zur Überfrachtung von Programmen mit Bedingungen entgegenwirkt. Umgekehrt sollte die Weltbank sich von der kurzfristigen Finanzierung von Krisenpaketen zurückziehen. Es ist nach Wegen zu suchen, die „Armutslinderungs- und Wachstumsfazilität" (PRGF) an die Weltbank zu übertragen. Dabei bleiben aber alle Länder grundsätzlich zugangsberechtigt zu IWF-Beistandsmitteln, soweit der konkrete Fall in das Spektrum der neu definierten IWF-Aufgaben fällt.

5. Der IWF muss einen universellen Charakter und eine universelle Rolle als zentrale internationale Institution auf dem Gebiet der Wirtschafts- und Währungspolitik innehaben. Deshalb sollte der IWF auch zukünftig für alle Mitglieder bei makroökonomischen Problemen tätig werden können. Ein expliziter Ausschluss von bestimmten Entwicklungsländern aus dem Empfängerkreis des IWF ist mit dem kooperativen Grundgedanken des Währungsfonds nicht vereinbar. Ein Wegfall des „IWF-Schirms" für viele Entwicklungsländer könnte hingegen negative Auswirkungen auf die Liberalisierung des Handels- und des Kapitalverkehrs haben. Ein enger Informationsaustausch mit der Weltbank ist dabei notwendig.

6. Der IWF muss bei der Bewältigung von Finanzkrisen den Privatsektor stärker als bisher mit einbeziehen. Eine leichtsinnige, teilweise durch die Politik ermunterte Kreditvergabe an Länder im Vertrauen auf die „bail-out"-Rolle des IWF muss der Vergangenheit angehören.

7. Der IWF muss die Sicherheitsvorkehrungen gegen einen Missbrauch seiner Mittel und seiner institutionellen Bedingungen verbessern. Es ist zu begrüßen, dass die Jahresabschlüsse der Zentralbanken durch den IWF veröffentlicht werden sollen. Bei der geplanten institutionalisierten Erfolgskontrolle muss vermieden werden, dass Fehlentwicklungen und falsche Informationen aus bestimmten Ländern aus politischen Gründen beschönigt werden. Es ist auch zu vermeiden, dass bestimmten Ländern aus politischen Gründen ein Grad an Marktwirtschaftlichkeit und Rechtsstaatlichkeit bescheinigt wird, der durch Tatsachen nicht gedeckt wird.

Gendergerechte Haushalte

Die Empfehlungen zu so genannten geschlechtergerechten Haushalten werden strikt abgelehnt. Sie bedeutet im Ergebnis, eine gigantische Bürokratie einzuführen, die zum Teil zu absurden Ergebnissen führen und insbesondere Administrationen in Entwicklungsländern, aber auch in Industrieländern auf lokaler und regionaler Ebene restlos überfordern dürfte. In der Sache sind die Empfehlungen nicht hilfreich und vollkommen unpraktikabel. Es ist völlig unklar, was eigentlich als „gendergerechte" Haushalt berechnet und wie ein breiter Konsultationsprozess mit der Zivilgesellschaft etwa auf lokaler Ebene überhaupt durchgeführt werden soll. Was ist unter einer „disaggregierten geschlechtsspezifischen Datenerhebung auf allen Sektoren" zu verstehen? Was verbirgt sich hinter „geschlechtsspezifischen Budgetinitiativen" und „gendersensitiven Trainings" für Mitarbeiter von Verwaltungen?

Ethische Investments

Die Empfehlungen der Enquete-Mehrheit zu ethischen Investments werden von der FDP abgelehnt. Es ist nichts dagegen einzuwenden, wenn sog. ethische Fonds im Wettstreit mit konventionellen um die Anleger eintreten und bei ihrer Aufklärungsarbeit von politischer Seite kommunikative Unterstützung erhalten. Abzulehnen ist aber, wenn der Staat nach den Ethikvorstellungen bestimmter Lobby-Gruppen staatliche Förderprämien staffelt. Eine „moralische Diktatur" durch bestimmte Gruppen in offenen Gesellschaften wird von der FDP nicht unterstützt.

Entwicklungshilfe

Die Forderung nach einer gewaltigen Aufstockung des öffentlichen Entwicklungshilfebudgets ist real kaum umsetzbar. Die FDP empfiehlt stattdessen, dass die Enquete-Kommission das Bundesfinanzministerium auffordert, finanzielle Auswirkungen einer Anhebung der Mittel für öffentliche Entwicklungszusammenarbeit auf ein Prozent des Bruttonationaleinkommens (nicht des BSP) zu beziffern. Nach grober Schätzung verlangt die Enquete-Mehrheit Mehrausgaben für öffentliche Entwicklungshilfe bis spätestens 2004–2006 von jährlich 1,2 Mrd. €, mittelfristig von 8,9 Mrd. € und langfristig von 15,1 Mrd. € pro Jahr, legt man das nominale BIP von 2001 zugrunde!

11.2.2.2.4 Offene Fragen

Die Diskussion um das Verhältnis zwischen der so genannten realen und der monetären Ökonomie ist seit Jahrzehnten ein Kernthema der makroökonomischen Forschung. Eine Bundestagsenquete wird hier keine weitere Klärung leisten können, so dass sie dieses Thema der Wissenschaft überlassen und sich auf die Rezeption der wichtigsten Forschungsergebnisse beschränken sollte.

Zwar sind die Folgen der japanischen Bankenkrise für die Weltwirtschaft möglicherweise beträchtlich, die Krise selbst hat aber nichts mit der Globalisierung zu tun, sondern geht auf spezifisch japanische Ursachen zurück. Sie sollte deshalb außer Betracht bleiben.

Fraglich ist, was unter dem Thema „Europäischer Finanzmarkt und Währungsunion" zu verstehen sein soll.

Die Frage der Allfinanzaufsicht und ihrer Ansiedlung auf europäischer oder internationaler Ebene sowie ihre vertikale Gliederung sind in der Tat wichtige Themen. Sie sollten auch politisch erörtert werden, eignen sich aber aufgrund ihres relativ kurzfristigen Entscheidungsbedarfs nicht als Gegenstand für eine Bundestagsenquete.

11.2.2.3 Waren- u. Dienstleistungsmärkte (Kapitel 3 des Abschlussberichts)

11.2.2.3.1 Elemente einer liberalen Weltordnungspolitik

Im Themenbereich Rahmenbedingungen für eine globale Wettbewerbsordnung bleibt die Enquete-Mehrheit sehr unkonkret. Deshalb nennt die FDP hierzu ihre klaren Vorstellungen:

Ein liberales Langfristziel ist eine globale Wettbewerbsordnung, vorzugsweise unter dem Dach der WTO. Ein solch ehrgeiziges Ziel könnte in vier sukzessiven Schritten erreicht werden:

– erweiterte Notifizierungspflichten bei der WTO

– Wettbewerbspolitik als neuer Bestandteil der WTO-Berichts- und Überprüfungsmechanismen zur Handelspolitik

– Verständigung über und Vereinbarung eines Rahmens gemeinsamer Wettbewerbsregeln, ggf. zunächst plurilateral zwischen interessierten Staaten

– Einrichtung eines Weltkartellamts mit eigener Klagebefugnis

Die furchtbaren Ereignisse vom 11. September 2001 sollten jedem von uns klar gemacht haben, dass wir in „Einer Welt" leben, in der es kaum mehr regional zu begrenzende Konflikte gibt. Zu einer globalen Friedens-, Sicherheits- und Wirtschaftspolitik gibt es keine Alternative. Verwundbarkeit und Vorteile durch Globalisierung machen weder vor Erdteilen noch vor Grenzen halt.

Drei unmittelbare Konsequenzen lassen sich aus den Anschlägen ziehen :

Erstens hat die schnelle Reaktion der Zentralbanken weltweit auf die Anschläge gezeigt, welche wichtige und segensreiche Wirkung international verflochtene Notenbanken und Finanzmärkte spielen können.

Zweitens hat die Weltöffentlichkeit eine Ahnung von dem erhalten, was passiert, wenn die intensive internationale Verflechtung von Güter- und Kapitalmärkten einmal verringert oder gar unterbrochen wird. Denn schon in der kurzen Zeit, in der der Luftverkehr teilweise zum Erliegen gekommen war und internationale Kapitalmärkte nicht vollständig funktionierten, mussten einige Unternehmen des produzierenden Gewerbes Werksschließungen anordnen bzw. die Produktion drosseln.

Drittens ist es der schnellen Verbreitung von Informationen über den Atlantik und der reibungslosen Kooperation zwischen Börsen und Zentralbanken zu verdanken, dass Zahlungsverkehrssysteme reibungslos arbeiteten, dass für internationale Liquidität gesorgt wurde, dass keine Panik aus mangelnden Informationen entstehen konnte.

Genau hier liegt ein elementarer Unterschied zur Weltwirtschaftskrise von 1929. Damals sickerten Informationen und Gerüchte nur allmählich durch. Die nationalen Regierungen nahmen ohne Rücksicht auf ihre Nachbarn zu allen möglichen Schutzmaßnahmen Zuflucht. Kenntnisse über weltwirtschaftliche Zusammenhänge fehlten.

Das ist aber genau das Rezept derjenigen Globalisierungsgegner, die die nationale Politik nach ihren Worten wieder unabhängig von einem angeblichen Diktat der internationalen Märkte machen wollen. Die Ergebnisse aus den 30-er Jahren kennen wir.

Die FDP hat keinen Zweifel daran, dass die Globalisierung nach einer Renaissance staatlicher Ordnungspolitik ruft. Sie setzt Grenzen für das „souveräne Recht auf eine schlechte Wirtschaftspolitik" auch für Industrieländer.

Wir benötigen mehr Transparenz bei internationalen Organisationen. Wir brauchen konsequente Ansätze zu einer internationalen Wettbewerbspolitik und einen verstärkten Abbau von Protektionismus z. B. durch angebliche Anti-Dumping-Maßnahmen.

Aber um hier zeitnah voran zu kommen, bedarf es mehr und nicht weniger Gipfeltreffen. Deshalb lauten liberale Forderungen:

1. Stärkung der WTO durch weitere, umfassende Welthandelsrunden.

2. Weitere Liberalisierung der Agrar- und Textilmärkte im Interesse der ärmsten Entwicklungsländer.

3. Stärkung internationaler Organisationen und Foren als Möglichkeit zum Austausch von Meinungen und Informationen.

4. Zeitnahe Fortschritte im Hinblick auf das Langfrist-Ziel einer globalen Wettbewerbsordnung unter dem Dach der WTO.

5. Fortentwicklung und nicht Abbremsen der Funktionsfähigkeit der internationalen Finanzmärkte im Interesse einer effizienten weltwirtschaftlichen Entwicklung.

6. Stärkung multilateraler Streitschlichtungsmechanismen wie z. B. bei der WTO anstelle bilateraler Aushandlungen.

11.2.2.3.2 Landwirtschaft

Der Mehrheitsbericht der Enquetekommission bleibt in seiner Beurteilung der nötigen Reformen der nationalen, europäischen und globalen Agrarpolitik sehr unverbindlich und unkonkret. Die FDP legt dagegen ihre Vorstellungen von einer zukunftsfähigen Landwirtschaft im folgenden dar.

Vom Plan zum Markt

Die Agrarpolitik darf nicht die Augen vor der Globalisierung verschließen, sondern muss sie mitgestalten. Im November 2001 wurde auf der WTO-Ministerkonferenz in Katar ein „allmähliches Auslaufen" der Agrarsubventionen beschlossen. Die nächste WTO-Runde im Jahr 2003 in Mexiko soll sich demnach mit dem Abbau eben dieser

Agrarstützungen in den Industrieländern befassen. Die USA stimmten diesem Beschluss zu. Nachdem die Amerikaner jedoch aktuell ein neues Landwirtschaftsgesetz verabschiedet haben, mit dem sie Subventionen für die amerikanischen Bauern in den kommenden zehn Jahren um 70 Prozent auf 180 Mrd. Dollar erhöhen, riskieren sie ihre Glaubwürdigkeit. Die FDP ist besorgt über dieses Entwicklung, die sogar dazu führen könnte, die nächste WTO-Runde zu gefährden. Für die Liberalen bleibt klar: Zu einem weiteren Abbau produktbezogener Subventionen und einer Liberalisierung der Agrarmärkte gibt es keine Alternative.

Die Wettbewerbsfähigkeit der landwirtschaftlichen Betriebe muss im internationalen Rahmen mit Rücksicht auf die höheren Standards unserer heimischen Landwirtschaft sichergestellt werden, ohne dass neue protektionistische Barrieren aufgebaut werden. Deutschland ist eine Exportnation und hat ein hohes Interesse an freiem Welthandel. Die sogenannte „Agrarwende" der Bundesregierung, die diese Rahmenbedingung ausblendet und nationale Alleingänge übt, hat die falschen Schlüsse aus der diversen Agrarkrisen gezogen. Dies geht auf Kosten der Landwirte und der Steuerzahler. Ein neuer staatlicher Dirigismus zur Durchsetzung des ökologischen Landbaus ohne die notwendige Verbrauchernachfrage führt zu neuen Überproduktionen und geht am Markt vorbei. Dies bringt auch die jetzt erfolgreichen, wirklich marktorientierten ökologischen Landwirte erneut in eine nachhaltige Abhängigkeit vom Staat und schränkt die Freiheit des Unternehmers ein.

Nicht der Markt, sondern die Marktordnungen haben versagt

Die europäische Agrarpolitik kann nicht im nationalen Alleingang, sondern nur gemeinsam mit den EU-Partnern erneuert werden. Die FDP hat bereits 1999 bei den Beratungen zur Agenda 2000 eine marktwirtschaftliche Neuorientierung der europäischen Agrarpolitik vorgeschlagen, die von Rot-Grün abgelehnt wurde. Die Agenda 2000 verfehlt ihre wichtigsten Ziele und bereitet Europa nicht ausreichend auf die Ost-Erweiterung vor.

Eine in die Zukunft gerichtete Agrarpolitik muss sich an den Regeln der sozialen Marktwirtschaft und an den vielfältigen Aufgaben der Landwirtschaft orientieren. Die europäische Agrarpolitik leidet an zu wenig Markt und zuviel Dirigismus und Bürokratie. Nicht der Markt hat versagt, sondern die Marktordnungen der Europäischen Union. Überproduktion führt so Jahr für Jahr zu Steuergeldverschwendung in Milliardenhöhe. Trotz der immer größer werdenden Abhängigkeit von staatlichen Zahlungen kommt nur ein Bruchteil dieser Mittel tatsächlich bei den Landwirten an.

Vergütung der Pflege unserer Kulturlandschaft anstatt einer quotierten Überproduktion

Die FDP bekennt sich zu unserer Kulturlandschaft. Die von den Landwirten im Rahmen der landwirtschaftlichen Nutzung geleistete Pflege der Kulturlandschaft liegt im Interesse der Allgemeinheit und muss daher vom Staat honoriert werden. Diese Vergütung richtet sich nach der ordnungsgemäßen Bewirtschaftung der Flächen, nicht nach der Produktionsmenge.

Ersetzt die Politik den Markt, ist Überproduktion eine zwangsläufige Folge. Die bisherigen, an der Produktion orientierten Subventionen bevormunden nicht nur die Landwirte, sondern führen auch zu unsinnigen Überschüssen, insbesondere bei Milch und Rindfleisch. Die durch BSE ausgelöste Krise am Rindfleischmarkt verdeutlicht das System der Steuergeldvernichtung: Für die Aufzucht der Tiere werden Prämien gezahlt, sie werden mit staatlichem Geld aufgekauft, geschlachtet und vernichtet. Die FDP fordert deshalb einen geordneten Ausstieg aus diesem System der Quoten und Produktprämien.

Die FDP schlägt vor, die bisherige produktbezogene Förderung schrittweise durch eine flächenbezogene Bewirtschaftungsprämie für alle Produktionsformen unter Einschluss des Grünlandes zu ersetzen. Diese Kulturlandschaftsprämie greift nicht in den Markt ein, da nicht die Produktion, sondern die Bewirtschaftung der Fläche unter Beibehaltung der hohen Umwelt- und Tierschutzstandards die Grundlage für die staatlichen Zahlungen bildet. Die Prämie ist WTO-kompatibel. Daher ist die Flächenprämie für die Landwirte eine langfristig verläßliche Rahmenbedingung.

Der bisher riesige Verwaltungs- und Kontrollaufwand wird auf ein Minimum reduziert. Dies führt zu Einsparungen in Milliardenhöhe und zur Senkung der Betriebskosten unserer Landwirte. Die bürokratische Gängelung der Landwirte wird gestoppt; es werden Freiräume für den unternehmerischen Landwirt geschaffen. Das zur Zeit völlig undurchschaubare Prämiendickicht wird damit überflüssig und der bürokratische Aufwand reduziert.

Regionale Landwirtschaft stärken

Die FDP setzt sich für eine stärkere Berücksichtigung der nationalen und regionalen Unterschiede in der Landwirtschaft ein. Dabei kommt es darauf an, die Möglichkeiten einer zukunftsorientierten Förderung des ländlichen Raums und seiner Infrastruktur stärker zu nutzen.

Freiwilliger Vertragsnaturschutz hat für die FDP Vorrang. Denn von oben staatlich verordneter Naturschutz senkt die Bereitschaft der Landwirte, mitzuwirken, weil damit eine Überstrapazierung der Sozialpflichtigkeit des Eigentums verbunden ist. Naturschutz kann es nur mit und nicht gegen die Landwirte geben. Diese Möglichkeit des freiwilligen Vertragsnaturschutzes steht bereits heute im Rahmen der zu 50 Prozent von der EU finanzierten Umweltschutz- und Extensivierungsprogramme unter freiwilliger Teilnahme der Landwirte den Ländern offen. Der Landwirt geht dabei mit dem Land einen Vertrag für die erbrachten Umweltleistungen ein und erhält dafür ein Honorar.

Die FDP strebt eine Stärkung der Mitgliedstaaten und Länder durch mehr Subsidiarität und größere nationale Steuerungsmöglichkeiten in der Agrarpolitik an. Dazu muss das Instrument der Kofinanzierung in der europäischen Agrarpolitik zur Schaffung von mehr direkter Verantwortung zwischen Zahlungsempfänger und Zahler ausgebaut werden.

Die regionale Produktion als zweites Marktsegment neben konventioneller Landwirtschaft und ökologischem Landbau wird zukünftig zunehmend an Bedeutung gewinnen. Die Nähe zwischen Landwirt und Verbraucher schafft eine neue Qualität und dadurch Vertrauen. Regionale Herkunftszeichen für Agrarproduktion und Ernährungswirtschaft schaffen zudem neue Vermarktungschancen. Die Landwirtschaft als eine tragende Säule des ländlichen Raumes muss sich zukünftig stärker als Dienstleister mit einem noch breiteren Angebotsspektrum verstehen. Zu den Aufgaben im Naturschutz und der Landschaftspflege kommen die Chancen des Tourismus im ländlichen Raum hinzu. Durch einen leichteren Zugang zu den neuen Medien ergeben sich überaus interessante Möglichkeiten für Land- und Forstwirte und Winzer, die über die modernen Kommunikationstechniken für ihre Region, Produkte und Natur werben können.

11.2.2.3.3 Sozialstandards

Die FDP lehnt die Koppelung von Sozialstandards an handelspolitische Vereinbarungen unter dem Dach eines WTO-Abkommens grundsätzlich ab. Die Einbindung der armen Länder in die internationale Arbeitsteilung über eine weitere Marktöffnung hilft am nachhaltigsten, diese Länder schnell an höhere Lebensstandards heranzuführen. Die Regierungen der Industrieländer können das Ziel, die sogenannten Kernarbeitsnormen der ILO möglichst schnell und möglichst breit durchzusetzen, durch mutige Liberalisierungsschritte wesentlich effektiver erreichen als durch Androhen von Sanktionen. Konsumenten ihrerseits können durch ihr Kaufverhalten Einfluss ausüben. Ein Kennzeichnen von Produkten, durch das sich Produzenten an die Einhaltung bestimmter Standards durch vertrauenswürdige internationale Organisationen oder Nicht-Regierungsorganisationen über Positivdeklarationen bestätigen lassen, bietet Gelegenheit dazu.

Hingegen ist zu beachten, dass die von der Mehrheit der Enquete-Kommission befürwortete Aufnahme von Sozialklauseln in das Vertragswerk der Welthandelsorganisation den völkerrechtlichen Spielraum für unilaterale, humanitär begründete Importverbote öffnen würde. Eine WTO-Sozialklausel in Gestalt einer zusätzlichen Ausnahmeregelung in Artikel XX würde aber nicht zwingend bedeuten, dass etwaige Handelsbeschränkungen multilateralen Charakter hätten. Hingegen stünden unilaterale Handelsbeschränkungen, die auf Grund der sozialen Bedingungen bei der Produktion ergriffen würden, dann nicht mehr im Widerspruch zu den Bestimmungen der WTO. Schon deshalb steigt die Gefahr des unilateralen Protektionismus an, wenn einzelne Staaten (z.B. USA) über eine zusätzliche völkerrechtliche Legitimationsbasis für Importbeschränkungen auf diese Weise verfügten. Diese Gefahr ist bei einer Konzentration auf ein multi- oder plurilaterales Regelwerk bei der IAO so nicht gegeben.

Es sprechen aber noch weitere Gründe dagegen, mit solchen Sozialklauseln Handelspolitik zu betreiben. Schätzungen der Weltbank zufolge sind nur etwa 20 Prozent des Bruttoinlandsprodukts in Entwicklungsländern im Durchschnitt für den Export bestimmt. Deshalb würde nur ein Teil der Produktion in Entwicklungsländern überhaupt von der Drohwirkung von Sozialklauseln berührt. Noch bedeutsamer ist, dass Kernarbeitsnormen der IAO hauptsächlich in binnenwirtschaftlich ausgerichteten Sektoren, vor allem im Agrar- und Dienstleistungsbereich und dabei besonders im informellen Sektor verletzt werden. Die von der Mehrheit der Enquete-Kommission geforderten Sozialklauseln sind daher außerordentlich zielungenau und entfalten nur ein eingeschränktes Drohpotential.

Ebenso bedenklich ist, dass empirischen Studien zufolge wünschenswerte Verhaltensänderungen in einem Entwicklungsland um so wahrscheinlicher sind, je kleiner und wirtschaftlich schwächer das gemaßregelte Land und je höher seine Außenhandelsabhängigkeit ist. Dies dürfte aber im Ergebnis dazu führen, dass sich große, politisch mächtige Länder wie z.B. China solchen Sanktionsandrohungen relativ problemlos entziehen könnten, während kleine Länder besonders zu leiden hätten. Dies ist auch dadurch belegt, dass die IAO bisher nur gegen das wirtschaftlich und politisch unbedeutende Burma vorgegangen ist. Protektionismus oder Sanktionen erlauben es gerade einem repressiven Regime, das Land als ein Opfer internationaler Pressionen darzustellen und damit eine Solidarisierung der heimischen Bevölkerung mit der Regierung zu erreichen. Das trifft zum Teil auf Burma zu, in ganz besonderem Maße auf den Irak.

Schließlich behauptet die Mehrheit der Enquete-Kommission zwar schon jetzt, dass es handfeste Vorteile bei einer Verankerung von Sozialklauseln im WTO-Vertragswerk geben wird, bleibt aber die Antwort auf die Frage schuldig, wie zu verfahren ist, wenn eine Regierung zwar willens, Kernarbeitsnormen zu implementieren, aber nicht dazu in der Lage ist (was z.B. z.Z. in Nepal der Fall sein dürfte). Wie will ein Ausschuss in Genf objektiv zwischen der Bereitschaft und der Möglichkeit eines Entwicklungslandes zur Implementierung unterscheiden? Diese Schwierigkeit wird durch das Nachweisproblem noch erhöht.

Unter Abwägung dieser beispielhaft aufgeführten Gründe spricht sich die FDP-Arbeitsgruppe deshalb strikt gegen die Empfehlung der Mehrheit der Enquete-Kommission aus, die Verankerung von Sozialstandards im Vertragswerk der WTO als zentrales Instrument zur Durchsetzung von Kernarbeitsnormen im internationalen Handel vorzusehen.

11.2.2.3.4 Verbraucherschutz

Die FDP distanziert sich von der Darstellung der Kommissionsmehrheit, dass die Bundesregierung die Zuständigkeiten von Ministerien verbraucherorientiert zugeordnet habe.

Tatsache ist vielmehr, dass komplette Themenbereiche, wie z.B. Verbraucherschutz und Rechts- oder Energiefragen und Wettbewerbsthemen vom eigens gegründeten Ministerium für Verbraucherschutz, Ernährung und Landwirtschaft (VEL) überhaupt bearbeitet werden.

Auch die parlamentarische Kontrolle, der VEL-Ausschuss, ist beinah unverändert aus dem früheren Agrar-Ausschuss hervor gegangen. Entsprechend eingeschränkt ist auch dessen Schwerpunkttätigkeit.

Wer aber Verbraucherpolitik tatsächlich ernst nimmt, erkennt diese als Querschnittsaufgabe. So muss nach liberalem Verständnis schon bei der Vorbereitung von Gesetzestexten in den zuständigen Ministerien und innerhalb der parlamentarischen Beratung ein „Gesetzes-TÜV" greifen, d. h. Prüfung von Gesetzestexten auf ihre Verbrauchertauglichkeit (Kosten, Bürokratieaufwand, Allgemeinverständlichkeit).

Die FDP setzt sich zudem für eine Modernisierung und Europatauglichkeit des Gesetzes gegen den Unlauteren Wettbewerb (UWG) ein.

Die von der Bundesregierung vorgelegten Gesetzentwürfe zur Neuorganisation des gesundheitlichen Verbraucherschutzes und der Lebensmittelsicherheit sowie das Verbraucherinformationsgesetz sind nicht entscheidungsreif. Sie bürden gerade den Ländern und Kommunen mehr Personal- und Bürokratiekosten auf, deren Ausmaß noch nicht seriös ermittelt wurde. Auch die vom Bundesrat beschlossene Haftungsfreistellung für Behörden bei Falsch- oder Fehlmeldungen ist nicht akzeptabel.

Qualitäts-/Gütesiegel

Die Aussagekraft und Verlässlichkeit von Siegeln muss gegeben sein. Die FDP bemängelt, dass in Deutschland das neue „Öko-Siegel" mit 7,5 Mio. Euro auf Kosten der Steuerzahler vermarktet wurde, während andere, sogar weit höheren Öko-Standards verpflichtete Siegel diese Bevorzugung nicht erfuhren.

Auch wendet sich die FDP gegen den von der Bundesregierung erweckten Eindruck, dass Produkte, die nach EU-Vorgaben niedrigeren Öko-Standards genügen, qualitativ hochwertiger seien als konventionell hergestellte Lebensmittel. Hier fehlt eine offene, nicht-ideologisch motivierte Evaluierung von Öko- und konventionellen Produkten nach Kosten-, Umwelt- und Gesundheitsaspekten.

11.2.2.3.5 Offene Fragen

Über gerechte oder ungerechte Verteilung von Einkommen, Vermögen und Ressourcen sowie der politischen Macht in der Welt kann man unendlich diskutieren. Was in einer Bundestagsenquete dazu das Ergebnis sein soll, lässt die Enquete-Mehrheit offen.

Institutionelle Lösungen für eine bessere Zusammenarbeit der internationalen Institutionen hat die AG „Global Gouvernance" soweit wie möglich erarbeitet.

Das Thema transnationale Unternehmen und ausländische Direktinvestitionen gehört im Kern zusammen.

11.2.2.4 Ressourcen (Kapitel 7 des Abschlussberichts)

Die FDP begrüßt insbesondere die im Bericht getroffene Feststellung, dass eine Ausweitung und Intensivierung internationaler Handelsbeziehungen den Wohlstand sowohl in den Industrie- als auch in den Entwicklungsländern steigert und dass insoweit veränderte Rahmenbedingungen des Welthandels prinzipiell keinen Anlaß geben, die wirtschaftlichen Chancen, die mit der Globalisierung verbunden sind, grundsätzlich zu beschneiden. Positiv zu vermerken ist auch, dass der Bericht gängige ökologische Stereotypen – zumindest in der ansonsten häufig anzutreffenden einseitigen und platten Form – vermeidet. Dies gilt etwa im Hinblick auf die Stichworte „Umweltdumping", ökologisches „race-to-the-bottom", Standortverlagerung „schmutziger" Industrien und ökologischer Raubbau an natürlichen Ressourcen in den weniger entwickelten Ländern.

Gleichwohl enthält der Text der Enquete-Mehrheit an zahlreichen Stellen kritikwürdige Passagen, die ein abweichendes Votum begründen und erfordern. Dies betrifft zunächst die ungerechtfertigt positiven Wertungen der deutschen Umweltpolitik der laufenden Legislaturperiode. Unbegründet anerkennende Worte für die nationale Umweltpolitik der Bundesregierung finden sich an mehreren Stellen. Diesen Wertungen widerspricht die FDP. Ausdrückliche Kritik verdienen ferner die Äußerungen zu den Empfehlungen des WBGU-Gutachtens und die daraus abgeleiteten Handlungsempfehlungen sowie die Ausführungen zum Wassermarkt. Weitere Detail-Passagen sind aus (umwelt-) ordnungspolitischer Sicht abzulehnen.

Exemplarisch für eine ungerechtfertigt positive Wertung der deutschen Umweltpolitik der laufenden Legislaturperiode ist die Vertagung des Bundesnaturschutzgesetzes. Es wird ausgeführt, dass die Bundesregierung mit dessen Novellierung einen „relativ vielversprechenden Vorstoß" gemacht habe; dieser sei „ein Schritt in die richtige Richtung", wenngleich „nicht weitgehend genug". Tatsächlich werden mit der Naturschutzgesetznovelle bestehende Auflagen ausgeweitet und verschärft; betroffene Wirtschaftsbereiche (Tourismus, Land-, Forst- und Fischereiwirtschaft) werden zusätzlich belastet, ohne dass dem Naturschutz hierdurch absehbar gedient würde. Möglichkeiten zum kooperativen Naturschutz werden nicht nur nicht erweitert, sondern zurückgenommen. Trotz zu erwartender starker Regulierung und einer damit einhergehenden höheren Belastung wird kein einheitlicher und hinreichender Ausgleich für Naturschutzleistungen gewährleistet. Der Gesetzgeber sollte den naturnahen Wirtschaftsbereichen aber zusätzlichen Dirigismus ersparen. Tatsächliche Probleme im Naturschutz ergeben sich weniger aus einem Mangel an Regulierung als vielmehr daraus, dass die Naturschutzverwaltungen organisatorisch, personell und finanziell schon derzeit kaum in der Lage sind, ihre Aufgaben sinnvoll wahrzunehmen. Zur Behebung solcher Defizite trägt die Novelle jedoch nichts bei, im Gegenteil: Mit der Abkehr vom anthropozentrischen Ansatz und einer Zurückstufung des Vertragsnaturschutzes zugunsten ordnungsrechtlicher Maßnahmen dient der Gesetzentwurf nicht einem dem Nachhaltigkeitsgrundsatz verpflichteten Interessenausgleich und untergräbt die Akzeptanz für Maßnahmen des Naturschutzes. Deshalb müssen beim Naturschutz freiwillige Maßnahmen und der Vertragsnaturschutz in den Vordergrund gestellt werden. Die bestehende Ausgleichsregelung und gute fachliche Praxis sollen nach Vorgabe der land- und forstwirtschaftlichen Fachgesetze erhalten und weiterentwickelt werden. Sicherzustellen ist, dass die bestehende Ausgleichsregelung von den Ländern umgesetzt wird, Vollzugsdefitize sind zu beseitigen. Wirksamer Naturschutz ist auf eine sinnvolle Zusammenarbeit mit den Naturnutzern angewiesen.

In der daraus abgeleiteten Handlungsempfehlung wird die Bundesregierung aufgefordert, den Anteil der als Biotope zu schützenden Naturflächen auf 15–20 Prozent auszuweiten. „Biotop" ist ein Fachbegriff, mit dem man ursprünglich kleinere Naturreste (kleine Tümpel usw.) meinte. Ökologisch zweckmäßiger wäre es, die aus fachlicher Sicht erhaltenswerten Biotoptypen und die zu schützenden Tier- und Pflanzenarten zu konkretisieren. Die Festlegung undifferenzierter Flächenquoten ist willkürlich und wenig hilfreich: Man vergleiche die Bedeutung einer Zehn-Prozent-Vorgabe für einen Flächenstaat wie Bayern etwa mit den Konsequenzen für einen Stadtstaat. Rein quantitative Vorgaben ohne hinreichend präzise qualitative Kriterien nützen dem Naturschutz nichts. Generell ist die Eignung von Quoten als Zielgröße für umweltpolitische Maßnahmen zweifelhaft. Ökologisch motivierte Quoten erweisen sich meist als wenig hilfreich für den Umweltschutz, was zuletzt am Beispiel der Mehrwegquote im Bereich der Abfallpolitik deutlich geworden ist. Quoten schränken politischen Entscheidungsspielraum unnötig ein und entfalten ein unerwünschtes Eigenleben auch dann, wenn bezüglich des ursprünglichen Lenkungsziels kein Handlungsbedarf mehr besteht.

Des Weiteren findet sich die Empfehlung, zur „Entwicklung einer nachhaltigen Biodiversitätsstrategie" die Verbände in Form eines „Runden Tisches" einzubeziehen und eine interministerielle Arbeitsgruppe (IMA) „Biodiversitätspolitik" zu gründen. Außerdem soll die Bundesregierung eine neue Institution beim BMU einrichten, die nationale und verbindliche Regeln für einen biopolitischen „Vorteilsausgleich" formuliert. Diese Vorschläge sind wenig überzeugend: Zum einen hat beispielsweise die „interministerielle Arbeitsgruppe" zum Thema „Nachhaltigkeit" eher ernüchternde Resultate erbracht. Auch sind die politischen Probleme im Zusammenhang der Biodiversität kaum auf eine mangelhafte Anzahl oder Struktur von deutschen Behörden zurückzuführen. Im Gegenteil liegt der Verdacht nahe, dass zusätzliche bürokratische Strukturen geschaffen werden sollen. Gerade was den biopolitischen Vorteilsausgleich betrifft, haben sich private Unternehmen schon beachtlich engagiert, ohne dass solche Initiativen in dem Abschlussbericht angemessene Erwähnung finden. Beispielsweise hat Costa Rica die landeseigene Natur zum nationalen Erbe erklärt. Dessen nachhaltige Nutzung obliegt dem Instituto Nacional de Biodiversidad (INBio). Das Institut schloß 1991 einen Vertrag mit dem Pharmaunternehmen Merck, der Nutzungs- und Lizenzgebühren für genetische Ressourcen vorsieht. Das Beispiel zeigt, dass auch im Bereich der Biodiversität ökonomische Anreize, marktliche Mechanismen und private Initiativen sachgerecht genutzt und eingebunden werden müssen, statt diese von vornherein in korporatischen und quasi-behördlichen Strukturen zu ersticken. Statt dessen findet rot-grüne Quotenvorliebe regelmäßig ihr institutionelles Pendant in behördlicher Amtskompetenz, die mit korporatistischen „Kaffeekränzchen" am Runden Tisch gepaart werden soll. Runde Tische sind gefährliche Möbel. Sie verwischen vor allem die Verantwortlichkeit der Regierung vor Parlament und Bürgern. Zumeist werden hier politische Geschäfte zum Nachteil derer verabredet, für die am „runden Tisch" – wohlweislich – kein Stuhl vorgesehen ist.

Die Ausführungen zur Privatisierung und Liberalisierung des Wassermarktes in Deutschland sind unangemessen zurückhaltend und konservativ. Die Enquete-Kommission spricht sich gegen eine grundlegende Neuordnung der Strukturen der deutschen Wasserwirtschaft durch die Streichung des kartellrechtlichen Ausnahmetatbestands nach § 103 GWB (alte Fassung) und gegen eine Liberalisierung des deutschen Wassermarktes aus. Dem ist nachdrücklich zu widersprechen: Als einzigartiges Naturprodukt ist Wasser sowohl in Deutschland als auch weltweit ein lebensnotwendiges Gut. Die Versorgung mit sauberem Trinkwasser erfordert deshalb besondere Sorgfalt und strenge Kontrolle. Unabhängig davon, ob die Wasserwirtschaft in der Hand öffentlich-rechtlicher oder privater Unternehmen liegt, muss der Staat dafür Sorge tragen, dass höchste ökologische und gesundheitliche Standards gewahrt bleiben. Diese sind in Deutschland seit Jahrzehnten verbindlich und sollen es auch bleiben. Dies bedeutet jedoch nicht, dass der Staat diese Aufgabe selbst wahrnehmen muss. Nach Auffassung der FDP besteht kein Widerspruch zwischen einer hohen Bedeutung der Wasserversorgung für den Umwelt- und Gesundheitsschutz auf der einen sowie Wettbewerb und Privatisierung der Wasserversorgung auf der anderen Seite. Andere lebensnotwendige Güter werden qualitativ hochwertig und zuverlässig ebenfalls durch Private zur Verfügung gestellt. Niemand käme etwa auf die Idee, dass das Grundnahrungsmittel Brot etwa nur durch öffentlich-rechtliche Anbieter zur Verfügung gestellt werden dürfte. Insoweit ist nicht einzusehen, dass die Wasserversorgung nicht auch durch Private erbracht werden sollte. Entscheidend ist, dass die hohe Qualität des Trinkwassers gewährleistet bleibt. Die kostensenkenden und innovationsfördernden Kräfte von Markt und Wettbewerb müssen zum Vorteil aller Bürger auch für den Wassermarkt genutzt werden. Die Wasserversorgung kann in Deutschland privatisiert werden, ohne dass Qualitätseinbußen zu befürchten wären. Dieses Votum ist freilich auf Deutschland bezogen: Es kann selbstverständlich nicht ohne weiteres auf andere Länder übertragen werden. Der Vorschlag der Kommission, das Recht auf Wasser als „individuelles Grundrecht" festzuschreiben, ist ehrenwert, dürfte aber das Problem der Wasserversorgung gerade in den besonders betroffenen (und ärmsten) Regionen der Welt kaum lösen, zumal gerade dort andere (und ältere) Grundrechte, wie etwa das Grundrecht auf Leben und körperliche Unversehrtheit, kaum erkennbare Wirkung zeigen. Zum Sprachgebrauch des Berichts an dieser Stelle ist im übrigen anzumerken, daß es sich beim Wasser – zumindest in ökonomischer Diktion – eben nicht um ein „öffentliches Gut" handelt. Wissenschaftliche Fachbegriffe sollten entweder korrekt verwendet oder vermieden werden, da anderenfalls Missverständnisse unvermeidlich sind. Bedenklich ist außerdem die Forderung, Kosten betriebswirtschaftlich zu ermitteln, Preise die jedoch „armutsgerecht" zu gestalten. Auch hier ist die (verteilungs-)politische Absicht ehrenwert. Die Wirkung staatlicher Preisvorgaben ist aber nicht nur ordnungspolitisch heikel. In aller Regel ist es sinnvoller, die Bildung von knappheitsgerechten Preisen einem Markt zu überlassen und dabei sicherzustellen, dass möglichst alle Kostenkomponenten Eingang in die Preise finden. Sozialpolitische Umverteilung sollte dann besser über direkte Einkommenstransfers, nicht jedoch über künstliche Preisverzerrungen realisiert werden. Die Ausführungen zu „Frauenspezifischen Auswirkungen der Wasserknappheit" sind geeignet, ein ernstes Problem ins Lächerliche zu ziehen.

Der Bericht macht sich Vorschläge des Wissenschaftlichen Beirats der Bundesregierung Globale Umweltveränderungen (WBGU) zu eigen. Dieser schlägt in seinem Sondergutachten „Entgelte für die Nutzung globaler Gemeinschaftsgüter" vor, Entgelte auf die Nutzung globaler Gemeinschaftsgüter, insbesondere den internationalen Luftraum und die Hohe See, zu erheben. Die zweckgebunden einzusetzenden Nutzungsentgelte sollen zum Schutz dieser Güter beitragen und die internationale Nachhaltigkeitspolitik stärken. Hinsichtlich der Verwaltung der Mittel empfiehlt der WBGU, den größten Teil des Aufkommens an bestehende internationale Institutionen zu vergeben, etwa an die Globale Umweltfazilität (GEF) oder die neuen Fonds zum Klimaschutz. Die FDP lehnt diese Vorschläge – insbesondere auch den Vorschlag einer „emissionsorientierten Flugverkehrsabgabe" – ab. Ohne Zweifel können umweltpolitisch motivierte Abgaben im Einzelfall ökologisch sinnvoll und geboten sein. Auch sind für ökologisch motivierte Abgaben Ausgestaltungen denkbar, die zu ökonomisch vernünftigen Ergebnissen führen können. Allerdings bergen solche Abgabenkonzepte stets die Gefahr von internationalen Wettbewerbsverzerrungen und finanzieller Belastungen für die Bürger, ohne dass umweltbezogene Ziele hierdurch tatsächlich erreicht werden. Es gilt zu vermeiden, dass Abgaben den Umweltschutz bei den Bürgern diskreditieren, indem der Eindruck entsteht, es gehe nicht um Umweltschutz, sondern um das Erzielen von Einnahmen für den Staat. Hervorzuheben ist dabei der kaum lösbare Konflikt zwischen der Lenkungsfunktion und der Finanzierungswirkung solcher Abgaben. Eine Zweckbindung des Aufkommens für hehre Ziele – einerlei, ob für ökologische, soziale oder sonstige Zwecke – ist dabei nur ein scheinbarer und trügerischer Ausweg. Zwar ist eine Zweckbindung für den Fiskus mitunter hilfreich, um den Griff in private Brieftaschen durch scheinbare Gegenleistungen plausibel zu machen. Widerstände der Steuerbürger werden auf diese Weise vielleicht geschwächt oder überwunden. Derartige Verschleierungsmechanismen sind jedoch mit einem liberalen Verständnis von Steuerpolitik unvereinbar, weil mündige Bürger einen Anspruch darauf haben zu wissen, welche konkreten Ziele mit einer Abgabe verfolgt werden sollen. Nur so kann jeder einzelne in der Lage sein, gute von schlechter Politik zu unterscheiden und seine Wahlentscheidung sachlich zu begründen. Die Zweckbindung von Steuermitteln beeinträchtigt demgegenüber die Transparenz staatlicher Eingriffe. Im undurchschaubaren Dickicht fiskalischer Umverteilung wird für den Einzelnen letztlich unsichtbar, ob er zu den Gewinnern oder zu den Verlieren staatlicher Eingriffe gehört. Davon abgesehen schafft jede Zweckbindung sachfremde Wirkungszusammenhänge. Ohne Sachzusammenhang werden bei einer Zweckbindung die Spielräume zur Erfüllung einer staatlichen Aufgabe abhängig von dem Grad, in dem die Erfüllung einer anderen staatlichen Aufgabe gelingt. Insbesondere die von der Bundesregierung in Deutschland eingeführte „Ökosteuer" hat die Glaubwürdigkeit staatlicher Umweltpolitik in diesem Sinne massiv beschädigt. Wie kann es glaubwürdig um den Umweltschutz gehen, wenn doch die Einnahmen aus der Ökosteuer an anderer Stelle schon fest eingeplant sind?

Die Überlegungen der Kommission zu der Frage, wie eine höhere Akzeptanz für den Umweltschutz in Entwicklungsländern geschaffen werden könnte, ignorieren weitgehend die ökologischen und ökonomischen Chancen, die ein moderner Klimaschutz auf der Grundlage der flexiblen Mechanismen des Kyotoprotokolls auch für diese Länder bieten könnte. Die FDP engagiert sich deshalb seit langem für eine aktive Klimapolitik. Durch Emissionszertifikate und deren weltweiten Handel wird insbesondere auch für die weniger entwickelten Länder eine attraktive Möglichkeit erschlossen, substanzielle Beiträge zum Klimaschutz zu leisten und zugleich aktiv und in eigener Verantwortung am Welthandel teilzunehmen und auf diese Weise ihre wirtschaftliche Situation zu verbessern. Ein weltweiter Emissionshandel ist insoweit auch eine große Chance für die entwicklungspolitische Zusammenarbeit. Neben einer konstruktiven Begleitung klimapolitischer Aktivitäten auf europäischer und auf multilateraler Ebene muss Deutschland auf dem Weg bilateraler Zusammenarbeit die Initiative zur Umsetzung von Klimaschutzprojekten auch im Ausland ergreifen. Entwicklungspolitische Konzepte müssen unter expliziter Bezugnahme auf die Mechanismen des Kyotoprotokolls verstärkt in ein zu entwickelndes klimapolitisches Gesamtkonzept Deutschlands eingebunden werden. Derartige Einsichten wären dem globalen Umwelt- und Klimaschutz dienlicher als die Forderung, bei „den Verhandlungen um die zweite Verpflichtungsperiode des Kioto-Protokolls darauf (zu dringen), dass auch diejenigen klimawirksamen Emissionen des Flugverkehrs (wie etwa Kondensstreifen) berücksichtigt und einbezogen werden, die nicht zu den sechs sogenannten „Kioto-Gasen" zählen".

11.2.2.4.1 Für eine ökonomisch durchdachte Umweltpolitik

Zum Zusammenhang zwischen Globalisierung und ökologischem Gleichgewicht vertritt die FDP grundsätzlich die folgende Position:

Befunde

1. Das Wachstum der Weltwirtschaft bringt vielfältige ökologische Probleme mit sich. Es ist nützlich, zwi-

schen globalen und lokalen Problemen zu unterscheiden:

- Durch die weltweite Zunahme der wirtschaftlichen Aktivität kommt es zu ökologischen Veränderungen auf dem „Planet Erde", die für die Zukunft der Menschheit von großer Bedeutung sein können: Abbau der Ozonschicht, Temperaturanstieg und Klimaveränderung, Überfischung der Weltmeere, Abholzung der Tropenwälder, Verminderung der biologischen Vielfalt u. a.
- In lokalen Ballungszentren des raschen wirtschaftlichen Wachstums kommt es zu extremen ökologischen Engpässen: Luft- und Wasserverschmutzung durch Emissionen der Industrie und des Autoverkehrs, Trinkwasserknappheit und massive lokale Zerstörung von Lebensräumen von Tieren und Pflanzen, u. a.

2. Globale ökologische Probleme sind in den neunziger Jahren verstärkt zum Gegenstand internationaler Vereinbarungen geworden. Soweit diese Vereinbarungen konkrete Maßnahmen vorschreiben, folgen sie einem typischen Muster: relativ starke ökologische Beschränkungen für Industrieländer, dagegen kaum Beschränkungen für Entwicklungsländer. Besondere Beachtung verdient in dieser Hinsicht das Kyoto-Protokoll von 1997, das Verpflichtungen zur Senkung der Emission von Treibhausgasen festlegt, um der Erwärmung der Erdatmosphäre zu begegnen. Diese Verpflichtungen sind international stark differenziert: Während die EU-Staaten bei den sechs wichtigsten Treibhausgasen eine Reduktionspflicht von in der Summe 8 v. H. gegenüber 1990 übernommen haben, wurde das Burden-sharing innerhalb der EU-Staaten stark differenziert. Die innereuropäische Bandbreite der Verpflichtungen reicht von Deutschland (mit einer Reduktionspflicht von 21 Prozent) über Frankreich (keine Reduktionspflicht) bis zu Portugal und Griechenland (27 bzw. 25 Prozent Emissionssteigerung). Frei von Beschränkungen sind die Entwicklungsländer und die schnell wachsenden EMEs.

3. Lokale ökologische Probleme sind in der Vergangenheit auf nationaler Ebene mit sehr unterschiedlicher Intensität angegangen worden:

- In den westlichen Industrieländern ist es in den letzten Jahrzehnten gelungen, die ökologische Situation urbaner Ballungszentren und damit die Lebensqualität für die dort lebenden Menschen deutlich zu verbessern. Dies gelang in der Regel durch die Kombination mehrerer Maßnahmen: Aufbau einer verbesserten Infrastruktur, Sanierungen kontaminierter Regionen, staatliche Regulierung von Emissionen und Immissionen etc. Auch die Abnahme der Bevölkerungswanderung vom Land in die Städte nach dem endgültigen Abschluss der Industrialisierung war in dieser Hinsicht hilfreich.
- In den Entwicklungsländern – und besonders in den über Jahrzehnte schnell wachsenden EMEs – hat sich die ökologische Situation urbaner Ballungszentren dagegen verschlechtert. Die Maßnahmen, die bisher zur Lösung der Probleme ergriffen wurden, sind nach den Maßstäben der Industrieländer noch völlig unzureichend. Auch die Bevölkerungswanderung vom Land in die Städte hält an.

4. Vielfach wird die Globalisierung für die Zunahme weltweiter Umweltprobleme verantwortlich gemacht. Da die weltwirtschaftliche Arbeitsteilung zu mehr Wachstum und Wohlstand führt, kann dies auch ein höheres Maß an Umweltbelastung bedeuten, weil z. B. bei der ausgeweiteten Produktion von Gütern und Dienstleistungen zusätzliche Emissionen anfallen und mehr Konsumgüter auch mehr Abfall mit sich bringen. Unabhängig von der Globalisierung setzen vor allem in Entwicklungsländern örtliche Produzenten vielfach Technologien ein, die wesentlich umweltbelastender sind als die in Industrieländern angewandten Produktionsmethoden. Gegenüber global operierenden Unternehmen wird vor diesem Hintergrund häufig der Vorwurf erhoben, dass sie bei ihren Investitionen in Entwicklungsländern die noch fehlenden oder sehr geringen Umweltstandards kostensparend ausnutzen oder sogar nur deswegen überhaupt dort tätig werden. Für die Produktion in den Industrieländern werden Kritikern zufolge gerne umweltintensive Vorprodukte aus Entwicklungsländern bezogen.

5. Diesen Vorwürfen ist entgegenzuhalten, dass bei Direktinvestitionen in Entwicklungsländern schon aus betriebswirtschaftlichem Kalkül in der Regel die gleichen Anlagen zum Einsatz kommen wie in Industrieländern. Viele Anlagen sind heute schon so konstruiert, dass nicht nur weniger Rohstoff im Produktionsprozess benötigt wird, sondern die Rohstoffe auch effizienter verwertet werden (integrierter Umweltschutz). Wird das gleiche Produkt an einem ausländischen Standort hergestellt, so lohnt es sich in aller Regel nicht, die in die Anlage eingebauten emissionssenkenden Technologiebestandteile extra wieder zu entfernen. Das wäre teurer als der Einsatz einer bereits erprobten Technologie auch im Ausland. Da zudem nicht nur Unternehmensstrategien, sondern auch Nachrichten global sind, werden Umweltschädigungen durch multinationale Konzerne, die z. B. beim Kauf einer örtlichen Produktionsstätte mit veralteter Technik in einem Entwicklungsland publik werden, inzwischen in der Regel weltweit sehr schnell bekannt. So entsteht ein starker Druck in entwickelten Ländern auf den Investor, keine Produktions- und Verarbeitungsmethoden in Entwicklungsländern einzusetzen oder beizubehalten, die besonders umweltintensiv sind.

6. Weltweit existieren sehr unterschiedliche Umweltstandards. Dies ist nicht nur auf die unterschiedliche Reichweite von Umweltbelastungen zurückzuführen (lokal, regional, national oder global), sondern auch darauf, dass Umweltschutz ein Gut ist, das erst mit dem Erlangen eines gewissen Wohlstandsniveaus verstärkt nachgefragt wird. Aus diesem Grund sperren sich viele Entwicklungsländer nicht nur gegen einen angemessenen Schutz lokaler Umweltgüter – was letztlich ihren eigenen Interessen zuwiderläuft –

sondern zaudern auch beim Schutz internationaler bzw. globaler Umweltgüter. Der wirtschaftspolitisch grundsätzlich richtige Ansatz, auf dezentrale Lösung zu setzen, bei denen der Staat lediglich den Rahmen und die Anreize vorgibt, die Lösungen aber „von unten" gefunden werden, wird deshalb je nach betrachteter Volkswirtschaft zu sehr unterschiedlichen Ergebnissen führen. Aber gerade im Umweltschutz kann auf einen solchen dezentralen Ansatz nicht verzichtet werden. Die technischen Prozesse, die nötig sind, um Umweltrisiken zu mindern oder zu vermeiden, basieren in der Regel auf unternehmensinternen Kenntnissen, so dass ein staatliches Ordnungsrecht an Grenzen stößt.

Politische Konsequenzen

1. Aus liberaler Sicht muss die Umweltpolitik so gestaltet sein, dass sie vorgegebene ökologische Ziele mit einem Minimum an ökonomischen Kosten erreicht. Dies impliziert, dass jede ökologische Maßnahme stets genau dahin überprüft wird, ob es Alternativen gibt, die weniger wirtschaftliche Ressourcen verschlingen und weniger Optionen für die Zukunft verstellen. Wer diese Prüfung vornimmt, muss dazu legitimiert sein. Hier gilt es wieder, zwischen globalen und lokalen Umweltproblemen zu unterscheiden.

2. Bei der Lösung globaler Umweltprobleme sind internationale Absprachen unumgänglich, auch wenn einzelne Länder eine Vorreiterrolle übernehmen, eine Vorbildfunktion ausüben und auch wenn isolierte Beiträge zur Lösung globaler Probleme beitragen können. Die Bemühungen der internationalen Staatengemeinschaft, insbesondere im Bereich der Senkung von Schadstoffemissionen zur Klimastabilisierung weisen dabei zwei Schwächen auf:

– Sie schließen jene Länder der Erde fast vollständig von der Verpflichtung zur Schadstoffreduktion aus, die mit hoher Wahrscheinlichkeit in den nächsten Jahren ein besonders starkes – und schadstoffintensives – wirtschaftliches Wachstum erleben werden. Dies gilt vor allem für eine Reihe von EMEs, darunter China und Indien als die bevölkerungsreichsten Länder der Welt. Tatsächlich wird nicht der Stand, wohl aber die Entwicklung des weltweiten Schadstoffausstoßes maßgeblich von dem wirtschaftlichen Wachstum allein in diesen beiden Ländern abhängen.

– Sie ordnen die Hauptlast der ökologischen Anpassung jenen Ländern zu, die bereits wesentliche Schritte in Richtung der Schadstoffminderung getan haben, in aller Regel die Industrieländer. Dies führt, global betrachtet, zu sehr hohen Kosten der Schadstoffminderung: Wissenschaftliche Studien zeigen, dass die Kosten der Minderung von Emissionen bei fast allen der bekannten Schadstoffe steil ansteigen mit der bereits erreichten Senkung des Niveaus. Dies entspricht auch der praktischen Lebenserfahrung mit Maßnahmen der Schadstoffminderung: So stößt z. B. eine verstärkte Isolierung von Wohnräumen – in Deutschland durch immer striktere Wärmeschutzverordnungen erzwungen – dort an harte ökonomische Grenzen, wo die Wohnqualität in den bereits gut isolierten Räumen leidet und dadurch zunehmende volkswirtschaftliche Folgekosten entstehen (so etwa Allergien bei den Menschen, Feuchtigkeit in den Räumen der Häuser).

3. Ökonomisch effizienter Umweltschutz verlangt Wege zu finden, um in der Zukunft weltweite Schadstoffemissionen vor allem dort zu vermindern, wo die Zunahme der Emissionen aufgrund des wirtschaftlichen Wachstums voraussichtlich am größten sein wird, weil dort – da es bisher kaum Bemühungen um Verminderung gab – die Kosten pro reduzierter Schadstoffeinheit am geringsten sind. Diese Anforderung weist eindeutig in Richtung der Gruppe der EMEs. Diese müssen veranlasst werden, Reformen durchzuführen und Technologien einzusetzen, die für eine nachhaltige Minderung der Schadstoffausstöße ihrer Volkswirtschaften sorgen. Dies wird nur gehen, indem die Industrieländer entsprechende politische Schritte finanziell und technisch unterstützen, da die Bevölkerung in den EMEs selbst auf absehbare Zeit andere Prioritäten setzt als den globalen Umweltschutz. In diesem Zusammenhang kommt den flexiblen Kyoto-Instrumenten, insbesondere dem „Clean Development-Mechanism", eine herausgehobene Bedeutung zu. Konkrete Ziele einer solchen globalen Umweltpolitik sollten vor allem sein, dafür zu sorgen, dass die meisten EMEs

– ihre Energieerzeugung grundlegend verändern, und zwar weg von schadstoffintensiven fossilen Brennstoffen hin zu weniger umweltbelastender Energiegewinnung,

– die Subventionierung des Energieverbrauchs – weit verbreitet zur Stützung der inländischen Industrie – reduzieren, bestenfalls verbunden mit einer Liberalisierung der Energiemärkte und einer Privatisierung der Versorgungsbetriebe

– auf ökologischen Raubbau mit weltweiten Folgen verzichten (z. B. auf das Abholzen tropischen Regenwalds).

Eine solche Politik wird zweifellos nicht ohne fiskalische Belastungen für die Industrieländer zu verwirklichen sein. Gleichwohl spricht vieles dafür, dass diese volkswirtschaftlich weniger stark zu Buche schlagen werden als die massive Fehllenkung von Ressourcen in dem Versuch, ohnehin schon niedrige Schadstoffemissionen pro erzeugter Energieeinheit hierzulande noch weiter mit hohem technischen und finanziellen Aufwand zu reduzieren.

4. Lokale Umweltprobleme sind allein Sache der betroffenen Region. Es obliegt den Regierungen der jeweiligen Länder oder Städte, in Absprache mit der lokalen Bevölkerung umweltpolitische Ziele zu definieren und durch Maßnahmen umzusetzen. Eine globale Umweltpolitik ist hier weder erwünscht noch sinnvoll möglich. Jede internationale Unterstützung zur Lösung lokaler Probleme ist deshalb auch nicht wirklich Teil einer globalen Umweltpolitik, sondern schlicht eine spezielle Form der Entwicklungshilfe. Diese mag im Einzelfall durchaus sinnvoll sein, etwa für die wirtschaftlich besonders rückständigen Länder, die TERs.

Die Festlegung von Herstellungs- und Weiterverarbeitungsverfahren bei einer Produktion fällt zunächst in die Souveränität des Herstellers und seines Sitzlandes, nicht in diejenige des Importlandes. Nur soweit dies zu grenzüberschreitenden umweltbeeinträchtigenden Effekten führt, sind zwischenstaatliche Verhandlungslösungen geboten. Dieses Vorgehen ist zielführender als ein Versuch, bestimmte Produktions- und Verarbeitungsmethoden, die sich das Importland wünschen mag, generell mit Hilfe von Handelsrestriktionen durchsetzen zu wollen.

11.2.2.4.2 Offene Fragen

Die Punktation ist ausgesprochen ungenau. Es ist nicht klar, was die Mehrheit der Enquete unter Umwelt und Armutsbekämpfung versteht. Anreizstrukturen und Finanzierungsstrategien einer technologischen Revolution zum Ressourcenverbrauch sind Teil einer Diskussion über Instrumente.

Konflikte beim Rohstoffabbau sind altbekannt; Haftungsregeln im Sinne des Verursacherprinzips haben nichts mit dem Thema der Globalisierung zu tun.

11.2.2.5 Global Governance (Kapitel 10 des Abschlussberichts)

Die FDP trägt die Ausführungen der Enquete-Mehrheit im Text wie auch bei den Empfehlungen zu einem großen Teil mit. Dabei gelten allerdings folgende Einschränkungen:

Der Bericht überschätzt die Rolle von IWF und WTO an vielen Stellen. Die besondere inhaltliche Handlungsfähigkeit von IWF und WTO im Vergleich zu anderen Organisationen wird von der FDP differenzierter eingeschätzt. Es gibt andere internationale Organisationen, wie z. B. IEC, ISO oder WIPO, die auf ihrem Feld eine unter Umständen noch viel größere Schlagkräftigkeit entwickeln, aber nicht so sehr im öffentlichen Rampenlicht stehen. Im übrigen ist es gerade im Falle der WTO nicht die internationale Behörde, die besonders handlungsfähig ist, sondern die Übereinkunft der dahinterstehenden Vertragsparteien. Insoweit sollte an dieser Stelle vorsichtiger argumentiert werden, um eine holzschnittartige Gegenüberstellung IWF und WTO auf der einen und Sonderorganisationen bzw. Spezialorgane der Vereinten Nationen auf der anderen Seite zu vermeiden.

Es ist unzutreffend, dass der sog. „Washington-Konsensus" pauschal die Fähigkeit der Entwicklungsländer geschwächt hat, konstruktiv mit den eigenen Problemen und mit dem Globalisierungsdruck umzugehen.

Nicht ganz verständlich ist es, wenn gefordert wird, dass die deutsche Politik alle möglichen Kooperationen zwischen verschiedenen Ländern umfassend unterstützen soll, ohne hierbei die eigenen Auffassungen vom Sinn oder Unsinn solcher Kooperationen geltend machen zu können. Viele Empfehlungen offenbaren ein zu großes Vertrauen in die Schaffung neuer Institutionen als Allheilmittel. Auch die Gründung einer G 8 Plus, wie im Minderheitsvotum der CDU/CSU-Fraktion vorgeschlagen, wird kritisch gesehen. Hier würde im Rahmen des wuchernden UN-Systems nur ein weiteres Gremium mit unklarem Mandat geschaffen.

Die Diskussion über Stimmrechte bei IWF und Weltbank führt in die Irre. Insbesondere ist die Verteilung der Stimmrechte im IWF nicht mit derjenigen in der Weltbank zu vergleichen; in der Weltbank gibt es in diesem Sinne keine Stimmrechtsgruppen.

Der praktische Gewinn der Einrichtung eines neuen querschnittsorientierten Bundestagsausschusses zu allen Aspekten des globalen Wandels ist zu bezweifeln, da dieser Ausschuss sich de facto mit fast allen Fragen irgendwie besonders oberflächlich beschäftigen müsste.

11.2.2.5.1 Offene Fragen

Hier sind viele Fragestellungen aufgeführt, die zunächst der rein wissenschaftlichen Diskussion überlassen werden sollten, da eine Bundestagsenquete aufgrund ihrer Struktur hierzu nichts wesentliches beitragen könnte.

11.2.2.6 Arbeitsmärkte (Kapitel 4 des Abschlussberichts)

Die FDP unterstützt ausdrücklich die Darstellung im Enquete-Abschlussbericht, dass für das außerordentlich schlechte Abschneiden Deutschlands in der Beschäftigungspolitik im internationalen Vergleich nicht die Globalisierung verantwortlich zu machen ist. Vielmehr sind die Ursachen hierfür auf nationale Umstände zurückzuführen. Es ist aber zugleich die Frage zu stellen, warum in den Endbericht der Globalisierungs-Enquete langatmige Ausführungen zur Arbeitsmarktpolitik aufgenommen worden sind. Mit Formelkompromissen lässt sich der Gegensatz zwischen Flexibilisierung und traditionellen, gewerkschaftlich geprägten Ansätzen zur Abschottung nicht widerspiegeln. Sinnvoller wäre es gewesen, in den Text nur solche Passagen aufzunehmen, die einen nachvollziehbaren Bezug zur Globalisierung aufweisen. Über die Diagnose, dass es auf dem deutschen Arbeitsmarkt einen erheblichen Strukturwandel gibt, der sich in struktureller Arbeitslosigkeit äußert, besteht Einigkeit; nicht aber im Hinblick auf die Ursachen und darauf aufbauend die Therapie. So fehlt bei der Ursachenaufzählung für die strukturelle Arbeitslosigkeit das rigide deutsche Arbeitsrecht und die Rolle der Tarifkartelle. Nicht akzeptabel ist, dass die Mehrheit in der Enquête von einer ruinösen Standortkonkurrenz ausgeht, die zur Erosion des Sozialstaates führt und durch ein internationales Sozialstaatskartell eingedämmt werden soll. Hingegen steht aus liberaler Sicht in jedem demokratisch verfassten Staat regelmäßig ein Bündel aus öffentlichen Abgaben und öffentlichen Angeboten zur Wahl und sollen die Bürger regelmäßig selbstverantwortlich über das aus ihrer Sicht gewünschte Bündel entscheiden können. Die größere internationale Transparenz erhöht für den Wahlbürger die Vergleichsmöglichkeiten und kann dazu führen, dass es der politischen Klasse schwerer fällt, bestimmten Interessengruppen in einer Volkswirtschaft einseitig Sondervorteile in sozial verbrämter Form zuzuschanzen. Es bleibt überdies vollkommen offen, wie die Mehrheit in der Enquete das institutionelle Gefüge des Sozialstaates unabhängiger von möglichen Wanderungen der mobilen Produktionsfaktoren zu machen gedenkt. Schließlich ist der deutsche Sozialstaat auch weniger durch die Globalisierung als vielmehr durch das Überborden kollektiver Sicherungssysteme und des Umlagefinanzierungsprinzips sowie durch die Überlastung der sozialen Sicherungssysteme mit den Folgen der deutschen Einheit belastet. Diese Faktoren werden durch Integration von Volkswirtschaften zwar stärker betont, sind aber dem Grund nach hausgemacht.

Die Problemanalyse, die für Deutschland eine relativ hohe Abgabenbelastung, eine hohe strukturelle Arbeitslosigkeit, große Unterschiede in den institutionellen Bedingungen einzelner marktwirtschaftlich verfasster Länder oder die hohe Anpassungsfähigkeit der Sozialen Marktwirtschaft anspricht, wird insgesamt geteilt. Inakzeptabel ist dagegen der Ansatz, durch eine neu konzipierte Politik der Arbeitszeitverkürzung ein angeblich gegebenes gesamtwirtschaftliches Arbeitsvolumen einfach umzuverteilen. Ein exogenes, gesamtwirtschaftliches Arbeitsplatzdefizit existiert nicht so, wie es die Mehrheit in der Enquete angenommen hat. Unzutreffend ist auch, dass die angeblich ursprünglich vorhandene soziale Balance zwischen den Produktionsfaktoren Arbeit und Kapital durch die Globalisierung der Kapitalmärkte gestört und jetzt wieder herzustellen sei. Vielmehr sind veränderte relative Knappheiten zu konstatieren, die nicht schlicht Arbeit auf der einen Seite und Kapital auf der anderen Seite betreffen, sondern bei unterschiedlichen Qualifikationen innerhalb des Arbeitsangebots zu entsprechenden Verschiebungen führen und auch bestimmte Kapitalbestände – man denke nur an das schnelle Veralten von Mikroprozessoren oder auch an Stahlwerke – permanent neu bewerten. Deswegen ist diese Betrachtung viel zu schlicht.

Es ist auch ein Missverständnis, eine auf Währungsstabilität verpflichtete europäische Geldpolitik zum Hemmschuh für eine erfolgreiche Beschäftigungspolitik zu erklären. Es entspricht vielmehr liberalem Verständnis, das Vertrauen in eine stabile Währung als eine Voraussetzung für einen stetigen Wachstumsprozess anzusehen. Insoweit verstößt die europäische Geldpolitik keineswegs gegen das Beschäftigungsziel, wenn sie sich um die Stabilität einer Währung bemüht.

Ebensowenig akzeptabel ist es, wenn Bildungs- und Qualifizierungspolitik und die Schaffung von Niedriglohnarbeitsplätzen in einen gewissen Gegensatz gerückt werden, wobei ein Niedriglohnsektor als „Notlösung" apostrophiert wird. Aus liberaler Sicht sind beide Wege nebeneinander zu verfolgen. Es kann nicht ein Weg als der in jeder Hinsicht zu bevorzugende gesehen werden. Auch hier wird wieder ein gesamtwirtschaftliches Arbeitsplatzdefizit behauptet, das zwar unter den Bedingungen eines dirigistisch geregelten Arbeitsmarktes in Deutschland z. Z. de facto besteht, aber keine naturgesetzliche Gegebenheit ist.

Abzulehnen sind auch die im Bericht enthaltenen Vorschläge, die Unternehmen zu Fünfjahres-Weiterbildungsplänen zu verpflichten, über die auch noch regelmäßig berichtet werden müsste.

Das angeblich gesamtwirtschaftliche Arbeitsplatzdefizit, das die Mehrheit der Enquete ausmacht, sowie die völlig unklare „beschäftigungsorientierte makroökonomische Stabilisierungspolitik" werden aus konzeptionellen Gründen abgelehnt. Das „gesamtwirtschaftliche Arbeitsplatzdefizit" und die daraus abgeleitete dirigistische Umverteilung sind falsche und zu schematische Konzepte. Die Vorschläge der Enquete zur internationalen Kooperation sind nicht akzeptabel, da sie im Kern auf ein Ersetzen des nationalen durch ein internationales Kartell zwischen Staatsbürokratien hinauslaufen. Diese sollen Mindestsozialleistungsquoten und weitere Sozialstandards durchsetzen, was einem freiheitlichen Ansatz in der Wirtschaftspolitik elementar zuwiderläuft. Geradezu absurd ist in diesem Zusammenhang das „Standortdumping" als neuer Begriff, der eine ganz neue Dimension des sozialdemokratischen Werteimperialismus einführt. Eine kartellierte, „harmonisierte Wirtschaftspolitik in der EU" setzt die liberale Position eine Wahlfreiheit der geeigneten wirtschaftspolitischen Strategien und das Subsidaritätsprinzip innerhalb eines gemeinsamen Rahmens entgegen.

Für die gesellschaftliche und ökonomische Fortentwicklung unseres Staates hat die Sozialpolitik eine Schlüsselstellung inne: Die Sozialausgaben machen mehr als ein Drittel des gesamten Bundeshaushalts aus. Die großen gesetzlich geregelten Sicherungssysteme Renten-, Kranken-, Pflege und Arbeitslosenversicherung sind in ihrer derzeitigen Form nicht zukunftsfähig. Auf dem Arbeitsmarkt ist das Problem der Arbeitslosigkeit drängender denn je. Die Gründe hierfür sind vielfältig:

– Auf dem deutschen Arbeitsmarkt sind insbesondere im Niedriglohnsektor die Löhne schneller gestiegen als die Produktivität. Steuern und Sozialabgaben belasten geringe Verdienste so hoch, so dass sich für bestimmte Lohngruppen die Arbeitsaufnahme nicht mehr lohnt. Lohnersatzleistungen fallen im internationalen Vergleich sehr hoch aus und werden vergleichsweise lange gewährleistet. Die Zahl der Arbeitslosen geht selbst in Boom-Phasen kaum zurück. Für die Gesellschaft, für den Staat ist ein solcher Zustand unerträglich. Es ist nicht zu akzeptieren, dass offiziell über 4 Millionen Menschen, in Wirklichkeit sind es weit mehr, unter den gegebenen Bedingungen offenbar nicht in der Lage sind, den Lebensunterhalt für sich und ihre Familie zu verdienen. Nicht zu akzeptieren ist es aber auch, weil mit jedem arbeitslosen Menschen kreatives Potenzial und Arbeitskraft brach liegen.

– Durch längere durchschnittliche Lebenserwartung und sinkende Geburtenraten steigt der Anteil der älteren Menschen in der Gesellschaft. Ab dem Jahr 2030 wird es in Deutschland voraussichtlich genauso viele Rentner wie Erwerbstätige geben. Dies bedeutet konkret, dass dann ein Familienvater erst einmal mit Beiträgen und Steuern einen fremden Rentner ernähren müsste, bevor er sich den Unterhalt seiner eigenen Kinder leisten könnte.

– Die sozialen Sicherungssysteme basieren auf der Vorstellung des abhängig beschäftigten Arbeitnehmers, womöglich lebenslang im selben Unternehmen angestellt. An seine Stelle tritt aber zunehmend der selbstständige und projektbezogen arbeitende Dienstleister, der den Arbeitsplatz häufiger wechselt und auch für eine gewisse Zeit ohne Beschäftigung sein kann – sei es um sich fortzubilden, sei es um Kinder zu erziehen oder einen neuen Job zu suchen.

Das Volumen der Schattenwirtschaft in Deutschland steigt von 2001 auf 2002 um rund 6,2 Prozent auf rd. 350 Mrd. € (Prof. Schneider; IAW, Tübingen). Dieses Wachstum der Schattenwirtschaft übersteigt das prognostizierte Wachstum des Bruttoinlandsprodukts von rd. 1 Prozent für das Jahr 2002 um das Sechsfache – während sie in vielen anderen OECD-Ländern stagniert oder gar rückläufig ist. Der Anteil der Schwarzarbeit beträgt rd. 17 Prozent des Bruttoinlandsprodukts, also der im Inland erbrachten wirtschaftlichen Leistung. Zu hohe Steuern und Beiträge für die sozialen Sicherungssystemen belasten den Faktor Arbeit und verstärken die Schattenwirtschaft. Bürger und Wirtschaft sehen offensichtlich das gesamte System der Steuern und Abgaben als nicht mehr hinnehmbar an. Gleichermaßen gilt dies für das Ausmaß staatlicher Regulierungen sowie Fehlanreize bei den steuerfinanzierten Sozialleistungen wie etwa die Sozialhilfe.

Für die FDP gibt es auf diese Herausforderungen eine wesentliche Antwort: Für eine erfolgreiche Sozialpolitik im 21. Jahrhundert müssen die liberalen Grundwerte Freiheit und Chancengleichheit an erster Stelle stehen. Der Staat hat die Voraussetzungen zu schaffen, dass jeder Mensch so weit wie möglich selbst für sich und seine Angehörigen sorgen kann. Und er muss all' diejenigen wirksam unterstützen, die dazu nicht in der Lage sind. An erster Stelle steht die Eigenverantwortung der Menschen. Denn mit mehr Gestaltungsfreiheit, mit mehr Eigenverantwortung steht der Bürger nicht nur finanziell deutlich besser da als mit kollektiven Transfersystemen.

Eine durchgreifende Steuerreform muss die Steuertarife weiter deutlich senken, eine Reform der sozialen Sicherungssysteme die Beitragslast reduzieren und eine Reform des Arbeitsmarktes und der Tarifordnung die institutionellen Barrieren abbauen. Nur wenn die Bürger den nötigen Spielraum haben, können sie ihre persönlichen Angelegenheiten wieder selbst in die Hand nehmen. Das gesamte Sozial- und Transfersystem muss transparenter werden. Die Bürger müssen sehen können, was wofür ausgegeben und wie es finanziert wird.

Arbeitsmarkt und Arbeitsrecht

Der deutsche Arbeitsmarkt leidet vor allem unter strukturellen Defiziten und seiner inflexiblen Regulierung. Es ist hohe Zeit, das Arbeits- und Tarifrecht zu ändern: Der gesetzliche Kündigungsschutz sollte erst in Betrieben ab 20 Arbeitnehmer gelten. Arbeitgeber wie Arbeitnehmer sollen beim Abschlusses eines Arbeitsvertrages selbst entscheiden können, ob sie entweder Kündigungsschutz im Sinne des § 1 Kündigungsschutzgesetz oder aber im Fall arbeitgeberseitiger Kündigung eine festgeschriebene Abfindung oder eine Qualifizierungsabrede vereinbaren wollen. Gerade eine Qualifizierungsabrede könnte dem Arbeitnehmer die Möglichkeit bieten, durch dauernde Qualifizierungsmaßnahmen seine Fähigkeiten und Kenntnisse zu mehren. Die durch den rigiden Kündigungsschutz im deutschen Arbeitsrecht bestehende Einstellungsschwelle muss auch durch Erleichterungen bei befristeten Arbeitsverträgen gesenkt werden. Das Teilzeit- und Befristungsgesetz hat hierbei neue bürokratische Hürden geschaffen. Es muss eine Möglichkeit geschaffen werden, alle Befristungen ohne sachlichen Grund auf vier Jahre (von jetzt zwei) zu erhöhen.

Die Betriebe in Deutschland benötigen dringend eine wirklich zukunftsfähige, mittelstandsfreundliche Reform des Betriebsverfassungsgesetzes. Dazu gehört die Schwellenwerte so zu gestalten, dass insbesondere die kleinen und mittleren Betriebe von unnötigen Kosten und bürokratischen Belastungen freigestellt werden. Die FDP hat einen umfassenden Antrag vorgelegt, der insbesondere die Betriebsautonomie stärken und durch Öffnungsklausel in der Betriebsverfassung ermöglicht, dass jeder Betrieb sich seine und auf ihn und seine Bedürfnisse zugeschnittene Betriebsverfassung geben kann.

Die FDP schlägt vor, zur Legalisierung betrieblicher Bündnisse für Arbeit den Betriebsparteien die Möglichkeit einzuräumen durch Vereinbarung einer Arbeitsplatzsicherungsabrede gegen eine Abweichung vom Tarifvertrag Arbeitsplätze zu erhalten oder neue zu schaffen. Diese Regelung wird durch eine klarstellende Ergänzung des tarifvertraglichen Günstigkeitsprinzips erreicht. Die Arbeitnehmer werden durch die Möglichkeit der Kündigung einer solchen Sicherungsabrede geschützt. Das deutsche Tarifrecht ist dringend reformbedürftig. Die FDP schlägt vor insbesondere durch gesetzliche Öffnungsklauseln in § 77 Abs. 3 Betriebsverfassungsgesetz die Verantwortung der Betriebsparteien auch über die Vereinbarung von Arbeitszeit- und Löhnen, dort wo es sinnvoll und nötig ist, zu ermöglichen.

Die FDP schlägt die Abschaffung des Synchronisationsverbotes und des Verbots befristeter Leiharbeitsverhältnisse vor. Die Höchstdauer der zulässigen Arbeitnehmerüberlassung wird auf 36 Monate verlängert, um z.B. Erziehungsurlaub mit einem Zeitarbeitnehmer zu überbrücken. Im Mittelstand sollte Arbeitnehmerüberlassung zur Vermeidung von Kurzarbeit oder Entlassung ohne die aufwendige Anzeigepflicht bei den Arbeitsämtern möglich sein.

Die FDP fordert substantielle Reformen im Niedriglohnsektor, d.h. für geringfügige Beschäftigungsverhältnisse die Schwelle, von der an die volle Steuer- und Abgabenpflicht greift, von 325 € auf 630 € (1232 DM) zu erhöhen und zur Pauschalversteuerung in Höhe des Eingangssatzes der Einkommensteuer zurückzukehren. Die FDP will Beschäftigung im ersten Arbeitsmarkt. Daher plädieren wir für eine wirksame und effiziente Arbeitsmarktpolitik sowie für eine grundlegend neue Organisation der Arbeitsmarktpolitik. Alle arbeitsmarktpolitischen Programme müssen auf Umfang, Wirtschaftlichkeit und Effizienz überprüft werden. In der Arbeitslosenversicherung muss wieder ein strenges Versicherungsprinzip zur Geltung kommen; versicherungsfremde Leistungen müssen ggf. aus dem Bundeshaushalt finanziert werden. Die aktive Arbeitsmarktpolitik, etwa Arbeitsbeschaffungsmaßnahmen, muss gestrafft werden. Die Arbeitsmarktpolitik wird durch eine nachgeordnete Bundesbehörde durchgeführt, da arbeitsmarktpolitische Maßnahmen als allgemein sozialpolitische Leistungen ohnehin stärker aus dem Steuerhaushalt zu vergeben und zu kontrollieren sind. Die Vermittlung und Beratung von Arbeitsuchenden muss neu organisiert und soweit wie möglich privatisiert werden. Die Arbeitsvermittlung muss mittelfristig durch eine Versicherungsanstalt organisiert werden, die dazu Vermittlungsgutscheine ausgibt.

Sozialhilfe

Die Sozialhilfe muss so ausgestaltet werden, dass sie einerseits den tatsächlich Bedürftigen ein Leben in Würde ermöglicht, andererseits aber zugleich die Selbständigkeit aller Hilfeempfänger stärkt und den Leistungsmissbrauch vermeiden hilft. Es darf nicht sein, dass die subsidiäre Hilfegewährung eine 'Kultur der Unselbständigkeit' hervorbringt. Im derzeitigen Transfersystem lohnt es sich aber für viele arbeitsfähige Sozialhilfeempfänger nicht, eine Arbeit anzunehmen, weil der Verdienst niedriger wäre als die Sozialhilfe. In unseren Anträgen plädieren wir für eine beschäftigungsorientierte und aktivierende Sozialpolitik, für eine Reintegration von Sozialhilfeempfängern in den Arbeitsmarkt, und für eine sinnvolle Zusammenfassung von Arbeitslosenhilfe und Sozialhilfe.

In einem ersten Schritt zum Bürgergeld gleich bekommen erwerbsfähige Personen eine niedrigere Grundversorgung als heute, erhalten aber Zuschläge, wenn sie eine Arbeit aufnehmen. Außerdem wird hinzu verdientes Einkommen weniger stark als bisher auf die Höhe der Sozialhilfe angerechnet. So können arbeitsfähige Transferempfänger mit wenigen Stunden Arbeit das heutige Sicherungsniveau erreichen und mit wachsender Erwerbstätigkeit sogar übertreffen. Personen, die Erwerbsarbeit nicht leisten können, erhalten das heutige Niveau garantiert. In der Sozialhilfe muss wieder das Prinzip von Leistung und Gegenleistung durchgesetzt werden: Wenn jemand gesund und arbeitsfähig ist und keine Kinder oder pflegebedürftigen Angehörigen zu versorgen hat, dann ist es ihm zuzumuten, dass er für das, was er erhält, auch eine Gegenleistung erbringt. Die beiden steuerfinanzierten Unterhaltssysteme Arbeitslosenhilfe und Sozialhilfe sind zusammenführen und den Gemeinden ein faires Angebot zur besseren Finanzierung der Zusatzlasten zu machen.

Altersversorgung

Eine seriöse Rentenpolitik ermöglicht den Rentnern eine angemessene Altersvorsorge, ohne die Arbeitnehmer durch zu hohe Beiträge zu überfordern oder zukünftigen Generationen einen Schuldenberg zu hinterlassen. Die Rentenreform 2001 ist mit unzureichender Generationengerechtigkeit, mangelnder Beitragssatzstabilität, fehlender Steuerbefreiung aller Vorsorgebeiträge und einer zu komplizierten Ausgestaltung der Anlagekriterien in der praktischen Ausgestaltung mißlungen. Die FDP spricht sich dafür aus, dass als wesentliches Kriterium für die geförderte Vorsorge eine praktikable Zweckbestimmung für die Altersvorsorge ausreicht. Es muss ein echter Wettbewerb aller Anbieter gewährleistet sein, ein vererbbarer Kapitalstock gebildet werden können und die angebotenen privaten Altersvorsorgeprodukte bestimmten Mindeststandards genügen. Der Bürger muss bei der Auszahlung Wahlfreiheit je nach seinen individuellen Bedürfnissen haben: Er muss entscheiden können, ob er z. B. eine Verrentung, einen lebenslangen Auszahlungsplan in abnehmenden oder steigenden Raten wählt oder sich einen Platz in einem Alten- oder Pflegeheim sichern will. Auch das Sparen zum Aufbau von Wohneigentum muss als Vorsorgeform in praktikabler Weise anerkannt werden. Die Beiträge zur gesetzlichen Rentenversicherung sowie zur privaten Altersvorsorge müssen auf einem vertretbaren Maß gehalten und der Anteil der privaten kapitalgedeckten Eigenvorsorge deutlich gestärkt werden. Die Ausgaben der gesetzlichen Rentenversicherung müssen sorgfältig überprüft und die Lebensarbeitszeit muss besser ausgeschöpft werden.

11.2.2.6.1 Offene Fragen

Die Diskussion um die Abgrenzung und die Zukunft der so genannten „Daseinsvorsorge" ist nicht globalisierungsrelevant und im übrigen zum Beispiel auf europäischer Ebene in den dafür geeigneten politischen Gremien intensiv geführt.

Es ist nicht zielführend, zu versuchen, ruinösen Steuerwettbewerb konkret von produktivem Steuerwettbewerb abzugrenzen. Die Abgrenzung im Detail bleibt dem politischen Ermessen überlassen.

Welche ergänzenden Themen auf der internationalen Ebene in der Arbeitsgruppe „Arbeitsmärkte" aufgenommen werden sollen, ist nicht ersichtlich.

11.2.2.7 Globale Wissensgesellschaft (Kapitel 5 des Abschlussberichts)

Unter Verweis auf die Kürze der zur Verfügung stehenden Zeit hat sich die Enquete-Kommission dafür ausgesprochen, den Themenbereich der Wissensübertragung und -generierung einer weiteren Enquete-Kommission zu überlassen. Die FDP ist aber der Überzeugung, dass es auf der Basis der bisherigen Diskussionen und dem aktuellen Stand der Kenntnisse durchaus möglich und nötig ist, eine Darstellung des Hochschulwesens sowie einige Handlungsempfehlungen in den Abschlussbericht aufzunehmen. Nicht zuletzt nach dem schlechten Abschneiden bei der PISA-Bildungsstudie ist es unerlässlich, zügig Korrekturen am deutschen Bildungssystem vorzunehmen, um im internationalen Vergleich bestehen zu können.

Auf der Grundlage eines Gutachtens der Professoren Dierkes und Merkens und mit Beiträgen verschiedener Experten, auch unter Mitwirkung der FDP, hat die Arbeitsgruppe „Globale Wissensgesellschaft" ein Positionspapier erarbeitet, das zunächst die Zustimmung der Arbeitsgruppe fand, schließlich aber doch von der Enquete-Mehrheit abgelehnt wurde. Aus liberaler Sicht sollte die genannte Ausarbeitung im Abschlussbericht – wie nachstehend – dargestellt werden. Sie bietet eine solide Grundlage für den nötigen Aufholprozess im Hochschulwesen.

11.2.2.7.1 Wissensübertragung – Wissensgenerierung[1]

Die Unterscheidung von Begriffen wie „Wissensübertragung" und „Wissensgenerierung" im Zusammenhang einer Beschäftigung mit dem Thema „Wissen" verdeutlicht, dass hier – aufbauend auf der Grundlage der Organisationstheorie von Probst, G. et al. (Wissen managen, 3. Aufl.1997) – von einer Systematisierung der Wissensorganisation ausgegangen wird, in dem die Wissensübertragung der Lehre und die Wissensgenerierung der Forschung zugeschrieben werden kann.

Ausgehend von der Annahme, dass unabdingbare Voraussetzung (und Konsequenz) zunehmend wissensbasierter Gesellschaften die (globale Qualität der) Informationsbeschaffung und -verarbeitung, Wissensgenerierung und -übertragung ist, hat sich die Enquete-Kommission für das deutsche Hochschulsystem als Fallbeispiel entschieden, weil Hochschulen zum einen in diesem Prozess eine entscheidende Rolle spielen und zum anderen dem globalen Wettbewerb in besonderer Weise ausgesetzt sind.

Wegen der Kürze der zur Verfügung stehenden Arbeitszeit konnte sich die Enquete-Kommission mit dem Aspekt der Wissensgenerierung und einem Vergleich mit dem Forschungssektor in der Welt nicht ausführlich befassen. Sie empfiehlt, diesen Bereich in einer späteren Untersuchung genauer zu betrachten und zu bewerten.

Das Gutachten von Dierkes und Merkens (Dierkes 2002) bildet die Grundlage der folgenden Ausführungen.

Globalisierung, Wissenschaft und Hochschulen: eine Einführung

Der jetzt erreichte und wahrscheinlich fortschreitende Stand der Globalisierung der Weltwirtschaft hat tiefgreifende Konsequenzen für die Wirtschaft aller Nationen und Regionen: der Wettbewerb wird intensiviert, neue Wettbewerber treten auf und brechen in Märkte ein, die bislang von wenigen dominiert wurden. Wirtschaftsstandorte wie die Bundesrepublik Deutschland müssen so zunehmend Anstrengungen unternehmen, um ihre Marktführerschaft in einzelnen Märkten und ihre generelle Exportfähigkeit zu erhalten.

Unterhalb dieser Makrotrends ist festzustellen, dass neben einer großen Steigerung bei den einfachen Dienstleistungen, die in der Regel weiterhin lokal und regional nachgefragt und angeboten werden, der Markt an wissensintensiven Dienstleistungen – global nachgefragt und angeboten – deutlich zunimmt. Gleichzeitig lässt sich beobachten, dass die für die modernen Ausprägungen traditioneller Produkte und Techniken erforderliche Wissensbasis ebenfalls deutlich zunimmt. Ob diese Entwicklung nun als Wissensgesellschaft oder auch nicht bezeichnet wird mag Anlass zu trefflichen Diskursen geben. Erheblich ist bei dieser Entwicklung, dass sowohl bei Dienstleistungen als auch bei Produkten mehr Technik, neuere Technik, neuere Kombinationen von Technik und – damit verknüpft – mehr und besseres Wissen erforderlich sind. Unstrittig ist auch wohl, dass durch die Vernetzung, Datenbanken und Datenaufbereitungsmethoden immer mehr Informationen zur Verfügung stehen.

Die Konsequenz liegt auf der Hand: Nationen und Regionen, die in die Wissensbasis ihrer Bevölkerung investieren, sind diejenigen, die in diesem Rennen die Chance haben, auf der Gewinnerseite zu stehen. Die, die es nicht tun, oder deren Bevölkerung nicht bereit ist, zu lernen und ständig neu zu lernen, dürften eher zu den Verlierern zählen. Investitionen in das so genannte Humankapital sind damit ein Schlüsselfaktor im gegenüber den letzten Jahrzehnten intensiveren und globaleren Wettbewerb. Damit steht und fällt die wirtschaftliche Wettbewerbsfähigkeit einer Region und Nation mit der Leistungsfähigkeit ihrer Bildungseinrichtungen auf allen Stufen und für alle Phasen des Lebensprozesses. Wissen, Umgang mit Wissen, Schaffen von neuem Wissen muss allein schon im Interesse der Wettbewerbsfähigkeit immer wieder gelernt werden Dabei sind die mindestens ebenso wichtigen kulturellen, sozialen und politischen Aspekte des Bildungsprozesses noch nicht einmal thematisiert.

Die Frage nach der langfristigen Wettbewerbsfähigkeit des Wirtschaftsstandortes Bundesrepublik Deutschland lässt sich daher zu einem großen Teil auf die Frage nach der Wettbewerbsfähigkeit der Bildungsinstitutionen, der Prozesse im Bildungswesen und die Bildungsinhalte zurückführen. Angesichts der großen Bedeutung von Wissen macht es Sinn, hier exemplarisch die Hochschulen herauszugreifen und zu fragen: Inwieweit sind diese in der Lage, Jugendliche und zunehmend auch Menschen jenseits der Erstausbildung auf diesen Wettbewerb um Wissen vorzubereiten und zu unterstützen.

Des Weiteren sind Hochschulen in diesem Zusammenhang von besonderem Interesse weil sie selbst, mehr als andere Teile des Bildungssystems, einem Globalisierungsdruck und verschärftem Wettbewerb ausgesetzt sein werden . Während vorschulische Bildung, Grundschulen und das Angebot der Sekundarstufe fast ausschließlich regional und lokal angeboten werden und nur auf dieser Ebene einem Wettbewerb – je nach Kulturraum – unterliegen, sind die Nachfrager nach Hochschulausbildung, wenn Sprachbarrieren weiterhin unbedeutender werden und die finanziellen Mittel bereitstehen, grundsätzlich mobil. Sie können und werden dies in Zukunft wahrscheinlich immer mehr tun und sich verstärkt weltweit die leistungsfähigsten Hochschulen aussuchen, die sie am besten auf den für die hochtalentierten und -motivierten Studierenden immer globaleren Arbeitsmarkt vorbereiten. Gilt dies zunächst auch nur für eben diesen kleinen Kreis, deuten die mit der Entstehung der Wissensgesellschaft erhöhten Anforderungen z. B. des Arbeitsmarktes schon jetzt darauf hin, dass diese Nachfrage steigen wird.

Global wettbewerbsfähige Hochschulen haben darüber hinaus noch eine Fülle zusätzlicher positiver Sekundär- und Tertiäreffekte. Sie binden Studierende an den Kulturraum, in dem sie studiert haben, seine Institutionen,

---
[1] Der Text dieses Unterkapitels wurde von den Mitgliedern der Enquete-Kommission Dr. Werner Gries, Jörg Tauss und Prof. Dr. Karl-Heinz Paqué auf der Grundlage des Gutachtens von Dierkes und Merkens (Dierkes 2002) verfasst.

Technologien und Verfahren und tragen somit langfristig und nachhaltig zur weiteren Steigerung der Wettbewerbsfähigkeit einer Region mit global wettbewerbsfähigen Hochschulen bei.

Die Frage ist also damit ganz einfach: Wo steht das deutsche Hochschulsystem in dieser dualen Verantwortung, selbst global wettbewerbsfähig und damit für Studierende und Forscherinnen und Forscher aus anderen Regionen attraktiv zu sein und gleichzeitig die hiesige zukünftige Generation optimal auf eine globale Wettbewerbsfähigkeit vorzubereiten, die zunehmend von der Qualität der Bildung und Ausbildung der Menschen abhängen wird.

Die Sogwirkung der US-amerikanischen und englischen Hochschulen

Bei einer Gesamtschau der wahrgenommenen Wettbewerbssituation im Bereich der Hochschulbildung gelten global in erster Linie und mit großem Abstand die Vereinigten Staaten als das „Mekka" der Bildungswilligen und Leistungsorientierten. Für Südostasien beginnt Australien mehr und mehr eine ähnliche Rolle als regionales Zentrum einzunehmen. Aus kontinentaleuropäischer Sicht sind es vor allem wiederum die Vereinigten Staaten und Großbritannien, denen die höchste Attraktivität beigemessen wird. Eine gewisse Wettbewerbsstärke ist noch in den skandinavischen Ländern und in den Niederlanden festzustellen.

Diese Aussagen sind einmal gestützt durch aktuelle Wanderungsbewegungen von Jugendlichen aus den hochschulpolitisch weniger wettbewerbsfähigen Regionen. Das lässt sich eindrucksvoll, neben vielen anderen Statistiken, mit der Tatsache illustrieren, dass 50 Prozent der PhD Studierenden in den Vereinigten Staaten heute nicht BürgerInnen dieses Landes sind. Diese Attraktion wird vor allem von Natur-, Ingenieur-, und medizinischen Wissenschaften ausgeübt. Sie wird, gerade am Bildungsstandort Deutschland, reflektiert durch immer stärkere Anfragen von Jugendlichen und ihren Eltern aus der oberen Mittelschicht und dem Bildungsbürgertum nach den Bedingungen eines Studiums vor allem in den Vereinigten Staaten aber auch in Großbritannien. Die generelle Veränderung, die sich hier niederschlägt, ist in dreierlei Hinsicht zu sehen. Erstens wird angenommen, dass die Chancen in zunehmend globalisierten Arbeitsmärkten für die gehobenen und interessanteren Positionen noch mehr als zuvor von der Qualität der Ausbildung abhängen, dass zweitens eine solche Qualität am Hochschulstandort Deutschland nicht geboten werden könne, sondern hier ein Ausweichen in die besseren und höher reputierlichen Top 20 bis 30 US-amerikanischen Universitäten erforderlich sei .Darüber hinaus wird als wohl weitgehendste Veränderung die Bereitschaft wachsen, ein volles Studium und nicht allein ein Auslandssemester zu finanzieren, d. h. in Investitionskategorien zu denken, die gut und gerne über € 100 000 bis € 200 000 zu gehen.

Allerdings ist die Zahl der Jugendlichen, die diesen Weg einschlagen, und ihrer Familien, die in der Lage und bereit sind, diese Finanzierungsmittel aufzubringen, immer noch, gemessen an der Gesamtzahl der Studierenden am Hochschulstandort Deutschland, recht klein. Sie nimmt jedoch zu und dürfte, bei einem weiteren Auseinanderklaffen der Wettbewerbsfähigkeitsschere, deutlich zunehmen. Bei der augenblicklichen Situation muss diese Entwicklung als Indikator dafür angesehen werden, dass gerade die bildungspolitisch sensiblen und gutinformierten Bevölkerungskreise den Hochschulstandort Deutschland als weniger attraktiv einschätzen als die top 20 bis 30 amerikanischen Universitäten. Insofern kann diese Entwicklung als Frühwarnindikator für breitere Tendenzen gelten, die, besonders wenn sie durch mangelnde finanzielle Möglichkeiten beschnitten werden, sich in politischer Unzufriedenheit mit dem deutschen Bildungssystem niederschlagen.

Generell ist natürlich zu sagen, dass es begrüßenswert ist, wenn die Jugendlichen, die an Spitzeneinrichtungen der Forschung und Wissenschaft im Ausland Qualifikationen erworben haben, zurückkehren und damit nicht Teil des wachsenden brain drains auf der Welt werden. Genauso zu begrüßen ist, wenn in ähnlichem Umfang Studierende anderer Länder, insbesondere der stark wissensbasierten Volkswirtschaften, nach Deutschland kommen würden und ihre Qualifikation hier erwürben. Diese Art der Internationalisierung und Globalisierung der Ausbildung ist nur wünschenswert. Die augenblickliche Situation zeigt jedoch, dass sich bei dieser bildungspolitisch kritischen und sensiblen Bevölkerungsschicht zunehmend eine Schere herausbildet zwischen der Attraktivität eines Studiums in den Vereinigten Staaten oder auch Großbritannien und der zurückgehenden Attraktivität, ein Studium am Hochschulstandort Deutschland aufzunehmen.

Die Markenstärke US-amerikanischer Spitzenuniversitäten als Zugfaktor für den Hochschulstandort USA

Die besondere Anziehungskraft US-amerikanischer Universitäten weltweit ist im Wesentlichen auf eine jahrzehntelange Hierarchisierung des Bildungssystems zurückzuführen, bei der die leistungsfähigen Privat- wie Staatsuniversitäten durch starke Finanzkraft (endowment, alumni donations, andere Unterstützung privater Personen und Organisationen, Forschungsförderung) die kompetenteste Fakultät mit den besten Studierendenten zusammengeführt haben. Strenge Selektion, Leistungsstreben und Verbreitung der Leistungsfähigkeit der Institution durch eine entsprechende Informationspolitik sind hier, neben intensiver Studierenden- und Ehemaligenbetreuung, die Schlüsselfaktoren. Die breite öffentliche Diskussion verschiedener allgemeiner und fachspezifischer Rankings der Universitäten macht dieses, bei allen methodischen Schwächen, deutlich und verstärkt die hier wirkenden Faktoren noch einmal.

Die Reputation der hervorragenden 20 bis 30 Universitäten bestimmt das Image und die Attraktivität des Hochschulsystems der USA insgesamt. Ein USA-Studium gilt generell als besser und damit – in den meisten Ländern – als karriereförderlicher als die Abschlüsse nationaler Universitäten. Obwohl sehr viel für den objektiven Qualitätsvorsprung der Spitzenuniversitäten und die Berechtigung ihrer hohen Attraktivität spricht, ist dies im Hinblick auf den verbleibenden Großteil des Hochschulsystems der USA eher fragwürdig. Einige Faktoren wie beispielsweise intensive Studierendenbetreuung, Flexibilität, Leistungsstreben oder die breite Akzeptanz von neuen, auf die „Kundeninteressen" bezogenen, Entwicklungen in den Curricula müssen auch hier als weitgehend durchgängige Wettbewerbsvorteile angesehen werden. Die Qualität der Lehrenden und Forschenden bleibt jedoch, ebenso wie die Qualität der Studierenden, in der Regel hinter einer durchschnittlichen Universität in Kontinentaleuropa zurück. Nur, auch für Bildung gilt, was in vielen Produkt- und Dienstleistungsmärkten zu beobachten ist: nicht nur die Fakten zählen; die aus dem Image resultierenden Wahrnehmungen sind ebenfalls sehr wichtig, und diese werden, wenn keine Strategieänderungen des Hochschulstandorts Deutschland auf der faktischen wie auch kommunikativen Ebene erfolgen, noch lange für einen Wettbewerbsvorteil des US-amerikanischen Bildungssystems sprechen. Dieses wird so auch noch langfristig in der Lage sein, hervorragende und hochmotivierte Jugendliche von überall aus der Welt mit all den damit verknüpften positiven Sekundär- und Tertiärwirkungen an sich zu ziehen. Das hier über die US-amerikanischen Hochschulen Gesagte gilt mit gewissen Einschränkungen auch für die Wettbewerbsfähigkeit des Hochschulsystems in Großbritannien gegenüber den kontinentaleuropäischen Konkurrenten, bei denen die kleinen Länder, vor allem Skandinavien und Holland, eine Mittelstellung einnehmen dürften.

Die Globalisierungsstrategien US-amerikanischer Universitäten

Die große Kompetenz führender US-amerikanischen Universitäten, Institutionen hoher Bildungs- Ausbildungs- und Forschungskompetenz zu schaffen, wie auch deren exzeptionelle Leistungsfähigkeit zu erhalten oder noch auszubauen, hat nicht nur zur großen Aktivität bei hochmotivierten und begabten Jugendlichen weltweit geführt; sie hat gleichzeitig in den letzten zwei Jahrzehnten die strategische Option, auch physisch-räumlich auf neue „Kundengruppen" zuzugehen, verstärkt. Der Ausbau von Programmen und Studiengängen bis hin zur Gründung von Zweigniederlassungen in anderen Teilen der Welt ist die logische Konsequenz einer solchen Strategie, die zunehmend zu einem systematisch verfolgten Globalisierungskonzept einer Reihe von hochreputierlichen Universitäten geführt hat.

Die Entwicklung zur Präsenz solcher Niederlassungen von als leistungsfähig angesehenen und besonders „kundenorientierten" Mitbewerberinnen in angestammten Markterritorien wird Hochschulen auch in Deutschland zunehmend unter Druck setzen, entweder wettbewerbsfähiger zu werden, oder auch im Heimatmarkt in eine „zweite Liga" abzusteigen. Die nächsten Jahre werden hier die entscheidenden sein. Sie werden auch bestimmen, ob ein nicht unwichtiger Teil gerade der begabtesten Jugendlichen Deutschlands nach curricularen Bestimmungen, basierend auf den Grundsätzen US-amerikanischer Akkreditierungseinrichtungen, studieren werden oder ob hier eine eigenständige europäische Lösung als Wettbewerbsmodell gefunden wird.

Ob die finanzielle Unterstützung von Filialgründungen US-amerikanischer Universitäten durch den deutschen Steuerzahler – wie in Bremen im Fall der Rice University geschehen – eine sinnvolle Strategie ist, die Wettbewerbsfähigkeit des Bildungsstandorts Deutschland auf Hochschulebene zu fördern, bleibt abzusehen. Es scheint a priori als eher relativ fragwürdig.

Die sinkende Attraktivität deutscher Hochschulen bei ausländischen Studierenden, vor allem aus wissensintensiven Volkswirtschaften

US-amerikanische und zum Teil auch englische Universitäten nehmen damit den Wettbewerbsrang ein, den die deutschen Hochschulen sehr lange, d. h. bis zur Zeit des Nationalsozialismus, in vielen Disziplinen im 20sten Jahrhundert hatten, nämlich zum „Mekka" der Hochbegabten und Leistungsmotivierten Jugendlichen aller Welt zu werden.

Diese Verschiebung spiegelt sich in einer sinkenden Attraktivität des Hochschulstandortes Bundesrepublik Deutschland wider: Die Zahl der ausländischen Studierenden, vor allem solcher aus wissensintensiven Volkswirtschaften, ist in den letzten Jahren zurückgegangen. Programme wie Sokrates und Erasmus konnten hier nur geringe Kompensation bieten. Vor allem blieben sie auf Europa beschränkt. Die Nachteile liegen auf der Hand: geringe Vertrautheit zukünftiger ausländischer Eliten mit Deutschland, seinen Institutionen und seiner Kultur. Weniger „Botschafter" deutscher Technologien und weniger Rückkoppelung aus der Praxiserfahrung ehemaliger Studierenden in die deutsche Hochschul- und Forschungslandschaft. Damit ergibt sich ein langfristig wirkendes weiteres Element einer Verringerung der Wettbewerbsfähigkeit des Wissenschafts- und Wirtschaftsstandortes Deutschland und insbesondere seiner Hochschulen.

Der Erfolg neuer Wettbewerber am Beispiel Australiens

Hochschulbildung als „Exportgut" ist einer der am schnellsten wachsenden Zweige in Australien und lag im Jahre 2001 an 14ter Stelle, als Dienstleistungsexport sogar an dritter Stelle. Die hieraus resultierende Einnahmen betrugen über vier Milliarden australische Dollar – eine Erhöhung von 19 Prozent im Vergleich zum Jahre 2000. Die „Bildungs-Export-Industrie" spielt damit eine wichtige Rolle in der rapide wachsenden australischen Wirtschaft, die sich während der letzten zehn Jahre immer mehr zu einer wissensbasierten Gesellschaft entwickelt hat.

Dank des Columbo Plans bietet Australien schon seit den 50er und 60er Jahren Stipendien für eine kleine Anzahl hervorragender Studierender aus Asien und afrikanischen Ländern. Bis zum Jahre 1986, als Studiengebühren in vollem Umfang für ausländische Studierenden eingeführt wurden, profitierten die australischen Hochschulen und die australischer Wirtschaft in nur geringem Maße von diesen Studierenden. Seit 1986 ist jedoch eine dramatische Änderung festzustellen. Im Herbst 2001 studierten 126 807 AusländerInnen in Australien, mehr als 80 Prozent von ihnen kamen aus Asien.

Die drastische Änderung in der Einstellung zum Hochschulwesen – von der des Empfängers von öffentlichen Geldern zu der eines geschätzten Exportgutes – ist das Ergebnis der Änderungen in den Hochschulfinanzierungsprogrammen in den späten 80er Jahren. Diese zwangen die Hochschulen dazu, zusätzliche Finanzierungsmöglichkeiten außerhalb des öffentlichen Sektors zu suchen. Dies führte zu einem erhöhten Interesse an ausländischen Studierenden als externe „Einkommensquelle". Der enorme Zuwachs an ausländischen Studierenden seit Ende der 80er Jahre ist das Resultat einer konzertierten Aktion, australische Universitäten für den internationalen, in erster Linie südostasiatischen Markt attraktiv zu machen.

Diese neue Strategie erwies sich in vielerlei Hinsicht als nutzbringend. Von den vier Milliarden AU-Dollar Einnahmen durch ausländische Studierende im Jahre 2001 ist ungefähr die Hälfte auf reine Studiengebühren zurückzuführen, die restlichen zwei Milliarden australische Dollar wurden von den Studierenden für Essen, Wohnen, Reisen und Freizeit aufgewendet. Weitere 1 000 australische Dollar pro Studentin flossen durch Freunde oder Familienmitglieder ins Land, die zu Besuchszwecken nach Australien reisen.

Vor allem aber profitiert das australische Bildungs- und Ausbildungswesen jenseits des wirtschaftlichen Gewinns sehr durch die ausländischen Studierenden. Die Öffnung der Hochschulen für internationale Konkurrenz, d. h. best practice-Vorbilder, und das Streben, konkurrenzfähig zu bleiben, führten dazu, dass die Qualität der Hochschulausbildung auf ein hohes Niveau gestiegen ist. Die Förderung einer stärkeren internationalen Dimension in Lehre und Forschung kam auch den australischen Studierenden zugute – ein wichtiger langfristiger Gewinn auch wiederum für die australische Wirtschaft. Die ausländischen Studierenden dienen als „goodwill ambassadors" und werden das australische Hochschulsystem ihren Kindern und Freunden weiterempfehlen. Freundschaften und Beziehungen, die während des Studienaufenthaltes in Australien zustande kamen, werden zu hervorragenden Netzwerken ausgebaut und bilden für zukünftige Aktivitäten im Handel, Politik oder Technologie eine wertvolle Komponente im Transformationsprozess zu einer Wissensgesellschaft. Der „Export" von Wissen ist „preisstabil" und einer der wenigen „value-added" „Exportindustrien". Erwächst kontinuierlich und schnell.

Ein Großteil des Wachstums in der „Wissens-Export-Industrie" innerhalb der letzten zehn Jahre ist auch auf ein hohes Maß staatlicher Investitionen zurückzuführen. Australiens Ausgaben für Bildung im Jahre 2001 lagen bei 5,8 Milliarden AU-Dollar. Dies ist ein bedeutend höherer Anteil des Bruttoinlandsproduktes als das in den meisten Industrieländern. Dadurch, dass Bildung als eine „value-added" „Industrie" angesehen wird und nicht als ein „Kostgänger" des Staates, erhält das Hochschulwesen auch staatliche Investitionen im selben Maße wie andere Exportindustrien, z. B. Bergbau, Landwirtschaft und Tourismus. Diese Investitionen werden langfristige Vorteile für die gesamte Gesellschaft mit sich bringen, nicht nur für die Bildungseinrichtungen.

Eine weitere wichtige Form von staatlicher Investition in das Bildungssystem als „Wissensindustrie" sind die großen Programme des Auslandsmarketings für Hochschulen wie

– Repräsentation auf Bildungsmessen

– Aktivitäten, die Australiens Zugang zu internationalen Bildungs- und Ausbildungsmärkten erhöht

– Promotionen, Sponsoring und Studienreisen

– Erhöhte Internetpräsenz und Internetkioske in australischen Botschaften

– Austauschstudienprogramme

– Stipendien.

Das Hauptziel sind die anderen Asienländer (wegen ihrer Nähe zu Australien) mit jährlich 680 000 Studierenden, die ihr Studium im Ausland absolvieren. Viele australische Universitäten haben während der letzten vier Jahre Filialen im Ausland eingerichtet, die eine australische, englischsprachige Ausbildung mit niedrigeren Kosten für Reisen und Unterbringung für mindestens einen Teil der Ausbildungszeit ermöglichen. Von der Gesamtzahl an Australiens Studierenden im Jahre 2000 waren 35 Prozent Off-campus Studierende.

Australien hat insgesamt schon seit mehr als zehn Jahren erkannt, dass Wissen, lebenslanges Lernen, Innovation und Technologie die wichtigsten Faktoren in unserer sich stark verändernden Gesellschaft sind und diese Erkenntnis systematisch in die Positionierung seines Hochschulsystems als führende „Exportindustrie" des Dienstleistungssektors umgesetzt.

Die Herausforderungen von morgen: Verknüpfung von E-Learning mit Präsenzunterricht

Das schrittweise Vordringen von E-Learning, die systematische Verknüpfung von Internet gestütztem Unterricht mit Präsenzveranstaltungen stellt eine enorme Herausforderung an die Lehrfunktion der Hochschule dar. Realistisch ist zwar davon auszugehen, dass die vielzitierte „virtuelle Universität" als alleiniges Lehrkonzept nicht sinnvoll ist, dass aber Teile des heutigen Präsenzunterrichts und Eigenstudiums der Studierenden sinnvoll durch Internet gestützte Lehrformen ersetzt und verbessert werden. Während die Vermittlung von „tacit knowledge" (Erfahrungswissen, Entwicklung von Einfühlungsvermögen) noch lange in auf Praxis ausgerichteten und gruppenbezogenen Formen des Präsenzunterrichtes vonstatten gehen dürfte, ist zu erwarten, dass große Teile des expliziten Wissens, das heute noch die wesentlichen Anteile von Vorlesungen und Lehrbüchern einnimmt, in Internet gestützte Lernformen übergehen wird. Diese Entwicklung wird weitreichende Konsequenzen für die Struktur unserer Hochschulen, die Art des Unterrichts und die Qualifikationsanforderungen an die Lehrenden haben, die sich insgesamt heute schon abzeichnen und als revolutionär bezeichnet werden können.

Diese Veränderung bietet ungeheure Chancen auf den Gebiet der Entwicklung von relevanten Lehrtechnologien und Lehrmaterialien. Dieses Feld stellt einen neuen Markt für Universitäten dar. Diejenigen Universitäten, die heute beginnen, diesen Markt zu bedienen, werden nicht nur einen Wettbewerbsvorteil durch den erfahreneren Umgang mit ihnen haben, sondern auch starke Akteurinnen im globalen Markt der Lerninhalte der Zukunft sein. Diesen Markt zu erschließen, ist schwierig und mit hohen Kosten verbunden. Die Entscheidung von Stanford University, Princeton University und Harvard University, gemeinsam E-learning Konzepte zu entwickeln illustriert dieses recht deutlich. Es wird daher in Deutschland, wahrscheinlich sogar europaweit, ähnliche Konsortien von Universitäten, eingebunden in strategischen Allianzen mit entsprechenden Unternehmen wie Multimediafirmen oder Verlagen, erfordern. Selbst wenn davon auszugehen ist, dass E-Learning ähnlich wie E-Commerce eher ein zusätzlicher Vertriebskanal von spezialisierten Hochschulen (z. B. Fernuniversität Hagen) sein wird, werden interessierte Universitäten in Deutschland, und dies gilt überwiegend auch für die anderen Länder der Europäischen Union, die hierfür notwendigen Investitionen nicht aus eigener Kraft tätigen können. Hier sind daher die Bundesregierung und auch die Kommission der Europäischen Union gefordert, gezielt die Entwicklung dieses Teils einer neudefinierten „Bildungsindustrie" auf Hochschulebene zu unterstützen. Wenn dies nicht bald geschieht, bleiben Chancen ungenutzt mit der Konsequenz, dass die Wettbewerbsfähigkeit anderer Regionen auf diesem globalen Markt der Bildungstechnologien und Bildungsinhalte gestärkt wird.

Konsequenz der Status-quo-Diagnose: Abnehmende Bedeutung der deutschen Universitäten im globalen Wettbewerb und Herausforderung durch die Notwendigkeit der Bildung der Vielen

Konsequenz aus der Notwendigkeit zur Bildung der Vielen

Der zunehmende Wettbewerb um gut ausgebildete Menschen steigt, weil zukünftig nur noch solche Volkswirtschaften konkurrenzfähig bleiben werden, die in hinreichendem Maße über Arbeitsplätze mit hohen Ansprüchen an die Ausbildung verfügen. Dabei verändert sich die notwendige Qualifizierung von Menschen inhaltlich und hinsichtlich der Halbwertszeiten der erworbenen Kenntnisse. Das deutsche Bildungssystem bietet dafür mit seinem dualen System der Berufsausbildung und einem Hochschulsystem, das auf qualitativ guten Niveau prinzipiell allen Studierwilligen, unabhängig von der wirtschaftlichen Herkunft, die Chance für eine gute (Aus-)Bildung eröffnet, eine solide Grundlage.

Allerdings müssen vermehrt Anstrengungen von Seiten der Politik unternommen werden, um diese Stärken weiter auszubauen und eindeutig vorhandene Mängel zu beseitigen. Dies hat auch das von der Bundesregierung initiierte „Forum Bildung", an dem die für die Schulpolitik zuständigen Länder sowie die Sozialpartner und Vertretungen der gesellschaftlichen Gruppen teilgenommen haben, konstatiert und Anfang des Jahres 2002 12 Empfehlungen veröffentlicht, um diesen Herausforderungen zu begegnen. Zuerst werden im Schulsystem die Wege zum Erwerb einer qualifizierten Berufsausbildung oder eines Hochschulstudiums optimiert werden müssen. Dazu bedarf es entsprechender Maßnahmen sowohl im allgemeinbildenden – Allgemeine Hochschulreife – als auch im berufsbildenden Schulwesen – Fachgebundene Hochschulreife. Die Qualität des Schulsystems muss verbessert werden. Das deutsche Schulsystem schneidet im internationalen Vergleich schlecht ab. Das setzt eine entsprechende Forschung aber auch finanzielle Unterstützung voraus. Nur auf diese Weise kann die Zahl der Studierwilligen dem internationalen Standard angeglichen werden. Da in Deutschland weitgehend Inhalte, die in anderen Ländern bereits zu den Lerninhalten des weiterführenden Bildungssystems gehören, noch in den Bereich der schulischen Ausbildung fallen, scheint es gerade angesichts der vielfach beklagten mangelnden Qualifikation der SchulabgängerInnen eher zweifelhaft, ob eine reine Verkürzung der Schulzeiten Sinn machte. Zielführender und auf jeden Fall geboten ist eine deutliche Erweiterung des Angebotes an Ganztagsschulen. Im Hinblick auf den internationalen Vergleich sollte der Prozentsatz eines Altersjahrgangs vergrößert werden, der einen Hochschulabschluss erreicht. Gestaffelte Studienabschlüsse, die nach kürzeren Studienzeiten erreichbar sind, können hier Abhilfe schaffen.

Neben den Hochschulstudiengängen müssen in den Sektoren, in denen die Nachfrage das Angebot an Studienplätzen übersteigt, auch die Studienplätze an Fachhochschulen ausgebaut werden. Auch in diesem Sektor nimmt Deutschland in der OECD-Statistik nur einen Mittelplatz ein.

In den technischen Disziplinen und in den Naturwissenschaften muss der Schwerpunkt an den Hochschulen weniger auf die Schaffung neuer Studienplätze gelegt werden. Es kommt vielmehr darauf an, die vorhandenen Studienplätze auszulasten. Es ist jedenfalls eine falsche Reaktion, wenn gegenwärtig in einzelnen Bundesländern Studienplätze in diesem Bereich gestrichen werden sollen, weil die Nachfrage zu gering ist. Angemessener ist es, die Nachfrage durch geeignete Maßnahmen zu steigern. Es gibt bisher zu geringe Überlegungen in die Richtung, wie man durch geeignete Informationen die Wahl naturwissenschaftlicher und technischer Studiengänge in geeigneter Weise beeinflussen kann. Grundsätzlich ist zu überlegen, mit welchen Maßnahmen nachhaltig dem viel zitierten, seit langem bekannten und doch immer wieder beobachtbaren „Schweinezyklus" in vielen Bereichen begegnet werden kann.

Eine der Stärken des deutschen Hochschulsystems, die Förderung der Graduierten und Postgraduierten, muss weiter ausgebaut werden. Deshalb müssen die bisherigen Formen der Förderung durch die DFG – Sonderforschungsbereiche, vor allem aber die Graduiertenkollegs – beibehalten und noch ausgebaut werden. In den Hochschulen müssen ergänzend interdisziplinäre Zentren auf Zeit gebildet werden. Dieses Maßnahmenbündel wird es erlauben, die Wettbewerbsfähigkeit in diesem Sektor zu vergrößern. Darüber hinaus sollten die bereits eingeleiteten Maßnahmen der Bundesregierung, die die verschiedenen Akteure des Wissenschaftssystems besser miteinander vernetzen sollen, fortgeführt werden.

Die Investitionen in das so genannte Humankapital müssen sowohl in den öffentlichen als auch den privaten Haushalten erhöht werden. Es ist von Interesse, dass es in Deutschland nur eine geringe Bereitschaft gibt, die Leistungen des öffentlichen Bereichs durch entsprechende Zusatzleistungen aus dem privaten Bereich zu flankieren. Dabei geht es nicht um die ca. 5 Prozent der Eltern, die in der Lage sind, die hohen Studiengebühren im Ausland zu bezahlen und es auch tun. Vielmehr scheint Bildung generell den Stellenwert als eines der höchsten Güter, in die zu investieren sich in jedem Fall lohnt, eingebüßt zu haben. Das ist eine Herausforderung an die gesamte Gesellschaft.

Konsequenz aus der abnehmenden Bedeutung der deutschen Universitäten

Stellt man die anerkanntermaßen große Stärken den gleichzeitig nicht zu vernachlässigen Schwächen gegenüber, so lässt sich feststellen, dass die Hochschulen heute trotz hoher Motivation und großen Engagements einzelne ihrer Aufgaben an vielen Stellen nicht mit der Qualität und Präzision erfüllen können, die von ihnen erwartet werden müssen, um den Wissenschaftsstandort Deutschland langfristig wettbewerbsfähig zu halten. Eine weiterhin restriktive Haushaltspolitik bei den traditionellen Hauptmittelgebern der Hochschulen, den Bundesländern, eine bis jetzt ergebnislos geführte Diskussion über die Einführung von Studiengebühren sowie die Tatsache, dass viele der hier aufgeführten Schwächen sich nicht allein auf mangelnde finanzielle Ausstattung zurückführen lassen, machen deutlich, wie hoch der Reformbedarf angesichts der globalen Wettbewerbslage im Bildungssystem einerseits und den Anforderungen durch den Wissensstandort Deutschland andererseits ist. Berücksichtigt man darüber hinaus, dass das Größenwachstum vieler Universitäten in den letzten 25 Jahren – durch Neugründungen nur ungenügend abgepuffert – zu einer vielbeklagten Schwerfälligkeit der Entscheidungsgremien und den bekannten Problemen z. B. bei der Ausstattung geführt hat und die vorhandenen Wettbewerbsmöglichkeiten durch die Bundesländer als den politischen Entscheidungsträgern nur unzulänglich ausgenutzt werden, kann daher bei unveränderten Randbedingungen nur auf eine abnehmende Bedeutung der deutschen Hochschulen im globalen Wettbewerb um Reputation, Forschungsmittel und hochqualifizierte Studierende ausgegangen werden. Der deutlichen Verschärfung des Wettbewerbsklimas auf dem Gebiet der Hochschulausbildung durch amerikanische, australische aber auch englische, skandinavische und niederländische Hochschulen tritt die deutsche Hochschullandschaft mit zu geringer Ausnutzung der Stärken und zu hoher Belastung durch die Schwächen nicht chancenlos aber chancengemindert gegenüber.

Das Leitbild für ein wettbewerbsfähiges Hochschulsystem: Differenzierung, Leistung, Eigenprofil und Kooperation

Eine Verbesserung dieser Situation erfordert fundamentale Änderungen in der Struktur der Hochschulen selbst und in den Beziehungen der Hochschulen zu den sie politisch tragenden Institutionen, die prinzipielle Neuorientierungen ermöglichen müssen. Ziel muss es sein, die Hochschulen wieder in die Lage zu versetzen, im Rahmen eines globalisierten Umfeldes, den für die Gesellschaft der Zukunft und ihre weitere Entwicklung notwendigen Aufgaben nachzukommen, nämlich

– die zentrale Einrichtung für Forschung und

– ein Ort akademischer Lehre und Ausbildung zu sein,

– ein Forum für die geistige Auseinandersetzung über Grundfragen der gesellschaftlichen Entwicklung zu bilden, und

– Serviceleistungen bereitzustellen

Die Gutachter sehen in dem Leitbild eines so genannten differenzierten Effizienzszenarios die größten Chancen, Anschluss an die internationale Wettbewerbsfähigkeit zu erreichen. Dieses Leitbild umfasst insbesondere folgende Einzelziele:

– Die Entscheidungsautonomie und -fähigkeit der Hochschulen und damit auch die Eigenverantwortung sind zu erhöhen. Den Hochschulen ist so die Möglichkeit zu geben, auf die wechselnden Anforderungen ihrer sozialen, politischen, kulturellen, wirtschaftlichen und ökologischen Umwelt flexibler als unter dem jetzigen Regelungssystem zu reagieren.

– Die Orientierung auf Leistung in Forschung und Lehre ist stärker zu institutionalisieren; individuelle Motivation allein reicht als Antriebskraft für akademische Wissenschaft und Lehre unter den heutigen Bedingungen komplexer Verflechtung der Hochschulen mit der Gesellschaft offenkundig nicht aus.

– Die Steuerung durch staatliche Gremien ist – jenseits der budgetären Prioritätensetzung für den Bereich Wissenschaft und Forschung allgemein – auf die Schaffung genereller Anreiz- und Feedbacksysteme und die Evaluation der Aufgabenerfüllung durch die Hochschulen nach leistungsbezogenen Kriterien zu konzentrieren und das Engagement in Detailentscheidungen zurückzunehmen.

Dieses Leitbild ist nur dann zu erreichen, wenn die Hochschulen Deutschlands in Zukunft einen hohen Grad an Autonomie, Wettbewerbs- und Leistungsorientierung, Flexibilität in der Aufgabenerfüllung sowie Spezialisierung und Kooperation in der Aufgabendefinition erreichen können. Ebenso ist eine entsprechende Internationalität oder Europäisierung erforderlich.

Empfehlungen

Das Hochschulsystem Deutschlands hat seine bis in die 30er Jahre des vorigen Jahrhunderts vorhandene hervorragende Wettbewerbsfähigkeit nie mehr wiedergewinnen können. Seine Wettbewerbsfähigkeit muss heute sogar als deutlich zu niedrig angesehen werden. Dies hat zweierlei weitreichende Konsequenzen: Zum einen wird die Wettbewerbsfähigkeit des Wirtschaftsstandortes Deutschland in einer zunehmend als wissensintensiv angesehenen globalen Wirtschaft mittel- und langfristig gefährdet sein; zum anderen werden auf dem globalen Markt der Hochschulausbildung in Zukunft andere Regionen, vor allem der angelsächsische Raum, die wachsende Nachfrage nach Hochschulausbildung befriedigen und damit am meisten von der neuen „Exportindustrie" Hochschulbildung in vielfältiger Weise profitieren. Für Deutschland hat dies die Konsequenz, dass potenzielle Einnahmen aus dem Studium von Jugendlichen aus anderen Weltregionen nicht erzielt werden, das enorme Potenzial des E-Learning Marktes von den deutschen Hochschulen mit all seinen wirtschaftlichen Sekundär- und Tertiärwirkungen nicht ausgeschöpft wird und zunehmend finanzielle Ressourcen deutscher Haushalte in das Studium der hochtalentierten und -motivierten Jugendlichen an ausländischen Hochschulen mit besserem Bildungsangebot und einem höheren Marktwert ihre Abschlüsse fließen. Es wird hierbei bewusst nur auf die wirtschaftlichen Konsequenzen der zu geringen Wettbewerbsfähigkeit der deutschen Hochschulen eingegangen, auf die in diesem Zusammenhang ebenfalls sehr wichtigen kulturellen, politischen und sozialen Aspekte muss jedoch hingewiesen werden.

Es ist daher dringend erforderlich, eine deutliche Trendwende einzuleiten und die Wettbewerbsfähigkeit deutscher Hochschulen zu stärken und zu verbessern, vor allem durch die Änderung einiger grundlegender Perspektiven.

– Die Hochschulen dürfen nicht mehr vorrangig als Belastung staatlicher Budgets angesehen werden, sondern als Investitionen in den wichtigsten Wettbewerbsfaktor der Zukunft und als neue „Exportindustrie"

– Den Hochschulen muss eine hohe Autonomie zugestanden werden Gleichzeitig muss der Wettbewerb zwischen ihnen und die Konkurrenz mit ausländischen Universitäten um die besten Studierenden wie auch die besten ForscherInnen und LehrerInnen, verstärkt werden.

– Durch Budgetautonomie und die *Möglichkeit der* Einführung sozial abgefederter Studiengebühren *können* Anreize geschaffen werden, aktiv Studierende im Ausland anzuwerben, höhere Anteile an dem bei größerer Modularisierung der Studiengänge stark wachsenden Markt der beruflichen Fortbildung in akademischen Berufen zu gewinnen und in den lukrativen globalen Markt des E-Learning mit ausreichender Grundausstattung einsteigen zu können *(kursiv: abweichende Formulierung der FDP).*

Das dies auch in der relativ kurzen Zeit einer Dekade mit zum Teil spektakulären Ergebnisse möglich ist, haben andere Länder, beispielsweise die Niederlande und vor allem Australien, deutlich gemacht. Die hierfür erforderlichen Einzelmaßnahmen sind in der Fülle von Empfehlungen vieler Beraterkommissionen zur Entwicklung des Hochschulsystems in der Bundesrepublik Deutschland bereits niedergelegt. Die Bundesregierung hat deshalb nicht nur das Budget für Bildung und Forschung seit 1998 um über 21 Prozent erhöht, sondern darüber hinaus im Rahmen ihres Zukunftsinvestitionsprogramms eine Zukunftsinitiative Hochschule gestartet, in der viele Maßnahmen davon aufgegriffen wurden. Denn die sich immer deutlicher abzeichnende Krise des Wirtschaftsstandortes Deutschland und seine durch zu niedrige Investitionen in Bildung und Ausbildung weitere sinkende Wettbewerbsfähigkeit war und ist Anlass genug, auf diesem zentralen Gebiet, der Qualität und Quantität der Hochschulausbildung, vom Mahnen und Vorschlagen zum Handeln überzugehen.

Einzelempfehlungen

Empfehlung 1   Begabungsreserven der Gesellschaft auf allen Ebenen nutzen

Deutschland kann nicht länger auf Rang 21 von 25 OECD Ländern im Hinblick auf den Prozentsatz eines Jahrgangs, der einen Hochschulabschluss erreicht, liegen, oder zu den führenden Nationen im Hinblick auf die Quote von Studienabbrechern gehören. Wenn sich dies nicht schnell und deutlich ändert, wird die Wettbewerbsposition der Bundesrepublik, vor allem in den zunehmend wissensintensiven Industrien, deutlich beeinträchtigt. Gefordert ist „mehr und bessere Bildung für Alle", vor allem aber auch „mehr und bessere Bildung für die Besten". Die Erreichung dieses Zieles erfordert Maßnahmen vor allem im Primarbereich aber auch im Bereich der höheren Stufen des Bildungssystems. Es sind entsprechende Voraussetzungen zu schaffen, damit die Zahl der Jugendlichen zunimmt, die eine Hochschulreife erreichen, ohne dass die Qualität des Abschlusses dadurch (weiter) gemindert wird Dazu bieten sich in Deutschland zwei Wege an, die sich auch in der Vergangenheit schon bewährt haben:

– *Ausbau des Allgemeinbildenden Schulwesens, damit mehr Jugendliche die Möglichkeit ergreifen, die Allgemeine Hochschulreife zu erwerben.*

– *Ausbau der Wege zur fachgebundenen Hochschulreife, um die Praxis- und Berufsnähe in entsprechenden Studiengängen zu verbessern.*

Neben dem Ausbau dieser traditionellen Hauptwege zur Erlangung der Hochschulreife gilt es aber auch, in Anlehnung an die Empfehlung des Sachverständigenrates Bildung bei der Hans-Böckler-Stiftung, die anderen Zugangswege zur Hochschulbildung zu verstärken und hierfür auch zu werben. .

Empfehlung 2   Studienplätze schaffen und Studienangebote verbessern

Innerhalb des Hochschulsystems muss die Zahl der Studienplätze insgesamt gesteigert werden. Dabei wird es vor allem darauf ankommen, Studienangebote zu entwickeln, die als berufsbezogene Abschlüsse modular angelegt auf die „Vielen" zugeschnitten sind. Deshalb hat die Bundesregierung die Einführung von gestuften Studiengängen und den Auf- und Ausbau von Leistungspunktsystemen beschlossen. Gleichzeitig wird eine Erweiterung des Angebots im Bereich der Fachhochschulen erforderlich sein.

Empfehlung 3   Investitionen ins Bildungssystem steigern

Die Investitionen insbesondere in das allgemeine Bildungssystem aber auch in den tertiären Bereich müssen erhöht werden, wenn Deutschland im internationalen Wettbewerb bestehen will, weil es – wie dargelegt – einen starken Zusammenhang zwischen diesen Investitionen in die Köpfe der Menschen und der Wettbewerbsfähigkeit einer Region gibt.

Empfehlung 4   Private Bildungsinvestitionen fördern

Die Notwendigkeit stärker in Bildung und Ausbildung zu investieren, gilt für die öffentlichen und auch die privaten Haushalte. In Deutschland werden die privaten Haushalte im internationalen Vergleich wenig durch das Studieren der Kinder belastet. Bildungsinvestitionen haben offensichtlich in Deutschland bei den Ausgaben privater Haushalte mittlerweile einen zu geringen Stellenwert. Es wird erwartet, dass der Staat hier in fast allen Sektoren – Ausnahmen sind der vorschulische und der Weiterbildungsbereich – die entsprechenden finanziellen Verpflichtungen übernimmt. Hier ist eine Umverteilung der Lasten im Lebenszyklus erforderlich: Im vorschulischen Bereich sollten keine Kosten anfallen, demgegenüber erscheint in vielen Fällen eine finanzielle Belastung im tertiären Bereich als gerechtfertigt. Dies fällt umso leichter, je mehr auch aus verteilungspolitischen Gründen auf Bildungskonten, Vouchersysteme und ähnliche Formen der Bildungsfinanzierung wie vom Sachverständigenrat Bildung der Hans-Böckler-Stiftung schon vorgeschlagen, zurückgegriffen wird.

Empfehlung 5   Studienanreize in den Naturwissenschaften erhöhen

Speziell bei den Naturwissenschaften, insbesondere Physik und Chemie sowie in der Mathematik, muss die Nachfrage nach Studienplätzen erhöht werden. Es gibt in diesen Fächern nicht zu wenige Studienplätze, sondern eine zu geringe Nachfrage. Das setzt Maßnahmen voraus, die im Schulsystem ergriffen werden. Die Motivation, diese Fächer zu studieren, muss verbessert werden. Mit dem Schwerpunktprogramm BIQUA (Bildungsqualität von Schule) der DFG werden erste, entsprechende Vorarbeiten geleistet.

Empfehlung 6   Lehre personell und strukturell stärken

Die Einheit von Lehre und Forschung kann nicht in allen Bereichen des Studiums beibehalten werden. Im Erststudium werden große Teile der Lehre ohne eine enge Verknüpfung mit der Forschung geleistet werden müssen. Deshalb werden Professuren notwendig sein, die ihren Schwerpunkt in der Lehre finden.

Empfehlung 7   Qualitätssicherung vorantreiben

Die Qualitätsanforderungen an die Lehre müssen generell gesteigert werden. Erforderlich ist dazu eine entsprechend bessere Ausbildung für die Lehrenden durch hochschuldidaktische Kurse sowie der systemweite Ausbau von Qualitätsbeurteilung, unter Berücksichtigung der Studierenden sowie durch peers. Die Einführung eines systematischen Qualitätsmanagements in Forschung und Lehre durch die Bundesregierung ist ein wichtiger Schritt zur Erreichung dieses Ziels.

Empfehlung 8   Leistungskomponente ausbauen und stärker institutionalisieren

Die Orientierung auf Leistung in Forschung und Lehre ist stärker zu institutionalisieren; individuelle Motivation allein reicht als Antriebskraft für akademische Forschung und Lehre unter den heutigen Bedingungen komplexer Verflechtung der Hochschulen mit der Gesellschaft nicht aus. Um diese Fragen anzugehen, hat die Bundesregierung mit den Reformen des Dienstrechts ein Instrument zur Unterstützung der Verbindung von Theorie und Praxis geschaffen. Dabei wird der Habilitation traditioneller Prägung die Juniorprofessur und die Möglichkeit des Rufs durch Praxiserfahrung an ihre Seite gestellt. Damit können endlich auch solche Nachwuchskräfte eine Hochschulprofessur erhalten, die sich in der Praxis als herausragend bewiesen haben.

Empfehlung 9   Hochschulverwaltungen dienstleistungsorientiert modernisieren

Hochschulen benötigen ein professionelles Management in der Leitung und eine entsprechende Zuordnung von Verantwortung. Universitäre Gremien haben in einem solchen System die Funktion der Aufsicht wahrzunehmen.

Empfehlung 10   Anreizsysteme verstärkt ausbauen

Es müssen über die entsprechenden Organisationsstrukturen hinaus Anreizsysteme für die Individuen geschaffen werden. Mit der Besoldungsreform für die HochschullehrerInnen sind hier erste Schritte getan. Es ist in den nächsten Jahren zu evaluieren, inwieweit der jetzt gegebene Rahmen hierfür ausreicht.

Empfehlung 11   Flexibilisierung der Rahmenbedingungen für das wissenschaftliche Personal

Für Teile des Lehrangebots kann nicht davon ausgegangen werden, dass sie längerfristiger angeboten werden. Studienordnungen müssen gerade an den Grenzen der Disziplinen flexibel sein und die Lernfähigkeit des Hochschulsektors reflektieren. Damit müssen hochqualifizierte Lehrende auf Zeit gewonnen werden. Hierfür bedarf es entsprechender Entgeltregelungen. Die starre Bindung an das Beamtenrecht bzw. den BAT muss für das wissenschaftliche Personal aufgegeben werden. Für mittelfristige Engagements attraktiver Lehrender müssen entsprechende Handlungsspielräume eröffnet werden. Die Qualitätsanforderungen in der Lehre müssen generell gesteigert werden. Erforderlich ist hier eine entsprechend bessere Ausbildung für die Lehrenden durch hochschuldidaktische Kurse.

Empfehlung 12   Verkürzung und Modularisierung des Erststudiums

Höhere Anteile einer Altersgruppe, die studieren, erfordern, dass die Zeiten für das Erststudium verkürzt werden.

Wenn gleichzeitig die Internationalisierung der Studien gefördert werden soll, setzt das vor allem im Erststudium eine konsequente Modularisierung voraus.

Empfehlung 13 Hochschulspezifische Auswahlverfahren ermöglichen

Universitäten müssen das Recht haben, ihre Studierenden mit hochschulspezifischen Auswahlverfahren (Probestudienzeit, Aufnahmeprüfungen) selbst auszuwählen.

Empfehlung 14 Universitäre Weiterbildung ausbauen

Die universitäre Weiterbildung muss ausgebaut werden. In Deutschland wird im internationalen Vergleich nicht, in Jahren bilanziert, zu lange studiert, falsch ist die extreme Konzentration der Studienzeiten auf die Erstausbildung, also vor dem Übertritt in das Beschäftigungssystem.

Empfehlung 15 Graduiertenförderung

Die Stärken der deutschen Hochschulen bei der Graduiertenförderung und der Förderung der Postgraduierten müssen ausgebaut werden. In diesen Bereichen müssen verstärkt Arbeits- bzw. Forschergruppen eingerichtet werden. In den Hochschulen muss generell die Form der Kooperation durch die Schaffung geeigneter Zentren auf Zeit verbessert werden.

Empfehlung 16 Autonomie der Hochschulen stärken und Spezialisierung ermöglichen

Hochschulen muss die Wahlfreiheit gelassen werden, ob sie sich insgesamt oder in einzelnen Fachbereichen bzw. Fakultäten mehr auf die Bildung der Vielen oder auf Angebote für Eliten konzentrieren wollen. Sie müssen eigenständige Leitbilder entwickeln und so verstärkt an ihrer Profilbildung arbeiten. Dies setzt weitgehende Autonomie voraus. Um diese Autonomie langfristig zu sichern, müssen Hochschulen Systeme zur Überprüfung einrichten, ob und inwieweit sie die Ziele ihres Leitbildes erreichen.

Empfehlung 17 Internationalisierung vorantreiben

Die Internationalisierung der Studiengänge und Studienabschlüsse muss vorangetrieben werden. Dies hat Konsequenzen sowohl für die inhaltliche Orientierung der Studiengänge als auch für den Anteil der Lehrveranstaltungen, die in der lingua franca der heutigen Welt, Englisch, auf einem didaktisch international wettbewerbsfähigen Niveau angeboten werden. Hier liegt eine besondere Herausforderung an den Wissenschaftsstandort Deutschland im globalen Wettbewerb. Die Bundesregierung hat deshalb verschiedene Maßnahmen, vor allem im Rahmen der Zukunftsinitiative Hochschule, initiiert, die von der Gewinnung exzellenter ausländischer Wissenschaftlerinnen und Wissenschaftler über den Aufbau internationaler Studiengänge bis hin zur Förderung des „Exports" deutscher Studiengänge durch deutsche Hochschulen reichen.

Empfehlung 18 Europäisierung der Studiengänge und Abschlüsse ausbauen

Die bestehenden Instrumente der Europäisierung der Hochschulausbildung sind auszubauen und beschleunigt voranzutreiben. Dies gilt, neben gemeinsamen Studiengängen einiger europäischer Universitäten und internationalen Abschlüssen, vor allem für die Mobilitätsprogramme wie Sokrates-Erasmus, die quantitativ und von der Ausstattung her deutlich erweitert werden müssen. Dies gilt auch für eine umfassendere Anerkennung von Studienleistungen durch den weiteren Ausbau des Creditpoint Systems. Die guten Erfahrungen vieler Fachhochschulen in der Europäisierung vornehmlich wirtschaftswissenschaftlicher Studiengänge sollten in andere Fachgebiete übernommen werden. Entsprechende Modellvorhaben sind zu unterstützen. Die Europäisierung erfordert darüber hinaus zusätzliche innovative Ansätze, wie sie beispielsweise unter Führung der Luxemburger Regierung in der Schaffung eines Verbundsystems europäischer Reformuniversitäten unter dem Markennamen „Campus Europae" entwickelt werden. Hier sollen Studierende an mindestens zwei Verbunduniversitäten in unterschiedlichen europäischen Ländern studiert haben, bevor sie ihren jeweiligen Abschluss erreichen (zu den Einzelheiten siehe Schily, K. et al. Denkschrift der Initiative „Europäische Stiftungsuniversitäten" zweite Auflage Witten 2000). Alle diese Maßnahmen dienen dazu, die kulturelle Vielfalt Europas bewusst als Wettbewerbsvorteil zu nutzen und die Studierenden Europas im weitmöglichsten Umfang auf das Arbeiten in globalen Märkten und multikulturellen Umwelten vorzubereiten. Die Kommission der Europäischen Union und die Bundesregierung sind aufgerufen, im Interesse des Wirtschaftsstandortes Europa und Deutschland hier schnell und umfassend aktiv zu werden.

Empfehlung 19 Internationales Marketing für den Bildungsstandort Deutschland intensivieren

Begleitend zu diesen Maßnahmen muss das Potential des Wissenschaftsstandortes Deutschland international deutlicher gemacht werden. Hier ist auch die auswärtige Kulturpolitik gefordert, entsprechende Marketing-Maßnahmen nach dem Vorbild anderer Bildungsexportnationen auszubauen. Die Stärkung des Standorts Deutschland durch Ausbau der relevanten Programme des DAAD und der Alexander von Humboldt Stiftung sind ebenfalls richtige und wichtige Maßnahmen. Sie müssen ergänzt werden durch dezentrales Marketing der Hochschulen im Ausland für ihre Dienstleistungen. Zum Start sind befristet Projektmittel hierzu bereitzustellen. Eine wichtige Initiative ist in diesem Zusammenhang die „Konzertierte Aktion Internationales Marketing für den Bildungs- und Forschungsstandort Deutschland", mit der Bund, Länder, Wirtschaft und Wissenschaft gemeinsam für die deutschen Hochschulen und Forschungseinrichtungen international um die besten WissenschaftlerInnen und Studierenden werben. Erste Erfolge sind bereits sichtbar: So ist die Zahl der ausländischen Studierenden nach ersten Schätzungen von 2000 auf 2001 um rund 15 Prozent auf nunmehr 140 000 gestiegen.

Empfehlung 20 Externe Steuerung verringern und Hochschulautonomie ausbauen

Die Steuerung durch staatliche Gremien ist – jenseits der budgetären Prioritätensetzung für den Bereich Wissenschaft und Forschung allgemein – auf die Schaffung genereller Anreiz- und Feedbacksysteme und die Evaluation der Aufgabenerfüllung durch die Hochschulen nach leistungsbezogenen Kriterien zu konzentrieren und das Engagement in Detailentscheidungen zurückzunehmen. Die Wissenschaftsverwaltungen müssen sich so einerseits auf die Setzung von Rahmenbedingungen, die grundlegenden Budgetentscheidungen, Entscheidungen über die Förderung von Forschungsschwerpunkten sowie das Ausmaß von Finanzierung von Lehre konzentrieren und sollen andererseits langfristig die Forschungs- und Ausbildungsleistungen der Hochschulen in Bezug auf Zielerreichung kontrollieren.

Empfehlung 21 E-Learning im Verbund ausbauen

Die Hochschulen müssen Verbünde schaffen, die das große intellektuelle und wirtschaftliche Potenzial des e-Learnings erschließen. Hierzu müssen auch Allianzen mit den relevanten Softwareanbietern und Multimediaunternehmen geschaffen werden. Die Kommission der Europäischen Union und die Bundesregierung sind aufgerufen, durch Förderanstrengungen den deutschen Hochschulen, die hier für sich die Möglichkeit der spezifischen Profilbildung sehen, im Verbund mit Universitäten anderer europäischer Länder den Einstieg in diesen großen und schnell expandierenden Markt zu ermöglichen. Dies dient nicht nur dem wirtschaftlichen Ziel der Wettbewerbsfähigkeit auf diesem Gebiet, sondern hat auch hohe kultur- und europapolitische Bedeutung.

11.2.2.7.2 Offene Fragen

E-Commerce ist zwar eine neue wichtige Form des Handels, es bleibt aber unklar, welche konkreten Fragen noch zusätzlich behandelt werden sollen.

11.3 Minderheitenvotum der PDS-Arbeitsgruppe zum Endbericht der Enquete-Kommission „Globalisierung der Weltwirtschaft", Ulla Lötzer, MdB, Prof. Dr. Jörg Huffschmid (Sachverständiger)

11.3.1 Einleitung – Die Herausforderung: Demokratische Politik gegen die neoliberale Deformation der Globalisierung

Der Endbericht formuliert in der Einleitung den konzeptionellen Rahmen, innerhalb dessen die einzelnen Problemfelder der Globalisierung diskutiert werden. Dabei wird die mit der aktuellen Form der Globalisierung verbundene massive Verschärfung von Ungleichheit, die steigenden Ungleichgewichte in der Weltwirtschaft und die negativen sozialen und ökologischen Folgen thematisiert. Insoweit stimmen wir dem Bezugsrahmen des Endberichts zu. Was wir vermissen, ist eine deutlichere Analyse der Interessen, Macht- und Kräfteverhältnisse, die eine derartige Entwicklung vorangetrieben haben. Es handelt sich in unserer Sicht nicht um einen quasi-automatischen, durch die Technologie gestützten Vorlauf der Ökonomie, bei dem die Politik aufholen und gestalten muss. Es handelt sich vielmehr um eine auch bisher schon von der Politik gestützte und vorangetriebene Entwicklung im Interesse der Kapitalgruppen, die auf internationale Expansion angewiesen sind und diese ohne Rücksicht auf die sozialen und ökologischen Kosten betreiben. Damit sind die potenziell positiven Wirkungen internationaler Arbeitsteilung faktisch für den größten Teil der Menschen nicht zum Tragen gekommen, Globalisierung ist zur Spaltung der Welt deformiert worden. Daher brauchen wir nicht nach einem ökonomischen Vorlauf eine nachfolgende Politik, sondern eine **andere** Wirtschaft und eine **andere** Politik. Im folgenden wollen wir den konzeptionellen Bezugsrahmen für unser Minderheitsvotum skizzieren:

Die „Globalisierung der Weltwirtschaft" ist Thema einer Enquete-Kommission geworden, weil die Gesellschaft die Entwicklung zunehmend als Problem empfunden hat. Dies ist spätestens seit den Demonstrationen von Seattle anlässlich der Ministerratstagung der WTO Ende 1999 der Fall. Seitdem sehen immer mehr Menschen die Globalisierung nicht mehr nur als unabwendbares – im wesentlichen durch den technologischen Fortschritt verursachtes – Schicksal, an das sich Menschen, Unternehmen und Länder bei Strafe des Untergangs anpassen müssen. Sie erkennen, dass die Globalisierung ein Resultat des Zusammenwirkens von ökonomischen und politischen Entwicklungen ist, hinter denen wirtschaftliche und politische Kräfte und Interessen stehen. Die Ergebnisse sind für eine zunehmende Zahl von Menschen weder sozial, noch ökologisch und politisch akzeptabel.

Der empirische Befund von dem wir ausgehen, ist folgender: Im letzten Vierteljahrhundert haben Umfang und insbesondere Tempo von grenzüberschreitenden Waren-, Dienstleistungs- und ganz besonders Kapitalströmen enorm zugenommen. Neue Technologien und insbesondere das Internet versprechen grenzenlosen Fortschritt und neue demokratische Partizipationsmöglichkeiten in einer informationell vernetzten Wissensgesellschaft. Gleichzeitig ist die Spaltung der Welt in Arm und Reich viel tiefer geworden, sowohl zwischen armen Entwicklungs- und reichen Industrieländern als auch innerhalb der meisten Länder. Die Zahl der Armen, die von weniger als einem US-Dollar pro Tag leben, ist während des letzten Jahrzehnts absolut gestiegen. Der durch die sozialen Sicherungssysteme geschaffene gesellschaftliche Zusammenhalt wird in den Industrieländern unter dem Druck von Sozialabbau und Privatisierung brüchig; in vielen Entwicklungsländern kommt nach der Zerstörung traditioneller Sozialstrukturen kein neuer Zusammenhalt zustande. Wir sind Zeugen neuer Wellen und Formen von Aggressivität, Gewaltbereitschaft und Gewaltausbrüchen in zahlreichen Gesellschaften und sind mit einer neuen

Dimension militärischer Interventionen im Namen globaler Werte konfrontiert. Diese Entwicklungen fördern fundamentalistische Tendenzen in allen Teilen der Welt und gefährden die Demokratie.

Diese alarmierenden Tatsachen sind nicht in erster Linie auf die Internationalisierung der Wirtschaft zurückzuführen. Sie haben aber sehr viel mit der Art zu tun, wie sie von den Industrieländern und deren führenden Unternehmen durchgesetzt und gestaltet wurde. Die internationale Ausdehnung der Wirtschaft enthält positive Perspektiven: Sie kann Entwicklung durch Unterstützung und Kooperation fördern, den Wohlstand aller Beteiligten durch Arbeitsteilung und Handel steigern, und durch wirtschaftliche Verflechtung zum Frieden auf der Welt beitragen. Diese Perspektiven verwirklichen sich allerdings nicht automatisch, sondern erfordern bewusstes und kooperatives politisches Handeln. Die Dynamik der Märkte, auf denen sich immer die Stärkeren zu Lasten der Schwächeren durchsetzen, muss eingebettet werden in einen nationalen und internationalen Rahmen der Zusammenarbeit und des sozialen Ausgleiches, und dieser Rahmen kann nicht von den Großen diktiert, sondern muss gemeinsam abgesteckt werden. Tatsächlich ist wirtschaftliche Internationalisierung jedoch nicht in diese, sondern in die entgegengesetzte Richtung politisch forciert und gestaltet, sind ihre positiven Perspektiven hierdurch bis zur Unkenntlichkeit deformiert worden. Internationale Kooperation ist zunehmend durch Konkurrenz, die Politik einer schrittweisen Stärkung ökonomischer Grundstrukturen in den Entwicklungsländern durch radikale und rücksichtslose Marktöffnung, demokratische politische Willensbildung durch den Druck und das Diktat der großen internationalen Finanzinstitutionen ausgehebelt worden. Auch in den Industrieländern hat stärkere Internationalisierung die Versprechen nicht eingelöst, mit deren Hilfe sie vorangetrieben worden war. Die Politik hat sich in den letzten beiden Jahrzehnten weniger daran orientiert, den Wohlstand, die Beschäftigung und die soziale Sicherheit der Menschen zu sichern als daran, die internationale Wettbewerbsfähigkeit der nationalen Unternehmen – insbesondere der großen Konzerne – auf Kosten der Mehrheit zu steigern. Demokratie ist zunehmend unter den Druck der großen Akteure auf den Finanzmärkten und der transnationalen Konzerne geraten.

Diese Art, wie Internationalisierung als „Wettlauf der Besessenen" rücksichtslos politisch vorangetrieben, organisiert und begleitet wird, sehen wir als den Kern der gegenwärtigen Globalisierung an. Es handelt sich dabei um ein von Anfang an politisches Projekt: Wirtschaftliche, soziale und politische Entwicklungen sollen vor allem im Interesse der Privatwirtschaft und besonders der großen international tätigen Kapitalgruppen gestaltet werden. Dieses Projekt richtet sich faktisch, zum Teil auch explizit, gegen einen gesellschaftlichen Reformanspruch, der wirtschaftliche Strukturen und Prozesse in eine demokratisch festgelegte Entwicklungsstrategie einbinden, Bildung und Kultur, Gesundheit und die Grundversorgung der Menschen als öffentliche Güter erhalten und dem dominierenden Zugriff privater Profitstrategien entziehen will. Die Globalisierung, mit der wir heute konfrontiert sind, ist eine Strategie der neoliberalen Gegenreform. Globalisierungskritik richtet sich nicht gegen Internationalisierung an sich, sondern gegen ihre neoliberale Deformation.

Diese Sicht haben wir in der Enquete-Kommission vertreten und in den Arbeitsgruppen konkretisiert. Wir unterstützen die Empfehlungen der Kommission, die auf eine Korrektur der von uns kritisierten Fehlentwicklungen zielen. Unsere Position ist in den einzelnen Arbeitsgruppen in unterschiedlichem Ausmaß akzeptiert und gelegentlich von der Mehrheit der Kommission geteilt worden; in diesen Fällen taucht sie auch im Hauptbericht auf. Dies gilt besonders für das Mehrheitsvotum der Arbeitsgruppe „Wissensgesellschaft", das sich in der Analyse und den Empfehlungen an der „Nachhaltigkeit" von Wissen orientiert. Das heißt, Wissen gilt als öffentliches Gut, als Mittel zur Herstellung einer demokratischen Öffentlichkeit und von sozialer Gerechtigkeit. Die Überwindung der „Wissenskluft" wird somit als Aufgabe formuliert.

In anderen Arbeitsgruppen sind wir bei wesentlichen Fragen mit unseren Ansichten in der Minderheit geblieben. Zu einigen davon stellen wir im folgenden unsere von der Mehrheit abweichenden Ansichten und die daraus folgenden Handlungsempfehlungen vor.

11.3.2 Arbeitsgruppe Finanzmärkte: Demokratisierung statt Disziplinierung

Der Abschlussbericht der AG 1 stellt einen deutlichen Fortschritt gegenüber dem Zwischenbericht dar. Bereits dieser hatte sich im Diagnoseteil nicht auf die allgemeine Beschwörung der theoretisch möglichen Vorzüge liberalisierter und zunehmend deregulierter Finanzmärkte beschränkt, sondern die wirkliche Welt zur Kenntnis genommen. Der Bezug auf die tatsächliche Entwicklung der Finanzmärkte, ihre Struktur und Funktionsweise sowie die jüngsten Finanzmarktkrisen hat dazu geführt, dass der Abschlussbericht zu einer deutlich skeptischen und kritischen Einschätzung ihrer Rolle und ihrer Verantwortung für zunehmende weltwirtschaftliche Instabilitäten und Krisen, vor allem für die soziale Ungleichheit gelangt ist, die in den letzten beiden Jahrzehnten sowohl zwischen dem Norden und Süden als auch innerhalb des Nordens und des Südens dramatisch zugenommen hat. Diesen Befund unterstreicht die PDS-Arbeitsgruppe nachdrücklich.

Wir begrüßen es, dass die kritischen Akzente im Zwischenbericht auf Grund der nachfolgenden Diskussionen – zu der die PDS-Gruppe einen sichtbaren Beitrag geleistet hat – noch einmal vertieft worden sind und zu Handlungsempfehlungen der Mehrheitsfraktionen geführt haben, die weiter reichen als im Zwischenbericht. Dies betrifft beispielsweise die kritischere – und damit die unkritischen Aussagen im Zwischenbericht korrigierende – Bewertung der Politik der Europäischen Zentralbank, die endlich aufgenommene Empfehlung zur Einführung einer Tobinsteuer und das Plädoyer für eine Veränderung der Stimmrechtsverhältnisse im IWF zugunsten der Entwicklungsländer – alles Themen und Empfehlungen, die wir bereits in unserem Minderheitenvotum im Zwischenbericht vorgeschlagen hatten.

Entsprechend dieser positiven Bewertung teilen wir viele Handlungsempfehlungen insbesondere diejenigen, die sich auf die Beschränkung der Spekulation, der Geldwäsche und der Tätigkeit von Offshorezentren, auf die stärkere Einbindung des Privatsektors bei der Bewältigung von Zahlungsschwierigkeiten, die Sicherung der Finanzierungsgrundlagen für den Mittelstand, die Schaffung eines europäischen Finanzmarktes und die Demokratisierung internationaler Institutionen richten.

Der Bericht gibt allerdings nach wie vor Anlass zur Kritik: Die Analyse der Finanzmärkte ist teilweise – vor allem im Abschnitt über shareholder value – verharmlosend und inkonsequent; die Bewertung beschränkt sich auf die destabilisierende Rolle der Finanzmärkte und klammert ihren „disziplinierenden" Druck auf die Politik von demokratisch gewählten Parlamenten und Regierungen ganz aus. Dieser Druck führt zu einer verengten wirtschaftspolitischen Gesamtorientierung; Teile der Systeme der sozialen Sicherung werden zunehmend den Gewinninteressen der institutionellen Investoren und den Risiken der Kapitalmärkte ausgeliefert. Beides verstärkt die Tendenzen der neoliberalen Gegenreform, und beides hat auch in Deutschland während der letzten Jahre stattgefunden. Als Folge dieser Beschränkung richten sich die Handlungsempfehlungen der Kommissionsmehrheit im wesentlichen auf die Stabilisierung der Finanzmärkte; aber auch auf diesem Gebiet sind sie lückenhaft und in mancher Hinsicht halbherzig. Besonders gravierend für uns ist die Haltung der Mehrheit zur Herausbildung eines europäischen Finanzmarktes. Erst nach unserem intensiven Drängen griff sie dieses Thema auf, dann aber sehr unzureichend – im wesentlichen durch stückweise Übernahme, Entschärfung und Verballhornung unserer Papiere zu diesem Thema.

In ihren Votum behandelt die PDS-Arbeitsgruppe zunächst die im Bericht ausgeklammerten Probleme (1); sie legt dann zu zwei Gebieten ergänzende Handlungsempfehlungen vor (2). Unser Votum zielt zum einen auf die aktuellen Fehlentwicklungen, zum anderen auf die Gestaltung eines europäischen Finanzmarktes, welcher der Demokratie, der Beschäftigung und dem sozialen Zusammenhalt verpflichtet ist.

11.3.2.1 Was der Bericht ausblendet: Die Aushöhlung von Demokratie und Sozialstaatlichkeit durch die Finanzmärkte

11.3.2.1.1 Alleinherrschaft der Eigentümer: Der Druck durch die Shareholder-value-Orientierung

Der Mehrheitsbericht hatte schon im Zwischenbericht unter dem Titel „shareholder value" die Bedeutung der großen Finanzanleger für die Geschäftspolitik großer Unternehmen in verharmlosender Weise behandelt. Die Ergänzungen im Abschlussbericht sind offensichtlich unter dem Eindruck des Enron-Skandals zustande gekommen und erschöpfen sich auf einen Vergleich amerikanischer und europäischer Methoden der Rechnungslegung. Die hierzu gehörige Handlungsempfehlung (2.3) fällt erheblich schwächer aus als die im Zwischenbericht. Der Hinweis auf die wachsende Macht der institutionellen Investoren, die Kernursache für das Aufkommen der Shareholder-Value-Orientierung, kommt nicht mehr vor.

Es geht bei shareholder value aber nicht in erster Linie um die Einführung einer neuen Meßzahl für den Unternehmenswert, deren wissenschaftliche Solidität mit Recht angezweifelt wird. Die Shareholder-Value-Orientierung ist eine Kampfansage der institutionellen Anleger an eine Unternehmenspolitik, die neben den Interessen der Eigentümer (shareholder) auch noch andere Interessen berücksichtigt (vgl. AG1 AU 14/75). Sie richtet sich gegen Mitbestimmung der Beschäftigten und Gewerkschaften, und allgemeiner gegen eine Unternehmenskultur, die in den vergangenen Jahrzehnten in unterschiedlichen Formen in harten Auseinandersetzungen als Alternative zum angelsächsischen Modell der Unternehmensführung in Kontinentaleuropa durchgesetzt worden war. Der Kern dieser Alternative: Große Unternehmen mit Tausenden von Beschäftigten sollen nicht als Privatveranstaltung von Privatleuten im ausschließlichen Interesse von Privatleuten geführt werden; es handelt sich dabei um soziale Organisationen, in denen zum einen ein Mindestmaß an innerer Demokratie herrschen und die zum anderen in ein Geflecht sozialer, ökologischer und entwicklungspolitischer Verantwortung einzubinden sind.

Eine solche Orientierung war auch in der Vergangenheit immer wieder harten Angriffen ausgesetzt und ist oft verletzt worden. Mit der Entwicklung und Liberalisierung der Finanzmärkte und der dominierenden Rolle der institutionellen Anleger erhalten diese Angriffe neue Wucht, soll die gesellschaftliche Verantwortung privater Unternehmen vollends liquidiert werden. Die Folgen beschränken sich nicht auf die Unternehmen, in denen die institutionellen Anleger unmittelbar präsent sind und direkten Druck auf das Management ausüben. Über die Mechanismen der Börse, Rating und Ranking, die Konkurrenz, über neue Standards und Benchmarks für die Rechnungslegung, Konditionen für Zulieferer und Kunden wird der Druck auf andere Unternehmen übertragen und trifft auch – vielfach in besonderer Härte – mittelständische Firmen. Shareholder-Value-Orientierung ist damit ein Kürzel für eine massive Welle der Gegenreform in der Unternehmensführung. Dieser Aspekt spielt im Abschlussbericht der Mehrheit eine noch geringere Rolle als im Zwischenbericht.

11.3.2.1.2 Aushebelung der Demokratie: der „disziplinierende" Druck der Finanzmärkte auf die Politik

Der Endbericht verliert kein Wort über die Gefährdung der parlamentarischen Demokratie, die von dem „disziplinierenden" Druck der großen Akteure auf den Finanzmärkten auf die Politik von Parlamenten und Regierungen ausgeht. Dabei wird dieser Druck von denen, die ihn ausüben, gar nicht bestritten, sondern sogar als Vorzug der modernen Finanzmärkte herausgestellt: Sie reagieren schnell und hart auf politische „Fehler" und erzwingen politische Korrekturen. Als Fehler gilt alles, was nicht im Interesse der „Finanzinvestoren" liegt: ein starkes öffentliches System der sozialen Sicherheit, hohe Löhne, energische Beschäftigungs- und Umweltpolitik, großzügige Entwicklungspolitik, zu hohe Steuern. Die „Korrektur" dieser Fehler erfolgt seit den 80er Jahren durch restriktive Geld- und Finanzpolitik, Sozialabbau und die Lockerung arbeits-, sozial- und umweltrechtlicher Standards. Die Hebel, mit denen die institutionellen Investoren ihre Interessen gegenüber der Politik und der Gesellschaft durchsetzen, sind die Konkurrenz um Neuanlagen und ihre „Exit-Option", d. h. ihre Fähigkeit, das Kapital, das sie in einem Land angelegt haben, schnell und praktisch ohne Kosten abzuziehen. Allein die Drohung mit Kapitalverlagerung veranlasst Regierungen, sich auf einen „Standortwettbewerb" einzulassen, bei dem Schritt für Schritt soziale und demokratische Fortschritte im Namen der Standortattraktivität geschleift werden. Darüber hinaus spielen die Bewertungen der Rating-Agenturen mit ihren Bonitätsprüfungen alleine nach zu erwartender Renditehöhe als Anlagemaßstab eine besondere Rolle für die Konzentration der Finanzanlagen. Die auf den Finanzmärkten dominierenden Banken und Anleger haben auf diese Weise dazu beigetragen, dass sich die wirtschaftspolitische Hauptausrichtung in den letzten beiden Jahrzehnten grundlegend zugunsten eines neoliberalen Marktradikalismus gewandelt hat. Die Rolle der Politik soll sich darauf beschränken, privates Eigentum zu schützen und öffentliches zu privatisieren, Märkte zu öffnen und für stabile Preise zu sorgen – notfalls durch Auslösung von Krisen und Arbeitslosigkeit.

Im internationalen Rahmen spielen seit den 70er Jahren der Internationale Währungsfonds und die Weltbank als globale, von den großen Finanzzentren des Nordens dominierte Finanzorganisationen vor allem gegenüber den Entwicklungsländern eine ähnlich disziplinierende Rolle mit polarisierenden Folgen. Sie verbinden mit ihren Strukturanpassungsprogrammen wirtschaftspolitische Auflagen, die im wesentlichen auf Privatisierung, Liberalisierung, Deregulierung und eine restriktive Geld- und Fiskalpolitik zielen. Diese Politik hat zum einen zu schweren Finanzkrisen mit erheblichen sozialen, ökologischen und politischen Kosten geführt. Zum anderen haben IWF und Weltbank die Handlungsautonomie der jeweiligen Regierungen, Parlamente, der Bürger und Bürgerinnen, demokratisch über ihre Wirtschaftspolitik zu entscheiden, weitgehend beseitigt. Die Verteilung des Stimmrechts bei IWF und Weltbank ausschließlich entsprechend der Einlagen gibt den USA und den Industrieländern ein massives Übergewicht und unterstreicht den inakzeptablen undemokratischen Charakter beider Institutionen.

Diese Politik ist aus mehreren Gründen schädlich: *Zum einen* untergräbt die politische Dominanz der Finanzmärkte die Grundlagen der parlamentarischen Demokratie. Disziplinierung und Kontrolle der Regierung und die Korrektur von Regierungspolitik werden nicht mehr als Aufgabe der Parlamente und Gerichte angesehen, sondern von den Finanzmärkten diktiert, oder Parlamente geraten zu machtlosen Exekutoren der von den Finanzmärkten erhobenen Anforderungen. *Zum anderen* trägt die Dominanz der Finanzmärkte dazu bei, dass die soziale Polarisierung in den meisten Ländern und zwischen den Ländern des Nordens und denen des Südens zunimmt. Der Preis dieser Politik in den Industrieländern war Wachstumsschwäche, höhere Arbeitslosigkeit und eine rigorose Umverteilung zu Lasten der Löhne und Gehälter. Im Verhältnis zwischen dem Norden und dem Süden hat sich die Kluft zwischen dem ärmsten Fünftel und dem reichsten Fünftel der Welt – gemessen am Prokopfeinkommen – von 1960 bis 1999 von 1: 30 auf 1: 72 vergrößert, und die Zahl der Armen – die weniger als einen US-Dollar pro Tag zum Leben haben – hat zwischen 1988 und 1998 um mehr als 100 Millionen zugenommen.

11.3.2.1.3 Die Auslieferung der sozialen Sicherheit an die Finanzmärkte

Ein gravierender Mangel des Endberichts liegt darin, dass er den Einfluss der großen Akteure auf den Finanzmärkten bei der massiven Beschädigung der Systeme der sozialen Sicherheit nicht thematisiert. Unter dem Titel „Modernisierung der Sozialsysteme" wird gegenwärtig in unterschiedlicher Form und in unterschiedlichem Tempo in allen großen Ländern Kontinentaleuropas privatisiert. Das wird u. a. mit der Behauptung begründet, die geltenden gesetzlichen und paritätisch oder aus den öffentlichen Haushalten finanzierten Umlagesysteme seien angesichts einer älter werdenden Bevölkerung nicht mehr finanzierbar und müssten zunehmend durch private Systeme ergänzt bzw. ersetzt werden. Diese Begründungen halten einer theoretischen und empirischen Überprüfung nicht stand. Bei Änderungen der demografischen Struktur der Bevölkerung, muss, wenn der Lebensstandard in den Sozialsystemen aufrecht erhalten werden soll, in jedem Fall ein Realtransfer von den Beschäftigten zu den im Sozialsystem befindlichen Personen stattfinden – unabhängig von der Organisationsform dieses Transfers. Bei der Privatisierung der Systeme der sozialen Sicherheit handelt es sich vielmehr allgemein um eine doppelte Umverteilung zugunsten von Unternehmen und höheren Einkommensschichten: *Zum einen* werden die Beiträge von Unternehmen zur Sozialversicherung beschränkt, während sie für Arbeitnehmerinnen und Arbeitnehmer, die ihren bislang durch die gesetzliche Rente gesicherten Lebensstandard im Alter auch weiterhin behalten wollen, durch private Beiträge erhöht werden. *Zum anderen* werden die Leistungen zugunsten der Einkommensschichten umverteilt, die sich höhere Beiträge leisten können. Vor allem aber handelt es sich um eine Subvention in Billionenhöhe für die großen Versicherungen und anderen institutionellen Anleger: Die Beiträge zur Sozialversicherung, die in umlagefinanzierten öffentlichen Systemen unmittelbar – d. h. ohne den Umweg über die Kapitalmärkte – für Leistungen ausgegeben werden, fließen im Zuge der Privatisierung zunächst als disponible Mittel in die Portfolios der institutionellen Anleger, was negativ auf die effektive Konsumnachfrage wirkt, und stärken ihre Position als global players auf den internationalen Finanzmärkten. Die Versicherungen und Finanzanleger, die eine Privatisierung der sozialen Sicherungssysteme gefordert und maßgeblich betrieben haben, sind zugleich die unmittelbar Begünstigten dieser sozialstaatlichen Gegenreform. Benachteiligt ist die große Mehrheit der Bevölkerung. Die Leistungen der gesetzlichen Versicherungssysteme sinken, die Beitragsbelastung für einen unveränderten Leistungsumfang steigt, und überdies unterliegen die tatsächlichen Leistungen den Risiken der Kapitalmärkte.

Es ist ein zentrales Versäumnis der Kommissionsmehrheit, diese Zusammenhänge im Bericht nicht angesprochen und kritisch diskutiert zu haben. Der Grund dafür liegt allerdings auf der Hand. Während der gut zwei Jahre, in denen die Kommission arbeitete, hat die Bundesregierung den Einstieg in die Privatisierung der Rentenversicherung durchgesetzt. Der damit beschrittene Weg führt dazu, die soziale Sicherheit der Menschen schrittweise an die Risiken der Finanzmärkte auszuliefern. Wenn die Kommissionsmehrheit auf zwei Zeilen in der Handlungsempfehlung 2.6 empfiehlt, die „Systeme der sozialen Sicherheit in Europa so auszugestalten, dass sie vor den Risiken der Finanzmärkte abgeschirmt bleiben", dann ignoriert sie damit die bereits jetzt in Europa ablaufenden und politisch forcierten Entwicklungen.

11.3.2.2 Ergänzende Handlungsempfehlungen: Stabilisierung der Wechselkurse und Demokratisierung der globalen Finanzinstitutionen

11.3.2.2.1 Stabilisierung der Währungsbeziehungen: Globale Zielzonen und regionale Währungssysteme

Empfehlung

Die PDS-Arbeitsgruppe fordert den Bundestag und die Bundesregierung auf, sich auf internationaler Ebene für die Einführung von Zielzonen für die drei großen Währungen einzusetzen und den Aufbau regionaler Währungskooperationen nachdrücklich zu unterstützen.

Gegenüber der Währungsspekulation ist weder die völlige Freigabe der Wechselkurse noch die vollständige Bindung an eine Leitwährung angebracht. Sinnvoll ist vielmehr eine Reform der internationalen Währungsbeziehungen auf zwei Ebenen. Auf der ersten sollen regionale Währungssysteme entwickelt werden, in denen nicht nur feste Wechselkurszielzonen mit flexiblen Anpassungsmöglichkeiten für die Leitkurse festgelegt sind, sondern auch eine intensive wirtschaftspolitische Zusammenarbeit erfolgt. Anders als im Europäischen Währungssystem sollte diese Kooperation sich allerdings nicht nur auf monetäre Konvergenz, sondern auch auf realökonomische Ziele wie Beschäftigung, Einkommen und sozialen Zusammenhalt richten. Auf der zweiten Ebene sollte ein Management der Wechselkurse zwischen den Leitwährungen eingeführt werden, das mit fallweise koordinierten Interventionen beginnt und mittelfristig zur Einrichtung von Zielzonen führt.

Zur Vermeidung spekulativer Attacken müssen starke kurzfristige Schwankungen der Wechselkurse ebenso wie ihre starre Fixierung ohne Rücksicht auf die Entwicklung ökonomischer Grundlagen vermieden werden. Besonders geeignet hierfür ist die Vereinbarung von Leitkursen mit tolerierten Abweichungen (sog. Zielzonen oder target zones). Wenn die Marktkurse den Zielkorridor zu verlassen drohen, greifen die Notenbanken und Regierungen der betroffenen Länder und der IWF durch gegensteuernde *Interventionen* auf den Devisenmärkten ein. Ein solches System kann allerdings nur mit politischer Flexibilität funktionieren. Sie lässt sich herstellen, indem die Zielzonen für unterschiedliche Währungen (je nach Grad der bestehenden wirtschaftspolitischen Kooperation zwischen den beteiligten Ländern) unterschiedlich definiert werden, regelmäßige Überprüfungen und undramatische Anpassungen der Leitkurse vorgenommen werden und die Interventionspflicht abgestuft oder begrenzt wird. Diese Flexibilität vermindert den Anreiz zur Spekulation und erhöht zugleich den Anreiz zur wirtschaftlichen Kooperation.

11.3.2.2.2 Demokratisierung des IWF

Empfehlung

Die PDS-Arbeitsgruppe fordert die Bundesregierung auf, sich nachdrücklich für die Demokratisierung des IWF, und hier insbesondere für eine Neuverteilung der Stimmrechte zugunsten der Entwicklungsländer, einzusetzen.

Wir begrüßen, dass diese von uns bereits im Zwischenbericht aufgestellte Forderung jetzt auch Eingang in die Handlungsempfehlung 2.12 der Mehrheit gefunden hat. Gegenwärtig sind IWF und Weltbank Einrichtungen, die von den Industrieländern dominiert werden. Das Stimmrecht der 184 Mitgliedsländer des IWF richtet sich allein nach ihrer ökonomischen Stärke. Mit 17,3 Prozent der Stimmen können die USA angesichts einer notwendigen Stimmenmehrheit von 85 Prozent für wesentliche Entscheidungen jede grundlegende Reform blockieren. Eine solche Verteilung der Stimmrechte ist für eine Institution, die als Sonderorganisation der Vereinten Nationen globale Verantwortung trägt, unvertretbar.

Zur Konkretisierung der allgemeinen Forderung nach einer Demokratisierung des IWF wiederholen wir folgenden, bereits im Zwischenbericht entwickelten Vorschlag:

Eine demokratische Neuordnung der Stimmrechte im IWF sollte die ökonomische Potenz eines Landes nicht ignorieren, aber auch nicht zum alleinigen Maßstab machen. Daneben sollte auch die Zahl der Menschen eine Rolle spielen, die in einem Land leben. Darüber hinaus wird hier vorgeschlagen, zusätzlich zu diesen beiden Kriterien die Fortschritte bei der qualitativen Entwicklung zu berücksichtigen. Sie lässt sich ansatzweise mit Hilfe des Index der menschlichen Entwicklung darstellen, in dem neben dem Prokopfeinkommen auch qualitative Kriterien wie Gesundheit und Bildung zu Buche schlagen. Wenn die relative Position der Mitgliedsländer bei diesen drei Bezugsgrößen jeweils zu einem Drittel gewichtet wird, ergibt sich folgende Neuverteilung der Stimmrechte:

Reform der Stimmrechte im IWF

	Land[2]	Stimmrecht[1]		Unterschied	
		bisher	Reform	In PP	In Prozent
1	USA	17,8	11,2	− 6,6	− 37,2
2	China	2,3	8,7	+ 6,5	+ 281,6
3	Indien	2,1	6,4	+ 4,3	+ 209,7
4	Japan	5,5	6,0	+ 0,5	+ 8,2
5	Deutschland	5,5	3,2	− 2,3	− 41,5
6	Frankreich	5,0	2,2	− 2,8	− 54,3
7	Brasilien	1,5	2,2	+ 0,7	+ 47,8
8	Großbritannien	5,0	2,2	− 2,8	− 56,8
9	Italien	3,1	2,0	− 1,1	− 36,2
10	Indonesien	1,0	1,7	+ 0,7	+ 64,2
	G 7	44,8	28,0	− 16,8	− 37,5
	G 10 (inkl. Schweiz)	52,0	30,7	− 19,3	− 41,1
	EU	28,8	15,9	− 12,9	− 44,7
	OECD	63,4	41,5	− 21,9	− 34,6
	G 24 (ohne Iran)	12,1	19,0	+ 6,9	+ 56,8
	G 77[3]	28,4	52,0	+ 23,6	+ 83,0

[1] auf der Grundlage der Zahlen von 1997
[2] in der Reihenfolge des reformierten Stimmrechtes
[3] ohne 19 kleinere Länder, für die keine vollständigen Daten vorliegen
Nach UNDP und DGVN (1999: 168ff., 214ff, 231ff), eigene Berechnungen.

Durch eine solche Stimmrechtsreform würden die vier bevölkerungsreichsten Entwicklungsländer in die Gruppe der zehn Länder mit dem größten Stimmrecht aufrücken. Insgesamt würde die Neugewichtung zu einer erheblich gleichmäßigeren Verteilung von Stimmen und Einfluss führen und die gegenwärtige drastische Dominanz der Industrieländer (allein 45 Prozent der Stimmen für die G 7 Länder!) beenden. In Verbindung mit einer Senkung der Mindestmehrheit bei wesentlichen Entscheidungen von 85 Prozent auf 75 Prozent ergibt sich eine Struktur, die Majorisierungen oder Blockierungen erschwert und zum Versuch zwingt, Verständigung und Ausgleich herbeizuführen.

11.3.2.3 Einbindung der Finanzmärkte in ein demokratisches europäisches Entwicklungsmodell

Empfehlung

Die PDS fordert den Bundestag und die Bundesregierung auf, die aktuellen Fehlentwicklungen bei der Bildung eines einheitlichen europäischen Finanzmarktes zu korrigieren. Entscheidungen der Politik, besonders der Parlamente, müssen Vorrang haben vor den Interessen der Finanzmärkte, die sich mehr und verselbständigen und Druck ausüben. Es darf nicht darum gehen, einfach das amerikanische Finanzmarktmodell zu übernehmen. Stattdessen ist der europäische Finanzmarkt in den Rahmen einer europäischen Entwicklungskonzeption zu stellen, deren Eckpunkte sinnvolle Beschäftigung, soziale Sicherheit, Gerechtigkeit und ökologische Nachhaltigkeit sowie mehr Demokratie auch in der Wirtschaft sein sollten.

Trotz Binnenmarkt und Währungsunion ist der Finanzsektor in der EU nach wie vor in hohem Maße ökonomisch und politisch fragmentiert. Die damit verbundenen Probleme sind durch das starke Wachstum in der zweiten Hälfte der 90er Jahre verschleiert worden, machen sich aber nach dem Ende der Überhitzung umso deutlicher bemerkbar. Sie erfordern politische Reaktionen und Gestaltung. Ein funktionsfähiger europäischer Finanzmarkt hat die Aufgabe, erstens die reibungslose Abwicklung des nationalen und internationalen Zahlungsverkehrs zu gewährleisten, zweitens die Finanzierung privater und öffentlicher Investitionen und drittens die Bildung langfristiger privater Vermögen zu erleichtern. Die Stabilität des Finanzsektors ist ein öffentliches Gut, das politisch gesichert werden sollte. Die Integration der verschiedenen nationalen Finanzmärkte zu einem europäischen Finanzmarkt ist aus Effizienzgründen sinnvoll, und die dabei entstehende große Liquidität erlaubt gestalterische Eingriffe, ohne dass darunter die Funktionsfähigkeit leidet. Ein funktionsfähiger europäischer Finanzmarkt sollte allerdings nicht mit der Herrschaft der Finanzmärkte verwechselt werden. Er sollte weder die Richtlinien von Regierungspolitik noch des Managements von Unternehmen bestimmen, und schon gar nicht sollte er über die Grundlagen der sozialen Sicherheit der Menschen entscheiden. Er muss vielmehr in die Hauptorientierungen einer Wirtschaftspolitik eingebunden werden, deren Eckpunkte sinnvolle Beschäftigung, soziale Sicherheit, Gerechtigkeit und ökologische Nachhaltigkeit sowie mehr Demokratie auch in der Wirtschaft als Kennzeichen des spezifischen europäischen Entwicklungsmodells sein sollten.

Gemessen an diesen Kriterien schätzen wir die Entwicklung in den letzten Jahren überwiegend kritisch ein. Was bisher zur Bildung eines europäischen Finanzmarktes geschah, beruht im wesentlichen auf dem Aktionsplan Finanzdienstleistungen von 1999 und dem Lamfalussy-Bericht von 2001. Es zielt in erster Linie auf den Abbau nationaler und den Ersatz durch europäische Regulierungen, die dem amerikanischen Modell folgen, sozialer Schutz und demokratische Kontrolle werden völlig vernachlässigt, die Konzentration und der Aufbau neuer Machtpositionen der großen Finanzinstitute gefördert.

11.3.2.3.1 Fehlentwicklungen bei der Bildung eines europäischen Finanzmarktes

Konzentration, Marktbeherrschung, Machtmissbrauch

Durch die Öffnung der Märkte sind die europäischen Finanzinstitute zwar einem stärkeren Konkurrenzdruck aus anderen Mitgliedsländern und aus den USA ausgesetzt. Sie reagieren aber nicht mit einer Verbesserung und Verbilligung von Finanzdienstleistungen, sondern vor allem mit harter Rationalisierung und dem Aufbau vorwiegend nationaler Dominanzpositionen durch Fusionen und Übernahmen. Diese Positionen werden vielfach durch überhöhte Gebühren zu Lasten der Verbraucher ausgenutzt – was z.B. die nach wie vor hohen Gebühren bei Auslandsüberweisungen in der EU belegen.

Ausdünnung der Kreditversorgung für KMU und ländliche Regionen

Überdies ist durch das Vordringen der Wertpapierfinanzierung und die größere Rolle der institutionellen Anleger in den meisten Ländern eine duale Struktur des Finanzsektors entstanden. Die großen international tätigen Institute ziehen sich allmählich aus dem Massengeschäft zurück und setzen gleichzeitig die regional tätigen Sparkassen und Genossenschaftsbanken unter Druck. Dies ist außerordentlich problematisch. Es ist insbesondere nicht zu vertreten, dass das in verschiedenen Ländern vorhandenen Segment der öffentlichen oder öffentlich geförderten Sparkassen, Depot- und Kreditbanken oder der genossenschaftliche Sektor einem internationalen Wettbewerb ausgesetzt werden. Diese Institute konzentrieren sich in der Regel auf die regionale oder lokale Kreditversorgung und haben gegen die großen, weltweit agierenden Banken keine Chancen. Wenn sie untergehen, verschlechtert sich über kurz oder lang die Geld- und Kreditversorgung in der Fläche, wie es beispielsweise in Großbritannien der Fall ist.

Hohe soziale Kosten des amerikanischen Finanzmarktmodells

Die meisten Länder der EU sowie die EU-Kommission betreiben eine weitgehend unkritische Übernahme des amerikanischen Finanzmarktmusters und vernachlässigen die sozialen Kosten, die damit verbunden sind. Die sozialen Kosten dieses Modells machen sich zum einen insbesondere bei der *Übernahme* großer Unternehmen durch Finanzinvestoren bemerkbar, was in der Regel massiven Personalabbau und eine Erhöhung des Arbeitsdrucks zur Folge hat. Zum anderen führt die *Kurzfristigkeit vieler Kapitalanlagen* zu erhöhter gesamtwirtschaftlicher Instabilität und einem Überhandnehmen der Spekulation gegenüber der produktiven Investition, denn bei diesen Anlagen geht es allein darum, Zinsdifferenzen auszunutzen und die dadurch möglicherweise vernünftigen Zinsunterschiede in unterschiedlichen Ländern werden verhindert. Die Reformen, die durch den Lamfalussy-Bericht angestoßen wurden, werden wegen ihrer ausschließlichen Konzentration auf Effizienz und Kostensenkung diese Tendenzen verstärkten.

Auslieferung der sozialen Sicherheit an die Finanzmärkte

Besonders problematisch im Zusammenhang mit der Entwicklung europäischer Finanzmärkte ist es, zunehmende Teile der Systeme der sozialen Sicherheit über das Kapitaldeckungsverfahren zu finanzieren und damit den Risiken der Finanzmärkte auszusetzen. Auch dort wo einzelne kleinere Länder mit dieser Finanzierung zunächst gute Erfahrungen gemacht haben, stehen sie immer vor hohen Risiken und sind mit dem Ende des Wertpapierbooms in ernste Schwierigkeiten geraten, die vor allem zu Lasten der Versicherten gehen. Am stärksten ist dies mittlerweile in Großbritannien zu beobachten. Auch bei einer erneuten Stabilisierung kann es nicht die Aufgabe des europäischen Finanzmarktes sein, die Systeme der Sozialversicherung über das Kapitaldeckungsverfahren zu finanzieren. Zum einen lassen sich Finanzmarktrisiken letztlich nie ausschalten. Zum zweiten führt die Organisation der Alterssicherung über die Kapitalmärkte zwar insgesamt nicht zu einer anderen Verteilung des Sozialproduktes zwischen Aktiven und Inaktiven, wohl aber zu mehr Ungleichheit unter den Rentenbeziehern je nach der Höhe ihrer privaten Rentenversicherungsbeiträge und der unterschiedlichen Entwicklung ihrer jeweiligen Fonds. Hierdurch wird drittens das Prinzip der gesellschaftlichen Solidarität zerstört und der individuelle Eigennutz zur Hauptverhaltensmaxime.

Steuerpolitik und Kapitalflüsse

Die Formierung eines stabilen Finanzmarktes, der im wesentlichen der Finanzierung von Investitionen und der längerfristigen privaten Vermögensbildung dient, wird durch das Fehlen einer rationalen und solidarischen Steuerpolitik in der EU erschwert bzw. verhindert. Dies betrifft vor allem die Unternehmens(gewinn)steuer sowie die Zins- und Dividendenbesteuerung. Statt gemeinsamer Abstimmung herrscht ein Steuerwettbewerb, durch den die Mitgliedsländer Direkt- und Portfolioinvestitionen auf Kosten anderer Mitgliedsländer ins Land holen wollen. Die Verallgemeinerung eines solchen Steuerwettbewerbs führt zu einem „race to the bottom", in dessen Folge die Steuereinnahmen auf Unternehmensgewinne und Kapitalerträge zurückgehen. Damit steigt erstens der Druck auf die öffentlichen Finanzen, was wiederum zu Kürzungen im sozialen Bereich führt, und zweitens wird die Steuerbelastung stärker auf die Arbeitnehmer und Verbraucher verschoben. Die europäische Kommission hat das Problem des Steuerwettbewerbs zwar thematisiert, beschränkt sich allerdings auf den Bereich des „schädlichen" Steuerwettbewerbs, worunter sie eine Steuerpolitik versteht, die ausländische Unternehmen oder Finanzinvestoren gegenüber inländischen begünstigt. Für die Zinsbesteuerung hat sie gegen diesen diskriminierenden Steuerwettbewerb den sinnvollen Beschluss gefasst, ab 2010 allgemeine Kontrollmitteilungen über Kapitalerträge in der EU einzuführen, die Umsetzung dieses Beschlusses allerdings von der Kooperation anderer Finanzplätze außerhalb der EU (Schweiz, USA) abhängig gemacht. Bei der Unternehmensbesteuerung plädiert die EU für größere Transparenz und eine Harmonisierung der Bemessungsgrundlagen. Das ist zwar sinnvoll, aber bei weitem nicht ausreichend. Im übrigen ist die Zins- und Gewinnsteuerpolitik grundsätzlich falsch angelegt, solange sie sich auf diskriminierenden Steuerwettbewerb beschränkt und nicht gleichzeitig den allgemeinen Steuerwettbewerb unterbindet.

Makropolitik und europäische Finanzmärkte

Die gesamtwirtschaftliche Orientierung der EU ist schädlich für die Stabilität und Funktionsfähigkeit der Finanzmärkte in der EU.

– *Haushaltspolitik*

Die durch den Stabilitäts- und Wachstumspakt erzwungene Konzentration der EU-Haushaltspolitik auf die Verminderung der öffentlichen Defizite schadet den europäischen Finanzmärkten. Sie hat nämlich bewirkt, dass Staatsschuldentitel als die wichtigsten Absorptionskanäle für Sparer und anlagesuchendes Kapital nur noch in abnehmendem Maße zur Verfügung standen, während andererseits die Masse des anlagesuchenden Kapitals absolut und relativ stieg. Damit trug Europa zur hohen Überschussliquidität bei, deren Aufbau die Bank für Internationalen Zahlungsausgleich (BIZ) seit Mitte der 90er Jahre beobachtet und kritisch kommentiert.

– *Geldpolitik*

Es gibt nicht nur eine große Diskrepanz zwischen dem völlig vereinheitlichten und zentralisierten Charakter der europäischen Geldpolitik und der ökonomischen und aufsichtsrechtlichen Zersplitterung der Finanzmärkte in Europa. Zu den für die Finanzmärkte folgenreichen Fehlentwicklungen europäischer Politik gehört auch die außerordentlich restriktive Ausrichtung der Geldpolitik der nationalen Zentralbanken seit Maastricht und später der EZB. Sie hielt das Zinsniveau trotz abnehmender Inflationsgefahren vergleichsweise hoch, was dazu führte, dass das Wachstum in Europa in den 90er Jahren außergewöhnlich schwach und die Arbeitslosigkeit hoch blieben. Die gleichzeitig stattfindende Umverteilung zugunsten der Gewinne hat zu einem Aufbau überschüssiger Liquidität geführt, die mangels ausreichender Nachfrage nach Gütern und Dienstleistungen auf die Finanzmärkte gelenkt wurde, von wo sie als Direktinvestitionen, Portfolioinvestitionen und (meist kurzfristige) Bankkredite ins Ausland ging oder zur inländischen Überhitzung der Aktienmärkte beitrug.

11.3.2.3.2 Vorschläge zur demokratischen Gestaltung eines europäischen Finanzmarktes[1]

Wettbewerbspolitik

Mit einem größeren europäischen Finanzmarkt erweitern sich die Möglichkeiten für die international tätigen Großbanken; Fusionen und internationale Zusammenarbeit verschaffen ihnen weitere Vorteile. Europäische Politik sollte dafür sorgen, dass diese Größenvorteile sich auch in besseren Konditionen und niedrigeren Preisen für die Nutzer/innen sowie Kund/inn/en niederschlagen. Hierzu gibt es eine Reihe wettbewerbsrechtlicher Möglichkeiten, wie zum Beispiel die Untersagung missbräuchlicher Ausnutzung von Marktmacht, das Verbot wettbewerbsbeschränkender Absprachen und die Preis- und Gewinnkontrolle.

Finanzaufsicht

Die EU sollte die Stabilität des europäischen Finanzsektors durch schärfere Risikoaufsicht und Beschränkung riskanter Geschäfte von Banken und anderen Finanzunternehmen gewährleisten. Dazu gehört im Rahmen der **Bankenaufsicht** die Überprüfung der Eigenkapitalvorschriften im Lichte der Entwicklung in den letzten Jahren. Der Ersatz standardisierter Risikokoeffizienten durch bankinterne Risikomodelle, wie er bei der sog. „Basel 2"-Diskussion anvisiert wird, hat allerdings eine Reihe schwerwiegender Nachteile. Der wichtigste liegt darin, dass den Banken damit letztlich selbst die Beurteilung ihrer Risiken und der notwendigen Vorsorge überlassen bleibt. Dieser Ansatz sollte daher nicht weiter verfolgt, sondern durch eine Weiterentwicklung und Korrektur der nach Schuldnergruppen standardisierten Eigenkapitalanforderungen ersetzt werden. Dabei ist insbesondere dem hohen Risikogehalt kurzfristiger (insbesondere reiner

---

[1] Vgl. hierzu Huffschmid AG 1 14/152 und 14/152a.

Finanz-)Kredite (Ausfallrisiko) und Wertpapiere (Marktrisiko) stärker Rechnung zu tragen. Darüber hinaus empfehlen wir, besonders riskante Geschäfte – etwa mit Offshorezentren oder Spekulationsfonds – nicht nur durch besonders hohe Eigenkapitalanforderungen, sondern auch administrativ zu diskriminieren. Möglich sind quantitative Beschränkungen oder Verbote derartiger Geschäfte gegenüber den der eigenen Jurisdiktion unterliegenden Instituten.

Bankenstrukturpolitik

Zur Erhaltung der strukturpolitischen Handlungsfähigkeit und zur Gewährleistung der sicheren Geld- und Kreditversorgung in der gesamten EU sollten auf allen Ebenen der EU – Union, Mitgliedsländer, Regionen und Kommunen – entsprechende öffentliche Institutionen zur Verfügung stehen und erhalten werden. Dazu gehören auf EU-Ebene die Europäische Investitionsbank (**EIB**), auf nationaler Ebene die verschiedenen *nationalen und regionalspezifischen Entwicklungsbanken* und auf kommunaler Ebene *öffentliche Sparkassen* oder ähnliche kleinere Institutionen. Es ist insbesondere nicht zu vertreten, das in verschiedenen Ländern vorhandene Segment der öffentlichen oder öffentlich geförderten Sparkassen, Depot- und Kreditbanken oder den genossenschaftlichen Sektor, soweit diese Institute sich auf die regionale oder lokale Kreditversorgung konzentrieren, einem internationalen Wettbewerb auszusetzen, in dem sie keine Chancen haben und untergehen werden. Die Folge wäre, dass über kurz oder lang die Geld- und Kreditversorgung in der Fläche sich verschlechtert, wie es beispielsweise in Großbritannien der Fall ist. Eine Politik, die darauf besteht, dass eine stabile Geld- und Kreditversorgung auch auf dem Lande ein wichtiges öffentliches Gut ist, kann und sollte sich auf die im Sommer 2000 von der EU – als seltener Gegenpol zur vorherrschenden Privatisierungs- und Konkurrenzideologie – verabschiedete Mitteilung zur allgemeinen Daseinsfürsorge (general interest) stützen. Bei der anstehenden Formulierung einer europäischen Richtlinie sollte sie darauf hin wirken, dass die *Finanzierung der Daseinsvorsorge zur öffentlichen Aufgabe erklärt wird.* Insbesondere die Versorgung von abgelegenen Regionen und Kommunen mit Finanzdienstleistungen sowie die Finanzierung privaten Wohnungseigentums ist eine wesentliche öffentliche Aufgabe und sollte in öffentlicher Regie erfolgen. Das setzt natürlich voraus, dass sich die öffentlichen Institute dieser Aufgabe stellen und nicht ihrerseits in den internationalen Wettbewerb eintreten und damit zum einen ihren öffentlichen Auftrag vernachlässigen und zum anderen den Konkurrenzkampf fördern. Zentrale öffentliche Institute (Landesentwicklungsbanken, KfW) sollten verstärkt zur Entwicklungssteuerung im Sinne ökologischer und sozialer Ziele eingesetzt werden.

Wertpapierhandel

Bei der Gestaltung der Rahmenbedingungen für den Wertpapierhandel geht es einerseits um die Fusion oder die Übernahme von Kapitalgesellschaften, andererseits um die Beschränkung kurzfristiger destabilisierender Kapitalbewegungen.

Stakeholdermodell bei Übernahmen: Hinsichtlich der Übernahme von Kapitalgesellschaften sollte eine europäische Richtlinie nicht nur den Schutz der (Klein)Anleger, sondern in besonderer Weise auch den der Beschäftigten und der von eventuellen Verlagerungen betroffenen Regionen vorsehen. Arbeitnehmervertreter/innen und Vertreter/innen der Regionen sollten frühzeitig über Fusions- und Übernahmeabsichten informiert und dazu angehört werden. In für die Beschäftigten und die Region wesentlichen Belangen sollten sie ein Mitentscheidungsrecht, zumindest aber ein Vetorecht mit aufschiebender Wirkung haben. Im Falle von Verlagerungen von Betrieben oder Unternehmen sollten die Muttergesellschaften einen finanziellen Ausgleich für die Regionen bereitstellen, von deren Infrastruktur sie profitiert haben. Für die Beschäftigten sollte ein Verbot von Entlassungen gesetzlich erlassen oder tarifvertraglich verabredet werden. Derartige Regelungen stehen zwar im Widerspruch zur amerikanischen Tradition der Shareholder-Value-Orientierung, die aktuell auch in Europa um sich greift. Sie würden vermutlich auch das Tempo der Umstrukturierungen auf Unternehmensseite drosseln und sich insofern dem Vorwurf aussetzen, an veralteten Strukturen fest zu halten. Die Erfahrungen des letzten Jahrzehnts haben die Voreiligkeit, Unausgereiftheit und Misserfolge vieler Fusionen und Übernahmen demonstriert, die oft unter einem selbstgemachten Handlungsdruck zustande gekommen sind oder auf eingebildete Zwänge, den Druck von Finanzinvestoren, Machtbesessenheit oder Größenwahn von Konzernvorständen zurückzuführen waren. Demgegenüber erscheint das europäische stakeholder Modell zwar schwerfälliger, aber insgesamt nicht nur solider zu sein und mehr den Interesse auch der Nichteigentümergruppen zu entsprechen. Auch hinsichtlich der längerfristigen Effizienz braucht das europäische Managementmodell einen Vergleich mit dem angelsächsischen Shareholdermodell nicht zu scheuen. Damit Unternehmen nicht einseitig dem Druck des Shareholder-Value-Interesses von Seiten der Finanzanleger ausgesetzt sind, sollten die Rechte der Belegschaften und der Öffentlichkeit durch Ausweitung der Mitbestimmung in den Betrieben und den Unternehmen gestärkt werden, in besonderem Maße bei Großunternehmen.

Wertpapierumsatzsteuer: Kurzfristige Kapitalbewegungen ohne allokationspolitische Effizienz sollten wegen ihres Destabilisierungspotentials beschränkt, der Kapitalverkehr insgesamt also entschleunigt werden. Dies kann am besten dadurch geschehen, dass *Wertpapiertransaktionen auf den Sekundärmärkten (also nicht beim Ersterwerb neu ausgegebener Finanztitel) besteuert werden.* Dabei sollte die Höhe der Besteuerung umgekehrt proportional zur Laufzeit der Wertpapiere und zur Haltungsdauer gestaltet werden. Hierdurch wird vermutlich der Gesamtumfang des Sekundärmarkthandels zurückgehen. Mit einer Austrocknung der Märkte ist dennoch nicht zu rechnen, weil mit fortschreitender Integration die bislang vorherrschende Segmentierung der Wertpapiermärkte aufgehoben wird und dadurch die Liquidität des neuen Gesamtmarktes erheblich steigt. Ein großer und liquider europäischer Finanzmarkt mit gebremstem Handel ist ein Konzept, das zwar nicht den Interessen derer entspricht, die an jedem Umsatz verdienen, das aber dem Konzept eines stabilen Finanzmarktes als öffentlichen Gutes nahe kommt.

Devisentransaktionssteuer (Tobinsteuer): Ein wesentliches Segment der Wertpapiermärkte sind die Devisenmärkte, auf denen der Umsatz besonders groß ist – auch wenn die Einführung des Euro, die Fortschritte des elektronischen Handels sowie die zunehmende Konzentration bei den beteiligten Banken schon zu einem gewissen Rückgang geführt haben. Zur weiteren Beruhigung der Devisenmärkte und zum Schutz gegen den Aufbau spekulativer Wellen ist auch hier die **Besteuerung aller Devisenumsätze** zu empfehlen. Wir begrüßen sehr, dass auch die Mehrheit der Kommission diese Forderung übernommen hat. Die Steuer sollte – dem neuesten Stand der Diskussion über die **Tobinsteuer** entsprechend – so ausgestaltet werden, dass der Steuersatz in ruhigen Zeiten sehr niedrig (etwa bei 0,5 Prozent) liegt, jedoch in Zeiten zunehmender Turbulenzen entsprechend den Wechselkursausschlägen steigen sollte, notfalls auf prohibitive Höhen, die dann als eine Art Wellenbrecher gegenüber der Spekulation wirken würden. In diesen Fällen sollten der Waren- und Dienstleistungshandel und die Direktinvestitionen durch entsprechende Ermäßigungen der Einfuhrumsatzsteuer und der Gewinnsteuern geschützt werden.

Auch die Wertpapierumsatzsteuer und die Tobinsteuer werden zu Umsatzrückgängen auf den einzelnen europäischen Finanzmärkten führen. Das ist im Falle einer Finanzkrise der ausdrückliche Zweck. In Normalzeiten ist jedoch wegen der Integration der einzelnen nationalen Märkte kein Mangel an Liquidität zu befürchten, sondern eine Beruhigung und Stabilisierung des Marktes zu erwarten.

Kapitalverkehrskontrollen: Die EU verfügt nach Art. 59 (ex 73f) EU-Vertrag über die Möglichkeit, zumindest befristet (dies aber nicht nur einmal) alle geeigneten Maßnahmen zu ergreifen, die eine aktuelle oder drohende Störung des Funktionierens der Wirtschafts- und Währungsunion durch Kapitalzu- oder -abflüsse aus Drittländern oder nach Drittländer abwehren. Hierzu gehören je nach Beurteilung der Lage und Interpretation nicht nur Steuern oder Bardepotpflichten, sondern u. U. administrative Kapitalverkehrskontrollen und -beschränkungen. Diese Bestimmung bleibt in der vorherrschenden Diskussion in der Regel unerwähnt, stellt aber eine wichtige Grundlage für den wirksamen Schutz des europäischen Finanzmarktes gegenüber Turbulenzen der internationalen Finanzmärkte und spekulativen Attacken dar.

Trennung von Finanzmärkten und sozialer Sicherung

Auch bei einer weitgehenden Stabilisierung kann es nicht die Aufgabe des europäischen Finanzmarktes sein, die Systeme der Sozialversicherung über das Kapitaldeckungsverfahren zu finanzieren. Zum einen lassen sich Finanzmarktrisiken letztlich nie ausschalten. Zum anderen führt die Organisation der Alterssicherung über die Kapitalmärkte zwar insgesamt nicht zu einer anderen Verteilung des Sozialproduktes zwischen Aktiven und Inaktiven, wohl aber zu mehr Ungleichheit unter den Rentenbezieher/innen je nach der Höhe ihrer privaten Rentenversicherungsbeiträge und der unterschiedlichen Entwicklung ihrer jeweiligen Fonds. Hierdurch wird das Prinzip der gesellschaftlichen Solidarität zerstört und durch das des individuellen Eigennutzes als Hauptverhaltensmaxime ersetzt.

In den meisten EU-Ländern werden Alterssicherung und Gesundheitsfürsorge nach wie vor überwiegend durch Steuern oder Pflichtbeiträge finanziert. Das wird allerdings seitens der EU stark attackiert. Wir meinen, die Sozialsysteme sollten nicht weiter abgebaut und den Finanzmärkten übertragen werden, sondern im Gegenteil als ein wesentlicher Grundbestandteil des europäischen Sozialmodells gefestigt und weiter ausgebaut werden. Ziel ist die vollständige Finanzierung lebensstandardsichernder gesetzlicher Sozialsysteme durch paritätisch aufgebrachte Beiträge und/oder Haushaltsmittel. Letzteres kann beispielsweise durch europäische Vereinbarungen und schließlich auch Richtlinien geschehen, die eine öffentlich finanzierte Mindestversorgung sichern und zur Finanzierung alle Einkommen, also auch Kapital- und Vermögenseinkommen, heranziehen.

Besteuerung von Kapitalerträgen und Unternehmensgewinnen

Ein stabiler europäischer Finanzmarkt erfordert eine abgestimmte Steuerpolitik in Bezug auf Kapitalerträge und Unternehmensgewinne. Dabei müssen Steuerkonkurrenz und Steuererosion vermieden werden. Bei der **Zinsbesteuerung** wären eine europäische Harmonisierung der Besteuerung und die Abführung an den EU-Haushalt im Zuge einer Reform des Eigenmittelsystems die beste Lösung. Solange dies nicht durchgesetzt werden kann, sollte die EU zumindest verbindlich verabreden, erstens die Inländer diskriminierende Steuerbefreiung ausländischer Kapitalanleger zu beenden und zweitens auf eine schnelle Einführung von Kontrollmitteilungen gegenüber den Finanzämtern hinarbeiten, diese Einführung also nicht von der Kooperation dritter Staaten abhängig machen. Eine einheitliche europäische Regelung, bei der die Mitgliedsländer nicht gegeneinander ausgespielt werden können, wird die Funktionsfähigkeit des europäischen Kapitalmarktes deshalb nicht beeinträchtigen, weil erstens die Liquidität auf diesem Markt groß ist (und daher eine gewisse Abwanderung nicht nur verkraftet werden kann, sondern möglicherweise zur Stabilisierung günstig ist), und weil zweitens die EU auch nach Durchsetzung der Zinsbesteuerung einer der wenigen Wirtschaftsräume mit stabilen Anlageperspektiven für langfristig orientierte Investoren bleiben wird.

Die **Besteuerung von Unternehmensgewinnen** kann auf absehbare Zeit nicht harmonisiert, sie kann und sollte aber so gestaltet werden, dass ausschließlich steuerlich bedingte Kapitalflüsse vermieden werden. Schritte dazu wären die Harmonisierung der Bemessungsgrundlage für die Unternehmensbesteuerung sowie die Einführung des Sitzlandsprinzips mit Anrechnung von im Ausland gezahlten Steuern. Erstere dient der Verbesserung der Transparenz über die tatsächliche Belastung von Unternehmensgewinnen, letztere vermeidet die Verlagerungen von Tochtergesellschaften ins Ausland aus steuerlichen Gründen. Bei Einführung des Sitzlandprinzips würde der gesamte Gewinn eines Konzerns, wo auch immer er ausgewiesen wird, im Mutterland mit dem Steuersatz des

Mutterlandes versteuert, wobei von der Steuerschuld im Mutterland bereits im Ausland gezahlte Gewinnsteuern abgezogen werden. Durch eine solche Regelung wird es ökonomisch uninteressant, Gewinne in eigens zu diesem Zweck gegründeten Tochtergesellschaften in Niedrigsteuerländern auszuweisen. Eine Verlagerung von Unternehmenshauptsitzen in Niedrigsteuerländer wird dadurch allerdings nicht verhindert. Hiergegen sind weitergehende Kooperationsmaßnahmen wie die Einführung von Mindestsätzen bei der Körperschaftssteuer erforderlich.

Erweiterte Regulierung der institutionellen Investoren

Da institutionelle Investoren und Rating-Agenturen durch ihre Anlagepolitik und Bewertung großen Einfluss nicht nur auf einzelne Unternehmen, sondern auch auf Branchen und – insbesondere kleinere – Länder ausüben, sollten sie gesellschaftlicher Kontrolle unterliegen. In den Aufsichtsgremien sollten Gewerkschaften sowie Umweltverbände und entwicklungspolitische Organisationen vertreten sein. Die Anlagetätigkeit ist nach sozialen, ökologischen und entwicklungspolitischen Kriterien zu bewerten und auszurichten. Die bisherige Beschränkung der Anlagetätigkeit im Gesetz über Kapitalanlagegesellschaften zielt ausschließlich auf den ökonomischen Schutz der Anleger. Die internationale Koordination bezüglich des Ratings beschränkt sich bislang auf ökonomische Bonitätsforderungen. Ihnen sollten soziale und ökologische Bonitätsanforderungen zur Seite gestellt werden. Die Berichtspflicht der Unternehmen und institutionellen Anleger sollte um ökologische, soziale und entwicklungspolitische Aspekte erweitert werden, wie sie auch von der „Global Reporting Initiative" entwickelt wurden. In diesem Zusammenhang sollte auch die jüngste deutsche Regelung korrigiert werden, nach der Unternehmen, die einmal erklärt haben, Nachhaltigkeitskriterien bei ihrer Anlagepolitik nicht zu berücksichtigen, für die Zukunft von jeder Berichtspflicht befreit sind. Es ist auch sinnvoll, Anlagen in ökologisch/sozial fortschrittlichen Unternehmen steuerlich zu fördern, Anlagen in Unternehmen dagegen steuerlich zu diskriminieren, deren Aktivität hohe gesellschaftliche Kosten oder Risiken mit sich bringt.

Makropolitik zur Stabilisierung des europäischen Finanzmarktes

Instabilitäten, Krisen und spekulative Turbulenzen an den Finanzmärkten sind durch verfehlte Makropolitiken in der EU teilweise verursacht, zumindest aber verstärkt worden. Die fundamentalistischen Bestimmungen hinsichtlich der Haushaltspolitiken der Mitgliedsländer und der Geldpolitik der nationalen Notenbanken und dann der Europäischen Zentralbank haben das Wachstum gebremst und den Aufbau von nicht real investierbaren Liquiditätsüberschüssen gefördert. Deren Ausweichen auf die Finanzmärkte hat einen Beitrag zur spekulativen Überhitzung geleistet, dem die Krise folgte.

Eine vernünftigere Makropolitik würde demgegenüber auch die Bedingungen für einen stabilen europäischen Finanzmarkt verbessern, der weniger durch güterwirtschaftlich funktionslose Überschüsse und mehr durch reale Investitionsperspektiven und solide Chancen zur langfristigen privaten Vermögensbildung gekennzeichnet ist. Makropolitik zur Förderung einer stetigen Entwicklung sowie eines Umbaus in Richtung auf ökologisch verträgliche Produktions- und Konsumstrukturen führt zu auch für Finanzmärkte stabilen Rahmenbedingungen. Wichtig sind eine Korrektur der Geldpolitik der EZB durch Übernahme wachstums- und beschäftigungspolitischer Verantwortung und eine Änderung der Haushaltspolitiken der EU und der Mitgliedsländer durch Abkehr vom Fetisch des Haushaltsausgleichs zugunsten einer verbindlich koordinierten Politik für Vollbeschäftigung und sozialen Zusammenhalt. Das würde nicht nur diesen beiden Zielen unmittelbar zugute kommen, sondern auch wesentliche Ursachen für die Instabilität der Finanzmärkte beseitigen. Ein solches Herangehen könnte das angelsächsische Modell der „Herrschaft der Finanzmärkte" zurückdrängen und die Finanzmärkte ihrerseits in ein eigenständiges europäisches Entwicklungsmodell einbinden, dessen demokratische, soziale und ökologische Eckpfeiler allerdings noch erheblich gestärkt werden müssten.

11.3.3 Arbeitsgruppe Waren und Dienstleistungen: Entwicklung statt Freihandel

Der Abschlussbericht der AG 2 (Waren und Dienstleistungen) zeichnet sich im Gegensatz zum entsprechenden Votum des Zwischenberichts durch eine genauere Analyse in den einzelnen Abschnitten aus, was letztlich durch den kontinuierlichen Arbeits- und Diskussionsprozess erzielt werden konnte. Hervorzuheben ist, dass der Bericht die widersprüchlichen Prozesse skizziert und vor allem die Regionalisierung (Triadisierung) sowie Hierarchisierung von Märkten und Branchen als bestimmende Merkmale benennt. In dieser Hinsicht ist ein wesentlich differenzierteres Bild von „der Globalisierung" skizziert worden, die der Realität gerechter wird und sich nicht verliert in Beschreibungen nach einer alles und alle umfassenden weltwirtschaftlichen Integration. Die Integration findet selbstverständlich statt, aber sie produziert Verlierer und Gewinner sowie Abhängigkeiten. Trotz wirtschaftlicher Dynamik und nachholender Entwicklung einiger Staaten – vornehmlich der Schwellenländer – ist die Welt weiterhin tief gespalten.

Vor diesem Hintergrund begrüßen wir die Empfehlungen der AG 2, mit denen einige zentrale Probleme angegangen werden sollen – u.a. eine Reform der WTO und die Verankerung von Sozial- und Umweltstandards. Auch die klare Positionierung hinsichtlich der Dienstleistungsliberalisierung (GATS) findet unsere Zustimmung, u. a. zur Folgeabschätzung vor Übernahme weiterer Verpflichtungen und zum Ausschluss von Bildung und weiteren Leistungen der öffentlichen Daseinsvorsorge aus den GATS-Verhandlungen. Trotz dieser Fortschritte entsprechen die Empfehlungen für die einzelnen thematischen Blöcke nicht den Problembeschreibungen; in vielen Fällen wären weitergehende Schlussfolgerungen erforderlich. Einerseits ist dies sicher dem Bemühen geschuldet, einen größtmöglichen Konsens zwischen den Fraktionen herzustellen. Andererseits wurde es vermieden, die wirtschaftspolitischen Weichenstellungen der Vergangenheit – seien sie national oder international von Regierungen durchgesetzt worden – und die ihnen zugrundeliegenden Vorstellungen mit der Spaltung der Welt und den im Prozess der Globalisierung reproduzierten Abhängigkeiten in Verbindung zu bringen. Hier besteht unser Ansicht nach eine eklatante Lücke, die es in der kommenden Arbeit auszufüllen gilt.

Angesichts dessen legen wir ein Minderheitenvotum mit ergänzenden Erklärungen und weitergehenden Empfehlungen zu den Schwerpunkten 1. Problemlagen und Reformnotwendigkeiten der WTO, 2. Handel und Wettbewerb in der Globalisierung, 3. Standards und globale Entwicklung, 4. Korruption und Bestechung vor. Wir meinen, ohne einen konsequenten Politikwechsel lassen sich Entwicklungsoptionen nicht erweitern und ist die Globalisierung kaum zu gestalten, sondern höchstens nur zu verwalten und managen. Beides ist allerdings viel zu wenig, um die heutigen Probleme und die der Zukunft lösen zu können. Und es bleibt zudem abzuwarten, inwieweit selbst die von uns geteilten, aber unzureichenden Empfehlungen der Mehrheit das Handeln jetziger und kommender Regierungspolitik bestimmen werden.

11.3.3.1 Problemlagen und Reformnotwendigkeiten der WTO

11.3.3.1.1 Bewertung

Wir bewerten die Verhandlungsführung und die Ergebnisse der zurückliegenden 4. Ministerrunde der WTO in Doha/Quatar weit weniger positiv als die Mehrheit der Enquete-Kommission. Angesichts der zunehmenden Polarisierung in und zwischen allen Ländern, der Erosion sozialer Standards und Rechte und der ungleich verteilten Lebenschancen sowie der Gefährdung öffentlicher Güter waren wir mit zahlreichen Entwicklungs- und Schwellenländern und zivilgesellschaftlichen Organisationen dafür eingetreten, dass die EU von einer weiteren Liberalisierungsrunde in der WTO absieht. Wir forderten die Bundesregierung auf, die bisherige Liberalisierungspolitik für die Industrie-, Schwellen- und Entwicklungsländer hinsichtlich der sozialen und ökologischen Situation zu evaluieren. Insbesondere sollten die Lage von Frauen und Kindern, der Menschen- und Arbeitnehmer/innen/rechte, der Beschäftigungs- und Vermögensverteilung sowie der Entwicklungsperspektive der Länder des Südens bewertet und hieraus Konsequenzen für eine Entwicklung gezogen werden, die sich primär an sozialer Gerechtigkeit, Demokratie und ökologischer Nachhaltigkeit orientiert.

Die Industrieländer – allen voran die EU und die USA – haben es versäumt, die berechtigte Kritik am internationalen Handelsregime und der WTO aufzunehmen sowie institutionelle und politische Konsequenzen zu ziehen. Stattdessen waren die Verhandlungen in Doha davon geprägt, die Glaubwürdigkeit der WTO nach dem Scheitern der 3. Ministerkonferenz in Seattle/USA um jeden Preis wieder herzustellen und einen reibungslosen Verhandlungsprozess zu garantieren. So blieben die u. a. aus dem bestehendem internationalen Handelsregime resultierenden Probleme der Globalisierung und andere, seit Jahren umstrittenen Fragen ebenso unbeachtet wie die Forderungen der Entwicklungsländer; vereinbart wurden lediglich weitere umfangreiche Liberalisierungsschritte.

Ungelöst bleibt das Problem der mangelnden personellen und materiellen Ausstattung der meisten Länder, die diese daran hindert, bereits bestehende Verpflichtungen zu erfüllen und wirkungsvoll an den parallel laufenden komplexen Verhandlungen in der WTO zu alten und neuen Themen teilzunehmen. Es gab keine Fortschritte in der Frage, wie eine spezielle und differenzierte (special and differential treatment) Behandlung der Entwicklungs- und Schwellenländer im Kontext der WTO zu garantieren und auszubauen wäre, um auf die unterschiedlichen Entwicklungsbedürfnisse angemessen zu reagieren. Von dem seit Jahrzehnten geforderten verbesserten Marktzugangs für Produkte aus den Entwicklungsländer in die Industrieländer kann nach wie vor keine Rede sein, die Einhaltung der bisherigen entsprechenden Zusagen lässt weiter auf sich warten. Entgegen den Aussagen im Endbericht gab es in Doha in der Frage der Patentierung (TRIPS-Abkommen) keine „echten Fortschritte", es wurde lediglich das bestehende nationale Recht bestätigt, unter bestimmten Bedingungen eine Zwangslizensierung für Arzneimittel zu vergeben. Substanzielle Verbesserungen, wie sie in der Diskussion um preisgünstige HIV-Präparate und die Patentierungspraxis der transnationalen Konzerne gefordert wurden, um die Basisgesundheitsversorgung weltweit abzusichern, blieben aus. Die einflussreiche amerikanische Pharmalobbygruppe (PhRMA) hat nach Doha deshalb zu Recht triumphiert, dass sich an dem bestehenden System nichts geändert hat. Inwieweit die Präzisierung des TRIPS-Abkommens die Rechtssicherheit vergrößert, bleibt abzuwarten. Wie bisher wird die rechtliche Klarstellung weiterhin in den kostspieligen Streitschlichtungsverfahren stattfinden, die allerdings von den Entwicklungsländern aufgrund des dafür notwendigen finanziellen und personellen Budgets in der Regel nicht genutzt werden können. Auch wurden keinerlei Fortschritte erzielt, um die Schiedsgerichtsverfahren der WTO transparenter zu machen und die Parlamente sowie zivilgesellschaftliche und multilaterale Organisationen aus dem Umfeld der Vereinten Nationen oder die IAO einzubeziehen. Damit ist in Doha das Grundproblem der WTO, die unzureichende demokratische Struktur, genauso wenig angegangen worden, wie die Einbindung sozialer Standards in das Regelwerk der WTO.

Gleichzeitig konnte die EU in Doha ihr aus dem Jahr 1998 bekanntes Konzept einer „umfassenden Verhandlungsrunde" als Verhandlungsansatz einbringen, hierüber die Positionen der Industrieländer durchsetzen sowie den Orientierungsrahmen für den Diskussionsprozess der nächsten Jahre vorgeben. Letztlich wurden alle Überlegungen sowie Vorschläge zur weiteren Liberalisierung über die Themenfelder Investitionen, Wettbewerb, öffentliche Auftragsvergabe, Dienstleistungen, Patentierung (Singapur-Issues) gebündelt, obwohl deren detaillierte Ablehnung durch die Mehrheit der Entwicklungsländer, von zivilgesellschaftlichen Organisationen und Teilen der

Gewerkschaften bereits im Vorfeld der Ministerkonferenz in Doha bekannt war. Die immer wieder angemahnte „Gestaltung der Globalisierung" wurde zugunsten einer Forcierung der weltweiten Liberalisierung aufgegeben.

11.3.3.1.2 Feststellung

Vor diesem Hintergrund stellen wir fest: So kann keine kooperative, auf gleichberechtigte Teilhabe verpflichtet „Gestaltung der Globalisierung" zur Minimierung der negativen und Förderung der positiven Effekte aussehen. Es ist positiv, dass im Endbericht für einzelne Problemfelder – Marktzugang, special and differential treatment, Umwelt- und Sozialstandards, Demokratiedefizit und Intransparenz der WTO – die Kritik aufgenommen und in entsprechende Empfehlungen umgesetzt wurde. Die Diskrepanz zwischen Reformnotwendigkeit und Beharrungsvermögen der WTO wird hiermit besonders deutlich. Indem es die Verhandlungen in Doha positiv bewertet, verharmlost der Endbericht jedoch die Realität. Hier von einer „Entwicklungsrunde" zu sprechen, deren Substanz sich möglicherweise in den nächsten Jahren erweisen würde, kaschiert das nach wie vor bestehende Machtungleichgewicht zwischen den Entwicklungs- und Industrieländern, welches sich eben auch in den „Ergebnissen" von Doha widerspiegelt. Es ist sogar fraglich, inwieweit das Abschlusswort des WTO-Vorsitzenden, dass die Verhandlungen zu allen neuen Themen (Singapur-Issues) erst stattfinden, wenn auf der kommenden 5. Ministerkonferenz der WTO alle Mitgliedsländer der Auffassung sind, diese Verhandlungen anzugehen, bindend sein wird. Unabhängig davon wird aber inzwischen eine Macht des Faktischen geschaffen, der Verhandlungskorridor festgelegt und wie so oft reduziert sich der politische Ansatz trotz ungelöster und sich zuspitzender Probleme auf die Maxime „Weiter so wie bisher".

Diese negative Richtung des Handelsregimes ist nicht zufällig, sondern durch die Zielstellung der WTO vorgegeben. Hier geht es eben nicht um die Konstitution eines multilateralen Handelssystems, dass Entwicklung und sozialen Wohlstand befördert. Das Regelwerk der WTO soll lediglich Unternehmen den Marktzugang eröffnen, um zu handeln; weitergehende Fragen der sozialen und ökonomischen Entwicklung spielen eigentlich keine Rolle. Hinzu kommt, dass die multilateralen Handelsvereinbarungen primär in Übereinstimmung mit den Exporteure und Importeuren bzw. ihren Lobbyisten abgeschlossen werden, während die betroffenen zivilgesellschaftlichen Gruppen – Beschäftigte und Verbraucher – trotz ihres Konsultations- und Beobachterstatus „keinen" Einfluss auf die Entscheidung haben. Weil aber die Maximierung des Handels nicht gleichzusetzen ist mit der Erweiterung der Möglichkeiten für eine gleichmäßige Entwicklung halten wir es für notwendig, das Handelsregime der WTO zu verändern – weg von der reinen Marktzugangsperspektive hin zu einer nachhaltigen und tragfähigen sozialen und ökologischen Entwicklungsperspektive. Dieser Politikwechsel verlangt sowohl eine stärkere Einbindung der WTO in den Kontext der Vereinten Nationen als auch eine Aufgabenbeschränkung der Welthandelsorganisation. Für uns verbinden sich beide Elemente in der Frage nach der zukünftigen Regulierung der internationalen Investitionstätigkeit und den daraus resultierenden Anforderungen für die transnationalen Unternehmen.

11.3.3.1.3 Auslandsinvestitionen und Investitionsregime

Leider konnte sich die AG Waren-, Güter und Dienstleistungen diesem Problemkomplex nicht explizit widmen. Wie die Kommissionsmehrheit hoffen wir aber, dass sich in weiteren Untersuchungen dem Themenfeld in entsprechender Weise angenommen wird. Hinzuweisen ist aber darauf, dass sich die Thematik implizit in den meisten Abschnitten der AG Waren und Dienstleistungen wiederfindet. Verwiesen sei hier nur auf Kapitel 3.1.6 „Zur statistischen Erfassung der Globalisierung" auf Kapitel 3.3 „Problemlagen und Reformnotwendigkeiten der WTO", auf die Bewertung der Investitionstätigkeit im Kontext von Fusionen und Übernahmen und der Stellung von Konzernen im Kapitel 3.4 „Handel und Wettbewerb in der Globalisierung" sowie auf das Kapitel 3.6 „Verhaltenskodizes transnationaler Unternehmen". Aufgrund der Darstellungen und Schlussfolgerungen im Endbericht widersprechen wir der Ansicht, dass sich die Kommission zu den Fragen Direktinvestitionen und transnationale Konzerne nicht positioniert hätte. Allerdings wurde der konventionelle Diskussionsrahmen nicht verlassen – Direktinvestitionen steigen und sind positiv für die Entwicklung, Konzerne tragen zur Diffusion von Wissen und Technologie bei etc. Auch wenn die Widersprüche im Globalisierungsprozess, die zunehmende Polarisation und die wachsenden Probleme, auf nationaler Ebene die internationalen Entwicklungen adäquat zu beeinflussen, durchaus korrekt wiedergegeben werden – gerade die internationale Investitionstätigkeit, das Verhalten von Konzernen und die politisch geschaffenen Bedingungen für die existierenden „Investitionsregime" werden nicht in einen größeren Begründungszusammenhang gestellt. Der Endbericht ist in dieser Hinsicht inkonsistent, fällt hinter das erreichte wissenschaftliche Diskussionsniveau zurück und greift nicht die erarbeiteten politischen Ansätze der Vergangenheit auf.

In einer ausführlichen Stellungnahme (Lötzer, Huffschmid 2002) haben wir begründet, warum wir den Aufbau eines internationalen Investitionsregimes im Rahmen der VN für notwendig erachten, das an den Ergebnissen der seit 1945 geführten Diskussion ansetzt und nicht primär auf die Interessen der Unternehmen abstellt, sondern soziale, ökologische und entwicklungspolitische Kriterien in den Vordergrund stellt. Ausdrücklich erkennt die UN-Charta von 1974 über die ökonomischen Rechte und Pflichten die politische Souveränität von Nationalstaaten an, „das öffentliche Interesse durch Regulierung von Auslandsinvestitionen zu schützen ... und die Autorität, die Handlungen von transnationalen Konzernen durch die Einführung von Auflagen auf ihren Territorien zu überwachen, um so sicherzustellen, dass ausländische Investitionen den wirtschaftlichen, sozialen und ökologischen Prioritäten der nationalen Entwicklung dienen" (Mies, von Werlhof 1999: 179ff).

Die ausschließliche Betonung des Investorenschutzes, die Freiheit der Kapitalmobilität, die Inländerbehandlung ausländischer Konzerne, die Meistbegünstigungsklausel und der Rechtsanspruch auf Entschädigung sowie Kompensation bei „Enteignung und staatlicher Regulierung" schlug sich bereits in der von der OECD angestoßenen Diskussion über das multilaterale Investitionsabkommen (MAI) nieder. Nach dessen berechtigter Ablehnung findet sie sich nun in der WTO als Thema „Handel und Investitionen" wieder oder wird im Rahmen von multi- und bilateralen Freihandelsabkommen behandelt.

Der VN-Kontext böte die einzige Möglichkeit, um diese verengte Behandlung der Thematik zu erweitern und an den Zielstellungen der nachholenden Entwicklung, der Teilhabe und der Verpflichtung der Konzerne auf ihre soziale Verantwortung und die Stärkung der Menschenrechte auszurichten. Hinzu kommt, dass im Kontext der Stärkung der „Global Governance" die VN als einzig relevantes Gefüge etabliert ist und sich daran auf absehbare Zeit kaum etwas ändern dürfte (Paech 2001). Unseres Erachtens kann und soll die WTO somit aufgrund der eigenen verkürzten Zielsetzung und ihres strukturellen Zuschnitts nicht den Aufbau eines multilateralen Investitionsregimes forcieren oder die bisherigen Ansätze bündeln. Selbstverständlich wäre die WTO an diesem Prozess zu beteiligen, zumal die bisherigen und zukünftigen Kompromisse und Regelungen in die WTO-Regeln zu implementieren sind.

Eine auf soziale, ökonomische und ökologische Nachhaltigkeit orientierte Strategie zur Steuerung der Investitionsströme und der Machtbeschränkung der Konzerne hat unser Ansicht nach zunächst die nationale Handlungsebene zur Erhöhung der demokratischen Gestaltungsmacht gegenüber transnationalen Konzernen zu stärken. Unabhängig von der institutionellen Entwicklung und Anbindung des Investitionsregimes müssen globale Mindeststandards ein differenziertes Instrumentarium zur zielgerichteten Lenkung bieten. Es ist unter den ungleichen sozioökonomischen Bedingungen somit unerlässlich, die Ungleichbehandlung – die als Diskriminierung von inländischen und ausländischen Unternehmen definiert wird und damit im WTO-Kontext untersagt ist – beizubehalten bzw. die Unterscheidung aufgrund qualitativer Kriterien auszubauen. Die unumschränkte Garantie des Markteintritts hätte demgegenüber eine geringere Rolle einzunehmen. Ansonsten würden die Möglichkeiten von Entwicklungs- und Schwellenländern beschnitten, ihre heimische Industrie zu entwickeln sowie den Einfluss der transnationaler Konzerne (TNK) zu beschränken. Angesichts der negativen Effekte der Globalisierung wird auf der internationalen Ebene der Aufbau multilateraler, sanktionsfähiger Mindeststandards mit der Zielsetzung präferiert, die aggregierte Nachfrage zu steigern, die negativen Effekte des Wettbewerbs auf Löhne und soziale Standards zu minimieren und die institutionellen Voraussetzung für eine politische Gestaltung der Globalisierung unter nachhaltigen Gesichtspunkten zu steigern (Tolentino 1999: 183ff). Ein Ausgangspunkt dabei ist, dass bei unterschiedlichen Bedingungen angesichts der differenzierten Wirkungen von ADI und der Tätigkeit der TNK in der Realität keine generell positive Bilanz gezogen werden kann (Hanson 2001, Crotty, Epstein & Kelly 1998). Ein lediglich liberaler Rahmen für alle Länder mit rechtsverbindlichen Kriterien wird folglich kaum ausreichen, die Probleme zu lösen.

Empfehlung

Wir fordern die Bundesregierung auf, sich auf nationaler und internationaler Ebene dafür einzusetzen, ein internationales Investitionsregime zu entwickeln, das sozialen, ökologischen und entwicklungspolitischen Ansprüchen gerecht wird und sich an folgenden Kriterien orientiert:

- *Der Aufbau globaler rechtsverbindlicher Standards zur Vermeidung unfairer Geschäftspraktiken (z.B. Bestechungsverbot) wie es die UNCTAD fordert (UNCTAD 2000b:205).*

- *Das Unterbinden weiterer Konzentrationsprozesse z.B. mittels Festlegung von Obergrenzen für Weltmarktanteile von TNK und der technischen und finanziellen Unterstützung und Kooperation im Bereich der Kontrolle von M&A-Aktivitäten.*

- *Die Durchsetzung der Besteuerung von TNK durch das Welteinkommensprinzip, um das Verschieben von Gewinnen in Konzernteile zum Zwecke der Minimierung der Steuerlast zu unterbinden.*

- *Eine weitreichende einheitliche Regelung der Publizitäts- und Offenlegungspflicht für Unternehmen, um die eklatanten Informationsdefizite zu minimieren.*

- *Die Verankerung von menschenrechtlichen, sozialen, gewerkschaftlichen und ökologischen Mindeststandards, deren Nichtbeachtung nationale und internationale Sanktionen nach sich zieht.*

- *Eine Stärkung des grenzüberschreitenden unternehmerischen Haftungsrechts und eine verbesserte juristische Zusammenarbeit, um strafrechtlich und haftungsrechtlich relevantes Vorgehen gegen Unternehmen zu verbessern.*

- *Die Etablierung eines Schiedsgerichtsverfahren, welches die ökonomische Macht und den politischen Einfluss der TNK kompensiert. Neben der Streitschlichtung ist hierbei auch ein Petitions- und Klagerecht für nichtstaatliche Akteure (Gewerkschaften, NGO, indigene Gemeinschaften) einzuführen, dass Sanktions- und Schadenersatzregelungen beinhalten muss.*

Empfehlung

Wir fordern die Bundesregierung auf, sich für Verhandlungen über ein Investitionsregime im VN-Kontext einzusetzen. Um angesichts der laufenden und zukünftig angestrebten Verhandlungen in der WTO und anderen internationalen Organisationen zum Investitionskomplex keine Fakten zu schaffen, die diesem Prozess widersprechen fordern wir die Bundesregierung auf, sich für folgende Maßnahmen einzusetzen:

- *Ein Moratorium bezüglich aller Vereinbarungen internationaler Organisationen oder der Industrieländer (OECD, WTO, NAFTA, EU) einzuhalten, das eine weitere Liberalisierung und Deregulierung zur Forcierung von Direktinvestitionen verhindert.*

– *Keine weiteren Forderungen von IWF/Weltbank und bei der Kreditkonditionalisierung zuzulassen, die in Bezug auf Öffnung der Entwicklungs- und Schwellenländer für ADI mit einer Minimierung ihrer qualitativen Steuerungsmöglichkeit verbunden ist.*

– *Die personelle und finanzielle Ausstattung für Entwicklungs- und Schwellenländer zu erhöhen bzw. bereitzustellen, um die fachliche Kompetenz zu erhöhen, damit die bestehenden Bestimmungen des GATT/WTO sowie anderer Vorschriften (z.B. freiwillige Kodizes) nachvollzogen werden können.*

– *Einen Maßnahmenkatalog zu entwickeln und den institutionellen Rahmen zu schaffen, der die Erpressbarkeit hinsichtlich der Gewährung von Steuervorteilen, Subventionen, Aussetzung gesetzlicher Bestimmungen etc. wirkungsvoll verringert.*

– *Die Einführung bzw. Beibehaltung von Kapitalkontrollen zu unterstützen, um die Steuerung der ADI und der Portfolioinvestitionen hinsichtlich ihrer Quantität und Qualität im Empfänger- und Geberland zu garantieren.*

– *Konzepte zu entwickeln und zu implementieren, welche die Gewinnverschiebung der TNK u. a. durch die entsprechende Gestaltung interner Verrechnungspreise und Kreditvergabe verhindern.*

– *Einen festgelegten Anteil der Wertschöpfung der TNK zur Qualifizierung der Mitarbeiterinnen und Mitarbeiter, zum Ausbau der sozialen Sicherung und Infrastruktur und der Verbesserung der ökologischen Situation am unmittelbaren Standort einzusetzen.*

11.3.3.2 Handel und Wettbewerb in der Globalisierung

11.3.3.2.1 Bewertung

Wir nehmen zur Kenntnis, dass die Konzentration im Unternehmenssektor für alle Parteien ein Problem darstellt. Allerdings greifen sowohl die Beschreibung als auch die politischen Empfehlungen zu kurz. Einerseits ist dies durch die Konzentration auf das Problem des fehlenden internationalen ordnungspolitischen Rahmens bedingt. Im Zentrum steht damit zwangsläufig nur die Frage nach der „richtigen" Wettbewerbspolitik. Andererseits wird versäumt, die sozialen Wirkungen der jüngsten Fusionswelle zu betrachten. Es wird zwar festgestellt, dass die meisten Fusionen nicht von Erfolg gekrönt sind. Wichtiger ist, dass es vor, während und nach Fusionen zu Massenentlassungen, zur Einschränkung der Mitbestimmung und einem weiteren Druck auf Sozialstandards kommt. In dieser Kombination liegt für uns das zentrale Problemfeld, aus dem direkte und indirekte negative soziale Wirkungen für die Beschäftigten und Veränderungen der innerbetrieblichen Demokratie abzuleiten sind. Folglich resultiert der politische Handlungsdruck nicht allein aus den negativen Effekten der „Megafusionen" für den technischen Fortschritt, aus der steigenden Abhängigkeit des Mittelstandes und „allgemeinen" gesellschaftspolitischen Problemen, die durch die wachsenden Einflußmöglichkeiten der Unternehmen verursacht werden.

Die Problemfelder sind im Endbericht zwar richtig beschrieben, doch die unterstellte Beeinträchtigung des technischen Fortschritts durch wettbewerbsbeschränkende Wirkungen ist zu hinterfragen. Gerade weil die steigenden Kosten des technischen Fortschritts bei hoher Kapitalintensität ein zentraler Fusionsgrund sind wäre demnach zu fragen, welcher technische Fortschritt so verhindert und welcher auch in „vermachteten" Strukturen befördert wird. Welcher gesellschaftliche Bedarf wird nicht befriedigt, weil Mittel gebunden und für Übernahmen und Rationalisierung eingesetzt werden? Mit der steigenden Macht der Unternehmen wachsen die gesellschaftspolitischen Risiken, während die demokratische und soziale Teilhabe sowie die Entscheidungskompetenz nicht nur für die Politik, sondern auch in den Betrieben eingeschränkt wird. Wettbewerbspolitik allein wird diesen Problemen allerdings genau so wenig gerecht werden, wie hierüber der Interessenausgleich zwischen den ungleich entwickelten Volkswirtschaften stattfinden kann.

11.3.3.2.2 Feststellung

Wir stellen fest, dass im Mehrheitsvotum einer der zentralen ökonomischen Gründe der jüngsten Fusionswelle fehlt: Sie ist Produkt der Wachstumskrisen auf den Binnenmärkten. Denn trotz steigender Gewinne ist es nicht rentabel, in neue Produktionskapazitäten zu investieren. Stattdessen wird das interne Wachstum über eine Stärkung der eigenen Position auf dem Weltmarkt und die massive Kostenreduktion durchgesetzt. Dieser Ansatz forciert zum einen den Kauf bestehender Unternehmen auf dem Weltmarkt. Zum anderen wird mit Übernahmen/Fusionen die Ausgangsbasis für die Abwehr gegen Übernahmen durch andere Unternehmen verstärkt. Ausschlaggebend für alle ausländischen Direktinvestitionstätigkeiten (ADI) sind vor allem das Wachstum des Binnenmarktes (Zielland der Investition) bzw. die Absatzmöglichkeiten auf den angestammten Märkten. Die Kontraktion auf dem heimischen Markt verstärkt immer die Tendenz zur Erschließung neuer Märkte. Was u. a. als Unterkonsumption bezeichnet wird und betriebswirtschaftlich als Absatzproblem im Unternehmen auftaucht, soll so grenzüberschreitend gelöst werden. Die Lohnhöhe spielt als Investitionsmotiv eine untergeordnete Bedeutung (Wortmann 2000:165ff). Jedoch übersetzt sich die Kostenkonkurrenz zwischen den einzelnen Standorten in Lohn- und Sozialdumping.

Trotz der Investition im Ausland und der steigenden Bedeutung transnationaler Konzerne sind klare Einschränkungen bezüglich des Internationalisierungsgrades und ihrer weltweiten Mobilität zu treffen: Obwohl sich Unternehmen internationalisieren liegt ihr Hauptaktionsrahmen in der OECD, mit einem deutlichen Bezug zum angestammten nationalen Standort. Hier werden die zentralen Entscheidungen für sämtliche Aktivitäten getroffen, da sich dort die Konzernzentralen befinden. Dies betrifft sowohl die Produktionsstruktur, den Handel mit Waren und

Dienstleistungen, die Investitionstätigkeit und den Rückfluß der Gewinne sowie die getätigten Forschungs- und Entwicklungsausgaben (Doremus, Kellner, Pauly, Reich 1998). Folglich ergänzen die ADI den Trend, der auf den Waren-, Güter- und Dienstleistungsmärkten generell zu verzeichnen ist: Sie sind regional konzentriert, und in die Mehrheit der Länder auf der Welt fließen in Relation hierzu kaum Investitionen. Auf der anderen Seite bedeutet dies eine Konzentration in den Industrienationen über alle Branchen hinweg. Mit diesen Strukturveränderungen bilden sich Unternehmensnetzwerke heraus, in denen Unternehmen unterschiedlicher Größenordnung mit klaren Abhängigkeiten und Hierarchien verbunden werden.

Den im Endbericht angemahnten wettbewerbsrechtlichen Entscheidungen zur Minimierung der „Vermachtung der Märkte" kann zugestimmt werden. Aber eine allein auf die Herstellung besserer Rahmenbedingungen für den Wettbewerb und eine darauf abzielende Kontrolle von Fusionen, sich abzeichnenden Kartellen und ihre Zerschlagung zentrierte Lösungsperspektive wird dem Problem nicht gerecht. Zurückzuführen ist diese verkürzte Sicht auf das dem Endbericht zugrundeliegende, aber der Realität widersprechende Verständnis vom „vollkommenen" Wettbewerb als normale Marktform. Wir teilen nicht die Auffassung, dass der Trend zur „Vermachtung" der Märkte zwar zu beobachten ist, aber die Probleme noch nicht gänzlich sichtbar sind und erst in der Zukunft eine Gefahr darstellen. Diese Einschätzung abstrahiert von den realen Marktgrößen und der Marktaufteilung, da im Prozess der Globalisierung die gesamte Welt oder große Regionen als Wettbewerbsfeld gelten. In Anbetracht des Gewichts von Unternehmen aus der OECD, die unter sich bereits die heimischen als auch die anderen Märkte aufgeteilt haben, ist der Zeitpunkt des Handelns längst überschritten.

Gleichfalls unterbelichtet bleibt die Abhängigkeit in Netzwerkstrukturen, die KMU an einen oder wenige große Unternehmen binden. Folgen und Begleitumstände von Fusionen sind fast immer Entlassungen, dauerhafte Arbeitsplatzvernichtung und Arbeitsverdichtung durch massive Rationalisierungen und der Abbau sozialer und tariflicher Leistungen und Schutzrechte. Verstärkt wird dieser Prozess durch Ausgliederungen und Verkäufe, da die Durchsetzung des „shareholder values" im Rahmen von Fusionen/Übernahmen eine Konzentration auf das Kerngeschäft verlangt. Wirtschaftliche und damit politische Macht organisiert sich neu und verschwindet nicht durch den Wettbewerb in einer „globalisierten Wirtschaft" oder durch „neue Unternehmen". Die steigende unternehmerische Macht führt somit nicht nur zu den im Endbericht angeführten gesellschaftspolitischen Risiken, sie entwertet zunehmend auch die Mitbestimmung in den Betrieben, so dass sich die Fragen nach innerbetrieblicher Demokratie und sozialer Gestaltung vor einem veränderten Hintergrund stellen. In dieser Hinsicht sind die Instrumente auf nationaler und europäischer Ebene zu stärken, die den Beschäftigten ihre sozialen Rechte sichern und im Zeitalter von „Megafusionen" auf die neuen Bedingungen reagieren. Informationsrechte allein helfen kaum, hier bedarf es neuer, effektiver Einflussmöglichkeiten auf nationaler und europäischer Ebene.

Empfehlung

Angesichts der sozialen Dimension von Fusionen und Unternehmensübernahmen sind die Aspekte der sozialen Sicherungen in den entsprechenden Gesetzen und Verordnungen (Übernahmegesetz und EU-Übernahmerichtlinie) stärker zu verankern bzw. durch Erweiterungen zu flankieren. Zur Sicherung der Interessen von Öffentlichkeit und Belegschaften sollen Regelungen für Übernahmen vorsehen, dass sie nur nach intensiver Information der Belegschafts- und Gewerkschaftsvertreterinnen und -vertretern und in besonderen Fällen nur mit Zustimmung der Belegschaften/Gewerkschaften erfolgen dürfen. Gesetzliche und tarifvertragliche Regelungen sollten ein befristetes Verbot von Massenentlassungen und Betriebsschließungen als Folge von Fusionen enthalten und vorsehen, dass die sozialen Kosten von Folgemaßnahmen durch die Unternehmen zu tragen sind.

11.3.3.2.3 Wettbewerbsordnung

Der im Endbericht thematisierte beitrittsoffene plurinationale Ansatz (Clublösung) als „Keimzelle einer globalen Wettbewerbsordnung" erscheint uns problematisch. Richtig und wichtig ist die angemahnte bessere Absprache und globale Kontrolle von Unternehmenszusammenschlüssen vor allem in den Industriestaaten. Allerdings kann die Konstitution eines internationalen „Wettbewerbsregimes" nicht allein durch die Bedürfnisse und Interessen der Industrieländer bestimmt werden, die mit einer „Clublösung" die weitere Debatte vorgeben. Ein vergleichbares Ansinnen unterliegt dem ebenfalls angeführten Vorschlag der EU-Kommission, das Thema „Handel und Wettbewerb" in der WTO zu behandeln und zu verankern. Wir erachten zwar eine künftige multilaterale Vereinbarung über wettbewerbspolitische Mindeststandards als notwendig, halten aber die WTO nicht für den geeignete Ort, um das Thema „Wettbewerb" zu regeln. Multi- und plurinationale Regelungen müssen an die Einhaltung international gültiger Sozial- und Umweltstandards sowie menschenrechtlicher und demokratischer Normen gebunden, darüber hinaus jedoch auch mit entwicklungspolitischen und strukturpolitischen Zielsetzungen verbunden werden. Das Regelwerk der WTO umfasst aber genau diese Ziele und Regelwerke nicht (siehe oben). Offensichtlich wird die Diskrepanz zwischen der im Endbericht skizzierten quantitativen und qualitativen Ungleichheit in der Globalisierung (Volkswirtschaften und Unternehmen), die sich einerseits in der Behandlung von Fragestellungen in der WTO unter dem Aspekt des „special and differential treatment" niederschlägt. Andererseits wird genau diese Differenzierung mit dem Hinweis, ein „level playing field" durch eine gemeinsame Wettbewerbs- und Ordnungspolitik zu schaffen, in Abrede gestellt oder stark begrenzt (Kapitel 3.3.2. Wettbewerb und Entwicklungsländer).

Im Kern sind die wettbewerbsrechtlichen Fragen trotz aller fehlenden Regelungen in den Entwicklungs- und Schwellenländern sowie den dortigen personellen und finanziellen Unzulänglichkeiten ein Problem der OECD-Nationen. Denn hier sind die „global player" im wesentlichen beheimatet, werden sie hofiert und zur guten

Aufstellung des heimischen Standortes im „globalen Wettbewerb" für notwendig erachtet. Aus den daraus abgeleiteten wirtschafts- und sozialpolitischen Strategien ergeben sich die Probleme der Oligopolisierung und Monopolisierung auf den internationalen Märkten, die häufig den Entwicklungsanstrengungen im Rest der Welt zuwiderlaufen und auch hierzulande zu sozialen Problemen führen.

Unabhängig davon sehen wir die Notwendigkeit, über die bisherigen bilateralen Abkommen und internationalen Vereinbarungen hinauszukommen, um das Problem der Konzentration zu minimieren. Internationale Vereinbarungen über Mindeststandards des internationalen Wettbewerbsrechts, die parallel zum Ausbau der bilateralen Zusammenarbeit geschlossen werden könnten, würden einen Beitrag zur Vermeidung von Durchsetzungs-Konflikten leisten, ohne dass eine Aufweichung des erreichten Schutzniveaus – z. B. bei der Fusionskontrolle – zu befürchten wäre. Der im Endbericht angeführte plurilaterale Ansatz kann somit höchstens die Aufgabe übernehmen, so lange kein multilaterales Regelwerk unter VN-Hoheit existiert, die bestehenden Probleme zu minimieren.

Empfehlung

Angesichts der unzureichenden Zielsetzung und Struktur der WTO ist die Behandlung der Frage „Handel und Wettbewerb" auf die Ebene der VN zu verlagern. Mit allen relevanten Institutionen sind hier die Themen Wettbewerb und Investitionen zu behandeln, wobei die gleichberechtigte Teilnahme der betroffenen Länder, sozialen Gruppen und Parlamenten zu gewährleisten ist.

Empfehlung

Ein plurinationaler Ansatz sollte zunächst nur verbindliche Schritte für die Länder beinhalten, die eine entwickelte Wettbewerbsordnung sowie eine effiziente Fusionskontrolle besitzen und entsprechende Institutionen aufgebaut haben. In Anbetracht dessen, dass die überwiegende Zahl der Konzerne aus dem Gebiet der OECD stammen und die überwiegende Zahl von Übernahmen/Fusionen sich in diesen Staaten abspielen, könnte damit ein Schritt gegen die weitere „Vermachtung der Märkte" erreicht werden, ohne die zwischen den Staaten getroffenen Vereinbarungen als „globalen Ordnungsrahmen" vorzugeben.

Empfehlung

Angesichts der ökonomischen Unterschiede, der speziellen Bedürfnisse und der Unzahl bilateraler Abkommen empfehlen wir auf regionaler Ebene – z. B. im Rahmen der UNCTAD – ähnliche plurinationale Ansätze zwischen Entwicklungs- und Schwellenländer zu fördern, die sich auf die spezielle Situation der nachholenden Entwicklung beziehen und kooperative Lösung von Problemen finden und im Sinne einer gemeinsamen Interessenvertretung (capacity building) gegenüber transnationalen Konzernen und den OECD Staaten agieren. Diese sind in Handelsverträgen auf jeder Ebene anzuerkennen und nicht als „Wettbewerbsbeschränkungen" aufzufassen.

11.3.3.3 Standards und globale Entwicklung

11.3.3.3.1 Bewertung

Wir stimmen vielen Aussagen des Endberichts zu. Hervorzuheben ist der Versuch, die widersprüchlichen und unterschiedlichen Facetten und Entwicklungen zu benennen. Es fehlt jedoch die Einbindung in einen Gesamtzusammenhang von Globalisierung und Liberalisierung auf der einen und sich verschlechternder sozialer Entwicklung auf der anderen Seite. Gleichfalls unterbelichtet bleibt hierbei die Rolle der internationalen Organisationen (IWF, Weltbank und WTO) und der transnationalen Konzerne. Unabhängig davon, dass es keine monokausalen Zusammenhänge zwischen „der" Globalisierung und sich verschlechternder sozialen Bedingungen gibt, ist zu betonen, dass Lohn- und Sozialdumping eher zu- als abnehmen. Hier liegt der zentrale Ansatzpunkt, aus dem politische Antworten zur Verminderung der wachsenden globalen Ungleichheit abzuleiten wären. Insofern bleiben die Mehrheitsempfehlungen unvollständig. Für uns stellt die Erosion sozialer Rechte der Beschäftigten sowie die Informalisierung und Verschlechterung der Arbeitsverhältnisse ein generelles Problem dar, das sich durch die Globalisierung nicht minimiert. Dies gilt nicht nur für die Entwicklungs- und Schwellenländer, sondern auch für die Industrieländer, in denen über die verschärfte interne Standortkonkurrenz innerhalb und zwischen transnationalen Konzernen soziale Standards und Rechte abgebaut werden.

Im Zuge der Globalisierung mag die Aufmerksamkeit für diese schon vorher zu beobachtenden Prozesse zugenommen haben. Nimmt man allerdings die These vom „globalen Dorf" ernst, so müssen die sozialen Verwerfungen Anlass sein, politisch einzugreifen. Aus der Integration der Märkte erwächst zugleich die Notwendigkeit, dem Problem auf internationaler Ebene zu begegnen. Wir stellen allerdings fest, dass die Frage von Sozialstandards und deren Weiterentwicklung in und zwischen den Industrieländern und im Verhältnis zu Entwicklungs- und Schwellenländern vernachlässigt wurde. Der Verweis im Mehrheitsvotum auf die EU-Sozialcharta und die eigenständige Reaktion der EU-Mitgliedsstaaten auf soziale Probleme (Kapitel 3.5.2.1 Handel und Sozialstandards) wird sowohl der Fragestellung sowie der Erosion der sozialen Rechte im Kontext der Globalisierung nicht gerecht.

11.3.3.3.2 Feststellung

Die negativen Effekte der Globalisierung zeigen sich weltweit nicht nur in einer stärkeren Einkommenspolarisation und ungleichen Entwicklung. Die Kombination von Handelsliberalisierung und Exportorientierung verschärft vielmehr das Problem erodierender sozialer Standards und Arbeitnehmer/innen/rechte. Trotz der in den letzten Jahrzehnten zu beobachtenden deutlichen Liberalisierung des Welthandels konnte die These nicht verifiziert werden, Liberalisierung führe grundsätzlich zu Exporterfolgen und darüber implizit zur Verbesserung der sozialen Bedingungen und Stärkung der Rechte von Beschäftigten, (Rodrik 2000). Ganz im Gegenteil vermelden die Jahresberichte von *Amnesty International* (2000) und der *International Confederation of Free Trade Unions* (2000) eine Zunahme der Verstöße gegen fundamentale Arbeitsrechte.

Hauptbestandteil der Globalisierung ist eine wirtschaftspolitische Zielsetzung, die Handelsliberalisierung mit einer weltmarktorientierten Produktion verbindet. Die Liberalisierung durch globale Handelsverträge sowie regionale und bilaterale Freihandelsabkommen und der damit verbundene Abbau jeglicher Import- und Niederlassungsschranken haben zu einer fortschreitenden Orientierung an Exportproduktion als der wirtschaftspolitischen Maxime geführt und sukzessive alle Länder veranlasst, sich dem Weltmarkt zu öffnen. Verstärkt wurde dieses durch die seit Jahrzehnten bestehende „Verschuldungskrise" der meisten Entwicklungsländer, die zur Devisenbeschaffung um jeden Preis zwingt. Diese Situation hat zu einem Wettbewerb geführt, in dem soziale Standards unterlaufen werden können. Am Beispiel der asiatischen Länder kann die Wirkungskette verdeutlicht werden: „In den letzten zwei Jahrzehnten nahm der Wettbewerb unter den aufstrebenden Volkswirtschaften erheblich zu. Die Hälfte der Weltbevölkerung lebt in fünf asiatischen Ländern mit geringem Durchschnittseinkommen: China, Indien, Indonesien, Pakistan und Bangladesch. Diese Volkswirtschaften waren in den 1960er und 1970er Jahren weitgehend geschlossen, so dass deren Arbeitskräfte nicht untereinander in der internationalen Konkurrenz standen. Ab Mitte der 1980er Jahre öffneten sich Indonesien und China gegenüber dem Weltmarkt, die anderen folgten in den 1990er Jahren. Eine Analyse der Exporte asiatischer Länder in die USA, EU und nach Japan ergab, dass deren Exportstruktur sehr ähnlich ist (BIZ 1999: 114). Im Laufe der 1990er Jahre hatte China seinen Marktanteil in den USA auf Kosten seiner asiatischen Wettbewerber ausdehnen können (Palley 2000; Rosen 1999; BIZ 1999: 126-127; Noland 1998." (Scherrer, Greven 2001: 15).

Die Produktionsverlagerung aus Industrieländern in „Billiglohnländer" wurde ergänzt durch weitere Verlagerungen zwischen Entwicklungs- und Schwellenländern. Der Trumpf der „weltbilligsten" Arbeitskräfte ist immer nur von kurzer Dauer. In den 70er Jahren kam es beispielsweise zur Verlagerung im Textilsektor vor allem nach Südkorea, Taiwan und Hongkong. Dann folgten die Philippinen, Thailand, Indonesien sowie Bangladesch. Die dritte Phase umfasste schließlich China, Vietnam und Kambodscha. Mit Gesetzen zur weiteren Deregulierung der ohnehin rudimentären sozialen Standards konkurrieren alle diese Länder um Produktionsstätten und ausländische Direktinvestitionen. Das südkoreanische Arbeitsgesetz von 1996 machte z. B. weitgehende Zugeständnisse mit der Aufweichung des Kündigungsschutzes und Maßnahmen zur Förderung ungeschützter und flexibler Arbeitsformen, zur Verlängerung der Arbeitszeiten und zum Einsatz von Streikbrechern. Begründet wurde diese Vorhaben damit, dass sich das jährliche Wachstum verlangsamt habe und die Exportquoten sanken.

Ergänzt wird die Stärkung der eigenen Position im Kampf um Weltmarktanteile durch den massiven Ausbau von Sonderwirtschaftszonen. Ihre Ausweisung hat in den drei zuvor skizzierten Phasen explosionsartig zugenommen. Bereits Mitte der 60er Jahre entstanden die ersten „Maquilas" in Mexiko an der Grenze zu den USA, es folgten weitere in Guatemala und El Salvador. Nach Schätzungen der OECD sind außerhalb Chinas ca. 27 Millionen Menschen in diesen Sonderwirtschaftszonen beschäftigt, in China kommen noch einmal 18 Millionen hinzu. Nach China ist Mexiko das Land mit der zweitgrößten Beschäftigungsanzahl, wobei 70 Prozent der Beschäftigten Frauen sind. Die Entwicklungs- und Schwellenländer werben mit Ausnahmeregelungen bei Zöllen und Steuern, der kostenlosen Bereitstellung von Infrastruktur und vor allem mit dem Fehlen von Arbeitsschutzgesetzen und Umweltauflagen sowie dem Verbot von Gewerkschaften. Das Ausweisen von Sonderwirtschaftszonen und die Exportorientierung sollten den Anschluss an die Globalisierung sichern und als Entwicklungsmotor dienen. Das Gegenteil ist der Fall. Die einheimische Produktion – z. B. die lokale handwerkliche Bekleidungsindustrie – wird zusätzlich von „Billigprodukten" aus den heimischen oder regionalen Sonderwirtschaftszonen verdrängt. Lokale Handwerker/innen werden, wenn überhaupt, zu Zulieferern der „Maquilas". Oder die Menschen werden zu Migrantinnen und Migranten für die Produktion im „Niedriglohnbereich" in den benachbarten Industrieländern, wie die mexikanische Entwicklung verdeutlicht. Nach Angaben der UNCTAD hat diese wirtschaftspolitische Orientierung in den letzten Jahren zu steigenden Importen und sinkenden Wachstumsraten in den Entwicklungsländern geführt. Ansätze zur Produktion höherwertiger Produkte wurden vielfach zurückgenommen. Diese Entwicklung zeigt sich exemplarisch am Beispiel von Bangladesch: Nachdem die britischen Kolonialisten die einheimische Tuchherstellung zerstört hatten, verhängte die Regierung nach der Unabhängigkeitserklärung Einfuhrbeschränkungen, um den einheimischen Sektor erneut aufzubauen. Auf Druck von Weltbank und IWF wurden diese Beschränkungen in den 80er Jahren gelockert. Heute kauft Bangladesch die Stoffe zur Weiterverarbeitung im Ausland und ist im Welttextilabkommen von den Quotenbeschränkungen für den Export ausgenommen. Auf den Druck, der aus dem Auslaufen des Abkommens spätestens 2005 entsteht, reagierte Bangladesch mit der weiteren Einrichtung von Freihandelszonen als Angebot an Investoren, in denen die nationalen Arbeitsschutzgesetze nicht gelten und die gewerkschaftliche Organisierung sowie Streiks verboten sind.

Die skizzierte Entwicklung wurde durch die Liberalisierung der Landwirtschaft im Rahmen der Uruguay-Runde (GATT) forciert. In den Entwicklungs- und Schwellenländern folgte die Umstellung auf die Exportproduktion einer devisenorientierten Landwirtschaft (cash-crops). Gleichzeitig wurden Einfuhrzölle gesenkt. IWF und Weltbank drängen zum Abbau von Nahrungsmittelsubventionen, wohingegen die subventionierten Agrarprodukte aus den USA und EU auf die Märkte der Entwicklungs- und Schwellenländer kommen. Die Subsistenzproduktion verschwindet, kleine Farmer werden marginalisiert, was in Verbindung mit der Landflucht die Arbeitslosigkeit in den Entwicklungsländern erhöht. Weiterer Druck auf Sozialstandards und Löhne sind die Folge. Im Ergebnis wächst lediglich die Beschäftigung im informellen Sektor. Zwischen 1990 und 1994 betrug beispielsweise der Anteil der Arbeit im informellen Sektor an der Beschäftigungsentwicklung in Lateinamerika 80 Prozent; in Afrika entstanden in den letzten Jahren hier mehr als 90 Prozent aller neuen Arbeitsplätze.

Gewinner und Förderer dieses Prozesses sind transnationale Konzerne. Ihnen ist es möglich, Teile der Produktion zum jeweils billigsten Anbieter zu verlagern und die Wertschöpfungsketten über den Globus zu verteilen. Scheinbar widerspricht dem die Tatsache, dass Konzerne hauptsächlich in die dynamischen Märkte der OECD oder die wenigen Schwellenländer investieren. Zum einen ist hier festzuhalten, dass sie auch in den Industrie- und Schwellenländern im Kontext von Neuansiedlungen, Direktinvestitionen und Verlagerungen den Druck auf die sozialen Bedingungen forciert haben. Zum anderen gehen die Investitionen in Entwicklungs- und Schwellenländer zunehmend an Subunternehmen aus dem informellen Sektor, dessen Entwicklung zielstrebig durch Outsourcing gefördert wird. Ein großer Teil der Investitionen fließt in die Sonderwirtschaftszonen.

Indem sie die öffentliche Daseinsvorsorge und deren Dienstleistungen immer weiter liberalisieren und privatisieren ohne dabei soziale Standards und Leistungen für die Beschäftigten zu sichern, treiben Regierungen, aber auch internationale Organisationen die Erosion sozialer Standards weiter voran. Fokussiert auf den jeweils billigsten Preis, werden auch künftig regionale oder weltweite öffentlichen Ausschreibungen zu diesem fortschreitenden Sozialabbau beitragen. IWF und Weltbank haben mit ihrer seit 20 Jahren primär an der Währungsstabilität für Finanzanleger orientierten Politik entscheidend zu dieser Erosion beigetragen. Der Abbau sozialer Leistungen, der Druck in Richtung auf eine Exportorientierung sowie umfassende Liberalisierungsmaßnahmen, die Privatisierung der öffentlichen Daseinsvorsorge sind wesentliche Bestandteile ihrer Politik, die u. a. mit den Strukturanpassungsprogrammen durchgesetzt wurden. Derzeit lässt sich an Argentinien, dem „Musterschüler" dieser Politik, das Ergebnis ablesen. Argentinien senkte die Zölle und Abgaben. Für die Konzerne entfielen Auflagen und Kontrollen und eine massive „Privatisierungswelle" rollte an. Die Geldentwertung wurde gestoppt, die internationalen Finanzmarktakteure investierten wieder in Argentinien. Gleichzeitig schnellte die Arbeitslosigkeit hoch und die Armut wuchs, so dass jeder dritte Mensch im Elend lebt. Heute ist der einstige Musterschüler von IWF und Weltbank zahlungsunfähig und befindet sich in einer schweren sozialen Krise.

11.3.3.3.3 Perspektiven für eine globale Sozialordnung

Um der skizzierten Erosion sozialer Standards wirksam entgegenzutreten, ist eine konsequente Abkehr von der neoliberalen Wirtschaftspolitik erforderlich und es sind umfassende Maßnahmen im Sinne einer Orientierung an den Leitlinien von sozialer Gerechtigkeit und demokratischer Entwicklung zu ergreifen. Die Grundvoraussetzung hierfür ist eine internationale Anerkennung von Sozialstandards als Basis für die Globalisierung, um in einem nächsten Schritt bzw. ergänzend die sozialen Rechte auf nationaler Ebene weiterzuentwickeln. Mit gemeinsam anerkannten Mindeststandards brauchen die Länder nicht zu befürchten, dass sie sich durch die Einhaltung sozialer Normen schlechter stellen als ihre Konkurrenten. Die ökonomischen und somit auch sozialen Bedingungen in den meisten Ländern der Welt können allerdings allein durch die im Endbericht empfohlenen Maßnahmen zum Abbau von Exportsubventionen der Industrieländer und zur Marktöffnung für Produkte aus den Entwicklungs- und Schwellenländern kaum verbessert werden. Handel kann die interne Entwicklung unterstützen, ersetzen kann er sie nie. Aufgrund der bestehenden sozioökonomischen Struktur in den Entwicklungs- und Schwellenländern ist die besondere Rolle der Landwirtschaft, der kleinen Farmer und des informellen Sektors bei der Implementation von Sozialstandards zu berücksichtigen. Folglich sind Strategien für den Aufbau einer tragfähigen, binnenmarktorientierten Landwirtschaft und Industrialisierung erforderlich. Wir begrüßen daher, dass die Mehrheit im Endbericht eine funktionierende regionale Produktion und Vermarktung für die Landwirtschaft empfiehlt, meinen jedoch, dass dies über den landwirtschaftlichen Bereich hinaus verallgemeinert werden muss.

Empfehlung

Statt die weitere Liberalisierung zu forcieren, sollten Maßnahmen und Projekte zur Stärkung der Binnenmarktorientierung in den Entwicklungs- und Schwellenländern gefördert werden, Möglichkeiten der Positiv-Diskriminierung, von Zöllen und anderer Barrieren zum Schutz vor ruinösen Importen geschaffen und Regulierungen für ausländische Direktinvestitionen im Hinblick der Förderung sozialer Standards entwickelt werden.

Wie die Kommissionsmehrheit bedauern wir, dass bei der 4. Ministerkonferenz der WTO in Doha/Quatar keine substantielle Verbesserung hinsichtlich der Einbindung von Sozialstandards in das Handelsregime erreicht wurden und die IAO nach wie vor nicht als gleichberechtigter Partner angesehen wird. In diesem Sinne unterstützen wir nachdrücklich die Empfehlungen der Kommission (Kapitel 3.5.2.3). Allerdings kann das gleichfalls angesprochene und kürzlich eingerichtete „Globale Forum für soziale Entwicklung" die skizzierten Probleme kaum bewältigen. Natürlich begrüßen wir, dass die soziale Dimension der Globalisierung in einem solchen Forum diskutiert werden soll. Der Ansatz, soziale Fragen in dem „Globalen Forum für Soziale Entwicklung" zu diskutieren, während gleichzeitig die Liberalisierung in zahlreichen Bereichen ohne Einigung auf die Implementierung von Sozialstandards und Kernarbeitsnormen an anderer Stelle forciert wird ist für uns allerdings kein Fortschritt. Damit setzt sich lediglich der skizzierte Wettbewerb zu Lasten sozialer Standards und Kernarbeitsrechten weiter durch und wird auf bisher „ausgeschlossenen" Bereiche ausgedehnt. Die immer wieder angemahnten Lösungen der sozialen Probleme und der Rechtlosigkeit der Beschäftigten rückt so in weite Ferne.

Um die Diskussion über die Durchsetzung internationaler Sozialstandards weiterzuentwickeln ist es unser Ansicht nach notwendig, verschiedene Aspekte und Ebenen miteinander zu verbinden. Nur so lassen sich die negativen Effekte so gering wie möglich halten und die positiven Effekte verstärken. In einem Gutachten für die Enquete-Kommission wird ein solcher Weg skizziert, der Ausbau regionaler Abkommen favorisiert und eine Reform der Internationalen Arbeitsorganisation angemahnt, um Arbeitslose, Beschäftigte aus dem informellen Sektor und der Landwirtschaft stärker in die Diskussion um Sozialstandards mit einzubeziehen (Bullard 2001). Die im Gutachten unterbreiteten Empfehlungen unterstützen wir nachdrücklich und verweisen darauf, dass für eine strategische Entwicklungsoption, die eine bessere Durchsetzung von internationalen Sozialstandards gewährleistet, gleichzeitig umfassende Schritte zur Reform der internationalen Organisationen und der Kontrolle transnationalen Konzerne notwendig sind, mit denen sich die Enquete-Kommission in der weiteren Arbeit auseinandersetzen sollte.

Nur mit einem umfassenden Ansatz, der nicht verkürzt wird auf die Frage, wann und wie Handelssanktionen bei der Verletzung von Sozialstandards ausgesprochen werden, lassen sich die sozialen Probleme minimieren. Hierfür sind allerdings die Probleme zu benennen und in den Kontext der wirtschaftspolitischen Strategie der letzten Jahrzehnte zu stellen. Prekarisierung, Liberalisierung, die Zunahme der Beschäftigten im informellen Sektor und in Sonderwirtschaftszonen sowie die Ausrichtung auf die Produktion für den Export sind als negative Faktoren zu identifizieren, wie auch die Rolle der internationalen Institutionen (IWF, Weltbank und WTO) kritisch zu hinterfragen ist. Denn was nützt der Appell an die soziale Verantwortung oder die Finanzierung von sozialen Projekten, wenn auf der anderen Seite durch Strukturanpassungsmaßnahmen und Liberalisierungsdruck essentielle Bereiche der öffentlichen Daseinsvorsorge etc. reduziert werden, um den Auflagen der Kreditgeber und der Industrieländer nachzukommen? Gleichzeitig muss bei der Durchsetzung von Sozialstandards verhindert werden, dass diese als protektionistische Instrumente eingesetzt werden.

Empfehlung

Die Bundesregierung sollte national, in der EU und in den internationalen Organisationen dafür eintreten, dass internationale Verhandlungen zum Aufbau regionaler Abkommen zu Sozialstandards und Kernarbeitsnormen im Rahmen der VN geführt werden und Mittel dafür bereitstellen.

Empfehlung

Aufgrund der wachsenden Bedeutung des informellen Sektors sind die Beschäftigten im informellen Sektor und die Nicht-Beschäftigten in die IAO und die Verhandlungen zur Verbesserung sozialer Standards einzubinden. Das Überwachungs- und Beschwerdeverfahren der IAO ist hierfür mit dem Streitschlichtungsverfahren der WTO wie folgt zu verbinden: Es sollte ein Beschwerdemechanismus eingerichtet werden, der, unter Einbeziehung der Gewerkschaften und NRO der betroffenen Länder, die Verletzungen untersucht. In Zusammenarbeit mit der Regierung und Organisationen der Zivilgesellschaft soll von der IAO ein Aktionsplan erarbeitet werden, der die Voraussetzungen zur Einhaltung der Normen schafft. Erst wenn keine Anstrengungen zur Verbesserung getroffen werden, soll eine Verwarnung ausgesprochen und nach weiterer Prüfung zum Instrument der Handelssanktionen gegriffen werden. Durch Transparenz, klare Regelungen und Beteiligung der betroffenen Regierung und der zivilgesellschaftlichen Gruppen der Länder muss sichergestellt werden, dass diese Maßnahmen nicht zu protektionistischen Zwecken mißbraucht werden.

Die international und regional vereinbarten Normen, müssen ebenso verbindlich durch WTO, Weltbank und IWF anerkannt und unterstützt werden, wie in internationalen, regionalen und bilateralen Verträgen und der Entwicklungspolitik kodifiziert sein. Zur Durchsetzung und Überwachung sollten Mechanismen unter Federführung der IAO entwickelt werden. In Bezug auf weitergehende Standards, müssen die Rolle und die Rechte des VN-Ausschusses für die Überwachung des Paktes für wirtschaftliche, soziale und kulturelle Rechte einbezogen werden, um dem VN-Ausschuss neben Berichts- und Veröffentlichungsrechten mehr Möglichkeiten an die Hand zu geben.

Ohne Lösung der speziellen Problematik „Sonderwirtschaftszonen" kann der Erosion der sozialen Standards kaum begegnet werden. Insofern ist ein internationales Abkommen über die Anerkennung sozialer und ökologischer Standards und Rechte in Sonderwirtschaftszonen, die national, international und in regionalen Abkommen vereinbart wurden sowie Maßnahmen zu ihrer Überwachung als Mindestgrundlage erforderlich. Auszuschließen ist die Vorzugsbehandlung bei der Besteuerung in Sonderwirtschaftszonen. Mit einem Aktionsplan sind darüber hinaus weitere Maßnahmen zur schrittweisen Abschaffung der Sonderwirtschaftszonen festzulegen.

11.3.3.4 Korruption und Bestechung

Wir begrüßen, dass dieses Thema als globales Problem identifiziert und in den Endbericht mit aufgenommen wurde, allerdings greifen sowohl die Ursachenanalyse wie auch die Empfehlungen zu kurz. Völlig ausgeklammert bleibt bei der Betrachtung der Korruption die umfangreiche Privatisierungswelle der Vergangenheit, die ohne ausreichende demokratische Kontrolle und Transparenz als Quelle des massiven Anstiegs von Korruption und Bestechung gewertet werden kann. Den Nährboden für Korruption bildet beispielsweise das „Verleasen" von Fahrzeugpark und Schienenanlage mit Steuergeschäften über viele Milliarden Euro, die über Offshorezentren abgewickelt werden oder Public-Privat-Partnership-Modelle, die Garant dafür sein sollten öffentliche Aufgaben effizienter als „träge, bürokratische" Verwaltungen zu erledigen, aber gleichzeitig intransparente Netzwerke herausbilden. Korruption und Bestechung gedeiht offensichtlich auch dort, wo es im Konkurrenzkampf von Banken und transnationalen Konzernen bei der Privatisierung um lukrative Bereiche der öffentlichen Daseinsvorsorge geht.

Im Endbericht wird gefordert, ein Umfeld zu schaffen, auf dem Korruption nicht gedeiht. Doch Privatisierungen und Beteiligungen werden in der Analyse der Ursache und bei den Empfehlungen völlig ausgeblendet. Transparenz wird eingefordert, aber in den Empfehlungen überwiegen Maßnahmen zur Strafverschärfung bei Korruption. Wir teilen zwar diese Empfehlungen, halten jedoch die Demokratisierung und mehr Transparenz für wesentliche Mittel, um der Korruption und Bestechung die Grundlage zu entziehen. In Ländern, wie z. B. Schweden, die hohe Transparenz und Informationsrechte gewährleisten, ist der Korruption sehr viel weitergehend die Grundlage entzogen als bei uns.

Als Vorbild gilt uns in diesem Sinne auch der „Beteiligungshaushalt" von Porto Alegre, weil dort neben Transparenz und Information, direkte Beteiligung ermöglicht wurde. Seit 1989 entscheiden dort Bürgerinnen und Bürger der südbrasilianischen Landeshauptstadt mit über die Verwendung der kommunalen Haushaltsmittel. Jährlich finden zweiundzwanzig öffentliche Bürgerversammlungen statt, an denen jeder interessierte Einwohner der Stadt teilnehmen kann und ein Stimmrecht hat. Auf den Versammlungen werden die Prioritäten für den Haushalt festgelegt sowie Vertreter der Stadtviertel für den kommunalen Beirat des Beteiligungshaushalts gewählt. Daneben wird in thematischen Foren seit 1994 über Projekte entschieden, welche die ganze Stadt betreffen. Die Foren repräsentieren die Kernbereiche der kommunalen Aufgaben: Transport und Verkehr, Gesundheit, Bildung, Soziales, Wirtschaftsentwicklung, Stadtentwicklung und Steuern. Selbst die Ansiedlung von Konzernen wird in solchen Projekten begleitet. Je zwei Vertreter/innen der Foren und der Stadtviertel werden für ein Jahr in den Haushaltsrat gewählt. Hier wird über die Umsetzung der Beschlüsse und Vorhaben für das folgende Haushaltsjahr die Rechenschaft der Stadtverwaltung eingefordert sowie die Richtlinien, die Vergabe der Finanzmittel und die Einhaltung von Verteilungskriterien für die Haushaltsplanung überwacht. Jährlich beteiligen sich inzwischen mehr als 100 000 Menschen, was rund 15 Prozent der Wahlberechtigten in Porto Alegre entspricht.

Seit 1999 werden darüber hinaus im brasilianischen Bundesland Rio Grande de Sul die Prioritäten des Landeshaushalts in einem ähnlichen Verfahren festgelegt. Einem Bundesland, das größer ist als Westdeutschland. Das partizipative Verfahren des Beteiligungshaushalts hat inzwischen Nachahmung in mehr als 200 brasilianischen Städten gefunden. Im Jahre 1999 stellten auf einer internationalen Konferenz Politiker und Wissenschaftler aus u. a. Barcelona, Montreal, Saint Denis, Stockholm und Toronto ihre unterschiedlichen Praxiserfahrungen mit Beteiligungshaushalten dar. Das Spektrum reichte von stärkerer Transparenz über Planungszellen, Konsultationsprozesse, „Runde Tische" bis hin zur direkten Einflussnahme der Bürgerinnen und Bürger auf die Haushaltsentscheidungen. Auch einige wenige deutsche Kommunen haben inzwischen Schritte in diese Richtung unternommen und in einem Netzwerk „Kommunen der Zukunft" (auf Initiative der Bertelsmann Stiftung) die Erfahrungen Porto Alegres der letzten zwölf Jahre aufgegriffen. Bis jetzt gilt Porto Alegres Bürgerhaushalt als das am weitesten entwickelte Modell direkter Demokratie. Auf der VN-Konferenz „Habitat II" im Jahr 1996 wurde Porto Alegre deshalb zur Hauptstadt der Demokratie erklärt, die Weltbank lobte sie als Modell für nachhaltige Stadtentwicklungspolitik. Zahlreiche Auswertungen verweisen zudem darauf, dass die Korruption merklich zurückgegangen sei. Auch die Bürger/innen Porto Alegres teilen diese Sicht. In einer Umfrage erklärten 98 Prozent der Befragten, dass sie ihre Stadt für korruptionsfrei halten. Wir meinen, dass die Empfehlungen der Enquete-Kommission erweitert werden müssen, um einen vergleichbaren Demokratisierungsprozess zu unterstützen.

Empfehlungen

Wir fordern Bund, Länder und Gemeinden auf, die Erfahrungen mit Bürgerhaushalten zu evaluieren und Schritte zur Umsetzung der Bürgerbeteiligung auf zunächst kommunaler Ebene zu ergreifen: Dabei sollten die Kommunen von Bund und Ländern unterstützt werden. Die Erfahrungen des Netzwerks „Kommunen der Zukunft" sind in den Prozess einzubeziehen.

Die von der Enquete-Kommission vorgeschlagenen Maßnahmen zur Transparenz in der Auftragsvergabe müssen auch für Privatisierungs- und Beteiligungsvorhaben gelten. Darüber hinaus ist ein allgemeines Recht auf Akteneinsicht zu gewähren.

Unternehmen müssen über Absichtserklärungen hinaus in die Korruptionsbekämpfung durch mehr Transparenz einbezogen werden. Bei der öffentlichen Auftragsvergabe, Privatisierungs- und Beteiligungsvorhaben müssen Unternehmen eventuelle Parteispenden sowie Verträge mit Amtsträgern, die auch ehemalige Amtsträger mit einschließen, offenlegen. Diese Angaben sind jährlich fortzuschreiben und zu veröffentlichen.

11.3.4 Arbeitsgruppe Global Governance: Politikwechsel statt neuer Institutionen

Die Arbeitsgruppe der PDS stimmt dem Bericht der AG 4 insgesamt zu, weil sie der Ansicht ist, dass globale Kooperation bei der Lösung vieler grenzüberschreitender Probleme hilfreich, in einigen Fällen sogar unabdingbar ist. Es macht daher Sinn, die Vision einer solchen grenzüberschreitenden Zusammenarbeit zu entwickeln und inhaltlich wie auch institutionell zu konkretisieren. Wir stimmen auch deshalb zu, weil die Mehrheit in der AG 4 akzeptiert hat, dass einige für uns wichtige Einwände, die wir gegenüber einer in unserer Sicht naiven Konzeption von Global Governance und gegen die aus unserer Sicht zu sehr auf institutionelle Probleme gerichtete Stoßrichtung der Diskussion vorgebracht haben, im Bericht sichtbar geworden sind, teilweise als Modifikationen des Berichtstextes, teilweise als kontroverse Positionen.

Die kurzen kritischen Anmerkungen beinhalten nicht die Ablehnung einzelner Handlungsempfehlungen, sondern eine Kritik an den analytischen Grundlagen und an der Gewichtung einzelner Elemente der Analyse und der

Handlungsempfehlungen. Die Kritik lässt sich – in schematischer Verkürzung – in drei Punkte zusammenfassen, die wir der Kürze halber als Thesen formulieren:

1) „Global Governance" muss sich zentral auf bereits bestehende ökonomische und politische Globalisierungsstrukturen und -strategien beziehen.

Der oft im Zusammenhang mit der Diskussion um Global Governance vorgebrachten und auch im Bericht (trotz einiger differenzierender Halbsätze) vorherrschenden These, der Globalisierung der Ökonomie müsse jetzt eine Globalisierung der Politik folgen, liegt die Vorstellung zugrunde, dass es einen Vorlauf der Ökonomie gäbe, der jetzt durch die Globalisierung der Politik, eben durch Global Governance, einzuholen sei. Dies mag für einzelne Bereiche zutreffen, für die überwiegende Zahl der relevanten Gebiete für die wirtschaftliche, soziale und politische Entwicklung der Welt halten wir diese Vorstellung für falsch. Wir stellen vielmehr fest, dass

- es erstens seit dem Ende des zweiten Weltkriegs eine in vielen internationalen Organisationen globalisierte Politik gibt,

- zweitens diese für die Entwicklung der ganzen Welt bedeutungsvolle Politik zunächst durch den Kalten Krieg und nach dessen Ende durch die Interessen der Industrieländer strukturiert worden ist und nach wie vor wird, und dass

- drittens in den letzten Jahren die Tendenzen zur ökonomischen und politischen Hierarchisierung der Welt zugenommen haben und an die Stelle eines demokratischen Multilateralismus ein „multilateral gestützter Unilateralismus" der USA tritt, der sich in Nichtbeachtung, Austritt aus und Kündigung von internationalen Abkommen sowie in der Instrumentalisierung bestehender Organisationen durch die USA ausdrückt, und

- viertens die „globalisierte Politik" vor allem auf der Ebene internationaler Regierungskonferenzen, wie in der G8 oder der EU stattfindet und mit einer Entdemokratisierung einher geht. Zum einen werden Parlamenten und der Öffentlichkeit demokratische Kontrollrechte entzogen, zum anderen verschärft sich über die in den Gremien formulierten Leitlinien der internationalen Politik das Machtungleichgewicht zwischen Industrie-, Entwicklungs- und Schwellenländern.

Obgleich der Bericht derartige bereits bestehende Strukturen und Tendenzen erwähnt und gelegentlich problematisiert, widmet er ihnen sehr viel weniger Aufmerksamkeit als etwa den institutionellen Reformen der deutschen Politik zur Unterstützung einer Global Governance. Diese Gewichtung hat die Kompromissbildung in der AG 4 unterstützt. Sie hat aber die Frage umgangen bzw. offen gelassen, wie die Entwicklung globaler Politik der letzten Jahrzehnte einzuschätzen ist und überwiegend den Eindruck erweckt, die Politik stünde vor der Möglichkeit eines Neuanfangs ohne radikale Korrektur der Fehlentwicklungen.

2) „Global Governance" im Sinne der im Bericht definierten Nachhaltigkeitsstrukturen muss aus unserer Sicht als radikale Korrektur der Fehlentwicklungen entwickelt werden, die seit Mitte der 70er Jahre und verstärkt in den 90er Jahren die Welt bestimmen.

Im letzten Viertel des vergangenen Jahrhunderts ist die Kluft zwischen Arm und Reich – zwischen den Industrie- und den Entwicklungsländern sowie in den einzelnen Länder – tiefer geworden. Der Raubbau an den Naturressourcen und die Belastung der Umwelt haben zu einer Gefährdung der natürlichen Lebensbedingungen für große Teile der Menschheit geführt. Die Zahl der Kriege und der innergesellschaftlichen Gewaltausbrüche hat zugenommen. Die Ursachen dieser dramatischen Entwicklung liegen nicht im Fehlen internationaler Institutionen. Die Politik mancher internationaler Organisationen – wie etwa des IWF – hat sogar im Gegenteil zu den Finanzkrisen und sozialen Krisen der Entwicklungsländer und zur Vertiefung der Spaltung zwischen dem Norden und dem Süden beigetragen. Dies liegt vor allem daran, dass der IWF strukturell durch die Länder des Nordens dominiert wird und die Interessen der großen Finanzinstitutionen des Nordens gegenüber den Entwicklungsländern durchsetzt. Global Governance kann daher nicht in erster Linie als Aufbau neuer Institutionen, sondern sie muss in erster Linie als Korrektur der Struktur und der Politik bereits bestehender Institutionen betrieben werden. Dazu gehören im Falle des IWF vor allem die Demokratisierung der Stimmrechtsstruktur, eine Neubestimmung des Auftrags und eine kontinuierliche, transparente und demokratische Formulierung der Politik. Der Text des Mehrheitsberichtes plädiert für eine solche Korrektur, betrachtet sie aber nicht als Hauptaufgabe von Global Governance.

3) Die Korrektur der globalen Fehlentwicklungen erfordert eine sehr weitgehende Veränderung der welt- und gesellschaftspolitischen Kräfteverhältnisse, die nur durch anhaltende soziale und politische Mobilisierung zu erreichen sein wird und harten Widerstand überwinden muss.

Die Globalisierung von Wirtschaft und Politik hat nicht nur Verlierer, sondern auch Gewinner produziert, die überwiegend im Norden zu finden sind. An ihrer Spitze stehen große internationale Finanz- und Industriekonzerne, die in der Lage sind, starken Einfluss auf die Regierungen ihrer Länder zu nehmen. Sie haben diesen Einfluss während der letzten beiden Jahrzehnte dazu genutzt, eine neoliberale Offensive gesellschaftlicher Gegenreform in Gang zu setzen, die unter dem Mantel schicksalhafter Globalisierung die Spaltung der Welt vertieft und gesellschaftliches Gemeinwohl zunehmend privaten Gewinninteressen unterwirft. Hiergegen hat sich in den letzten fünf Jahren auch in den Industrieländern Widerstand entwickelt. Global Governance kann unseres Erachtens nur dann erfolgreich entwickelt werden, wenn sie sich auf diesen Widerstand stützt, ihn aufnimmt und zu parlamentarisch gestützten Veränderungen der Politikorientierungen weiterentwickelt. Die große Rolle, die der Endbericht der Zivilgesellschaft zuweist, ist in diesem Sinne einerseits zu begrüßen. Sie könnte andererseits zu Missverständnissen Anlass geben: es geht nicht um Zivilgesellschaft – also nichtstaatliche Organisationen und Bewegungen schlechthin, sondern um zivilgesellschaftlichen demokratischen Widerstand gegen die Dominanz des Neoliberalismus, der seinerseits ebenfalls als Exponent nicht- oder sogar antistaatlicher Zivilgesellschaft auftritt. Auch in dieser Frage ist der Bericht offen, aber nicht entschieden.

Um es zusammenzufassen: Wir halten die einzelnen Ausführungen im Bericht der AG Global Governance nicht für falsch und stimmen ihnen deshalb zu. Was wir kritisieren, ist die Unentschiedenheit der Diagnose und der Mangel an Gewichtung bei der Analyse und den Handlungsempfehlungen. Wir wissen, dass beides die Bedingung für einen konsensualen Bericht war, der immerhin auch in unserem Sinne vernünftige Empfehlungen enthält. Auf der anderen Seite sollten zwei Gefahren nicht übersehen werden, die eine derart offene Konzeption von Global Governance mit sich bringt: *Zum einen* kann die Unentschiedenheit in der Diagnose über den Zustand der Welt und die Ursachen der Fehlentwicklungen die Illusion fördern, Global Governance vor allem als mehr oder minder wertfreie Institutionenbildung betrachten und betreiben zu können, die beliebigen Inhalten dienen kann. *Zum anderen* kann die Abwesenheit demokratischen Widerstandes als emanzipatorischer Kernbestandteil im Konzept von Global Governance dazu führen, dass das Konzept zugunsten der vorherrschenden Macht- und Kräfteverhältnisse instrumentalisiert wird – Global Governance als Weltherrschaft des Neoliberalismus. Das würde nicht nur den Interessen der Arbeitsgruppe der PDS, sondern mit Sicherheit auch den Absichten der Kommissionsmehrheit widersprechen.

11.3.5 Arbeitsgruppe Arbeitsmärkte: Binnennachfrage stärken statt deregulieren

11.3.5.1 Allgemeine Bewertung

Die Globalisierung beeinflusst durch die internationale Arbeitsteilung, den Handel von Waren und Dienstleistungen, die internationale Kapitalmobilität und die grenzüberschreitende Wanderung von Menschen die Situation auf den regionalen Arbeitsmärkten. Im Endbericht werden einige Entwicklungen und verschiedene Bewertungen der Einflüsse der Globalisierung auf die Arbeitsmarktentwicklung dargestellt. Positiv hervorzuheben sind insbesondere die Abschnitte zur „öffentlichen Daseinsvorsorge", zu den Auswirkungen der „Ausweitung der informellen Arbeit", zu den „Strategien zur Reduzierung der digitalen Kluft unter besonderer Berücksichtigung von Qualifikation und „Brain Drain" und dass von der Enquete-Kommission unsere Problemsicht zum Thema „Arbeitsmigration" im letztgenannten Kapitel geteilt worden ist. Die Zunahme der Armutsmigration, die infolge der Zuwanderungspolitik vor allem von USA und EU mit einer wachsenden Illegalisierung der Armutsmigrantinnen und -migranten einhergeht, stellt ein großes Problem dar, für das in der Kürze der Zeit keine genaueren Analysen und Handlungsempfehlungen erarbeitet werden konnten. Diese Problemstellung muss aus unserer Sicht in einer Folgeenquete dringend aufgegriffen werden.

Durch die Kürze der Zeit, in der die Arbeitsgruppe tätig sein konnte und die Konsenssuche ist es leider oft in den Kapiteln, die sich mit der arbeitsmarktpolitischen Auseinandersetzung befassen, nicht zu einer Herausarbeitung der Zusammenhänge und einer eindeutigen Bewertung gekommen. Die AG Arbeitsmärkte hat sich dementsprechend häufig auf die Darstellung der verschiedenen Sichtweisen und Bewertungen beschränkt. Darüber hinaus wurden die Zusammenhänge zur Wirtschaftspolitik vernachlässigt, so dass der Eindruck entsteht, die Effekte der Globalisierung beruhten auf von der Politik unabhängigen Sachzwängen. Dagegen begrüßen wir ausdrücklich, dass eine europäische Makropolitik (Lohn-, Fiskal- und Geldpolitik) und die Notwendigkeit einer europäischen Kooperation für den Berichtsteil und in den Empfehlungen herausgearbeitet werden. Ausgeblendet werden aber notwendige wirtschaftspolitische Konsequenzen in Richtung einer verstärkten Binnenmarktorientierung der Wirtschaftspolitik, mit der wir uns ergänzend schwerpunktmäßig auseinandersetzen.

11.3.5.2 Globalisierungsbedingter Strukturwandel auf dem deutschen Arbeitsmarkt

11.3.5.2.1 Anstieg der Qualifikationsanforderungen

Ein Zusammenhang zwischen Globalisierung und Arbeitsmarkt liegt für die Enquete-Kommission in der vertieften internationalen Arbeitsteilung und einem daraus resultierenden beschleunigten Strukturwandel. Mit diesem Strukturwandel haben sich gleichzeitig die Qualifikationsanforderungen an die nachgefragte Arbeitsmenge verändert: Arbeitsintensive und geringqualifizierte Tätigkeiten im Industriebereich wurden in den letzten zwanzig Jahren verstärkt abgebaut und teilweise durch eine Nachfrage nach hochqualifizierten Tätigkeiten ersetzt. Die diesbezüglichen Handlungsempfehlungen des Endberichts gehen in die richtige Richtung. Diese berücksichtigen jedoch nicht, dass die Situation durch einen gesunkenen Einsatz des Staates und der Unternehmen für die Weiterbildung mit verursacht und verschärft wird. Stattdessen wird verstärkt an die Eigenverantwortung des Individuums appelliert, ohne dass überhaupt die Bedingungen bestehen, die jede und jeden in die Lage versetzen würden, diese Verantwortung wahrnehmen zu können. Ganz zu schweigen davon, dass diese Art der „Eigenverantwortung" in zunehmendem Maße auf Eigenfinanzierung reduziert wird. In diesem Kontext führt die Weiterbildung lediglich zur Verschärfung der bildungsbedingten und sozialen Selektion.

Obwohl sich der Anteil der Erwerbstätigen ohne formalen Berufsabschluss, die an einer beruflichen Weiterbildung teilnehmen, zwischen 1979 und 1997 von vier auf 17 Prozent erhöht hat, war dies immer noch mit Abstand der geringste Anteil im Vergleich zu den Berufsgruppen mit einer „höheren" beruflichen Qualifikation, wie z.B.

Facharbeitern (35 Prozent) oder leitenden Angestellten (56 Prozent) (Kuwan 2000). Gerade im Zusammenhang mit dem Strukturwandel und der Bedeutung von Qualifizierung als Maßnahme gegen Arbeitslosigkeit, hat daher die Herstellung von Chancengleichheit auf dem Arbeitsmarkt für uns einen zentralen Stellenwert. Um dieses Ziel zu erreichen, müssten die niedrig qualifizierten Erwerbstätigen bevorzugt in der Weiterbildung gefördert werden. Insofern ist es aus unserer Sicht erfreulich, dass die Mehrheit der Enquete-Kommission empfiehlt, ein Bundesrahmengesetz für die Weiterbildung und einen gesetzlichen Anspruch auf Weiterbildung für Geringqualifizierte zu entwickeln. Mit dieser Empfehlung wird an den nicht eingelösten Anspruch aus der Bildungsreform der 60er und 70er Jahre angesetzt, die Weiterbildung zu einer gleichberechtigten „4. Säule des Bildungswesens" auszubauen. Wir sind der Auffassung, dass unter dem Aspekt der Herstellung gleichwertiger Lebensverhältnisse diese rahmengesetzliche Regelung des Bundes durch eine entsprechende Ergänzung des Artikels 75 GG abgesichert werden sollte. Zugleich ist die öffentliche Verantwortung für die Weiterbildung zu erhöhen, um eine kontinuierliche Teilnahme aller Bürgerinnen und Bürger zu ermöglichen und insbesondere Geringqualifizierten und Erwerbslosen einen Rechtsanspruch auf Weiterbildung zu sichern. Hierbei ist zu gewährleisten, dass die öffentliche Finanzierung gestärkt wie auch die Beteiligung durch die Unternehmen an der Finanzierung ausgeweitet wird und es sind Kriterien und Standards für die Qualitätssicherung festzulegen.

Ein Rahmengesetz für Weiterbildung widerspricht keineswegs dem Gestaltungsanspruch durch die Tarifpartner, es schränkt auch nicht die Spielräume der Länder und Kommunen ein. Im Gegenteil. Ein Rahmengesetz soll bundesweite Prinzipien und Mindeststandards festlegen, die durch Länder und Kommunen ausgestaltet und weiterentwickelt werden können. Gewerkschaften und Betriebsräte werden gegenüber den Unternehmen gestärkt, die Ausgestaltung in Tarifverträgen und Betriebsvereinbarungen durchzusetzen. Dies setzt voraus, dass auch im Betriebsverfassungsgesetz ein Mitbestimmungsrecht in Qualifizierungsfragen verankert wird.

11.3.5.2.2 Arbeitszeit

Auf unser Drängen hin ist die skeptische Formulierung gegenüber einer gesetzlichen Überstundenbegrenzung entfallen und die Forderung nach Zeitsouveränität im Zusammenhang mit der Arbeitszeitflexibilisierung aufgenommen worden. Allerdings bleibt die entsprechende Empfehlung im Endbericht zum Abbau der Überstunden unverbindlich formuliert. Zum einen wird dies als nur „denkbar" benannt, zum anderen bezieht sich die Forderung nach einer Begrenzung der Arbeitszeit ausschließlich auf die Jahresarbeitszeit.

Allerdings haben Appelle zum Überstundenabbau in der Vergangenheit und im Bündnis für Arbeit keinen Erfolg gehabt. Die Reduktion der Überstunden ist aber zu wichtig für den Kampf gegen die Arbeitslosigkeit, als dass die Politik weiterhin auf einen freiwilligen Abbau hoffen sollte – rund zwei Milliarden bezahlter Überstunden entsprechen rein rechnerisch 1,2 Millionen Arbeitsplätzen. In einem ersten Schritt ließen sich so knapp zehn Prozent der geleisteten Mehrarbeit in neue Stellen umwandeln. Eine gesetzliche Begrenzung der Jahreshöchstarbeitszeit würde für diesen positiven Arbeitsmarkteffekt allerdings nicht ausreichen. Wir halten deshalb eine Begrenzung der wöchentlichen Höchstarbeitszeit für zwingend notwendig. Dafür spricht auch, dass die vergangene Produktivitätssteigerung ohne Umwandlung in Arbeitszeitverkürzung oder Lohnsteigerung erheblich zur Massenarbeitslosigkeit beigetragen hat. Die gesetzliche Begrenzung der Arbeitszeit widerspricht nicht der Tarifautonomie. Im Gegenteil. Die Kluft, die bereits jetzt zwischen gesetzlicher wöchentlicher Höchstarbeitszeit und durchschnittlicher tarifvertraglich vereinbarter Arbeitszeit besteht, erschwert den Gewerkschaften bereits heute, eine wöchentliche Arbeitszeitverkürzung durchzusetzen. Insofern würde durch eine gesetzliche Regelung der Spielraum der Gewerkschaften, weitere Arbeitszeitverkürzung auf tarifvertraglicher Basis zu vereinbaren, erweitert.

Die im Endbericht angeführten Empfehlungen zur eingeschränkten Förderung von Langfrist-Arbeitszeitkonten bedürfen unsere Ansicht nach dringender Ergänzungen, welche die Ansprüche der Arbeitnehmer allgemeinverbindlich festlegen sollen:

– Zuschlagspflicht für Arbeitszeiten, die über die tarifvertraglich vereinbarte Wochenarbeitszeit hinausgehen, auch wenn sie durch Zeitguthaben kompensiert werden;

– Rechtsanspruch auf eine entgeltliche Umwandlung des Zeitarbeitskontos bei Ausscheiden des Arbeitnehmers aus dem Betrieb bzw. bei Insolvenz;

– Schutz des Zeitguthabens vor der Anrechnung auf Lohnersatzleistungen. Bisher wird im Falle einer Kündigung mit anschließender Arbeitslosigkeit die Umwandlung von Zeitguthaben in Entgelt von den Arbeitsämtern wie eine Abfindung behandelt und führt zu einer Minderung der Lohnersatzleistungen;

– Sicherung der Zeitsouveränität der Arbeitnehmerinnen und Arbeitnehmer.

Die Handlungsempfehlung im Endbericht zur verstärkten Hilfe bei der Existenzgründung ist nach unserer Ansicht keine sinnvolle Forderung zur Bekämpfung der Massenarbeitslosigkeit. Insbesondere lässt sich dadurch kein Abbau der Arbeitslosigkeit bei „geringqualifizierten" Personen erreichen. Wir befürchten vielmehr, dass durch einen solchen Ansatz eher der „informelle Sektor" in Deutschland gestärkt würde. Unserer Ansicht nach ist der im internationalen Vergleich relativ geringe Anteil der Selbstständigen an der Gesamtzahl der Erwerbstätigen nicht das Ergebnis zu geringer Hilfen zur Existenzgründung, sondern auf eine zu schlechte Geschäftsaussicht zurückzuführen, die sich unmittelbar aus der seit Jahren schwachen Binnenkonjunktur ergibt. Unterstrichen wird dieses durch die anhaltend hohe Anzahl der Unternehmensinsolvenzen in der Bundesrepublik Deutschland.

11.3.5.3 Stärkung der Binnenmarktorientierung

Der Bericht stellt zwar berechtigter Weise die wachsende Bedeutung einer internationalen Kooperation vor allem in der EU und einer Koordination der europäischen Makropolitik heraus, um der Standortkonkurrenz entgegenzuwirken. Im Endbericht werden aus dieser Perspektive Empfehlungen entwickelt, die auch für uns von zentraler Bedeutung sind. Es fehlen allerdings entsprechende wirtschaftspolitische Empfehlungen, die konkrete Schritte für eine verstärkte Binnenmarktorientierung insbesondere in den einzelnen Mitgliedsstaaten beinhalten müßten. Dabei lagen mit einem Gutachten (Scharpf 2001) durchaus interessante Analysen und Ansätze genau für diesen Aspekt vor.

Für uns stellt die primäre Ausrichtung auf die Erhöhung von Exporten einen wesentlichen Grund für den angeführten Verlust staatlicher Autonomie in der Arbeits- und Sozialpolitik dar. Jede wirtschaftliche Entwicklung benötigt eine ausreichende gesamtwirtschaftliche Nachfrage. In Deutschland wird versucht, diese Nachfrage primär über die Ausweitung des Exports und eine Dominanz der deutschen Unternehmen auf dem Weltmarkt zu steigern.

Im Zuge der europäischen Integration sind nicht nur Industrie und Landwirtschaft, sondern auch die Energie- und Bauwirtschaft, der Luft-, Wasser-, Schienen und Straßengüterverkehr, die Post, Telekommunikation, die Finanzdienstleistungen und die unternehmensbezogenen Dienstleistungen dem internationalen Wettbewerb ausgesetzt worden, ohne soziale Standards und Grundrechte zu sichern. In der Konkurrenz um Direktinvestitionen, verbunden mit der Drohung der Kapitalverlagerung steigt die Abhängigkeit von den Gewinnerwartungen der mobilen Investoren. Zur Stabilisierung der Aktienkurse, insbesondere zur Abwehr von Übernahmen erfolgen Entlassungen oder ein mittelfristiger Stellenabbau, wo früher regional- und beschäftigungspolitisch orientierte Lösungen angestrebt wurden (vgl. PDS-Minderheitsvotum, zu AG Finanzmärkte). Unter diesen Bedingungen haben transnationale Konzerne in der Vergangenheit den Druck auf Regierungen erhöht, um Deregulierungen durchzusetzen, soziale Standards und Rechte erodierten und der gewerkschaftliche Einfluss wurde geschwächt. Die Tarifautonomie, als Grundbestandteil sozialer Demokratie, wird in der politischen Diskussion vor allem von den konservativen und liberalen Kräften zunehmend angegriffen. Der soziale Konsens wurde weitgehend aufgekündigt und durch einen „Wettbewerbskorporatismus" ersetzt, in dem alle sozialen und ökologischen Anforderungen an Unternehmen der Verbesserung der Weltmarktstellung untergeordnet werden. Die Reallohnsenkungen (seit 1993 um 6,4 Prozent) führten nicht zu mehr Arbeitsplätzen, sondern schwächten nur die Binnennachfrage.

Hinzu kommt, dass im Durchschnitt in den hochentwickelten Industrieländer die Beschäftigungsquoten (Anteil der tatsächlich Beschäftigten an der Bevölkerung im erwerbsfähigen Alter zwischen 15 und 64 Jahren) in den Branchen, die dem internationalen Wettbewerb ausgesetzt sind, kontinuierlich von 41 Prozent (1970) auf 33 Prozent Ende der neunziger Jahre abnahmen (vgl. Scharpf 2001:6). Die im Endbericht geforderten europäischen Mindeststandards und Mindestsozialleistungsquoten sind eine überfällige Reaktion auf die sozialen Probleme. Darüber hinaus halten wir jedoch Reformen für dringend notwendig, damit die Sozialbindung des Eigentums und von Unternehmen gestärkt wird sowie die Möglichkeit gewerkschaftliche und betriebliche Gegenmacht auch in den wettbewerbsintensiven Branchen zu organisieren, erweitert werden kann.

Obwohl alle hochindustrialisierten Länder in den wettbewerbsintensiven Branchen dem gleichen Wettbewerbsdruck ausgesetzt sind, geht aus dem angeführten Gutachten (Scharpf 2001) hervor, dass es erhebliche Unterschiede bei den Beschäftigungsquoten der Länder gibt: Der Anteil der Beschäftigten an der Bevölkerung im erwerbsfähigen Alter zwischen 15 und 64 Jahren lag im Jahre 1998 in der Schweiz, Norwegen, Dänemark, Japan, den USA und Großbritannien über 70 Prozent, in Belgien, Finnland, Frankreich und Italien dagegen unter 60 Prozent. Deutschland lag mit 60,5 Prozent unter dem OECD-Durchschnitt von 66,5 Prozent (ebd.). Diese Unterschiede sind laut Gutachten auf die unterschiedlichen Entwicklungen in den Dienstleistungsbereichen zurückzuführen. Dänemark weist dort beispielsweise eine Beschäftigungsquote von 38,4 Prozent auf, während Deutschland mit 28,1 Prozent unter dem OECD-Durchschnitt (33,6 Prozent) blieb.

In den Industriegesellschaften wächst der Bedarf an sozialen, kulturellen und ökologischen Dienstleistungen. In den skandinavischen Ländern wurde hierzu die öffentliche Daseinsvorsorge umfassend ausgebaut: Der Staat stellt ein universelles Angebot von sozialen Dienstleistungen für Familien mit Kindern, für Kranke, Behinderte und alte Menschen bereit, das einerseits die Familien von Pflege- und Betreuungsleistungen entlastet, Bildungsleistungen verbessert und andererseits eine erhebliche Zahl von Arbeitsplätzen im öffentlichen Sektor geschaffen hat. Die Beschäftigungsquote im öffentlichen Sektor liegt in diesen Ländern mit 20-25 Prozent deutlich höher als in Deutschland mit 9,1 Prozent. Im Zuge dieser Entwicklung wurde auch die Frauenerwerbstätigkeitsquote signifikant erhöht. Sie liegt mit ca. 75 Prozent weit über der in Deutschland von 61,8 Prozent. Darüber hinaus wurden Dienstleistungen im personenbezogenen, eher lokal erbrachten und konsumierten Bereich ausgeweitet. In den anderen Industriestaaten werden soziale Dienste, wie beispielsweise die für den Erhalt der Gesellschaft unerlässlichen Pflege- und Betreuungsdienste, zu einem größeren Anteil entweder außerhalb des formellen Arbeitsmarktes in der Familie erbracht, oder über den Markt bezogen. Ein Teil der Länder, z. B. die USA, haben diese Dienstleistungen über einen Niedriglohnsektor organisiert. Diese Länder weisen eine höhere Beschäftigungsquote in privaten personenbezogenen Dienstleistungen und eine höhere Frauenerwerbstätigenquote aus als in Deutschland.

Während die positiven skandinavischen Erfahrungen bei der Beschäftigung im öffentlichen Dienstleistungssektor ausgeblendet werden, ist die politische Diskussion zunehmend vom Ausbau eines Niedriglohnsektors für private Dienstleistungen geprägt. Mit letztgenannten Lösungsansatz befasst sich der Endbericht erfreulicher Weise im Ganzen eher kritisch. Wir teilen diese Sicht und fügen weitere kritische Argumente hinzu:

- Die Aufnahme eines subventionierten Arbeitsplatzes im Niedriglohnsektor ist für den Betroffenen keine Alternative zu einem qualifizierten Arbeitsplatz, denn im „Mainzer Modell" übersteigt die geförderte Lohnspanne zuzüglich der staatlichen Förderung kaum das Existenzminimum und schützt damit nicht vor Armut trotz Arbeit.

- Eine Finanzierung aus den Mitteln der Bundesanstalt für Arbeit würde bedeuten, dass andere arbeitsmarktpolitische Fördermaßnahmen abgebaut werden müssten. Damit würde sich der marginale Beschäftigungseffekt des „Mainzer Modells" zur Bedeutungslosigkeit reduzieren.

- Eine Bezuschussung oder Beitragsentlastung von Niedriglöhnen ist im Zusammenhang mit einem teilweise auftretenden Fachkräftemangel das falsche wirtschaftspolitische Signal und reduziert langfristig das Innovationspotential der Wirtschaft.

- Eine Niedriglohnsubventionierung untergräbt den sozialen Zusammenhalt der Gesellschaft. Er ist ein Anreiz, der die Polarisierung des Arbeitsmarktes verfestigt: Hier die durch den beschleunigten Strukturwandel gesuchten, hoch bezahlten und mit Normalarbeitsplätze ausgestatteten hochqualifizierten Arbeitnehmer, dort der geringqualifizierte Rest, der nur noch gering produktive Tätigkeiten ausführt, die deshalb nur niedrig bezahlt und vom Staat bezuschusst werden müssen, um die Existenzsicherung zu gewährleisten.

- Die erforderlichen Leistungen werden auf diese Weise oftmals schlecht, inhuman oder einkommensabhängig und damit Einkommensschwache ausgrenzend erbracht.

Im Endbericht werden aus diesen negativen Effekten aber keine Konsequenzen gezogen bzw. Handlungsempfehlungen abgeleitet, um den sozialen und ökologischen Umbau ähnlich wie in den skandinavischen Ländern auch bei uns zu organisieren. Wir fordern deshalb ergänzend zum Endbericht nachhaltig wirkende öffentliche Investitionen in den Ausbau der öffentlichen Daseinsvorsorge und die gesellschaftliche Infrastruktur, die mit sozial und tariflich geschützten Arbeitsverhältnissen zu verbinden sind.

Ein Teil der höheren öffentlichen Ausgaben sollte in den Ausbau der kommunalen Infrastruktur fließen. Hierzu hat beispielsweise das Institut für Urbanistik ermittelt, dass der Investitionsbedarf der Kommunen die tatsächlich geleisteten Investitionen bei weitem übersteigt – für die Kommunen wird ein Investitionsbedarf von 650 Milliarden Euro errechnet. Demgegenüber liegt der Anteil der öffentlichen Bruttoinvestitionen – hierzu zählen die Ausgaben für die Infrastruktur – am Bruttoinlandsprodukt im Jahre 2002 voraussichtlich nur noch bei 1,6 Prozent. Im Jahr 1994 lag dieser Anteil noch bei 2,7 Prozent und Mitte der 60er Jahre bei fünf Prozent. Im Jahr 2001 sind die kommunalen Investitionen um 30 Prozent unter den Stand des Jahres 1992 gefallen. In der EU ist die Bundesrepublik das Schlusslicht. Denn in der EU betragen die Infrastrukturausgaben im Durchschnitt 2,5 Prozent des BIP und selbst in den USA liegt der Anteil der öffentlichen Bruttoinvestitionen bei 3,4 Prozent des BIP (ver.di Tarifbewegung 2002).

Empfehlung: Kommunales Infrastrukturprogramm

Wir empfehlen, dass Bund, Länder und Gemeinden ein Programm zur Infrastrukturentwicklung auflegen. Dabei geht es vorrangig um Stadt- und Dorferneuerung, öffentliche Bildungsstätten, Forschungseinrichtungen, sowie soziale und kulturelle Einrichtungen und um die Verbesserung der ökologischen Situation.

Empfehlung: Öffentlich geförderter Beschäftigungssektor

Wir empfehlen den Aufbau eines öffentlich geförderten Beschäftigungssektors, in dem gesellschaftlich sinnvolle Arbeit mit öffentlicher Finanzierung vorwiegend von gemeinnützigen oder genossenschaftlichen Trägern geleistet wird. Ein Teil der notwendigen Mittel kann durch die Projekte und Unternehmungen selbst erwirtschaftet werden. Im ÖBS sollen tariflich bezahlte und unbefristete Arbeitsplätze geschaffen werden und er soll beispielsweise folgende Tätigkeitsfelder beinhalten:

- *Unterstützung gesellschaftlicher Selbstorganisation: Qualifizierung und Weiterbildung von Ehrenamtlichen aus Politik, Vereinen, Bürgerinitiativen, Dienstleistungsagenturen für Vereine, Unterstützung für Selbsthilfe und Nachbarschaftsprojekte, Entwicklung von Stadtteilkultur.*

- *Verbesserung der öffentlichen Daseinsvorsorge: Altenpflege, Psychosoziale Beratungsgruppen, Schuldner- und Verbraucherberatung, Gemeinwesenarbeit und multikulturelle Projekte, Jugend- und Seniorenfreizeitprojekte, Breitensport.*

- *Verbesserung der öffentlichen Infrastruktur: Vorbereitende Arbeiten zur Entwicklung ökologisch verträglicher Naherholungsprojekte, Renaturierung von Biotopen und Entsiegelung von Flächen, Begrünung von Wohngebieten, Anlage und Unterhalt von Spiel- und Sportplätzen.*

- *Förderung sozialer und ökologischer Innovationen: Wissenschafts- und Gesundheitsläden, Förderung ökologischer Produktinnovationen bis zur Marktreife, Ökologieberatung für Haushalte, Handwerk usw.*

Empfehlung: Stärkung gewerkschaftlicher und betrieblicher Interessensvertretung

Stärkung von Binnenmarktorientierung und Beschäftigung setzen neben dem Ausbau öffentlicher Infrastruktur und Daseinsvorsorge Maßnahmen voraus, mit denen die Sozialbindung von Unternehmen auch in den wettbewerbsintensiven Branchen wieder verstärkt wird. Dies schließt u.a. die Mitbestimmung in bezug auf beschäftigungssichernde Maßnahmen und bei Fusionen und

Übernahmen, die Erleichterung der Allgemeinverbindlichkeit von Tarifverträgen und ein Verbandsklagerecht, die Einführung eines gesetzlichen Mindestlohns sowie das Verbot von Aussperrungen ein.

11.3.5.4 Binnenmarktorientierte Steuerpolitik

Eine Stärkung der Binnenmarktorientierung setzt zusätzlich eine andere Abgaben- und Steuerpolitik voraus. Entgegen der auch von der Bundesregierung vertretenen Auffassung, dass die Globalisierung Steuer- und Sozialabgabensenkungen für Unternehmen erzwinge, wird aus dem bereits angeführten Gutachten (Scharpf 2001) und den darin aufgeführten OECD-Vergleichszahlen über Beschäftigungsquoten und Steuer- und Sozialabgabenquoten bemerkenswerter Weise deutlich, dass eine höhere Steuer- und Abgabenquote keine negativen Beschäftigungseffekte hat. Im Einzelnen geht daraus hervor:

- Es gibt keinen statistischen Zusammenhang zwischen der Steuer- und Sozialabgabenquote und der Gesamt-Beschäftigungsquote.

- Es gibt keinen statistischen Zusammenhang zwischen der Steuer- und Sozialabgabenquote und der Beschäftigungsquote des wettbewerbsintensiven, exportorientierten Sektors.

- Es gibt keinen eindeutigen Zusammenhang zwischen der Steuer- und Sozialabgabenquote und der Beschäftigungsquote im geschützten Dienstleistungssektor, der Dienstleistungen, die im wesentlich lokal erbracht und konsumiert werden.

- Aber: Es gibt einen Zusammenhang zwischen der Steuer- und Sozialabgabenquote und dem geschützten Sektor, wenn bei diesem zwischen öffentlichen und privaten Dienstleistungen unterschieden wird. Die Beschäftigungsquote bei einfachen privaten Dienstleistungen ist in den Ländern höher, wo die Steuer- und Abgabenquote niedriger ist. Dagegen ist die Beschäftigungsquote bei öffentlichen Dienstleistungen in den Ländern höher, in denen auch die Steuer- und Abgabenquote höher ist.

Insofern stellen wir fest, dass eine Wirtschaftspolitik, der die grundsätzliche Annahme zugrunde liegt, durch steuerliche Entlastung der Unternehmen gestiegene Unternehmensgewinne würden in die Schaffung neuer Arbeitsplätze investiert, in mehrfacher Hinsicht gescheitert ist.

Die Steuererleichterungen für große Kapitalgesellschaften durch die Senkung der Körperschaftssteuersätze und die Steuerbefreiung der Gewinne von Beteiligungsveräußerungen führten nicht zum erhofften Wirtschaftswachstum und neuen Arbeitsplätzen, obwohl die Eigenfinanzierungsmittel der Unternehmen zunahmen. Allein die Einnahmen des Staates aus der Körperschaftssteuer sind durch die Steuerreform im Jahr 2001 fast komplett weggebrochen. Sie reduzierten sich für 2001 um 92,8 Prozent, so dass von 23,5 Milliarden im Jahre 2000 nur noch 1,7 Milliarden Euro übrig blieben. Die Steuerfreistellung von Veräußerungsgewinnen der Kapitalgesellschaften wird die Steuereinnahmen 2002 um weitere 4 Milliarden Euro reduzieren. Damit wurde die Steuerpolitik der konservativ-liberalen Vorgängerregierung, die u. a. die Vermögenssteuer abgeschafft hatte, weitergeführt.

Doch warum sollten die Kapitalgesellschaften die zusätzlichen finanziellen Mittel für eine Aufstockung der Produktionskapazitäten nutzen und damit Arbeitsplätze schaffen, wenn das bestehende Warenangebot aufgrund stagnierender bzw. sinkender Massenkaufkraft bereits heute nicht abgesetzt werden kann? Schließlich haben die Unternehmen in einer solchen Marktsituation die Möglichkeit, die zusätzlichen finanziellen Mittel für eine Reduzierung ihrer Fremdverschuldung, eigene Geldanlagen, Rationalisierungsinvestitionen oder Unternehmensbeteiligungen zu verwenden. Für eine dieser Möglichkeiten haben sich die Kapitalgesellschaften wohl entschieden, denn zu einem spürbaren Stellenaufbau ist es bei ihnen nicht gekommen.

Für eine Steigerung der Binnennachfrage wurde mit der Steuer- und Finanzpolitik nichts erreicht, weil zum einen für Geringverdiener die Entlastungen durch die Erhöhung von indirekten Steuern und Gebühren kompensiert wurden. Zum anderen fehlten die Mittel für den notwendigen Ausbau der öffentlichen Infrastruktur und Daseinsvorsorge. Die Steuerfreistellung von Veräußerungsgewinnen wirkte geradezu als „Brandbeschleuniger" für Entlassungen, weil die Unternehmen, um Übernahmen zu verhindern, sich primär an der Steigerung des Aktienwertes *(shareholder-value)* ausrichten. Darüber hinaus hat die Fiskalpolitik die Unternehmen durch eine sinkende Körperschafts- und Einkommensteuerquote aus ihrer sozialpolitischen Verantwortung entlassen. Diese Finanz- und Steuerpolitik hat damit massgeblich zu den seit langem zu geringen Wachstumsraten der Binnennachfrage beigetragen und die Einnahmeseite des Staates negativ beeinflusst. Das Ergebnis ist im internationalen Vergleich ernüchternd: Deutschland hat im Vergleich zum OECD-Durchschnitt zwar eine niedrigere Steuer- und Abgabenquote (der Anteil der Einkommens- und Körperschaftssteuer am Bruttoinlandprodukt ist in der Bundesrepublik bereits vor der Steuerreform die zweitniedrigste im Vergleich zu 18 OECD-Ländern gewesen), aber auch eine niedrigere Beschäftigungsquote, hohe Massenarbeitslosigkeit und niedrige Wachstumsraten des Sozialproduktes.

Die Konsequenz kann unserer Auffassung nach nur in einer auf Stärkung der Binnennachfrage zielenden Fiskalpolitik liegen:

Empfehlung: Besteuerung nach Leistungsfähigkeit

Wir fordern die Bundesregierung auf zu einer Besteuerung nach Leistungsfähigkeit zurückzukehren, d. h.:

- *Reform der Unternehmenssteuern zu Lasten größerer und ertragsstarker Unternehmen;*

- *Wiedererhebung der Vermögenssteuer;*

- *Rückkehr zur Besteuerung von Veräußerungsgewinnen;*

- *Stärkere Bekämpfung der Steuerhinterziehung;*

- *Die Einführung einer kommunalen Investitionspauschale.*

11.4 Sondervotum des sachverständigen Kommissionsmitglieds Dr. Michael Baumann zu Kapitel 3, Empfehlungen 3-8, 3-9, 3-10 des Abschlussberichts der Enquete-Kommission „Globalisierung der Weltwirtschaft"

Im Bericht ist es nach meinem Eindruck nicht hinreichend gelungen, die für die deutsche Politik hinsichtlich einer aktiven Gestaltung der Globalisierung empfohlene größere Kohärenz *(s. Empfehlung 10-2)* selbst durchgängig zu erreichen. Ich möchte dies hinsichtlich der Sichtweise der Nord-Süd Beziehungen ausgehend von den drei Empfehlungen (3-8 ff.) zum Nord-Süd Handel darlegen. Die diese Empfehlungen prägende Freihandelsdoktrin trägt zumindest aus Sicht zivilgesellschaftlicher Akteure dem unausweichlichem Gebot einer nachhaltigen Entwicklung globaler Beziehungen als Beachtung natürlicher Grenzen und entschiedeneren Schritten zu einer fairen und gerechten Welt(wirtschafts)ordnung nicht ausreichend Rechnung. Die Nord-Süd Realität ist heute gekennzeichnet durch eine weitgehend ungeschützte Öffnung des Südens für Produkte und Kapital aus dem Norden und vielfältige Schutzmaßnahmen des Nordens gegenüber konkurrenzfähigen Produkten und auch Arbeitskräften aus dem Süden. Sie enthält dem Süden Chancen zu einer entwicklungs- und nachhaltigkeitsförderlichen Politik vor. Gleichzeitig erlaubt sie dem Norden sich seiner Verantwortung nur teilweise zu stellen. Die Globalisierung hat zu einer Missachtung von Prioritäten geführt, wie sie vor 10 Jahren in Rio de Janeiro vereinbart wurden.

11.4.1 Nachhaltigkeit als Imperativ der Globalisierung

Nachholbedarf besteht nach über 10 Jahren der derzeitigen Globalisierungswelle – neben der Frage von Fairness und Gerechtigkeit – vor allem in der ökologischen Dimension dieses Imperativs. Weltweit hat seine ökonomische und im Norden meist auch seine soziale Dimension eine stärkere Lobby als die ökologische Dimension. Die Zeit, die uns auf dem Weg zu einem neuen Zivilisationsmodell bleibt, das den ökologischen Grenzen des Wachstums Rechnung trägt[1], ist gemessen in Wahlperioden unbekannt. Unbestreitbar ist, dass seit der globalen Übereinkunft anlässlich der UNCED Konferenz in Rio de Janeiro 1992 keine Umkehr wesentlicher damals beklagter negativer globaler Trends bei zentralen sozialen und Umweltbedingungen erreicht werden konnte.[2] Der nach 200 Jahren westlicher Industrialisierung verbliebene Umweltraum für eine Entwicklung des Südens nach gleichem Muster wird zunehmend eingeengt, obwohl wir das in unserem Alltag in Deutschland kaum wahrnehmen können.

Dies in Fortführung bisheriger ökonomischer Muster und Trends weiterhin ungenügend zu beachten, würde in diesem Jahrhundert unbestreitbar die geophysikalischen Gegebenheiten der Erde überfordern. Die bisher verfügbaren multilateralen Verfahren im UN-Kontext reichen für ein Gegensteuern erkennbar nicht aus. Der gewachsenen Ernüchterung ja Verzweiflung mancher Entwicklungsexperten steht allerdings die immer wieder neue Hoffnung auf eine bessere Welt entgegen, die Zehntausende von Menschen in Orten wie Seattle, Porto Alegre oder in Johannesburg ausdrücken.

Für die Arbeit der Enquete-Kommission hierfür zentrale textliche Grundlagen – insbesondere die Kapitel 8. Nachhaltigkeit[3] und 9. Weltbevölkerung – wurden buchstäblich in letzter Minute entworfen. Sie konnten daher weder sorgfältig diskutiert noch in den Dialog mit den unsere nicht nachhaltige Wirtschafts- und Lebensweise in wesentlichen Punkten fortschreibenden Kapiteln 3. Waren und Dienstleistungen und Arbeitsmärkte geführt werden.

Die nötige fachliche Diskussion hätte den Einstieg in die nach den Berichten der oben genannten Enqueten überfällige Auseinandersetzung über das Wie eines Übergangs in eine ressourceneffiziente und ressourcenleichtere nachfossile Wirtschaftsweise und Empfehlungen zum kreativen Umgang mit den dabei unvermeidbaren gesellschaftlichen Konflikten werden müssen.[4] Heute wäre dieser Umstieg aufgrund breiter Vorarbeiten tatsächlich noch ohne von der Bevölkerung im Norden schwer akzeptierbare Einbußen an Lebensstandard vorstellbar.

---

[1] Ich verweise hier auf die Ergebnisse von Enquete Kommissionen des 12. („Schutz der Erdatmosphäre" sowie „Schutz des Menschen und der Umwelt") und 13. („Schutz des Menschen und der Umwelt") BT. Siehe besonders die damaligen Minderheitenvoten und das Sondervotum von Prof. Rochlitz, MdB, im Endbericht der letzteren Enquete. Zu aktuellen Einschätzungen s. z. B. die Veröffentlichungen des WBGU (www.wbgu.de) und des Worldwatch Instituts (www.worldwatch.org).

[2] Siehe z. B. Sachs (2002). In isolierter Betrachtung scheint diese Einschätzung für Deutschland nicht zuzutreffen, vgl. Umweltbundesamt (2002). Der Fokus auf die nationale Dimension lässt aber den ökologischen Rucksack unserer Wirtschafts- und Lebensweise außer acht (Wackernagel, Rees 1997). Eine Weiterführung der Ökosteuer, die Umsetzung der Zielstellungen: 50 Prozent erneuerbare Energieerzeugung 2050 sowie Steigerung der Energie- und Rohstoffproduktivität um 40 Prozent bis 2020 – jeweils bezogen auf 1990 – sind wichtige Elemente der Nachhaltigkeitsstrategie der Bundesregierung. Eine vom WBGU, dem Nachhaltigkeitsrat und NGOs geforderte Zielstellung für die Reduktion von klimaschädlichen Emissionen von – 40 Prozent für 2020, wie parteiübergreifend bereits 1998 in der o. g. Enquete beschlossen – wurde mit Rücksichtnahme auf die deutsche Wirtschaft nicht in die Strategie der Bundesregierung aufgenommen. Dies gilt ähnlich für die Fortführung umweltschädlicher Subventionen. Aus ökologischen Gründen – „Faktor 4", zu dem sich auch die Bundesregierung „langfristig" bekennt (Bundesregierung 2002: 68) – wäre bis 2050 eine Reduzierung um 80 Prozent erforderlich. Die Einführung eines verbindlichen Emissionshandelssystems sowie eine vollständigere preisliche Berücksichtigung von Umweltrisiken durch erweiterte Haftungsregeln sind weitere notwendige Schritte auf dem Weg zu einem nachhaltigen Wirtschaftsmodell (Bals 2002: 28ff.).

[3] Wichtige Ergebnisse zur Nachhaltigkeit finden sich vor allem im Kapitel 10 (Global Governance). Nachhaltigkeit wird dort zum programmatischen Ziel von Politik (Empfehlung 10-1) empfohlen. Empfehlungen zur Ressourceneffizienz , zur Welternährung und Landwirtschaft, zur biologischen Vielfalt, zum Klimaschutz im Flugverkehr, zum nachhaltigen Konsum, zum Technologietransfer werden im Kapitel 7 entwickelt. Auch zum nachhaltigen/ethischen Investment, gibt es im Bericht konkrete Ergebnisse (Kapitel 2.4.5, Empfehlung 2-14).

[4] Siehe Kopfmüller u. a. (2001), Grunewald (2001).

11.4.2 Fairness und Gerechtigkeit als Voraussetzung einer nachhaltigen Globalisierung

Die Probleme der Entwicklungs- (und Transformations-) länder stehen in engem Wirkungszusammenhang mit der Gefährdung globaler öffentlicher Güter wie Frieden soziale Sicherheit, Schutz der natürlichen Ressourcen sowie wirtschaftliche Entwicklung. Daher ist die Nord-Süd (Wirtschafts-)Politik notwendigerweise auch ein zentrales Thema der Globalisierung – zumal aus der Perspektive von Nachhaltigkeit i. S. einer fairen Berücksichtigung der Interessen heutiger und künftiger Generationen auf der Erde.

Exemplarisch möchte ich dieser für mich in der Kommission vorzeitig abgebrochenen Diskussion an den *Empfehlungen: Verbesserung des Marktzugangs für Entwicklungsländer (3-8), Antidumping (3-9) und Special and Differential Treatment (3-10) zur Nord-Süd Handelspolitik* nachgehen. Diese Empfehlungen können isoliert den Eindruck erwecken, dass die Kommission eine Fortführung der für viele Entwicklungsländer im OECD Vergleich durchaus beispielhaften EU Marktöffnungspolitik[5] nicht nur als eine notwendige Bedingung für einen allmählichen Aufholprozess des Südens ansehen könnte. Denn die traditionelle Freihandelssicht sieht in dem Zulassen einer Ressourcenallokation entsprechend den komparativen Kostenvorteilen unter den nachstehenden Voraussetzungen sogar eine hinreichende Bedingung für einen Aufholprozess. Undemokratische nicht partizipative und nicht transparente Regierungsformen, wie sie die Mehrheit der Entwicklungsländer prägen, sind ein Haupthindernis für Entwicklung[6]. Von gleich großer Bedeutung wie die innere „good governance" sind aber die globalen Rahmenbedingungen wie sie in der Nachkriegszeit im wesentlichen nach den Interessen der wenigen reichen Länder (rule maker) geschaffen wurden und heute für alle Länder (rule taker) gelten. Damit hat sich die Kommission ausführlich befasst (s. Kapitel 11.4.2.1).

Von den meisten Menschen wird der absolute Abstand in Einkommen und Lebenschancen zwischen Nord und Süd und die unveränderte Zahl absolut armer Menschen als besonders großer Skandal wahrgenommen. Die meisten Untersuchungen deuten zudem auf weiter zunehmende Unterschiede. Bedeutsam sind ebenso im Globalisierungsprozess auftretende zunehmende Differenzierungsprozesse innerhalb der einzelnen Länder und auch zwischen Entwicklungsländern. Die den diplomatischen Usancen entsprechende Einteilung in Nord (G 7, OECD) und Süd (G77 und China) wird der Realität keineswegs mehr gerecht. Die reichen Ölländer, Schwellenländer oder auch die osteuropäischen Transformationsländer ebenso wie China haben sehr wenig mit den in UN-Kategorien 49 ärmsten Entwicklungsländern gemeinsam.

Schätzungen zufolge leben derzeit 80 Prozent der Gewinner der Globalisierung „im Norden" und immerhin 20 Prozent mit einem dem westlichen Lebensstandard vergleichbaren Lebensstandard in Entwicklungsländern – alleine in Indien über 50 Mio. Zusammen umfassen sie etwa 20 Prozent der Weltbevölkerung. Eine Minderheit im Norden und die große Mehrheit im Süden – 40 Prozent der Menschen leben in den ärmsten Ländern, deren Welthandelsanteil beträgt 3 Prozent – hat aus der Globalisierung noch keinen Vorteil ziehen können und keine Chance sie mitzugestalten.

11.4.2.1 Verbesserte Rahmenbedingungen für den Süden und kommende Generationen

Insbesondere hinsichtlich notwendiger Reformen der institutionellen Regeln *(Empfehlung (E) 10-12)* hat die Kommission umfassende Änderungen zugunsten der Entwicklungsländer empfohlen wie paritätische Stimmrechte in den Bretton Woods Institutionen *(E 2-12, 10-6)*, Unterstützung von Ansätzen zur Regionalisierung *(E 2-6, 2-8, 2-12, 10-3, 10-8)*, zur Entschuldung *(E 2-16)*, zu einer internationalen Insolvenzregelung *(E 2-17)* und auch der neuerlichen stufenweisen Anhebung des deutschen ODA Beitrages *(E 2-15)*.

Ein strategisch ähnlich bedeutsamer Ansatz sind die Empfehlungen zur Beachtung ökologischer und sozialer Standards durch Politik und Unternehmen. *(E 3-31 – 3-41, sowie 10-14)*. Damit greift die Kommission wichtige Anregungen der Minderheit im Endbericht der o. g. Enquete-Kommission des 12. Deutschen Bundestages auf. Eine weltweite Umsetzung könnte die Aussichten für unsere Welt zweifellos verbessern, wenn diese Standards als Ansätze zu einer globalen Ethik[7] beachtet und nicht als juristisch nicht sanktionierte „weiche Regeln" missbraucht werden. Auf eine rechtlich verbindliche Regelung zielt in diesem Zusammenhang die von der Kommissionsmehrheit empfohlene Priorität von multilateral vereinbarten menschenrechtlichen, sozialen und Umweltregeln vor den Handelsregeln der WTO *(E 3-30, 10-5)*. Die Kommission hat sich u. a. bei dieser Thematik leichter getan mit deutlichen Empfehlungen, bei denen die Verantwortung für die Umsetzung weiter von den unmittelbaren Umsetzungsmöglichkeiten einer Bundesregierung entfernt ist. So steht die Empfehlung einer Verankerung von Sozialstandards[8] im globalen Regelwerk der WTO *(E 3-33)* neben einer Prüfempfehlung hinsichtlich einer Einbeziehung der Kernarbeitsnormen oder Umweltgesichtspunkten in die Kriterien für nationale Hermes-Bürgschaften *(E 3-34)*.

---

[5] Hier sind die zahlreichen Präferenzabkommen bis hin zur jüngsten EBA Initiative ebenso wie der weitgehende Verzicht der EU auf das Antidumping Instrument zu nennen. Zu einer kritische Sicht – hinsichtlich der unzureichenden Öffnung im Agrarsektor – s. Windfuhr (2002: 82ff.).

[6] Sen (2002: 180ff.).

[7] Korten (1999: 153) hat darauf aufmerksam gemacht, dass auch für A. Smith, den Begründer der Wirtschaftslehre der unsichtbaren Hand seine „The Theory of Moral Sentiments" eine selbstverständliche ethische Grundlage war.

[8] Hier hat sich die Mehrheit abweichend vom Zwischenbericht. 2001: 65 ff. auf eine Formulierung verständigt, die der heutigen Rechtslage (Art. 33 der ILO Satzung), Rechnung trägt (Reichert 2001b), nach der die ILO (www.ilo.org) bei Erfolglosigkeit ihres Sanktionsinstrumentariums andere internationale Organisationen um Unterstützung bitten kann.

11.4.2.2 Abschied vom „Aufholprozess"

Eine explizite Auseinandersetzung über Ziele eines angesichts der zunehmenden Überlastung der ökologischen Tragfähigkeit unserer Erde heute noch vorstellbaren „Aufholprozesses" des Südens, die auch die zunehmenden Unterschiede zwischen und innerhalb der Entwicklungsländer einschließen würde, ist in der Kommission unterblieben. Die UNCTAD schätzt, dass sich bislang etwa ein Dutzend dieser über 140 Länder in die Weltwirtschaft integrieren konnten. Aus deren Integration resultieren im wesentlichen die Welthandelszuwächse des Südens. Auf nur einige dieser Länder – vor allem China, mit seiner bekanntlich zweifelhaften performance an „good governance", Beteiligung von Zivilgesellschaft oder der Einhaltung von Kernarbeitsnormen – konzentrieren sich dabei auch die ausländischen Direktinvestitionen. Die fast 50 LDCs fallen dagegen immer mehr zurück. Das von der Bundesregierung im Rahmen der Millenniumserklärung der VN beschlossene und in der Enquete Kommission diskutierte Aktionsprogramm 2015 gibt mit seiner Fokussierung auf ausgewählte Ziele (wie Armutshalbierung) zumindest eine implizite Antwort.[9]

11.4.2.3 Protektionismus des Nordens

Anhaltende massive Marktzugangsbeschränkungen des Nordens sind nach gemeinsamer Einschätzung von OECD und IWF[10] das zentrale handelspolitische Nord-Süd Thema. Sie betreffen schwerpunktmäßig Agrarprodukte sowie Textilien und Bekleidung.

Schätzungen von WTO und UNCTAD über das potentiell mögliche zusätzliche Exportvolumen des Südens bei Fortfall aller Zugangsbeschränkungen des Nordens bewegen sich zwischen ein und zwei Mrd. US-Dollar pro Tag.[11] Dies würde für die Länder des Südens eine Ausweitung ihrer Exporteinnahmen um bis zu 50 Prozent bedeuten und einer Anzahl von ihnen damit dringend benötigte Mittel zur eigenständigen Entwicklungsfinanzierung bereitstellen können

Die in *Empfehlung 3-8* zu recht angesprochene, die Chancen der Entwicklungsländer diskriminierende, Art der Zollerhebung bedeutet heute[12] noch immer, dass zwei so unterschiedliche Länder wie die Mongolei und Norwegen an die USA jährlich Einfuhrzölle von 23 Mio. US-Dollar bezahlen, mit dem Unterschied, dass die Mongolei dafür Strickwaren im Werte von 143 Mio. US-Dollar und Norwegen Rohöl, Triebwerke und geräucherten Lachs für 5,2 Mrd. US-Dollar verkaufen konnte. Jeder in den USA erzielte Dollar ist damit für die Mongolei mit 16 Cents und für Norwegen mit 0,5 Cents belastet . Auch im Rahmen der EBA Initiative der EU wird die Mongolei weiter Zoll zahlen müssen, da sie nicht zu den dort begünstigten 49 ärmsten Ländern gehört. Weitere Marktöffnungen gerade für weiter entwickelte Entwicklungsländer sind für deren angestrebte tiefere Integration in den Weltmarkt vordringlich.

Tarifäre Zugangsbeschränkungen, wie sie im Vordergrund der *Empfehlung 3-8* stehen, stellen heute nicht mehr das Haupthemmnis beim Marktzugang für Entwicklungsländer dar. Der oben genannte Trade and Development Report (UNCTAD 2002) verweist auf die seit 1980 erheblich gestiegenen Anteile der Entwicklungsländer am Welthandel insgesamt und speziell am Industriegüterhandel. Diese zahlenmäßigen Zuwächse sind aber aufgrund der nördlichen Marktbarrieren mit einer Vielzahl von strukturellen Fehlallokationen in Entwicklungsländern verbunden, die dazu beitragen, dass der Zuwachs des für das innere Wachstum dieser Länder notwendigen Wertschöpfungsanteils mit ihrer Handelsentwicklung nicht Schritt hält, ja sich teilweise sogar gegenläufig entwickelt. Die Industrieländer haben danach dagegen seit 1980 15 Prozent Marktanteile verloren, aber u. a. durch ihre Kontrolle weltweiter Produktionsnetze[13] ihren Wertschöpfungsanteil um 15 Prozent erhöhen können. Ein Gegensteuern würde eine stärkere Ansiedlung von Wertschöpfungsketten im Süden verlangen. Die Zugangsbarrieren führen auch zu einem verschärften Konkurrenzkampf von Entwicklungsländern untereinander mit nachteiligen Auswirkungen auch auf Sozialstandards. In diesem Zusammenhang stellen aus wachsenden Ansprüchen der Verbraucher im Norden resultierende Standards (s. Kapitel 11.4.2.4) eine weitere noch ungelöste handelspolitische Herausforderung dar.

Anti-Dumping Maßnahmen (s. Kapitel 3.3.2.1.) sind ein indirekter aber vor allem gegenüber schwachen Ländern mit wenigen Exportgütern höchst wirksamer und häufig protektionistisch missbrauchter Schutzmechanismus. Die *Empfehlung 3-9* bleibt hier im Rahmen der EU-Position und berücksichtigt nicht auch nach Meinung von OECD und UNCTAD[14] sinnvolle Schritte zur Einschränkung des Missbrauchs durch starke Länder, wie er von Entwicklungsländern im Hinblick auf das Auslaufen des besonderen Schutzes nördlicher Produzenten von Textilien und Bekleidung ab 2005 befürchtet wird.

„Special and Differential Treatment" (s. Kapitel 3.3.2.2.) ist eine handelsrechtliche Ausformung des nur partiell ins GATT und später die WTO aufgenommenen Grundsatzes der Solidarität, mit dem Ziel, den grundsätzlichen kräftemäßigen Nachteilen von Entwicklungsländern in einer Freihandelsordnung mittels systematischer entwicklungsförderlicher Ausnahmeregelungen gerecht zu werden. In

---

[9] Bemerkenswert ist, dass sich in der Wirtschaftstheorie zunehmend die von Paul Krugman um die Zeitenwende 1990 begründete Sichtweise einer „neuen Freihandelstheorie" durchsetzt, die multiple Gleichgewichtszustände kennt und damit insbesondere ärmeren Ländern die Entwicklungsdekaden alte Verheißung einer Aufholmöglichkeit nun auch in der Theorie nimmt. s. dazu Kappel (1999).

[10] Siehe OECD (2001: 10), ähnlich IWF Direktor Horst Köhler (2001: 24).

[11] 700 Mrd. US-Dollar jährlich für das Jahr 2005 hat die UNCTAD (2002: 46, 136) geschätzt Moore (2002); schätzt für heute die Hälfte.

[12] Moore (2002).

[13] OECD (2001: 24), UNCTAD (2002: 73 ff., 99 ff.).

[14] OECD (2001: 12, UNCTAD (2002: 62).

ihrem Rahmen gibt es derzeit über 145 spezielle Regelungen.¹⁵

Aus Sicht der Entwicklungsländer ist der Anspruch aber immer mehr zu einem Druckmittel der Industrieländer für Wohlverhalten einzelner Länder(-gruppen) verkommen. Aus solchen Erfahrungen stammt die Forderung einer Reihe von Entwicklungsländern, hierfür ähnlich bislang meist von IL durchgesetzten Sonderabkommen der WTO ein Rahmenabkommen zum „special and differential treatment" mit einem höheren Maß an Verlässlichkeit für die Begünstigten zu entwickeln. UNCTAD und OECD haben auch hierzu vielfältige Vorschläge unterbreitet, die deutlich über die *Empfehlung 3-10* hinausreichen.¹⁶

Nahezu ein Tabuthema für den Norden ist im Zusammenhang der Marktöffnung allerdings die Mobilität von Arbeitskräften.¹⁷ Es ist aber sehr wahrscheinlich, dass wir unseren Wohlstand und Frieden auf Dauer nur bewahren können, wenn es gelingt, dass Hunderte von Millionen von Menschen in den („Jobs to the people") Entwicklungsländern u. a. durch eine weit reichende Marktöffnung im Norden für sich und ihre Kinder mehr Perspektiven als bisher sehen.

11.4.2.4 Offene Fragen auf dem Weg zu einem fairen und nachhaltigen Welthandel

Die in erheblichem Umfang aus wachsenden (gesundheitlichen, umweltbezogenen, sozialen) Ansprüchen der Konsumenten im Norden resultierende Standardsetzung für Importe (s. dazu auch Kapitel 3.5.3 und 7.7.7.1) stellt die Nord-Süd Handelspolitik unter entwicklungspolitischen Gesichtspunkten ebenso wie aus Aspekten der WTO-Konformität vor viele noch ungelöste Herausforderungen. Transparenz im Rahmen von multilateral vereinbarten WTO Mechanismen (zeitlicher Vorlauf, Überprüfung, Verfahren mit geringstem entwicklungspolitischem Nachteil) und erforderlichenfalls Umstellungshilfen sind hier Forderungen, um protektionistischen Missbrauchs zu vermeiden.

Ebenso gibt es im Norden wie im Süden aus derartigen Nachhaltigkeitsgesichtspunkten konfliktreiche Vorstellungen (unter Gesundheitsgesichtspunkten z. B. hinsichtlich des Einsatzes von Hormonen oder gentechnisch veränderten Pflanzen auch innerhalb des Nordens) hinsichtlich der Sicherung bäuerlicher Strukturen, der Sicherung lokaler Produktion und Ernährung. Sie begrenzen sowohl im nördlichen (Multifunktionalität, standortgerechte Bodenbewirtschaftung, regionale Vermarktung, Lebensmittelsicherheit), wie im südlichen (Ernährungssicherung/Development Box) Interesse die Ausschöpfung rechnerischer Marktpotentiale nicht nur großer Produzenten.

---

¹⁵ OECD (2001: 13).

¹⁶ UNCTAD (2002: 42 ff., OECD (200: 105 ff.).

¹⁷ Im Zwischenbericht (2001: 70) war hierfür noch eine besondere Behandlung in der weiteren Arbeit der Kommission vorgesehen. Die GATS Verhandlungen schließen eine Lockerung für befristet tätige Fachleute ein. Siehe dazu auch Kapitel 3.3.3.5.7.

Dies ist möglicherweise mit einem im heutigem Preissystem messbaren Einkommensverzicht verbunden, der aber mit kulturellen, regionalen und traditionellen Gesichtspunkten der Nachhaltigkeit abzuwägen ist. Auch daher die hohe Bedeutung des „special and differential treatment" für viele Entwicklungsländer. Eine vergleichbar differenzierte und vorsichtige Position hat die Mehrheit der Kommission in ihrer Haltung zu den in der WTO laufenden GATS-Verhandlungen über die Öffnung von Dienstleistungsmärkten eingenommen *(s. E 3-11 ff.)*.

Zwischen dem Wunsch nach wachstumsförderlicher schneller Integration in den Weltmarkt (womöglich auf Kosten der Umwelt) und dem Wunsch einer umweltschonenden („leapfrog into the solar age"¹⁸) Entwicklung entsteht ein für viele Entwicklungsländer ohne Hilfe von außen verständlicherweise häufig zu Lasten der Umwelt gelöster Konflikt.

Hier spiegeln sich m. E. durchaus berechtigte im vorliegenden Bericht und auf der internationalen Ebene noch nicht befriedigend austarierte Anliegen nachhaltiger Entwicklung im Norden und im Süden, die es ernst zu nehmen gilt. Genauso wie den Menschen im Norden eine Arbeitsimmigration in großem Umfang offensichtlich nicht zuzumuten ist, muss der Norden Verständnis aufbringen für Vorstellungen im Süden speziell nach einer Sicherung der einheimischen Nahrungsmittelversorgung und generell eigenständigen Perspektiven von Entwicklung.

In vielfältiger Weise hat sich die Kommission in diesem Zusammenhang ausgehend von den positiven Erfahrungen der EU mit Empfehlungen zur Förderung der Regionalisierung insbesondere zugunsten der Chancen von Entwicklungsländern befasst – sowohl in Fragen der Finanzmärkte und der makroökonomischen Steuerung *(E 2-6, 2-8, 2-12)* als auch hinsichtlich ihrer politischen Stärkung und der besseren Nutzung von UN-Strukturen *(E 10-3, 10-8)*. Ein Vertreter einer Süd-NGO hat für die Kommission (s. Kapitel 10.2.3.2) aus seiner Sicht der Erfahrungen von Entwicklungsländern in der Zusammenarbeit mit dem Norden den Vorschlag einer weitreichenden Selbstbestimmung einzelner Weltregionen („Deglobalisierung") über ihre Entwicklungswege entwickelt.

11.4.3 Für einen „fairen globalen deal"

Der 1992 in Rio de Janeiro unternommene Versuch eines unter dem Vorzeichen nachhaltigen Wachstums an Umwelt- und Entwicklungsinteressen orientierten Nord-Süd Ausgleichs ist nur teilweise gelungen. Das Kioto Protokoll und die Biodiversitätskonvention *(s. Kapitel 7.7.3 & 4)* sind die bekanntesten Ergebnisse der Agenda 21 – mit ihren zehntausendfachen lokalen, regionalen und nationalen Aktivitäten weltweit – und wurden als erste praktische Schritte zu einem nachhaltigen Zivilisationsmodell verstanden. Ein wichtiger Durchbruch hierbei war auch die Global Environment Facility (GEF) mit einem Nord-Süd paritätischen Entscheidungsmechanismus aber einer gemessen an den Rio Vereinbarungen bis heute nur ungenügende finanzielle Ausstattung.

---

¹⁸ Sachs (2002: 22).

Lediglich etwa 1 Prozent der vom UNCED Sekretariat als für die Umsetzung der Agenda 21 geschätzten jährlich zusätzlich benötigten Mittel werden hierüber aufgebracht. Eine Ursache dafür ist, dass die sämtliche Staaten in den 90er Jahren überrollende Globalisierungswelle – mit ihrer einseitigen Orientierung auf die Freisetzung von Wachstumskräften – diesen ersten Versuch eines „globalen deal" an den Rand der Aufmerksamkeit schob.

Der 11. September ist weltweit auch als ein Warnzeichen auf unerträgliche und nicht mehr vernachlässigbare Unterschiede für die Chancen von Menschen in Nord und Süd verstanden worden. Er hat deutlich gemacht, dass nationale Sicherheit heute nicht ohne ein mehr an menschlicher Sicherheit zu erreichen ist.[19] Die heutige Aufgabe ist es, die mit der Globalisierung täglich freigesetzten Wachstumskräfte im Sinne eines „fairen globalen deal"[20] deutlicher als bisher weltweit an sozialen und ökologischen Grenzen sowie der kulturellen Vielfalt zu orientieren.

Dazu gehören auf Seiten des Nordens:

– der Übergang zu einer nachhaltigen Wirtschaftsweise (s. Kapitel 11.4.2.1),

– die Berücksichtigung von Interessen des Südens bei den globalen Regelwerken (11.4.2.1) sowie

– Schuldenerlass und Hilfen an den Süden für nachhaltigkeitsförderliche Vorhaben (11.4.2.1, 11.4.2.4),

und auf Seiten des Südens:

– nachvollziehbare Verbesserungen des Human Development Index , mehr Partizipation (11.4.2),

– Ansiedlung von Wertschöpfungsketten im Süden („jobs to the people") (11.4.2.3) sowie

– Mitwirkung an der Umsetzung von multilateral vereinbarten Umweltvereinbarungen und von nachhaltigkeitsförderlichen Standards im Handel (11.4.2.4).

---

[19] In der EU und den USA wurden bislang pro Kopf vergleichbar hohe Summen für menschliche und militärische Sicherheit aufgewendet. In der EU und auch in Japan ist allerdings der nichtmilitärische Anteil deutlich höher als in den USA.

[20] Hierfür gibt es vielfältige ähnliche Vorschläge, s. z. B. Sachs (2002: 69ff.), UNEP Generalsekretär Prof. Töpfer anlässlich seiner Eröffnungsansprache bei einer Veranstaltung des Nachhaltigkeitsrats am 13.5.2002 in Berlin.

12 Literaturverzeichnis

Abate, Mark J. (2000). Patentability of computer software under US law. The Journal of World Intellectual Property, (5/2000) 697–704.

Aberle, Gerd (2001a). Stellungnahme in der Anhörung der Enquete-Kommission „Globalisierung der Weltwirtschaft" zum Thema „Herausforderungen der Verkehrs- und Transportentwicklung" am 05.02.01 in Berlin. Berlin: Deutscher Bundestag.

Aberle, Gerd (2001b). Globalisierung, Verkehrsentwicklung und Verkehrskosten (Gutachten für die Enquete-Kommission „Globalisierung der Weltwirtschaft – Herausforderungen und Antworten"). Gießen: Justus-Liebig-Universität (AU-Stud 14/09).

ABN AMRO Bank N.V. u. a. (2000). Global Anti-Money-Laundering Guidelines for Private Banking. Wolfsberg AML Principles. 30. Oktober 2000 (http://www.wolfsberg-principles.com/Principles.pdf 09.04.02).

Ackerman, Susan-Rose (1997). The Role of the World Bank in Controlling Corruption. Law and Policy in International Business, (29) 93–114.

Adams, Willi Paul (1977). Die Vereinigten Staaten von Amerika (Fischer Weltgeschichte Bd. 30). Frankfurt am Main: Fischer.

Afemann, Uwe (2000). Springt die Dritte Welt ins Informationszeitalter? Internationale Politik, (10/2000) 23–30.

Agarwal, Bina (1995). A Field of One's Own. Gender and land rights in South Asia. Cambridge: Cambridge University Press.

Agenda-Transfer (2002). Kommunale Beschlüsse zur lokalen Agenda 21 (http://www.agenda-transfer.de/german/index4de.htm 22.04.02).

Allmendinger, Jutta, von Stebut, Nina & Fuchs, Stefan (2002). Frauen in der Wissenschaft. (Gutachten im Auftrag der Enquete-Kommission „Globalisierung der Weltwirtschaft"). München: Ludwig-Maximilians-Universität (AU-Stud 14/37).

Althammer, Wilhelm, Biermann, Frank, Dröge, Susanne & Kohlhaas, Michael (2001). Handelsliberalisierung kontra Umweltschutz? Ansätze für eine Stärkung umweltpolitischer Ziele in der Welthandelsordnung. Berlin: Analytica.

Altvater, Elmar, Brunnengräber, Achim (2002). NGOs im Spannungsfeld von Lobbyarbeit und öffentlichem Protest. Aus Politik und Zeitgeschichte, (6–7/2002) 6–14.

Altvater, Elmar, Mahnkopf, Birgit (2001). Einige konzeptionelle Überlegungen zur Informalität der Arbeit. Berlin: Deutscher Bundestag [vgl. auch Altvater, Elmar, Mahnkopf, Birgit (2002). Globalisierung der Unsicherheit. Arbeit im Schatten, Schmutziges Geld und informelle Politik. Münster: Westfälisches Dampfboot.].

Amnesty International (2000). Annual Report 2000. London: Amnesty International.

Andall, Jacqueline (1992). Women Migrant Workers in Italy. Women's Studies International Forum, 15 (1) 41–48.

Anderson, Sarah (Hrsg.) (1999). Views from the South. The Effects of Globalization and the WTO on Third World Countries. San Francisco, CA: International Forum on Globalization.

Anker, Richard (1998). Gender and Jobs. Sex segregation of occupations in the world. Genf: ILO.

Annan, Kofi (2001). Die Grundrechte des einzelnen gelten für Arme und wie für Reiche. Die Nobelpreisrede des Generalsekretärs der Vereinten Nationen in Oslo, 10. Dezember 2001. Vereinte Nationen, 50 (1) 24–25.

Arat-Koc, Sedaf (1989). In the Privacy of Our Own Home: foreign domestic workers as solution to the crisis in the domestic sphere in Canada. Studies in Political Economy, 28 (1) 33–58.

Arora, Ashish, Asundi, Jai, Arunachalam, VS. & Fernandes, Ronald (2001). The Indian Software Services Industry. Research Policy, 30 (8) 1267–1287.

Bach, Stefan (2002). Harmonisierung der Steuerpolitik in der EU unter besonderer Berücksichtigung der beschäftigungsrelevanten Aspekte (Gutachten im Auftrag der Enquete-Kommission „Globalisierung der Weltwirtschaft"). Berlin: Deutscher Bundestag (AU-Stud 14/24).

Bäcker, Gerhard (2000). Anreizinkompatibiltäten: Niedriglöhne – Sozialhilfe und Persistenz hoher Anspruchslöhne. In DIW & Max Planck Institut für Bildungsforschung (Hrsg.). Niedrig entlohnt = Niedrig qualifiziert? Chancen und Risiken eines Niedriglohnsektors in Deutschland. Berlin (http://www.diw.de/programme/cgi/index.cgi?automatic=1&c=/deutsch/projekte/home/ldm_lwbb/paper/baecker.pdf 08.05.02).

Bäcker, Gerhard, Hanesch, Walter (1998). Arbeitnehmer und Arbeitnehmerhaushalte mit Niedrigeinkommen. Untersuchung für das Ministerium für Arbeit, Gesundheit und Soziales im Rahmen der Landessozialberichterstattung Nordrhein-Westfalen. Düsseldorf.

Baethge, Martin (2002). Dienstleistungen und Globalisierung (Referat-Manuskript zur Sitzung der Arbeitsgruppe „Waren- und Dienstleistungsmärkte" der Enquete-Kommission Globalisierung am 09.03.02).

Baethge, Martin u. a. (1999): Dienstleistungen als Chance: Entwicklungspfade für die Beschäftigung,

(Abschlussbericht der PEM 13 – Kurzfassung – im Rahmen der BMBF-Initiative „Dienstleistungen für das 21. Jahrhundert"). Göttingen: Soziologisches Forschungsinstitut an der Georg-August-Universität.

Bairoch, Paul (1973). Die Dritte Welt in der Sackgasse. Wien.

Bakker, Isabella (2002). Who Built the Pyramids? Engendering the New International Economic and Financial Architecture. femina politica, 11 (1) 38–48.

Bakker, Isabella (Hrsg.) (1994). The Strategic Silence: Gender and Economic Policy. London u. a.: Zed Books.

Bakker, Isabella, Elson, Diane (1998). Für ein Budget, das mit Frauen rechnet. Ansätze zu einer makroökonomischen Analyse von Staatsbudgets aus Frauensicht. Olympe, (9) 50–98.

Bales, Kevin (2001). Die neue Sklaverei. München: Kunstmann.

Bals, Christoph (2002): Zukunftsfähige Gestaltung der Globalisierung. Strategien für eine nachhaltige Klimapolitik. In Worldwatch Institute (Hrsg.). Zur Lage der Welt 2002. (Worldwatch Institute Report). Frankfurt am Main: Fischer.

Barber, Benjamin R. (2000). Globalizing Democracy. The American Prospect, 11 (20) (http://www.prospect.org/print-friendly/print/V11/20/barber-b.html 10.05.02).

Barker, Jerry R., Tingey, David T. (Hrsg.) (1992). Air Pollution Effects on Biodiversity. New York: Van Nostrand Reinhold.

Barth, Dietrich (1998). Perspektiven des internationalen Dienstleistungshandels. Bonn: FES.

Basma bint Talal (1996). Women in the Arab World. Genf. ILO.

Bauer, Thomas, Zimmermann, Klaus F. (1999). Overtime Work and Overtime Compensation in Germany. Scottish Journal of Political Economy, 46 (4) 419–436.

Baumann, Michael (2001). Zehn Jahre nach Rio: Das Ende der „wilden Globalisierung"? In Worldwatch Institute (Hrsg.). Zur Lage der Welt 2001. (Worldwatch Institute Report) (7–41). Frankfurt/M.: Fischer.

Bayliss, Kate, Hall, David (2000). Privatisation of Water and Energy in Africa. London: PSIRU.

BDI (Hrsg.) (2002). Globalisierung Gestalten. Außenwirtschafts-Report, 15.04.02. Berlin: BDI.

BDI, BDA (2001). Stellungnahme der Bundesvereinigung der Deutschen Arbeitgeberverbände (BDA) und des Bundesverbandes der Deutschen Industrie (BDI) zum Grünbuch „Europäische Rahmenbedingungen für die soziale Verantwortung der Unternehmen". Berlin: BDI/BDA.

Beck, Ulrich (1997). Weltrisikogesellschaft, Weltöffentlichkeit und globale Subpolitik. Wien: Picus.

Beck, Ulrich (1999). Was ist Globalisierung? Irrtümer des Globalismus – Antworten auf Globalisierung. Frankfurt am Main: Suhrkamp.

Beisheim, Marianne (1997). Nichtregierungsorganisationen und ihre Legitimität. Aus Politik und Zeitgeschichte, (43/1997) 21–29.

Beisheim, Marianne, Dreher, Sabine, Walter, Gregor, Zangl, Bernhard & Zürn, Michael (1999). Im Zeitalter der Globalisierung? Baden-Baden: Nomos.

Bell, Daniel (1975). Die nachindustrielle Gesellschaft. Frankfurt am Main: Campus.

Bello, Walden (2001a). The Future in the Balance: Essays on Globalization and Resistance. Oakland, CA: Food First Books.

Bello, Walden (2001b). Prospects for Good Global Governance: The View from the South (Gutachten erstellt für die Enquete-Kommission „Globalisierung der Weltwirtschaft"). Berlin: Deutscher Bundestag. (AU-Stud 14/15).

Bello, Walden (2002). Pluralistic System of Global Economic Governance. Porto Alegre. (Initial Text des WSF 2002, unter http://www.portoalegre2002.org/ 10.05.02).

Bender, Stefan, Rudolph, Helmut, Walwei, Ulrich (1999). Staatliche Zuschüsse zur Sozialversicherung hinter der 630 DM-Grenze? IAB-Kurzbericht, (8) 1–5.

Benería, Lourdes (1999). Globalization, Gender and the Davos Man. Feminist Economics, 5 (3) 61–83.

Bergeron, Louis, Furet, François & Kosselleck, Reinhart (1974). Das Zeitalter der europäischen Revolution 1780–1848 (Fischer Weltgeschichte Bd. 26). Frankfurt am Main: Fischer.

Berthold, Norbert (2002). Deregulierung und Flexibilisierung des Arbeitsmarktes (Gutachten im Auftrag der Enquete-Kommission „Globalisierung der Weltwirtschaft"). Berlin: Deutscher Bundestag (AU-Stud 14/23).

Berthold, Norbert, Fehn, Rainer & Thode, Eric (1999). Rigide Arbeitsmärkte und ungleiche Einkommensverteilung: Ein unlösbares Dilemma? (Wirtschaftswissenschaftliche Beiträge des Lehrstuhls für Volkswirtschaftslehre, Wirtschaftsordnung und Sozialpolitik Nr. 31). Würzburg: Julius-Maximilians-Universität.

Berthold, Norbert, Stettes, Oliver (2001). Der Flächentarifvertrag – vom Wegbereiter des Wirtschaftswunders zum Verursacher der Beschäftigungsmisere. In Claus Ott & Hans-Bernd Schäfer (Hrsg.). Ökonomische Analyse des Arbeitsrechts (1–29). Tübingen.

Bessen, James, Maskin, Eric (2000). Sequential Innovation, Patents and Imitation. (MIT, Working Paper 11/99. No. 00–01, January 2000). Cambridge, MA.

BGW (2001). Trinkwasser – Marktdaten & Fakten. Berlin: BGW (http://www.bundesverband-gas-und-wasser.de/publik/trinkwasser/marktdaten_fakten.htm 10.09.01).

Bhaduri, Amit, Matzner, Egon (1990). Relaxing the International Constraints on Full Emnployment. In Banca Nazionale del Lavoro (1990), March 1990. Quarterly Review, (172) 49–70.

Biermann, Frank (2001). The Emerging Debate on the Need for a World Environment Organization: A Commentary. Global Environmental Politics, 1 (1) 45–55.

Biermann, Werner (2000). Die Herren der Welt: Die Weltmachtpolitik der USA seit 1945. Köln: Papy Rossa.

Birle, Peter (2002). Die globale Vernetzung von Zivilgesellschaften. In Konrad-Adenauer-Stiftung (Hrsg.). Die Gestaltung der neuen globalen Rahmenbedingungen. Chancen und Risiken der Globalisierung und Anforderungen an die Politik (Zukunftsforum Politik Nr. 41). Sankt Augustin: Konrad-Adenauer-Stiftung.

BITKOM (2001). Stellungnahme der BITKOM zum öffentlichen Expertengespräch „Softwarepatente/Open Source" des Rechtsausschusses und des Unterausschusses Neue Medien des Deutschen Bundestages vom 21. Juni 2001 (Ausschussdrucksache 0021/14. Wahlperiode). Berlin: Deutscher Bundestag.

BIZ (1992). Quarterly Review, International Banking and Financial Market Developments, März 1992. Basel: BIZ.

BIZ (1998). 68th Annual Report, 1st April 1997 – 31st March 1998. Basel: BIZ.

BIZ (1999). 69th Annual Report, 1st April 1998 – 31st March 1999. Basel: BIZ.

BIZ (2000). Quarterly Review, International Banking and Financial Market Developments, November 2000. Basel: BIZ.

BIZ (2001a). 71. Jahresbericht, 1. April 2000 – 31. März 2001. Bank für Internationalen Zahlungsausgleich. (http://www.bis.org/publ/ar2001g.pdf. 04.04.02).

BIZ (2001b). Quarterly Review, International Banking and Financial Market Developments, Dezember 2001. Basel: BIZ.

Blickle, Karl-Hermann (2001). Global Governance und die Unternehmungen als gesellschaftliche Akteure im Prozess der Globalisierung (Referat-Manuskript zur Sitzung der Arbeitsgruppe „Global Governance" der Enquete-Kommission „Globalisierung der Weltwirtschaft" am 02.04.01). Berlin: Deutscher Bundestag (http://www.bundestag.de/gremien/welt/welt_au14_18a.pdf 10.05.02).

Blümlein, Gabriele (1995). In situ-Erhaltung von Kulturpflanzen – gute Einsichten – schlechte Aussichten? Biopoly, 1 (1) 3–5.

BMA (2001). Stellungnahme zum Fragenkatalog der öffentlichen Anhörung am 28.05.01 „Chancen und Risiken der Informationsgesellschaft". Berlin: Deutscher Bundestag (Kdrs. 14/10b).

BMA (2001a). Statistisches Taschenbuch 2001. Arbeits- und Sozialstatistik. Bonn: BMA.

BMBF (2000). Bundesbericht Forschung 2000. Bonn: BMBF.

BMBF (2001a) Wissen schafft Märkte – Aktionsprogramm der Bundesregierung. Bonn: BMBF.

BMBF (2001b). Stellungnahme zur Anhörung der Enquete-Kommission „Globalisierung der Weltwirtschaft – Herausforderungen und Antworten" zum Thema „Chancen und Risiken der Informationsgesellschaft" am 28.05.01. Berlin: Deutscher Bundestag (Kdrs. 14/10b).

BMBF (2001c). Globale Wissensgesellschaft – Perspektiven und Konsequenzen für Bildung und Forschung. Schreiben vom 11. Juni 2001 (Az. Z 22 – 02200).

BMBF (2001d). Deutsche Nachwuchswissenschaftler in den USA. Perspektiven der Hochschul- und Wissenschaftspolitik. Bonn: BMBF.

BMBF (2001e). Forschung zum Globalen Wandel für die Zukunft der Erde. Bonn: BMBF.

BML (2000). Nationales Forstprogramm Deutschland. Ein gesellschaftspolitischer Dialog zur Förderung nachhaltiger Waldbewirtschaftung im Rahmen einer nachhaltigen Entwicklung 1999/2000. Bonn: BML.

BMU (Hrsg.) (1993). Agenda 21, Konferenz der Vereinten Nationen für die Umwelt und Entwicklung im Juni 1992 in Rio de Janeiro. Bonn: BMU.

BMU (1996). Kosten- und Abgabenminimierung in der kommunalen Abwasserentsorgung. Rechtliche Grundlagen, Handlungsspielräume und Erfahrungsberichte. Bonn: BMU.

BMU (1997). Zeit zu handeln – 5 Jahre nach Rio: Die Aktivitäten der gesellschaftlichen Gruppen für eine nachhaltige Entwicklung in Deutschland. Bonn: BMU.

BMU (1998). Bericht der Bundesregierung nach dem Übereinkommen über die biologische Vielfalt. Nationalbericht biologische Vielfalt. Bonn: BMU.

BMU (2000). Thematic Report on Alien Species from Germany. Bonn: BMU.

BMU (2001a). Federal Governement Report under the Convention on Biological Diversity – Second National Report on Biological Diversity. Bonn: BMU.

BMU (2001b). Thematic Report on Forest Ecosystems from Germany. Bonn: BMU.

BMU (2002a). Biodiversitätskampagne „Leben braucht Vielfalt". Eine Initiative des Bundesministeriums für Umwelt, Naturschutz und Reaktorsicherheit für eine gemeinsame Kampagne viele Akteure zum zehnjährigen Bestehen des Übereinkommens über biologische Vielfalt im Jahr 2002 (http://www.biologischevielfalt.com/partner/interessiertenkreis.php 10.05.02).

BMU (2002b): Privatisierung der Wasserwirtschaft. Bonn: BMU.

BMU & BMZ (Hrsg.) (2001b). Issue Paper for the International Conference on Freshwater – Bonn, 3.–7. December 2001. Bonn: BMU, BMZ.

BMU & BMZ (Hrsg.) u. a. (2001a). Water – a Key to Sustainable Development. Ministerial Declaration, The Bonn Keys, Bonn Recommendations for Action. Bonn: BMU, BMZ (http://www.water-2001.de/outcome/reports/Brief_report_en.pdf 25.04.02).

BMV (1991). Verkehr in Zahlen 1991. Berlin: DIW.

BMV (1996). Verkehr in Zahlen 1996. Berlin: DIW.

BMV (2000). Verkehr in Zahlen 2000. Hamburg: Deutscher Verkehrsverlag.

BMVEL (2001). Die biologische Vielfalt des Waldes. Ihre Erhaltung und nachhaltige Nutzung. Bonn: BMVEL.

BMWi (2000). Die OECD-Leitsätze für multinationale Unternehmen. Berlin: BMWi.

BMWi (2001a). Stellungnahme zur öffentlichen Anhörung der Enquete-Kommission „Globalisierung der Weltwirtschaft – Herausforderungen und Antworten" zum Thema „Chancen und Risiken der Informationsgesellschaft" am 28.05.01). Berlin: Deutscher Bundestag (Kdrs. 14/10b).

BMWi (2001b). Stellungnahme zur öffentlichen Anhörung der Enquete-Kommission „Globalisierung der Weltwirtschaft – Herausforderungen und Antworten" zum Thema „Von der Industrie- zur Wissensgesellschaft: Wirtschaft, Arbeitswelt und Recht, Privatisierung und Patentierung von Wissen" am 08.10.02. Berlin: Deutscher Bundestag (Kdrs. 14/12b).

BMWi (2001c). Optionen, Chancen, Rahmenbedingungen einer Marktöffnung für eine nachhaltige Wasserversorgung (Endbericht. BMWi Forschungsvorhaben 11/00) (http://www.bmwi.de/Homepage/download/wirtschaftspolitik/Wasserversorgung1.pdf 25.04.02).

BMWi (2002). Digitale Integration in Deutschland (Bericht an die Enquete-Kommission „Globalisierung der Weltwirtschaft", Januar 2002). Berlin: Deutscher Bundestag.

BMZ (1999). Wasser – Konflikte lösen, Zukunft gestalten (BMZ-Materialien 99). Berlin: BMZ.

BMZ (2000). Globalisierung und Entwicklungszusammenarbeit (Stellungnahme des wissenschaftlichen Beirats beim BMZ, BMZ spezial 108). Bonn: BMZ.

BMZ (2001a). Informationstechnologie in der Entwicklungszusammenarbeit (Stellungnahme zur öffentlichen Anhörung der Enquete-Kommission „Globalisierung der Weltwirtschaft – Herausforderungen und Antworten" zum Thema „Chancen und Risiken der Informationsgesellschaft" am 28.05.01). Berlin: Deutscher Bundestag (Kdrs. 14/10b).

BMZ (2001b). Öffentliche Entwicklungszusammenarbeit (ODA) und öffentliche Hilfe (OA) aller DAC-Länder. Statistik und Berichtswesen. Bonn: BMZ.

BMZ (2001c). Elfter Bericht zur Entwicklungspolitik der Bundesregierung (BMZ-Materialien 111). Bonn: BMZ.

BMZ (2002). Öffentliche Entwicklungszusammenarbeit (ODA) aller DAC-Länder – 1988–2000. Statistik und Berichtswesen. Bonn: BMZ.

BMZ (2002a) (i. E.). Good Governance in der deutschen Entwicklungszusammenarbeit (Positionspapier). Berlin: BMZ.

BMZ & GTZ (2000). Biodiversity Conservation in German Development Cooperation. Implementing the Biodiversity Convention. Eschborn: GTZ.

Bongaarts, John u. a. (1990). The Demographic Impact of Family Planning Programs. Studies in Family Planning, 21 (6) 299.

Boorman, Jack, Lane, Timothy, Schulze-Ghattas, Marianne, Bulí, Ales, Ghosh, Athis R., Hamann, Javier, Mourmouras, Alexandros & Phillips, Steven (2000). Managing Financial Crises: The Experience in East Asia (IMF Working Paper WP/00/107). Washington, DC: IWF.

Booz-Allen & Hamilton (2000). Digitale Spaltung in Deutschland. Ausgangssituation, internationaler Vergleich, Handlungsempfehlungen. o. O. August 2000.

Borrmann, Axel, Jungnickel, Rolf & Koopmann, Georg (2002). Stand und Perspektiven der Globalisierung – Außenhandel und Direktivestitionen (Kurzgutachten für die Enquete-Kommission „Globalisierung der Weltwirtschaft – Herausforderungen und Antworten"). Berlin: Deutscher Bundestag (AU-Stud 14/30).

Bortolotti, Bernardo, Fiorentini, Gianluca (1999). Organized Interests and Self-regulation. An Economic Approach. Oxford: Oxford University Press.

Boss, Alfred (2001). Sozialhilfe, Lohnabstand, Leistungsanreize und Mindestlohnarbeitslosigkeit (Kiel Working Paper 1075). Kiel: Institut für Weltwirtschaft.

Bracher, Astrid (2001). Internationale Wasserpolitik: Regelungsbedarf, Regelungsansätze und Stand der Diskussion. In Forum Umwelt & Entwicklung (2001). Wasser als Streitpunkt der globalen Umwelt- und Entwicklungspolitik (8–24). Bonn: Forum Umwelt & Entwicklung 2001.

Braga, Carlos Alberto P. (1990). The Developing Country Case For and Against Intellectual Property Rights. In Wolfgang E. Siebeck (Hrsg.). Strengthening Protection of Intellectual Property in Developing Countries. A Survey of the Literature (69 – 87). Washington, DC: Weltbank.

Braga, Carlos Alberto P. (2001). Globalization and Knowledge Generation. (Stellungnahme zur öffentlichen Anhörung der Enquete-Kommission „Globalisierung der Weltwirtschaft – Herausforderungen und Antworten" zum Thema „Wissensgenerierung: Forschung, Bildung, Weiterbildung, Kultur und Demokratie" am

10.12.01). Berlin: Deutscher Bundestag (Kdrs. 14/13a: 79–85).

Brand, Ulrich, Brunnengräber, Achim, Schrader, Lutz, Stock, Christian & Wahl, Peter (2000). Global Governance. Alternative zur neoliberalen Globalisierung? Münster: Westfälisches Dampfboot.

Brandstäter, Johannes (2002). Ernährungssicherung in Entwicklungsländern (Stellungnahme von Brot für die Welt zur Anhörung des AWZ am 30.01.02). Berlin: Deutscher Bundestag (Ausschussdrucksache 14/112).

Braun, Joachim von (2002). Ernährungssicherung in Entwicklungsländern (Stellungnahme zur Anhörung des AWZ am 30.01.02) Berlin: Deutscher Bundestag (Ausschussdrucksache 14/113).

Braun, Joachim von, Bellin-Sesay, Friederike, Feldbrügge, Torsten & Heidhues, Franz (1998). Verbesserung der Ernährung in Entwicklungsländern: Strategien und Politikempfehlungen (Forschungsberichte des BMZ, Band 123). Köln: Weltforum.

Breithaupt, Manfred u. a. (1998). Kommerzialisierung und Privatisierung von Public Utilities. Internationale Erfahrungen und Konzepte für Transformationsländer. Wiesbaden: Gabler.

Brot für die Welt & Greenpeace (2001). Ernährung sichern, Nachhaltige Landwirtschaft – eine Perspektive aus dem Süden. Frankfurt am Main: Brandes & Apsel.

Brown, Drusilla K., Deardorff, Alan V. & Stern, Robert M. (2001). CGE Modeling and Analysis of Multilateral and Regional Negotiating Options (RSIE Discussion Paper No. 468). Michigan: University of Michigan.

Brühl, Tanja (1995). Verlust der biologischen Vielfalt. Ein neues Problem für die internationalen Beziehungen (AFES-PRESS-Report 54). Mosbach: AFES-Press.

Brühl, Tanja (2000). Verweigerung statt Führung: Die internationale Umweltpolitik der USA. In Peter Rudolf & Jürgen Wilzewski (Hrsg.). Weltmacht ohne Gegner. Amerikanische Außenpolitik zu Beginn des 21. Jahrhundert (363–394). Baden-Baden: Nomos.

Brühl, Tanja (2002). Bisherige Erfolge und Misserfolge der Biodiversitätskommission (Gutachten für die Enquete-Kommission „Globalisierung der Weltwirtschaft – Herausforderungen und Antworten"). Berlin: Deutscher Bundestag (AU-Stud 14/38).

Brühl, Tanja, Debiel, Tobias, Hamm, Brigitte, Hummel, Hartwig & Martens, Jens (Hrsg.) (2001). Die Privatisierung der Weltpolitik. Entstaatlichung und Kommerzialisierung im Globalisierungsprozess (Reihe EINE Welt – Texte der Stiftung Entwicklung und Frieden, Band 11). Bonn: Dietz.

Brühl, Tanja, Kulessa, Margareta E. (1998). Patent Protection, Biotechnology and Globalisation: The TRIPS Agreement and its Implications for the Developing Countries (INEF Report 31/1998). Duisburg: INEF.

Brüne, Stefan (1999). Die afrikanische Informationsgesellschaft. Akteure, Abhängigkeiten, Potentiale. In Patrick Donges, Otfried Jarren & Heribert Schatz (Hrsg.). Globalisierung der Medien? Medienpolitik in der Informationsgesellschaft (211–227). Opladen u. a.: Westdt.

Brunetti, Aymo, Scheidegger, Eric (2002). Playdoyer für eine faktenbasierte Globalisierungsdiskussion. Die Volkswirtschaft, (1/2002) 4–10.

Brunnengräber, Achim, Klein, Ansgar & Walk, Heike (Hrsg.) (2001). NGOs als Legitimationsressource. Zivilgesellschaftliche Partizipationsformen im Globalisierungsprozess. Opladen: Leske + Budrich.

Bryant, Dirk, Nielsen, Daniel & Tangley, Laura (1997). The Last Frontier Forests: Ecosystems and Economies on the Edge. Washington, DC: WRI Publications.

Brzezinski, Zbigniew (1997). Die einzige Weltmacht. Amerikas Strategie der Vorherrschaft. Weinheim: Beltz Quatriga.

Buchanan, James M. (1950). Federalism and Fiscal Equity. American Economic Review, 40 (September) 583–99.

Budlender, Debbie, Elson, Diane, Hewitt, Guy & Mukhopadhyay, Tanni (2002). Gender Budgets Make Cents: Understanding Gender Responsive Budgets. London: Commonwealth Secretariat.

Bullard, Nicola (2001). Social Standards in International Trade (Gutachten für die Enquete-Kommission „Globalisierung der Weltwirtschaft"). Bangkok: Focus on Global South (AU-Stud 14/12).

Bundesamt für Naturschutz (1997). Erhaltung der biologischen Vielfalt. Wissenschaftliche Analyse deutscher Beiträge. Münster: Landwirtschaftsverlag.

Bundesamt für Naturschutz (Hrsg.) (1999). Daten zur Natur 1999. Münster: Landwirtschaftsverlag.

Bundesmann-Jansen, Jörg, Groß, Hermann & Munz, Eva (2000). Arbeitszeit '99. Ergebnisse einer repräsentativen Beschäftigungsbefragung zu traditionellen und neuen Arbeitszeitformen in der Bundesrepublik Deutschland. Köln: Iso.

Bundesregierung (2001a). Lebenslagen in Deutschland, Der erste Armuts- und Reichtumsbericht der Bundesregierung (http://www.bma.de/doc/doc_request.cfm?A137F744D29A4D65BD36B6BB385B11E0 04.04.02).

Bundesregierung (2001b). Lebenslagen in Deutschland, Daten und Fakten. Materialband zum ersten Armuts- und Reichtumsbericht der Bundesregierung (http://www.bma.de/doc/doc_request.cfm?6751DDD796764ABE9F4C8DB3D8B2A758 04.04.02).

Bundesregierung (2001c). Gesetz zur Bekämpfung von Steuerverkürzungen bei der Umsatzsteuer und zur Änderung anderer Steuergesetze (Steuerverkürzungsbekämpfungsgesetz – StVBG). Bundesgesetzblatt Teil I, 27. Dezember 2001 (74) 3922–3925.

Bundesregierung (2001d). Antwort der Bundesregierung auf die Kleine Anfrage der Abgeordneten Erich G. Fritz, Renate Blank, Wolfgang Börnsen (Bönstrup), weiterer Abgeordneter und der Fraktion der CDU/CSU (Bundestagsdrucksache 14/6702). Berlin: Deutscher Bundestag.

Bundesregierung (2001e). Bericht der Bundesregierung zum Jahresgutachten 1999 des Wissenschaftlichen Beirates der Bundesregierung Globale Umweltveränderungen (WGBU): Welt im Wandel – Erhaltung und nachhaltige Nutzung der Biosphäre (Bundestagsdrucksache 14/6706). Berlin: Deutscher Bundestag.

Bundesregierung (2001f). Jahresbericht Wasserwirtschaft. Gemeinsamer Bericht der mit der Wasserwirtschaft befassten Bundesministerien – Haushaltsjahr 2000. Wasser & Boden, 53 (7+8) 6–28. Berlin: Blackwell Wissenschafts-Verlag.

Bundesregierung (2002a). Fortschrittsbericht zum Aktionsprogramm der Bundesregierung Innovation und Arbeitsplätze in der Informationsgesellschaft des 21. Jahrhunderts (Unterrichtung durch die Bundesregierung vom 07.03.02) (Bundestagsdrucksache 14/8456). Berlin: Deutscher Bundestag.

Bundesregierung (2002b). Perspektiven für Deutschland. Unsere Strategie für eine nachhaltige Entwicklung. Berlin: Presse- und Informationsamt der Bundesregierung (http://www.dialog-nachhaltigkeit.de/html/infos.htm 10.05.02).

Bundesverband Deutscher Inkasso-Unternehmen e.V. (BDIU) (2002). Pressekonferenz am 23.04.02 (http://www.bdiu.de, 06.05.02).

BÜNDNIS 90/DIE GRÜNEN (2002). Welternährungsgipfel – fünf Jahre später. Antrag der Fraktion BÜNDNIS 90/DIE GRÜNEN (Bundestagsdrucksache 14/8031). Berlin: Deutscher Bundestag.

Busche, Jan (2001). Softwarebezogene Erfindungen in der Entscheidungspraxis des Bundespatentgerichts und des Bundesgerichtshofes. Mitteilungen der deutschen Patentanwälte, (2/2001) 49–57.

Carlson, John (2000). Money Laundring and Corruption: Two Sides of the Same Coin. In OECD (2000). No Longer Business as Usual. Fighting Bribery and Corruption. Paris: OECD.

Carr, Marilyn, Chen, Martha (2001). Globalization and the Informal Economy. How Global Trade and Investment Impact on the Working Poor (http://www.wiego.org/papers/carrchenglobalization.pdf 29.4.2002).

Caves, Richard E. (1996). Multinational Enterprise and Economic Analysis. Cambridge u. a: Cambridge University Press.

CBD Secretariat (2000). Sustaining Life on Earth. Montreal: CBD.

Charmes, Jacques (2000). Informal Sector, Poverty and Gender. A Review of Empirical Evidence (http://www.wiego.org/papers/charmes3.doc 29.04.02).

Chasek, Pamela S. (2001). Earth Negotiations. Analyzing Thirty Years of Environmental Diplomacy. Tokyo: The United Nations University Press.

Chayes, Abram, Handler Chayes, Antonia (1998). The New Sovereignty. Compliance with International Regulatory Regimes. Cambridge u. a.: Harvard University Press.

Chomsky, Noam (2001). Wirtschaft und Gewalt. Lüneburg: zu Klampen.

CIDSE, Misereor & Koordinierungsstelle (Hrsg.) (2002). Ernährungssicherheit und die WTO. Sophia Murphy, Institute of Agriculture and Trade Policy. Brüssel: CIDSE.

Cincotta, Richard, Engelman, Robert (2001). Mensch, Natur! Report über die Entwicklung der Weltbevölkerung und die Zukunft der Artenvielfalt. Hrsg. von der Deutschen Stiftung Weltbevölkerung. Stuttgart: Balance.

Clean Clothes Campaign (2002). Reaction from the Clean Clothes Campaign to the European Commission Green Paper „Promoting a European framework for Corporate Social Responsibility". Amsterdam: CCC (http://www.cleanclothes.org/news/01-12-21.htm 10.05.02).

Cleland, John (2002). Education and Future Fertility Trends, With Special Reference to Mid-Transitional Countries. Hrsg. von United Nations, Department of Economic and Social Affairs, Population Division (Expert Group Meeting on Completing the Fertility Transition, New York 11–14 March 2002). New York: United Nations.

Cohen, Robin (1987). The New Helots. Migrants in the international division of labour. Aldershot, Hants: Avebury.

COMECE (Hrsg.) (2001). Global Governance. Our responsibility to make globalisation an opportunity for all (Report to the Bishops of COMECE, Nr. 1). Brüssel: COMECE.

Commission on Global Governance (1995). Our Global Neighbourhood. The report of the Commission on Global Governance. Oxford: Oxford University Press.

Commonwealth of Learning (1998). Barriers to Information and Communication Technologies Encountered by Women (Summary Report on the Asian Regional Meeting November 1999. Sponsored by The Commonwealth of Learning (Canada) and the British Council (New Dehli)).

Conly, Shanti R., de Silva, Shyami (1998). Zahlen Sie Ihren gerechten Anteil? Auszüge. Geberländer und internationale bevölkerungspolitische Hilfe. Popualtion Action International. Washington, DC.

Consumers International (2001). The General Agreement on Trade in Services. An Impact Assessment by Consumers International. London: Consumers International.

Cornia, Giovanni Andrea, Court, Julius (2001). Inequality, Growth and Poverty in the Era of Liberalization and Globalization. Helsinki: UNU World Institute for Developments Economic Research (http://www.wider.unu.edu/publications/pb4.pdf 10.05.02).

Cowhey, Peter F., Klimenko, Mikhail M. (2001). Implementing Telecommunications Liberalization in Developing Countries after the WTO Agreement on Basic Telecommunications Services. In Robert M. Stern (Hrsg.) (2001). Services in the International Economy (349–368). Ann Arbor: The University of Michigan Press.

Crotty, James, Epstein, Gerald, Kelly, Patricia (1998). Multinational Corporations in the Neo-liberal Regime. In Dean Baker, Gerald Epstein & Robert Pollin (Hrsg.). Globalization and Progressive Economic Policy. Cambridge: Cambridge University Press.

Debiel, Tobias (2000a). Vereinte Nationen und Weltfriedensordnung. Bilanz und Perspektiven zur Jahrtausendwende. In Franz Nuscheler (Hrsg.). Entwicklung und Frieden im 21. Jahrhundert (446–467). Bonn: Dietz.

Debiel, Tobias (2000b). Strengthening the UN as an Effective World Authority: Cooperative Security Versus Hegemonic Crisis Management. Global Governance, 6 (1) 25–41.

Delbrück, Jost (1998a). Das Völkerrecht soll auf einen Föderalismus freier Staaten gegründet sein. Kant und die Entwicklung internationaler Organisation. In Klaus Dicke & Klaus-Michael Kodalle (Hrsg.). Republik und Weltbürgerrecht. Kantische Anregungen zur Theorie politischer Ordnung nach dem Ende des Ost-West-Konflikts (181–213). Weimar, Köln: Böhlau.

Delbrück, Jost (1998b). Von der Staatenordnung über die internationale Kooperation zur „supraterritorial or global governance". In Ulrich Bartosch & Jochen Wagner (Hrsg.). Weltinnenpolitik (55–66). Münster u. a.: Lit.

Dessewffy, Eva (1999). WTO 2000 World Trade Round. GATS – The Services Sector (Position Paper of the Austrian Federal Chamber of Labour, Juni). Wien.

Deutsche Bundesbank (1976). Deutsches Geld- und Bankwesen in Zahlen 1876–1975. Frankfurt am Main: Deutsche Bundesbank.

Deutsche Bundesbank (1994). Geldpolitische Implikationen der zunehmenden Verwendung derivater Finanzinstrumente. Monatsbericht, 46 (11) 41–57.

Deutsche Bundesbank (1997). Weltweite Organisationen und Gremien im Bereich von Währung und Wirtschaft, 2. Auflage, Frankfurt am Main: Deutsche Bundesbank.

Deutsche Bundesbank (1998). Zur Indikatorqualität unterschiedlicher Konzepte des realen Außenwertes der D-Mark. Monatsbericht, 50 (11) 41–55.

Deutsche Bundesbank (1999). Monatsbericht, 51 (12).

Deutsche Bundesbank (2000a). Die Rolle Deutschlands im internationalen Dienstleistungsverkehr. Monatsbericht, 52 (7) 47–58.

Deutsche Bundesbank (2000b). Ergebnisse der gesamtwirtschaftlichen Finanzierungsrechnung für Deutschland 1991 bis 1999, Statistische Sonderveröffentlichung, 4. Dezember 2000. Frankfurt am Main: Deutsche Bundesbank.

Deutsche Bundesbank (2001a). Rolle und Verhalten deutscher Fondsmanager auf dem Aktienmarkt. Monatsbericht, 53 (4) 45–60.

Deutsche Bundesbank (2001b). Die neue Baseler Eigenkapitalvereinbarung (Basel II). Monatsbericht, 53 (4) 15–44.

Deutsche Bundesbank (2001c). Realzinsen: Entwicklung und Determinanten. Monatsbericht, 53 (7) 33–50.

Deutsche Bundesbank (2001d). Monatsbericht 53 (7).

Deutsche Bundesbank (2001e). Zahlungsbilanzstatistik. Statistisches Beiheft zum Monatsbericht, 3. Juli 2001. Frankfurt am Main: Deutsche Bundesbank.

Deutsche Bundesbank (2002). Geschäftsbericht 2001. Frankfurt am Main: Deutsche Bundesbank.

Deutsche Stiftung Weltbevölkerung (1998a). Bevölkerung und nachhaltige Entwicklung. Fünf Jahre nach Rio. Hannover: DSW.

Deutsche Stiftung Weltbevölkerung (1998b). Auf dem Weg in eine neue Welt. Zur Sexualität und reproduktiven Gesundheit von jungen Frauen weltweit. Hannover: Balance.

Deutsche Welthungerhilfe (2001). Noch immer hungern 826 Millionen Menschen. Bonn: Deutsche Welthungerhilfe (http://www.welthungerhilfe.de/inhalt/info/grafikdienst/gd_2000/hunger.html 06.05.01).

Deutscher Bundestag (1994). Weltbevölkerungskonferenz ICPD vom 5. bis 13. September 1994 in Kairo (Bundestagsdrucksache 12/8162). Bonn: Deutscher Bundestag.

Deutscher Bundestag (1998). Aktive Bevölkerungspolitik als Schwerpunkt in die Entwicklungszusammenarbeit aufnehmen (Bundestagsdrucksache 13/9608). Bonn: Deutscher Bundestag.

Deutscher Bundestag (1999). Eine internationale Soziale Marktwirtschaft als Grundmodell für eine globale Struktur- und Ordnungspolitik – Chancen und Risiken der Globalisierung der Weltwirtschaft für die Entwicklungsländer. Große Anfrage der CDU/CSU. (Bundestagsdrucksache 14/1960). Berlin: Deutscher Bundestag.

Deutscher Bundestag (2000). Eine internationale Soziale Marktwirtschaft als Grundmodell für eine globale Struktur- und Ordnungspolitik – Chancen und Risiken der Globalisierung der Weltwirtschaft für die Entwicklungsländer. Antwort der Bundesregierung auf die Große Anfrage der CDU/CSU (Bundestagsdrucksache 14/3967). Berlin: Deutscher Bundestag.

Deutscher Bundestag (2001). Aktuelle handelspolitische Fragen bei der Welthandelsorganisation. Antwort der Bundesregierung auf die Große Anfrage der FDP (Bundestagsdrucksache 14/5227). Berlin: Deutscher Bundestag.

Deutscher Bundestag (2001a). Wasser als öffentliches Gut und die Bedeutung von Wasser in der deutschen Entwicklungszusammenarbeit. Antrag der SPD und von BÜNDNIS 90/DIE GRÜNEN (Bundestagsdrucksache 14/7484). Berlin: Deutscher Bundestag.

Deutscher Bundestag (2001b). Öffentliche Diskussionsveranstaltung mit dem Geschäftsführenden Direktor des Internationalen Währungsfonds (IWF), Dr. Horst Köhler, und dem Präsidenten der Weltbank, James D. Wolfensohn, Herausforderungen der Globalisierung und Rolle des IWF und der Weltbank am 2. April 2001 im Reichstagsgebäude, Wortprotokoll (Finanzausschuss-Protokoll 14/93, Auswärtiger Ausschuss-Protokoll 14/64, Ausschuss für wirtschaftliche Zusammenarbeit und Entwicklung-Protokoll 14/52). Berlin: Deutscher Bundestag.

Deutscher Bundestag (2001c). Globale Strategien gegen Wassermangel als internationales Konfliktpotential. Antrag der CDU/CSU (Bundestagsdrucksache 14/7437). Berlin: Deutscher Bundestag.

Deutscher Bundestag (2001d). Protokoll der gemeinsamen Öffentlichen Anhörung „Softwarepatente/Open Source" des Rechtsausschusses und des Unterausschusses Neue Medien des Deutschen Bundestages vom 21.06.01. Berlin: Deutscher Bundestag.

Deutscher Bundestag (2001e). Entwurf eines zweiten Gesetzes zur Änderung schadenersatzrechtlicher Vorschriften (Bundestagsdrucksache 14/7752). Berlin: Deutscher Bundestag.

Deutscher Bundestag (2001f). Die Vereinten Nationen an der Schwelle zum neuen Jahrtausend. Antrag der SPD, CDU/CSU, BÜNDNIS 90/DIE GRÜNEN und der FDP (Bundestagsdrucksache 14/5243). Berlin: Deutscher Bundestag.

Deutscher Bundestag (2001g). Förderung der Zivilgesellschaft im Norden und Süden – eine Herausforderung für die Entwicklungszusammenarbeit. Antrag der SPD und BÜNDNIS 90/DIE GRÜNEN (Bundestagsdrucksache 14/5789). Berlin: Deutscher Bundestag.

Deutscher Bundestag (2001h). Einsetzung der Enquete-Kommission „Globalisierung der Weltwirtschaft – Herausforderungen und Antworten". Antrag der Fraktionen der SPD, CDU/CSU, BÜNDNIS 90/DIE GRÜNEN und FDP. (Bundestagsdrucksache 14/2350). Berlin: Deutscher Bundestag.

Deutscher Bundestag (2001i). Nachhaltige Wasserwirtschaft in Deutschland. Antrag der SPD und BÜNDNIS 90/DIE GRÜNEN (Bundestagsdrucksache 14/7177). Berlin: Deutscher Bundestag.

Deutscher Bundestag (2002a). Entwurf eines Gesetzes zur Verbesserung der Bekämpfung der Geldwäsche und der Bekämpfung der Finanzierung des Terrorismus (Geldwäschebekämpfungsgesetz) (Bundestagsdrucksache 14/8739). Berlin: Deutscher Bundestag.

Deutscher Bundestag (2002b). Öffentliche Anhörung des Finanzausschusses zur Problematik von „Basel II" am 20. März 2002 in Berlin (Finanzausschuss-Protokoll 14/128). Berlin: Deutscher Bundestag.

Deutscher Bundestag (2002c). Entwurf eines Verbraucherinformationsgesetzes (Bundestagsdrucksache 14/8738). Berlin: Deutscher Bundestag.

Deutscher Bundestag (2002d). Entwurf eines Gesetztes zur Neuorganisation des gesundheitlichen Verbraucherschutzes und der Lebensmittelsicherheit (Bundestagsdrucksache 14/8747). Berlin: Deutscher Bundestag.

Deutscher Bundestag (2002e). Weltgipfel für Nachhaltige Entwicklung in Johannesburg 2002: Der nachhaltigern Entwicklung zum Durchbruch verhelfen. Antrag der SPD und BÜNDNIS 90/DIE GRÜNEN (Bundestagsdrucksache 14/9052). Berlin: Deutscher Bundestag.

Deutscher Bundestag (2002f). Nachhaltige Entwicklung – neuer Gestaltungsansatz für die Globalisierung. Antrag der SPD und BÜNDNIS 90/DIE GRÜNEN (Bundestagsdrucksache 14/9056). Berlin: Deutscher Bundestag.

DGB (2001a). Die Welthandelsliberalisierung der Dienstleistungen darf die Bedürfnisse der Menschen nicht vergessen. DGB-Anforderungen an das GATS-Abkommen. Berlin: DGB.

DGB (2001b). Zur Einkommensentwicklung in Deutschland: Leichte Besserung für Arbeitnehmer in 1999. Berlin: DGB.

DGVN (2002). Für eine internationale „Kultur der Prävention" und eine Politik des globalen Gemeinwohls. Vorschläge und Forderungen der DGVN an die deutsche UN-Politik (Policy Paper No. 5). Bonn: DGVN.

Dicke, Klaus (1994). Effizienz und Effektivität internationaler Organisationen. Darstellung und kritische Analyse eines Topos im Reformprozeß der Vereinten Nationen. Berlin: Duncker & Humblot.

Dicke, Klaus (2001). Die Leistungsfähigkeit internationaler Institutionen unter besonderer Berücksichtigung der Vereinten Nationen (Gutachten erstellt für die Enquete-Kommission „Globalisierung der Weltwirtschaft"). Berlin: Deutscher Bundestag. (AU-Stud 14/17).

Dicke, Klaus (2002). Globales Recht ohne Weltherrschaft. Der Sicherheitsrat der Vereinten Nationen als Welt-Gesetzgeber? (Forum Politicum Jenense, Nr. 11). Jena: Universität Jena.

Diehl, Markus, Nunnenkamp, Peter (2001). Regulative Folgen der Asienkrise (Gutachten erstellt für die Enquete-Kommission „Globalisierung der Weltwirtschaft"). Berlin: Deutscher Bundestag (AU-Stud 14/17).

Dierkes, Meinolf, Merkens, Hans (2002). Zur Wettbewerbsfähigkeit des Hochschulsystems in Deutschland (Gutachten für die Enquete-Kommission „Globalisierung der Weltwirtschaft – Herausforderungen und Antworten"). Berlin: Deutscher Bundestag (AU-Stud 14/33).

Dieter, Heribert (1999). Strukturen und Trends in der Weltwirtschaft. In Ingomar Hauchler, Dirk Messner & Franz Nuscheler (Hrsg.). Globale Trends 2000. Fakten, Analysen, Prognosen (Stiftung Entwicklung und Frieden) (169–193). Frankfurt am Main: Fischer.

Dieter, Heribert (2000). Regulative Folgen der Asienkrise (Gutachten für die Enquete-Kommission „Globalisierung der Weltwirtschaft"). Berlin: Deutscher Bundestag (AU-Stud 14/1).

DIW (2000). Internationalisierung und nationale Wirtschaftspolitik: Konsequenzen für die Bildungs-, Steuer- und Arbeitsmarktpolitik (gekürzte Fassung des Endberichts vom November 1998 zum Forschungsprojekt „Wirtschaftspolitische Konsequenzen der Internationalisierung von Güter-, Kapital- und Arbeitsmärkten"). Berlin: DIW.

DIW (2001). Zur Rolle der privaten und öffentlichen Forschungseinrichtungen in europäischen Innovationssystemen. DIW-Wochenbericht, (30/2001).

Döhrn, Roland (2001). Inlandsbeschäftigung in deutschen Multinationalen Unternehmen. RWI-Mitteilungen, 51 (3–4) 289–301.

Döhrn, Roland (2002). Bestimmungsgründe und Auswirkungen von Direktinvestitionen der deutschen Chemischen Industrie (RWI-Papiere, Nr. 79). Essen: RWI.

Döhrn, Roland, Heilemann, Ullrich, Schäfer, Günter (1998). Ein dänisches „Beschäftigungswunder"? MittAB, 31 (2) 312–323.

Dömpke, Stephan, Gündling, Lothar & Unger, Julia (1996). Schutz und Nutzung biologischer Vielfalt und die Rechte indigener Völker. Bonn: Forum Umwelt & Entwicklung.

Doremus, Paul N., Kellner, William W., Pauly, Louis W. & Reich, Simon (1998). The Myth of the Global Corporation. Princeton, NJ: Princeton University Press.

Dornbusch, Rüdiger (1986). Flexible Exchange Rates and Excess Capital Mobility. Brookings Papers on Economic Activity, (1) 209–226.

Dörrenbächer, Christoph, Plehwe, Dieter (Hrsg.) (2000). Grenzenlose Kontrolle? Organisatorischer Wandel und politische Macht multinationaler Unternehmen. Berlin: Edition Sigma.

Dörrenbächer, Christoph, Wortmann, Michael (2000). Bericht zur Rolle transnationaler Konzerne auf den Waren- und Dienstleistungsmärkten (Referat-Manuskript zur Sitzung der Enquete-Kommission „Globalisierung der Weltwirtschaft" am 25.09.00 in Berlin). Berlin: Deutscher Bundestag.

Dostal, Werner (2001). Neue Herausforderungen an Qualifikation und Weiterbildung im Zeitalter der Globalisierung (Gutachten im Auftrag der Enquete-Kommission „Globalisierung der Weltwirtschaft"). Berlin: Deutscher Bundestag (AU-Stud 14/19).

Dröge, Susanne, Trabold, Harald (2001). Umweltbezogene Verhaltenskodizes für ausländische Direktinvestitionen: Möglichkeiten und Grenzen (Arbeitspapier im Rahmen des UFOPLAN-Projektes). Berlin: BMU, UBA.

Dror, Yehezkel (1995). Ist die Erde noch regierbar? Ein Bericht an den Club of Rome. München: Bertelsmann.

Eberlei, Walter (2001a). Armut und Reichtum. In Ingomar Hauchler, Dirk Messner & Franz Nuscheler (Hrsg.). Globale Trends 2000. Fakten, Analysen, Prognosen (Stiftung Entwicklung und Frieden) (73–92). Frankfurt am Main: Fischer.

Eberlei, Walter, Weller, Christoph (2001b). Deutsche Ministerien als Akteure von Global Governance (INEF Report 51/2001). Duisburg: Institut für Entwicklung und Frieden.

Eckert, Detlef (2001). Stellungnahme zur öffentlichen Anhörung der Enquete-Kommission „Globalisierung der Weltwirtschaft – Herausforderungen und Antworten" zum Thema „Chancen und Risiken der Informationsgesellschaft" am 28.05.01. Berlin: Deutscher Bundestag (Kdrs. 14/10b: 3–6).

ECOLOGIC (2001). Ökologische Aspekte der privaten Altersvorsorge. Auswertung der Ergebnisse einer repräsentativen Meinungsumfrage von EMNID im Auftrag des BMU: Januar 2001 (http://www.bmu.de/download/dateien/emnid.pdf 20.07.01).

Ehinger, Kristian (2001). Global Governance (Referat-Manuskript zur Sitzung der Arbeitsgruppe „Global Governance" der Enquete-Kommission „Globalisierung der Weltwirtschaft" am 02.04.01). Berlin: Deutscher Bundestag (http://www.bundestag.de/gremien/welt/welt_au14_19.pdf 10.05.2002).

Ehrlich, Paul R. (1992). Der Verlust der Vielfalt. Ursachen und Konsequenzen. In Edward O. Wilson, (Hrsg.) (1992). Ende der biologischen Vielfalt? Der Verlust an Arten, Genen und Lebensräumen und die Chancen für eine Umkehr (39–45). Heidelberg: Spektrum Akademischer Verlag.

EI/PSI (2000). Great Expectations. The Future of Trade in Services (http://www.esib.org/commodification/documents/EI-PSI_Great_Expectations.pdf 06.05.02).

Eichengreen, Barry, Mathieson, Donald (1998). Hedge Funds and Financial Market Dynamics, Occasional Paper 166, IMF. Washington, DC: IWF.

Eichengreen, Barry, Mathieson, Donald (1999). Hedge Funds: What Do We Really Know? IMF Economic Issues 19. Washington, DC: IWF.

Eichhorst, Werner, Profit, Stefan & Thode, Eric (2001). Benchmarking Deutschland – Arbeitsmarkt und Beschäftigung. Berlin, Heidelberg 2001: Springer.

Eldridge Colin C. (1998). Victorian Imperialism. London. Zitiert in Wipperfürth, Christian (2001). Von der Souveränität zur Angst. Zur britischen Außenpolitik und Sozialökonomie im Zeitalter des Imperialismus (58). (Dissertation an der Freien Universität Berlin).

Elson, Diane (2002). International Financial Architecture: A view from the kitchen. femina politica, 11 (1) 26–37.

Elson, Diane (Hrsg.) (1995). Male Bias in the Development Process. Manchester: Manchester University Press.

Elson, Diane, Cagatay, Nilufer (2000). The Social Content of Macroeconomic Policies. World Development, 28 (7) 1347–1364.

Engelman, Robert, Dye, Bonnie & LeRoy, Pamela (2000). Mensch, Wasser! Report über die Entwicklung der Weltbevölkerung und die Zukunft der Wasservorräte. Aktualisierte Ausgabe. Hrsg. von der Deutschen Stiftung Weltbevölkerung. Stuttgart: Balance.

Engelman, Robert, LeRoy, Pamela (1995). Mensch, Wasser! Report über die Entwicklung der Weltbevölkerung und die Zukunft der erneuerbaren Wasservorräte. Hrsg. von der Deutschen Stiftung Weltbevölkerung. Hannover: Balance.

Engels, Rainer (2002). Ernährungssicherung im Rahmen einer nachhaltigen Weltökologiepolitik (Gutachten für die Enquete-Kommission „Globalisierung der Weltwirtschaft"). Berlin: Deutscher Bundestag (AU-Stud 15/39).

Enquete-Kommission „Globalisierung" (2002). Protokoll der Öffentlichen Anhörung der Enquete-Kommission „Globalisierung der Weltwirtschaft – Herausforderungen und Antworten" vom 18.02.02 zum Thema „Globalisierung und Gender". Enquete-Kommission „Globalisierung"-Protokoll 14/28. Berlin: Deutscher Bundestag.

Enquete-Kommission „Globalisierung" (2001a). Protokoll der Öffentlichen Anhörung der Enquete-Kommission „Globalisierung der Weltwirtschaft – Herausforderungen und Antworten" vom 10.12.01 zum Thema „Wissensgenerierung: Forschung, Bildung, Weiterbildung, Kultur und Demokratie". Protokoll 14/27. Berlin: Deutscher Bundestag.

Enquete-Kommission „Globalisierung" (2001b). Protokoll der Öffentlichen Anhörung der Enquete-Kommission „Globalisierung der Weltwirtschaft – Herausforderungen und Antworten" vom 28.05.01 zum Thema „Chancen und Risiken der Informationsgesellschaft". Protokoll 14/21. Berlin: Deutscher Bundestag.

Enquete-Kommission „Globalisierung" (2001c). Zwischenbericht der Enquete-Kommission „Globalisierung der Weltwirtschaft – Herausforderungen und Antworten" (Bundestagsdrucksache 14/6910). Berlin: Deutscher Bundestag.

Enquete-Kommission „Schutz der Erdatmosphäre" (1992). Klimaänderung gefährdet globale Entwicklung. Zukunft sichern – Jetzt handeln. Bonn: Economica.

Enquete-Kommission „Schutz der Erdatmosphäre" (1994a). Mobilität und Klima – Wege zu einer klimaverträglichen Verkehrspolitik. Bonn: Economica.

Enquete-Kommission „Schutz der Erdatmosphäre" (1994b). Schutz der grünen Erde – Klimaschutz durch umweltgerechte Landwirtschaft und Erhalt der Wälder. Bonn: Economica.

Enquete-Kommission „Schutz der Erdatmosphäre" (1995). Mehr Zukunft für die Erde – Nachhaltige Energiepolitik für dauerhaften Klimaschutz. Bonn: Economica.

Enquete-Kommission „Schutz des Menschen und der Umwelt" (1994). Die Industriegesellschaft gestalten. Perspektiven für einen nachhaltigen Umgang mit Stoff- und Materialströmen. (Abschlussbericht der Enquete-Kommission „Schutz des Menschen und der Umwelt" des 12. Deutschen Bundestages). Bonn: Economica.

Enquete-Kommission „Schutz des Menschen und der Umwelt" (1998). Konzept Nachhaltigkeit. Vom Leitbild zur Umsetzung (Abschlussbericht der Enquete-Kommission „Schutz des Menschen und der Umwelt" des 13. Deutschen Bundestages) (Bundestagsdrucksache 13/11200) Bonn: Deutscher Bundestag.

Enquete-Kommission „Vorsorge zum Schutz der Erdatmosphäre" (1989). Schutz der Erdatmosphäre – Eine internationale Herausforderung (Zwischenbericht der Enquete-Kommission „Vorsorge zum Schutz der Erdatmosphäre" des 11. Deutschen Bundestages). Bonn: Economica.

Enquete-Kommission „Vorsorge zum Schutz der Erdatmosphäre" (1990a). Schutz der tropischen Wälder – Eine internationale Schwerpunktaufgabe (Zweiter Bericht der Enquete-Kommission „Vorsorge zum Schutz der Erdatmosphäre" des 11. Deutschen Bundestages). Bonn: Economica.

Enquete-Kommission „Vorsorge zum Schutz der Erdatmosphäre" (1990b). Schutz der Erde – Eine Bestandsaufnahme mit Vorschlägen zu einer neuen Energiepolitik (Dritter Bericht der Enquete-Kommission „Vorsorge zum Schutz der Erdatmosphäre" des 11. Deutschen Bundestages, Band 1). Bonn: Economica.

Enquete-Kommission „Vorsorge zum Schutz der Erdatmosphäre" (1990c). Schutz der Erde – Eine Bestandsaufnahme mit Vorschlägen zu einer neuen Energiepolitik (Dritter Bericht der Enquete-Kommission „Vorsorge zum Schutz der Erdatmosphäre" des 11. Deutschen Bundestages, Band 2). Bonn: Economica.

Enquete-Kommission „Zukunft der Medien in Wirtschaft und Gesellschaft. Deutschlands Weg in die Informationsgesellschaft" (1998). Deutscher Bundestag (Hrsg.). Deutschlands Weg in die Informationsgesellschaft. Bonn: ZV Zeitungsverlag Service.

Epping, Volker (2001). Das Recht der internationalen Organisationen. In Stephan Hobe (Hrsg.). Kooperation oder Konkurrenz internationaler Organisationen. Eine Arbeitstagung zum Verhältnis von Vereinten Nationen und Europäischer Union am Beginn des 21. Jahrhunderts (12–37). Baden-Baden: Nomos.

Esping-Andersen, Gøsta (1999). Social Foundations of Postindustrial Economies. Oxford: Oxford University Press.

Eßer, Klaus, Hillebrand, Wolfgang, Messner, Dirk & Meyer-Stamer, Jörg (1995). Systemische Wettbewerbsfähigkeit: Neue Anforderungen an Unternehmen und Politik. Vierteljahreshefte zur Wirtschaftsforschung, 64 (2) 186–199.

Esserman, Susan (1999). Approaching the New Round: American Goals in Services Trade. Senate Finance Subcommittee on Trade (http://www.ustr.gov/speech-test/esserman/esserman_t12.pdf 06.05.02).

Esty, Daniel C. (2000). The Value of Creating a Global Environmental Organization. In Weltbank (Hrsg.). Environment Matters (Annual Review 6) (13–14). Washington, DC: Weltbank.

EU (1996). Verordnung (EG) Nr. 384/96 des Rates vom 22. Dezember 1995 über den Schutz gegen gedumpte Einfuhren aus nicht zur Europäischen Gemeinschaft gehörenden Ländern. Amtsblatt der Europäischen Gemeinschaften, Reihe L 56 S vom 06.03.96: 1.

EU (2002). Nachhaltigkeit, Multifunktionalität und Wettbewerbsfähigkeit – Was bedeuten diese Begriffe? (http://europa.eu.int/comm/ agriculture/faq/q5/index_de.htm 04.01.02).

Europäische Kommission (1993). Wachstum, Wettbewerbsfähigkeit, Beschäftigung: Herausforderungen der Gegenwart und Wege ins 21. Jahrhundert. Weißbuch der Europäischen Kommission. Luxemburg: Amt für amtliche Veröffentlichungen der Europäischen Gemeinschaften.

Europäische Kommission (1996). Empfehlung der Kommission vom 3. April 1996 betreffend die Definition der kleinen und mittleren Unternehmen. Amtsblatt der Europäischen Gemeinschaften, Reihe L 107 vom 30.04.96: 4–9.

Europäische Kommission (2000a). Das Europäische Beobachtungsnetz für KMU, Sechster Bericht, Kurzfassung. Luxemburg: Europäische Kommission.

Europäische Kommission (2000b). Leistungen der Daseinsvorsorge in Europa. Mitteilung der Europäischen Kommission (KOM(2000)580, 20. September). Brüssel: Europäische Kommission.

Europäische Kommission (2001a). Marktleistung der netzgebundenen Wirtschaftszweige, die Leistungen der Daseinsvorsorge erbringen: Erste horizontale Bewertung (Anhang zum „Bericht über die Funktionsweise der gemeinschaftlichen Güter- und Kapitalmärkte", 7. Dezember). Brüssel: Europäische Kommission.

Europäische Kommission (2001b). Review of the Internal Market Strategy (COM(2001)198 final). Brüssel: Europäische Kommission.

Europäische Kommission (2001c). Europäische Rahmenbedingungen für die soziale Verantwortung der Unternehmen. Grünbuch der Europäischen Kommission (http://europa.eu.int/eur-lex/de/com/gpr/2001/com2001_0366de01.pdf 06.05.02).

Europäische Kommission (2001d). Chancengleichheit für Frauen und Männer in der Europäischen Union. Jahresbericht. Luxemburg: Europäische Kommission.

Europäische Kommission (2001e). Informations- und Kommunikationstechnologien im Dienst der Entwicklung. Mitteilung der Kommission an den Rat und das europäische Parlament (http://europa.eu.int//, 52001DC0770 10.05.02).

Europäische Kommission (2001f). Weissbuch Europäisches Regieren (KOM(2001)428). Köln: Bundesanzeiger.

Europäische Kommission (2002). Schlussfolgerungen des Vorsitzes des Europäischen Rates in Barcelona am 15. und 16. März 2002. DN: DOC/02/8 vom 18. März 2002. (http://europa.eu.int/rapid/start/cgi/guesten.ksh?p_action.gettxt=gt&doc=DOC/02/8|0|RAPID&lg=de&display= 22.04.02).

Europäische Zentralbank (2001). Wirtschaftliche Entwicklungen im Euro-Währungsgebiet. Monatsbericht, April 2001 (7–39). Frankfurt am Main: EZB.

Europäisches Parlament (2000). Stellungnahme des Ausschusses für Industrie, Außenhandel, Forschung und Energie für den Auschuss für Entwicklung und Zusammenarbeit (2000/2141(COS)). Straßburg: Europäisches Parlament.

Europäisches Parlament (2001a). Entschließung des Europäischen Parlaments zu der vierten WTO-Ministerkonferenz (Dok. B5-0691, 0692 und 0693/2001). Straßburg: Europäisches Parlament.

Europäisches Parlament (2001b). Entschließung des Europäischen Parlaments zu Offenheit und Demokratie im Welthandel (2001/2093(INI)) (Dok. A5-0331/2001). Straßburg: Europäisches Parlament.

Europäisches Parlament (2001c). Daseinsvorsorge in Europa. Entschließung des Europäischen Parlaments zu der Mitteilung der Kommission „Leistungen der Daseinsvorsorge in Europa" (KOM(2000)580-C5-0399/ 2001-2001/2157 (COS)). Straßburg: Europäisches Parlament.

Europäisches Parlament/Rat der Europäischen Union (2001). Richtlinie 2001/18/EG des Europäischen Parlaments und des Rates vom 12. März 2001 über die absichtliche Freisetzung genetisch veränderter Organismen in die Umwelt und zurAufhebung der Richtlinie 90/220/EWG des Rates. Amtsblatt der Europäischen Gemeinschaften, Reihe L 106 vom 17.04.01.

European Environmental Agency (2000). European Environmental Indicator Report (Environmental Assessment Report No. 6). Copenhagen: European Environmental Agency (http://reports.eea.eu.int/signals-2000/en/page010.html 25.04.02).

Eurostat (2001). Arbeitslosenquote in der Eurozone unverändert bei 8,4 %. Pressemitteilung Nr. 40. Luxemburg: Eurostat.

Evans, John (1998). The Social Impact of the Asian Crisis. Paris: TUAC (http://www.tuac.org/statemen/communiq/asie98.htm 05.05.02).

Falzoni, Anna M. (2000). Statistics on Foreign Direct Investment and Mulitnational Corporations: A Survey. Mimeo: University of Bergamo.

FAO (2000a). Der Weltbericht zu Hunger und Unterernährung 2000. Rom: FAO.

FAO (2000b). The State of the World's Fisheries and Aquaculture (http://www.fao.org/docrep/003/x8002e/x8002e40.jpg 05.04.02). Rom: FAO.

FAO (2000c). New Dimensions in Water Security. Water, society and ecosystem services in the 21st century. Rom: FAO.

Farooq, Ghazi M., Ofosu, Yaw (1992). Population, Labour Force and Employment: Concepts, Trends and Policy Issues. (Background papers for training in population, human resources and development planning 9). Genf: ILO.

Farwell, Edie, Wood, Peregrine, James, Maureen & Banks, Karen (1999). Global networking for change: Experiences from the APC women's networking program. In Wendy Harcourt (Hrsg.). (1999). Women@Internet. Creating new cultures in cyberspace (102–113). London, New York.

Felix, David (2002). The Rise of Real Long-Term Interest Rates since the 1970s: Comparative Trends, Causes and Consequences. Januar 2002 (Gutachten für die Enquete-Kommission „Globalisierung der Weltwirtschaft") Berlin: Deutscher Bundestag (AU-Stud 14/26).

FES (1996). Real existierende Biodiversitäts-Nutzung, einige Beispiele. Bonn: FES (http://www.fes.de/interntl/umwelt/biodivers/biodiv_1.html 17.03.02).

FES (Hrsg.) (2001). Zivilgesellschaft und Entwicklung. Beiträge für eine Anhörung des Deutschen Bundestages über die „Bedeutung der Zivilgesellschaft für nachhaltige Entwicklung in den Entwicklungsländern". Bonn: FES.

FIBV (1992). Annual Report 1991. Paris: FIBV.

FIBV (2000). Annual Report 1999. Paris: FIBV.

Fieldhouse, David K. (1965). Die Kolonialreiche seit dem 18. Jahrhundert (Fischer Weltgeschichte Band 29). Frankfurt am Main: Fischer.

Figge, Frank (2002). Nachhaltiges Investment, Vorab-Entwurf eines Gutachtens für die Enquete-Kommission „Globalisierung der Weltwirtschaft". Centrum für Nachhaltigkeitsmanagement (CNM) e.V. Lüneburg: Universität Lüneburg.

Findeisen, Michael (1998). Die Aktivitäten der Financial Task Force on Money Laundering (FATF) zur Bekämpfung und Verhinderung der Geldwäsche. Vortrag anlässlich eines internationalen Seminars der Polizeiführungsakademie zu Organisierter Kriminalität vom 31. März bis 2. April 1998.

Fink, Carsten (2000). Intellectual Property Rights, Market Structure, and Transnational Corporations in Developing Countries. Berlin: Mensch-und-Buch.

Fink, Carsten, Braga, Carlos Alberto P. (1999). How Stronger Protection of Intellectual Property Rights Affects International Trade Flows. o. O.: World Bank.

Finke, Barbara (2001). Konsens und Vielfalt – Transnationale Frauennetzwerke als Legitimitätsressource des UN-Systems? In Achim Brunnengräber u. a. (Hrsg.). NGOs als Legitimationsressource. Zivilgesellschaftliche Partizipationsformen im Globalisierungsprozess (175–194). Opladen: Leske + Budrich.

Fleisch, Hans (2000). Weltbevölkerungswachstum und globale Sicherheit. In Erich Reiter (Hrsg.). Jahrbuch für Internationale Sicherheitspolitik 2000 (85–98). Hamburg u. a.: Mittler.

Fleisch, Hans (2001). Weltbevölkerung und Verstädterung. In Ingomar Hauchler, Dirk Messner, Franz Nuscheler (Hrsg.). Stiftung Entwicklung und Frieden. Globale Trends 2002. Fakten. Analysen. Prognosen (93–111). Frankfurt am Main: Fischer.

Fleisch, Hans (2002). Die Entwicklung der Weltbevölkerung im Zeitalter der Globalisierung. Gutachten im Auftrag der Enquete-Kommission „Globalisierung der Weltwirtschaft". Berlin: Deutscher Bundestag (AU-Stud 14/34).

Flemming, J. M. (1962). Domestic Financial Policies under Fixed and under Flexible Exchange Rates (IMF Staff Paper 62/9 (369–379)). Washington, DC: IWF.

Flitner, Michael (1995). Sammler, Räuber und Gelehrte. Die politischen Interessen an pflanzengenetischen Ressourcen 1895–1995. Frankfurt am Main: Campus.

Florini, Ann M. (1999). Does the Invisible Hand Need a Transparent Glove? – The Politics of Transparency (Paper prepared for the Annual World Bank Conference on Development Economics, 28.–30. April 1999, Washington, DC).

Floro, Maria, Dymski, Gary (2000). Financial Crisis, Gender, and Power: An analytical framework. World Development, 28 (7) 1269–1283.

Francis, Jennifer, Jahn, Sybille (2001). Integrating Gender Perspectives. Realising New Options for Improved Water Management. Gender Implications. Bonn: Secretariat of the International Conference on Freshwater.

Frankel, Jeffrey, Rose, Andrew (2001). Gewinnen durch gemeinsame Währungen. Financial Times Deutschland, 23.03.01.

Freeman, Richard B., Schettkat, Ronald (2000). The Role of Wage and Skill Differences in US-German Employment Differences (NBER Working Paper Nr. w7474). Cambridge, MA: NBER.

French, Hillary (2000). Vanishing Borders: Protecting the Planet in the Age of Globalisation. New York, London: Worldwatch Institute.

Friese, Marianne (1995). Modernisierungsfallen im historischen Prozeß. Zur Entwicklung der Frauenarbeit im gewandelten Europa. Berliner Journal für Soziologie, (2) 149–162.

Fritz, Thomas (2000). Marktzugangsprobleme für Entwicklungsländer im Agrarsektor. Bonn: Forum Umwelt & Entwicklung.

Fritz, Thomas (2002). Die Bewertung der GATS-Verhandlungen im Rahmen der Wissensgesellschaft (Gutachten für die Enquete-Kommission "Globalisierung der Weltwirtschaft – Herausforderungen und Antworten"). Berlin: Deutscher Bundestag (AU-Stud 14/27).

FSF (2000a). Report of the Working Group on Capital Flows, 5. April 2000 (http://www.fsforum.org/Reports/RepCF.pdf 18.04.02).

FSF (2000b). Report of the Working Group on Offshore Financial Centres, 5. April 2000 (http://www.fsforum.org/Reports/RepOFC.pdf 18.04.02).

FSF (2000c). Report of the Working Group on Highly Leveraged Institutions, 5. April 2000 (http://www.fsforum.org/Reports/RepHLI.pdf 18.04.02).

FSF (2001). Progress in Implementing the Recommendations of the Working Group on Highly Leveraged Institutions (HLIs). Note to the FSF by the Chairman of the HLI Working Group, März 2001 (http://www.fsforum.org/Reports/RepHLIprog.pdf 18.04.02).

FSF (2002). The FSF Recommendations and Concerns Raised by Highly Leveraged Institutions (HLIs): An Assessment, 11. März 2002 (http://www.fsforum.org/Reports/HLIreviewMar02.pdf 17.04.02).

Fues, Thomas, Hamm, Brigitte I. (Hrsg.) (2001). Die Weltkonferenzen der 90er Jahre: Baustellen für Global Governance. Bonn: Dietz.

Furtado, Xavier (2000). Human Security and Asia's financial crisis: A critique of Canadian policy. International Journal, 55 (3) 355–373.

FWI und GFW (2002). The State of the Forest: Indonesia. Bogor: FWI und Washington, DC: GFW.

G 77/China (2001). Declaration by the Group of 77 and China on the Fourth WTO Ministerial Conference at Doha, Qatar (http://www.g77.org.Docs.Doha.htm 08.01.02).

G8 (1999). G8 Abschluss-Communiqué Köln 20. Juni 1999. G8-Information Center, University of Toronto Library (http://www.library.utoronto.ca/g7/summit/1999koln/finalcom.htm 05.06.01).

Gareis, Sven B., Varwick, Johannes (2002). Die Vereinten Nationen: Aufgaben, Instrumente und Reformen. Opladen: Leske + Budrich.

Garrett, Laurie (2000). Das Ende der Gesundheit. Bericht über die medizinische Lage der Welt. Berlin: Siedler.

Gelbard, Alene, Haub, Carl & Kent, Mary M. (1999). Das Weltbevölkerungswachstum. Entwicklung und Perspektiven. Hannover: DSW.

Gerke, Wolfgang (2001). Strukturen und Regulierung von Investment- und Pensionsfonds in ausgewählten Ländern (Gutachten für die Enquete-Kommission "Globalisierung der Weltwirtschaft"). Berlin: Deutscher Bundestag (AU-Stud 14/8).

GERMANWATCH (2001a). Globaler Klimawandel: Neue und stärkere Evidenz (Briefing-Papier über den Dritten Sachstandsbericht des IPCC) (http://www.germanwatch.org/rio/bpipcc01.htm 27.08.01).

GERMANWATCH (2001b). Einleitende Bemerkungen zur Rahmenveranstaltung zu Flugverkehr auf der COP 7 in Marrakesch am 3. November 2001. Bonn (http://www.germanwatch.org/rio/c7-aviad.htm 11.01.02).

Gern, Klaus-Jürgen, Kamps, Christophe & Scheide, Joachim (2002). Euroland: Der Aufschwung beginnt. Die Weltwirtschaft, (1) (Veröffentlichung in Vorbereitung).

Gerstenberger, Wolfgang (2001). Wettbewerbsfähigkeit der europäischen Wirtschaft: Ziehen die USA davon? Ifo-Schnelldienst, (2) 19–27.

Gettkant, Andreas, Simonis, Udo E. & Suplie, Jessica (1997). Biopolitik für die Zukunft. Kooperation oder Konfrontation zwischen Nord und Süd (Policy Paper 4) Bonn: SEF.

Giovanoli, Mario (2000a). A New Architecture for the Global Financial Market: Legal Aspects of International Financial Standard Setting. In Mario Giovanoli (Hrsg.). International Monetary Law – Issues for the

New Millennium (3–59). Oxford: Oxford University Press.

Giovanoli, Mario (2000b). Stellungnahme zur Anhörung der Enquete-Kommission „Globalisierung der Weltwirtschaft" am 23. Oktober 2000. Berlin: Deutscher Bundestag (Kdrs. 14/1a).

Global Health Commission (2001). Macroeconomics and Health: Investing in Health for Economic Development. Report of the Commission on Macroeconomics and Health. Chaired by Jeffrey D. Sachs. Hrsg. von der World Health Organization. Genf.

Goldmann, Monika (2002). Geschlechtspezifische Auswirkungen der Globalisierung in den Bereichen Waren- und Dienstleistungen, Arbeitsmärkte und Wissens- und Informationsgesellschaft. (Gutachten für die Enquete-Kommission „Globalisierung der Weltwirtschaft – Herausforderungen und Antworten"). Berlin: Deutscher Bundestag. (AU-Stud 14/35).

Gornig, Martin, von Einem, Eberhard (2000). Charakteristika einer dienstleistungsorientierten Exportbasis, In Hans-Jörg Bullinger und Frank Stille (Hrsg.) (2000). Dienstleistungsheadquarter Deutschland (49–73). Wiesbaden: Gabler.

Göthel, Dieter (2002). Des Kaisers neue Kleider. Von der Schwierigkeit, das Personalmanagement der Vereinten Nationen zu reformieren. Vereinte Nationen, 50 (1) 5–10.

Greenpeace (1999). Gene, Monopole und Life-Industry. Eine Dokumentation über die Patentierung von Leben. Hamburg: Greenpeace.

Greider, William (1998). Endstation Globalisierung. Neue Wege in eine Welt ohne Grenzen. München: Heyne.

Grethe, Harald (2001). Potentielle Auswirkungen der ökologischen Agrarwende in der EU auf die Entwicklungsländer (Kurzgutachten im Auftrag des BMZ). Bonn: DIE.

Griffith-Jones, Stephany (1998). Global Capital Flows. Should they be Regulated? Houndsmills u. a.: Macmillan Press.

Groupement européen d'intérêt économique (o. J.). Studie zur Identifizierung von optimalen Praktiken bei der Anwendung von „Soft law" sowie zur Prüfung eines möglichen Einsatzes dieser optimalen Praktiken zugunsten der Verbraucher in der Europäischen Union (http://europa.eu.int/comm/consumers/policy/developments/enfo/enfo02_de.html 10.05.02).

Grown, Caren, Elson, Diane & Cagatay, Nilufer (2000). Introduction. World Development, 28 (7) 1145–1156.

Gruner + Jahr AG & Co., Dresdner Bank AG (Hrsg.) (2001). MIND 02 (http://www.mind-mittelstand.de/studie/index.html 05.04.02).

Grunewald, Armin, Coenen, Reinhard, Nitsch, Joachim, Sydow, Achim, Wiedemann, Peter (Hrsg.) (2001). Forschungswerkstatt Nachhaltigkeit: Wege zur Diagnose und Therapie von Nachhaltigkeitsdefiziten (Global zukunftsfähige Entwicklung – Perspektiven für Deutschland, Band 2). Berlin: Edition Sigma.

GTZ (2001). Nachschub für Naturkostfreunde. PPPReport – Magazin für Entwicklungspartnerschaften mit der Wirtschaft, 4. November 2001. Eschborn: GTZ.

GTZ (2002). ecosan – Ecological Sanitation (http://www.gtz.de/ecosan/index.html 10.05.02).

Gupta, Sanjeev, Davoodi, Hamid & Tiongson, Erwin (2000). Corruption and the Provision of Health Care and Education Services (IMF Working Paper WP/00/116). Washington, DC: IWF.

Gwartney, James D., Lawson, Robert, Park, Walter & Skipton, Charles (2001). Economic Freedom of the world. 2001 Annual Report. Vancouver: Fraser Institute.

Hafkin, Nancy, Taggart, Nancy (2001). Gender, Information Technology and Development Countries: An Analytical Study. Academy for Educational Development (AED). For the Office of Women in Development Bureau for Global Programs, Field Support and research United States Agency for International Development.

Hagen, Jürgen von, Hofmann, Boris (2002). Ursachen und Auswirkungen eines langfristigen Realzinsniveaus oberhalb der realen Wachstumsraten des Bruttoinlandsproduktes (BIP) 21. Februar 2002. (Gutachten für die Enquete-Kommission „Globalisierung der Weltwirtschaft") Berlin: Deutscher Bundestag (AU-Stud 14/29).

Hagen, Tobias, Steiner, Viktor (2000). Von der Finanzierung der Arbeitslosigkeit zur Förderung von Arbeit (ZEW Wirtschaftsanalysen, Band 51). Baden-Baden u. a.

Haisken-De New u. a. (1998). Das Dienstleistungspuzzle: Ein aktualisierter deutsch-amerikanischer Vergleich. DIW-Wochenbericht, 65 (35) 625–629.

Hall, David (1999a). The Water Multinationals (PSIRU-Report presented at PSI conference on water industry, Bulgaria, October 1999. ÖTV conference on water industry, Essen, October 1999). Greenwich: PSIRU.

Hall, David (1999b). Privatisation, Multinationals, and Corruption (PSIRU-Report). Development in Practice, 9 (5) (http://www.psiru.org/reportsindex.htm 01.04.02).

Hall, David (1999c). Privatisation, Multinationals, and Corruption (http://www.unchs.org/unchs/english/hdv6n3/contracts.htm 01.04.02).

Hall, David (2001). Water in Public Hands. Public sector water management – a necessary option. Greenwich: PSIRU.

Hamm, Brigitte (1999). Menschenrechte – das internationale Normensystem des 21. Jahrhunderts. Opladen: Leske + Budrich.

Hamm, Brigitte, Fues, Thomas (2000). Die Weltkonferenzen und die deutsche Politik. Ein Beitrag zu Global Governance? (SEF-Policy Paper 14). Bonn: SEF.

Hanochi, Seiko (2001). New Constitutionalism and Global Sex Trafficking – Critical Gender perspective to Political Economy and Human Security (Paper presented at the International conference on „Gender, Political Economy and Human Security", 5th Oktober). York: York University.

Hanson, Gordon H. (2001). Should Countries Promote Foreign Direct Investment? (G-24 Discussion Paper Series 9). New York, Genf: United Nations.

Hart, Robert, Holmes, Peter & Reid, John (2000). The Economic Impact of Patentability of Computer Programs. Report to the European Commission. London.

Härtel, Hans-Hagen, Jungnickel, Rolf, Keller, Dietmar, Feber, Heiko, Borrmann, Christine, Winkler-Büttner, Diana & Lau, Dirk (1998). Strukturprobleme einer reifen Volkswirtschaft in der Globalisierung: Analyse des sektoralen Strukturwandels in Deutschland. Baden-Baden: Nomos.

Hartog, Joop (1999). Wither Dutch Corporatism? Two Decades of Employment Policies and Welfare Reforms. Scottish Journal of Political Economy, 46 (4) 458–487.

Hartung, Hans (2001). Internationale Wasserpolitik: Kritische Bewertungen und Perspektiven aus Sicht von Nichtregierungsorganisationen. In Forum Umwelt & Entwicklung (2001). Wasser als Streitpunkt der globalen Umwelt- und Entwicklungspolitik (39–48). Bonn: Forum Umwelt & Entwicklung.

Hasenclever, Andreas, Rittberger, Volker (2000). Universale Risiken entschärfen. Erfordert die Globalisierung einen Weltstaat? Internationale Politik, 55 (12) 1–8.

Hassel, Anke, Höpner, Martrin, Kurdelbusch, Antje, Rehder, Britta & Zugehör, Rainer (2000). Dimensionen der Internationalisierung: Ergebnisse der Unternehmensdatenbank „Internationalisierung der 100 größten Unternehmen in Deutschland" (MPIfG Working Paper 00/1). Köln: MPI.

Hauchler, Ingomar (1999). Globalisierung und die Zukunft der Demokratie. In Ingomar Hauchler, Dirk Messner & Franz Nuscheler (Hrsg.). Globale Trends 2000. Fakten, Analysen, Prognosen (Stiftung Entwicklung und Frieden) (20–41). Frankfurt am Main: Fischer.

Hauchler, Ingomar, Messner, Dirk & Nuscheler, Franz (Hrsg.) (1999). Globale Trends 2000. Fakten, Analysen, Prognosen (Stiftung Entwicklung und Frieden). Frankfurt am Main: Fischer.

Hauchler, Ingomar, Messner, Dirk & Nuscheler, Franz (Hrsg.) (2001). Globale Trends 2002. Fakten, Analysen, Prognosen (Stiftung Entwicklung und Frieden). Frankfurt am Main: Fischer.

Hauff, Volker (Hrsg.) (1987). Unsere gemeinsame Zukunft. Der Brundtland-Bericht der Weltkommission für Umwelt und Entwicklung. Greven: Eggenkamp.

Haufler, Virginia (2001). A Public Role for the Private Sector. Industry Self-regulation in a Global Economy. Washington, DC: Carnegie Endowment for International Peace.

Haussherr, Hans (1954). Wirtschaftsgeschichte der Neuzeit. Weimar: Hermann Böhlaus Nachfolger.

Heilemann, Ullrich u. a. (2000). Der Wirtschaftsaufschwung der Vereinigten Staaten in den neunziger Jahren – Rolle und Beitrag makroökonomischer Faktoren. RWI-Mitteilungen, 51 (1) 1–22.

Hein, Eckhard, Mühlhaupt, Bernd & Truger, Achim (2001). WSI-Standortbericht 2001. WSI-Mitteilungen, 54 (6) 351–364.

Heinrich, Ralph P. (2000). Wohlstandsmehrung durch Freiheit des internationalen Kapitalverkehrs (Gutachten für die Enquete-Kommission „Globalisierung der Weltwirtschaft"). Berlin: Deutscher Bundestag (AU-Stud 14/6).

Heinrich-Böll-Stiftung (Hrsg.) (2001). Entwicklungspolitik als internationale Strukturpolitik (Dokumentation Nr. 14). Berlin: Heinrich-Böll-Stiftung.

Heins, Volker (2001). Der Neue Transnationalismus. Nichtregierungsorganisationen und Firmen im Konflikt um die Rohstoffe der Biotechnologie. Frankfurt am Main: Campus.

Heins, Volker, Brühl, Tanja (1995). Biologische Vielfalt – Institutionen und Dynamik des internationalen Verhandlungsprozesses. In Jörg Mayer (Hrsg.). Eine Welt – Eine Natur? Der Zugriff auf die biologische Vielfalt und die Schwierigkeiten, global gerecht mit ihrer Nutzung umzugehen (Loccumer Protokolle 66/94) (115–129). Rehburg-Loccum: Loccumer Protokolle.

Heise, Arne u. a. (1998). Begutachtung des Wirtschaftsstandortes Deutschland – aus einer anderen Sicht. WSI-Mitteilungen, 51 (6) 393–417.

Heise, Arne u. a. (2000). Der Standort Deutschland am Beginn des 21. Jahrhunderts. WSI-Mitteilungen, 53 (6) 337–347.

Hellwig, Martin (2001). Vortrag in der Sitzung der Enquete-Kommission „Globalisierung der Weltwirtschaft" am 07.05.01 in Berlin (Protokoll Nr. 14/19). Berlin: Deutscher Bundestag.

Hemmer, Hans-Rimbert, Bubl, Katja, Krüger, Ralf & Marienburg, Holger (2001). Entwicklungsländer – Opfer oder Nutznießer der Globalisierung. St. Augustin: Konrad-Adenauer-Stiftung.

Henne, Gudrun (1998): Genetische Vielfalt als Ressource. Die Regelung ihrer Nutzung. Baden-Baden: Nomos.

Hettich, Frank, Schmidt, Carsten (2000). Die deutsche Steuerbelastung im internationalen Vergleich – Warum Deutschland (k)eine Steuerreform braucht. CoFE-Diskussionspapier 00/17, Zentrum für Finanzen und Ökonometrie, Universität Konstanz (http://www.ub.uni-konstanz.de/kops/volltexte/2000/516 23.04.02).

Heywood, Vernon H., Watson, Robert T (1995). Global Biodiversity Assessment (Published for UNEP). Cambridge: Cambridge University Press.

Heyzer, Noeleen (2001). Development Forum (http://www.worldbank.org/devforum/speaker_heyzer.html 05.05.02).

Hochuli, Marianne (2000). Die WTO zu wessen Diensten? Erklärung von Bern, 18.05.00. Zürich (http://www.evb.ch/index.cfm?page_id=517 20.05.02).

Hoering, Uwe (2001). Privatisierung im Wassersektor: Entwicklungshilfe für transnationale Wasserkonzerne – Lösung der globalen Wasserkrise? (WEED-Arbeitspapier). Bonn: WEED.

Hof, Bernd (2001). Auswirkungen und Konsequenzen der demographischen Entwicklung für die gesetzliche Kranken- und Pflegeversicherung (PKV-Dokumentation Nr. 24) (http://www.pkv.de/default.asp 08.05.02).

Höffe, Otfried (1999). Demokratie im Zeitalter der Globalisierung. München: Beck.

Hoffmann, Edeltraud, Walwei, Ulrich (2000). Was ist eigentlich noch „normal"? Strukturwandel der Erwerbsarbeit. IAB-Kurzbericht, (14) 1–8.

Hofmann, Jeanette (2000). Das digitale Dilemma und der Schutz geistigen Eigentums. In Heinrich-Böll-Stiftung (2000) (Hrsg.). Wem gehört das Wissen? Geistiges Eigentum im Zeichen des Internet (Reader zur Tagung vom 20./21.10.00 in Berlin) (20–28). Berlin: Heinrich-Böll-Stiftung.

Hofmann, Jeanette (2001). Digitale Unterwanderungen: Der Wandel im Innern des Wissens. Aus Politik und Zeitgeschichte, (36/2001) 3–6.

Holland-Cunz, Barbara, Ruppert, Uta (Hrsg.) (2000). Frauenpolitische Chancen globaler Politik. Verhandlungserfahrungen im internationalen Kontext. Opladen: Leske + Budrich.

Holst, Elke, Maier, Friederike (1998). Normalarbeitsverhältnis und Geschlechterordnung. Mitteilungen aus Arbeitsmarkts- und Berufsforschung (MittAB), 31 (3) 506–518.

Holthaus, Ines, Klingebiel, Ruth (1998). Vereinte Nationen – Sprungbrett oder Stolperstein auf dem langen Marsch zur Durchsetzung von Frauenrechten? In Ruth Klingebiel & Shalini Randeria (Hrsg.). Globalisierung aus Frauensicht (34–65). Bonn: Dietz.

Holznagel, Bernd (2002). Teilhabe und Recht in der Digitalen Welt (Gutachten für die Enquete-Kommission „Globalisierung der Weltwirtschaft – Herausforderungen und Antworten"). Institut für Informations-, Telekommunikations- und Medienrecht. Berlin: Deutscher Bundestag (AU-Stud 14/28).

Hoppe, Hella (2002). Feministische Ökonomik. Gender in Wirtschaftstheorien und ihren Methoden. Berlin: Edition Sigma.

Horn, Gustav A. (1998). Beschäftigungswachstum in den USA – ein erklärbares Wunder. DIW-Wochenbericht, 65 (9) 173–180.

Hufbauer, Gary, Warren, Tony (1999). The Globalization of Services. What Has Happened? What Are the Implications? Washington, DC: Mimeo.

Huffschmid, Jörg (1999). Politische Ökonomie der Finanzmärkte. Hamburg: VSA.

Huffschmid, Jörg (2002a). Der europäische Finanzmarkt – Tendenzen, politische Fehlentwicklungen und Gestaltungsempfehlungen (Papier für die Enquete-Kommission „Globalisierung der Weltwirtschaft – Herausforderungen und Antworten"). Berlin: Deutscher Bundestag.

Huffschmid, Jörg (2002b). Der europäische Finanzmarkt – Haupttendenzen (Papier für die Enquete-Kommission „Globalisierung der Weltwirtschaft – Herausforderungen und Antworten"). Berlin: Deutscher Bundestag.

Hüfner, Klaus (2001). Gibt es eine deutsche Personalpolitik im UN-System? (DGVN, Policy Paper 3). Bonn: DGVN.

Hüfner, Klaus, Martens, Jens (2000). UNO-Reform zwischen Utopie und Realität. Vorschläge zum Wirtschafts- und Sozialbereich der Vereinten Nationen. Frankfurt am Main u. a.: Peter Lang.

Huntington, Samuel P. (1999). The Lonely Superpower. Foreign Affairs, 78 (2) 35–49.

HWWA (2001). Globalisierung – Ausgewählte Indikatoren (Materialzusammenstellung im Auftrag der Enquete-Kommission „Globalisierung der Weltwirtschaft"). Berlin: Deutscher Bundestag (AU-Stud-14/18).

ICFTU (2000a). Annual Survey of Trade Union Rights 1999. Brüssel: ICFTU.

ICFTU (2000b). Internationally-Recognised Core Labour Standards in Thailand. Report (for The WTO General Council Review of Trade Policies of Thailand, Geneva, 15 and 17 December). Brüssel: ICFTU.

ICLEI (1999). Lokale Agenda 21 im europäischen Vergleich (Endbericht an das Umweltbundesamt, F+E-Vorhaben 298 16 701). Bonn: BMU.

ICN Interim Chair (2001). Presseerklärung vom 25.10.01 (http://www.internationalcompetitionnetwork.org/news_release.html 12.03.02).

IDC (2001). Der Networking Fachkräftemangel – Wie Frauen helfen können, die Lücke zu schließen. http://www.eiser/.com/global/DE/ninto/berichte/pdf/networking 30.05.02).

Literaturverzeichnis

IFAD (2001). Rural Poverty Report 2001 – The Challenge of Ending Rural Poverty (http://www.ifad.org/poverty 10.05.02).

IfW (2000). Wohlstandsmehrung durch Freiheit des internationalen Kapitalverkehrs, Dezember 2000. Gutachten für die Enquete-Kommission „Globalisierung der Weltwirtschaft". Berlin: Deutscher Bundestag (AU-Stud 14/06).

ILO (1996a). Globalization of the Footwear, Textiles and Clothing Industries. Report for discussion at the Tripartite Meeting on the Globalization of the Footwear, Textiles and Clothing Industries: Effects on Employment and Working Conditions. Genf: ILO.

ILO (1996b). World Employment Report 1996/1997. National Policies in a Global Context. Genf: ILO.

ILO (1998a). World Labour Report 1997/98. Industrial Relations, Democracy, and Social Stability. Genf: ILO.

ILO (1998b). World Employment Report 1997/98. Employability in the Global Economy – How training matters. Genf: ILO.

ILO (1998c). Overview of Global Developments and Office Activities Concerning Codes of Conduct, Social Labelling and Other Private Sector Initiatives Addressing Labour Issues (ILO Governing Body, Working Party on the Social Dimensions of the Liberalization of International Trade GB.273/WP/SDL/1(Rev.1), 273rd Session, November). Genf: ILO.

ILO (1999). Further Examination of Questions Concerning Private Initiatives, Including Codes of Conduct. Working Party on the Social Dimensions of the Liberalization of International Trade. Genf: ILO.

ILO (2001a). Report of the Working Party on the Social Dimension of Globalization. Genf: ILO.

ILO (2001b). World Employment Report 2001. Life at Work in the Information Economy. Genf: ILO.

imug (2001). Der Markt für ethisches Investment in Deutschland. Eine repräsentative Befragung privater Anleger (http://www.ethisches-investment.de/de/market_research/methoden/markt_fuer_eth_investment_de.zip 20.07.02).

Information for Development Program (infodev) (2001). Quartely Report. Third Quater 2001. Washington, DC: Weltbank.

Institute for International Economics (Hrsg.) (1990). The Progress of Policy Reform in Latin America. Band zur Konferenz im November 1989. Washington, DC: IIE.

INSTRAW (o.J.). Women and men in the information society (http://www.un-instraw.org/en/instraw_gains/content/strategic_area_2.html 10.05.02)

International Federation of Red Cross and Red Crescent Societies (Hrsg.) (1999). World Desasters Report 1999. Genf.

International Human Rights Law Group (2001). Promoting an Effective Civil Society Response, Initiative Against Trafficking in Person (http://www.hrlawgroup.org/site/programs/Traffic.htm 19.07.01).

IOM (2001). World Migration Report 2000. New York: IOM.

IPCC (1999). Aviation and the Global Atmosphere (IPCC Special Report). Cambridge: Cambridge University Press.

IPCC (2001a). The Scientific Basis. A Report of Working Group I of the Intergovernmental Panel on Climate Change (Third Assessment Report – Summary for Policymakers). Cambridge, UK: Cambridge University Press.

IPCC (2001b). Impacts, Adaptation and Vulnerability. A Report of Working Group II of the Intergovernmental Panel on Climate Change (Third Assessment Report – Summary for Policymakers). Cambridge, UK: Cambridge University Press.

ISG (1997). Sozialversicherungsfreie Beschäftigung (2. Wiederholungsuntersuchung 1997). Köln: ISG.

IWF (2001a). International Capital Markets, Developments, Prospects, and Key Policy Issues. Washington, DC: IWF.

IWF (2001b). Emerging Market Financing. Quarterly Report on Developments and Prospects. Washington, DC: IWF.

IWF (2001c). Jahresbericht des Exekutivdirektoriums für das am 30. April 2001 abgelaufene Geschäftsjahr (http://www.imf.org/external/pubs/ft/ar/2001/deu 17.04.02).

IWF (2002). Global Financial Stability Report, Market Developments and Issues, März 2002. Washington, DC: IWF.

IWF/Weltbank (2001). Market Access for Developing Countries' Exports. Washington, DC: IWF/Weltbank.

Jennings, Ann L., Waller, William (1990). On the Possibility of a Feminist Economics: The Convergence of Institutional and Feminist Methodology. Journal of Economic Issues, 24 (2) 613–622.

Jones, Sidney (1998). Social cost of Asian Crisis. The Financial Times 26.01.98.

Josczok, Detlef (2001). Bildung – kein Megathema. Aus Politik und Zeitgeschichte, (36/2001) 33–38.

Juma, Calestous (2000). The Perils of Centralizing Global Environmental Governance. In Weltbank (Hrsg.). Environment Matters (Annual Review 6) (13–15). Washington, DC: Weltbank.

Jungnickel, Rolf, Keller, Dietmar (2000). Einführung zum Bereich Gütermärkte (Referat-Manuskript zur Sitzung der Enquete-Kommission „Globalisierung der Weltwirtschaft" am 25.09.00 in Berlin). Berlin: Deutscher Bundestag.

Jürgens, Ulrich, Naumann Katrin & Rupp, Joachim (2000). Shareholder Value in an Adverse Environment: the German Case. Economy and Society, 29 (1) 54–79.

Justitia et Pax (2001). Die Reform der Welthandelsorganisation und die Interessen der Armen. Bonn: Deutsche Kommission Justitia et Pax.

Kahlenborn, Walter, Kraemer, Andreas (1999). Internationaler Workshop: „Green Investment – Market Transparency and Consumer Information". Ergebnisbericht zum Forschungsvorhaben „Analyse des Marktes für ökologisch orientierte Kapitalanlageformen" (sog. „Green Investment") von ECOLOGIC (http://www.ieep.de/download/2000/831_Endbericht.doc 20.07.01).

Kalmbach, Peter (2001). Deregulierung und Flexibilisierung des Arbeitsmarktes in Zeiten der Globalisierung (Gutachten im Auftrag der Enquete-Kommission „Globalisierung der Weltwirtschaft"). Berlin: Deutscher Bundestag (AU-Stud 14/20).

Kaltenborn, Bruno (2001). Kombilöhne in Deutschland – eine systematische Übersicht. IAB-Werkstattbericht, (14) 1–58.

Kaplun, Yasmine (2000). A Reluctant Europe Follows in America's Footsteps Along the Road to Software Protection. The Journal of World Intellectual Property, (3/2000) 441–447.

Kappel, Rolf (1999). Paul R. Krugman – Die neue Außenhandelstheorie und die Ungleichheit der Nationen. E+Z, 39 (6) 179–182.

Katzenberger, Paul (2000). Geistiges Eigentum und Urheberrecht im Zeichen der Globalisierung. (Gutachten für die Enquete-Kommission „Globalisierung der Weltwirtschaft – Herausforderungen und Antworten"). Max-Planck-Institut für ausländisches und internationales Patent-, Urheber- und Wettbewerbsrecht. Berlin: Deutscher Bundestag (AU-Stud 14/4).

Kaul, Inge, Grunberg, Isabelle & Stern, Marc A. (Hrsg.) (1999). Globale öffentliche Güter. Internationale Zusammenarbeit im 21. Jahrhundert. New York, Oxford: Oxford University Press.

Kearney, Neil, Justice, Dwight (2001). Die neuen Verhaltenskodizes. Einige Fragen und Antworten. In IG Metall, Friedrich-Ebert-Stiftung & DGB-Bildungswerk (Hrsg.). Weltweit gegen Sozialdumping. Für Verhaltenskodizes (15–24). Frankfurt am Main: IG Metall.

Kennedy, Paul (1989). Aufstieg und Fall der großen Mächte. Frankfurt am Main: Fischer.

KfW (2000b). Stellungnahme auf Fragen der Enquete-Kommission zu den Folgen der Globalisierung der Finanzmärkte für kleine und mittlere Unternehmen. Auslandssekretariat B, Finanzsektor, Matthias Adler. Frankfurt am Main: KfW.

Khor, Martin (2000). Globalization and the South. Some Critical Issues. Penang: Third World Network.

Khor, Martin (2001). Competing Views on Competition Policy in WTO. TWN (http://www.twnside.org.sg/title/views-cn.htm 07.04.01).

King, Alexander, Schneider, Bertrand (1992). Die erste globale Revolution. Ein Bericht des Rates des Club of Rome. Frankfurt am Main: Horizonte.

Kisker, Klaus Peter (2001). Diskussionspapier für die Anhörung der Enquete-Kommission „Globalisierung der Weltwirtschaft" zum Thema „Perspektiven und Reformoptionen der internationalen Wettbewerbspolitik" am 07.05.01 in Berlin. Berlin: Deutscher Bundestag (Kdrs. 14/8a).

Klaphake, Axel, Scheumann, Waltina (2001). Politische Antworten auf die globale Wasserkrise: Trends und Konflikte. Aus Politik und Zeitgeschichte, (B48–49/2001) 3–12.

Klein, Eckart (2001). Die internationalen und supranationalen Institutionen. In Wolfgang Graf Vitzthum (Hrsg.) (2001). Völkerrecht (273–377). Berlin u. a.: de Gruyter.

Kleiner, Jörg, Klodt, Henning (2000). Megafusionen – Trends, Ursachen, Implikationen. Tübingen: Mohr Siebeck.

Kleinert, Jörn u. a. (1999). Globalisierung der deutschen Wirtschaft: Anpassung der Unternehmensstrukturen, Auswirkungen auf den Arbeitsmarkt und wirtschaftspolitische Konsequenzen. (Endbericht im Rahmen der siebten Berichtsrunde der Strukturberichterstattung für den Bundesminister für Wirtschaft und Technologie). Kiel: Institut für Weltwirtschaft.

Kleinert, Jörn u. a. (2000). Globalisierung, Strukturwandel und Beschäftigung. Tübingen: Mohr Siebeck.

Klodt, Hennig (1997). Die Rolle multinationaler Unternehmen im internationalen Wettbewerb. WiSt, (9/1997) 443–448.

Klodt, Henning, Maurer, Rainer & Schimmelpfennig, Axel (1997). Tertiarisierung in der deutschen Wirtschaft. Tübingen: Mohr Siebeck.

Klös, Hans-Peter (1999). Die deutsche Arbeitsmarktstatistik, Aussagekraft und ihre Grenzen. IW-Trends, (1) 53–76.

Klös, Hans-Peter, Schäfer, H. (2000). Teilzeitarbeit und befristete Beschäftigung, Arbeitsmarktrelevanz und Gefahren einer Re-Regulierung. IW-Trends, (4) 74–88.

Klös, Hans-Peter, Schäfer, H. (2002). Kombilöhne in Deutschland – Grundsatzreformen statt Mainzer Modell. ifo-Schnelldienst, (4) 8–11.

KMK (2001). Das Bildungswesen in der Bundesrepublik Deutschland 2000. Darstellung der Kompetenzen, Strukturen und bildungspolitischen Entwicklungen für den Informationsaustausch in Europa. Bonn: Euroydice.

Knirsch, Jürgen (2001). Stellungnahme zur öffentlichen Anhörung der Enquete-Kommission „Globalisierung der Weltwirtschaft – Herausforderungen und Antworten" zum Thema „Von der Industrie- zur Wissensgesellschaft: Wirtschaft, Arbeitswelt und Recht, Privatisierung und Patentierung von Wissen" am 08.10.01. Berlin: Deutscher Bundestag (Kdrs. 12a: 83–94).

Knoflacher, Hermann (2001). Verkehr – Globalisierung der Weltwirtschaft (Stellungnahme zur Anhörung der Enquete-Kommission „Globalisierung der Weltwirtschaft" zum Thema „Herausforderungen der Verkehrs- und Transportentwicklung" am 15.03.01 in Berlin). Berlin: Deutscher Bundestag (AG2 AU 14/52).

Koch, Claus (1995). Die Gier des Marktes: Die Ohnmacht des Staates im Kampf der Weltwirtschaft. München u. a.: Hanser.

Koehler, Matthias (1999). Das Allgemeine Übereinkommen über den Handel mit Dienstleistungen (GATS): Rahmenregelung zur Liberalisierung des internationalen Dienstleistungsverkehrs unter besonderer Berücksichtigung des grenzüberschreitenden Personenverkehrs von Dienstleistungsanbietern. Berlin: Duncker & Humblot.

Köhler, Horst (2001). Anlässlich der öffentlichen Diskussionsveranstaltung „Herausforderungen der Globalisierung und Rolle des IWF und der Weltbank" im Deutschen Bundestag am 02.04.01 (Finanzausschuss-Protokoll 14/93). Berlin: Deutscher Bundestag.

Köhntopp, Kristian, Köhntopp, Marit & Pfitzmann, Andreas (2000). Sicherheit durch Open Source? Chancen und Grenzen. Datenschutz und Datensicherheit, DuD, (9/2000).

Kommission der Europäischen Gemeinschaften (1994). Wachstum, Wettbewerbsfähigkeit, Beschäftigung: Herausforderungen der Gegenwart und Wege ins 21. Jahrhundert (Weißbuch). Luxemburg: Amt für Amtliche Veröffentlichungen der Europäischen Gemeinschaften.

Kommission für Zukunftsfragen der Freistaaten Bayern und Sachsen (1996/1997). Erwerbstätigkeit und Arbeitslosigkeit in Deutschland. Entwicklung, Ursachen und Maßnahmen. Bonn.

Konrad Adenauer Stiftung & Deutsche Stiftung Weltbevölkerung (Hrsg.) (2000). Die Auswirkungen des Weltbevölkerungswachstums auf den globalen Arbeitsmarkt. Tagungsdokumentation.

Kopfmüller, Jürgen, Brandl, Volker, Jöressen, Juliane, Paetu, Michael, Banse, Gerhard, Coenen, Reinhard, Grunewald, Armin (2001). Nachhaltige Entwicklung integrativ betrachtet: Konstitutive Elemente, Regeln, Indikatoren (Global zukunftsfähige Entwicklung – Perspektiven für Deutschland, Band 1). Berlin: Edition Sigma.

Köpke, Ronald (1998). Nationaler Wettbewerb und Kooperation. Freie Produktionszonen in Mittelamerika. Münster: Westfälisches Dampfboot.

Köpke, Ronald (2000). Monitoring unternehmerischer „codes of conduct" und Beteiligungsmöglichkeiten deutscher Politik (Referat-Manuskript zur Sitzung der Enquete-Kommission Globalisierung am 23.10.00). Berlin: Deutscher Bundestag.

Köpke, Ronald (2002): Handlungsempfehlungen zu Unternehmensleitlinien/Codes of Conduct. Gutachten im Auftrag der Bundestagsfraktion BÜNDNIS 90/DIE GRÜNEN. Berlin: BÜNDNIS 90/DIE GRÜNEN-Bundestagsfraktion.

Kornai, János (1995). Das sozialistische System: die politische Ökonomie des Kommunismus. Baden-Baden: Nomos.

Körner, Heiko (1998). The „Brain Drain" from Developing Countries – an Enduring Problem. Intereconomics, 33 (1) 26–29.

Korten, David (1999). The Post-Corporate World. San Francisco: Berrett-Koehler Publishers Inc.

Kortendiek, Beate (2001). „Global voice – local action" – oder wie kam das Frauenhaus nach Duisburg? Zeitschrift für Frauenforschung und Geschlechterstudien, (1/2) 138–150.

Kreklau, Carsten (2001a). Stellungnahme zur öffentlichen Anhörung der Enquete-Kommission „Globalisierung der Weltwirtschaft – Herausforderungen und Antworten" zum Thema „Von der Industrie- zur Wissensgesellschaft: Wirtschaft, Arbeitswelt und Recht, Privatisierung und Patentierung von Wissen". Berlin: Deutscher Bundestag (Kdrs. 12a: 69–72).

Kreklau, Carsten (2001b). Stellungnahme zur öffentlichen Anhörung der Enquete-Kommission „Globalisierung der Weltwirtschaft – Herausforderungen und Antworten" zum Thema „Von der Industrie- zur Wissensgesellschaft: Wirtschaft, Arbeitswelt und Recht, Privatisierung und Patentierung von Wissen". Berlin: Deutscher Bundestag (Kdrs. 12b: 53–76).

Krell, Gertraude, Mückenberger, Ulrich & Tondorf, Karin (2000). Gender Mainstreaming. Informationen und Impulse. Hannover: Niedersächsisches Ministerium für Frauen, Arbeit und Soziales.

Kriks, Antonia (1997). Afrikanische Akademiker in der Dauerkrise. E+Z, (9) 232–233.

Kröhnert-Othman, Susanne (2000). Lebensführung und Identitätsbestimmung. Zeit- und Sinnorientierungen palästinensischer Lehrerinnen (unveröffentlichte Dissertation). Münster.

Kromphardt, Jürgen (1999). Lohnsenkungswettbewerb in der EWU – Deflationsgefahr oder Beschäftigungsimpuls? Wirtschaftsdienst, 79 (2) 85–89.

Krugman, Paul (1986). Strategic Trade policy and the New International Economics. Cambridge, MA: MIT-Press.

Kuhlen, Rainer (2000). Wissen als Eigentum? In Heinrich-Böll-Stiftung (Hrsg.). Wem gehört das Wissen? Geistiges Eigentum im Zeichen des Internet (Reader zur Tagung vom 20./21.10.00 in Berlin) (7–19). Berlin: Heinrich-Böll-Stiftung.

Kuhlen, Rainer (2002). Privatisierung des Wissens. (Gutachten für die Enquete-Kommission des Deutschen Bundestages „Globalisierung der Weltwirtschaft – Herausforderungen und Antworten"). Berlin: Deutscher Bundestag (AU-Stud 14/32).

Kuiper, Edith, Sap, Jolande (Hrsg.) (1995). Out of the Margin. Feminist Perspectives on Economics. London, New York: Routledge.

Küng, Hans (1990). Projekt Weltethos. München: Piper.

Kunst, Sabine, Kruse, Tanja (2001): Integrating Gender Perspectives: Realizing New Options for Improved Water Management (Croos-cutting thematic background paper). Bonn: Secretariat of the International Conference on Freshwater.

Kuschel, Karl-Josef, Pinzani, Alessandro & Zillinger, Martin (Hrsg.) (1999). Ein Ethos für eine Welt? Globalisierung als ethische Herausforderung. Frankfurt am Main: Campus.

Kuwan, Helmut, Gnahs, Dieter & Seidel, Sabine H. (2000). Berichtssystem Weiterbildung VII: integrierter Gesamtbericht zur Weiterbildungssituation in Deutschland. Bonn: BMBF.

Laakkonen, Ari (2001). Can Patents for Software and Business Systems be Enforced? Law, Technology, (1/2001) 20–42.

Lahmann, Herbert, Gordaliza, Eva Vega (2001). Zunehmende Dynamik im Handel Deutschlands mit der EWU. DIW-Wochenbericht, (6/2001). Berlin.

Landschulze, Maren, Pasero, Ursula (2000). Gender und Informationstechnologien im Kontext der virtuellen ifu. Kiel: Zentrum für interdisziplinäre Frauenforschung.

Larbig, Gregor (2001). Der EU-Verhaltenskodex zur Unternehmensbesteuerung: Kodex und OECD-Report im Vergleich. In Walter Müller, Oliver Fromm & Bernd Hansjürgens (Hrsg.). Regeln für den europäischen Systemwettbewerb. Steuern und soziale Sicherungssysteme (217–233). Marburg: Metropolis.

Lee, Jong-Wha, Rhee, Changyong (1999). Social Impacts of the Asian Crisis: Policy Challenges and Lessons (http://www.undp.org/hdro/papers/ocpapers/oc33a.htm 05.05.02).

Leisinger, Klaus M. (1999). Die sechste Milliarde. Weltbevölkerung und nachhaltige Entwicklung. München: Beck.

Lenz, Ilse (2001). Globalisierung, Frauenbewegungen und internationale Regulierung. In Ilse Lenz & Helen Schwenken (Hrsg.). Lokal, national, global? Frauenbewegungen, Geschlechterpolitik und Globalisierung. Zeitschrift für Frauenforschung & Geschlechterstudien, (1/2), 8–29.

Lenz, Ilse (2002). Geschlechtsspezifische Auswirkungen der Globalisierung in den Bereichen Global Governance, Arbeitsmärkte und Ressourcen (Gutachten im Auftrag der Enquete-Kommission „Globalisierung der Weltwirtschaft"). Ruhr-Universität. Berlin: Deutscher Bundestag (AU-Stud 14/36).

Lenz, Ilse, Schwenken, Helen (2001). Lokal, national, global? Frauenbewegungen, Geschlechterpolitik und Globalisierung. Zeitschrift für Frauenforschung und Geschlechterstudien, (1/2), 3–7.

Lerch, Achim (1999). Der ökonomische Wert der Biodiversität. In Görg, Christoph, Hertler, Christine, Schramm, Engelbert & Weingarten, Michael (Hrsg.): Zugänge zur Biodiversität. Disziplinäre Thematisierungen und Möglichkeiten integrierender Ansätze (169–186). Marburg: Metropolis.

Licht, Georg (2001). Thesen zur technologischen Leistungsfähigkeit Deutschlands (Stellungnahme zur öffentlichen Anhörung der Enquete-Kommission „Globalisierung der Weltwirtschaft – Herausforderungen und Antworten" zum Thema „Von der Industrie- zur Wissensgesellschaft: Wirtschaft, Arbeitswelt und Recht, Privatisierung und Patentierung von Wissen" am 08.10.01). Berlin: Deutscher Bundestag (Kdrs. 14/12c).

Liebig, Klaus (2000). Der Schutz geistiger Eigentumsrechte in Entwicklungsländern: Verpflichtungen, Probleme, Kontroversen. (Gutachten für die Enquete-Kommission „Globalisierung der Weltwirtschaft – Herausforderungen und Antworten"). Deutsches Institut für Entwicklungspolitik. Berlin: Deutscher Bundestag (AU-Stud 14/5).

Liedtke, Christa (2001). Stichwort Ökoeffizienz. In Werner F. Schulz. Lexikon nachhaltiges Wirtschaften (Lehr- und Handbücher zur ökologischen Unternehmensführung und Umweltökonomie). München u. a.: Oldenbourg.

Lim, Joseph (2000). The Effects of the East Asian Crisis on the Employment of Women and Men: the Philippine case. World Development, 28 (7) 1285–1306.

Lindlar, Ludger, Scheremet, Wolfgang (1998). Germany's Slump. Explaining the Unemployment Crisis of the 1990s (DIW-Diskussionspaiere Nr. 169). Berlin: DIW.

Lipsey, Robert E. (2000). Interpreting Developed Countries' Foreign Direct Investment (NBER Working Paper Nr. 7810). Cambridge, MA.

List, Friedrich (1982). Das nationale System der politischen Ökonomie. Berlin: Akademie.

Live (2001). Stellungnahme von Rechtsanwalt Jürgen Siepmann für den Linuxverband (Live) zur gemeinsamen Anhörung zum Thema „Softwarepatente/Open Source" des Rechtsausschusses und des Ausschusses für Kultur und Medien (Unterausschuss Neue Medien) des Deutschen Bundestages vom 21.06.01. Berlin: Deutscher Bundestag.

Löbbe, Klaus (2000). Internationale Wettbewerbsfähigkeit und Standortqualität aus der Sicht der sektoralen Strukturanalyse. RWI-Mitteilungen, (3–4) 185–204.

Lobina, Emanuele, Hall, David (2001). UK Water Privatisation – a briefing. London: PSIRU.

Löffler, Kerstin (2001). Genetische Ressourcen. Biodiversitätskonvention und TRIPS-Abkommen (WZB Paper FS II 01–405). Berlin: WZB.

Lorenz, Hans-Dieter (IOM) (2001). Die Globalisierung und die internationale Migration von Arbeitskräften. Stellungnahme zum Fragenkatalog der öffentlichen Anhörung am 12.02.01 „Arbeit ohne Grenzen – Die Auswirkungen und Herausforderungen der Globalisierung auf Arbeit und Qualität der Arbeit". Berlin: Deutscher Bundestag (Kdrs. 14/4a).

Lübbe-Wolff, Gertrude (1996). Modernisierung des Umweltordnungsrechts. Vollziehbarkeit – Deregulierung – Effizienz. Bonn: Economica.

Lutterbeck, Bernd (2001). Stellungnahme zur gemeinsamen öffentlichen Anhörung zum Thema „Softwarepatente/Open Source" des Rechtsausschusses und des Ausschusses für Kultur und Medien, Ausschussdrucksache 0018/14. Wahlperiode (Unterausschuss Neue Medien) des Deutschen Bundestages vom 21.06.01 in Berlin. Berlin: Deutscher Bundestag.

Lutterbeck, Bernd, Gehring, Robert & Horns, Axel H. (2000). Sicherheit in der Informationstechnologie und Patentschutz für Software-Produkte – Ein Widerspruch? (Kurzgutachten im Auftrag des BMWi), Dezember 2000. Berlin: BMWi.

Luttwak, Edward (1999). Turbokapitalismus. Hamburg, Wien: Europaverlag.

Mangold, Klaus (2000). Dienstleistungen im Zeitalter globaler Märkte. Frankfurt am Main, Wiesbaden: Gabler.

Martin, John P. (2001). Globalisierung, Beschäftigung, Löhne und Kernarbeitsnormen (Referat-Manuskript zur öffentlichen Sitzung der Enquete-Kommission „Globalisierung der Weltwirtschaft" am 12.02.01, deutsche Fassung). Berlin: Deutscher Bundestag (Kdrs. 14/4 d).

Marx, Karl (1969). Das Kapital, Band 1: Der Produktionsprozeß des Kapitals, Berlin: Dietz.

Mashayekhi, Mina (2000). GATS 2000 Negotiations. Options for Developing Countries, South Centre, Trade-Related Agenda, Development and Equity (T.R.A.D.E.) (Working Papers 9). Genf.

Maskus, Keith E. (2000). Intellectual Property Rights in the Global Economy. Washington, DC: Institute for International Economics.

Maskus, Keith E., Penubarty, M. (1995). How Trade-Related Are Intellectual Property Rights? Journal of International Economics, 39 (3/4) 227–248.

Mathieson, Donald J., Schinasi, Garry J. (2000). International Capital Markets, Developments, Prospects, and Key Policy Issues. (World Economic and Financial Surveys, September 2000). Washington, DC: IWF.

Mathieson, Donald J., Schinasi, Garry J. (2001). International Capital Markets, Developments, Prospects, and Key Policy Issues (World Economic and Financial Surveys, August 2001). Washington DC: IWF.

Mattoo, Aaditya (1998). Financial Services and the WTO: Liberalizing in the Developing and Transition Economies. (Paper presented at the Measuring Impediments to Trade in Services Workshop). Canberra: Productivity Commission.

Mauro, Paolo (1998). Corruption and the Composition of Government Expenditure, Journal of Public Economics, 69 263–279.

May, Bernhard (2000). Der Fehlstart der WTO-Runde in Seattle (http://www.dgap.org/texte/seattle.html 22.02.02).

McDowell, Linda (1997). Capital Culture. Gender at Work in the City. Oxford: Blackwell.

McNeely, Jeffrey A. (1992). The Biodiversity Crises: Challenges for Research and Management. In Odd Terje Sandlund, Kjetil Hundar & Anthony H. D. Brown (Hrsg.). Conservation of Biological Diversity for Sustainable Development (15–26). Oslo: Scandinavian University Press.

Melullis, Klaus-J. (2000). Softwarepatente aus rechtlicher Sicht. In Heinrich-Böll-Stiftung (Hrsg.). Wem gehört das Wissen? Geistiges Eigentum im Zeichen des Internet. Reader zur Tagung vom 20./21.10.00 in Berlin (29–32). Berlin: Heinrich-Böll-Stiftung.

Mendoza, Enrique G., Razin, Assaf, Tesar, Linda L. (1994). Effective Tax Rates in Macroeconomics. Journal of Monetary Economics, (34/1994) 297–323.

Menzel, Ulrich (1992). Das Ende der Dritten Welt und das Scheitern der großen Theorie. Frankfurt am Main: Suhrkamp.

Messner, Dirk (1998b). Architektur der Weltordnung. Strategien zur Lösung globaler Probleme. Internationale Politik, 53 (11) 17–24.

Messner, Dirk (1999). Strukturen und Trends der Weltgesellschaft. In Ingomar Hauchler, Dirk Messner & Franz Nuscheler (Hrsg.). Globale Trends 2000. Fakten, Analysen, Prognosen (Stiftung Entwicklung und Frieden) (56, Tabelle „Problemtypen der Globalisierung"). Frankfurt am Main: Fischer.

Messner, Dirk (2001a). Kooperative Weltmacht. Die Zukunft der Europäischen Union in der neuen Weltpolitik. Internationale Politik und Gesellschaft, (1/2001)

26–39 (http://orae.fes.de:8081/fes/docs/IPG1_2001/ARTMESSNER.HTM 06.09.01).

Messner, Dirk (2001b). Weiterentwicklung der Rolle von Nationalstaaten in der Global Governance-Architektur (Gutachten für die Enquete-Kommission „Globalisierung der Weltwirtschaft"). Berlin: Deutscher Bundestag (AU-Stud 14/16).

Messner, Dirk (Hrsg.) (1998a). Die Zukunft des Staates und der Politik. Möglichkeiten und Grenzen politischer Steuerung in der Weltgesellschaft. Bonn: Dietz.

Messner, Dirk, Nuscheler, Franz (2000). Politik in der Global Governance-Architektur. In Rolf Kreibich & Udo Ernst Simonis (Hrsg). Global Change – Globaler Wandel. Ursachenkomplexe und Lösungsansätze (171–188). Berlin: Berlin Verlag.

Messner, Dirk, Nuscheler, Franz (Hrsg.) (1996). Weltkonferenzen und Weltberichte. Ein Wegweiser durch die internationale Diskussion. Bonn: Dietz.

Meyer, Mary, Prügl, Elisabeth (1999). Gender politics in global governance. Lanham: Rowman & Littlefield.

Michaelis, Laurie (1997). Special Issues in carbon/energy taxation. Carbon Charges on aviation fuels (OECD Working Paper). Paris: OECD.

Mies, Maria, von Werlhof, Claudia (Hrsg.) (1999). Lizenz zum Plündern – Das Multilaterale Abkommen über Investitionen „MAI". Hamburg: Rotbuch-Verlag.

Misereor (1999). Den Nutzen hat der Norden (Stellungnahme). In Gentechnologie und Welternährung. epd-Entwicklungspolitik, (13/14) 1–19 (http://www.epd.de/entwicklungspolitik/1999/13gentech.htm 10.05.02).

Misereor, Brot für die Welt & EED (2002). Ernährungssicherheit in die WTO. Für eine „Development-Box" im Landwirtschaftsabkommen. Aachen: Misereor.

Mittelstraß, Jürgen (1998). Information oder Wissen – vollzieht sich ein Paradigmenwechsel. In BMBF (1998). Zukunft Deutschlands in der Wissensgesellschaft (Tagungsband: 11–16). Kongress 16.02.98 in Bonn. Bonn: BMBF.

Moens, Annelies (2000). Streamlining the Software Development Process through Reuse and Patents. In European Intellectual Property Review, (9/2000) 418–428.

Möller, Joachim, Bellmann, Lutz (1996). Qualifikations- und industriespezifische Lohnunterschiede in der Bundesrepublik Deutschland. Ifo-Studien, 42 (2) 235–272.

Monopolkommission (2000). Dreizehntes Hauptgutachten der Monopolkommission 1998/1999 (Unterrichtung durch die Bundesregierung vom 15.08.00, Bundestagsdrucksache 14/4002). Berlin: Deutscher Bundestag.

Moore, Mike (2002). Mike Moore, Generaldirektor der WTO, nannte diese Zahlen anlässlich seiner Eröffnungsrede einer Konferenz Deutschen Stiftung für internationale Entwicklung in Berlin am 25.04.02. Berlin: Mimeo.

Moser, Carline (2002). Mainstreaming Gender in International Organizations. (Referat-Manuskript zur öffentlichen Sitzung der Enquete-Kommission „Globalisierung der Weltwirtschaft" am 18.02.02). Berlin: Deutscher Bundestag (Kdrs. 14/14a).

MPI/ISI (2001). Mikro- und makroökonomische Implikationen der Patentierbarkeit von Softwareinnovationen: Geistige Eigentumsrechte in der Informationstechnologie im Spannungsfeld von Wettbewerb und Innovation. Endbericht des Max-Planck-Instituts für ausländisches und internationales Patent-, Urheber- und Wettbewerbsrecht (MPI) und des Fraunhofer Instituts für Systemtechnik und Innovationsforschung (ISI). Forschungsprojekt im Auftrage des BMWi. Karlsruhe: ISI.

Müller, Harald (2000). Internationale Regime und ihr Beitrag zur Weltordnung. In Karl Kaiser & Hans-Peter Schwarz (Hrsg.). Weltpolitik im neuen Jahrhundert (Schriftenreihe Band 364) (458–473). Bonn: Bundeszentrale für politische Bildung.

Müller, Uli, Wegmann, Heiko (2000). GATS und E-Commerce. Die Dienstleistungsverhandlungen in der WTO. Bonn: WEED und Forum Umwelt und Entwicklung.

Mundell, Robert (1963). Capital Mobility and Stabilization Policy under Fixed and Flexible Exchange Rates. Canadian Journal of Economics and Political Science, 1963 (29) 459–468.

Mürle, Holger (1998). Global Governance. Literaturreport und Forschungsfragen (INEF Report Nr. 32). Duisburg: Institut für Entwicklung und Frieden.

Mushakoji, Kinhide (2001a). Open Letter on Human Security to the Chairs of the United Nations Independent Commission on Human Security (unveröffentlichtes Manuskript).

Mushakoji, Kinhide (2001b). Social Reproduction of Exclusion in the Control of Exploitative Migration – Human Insecurity Built in Trafficking of Women from the Philippines to Japan (Paper presented at the International Conference, York University 5th Oktober).

Myers, Norman (1988). Draining the Gene Pool: The Causes, Course, and Consequences of Genetic Erosion. In Jack R. Kloppenburg (Hrsg.). Seeds and Sovereignty. The Use and Control of Plant Genetic Resources (90–113). Durham: Duke University Press.

Myers, Norman, Mittermeier, Russell A., Mittermeier, Christina G., da Fonseca, Gustavo A. B., Kent, Jennifer (2000). Biodiversity Hotspots for Conservation Priorities. Nature, (403) 853–858.

Nack, Ralph (2000). Sind jetzt computerimplementierte Geschäftsmethoden patentfähig? Analyse der Bundesgerichtshof-Entscheidung „Sprachanalyseeinrichtungen". In Gewerblicher Rechtsschutz und Urheberrecht, (10/2000) 853–858.

NASSCOM (2001). IT-Industry (http://www.nasscom.org/it_industry/sw_export.asp 19.11.01).

Nelson, Julie A. (1996). Feminism, Objectivity and Economics. London, New York: Routledge.

Neubert, Susanne (2001). Antworten zum Fragebogen der Enquete-Kommission des Deutschen Bundestages „Globalisierung der Weltwirtschaft" zur Anhörung „Wasser – Ein weltweit immer knapper werdendes Gut" am 18. Juni 2001 in Berlin. Berlin: Deutscher Bundestag (Kdrs. 14/11a).

Neuhold, Brita (2001). Konferenz der Vereinten Nationen zu „Financing for Development (FfD) – Beobachtungen und Forderungen aus der Genderperspektive". Women in Development Europe (WIDE), Wien, Dezember 2001 (http://www.nachhaltigkeit.at/pdfM02_02/ffdgender.pdf 22.04.02).

Neumann, Manfred J. M. (2002). Integrative Makropolitik für mehr Beschäftigung in Europa? (Gutachten für die Enquete-Kommission „Globalisierung der Weltwirtschaft"). Berlin: Deutscher Bundestag (AU-Stud 14/25).

Nickell, Stephen (1997). Unemployment and Labor Market Rigidities: Europe versus North America. Journal of Economic Perspectives, (11) 55–74.

Nielsen (2001). NetRatings (http://cyberatlas.internet.com/big_picture/demographics/ 10.04.02).

Niesner, Elvira, Jones-Pauly, Christina (2001). Frauenhandel in Europa. Strafverfolgung und Opferschutz im europäischen Vergleich. Bielefeld: Kleine.

Noland, Marcus (1998). US-China Economic Relations. In Robert S. Ross (Hrsg.). After the Cold War: Domestic Factors and US-China Relations. Armonk: M. E. Sharpe.

Noonan, John T. (1984). Bribes. New York, London.

Nord-Süd-Kommission (1980). Das Überleben sichern. Gemeinsame Interessen der Industrie- und Entwicklungslände (Bericht der Nord-Süd-Kommission). Köln: Kiepenheuer & Witsch.

Novartis Deutschland GmbH (1999). Keine neue Abhängigkeit zu befürchten (Stellungnahme). In Gentechnologie und Welternährung. epd-Entwicklungspolitik, (13/14) 1–19. (http://www.epd.de/entwicklungspolitik/1999/13gentech.htm 10.05.02).

Nuscheler, Franz (2000). Global Governance, Entwicklung und Frieden. Zur Interdependenz globaler Ordnungsstrukturen. In Franz Nuscheler (Hrsg.). Entwicklung und Frieden im 21. Jahrhundert. Zur Wirkungsgeschichte des Brandt-Berichts (Schriftenreihe Bd. 367) (471–507). Bonn: Bundeszentrale für politische Bildung.

Nuscheler, Franz (2001). Multilateralismus vs. Unilateralismus: Kooperation vs. Hegemonie in den transatlantischen Beziehungen (SEF Policy Paper 16). Bonn: SEF.

o. V. (2001). Gleichberechtigung ist Armutsbekämpfung. Nord Süd aktuell, (1) 1–3.

O'Neill, Brian C., MacKellar, F. Landis & Lutz, Wolfgang (2001). Population and Climate Change. International Institute for Applied Systems Analysis (IIASA). Cambridge: Cambridge University Press.

O'Neill, Brian, Balk, Deborah (2001). World Population Futures. (Population Bulletin 56, 2001/3). Washington, DC: Population Reference Bureau.

OECD – DAC (1996). Shaping the 21st Centrury: The Contribution of Development Cooperation. Paris: OECD.

OECD (1993). Are Real Interest Rates High? Economic Outlook. Juni 1993 (23–30). Paris: OECD.

OECD (1994). Bericht "Biotechnologie, Landwirtschaft, und Ernährung". Münster-Hiltrup.

OECD (1994a). Employment Outlook. Paris: OECD

OECD (1994b). The OECD Jobs Study – Evidence and explanations. Paris: OECD.

OECD (1996a). Tariff Escalation and Environment (OCDE/GD(96)171). Paris: OECD.

OECD (1996b). Trade, Employment and Labour Standards. Paris: OECD.

OECD (1996c). Wirtschaftsbericht – Deutschland 1996. Paris: OECD.

OECD (1997). Indicators of Tariff & Non-Tariff Trade Barriers. Paris: OECD.

OECD (1998a). The Future of Female-dominated Occupations. Paris: OECD.

OECD (1998b). Harmful Tax Competition. An Emerging Issue. Paris: OECD.

OECD (1999a). Implementing the OECD Jobs Strategy – assessing performance and policy. Paris: OECD.

OECD (1999b). Employment Outlook. Paris: OECD.

OECD (1999c). Statistical Compendium: Economic Outlook. Paris: OECD.

OECD (2000a). Financial Action Task Force on Money Laundering. Basic Facts about Money Laundering (http://www.oecd.org/fatf/Mlaundering_en.htm 22.09.00).

OECD (2000b). Financial Action Task Force on Money Laundering. More About the FATF and Its Work (http://www.oecd.org/fatf/AboutFATF_en.htm 22.09.00).

OECD (2000c). Finanzielle Arbeitsgruppe zur Bekämpfung der Geldwäsche. Die Vierzig Empfehlungen (http://www.oecd.org/fatf/pdf/40Rec_de.pdf 22.09.00).

OECD (2000d). Economic Outlook 67 (June). Paris: OECD.

OECD (2000e). Wirtschaftsausblick. Paris: OECD.

OECD (2000f). Strengthening Regulatory Transparency: Insights for the GATS from the Regulatory Reform Country Reviews. Working Party of the Trade Committee (TD/TC/WP(99)43/FINAL). Paris: OECD.

OECD (2000g). International Trade and Core Labour Standards. Paris: OECD.

OECD (2000h). OECD Small and Medium Enterprise Outlook. Paris: OECD.

OECD (2000i). The Service Economoy. STI – Science, Technology, Industry. Business and Industry Policy Forum Series. Paris: OECD.

OECD (2000j). No Longer Business as Usual. Fighting Bribery and Corruption. Paris: OECD.

OECD (2000k). Employment Outlook. Paris: OECD.

OECD (2000l). Economic Survey – Denmark, 14. Paris: OECD.

OECD (2000m). Economic Surveys – Netherlands, 8. Paris: OECD.

OECD (2000n). Wirtschaftsausblick (Dezember). Paris: OECD.

OECD (2001). The Development Dimension of Trade. Paris: OECD.

OECD (2001a). Demand and Output data. Economic Outlook No. 70 (http://www.oecd.org/xls/M00023000/M00023765.xls 05.04.02).

OECD (2001b). Financial Action Task Force on Money Laundering. Special Recommendations on Terrorist Financing. 31. Oktober 2001 (http://www1.oecd.org/fatf/pdf/SRecTF_en.pdf 09.04.02).

OECD (2001c). Entwicklungszusammenarbeit. Bericht 2000. Paris: OECD.

OECD (2001d). The Development Dimensions of Trade. Paris: OECD.

OECD (2001e). The New Economy: Beyond the Hype. Final report on the OECD growth project. Paris: OECD.

OECD (2001f). Final Report on the OECD Growth Project. The New Economy: Beyond the hype. Paris: 2001.

OECD (2001g). Labour Force Statistics 1980–2000. Paris: OECD.

OECD (2001h). Die OECD-Leitsätze für multinationale Unternehmen – Neufassung 2000 (Dokumentation des BMWi, Januar 2001). Berlin: BMWi.

OECD (2001j). Science, Technology and Industry Outlook. Drivers of Growth: Information Technology, Innovation and Entrepeneurship. Special edition. Paris: OECD.

OECD (2001k). Migration and Labour Market in Asia. Recent Trends and Policies. Paris: OECD.

OECD (2001l). Employment Outlook. Paris: OECD.

OECD (2001m). Main Science and Technology Indicators (MSTI): 2001–2002. Paris: OECD.

OECD (2002a). Financial Action Task Force on Money Laundering. Non-Cooperative Countries and Territories, 1. Februar 2002 (http://www1.oecd.org/fatf/NCCT_en.htm 09.04.02).

OECD (2002b). Taxing Wages 2000/2001. Paris: OECD.

OECD – DAC (2001). Strategies for Sustainable Development (Policy Brief 2001). Paris: OECD.

OECD, BMLFUW (2000). Est! Environmentally Sustainable Transport, Futures, Strategies and Best Practices (presented on occasion of the International Est! Conference 4th to 6th October 2000, Vienna, Austria). Wien: BMLFUW.

OGD (1998). The World Geopolitics of Drugs 1997/1998. Annual Report, October 1998 (http://www.ogd.org/98rapport/gb/gb98.html 19.07.01).

OGD (2000). The World Geopolitics of Drugs 1998/1999. Annual Report, April 2000 (http://www.ogd.org/2000/en/99en.html 19.07.01).

Okeyo, Achola Pala (2002). Globalization and Gender Equality: Perspectives from Africa. Stellungnahme zum Fragenkatalog der öffentlichen Anhörung am 18.02.02 „Globalisierung und Gender". Berlin: Deutscher Bundestag (Kdrs. 14/14b).

Ott, Notburga (1992): Intrafamily Bargaining and Household Decisions. Berlin: Springer.

Oxfam Bretton Woods Project (2001). Go with the flows? – Capital account liberalisation and poverty, April 2001 (http://www.brettonwoodsproject.org/topic/financial/f22gowithflowspt1.pdf 13.05.02).

Paech, Norman (2001). Völkerrechtliche Grundlagen einer Global Governance (Gutachten für die Enquete-Kommission „Globalisierung der Weltwirtschaft"). Berlin: Deutscher Bundestag. (AU-Stud 14/14).

Palley, Thomas I. (2000). Export-Led Growth: Is There any Evidence of Crowding-out? (Manuskript). Washington, DC: AFL-CIO.

Palm, Reinhard (2001). Soziale Gestaltung der Globalisierung: Sozialsiegel und Verhaltenskodizes von Unternehmen. Politik und Gesellschaft, (3/2001) 322–334.

Palmade, Guy (1974). Das bürgerliche Zeitalter (Fischer Weltgeschichte Band 27). Frankfurt am Main: Fischer.

Paqué, Karl-Heinz (2001). Soziale Marktwirtschaft und globale „New Economy": Ein Widerspruch? Aus Politik und Zeitgeschichte, (9/2001) 31–38.

Pau Vall, Maria (2001): Ressourcen, Entnahme und Verwendung von Wasser in den europäischen Ländern. Eurostat. Statistik kurz gefasst Thema 8, Umwelt und Energie, (6/2001)1–7.

Paul, James A. (2001). Der Weg zum Global Compact. Zur Annäherung von UNO und multinationalen Unternehmen. In Tanja Brühl, Tobial Debiel, Brigitte Hamm, Hartwig Hummel & Jens Martens (Hrsg.). Die Privatisierung der Weltpolitik. Entstaatlichung und Kommerzialisierung im Globalisierungsprozess (104–129). Bonn: Dietz.

Pearce, Richard (1997). Incentive Policies for Domestic Agricultural Production Including those that Benefit Small Farmers (Paper at the FAO-SADC workshop: Uruguay-Round Agreements – Implications for Agriculture in the SADC region).

Peck, Christoph (2001). Wasser für 35 Millionen Menschen. Agenda – Das Magazin von RWE, (1/2000) 4–8.

Peterson, Janice, Lewis, Margaret (Hrsg.) (1999). The Elgar Companion to Feminist Economics. Cheltenham, Northampton: Elgar.

Petrella, Riccardo (2000). Wasser für alle. Ein globales Manifest. Zürich: Rotpunkt.

Pfeiffer, Hermannus (2000). Regulierung von Investment- und Pensionsfonds im internationalen Vergleich (Gutachten für die Enquete-Kommission „Globalisierung der Weltwirtschaft"). Berlin: Deutscher Bundestag (AU-Stud 14/3).

Pfetsch, Frank R. (1997). Die Europäische Union. München: Wilhelm Fink.

Pilardeaux, Benno (2000). Desertifikationsbekämpfung: Kleine Fortschritte im Verhandlungspoker. Ergebnisse der 4. Vertragsstaatenkonferenz der Desertifikationskonvention (UNCCD). Nord-Süd Aktuell, 14 (4) 773–775.

Pinzani, Alessandro (2000). Demokratisierung als Aufgabe: Lässt sich Globalisierung demokratisch gestalten? Aus Politik und Zeitgeschichte, (33-34/2000) 32–38.

Pires, Antonio (2001). Vortrag im Rahmen der Anhörung „Wasser – Ein weltweit immer knapper werdendes Gut" der Enquete-Kommission des Deutschen Bundestages „Globalisierung der Weltwirtschaft" am 18.06.01 in Berlin. Berlin: Deutscher Bundestag (Kdrs. 14/11c).

Polaris Insitute (2000). The Final Frontier: A Working Paper on the Big 10 Global Water Corporations and the Privatization and Corporatization of the World's Last Public Resource (http://www.polarisinstitute.org/economic%20Globalization/finalfrontier.html 17.05.02).

Popper, Karl R. (1994). The Myth of the Framework. Defence of Science and Rationality. London: Routledge.

Population Secretariat, Ministry of Finance, Planning and Economic Development of the Republic of Uganda (Hrsg.) (2001). Uganda: Population, Reproductive Health and Development.

Porta, Fernando (1998). Management Systems of Drinking Water Production and Distribution Services in the EU Member States. Journal of Water Supply: Research and Technology – Aqua, (47) 176–182.

Postel, Sandra (1998). Water for Food Prodauction: Will there be enough in 2025? In Bioscience, 48 (8) 629–637.

Prasad, Eswar S. (2000). The Unbearable Stability of the German Wage Structure: Evidence and interpretation (IMF Working Paper 00/22). Washington, DC: IWF.

Prati, Alessandro, Schinasi, Garry (2000). Will the European Central Bank be the Lender of Last Resort in EMU? In Michael Artis, Axel Weber & Elisabeth Hennessy (Hrsg.). The Euro – A challenge and opportunity for financial markets (227–256). London: Routledge.

Pretty, Jules, Hine, Rachel (2001). Reducing Food Poverty with Sustainable Agriculture: A Summary of New Evidence (Final Report of the „SAFE-World" Research Project). Colchester, UK: University of Essex.

Priewe, Jan (2002). Integrierte Makropolitik für mehr Beschäftigung in Europa (Gutachten im Auftrag der Enquete-Kommission „Globalisierung der Weltwirtschaft"). Berlin: Deutscher Bundestag (AU-Stud 14/21).

Probst, Daniel (2001). Stellungnahme zur gemeinsamen öffentlichen Anhörung zum Thema „Softwarepatente/Open Source" des Rechtsausschusses und des Ausschusses für Kultur und Medien (Unterausschuss Neue Medien) des Deutschen Bundestages vom 21.06.01 in Berlin (Ausschussdruckssache 0019/14. Wahlperiode). Berlin: Deutscher Bundestag.

Prognos-Institut (1998). Auswirkungen veränderter ökonomischer und rechtlicher Rahmenbedingungen auf die gesetzliche Rentenversicherung in Deutschland. Frankfurt am Main: Verband Deutscher Rentenversicherungsträger.

Progressive Policy Institute (1998). The New Economy Index: Understanding America's Economic Transformation. Washington, DC: Progressive Policy Institute.

PSI Briefing (2000). Public Services International. PSI Briefing. World Water Forum. 17.–22.03.00. The Hague: PSI.

Quirk, Peter J. (1997). Money Laundering: Muddying the Macroeconomy. Finance & Development, A quarterly magazine of the IMF, März 1997, 34 (1) 7–9 (http://www.imf.org/external/pubs/ft/fandd/1997/03/pdf/quirk.pdf 16.04.02).

Radmacher-Nottelmann, Nils A. (2001). Wachsende Globalisierung deutscher Dienstleistungsunternehmen – Evidenzen mikroökonomischer Daten. RWI-Mitteilungen, 52 (2) 73–93.

Raffer, Kunibert (2000). Stellungnahme auf Fragen der Enquete-Kommission zu dem Themenkomplex Internationales Insolvenzrecht. Wien: Universität Wien.

Raffer, Kunibert (2001). Kommentar zu „BMZ (2000). Internationale Insolvenzregelungen für Entwicklungsländer, Stellungnahme des Wissenschaftlichen

Beirats beim BMZ, BMZ Spezial Nr. 014. Bonn: BMZ". Wien: Universität Wien.

Reichert, Tobias (2001a). Ernährungssicherheitsaspekte in den laufenden Agrarverhandlungen der Welthandelsorganisation (WTO) (Kurzstudie für die Gesellschaft für technische Zusammenarbeit). Gießen.

Reichert, Tobias (2001b). Zölle gegen Ausbeutung. Soziale Standards in der Weltwirtschaft. Bonn: GERMANWATCH.

Reimann, Carsten (2000). Ernährungssicherung im Völkerrecht. Der Menschenrechtsansatz und seine Ergänzungsmöglichkeiten angesichts der Welthungerproblematik (Schriften zum öffentlichen, europäischen und internationalen Recht. Band 11). Stuttgart: Richard Boorberg.

Reinicke Wolfgang H. (1998). Global Public Policy. Governing without Government? Washington, DC: Brookings Institution Press.

Reinicke, Wolfgang H., Deng, Francis, Witte, Jan M. & Benner, Thorsten (2000). Critical Choices. The United Nations, Networks, and the Future of Global Governance. Ottawa: IDRC Publishers.

Reinicke, Wolfgang H., Witte, Jan M. (1999). Globalisierung, Souveränität und internationale Ordnungspolitik. In Andreas Busch & Thomas Plümper (Hrsg.). Nationaler Staat und internationale Wirtschaft (339–366). Baden-Baden: Nomos.

Reinicke, Wolfgang H., Witte, Jan M. (2000). Interdependence, Globalization, and Souvereignty: The Role of Non-binding International Legal Accords. In Dinah Shelton (Hrsg.). Commitment and Compliance. The Role of Non-Binding Norms in the International Legal System (75–100). Oxford: Oxford University Press.

Reisen, Helmut (2000). Schwellenländer vor einer harten Landung? Neue Zürcher Zeitung, 18.11.00.

Ricardo, David (1979). Über die Grundsätze der politischen Ökonomie und der Besteuerung. Berlin: Akademie.

Ricupero, Rubens (1998). The Havana Charta – 50 Years After (http://www.unctad.org/en/special/havana50.htm 02.04.02).

Rittberger, Volker (Hrsg.) (2002). Global Governance and the United Nations System. New York: United Nations University Press.

Rittberger, Volker, Zangl, Bernhard (1994). Internationale Organisationen. Politik und Geschichte. Opladen: Leske + Budrich.

Roberts, Callum M. u. a. (2002). Marine Biodiversity Hotspots and Conservation Priorities for Tropical Reefs. Science, 295 (Feb. 15) 1280–1284.

Rodrik, Dani (2000). Grenzen der Globalisierung. Ökonomische Integration und soziale Desintegration. Frankfurt am Main: Campus.

Romero, Mary (1992). Maid in the U.S.A. New York, London: Routledge.

Ronit, Karsten, Schneider, Volker (2000). Private Organisations in Global Politics. London, New York: Routledge.

Rosen, Daniel H. (1999). China and the World Trade Organization: An Economic Balance Sheet. Washington, DC: IIE.

Rosendal, Guri Kristin (1999). Implementing International Environmental Agreements in Developing Countries: The Creation and Impact of the Convention on Biological Diversity. Oslo: Department of Political Science, University of Oslo.

Roßnagel, Alexander (1997). Globale Datennetze: Ohnmacht des Staates – Selbstschutz der Bürger. Thesen zur Änderung der Staatsaufgaben in einer „civil information society". Zeitschrift für Rechtspolitik (ZRP), (1/1997) 26–30.

Rudolph, Helmut (2000). Befristete Arbeitsverträge sind bald neu zu regeln. IAB-Kurzbericht, (14) 1–8.

Runder Tisch Verhaltenskodizes (2001). Basispapier. Berlin: Mimeo.

Ruppert, Uta (2001a). Frauen- und Geschlechterpolitik. In Ingomar Hauchler, Dirk Messner & Franz Nuscheler (Hrsg.). Globale Trends 2000. Fakten, Analysen, Prognosen (Stiftung Entwicklung und Frieden) (112–134). Frankfurt am Main: Fischer.

Ruppert, Uta (2001b). Von Frauenbewegungen zu Frauenorganisationen, von Empowerment zu Frauen-Menschenrechten. Über das Globalwerden internationaler Frauenbewegungspolitik. Österreichische Zeitschrift für Politikwissenschaft, 30 (2) 195–211.

Ruppert, Uta (2002). Aufgaben und Chancen im Rahmen der Globalisierung die Situation von Frauen zu verbessern. (Gutachten im Auftrag der Enquete-Kommission „Globalisierung der Weltwirtschaft"). Justus-Liebig-Universität Gießen. Berlin: Deutscher Bundestag (AU-Stud 14/31).

Ruppert, Uta (Hrsg.) (1998). Lokal bewegen – global verhandeln. Internationale Politik und Geschlecht. Frankfurt am Main: Campus.

Sachs, Wolfgang (2002). The Jo'burg Memo – Fairness in a Fragile World. Memorandum for the World Summit on Sustainable Development (http://www.joburgmemo.org 15.05.2002). Berlin: Heinrich-Böll-Stiftung.

Sachverständigenrat (1997). Jahresgutachten 1997/1998. Wachstum, Beschäftigung, Währungsunion – Orientierungen für die Zukunft. Stuttgart: Metzler-Poeschel.

Sachverständigenrat (1998). Jahresgutachten 1998/1999. Vor weitreichenden Entscheidungen. Stuttgart: Metzler-Poeschel.

Sachverständigenrat (1999). Jahresgutachten 1999/2000. Wirtschaftspolitik unter Reformdruck. Stuttgart: Metzler-Poeschel.

Sachverständigenrat (2000). Jahresgutachten 2000/2001. Chancen auf einen höheren Wachstumspfad. Stuttgart: Metzler-Poeschel.

Sachverständigenrat (2001). Jahresgutachten 2001/2002. Für Stetigkeit – gegen Aktionismus. Stuttgart: Metzler-Poeschel.

Salverda, Wiemer (2000). Is There More to the Dutch Miracle Than a Lot of Part Time Jobs? (Paper presented at CESifo Summer Institute on European Economic Policy). Venedig (http://www.ub.rug.nl/eldoc/som/c/99c46/99c46.pdf 30.05.02).

Sassen, Saskia (2000). Women's Burden: Counter-Geographies of Globalization and the Feminization of Survival. Journal of International Affairs, 53 (2) 503–524.

Sautter, Hermann (2001). Sozialstandards im Globalisierungsprozess – Inhalt und Durchsetzungsmöglichkeiten (Gutachten im Auftrag der Enquete-Kommission „Globalisierung der Weltwirtschaft"). Berlin: Deutscher Bundestag (AU-Stud 14/10).

Sauvé, Pierre, Stern, Robert M. (Hrsg.) (2000). GATS 2000. New Directions in Services for Trade Liberalization. Washington, DC: Brookings Institution Press.

Schäfer, Rita (2002). Gender und ländliche Entwicklung in Afrika. Aus Politik und Zeitgeschichte, (B13–14/2002) 31–38.

Scharpf, Fritz (1997). Konsequenzen der Globalisierung für die nationale Politik. Politik und Gesellschaft, (2) 159–169.

Scharpf, Fritz (2002). Auswirkungen unterschiedlicher Finanzierungsstrukturen von Sozialstaaten auf die Beschäftigung – Deutschland im europäischen Vergleich. (Gutachten im Auftrag der Enquete-Kommission „Globalisierung der Weltwirtschaft"). Max-Planck-Institut für Gesellschaftsforschung. Berlin: Deutscher Bundestag (AU-Stud 14/22).

Scharpf, Fritz W., Schmidt, Vivian A. (Hrsg.) (2000). Welfare and Work in the Open Economy. Band 1: From Vulnerability to Competitiveness. Oxford: Oxford University Press.

Scherrer, Christoph, Greven, Thomas (2000.) Menschenrechte und Außenwirtschaft (Gutachten im Auftrag des Auswärtigen Amtes, August 2000). Berlin: Auswärtiges Amt.

Scherrer, Christoph, Greven, Thomas (2001). Sozialstandards im internationalen Handel (Gutachten im Auftrag der Enquete-Kommission „Globalisierung der Weltwirtschaft"). Berlin: Deutscher Bundestag (AU-Stud 14/11).

Schief, Sebastian (2000). Investitionen im Ausland – Eine Frage des Standortes? In Dörrenbächer, Christoph, Plehwe, Dieter (Hrsg.). Grenzenlose Kontrolle? Organisatorischer Wandel und politische Macht multinationaler Unternehmen (151–164). Berlin: Edition Sigma.

Schiffler, Manuel (2001). Wasser-„Privatisierung": Weder Gefahr noch Allheilmittel. In „Wasserpolitik: Probleme und Perspektiven". INAMO, 7(27)7–11.

Schitag Ernst & Young (1996). Maßnahmen zur Stärkung des Exports der Umweltindustrie. Umweltbundesamt. Stuttgart: Schitag Ernst & Young.

Schiuma, Daniele (2000). TRIPS and the Exclusion of Software „as such" from Patentability. International Review of Industrial Property and Copyright Law, (1/2000) 36–51.

Schmidt, Christoph M., Zimmermann, Klaus F. & Kluve, Jochen (2001). Perspektiven der Arbeitsmarktpolitik. Berlin, Heidelberg: Springer.

Schmidt, Helmut (2000). Die Selbstbehauptung Europas: Perspektiven für das 21. Jahrhundert. Stuttgart: Deutsche Verlags-Anstalt.

Schmidt, Reinhard (1999). Drei Missverständnisse zum Thema Shareholder-Value (Working Paper Series: Finance and Acounting). Frankfurt am Main: Johann Wolfgang Goethe-Universität.

Schmidt-Bleek, Friedrich (1998). Das MIPS-Konzept. Weniger Naturverbrauch – mehr Lebensqualität durch Faktor 10. München: Droemer Knaur.

Schnabel, Claus (1997). Tarifliche und betriebliche Möglichkeiten für eine beschäftigungsfördernde Lohnpolitik. In Dieter Sadowski & Martin Schneider (Hrsg.). Vorschläge zu einer neuen Lohnpolitik (157–186). Frankfurt am Main: Campus.

Schneider, Friedrich (2001). The Value Added of Underground Activities: Size and Measurement of the Shadow Economies All Over the World. Linz: Johannes Kepler Universität (http://www.economics.uni-linz.ac.at/Members/Schneider/publik.html 16.05.02).

Schneider, Friedrich (2001a). The Size and Development of the Shadow Economies and Shadow Economy Labor Force of 21 OECD Countries: What Do We Really Know? Linz: Johannes Kepler Universität (http://www.economics.uni-linz.ac.at/Members/Schneider/publik.html 16.05.02).

Schölch, Günther (2001). Softwarepatente ohne Grenzen. Gewerblicher Rechtsschutz und Urheberrecht, (1/2001) 16–21.

Schönig, Werner (2001). Bildungs- und Arbeitsmarktpolitik für die Informationswirtschaft. Bonn: FES.

Schröder, Christoph (2001). Produktivität und Lohnstückkosten im internationalen Vergleich. IW-Trends, 26 (3) 92–108.

Schultz, Siegfried, Weise, Christian (2000). Deutschlands Position im globalen Dienstleistungswettbewerb. In Hans-Jörg Bullinger & Frank Stille (Hrsg.). Dienstleistungsheadquarter Deutschland (23–48). Wiesbaden: Gabler.

Schumacher, Dieter (2002). Konkurrenzfähigkeit Deutschlands bei den Dienstleistungen im internationalen Vergleich (Vortrag während des Workshops „GATS 2000 – Arbeitnehmerinteressen und die Liberalisierung des Dienstleistungshandels", gehalten am 19.03.02 beim DGB-Bundesvorstand in Berlin).

Schupp, Jürgen, Wagner, Gert (2001). Messung von Dienstleistungen mit Hilfe von Haushaltsbefragungen. Allgemeines Statistisches Archiv, (85) 79–86.

Schweickert, Rainer (2001). Gläubigerschutz auch für Staaten. Financial Times Deutschland, 28.11.01.

Schwemmle, Michael, Zanker, Claus (2001). Nicht „Anfang vom Ende", sondern „Ende vom Anfang": E-Commerce nach dem „Hype". WSI-Mitteilungen, (1/2001) 20–26.

Seguino, Stephanie (2000). Gender Inequality and Economic Growth. A Cross-Country Analysis. World Development, 28 (7) 1211–1230.

Seidensticker, Anne, Rauscher, Henning & Cramer von Clausbruch, Juliane (1999). Umwelttechnologietransfer in Nichtindustrieländer. Untersuchung der Aktivitäten zum Umwelttechnologietransfer (Texte 7/99). Berlin: UBA.

Seiz, Janet A. (1995). Bargaining Models, Feminism, and Institutionalism. Journal of Economic Issues, 29 (2) 609–618.

Sen, Amartya (1990). Gender and Cooperative Conflicts. In Irene Tinker (Hrsg.). Persistent Inequalities. Women and world development (123–149). New York: Oxford University Press.

Sen, Amartya (2000). Ökonomie für den Menschen. München, Wien: Hanser.

Sen, Amartya (2002). Ökonomie für den Menschen. Wege zu Gerechtigkeit und Solidarität in der Marktwirtschaft. München: Hanser.

Sen, Gita (2000). Gender Mainstreaming in Finance Ministries. World Development, 28 (7) 1379–1390.

Shane, Barbara (1997). Familienplanung rettet Leben. Hannover: Deutschen Stiftung Weltbevölkerung.

Sherer, Paul M., Sapsford, Jathon (2000). Credit in U.S. Grows Tighter For Some, More Costly for All. Wall Street Journal, 01.12.00.

Shiklomanov, Igor A. (1997). Comprehensive Assessment of the Freshwater Resources of the World. Assessment of Water Resources and Water Availability in the World. Stockholm: Environment Institut.

Shiller, Robert J. (2001). Irrationaler Überschwang. Warum eine lange Baisse an der Börse unvermeidlich ist. Frankfurt am Main: Campus.

Siebert, Horst (1997). Labor Market Rigidities an Unemployment in Europe (Kiel Working Paper 787). Kiel: Institut für Weltwirtschaft.

Siebert, Horst (1997). Labor Market Rigidities: At the roots of Unemployment in Europe. Journal of Economic Perspectives, 11 (3) 37–54.

Siebert, Horst (2000). Zum Paradigma des Standortwettbewerbs. Tübingen: Mohr, Siebeck.

Simonis, Udo E. (2000). Eine neue Weltumweltorganisation: Institutionelle Innovation zur Sicherung von Umweltschutz in einer globalisierten Wirtschaft. In Klaus Fichter & Uwe Schneidewind (Hrsg.). Umweltschutz im globalen Wettbewerb. Neue Spielregeln für das grenzenlose Unternehmen (73–80). Berlin u. a.: Springer.

Singh, Ajit (2001). Competition Policy, Globalization and Econonomic Development (Referat-Manuskript zur Sitzung der Enquete-Kommission „Globalisierung der Weltwirtschaft" am 14.05.01 in Berlin). Berlin: Deutscher Bundestag (Kdrs. 14/9b).

Singh, Ajit, Dhumale, Rahul (1999). Competition Policy, Development and Developing Countries (Trade-Related Agenda, Development and Equity, Working Paper No. 7). Geneva: South Centre (Kdrs. 14/9a) (http://www.southcentre.org/publications/competition/wto7.pdf 08.05.01).

Singh, Ajit, Zammit, Ann (1999). The Global Labour Standards Controversy. Critical Issues for Developing Countries (Working Paper November 2000). Geneva: South Centre (http://www.southcentre.org/publications/labour/toc.htm 17.05.01).

Singh, Ajit, Zammit, Ann (2000). International Capital Flows: Identifying the gender dimensions. World Development, 28 (7) 1249–1268.

Sinn, Hans-Werner (2001). Der neue Systemwettbewerb. (unveröffentlichtes Manuskript, Vortrag bei der Jahrestagung des Vereins für Socialpolitik in Magdeburg).

Smeets, Heinz-Dieter (2001). Kontroverse Themen einer neuen Welthandelsrunde. Wirtschaftsdienst, (11) 621–624.

Smith, Adam (1975). Eine Untersuchung über das Wesen und die Ursachen des Reichtums der Nationen, Band 2. Berlin: Akademie.

Smith, Pamela J. (1999): Are Weak Patent Rights a Barrier to U.S. Exports? Journal of International Economics, 48 (1) 151–177.

Sommer, Michael (2001). Von der Industrie zur Wissensgesellschaft. (Stellungnahme zur öffentlichen Anhörung der Enquete-Kommission „Globalisierung der Weltwirtschaft – Herausforderungen und Antworten" zum Thema „Von der Industrie- zur Wissensgesellschaft: Wirtschaft, Arbeitswelt und Recht, Privatisierung und Patentierung von Wissen" am 08.10.01). Berlin: Deutscher Bundestag (Kdrs. 14/12a).

Soros, George (2002). On Globalization. New York: Public Affairs.

South Centre (1999). Electronic Commerce. Issues for the South (T.R.A.D.E. Working Papers 4) (www.southcentre.org/publications/ecommerce/wto4.pdf 10.01.00).

Souza, Paulo Renato (1980). Emprego, Salários e Pobreza. Sao Paul: Editora Hucitec.

Soysa, Indra de, Gleditsch, Nils Petter (1999). To Cultivate peace – Agriculture in a World of Conflict (PRIO Report 1/1999). Oslo: PRIO.

Spahn, Paul B. (2002). Zur Durchführbarkeit einer Devisentransaktionssteuer (Gutachten im Auftrag des BMZ (http://www.wiwi.uni-frankfurt.de/professoren/spahn/tobintax 22.04.02)).

Spangenberg, Joachim H., Lorek, Sylvia (2001). Indicators for Environmentally Sustainable Household Consumption. Int. J. Sustainable Development, 4 (1) 101–119.

SPD (1996). Recht auf Kindheit (Anhörung der SPD-Bundestagsfraktion am 15.11.96 in Bonn). Bonn: SPD-Bundestagsfraktion.

SPD (2001a). Sicherung eines fairen und nachhaltigen Handels durch eine umfassende Welthandelsrunde. Antrag der Fraktion der SPD und der Fraktion BÜNDNIS 90/DIE GRÜNEN (Bundestagsdrucksache 14/7143). Berlin: Deutscher Bundestag.

SPD (2001b). Zukunft der Arbeit. Bericht der Projektgruppe des SPD-Parteivorstandes. Berlin.

Stamm, Andreas (2001a). Strategien zur Reduzierung der digitalen Kluft. Die Rolle von Qualifikation und Ausbildung. Bonn: DIE.

Stamm, Andreas (2001b). Die digitale Kluft zwischen Nord und Süd. Strategien und Vorschläge für mehr Teilhabe der Entwicklungsländer an der globalen Informationsgesellschaft. Frankfurter Rundschau, 08.08.01: 7.

Stamm, Andreas (2001c). Eine globale IKT-Kompetenzoffensive zur Überwindung der digitalen Kluft zwischen Nord und Süd. Bonn: DIE.

Stamm, Andreas u. a. (2000). Ansatzpunkte für nachholende Technologieentwicklung in den fortgeschrittenen Ländern Lateinamerikas: Das Beispiel der Softwareindustrie von Argentinien (Zusammenfassung). Bonn: DIE.

Statistisches Bundesamt (Hrsg.) (2000). Statistisches Jahrbuch 2000 für die Bundesrepublik Deutschland und für das Ausland. Stuttgart: Metzler-Poeschel.

Statistisches Bundesamt (2001a). Bevölkerung und Erwerbstätigkeit (Fachserie 1, Reihe 4.1.2.) Wiesbaden: Statistisches Bundesamt.

Statistisches Bundesamt (2001b). Volkswirtschaftliche Gesamtrechnungen: Vierteljahresergebnisse der Inlandsproduktionsberechnung (2. Vierteljahr 2001, Fachserie 18, Reihe 3). Wiesbaden: Statistisches Bundesamt.

Statistisches Bundesamt. (2002). Basisdaten – Statistische Grundzahlen. Wiesbaden (http://www.statistik-bund.de/basis/d/biwiku/hochtxt.htm 05.05.02).

Staveren, Irene van (2002). Global Finance and Gender (Paper presented at the conferenec „Gender Budgets, Finanzmärkte und Entwicklungsfinanzierung", 19.–20.02.02 in Berlin).

Stehr, Nico (2001). Moderne Wissensgesellschaften. Aus Politik und Zeitgeschichte, (B36/2001) 7–14.

Stifterverband (2002). Stifterverband für die Deutsche Wirtschaft, Pressemitteilung Nr. 131 vom 20. Februar 2002 (www.stifterverband.org/presse/mitteilungen/pmitt131.html, 12.03.02).

Stiftung Entwicklung und Frieden (Hrsg.) (1995). Nachbarn in einer Welt. Bonn: Dietz.

Stiftung Entwicklung und Frieden (Hrsg.) (2001a). Brücken in die Zukunft. Ein Manifest für den Dialog der Kulturen. Eine Initiative von Kofi Annan. Frankfurt am Main: Fischer.

Stiftung Entwicklung und Frieden (Hrsg.) (2001b). Prozesse der Internationalen Verrechtlichung. Innovative Wege der globalen Politikgestaltung. Bonn: SEF News.

Stiftung Entwicklung und Frieden/Hauchler, Ingomar, Messner, Dirk & Nuscheler, Franz (Hrsg.) (1999). Globale Trends 2000. Fakten, Analysen, Prognosen. Frankfurt am Main: Fischer.

Stiftung Entwicklung und Frieden/Hauchler, Ingomar, Messner, Dirk & Nuscheler, Franz (Hrsg.) (2001). Globale Trends 2002. Fakten, Analysen, Prognosen. Frankfurt am Main: Fischer.

Stille, Frank (2000). Entwicklungslinien einer Wettbewerb starken Dienstleistungswirtschaft. In Hans-Jörg Bullinger & Frank Stille (Hrsg.). Dienstleistungsheadquarter Deutschland (1–22). Wiesbaden: Gabler.

Straubhaar, Thomas (1994). Internationale Wettbewerbsfähigkeit einer Volkswirtschaft – was ist das? Wirtschaftsdienst, 74 (10) 535–540.

TAB (1996). Exportchancen für Techniken zur Nutzung regenerativer Energien (Arbeitsbericht Nr. 42). Berlin: TAB.

Tanzi, Vito (1995). Taxation in an Integrating World. Washington, DC: Brookings Institution Press.

Tanzi, Vito (1998a). Corruption Around the World: Causes, Consequences, Scope, and Cure (IMF Working Paper WP/98/63). Washington, DC: IWF.

Tanzi, Vito (1998b). Globalization, Tax Competition and the Future of the Tax Systems. In G. Krause-Junk (Hrsg.). Steuersysteme der Zukunft (Schriften des Vereins für Socialpolitik; Band 256) (11–28). Berlin: Duncker & Humblot.

Tanzi, Vito (2000). Globalization, Technological Developments and the Work of Fiscal Termites (IMF Working Paper 00/181). Washington: IWF.

Tanzi, Vito (2001). Globalization and the Work of Fiscal Termites. Finance & Development, 38 (1) (http://www.imf.org/external/pubs/ft/fandd/2001/03/tanzi.htm 10.09.01).

Tauchert, Wolfgang (2000). Hintergrundpapier zur Podiumsdiskussion: Softwarepatente: Bremse oder Motor für Investitionen? In Heinrich-Böll-Stiftung (Hrsg.). Wem gehört das Wissen? Geistiges Eigentum im Zeichen des Internet (Reader zur Tagung vom 20./21. Oktober 2000 in Berlin) (33–38). Berlin: Heinrich-Böll-Stiftung.

Tauss, Jörg, Kollbeck, Johannes & Mönikes, Jan (1996). Deutschlands Weg in die Informationsgesellschaft: Herausforderungen und Perspektiven für Wirtschaft, Wissenschaft. Recht und Politik, Baden-Baden: Nomos.

Teufel, Fritz (2000). Wissen und Patente. In Heinrich-Böll-Stiftung (Hrsg.). Wem gehört das Wissen? Geistiges Eigentum im Zeichen des Internet (Reader zur Tagung am 20./21.10.00 in Berlin) (39–43). Berlin: Heinrich-Böll-Stiftung.

The Pacific Institute for Studies in Development, Environment and Security (2002). Dangers of Water Privatization Demand Greater Scrutiny. New Report Sets Forth Principles to Ensure Fairness, Protect Public. Press release (http://www.pacinst.org/reports/new_economy_press_release.htm 04.04.02).

Thierse, Wolfgang (2001). Eine Runde der Abnicker? Zum angeblichen und tatsächlichen Bedeutungsverlust des Parlaments. Frankfurter Rundschau, 25.06.01.

Tiongson, Mari Luz Quesada (1999). The State of Women and Media in Asia: An Overview (Isis International-Manila for the UN Economic and Social Commission for Asia and the Pacific). Manila: Isis international.

Tischer, Ute (2001). Informatisierung der Arbeit – Eine Chance für Frauen? Eine kritische Betrachtung der Arbeitsmarktentwicklung. Informationen für die Beratungs- und Vermittlungsdienste der Bundesanstalt für Arbeit (ibv) Nr. 20/01. Nürnberg: Bundesanstalt für Arbeit.

Tokman, Victor (1999). La informalidad en los anos noventa: situación actual y perspectivas. In Jorge Carpio & Irene Novacovsky (Hrsg.). De igual a igual. El desafio del Estado ante los nuevos problemas sociales (80–101). Buenos Aires: Siempro, FLACSO.

Tolentino, Paz E. (1999). Transnational Rules for transnational Corporations – what next? In Jonathan Michie & John G. Smith (Hrsg.). Global Instability – The political economy of world economic governance. London, New York: Routledge.

Tondorf, Karin, Krell, Gertraude (1999). An den Führungskräften führt kein Weg vorbei. Düsseldorf: Hans-Böckler-Stiftung.

Treber, Manfred (1999). Fliegen gefährdet das Klima. Problemdarstellung und Handlungsmöglichkeiten für die nächsten Jahrzehnte. Bonn: Forum Umwelt und Entwicklung.

Truong, Thanh-Dam (2000). Globalisation, Criminal Capital and Gender: An Inquiry into Human Trafficking (unveröffentlichtes Manuskript). Den Haag: Institute of Social Studies.

Truong, Thanh-Dam (2001). Organized Crime and Human Trafficking. Den Haag: ISS (http://www.ahrchk.net/news/mainfile.php/ahrnews_200106/1010/, 13.05.02).

Tumlin, Karen C. (2000). Trafficking in Children and Women: A Regional Overview (Paper presented at the Asian Regional High-level Meeting on Child Labour, Jakarta 8.–10.03.02).

TWN (2001). International Environmental Governance: Some Issues from a Developing Country Perspective (Working Paper). Penang: Third World Network.

UBA (2000). Liberalisierung der deutschen Wasserversorgung. (Texte 2/2000) Berlin: UBA (http://www.umweltbundesamt.de 26.03.02).

UBA (2001a). Daten zur Umwelt. Der Zustand der Umwelt in Deutschland 2000. Berlin: Erich Schmidt.

UBA (2001b). Nachhaltige Wasserversorgung in Deutschland. Analyse und Vorschläge für eine zukunftsfähige Entwicklung (Beiträge zur nachhaltigen Entwicklung). Berlin: Erich Schmidt.

UBA (2001c). Perspektiven für die Verankerung des Nachhaltigkeitsleitbildes in der Umweltkommunikation. Chancen, Barrieren und Potenziale der Sozialwissenschaften. Berlin: Erich Schmidt.

UBA (2002a). Nachhaltiger Konsummuster. Ein neues umweltpolitisches Handlungsfeld als Herausforderung für die Umweltkommunikation. Berlin: Deutscher Bundestag.

UBA (2002b). Nachhaltige Entwicklung in Deutschland. Die Zukunft dauerhaft umweltgerecht gestalten. Berlin: Erich Schmidt.

Ulshöfer, Petra (2002). Gender Mainstreaming – Ziele sicher erreichen (unveröffentlichtes Manuskript). Genf: ILO.

UN (1966). International Covenant on Economic, Social and Cultural Rights (General Assembly Resolution, 2200A (XXI) vom 16. Dezember 1966) (http://www.unhchr.ch/html/menu3/b/a_cescr.htm 17.05.02).

UN (2000a). Frauen der Welt 2000. Trends und Statistiken. New York: UN.

UN (2000b). The World's Women 2000. Trends and Statistics. New York: UN.

UN (2000c). Millennium Declaration (General Assembly Resolution, A/Res/55/2 vom 18. September 2000) (http://www.un.org/millennium/declaration/ares552e.htm 17.05.02)

Unabhängige Kommission „Zuwanderung" (2001). Zuwanderung gestalten, Integration fördern (Bericht der Unabhängigen Kommission „Zuwanderung"). Berlin: BMI.

UNAIDS (2001). Aids Epidemic Update. December 2001. New York (http://www.unaids.org/epidemic_update/report_dec01/index.html 14.05.02).

UNCCD-Sekretariat (1995). In Sachen Erde. Ein vereinfachter Führer zur Konvention zur Bekämpfung der Wüstenbildung – warum sie notwendig ist und was wichtig und anders an ihr ist. Bonn: UNCCD-Sekretariat.

UNCSTD–GWG (1995). Missing links: Gender Equity in Science and Technology for Development. Ottawa: ICRC.

UNCTAD (1996). The TRIPS Agreement and Developing Countries. New York, Genf: UNCTAD.

UNCTAD (1999). Assessment of trade in services of developing countries: Summary of findings. A note by the UNCTAD Secretariat (UNCTAD/ITCD/TSB/7). New York, Genf: UNCTAD.

UNCTAD (2000). World Investment Report 2000. Cross-Border Mergers and Acquisitions and Development. New York, Genf: UNCTAD.

UNCTAD (2000a). Handbook of Statistics 2000. New York, Genf: UNCTAD.

UNCTAD (2001a). World Investment Report 2001 – Promoting Linkages. New York, Genf: UNCTAD.

UNCTAD (2001b). World Investment Report 2000. Cross-Border Mergers and Acquisitions and Development. New York, Genf: UNCTAD.

UNCTAD (2001c). Assessing Regional Trade Arrangements: Are South-South RTAs More Trade Diverting? New York, Genf: UNCTAD.

UNCTAD (2001d). Handbook of Statistics 2001. New York, Genf: UNCTAD.

UNCTAD (2002). Trade and Development Report 2002. New York, Genf: UNCTAD.

UNCTAD (verschiedene Jahrgänge). Handbook of International Trade and Development Statistics. New York, Genf: UNCTAD.

UNDP (1994). Human Development Report 1994: New Dimensions of Human Security. Oxford, New York: Oxford University Press.

UNDP (1995). Human Development Report 1995. Oxford, New York: Oxford University Press.

UNDP (1998). Human Development Report 1998. Oxford, New York: Oxford University Press.

UNDP (1999). Human Development Report 1999. Globalization with a human face. New York: UNDP.

UNDP (2000a). Gender Mainstreaming. Learning and Information Packs. New York: UNDP (http://www.undp.org/gender/capacity 13.10.00).

UNDP (2000b). Thinking About Men and Gender Equality. New York: United Nations Development Programme (http://www.undp.org/gender/programmes/men/men_ge.html 18.11.00).

UNDP (2000c). Bericht über die menschliche Entwicklung 2000. Bonn: DGVN.

UNDP (2000d). Human Development Report 2000. Oxford, New York: Oxford University Press.

UNDP (2001a). Bericht über die menschliche Entwicklung 2001. Bonn: UNDP.

UNDP (2001b). Human Development Report 2001. Making new technologies work for human development. New York: UNDP.

UNDP, DGVN (Hrsg.) (1999). Bericht über die menschliche Entwicklung 1999. New York, Bonn: DGVN.

UNDP, UNEP, World Bank & World Resources Institute (Hrsg.) (2000). World Resources 2000–2001. People and the Ecosystems. The fraying Web of Life. Washington, DC: World Resources Institute.

UN-ECE (1992). Convention on the Protection and Use of Transboundary Watercourses and International Lakes (http://www.unece.org/env/water/text/text_protocol.htm 17.05.02).

UNEP (1995). Global Biodiversity Assessment. Cambridge: Cambridge University Press.

UNEP (1999). Global Environment Outlook 2000. Nairobi: UNEP (http://www.unep.org/geo2000/english/index.htm 10.05.02).

UNEP (2002). International Environmental Governance (http://www.unep.org/IEG/ 17.05.02).

UNFPA (1991a). Weltbevölkerungsbericht. Freie Entscheidung oder Schicksal? Bonn: DGVN.

UNFPA (2000). Weltbevölkerungsbericht 2000. Frauen und Männer – getrennte Welten? Hrsg. von der Deutschen Stiftung Weltbevölkerung. Stuttgart: Balance.

UNFPA (2001). Weltbevölkerungsbericht 2001. Bevölkerung und Umwelt. Hrsg. von der Deutschen Stiftung Weltbevölkerung. Stuttgart: Balance.

Unger, Frank (1997). Die Weltsicht der Weltmacht. Wissenschaft und Frieden, 15(4) 6–9.

UNICEF (1999). Women in Transition (Summary). Florenz: UNICEF.

UNICEF (2000). Domestic Violence against Women and Girls. Florenz: UNICEF.

UNIFEM (1998). Gender and Telecommunications: An Agenda for Policy, January 1998 (http://www.unifem.undp.org/pap_itu.htm 10.05.02).

UNIFEM (2000). Progress of the World's Women 2000. New York.

UNIFEM/United Nations University: Institut or New Technology (2000). Gender and Telecommunications: An Agenda for Policy. Maastrich: UNU/INTECH (http://www.undp.org/unifem/pap_itu.htm 11.03.01)

Union of International Associations (UIA) (verschiedene Jahrgänge). Yearbook of Internationals, Organizations. München u. a.: Saur.

Unmüßig, Barbara (2001). Weltumweltorganisation: Quo vadis – Geisterdebatte oder neue Problemlösung? In Forum Umwelt & Entwicklung (Hrsg.). Rundbrief (1/2001) (21–22). Bonn: Projektstelle Umwelt & Entwicklung.

Urff, Winfried von (1992): Nachhaltige Nahrungsmittelproduktion und Armutsbekämpfung. In Hermann Sautter (Hrsg.). Entwicklung und Umwelt (Schriften des Vereins für Sozialpolitik, Neue Folge, Band 215). Berlin: Duncker & Humblodt.

USDA Natural Resources Conservation Service (1998). Global Desertification Vulnerability (http://www.nhq.nrcs.usda.gov/WSR/mapindx/desert.htm 10.09.01).

US-NCES (2002). Digest of Education Statistics 2001. Washington, DC: NCES (http://nces.ed.gov/pubs2002/2002130.pdf 05.05.02).

Van Eimeren, Birgit, Gerhard, Heinz & Freez, Beate (2001). ARD/ZDF Online-Studio: Internetnutzung stark zweckgebunden. Media Perspektiven (8/2001: 382 ff.)

van Haaren, Kurt, Schwemmle, Michael (1997). Digitalisierung der Arbeitswelt. In Andreas Dengel & Welf Schröter (Hrsg.). Flexibilisierung der Arbeitskultur – Infrastrukturen der Arbeit im 21. Jahrhundert (98–109). Tübingen: Talheimer Verlag.

Van Miert, Karel (2001). Vortrag in der Sitzung der Enquete-Kommission „Globalisierung der Weltwirtschaft" am 14.05.01 in Berlin (Protokoll-Nr. 14/20). Berlin: Deutscher Bundestag.

VCI (1998). Position des VCI zu Selbstverpflichtungen als Instrument der Umweltpolitik (Positionspapier). Frankfurt am Main: VCI (http://213.83.6.154/Open.asp?Portal=2&DokNr=69474 10.05.02).

VCI (2001). Responsible Care. Bericht 2001. Frankfurt am Main: VCI.

VENRO (2001). Stellungnahme zum Grünbuch der EU-Kommission „Europäische Rahmenbedingungen für die soziale Verantwortung der Unternehmen". Bonn: VENRO.

Ver.di (2002). Tarifbewegung 2002. Berlin: Ver.di.

Vereinte Nationen – Department of Public Information (1997). The World Conferences. Developing Priorities for the 21st Century. New York.

Vereinte Nationen (2000a). Die Frauen der Welt 2000. Trends und Statistiken. Bonn: BMFSFJ.

Vereinte Nationen (2000b). Report of the Secretary-General to the Preparatory Committee for the High-level International Intergovernmental Event on Financing for Development (A/AC.257/12), 18.12.00 (http://www.un.org/esa/ffd/aac257_12.pdf 19.04.02).

Vereinte Nationen – Population Division (2001a). World Population Ageing 1950–2050. New York (http://www.un.org/esa/population/publications/worldageing 19502050/Executivesummary_English.pdf 15.05.02).

Vereinte Nationen (2001). Report of the High-level Panel on Financing for Development, 26.06.01 (http://www.un.org/esa/ffd/a55-1000.pdf 31.10.01).

Vereinte Nationen (2002a). Monterrey Concensus – Agreed Draft Text, 27.01.02 (http://www.un.org/esa/ffd/aac257-32.pdf 29.01.02).

Vereinte Nationen (2002b). Final Outcome of the International Conference on Financing for Development, 01.03.02 (http://www.un.org/esa/ffd/0302final%20 MonterreyConsensus-nonumber.pdf 18.04.02).

Vivarelli, Marco (1995). The Economics of Technology and Employment. Aldershot: Edward Elgar Publisher.

Volkery, Axel (2001). Reform mit Hindernissen. Zur Novellierung des Bundesnaturschutzgesetzes in der 13. und 14. Legislaturperiode (FFU-report 01-01). Berlin: Freie Universität.

Wackernagel, Mathis u. a. (2002). Ecological Footprints of Nations. How Much Nature Do They Use? – How Much Nature Do They Have? (http://www.ecouncil.ac.cr/rio/focus/report/english/footprint/ranking.htm 22.04.02).

Wackernagel, Mathis, Rees, William (1997). Unser ökologischer Fußabdruck. Basel: Birkhäuser.

Wahl, Peter (2001). Nicht-Regierungsorganisationen (NGOs) als Akteure im Prozeß der Globalisierung (Stellungnahme zur öffentlichen Anhörung der Enquete-Kommission am 22.01.01). Berlin: Deutscher Bundestag (http://www.bundestag.de/ftp/pdf_arch/welt_sn6.pdf 10.05.02). (Kdrs. 14/3a).

Walk, Heike, Brunnengräber, Achim (2000). Die Globalisierungswächter. NGOs und ihre transnationalen Netze im Konfliktfeld Klima. Münster: Westfälisches Dampfboot.

Walke, Bernhard (2001). Mobile Radio Networks. Chichester, 2. Auflage. Sussex, UK: Wiley & Sons Ltd.

Warner, Mark A. A. (2000). Competition Policy and GATS. In Pierre Sauvé und Robert M. Stern (Hrsg.). GATS 2000. New Directions in Services for Trade

Liberalization (364–398). Washington, DC: Brookings Institution Press.

Water Policy International (2000). The Water Page (http//:www.thewaterpage.com/ppp_new_main.htm 17.11.01).

Water Policy International (2001). International Water Companies (http://www.thewaterpage.com/int_companies1.htm 17.05.02).

WBGU (1994). Welt im Wandel: Die Gefährdung der Böden (Jahresgutachten 1994). Bremerhaven: WBGU.

WBGU (1996). Welt im Wandel: Wege zur Lösung globaler Umweltprobleme (Jahresgutachten 1995). Berlin: Springer.

WBGU (1998). Welt im Wandel: Wege zu einem nachhaltigen Umgang mit Süßwasser (Jahresgutachten 1997). Berlin: Springer.

WBGU (2000): Welt im Wandel. Erhaltung und nachhaltige Nutzung der Biosphäre (Jahresgutachten 1999). Berlin: Springer.

WBGU (2001a). Welt im Wandel: Neue Strukturen globaler Umweltpolitik (Jahresgutachten 2000). Berlin: Springer.

WBGU (2001b). Die Chancen von Johannesburg: Eckpunkte einer Verhandlungsstrategie (Politikpapier 1). Berlin: WBGU.

WBGU (2002a). Entgelte für die Nutzung globaler Gemeinschaftsgüter (Sondergutachten). Berlin: WBGU.

WBGU (2002b). Entgelte für die Nutzung globaler Gemeinschaftsgüter (Politikpapier 2). Berlin: WBGU.

WCD (2000). Staudämme und Entwicklung: ein neuer Rahmen zur Entscheidungsfindung (Bericht der Weltkommission für Staudämme). London: WCD.

Wei, Shang-Jin (1997). How Taxing is Corruption on International Investors? (NBER Working Paper 6030, Mai 1997). Cambridge, MA.

Weidig, Inge, Hofer, Peter & Wolff, Heimfried (1999). Arbeitslandschaft nach Tätigkeiten und Tätigkeitsniveaus (Beiträge zur Arbeitsmarkt- und Berufsforschung Nr. 227). Nürnberg: IAB.

Weise, Christian (2000). Der deutsche Dienstleistungssektor im internationalen Vergleich (Referat-Manuskript zur Sitzung der Enquete-Kommission „Globalisierung der Weltwirtschaft" am 25.09.00 in Berlin). Berlin: Deutscher Bundestag.

Weizsäcker, Ernst Ulrich von, Lovins, Amory B. & Lovins, L. Hunter (1997). Faktor Vier. Doppelter Wohlstand – halbierter Naturverbrauch. München: Droemer Knaur.

Weltbank (1995). Weltentwicklungsbericht 1995. Arbeitnehmer im weltweiten Integrationsprozess. Bonn: UNO-Verlag.

Weltbank (1997). Helping Countries Combat Corruption: The Role of the World Bank. Washington, DC: Weltbank.

Weltbank (1999a). Weltentwicklungsbericht 1998/99. Entwicklung durch Wissen. Frankfurt am Main: FAZ.

Weltbank (1999b). World Development Indicators 1999. Washington, DC: Weltbank

Weltbank (2000). World Development Report 2002: Buildung Institutions for Markets. Oxford (http://econ.worldbank.org/wdr/subpage.php?sp=2391 07.05.02).

Weltbank (2000a). Global Economic Prospects and the Developing Countries. Washington, DC: Weltbank.

Weltbank (2000b). The Quality of Growth. New York: Weltbank.

Weltbank (2001a). Engendering Development: through Gender Equality in Rights, Resources, and Voice. World Bank Policy Research Report. Oxford, New York: Oxford University Press.

Weltbank (2001b). Global Economic Prospects 2002: Making Trade Work for the World's Poor. Washington, DC: Weltbank.

Weltbank (2001c). Weltentwicklungsbericht 2000/2001: Bekämpfung der Armut. Bonn.

Weltbank (2001d). World Development Indicators 2001. Washington, DC: Weltbank.

Weltbank (2001e). Engendering Development. Enhancing Development through Attention to Gender. Washington, DC: Weltbank.

Weltbank (2002a). Global Economic Prospects and the Developing Countries, Making Trade Work for the World's Poor. Washington, DC: Weltbank.

Weltbank (2002b). Globalization, Growth and Poverty. Washington, DC: Weltbank.

Weltbank (2002b). Guidelines for Joint Staff Assessment of a Poverty Reduction Strategy Paper (http://www.worldbank.org/participation/jsaguidelines.htm 26.03.02).

Weltbank (2002c). The World Bank Participation Sourcebook (http://www.worldbank.org/wbi/sourcebook/sbhome.htm 26.03.02).

Weltbank (2002d). Gender Mainstreaming Strategy Paper. Washington, DC: Weltbank (http://www.worldbank.org/gender/overview/ssp/ssppaper.htm 05.05.02).

Werner, Klaus, Weiss, Hans (2001). Schwarzbuch Markenfirmen: Die Machenschaften der Weltkonzerne. Wien: Deuticke.

Wichterich, Christa (1995). Frauen der Welt. Vom Fortschritt der Ungleichheit. Göttingen: Lamuv.

Wichterich, Christa (1996). Wir sind das Wunder, durch das wir überleben. Die 4. Weltfrauenkonferenz. Köln: Heinrich-Böll-Stiftung.

Wichterich, Christa (2000). Wir wollen unsere Rechte jetzt – und zwar mit Zinsen. Fünf Jahre nach der 4. Weltfrauenkonferenz in Peking: Bilanzen, Positionen, Perspektiven (Studien & Berichte der Heinrich-Böll-Stiftung Nr. 5). Berlin: Heinrich-Böll-Stiftung.

Wick, Ingeborg (2001). Verhaltenskodizes – Werbegags oder Hebel für Beschäftigte? Übersicht über Verhaltenskodizes für internationale Konzerne. In IG Metall, Friedrich-Ebert-Stiftung DGB-Bildungswerk (Hrsg.). Weltweit gegen Sozialdumping. Für Verhaltenskodizes (25–61). Frankfurt am Main: IG Metall.

Wieczorek-Zeul, Heidemarie (1999). Nachhaltige Entwicklung durch Globale Strukturpolitik. Neue Akzente deutscher Entwicklungspolitik. Vereinte Nationen, 47 (3) 100–103.

Williams, Colin C., Windebank, Jan (2001). Revitalising Deprived Urban Neighbourhoods: An assisted self-help approach. London: Ashgate.

Williams, William A. (1973). Die Tragödie der amerikanischen Diplomatie. Frankfurt am Main: Suhrkamp.

Wilson, Edward O. (Hrsg.) (1992). Ende der biologischen Vielfalt? Der Verlust an Arten, Genen und Lebensräumen und die Chancen für eine Umkehr. Heidelberg: Spektrum Akademischer Verlag.

Windfuhr, Michael (2001). Mindestsozialstandards und Beschäftigungsförderung im Rahmen der Entwicklungszusammenarbeit (Kurzgutachten im Auftrag des BMZ). Bonn: DIE.

Windfuhr, Michael (2002). Everthing but Farms. E+Z, 42 (3) 82–85.

Winischhofer, Thomas (2000). Computersoftware und Patentrecht. Dissertation (http://members.aon.at/~twinisch/patent.pdf 05.07.01).

Wittgenstein, Philipp (2000). Die digitale Agenda der neuen WIPO-Verträge. Umsetzung in den USA und der EU unter besonderer Berücksichtigung der Musikindustrie. Dissertation. Zürich: Rechtswiss. Fakultät Universität Zürich.

Wöhlcke, Manfred (1997). Bevölkerungswachstum: Folgerungen für die internationale Politik. Ebenhausen: Stiftung Wissenschaft und Politik.

Wolf, Frieder Otto (2000). Bedingungen und Folgen des Einflusses von Bewegungen der Zivilgesellschaft auf die internationalen Finanzinstitutionen (Gutachten für die Enquete-Kommission „Globalisierung der Weltwirtschaft"). Berlin: Deutscher Bundestag (AU-Stud 14/13).

Wolf, Klaus Dieter (2001). Globalisierung, Global Governance und Demokratie (Gutachten für die Enquete-Kommission „Globalisierung der Weltwirtschaft – Herausforderungen und Antworten"). Berlin: Deutscher Bundestag (AU-Stud 14/13).

Wolf, Klaus-Dieter (1993). Regimeanalyse. In Dieter Nohlen (Hrsg.). Lexikon der Politik (Band 6: Internationale Beziehungen) (422–429). München: Beck.

Wolters, Jürgen (1995). Die Arche wird geplündert. Vom drohenden Ende der biologischen Vielfalt und den zweifelhaften Rettungsversuchen. In Jürgen Wolters (Hrsg.) (1995). Leben und Leben lassen. Biodiversität – Ökonomie, Natur- und Kulturschutz im Widerstreit (Jahrbuch für Ökologie und indigene Völker, Ökozid 10) (11–39). Gießen: Focus.

World Conservation Monitoring Centre (2000). Global Biodiversity. Earth's living resources in the 21st century. By B. Groombridge and M. D. Jenkins. Cambridge, UK: World Conservation Press. World Federation of Exchanges (2002a). Market Capitalization of Shares of Domestic Companies. Statistics, Time Series 1990–2000 (http://www.world-exchanges.org/publications/Ts2%20Market%20cap.pdf 04.04.02).

World Federation of Exchanges (2002b). Total Value of Share Trading. Statistics, Time Series 1990–2000 (http://www.world-exchanges.org/publications/Ts3%20Share%20Trading.pdf 04.04.02).

World Federation of Exchanges (2002c). Market Value of Bonds Listed. Statistics, Time Series 1990–2000 (http://www.world-exchanges.org/publications/Ts4%20Bond%20Market%20cap.pdf 04.04.02).

Worldwatch Institute (Hrsg.) (2002). Zur Lage der Welt 2002. Prognosen für das Überleben unseres Planeten. Zukunftsfähige Gestaltung der Globalisierung. (Worldwatch Institute Report). Frankfurt am Main: Fischer.

Wortmann, Michael (2000). Zur Logik von Wachstum und Restrukturierung multinationaler Unternehmen – ein kritischer Beitrag zum Globalisierungsdiskurs. In Christoph Dörrenbacher & Dieter Plehwe (Hrsg.). Grenzenlose Kontrolle? Organisatorischer Wandel und politische Macht multinationaler Unternehmen. Berlin: Edition Sigma.

Woytila, Karol (2001). Welternährung – Verantwortung der Parlamente (Grußwort von Papst Johannes Paul II am 06.11.01). Rom.

WTO (1994a). Agreement Establishing the World Trade Organization. Genf: WTO.

WTO (1994b). European Communities and their Member States. Schedules of Specific Commitments, World Trade Organisation (GATS/SC/31). Genf: WTO.

WTO (1996a). Ministerial Declaration (http://www.wto.org/english/thewto_e/minist_e/min96_e/wtodec_e.htm 10.04.02).

WTO (1996b). Subsidies and Trade in Services. Note by the Secretariat (S/WPGR/W9). Genf: WTO.

WTO (1998a). Annual Report. Genf: WTO.

WTO (1998b). Economic Effects of Services Liberalization: Overview Of Empirical Studies, Council for

Trade in Services (Background Note by the Secretariat-Addendum). Genf: WTO.

WTO (1998c). Work Programme on Electronic Commerce. Adopted by the General Council on 25 September 1998 (WT/L/247). Genf: WTO.

WTO (1999). The Developmental Impact of Trade Liberalization under GATS. Informal Note by Secretariat-Revision, (7. Januar) (Job No. 2748/Rev.1). Genf: WTO.

WTO (2000a). Annual Report 2000. Genf: WTO.

WTO (2000b). Mapping of Regional Trade Agreements. Genf: WTO.

WTO (2000c). Trade, Income Disparity and Poverty. Genf: WTO.

WTO (2001a). Ministerial Declaration (http://www.wto.org/english/thewto_e/minist_e/min01_e/mindecl_e.htm 05.01.02).

WTO (2001b). Statistics on Globalization 2001 (http://www.wto.org/trade_resources/statistic/globalisationstat1.doc 29.04.02).

WTO (2001c). Declaration on the TRIPS Agreement and Public Health (http://www.wto.org/english/thewto_e/minist_e/min01_e/mindecl_trips_e.htm 05.01.02).

WTO (2001d). GATS 2000: Telecommunications. Communication from the European Communities and their Member States (S/CSS/W/35). Genf: WTO.

WTO (2001e). International Trade Statistics 2001. Genf: WTO.

WTO (2001f). WTO Policy Issues for Parlamentarians (http://www.wto.org/english/res_e/booksp_e/parliamentarians_e.pdf 05.01.02).

WTO (2002a). AD Initiations: By Sector (http://www.wto.org/english/tratop_e/adp_e/adp_stattab6_e.pdf 01.04.02).

WTO (2002b). AD Initiations: By Level of Development (http://www.wto.org/english/tratop_e/adp_e/adp_stattab5_e.pdf 01.04.02).

WTO Reporter (2000). WTO Members Outline Plans for Accelerating Services Talks, 30. Mai 2000. Washington, DC.

Young, Brigitte (2000). The 'Mistress' and the 'Maid' in the Globalized Economy. In Leo Panitch & Colin Leys (Hrsg.). Working Classes, Global Realities (Socialist Register) 315–327.

Young, Brigitte (2002). Entwicklungsfinanzierung, Finanzkrisen in Asien und die „Feminisierung der Menschlichen Sicherheit" (human security). femina politica, 11 (1) 38–48.

Yussefi, Minou, Willer, Helga (2002). Ökologische Agrarkultur weltweit 2002 – Statistiken und Perspektiven / Organic Agriculture Worldwide 2002 – Statistics and Future Prospects (SÖL-Sonderausgabe Nr. 74). Bad Dürkheim: SÖL (http://www.soel.de/inhalte/publikationen/s_74_04.pdf, 10.05.02).

Zendel, Oliver (2000). Digitale Revolution: Open Source. In Heinrich-Böll-Stiftung (Hrsg.). Wem gehört das Wissen? Geistiges Eigentum im Zeichen des Internet (Reader zur Tagung vom 20./21.10.00 in Berlin) (109–117). Berlin: Heinrich-Böll-Stiftung.

ZEW (2001). Zur technologischen Leistungsfähigkeit Deutschlands (Zusammenfassender Endbericht 2000 Gutachten im Auftrag des BMBF). Bonn.

Zimmermann, Klaus F. (2000). Dienstleistungen als Motor für Wachstum und Beschäftigung. In Klaus Mangold (2000). Dienstleistungen im Zeitalter globaler Märkte (69–85). Frankfurt am Main, Wiesbaden: Gabler.

Zinn, Karl-Georg (2000). Im Übergang vom Spätkapitalismus zum Neofeudalismus? – Die amerikanische Wirtschaft zu Beginn des 21. Jahrhunderts. In Rudolf Hickel (Hrsg.). Politik des Kapitals – heute. Festschrift zum 60. Geburtstag von Jörg Huffschmid (104–121). Hamburg: VSA.

Zumach, Andreas (2002). Der „strategische Handel" des Generalsekretärs. Ernüchternde Erfahrungen mit dem Globalen Pakt von Davos. Vereinte Nationen, 50 (1) 1–5.

Zürn, Michael (1997). Regimeanalyse. In Ulrich Albrecht & Helmut Volger (Hrsg.). Lexikon der internationalen Politik. München: Oldenbourg.

Zürn, Michael (1998). Regieren jenseits des Nationalstaats. Globalisierung und Denationalisierung als Chance. Frankfurt am Main: Suhrkamp.

Zürn, Michael (2001). Regieren im Zeitalter der Denationalisierung (Referat-Manuskript zur öffentlichen Anhörung der Enquete-Kommission „Globalisierung der Wirtschaft" am 22.01.01). Berlin: Deutscher Bundestag. (http://www.bundestag.de/ftp/pdf_arch/welt_sn5.pdf) (Kdrs. 14/3a).

Zuwanderungskommission (2001). Zuwanderung gestalten – Integration fördern. Berlin. BMI.

Anhang: Kommissionsunterlagen

Verzeichnis der Kommissionsdrucksachen

Kommissionsdrucksachen sind im Internet verfügbar unter „http://www.bundestag.de/globalisierung".

KDrs	Thema/Verfasser	Datum
1	**Fragen- und Sachverständigenkatalog** für eine öffentliche Anhörung der Enquete-Kommission „Globalisierung" am 23. Oktober 2000 zum Thema „Reform der internationalen Finanzmarktinstitutionen – Reformvorschläge und Verhandlungsstand"	10.10.2000
1 a	**Stellungnahmen der Sachverständigen** zu dem Fragenkatalog (KDrs 14/1) für die öffentliche Anhörung am 23. Oktober 2000 Dr. Jürgen Stark, Vizepräsident der Deutschen Bank, Frankfurt am Main Prof. Dr. Mario Giovanoli, Rechtsberater der Bank für Internationalen Zahlungsausgleich, Basel, Schweiz	19.10.2000
1 b	**Stellungnahmen der Sachverständigen** zu dem Fragenkatalog (KDrs 14/1) für die öffentliche Anhörung am 23. Oktober 2000 Caio K. Koch-Weser, Staatssekretär beim Bundesminister der Finanzen, Berlin	23.10.2000
1 c	**Stellungnahmen der Sachverständigen** zu dem Fragenkatalog (KDrs 14/1) für die öffentliche Anhörung am 23. Oktober 2000 Heidemarie Wieczorek-Zeul, Bundesministerin für wirtschaftliche Zusammenarbeit und Entwicklung, Berlin	25.10.2000
2	**Fragen- und Sachverständigenkatalog** für eine öffentliche Anhörung der Enquete-Kommission „Globalisierung" am 4. Dezember 2000 zum Thema „ Macht oder Ohnmacht der Politik? Global Governance als Antwort auf Globalisierung" (Teil I)	22.11.2000
2 a	**Vortragsbegleitende Unterlagen der Sachverständigen** für die öffentliche Anhörung am 4. Dezember 2000 Dr. Dirk Messner, Geschäftsführer des Instituts für Entwicklung und Frieden/ Universität Duisburg Dr. Inge Kaul, Direktorin des Office of Development Studies/UNDP, New York, USA Dr. Wolfgang Reinicke, Leiter des UN Project on Global Public Policy Networks, Genf, Schweiz	29.11.2000
2 b	**Stellungnahmen der Sachverständigen** zu dem Fragenkatalog (KDrs 14/2) für die öffentliche Anhörung am 4. Dezember 2000 Dr. Inge Kaul, Direktorin des Office of Development Studies/UNDP, New York, USA	04.12.2000

KDrs	Thema/Verfasser	Datum
3	**Fragen- und Sachverständigenkatalog** für eine öffentliche Anhörung der Enquete-Kommission „Globalisierung" am 22. Januar 2001 zum Thema „ Macht oder Ohnmacht der Politik? Global Governance als Antwort auf Globalisierung" (Teil II)	09.01.2001
3 a	**Vortragsbegleitende Unterlagen der Sachverständigen** für die öffentliche Anhörung am 22. Januar 2001 Prof. Dr. Michael Zürn, Institut für Interkulturelle und Internationale Studien, Universität Bremen Peter Wahl, Mitglied des geschäftsführenden Vorstands von WEED – Wirtschaft, Ökologie & Entwicklung e.V., Bonn Prof. Dr. Dr. h.c. Otfried Höffe, Leiter der Forschungsstelle Politische Philosophie, Philosophisches Seminar der Universität Tübingen	17.01.2001
4	**Fragen- und Sachverständigenkatalog** für eine öffentliche Anhörung der Enquete-Kommission „Globalisierung" am 12. Februar 2001 zum Thema „Arbeit ohne Grenzen – Die Auswirkungen und Herausforderungen der Globalisierung auf Arbeit und Qualität der Arbeit"	06.02.2001
4 a	**Vortragsbegleitende Unterlagen der Sachverständigen** für die öffentliche Anhörung am 12. Februar 2001 Dr. Werner Sengenberger, Co-ordinator, ILO Decent Work Pilot Programme, Internationales Arbeitsamt (ILO), Genf, Schweiz Kari Tapiola, Exekutivdirektor, Internationales Arbeitsamt (ILO), Genf, Schweiz Hans-Dieter Lorenz, Leiter der Verbindungsstelle International Organization for Migration (IOM), Berlin	05.02.2001
4 b	**Vortragsbegleitende Unterlagen der Sachverständigen** für die öffentliche Anhörung am 12. Februar 2001 Kari Tapiola, Exekutivdirektor, Internationales Arbeitsamt (ILO), Genf, Schweiz Begleittext zum Vortrag von Dr. Heiner Flassbeck (UNCTAD) Begleittext zum Vortrag von Dr. John P. Martin (OECD)	09.02.2001
4 c	**Stellungnahmen der Sachverständigen** zu dem Fragenkatalog (KDrs 14/4) für die öffentliche Anhörung am 12. Februar 2001 John P. Martin, Director, Directorate for Education, Employment, Labour and Social Affairs (OECD), Paris, Frankreich	12.02.2001
4 d	**Stellungnahmen der Sachverständigen** zu dem Fragenkatalog (KDrs 14/4) für die öffentliche Anhörung am 12. Februar 2001 John P. Martin, Director, Directorate for Education, Employment, Labour and Social Affairs (OECD), Paris, Frankreich (deutsche Übersetzung der Stellungnahme, s. KDrs 14/4 c) Werner Sengenberger, ILO, Genf, Schweiz (ergänzte und überarbeitete Fassung der Stellungnahme vom 30. Januar 2001, s. KDrs 14/4 a) Dr. Heiner Flassbeck, UNCTAD, Genf, Schweiz (Vortragsbegleitende Unterlage)	26.02.2001

KDrs	Thema/Verfasser	Datum
5	**Vortragsbegleitende Unterlagen** zum öffentlichen Vortrag (öffentliche Anhörung) von Prof. Saskia Sassen, University of Chicago and Centennial Visiting Professor, London School of Economics, London, Großbritannien, am 12. Februar 2001	12.02.2001
6	**Fragen- und Sachverständigenkatalog** für eine öffentliche Anhörung der Enquete-Kommission „Globalisierung" am 5. März 2001 zum Thema „Zukunft der Arbeit – Europa im globalen Wandel"	26.02.2001
6 a	**Stellungnahmen der Sachverständigen** zu dem Fragenkatalog (KDrs 14/6) für die öffentliche Anhörung am 5. März 2001 Prof. Dr. Helmut Pütz, Präsident des Bundesinstituts für Berufsbildung (BIBB), Bonn Dr. Ulrich Walwei, Institut für Arbeitsmarkt- und Berufsforschung (IAB), Nürnberg	26.02.2001
6 b	**Vortragsbegleitende Unterlagen der Sachverständigen** für die öffentliche Anhörung am 5. März 2001 Georg Fischer, Acting Director, Employment and Social Affairs DG, Europäische Kommission, Brüssel, Belgien	28.02.2001
6 c	**Stellungnahmen der Sachverständigen** zu dem Fragenkatalog (KDrs 14/6) für die öffentliche Anhörung am 5. März 2001 Bundesministerium für Familie, Frauen und Jugend, Bonn Manfred Kremer, Bundesministerium für Bildung und Forschung, Bonn Klaus Schmitz, Leiter der Unterabteilung VII a Europäische Union/Europäische Sozialpolitik, Bundesministerium für Arbeit und Sozialordnung, Berlin Georg Fischer, Europäische Kommission, Acting Director, Employment and Social Affairs DG, Brüssel, Belgien (Übersicht zum Vortrag)	02.03.2001
7	**Vortragsbegleitende Unterlagen** zum öffentlichen Vortrag (öffentliche Anhörung) von Christopher Flavin, Präsident des Worldwatch Institute, Washington D.C., USA, am 2. April 2001	28.03.2001
8	**Fragen- und Sachverständigenkatalog** für eine öffentliche Anhörung der Enquete-Kommission „Globalisierung" am 7. Mai 2001 zum Thema „Perspektiven und Reformoptionen der internationalen Wettbewerbspolitik" (Teil I)	25.04.2001
8 a	**Stellungnahmen der Sachverständigen** zu dem Fragenkatalog (KDrs 14/8) für die öffentliche Anhörung am 7. Mai 2001 Prof. Dr. Klaus Peter Kisker, Institut für Wirtschaftspolitik und Wirtschaftsgeschichte, FU Berlin	03.05.2001
9	**Fragen- und Sachverständigenkatalog** für eine öffentliche Anhörung der Enquete-Kommission „Globalisierung" am 14. Mai 2001 zum Thema „Perspektiven und Reformoptionen der internationalen Wettbewerbspolitik" (Teil II)	25.04.2001

Verzeichnis der Kommissionsdrucksachen

KDrs	Thema/Verfasser	Datum
9 a	**Vortragsbegleitende Unterlagen der Sachverständigen** für die öffentliche Anhörung am 14. Mai 2001 „Competition Policy, Development and Developing Countries", Working Paper, Trade-Related Agenda, Development and Equity, Dr. Ajit Singh, Professor of Economics and Senior Fellow, Queens' College, University of Cambridge, Großbritannien „Die Wettbewerbspolitik in Europa und der Bürger", Allgemeine Informationen der Europäischen Kommission, Europäische Gemeinschaften, 2000	10.05.2001
9 b	**Stellungnahmen der Sachverständigen** zu dem Fragenkatalog (KDrs 14/9) für die öffentliche Anhörung am 14. Mai 2001 „Competition Policy, Globalization and Economic Development", Dr. Ajit Singh, Professor of Economics and Senior Fellow, Queens' College, University of Cambridge, Großbritannien	14.05.2001
10	**Fragen- und Sachverständigenkatalog** für eine öffentliche Anhörung der Enquete-Kommission „Globalisierung" am 28. Mai 2001 zum Thema „Chancen und Risiken der Informationsgesellschaft"	16.05.2001
10 a	**Stellungnahmen der Sachverständigen** zu dem Fragenkatalog (KDrs 14/10) für die öffentliche Anhörung am 28. Mai 2001 Jean Gurunlian, UNCTAD, Genf, Schweiz	22.05.2001
10 b	**Stellungnahmen der Sachverständigen** zu dem Fragenkatalog (KDrs 14/10) für die öffentliche Anhörung am 28. Mai 2001 Dr. Detlef Eckert, EU-Kommission, Brüssel MR Bernd-Wolfgang Weiermann, Bundesministerium für Wirtschaft und Technologie (BMWi), Berlin Michael Dörnmann, Bundesministerium für Arbeit und Sozialordnung (BMA), Berlin MR Dr. Wolf-Dieter Lukas, Bundesministerium für Bildung und Forschung (BMBF), Berlin MR Michael Rügner, Bundesministerium für wirtschaftliche Zusammenarbeit und Entwicklung, Berlin	25.05.2001
10 c	**Stellungnahmen der Sachverständigen** zu dem Fragenkatalog (KDrs 14/10) für die öffentliche Anhörung am 28. Mai 2001 „The New Economy: Beyond the Hype", Executive Summary of the Final Report on the OECD Growth Project; „The New Economy: Beyond the Hype" Final Report on the OECD Growth Project, Dr. Herwig Schlögl, stellv. Generalsekretär der OECD, Paris, Frankreich	28.05.2001
11	**Fragen- und Sachverständigenkatalog** für eine öffentliche Anhörung der Enquete-Kommission „Globalisierung" am 18. Juni 2001 zum Thema „Wasser – Ein weltweit immer knapper werdendes Gut"	06.06.2001

KDrs	Thema/Verfasser	Datum
11 a	**Stellungnahmen der Sachverständigen** zu dem Fragenkatalog (KDrs 14/11) für die öffentliche Anhörung am 18. Juni 2001 Dr. Joachim Richter, Managing Director, AquaMundo GmbH, Mannheim Bruno Wenn, Leiter des Bereiches Auslandssekretariat, Kreditanstalt für Wiederaufbau, Frankfurt Dr. Uschi Eid, Parl. Staatssekretärin, Bundesministerium für wirtschaftliche Zusammenarbeit und Entwicklung (BMZ) Dr. Hazim El-Naser, Staatssekretär, Ministry of Water and Irrigation, Jordanien Dr. Susanne Neubert, Deutsches Institut für Entwicklungspolitik (DIE), Bonn	11.06.2001
11 b	**Stellungnahmen der Sachverständigen** zu dem Fragenkatalog (KDrs 14/11) für die öffentliche Anhörung am 18. Juni 2001 Achim Steiner, Generalsekretär, The World Conservation Union (IUCN), Genf, Schweiz Dipl.-Ing. Agr. Antonio Pires, Senior Advisor, Anja Thust, Junior Professional Officer, Sekretariat der Konvention der Vereinten Nationen zur Bekämpfung der Wüstenbildung (UNCCD), Bonn WBGU-Geschäftsstelle, Wissenschaftlicher Beirat der Bundesregierung Globale Umweltveränderungen, Berlin	14.06.2001
11 c	**Stellungnahmen der Sachverständigen** zu dem Fragenkatalog (KDrs 14/11) für die öffentliche Anhörung am 18. Juni 2001 Vortrag Dipl.-Ing. Agr. António Pires, Senior Advisor, Sekretariat der Konvention der Vereinten Nationen zur Bekämpfung der Wüstenbildung (UNCCD), Bonn Statement (Translation) by Mr. Antonio Pires, Senior Advisor of the United Nations Convention to Combat Desertification (UNCCD), Bonn Statement (s. auch KDrs. 14/11 a) by Dr. Hazim El-Naser, Ministry of Water and Irrigation, Jordanien Achim Steiner, Generalsekretär, The World Conservation Union (IUCN), Genf, Schweiz, Bericht „Ausweg aus dem Wasserdilemma: Natürliche Gewässer sichern und menschlichen Bedarf decken" Prof. Dr. Joseph Alcamo, Wissenschaftliches Zentrum für Umweltsystemforschung, Gesamthochschule Kassel, Bericht „Die Weltwasser-Situation: Ergebnisse einer Studie für die World Water Commission"	05.07.2001
11 d	**Stellungnahmen der Sachverständigen** zu dem Fragenkatalog (KDrs 14/11) für die öffentliche Anhörung am 18. Juni 2001 Bundesministerium für Bildung und Forschung (BMBF), Bonn	09.07.2001
12	**Fragen- und Sachverständigenkatalog** für eine öffentliche Anhörung der Enquete-Kommission „Globalisierung" am 8. Oktober 2001 zum Thema „Von der Industrie- zur Wissensgesellschaft: Wirtschaft, Arbeitswelt und Recht, Privatisierung und Patentierung von Wissen"	12.09.2001

KDrs	Thema/Verfasser	Datum
12 a	**Stellungnahmen der Sachverständigen** zu dem Fragenkatalog (KDrs 14/12) für die öffentliche Anhörung am 8. Oktober 2001 Siegmar Mosdorf, MdB, Parl. Staatssekretär beim Bundesminister für Wirtschaft und Technologie (BMWi), Berlin Michael Sommer, Stellv. Bundesvorsitzender ver.di, Frankfurt a. M. Prof. Dr. Bernd Holznagel, Westfälische Wilhelms-Universität Münster Dr. Carsten Kreklau, Bundesverband der Deutschen Industrie (BDI), Berlin Prof. Dr. Karin Knorr Cetina, Fachbereich Soziologie, Universität Konstanz Jürgen Knirsch, Greenpeace Deutschland, Hamburg	04.10.2001
12 b	**Stellungnahmen der Sachverständigen** zu dem Fragenkatalog (KDrs 14/12) für die öffentliche Anhörung am 8. Oktober 2001 Hintergrundmaterial zum Fragenkatalog Bundesministerium für Wirtschaft und Technologie (BMWi), Berlin Dr. Carsten Kreklau, Bundesverband der Deutschen Industrie, (BDI), Berlin Folien der Sachverständigen: Dr. Georg Licht, Zentrum für Europäische Wirtschaftsforschung GmbH (ZEW), Mannheim Jürgen Knirsch, Greenpeace Deutschland, Hamburg Michael Sommer, Stellv. Bundesvorsitzender ver.di, Frankfurt a. M.	30.10.2001
13	**Fragen- und Sachverständigenkatalog** für eine öffentliche Anhörung der Enquete-Kommission „Globalisierung" am 10. Dezember 2001 zum Thema „Wissensgenerierung: Forschung, Bildung, Weiterbildung, Kultur und Demokratie"	21.11.2001
13 a	**Stellungnahmen der Sachverständigen** zu dem Fragenkatalog (KDrs 14/13) für die öffentliche Anhörung am 10. Dezember 2001 Prof. Dr. Jürgen Nehmer, Vizepräsident der Deutschen Forschungsgemeinschaft, Universität Kaiserslautern Prof. Dr. Hans-Werner Mewes, Leiter des Instituts für Bioinformatik am Forschungszentrum für Umwelt und Gesundheit, Neuherberg Dr. Johann Bizer, Institut für öffentliches Recht, Johann Wolfgang von Goethe-Universität, Frankfurt am Main (Teil 1) Steffen Reiche, Minister für Bildung, Jugend und Sport des Landes Brandenburg, Potsdam Prof. Dr. Jürgen Renn, Direktor am Max-Planck-Institut für Wissenschaftsgeschichte, Berlin Carlos Alberto Primo Braga, Weltbank, Washington, D. C., USA	07.12.2001

KDrs	Thema/Verfasser	Datum
13 b	**Stellungnahmen der Sachverständigen** zu dem Fragenkatalog (KDrs 14/13) für die öffentliche Anhörung am 10. Dezember 2001 Wolf-Michael Catenhusen, MdB, Parlamentarischer Staatssekretär bei der Bundesministerin für Bildung und Forschung (BMBF), Berlin	10.12.2001
13 c	**Stellungnahmen der Sachverständigen** Prof. Dr. Rainer Kuhlen, Fachbereich Informatik, Universität Konstanz, Deutsche UNESCO Kommission Dr. Johann Bizer, Institut für öffentliches Recht, Johann Wolfgang von Goethe-Universität, Frankfurt am Main (Teil 2) Folien der Sachverständigen: Prof. Dr. Rainer Kuhlen, Fachbereich Informatik, Universität Konstanz, Deutsche UNESCO Kommission Prof. Dr. Jürgen Renn, Direktor am Max-Planck-Institut für Wissenschaftsgeschichte, Berlin Prof. Dr. Hans-Werner Mewes, Leiter des Instituts für Bioinformatik am Forschungszentrum für Umwelt und Gesundheit, Neuherberg Prof. Dr. Jürgen Nehmer, Vizepräsident der Deutschen Forschungsgemeinschaft, Universität Kaiserslautern Dr. Johann Bizer, Institut für öffentliches Recht, Johann Wolfgang von Goethe-Universität, Frankfurt am Main	04.01.2002
14	**Fragen- und Sachverständigenkatalog** für eine öffentliche Anhörung der Enquete-Kommission „Globalisierung" am 18. Februar 2002 zum Thema „Globalisierung und Gender"	22.01.2002
14 neu	**Fragen- und Sachverständigenkatalog** für eine öffentliche Anhörung der Enquete-Kommission „Globalisierung" am 18. Februar 2002 zum Thema „Globalisierung und Gender"	12.02.2002
14 a	**Stellungnahmen der Sachverständigen** zu dem Fragenkatalog (KDrs 14/14 neu) für die öffentliche Anhörung am 18. Februar 2002 „Macroeconomics and Macroeconomic Policy from a Gender Perspective", „Macroeconomics and Macroeconomic Policy from a Gender Perspective - Gender and financial liberalisation", Prof. Dr. Diane Elson, University of Essex, Großbritannien Stellungnahme zum Fragenkomplex IV „Die Situation von Frauen auf dem deutschen und osteuropäischen Arbeitsmarkt", Prof. Dr. Friederike Maier, Fachhochschule für Wirtschaft, Berlin „Mainstreaming Gender in International Organizations (draft)", Dr. Caroline Moser, Senior Research Associate, Overseas Development Institute London and Visiting Professor, New School University, New York, USA „Effect of Globalisation on Human Trafficking and forced Prostitution in India", Prof. Dr. Pawan Surana, Maharani College, Jaipur, Indien „Gender Perspectives on Financing for Development", Prof. Dr. Maria S. Floro, American University, Washington D. C., USA	14.02.2002

KDrs	Thema/Verfasser	Datum
14 b	**Stellungnahmen der Sachverständigen**	18.02.2002
	zu dem Fragenkatalog (KDrs 14/14 neu) für die öffentliche Anhörung am 18. Februar 2002	
	„Globalization and Gender Equality: Perspectives from Africa", Dr. Achola Pala Okeyo, UNDP Africa Bureau, New York, USA	
	Background Notes to the Statement of Dr. Mariama Williams, Center of Concern (COC), Washington D. C., USA	

Verzeichnis der von der Enquete-Kommission vergebenen Gutachten

Aberle, Gerd (2001). Globalisierung, Verkehrsentwicklung und Verkehrskosten. Gießen.

Allmendinger, Jutta, von Stebut, Nina, Fuchs, Stefan (2002). Frauen in der Wissenschaft. München.

Bach, Stefan (2002). Harmonisierung und Steuerpolitik in der EU. Berlin.

Bello, Walden (2001). Prospects for Good Global Governance: The View from the South. Bangkok.

Berthold, Norbert (2002). Deregulierung und Flexibilisierung des Arbeitsmarktes in Zeiten der Globalisierung. Würzburg.

Brühl, Tanja (2002). Bisherige Erfolge und Misserfolge der Biodiversitätskonvention. Frankfurt.

Bullard, Nicola (2001). Social Standards in International Trade. Bangkok.

Dicke, Klaus (2001). Die Leistungsfähigkeit internationaler Institutionen unter besonderer Berücksichtigung der Vereinten Nationen. Jena.

Diehl, Markus und Nunnenkamp, Peter (2001). Regulative Folgen der Asienkrise. Kiel.

Dierkes, Meinolf, Merkens, Hans (2002). Zur Wettbewerbsfähigkeit des Hochschulsystems in Deutschland. Berlin.

Dieter, Heribert (2000). Regulative Folgen der Asienkrise. Berlin.

Dostal, Werner (2001). Neue Herausforderungen an Qualifikation und Weiterbildung im Zeitalter der Globalisierung. Nürnberg.

Engels, Rainer (2002). Ernährungssicherung im Rahmen einer nachhaltigen Weltökologiepolitik. Bonn.

Felix, David (2002). The Rise of Real Long-Term Interest Rates since the 1970s: Comparative Trends, Causes and Consequences. St. Louis.

Figge, Frank (2002). Transparenz bei der Geldanlage bezüglich ethischer Kriterien. Lüneburg.

Fleisch, Hans (2002). Die Entwicklung der Weltbevölkerung im Zeitalter der Globalisierung. Hannover.

Fritz, Thomas (2002). Die Bewertung der GATS-Verhandlungen im Rahmen der Wissensgesellschaft. Berlin.

Gerke, Wolfgang (2001). Strukturen und Regulierung von Investment- und Pensionsfonds in ausgewählten Ländern. Nürnberg.

Goldmann, Monika (2002). Geschlechtsspezifische Auswirkungen der Globalisierung in den Bereichen Waren- und Dienstleistungen, Arbeitsmärkte und Wissens- und Informationsgesellschaft. Dortmund.

Hagen, Jürgen von, Hofmann, Boris (2002). Ursachen und Auswirkungen eines langfristigen Realzinsniveaus oberhalb der realen Wachstumsraten des Bruttoinlandsproduktes (BIP). Bonn.

Hamburgisches Welt-Wirtschafts-Archiv (2002). Stand und Perspektiven der Globalisierung. Hamburg.

Heinrich, Ralph P. (2000). Wohlstandsmehrung durch Freiheit des internationalen Kapitalverkehrs. Kiel.

Holznagel, Bernd (2002). Teilhabe und Recht in der digitalen Welt. Münster.

Kalmbach, Peter (2001). Deregulierung und Flexibilisierung des Arbeitsmarktes in Zeiten der Globalisierung. Bremen.

Katzenberger, Paul (2000). Geistiges Eigentum und Urheberrecht im Zeichen der Globalisierung. München.

Kuhlen, Rainer (2002). Privatisierung des Wissens. Konstanz.

Lenz, Ilse (2002). Geschlechtsspezifische Auswirkungen der Globalisierung in den Bereichen Global Governance, Arbeitsmärkte und Ressourcen. Bochum.

Liebig, Klaus (2000). Der Schutz geistiger Eigentumsrechte in Entwicklungsländern: Verpflichtungen, Probleme, Kontroversen. Bonn.

Messner, Dirk (2001). Weiterentwicklung der Rolle von Nationalstaaten in der Global Governance-Architektur. Duisburg.

Neumann, Manfred J. M. (2002). Integrative Makropolitik für mehr Beschäftigung in Europa? Bonn.

Paech, Norman (2001). Grundlagen einer Global Governance. Hamburg.

Pfeiffer, Hermannus (2000). Regulierung von Investment- und Pensionsfonds im internationalen Vergleich. Hamburg.

Priewe, Jan (2002). Integrierte Makropolitik für mehr Beschäftigung in Europa. Berlin.

Ruppert, Uta (2002). Aufgaben und Chancen im Rahmen der Globalisierung, um die Situation der Frauen in der Gesellschaft zu verbessern. Lich.

Sautter, Hermann (2001). Sozialstandards im Globalisierungsprozess – Inhalt und Durchsetzungsmöglichkeiten. Göttingen.

Scharpf, Fritz W. (2002). Auswirkungen unterschiedlicher Finanzierungsstrukturen von Sozialstaaten auf die Beschäftigung – Deutschland im europäischen Vergleich. Köln.

Scherrer, Christoph (2001). Sozialstandards im internationalen Handel. Kassel.

Wolf, Frieder Otto (2000). Bedingungen und Folgen des Einflusses von Bewegungen der Zivilgesellschaft auf die internationalen Finanzinstitutionen. Berlin.

Wolf, Klaus Dieter (2001). Globalisierung, Global Governance und Demokratie. Darmstadt.

Anhörungen der Enquete-Kommission

Die Enquete-Kommission „Globalisierung der Weltwirtschaft" hat seit ihrer Konstituierung am 13. März 2000 bis zum 13. Mai 2002 insgesamt 32 Sitzungen durchgeführt. Darunter 13 öffentliche Anhörungen und 9 nichtöffentliche Anhörungen.

Unterlagen zu den Kommissionssitzungen sind ebenfalls im Internet verfügbar unter „http://www.bundestag.de/globalisierung".

3. April 2000	**Nichtöffentliche Anhörung**
	Referate über „*Rolle und Funktion von Weltbank und UNCTAD*" von Vertretern des Bundesministeriums für wirtschaftliche Zusammenarbeit und Entwicklung (BMZ) und des Bundesministeriums für Wirtschaft und Technologie (BMWi)
15. Mai 2000	**Nichtöffentliche Anhörung**
	Referate über „Rolle und Funktion von IWF und WTO" durch Vertreter des Bundesministeriums der Finanzen (BMF) und des Bundesministeriums für Wirtschaft und Technologie (BMWi)
5. Juni 2000	**Nichtöffentliche Anhörung**
	Themenkomplex „Finanzielle Globalisierung"
	Geladene Sachverständige:
	Dr. Yilmaz Akyüz, UNCTAD, Genf, Schweiz
	Dr. Heiner Flassbeck, Staatssekretär a. D., Berlin
	Dr. Martin Hüfner, Bayerische Hypobank, München
	Dr. Thomas Mayer, Goldman, Sachs & Co., Frankfurt
26. Juni 2000	**Nichtöffentliche Anhörung**
	Themenkomplex „Finanzielle Globalisierung"
	Geladene Sachverständige:
	Alfred Apholte, Dresdner Bank AG, Frankfurt a. M.
	Dr. Norbert Irsch, Kreditanstalt für Wiederaufbau, Frankfurt a. M.
	Dr. Axel Smend, Deutsche Genossenschaftsbank AG, Berlin
25. September 2000	**Nichtöffentliche Anhörung**
	Themenkomplex „Waren und Dienstleistungen"
	Geladene Sachverständige:
	Dr. Rolf Jungnickel, Hamburgisches Welt-Wirtschafts-Archiv (HWWA), Hamburg
	Dr. Ronald Köpke, Hochschule für Wirtschaft und Politik (HWP), Hamburg
	Dr. Markus Nüttgens, Institut für Wirtschaftsinformatik (IWi) an der Universität des Saarlandes, Saarbrücken
	Dr. Peter Nunnenkamp, Institut für Weltwirtschaft, Kiel
	Christian Weise, Deutsches Institut für Wirtschaftsforschung (DIW), Berlin
	Michael Wortmann, Forschungsgemeinschaft für Außenwirtschaft, Struktur- und Technologiepolitik (FAST) e. V., Berlin

9. Oktober 2000	**Nichtöffentliche Anhörung**
	Themenkomplex „Waren und Dienstleistungen"

Geladene Sachverständige:
Jürgen Husmann, Bundesvereinigung der Deutschen Arbeitgeberverbände (BDA), Berlin
Vertreter des Bundesministeriums für wirtschaftliche Zusammenarbeit und Entwicklung (BMZ) und des Bundesministeriums für Wirtschaft (BMWi)

23. Oktober 2000	**Nichtöffentliche Anhörung**
	Themenkomplex „Waren und Dienstleistungen"

Geladener Sachverständiger:
Dr. Ronald Köpke, Hochschule für Wirtschaft und Politik (HWP), Hamburg

23. Oktober 2000	**Öffentliche Anhörung**
	Thema: „Reform der internationalen Finanzmarktinstitutionen – Reformvorschläge und Verhandlungsstand"

Geladene Sachverständige:
Prof. Dr. Mario Giovanoli, Bank für Internationalen Zahlungsausgleich, Basel, Schweiz
Caio K. Koch-Weser, Staatssekretär beim Bundesminister der Finanzen, Berlin
Dr. Jürgen Stark, Deutsche Bank, Frankfurt a. M.
Heidemarie Wieczorek-Zeul, Bundesministerin für wirtschaftliche Zusammenarbeit und Entwicklung, Berlin

6. November 2000	**Nichtöffentliche Anhörung**
	Themenkomplex „Ressourcen"

Geladene Sachverständige:
Prof. Dr. Hans-Joachim Schellnhuber, Vorsitzender des Wissenschaftlichen Beirats globale Umweltveränderungen (WBGU), Bremerhaven, Direktor des Potsdam-Instituts für Klimafolgenforschung, Potsdam
Prof. Dr. Michael Rauscher, Institut für Volkswirtschaftslehre, Universität Rostock

Berichte der Bundesregierung zum Thema „Globale Ressourcen":
Referenten des Bundesministeriums für wirtschaftliche Zusammenarbeit und Entwicklung (BMZ) sowie des Bundesministeriums für Umwelt, Naturschutz und Reaktorsicherheit (BMU)
Korreferenten des Auswärtigen Amtes, des Umweltbundesamtes (UBA), des Bundesministeriums für Wirtschaft und Technologie (BMWi) sowie des Bundesministeriums für Ernährung, Landwirtschaft und Forsten (BML)

13. November 2000	**Nichtöffentliche Anhörung**
	Themenkomplex „Ressourcen"

Geladene Sachverständige:
Prof. Dr. Udo Ernst Simonis, Wissenschaftszentrum Berlin (WZB)

Bericht der Bundesregierung:
Referent des Bundesministeriums für wirtschaftliche Zusammenarbeit und Entwicklung (BMZ)

4. Dezember 2000

Öffentliche Anhörung

Thema: „Macht oder Ohnmacht der Politik? Global Governance als Antwort auf Globalisierung" (Teil I)

Geladene Sachverständige:
Dr. Inge Kaul, Office of Development Studies/UNDP, New York, USA
Dr. Dirk Messner, Institut für Entwicklung und Frieden/Universität Duisburg
Dr. Wolfgang Reinicke, UN Project on Global Public Policy Networks, Genf, Schweiz

22. Januar 2001

Öffentliche Anhörung

Thema: „Macht oder Ohnmacht der Politik? Global Governance als Antwort auf Globalisierung" (Teil II)

Geladene Sachverständige:
Prof. Dr. Dr. h. c. Otfried Höffe, Forschungsstelle Politische Philosophie, Philosophisches Seminar der Universität Tübingen
Peter Wahl, WEED – Wirtschaft, Ökologie & Entwicklung e.V., Bonn
Prof. Dr. Michael Zürn, Institut für Interkulturelle und Internationale Studien, Universität Bremen

12. Februar 2001

Öffentliche Anhörung

Thema: „Arbeit ohne Grenzen – Die Auswirkungen und Herausforderungen der Globalisierung auf Arbeit und Qualität der Arbeit"

Geladene Sachverständige:
Dr. Heiner Flassbeck, UNCTAD, Genf, Schweiz
Hans-Dieter Lorenz, Leiter der Verbindungsstelle International Organization for Migration (IOM), Berlin
John P. Martin, Director of the Directorate for Education, Employment, Labour and Social Affairs at the OECD, Paris, Frankreich
Dr. Werner Sengenberger, International Labour Office, (ILO), Genf, Schweiz
Kari Tapiola, Executive Director, International Labour Office (ILO), Genf, Schweiz

Öffentlicher Vortrag

„The Power of Soft Law – Rules and Ethics for a Globalised Economy"
Saskia Sassen, Professor of Sociology, University of Chicago, USA

5. März 2001

Öffentliche Anhörung

Thema: „Zukunft der Arbeit – Europa im globalen Wandel"

Geladene Sachverständige:
Georg Fischer, Acting Director, Employment and Social Affairs DG, Europäische Kommission, Brüssel, Belgien

Prof. Dr. Helmut Pütz, Präsident des Bundesinstituts für Berufsbildung (BIBB), Bonn

Dr. Ulrich Walwei, Institut für Arbeitsmarkt- und Berufsforschung (IAB), Nürnberg

Kommentare der Bundesregierung:
Bundesministerium für Arbeit und Sozialordnung (BMA),
Bundesministerium für Bildung und Forschung (BMBF),
Bundesministerium für Familie, Senioren, Frauen und Jugend (BMFSFJ)

2. April 2001	**Öffentliche Diskussionsveranstaltung**

Thema: „Rich Planet, Poor Planet"

Christopher Flavin, Präsident des Worldwatch Institute, Washington D. C., USA

7. Mai 2001	**Öffentliche Anhörung**

Thema: „Perspektiven und Reformoptionen der internationalen Wettbewerbspolitik" (Teil I)

Eingeladene Sachverständige:
Prof. Dr. Martin Hellwig, Vorsitzender Monopolkommission, Lehrstuhl für Volkswirtschaft und Wirtschaftstheorie, Universität Mannheim

Prof. Dr. Klaus Peter Kisker, Institut für Wirtschaftspolitik und Wirtschaftsgeschichte, Berlin

14. Mai 2001	**Öffentliche Anhörung**

Thema: „Perspektiven und Reformoptionen der internationalen Wettbewerbspolitik" (Teil II)

Geladene Sachverständige:
Prof. Ajit Singh, Faculty of Economics and Politics, University of Cambridge, Großbritannien

Prof. Dr. Karel van Miert, Präsident der Universität Nyenrode, Breukelen, Niederlande

28. Mai 2001	**Öffentliche Anhörung**

Thema: „Chancen und Risiken der Informationsgesellschaft"

Geladene Sachverständige:
Duncan Campbell, Hauptautor des Weltbeschäftigungsberichts 2001 der ILO, Genf, Schweiz

Dr. Detlef Eckert, Leiter der Grundsatzabteilung der Generaldirektion „Informationsgesellschaft" der Europäischen Kommission, Brüssel, Belgien

Jean Gurunlian, Director of Division for Services Infrastructure for Development and Trade Efficiency, UNCTAD, Genf, Schweiz

Dr. Herwig Schlögl, Stellv. Generalsekretär der OECD; Paris, Frankreich

Anhörungen der Enquete-Kommission 617

Kommentare der Bundesregierung:
Bundesministerium für Wirtschaft und Technologie (BMWi)
Bundesministerium für Bildung und Forschung (BMBF)
Bundesministerium für wirtschaftliche Zusammenarbeit und Entwicklung (BMZ)
Bundesministerium für Arbeit und Sozialordnung (BMA)

18. Juni 2001 **Öffentliche Anhörung**

Thema: „Wasser – Ein weltweit immer knapper werdendes Gut"

Geladene Sachverständige:
Prof. Dr. Joseph Alcamo, Wissenschaftl. Zentrum für Umweltsystemforschung, Gesamthochschule Kassel

Dr. Uschi Eid, Parl. Staatssekretärin im Bundesministerium für wirtschaftliche Zusammenarbeit und Entwicklung (BMZ), Berlin

Dr. Susanne Neubert, Deutsches Institut für Entwicklungspolitik (DIE), Bonn

Prof. Dr. Riccardo Petrella, European Commission, Joint Research Center, Brüssel, Belgien

Antonio Pires, Sekretariat der United Nations Convention to Combat Desertifikation (UNCCD), Bonn

Dr. Joachim Richter, AquaMundo GmbH, Mannheim

Achim Steiner, Generalsekretär von IUCN – The World Conservation Union, Schweiz

Bruno Wenn, Kreditanstalt für Wiederaufbau (KfW), Frankfurt/M.

8. Oktober 2001 **Öffentliche Anhörung**

Thema: „Von der Industrie- zur Wissensgesellschaft: Wirtschaft, Arbeitswelt und Recht, Privatisierung und Patentierung von Wissen"

Geladene Sachverständige:
Siegmar Mosdorf, MdB, Parl. Staatssekretär beim Bundesminister für Wirtschaft und Technologie (BMWi), Berlin

Dr. Georg Licht, Zentrum für Europäische Wirtschaftsforschung GmbH (ZEW), Mannheim

Prof. Dr. Bernd Holznagel, Westfälische Wilhelms-Universität Münster

Prof. Dr. Karin Knorr Cetina, Fachbereich Soziologie, Universität Konstanz

Jürgen Knirsch, Greenpeace Deutschland, Hamburg

Michael Sommer, Stellv. Bundesvorsitzender ver.di, Frankfurt a. M.

Dr. Carsten Kreklau, Bundesverband der Deutschen Industrie (BDI), Berlin

10. Dezember 2001 **Öffentliche Anhörung**

Thema: „Wissensgenerierung: Forschung, Bildung, Weiterbildung, Kultur und Demokratie"

Geladene Sachverständige:

Wolf-Michael Catenhusen, MdB, Parlamentarischer Staatssekretär bei der Bundesministerin für Bildung und Forschung (BMBF), Berlin

Steffen Reiche, Minister für Bildung, Jugend und Sport des Landes Brandenburg, Potsdam

Prof. Dr. Jürgen Nehmer, Vizepräsident der Deutschen Forschungsgemeinschaft, Universität Kaiserslautern

Prof. Dr. Jürgen Renn, Direktor am Max-Planck-Institut für Wissenschaftsgeschichte, Berlin

Prof. Dr. Hans-Werner Mewes, Leiter des Instituts für Bioinformatik am Forschungszentrum für Umwelt und Gesundheit, Neuherberg

Prof. Dr. Rainer Kuhlen, Fachbereich Informatik, Universität Konstanz, Deutsche UNESCO Kommission

Carlos Alberto Primo Braga, Weltbank, Washington, D. C., USA

Dr. Johann Bizer, Institut für öffentliches Recht, Johann Wolfgang von Goethe-Universität, Frankfurt am Main

18. Februar 2002   **Öffentliche Anhörung**

Thema: „Globalisierung und Gender"

Geladene Sachverständige:

Prof. Dr. Diane Elson, University of Essex, Großbritannien

Prof. Dr. Maria S. Floro, American University, Washington D. C., USA

Prof. Dr. Friederike Maier, Fachhochschule für Wirtschaft, Berlin

Dr. Caroline Moser, Senior Research Associate, Overseas Development Institute London and Visiting Professor, New School University, New York, USA

Dr. Achola Pala Okeyo, UNDP Africa Bureau, New York, USA

Prof. Dr. Pawan Surana, Maharani College, Jaipur, Indien

Dr. Mariama Williams, Center of Concern (COC), Washington D. C., USA

Übersicht der Arbeitsgruppen (Stand: 31.01.02)

Finanzmärkte	Waren- und Dienstleistungsmärkte	Ressourcen	Global Governance	Arbeitsmärkte	Wissens- und Informationsgesellschaft
Moderator: Prof. Elmar Altvater	Moderator: Dr. Wolfgang Brühl	Moderator: Prof. Rudolf Dolzer	Moderator: Prof. Franz Nuscheler	Moderator: Abg. Ottmar Schreiner	Moderatorin: Abg. Ursula Lötzer
Sachverständige Mitglieder Prof. Elmar Altvater Dr. Wolfgang Brühl Dr. Rudolf Dolzer Otmar Haas Prof. Jörg Huffschmid Prof. Karl-Heinz Paqué Prof. Brigitte Young	Sachverständige Mitglieder: Dr. Michael Baumann Dr. Wolfgang Brühl Otmar Haas Dr. Dieter Wolf Prof. Brigitte Young	Sachverständige Mitglieder: Dr. Michael Baumann Dr. Wolfgang Brühl Prof. Rudolf Dolzer Prof. Robert Tschiedel	Sachverständige Mitglieder: Dr. Michael Baumann Prof. Rudolf Dolzer Prof. Jörg Huffschmid Prof. Franz Nuscheler Heinz Putzhammer Dr. Dieter Wolf	Sachverständige Mitglieder Dr. Werner Gries Heinz Putzhammer Prof. Brigitte Young	Sachverständige Mitglieder: Prof. Elmar Altvater Dr. Michael Baumann Dr. Werner Gries Prof. Karl-Heinz Paqué Prof. Brigitte Young
Abgeordnete: Annelie Buntenbach Klaus-Jürgen Hedrich Dr. Edelbert Richter Hartmut Schauerte Dr. Sigrid Skarpelis-Sperk	Abgeordnete: Annelie Buntenbach Gudrun Kopp Ursula Lötzer Dr. Edelbert Richter Gudrun Roos Dr. Sigrid Skarpelis-Sperk	Abgeordnete: Annelie Buntenbach Uwe Hiksch Gudrun Kopp Hartmut Schauerte Dagmar Schmidt Dr. E. U. v. Weizsäcker	Abgeordnete: Detlef Dzembritzki Josef Hollerith Gudrun Kopp Dr. E. U. v. Weizsäcker	Abgeordnete: Annelie Buntenbach Gudrun Kopp Ursula Lötzer Thomas Rachel Gudrun Roos Hartmut Schauerte Ottmar Schreiner Wolfgang Weiermann	Abgeordnete: Annelie Buntenbach Ursula Lötzer Thomas Rachel Hartmut Schauerte Dr. Sigrid Skarpelis-Sperk Jörg Tauss Dr. E. U. v. Weizsäcker
Betreuer im Sekretariat: Jochen Boekhoff	Betreuer im Sekretariat: Dr. Elmar Waldschmitt	Betreuerin im Sekretariat: Dörte Bernhardt	Betreuerin im Sekretariat: Marianne Beisheim	Betreuerin im Sekretariat: Dr. Hella Hoppe	Betreuerin im Sekretariat: Dr. Sabine Vogel

Tabelle A-1

Internet-Angebot der Enquete-Kommission „Globalisierung der Weltwirtschaft"

http://www.bundestag.de/globalisierung

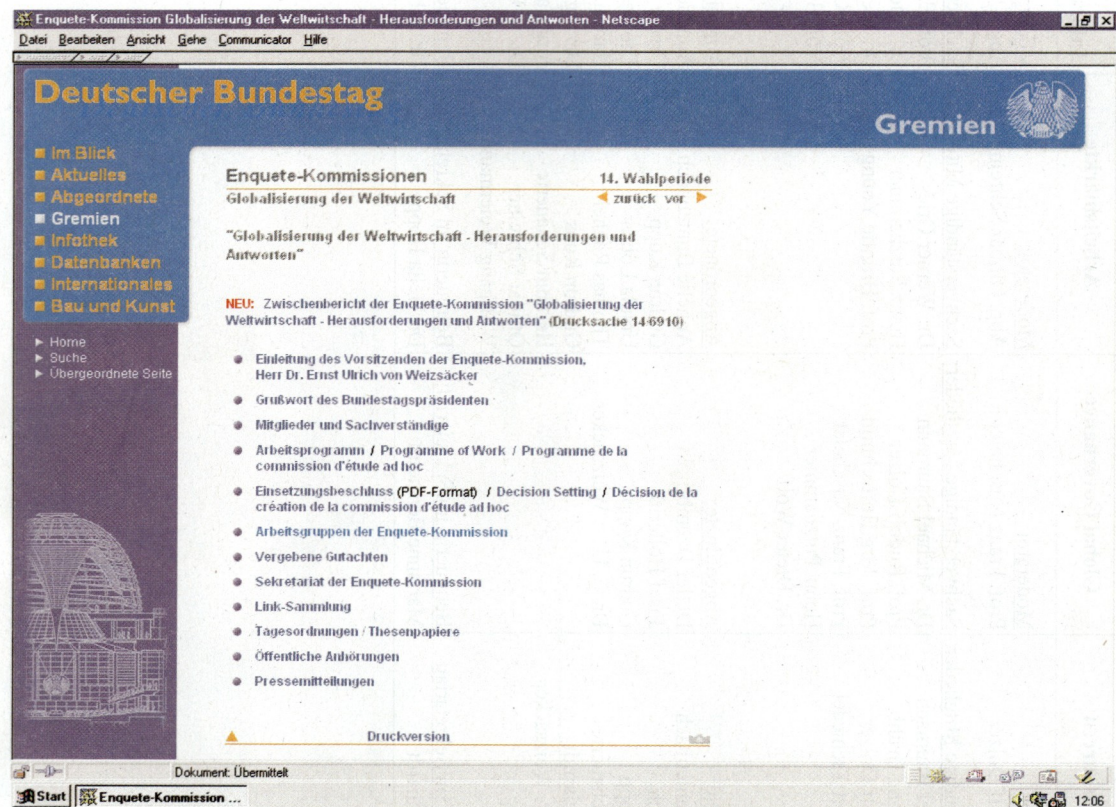